中国财政科学研究院年度智库报告

2020 中国政府收入全景图解（上卷）

刘尚希　梁　季　等编著

中国财经出版传媒集团
中国财政经济出版社

图书在版编目(CIP)数据

中国政府收入全景图解. 2020 / 刘尚希等编著. --
北京：中国财政经济出版社，2020.12
(中国财政科学研究院年度智库报告)
ISBN 978-7-5223-0190-7

Ⅰ.①中… Ⅱ.①刘… Ⅲ.①国家行政机关—财政收入—中国—图解 Ⅳ.①F812.41-64

中国版本图书馆CIP数据核字(2020)第241175号

责任编辑：胡 博 张晓丽　　责任印制：刘春年
封面设计：陶 雷

中国财政经济出版社 出版
URL：http：//www.cfeph.cn
E-mail：cfeph @cfemg.cn

社址：北京市海淀区阜成路甲28号 邮政编码：100142
营销中心电话：010-88191522
天猫网店：中国财政经济出版社旗舰店
网址：https：//zgczjjcbs.tmall.com
北京虎彩文化传播有限公司印刷 各地新华书店经销
成品尺寸：185mm×260mm 16开 50.75印张 1 228 000字
2020年12月第1版 2020年12月北京第1次印刷
定价：196.00元（上下卷）
ISBN 978-7-5223-0190-7
（图书出现印装问题，本社负责调换，电话：010-88190548）
本社质量投诉电话：010-88190744
打击盗版举报热线：010-88191661 QQ：2242791300

《中国政府收入全景图解（2020）》
撰 写 组

总　　　编：刘尚希　梁　季

撰写组成员：梁　季　罗志恒　刘　昶　孙家希
谢　恺　陈少波　冯兰淇　盛中明
吕　慧　周娇娇　刘　洋　刘柯彤
樊存慧　颜静雯　辛　悦

序

财政是国家治理的基础和重要支柱，其制度体系承载着国家治理理念，体现着治理体系和治理能力的现代化水平，财政资源的配置效率和使用效果反映着国家治理的效能。财政数据直接反映了政府的钱“从哪里来、到哪里去”、是否真正按照“民本财政”逻辑，取之于民、用之于民。与此相应，财政数据既是财政制度体系运行的直接表现，也是财政资源配置效率和使用效果的最终体现。不言而喻，财政数据是国家发展战略、政府执政理念以及人民期盼的直接载体和最终反映。财政数据的公开和共享程度既是人民监督政府的必要条件，也是人民参政议政的重要渠道，全方位体现着“以人民为中心”的发展和治理理念。

当今世界正处于百年未有之大变局。汹涌而至的数字化变革正深刻地改变着人类历史进程。数字经济蓬勃兴起，数字政府方兴未艾，数字社会初见端倪，数据生产力正成为推动人类经济社会发展的新动能，数据成为数字时代最关键、最核心的要素。2017 年习近平总书记指出，“在互联网经济时代，数据是新的生产要素，是基础性资源和战略性资源，也是重要生产力”。2019年党的十九届四中全会首次将数据与劳动、资本、土地、知识、技术、管理等生产要素并列，2020年中共中央、国务院在《关于构建更加完善的要素市场化配置体制机制的意见》中进一步提出要“加快培育数据要素市场”。

在数字时代背景下，财政数据是国家的重要战略资产，通过财政数据运营可提升国家治理能力，可为国家治理赋能。传统的财政数据管理是财政业务的一部分，以业务为主，围绕业务管理而展开，即将财政业务分解为若干环节和指标体系，通过对各指标量化，形成业务决策，也就是业务数据化的过程。随着互联网与各行业的深入融合，财政数据运营从财政部门内部向外延展，通过数据的高速流动和融合，将数据组合为信息，并加工为知识后转为财政治理的支撑和基础，实现数据业务化。业务数据化是财政数据运营的起点，数据业务化是财政数据运营的目标，是数据价值倍增的持续过程，能够确保“数据多流动、文件少发放、决策更科学、政策更有效”，从而为政府治理赋能，提升国家治理体系和治理能力的现代化水平。

有政府即有财政行为，有财政行为即有财政数据，但我国财政数据使用范围、公开和共享程度却随时代不同而差异较大。从新中国成立至1997年，国家相关文件明确规定，财政数据为国家机密，不对外公开。2007年，我国首部《政府信息公开条例》颁布实施，明确要求行政机关要主动公开政府信息，并对信息公开范围、渠道等相关问题进行界定，随后2008年发布的《关于进一步推动财政预算信息公开的指导意见》规定，财政预算信息是财政信息的重要组成内容，是重点公开内容。2014年修订的《中华人民共和国预算法》第十四条明确规定：“经本级人民代表大会或者本级人民代表大会常务委员会批准的预算、预算调整、决算、预算执行情况的报告及报表，应当在批准后二十日内由本级政府财政部门向社会公开，并对本级政府财政转移支付安排、执行的情况以及举借债务的情况等重要事项作出说明。”之后相关部门又发布了诸如《地方预决算公开操作规程》（财预〔2016〕143号）等相关文件，在相关法律法规的要求和指引下，各级财政数据的公开和共享实践也随之展开，不断深入。

经过近几年的实践，我国财政数据公开的规范性、公开和共享程度都有了很大的提升，但仍存在一些问题，主要表现在：财政数据公开的全面性和完整性有待提高，比如2016年以前的预决算数据普遍缺失；各地（各级）财政数据表格格式和相关术语口径不一致，数据翔实程度不一；未能按照《预算法》的要求及时公布；全国尚未建立统一的财政数据公布平台，各地（各级）政府仅在各自政府网站公布数据，数据分散于各个网站。可以说，目前我国财政数字化水平尚处于财政数据管理和数字化治理的初级阶段，初步实现了财政业务的数据化，而与财政数据的业务化、智能化以及社会共享的要求相比还相距甚远。

一般而言，数据越容易访问，其价值越大，数据价值也会随归集量的增大而产生指数倍的递增效应。鉴于我国财政数据开放、共享和归集的现实，以及财政数据规范、统一、归集的重要价值，中国财政科学研究院研究团队深感有责任、有必要花大力气将散落于各个网站的财政数据归集起来，并对数据进行清洗、规范和加工，在此基础上形成基本分析指标，并对这些数据进行挖掘利用，从更多维度反映我国财政运行过程和财政治理的变迁。

为此，中国财政科学研究院成立了近20人的团队，花费近10个月时间对全国网站进行“地毯式”调查，采集了2017—2019年全国31个省（自治区、直辖市）、333个城市以及136个区县的经济社会指标、一般公共预算、政府性基金预算、国有资本经营预算、社会保险基金预算以及债务的收入侧数据，共计近400个数据采集指标、20余万个数据点，并基于上述基本数据，构建了300多个分析指标，对全国、中央、各省（全省和省本级）、各市（全市和市本级）以及区县的财政经济情况进行定量描述和分析。

现呈现在读者面前的《中国政府收入全景图解（2020）》汇集了本次调查研究的部分成果。全书共分为三篇，分别为总论篇、专题篇以及地区篇，以上下两卷展现，全书沿着从理论到实践、从全局到局部、从历史到现在、从国内到国际的脉络、以图表形式对我国2017—2019年政府收入情况进行全方位、系统性、立体式的展现。该书的具体特色为：

一是系统归集全国（不含港澳台）各层级政府收入数据，解决了当前财政数据零散分布情况下全局视野不足的问题。全国省、市以及区县财政经济数据以规范统一格式汇集到可交叉检验的平台，夯实了数据基础。通过对全国各层级财政数据的汇集整理，对各层级财政数据的公开程度、时效性、准确性和规范性问题有了系统的认知。

二是构建多维度指标，对经济社会、政府收入以及债务情况进行全面展现。目前大部分财政分析更多是基于全国（港澳台除外）、省级层面的分析，限于数据可得性，对于地市级和区县级的比较分析相对较少。事实上地市级和区县级的财政情况更能反映财政运行现实，越到基层，越能避免加总带来的合成谬误。

三是涵盖了全口径四本预算，将政府所有收入纳入分析。本书从四本预算、产权性收入和公共权力收入两种性质的收入、分税种等多维度分析收入结构。

四是分章节全面分析31个省市区的经济社会与财政收入、债务情况。在上卷对政府收入理论、各省市区、地市级和区县级整体政府收入、债务情况分析清楚的基础上，下卷分章节对31个省市区具体介绍分析，对省内各地市以及代表县的政府收入情况进行分析。

五是本书侧重图解，以大量的图表直观、形象地展示各地政府收入的变化特征。

数据运营是一个浩大工程，其采集、规范、清洗、加工耗时耗力、深度挖掘利用更是需要时间、理论功底和专业积累，我们目前的工作仅是“万里长征”的第一步，尚处于探索阶段，不足和错谬在所难免，敬请读者批评指正。

刘尚希

2020年10月19日

目 录

总论篇

专题篇

地区篇

总论篇

第一章

中国政府收入概述

第一节　关于中国政府收入相关基本问题的考察

一、政府的内涵与外延决定了政府收入的边界

市场经济条件下政府及其职能的界定是政府收入界定和收入统计核算的前提与基础。政府有狭义和广义之分，政府的内涵和外延决定了政府收入的边界。市场经济条件下政府的职能和活动范围基本上是提供公共服务、调节收入分配、促进经济稳定和增长等方面，而政府收入既是政府履行职能的物质基础和财力保障，同时也是政府的政策工具和监管手段。

（一）政府与政府职能

1. 政府、政府单位（机构）与广义政府部门

政治学上通常将政府理解为在国家层面运行的用来维持秩序和促进集体行动的正式的制度过程[①]。也就是说政府通常指的是维持有序统治的机制，既包括无形

本章执笔人：刘昶

① Heywood A. Politics［M］. 4th ed.：Palgrave Macmillan，2013：266.

的制度，也包括有形的机构或组织。而在实践中政府更多地被视为一个实体或有形的组织。而且有广义和狭义之分，广义的政府指的是立法、执法和司法等组织的总称，狭义的政府则仅指执法组织①。

本书主要侧重于政府收入的统计核算问题，所以更加重视相关统计手册中对政府的定义。国际货币基金组织（IMF）出版的《2014年政府财政统计手册》（以下简称GFSM 2014）认为"政府"通常被用作一个集合名词，指一个国家中参与履行政府职能的各个实体的各种组合，也可指一个国家的各个政府。如国家设立的一个中央政府，若干州、省或地区政府以及许多地方政府。GFSM主要服务于统计核算，相应地GFSM借鉴了国民经济核算体系（SNA）中的相关概念（如，机构单位②和机构部门③），定义了"政府单位"和"广义政府部门"，前者指的是由政治过程设立的，在既定区域内对其他机构单位拥有立法、司法和行政权的一类特殊法律实体；而所有政府单位组成广义政府部门。中国国家统计局参考SNA 2008与GFSM 2014在《中国国民经济核算体系2016》中定义了广义政府机构与广义政府部门。其中，广义政府机构指在设定区域内对其他机构单位拥有立法、司法或行政权的法律实体及其附属单位；而所有广义政府机构组成广义政府部门。

2. 政府职能

政府职能即政府应履行的职责和功能。SNA 2008与GFSM 2014都强调政府在承担政治责任和经济监管职能之外，要重点履行好以下三个方面的经济职能：第一，在非市场的基础上负责向社会和公众提供商品和服务；第二，通过转移支付的方式对社会收入和财富进行再分配；第三，从事非市场性生产。尽管在表述上略有差异，《中国国民经济核算体系2016》同样强调了政府的以上三个主要职能。其实，市场经济条件下对政府职能的界定通常都是遵循Musgrave（1959）④的"三分支"（Three Branches）传统，即将其定位为资源配置、收入分配和经济稳定等三大职能，也就是著名的政府"三职能说"。

---

① 吴俊培.公共经济学［M］.武汉大学出版社，2009：6.

② 机构单位，指能够以自己的名义拥有资产和承担负债，能够独立地从事经济活动并与其他主体进行交易的经济主体。机构单位按照性质和功能分为住户、公司（企业）、非营利机构以及政府单位（机构）。

③ 机构单位归属于机构部门，机构部门由同类机构单位构成。将常住机构单位划分为五个机构部门，即非金融企业部门、金融机构部门、广义政府部门、为住户服务的非营利机构部门和住户部门。

④ Musgrave R.A. The Theory of Public Finance：A Study in Public Economy［M］. London and New York：McGraw-Hill，1959：5.

综上所述，本书把那些将履行各项政府职能作为主要活动的居民机构单位称作政府。政府又可以分为中央政府和与其相对的地方政府。多数国家通常按照纵向层级将其进一步划分为中央政府、省级或州级政府以及地方政府。

（二）政府收入及其分类

政府收入指的是在特定预算年度内通过一定的形式和程序，有计划地筹措到的归政府支配的资金，是政府参与国民收入分配的主要形式，是政府实现其职能的财力保障[①]。一定程度上，政府收入资源越丰富，政府就越能在更大的范围内更多地提供公共产品，越能更公平更有效地进行再分配，也越能实施财政政策促进经济稳定和增长。

专栏 1–1

GFSM 2014 与我国政府收入定义的区别

正文中政府收入的定义是我国财政部采用的定义，该定义基本上将流入政府的收入都视作政府收入。但是，GFSM 2014仅将“由交易带来的净值增加部分”定义为政府收入。GFSM 2014的定义有两层含义：其一，只有政府净值的增加才被视为政府收入；其二，净值增加必须是由交易带来的。只有同时满足这两个条件才能够被称为政府的收入。如果严格对照这个两个条件，中国的国有土地使用权出让收入则不能算作政府收入，原因是国有土地出让行为是一种非生产性资产的交易，结果只是政府土地资产的减少和货币资金的增加，并不带来政府净资产的变化，不增加政府的权益，因而不计作政府收入[②]。同理，政府的债务收入，是通过政府发行债券获得的收入，但同时增加政府的负债，二者相抵，也没有增加政府净值。因此，债务收入也不属于政府收入。另外，政府净值的增加还必须是交易带来的，诸如持有资产价格变动虽然也会导致净值增加，但是它属于其他经济流量而不是交易，因而不能视作政府收入。

资料来源：GFSM2014；2018年全国财政决算；葛守中（2014）。

---

① 财政部预算司，政府收支分类改革问题解答。

② 2018 年全国财政决算，广义政府运行。

政府收入分类即将各类政府收入按其性质进行归类和层次划分，以便全面、准确、明细地反映政府收入的总量、结构及来源情况①。目前关于政府收入存在多种分类办法。按照收入性质或收入形式分类是一种非常普遍的分类方式，且其他很多分类方法也都可以归入此类。GFSM就是采用这种分类办法，GFSM 2014②将政府收入划分为税收、社会缴款、赠与、其他收入四类，具体情况如表1-1所示。GFSM的收入分类是IMF向世界推荐的一种分类法，也是为各国普遍采用一种分类法。我国也是在借鉴GFSM分类的基础上建立了自己的政府收入分类体系，后面在讲述中国政府收入分类实践时会详细阐述。

表 1-1　GFSM 2014 的政府收入分类

	类	类以下的细分
1	税收收入	对所得、利润和资本收益征收的税收，对工资和劳动力征收的税收，对财产征收的税收，对商品和服务征收的税收，对国际贸易和交易征收的税收，其他税收等
2	社会缴款	社会保障缴款和其他社会缴款，其中社会保障缴款又按缴款人细分为雇员缴款、雇主缴款、自营职业者或无业者缴款、不可分配的缴款
3	赠与	来自外国政府赠与、来自国际组织赠与和来自其他广义政府单位的赠与
4	其他收入	财产收入，商品和服务销售额，罚金、罚款和罚没收入，未列入其他类别的转移，非人寿保险和标准化担保计划相关的应收保费、收费和赔款

资料来源：国际货币基金组织. 2014年政府财政统计手册［Z］，2014.

除了以上分类法外还有其他一些收入分类法。比如按照收入是否纳入预算管理可以分为预算内收入和预算外收入；按照收入取得的依据是基于强制权还是基于市场交易，可以分为基于强制权的收入和基于市场交易的收入（Asquer，2017）。此外，不同的研究还有不同的分类方法，比较常用的如泰勒分类法（Taylor's Classification）；道尔顿分类法（Dalton's Classifications）以及塞利格曼分类法（Seligman's Classification），等等。实践中分类是为了便于统计和管理。因此，以GFSM为基础的标准分类法是本书关注的重点。

① 财政部预算司，政府收支分类改革问题解答。

② 国际货币基金组织 . 2014 年政府财政统计手册［Z］，2014：81.

二、政府的双重身份决定了中国政府收入结构的特殊性

一般而言，政府收入和私人收入（工资、利息、租金和利润等）一样都属于社会产品分配范畴。而分配总是以一定的权力（权利）为依据的，而这种权力（权利）无非有两种：一种是经济权利，也可以称作财产权利或所有者权利[①]；另一种是政治权力或公共权力。私人的工资、利息、租金和利润等收入的取得以经济权利（财产权利或所有者权利）为分配依据。而政府参与分配取得收入的依据则相对复杂，这跟政府身份的界定有关。在社会主义市场经济条件下，政府具有社会管理者和国有资产所有者的双重身份（谢旭人，2011）[②]。社会管理者的身份赋予了政府政治权力或者公共权力，而国有资产所有者的身份赋予了政府财产权利或所有者权利。因此，政府为实现其职能，可以凭借其政治权力和财产权利，参与社会产品分配进而取得一定的收入。政府凭借政治权力参与社会产品分配取得的收入可以称作公共权力收入，其中最典型的就是税收收入；而政府凭借财产权利参与社会产品分配取得的收入可以称为公共产权收入，产权性收入的形式则比较多，如利润收入、租金收入等。尽管可以有不同的名字，但是这种“两分法”由来已久，比如亚当·斯密在《国富论》中将公共收入的来源分为两种：一种是来自于人民的收入，另一种是来自于与人民收入无关的专属于君主或国家的收入；熊彼特亦延续了斯密的这种传统，他在《税收国家的危机》中将税收等收入称为“来源于他人的收入”，将来自于土地财产以及经营企业获得的收入称为“自己的收入”[③]。

大多数国家都既有公共权力收入又有公共产权收入，只是不同性质的国家在这两种收入上的比重有较大的差异而已。我国是以公有制为主体的社会主义国家，公有制的主体地位决定了中国相对其他国家而言会拥有更多的公共产权收入。这种收入不包括对公有制企业以及国有资源所征收的税收收入，因为税收收入是政府凭借其社会管理者的身份以政治权力或公共权力为依据取得的收入。在我国，公共产权性的收入被划入非税收入的范畴，包括的范围比较广泛，如一般公共预

---

① 劳动力所有权也可以看作一种广义的所有权或财产权。

② 严格来讲，政府仅仅是国家和人民的代表。如，《民法典》第 246 条规定“法律规定属于国家所有的财产，属于国家所有即全民所有。国有财产由国务院代表国家行使所有权。法律另有规定的，依照其规定。”

③ 格罗夫斯 . 税收哲人［M］. 上海财经大学出版社，2018：197.

算收入中的国有资本经营收入、国有资源（资产）有偿使用收入等，国有资本经营预算中的所有收入以及政府性基金预算中的很多项目，如新增建设用地土地有偿使用费、国有土地使用权出让金、国有土地收益基金、农业土地开发资金、中央特别国债经营基金财务收入等。这些收入都是政府凭借其公共产权取得的收入，只是根据我国预算管理体制的要求分别属于不同的预算。如果将这些分散在不同预算的收入合并统计的话，它们在我国政府收入中将占据较高的比重。

对这个问题的认识不足会导致在实践中存在一定误区，这里仅举几例：

误区一：私有制国家没有或者不重视公共产权收入。如前所述，政府从来都是凭借公共权力和公共产权两种权力取得收入，所以私有制国家也会存在一定比例的公共产权收入只是数量多少的问题。比如，新加坡在2019财年来自投资的收益为170.48亿美元，占GDP的比重为3.3%①。

误区二：涉及国有资源，如有观点认为中国已经收了土地出让金再收房产税重复征收且无法理依据，如前所述这是两种不同性质的收入，所取得的依据是不同的。

误区三：在财政考核中如果过度强调财政收入质量（税收收入占比）这个指标，不利于全面地看待政府收入，不利于正确对待公共产权性收入②。

三、国民收入分配核算视角下的政府收入

国民收入分配核算（以下简称收入分配核算），是资金流量核算的重要组成部分，包括收入初次分配核算（以下简称初次分配）和收入再分配核算（以下简称再分配）。国民收入分配核算视角下的政府收入就是政府部门作为国民经济部门参与国民收入初次分配和再分配所取得的收入。

（一）初次分配

收入初次分配也称要素性分配或交换性分配，是依据各要素对生产所做贡献而进行的分配。初次分配通常以效率为目标，表现为生产活动所创造的增加值在参与

---

① 主要是政府从国有资产中提取的净投资回报（Net Investment Income/Returns Contribution，NIRC），https：//data.gov.sg/；https：//www.singaporebudget.gov.sg/。

② 财政部关于印发《地方财政管理工作考核与激励办法》的通知（财预〔2020〕3号）已经取消了“收入质量管理工作”这一项指标。

生产活动的生产要素所有者和政府之间的分配。政府在这里具有双重身份，一个身份是部分生产要素的所有者，如前文所述政府这一身份赋予政府财产权力可以据此取得部分财产性收入，同时政府还具有社会管理者的身份，也可以把政府的管理看作一种生产必不可少的管理要素[①]，政府因管理活动或要素对生产活动或生产要素征收生产税，同时也因扶持有关生产活动而支付生产补贴。收入初次分配的结果形成居民、企业和政府的初次分配总收入。其中，政府的初次分配总收入公式如下：

$$\text{政府初次分配总收入} = (\text{增加值} - \text{支付的劳动者报酬}) + \text{生产税净额} + \text{财产性收入净额} \quad (1)$$

式（1）中，生产税净额=生产税收入–生产补贴；财产性净额=财产性收入–财产性支出。

（二）再分配

收入再分配也称转移性分配，指在初次分配形成的总收入基础上利用经常转移对收入进行的再次分配，并最终形成可支配总收入。再分配通常以公平为目标。经常转移包括两个方向的转移，一个方向是从其他部门流向政府部门，表现为政府的转移性收入，这种转移主要包括所得税、财产税等经常税收入以及社会保险缴款和其他经常转移收入；另一个方向是从政府部门流向其他部门，表现为政府的转移性支出，主要包括所得税、财产税等经常税支出以及社会保险福利、社会保障补助和其他经常转移支出。收入再分配的结果形成居民、企业和政府的可支配总收入。其中，政府的可支配总收入公式如下：

$$\text{政府可支配总收入} = \text{政府初次分配总收入} + \text{经常转移收入} - \text{经常转移支出} \quad (2)$$

式（2）中，经常转移收入=所得税、财产税等经常税收入+社会保险缴款收入+其他经常转移收入；经常转移支出=所得税、财产税等经常税支出+社会保险福利支出+社会保障补助支出+其他经常转移支出。

严格来说，收入分配核算视角下的政府收入为政府可支配总收入，它与现行的财政或预算统计核算视角下的政府收入并不一致。按照许宪春、雷泽坤与张钟文（2019）的测算，近年来中国政府可支配总收入占国际可比口径政府收入的比重平均为64.4%。不过，对这个问题的分析有助于理解政府收入的源泉或来源问题。

① 政府维护国家安全，维持社会秩序，提供司法公正，保证合同履行等，这些都是生产活动必不可少的要素和前提。

四、纵向和横向政府间收入划分问题

政府间收入划分从性质上来看有两种：一种是纵向政府间的收入划分，另一种是横向政府间收入划分。

（一）纵向政府间收入划分

我国实行的是分税制财政体制，该体制由税制、分税以及转移支付等制度要件构成。其中，分税和转移支付直接关系纵向政府间收入划分。分税指的是在税制的基础上各个税种收入在中央和地方政府之间的划分，按照税种收入归属可分为中央税、地方税以及中央和地方共享税（以下简称共享税），最新的税种划分情况见表 1–2。转移支付指的是在分税的基础上纵向政府间的其他收入转移，包括中央对地方的税收返还、一般性转移支付、专项转移支付以及地方对中央的上解支出等。这里的转移支付属于广义转移支付范畴，既包括自上而下的收入转移，同时也包括自下而上的收入转移。分税和转移支付实质是政府收入垂直或纵向分配关系。而且，这种纵向分配关系包括初次分配和再分配①两个层次。初次分配即政府收入按照分税的要求分别进入中央和地方各自的账户从而形成各自的自有收入，再分配则是在分税的基础上按照转移支付安排在自上而下和自下而上的收入转移之后形成的可支配收入格局。具体分配机制见图 1–1。

表 1–2　　中央和地方②分税表

	税种	央地分成比例	说明
中央税	国内消费税 车辆购置税 关税 船舶吨税 进口货物增值税和消费税		

① 此处的初次分配和再分配不同于前文国民收入初次分配和再分配，这里特指政府收入在纵向政府间的划分。

② 此处将省及省以下合称地方。

续表

	税种	央地分成比例	说明
共享税	国内增值税 企业所得税 个人所得税 印花税 资源税 城市维护建设税	①国内增值税 50%：50% ②企业所得税 60%：40% ③个人所得税 60%：40%	①中国铁路总公司、各银行总行及海洋石油企业缴纳的企业所得税全部归中央； ②对储蓄存款利息所得征收的个人所得税全部归中央（2008 年 10 月 9 日起，对储蓄存款利息所得暂免征收个人所得税）； ③证券交易印花税为中央收入，其他印花税收入归地方； ④海洋石油企业缴纳的资源税归中央，其余资源税归地方； ⑤中国铁路总公司、各银行总行、各保险总公司集中缴纳的城建税归中央，其余归地方。
地方税	耕地占用税 土地增值税 城镇土地使用税 烟叶税 环境保护税 房产税 车船税 契税		

资料来源：《2020年政府收支分类科目》；《税法2020》。

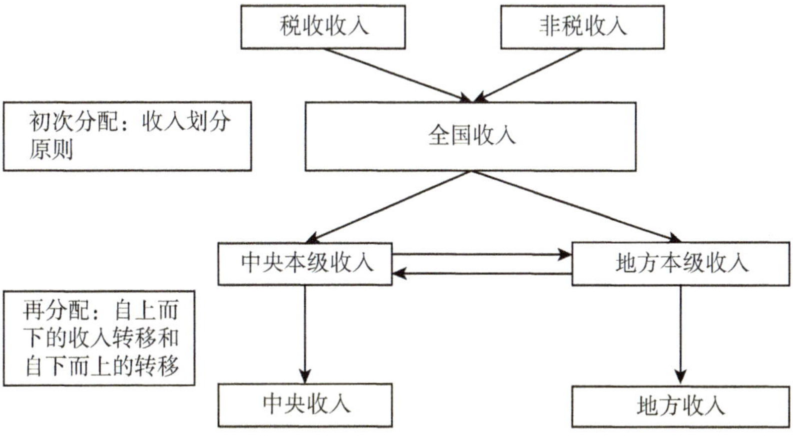

图 1-1　纵向政府间收入划分

① 2016 年 1 月 1 日起，将此前由中央和地方按 97% 和 3% 分享的证券交易印花税全部调整为中央收入。

（二）横向政府间收入划分

横向政府间收入划分是指在一定的划分原则基础上政府收入在不同政府间的横向划分。横向政府间收入划分的问题相对复杂，它不像纵向政府间收入划分那样已经制度化、规范化，它更多地具有“一事一议”的特点，甚至有点类似于“打补丁”的做法，经常需要临时出台一些补充性文件来规范。

1. 收入与税源背离

如果收入划分不合理则会出现税收收入与税源背离的问题（以下简称背离问题）或者税收负担与收入归属不对称的问题（以下简称不对称问题）。这里以占我国税收收入比重最大的增值税为例来说明背离或不对称的问题。增值税收入划分的原则主要有生产地原则（来源地原则，the Origin Principle）和消费地原则（目的地原则，the Destination Principle）。增值税作为间接税和价外税，其税负最终是由消费者承担的，即最终消费地的居民承担了增值税的税负，如果完全按照消费地原则征税，则收入归属消费者所在地的政府。但是我国的现实是在生产、流通和消费的各环节分别按照增值额来征税并分配收入。增值额大的那个环节获得的税收收入就大，通常生产地的增值额要比消费地的增值额更大，尤其是在电子商务盛行的背景之下，现行的分配办法更有利于生产地的政府。消费者是增值税的负税人，但是税收收入却没有更多地分配给消费者所在地的政府，这不符合受益原则。并且，现行的收入分配办法还会对地方政府产生“重生产轻民生、重企业轻个人”的激励扭曲。

此外，总分机构的汇总纳税以及诸如京津冀一体化过程中企业迁移带来的税源转移都会带来类似的问题。政府都是通过出台补充性的文件来规范这些问题，涉及前者的文件如《跨地区经营汇总纳税企业所得税征收管理办法》（国家税务总局公告2012年第57号），涉及后者的文件如《京津冀协同发展产业转移对接企业税收收入分享办法》（财预〔2015〕92号）。

2. 横向转移支付

我国目前并没有规范化的横向转移支付制度，对于需要解决的特殊问题基本上采取建立“一事一议”办法来处理。为解决生态环境外溢性而设置的流域生态补偿就属于横向转移支付的范畴，如新安江流域上下游横向生态补偿。另外，我国广泛存在的对口支援也被视为广义的或中国式的横向转移支付，如发达地区对新疆、青海、西藏等地区的对口援助，特别是涉及财政援助和捐赠等资金转移的情况。我国目前依然主要是通过纵向政府间收入的转移来实现横向政府间财力的均衡，即寓横向转移于纵向转移之中。

第二节　中国政府收入预算管理与统计核算实践

本书主要致力于中国政府收入相关数据和指标的分析，而这一工作的前提是搞清中国政府收入的预算管理体系以及中国政府收入的统计核算等实践问题。本节将从中国政府收入分类与预算管理的变迁过程、中国政府收入分属四本预算管理的实践、中国政府收入的预算核算级次以及中国政府收入统计数据的公开和检索问题等几个方面展开分析。

一、中国政府收入分类及其预算管理变迁

（一）新中国成立以来政府收入分类变迁[①]

1. 2007 年以前中国政府收入分类变迁

新中国成立以来，与国家重大制度政策调整相适应，我国政府收入分类在不同时期有较大的变化和调整。主要演变情况如下：

新中国成立初期，我国预算收支科目表现出较强的统收统支色彩。比如1953年，各级财政统一预算科目包括各项税收类、企业收入类、信贷保险收入类、其他收入类。其中，企业收入类包括企业利润收入、企业提缴折旧基金收入、企业固定资产变价收入、企业缴回流动资金收入；其他收入类包括事业收入、特种资金收入等。

1956年，收入分类适当简化。类级科目按收入性质划分为：税收收入、国营企事业单位收入、借款收入、其他收入、调拨收入。

1979年，由于合并税种，简化税制，收入科目划分更趋简单。类级科目主要包括：企业收入、企业上缴基本折旧基金、各项税收、其他收入、预算调拨收入。

1984—1986年，经过国营企业两步利改税，税收已成为我国预算收入的主要形式。同时，为体现新税制和加强财务管理的需要，国家预算收入分类体系有了

---

① 本部分主要参考财政部预算司发布的《政府收支分类改革问题解答》。

较大的调整。主要收入大类包括：工商税收类、关税类、农业税类、国营企业所得税类、国营企业调节税类、国营企业上缴利润类、国营企业计划亏损补贴类、国家能源交通重点建设基金收入类、债务收入类、专款收入类、其他收入类、预算调拨收入类。

1994年及以后年度，由于国家进行分税制和工商税制改革，将政府性基金逐步纳入预算管理，收入分设了一般预算收入科目和基金预算收入科目。其中，一般预算收入科目分类体系也有所调整，主要包括：增值税、消费税、营业税、企业所得税、企业所得税退税、个人所得税、资源税、国有资产经营收益、国有企业计划亏损补贴、行政性收费收入、罚没收入、海域场地矿区使用费收入、专项收入、其他收入、一般预算调拨收入等；基金预算收入科目包括：工业交通部门基金收入、商贸部门基金收入、文教部门基金收入等。

直到2007年政府收支分类改革前，1994年改革的基本格局没有大的变化。由于2007年政府收支分类改革意义重大，现将其单独列出简单介绍。

2. 2007 年政府收支分类改革简介

为全面完整、科学准确地反映政府的收支活动，财政部于2006年印发了《政府收支分类改革方案》，并据以制定了《2007年政府收支分类科目》，从2007年1月1日起全面实施政府收支分类改革。此次政府收支分类改革是新中国成立以来我国政府收支分类统计体系的一次重大调整①。这次改革对我国的政府收支分类进行了新的改革调整，主要包括收入分类、支出功能分类和支出经济分类等三个方面的内容。此次收入分类改革将政府收入按照来源和性质细分为类、款、项、目四级。其中，类、款两级科目设置情况如表1-3所示。

此次收入分类相对于以往分类的区别主要体现在以下几个方面：第一，新的收入分类对所有政府收入按性质进行统一分类，使政府收入分类形式更趋规范；第二，新的收入分类拓宽了收入涵盖范围，将社会保险基金和预算外收入纳入政府收入分类范围，使收入分类更加完整；第三，新的收入分类对类、款层次进行了调整，增加了一些汇总统计科目，如税收收入、非税收入，更便于财政收支统计和分析；第四，利用新的政府收入分类科目，我们不仅可以分别编制一般收入预算、政府基金收入预算、预算外资金收入预算等，而且可以进行全部政府收入预算的汇总统计。

---

① 谢旭人．中国财政管理［M］．中国财政经济出版社，2011：138.

表 1-3　　2007 年政府收入分类的类、款两级科目

序号	类级科目	款级科目
1	税收收入	共 20 款：增值税、消费税、营业税、企业所得税、企业所得税退税、个人所得税、资源税、固定资产投资方向调节税、城市维护建设税、房产税、印花税、城镇土地使用税、土地增值税、车船使用和牌照税、船舶吨税、车辆购置税、关税、耕地占用税、契税、其他税收收入
2	社会保险基金收入	共 6 款：基本养老保险基金收入、失业保险基金收入、基本医疗保险基金收入、工伤保险基金收入、生育保险基金收入、其他社会保险基金收入
3	非税收入	共 8 款：政府性基金收入、专项收入、彩票资金收入、行政事业性收费收入、罚没收入、国有资本经营收入、国有资源（资产）有偿使用收入、其他收入
4	贷款转贷回收本金收入	共 4 款：国内贷款回收本金收入、国外贷款回收本金收入、国内转贷回收本金收入、国外转贷回收本金收入
5	债务收入	共 2 款：国内债务收入、国外债务收入
6	转移性收入	共 8 款：返还性收入、财力性转移支付收入、专项转移支付收入、政府性基金转移收入、彩票公益金转移收入、预算外转移收入、上年结余收入、调入资金

资料来源：《2007 年政府收支分类科目》。

专栏 1-2

政府收支分类科目

2007 年政府收支分类改革的重要成果之一就是《政府收支分类科目》。政府收支分类科目，是为全面反映政府的收支活动，对预算收入和预算支出的类别和层次进行的划分，因此也称“预算科目”。具体地，《政府收支分类科目》将收入按其性质进行分类并分为类、款、项、目四级；将支出按其功能进行分类并分为类、款、项三级，同时按其经济性质进行分类并分为类、款两级。政府收支分类科目是编制预算、决算，组织预算执行以及相关会计核算的基本工具。各部门、各单位应当按照政府收支分类科目编制本部门、本单位预算草案。财政部根据预算管理需要，可以对政府收支分类科目作出调整并予以公布。财政部每年都会提前制定下一年的《政府收支分类科目》，并由中国财政经济出版社出版发行，自 2017 年以来财政部还会在其官网上公布《政府收支分类科目》全文电子版。

资料来源：《预算法》；《2007 年政府收支分类科目》；财政部官网。

（二）中国复式预算管理体系的发展过程

中国的政府收入预算管理经历了由单式预算到复式预算[①]的发展过程。而且，复式预算制度还经历了从双元（双式）复式到多元（多式）复式的形式。从实践形式上来看经历了一个由一本账、两本账、三本账到四本账逐渐落实的过程。

新中国成立至20世纪90年代初，与传统的统收统支的财政管理体制相适应，我国一直实行的是单式预算。1990年“八五”计划建议提出要在“八五”期间（1991—1995年）实行复式预算；1991年在《国家预算管理条例》中以法律的形式确定经常性预算与建设预算两部分构成的双式复式预算体系；1992年财政部按照要求试编了经常预算和建设预算组成的复式预算；1993年十四届三中全会提出要“改进和规范复式预算制度，建立政府公共预算和国有资产经营预算，并可以根据需要建立社会保障预算和其他预算”，首次明确提出“国有资产经营预算”的概念，并用其取代了“建设性预算”的提法，自此双式复式预算便发展为多式复式预算；1994年通过的《预算法》第二十六条规定，“中央预算和地方各级政府预算按照复式预算编制”，并且明确，“复式预算的编制办法和实施步骤，由国务院规定”；1995年通过的《预算法实施条例》第二十条进一步明确，各级政府编制的复式预算分为“政府公共预算、国有资产经营预算、社会保障预算和其他预算”；1995年《预算法》正式实施，多元复式预算正式取得法律地位。1996年明确单独编列政府性基金预算，并于1997年执行，虽然政府性基金预算的概念并未出现在《预算法实施条例》之中，但是自此我国正式开启了以一般预算和基金预算并列的复式预算管理体系；后续1998年又将“国有资产经营预算”概念发展为“国有资本金预算”，2003年正式提出“国有资本经营预算”，并于2007年试编国有资本经营预算；“社会保障预算”的概念后来也调整为“社会保险基金预算”，并于2010年试编社会保险基金预算。此后，我国便在事实上和实践上形成了由一般预算（公共财政预算）、基金预算（政府性基金预算）、国有资本经营预算以及社会保险基金预算共同组成的四本预算（俗称“四本账”）并列的复式预算管理体系，并最终由2014年修订的《预算法》第五条“预算包括一般公共预算、政府性基金预算、国有资本经营预算、社会保险基金预算”以法律条款的形式确定下来。

---

① 所谓单式预算和复式预算是指预算管理方式，其中前者是政府的所有收入和支出都纳入一张收支表，而后者则是按照一定的分类办法将收入和支出纳入不同的收支表。复式预算按照预算类别的数量又可以分为双元（双式）复式预算和多元（多式）复式预算。

二、中国政府收入分属四本预算管理的实践

（一）中国政府收入分属四本预算

按照新《预算法》的要求，政府的全部收入和支出都应当纳入预算。目前的政府收入分别划入四本预算之中，即新《预算法》确定的一般公共预算、政府性基金预算、国有资本经营预算以及社会保险基金预算。四本预算的复式预算管理体系就是中国政府收入管理核算的典型事实。

1. 一般公共预算

按照新《预算法》第六条的定义：一般公共预算是对以税收为主体的财政收入，安排用于保障和改善民生、推动经济社会发展、维护国家安全、维持国家机构正常运转等方面的收支预算。

为了便于说明问题，我们这里以一张全省一般公共预算收支决算平衡表为例（见表1-4）。表中颜色较深的一条横线将整张表分为线上和线下两部分，其中线上的部分即我们通常所称的“线上收入（支出）”，而线下的部分即我们通常所称的“线下收入（支出）”，而这条横线即是区分我们所说的“线上”“线下”的那条线。另外，表中还有一条颜色较深的竖线，这条竖线将整张表分为左右两部分，其中左侧为收入，右侧为支出。本书重点关注收入相关问题，所以这里详细介绍竖线左侧的收入项目。线上收入包括税收收入和非税收入两类，其中，税收收入又按照税种细分为不同的款级科目，如增值税、企业所得税、个人所得税等；而非税收入下的款级科目按照不同的性质又分为：专项收入、行政事业性收费收入、罚没收入、国有资本经营收入、国有资源（资产）有偿使用收入以及其他收入等。线上的税收收入和非税收入加起来即为本年收入合计，即地方本级一般公共预算收入合计，且与前文讨论的纵向政府间初次分配相对应。线下收入包括上级补助收入（包括返还性收入、一般性转移支付收入、专项转移支付收入）、一般债务收入、上年结余以及调入收入（即从一般公共预算体系之外的其他预算调入的资金，包括从政府性基金预算调入、从国有资本经营预算调入、从其他资金调入以及调入或动用预算稳定调节基金）等收入项目。线上收入加上线下收入项目之和即为一般公共预算收入总计。

表 1-4　　一般公共预算收支决算平衡表

收入			支出		
预算科目	预算数	决算数	预算科目	预算数	决算数
一、税收收入			一、一般公共服务支出		
增值税			二、外交支出		
企业所得税			三、国防支出		
个人所得税			四、公共安全支出		
资源税			五、教育支出		
城市维护建设税			六、科学技术支出		
房产税			七、文化体育与传媒支出		
印花税			八、社会保障和就业支出		
城镇土地使用税			九、医疗卫生与计划生育支出		
土地增值税			十、节能环保支出		
车船税			十一、城乡社区支出		
耕地占用税			十二、农林水支出		
契税			十三、交通运输支出		
烟叶税			十四、资源勘探信息等支出		
环境保护税			十五、商业服务业等支出		
其他税收收入			十六、金融支出		
二、非税收入			十七、援助其他地区支出		
专项收入			十八、国土海洋气象等支出		
行政事业性收费收入			十九、住房保障支出		
罚没收入			二十、粮油物资储备支出		
国有资本经营收入			二十一、其他支出		
国有资源（资产）有偿使用收入			二十二、债务付息支出		
其他收入			二十三、债务发行费用支出		
本年收入合计			本年支出合计		
中央补助收入			上解中央支出		
地方政府一般债务收入			地方政府一般债务还本		
国债转贷收入			拨付国债转贷资金数		
国债转贷资金上年结余			国债转贷资金结余		
待偿债置换一般债券上年结余			待偿债置换一般债券结余		
上年结余			调出资金		
调入资金			援助其他地区支出		
接受其他地区援助收入			计划单列市上解省支出		
省补助计划单列市收入			年终结余		
收入总计			支出总计		

资料来源：《中国财政年鉴》。

2. 政府性基金预算

在分析政府性基金预算前首先必须明确一个问题，即政府性基金预算与政府性基金的关系。前者按照新《预算法》第九条定义，政府性基金预算是对依照法律、行政法规的规定在一定期限内向特定对象征收、收取或者以其他方式筹集的资金，专项用于特定公共事业发展的收支预算；后者按照《政府性基金管理暂行办法》第二条定义，政府性基金是指各级人民政府及其所属部门根据法律、行政法规和中共中央、国务院文件规定，为支持特定公共基础设施建设和公共事业发展，向公民、法人和其他组织无偿征收的具有专项用途的财政资金。政府性基金实行目录清单式管理，财政部于每年3月31日前编制截至上年12月31日的全国政府性基金项目目录，并向社会公布；各省、自治区、直辖市人民政府（以下简称省级政府）财政部门按照财政部规定，于每年4月30日前编制截至上年12月31日在本行政区域范围内实施的政府性基金项目，并向社会公布。以2020年财政部官网公布的最新的[①]全国政府性基金目录为例（见表1–5），该目录共包括21项政府性基金项目。通过对照《2020年政府收支分类科目》可以发现，政府性基金目录中部分基金项目在政府基金预算中管理，部分基金项目在一般公共预算中管理。而且我们还可以发现政府性基金预算中还有部分项目不是政府性基金目录中的项目，如国有土地使用权出让收入。综上所述，我们可以得出如下结论：政府性基金项目并不一定在政府性基金预算中管理，且政府性基金预算中管理的项目并非全是政府性基金目录中的项目。本书关注的是政府性基金预算中的收入项目，表1–6为典型省份江苏省的政府性基金预算收支决算平衡表。

表 1–5　　全国政府性基金目录清单

序号	项目名称	资金管理方式	政策依据	征收地区
1	铁路建设基金	缴入中央国库	国发〔1992〕37号，财工字〔1996〕371号，财工〔1997〕543号，财综〔2007〕3号	全国
2	港口建设费	缴入中央和地方国库	国发〔1985〕124号，财综〔2011〕29号，财综〔2011〕100号，财综〔2012〕40号，财税〔2015〕131号	全国

① 查询时间2020年6月。

续表

序号	项目名称	资金管理方式	政策依据	征收地区
3	民航发展基金	缴入中央国库	国发〔2012〕24号，财综〔2012〕17号，财税〔2015〕135号，财税〔2019〕46号，财政部 国家发展改革委公告2020年第11号	全国
4	高等级公路车辆通行附加费	缴入地方国库	财综〔2008〕84号，《海南经济特区机动车辆通行附加费征收管理条例》（海南省人民代表大会常务委员会公告第54号）	海南
5	国家重大水利工程建设基金	缴入中央和地方国库	财综〔2009〕90号，财综〔2010〕97号，财税〔2010〕44号，财综〔2013〕103号，财税〔2015〕80号，财办税〔2015〕4号，财税〔2017〕51号，财办税〔2017〕60号，财税〔2018〕39号，财税〔2019〕46号	除西藏以外
6	水利建设基金	缴入中央和地方国库	财综字〔1998〕125号，财综〔2011〕2号，财综函〔2011〕33号，财办综〔2011〕111号，财税函〔2016〕291号，财税〔2016〕12号，财税〔2017〕18号	河北、内蒙古、吉林、江苏、安徽、江西、山东、湖南、福建、重庆、云南、陕西、宁夏（向社会征收）
7	城市基础设施配套费	缴入地方国库	国发〔1998〕34号，财综函〔2002〕3号，财税〔2019〕53号，财政部 税务总局 发展改革委 民政部 商务部 卫生健康委公告2019年第76号	除天津以外
8	农网还贷资金	缴入中央和地方国库	财企〔2001〕820号，财企〔2002〕266号，财企〔2006〕347号，财综〔2007〕3号，财综〔2012〕7号，财综〔2013〕103号，财税〔2015〕59号	山西、吉林、湖南、湖北、广西、四川、重庆、云南、陕西
9	教育费附加	缴入中央和地方国库	《教育法》，国发〔1986〕50号（国务院令第60号修改发布），国发明电〔1994〕2号、23号，国发〔2010〕35号，财税〔2010〕103号，财税〔2016〕12号，财税〔2018〕70号，财税〔2019〕13号，财税〔2019〕21号，财税〔2019〕22号，财税〔2019〕46号	全国

续表

序号	项目名称	资金管理方式	政策依据	征收地区
10	地方教育附加	缴入地方国库	《教育法》，财综〔2001〕58号，财综函〔2003〕2号、9号、10号、12号、13号、14号、15号、16号、18号，财综〔2004〕73号，财综函〔2005〕33号，财综〔2006〕2号、61号，财综函〔2006〕9号，财综函〔2007〕45号，财综函〔2008〕7号，财综函〔2010〕2号、3号、7号、8号、11号、71号、72号、73号、75号、76号、78号、79号、80号，财综〔2010〕98号，财综函〔2011〕1号、2号、3号、4号、5号、6号、7号、8号、9号、10号、11号、12号、13号、15号、16号、17号、57号，财税〔2016〕12号，财税〔2018〕70号，财税〔2019〕13号，财税〔2019〕21号，财税〔2019〕22号，财税〔2019〕46号	全国
11	文化事业建设费	缴入中央和地方国库	国发〔1996〕37号，国办发〔2006〕43号，财综〔2013〕102号，财文字〔1997〕243号，财预字〔1996〕469号，财税〔2016〕25号，财税〔2016〕60号，财税〔2019〕46号	全国
12	国家电影事业发展专项资金	缴入中央和地方国库	《电影管理条例》，国办发〔2006〕43号，财税〔2015〕91号，财教〔2016〕4号，财税［2018］67号	全国
13	旅游发展基金	缴入中央国库	旅办发〔1991〕124号，财综〔2007〕3号，财综〔2010〕123号，财综［2012］17号，财税〔2015〕135号	全国

续表

序号	项目名称		资金管理方式	政策依据	征收地区
14	中央水库移民扶持基金	大中型水库移民后期扶持基金	缴入中央国库	《大中型水利水电工程建设征地补偿和移民安置条例》，《长江三峡工程建设移民条例》，国发〔2006〕17号，财综〔2006〕29号，财监〔2006〕95号，监察部、人事部、财政部令第13号，财综〔2007〕26号，财综〔2007〕69号，财综〔2008〕17号，财综〔2008〕29号、30号、31号、32号、33号、35号、64号、65号、66号、67号、68号、85号、86号、87号、88号、89号、90号，财综〔2009〕51号、59号，财综〔2010〕15号、16号、43号、113号，财综函〔2010〕10号、39号，财综〔2013〕103号，财税〔2015〕80号，财税〔2016〕11号，财税〔2016〕13号，财税〔2017〕51号，财办税〔2017〕60号，财农〔2017〕128号	除西藏以外
		跨省大中型水库库区基金	同上	同上	全国
		三峡水库库区基金	同上	同上	湖北
15	地方水库移民扶持基金	省级大中型水库库区基金	缴入地方国库	国发〔2006〕17号，财综〔2007〕26号，财综〔2008〕17号，财综〔2008〕29号、30号、31号、32号、33号、35号、64号、65号、66号、67号、68号、85号、86号、87号、88号、89号、90号，财综〔2009〕51号、59号，财综〔2010〕15号、16号、43号、113号，财综函〔2010〕10号、39号，财税〔2016〕11号，财税〔2016〕13号，财税〔2017〕18号	广西、辽宁、浙江、湖北、吉林、福建、黑龙江、四川、甘肃、广东、河南、江西、贵州、海南、云南、山西、青海、重庆、陕西
		小型水库移民扶助基金	同上	同上	广西、辽宁、黑龙江、甘肃、河北、广东、河南、贵州、海南、山西、山东、重庆、云南、陕西

续表

序号	项目名称	资金管理方式	政策依据	征收地区
16	残疾人就业保障金	缴入地方国库	《残疾人就业条例》，财税〔2015〕72 号，财综〔2001〕16 号，财税〔2017〕18 号，财税〔2018〕39 号	全国
17	森林植被恢复费	缴入中央和地方国库	《森林法》，《森林法实施条例》，财综〔2002〕73 号，财税〔2015〕122 号	全国
18	可再生能源发展基金	缴入中央国库	《可再生能源法》,财综〔2011〕115 号，财建〔2012〕102 号，财综〔2013〕89 号，财综〔2013〕103 号，财税〔2016〕4 号，财办税〔2015〕4 号，财建〔2020〕4 号，财建〔2020〕5 号	除西藏以外
19	船舶油污损害赔偿基金	缴入中央国库	《海洋环境保护法》，《防治船舶污染海洋环境管理条例》，财综〔2012〕33 号，交财审发〔2014〕96 号	全国
20	核电站乏燃料处理处置基金	缴入中央国库	财综〔2010〕58 号	全国
21	废弃电器电子产品处理基金	缴入中央国库	《废弃电器电子产品回收处理管理条例》，财综〔2012〕34 号，财综〔2012〕48 号，财综〔2012〕80 号，财综〔2013〕32 号，财综〔2013〕109 号，财综〔2013〕110 号，财综〔2014〕45 号、财税〔2015〕81 号，财政部公告 2014 年第 29 号，财政部公告 2015 年第 91 号，国家税务总局公告 2012 年第 41 号，海关总署公告 2012 年第 33 号	全国

资料来源：财政部官网。

表 1–6　　政府性基金预算收支决算平衡表

收入			支出		
预算科目	预算数	决算数	预算科目	预算数	决算数
港口建设费收入			科学技术支出		
新型墙体材料专项基金收入			文化体育与传媒支出		
国家电影事业发展专项资金收入			社会保障和就业支出		
城市公用事业附加收入			城乡社区支出		
国有土地收益基金收入			农林水支出		
农业土地开发资金收入			交通运输支出		
国有土地使用权出让收入			资源勘探信息等支出		
彩票公益金收入			商业服务业等支出		
城市基础设施配套费收入			其他支出		
小型水库移民扶助基金收入			债务付息支出		
车辆通行费收入			债务发行费用支出		
污水处理费收入					
彩票发行机构和彩票销售机构的业务费用					
其他各项政府性基金收入					
本年收入合计			本年支出合计		
上级补助收入			调出资金		
上年结转收入			地方政府专项债务还本支出		
地方政府专项债务收入			结转下年支出		
调入资金					
收入总计			支出总计		

资料来源：江苏省财政厅官网。

3. 国有资本经营预算

按照新《预算法》第十条的定义：国有资本经营预算是对国有资本收益作出

支出安排的收支预算。国有资本经营预算的收入是指各级人民政府及其部门、机构履行出资人职责的企业（即一级企业，下同）上交的国有资本收益，主要包括：国有独资企业按规定上交国家的利润；国有控股、参股企业国有股权（股份）获得的股利、股息；企业国有产权（含国有股份）转让收入；国有独资企业清算收入（扣除清算费用），以及国有控股、参股企业国有股权（股份）分享的公司清算收入（扣除清算费用）；其他收入等。国有资本经营预算的支出主要包括：（1）资本性支出。即根据产业发展规划、国有经济布局和结构调整、国有企业发展要求，以及国家战略、安全等需要，安排的资本性支出。（2）费用性支出。即用于弥补国有企业改革成本等方面的费用性支出。（3）其他支出。按照《国务院关于试行国有资本经营预算的意见》（国发〔2007〕26号）规定：国有资本经营预算的具体支出范围依据国家宏观经济政策以及不同时期国有企业改革和发展的任务，统筹安排确定；必要时可部分用于社会保障等项支出。从具体预算科目上来看，国有资本经营预算支出包括补充社保基金支出、解决历史遗留问题及改革成本支出、国有企业资本金注入、国有企业政策性补贴、金融国有资本经营预算支出以及其他国有资本经营预算支出等方面的支出。表1-7是典型省份江苏省的国有资本经营预算收支决算平衡表。

表1-7　　国有资本经营预算收支决算平衡表

收入			支出		
预算科目	预算数	决算数	预算科目	预算数	决算数
利润收入			解决历史遗留问题及改革成本支出		
股利、股息收入			国有企业资本金注入		
产权转让收入			国有企业政策性补贴		
清算收入			金融国有资本经营预算支出		
其他国有资本经营收入			其他国有资本经营预算支出		
本年收入合计			本年支出合计		
上年结转收入			调出资金		
			结转下年		
收入总计			支出总计		

资料来源：江苏省财政厅官网。

专栏 1–3

一般公共预算与国有资本经营预算下国有资本经营收入的区别

从政府收支分类科目表中可以发现一般公共预算和国有资本经营预算这两类预算下都有一个款级科目“国有资本经营收入”（科目代码：10306），那么二者有什么区别呢？这两者最主要的区别在于国有金融资本的经营收入主要在一般公共预算中管理，而非金融国有资本经营收入则主要在国有资本经营预算中管理。这跟目前我国的国有资产管理的体制有关系，我国国有金融资本管理与实业资本管理相隔离分开管理，受国务院委托，与前者相关的金融国有资产由财政部管理，与后者相关的实业国有资产由国资委管理。

资料来源：《2020年政府收支分类科目》；《中共中央　国务院关于完善国有金融资本管理的指导意见》。

4. 社会保险基金预算

按照新《预算法》第十一条的定义：社会保险基金预算是对社会保险缴款、一般公共预算安排和其他方式筹集的资金，专项用于社会保险的收支预算。社会保险基金预算按照社会保险项目可以分为养老保险、医疗保险、工伤保险、失业保险以及生育保险。具体地，社会保险基金收入反映社会保险基金的各项收入，包括企业职工基本养老保险基金收入、城乡居民基本养老保险基金收入、机关事业单位基本养老保险基金收入、城镇职工基本医疗保险基金收入、居民基本医疗保险基金收入、工伤保险基金收入、失业保险基金收入、生育保险基金收入等；社会保险基金支出反映政府社会保险基金的各项支出，包括企业职工基本养老保险基金支出、城乡居民基本养老保险基金支出、机关事业单位基本养老保险基金支出、城镇职工基本医疗保险基金支出、居民基本医疗保险基金支出、工伤保险基金支出、失业保险基金支出、生育保险基金支出等，见表1–8。

表 1-8 社会保险基金预算收支决算总表

收入			支出		
预算科目	预算数	决算数	预算科目	预算数	决算数
企业职工基本养老保险基金收入			企业职工基本养老保险基金支出		
城乡居民基本养老保险基金收入			城乡居民基本养老保险基金支出		
机关事业单位基本养老保险基金收入			机关事业单位基本养老保险基金支出		
城镇职工基本医疗保险基金收入			城镇职工基本医疗保险基金支出		
居民基本医疗保险基金收入			居民基本医疗保险基金支出		
工伤保险基金收入			工伤保险基金支出		
失业保险基金收入			失业保险基金支出		
生育保险基金收入			生育保险基金支出		
本年收入合计			本年支出合计		
上年结余收入			本年收支结余		
收入总计			支出总计		
			年末滚存结余		

除了按照具体的收支项目划分外，社会保险基金还可以按照收支的性质来划分。各项社会保险基金预算收入，包括社会保险费收入、利息收入、投资收益、财政补贴收入及其他收入等；各项社会保险基金预算支出，包括社会保险待遇支出及其他支出，见表1-9。

表 1-9 社会保险基金预算收支决算表

收入			支出		
预算科目	预算数	决算数	预算科目	预算数	决算数
社会保险费收入			社会保险待遇支出		
利息收入			其他支出		
投资收益					
财政补贴收入					
其他收入					
转移收入					
本年收入合计			本年支出合计		
上年结余收入			本年收支结余		
收入总计			支出总计		
			年末滚存结余		

（二） 四本预算收入之间的衔接

新《预算法》第五条规定，一般公共预算、政府性基金预算、国有资本经营预算、社会保险基金预算应当保持完整、独立。政府性基金预算、国有资本经营预算、社会保险基金预算应当与一般公共预算相衔接。这是从法律上规定了四本预算之间既要保持完整独立，同时还要保持预算之间的衔接。实践中保持预算之间衔接的关键在于衔接科目设置。《预算法》明确规定其他三本预算要与一般公共预算相衔接。下面将分别说明政府性基金预算、国有资本经营预算以及社会保险基金预算与一般公共预算之间的衔接。

1. 政府性基金预算与一般公共预算的衔接

目前的实践中政府性基金预算与一般公共预算的衔接主要体现在两个方面：第一，政府性基金预算资金调入一般公共预算，具体办法是通过在政府性基金预算支出侧设置“调出资金”科目，同时在一般公共预算收入侧设置“调入资金”科目实现的；第二，政府性基金预算管理项目转列一般公共预算管理，至今已先后将19个政府性基金预算管理项目转列一般公共预算管理。具体办法是在删除政府性基金预算中特定科目的同时在一般公共预算下设立相应的科目，如2015年1月1日起将地方教育附加从政府性基金预算转列至一般公共预算管理，通过删除政府性基金预算中的项目，同时在一般公共预算中设立地方教育附加科目实现的。其中，第一种调入调出的方式是两本预算衔接主要的常态化的方式，而第二种转列方式则是一次性的，一旦转列完成则不再涉及该项目资金的进出的问题。

2. 国有资本经营预算与一般公共预算的衔接

目前国有资本经营预算与一般公共预算的衔接主要体现在国有资本经营预算资金调入一般公共预算，实现方式是通过在国有资本经营预算支出侧设置“调出资金”科目，同时在一般公共预算收入侧设置“调入资金”科目。

3. 社会保险基金预算与一般公共预算的衔接

实践中社会保险基金预算与一般公共预算的衔接体现为一般公共预算对社会保险基金预算的支持。主要通过以下方式实现的，即在一般公共预算的支出侧建立“财政对基本养老保险基金的补助”以及“财政对其他社会保险基金的补助”，同时在社会保险基金预算收入每个社会保险基金项目下设相应的财政补贴收入科目。

4. 四本预算加总时的重复计算问题

分析不同预算之间的衔接关系既有利于搞清四本预算之间的勾稽关系，同时也有利于甄别四本预算加总时不同预算之间的重复计算问题。比如在计算广义政府收入时，由于四本预算之间调入调出导致的交叉重复的部分是必须要扣除的，否则会带来重复计算的问题。但是，在现实中由于四本预算之间的勾稽关系复杂、透明度不够，高质量的底层数据难以获得，如很多细项数据是不对外公开或公开度有限，这对我们分析和认识相关问题有一定的阻碍。

三、中国政府收入的预算核算级次

新《预算法》第三条规定：国家实行一级政府一级预算，设立中央，省、自治区、直辖市，设区的市、自治州，县、自治县、不设区的市、市辖区，乡、民族乡、镇五级预算。《预算法》规定的五级预算即预算级次问题。预算级次问题涉及本级预算及其与上下级政府之间的预算关系。其中，上下级政府预算关系的关键在于政府间的收入转移。预算实践中的上下级政府之间的预算关系主要通过两大类科目来反映，即自上而下的上级补助收入（包括返还和转移支付）、自下而上的地方上解。由于四本预算的核算级次基本相同，这里以一般公共预算为例来说明。

（一）全国与地方总预算

按照《预算法》规定，全国预算由中央预算和地方预算组成。地方预算由各省、自治区、直辖市的总预算组成。地方各级总预算由本级预算和汇总的下一级总预算组成；如果下一级只有本级没有下一级预算的，下一级总预算即指下一级的本级预算。

（二）中央与中央本级预算

《预算法》第六条规定，中央一般公共预算包括中央各部门（含直属单位）的预算和中央对地方的税收返还、转移支付预算。其中，各部门预算由本部门及其所属各单位预算组成。中央一般公共预算收入包括中央本级收入、地方向中央的上解收入、从政府性基金预算和国有资本经营预算调入资金、从预算稳定调节基金调入资金等。中央一般公共预算支出包括中央本级支出、中央对地方的税收返还和转移支付、偿还政府债务本金支出、补充预算稳定调节基金等。

（三）地方与地方本级预算

《预算法》第七条规定，地方各级一般公共预算包括本级各部门（含直属单位）的预算和税收返还、转移支付预算。地方各级一般公共预算收入包括地方本级收入、上级政府对本级政府的税收返还和转移支付、下级政府的上解收入、从政府性基金预算和国有资本经营预算调入资金、从预算稳定调节基金调入资金、其他调入资金等。地方各级一般公共预算支出包括地方本级支出、对上级政府的上解支出、对下级政府的税收返还和转移支付、偿还政府债务本金支出、补充预算稳定调节基金等。

（四）全省（市）、省（市）级与省（市）本级预算

在实践中需要区分全省（市）、省（市）级与省（市）本级预算。全省（市）预算属于前文所说的地方总预算范畴，即各省（自治区、直辖市）的总预算和市（地级行政区划）的总预算，既包括省（市）本级预算同时也包括汇总的下一级总预算。由于全省（市）预算是一个整体，只与其上级政府发生收入转移关系，其内部的收入转移则相互抵消。所以，全省预算会涉及中央对各省的补助（返还和转移支付）以及各省对中央的上解；相应地，全市预算则涉及省对市的补助和市对省的上解。而省（市）级预算则既包括省（市）本级预算还包括其对下级的补助和下级对其的上解。综上，从预算范围和口径上来看，全省（市）预算要大于省（市）级预算，省（市）级预算要大于省（市）本级预算。

专栏 1-4

工业／产业园区、开发区、高新区等功能区的预算问题

为促进经济社会发展，我国在改革开放的过程中设立了各式各样的功能区，如工业/产业园区、开发区、高新区、自贸区等等。那么，这些功能区的预算是怎么处理的呢？是否算一级预算呢？

《中华人民共和国预算法》第三条规定国家实行一级政府一级预算。《中华人民共和国宪法》第三十条也在事实上确认了五级行政区域的划分，相应设置了中央、省、市、县、乡（镇）五级预算。因此，功能区预算是否作为一级预算的关键在于确认这些功能区是否为一级政府，在于明确功能区的性质。

判断一个区域是否属于一级政府，不是看其是否有行政职能或行政级别，按照《中华人民共和国地方各级人民代表大会和地方各级人民政府组织法》第六十八条规定，那些有行政职能或者行政级别的区域可能仅仅是地方政府的派出机关，因此判断该区域是否属于一级政府，最简单的办法是看该区域是否在国务院民政部门公布的行政区划代码名单里。依据目前民政部公布的最新行政区划名单，仅有上海的浦东新区和天津的滨海新区属于一级政府，所以其他的各种功能区顶多算是各级地方政府的派出机关。而按照1995年的《预算法实施条例》第二条规定县级以上地方政府的派出机关，根据本级政府授权进行预算管理活动，但是不作为一级预算，也就是说其收支要纳入本级预算。

综上，除了滨海新区和浦东新区外，其他功能区都不是一级政府，其预算也都不作为一级预算，其收支要纳入所属那一级政府的本级预算，并由相应的人代会审查批准，但这并不意味着它不能独立核算和报告它的预算。实践中部分功能区也设有金库（即国库），可以进行独立的财政核算。

参考资料：《预算法》；《预算法实施条例》；《宪法》；《地方各级人民代表大会和地方各级人民政府组织法》；民政部官网；《中国行政区划改革研究》，等等。

四、中国政府收入统计数据的公开和检索问题

《预算法》以及政府信息公开条例等法律法规对财政预算、决算信息公开提出了明确的要求。本书以公开检索的政府收入统计核算数据为依据，目前可以通过多种公开的途径获得中国政府收入方面的统计数据。这些数据按照公开的途径和形式可以大致分为两大类，即年鉴数据和门户网站数据。

第一类数据为年鉴数据，如统计年鉴、财政年鉴以及税务年鉴等年鉴上的数据。不同年鉴上的数据统计口径有所差异。比如，《中国财政年鉴》和《中国税

务年鉴》，这两本统计年鉴上的数据至少有以下几个方面的区别：其一，财政年鉴和税务年鉴上统计的税收数据口径不同，税务年鉴数据不包括海关征收的关税和船舶吨税（但是包括海关代征的进口环节增值税和消费税），早期数据还不包括财政部门征收的耕地占用税和契税，且税务年鉴统计的数据未扣减出口退税[①]，相反财政年鉴统计的税收数据则是全口径的且扣减了出口退税的净收入数据；其二，税务年鉴的省级数据中不包含计划单列市的数据，而财政年鉴则包含相应省份计划单列市的数据，所以如果要使用税务年鉴中的省级数据则需要加上相应的计划单列市的数据。综上，使用数据的前提是要搞清楚其统计范围和口径，否则会错误使用数据。

第二类数据为门户网站数据，如各级政府门户网站或政府财政部门官网上的公布的数据。门户网站上公开的数据相对于各种年鉴上的数据要更复杂，因为这些数据类型比较多，包括财政部门公布的财政收支的快报数据（简称快报数据）、每年年初各级人大审查批准的上一年度预算执行数据和当年预算数据（简称执行数据和预算数据），每年年中各级人大常委会审查批准的上一年年度决算数据（简称决算数据）等。快报数据为满足统计及时性的需要，属于统计的初步数据，而执行数据相对于快报数据要更精确，决算数据可能会对执行数据进行一定的修正，所以相对而言决算数据是最准确的数据，但时效性相对较差。另外，关于执行报告和决算报告二者的范围和口径也有区别，按照《预算法》第四十七条[②]和第七十七条[③]规定，地方各级政府预算执行报告中会列示总预算情况，如全省（市）的预算收支情况，而决算报告则须报告本级预算的决算，至于是否报告总预算的决算情况并不作要求。所以我们会看到一些地方政府的决算报告会包含总预算的部分内容，而一些地方政府则仅报告本级决算的内容。考虑到以上种种因素，本书以决算数据为准，兼顾使用少数执行数据。

---

① 《中国税务年鉴》中退税数据与税收收入数据并列展示，并未计算净税收收入数据。

② 第四十七条规定："国务院在全国人民代表大会举行会议时，向大会作关于中央和地方预算草案以及中央和地方预算执行情况的报告。地方各级政府在本级人民代表大会举行会议时，向大会作关于总预算草案和总预算执行情况的报告。"

③ 第七十七条规定："国务院财政部门编制中央决算草案，经国务院审计部门审计后，报国务院审定，由国务院提请全国人民代表大会常务委员会审查和批准。县级以上地方各级政府财政部门编制本级决算草案，经本级政府审计部门审计后，报本级政府审定，由本级政府提请本级人民代表大会常务委员会审查和批准。乡、民族乡、镇政府编制本级决算草案，提请本级人民代表大会审查和批准。"

参考文献

[1] Asquer A. Public Sector Revenue: Principles, Policies and Management [M]. Routledge, 2017.

[2] Heywood A. Politics [M]. 4th. Palgrave Macmillan, 2013.

[3] IMF. Government Finance Statistics Manual 2014 [Z]. 2014.

[4] Musgrave R A. The Theory of Public Finance: A Study in Public Economy [M]. McGraw-Hill, 1959.

[5] Musgrave R A, Musgrave P B. Public Finance in Theory and Practice [M]. 5th. McGraw-Hill, 1989.

[6] 财政部预算司. 政府收支分类改革问题解答 [M]. 中国财政经济出版社，2006.

[7] 格罗夫斯. 税收哲人 [M]. 上海财经大学出版社，2018.

[8] 葛守中. 重新定义财政收入和财政支出（上）[N]. 中国会计报，2014-08-22.

[9] 国际货币基金组织. 2014年政府财政统计手册 [Z]，2014.

[10] 国家统计局. 中国国民经济核算体系2016 [Z]，2017.

[11] 黄夏岚，刘怡. 增值税收入地区间转移的衡量——生产地原则与消费地原则的比较 [J]. 财贸经济，2012（01）：25-33.

[12] 靳万军. 关于区域税收与税源背离问题的初步思考 [J]. 税务研究，2007（01）：26-32.

[13] 李永友，沈玉平. 财政收入垂直分配关系及其均衡增长效应 [J]. 中国社会科学，2010（6）：108-124.

[14] 联合国，欧盟委员会，经济合作与发展组织，等. 国民经济核算体系2008 [Z]，2008.

[15] 梁季. 我国国民收入分配格局的评价与优化研究 [M]. 中国海关出版社，2013.

[16] 刘尚希. 论非税收入的几个基本理论问题 [J]. 湖南财政经济学院学报，2013（03）：125-131.

[17] 刘尚希，樊轶侠. 公共资源收益形成与分配机制研究 [J]. 财政经济评论，2014（02）：1-22.

[18] 刘尚希，杨良初，李成威. 优化公共收入结构：财政增收的重要途径之一 [J]. 杭州师范学院学报（社会科学版），2005（05）：5-12.

[19] 刘怡，耿纯，张宁川. 电子商务下的销售新格局与增值税地区间分享 [J]. 税务研究，2019（09）：25-34.

[20] 浦善新. 中国行政区划改革研究 [M]. 商务印书馆，2006.

[21] 税收与税源问题研究课题组. 区域税收转移调查 [M]. 中国税务出版社，2007.

[22] 宋旭光. 中国政府收入经济属性的核算解析 [J]. 财政研究，2013（09）：56-59.

［23］王法忠. 预算知识手册［M］. 中国财政经济出版社，2020.

［24］吴俊培. 公共经济学［M］. 武汉大学出版社，2009.

［25］谢旭人. 中国财政管理［M］. 中国财政经济出版社，2011.

［26］许宪春. 中国政府统计重点领域解读［M］. 清华大学出版社，2019.

［27］许宪春，雷泽坤，张钟文. 财政收支与国民经济核算中相应指标的比较研究［J］. 财政研究，2019（11）：27-36.

［28］亚当 · 斯密. 国富论（下）［M］. 译林出版社，2011.

［29］姚彤. 新《预算法》解读［M］. 东南大学出版社，2015.

［30］中国注册会计师协会. 税法［M］. 中国财政经济出版社，2020.

［31］中华人民共和国财政部. 2007年政府收支分类科目［M］. 中国财政经济出版社，2006.

［32］中华人民共和国财政部. 2020年政府收支分类科目［M］. 中国财政经济出版社，2019.

第二章
2019 年中国政府收入情况分析

近年来全球和中国经济持续下行，国际国内面临的风险持续攀升，稳增长的难度和代价越来越大。2019年底的中央经济工作会议指出："我国正处在转变发展方式、优化经济结构、转换增长动力的攻关期，结构性、体制性、周期性问题相互交织，'三期叠加'影响持续深化，经济下行压力加大。当前世界经济增长持续放缓，仍处在国际金融危机后的深度调整期，世界大变局加速演变的特征更趋明显，全球动荡源和风险点显著增多。"经济下行叠加持续的减税降费政策，政府收入增速持续下行。

第一节　2019 年宏观经济形势分析

2019年中国实际GDP增速为6.1%，较上年下降0.6个百分点，开始迈向"5"时代，核心是总需求不足。分季度看逐季下行，第一、二、三、四季度实际GDP增速分别为6.4%、6.2%、6.0%和6.0%。2020年新冠疫情发生以来，全球和中国经济受到巨大负面冲击，中国上半年实际GDP增速为-1.6%，其中第一和第二季度分别是-6.8%和3.2%，形势严峻，考验宏观调控能力。具体看，2019年的中国经济有以下特征。

本章执笔人：罗志恒

一、经济下行压力较大，逐季下滑，经济社会风险攀升

1. 投资、消费、出口三驾马车全部回落，房地产投资依然是主力，制造业投资尤其是民间投资大幅下滑，消费低迷

2019年内外需纷纷下行，主要经济指标回落。外需看，2019年中国出口增速为0.5%（见图2-1），近乎零增长，较上年下滑9.4个百分点，主要是受全球主要经济体经济增速回落及中美贸易摩擦的影响。内需看，社会消费品零售总额同比名义增速8%（见图2-2），较上年下滑1个百分点，实际增速为6%，较上年下滑0.9个百分点，主要源于居民收入下行、股市房市财富效应较弱和居民杠杆率持续上升等。固定资产投资同比增速5.4%，较上年下降0.5个百分点；民间投资同比增速为4.7%，低于整体增速0.7个百分点，占固定资产投资的比重为56.4%，较上年下降5.6个百分点，民间投资的积极性大幅下降（见图2-3）。其中，制造业投资增速为3.1%，较上年大幅下降6.4个百分点；主要依赖房地产投资和基建投资，同比分别增长9.9%和3.3%，较上年上升0.4和1.5个百分点。

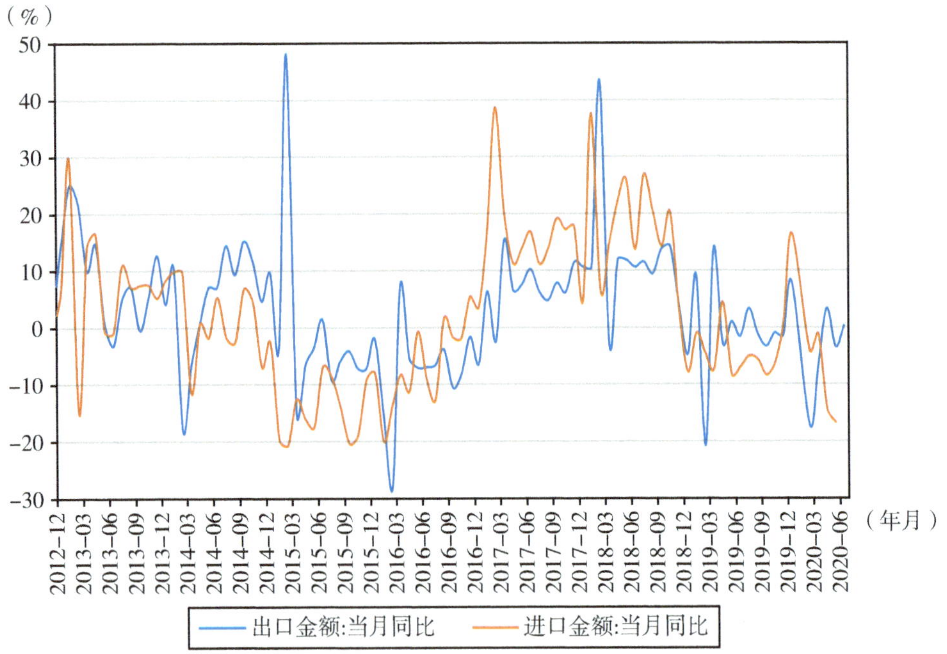

图2-1 2012年12月—2020年6月中国进出口当月同比增速

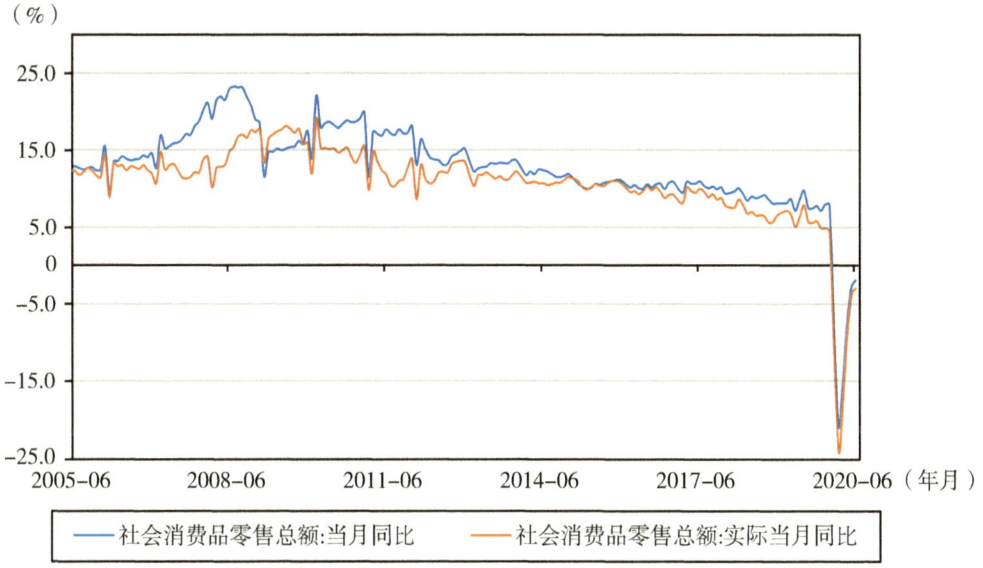

图 2-2　社会消费品零售总额当月同比增速、实际当月同比增速

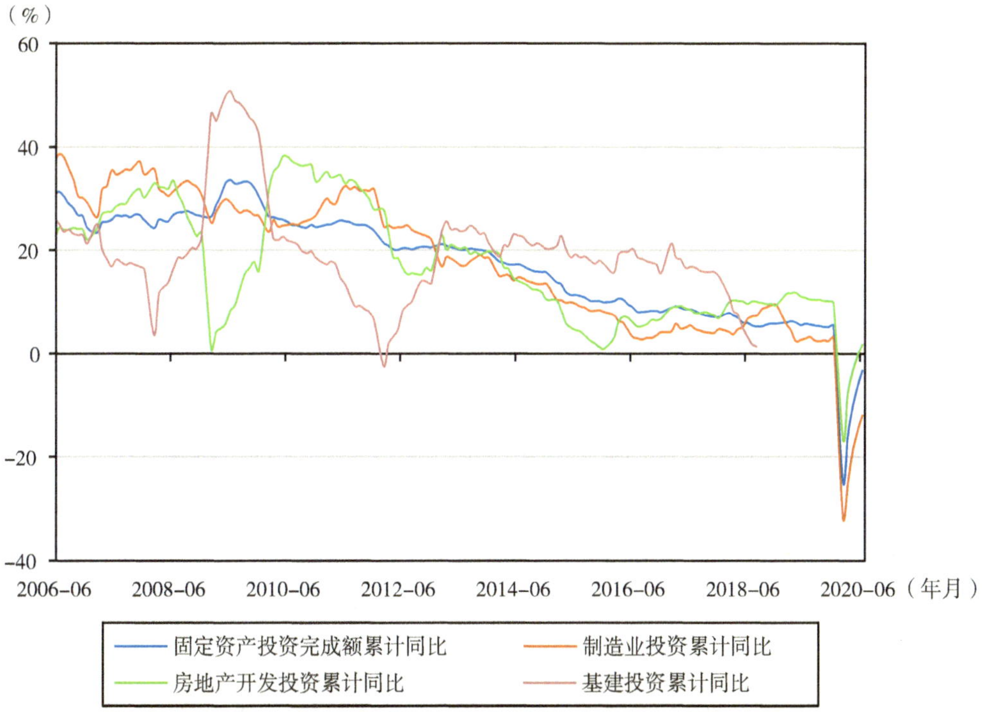

图 2-3　2006 年 6 月—2020 年 6 月固定资产投资完成额、制造业投资、房地产开发投资、基建投资累计同比增速

2. 结构性通胀与工业品通缩并存，扣掉猪肉都是通缩，核心是猪肉供给不足与总需求不足并存

2019年CPI同比上涨2.9%，较2018年上升0.8个百分点。其中，食品分项同比增长9.2%，猪肉细项同比增长42.5%，较上年上升50.6个百分点，主要是环保过度扩大化、猪周期和非洲猪瘟驱动下的猪肉供给不足，并非经济过热导致。非食品分项同比增长1.4%，较上年下降0.8个百分点；剔除能源和食品后的核心CPI增长1.6%，较上年下降0.3个百分点。

2019年PPI同比下降0.3%，较2018年降幅扩大3.8个百分点，与CPI中的非食品分项下行一致。经济通缩的程度加深，不利于居民收入、财政收入和企业利润增长（见图2-4）。

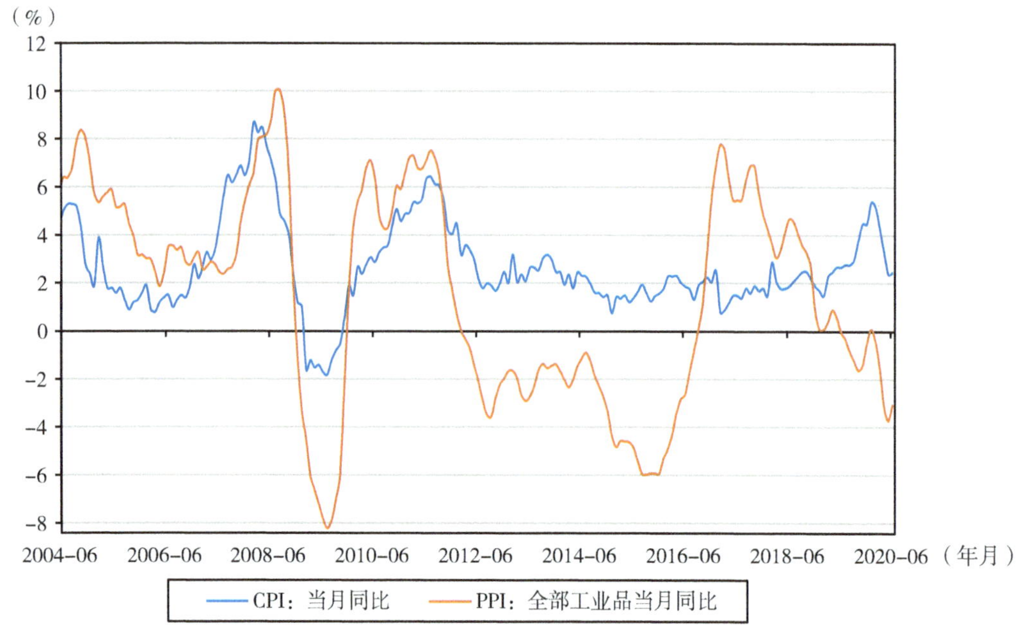

图 2-4　2004 年 6 月—2020 年 6 月 CPI、PPI 当月同比增速

3. 经济社会风险攀升：失业率上升；金融结构仍有待改善，民企融资难、融资贵未根本解决；银行不良率上升

一是宏观经济下行对家庭部门的影响是新增就业人数下降，失业率上升。2019年新增城镇就业人数为1 352万人，比2018年减少9万人，同比下降0.66%。城镇调查失业率从4.9%上升到5.2%，其中，25—59岁就业人群的失业率从4.4%上升到4.7%。

二是金融结构有待改善，中长期贷款占比低，民企融资难融资贵依旧。2019年新增人民币贷款16.8万亿元，其中，企业短期和中长期贷款分别为1.52万亿元和5.88万亿元，中长期贷款占新增贷款比重为35%，有待进一步提高。

三是银行不良率攀升。城商行和农商行近年来不良率明显攀升，2019年底分别达到2.3%和3.9%（见图2-5）。

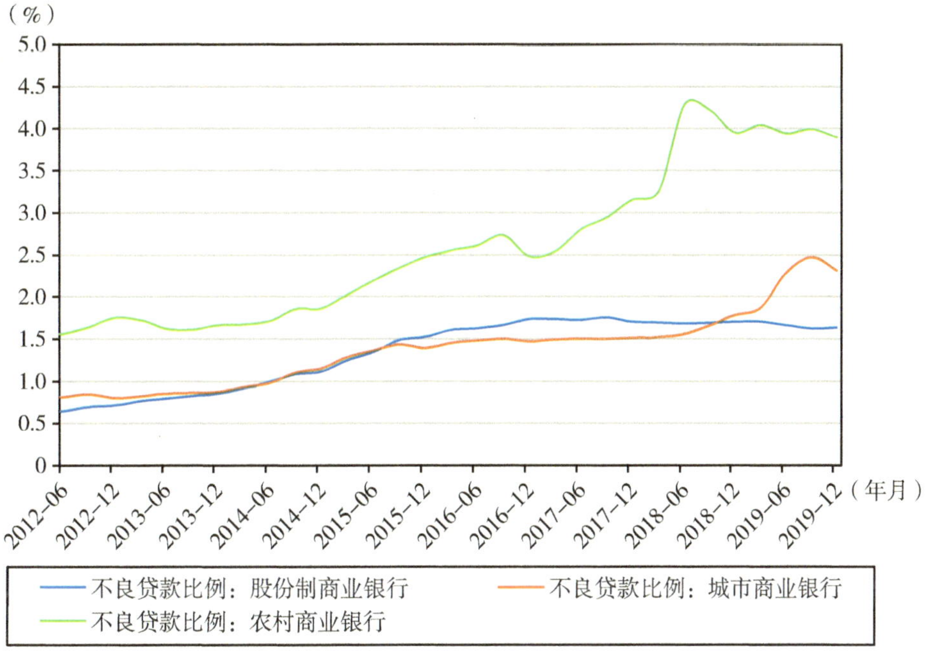

图 2-5　2012 年 6 月—2019 年 12 月股份制商业银行、城市商业银行、农村商业银行不良贷款比例

二、原因分析：外部贸易摩擦加剧，内部企业家和地方政府积极性不高，政策摆动大，预期不稳定，投资意愿下降

近年来经济持续下行，有周期性、外部性的因素，但主要是结构性和内部因素，反映出国家治理水平和能力现代化有待继续提高。

1. 外部有中美贸易摩擦和世界经济周期下行

全球经济进入下行周期，GDP增速连续两年下行，从2017年的3.9%下行至2018年和2019年的3.6%和2.9%。同时，中美贸易摩擦持续升级，美国减少对中国的进口。2019年美国对中国和中国香港货物进口同比下降16.2%和25%，对越南进口却上升到35.6%（见图2-6）。

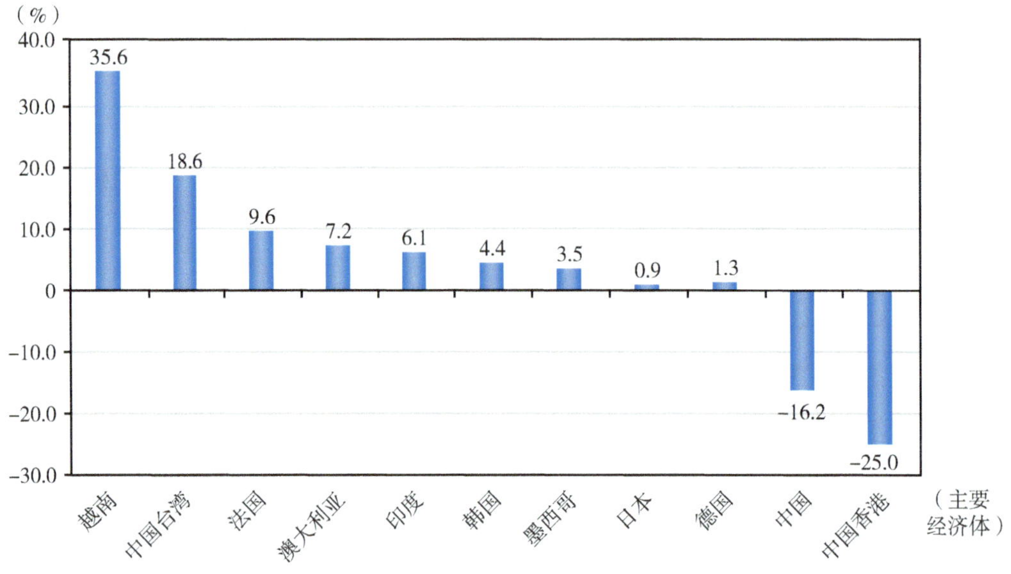

图 2-6　2019 年主要经济体对美国出口增速

2. 内部是地方政府和企业家精神受到抑制，预期不稳，结构性问题突出

中国经济下行既有宏观杠杆率上升、人口红利衰退、市场准入放开等改革开放措施不到位等长期原因，还有政策摆动过大及执行的“一刀切”等短期原因，容易误伤民企积极性，导致民企不愿意增加投资。环保过度扩大化误伤生猪养殖、去产能和金融去杠杆误伤民企等一系列问题的本质是部分地方政府落实法治精神不到位，企业家精神受到抑制。地方政府受到举债终身追责及财力紧张的束缚，缺乏拉动基建的动力和能力，地方政府面临多重考核，必须重塑新的考核方式调动积极性。企业家和地方政府的积极性下降，根源在于国家治理体系有待改进。

3. 减税降费对经济的拉动作用减弱，投资的效率下降

近年来持续的大规模减税降费和基建投资的效果递减。固定资本形成率持续下降，政府投资的乘数小于1，效率趋于下降。我们统计2014年以来1 466家融资平台的经营情况，净资产收益率的中位数从2014年的2.8%下降至2019年的1%，总资产收益率的中位数从2014年的1.5%下降到2019年的0.5%（见图2-7）。

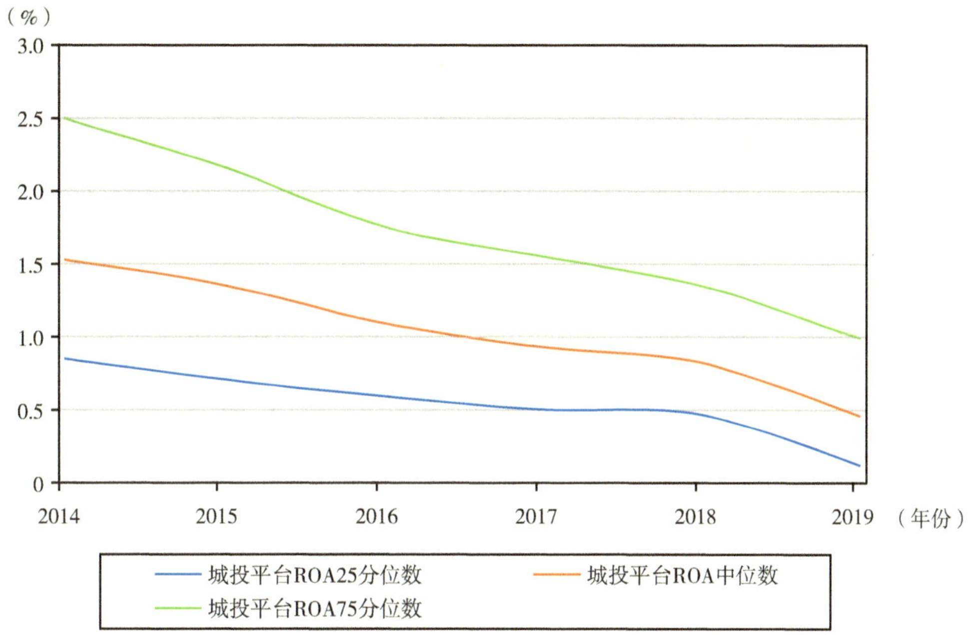

图 2-7　2014—2019 年城投平台 ROA 相关数据

减税降费理论上可降低经营成本、增加企业利润扩大投资、增加居民收入带动消费，同时配套改革措施要及时跟进。过度依赖减税降费，配套的制度和政策并未完全跟上，一定程度上对冲了减税降费的效果。实体经济的需求并未出现实质性改善，土地、人工、能源等成本上升，弱化了减税降费降成本的效果，企业不愿意追加投资。居民杠杆率高、还本付息压力加大，医疗、教育、养老等民生问题未得到根本性解决，即使降低个人所得税，居民的消费意愿仍不强，房价大涨导致贫富分化抑制消费。纯粹寄希望于减税降费解决一切问题是不可能的，还需要靠宏观的改革开放和微观主体积极性的提高。需求不足和供给不畅（营商环境、市场准入、融资环境）是根源，减税降费解决不了。

第二节　2019 年中国政府收入总体情况分析

财政是国家治理的基础和重要支柱，在经济社会发展中起至关重要的作用，财政可通过自身风险的扩大来对冲和化解部分经济社会风险。改革、发展、稳定均离不开财政，甚至财政行为就是改革、发展和稳定。

财政能够承担的风险有其限度，超出限度后不仅会推升隐性赤字和债务，而且会扩大公共风险。近年来经济下行叠加减税降费，财政形势日益严峻，财政收支矛盾持续凸显，地方政府尤其是基层政府“保基本民生、保工资、保运转”问题突出。一是收入增速持续下行。二是支出长期高速，隐性赤字、隐性债务日渐扩大。1992—2013年我国一般公共预算支出增速连续22年保持在10%左右，其中8年保持在20%以上；2014—2019年降至10%以内，但仍连续5年高于收入增速，上述形势导致大部分年份均有赤字。同时，近年来持续扩大的地方政府专项债并未被计入赤字，2019年专项债新增发行规模相当于赤字的80%；2020年专项债几乎相当于赤字规模，如果将新增赤字3.76万亿元、专项债3.75万亿元和抗疫特别国债1万亿元汇总计算，则实际赤字率将达到8.2%。随着经济增速下行，财政空间日益收窄，无法支撑日益扩大的赤字。三是过度使用财政手段将扩大财政风险和公共风险。减税降费、扩大支出，化解经济社会风险可能导致财政风险扩大。

2019年底的中央经济工作会议对财政的表态从“加力提效”改为“提质增效”，去掉了“加力”，蛋糕不可能无限制做大，更加侧重分好蛋糕。2019年底的全国财政工作会议透出“过紧日子”“以收定支”“勤俭节约办事业”的思想。财政部部长刘昆在《求是》发表的文章《积极的财政政策要大力提质增效》提出了“财政政策新内涵”，核心是如何过紧日子。面对疫情对经济社会“前所未有”和“极不寻常”的冲击，中央提出“积极的财政政策更加积极有为”，2020年4月17日中央政治局会议提出“提高赤字率，发行抗疫特别国债，增加地方政府专项债发行规模”。

1. 2019年政府收入约为34.3万亿元，占GDP的34.6%，其中一般公共预算收入/GDP连续四年下滑，政府性基金收入/GDP上升较快

2019年政府四本预算之和剔除公共财政对社保的补贴后，约为34.3万亿元，占GDP比重的34.3%（见表2-1）。其中，一般公共预算、政府性基金预算、国有资本经营预算收入分别为19万亿元、8.45万亿元和0.4万亿元，增速分别为3.8%、12%和36.3%，占政府收入的比重分别为55.9%、24.8%和1.2%（见图2-8）。

表 2-1　　2009—2019 年政府收入构成　　单位：亿元，%

年份	一般公共预算收入(1)	其中：税收收入	政府性基金收入(2)	其中：土地出让收入	国有资本经营收入(3)	社会保险基金收入(4)	其中：社会保险基金收入：财政补贴(5)	合计=(1)+(2)+(3)+(4)-(5)	GDP现价	一般公共预算收入/GDP
2009	68 518	59 522	—	—	—	14 583	—	—	348 518	19.7
2010	83 102	73 211	36 785	28 198	—	17 071	—	—	412 119	20.2
2011	103 874	89 738	41 363	31 140	—	25 758	—	—	487 940	21.3
2012	117 254	100 614	37 535	26 692	1 496	31 411	—	—	538 580	21.8
2013	129 210	110 531	52 269	39 142	1 713	35 994	7 372	211 814	592 963	21.8
2014	140 370	119 175	54 114	40 480	2 008	40 439	8 447	228 483	643 563	21.8
2015	152 269	124 922	42 338	30 784	2 551	46 354	10 244	233 268	688 858	22.1
2016	159 605	130 361	46 643	35 640	2 609	50 112	11 089	247 881	746 395	21.4
2017	172 593	144 370	61 480	49 997	2 581	58 438	12 352	282 739	832 036	20.7
2018	183 360	156 403	75 479	62 911	2 906	79 003	16 777	323 970	919 281	19.9
2019	190 390	158 000	84 518	70 679	3 972	83 152	19 103	342 929	990 865	19.2

资料来源：财政部，统计局，中国财政科学研究院。本表数据为决算数据，其中“—”代表数据缺失。

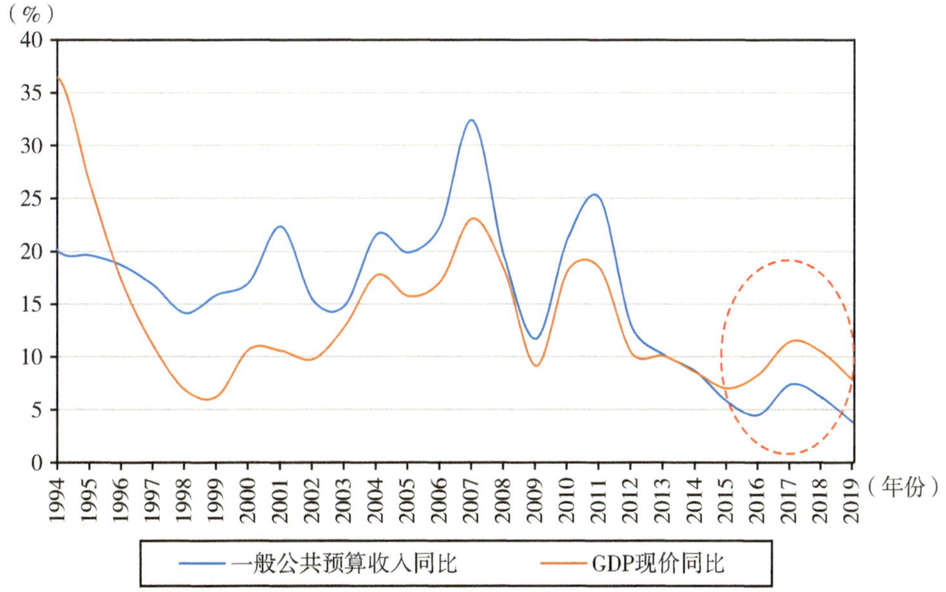

图 2-8　1994 年分税制改革以来一般公共预算收入与名义 GDP 增速比较

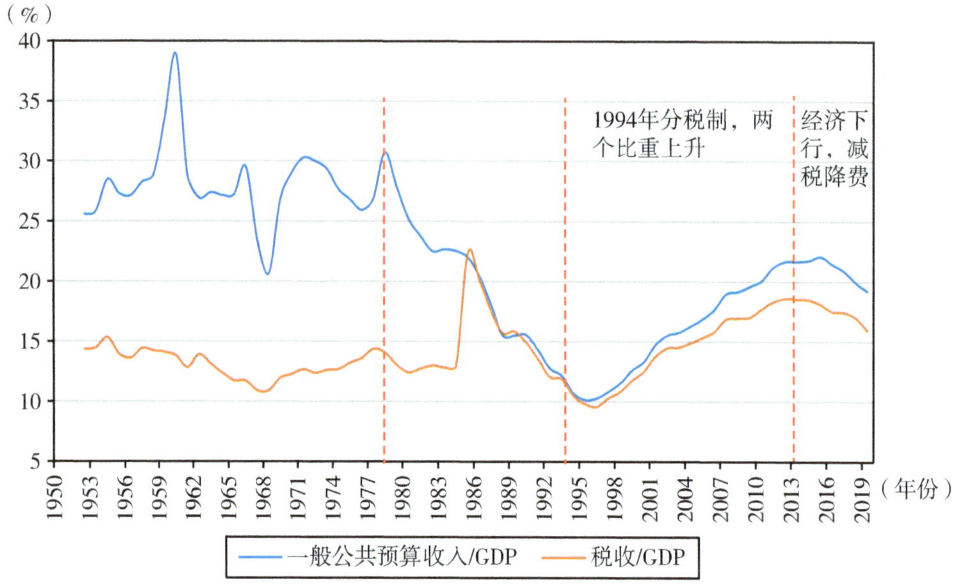

图 2-9　中国一般公共预算收入、税收收入与名义 GDP 之比

2019年一般公共预算收入未完成全年预算任务，占GDP比重连续四年下降。2019年全国一般公共预算收入为190 390亿元，预算目标为192 500亿元，短收2 110亿元，完成率为98.9%，为近几年低点。1994年分税制改革以来，一般公共预算收入增速大部分年份高于GDP名义增速，但2015—2019年连续5年均低于GDP名义增速。一般公共预算收入/GDP从2015年阶段性高点的22.1%下降到2019年的19.2%，相当于2008年的水平，2019年较上年下降0.7个百分点。税收收入/GDP从2013年阶段性高点的18.6%下降到2019年的15.9%，相当于2006年的水平，2019年下降1.1个百分点，下降速度非常快。

但是，政府性基金预算收入上升较快，主要是由于近年来土地出让金收入上升较快。2019年政府性基金收入/GDP快速上升到8.5%，其中，土地出让金收入/GDP上升到7.1%，分别高于2015年2.4和2.7个百分点。

2. 中央一般公共预算收入占比略有提高，中央一般公共预算支出比重总体稳定

2019年全国一般公共预算收入190 390亿元，同比增速3.8%。其中，中央和地方收入分别为89 309亿元和101 081亿元，增速分别为4.5%和3.2%，占全国比重分别为46.9%和53.1%，中央占比较2018年上升0.3个百分点（见图2-10）。

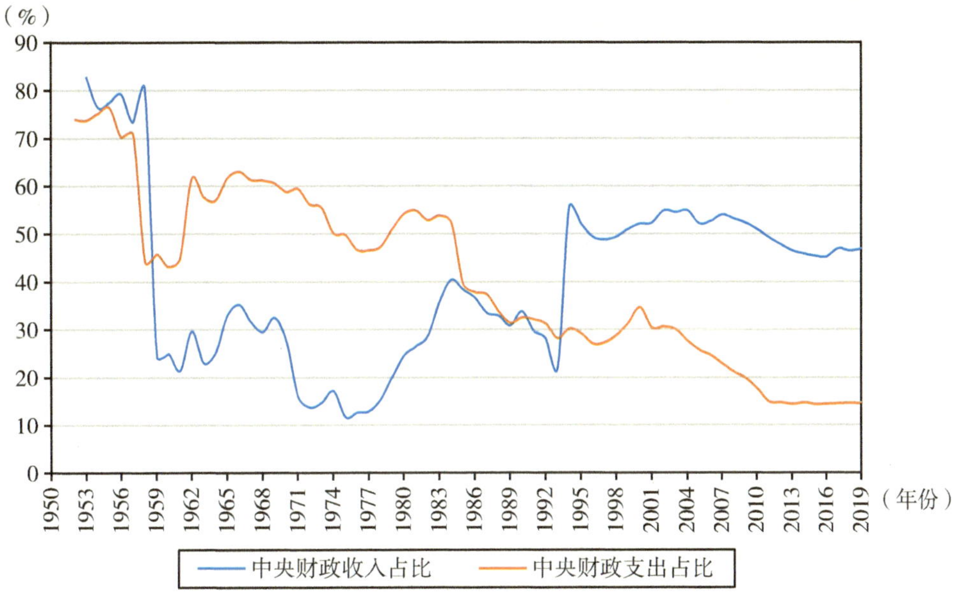

图 2-10　中国中央一般公共预算收入、支出占全国比重

2019年全国一般公共预算支出238 858亿元，同比增速8.1%。其中，中央和地方支出分别为35 115亿元和203 743亿元，增速分别为6%和8.5%，占全国比重分别为14.7%和85.3%，中央支出占比较2018年略降低0.1个百分点（见图2-11）。

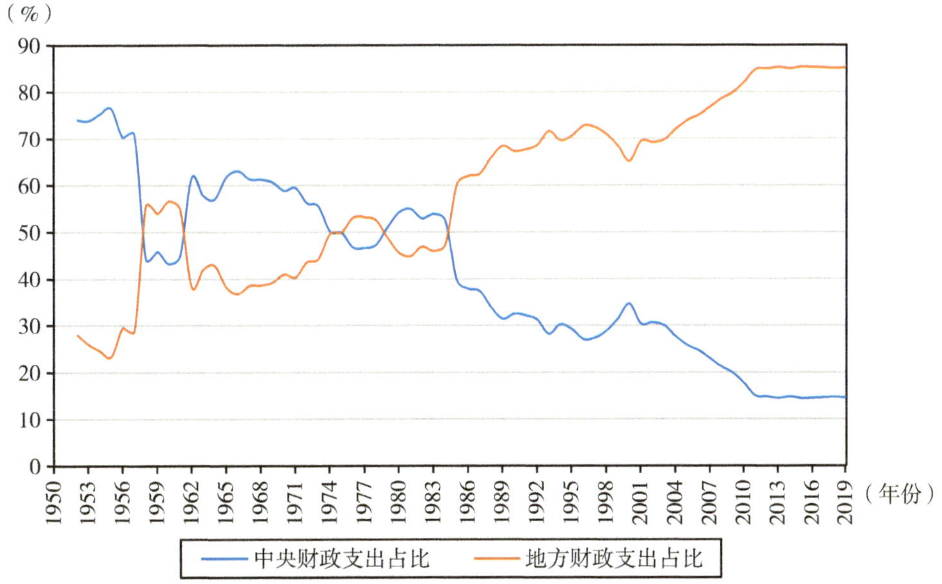

图 2-11　中国中央、地方一般公共预算收入支出占全国比重

3. 近年来由于非税收入大幅提高，税收占一般公共预算收入比重有所下降；增值税占税收收入近四成，个税和企业所得税占比下降

2019年全国税收收入158 000亿元，同比增长1%，占一般公共预算收入比重为83%，较上年下降2.3个百分点。非税收入32 390亿元，比上年增加5 433亿元，同比增长20.2%，主要靠央企国企利润上缴以及罚没收入增加。其中，中央特定金融机构和央企上缴利润6 100亿元，同比增加3 600亿元，拉高全国非税收入增幅约13个百分点；罚没收入3 061亿元，同比增加402亿元，增长15.1%，拉高全国非税收入增幅约1个百分点（见图2-12）。

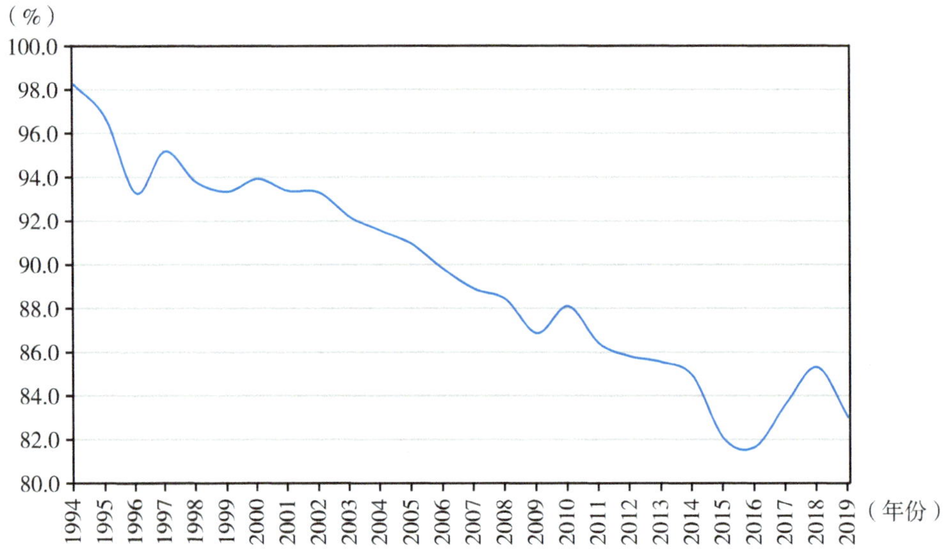

图2-12　中国税收收入占一般公共预算收入的比重

分税种看，增值税、企业所得税、消费税、个人所得税为前四大税种，分别占税收收入比重为39.5%、23.6%、8%和6.6%，合计占比为77.6%（该比例与四大类加总略有差异，为四舍五入原因）。其中，国内增值税为62 346亿元，同比增长1.3%，增幅比上年回落7.8个百分点，工业企业实际缴纳的增值税收入下降6%，主要受降低增值税税率和实施增值税留抵退税政策的影响。企业所得税为37 300亿元，同比增长5.6%，增幅比上年回落4.4个百分点，主要受研发费用税前加计扣除比例提高和工业企业利润下降影响。值得关注的是，国内消费税为12 562亿元，同比增长18.2%，而消费税主要是烟草、汽车和油类三大特定商品消费贡献，2019年烟草行业贡献工商利税为12 056亿元，同比增长

4.3%，其中上缴财政总额11 770亿元，同比增长17.7%，创历史最高水平。个人所得税10 388亿元，同比下降25.1%，主要受提高基本减除费用标准和实施6项专项附加扣除政策影响。

4. 一般公共预算收入增速低，税收增速创半个世纪以来新低

2019年一般公共预算收入增速为3.8%，低于预算目标的5%，该增速为1987年以来的最低增速。2019年税收收入增速为1%，为1969年以来最低增速。新中国历史上税收收入负增长的年份有1955年、1960年、1961年、1967年和1968年，分别为-3.6%、-0.5%、-22%、-11%和-2.6%，主要受到大跃进和“文化大革命”的影响。

5. 2019 年一般公共预算收支差（含结转结余资金）高达 4.8 万亿元

2019年一般公共预算收入少于预算2 110亿元，但支出却高于预算3 614亿元，增速8.1%，高于预算的6.5%，支出预算执行率为101.5%。

财政部公布的赤字为2.76万亿元，但实际上的收支差为4.8万亿元，中间的差额通过历史结转结余资金、政府性基金和国有资本经营预算调入解决（见图2-13）。

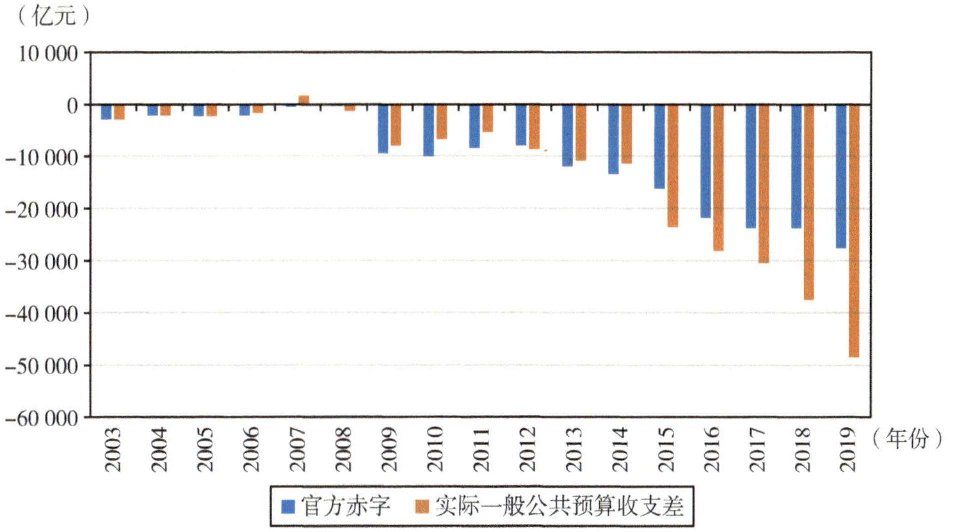

图 2-13　实际财政赤字与政府公布的赤字规模

6. 社保对一般公共预算的依赖度持续攀升，对财政的压力与日俱增

2019年全国社会保险基金决算收入83 152亿元，其中一般公共预算补贴收入19 103亿元，占社保收入的23%，占一般公共预算支出的8.0%。2020年社保预算

收入77 287亿元，其中一般公共预算补贴收入上升为21 629亿元，占社保收入的28%，占财政支出的8.7%（见图2-14）。

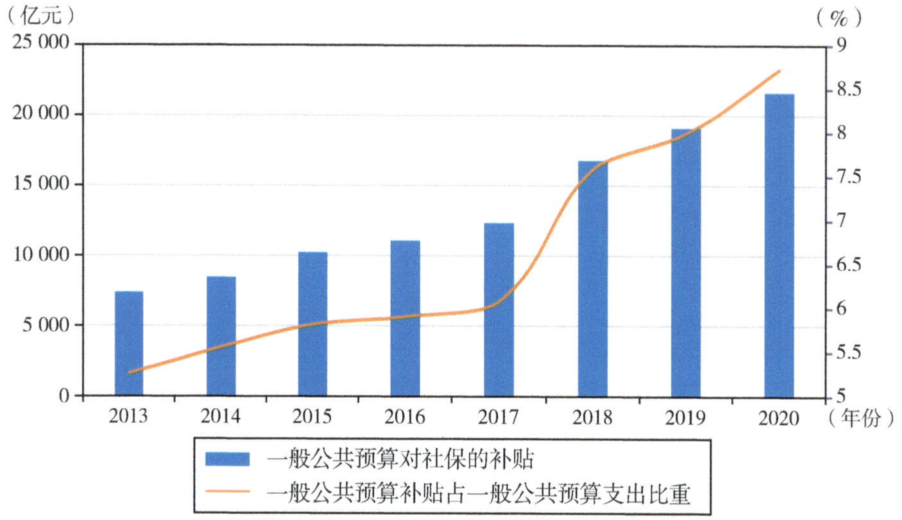

图2-14　一般公共预算对社保收入的补贴及其占一般公共预算支出的比重

7. 政府债务率与上年基本持平，总体可控，但偿还时间集中在未来五年

经第十三届全国人民代表大会第二次会议审议批准，2019年全国地方政府债务限额为240 774.3亿元。其中，一般债务限额133 089.22亿元，专项债务限额107 685.08亿元。

2019年末，中国政府债务为37.95万亿元，债务率为38.3%，较2018年上升1.3个百分点。其中，中央政府债务余额16.65万亿元，占GDP的16.8%；地方政府债务余额21.30万亿元，占GDP的21.5%，均控制在全国人大批准的限额之内。其中，一般债务118 694亿元，专项债务94 378亿元；政府债券211 183亿元，非政府债券形式存量政府债务1 889亿元。此外，与政府关系紧密的城投债余额7.8万亿元。

国债和地方政府债务偿还期限集中在2020—2024年，年均到期为2.1万亿元和2.7万亿元。截至2019年12月末，存量国债平均票面利率3.51%，平均剩余期限7.48年，集中偿还期在2020—2024年，到期金额为2.45万亿元、2.17万亿元、2.81万亿元、1.39万亿元、1.74万亿元。截至2019年12月，地方政府债券剩余平均年限5.1年，其中一般债券5.0年，专项债券5.2年；平均利率3.55%，其中一般债券3.56%，专项债券3.55%。地方政府债将集中在2020—2024年清偿，到期金额分别为2.08万亿元、2.67万亿元、2.74万亿元、3.47万亿元和2.59万亿元，地方政府需要发行新的债务延续，清偿过于集中将给地方政府增加债务周转压力（见图2-15）。从城投债看，未来偿债高峰期同样集中在2020—2024年，到期金额分别为1.76万亿元、1.6万亿元、1.7万亿元、0.97万亿元和1.4万亿元（见图2-16）。

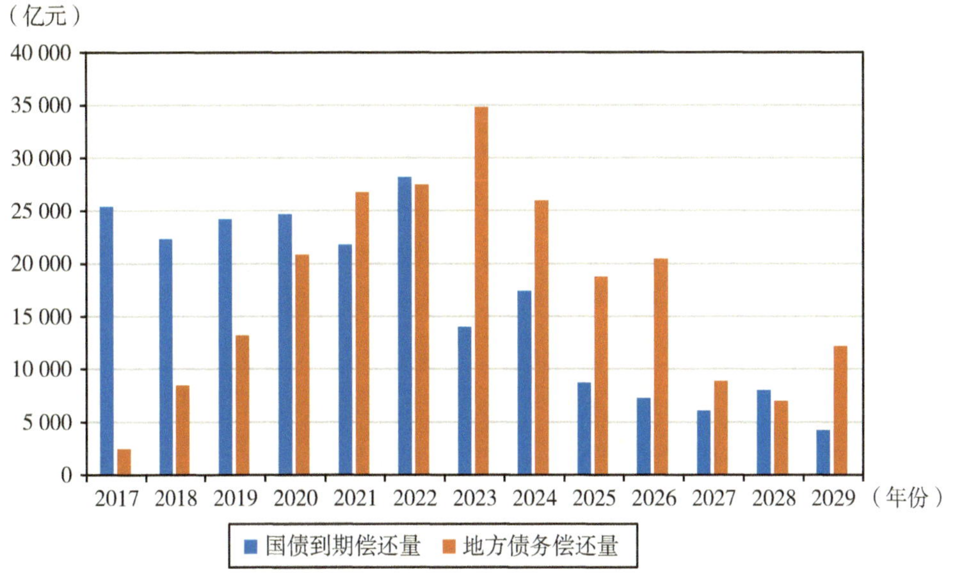

图 2-15　国债、地方债务到期偿还量的时间分布（债务还款余额截至 2019 年底）

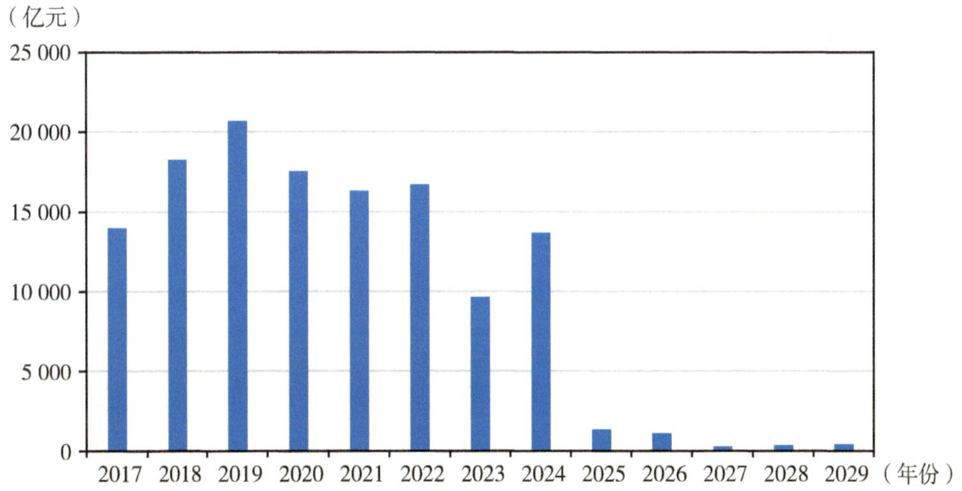

图 2-16　城投债到期偿还量的时间分布（债务还款余额截至 2019 年底）

第三节　2019年省级[1]政府收入特征分析

在整体财政形势严峻的背景下，地方31个省市呈现明显的区域分化特征。本节从各省一般公共预算收入增速、税收占比、一般公共预算收入/GDP、一般公共预算财政自给率、对土地财政的依赖、人均一般公共预算收支等角度探究各省财政特征。

1. 区域分化，2019年东北地区一般公共预算收入负增长，6省市收入负增长，2020年负增长省份会进一步扩大

2019年，一般公共预算收入排名前十的省份分别为广东、江苏、上海、浙江、山东、北京、四川、河南、河北、湖北，分别为12 651亿元、8 802亿元、7 165亿元、7 048亿元、6 527亿元、5 817亿元、4 220亿元、4 042亿元、3 743亿元和3 388亿元[2]。一般公共预算收入低于1 000亿元的省份有甘肃、海南、宁夏、青海、西藏，分别为850亿元、814亿元、424亿元、282亿元和222亿元。

东部、中部、西部、东北地区一般公共预算收入增幅分别为3.5%、4.6%、2.8%、-2.1%，东北地区收入下降。6省份同比负增长，吉林-10%、重庆-5.8%、宁夏-4.7%、西藏-3.6%、甘肃-2.4%、黑龙江-1.6%；17个省份增速在0—5%区间，包括江西、广东、安徽、四川等。

2. 上海、浙江、江苏等东部地区一般公共预算收入中税收入占比高，增值税、企业所得税和个税三大税种为地方一般公共预算收入的主体，非税收入中政府产权性收入占比较高

东部地区省份税收收入占一般公共预算收入比重高，收入的稳定性更高，与流转税税制背景下东部地区企业数量更多有关，同时也与东部地区个人收入相对较高有关。居前的主要有上海、浙江、江苏、北京、陕西、海南、广东，税收占比为86.8%、83.7%、83.4%、82.9%、80.7%、80.2%和79.5%，西部地区省份如甘肃、新疆、广西、宁夏税收收入占比低，分别为67.9%、64.4%、63.3%和63.2%（见图2-17）。天津税收收入占比不高，仅为67.8%。中西部等省份非税收

---

① 包括31个省、直辖市、自治区，不含港澳台数据。

② 本节各省市2019年一般公共预算收入、政府性基金预算收入、国有资本经营预算收入、社会保险基金预算收入数据来自各省市的预算执行情况报告，与决算数据略有差异。2020年数据为预算数据。

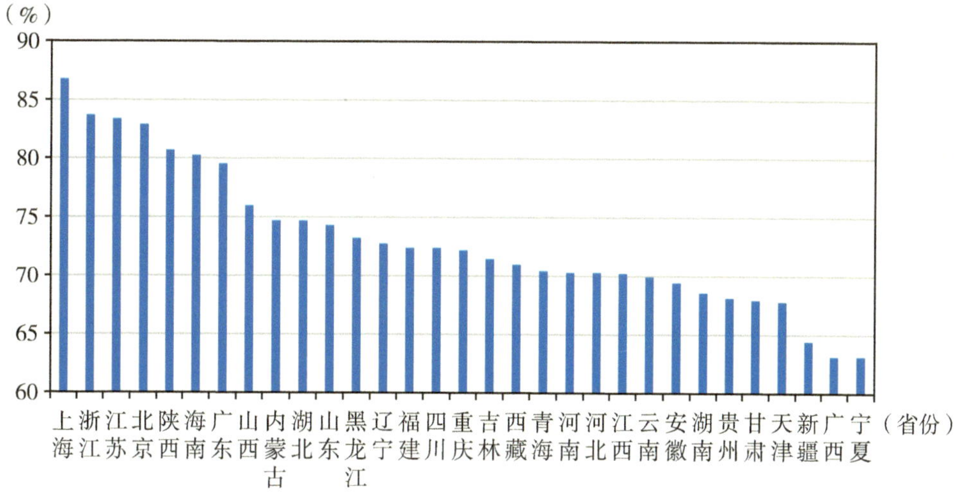

图 2-17　2019 年全国分省份税收收入占一般公共预算收入比重

入占比较高原因可能有：一是经济结构仍需调整，税收收入较少，财政依赖罚没收入和行政性收费收入；二是国有资源（资产）有偿使用收入、国有资本收益等贡献较多，民营经济仍有待进一步发展。

地方税收收入中增值税、企业所得税和个人所得税占比较高，但部分资源型省份如山西、陕西受资源税、土地增值税占比高的影响，三大主体税种之和占比偏低。上海、北京、天津、浙江、广东、江苏的三大主体税种之和占比较高，分别为77.6%、74.5%、70.3%、66.2%、65.9%和65.6%。山西、陕西、青海的资源税收入占税收收入比重分别为21.5%、12.5%和9.2%。海南的土地增值税占比高达26.4%，广东的土地增值税占比为13.9%（见图2–18）。

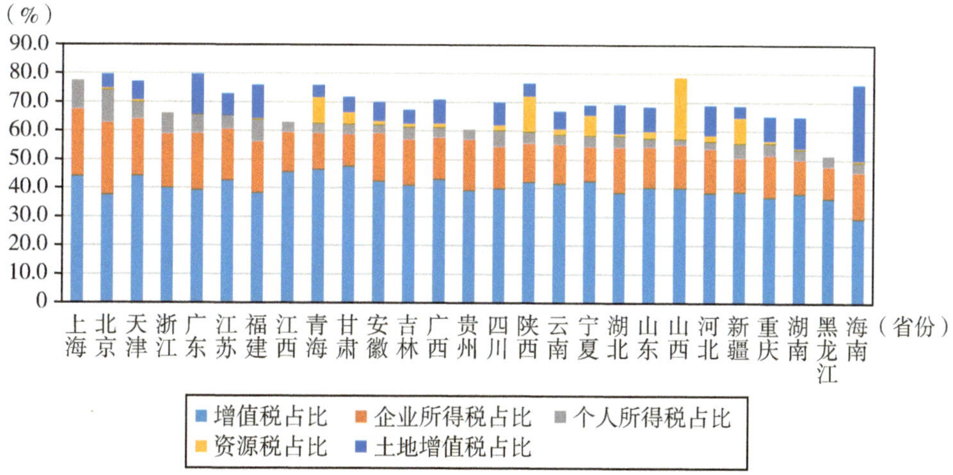

图 2-18　2019 年全国分省份主要税种占税收收入比重

注：缺内蒙古、辽宁、河南、西藏的分税种数据。

地方非税收入中产权性收入占比较高，但各地差异较大。其中，广西、天津、新疆、宁夏、安徽、福建等地该项占比较高，分别为49.5%、46.1%、44.9%、43.5%、41.6%和40.7%（见图2–19）。

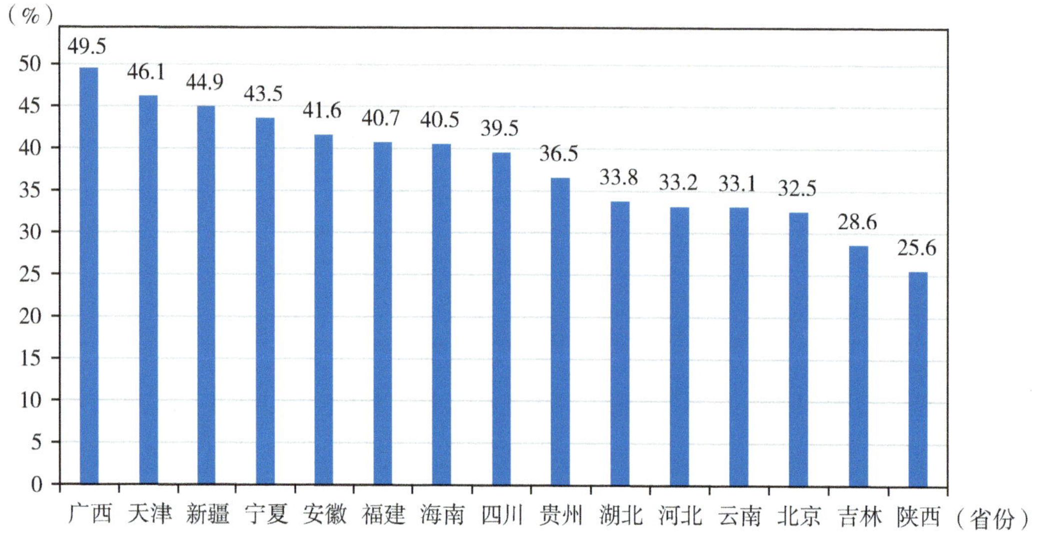

图 2–19　2019 年全国分省份非税收入中政府产权性收入占比

3. 人均一般公共预算收支差异大，整体上发达地区人均一般公共预算收支大

发达地区人均一般公共预算收支居前，但西部地区的转移支付相对较大以及人口较少，因此西部地区的人均一般公共预算支出相对较高，中部地区的人均一般公共预算支出排名靠后。2019年全国人均一般公共预算收入居前的主要有上海、北京、天津、浙江、广东、江苏，分别为29 509元、27 011元、15 432元、12 048元、10 981元和10 907元；靠后的有河南、吉林、广西、黑龙江、甘肃，分别为4 193元、4 151元、3 653元、3 366元和3 211元（见图2–20），第一名是最后一名的9.2倍。

人均一般公共预算支出居前的有西藏、上海、北京、青海、天津、新疆、宁夏，分别为62 211元、33 685元、32 648元、30 663元、22 465元、21 093元、20 707元；靠后的有河南、山东、河北、安徽、湖南，分别为10 556元、10 662元、10 951元、11 610元和11 613元，第一名是最后一名的5.9倍（见图2–21）。

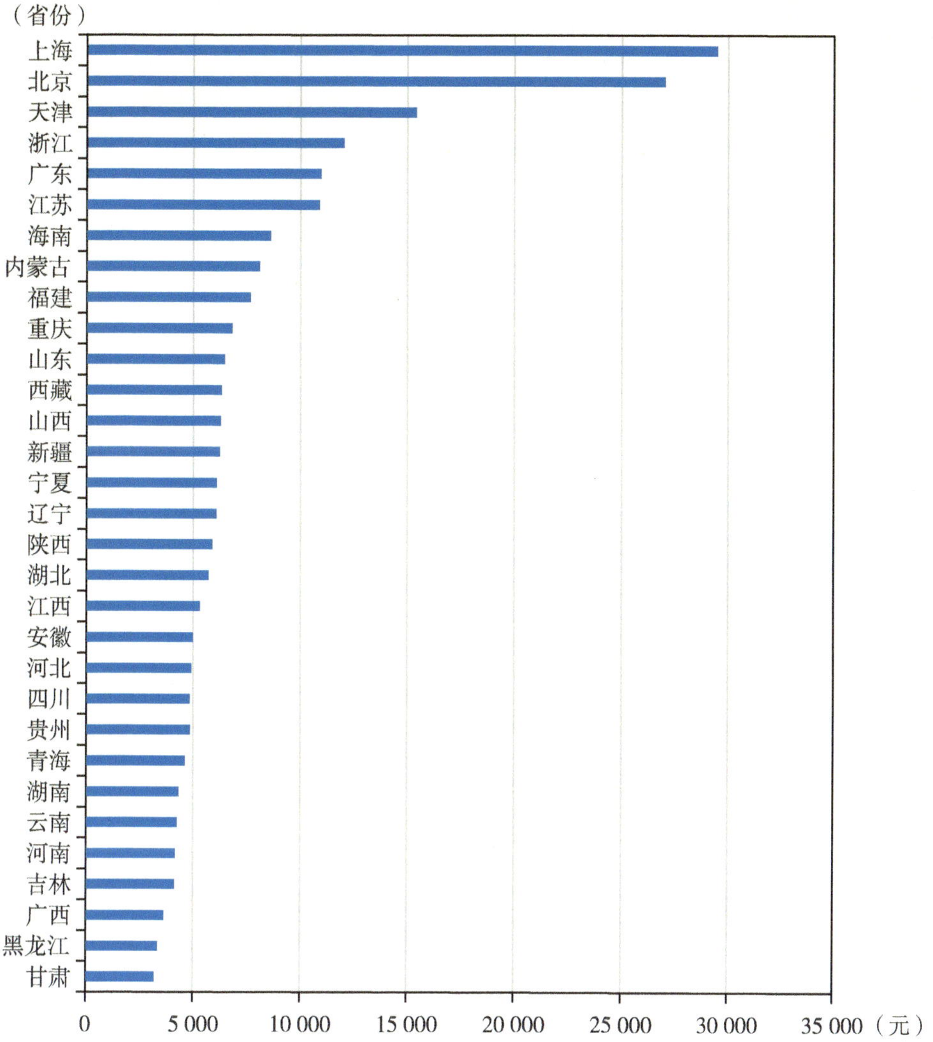

图 2-20　2019 年全国分省份人均一般公共预算收入

4. 省本级一般公共预算收入占全省的比重差异大，直辖市占比高，东部发达地区占比低

省本级一般公共预算收入占比的最高值与最低值相差高达55.1个百分点。直辖市的市本级一般公共预算收入占全市收入比重较高，如北京为57.3%、上海为47.4%、天津为47.3%、重庆为36.2%。东部发达省份占比整体偏低。江苏、山东、湖北、辽宁、河南、浙江省本级收入占比为2.2%、3.6%、4.2%、4.4%、4.8%和4.9%（见图2-22）。

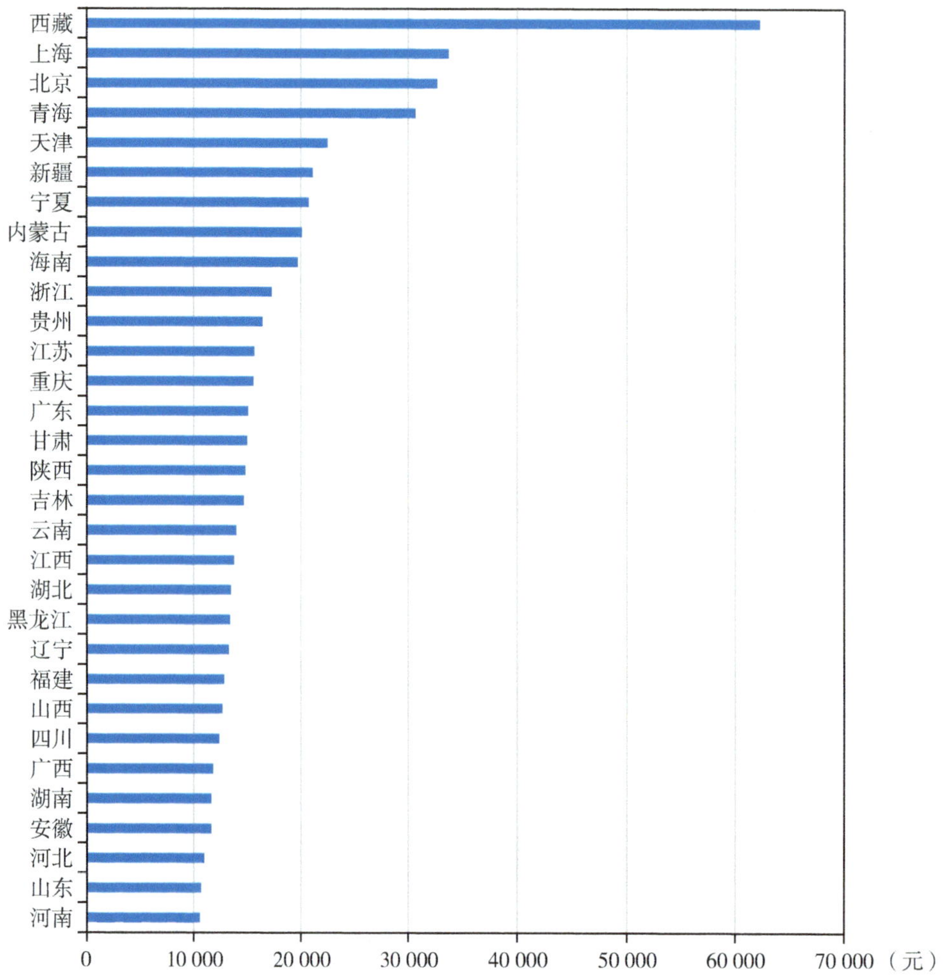

图 2-21 2019 年全国分省份人均一般公共预算支出

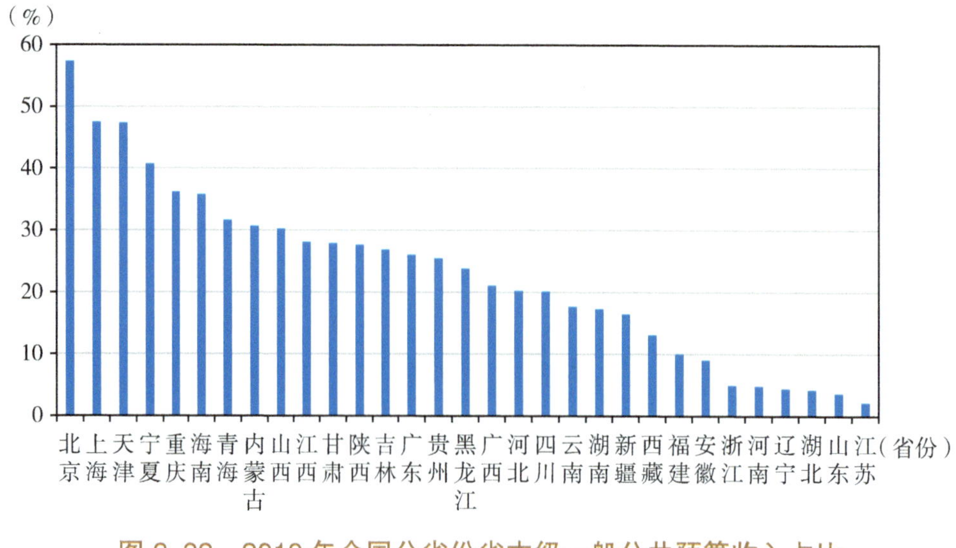

图 2-22 2019 年全国分省份省本级一般公共预算收入占比

5. 23 个省市财政自给率（一般公共预算收入 / 一般公共预算支出）不足 50%，部分地区“三保”困难

2019年有23个省份一般公共预算收入/支出低于50%，主要集中在西部和东北，仅8个省市财政自给率高于50%，分别是上海87.6%、北京82.7%、广东73.1%、浙江70.1%、江苏70%、天津68.7%、山东60.8%和福建59.9%（见图2-23）。收支不足主要靠中央对地方的转移支付和税收返还以及地方政府一般债券。

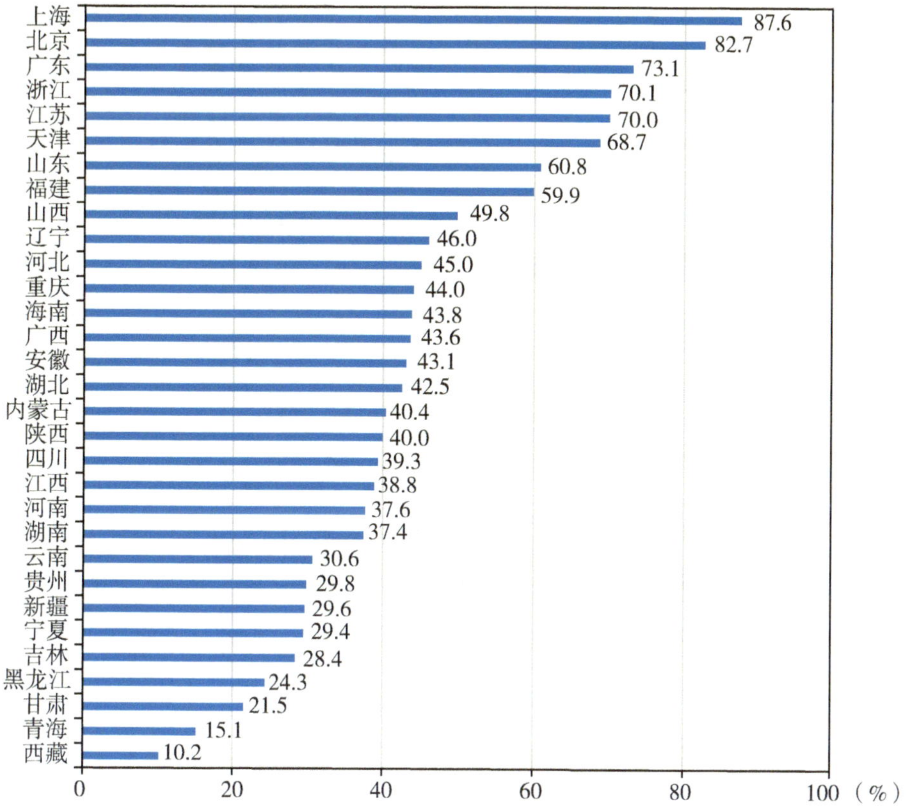

图 2-23　2019 年全国各省市财政自给率排名

6. 地方政府四本预算之和占 GDP 比重差异大，天津、上海、北京、浙江靠前，黑龙江、云南、福建不到 20%

由于2019年各省市一般公共预算补贴社保基金预算等交叉数据暂未公布，故简单加总地方政府的四本预算作为总收入，未剔除重复计算部分。

地方政府四本预算之和与GDP之比差异较大，其中天津、上海、浙江、北京分别为38.9%、38.5%、36.9%和36.3%；河南、福建分别为21.7%和17.7%（见图2-24）。

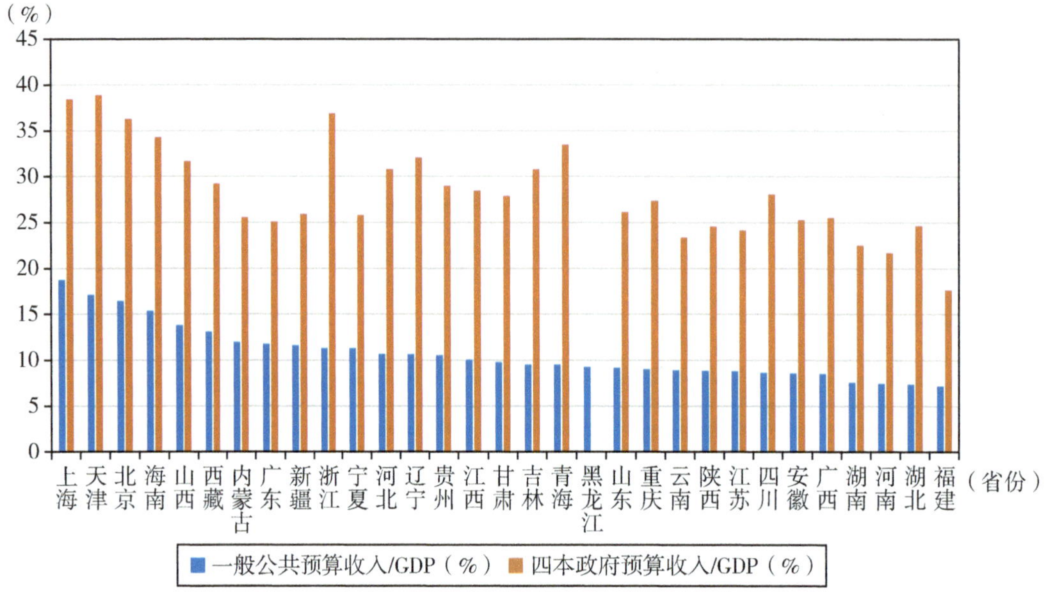

图 2-24　2019 年全国各省市四本预算之和与 GDP 之比

7. 地方政府四本预算结构差异较大，上海、广东、北京等地一般公共预算占比高

2019年，上海、内蒙古、广东、北京、新疆等地一般公共预算占比较高，分别为48.8%、46.8%、46.8%、45.3%和44.8%（见图2-25），既有上海、北京、广东等地经济发达导致公共预算收入高有关，也有内蒙古、新疆等地因政府性基金预算占比低有关。从政府性基金占比高低看，居前的主要有浙江、江苏、山东、

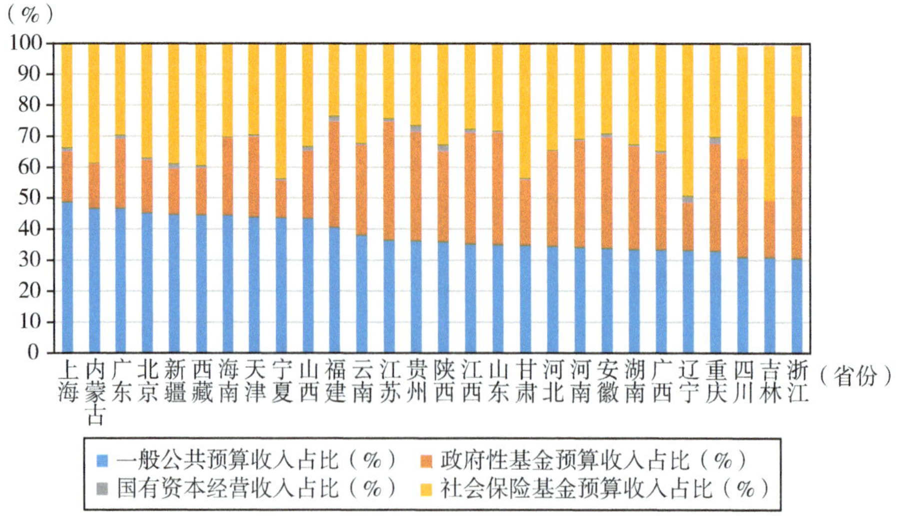

图 2-25　2019 年全国各省市四本预算占总收入比重

江西、安徽和贵州，分别为46.1%、38.4%、36.3%、36.0%、35.9%和35.2%。从社会保险基金预算收入占比高低看，居前的有吉林、辽宁、青海、宁夏、甘肃等地，分别为50.2%、49.2%、46.8%、43.5%、43.4%（见图2-26）。

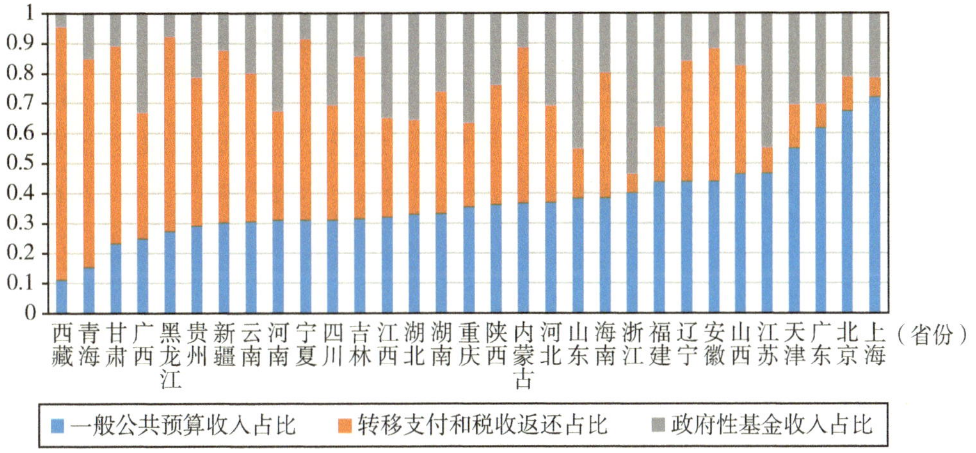

图 2-26　2018 年全国各省市一般公共预算收入、转移支付及政府性基金收入占比

8. 地方政府对中央转移支付和土地出让金收入依赖度高，东部一般公共预算收入和土地出让金收入占比高，西部依赖中央对地方转移支付及税收返还

地方政府的可用财力除地方一般公共预算收入外，中央对地方的转移支付及税收返还、政府性基金收入（土地出让收入）是另外两大主要来源。地方综合财力构成中，东部的一般公共预算收入、土地出让金收入占比较高，西部和东北地区依赖中央转移支付及税收返还，自身财政能力较弱。由于2019年中央对各省份的转移支付具体数据发布时间较晚，以2018年决算数据为例。

西部地区经济较为落后，一般公共预算收入占比偏低，更多依靠中央转移支付。其中西藏、青海、甘肃、广西一般公共预算收入占比分别为11.2%、15.5%、23.4%和24.9%，中央转移支付占比分别为84.4%、69.5%、65.9%、42%。黑龙江、宁夏、吉林、内蒙古的中央转移支付占比均超过50%，分别为65%、60.3%、54.1%和51.8%。东部地区对中央转移支付依赖较少，除一般公共预算收入占比相对较高外，土地出让金收入占比也较高（见图2-26）。

浙江、江苏和广东省的政府性基金收入位居全国前列，浙江、湖北和重庆等省市对土地出让金收入依赖度高。2019年地方政府性基金收入为80 476亿元，其中土地出让金收入为72 517亿元，占比90.1%。从分省政府性基金收入看，浙江（10 608亿元）、江苏（9 250亿元）、山东（6 743亿元）、广东（6 112亿元）和四川（4 181亿元）政府性基金收入居于前列，前5省的政府性基金收入占比为45.8%；青海（245亿元）、宁夏（118亿元）和西藏（75亿元）政府性基金收入最少。从部分已公布的2019年土地出让数据看，江苏（8 564亿元）、浙江（8 260亿元）、山东（6 086亿元）和广东（5 529亿元）仍居前列。从对土地出让金收入的依赖度看，浙江、安徽、江苏、山东、江西等省份的财政高度依赖于土地出让金收入，其土地出让金收入与一般公共预算收入的比值分别为1.17倍、0.98倍、0.97倍、0.93和0.92倍；广东、北京、上海等地对土地出让金收入依赖度相对偏低，其土地出让金收入与一般公共预算收入的比值分别为0.44倍、0.35倍和0.31倍（见图2-27）。

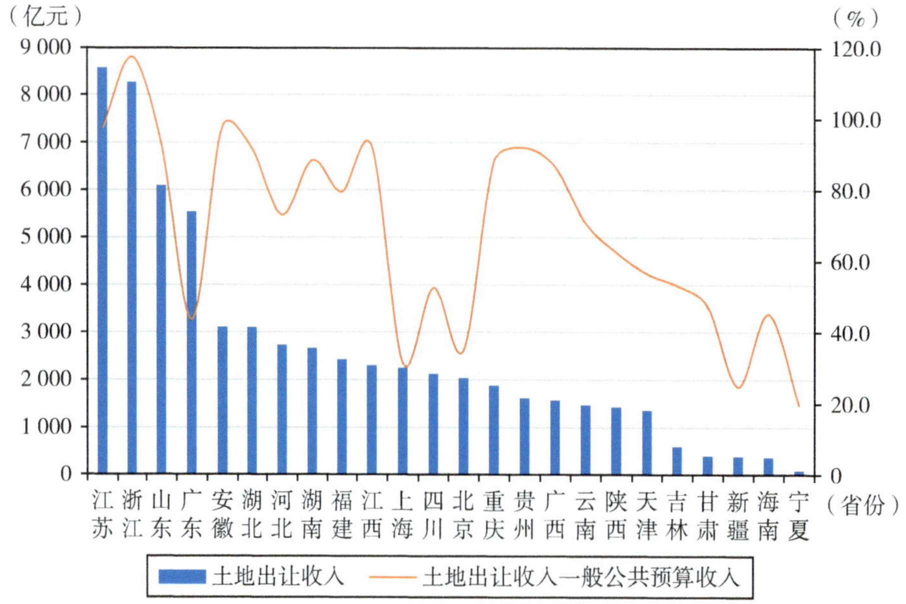

图 2-27　2019 年全国各省市土地出让金收入及其与一般公共预算收入比重

9. 江苏、山东、浙江等债务余额较大，青海、贵州、宁夏等地债务率较高，风险较大

负债规模方面，2019年末债务余额规模超万亿的有6个省份，分别为江苏、山东、浙江、广东、四川和湖南，规模为14 878亿元、13 128亿元、12 310亿元、11 957亿元、10 577亿元和10 175亿元，占地方政府债务总额的7.0%、6.2%、5.8%、5.6%、5.0%和4.8%，合计34.4%。负债率方面，以债务余额/GDP衡量，青海的政府负债率高达70.9%（见图2-28），较2018年上升9.3个百分点；第二位是贵州（57.7%），较2018年下降2个百分点；其后是宁夏（45.5%）、内蒙古

（42.5%）和海南（42%），分别较2018年上升8.0、4.5和1.8个百分点。贵州、安徽、福建、上海的政府负债率有所下降，分别下降2、1、0.3和0.4个百分点，其他省份基本上升。除青海以外，其余各省的政府债务仍在安全线60%以内，如广东（11.1%）、上海（15%）、江苏（14.9%）、北京（14%）相对较低。青海、贵州、宁夏等地区缺乏新的经济增长点，转型缓慢，财政能力不足，风险较高。

分区域看，东部经济发达省份，虽债务规模大，但GDP规模大，债务率较低，如江苏的债务规模虽然排名全国第一，但是其经济发展较好，因此负债率仍处较低水平。西部地区负债率显著高于东部和中部地区，处于经济发展水平尚未提升但政府负债过高的阶段。另外，促进经济发展又需要政府适当举债，西部省份的举债空间正逐步缩小，经济发展程度与政府债务不适应。中部地区地方政府债务占GDP的比重整体安全可控，其中湖南的债务率较高。东北地区，辽宁经济相对落后，加之沉重的养老负担，经济转型困难，政府债务率靠前，限制了政府的举债能力，也提高了举债融资成本。

从债务限额的使用情况看，以债务余额/限额衡量，湖南、天津、黑龙江、湖北、贵州、内蒙古、宁夏等地处于较高水平，分别为99.5%、98.1%、96.1%、95.5%、94.9%、94.1%和93.7%（见图2-29）。此外，北京、上海债务限额使用率相对较低，分别为54.4%和66.7%，债务限额与余额之差分别为4 155亿元和2 855亿元，可能与其财政状况相对较好有关。

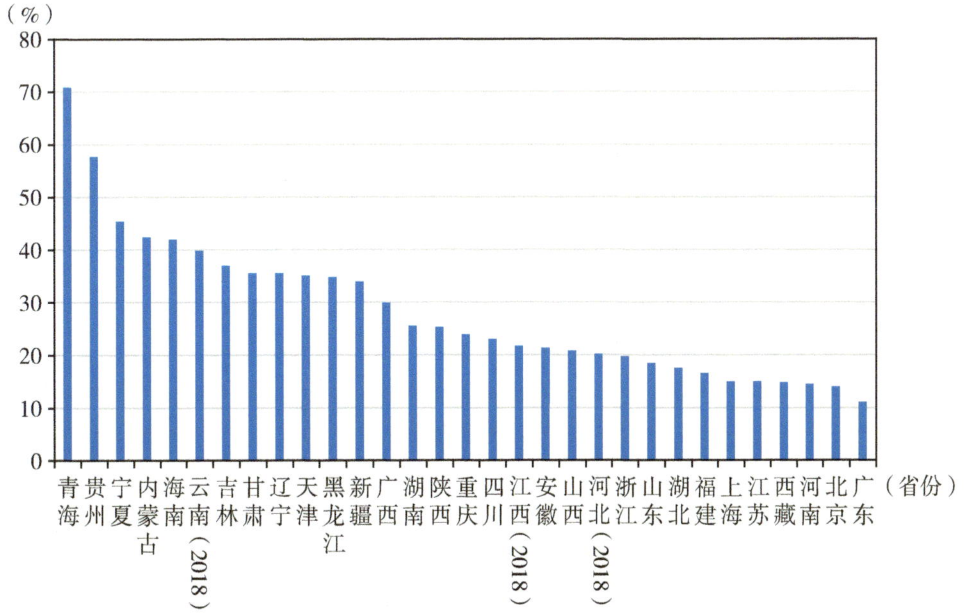

图 2-28　2019 年全国各省市地方政府债务率

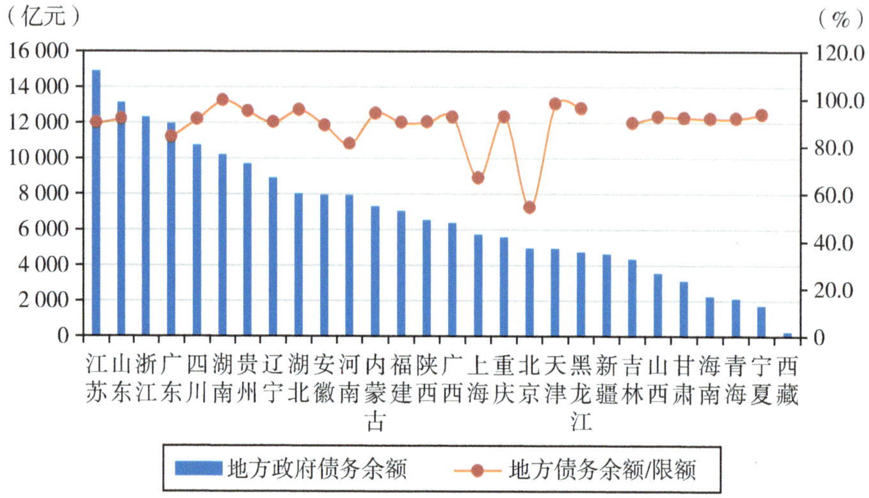

图 2-29 2019 年全国各省市地方债务余额及与限额之比

附表：2019年各省（自治区、直辖市）经济财政主要指标

附表　2019 年各省（自治区、直辖市）经济财政主要指标

省（区市）	GDP（亿元）	常住人口（万人）	城镇化率（%）	四本预算收入之和（亿元）	税收收入（亿元）	一般公共预算支出（亿元）	债务余额（亿元）	人均一般公共预算收入（元）	人均一般公共预算支出（元）	税收收入占比（%）	财政自给率（%）	负债率（%）
北京	35 371.3	2 153.6	86.6	12 842.8	4 823.0	7 031.0	4 964.1	27 011	32 648	82.9	82.7	14.0
天津	14 104.3	1 561.8	83.5	5 483.6	1 634.2	3 508.7	4 959.3	15 432	22 465	67.8	68.7	35.2
河北	35 104.5	7 592.0	57.6	10 815.1	2 630.4	8 313.7	—	4 930	10 951	70.3	45.0	—
山西	17 026.7	3 729.2	59.6	5 390.5	1 783.5	4 713.1	3 550.0	6 295	12 638	76.0	49.8	20.8
内蒙古	17 212.5	2 539.6	63.4	4 398.5	1 539.7	5 097.9	7 307.0	8 110	20 074	74.8	40.4	42.5
辽宁	24 909.5	4 351.7	68.1	7 984.1	1 929.2	5 761.4	8 884.4	6 094	13 239	72.7	46.0	35.7
吉林	11 726.8	2 690.7	58.3	3 613.1	797.9	3 933.4	4 344.8	4 151	14 618	71.4	28.4	37.1
黑龙江	13 612.7	3 751.3	60.9	—	924.3	5 011.5	—	3 366	13 359	73.2	25.2	—
上海	38 155.3	2 428.1	88.1	14 672.2	6 216.3	8 179.3	5 722.1	29 509	33 685	86.8	87.6	15.0
江苏	99 631.5	8 070.0	70.6	24 100.2	7 339.0	12 573.3	14 878.4	10 907	15 580	83.4	70.0	14.9
浙江	62 352.0	5 850.0	70.0	23 010.2	5 898.2	10 053.0	12 309.8	12 048	17 185	83.7	70.1	19.7
安徽	37 114.0	6 365.9	55.8	9 385.8	2 209.6	7 391.0	7 936.4	4 999	11 610	69.4	43.1	21.4
福建	42 395.0	3 973.0	66.5	7 499.9	2 208.8	5 097.3	7 032.0	7 684	12 830	72.4	59.9	16.6
江西	24 757.5	4 666.1	57.4	7 049.9	1 746.8	6 402.6	—	5 329	13 722	70.3	38.8	—
山东	71 067.5	10 070.2	61.5	18 585.9	4 849.2	10 736.8	13 127.5	6 481	10 662	74.3	60.8	18.5
河南	54 259.2	9 640.0	53.2	11 794.0	2 841.1	10 176.3	7 909.0	4 193	10 556	70.3	39.7	14.6
湖北	45 828.3	5 927.0	61.0	11 297.9	2 530.6	7 967.7	8 040.0	5 717	13 443	74.7	42.5	17.5
湖南	39 752.1	6 918.4	57.2	8 961.1	2 061.9	8 034.1	10 174.5	4 346	11 613	68.6	37.4	25.6

续表

省（区市）	GDP（亿元）	常住人口（万人）	城镇化率（%）	四本预算收入之和（亿元）	税收收入（亿元）	一般公共预算支出（亿元）	债务余额（亿元）	人均一般公共预算收入（元）	人均一般公共预算支出（元）	税收收入占比（%）	财政自给率（%）	负债率（%）
广东	107 671.1	11 521.0	71.4	27 045.8	10 062.4	17 314.1	11 956.6	10 981	15 028	79.5	73.1	11.1
广西	21 237.1	4 960.0	51.1	5 423.6	1 146.8	5 849.0	6 354.7	3 653	11 792	63.3	31.0	29.9
海南	5 308.9	944.7	59.2	1 822.9	653.2	1 859.1	2 230.4	8 618	19 679	80.2	43.8	42.0
重庆	23 605.8	3 124.3	66.8	6 464.8	1 541.2	4 847.8	5 603.7	6 833	15 516	72.2	44.0	23.7
四川	46 615.8	8 375.0	53.8	13 090.8	2 888.8	10 349.6	10 577.0	4 861	12 358	71.0	39.3	22.7
贵州	16 769.3	3 623.0	49.0	4 859.5	1 203.9	5 921.4	9 673.4	4 878	16 344	68.1	29.8	57.7
云南	23 223.8	4 858.3	48.9	5 435.7	1 450.6	6 770.1	—	4 268	13 935	70.0	30.6	—
西藏	1 697.8	350.6	31.5	496.3	157.5	2 180.9	251.4	6 333	62 211	71.0	10.2	14.8
陕西	25 793.2	3 876.2	59.4	6 347.0	1 846.0	5 721.6	6 532.5	5 902	14 761	80.7	40.0	25.3
甘肃	8 718.3	2 647.4	48.5	2 434	577.6	3 956.7	3 109.8	3 211	14 945	67.9	21.5	35.7
青海	2 966.0	607.8	55.5	994.1	198.7	1 863.7	2 102.1	4 642	30 662	70.4	15.1	70.9
宁夏	3 748.5	694.7	59.9	967.5	267.5	1 438.4	1 818.1	6 097	20 707	63.2	29.4	48.5
新疆	13 597.1	2 523.2	51.9	3 523.1	1 016.1	5 322.3	4 627.8	6 251	21 093	64.4	29.6	34.0

资料来源：各省市区《2019年国民经济和社会发展统计公报》。

第三章
省以下地方政府收入情况分析（2018 年）

第一节　我国行政区划简述

一、我国行政区划沿革简述

我国的行政区划是国家根据政治和行政管理的需要，根据有关法律规定，充分考虑经济联系、地理条件、民族分布、历史传统、风俗习惯、地区差异、人口密度等客观因素，将全国的地域划分为若干层次大小不同的行政区域，设置相应的地方国家机关，实施行政管理。

新中国成立以来，我国的行政区划根据国家建设需要先后作过多次调整。1982年12月4日第五届全国人民代表大会第五次会议通过的《中华人民共和国宪法》第三十条规定："中华人民共和国的行政区域划分如下：（一）全国分为省、自治区、直辖市；（二）省、自治区分为自治州、县、自治县、市；（三）县、自治县分为乡、民族乡、镇。直辖市和较大的市分为区、县。自治州分为县、自治县、市。自治区、自治州、自治县都是民族自治地方。"第三十一条规定："国家在必要时得设立特别行政区。"特别是改革开放以后，省级以下行政区划变化很

本章执笔人：梁季　罗志恒　陈少波　盛中明

大：按“整县改市”“以乡建镇”模式设置大批市、镇；部分地区与市合并，全面试行市领导县体制；人民公社在政社分开后恢复为乡、民族乡；撤（县辖）区并乡建镇；恢复和新设民族自治地方。

1983年，我国开始“地级行政区划改革”，随之开始出现全局性的地、市合并——建立中心城市，目的是打破多年来市县之间的行政壁垒和城乡分割、工农分割的格局，发挥中心城市对农村拉动作用，在各个省、自治区，省、县、乡三级行政体制实际为省、地、县、乡四级行政体制。

二、我国地级行政区划简述

地级行政区，是我国行政地位与地区相同的行政区的总称，是我国的二级行政区，包括地级市、地区、自治州、盟，介于省级行政区与县级行政区之间，由省级行政区（仅限于省、自治区）管辖。截至2018年底，我国地级区划数共333个，其中地级市293个，自治州[①]30个，盟[②]3个，地区[③]7个（见表3-1）。地级行政区中，现有15个副省级市[④]，具体为广州、武汉、哈尔滨、沈阳、成都、南京、西安、长春、济南、杭州、大连、青岛、深圳、厦门、宁波。其中，除深圳、大连、青岛、宁波、厦门是国家计划单列市[⑤]外，其他均为省会城市。

地级行政区中，有293个以地级市的形式存在，而自治州、盟、地区等在行政级别上等同于地级市，为此下文以“城市”统一指代“地级行政区”。此外，后文相关指标分析覆盖了大多数城市的数据，但因不同城市的财政数据可获得性有所不同，仍有部分缺失。

---

① 自治州，属地级行政区，由省、自治区管辖，是我国在少数民族聚居地设立的地级民族自治地方。按我国宪法规定，民族自治地方享受较高的自我管理权力，设人民代表大会和人民政府。

② 盟，属地级行政区，是内蒙古自治区特有的行政区划。盟的管理机构为盟行政公署，是内蒙古自治区人民政府的派出机关。

③ 地区，属地级行政区，由省、自治区管辖。地区的管理机构为地区行政公署，是省、自治区人民政府的派出机关。

④ 副省级市，是我国行政架构为副省级建制的省辖市，其党政机关主要领导干部行政级别为省部级副职。但是在行政区划类别上，副省级市仍为省辖市。将部分城市定为副省级市，不仅有利于加快城市的经济与社会发展，而且有利于更好地发挥中心城市的辐射作用。

⑤ 国家计划单列市，即国家社会与经济发展计划单列市。现有的国家计划单列市，是在行政建制不变的情况下，省辖市在国家计划中单列户头，并赋予这些城市相当于省一级的经济管理权限。国家计划单列市的财政与中央挂钩，但不一定就与所在省财政完全脱离关系。

表 3-1 全国地级行政区划（2018 年底）

省级区划名称	地级区划数	其中：地级市	地级区划名（带“*”为副省级城市）
全国	333	293	—
北京市	—	—	—
天津市	—	—	—
河北省	11	11	石家庄市、唐山市、秦皇岛市、邯郸市、邢台市、保定市、张家口市、承德市、沧州市、廊坊市、衡水市
山西省	11	11	太原市、大同市、阳泉市、长治市、晋城市、朔州市、晋中市、运城市、忻州市、临汾市、吕梁市
内蒙古自治区	12	9	呼和浩特市、包头市、乌海市、赤峰市、通辽市、鄂尔多斯市、呼伦贝尔市、巴彦淖尔市、乌兰察布市、兴安盟、锡林郭勒盟、阿拉善盟
辽宁省	14	14	沈阳市 *、大连市 *、鞍山市、抚顺市、本溪市、丹东市、锦州市、营口市、阜新市、辽阳市、盘锦市、铁岭市、朝阳市、葫芦岛市
吉林省	9	8	长春市 *、吉林市、四平市、辽源市、通化市、白山市、松原市、白城市、延边朝鲜族自治州
黑龙江省	13	12	哈尔滨市 *、齐齐哈尔市、鸡西市、鹤岗市、双鸭山市、大庆市、伊春市、佳木斯市、七台河市、牡丹江市、黑河市、绥化市、大兴安岭地区
上海市	—	—	—
江苏省	13	13	南京市 *、无锡市、徐州市、常州市、苏州市、南通市、连云港市、淮安市、盐城市、扬州市、镇江市、泰州市、宿迁市
浙江省	11	11	杭州市 *、宁波市 *、温州市、嘉兴市、湖州市、绍兴市、金华市、衢州市、舟山市、台州市、丽水市
安徽省	16	16	合肥市、芜湖市、蚌埠市、淮南市、马鞍山市、淮北市、铜陵市、安庆市、黄山市、滁州市、阜阳市、宿州市、六安市、亳州市、池州市、宣城市
福建省	9	9	福州市、厦门市 *、莆田市、三明市、泉州市、漳州市、南平市、龙岩市、宁德市
江西省	11	11	南昌市、景德镇市、萍乡市、九江市、新余市、鹰潭市、赣州市、吉安市、宜春市、抚州市、上饶市
山东省	16	16	济南市 *、青岛市 *、淄博市、枣庄市、东营市、烟台市、潍坊市、济宁市、泰安市、威海市、日照市、临沂市、德州市、聊城市、滨州市、菏泽市

续表

省级区划名称	地级区划数	其中：地级市	地级区划名（带“*”为副省级城市）
河南省	17	17	郑州市、开封市、洛阳市、平顶山市、安阳市、鹤壁市、新乡市、焦作市、濮阳市、许昌市、漯河市、三门峡市、南阳市、商丘市、信阳市、周口市、驻马店市
湖北省	13	12	武汉市*、黄石市、十堰市、宜昌市、襄阳市、鄂州市、荆门市、孝感市、荆州市、黄冈市、咸宁市、随州市、恩施土家族苗族自治州
湖南省	14	13	长沙市、株洲市、湘潭市、衡阳市、邵阳市、岳阳市、常德市、张家界市、益阳市、郴州市、永州市、怀化市、娄底市、湘西土家族苗族自治州
广东省	21	21	广州市*、深圳市*、韶关市、珠海市、汕头市、佛山市、江门市、湛江市、茂名市、肇庆市、惠州市、梅州市、汕尾市、河源市、阳江市、清远市、东莞市、中山市、潮州市、揭阳市、云浮市
广西壮族自治区	14	14	南宁市、柳州市、桂林市、梧州市、北海市、防城港市、钦州市、贵港市、玉林市、百色市、贺州市、河池市、来宾市、崇左市
海南省	4	4	海口市、三亚市、三沙市、儋州市
重庆市	—	—	—
四川省	21	18	成都市*、自贡市、攀枝花市、泸州市、德阳市、绵阳市、广元市、遂宁市、内江市、乐山市、南充市、眉山市、宜宾市、广安市、达州市、雅安市、巴中市、资阳市、阿坝藏族羌族自治州、甘孜藏族自治州、凉山彝族自治州
贵州省	9	6	贵阳市、六盘水市、遵义市、安顺市、毕节市、铜仁市、黔西南布依族苗族自治州、黔东南苗族侗族自治州、黔南布依族苗族自治州
云南省	16	8	昆明市、曲靖市、玉溪市、保山市、昭通市、丽江市、普洱市、临沧市、楚雄市、红河哈尼族彝族自治州、文山壮族苗族自治州、西双版纳傣族自治州、大理白族自治州、德宏傣族景颇族州、怒江傈僳族自治州、迪庆藏族自治州
西藏自治区	7	6	拉萨市、日喀则市、昌都市、林芝市、山南市、那曲市、阿里地区
陕西省	10	10	西安市*、铜川市、宝鸡市、咸阳市、渭南市、延安市、汉中市、榆林市、安康市、商洛市

续表

省级区划名称	地级区划数	其中：地级市	地级区划名（带“*”为副省级城市）
甘肃省	14	12	兰州市、嘉峪关市、金昌市、白银市、天水市、武威市、张掖市、平凉市、酒泉市、庆阳市、定西市、陇南市、临夏回族自治州、甘南藏族自治州
青海省	8	2	西宁市、海东市、海北藏族自治州、黄南藏族自治州、海南藏族自治州、果洛藏族自治州、玉树藏族自治州、海西蒙古族藏族自治州
宁夏回族自治区	5	5	银川市、石嘴山市、吴忠市、固原市、中卫市
新疆维吾尔自治区	14	4	乌鲁木齐市、克拉玛依市、吐鲁番市、哈密市、昌吉回族自治州、博尔塔拉蒙古自治州、巴音郭楞蒙古自治州、阿克苏地区、克孜勒苏柯尔克孜自治州、喀什地区、和田地区、伊犁哈萨克自治州、塔城地区、阿勒泰地区
香港特别行政区	—	—	—
澳门特别行政区	—	—	—
台湾省	—	—	—

注：副省级市属于地级区划；直辖市的市辖区，属县级区划，而非地级区划。

资料来源：《中国统计年鉴2019》。

三、我国县级行政区划简述

县级行政区，是行政地位与县相同的行政区的总称，为三级行政区，包括市辖区、县级市、县、自治县、旗、自治旗、特区、林区，由直辖市、地级行政区管辖或由省级行政区（仅限于省、自治区）直接管辖。截至2018年底，我国县级区划数共2 851个，其中市辖区970个，县级市375个，县1 335个，自治县117个（见表3–2）。本书选取全国5%的县级区划作为样本[①]，具体样本县的选择以财政数据公开状况较好为原则。

① 为简化描述，本书将其统称为“样本县”。

表 3-2　　　　全国县级行政区划（2018 年底）

省级区划名称	县级区划数	市辖区	县级市	县	自治县	本书选取的样本县
全国	2 851	970	375	1 335	117	136
北京市	16	16	—	—	—	海淀区
天津市	16	16	—	—	—	和平区
河北省	168	47	21	94	6	玉田县、卢龙县、任县、新华区、枣强县、定州市
山西省	117	25	11	81	—	小店区、平顺县、高平市、右玉县、昔阳县、平遥县
内蒙古自治区	103	23	11	17	—	武川县、林西县、准格尔旗、海拉尔区、阿巴嘎旗
辽宁省	100	59	16	17	8	海城市、振安区、北镇市、浑南区、西丰县、朝阳县
吉林省	60	21	20	16	3	柳河县、抚松县、长岭县
黑龙江省	128	65	20	42	1	南岗区、克山县、海林市
上海市	16	16	—	—	—	浦东新区
江苏省	96	55	22	19	—	江宁区、邳州市、张家港市、昆山市、仪征市
浙江省	89	37	19	32	1	滨江区、慈溪市、越城区、龙泉县
安徽省	105	44	7	54	—	肥东县、寿县、太湖县、祁门县、东至县
福建省	85	29	12	44	—	平潭县、同安区、丰泽区、松溪县
江西省	100	26	11	63	—	西湖区、湘东区、贵溪市、瑞金市、高安市
山东省	137	56	27	54	—	博山区、临淄区、青州市、莒县、德城区、滨城区、沾化区
河南省	158	52	21	85	—	新郑市、西工区、鲁山县、渑池县、邓州市、民权县、固始县、济源市
湖北省	103	39	25	36	2	大冶市、房县、夷陵区、保康县、潜江市
湖南省	122	36	17	62	7	岳麓区、浏阳市、攸县、衡阳县、邵东县、华容县
广东省	122	65	20	34	3	白云区、武江区、江海区、惠东县、饶平县、佛冈县
广西壮族自治区	111	40	8	51	12	西乡塘区、隆安县、柳江区、荔浦县、靖西市、凭祥市
海南省	23	8	5	4	6	琼海市
重庆市	38	26	—	8	4	渝北区、忠县
四川省	183	54	17	108	4	龙泉驿区、盐亭县、苍溪县、大英县、东坡区、叙州区、宣汉县、康定市、会理县

续表

省级区划名称	县级区划数	市辖区	县级市	县	自治县	本书选取的样本县
贵州省	88	15	9	52	11	南明区、云岩区、清镇市、万山区
云南省	129	17	16	67	29	宜良县、红塔区、楚雄市、弥勒市、文山市、大理市
西藏自治区	74	8	—	66	—	堆龙德庆区、萨迦县、定日县、察隅县
陕西省	107	30	5	72	—	雁塔区、岐山县、韩城市、洛川县、榆阳区
甘肃省	86	17	5	57	7	永登县、崇信县、庆城县、临夏县
青海省	44	6	4	27	7	城中区、大通县
宁夏回族自治区	22	9	2	11	—	青铜峡市
新疆维吾尔自治区	105	13	24	62	6	天山区、伊州区、阿克苏市、和田市、伊宁市
香港特别行政区	—	—	—	—	—	—
澳门特别行政区	—	—	—	—	—	—
台湾省	—	—	—	—	—	—

注：直辖市的市辖区为县级区划。

资料来源：《中国统计年鉴 2019》。

第二节　333 个城市政府收入总览

本节从政府收入、一般公共预算收入与支出、政府性基金预算收入、国有资本经营预算收入、社会保险基金预算收入以及债务情况六个方面对我国的城市政府收入进行了比较与分析，并归纳其分布特征以及分省域视角下的差异。因不同城市数据可获得性不同，所以各个指标覆盖城市范围也略有不同。

一、政府收入[①]分析：规模、结构及占GDP比重

（一）收入规模：超六成城市不足400亿元，38城超千亿元，前50城市收入之和占比近60%

从2018年政府收入的规模来看，超六成城市（64.1%）的政府收入规模不足400亿元，且不同城市规模差异较大。政府收入规模在200亿—400亿元区间的城市数量最多，为89个，超过2 000亿元的城市有11个，不足100亿元的城市有44个（见图3-1）。[②]

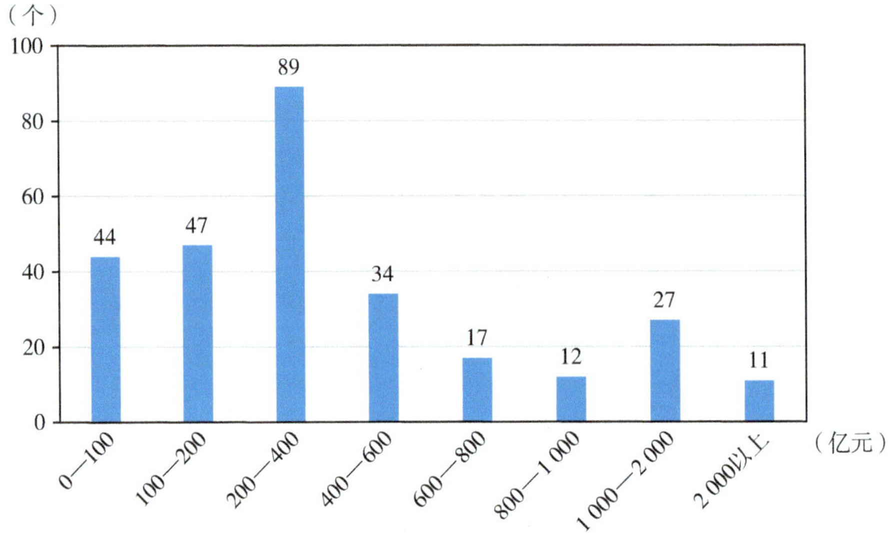

图3-1　2018年我国281个城市政府收入的分布情况

分省域来看，政府收入规模超过1 000亿元的城市主要分布在江苏、浙江、广东、山东等地。江苏所有城市的政府收入高于400亿元；河北、福建所有城市高于200亿元。四川和山西除各自省会外，其余城市的政府收入均低于600亿元；辽宁、

① 一般公共预算收入、政府性基金预算收入、国有资本经营预算收入、社会保险基金预算收入这四本预算收入之和称为"政府收入"，并未剔除重复计算部分。

② 共获取281个城市的2018年政府收入，数据未获取城市分布在吉林（7市）、浙江（2市）、安徽（12市）、江西（3市）、山东（1市）、河南（3市）、湖北（5市）、湖南（4市）、广东（4市）、海南（1市）、西藏（1市）、陕西（1市）、甘肃（1市）、宁夏（3市）以及新疆（4市）。

云南、广西以及黑龙江除各自省会和计划单列市大连外，其余城市的政府收入均低于400亿元；内蒙古所有城市的政府收入均在600亿元以下。内蒙古、黑龙江、广西、云南、西藏、甘肃、青海半数及以上城市的政府收入不足200亿元（见表3–3）。

表 3–3　2018 年我国各省（自治区）的城市政府收入分布　单位：个

政府收入（亿元）	0—200	200—400	400—600	600—800	800—1 000	1 000 以上
河北	0	2	2	4	1	2
山西	2	7	1	0	0	1
内蒙古	6	4	2	0	0	0
辽宁	3	9	0	0	0	2
吉林 *	1	0	0	0	0	1
黑龙江	10	2	0	0	1	0
江苏	0	0	2	1	3	7
浙江 *	0	0	2	0	0	7
安徽 *	0	1	1	1	0	1
福建	0	5	0	1	1	2
江西 *	2	1	1	2	1	1
山东 *	0	0	5	3	3	4
河南 *	1	6	6	1	0	0
湖北 *	1	4	1	1	0	1
湖南 *	0	6	2	1	0	1
广东 *	2	8	1	1	1	4
广西	11	2	0	0	1	0
海南 *	1	1	1	0	0	0
四川	6	9	5	0	0	1
贵州	1	6	0	1	0	1
云南	10	5	0	0	0	1
西藏 *	5	1	0	0	0	0
陕西 *	4	4	1	0	0	0
甘肃 *	11	1	1	0	0	0
青海	7	1	0	0	0	0
宁夏 *	1	1	0	0	0	0
新疆 *	6	3	0	0	0	1
合计	91	89	34	17	12	38

注：带“*”号省（自治区）未获取全部城市数据。

从城市政府收入的集中度看，排名前20的城市政府收入占281个城市政府收入之和的36.2%；排名前50占比为58.2%；排名前100占比为77.0%。

政府收入位列前20位的城市主要分布于江苏、浙江、广东、山东等经济发达省份，其中8个城市为副省级城市，8个城市为省会，且3个计划单列市列居前20位，深圳第1，青岛第7，宁波第8（见表3-4）。深圳市以6 246.7亿元的规模居于首位，是第二位苏州市（5 076.5亿元）的1.2倍，是第三位南京市（3 984.4亿元）的1.6倍。

表3-4　2018年我国281个城市中政府收入排名前20及相关指标

排序	地区名	政府收入（亿元）	政府收入增速（%）	政府收入/GDP（%）	一般公共预算收入/政府收入（%）	政府性基金预算收入/政府收入（%）
1	广东·深圳市	6 246.7	6.6	25.8	56.6	15.4
2	江苏·苏州市	5 076.5	13.5	27.3	41.8	33.3
3	江苏·南京市	3 984.4	2.5	31.1	36.9	40.5
4	广东·广州市	3 749.6	9.5	16.4	43.6	37.4
5	湖北·武汉市	3 424.3	19.3	23.1	44.6	55.4
6	四川·成都市	3 378.4	3.8	22.0	42.2	41.4
7	山东·青岛市	3 338.7	20.2	27.8	36.9	26.5
8	浙江·宁波市	3 158.3	16.4	29.4	43.7	31.6
9	江苏·无锡市	2 412.3	15.3	21.1	42.0	30.3
10	江苏·常州市	2 301.4	43.3	32.6	24.3	42.3
11	福建·福州市	2 039.4	28.3	26.0	33.4	51.3
12	江苏·南通市	1 951.0	21.1	23.2	31.1	42.5
13	浙江·温州市	1 854.8	–0.6	30.9	29.5	43.8
14	辽宁·沈阳市	1 841.8	27.3	29.3	39.1	22.2
15	广东·佛山市	1 821.4	–12.8	18.3	38.6	47.5
16	浙江·嘉兴市	1 765.6	16.9	36.2	29.4	47.3
17	湖南·长沙市	1 742.5	24.2	15.8	50.5	34.3
18	广东·东莞市	1 686.5	26.1	20.4	38.5	23.3
19	云南·昆明市	1 649.4	27.5	31.7	36.1	42.8
20	山东·潍坊市	1 568.5	21.9	25.5	36.3	38.7

政府收入规模位列前20名的城市中，18个城市收入增速为正，其中常州增速最高（43.3%），温州（–0.6%）和佛山（–12.8%）增速为负；嘉兴市政府收入占GDP的比重最高，达到36.2%，长沙最低，仅为15.8%；深圳的一般公共预算收入占政府收入的比重最高，达到56.6%，常州最低，为24.3%；武汉的政府性基

金预算收入占政府收入的比重最高，达到55.4%，深圳最低，仅为15.4%。

（二）收入结构：近半数城市一般公共预算收入占比为30%—40%，欠发达城市政府性基金预算收入占比总体较低但个别畸高

在我国城市层面的政府收入中，一般公共预算收入和政府性基金预算收入占比较高，是政府收入的主要组成部分。

2018年一般公共预算收入占政府收入的比重在30%—40%的城市数量最多（见图3-2），达到125个（占数据可查的44.5%），占比在70%以上的城市仅有7个，占比在10%—20%区间的城市有4个，分别为安徽省六安市、甘肃省定西市、黑龙江省伊春市和大兴安岭地区，这几个城市社保基金预算收入占比普遍较高。①

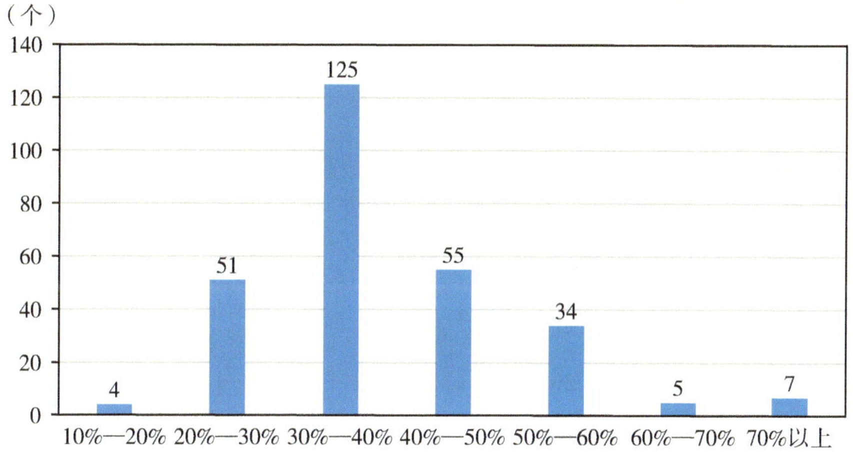

图 3-2　2018 年我国 281 个城市的一般公共预算收入 / 政府收入的分布情况

2018年我国一般公共预算收入占政府收入的比重排名前20的城市中，有广西7市、青海3市、新疆2市，其中省会仅有银川（73.5%），副省级城市仅有深圳（56.6%）。占比最高的两个城市分别为青海省的黄南州（94.0%）和海南州（90.4%），排名第3的为克拉玛依市（74.4%）（见图3-3），这些城市其他收入（尤其政府性基金预算收入）较少。一般公共预算收入占比较高的城市多属经济欠发达地区。

① 共获取281个城市的2018年一般公共预算收入占政府收入的比重，数据未获取城市分布在吉林（7市）、浙江（2市）、安徽（12市）、江西（3市）、山东（1市）、河南（3市）、湖北（5市）、湖南（4市）、广东（4市）、海南（1市）、西藏（1市）、陕西（1市）、甘肃（1市）、宁夏（3市）以及新疆（4市）。

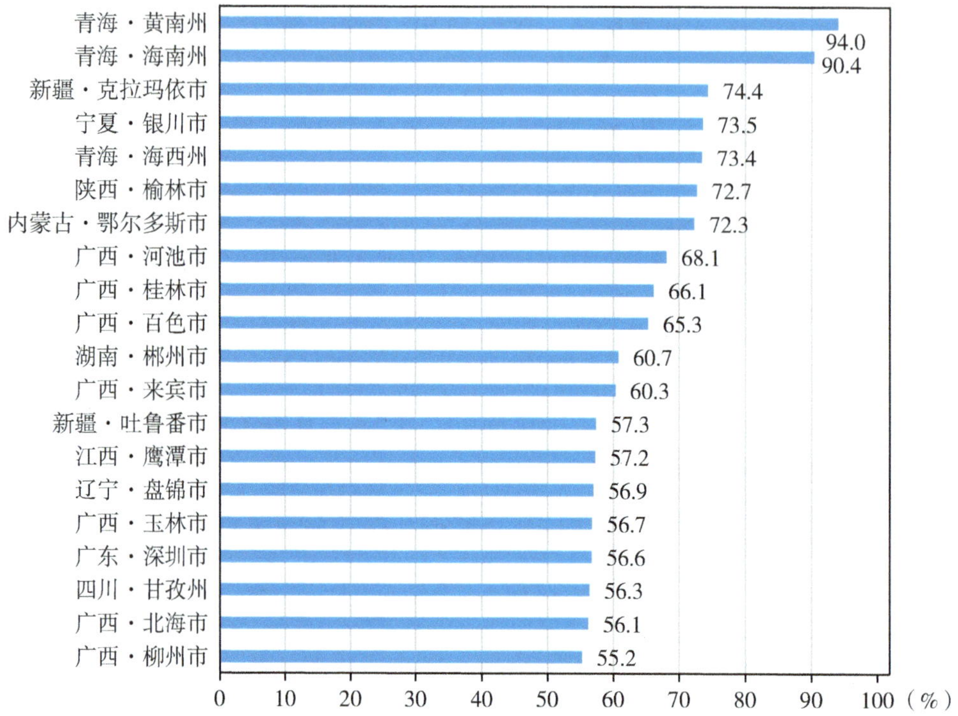

图 3-3　2018 年我国 281 个城市中一般公共预算收入 / 政府收入排名前 20 城市

2018年政府性基金预算收入占政府收入的比重在30%—40%区间的城市数量最多，达到71个，56个城市的政府性基金收入占比低于10%，3个城市的占比超过60%（见图3-4）。多数西部欠发达城市政府性基金收入占比较低。①

2018年我国城市的政府性基金预算收入占政府收入的比重排名前20的城市中，有广西6市、四川5市、浙江和湖北各2市，其中4个城市为省会。比重最高的城市为崇左市（71.4%），排名第2和第3的分别是眉山市（67.8%）和鄂州市（61.8%）（见图3-5）。政府性基金预算收入占比较高的城市多为短期因国有土地使用权出让金收入猛增造成的政府性基金预算收入增长，这种增长多出现在中西部正在快速发展的非省会城市，如2018年崇左市政府性基金预算收入从30.6亿元增长至77.4亿元（其中仅国有土地使用权出让金收入就增长53.4亿元），增速高达153.2%。

① 共获取281个城市的2018年政府性基金预算收入占政府收入的比重，数据未获取城市分布在吉林（7市）、浙江（2市）、安徽（12市）、江西（3市）、山东（1市）、河南（3市）、湖北（5市）、湖南（4市）、广东（4市）、海南（1市）、西藏（1市）、陕西（1市）、甘肃（1市）、宁夏（3市）以及新疆（4市）。

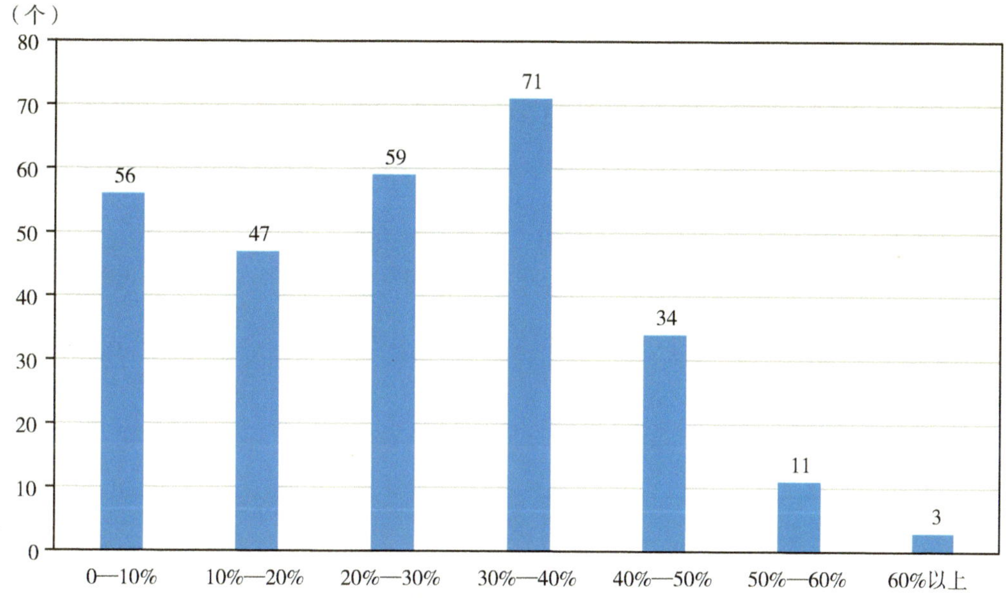

图 3-4 2018 年我国 281 个城市的政府性基金预算收入 / 政府收入的分布情况

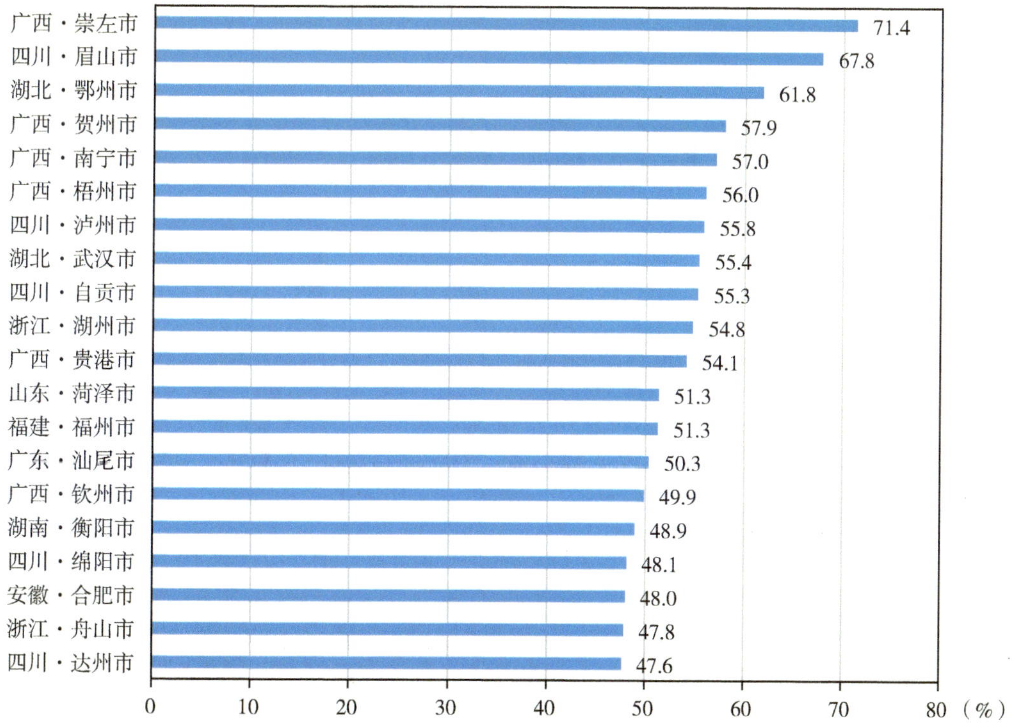

图 3-5 2018 年我国 281 个城市中政府性基金预算收入 / 政府收入排名前 20 城市

（三）政府收入占GDP比重：近九成城市低于30%，浙江多市占比较高，城市间差异较大

城市政府收入占GDP的比重反映了城市政府提供公共产品和服务可动用的自有资源水平。

2018年城市间政府收入占GDP的比重[①]差异较大，大多数城市（共计238个）的占比居于10%—30%区间，8个城市的比重在10%以下，安徽省六安市的比重超过50%（见图3-6）。

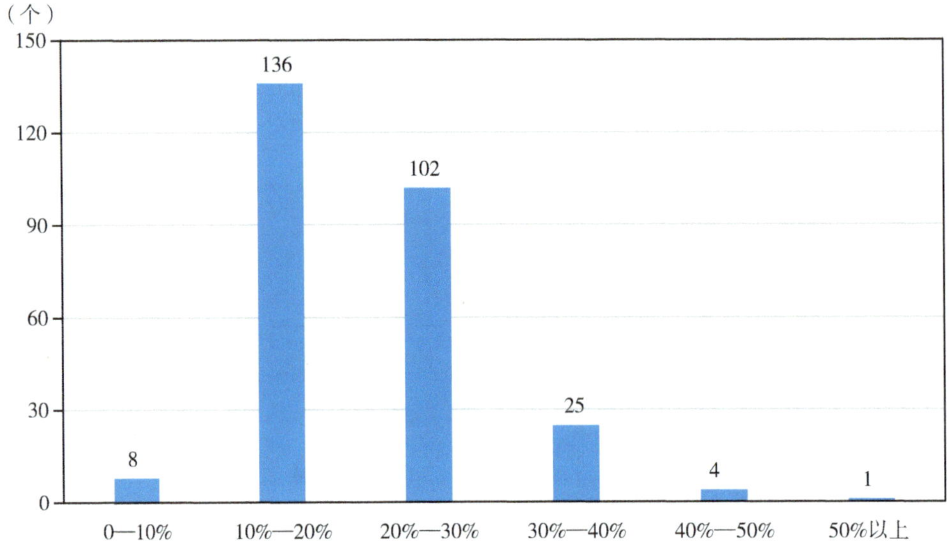

图3-6　2018年我国276个城市的政府收入/GDP的分布情况

从政府收入占GDP的比重排在前20的城市的省域分布来看，有浙江5市，黑龙江、四川、江西各2市，且仅拉萨（39.2%）和乌鲁木齐（33.1%）为省会。六安市（50.7%）的政府收入占GDP的比重最高，伊春市（46.8%）次之，第三为大兴安岭地区（45.4%）（见图3-7）。

① 共获取276个城市的2018年政府收入占GDP的比重，数据未获取城市分布在内蒙古（5市）、吉林（7市）、浙江（2市）、安徽（12市）、江西（3市）、山东（1市）、河南（3市）、湖北（5市）、湖南（4市）、广东（4市）、海南（1市）、西藏（1市）、陕西（1市）、甘肃（1市）、宁夏（3市）以及新疆（4市）。

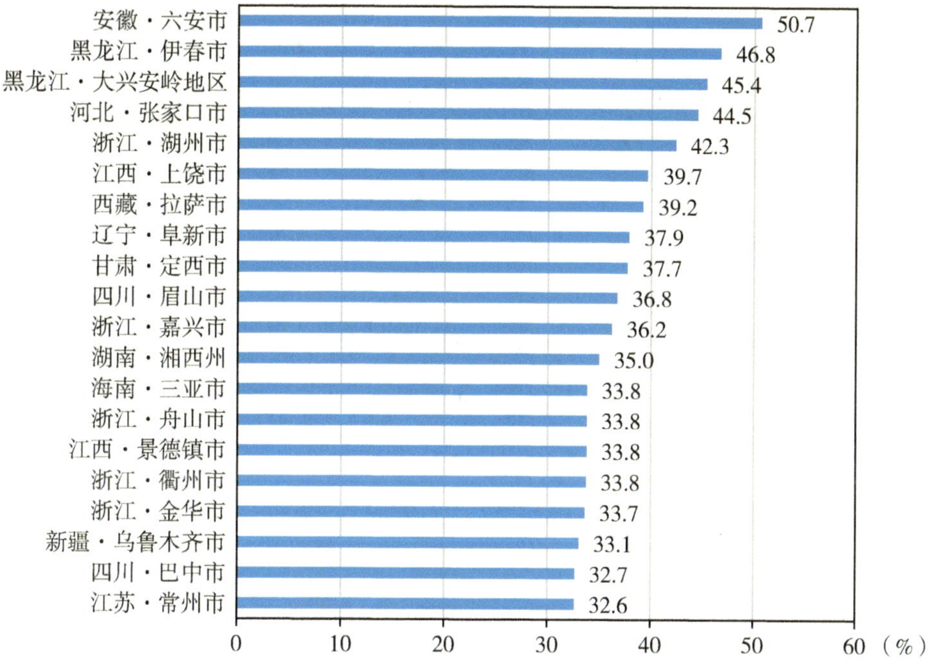

图 3-7　2018 年我国 276 个城市中政府收入 /GDP 排名前 20 城市

表 3-5　　2018 年我国 281 个城市中政府收入排名前 100 及相关指标

排序	地区名	政府收入（亿元）	政府收入增速（%）	政府收入 /GDP（%）	排序	地区名	政府收入（亿元）	政府收入增速（%）	政府收入 /GDP（%）
1	广东·深圳市	6 246.7	6.6	25.8	15	广东·佛山市	1 821.4	–12.8	18.3
2	江苏·苏州市	5 076.5	13.5	27.3	16	浙江·嘉兴市	1 765.6	16.9	36.2
3	江苏·南京市	3 984.4	2.5	31.1	17	湖南·长沙市	1 742.5	24.2	15.8
4	广东·广州市	3 749.6	9.5	16.4	18	广东·东莞市	1 686.5	26.1	20.4
5	湖北·武汉市	3 424.3	19.3	23.1	19	云南·昆明市	1 649.4	27.5	31.7
6	四川·成都市	3 378.4	3.8	22.0	20	山东·潍坊市	1 568.5	21.9	25.5
7	山东·青岛市	3 338.7	20.2	27.8	21	河北·石家庄市	1 548.0	20.4	25.5
8	浙江·宁波市	3 158.3	16.4	29.4	22	江苏·徐州市	1 519.5	26.4	22.5
9	江苏·无锡市	2 412.3	15.3	21.1	23	辽宁·大连市	1 505.6	5.8	19.6
10	江苏·常州市	2 301.4	43.3	32.6	24	福建·厦门市	1 413.7	–3.4	29.5
11	福建·福州市	2 039.4	28.3	26.0	25	浙江·金华市	1 379.9	25.1	33.7
12	江苏·南通市	1 951.0	21.1	23.2	26	浙江·台州市	1 376.2	18.6	28.2
13	浙江·温州市	1 854.8	–0.6	30.9	27	安徽·合肥市	1 376.0	–29.1	17.6
14	辽宁·沈阳市	1 841.8	27.3	29.3	28	浙江·绍兴市	1 353.0	10.5	25.0

续表

排序	地区名	政府收入（亿元）	政府收入增速（%）	政府收入/GDP（%）	排序	地区名	政府收入（亿元）	政府收入增速（%）	政府收入/GDP（%）
29	江西 · 南昌市	1 310.8	9.8	24.9	58	福建 · 漳州市	708.7	9.3	18.0
30	山东 · 烟台市	1 295.7	17.5	16.5	59	山东 · 德州市	699.2	39.5	20.7
31	吉林 · 长春市	1 218.0	10.4	21.6	60	江西 · 九江市	696.2	17.1	25.8
32	河北 · 唐山市	1 216.1	4.4	17.5	61	河北 · 沧州市	692.1	10.3	18.8
33	浙江 · 湖州市	1 151.4	35.8	42.3	62	江苏 · 淮安市	686.6	28.2	19.1
34	江苏 · 盐城市	1 067.2	12.9	19.4	63	河北 · 张家口市	683.8	56.1	44.5
35	山西 · 太原市	1 063.5	12.1	27.4	64	安徽 · 六安市	652.9	20.2	50.7
36	贵州 · 贵阳市	1 049.1	23.3	27.6	65	江西 · 宜春市	646.8	24.7	29.7
37	山东 · 济宁市	1 034.9	28.1	21.0	66	湖南 · 株洲市	623.9	34.8	23.7
38	新疆 · 乌鲁木齐市	1 024.7	19.2	33.1	67	山东 · 泰安市	619.0	31.5	17.0
39	福建 · 泉州市	980.3	32.4	11.6	68	内蒙古 · 鄂尔多斯市	599.6	23.0	15.9
40	江苏 · 泰州市	964.0	28.7	18.9	69	河南 · 南阳市	594.3	15.9	16.7
41	河北 · 保定市	940.5	33.4	30.6	70	广东 · 中山市	583.8	−30.1	16.1
42	山东 · 临沂市	934.0	25.6	19.8	71	江苏 · 连云港市	575.6	14.4	20.8
43	山东 · 菏泽市	899.9	41.1	29.2	72	河北 · 邢台市	572.1	35.5	26.6
44	江苏 · 扬州市	880.6	17.1	16.1	73	山东 · 聊城市	563.1	23.8	17.9
45	江西 · 上饶市	877.9	55.2	39.7	74	湖南 · 常德市	553.3	40.0	16.3
46	山东 · 淄博市	872.1	29.4	17.2	75	河南 · 许昌市	545.7	51.1	19.3
47	广西 · 南宁市	835.1	24.3	20.7	76	甘肃 · 兰州市	538.2	10.7	19.7
48	江苏 · 镇江市	827.7	27.4	20.4	77	陕西 · 榆林市	536.1	31.4	13.9
49	广东 · 珠海市	820.7	−5.5	28.2	78	河南 · 周口市	531.6	53.5	19.8
50	黑龙江 · 哈尔滨市	805.2	8.3	16.1	79	四川 · 南充市	531.4	22.4	26.5
51	河北 · 廊坊市	783.5	−4.9	25.2	80	河南 · 驻马店市	527.0	37.0	22.2
52	广东 · 惠州市	771.2	2.2	18.8	81	内蒙古 · 呼和浩特市	514.4	30.6	19.8
53	山东 · 威海市	765.4	13.9	21.0	82	四川 · 泸州市	514.0	33.6	30.3
54	河南 · 洛阳市	739.2	22.3	15.9	83	江苏 · 宿迁市	510.9	10.9	18.6
55	贵州 · 遵义市	732.9	—	24.4	84	山东 · 滨州市	507.7	19.9	19.2
56	河北 · 邯郸市	722.5	27.1	20.9	85	河南 · 新乡市	501.0	—	19.8
57	湖北 · 襄阳市	714.1	12.8	16.6	86	浙江 · 衢州市	496.6	12.2	33.8

续表

排序	地区名	政府收入（亿元）	政府收入增速（%）	政府收入 /GDP（%）	排序	地区名	政府收入（亿元）	政府收入增速（%）	政府收入 /GDP（%）
87	江西 · 吉安市	494.3	31.3	28.4	94	浙江 · 舟山市	445.4	31.2	33.8
88	湖南 · 衡阳市	494.1	13.9	16.2	95	湖北 · 宜昌市	435.1	—	10.7
89	海南 · 海口市	488.8	37.0	32.4	96	山西 · 晋中市	430.5	20.0	29.7
90	安徽 · 安庆市	480.1	—	25.0	97	河北 · 秦皇岛市	426.4	9.7	26.1
91	四川 · 眉山市	461.8	85.7	36.8	98	山东 · 枣庄市	411.8	20.7	17.1
92	山东 · 日照市	459.6	34.7	20.9	99	四川 · 绵阳市	409.0	57.9	17.8
93	山东 · 东营市	449.9	17.8	10.8	100	四川 · 宜宾市	404.3	32.3	19.9

二、一般公共预算收支分析：规模、结构及人均情况

（一）收入规模：超七成城市不足 200 亿元，11 城市超千亿元，深圳超 3 500 亿元

总体而言，2018 年我国有 46.1%（153 个）的城市一般公共预算收入低于 100 亿元；75.6%（251 个）的城市低于 200 亿元；88.0%（292 个）的城市低于 400 亿元；93.1%（309 个）的城市低于 600 亿元；96.4%（320 个）的城市低于 800 亿元。[①]这表明，受城市规模及经济体量影响，我国不同城市的一般公共预算收入差距悬殊，只有极少数城市收入水平超过 800 亿元；100 亿元上下收入水平的城市居多。

从城市一般公共预算收入的集中度看，排名前 20 的城市一般公共预算收入占全部城市（332 个）收入之和的 36.5%；排名前 50 占比为 57.0%；排名前 100 占比为 73.8%。这也说明了不同城市的一般公共预算收入水平差距较大。

从一般公共预算收入的分布情况看，收入在 100 亿—200 亿元区间的城市数量最多（98 个）（见图 3-8）；收入超 2 000 亿元的城市仅深圳和苏州；收入在 1 000 亿—2 000 亿元区间的城市有 9 个，分别为杭州、广州、武汉、南京、成都、宁波、青岛、郑州、无锡；还有 8 个城市收入规模不足 10 亿元，分别为青海的海北藏族自治州、黄南藏族自治州、果洛藏族自治州、玉树藏族自治州，甘肃的甘南藏族自治州，黑龙江的大兴安岭地区以及西藏的那曲市、阿里地区。

① 共获取 332 个城市的 2018 年一般公共预算收入，仅海南三沙市数据未获取。

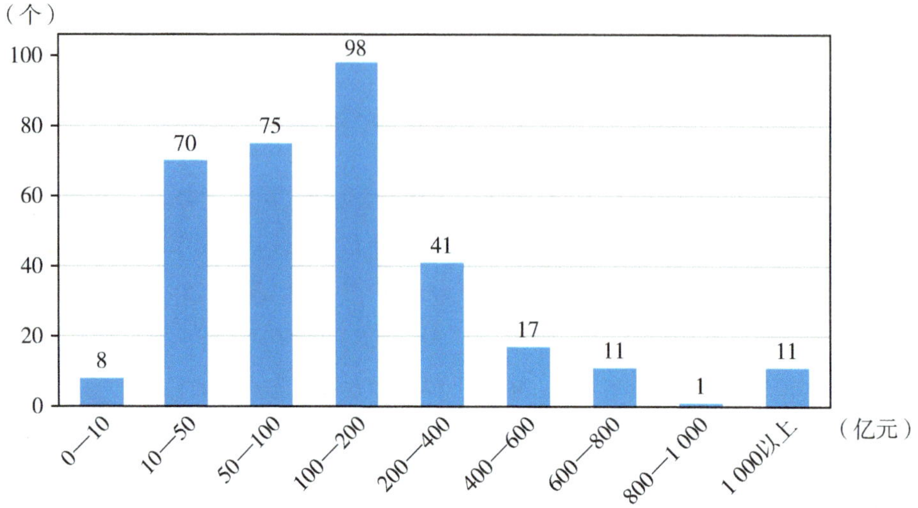

图 3-8　2018 年我国 332 个城市一般公共预算收入的分布情况

从省域分布方面来看，2018年我国一般公共预算收入高于800亿元的12个城市主要集中在江苏、浙江、广东等东部和南部经济发达省份，但也有属中部省份的武汉市、郑州市、长沙市以及属西部省份的成都市。内蒙古、辽宁、吉林、黑龙江、广西、四川、云南、西藏、陕西、甘肃、青海、宁夏、新疆的半数及以上城市一般公共预算收入在100亿元以下（见表3-6）。

表 3-6　2018 年我国各省（自治区）的城市一般公共预算收入分布　　单位：个

一般公共预算收入（亿元）	0—100	100—200	200—400	400—600	600—800	800 以上
河北	0	5	4	2	0	0
山西	4	6	1	0	0	0
内蒙古	8	2	1	1	0	0
辽宁	8	4	0	0	2	0
吉林	7	1	0	1	0	0
黑龙江	11	1	1	0	0	0
江苏	0	0	7	2	1	3
浙江	0	3	2	4	0	2
安徽	4	10	1	0	1	0
福建	1	4	1	1	2	0

续表

一般公共预算收入（亿元）	0—100	100—200	200—400	400—600	600—800	800 以上
江西	4	2	4	1	0	0
山东	0	3	8	2	2	1
河南	3	12	1	0	0	1
湖北	4	6	2	0	0	1
湖南	6	7	0	0	0	1
广东	8	5	4	0	2	2
广西	10	3	1	0	0	0
海南 *	1	2	0	0	0	0
四川	11	9	0	0	0	1
贵州	3	4	1	1	0	0
云南	12	3	0	1	0	0
西藏	6	1	0	0	0	0
陕西	7	1	1	0	1	0
甘肃	13	0	1	0	0	0
青海	8	0	0	0	0	0
宁夏	4	1	0	0	0	0
新疆	10	3	0	1	0	0
合计	153	98	41	17	11	12

注：带“*”号省（自治区）未获取全部城市数据。

2018年，江苏所有城市的一般公共预算收入均在200亿元以上；河北、浙江、山东所有城市均在100亿元以上；广东有4市在600亿元以上（深圳3 538.4亿元、广州1 634.2亿元、佛山703.1亿元、东莞649.9亿元）；湖北、河南、安徽、陕西除各自省会外，其他城市均在400亿元以下；四川、湖南、辽宁、云南、吉林、新疆除各自省会和计划单列市大连之外，其他城市均不足200亿元；甘肃、宁夏、西藏除各自省会外，其余城市均不足100亿元；青海所有城市的一般公共预算收入不足100亿元。

2018年我国332个城市的一般公共预算收入前20名中，有12个城市是省会，其余8个非省会城市中，有5个是国家计划单列市，其中深圳第1，宁波第

8，青岛第9，厦门第13，大连第17；既非省会又非计划单列市的城市分别是苏州（第2）、无锡（第11）和佛山（第18）（见图3-9）。

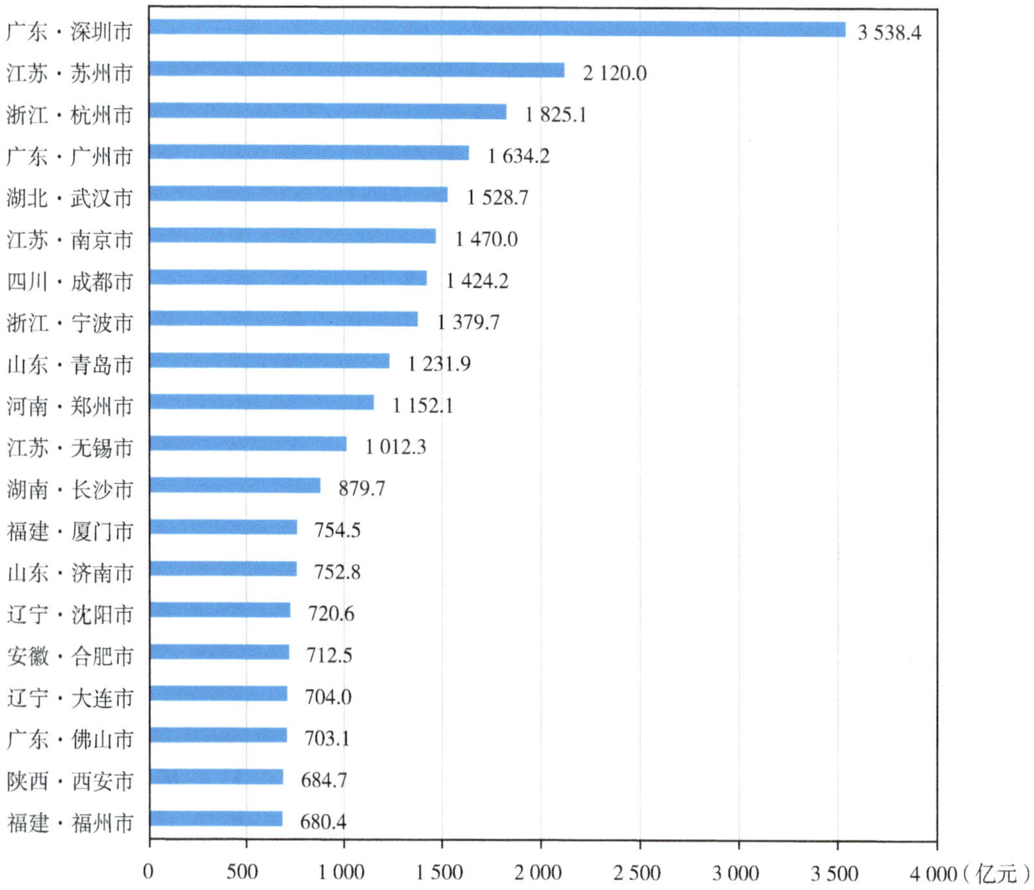

图3-9　2018年我国332个城市中一般公共预算收入排名前20城市

深圳市以3 538.4亿元的规模高居第1，是第2名苏州市（2 120.0亿元）的1.7倍，占广东省一般公共预算收入的29.2%①。另外，2018年深圳的税收收入和非税收入也均属全国第1名。其中税收收入中，增值税、企业所得税、个人所得税、城市维护建设税、印花税、土地增值税均为全国最高，契税第2，房产税、车船税第3；非税收入中，专项收入全国第1，罚没收入第3，国有资源（资产）有偿使用收入第4，国有资本经营收入第5，行政事业性收费收入第6。②

① 2018年广东省一般公共预算收入为12 102.90亿元。

② 由于数据可获得性差异，不同税种所获取数据量不一，但大体均在300个左右，具有统计描述意义。

（二）收入增速：半数城市增速在10%以内，资源型城市增速极高，45城负增长

2018年332个城市中，有86.4%（287个）的城市一般公共预算收入正增长，超半数城市（175个）增速处于0—10%，有45个城市为负增长，其中10个城市增速在-10%以下（见图3-10），增速最低的三个城市为牡丹江市（-21.6%）、黔东南自治州（-23.3%）、四平市（-24.4%）。①

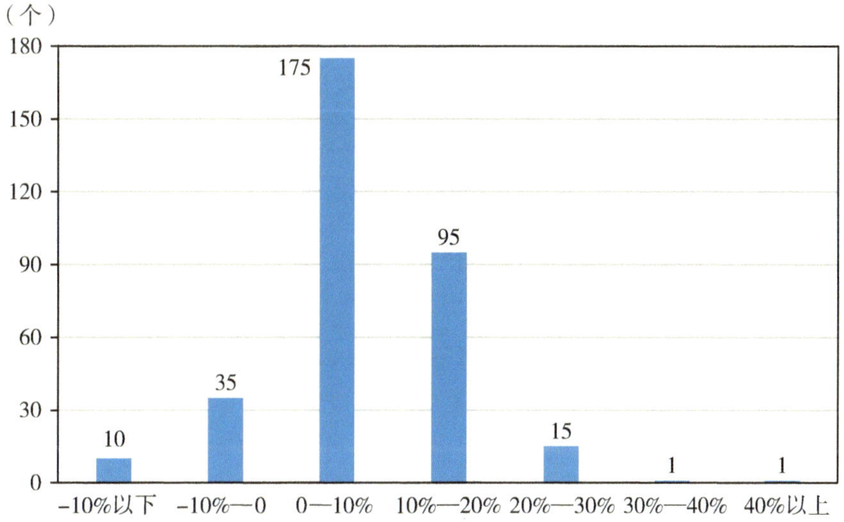

图3-10　2018年我国332个城市的一般公共预算收入增速的分布情况

2018年，一般公共预算收入增速前20名的城市大多数为北方城市，其中包括山西7市，河南3市，陕西2市，内蒙古2市。一般公共预算收入增速最高的城市为银川市（40.4%），海口市（35.5%）、临汾市（29.8%）分列第二、三名（见图3-11）。增速高的城市多为资源型城市或重工业城市，这源于2018年煤炭价格大涨，其他重要工业品如钢铁、铝材价格也随之上涨，有力拉动了资源型以及重工业城市的经济增长，这些城市的一般公共预算收入也随之增加。

① 共获取332个城市的2018年一般公共预算收入增速，仅海南三沙市数据未获取。

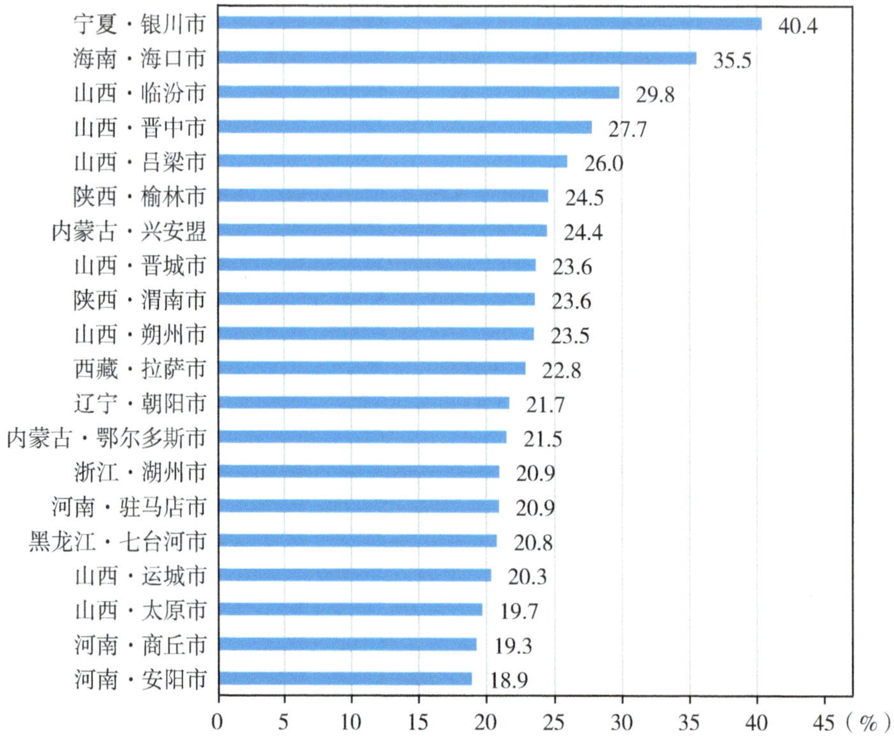

图 3-11　2018 年我国 332 个城市中一般公共预算收入增速排名前 20 城市

（三）收入结构：近六成城市税收占比高于 70%，4 城税收占比超 90%，基本属于民营经济发达的江浙地区

从税收占一般公共预算收入比重的分布情况看，[①]59.5%（195个）的城市税收占比高于70%，税收占比在70%—80%区间的城市数量最多（143个），4个城市税收占比在90%以上，4个城市税收占比不足50%（见图3-12），分别为广西的桂林市、黑龙江的黑河市、新疆的和田地区以及甘肃的甘南藏族自治州。

2018年，税收占比前20名多处江浙等发达地区（排名前100名城市情况见表3-7），浙江省11市中6市位列前20名，江苏省13市中5市位列前20名，这主要源于江浙营商环境较好、民营经济活跃，国有产权性收入及收费较少。税收占比最高的城市为嘉兴市（91.3%），苏州（90.8%）、杭州（90.5%）分列第二、三位。但前20名中也有拉萨、西宁这些经济体量较小、经济结构较为简单的西部省会城市（见图3-13）。

① 下文简称“税收占比”。共获取 328 个城市的 2018 年税收收入 / 一般公共预算收入，数据未获取城市：海南三沙市；江西新余市；西藏日喀则市、昌都市、那曲市。

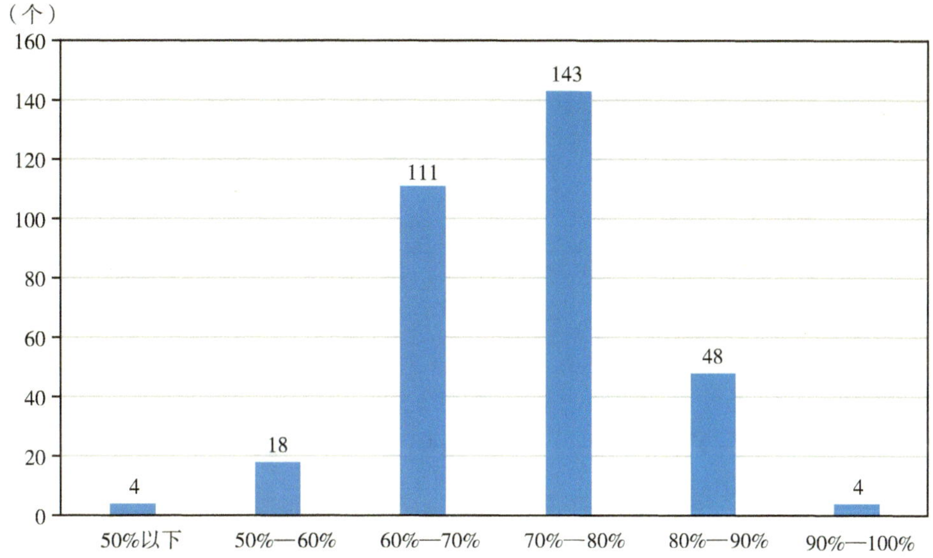

图 3-12　2018 年我国 328 个城市的税收占比的分布情况

表 3-7　　2018 年我国 332 个城市中一般公共预算收入排名前 100 及相关指标

排序	地区名	收入（亿元）	增速（%）	税收占比（%）	排序	地区名	收入（亿元）	增速（%）	税收占比（%）
1	广东·深圳市	3 538.4	6.2	81.9	16	安徽·合肥市	712.5	8.6	79.2
2	江苏·苏州市	2 120.0	11.1	90.8	17	辽宁·大连市	704.0	7.0	76.5
3	浙江·杭州市	1 825.1	16.4	90.5	18	广东·佛山市	703.1	6.3	73.7
4	广东·广州市	1 634.2	6.3	78.7	19	陕西·西安市	684.7	4.6	81.3
5	湖北·武汉市	1 528.7	9.0	84.7	20	福建·福州市	680.4	7.3	74.0
6	江苏·南京市	1 470.0	15.6	84.5	21	广东·东莞市	649.9	6.4	84.4
7	四川·成都市	1 424.2	11.7	75.0	22	山东·烟台市	636.6	6.0	70.9
8	浙江·宁波市	1 379.7	10.8	85.4	23	江苏·南通市	606.2	2.6	83.1
9	山东·青岛市	1 231.9	6.5	73.5	24	云南·昆明市	595.6	6.2	80.1
10	河南·郑州市	1 152.1	9.0	74.6	25	山东·潍坊市	569.8	5.7	80.4
11	江苏·无锡市	1 012.3	8.8	85.0	26	江苏·常州市	560.3	8.0	87.3
12	湖南·长沙市	879.7	9.9	70.0	27	浙江·温州市	547.6	17.7	80.0
13	福建·厦门市	754.5	8.3	79.9	28	江苏·徐州市	526.2	4.9	79.2
14	山东·济南市	752.8	11.2	82.3	29	河北·石家庄市	519.7	12.8	69.3
15	辽宁·沈阳市	720.6	10.0	80.2	30	浙江·嘉兴市	518.6	16.8	91.3

续表

排序	地区名	收入（亿元）	增速（%）	税收占比（%）	排序	地区名	收入（亿元）	增速（%）	税收占比（%）
31	浙江·绍兴市	501.3	16.2	82.3	58	湖北·襄阳市	295.5	-6.2	69.5
32	吉林·长春市	478.0	6.2	77.4	59	浙江·湖州市	287.1	20.9	83.9
33	福建·泉州市	474.2	7.2	81.0	60	山东·威海市	284.4	4.2	81.0
34	江西·南昌市	461.7	10.7	80.5	61	河北·保定市	278.7	7.9	71.6
35	新疆·乌鲁木齐市	458.3	14.3	70.1	62	江西·九江市	267.9	2.0	70.5
36	内蒙古·鄂尔多斯市	433.5	21.5	77.8	63	江西·赣州市	265.2	10.7	70.7
37	河北·唐山市	432.4	13.7	75.0	64	河北·沧州市	263.4	10.0	69.7
38	浙江·台州市	431.2	12.8	87.2	65	甘肃·兰州市	252.3	7.2	76.7
39	贵州·贵阳市	411.3	8.9	77.8	66	贵州·遵义市	252.1	16.5	80.0
40	山东·济宁市	400.0	3.7	72.4	67	江苏·淮安市	247.3	7.2	82.3
41	广东·惠州市	393.0	1.0	71.4	68	山东·东营市	244.6	6.0	72.2
42	浙江·金华市	392.6	9.8	87.9	69	广东·江门市	244.0	9.7	70.9
43	陕西·榆林市	389.8	24.5	82.2	70	河北·邯郸市	243.4	10.6	68.1
44	山东·淄博市	385.2	6.5	71.1	71	山东·滨州市	240.5	6.3	76.6
45	黑龙江·哈尔滨市	384.4	4.4	84.4	72	湖北·宜昌市	237.2	-2.0	70.2
46	江苏·盐城市	381.0	5.8	80.1	73	江西·宜春市	236.4	4.9	74.6
47	山西·太原市	373.2	19.7	79.6	74	江苏·连云港市	234.3	9.1	80.0
48	河北·廊坊市	362.0	9.2	76.9	75	江西·上饶市	222.8	4.1	65.7
49	广西·南宁市	359.0	8.1	72.8	76	山东·泰安市	219.5	6.0	72.0
50	江苏·泰州市	357.2	6.4	80.0	77	福建·漳州市	218.7	7.2	74.8
51	河南·洛阳市	342.7	5.1	66.9	78	江苏·宿迁市	206.2	2.8	84.0
52	江苏·扬州市	340.0	6.2	80.0	79	山东·菏泽市	206.0	10.4	80.3
53	广东·珠海市	331.5	5.4	78.5	80	内蒙古·呼和浩特市	204.7	1.6	84.1
54	安徽·芜湖市	318.1	2.2	73.1	81	山东·德州市	202.5	8.0	76.8
55	广东·中山市	315.2	0.8	74.4	82	安徽·滁州市	199.3	9.2	66.6
56	山东·临沂市	311.8	9.3	84.7	83	山东·聊城市	194.3	4.2	74.7
57	江苏·镇江市	301.5	6.0	80.0	84	广西·柳州市	193.8	7.8	70.5

续表

排序	地区名	收入（亿元）	增速（%）	税收占比（%）	排序	地区名	收入（亿元）	增速（%）	税收占比（%）
85	湖南 · 株洲市	189.3	–15.5	67.0	93	江西 · 吉安市	167.7	7.1	66.7
86	安徽 · 阜阳市	187.1	18.7	72.5	94	河南 · 许昌市	166.1	14.4	70.7
87	河南 · 南阳市	181.9	4.0	67.2	95	湖南 · 衡阳市	161.3	–0.7	64.1
88	山西 · 吕梁市	174.8	26.0	79.1	96	四川 · 宜宾市	160.9	15.9	66.4
89	宁夏 · 银川市	173.3	40.4	68.2	97	山东 · 日照市	159.8	13.0	83.0
90	河南 · 新乡市	172.7	8.6	72.8	98	河北 · 张家口市	156.9	15.5	59.6
91	湖南 · 常德市	172.4	5.5	64.6	99	河南 · 平顶山市	154.4	12.2	73.6
92	海南 · 海口市	169.9	35.5	88.6	100	河南 · 安阳市	154.1	18.9	75.9

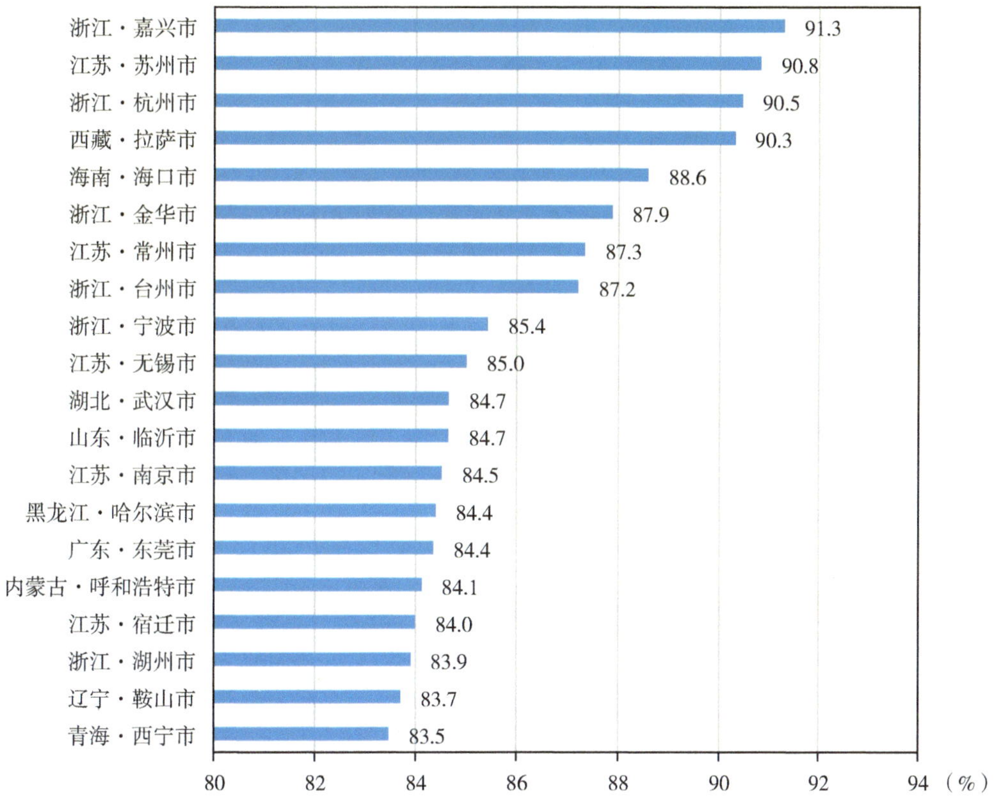

图 3-13　2018 年我国 328 个城市中税收收入 / 一般公共预算收入排名前 20 城市

（四）人均一般公共预算收入：近八成城市不足 6 000 元，江浙整体水平高，深圳、克拉玛依和鄂尔多斯超 20 000 元

从人均一般公共预算收入的分布情况来看，77.7%（234个）的城市不足6 000

元，处于2 000—4 000元的城市数量最多（117个）。超过20 000元的城市有上述3个，超过10 000元的城市有27个（见图3-14）。53个城市不足2 000元，其中4个城市不足1 000元，分别为陕西商洛市、甘肃的定西市和临夏州、青海玉树州。①

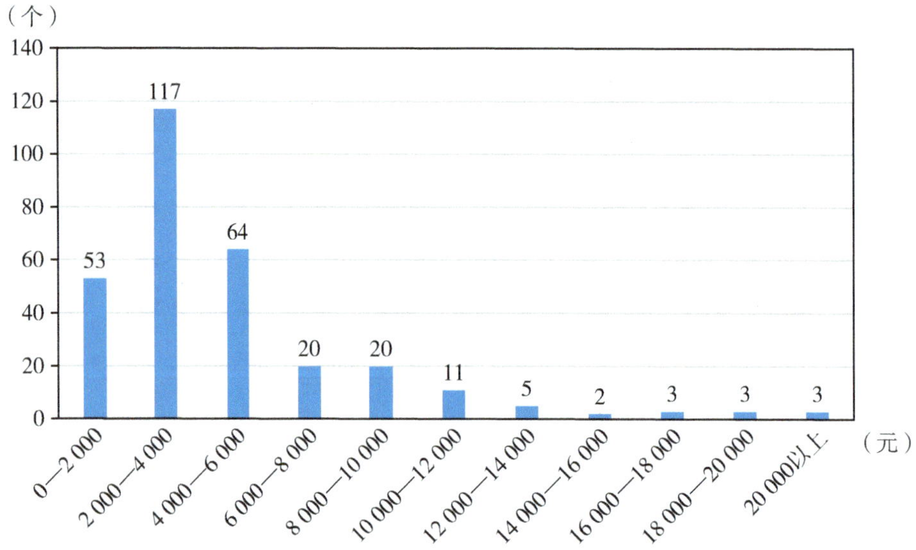

图3-14　2018年我国301个城市的人均一般公共预算收入的分布情况

从人均一般公共预算收入的省域分布来看，2018年有27个城市人均一般公共预算收入高于10 000元，其中江苏、浙江、山东各有4市，广东3市，新疆2市。广西、甘肃、青海的半数及以上城市人均一般公共预算收入不足2 000元（见表3-8）。

浙江、江苏人均一般公共预算收入总体水平较高，2018年浙江省人均一般公共预算收入最低的城市为衢州市（5 799元），江苏最低的城市为宿迁市（4 186元）；河北、内蒙古、福建、江西、山东、湖北所有城市超过2 000元；山西除运城市（1 506元）外、辽宁除铁岭市（1 991元）外、安徽除宿州市（1 964元）外、西藏除那曲市（1 730元）外，其余城市人均一般公共预算收入都超过2 000元。河南、湖北、湖南、西藏除各自省会外，其余城市人均一般公共预算收入不足6 000元；青海除海西州（10 505元）外，其余城市不足4 000元。

① 共获取301个城市的2018年人均一般公共预算收入，数据未获取城市主要分布在吉林（8市）、黑龙江（12市）、海南（1市）以及新疆（11市）。

表 3-8　2018 年我国各省（自治区）的城市人均一般公共预算收入分布　单位：个

人均一般公共预算收入（元）	0—2 000	2 000—4 000	4 000—6 000	6 000—8 000	8 000—10 000	10 000 以上
河北	0	7	3	1	0	0
山西	1	3	6	0	1	0
内蒙古	0	6	1	3	1	1
辽宁	1	6	4	0	2	1
吉林 *	0	0	1	0	0	0
黑龙江 *	0	1	0	0	0	0
江苏	0	0	5	2	2	4
浙江	0	0	3	2	2	4
安徽	1	6	6	1	2	0
福建	0	1	6	0	1	1
江西	0	4	4	2	1	0
山东	0	6	2	2	2	4
河南	3	10	3	0	0	1
湖北	0	8	4	0	0	1
湖南	4	7	2	0	0	1
广东	4	9	1	1	3	3
广西	7	3	4	0	0	0
海南 *	0	1	0	1	0	1
四川	6	13	1	0	1	0
贵州	2	3	3	0	1	0
云南	4	10	1	0	1	0
西藏	1	3	2	0	0	1
陕西	4	3	0	2	0	1
甘肃	8	3	1	2	0	0
青海	5	2	0	0	0	1
宁夏	2	2	0	1	0	0
新疆 *	0	0	1	0	0	2
合计	53	117	64	20	20	27

注：带"*"号省（自治区）未获取全部城市数据。

2018年我国各个城市的人均一般公共预算收入前20名中，有6个省会、7个副省级市。国家计划单列市中仅大连未在前20之列，深圳第1，厦门第6，宁波第9，青岛第13（见图3-15）。高居首位的深圳市（27 163元）人均一般公共预算收入是第2名克拉玛依市（22 376元）的1.2倍，是我国人均一般公共预算收入[①]的2.1倍。排名第2的克拉玛依市为石油产业为主，排名第3的鄂尔多斯市以煤炭产业为主，两者均为资源型城市。

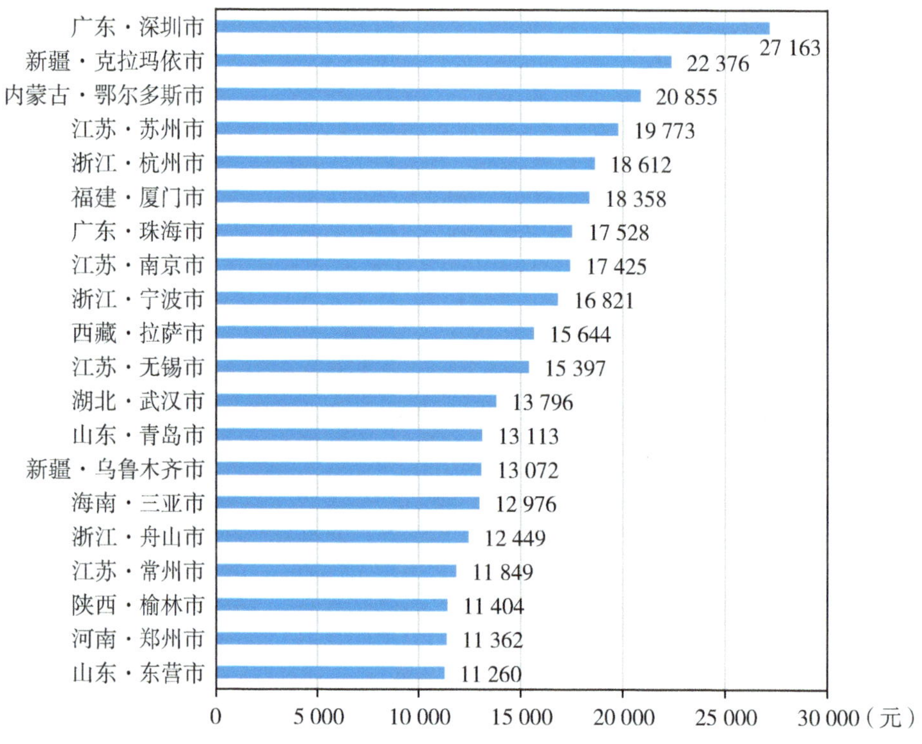

图3-15　2018年我国301个城市中人均一般公共预算收入排名前20城市

在人均一般公共预算收入排名前20的城市（排名前100名城市情况见表3-9）中，大体可分为三类：经济发展水平高的一线城市或新一线城市，如深圳、苏州、杭州、南京、宁波、武汉、青岛、郑州等；整体经济活跃且发达的南方二三线城市，如厦门、珠海、无锡、三亚、舟山、常州等；资源型城市，如以石油产业为主的克拉玛依、乌鲁木齐、东营等，以煤炭产业为主的鄂尔多斯、榆林等。

---

① 2018年我国一般公共预算收入为183 359.8亿元。2018年末，我国大陆总人口为139 538万人。由此算得2018年我国人均一般公共预算收入为13 140元。

表 3-9　2018 年我国 301 个城市中人均一般公共预算收入排名前 100 城市

排序	地区名	人均一般公共预算收入（元）	排序	地区名	人均一般公共预算收入（元）
1	广东·深圳市	27 163	31	浙江·湖州市	9 485
2	新疆·克拉玛依市	22 376	32	江苏·镇江市	9 433
3	内蒙古·鄂尔多斯市	20 855	33	辽宁·盘锦市	9 430
4	江苏·苏州市	19 773	34	山东·烟台市	8 939
5	浙江·杭州市	18 612	35	广东·佛山市	8 894
6	福建·厦门市	18 358	36	安徽·合肥市	8 810
7	广东·珠海市	17 528	37	福建·福州市	8 790
8	江苏·南京市	17 425	38	四川·成都市	8 721
9	浙江·宁波市	16 821	39	云南·昆明市	8 695
10	西藏·拉萨市	15 644	40	辽宁·沈阳市	8 666
11	江苏·无锡市	15 397	41	安徽·芜湖市	8 488
12	湖北·武汉市	13 796	42	山西·太原市	8 441
13	山东·青岛市	13 113	43	贵州·贵阳市	8 426
14	新疆·乌鲁木齐市	13 072	44	江西·南昌市	8 327
15	海南·三亚市	12 976	45	江苏·南通市	8 293
16	浙江·舟山市	12 449	46	山东·淄博市	8 193
17	江苏·常州市	11 849	47	广东·惠州市	8 137
18	陕西·榆林市	11 404	48	甘肃·嘉峪关市	7 810
19	河南·郑州市	11 362	49	广东·东莞市	7 744
20	山东·东营市	11 260	50	江苏·泰州市	7 704
21	浙江·嘉兴市	10 972	51	宁夏·银川市	7 698
22	广东·广州市	10 965	52	江苏·扬州市	7 505
23	湖南·长沙市	10 788	53	河北·廊坊市	7 485
24	青海·海西州	10 505	54	海南·海口市	7 379
25	山东·济南市	10 091	55	内蒙古·乌海市	7 242
26	辽宁·大连市	10 066	56	内蒙古·锡林郭勒盟	7 224
27	山东·威海市	10 051	57	浙江·台州市	7 024
28	浙江·绍兴市	9 957	58	浙江·金华市	7 006
29	内蒙古·阿拉善盟	9 746	59	江西·鹰潭市	6 862
30	广东·中山市	9 523	60	陕西·西安市	6 845

续表

排序	地区名	人均一般公共预算收入（元）	排序	地区名	人均一般公共预算收入（元）
61	甘肃 · 兰州市	6 722	81	河北 · 唐山市	5 449
62	陕西 · 延安市	6 565	82	辽宁 · 营口市	5 398
63	内蒙古 · 呼和浩特市	6 549	83	湖北 · 鄂州市	5 375
64	安徽 · 马鞍山市	6 462	84	江西 · 景德镇市	5 370
65	江西 · 新余市	6 434	85	山西 · 晋城市	5 348
66	山东 · 滨州市	6 132	86	广东 · 江门市	5 307
67	山东 · 潍坊市	6 079	87	江苏 · 盐城市	5 292
68	江苏 · 徐州市	5 978	88	河南 · 三门峡市	5 288
69	云南 · 玉溪市	5 972	89	湖北 · 襄阳市	5 213
70	西藏 · 林芝市	5 923	90	江苏 · 连云港市	5 184
71	浙江 · 温州市	5 920	91	江西 · 萍乡市	5 158
72	浙江 · 丽水市	5 912	92	山西 · 朔州市	5 075
73	浙江 · 衢州市	5 799	93	西藏 · 山南市	5 030
74	安徽 · 宣城市	5 781	94	江苏 · 淮安市	5 021
75	湖北 · 宜昌市	5 736	95	新疆 · 博尔塔拉州	5 007
76	福建 · 龙岩市	5 730	96	四川 · 攀枝花市	4 976
77	安徽 · 黄山市	5 516	97	河南 · 洛阳市	4 974
78	江西 · 九江市	5 471	98	广西 · 南宁市	4 948
79	山东 · 日照市	5 452	99	内蒙古 · 包头市	4 941
80	福建 · 泉州市	5 450	100	甘肃 · 金昌市	4 927

（五）支出规模：超八成城市低于 600 亿元，16 市超千亿元，深圳超 4 000 亿元

2018年332个城市中，84.0%（279个）的城市一般公共预算支出低于600亿元，处于200—400亿元区间的城市数量最多（137个）。16个城市超过1 000亿元，其中2个城市超过2 000亿元。66个城市低于200亿元，其中11个城市不足100亿元（见图3-16）。[①]

① 共获取 332 个城市的 2018 年一般公共预算支出，仅海南三沙市数据未获取。

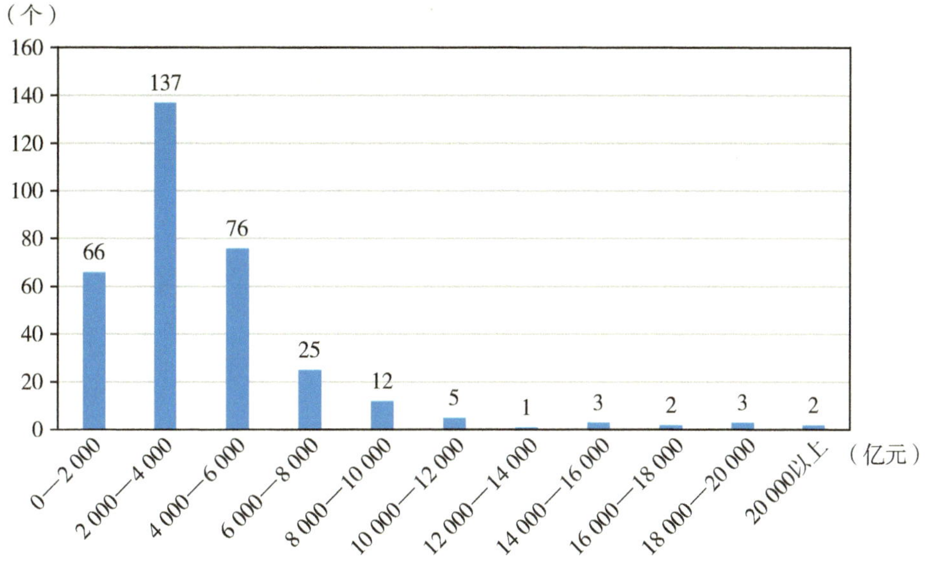

图 3-16　2018 年我国 332 个城市的一般公共预算支出的分布情况

2018年，我国一般公共预算支出高于1 000亿元的城市主要分布在辽宁、江苏、浙江、安徽、山东、河南、湖北、湖南、广东、四川、陕西等省。青海、新疆半数及以上城市一般公共预算支出不足200亿元。江苏所有城市的一般预算支出高于400亿元；河北、浙江、福建、山东、贵州的所有城市超过200亿元；安徽和湖南除各自省会外，其余城市均低于600亿元；辽宁除沈阳市和大连市外，其余城市均在400亿元以下（见表3-10）。

表 3-10　2018 年我国各省（自治区）的城市一般公共预算支出分布　　单位：个

一般公共预算支出（亿元）	0—200	200—400	400—600	600—800	800—1 000	1 000 以上
河北	0	3	2	5	1	0
山西	2	7	2	0	0	0
内蒙古	2	7	3	0	0	0
辽宁	3	9	0	0	1	1
吉林	3	4	1	0	1	0
黑龙江	6	4	2	0	1	0
江苏	0	0	7	0	3	3
浙江	0	3	4	1	1	2

续表

一般公共预算支出（亿元）	0—200	200—400	400—600	600—800	800—1 000	1 000 以上
安徽	4	6	5	0	0	1
福建	0	5	1	1	2	0
江西	2	2	4	2	1	0
山东	0	6	4	4	0	2
河南	2	7	5	2	0	1
湖北	2	6	3	1	0	1
湖南	1	4	8	0	0	1
广东	1	10	6	1	1	2
广西	4	7	2	1	0	0
海南 *	2	1	0	0	0	0
四川	3	10	6	1	0	1
贵州	0	3	4	2	0	0
云南	5	7	3	1	0	0
西藏	3	4	0	0	0	0
陕西	1	6	1	1	0	1
甘肃	5	8	1	0	0	0
青海	6	2	0	0	0	0
宁夏	2	3	0	0	0	0
新疆	7	3	2	2	0	0
合计	66	137	76	25	12	16

注：带“*”号省（自治区）未获取全部城市数据。

2018年一般公共预算支出规模排在前20名的城市中，有14个省会，13个副省级市。国家计划单列市除厦门市外均位列前20，深圳第1，宁波第8，青岛第9，大连第16（见图3-17）。第1名深圳市一般公共预算支出的规模（4 282.6亿元）遥遥领先于其他城市，是第2名广州市（2 423.0亿元）的1.8倍，是第3名苏州市（1 952.7亿元）的2.2倍。

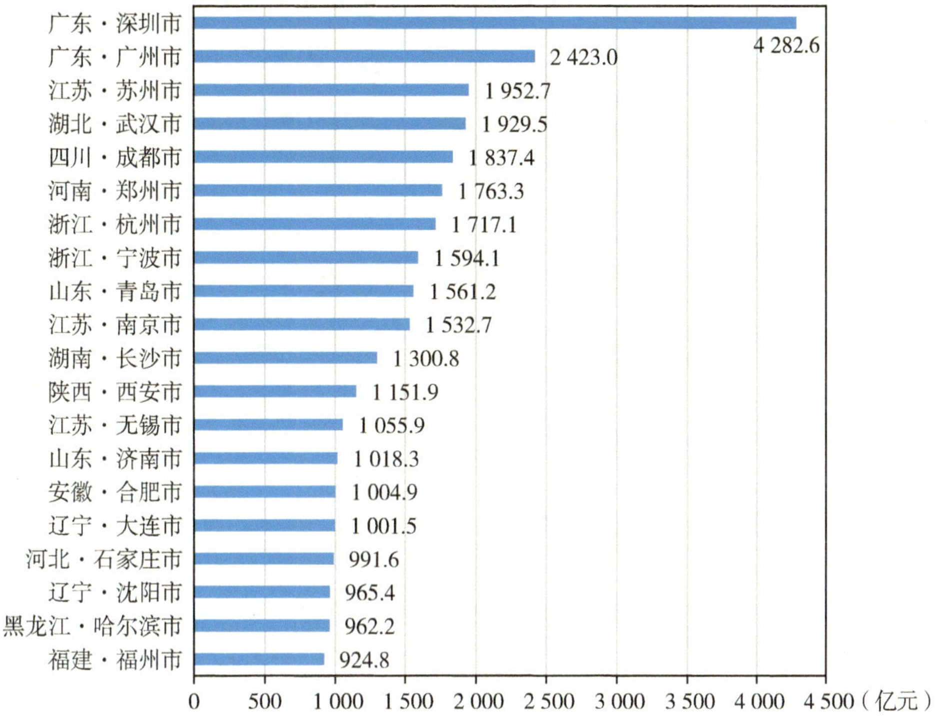

图 3–17　2018 年我国 332 个城市中一般公共预算支出排名前 20 城市

（六）支出增速：近九成城市增速为正，中西部少数民族地区增速较高

2018年，我国332个城市中，89.2%（296个）的城市一般公共预算支出正增长，且多数城市（147个）增速在0—10%区间，30个城市增速在20%以上（见图3–18）。但也有36个城市一般公共预算支出负增长，5个城市增速低于–10%，分别为内蒙古的呼和浩特、吉林的松原、江西的新余、黑龙江的鸡西和牡丹江。①

一般公共预算支出增速排在前20名的城市（前100名城市情况见表3–11）中，有10个城市为自治州或自治区下辖市（州）。这是因为一些少数民族聚居地的城市基础设施以及公共服务条件相对较差，近年来脱贫攻坚战大幅增加了这些地区的转移支付，支出力度也在不断加大，使得这些城市支出增速较高。银川市支出增速最高，达到65.9%，第2名为怒江州（54.9%），第3名为乌鲁木齐市（43.9%）（见图3–19）。

① 共获取332个城市的2018年一般公共预算支出增速，仅海南三沙市数据未获取。

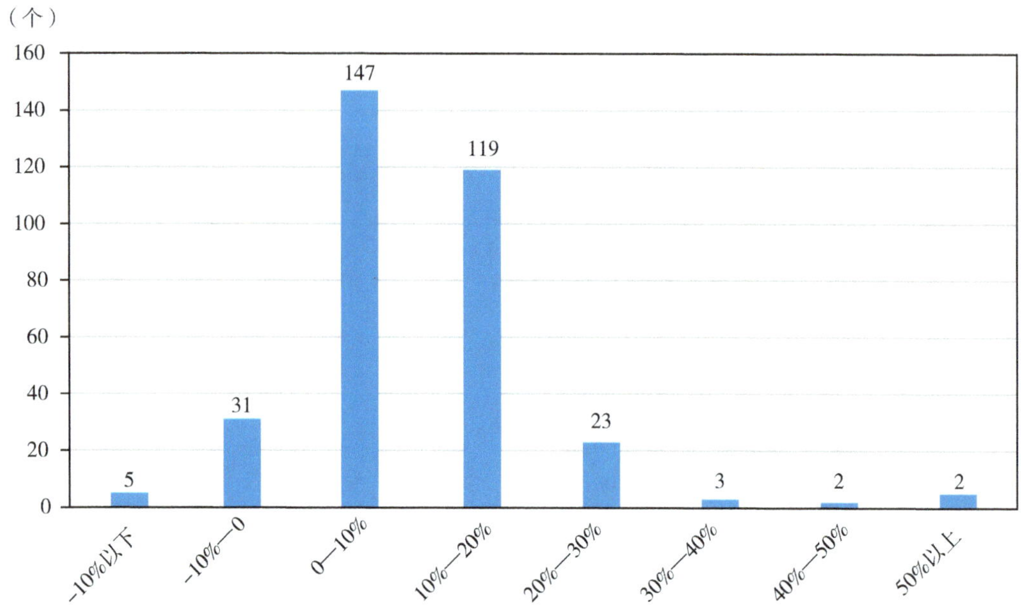

图 3-18　2018 年我国 332 个城市的一般公共预算支出增速的分布情况

表 3-11　2018 年我国 332 个城市中一般公共预算支出排名前 100 及增速

排序	地区名	支出（亿元）	增速（%）	排序	地区名	支出（亿元）	增速（%）
1	广东 · 深圳市	4 282.6	-6.8	15	安徽 · 合肥市	1 004.9	4.1
2	广东 · 广州市	2 423.0	10.8	16	辽宁 · 大连市	1 001.5	8.9
3	江苏 · 苏州市	1 952.7	10.2	17	河北 · 石家庄市	991.6	22.9
4	湖北 · 武汉市	1 929.5	12.3	18	辽宁 · 沈阳市	965.4	12.9
5	四川 · 成都市	1 837.4	4.6	19	黑龙江 · 哈尔滨市	962.2	0.4
6	河南 · 郑州市	1 763.3	16.4	20	福建 · 福州市	924.8	-1.5
7	浙江 · 杭州市	1 717.1	11.4	21	吉林 · 长春市	894.3	2.1
8	浙江 · 宁波市	1 594.1	13.0	22	江苏 · 徐州市	880.9	6.5
9	山东 · 青岛市	1 561.2	11.3	23	江苏 · 南通市	877.2	8.3
10	江苏 · 南京市	1 532.7	13.2	24	浙江 · 温州市	874.1	14.8
11	湖南 · 长沙市	1 300.8	10.0	25	江西 · 赣州市	857.6	10.5
12	陕西 · 西安市	1 151.9	10.2	26	福建 · 厦门市	843.6	3.9
13	江苏 · 无锡市	1 055.9	6.9	27	江苏 · 盐城市	840.1	12.3
14	山东 · 济南市	1 018.3	22.1	28	广东 · 佛山市	806.5	4.1

续表

排序	地区名	支出（亿元）	增速（%）	排序	地区名	支出（亿元）	增速（%）
29	广东·东莞市	765.4	14.6	59	浙江·金华市	574.0	7.0
30	云南·昆明市	756.8	–2.5	60	贵州·毕节市	573.5	8.7
31	山东·烟台市	756.0	6.8	61	广东·珠海市	572.6	15.9
32	江西·南昌市	752.4	15.2	62	江苏·扬州市	563.4	11.0
33	河北·唐山市	749.3	13.1	63	河北·张家口市	560.3	18.6
34	山东·潍坊市	733.5	8.1	64	浙江·绍兴市	556.6	18.5
35	河北·保定市	729.1	9.9	65	江西·九江市	556.3	6.0
36	广西·南宁市	698.0	8.0	66	山东·菏泽市	551.8	8.1
37	四川·凉山州	681.7	42.1	67	湖南·邵阳市	548.2	7.3
38	贵州·遵义市	677.5	6.4	68	河南·驻马店市	548.1	14.9
39	新疆·喀什地区	672.1	11.5	69	湖南·常德市	548.1	11.7
40	湖北·襄阳市	671.0	4.5	70	广东·惠州市	544.2	–1.8
41	新疆·乌鲁木齐市	659.8	43.9	71	山西·太原市	542.5	13.2
42	浙江·台州市	653.8	16.1	72	江苏·泰州市	532.4	12.0
43	陕西·榆林市	648.8	16.9	73	湖南·岳阳市	531.8	8.7
44	河南·南阳市	648.6	11.1	74	湖南·衡阳市	531.5	0.2
45	山东·临沂市	639.1	8.4	75	江西·宜春市	523.4	10.2
46	福建·泉州市	632.4	–0.9	76	河南·信阳市	522.8	17.2
47	河北·邯郸市	626.0	14.4	77	内蒙古·赤峰市	510.2	10.3
48	贵州·贵阳市	624.2	7.2	78	湖北·宜昌市	503.6	2.0
49	江西·上饶市	622.9	13.1	79	河南·商丘市	502.6	8.5
50	河北·沧州市	622.3	13.0	80	四川·南充市	495.2	7.6
51	河北·廊坊市	620.4	6.5	81	河北·邢台市	494.8	18.2
52	山东·济宁市	619.6	8.8	82	江苏·淮安市	486.8	7.6
53	河南·周口市	618.6	20.5	83	江西·吉安市	485.9	12.2
54	河南·洛阳市	597.5	8.8	84	湖北·黄冈市	482.6	6.2
55	江苏·常州市	594.8	7.8	85	云南·曲靖市	477.2	7.8
56	浙江·嘉兴市	588.9	19.0	86	广东·湛江市	477.2	7.8
57	内蒙古·鄂尔多斯市	586.8	24.0	87	山东·淄博市	474.6	6.4
58	安徽·阜阳市	574.7	11.5	88	甘肃·兰州市	465.6	–9.7

续表

排序	地区名	支出（亿元）	增速（%）	排序	地区名	支出（亿元）	增速（%）
89	湖南·怀化市	462.2	12.7	95	内蒙古·呼伦贝尔市	449.3	3.3
90	湖南·永州市	460.8	6.7	96	云南·红河州	448.4	11.3
91	云南·昭通市	460.0	10.5	97	黑龙江·齐齐哈尔市	448.3	-3.4
92	安徽·芜湖市	457.0	-1.4	98	陕西·渭南市	446.0	9.4
93	湖南·株洲市	456.3	2.1	99	广东·梅州市	445.1	12.6
94	广西·桂林市	455.9	5.0	100	广东·中山市	437.9	-3.8

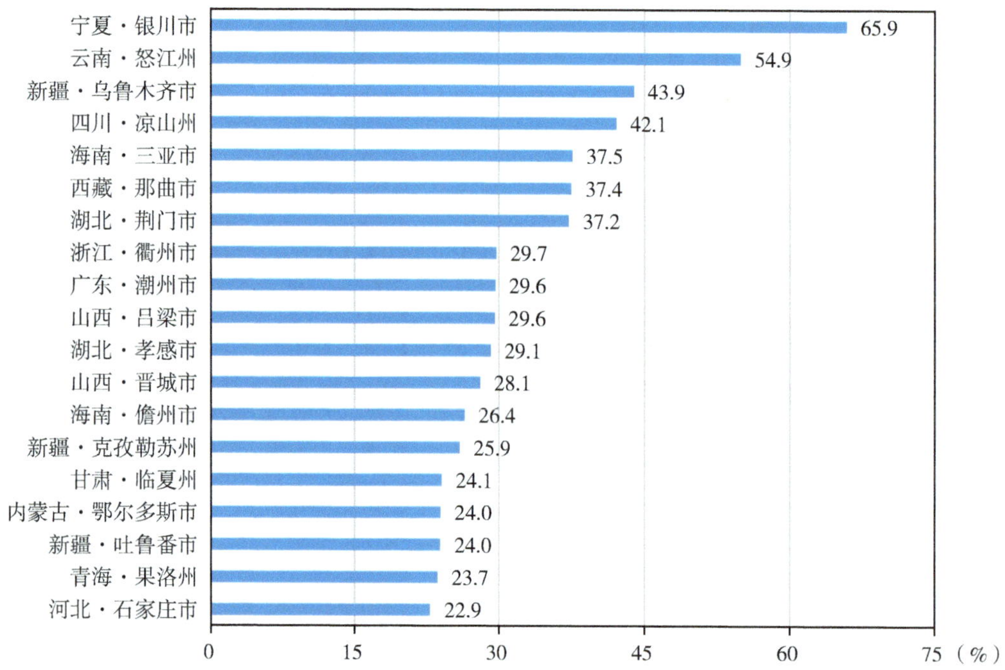

图 3-19　2018 年我国 332 个城市中一般公共预算支出增速排名前 20 城市

（七）人均一般公共预算支出：近八成城市在 14 000 元以内，较人均一般公共预算收入分布更为均衡，规模前 20 城市主要位于青藏疆蒙

各个城市的人均一般公共预算支出受其公共服务基础条件、公共服务提供成本、转移支付力度、人口等多个要素的影响。

与人均一般公共预算收入相比，我国城市间人均一般公共预算支出分布更为均衡，大多数城市处于10 000元上下的水平。2018年我国301个城市中，81.1%（244个）的城市人均一般公共预算支出在14 000元以内，有89个城市人均一般公共预算支出处于8 000—10 000元区间，29个城市达到20 000元以上，16个城市达到30 000元以上，3个城市低于6 000元（见图3-20）。①

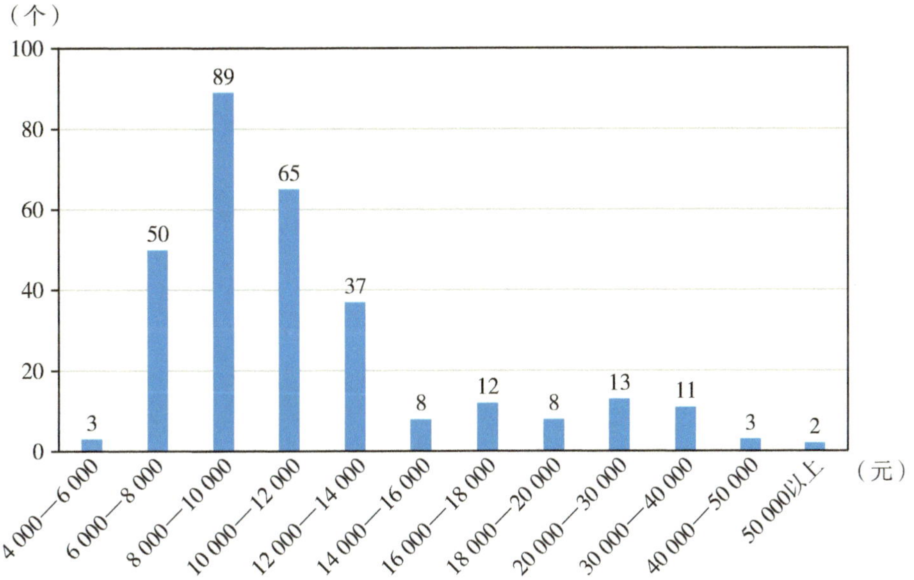

图 3-20　2018 年我国 301 个城市的人均一般公共预算支出的分布情况

2018年，人均一般公共预算支出超过30 000元的16个城市（见表3-12），主要分布在西藏、青海、四川、广东、内蒙古、云南。山东、河南的半数及以上城市人均一般公共预算支出不足8 000元。

西藏所有城市人均一般公共预算支出超过30 000元，内蒙古、青海、宁夏的所有城市均高于10 000元，浙江除温州市外、贵州除毕节市外，其余城市均超过10 000元，江苏、浙江、江西、贵州、陕西、甘肃的所有城市高于8 000元，山西除运城市外、辽宁除鞍山市外，其余城市的人均一般公共预算支出超过8 000元。

人均一般公共预算支出规模排在前20名的城市（排名前100名城市情况见表3-13）中，除白山、深圳、珠海外，其余均为自治州或自治区下辖市（州、盟）（见图3-21）。其中，西藏阿里地区人均一般公共预算支出最高，达到80 702元，排名第2的为林芝市（51 105元），第3名为拉萨市（42 642元）。

① 共获取 301 个城市的 2018 年人均一般公共预算支出，数据未获取城市主要分布在吉林（8 市）、黑龙江（12 市）、海南（1 市）以及新疆（11 市）。

表 3–12　2018 年我国各省（自治区）的城市人均一般公共预算支出分布

单位：个

人均一般公共预算支出(元)	4 000—6 000	6 000—8 000	8 000—10 000	10 000—20 000	20 000—30 000	30 000 以上
河北	0	3	5	3	0	0
山西	0	1	8	2	0	0
内蒙古	0	0	0	9	2	1
辽宁	0	1	9	4	0	0
吉林 *	0	0	0	0	0	1
黑龙江 *	0	0	1	0	0	0
江苏	0	0	3	10	0	0
浙江	0	0	1	9	1	0
安徽	0	5	6	5	0	0
福建	0	2	1	5	1	0
江西	0	0	5	6	0	0
山东	0	8	2	6	0	0
河南	0	9	6	2	0	0
湖北	0	4	3	6	0	0
湖南	0	3	6	5	0	0
广东	2	4	6	7	0	2
广西	1	2	6	5	0	0
海南 *	0	0	0	2	1	0
四川	0	7	8	4	0	2
贵州	0	0	1	8	0	0
云南	0	1	4	9	1	1
西藏	0	0	0	0	0	7
陕西	0	0	4	6	0	0
甘肃	0	0	4	9	1	0
青海	0	0	0	2	4	2
宁夏	0	0	0	5	0	0
新疆 *	0	0	0	1	2	0
合计	3	50	89	130	13	16

注：带“*”号省（自治区）未获取全部城市数据。

表 3-13　2018 年我国 301 个城市中人均一般公共预算支出排名前 100 城市

排序	地区名	人均一般公共预算支出（元）	排序	地区名	人均一般公共预算支出（元）
1	西藏·阿里地区	80 702	27	青海·海南州	22 556
2	西藏·林芝市	51 105	28	新疆·博尔塔拉州	22 446
3	西藏·拉萨市	42 642	29	福建·厦门市	20 526
4	青海·果洛州	42 603	30	浙江·丽水市	19 646
5	西藏·那曲市	41 084	31	浙江·宁波市	19 436
6	西藏·山南市	39 669	32	宁夏·固原市	19 365
7	内蒙古·阿拉善盟	39 211	33	内蒙古·乌海市	19 357
8	云南·迪庆州	38 666	34	陕西·榆林市	18 982
9	四川·甘孜州	35 165	35	新疆·乌鲁木齐市	18 820
10	吉林·白山市	33 788	36	江苏·苏州市	18 213
11	广东·深圳市	32 875	37	江苏·南京市	18 168
12	西藏·日喀则市	32 168	38	内蒙古·呼伦贝尔市	17 760
13	四川·阿坝州	31 258	39	陕西·延安市	17 602
14	青海·黄南州	31 084	40	浙江·杭州市	17 511
15	西藏·昌都市	30 465	41	湖北·武汉市	17 413
16	广东·珠海市	30 279	42	河南·郑州市	17 390
17	新疆·克拉玛依市	29 391	43	内蒙古·乌兰察布市	16 689
18	内蒙古·鄂尔多斯市	28 234	44	山东·青岛市	16 618
19	甘肃·甘南州	28 138	45	内蒙古·兴安盟	16 467
20	青海·海北州	27 891	46	广东·广州市	16 257
21	青海·海西州	26 645	47	宁夏·银川市	16 141
22	浙江·舟山市	26 299	48	浙江·衢州市	16 113
23	云南·怒江州	25 120	49	江苏·无锡市	16 061
24	内蒙古·锡林郭勒盟	24 332	50	湖南·长沙市	15 951
25	青海·玉树州	24 225	51	陕西·铜川市	15 922
26	海南·三亚市	23 105	52	内蒙古·巴彦淖尔市	15 781

续表

排序	地区名	人均一般公共预算支出（元）	排序	地区名	人均一般公共预算支出（元）
53	青海·海东市	14 593	77	河北·张家口市	12 635
54	宁夏·吴忠市	14 476	78	内蒙古·包头市	12 618
55	辽宁·大连市	14 319	79	贵州·黔南州	12 608
56	辽宁·盘锦市	14 281	80	江苏·常州市	12 578
57	山东·东营市	14 101	81	青海·西宁市	12 546
58	宁夏·中卫市	13 912	82	宁夏·石嘴山市	12 503
59	四川·凉山州	13 890	83	浙江·嘉兴市	12 460
60	山东·济南市	13 649	84	江苏·扬州市	12 434
61	江西·南昌市	13 568	85	安徽·合肥市	12 426
62	甘肃·金昌市	13 394	86	湖南·湘西州	12 410
63	广西·防城港市	13 358	87	甘肃·兰州市	12 405
64	贵州·黔西南州	13 232	88	山西·太原市	12 269
65	广东·中山市	13 230	89	广西·崇左市	12 267
66	安徽·黄山市	13 192	90	甘肃·临夏州	12 261
67	浙江·湖州市	13 133	91	江西·景德镇市	12 195
68	甘肃·张掖市	13 049	92	安徽·芜湖市	12 194
69	贵州·铜仁市	12 921	93	湖北·宜昌市	12 176
70	甘肃·嘉峪关市	12 918	94	甘肃·酒泉市	12 174
71	云南·丽江市	12 909	95	江苏·南通市	12 000
72	山东·威海市	12 856	96	内蒙古·通辽市	11 980
73	河北·廊坊市	12 826	97	陕西·安康市	11 977
74	贵州·贵阳市	12 786	98	福建·福州市	11 948
75	江苏·镇江市	12 777	99	江西·鹰潭市	11 943
76	江西·萍乡市	12 678	100	湖北·襄阳市	11 836

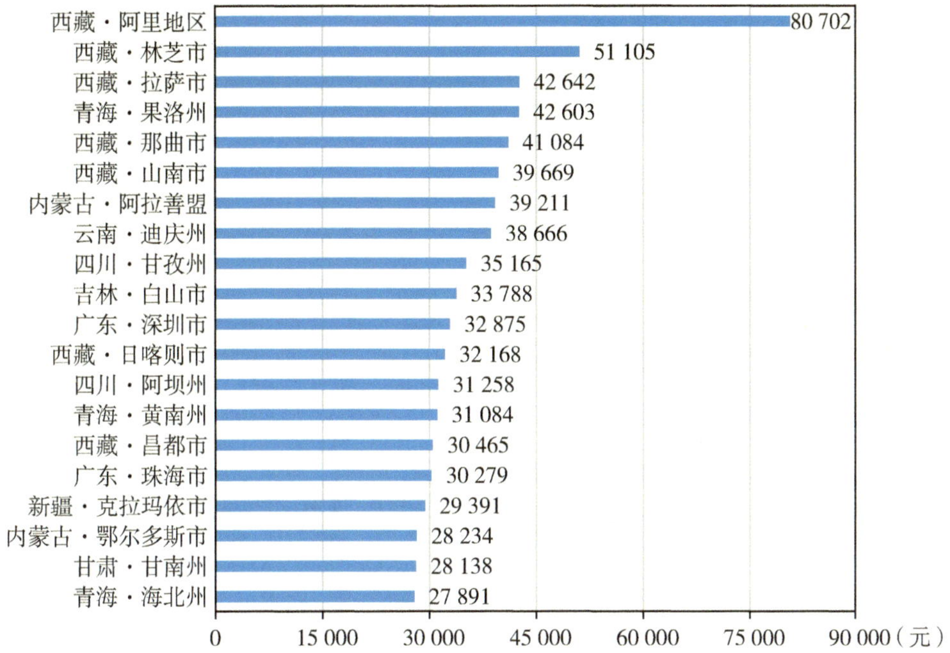

图 3-21　2018 年我国 301 个城市中人均一般公共预算支出排名前 20 城市

三、政府性基金预算收入分析：规模、结构

政府性基金预算收入是国家通过向社会征收以及出让土地、发行彩票等方式取得收入，并专项用于支持特定基础设施建设和社会事业发展而取得的政府收入。相较于中央政府而言，政府性基金收入于地方政府更为重要。地方政府性基金收入是全国政府性基金收入的主体，规模远大于中央。地方政府的基金预算收入主要来自于土地出让金收入，相比于一般公共预算收入主要依赖税收收入，基金预算收入具有更大的不确定性，也体现了地区财力的波动性。

（一）收入规模：超半数城市不足百亿元，江浙鲁各市超百亿元，西部总体规模偏低

2018 年共有 307 个城市公布了全市的政府性基金预算收入，其中超半数城市（174 个，占 307 个的 56.7%）的收入低于 100 亿元，其中收入在 10 亿—50 亿元区间的城市数量最多，为 79 个，47 个城市收入规模不足 10 亿元（见图 3-22），高于

500亿元的城市数量较少且差距较大。[①]

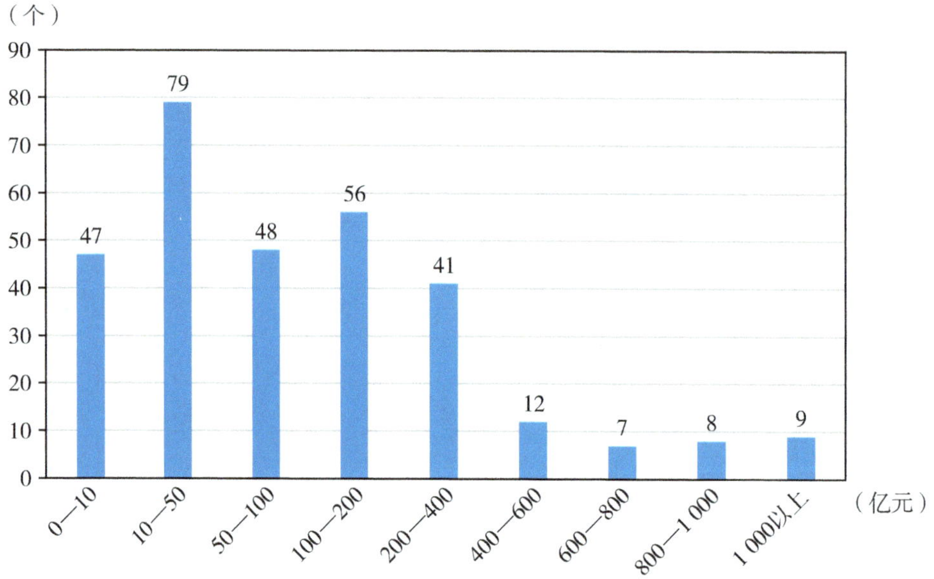

图 3-22　2018 年我国 307 个城市的政府性基金预算收入的分布情况

2018年我国政府性基金预算收入超过800亿元的城市主要分布在江苏、浙江、福建、山东、河南、湖北、广东、四川。山西、内蒙古、辽宁、黑龙江、湖南、广西、海南、贵州、云南、西藏、陕西、甘肃、青海、宁夏、新疆半数及以上的城市政府性基金预算收入不足100亿元（见表3-14）。

表 3-14　2018 年我国各省（自治区）的城市政府性基金预算收入分布

单位：个

政府性基金预算收入（亿元）	0—100	100—200	200—400	400—600	600—800	800 以上
河北	1	5	3	2	0	0
山西	9	1	1	0	0	0
内蒙古	10	2	0	0	0	0
辽宁	12	1	0	1	0	0

① 共获取 307 个城市的 2018 年政府性基金预算收入，数据未获取城市分布在吉林（4 市）、浙江（1 市）、安徽（7 市）、江西（1 市）、湖北（5 市）、湖南（1 市）、广东（3 市）、海南（1 市）、宁夏（2 市）以及新疆（1 市）。杭州市未获取政府性基金预算收入数据，但公布了其国有土地使用权出让收入为 2 863.9 亿元。

续表

政府性基金预算收入（亿元）	0—100	100—200	200—400	400—600	600—800	800 以上
吉林 *	4	0	1	0	0	0
黑龙江	12	0	1	0	0	0
江苏	0	2	5	1	1	4
浙江 *	0	0	2	2	2	4
安徽 *	4	2	1	1	1	0
福建	4	1	3	0	0	1
江西 *	2	3	3	2	0	0
山东	0	6	6	1	1	2
河南	4	10	2	0	0	1
湖北 *	3	4	0	0	0	1
湖南 *	7	2	3	1	0	0
广东 *	8	4	3	0	0	3
广西	11	2	0	1	0	0
海南 *	2	0	1	0	0	0
四川	9	8	3	0	0	1
贵州	5	2	2	0	0	0
云南	15	0	0	0	1	0
西藏	7	0	0	0	0	0
陕西	9	0	0	0	1	0
甘肃	13	1	0	0	0	0
青海	8	0	0	0	0	0
宁夏 *	3	0	0	0	0	0
新疆 *	12	0	1	0	0	0
合计	174	56	41	12	7	17

注：带“*”号省（自治区）未获取全部城市数据。

浙江所有城市的政府性基金预算收入高于200亿元；江苏、山东的所有城市高于100亿元；西藏、青海的所有城市不足100亿元；黑龙江、云南、陕西和甘肃均为除各自省会外，其余城市不足100亿元。

在2018年公布政府性基金收入的所有城市中，位列前20名的城市主要分布于浙江、江苏、广东、山东等经济发达省份，其中10个城市为省会，10个城市为副省级市，3个国家计划单列市位列前20，宁波第10，深圳第12，青岛第13（见图3-23）。

杭州市居于首位，其仅国有土地使用权出让金收入就高达2 863.9亿元，武汉市（1 895.6亿元）和苏州市（1 691.0亿元）分列第2和第3位。

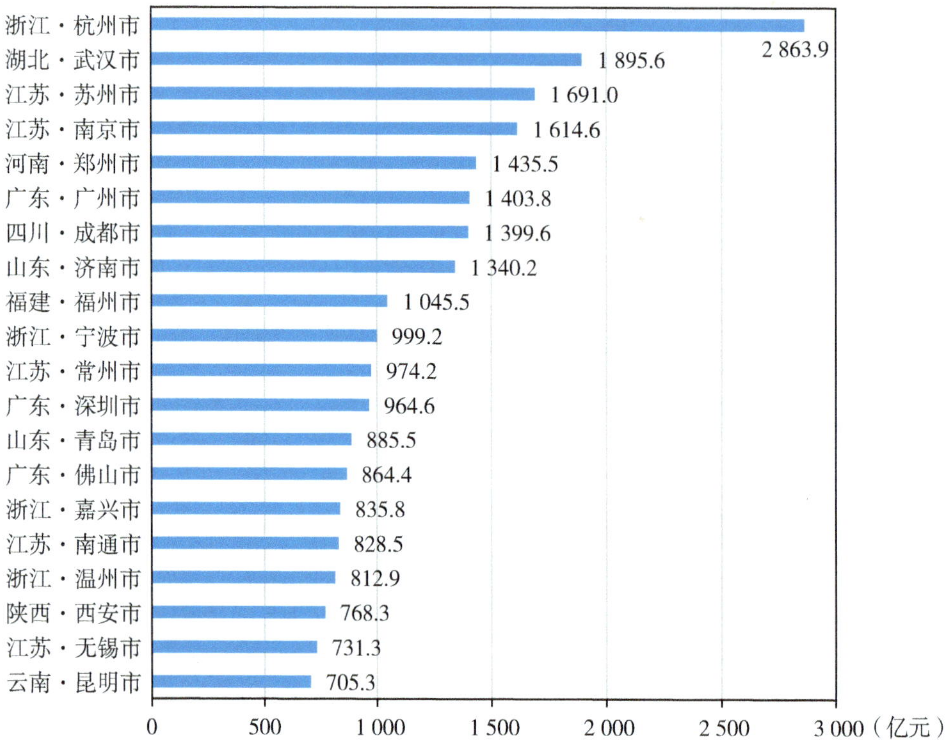

图 3-23　2018 年我国 307 个城市中政府性基金预算收入排名前 20 城市

注：杭州市未获取政府性基金预算收入数据，图中所示数据为国有土地使用权出让金收入。

（二）收入增速：超八成城市正增长，53 城负增长，部分城市增速畸高

2018年，有82.3%的（246个）城市的政府性基金预算收入正增长，其中增速处于20%—40%区间的城市数量最多，为53个。但也有53个城市为负增长，其中24个城市增速在-20%以下（见图3-24）。[①]可以发现各个城市增速差距很大，且有不少城市可能因2018年政府性基金收入的猛增（多为国有土地使用权出让金收入的猛增）造成其增速畸高。

① 共获取299个城市的2018年政府性基金预算收入增速，数据未获取分布在吉林（4市）、浙江（2市）、安徽（9市）、江西（1市）、湖北（8市）、湖南（1市）、广东（3市）、海南（1市）、宁夏（2市）以及新疆（3市）。

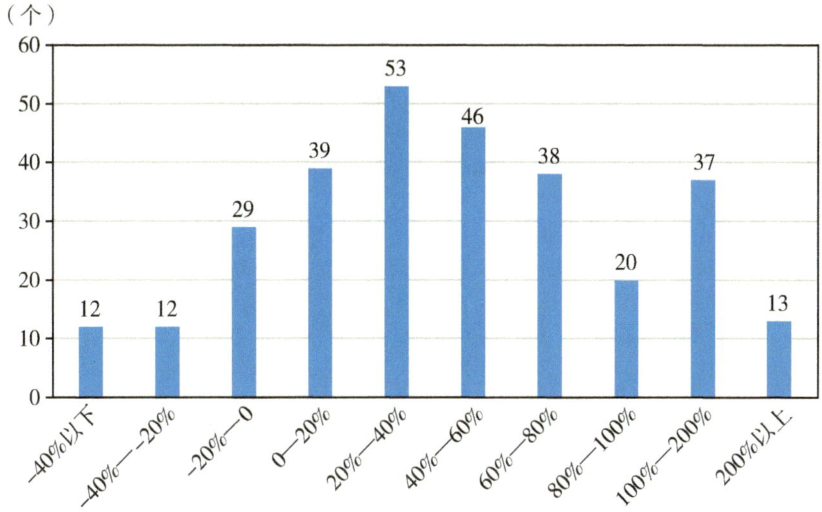

图 3-24　2018 年我国 299 个城市的政府性基金预算收入增速的分布情况

注：增速最高值为西藏阿里地区（5 073.1%）。

从现有可获取的数据来看，政府性基金预算收入增速排在前20的城市（排名前100名城市情况见表3-15）中，9个城市为自治州或自治区下辖市（地区）。增速最高的城市为阿里地区（增速5 073.1%），但其收入规模仅为0.1亿元，第2名为怒江州（增速488.5%），收入规模为3.4亿元，第三名为玉树州（增速415.9%），收入规模为0.4亿元（见图3-25）。

表 3-15　2018 年我国 307 个城市中政府性基金预算收入排名前 100 及增速

排序	地区名	收入（亿元）	增速（%）	排序	地区名	收入（亿元）	增速（%）
1	浙江·杭州市	2 863.9	—	11	江苏·常州市	974.2	25.2
2	湖北·武汉市	1 895.6	29.2	12	广东·深圳市	964.6	-6.3
3	江苏·苏州市	1 691.0	8.2	13	山东·青岛市	885.5	65.7
4	江苏·南京市	1 614.6	-5.4	14	广东·佛山市	864.4	-11.7
5	河南·郑州市	1 435.5	33.8	15	浙江·嘉兴市	835.8	20.5
6	广东·广州市	1 403.8	7.3	16	江苏·南通市	828.5	42.9
7	四川·成都市	1 399.6	2.9	17	浙江·温州市	812.9	-13.6
8	山东·济南市	1 340.2	50.7	18	陕西·西安市	768.3	39.6
9	福建·福州市	1 045.5	55.1	19	江苏·无锡市	731.3	29.6
10	浙江·宁波市	999.2	33.5	20	云南·昆明市	705.3	83.2

续表

排序	地区名	收入（亿元）	增速（%）	排序	地区名	收入（亿元）	增速（%）
21	安徽·合肥市	659.9	–48.5	51	山东·临沂市	308.8	47.8
22	浙江·金华市	649.7	64.1	52	山东·德州市	306.8	82.0
23	浙江·湖州市	630.5	63.6	53	福建·漳州市	306.7	8.5
24	山东·潍坊市	607.6	41.4	54	山东·威海市	299.2	21.9
25	湖南·长沙市	598.2	66.3	55	江苏·镇江市	287.3	47.1
26	河北·石家庄市	560.9	8.3	56	四川·泸州市	286.8	62.2
27	浙江·台州市	544.7	59.3	57	贵州·遵义市	269.1	49.3
28	江苏·徐州市	537.3	40.9	58	广东·惠州市	260.5	51.3
29	江西·南昌市	524.0	5.7	59	河南·许昌市	257.8	155.6
30	江西·赣州市	492.3	74.8	60	湖南·岳阳市	254.3	170.9
31	广西·南宁市	476.1	40.2	61	江苏·扬州市	252.4	14.2
32	浙江·绍兴市	469.7	23.1	62	河北·张家口市	250.2	57.5
33	山东·菏泽市	461.8	75.8	63	湖南·衡阳市	241.8	18.8
34	河北·保定市	426.0	68.0	64	山东·淄博市	240.5	131.1
35	安徽·阜阳市	415.6	—	65	山东·烟台市	239.4	56.4
36	辽宁·沈阳市	408.8	92.6	66	江西·宜春市	236.1	94.2
37	福建·厦门市	399.1	–12.0	67	湖南·株洲市	233.9	167.9
38	广东·东莞市	392.9	81.2	68	浙江·衢州市	220.4	15.5
39	江西·上饶市	392.6	130.7	69	河北·邢台市	219.3	71.8
40	广东·珠海市	386.4	–0.7	70	河南·商丘市	219.0	111.4
41	山西·太原市	374.3	26.9	71	江苏·淮安市	216.0	32.9
42	福建·泉州市	360.3	125.6	72	海南·海口市	213.1	41.8
43	江苏·盐城市	355.3	17.9	73	浙江·舟山市	212.9	64.5
44	贵州·贵阳市	344.2	27.3	74	安徽·六安市	209.2	–4.9
45	新疆·乌鲁木齐市	342.0	50.6	75	江西·九江市	204.0	39.7
46	江苏·泰州市	333.2	71.5	76	四川·南充市	202.8	97.5
47	山东·济宁市	326.9	82.3	77	黑龙江·哈尔滨市	201.3	–5.2
48	四川·眉山市	313.3	173.2	78	河北·沧州市	198.4	–16.4
49	河北·唐山市	313.2	25.9	79	江西·抚州市	197.7	95.7
50	吉林·长春市	312.5	2.2	80	四川·绵阳市	196.6	145.8

续表

排序	地区名	收入（亿元）	增速（%）	排序	地区名	收入（亿元）	增速（%）
81	湖北·宜昌市	195.2	—	91	内蒙古·呼和浩特市	170.9	170.4
82	湖北·襄阳市	195.2	60.6	92	河南·周口市	170.3	216.4
83	广东·中山市	195.0	-33.6	93	山东·聊城市	168.0	59.2
84	河北·廊坊市	186.9	-36.6	94	河北·邯郸市	167.6	35.5
85	河南·驻马店市	184.7	57.8	95	江西·吉安市	165.5	84.2
86	辽宁·大连市	183.2	-8.3	96	湖北·鄂州市	163.6	—
87	安徽·安庆市	177.3	-76.3	97	四川·达州市	159.9	76.7
88	安徽·宿州市	177.2	—	98	广西·柳州市	157.3	15.0
89	山东·日照市	176.2	68.4	99	河南·开封市	155.9	50.6
90	山东·泰安市	174.2	101.1	100	河南·南阳市	151.1	32.4

注：杭州市所列数据为国有土地使用权出让金收入。

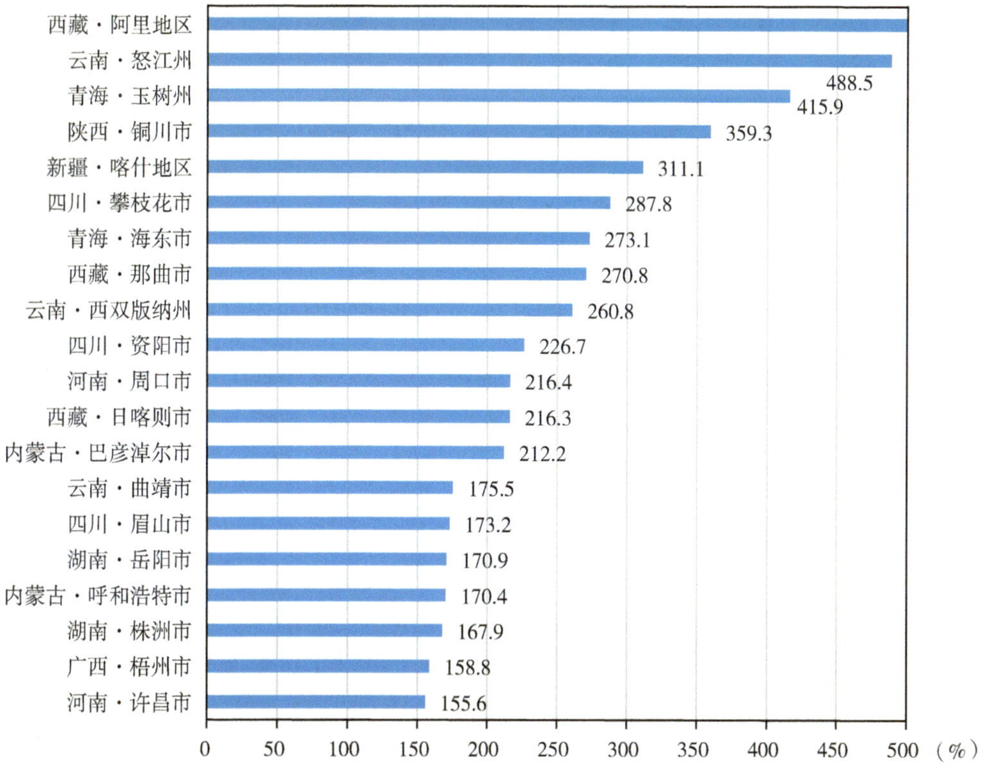

图 3-25　2018 年我国 299 个城市中政府性基金预算收入增速排名前 20 城市

注：西藏阿里地区增速为 5 073.1%。

（三）土地出让金收入：9城超千亿元，超半数城市土地出让金收入占政府性基金收入的比重在90%以上，省会城市和江浙各市对土地出让金收入依赖度高

2018年我国281个城市中，9个城市的国有土地出让金收入超1 000亿元，分别为杭州、武汉、苏州、南京、广州、郑州、成都、济南和福州，70个城市收入在10亿—50亿元区间，45个城市收入规模不足10亿元（见图3-26）。[①]

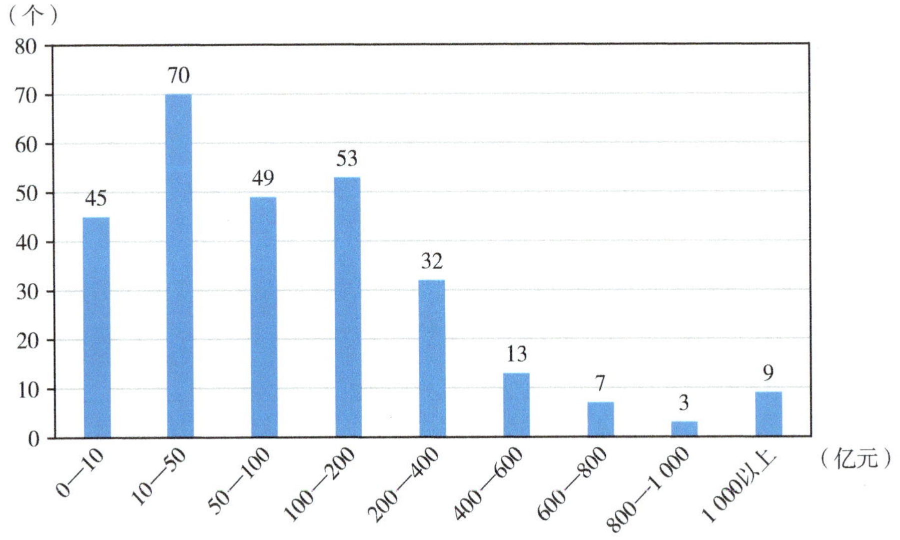

图3-26　2018年我国281个城市的国有土地使用权出让金收入的分布情况

国有土地使用权出让金收入作为政府性基金收入的重要组成部分，在政府性基金收入中占比高。15.7%（44个）的城市国有土地使用权出让金收入占政府性基金预算收入的比重超过95%，41.8%（117个）的城市占比在90%—95%区间，17个城市占比不足70%（见图3-27）。[②]

国有土地使用权出让金收入与地方的一般公共预算收入的比值可衡量一个城

① 共获取281个城市的2018年国有土地使用权出让收入，数据未获取城市分布在山西（4市）、内蒙古（1市）、吉林（6市）、浙江（1市）、安徽（11市）、江西（3市）、河南（1市）、湖北（5市）、湖南（4市）、广东（6市）、海南（1市）、西藏（3市）、甘肃（2市）、宁夏（3市）以及新疆（1市）。

② 共获取280个城市的2018年国有土地使用权出让收入/政府性基金预算收入，数据未获取城市分布在山西（4市）、内蒙古（1市）、吉林（6市）、浙江（2市）、安徽（11市）、江西（3市）、河南（1市）、湖北（5市）、湖南（4市）、广东（6市）、海南（1市）、西藏（3市）、甘肃（2市）、宁夏（3市）以及新疆（1市）。

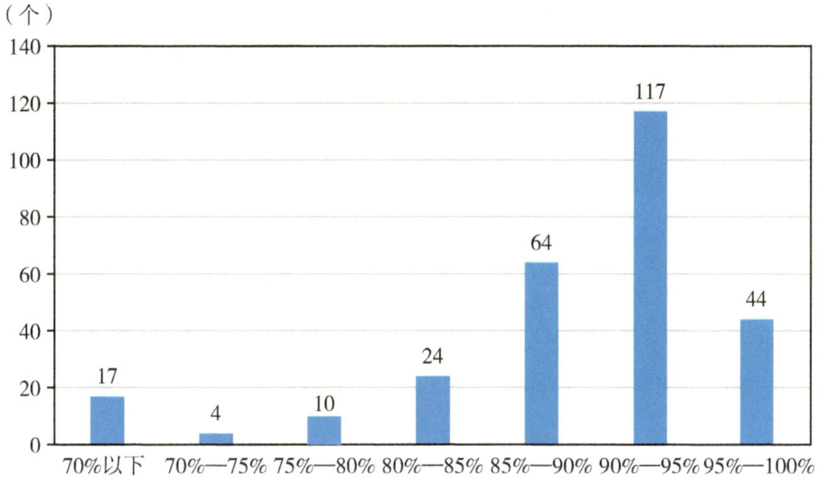

图 3-27　2018 年我国 280 个城市的国有土地使用权出让金收入 / 政府性基金预算收入的分布情况

市对土地财政的依赖程度。2018年，13个城市的国有土地使用权出让金收入与一般公共预算收入比值大于1.6，浙江湖州达到2.01，多数城市的比值低于1.0，其中有50个城市的比值低于0.2（见图3-28）。[①]

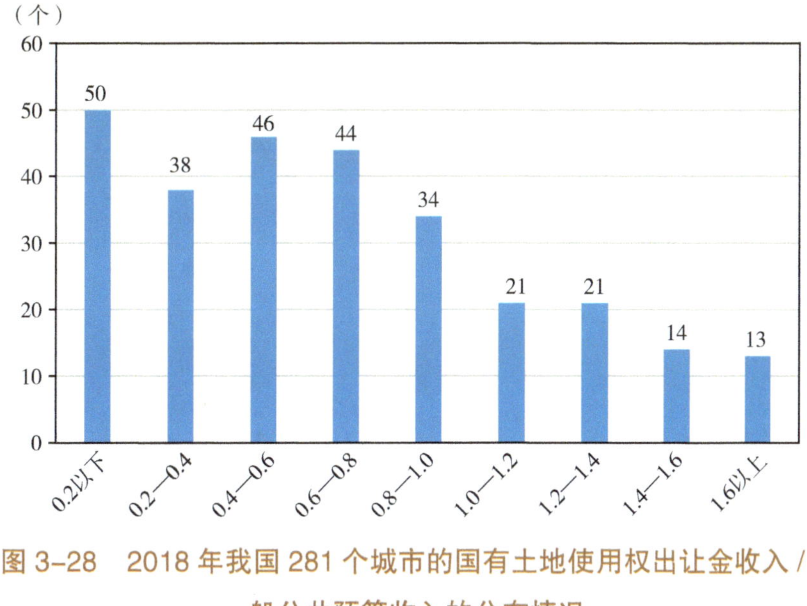

图 3-28　2018 年我国 281 个城市的国有土地使用权出让金收入 / 一般公共预算收入的分布情况

① 共获取 281 个城市的 2018 年国有土地使用权出让金收入 / 一般公共预算收入，数据未获取城市分布在山西（4 市）、内蒙古（1 市）、吉林（6 市）、浙江（1 市）、安徽（11 市）、江西（3 市）、河南（1 市）、湖北（5 市）、湖南（4 市）、广东（6 市）、海南（1 市）、西藏（3 市）、甘肃（2 市）、宁夏（3 市）以及新疆（1 市）。

从现有公布数据的所有城市中，杭州市国有土地使用权出让金收入规模最大，最大，为2 863.9亿元，其次是武汉市和苏州市，分别为1 830.7亿元和1 644.3亿元。

国有土地使用权出让金收入排名前20的城市基本与政府性基金预算收入排名一致。排名前20的城市中，有 14个城市的收入增速为正，3个城市增速为负；国有土地使用权出让金收入占政府性基金预算收入的比重最高达到97.2%（苏州市），最低为83.5%（西安市）；国有土地使用权出让金收入与一般公共预算收入的比值最高达到2.01（湖州市），最低为0.62（青岛市）（见表3–16）。

表 3–16　　2018 年我国 281 个城市中国有土地使用权出让金收入排名前 20 及相关指标

排序	地区名	国有土地使用权出让金收入（亿元）	国有土地使用权出让金收入增速（%）	国有土地使用权出让金收入 / 政府性基金预算收入（%）	国有土地使用权出让金收入 / 一般公共预算收入
1	浙江 · 杭州市	2 863.9	—	—	1.57
2	湖北 · 武汉市	1 830.7	29.9	96.6	1.20
3	江苏 · 苏州市	1 644.3	8.7	97.2	0.78
4	江苏 · 南京市	1 469.2	–5.1	91.0	1.00
5	广东 · 广州市	1 321.4	7.2	94.1	0.81
6	河南 · 郑州市	1 271.2	37.9	88.6	1.10
7	四川 · 成都市	1 222.8	4.0	87.4	0.86
8	山东 · 济南市	1 201.6	—	89.7	1.60
9	福建 · 福州市	1 003.7	54.4	96.0	1.48
10	江苏 · 常州市	911.4	25.1	93.6	1.63
11	浙江 · 宁波市	898.3	33.9	89.9	0.65
12	广东 · 佛山市	828.6	–11.6	95.9	1.18
13	江苏 · 南通市	785.2	42.1	94.8	1.30
14	山东 · 青岛市	762.9	73.2	86.2	0.62
15	浙江 · 嘉兴市	719.9	22.2	86.1	1.39
16	浙江 · 温州市	713.5	–13.0	87.8	1.30
17	云南 · 昆明市	678.6	—	96.2	1.14
18	江苏 · 无锡市	670.8	30.5	91.7	0.66
19	陕西 · 西安市	641.4	48.3	83.5	0.94
20	浙江 · 湖州市	576.2	71.7	91.4	2.01

四、国有资本经营预算收入：规模总体较小，增速畸高或畸低

国有资本经营预算收入是指国家以所有者身份取得的资本性收益，国有资本经营收入主要体现于国有资本经营预算收入中。在四本预算中，国有资本经营预算的总体规模是最小的。在地级市层面，其规模总体较小。

2018年，在数据可查的295个城市中①，221个城市国有资本经营预算收入规模低于2亿元，占数据可查城市数的74.9%，4个城市超过20亿元，分别为上饶、广州、深圳、宜宾（见图3-29）。因近年受国有资产体制调整影响，2018年城市国有资本经营预算收入增速畸高或畸低，城市间增速指标缺乏可比性。

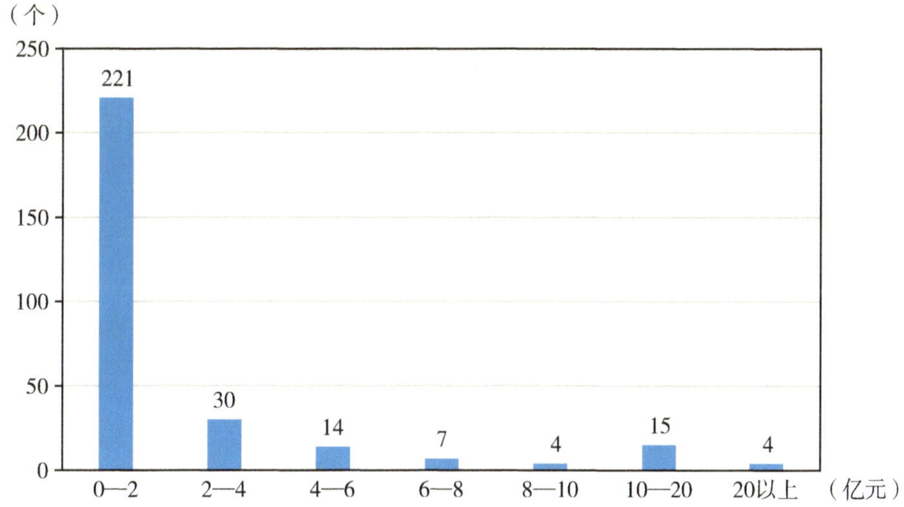

图 3-29　2018 年我国 295 个城市的国有资本经营预算收入的分布情况

在国有资本经营预算收入规模排在前20名的城市中，广东、江苏各有4市，福建有3市，陕西有2市；其中有5个城市为省会，7个城市为副省级市（见表3-17）。3个国家计划单列市位列前20，深圳第3，厦门第7，宁波第15。国有资本预算收入排名第一的上饶市仅有76.0亿元的规模，广州市（55.7亿元）和深圳市（46.6亿元）则分列第二、三位，这主要是因为在地级层面分布的国有企业不多。

① 共获取295个城市的2018年国有资本经营预算收入，数据未获取城市分布在吉林（6市）、浙江（1市）、安徽（9市）、江西（3市）、山东（1市）、河南（3市）、湖北（5市）、湖南（4市）、广东（3市）、海南（1市）、西藏（1市）、宁夏（2市）以及新疆（4市）。

表 3-17　2018 年我国 295 个城市中国有资本经营预算收入排名前 20 城市及增速

排序	地区名	收入（亿元）	增速（%）	排序	地区名	收入（亿元）	增速（%）
1	江西 · 上饶市	76.0	239.2	11	江苏 · 宿迁市	13.4	–6.5
2	广东 · 广州市	55.7	3.2	12	辽宁 · 锦州市	13.0	—
3	广东 · 深圳市	46.6	19.8	13	江苏 · 扬州市	12.7	46.5
4	四川 · 宜宾市	28.4	85.8	14	广东 · 佛山市	12.7	139.8
5	江苏 · 苏州市	17.2	–34.7	15	浙江 · 宁波市	11.8	134.9
6	广东 · 珠海市	16.5	11.0	16	福建 · 泉州市	11.4	742.9
7	福建 · 厦门市	15.9	7.2	17	四川 · 成都市	10.6	50.8
8	河北 · 邯郸市	15.7	1 469.5	18	陕西 · 榆林市	10.4	22 119.1
9	江苏 · 南京市	15.3	–21.4	19	山西 · 长治市	10.0	—
10	福建 · 福州市	13.6	207.4	20	陕西 · 西安市	9.7	—

五、社会保险基金预算收入分析：滚存结余、运行可持续时间、当年收支差额及对财政的依赖度

（一）滚存结余高的城市或位于发达省份，或为资源型城市，深圳超 6 000 亿元，东北 1 市亏空

社会保险基金年末滚存结余越大，意味着社会保险基金预算支出可持续性相对较好。在2018年181个城市的年末滚存结余的规模分布上，17.7%（32个）的城市年末滚存结余超200亿元，其中，500亿元以上的城市有6个，分别为深圳、宁波、成都、南京、金华、绍兴；82.3%（149个）的城市年末滚存结余不足200亿元，其中109个城市的年末滚存结余不足100亿元，63个城市不足50亿元（见图3–30）。

从滚存结余的数据观察，社保基金运行可持续性较高的城市主要有两类，一类是分布在广东、江苏、浙江、山东等经济发达省份的城市，另一类则是如鄂尔多斯、唐山、乌鲁木齐等自然资源丰富或特定产业较为发达的城市。社保基金运行可持续性较低的城市主要分布在四川、新疆、甘肃、青海、西藏以及东北地区，其中辽宁本溪市2018年的滚存结余为负，是数据可查的城市中唯一的负值。

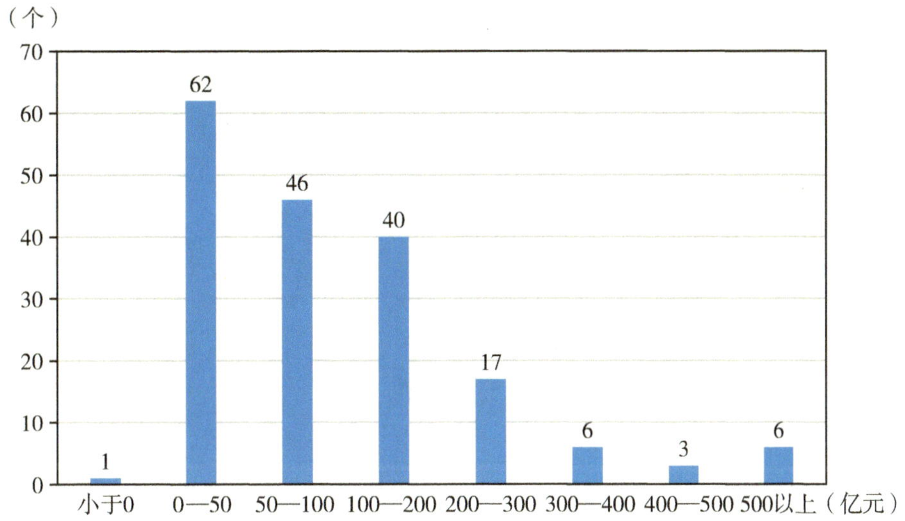

图 3-30　2018 年我国 181 个城市的社会保险基金年末滚存结余的分布情况

在2018年181个城市的年末滚存结余收入排序中①，深圳市以6 211.8亿元的规模居于首位，宁波市（1 198.9亿元）和成都市（1 075.3亿元）分别为第2名和第3名（见表3-18）。

表 3-18　　2018 年我国 181 个城市的社会保险基金年末滚存结余

排序	地区名	年末滚存结余（亿元）	排序	地区名	年末滚存结余（亿元）
1	广东 · 深圳市	6 211.8	13	内蒙古 · 鄂尔多斯市	329.5
2	浙江 · 宁波市	1 198.9	14	山东 · 临沂市	311.1
3	四川 · 成都市	1 075.3	15	山东 · 威海市	307.7
4	江苏 · 南京市	1 047.0	16	湖南 · 长沙市	296.4
5	浙江 · 金华市	519.7	17	福建 · 福州市	294.7
6	浙江 · 绍兴市	519.1	18	山东 · 济宁市	278.4
7	吉林 · 长春市	450.8	19	河北 · 唐山市	277.2
8	山东 · 烟台市	401.9	20	江苏 · 扬州市	274.3
9	浙江 · 嘉兴市	401.3	21	江苏 · 泰州市	267.7
10	江苏 · 常州市	396.1	22	贵州 · 贵阳市	261.4
11	江西 · 南昌市	385.5	23	河北 · 石家庄市	257.4
12	山东 · 潍坊市	346.1	24	江苏 · 盐城市	253.3

① 共获取 181 个城市的社会保险基金年末滚存结余。

续表

排序	地区名	年末滚存结余（亿元）	排序	地区名	年末滚存结余（亿元）
25	江西 · 赣州市	249.3	57	甘肃 · 兰州市	124.0
26	山东 · 东营市	246.6	58	江西 · 宜春市	121.1
27	黑龙江 · 哈尔滨市	243.7	59	山西 · 长治市	119.3
28	山东 · 泰安市	225.6	60	山西 · 运城市	117.9
29	江苏 · 徐州市	224.1	61	湖南 · 娄底市	116.2
30	新疆 · 乌鲁木齐市	223.2	62	安徽 · 六安市	112.8
31	山西 · 晋城市	222.1	63	新疆 · 喀什地区	109.8
32	江苏 · 镇江市	202.1	64	四川 · 宜宾市	108.9
33	湖南 · 岳阳市	198.2	65	海南 · 三亚市	108.6
34	广东 · 江门市	186.1	66	广东 · 汕头市	108.5
35	山东 · 滨州市	185.7	67	湖南 · 郴州市	105.9
36	河北 · 廊坊市	181.4	68	河北 · 张家口市	105.6
37	山东 · 菏泽市	180.7	69	浙江 · 衢州市	105.1
38	山东 · 日照市	179.8	70	内蒙古 · 呼伦贝尔市	103.1
39	江苏 · 宿迁市	172.7	71	江西 · 抚州市	100.9
40	山东 · 聊城市	160.0	72	湖南 · 永州市	100.4
41	内蒙古 · 呼和浩特市	158.9	73	广东 · 梅州市	97.5
42	湖南 · 株洲市	158.9	74	福建 · 漳州市	96.7
43	四川 · 德阳市	157.5	75	河南 · 平顶山市	94.4
44	山东 · 德州市	157.1	76	四川 · 广元市	94.4
45	四川 · 南充市	156.9	77	湖南 · 湘潭市	92.7
46	山东 · 淄博市	154.8	78	贵州 · 黔西南州	90.1
47	河北 · 沧州市	153.4	79	广东 · 河源市	89.5
48	四川 · 乐山市	151.4	80	安徽 · 安庆市	87.7
49	河南 · 洛阳市	148.6	81	湖南 · 怀化市	87.2
50	浙江 · 湖州市	145.2	82	山西 · 阳泉市	85.8
51	江西 · 吉安市	142.6	83	海南 · 海口市	85.7
52	河南 · 周口市	140.1	84	四川 · 凉山州	84.7
53	湖南 · 常德市	132.7	85	山东 · 枣庄市	83.8
54	河南 · 驻马店市	131.5	86	贵州 · 六盘水市	81.8
55	四川 · 绵阳市	128.2	87	四川 · 泸州市	81.5
56	广东 · 茂名市	127.3	88	河南 · 许昌市	80.1

续表

排序	地区名	年末滚存结余（亿元）	排序	地区名	年末滚存结余（亿元）
89	江苏·无锡市	76.9	121	黑龙江·绥化市	48.0
90	河北·承德市	76.4	122	西藏·日喀则市	46.4
91	河南·南阳市	71.9	123	安徽·铜陵市	44.6
92	福建·龙岩市	71.7	124	内蒙古·乌兰察布市	44.0
93	新疆·阿克苏地区	71.4	125	湖北·随州市	42.4
94	广东·韶关市	70.7	126	辽宁·朝阳市	42.3
95	内蒙古·通辽市	69.3	127	内蒙古·巴彦淖尔市	41.3
96	四川·广安市	68.1	128	广东·汕尾市	41.2
97	河南·开封市	67.6	129	黑龙江·牡丹江市	40.9
98	四川·眉山市	66.9	130	西藏·拉萨市	40.9
99	四川·内江市	66.2	131	贵州·安顺市	40.2
100	新疆·巴音郭楞州	64.7	132	广西·防城港市	40.2
101	新疆·昌吉州	64.4	133	福建·三明市	40.0
102	新疆·伊犁州	64.2	134	安徽·黄山市	39.0
103	河南·商丘市	63.2	135	江苏·淮安市	38.6
104	四川·巴中市	61.7	136	河南·三门峡市	38.2
105	江西·新余市	61.5	137	青海·西宁市	38.1
106	河南·焦作市	59.1	138	四川·自贡市	38.0
107	贵州·黔东南州	56.9	139	陕西·商洛市	36.5
108	新疆·和田地区	55.4	140	陕西·安康市	34.4
109	贵州·铜仁市	55.1	141	内蒙古·锡林郭勒盟	33.9
110	四川·达州市	54.0	142	新疆·塔城地区	33.9
111	贵州·黔南州	53.4	143	四川·甘孜州	33.7
112	广东·潮州市	52.9	144	内蒙古·兴安盟	33.7
113	福建·宁德市	52.7	145	甘肃·陇南市	33.0
114	浙江·舟山市	52.2	146	甘肃·天水市	32.3
115	安徽·淮南市	51.4	147	西藏·昌都市	30.9
116	新疆·克拉玛依市	51.1	148	甘肃·定西市	30.0
117	湖南·湘西州	50.8	149	新疆·哈密市	28.9
118	河南·濮阳市	50.6	150	甘肃·白银市	27.4
119	河南·漯河市	49.5	151	四川·雅安市	26.3
120	湖南·衡阳市	49.1	152	黑龙江·伊春市	25.9

续表

排序	地区名	年末滚存结余（亿元）	排序	地区名	年末滚存结余（亿元）
153	甘肃 · 嘉峪关市	25.7	168	海南 · 儋州市	15.8
154	甘肃 · 武威市	23.3	169	新疆 · 吐鲁番市	15.2
155	内蒙古 · 乌海市	23.0	170	黑龙江 · 鹤岗市	14.6
156	甘肃 · 平凉市	22.4	171	黑龙江 · 七台河市	13.3
157	新疆 · 阿勒泰地区	21.6	172	陕西 · 铜川市	12.5
158	黑龙江 · 黑河市	21.4	173	甘肃 · 临夏州	12.2
159	湖北 · 鄂州市	20.9	174	西藏 · 阿里地区	11.7
160	河北 · 衡水市	20.9	175	西藏 · 林芝市	10.1
161	黑龙江 · 大兴安岭地区	20.6	176	青海 · 玉树州	7.5
162	河南 · 鹤壁市	20.1	177	甘肃 · 金昌市	7.5
163	新疆 · 博尔塔拉州	20.1	178	辽宁 · 盘锦市	0.0
164	辽宁 · 营口市	19.7	179	青海 · 黄南州	0.0
165	新疆 · 克孜勒苏州	19.3	180	青海 · 海南州	0.0
166	四川 · 攀枝花市	18.2	181	辽宁 · 本溪市	-69.1
167	西藏 · 山南市	16.8			

（二）滚存结余可持续时间：半数以上城市在 1 年内，深圳近 9 年，东营、鄂尔多斯超 3 年

以社保基金滚存结余/当年社保支出衡量社保基金的可持续时间，相应影响社保基金可持续时间的因素有两个：社保基金滚存结余和当年社保支出。2018年滚存结余可持续时间长的城市，一部分是由于滚存结余收入较高如深圳、鄂尔多斯、成都、宁波、威海等，另一部分则是由于当年社保支出较低，如玉树、甘孜州、阿里地区等。

2018年，在数据可查的179个城市中，10个城市社保基金可持续时间在2年以上；49个城市（占数据可查城市数的27.4%）的可持续时间在1—2年；大多数（119个，占数据可查城市数的66.5%）城市可持续时间在1年以内（见图3-31）。辽宁本溪市社保基金已不可持续，结余金额的亏空已相当于6个月的应付支出。其中，深圳以8年半（102个月）的可持续时间排名第1，资源型城市东营（49个

月）和鄂尔多斯（42个月）的可持续时间均超过3年（见表3-19）。

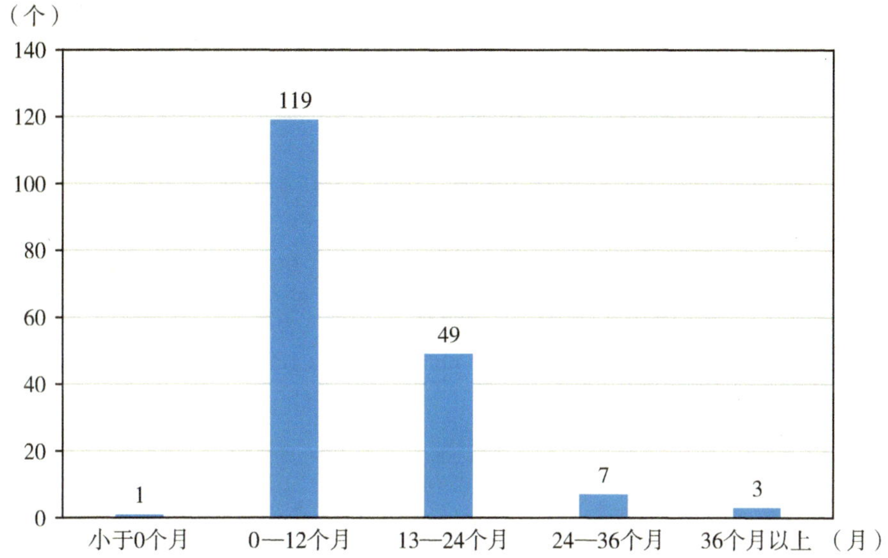

图 3-31　2018 年我国 179 个城市的社会保险基金可持续时间的分布情况

表 3-19　2018 年我国 179 个城市的社会保险基金可持续时间

排序	地区名	可持续时间（月）	排序	地区名	可持续时间（月）
1	广东 · 深圳市	102	16	山东 · 威海市	20
2	山东 · 东营市	49	17	四川 · 凉山州	20
3	内蒙古 · 鄂尔多斯市	42	18	新疆 · 克拉玛依市	20
4	海南 · 三亚市	36	19	西藏 · 日喀则市	20
5	青海 · 玉树州	34	20	山东 · 滨州市	19
6	山西 · 晋城市	34	21	浙江 · 金华市	19
7	四川 · 成都市	32	22	广西 · 防城港市	19
8	四川 · 甘孜州	31	23	四川 · 广安市	18
9	西藏 · 阿里地区	27	24	江西 · 南昌市	18
10	四川 · 绵阳市	25	25	甘肃 · 嘉峪关市	18
11	青海 · 西宁市	24	26	西藏 · 拉萨市	17
12	四川 · 宜宾市	23	27	江苏 · 南京市	17
13	四川 · 眉山市	23	28	四川 · 内江市	17
14	山东 · 日照市	21	29	四川 · 雅安市	17
15	浙江 · 宁波市	20	30	湖南 · 长沙市	17

续表

排序	地区名	可持续时间（月）	排序	地区名	可持续时间（月）
31	四川·泸州市	17	63	新疆·巴音郭楞州	12
32	江苏·宿迁市	17	64	山东·潍坊市	12
33	浙江·绍兴市	16	65	浙江·嘉兴市	12
34	吉林·长春市	16	66	山东·烟台市	12
35	黑龙江·哈尔滨市	16	67	江苏·镇江市	12
36	广东·河源市	16	68	新疆·昌吉州	12
37	山西·阳泉市	16	69	山西·长治市	12
38	内蒙古·呼和浩特市	16	70	黑龙江·黑河市	12
39	江西·新余市	15	71	四川·自贡市	12
40	贵州·贵阳市	15	72	四川·德阳市	12
41	江西·赣州市	15	73	四川·乐山市	11
42	山东·泰安市	15	74	新疆·博尔塔拉州	11
43	西藏·昌都市	14	75	山东·聊城市	11
44	山东·临沂市	14	76	湖南·娄底市	11
45	新疆·乌鲁木齐市	14	77	西藏·山南市	11
46	福建·三明市	14	78	广东·茂名市	11
47	四川·广元市	14	79	甘肃·陇南市	11
48	西藏·林芝市	13	80	安徽·铜陵市	11
49	江苏·扬州市	13	81	四川·达州市	11
50	江苏·泰州市	13	82	福建·宁德市	11
51	福建·福州市	13	83	湖南·郴州市	10
52	广东·江门市	13	84	河北·廊坊市	10
53	海南·海口市	13	85	山东·菏泽市	10
54	福建·龙岩市	13	86	贵州·铜仁市	10
55	江苏·常州市	13	87	江苏·盐城市	10
56	新疆·阿克苏地区	13	88	陕西·商洛市	10
57	江西·吉安市	13	89	新疆·喀什地区	10
58	山东·济宁市	13	90	四川·巴中市	10
59	山东·德州市	13	91	广东·汕尾市	10
60	湖南·株洲市	12	92	甘肃·兰州市	10
61	湖南·岳阳市	12	93	新疆·哈密市	10
62	贵州·黔西南州	12	94	江西·宜春市	9

续表

排序	地区名	可持续时间（月）	排序	地区名	可持续时间（月）
95	山西·运城市	9	127	湖北·随州市	8
96	湖南·永州市	9	128	浙江·湖州市	8
97	广东·潮州市	9	129	广东·韶关市	7
98	四川·南充市	9	130	河北·唐山市	7
99	湖南·湘西州	9	131	河北·沧州市	7
100	江西·抚州市	9	132	内蒙古·兴安盟	7
101	内蒙古·通辽市	9	133	陕西·铜川市	7
102	浙江·衢州市	9	134	福建·漳州市	7
103	贵州·六盘水市	9	135	湖南·衡阳市	7
104	贵州·安顺市	9	136	安徽·安庆市	7
105	山东·枣庄市	9	137	河北·石家庄市	7
106	河南·驻马店市	9	138	河南·洛阳市	7
107	河南·濮阳市	9	139	内蒙古·巴彦淖尔市	7
108	湖南·湘潭市	9	140	河南·三门峡市	7
109	内蒙古·锡林郭勒盟	9	141	甘肃·武威市	7
110	广东·汕头市	9	142	安徽·六安市	7
111	新疆·吐鲁番市	8	143	江苏·徐州市	6
112	贵州·黔东南州	8	144	新疆·阿勒泰地区	6
113	内蒙古·乌海市	8	145	安徽·黄山市	6
114	河南·漯河市	8	146	内蒙古·乌兰察布市	6
115	湖南·常德市	8	147	湖北·鄂州市	6
116	河南·许昌市	8	148	河南·焦作市	6
117	河南·平顶山市	8	149	浙江·舟山市	6
118	河南·周口市	8	150	新疆·塔城地区	6
119	河南·鹤壁市	8	151	河北·承德市	6
120	甘肃·白银市	8	152	内蒙古·呼伦贝尔市	6
121	湖南·怀化市	8	153	甘肃·平凉市	6
122	河南·商丘市	8	154	黑龙江·大兴安岭地区	6
123	四川·攀枝花市	8	155	河南·开封市	6
124	广东·梅州市	8	156	新疆·伊犁州	6
125	山东·淄博市	8	157	海南·儋州市	6
126	陕西·安康市	8	158	黑龙江·绥化市	6

续表

排序	地区名	可持续时间（月）	排序	地区名	可持续时间（月）
159	新疆 · 克孜勒苏州	6	170	黑龙江 · 牡丹江市	4
160	新疆 · 和田地区	6	171	河南 · 南阳市	4
161	贵州 · 黔南州	5	172	黑龙江 · 伊春市	3
162	甘肃 · 金昌市	5	173	黑龙江 · 鹤岗市	3
163	河北 · 张家口市	5	174	河北 · 衡水市	2
164	甘肃 · 临夏州	5	175	江苏 · 淮安市	2
165	辽宁 · 朝阳市	4	176	江苏 · 无锡市	2
166	安徽 · 淮南市	4	177	辽宁 · 营口市	1
167	甘肃 · 天水市	4	178	辽宁 · 盘锦市	0
168	甘肃 · 定西市	4	179	辽宁 · 本溪市	-6
169	黑龙江 · 七台河市	4			

（三）多数城市社保基金当年收不抵支，深圳当年收支盈余近千亿元

2018年，在数据可查的144个城市中，多数城市当年社会保险基金收支差[①]为负。112个（占数据可查城市数的77.8%）城市收入小于支出，其中56个城市收入小于支出的规模在20亿元以内，20个城市收入小于支出的规模超40亿元；32个（占数据可查城市数的22.2%）城市收入大于支出，其中9个城市收支差高于40亿元（见图3-32）。社会保险基金预算收支差为正的城市主要为一些人口流入较多的城市，如深圳、东莞、南京、成都等，但也有像鄂尔多斯、乌鲁木齐这样的资源型城市，与其产业的劳动密集型有一定相关。深圳市以954.6亿元的规模居于首位，常州市（343.8亿元）和东莞市（325.1亿元）分别为第2名和第3名（见表3-20）。

① 当年收支差额＝（社会保险基金预算收入—财政补贴收入）—社会保险基金预算支出。

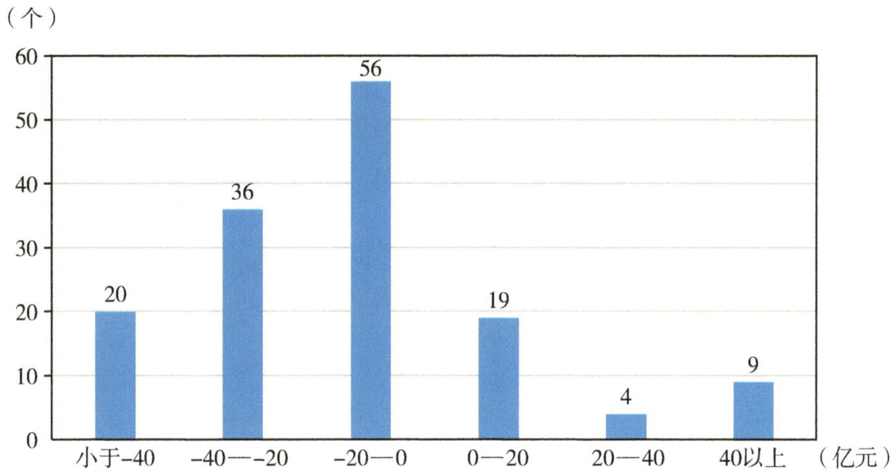

图 3-32　2018 年我国 144 个城市的社会保险基金收支差的分布情况

表 3-20　2018 年我国 144 个城市的社会保险基金收支差额

排序	地区名	收支差（亿元）	排序	地区名	收支差（亿元）
1	广东·深圳市	954.6	20	贵州·黔西南州	5.9
2	江苏·常州市	343.8	21	广西·防城港市	5.5
3	广东·东莞市	325.1	22	西藏·昌都市	4.7
4	江苏·南京市	86.7	23	西藏·阿里地区	2.9
5	四川·成都市	74.0	24	四川·巴中市	2.5
6	福建·厦门市	57.5	25	西藏·山南市	2.1
7	广东·广州市	50.7	26	贵州·六盘水市	1.3
8	湖南·岳阳市	40.9	27	山东·日照市	1.2
9	贵州·贵阳市	40.0	28	西藏·林芝市	0.9
10	广东·佛山市	32.3	29	山东·滨州市	0.8
11	内蒙古·鄂尔多斯市	31.5	30	新疆·阿克苏地区	0.7
12	湖南·娄底市	25.1	31	浙江·衢州市	0.4
13	新疆·乌鲁木齐市	22.3	32	新疆·博尔塔拉州	0.4
14	海南·海口市	12.2	33	新疆·克孜勒苏州	-0.4
15	广东·中山市	10.1	34	新疆·昌吉州	-0.6
16	西藏·拉萨市	8.0	35	甘肃·嘉峪关市	-0.7
17	吉林·长春市	7.0	36	四川·甘孜州	-0.9
18	海南·三亚市	6.9	37	新疆·吐鲁番市	-1.0
19	新疆·和田地区	6.4	38	新疆·塔城地区	-1.9

续表

排序	地区名	收支差（亿元）	排序	地区名	收支差（亿元）
39	山西·阳泉市	-2.5	71	甘肃·天水市	-12.3
40	新疆·巴音郭楞州	-2.6	72	黑龙江·七台河市	-12.6
41	甘肃·金昌市	-2.9	73	河北·廊坊市	-13.4
42	新疆·阿勒泰地区	-2.9	74	安徽·铜陵市	-13.7
43	四川·雅安市	-2.9	75	广东·阳江市	-13.8
44	甘肃·白银市	-3.0	76	广东·潮州市	-13.8
45	新疆·哈密市	-3.9	77	甘肃·陇南市	-15.9
46	新疆·喀什地区	-4.2	78	海南·儋州市	-15.9
47	黑龙江·大兴安岭地区	-5.1	79	四川·遂宁市	-16.1
48	广东·梅州市	-5.6	80	湖南·衡阳市	-16.3
49	黑龙江·黑河市	-5.6	81	黑龙江·鹤岗市	-16.5
50	山东·泰安市	-6.2	82	山东·聊城市	-17.5
51	广东·云浮市	-6.2	83	黑龙江·双鸭山市	-17.6
52	广东·江门市	-7.1	84	广东·清远市	-17.6
53	甘肃·兰州市	-7.3	85	贵州·黔东南州	-18.4
54	新疆·伊犁州	-7.6	86	山西·长治市	-18.9
55	甘肃·武威市	-7.8	87	山西·运城市	-19.3
56	贵州·遵义市	-7.9	88	江苏·扬州市	-20.0
57	山东·德州市	-7.9	89	河南·焦作市	-20.7
58	吉林·辽源市	-8.5	90	内蒙古·巴彦淖尔市	-20.8
59	四川·自贡市	-8.6	91	山东·枣庄市	-21.7
60	内蒙古·兴安盟	-9.6	92	黑龙江·伊春市	-22.4
61	内蒙古·乌海市	-10.1	93	内蒙古·通辽市	-22.5
62	黑龙江·齐齐哈尔市	-10.4	94	陕西·汉中市	-22.8
63	四川·广安市	-10.4	95	河南·濮阳市	-23.3
64	吉林·四平市	-10.5	96	陕西·安康市	-23.5
65	贵州·安顺市	-10.6	97	湖南·常德市	-23.6
66	甘肃·平凉市	-10.8	98	江西·吉安市	-23.9
67	甘肃·定西市	-11.5	99	湖北·随州市	-24.7
68	广东·河源市	-11.5	100	湖北·恩施州	-24.9
69	四川·内江市	-11.6	101	黑龙江·佳木斯市	-25.4
70	甘肃·临夏州	-12.1	102	山西·大同市	-25.7

续表

排序	地区名	收支差（亿元）	排序	地区名	收支差（亿元）
103	湖北·荆门市	-25.8	124	浙江·嘉兴市	-39.2
104	河北·张家口市	-27.0	125	四川·德阳市	-42.0
105	四川·达州市	-27.3	126	江西·赣州市	-43.3
106	山东·潍坊市	-29.1	127	广东·汕头市	-44.0
107	黑龙江·大庆市	-29.6	128	河南·洛阳市	-44.5
108	江西·景德镇市	-29.9	129	浙江·台州市	-44.5
109	河北·秦皇岛市	-30.0	130	四川·南充市	-45.0
110	黑龙江·鸡西市	-30.2	131	安徽·淮南市	-47.1
111	河南·许昌市	-30.6	132	辽宁·朝阳市	-48.0
112	四川·乐山市	-31.7	133	浙江·金华市	-48.9
113	黑龙江·牡丹江市	-33.7	134	山东·菏泽市	-49.5
114	湖北·孝感市	-34.3	135	河北·唐山市	-49.8
115	广东·揭阳市	-34.5	136	山东·烟台市	-50.1
116	山东·临沂市	-35.1	137	内蒙古·呼伦贝尔市	-52.4
117	浙江·湖州市	-35.3	138	湖北·襄阳市	-52.7
118	黑龙江·绥化市	-35.7	139	河南·驻马店市	-56.5
119	黑龙江·哈尔滨市	-35.9	140	辽宁·营口市	-59.6
120	江西·抚州市	-36.2	141	河南·南阳市	-65.6
121	内蒙古·乌兰察布市	-36.6	142	浙江·绍兴市	-68.5
122	浙江·温州市	-36.7	143	辽宁·锦州市	-78.3
123	山东·淄博市	-38.4	144	辽宁·大连市	-121.5

（四）中西部的非省会城市社会保险基金对财政依赖度[①]较高，依赖度最高的3个城市均在四川

以社会保险基金预算支出中来自财政补贴的支持比重衡量社保支出对财政补贴的依赖度。2018年，在数据可查的144个城市中，社会保险基金支出对财政的依赖度为20%–30%的城市数量最多，为44个（占数据可查城市数的30.6%），6个城市依赖度在50%以上，12个城市依赖度在10%以内，依赖度高的城市多为

① 社会保险基金支出对财政的依赖度＝财政补贴收入/社会保险基金支出。

中西部的非省会城市（见图3-33）。其中，达州市（68.2%）依赖度最高，广安市（59.0%）和遂宁市（54.2%）分别为第2名和第3名，这3个城市均位于四川省（见表3-21）。依赖度最高的10个城市中，四川省有6个。

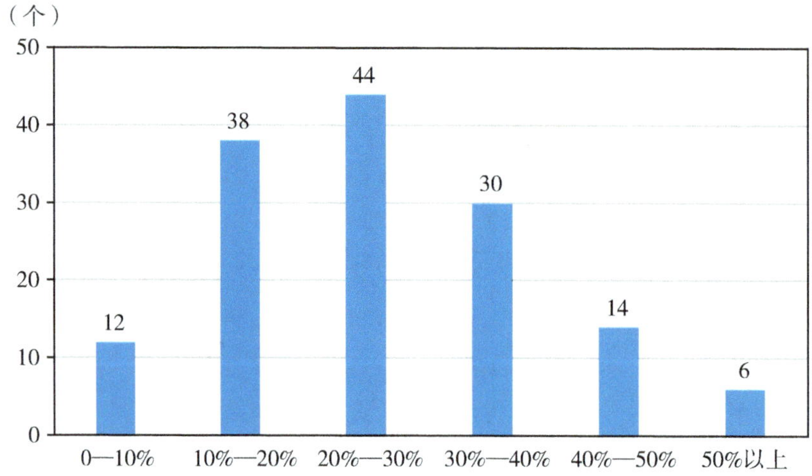

图 3-33　2018 年我国 144 个城市的社会保险基金支出对财政的依赖度的分布情况

表 3-21　2018 年我国 144 个城市的社会保险基金支出对财政的依赖度

排序	地区名	依赖度（%）	排序	地区名	依赖度（%）
1	四川·达州市	68.2	16	河南·驻马店市	42.1
2	四川·广安市	59.0	17	内蒙古·乌兰察布市	41.2
3	四川·遂宁市	54.2	18	黑龙江·黑河市	41.2
4	甘肃·陇南市	53.5	19	河南·濮阳市	40.9
5	陕西·汉中市	51.3	20	湖南·岳阳市	40.3
6	四川·甘孜州	50.0	21	辽宁·朝阳市	39.0
7	陕西·安康市	49.7	22	江西·吉安市	38.8
8	江西·景德镇市	49.4	23	安徽·淮南市	38.2
9	四川·内江市	49.1	24	吉林·辽源市	38.2
10	四川·自贡市	45.6	25	吉林·四平市	36.4
11	湖南·常德市	45.1	26	内蒙古·兴安盟	36.4
12	四川·雅安市	43.7	27	黑龙江·哈尔滨市	36.4
13	甘肃·临夏州	43.5	28	内蒙古·巴彦淖尔市	36.3
14	黑龙江·绥化市	42.5	29	湖北·恩施州	36.1
15	广东·揭阳市	42.5	30	黑龙江·七台河市	35.5

续表

排序	地区名	依赖度（%）	排序	地区名	依赖度（%）
31	江西·抚州市	35.4	64	四川·南充市	26.8
32	辽宁·锦州市	35.2	65	湖南·衡阳市	26.7
33	江西·赣州市	34.8	66	黑龙江·大庆市	26.5
34	广东·河源市	34.5	67	海南·儋州市	26.5
35	河南·南阳市	34.4	68	广东·潮州市	26.2
36	黑龙江·齐齐哈尔市	34.3	69	山西·运城市	26.0
37	黑龙江·佳木斯市	33.4	70	湖北·襄阳市	26.0
38	贵州·黔东南州	33.3	71	黑龙江·鹤岗市	25.9
39	甘肃·平凉市	32.9	72	黑龙江·伊春市	25.4
40	内蒙古·通辽市	32.8	73	甘肃·白银市	25.3
41	内蒙古·呼伦贝尔市	32.6	74	山东·泰安市	25.1
42	湖南·娄底市	32.6	75	内蒙古·鄂尔多斯市	25.0
43	辽宁·营口市	32.3	76	甘肃·天水市	24.2
44	山东·德州市	32.1	77	河南·焦作市	23.9
45	湖北·孝感市	32.0	78	甘肃·定西市	23.6
46	广西·防城港市	31.9	79	广东·梅州市	23.5
47	安徽·铜陵市	31.9	80	山东·潍坊市	23.2
48	山东·菏泽市	31.8	81	吉林·长春市	23.2
49	湖北·随州市	31.8	82	辽宁·大连市	23.0
50	内蒙古·乌海市	31.6	83	河南·洛阳市	22.6
51	河南·许昌市	29.8	84	山东·枣庄市	22.3
52	山东·临沂市	29.8	85	新疆·昌吉州	22.2
53	黑龙江·牡丹江市	29.4	86	广东·汕头市	22.2
54	贵州·安顺市	29.1	87	甘肃·金昌市	21.4
55	山东·滨州市	29.0	88	山东·日照市	21.3
56	广东·阳江市	28.9	89	新疆·喀什地区	21.1
57	贵州·遵义市	28.9	90	新疆·阿克苏地区	21.0
58	黑龙江·大兴安岭地区	28.8	91	山西·阳泉市	20.8
59	甘肃·武威市	28.5	92	西藏·昌都市	20.5
60	广东·清远市	28.3	93	山西·长治市	20.5
61	黑龙江·鸡西市	28.0	94	江苏·扬州市	20.4
62	黑龙江·双鸭山市	27.5	95	广东·云浮市	19.8
63	山东·聊城市	27.0	96	湖北·荆门市	19.6

续表

排序	地区名	依赖度（%）	排序	地区名	依赖度（%）
97	新疆 · 阿勒泰地区	19.5	121	广东 · 广州市	14.7
98	海南 · 海口市	19.5	122	江苏 · 常州市	14.3
99	新疆 · 哈密市	19.2	123	广东 · 江门市	14.0
100	贵州 · 六盘水市	18.1	124	新疆 · 吐鲁番市	13.9
101	浙江 · 金华市	17.5	125	西藏 · 拉萨市	13.6
102	山西 · 大同市	17.4	126	浙江 · 嘉兴市	13.2
103	浙江 · 台州市	17.3	127	新疆 · 博尔塔拉州	12.3
104	西藏 · 林芝市	16.9	128	四川 · 德阳市	12.2
105	山东 · 烟台市	16.9	129	新疆 · 和田地区	12.2
106	河北 · 张家口市	16.5	130	新疆 · 伊犁州	11.6
107	西藏 · 阿里地区	16.5	131	甘肃 · 兰州市	11.5
108	贵州 · 贵阳市	16.5	132	广东 · 中山市	10.6
109	浙江 · 绍兴市	16.4	133	新疆 · 克孜勒苏州	9.8
110	河北 · 唐山市	16.1	134	江苏 · 南京市	9.7
111	河北 · 廊坊市	16.0	135	四川 · 巴中市	8.4
112	山东 · 淄博市	15.7	136	贵州 · 黔西南州	8.2
113	浙江 · 湖州市	15.7	137	福建 · 厦门市	6.6
114	西藏 · 山南市	15.3	138	甘肃 · 嘉峪关市	5.3
115	浙江 · 温州市	15.1	139	新疆 · 乌鲁木齐市	4.5
116	海南 · 三亚市	15.1	140	广东 · 佛山市	2.9
117	新疆 · 巴音郭楞州	15.0	141	浙江 · 衢州市	2.7
118	河北 · 秦皇岛市	15.0	142	广东 · 东莞市	2.2
119	新疆 · 塔城地区	14.9	143	广东 · 深圳市	1.9
120	四川 · 成都市	14.8	144	四川 · 乐山市	0.0

六、债务情况分析：负债务和债务依存度视角

（一）超半数城市负债率低于20%，7城超50%，贵州、辽宁各市整体负债率较高

以当年地方政府债务余额与GDP的比率衡量负债率，用于测度城市经济增长对债务的依赖程度或城市债务的总体风险。

2018年，在数据可查的289个城市①中，58.8%（170个）的城市负债率低于20%，其中130个城市负债率处于10%—20%区间，这个区间城市数量最多，7个城市的负债率在50%以上，分别为四川的巴中市、贵州的贵阳市、铜仁市和黔南州、辽宁的营口市和盘锦市、新疆的克孜勒苏州，40个城市负债率在10%以内。

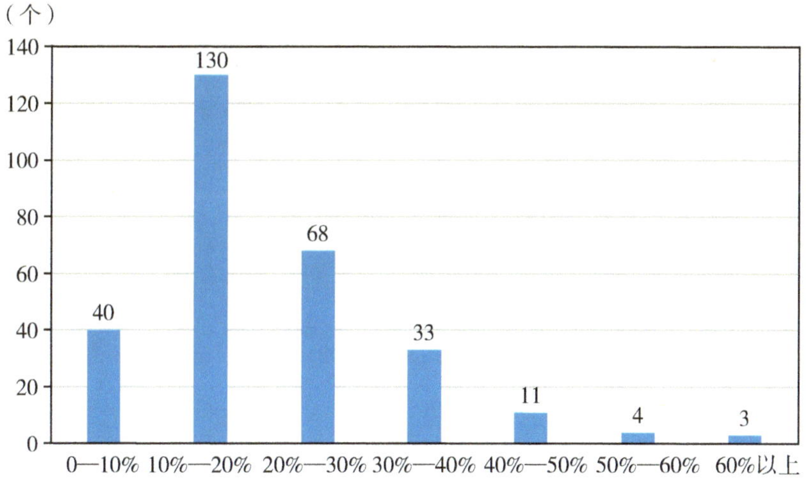

图3-34　2018年我国289个城市负债率的分布情况

分省域来看，负债率超过50%的城市主要分布在辽宁、四川、贵州、新疆等省份，河北、山西、黑龙江、江苏、浙江、福建、山东、河南、湖北、广东、广西、西藏、陕西、青海等省份半数及以上的城市负债率在20%以下。

安徽、福建、湖北、四川、贵州所有城市的负债率高于10%，其中贵州所有

① 共获取289个城市的2018年负债率，数据未获取城市分布在河北（3市）、内蒙古（5市）、吉林（5市）、江苏（2市）、浙江（3市）、江西（5市）、山东（1市）、湖南（7市）、海南（2市）、云南（1市）、西藏（3市）、甘肃（3市）、宁夏（2市）以及新疆（2市）。

城市的负债率高于30%；辽宁14个城市的负债率均高于20%，其中11个城市高于30%。山西、福建、湖北、广东、广西、陕西以及青海所有城市的负债率低于30%；河南所有城市的负债率低于20%（见表3–22）。

表3–22　2018年我国各省（自治区）的城市负债率分布　单位：个

负债率	0—10%	10%—20%	20%—30%	30%—40%	40%—50%	50% 以上
河北 *	1	5	2	0	0	0
山西	2	6	3	0	0	0
内蒙古 *	0	0	2	4	1	0
辽宁	0	0	3	6	3	2
吉林 *	1	0	2	1	0	0
黑龙江	1	6	3	2	1	0
江苏 *	3	8	0	0	0	0
浙江 *	2	4	1	1	0	0
安徽	0	6	6	3	1	0
福建	0	6	3	0	0	0
江西 *	0	4	2	0	0	0
山东 *	1	14	0	0	0	0
河南	8	9	0	0	0	0
湖北	0	11	2	0	0	0
湖南 *	0	5	2	0	0	0
广东	6	13	2	0	0	0
广西	5	3	6	0	0	0
海南 *	0	0	1	1	0	0
四川	0	10	8	2	0	1
贵州	0	0	0	2	4	3
云南 *	0	2	6	6	1	0
西藏 *	4	0	0	0	0	0
陕西	3	3	4	0	0	0
甘肃 *	0	4	6	1	0	0
青海	2	4	2	0	0	0
宁夏 *	1	1	0	1	0	0
新疆 *	0	6	2	3	0	1
合计	40	130	68	33	11	7

注：带“*”号省（自治区）未获取全部城市数据。

（二）多数城市债务依存度低于 20%，东北地区及贵州个别城市债务依存度过高

债务依存度是指债务收入占当年财政支出总额的比率，即债务依存度=（当年地方政府一般债务收入+专项债务收入）/（当年一般公共预算支出+政府性基金预算支出）。当债务依存度过高时，表明财政支出过分依赖债务收入，债务是要偿还的，财政状态较为脆弱时，会对财政可持续性构成潜在威胁。

2018年，在可查数据的230个城市[①]中，有126个城市（占数据可查城市数的54.8%）的债务依存度在10%—20%区间（见图3-35），这个区间城市数量最多，贵阳和营口的债务依存度在50%以上，49个城市的债务依存度在10%以下。

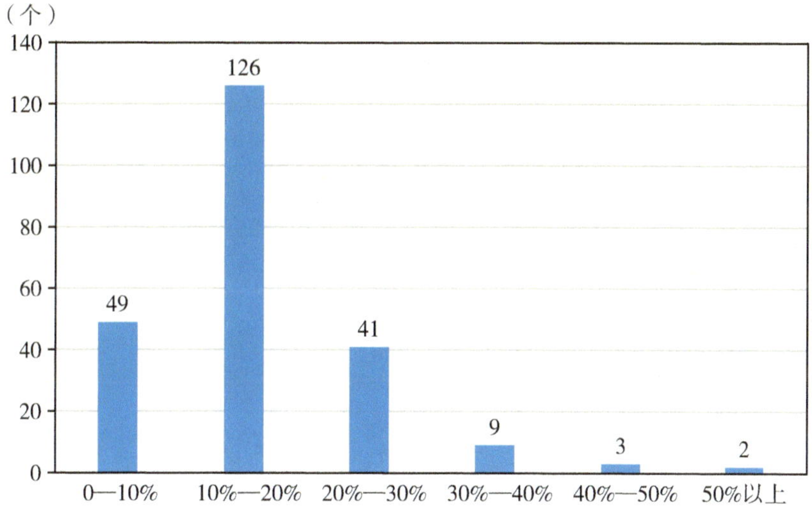

图 3-35　2018 年我国 230 个城市债务依存度的分布情况

分省域来看，债务依存度超过40%的城市主要分布辽宁、吉林、黑龙江、贵州。辽宁、黑龙江、贵州半数以上的城市债务依存度在20%以上，其中贵州所有城市的债务依存度在10%以上；四川所有城市的债务依存度在30%以内（见表3-23）。

① 共获取230个城市的2018年债务依存度，数据未获取城市分布在河北（3市）、山西（5市）、内蒙古（1市）、辽宁（4市）、吉林（7市）、江苏（3市）、浙江（3市）、安徽（8市）、福建（5市）、江西（9市）、山东（2市）、河南（2市）、湖北（12市）、湖南（2市）、广东（11市）、广西（12市）、海南（1市）、云南（1市）、西藏（1市）、陕西（1市）、甘肃（2市）、青海（2市）、宁夏（3市）以及新疆（3市）。

表 3-23　2018 年我国各省（自治区）的城市债务依存度分布　单位：个

债务依存度	0—10%	10%—20%	20%—30%	30%—40%	40%—50%	50% 以上
河北 *	2	5	1	0	0	0
山西 *	0	6	0	0	0	0
内蒙古 *	0	6	2	3	0	0
辽宁 *	0	3	5	0	1	1
吉林 *	0	1	0	0	1	0
黑龙江	2	4	5	1	1	0
江苏 *	1	8	1	0	0	0
浙江 *	4	4	0	0	0	0
安徽 *	0	4	2	2	0	0
福建 *	4	0	0	0	0	0
江西 *	0	1	1	0	0	0
山东 *	8	5	1	0	0	0
河南 *	6	9	0	0	0	0
湖北 *	0	1	0	0	0	0
湖南 *	0	9	3	0	0	0
广东 *	5	5	0	0	0	0
广西 *	0	1	1	0	0	0
海南 *	0	2	0	1	0	0
四川	2	15	4	0	0	0
贵州	0	2	5	1	0	1
云南 *	2	9	4	0	0	0
西藏 *	6	0	0	0	0	0
陕西 *	0	6	3	0	0	0
甘肃 *	3	9	0	0	0	0
青海 *	3	3	0	0	0	0
宁夏 *	0	2	0	0	0	0
新疆 *	1	6	3	1	0	0
合计	49	126	41	9	3	2

注：带“*”号省（自治区）未获取全部城市数据。

第三节　副省级城市政府收入情况分析

副省级市，是我国基于行政级别设置的若干特定城市，副省级城市仍属我国地级行政区划，但其行政机关主要领导干部的行政级别为副省级，高于一般地级市。1994年2月25日中央机构编制委员会发布文件（中编〔1994〕1号），在全国确立了16个副省级城市。1997年，其中的重庆市升格为直辖市。截至2019年底，副省级市共有15个，其中10个为省会城市（广州、武汉、哈尔滨、沈阳、成都、南京、西安、长春、济南、杭州），5个为计划单列市（深圳、大连、青岛、宁波、厦门）。

副省级城市在我国区域经济格局中占据着重要位置。根据2018年统计数据，15个副省级城市以占全国10.5%的常住人口（合计1.47亿人），创造了占全国18.7%的GDP（合计17.20万亿元）和10.1%（合计1.85万亿元）的一般公共预算收入。本部分将基于政府收入视角，利用2018年统计数据和财政决算数据，从经济体量、政府财力以及政府债务方面，分析15个副省级城市的财政经济特特征及其在所属省份和全国的地位。

一、人口与经济发展水平

人口方面，2018年，15个副省级城市合计常住人口1.47亿人，占全国人口比重为10.5%。其中，有6个城市人口超过1 000万，分别是成都（1 633.0万人）、广州（1 490.4万人）、深圳（1 302.7万人）、武汉（1 108.1万人）、哈尔滨（1 085.8万人）和西安（1 000.4万人）。常住人口规模最小的是厦门市（411.0万人）（见图3-36）。

副省级城市常住人口占本省比例呈现一定分化。单个副省级城市人口占本省全部人口的比重超过20%的副省级城市分别是黑龙江省（哈尔滨，28.78%）、吉林省（长春，28.11%）和陕西省（西安，25.89%），而低于10%的则是山东省，省会济南占山东省常住人口的比重为7.43%，计划单列市青岛人口占比为9.35%。

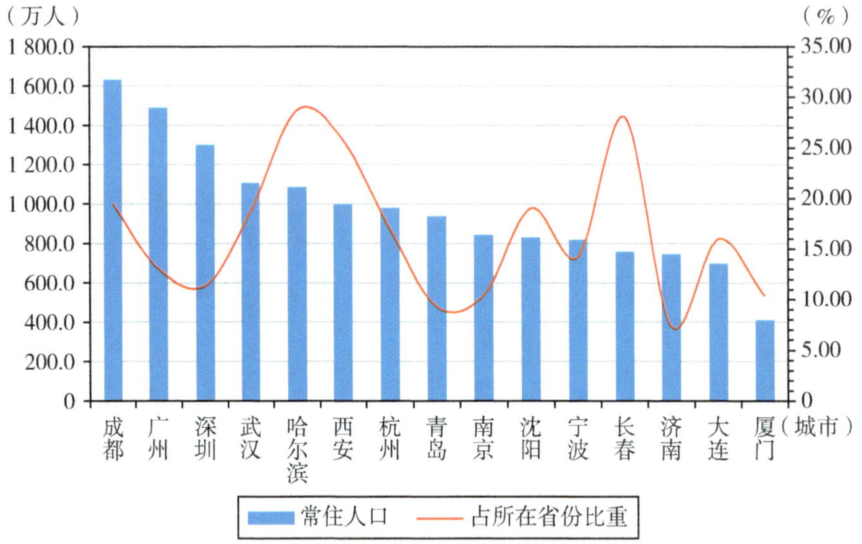

图 3-36　2018 年各副省级城市常住人口及其占所在省份总常住人口的比重[①]

经济体量方面，2018年，副省级城市合计GDP为17.20万亿元，占全国比例为18.7%。深圳（2.42万亿元）、广州（2.19万亿元）是两个GDP超过2万亿元的副省级城市，分别占广东省GDP总量的24.9%和23.6%，两市合计占广东省GDP比例为48.4%。GDP规模在1万亿—1.5万亿元区间的副省级城市有6个，分别是成都（1.53万亿元）、武汉（1.48万亿元）、杭州（1.35万亿元）、南京（1.28万亿元）、青岛（1.20万亿元）和宁波（1.07万亿元）。其余7个副省级城市，GDP规模最大的是西安（8 349亿元），规模最小的是厦门（4 791亿元）（见图3-37）。

15个副省级城市中，单个城市对本省GDP支撑度最高的是长春，其GDP占2018年吉林省GDP总量的比例高达50.1%。2018年，该比例超过30%的有5个副省级城市，分别是哈尔滨（占黑龙江省39.0%）、成都（占四川省35.8%）、武汉（占湖北省35.3%）、西安（占陕西省34.9%）和大连（占辽宁省32.6%）（见图3-37）。值得注意的是，辽宁的两个副省级城市——大连和沈阳GDP合计占全省的59.4%，接近六成，是有两个副省级城市的省份中占比最高的。深圳、广州合计占广东省GDP的48.4%，杭州、宁波合计占浙江省GDP的41.8%。

① 长春市2011—2018年常住人口均不可查，这里采用估算法，估算值 = 2018年户籍人口 ×（2010年常住人口 /2010年户籍人口）。

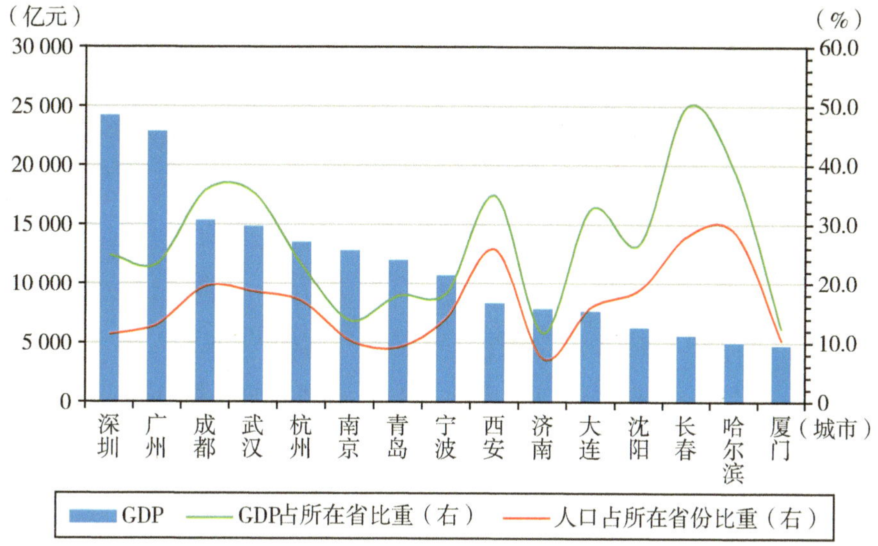

图 3-37　2018 年各副省级城市 GDP 及其 GDP、常住人口占所在省份的比重

此外，还需关注部分副省级城市占所在省份GDP的比例与人口比例之间的较大幅度背离。例如，2018年，长春市GDP占吉林省比例为50.1%，但长春市常住人口占吉林全省的28.1%，二者差值22%，这显示出吉林省内其他地区的人均经济发展水平与长春市之间有着较大差距。上述差值在2018年超过15%的还有武汉（16.6%）、大连（16.6%）和成都（16.2%）。

人均GDP方面，2018年，深圳市人均GDP达到18.6万元，领先副省级城市中排名第二的广州（15.3万元）3.3万元，南京排名第3位，人均GDP为15.2万元。位于东北地区的3个副省级城市人均GDP位列最后3名，从低到高分别是哈尔滨（4.6万元）、长春（7.4万元）和沈阳（7.6万元）。其他9个副省级城市的人均GDP则分布在8万—14万元的区间。

二、政府收入

基于数据的可得性和不同性质收入对政府收入的贡献，选取一般公共预算收入和土地出让金两类收入分析副省级城市的政府收入状况。

（一）一般公共预算收入

2018年，15个副省级城市合计实现一般公共预算收入1.85万亿元，占当年全国一般公共预算收入的比重为10.1%。其中税收收入1.51万亿元，占当年全国税收收入比重为9.7%。

其中，深圳一般公共预算收入最高，达到3 538亿元，大幅领先其他副省级城市，相当于第2名杭州（1 713亿元）的1.94倍。除杭州外，一般公共预算收入规模在1 000亿元以上的副省级城市还有6座，分别是广州（1 634亿元）、武汉（1 529亿元）、南京（1 470亿元）、成都（1 424亿元）、宁波（1 380亿元）和青岛（1 232亿元）。厦门（755亿元）、济南（753亿元）、沈阳（721亿元）、大连（704亿元）和西安（685亿元）5座副省级城市的一般公共预算收入则在700亿元左右。长春（478亿元）和哈尔滨（384亿元）位列最后两位（见图3–38）。

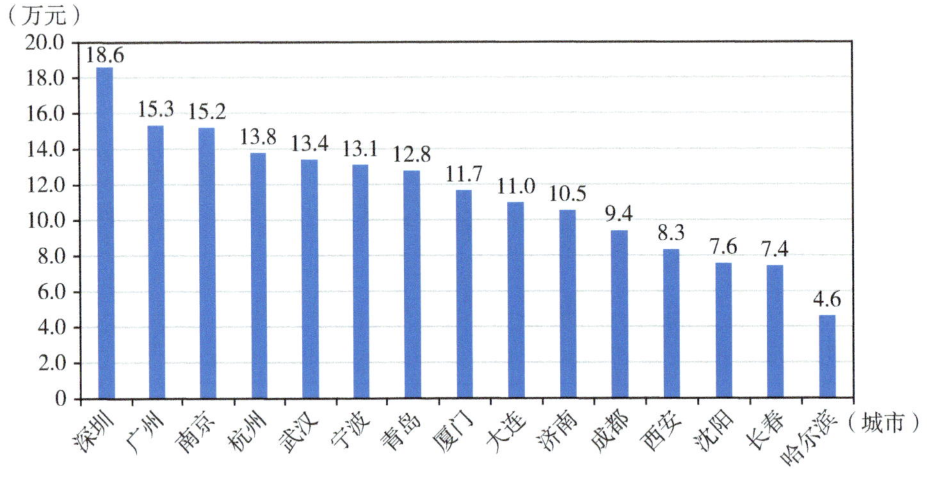

图 3–38　2018 年各副省级城市人均 GDP

在一般公共预算收入的构成方面，2018年，杭州市税收收入占一般公共预算收入比重最高，达到90.5%；宁波、武汉、南京、哈尔滨、济南、深圳、西安和沈阳8市位于80%—86%；厦门、广州、长春、大连、成都和青岛6个城市均低于80%（见图3–39）。

副省级城市中，占所在省一般公共预算收入比重最高的是武汉市，其2018年一般公共预算收入占湖北全省的46.2%，税收收入占全省则达到52.5%。单个副省级城市一般公共预算收入占全省比重超过30%的还有长春（占吉林省的38.5%）、成都（占四川省的36.4%）、西安（占陕西省的30.5%）和哈尔滨（占黑龙江省的30.0%）（见图3–40）。

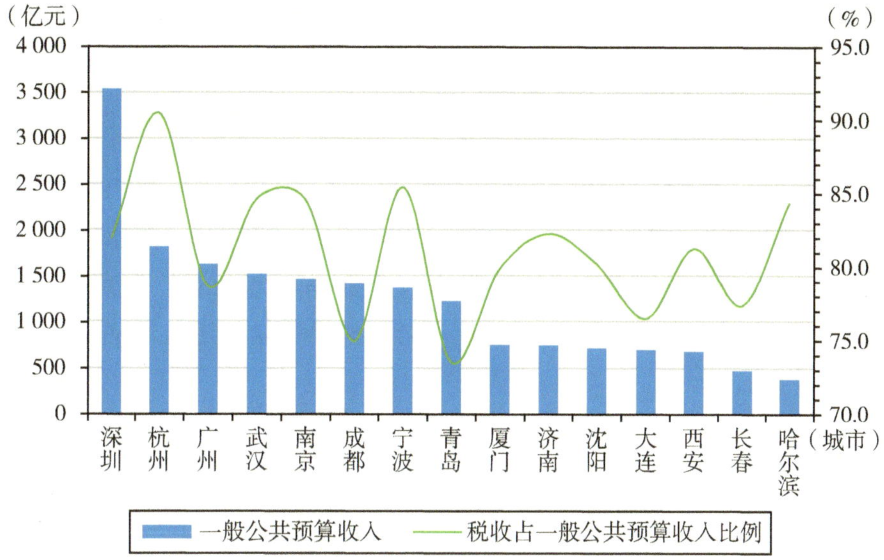

图 3-39　2018 年各副省级城市一般公共预算收入以及其中的税收收入比重

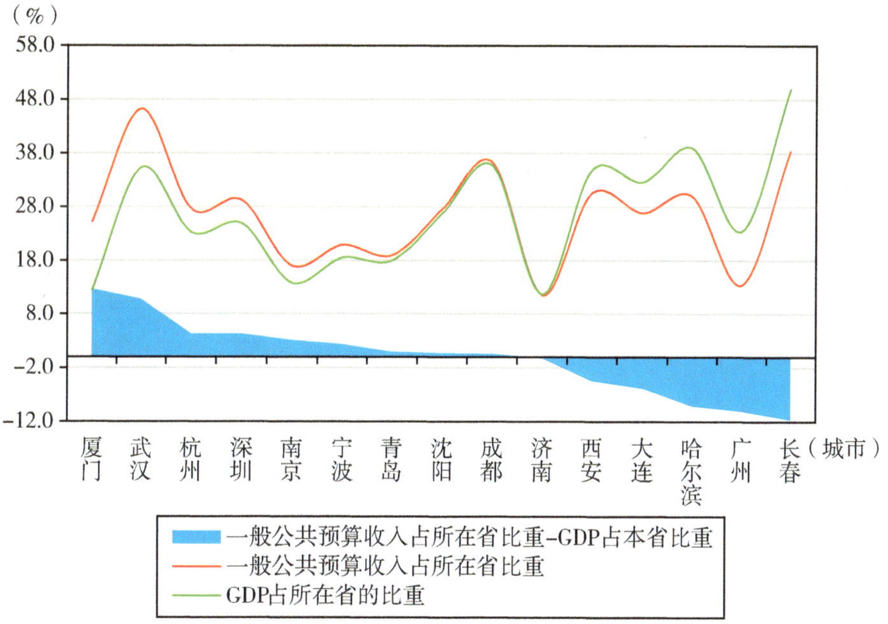

图 3-40　2018 年各副省级城市一般公共预算收入及
GDP 占本省比重、二者的差值

在经济体量与一般公共预算收入的关系上，15 个副省级城市呈现分化态势。一般公共预算收入占本省比重较大幅度高于GDP 占本省比重的有厦门和武汉。厦门和武汉 2018 年一般公共预算收入占本省比重分别为 25.1% 和 46.2%，GDP 占本省比重分别为 12.4% 和 35.3%，前者比后者分别高 12.7 和 10.9 个百分点，这一差值①为正的副省级城市还有杭州、深圳、南京和宁波，分别为4.4、4.3、3.2和2.4个百分点，以及青岛、沈阳和成都（最后3个市差值不超过1个百分点）。

另一方面，一般公共预算收入占本省比重较大幅度低于GDP占本省比重的有哈尔滨、广州和长春。哈尔滨、广州和长春2018年一般公共预算收入占本省比重分别为30.0%、13.5%和38.5%，GDP占本省比重分别为39.0%、23.5%和50.1%，前者分别较后者低9.0、10.0和11.6个百分点，这一差值②为负值的副省级城市还有济南、西安和大连。

人均一般公共预算方面依然是深圳在副省级城市中处于大幅领先位置，2018年达到2.72万元，是第二名杭州的1.46倍，是中位数广州的2.48倍，是人均一般公共预算收入最低的哈尔滨的7.67倍（见图3-41）。

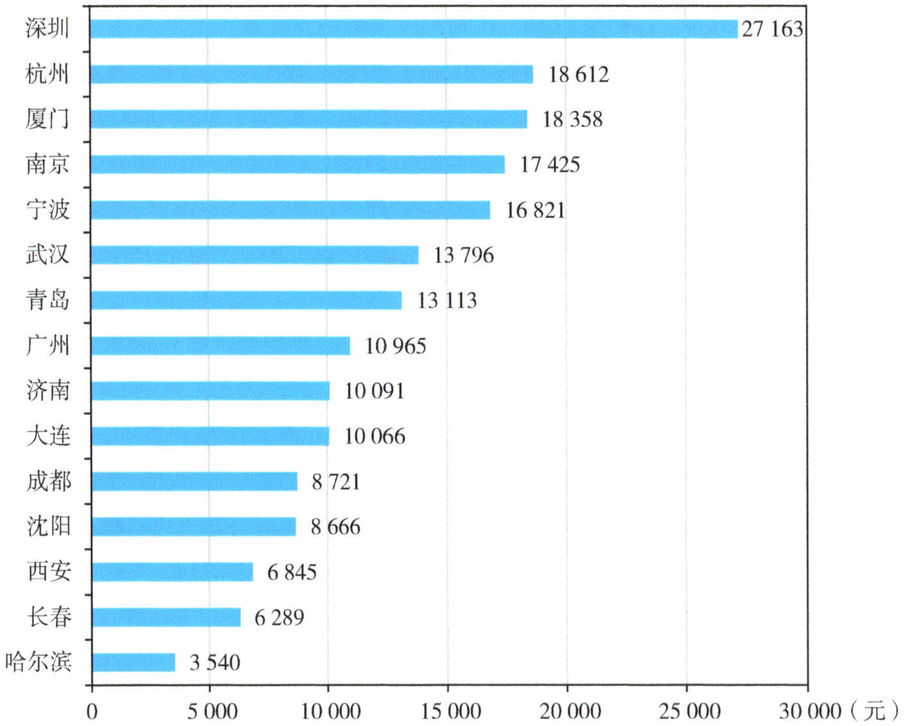

图3-41　2018年各副省级城市人均一般公共预算收入

① 一般公共预算收入占本省比重-GDP占本省比重

② 同上

（二）土地出让金

2018年，15个副省级城市合计实现土地出让收入6.29万亿元，占全国的23.7%。杭州土地出让金收入为2 863.9亿元，在副省级城市中排名第一；武汉、南京、深圳、广州、成都和济南（从高到低排列）的土地出让金收入均超过1 000亿元；宁波、青岛、西安（从高到低排列）则处于600亿—1 000亿元区间；厦门、沈阳、长春、哈尔滨和大连（从高到低排列）的土地出让金收入均不足500亿元。副省级城市间的土地出让金收入分布差异较大，最高的杭州市是最低的大连的18.58倍，亦是处于中位数位置的宁波市的3.19倍。

但是，副省级城市中，东北地区呈现出土地出让金收入较低，且本省土地出让金收入更大程度地集中于副省级城市。哈尔滨、长春2018年土地出让金收入分别为159.3亿元和278.0亿元，分别占到了黑龙江省和吉林省的67.7%和61.5%；沈阳和大连的土地出让收入分别是363.2亿元和154.1亿元，合计517.3亿元，合计水平在副省级城市中仍较低，却占到了辽宁全省的65.2%（见图3–42）。

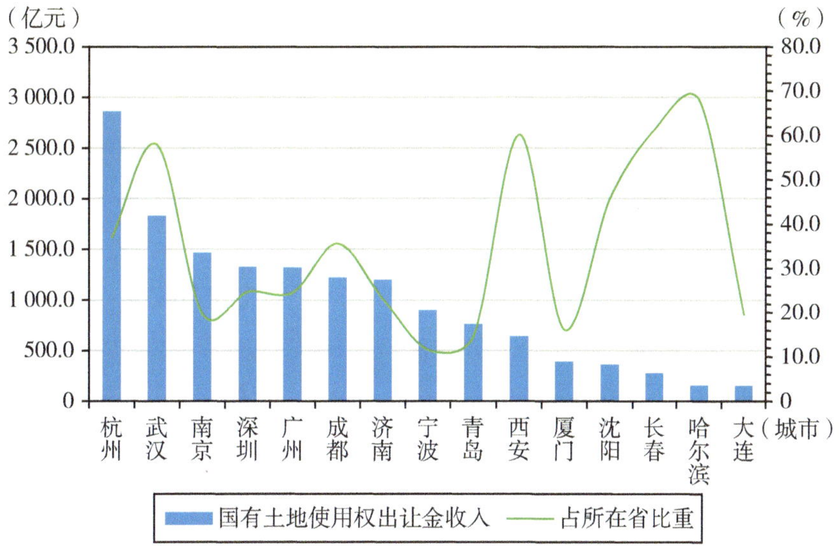

图 3–42　2018 年各副省级城市国有土地使用权出让金收入及其占所在省的比重①

① 除深圳市外的所有副省级城市的数据来自2018年各市的财政决算报告和草案，深圳市数据来自《深圳市2018年度国有土地使用权出让收支审计结果公告》。

三、政府债务

2018年，15个副省级城市的一般债务、专项债务以及地方债务总规模合计分别为1.26万亿元、1.34万亿元和2.60万亿元，分别占全国地方债务的11.4%、18.1%和14.1%。

武汉市2 650亿元的债务余额在副省级城市中处于最高位置，成都、南京、广州和杭州市债务余额均超过2 000亿元，大连、西安、哈尔滨、宁波、沈阳债务余额分布在1 500亿—2 000亿元的区间，青岛、长春、济南债务余额分布在1 000亿—1 300亿元区间，厦门市和深圳市债务余额最低，分别为637.3亿元和145.9亿元（见图3-43）。

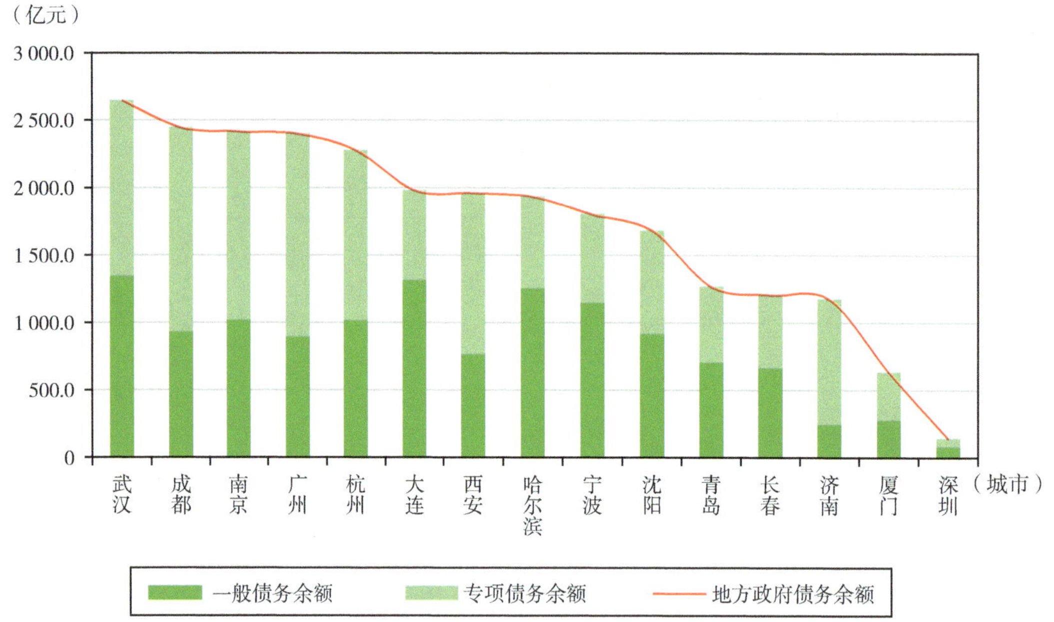

图 3-43　2018 年各副省级城市地方政府债务情况

在地方政府债务限额管理下，2018年，一般债务和专项债务限额的完成度以杭州市最高，达到99.3%。武汉、哈尔滨、西安、大连的完成度均超过90%。深圳市总债务限额完成度在副省级城市中最低，仅为38%，其中一般债务限额完成度27.6%，专项债务限额完成度83.8%（见图3-44），显示出深圳市政府财力相对较强，举债需求相对较弱。

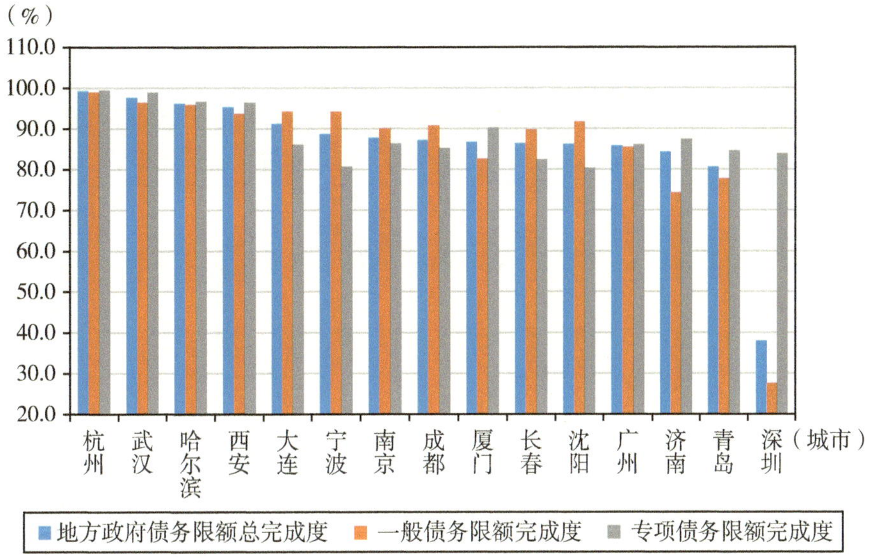

图3-44　2018年各副省级城市地方政府债务余额限额完成度

第四节　136个样本县财政情况

如第一节所述，本节选取了全国5%的县级区划作为样本[①]，具体样本县的选择以财政数据公开状况较好为原则。本节将从一般公共预算收入（见表3-24）、政府性基金预算收入（见表3-25）、债务（见表3-26）情况三个角度对我国的县域财政情况进行比较，并列示相关指标，供读者阅读及研究参考。

一、一般公共预算收入排名及相关指标

表3-24　　2018年136个样本县一般公共预算收入排名及相关指标

排序	样本县	一般公共预算收入（亿元）	一般公共预算收入增速（%）	税收收入/一般公共预算收入（%）	一般公共预算支出（亿元）	财政自给率（%）
1	上海·浦东新区	1 066.2	7.0	97.0	1 305.5	81.7
2	北京·海淀区	446.0	7.0	88.0	635.7	70.2

① 为简化描述，下文将其统称为“样本县”。

续表

排序	样本县	一般公共预算收入（亿元）	一般公共预算收入增速（%）	税收收入 / 一般公共预算收入（%）	一般公共预算支出（亿元）	财政自给率（%）
3	江苏 · 昆山市	387.9	10.0	91.8	318.5	121.8
4	江苏 · 江宁区	255.1	12.6	88.7	242.2	105.3
5	江苏 · 张家港市	233.4	11.2	90.0	212.0	110.1
6	浙江 · 滨江区	230.0	22.3	86.5	231.2	99.5
7	浙江 · 慈溪市	104.6	11.1	83.3	115.4	90.6
8	四川 · 龙泉驿区	85.8	9.0	85.9	107.5	79.9
9	山东 · 临淄区	80.0	7.5	79.4	50.6	158.2
10	内蒙古 · 准格尔旗	77.7	15.3	78.3	88.3	88.0
11	辽宁 · 浑南区	75.6	5.8	94.4	60.5	125.0
12	重庆 · 渝北区	75.5	21.9	90.9	106.3	71.0
13	河南 · 新郑市	75.0	9.7	74.1	103.7	72.3
14	湖南 · 浏阳市	69.2	11.0	73.8	124.6	55.5
15	浙江 · 越城区	65.8	80.4	91.7	55.3	118.9
16	江苏 · 邳州市	58.8	–2.1	78.1	120.8	48.7
17	广东 · 白云区	58.3	4.1	70.9	150.4	38.7
18	新疆 · 天山区	53.8	9.2	95.1	44.0	122.3
19	黑龙江 · 南岗区	53.7	0.5	95.2	42.5	126.5
20	河南 · 济源市	50.1	24.1	84.0	69.0	72.6
21	陕西 · 雁塔区	48.4	7.8	91.7	34.7	139.4
22	山东 · 青州市	48.4	4.0	84.5	58.5	82.7
23	天津 · 和平区	45.3	–15.4	85.3	59.8	75.7
24	湖北 · 大冶市	45.0	2.9	69.6	77.7	57.9
25	江苏 · 仪征市	44.8	5.0	85.5	58.1	77.2
26	陕西 · 榆阳区	42.8	29.1	83.8	63.9	66.9
27	安徽 · 肥东县	41.9	17.4	76.3	76.1	55.0
28	陕西 · 韩城市	40.4	33.9	82.6	55.3	73.1
29	福建 · 平潭县	38.4	29.6	63.2	89.9	42.8
30	云南 · 大理市	36.4	15.0	80.9	63.6	57.3
31	江西 · 贵溪市	35.0	9.4	82.0	50.6	69.2
32	山东 · 滨城区	34.8	9.9	82.0	30.6	113.8

续表

排序	样本县	一般公共预算收入（亿元）	一般公共预算收入增速（%）	税收收入 / 一般公共预算收入（%）	一般公共预算支出（亿元）	财政自给率（%）
33	广东·惠东县	34.7	–8.4	63.4	72.0	48.2
34	湖南·岳麓区	34.0	14.2	73.9	45.9	74.1
35	贵州·云岩区	33.4	2.3	80.3	51.0	65.5
36	贵州·南明区	33.3	–15.6	76.6	52.1	63.9
37	辽宁·海城市	32.3	32.6	81.9	44.0	73.3
38	山西·小店区	30.4	11.7	87.3	40.8	74.5
39	新疆·伊州区	29.2	–23.3	83.4	47.5	61.5
40	江西·高安市	28.4	13.9	82.0	58.4	48.7
41	湖北·潜江市	25.8	3.0	72.3	70.1	36.9
42	河南·渑池县	25.8	8.5	78.0	39.4	65.6
43	云南·楚雄市	25.0	8.0	64.6	51.6	48.6
44	山东·博山区	24.5	3.3	74.1	32.7	75.0
45	湖北·夷陵区	23.6	–9.3	80.9	50.2	47.0
46	福建·同安区	23.0	14.9	86.4	56.9	40.4
47	福建·丰泽区	22.4	8.2	92.2	22.3	100.4
48	河北·定州市	22.0	10.0	62.5	62.0	35.6
49	新疆·伊宁市	21.8	1.1	83.3	50.9	42.8
50	山东·德城区	21.4	11.3	92.6	22.4	95.6
51	云南·文山市	21.3	6.2	74.4	55.2	38.6
52	山东·莒县	21.0	16.0	86.2	60.9	34.5
53	四川·东坡区	20.6	9.3	52.2	38.9	52.9
54	新疆·阿克苏市	20.4	5.6	74.2	61.8	33.1
55	山西·高平市	19.2	30.0	60.8	34.2	56.1
56	四川·宣汉县	18.8	10.2	67.9	69.3	27.1
57	江西·西湖区	18.6	6.9	87.4	33.0	56.2
58	重庆·忠县	18.5	10.8	73.2	60.2	30.7
59	云南·弥勒市	18.3	6.1	51.0	45.4	40.2
60	云南·红塔区	17.9	7.9	87.2	34.6	51.7
61	贵州·清镇市	17.5	8.3	75.1	35.6	49.2
62	河南·西工区	16.8	–5.6	57.6	17.5	95.6

续表

排序	样本县	一般公共预算收入（亿元）	一般公共预算收入增速（%）	税收收入 / 一般公共预算收入（%）	一般公共预算支出（亿元）	财政自给率（%）
63	河南 · 邓州市	16.7	14.3	68.2	75.0	22.3
64	海南 · 琼海市	16.2	–3.2	70.8	62.8	25.8
65	湖南 · 邵东县	15.6	7.9	62.0	63.2	24.7
66	西藏 · 堆龙德庆区	14.6	22.0	96.3	31.5	46.2
67	广西 · 靖西市	13.9	–0.4	70.0	55.4	25.1
68	河南 · 固始县	13.5	14.4	72.0	77.9	17.3
69	广东 · 江海区	13.4	11.7	89.6	17.8	75.6
70	四川 · 叙州区	13.3	17.5	68.1	48.2	27.5
71	江西 · 瑞金市	13.2	6.5	80.5	55.1	24.0
72	湖南 · 攸县	13.1	–34.3	54.8	46.0	28.4
73	安徽 · 寿县	12.7	22.4	73.1	64.0	19.9
74	广西 · 柳江区	12.7	23.1	75.4	35.7	35.5
75	江西 · 湘东区	12.0	–17.6	67.4	38.6	31.0
76	山东 · 沾化区	11.6	6.5	65.3	23.1	50.3
77	河北 · 玉田县	11.3	10.7	69.6	34.2	33.1
78	河南 · 民权县	10.0	11.6	70.3	45.6	22.0
79	安徽 · 东至县	9.8	7.5	64.1	31.5	30.9
80	广西 · 西乡塘区	9.7	21.0	85.2	29.3	33.1
81	广东 · 佛冈县	9.5	5.6	67.6	29.3	32.5
82	湖南 · 衡阳县	9.5	2.2	66.8	55.1	17.2
83	湖北 · 保康县	9.4	–6.2	75.6	36.0	26.2
84	河北 · 新华区	9.3	12.2	96.9	11.1	83.3
85	浙江 · 龙泉县	9.1	7.0	82.9	48.4	18.8
86	四川 · 会理县	8.8	1.4	71.9	25.7	34.2
87	内蒙古 · 海拉尔区	8.7	–16.5	86.3	32.0	27.0
88	云南 · 宜良县	8.5	8.5	71.1	21.4	39.7
89	广东 · 饶平县	8.1	6.1	58.2	55.2	14.8
90	新疆 · 和田市	7.6	–6.4	56.0	56.0	13.5
91	河南 · 鲁山县	7.5	8.3	66.4	43.5	17.3
92	河北 · 枣强县	7.5	10.8	67.3	29.5	25.4

续表

排序	样本县	一般公共预算收入（亿元）	一般公共预算收入增速（%）	税收收入 / 一般公共预算收入（%）	一般公共预算支出（亿元）	财政自给率（%）
93	宁夏·青铜峡市	7.2	-9.0	70.1	31.1	23.2
94	山西·平遥县	6.7	35.7	59.4	30.7	21.7
95	湖北·房县	6.6	14.0	71.0	46.4	14.2
96	山西·昔阳县	6.4	11.5	66.4	19.1	33.2
97	四川·大英县	6.4	0.8	59.0	26.0	24.5
98	青海·城中区	6.3	21.9	90.0	15.2	41.3
99	广东·武江区	6.2	59.0	76.9	15.0	41.2
100	广西·荔浦县	6.1	-4.6	54.8	25.9	23.6
101	湖南·华容县	5.8	2.8	63.8	42.6	13.6
102	四川·苍溪县	5.5	11.8	71.7	45.1	12.2
103	安徽·太湖县	5.4	14.5	76.5	46.8	11.6
104	辽宁·北镇市	5.4	12.3	65.3	29.1	18.6
105	河北·卢龙县	5.4	28.9	64.8	24.7	21.9
106	安徽·祁门县	5.4	-6.6	53.1	18.3	29.2
107	辽宁·朝阳县	5.1	13.4	77.5	37.2	13.8
108	甘肃·永登县	5.0	-0.7	72.1	29.1	17.0
109	黑龙江·海林市	4.8	-36.4	81.1	22.5	21.4
110	吉林·柳河县	4.7	-6.2	54.5	31.7	14.8
111	吉林·长岭县	4.7	-10.1	53.8	55.1	8.5
112	辽宁·振安区	4.6	9.5	90.0	9.9	46.0
113	陕西·岐山县	4.3	9.4	73.6	26.1	16.4
114	山西·右玉县	4.3	15.0	79.5	15.6	27.4
115	广西·凭祥市	4.2	-17.9	41.3	18.6	22.8
116	青海·大通县	4.0	-13.9	76.8	40.2	10.1
117	吉林·抚松县	4.0	-22.5	68.4	37.8	10.5
118	四川·康定市	3.8	16.2	84.9	21.8	17.6
119	甘肃·庆城县	3.8	23.7	69.2	22.1	17.3
120	内蒙古·林西县	3.7	8.5	78.2	27.8	13.3
121	四川·盐亭县	3.7	9.0	56.2	34.1	10.8
122	河北·任县	3.6	13.1	72.7	19.7	18.3

续表

排序	样本县	一般公共预算收入（亿元）	一般公共预算收入增速（%）	税收收入 / 一般公共预算收入（%）	一般公共预算支出（亿元）	财政自给率（%）
123	贵州 · 万山区	3.5	5.6	77.9	21.1	16.6
124	甘肃 · 崇信县	3.2	7.8	79.4	11.8	26.7
125	辽宁 · 西丰县	2.8	7.1	50.5	20.9	13.4
126	福建 · 松溪县	2.7	12.0	53.8	17.9	15.2
127	广西 · 隆安县	2.7	–1.8	71.9	26.9	9.9
128	内蒙古 · 武川县	2.4	1.4	81.8	15.5	15.4
129	陕西 · 洛川县	2.0	19.1	47.5	19.8	10.3
130	黑龙江 · 克山县	2.0	21.1	61.1	32.8	6.1
131	内蒙古 · 阿巴嘎旗	1.7	18.1	79.2	10.3	16.0
132	甘肃 · 临夏县	1.2	–27.8	73.8	34.3	3.6
133	山西 · 平顺县	1.1	6.9	55.7	16.8	6.3
134	西藏 · 萨迦县	0.8	–4.7	78.6	12.4	6.5
135	西藏 · 定日县	0.7	–22.6	44.5	20.3	3.5
136	西藏 · 察隅县	0.6	29.8	54.5	11.3	5.5

二、政府性基金预算收入排名及相关指标

表 3–25　　2018 年 136 个样本县政府性基金预算收入排名及相关指标

排序	样本县	政府性基金预算收入（亿元）	政府性基金预算收入增速（%）	国有土地使用权出让收入 / 政府性基金预算收入（%）	国有土地使用权出让收入 / 一般公共预算收入
1	浙江 · 滨江区	736.0	71.6	92.6	2.96
2	江苏 · 江宁区	305.8	4.9	92.1	1.10
3	上海 · 浦东新区	204.6	–14.2	93.3	0.18
4	江苏 · 张家港市	190.2	15.7	91.6	0.75
5	北京 · 海淀区	141.3	–39.2	100.0	0.32
6	江苏 · 昆山市	130.6	35.6	88.4	0.30
7	河南 · 新郑市	129.6	150.5	90.0	1.55
8	安徽 · 肥东县	82.2	–21.5	90.9	1.78

续表

排序	样本县	政府性基金预算收入（亿元）	政府性基金预算收入增速（%）	国有土地使用权出让收入 / 政府性基金预算收入（%）	国有土地使用权出让收入 / 一般公共预算收入
9	浙江·慈溪市	80.4	40.8	88.3	0.68
10	四川·龙泉驿区	77.7	–15.8	86.2	0.78
11	江苏·邳州市	76.5	35.5	91.2	1.19
12	辽宁·浑南区	66.2	67.4	88.0	0.77
13	江西·高安市	66.1	101.0	97.2	2.26
14	广东·白云区	62.0	134.4	98.2	1.04
15	云南·大理市	52.4	125.5	99.7	1.43
16	福建·平潭县	50.9	83.4	91.2	1.21
17	福建·同安区	49.9	–28.1	94.6	2.05
18	湖南·浏阳市	42.7	1.2	97.4	0.60
19	四川·东坡区	39.1	2 238.9	99.2	1.89
20	山东·青州市	34.1	46.2	85.8	0.60
21	山东·临淄区	33.8	186.8	89.9	0.38
22	山东·莒县	31.7	117.8	82.1	1.24
23	湖北·夷陵区	30.2	85.2	82.9	1.06
24	江苏·仪征市	28.2	98.5	94.6	0.59
25	贵州·清镇市	28.2	64.6	95.1	1.53
26	安徽·寿县	25.0	40.4	—	—
27	湖北·大冶市	24.4	65.0	96.0	0.52
28	湖北·潜江市	23.9	317.8	95.0	0.88
29	河南·邓州市	23.4	118.2	95.7	1.34
30	安徽·太湖县	22.9	—	95.6	4.04
31	广东·惠东县	20.7	–8.7	88.8	0.53
32	浙江·龙泉县	19.6	18.7	83.5	1.80
33	河北·定州市	18.6	195.7	87.2	0.74
34	陕西·韩城市	17.2	43.5	—	—
35	云南·文山市	16.9	81.1	96.4	0.76
36	广西·柳江区	16.4	91.3	93.2	1.21
37	河南·固始县	15.7	23.8	90.0	1.05
38	湖南·华容县	14.4	–25.2	95.8	2.38

续表

排序	样本县	政府性基金预算收入（亿元）	政府性基金预算收入增速（%）	国有土地使用权出让收入 / 政府性基金预算收入（%）	国有土地使用权出让收入 / 一般公共预算收入
39	广东 · 江海区	14.4	-12.3	101.8	1.09
40	湖南 · 攸县	14.2	377.3	99.5	1.08
41	四川 · 叙州区	13.7	190.4	94.3	0.97
42	江西 · 瑞金市	13.5	-9.5	—	—
43	四川 · 大英县	13.5	125.0	98.8	2.10
44	河南 · 民权县	12.6	14.5	89.0	1.12
45	河南 · 济源市	12.4	69.3	89.1	0.22
46	湖南 · 衡阳县	12.1	236.7	98.6	1.26
47	重庆 · 忠县	12.0	20.0	99.7	0.65
48	河北 · 枣强县	11.8	23.9	89.4	1.41
49	云南 · 楚雄市	11.8	90.3	99.0	0.47
50	四川 · 宣汉县	10.8	7.2	92.1	0.53
51	海南 · 琼海市	10.7	270.3	76.7	0.50
52	西藏 · 堆龙德庆区	10.6	7.1	100.0	0.73
53	河北 · 玉田县	10.6	24.0	90.6	0.85
54	新疆 · 伊宁市	9.9	89.5	92.7	0.42
55	河南 · 鲁山县	9.7	99.3	92.2	1.18
56	四川 · 苍溪县	9.1	392.0	93.0	1.55
57	湖南 · 邵东县	9.1	8.5	99.8	0.58
58	云南 · 红塔区	9.0	827.8	98.2	0.49
59	四川 · 盐亭县	8.8	66.8	97.8	2.32
60	湖北 · 保康县	8.7	541.4	99.7	0.92
61	新疆 · 阿克苏市	6.7	116.3	91.4	0.30
62	陕西 · 岐山县	6.7	207.7	95.0	1.48
63	内蒙古 · 海拉尔区	6.6	58.3	91.2	0.69
64	山东 · 博山区	6.3	427.9	90.3	0.23
65	河南 · 渑池县	6.1	185.3	97.6	0.23
66	广东 · 饶平县	6.0	12.0	96.9	0.71
67	安徽 · 东至县	6.0	142.9	92.5	0.57
68	辽宁 · 海城市	6.0	-51.9	70.6	0.13

续表

排序	样本县	政府性基金预算收入（亿元）	政府性基金预算收入增速（%）	国有土地使用权出让收入 / 政府性基金预算收入（%）	国有土地使用权出让收入 / 一般公共预算收入
69	新疆 · 伊州区	5.8	14.1	94.3	0.19
70	广东 · 佛冈县	5.3	90.3	83.7	0.46
71	河北 · 任县	5.2	39.1	90.1	1.29
72	云南 · 弥勒市	4.9	7.0	98.5	0.26
73	广西 · 靖西市	4.6	45.5	92.3	0.31
74	贵州 · 万山区	4.6	251.0	100.0	1.33
75	山西 · 高平市	4.0	41.7	99.0	0.21
76	江西 · 湘东区	4.0	−74.4	96.1	0.32
77	陕西 · 洛川县	4.0	261.0	98.2	1.92
78	山东 · 沾化区	3.9	125.9	89.8	0.30
79	江西 · 贵溪市	3.0	−7.6	85.0	0.07
80	辽宁 · 北镇市	2.8	55.6	78.2	0.40
81	青海 · 大通县	2.7	−0.4	97.6	0.66
82	新疆 · 和田市	2.6	−68.6	91.5	0.31
83	甘肃 · 永登县	2.5	56.2	96.0	0.49
84	云南 · 宜良县	2.5	201.6	90.9	0.27
85	安徽 · 祁门县	2.5	106.1	93.1	0.43
86	广西 · 凭祥市	2.4	−39.7	97.5	0.55
87	辽宁 · 朝阳县	2.3	14.4	95.0	0.42
88	内蒙古 · 林西县	2.2	30.8	98.8	0.60
89	广西 · 隆安县	2.2	5.3	86.3	0.71
90	湖北 · 房县	1.8	−54.1	97.6	0.27
91	山西 · 右玉县	1.8	775.4	86.1	0.36
92	吉林 · 长岭县	1.7	69.6	—	—
93	浙江 · 越城区	1.6	−12.8	—	—
94	山西 · 昔阳县	1.6	125.9	78.1	0.20
95	吉林 · 抚松县	1.6	25.8	171.9	0.67
96	广西 · 荔浦县	1.4	24.5	90.9	0.21
97	吉林 · 柳河县	1.3	−36.9	85.1	0.24
98	内蒙古 · 准格尔旗	1.2	139.2	96.7	0.02

续表

排序	样本县	政府性基金预算收入（亿元）	政府性基金预算收入增速（%）	国有土地使用权出让收入 / 政府性基金预算收入（%）	国有土地使用权出让收入 / 一般公共预算收入
99	山西·平遥县	1.2	5.9	79.6	0.14
100	辽宁·西丰县	1.1	112.6	94.6	0.36
101	福建·松溪县	1.1	−34.3	77.9	0.30
102	山东·滨城区	0.9	22.0	38.8	0.01
103	甘肃·崇信县	0.9	−12.7	95.1	0.27
104	甘肃·临夏县	0.9	42.9	85.5	0.59
105	河北·卢龙县	0.8	−75.6	84.6	0.13
106	四川·康定市	0.8	104.5	96.4	0.20
107	内蒙古·武川县	0.7	45.8	82.0	0.24
108	山东·德城区	0.7	−17.4	0.0	0.00
109	甘肃·庆城县	0.6	18.6	89.2	0.13
110	陕西·榆阳区	0.5	43.1	100.0	0.01
111	内蒙古·阿巴嘎旗	0.5	259.4	92.5	0.26
112	四川·会理县	0.4	−64.9	92.8	0.04
113	黑龙江·克山县	0.3	−3.1	89.9	0.15
114	黑龙江·海林市	0.3	−75.9	46.1	0.03
115	宁夏·青铜峡市	0.2	−83.8	86.5	0.03
116	贵州·云岩区	0.2	−70.5	97.5	0.01
117	山西·平顺县	0.1	54.6	72.2	0.08
118	西藏·萨迦县	0.1	3 561.3	57.2	0.08
119	贵州·南明区	0.1	−95.7	94.6	0.00
120	西藏·察隅县	0.1	24.4	100.0	0.10
121	广东·武江区	0.0	29.0	—	—
122	重庆·渝北区	0.0	—	—	—
123	山西·小店区	0.0	−100.0	0.0	0.00
124	天津·和平区	0.0	—	—	0.00
125	辽宁·振安区	0.0	−100.0	—	0.00
126	黑龙江·南岗区	0.0	—	—	0.00
127	福建·丰泽区	0.0	—	—	0.00
128	江西·西湖区	0.0	—	—	0.00

续表

排序	样本县	政府性基金预算收入（亿元）	政府性基金预算收入增速（%）	国有土地使用权出让收入/政府性基金预算收入（%）	国有土地使用权出让收入/一般公共预算收入
129	湖南·岳麓区	0.0	—	—	0.00
130	广西·西乡塘区	0.0	—	—	0.00
131	西藏·定日县	0.0	-100.0	—	0.00
132	陕西·雁塔区	0.0	—	—	0.00
133	青海·城中区	0.0	—	—	0.00
134	新疆·天山区	0.0	-100.0	—	0.00
135	河北·新华区	—	—	—	—
136	河南·西工区	—	—	—	—

三、负债率排名及债务依存度

表 3-26　　2018 年 136 个样本县负债率[①] 排名及债务依存度[②]

排序	样本县	负债率（%）	债务依存度（%）	排序	样本县	负债率（%）	债务依存度（%）
1	福建·平潭县	141.1	7.6	14	山西·平遥县	25.9	8.1
2	贵州·万山区	91.7	29.0	15	福建·松溪县	25.2	3.8
3	浙江·龙泉县	38.2	20.9	16	安徽·寿县	25.0	7.4
4	云南·文山市	38.1	28.8	17	新疆·和田市	24.5	—
5	四川·盐亭县	33.4	12.2	18	甘肃·崇信县	23.5	12.4
6	四川·苍溪县	32.8	21.1	19	四川·大英县	23.2	21.6
7	内蒙古·武川县	32.7	5.4	20	海南·琼海市	22.2	15.3
8	云南·大理市	31.8	18.9	21	四川·宣汉县	21.9	18.7
9	湖北·房县	31.7	5.9	22	浙江·滨江区	20.4	—
10	甘肃·临夏县	31.2	12.2	23	新疆·伊州区	20.4	—
11	新疆·伊宁市	29.0	22.9	24	江西·瑞金市	20.4	11.5
12	内蒙古·海拉尔区	27.9	44.5	25	贵州·清镇市	20.1	10.9
13	内蒙古·林西县	26.1	3.0	26	安徽·祁门县	19.4	23.8

① 负债率 = 当年地方政府债务余额（累计）/ 当年 GDP

② 债务依存度 =（当年地方政府一般债务收入 + 专项债务收入）/（当年一般公共预算收入 + 政府性基金预算收入）

续表

排序	样本县	负债率（%）	债务依存度（%）	排序	样本县	负债率（%）	债务依存度（%）
27	内蒙古・阿巴嘎旗	18.8	14.0	59	内蒙古・准格尔旗	10.4	17.0
28	宁夏・青铜峡市	18.7	16.8	60	广西・隆安县	10.4	6.8
29	江西・高安市	17.3	15.2	61	江苏・邳州市	10.3	11.5
30	新疆・阿克苏市	17.0	15.3	62	辽宁・西丰县	10.2	—
31	安徽・东至县	17.0	2.1	63	山东・德城区	10.0	16.9
32	山西・平顺县	16.9	9.7	64	广西・靖西市	10.0	10.2
33	江苏・仪征市	16.6	13.5	65	河南・新郑市	9.9	7.3
34	重庆・忠县	16.4	17.5	66	西藏・察隅县	9.8	—
35	云南・楚雄市	16.3	16.7	67	陕西・韩城市	9.7	11.2
36	湖北・保康县	16.2	—	68	河南・民权县	9.6	12.2
37	云南・宜良县	16.2	14.7	69	山东・博山区	9.5	8.1
38	四川・叙州区	14.5	18.1	70	湖南・衡阳县	9.5	13.0
39	贵州・南明区	14.1	30.5	71	黑龙江・克山县	9.4	5.9
40	辽宁・朝阳县	13.7	1.8	72	湖北・大冶市	9.4	6.2
41	山东・沾化区	13.6	10.0	73	山东・青州市	9.2	10.5
42	江苏・江宁区	13.4	9.5	74	重庆・渝北区	9.1	13.3
43	甘肃・庆城县	13.2	8.7	75	云南・弥勒市	8.9	15.1
44	河南・固始县	13.2	15.5	76	江西・贵溪市	8.9	11.1
45	山东・滨城区	12.8	9.0	77	湖南・浏阳市	8.8	10.1
46	青海・大通县	12.3	0.5	78	广东・惠东县	8.6	7.4
47	湖南・攸县	12.1	12.7	79	四川・康定市	8.5	6.9
48	山西・右玉县	11.8	12.9	80	四川・会理县	8.5	11.0
49	河南・济源市	11.8	15.4	81	辽宁・海城市	8.3	—
50	广西・凭祥市	11.4	9.0	82	安徽・肥东县	8.2	5.8
51	辽宁・振安区	11.4	14.8	83	福建・同安区	7.8	—
52	山东・莒县	11.2	13.2	84	山西・昔阳县	7.5	11.0
53	河南・鲁山县	11.1	14.0	85	广东・江海区	7.5	2.3
54	江西・湘东区	10.9	11.2	86	湖南・华容县	7.3	11.4
55	湖北・夷陵区	10.9	13.6	87	河南・邓州市	7.1	8.0
56	河北・定州市	10.8	13.2	88	四川・东坡区	6.7	10.3
57	黑龙江・海林市	10.8	21.7	89	江苏・张家港市	6.5	3.5
58	四川・龙泉驿区	10.4	8.3	90	浙江・慈溪市	6.2	11.7

续表

排序	样本县	负债率（%）	债务依存度（%）	排序	样本县	负债率（%）	债务依存度（%）
91	湖北·潜江市	6.2	11.4	114	广东·武江区	1.7	—
92	湖南·邵东县	6.2	10.8	115	广东·白云区	1.7	—
93	广西·荔浦县	6.0	11.8	116	黑龙江·南岗区	0.4	0.0
94	云南·红塔区	5.7	11.7	117	广西·西乡塘区	0.1	—
95	甘肃·永登县	5.7	5.8	118	陕西·雁塔区	0.1	0.8
96	浙江·越城区	5.7	17.3	119	山西·小店区	0.0	—
97	广西·柳江区	5.4	8.4	120	西藏·萨迦县	0.0	0.0
98	辽宁·北镇市	5.4	1.2	121	河北·玉田县	—	2.4
99	河南·渑池县	5.1	9.1	122	河北·卢龙县	—	17.3
100	山东·临淄区	5.0	16.3	123	河北·任县	—	15.2
101	河南·西工区	4.7	3.1	124	河北·新华区	—	—
102	广东·饶平县	4.4	—	125	河北·枣强县	—	10.1
103	江苏·昆山市	4.4	4.5	126	辽宁·浑南区	—	39.9
104	广东·佛冈县	4.3	10.5	127	吉林·柳河县	—	4.9
105	陕西·榆阳区	4.1	5.2	128	吉林·抚松县	—	11.5
106	山西·高平市	3.7	8.5	129	吉林·长岭县	—	—
107	湖南·岳麓区	3.4	12.6	130	上海·浦东新区	—	6.2
108	贵州·云岩区	3.0	2.7	131	安徽·太湖县	—	18.5
109	福建·丰泽区	3.0	5.6	132	江西·西湖区	—	0.0
110	天津·和平区	2.6	4.8	133	西藏·堆龙德庆区	—	—
111	陕西·洛川县	2.4	4.2	134	西藏·定日县	—	3.4
112	陕西·岐山县	2.3	4.1	135	青海·城中区	—	2.4
113	北京·海淀区	2.1	—	136	新疆·天山区	—	1.3

专题篇

减税降费政策评估报告——基于高质量发展视角的分析

近年来，在复杂多变的世界经济形势下，我国经济发展面临巨大的风险挑战，国内经济下行压力加大，为此，中央提出做好“稳就业、稳金融、稳外贸、稳外资、稳投资、稳预期”工作，并出台了一系列减税降费政策。2019年，实施了更大规模的减税降费，预计全年减税降费规模为2万亿元。为了摸清减税降费政策落实情况和企业税费成本情况，评估减税降费政策实施效果，我们前往12个省、直辖市和自治区就企业税费成本情况进行了实地调研。调研情况如下。

一、2018年以来减税降费政策情况分析

（一）2018年以来减税降费政策概况

1. 2018年出台的减税降费政策

2018年实施了一系列的减税降费政策，主要有以下几个方面：一是完善增值税制度。降低制造业、交通运输、建筑、基础电信服务等行业及农产品等货物的

本文执笔人：中国财政科学研究院2019年“降成本”调研税费成本专题组白景明、张学诞、梁季、施文泼、刘昶

本文原刊发于《财政科学》（2019年第12期）

增值税税率，统一增值税小规模纳税人标准至500万元，对装备制造等先进制造业、研发等现代服务业符合条件企业和电网企业的期末留抵税额予以一次性退还。二是实施个人所得税改革。修改《个人所得税法》，自2018年10月1日起，基本减除费用标准由3 500元提高到5 000元。三是加大小微企业税收支持力度。将享受减半征收企业所得税优惠政策的小型微利企业年应纳税所得额上限由50万元提高到100万元，将符合条件的小微企业和个体工商户贷款利息收入免征增值税单户授信额度上限由100万元提高到1 000万元。四是鼓励企业加大研发投入。取消企业委托境外研发费用不得加计扣除限制，将企业研发费用加计扣除比例提高到75%的政策由科技型中小企业扩大至所有企业，将高新技术企业和科技型中小企业的亏损结转年限由5年延长至10年，对企业新购进单位价值不超过500万元的设备、器具允许当年一次性税前扣除。五是调整完善进出口税收政策。分两批对4 000多项产品提高出口退税率并简化退税率结构。对包括抗癌药在内的绝大多数进口药品实施零关税，降低汽车整车及零部件、部分日用消费品和工业品进口关税，我国关税总水平由2017年的9.8%降至7.5%。六是进一步清理规范涉企收费。停征首次申领居民身份证工本费等一批行政事业性收费，降低重大水利工程建设基金等部分政府性基金征收标准，延长阶段性降低社会保险费率和企业住房公积金缴存比例政策期限。上述减税降费措施全年减负约1.3万亿元。

2. 2019年新出台的减税降费政策

2019年更大规模的减税降费政策主要是以下四个方面的内容：一是继续深化增值税改革，以改革促减税。4月1日起，增值税改革采取降低税率、扩大进项税抵扣范围、允许部分行业纳税人加计抵扣，并试行期末留抵税额退税制度，推进增值税实质性减税。具体地，将原来16%的适用税率降至13%，原来10%的适用税率降至9%；扩大进项税抵扣范围，将国内旅客运输服务纳入抵扣范围，同时将纳税人取得不动产支付的进项税由目前分两年抵扣（第一年抵扣60%，第二年抵扣40%），改为一次性全额抵扣；此外，自2019年4月1日至2021年12月31日，允许生产、生活性服务业纳税人按照当期可抵扣进项税额加计10%，抵减应纳税额；同时明确试行增值税期末留抵税额退税制度。二是加大对小微企业税收支持力度，实施普惠性减税。普惠性体现在小型微利企业的认定条件更宽、能享受到的优惠税种更多、操作起来也更简便。具体的政策如调整小型微利企业的认定标准，降低小微企业的企业所得税税率，将增值税小规模纳税人的起征点从3万元提高至10万元；对小规模纳税人交纳的部分地方税费（“六税两费”）可以实行减半征收。三是全面实施新《个人所得税法》及其实施条例，落实6项专项附加扣除政策。四是降低社会保险费率。5月1日起，降低城镇职工基本养老保险单位缴费比例，单位缴费比例高于16%的省份可降至16%，切实减轻企业社保缴费负担。以上政策措施预计全年减税降费2万亿元。

（二）2018年以来减税降费政策的特点分析

1. 具有明显的制度性和长期性特点

此轮减税降费多是税费的制度性改革，这与以往简单地通过税费优惠进行的政策性调整有很大不同。以往的税费优惠政策调整更多具有短期性和临时性的特点，这次的减税降费涉及的增值税、个人所得税以及社会保险费等政策多属于制度性改革，且以法律法规的形式确立下来。具体而言，增值税的改革是继全面营改增之后既定改革的延续，此轮增值税减税进一步降低了增值税的税率，并为后续税率三档变两档、税制简化奠定基础和最终将增值税暂行条例上升为法律奠定基础；另外，对于个人所得税，通过修改个人所得税法实现从分类税制向综合与分类相结合税制的重大转变，自2018年10月1日起，提高基本减除费用标准，调整优化税率结构，在此基础上研究制定个人所得税专项附加扣除暂行办法，设立子女教育等6项专项附加扣除，修订个人所得税法实施条例，自2019年1月1日起正式实施，这次政策调整惠及约8 000万纳税人。因此，这些以法律法规形式确立的减税降费政策明显地具有长期性甚至是永久性的特点。制度性减税降费相对于政策性减税降费最大的优势就在于能够为市场主体提供稳定的预期，同时也会对政府的财政收入产生持久的影响。

2. 具有明显的供给侧降成本的特点

此轮减税降费既是需求侧积极财政政策的重要内容，更是供给侧结构性改革的一项重大举措。税费成本是企业综合成本的组成部分，此次减税降费政策可以直接降低企业的税费成本并提升其盈利水平，即以政府收入的减法换取企业效益的加法。此次增值税税率的下调，小微企业普惠性减税以及行政事业性收费和政府性基金的取消和都会直接减轻企业的税费负担，降低其综合成本。与此同时，部分减税降费政策还可以间接促进企业其他成本的降低，如针对贷款利息的增值税优惠政策；对页岩气资源税减征30%，对天然气进口项目的优惠政策；对载运货物的挂车减半征收车辆购置税、对物流企业承租用于大宗商品仓储设施的土地减半计征城镇土地使用税等；降低社保费缴费比例等优惠政策可以部分降低企业的融资成本、用能成本、物流成本及人工成本等。

3. 具有明显的致力于高质量发展的特点

此轮减税降费政策既是促进经济增长的重要政策，更是促进经济转型升级和高质量发展的重要举措。经济高质量发展最重要的体现就是坚持五大新发展理念，其中创新是经济高质量发展的重要动力。此轮减税降费政策非常注重对创新的引导和激励，具体如将企业研发费用加计扣除比例提高到75%的政策由科技型中小企业扩大至所有企业；针对科技成果转化现金奖励的个税优惠；扩展投资初创科技型企业享受税收优惠政策范围，使投向这类企业的创投企业和天使投资个人有更多税收优惠；延长高新技术企业和科技型中小企业的亏损结转年限至10年；依法成立且符合条件的集成电路设计企业和软件企业，在2018年12月31日前自获利年度起计算优惠期，第一年至第二年免征企业所得税，第三年至第五年按照25%的法定税率减半征收企业所得税，并享受至期满为止等。

4. 具有普惠性与结构性相结合的特点

此次减税降费政策受益面广，部分政策几乎惠及所有的企业和个人，普遍增强了各类市场主体的获得感。具体的政策体现，如增值税的改革政策要确保所有行业税负只减不增；将企业研发费用加计扣除比例提高到75%的政策由科技型中小企业扩大至所有企业；提高所有人的个人所得税基本减除费用标准；以及普遍下调养老保险费率等社保缴费政策等。在普惠性的基础上，此轮减税降费政策还重点关注作为国民经济支撑的制造业和吸纳就业主力军的小型微利企业，支持实体经济发展，体现出结构性减负的特点。具体政策体现，如将制造业等行业税率先从17%降低到16%，然后又从16%降低到13%，统一增值税小规模纳税人标准为年应征增值税销售额500万元及以下；并将主要包括小微企业、个体工商户和其他个人的小规模纳税人增值税起征点由月销售额3万元提高到10万元；还对小规模纳税人交纳的部分地方税费（“六税两费”）实行减半征收；大幅度放宽可享受企业所得税优惠的小型微利企业标准并加大所得税优惠力度，调整后优惠政策将覆盖95%以上的纳税企业，其中98%是民营企业。

5. 体现出应对国际冲击和刺激消费的特点

当前整个世界经济形势趋紧、增长普遍放缓，尤其是贸易保护主义抬头，美国更是频繁发起对中国的贸易摩擦。按照中央的判断，我国“经济运行稳中有变、变中有忧，外部环境复杂严峻，经济面临下行压力”。因此，应适时微调强化逆向调节，实施积极的财政政策稳定总需求。大规模的减税降费就是在这样的大背景下实施的。针对外部冲击对国际贸易和投资的影响，我们分两批对4 000多项产品提高出口退税率并简化退税率结构；对境外所得实施综合抵免，由原来的分国分项调整为分国不分项；对境外机构投资境内债券市场取得的债券利息收入暂免征收企业所得税和增值税。另外，为了应对美国等对芯片产业采取的卡脖子措施，我们适时出台了对该行业的优惠措施鼓励企业自主创新研发，如对依法成立且符合条件的集成电路设计企业和软件企业，在2018年12月31日前自获利年度起计算优惠期，第一年至第二年免征企业所得税，第三年至第五年按照25%的法定税率减半征收企业所得税，并享受至期满为止。

此外，在国内投资、出口乏力的背景下，刺激消费成为驱动国内经济持续增长的主要引擎，而制约消费的主要因素有收入、价格和供给等。为此，我国适时修改了个人所得税法，将个人所得税基本减除费用标准提高到5 000元，并增加了6项专项附加扣除，逐步建立综合和分类相结合的个人所得税制度，此举有力地提高了居民的收入，增强了其消费能力；2018年出台的商业养老保险个人税收递延纳税政策在一定程度上也有利于提高消费水平；而且，我国增值税税率下调既能够增加企业对中高端产品和服务的供给量，还能够在一定程度上降低产品和服务的价格，有利于提高居民的消费总量；另外，我国还降低部分产品的进口关税，其中很大一部分是居民消费品，如对包括抗癌药在内的绝大多数进口药品实施零关税，降低汽车整车及零部件、部分日用消费品和工业品进口关税，我国关税总水平也由9.8%降至7.5%。

二、减税降费的成效分析

2019年减税降费新政还在持续进行中，对经济社会的全面影响还有待观察，但成效已初步显现。

总体来看，2019年上半年企业减税降费规模大，纳税人获得感强，对市场信心、市场主体活力以及纳税人负担的正面影响已初步显现。

（一）减税降费情况分析

第一，2019年上半年共新增减税降费11 709亿元，其中减税10 387亿元，占同期税收收入的比重为11.2%。

根据国家税务总局最新统计，2019年上半年，我国新增减税降费11 709亿元。2019年上半年全国税收收入为92 424亿元，新增减税占全部税收收入的比重为11.2%。

从减税的税种构成来看，2019年上半年增值税改革减税4 369亿元（其中调整增值税税率翘尾减税1 184亿元，深化增值税改革减税3 185亿元），小微企业普惠性政策减税1 164亿元，个人所得税两步改革叠加减税3 077亿元。具体情况见表1。

表1　2019年上半年增减税的税种构成　单位：亿元

	规模	说明
新增减税	10 387	
其中：增值税	4 369	全国共有940万户增值税一般纳税人实现减税；4–6月，制造业减税户数252万户，实现净减税1 389亿元，减税金额占总减税金额的44%。
小微企业普惠政策	1 164	其中：提高增值税小规模纳税人免税标准新增减税349亿元，放宽小型微利企业标准加大企业所得税优惠力度新增减税481亿元，地方“六税两费”减征政策新增减税333亿元。
个人所得税	3 077	人均累计减税1 340.5元，累计1.15亿人无须再缴纳工薪所得个人所得税。

第二，2019年上半年GDP现价增速高于同期税收收入增速，宏观税负较上年同期明显下降。

2019年上半年GDP为450 933亿元，同期可比增速为6.3%，现价增速为7.6%，同期一般公共预算收入为107 846亿元，同比增长6.2%，其中全国税收收入为92 424亿元，同比增长0.9%。2019年上半年GDP现价增速高于一般公共预算收入，远高于税收收入增速，相应宏观税负继续下降，具体情况如表2和图1所示。

表2　2018年上半年和2019年上半年宏观税负比较　单位：亿元、%

	2018年上半年	2019年上半年
GDP	418 961	450 933
一般公共预算收入	104 331	107 846
税收收入	91 629	92 424
一般公共预算收入占GDP比重	24.9	23.9
税收收入占GDP的比重	21.9	20.5

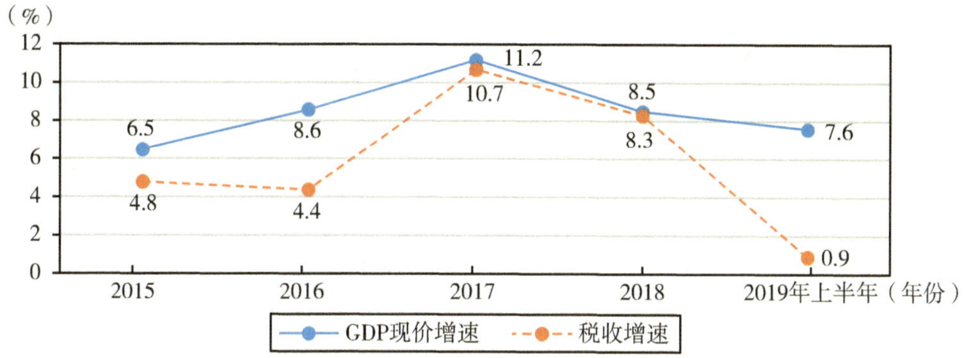

图 1　2015—2019 年上半年 GDP 现价增速和税收收入增速对照

第三，2019年6月税收收入同比下降6%，减税“主税”收入同期降幅超30%。

据财政部公布的数据，2019年6月全国税收收入同比下降6%，18个税种中，有6个税种收入增速为负，减税政策涉及的绝大部分税种收入同比增速均为负值（具体见图2），其中减税“主菜”个人所得税收入同比下降30.6%。

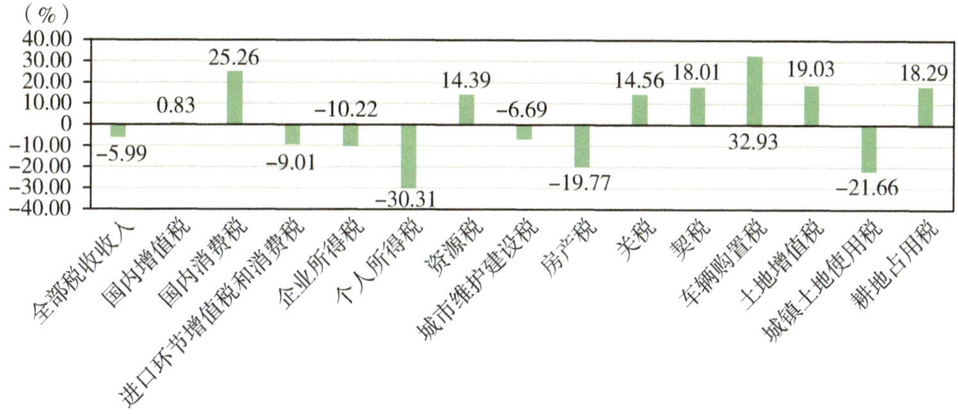

图 2　2019 年 6 月各税种收入增速

第四，2/3调研企业税负明显下降。

调研组本次共调研20余家企业，其中按照要求反馈调研数据的企业有12家，其中2家企业填报有缺漏，1家企业因新开业仅有1年数据，其余9家企业数据完整有效，具体情况见表3。

在9家企业中，有3家企业税负（企业纳税总额占营业收入的比重、企业纳税总额占总成本①的比重）持续下降；4家企业2018年税负低于2016年，2家企业2018年税负高于2016年。

① 总成本＝主营业务成本＋销售费用＋管理费用＋财务费用＋主营业务税金及附加＋增值税＋企业所得税。

表 3　　实地调研企业 2016—2018 年企业税负情况　　单位：%

指标 \ 年份 \ 公司	A 公司			B 公司			C 公司		
	2016	2017	2018	2016	2017	2018	2016	2017	2018
企业纳税总额占营业收入的比重	9.42	10.71	8.75	5.57	7.65	8.60	4.64	4.40	4.26
企业纳税总额占总成本的比重	9.81	10.28	9.29	5.51	7.43	8.60	5.30	4.98	4.85
增值税占营业收入的比重	1.86	0.48	0.54	3.82	5.80	6.34	0.02	0.00	0.55
指标 \ 年份 \ 公司	D 公司			E 公司			F 公司		
	2016	2017	2018	2016	2017	2018	2016	2017	2018
企业纳税总额占营业收入的比重	19.26	2.64	4.71	7.05	4.43	6.18	5.06	5.94	5.82
企业纳税总额占总成本的比重	13.01	2.89	4.86	7.38	4.40	6.18	5.33	6.01	5.85
增值税占营业收入的比重	16.07	1.48	2.71	3.89	2.03	4.64	3.03	3.92	4.14
指标 \ 年份 \ 公司	G 公司			H 公司			I 公司		
	2016	2017	2018	2016	2017	2018	2016	2017	2018
企业纳税总额占营业收入的比重	2.75	2.63	2.06	19.24	18.04	14.90	2.96	3.17	3.01
企业纳税总额占总成本的比重	2.74	2.61	2.19	23.11	23.14	17.49	3.12	3.23	3.05
增值税占营业收入的比重	0.66	0.18	0.25	11.66	10.38	8.67	0.41	0.76	1.17

从增值税占营业收入的比重来看，该指标无论从绝对水平还是从变动趋势来看，差异较大，这表明影响企业增值税税负的因素较多。

（二） 减税降费的成效分析：基于高质量发展的视角

2019年主要的减税降费新政实施时间较短，其对经济社会的整体、全面影响还有待观察，但对市场信心、市场主体活力以及纳税人负担的正面影响已初步显现，有力地促进了我国经济的高质量发展，这主要表现在：

第一，减税降费助力就业稳定。

就业是民生之本，也是安国之策。2019年政府工作报告首次将“就业优先”置于宏观政策层面。今年减税降费政策对稳就业的利好影响主要体现在以下三个方面：一是深化增值税改革有助于就业。增值税减税可有效节约企业资金流，使得企业可以有更多的资金用于扩大规模、雇佣人员，吸纳就业。如增值税深化改革带来的减税中，有6.5%用于新增雇佣人员。二是小微企业减税降费政策有利于小微企业共度时艰，而小微企业又是就业的主要载体，对就业发挥着积极推动作用。三是社保降费。社保降费降低企业用工负担，鼓励企业多雇工或少裁员。

给予小微企业普惠性、大力度的税收优惠，是2019年减税降费的“重头戏”，减税政策涉及增值税、企业所得税和地方“六税两费”，覆盖了小微企业大部分主要税种。2019年上半年，小微企业普惠性政策累计新增减税1 164亿元。

2019年上半年，全部新增减税中，民营经济纳税人新增减税6 712亿元，占减税总规模的65%，其中民营经济市场主体享受小微企业普惠性政策新增减税1 025亿元，占全部小微企业普惠性政策带来的新增减税额的88%。这无疑对就业产生重要的促进作用。2019年上半年，全国城镇新增就业737万人，完成全年目标任务的67%。

第二，减税降费保障宏观经济平稳运行，促进运行质量提升。

自2018年年底，中央政府释放继续实施更大规模的实质性减税政策信号，且从之前的税基式、“特惠式”减税降费转移到税率式、普惠式减税，更有效地稳定和提振市场预期。2019年以来，各项减税降费政策陆续出台，减税降费落实到位，市场主体将节省下来的税费资金用于扩大投资、增加研发、雇佣人员等。以增值税为例，减缴税额的用途分布情况如图3所示。

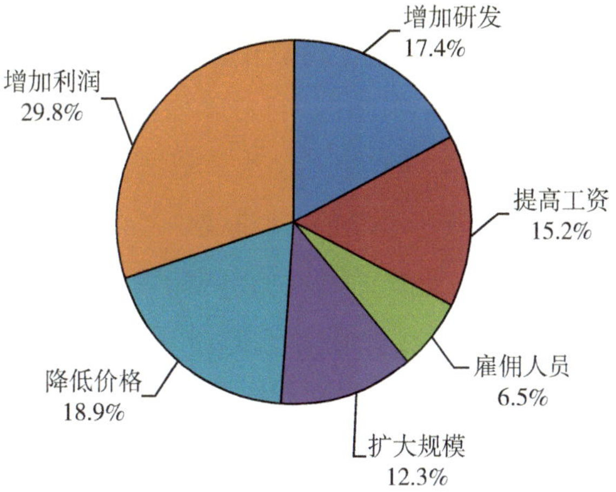

图3　减缴增值税的用途分布

减缴的税费用于增加研发和扩大规模，可以直接拉动市场投资，用于雇佣人员、提高工资以及降低价格则可以促进就业，间接拉动消费，因此，减税降费对扩大内需发挥重要作用，从而保障2019年宏观经济平稳运行。

初步核算，2019年上半年国内生产总值450 933亿元，按可比价格计算，同比增长6.3%。其中，第一产业增加值23 207亿元，同比增长3.0%；第二产业增加值179 984亿元，同比增长5.8%；第三产业增加值247 743亿元，同比增长7.0%，具体如图4所示。

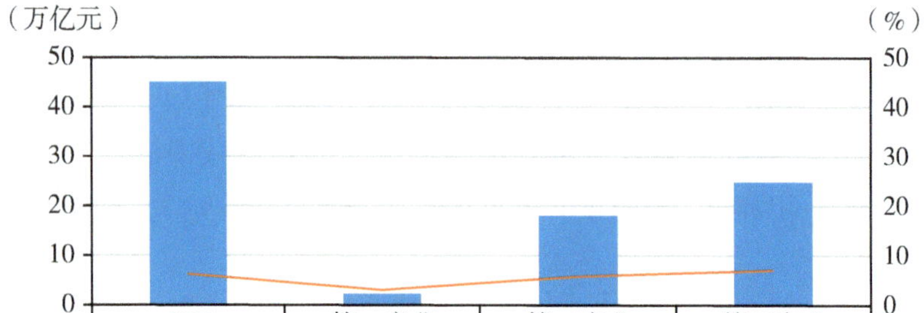

	GDP	第一产业	第二产业	第三产业
总量	45.09	2.3	18	24.8
增速	6.3	3	5.8	7

图4　2019年上半年GDP结构及增速

从图4中可以看出，第三产业增加值增速高于GDP平均增速，产业结构在不断优化，运行质量在提升，这无疑得益于小微企业减税降费政策，也与个人所得税减税降费以及增值税减税降费引致商品价格下降带来的消费增加有关。

第三，减税降费有力地促进制造业转型升级。

本轮减税降费的“主菜”为增值税，且以降低工业制造业税率为主，再叠加高新技术和小微企业减税降费政策，制造业尤其是高新技术制造业是其中的最大受益者，从而有利于高新技术产业发展，促进我国工业转型升级。自2019年4月深化增值税改革实施以来，制造业减税效果明显，4—5月实现净减税970亿元，居所有行业之首位；提高研究开发费用税前加计扣除比例政策新增减税878亿元。制造业减税降费政策有力地推动了我国高新技术产业发展。

高新技术产业更大规模的实质性优惠，有力地推动了高技术产业的发展，促进了制造业转型升级。从增加值增速来看，2019年上半年全国规模以上工业增加值同比增速低于全部GDP增速，为6.0%，但工业战略性新兴产业增加值同比增长7.7%，且高技术制造业增加值同比增长9.0%，远远快于全国规模以上工业3.0个百分点，占全部规模以上工业比重为13.8%，比上年同期提高0.8个百分点，具体见图5。2019年上半年高技术产业固定资产投资表现也明显优于制造业。

2019年上半年全国固定资产投资（不含农户）同比增长5.8%，而第二产业投资增长2.9%，其中制造业投资增长为3.0%，但高技术制造业投资同比增长10.4%；高技术制造业的向好表现也带动了高技术服务业的发展，2019年上半年

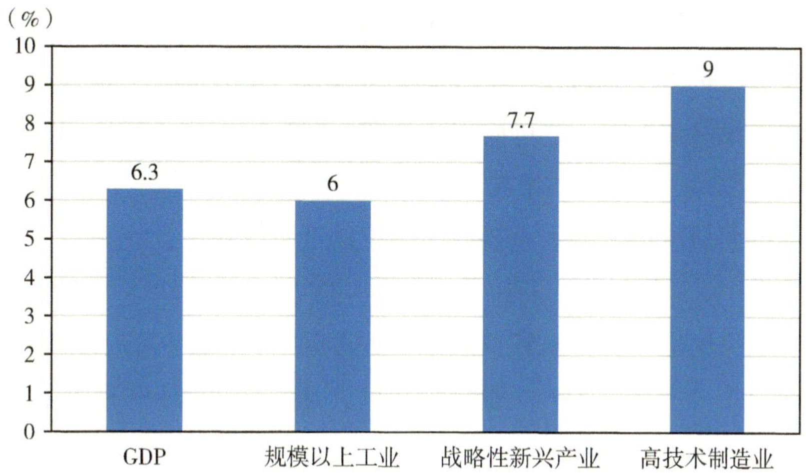

图 5　2019 年上半年高技术制造业增加值增速

第三产业固定资产投资增长7.4%，高技术服务业投资增长13.5%，增速比全部投资快7.7个百分点，具体见图6。从图中可以看出，无论从增加值还是从投资来看，高技术产业表现明显优于工业和制造业，这无疑得益于减税降费政策。

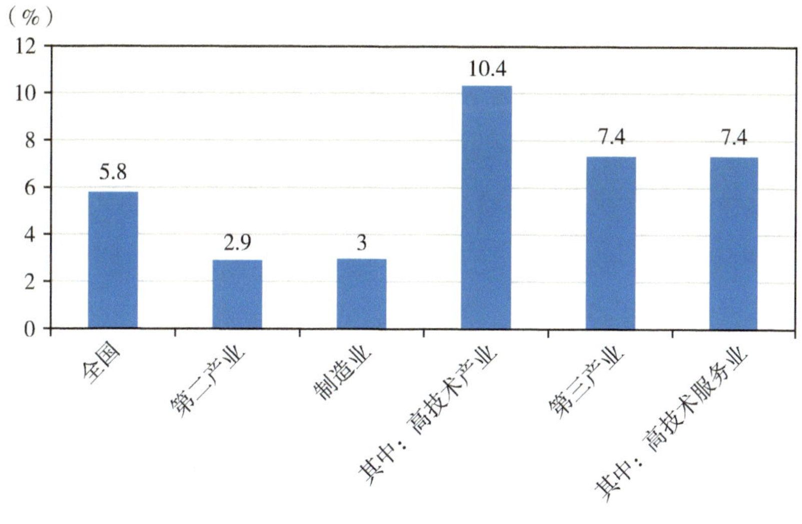

图 6　2019 年上半年高技术制造业固定资产投资增速

第四，减税降费巩固消费的基础性地位，优化内需结构。

自改革开放至金融危机爆发之前的30年间，我国积极融入经济全球化，在全球分工中充当“生产”角色，实施“出口导向”发展战略。金融危机后，随着全球市场需求萎缩，我国经济发展战略悄然发生变化，由出口导向转至扩大内需。中美贸易摩擦迫使我国发展战略加速转型，从而扩大内需是我国当前经济发展的重点。在去产能大背景下，以消费扩内需则显得尤为重要。

减税降费对扩大内需的作用机理主要体现在三个方面：一是减轻个人所得税负担，增加居民可支配收入，进而拉动消费；二是降低增值税税率，减轻市场主体负担，激发市场主体活力，市场主体或者吸纳就业、提高工资以增加居民收入，或者降低零售商品价格，起到直接或间接拉动消费的作用；三是减轻小微企业负担，吸纳就业，增加居民收入，拉动消费。

个人所得税也是2019年减税降费的“重举”。国家税务总局发布的数据表明，2019年上半年个人所得税改革使累计1.15亿人无须再缴纳个人所得税，2019年上半年我国个人所得税改革新增减税3 077亿元，纳税人负担明显降低。个人所得税负担的减轻意味着居民可支配收入的增加。再比如，企业减降增值税的用途分布，有6.5%用于雇佣人员，15.2%用于提高工资，18.9%用于降低价格。

上述减税降费政策直接带来居民可支配收入的增加和消费的增长。2019年上半年，全国居民人均可支配收入15 294元，同比名义增长8.8%，扣除价格因素实际增长6.5%，比经济增速高0.2个百分点。2019年上半年，社会消费品零售总额195 210亿元，同比增长8.4%。消费增长对经济增长的贡献率超过了60%，达到60.1%，消费的基础性作用在持续巩固，继续担当需求动力的主导力量，内需结构进一步优化。上述减税政策无疑在其中发挥了重要作用。

第五，减税降费政策促进营商环境优化。

为落实减税降费政策，各地税务部门主动创新，简化纳税程序，缩短纳税时间，营商环境得以进一步优化。比如中部某市为本次减税降费开发的“轻松填”小软件，将原来可能耗时一天的纳税申报时间缩短至10分钟；东部某市率先推出新办企业智能审核，审核时间从原来的2小时缩短到10分钟以内，办理时间也从原先的只有工作时间办理覆盖到24小时全程网上办理，各地均有类似落实举措，大大优化了税收营商环境，改善了纳税人的办税体验。

第六，纳税人获得感大大增强。

随着减税政策的逐步落地，企业获得感在提升。根据某直辖市财政局的调查显示，该市对2019年增值税改革实施情况满意的企业占比达到98.5%。从行业看，制造业、建筑业、服务业企业满意度分别为97.8%、97.5%和100%。从企业规模看，大型企业、中型企业、小微型企业满意度分别为97.1%、100%和100%。

据某省税务局对该省部分地区大中小型企业摸底调研显示，企业获得感强烈。该省共有3 300万户纳税人，其中增值税一般纳税人130万户，制造业增值税一般纳税人48万户，本次增值税降税率给制造业企业带来实实在在好处，比如2019年减税降费政策给某工程机械集团有限公司带来2.8亿元的税费减免；另一集团公司是一家全球性智能终端制造商和移动互联网服务提供商，据测算，仅制造业增值税税率下降3个百分点这一政策，预计就能给该企业减少3个亿的税款。

居民个人的减税获得感大大增强。据某直辖市统计局近期的调查显示，月收入30 000元以下的被调查者对政策的满意度高达90.9%；月收入在10 000—20 000元的组别获得感较强，感觉纳税额下降的占比近87%，其次是月收入10 000元以下的，认为税负减轻的占比超过82%。

在我们实地调研中，纳税人也纷纷表示，“今年的减税降费，我们实实在在感受到了，政府真是下了大决心，让利于企业”。

（三）基本判断：企业总体受益，但各企业减负程度和获得感不一

减税降费是政府让利于企、让利于民，从前述相关数据指标来看，减税降费实实在在，企业总体受益。同时我们也应该意识到，改革必然带来利益调整，各企业在其中的获益必然会有差异。尤其是，降低增值税税率是2019年减税的“主菜”，其对价格有直接、明显影响，在市场供需关系、市场竞争以及价格自动调整机制引导下，最终减税之“花”落谁家、哪些企业受益、受益多少，获得感如何，具有很大的不确定性，甚至不排除个别企业，因其上下游企业借助税率调整而调整价格，在本轮减税中不受益，反受损。

在我们实地调研中，企业的反映和感受与上文推断一致。比如，我们调研的一家复印机再制造企业，其原材料主要进口，产品主要销售给国内打印社等小企业，且其产品处于供不应求，该企业并没有因增值税税率下降而下调产品价格，因此增值税减负的好处全部获得；另外一家两头在外（原材料进口，产品出口）且生产与销售集于一体的硒鼓再制造企业反映，因其享受增值税退税政策，增值税税率下降的直接减负影响较小，但间接享受到了现金占压（少支付进口增值税）的好处；在调研一家原材料进口、产品销售给其集团内另一家销售公司的纯外资制造企业时，该企业反映，企业增值税税率下降，一方面使其进口增值税减少，同时其下游销售公司也要求其降价，因此“无法准确推算增值税税率下调带来的负担减轻规模，但一定是获得好处的”。

尽管从理论和其他国家的实践情况来看，调整增值税税率仅对最终消费品价格产生影响，而对生产环节的各企业负担没有影响，但因我国企业间长期、普遍

以含税价签订合同，所以可以肯定的是，降低增值税税率能够保证所有行业税负只减不增，保证企业或消费者负担总体减轻，从而对稳定预期、提升宏观经济景气以及激发市场微观主体活力具有积极正面影响。

三、减税降费中存在的问题

（一）尽管减税效果明显，但仍存在抵扣困难问题

近几年来，国家出台不少减税政策，营改增是其中最重要的政策。从总体上看，减税效果明显，资料显示，自2012年实施营改增以来已累计减税近2万亿元，不仅打通抵扣链条，而且扩大了税基、拉长了产业链，助力供给侧结构性改革。2018年减税规模达1.3万亿元，2019年预计减税规模2万亿元，但也存在抵扣困难等问题。

以我们调查的再制造业为例。再制造是指将废旧汽车零部件、工程机械、机床等产品进行专业化修复的批量化生产过程，使其达到与原型新品相同的质量和性能。再制造是循环经济“再利用”的高级形式。自2008年，国家发改委开展汽车零部件再制造试点、2009年工信部开展机电产品再制造试点和再制造产品认定工作以来，目前已经有33家汽车零部件、85家机电产品再制造试点企业及9个国家级再制造试点示范基地（或园区）；66家企业的一百余项产品成为国家再制造认定产品。

由于再制造的原材料是旧件，基本上从个人消费者或者市场上零散采购，难以取得进项发票，因此导致再制造企业税负不能真实反映其实际经营情况，是推进再制造产业规范发展亟待解决的一个行业共性、普遍性问题。

事实上，再生资源增值税政策经过了多次调整，一是1995年对废旧物资回收经营企业增值税实行先征后返70%的政策（财税字〔95〕24号）；二是2001年对废旧物资收购企业免征增值税，废旧物资加工企业按照税务机关机制的普通发票抵扣10%的进项税（财税〔2001〕78号）；三是2008年取消了废旧物资回收企业免征增值税和加工企业凭废旧物资发票按10%抵扣进项税额的优惠政策，但作为过渡，对满足一定条件的再生资源回收经营企业，按增值税一定比例（2009年为70%、2010年为50%）实行增值税先征后退政策（财税〔2008〕157号）；四是自2011年开始，再生资源回收环节不再享受增值税优惠。为了解决加工环节缺乏

增值税进项税的问题，将废旧电池、废线路板、废旧电机、报废汽车、废塑料、废橡胶等部分再生资源加工企业，纳入资源综合利用产品及劳务增值税优惠政策范围，符合条件的企业享受即征即退50%的政策（财税〔2011〕115号）；五是自2015年起，在总体上维持在再生资源加工环节给予优惠政策的前提下，扩大了再生资源行业享受增值税优惠政策的范围，并按不同品种设置不同的增值税即征即退比例，符合条件的企业按综合利用的资源名称和产品可分别实行30%、50%、70%等不同的增值税即征即退政策（财税〔2015〕78号）。尽管这些年来的政策调整取得一定成效，但再生资源增值税政策仍不完善，抵扣困难问题依然存在。

（二）部分减税政策的传导机制不佳

部分减税政策在整体上是明确可以减税，但由于传导机制的问题，减税结果在不同企业之间的分布则存在差别。自2019年4月1日起，增值税一般纳税人发生增值税应税销售行为或者进口货物，原适用16%税率的，税率调整为13%；原适用10%税率的，税率调整为9%。增值税税率降低，有利于降低商品和服务中所含税负，最终体现为最终产品和服务的价格下降。但是，由于增值税贯穿于全产业链条，如果税收转嫁不充分，税改的成效将不能得到充分体现，并引发利益在产业链上下游之间的重新分配。调研发现，增值税税率降低后，处于产业链中间环节的一些制造业企业，受上下游企业两头挤压，增值税税负虽略有下降，但企业成本上升，销售毛利下降。企业并没有获得增值税降低税率的好处。

以生产工业和民用高性能电加热器的某企业为例，在制造业企业增值税税率下调为13%后，由于该企业下游的客户均比较强势，新税率执行后，基本都要求上游配套供应商，将增值税下降的3%价值下调产品单价让给他们，而上游一些主要原材料供应商也较强势，并没有因此而下调材料价格3%。综合来看，由于客户要求价格下降3%，而上游主要原材料没有下降，直接导致该企业实际利润率的下降。

（三）有些减税政策有利于高质量发展，但部分企业缺乏参与热情

有些减税政策如加速折旧等是有利于高质量发展的，但部分企业可能会因减税数额很小且享受减税的财务成本增加等问题，因而缺乏参与热情。

如固定资产加速折旧政策有利于高质量发展，也有利于改善企业现金流。但

一方面由于加速折旧政策给企业带来的利益不是很大，而税务和会计差异核算工作量大，相关表单填写复杂，出现问题还存在涉税风险，付出成本高；另一方面，部分企业对经营业绩有要求，如果采用加速折旧反而会影响企业利润。调研中，部分企业表示不愿意享受该优惠政策。

再如，对装备制造等先进制造业、研发等现代服务业和电网企业等部分行业增值税期末留抵税额予以退还的目的是为了助力经济高质量发展，但由于申请留抵退税得具备以下五个条件：一是从2019年4月税款所属期起，连续6个月增量留抵税额均大于零，且第六个月增量留抵税额不低于50万元；二是纳税信用等级为A级或者B级；三是申请退税前36个月未发生骗取留抵退税、出口退税或者虚开增值税专用发票情形的；四是申请退税前36个月未因偷税被税务机关处罚两次及以上；五是自2019年4月1日起未享受即征即退或先征后返（退）政策。调研中，部分企业认为条件过于严格，影响了企业申请留抵退税的积极性，其助力高质量发展的效果受到一定的影响。

（四）加计扣除实际执行中存在的问题

加大研发费用投入对推进科技创新和建立创新型国家具有重要的作用。为激励企业加大研发投入，支持科技创新，一些国家实行研发费用加计扣除政策，即按税法规定在开发新技术、新产品、新工艺发生的研究开发费用的实际发生额基础上，再加成一定比例，作为计算应纳税所得额时的扣除数额的一种税收优惠政策。根据财税〔2018〕99号文规定：企业开展研发活动中实际发生的研发费用，未形成无形资产计入当期损益的，在按规定据实扣除的基础上，在2018年1月1日至2020年12月31日期间，再按照实际发生额的75%在税前加计扣除；形成无形资产的，在上述期间按照无形资产成本的175%在税前摊销。

在调研中，我们发现存在以下几个方面问题：一是研发活动难以认定。研发费用加计扣除政策的管理由税务部门实施。但税务机构因缺乏研发领域的专家，难以准确认定企业的研发活动。例如企业是否通过研究开发活动在技术、工艺、产品（服务）方面的创新取得了有价值的成果，是否对本地区相关行业的技术、工艺领先具有推动作用，这些税务部门是难以确认的。二是研发费用难以准确归集。准确核算和归集研发费用，是企业享受加计扣除政策的前提条件。在实际执行中，对于一些尚未设立专门研发机构或者研发机构同时承担生产经营业务的企业，根据《企业研究开发费用税前扣除管理办法》要求，对能够分开核算，属于研发性质的费用支出也可以加计扣除。但划分是否合理、准确，征纳双方都难以确定。三是委托研发费用真实性难以核实。《企业研究开发费用税前扣除管理办法》规定，对企业委托给外单位进行开发的研发费用，受托方应提供该研发费用支出明细情况。但受托方提供资料的真实性难以保证。税务部门如果不进行延伸检查，就无法辨别真实性。特别是当受托方为异地注册的企业，税务部门要受行政管辖权的限制。

产生上述问题的原因是多方面的。除了研发活动认定难度较大、研发费用加计扣除政策比较复杂以外，还有纳税人的自律意识比较淡薄、税务师事务所的鉴证作用没有充分发挥等因素，更重要的是有些税务部门掌握政策的尺度偏宽，对企业申报资料的审核，往往采取“形式重于实质”的办法，主要依赖税务师事务所的鉴证报告，监管力度不够，影响政策执行的效果。

（五）减税降费与财政可持续问题

从宏观上看，更大规模的减税降费政策能否切实落地，核心问题在于如何弥补因大规模减税降费造成的财政收支缺口，保证财政特别是地方政府财政的可持续性。从中央政府层面来看，财政平衡主要来自两个方面：一是适度提高赤字率，二是增加特定金融机构和央企上缴利润。因此，中央政府自身的财政可持续性问题不大。

但对于地方政府来说，如果在外部因素影响下，经济提振效果不佳，那么减税降费带来的收入下降会对其造成严重的财政收支压力。特别是近年来一些地方政府陆续进入还债高峰期，高企的还债压力将进一步恶化地方政府的财务状况。以某自治区为例，2019年以来，全区地方级税收收入持续负增长，上半年，财政收入保持正增长，并完成序时进度收入目标，全依靠非税收入支撑，2019年1—6月非税收入占一般公共预算收入41%，在全国各省份中占比最高。随着降低增值税税率、增值税留抵退税等政策效应逐步深化，再加上其他减税降费政策叠加施效，税收收入将进一步减少，传导至非税收入的压力将进一步加大，且前期非税收入中一次性因素较多，不具可持续性，非税收入增长空间十分有限。部分市县“三保”支出将出现缺口。再以某省为例，其人均财力弱，属于典型的“吃饭”

财政。当前该省的一些重大国家战略实施进入关键期，打好“三大攻坚战”、落实国家民生指标政策、推动全省经济转型升级等支出需求很大，据统计，仅省级就新增刚性支出260多亿元，在大规模减税降费的情况下，预算收支平衡面临较大困难。同时，基层正常运转面临较大压力。全省有3/4的县（市、区）属于“吃补助”的弱县，其中近80%的县（市、区）上级转移支付收入占一般公共预算支出一半以上。2019年1—6月，一般公共预算收入增速低于6%的县（市、区）有23个，其中11个负增长，虽然没有发现欠发工资的现象，但财政运行始终处于“紧平衡”状态。

同时，营改增改革后，由于地方主体税种缺失，地方财政收入进一步减少；随着减税降费力度的逐步加大，特别是2019年更大规模减税降费政策的实施，但民生等刚性支出不减，地方财政收支矛盾更加凸显。以东部某市为例，该市一般公共预算收入2017年、2018年分别增长7.1%、6.5%，2019年预计增长5%，增幅逐年放缓；一般预算支出2017年、2018年分别增长3.7%、11.3%，2019年支出压力更大。

在这样的背景下，进一步推进减税降费政策措施的落实，需要努力防范地方政府为取得短期财政平衡而可能采取的两种不当做法：一是变相增加企业负担。在减税降费的同时，过度强化税收征管和稽查，甚至收过头税，或者巧设名目乱收费，这一做法虽然有助于增加财政收入，但却严重增加企业负担，冲销了减税降费的效果，也影响了政府信誉，使企业预期无法稳定。特别是在当前的政策执行机制下，税务部门一手负责组织收入，一手负责落实减税降费政策措施，二者之间存在一定的矛盾，而来自上级部门或地方政府的收入任务往往又是硬性指标，有可能会影响减税降费政策的落实。对此需要注意观察，避免出现此类苗头。二是违规举债或变相融资。地方政府也可能进一步采取各种更不规范、隐蔽性更强、成本更高的举债手段，这种做法短期内可能避免了财政收支失衡，但却会给未来的地区经济和财政埋下更大的隐患。

中央在对减税降费政策执行和规范地方债务行为高度重视的同时，也还要防范出现另一种风险，那就是部分地方政府因多方面因素影响，财政收入严重下滑，出现较为严重的收不抵支，影响政府运转和社会稳定。因此，中央政府在抓好减税降费政策落实的同时，也要密切关注各级地方财政运行状况，及时通过转移支付等手段保障好地方政府的基本财力需求，避免个别地区的财政危机蔓延到全国，造成全国性的不良预期。

四、进一步推进减税降费的相关政策建议

（一）以“宽税基、低税率、严征管”为指引，构建有利于高质量发展的低税负制度环境

当前，面对严峻复杂的内外部发展环境，我们仍需保持减税降费的政策导向不变。在减税降费政策的设计理念上，不应再是零敲碎打式地出台一些短期政策，而应基于有利于经济长远健康发展的税收理念，着力进行税收基本制度的调整完善和减税降费政策的具体设计。我们认为，当前需要重新树立起“宽税基、低税率、严征管”的税制改革理念。“宽税基、低税率、严征管”是党的十六届三中全会确定的税制改革原则。这一原则对规范完善我国税制体系、加强税收征管、保证税收收入稳定增长发挥了积极作用。当前面对新的国际和国内形势，在税收征管趋于完善的格局下，有必要继续强调遵循“宽税基、低税率”的原则，向纵深推进税制改革，构建广覆盖、低税负的税收制度环境。

“宽税基”一方面要求在保持适度宏观税负的前提下，尽可能合理地扩大税基范围，增加环境、社保、财产等现代税收，扩大个人所得税、消费税等税种的征收范围；另一方面要求清理规范税收优惠政策，取消不合理、不规范的税收优惠政策。“低税率”重点要解决名义税率偏高的问题，缩小名义税率与实际税率的差距。特别是对增值税、企业所得税、社会保险缴费等主要税（费）种，长期以来一直存在的一个弊端是“高标准、低征收”，或者说是因为长期以来征管不到位，为了防止税收收入流失，不得已制定较高的名义税（费）率。当前随着税务征管能力的提升，偏高的名义税（费）率造成了企业的沉重负担，因此降低名义税（费）率已经是经济发展的内在要求。当前增值税税率和社会保险缴费率已经实现了较大幅度的下调，下一步，还需要进一步完善增值税改革，按照“就低”原则推进增值税税率三档并两档，考虑适度下调企业所得税法定税率。降低主要税（费）率的一个更重要的意义还在于通过主动遏制政府过度攫取财政收入的能力，使宏观税负水平保持在一定合理限值之下，并倒逼政府支出制度改革，从而进一步理顺政府和市场关系。另一方面对某些税率明显偏低、税负明显偏轻的税种，也要适当调高税率，实现适度、合理、公平的税收负担。

（二）优化政策配套和执行机制，保障已有减税降费政策的落实

目前我国出台的减税降费政策，主要涉及增值税税率下调、进项税额加计抵减和留抵退税、小规模纳税人附加税减免、小微企业所得税减免、高科技企业所得税减免和研发费用加计扣除等优惠政策，优惠类型多、覆盖面广、政策多样，设计也较为复杂。要使减税降费政策切实落地，确保企业充分享受减税红利，需要税务及相关部门多措并举，优化政策执行机制。

一是完善增值税减税政策传导机制。税收政策作用的发挥很大程度上依赖于价格、供求、竞争等市场机制的传导。特别是增值税作为流转税的转嫁特点，其对企业的减负效应会受到上下游企业定价变动的挤压等，企业要同时关注增值税销售端降价压力和购进端博弈能力的变化。当前在增值税降低税率的政策执行中，需要注意优化执行机制，理顺价格传导机制，可考虑由税务部门联合市场监督等相关部门对企业定价行为进行引导，杜绝部分企业滥用垄断地位过度攫取减税红利，促使减税收益全产业链共享。

二是完善部门间信息共享机制，减轻纳税人享受优惠政策成本。对于重点群体、退役士兵、去产能调结构、异地移民扶贫搬迁、科技企业孵化器、大学科技园和众创空间等税收优惠政策，在政策执行中需要纳税人向税务部门提供相关证明材料，税务部门再向工信、发改、扶贫办、人社等诸多部门获取相关信息进行核实，而当前税务与相关部门间的信息共享和传递机制并不健全，影响了减税降费政策的落实，也增加了企业负担，削弱了企业减税获得感。因此，在相应政策制定和执行过程中，需要进一步加强顶层设计，进一步优化信息共享和传递机制，协调相关部委联合制发配套的信息共享文件，减少对企业的资料要求，减少基层税务部门获取第三方部门涉税信息的阻力，提高减税降费政策的落实时效，提升企业获得感。

三是加快修订相关优惠政策目录，更好实现税收政策目标。如对企业所得税中的《环境保护专用设备企业所得税优惠目录》《节能节水专用设备企业所得税优惠目录》和西部大开发税收政策中的《西部鼓励类产业目录》等配套目录，有关部门应根据技术进步和产业发展情况及时调整和更新，缩短更新时间，将新产业项目、新设备及时补充进目录范围，并剔除落后的项目和设备，使更多更先进的产业目录和设备进入国家鼓励类范围，达到税收优惠促进产业结构调整、促进

节能环保的目的。

四是积极贯彻落实减税降费政策，但也要允许企业选择不享受部分优惠政策。制定和出台减税降费政策，并不意味着所有满足优惠政策要求的企业都愿意去享受。虽然我国目前的征管能力和水平都有很大的提升，但实际征管过程中面临着复杂的情况，可能会出现一些小的减税政策下，企业能享受的减税数额很小但财务或管理成本增加的现象。在这种情况下，一方面，税务部门要尽量完善政策配套规定和优化税收服务，保障减税降费政策的贯彻落实，另一方面，税务部门也不应强求涉企减税降费政策能够100%地落实到位，应给予企业在减税降费政策上的选择权，允许企业选择性地不享受某些减税降费政策。

五是加强减税降费政策的效果评估，发挥减税降费政策的引导作用。随着减税降费政策的不断出台，减税降费种类和金额都在不断增加，但减税降费政策的出台、数据的统计分析及最终落实效果都有待进一步规范，建议建立完善税式支出预算，加强对减税降费政策效果的跟踪管理和绩效评价，合理引导企业利用好减税降费政策，加大研发投入，扩大有效投资。

（三）及时调整和完善现行减税降费政策，适时制定新的政策

普惠性的减税降费政策在实施中易于落地，但部分带有条件限制的减税降费政策，也可能存在着减税政策门槛高、部分地区或部分企业享受不到的情况。因此，有必要基于减税降费政策的实施情况，从优化政策落实、便利纳税人执行和保持政策的稳定性与持续性的角度，对已有政策加以进一步的修改完善，合理考虑出台更为优化、更加简洁明了的政策措施，不断增强企业获得感。

一是完善增值税出口退税制度。除高能耗、高污染产品以及国家明确规定不鼓励出口的产品以外，对所有货物和劳务的出口，原则上都应实行零税率，予以彻底退税。这既是应对当前国际贸易形势严峻，贸易摩擦增多环境下促进出口、提高国内产品的国际竞争力的现实需要，也是保持税制中性，适应经济全球化发展的内在要求。

二是全面建立增值税留抵退税制度。增值税留抵税额退税制度，有利于消除留抵税额对企业流动资金的占用，改善企业现金流。但现行制造业增值税留抵退税还设置了“自2019年4月税款所属期起，连续六个月（按季纳税的，连续两个季度）增量留抵税额均大于零，且第六个月增量留抵税额不低于50万元；纳税信

用等级为A级或者B级；自2019年4月1日起未享受即征即退、先征后返（退）政策”等条件，可根据政策实施情况适度放宽条件，建立起常态化的留抵退税制度，让符合条件的企业都能享受到此项政策。

三是适当降低部分优惠政策的享受门槛。当前部分税收优惠政策享受门槛较高，受益群体较少。比如创业投资企业税收优惠、物流企业仓储用地税收优惠等政策，在西部等欠发达地区，符合条件的纳税人数量较少。因此建议对此类的税收优惠政策，应因地制宜制定标准和认定门槛，使欠发达地区企业也能同等享受到减税红利。

四是加强相关税收优惠政策的有序衔接性。部分税收政策在延续性上较差，存在政策空档期，使得纳税人不能及时享受税收优惠。比如原企业改制重组有关土地增值税政策（财税〔2015〕5号）执行期为2015年1月1日至2017年12月31日，政策到期后《财政部 税务总局关于继续实施企业改制重组有关土地增值税政策的通知》（财税〔2018〕57号）于2018年5月16日才下发，政策执行期为2018年1月1日至2020年12月31日，存在近5个月的政策空档期。建议对此类有期限的优惠政策，在到期前应及时进行政策评估分析，对有必要继续实施的，应及时下发延续性文件，有序衔接，让纳税人有更稳定的预期，更好地享受政策。

五是适时制定和完善对企业研发创新的支持政策。针对中美贸易摩擦加剧和国内华为等高科技企业受到美国政府禁令等情况，为支持我国科技创新和高新技术企业的发展，还有必要考虑在科技创新方面进一步加大税收的支持力度，适时制定和完善对企业研发创新的支持政策。

（四）进一步扩展清费降费空间，强化收费管理，确保降费措施落到实处

经过数年来持续的清费降费，目前地方层面设立的行政事业性收费项目已经很少，可以说，下一步地方层面清费降费的空间已经不大。未来要进一步降费减负，确保降费减负效果落地生根，需要从中央层面降费和地方层面强化管理着手。

一是要从中央层面发力，结合相关部门和行业体制改革以及收费基金项目预算管理制度的改革，进一步减少中央行政事业性收费和基金项目，降低收费标准。

二是结合“放管服”改革，在全国范围内对中介机构等第三方服务收费项

目、依据、标准等进行梳理、规范、公开。

三是要进一步完善价格主管部门对行政事业性收费的监管方式，做好事中事后监管，巩固清费降费成果。

四是要规范收费管理制度，完善监督检查机制。落实好收费基金目录清单实时动态更新制度，建立健全违规收费举报投诉、随机抽查、曝光问责、联合惩戒等机制，加大对乱收费、违规收费等行为的查处和管理力度。

（五）积极做好减税降费舆论宣传，明确未来减税政策方向，引导企业中长期预期

减税降费政策不能仅着眼于企业减负效应，更需要产生稳预期的效应。企业预期不稳，再减负作用也不大。在我国经济总体下行的形势下，叠加中美贸易摩擦的影响，给企业带来了更多的不确定性。在不确定的大环境下，政府出台更大规模的减税降费政策有利于稳定企业预期，应围绕当前税收增幅、减税降费政策内容和效果以及相关的税制改革热点，及时发布相关信息，做好相应的宣传、解释工作，尽可能地扩大社会共识，引导企业和市场预期，增强企业的信心。

从政策执行的微观层面来看，要做好企业的政策理解和行为引导。减税降费的运用不是财务人员一个人的事情，而是借此机会全面提升企业税收意识，促进企业更新税务管理内部体制，进而带动整个企业经营管理模式的改变。要积极引导企业充分理解增值税、所得税优惠政策，并通过调整经营模式用足用好减税政策。对于企业在运用这些减税时的合规问题，相关手续和程序中需要特别注意容易出错的点，要重点宣传，同时建立纳税人容错机制。

从政策制定和企业发展的宏观层面来看，需要进一步明确未来的减税降费政策方向，给企业在税费政策上的稳定预期，避免企业形成对未来政府减税降费政策的过高期望和依赖，引导企业通过自身的科技和管理创新来降成本和降负担。

（六）中央和地方财政采取实际措施，应对减税降费带来的地方财政减收压力

减税降费、增加财政支出和控制财政赤字是“财政的不可能三角”，如果不削减支出、不统筹资源，很难实施较大规模的减费降费。考虑到减税降费政策对

地方政府带来的财政减收压力较大，因而中央和地方财政都需要采取实际措施，应对财政减收问题。

中央财政目前通过增加特定金融机构和央企利润上缴、加大对地方转移支付等多种措施，来平衡全国收支大账。近期看，中央财政要更大力度地出台民生相关财政政策，密切关注部分基层政府的财政困难问题，加大对县级财政的保障力度。而地方财政应做好过“紧日子”的预期和准备，合理地做好“节流开源”。一方面压缩和减少行政开支，保障好“三保”支出，另一方面通过挖掘地方国资等非税收入潜力，并通过落实减负政策促进企业的高质量发展，涵养和扩大税源。对此，要注意协调好落实减税与完成税收预算任务、加强税收征管之间的关系。既不能因强调完成税收预算任务而影响减税政策落实，也不能因强调落实减税而影响税收征管和税收的“应收尽收”。从中长期看，在现行中央与地方财政事权和支出责任划分改革的基础上，应加快推进中央与地方的收入划分和健全地方税体系改革，从而稳定地方政府的预期。

附　录

附表 1　　2018 年以来主要的减税政策

税种	2018 年	2019 年	备注
增值税	①将制造业等行业增值税税率从 17% 降至 16%，将交通运输、建筑、基础电信服务等行业及农产品等货物的增值税税率从 11% 降至 10%。（财税〔2018〕32 号） ②统一增值税小规模纳税人标准为年应征增值税销售额 500 万元及以下。（财税〔2018〕33 号） ③降低抗癌药品进口、国内生产销售环节增值税（财税〔2018〕47 号） ④对装备制造等先进制造业、研发等现代服务业符合条件企业和电网企业的期末留抵税额予以一次性退还。（财税〔2018〕70 号） ⑤将符合条件的小微企业和个体工商户贷款利息收入免征增值税单户授信额度上限提高到 1 000 万元。（财税〔2018〕91 号）	①深化增值税改革，基础税率由 16% 降为 13%，低税率 10% 降为 9% 等等。（财政部 税务总局 海关总署公告 2019 年第 39 号） ②将主要包括小微企业、个体工商户和其他个人的小规模纳税人增值税起征点由月销售额 3 万元提高到 10 万元。（财税〔2019〕13 号）	

续表

税种	2018 年	2019 年	备注
增值税	⑥对涉农贷款量大的邮政储蓄银行涉农贷款利息收入允许选择简易计税方法按 3% 的税率缴纳增值税。（财税〔2018〕91 号） ⑦对社保基金和基本养老保险基金有关投资业务给予税收减免（财税〔2018〕95 号、财税〔2018〕94 号）涉及增值税、企业所得税和印花税 ⑧对境外机构投资境内债券市场取得的债券利息收入暂免征收企业所得税和增值税。（财税〔2018〕108 号）		
个人所得税	①个人税收递延型商业养老保险试点。（财税〔2018〕22 号） ②科技人员职务科技成果转化现金奖励个人所得税优惠政策。（财税〔2018〕58 号） ③实施个人所得税改革。修改个人所得税法，自 2018 年 10 月 1 日起，提高基本减除费用标准，调整优化税率结构，在此基础上研究制定个人所得税专项附加扣除暂行办法，设立子女教育等 6 项专项附加扣除，修订个人所得税法实施条例，自 2019 年 1 月 1 日起正式实施，实现从分类税制向综合与分类相结合税制的重大转变，惠及约 8 000 万纳税人。（财税〔2018〕98 号）	①实施个人所得税 6 项专项附加扣除政策。 ②扩展投资初创科技型企业享受税收优惠政策范围，使投向这类企业的创投企业和天使投资个人有更多税收优惠。	
企业所得税	①境外所得综合抵免。（财税〔2017〕84 号） ②对企业新购进单位价值不超过 500 万元的设备、器具允许当年一次性税前扣除。（财税〔2018〕54 号） ③将高新技术企业和科技型中小企业的亏损结转年限由 5 年延长至 10 年。（财税〔2018〕76 号） ④将企业研发费用加计扣除比例提高到 75% 的政策由科技型中小企业扩大至所有企业（财税〔2018〕99 号） ⑤境外投资者以利润直接投资暂不征收预提所得税。（财税〔2018〕102 号）	①大幅度放宽可享受企业所得税优惠的小型微利企业标准并加大所得税优惠力度，调整后优惠政策将覆盖 95% 以上的纳税企业。（财税〔2019〕13 号） ②扩展投资初创科技型企业享受税收优惠政策范围，使投向这类企业的创投企业和天使投资个人有更多税收优惠。 ③依法成立且符合条件的集成电路设计企业和软件企业，在 2018 年 12 月 31 日前自获利年度起计算优惠期，第一年至第二年免征企业所得税，第三年至第五年按照 25% 的法定税率减半征收企业所得税，并享受至期满为止。（财政部 税务总局公告 2019 年第 68 号）	

续表

税种	2018 年	2019 年	备注
其他税种	①对页岩气资源税减征 30%。（财税〔2018〕26 号） ②对载运货物的挂车减半征收车辆购置税，对物流企业承租用于大宗商品仓储设施的土地减半计征城镇土地使用税等。（财税〔2018〕62 号） ③降低部分产品关税。（税委会公告〔2018〕9 号、税委会〔2018〕49 号） ④提高部分产品出口退税率。（财税〔2018〕123 号）	①允许各省（区、市）政府对增值税小规模纳税人，在 50% 的税额幅度内减征资源税、城市维护建设税、房产税、城镇土地使用税、印花税（不含证券交易印花税）、耕地占用税和教育费附加、地方教育附加（六税两费）。 ②公共租赁住房一系列税收优惠政策。 ③延续供热企业增值税、房产税、城镇土地使用税优惠政策。	

附表 2　2018 年以来主要的降费政策

	2018 年	2019 年	备注
专项收入	①停征排污费和海洋工程污水排污费。（财税〔2018〕4 号） ②降低残疾人就业保障金征收标准上限。（财税〔2018〕39 号）	①自 2019 年 7 月 1 日至 2024 年 12 月 31 日，对归属中央收入的文化事业建设费，按照缴纳义务人应缴费额的 50% 减征；对归属地方收入的文化事业建设费，各省（区、市）财政、党委宣传部门可以结合当地经济发展水平、宣传思想文化事业发展等因素，在应缴费额 50% 的幅度内减征。（财税〔2019〕46 号） ②自 2019 年 1 月 1 日起，纳入产教融合型企业建设培育范围的试点企业，兴办职业教育的投资符合本通知规定的，可按投资额的 30% 比例，抵免该企业当年应缴教育费附加和地方教育附加。（财税〔2019〕46 号）	残疾人就业保障金、文化事业建设费、地方教育费附加等原属于政府性基金预算管理后转列一般公共预算管理。
行政事业性收费	①停征首次申领居民身份证工本费。（财税〔2018〕37 号） ②暂免征收证券期货行业机构监管费。（财税〔2018〕37 号） ③调整专利收费政策。（财税〔2018〕37 号） ④降低无线电频率占用费标准。（发改价格〔2018〕601 号）	①自 2019 年 7 月 1 日起，降低无线电频率占用费、出入境证照类收费、商标注册收费等部分行政事业性收费标准。（发改价格〔2019〕914 号） ②减免不动产登记费、调整专利收费减缴条件。（财税〔2019〕45 号）	

续表

	2018年	2019年	备注
政府性基金收入	降低国家重大水利工程建设基金征收标准。（财税〔2018〕39号）	①国家重大水利工程建设基金征收标准降低一半。（财税〔2019〕46号） ②民航发展基金征收标准降低一半。（财税〔2019〕46号） ③对易地扶贫搬迁项目免征城市基础设施配套费、不动产登记费。（财税〔2019〕53号）	
社保费	阶段性降低社会保险费率。（人社部发〔2018〕25号）	①国务院办公厅关于印发降低社会保险费率综合方案的通知。（国办发〔2019〕13号） ②下调养老保险费率，继续执行阶段性降低失业和工商保险费率政策。（人社部发〔2019〕35号）	
住房公积金	阶段性降低企业住房公积金缴存比例。（建金〔2018〕45号）		

我国减税降费的回顾与前瞻

税费制度（政策）既是宏观调控的重要经济工具之一，也是影响微观市场主体决策与行为的重要变量之一。自2008年全球金融危机以来，面对国内经济下行压力和经济转型之痛，以及外部减税主流之势，减税降费成为我国税费制度（政策）调整的主基调，承载着诸多经济社会发展的责任与期望，挑起国家治理之“大梁”。在新冠疫情或将改变世界格局的当下，在我国实现“两个百年”奋斗目标的关键时点上，有必要对过去十余年来我国所实施的减税降费政策作系统的回顾与反思，厘清未来税费制度（政策）改革的基调和思路，以利于把握未来改革重点，更好地服从、服务于我国新时代经济社会发展之大局。

我国减税降费政策实施已十年有余。2009年，为应对金融危机冲击、促进经济平稳发展，“实施结构性减税政策”作为积极财政政策重要内容之一首次写入当年的政府工作报告。同年1月1日开始在全国范围内实施的增值税一般纳税人固定资产进项税允许抵扣政策，拉开了我国新世纪减税降费的大幕，相应国内增值税收入占GDP的比重也因此从2008年的5.64%下降至2009年5.31%。之后的十余年里，“减税降费”成为各年度政府工作报告中“必现词”，成为我国税费制度（政策）调整的主基调。

本文执笔人：梁季

一、减税降费政策演进中的变与不变

系统梳理2009—2020年政府工作报告中有关减税降费以及税费制度改革调整的描述（具体见本文后附表），可以发现我国减税降费政策调整中的“变与不变”之特征。

（一）减税降费政策调整中的“不变”

——刺激（稳定）经济增长的主基调没变。经济增长是宏观调控四大目标之一，而作为宏观调控重要工具的减税降费政策，促进经济增长（对冲经济下行）是其应有之义。从历年政府工作报告中可以看出，减税降费内容均是在“宏观调控”“积极财政政策”部分予以阐述，目标均指促进经济增长。如2009年、2010年的表述分别为“实行结构性减税，扩大国内需求”、“继续实施结构性减税政策，促进扩大内需和经济结构调整”；2015年、2019年的表述为“稳定和完善宏观经济政策，……确保经济运行在合理区间”、“这次减税……是宏观政策支持稳增长、保就业、调结构的重大抉择”等，这反映了我国近十余年减税降费均是围绕“扩内需，保增长”而展开。

——通过减轻企业主体税费负担、激发其活力的主作用途径没变。以企业纳税为主的税制结构特点和市场主体于市场效率的重要性决定了我国始终以减轻企业税费负担、激发市场主体活力作为减税降费的着力点，通过减税降费政策影响市场主体生产决策行为，进而发挥减税降费对经济发展的影响作用。

降低企业税费负担的表述在各年度政府工作报告中均有所体现。比如，2009年政府工作报告中明确提出：“采取减税、退税或抵免税等多种方式减轻企业和居民税负，促进企业投资和居民消费，增强微观经济活力。”2015年、2016年政府工作报告中分别提出，“继续实施结构性减税和普遍性降费，进一步减轻企业特别是小微企业负担”、“适度扩大财政赤字，主要用于减税降费，进一步减轻企业负担”、“进一步激发市场主体活力，提升经济发展质量，进一步减轻企业税负……”等。

从所出台的减税降费政策看，也是以企业为主，个人（居民）为辅。比如针对小微企业、个体工商户的系列减税政策，针对企业方缴纳的“五险一金”减降政策、自2012年以来推行的“营改增”试点改革以及之后的深化增值税改革，均“剑指”降低企业等市场主体税收负担。值得说明的是，从理论上分析，增值税税负转嫁特点决定了消费者为增值税税负最终承担者，相应增值税税率减降等减税政策并不能减轻企业税收负担，然而我国的现实情况是，市场主体间多是以含税价（包含增值税）来签订交易合同，在短期价格调整具有“粘性”的情况下，增值税税率调整对企业税费负担客观上形成影响，因此总体而言减降增值税在短期内能够减轻企业负担，企业能否长期受益要看市场竞争的公平性以及市场主体在市场中的议价能力。

（二）减税降费政策演进中的“变”

随着经济社会发展内外环境及当年发展目标的不断变化，我国减税降费政策动态调整，不断演进。

——促经济转型目标逐渐淡出，稳保就业政策目标逐渐浮出水面。本轮减税降费发端于金融危机、且将其作为刺激经济复苏的积极财政政策工具之一而推出，相应2009年政府工作报告中明确提出以减税扩大国内需求的政策目标，2010年增加了调整经济结构、促进经济转型的目标①，之后历年政府工作报告中反复强调减税降费的积极财政政策特征，未重申其经济结构调整的任务，但从前几年出台的减税降费政策来看是蕴含该政策目标的，比如不断推进的“营改增”试点改革，系列小微企业税收减免政策以及研发费用加计扣除政策等，均是促经济增长和调整经济结构并重。但2017年以后，尤其是2018年和2019年中美贸易战升级带来的外部发展环境极度恶化、保经济增长的任务更加艰巨之时，所出台的减税降费政策则更强调刺激需求，调结构的政策目标逐渐弱化、淡化；同时，随着经济增速的下行，稳就业成为宏观调控的优先目标，相应减税降费向稳保就业倾斜，典型政策安排则为2019年初推出的对小微企业的“大规模、大力度”的减税降费政策以及2020年初推出的小规模纳税人减降增值税征收率的政策等。

——历年减税降费政策均是从供需两方面发力，但侧重点经历了从扩大内需转向改善供给再到供需并举的过程。2009—2010年，政府工作报告中关于减税的表述落脚于“扩大内需”，如2009年和2010年明确表述为：“实行结构性减税，

① 2010年政府工作报告中明确提出“继续实施结构性减税政策，促进扩大内需和经济结构调整”。

扩大国内需求”、“继续实施结构性减税政策，促进扩大内需和经济结构调整”，相配套的政策也侧重于刺激消费，如暂免储蓄存款利息个人所得税、降低住房交易税费以及减半征收小排量汽车购置税等政策。

2011之后，减税降费的侧重点转向改善供给。如2012年政府工作报告在总结2011年工作中提到“加大结构性减税力度，重点支持实体经济特别是小型微型企业。”2015年政府工作报告中提出“以供给创新带动需求扩大……进一步减轻企业特别是小微企业负担”，这期间实施了“营改增”试点改革以及一系列的小微企业和个体工商户的税收减免政策，体现了以供给改善推动经济发展的宏观调控目标。

2016年之后，随着供给侧结构性改革战略地位的确立，减税降费政策进一步强化改善供给的导向，同时也兼顾了扩大内需，尤其是扩大消费的政策目标。2016年政府工作报告提出：“全面实施营改增，确保所有行业税负只减不增……增强消费拉动经济增长的基础作用。降低部分消费品进口关税、增设免税店。”2018年政府工作报告中提出：“通过减政减税……，持续激发微观主体活力，减少无效低效供给、扩大有效供给、更好适应和引导需求。”2019年政府工作报告中提出：“切实让市场主体特别是小微企业有明显减税降费感受……推动消费稳定增长。多措并举促进城乡居民增收，增强消费能力。落实好新修订的个人所得税法。”同期的减税降费政策主要集中于深化增值税改革、完善小微企业个体工商户税收减免政策、推进个人所得税改革以及多次降低部分消费品进口关税，扩大有效供给和需求，促进经济增长。

——减税降费的思路经历了从结构性减税到普惠性减税降费再到结构性和普惠性减税并举的过程，从只减税到税费并减的过程。在2014年之前，政府工作报告中关于减税降费的表述均为“结构性减税”，2015年表述为“结构性减税与普遍性降费”，2016年之后表述为“（营改增）要确保所有行业税负只减不增”、“进一步减轻企业负担”等；2019年提出了“普惠性减税与结构性减税并举，重点降低制造业和小微企业税收负担”。官方文件中的关于减税降费的不同表述反映了我国减税降费思路和重点的演变历程，且前后两个时期“结构性减税”有不同的含义。

2009—2015年的“结构性减税”包含有增有减的税收政策调整思路。2008年金融危机之后，我国经济增速有放缓趋势，但仍保持在相对较高水平（7%）之上，增长的压力存在，但增长质量、经济结构调整的压力更大。在这种背景下，采取了以减税促进经济增长、以局部增税调整经济结构的“结构性减税”方式，具体表现为该期间推出的增值税一般纳税人固定资产进项税抵扣政策、“营改增”试点改革①以及针对个人出台的减免税政策等，以促进经济增长；而资源税从价计征试点改革、成品油价格和税费改革以及烟草等消费税改革的增税政策则旨在促进经济结构调整，有利于科学发展。

2019年政府工作报告中重提“结构性减税”，且与“普惠性”减税并提，这意味着此时的“结构性减税”是指在普遍降低企业税费负担基础上，对重点行业、重点市场主体（如小微企业和个体工商户）给予更大力度的减税降费。基于此，2019年普遍、大幅下调了制造业等行业增值税税率，将16%税率降至13%、10%税率降至9%，同时又出台了扩大抵扣范围、进项税额加计10%抵减应纳税额等政策，以确保适用6%税率的行业企业税负不因其他行业税率下降而升高，以实现普惠性减税的政策目标。在普惠性减税基础上，又对小微企业税费减免政策进行了重大调整，扩大了纳税人覆盖面，提高了税收优惠力度，优惠税种也从增值税和所得税扩大至地方“六税两费”，体现减税（费）的“结构性”特征。

二、减税降费的冷思考

十余年来，减税降费政策持续加码，力度不断加大，成效在逐渐显现。我国小口径的宏观税负②一改1994年以来持续上升的趋势，从21世纪以来的历史高点18.62%（2012年）下降至2019年的15.94%，税收收入增速也从23%（2011年）下降至2019年的1%，减税降费切实减轻了市场主体负担，激发了市场活力，对于我国稳定经济增速、提升经济发展质量发挥了重要作用。

减税有三种效应，一是扩内需（刺激经济增长），二是降成本，三是引导和稳定预期。可以充分肯定的是，减税降费对稳定我国经济基本面、保持6%以上增速以及改善供给结构发挥了重要作用，降低了市场主体的税费成本，引导和稳定了

① “营改增”试点改革之初衷是为了解决因第三产业适用营业税引发重复征税、进而对产业分工“非中性”问题，以“促进经济结构调整，支持现代服务业发展”（财税〔2011〕110号），改革所遵循的基本原则是“改革试点行业总体税负不增或略有下降，基本消除重征税”（财税〔2011〕110号），因此减税并非是“营改增”试点改革的主要目的和目标，但因其扩大抵扣范围决定了此项改革事实上产生了减税的效果。

② 小口径宏观税负是指全国税收收入占GDP的比重。

预期，增强了市场信心。但同时也要看到，减税降费无法根本改变中国经济增速持续下行的客观必然，其于经济增长的作用也无法产生如人们所期望的“四两拨千斤”的数倍乘数效果。持续多年且频繁调整的减税降费政策所产生的负面影响也有所显现。鉴于目前关于减税降费的正面评价文献已非常丰富，本部分重点讨论减税降费的其他议题。

（一）减税降费的经济增长效应受多种因素影响

无论是凯恩斯学派还是供给学派理论均认为减税有助于经济增长，二者差异在于前者看重减税降费对需求端的刺激，后者看重减税降费于生产供给的有利影响，前者强调平均税（费）负担下降，后者强调边际税（费）负担的下降。我国减税降费的出发点和落脚点均是刺激（稳定）经济增长，且强调通过扩内需来刺激（稳定）经济增长。

衡量减税降费经济增长效应的经典理论为税收乘数理论，本文以此为起点，分析影响我国减税降费经济增长效应的相关因素。

1. 边际消费倾向

以减税降费刺激短期经济增长的基本思想是减税可以带来数倍于减税额的经济增长，即税收乘数，其基本逻辑是政府给企业（居民）减税降费，相当于增加了企业（居民）的收入，从而可以促进企业（居民）投资（消费），进而拉动经济增长。

减税降费能够拉动经济增长的前提和关键点是，企业和居民要将减税降费“好处”用出去，也就是要“花掉”，即或者投资，或者消费，否则不会带来经济增长。并且无论是投资还是消费，后续传导机制也都在于带来消费的无限次循环，只有消费循环一直继续下去，才能产生减税降费的乘数效应。

税收乘数可表示为$\Delta Y=\Delta T\times[MPC/(1-MPC)]$。其中，$\Delta Y$为拉动经济增长的量，$\Delta T$为给居民减税规模，MPC为居民边际消费倾向。

2. 边际劳动报酬

税收乘数理论推导的逻辑起点是对居民减税，且假设生产者将新创造的价值全部分配给居民用于消费。而我国减税降费的直接、主要受益主体为企业，且现实中生产者（企业）也不会将新创造价值全部分配给居民用于消费，因此需要对理论上的税收乘数依我国现实而进行改进和修正。

为居民个人减税（费）增加了收入，个人按照边际消费倾向（MPC）消费，增加了社会新创造的价值，从而拉动经济增长。新价值由企业部门创造，鉴于未来扩大再生产的需要，企业部门不可能将新创造的价值完全分配给居民部门，只能按照一定比例MRL（MRL为边际劳动报酬占比，即新增GDP中分配给居民的比例）转移给居民部门，只有转移给居民部门的这部分收入才可能继续用于下一轮的消费，在这种情况下，税收乘数则为MPC/（1–MRL×MPC），由于MRL小于1，因此减税降费的乘数效应打了“折扣”。

3. 企业对减税降费资金的投向

给企业减税（费）对经济影响的作用机理因减税（费）资金使用方向不同而不同。企业将获得的减税（费）资金一般用于以下几个方向：扩大规模（增加投资）、支付工资（如提高工资水平或增加雇佣人员）、降低价格以及弥补亏损/增加利润（积累）。因流转税与价格直接相关，相应只有在减降流转税时企业才可能会降低商品价格，但最终是否降价仍取决于市场供需。

如果企业将减税（费）资金用于扩大规模（投资），则会对经济产生投资乘数效应。与上述税收乘数推导逻辑类似，投资乘数为1/（1–MRL×MPC）。

如果减税（费）资金用于提高工资水平相当于直接对居民减税；如果减税（费）资金用于降低商品价格，则意味着居民现有收入的购买力提高，相当于等额增加了居民可支配收入，因此降低商品价格也相当于对居民直接减税。此时，减税降费的经济效应为税收乘数。

如果减税（费）资金用于弥补亏损或增加利润（积累），则意味当期并没有“花掉”，因此对当期经济不会产生影响。如果是弥补亏损对未来经济也不会产生影响，如果增加了利润，对未来经济影响的方式和效果要视利润使用方向而定。

4. 减降税费种类

按照现行GDP核算方法，收入法GDP包括劳动者报酬、利润、生产税净额以及固定资产折旧四部分，其中生产税净额与流转税高度正相关①，因此减税降费种

① 按照《中国统计年鉴》（2019年）对生产税净额的解释，生产税净额是指生产税减生产补贴后的差额。其中，生产税指政府对生产单位从事生产、销售和经营活动，以及因从事生产活动使用某些生产要素（如固定资产和土地等）所征收的各种税收、附加费和其他规费。生产税分为产品税和其他生产税，产品税主要有：增值税、消费税、进口关税、出口税等；其他生产税主要有：房产税、车船使用税、城镇土地使用税等。生产补贴则相反，它是政府为影响生产单位的生产、销售及定价等生产活动而对其提供的无偿支付，包括农业生产补贴、政策亏损补贴、进口补贴等。生产补贴作为负生产税处理。

类对经济增长效应有直接重要影响，如果减降税费种类为生产税，则会对GDP产生直接对冲效应。

5. 政府支出和货币政策

如果减税降费影响了政府支出，则减税降费的经济增长效应还要受到政府支出以及利率等因素的影响。比如因减税降费而减少了政府支出，则会对GDP产生紧缩效应；如因减税降费使得政府需要发债来满足政府支出需要，那么减税降费对经济的影响效果还要受货币政策的影响，等等。

总之，我国减税降费的经济增长效应受多种因素影响，既包括反映居民个人消费行为的边际消费倾向，也包括边际劳动报酬占比，还受企业减税降费资金使用方向以及减税降费种类的影响，既取决于居民个人行为选择，也受企业行为偏好及对未来市场预期的影响。

（二）我国减税降费的乘数效应小于1[①]

随着近年来减税降费规模的持续加大，相关学者和机构对减税降费的经济增长效应进行了量化研究。如财政部和中国财经战略研究院认为，2019年减税降费拉动当年GDP增长0.8个百分点[①]，相应当年税收乘数为0.34[②]；上海财经大学团队测算了增值税减税改革可以累计带动GDP增长0.362%[③]。

本文基于上述影响因素的分析，按照对居民个人减税（费）和对企业减税（费）的不同情况，以及企业减税降费资金不同投向，分别来测算2019年我国减税降费的经济增长效应，最后再考虑其他相关因素，综合估算2019年我国减税降费的经济增长效应，具体情况见图1。

需要说明的是，流转税具有转嫁性质，因此在给企业减降流转税时，可能会带来商品价格的下降，而商品价格下降则可提高居民可支配收入的购买力，相当于增加居民可支配收入，因此在图1中将企业减降流转税费资金投向中降低商品价格和增加职工工资收入归并为一类。

① http：//www.gov.cn/xinwen/2020-02/10/content_5476909.htm。

② 2019年全国GDP规模为990 865亿元，因此减税降费拉动GDP增长7 926.92亿元，而2019年全年减税降费2.36万亿元，相应当年税收乘数为0.34。

③ http：//www.chinatax.gov.cn/chinatax/n810219/n810724/c5142122/content.html。

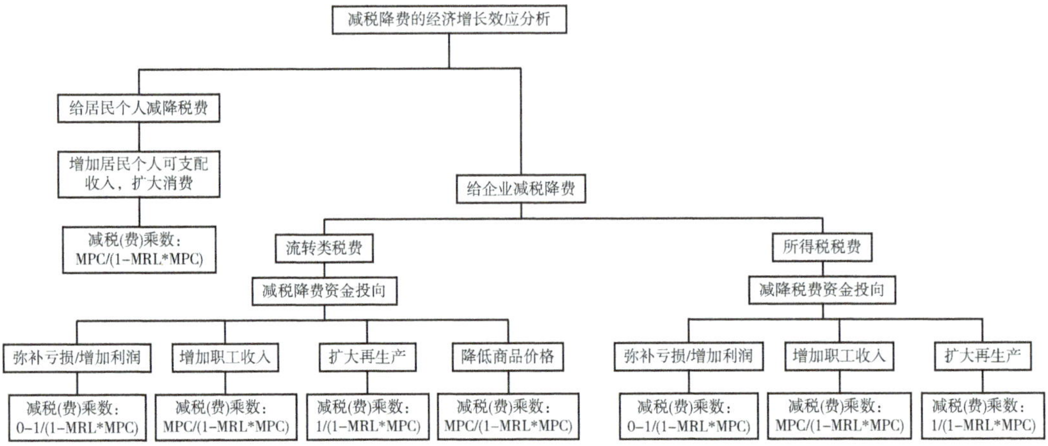

图 1　基于不同受益主体、减降税费资金不同投向的税收乘数测算思路

上述测算思路中涉及两个重要参数：边际消费倾向和边际劳动报酬占比。基于2014—2018年我国居民可支配收入和居民消费支出数据，可估算出近年来我国居民边际消费倾向（MPC）均值为0.68。基于2013—2017年我国收入法GDP数据，可以估算出我国边际劳动报酬（MRL）均值为0.45。

同时，需要将2019年减税降费规模在个人和企业之间进行分配，以及企业减税降费在流转类税费和所得类税费之间进行划分。根据财政部公布的数据，2019年全国减税降费2.36万亿元。同时依据国家税务总局发布的2019年前三季度减税降费的结构数据，个人减降税费占比为24.8%①，企业减税降费占比为75.2%②，减税金额为1.79万亿元，其中企业减降流转类税费占比为60.5%③，规模为1.43万亿元，所得类税费占比为15.3%④，规模为0.36万亿元。

给企业减税降费的经济增长效应还与减税降费资金的投向结构有关，这类经验数据较难获取，本文参考中央电视台发布的增值税减税资金用途分布数据⑤，假设所减降的流转税类资金在弥补亏损/增加利润、增加职工工资、扩大再生产以及降低商品价格四个方向上分别按照29.8%、21.6%、29.7%和18.9%的比例分配，

①②③④　根据国家税务总局发布的数据，2019年前三季度共减税降费17 834亿元，其中个人所得税4 426亿元，相应个人减降税费占比为24.8%，企业减降税费占比为75.2%。在企业减降税费中，社保降费为2 725亿元，占比为15.3%，依此推断企业减降流转类税费占比为60.5%。

⑤　央视发布的数据显示，纳税人将减降增值税获得收益17.4%用于增加研发，15.2%用于提高工资，6.5%用于雇佣工人，29.8%用于增加利润，12.3%用于扩大规模，18.9%用于降低价格。http：//tv.cctv.com/2019/07/15/VIDEEzv204c1GYSVCcyfqqXk190715.shtml。

所减降的所得税类资金在弥补亏损/增加利润、增加职工工资、扩大再生产三个方向上分别按照48.7%①、21.6%和29.7%比例分配，从而计算投向在各方向上的资金规模，进而依据各投向的乘数公式计算拉动GDP的规模，再考虑减降流转类税收对GDP的直接冲减效应，计算全部减税降费对当年GDP的综合拉动规模，最后估算当年综合税收乘数，具体见表1。

表1　2019年减税降费的经济增长效应测算　单位：万亿元

受益主体		减税降费	投向金额	减税降费乘数	拉动GDP
全部减税降费		2.36	—	0.24–0.61	0.54–1.40
其中：个人（24.2%）		0.58	—	0.98	0.57
企业（75.8%）		1.79	—	0.68	1.40–2.26
其中：流转税（60.5%）		1.43	—	0.82–1.25	1.17–1.78
资金投向	弥补亏损/增加利润（29.8%）	—	0.11	—	0–0.61①
	增加工资（21.6%）	—	0.08	—	0.30
	扩大再生产（29.7%）	—	0.11	—	0.61
	降低商品价（18.9%）	—	0.07		0.26
所得税（15.3%）		0.36	—	0.69–1.33	0.23–0.48
资金投向	弥补亏损/增加利润（47.7%）	—	0.18	—	0–0.25②
	增加工资（21.6%）	—	0.08	—	0.08
	扩大再生产（29.7%）	—	0.11	—	0.15
减降流转税对GDP直接冲减		—	—	—	-1.43③

从表1中可以看出，我国2019年全年减税降费2.36万亿元，其中给居民减税降费0.58万亿元，拉动经济增长0.57万亿元，给企业减税降费1.79万亿元，拉动经济增长在1.42万亿—2.28万亿元区间。在给企业减税降费中，减降流转类税费1.43万亿元，拉动GDP增长1.18万亿—1.79万亿元，所得类税费0.36万亿元，拉动GDP增长0.23万亿—0.48万亿元。减降流转类税费造成GDP直接缩减1.43万亿元。综合计算，我国2019年减税降费拉动GDP净增长0.54万亿—1.40万亿元，减税降费综合乘数为0.26—0.41，拉动2019年当年GDP净增长

① 由于减降所得类税费通常不会带来价格变动，因而假设将减降流转类税费中用于降低商品价格占比部分归集于增加利润/弥补亏损。

0.57万亿，拉动未来年度GDP净增长0—0.86万亿元。

综上所述，我国减税降费的经济增长乘数效应低于1，在0.26—0.41之间，并未产生人们所期望的数倍效应。

（三）减税降费政策调整方式给稳预期效应带来的不利影响

预期的背后是信心，预期是影响宏观经济稳定的重要因素。自2018年以来，稳预期作为“六稳”内容之一，成为宏观调控的重要内容。

减税降费天然地具有稳定预期的作用。首先，减税降费向市场传递“政府让利于企”的积极信号，从而激发居民个人的消费意愿，提振企业家信心，进而为经济发展注入确定性；其次，减税降费可以提高居民可支配收入和投资利润率，扩大内需，增强企业投资信心，提升市场活力，从而稳定市场预期。可以充分肯定的是，多年持续的减税降费对于引导和稳定市场预期发挥了积极正向作用，但也给稳预期带来一些负面影响。

——减税降费政策的频繁调整削弱了稳预期效应。制度政策频发调整，使得市场运行的制度环境不断发生变化，从而不利于预期稳定。十年来，减税降费政策频繁调整。据不完全统计，2014—2018年，中央发布减税降费文件近300份，其中2016年8月—2018年7月，减税降费政策文件数量占全部“降成本”文件数量比重在40%以上。

比如，自2012年实施“营改增试点”改革以来，增值税进行了“八年十大步”改革（具体见图2）。增值税与价格关系密切，加之我国以含税价签订合同的实践特点，使每次改革都会对商品和服务价格产生较大影响，市场均衡状态频繁被打乱，有时甚至成为“强势”行业（市场主体）变相抬价或压价的机会，一定程度上扰乱了市场秩序，不利于引导预期。

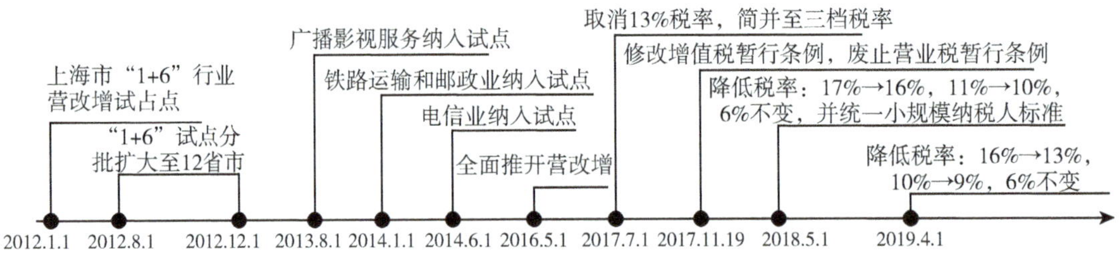

图2　2012—2019年增值税改革节点

再比如，自2011年以来，小微企业税收政策经过了八次调整，涉及增值税、企业所得税等多个税种，纳税人覆盖面也达到90%以上。政策的频繁调整使得小微企业无法准确预计其税费成本，在一定程度上影响合同签订和执行效率，强化市场主体的短期化决策和观望心态，不利于市场预期稳定。

——相机抉择、挤牙膏式的减税降费方式不利于地方政府稳定预期。我国税费政策调整权主要集中于中央政府，中央政府则基于对当年经济形势判断，相机抉择、一年一定减税降费方式、范围和规模，公布减税降费政策大方向的时间通常在召开全国“两会”的3月份，滞后于地方政府预算编制时间，而具体政策的出台和执行更是具有很大不确定性。因此地方政府在进行预算安排时无从知晓是否要减税降费、何时要减税降费以及要减多少税费等相关事项，从而给预算安排带来了困难，也在一定程度上强化了地方政年初“惜支”年末“突击花钱”的问题。

地方政府在一定程度上是我国经济发展的“火车头”，地方政府预算对当地经济发展有重要影响，而地方政府预期的不稳对于市场信心形成较大的扰动作用，不利于市场长期预期的形成。

此外，我国诸多减税降费政策为阶段性的，有一定执行期限，如1年或3年等，这种阶段性减税降费方式也不利于市场主体做出长期理性决策。

（四）减税降费的“降成本”效应存在“天花板”，在一定程度上推高了宏观成本

自2016年推进供给侧结构性改革以来，减税降费作为“三去一降一补”工作中“降”之六项内容之一而被高度关注和重视，并寄予厚望，希望通过减降税费切实降低企业成本，近年减税降费的力度之大、覆盖面之广也主要是服务于降成本工作。比如在降低部分行业增值税税率同时，出台相关配套政策，确保“所有行业税负只减不增”。但是，市场主体税费负担的有限性决定了减税降费的“降成本”效果存在“天花板”，且在一定程度上推高了全社会的交易成本。

税费是市场主体的成本组成部分，减税降费自然能够降低其经营成本。减税降费的“降成本”效应以税费成本占比为限。据中国财政科学研究院2019年“降成本”线上问卷调查显示，2016—2018年，60%以上企业年纳税总额占营业收入

的比重低于5%，90%以上企业年纳税总额占营业收入的比重低于15%，所有样本企业年纳税总额占企业综合成本费用①的比重三年均值仅为2.48%。2014—2016年，样本企业年纳税总额占企业综合成本费用的比重与样本企业管理费用占企业综合成本费用的比重基本持平②。这意味着，即使将企业税费全部减免，也不会带来企业成本的实质性降低。

从全产业链来看，减税降费能够降低企业税费负担，但这并意味着产业链上的所有市场主体均能同等程度地获得减税减税降费的好处，甚至会出现部分市场主体税费负担不降反升的极端情况，这是因为我国主要是减降增值税等流转税，流转税政策调整会对价格产生直接影响，带来价格调整。在价格调整过程中，难免会出现部分市场主体税费负担不降反增，从而导致其成本增加。

此外，政策的频繁调整大大增加了市场主体的遵从成本和政府的决策、监管成本，让市场主体感觉到“应接不暇”，让税务征管部门感觉到“力不从心”。比如，2017—2019年连续三年修订享受税收减免政策的小微企业标准。2019年增值税税率下调时，为了确保“所有行业税负只减不增”，出台了“对生产、生活性服务业增加税收抵扣”配套措施，这些政策在保证适用6%税率纳税人税负不升的同时，也大大增加了纳税人核算和管理成本。

再比如，2019年各地关于减免小微企业“六税两费”政策出台于当年3-4月份，但执行期回溯至2019年1月1日，这意味着需要对纳税人已缴纳的税款进行退税。2019年第一季度小微企业普惠性减税政策新增减税576亿元③，涉及全国全部纳税企业总数95%以上的1 798万户企业，还有相当数量的个体工商户，退税户次多、单笔退税金额少，退税工作量巨大，耗费大量征管资源。如云南省某市某区2019年第一季度共退税6 000余户次，涉及退税款280万元左右，平均户次退税不足500元，基层征管人员感叹“退税比征税还难”。

总之，减税降费对于降低市场主体成本有其限度，政策的频繁调整也增加了政策制度、监管和执行成本，在一定程度上抵消了其降成本效应，增加了全社会的宏观成本。

---

① 企业综合成本费用 = 营业成本 + 销售费用 + 管理费用 + 财务费用 + 税金及附加 + 企业所得税 + 增值税 = 营业成本 + 销售费用 + 管理费用 + 财务费用 + 企业纳税总额。

② 刘尚希等 . 税收负担只占企业综合成本的6%——来自中国财政科学研究院调研数据的分析 . 新金融评论，2017（01）：66.

③ http：//www.chinatax.gov.cn/chinatax/n810219/n810744/n3428471/n3428496/c4288366/content.html。

（五）减税降费给财政可持续提出了较大挑战，财政风险扩大

经过1994年的财税体制改革，我国税收收入占GDP的比重稳步提高，从1994年的10.54%上升至2012年的最高值（18.62%），之后逐步下降至2018年的17.37%，2019年陡降至15.94%，这其中既有经济下行的原因，更有减税降费的因素。

2012年是“营改增”试点改革元年，试点地区仅局限于上海，对财政收入影响较小，相应2012年税收收入占GDP的比重较2011年微升了0.26个百分点，达到1994年以来的最高点（18.62%），之后随着“营改增”试点改革推进以及其他减税降费政策的实施，税收收入占GDP的比重稳步下降，降幅逐年递增，2013—2016年降幅分别为0.05%、0.06%、0.38%和0.6%。之后2017—2018年税收收入占GDP降幅稳定在0.08%，2019年陡升至1.43%。从中可以看出，我国税收收入占GDP比重下降周期与减税降费周期高度吻合，降幅也与减税降费力度正相关，2016年和2019年减税降费力度最大，这两年税收收入占GDP比重的降幅也最高（具体见图3）。因此，减税是我国税收收入占GDP比重下降的主要原因。

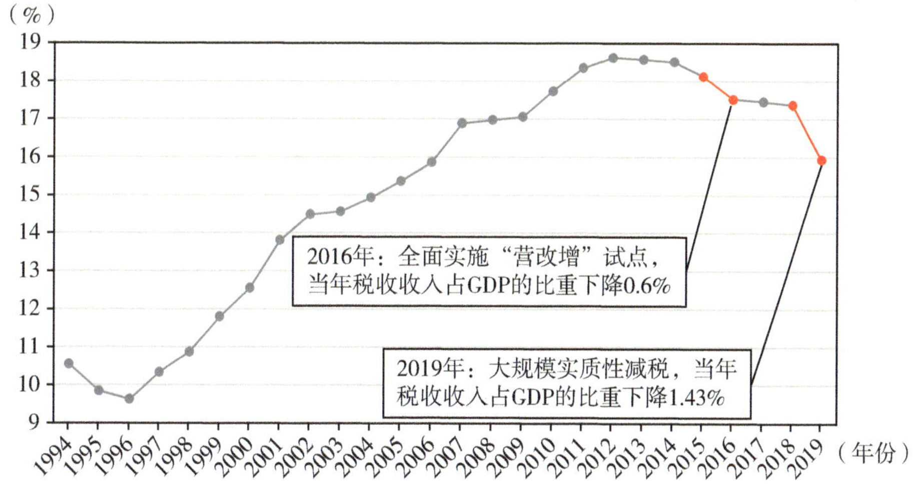

图3 1994—2019年税收收入占GDP比重演变图

减税带来了税收收入增速的持续下滑，2012年税收收入增速从2011年的25%下降至12.88%，2016年降至4.82%，2019年更是降至1%，为1969年以来最低。

财政是国家治理的基础和重要支柱，财政可持续关乎国家稳定和长治久安，

而财政收入又是财政可持续的前提和重要保障。减税降费给我国财政可持续带来严峻挑战，一般公共预算收支缺口率[①]逐年攀升。1994—2012年之前，只有少数年度（主要集中于1998年亚洲金融危机之后的2000—2003年）一般公共预算收支缺口率超过2%，但自2015年以来，一般公共预算收支缺口率急剧扩大，2015年突破3%，至2019年已经达到4.89%，一般公共预算收支平衡越发依赖于调入资金和债务，财政风险不断扩大。

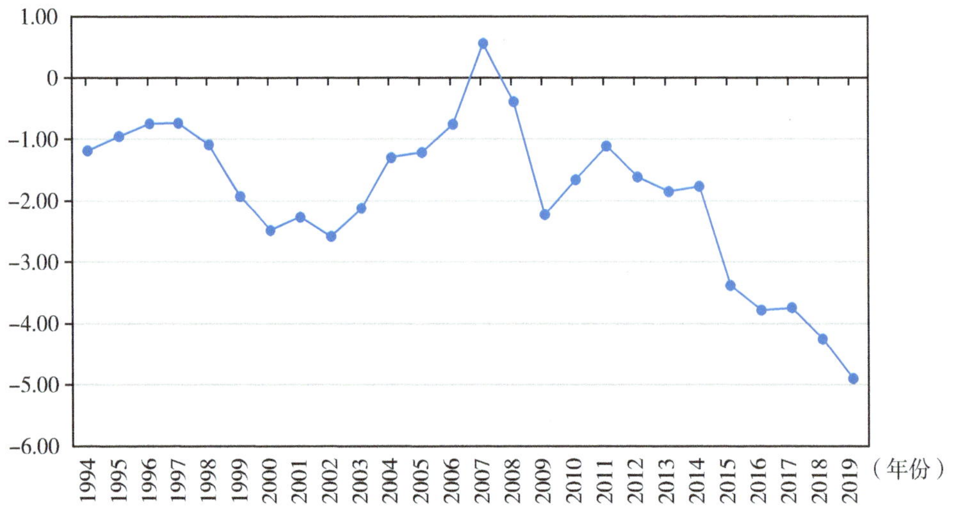

图4　1994—2019年我国一般公共预算收支缺口率

三、结构性改革呼唤结构性减税（费）

从目前宏观税负水平和财政风险来看，继续实施大力度的普遍性降税（费）的空间已经非常有限。同时未来国内外经济社会发展形势以及全面深化改革也给减税降费提出了新的要求。从发展的外部环境来看，突如其来的疫情必将对世界格局产生深远影响，世界大变局加速演变，世界经济严重衰退，国际贸易大大萎缩，外部发展环境的不确定性大大增加。国内发展的风险挑战前所未有，“三期叠加”影响持续深化，疫情放大了发展的困难与挑战。为此，减税降费政策既不能缺位，也不能越位，更需要统筹考虑长远与当前、发展与稳定、供给与需求，科学稳健把握减税降费的节奏和力度，优化减税降费方式，在多重目标中寻求动态平衡。

① 一般公共预算收支缺口率是指一般公共预算收入占GDP比重与一般公共预算支出占GDP支出的差额。

（一）在稳定宏观税负的背景下推进有增有减的结构性减税（费）

1. 宏观税负不宜再降

无论从哪个口径[①]来看，我国宏观税负水平在国际上并不算高，且近年来其演变趋势与世界主要发达经济体呈反向变化。2017年OECD国家平均宏观税负为34.2%[②]，创近年来历史新高，高于2000年的33.8%[③]和2007年的33.6%[④]。我国宏观税负水平低于OECD国家，2019年小、中、大口径的宏观税负分别为15.9%、19.2%以及34%[⑤]，近几年各口径宏观税负均呈现明显下降趋势，中口径宏观税负比近年最高点（2015年，22.5%）下降了3.3个百分点，小口径宏观税负降幅更大。尽管我国大口径宏观税负与OECD国家基本持平，但因占政府性基金收入大头[⑥]的土地出让金收入波动较大，且相当一部分要用于弥补土地开发成本，相应政府可统筹使用的财力占GDP的比重要低于30%。

无论从当前抗“疫”需要，还是从未来其他改革需要财政兜底以及进入老龄化社会政府支出增加的国际规律来看，未来财政支出压减空间有限，难度大，刚性财政支出必然要求财政收入规模和增速保持在一定水平之上，否则不断加剧财政风险或会拖累我国经济社会的改革、发展与稳定。

因此，无论从国际比较还是从国内财政收支矛盾来看，未来均需要保持各口径宏观税负的相对稳定。

2. 推进有增有减的结构性减税（费）

保持宏观税负相对稳定并不意味着不再实施减税降费，而是在保持宏观税负相对稳定的前提下实行有增有减的结构性减税（费），即通过税费制度（政策）的结构性调整，实现我国税制体系结构、税费收入结构、税源结构以及纳税人结构向更加均衡的方向发展。

---

① 一般而言，我国宏观税负有三个口径，即小、中和大口径。小口径宏观税负是指税收收入占GDP的比重，中口径宏观税负是指一般公共预算收入占GDP的比重，大口径是指政府收入（四本预算收入之和扣减重复计算部分）占GDP的比重。

②③④ 基于OECD网站数据计算得到。

⑤ 根据《关于2019年中央和地方预算执行情况与2020年中央和地方预算草案的报告》相关数据计算得到。

⑥ 2019年土地出让金收入为72 584.42亿元，占全国政府性基金收入的比重为85.9%。

结构性减税（费）既是应对当前新冠疫情带来的暂时的经济“断崖式”下跌之需，也是我国当前所处的“三期”叠加阶段所决定的，更是全面深化改革、推进国家治理体系和治理能力现代化的要求。

新冠疫情给全球经济带来“停摆式”冲击，据国际货币基金组织的最新预测，2020年全球GDP增长为-4.9%。我国2020年上半年经济增速为-1.6%，尽管随着疫情得到控制，各项宏观经济指标向好趋势明显，但绝大多数微观市场主体经营困难，处于“生死”边缘，仍需要减税降费政策为市场主体保驾护航，共克时艰。

我国正处于转变发展方式、优化经济结构、转换增长动力的攻关期，周期性、结构性、体制性问题相互交织，需要减税降费政策对冲经济周期性下行压力，更需要以税费政策调整顺应和引导经济结构性变革、以税费制度改革解决经济发展中深层次的体制性机制性问题。

税费制度是国家治理体系的重要组成部分，其制度设计的好坏，既关乎我国宏观调控制度是顺周期还是逆周期，也对生产要素流动和市场效率产生重要影响，还在一定程度上左右着我国宏观、微观收入分配格局，进而对政府治理能力和社会公平正义产生决定性影响。因此，结构性减税（费）是全面深化改革和推进国家治理体系和治理能力现代化的要求。

（二） 在寻求多重目标动态平衡中推进结构性减税（费）

税费的职能决定了税费政策调整要兼顾多重目标，结构性减税（费）要运用整体性思维，从系统论出发，统筹兼顾地推进结构性减税（费）。

——既要考虑结构性减税（费）的经济社会效应，更要重视财政可持续问题。在特殊时期，财政有必要成为经济社会风险的最后一道屏障，以财政风险为代价化解全社会风险，但财政风险过大也会影响发展和稳定，因此结构性减税（费）要充分考虑财政可持续问题，在确保满足财政支出基本需要的基础上，兼顾其经济社会效应。

——既要重视结构性减税（费）的逆周期调节作用，更要重视其在解决结构性、体制性问题中的作用。随着我国经济发展进入新常态，逆周期调节成为减税降费的首要目标，而我国经济增长放缓的深层次原因在于供需结构性错配以及体制机制改革不到位，结构性减税（费）恰能在这方面发挥更大的作用，比如通过更科学合理的增值税制度安排，减少其对生产者、消费者决策行为的“干扰”，提升市场运行效率；通过优化所得税制度（政策），提高个人和企业的创新意愿和创新能力，增强微观主体活力，促进实体经济和金融的良性循环，扩大中等收入群体，激活蛰伏的发展潜能，等等。

——既要重视相机决策的税费政策调整于经济发展的短期刺激性作用，更要注重税费制度作为制度环境变量于经济发展的长期动能作用。税费制度（政策）是市场运行的环境、外生变量，发挥着“制度搭台、市场唱戏”作用，这就要求税费制度要保持相对稳定，只有如此才能引导和稳定市场预期，将制度（政策）变动风险最小化，使得经营主体专注于应对市场风险，避免市场风险和制度风险叠加产生共振效应。

——既要重视作为宏观调控政策的阶段性减税降费政策的出台，更要重视作为宏观调控体制组成部分税费制度建设。1994年财税体制及其配套改革，初步搭建了在市场配置资源基础上的宏观调控机制，但内含于税费制度中的“自动稳定器”的逆周期宏观调控机制尚未建立，叠加税收收入考核机制，致使我国宏观调控机制在一定程度上表现出“顺周期”特点。因此，建立自动稳定的逆周期宏观调控机制是结构性减税（费）的当务之急。

——既要重视微观市场主体直接税费负担的减轻，更要注重微观市场主体运行成本以及全社会交易成本的降低。近年来减税降费政策无疑降低了微观市场主体的直接税费负担，但频繁政策调整以及政策的持续复杂化所引发的一系列管理、核算以及纳税成本，不但降低了使市场主体所获的“实在”好处，也会扰乱市场预期，增加全社会交易成本。因此，减税降费要兼顾直接税费负担和间接成本，更要考虑对市场预期和环境影响的隐性成本。

——既要重视居民个体消费能力的提升，更要重视全民整体性消费能力的增强。消费是人类生产的目的，也是经济发展的根本动力，社会整体消费能力既与个体居民收入有关，更与居民收入分配差距以及中等收入群体比重关系密切，因此结构性减税（费）不但要考虑减轻居民个体税费负担，更要考虑促进社会公平，有利于扩大中等收入群体。

因此，未来的结构性减税（费）更加关注解决结构性、体制性问题，更要着眼于建立自动稳定的宏观调控机制，重在创建公平统一制度环境，切实减轻微观市场主体各类直接、间接成本，降低全社会交易成本，提高资源配置效率。

（三）在深化税制改革中推进结构性减税（费）

阶段性税费政策调整无法实现上述多重目标，上述结构性减税（费）目标需要通过制度改革予以实现，即按照十八届三中全会以及十九届四中全会关于完善现代税收制度体系的要求，统筹整体设计“一揽子”改革方案，分步实施，协调推进，实现我国税费体系的结构性转换。

1. 构建以增值税和个人所得税为主体的复合税制体系，实现我国税收体系的结构性转变

从收入功能看，我国税收体系呈现出明显的“一税独大、结构失衡”特征，这种税制结构特征的弊端愈发明显。

首先，增值税长期处于“绝对优势”地位，受到过度关注。尽管经过多轮减税改革后，2019年国内增值税收入占全部税收收入的比重仍达到39.5%（占GDP的比重为6.3%）。目前增值税已然为各相关主体利益诉求的主要焦点和载体，各级政府收入仰仗于它，财税部门管理重点聚焦于它，纳税人的纳税事务和税费成本集中于它，任何一次政策调整都牵动各方神经，带来激烈博弈，致使改革推进异常艰难，或使改革迟迟不能完全到位，或为平衡各方利益而在改革中增加了诸多“补丁性”政策，影响税制的科学性与稳定性，进而影响我国市场配置资源效率的发挥。

其次，个人所得税长期处于“弱势”地位。2019年个人所得税收入占全部税收收入的比重仅为6.6%，占GDP的比重仅为1.1%，而OECD国家个人所得税收入占GDP比重均在6%以上，这不但使得我国税收调节收入分配的功能“缺位”，还造成我国宏观调控机制的自动稳定性能力不足，不利于中等收入群体的形成和扩大，进而影响我国消费市场潜能的释放。

为此，当前这种增值税“一支独大”的税收体系格局迫切需要改变。建立以增值税和个人所得税的双主体税收体系结构，既是深化我国宏观调控制度体系改革的需要，也是推进我国供给侧结构性改革的需要，还是增强我国微观主体活力、提升我国市场运行效率的需要，更是我国实现治理体系和治理能力现代化的需要。

2. 倡导纳税人之间以不含税价签订合同，为深化增值税改革创造环境

增值税是我国最大的税种，覆盖全部市场主体，且参与初次分配，它直接关系到我国市场主体成本负担、市场配置资源的基础性作用发挥程度以及社会交易

成本的高低。

从理论上分析，消费型增值税的最大特点是“中性”，其具体含义是增值税负担不因生产环节多寡、分工粗细而增加，增值税对纳税人的收入、成本以及利润不产生影响，相应纳税人在其中承担着“代付”“代收”以及“代缴”功能，增值税是“流经、穿透”纳税人而最终至消费者。

按照上述理论的分析，纳税人不会关心、关注增值税政策调整，不会对政策调整有“反应”，但事实上我国增值税改革或因纳税人反对而受阻，政策调整或缘起于纳税人的诉求。这种与理论不相符、与国外实践不一致的增值税改革的“国情效应”既与我国目前增值税税制不完善有关（具体分析见下文），更与我国纳税人间签订合同时价格标注的“国情特色”有关，即纳税人之间习惯于以包含增值税的价格签订合同。这种方式带来两种效应，一是纳税人（尤其是管理层）想当然地将合同价等同于其收入，认为缴纳增值税是将其经营收入的一部分让渡给政府，因此增值税是其缴纳，由其负担，增值税缴纳越多，其利润空间越小；二因含税价在合同中已经相对固定，在增值税税率调整时，纳税人的销项税额和进项税额随之变动，客观上对纳税人的营业收入（含税合同价扣除销项税额）、成本（含税合同价扣除进项税）以及利润形成了实质性影响。甚至在极端情况下，增值税改革（如税率调整）还可能成为产业链上下游价格调整的“借口”或“导火索”，使诸如希望让利于小微企业的增值税减免政策在实际执行中打了折扣，甚至“好心办坏事”。正是这个原因，我国市场主体对增值税政策调整非常“敏感”，从而阻碍我国增值税改革的顺利推进。

为此，应积极倡导纳税人之间以不含税价签订合同，一方面可以有效纠正各界对增值税的认识误区，消除改革阻力，有效缓解增值税改革带来的短期不利影响，为进一步加快增值税改革、消除增值税对资源配置效率影响的制度性障碍创造环境。当然，改革必然会涉及利益调整，增值税改革会对市场价格以及供需关系产生短期影响，但以不含税价签订合同可以从制度上、机制上保证增值税改革对市场不利影响的最小化。

3. 优化增值税制度，提高增值税“中性”程度

科学合理的增值税制度安排是实现增值税“中性”特点的保证，如税基要尽量宽广，税率要尽量统一，留抵税款要及时、足额退还，中间环节没有税收优惠等。基于理想与现实的差距，未来我国增值税改革要从以下几个方面着手：

首先是加快实施增值税税率简并改革，形成“1档标准税率+1档优惠税率”的税率格局。尽管从税率档次上看，目前仅有3档税率，但三档并两档的改革并非简单地将其中一档取消。我国两档税率改革目标实质是“绝大多数商品和服务适用标准税率，而少数商品服务适用低税率”的改革，而非简单地取消或归并一档税率。

从我国增值税税率现状来看，事实上存在两档基本税率，即13%和6%。目前绝大多数服务适用6%的税率，且产生的收入占国内增值税收入的比重在40%以上。目前这种税率格局带来的问题较多，不但大大增加纳税人核算和遵从成本，更重要的是不符合增值税“中性”要求，不利于企业公平竞争。为此，增值税税率简并的关键在于商品和服务税率的统一。

其次加快建立增值税留抵退税制度。自2018年5月份我国开始试点实施增值税留抵税额退税政策，但目前仍适用增量留抵退税和比例退税，即仅与2019年3月底相比新增加的期末留抵税额按照60%的比例退税，并未真正建立留抵退税制度。对留抵税额实行100%退税是消费型增值税制度的内在要求，也是企业不承担增值税负担的必要保证，因此建立留抵税额退税制度不但是结构性减税的需要，更是优化税制的要求。

最后是大力清理增值税优惠政策。增值税为生产税，其最大优点在于“中性”，再加之税负转嫁特点，不适于进行税收优惠安排，否则会导致抵扣链条中断，出现重复征税问题。而我国增值税在近30年的历次改革中，为达成改革共识，减少改革阻力，陆续出台了诸多税收优惠政策。在最新营改增试点改革文件《关于全面推开营业税改征增值税试点的通知》（财税〔2016〕36号）中，以附件2的形式列示了从营业税平移过来的优惠政策或改革过渡性政策，多达40多项，再加之原增值税的一些免征、即征即退以及地方的税收返还政策，预计可达百项。这些政策不但侵蚀了税基，减少财政收入，还不利于增值税中性特点发挥和公平竞争环境的创造，大大增加了征管风险。曾有企业谈到，“哪里有增值税优惠（返还），哪里就有增值税专用发票虚开”，因此必须下大力气清理增值税税收优惠政策。

4. 继续推进综合与分类相结合的个人所得税改革，充分发挥其对经济发展和社会稳定方面的作用

2019年我国个人所得税改革向“综合税制”迈出了关键性的一步，税制改革带来与其相匹配的征收管理方式的“颠覆性”转变，这为未来税制优化奠定了征

管基础。

个人所得税“主税种”地位主要体现于构建自动稳定宏观经济调控制度体系、扩大中等收入群体、筹集财政收入以及调节个人收入分配四个方面。以此标准来看，目前个人所得税制度尚不完善，税制仍为“小综合、大分类”模式，未能完全体现量能纳税原则；扣除制度不完善，影响个人所得税覆盖面，进而影响其调节收入分配能力的发挥；资本性所得以及财产性所得的比例税率无法体现个人所得税的累进性特点；合伙企业比照个体工商户的征税办法与合伙企业的发展现状远不适用，合伙企业的“穿透税制”尚未真正建立，影响我国中小投资者的积极性以及资本市场的运行效率，等等，因此我国未来个人所得税改革应在上述几个方面有所突破。

5. 尽快实施消费税部分税目征收环节后移和收入划分改革，充分发挥其筹集财政收入能力，缓解地方财政压力，提升地方财政收支的“匹配度”

从收入规模上看，消费税是我国第三大税种，2019年国内消费税收入为1.25万亿元，占全部税收收入的比重为8%，收入能力较强。十八届三中全会公报明确提出“调整消费税征收范围、环节、税率”的改革要求。为此，应尽快实施消费税制度和收入划分改革，充分发挥其筹集财政收入（尤其是地方财政收入）的能力。

从消费税的税目来看，多数税目具有“受益性”和“负外部性”特点。典型如烟酒，烟酒消费量大的地区，由烟酒消费导致的卫生支出相对较高，汽车和成品油消费量大的地区，其交通治理成本则会更高，而将烟酒、汽车以及成品油消费收入下划地方政府，可充分体现地方财政收入的“受益性”原则，提高地方财政收支的“匹配度”。

从消费税收入结构来看，卷烟消费税收入占比在50%以上，再加上成品油和汽车消费税，三税目消费税收入占比可达80%以上，同时我国卷烟消费税负担[①]远低于其他国家，仍有很大提高空间，所以未来消费税后移征收环节和收入划分改革的重点在卷烟、成品油和汽车三个税目上。目前卷烟消费税收入下划地方的改革存有较大争议，认为卷烟消费税收入下划地方不利于“控烟”，无法实现“寓禁于征”的目标。实际上，将批发环节而非生产环节卷烟消费税收入下划给地方不会影响“控烟”，因为各地区批发环节卷烟消费税收入多寡仅取决于本地区烟

① 卷烟消费税负担是指烟草消费税占烟草零售价格的比重。

民数量和卷烟价格，地方政府没有能力对千千万万烟民的消费行为进行干预，反倒是因收入归属地方调动了地方加强征管的积极性，实现应收尽收，在一定程度上有利于“控烟”。

附　　表

2008—2019 年政府工作报告关于减税降费的表述摘录

年度	当年政府工作报告中确立的工作目标	次年政府工作报告中相关总结
2008	全面实施《企业所得税法》。改革资源税费制度，完善资源有偿使用制度和生态环境补偿机制。继续推进增值税转型改革试点，研究制定在全国范围内的实施方案。	把宏观调控的着力点防止经济增速过快下滑，实施积极的财政政策和适度宽松的货币政策，三次提高出口退税率，暂免储蓄存款利息个人所得税，下调证券交易印花税，降低住房交易税费。
2009	实行结构性减税，扩大国内需求。实行结构性减税和推进税费改革。采取减税、退税或抵免税等多种方式减轻企业和居民税负，促进企业投资和居民消费，增强微观经济活力。	减半征收小排量汽车购置税，减免住房交易相关税收，着力扩大居民消费。增值税转型全面实施。成品油价格和税费改革顺利推进。
2010	继续实施结构性减税政策，促进扩大内需和经济结构调整。同时要依法加强税收征管和非税收入管理，严厉打击偷骗税行为，做到应收尽收。	小排量汽车购置税按照 7.5% 征收；对部分小型微利企业实行所得税优惠政策。
2011	继续实施积极的财政政策。继续实施结构性减税，依法加强征管。合理调整收入分配关系。提高个人所得税工薪所得费用扣除标准，合理调整税率结构，切实减轻中低收入者税收负担。推进重点领域改革，在一些生产性服务业领域推行增值税改革试点，推进资源税改革。	加大结构性减税力度，重点支持实体经济特别是小型微型企业。

续表

年度	当年政府工作报告中确立的工作目标	次年政府工作报告中相关总结
2012	继续实施积极的财政政策。实施结构性减税。认真落实和完善支持小型微型企业和个体工商户发展的各项税收优惠政策，开展营业税改征增值税试点。继续对行政事业性收费和政府性基金进行清理、整合和规范。	
2013	积极实施积极的财政政策。结合税制改革完善结构性减税政策。重点是加快推进营业税改征增值税试点工作，完善试点办法，适时扩大试点地区和行业范围。要进一步完善社会主义市场经济体制。加快财税体制改革，构建地方税体系，促进形成有利于结构优化、社会公平的税收制度。	
2014	抓好财税体制改革这个重头戏。推进税制改革，推进营改增试点的行业范围，推动消费税、资源税改革、做好房地产税、环境保护税立法相关工作。	有效实施积极的财政政策和文件的货币政策。实行定向减税和普遍性降费，拓宽小微企业税收优惠政策范围，扩大“营改增”试点。
2015	稳定和完善宏观经济政策。继续实施积极的财政政策和稳健的货币政策，更加注重预调微调，更加注重定向调控，用好增量，盘活存量，重点支持薄弱环节。以微观活力支撑宏观稳定，以供给创新带动需求扩大，以结构调整促进总量平衡，确保经济运行在合理区间。积极的财政政策要加力增效。继续实施结构性减税和普遍性降费，进一步减轻企业特别是小微企业负担。	着力稳增长调结构防风险，创新宏观调控方式。为应对持续加大的经济下行压力，我们在区间调控基础上，实施定向调控和相机调控。积极的财政政策注重加力增项，扩大结构性减税范围，实行普遍性降费。财税金融等重点改革深入推进。营改增稳步实施，资源税从加计征范围扩大。

续表

年度	当年政府工作报告中确立的工作目标	次年政府工作报告中相关总结
2016	稳定和完善宏观经济政策，保持经济运行在合理区间。积极的财政政策要加大力度。适度扩大财政赤字，主要用于减税降费，进一步减轻企业负担。一是全面实施营改增，确保所有行业税负只减不增；取消违规设立的政府性基金，停征和归并一批政府性基金，扩大水利建设基金等免征范围。将 18 项行政事业性收费的免征范围，从小微企业扩大到所有企业和个人。实施上述政策，将减轻企业和个人负担 5 000 多亿元。加快财税体制改革，把适合作为地方收入的税种下划给地方，在税政管理权限方面给地方适当放权。全面推开资源税从价计征改革。依法实施税收征管。着力实施创新驱动发展战略。落实企业研发费用加计扣除和加速折旧政策，完善高新技术企业、科技孵化器等税收优惠政策。完善股权期权税收政策和分红奖励办法，鼓励科研人员创业创新。增强消费拉动经济增长的基础作用。降低部分消费品进口关税、增设免税店。	
2017	积极实施积极的财政政策和稳健的货币政策，在区间调控基础上加强定向调控、相机调控，提高预见性、精准性和有效性。财政政策要更加积极有效。进一步减税降费，全年再减少企业税负 3 500 亿元左右、涉企收费约 2 000 亿元，一定要让那个市场主体有切身感受。必须把改善供给侧结构作为主攻方向，通过减政减税、放宽准入、鼓励创新，持续激发微观主体活力，减少无效低效供给、扩大有效供给、更好适应和引导需求。多措并举降成本。扩大小微企业享受减半征收所得税优惠的范围，年应纳税所得额上限由 30 万元提高到 50 万元；科技型中小企业研发费用加计扣除比例由 50% 提高到 75%。千方百计使结构性减税力度和效应进一步显现。大幅降低非税负担，一是全面清理规范政府性基金、取消城市公用事业附加等基金，授权地方政府自主减免部分基金；二是取消或停征中央涉企行政事业性收费 35 项，收费项目再减少一半以上；三是减少政府定价的涉企经营性收费，清理取消行政审批中介服务违规收费；四是继续适当降低“五险一金”有关缴费比例；五是推进财税体制改革。落实和完善全面推开营改增政策。简化增值税税率结构，今年由四档税率简并至三档，营造简洁透明、更加公平的税收环境，进一步减轻企业税收负担。	

续表

年度	当年政府工作报告中确立的工作目标	次年政府工作报告中相关总结
2018	深入推进供给侧结构性改革。坚持把发展经济着力点放在实体经济上，继续抓好”三去一降一补“，大力减政减税减肥，不断优化营商环境，进一步激发市场主体活力，提升经济发展质量。进一步减轻企业税负。改革完善增值税制度，改革完善增值税制度，按照三档并两档调整税率水平，重点降低制造业、交通运输等行业税率，提高小规模纳税人年销售额标准。大幅度扩展享受减半征收所得税优惠政策的小微企业范围。大幅度提高企业新购入仪器设备税前扣除上限。实施企业境外所得综合抵免政策。扩大物流企业仓储用地税收优惠范围。继续实施企业重组土地增值税、契税等到期优惠政策。全年再为企业和个人减税 8 000 多亿元，促进实体经济转型升级，着力激发市场活力和社会创造力。大幅降低企业非税负担。大幅降低企业非税负担。进一步清理规范行政事业性收费，调低部分政府性基金征收标准。继续阶段性降低企业“五险一金”缴费比例。降低电网环节收费和输配电价格，一般工商业电价平均降 10%。深化收费公路制度改革，降低过路过桥费用。加大中介服务收费清理整顿力度。全年要为市场主体减轻非税负担 3 000 多亿元，不合理的坚决取消，过高的坚决降下来，让企业轻装上阵、聚力发展。 促进大众创业、万众创新上水平。支持优质创新型企业上市融资，将创业投资、天使投资税收优惠政策试点范围扩大到全国。增强消费对经济发展的基础性作用。将新能源汽车车辆购置税优惠政策再延长三年，全面取消二手车限迁政策。促进外商投资稳定增长。实施境外投资者境内利润再投资递延纳税。稳步提高居民收入水平。提高个人所得税起征点，增加子女教育、大病医疗等专项费用扣除，合理减负，鼓励人民群众通过劳动增加收入、迈向富裕。	创新和完善宏观调控，经济保持平稳运行。坚持实施积极的财政政策，着力减税降费、补短板调结构。下调增值税税率，扩大享受税收优惠小微企业范围，出台鼓励研发创新等税收政策。全年为企业和个人减税费约 1.3 万亿元。
2019	继续创新和完善宏观调控，确保经济运行在合理区间。实施更大规模。普惠性减税与结构性减税并举，重点降低制造业和小微企业税收负担。深化增值税改革，将制造业等行业现行 16% 税率降至 13%，将交通运输业、建筑业等行业现行 10% 税率将至 9%，确保主要行业税负明显降低；保持 6% 一档的税率不变，但通过采取对生产、生活性服务业增加税收抵扣等配套措施，确保所有行业税负只减不增，继续向推进税率三档并两档、税制简化方向迈进。向迈进。抓好年初出台的小微企业普惠性减税政策落实。这次减税，着眼“放水养鱼”、增强发展后劲并考虑财政可持续，是减轻企业负担、激发市场活力的重大举措，是完善税制、优化	改革迈出重要步伐。供给侧结构性改革继续深化，重要领域改革取得新突破。减税降费 2.36 万亿元，超过原定的近 2 万亿规模，制造业和小微企业受益最多。实施援企稳岗，减免部分税费，免收所有收费公路通行费。

续表

年度	当年政府工作报告中确立的工作目标	次年政府工作报告中相关总结
2019	收入分配格局的重要改革，是宏观政策支持稳增长、保就业、调结构的重大抉择。明显降低企业社保缴费负担。确保减税降费落实到位。减税降费直击当前市场主体的痛点和难点，是既公平又有效率的政策。全年减轻企业税收和社保缴费负担近 2 万亿元。切实让市场主体特别是小微企业有明显减税降费感受。进一步把大众创业万众创新引向深入。强化普惠性支持，落实好小规模纳税人增值税起征点从月销售额 3 万元提高到 10 万元等税收优惠政策。推动消费稳定增长。多措并举促进城乡居民增收，增强消费能力。落实好新修订的个人所得税法，使符合减税政策的约 8 000 万纳税人应享尽享。	
2020	加大宏观政策实施力度，着力稳企业保就业。加大减税降费力度。强化阶段性政策，与制度性安排相结合，放水养鱼，助力市场主体纾困发展。公共交通运输、餐饮住宿、旅游娱乐、文化体育等服务增值税，减免民航发展基金、港口建设费，执行期限全部延长到今年年底。小微企业、个体工商户所得税缴纳一律延缓到明年。预计全年为企业新增减负超过 2.5 万亿元。要坚决把减税降费政策落到企业，留得青山，赢得未来。	

欧盟地区和美国税收发展情况

我们搜集整理了欧盟和美国的最新税收收入数据，并对其进行简要分析。

一、欧盟地区税收发展情况分析（2017）

欧盟是地区一体化的先导者，其一体化程度最高，对全球一体化的影响也最为深远。欧盟也是现代税收制度中两大税种——增值税和所得税的发源地，其税收变革在一定程度上左右着全球税制改革与发展趋势。于中国而言，欧盟是中国最重要的贸易伙伴之一，也是我国增值税制度改革的主要样板。本部分主要介绍2017年欧盟地区税收总体情况。

（一）宏观税负水平和趋势

相较于其他发达经济体，欧盟的税收收入水平仍然很高

2017年，欧盟28国的税收和强制性社会保险缴费占国内生产总值（GDP）的39%。如图1所示，相较于其他发达经济体，欧盟税收收入占GDP比重很高：比

本章执笔人：梁季　陈少波　冯兰淇

美国高出约11.9%，比日本2016年的数据高出约8.4%，同时也明显高于新西兰（32%）、加拿大（32.2%）、澳大利亚（27.8%）、瑞士（28.5%）和韩国（26.9%）。欧盟公布的平均的税收收入占GDP的比重几乎与挪威相同。2016年，由于冰岛对金融公司征收一次性金融稳定费（约占15%），使其税收占GDP比重特别高（最新数据为50.5%）。

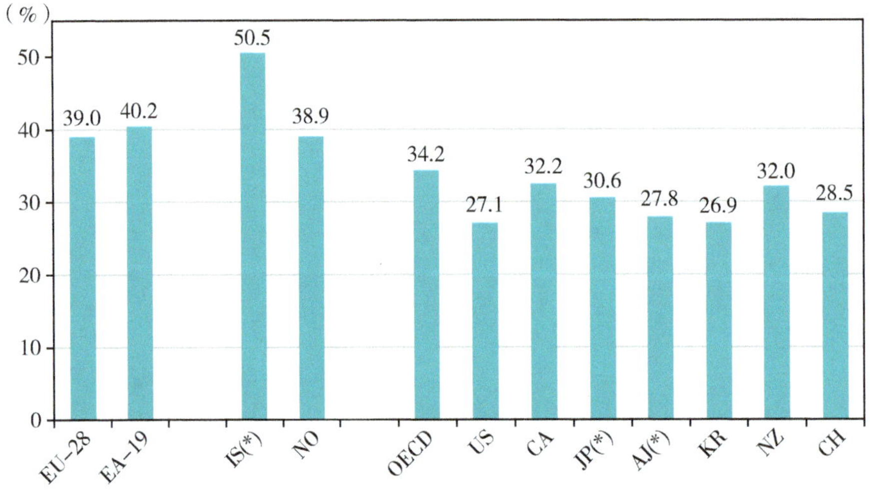

图1　2017年欧盟和一些其他国家的税收收入（包括社保缴费）占GDP的比重

注：1.（*）是2016年的数据。

2. 一些其他国家指美国（US）、加拿大（CA）、日本（JP）、澳大利亚（AU）、韩国（KR）、新西兰（NZ）、瑞士（CH）。

资料来源：基于欧盟统计局和OECD数据的DG Taxation和Customs Union。

2017年欧盟税收收入占GDP的比重小幅上升

2017年，欧盟28国的税收收入占GDP的比重为39.0%，比2016年的38.7%略有增长（见图2）。2017年，欧元区的这一比重也比2016年的40%略微上升了约0.2%。因此，欧盟28国和欧元区的税收收入都要高于过去10年。

2017年，欧盟中16个成员国的税收收入占GDP的比重有所增长，其中塞浦路斯（1.1%）、卢森堡（0.8%）和斯洛伐克（0.8%）增长最为明显。在另外11个成员国中，税收收入占GDP的比重有所下降，其中匈牙利（1%）和罗马尼亚（0.9%）下降幅度最大。

欧盟各成员国的税收收入水平差异很大（见图3），法国（46.5%）、丹麦（45.7%）和比利时（44.9%）的税收收入占GDP的比重最高，爱尔兰（23%）和罗马尼亚（24.9%）则最低。

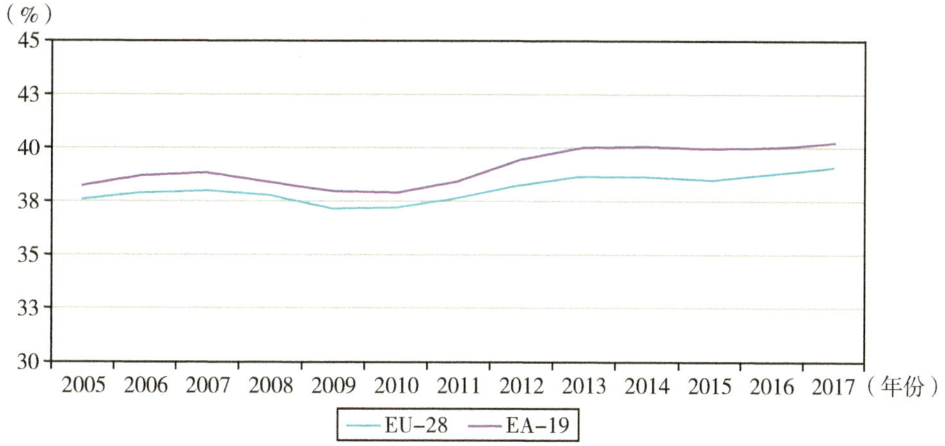

图 2　2005—2017 年欧盟 28 国和欧元区 19 国税收收入（含强制性社保缴费）占 GDP 的比重

资料来源：基于欧盟统计局数据的DG Taxation和Customs Union。

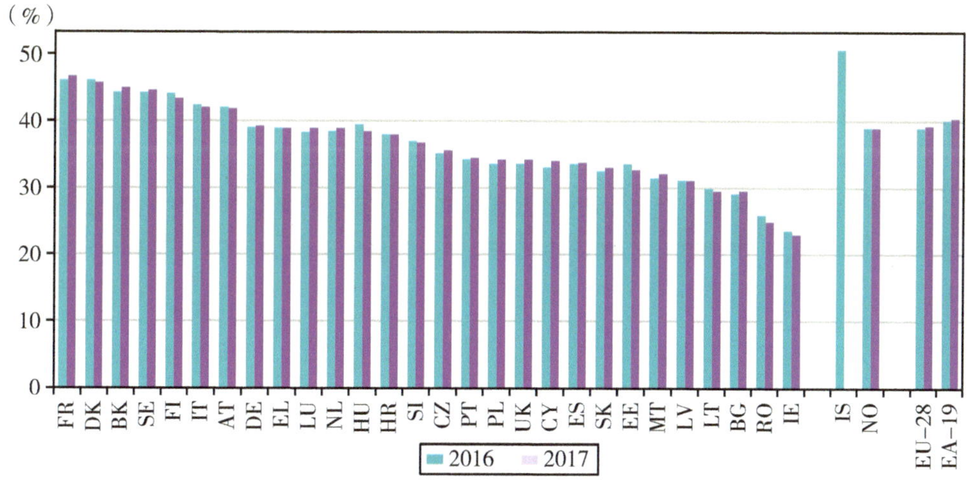

图 3　2016 年和 2017 年欧盟各国（含欧元区国家）税收收入（包括强制性社保缴费）占 GDP 的比重

资料来源：基于欧盟统计局数据的DG Taxation和Customs Union。

（二）税收收入结构：基于政府层级的视角

从政府间收入结构看，2017年欧盟28国的政府收入（含社保缴费）中，中央（联邦）政府收入占比为52.3%，社保收入占比为30.6%，地方（含州级政府）政府收入占比为16.6%（见图4）。[1]欧盟收入占比不足1%（主要是增值税收入，以及关税和农业税）。成员国间税收收入在政府层级之间分配的差异较大。例如，一些成员国实行联邦制或给予地方极大程度的财政自治权（比利时[2]、德国、奥地利、西班牙）。在英国和马耳他，社会保障与中央政府收入统一核算，而在丹麦，社会保障资金大多来自一般性的税收，这意味着大量的政府内部收入转移到社会保障资金。

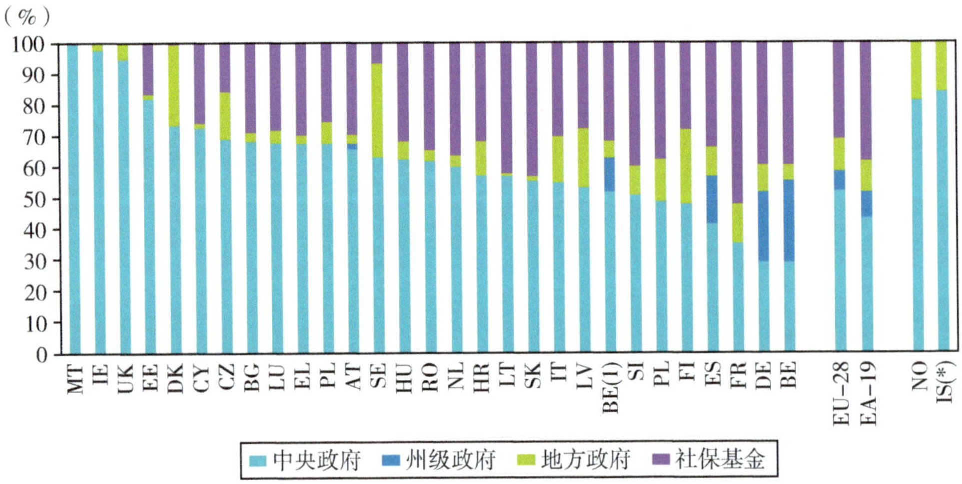

图4　2017年欧盟各国（含欧元区国家）各级政府收入占总税收收入的比重

注：（*）是2016年的数据。欧洲国家和地区账户体系（ESA，2010年）提供的国家账户，不同于“最终收到的收入”。在《2010年ESA国民账户》中，社会保障基金子部门不区分为IE、MT、UK和NO。

资料来源：基于欧盟统计局数据的DG Taxation和Customs Union。

次中央政府（即市级和州级）税收收入的占比从大约1%到略低于1/3不等。然而，政府各下属部门所记录的税收数额并不能完全反映财政自治程度，因为政府的各下属部门可能有（合法）权利从其他下属部门接受“其他经常性转移支付”或其他收入。在一些欧盟成员国中，地方分权早在很多年前就已经成为一个重要的特征了。

① 在分析政府集权或分权问题时，应谨慎使用所采集的税收数据。特别是，按政府级别划分的分类细目通常是不同的，这取决于人们如何看待税收数据、总收入数据或政府总支出。

② 对于比利时而言，政府各子部门要报送两类税收数据，即“最终收到的税收”和根据ESA的2010年规则转交给欧盟统计局的税收。为了编制欧盟和欧元区的总量数据，比利时使用了国民账户定义。为提供一般政府子部门的“最终收到的税款”，则使用了附加数据。

（三）税收收入结构：基于税种分类的视角

传统意义上，税可划分为直接税和间接税。直接税是指通过纳税评估单（a notice of assessment）对自然人或法人的具有连续性的收入和财富直接征收的税，如个人所得税、企业所得税或财富税。间接税是指对某种物品或者偶然性（临时性）的法律行为征收的税，且纳税人是与这些物品或法律行为相关的法人或自然人，但他们仅对这些物品或行为负有“中介”责任，而非最终责任人，因此这些人往往是纳税人，但并不是负税人，因此这类税种具有间接性质，如增值税、进口关税或消费税。雇主和雇员通过社会保险计划缴纳强制性的社会保险费，该计划涵盖养老金、医疗保健和其他福利。

欧盟各成员国的税收结构差异显著

欧盟各成员国的税收结构差别很大。丹麦的直接税占总税收的比例最高（65.4%），爱尔兰、马耳他、瑞典和英国紧随其后。挪威和冰岛也有相对较高的直接税份额。一般而言，这些国家的社保缴费占总税收的比例相应较低。在丹麦，社保缴费份额极低有一个特殊的原因：大多数社保福利开支的资金来自一般性的税收，这需要很高的直接税水平，事实上，丹麦的直接税占总税收的比例是欧盟中最高的。相比之下，斯洛伐克和捷克的社保缴款在总税收中所占比例较高，而直接税收所占比例相对较低（见图5、图6、图7）。

一些成员国的直接税份额很低。这其中许多成员国采用了比例税（flat-rate）制度，从而导致这些成员国直接税税率大幅下降，直接税占比低相应使得间接税占比［（如克罗地亚（52%）、保加利亚（51.3%）和匈牙利（47.4%）］或社保税占比［（如斯洛伐克（44.1%）、捷克（42.5%）和立陶宛（41.5%）］高。

（四）税收收入结构：基于税基分类的视角

自金融危机以来，劳动税份额略有下降，而资本税和消费税份额则有所增加

按税基类型（消费、劳动、资本）划分的税负分配情况如图8所示。总体而言，劳动税占总税收的比例最大（2017年为49.7%），其次是消费税（28.3%）和资本税（21.9%）。2007—2009年，劳动税在总税收收入中所占的比例持续上升，达到51.9%；2010—2015年逐步下降至49.6%，与危机前的水平相似；2015—2017

图 5　2017 年欧盟各国（含欧元区国家）间接税收入占税收总收入的比重

图 6　2017 年欧盟各国（含欧元区国家）直接税收入占税收总收入的比重

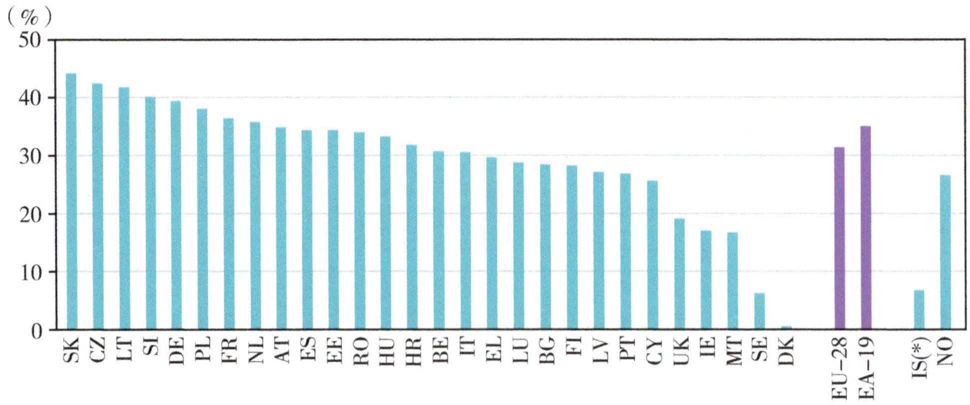

图 7　2017 年欧盟各国（含欧元区国家）社保收入占税收总收入的比重

注：（*）是2016年的数据。

资料来源：基于欧盟统计局数据的DG Taxation和Customs Union。

年这一比例已经稳定下来。资本税占比在2007—2010年下降后，2017年已增长至21.9%，比2010年的低位水平增长了1.8%。与此同时，消费税在2008年和2009年也有所下降，但自2010年以来变化不大，2017年降至28.3%。

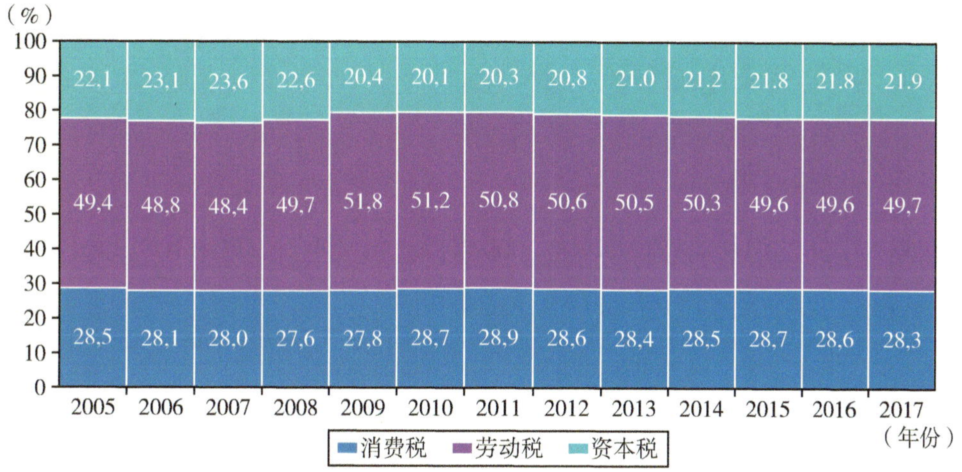

图8　2005—2017年欧盟地区按税基类型划分的税种占总税收比例

注：由于四舍五入，部分数字加起来未达到100%。

资料来源：基于欧盟统计局数据的DG Taxation和Customs Union。

成员国间税收收入的税基结构差异较大

但是，各成员国间的税基结构差别很大（见图9）。一些成员国的消费税收入

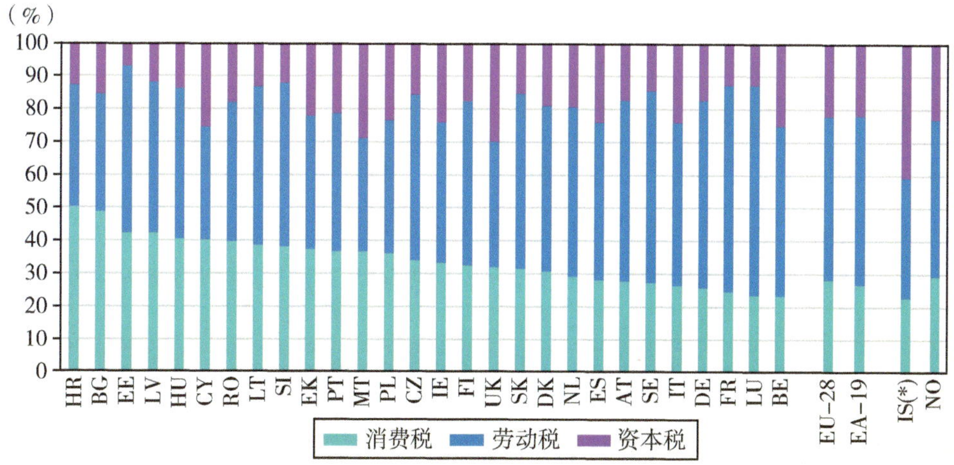

图9　2017年欧盟各国（含欧元区国家）按税基类型划分的税种占总税收比例

注：（*）是2016年的数据。

资料来源：基于欧盟统计局数据的DG Taxation和Customs Union。

比例往往较高，而劳动税收入比例略低。克罗地亚和保加利亚最具代表性，它们大约一半的收入来自消费税。资本税占比从25%以上（卢森堡、英国、马耳他、塞浦路斯和比利时）到不及10%（爱沙尼亚）不等。相比较股票交易所得税而言，资本和经营所得税收入更为重要。

（五）对消费支出的征税情况分析

2017 年隐性消费税率（Implicit Tax Rate，ITR）持续上升

欧盟27国[1]的隐性消费税率[2]自2009年以来持续上升（见图10），2017年达到20.7%，目前与欧元区的税率（20.6%）基本相同。

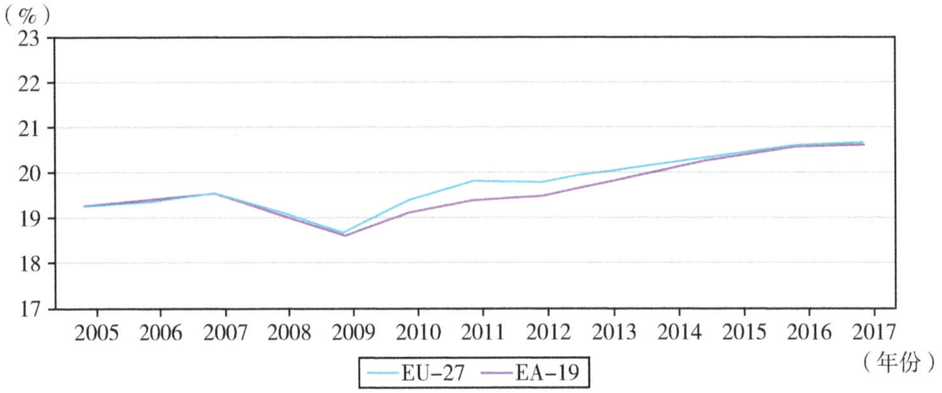

图 10　2005—2017 年欧盟 27 国和欧元区 19 国隐性消费税率变化

注：欧盟27国（EU-27）数据代表除克罗地亚以外的所有欧盟成员国（EU-28）。

资料来源：基于欧盟统计局数据的DG Taxation和Customs Union。

欧盟28国隐性消费税占总税收的百分比，2016年为28.6%，2017年降至2009年以来的最低值28.3%。其中2016—2017年，12个成员国的隐性消费税率上升，12个国家下降，其余国家则保持不变；马耳他（0.9%）和波兰（0.7%）税率增长最多，罗马尼亚（1.4%）则税率减少最多。

① 欧盟 27 国指除克罗地亚以外的所有欧盟成员国。

② 隐性消费税税率是所有消费税收入与家庭最终消费支出的比率。

各国消费税构成存在显著差异

增值税通常占隐性消费税的2/3到3/4（见图11）。在瑞典，增值税占隐性消费税的75%以上，为欧盟最高；而希腊该比例为55.8%，为欧盟最低。

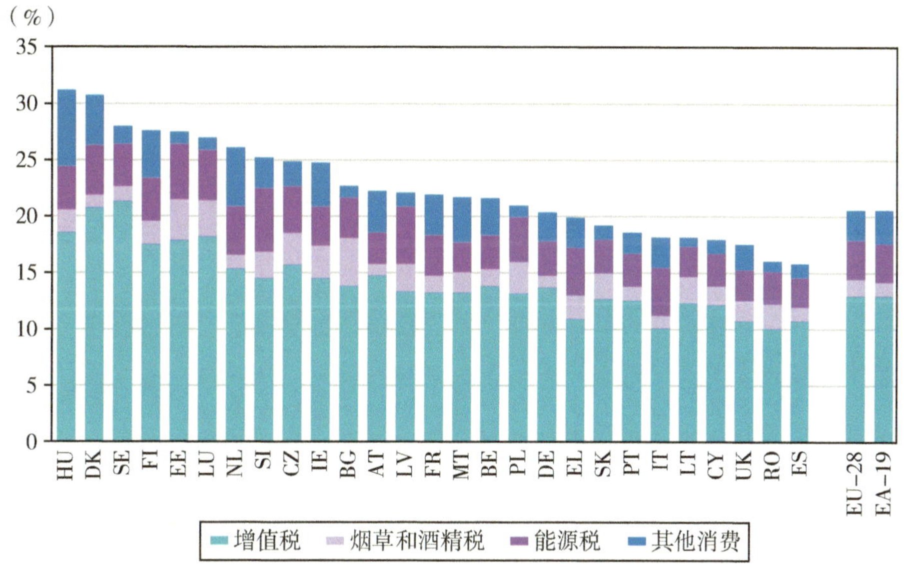

图11　2017年欧盟各国隐性消费税构成

资料来源：基于欧盟统计局数据的DG Taxation和Customs Union。

除增值税外，隐性消费税的其他组成部分也很重要。平均来看，欧盟的能源税约占隐性消费税的16.5%，其主要为矿物油的消费税。对意大利、斯洛文尼亚和拉脱维亚而言，能源税是隐性消费税中相对重要的一部分，但其对马耳他、匈牙利和奥地利的隐性消费税贡献最小。再其次就是烟草和酒精的消费税，占欧盟平均隐性消费税的6.9%。

2019年初增值税标准税率没有变化

2019年初，欧盟28国的增值税平均标准税率为21.5%，与2017年和2018年相同（见图12）。2019年1月，没有任何成员国改变其增值税标准税率。增值税标准税率经过2009—2013年大幅提高之后，从2014年开始一直非常稳定。增值税标准税率最高的国家是匈牙利（27%），其次是克罗地亚、丹麦和瑞典（均为25%），标准税率最低的是卢森堡（17%）和马耳他（18%）。

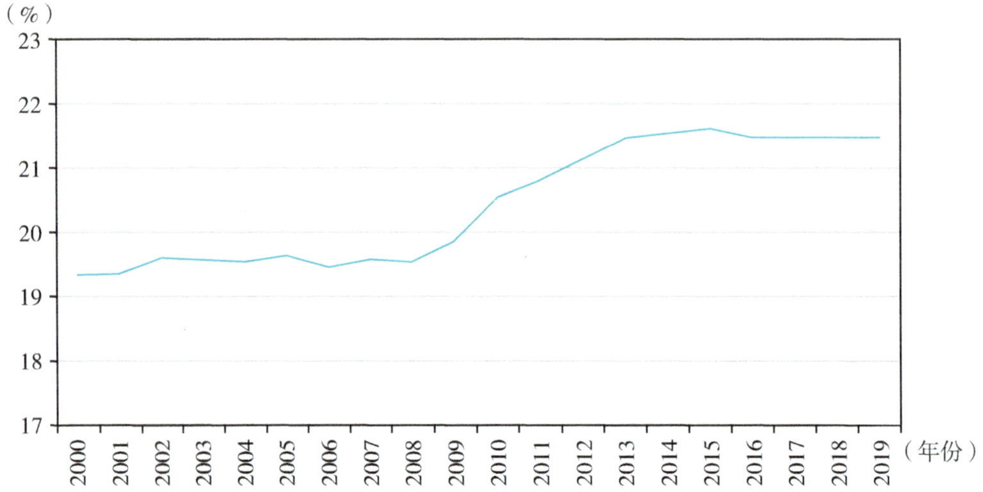

图 12　2000—2019 年欧盟地区增值税平均标准税率变化

资料来源：DG Taxation 和 Customs Union。

（六）对劳动工作征税的情况分析

2017 年欧盟劳动工作税的收入占 GDP 的比重略有上升

2017年欧盟28国劳动工作税（Taxation of labour）的收入占GDP的比重为19.4%，而2016年该值为19.2%，这是因为雇主和雇员缴税额有所增加。2007—2009年，劳动工作税的收入占GDP的比重从18.4%攀升至19.2%，在2013年达到峰值（19.5%）。然而，欧盟劳动工作税的收入占总税收的比重自2010年（51.2%）以后有所下降，2017年该值为49.7%。2017年，大多数（15个）成员国劳动工作税的收入占GDP的比重高于2016年，其中希腊上升（0.8%）最大，芬兰减少（1%）最多。

2019 年欧盟个人所得税最高税率（简单平均值）有所提高

如图13所示，2019年初欧盟28国的个人所得税最高边际税率（简单平均值）为39.4%，略高于2017年的39%。1995年该值为47.2%，此后急剧下降至2009年的38%，2013年以后稳定在39%左右，走势未发生实质性变化。2018年欧元区的个人所得税最高边际税率均值为42.6%，2019年上升到43.2%。其中，立陶宛将其最高边际税率从15%提高到27%。

欧盟各国的个人所得税最高边际税率差别很大，最低的保加利亚仅为10%，而瑞典和丹麦则达到55%以上。

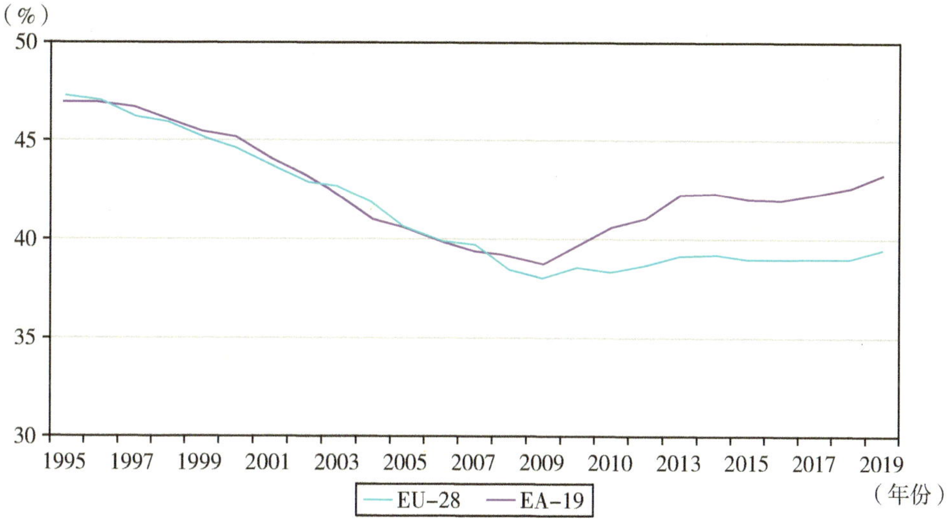

图13　1995—2019年欧盟28国和欧元区19国个人所得最高边际税率（简单平均值）变化

资料来源：DG Taxation和Customs Union。

劳动者实际税负的情况

若只通过个人所得税最高边际税率变化的图表来衡量劳动者的实际税负，既不全面，也不能反映劳动力的总体税收负担。因为与劳动者实际税负相关的指标并非仅仅是最高边际税率水平及其变化情况，而适用税率的收入水平、其他个税税率的变化、免税额和税收抵免结构以及税基的范围也对劳动工作税的实际或有效的税负有着重要影响。

衡量劳动工作税的实际税负有两个具体指标：劳动工作税的隐性税率和税收楔子。劳动工作税的隐性税率即所有就业者的整体税负，也就是就业者的劳动收入所缴税额和社会保险缴费除以雇员的总薪酬和工资税之和。这是一个基于国民收入账户中宏观经济变量的总体综合指标。税收楔子则采用不同的衡量方法进行衡量，即按家庭构成和收入水平选择若干典型的纳税人，并在每种情况下应用有关国家的税收规则来计算有效税率。它包括扣除了家庭补贴的个人所得税和雇员及雇主的社会保障缴款。

总体上，2017年劳动工作税的隐性税率创历史新高

如图14所示，2017年欧盟28国劳动工作税的隐性税率为36.3%，比2010

年高出1.2%，比2016年高出0.3%。欧元区劳动工作税的隐性税率（2017年为38.6%）与欧盟之间存在显著差距，且差距超过2%。

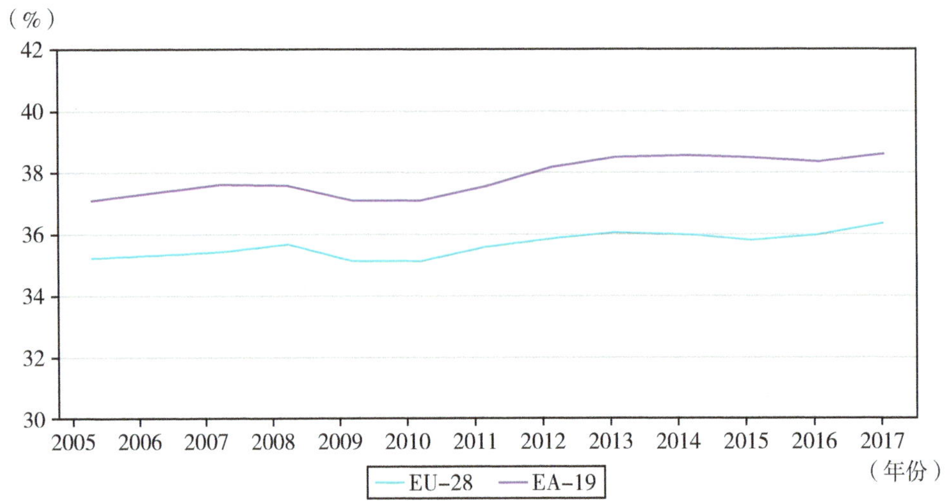

图14　2005—2017年欧盟28国和欧元区19国劳动工作税的隐性税率变化

注：隐性劳工税税率通过劳工税各构成部分加权平均计算而得。

资料来源：基于欧盟统计局数据的DG Taxation和Customs Union。

欧盟各成员国劳动工作税的隐性税率差异显著[①]。其中2017年在欧盟28国中，希腊（43.3%）、意大利（42.4%）和比利时（42%）最高，保加利亚（24.3%）和马耳他（24.3%）和英国（25.9%）最低。2016—2017年大多数国家劳动工作税的隐性税率有所上升，希腊增幅最高，从41.1%升至43.3%。匈牙利则降幅最大，从40.9%降至39.5%。

劳动工作税收入的2/3源于社保缴费和工资税

如图15所示，在大多数成员国劳动工作税的收入中，社保缴费所占比重远大于个人所得税。平均来看，社保缴费与雇员和雇主缴纳的工资税占劳动工作税的隐性税率的2/3。其中，丹麦社保缴费非常低，因为大多数福利支出通过一般性税收筹集，其个人所得税占比高达96%。在爱尔兰（60%）和马耳他（51%），个人所得税收入占比也相对较高，但在克罗地亚，个人所得税占比不足18%。

① 应当指出，工资补贴（包括社保缴费的一些减少）没有考虑在内。

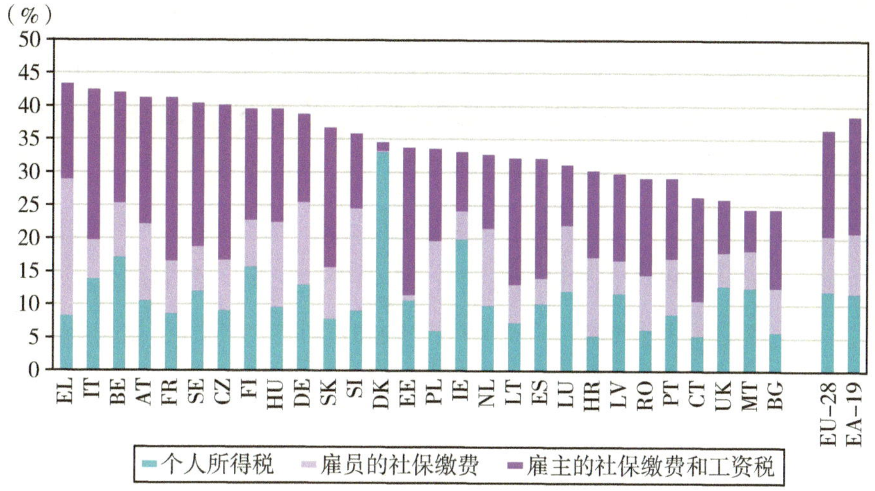

图 15　2017 年欧盟各国劳动工作税的隐性税率构成情况

资料来源：基于欧盟统计局数据的DG Taxation和Customs Union。

如图16所示，2007—2017年，有11个成员国其劳动工作税的隐性税率有所提高，期间有几个成员国的构成发生了显著变化。就欧盟28国而言，劳动工作税的隐性税率增加了0.9%，这主要是由于雇员的社保缴款增加所致。

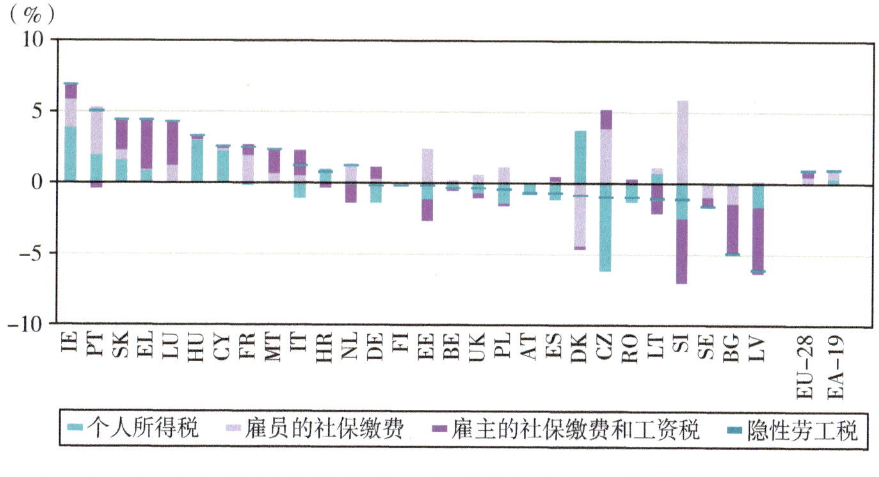

图 16　2007—2017 年欧盟各国劳动工作税的隐性税率构成变化（百分比差异）

资料来源：基于欧盟统计局数据的DG Taxation和Customs Union。

总体而言，2017年欧盟28国针对低收入者的税收楔子有所下降，但成员国之间差异较大。

“税收楔子”这一指标旨在探讨不同家庭构成（如单身人士、已婚夫妇等）及收入水平（如仅达到平均工资的50%、67%、100%等的劳动力）的税收负担。

近年来，政策制定者努力降低低收入者的劳动工作税负担，以提高技能水平较低的劳动者的就业水平。图17反映了目前低收入者的税收楔子水平的数据。对收入仅占平均收入50%且无子女的单身劳动者而言①，2017年欧盟28国的平均税收楔子水平为32.4%，而2016年这一值为32.5%。匈牙利、德国和拉脱维亚的该数据高于40%，而爱尔兰、马耳他和英国则最低。10个成员国与2016年同期相比有所下降，另外有13个国家上升，4个国家没有变化。其中，立陶宛下降最多（2.6%），而爱沙尼亚上升最多（3%）。在过去10年中，英国和立陶宛在税收楔子方面的变化最大，分别减少了6.3%和5.4%。

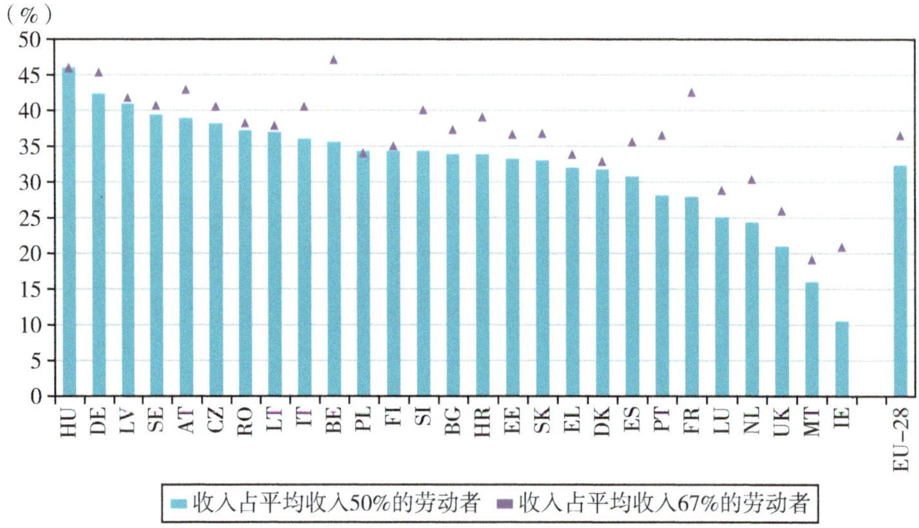

图17　2017年收入欧盟各国占平均收入50%（67%）且无子女的单身劳动者的税收楔子（%，占总劳动力成本的百分比）

资料来源：基于OECD数据的DG Taxation和Customs Union。

（七）对资本征税的情况分析

2017年资本税总收入继续增长且超过2008年水平

2017年欧盟资本税收入（包括对家庭和公司所得以及对股本所征的税）占GDP的比重为8.6%，比2016年高出0.2%，也高于2008年的占比（8.5%）。资本税收入在金融危机期间有所下降，但自2010年以来，无论是从收入规模还是其占

① 在每个国家，50%的情况可能并不代表“低工资”，但对分析工资分配总是有用的。

GDP的比重来看，都呈逐渐上升的趋势。

隐性资本税率

法定税率不能反映实际税收水平。不同的法定税率适用于不同的收入门槛，而补贴、免税和税收抵免可以影响实际纳税额。因此，人们尝试了很多方法来计算纳税人面临的实际或有效税率的估计值，隐性资本税率便是其中之一，它是以国民账户总额为基础，并试图用资本税收入占其潜在资本税基的比重来衡量。下面介绍隐性资本税率的总体情况，以及企业所得税隐性税率的两个可选指标情况。

隐性资本税率，即资本税占资本及储蓄收入总和的比重。其中，资本税包括对家庭和公司的储蓄和投资所得收入征收的税款、与前期储蓄和投资产生的股本有关的税款以及资产交易税。

值得注意的是，资本税的税基（计算隐性资本税率时的分母）只是一个国家居民的全球资本收入国内部分的近似计量，而且由于以下原因，计算隐性资本税的分母可能不同于立法规定的法定税基。

- 固定资产折旧：在国民账户与损益账户之间使用不同的价格。
- 固定资本消费：各国的计算结果不具可比性。
- 在国民账户中，资本利润不是利润的一部分。
- 中央银行：非应税利润包括在分母中。
- 家庭支付的利息和自雇类职业者支付的利息没有分开。
- 结转减少的应税利润和税收在税基和隐形税率中造成周期性错配，使国际比较失真。国民账户与税收规定之间关于自有住房的估算租金的差异也存在分歧。

2017年，法国（54.2%）和比利时（42.1%）的隐性资本税率最高，丹麦、英国、瑞典、意大利和芬兰的隐性资本税率高于30%。爱沙尼亚（9.2%）和塞浦路斯（10.9%）的隐性资本税率最低。塞浦路斯在2017年的隐性税率下降最多（8.6%），卢森堡的隐性税率上升最多（8.3%），如图18所示。

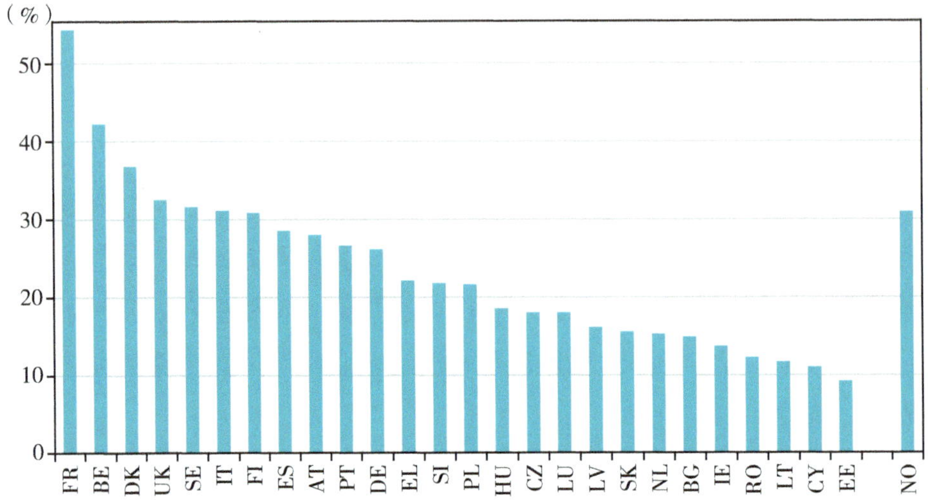

图 18　2017 年欧盟各国（含欧元区国家）资本税的总隐性税率

资料来源：基于欧盟统计局数据的 DG Taxation 和 Customs Union。

企业所得税的隐性税率

企业所得税的隐性税率包含两个可选指标。第一是“传统指标”，定义为对公司收入或利润的税收（包括持有收益）与公司所有应课税资本及业务收入的比率。分子包括对企业收入[①]征收的税款，分母定义为企业部门营业盈余净额和财产收入余额之和。第二是无股息指标，它是一种新的将股息从分母中排除的指标。

隐性企业所得税的“无股息”指标沿用了“传统指标”中的分子，但分母也不包括所有股息，即分母是指企业的营运盈余净额与财产收入余额（不包括所有股息）之和。不包括股息的理由是，一般对于收到的股息普遍免税，但是欧盟规定[②]母子公司之间收到的股息不能免税。因此，股息的净收入为正或负，会人为地扩大或缩减实际的企业应纳所得税的税基。

2017 年，法国、斯洛伐克和葡萄牙的企业所得税的隐性税率（“传统指标”估计值）超过 25%，而立陶宛、爱沙尼亚和卢森堡的这一数值最低。

2017 年法国和塞浦路斯的企业所得税的隐性税率（“无股息指标”估计值）超过了 40%，而斯洛伐克和瑞典的这一值约为 30%。在数值较低的国家中，卢森堡

① 德国、意大利和奥地利增加了地方 / 地区企业税的收入。

② Council Directive 2003/123/EC，Official Journal L 007，13/01。

的隐性企业所得税为负值[①]，波罗的海国家（立陶宛、爱沙尼亚和拉脱维亚）这一值低于10%。

图19显示了2017年各个国家的企业所得税隐性税率的两个指标之间的差异。两个指标数据之间的差异程度清楚地显示了成员国之间的区别。法国、塞浦路斯、荷兰和卢森堡这四个成员国的两个指标的数值差别非常大（超过10%）。

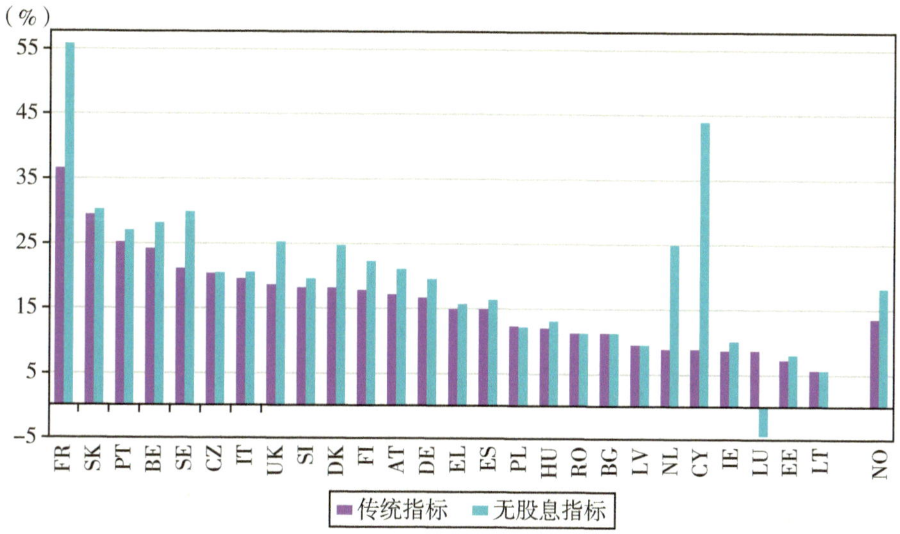

图19　2017年欧盟各国（含欧元区国家）公司所得税隐性税率的对比（传统指标VS无股息指标）

资料来源：基于欧盟统计局数据的DG Taxation和Customs Union。

有关企业所得税隐性税率的某些变化可以用税基（即隐性企业所得税的分母）随时间的变化来解释。

企业所得税的最高税率趋于平稳

如图20所示，2019年初，欧盟企业所得税的平均最高税率为21.7%，自2009年以来，经济危机前几年出现的税率大幅下降的趋势明显放缓。

① 卢森堡公司所得税隐性税率（“无股息”指标）为负值，是由于金融公司支付给投保人的保险财产收入具有非常高的负净值，这使得整体隐性税率基数为负值。

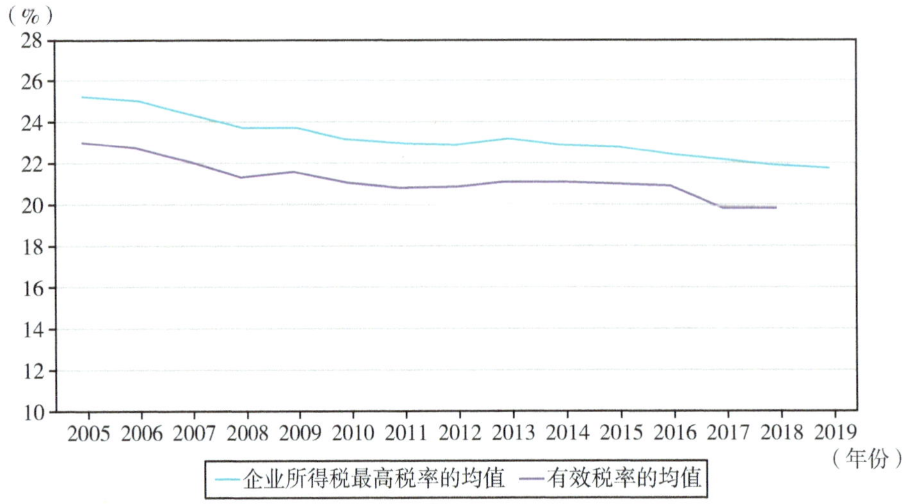

图20　2005—2019年欧盟28国的企业所得税最高税率和有效税率的均值变化

注：有效平均税率，采用公司层面的Devereux/Griffith的方法计算。

资料来源：DG Taxation和Customs Union。

调整后的法定企业所得税税率在保加利亚的最低税率（10%）至比利时、马耳他、法国和葡萄牙的最高税率（约30%）或更高的数值之间变动，尽管税收规定可能会限制有效适用的税率。2019年，希腊将其企业所得税税率从29%降至28%。

企业所得税收入再次小幅增长

如图21所示，与2016年企业所得税收入占GDP的比重为2.7%相比，2017年

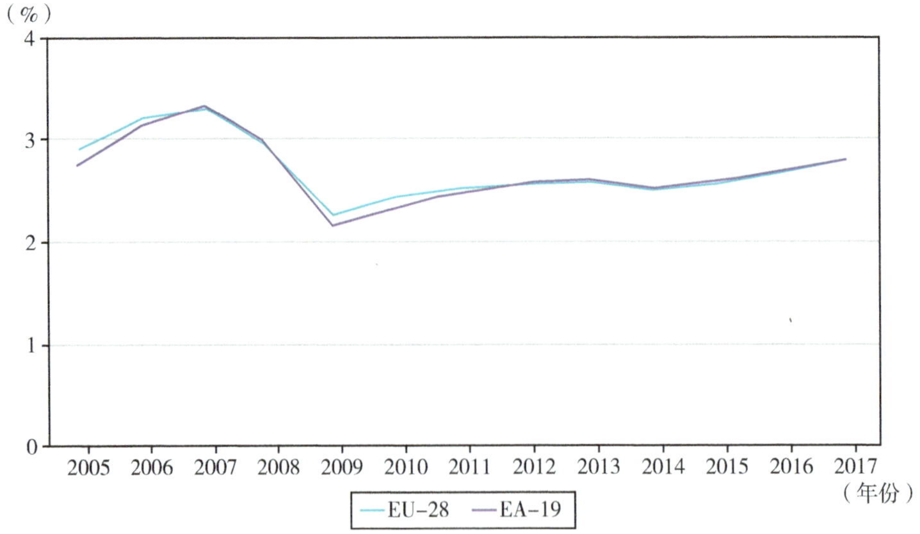

图21　2005—2017年欧盟28国和欧元区19国企业所得税收入占GDP的比例变化

资料来源：基于欧盟统计局数据的DG Taxation和Customs Union。

该值上升至2.8%，继续保持危机以来的温和增长。然而，它们还没有恢复到危机前的水平。

企业所得税的实际平均有效税率趋于稳定

衡量企业税收负担的另一个指标是实际平均税率（EATR）。这是一个前瞻性的微观指标，通过对假设投资应用的一些基本税收规则来计算，而不是基于国民账户数据得出的实际总收入和税基的隐性企业所得税计算（回顾性）。Devereux等（2008）在ZEW报告中解释了计算实际平均税率的方法，并采用Devereux和Griffth（1999年、2003年）提出的方法。

在过去10年里，实际平均税率持续下降，这与企业所得税税率的下降是一致的。最新数据显示自2010年以来，欧盟28国的这一数值稳定在20%—21%的水平。2018 年欧盟28国的实际平均税率为19.8%。不过，成员国之间的实际平均税率水平差异很大。税率水平最低的国家分别为保加利亚（9%）、匈牙利（11.1%）和塞浦路斯（13%），最高的是法国（33.4%）和西班牙（30.1%）[①]。

（八）环境保护类税收情况分析

自2012年以来，环境税收入占GDP的比重保持稳定

环境税包括能源产品税（包括二氧化碳税）、运输税（不包括涵盖于能源税中的燃油税）、污染及资源税。

2017年，环境税收入占GDP的比重为2.4%，占税收总额的比重为6.1%。2008年之前环境税收入占GDP的比重经历了短暂下滑，此后因能源税的增长该值再次小幅上升，具体如图22。2012年之后，该值保持稳定。

环境税收入占GDP的比重在各成员国之间有所不同。其中，希腊（4%）、斯洛文尼亚（3.7%）和丹麦（3.7%）占比最高，卢森堡（1.7%）、爱尔兰（1.8%）和斯洛伐克（1.8%）占比最低。

---

① 应注意的是，在西班牙实际平均税率的计算中，包括了IAE（经济活动税）——一种对经济活动征收的地方税，作为对公司利润的附加税可能会产生误导。IAE按照《ESA2010》的规定，在“其他生产税（D.29）”项下分类，定义为企业因从事生产而产生的税收，与生产和销售的商品和服务的数量或价值无关，因此与公司利润无关。

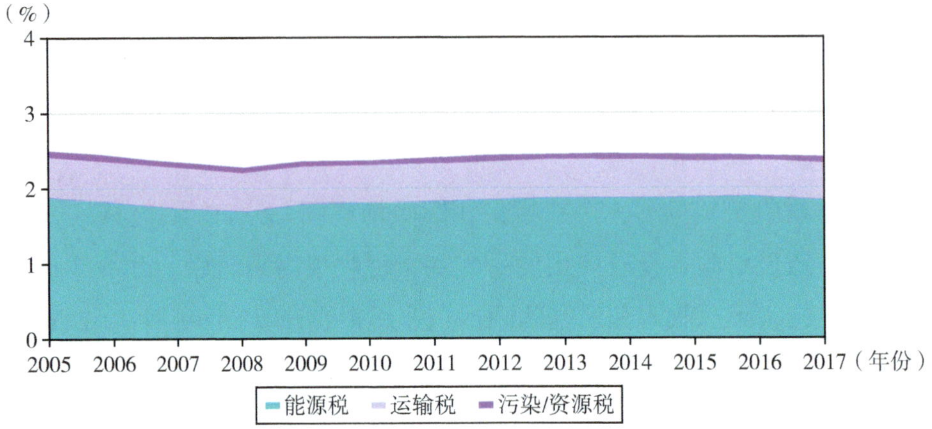

图 22　2005—2017 年欧盟 28 国环境税收入占 GDP 比重变化

资料来源：基于欧盟统计局数据的DG Taxation和Customs Union。

环境税收入的变化趋势虽说明了其作为财政收入来源的重要性，但对此还是需谨慎解释。因为环境税收入的变化是税率和税基共同作用的结果，当基本的税基（例如化石燃料消费）减少但相应的税率增加时，税收可能出现零增长，这种"绿色"程度的动态变化可能无法完全体现在税收数据中。

各成员国之间在环境税收入构成和动态变化方面差异巨大

图23显示了2017年欧盟各国环境税收入的构成情况。能源税是几乎所有国家环境税收入的主要组成部分，约占欧盟28国环境税收入的77%。其中，运输燃油税约占能源税收入的比重最高（66%），其次是非运输燃油税（20%）和污染及资源税（3%）。

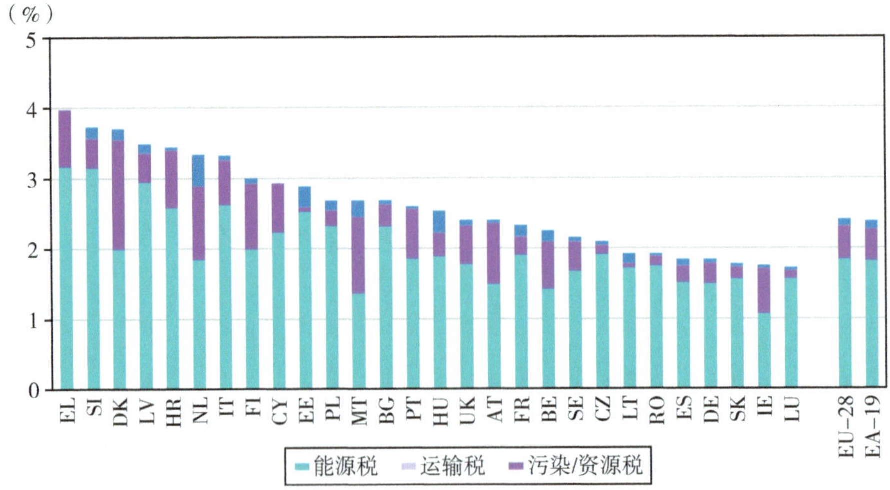

图 23　2017 年欧盟各国环境税收入占 GDP 的比重及构成情况

资料来源：基于欧盟统计局数据的DG Taxation和Customs Union。

图24为2007—2017年环境税收入各组成部分占GDP比重的变化情况。其中，希腊、拉脱维亚、斯洛文尼亚和爱沙尼亚的环境税总收入和能源税收入占GDP的比重增幅最高。

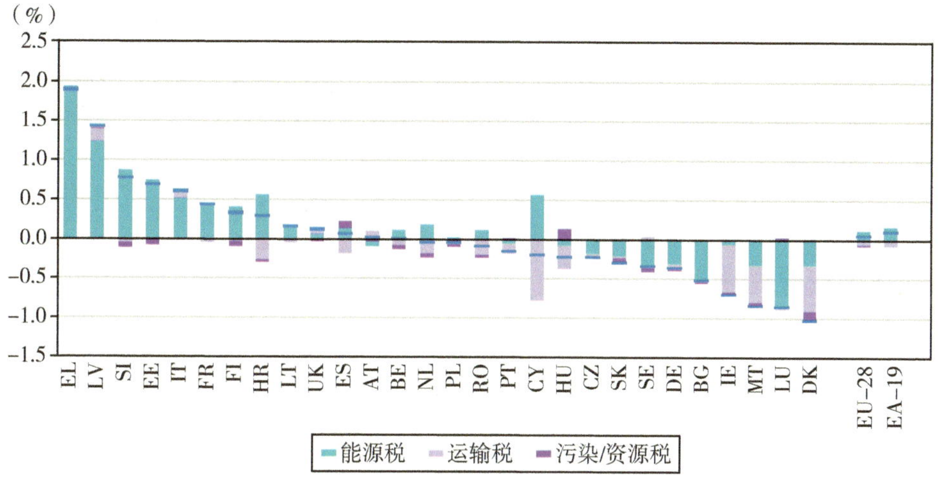

图24 2007—2017年欧盟各国环境税收入各组成部分占GDP比重的变化

资料来源：基于欧盟统计局数据的DG Taxation和Customs Union。

2/3以上的能源税收入来自运输燃油税

欧盟约2/3以上的能源税收入来自运输燃油税。如图25所示，其中有5个成员国，运输燃油税占能源税收入的90%以上；丹麦（不到40%）、西班牙、瑞典和芬兰（不到55%）的运输燃油税占比最低。希腊、斯洛文尼亚和拉脱维亚的能源税总收入最高，分别占GDP的3.2%、3.2%和3%。

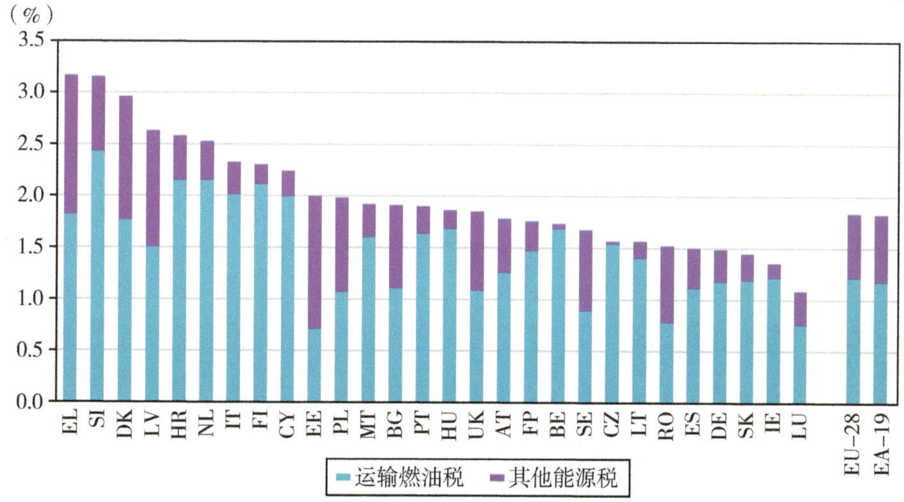

图25 2017年欧盟各国能源税收入占GDP的比重及构成情况

资料来源：DG Taxation和Customs Union。

（九）财产类税收情况分析

财产税占税收总额的比重增加

财产税包括对不动产的经常性税收（每年都要缴纳，依据财产价值的某种衡量标准计量），还包括其他财产税，如财产转让和交易税。2017年，财产税占GDP的2.6%，占税收收入的6.6%。事实上，自2009年5.6%的低点以来，财产税在税收总额中所占比重已大幅增加（1%）。

图26为按欧盟各国的财产税占GDP的比重排序之后财产税的构成图。一般，欧盟各国的不动产的经常性税收在财产税中占主导地位。2017年欧盟不动产的经常性税收占GDP的比重达到1.6%，占财产税的比重达到59.9%。

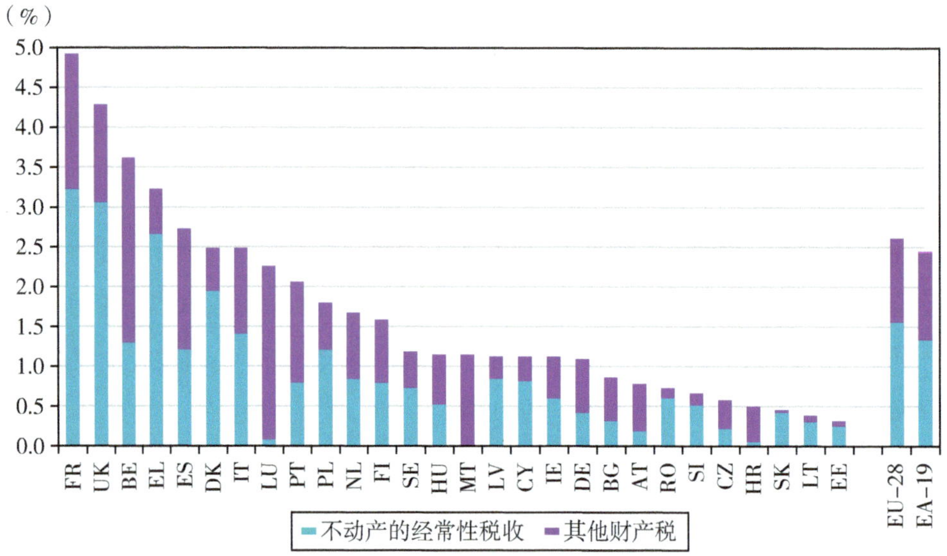

图26　2017年欧盟各国财产税占GDP的比重及构成

注：按欧盟各国财产税占GDP的比重由高到低排序。

资料来源：基于欧盟统计局数据的DG Taxation和Customs Union。

房地产税越来越受到政策制定者的关注，因为在许多经常性税收水平较低的国家，经常性税收是增加政府收入的一个潜在来源。同时，房地产税因其税基的固定性，被认为对经济增长的不利影响最小。

然而，欧盟各国在财产税构成上差异显著（如图26所示）。不动产的经常性税收占GDP比重最高的国家是法国（3.2%）、英国（3.1%）和希腊（2.7%），最低的国家是马耳他（根本不征收此类税）、克罗地亚和卢森堡。在比利时、卢森堡、法国和西班牙，其他财产税占GDP的比重相对较高。

二、美国政府收入演变趋势分析

美国是“小政府、大社会”的典型代表国家，其政府收入规模与结构可以真实地反映政府与市场关系、政府资源配置能力和配置方向，以及各级政府的财权划分。美国实行分级财政体制，各级政府均有独立税权。本部分分析了美国政府收入的百年演变历程。

（一）美国政府收入的总体情况分析

第一，美国宏观税负从1900年的7%稳步上升至目前的近40%。

20世纪初，美国是小政府，其宏观税负仅为7%。接下来的20年，宏观税负虽有上升，但上升幅度较小，宏观税负在15%之内。经济大萧条之后，美国宏观税负超过了20%。第二次世界大战之后，美国宏观税负跃升至27%，短暂回调后，又于1952年上升至27%，之后便稳步上升。20世纪60年代之后，美国宏观税负超过30%，之后继续稳步上升，于90年代末超过40%，之后在35%—40%区间上下波动。2018年美国宏观税负为36.54%，具体见图27。

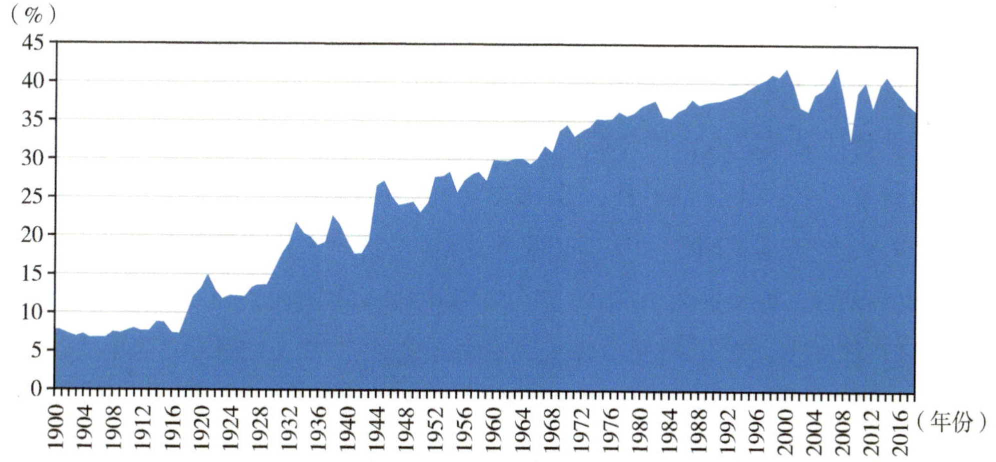

图27　1900—2018年美国宏观税负变动趋势

第二，从各级政府的占比来看，地方政府收入占比下降，联邦政府收入占比上升，州政府收入略有上升。目前联邦政府收入占比在50%以上，州政府占比略高于地方政府。

20世纪20年代初，地方政府收入占绝对优势，占比过半，州政府占比较低，在10%左右，但此态势持续的时间不长。经济大萧条后，联邦政府收入占比超过了地方政府，且稳步上升，最高达到1952年的69.9%，同时期地方政府收入占比下降至其最低点（14.9%），而州政府收入占比有所提高（相较于1900年），至15.1%。之后，联邦政府收入占比在波动中下降至目前的50%—55%，州政府收入占比上升至目前的25%—30%，地方政府收入占比上升至目前的20%左右。

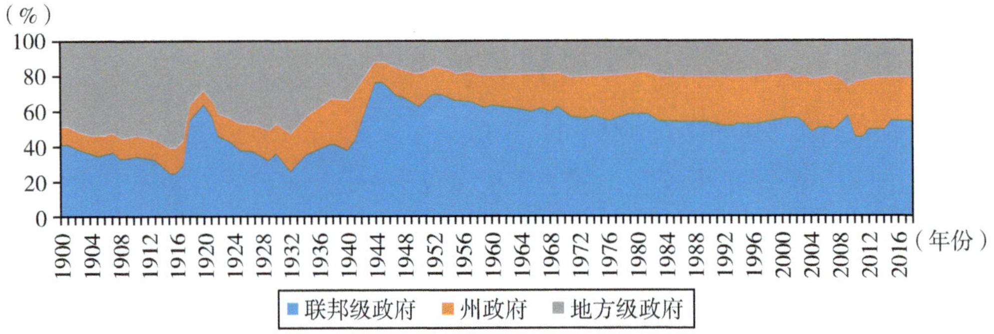

图 28　1900—2018 年美国政府收入在各级政府间的分配变动情况

第三，从收入来源看，美国政府收入从依赖于商品税转至所得税。目前，所得税收入占比最高，达40%左右，社保税和商品税收入占比相当，在20%左右。

20世纪20年代初，美国政府收入90%以上来源于从价商品税，其次则是财产税。之后从价商品税收入占比持续下降，收费收入占比上升。但1913年所得税开征后，所得税收入占比急剧上升，至1920年时，所得税收入占比高达42.4%。之后所得税收入占比快速下降，1933年降至最低（8.2%），之后所得税收入占比仍呈现出大起大落的态势。进入70年代后，所得税收入占比在35%—40%区间波动。自1913年开征社保税后，社保税收入占比持续上升，至20世纪70—80年代，达至最高点，收入占比在26%左右，之后略微下降，目前在22%左右，偶尔年度升至28%—29%；商品从价税收入占比自1900年以来稳定下降，至20世纪70年代以来，在25%—30%波动；从百年的情况来看，财产税收入占比呈上升态势，从20世纪初的5%左右上升至目前的10%左右。

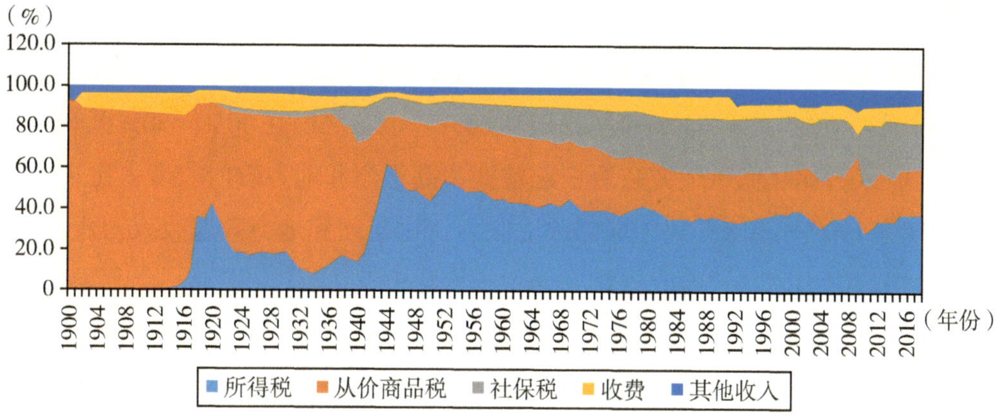

图 29　1900—2018 年美国政府收入来源结构变动趋势

（二）美国联邦政府收入演变历程分析

从历史发展的逻辑来看，美国联邦政府的产生晚于地方政府（包括州和地方政府）。从联邦政府收入占比来看，百年来美国联邦政府也经历了一个从弱到强的过程，其中最重要的影响因素为所得税的开征和收入的快速增长。

第一，联邦政府收入占GDP的比重从1900年的3.2%上升至2018年的16.3%。

1900年，美国联邦政府收入占GDP的比重仅为3.2%，且呈下降趋势，1916年降至最低点（1.8%）；之后快速攀升至1921年的8.8%，之后又经历回调波动，在1938年恢复到1921年的水平；之后经历短暂小幅波动后，陡升至1944年的19.5%；再之后，除个别年份外，联邦政府收入占GDP的比重稳定在15%以上。2000年，美国联邦政府收入占GDP的比重上升至近50年的顶峰（19.8%），之后持续下降至2010年的14.4%，然后又上升至2015年的17.8%。近三年联邦政府收入占GDP的比重呈下降趋势，2018年为16.3%。

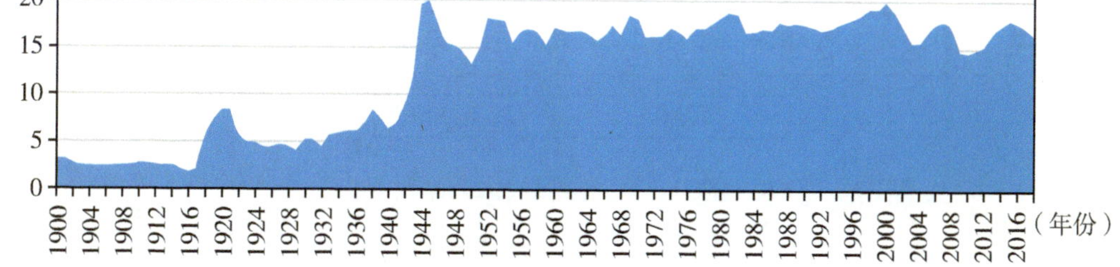

图 30　1900—2016 年美国联邦政府收入占 GDP 的比重变动趋势

第二，联邦政府的收入地位由弱变强。

1900—2018年，联邦政府收入占比从41.2%上升至53.1%，第二次世界大战时曾经高至76.6%，之后的20年间稳定在60%以上，之后在50%—60%区间波动。联邦政府收入占比从低于地方政府快速转变为高于州和地方政府收入占比之和。

图31为1900—2018年美国联邦政府收入占比与州和地方政府收入占比的差值图，从中可以看出联邦政府收入相对地位的变化情况。

1900—2018年，联邦政府收入占比始终高于州政府，但二者差距在百年间确发生明显的变化。1900年，联邦政府与州政府收入占比差异为30%，之后逐渐下降至1916年的10%左右，之后二者差距陡增至1920年代的50%以上，之后逐渐回落，之后二者差值在20%—40%区间波动。进入21世纪以来，二者差距有波动，最高时达40%（2009年），最低时为12.3%（2011年），2018年为27.6%。

1900—2018年，联邦政府与地方政府收入占比差值经历了由负转正、差距逐渐拉大的过程。1900年，联邦政府收入占比低于地方政府7.2个百分点，之后二者差异拉大，1916年低于地方政府36个百分点，之后快速翻转，联邦政府收入占比超地方政府30个百分点，之后地方政府收入占比又超联邦政府。1936年之后，联邦政府收入占比始终超地方政府，二者差距也逐渐增大，1944年达顶峰（64.9%），之后回落，1965年以后，二者差距在30%—40%区间波动。2018年联邦政府收入占比超地方政府31.8个百分点。

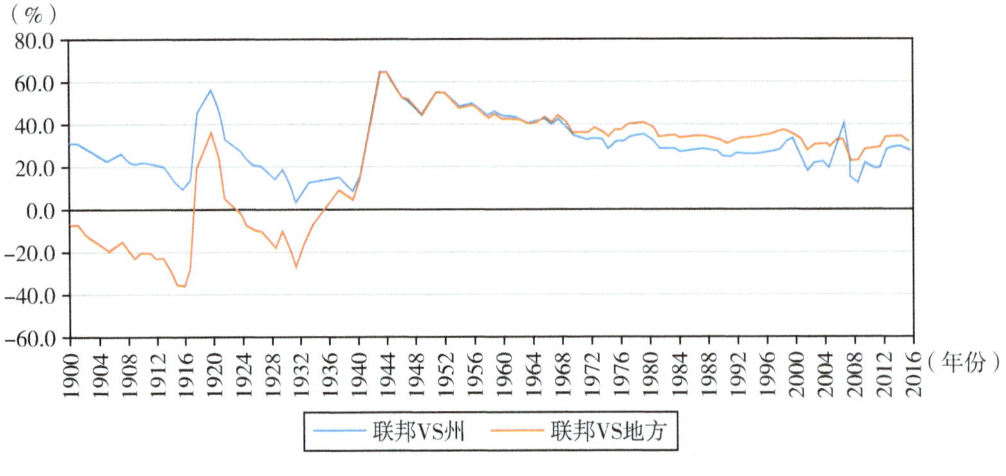

图31　1900—2018年美国联邦政府收入占比与州和地方政府收入占比差异

第三，从收入来源来看，联邦政府收入从依赖于流转税转向以所得税为主。

1900年，美国联邦政府收入几乎全部来源于商品税（关税），但1913年开征所得税后，联邦政府收入来源结构发生大逆转，所得税收入超过关税，且占比在50%以上，在之后的20年间，所得税收入占比有所下降，但仍在20%—40%区间。之后所得税收入占比稳居60%以上，偶尔年度可高达70%。1970年以后降至60%以下。2000年，所得税收入占比为近20年最高（59.8%），之后小幅回落。2018年所得税收入占比为56.5%。

社保税也是美国联邦政府收入中的“后起之秀”。在社保税开征之初的前10年（1927—1937年），社保税收入占比不足或略超1%，之后经历短暂快速上升又回落后，社保税收入占比稳步上升，1954年超过10%，1967年超过20%，1975年超过30%，1992年达到那个时期的最高点（37.9%），之后除个别年份外，在35%—40%区间波动。进入21世纪以来，2009年达到顶峰值（42.3%），之后便在35%上下波动，2018年社保税收入占比为35%。

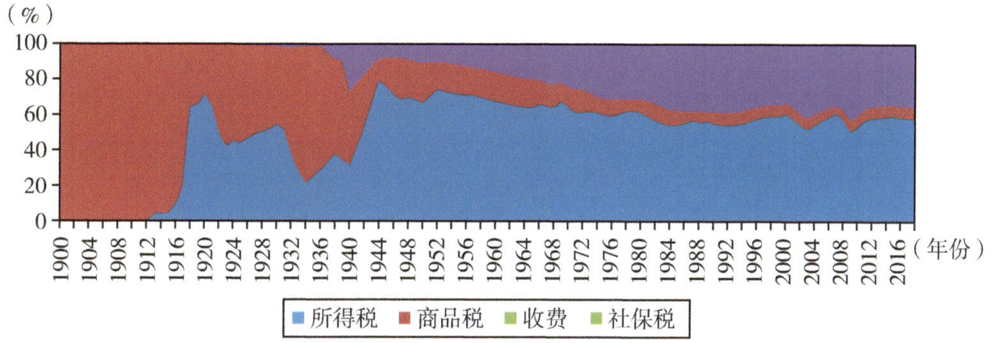

图32　1900—2016年美国联邦政府收入来源结构变动趋势

（三）美国州政府收入演变历程分析

美国州政府拥有较大的独立自主权，比如可以颁布州宪法，决定本州内地方政府的税权等。但从政府收入层面来看，尽管百年来收入地位有所提高，但州政府收入占比仍远低于联邦政府。

第一，州政府收入占GDP的比重从1900年的0.81%上升至2018年的7.81%。

1900年，美国州政府收入占GDP的比重仅为0.81%，之后缓慢上升，至1934年达到最高点4.13%，之后又经历短暂下降（1944年的2.99%），之后在持续攀升中进入21世纪，2000年达到最高点（9.62%）。21世纪后，美国州政府收入占GDP的比重呈现出明显的波动性特征，波幅较大，在金融危机爆发初的2009年降至最低点（4.42%），之后回调，2018年州政府收入占GDP的比重为7.81%。

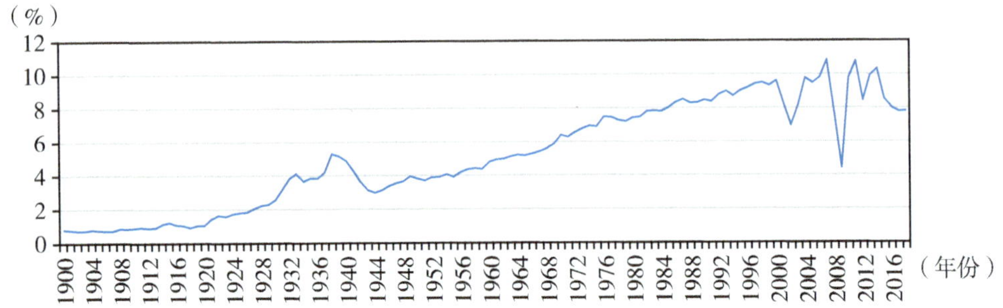

图 33　1900—2016 年美国州政府收入占 GDP 的比重变动趋势

第二，州政府收入的相对地位有所提高。

1900年，州政府收入占全部收入的比重为10.37%，远远低于联邦政府和州政府，之后缓慢上升至1916年的15.06%。经过短暂下降后，州政府收入占比持续上升，至1940年达至最高点，28.88%。1963年，州政府收入占比首超地方政府。至2000年，州政府收入占比为26.83%。在21世纪的20年内，2011年州政府收入占比达至最高点，为32.88%，几经波动后，2018年为21.32%。

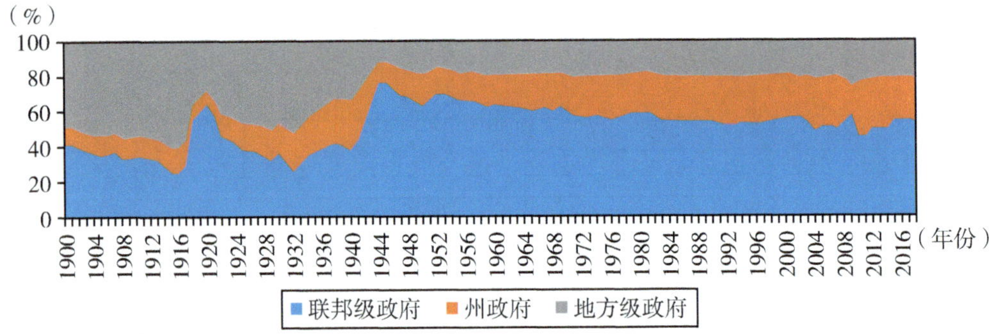

图 34　1900~2018 年美国州政府收入相对地位

第三，从收入来源来看，州政府收入从主要依赖于流转税转向所得税和流转税并重，目前二者占比之和近60%。

20世纪初，美国州政府收入主要来源于从价税。20世纪20年代，州政府开始征收所得税，20世纪30年代，州政府始征社保税，但在那时从价税仍居绝对优势地位。20世纪70年代之后，州政府所得税收入占比开始上升，至90年代后开始平稳。20世纪80年代后，收费、雇员退休金、彩票收入占比开始提高。进入21世纪后，美国州政府收入中，社保税收入占比波动较大，这与其金融市场的波动相关。2018年，州政府收入中，有33.9%来自于从价税，27.5%来自于所得税，14.1%来自于收费，13.8%来自于社保收入，10.6%来自于其他收入。

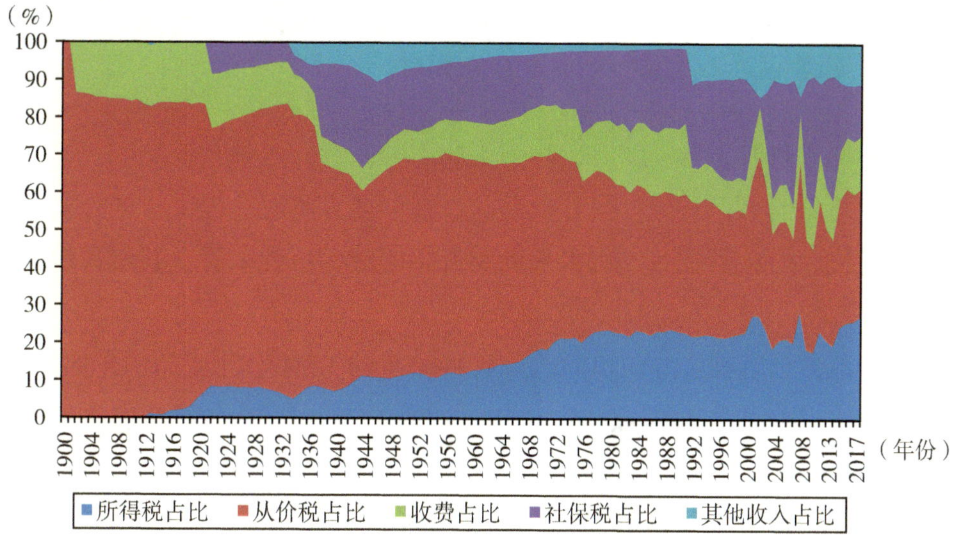

图35　1900—2017年美国州政府收入来源结构变动趋势

第四，美国州政府自有收入占比在80%左右。

美国州政府也接受联邦政府的转移收入，但自有收入仍为其主要收入来源。1977—2015年，美国州政府自有收入占比在70%—80%区间波动，尽管自20世纪90年代以后，自有收入占比呈小幅下降趋势，但仍保持70%左右。不过在2009年，州政府自有收入占比跌至56.3%，这主要是因为金融危机导致州政府各项自有收入大幅下跌。

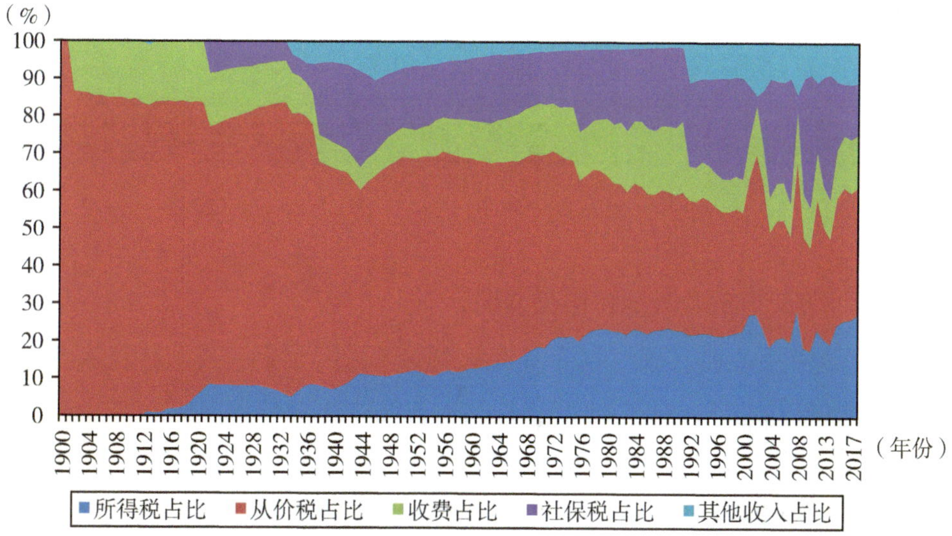

图36　1900—2017年美国州政府自有收入占比变动趋势

（四）美国地方政府收入演变历程分析

美国的地方政府为基层政府，相当于我国的县乡，包括县或学区。尽管美国是典型的联邦制国家，实行分税分级财政，强调地方政府在提供辖区公共产品和服务的重要性，但从其收入占比水平以及百年的演变历程来看，其实践地位低于其理论地位。

第一，地方政府收入占GDP的比重从1900年的3.8%上升至2018年的6.5%。

1900年，美国地方政府收入占GDP的比重为3.8%，为各级政府之最。之后在3%—5%区间反复波动，1926年突破6%，快速攀升至1933年的9%之后又快速回调，曾降至3%以下（1944年），之后缓慢回升，但在20世纪80年代以前仍未突破6%。1985年以后，美国地方政府收入占GDP的比重稳居在6%以上，且在6.2%—7.3%之间波动。金融危机对地方政府收入占GDP比重的影响较小，金融危机后的2010年，该比重曾达到这一历史时期的最高点7.3%，之后围绕7%小幅波动，2018年美国地方政府收入占GDP的比重为6.5%。

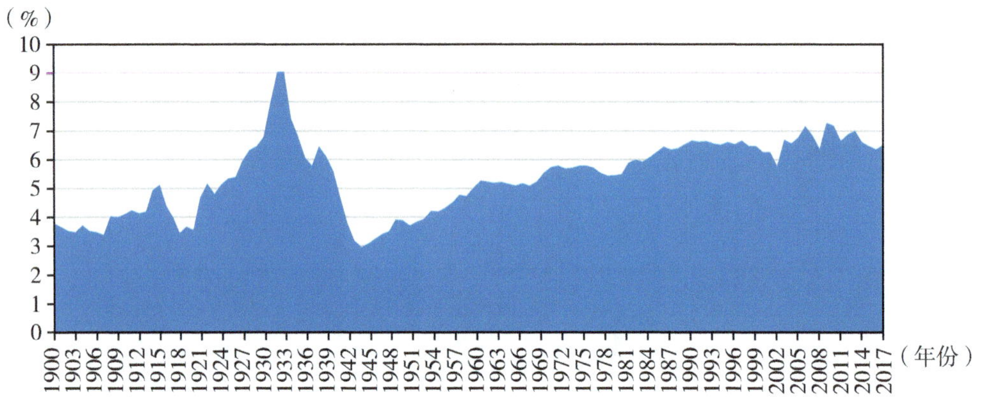

图37　1900—2017年美国地方政府收入占GDP的比重变动趋势

第二，地方政府的收入地位由强变弱。

1900—2018年，地方政府收入占比从48.4%下降至21.3%，从收入占比最高跌至收入占比最低。1900年，地方政府收入占比为三级政府之最，高于联邦政府7.2个百分点，高于州政府30个百分点。

之后尽管联邦政府收入占比上升，但地方政府收入占比以更快速度上升，因此地方政府收入规模在三级政府中仍处于绝对优势地位，在1916年达至顶峰，

62.0%。但随着联邦政府开征所得税后，地方政府收入占比急转而下，1920年下降至27.6%。之后又缓慢回升，重回其三级政府中的最高地位，但在1936年被联邦政府（38.1%）超过（地方政府收入占比37.9%）后，地方政府收入地位逐渐下滑，不但低于联邦政府，且在1952年首次被州政府超过。之后虽然偶尔有时会重回“老二”的地位，但20世纪70年代之后，地方政府收入占比稳定地在三级政府中“垫底”，且与州政府的差距越来越大。2018年，地方政府收入占比为21.3%，低于州政府4.2个百分点，低于联邦政府31.8个百分点。

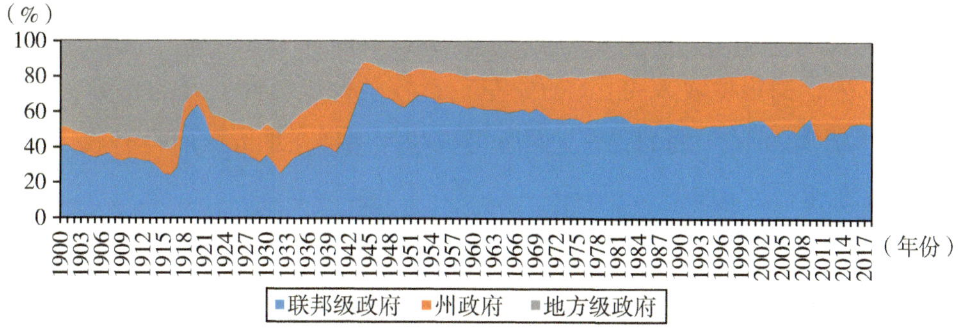

图38　1900—2018年美国各级政府收入占比相对关系

第三，美国地方政府财政自给率在55%上下波动，近年呈微升趋势。

地方政府为美国最基层政府，相应可以接受上级转移支付。数据显示，美国地方政府自有收入占其支出的比重在50%以上，1977年为52%，之后经历短暂下降至50%后又恢复至52%，且继续上升到55%左右，之后围绕55%上下波动。进入21世纪后，地方政府财政自给率呈现短暂下降，在2003年降至最低（52.2%），之后缓慢上升。金融危机之后又经历一轮下降，之后于2010年筑底回升至2015年的57%。

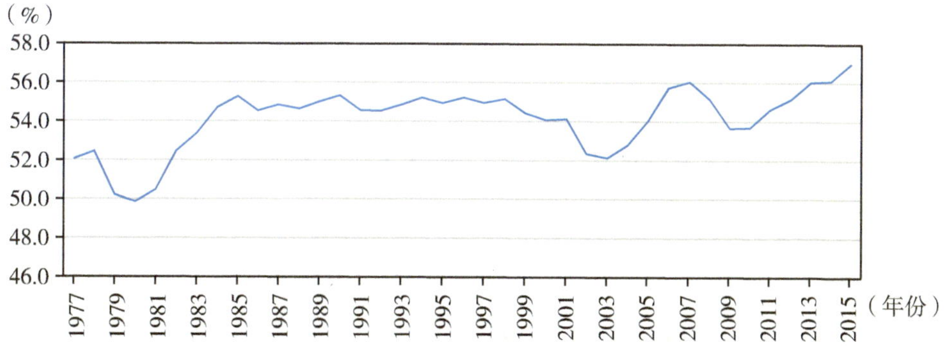

图39　1977—2015年美国地方政府财政自给率

第四，从收入来源来看，财产税和收费是地方政府的主要收入来源。

从图40可以看出，财产税和收费是美国地方政府自有收入的主要来源，二者收入占比在80%左右，位居第三的是销售税。财产税是美国地方自有政府的“大头”，具有半壁江山之地位，但自1977年以来，财产税的重要性呈下降趋势，其收入占比从1977年的59%下降至2015年的46.6%。收入地位位居第二的是收费收入，地方政府自有收入中，收费收入是“三分江山分其一”。收费收入占比经历一个上升到下降的过程，1977年收费收入占比为26.8%，之后在波动中上升，2002年达到顶峰，为38.8%，之后缓慢下降至2015年的35.3%。

与上两类收入相比，销售收入占比不算高，但仍有一席之地，且呈微升趋势。半个世纪以来，销售税收入占比在9%左右，且呈稳步缓慢上升的趋势，从1977年的8.1%上升至2015年的11.2%。而所得税和社保税在地方政府自有收入中占比较小，二者之和不足10%。

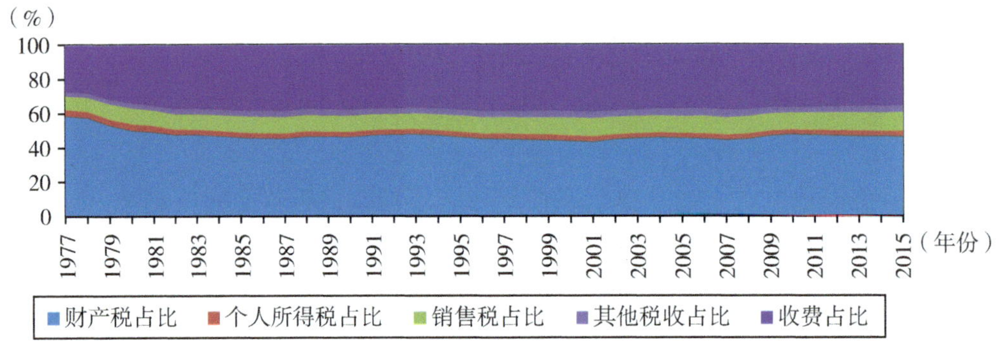

图40　1977—2015年美国地方政府自有收入来源结构变动趋势

附　　录

附录1：“靠山吃山、靠水吃水”的次中央政府

经济决定财政，财政反作用于经济。经济决定了财政收入的潜在能力，收入制度（决策）和征管能力决定了财政收入的现实能力。因此，在财政与经济的关系中，经济是前提，而什么又决定了经济，什么决定了所实施的收入制度（政策）？笔者认为，发展哪些经济，产业呈现何种特征，选择何种收入制度（政策），其最后起决定性作用的是自然资源禀赋条件，因此便应了中国的那句老话，“靠山吃

山、靠水吃水”，美国次中央政府收入也不例外。

因美国各州拥有着不同的资源禀赋，采取不同的政策优先权，各州收入来源结构差异很大。比如阿拉斯加州和怀俄明州等拥有大量宝贵自然资源，通常会把这些资源作为主要税基，既不用担心因税负过高而外流，也不会带来地区间的恶性竞争。对于其他资源禀赋条件大致相同的州而言，则倾向于依赖个人所得税，因为其累进税率特征更易于筹集收入。

总体而言，美国次中央政府主要依赖于四类收入：财产税、个人所得税、一般性和选择性销售税[①]以及“许可证税及其他税”[②]，2015年各州收入结构情况见附表1。

• 主要的选择性销售税是针对汽车燃料、烟草、保险费、公用事业（电力、电话服务等）、娱乐和酒精饮料征收的。

• 州和地方政府在征收个人所得税时，通常将工资、股息、利息和资本利得一并计征。

• 许可证税主要指对机动车牌照、商业或公司牌照、狩猎或钓鱼牌照征税。其他税主要收入来源是遣散税（自然资源）、股票转让税和遗产税/赠与税。

附表2—表5列出了2015年上述四类收入占比名列前茅的前十个州。

---

① 主要的选择性销售税是对机动车燃料、烟草、保险费、公用事业（电力、电话服务等）、娱乐和酒精饮料征收。

② 许可证税主要指对机动车牌照、营业执照或公司执照、狩猎执照或捕鱼执照等征税。其他税主要收入来源指遣散税（自然资源）、股票转让税、遗产/赠与税。

附表 1

2015 年美国各州收入结构情况

（单位：%）

地区	税收收入 / 自有收入	财产税 / 自有收入	一般销售税 / 自有收入	选择性销售税 / 自有收入	个人所得税 / 自有收入	企业所得税 / 自有收入	其他税收 / 自有收入	收费 / 自有收入	其他杂项 / 自有收入
美国	69.26	21.57	16.27	7.80	16.26	2.53	4.83	21.18	9.56
新英格兰	77.64	30.74	10.56	7.06	22.13	3.33	3.82	13.20	9.16
康涅狄格州	83.70	32.15	12.84	7.78	25.74	2.17	3.02	10.07	6.23
缅因	78.42	31.57	14.82	8.38	17.71	1.95	3.99	14.45	7.12
马萨诸塞州	75.92	27.04	10.23	5.00	25.54	3.93	4.17	13.85	10.23
新罕布什尔州	72.57	47.69	—	11.39	1.13	6.77	5.57	15.64	11.79
罗德岛	71.75	30.98	12.04	8.61	15.23	2.21	2.68	15.21	13.05
佛蒙特州	75.25	32.97	7.85	13.87	14.69	2.34	3.54	16.35	8.37
中东部地区	75.05	24.61	11.93	7.06	22.15	4.29	5.01	15.08	9.87
特拉华州	62.59	11.25	—	7.16	16.66	5.64	21.87	21.34	16.07
哥伦比亚特区	79.75	25.26	14.76	4.89	20.96	5.03	8.85	8.88	11.36
马里兰	76.17	20.26	9.57	10.63	28.67	2.18	4.87	15.43	8.41
新泽西州	77.31	35.67	11.85	5.17	17.16	3.34	4.13	14.32	8.37
纽约州	75.75	23.42	12.65	5.80	24.22	5.33	4.32	13.23	11.02
宾夕法尼亚州	71.25	21.32	12.06	10.27	18.37	3.35	5.88	20.44	8.31
五大湖	70.00	22.92	15.79	8.39	16.93	2.40	3.57	20.84	9.16
伊利诺斯州	78.00	28.36	13.79	10.52	16.81	4.28	4.24	13.96	8.03
印地安那州	63.80	16.22	18.29	8.80	16.21	2.27	2.01	27.29	8.91
密歇根州	64.24	22.15	14.88	6.77	15.03	1.92	3.48	25.97	9.79
俄亥俄州	67.99	19.59	18.78	7.32	18.27	0.35	3.67	22.30	9.71

续表

地区	税收收入 / 自有收入	财产税 / 自有收入	一般销售税 / 自有收入	选择性销售税 / 自有收入	个人所得税 / 自有收入	企业所得税 / 自有收入	其他税收 / 自有收入	收费 / 自有收入	其他杂项 / 自有收入
威斯康星州	69.93	24.24	13.73	7.45	18.37	2.68	3.45	19.99	10.09
平原地区	68.33	19.54	16.03	7.55	16.85	2.30	6.06	21.75	9.92
爱荷华州	63.15	20.83	14.27	6.32	15.20	1.97	4.56	28.68	8.16
堪萨斯州	63.01	20.69	19.84	5.85	11.18	2.26	3.19	27.15	9.84
明尼苏达州	73.00	18.83	12.60	10.43	23.19	3.30	4.64	17.79	9.22
密苏里州	66.74	18.14	17.68	7.04	18.76	1.51	3.59	21.81	11.45
内布拉斯加州	69.26	25.99	15.62	4.42	16.20	2.49	4.54	21.52	9.21
北达科他州	75.55	10.06	17.51	6.26	5.84	2.02	33.86	13.73	10.72
南达科他州	67.25	24.20	27.24	8.84	—	0.08	6.86	17.52	15.23
东南部地区	63.70	18.42	17.91	8.89	11.68	2.14	4.67	26.47	9.83
亚拉巴马州	56.24	9.67	16.80	10.36	12.70	1.97	4.76	35.21	8.56
阿肯色州	70.36	12.71	26.06	8.83	16.27	2.91	3.58	20.54	9.10
佛罗里达州	61.29	21.90	20.95	10.68	—	1.96	5.80	26.18	12.53
佐治亚州	68.38	21.88	17.50	6.63	18.43	1.91	2.02	23.18	8.44
肯塔基州	69.41	14.33	13.55	11.90	22.29	3.78	3.55	23.76	6.83
路易斯安那州	68.05	14.97	26.20	10.05	11.00	0.94	4.89	20.56	11.39
密西西比州	62.54	16.56	19.50	8.91	10.16	3.05	4.37	32.19	5.27
北卡罗来纳州	63.72	16.02	15.84	7.23	18.76	2.23	3.64	28.39	7.88
南卡罗来纳州	54.48	17.97	13.12	5.39	12.16	1.22	4.63	35.71	9.81
田纳西州	65.78	17.37	26.77	9.75	0.92	4.27	6.70	23.70	10.51
弗吉尼亚	65.25	22.25	8.91	7.27	20.79	1.43	4.60	25.25	9.50
西弗吉尼亚	64.95	14.08	11.25	12.48	16.61	1.62	8.91	22.29	12.76

续表

地区	税收收入 / 自有收入	财产税 / 自有收入	一般销售税 / 自有收入	选择性销售税 / 自有收入	个人所得税 / 自有收入	企业所得税 / 自有收入	其他税收 / 自有收入	收费 / 自有收入	其他杂项 / 自有收入
西南部地区	68.20	25.10	24.87	8.82	3.58	0.57	5.28	20.72	11.08
亚利桑那州	71.44	21.28	27.90	6.22	11.31	2.08	2.66	19.66	8.90
新墨西哥州	60.29	11.19	22.56	5.85	9.62	1.74	9.33	18.08	21.63
俄克拉何马州	63.58	11.66	21.00	7.29	14.30	1.71	7.62	22.70	13.72
德克萨斯州	68.88	28.94	24.99	9.81	—	—	5.14	20.89	10.23
洛基山	61.91	18.75	14.68	6.18	15.25	1.78	5.27	27.33	10.75
科罗拉多	61.45	18.49	16.17	5.84	15.63	1.65	3.66	28.70	9.85
爱达荷州	66.45	18.66	17.14	6.06	17.29	2.54	4.76	24.97	8.57
蒙大拿州	69.32	25.87	—	10.16	19.59	2.79	10.89	19.74	10.92
犹他州	61.10	16.46	14.85	6.80	17.78	2.08	3.14	29.27	9.64
怀俄明州	54.62	20.06	15.31	3.27	—	—	16.02	23.79	21.57
远西地区	69.15	17.82	16.64	6.98	20.17	2.30	5.24	23.26	7.58
加利福尼亚	70.21	17.44	15.34	6.02	23.93	2.77	4.72	22.56	7.23
内华达州	72.36	16.93	28.75	16.68	—	—	10.00	19.41	8.23
俄勒冈州	61.82	19.91	—	6.98	25.72	2.45	6.76	27.64	10.54
华盛顿	65.51	19.36	30.06	9.90	—	—	6.18	26.51	7.98
阿拉斯加	34.91	19.96	3.12	4.77		3.08	3.98	21.40	43.69
夏威夷	71.94	12.65	26.56	10.92	16.42	0.59	4.79	19.77	8.29

注：· 财产税包括住宅和商业地产（主要是地方税收），以及汽车、船只等的个人财产税（主要是国家税收）。

附表 2　　美国最依赖财产税的 10 个州

序号	州	财产税 / 税收收入（%）
1	新罕布什尔州	65.72
2	阿拉斯加	57.18
3	新泽西州	46.14
4	佛蒙特州	43.82
5	罗德岛	43.18
6	德克萨斯州	42.02
7	缅因	40.25
8	康涅狄格州	38.41
9	内布拉斯加州	37.53
10	蒙大拿州	37.32

注：包括住宅、商业地产（以地方收入为主）以及汽车、船舶等个人财产税（以国家收入为主）。

附表 3　　美国最依赖销售税（一般性 + 选择性）的 10 个州

序号	州	销售税 / 税收收入（%）
1	内华达州	62.78
2	华盛顿	61.01
3	田纳西州	55.52
4	南达科他州	53.66
5	路易斯安那州	53.27
6	夏威夷	52.10
7	佛罗里达州	51.59
8	德克萨斯州	50.53
9	阿肯色州	49.59
10	亚拉巴马州	48.28

注：主要的选择性销售税是对汽车燃料、烟草、保险费、公用事业（电力、电话服务等）、娱乐和酒类征收的。

附表 4　美国最依赖个人所得税的 10 个州

序号	州	个人所得税 / 税收收入（%）
1	俄勒冈州	41.60
2	马里兰	37.64
3	加利福尼亚	34.08
4	马萨诸塞州	33.65
5	肯塔基州	32.11
6	纽约州	31.97
7	弗吉尼亚	31.86
8	明尼苏达州	31.77
9	康涅狄格州	30.75
10	北卡罗来纳州	29.44

注：各州和地方在征收个人所得税时，一般将工资、股息、利息和资本利得一并计征。

附表 5　美国最依赖许可证税及其他税的 10 个州

序号	州	其他税收 / 税收收入（%）
1	北达科他州	44.82
2	特拉华州	34.94
3	怀俄明州	29.33
4	蒙大拿州	15.71
5	新墨西哥州	15.47
6	内华达州	13.82
7	西弗吉尼亚	13.72
8	俄克拉何马州	11.98
9	阿拉斯加	11.41
10	哥伦比亚特区	11.10

注：其他收入主要包括许可证税等，主要指对机动车执照、营业执照、公司执照和狩猎、捕鱼执照等征税。其他税主要收入来源是遗散税（自然资源）、股票转让税和遗产税/赠与税。

附录 2：国家名称缩略和常用缩略语

附表 1　　国家名称缩略

BE	比利时	LT	卢森堡
BG	保加利亚	HU	匈牙利
CZ	捷克	MT	马耳他
DK	丹麦	NL	荷兰
DE	德国	AT	奥地利
EE	爱沙尼亚	PL	波兰
IE	爱尔兰	PT	葡萄牙
EL	希腊	RO	罗马尼亚
ES	西班牙	SI	斯洛文尼亚
FR	法国	SK	斯洛伐克
HR	克罗地亚	FI	芬兰
IT	意大利	SE	瑞典
CY	塞浦路斯	UK	英国
LV	拉脱维亚	IS	冰岛（EEA 成员）
LU	立陶宛	NO	挪威（EEA 成员）

附表 2　　常用缩略语

EU	欧盟
EMU	欧洲经济与货币同盟
MS	成员国
EEA	欧洲经济区
EU-28	欧盟 28 国：比利时、保加利亚、捷克、丹麦、德国、爱沙尼亚、爱尔兰、希腊、西班牙、法国、克罗地亚、意大利、塞浦路斯、拉脱维亚、立陶宛、卢森堡、匈牙利、马耳他、荷兰、奥地利、波兰、葡萄牙、罗马尼亚、斯洛文尼亚、斯洛伐克、芬兰、瑞典、英国
EU-27	欧盟 27 国：比利时、保加利亚、捷克、丹麦、德国、爱沙尼亚、爱尔兰、希腊、西班牙、法国、意大利、塞浦路斯、拉脱维亚、立陶宛、卢森堡、匈牙利、马耳他、荷兰、奥地利、波兰、葡萄牙、罗马尼亚、斯洛文尼亚、斯洛伐克、芬兰、瑞典、英国
EA-19	欧元区 19 国：德国、法国、意大利、荷兰、比利时、卢森堡、爱尔兰、西班牙、葡萄牙、奥地利、芬兰、立陶宛、拉脱维亚、爱沙尼亚、斯洛伐克、斯洛文尼亚、希腊、马耳他、塞浦路斯

全球数字税改的源起、实践、趋势及中国因应之策

一、全球数字税改的逻辑背景

当前，全世界的“大政府”都笼罩着一种焦虑，这种焦虑来自对税收规则如何发展才最能反映出经济数字化需求的担忧。特别是，国际税收体制中的一些规则正在经济全球化、数字经济兴起及其它经济环境变化中，成为众矢之的。[①]各国纷纷采取单边措施对从事数字化交易的企业征税，为全球共享数字经济发展机遇、共寻新增长动能与发展之路注入了风险和不确定性。加之受新冠疫情全球大流行影响，悲观主义情绪上扬，层出不穷的单边数字课税措施的负外部性愈发明显。

事实上，从历史进程观察为适配数字经济发展而进行的公司所得税改革，业界对于数字化、商业模式、价值创造与征税权分配之间的关联性研究历经了“电子商务时代的初步探索期——数字经济时代的阶段认识期——经济数字化时代的融合集成期”过程，在认识上呈螺旋式上升趋势，并逐步形成了数字技术发展乃至经济数字化发展本身都是“革命性”的，而国际税收政策发展则是“演进性”

本章执笔人：刘奇超

① ［以］亚瑞夫．布朗尔，［意］帕斯奎拉．皮斯顿纳主编．金砖国家与兴起中的国际税收协作机制［M］．李娜译．法律出版社，2018：425.

的这一基本论断。[①]但长期以来，国际所得税制中以联结度规则确定非居民企业的税收管辖区和基于独立交易原则（以下简称ALP）确定利润分配规则的两大课税理论基石，虽在2015年10月由G20/OECD推动最终落地的税基侵蚀与利润转移（以下简称BEPS）行动计划成果中得以创新、完善，却始终未能从根本上回应经济数字化带来的联结度判定方法、数据价值衡量与收入定性在内的三大政策性失灵问题。[②]而OECD在《数字化带来的税收挑战：2018年中期报告》中阐明高度数字化经营呈现出的大规模无实体的跨境经营，依赖于无形资产（包括知识产权），数据、用户参与及其表现出的与知识产权（IP）的协同性这三项关键特征[③]，正成为改革者撕裂"拥有着数百年历史的，大多是欧洲绅士协议"的传统国际税收共识的有利话术。于是，后BEPS时代下数字服务税（英国、法国）、显著经济存在规则（以色列、印度、尼日利亚）、常设机构反避税规则（新西兰）、征税不足支付规则（墨西哥）等一系列单边措施如雨后春笋般潮涌而至，激起了美国政府与美国企业的强烈不满。为防因单边措施衍生出的全球经贸争端，国际社会将改革目光从单边方案，转向了多边进程。而这也为多边框架下数字税改从早期的"零敲碎打"朝向赋有强烈政治诉求、兼顾技术理性色彩的"系统改进"转型埋下了伏笔！[④]

任何一次改革，都是利益的再调整。总的来讲，本轮改革的核心在于解决经济数字化带来的税收挑战，但最终形成的讨论方案却超越了政策初衷。从实际内容看，OECD选择从解决经济数字化带来"更广泛"的税收挑战和剩余BEPS问题这两个视角分别入手，建构起一种"双支柱"税改体系，即以"修订的利润分配规则和新联结度规则"为要领的"支柱一"（以下简称P1）和以"全球反税基侵蚀方案"（以下简称GLoBE）为主题的"支柱二"（以下简称P2）。一方面，P1历经从"三项提案"[⑤]到"统一方法"（以下简称UA）的流变与整合，逐步形成起一个

---

① 刘奇超，曹明星，王笑笑，等.数字化、商业模式与价值创造：OECD观点的发展［J］.国际税收，2018（08）.

② 约翰内斯·贝克尔，约阿希姆·恩利施著.在价值创造地征税："用户参与"与它有什么关系？［J］.刘奇超译，海关与经贸研究，2019，40（04）.

③ OECD.Tax Challenges Arising from Digitalisation — Interim Report［R］.OECD Publishing，2018.

④ 当然，本轮全球数字税改的动因是有多重因素的。Ruth Mason. The Transformation of International Tax［J］. American Journal of International Law （forthcoming July 2020）；Jeffery M. Kadet. BEPS Primer：Past，Present，and Future［J］.Tax Notes International，July 6，2020；Jeffery M. Kadet. BEPS Primer：Past，Present，and Future，Part 2［J］.Tax Notes International，July 13，2020.

⑤ 三项提案包括由英国提出的"用户参与"提案、美国提出的"营销型无形资产"提案以及由印度、哥伦比亚等G24提出的"显著经济存在"提案。

由金额A、金额B和金额C组成的三段式营业利润的分配机制，[①]力图一并妥善处理好包括合理分配各税收管辖区的征税权，增强传统常设机构（以下简称PE）概念与ALP的时代适配性，促成新型多边税收合作机制，防范单边征税措施激增的现实风险，化解各国对高度数字化跨国集团课税施以的巨大政治压力在内的诸多挑战。特别是，新征税权（金额A）意在调整跨国公司在市场/用户管辖区内因未设实体存在或仅设有有限实体存在的前提下、开展自动化数字服务（以下简称ADS）和除ADS外的其它面向消费者型业务（以下简称CFB）活动的部分超额利润，构成了UA对经济数字化带来税收挑战的主要回应。而且，金额A的执行由传统的对MNE自下而上的税收管理模式，转向了一种崭新的自上而下的机制变革，也昭示着国际税收正在新老规则的共存与交替中不断调适与前行。[②]另一方面，GLoBE方案在大的逻辑框架上惊人地突破了BEPS项目关于“不征税或低税本身并非是令人担忧的问题，但当它同人为地将应税收入与产生应税活动分开的做法联系到一起时，就会变得令人担忧”的立场，（至少是GLoBE方案的推动者[③]）意将“不征税或低税”本身认定为剩余BEPS问题。在此背景下，OECD为GLoBE方案设定了五项主要的政策目标[④]，希望从根本上解决BEPS问题。尽管“双支柱”改革面临着各界对于其是否背离了BEPS项目所确立的“利润在经济活动发生地与价值创造地征税”的总原则、在尚未根据BEPS第11项行动计划评估BEPS改革影响之前如此“大刀阔斧”地行动是否操之过急等诸多质疑，但BEPS包容性框架的各成员国却在国际主要政治驱动力量的裹挟下，推动着改革进程按照既定的“时间表”与“路线图”朝前推进。

---

① 金额A不局限于实体存在，与ALP也无联系，而是依据新联结度为市场管辖区创设新征税权，并将由跨国公司在集团或业务线基础上所确定的“视同”剩余利润的一部分分配给市场/用户管辖区。随后，该笔利润将按商定一致的因素分配公式以百分比的形式在各个市场/用户管辖区之间进行最终分配。金额B寻求的是一种遵循ALP的简化方法，即为在市场管辖区内发生的某些“基准”或常规的营销与分销活动确立固定回报。金额C旨在当公司在市场管辖区内发生的营销和分销活动超过金额B设计的固定回报所对应的基准水平时，或当高度数字化跨国集团或公司在市场管辖区内开展了同营销或分销职能无关的其他经营活动的情形下，秉承ALP而主张超过金额B的额外利润。

② 张志勇．近期国际税收规则的演化——回顾、分析与展望［J］．国际税收，2020（01）．

③ GLoBE是由德国、法国在2018年12月5日发布的《联合声明》中提出的，声明建议在OECD框架下推动一项致力于解决遗留BEPS挑战、进一步反映如美国税改中全球无形低课税所得（Global Intangible Low-taxed Income，GILTI）政策等最新发展情况的全球反税基侵蚀方案。

④ 这五项主要的政策目标，包括：1.降低纳税人进行利润转移的动机；2.减轻全球范围内公司所得税的“逐底竞争”问题；3.阻止未经协调的反避税措施的扩散；4.保护发展中国家免于提供低效税收激励政策的压力；5.改善资本配置水平，从而促进增长。

当然，区别于直接税“讨价还价式”的改革，经济数字化下的增值税（以下简称VAT）/货物和劳务税（以下简称GST）改革则是一个长期的渐进式的发展过程，是主权国单边行动、地区改革、IMF法律起草实践、OECD指南的发展、学术讨论的争辩等各种力量综合作用的结果。若究其改革逻辑，大致可归于五个因素：一是，OECD财政事务委员会（以下简称CFA）第九工作组针对这一问题开展了持续性的研究，并公布了系列得到广泛认可的成果；二是，学术界围绕这一问题展开的讨论与日俱增，且越辩越发系统和全面；三是，许多开征VAT的国家（地区）更是以这一问题改革为导向，进行了系统地税收改革，触动了相关利益方的利益；四是，OECD倡导的BEPS行动计划激发了各界对数字经济下税收改革问题的浓厚兴趣；[①]五是，各界广泛认同VAT改革的难度要低于所得税，政策设计时的国家税收主权“自由度”更高，且能在一定程度上缓解政府对于财政收入的需求。尽管VAT改革的大逻辑是有迹可循、一以贯之的，但这并不意味着各国政策调整思路上的“守旧”。除了目前开征VAT的国家（地区）普遍接受用于确定税基的实质管辖原则（目的地原则）、遵循并陆续（改良）转化以BEPS第1项行动计划《应对数字经济的税收挑战》、OECD《国际VAT/GST指南》为代表的在全球VAT领域达成的治理成果外，新兴改革已愈发关注“数字平台在在线销售和交付链的功能定位”“数字平台可能对在线销售VAT征收方面发挥的功能探索”等数字平台提供协力义务的理论研究和立法实践，愈发关注跨境交易中金融中介在VAT征管中的角色。

此外，仍需关注的是，物联网、数字（加密）货币、共享经济（或零工经济）[②]、3D打印、高级机器人技术以及开放型政府数据这六类新兴技术发展正成为数据运用的组合式创新实践，并且，这些技术依靠的底层分布式账本技术（区块链）则提供了许多其它应用程序。当经济数字化的前沿发展超越国际税收规则规制界限，那么，颠覆性技术是否将指引全球找到替代性公司所得税税种，如对股

---

① 这前四个因素是由悉尼大学法学院丽贝尔·米勒（Rebecca Millar）教授特别针对“数字经济下是否需要进行增值税改革”这一问题提出的，她是《世界增值税/货劳税法》杂志的编委，OECD第九工作组秘书处的学术顾问，《国际增值税/货劳税指南》技术咨询小组成员。参见［奥］迈克·兰，［比］伊内·勒琼主编．全球数字经济的增值税研究［M］．经济科学出版社，2017：179.

② “零工经济”一词指的是由普遍短期存在的、且通常是非标准的合同或自由职业所形成的劳动力市场特征，而非指固定的工作和标准的劳动合同。“共享经济”指的是私人之间以免费或收费的方式来共享资产或服务的一类市场。作为数字化产物，“零工经济”和“共享经济”变得越来越突出，特别是互联网的使用，使得此类经济活动在全球范围内得以迅速扩大。

东的课税[1]，抑或是对机器人征税[2]？VAT规则流变的背后，是否也将涌现出妥善解决数字化产品在线下载、3D打印等跨境服务贸易课税问题的良策呢？这些镌刻经济数字化时代印记的税制之间，正勾勒出全球数字税改的前进方向与破题关键。

二、晚近以来数字税改的代表性实践

晚近以来，越来越多国家逐渐放弃过去认为“增值税制度在某些程度上来说是比所得税制更有能力解决一些在其领域范围内实施数字经济活动问题”的观点，转向探寻“采取一个兼顾直接和间接征税的整体性方案”。[3]

（一）公司所得税领域的区域性、国别性实践

从政策设计看，全球共有四类应对经济数字化的公司所得税课税方案：对PE的定义进行修订或加以替代、扩大预提所得税的征收范围、开征以营业额为基础的税以及制定针对大型跨国公司的特殊税制。

1. 对常设机构的定义进行修订或加以替代

因经济数字化下跨国企业位于各个国家的数字存在无法在传统税收规则下找到征税对象，导致税法规则面临结构性失灵问题，一些国家开始着力推出“对PE定义进行修订或加以替代”的改革方案。这类改革的主要目的在于淡化特定地理位置对于传统PE概念下“营业场所”“永久性”和“商业活动”等要素要求，从而建立起新的基于净所得税基的联结度。因研究视角的不同，这类主要在本国税法和(或)税收协定中引入的新概念，通常又被冠以“显著经济存在”(以下简称SEP)、“显著数字存在”(以下简称SDP)、“数字化常设机构”、“虚拟常设机构”等一系列称谓不同但实质内容相近的定义。

当然，作为代表性的理论研究成果，国际上已经有一个以用户数量和收入额

① Michael P. Devereux，John Vella. Implications of Digitalization for International Corporate Tax Reform［J］.InterTax，2018.

② 王婷婷，刘奇超.机器人税的法律问题：理论争鸣与发展趋势［J］.国际税收.2018（03）：29-36.

③ ［奥］迈克·兰，［比］伊内·勒琼主编.全球数字经济的增值税研究［M］.经济科学出版社，2017：117.

作为数字化PE判定门槛的提案："如果缔约国一方的居民企业接入（或提供）电子应用软件、数据库、在线市场或存储空间的访问，或在每个月注册超过1 000名居住在缔约国另一方的个人用户使用的网站或电子应用软件上提供广告服务，且上述在缔约国另一方提供的服务带来的收入总额超过每年XXX（欧元，美元，英镑，人民币，法郎等），则该企业应被视为在该缔约国另一方设有常设机构。"①该提案原意是作为OECD和UN《税收协定范本》（以下简称MC）第5条的一个新段落来实现的，但考虑到调整MC条款可能产生的溢出效应，该研究并未被国际税收界广泛接受，不过却成为了各国制定类似"定性"+"定量"式改革举措的重要参考（见表1）。

表1　关于数字化常设机构规则调整的代表性方案比较

税收管辖区	数字化常设机构的门槛	现状
欧盟	1. 在纳税期内获得总收入额的一定比例，系来源于该纳税期内向位于某一成员国的用户提供数字服务所取得的总收入额超过7 000 000欧元；2. 在纳税期内位于某一成员国的一项或多项数字服务的用户数量超过100 000人；3. 位于某一成员国的用户在纳税期内签订的任何关于此类数字服务的商业合同数量超过3 000份。	2018年3月提案
印度	1. 在印度产生的数据或软件下载的收入；2. 通过数字化手段在印度系统性、持续性地招揽业务。	推迟至2022年4月1日生效
印度尼西亚	1. 合并总收入；2. 在印度尼西亚的销售额；和/或3. 位于印尼活跃用户数量的规模。	2020年3月通过
以色列	1. 向许多以色列客户提供在线服务；2. 与以色列客户进行大量交易；3. 在线盈利与以色列用户的互联网使用水平之间存在正相关关系；4. 为以色列用户量身定制在线服务（如使用希伯来语网站或价格以谢克尔为单位）。	2016年4月通过
肯尼亚	将"通过数字市场产生的收入"列为《所得税法》中的应纳税收入。	2019年11月通过
尼日利亚	如果非居民公司通过以下四种数字活动取得的总收入超过2 500万奈拉（约合64 601美元），则在任何会计年度都将在尼日利亚构成SEP：1. 通过向尼日利亚人提供数字内容的流媒体或下载服务；2. 通过网站或应用程序等数字界面传输收集到的尼日利亚用户活动数据；3. 通过数字平台直接或间接提供商品和服务；4. 通过将供应商链接到尼日利亚市场客户的数字平台、网站或应用程序而提供的中介服务。	2020年2月3日起追溯适用
斯洛伐克	促进交通、住宿服务和作为此类服务市场的数字平台必须注册为常设机构，未注册的须按5%缴纳预提所得税。	2018年1月实施

资料来源：根据Bloomberg Tax、KPMG、IBFD自制。

① Peter Hongler，Pasquale Pistone.Blueprints for a New PE Nexus to Tax Business Income in the Era of the Digital Economy. IBFD Working Paper，20 January 2015：3.

2. 扩大预提所得税的征收范围

通常，对于股息、利息和特许权使用费等被动收入项目，各国国内法与双重税收协定通常会对符合替代性来源地判定规则（如付款人的居住地、资产或服务的使用地、履约地等）的非居民企业征税。其中，一些例外情形及其征税权的分配方法也已反映在OECD MC的第10条（股息）、第11条（利息）和第12条（特许权使用费）中。但最近世界各地针对特定类型的数字产品和服务越来越多地运用MC中的例外情形进行征税，并主要形成了三种政策模式（见表2）：一是扩大对特许权使用费征收预提所得税的定义范围，以涵盖对使用软件或软件使用权的付款、通过信息和通信技术传送的“视觉图像或声音”费用、将某些软件即服务（SaaS）类型的交易费用纳入预缴税款范围等内容。二是对技术服务费征收预提所得税。该方法得到了2017年修订的UN MC第12条A款的支持，虽然这一定义并不专门针对数字产品和服务，但它通常包括广泛的云计算服务。三是对其他特定类型的收入课征新的预提所得税，如对来源于在线广告的收入。

表2　部分国家关于对数字服务总收入征收预提所得税政策的比较

国家	主要政策	现状
巴基斯坦	对离岸数字服务征收5%的预提所得税，包括在线广告，网站的设计、创建、托管或维护，为数字内容的上传、存储或分发提供任何设施或服务支持，在线收集或处理与巴基斯坦用户相关的数据，为在线商品、服务的销售提供任何设施或任何其他网络设备。	2018年7月实施
泰国	对载泰国提供商品和服务的电子商务供应商征收5%的预提所得税，其中的服务包括在线广告、游戏、购物等；同时，促成交易的金融机构将负责代扣代缴有关税款。	2019年5月提出
土耳其	对支付给服务提供商和中介机构的数字广告费用征收15%的预提所得税。	2019年1月实施
乌拉圭	对非居民向位于乌拉圭的客户提供的数字服务付款征收12%的预提所得税。	2018年7月实施

资料来源：根据KPMG、IBFD、Tax Foundation自制。

3. 开征以营业额为基础的税

从发展的视角看，越来越多的国家开始在所得税框架外寻求对提供数字商品和服务的企业课征单边税，这些措施通常侧重与供应数字商品和服务的目的地建立起广泛的联结度，能普遍适用于居民和非居民企业，并以符合一定条件的营业额为税基。同时，这些措施还有一个重要的共同政策目标，即通过恢复某些数字商品和服务的外国供应商与类似的本国供应商之间的公平竞争环境，以及恢复某些数字商品和服务的供应商与更传统的竞争性商品和服务的传统实体供应商之间的公平竞争环境，来增强所得税制在经济数字化时代的中立性。正因如此，理论界与实务界将近年来各国出台的这类属于特殊消费税性质的、以营业额为基础的税收政策形象地称之为“均衡税”（以下简称EL）和/或“数字服务税1”（以下简称DST）。[①]据OECD统计，截至2020年7月，全球共约有25个国家采纳或正考虑采纳以营业额为基础的DST，但只有6个国家正式实施了DST（见表3）。此外，有3个国家放弃了推出DST的计划，转向采用VAT改革或等待多边框架的解决方案。[②]

表3　代表性国家关于已/拟开征数字服务税、均衡税的规则比较

国家	税率	征税范围（按总收入计算）	全球起征点	国内起征点	现状
奥地利	5%	在线广告	7.5亿欧元	2 500万欧元	已实施（从2020年2月24日开始生效）
比利时	3%	销售用户数据	7.5亿欧元	5 000万欧元	提案（DST于2019年1月首次引入，但该提案于2019年3月被拒绝；调整后的DST提案于2020年6月重新引入）
捷克	5%	有针对性的在线广告、多边数字接口的使用、销售用户数据（附加其他门槛）	7.5亿欧元	1亿克朗	提案（推迟至2021年，等待OECD达成协议）

① 特别指出的是，部分人士将以营业额为基础的单边课税措施统一归类为DST的做法，可能是并不恰当的。例如，印度于2016年开征的EL仅适用于非居民企业（而并不适用于居民企业），是针对从印度向广告服务的支付款进行的征税，其政策目标并不在于调整经济租的错误归属，而在于调整常设机构判定规则的失灵问题。有关EL、DST的历史演进与区别关联，可参见刘奇超，曹明星.均衡税的功能定位、制度设计及其整体认识［A］//中国法学会财税法学研究会、韩国税法学会编著：第九届中韩税法论坛论文集［C］.2019；Wei Cui.The Digital Services Tax：A Conceptual Defense［J］.SSRN，April 22，2019.

② OECD.OECD Secretary-General Tax Report to G20 Finance Ministers and Central Bank Governors［R］. OECD Publishing，July 2020：20.

续表

国家	税率	征税范围（按总收入计算）	全球起征点	国内起征点	现状
法国	3%	在线广告、基于用户数据的广告服务、点对点在线平台服务	7.5 亿欧元	2 500 万欧元	已实施（自 2019 年 1 月 1 日起追溯性适用；法国已同意暂停 DST 的征收直到 2020 年 12 月，以换取美国同意暂缓对法国商品征收报复性关税的做法）
意大利	3%	在线广告、允许用户购买 / 出售商品和服务的多边数字接口、传输使用数字接口产生的用户数据	7.5 亿欧元	550 万欧元	已实施（从 2020 年 1 月开始生效）
斯洛文尼亚	—	—	—	—	有意向（财政部宣布了一项政府提议，向国民议会提交法案草案，在斯洛文尼亚于 2020 年 4 月 1 日之前引入 DST；该税预计将从 2020 年 9 月 1 日开始适用，但是到目前为止没有任何进展）
西班牙	3%	在线广告服务、在线中介服务、销售用户数据	7.5 亿欧元	300 万欧元	已通过（从 2021 年 1 月 6 日开始生效）
土耳其	7.5%	在线服务，包括广告，内容销售以及社交媒体网站上的付费服务	7.5 亿欧元	2 000 万里拉	已实施（从 2020 年 3 月开始生效；总统可将 DST 率降低至 1% 或提高至 15%）
英国	2%	搜索引擎、社交媒体平台和在线市场	5 亿英镑	2 500 万英镑	已实施（从 2020 年 4 月 1 日起追溯生效）
以色列	3% 或 5%	以法国 DST 为模板	—	—	有意向
加拿大	3%	有针对性的在线广告、数字中介服务	10 亿加元	4 000 万加元	提案（选举后提议）

续表

国家	税率	征税范围（按总收入计算）	全球起征点	国内起征点	现状
巴西	1%、3% 或 5%	有针对性的在线广告 、数字接口的使用、使用数字接口产生的用户数据传输	30 亿雷亚尔	1 亿雷亚尔	提案
匈牙利	7.5%	广告收入	1 亿福林	不适用	已实施（从 2019 年 7 月 1 日至 2022 年 12 月 31 日，广告税率降至 0%，作为临时措施）
印度	2% 或 6%	电子商务运营商（2%）、在线广告服务（6%）	—	2 亿卢比	已实施（印度于 2016 年推出了 EL，针对非居民企业提供在线广告服务的总收入的税率为 6%；自 2020 年 4 月起 EL 已扩大适用范围，针对非居民电子商务运营商的收入的税率为 2%；2020 年 10 月 1 日起将对通过数字或电子设施或平台促进的商品销售 / 服务提供的总收入额征收税率为 1% 的预提所得税）
肯尼亚	1.5%	数字市场总收入	待定	待定	已通过(个人 2021 年 1 月 1 日起生效）
拉脱维亚	—	—	—	—	有意向（拉脱维亚政府委托进行了一项研究，基于国家征收 3%DST 的假设来确定税收的增长）
新西兰	2%—3%	中介平台、社交媒体平台、内容共享网站	7.5 亿欧元	350 万新西兰元	有意向（2019 年 6 月，新西兰政府发布了一份关于可能的 DST 设计的讨论文件）
挪威	—	—	—	—	有意向（如果 OECD 在 2020 年不能达成共识，挪威计划在 2021 年引入单边措施）
荷兰	1.5%	在线流媒体服务	—	—	提案
突尼斯	3%	非居民企业出售计算机应用程序和数字服务	待定	待定	已实施（从 2020 年 1 月开始生效；将发布一项法令，其中将规定详细要求）

资料来源：根据KPMG、Tax Foundation、Tax Notes 自制。

4. 制定针对大型跨国公司的特殊税制

作为解决经济数字化背景下大型跨国公司因过度实施日益复杂的税收筹划结构导致的税基侵蚀付款问题，一些国家开始针对大型跨国公司制定具体的反滥用规则，从而实现补充现行所得税制体系、重新平衡税企间权力（权利）义务关系、提高大型跨国公司的税收遵从水平、营造其同国内经营的较传统企业或中小企业之间公平竞争环境的政策目标。虽然，这类特殊税制并非完全针对高度数字化的商业模式，但其规制范围同一些数字化业务密切相关，而备受广泛关注。

作为代表性规则，由美国《减税与就业法案》引入的税基侵蚀与反滥用税（简称BEAT）极具特色，并在一定程度上为GLoBE方案的形成，提供了可参照的税制经验。[①]从适用范围看，BEAT仅适用于居民企业和其他需缴纳美国所得税的非居民企业分支机构的特定内部交易（但BEAT涉及的公司不包括受监管的投资公司和房地产投资信托），并通过公式计算与纳税调整来确定应纳税额。从政策设计看，BEAT相当于美国国际税收版的替代性最低税（AMT）制度。如果美国纳税人所在的集团在过去三年内年均收入超过5亿美元，且该纳税人经测试的“税基侵蚀支付款”（Base Eroding Payments，BEP）[②]比例超过3%（某些银行和证券公司的比例为2%），则属于BEAT课税范围。其中，BEP所指的可税前扣除项目包括向国外关联方支付的所有可税前列支款项，以及从国外关联方处购置的可折旧、可摊销资产所支付费用，但不包含：（1）美国国内法下允许从总收入（而非利润）中扣除的项目，如销货成本（COGS）；（2）按照《联邦税收条例》第482章1.482-9（b）项“服务成本方法”计算没有加成的常规服务付款；（3）符合规定的衍生付款；（4）在美国缴纳预提所得税的付款。而在应纳税款的计算中，BEAT等于纳税人当年“调整后应纳税所得额”征收最低10%（2018年适用的税率为5%，而2026年后适用

① Mindy Herzfeld.Can GILTI + BEAT = GLOBE?［J］.Inter Tax，2019（5）；Adriana Sánchez Castro. Administrative Capability Analysis of OECD Proposals from the Perspective of Developing Countries［J］.Inter Tax，2020（02）.

② 在BEAT中，BEP的比例＝税基侵蚀扣除金额/可允许扣除总金额。

12.5%的税率）[①]的所得税。[②]当然，课征BEAT并不影响该纳税人正常缴纳公司所得税的纳税义务。

（二）增值税领域的区域性、国别性实践

总体上讲，数字经济下VAT征管的首要挑战是目前许多税收管辖区对跨境网购低值商品免征VAT的问题，而第二大挑战则是通过远程系统跨境提供服务和无形资产引发的没有或只有极少VAT得以征收的现实机制缺失。对此，各国推出了一系列主题聚焦的趋同性改革措施（见表4）：

一是降低或取消进口低值商品的VAT免征额，增强税制中性。一方面，考虑到庞大数量进口低价值商品免征VAT政策，不仅使一国的VAT收入减少，也会给该国依法缴纳VAT的零售商带来与日俱增的不公平竞争压力。因此，BEPS第1项行动计划建议降低或取消进口低价值商品的VAT免征额。目前，一些国家已经或正在积极考虑实施该建议。譬如，澳大利亚自2018年7月1日起取消原定为10 00澳元的进口低价值商品的GST免征额。欧盟将于2021年1月1日起（受全球新冠疫情影响，已延期至2021年7月1日起生效），推行“迷你一站式服务”注册机制；取消低价值商品（低于22欧元）免征进口VAT的规定；取消成员国各自规定的远程销售起征点标准，改为欧盟内整体的通用起征点标准（即在欧盟境内跨境销售的年度销售额超过1万欧元）；明确电商平台承担非欧盟电商卖家在该平台上销售货物的有关VAT纳税义务。[③]另一方面，对数字产品和对应的纸质产品同等征税，也是时下一种改革趋势。例如，欧盟和一些国家现行VAT制度规定，对电子期刊等数字产品一律按服务征税，适用标准税率，而对纸质报纸、期刊等传统媒体则按低税率征税。

二是推动以“目的地课税原则”代替“产地课税原则”为核心改革思想的、

---

① 银行和保险公司适用的BEAT税率：2018年为6%，2019—2025年为11%，2026年以后为13.25%。

② 总的来讲，“调整后的应纳税所得额”等于应纳税所得额外加符合条件的税基侵蚀支付款（BEP）和相应的净经营亏损。同时，缴纳的BEAT税款要超过公司应纳税义务（21%的公司所得税税率）扣除某些当年允许抵免税款的部分。因此，BEAT最低缴税额为美国公司的“调整后应纳税所得额”的10%（或其他适用税率）与扣除某些抵免额（研发抵免和其他特定抵免除外）后的一般美国税负之间的差额。

③ 罗翔丹，刘奇超，张春燕.经济数字化时代的BEPS行动：在规范与现实之间[J].国际税收，2018（07）.

对数字化跨境交易征收VAT的国际协调方案的本土化进程。为在全球范围内妥善解决货物、服务以及无形资产在内的数字化跨境交易的VAT征管问题，OECD在2017年先后出台了《国际VAT/GST指南》[①]（以下简称《指南》）和《当供应商非位于税收管辖区时有效征收VAT/GST的机制》[②]（以下简称《机制》）。其中，《指南》解释了如何制定数字经济领域VAT的法律、法规，而《机制》为在实践中实际运用具体VAT规则提供了指引。事实上，跨境交易VAT规制的交易范围可分为两类：两家企业之间进行的交易（B2B型交易）以及一家企业与最终消费者之间进行的交易（B2C型交易）。对于B2B型交易，《指南》建议使用反向征收机制，由进口数字货物和数字服务的企业申报并缴纳VAT；而对于B2C型交易，《指南》建议使用简化注册机制，即远程卖方在进行交易之前先在来源国注册，然后征收并解缴这些交易应缴的VAT税款；若这些机制无法被证明有效，则可能会采用某种形式的预提税征管机制。此外，当有中间商参与交易时，《指南》建议由中间商直接承担VAT缴纳责任，或以其作为供应商的视同代理来征收税款。[③]例如，阿根廷规定自2018年6月27日起，非居民供应商提供数字服务的VAT由最终消费者承担，税款由支付代理商代缴，即：使用信用卡支付的，由信用卡发行商代缴；使用借记卡等其他方式支付的，由提供支付服务的居民中间商代缴；若数字服务款项的支付未经居民中间商的，则最终消费者负有直接纳税的义务。[④]

三是依托数字平台协助VAT征管。截至2020年7月，亚马逊、易贝、Fruugo、Wolf & Badger、Etsy、ASOS、Flubit七家在线交易平台已同英国税务海关总署（简称HMRC）签订协议，协助其征收VAT。协议规定，在线平台负有三项义务：一是提供平台上国内外卖家的经营信息。考虑到不同平台收集卖家信息的内容、详略程度存在差异，HMRC允许各平台结合实际自主确定信息上报内容，但这些信息须足够HMRC用以“识别某一卖家”“计算一段时间内某一卖家在英国的销售量与销售价值”以及“直接联系到某一卖家”。二是在确保自身税收遵从的同时，引导卖家遵从英国增值税法并提供合规审查信息。三是及时处理未能依法缴纳VAT的卖家。在具体做法上，HMRC提出了三种建议：第一，在卖家注册时，在线平

---

① OECD.International VAT/GST Guidelines［R］.OECD Publishing，2017.

② OECD.Mechanisms for the Effective Collection of VAT/GST When the Supplier Is Not Located In the Jurisdiction of Taxation［R］.OECD Publishing，2017.

③ John N.Bush，Rachel Thrasher.Taxing the Digital Economy：Options，Trade Considerations，and a Solution［J］.Tax Notes International，July 27，2020.

④ 陈琍，王婷婷.2018年世界增值税改革发展评述［J］.税务研究，2019（04）.

表 4 部分 OECD 国家关于跨境数字货物和服务的增值税、货劳税以及销售税规则比较

国家	税率	说明	免税商品和服务	注册门槛	现状
澳大利亚	10%	非居民电子商务公司向消费者销售数字商品和服务的 GST 税率为 10%；自 2018 年 7 月起，低值商品和服务（低于 1 000 澳元）也要缴纳 GST。		营业额达到 75 000 澳元（52 120 美元）	2017 年 7 月 1 日通过；于 2018 年 7 月 1 日修订
加拿大	各州不一	魁北克省和萨斯喀彻温省已对非居民数字服务供应商征收 GST。		各州不一	各州不一
智利	19%	已获批准的一项新法律将强制要求流媒体 / 视频、应用程序、电子书、游戏、电子学习、软件即服务（SaaS）和其他基于互联网服务的外国卖方进行 VAT 注册；该措施将于 2020 年 6 月 1 日生效。			2020 年 6 月 1 日通过
哥伦比亚	18%	1. 哥伦比亚即将批准对外国供应商提供的数字服务征收 18% 的 VAT; 2. 没有 VAT 注册门槛，针对 B2B 交易将使用反向征收机制; 3. 该法律原定于 2018 年 7 月生效，但目前仍在审查中。		无门槛	尚未实施
欧盟	各国不一	1. 向欧洲消费者销售的数字企业必须针对所有客户应用、征收并解缴 VAT；2. 根据反向征收机制，向在税务部门注册的企业销售产品可免税，但需要提供企业 VAT 登记的详细信息；3. 没有“欧盟”VAT 税率。税率以消费者所居住的国家为准；4. 数字企业可以在 MOSS（迷你一站式服务机制）注册来管理 VAT 申报和分配已征收的 VAT；5. 根据欧盟经济和财政事务理事会（ECOFIN）于 2017 年 12 月和 2019 年 11 月批准的一项与跨境电子商务相关的一揽子税收政策，自 2021 年 1 月 1 日起（已延期至 2021 年 7 月 1 日），将取消在整个欧盟范围内对低于 22 欧元（24.60 美元）的小额货物免征 VAT 的规定。		各国不一	针对非欧盟供应商的于 2003 年 1 月 1 日通过；针对欧盟供应商的于 2015 年 1 月 1 日通过

续表

国家	税率	说明	免税商品和服务	注册门槛	现状
冰岛	22.5%；电子书 11%	向冰岛消费者提供数字服务并且销售额超过 2 000 000 冰岛克朗（16 317 美元）的外国公司须在冰岛注册 VAT；如果这些外国企业向已注册 VAT 的企业销售，则不需要按照反向征收机制进行登记。		任意连续 12 个月期间内（而非日历年）达到 2 000 000 冰岛克朗（16 317 美元）	2011 年 11 月 1 日通过
以色列	16%	自 2016 年初以来，以色列一直在研究对外国企业向以色列消费者提供的数字服务征收 16% VAT 的提案。			正在接受议会审查
日本	10%	1. 针对外国企业向日本消费者进行的所有 B2C 电子商务交易征税，日本本土企业已在缴税；2. 外国企业必须在日本注册 VAT 并指定税务代理人；3.B2B 交易采用反向征收机制，由买方而不是卖方来处理税款。	电子书和课程	1 000 万日元（合 91 736 美元）	2015 年 10 月 1 日通过
墨西哥	16%	1. 墨西哥已建议向墨西哥消费者提供电子或数字服务的非居民供应商必须在 2020 年 7 月 1 日前注册 VAT；即在 2020 年 6 月 1 日对国外电子服务征收 VAT 实施后的一个月；2. 非居民必须指定一名当地 VAT 代表与墨西哥当局保持联系；3. 一旦注册 VAT，供应商将每月报告所征收的 VAT，并在报告月份次月的 17 日之前提交。	电子书、报纸和杂志	没有门槛	2020 年 6 月 1 日通过
新西兰	15%	1. 对位于新西兰的消费者提供服务的数字销售商还必须收集两个无冲突的证据来证明客户的位置（例如账单地址，IPN 位置，银行详细信息或电话号码的国家 / 地区代码）；2.B2B 和 B2C 交易之间没有区别。		60 000 新西兰元（39 526 美元）	2011 年 7 月 1 日通过
挪威	25%	1. 对于 B2C 交易，如果企业在挪威的年销售额超过 50 000 挪威克朗（5 681 美元）的起征点，则必须在挪威注册 VAT。2. 对于 B2B 交易，它们采用与欧盟类似的方案，即在反向征收机制下由买方申报 VAT。		50 000 挪威克朗（5 681 美元）	2015 年 7 月 1 日通过

续表

国家	税率	说明	免税商品和服务	注册门槛	现状
韩国	10%	1. 无注册门槛；2. 所有卖家都需要注册为“简化业务运营商”，并通过 Hometax 系统提交 VAT 申报表；3. 税款需按季度以韩元的形式支付到友利银行的一个（韩国国家税务局）VAT 账户中。		无门槛	2015 年 7 月 1 日通过
瑞士	7.7%；电子书和电子期刊 2.5%	1. 任何在国外经营业务的人，如果在瑞士提供应税商品或服务，而这些货物的价值（包括非来自瑞士的收入）超过 100 000 瑞士法郎（100 604 美元），则需注册瑞士 VAT；2. 应税商品或服务包括向没有注册瑞士 VAT 的瑞士客户提供的电子商品或服务；3. 已注册 VAT 的客户将根据反向征收机制自行评估 VAT，而不会要求非居民供应商收取 VAT；4. 未注册 VAT 的客户无法对从国外收到的电子服务进行反向征收，因此相关供应商需要在瑞士注册（以注册门槛为准）；5. 注册后，供应商应向已注册和未注册的客户都收取 VAT。	1. 提供和接收服务的人员之间通过有线、无线、光或其他电磁媒体进行的通信。 2. 互动形式的教育服务。 3. 专门设备或仅供承租人用于传输数据的设备部件的租赁。	1 00 000 瑞士法郎（100 604 美元）	2010 年 1 月 1 日通过
土耳其	18%	1. 如果出售给在土耳其注册 VAT 的企业，外国企业不需要收取 VAT，买方将通过反向征收机制处理所有土耳其 VAT；2. 如果要出售给土耳其消费者，则外国企业必须在土耳其注册 VAT，无注册门槛；3. 企业所有者可以通过 MERSIS（中央商业注册系统）的商业登记处在线直接注册；4. 必须每月申报 VAT，申报截止时间为次月 24 日，付款截止时间为次月 28 日。		无门槛	2018 年 1 月 1 日通过
美国	各州不一	1. 美国各州一直在采用一种称为经济联结度的新数字税法；2. 美国近一半的州加入了简化销售和使用税协议（SSUTA）；3. 这些州从产品定义到税收政策的所有内容共享一个更简单、更统一的税收制度；4. 在这种情况下，年销售额超过 10 万美元或在该州有超过 200 笔独立交易的零售商必须在该州登记、征收并解缴销售税；5. 年销售额包含 B2B 和 B2C 交易额；一些州可能设定自己的门槛。	各州不一	10 万美元或超过 200 笔独立交易；一些州可能会设定自己的门槛	各州不一

资料来源：Tax Foundation、IBFD.

台应要求注册卖家提供VAT注册税号；第二，若卖家已注册，但存在税收不遵从的潜在风险，在线平台须在确认此情形的30日内直接联系该卖家；第三，如果卖家未按英国增值税法缴纳税款，在线平台须禁止该卖家通过英国在线平台的销售行为并通知其补缴税款，或在封锁卖家账户30日内注销其账户。[①]而德国为确保在线零售商尤其是境外商户履行其在德国的VAT纳税义务，杜绝偷税漏税行为，于2019年实施了一项新法案：在线零售商应向德国税务部门申请VAT登记证明，证明有效期为3年；网络电商平台企业须为税务部门收集、记录和验证平台商户的各类数据（包括姓名、地址、税号、送货地址、交易时间和金额等），协助监管商户的纳税义务，且须为商户税务欺诈行为导致的损失负责。

三、时下国际层面重点数字税收改革的发展趋势

近年来，尽管联合国（国际税收专家委员会）、IMF、世界银行、WTO、世界海关组织（WCO）等国际组织积极参与和推动着有关多边框架下数字税收改革[②]的研究工作，但总基调的确定及带有全球共识性的协调工作，仍是在G20委托与监督下，由OECD以BEPS包容性框架、CFA、数字经济工作组（TFDE）、税收征管论坛（FTA）等各类机制灵活、路径新颖的方式展开的。其中，最受瞩目的两项改革就是为应对经济数字化带来税收挑战的"双支柱"改革方案和如何更好地发挥数字平台在在线销售货物或提供服务方面协助税收征管作用的研究。

（一）支柱一下的"统一方法"

2020年1月29—30日，OECD包容性框架137个成员共同审议并通过了《OECD/G20 BEPS包容性框架关于应对经济数字化带来税收挑战的双支柱方法的

① HMRC.https：//www.gov.uk/government/publications/hmrc-and-online-marketplaces-agreement-to-promote-vat-compliance.2020-7-26.

② 这一语境下的数字税收改革事项，既包括由WTO主导的围绕跨境数字传输是否征收关税、3D打印如何征税等问题的研究，也包括由WCO主导的《跨境电子商务标准框架》《海关货物快速放行指南》等涉及的税收政策与征管制度调整问题的研究。

声明》[①]（以下简称《声明》），确认了P1下UA的总体设计框架以及P2的主要规则取向，承诺将在2020年底前就基于共识的解决方案达成协议。[②]

1. 总体设计

BEPS包容性框架成员国认可了以UA的结构框架（见图1）作为针对P1形成基于共识解决方案的谈判基础。[③]UA旨在通过考虑新的商业模式来调整征税权，从而扩大市场管辖区（对于某些商业模式来说，其为用户所在的管辖区）的征税权。该方法包括可分配各市场管辖区的以下三种应税利润：

（1）金额A：适用在跨国企业的集团（或业务线）层级采用公式化方法，分配给市场管辖区的剩余利润的份额。不管是否存在应税实体，特别是对于自动化数字服务，都可以适用此新征税权。它通过与该管辖区内的活动或远程直接针对该管辖区的活动，来反映与企业积极和持续参与市场管辖区的经济活动相关的利润，因此构成了UA对经济数字化带来的税收挑战的主要回应。

（2）金额B：基于ALP的固定回报，用于定义市场管辖区内发生的基准营销和分销功能。

（3）金额C：根据现有的转让定价规则确定市场国应获得的额外回报，即在市场国建立健全具有约束力的争议解决机制前提下，如果企业在市场国进行的活动超过金额B中规定的常规活动范围，对超出该范围的活动所创造的额外利润进行计算和分配。但金额C的适用范围仍在讨论之中。

---

① OECD/G20.Statement by the OECD/G20 Inclusive Framework on BEPS on the Two-Pillar Approach to Address the Tax Challenges Arising from the Digitalisation of the Economy［R］.OECD Publishing，2020.本研究关注的改革事项截至2020年8月31日，未包括OECD/G20 BEPS包容性框架10月12日发布的“双支柱”改革蓝图。

② 受新冠肺炎全球大流行影响及美国政府对DST、EL等单边课税措施和P1研究进程的强烈反应，2020年底前P1在很大程度上将无法达成全球共识，而P2能否先行达成共识，仍须视包容性框架成员国就P1能否要同P2同步出台，遵循美国全球无形低课税所得（GILTI）、税基侵蚀与反滥用税（BEAT）制度能否视为P2“祖父条款”等一系列立场间分歧，达成解决共识。

③ 关于UA的详细研究，可参见刘奇超.论经济数字化国际税收改革中统一方法的规则设计：一个观点综述［J］.国际税收，2020（02）；刘奇超.“支柱一”改革：1 000个技术性问题的确定与解决［N］.中国税务报，2019-11-20（B2）；Hartmut Förster，Stefan Greil，Arnim Hilse. Taxing the Digital Economy – The OECD Secretariat’s New Transfer Pricing A-B-C and Alternative Courses of Action［J］. International Transfer Pricing Journal，2020（01）；OECD. Public Comments Received on the Secretariat Proposal for a “Unified Approach” under Pillar One［EB/OL］.（2020-8-3）.https：//www.dropbox.com/s/3pb98p1o3qnz3me/oecd-public-comments-secretariat -proposal-unified-approach-november-2019.zip?dl=0.

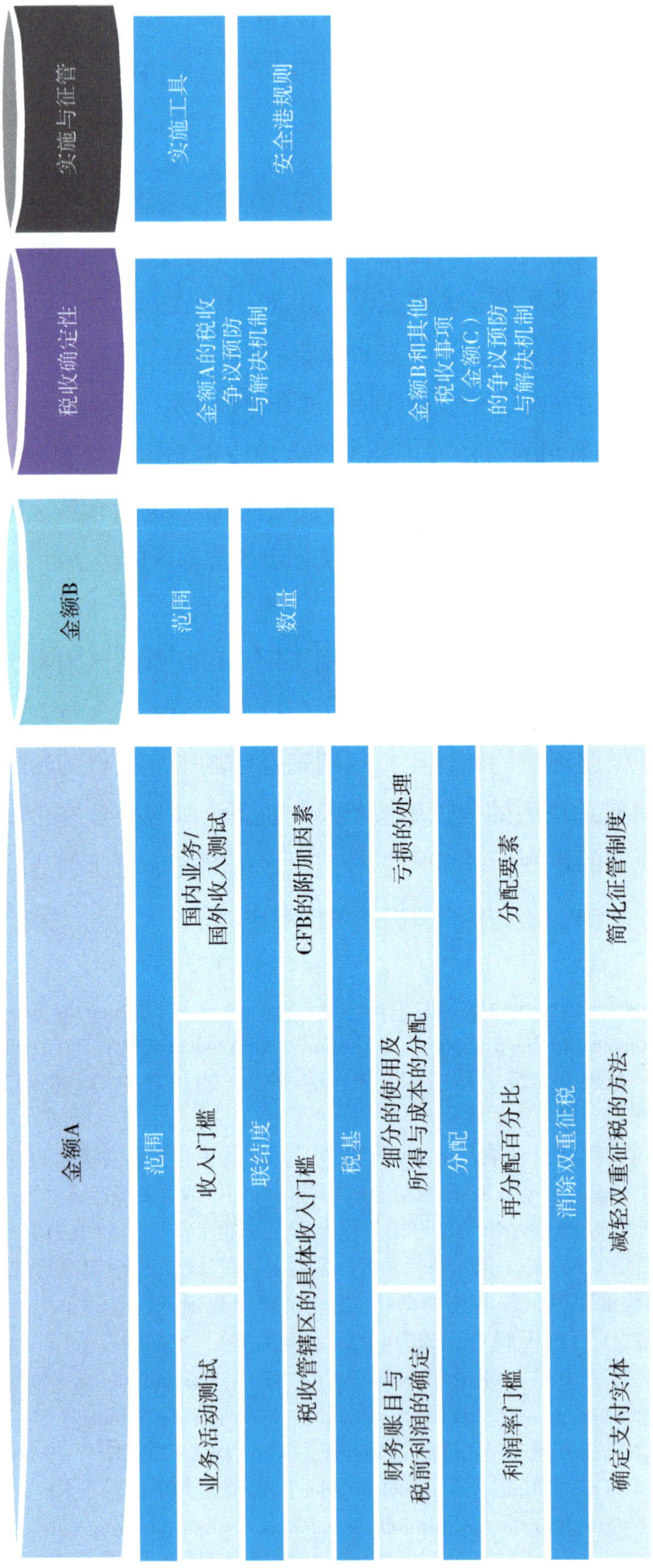

图1 支柱一下“统一方案”的总体框架及其政策研究重点

2. 新征税权（金额A）

（1）适用范围。

从《声明》看，以下两大类业务已经被确定包含在新征税权的适用范围内：

一是自动化数字服务（以下简称ADS），指通过以标准化的方式向大量跨多个税收管辖区的全球客户或用户提供ADS而产生收入的业务。

具体而言，ADS包括：在线搜索引擎、社交媒体平台、在线中介平台（包括企业或消费者使用的线上市场）、数字内容流媒体、在线游戏、云计算服务、线上广告服务等。但是，对于需要大量人力投入的专业服务，如法律、会计、建筑、工程和咨询服务，虽然属于数字化交付事项，但不包括在此征税范围之内。

二是面向消费者型业务（以下简称CFB），指通过以通常销售给消费者的商品和服务的销售行为来获得收入的业务，此处的“消费者”一词通常是指出于个人目的（即超出了职业或商业活动目的范畴）而购买或使用商品或服务的个人。

其中：①通过第三方再销售商和执行常规处理的中间商（如：仅从事简单的装配或包装工作）间接销售消费产品的业务也将包含在范围内（前提是符合关于实际联结度的特别规定）。②通过对注册了商标的消费产品授权及通过对消费品牌（和商业专有技术）许可而产生收入的业务也包含在范围内，例如特许经营的业务模式。③销售组成最终消费品的中间产品/组件的企业将不在范围内，但如果该产品为品牌产品，且通常由消费者购买并供个人使用，则可能会在范围内。④多用途产品。企业可能需要对其从事的业务活动进行细分，以便将在适用范围内的部分与不在适用范围内的部分加以区分。当一家企业同时向企业和消费者销售产品时，如果该产品属于通常向消费者销售的产品，则其收入将被认为在适用范围之内。

从《声明》看，在CFB范围内的业务包括：①销售个人电子产品（如软件、家用电器、移动电话）；②服装、洗漱用品、化妆品、奢侈品；③品牌食品和饮料；④特许经营模式（如涉及餐厅和酒店类的许可安排）；以及⑤汽车等。而CFB不包括：①采掘业及其他原材料和大宗商品的生产者/销售者，即使这些材料/大宗商品最终构成供应链下游消费品的一部分。②金融服务业中受监管的CFB（如：零售银行、保险业）被广泛排除在范围之外。不过，可能需要考虑金融服务业中是否存在不受监管的业务成分，或者金融服务业是否与某些特殊的行业相关从而导致需要进行某些特殊的考虑，例如数字P2P借贷平台。③国际空运和海运业务将不在范围之内。

（2）新联结度规则。

如果从事属于适用范围内业务活动的跨国企业与市场国存在显著且持续的参与，根据新规则，该企业将会被认为与市场国产生了新联结度。这一判断将主要基于该企业在市场国在规定的一段年限中范围内的业务收入是多少。对于范围内的ADS而言，仅需要通过收入门槛测试来判定其是否与市场国发生实际联结度。但是，对于CFB而言，收入门槛测试则并不是判定其是否与市场国发生实际联结度的唯一标准，还要考量附加因素[①]。此外，如果该跨国公司在向市场国销售消费品时并不与市场国发生持续互动，将不会产生新联结度。

当然，为降低合规成本，针对新征税权的适用，可能会设立几项收入测试门槛，但有关门槛尚在商榷中，仍未达成一致：①集团总收入门槛——可能与国别报告使用的7.5亿欧元收入门槛一致；②最低限度测试——从CFB和/或ADS产生的且在适用范围内的集团收入应超过规定的最低限额；以及③排除情形——对分配到金额A项下的剩余利润合计金额低于最低限额的情况，予以排除。

如果企业在市场国的收入超过该市场国特定的销售门槛，则该企业将在该市场国产生纳税义务。这一门槛将与市场规模相匹配（《声明》考虑与各国的GDP挂钩），以确保经济规模较小的国家也包括在内；同时，该门槛也会设定一个绝对最低金额。《声明》提及，包容性框架将进一步致力于将收入来源分配到市场的规则设计。例如，如何将来自线上广告服务的收入分配至用户所在地，以及在通过中间商销售商品时收入来源地应如何确定。

为确保改革方案能顺利得以转化实施，各方需要在税收协定中加入一条关于新联结度的条款（该条款独立于现行的常设机构和营业利润条款），且要考虑尽可能减少申报和其他税务合规义务。同时，简化的报告和注册机制（例如“一站式服务”）以及在最终母公司所在国一次性申报的操作（与国别报告相同的方法）都可能被考虑。最后，新联结度仅适用于金额A下的新征税权，而不能作为任何其他目的建立实际联系的基础（包括VAT和关税的征收）。

---

① 可考虑借鉴全球数字服务领域VAT改革过程中判定消费者所在地的指标进行附加因素的设计。譬如，新西兰GST法案列举了多项可用于境外电子服务提供商判断消费者是否属于新西兰居民的商业证据，具体包括：1. 消费者的账单地址；2. 消费者使用设备的IP地址或者其他地理定位方法确定的地址；3. 消费者的银行信息，包括消费者用于付款的银行账户或银行账单地址等；4. 消费者使用的客户身份识别卡（SIM）中存储的国际移动用户识别码（IMSI）的移动国家代码（MCC）；5. 用于提供服务的消费者固定电话的位置；6. 其他相关的商业信息。

（3）金额A数量的确定。

整体来看，金额A数量的确定分为四个步骤（见图2）：

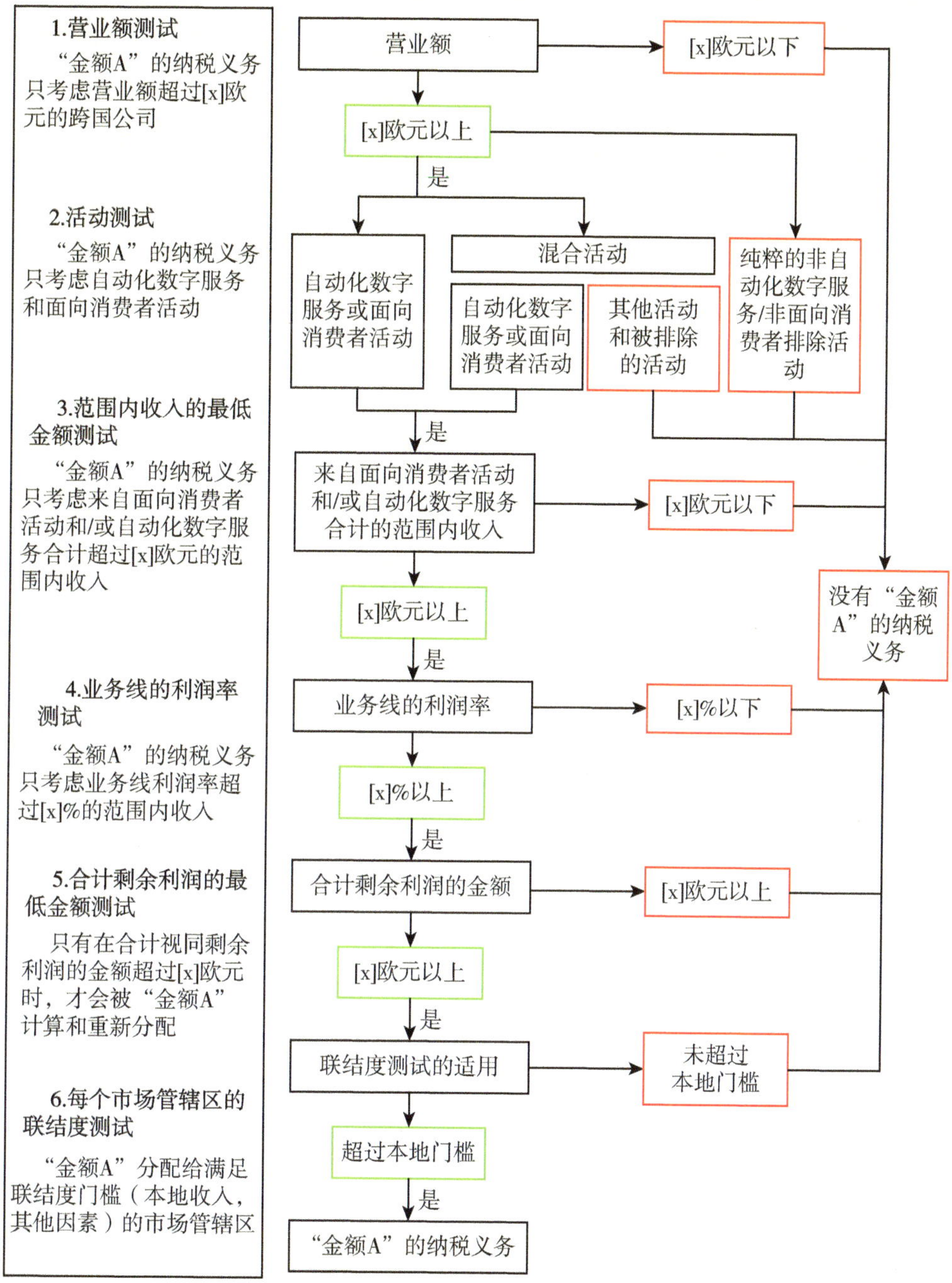
1.营业额测试
"金额A"的纳税义务只考虑营业额超过[x]欧元的跨国公司
2.活动测试
"金额A"的纳税义务只考虑自动化数字服务和面向消费者活动
3.范围内收入的最低金额测试
"金额A"的纳税义务只考虑来自面向消费者活动和/或自动化数字服务合计超过[x]欧元的范围内收入
4.业务线的利润率测试
"金额A"的纳税义务只考虑业务线利润率超过[x]%的范围内收入
5.合计剩余利润的最低金额测试
只有在合计视同剩余利润的金额超过[x]欧元时，才会被"金额A"计算和重新分配
6.每个市场管辖区的联结度测试
"金额A"分配给满足联结度门槛（本地收入，其他因素）的市场管辖区
营业额
[x]欧元以下
[x]欧元以上
是
自动化数字服务或面向消费者活动
混合活动
自动化数字服务或面向消费者活动
其他活动和被排除的活动
纯粹的非自动化数字服务/非面向消费者排除活动
是
来自面向消费者活动和/或自动化数字服务合计的范围内收入
[x]欧元以下
[x]欧元以上
是
没有"金额A"的纳税义务
业务线的利润率
[x]%以下
[x]%以上
是
合计剩余利润的金额
[x]欧元以上
[x]欧元以上
是
联结度测试的适用
未超过本地门槛
超过本地门槛
是
"金额A"的纳税义务

图2　受金额A影响的跨国集团业务判定流程

第一步，确定集团的利润总额。金额A的计算将基于集团合并财务报表中的利润，并以税前利润（Profit Before Tax，PBT）作为首选的利润计量指标。预计各

国对这方面的规定将大致相同，但可能只需要进行最低限度的必要调整。该规则将同时适用于盈利和亏损的情形，包括亏损结转的情形。某些情况下可能需要拆分数据来识别适用范围内的细分业务。在权衡简单性与准确性需求及考虑合规成本的前提下，可能还会采用按适用范围内不同业务线（当各业务线盈利能力不同时）和/或不同区域进行进一步的拆分。

第二步，通过剔除常规利润来确定集团的剩余利润。可考虑使用一种简化的方式（基于一致同意的固定比例）来确定常规利润额，该固定比例可能因行业的不同而变动。

第三步，确认剩余利润额中可分配的部分。非常规利润可能归因于许多活动，包括不归属于新征税权的活动，例如，无形资产，资本和风险。为求简化，可以使用一个获得各国一致同意的固定比例来确定在新征税权下应归属于市场国的非常规利润额。同时，有包容性框架成员国提出，将通过考虑适用范围内业务活动之间数字化程度的不同（“数字化差异”）将剩余利润额的相关部分赋予不同的权重。

第四步，将剩余利润额的相关部分在市场国之间分配。剩余利润额相关部分的分配将基于适用范围内的销售额进行。

（4）消除双重征税。

从某种意义上讲，金额A的计算虽然超过了ALP，但可视为是对ALP下利润分配规则的补充。鉴于各国已按ALP对集团的全部利润进行了分配，因此，在确认实际支付实体缴纳税款后，有必要建立适当的机制来消除双重征税。《声明》提出了三种方法：①抵免法；②免税法；③在跨国实体之间调整应纳税所得额。另一方面，对于金额A与金额B、金额A与金额C之间的相互作用和重复计算的可能性，改革应关注几项重点问题：①企业应首先应用基于ALP的利润分配规则，即先确认金额B和金额C，然后才适用新征税权规则确认金额A。②《声明》指出，金额A和金额B之间不会存在显著的重合。③需进一步考虑利润在金额A和金额C中可能出现的重复计算的情况，包括：当地的营销型无形资产，ALP下的可比性调整，以及对ALP的非常规解释。

2. 金额B：定义基准的营销和分销活动的固定回报

金额B旨在通过对“基准营销和分销活动”应取得的回报进行标准化，从而进一步简化转让定价的征管并提高确定性。为达到这一目的，现有的一个建议是对适用范围内的活动适用一个基于ALP的固定回报。并且，针对金额B的这一规则设计既不是可选的，也不是安全港。在确定固定回报时，应该考虑功能、行业及地区的差异，特别是要考虑确定一个适当的利润水平指标。尽管基准营销和分销活动的定义还有待进一步研究，但很可能包括具有常规功能的、不拥有无形资产的且不承担或仅承担有限风险的分销安排。

3. 税收确定性：税收争议预防与争端解决机制

UA旨在提高企业和税务机关的税收确定性，同时加强争议的解决，这也是P1的重要组成部分。针对金额A，此后的工作将致力于制定一种创新的方法，并辅以明确、可管理的且具有约束力的程序，以达到预防争议的目的。这可能需要由税务机关成员组成的代表小组进行审查。通过制定针对金额A的、适当的、具有约束力的强制性争议解决方案，来解决企业未选择早期确定性流程而出现的问题。而金额B规则的设计将降低发生争议的可能性，并且会提供关于其适用范围的明确和详细的规定。针对金额B和金额C，目前，包容性框架成员国对争议解决机制的适用范围尚存在不同的立场，而且，要求所有国家都采用强制性约束仲裁机制可能难以实现，因此，有必要考虑其他机制。各国已认识到加强相互协商程序（MAP）和持续提高多边协商机制工作有效性的重要性。

4. 实施与征管

从《声明》看，应关注的重点包括：①一项新的多边公约将会引发对不同税收协定进行同时的、一致的及实质性的修改，将会取代现行协定中的有关规定，或在没有双边/多边协定的国家之间形成一个框架。②建立适当的基础设施以支持对新征税权的统一管理是必然的，但同时，还应该将合规性和征管成本保持在最低水平。由于与新征税权相关的新要求很多，某些要素可能会分阶段和/或最初会使用简化的方法作为过渡。③对于实施P1的另一个建议是将其设置为一个安全港，即一个跨国集团可以在全球范围内选择是否执行P1，但关于是否将P1作为安全港来实施的最终决定将会在基于共识的解决方案的其他要素达成一致后做出。4.承诺撤消相关单边课税措施。任何基于共识的协议都必须包括包容性框架成员撤消相关单边行动的承诺，例如DST。

（二）全球反税基侵蚀方案

1. 四项主体规则的设计

作为政策目标的实现方式，GLoBE方案的内在规则从设计之初便考虑了四项内容，这些规则历经多次讨论，已在一定程度上得以聚焦（见图3）。①

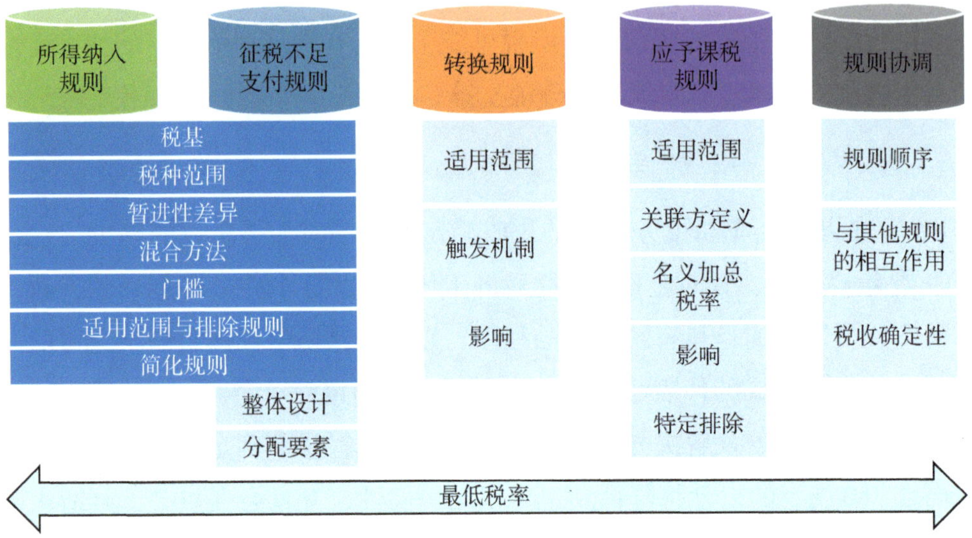

图3　GLoBE 方案设计总览

（1）所得纳入规则（Income Inclusion Rule）：如果一项境外分支机构或受控实体所得的有效税率低于最低税率，则该部分所得应由母公司或公司股东的居民国征税。

（2）转换规则（Switch-over Rule）：如果可归属于境外分支机构的利润或从境外不动产（非常设机构的组成部分）取得的所得被课征的有效税率低于最低税率，则允许居民国将税收协定中的免税法转换为抵免法实施。《声明》将转换规则设计定位于简单性规则，并限定转换规则仅适用于那些已经承诺在税收协定中使用免税法的国家（地区）。

（3）征税不足支付规则（Undertaxed Payments Rule）：如果一项关联方支付款被课征的税率不高于最低税率，则来源国可以拒绝扣除支付给关联方的支

① 关于 GLoBE 的详细研究，可参见刘奇超．论全球反税基侵蚀方案的规则设计：一个观点综述［J］．国际税收，2020（08）；Joachim Englisch，Johannes Becker. International Effective Minimum Taxation-The GLOBE Proposal，World Tax Journal，2019（11）；KPMG，PWC，Deloitte，EY，Johannes Becker & Joachim Englisch，etc. Comments on OECD Public Consultation Document on Addressing the Tax Challenges of the Digitalized Economy［R］. Paris：OECD Publishing.2019；ACT，Amazon，BIAC，USCIB，etc. Comments on OECD Public Consultation Document on Global Anti-Base Erosion Proposal（“GloBE”）-Pillar Two［R］. Paris：OECD Publishing，2019；Michael P. Devereux，François Bares，Sarah Clifford，et al. The OECD Global Anti-Base Erosion Proposal［R］. Oxford University Centre for Business Taxation，2020.

付款或征收来源税（包括预提税）。但《声明》排除了征收预提税的方式，明确通过拒绝扣除或对集团内支付款作出同等调整的方式来实现最低税的政策目标。

（4）应予课税规则（Subject to Tax Rule）：如果一项支付被课征的税率低于最低税率，则来源国有权对该笔支付征收预提税（或其他税），并调整某些收入项目享受税收协定优惠的资格。目前，《声明》考虑从解决最具风险的BEPS视角入手，设计一项简单、有针对性的应予课税规则，并探索对非关联方适用应予课税规则的可能性。

2. 所得纳入规则的设计

从原理上讲，所得纳入规则所采取的基本方法为纳税人和税务机关所熟知，因为该规则借鉴了受控外国公司（CFC）规则的设计特征。所得纳入规则将以最低税机制运行，即如果某一公司的所得未以高于最低税率的有效税率纳税，那么所得纳入规则将要求股东就其享有的相应比例的该公司所得份额补缴至最低税水平。此举将确保跨国企业集团的所得按最低税率征税，从而减少出于税收原因将所得转移给低税实体的动机；可以减少实施集团内部融资筹划（如资本厚化）或将利润转移至集团内低税实体（以低于最低税率的有效税率纳税）的其他筹划动机，以达到保护母公司管辖区以及集团运营所在的其他管辖区的税基的效果。

《声明》描绘的所得纳入规则将作为一种征收补充税的机制，以固定百分比计算最低税。对此，主要研究观点都倾向于在假定使用税收管辖区混合法时，将最低税率设定在10%—12.5%区间。例如，OECD经济测算分析报告假定的最低税率、法国和爱尔兰财政部部长推荐使用的最低税率均为12.5%，明斯特大学Englisch教授在综合评估OECD成员国与部分税收管辖区的公司所得税名义税率、以及适用于知识产权收入优惠税制和其他优惠制度对税率影响等因素后，提出最低税率宜设定在10%—12.5%区间，而英国牛津大学Devereux教授、美国德克萨斯大学Eden教授等（2020）研究测算分析的最低税率均为10%。目前，改革正在围绕将财务报表作为确定所得的基础以及处理税务和财务会计之间的暂时性差异的不同机制开展广泛工作，其目标是限制永久性差异的调整，以降低复杂性和遵从成本，同时惠及纳税人和税务机关。这项工作将探索使用基于原则的标准（包括重要性与通用性）来确定相关永久性差异的调整机制。对于混合计算方法的选择（即在确定有效税率时，合并高税所得和低税所得的能力），包容性框架大多数成员国倾向于采用税收管辖区混合法来计算实际有效税率。

不过，包容性框架也强调GloBE方案的设计存在的一系列不同因素，特别是GLoBE方案中排除规则的设计。[①]综观各方意见，目前理论界与实务界在GloBE方案是否设计排除以及如何设计的问题上，持五种不同立场：①不支持排除或仅支持非常有限的排除，以确保“支柱二”更加专注于遗留BEPS风险。②主张按照符合有害税收实践论坛（FHTP）审议通过的优惠税制进行排除，认为各国（地区）在FHTP合规税制下的低税率是可以接受的，且能同BEPS项目保持一以贯之的设计逻辑。③强调基于事实和环境的基础上设计实质性排除，认为此举能使GloBE方案的重点始终聚焦于解决遗留BEPS问题的政策目标之上。④建议从BEPS视角审视并排除关联方交易水平低的CFC。⑤借鉴美国GILTI将“无形所得”定义为可折旧有形资产回报超过10%的全部所得的做法，设计根据有形资产的回报。因上述观点的局限性，部分评论者进而提出了至少四种基于实质的公式化排除方案：①有形资产排除方案，如按可折旧有形资产账面成本或按每年有形资产折旧费用的固定百分比给予排除。②研发排除方案，如欧洲理事会曾主张的按集团财务报表中研发支出的百分比或按BEPS第5项行动计划提出的“关联法”比例[②]计算排除。③工资支出排除方案，这类排除在一定程度上吸收了研发支出的排除因素。④联合排除方案，如Englisch教授提出的按工资支出同有形资产联合的排除方案。尽管不同的排除方案正在考虑之中，但《声明》指出，如若实施符合BEPS行动5中关于有害税收实践论坛标准的排除机制，以及其他基于事实和环境的基础上设计的实质性排除，都会破坏GloBE方案的政策目的和有效性。但是，一些税收管辖区强调了包括实质性排除的重要性，他们认为这种排除对于确保P2的规制重点放在遗留的BEPS问题上是必要的。此外，正在讨论的一些设计特征也将与GLoBE方案的其他内容有关。例如，有关排除和使用财务报表来确定税基的讨论也与征税不足支付规则有关。

---

① 从GloBE方案的整体设计看，排除规则与所得纳入规则和征税不足支付规则的适用都密切相关。关于排除规则的学术性研究，可参见Claudio Cipollini.GloBE Proposal and Possible Carve-Outs：Is There a Future for Preferential Tax Regimes?［J］.World Tax Journal，2020（02）；Mindy Herzfeld. Want a Pillar 2 Exemption? Get in Line［J］.Tax Notes International，2020，97；Barry Larking. What the World Thinks of Pillar 2［J］. Tax Notes International，2020，98.

② 可享受税收优惠的收入=（开发IP所发生的符合条件的支出额 ÷ 开发IP所发生的支出总额）× IP资产产生的净收入总额。

3. 转换规则的设计

从总体框架看，转换规则可借鉴《实施税收协定相关措施以防止税基侵蚀和利润转移的多边公约》(MLI)第5条(消除双重征税方法的适用)的备选项A或C，或借鉴OECDMC第23条A款和B款的注释第31.1段，在一定条件下适用。在适用范围上，不少研究者支持将转换规则适用于OECDMC的第6条(不动产所得)、第7条(营业利润)和第13条(财产收益)第1、2、4款。但美国竞争性税制联盟(ACT)等(2019)质疑转换规则为何要规制不动产所得和财产收益，特别是某些税收管辖区出于政策原因并不对财产收益征税。同时，考虑到转换规则与所得纳入规则是在相同情形下适用的，而所得纳入规则以集团合并财务报表的方式计算得出，故转换规则可能不宜适用于个人(股东)。对于判定触发转换规则的最低税率，主流观点认为转换规则的触发税率应与所得纳入规则所适用的有效税率一样，但若按《声明》对常设机构适用转换规则，则有必要在税收管辖区层面单独计算该常设机构的有效税率(此举有别于按税收管辖区混合法的计算规则)。而对于各方关切的是否应加入限制条款，以防居民国以超过最低税率的税率对所得征税的问题，一些观点主张可将转换规则适用的大前提设定为“如果该笔所得未按所得纳入的百分比或更低的税率征税”，或可框定因使用转换规则缴纳的税款仅限于补充税，即限制居民国管辖区不得以高于最低税率的税率对所得征税。但不少研究者不认同将限制条款与约束条件嵌入转换规则的设计中，或将转换规则的适用视所得纳入规则的实施结果而决定。若主张独立实行转换规则，那么也要考虑该规则是否应受规模门槛(如7.5亿欧元)的适用限制。最后，作为一项税收协定条款，规则的设计还要妥善处理好居民国对在其他税收管辖区内缴纳转换规则税款的抵免问题。一般理解，在GloBE方案下使用转换规则，应该与适用双边税收协定时给予税收抵免的基本原则保持一致。例如，该笔可抵免税额限于缔约管辖区另一方实际征收的税额；又如，该笔抵免所得项目仅限于适用双边税收协定所涵盖的所得税税种范围。

4. 征税不足支付规则的设计

从理论上讲，征税不足支付规则的政策目标是当利润所在的其他税收管辖区未充分行使其主要征税权的情况下为付款人税收管辖区提供“税款回溯”的权力。而征税不足支付规则的设计重点在于，如何在有效税率测试(而非名义税率测试)的基础上，使征税不足支付规则规制范围涵盖广泛的可扣除关联方支付和低税率结构，并能妥善解决好导管结构问题。

作为讨论已久的代表性解决方案，主流研究认为征税不足支付规则的设计应分别规制受征税不足支付规则约束的关联方直接付款与间接付款，并要重点解决好反导管问题。事实上，这种设计承袭了BEPS第2项行动计划关于输入型错配规则①的部分思路，新兴于墨西哥2020年综合税改法案和俄罗斯拟推出的股息预提税新政之中。②该方案从关联方付款人入手，通过甄别支付是否在收款人手中产生低税利润，来测试每一个关联方的支付。为避免对关联方支付的征税超过最低税率水平，一些研究者建议可将拒绝扣除的金额限制在付款人税收管辖区使总支付款的税负在给予抵免后达到有效税率所需的金额，但这种调整方案不包括任何追踪关联方支付链的机制，从而导致无法确定任何支付是否间接为另一集团实体的低税利润提供了资金。

因此，为解决遗留的导管架构（即间接型征税不足支付）问题，各方探讨了全球范围内现行的三种可选方案：（1）借鉴BEPS第6项行动计划建议，设置一般反避税规则、主要目的测试或利益限制条款；（2）吸收税收协定中的受益所有人概念，进行受益所有人测试；（3）引入反导管规则（以下简称ACR）③。由于历史实践中前两种方案显现出的某些局限性及其在多边框架下实施的功能性不足，有更多的观点倾向于引入ACR，但该方案也因过于严苛，会在某些情况下导致一项税收安排缴纳的税款超出其净利润而遭受质疑。为此，ACR的支持者们提出了一系列减轻但不能消除ACR造成双重征税风险的办法。例如，可在全球商定实施期限后再同步实施ACR，可赋予纳税人证明某笔支付被课征的税款已高于最低税率水平的权利，可明确ACR的调整范围限于收款人对外的关联方支付款。尽管办法不少，但这些建议的实施将以增加复杂性和合规成本为代价，并在一定程度上削弱了征税不足支付规则作为所得纳入规则有效后盾的能力，或难满足众多利

---

① 输入型错配规则是指由付款人税收管辖区适用的一种拒绝扣除能与收款方税收管辖区混合扣除额相抵减的任何输入型错配支付（输入型错配支付指向收款方支付的不适用于混合错配规则的可扣除款项）的规则，即拒绝扣除产生间接一方扣除、一方不计入收入结果的支付。

② Koen van' t Hek. Mexican Tax Reform in between BEPS 1.0 and BEPS 2.0［EB/OL］，2020-08-03. http：//kluwertaxblog.com/2020/01/03/mexican-tax-reform-in-between-beps-1-0-and-beps-2-0/; Deloitte.15% dividend and interest WHT rate to apply to recipients in conduit jurisdictions［EB/OL］.［2020-08-03］.https：//www.taxathand.com/article/13321/Russia/2020/15-dividend-and-interest-WHT-rate-to-apply-to-recipients-in-conduit-jurisdictions.

③ 在征税不足支付规则下的反导管规则，特指拒绝扣除向居住或设立在尚未充分实施征税不足支付规则的税收管辖区内的另一集团实体支付的任何款项。

益相关者的多元化诉求。因此，若国际社会无法接受在一定的容缺机制下运行征税不足支付规则，那么这种新兴方案的设计（特别是在反导管规则上）仍须探寻更好的解决思路。

5. 应予课税规则的设计

从政策效果看，应予课税规则是在那些已商定的所得类型在收款人或受益所有人的居民管辖区内未按最低税率征税时，以征收预提税、限制或拒绝给予税收协定优惠的方式来实现最低税目标的。在GloBE方案下，某项所得仍将按照来源管辖区的国内法征税，但可能仅限于达到最低税率的征税水平。

其实，应予课税规则的适用是有一个大前提的，即来源国在已签署的双边税收协定中保留着对某种所得类型的征税权时才能适用。尽管《声明》将应予课税规则定位于优先考虑规制利息和特许权使用费，但仍有部分观点倾向于将范围扩大到所有税收协定项目，特别是OECD MC第7条（营业利润）、第13条（财产收益）和第21条（其他所得）。当然，讨论应予课税规则的适用范围还将涉及定义的界定。例如，应予课税规则下的特许权使用费是遵循OECD MC第12条第2款的定义，还是借鉴UN MC第12条第3款的定义以进一步涵盖技术服务费、设备租赁付款等内容？而对于非关联方的适用问题，众多研究者都不赞成将应予课税规则的范围扩大到非关联方之间，但一些观点指出在某些激进的国际税收筹划案例中存在特殊交易架构，其内在相关方安排之间的关系是难以确定的，因而建议在特定条件下对非关联方适用应予课税规则。

在触发应予课税规则的税率测试方面，主流观点认为，对支付款项进行名义税率测试会比有效税率测试在管理上更容易计算和应用。但采用名义加总税率的测试方法也不能“简单主义”至上，应兼顾简单性与平衡性，设置一定的保障措施（如在税基中扣除遵从特殊优惠税制等特定项目的所得）。同时，对于应予课税规则的实施，更多研究者支持按照税收协定中所载明的税率（一般不超过10%），以拒绝给予税收协定优惠或征收预提税的方式就税率差额部分征收补充税，而该笔税款也可被视所得税税费并计入有效税率测试的“分子”中。此外，出于政策设计的完整性与针对性考量，部分利益相关方主张设置特殊的排除规则，譬如通过排除与某些因公共政策目的设立的实体相关的支付款项、排除低额支付款项等，以便应予课税规则能更好地解决存在实质风险的规模型交易问题。

6. 规则的协调、简化、适用门槛及其与国际义务的兼容

无论是从设计结构还是从实施难度上讲，GloBE方案无疑是后BEPS时代国际税收领域内一项系统化、复杂化的协同治理工程，都须要从更高层次、更多元化的视角来综合研究该方案。譬如，要协调好“支柱一”与“支柱二”之间、以及GloBE方案四项主体规则（特别是所得纳入规则与征税不足支付规则）之间的适用顺序；解决好GloBE方案与GILTI为主的部分现行反避税规则之间的兼容问题；制定好简化实施方案，以降低跨国公司和征税机关因实施GloBE方案造成的过度负担；设计好部门或行业的排除及适用门槛，确保GloBE方案的政策实施效果更有针对性；化解好GloBE方案的具体规则与国际义务之间的兼容性风险，设计好配套性征管机制；构建好经济测算模型，尽可能“真实”地反映出不同政府、跨国企业直面GloBE方案时的行为选择，从而为细节条款的确定与利益相关方的应对提供重要参考。

（三）重塑数字平台在在线销售货物或提供服务方面协助税收征管的角色

1.《数字平台在在线销售中征收VAT/GST的角色》报告

2019年3月，CFA第九工作组向OECD第五届全球增值税论坛提交了一份《数字平台在在线销售中征收VAT/GST的角色》（以下简称《角色报告》）的报告[①]，意在为税务部门针对货物、服务和无形资产的数字销售（包括离案数字卖家的销售）业务设计有效征收VAT/GST的规则与机制而提供实践性指南。同时，《角色报告》也补充了第三届、第四届论坛先后审议通过的《指南》与《机制》的政策性建议，形成了有效一致的框架性改革思路。

（1）完全责任制度。

作为《角色报告》力推的核心建议，数字平台可承担“完全责任制度”，即：在完全责任制度下，数字平台被视同法律指定的VAT的供应商。在此制度下，对于通过平台进行在线销售的VAT的评估、征收和解缴，数字平台是完全、唯一的责任人。数字平台应当将税款以符合该税收管辖区增值税立法的方式汇缴给税务

① OECD. The Role of Digital Platforms in the Collection of VAT/GST on Online Sales［R］，OECD Publishing，2019.

机关。同时，数字平台仅承担VAT的征缴责任，而不承担相关供应商的任何其他责任，例如产品责任。当然，“完全责任制度”的政策内涵十分丰富，需要从以下六个方面全面加以认识和把握：

一是判断平台是否能承担完全责任。即判断数字平台能否满足“有足够且准确的信息，能够判断增值税处理是否准确；以及有收取增值税的有效方法”这两项条件。总的来看，目前有三种可行方案：第一，符合构成要件的肯定性判断。例如，具有操控或设定交易条款（如定价、支付条款、交付条件等，直接或间接参与支付流程、交付流程，提供售后服务等功能的平台，应承担完全判断。第二，不符合构成要件的否定性判断。例如，对于仅传输内容、仅处理付款、仅宣传折扣优惠或仅作为点击型平台转移至卖家网站等功能的平台，不应承担完全责任。第三，附条件的判断规则。例如，税务机关可以附加条款以免除数字平台的完全责任义务，避免数字平台和供应商都不需要缴纳增值税的风险。

二是明确完全责任的具体适用范围。原则上，完全责任制度主要面向不在税收辖区的供应商。但数字平台是境内的还是境外的（由非居民企业运营）并非关键因素，只是在具体政策落实时，对境外数字平台的执行更具挑战性，税务机关可能会考虑采取额外征收辅助保障措施，以降低违规风险。同时，对于跨境提供服务或销售无形资产而言，完全责任主要针对介入境外供应商远程数字供给的数字平台，在理论上可能扩大范围以涵盖其他类型供给（如运输或住宿服务）。

三是厘清完全责任下所需征管信息。结合国际经验看，数字平台在完全责任模式下所需信息宜包括：①潜在供应商的身份。除非数字平台具有相反的信息，否则可以推定潜在供应商是企业。②供应的性质，以确定适用的征税地点规则；确定供应是否属于完全责任制度的范围（例如，数字平台承担的全部责任义务仅适用于特定类型的服务/货物）；并确定适用的VAT/GST税率和关税税率。③客户的状态，从而判断税收管辖区，以及/或是否适用于本征收机制。④客户住所/地点，与确定税收地点和/或适用的征收制度有关。⑤潜在供应商的所在地，以防征收机制仅适用于境外供应商提供的供应。⑥供应的价值，用于评估增值税合规目的的适当税基，以及从海关的角度确定商品是否低于最低限额（商品的海关价值可能与供应品的价格不同）。⑦销售金额，以确定是否达到起征额。⑧增值税义务产生的时间，即征税时间。

四是科学设计完全责任下征税时点。由于认定征税时点的通常规则的应用可能会在完全责任制度下为数字平台带来显著的复杂性，因此需要对征税时点作出具体的定义。实际上，完全责任制度要求数字平台计算通过其平台销售供应品的VAT，然而数字平台又不是实际的潜在供应商，因此数字平台可能并不总是拥有根据标准规则确定征税时点所需的所有信息（例如，实际供应的时间，履行或交付的时间，供应商收到付款的时间等）。该问题的实际解决方案是将征税时点定义为潜在供应商或数字平台代表潜在供应商确认付款时。确认付款并不一定意味着供应商已经收到货款，而是支付已经被供应商或数字平台接受/授权（数字平台直接参与支付流程）。

五是阐明完全责任下征收支付流程。对于在完全责任制度下通过数字平台征收和解缴增值税的实际过程，可以考虑一系列可能的情况。主要区别在于两种情形：一是客户向平台支付含增值税的价格；二是与客户直接向潜在供应商支付同样含税的价格。如果客户通过数字平台向潜在供应商支付包含VAT的购买价格，则数字平台原则上将VAT的那部分支付给税务管辖区内的税务机关，再把余额（销售价格减去任何费用和佣金）给潜在供应商。如果客户直接向潜在供应商支付包含VAT的购买价格，则数字平台将需要从供应商处收取VAT（以及任何费用和佣金）。

六是单独评估低值货物的责任适用。进口低价值货物时，由收货人（海关申报可以以第三方的代表人名义，也可以以第三方自己的名义）支付关税和VAT/GST。在传统征收模式下，由海关在进口时，即在边境进行纳税评估。数字平台完全责任制度下，税务机关和海关应免除相关纳税人在边支付进口货物的VAT纳税义务，且进口货物应该附带必要文件，如数字平台的有效VAT纳税登记号，以证明其属于完全责任范围，从而由海关快速通道放行。此外，海关领域一系列的发展，可能将进一步为数字平台完全责任提供便利。例如，推进电子数据的交换标准；在国家机构间引入合作框架，共同应对跨境电子商务带来的安全风险；简化审批流程。

（2）其他责任模式。

A. 连带责任模式。

总的来看，目前有一些税收管辖区希望引入平台的连带责任规制/制度。现有一些证明亦表明：引用连带责任规则/制度以后，数字平台更有动力去确保供应商遵从其VAT纳税义务。当供应商不遵从其纳税义务时，在一定情况下，数字平台将承担连带责任。不过，从域外立法实践看，连带责任同时存在两种扩展型方法。

换言之，就是“加强版”的连带责任规则。

第一种方法是对未来未申报的增值税承担责任。一般税务机关发现不遵从的行为，并告知数字平台，如果在规定的时间内供应商仍未遵守相关规定，或者数字平台未将其移出平台，则数字平台将对供应商未来应该缴纳的税款承担连带责任。如果多个供应商身份属于同一供应商，税务机关也会将相关信息告知平台。同时，此方法允许善意的供应商在规定时间内改正。

第二种方法是对过去未申报的增值税承担责任。当平台知道或应该知道供应商应该注册为增值税纳税人，而供应商尚未注册，平台应对其过去应缴但未缴的税款承担连带责任。因此，数字平台需要有方法确定供应商的增值税注册信息以判断其是否注册。

B. 支持在线销售环节征收增值税的其他措施。

目前，国际上已实施的一些方法，作为责任过渡与转换的中间步骤：

一是监控供应商通过仓库或履约公司进行的交易。目前仓库与履约公司（第三方公司代境外供应商负责处理货物）对在线交易提供了便利。因此，可以对仓库与履约公司加强监控，如尽职调查，或交易材料的记录。但是，仓库与履约公司可能无法确定货物的价值。同时，由于其在供应中的具体参与方式不同，在实操中也可能存在各样的问题。

二是关注未通过交易平台的在线交易。税务机关应该确保不同的经济主体与商业模式适用同样的处理。因此，税务机关可以考虑引入简易注册制度。同时，也可以考虑“允许境外供应商指定第三方代其完成相关纳税义务中的程序，如提交申报表”。

三是加强境内税务机关与海关之间的沟通与合作。此举不仅是为了征收税款，同时，也为了为境内外供应商提供中立与公平的经营环境。双方的合同可以通过IT系统的数据交互、分享信息、协调审计工作（包括基于系统以及基于账户的审计）。

四是巩固乃至扩展国际合作与信息交换。目前，已有的合作机制有：①《税务行政互助公约》；②OECD MC第26条（信息交换）；③WCO已经制定了一系统信息交换的工具，如《内罗毕公约》、全球联网的海关网络（GNC）。

五是通过风险分析协助提高遵从度。通过风险分析可以对供应链中的各主体进行分析，如供应商、承运人、进口人、履行公司等。目前，OECD已制定了相关报告，对此提供指引：①《高级分析以加强税收管理》；②《不断变化的税收合规环境以及审计流程》。

（3）数字平台在支持在线销售的增值税征收中的其他作用。

A. 信息共享义务。

税务机关可以规定数字平台定期、按要求或自发向税务机关提供信息，供税务机关进行交叉比对，发现潜在的不合规供应商。对于共享信息的类型，要界定在正常商业活动进程中的信息、以及与增值税合规相关度高的信息框架内。例如，供应的性质、供应的日期、供应的价值、供应商的标识（包括税号）、增值税金额和税率、货运代理、履约公司、客户位置、用于确定客户位置的信息、发给客户的发票或其他文件。

B. 对平台上的供应商进行教育。

应当说，向纳税人提供易得且易理解的税收指导，对于实现纳税人的高度合规有很大价值。目前，在一些对入境数字服务征税和实行简易注册及征收机制的国家和地区中，已经看到了益处。许多数字平台已经对供应商就其纳税义务等提供了指导，并设立论坛供分享讨论包括税收在内的监管问题。其中，可能的教育宣传措施包括：提供和宣传税收指引、直接告知纳税义务的变化、组织网络研讨会和税务机关通过平台的论坛社区提供建议。

C. 与税务机关之间的正式合作。

事实上，税务机关可以与数字平台签署合作合规协议，这类协议是多方面的，其包含一系列方法和措施，确保数字平台实现线上销售的税收合规最大化。当然，这些协议是基于合作合规模式的概念，平台与税务机关之间建立一个基于信任与合作的关系。尽管此类协议是自愿性质的，但仍可会包含法定义务，比如信息共享义务。从政府层面看，此类协议面向社会公开也会有好处，因为可以增加行政透明度，提升公众对于税务机关的信心。从企业层面讲，此类做法也有利于提高企业信誉和影响力。特别是，当数字平台没有义务代收代缴VAT或GST时，正式合作便凸显出其独特的价值。当然，税务机关也可考虑同数字平台签订正式合作协议（协议合作模式），以此作为数字平台责任制度实施之前的中间步骤。

D. 平台自愿承担税收中介的义务。

《角色报告》指出“允许供应商委派第三方代表其执行某些程序，比如报税，可以进一步提升外国供应商的合规水平，特别是面临多个税收管辖区纳税义务的中小企业”。如果一个管辖区允许这样做，那么当平台负责征缴VAT/GST时，可以利用第三方代表其行事。目前，一些税收管辖区域已经允许这种规定，包括消费者购买时的VAT与关税的支付由平台或第三方代理。从适用范围看，税务机关可以将这种规定作其他责任义务的补充，将其应用于其他义务未能涵盖的交易。自愿中介模式同合作模式一样，可以将作为逐步演化为具体责任义务的中间步骤。同时，扩大该措施的适用范围，可能会进一步提升征税效率。

2.《共享与零工经济中平台运营商对相关销售方信息报告的示范规则》报告

2020年7月3日，OECD公布《共享与零工经济中平台运营商对相关销售方信息报告的示范规则》(简称《示范规则》)[①]，旨在解决共享与零工经济平台的迅猛发展给税收征管带来的巨大挑战。从政策内容看，《示范规则》主要包括四个方面：

(1)定义。

A.《示范规则》适用主体：平台运营商。

在具体概念上，《示范规则》选择了对术语“平台”的广义定义，以涵盖用户可访问的、并允许销售者与其他用户建立联系以提供“相关服务”[②]的所有软件产品。同时，这类“平台”还包括提供诸如支付处理服务之类的关联服务平台，但不包括专门进行以下活动且在提供“相关服务”方面没有采取任何进一步干预的软件：①处理与“相关服务”有关的付款软件；②仅仅展示或宣传“相关服务”的陈列(listing)或广告软件；③将用户重定向(redirecting)或转移到另一个平台的软件。

而“平台运营商”则是指同与销售者签约以向此类销售者提供全部或部分平台业务的实体(如公司、合伙、信托或基金会)。原则上，当平台运营商在适用《示范规则》的税收管辖区内构成税收居民，或者在不构成税收居民时依据该税收管辖区的法律设立或其有效管理地址位于该税收管辖区时，就会受到该规则的法律约束。但是，《示范规则》提供了平台运营商适用的除外条款[③]：①在上一日历年促成平台层面“相关服务”的交易总额低于100万欧元，并通知管辖区的税务部门其选择不适用该规则；②向管辖区的税务部门证明平台的整个商业模式不允

① OECD. Model Rules for Reporting by Platform Operators with respect to Sellers in the Sharing and Gig Economy [R], OECD Publishing, 2020; 刘奇超，沈涛.重塑国际税收规则的一枚“惊雷”[N].中国财经报，2020-07-21(008)。

② 无论该相关服务是否由第三方销售者直接提供给用户，还是平台首先购买该服务然后以自己的名义向用户提供该服务。

③ 该条款是选择性的，而非强制性的，实施《示范规则》的税收管辖区可以选择是否引入该条款，但适用除外的范围不得超过该条款规定的范围。

许销售者从交易对价中获得利润；③向管辖区的税务部门证明，该平台的整个商业模式使其没有应报告的平台销售者。

B. 应报告税收数据涉及的销售者范围。

《示范规则》明确，需要平台运营商报告税收数据的销售者范围既包括实体，也包括个人，只要其在报告期内提供了相关服务并是应报告税收管辖区内的居民纳税人。[①]但是，有三类因合规风险有限的销售者可被排除在外：①提供高频率住宿（每年至少提供2 000次以上不动产租赁服务）的大型酒店住宿供应商；②政府实体；③上市公司及其关联实体。

C.《示范规则》适用的经济活动："相关服务"。

《示范规则》适用的经济活动为"相关服务"，涵盖了不动产租赁和个人服务（包括提供的运输和配送服务）。其中，不动产包括住宅、商铺及停车位，而其"相关服务"则涵盖不动产的短期和长期租赁，且不论销售者对租赁的不动产拥有的权利性质（如所有权、租赁权、使用权等）如何，但大型酒店住宿供应商提供的租赁业务将被排除在适用范围之外；而个人服务指一项涉及由一个或多个个人为用户的利益而执行的时间性或任务性因素的工作，譬如包括运输和配送服务、体力劳动、文案写作、数据处理等在内的广泛服务，但不包括附属于交易的工作，也不包括个人根据与平台运营商的雇佣关系提供的服务。这些服务是根据特定用户的具体要求进行的，因此按照预先确定的时间表提供的公共交通服务（如长途汽车、火车和飞机服务）不构成个人服务。同时，《示范规则》表示会密切监测市场的发展，以评估是否需要纳入其他类型的服务，譬如动产的租赁、P2P贷款。当然，不少国家都有兴趣进一步发展《示范规则》，将货物销售也包括在内。

（2）尽职调查。

《示范规则》廓清了平台运营商履行尽职调查程序的主要内容。对于上述适用除外条款列明的不受审查的销售者，报告的平台运营商可依赖公开信息或实体销售者的信息进行确定。对于需要报送的销售者，平台运营商则需通过对销售者的信息进行收集并加以验证，以确定销售者税收居所所属的税收管辖区。通常，这些需收集的销售者信息包括姓名、主要地址、纳税人识别号（包括授予号码的

① 当平台销售者是平台运营商所在税收管辖区的居民纳税人，如果该管辖区实施《示范规则》，则该管辖区为应报告的税收管辖区；如果平台销售者是其它税收管辖区的居民纳税人，如果该管辖区实施《示范规则》并加入自动交换平台销售者数据协议，则该管辖区为应报告的税收管辖区。

税收管辖区）、销售者的出生日期（个人）或商业登记号（实体）。而验证这些销售者信息，则需要平台运营商通过公开电子资料、自身可获得的所有记录来验证收集到的销售者是否可靠。

按规定，报告的平台运营商必须在报告期（日历年）的12月31日前完成规定的尽职调查程序。但考虑到每个销售者所属的税收管辖区一般不会随着时间的推移而改变，因此，报告的平台运营商可在一定条件下依赖于先前报告期开展的尽职调查程序。同时，为促进新技术解决方案的开发，降低平台运营商的合规负担，《示范规则》还提供了一项“政府验证服务”，即要求接受报告的税收管辖区为平台运营商提供一种应用程序编程接口（API），以帮助其确定销售者的身份和税收居所。此外，为妥善解决具有重合业务的多个平台涉及重复性数据报送，《示范规则》明确，平台运营商可以依靠第三方服务提供商（包括同一平台上的另一平台运营商）代表其完成尽职调查程序。

（3）报告要求。

《示范规则》明确了平台运营商要履行提供“相关服务”的销售者税收数据报告义务与特定信息报告义务。对于平台运营商应报告的销售者信息项，其内容因业务不同可能包括：姓名/法人名称、主要地址、纳税人识别号（包括授予号码的税收管辖区）、销售者的出生日期（个人销售者需要提供）、商业登记号（实体销售者需要提供）、金融账号识别码及其持有人名称、销售者的税收居所、在报告期的每个季度内提供的相关服务的数量、由提供不动产租赁的销售者提供的土地登记号（或地籍编号）、不动产租赁的类型和租赁天数。同时，平台运营商还需报送特定信息项，包括：平台运营商的名称，注册办公室地址和纳税人识别号，报告的平台运营商所报告的平台商业名称，报告期内每个季度代扣或收取的任何费用、佣金或税款，平台销售者获得的对价（收入）总额。按规定，上述数据信息应以OECD一级制定的标准化可扩展标记语言模式（XML）框架进行报告，由平台运营商在报告期（日历年）后一年的1月31日之前提交。

作为简化方案，《示范规则》引入了一项委托报告机制，允许平台运营商将对一组确定的销售者的信息报告义务委托给另一平台运营商，以解决相对于同一平台，多个实体可以是平台运营商并分别承担报告义务的情形。同时，《示范规则》希望具有委托关系的双方均将委托情况通知各自税收管辖区的税务部门。此外，《示范规则》鼓励采纳《示范规则》的税收管辖区之间能够建立起数据交换协议或安排，以便各税收管辖区的税务部门及时获取数据。

（4）管理与实施。

为确保平台运营商以符合《示范规则》目标的方式有效实施和遵守《示范规则》规定的报告和尽职调查程序，《示范规则》要求平台运营商关闭或冻结未提供尽职调查所需信息的销售者账户，并明确记录实施《示范规则》中规定的尽职调查程序和报告要求所依赖的任何信息应保留不少于与有关报告期结束后的5年。同时，各税收管辖区应采用管理程序来验证报告的平台运营商是否遵守尽职调查程序和报告要求，在平台运营商不提供税务机关要求的信息的情况下可处以罚款或其他惩罚措施。

四、在百年未有之大变局下中国的因应之策

当今世界正经历百年未有之大变局，国际环境日趋复杂，不稳定性不确定性明显增强，但和平与发展仍然是时代主题，是各国求同存异和合作共赢的主流意愿，也是主权国家基于本国利益参与国际交往的基本立场。[①]而本轮全球数字税改就是在这种“变”与“不变”、“已变”与“未变”中展开的，既是对未来十年“世界经济新旧动能转换”、“国际格局和力量对比加速演变”、“全球治理体系深刻重塑”的时代注脚，更是对未来百年“大变局”之下的“大发展”与“大调整”铺平从调整新联结度认定标准、新增创设利润分配规则、公平合理划分数字经济利润、弥合数字技术发展鸿沟、推动全球经济数字化规则谈判、逐步从“西方主导”转向“南北合作”等国际税收治理新秩序，到税法规则调整、征税对象扩围、征管方式创新的国内税制改革的平稳转换道路的坚实基础。当然，这一审视过程无疑会衍生出一连串需要解答的问题！

（一）要在百年未有之大变局下重新认识国际税改

首先，要以系统性思维，科学认识好、预判好本轮国际税改的进程与结果，进而找到中国的定位和可选路径。从康多塞悖论和阿罗不可能性定理这两大群体决策理论看多个当事方至少存在三种方案选择的情况，若每一种选择都缺乏多数人的支持，且各方在第二种和第三种选择上存在重大差异，那么协议将难以达成。

① 邓力平．百年未有之大变局下的中国国际税收研究［J］．国际税收，2020（02）．

目前，全球至少有三种可行的选择：第一种选择（“没有新的数字税方案”或是将整个P1置于跨国公司可选择的“安全港规则”之下）意在避免或降低采用任何针对数字公司的新税收规则的影响。这类方案有一个很大的支持者——美国，但在其他税收管辖区并没有得到多少公众支持。第二种选择（“DST方案”、“EL方案”或UN《税收协定范本》第12B条拟在双边协定范围内引入的“自动化数字服务收入方案”①）是对在市场管辖区内提供特定数字服务的企业征收特定税。而这正是倡导征收DST、“数字化常设机构”公司所得税等理念的市场管辖区一直所追求的做法，特别是，如果包容性框架项目失败，这类理念或成为现实。第三种选择（OECD多边框架下的“新征税权方案”）是修订利润分配和新联结度规则，以便市场管辖区可以对在该管辖区内提供特定数字服务的公司征收更适度的税收。②显然，如果包容性框架被困在康多塞悖论和阿罗不可能性定理中，那么目前数字税的僵局不能简单地通过美国变得更加灵活或其他税收管辖区变得更加乐意合作的方式来解决，这就要在不同选择中再调整、再平衡各方利益。同时，美国主张将GILTI和BEAT视为GLoBE的祖父条款作为其支持“支柱二”的立场，亦为GLoBE的整体设计、协同落地增添了不少弥合政治分歧、制定理性技术的难度。

那么，在大变局下，特别是受新冠肺炎疫情全球大流行影响，“支柱一”与“支柱二”的改革是否要“脱钩”，独立商定、分别实施？还是，将“双支柱”改革作为一揽子方案共同推动？其实，就中国而言，这是一个不难作出的选择。毕竟，强调“支柱二”作为“支柱一”的后盾效应、共同出台，是确保目标导向精准，改革能够得以平稳、有序推进的关键。但考虑到实际方案的酝酿出台到最终落地之间的“空档期（预计两到三年）”，中国政府与企业如何面对诸如DST、SEP、最低税等单边措施，的确是值得深思和亟待解决之事，然而更重要的是，各方要找准目标定位、精准施策。虽然，国内研究者高度关注全球数字税改，但“把对了脉，开错了方”的现象不在少数。从现有数据和调研情况看，目前已开征DST国家取得的实际税收收入和DST政策波及的业务范围，对我国“走出去”企业影响十分有限，且“空档期”内不会有太大变化，反倒是类似针对非居

① UN.21st Session of the Committee of Experts on International Cooperation in Tax Matters［EB/OL］.（2020-08-05）.https：//www.un.org/development/desa/financing/events/21st-session-committee-experts-international-cooperation-tax-matters.

② John L. Harrington. The Unsurprising Stalemate on Digital Taxation［EB/OL］，2020-08-05. https：//news.bloombergtax.com/transfer-pricing/insight-the-unsurprising-stalemate-on-digital-taxation.

民企业推出的印度均衡税2.0版、技术服务费型预提所得税等征税方案，以及印度尼西亚、泰国、墨西哥、哥斯达黎加等陆续针对跨境数字产品和服务供应商课征增值税的措施，[①]对中国“走出去”企业冲击更直接、更明显，也更加值得关注和研究。

其次，要以辩证性视角，审慎看待UA是否是一个全新的、值得推崇的体系，GLoBE的政策依据是否合理的问题，从而对未来政策的设计与实施形成一以贯之的理解和预期。事实上，在缺乏基本原理、总体原则、广泛沟通的基础上构建全球数字税改蓝图，将面临诸多执行层面的风险和不确定性。但若能更加清晰地理解质疑者的观点，必将有助于加强整体认识和推动改革事项的落地，在构建国内循环为主、国内国际互促双循环新格局下更好地作出符合中国利益的制度性选择。一方面，从某种程度上讲，时下更多观点倾向于对UA持审慎与批评态度。[②]譬如，ALP的积极拥护者认为公式化的课税方法会导致不精确性和扭曲性，强调UA可能会影响投资、就业、工资、创新、经济增长及税收收入，要求OECD在实施UA前公布国家层面的经济影响分析，包括分析所使用的方法和数据。也有企业担心，UA的设计会过度强调市场管辖区的征税权问题，在一定程度上人为破坏了现行以联结度规则确定非居民企业的税收管辖区和基于ALP确定利润分配规则的两大国际税收体系基石。亦有专家表示，可由各国自行按ALP征收金额C，改革仅须使用“金额A+金额B”模式，抑或“以金额A吸收金额C、或将金额B嵌入金额C”的方式，使UA的三段式分配机制简化为两段式分配方法[③]。特别是，作为一种攻过箴阙的看法，以OECD工会咨询委员会、BEPS监督小组为代表的非政府组织和部分学者认为，UA的设计太过复杂，对现行规则的修改太过拘谨，额外分配给市场管辖区的新征税权太有限，不如采用类似欧盟共同统一公司税基（CCCTB）提案

① 有关改革，可参见阿里研究院主编的《全球数字经济税收动态》；陈琍，王婷婷.2019年国外增值税发展变化及趋势［J］.国际税收，2020（08）.

② 据统计，OECD在对UA公开征求意见期间（2019年10月9日至11月12日），共收到304份意见（合计3 000余页）。其中，持积极态度的仅约有13%，即认为UA这种基于原则性的规则设计是经得起未来考验的。OECD. Public Comments Received on the Secretariat Proposal for a “Unified Approach” under Pillar One［EB/OL］.（2020-08-05）.https：//www.dropbox.com/s/3pb98p1o3qnz3me/oecd-public-comments-secretariat -proposal-unified-approach-november-2019.zip?dl=0.

③ 据美国Tax Notes称，今年10月公布的“统一方法”蓝图将对金额A、金额B和金额C组成的三段式营业利润分配机制作出调整，在保留金额B的同时，将金额A和金额C合并调整为带有“营销和分销利润安全港”性质的“新金额A”，以降低此前金额A与金额C之间易产生重复性征税的争议风险。

的全球公式分配法。而G24、南方中心税收倡议(SCTI)等认为，金额A应同时考虑利润创造的需求侧与供给侧因素，要衡量销售额、资产、工薪(包括员工数和工资)与用户四项因素，对于远程存在，可仅考虑销售额和用户因素。

另一方面，各方对于在全球范围内开征最低税仍持较大分歧。除了以非洲税收征管论坛、荷兰国际财税文献局、德国税务顾问委员会为代表的部分意见方对GloBE方案持积极态度外，企业界和咨询机构的众多评论者或多或少地批评了GloBE方案的政策目标，甚至将这些目标解读为GloBE方案的一部分，要求BEPS包容性框架重新讨论GloBE方案的设计初衷。总的来讲，这些批评意见大致可归为七个方面：一是BEPS项目仍在实施中，在国际社会尚未根据BEPS第11项行动计划开展政策评估、且“支柱一”亦未落地之前，推动GloBE方案显得操之过急，应暂时予以搁置。二是GloBE方案是对一国税收主权的不当干预，会严重限制一国使用税收激励措施的权力。三是GloBE方案的设计背离了BEPS项目所确立的“利润在经济活动发生地与价值创造地征税”的总原则，是对既有国际税收框架的一种“撕裂”。四是不涉及任何实质性活动排除设计的GloBE方案，是一种过于生硬的解决遗留BEPS挑战的方式，会使政策的打击范围超越BEPS范畴。五是引入GloBE方案可能会导致各国对将税式支出转向直接补贴的做法表示强烈担忧。六是GloBE方案将使国际税收规则变得更加复杂，应制定更具针对性的反BEPS措施来弥补财政收入。譬如，将BEPS项目中共同标准或最佳实践的做法作为最低标准来实施，如反混合错配规则、利息扣除限制规则和受控外国公司(CFC)规则。七是GloBE方案可能违反资本输入中性原则，会扭曲市场竞争，甚至会抑制国家间有效的税收竞争。

最后，要以发展性眼光，把握好受新冠疫情影响下的数字税改乃至国际税收基础规则适用的新动向，做好充足的政策储备和应对手段。新冠疫情的演变及其对经济的影响正呈现出极大的不确定性。据《OECD经济展望》预测，2020年全球GDP将下降6%，而本轮单波疫情下的失业率将升至9%以上。但新冠疫情也在一定意义上催生了数字经济的价值，改变着跨国企业的经营方式和人们的生活方式，影响着既有国际税收规则(税收协定、转让定价、反避税条款)的适用，也孕育着新的征税理论的产生。例如，疫情防控期间临时改为居家办公的，位于中国境内的居家办公场所是否构成税收协定中常设机构定义所称的“企业进行全部或部分营业的固定营业场所”？疫情防控措施使得部分企业高管的决策地发生变化，这是否会改变企业实际管理机构所在地，从而改变税收协定下的企业居民身份？[1]这些问题会伴随具体的征管实践而成为中国必须面对的问题。又如，新冠疫情促使像Netflix、Zoom这样拥有高度数字化业务的跨国公司赚得“盆丰钵满”的同时，又导致很多企业新增亏损。据调查，在七国集团（G7）的340家公司中，有超过96%的医疗保健公司和近80%的信息技术公司需要超过10年的时间才能实现盈亏平衡。[2]特别是在处于起步阶段或上升阶段的部分行业面临持续的剩余性亏损和周期性亏损的局面下，既要在按新征税权确立市场管辖区具体征税份额时，充分考虑引入新制度前发生的更多亏损份额的处理问题，又要在按税收管辖区混合法计算跨国企业的实际有效税负时，确定更多的亏损结转份额，导致实际纳税期限的延长。最后，新冠疫情导致了许多传统的转让定价规则和惯例在某些方面不可避免的影响。通常，税务机关可通过OECD授权方法（AOA方法）从功能、资产和风险因素分析在独立交易原则框架下企业的利润分配问题，但在新冠疫情下，某些非关联方企业之间会因特殊时期商业上的相互依存关系而接受各种财务支持安排，从而难以按照跨国企业之前年度的财税数据信息作出合适的可比分析调整。反映到“双支柱”改革中，金额B赋予有限风险分销商获得稳定利润的正常假设是否仍然有效？在付款人有经济困难的情况下，各国是否仍应对某些跨境数字服务收入按特许权使用费或技术服务费扣缴预提所得税？如何处理跨国企业获得的政府支持或财政补贴？集团内融资安排如何受到影响？是否应修订或暂停此前税务主管当局同跨国企业之间已达成的预约定价安排（APA）？[3]这一篮子问题，为中国在参与全球数字税改中更好地发出中国声音、提出中国方案、贡献中国智慧，提供了实实在在的目标研究清单。

（二）要在百年未有之大变局下统筹理论实证研究

“税制改革与经济形势紧密相关，税收收入取决于宏观经济情况，而经济发

---

① Pascal Saint-Amans.OECD issues recommendations on implications of the COVID-19 crisis on cross-border workers and other related cross-border matters［EB/OL］.（2020-08-18）.https：//www.oecd-forum.org/posts/65032-oecd-issues-recommendations-on-implications-of-the-covid-19-crisis-on-cross-border-workers-and-other-related-cross-border-matters.

② Sirathorn Dechsakulthorn，Kevin Glenn，Shee Boon Law，Joseph A. Myszka. Treatment of Losses Under OECD Pillars 1 and 2［J］.Tax Notes International，July 20，2020.

③ Richard Collier，Alice Pirlot，John Vella. Tax policy and the COVID-19 crisis［R］. University of Oxford Centre for Business Taxation.WP 20/01，June 2020.

展趋势又是税制改革的主要驱动力。”[①]经济数字化国际税收治理作为新一轮国际经济治理的切入点，在这一特殊的历史时期，已然在某种程度上肩负起消解贸易保护主义、民粹主义或政治机会主义势头，为大部分国家复生产、保就业、稳增长提供国际财源的特殊使命。为确立一个同中国大国地位相匹配的国际税收地位，有必要从多维发力，统筹和深化理论实证研究。

一是要研究数据价值及其衡量的问题，探索、确立可能包括价值创造原则在内的全球数字税改方案的基础性原则。当前，以数据财政、数据价值及其衡量、数据税、数字资产税收为主题的研究备受关注。2019年《中共中央关于坚持和完善中国特色社会主义制度 推进国家治理体系和治理能力现代化若干重大问题的决定》明确“健全……数据等生产要素由市场评价贡献、按贡献决定报酬的机制”，引领各界对于“数据作为生产要素参与分配”作出突破性研究。映射到国际税收领域中，欧盟2018年初推动DST指令草案将数据销售收入纳入征税范围，便是对数据课税最好的例证。若结合“支柱一”改革看，围绕以数据为新征税权主张的解释来自多个维度。在政治经济学视角下，数据本身没有价值，数据交易行为产生的消费力才有价值，该价值是在市场国的政治、经济、社会等综合因素共同作用下产生的。在数据资本视角下，由市场国的数据规模产生的规模效应、网络效应与反馈效应带来了市场集中化，形成了数据充裕型市场，而数据驱动市场又极大地降低了市场失灵出现的频率，帮助超级巨星公司创造更大价值、攫取更多利润。[②]在用户贡献视角下，位于市场国的每一个用户都是“产消者”，他们既扮演生产者角色又充当消费者角色，在动态过程中创造了价值。这些价值与利润，赋予了市场国征税权。

当然，数字税改在理论问题上的创新不单单与数据价值的讨论有关，其在多边框架下确立的政策体系能否长期平稳运行，更同可能包括价值创造原则在内的若干基础性原则的研究有关。对此，一些研究认为，价值创造原则应该成为国际税收规则中的一个重要原则，市场国是消费者/用户的所在地，也是价值实现的

① OECD.Tax Policy Reforms 2019: OECD and Selected Partner Economies[EB/OL].(2020-08-19). http: //www.oecd.org/tax/tax-policy-reforms-26173433.htm.

② ［奥］维克托 · 迈尔 – 舍恩伯格，［德］托马斯 · 拉姆什著 . 数据资本时代［M］，李晓霞，周涛译 . 中信出版社，2018.

需求端。[1]而OECD税收政策与管理中心主任帕斯卡、包容性框架成员Rasmi Ranjan Das[2]则表示价值创造不应该成为划分征税权的依据，“双支柱”改革方案则纯粹建立在技术理性基础之上。抛开不同立场间的现实争论不谈，缺乏理论指导的UA新联结度规则将无法解决从一个税收管辖区的用户收集数据并将其出售给另一个税收管辖区内商业客户的情形。[3]在这种情况下，以收入作为唯一因素判定市场管辖区是否构成ADS新联结度标准的当期收入将计入商业客户所在的管辖区，而非提取（收集）数据所在的管辖区，会在大逻辑上同直觉形成鲜明冲突。所以，即便价值创造原则无法解释全部的数字税改现象，但在某些情形下仍具有生命力，而这正是中国参与制度设计必须回应的现实问题。

二是要注重赋予新制度、新现象在理论和实践层面的解释力，警惕学界孕育征税新思维、新方式对中国企业可能产生的影响。第一，要紧跟全球关于经济数字化国际税收领域研究的主要阵营、权威学者的最新成果，防止中国国内研究的总体进程、理论深度滞后于、甚至是脱节于国际主流学术界。特别是OECD本身作为政策研究机构，同学界的交流和沟通就十分密切，在整个“双支柱”改革方案形成的过程中，有诸多开创性的政策设计和制度安排都是由各国学者、律师、税务机构、非政府组织、企业高管率先提出后，才陆续写入CFA工作组、TFDE、包容性框架的政策文件中供各方研究、讨论的。因此，要正视目前国内在该领域研究供给不足的现实局面，牢牢把握住多边方案形成的内在规律，从而借本轮重塑国际税收规则之契机，在跟跑、并跑式研究中实现领跑。第二，要跳脱出“就税论税”、“就规则论规则”的定势思维，深度思考不同数字税的制度、规则背后的原理。譬如，在学理上，围绕DST的设计原理、是直接税还是间接税的讨论，始终众说纷纭。但代表性学者在李嘉图租金定义的分析框架下，将DST作为一种针对地域性特殊平台租（Location-Specific Rent，LSR）的税，并将其类比为各国对

① Hongler & P. Pistone. Blueprints for a New PE Nexus to Tax Business Income in the Era of the Digital Economy［R］.IBFD Working Paper，2015（03）；Olbert，M.& C. Spengel. International Taxation in the Digital Economy：Challenge Accepted?［J］. World Tax Journal，2017（1）；Devereux Michael & John Vella. Value Creation as the Fundamental Principle of the International Corporate Tax System［R］. European Tax Policy Forum Policy Paper，2018.

② Rasmi Ranjan Das. The Concept of Value Creation：Is It Relevant for the Allocation of Taxing Rights?［J］. Bulletin for International Taxation，2020（03）.

③ Svitlana Buriak. A New Taxning Right for the Market Jurisdiction：Where Are the Limits？［J］，Inter Tax，2020（03）.

资源开采收入征收的特许权使用费，从而提出了理顺DST类似关税功能的路径，驳斥了有关DST归宿转嫁的浅显论证，同时分析了DST与税收协定之间的适用关系，并为理解小型经济体在推出DST政策同时倡导国际所得税改革提供了一种国家间技术不对称的思维逻辑，①为在更深层次上理解DST、设计“金额A”的收入来源分配规则，提供了一套具有说服力、影响力的论证。而推出具有类似解释力的中国方案，正是中国学者要肩负起的特殊使命。其三，要警惕因新冠疫情持续蔓延激起的新一轮全球性单边主义税制，特别是以特殊经济时期、特定收入用途、特别征管方式为名呼吁推行的新税制倡议转化为政策的潜在可能性。其中，最受关注的是自2020年3月以来，由加拿大麦吉尔大学Allison教授、美国密歇根大学Avi-Yonah教授等人相继提出的以全球超额利润税（Global Excess Profits Tax，GEP）为名的“支柱三”方案。②譬如，在Allison关于GEP的构想中，她试图将“支柱一”设计思路与全球企业利润数据结合使用。据测算，在2016年至2019年间，美国跨国公司的平均资产回报率为22%，其中8%归属于常规利润，而14%可归属于非常规利润。考虑到准垄断条件导致的不适当的市场势力，预计大多数跨国公司不会在新冠疫情发生后的2020年内赚取22%以上的利润回报，因此，当集团合并利润率超过22%时，可考虑一次性征收一笔GEP。目前，类似设想已在欧盟内部讨论，后续有可能被欧盟委员会作为提供防控疫情特别财政收入来源的临时性新税制而引入。倘若“支柱三”成为现实，或将冲击中国在欧投资的部分经营企业。

三是要做好系统性、体系化评估好“双支柱”、数字平台等改革方案对中国的实际影响，支持政府决策和企业应对。英国杂志《经济学人》曾指出“如果数据是新石油，那么中国就是数据世界的‘沙特阿拉伯’”。据《中国互联网发展报告2019》显示，2019年中国数字经济规模为31.3万亿元，占GDP比重达34.8%，

---

① Wei Cui，Nigar Hashimzade. The Digital Services Tax as a Tax on Location-Specific Rent，CESifo Working Paper no.7737，2019；Wei Cui. The Superiority of the Digital Services Tax over “Significant Digital Presence” Proposals，National Tax Journal（forthcoming）；Wei Cui. The Digital Services Tax on the Verge of Implementation［J］. Canadian Tax Journal，2019（04）；Daniel Shaviro. Digital Services Taxes and the Broader Shift From Determining the Source of Income to Taxing Location-Specific Rents. NYU Law and Economics Research Paper No. 19-36，2020.

② Allison Christians，Tarc ı sio Diniz Magalhães. It’s Time for Pillar 3：A Global Excess Profits Tax For COVID-19 and Beyond［J］. Tax Notes International，May 4，2020；Reuven S. Avi-Yonah. Taxes in the Time of Coronavirus：Is It Time to Revive the Excess Profits Tax?［J］. U of Michigan Law & Econ Research Paper No. 20-008，2020.

数字经济已成为中国经济增长的新引擎。的确，我国将数字创新置于新旧动能转换核心位置的方针以及自身所拥有的数据规模，奠定了我国既是全球数字经济经济生产大国，又是全球数字经济消费大国的重要地位，但也让我国在最终政策的选择上陷入“两难”。一方面，“支柱一”总体有利于中国，但会增加部分头部“走出去”企业的成本。据IMF测算，全球1/3企业的剩余利润正集中在1/100的少数公司中，也集中在总部设立于少数经济体（特别是美国、英国、日本、中国）的公司中。其中，设立于我国的拥有剩余利润的企业或以国有企业和支柱性民营企业为主。按OECD口径估算，跨国公司剩余利润在中国市场的比重约为5%左右，而销售额在中国市场的比重约占16%。综合考虑构成ADS、CFB新联结度的判定指标，“支柱一”带来的税收收入总体上有利于中国。而从商务部等部门联合发布《2018年度中国对外直接投资统计公报》看，中国对外直接投资行业中租赁和商务服务、金融、制造、零售批发等四个行业投资占比超七成。其中，蚂蚁金服、字节跳动等代表性“走出去”企业都是采用海外并购模式，以设立“实体存在”企业进行投资并购、巨资推广等方式进入国外市场的，受“支柱一”新征税权影响可能相对有限，但“支柱一”的推行无疑会增加中国企业的管理运营和税收遵从成本。[①]相比而言，中国“走出去”企业更多面临的是“金额B”和“金额C”的遵从问题，特别是以华为、小米为代表的在海外设有较多“实体存在”的高科技、制造类企业。

另一方面，“支柱二”带来的影响要视商定的最低税率（是10%、12.5%还是15%）以及四项具体征税规则的具体设计、实施顺序（是否是所得纳入规则优先于征税不足支付规则适用）而定，或对中国现行企业所得税税收优惠措施造成一定冲击。总体上，考虑到持有跨国企业投票权和股票价值的综合所有权（累计超过50%）的归属问题，所得纳入规则、转换规则、应予课税规则对中国影响甚微。但是，若以中国大陆为税收管辖区单独计算企业实际有效税率，部分“走出去”企业位于中国大陆的最终控股母公司可能因同时叠加享受小微企业优惠、股息红利免税、研发费用加计扣除、高新技术企业、软件和集成电路企业、西部大开发、基础设施项目所得减免、基金分配收入免税等税收优惠政策，而导致其在中国大陆缴纳的实际有效税率低于商定的最低税率，需在主张适用征税不足支付规则的境外国家或地区以“不允许税前扣除的方式”缴纳补充税（Top-up Tax）。考虑到

① 刘丽，陈高桦.OECD“双支柱”改革方案研究及其对中国的影响分析[J].国际税收，2020(08).

实际工资支出同有形资产的联合排除、部分行业排除和GLoBE适用门槛（7.5亿欧元）的限制，受征税不足支付规则影响的企业可能相对有限。此外，随着OECD推行的《角色报告》《示范规则》相继被更多国家采纳、转化，要求数字平台企业申报与所得税、增值税、地方税和社会保障缴款相关的数据信息，履行更为严苛的代扣代缴义务甚至是完全责任义务的政策会越来越多，会对我国“走出去”平台型企业造成较大的潜在影响，企业需提前调整经营合规架构，做好做足政策应对储备。

（三）要在百年未有之大变局下把握政策转化定力

由于多边框架下“双支柱”改革方案的总体设计已初具规模、基本商定，推翻或另起炉灶的空间不大，因此，要立足国情、积极参与，紧抓本轮改革最后的“制定期”和政策转化“空档期”，在方案出台顺序、细节条款设定、具体实施步骤、多边公约创设等重要问题上，再提出一些、融入一些符合我国未来数字经济发展利益的“中国建议”，并同步在国内政策转化上做好精准谋划、超前布局。当然，政策转化工作也要兼顾国际上已在增值税领域取得的成功经验，统筹推进有关工作。

一是把握战略定力，通盘考虑政策取向。要充分认识到税收利益并非本轮数字税改中的全部核心利益，防止被别人牵着鼻子走，“集中力量办好自己的事”。要把税收放在同金融、价格、货币、市场、竞争、贸易、汇率、产业、企业、增长、管理等方面齐平的角度，找到税收与推动中国整体经济发展、数字经济变革的平衡点。在制度设计和政策选择中，要优先考虑保护和激发市场主体活力、弘扬企业家精神，让因营商环境持续完善而带来的中国市场“磁石”效应不断显现，让世界看到新时代中国持续深化改革、扩大开放的坚定决心，读懂疫情压力下中国经济的强大韧性与蓬勃活力。要坚持包容审慎的态度，在参与、转化数字税改方案进程中，研究和制定适合推动智能制造、无人配送、在线消费、远程办公等新产业、新业态、新模式快速发展的新型税收政策。

二是以“双支柱”改革为契机，推动《企业所得税法》及其《实施条例》的修订。事实上，“双支柱”改革的落地除了要通过签署新的多边公约，经全国人大常委会批准生效后再实施外，还要在国内税法层面做到有机结合、无缝衔接。例如，在现行《企业所得税法》生产经营的物理“机构、场所”的基础上，扩展征税范围，将新联结度规则纳入其中；设计好基础性定义，增加ADS和CFB两大类应税产品和服务，采用“正面清单”和“负面清单”管理模式，ADS的“正面清单”可包括社交媒体平台、在线中介平台、数字内容流媒体、在线游戏、云计算服务、线上广告服务等，“负面清单”可包括法律、会计、建筑、工程及咨询服务等，而CFB的“正面清单”可包括销售个人电子产品、服装、洗漱用品、化妆品、奢侈品、品牌食品和饮料、特许经营许可安排、汽车等，“负面清单”可包括采掘业及其他原料和大宗商品、受监管的金融服务业、国际空运和海运业务等；增设新的申报机制，修订和设计应纳税额的计算方法，明确亏损处理的具体方式。

三是以《增值税法》立法为契机，明确相应规则条款。要厘清增值税纳税人定义，明确进口服务（包括数字化服务）和数字产品的单位，以及向我国境内个人消费者提供服务（包括数字化服务）和数字产品的境外供应商是我国增值税纳税人。[①]明确增值税应税行为包括出售数字产品和提供数字服务。其中，数字产品可包括网站、数据库、程序、软件、图像、文档、信息、音乐、电影、游戏电子图书、在线杂志等，数字服务则可包括网上研讨会、远程教学、运动健身应用程序等。要充分预留对3D打印这类新产品、新服务适用何档税率的政策延展空间，明确规定数字产品、数字服务和对应的性质相同或类似的实物产品、现场服务按照相同的税率征收增值税。要认真对标“数字平台增值税完全责任模式”、“共享与零工经济中平台运营商对相关销售方信息报告义务”等新政新规，做好适时出台中国方案的政策储备。

四是做好各项数字税改政策同国际国内相关法律法规的“双”衔接。建议在国际层面增设专门工作组，借鉴世界海关组织（WCO）关于商品归类决定的多边协调机制，定期就“金额A”在各国执行层面认定新兴产业技术、特定经营业务是否归入ADS、CFB的征税范围，给予统一界定，从而确保具有纳入征税范围业务的跨国企业有明确的政策预期。而在国内层面，要确保新引入的、新修订的税法规则同《民法典》、《电子商务法》、《网络安全法》、《反不正当竞争法》、《数据安全法》（草案）等法律法规在内涵外延、适用范围、核心条款等方面有序衔接，形成法律的协同效应。特别是要在西方国家对我国高科技企业、特大型传统企业持谨慎态度的今天，要充分评估好“双支柱”方案立法转化、具体实施过程中，因遵循“一站式申报”、新的税收信息情报交换等机制而带来的企业架构安排、

① 陈琍，王婷婷，罗振策.跨境数字交易增值税制度之国际经验借鉴[J].国际税收，2019(02).

税收数据信息的安全问题，确保跨国企业搜集和申报的用户、客户信息符合欧盟《通用数据保护条例》（GDPR）、《加利福尼亚州消费者隐私法案》（CCPA）等法律制度。

五是加强组织保障，抓好政策试点工作。建议由国务院财税主管部分牵头，联合相关部委成立推进"双支柱"方案落地的工作组，统筹推进制度完善、政策评估、内外协调、信息互通、联络对接等各项工作。同时，加强同重点企业的宣传辅导，在全国范围内提前做好数字经济收入分析的测算工作，充分评估不同产业受"双支柱"改革方案的影响程度，对受影响较大的企业提供定点帮扶和指导，提供"一对一"精准涉税服务，在联合会计、法律等中介机构协助企业审查业务流程和相关税收风险的同时，及时跟踪"走出去"企业遇到的税收争议，及早介入，让企业有更多实实在在的获得感。可选取数字经济发展水平较高的上海、浙江、深圳等地，率先开展税改方案推进的试点测试工作，培育一批懂业务、能担当的数字税人才，形成一批可复制、可推广的政策辅导经验，提前做好预判性的税务筹划分析与反避税工作。

六是探索建立健全与当前改革适配的税收征管制度。在增值税领域，研究借鉴近年来一些国家推崇的创新征管做法，探索实行分离支付机制。我国选取某些高风险和特定行业纳税人试行分离支付机制，将商品价款和增值税税款分开，并将增值税税款直接汇入税务机关账户，从而有效降低增值税欺诈的可能。探索在增值税纳税申报的基础上，引入交易信息报告制度和标准税务审计文件（SAF-T）的要求，进一步提高纳税人涉税数据的采集、整合和利用率。①同时，在平台涉税征管方面，可从对线上交易的参与者的税务登记着手，将网络平台经营者纳入税收征管范围，完善在各平台上的注册信息，统筹推进实名认证、税务登记率提升、向税务部门备案网址和IP地址、挖掘税源、明确税基和税款归属在内的一系列工作。进一步完善利用网络平台经营的自然人的税收管理，推动代扣代缴向个人自主申报的转变，通过随机抽查的方式对其进行监督。②

七是立足"新基建"产业技术发展，理顺打通数据信息共享机制。准确、有效的数据信息流动是确保"双支柱"改革方案在多边框架下顺利实施的关键。紧密依托各级电子税务局，增设数字经济税收征管模块和数据接口，加强5G、区块

① 陈琍，王婷婷.2018年世界增值税改革发展评述［J］.税务研究，2019（04）.

② 李香菊，刘硕，姚琴.数字经济背景下税收征管体系的国际经验与政策建议［J］.经济体制改革，2020（01）.

链、云计算、大数据等“新基建”发展的信息技术在税收征管方面的广泛应用。尽快推动《税收征管法》的修订，加快建立跨部门的数据共享和信息协调机制，将金税三期（目前，国家税务总局已着手研究金税四期）税收信息系统对接各类政府部门平台，集聚海关、商务、工信、市场监管、科技、人民银行等多个涉企部门的数据和信息，扩展数字经济企业数据获取来源、信息比对来源，畅通信息共享渠道[①]。建立数字经济企业涉税运行监测机制，实现企业级数据的定期追踪、即时反馈，加大对数字经济企业涉税数据分析结果的应用，及时了解数字经济企业的发展趋势，开发数字经济企业全景式发展图谱。同时，利用大数据分析技术，定期核查数字经济企业线上报送的各类信息和数据，在保证企业涉税信息的真实有效的同时，将信息用于预防税收争议和争端解决上来，用“新技术”维护新时代税收“新利益”。

综上所述，本轮“一揽子”全球数字税改最终方案的选择与落地在很大程度上是一个政治问题，甚至就是数个特殊利益集团之间角逐与妥协的过程。没有税收，社会就没有共同命运，集团行动也无从谈起，这是常理。当然，采取何种具体的税收形式也因此成为国际社会中政治冲突的症结。最终目标是在此问题上达成一致，即谁必须以何种原则支付多少税款，这绝非易事。[②]有关理想国际税收体系的观点也相应地各具特点。但历史经验表明，任何国际税收新规则的确立都是需要花费时间的。诚然，以“解决经济数字化带来的税收挑战”为名，发起的多边税收改革进程也许是不可或缺的，但设计愈发繁杂、合规成本巨大的“双支柱”方案与一系列跨境增值税新规注定了其天生的不稳定性，而这可能最终会侵蚀经济数字化的根基。那么，是否真得有必要如此迫不及待地推动有关方案的落地呢？时间或许是最好的答案！

---

① 郝东杰，陈双专．数字经济跨境课税之“双支柱”方案的创新影响及应对［J］．税务研究，2020（11）．

② ［法］托马斯·皮凯蒂．21 世纪资本论［M］．巴曙松，陈剑等译．中信出版社，2014：507–508．

中国财政科学研究院年度智库报告

2020 中国政府收入全景图解（下卷）

刘尚希　梁　季　等编著

中国财经出版传媒集团
中国财政经济出版社

目 录

总论篇

专题篇

地区篇

地区篇

关于本卷指标和数据的说明

1.财政总收入是指本地区财源贡献的所有收入，具体是指本地区一般公共预算收入与上缴各级政府税收收入之和。

2.政府收入是指四本预算收入之和。受数据获取所限，未剔除四本预算收入中重复计算部分。

3.财政自给率是指线上一般公共预算收入合计与一般公共预算支出合计之比。

4.财政收入依赖度中的分母为线下一般公共预算收入总计数。

5.共享三主税是指国内增值税、企业所得税和个人所得税。

6.土地房产类税收包括房产税、城镇土地使用税、土地增值税、城镇土地使用税和契税。

7.各地区2019年数据为预算执行数或快报数，其他年度为决算数据。

8.因数据缺失，部分图中出现有图示无数据情况，考虑排版统一并未删除，在此说明。

1 北京市

截至2018年，北京市下辖16个区，总面积1.64万平方公里。总体来看，北京市财政经济状况居于全国前列，但区域发展不均衡，差异较大。

2019年北京人均GDP位居全国首位，第三产业占比、人口净流入、城镇化率均远高于全国。2019年末，北京常住人口2153.6万人，常住人口城镇化率为86.6%。2019年北京市GDP为3.5万亿元，排全国第12名，增速6.1%，比2018年下降0.6个百分点，与全国持平，排全国第20名；人均GDP为164243元，排全国第1名。从产业结构看，2019年第一、第二、第三产业占比分别为0.3%、16.2%（低于全国平均水平22.8个百分点）和83.5%（高于全国平均水平29.6个百分点）。从居民可支配收入看，2018年城镇与农村居民人均可支配收入分别为67990元和26490元，呈上升态势，分别为全国平均水平的1.73倍和1.81倍。

2019年北京全市一般公共预算收入全国排名靠前，税收收入占比较高，2018年区县级收入占比高于市本级。2019年北京一般公共预算收入5817.1亿元、增速0.5%。人均一般公共预算收入为27011元，排全国第2名。其中，近三年北京税收收入占一般公共预算收入的总体呈下降态势，2019年为82.9%，与全国平均水平持平。从纵向收入分配看，2018年市本级、区县级一般公共预算收入占比分别为40%和60%。

2019年北京财政自给率较高，地区财政总收入远高于一般公共预算支出。北京财政自给率在80%左右，2019年为82.7%。2018年北京组织的地区财政总收入为14007.3亿元，增速为2.1%，其中上缴中央收入占比58.7%。2019年北京一般公共预算支出为73031亿元，远低于地区财政总收入规模。

2019年北京四本预算的一般公共预算收入和社会保险基金收入占比在上升，社保对财政补贴的依赖度在提高。2019年北京四本预算加总的政府收入12842.8亿元，增速为6.3%，其中一般公共预算收入、政府性基金收入、国有资本经营收入和社会保险基金收入分别占比45.3%、17.2%、0.6%和36.9%。

本章执笔人：吕慧　周娇娇　审校：梁季

1.1 北京市政府收入主要特征分析

1.1.1 北京市经济社会基本情况

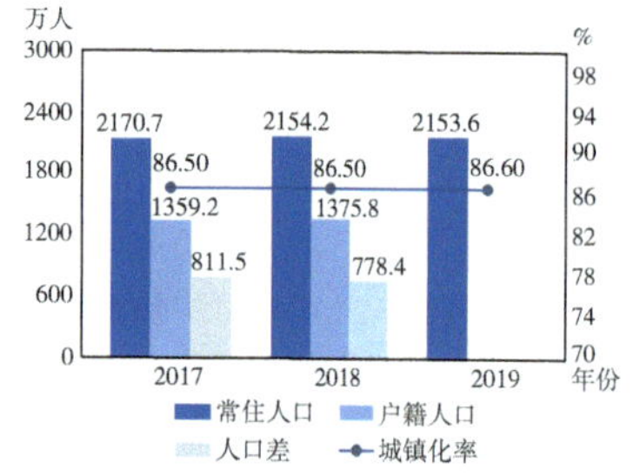

图1-1 2017-2019年北京市人口状况

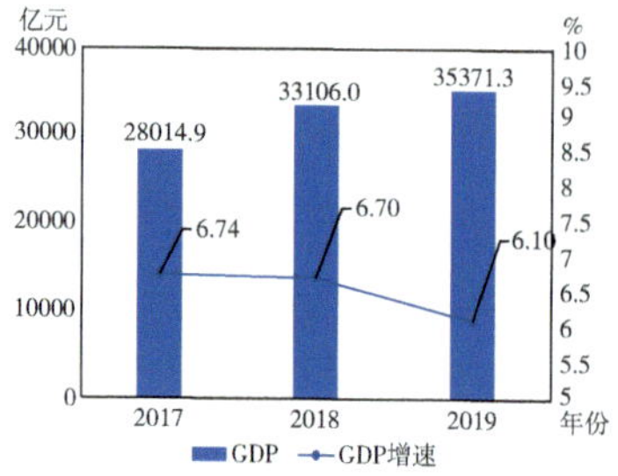

图1-2 2017-2019年北京市GDP及增速

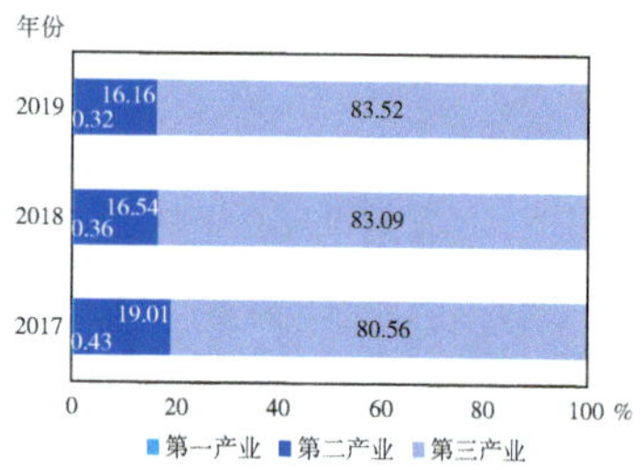

图1-3 2017-2019年北京市三次产业结构

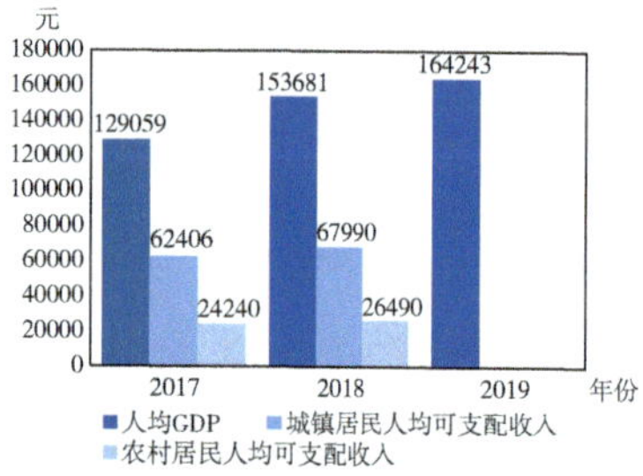

图1-4 2017-2019年北京市人均GDP和人均可支配收入

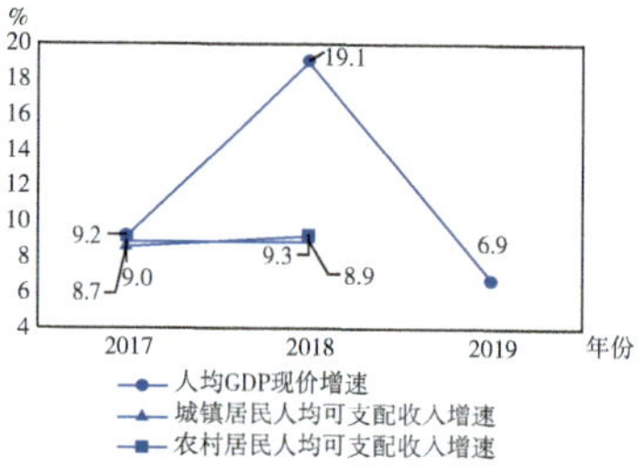

图1-5 2017-2019年北京市人均GDP增速和人均可支配收入增速

1.1.2 北京市政府收入总体情况

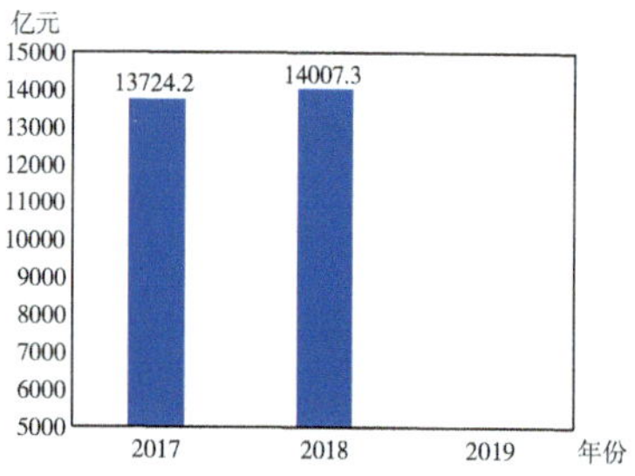

图1-6 2017-2019年北京市财政总收入

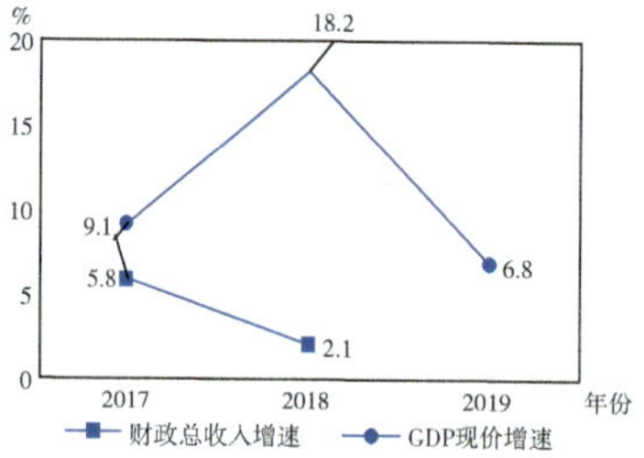

图1-7 2017-2019年北京市财政总收入增速

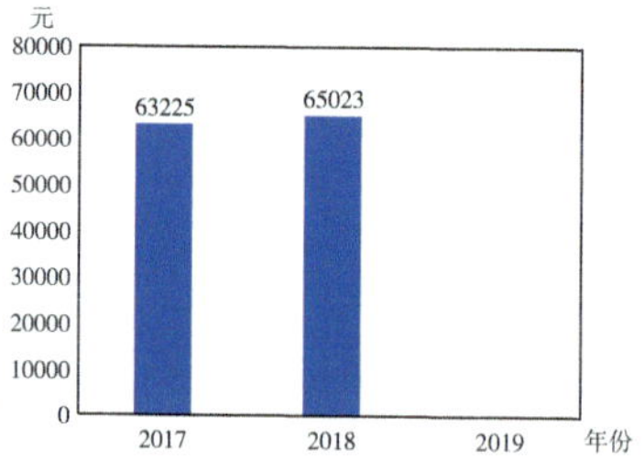

图1-8 2017-2019年北京市人均财政总收入

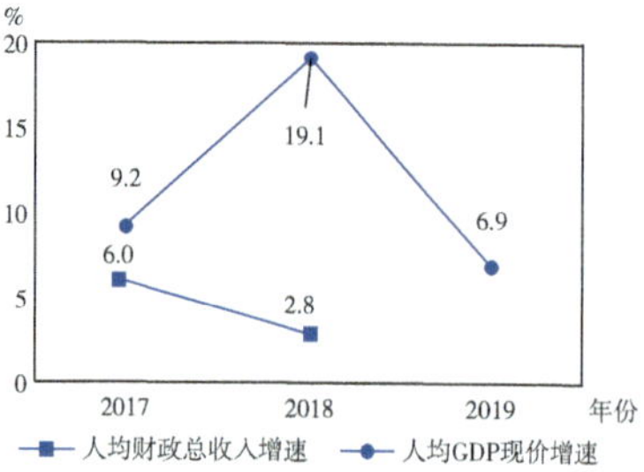

图1-9 2017-2019年北京市人均财政总收入增速

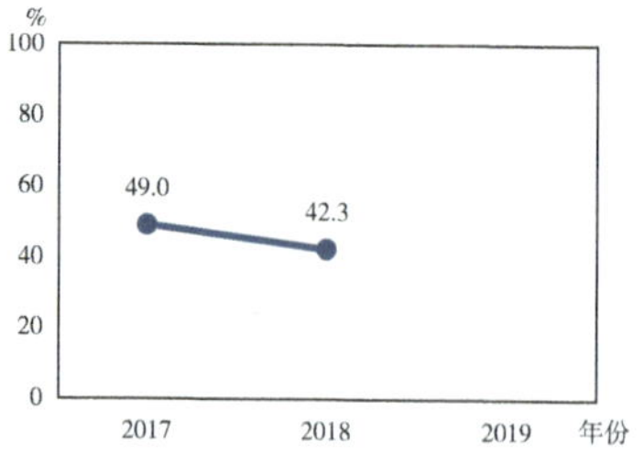

图1-10 2017-2019年北京市财政总收入/GDP

图1-11 2017-2019年北京市财政总收入其他相关

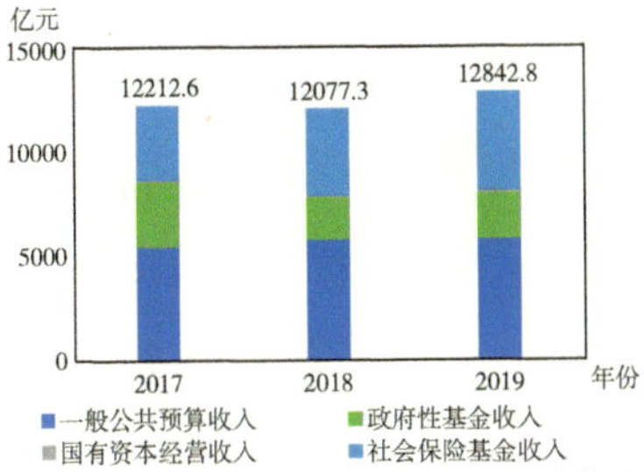

图1-12　2017-2019年北京市政府收入

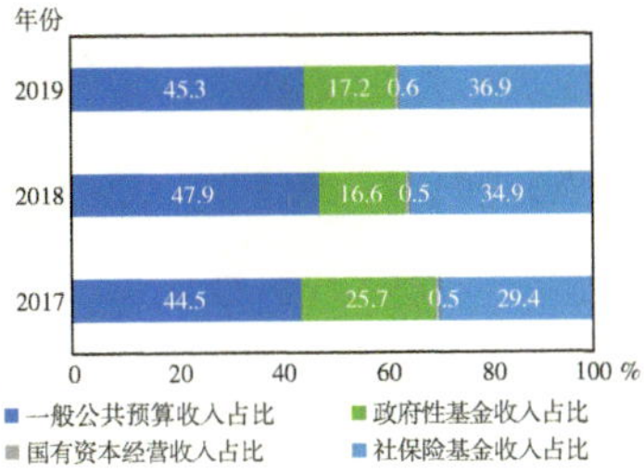

图1-13　2017-2019年北京市政府收入结构

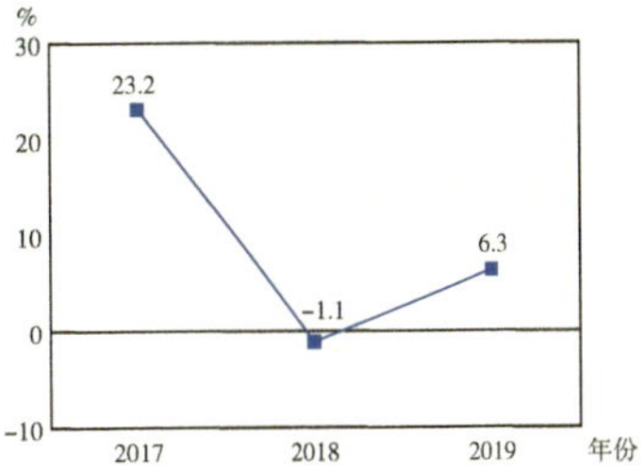

图1-14　2017-2019年北京市政府收入增速

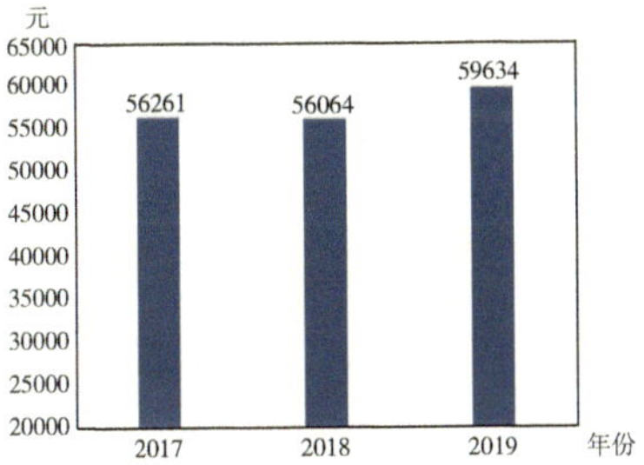

图1-15　2017-2019年北京市人均政府收入

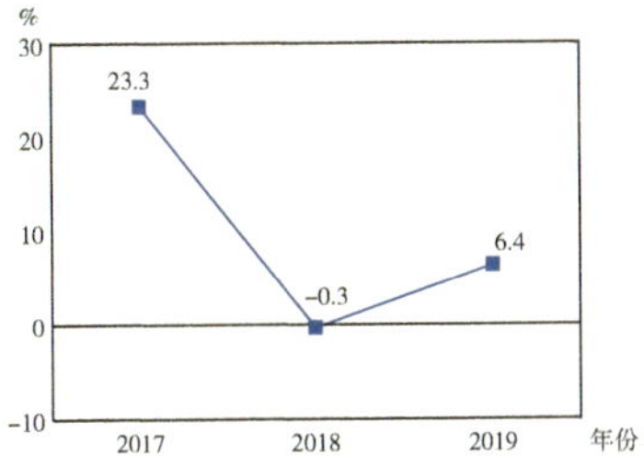

图1-16　2017-2019年北京市人均政府收入增速

1.1.3　北京市一般公共预算收入情况

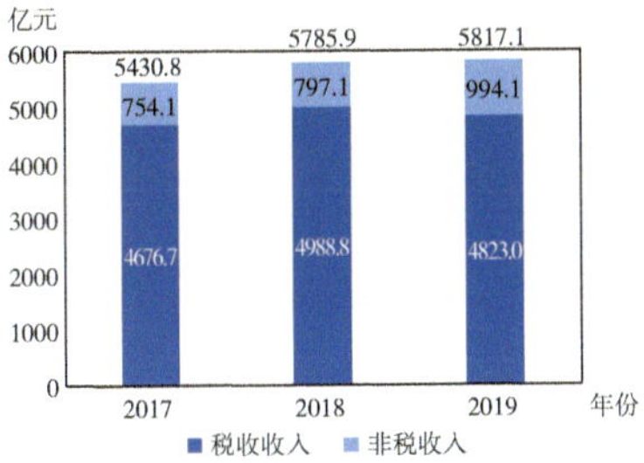

图1-17　2017-2019年北京市一般公共预算收入

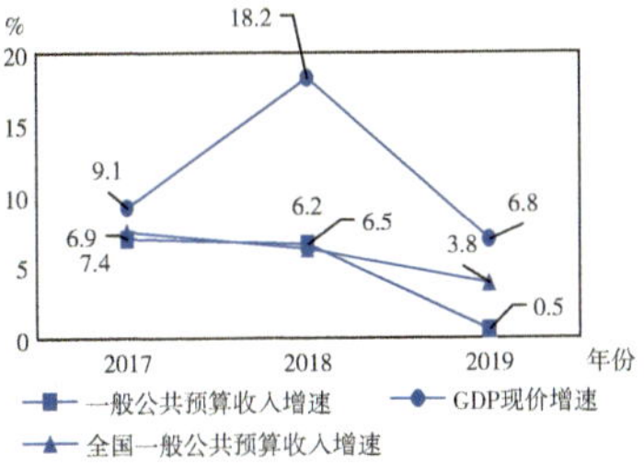

图1-18　2017-2019年北京市一般公共预算收入增速

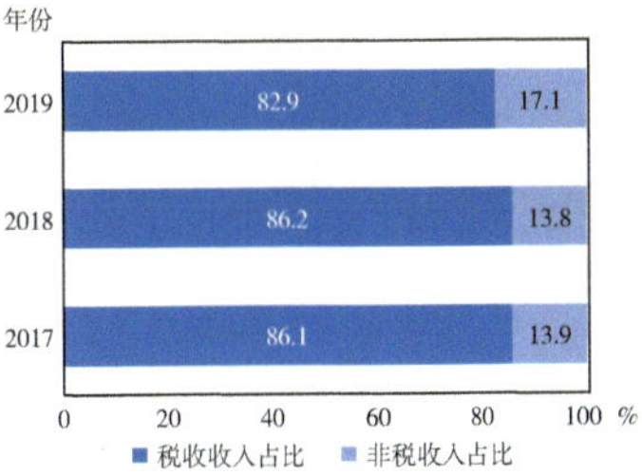

图1-19　2017-2019年北京市一般公共预算收入结构

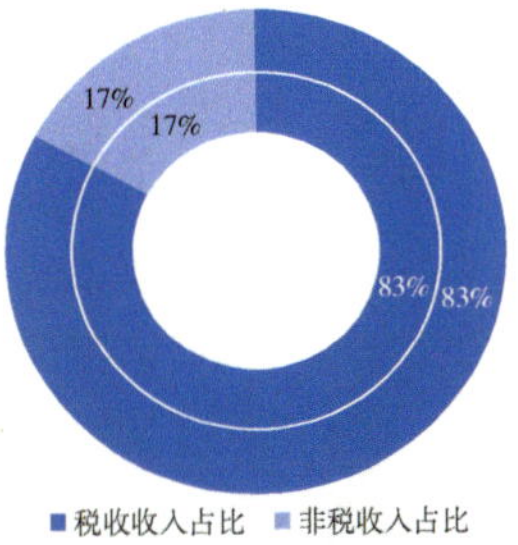

图1-20　2019年一般公共预算收入结构对比（内环为全国，外环为北京市）

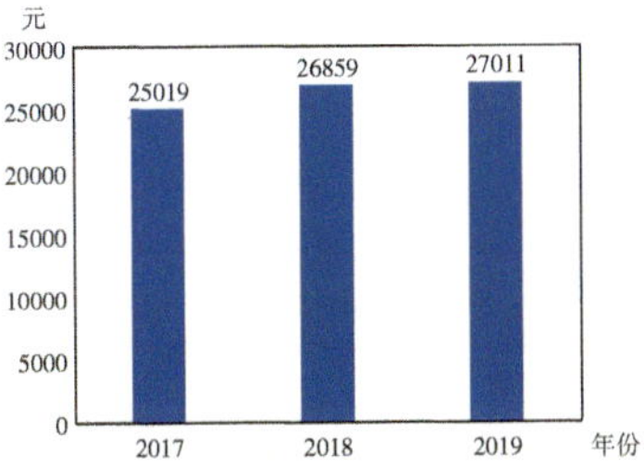

图1-21　2017-2019年北京市人均一般公共预算收入

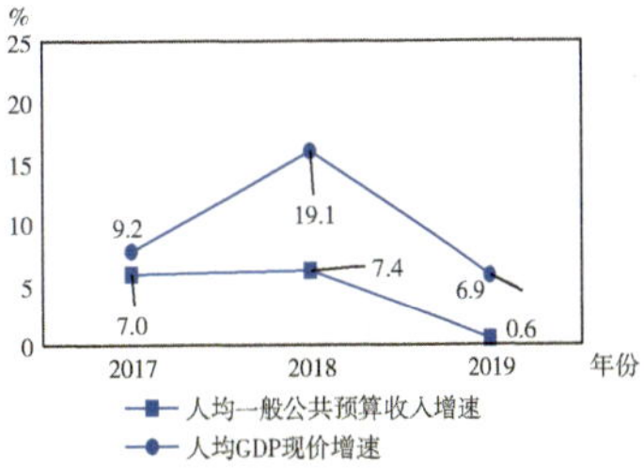

图1-22　2017-2019年北京市人均一般公共预算收入增速

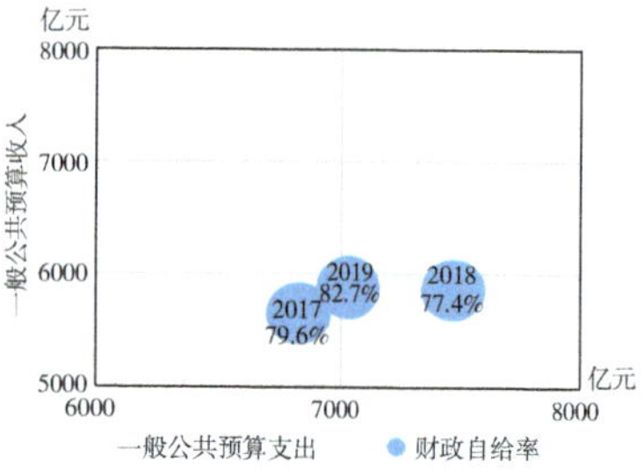

图1-23　2017-2019年北京市财政自给率

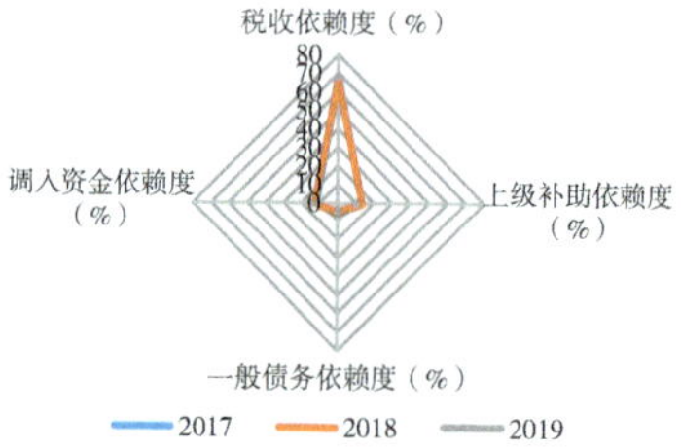

图1-24　2017-2019年北京市财政收入依赖度

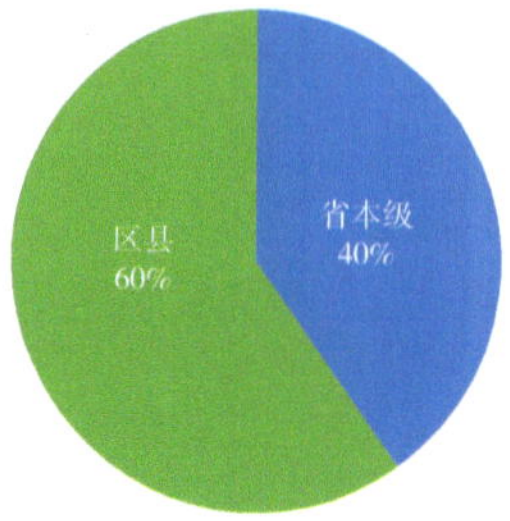

图1-25　2018年市县政府一般公共预算收入分布

图1-26　2017-2019年北京市税收收入

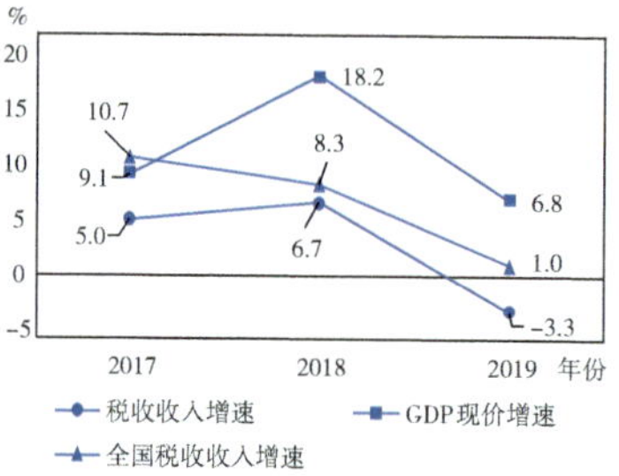

图1-27　2017-2019年北京市税收收入增速

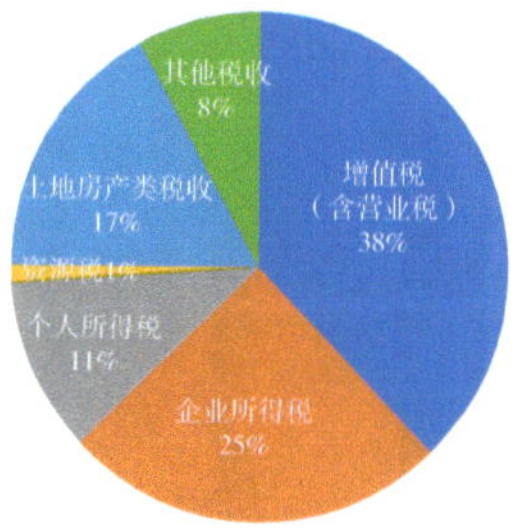

图1-28　2019年北京市税收结构

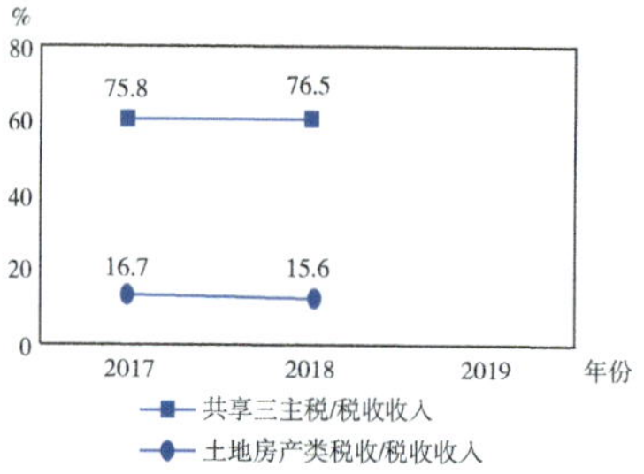

图1-29　2017-2019年北京市共享三主税、土地房产类税收占税收收入的比重

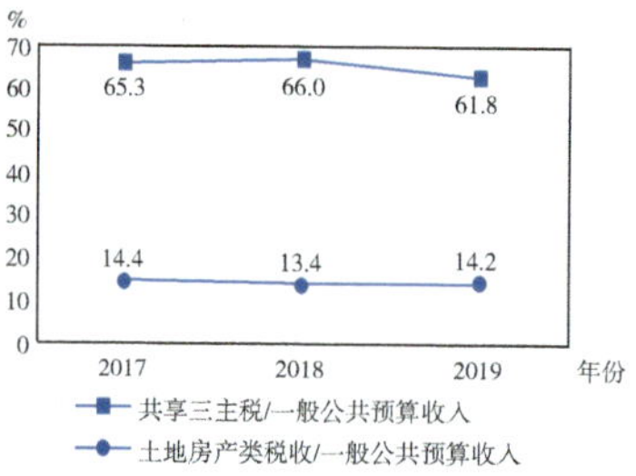

图1-30　2017-2019年北京市共享三主税、土地房产类税收占一般公共预算收入的比重

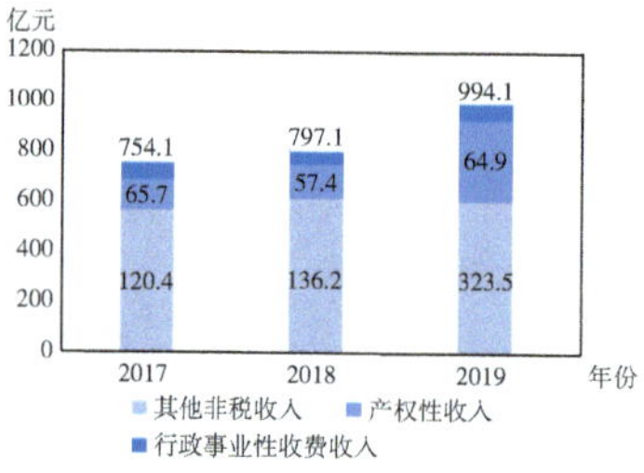

图1-31　2017-2019年北京市非税收入

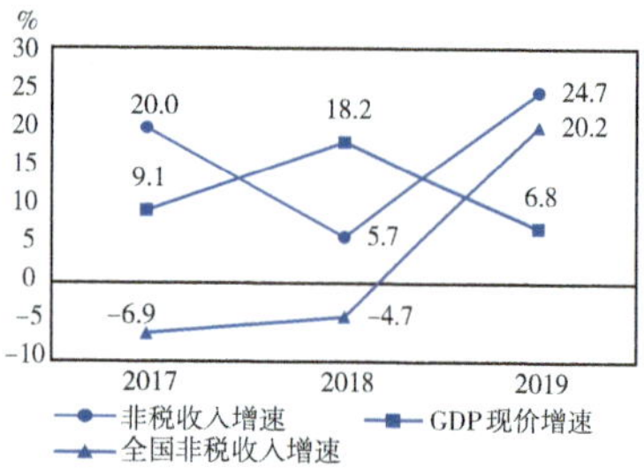

图1-32　2017-2019年北京市非税收入增速

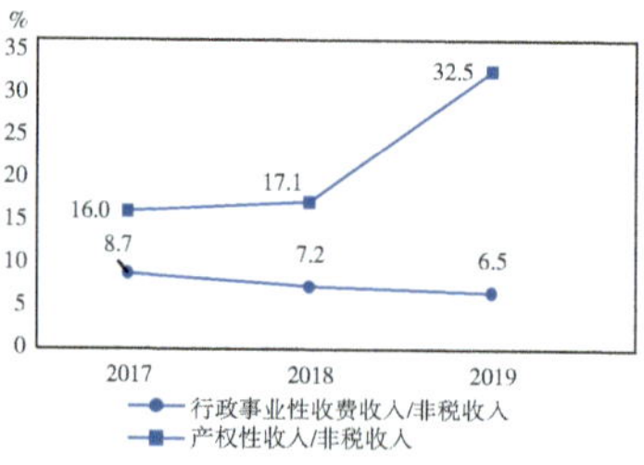

图1-33　2017-2019年北京市行政事业性收费及产权性收入占比

1.1.4 北京市政府性基金收入和国有资本经营收入情况

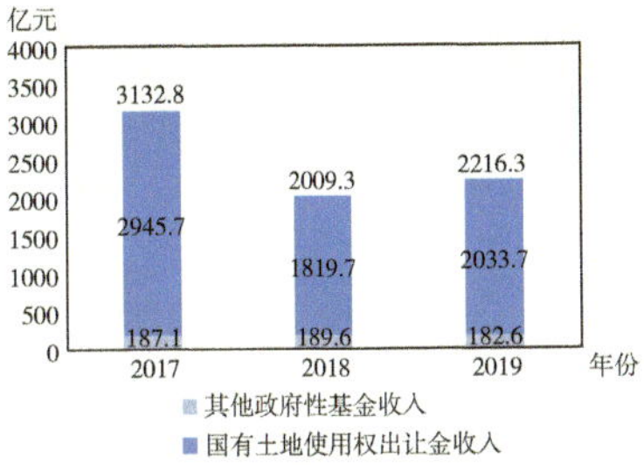

图1-34 2017-2019年北京市政府性基金收入

图1-35 2017-2019年北京市政府性基金收入增速及国有土地使用权出让金收入增速

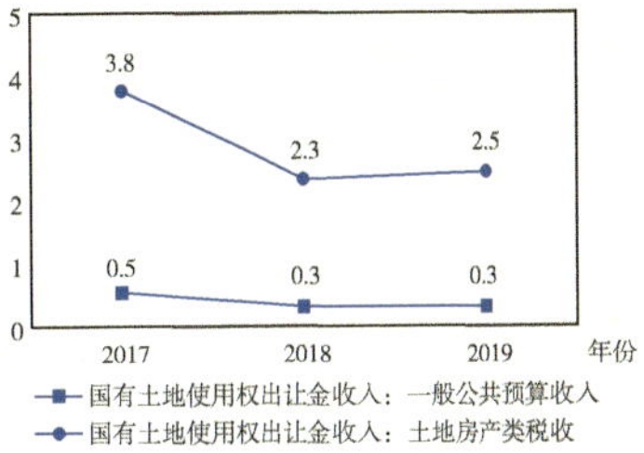

图1-36 2017-2019年北京市国有土地使用权出让金收入与一般公共预算关系指标

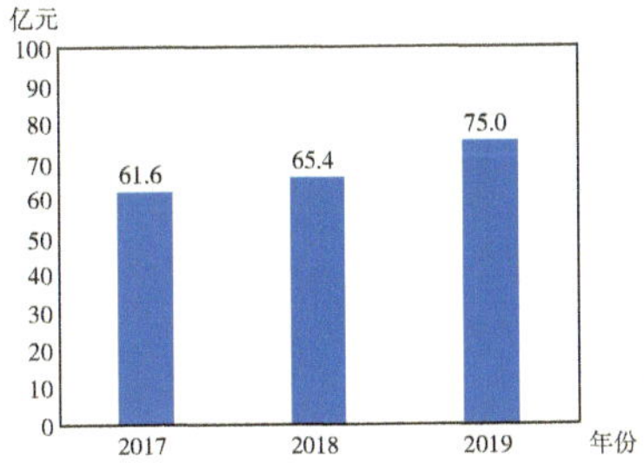

图1-37 2017-2019年北京市国有资本经营收入

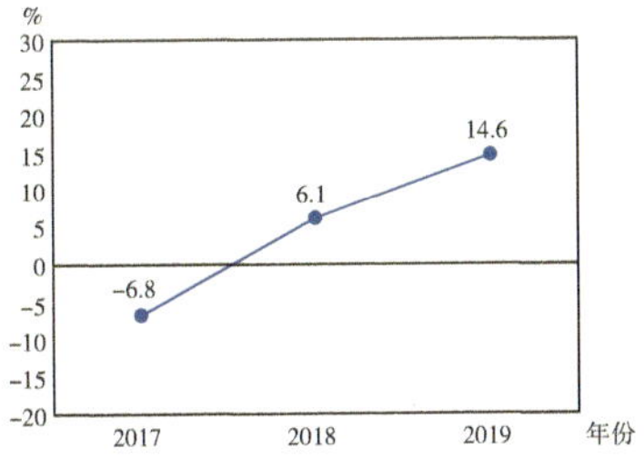

图1-38 2017-2019年北京市国有资本经营收入增速

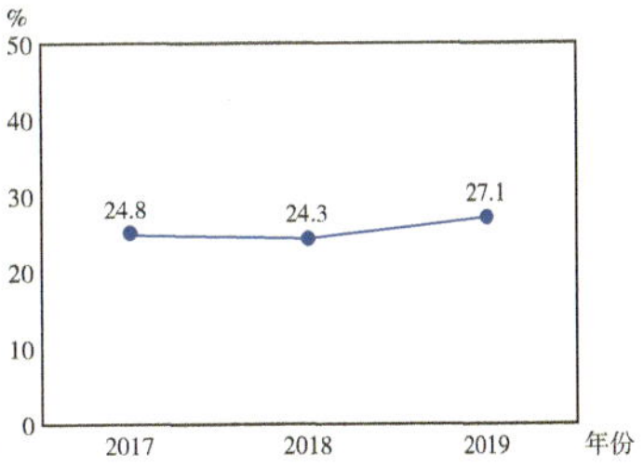

图1-39 2017-2019年北京市调出资金/国有资本经营收入

1.1.5 北京市社会保险基金收入情况

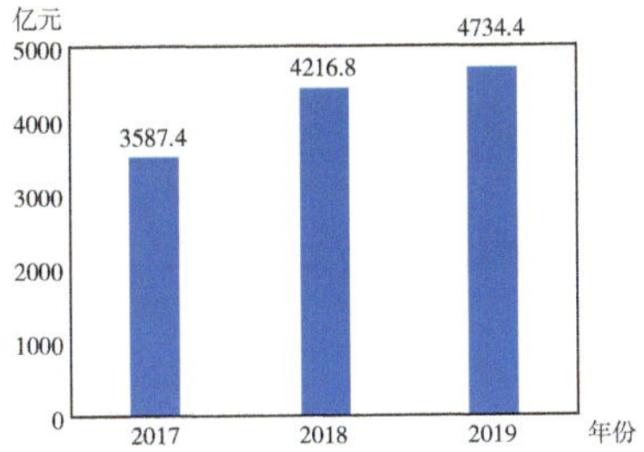

图1-40 2017-2019年北京市社会保险基金收入

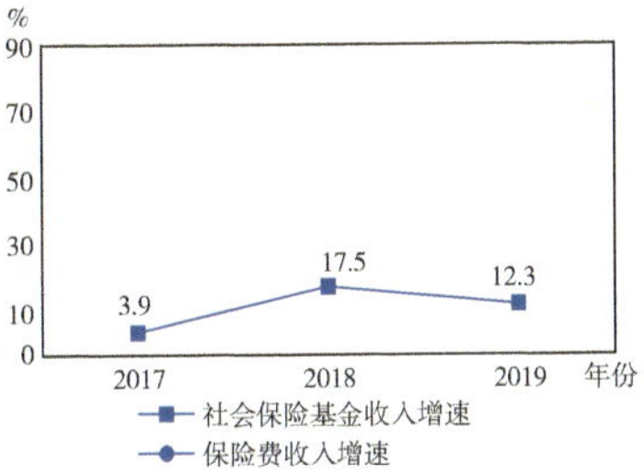

图1-41 2017-2019年北京市社会保险基金收入增速

1.1.6 北京市债务情况

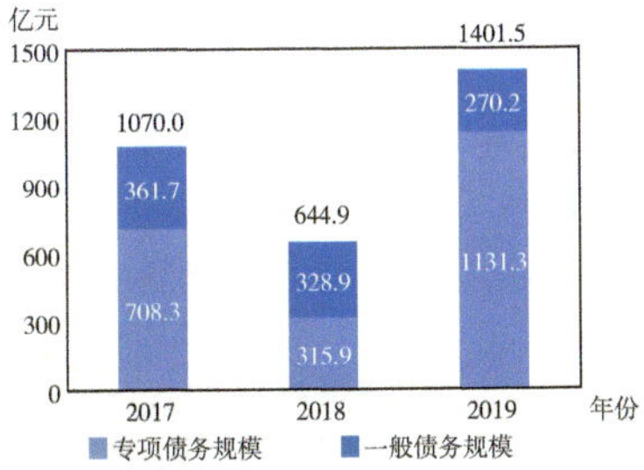

图1-42 2017-2019年北京市债务规模

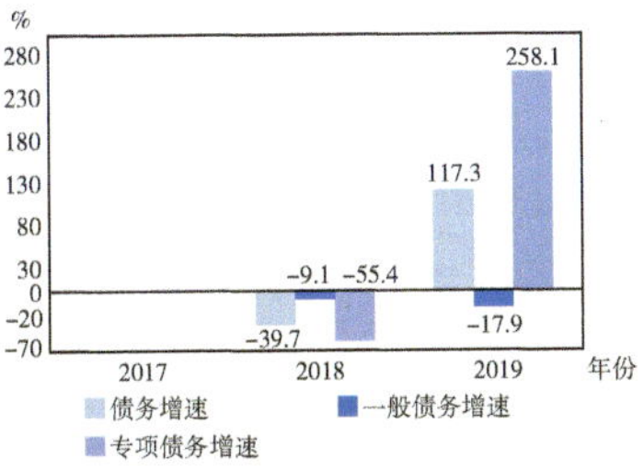

图1-43 2017-2019年北京市债务增速

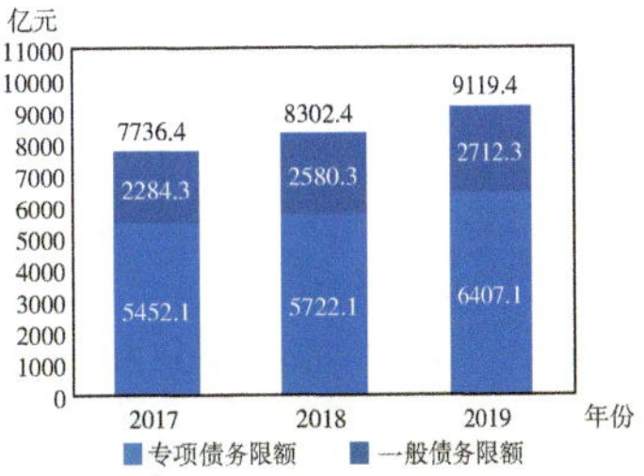

图1-44 2017-2019年北京市债务限额

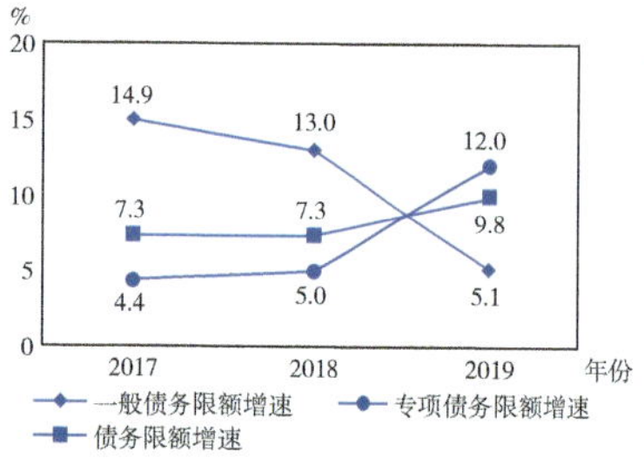

图1-45　2017-2019年北京市债务限额增速

图1-46　2017-2019年北京市债务余额

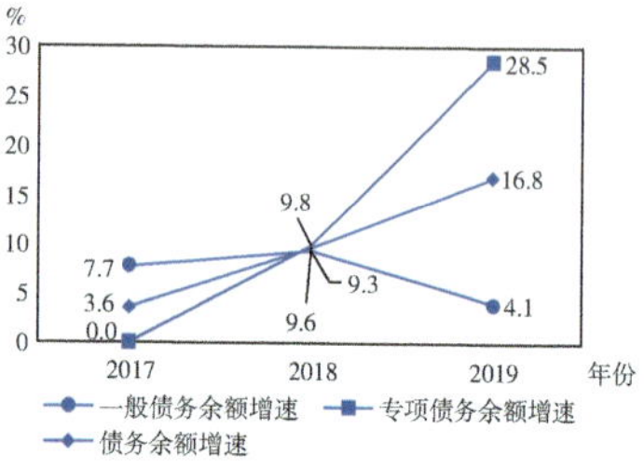

图1-47　2017-2019年北京市债务余额增速

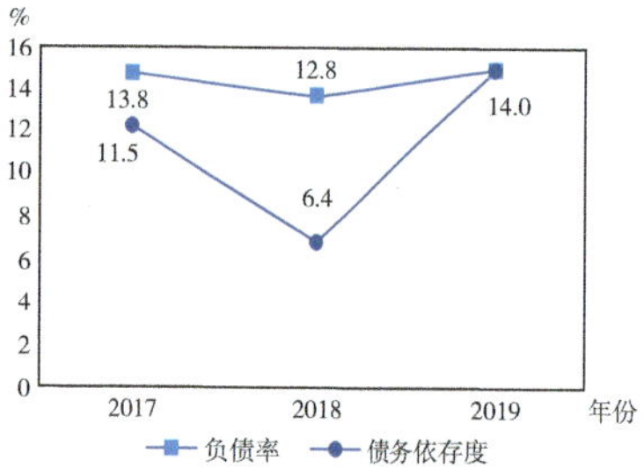

图1-48　2017-2019年北京市负债率与债务依存度

1.1.7　北京市市本级一般公共预算收入情况

图1-49　2017-2019年北京市市本级一般公共预算收入

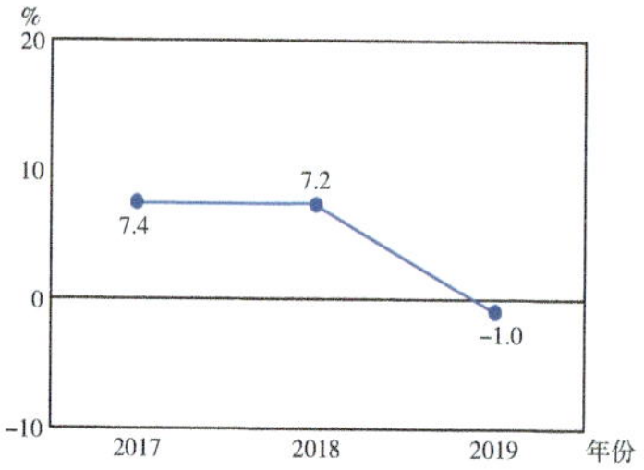

图1-50　2017-2019年北京市市本级一般公共预算收入增速

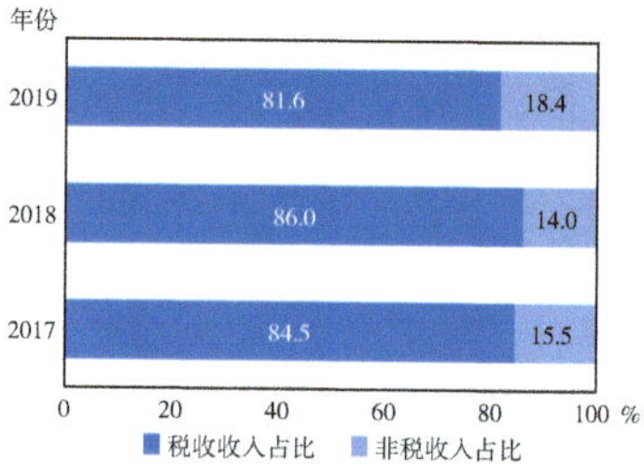

图1-51　2017-2019年北京市市本级一般公共预算收入结构

图1-52　2017-2019年北京市市本级财政自给率

图1-53　2017-2019年北京市市本级税收收入

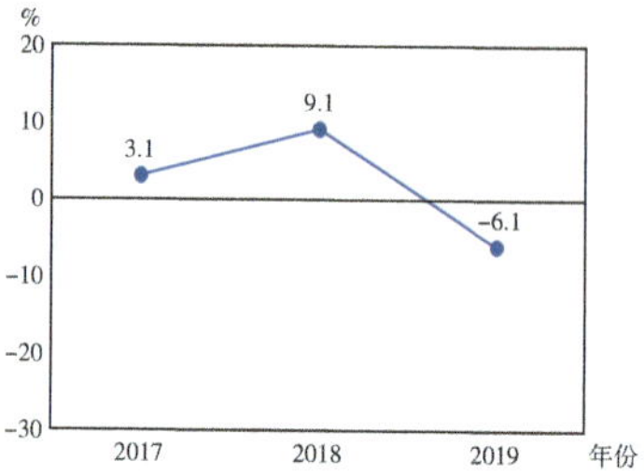

图1-54　2017-2019年北京市市本级税收收入增速

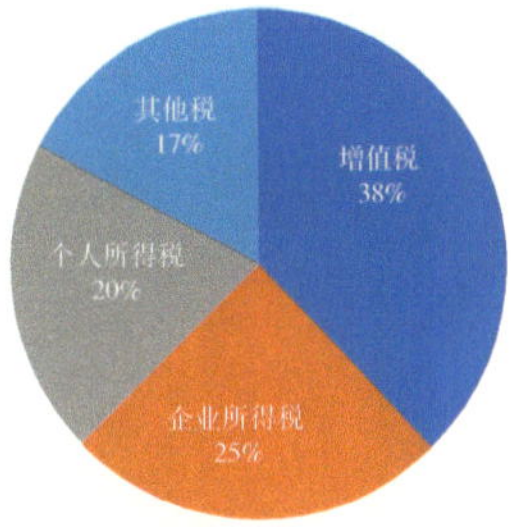

图1-55　2019年北京市市本级税收结构

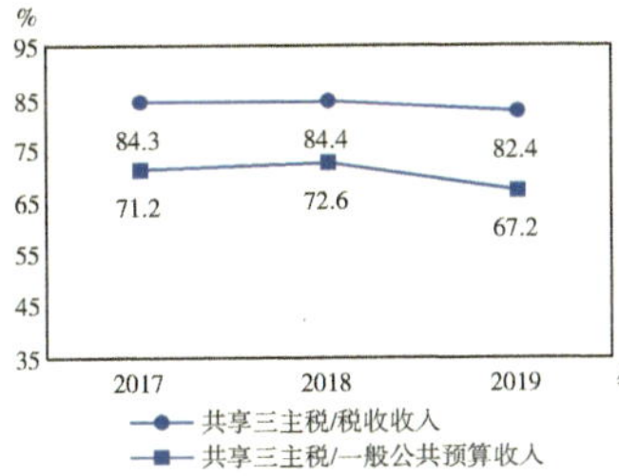

图1-56　2017-2019年北京市市本级共享三主税占税收收入、一般公共预算收入的比重

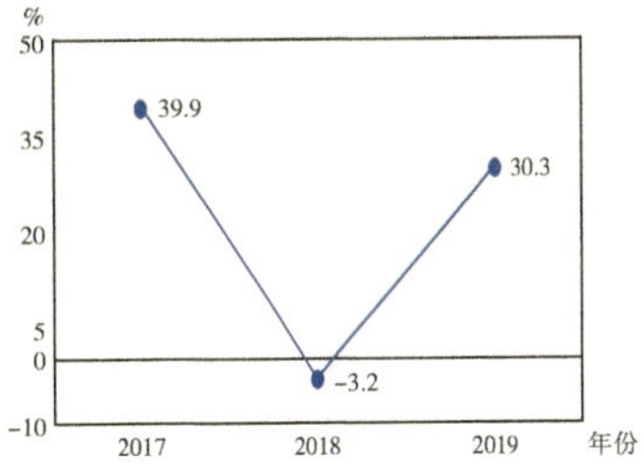

图1-57　2017-2019年北京市市本级非税收入增速

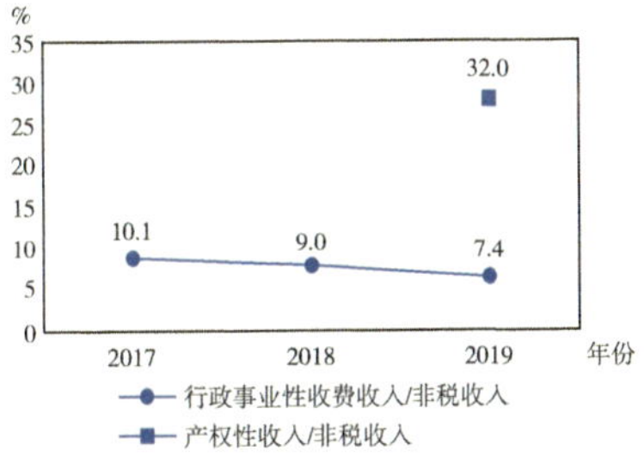

图1-58　2017-2019年北京市市本级行政事业性收费、产权性收入占非税收入的比重

1.2 北京市样本区县政府收入主要特征分析

1.2.1 北京市海淀区经济社会发展情况

图1-59　2017-2019年北京市海淀区人口状况

图1-60　2017-2019年北京市海淀区GDP

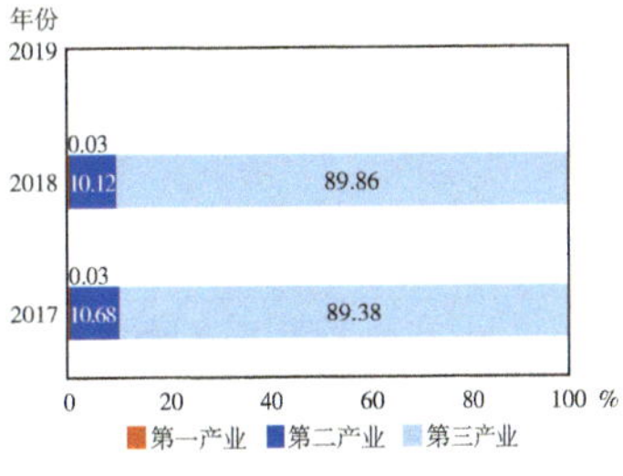

图1-61　2017-2019年北京市海淀区三次产业结构

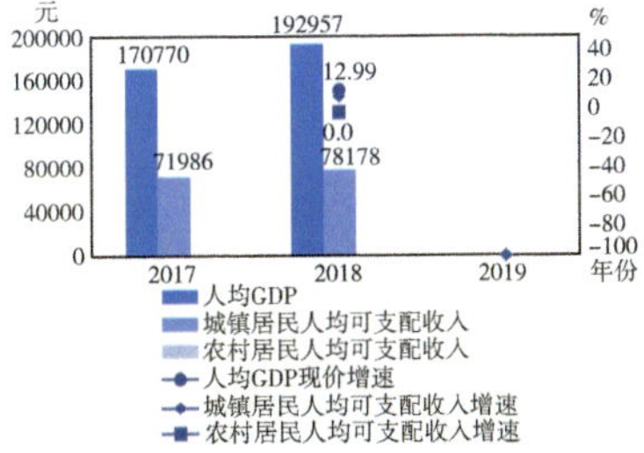

图1-62　2017-2019年北京市海淀区人均GDP与人均可支配收入

1.2.2 北京市海淀区政府收入总体情况

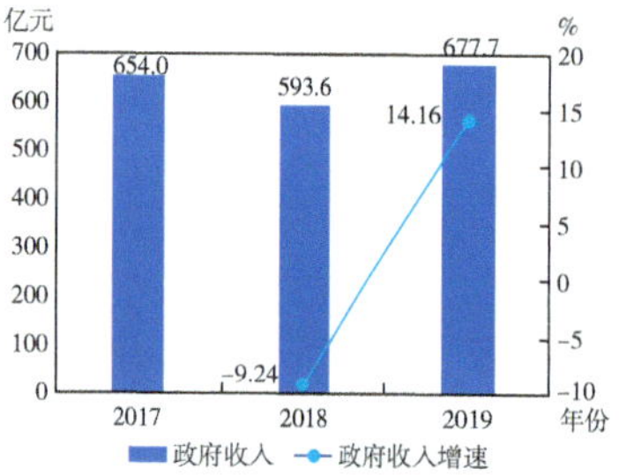

图1-63 2017-2019年北京市海淀区政府收入及增速

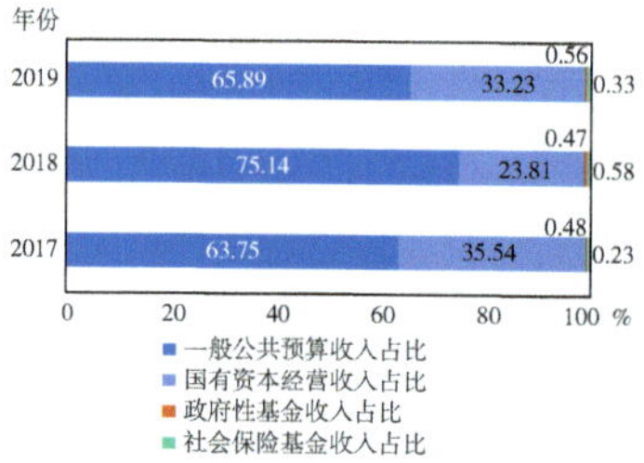

图1-64 2017-2019年北京市海淀区政府收入结构

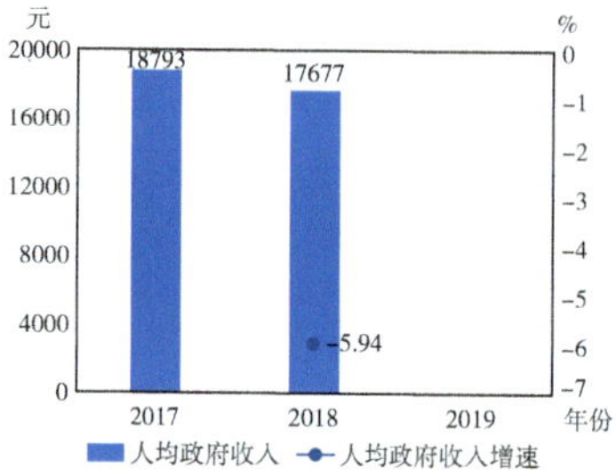

图1-65 2017-2019年北京市海淀区人均政府收入及增速

1.2.3 北京市海淀区一般公共预算收入情况

图1-66 2017-2019年北京市海淀区一般公共预算收入及增速

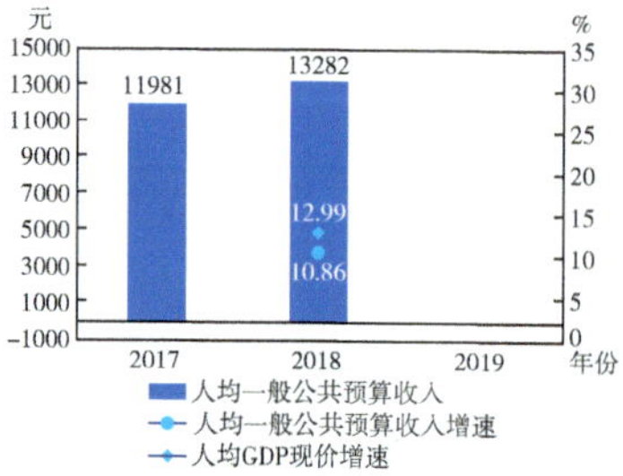

图1-67 2017-2019年北京市海淀区人均一般公共预算收入及增速

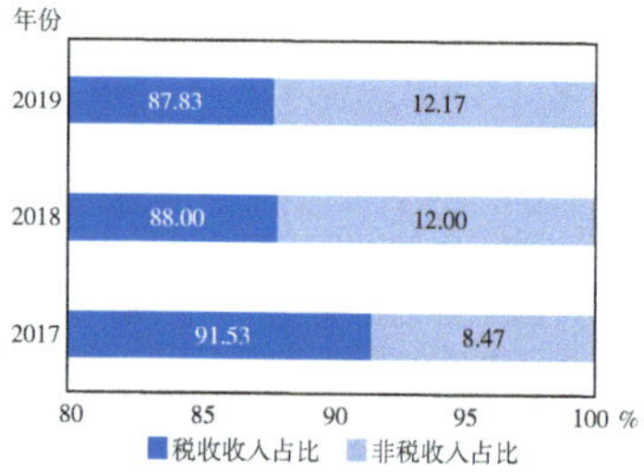

图1-68 2017-2019年北京市海淀区一般公共预算收入结构

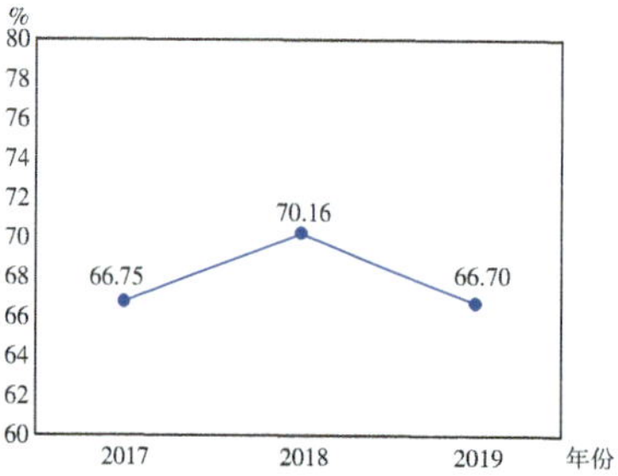

图1-69 2017-2019年北京市海淀区财政自给率

图1-70 2017-2019年北京市海淀区财政收入依赖度

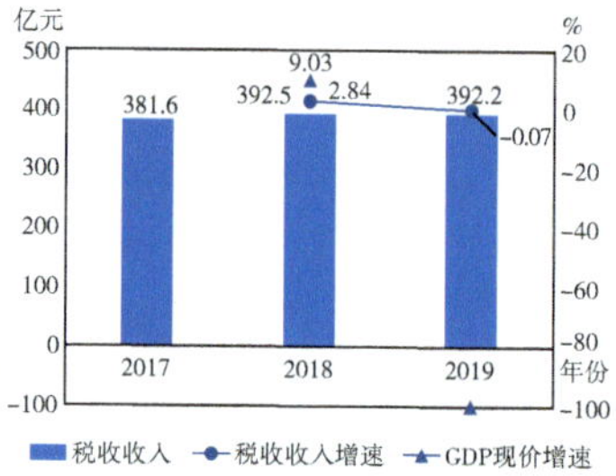

图1-71 2017-2019年北京市海淀区税收收入及增速

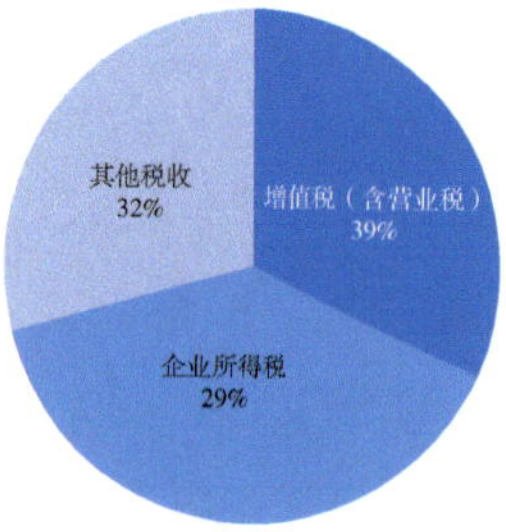

图1-72 2018年北京市海淀区税收收入结构

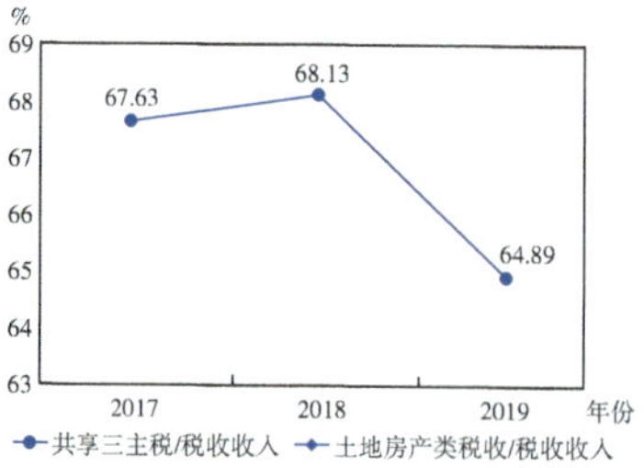

图1-73 2017-2019年北京市海淀区共享三主税、土地房产类税收占税收收入的比重

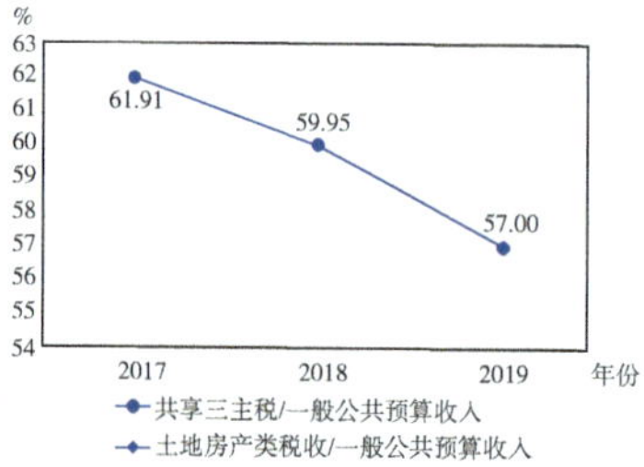

图1-74 2017-2019年北京市海淀区共享三主税、土地房产类税收占一般公共预算收入的比重

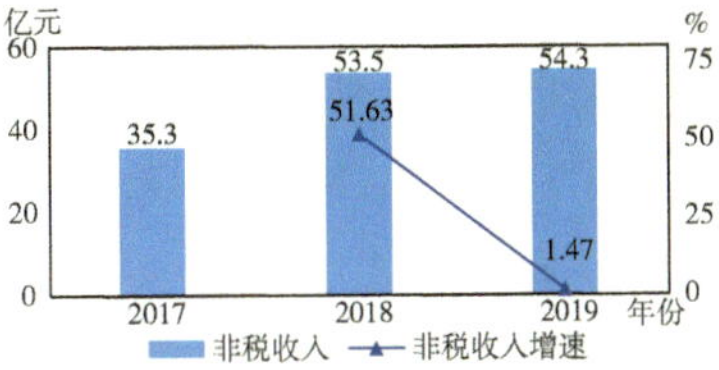

图1-75 2017-2019年北京市海淀区非税收入及增速

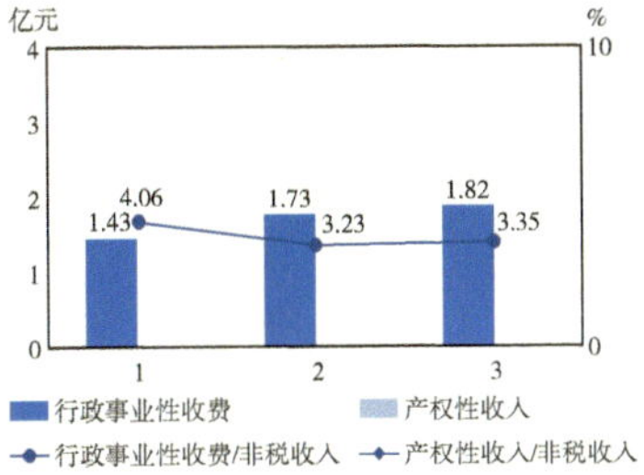

图1-76 2017-2019年北京市海淀区产权性收入、行政事业性收费收入占非税收入的比重

1.2.4 北京市海淀区政府性基金收入与国有资本经营收入情况

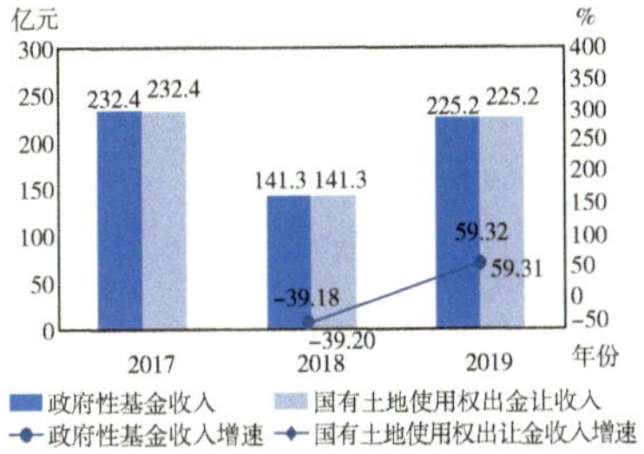

图1-77 2017-2019年北京市海淀区政府性基金收入、国有土地使用权出让金收入及其增速

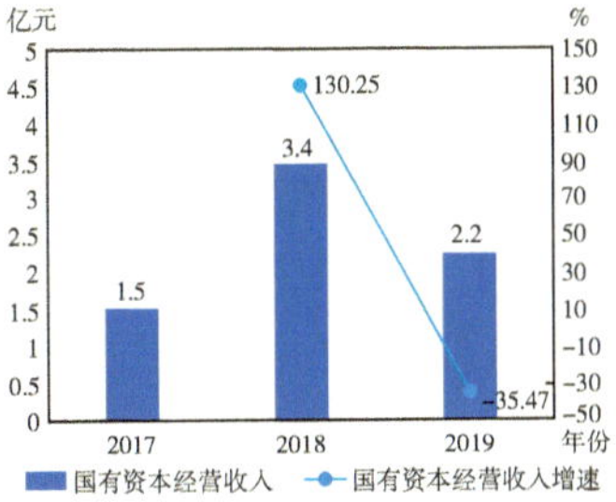

图1-78 2017-2019年北京市海淀区国有资本经营预算收入及增速

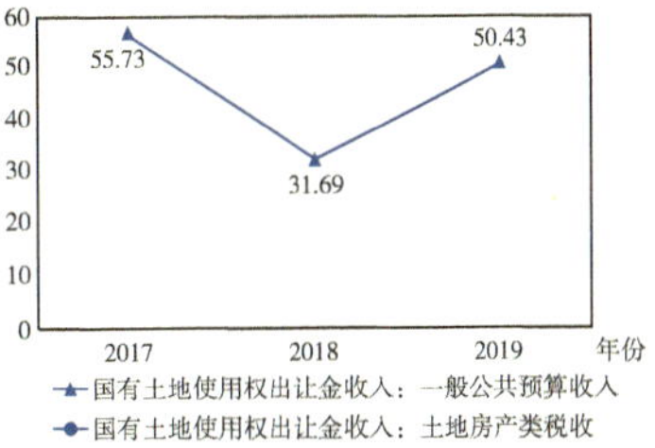

图1-79 2017-2019年北京市海淀区国有土地使用权出让金收入与一般公共预算关系指标

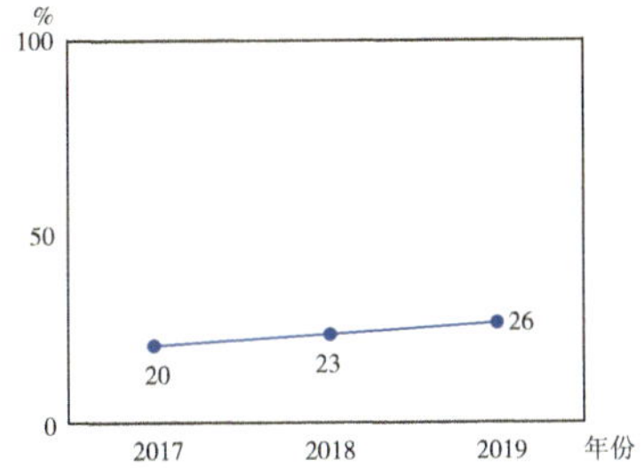

图1-80 2017-2019年北京市海淀区调出资金/国有资本经营收入

1.2.5 北京市海淀区社会保险基金收入情况

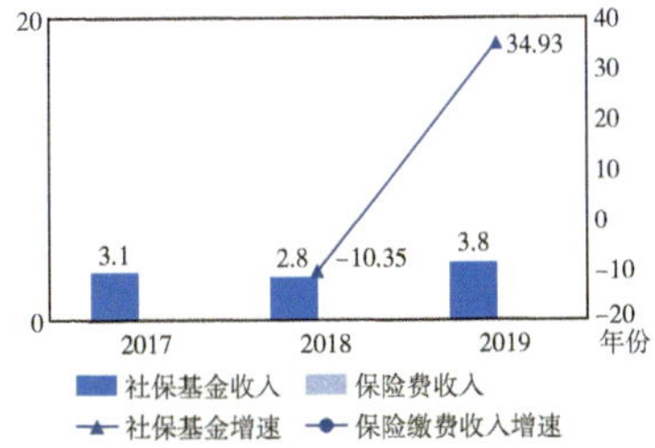

图1-81 2017-2019年北京市海淀区社会保险基金收入、保险费收入及其增速

1.2.6 北京市海淀区债务情况

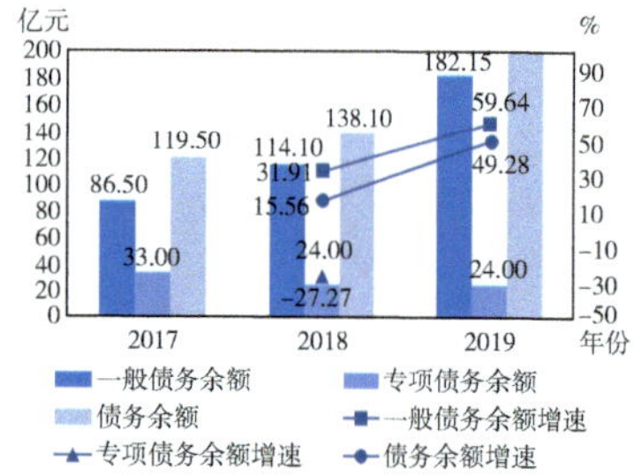

图1-82 2017-2019年北京市海淀区债务余额及其增速

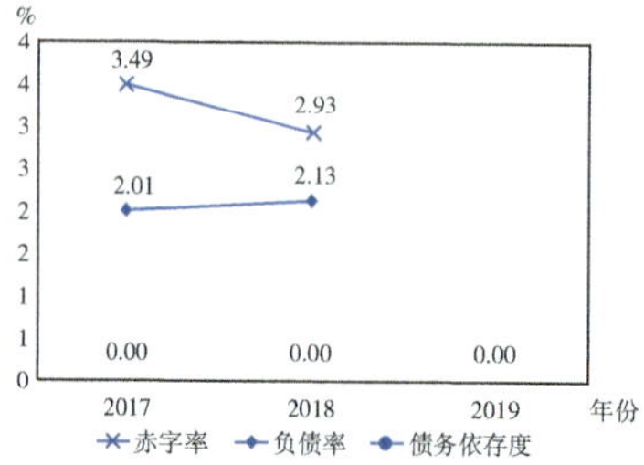

图1-83 2017-2019年北京市海淀区负债率与债务依存度

2 天津市

截至2018年末，天津全市下辖16个区，总面积1.20万平方公里。天津是中国北方最大的港口城市，国家物流枢纽，北方国际航运核心区。

2019年天津市人均GDP全国排名第7，第三产业占比高于全国平均水平，人口整体净流入，城镇化率远高于全国平均水平。2019年末，天津市常住人口1108.2万人，GDP达到1.4万亿元，排全国第23名；增速4.8%，比2018年提高了1.2个百分点，低于全国1.2个百分点；人均GDP为90306元。从产业结构看，2019年第一、第二、第三产业占比分别为1.3%、35.2%（低于全国平均水平3.8个百分点）和63.5%（高于全国平均水平9.4个百分点）。从居民可支配收入看，2019年城镇与农村居民人均可支配收入分别为46119元和24804元，呈上升态势，分别为全国平均水平的108.9%和154.8%。

2019年天津市一般公共预算收入全国排名第9，税收收入占比较高，省（市）区中区级收入占比较高。2019年天津市一般公共预算收入2410.3亿元，排名全国第9，增速为14.4%，人均一般公共预算收入为15432元。2019年天津市税收收入占一般公共预算收入的比重为67.8%，低于全国平均水平15个百分点。从纵向收入分配看，2018年省（市）本级、区县一般公共预算收入占比分别为53%和47%。

2019年天津市财政自给率较高，地区财政总收入大于一般公共预算支出。2019年天津市财政自给率为68.7%。2018年天津市组织的地区财政总收入为6120.5亿元，增速为18.4%，其中上缴中央收入占比65.6%。2019年天津市一般公共预算支出为3508.7亿元。

相较于2018年，2019年天津市四本预算中一般公共预算收入占比提高，社保基金收入占比下降。2019年天津市四本预算加总的政府收入5483.6亿元，增速为11.1%，其中一般公共预算收入、政府性基金收入、国有资本经营收入和社会保险基金收入分别占比44%、26.1%、0.6%和29.4%。

本章执笔人：周娇娇　李光宇　审校：梁季

2.1 天津市政府收入主要特征分析

2.1.1 天津市经济社会基本情况

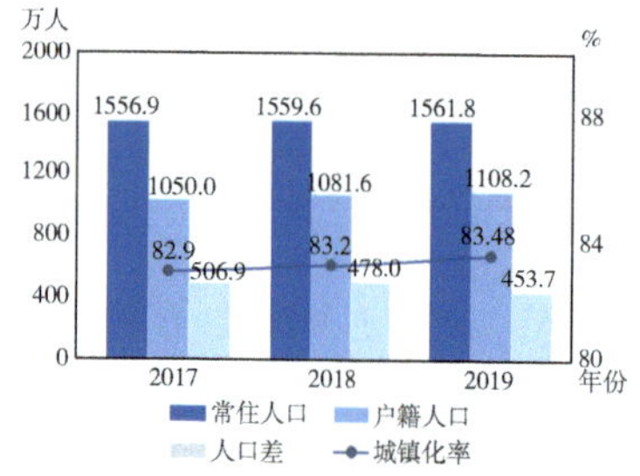

图2-1 2017-2019年天津市人口状况

图2-2 2017-2019年天津市GDP及增速

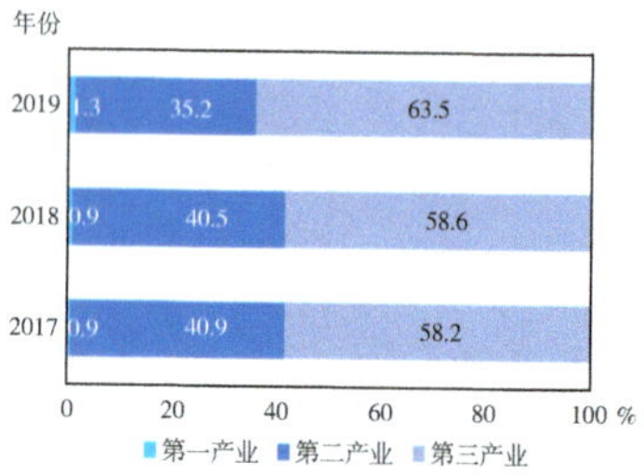

图2-3 2017-2019年天津市三次产业结构

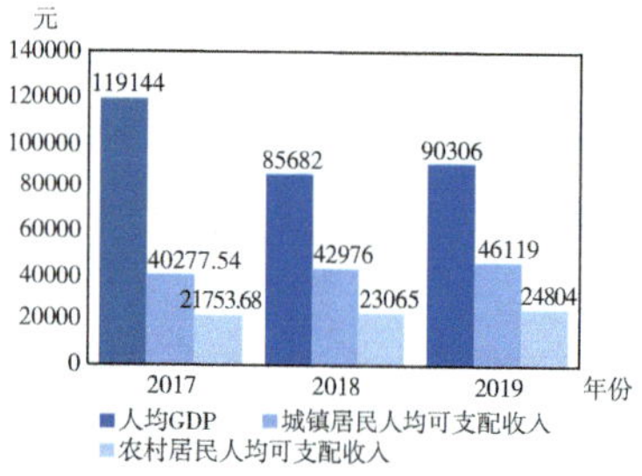

图2-4 2017-2019年天津市人均GDP和人均可支配收入

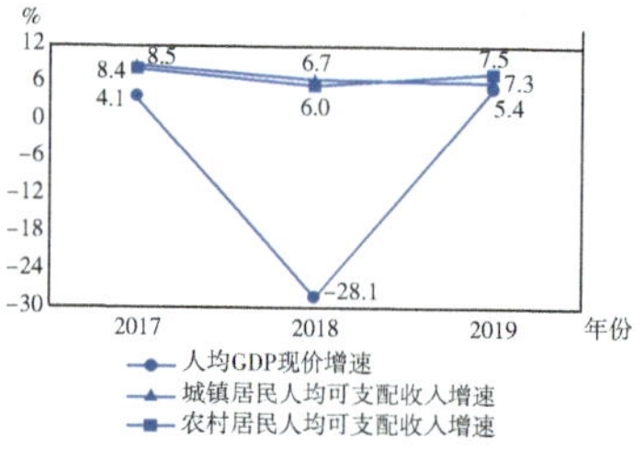

图2-5 2017-2019年天津市人均GDP增速和人均可支配收入增速

2.1.2 天津市政府收入总体情况

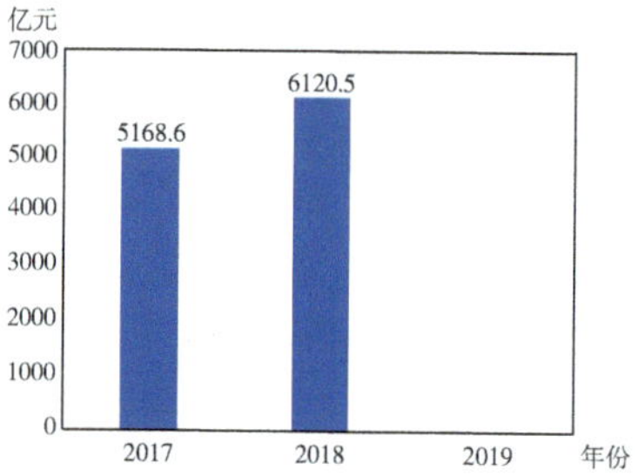

图2-6 2017-2019年天津市财政总收入

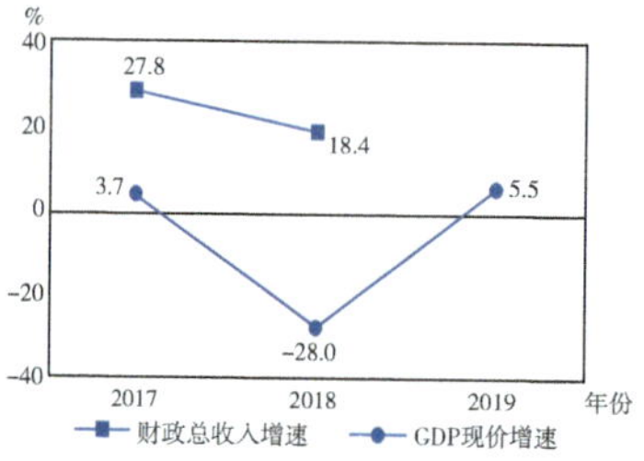

图2-7 2017-2019年天津市财政总收入增速

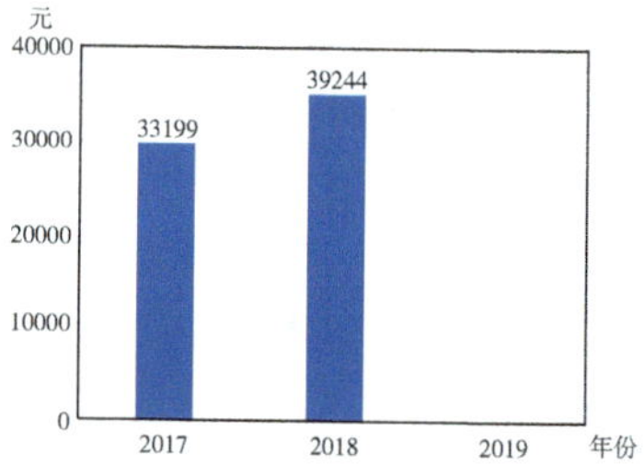

图2-8 2017-2019年天津市人均财政总收入

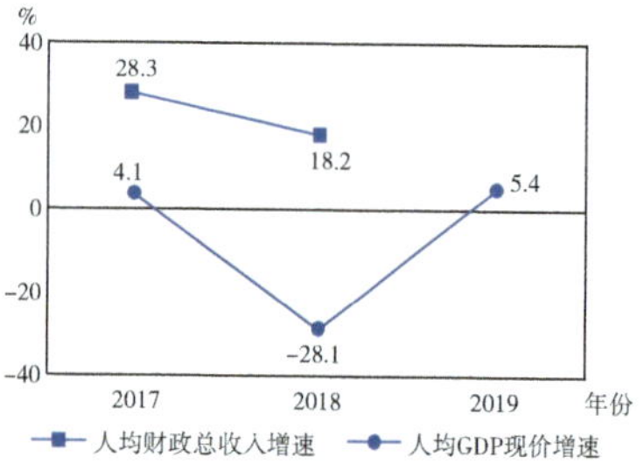

图2-9 2017-2019年天津市人均财政总收入增速

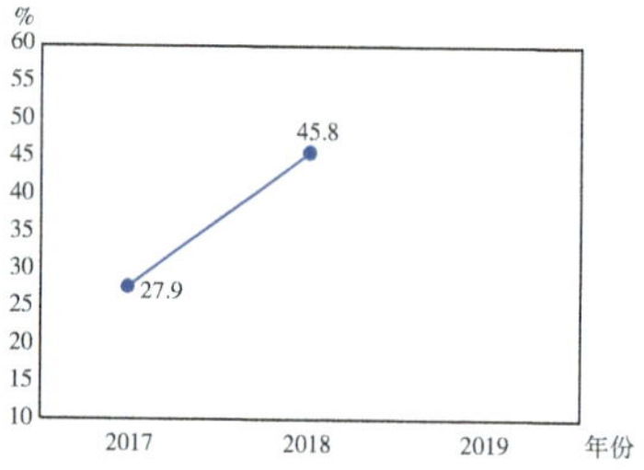

图2-10 2017-2019年天津市财政总收入/GDP

图2-11 2017-2019年天津市财政总收入其他指标

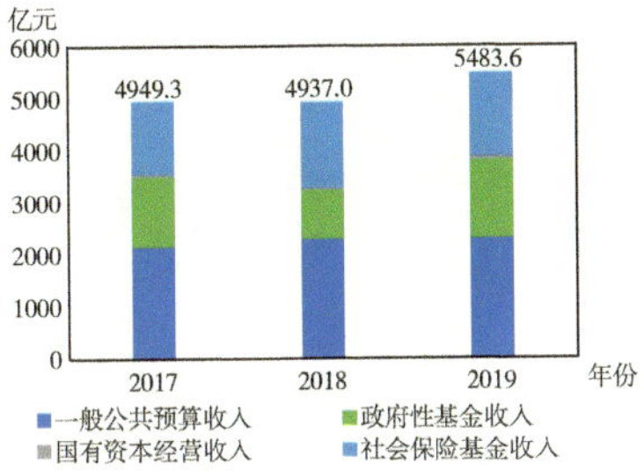

图2-12　2017-2019年天津市政府收入

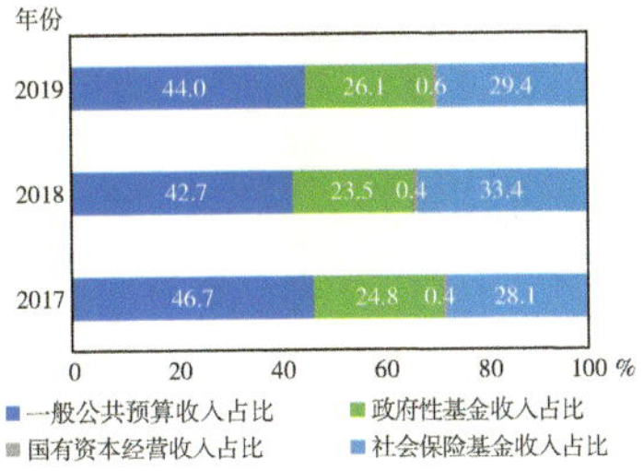

图2-13　2017-2019年天津市政府收入结构

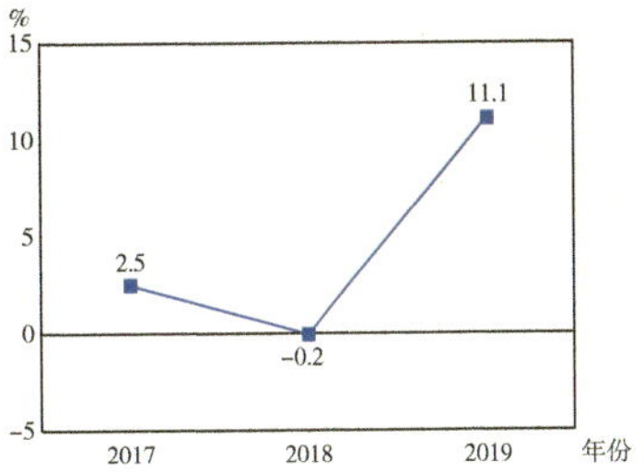

图2-14　2017-2019年天津市政府收入增速

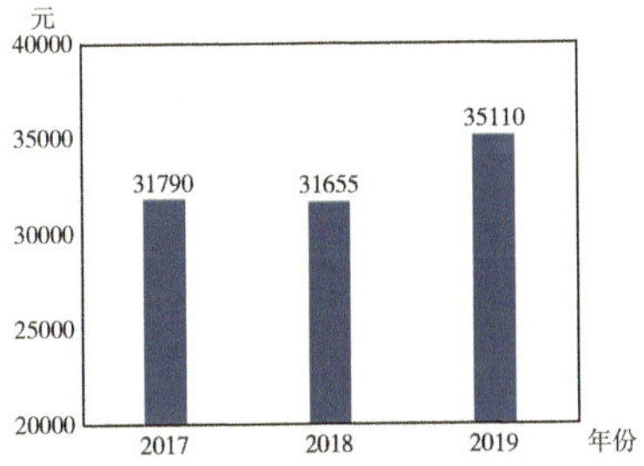

图2-15　2017-2019年天津市人均政府收入

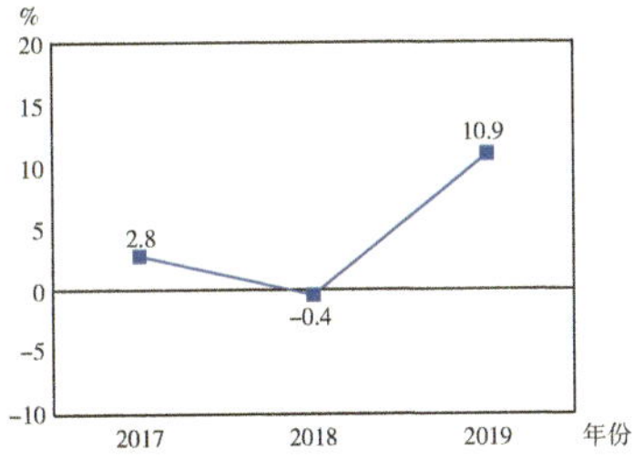

图2-16　2017-2019年天津市人均政府收入增速

2.1.3　天津市一般公共预算收入情况

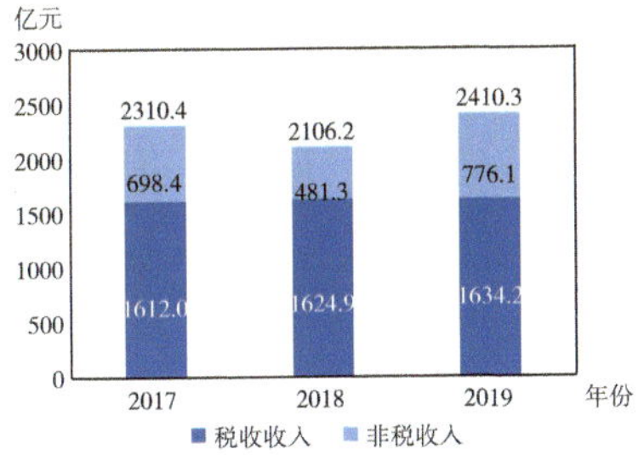

图2-17　2017-2019年天津市一般公共预算收入

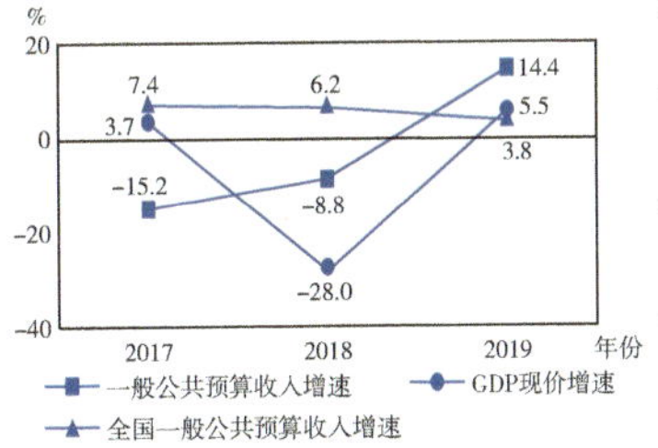

图2-18　2017-2019年天津市一般公共预算收入增速

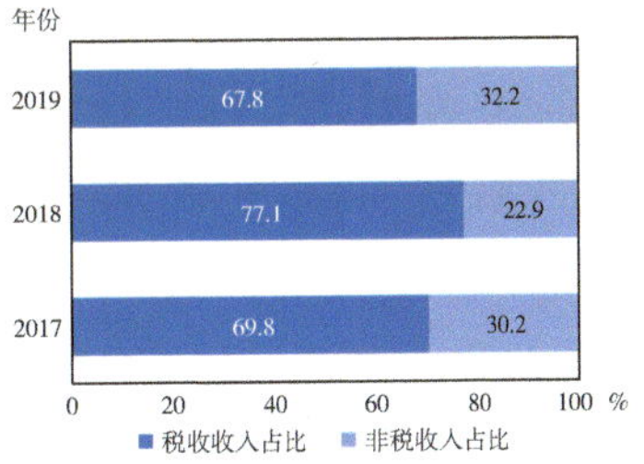

图2-19　2017-2019年天津市一般公共预算收入结构

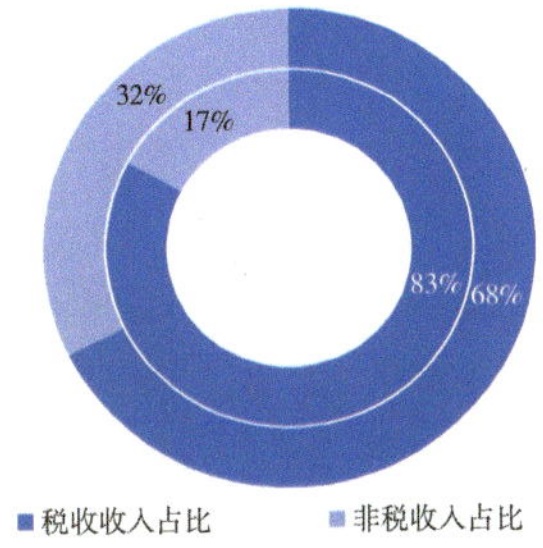

图2-20　2019年一般公共预算收入结构对比（内环为全国，外环为天津市）

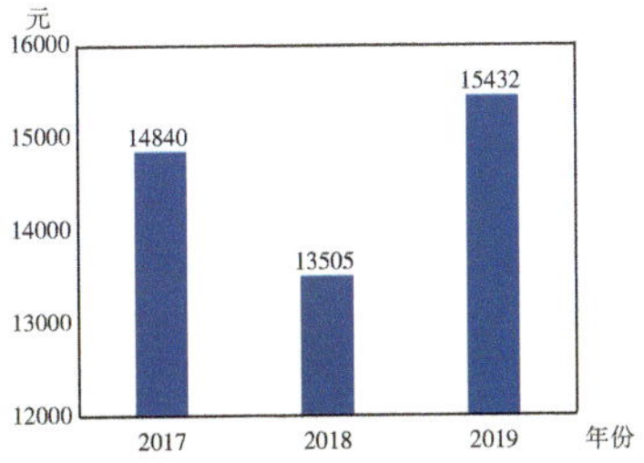

图2-21　2017-2019年天津市人均一般公共预算收入

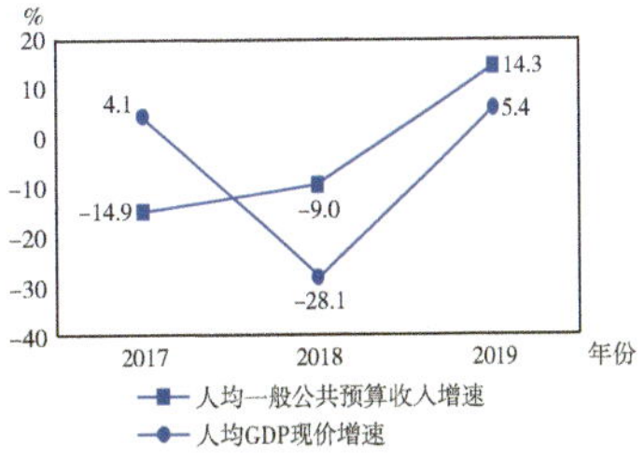

图2-22　2017-2019年天津市人均一般公共预算收入增速

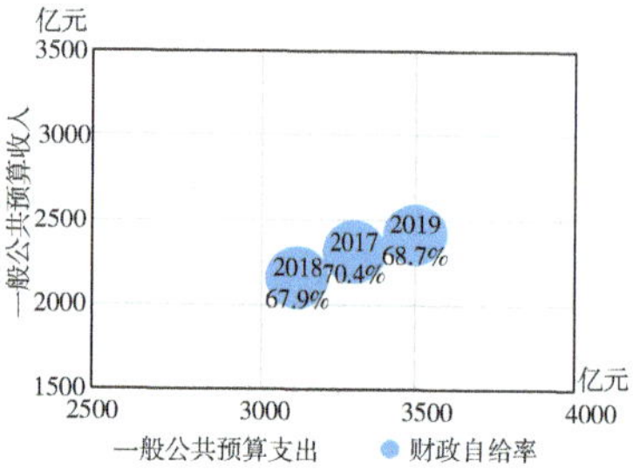

图2-23　2017-2019年天津市财政自给率

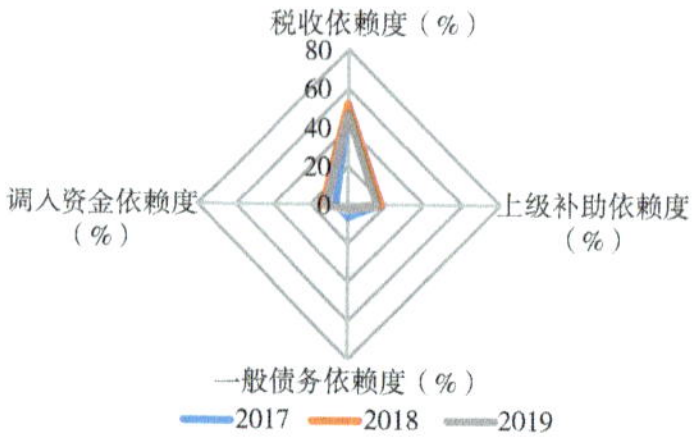

图2-24　2017-2019年天津市财政收入依赖度

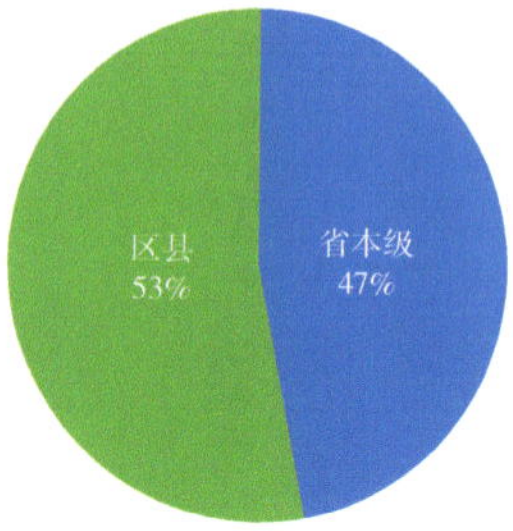

图2-25　2018年市县政府一般公共预算收入分布

图2-26　2017-2019年天津市税收收入

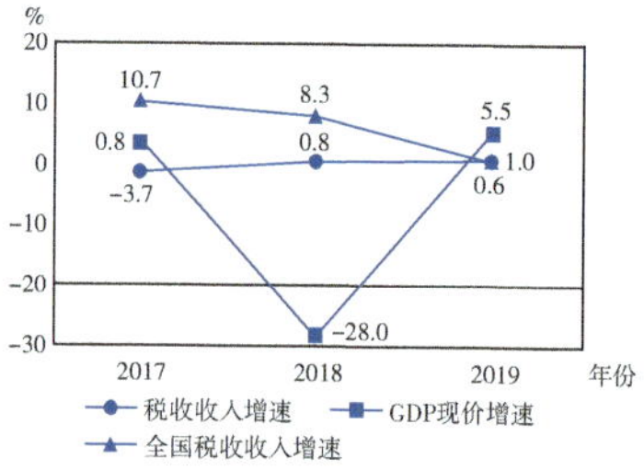

图2-27　2017-2019年天津市税收收入增速

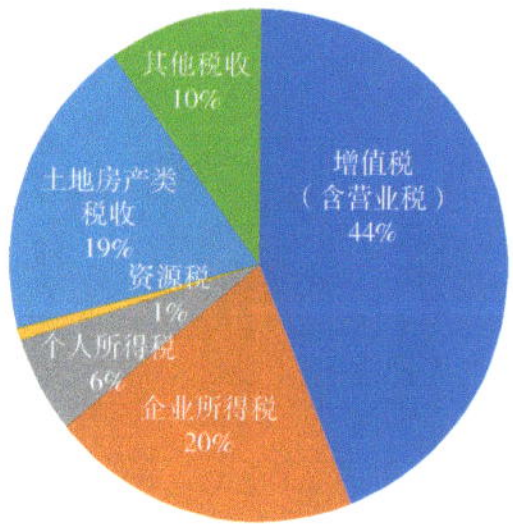

图2-28　2019年天津市税收结构

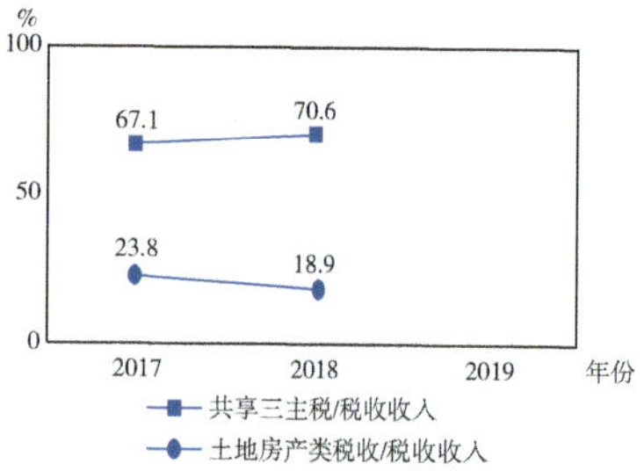

图2-29　2017-2019年天津市共享三主税、土地房产类税收占税收收入的比重

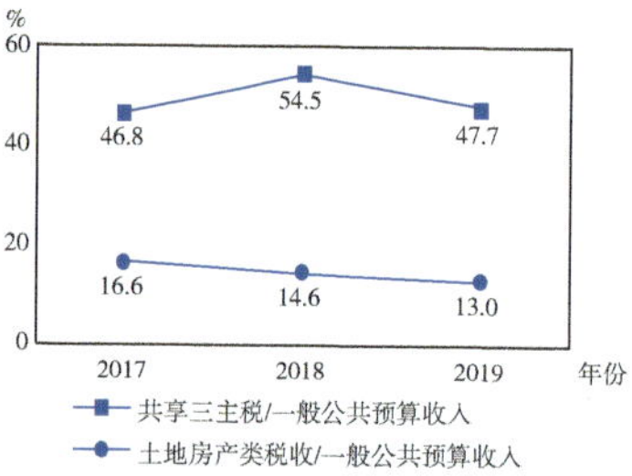

图2-30　2017-2019年天津市共享三主税、土地房产类税收占一般公共预算收入的比重

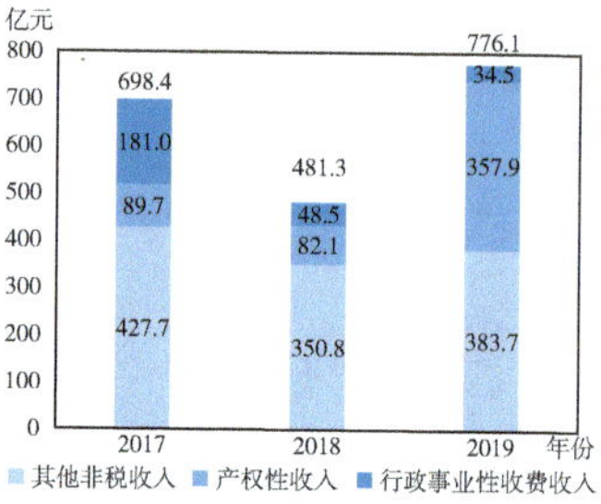

图2-31　2017-2019年天津市非税收入

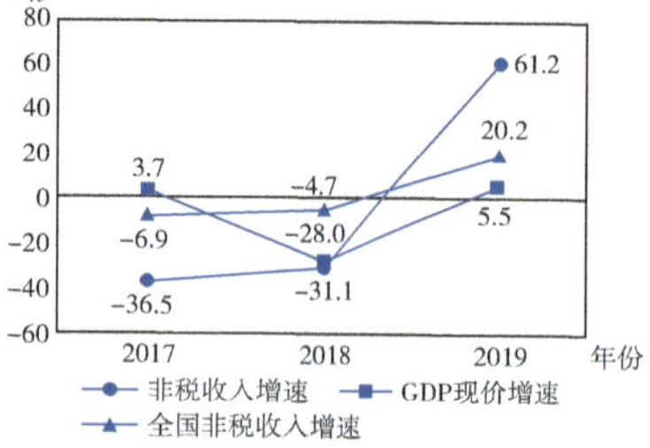

图2-32　2017-2019年天津市非税收入增速

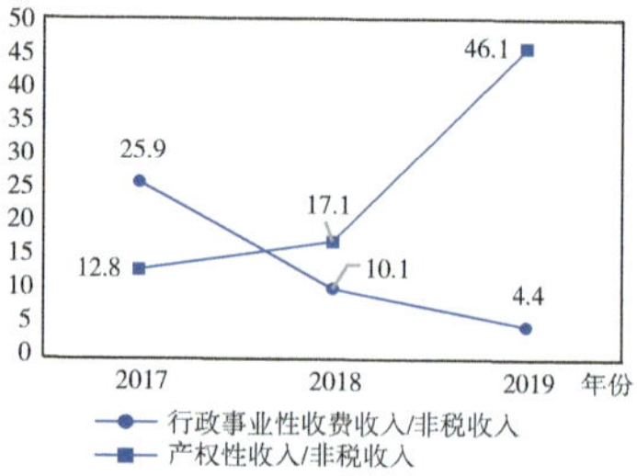

图2-33　2017-2019年天津市行政事业性收费、产权性收入占非税收入的比重

2.1.4 天津市政府性基金收入和国有资本经营收入情况

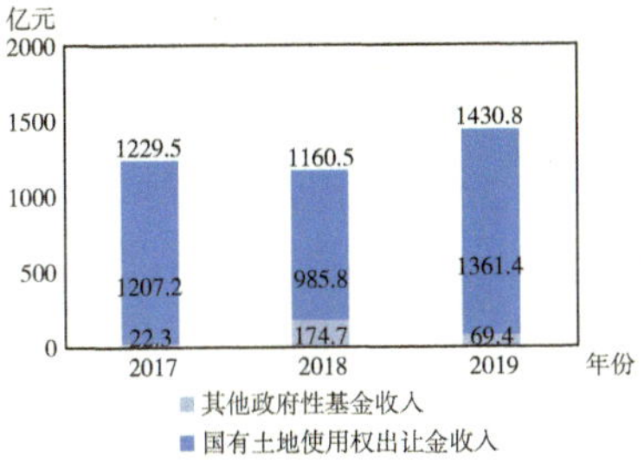

图2-34 2017-2019年天津市政府性基金预算收入

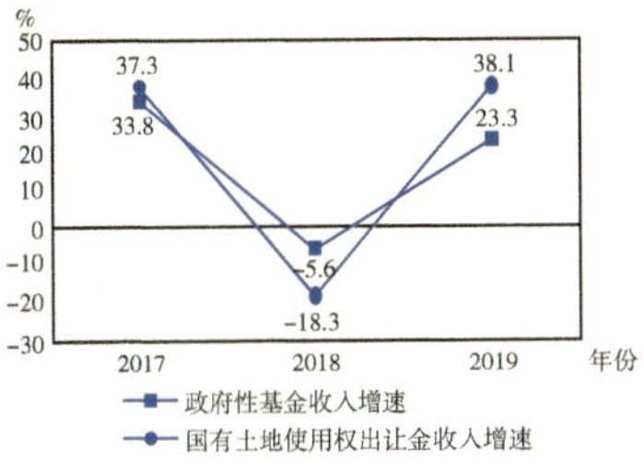

图2-35 2017-2019年天津市政府性基金预算收入增速及国有土地使用权出让金收入增速

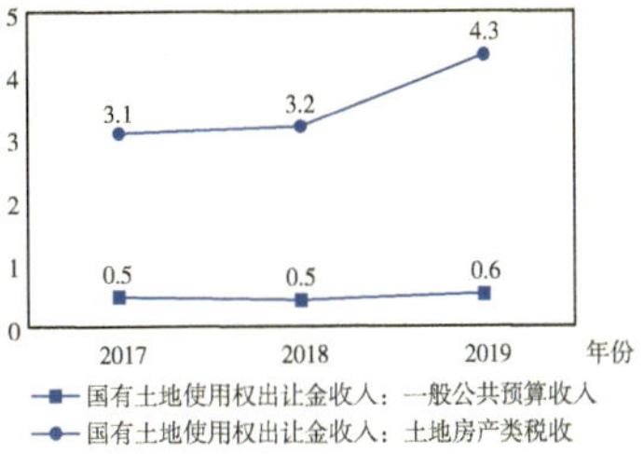

图1-36 2017-2019年天津市国有土地使用权出让金收入与一般公共预算关系指标

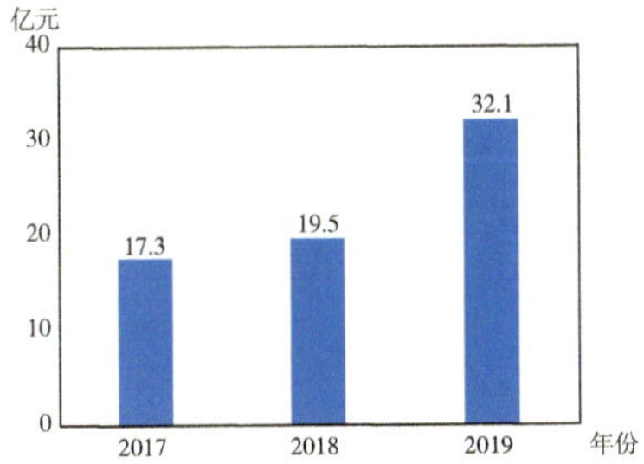

图2-37 2017-2019年天津市国有资本经营收入

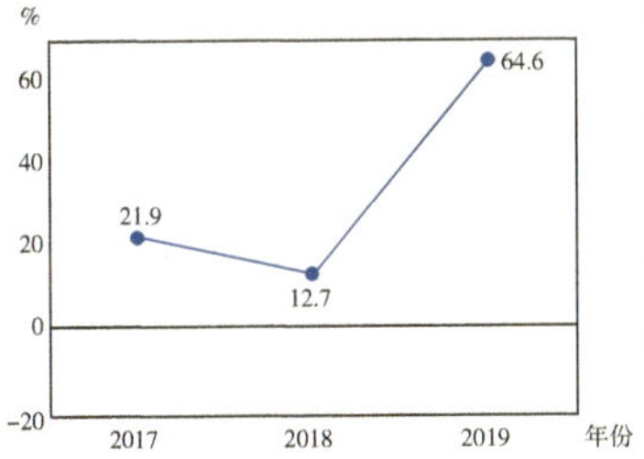

图2-38 2017-2019年天津市国有资本经营收入增速

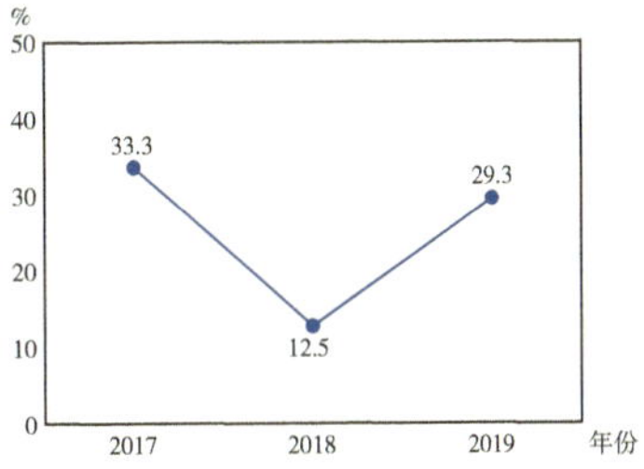

图2-39 2017-2019年天津市调出资金/国有资本经营收入

2.1.5 天津市社会保险基金收入情况

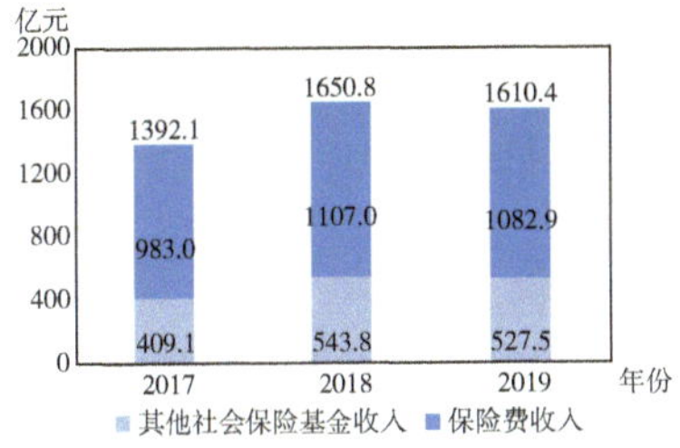

图2-40 2017-2019年天津市社会保险基金收入

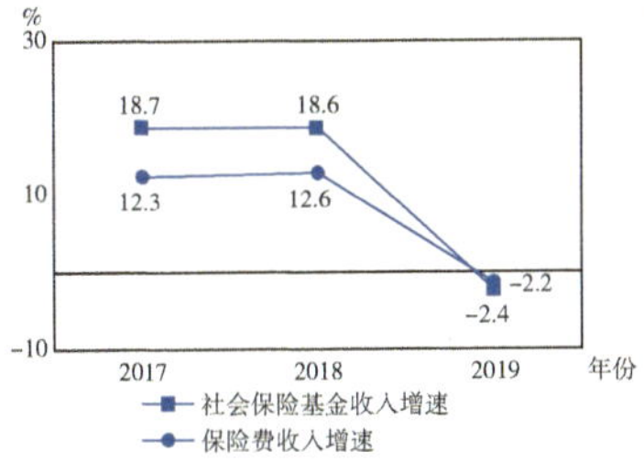

图2-41 2017-2019年天津市社会保险基金收入增速及保险费收入增速

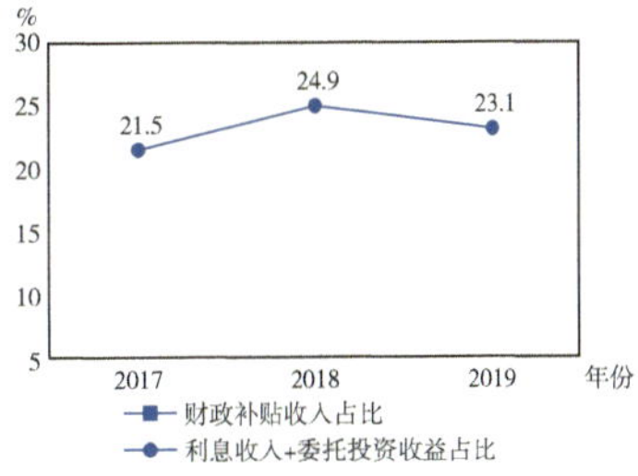

图2-42 2017-2019年天津市财政补贴收入、利息收入+委托投资收益占社会保险基金收入的比重

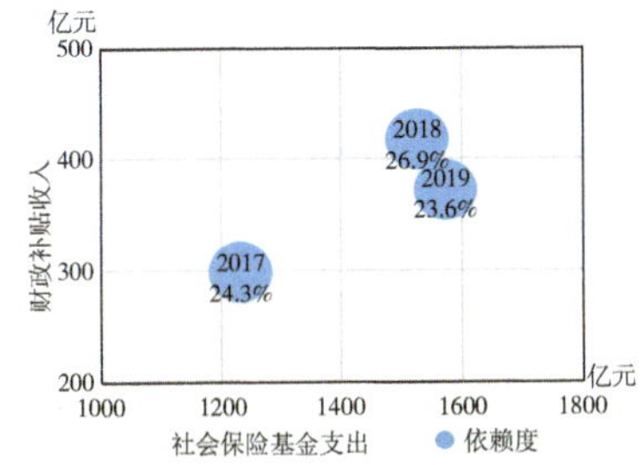

图2-43 2017-2019年天津市社会保险基金对财政补贴的依赖度

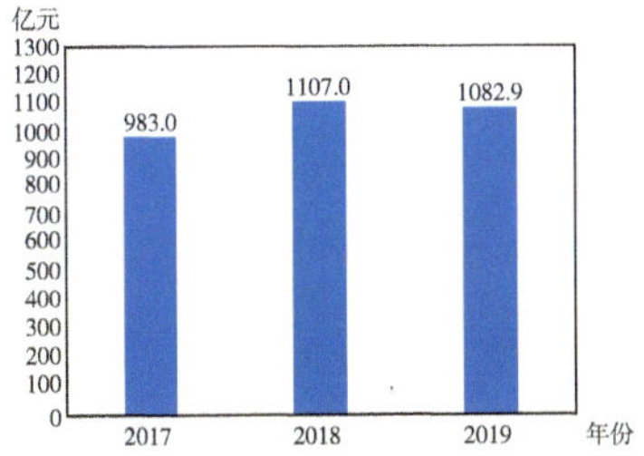

图2-44 2017-2019年天津市保险费收入、社会保险待遇支出及差额

2.1.6 天津市债务情况

图2-45 2017-2019年天津市当年债务规模

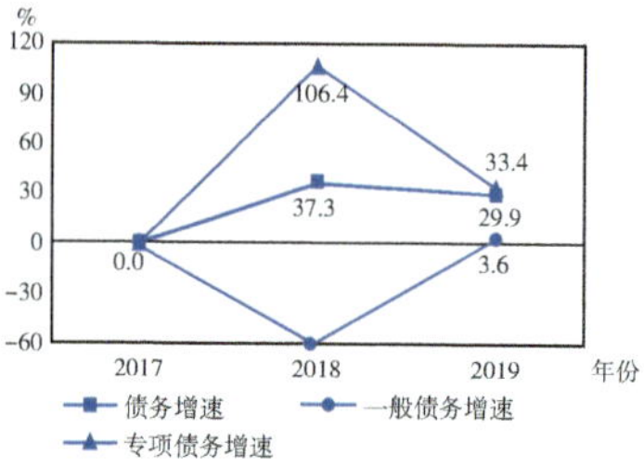

图2-46 2017-2019年天津市债务增速

图2-47 2017-2019年天津市债务限额

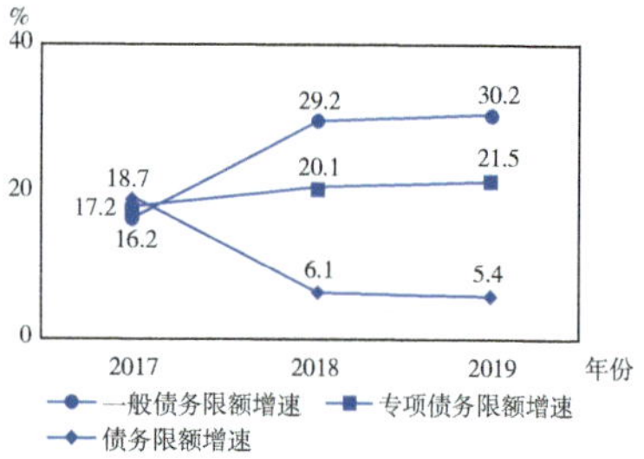

图2-48 2017-2019年天津市债务限额增速

图2-49 2017-2019年天津市债务余额

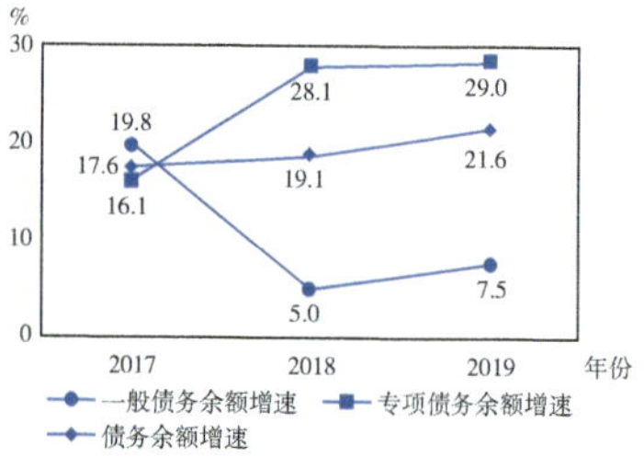

图2-50 2017-2019年天津市债务余额增速

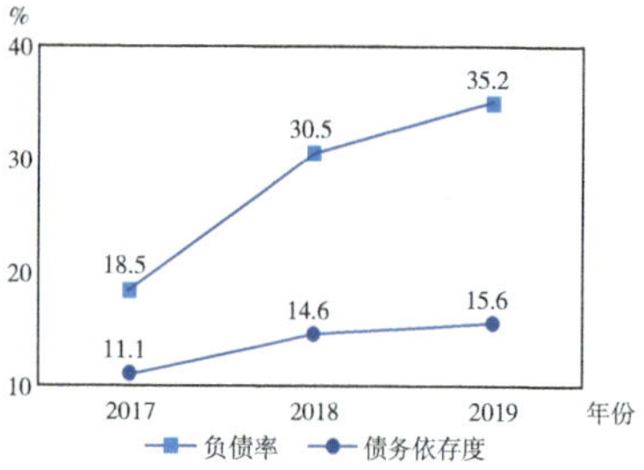

图2-51 2017-2019年天津市负债率与债务依存度

2.1.7 天津市市本级一般公共预算收入情况

图2-52 2017-2019年天津市市本级一般公共预算收入

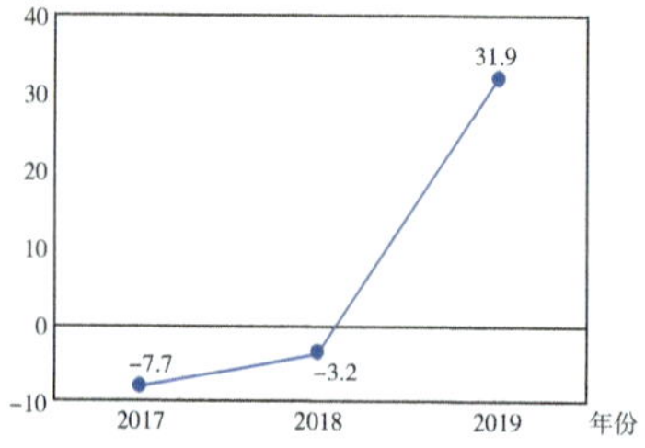

图2-53 2017-2019年天津市市本级一般公共预算收入增速

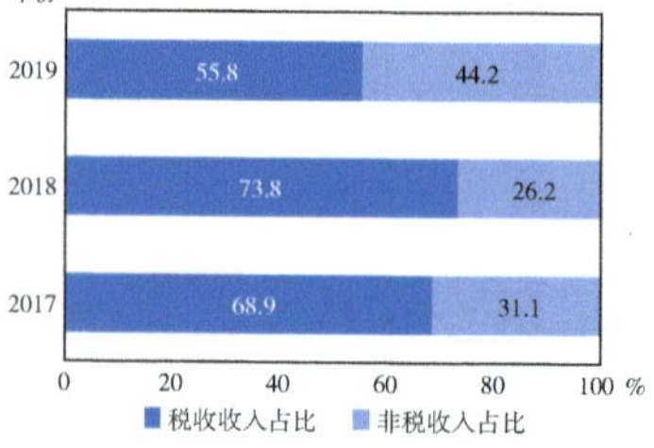

图2-54 2017-2019年天津市市本级一般公共预算收入结构

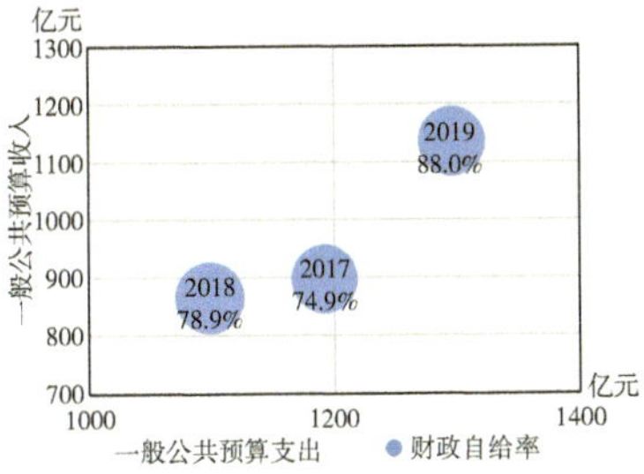

图2-55　2017-2019年天津市市本级财政自给率

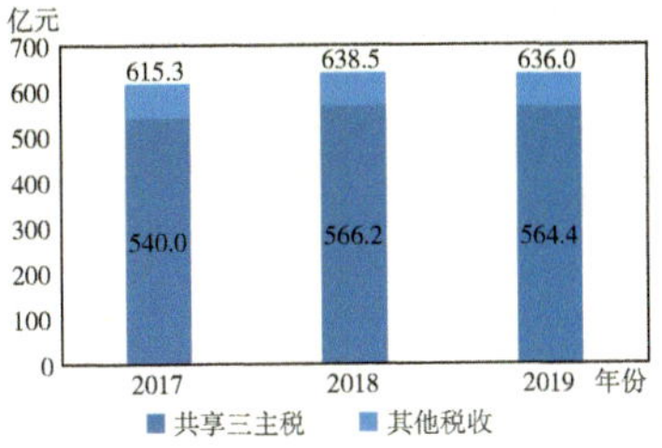

图2-56　2017-2019年天津市市本级税收收入

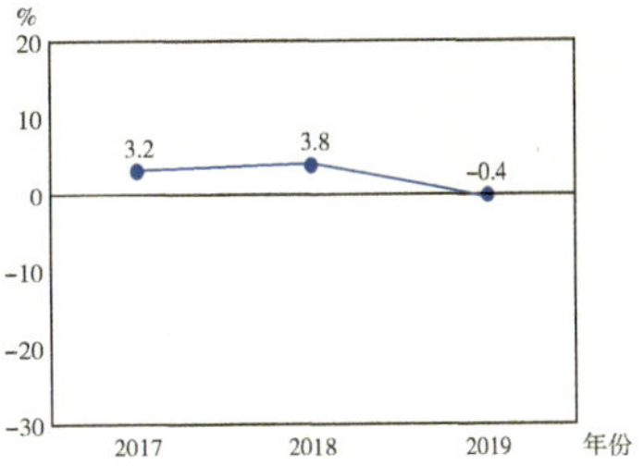

图2-57　2017-2019年天津市市本级税收收入增速

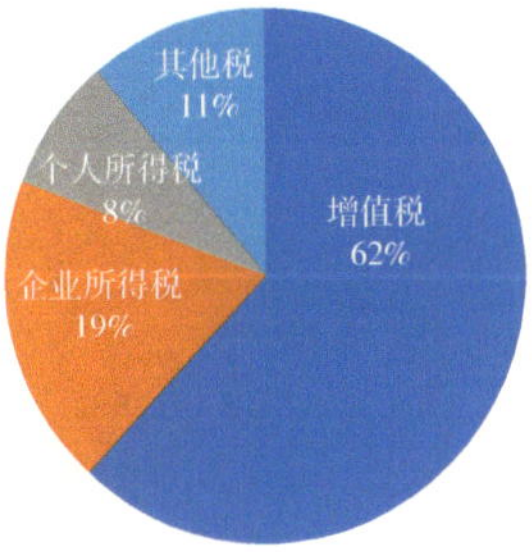

图2-58　2019年天津市市本级税收结构

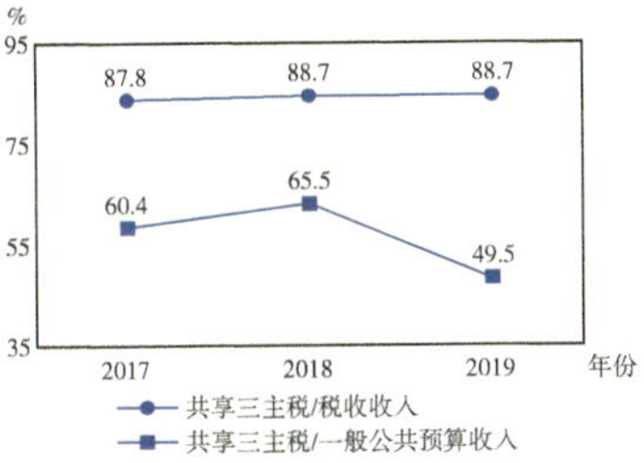

图2-59　2017-2019年天津市市本级共享三主税占税收收入、一般公共预算收入的比重

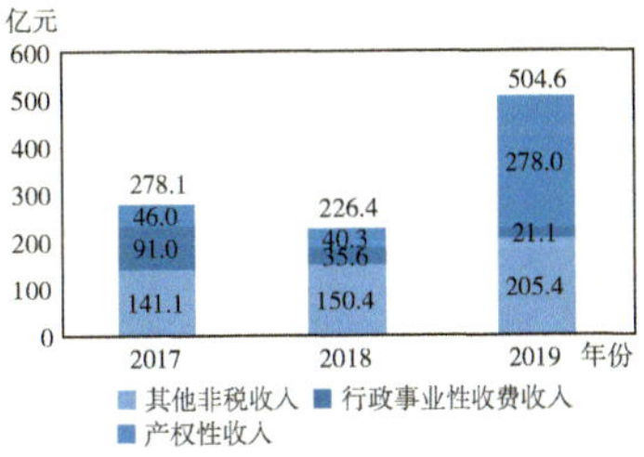

图2-60　2017-2019年天津市市本级非税收入

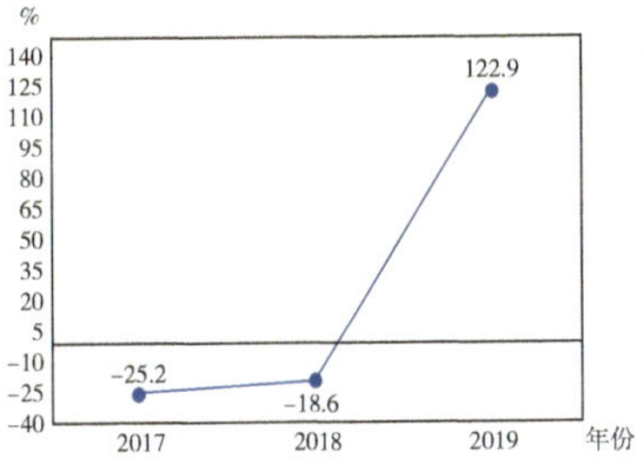

图2-61　2017-2019年天津市市本级非税收入增速

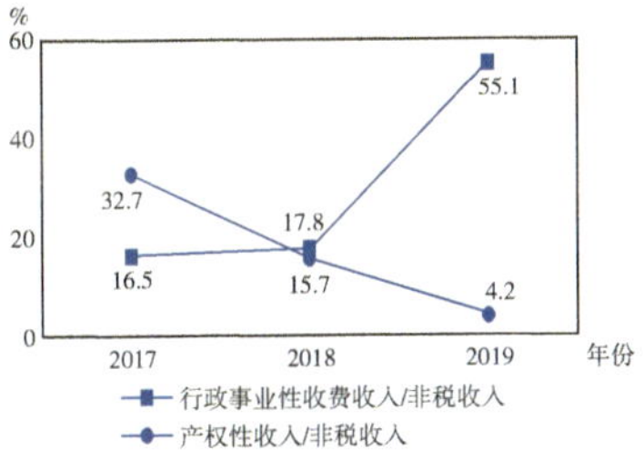

图2-62　2017-2019年天津市市本级行政事业性收费、产权性收入占非税收入的比重

2.2　天津市样本区县政府收入主要特征分析

2.2.1　天津市和平区经济社会发展情况

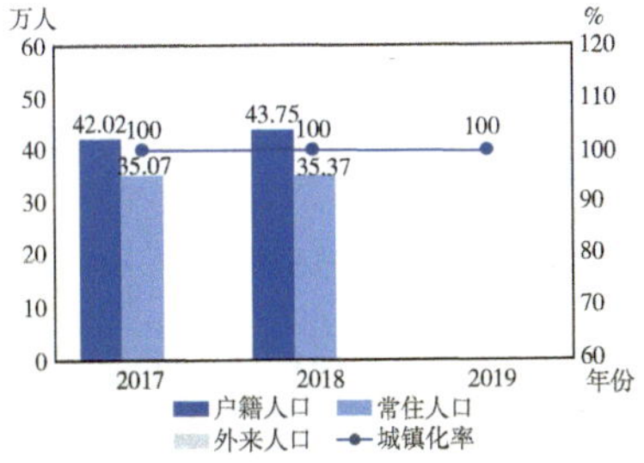

图2-63　2017-2019年天津市和平区人口状况

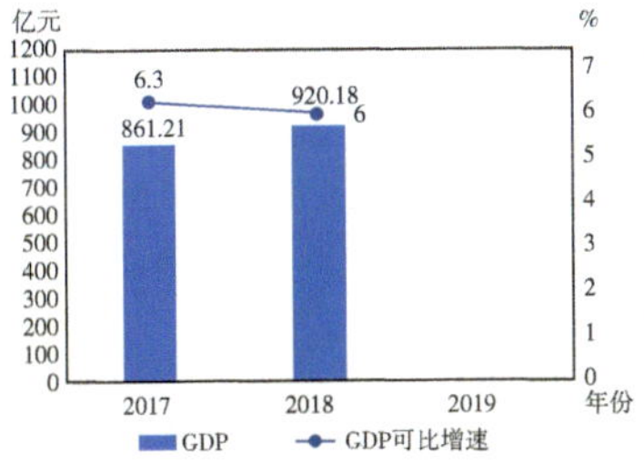

图2-64　2017-2019年天津市和平区GDP及增速

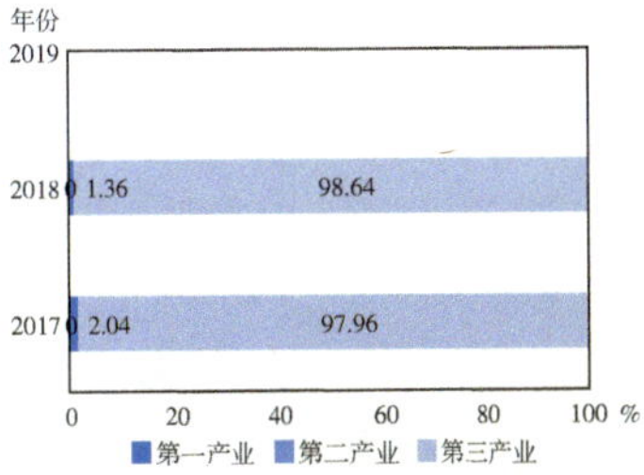

图2-65　2017-2019年天津市和平区三次产业结构

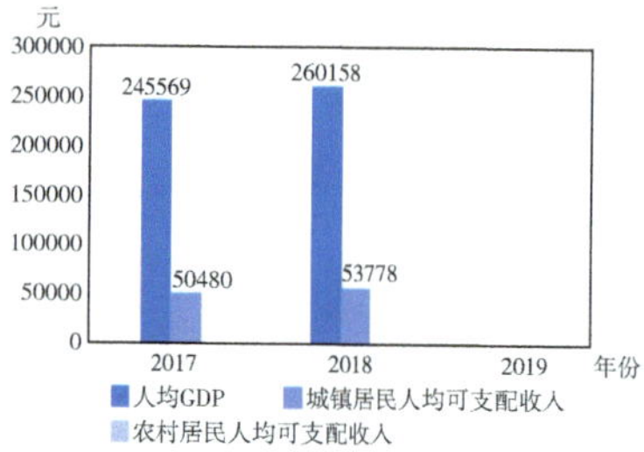

图2-66　2017-2019年天津市和平区人均GDP与人均可支配收入

2.2.2　天津市和平区政府收入总体情况

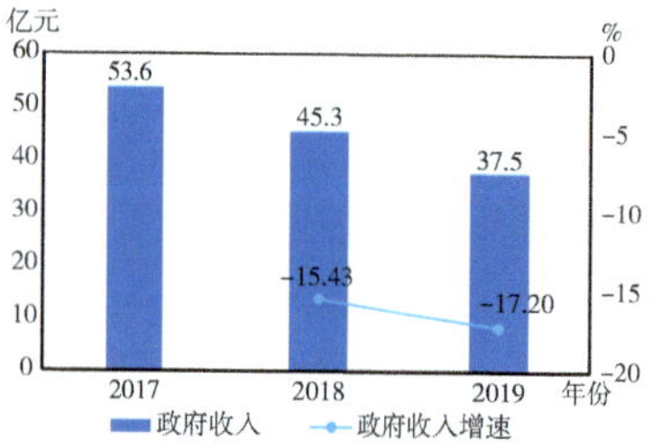

图2-67　2017-2019年天津市和平区政府收入及增速

2.2.3　天津市和平区一般公共预算收入情况

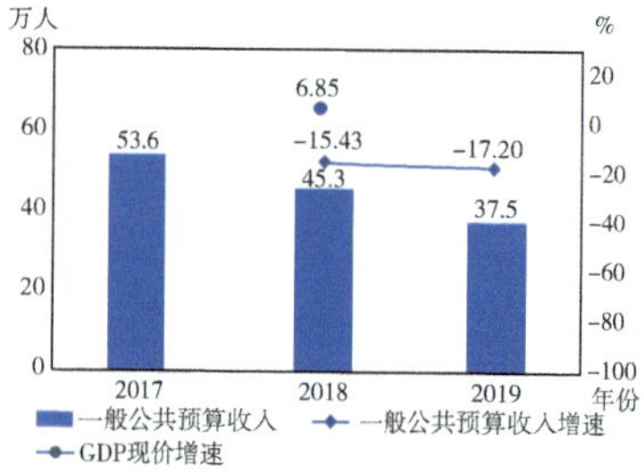

图2-68　2017-2019年天津市和平区一般公共预算收入及增速

图2-69　2017-2019年天津市和平区人均一般公共预算收入及增速

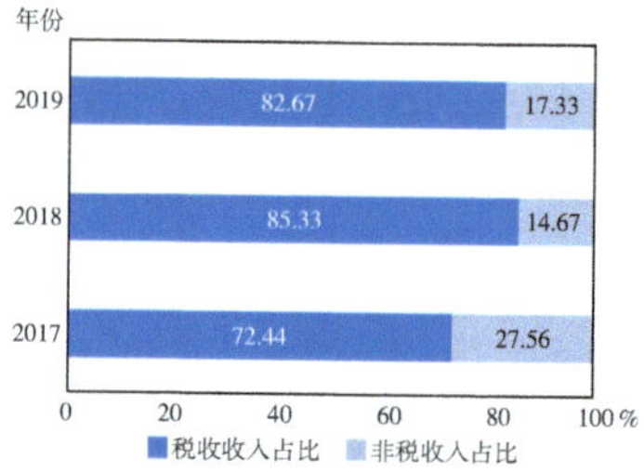

图2-70　2017-2019年天津市和平区一般公共预算收入结构

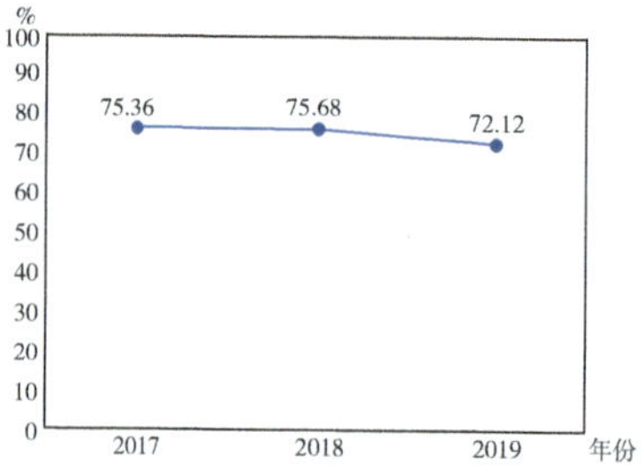

图2-71　2017-2019年天津市和平区财政自给率

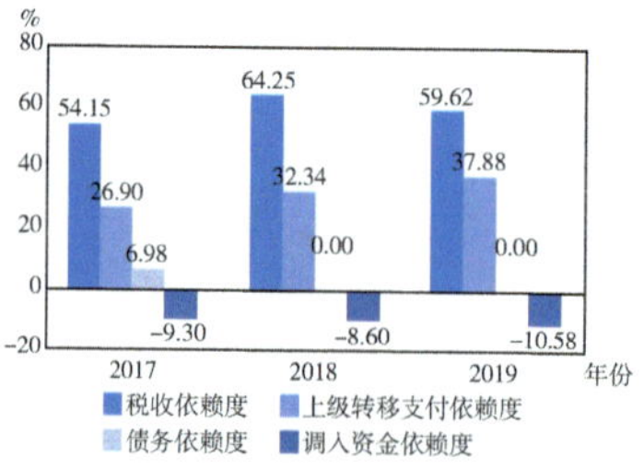

图2-72　2017-2019年天津市和平区财政收入依赖度

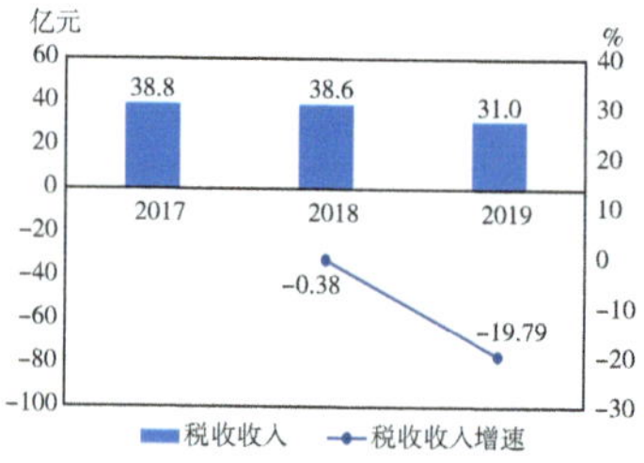

图2-73　2017-2019年天津市和平区税收收入及增速

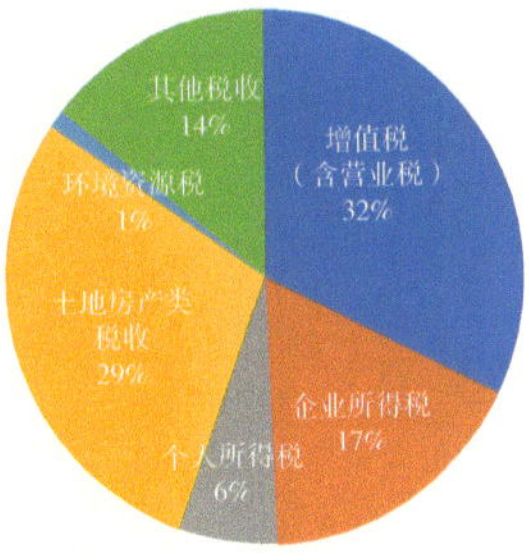

图2-74　2018年天津市和平区税收收入结构

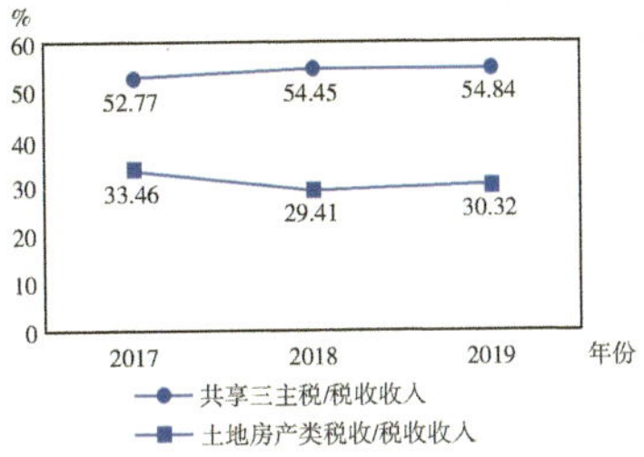

图2-75　2017-2019年天津市和平区共享三主税、土地房产类税收占税收收入的比重

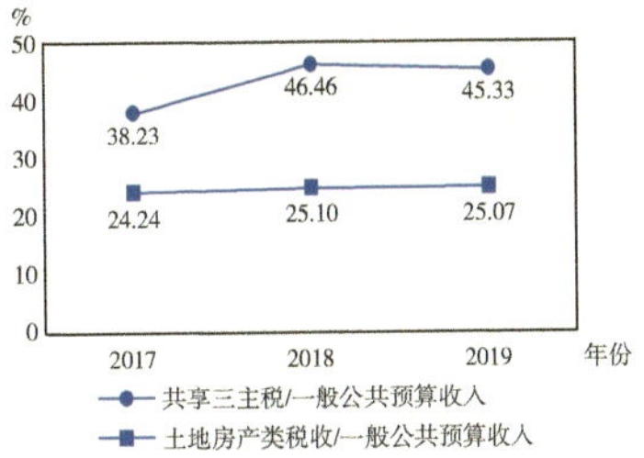

图2-76　2017-2019年天津市和平区共享三主税、土地房产类税收占一般公共预算收入的比重

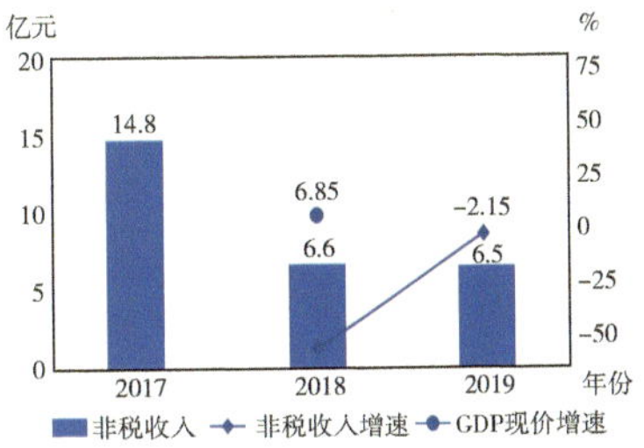

图2-77　2017-2019年天津市和平区非税收入及增速

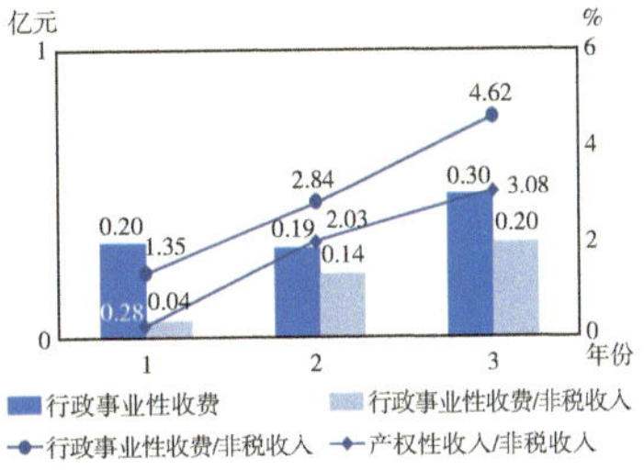

图2-78　2017-2019年天津市和平区产权性收入、行政事业性收费收入占非税收入的比重

2.2.4　天津市和平区债务情况

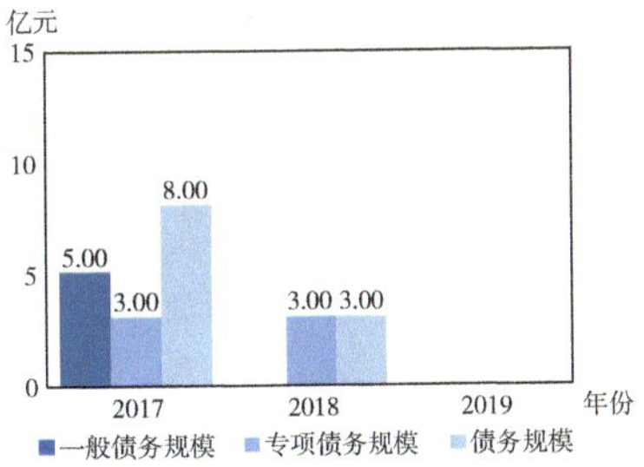

图2-79　2017-2019年天津市和平区债务规模

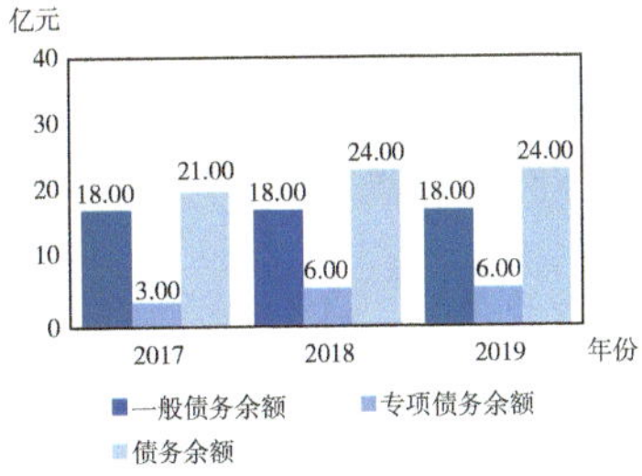

图2-80　2017-2019年天津市和平区债务余额及其增速

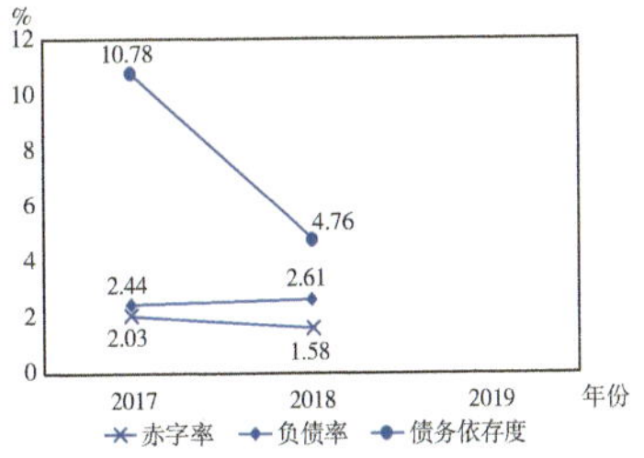

图1-81　2017-2019年天津市和平区负债率与债务依存度

3 河北省

2019年河北省经济总量处于全国中等，第三产业占比低于全国，人口整体净流出，城镇化率略低于全国。2019年末，河北省常住人口7592万人，常住人口城镇化率为57.6%。2019年河北GDP达到35105亿元，排全国第13名，略次于北京，高于陕西；增速6.8%，比2018年提高0.3个百分点，高于全国0.7个百分点，排全国第11名；人均GDP为46239元（6701美元），排全国第26名。从产业结构看，第一、第二、第三产业占比分别为10%、38.7%（低于全国0.3个百分点）和51.2%（低于全国平均水平2.7个百分点）。从居民可支配收入看，2019年城镇与农村居民人均可支配收入分别为35738元和15373元，呈上升态势，分别为全国平均水平的84.4%和96%。

2019年河北省一般公共预算收入在全国排前列，省市县中市级收入占比最高。2019年河北省一般公共预算收入3743亿元、增速6.5%，排全国第9名，人均一般公共预算收入为4930元，排全国第21名。其中，近三年河北省税收收入占一般公共预算收入总体呈先上升后下降，2019年为70.3%，低于全国平均水平13个百分点。非税收入占比高，其中2019年政府产权性收入规模占非税收入比达33.2%。从纵向收入分配看，2018年省本级、市本级、县一般公共预算收入占比分别为27%、12%和60%。

2018年河北省财政自给率偏低，地区财政总收入小于一般公共预算支出。2018年河北财政自给率在45.5%左右，2019年为45%。2018年河北省组织的地区财政总收入为5585.1亿元，增速为9.8%，其中上缴中央收入占比37.1%。河北省一般公共预算支出为7726.2亿元，高于地区财政总收入规模。

2019年河北省四本预算中一般公共预算收入占比下降。2019年河北省四本预算加总的政府收入为10815.1亿元，增速为11.8%，其中一般公共预算收入、政府性基金收入、国有资本经营收入和社会保险基金收入分别占比34.6%、30.8%、0.2%、34.4%。

河北省内各地市经济社会发展和财政发展不均衡。2018年，石家庄、唐山的政府收入规模超千亿元，分别是1548.0亿元和1216.1亿元。2018年石家庄市一般公共预算收入519.7亿元，其他城市间一般公共预算收入分布在100亿—500亿元区间。除少数城市（石家庄、唐山和廊坊）外，2018年河北省各市财政自给率低于50%。财政自给率最高的城市为廊坊市，达到58.4%，最低的为承德市，为27.7%，前者是后者的2.11倍。政府性基金收入主要构成是国有土地使用权出让金收入，收入规模最大的石家庄市（560.9亿元）为规模最小的秦皇岛市（87.8亿元）的6.39倍。

本章执笔人：周娇娇　吕慧　审校：梁季

3.1 河北省政府收入主要特征分析

3.1.1 河北省经济社会基本情况

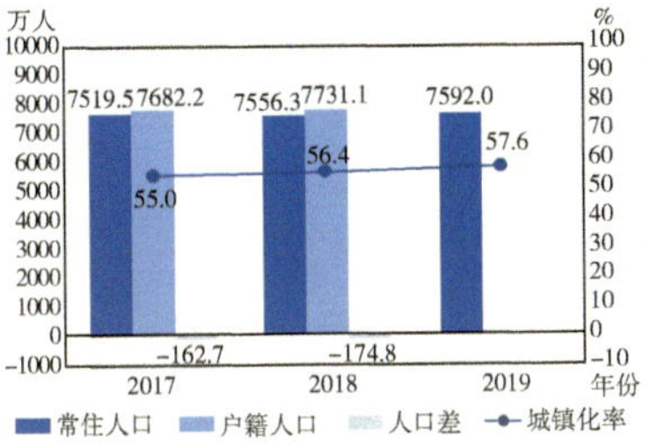

图3-1　2017-2019年河北省人口状况

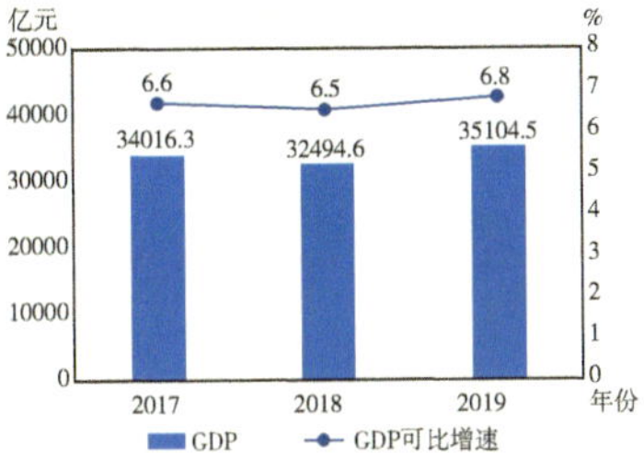

图3-2　2017-2019年河北省GDP及增速

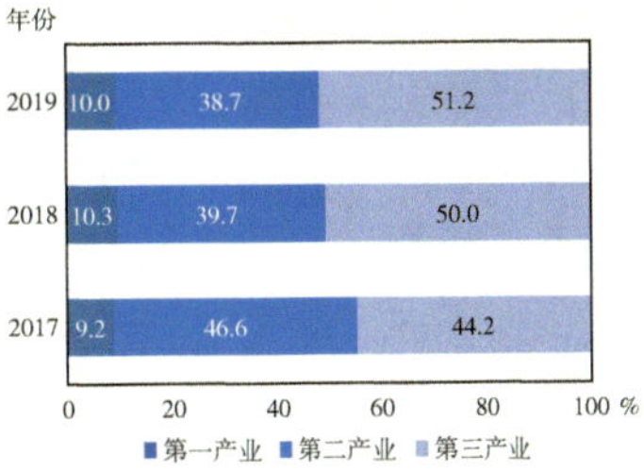

图3-3　2017-2019年河北省三次产业结构

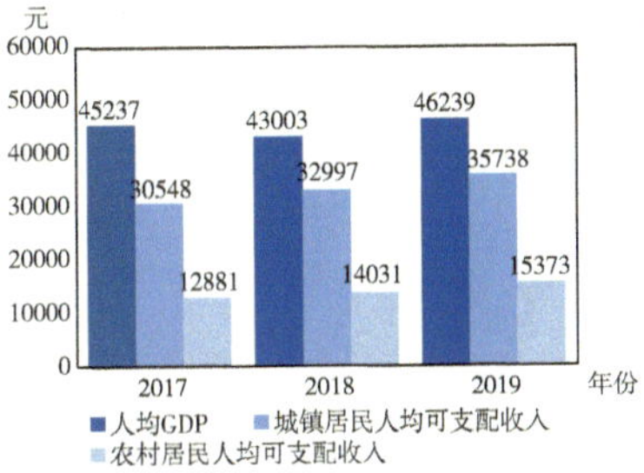

图3-4　2017-2019年河北省人均GDP和人均可支配收入

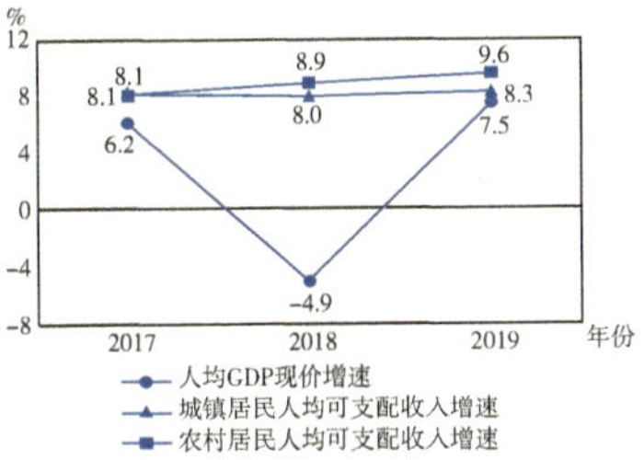

图3-5　2017-2019年河北省人均GDP增速和人均可支配收入增速

3.1.2 河北省政府收入总体情况

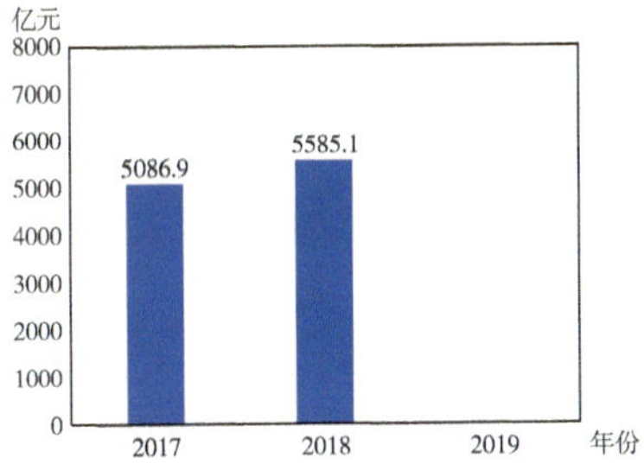

图3-6　2017-2019年河北省财政总收入

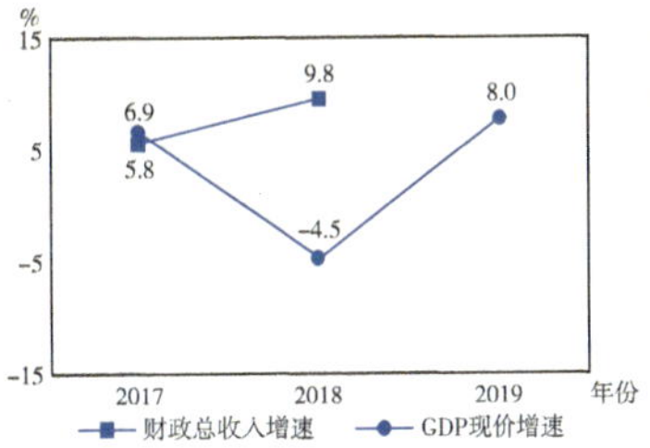

图3-7　2017-2019年河北省财政总收入增速

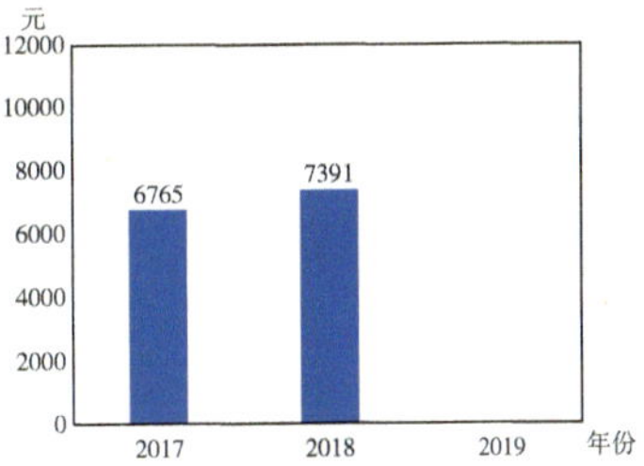

图3-8　2017-2019年河北省人均财政总收入

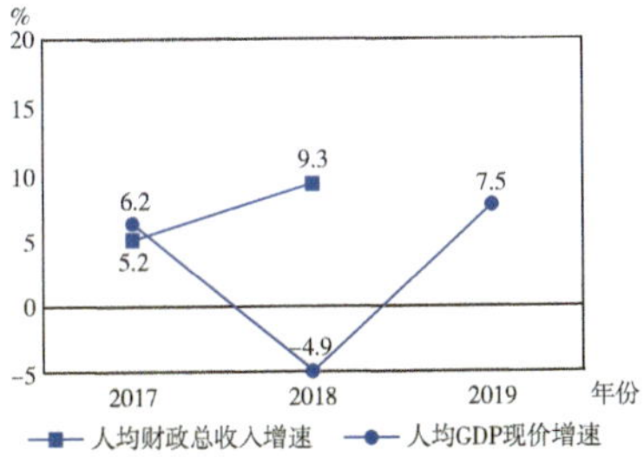

图3-9　2017-2019年河北省人均财政总收入增速

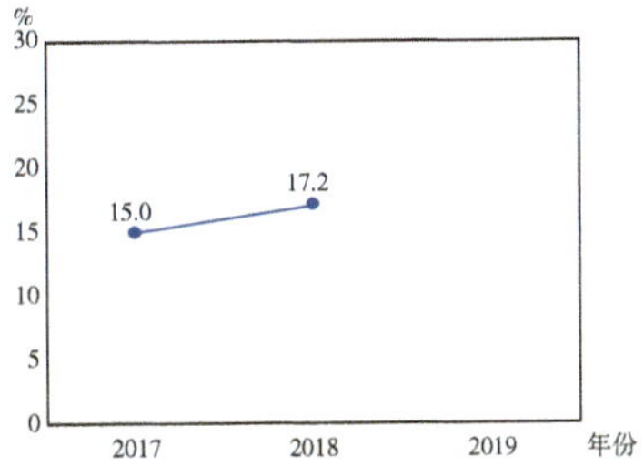

图3-10　2017-2019年河北省财政总收入/GDP

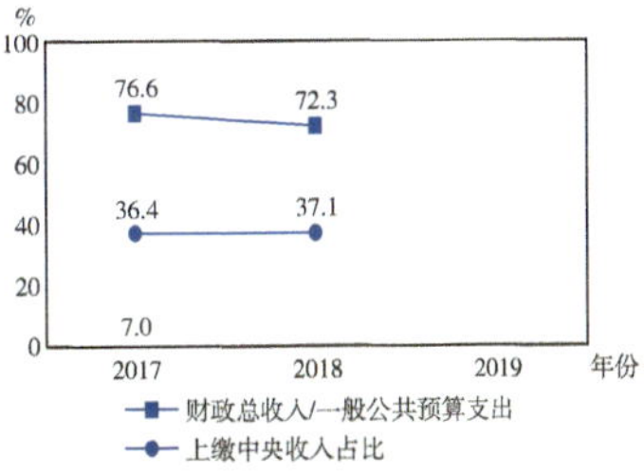

图3-11　2017-2019年河北省财政总收入其他指标

图3-12　2017-2019年河北省政府收入

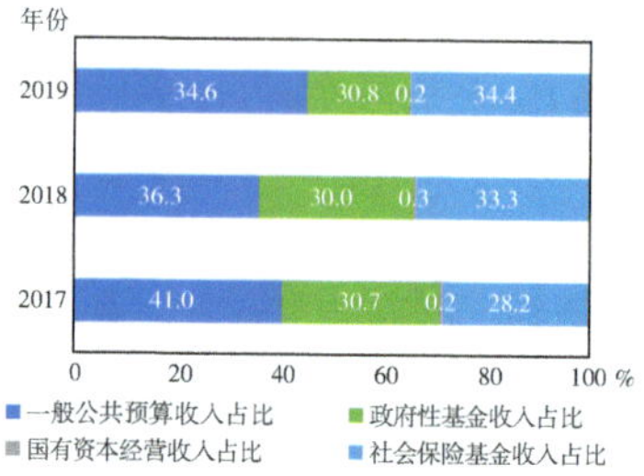

图3-13　2017-2019年河北省政府收入结构

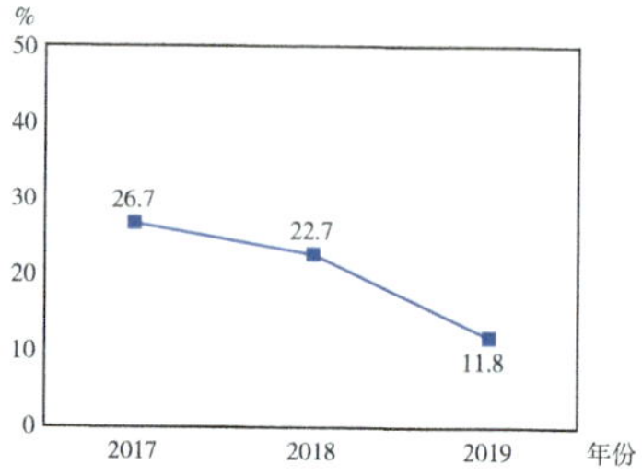

图3-14　2017-2019年河北省政府收入增速

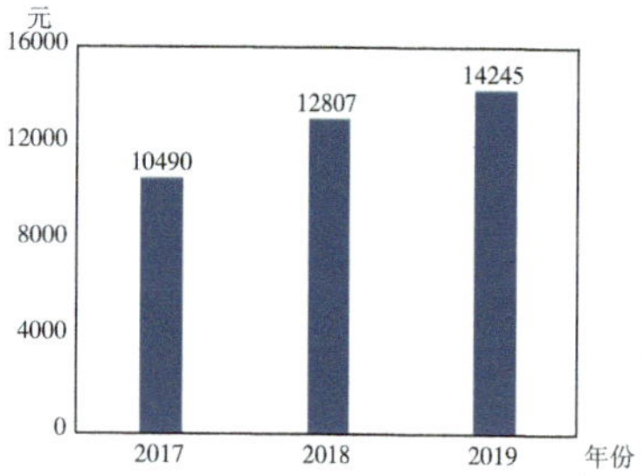

图3-15　2017-2019年河北省人均政府收入

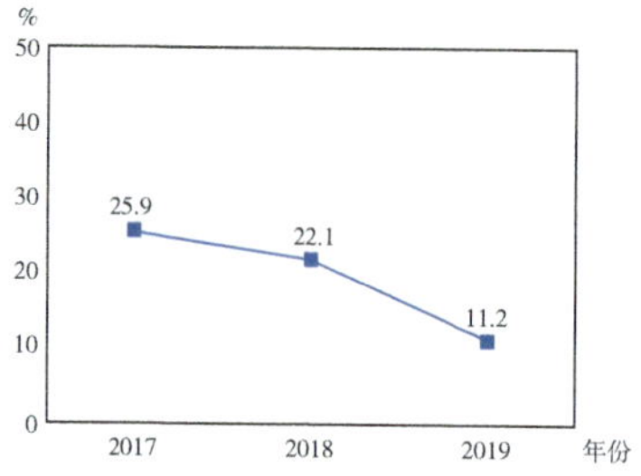

图3-16　2017-2019年河北省人均政府收入增速

3.1.3　河北省一般公共预算收入情况

图3-17　2017-2019年河北省一般公共预算收入

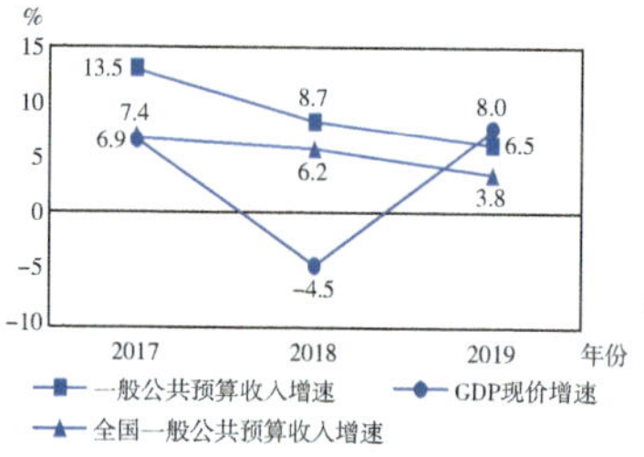

图3-18　2017-2019年河北省一般公共预算收入增速

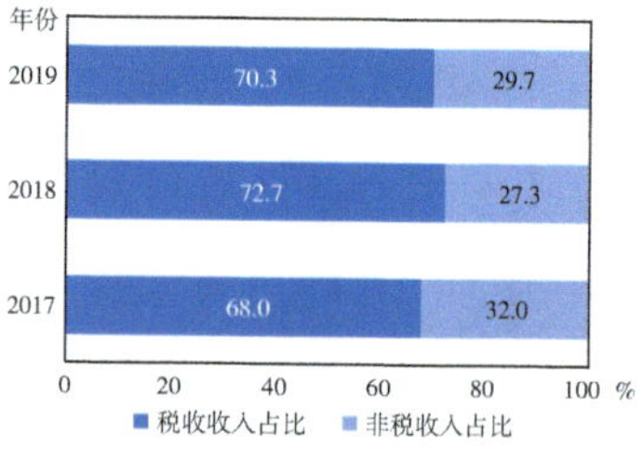

图3-19　2017-2019年河北省一般公共预算收入结构

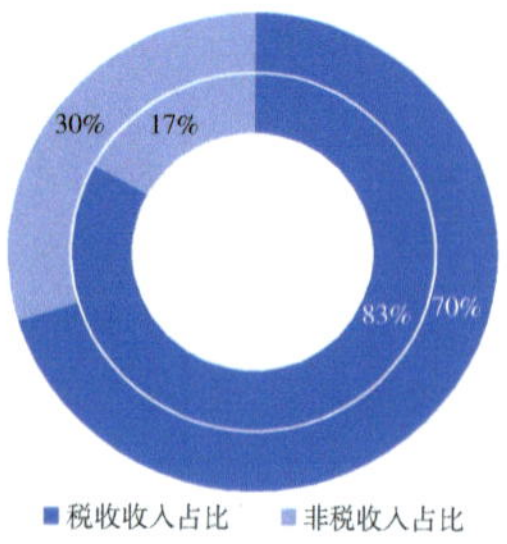

图3-20　2019年一般公共预算收入结构对比（内环为全国，外环为河北省）

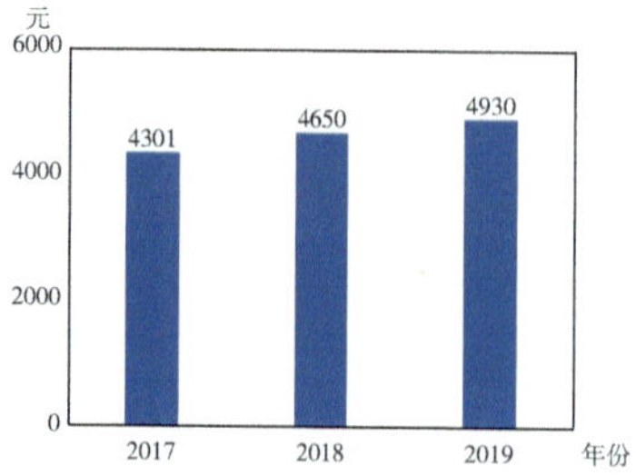

图3-21　2017-2019年河北省人均一般公共预算收入

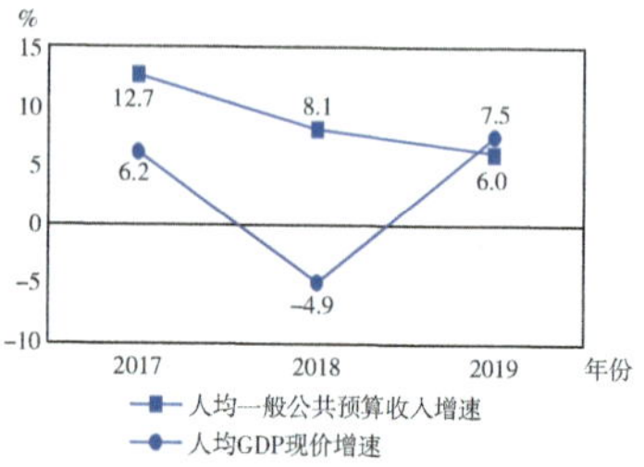

图3-22　2017-2019年河北省人均一般公共预算收入增速

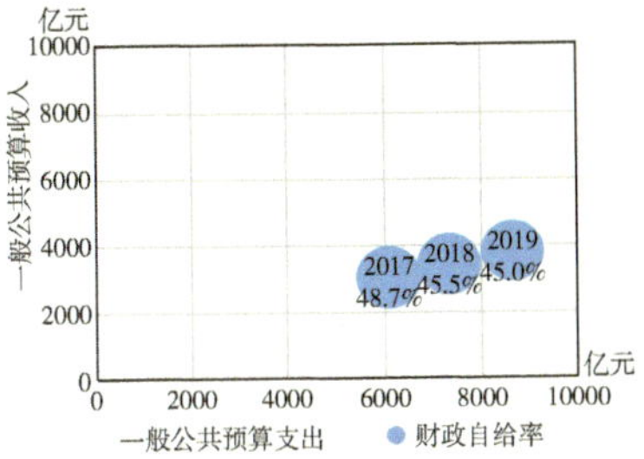

图3-23　2017-2019年河北省财政自给率

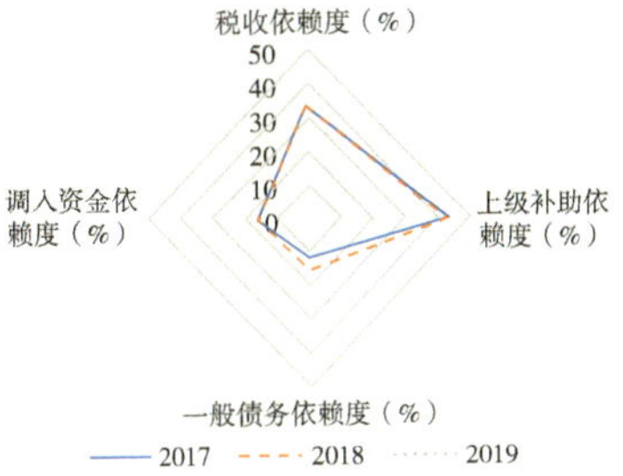

图3-24　2017-2019年河北省财政收入依赖度

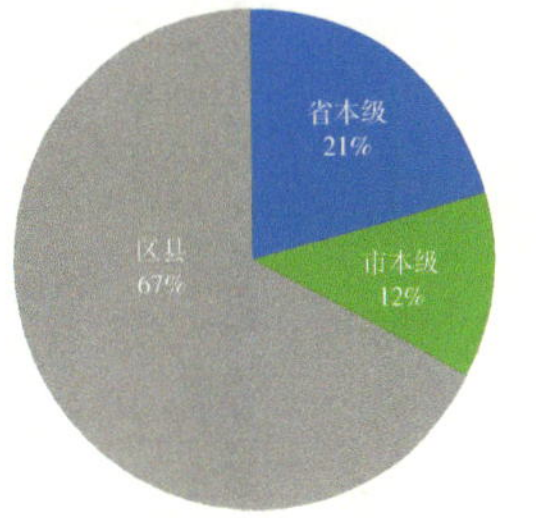

图3-25　2018年省市县三级政府一般公共预算收入分布

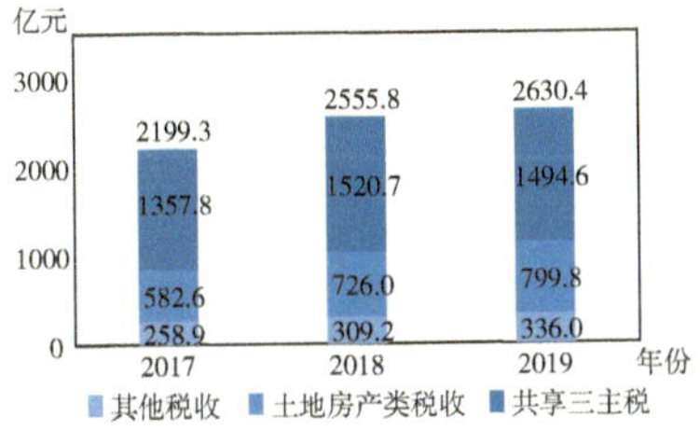

图3-26　2017-2019年河北省税收收入

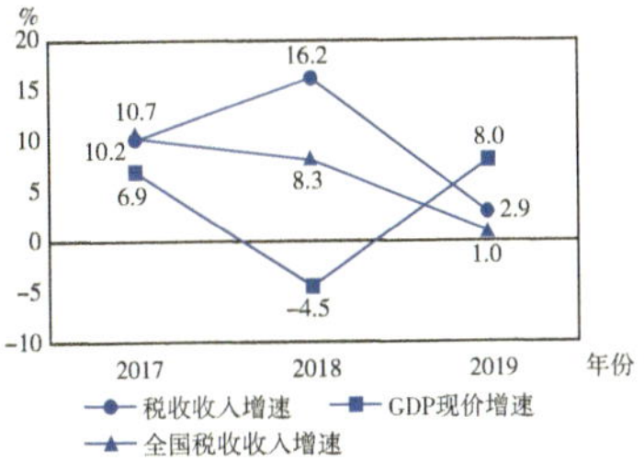

图3-27　2017-2019年河北省税收收入增速

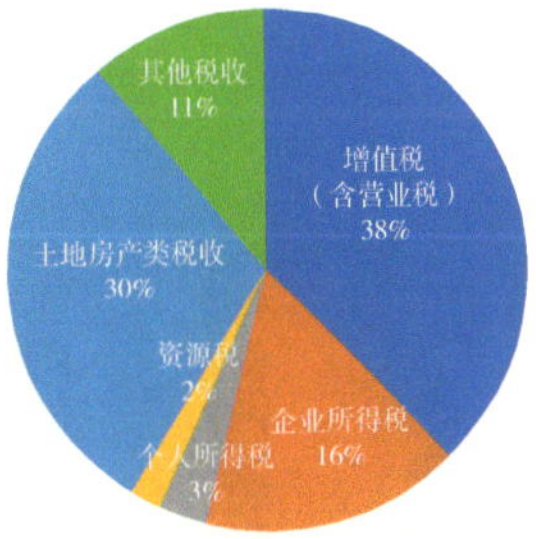

图3-28　2019年河北省税收结构

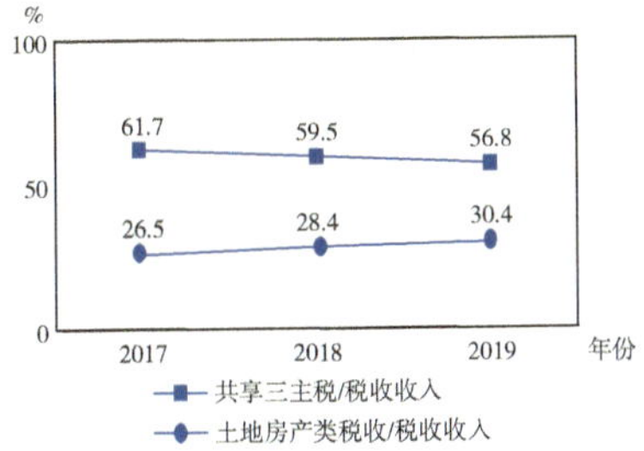

图3-29　2017-2019年河北省共享三主税、土地房产类税收占税收收入的比重

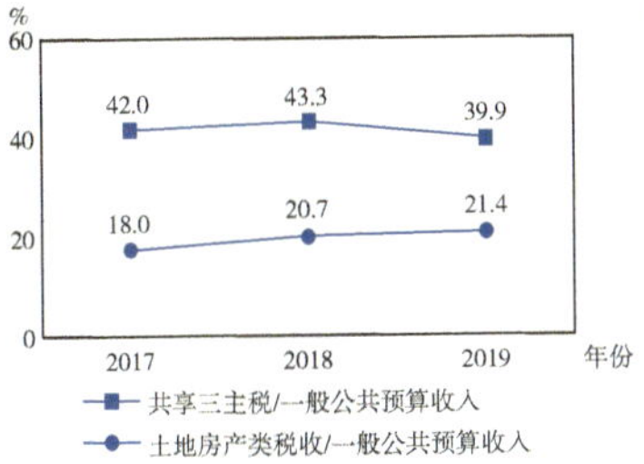

图3-30　2017-2019年河北省共享三主税、土地房产类税收占一般公共预算收入的比重

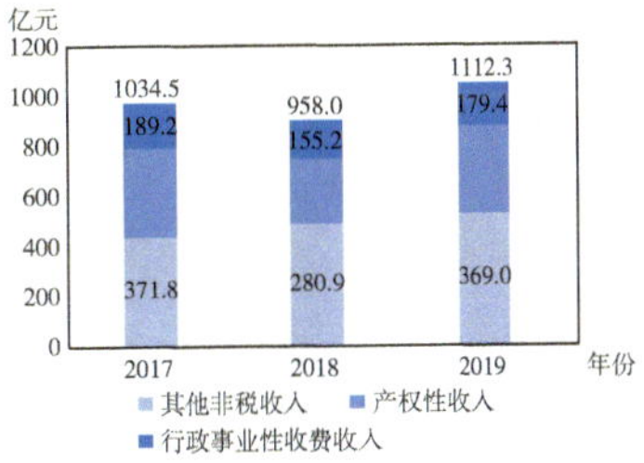

图3-31　2017-2019年河北省非税收入

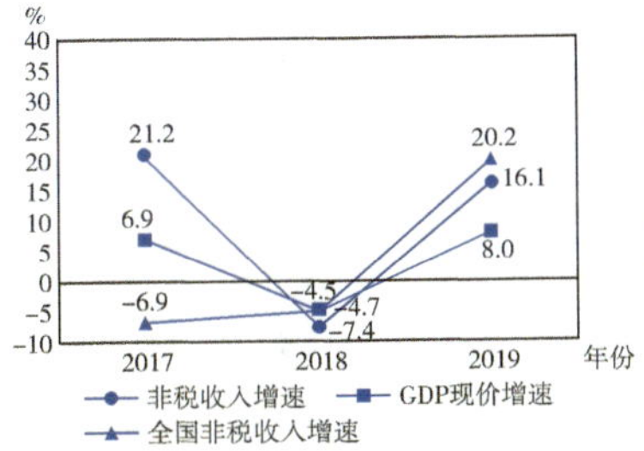

图3-32　2017-2019年河北省非税收入增速

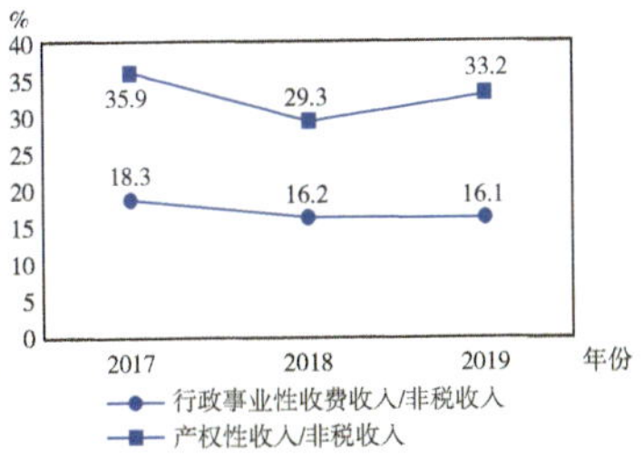

图3-33　2017-2019年河北省行政事业性收费、产权性收入占非税收入的比重

3.1.4 河北省政府性基金和国有资本经营收入情况

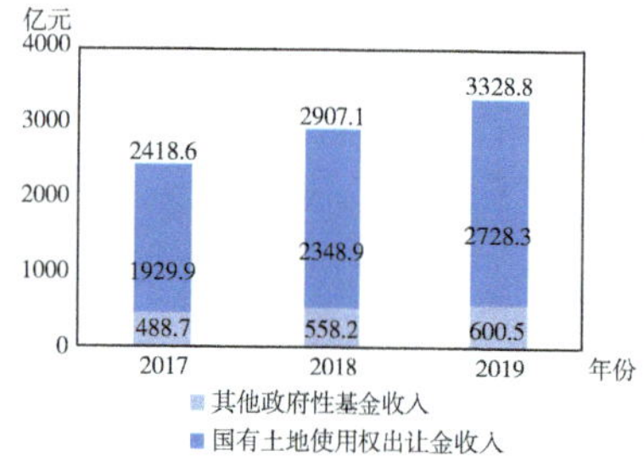

图3-34　2017-2019年河北省政府性基金收入

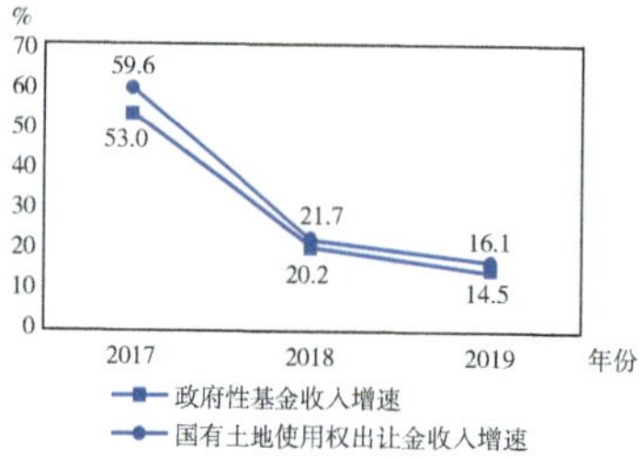

图3-35　2017-2019年河北省政府性基金收入增速及国有土地使用权出让金收入增速

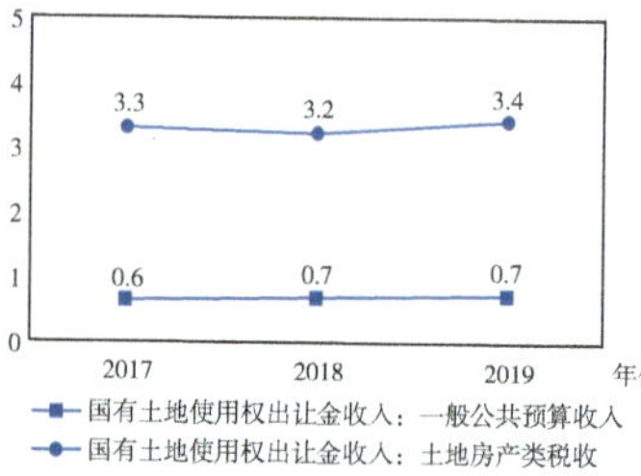

图3-36　2017-2019年河北省国有土地使用权出让金收入与一般公共预算关系指标

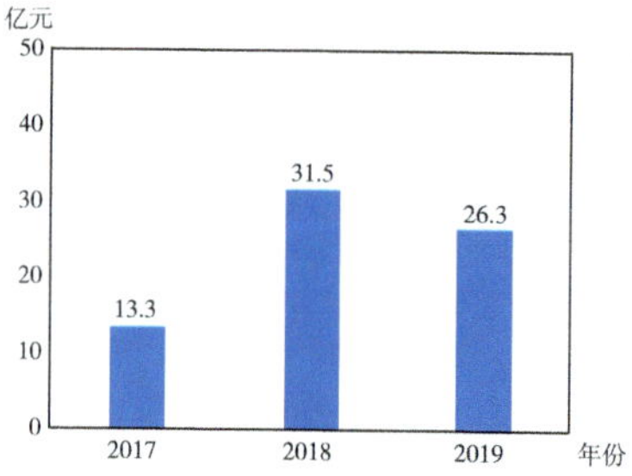

图3-37　2017-2019年河北省国有资本经营收入

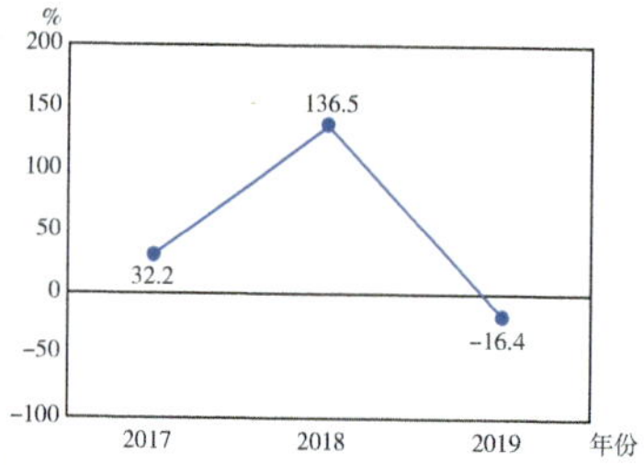

图3-38　2017-2019年河北省国有资本经营收入增速

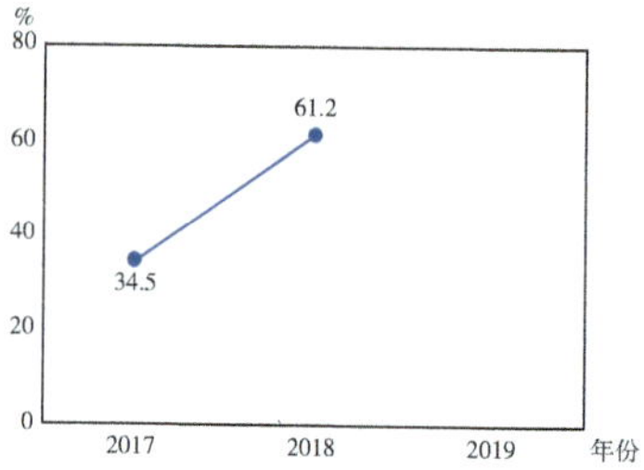

图3-39　2017-2019年河北省调出资金/国有资本经营收入

3.1.5 2019年河北省社会保险基金收入情况

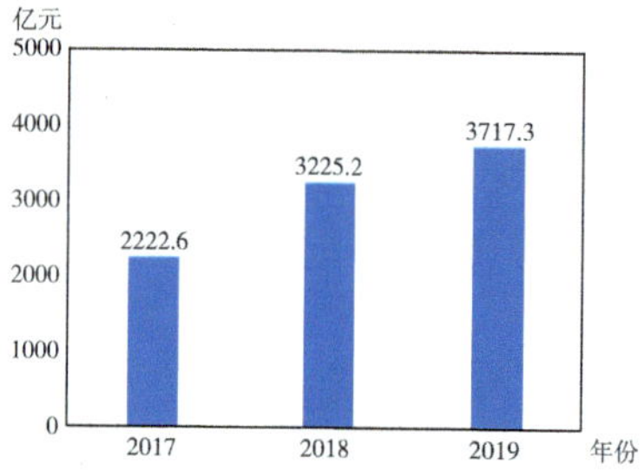

图3-40　2017-2019年河北省社会保险基金收入

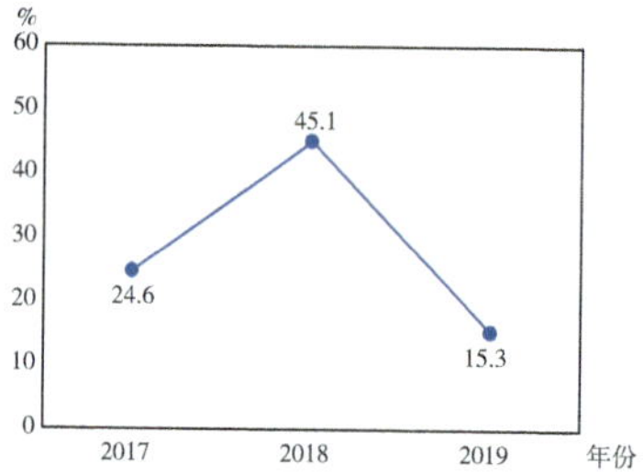

图3-41　2017-2019年河北省社会保险基金收入增速

3.1.6 河北省债务情况

图3-42　2017-2019年河北省债务规模

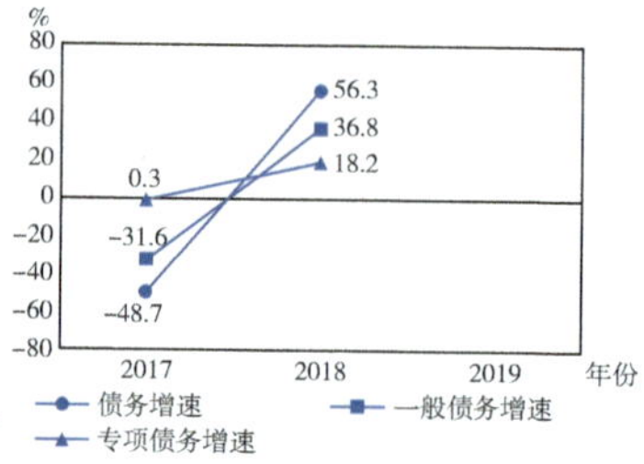

图3-43　2017-2019年河北省债务增速

图3-44　2017-2019年河北省债务限额

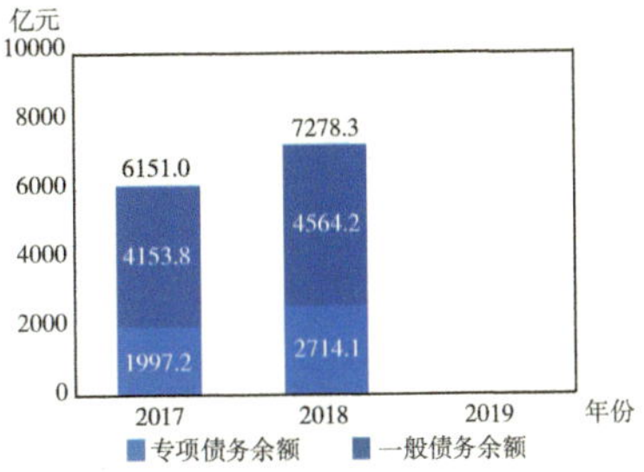

图3-45　2017-2019年河北省债务余额

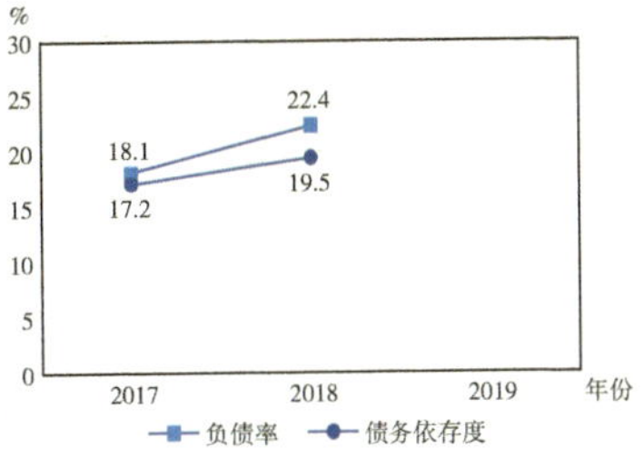

图3-46　2017-2019年河北省负债率与债务依存度

3.1.7　河北省省本级一般公共预算收入情况

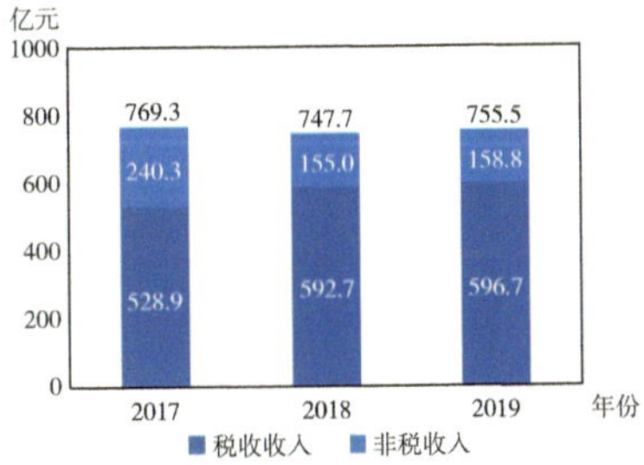

图3-47　2017-2019年河北省省本级一般公共预算收入

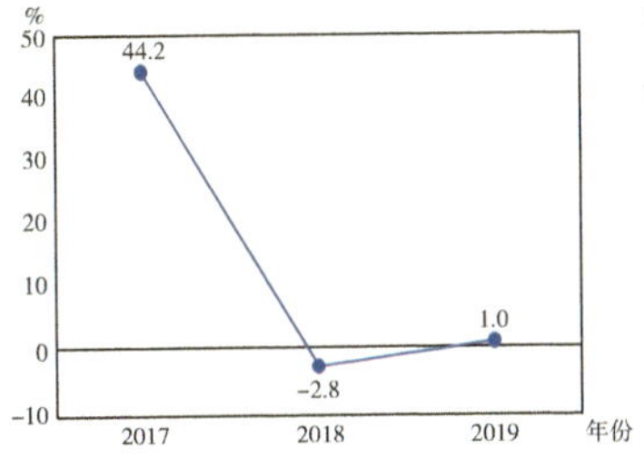

图3-48　2017-2019年河北省省本级一般公共预算收入增速

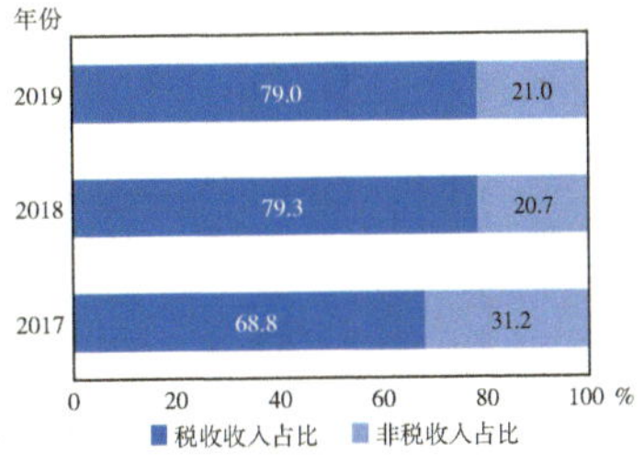

图3-49　2017-2019年河北省省本级一般公共预算收入结构

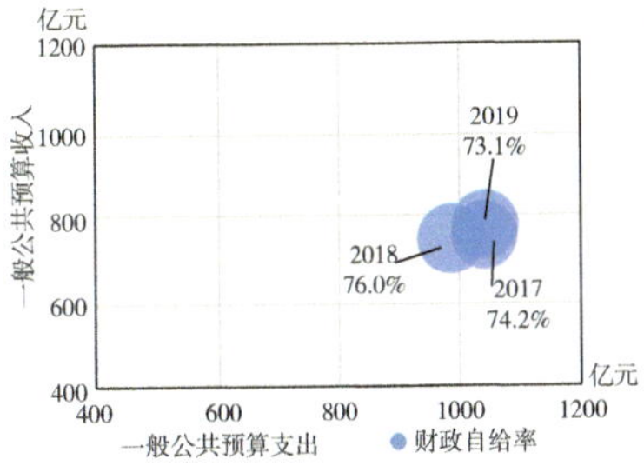

图3-50　2017-2019年河北省省本级财政自给率

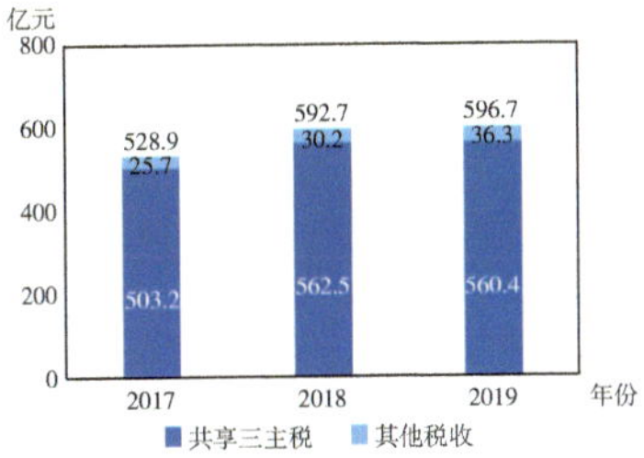

图3-51　2017-2019年河北省省本级税收收入

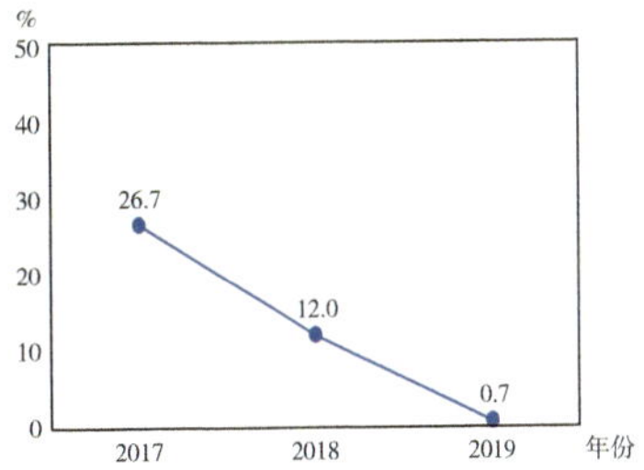

图3-52　2017-2019年河北省省本级税收收入增速

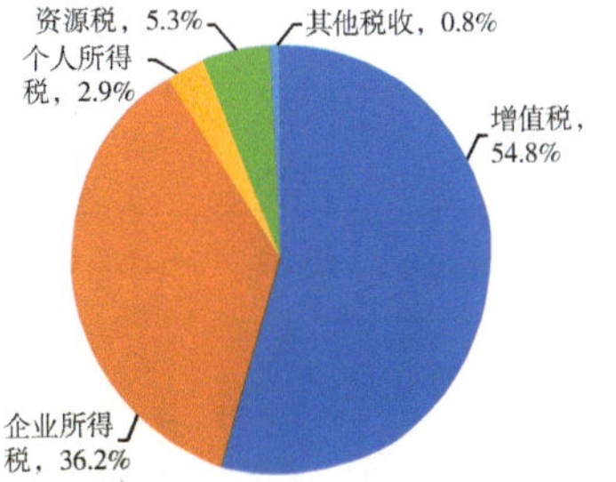

图3-53　2019年河北省省本级税收结构

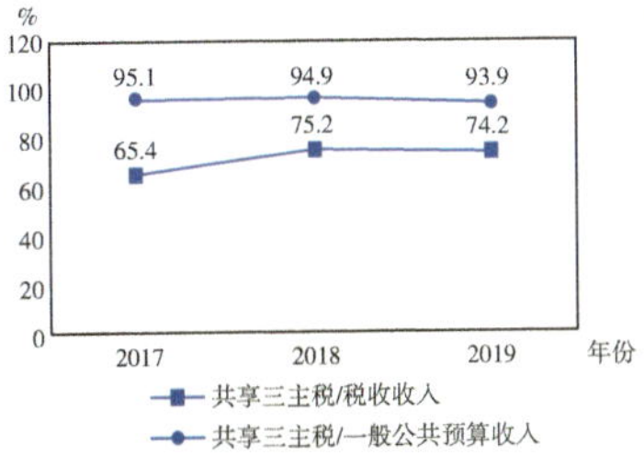

图3-54　2017-2019年河北省省本级共享三主税占税收收入、公共预算收入的比重

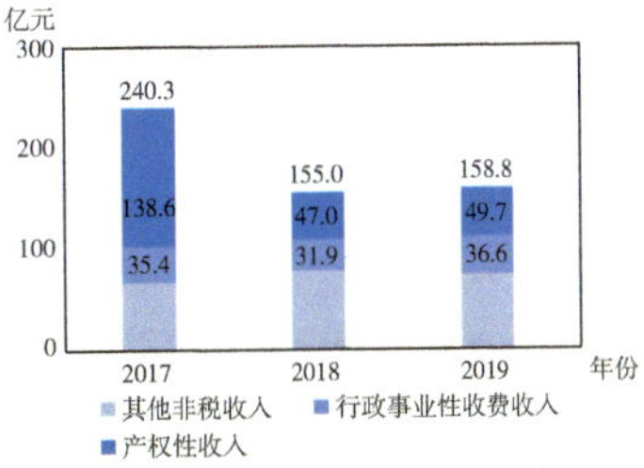

图3-55　2017-2019年河北省省本级非税收入

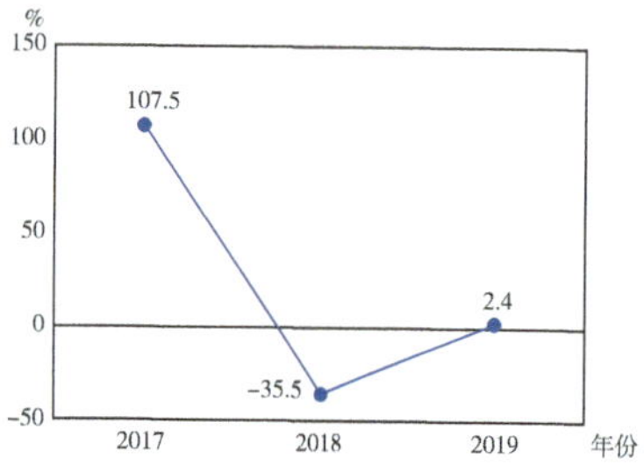

图3-56　2017-2019年河北省省本级非税收入增速

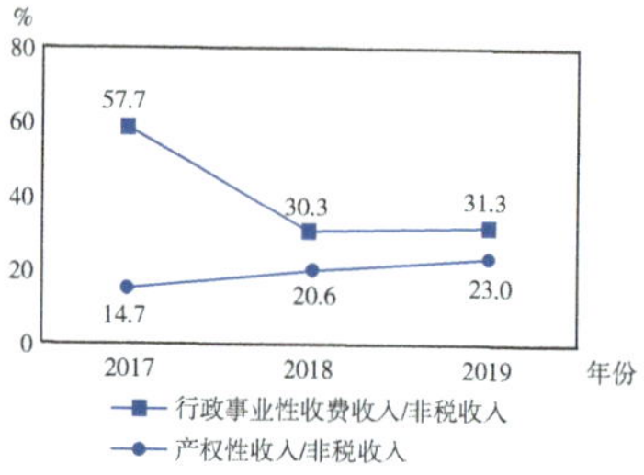

图3-57　2017-2019年河北省省本级行政事业性收费、产权性收入占非税收入的比重

3.2　河北省各市政府收入主要特征分析

3.2.1　河北省各市经济社会发展情况

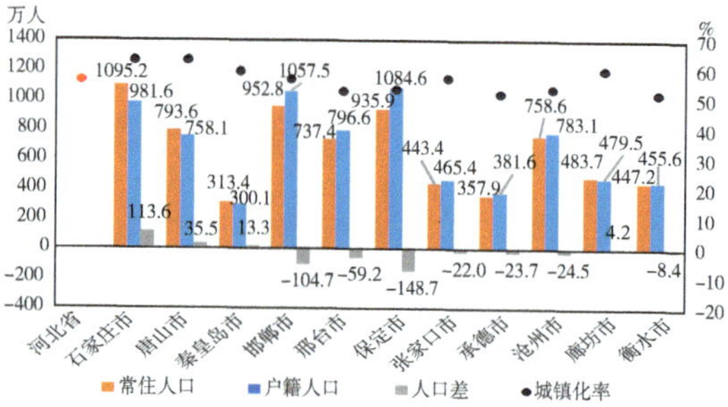

图3-58　2018年河北省各市人口状况

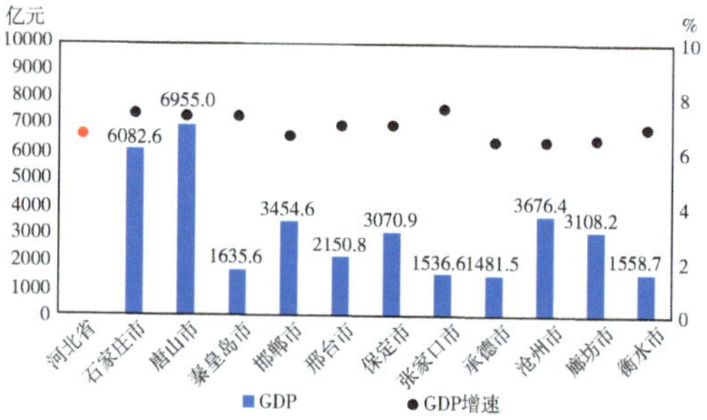

图3-59　2018年河北省各市GDP及增速

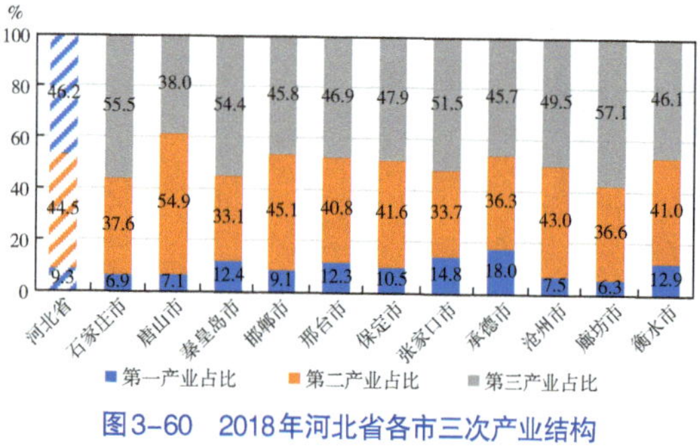

图3-60　2018年河北省各市三次产业结构

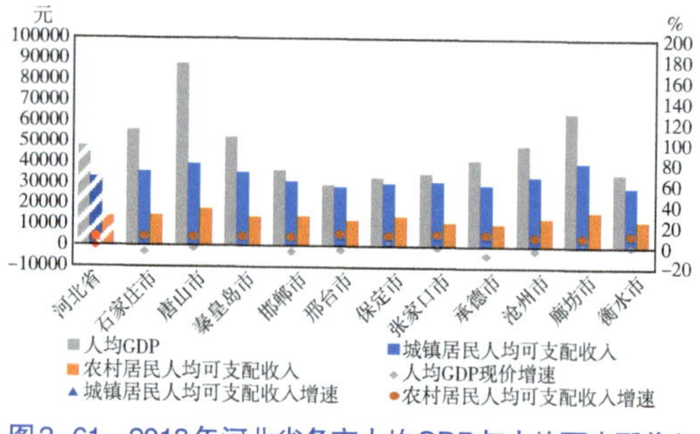

图3-61　2018年河北省各市人均GDP与人均可支配收入

3.2.2　河北省各市政府收入总体情况

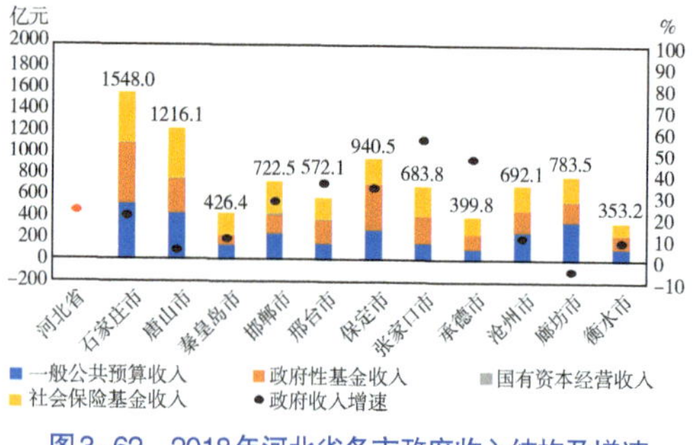

图3-62　2018年河北省各市政府收入结构及增速

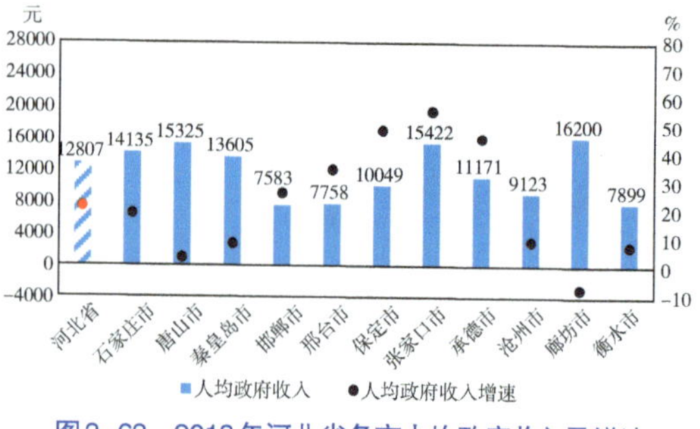

图3-63　2018年河北省各市人均政府收入及增速

3.2.3 河北省各市一般公共预算收入情况

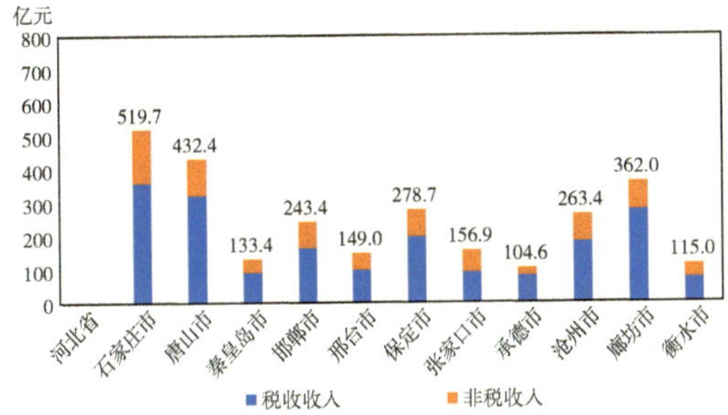

图3-64 2018年河北省各市一般公共预算收入

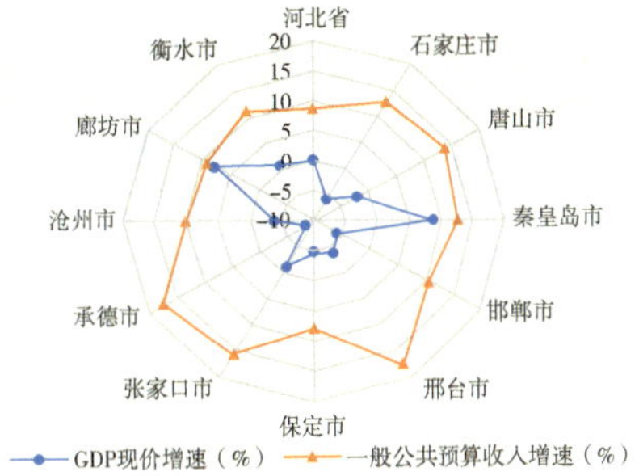

图3-65 2018年河北省各市一般公共预算收入增速

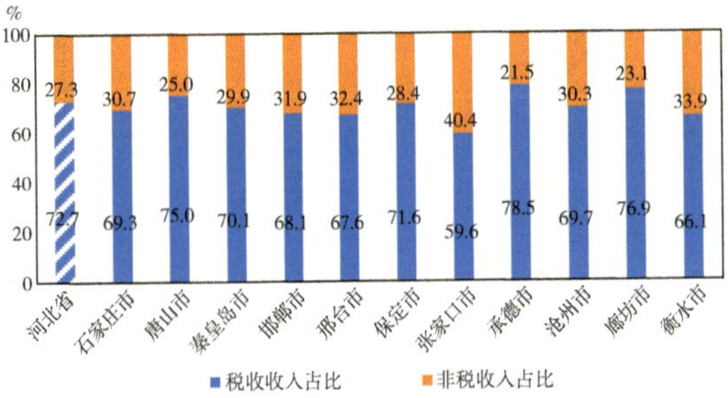

图3-66 2018年河北省各市一般公共预算收入结构

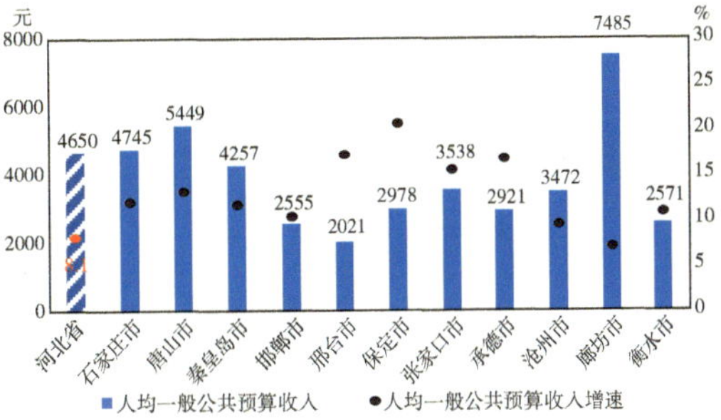

图3-67 2018年河北省各市人均一般公共预算收入及增速

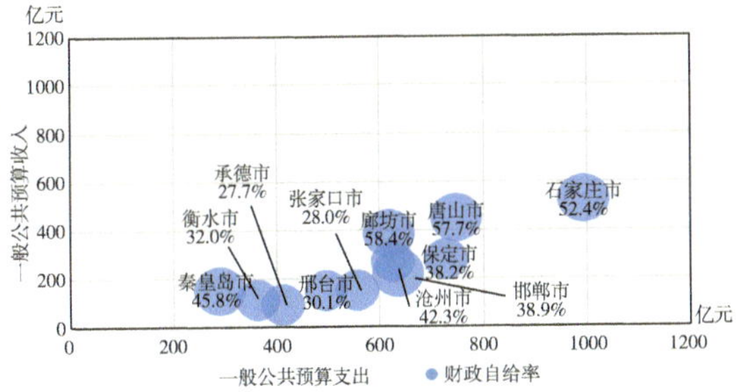

图3-68 2018年河北省各市财政自给率

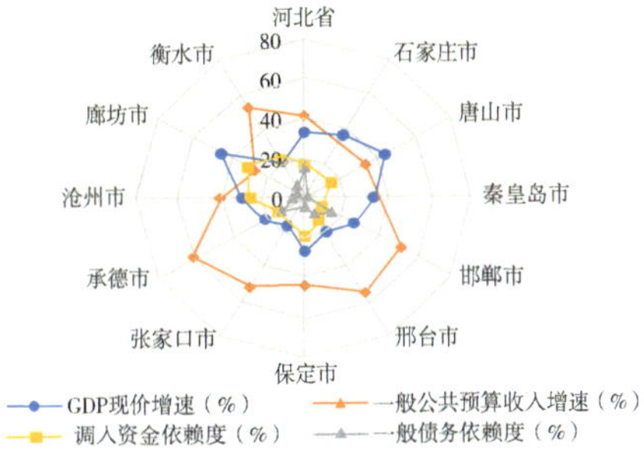

图3-69 2018年河北省各市财政收入依赖度

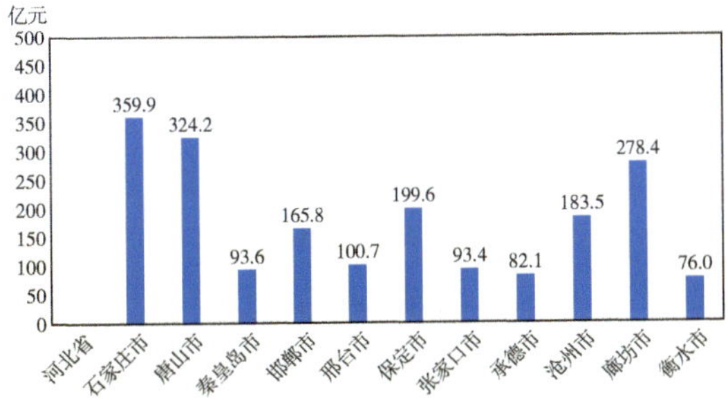

图3-70 2018年河北省各市税收收入

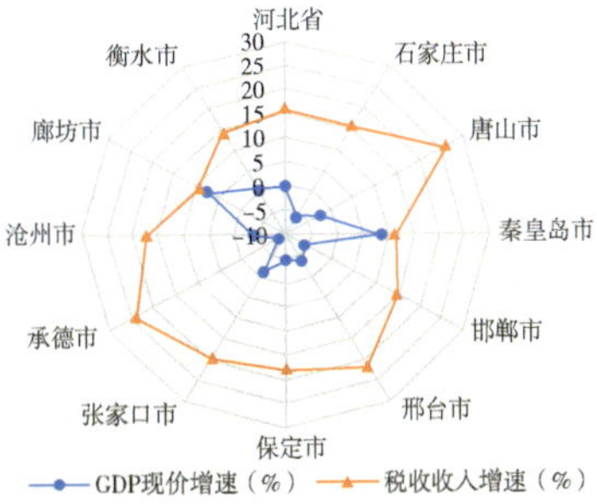

图3-71 2018年河北省各市税收收入增速

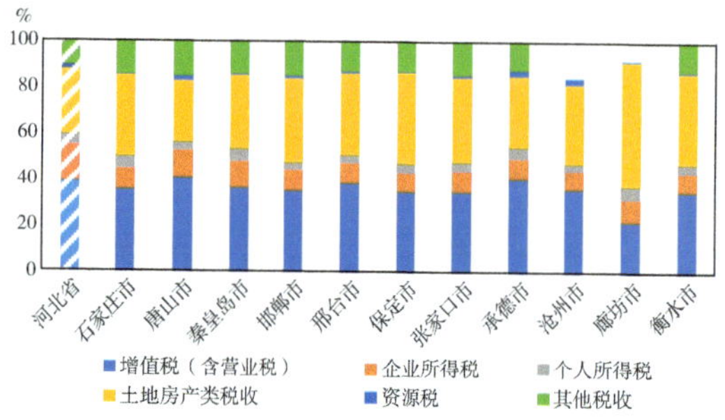

图3-72　2018年河北省各市税收收入结构

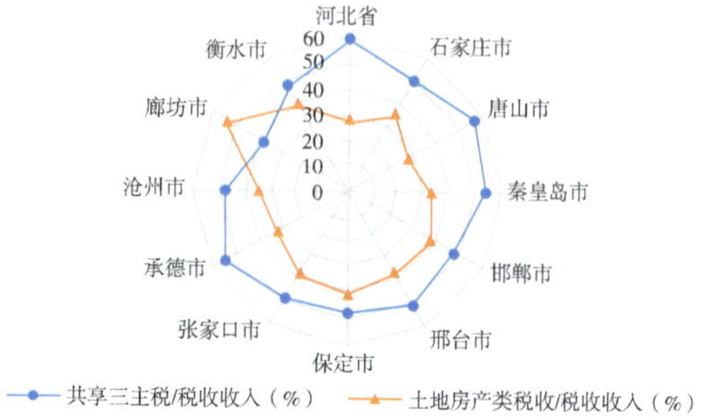

图3-73　2018年河北省各市共享三主税、土地房产类税收占税收收入的比重

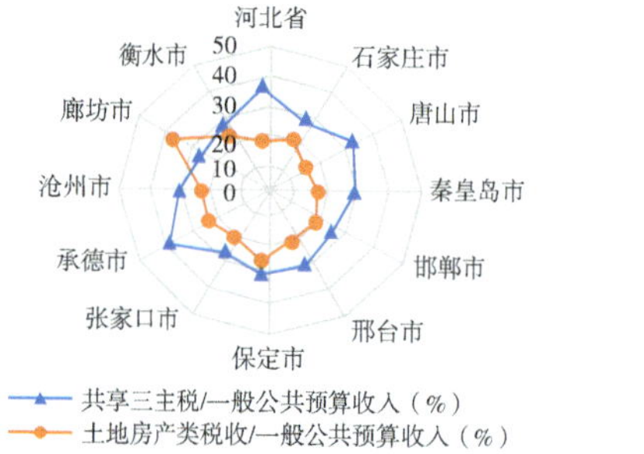

图3-74　2018年河北省各市共享三主税、土地房产类税收占一般公共预算收入的比重

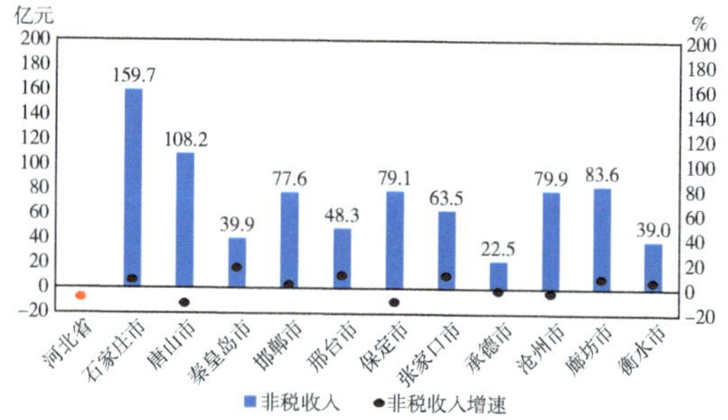

图3-75　2018年河北省各市非税收入及增速

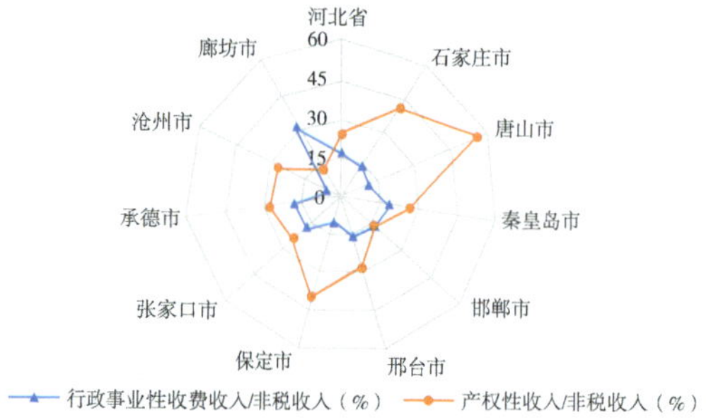

图3-76　2018年河北省各市行政事业性收费收入、产权性收入占非税收入的比重

3.2.4 河北省各市政府性基金收入与国有资本经营收入情况

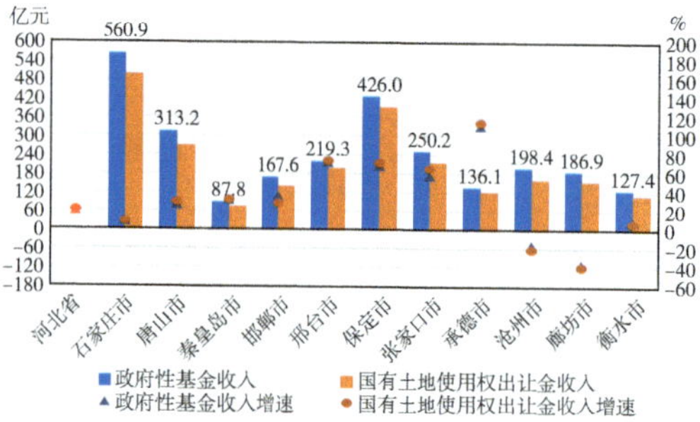

图3-77　2018年河北省各市政府性基金收入、国有土地使用权出让金收入及其增速

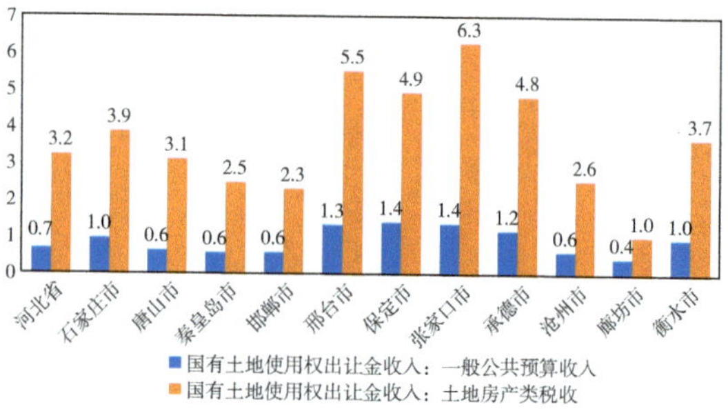

图3-78　2018年河北省各市国有土地使用权出让金收入与一般公共预算关系指标

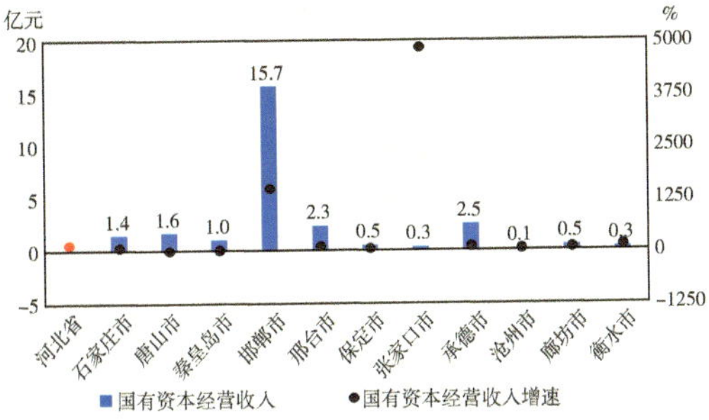

图3-79　2018年河北省各市国有资本经营收入及增速

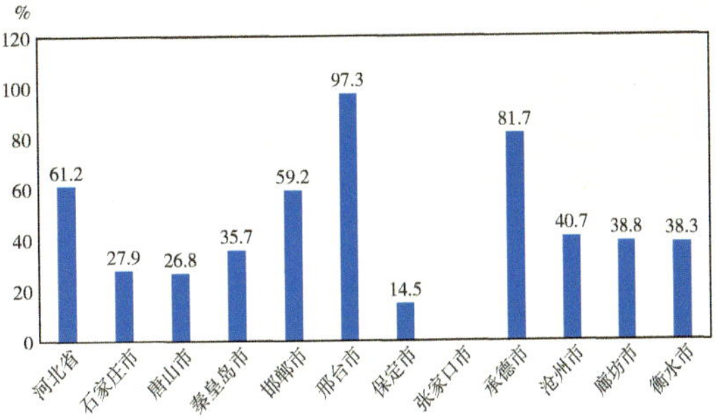

图3-80　2018年河北省各市调出资金/国有资本经营收入

3.2.5　河北省各市社会保险基金收入情况

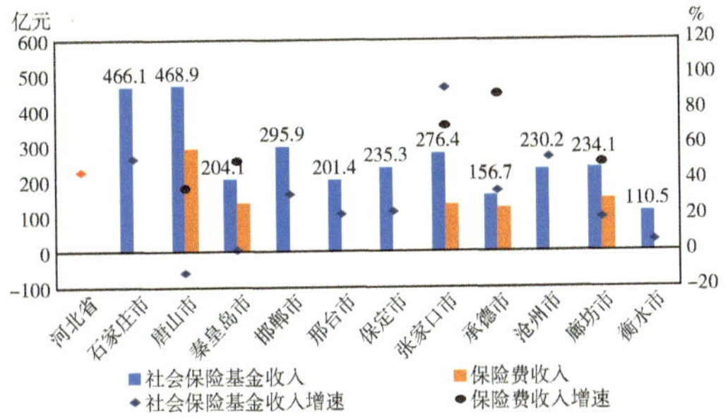

图3-81　2018年河北省各市社会保险基金收入、保险费收入及其增速

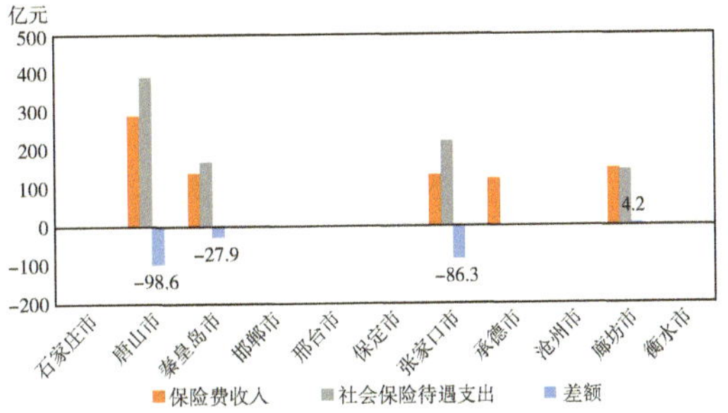

图3-82　2018年河北省各市保险费收入、社会保险待遇支出及其差额

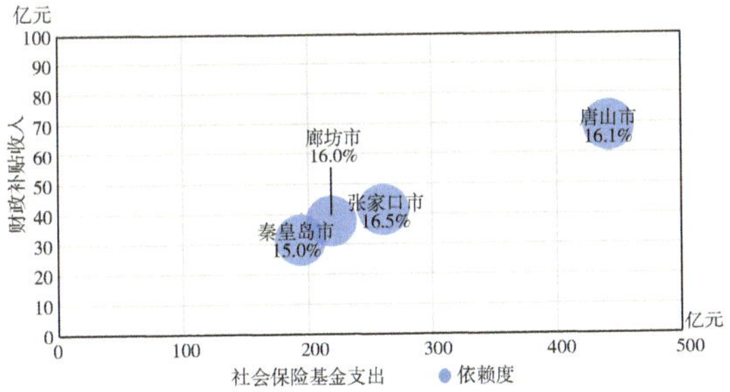

图3-83　2018年河北省各市社会保险基金对财政补贴的依赖度

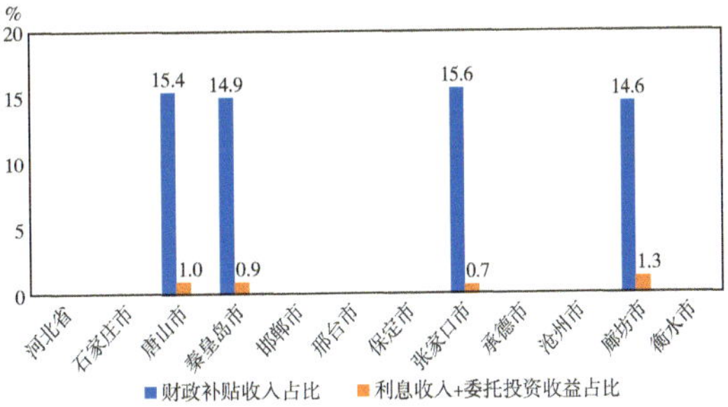

图3-84　2018年河北省各市财政补贴收入、利息收入+委托投资收益占社会保险基金收入的比重

3.2.6　河北省各市债务情况

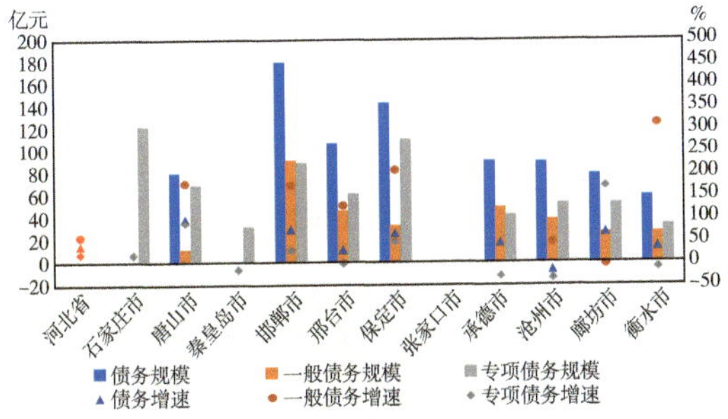

图3-85　2018年河北省各市债务规模及其增速

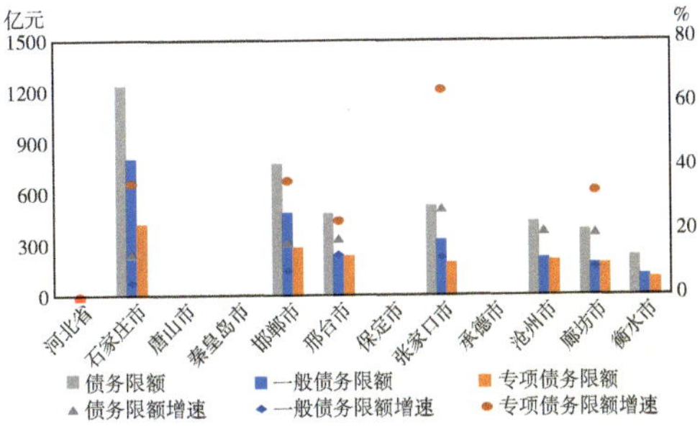

图3-86　2018年河北省各市债务限额及其增速

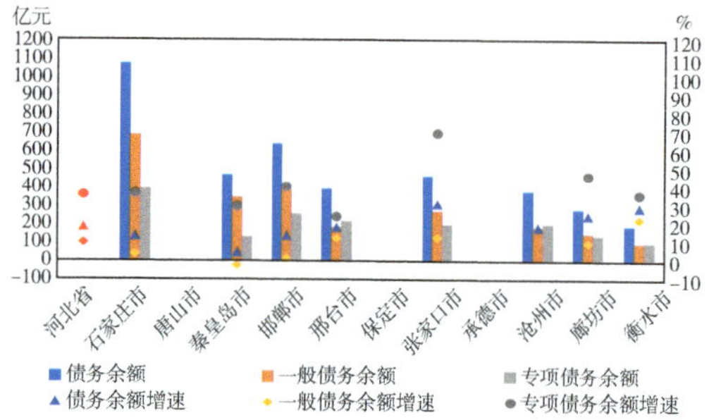

图3-87　2018年河北省各市债务余额及其增速

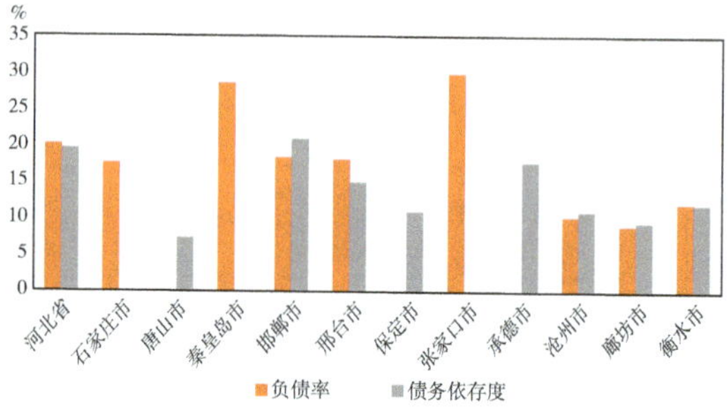

图3-88　2018年河北省各市负债率与债务依存度

3.2.7　河北省各市市本级一般公共预算收入情况

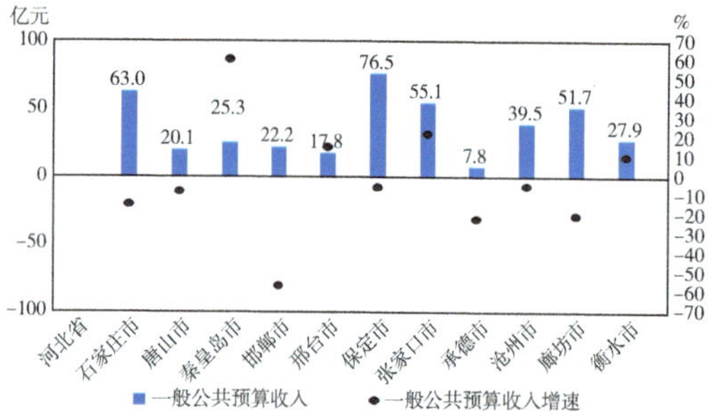

图3-89　2018年河北省各市市本级一般公共预算收入及增速

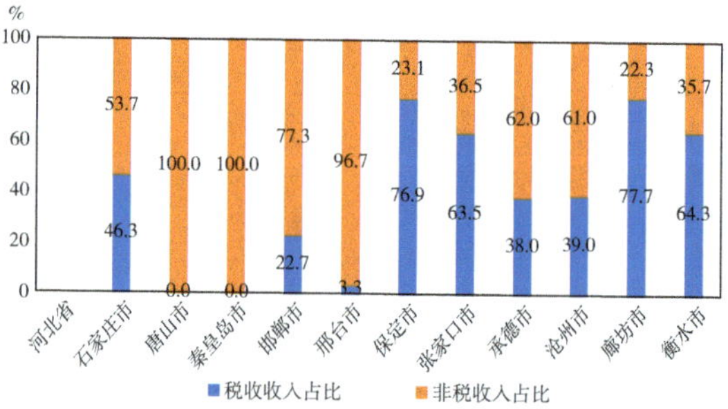

图3-90　2018年河北各市市本级一般公共预算收入结构

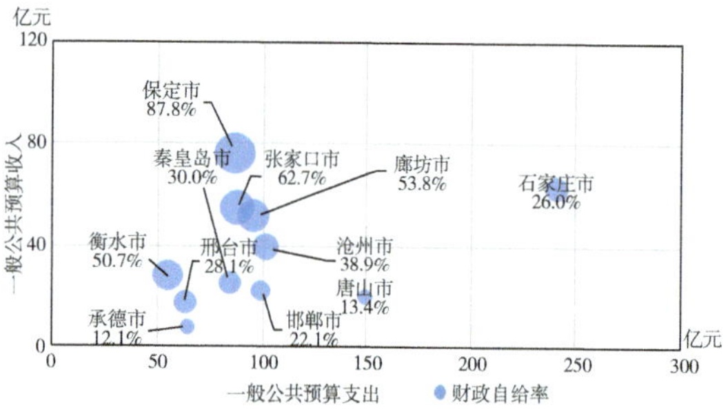

图3-91　2018年河北省各市市本级财政自给率

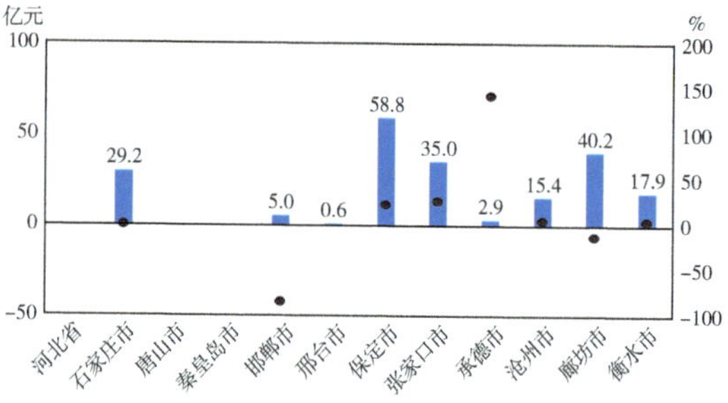

图3-92　2018年河北省各市市本级税收收入及增速

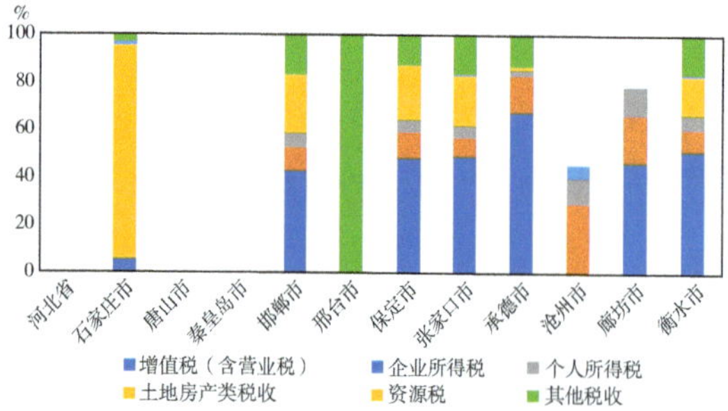

图3-93　2018年河北省各市市本级税收收入结构

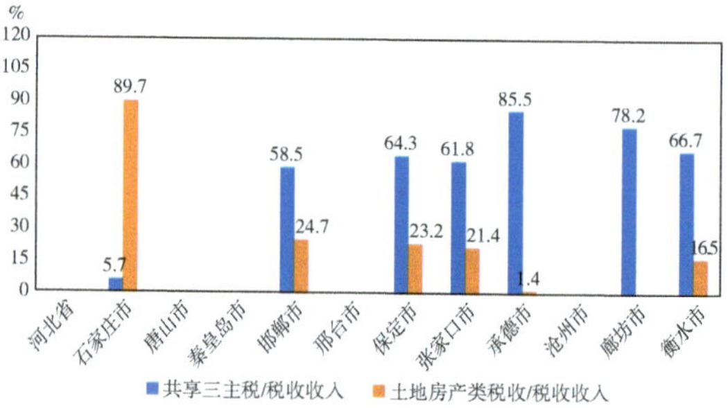

图3-94　2018年河北省各市市本级共享三主税、土地房产类税收占税收收入的比重

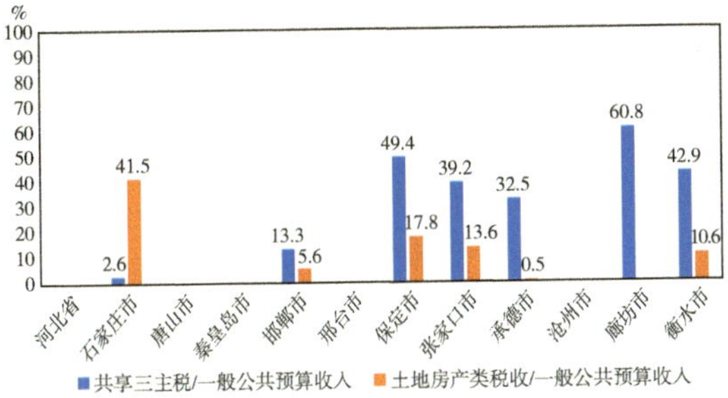

图3-95　2018年河北省各市市本级共享三主税、土地房产类税收占一般公共预算的比重

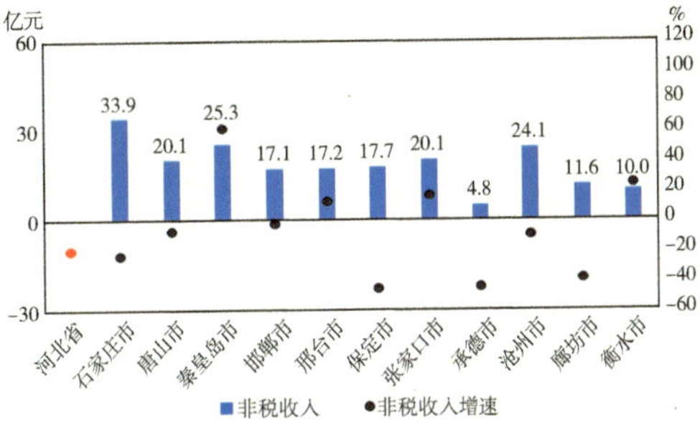

图3-96　2018年河北省各市市本级非税收入及增速

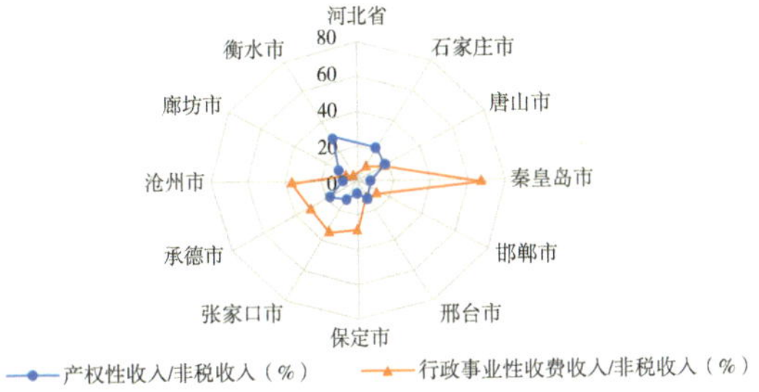

图3-97　2018年河北省各市市本级产权性收入、行政事业性收费收入占非税收入的比重

3.3　河北省样本县政府收入主要特征分析

3.3.1　河北省样本县经济社会发展情况

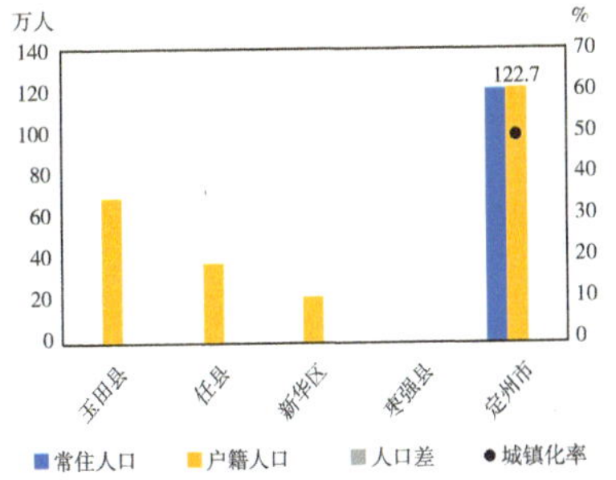

图3-98　2018年河北省样本区县人口状况

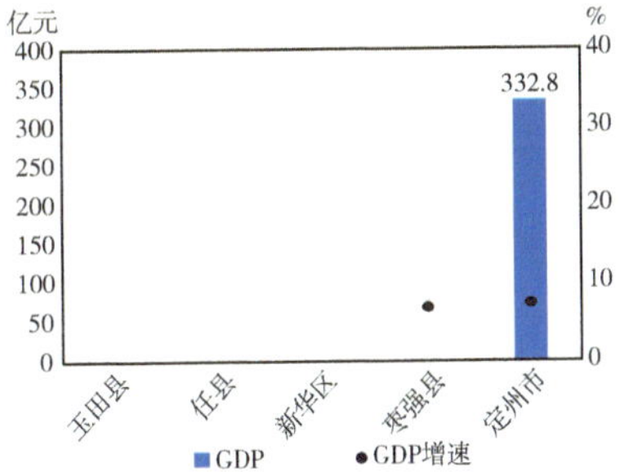

图3-99　2018年河北省样本区县GDP及增速

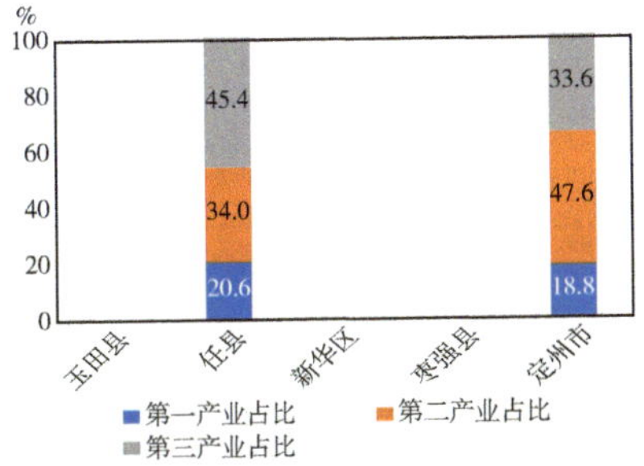

图3-100　2018年河北省样本区县三次产业结构

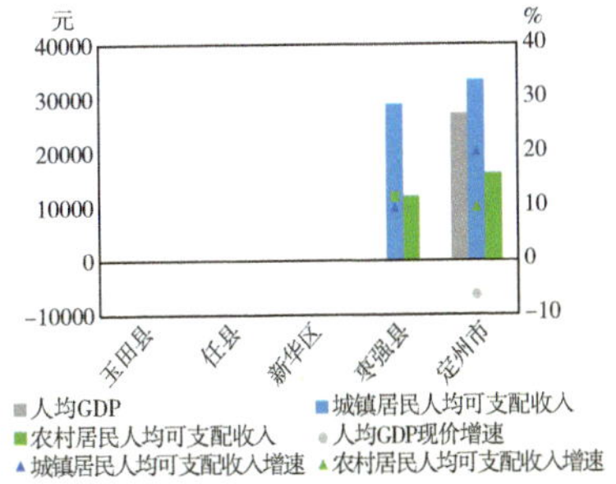

图3-101　2018年河北省样本区县人均GDP与人均可支配收入

3.3.2 河北省样本县政府收入总体情况

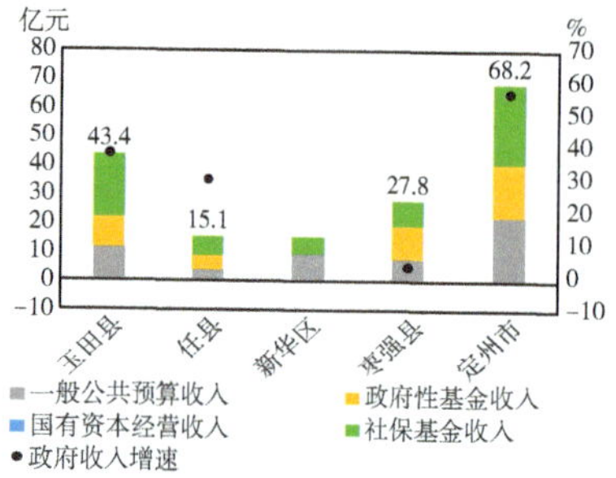

图3-102 2018年河北省样本区县政府收入结构及增速

3.3.3 河北省样本县一般公共预算收入情况

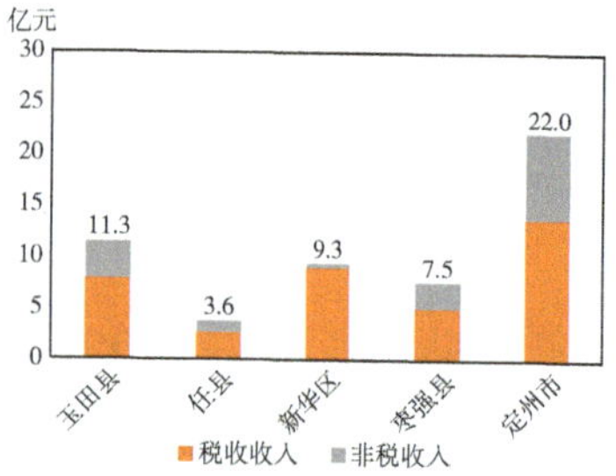

图3-103 2018年河北省样本区县一般公共预算收入

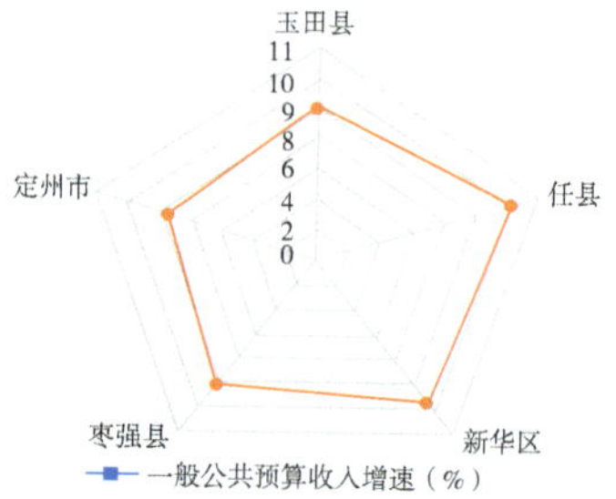

图3-104 2018年河北省样本区县一般公共预算收入增速

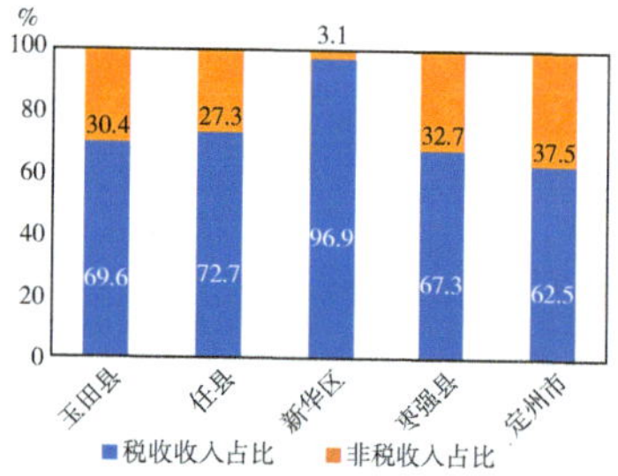

图3-105 2018年河北省样本区县一般公共预算收入结构

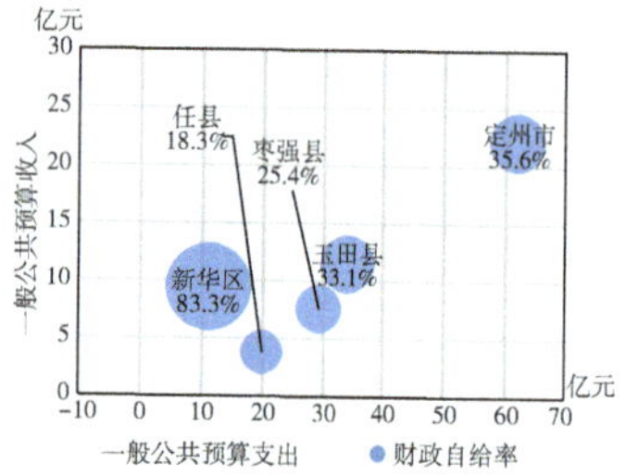

图3-106 2018年河北省样本区县财政自给率

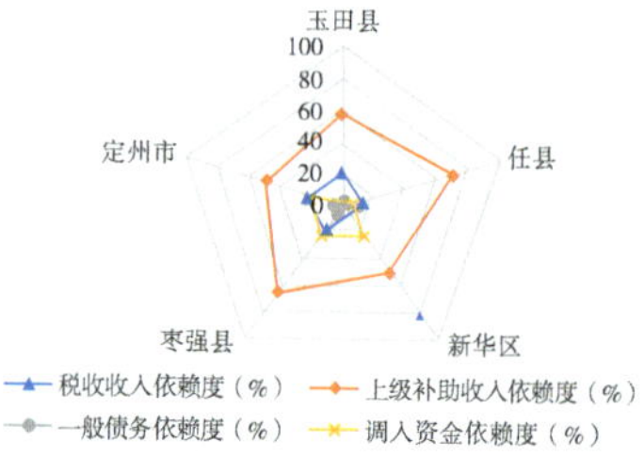

图3-107 2018年河北省样本区县财政收入依赖度

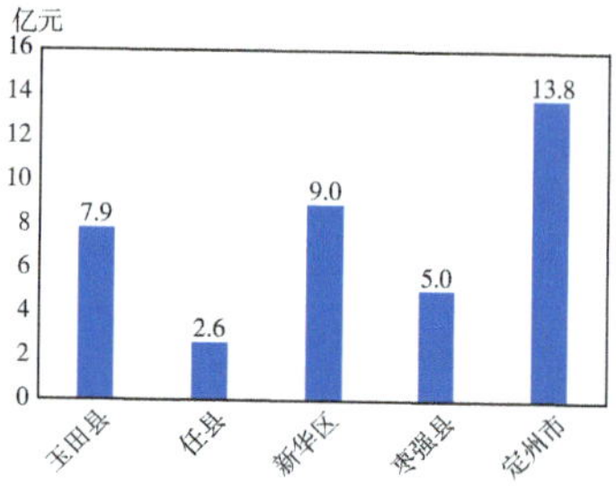

图3-108 2018年河北省样本区县税收收入

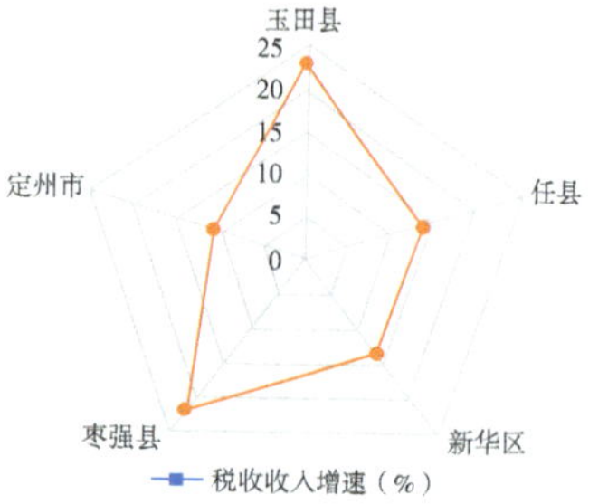

图3-109 2018年河北省样本区县税收收入增速

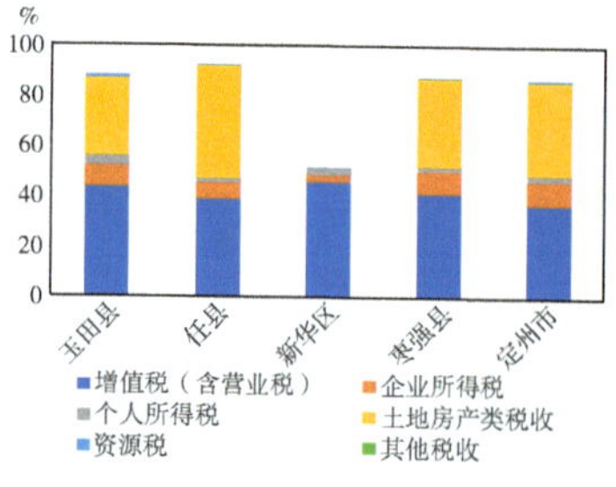

图3-110 2018年河北省样本区县税收收入结构

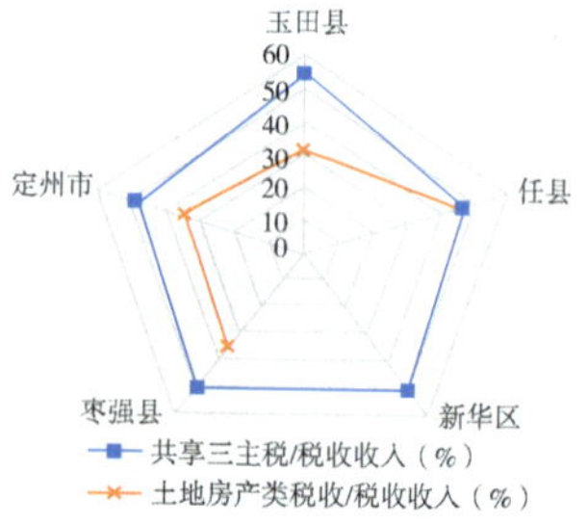

图3-111 2018年河北省样本区县共享三主税、土地房产类税收占税收收入的比重

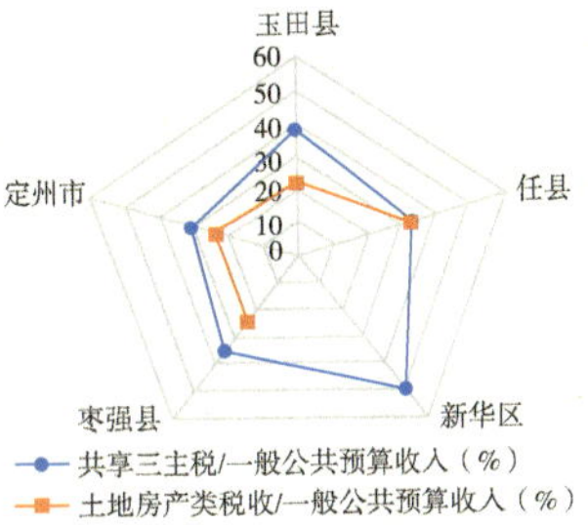

图3-112　2018年河北省样本区县共享三主税、土地房产类税收占一般公共预算收入的比重

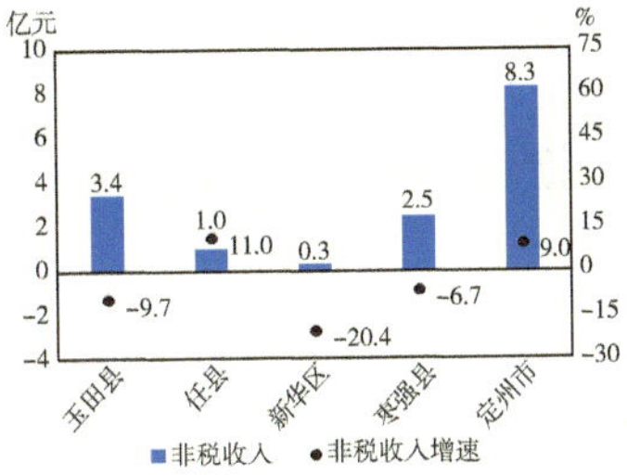

图3-113　2018年河北省样本区县非税收入

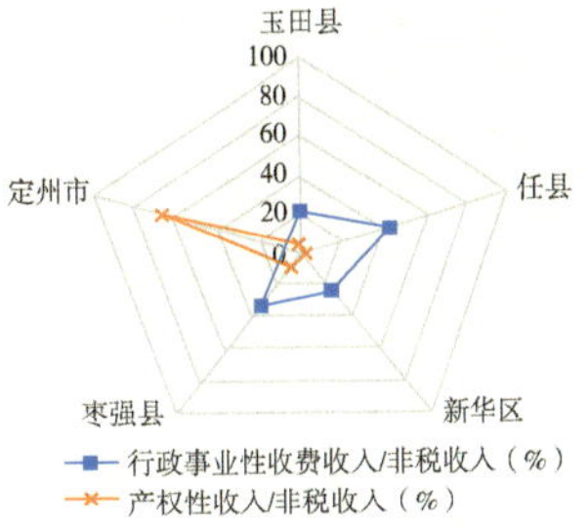

图3-114　2018年河北省样本区县产权性收入、行政事业性收费收入占非税收入的比重

3.3.4　河北省样本县政府性基金收入与国有资本经营收入情况

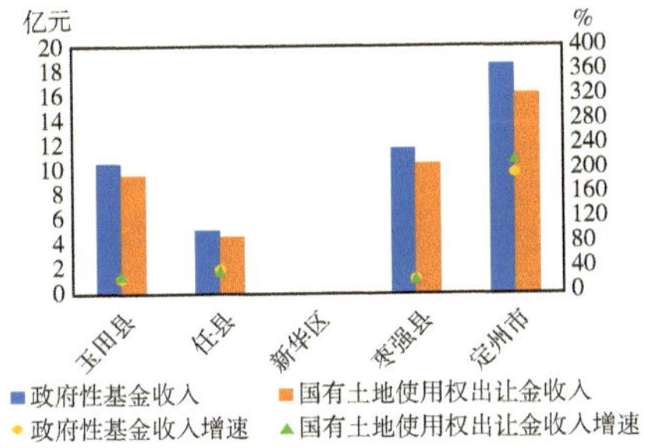

图3-115　2018年河北省样本区县政府性基金收入、国有土地使用权出让金收入及其增速

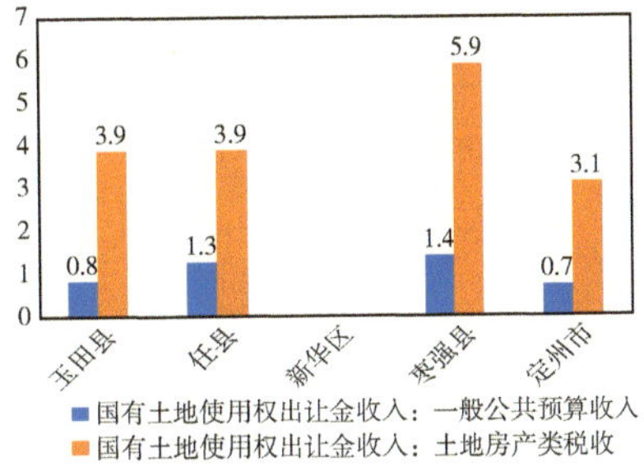

图3-116　2018年河北省样本区县国有土地使用权出让金收入与一般公共预算关系指标

3.3.5　河北省样本县社会保险基金收入情况

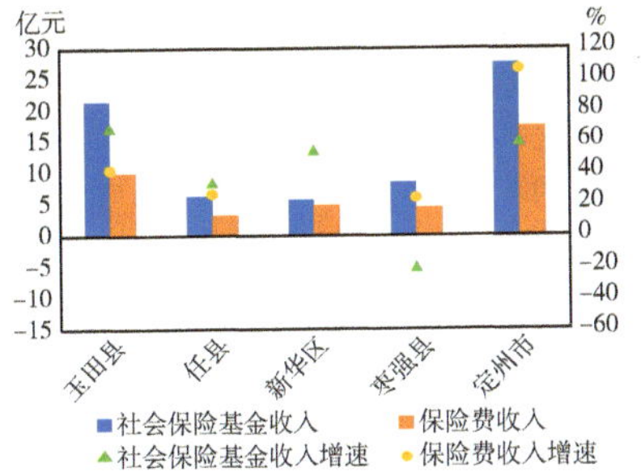

图3-117　2018年河北省样本区县社会保险基金收入、保险费收入及其增速

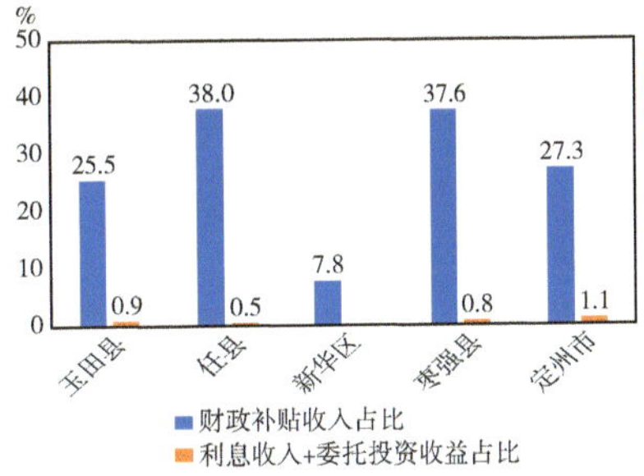

图3-118　2018年河北省样本区县财政补贴收入、利息收入+委托投资收益占社会保险基金收入的比重

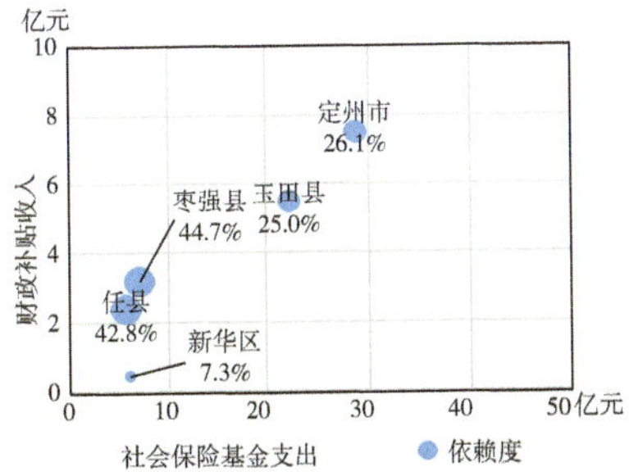

图3-119　2018年河北省样本区县社会保险基金对财政补贴的依赖度

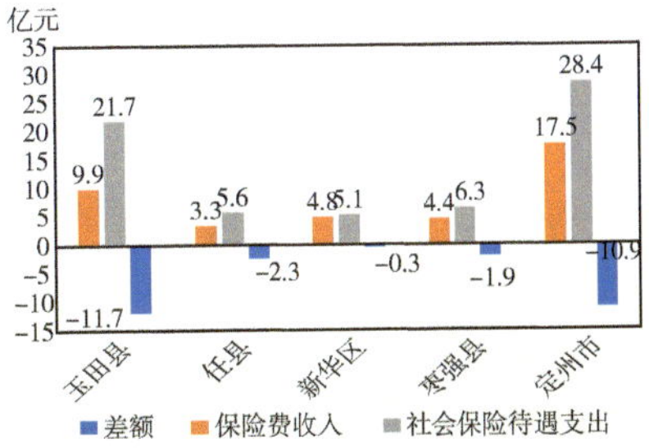

图3-120　2018年河北省样本区县保险费收入、社会保险待遇支出及其差额

3.3.6 河北省样本县债务情况

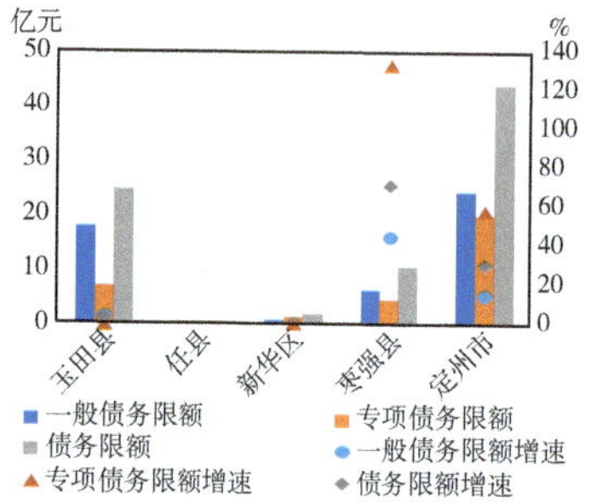

图3-121 2018年河北省样本区县债务限额及其增速

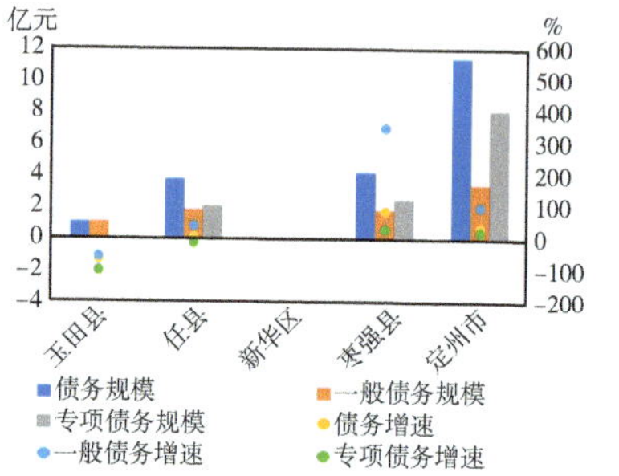

图3-122 2018年河北省样本区县债务规模及其增速

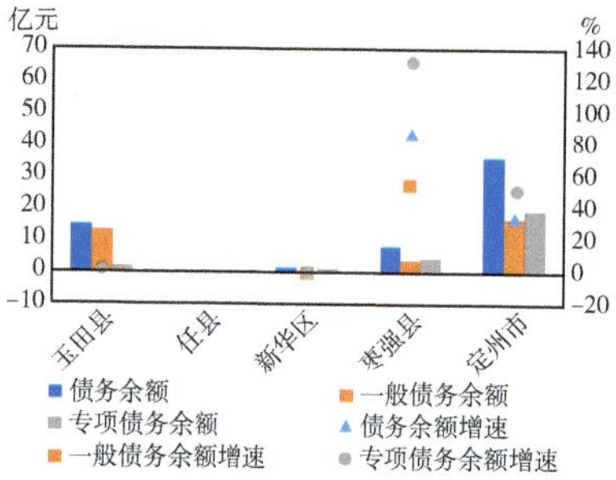

图3-123 2018年河北省样本区县债务余额及其增速

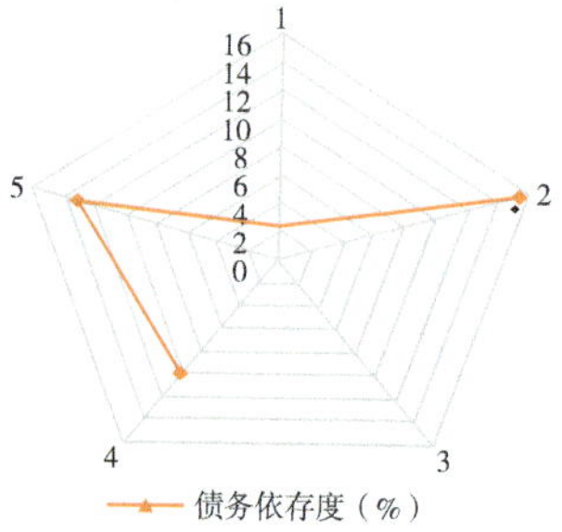

图3-124 2018年河北省样本区县债务依存度

4 山西省

山西省共辖11个地级市，市辖区25个、县级市11个、县81个；地域面积为15.67万平方公里，以山区面积为主，占比达80.1%。山西省矿产资源丰富，煤层气剩余经济可采储量居全国第一，造就了其经济发展、财政收入依赖资源的特征。总体上看，山西的经济发展、财政收入等在全国处于中等水平，区域差异大，发展不均衡。

2019年山西省经济总量处于全国中等，第三产业占比低于全国，常住人口增加，城镇化率略低于全国。2019年末，山西省常住人口3729.2万人，常住人口城镇化率为59.6%。2019年山西GDP达到1.7万亿元，排全国第21名，次于内蒙古，略高于贵州；增速6.2%，比2018年下降0.5个百分点，高于全国0.1个百分点，排全国第16名；人均GDP为45657元（6618美元），排全国第27名。从产业结构看，第一、第二、第三产业占比分别为4.8%、43.8%（高于全国平均水平4.8个百分点）和51.4%（低于全国平均水平2.5个百分点）。从居民可支配收入看，2019年城镇与农村居民人均可支配收入分别为33262元和12902元，呈上升态势，分别为全国平均水平的78.5%和80.5%。

2019年山西省一般公共预算收入全国排中等，矿产资源丰富带来的非税收入（产权性收入）占比高，省市县中县级政府收入占比最高。2019年山西省一般公共预算收入2347.6亿元（第17名），增速2.4%（第18名），人均一般公共预算收入为6295元，排全国第13名。其中，近三年山西省税收收入占一般公共预算收入的总体呈上升态势，2019年为76%，低于全国平均水平7个百分点。非税收入占比高，其中2018年政府产权性收入规模占非税收入比高达51.6%。从纵向收入分配看，2018年省本级、市本级、县一般公共预算收入占比分别为33%、24%和43%。

2019年山西省财政自给率偏低，地区财政总收入小于一般公共预算支出。山西财政自给率在50%左右，2019年为49.8%。2018年山西省组织的地区财政总收入为3547.6亿元，增速为20.0%，其中上缴中央收入占比35.4%。2018年山西省一般公共预算支出为4283.9亿元，高于地区财政总收入规模。

2019年山西省四本预算的一般公共预算收入和社保基金收入占比下降。2019年山西省四本预算加总的政府收入5390.5亿元，增速为9.5%，其中一般公共预算收入、政府性基金收入、国有资本经营收入和社会保险基金收入分别占比43.6%、22.0%、1.3%和33.2%。

山西省内各地市经济社会发展和财政发展不均衡，优势主要集中于省会太原。太原市是2018年山西省政府收入规模唯一超千亿元的城市，达到1063.5亿元，而其他城市政府收入规模分布在150亿—450亿元区间。2018年太原市一般公共预算收入373.2亿元，其他各市均低于200亿元，且城市间差异较大，比如太原市是阳泉市的6.5倍。除少数城市（太原市、朔州市、晋城市）外，2018年山西省各市财政自给率低于50%。财政自给率最高的城市为太原，达到68.8%，最低的为运城市，仅为23.9%。政府性基金收入主要构成是国有土地使用权出让金收入，与地理位置关系较大，收入规模最大的太原市（374.3亿元）为规模最小的阳泉市（13.7亿元）的27.3倍。

本章执笔人：陈少波　审校：谢恺

4.1 山西省政府收入主要特征分析

4.1.1 山西省经济社会基本情况

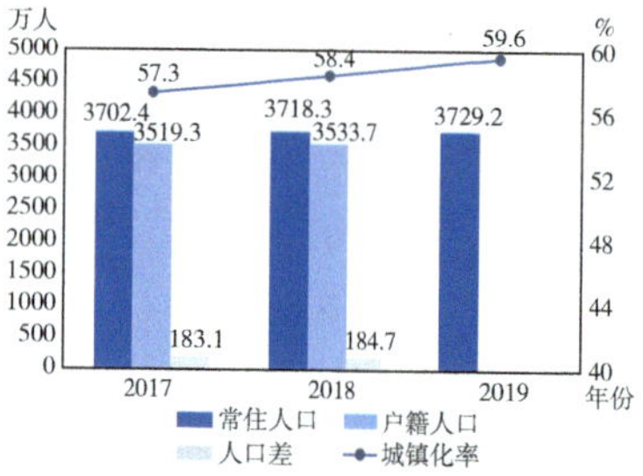

图4-1　2017-2019年山西省人口状况

图4-2　2017-2019年山西省GDP及增速

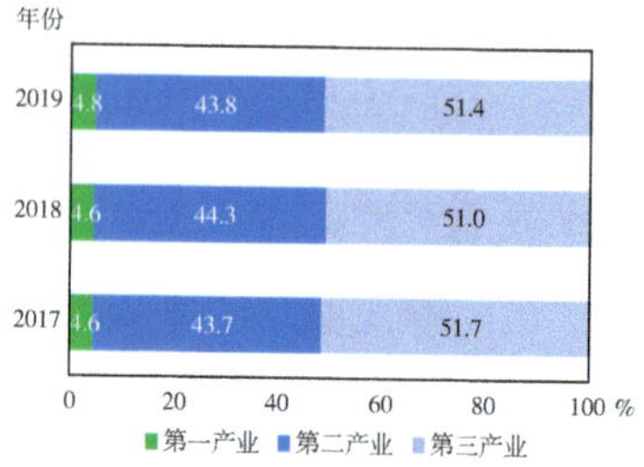

图4-3　2017-2019年山西省三次产业结构

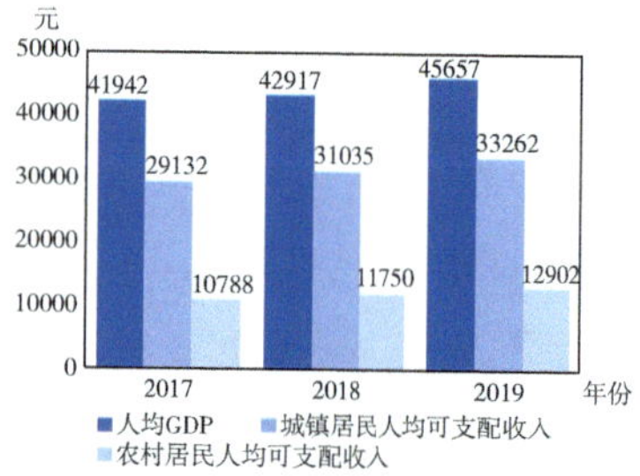

图4-4　2017-2019年山西省人均GDP和人均可支配收入

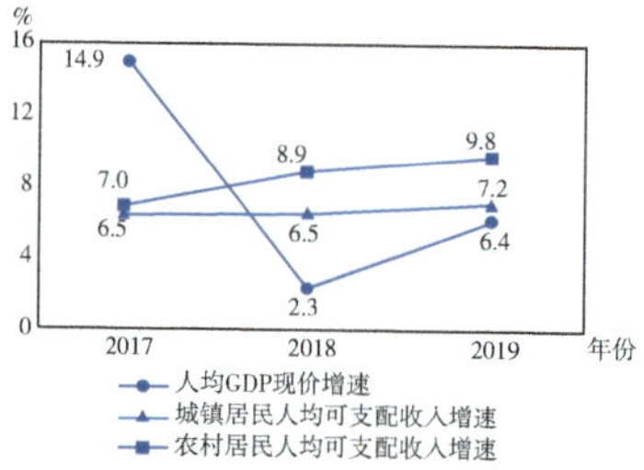

图4-5　2017-2019年山西省人均GDP增速和人均可支配收入增速

4.1.2 山西省政府收入总体情况

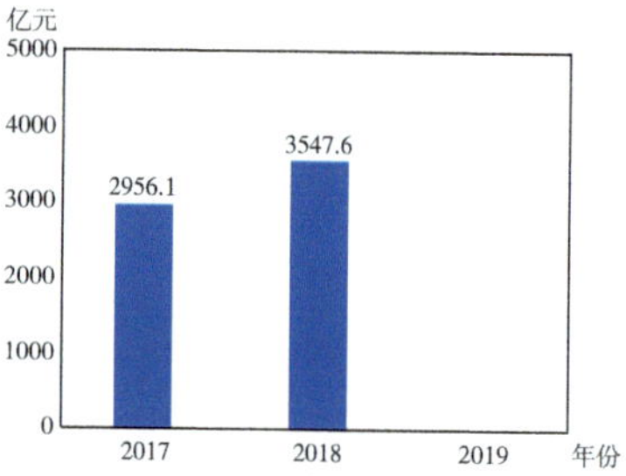

图4-6　2017-2019年山西省财政总收入

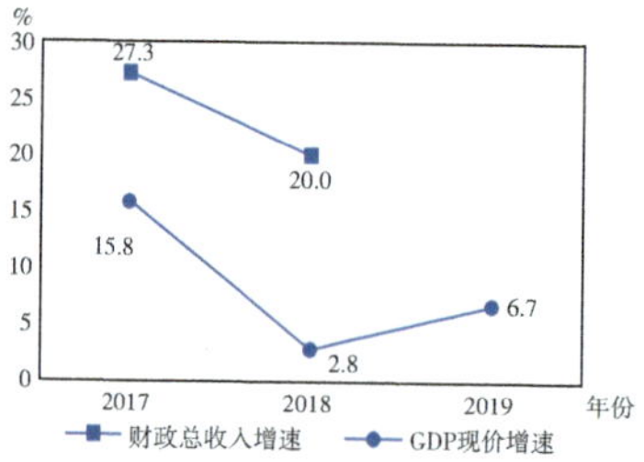

图4-7　2017-2019年山西省财政总收入增速

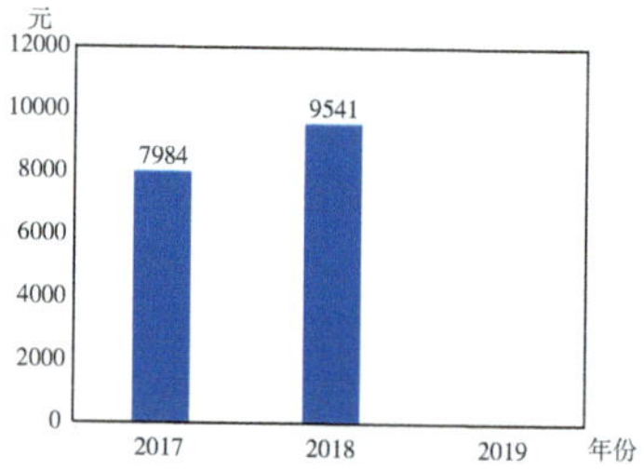

图4-8　2017-2019年山西省人均财政总收入

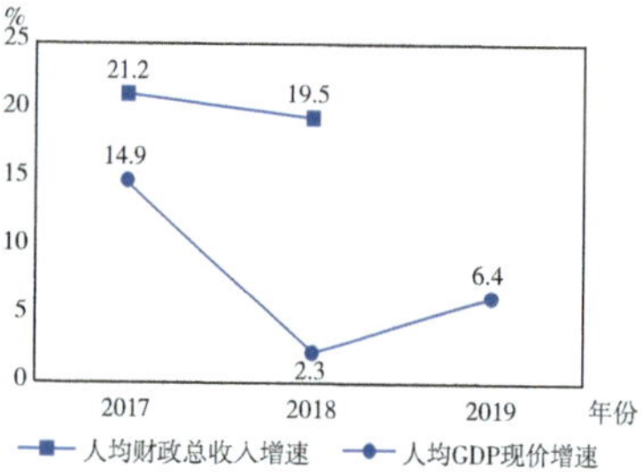

图4-9　2017-2019年山西省人均财政总收入增速

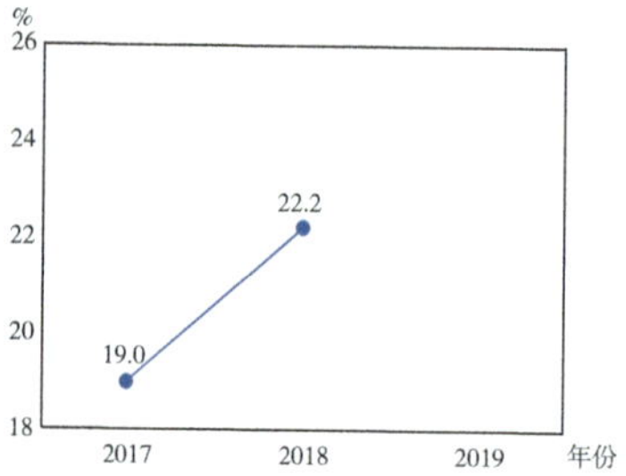

图4-10　2017-2019年山西省财政总收入/GDP

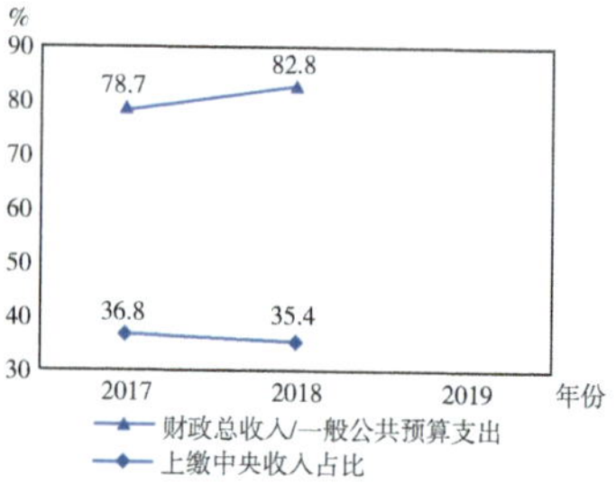

图4-11　2017-2019年山西省财政总收入其他指标

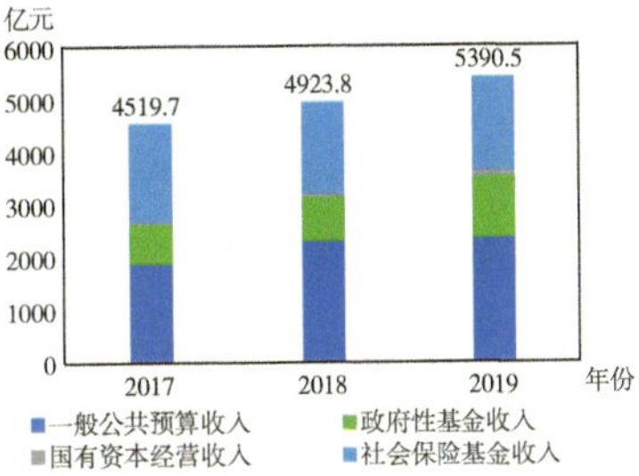

图4-12　2017-2019年山西省政府收入

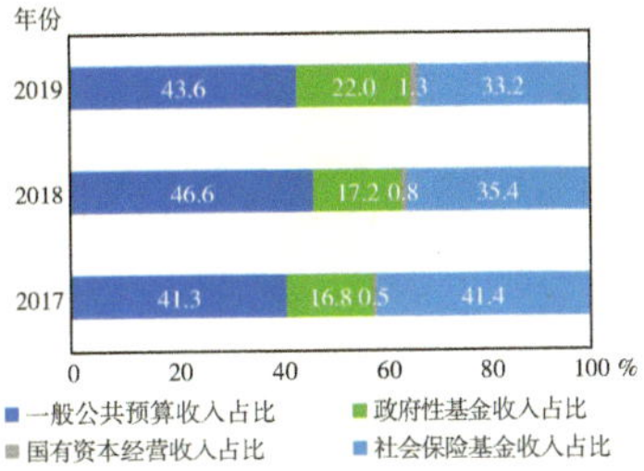

图4-13　2017-2019年山西省政府收入结构

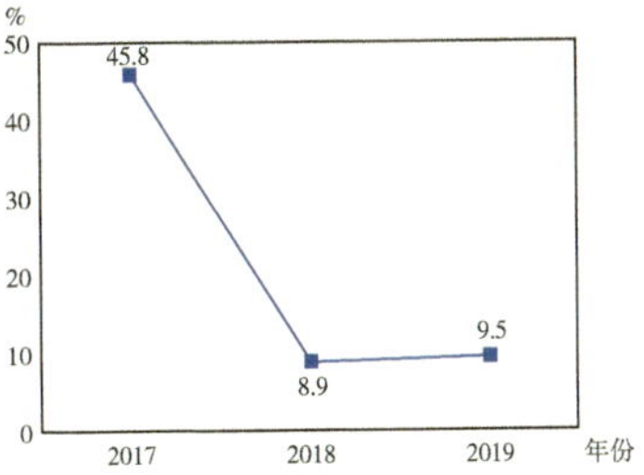

图4-14　2017-2019年山西省政府收入增速

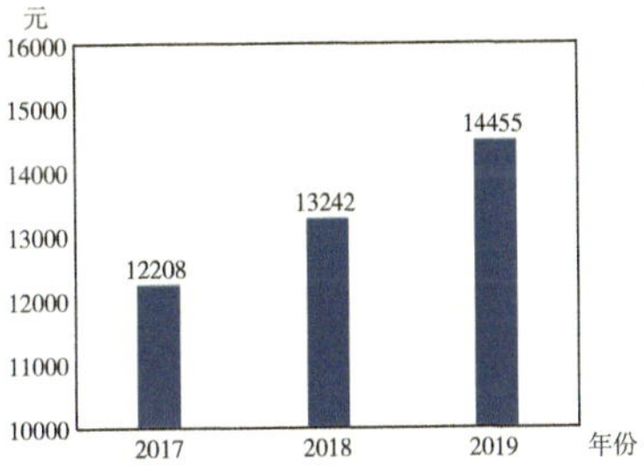

图4-15　2017-2019年山西省人均政府收入

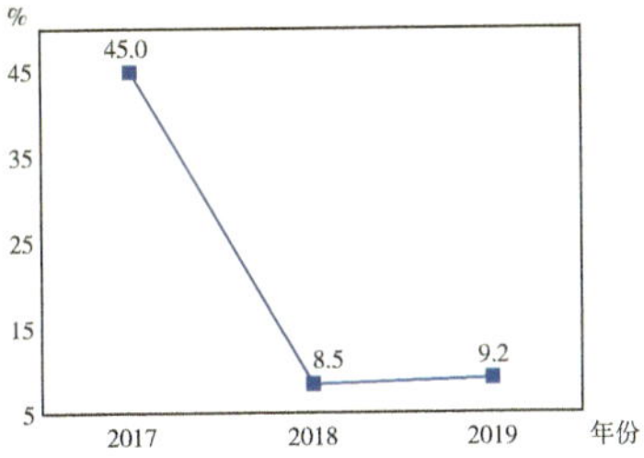

图4-16　2017-2019年山西省人均政府收入增速

4.1.3　山西省一般公共预算收入情况

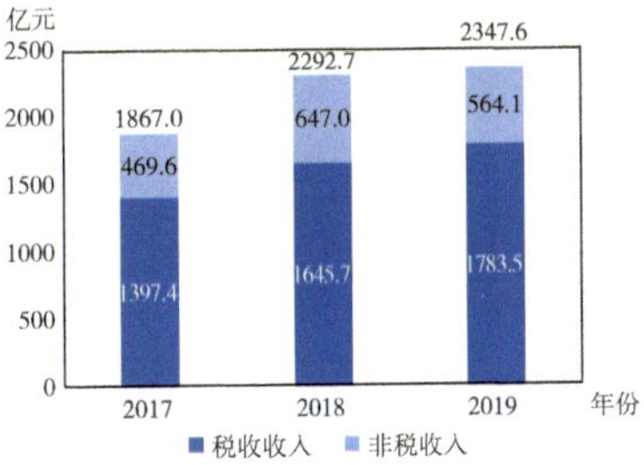

图4-17　2017-2019年山西省一般公共预算收入

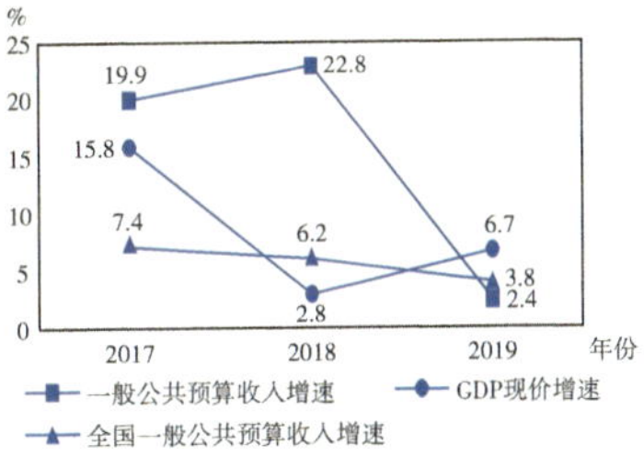

图4-18　2017-2019年山西省一般公共预算收入增速

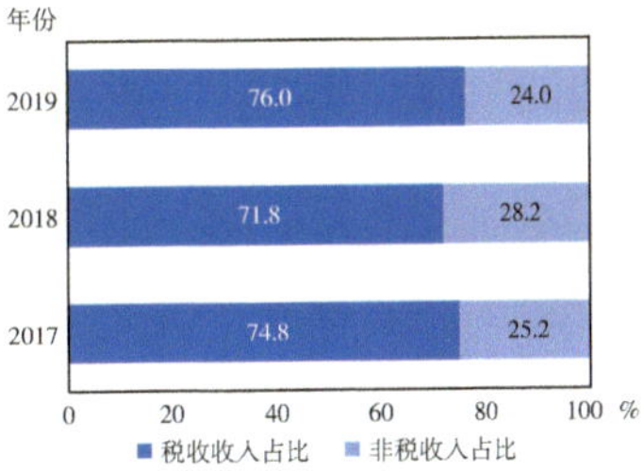

图4-19　2017-2019年山西省一般公共预算收入结构

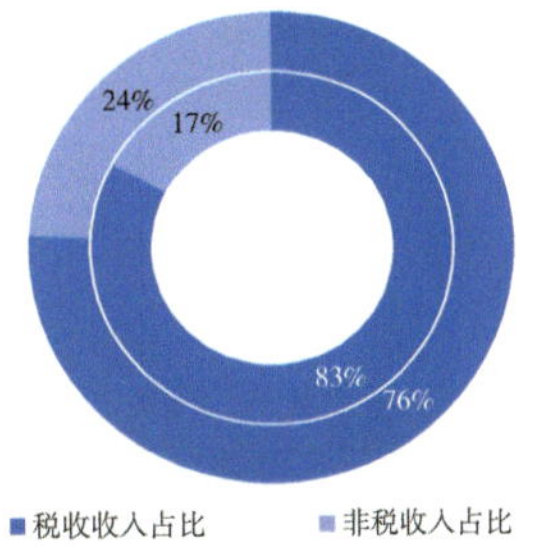

图4-20　2019年一般公共预算收入结构对比（内环为全国，外环为山西省）

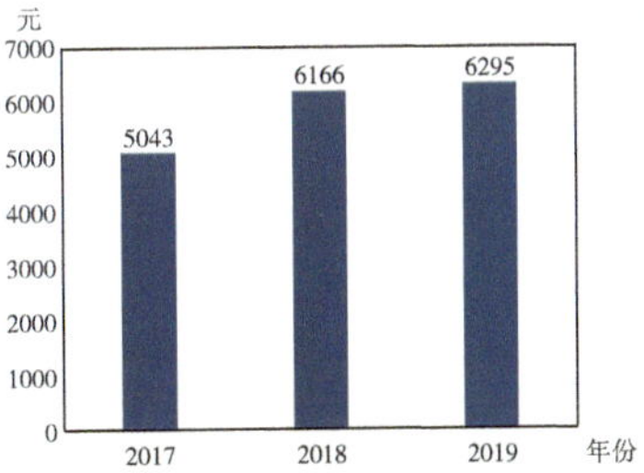

图4-21　2017-2019年山西省人均一般公共预算收入

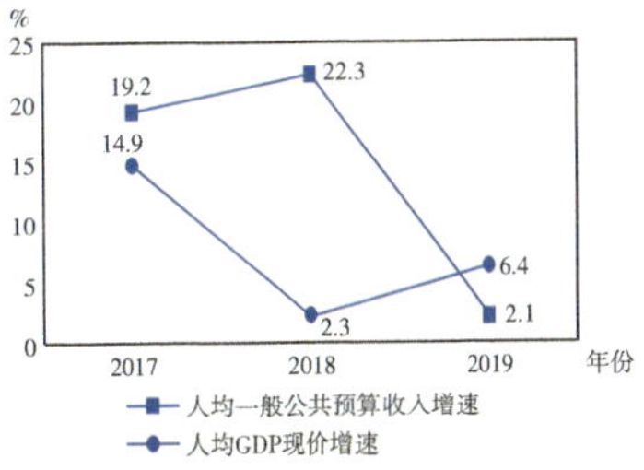

图4-22　2017-2019年山西省人均一般公共预算收入增速

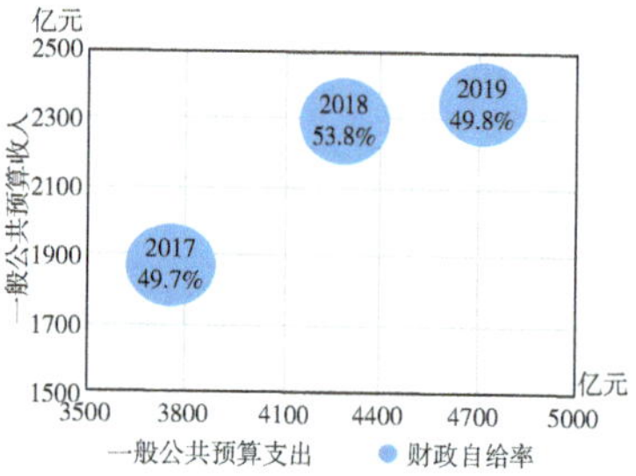

图4-23　2017-2019年山西省财政自给率

图4-24　2017-2019年山西省财政收入依赖度

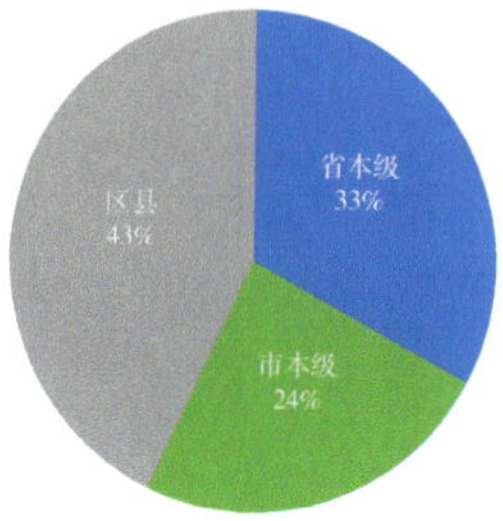

图4-25　2018年省市县三级政府一般公共预算收入分布

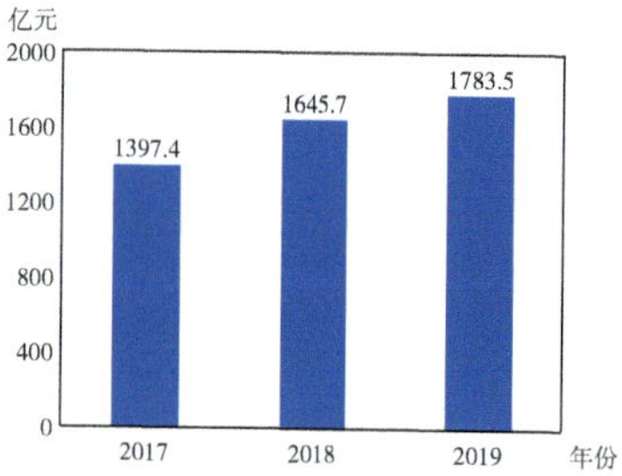

图4-26　2017-2019年山西省税收收入

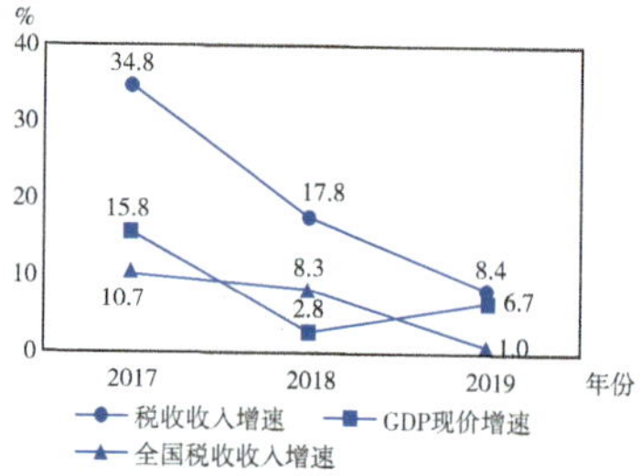

图4-27　2017-2019年山西省税收收入增速

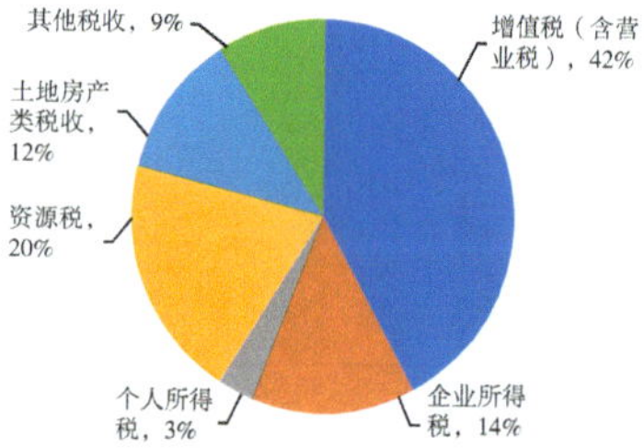

图4-28　2018年山西省税收结构

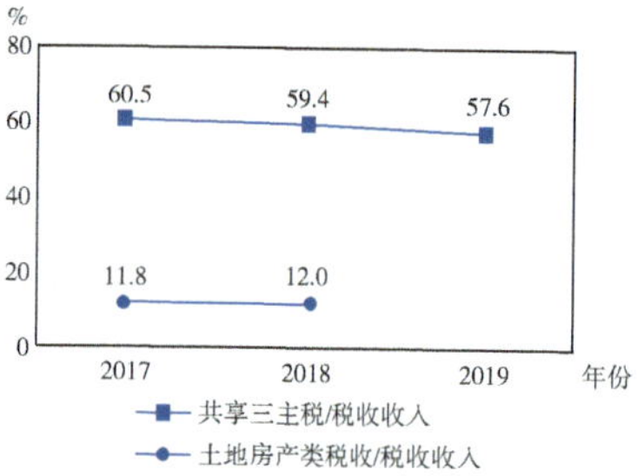

图4-29　2017-2019年山西省共享三主税、土地房产类税收占税收收入的比重

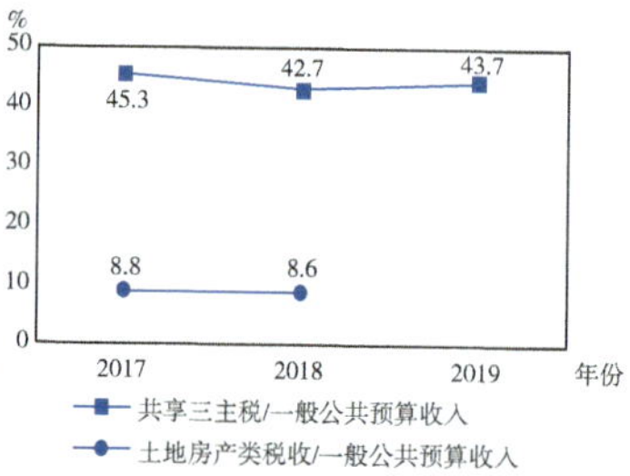

图4-30　2017-2019年山西省共享三主税、土地房产类税收占一般公共预算收入的比重

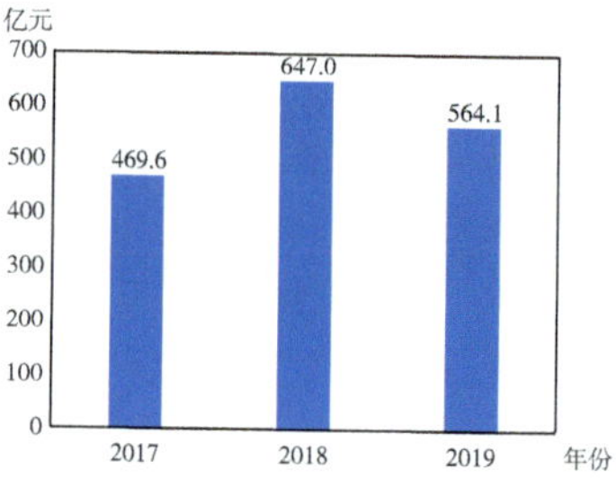

图4-31　2017-2019年山西省非税收入

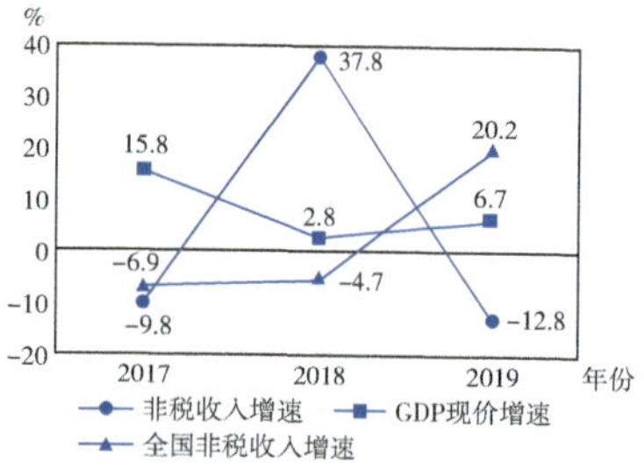

图4-32　2017-2019年山西省非税收入增速

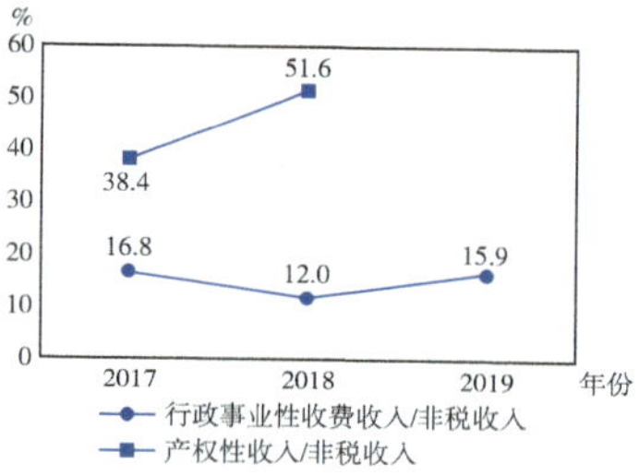

图4-33　2017-2019年山西省行政事业性收费、产权性收入占非税收入的比重

4.1.4 山西省政府性基金收入和国有资本经营收入情况

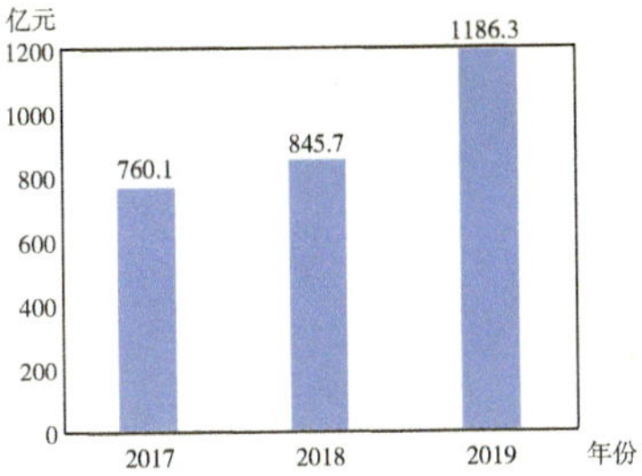

图4-34 2017-2019年山西省政府性基金收入

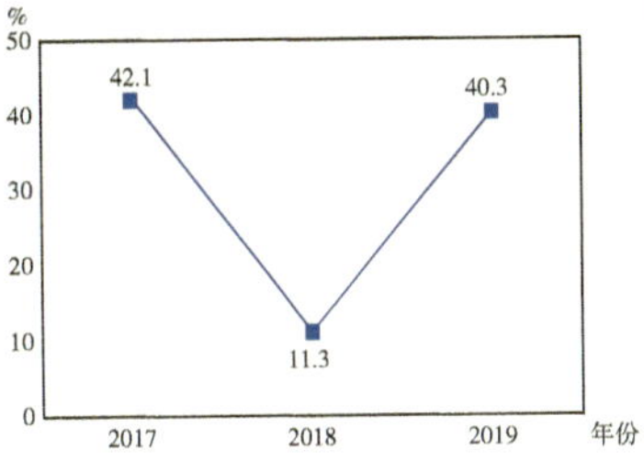

图4-35 2017-2019年山西省政府性基金收入增速

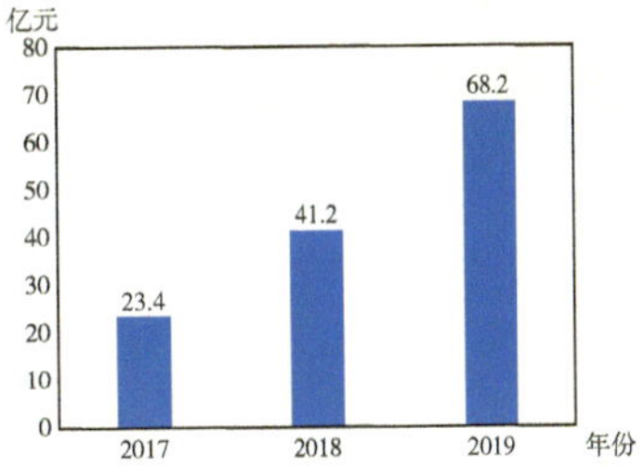

图4-36 2017-2019年山西省国有资本经营收入

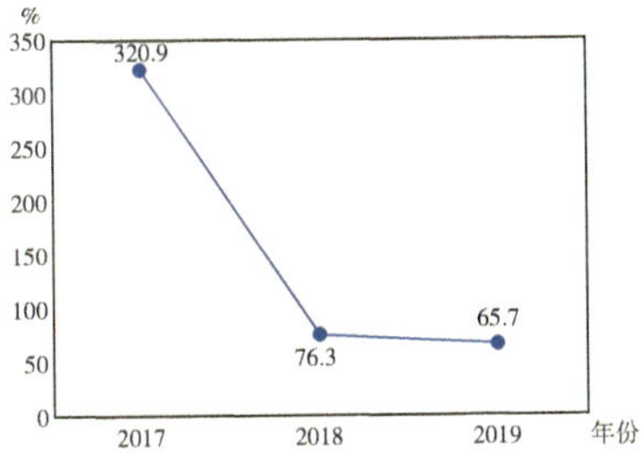

图4-37 2017-2019年山西省国有资本经营收入增速

4.1.5 山西省社会保险基金收入情况

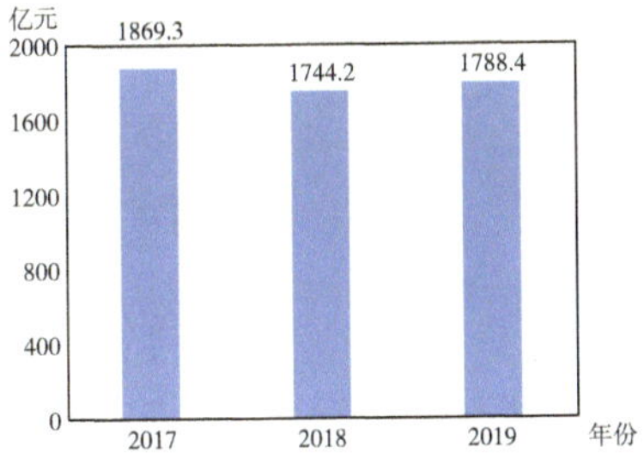

图4-38 2017-2019年山西省社会保险基金收入

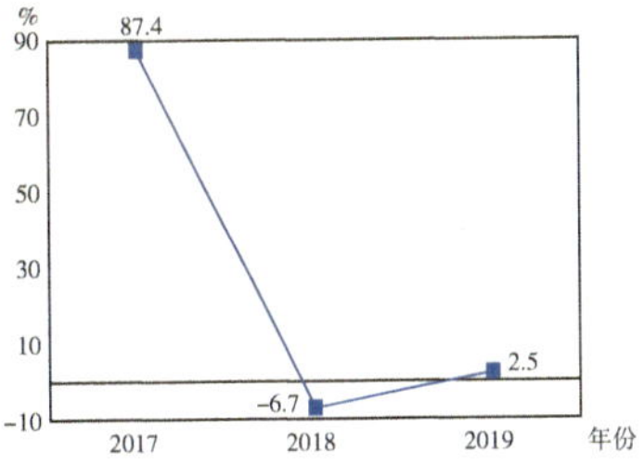

图4-39 2017-2019年山西省社会保险基金收入增速

4.1.6 山西省债务情况

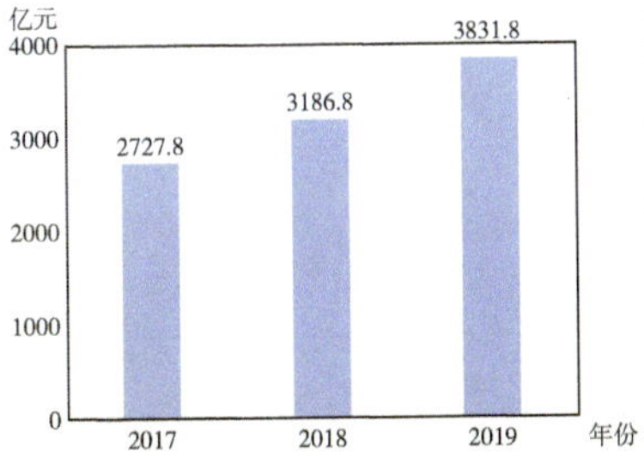

图4-40 2017-2019年山西省债务限额

图4-41 2017-2019年山西省债务限额增速

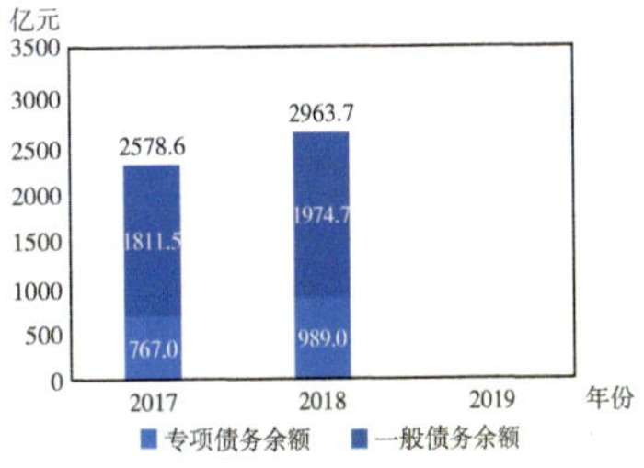

图4-42 2017-2019年山西省债务余额

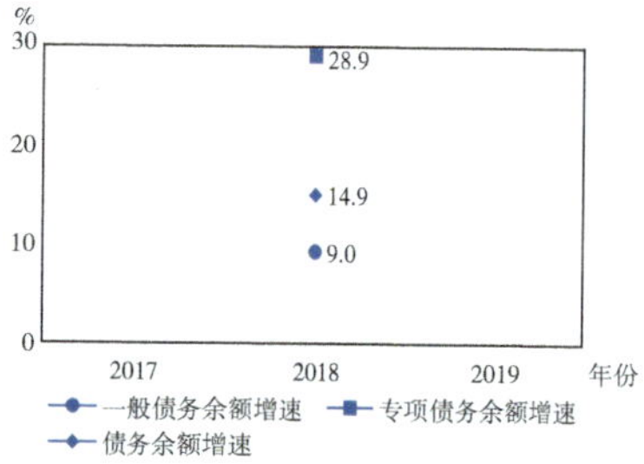

图4-43　2017-2019年山西省债务余额增速

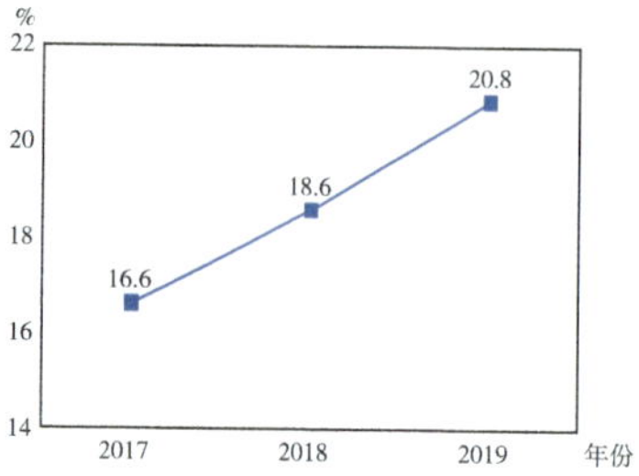

图4-44　2017-2019年山西省负债率

4.1.7　山西省省本级一般公共预算收入情况

图4-45　2017-2019年山西省省本级一般公共预算收入

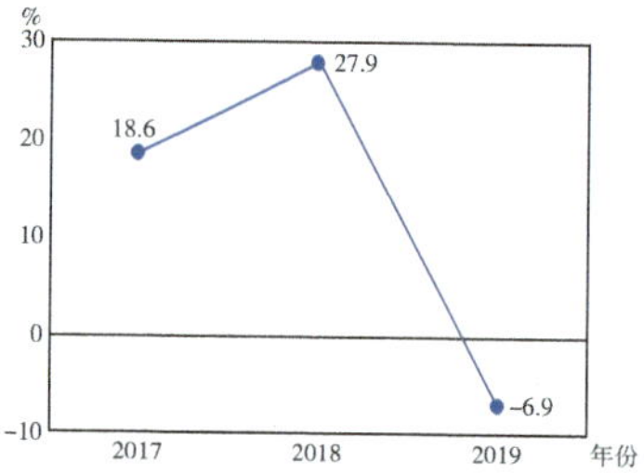

图4-46　2017-2019年山西省省本级一般公共预算收入增速

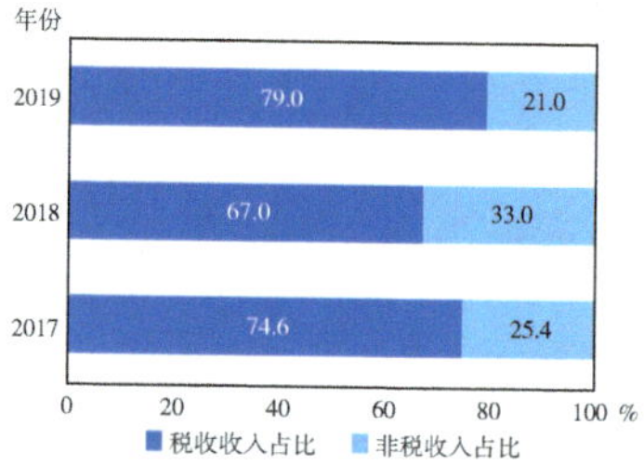

图4-47　2017-2019年山西省省本级一般公共预算收入结构

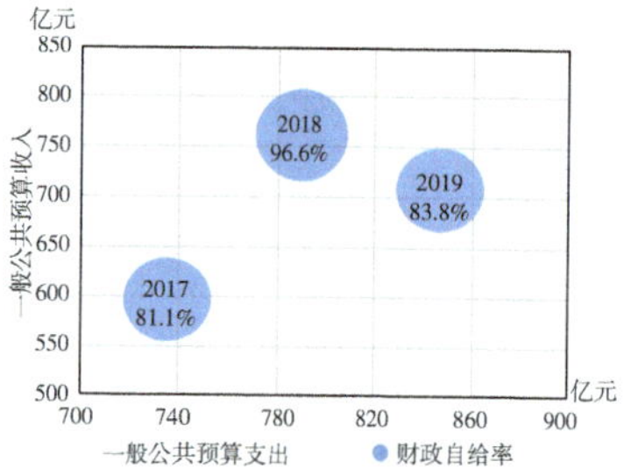

图4-48　2017-2019年山西省省本级财政自给率

图4-49　2017-2019年山西省省本级税收收入

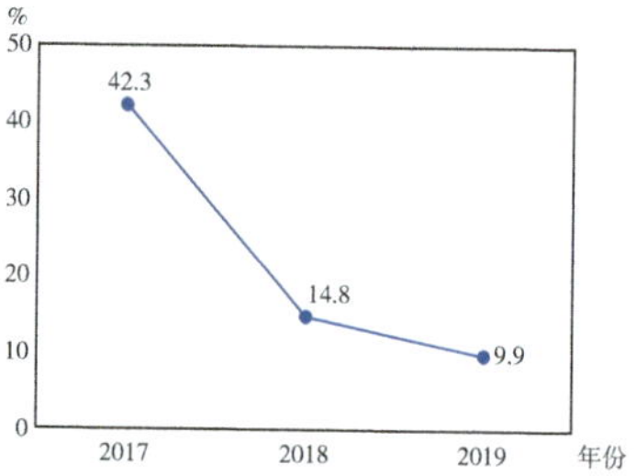

图4-50　2017-2019年山西省省本级税收收入增速

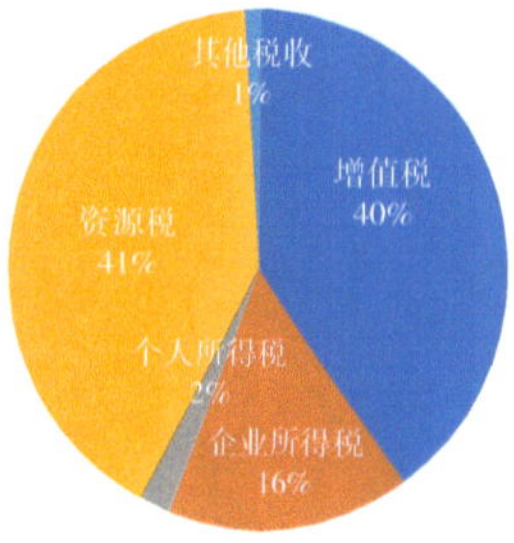

图4-51　2019年省省本级税收结构

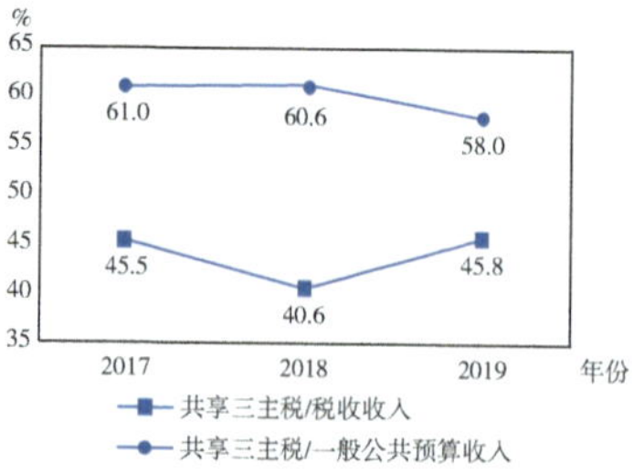

图4-52　2017-2019年山西省省本级共享三主税占税收收入、一般公共预算收入的比重

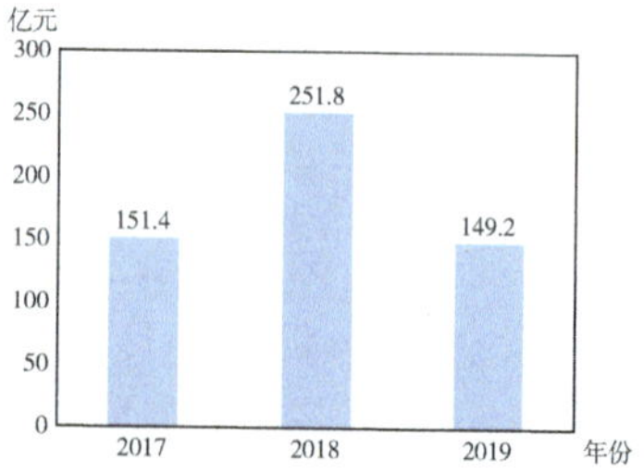

图4-53　2017-2019年山西省省本级非税收入

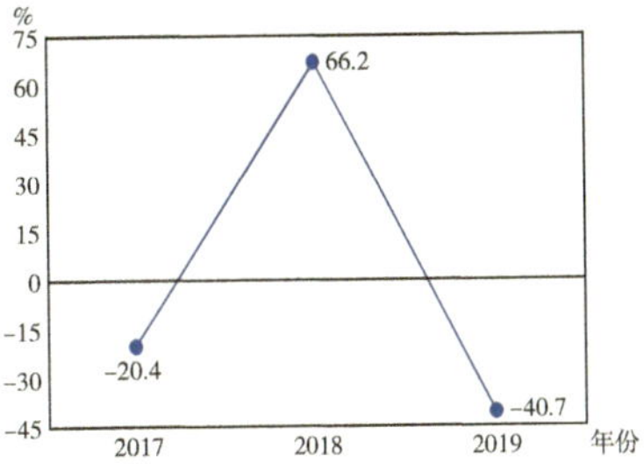

图4-54 2017-2019年山西省省本级非税收入增速

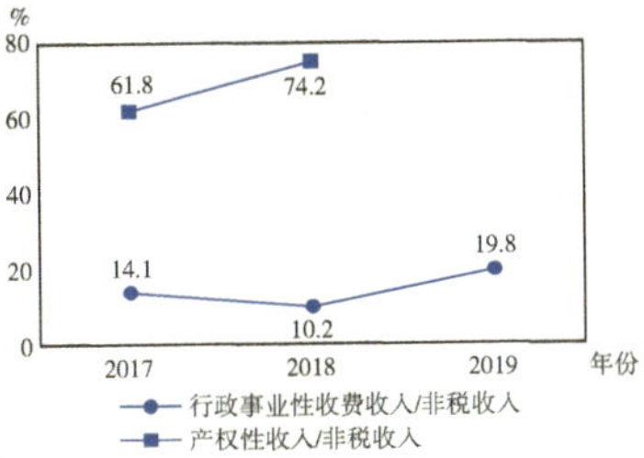

图4-55 2017-2019年山西省省本级行政事业性收费、产权性收入占非税收入的比重

4.2 山西省各市政府收入主要特征分析

4.2.1 山西省各市经济社会发展情况

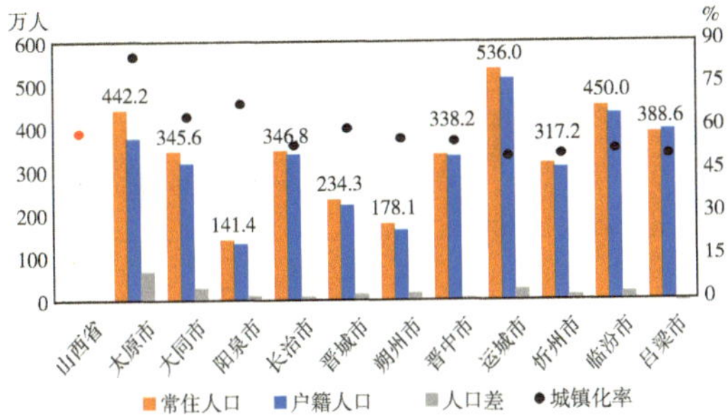

图4-56 2018年山西省各市人口状况

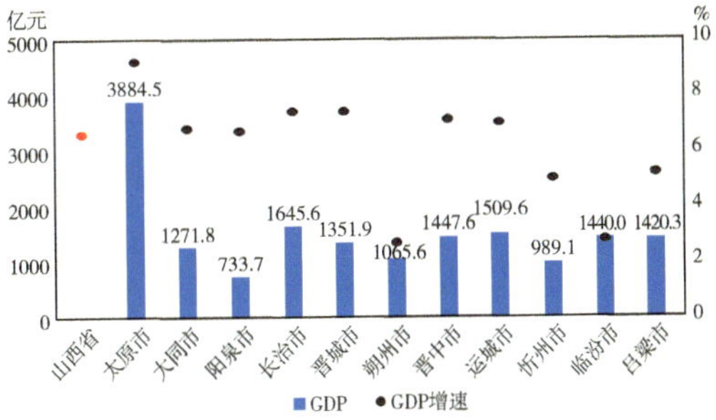

图4-57 2018年山西省各市GDP及增速

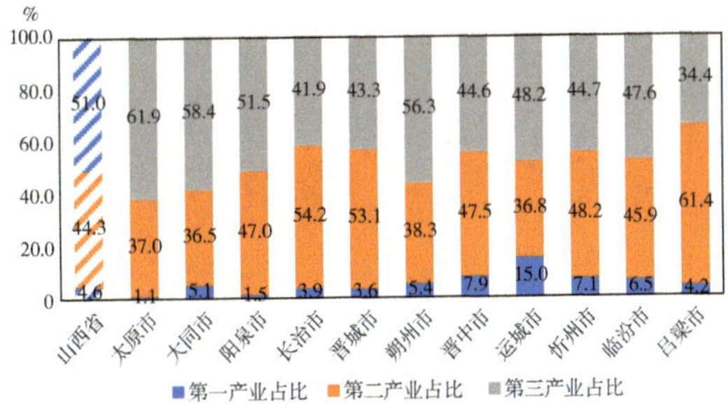

图4-58 2018年山西省各市三次产业结构

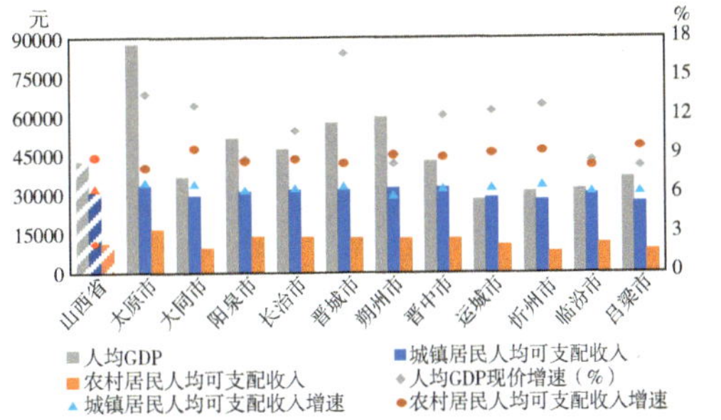

图4-59 2018年山西省各市人均GDP与人均可支配收入

4.2.2 山西省各市政府收入总体情况

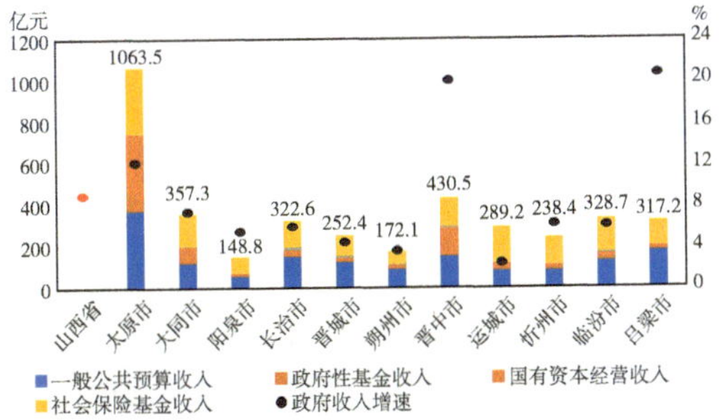

图4-60 2018年山西省各市政府收入结构及增速

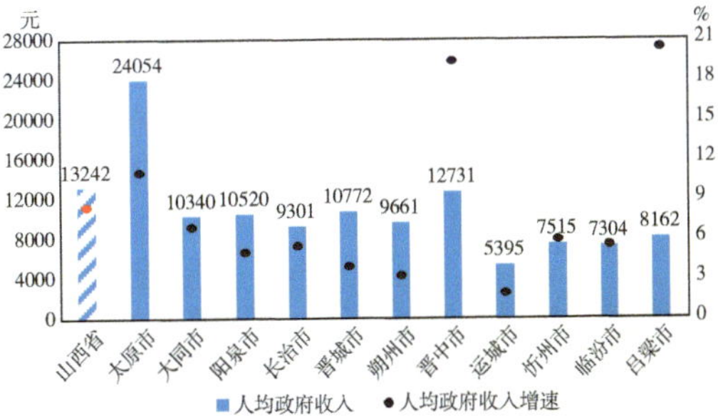

图4-61 2018年山西省各市人均政府收入及增速

4.2.3　山西省各市一般公共预算收入情况

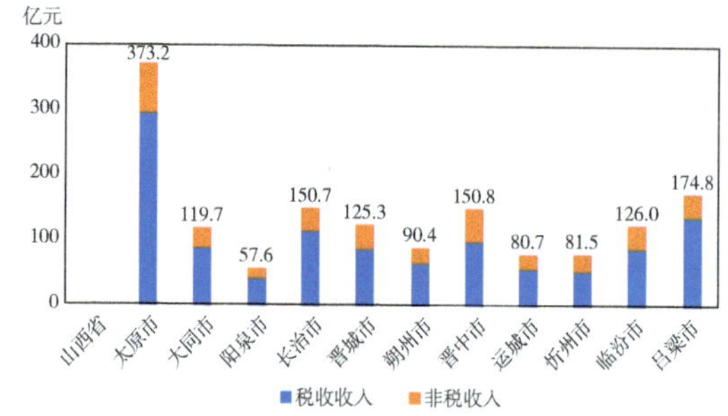

图4-62　2018年山西省各市一般公共预算收入

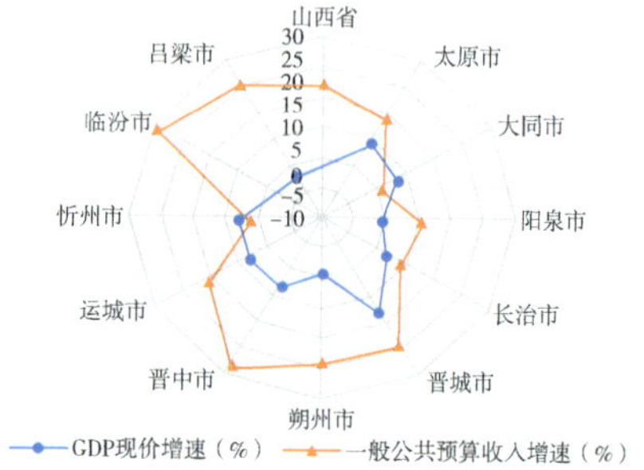

图4-63　2018年山西省各市一般公共预算收入增速

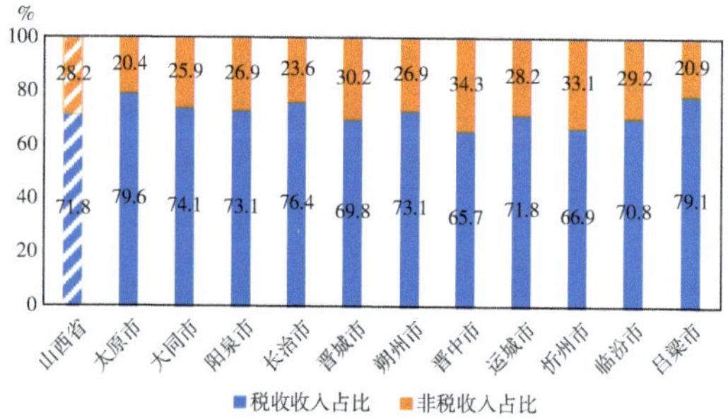

图4-64　2018年山西省各市一般公共预算收入结构

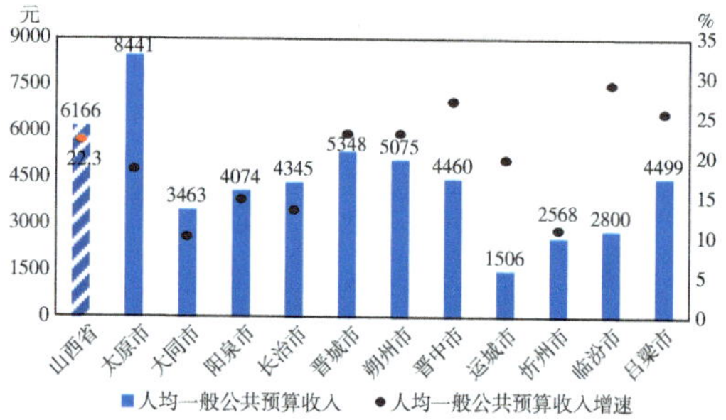

图4-65　2018年山西省各市人均一般公共预算收入及增速

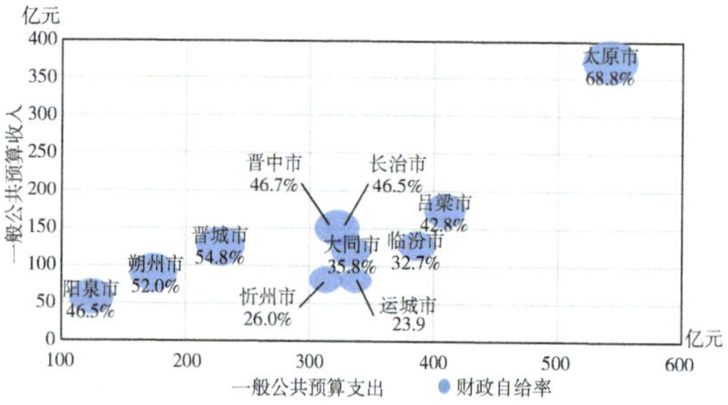

图4-66　2018年山西省各市财政自给率

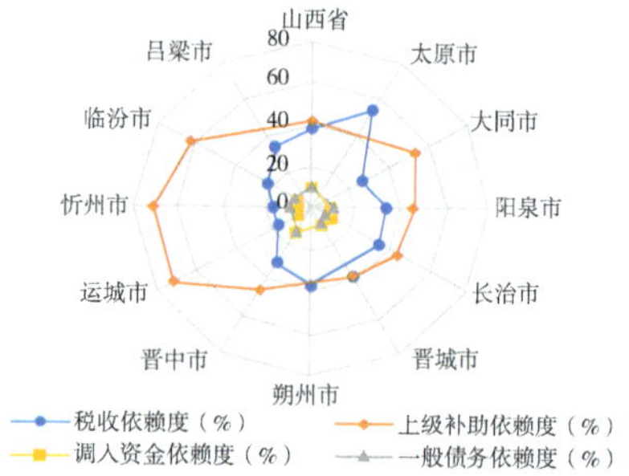

图4-67　2018年山西省各市财政收入依赖度

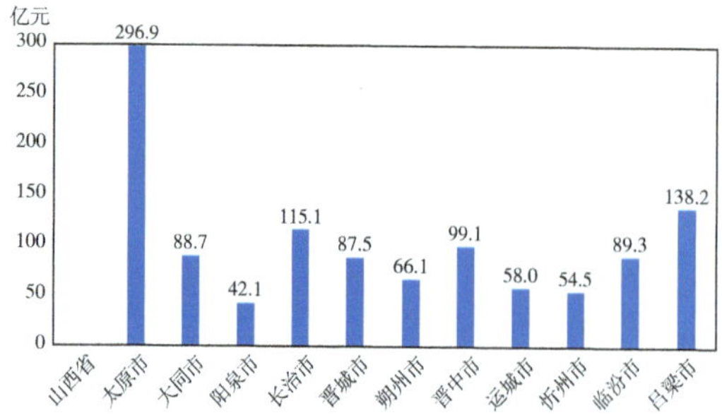

图4-68　2018年山西省各市税收收入

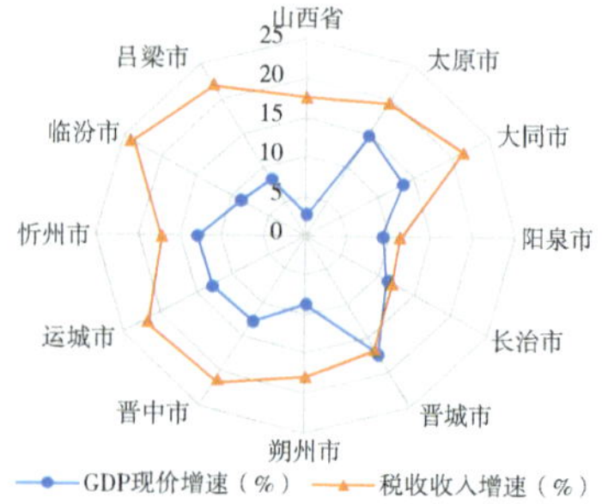

图4-69　2018年山西省各市税收收入增速

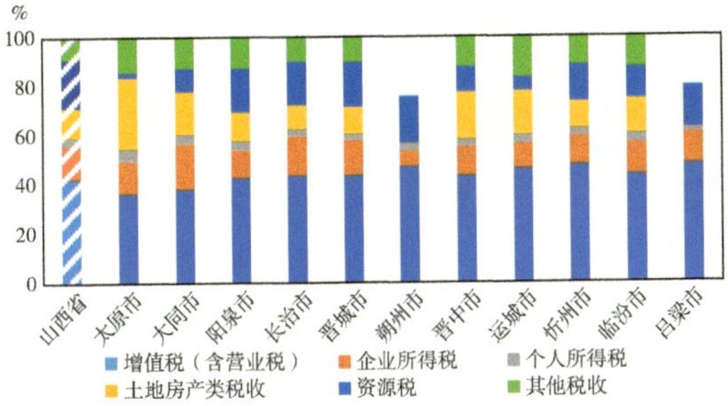

图4-70　2018年山西省各市税收收入结构

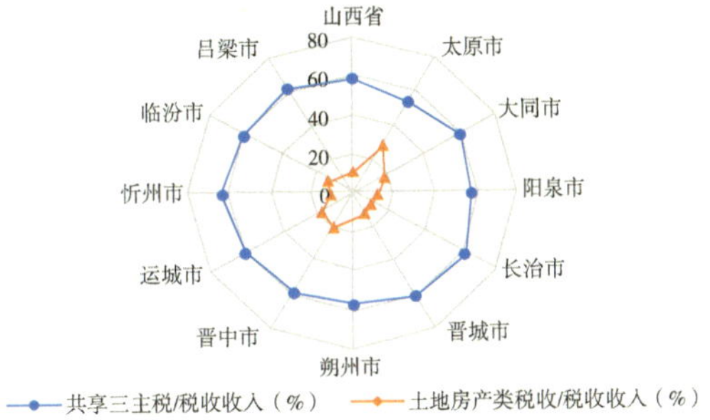

图4-71　2018年山西省各市共享三主税、土地房产类税收占税收收入的比重

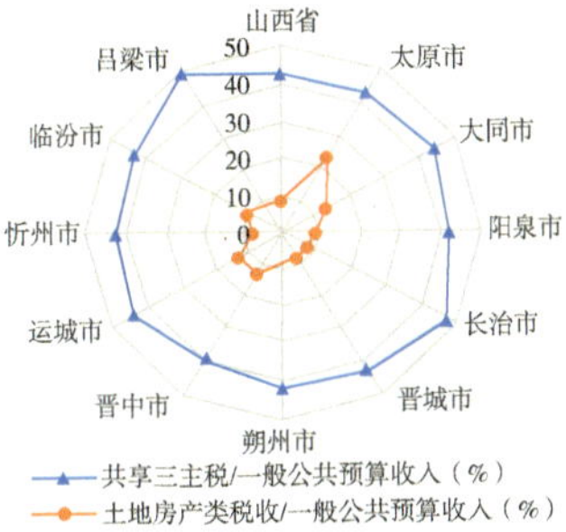

图4-72　2018年山西省各市共享三主税、土地房产类税收占一般公共预算收入的比重

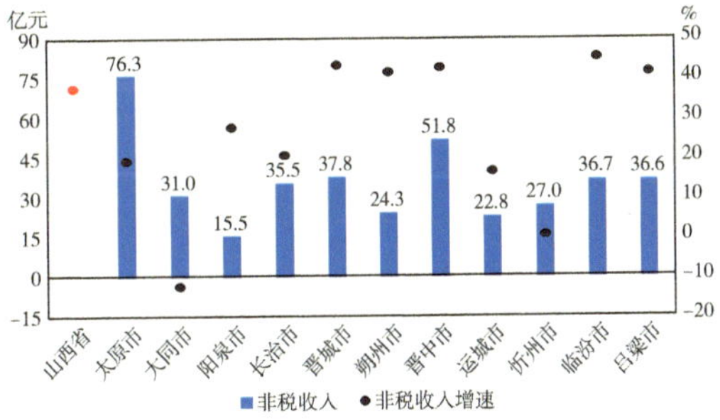

图4-73　2018年山西省各市非税收入及增速

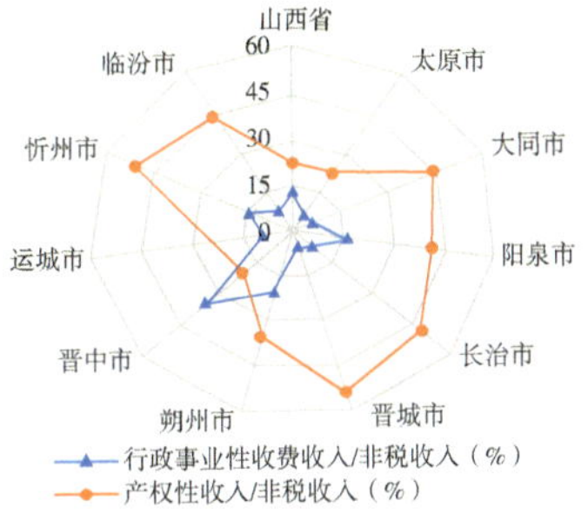

图4-74　2018年山西省各市行政事业性收费收入、产权性收入占非税收入的比重

4.2.4　山西省各市政府性基金收入与国有资本经营收入情况

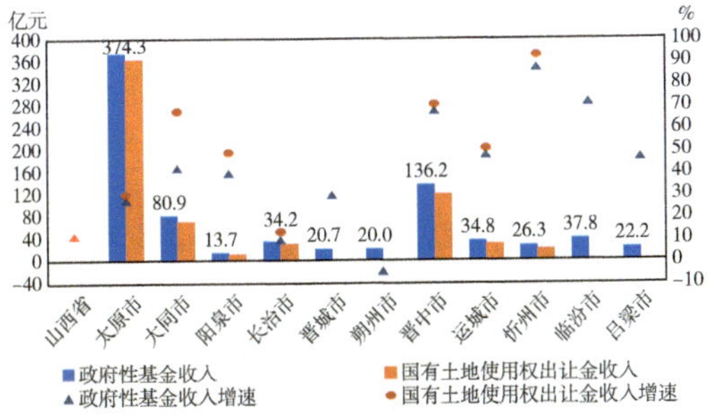

图4-75　2018年山西省各市政府性基金收入、国有土地使用权出让金收入及其增速

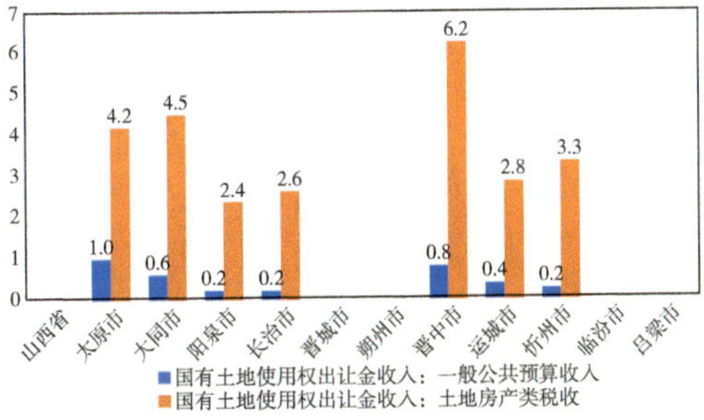

图4-76　2018年山西省各市国有土地使用权出让金收入与一般公共预算关系指标

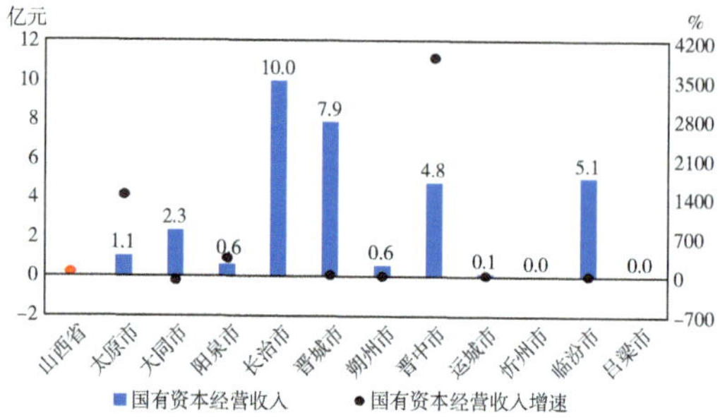

图4-77 2018年山西省各市国有资本经营收入及增速

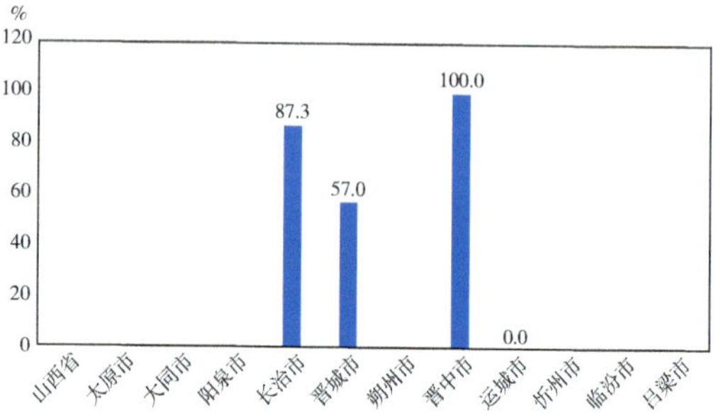

图4-78 2018年山西省各市调出资金/国有资本经营收入

4.2.5 山西省各市社会保险基金收入情况

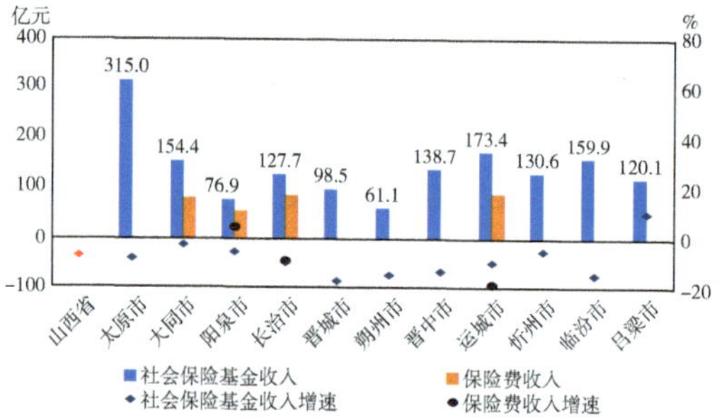

图4-79 2018年山西省各市社会保险基金收入、保险费收入及其增速

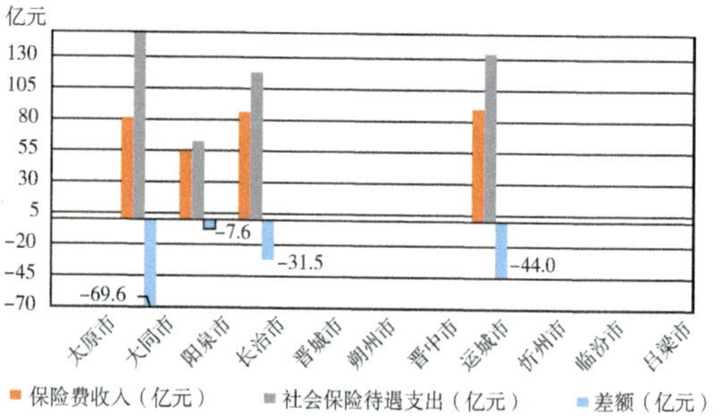

图4-80 2018年山西省各市保险费收入、社会保险待遇支出及其差额

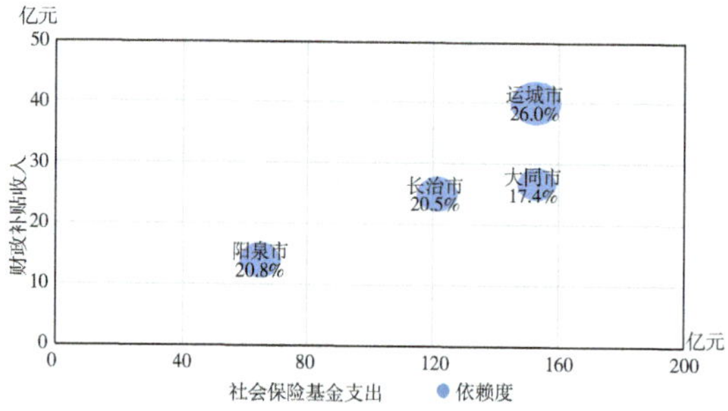

图4-81 2018年山西省各市社会保险基金对财政补贴的依赖度

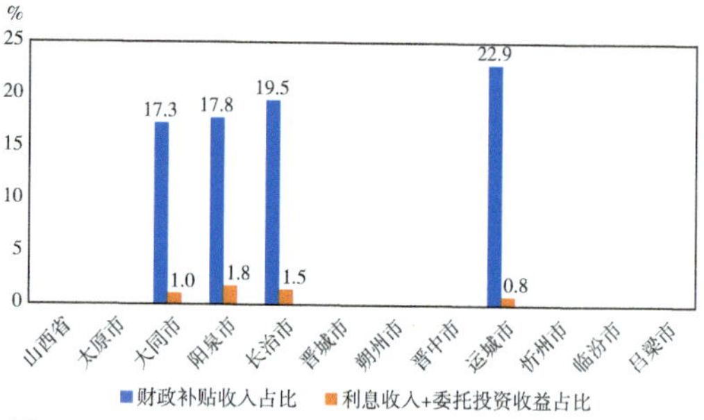

图4-82 2018年山西省各市财政补贴收入、利息收入+委托投资收益占社会保险基金收入的比重

4.2.6 山西省各市债务情况

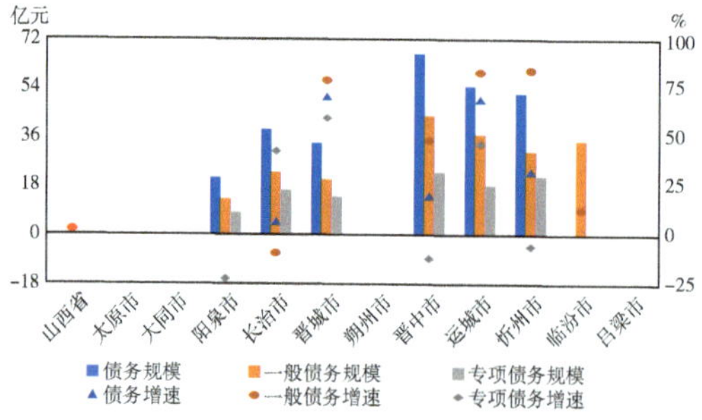

图4-83 2018年山西省各市债务规模及其增速

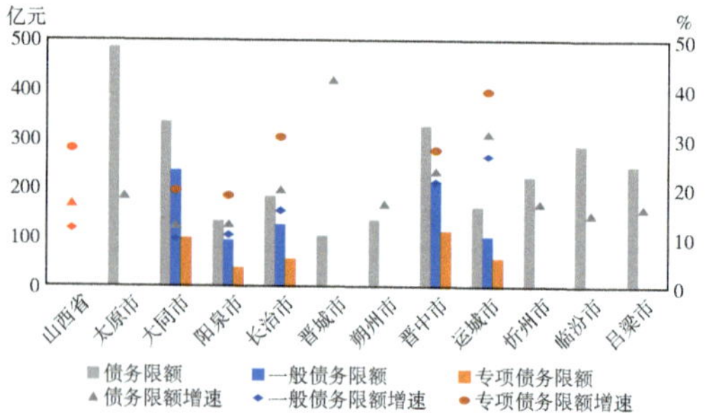

图4-84 2018年山西省各市债务限额及其增速

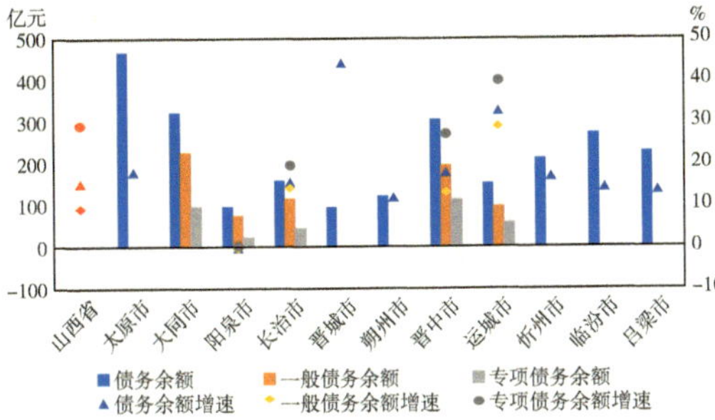

图4-85　2018年山西省各市债务余额及其增速

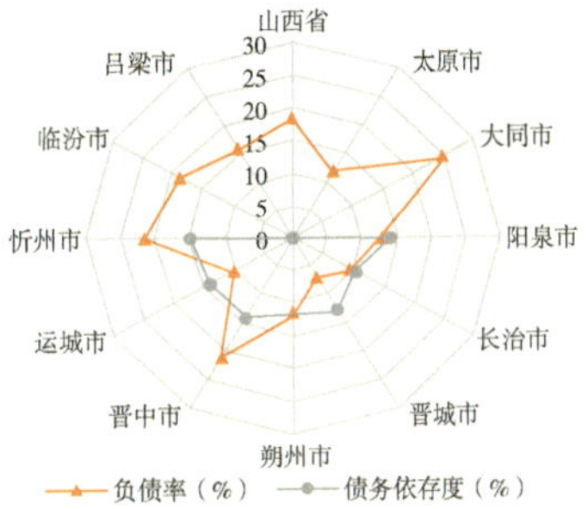

图4-86　2018年山西省各市负债率与债务依存度

4.2.7　山西省各市市本级一般公共预算收入情况

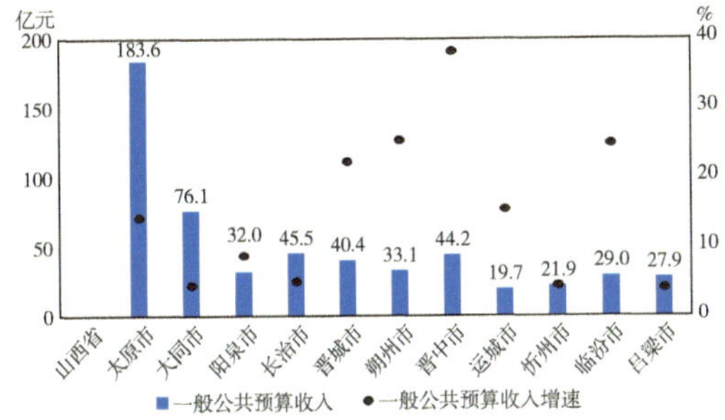

图4-87　2018年山西省各市市本级一般公共预算收入及增速

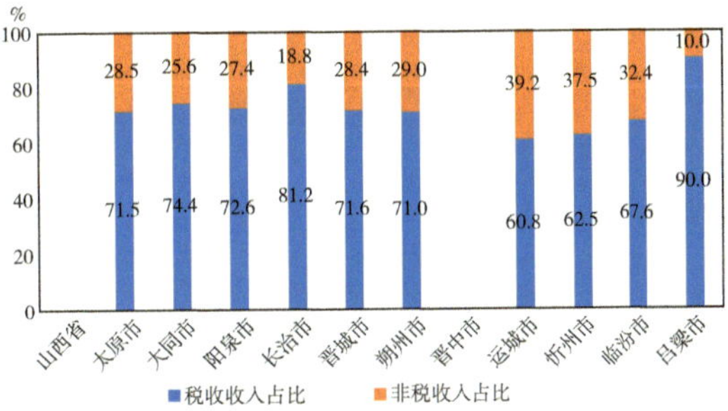

图4-88　2018年山西各市市本级一般公共预算收入结构

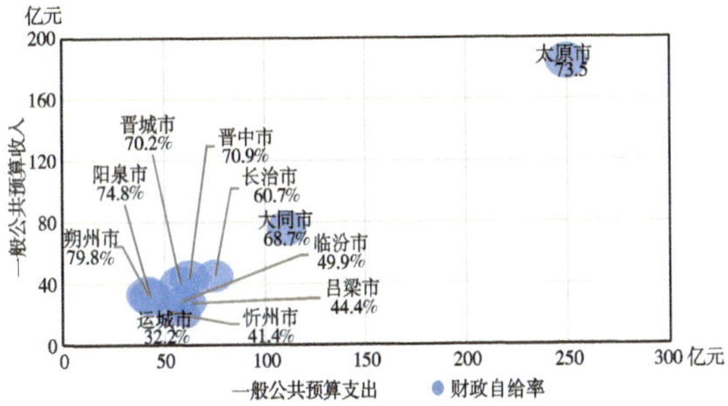

图4-89　2018年山西省各市市本级财政自给率

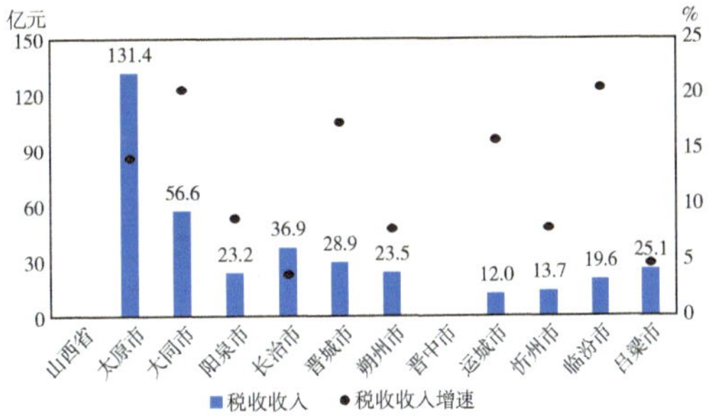

图4-90　2018年山西省各市市本级税收收入及增速

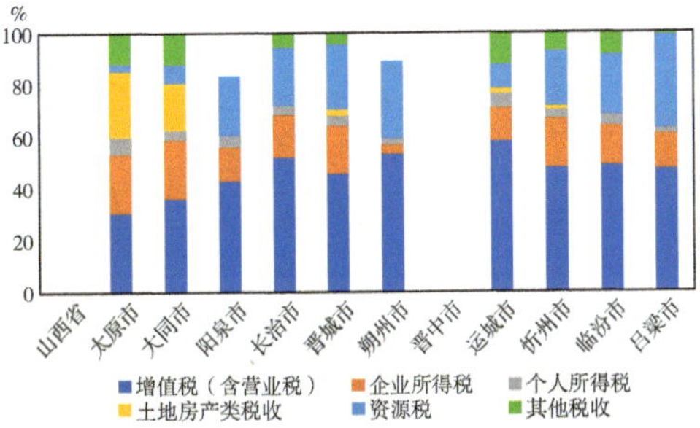

图4-91　2018年山西省各市市本级税收收入结构

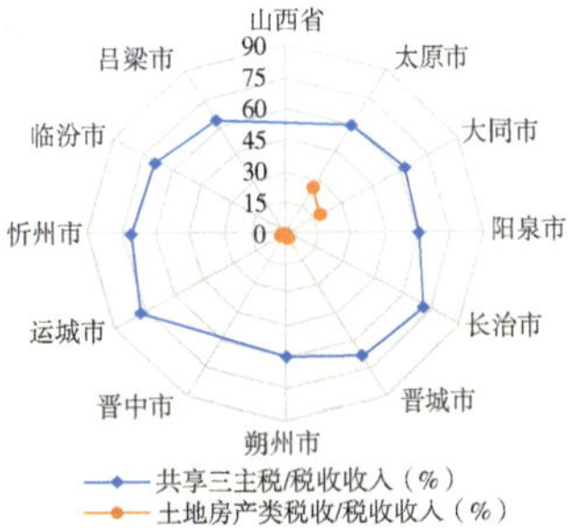

图4-92　2018年山西省各市市本级共享三主税、土地房产类税收占税收收入的比重

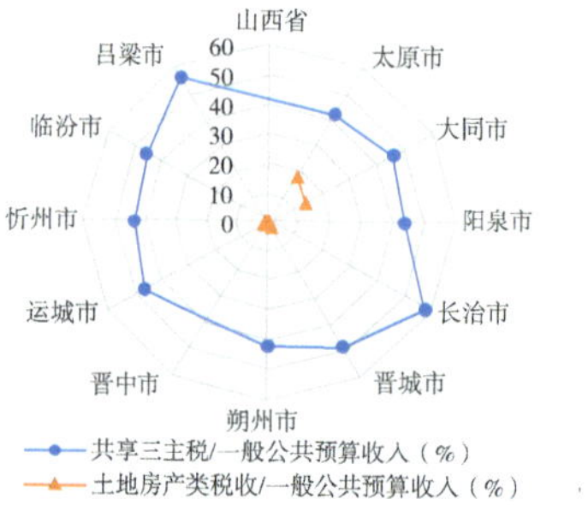

图 4-93　2018 年山西省各市市本级共享三主税、土地房产类税收占一般公共预算收入的比重

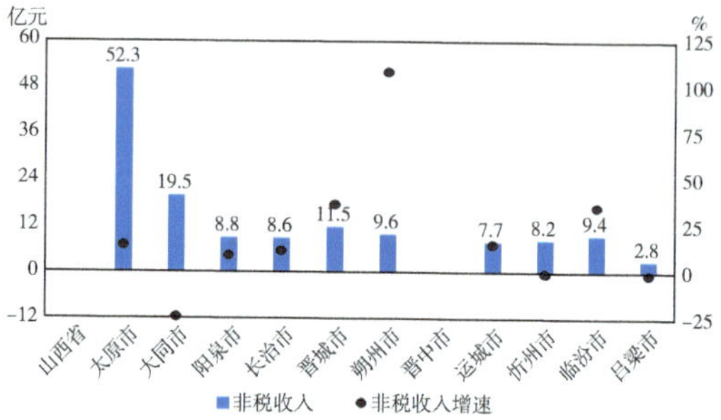

图 4-94　2018 年山西省各市市本级非税收入及增速

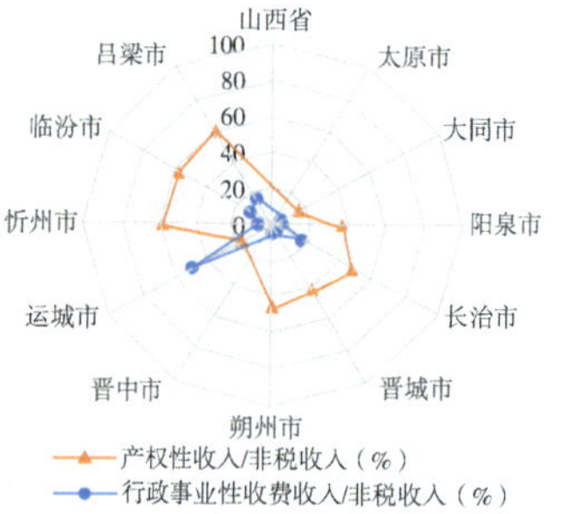

图 4-95　2018 年山西省各市市本级产权性收入、行政事业性收费收入占非税收入的比重

4.3　山西省样本县政府收入主要特征分析

4.3.1　山西省样本县经济社会发展情况

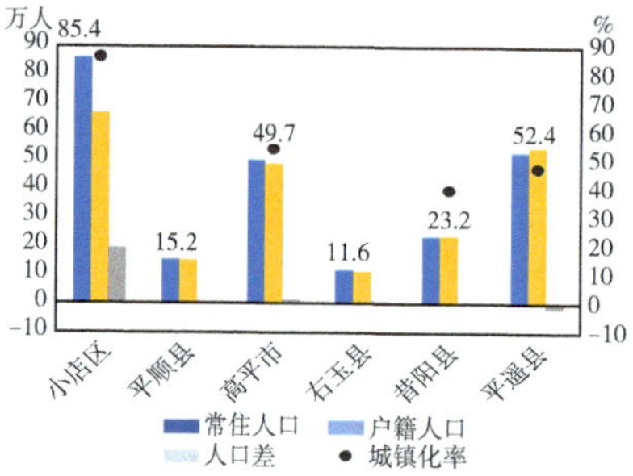

图 4-96　2018 年山西省样本区县人口状况

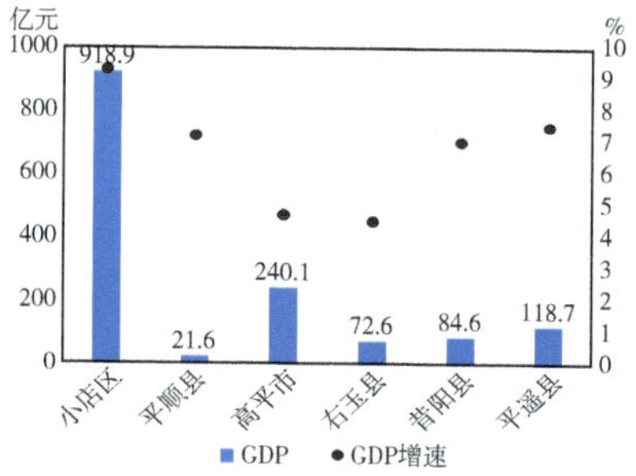

图 4-97　2018 年山西省样本区县 GDP 及增速

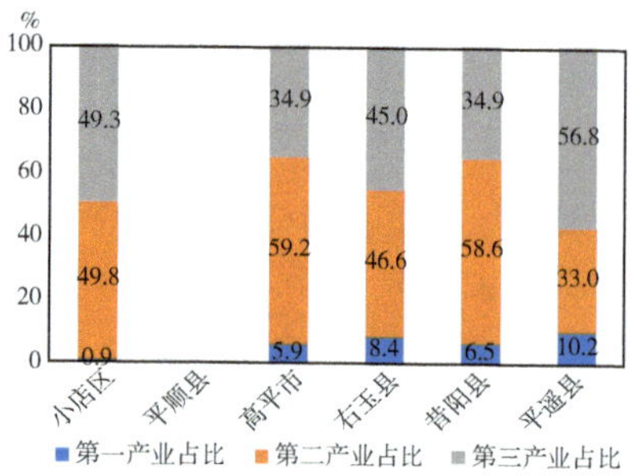

图 4-98　2018 年山西省样本区县三次产业结构

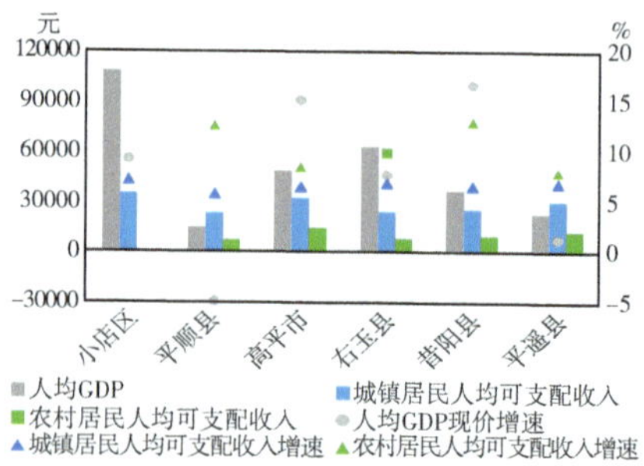

图 4-99　2018 年山西省样本区县人均 GDP 与人均可支配收入

4.3.2 山西省样本县政府收入总体情况

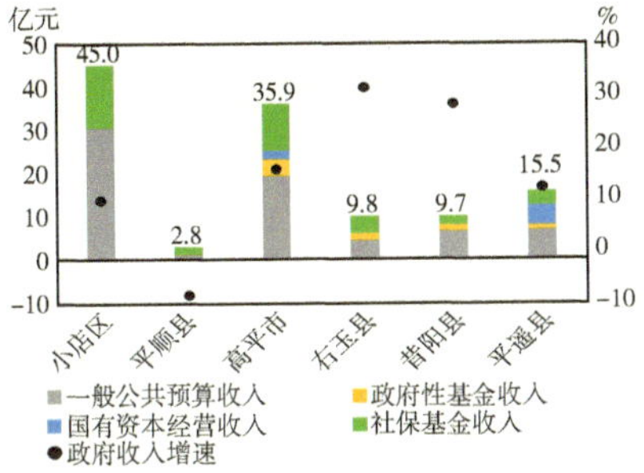

图4-100 2018年山西省样本区县政府收入结构及增速

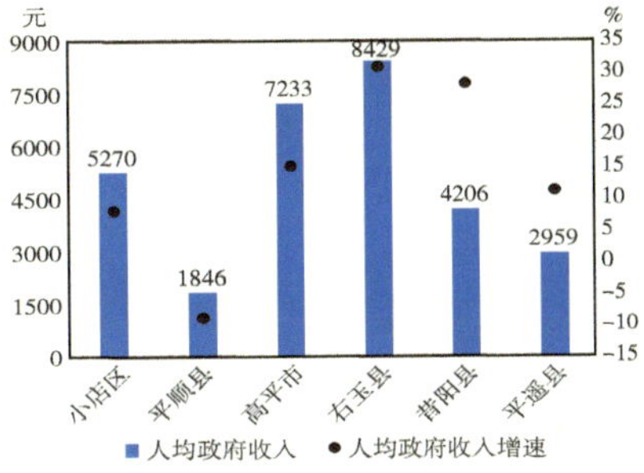

图4-101 2018年山西省样本区县人均政府收入及增速

4.3.3 山西省样本县一般公共预算收入情况

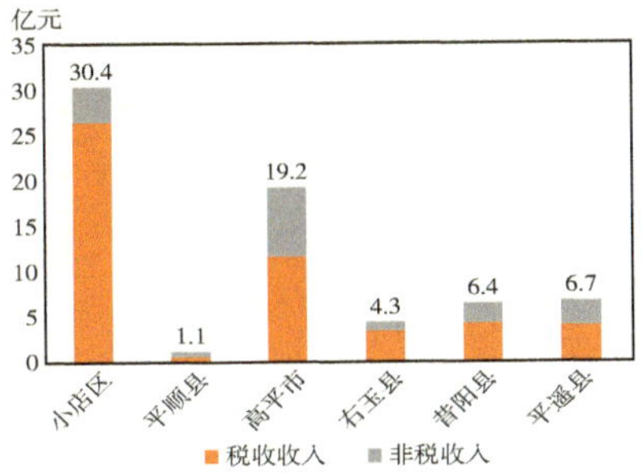

图4-102 2018年山西省样本区县一般公共预算收入

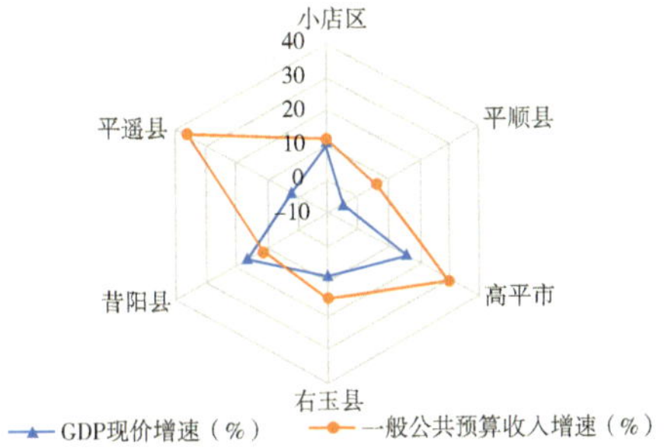

图4-103 2018年山西省样本区县一般公共预算收入增速

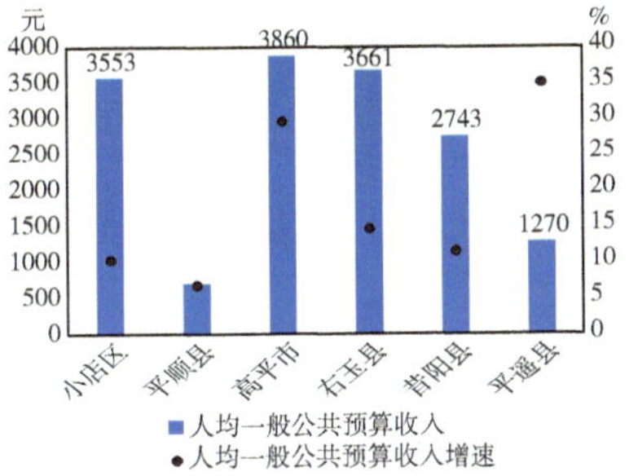

图4-104 2018年山西省样本区县人均一般公共预算收入及增速

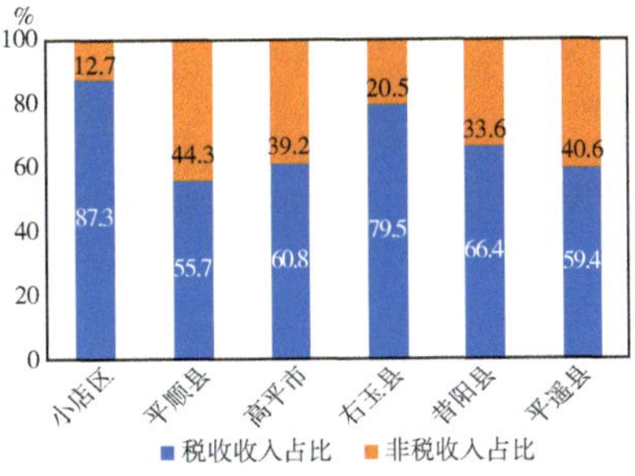

图4-105 2018年山西省样本区县一般公共预算收入结构

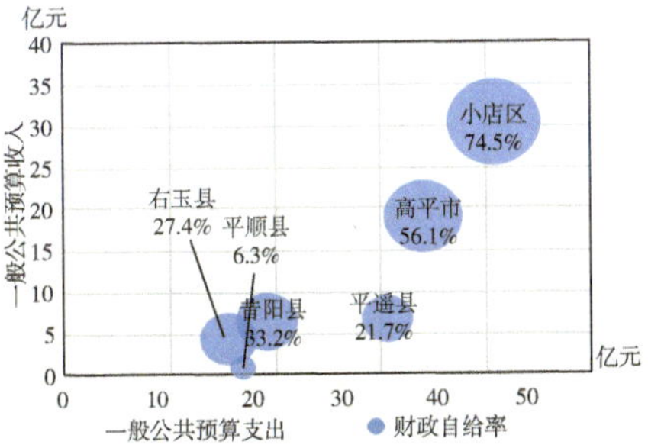

图4-106 2018年山西省样本区县财政自给率

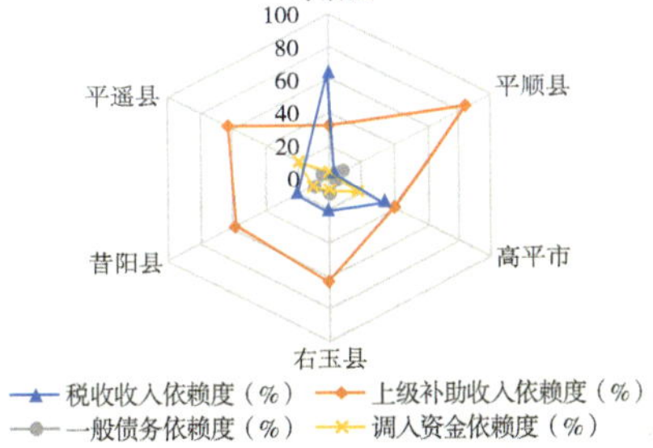

图4-107 2018年山西省样本区县财政收入依赖度

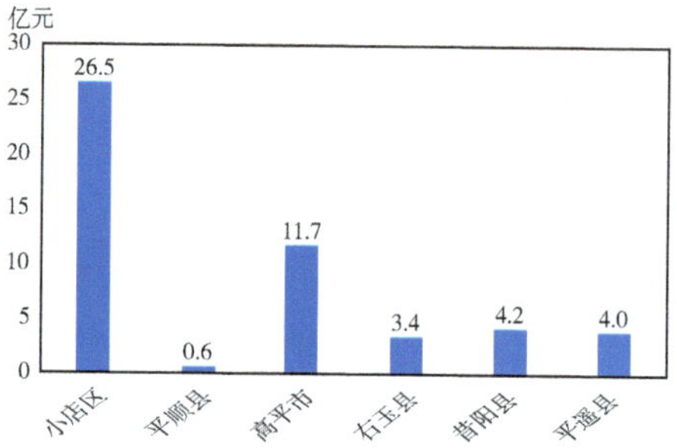

图4-108　2018年山西省样本区县税收收入

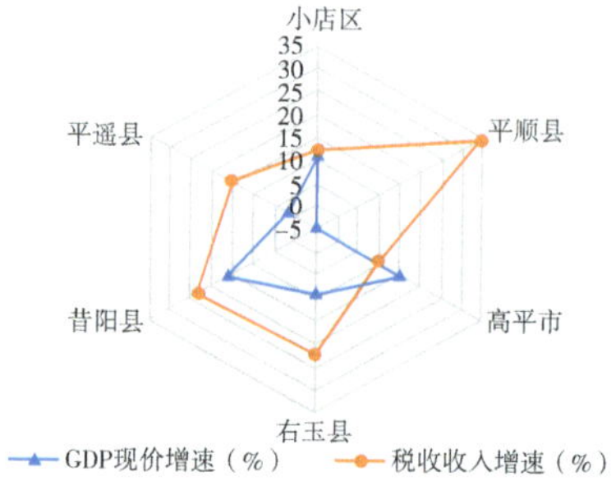

图4-109　2018年山西省样本区县税收收入增速

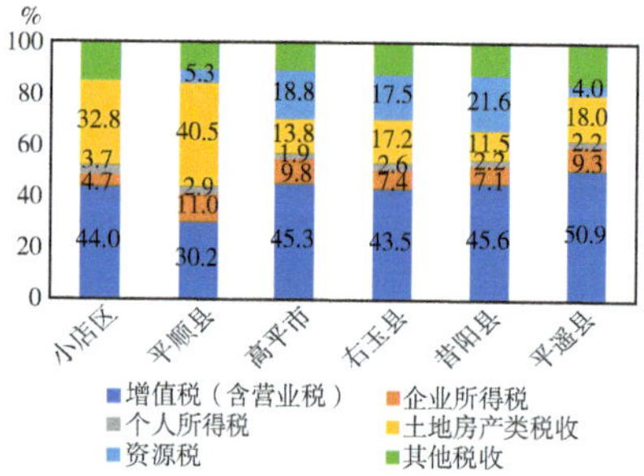

图4-110　2018年山西省样本区县税收收入结构

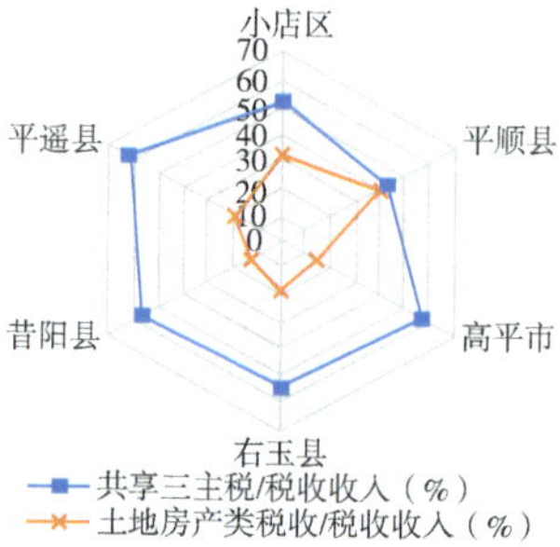

图4-111　2018年山西省样本区县共享三主税、土地房产类税收占税收收入的比重

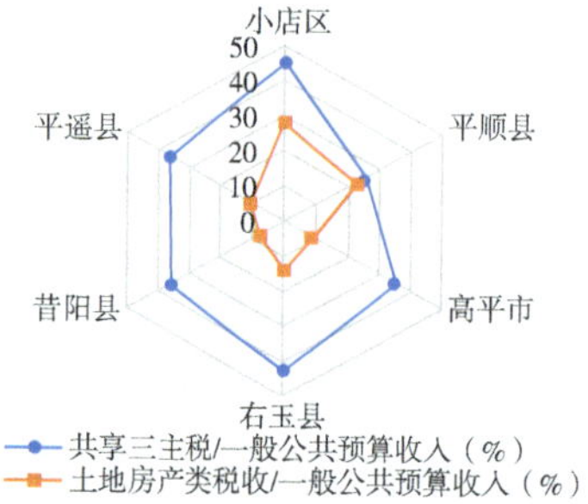

图4-112　2018年山西省样本区县共享三主税、土地房产类税收占一般公共预算收入的比重

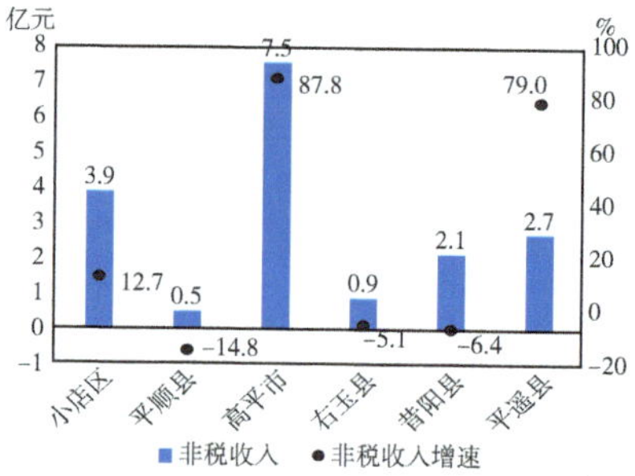

图4-113　2018年山西省样本区县非税收入

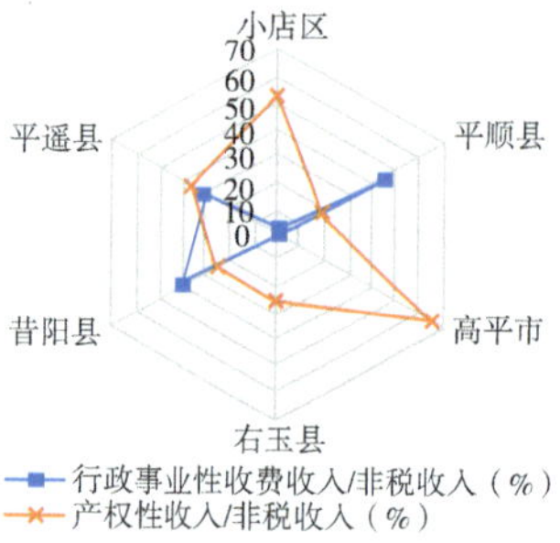

图4-114　2018年山西省样本区县产权性收入、行政事业性收费收入占非税收入的比重

4.3.4 山西省样本县政府性基金收入与国有资本经营收入情况

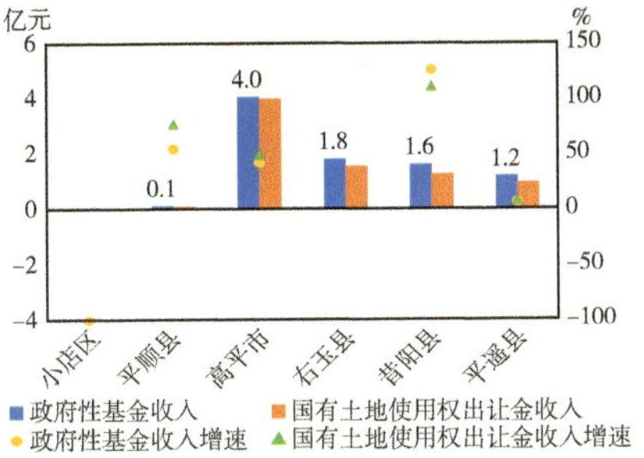

图4-115 2018年山西省样本区县政府性基金收入、国有土地使用权出让金收入及其增速

注：右玉县2018年政府性基金收入增速775.4%，国有土地使用权出让金收入增速878.9%。

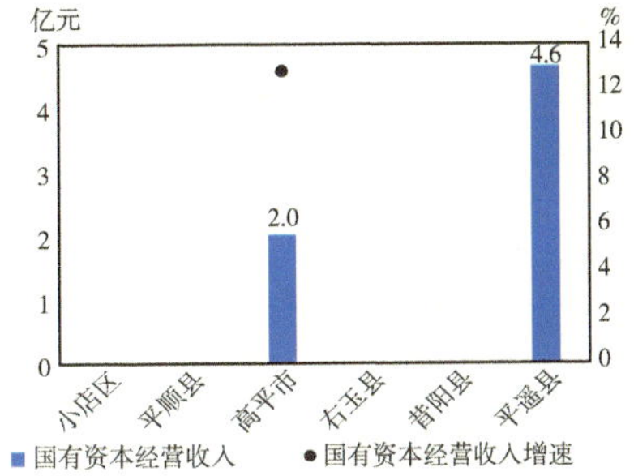

图4-116 2018年山西省样本区县国有资本经营收入及增速

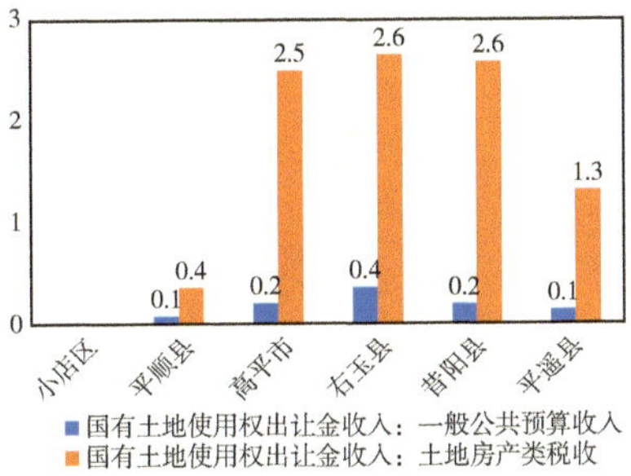

图4-117 2018年山西省样本区县国有土地使用权出让金收入与一般公共预算关系指标

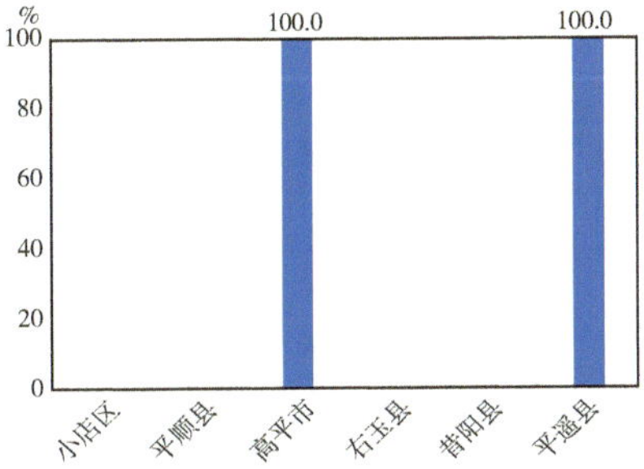

图4-118 2018年山西省样本区县调出资金/国有资本经营收入

4.3.5 山西省样本县社会保险基金收入情况

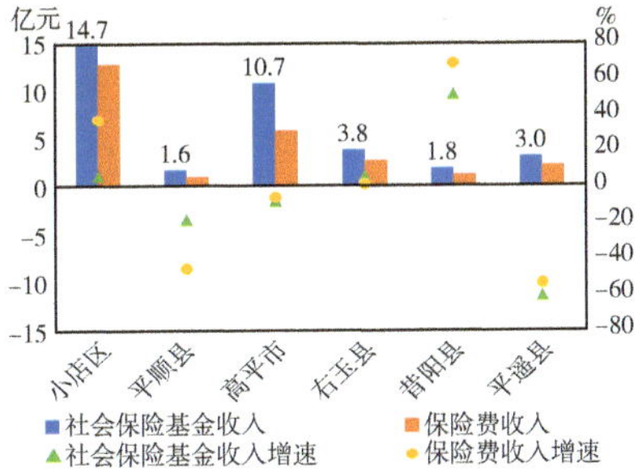

图4-119 2018年山西省样本区县社会保险基金收入、保险费收入及其增速

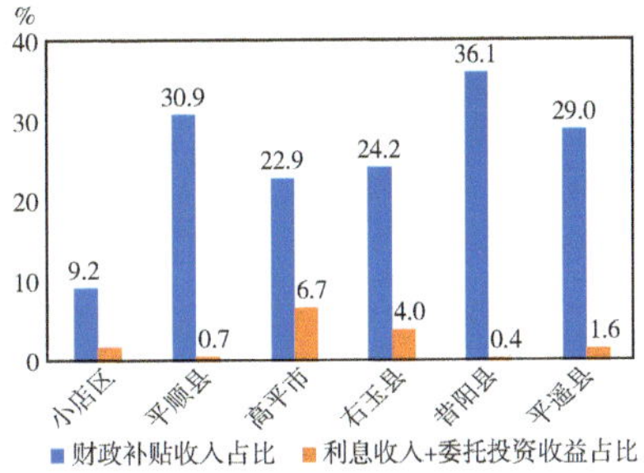

图4-120 2018年山西省样本区县财政补贴收入、利息收入+委托投资收益占社会保险基金收入的比重

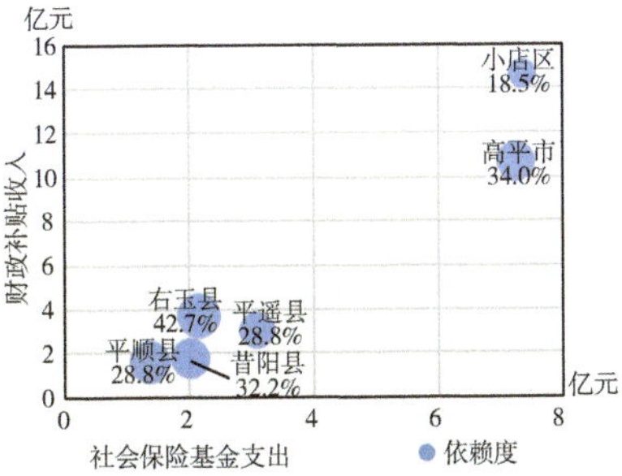

图4-121 2018年山西省样本区县社会保险基金对财政补贴的依赖度

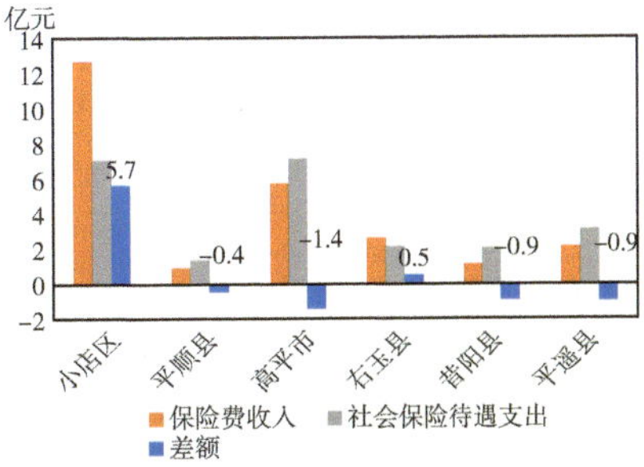

图4-122 2018年山西省样本区县保险费收入、社会保险待遇支出及其差额

4.3.6 山西省样本县债务情况

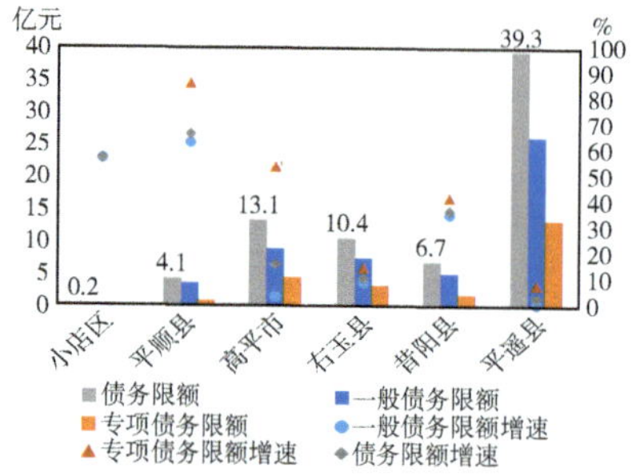

图 4-123 2018 年山西省样本区县债务限额及其增速

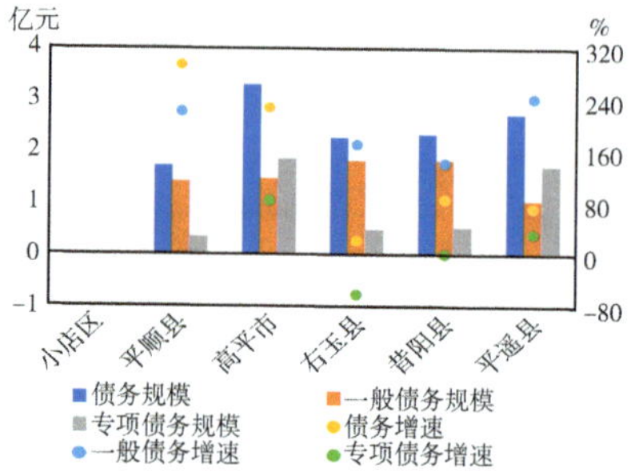

图 4-124 2018 年山西省样本区县债务规模及其增速

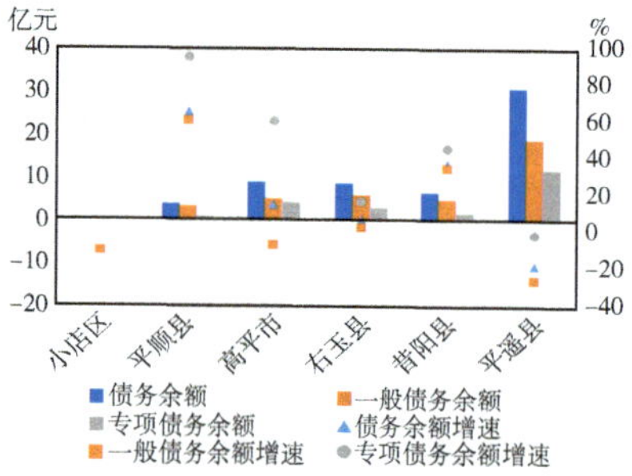

图 4-125 2018 年山西省样本区县债务余额及其增速

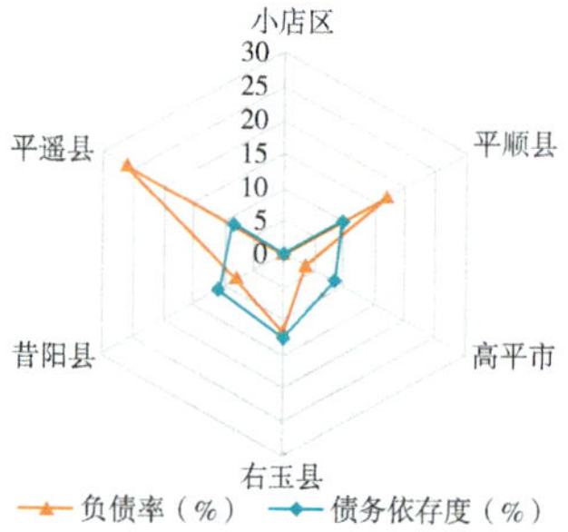

图 4-126 2018 年山西省样本区县负债率与债务依存度

5 内蒙古自治区

内蒙古自治区共辖9个地级市、3个盟(合计12个地级行政区划单位)，23个市辖区、11个县级市、17个县、49个旗、3个自治旗(合计103个县级行政区划单位；地域面积为118.3万平方公里，地貌以高原为主，大部分地区海拔在1000米以上。内蒙古自治区是我国发现新矿物最多的省区，截至2018年底，保有资源储量居全国之首的有20种、居全国前三位的有45种、居全国前十位的有95种。经济发展、财政收入资源依赖性大。总体上看，内蒙古自治区的经济发展、财政收入等在全国处于中等水平。

2019年内蒙古自治区经济总量处于全国中等水平，第三产业占比低于全国，城镇化率高于全国。2019年末，内蒙古自治区常住人口2539.6万人，常住人口城镇化率为63.4%。2019年内蒙古自治区GDP达到1.7万亿元，排全国第20名，次于广西，略高于山西；增速5.2%，与2018年持平，增速低于全国0.9个百分点，排全国第28名；人均GDP为67776元（9795美元），排全国第11名。从产业结构看，第一、第二、第三产业占比分别为10.8%、39.6%（高于全国平均水平0.7个百分点）和49.6%（低于全国平均水平4.4个百分点）。从居民可支配收入看，2019年城镇与农村居民人均可支配收入分别为40795元和15280元，呈上升态势，分别为全国平均水平的96.3%和95.4%。

2019年内蒙古自治区一般公共预算收入全国中等水平，省市县中县级政府收入占比最高。2019年内蒙古自治区一般公共预算收入2059.7亿元、增速10.9%，排全国第21名、第2名，人均一般公共预算收入为8110元，排全国第8名。其中，近三年内蒙古自治区税收收入占一般公共预算收入的总体呈上升态势，2019年为74.8%，低于全国平均水平8个百分点。从纵向收入分配看，2018年省本级、市本级、县一般公共预算收入占比分别为28.4%、16.7%和54.9%。

2019年内蒙古自治区财政自给率偏低，地区财政总收入小于一般公共预算支出。内蒙古自治区财政自给率在40%左右，2019年为40.4%。2018年内蒙古自治区组织的地区财政总收入为3027.7亿元，增速为7.7%，其中上缴中央收入占比38.6%；内蒙古自治区一般公共预算支出为4831.5亿元，高于地区财政总收入规模。

2018年内蒙古自治区四本预算的一般公共预算收入和社保基金收入占比下降，国有资本经营收入占比低，社保对财政补贴的依赖度较高。2018年内蒙古自治区四本预算加总的政府收入为4032.1亿元，增速为21.8%，其中一般公共预算收入、政府性基金收入、国有资本经营收入和社会保险基金收入分别占比46.1%、14.1%、0.3%和39.6%。政府性基金收入中，国有土地出让金收入占大头，2018年占比79.9%。2019年内蒙古自治区社会保险费收入为1695.0亿元，增速为6.2%；2017-2019年财政补贴收入逐步增加，2019年财政补贴收入规模为457.5亿元，社保对财政依赖度达到27.2%。

内蒙古自治区内各地市经济社会发展和财政发展不均衡，鄂尔多斯GDP最高。2018年内蒙古自治区多个城市未公布GDP数据，已公布的城市中，鄂尔多斯2018年GDP为3763.2亿

本章执笔人：孙家希　审校：梁季

元，其他超过千亿元的还有赤峰市、通辽市、呼伦贝尔市。鄂尔多斯市超过省会城市呼和浩特，政府收入最高，2018年为599.6亿元，而其他城市政府收入规模分布在62亿—514.4亿元区间。2018年鄂尔多斯市一般公共预算收入433.5亿元，呼和浩特市204.7亿，其他各市均低于200亿元，且城市间差异较大。除少数城市（鄂尔多斯市、呼和浩特市）外，2018年内蒙古自治区各市财政自给率低于40%。财政自给率最高的城市为鄂尔多斯，达到73.9%，最低的为兴安盟和乌兰察布市，仅为13.6%和13.2%，相差超过60%。各市一般公共预算收入结构以税收收入占大头，除兴安盟外，税收收入占一般公共预算收入均超过70%。政府性基金收入主要构成是国有土地使用权出让金收入，与地理位置关系较大，收入规模最大的为呼和浩特市（170.9亿元）。

5.1 内蒙古自治区政府收入主要特征分析

5.1.1 内蒙古自治区经济社会基本情况

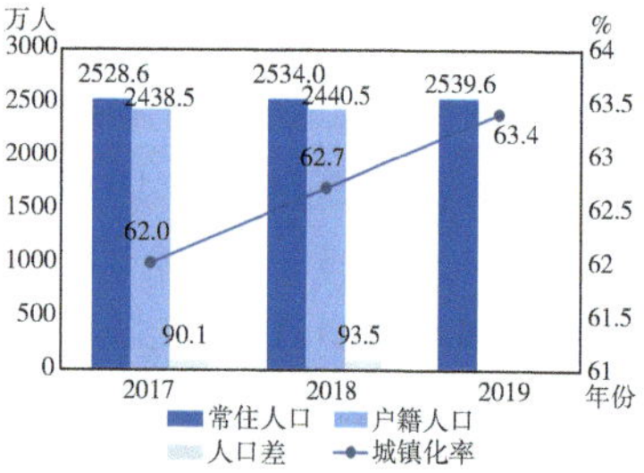

图5-1 2017-2019年内蒙古自治区人口状况

注：2019年户籍人口未公布

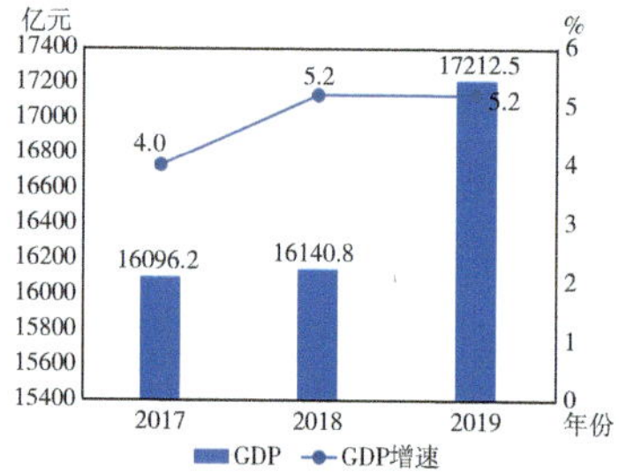

图5-2 2017-2019年内蒙古自治区GDP及增速

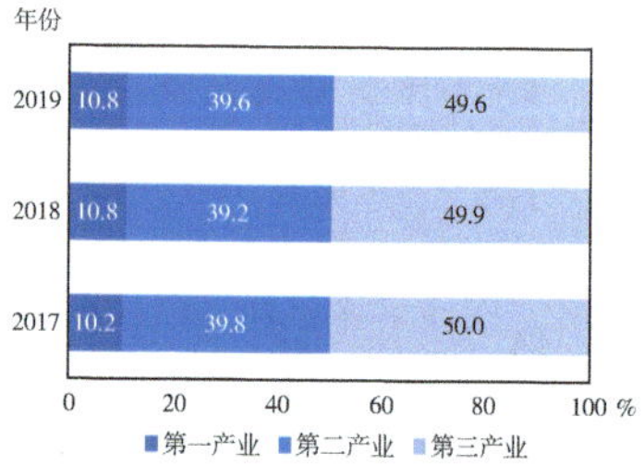

图5-3 2017-2019年内蒙古自治区三次产业结构

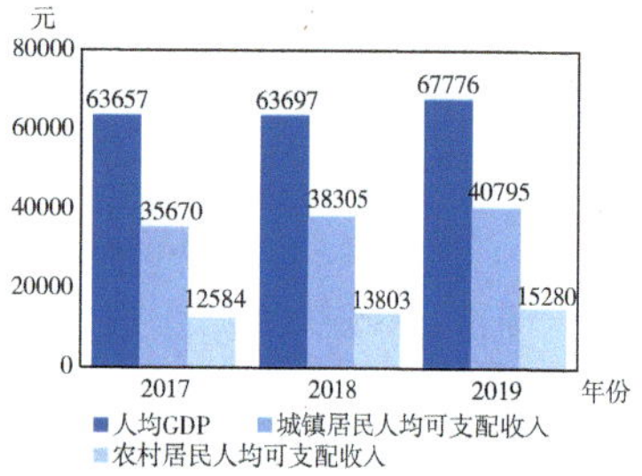

图5-4 2017-2019年内蒙古自治区人均GDP和人均可支配收入

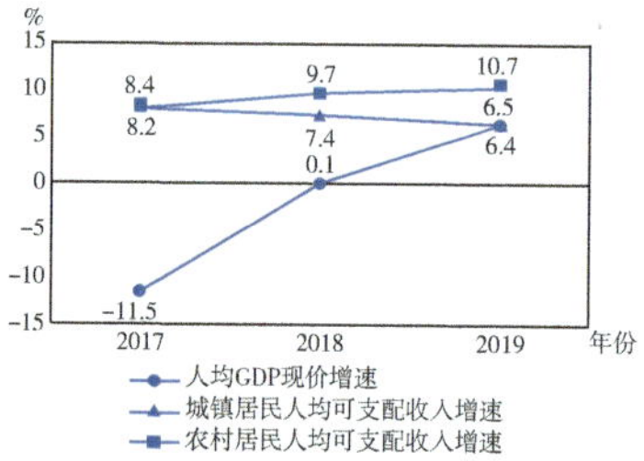

图5-5 2017-2019年内蒙古自治区人均GDP增速和人均可支配收入增速

5.1.2 内蒙古自治区政府收入总体情况

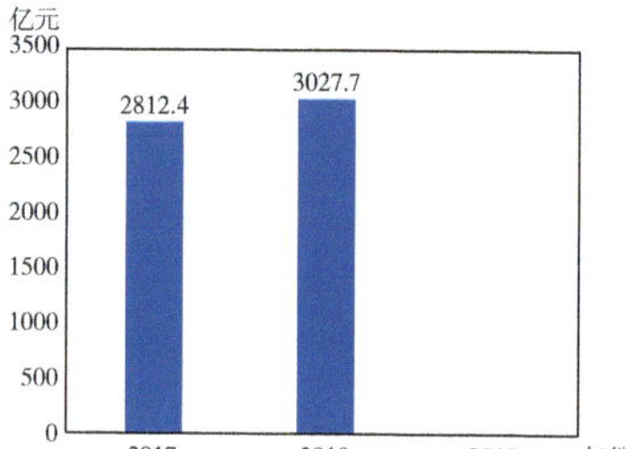

图5-6 2017-2019年内蒙古自治区财政总收入

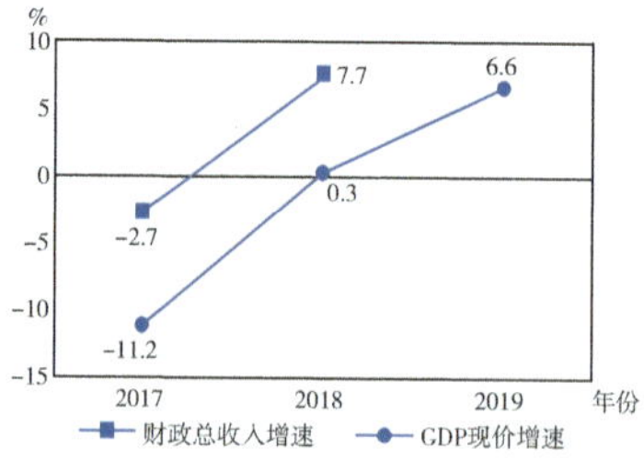

图5-7 2017-2019年内蒙古自治区财政总收入增速

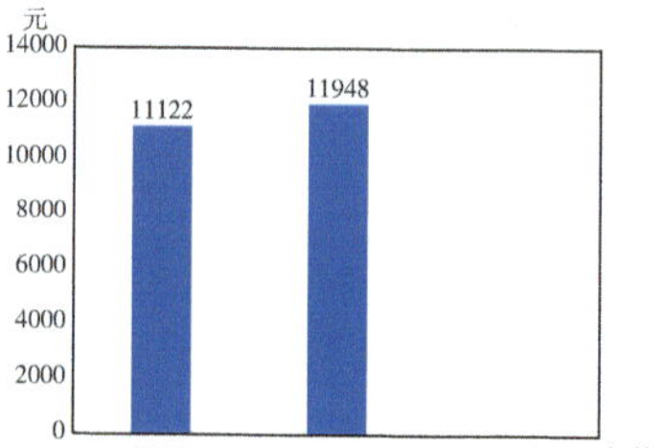

图5-8 2017-2019年内蒙古自治区人均财政总收入

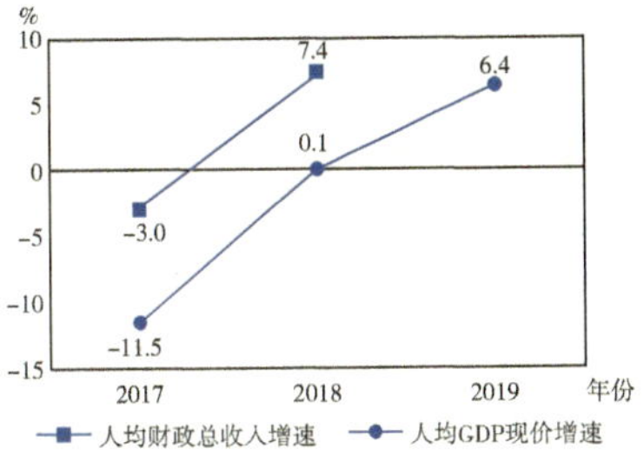

图5-9　2017-2019年内蒙古自治区人均财政总收入增速

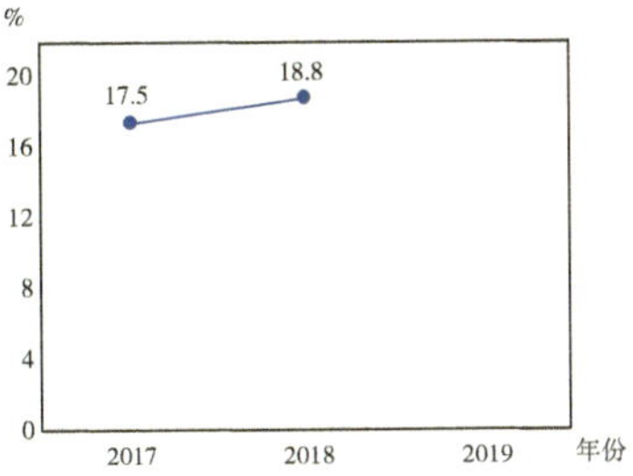

图5-10　2017-2019年内蒙古自治区财政总收入/GDP

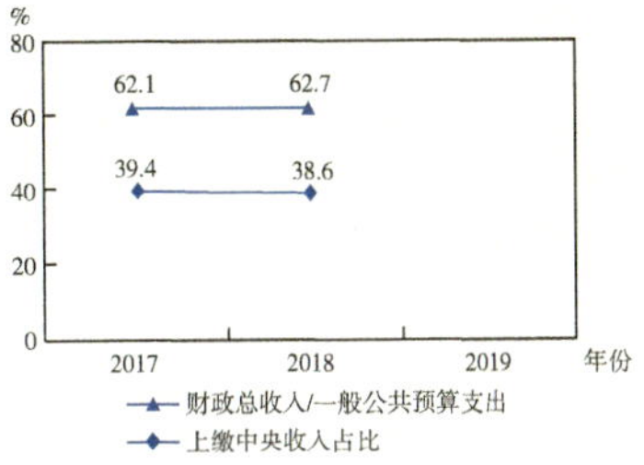

图5-11　2017-2019年内蒙古自治区财政总收入其他指标

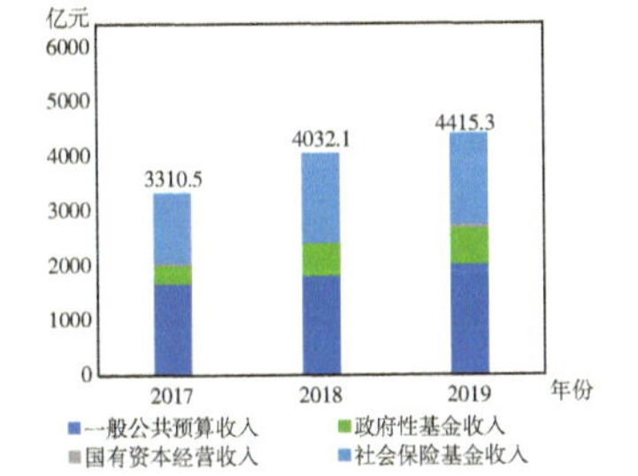

图5-12　2017-2019年内蒙古自治区政府收入

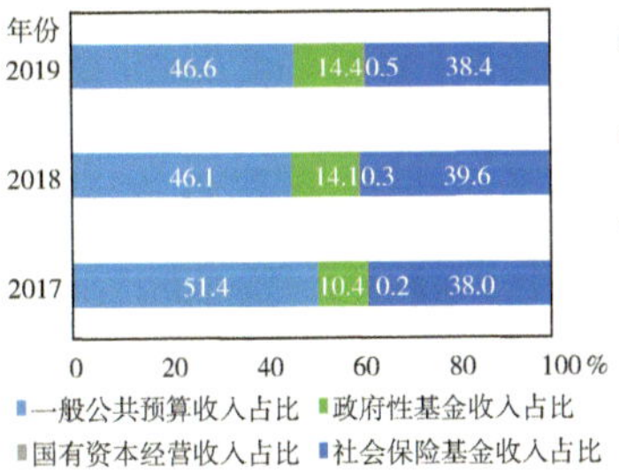

图5-13　2017-2019年内蒙古自治区政府收入结构

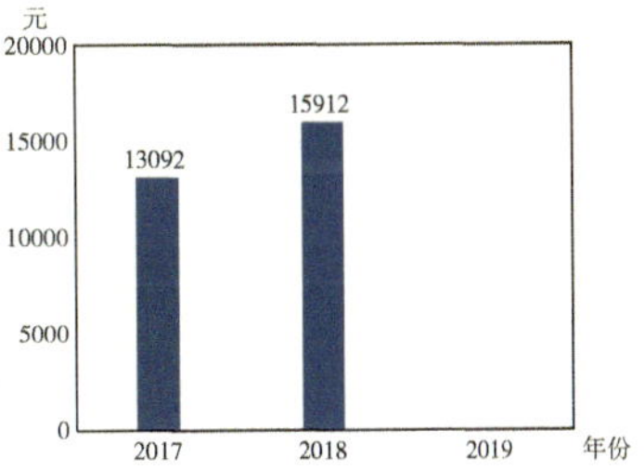

图5-14　2017-2019年内蒙古自治区人均政府收入

5.1.3　内蒙古自治区一般公共预算收入情况

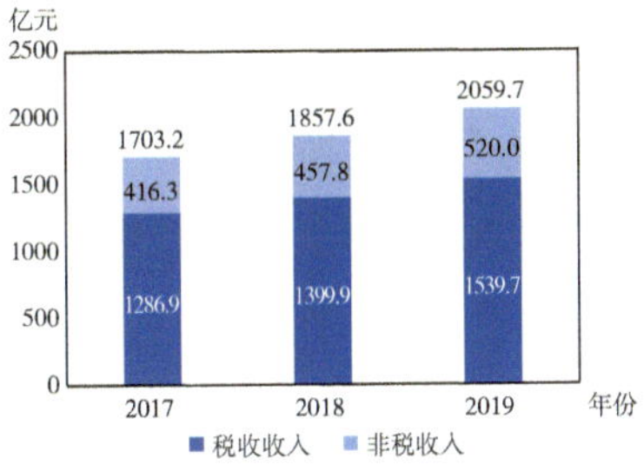

图5-15　2017-2019年内蒙古自治区一般公共预算收入

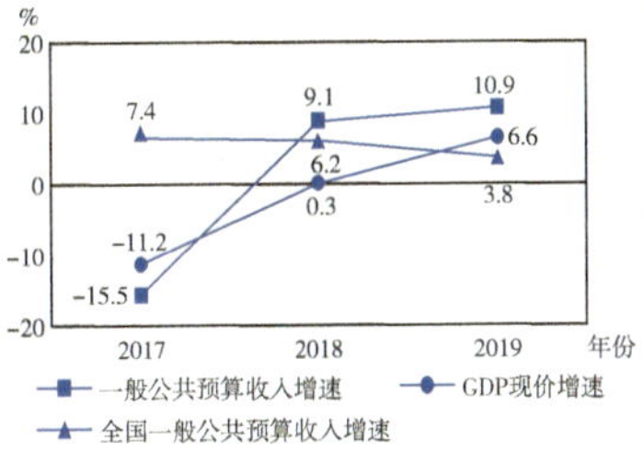

图5-16　2017-2019年内蒙古自治区一般公共预算收入增速

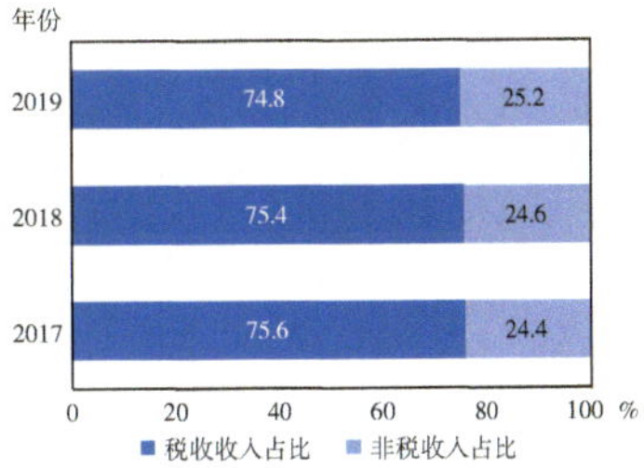

图5-17　2017-2019年内蒙古自治区一般公共预算收入结构

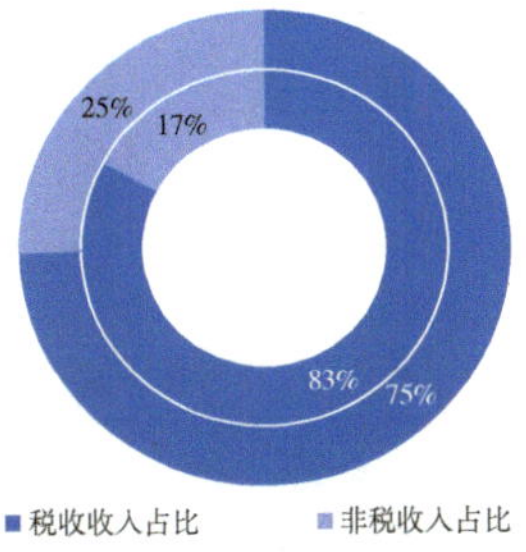

图5-18　2019年一般公共预算收入结构对比（内环为全国，外环为内蒙古自治区）

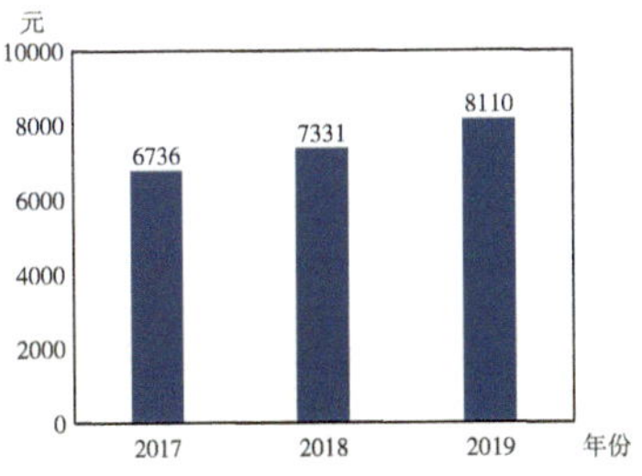

图5-19　2017-2019年内蒙古自治区人均一般公共预算收入

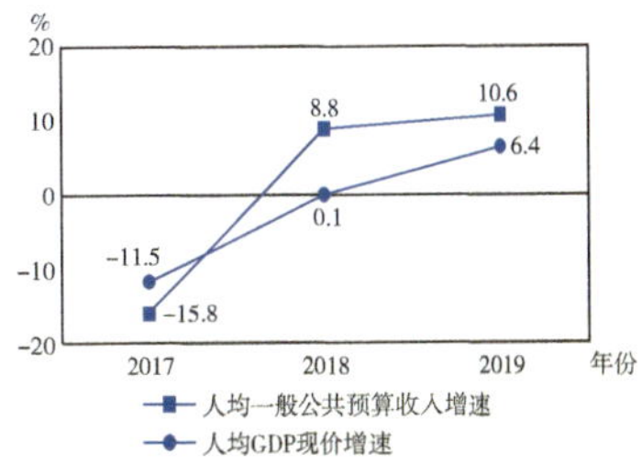

图5-20　2017-2019年内蒙古自治区人均一般公共预算收入增速

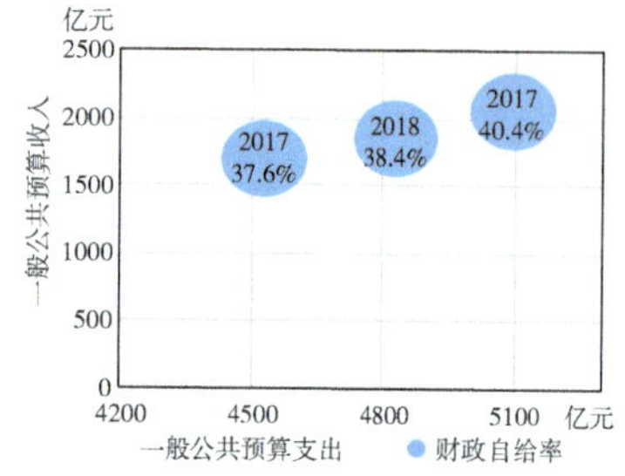

图5-21　2017-2019年内蒙古自治区财政自给率

图5-22　2017-2019年内蒙古自治区财政收入依赖度

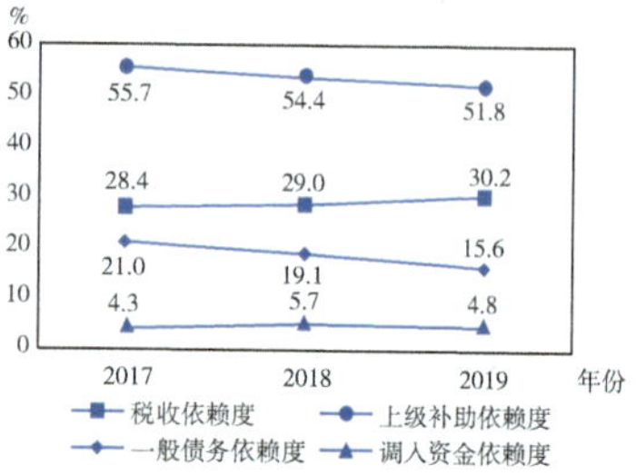

图5-23　2017-2019年内蒙古自治区财政收入依赖度

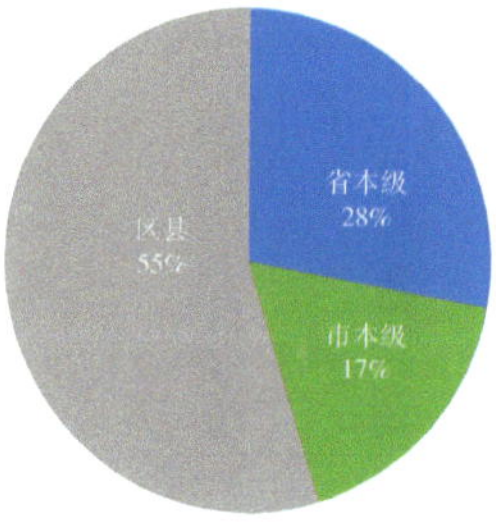

图5-24　2018年省市县三级政府一般公共预算收入分布

图5-25　2017-2019年内蒙古自治区税收收入

注：内蒙古自治区2019年税收收入1539.7亿元，税收细项未公布

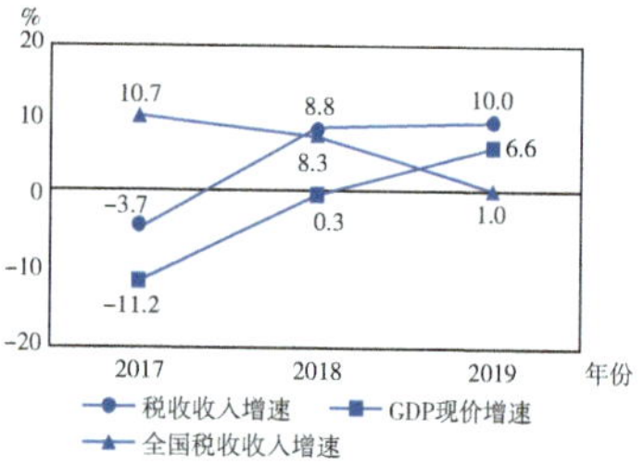

图5-26　2017-2019年内蒙古自治区税收收入增速

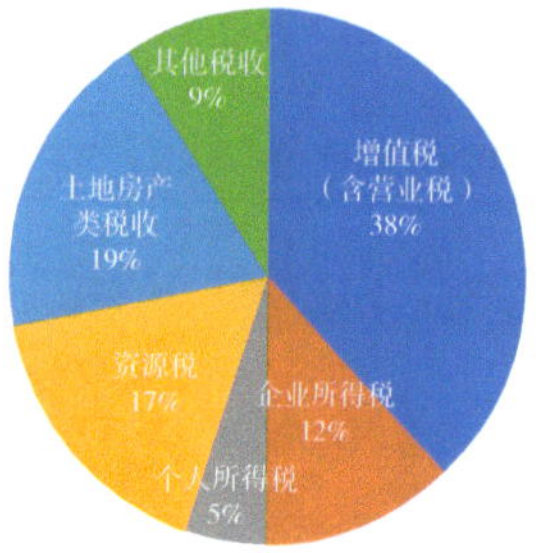

图5-27　2018年内蒙古自治区税收结构

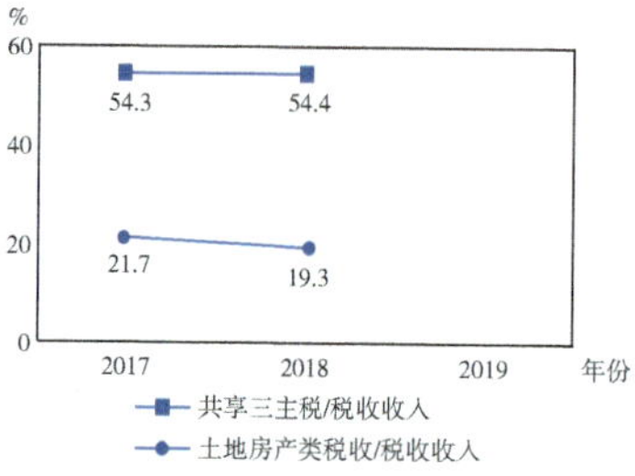

图5-28　2017-2019年内蒙古自治区共享三主税、土地房产类税收占税收收入的比重

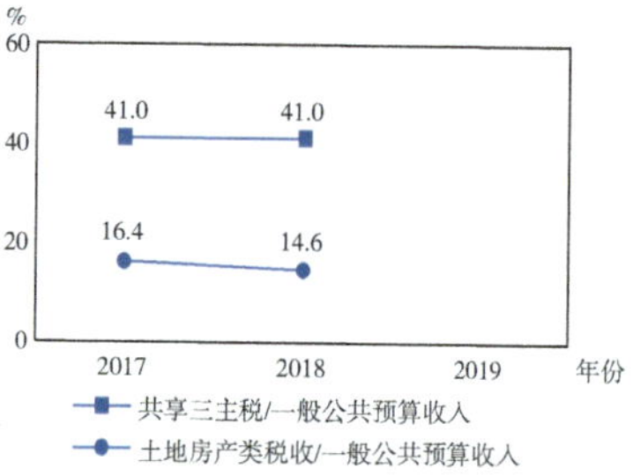

图5-29　2017-2019年内蒙古自治区共享三主税、土地房产类税收占一般公共预算收入的比重

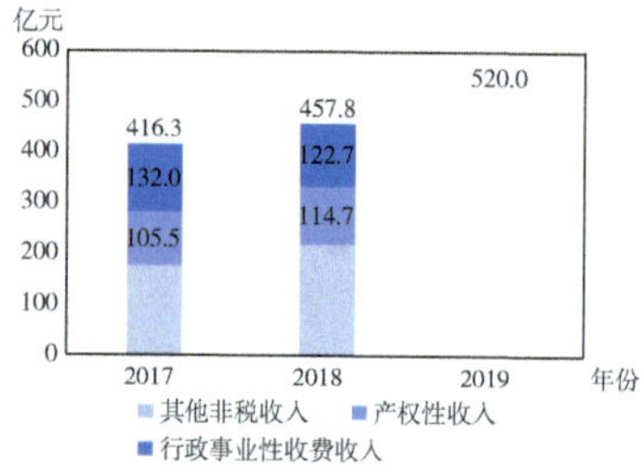

图5-30　2017-2019年内蒙古自治区非税收入

注：内蒙古自治区2019年非税收入520亿元，细项未公布

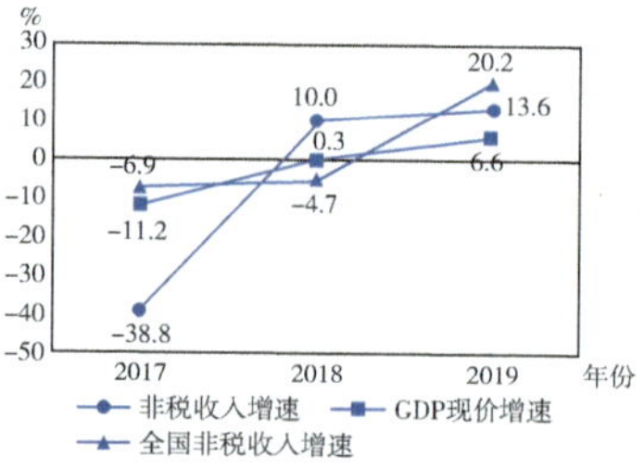

图5-31　2017-2019年内蒙古自治区非税收入增速

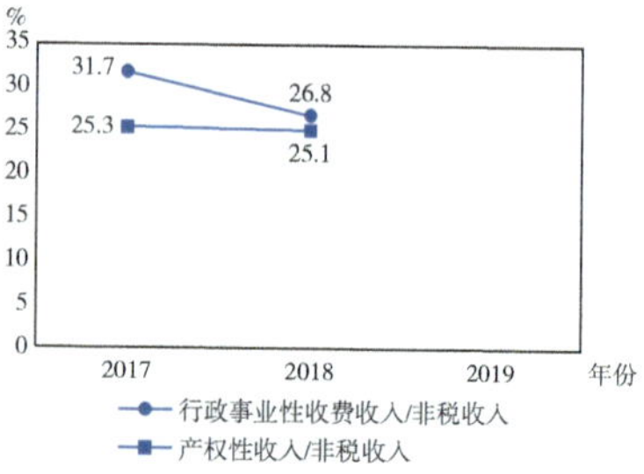

图5-32　2017-2019年内蒙古自治区行政事业性收费、产权性收入占非税收入的比重

5.1.4 内蒙古自治区政府性基金收入和国有资本经营收入情况

图5-33 2017-2019年内蒙古自治区政府性基金收入

注：内蒙古自治区2019年政府性基金收入637.4亿元，细项未公布

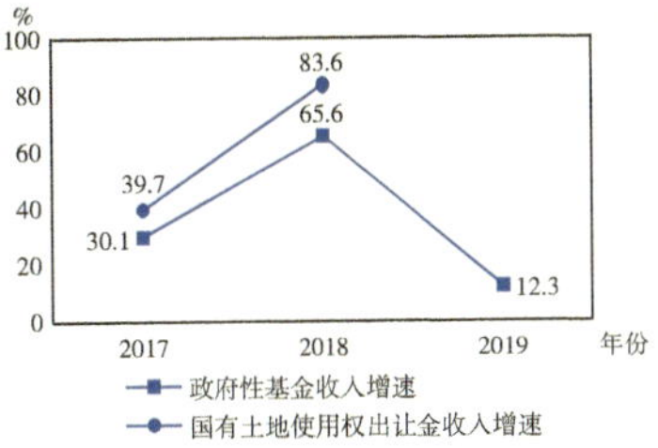

图5-34 2017-2019年内蒙古自治区政府性基金收入增速及国有土地使用权出让金收入增速

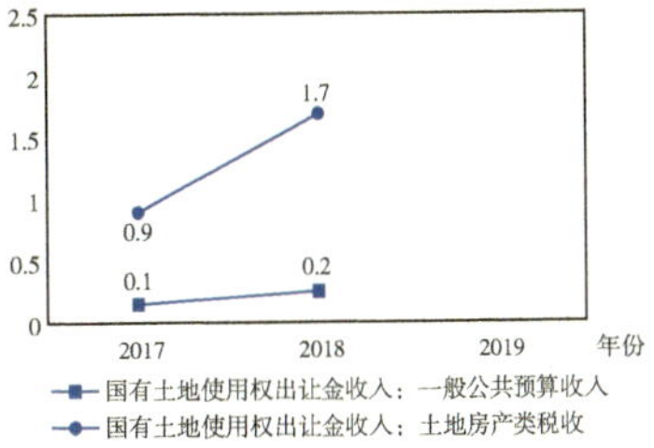

图5-35 2017-2019年内蒙古自治区国有土地使用权出让金收入与一般公共预算关系指标

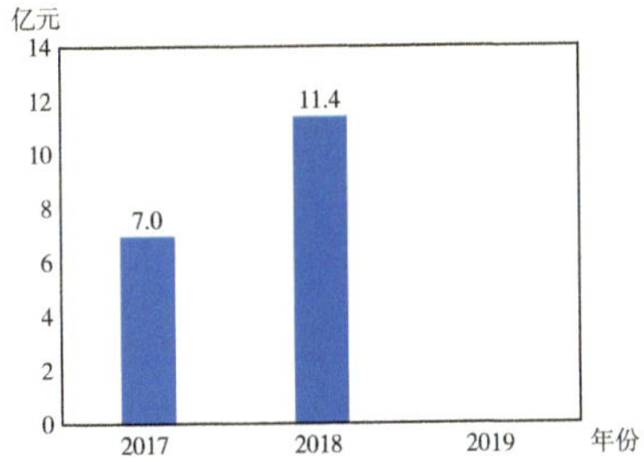

图5-36 2017-2019年内蒙古自治区国有资本经营收入

5.1.5 内蒙古自治区社会保险基金收入情况

图5-37 2017-2019年内蒙古自治区社会保险基金收入

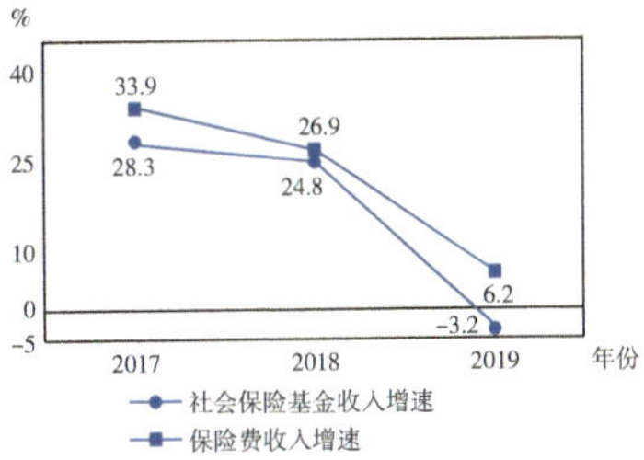

图5-38 2017-2019年内蒙古自治区社会保险基金收入增速及保险费收入增速

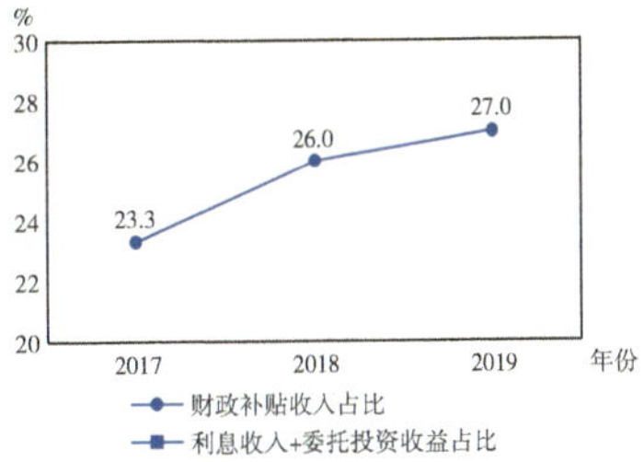

图5-39 2017-2019年内蒙古自治区财政补贴收入、利息收入+委托投资收益占社会保险基金收入的比重

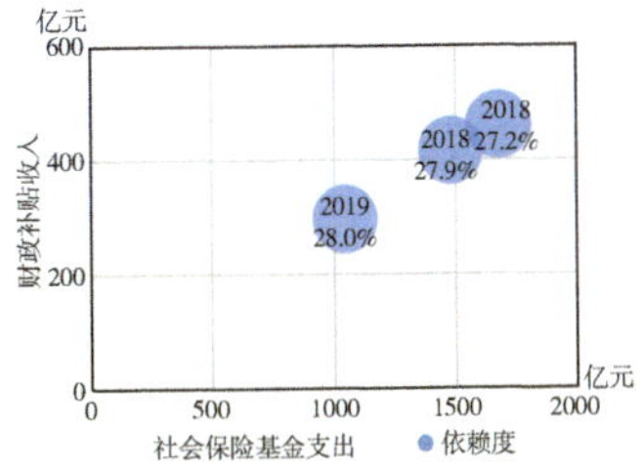

图5-40 2017-2019年内蒙古自治区社会保险基金对财政补贴的依赖度

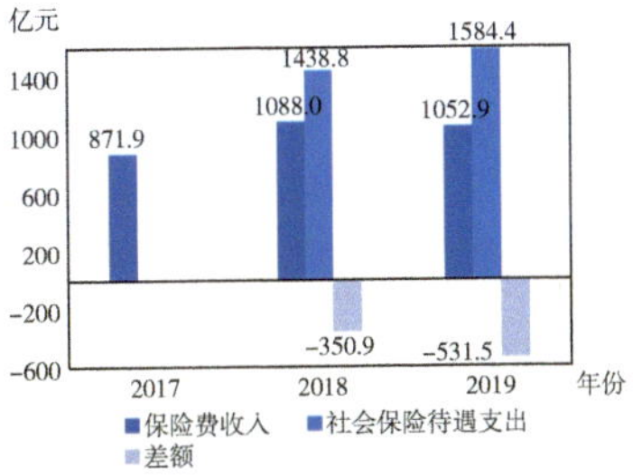

图5-41 2017-2019年内蒙古自治区保险费收入、社会保险待遇支出及差额

5.1.6 内蒙古自治区债务情况

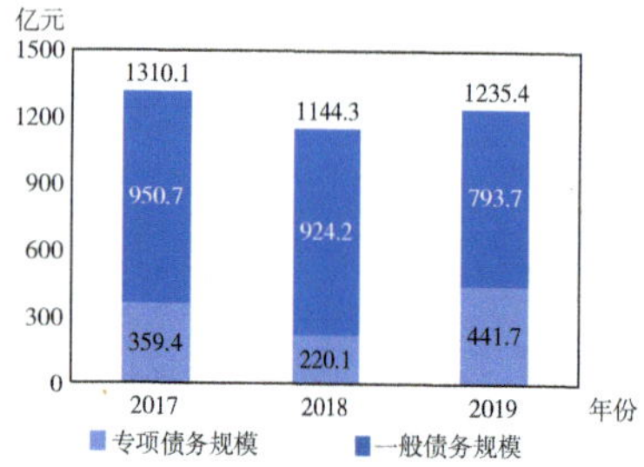

图5-42 2017-2019年内蒙古自治区债务规模

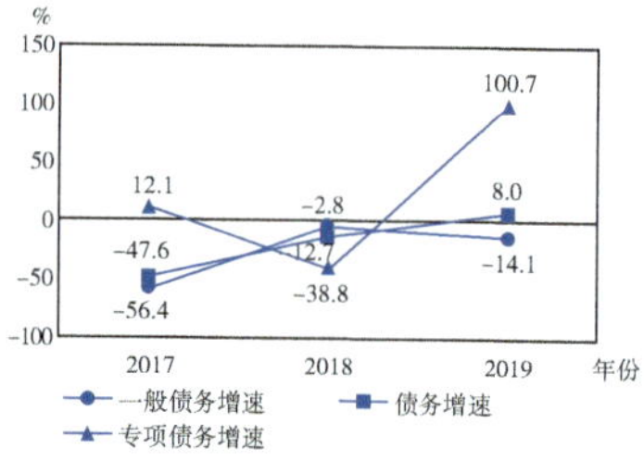

图5-43 2017-2019年内蒙古自治区债务增速

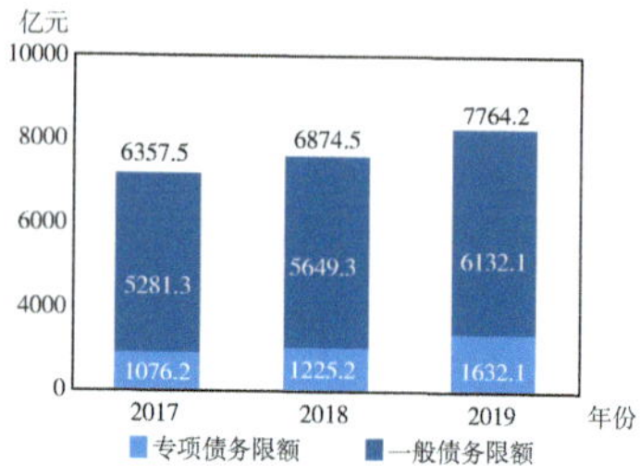

图5-44 2017-2019年内蒙古自治区债务限额

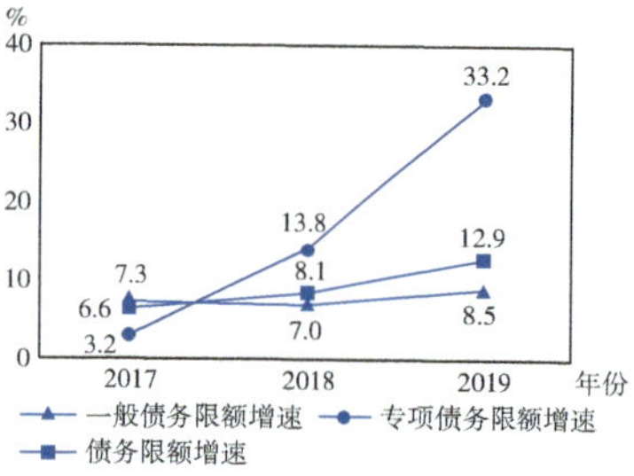

图5-45 2017-2019年内蒙古自治区债务限额增速

图5-46 2017-2019年内蒙古自治区债务余额

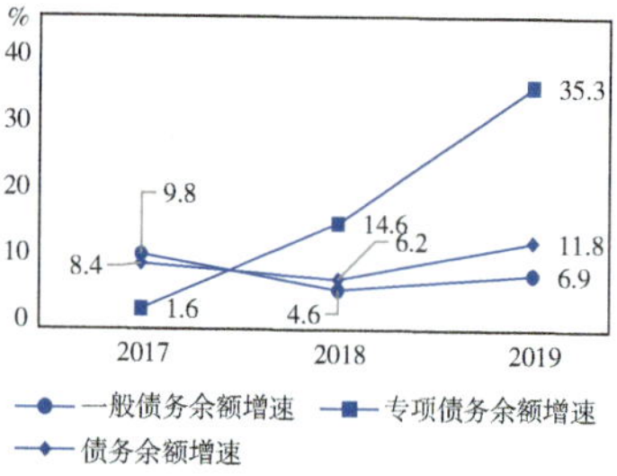

图5-47 2017-2019年内蒙古自治区债务余额增速

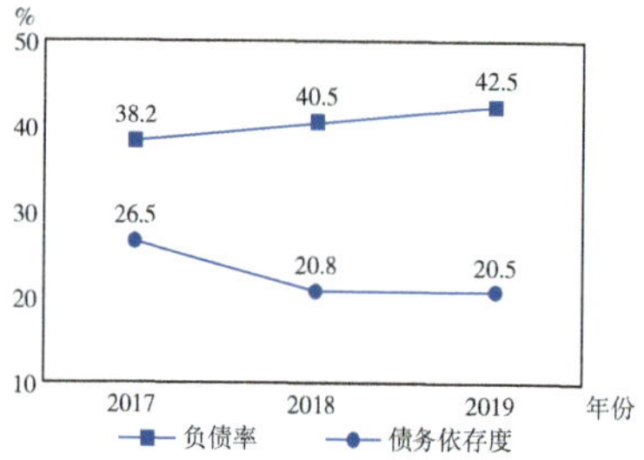

图5-48 2017-2019年内蒙古自治区负债率与债务依存度

5.1.7 内蒙古自治区区本级一般公共预算收入情况

图5-49 2017-2019年内蒙古自治区区本级一般公共预算收入

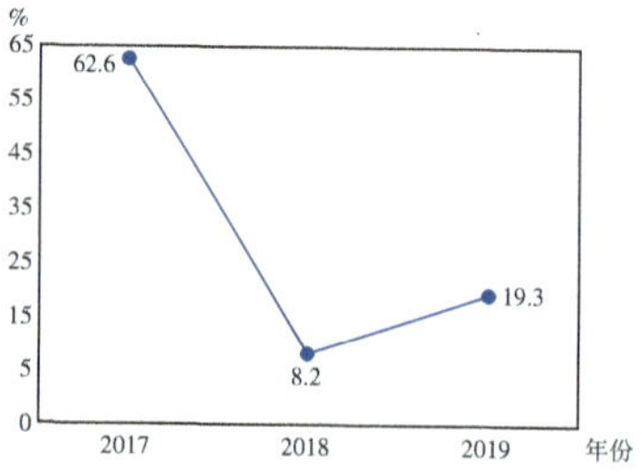

图5-50 2017-2019年内蒙古自治区区本级一般公共预算收入增速

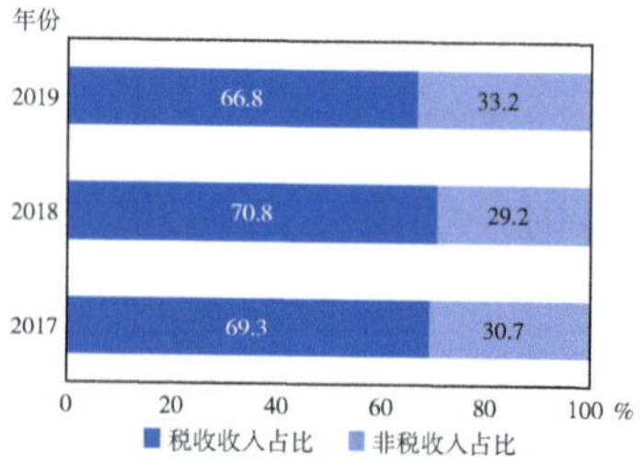

图5-51 2017-2019年内蒙古自治区区本级一般公共预算收入结构

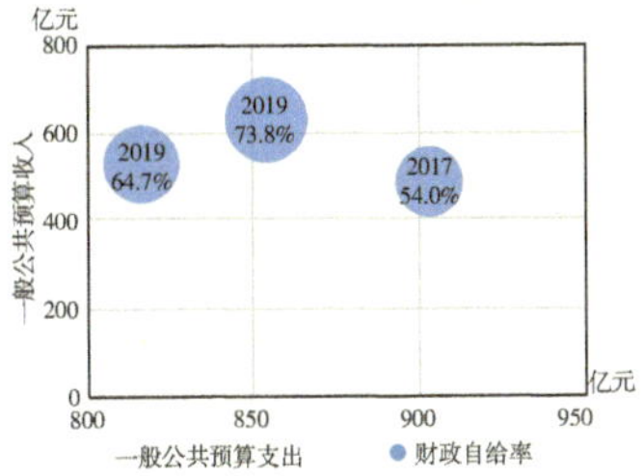

图5-52　2017-2019年内蒙古自治区区本级财政自给率

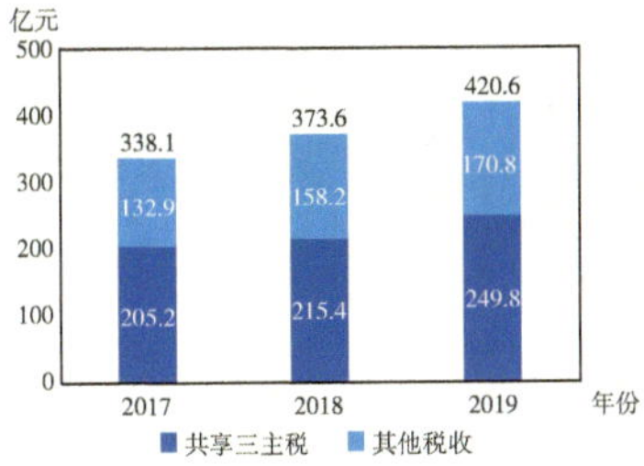

图5-53　2017-2019年内蒙古自治区区本级税收收入

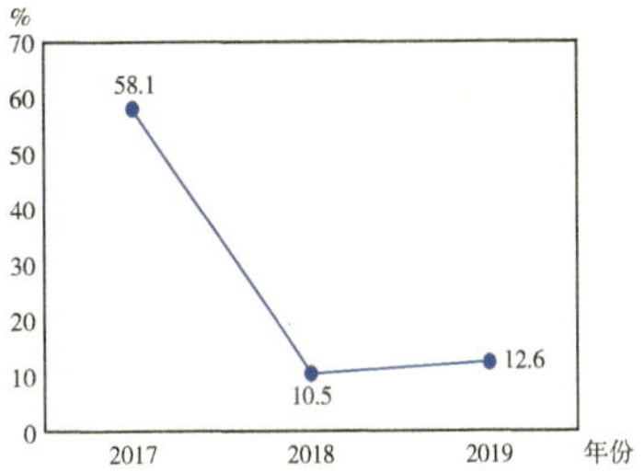

图5-54　2017-2019年内蒙古自治区区本级税收收入增速

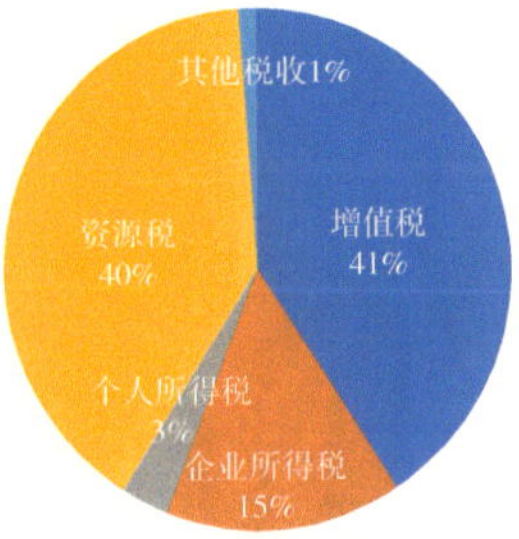

图5-55　2019年内蒙古自治区区本级税收结构

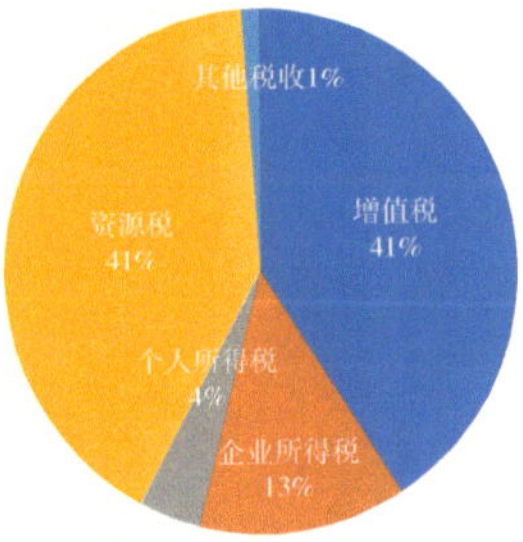

图5-56　2018年内蒙古自治区区本级税收结构

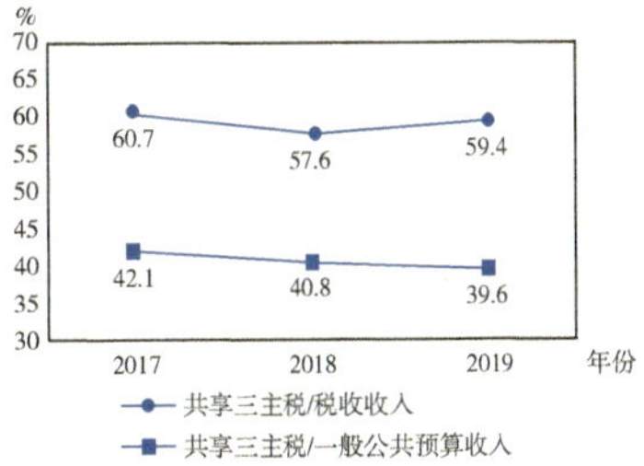

图5-57　2017-2019年内蒙古自治区区本级共享三主税占税收收入、一般公共预算收入的比重

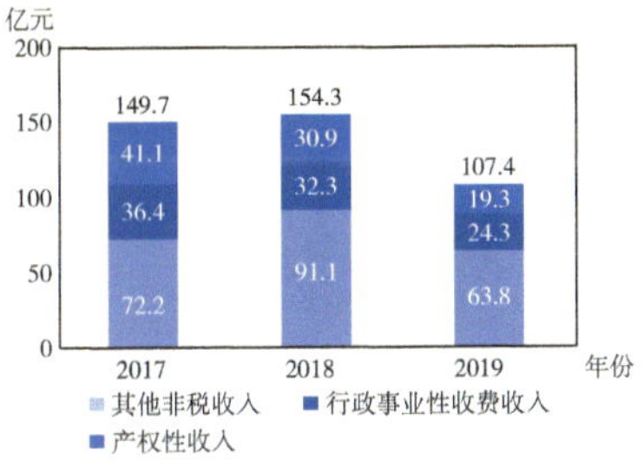

图5-58　2017-2019年内蒙古自治区区本级非税收入

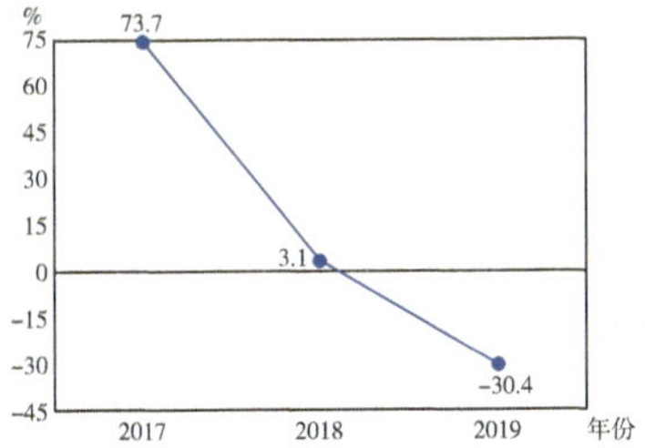

图5-59　2017-2019年内蒙古自治区区本级非税收入增速

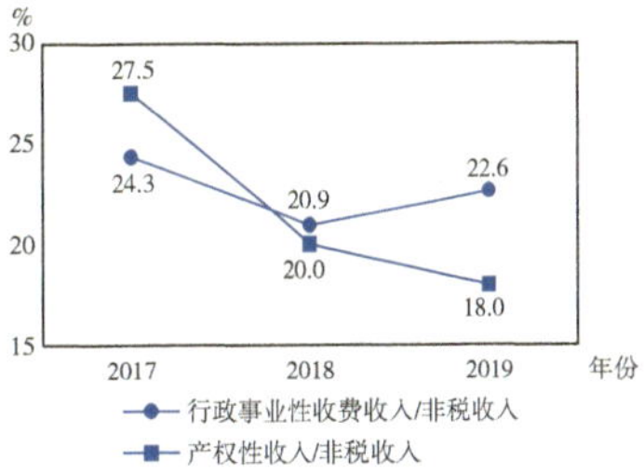

图5-60　2017-2019年内蒙古自治区区本级行政事业性收费、产权性收入占非税收入的比重

5.2　内蒙古自治区各市政府收入主要特征分析

5.2.1　内蒙古自治区各市经济社会发展情况

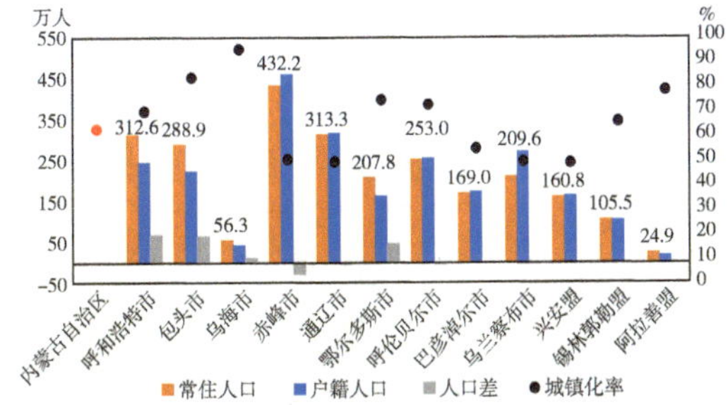

图5-61　2018年内蒙古自治区各市人口状况

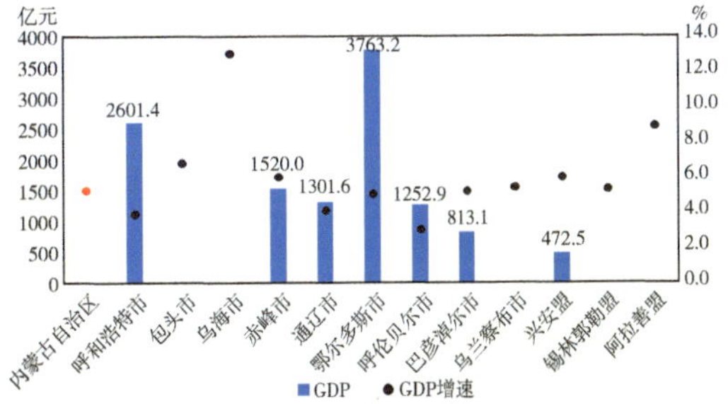

图5-62　2018年内蒙古自治区各市GDP及增速

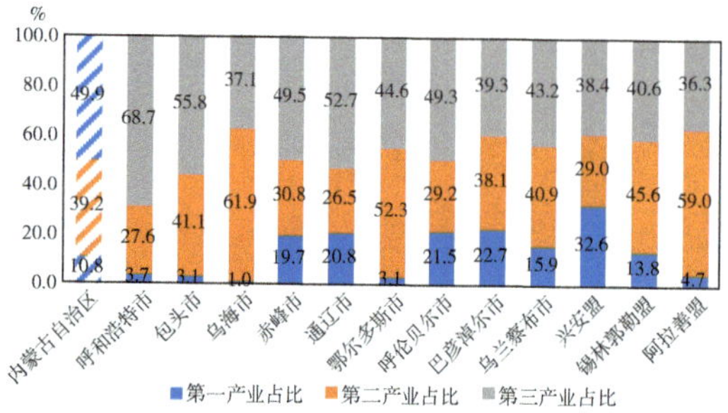

图5-63 2018年内蒙古自治区各市三次产业结构

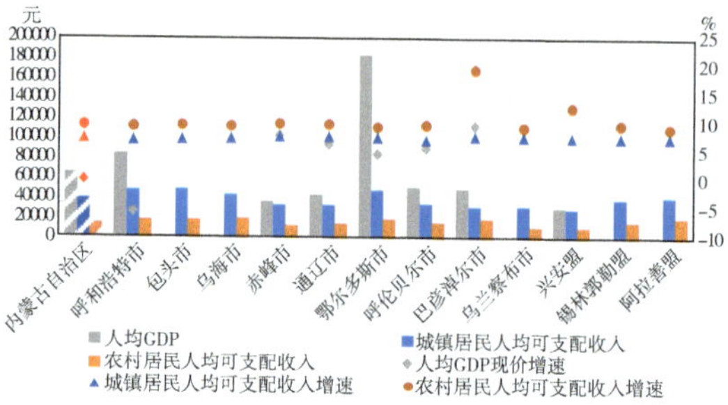

图5-64 2018年内蒙古自治区各市人均GDP与人均可支配收入

5.2.2 内蒙古自治区各市政府收入总体情况

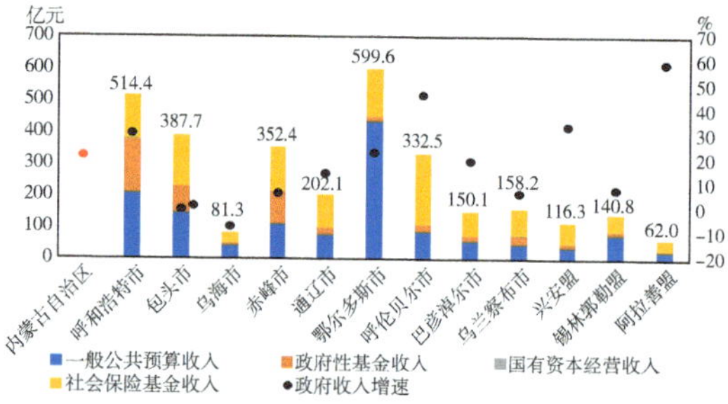

图5-65 2018年内蒙古自治区各市政府收入结构及增速

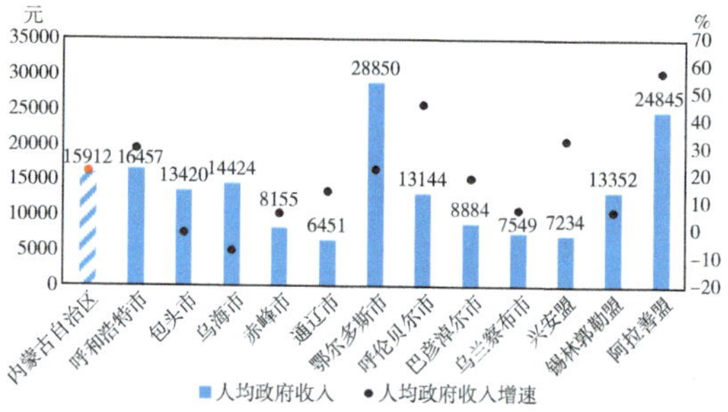

图5-66 2018年内蒙古自治区各市人均政府收入及增速

5.2.3 内蒙古自治区各市一般公共预算收入情况

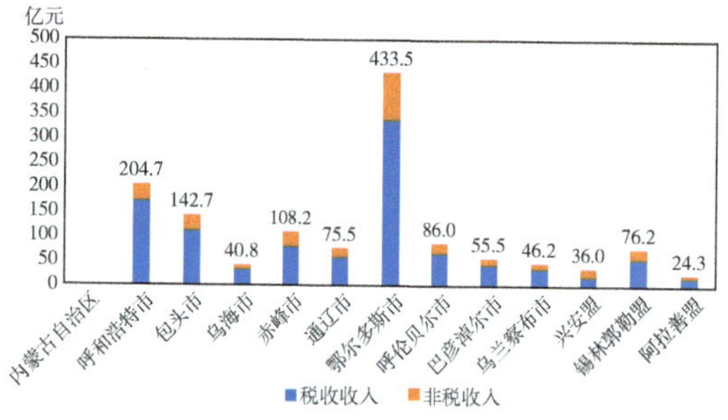

图5-67 2018年内蒙古自治区各市一般公共预算收入

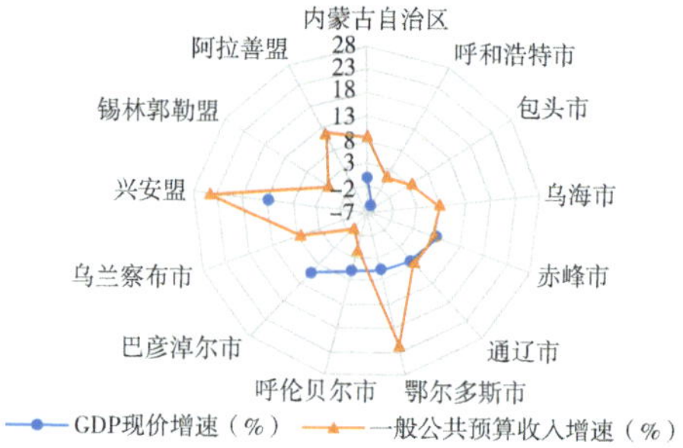

图5-68 2018年内蒙古自治区各市一般公共预算收入增速

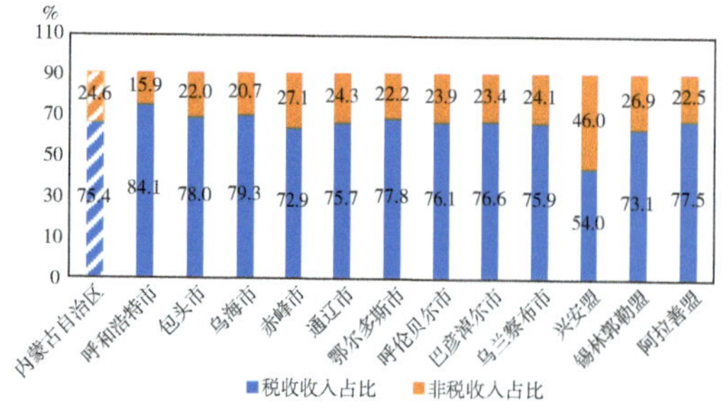

图5-69 2018年内蒙古自治区各市一般公共预算收入结构

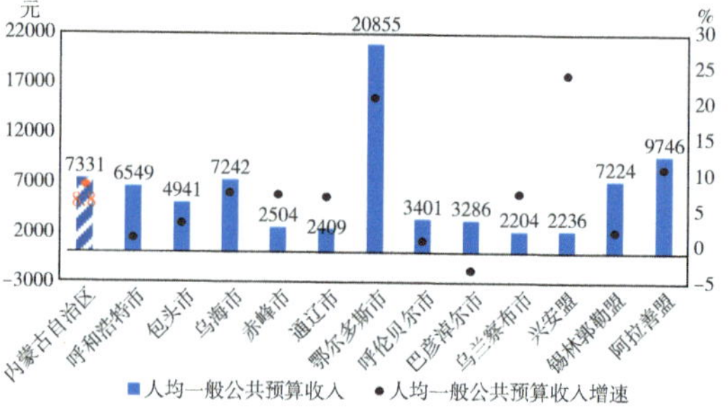

图5-70 2018年内蒙古自治区各市人均一般公共预算收入及增速

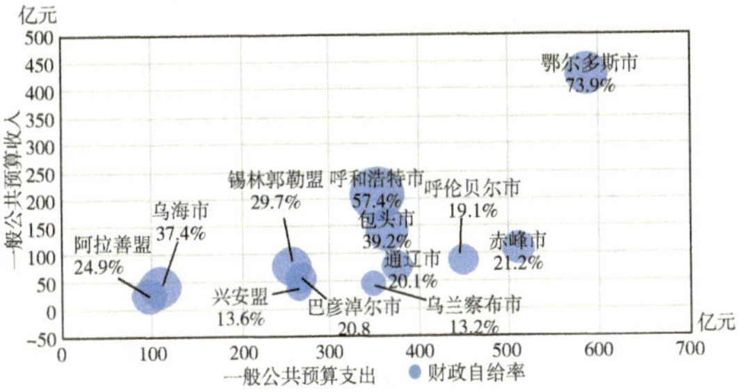

图5-71 2018年内蒙古自治区各市财政自给率

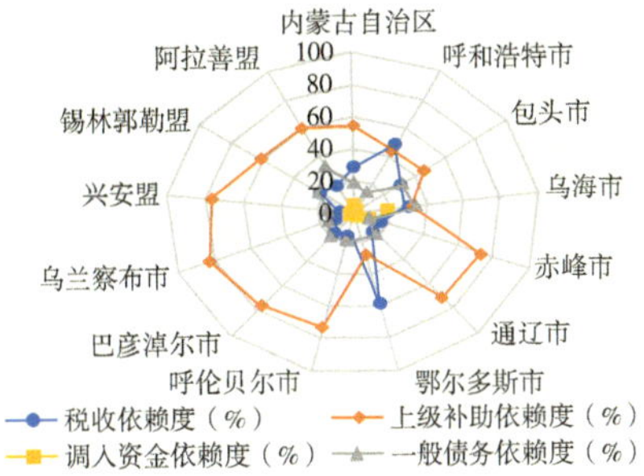

图5-72 2018年内蒙古自治区各市财政收入依赖度

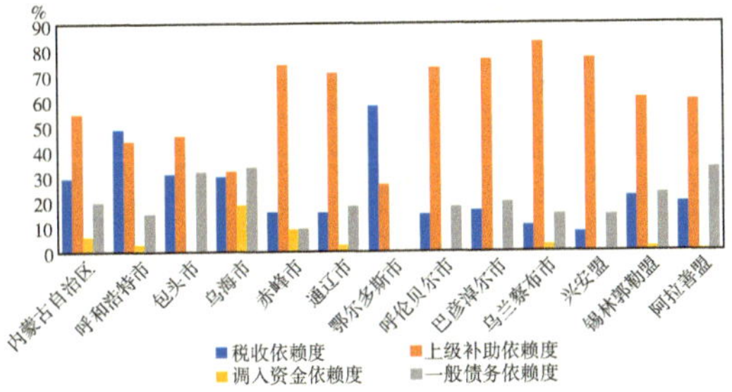

图5-73 2018年内蒙古自治区各市财政收入依赖度

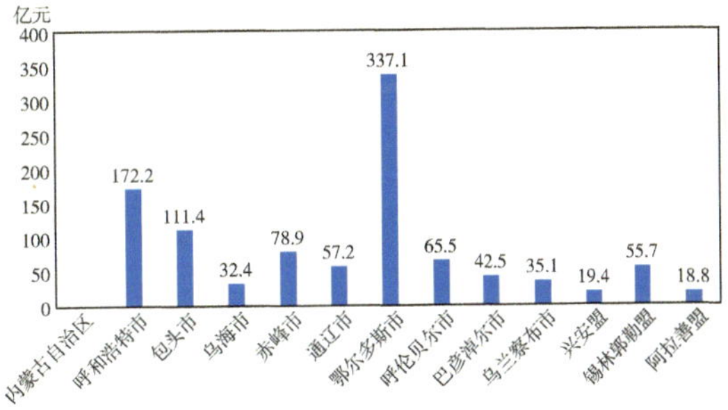

图5-74 2018年内蒙古自治区各市税收收入

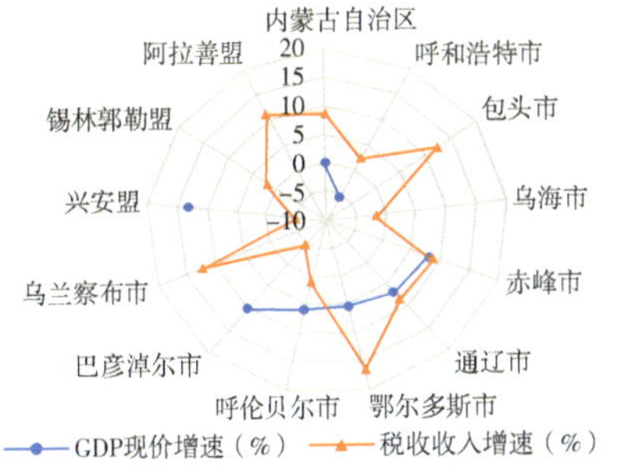

图5-75 2018年内蒙古自治区各市税收收入增速

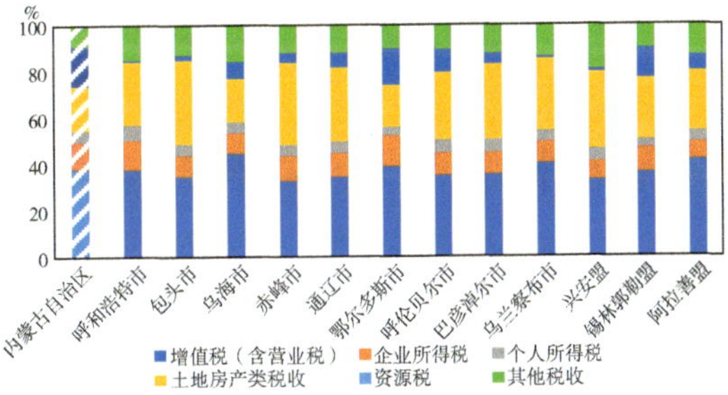

图5-76 2018年内蒙古自治区各市税收收入结构

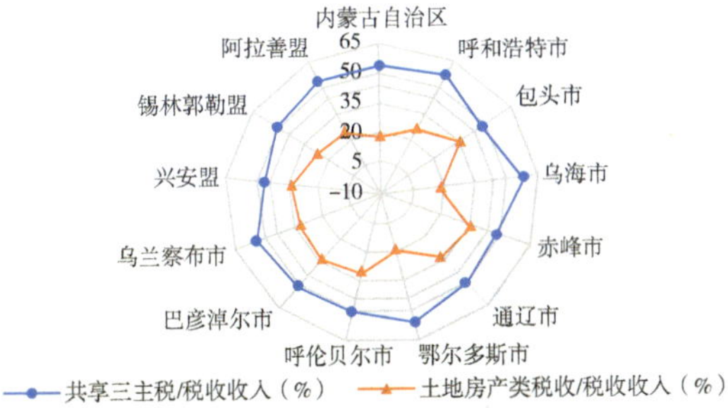

图5-77 2018年内蒙古自治区各市共享三主税、土地房产类税收占税收收入的比重

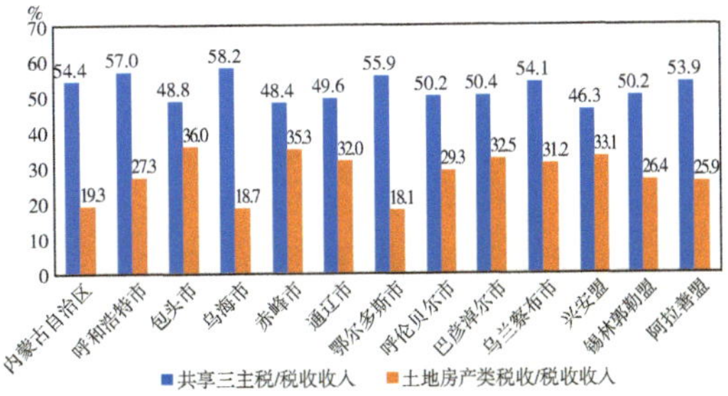

图5-78 2018年内蒙古自治区各市共享三主税、土地房产类税收占税收收入的比重

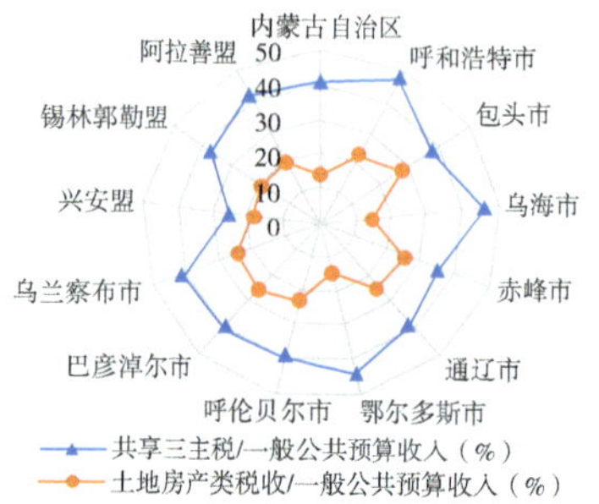

图5-79　2018年内蒙古自治区各市共享三主税、土地房产类税收占一般公共预算收入的比重

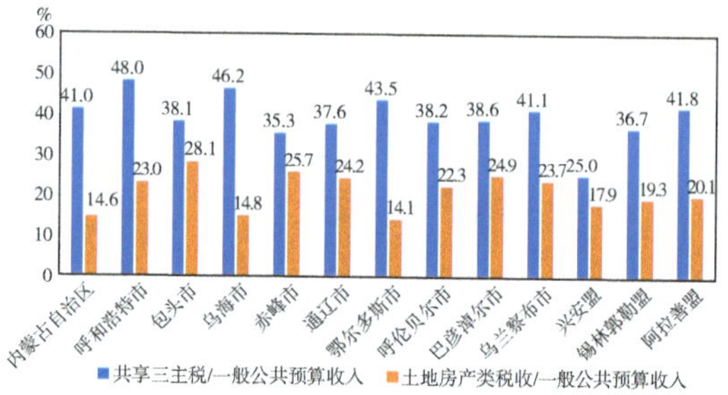

图5-80　2018年内蒙古自治区各市共享三主税、土地房产类税收占一般公共预算收入的比重

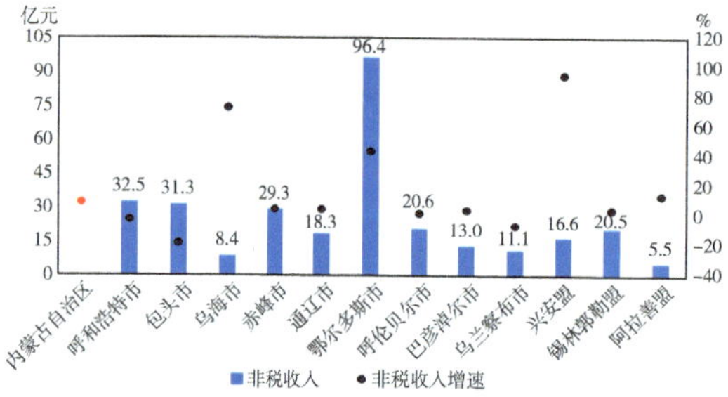

图5-81　2018年内蒙古自治区各市非税收入及增速

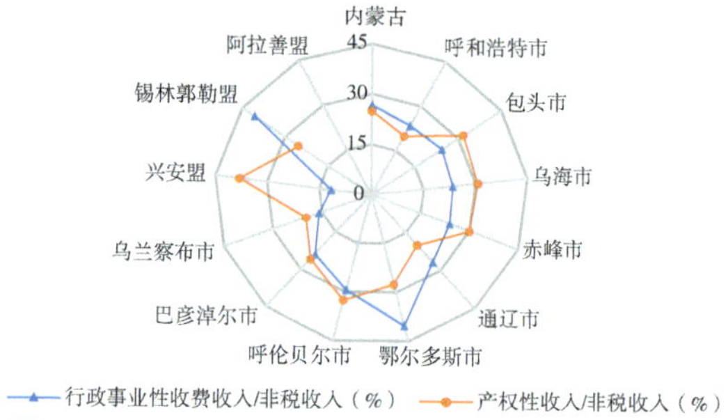

图5-82　2018年内蒙古自治区各市行政事业性收费收入、产权性收入占非税收入的比重

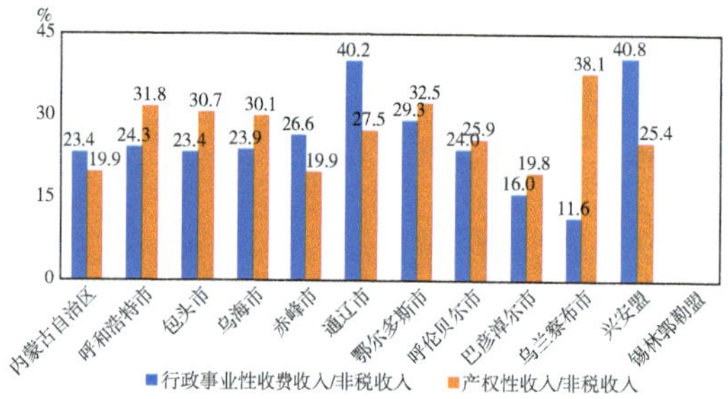

图5-83　2018年内蒙古自治区各市行政事业性收费收入、产权性收入占非税收入的比重

5.2.4　内蒙古自治区各市政府性基金收入与国有资本经营收入情况

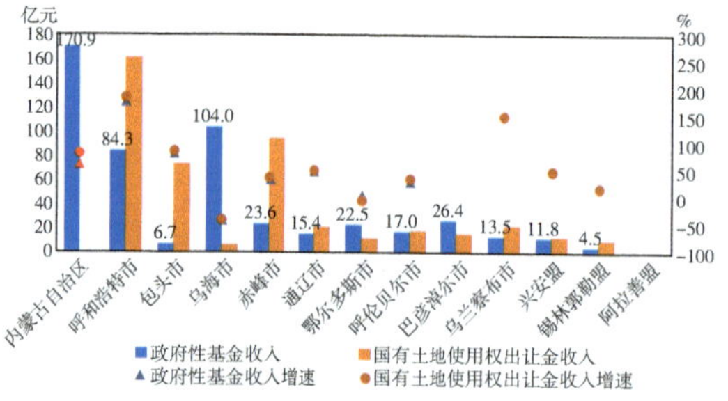

图5-84　2018年内蒙古自治区各市政府性基金预算收入、国有土地使用权出让金收入及其增速

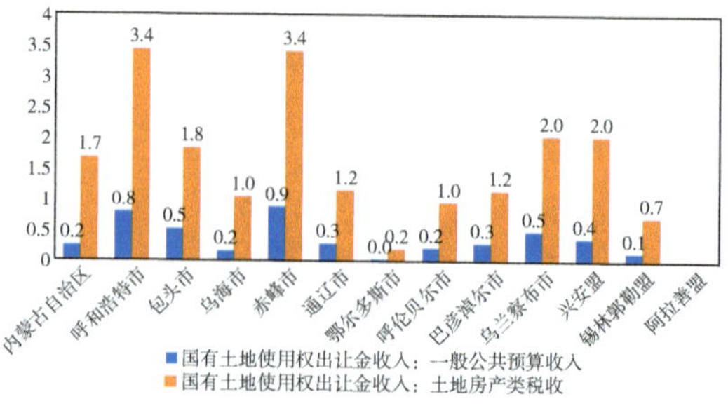

图5-85　2018年内蒙古自治区各市国有土地使用权出让金收入与一般公共预算关系指标

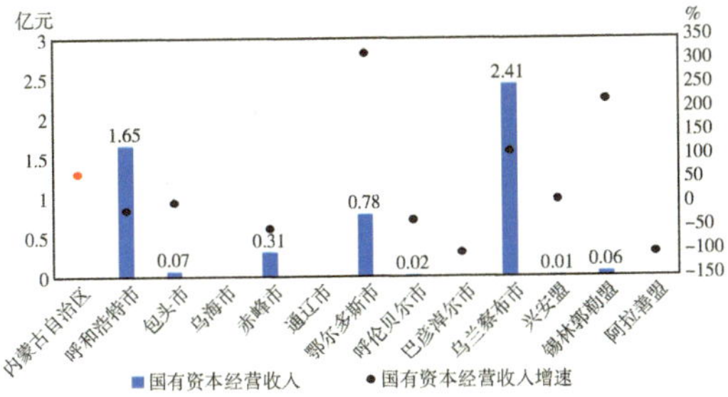

图5-86　2018年内蒙古自治区各市国有资本经营收入及增速

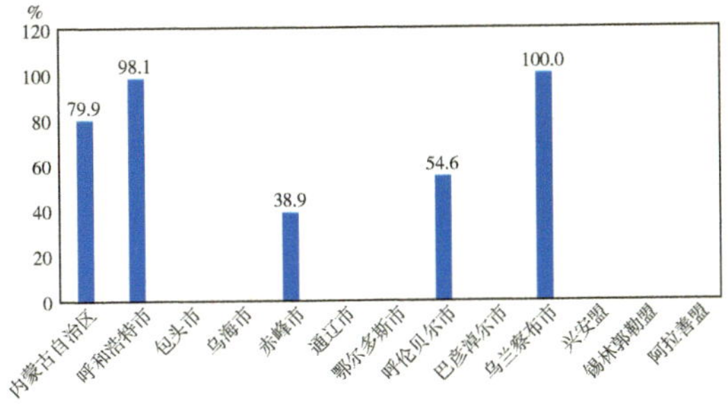

图5-87　2018年内蒙古自治区各市调出资金/国有资本经营收入

5.2.5　内蒙古自治区各市社会保险基金收入情况

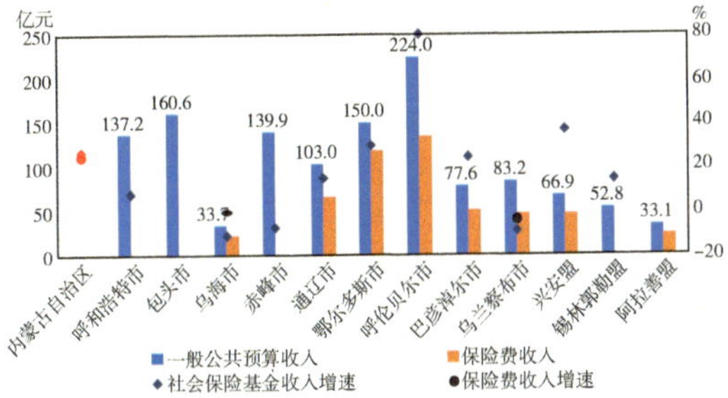

图5-88　2018年内蒙古自治区各市社会保险基金收入、保险费收入及其增速

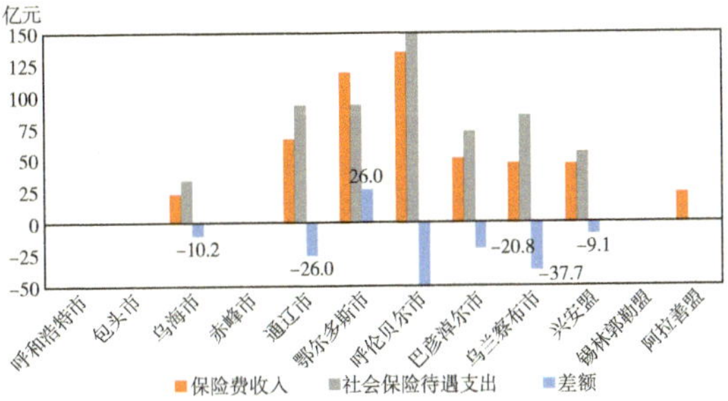

图5-89　2018年内蒙古自治区各市保险费收入、社会保险待遇支出及其差额

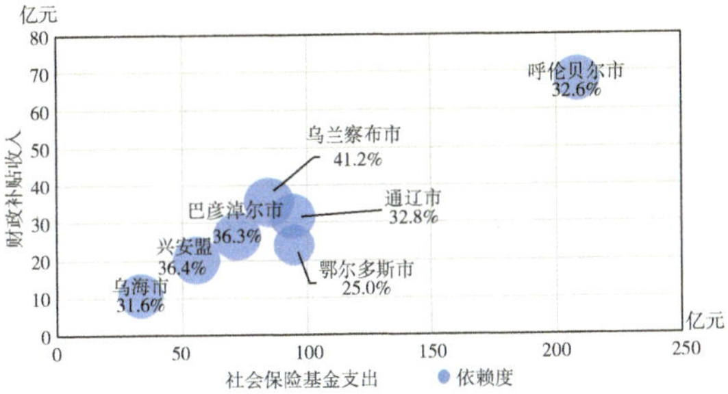

图5-90　2018年内蒙古自治区各市社会保险基金预算对财政补贴的依赖度

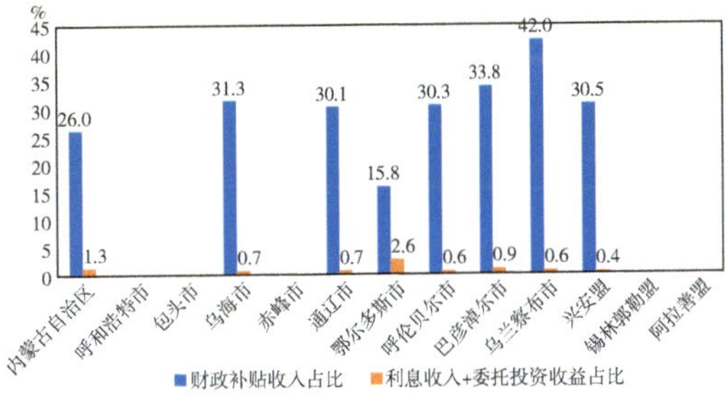

图5-91　2018年内蒙古自治区各市财政补贴收入、利息收入+委托投资收益占社会保险基金收入的比重

5.2.6　内蒙古自治区各市债务情况

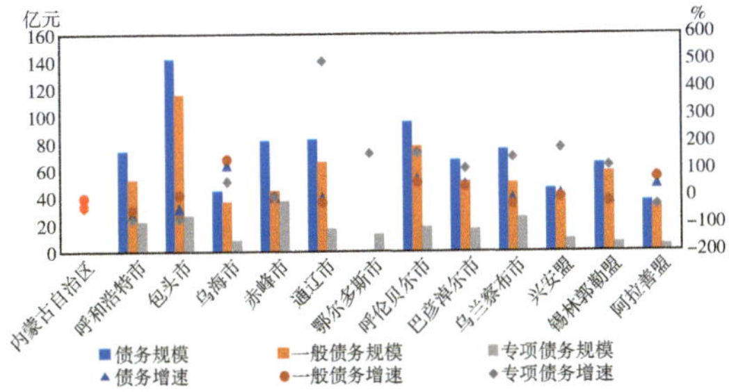

图5-92　2018年内蒙古自治区各市债务规模及其增速

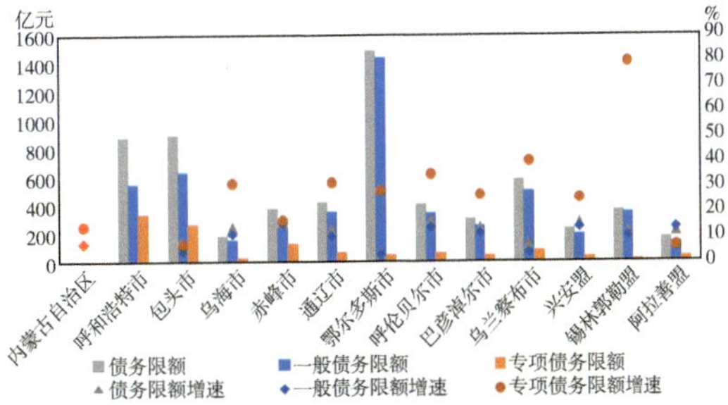

图5-93　2018年内蒙古自治区各市债务限额及其增速

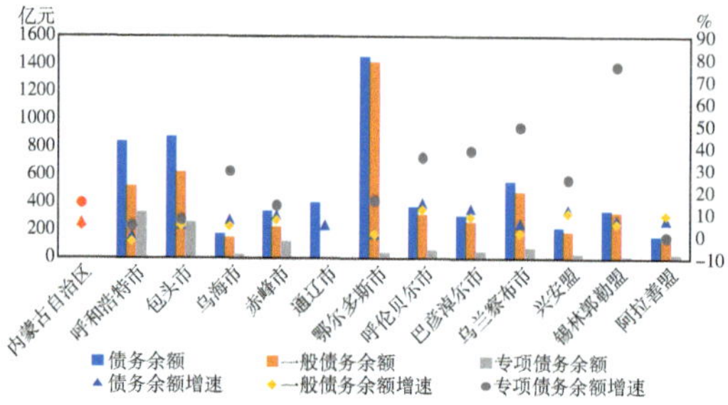

图5-94　2018年内蒙古自治区各市债务余额及其增速

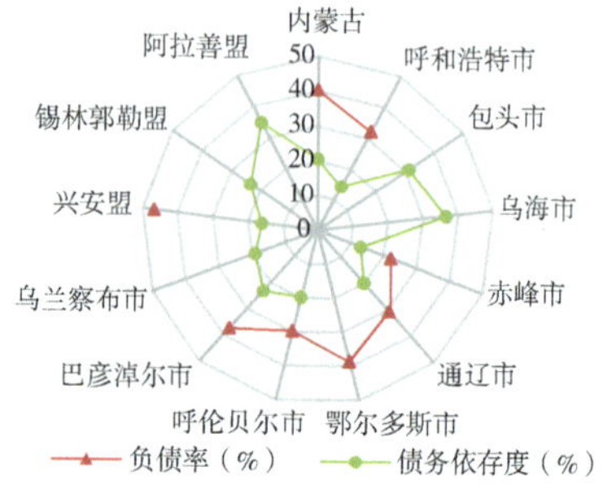

图5-95　2018年内蒙古自治区各市负债率与债务依存度

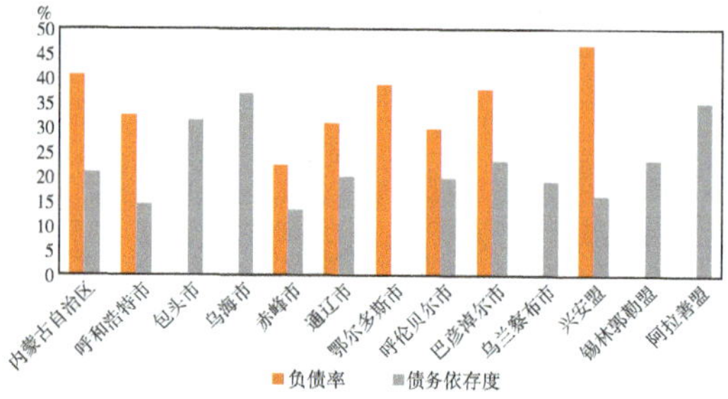

图5-96　2018年内蒙古自治区各市负债率与债务依存度

5.2.7　内蒙古自治区各市市本级一般公共预算收入情况

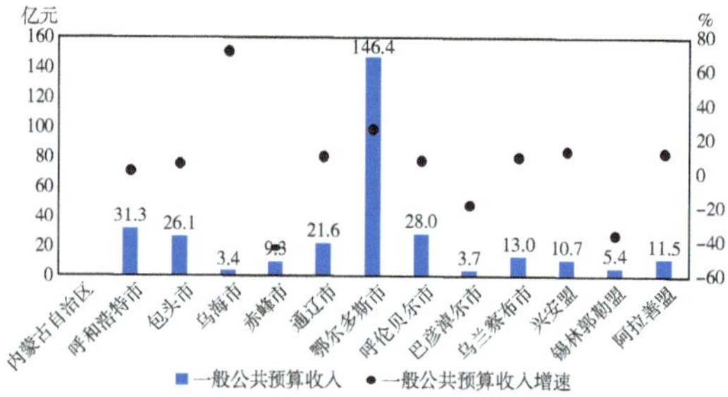

图5-97　2018年内蒙古自治区各市市本级一般公共预算收入及增速

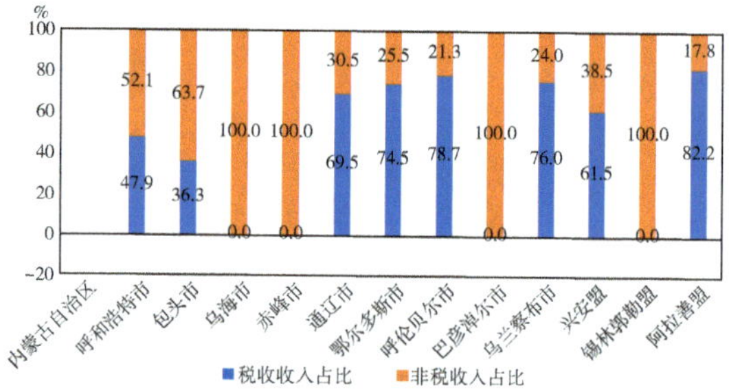

图5-98　2018年内蒙古自治区各市市本级一般公共预算收入结构

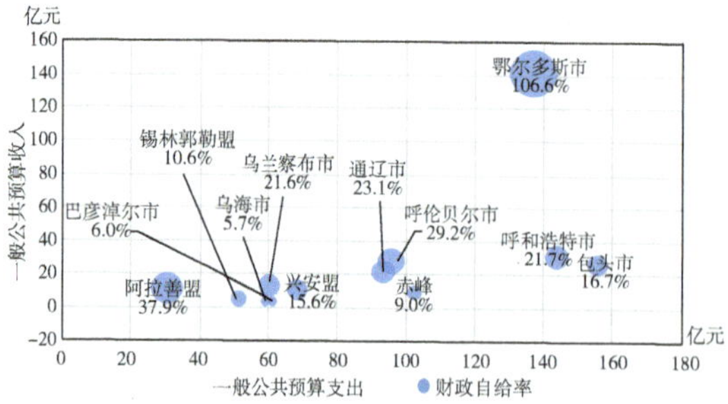

图5-99　2018年内蒙古自治区各市市本级财政自给率

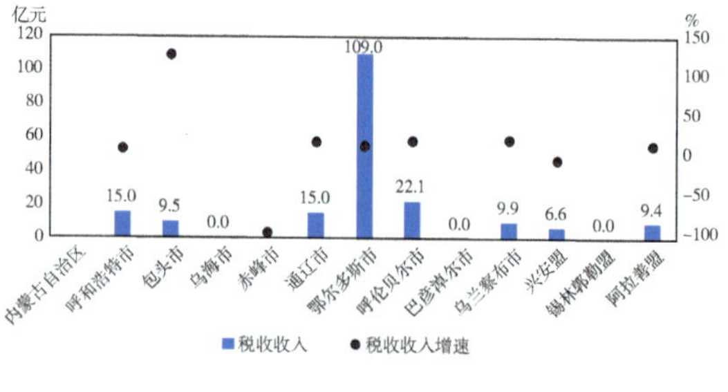

图5-100　2018年内蒙古自治区各市市本级税收收入及增速

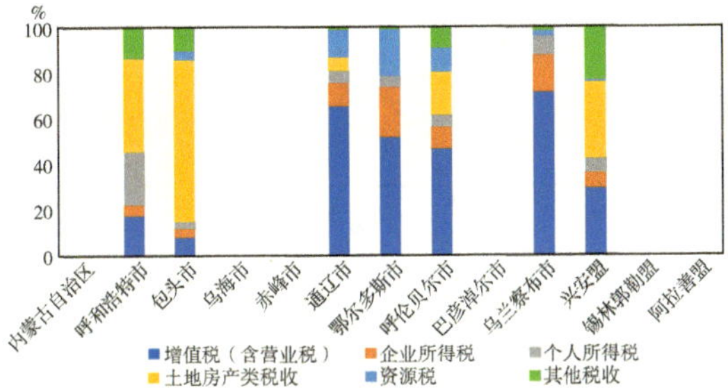

图5-101　2018年内蒙古自治区各市市本级税收收入结构

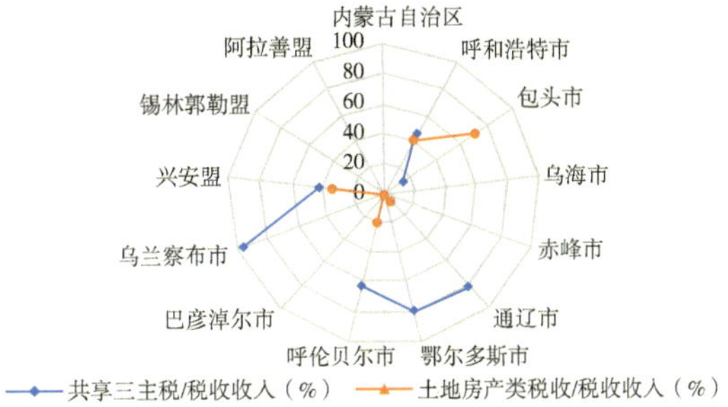

图5-102　2018年内蒙古自治区各市市本级共享三主税、土地房产类税收占税收收入的比重

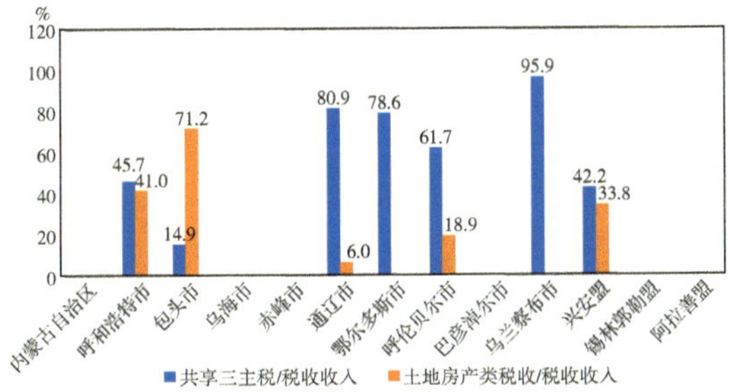

图5-103　2018年内蒙古自治区各市市本级共享三主税、土地房产类税收占税收收入的比重

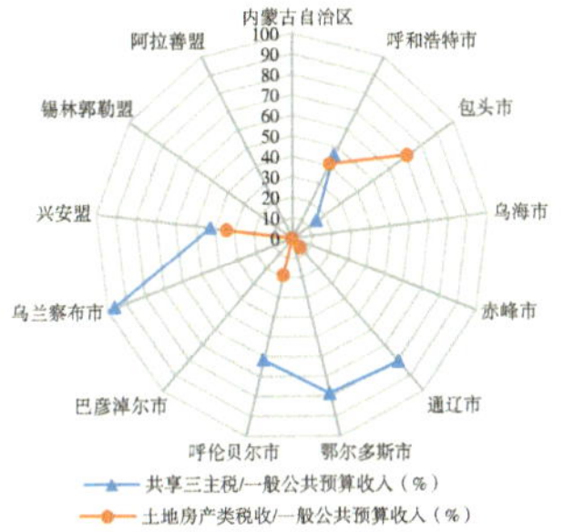

图5-104　2018年内蒙古自治区各市市本级共享三主税、土地房产类税收占一般公共预算收入的比重

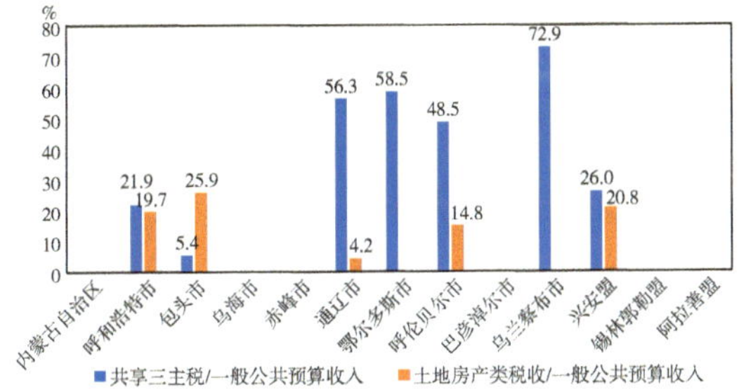

图5-105　2018年内蒙古自治区各市市本级共享三主税、土地房产类税收占一般公共预算的比重

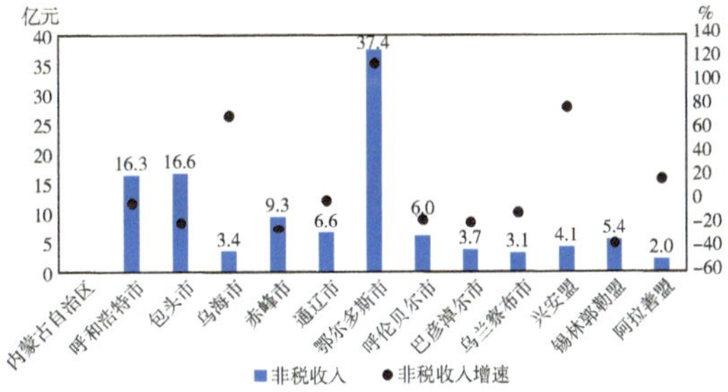

图5-106　2018年内蒙古自治区各市市本级非税收入及增速

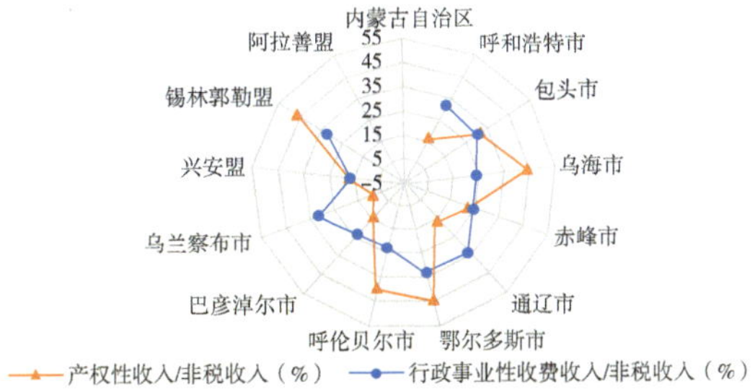

图5-107　2018年内蒙古自治区各市市本级产权性收入、行政事业性收费收入占非税收入的比重

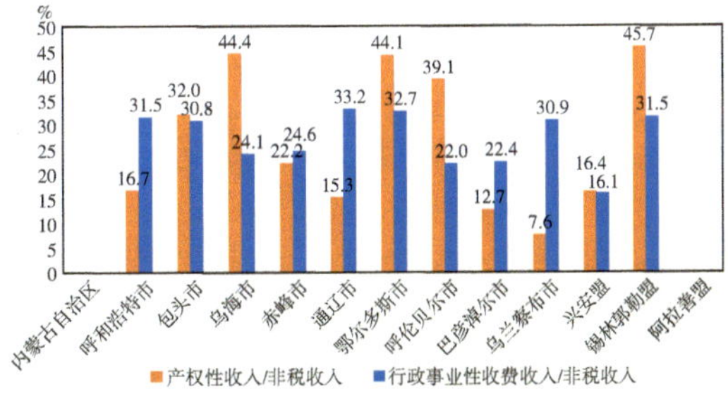

图5-108　2018年内蒙古自治区各市市本级产权性收入、行政事业性收费收入占非税收入的比重

5.3 内蒙古自治区样本县政府收入主要特征分析

5.3.1 内蒙古自治区样本县经济社会发展情况

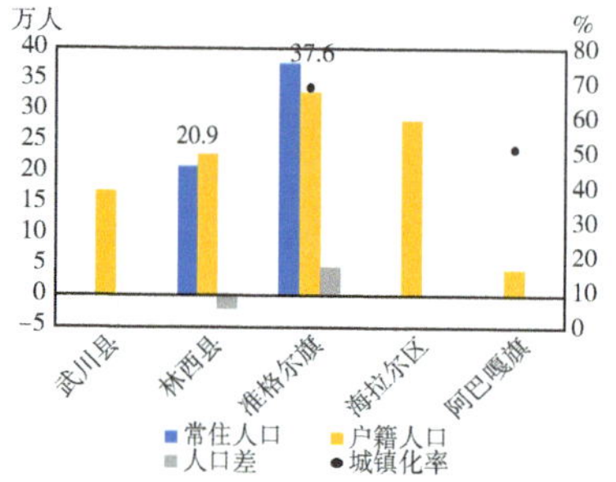

图5-109 2018年内蒙古自治区样本区县人口状况

注：部分样本县未公布常住人口数据

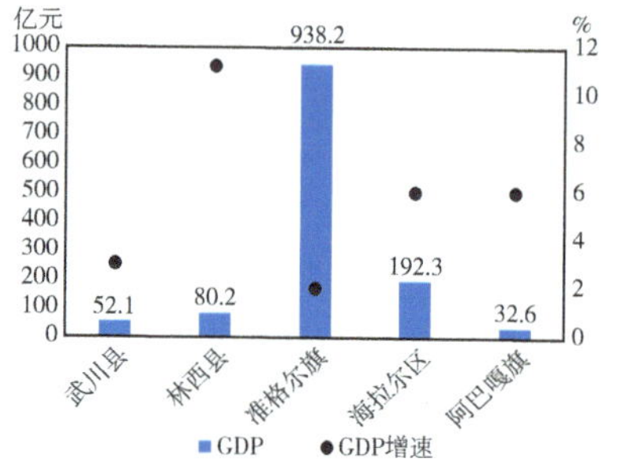

图5-110 2018年内蒙古自治区样本区县GDP及增速

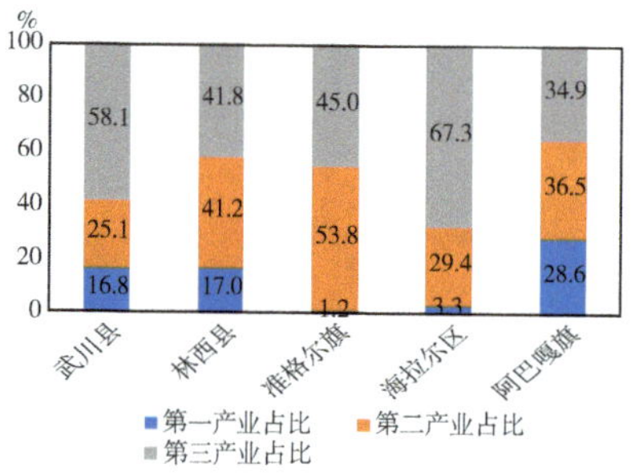

图5-111 2018年内蒙古自治区样本区县三次产业结构

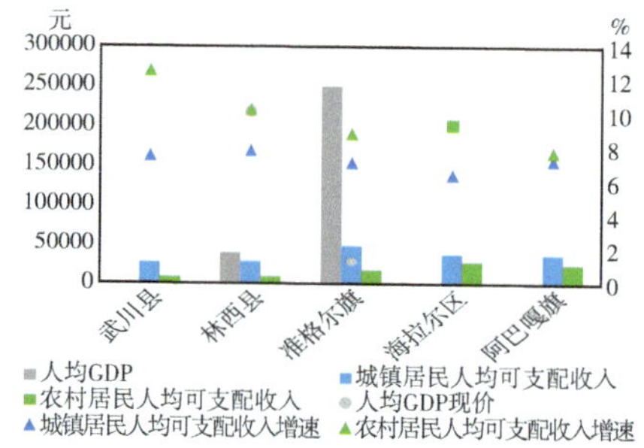

图5-112 2018年内蒙古自治区样本区县人均GDP与人均可支配收入

5.3.2 内蒙古自治区样本县政府收入总体情况

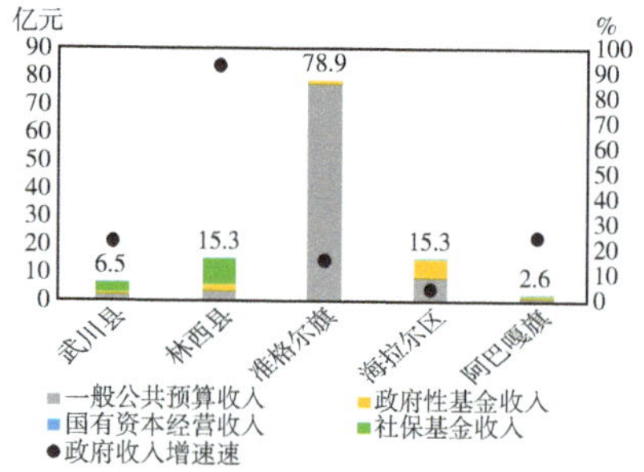

图5-113 2018年内蒙古自治区样本区县政府收入结构及增速

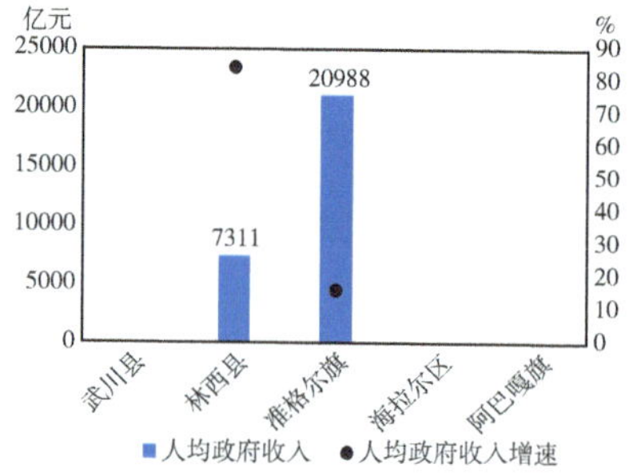

图5-114 2018年内蒙古自治区样本区县人均政府收入及增速

注：部分样本县未公布常住人口数据

5.3.3 内蒙古自治区样本县一般公共预算收入情况

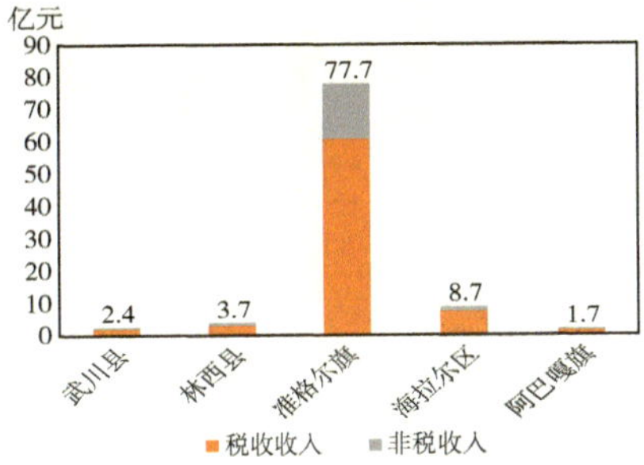

图5-115 2018年内蒙古自治区样本区县一般公共预算收入

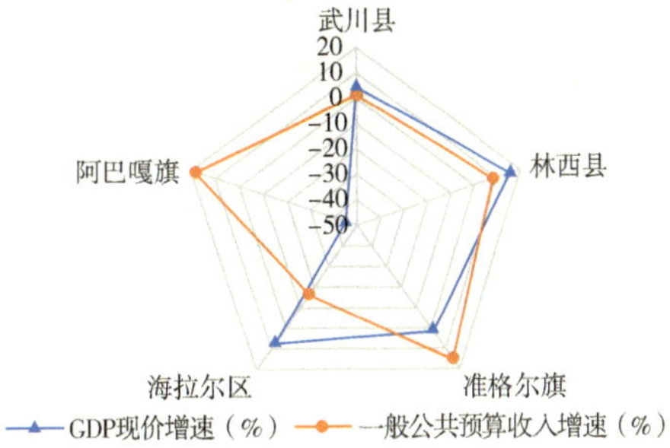

图5-116 2018年内蒙古自治区样本区县一般公共预算收入增速

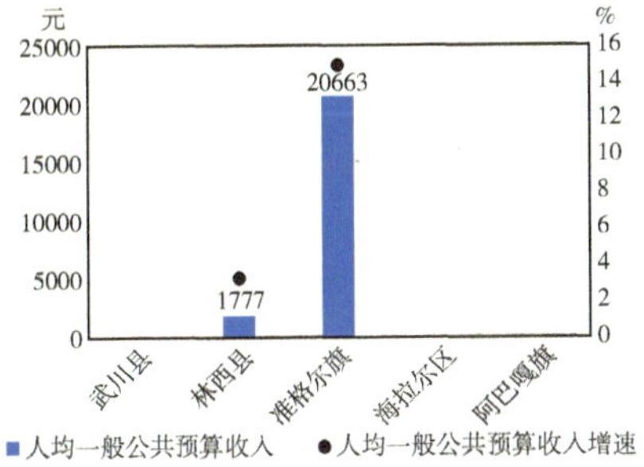

图5-117 2018年内蒙古自治区样本区县人均一般公共预算收入及增速

注：部分样本县未公布常住人口数据

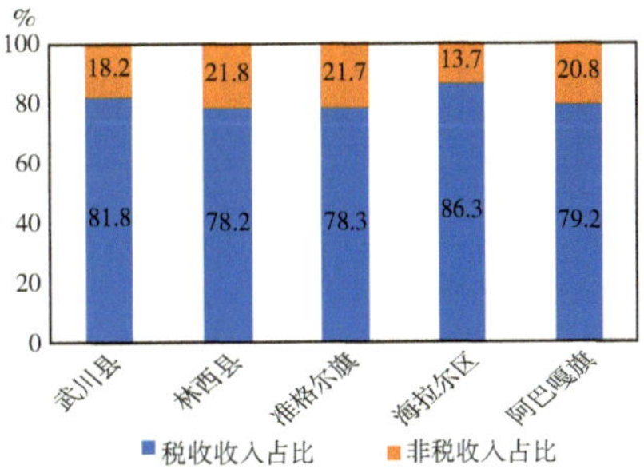

图5-118 2018年内蒙古自治区样本区县一般公共预算收入结构

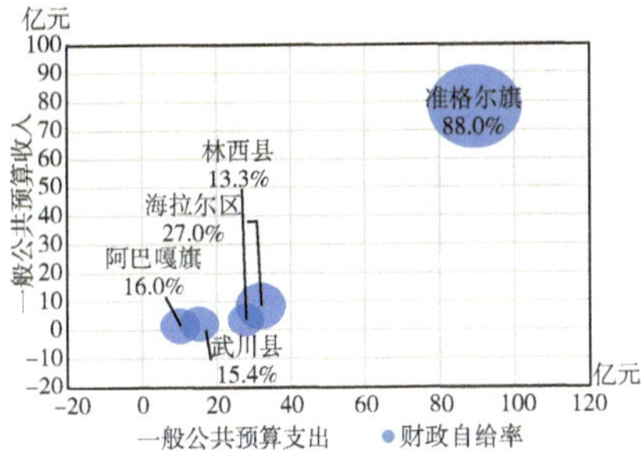

图5-119 2018年内蒙古自治区样本区县财政自给率

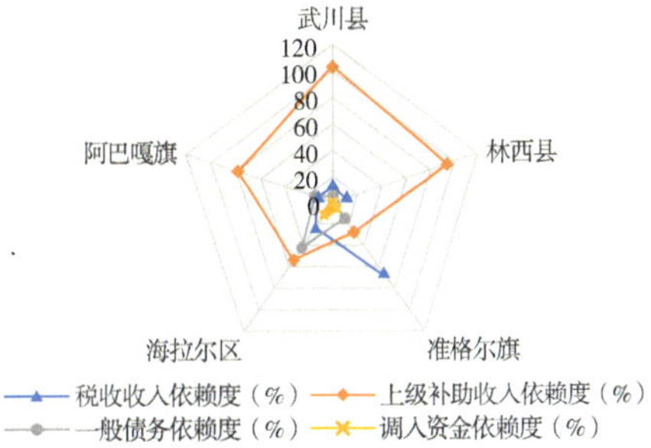

图5-120 2018年内蒙古自治区样本区县财政收入依赖度

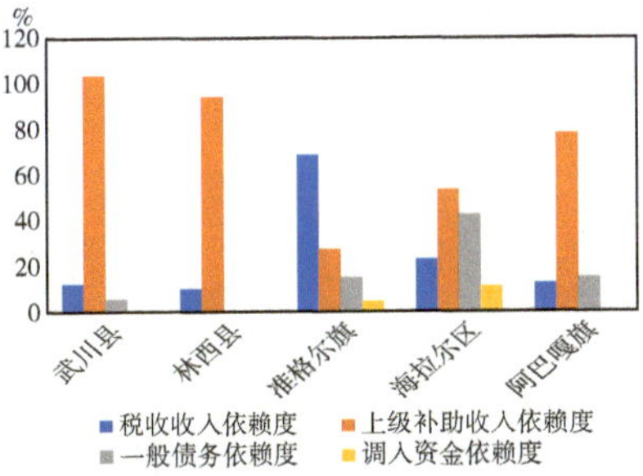

图5-121 2018年内蒙古自治区样本区县财政收入依赖度

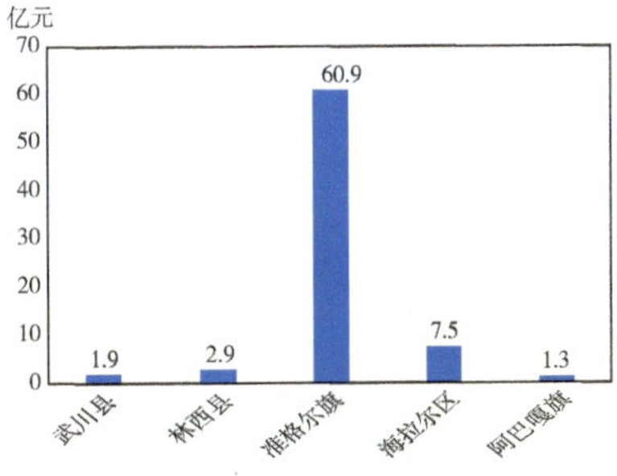

图5-122 2018年内蒙古自治区样本区县税收收入

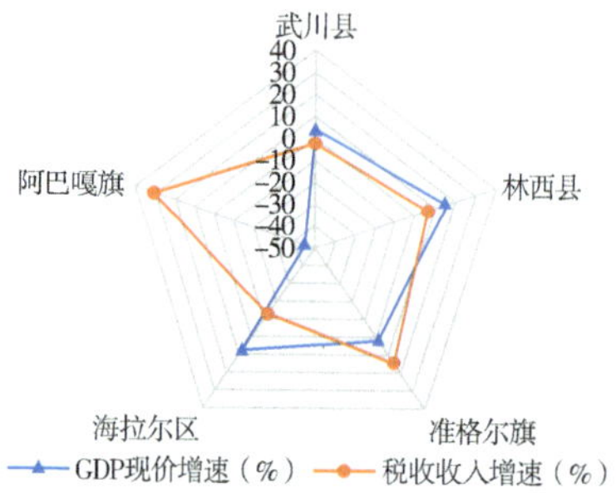

图5-123　2018年内蒙古自治区样本区县税收收入增速

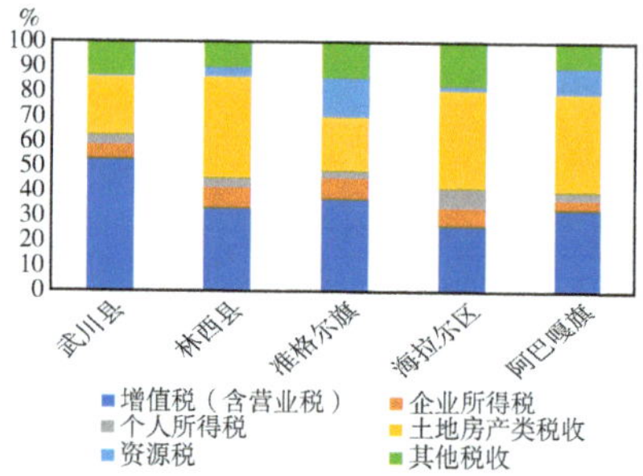

图5-124　2018年内蒙古自治区样本区县税收收入结构

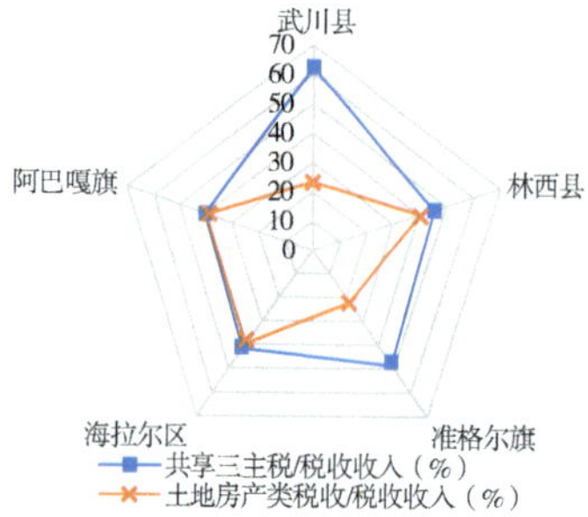

图5-125　2018年内蒙古自治区样本区县共享三主税、土地房产类税收占税收收入的比重

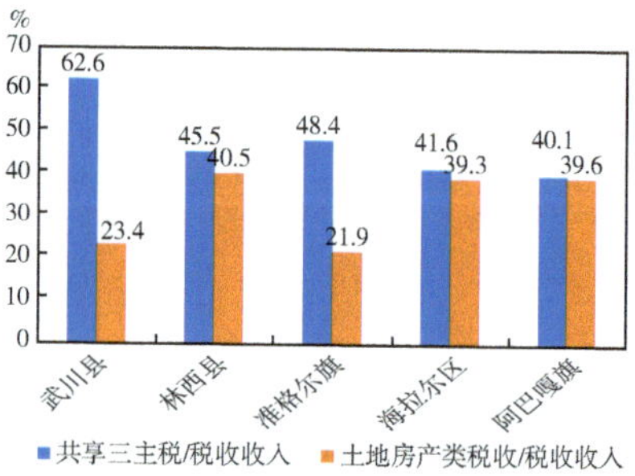

图5-126　2018年内蒙古自治区样本区县共享三主税、土地房产类税收占税收收入的比重

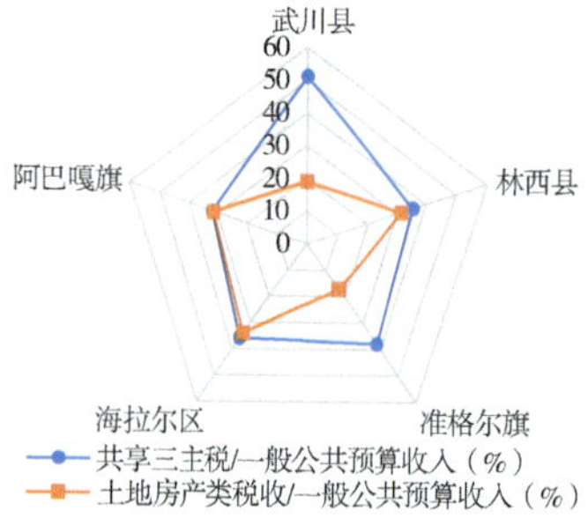

图5-127　2018年内蒙古自治区样本区县共享三主税、土地房产类税收占一般公共预算收入的比重

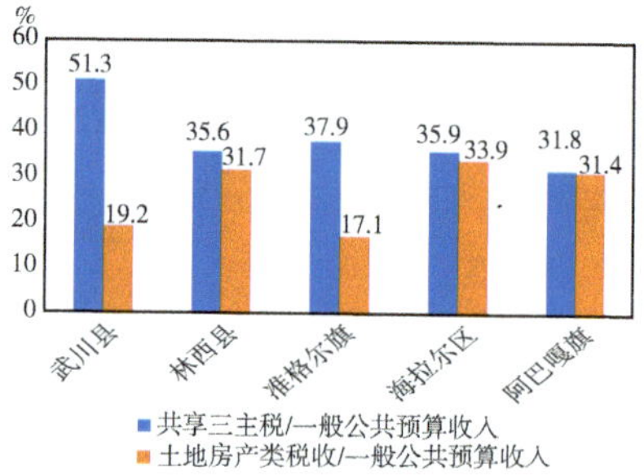

图5-128　2018年内蒙古自治区样本区县共享三主税、土地房产类税收占一般公共预算收入的比重

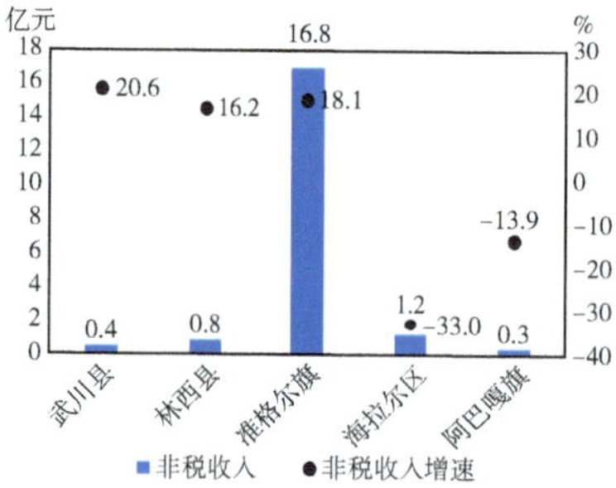

图5-129　2018年内蒙古自治区样本区县非税收入及增速

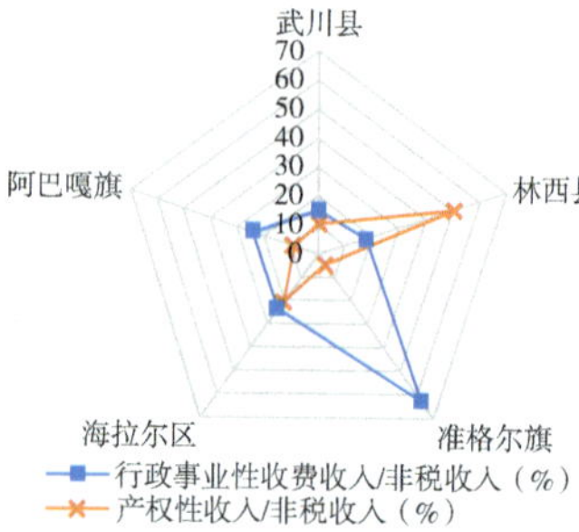

图5-130　2018年内蒙古自治区样本区县产权性收入、行政事业性收费收入占非税收入的比重

5.3.4 内蒙古自治区样本县政府性基金收入与国有资本经营收入情况

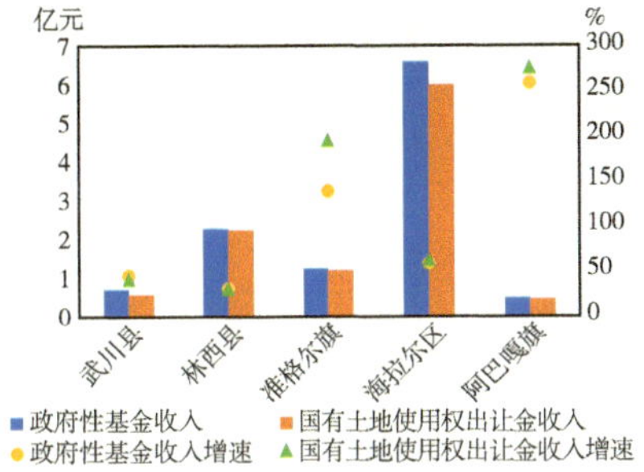

图5-131 2018年内蒙古自治区样本区县政府性基金收入、国有土地使用权出让金收入及其增速

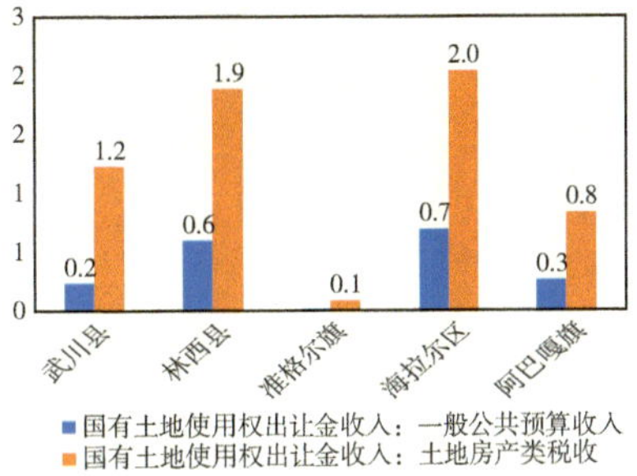

图5-132 2018年内蒙古自治区样本区县国有土地使用权出让金收入与一般公共预算关系指标

5.3.5 内蒙古自治区样本县社会保险基金收入情况

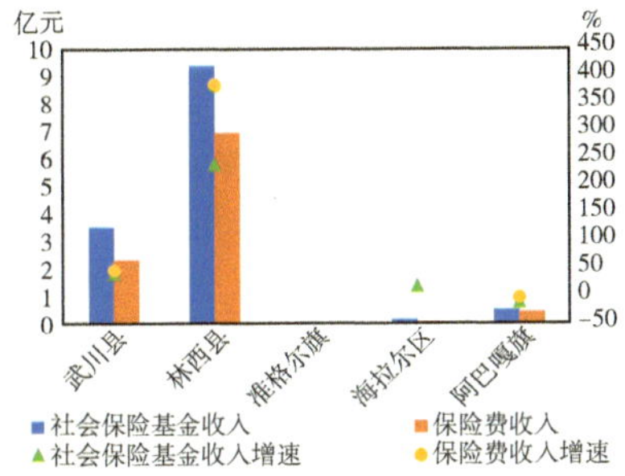

图5-133 2018年内蒙古自治区样本区县社会保险基金收入、保险费收入及其增速

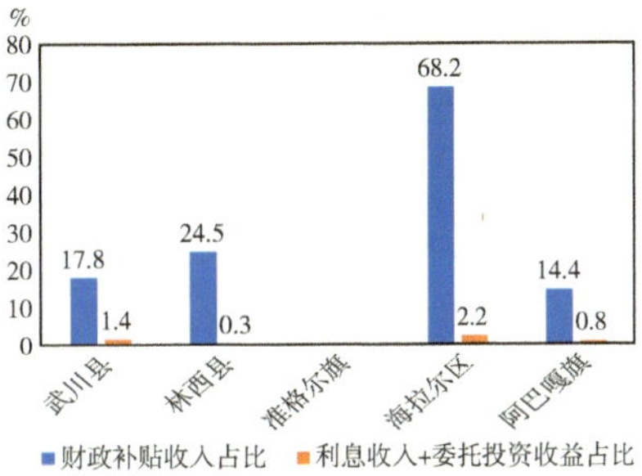

图5-134 2018年内蒙古自治区样本区县财政补贴收入、利息收入+委托投资收益占社会保险基金收入的比重

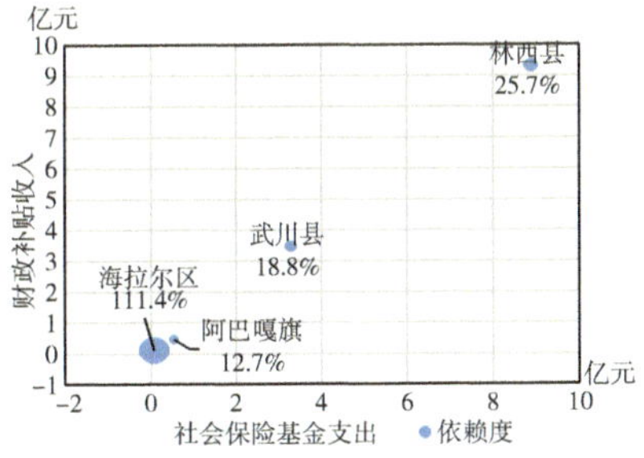

图5-135 2018年内蒙古自治区样本区县社会保险基金对财政补贴的依赖度

注：准格尔旗社会保险资金收入为0，由上级统筹

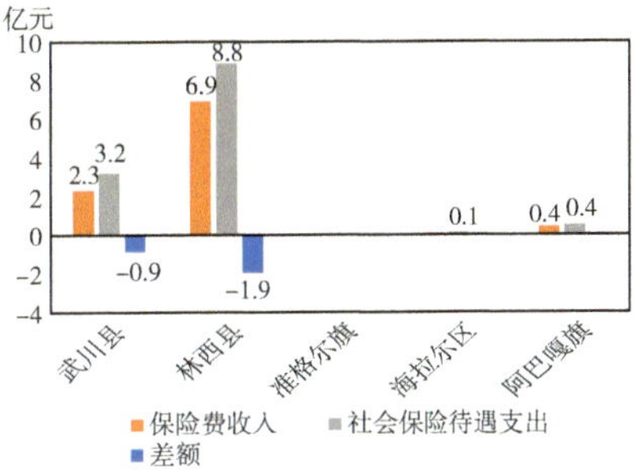

图5-136 2018年内蒙古自治区样本区县保险费收入、社会保险待遇支出及其差额

5.3.6 内蒙古自治区样本县债务情况

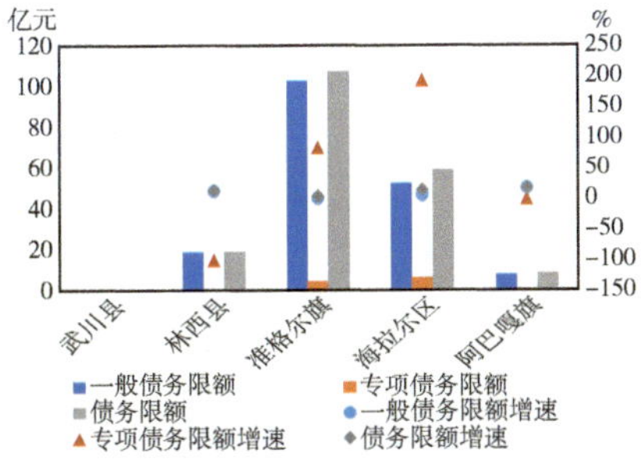

图5-137 2018年内蒙古自治区样本区县债务限额及其增速

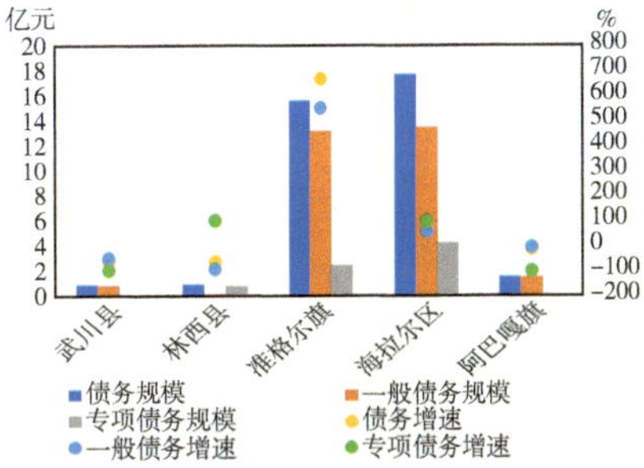

图5-138 2018年内蒙古自治区样本区县债务规模及其增速

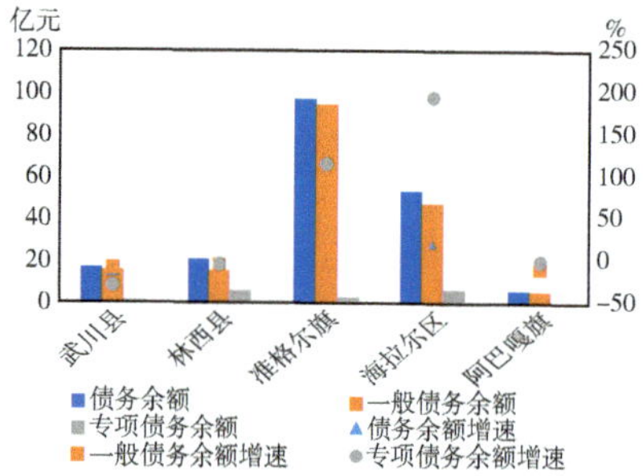

图5-139　2018年内蒙古自治区样本区县债务余额及其增速

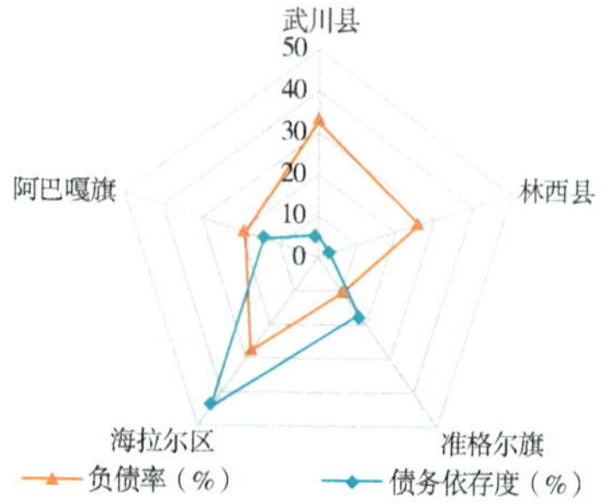

图5-140　2018年内蒙古自治区样本区县负债率与债务依存度

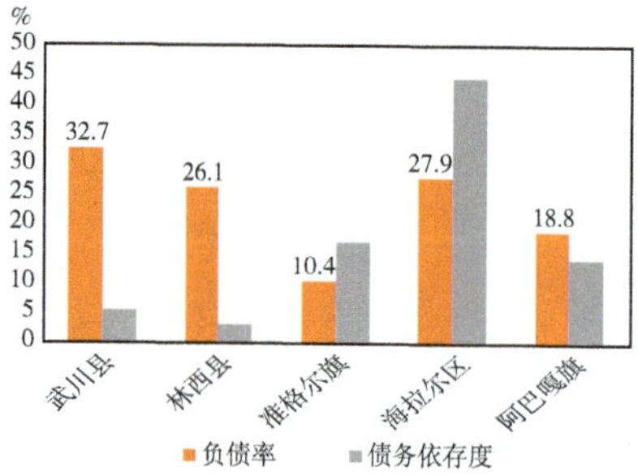

图5-141　2018年内蒙古自治区样本区县负债率与债务依存度

6 辽宁省

辽宁省共有14个省辖市、100个县（市、区）；地域面积为15.67万平方公里，地形概貌大致是“六山一水三分田”，地势北高南低，山地丘陵分列东西。辽宁是我国重要的老工业基地之一。目前，全省工业有39个大类、197个中类、500多个小类，是全国工业行业最全的省份之一。全省装备制造业和原材料工业比较发达，冶金矿山、输变电、石化通用、金属机床等重大装备类产品和钢铁、石油化学工业在全国占有重要位置。总体上看，辽宁的经济发展、财政收入等在全国处于中等水平，区域差异大，发展不均衡。

2019年辽宁省经济总量处于全国中等，第三产业占比略低于全国。2019年末，辽宁省常住人口4351.7万人。2019年辽宁GDP接近2.5万亿元，排全国第15名，次于陕西，略高于江西；增速5.5%，比2018年下降0.1个百分点，低于全国0.6个百分点，排全国第26名；人均GDP为57241元（8283美元），排全国第15名。从产业结构看，第一、第二、第三产业占比分别为8.7%、38.3%（低于全国平均水平0.7个百分点）和53.0%（低于全国平均水平0.9个百分点）。从居民可支配收入看，2019年城镇与农村居民人均可支配收入分别为39777元和16108元，呈上升态势，分别为全国平均水平的93.9%和100.5%。

2019年辽宁省一般公共预算收入全国排中等，从2018年数据看省市县中县级政府收入占比最高。2019年辽宁省一般公共预算收入2652亿元、增速1.4%，分别排全国第17名、全国第23名，人均一般公共预算收入为6094元，排全国第16名。在一般公共预算收入结构方面，辽宁省现有数据显现出税收收入的绝对地位，2017-2019年三年之中税收收入占比均超过70%，其中2019年税收收入占比为72.7%。在税收收入内部之中，共享三主税（增值税、企业所得税、个人所得税）又占据主要地位，2018年共享三主税占税收收入比重达63.4%。从纵向收入分配看，2018年省本级、市本级、县一般公共预算收入占比分别为3.9%、26.0%和70.1%。

2019年辽宁省财政自给率偏低，地区财政总收入略小于一般公共预算支出。辽宁省三年财政自给率均接近50%，2019年较前两年略微下降，为46%。2018年辽宁省组织的地区财政总收入为5370.6亿元，增速为8.1%，其中上缴中央收入占比51.3%。辽宁省一般公共预算支出为5337.7亿元，财政总收入与一般公共预算支出的比值为100.6。

辽宁省四本预算中一般公共预算收入占比持续下降，2019年相较于2017年下降8.4个百分点，而政府性基金收入和社保基金收入占比上升，相较于2017年，2019年政府性基金收入和社保基金收入占比分别上升3.2、4.7个百分点，国有资本经营收入变动不大。2019年辽宁省四本预算加总的政府收入为7984.1亿元，增速为15.2%，其中一般公共预算收入、政府性基金收入、国有资本经营收入和社会保险基金收入分别占比33.2%、15.5%、2.0%和49.2%。人均四本预算收入呈明显上升趋势，2019年辽宁省人均政府收入为18347元。

本章执笔人：冯兰淇　审校：孙家希

辽宁省内各市经济社会发展和财政发展不均衡，优势主要集中于省会沈阳及计划单列市大连。在辽宁14市中，2018年政府收入规模过千亿元的只有沈阳和大连，其中沈阳收入规模达到1841.8亿元，而其他城市政府收入规模分布在100亿—350亿元区间。2018年沈阳市一般公共预算收入720.6亿元，大连市一般公共预算收入为704.0亿元，其他各市均低于200亿元，且城市间差异较大，比如沈阳市是铁岭市的13.8倍。城市之间差距财政自给率差距大，14个省辖市中6个城市自给率超过50%，沈阳为其中之最（74.6%），最低的为铁岭市，仅为24.6%，前者是后者的3.03倍。政府性基金收入主要构成是国有土地使用权出让金收入，与地理位置关系较大，收入规模最大的沈阳市（408.8亿元）为规模最小的阜新市（9.3亿元）的43.97倍。

6.1 辽宁省政府收入主要特征分析

6.1.1 辽宁省经济社会基本情况

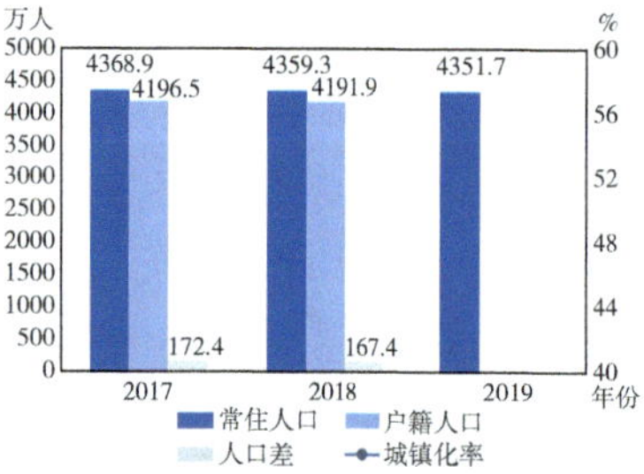

图6-1 2017-2019年辽宁省人口状况

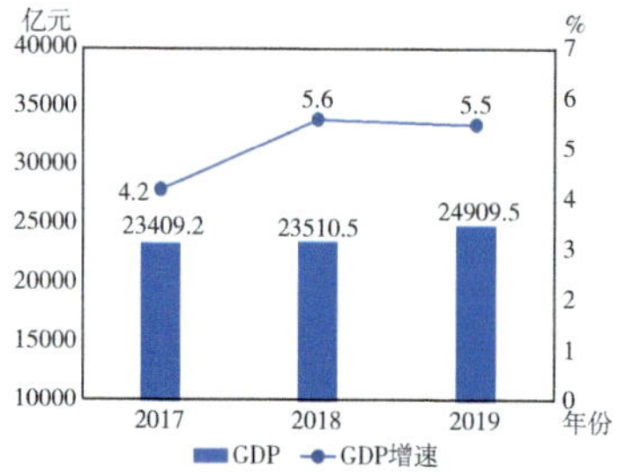

图6-2 2017-2019年辽宁省GDP及增速

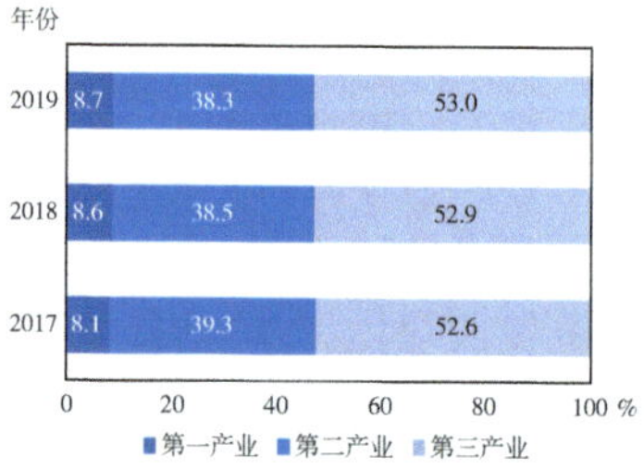

图6-3 2017-2019年辽宁省三次产业结构

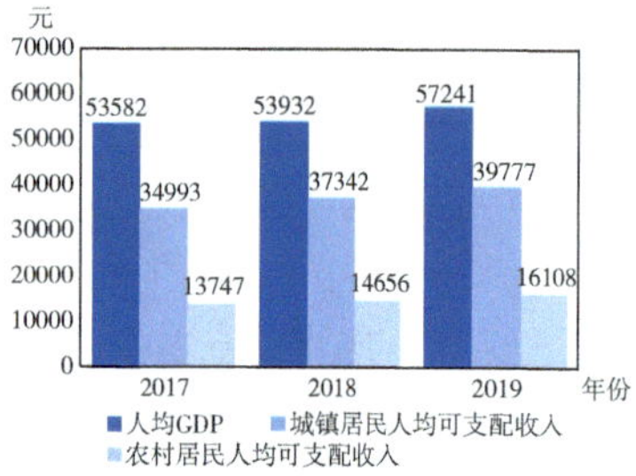

图6-4 2017-2019年辽宁省人均GDP和人均可支配收入

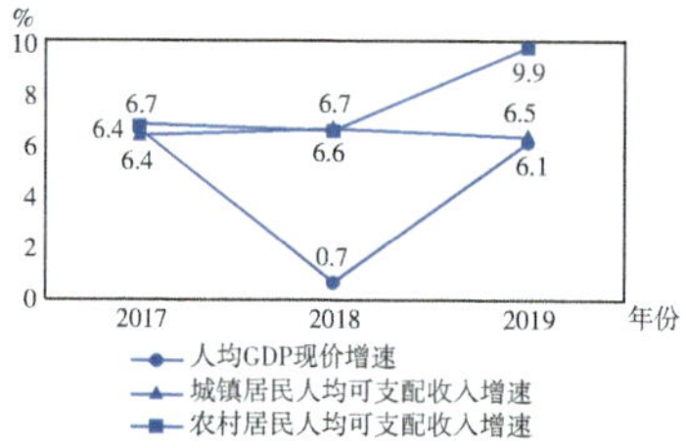

图6-5 2017-2019年辽宁省人均GDP增速和人均可支配收入增速

6.1.2 辽宁省政府收入总体情况

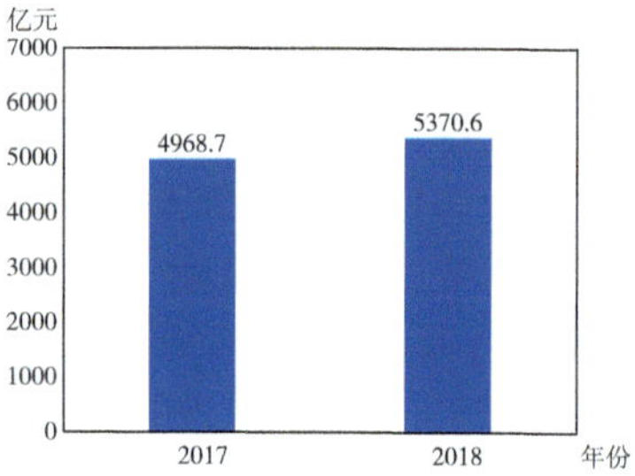

图6-6 2017-2018年辽宁省财政总收入

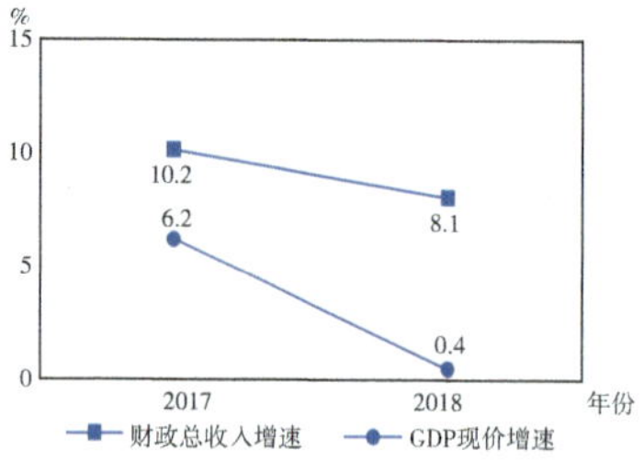

图6-7 2017-2018年辽宁省财政总收入增速

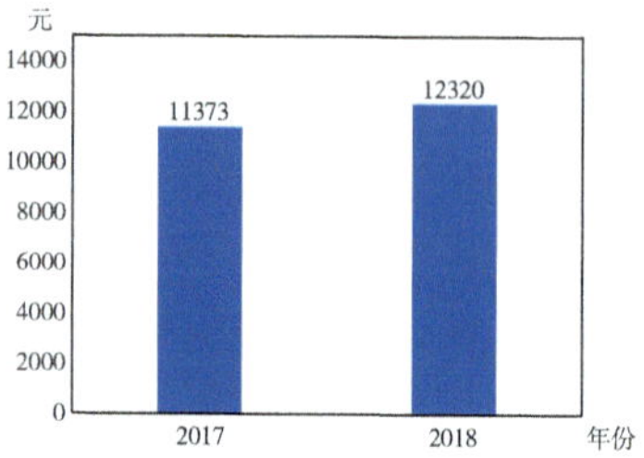

图6-8 2017-2018年辽宁省人均财政收入

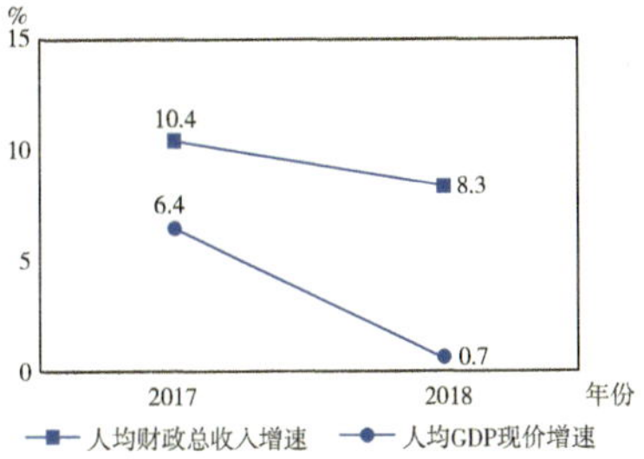

图6-9 2017-2018年辽宁省人均财政总收入增速

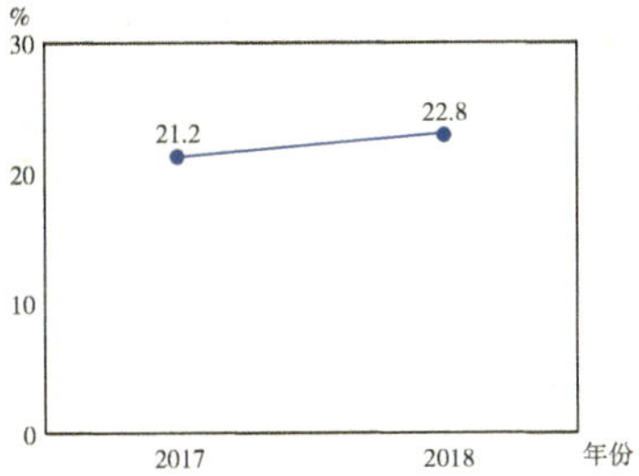

图6-10 2017-2018年辽宁省财政总收入/GDP

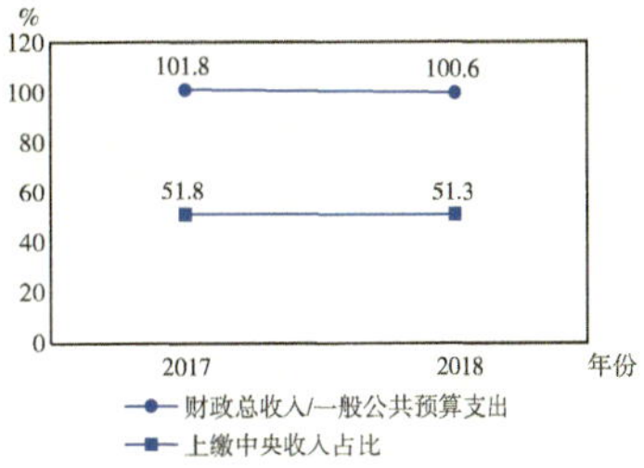

图6-11 2017-2018年辽宁省财政总收入其他指标

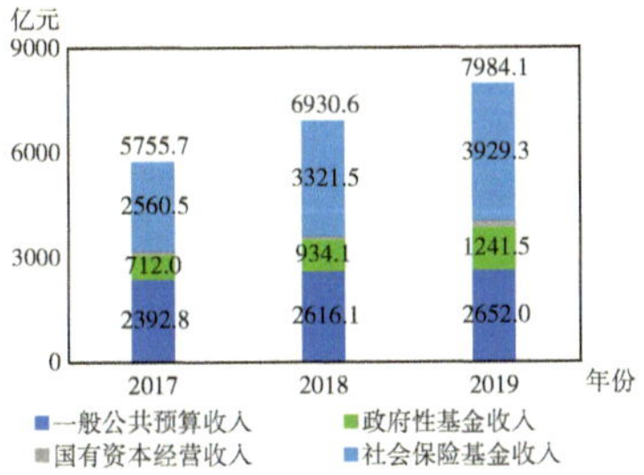

图6-12 2017-2019年辽宁省政府收入

注：2017-2019年辽宁省国有资本经营收入分别为1.6亿元、0.8亿元、2.0亿元

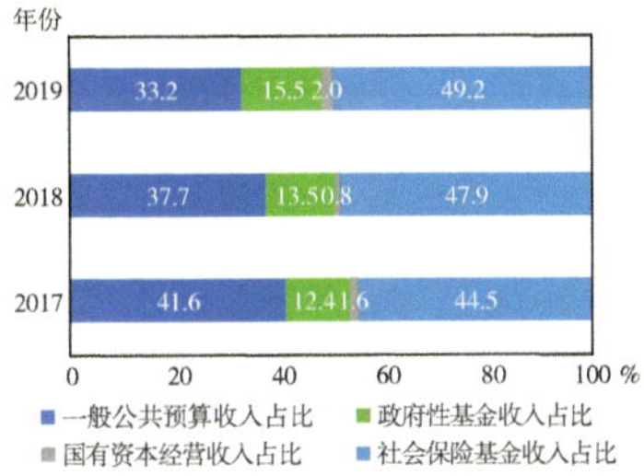

图6-13 2017-2019年辽宁省政府收入结构

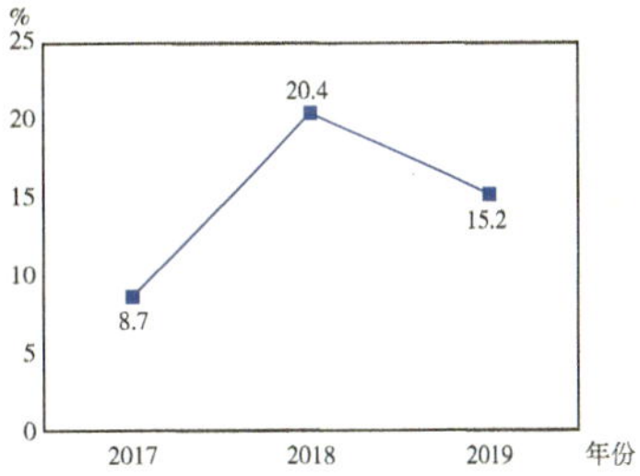

图6-14 2017-2019年辽宁省政府收入增速

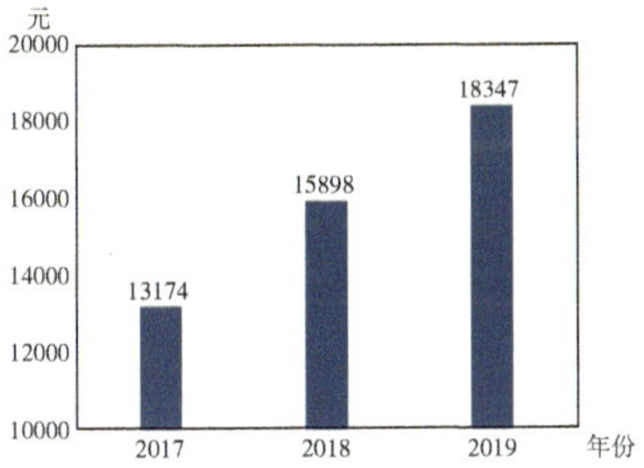

图6-15 2017-2019年辽宁省人均政府收入

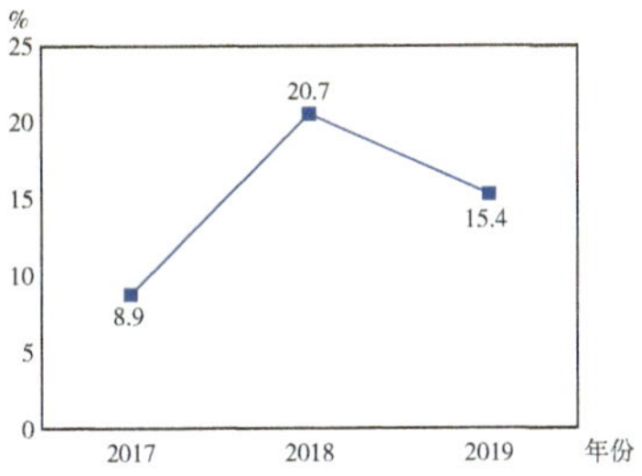

图6-16 2017-2019年辽宁省人均政府收入增速

6.1.3 辽宁省一般公共预算收入情况

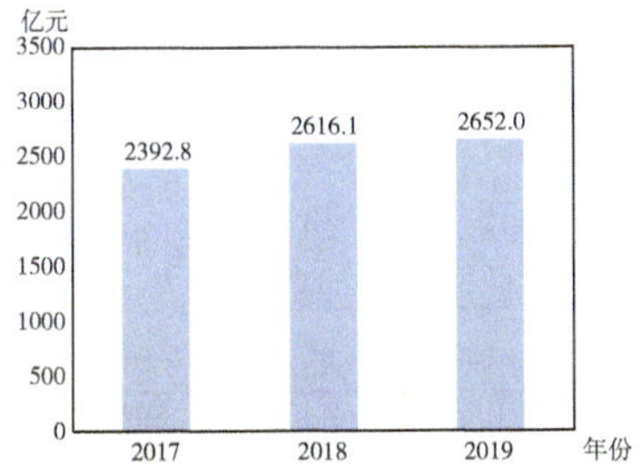

图6-17 2017-2019年辽宁省一般公共预算收入

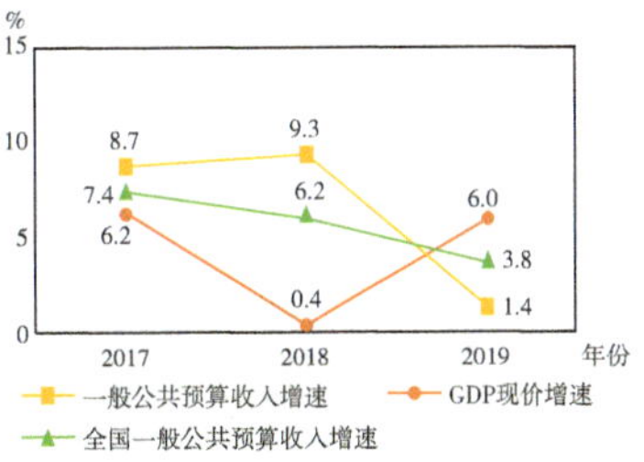

图6-18 2017-2019年辽宁省一般公共预算收入增速

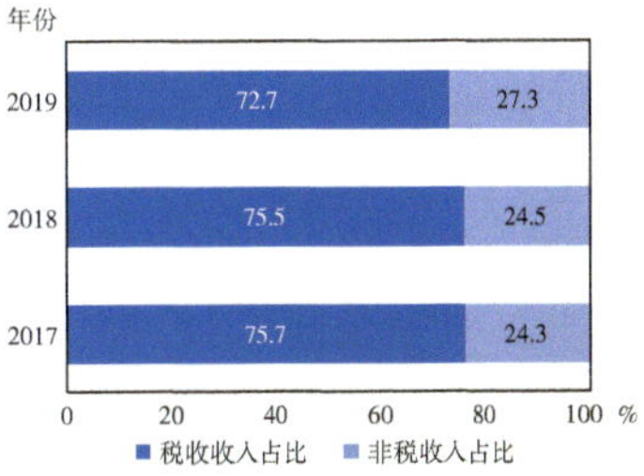

图6-19 2017-2019年辽宁省一般公共预算收入结构

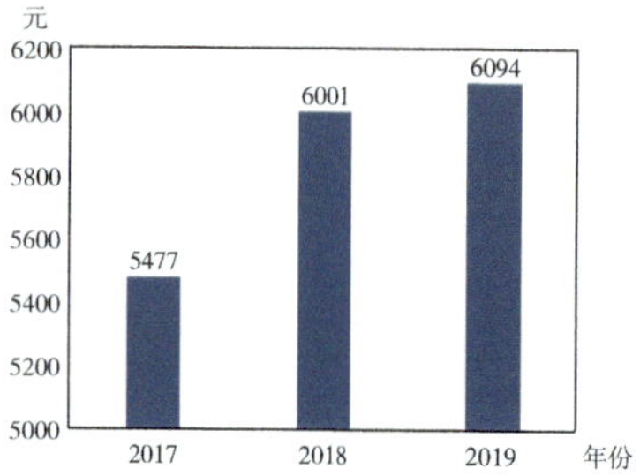

图6-20 2017-2019年辽宁省人均一般公共预算收入

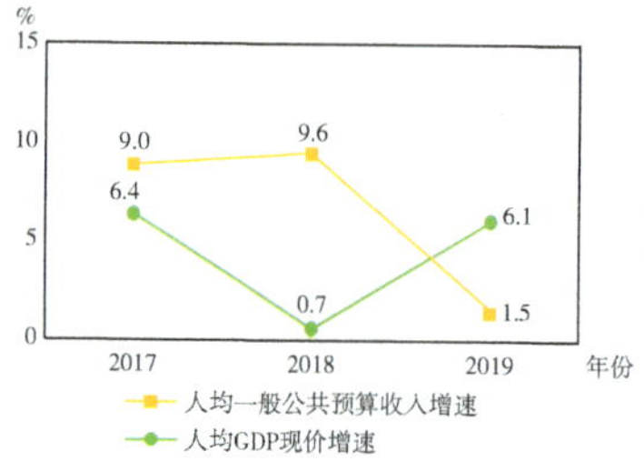

图6-21 2017-2019年辽宁省人均一般公共预算收入增速

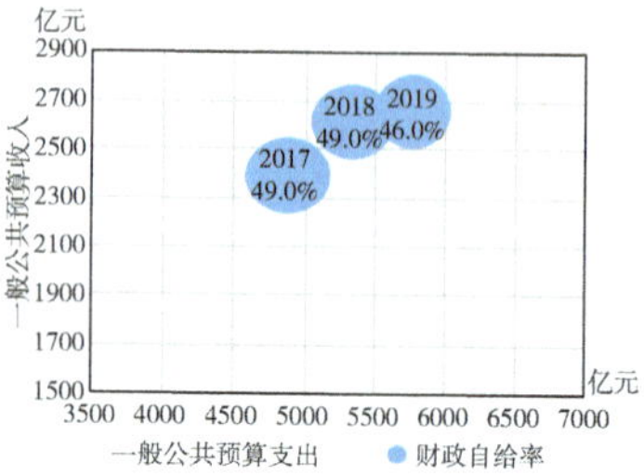

图6-22 2017-2019年辽宁省财政自给率

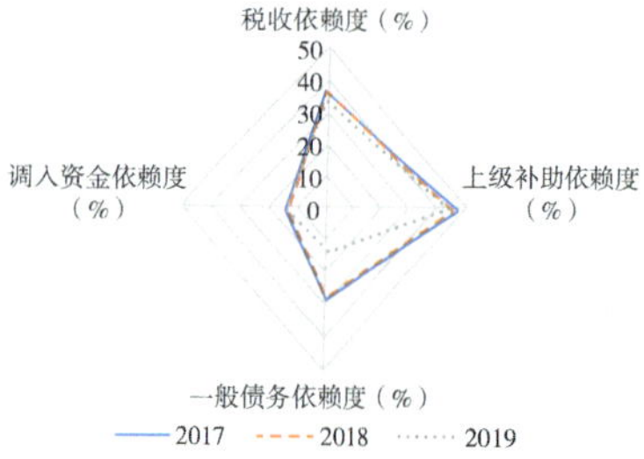

图6-23 2017-2019年辽宁省财政收入依赖度

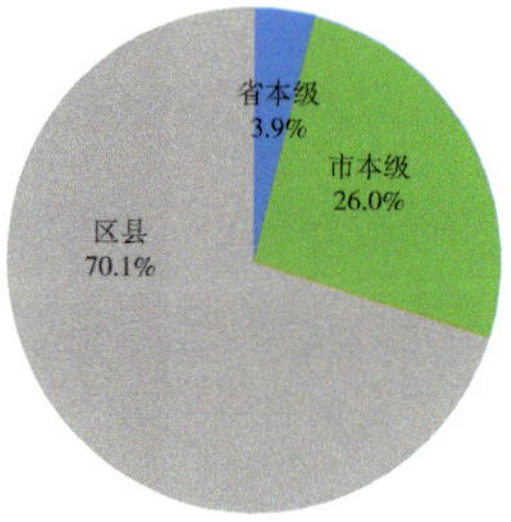

图6-24 2018年省市县三级政府一般公共预算收入分布

图6-25 2017-2018年辽宁省税收收入

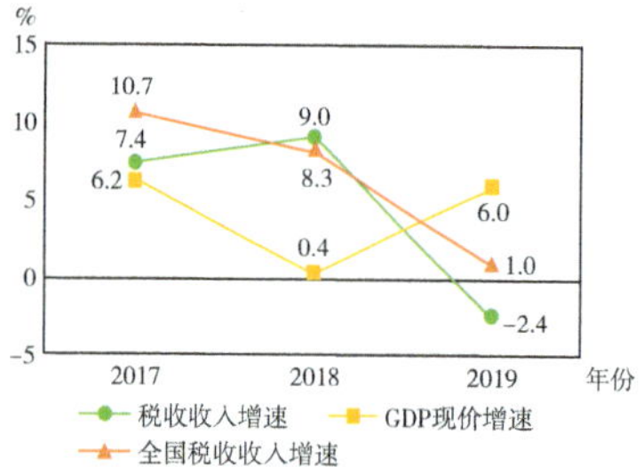

图6-26 2017-2019年辽宁省税收收入增速

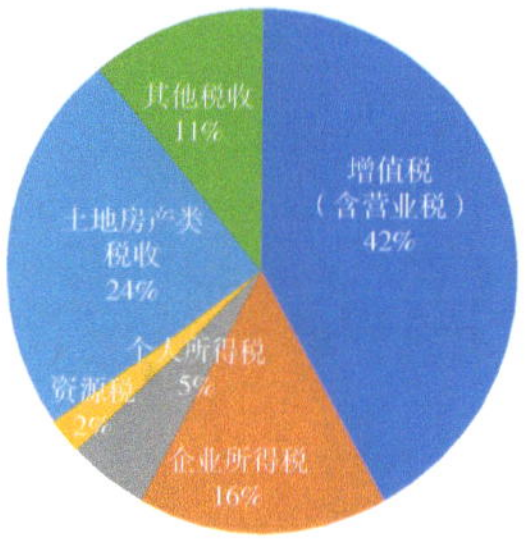

图6-27 2018年辽宁省税收结构

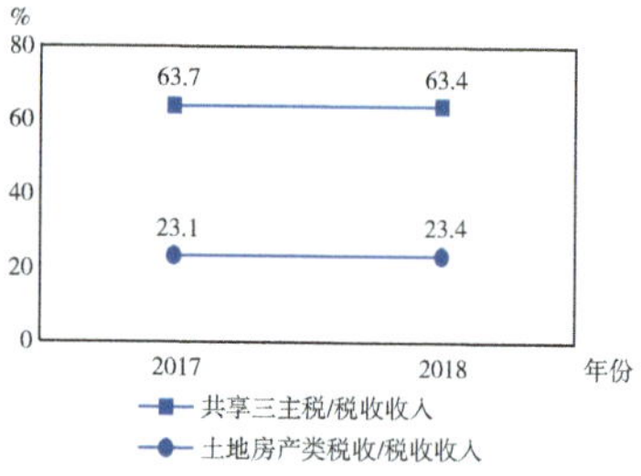

图6-28 2017-2018年辽宁省共享三主税、土地房产类税收占税收收入的比重

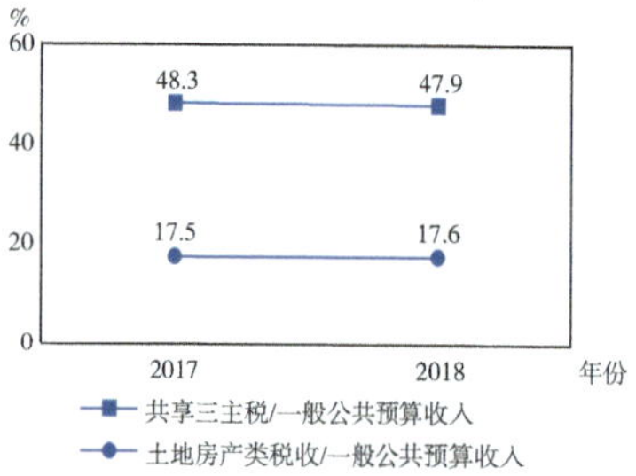

图6-29 2017-2018年辽宁省共享三主税、土地房产类税收占一般公共预算收入的比重

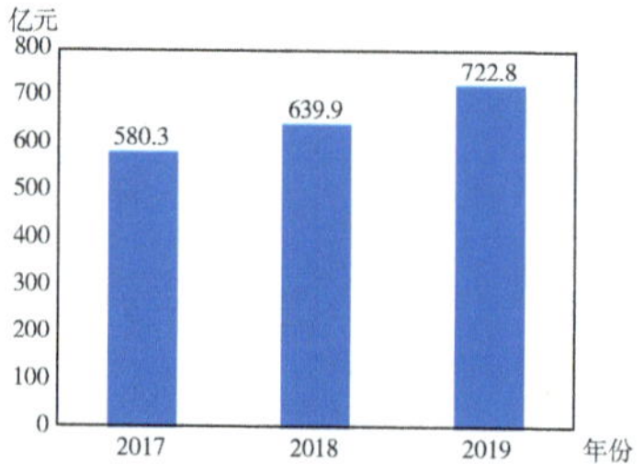

图6-30 2017-2018年辽宁省非税收入

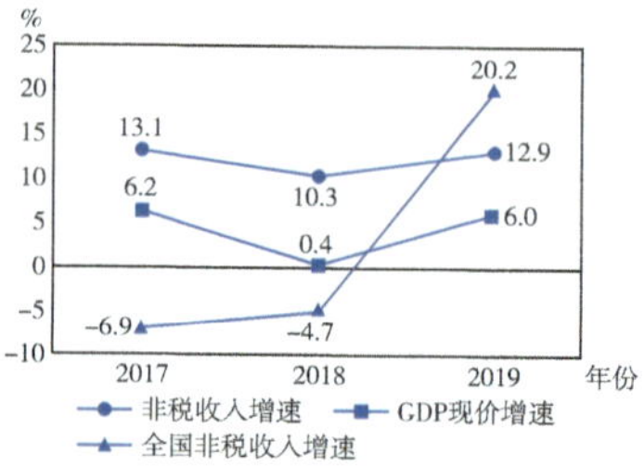

图6-31 2017-2019年辽宁省非税收入增速

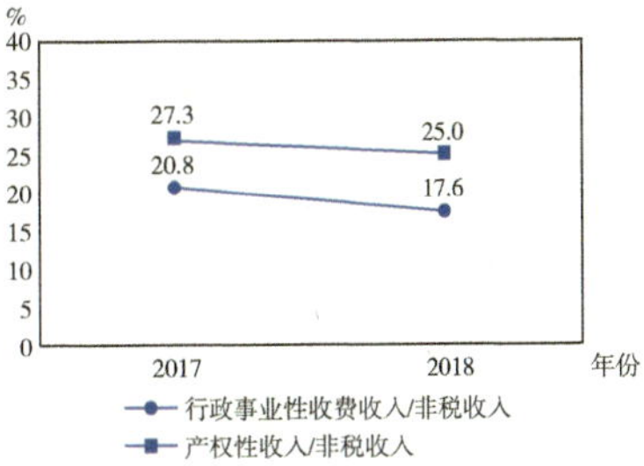

图6-32　2017-2018年辽宁省行政事业性收费及产权性收入占非税收入的比重

6.1.4　辽宁省政府性基金收入和国有资本经营收入情况

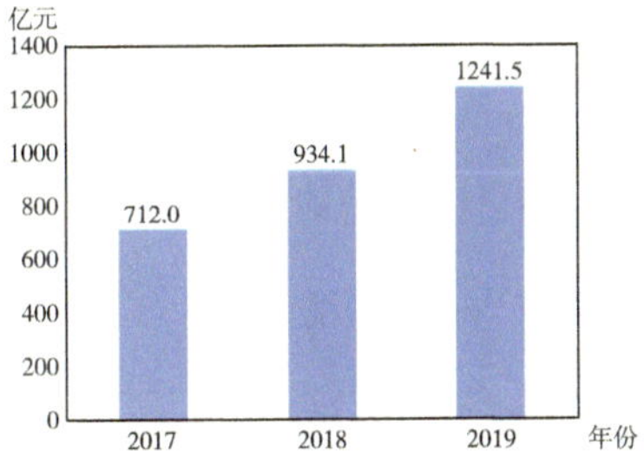

图6-33　2017-2019年辽宁省政府性基金收入

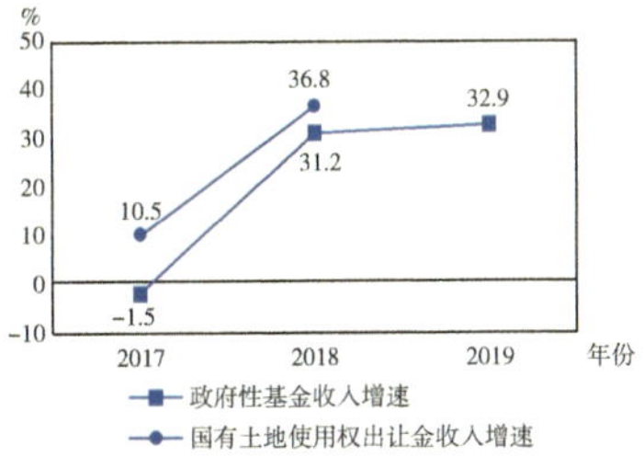

图6-34　2017-2019年辽宁省政府性基金收入增速及国有土地使用权出让金收入增速

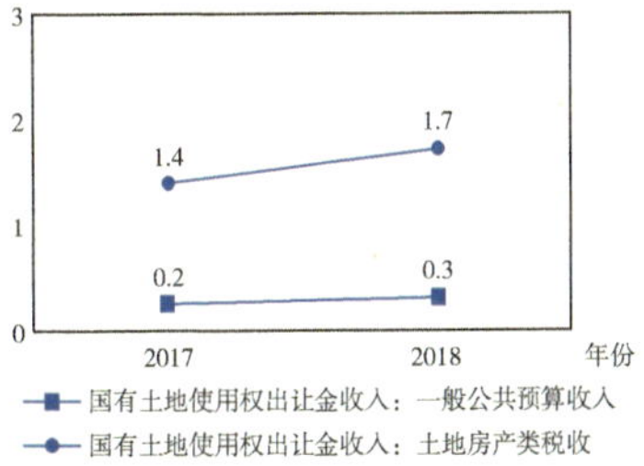

图6-35　2017-2018年辽宁省国有土地使用权出让金收入与一般公共预算关系指标

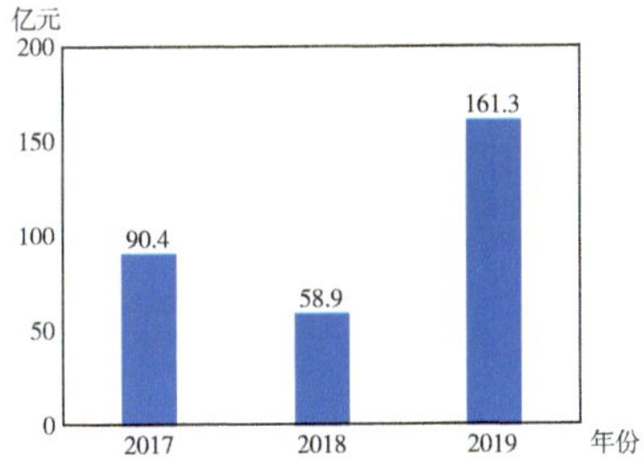

图6-36　2017-2019年辽宁省国有资本经营收入

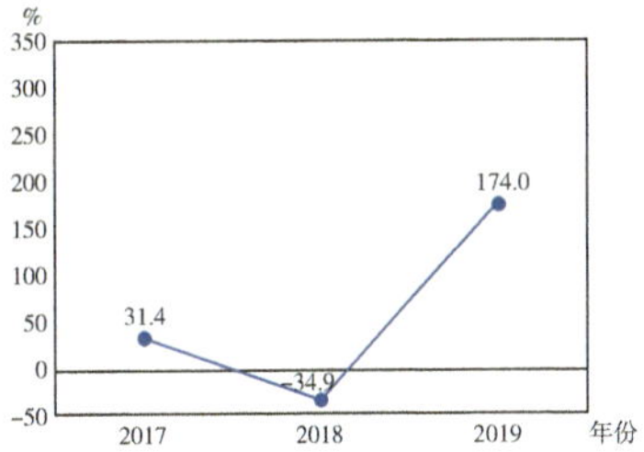

图6-37　2017-2019年辽宁省国有资本经营收入增速

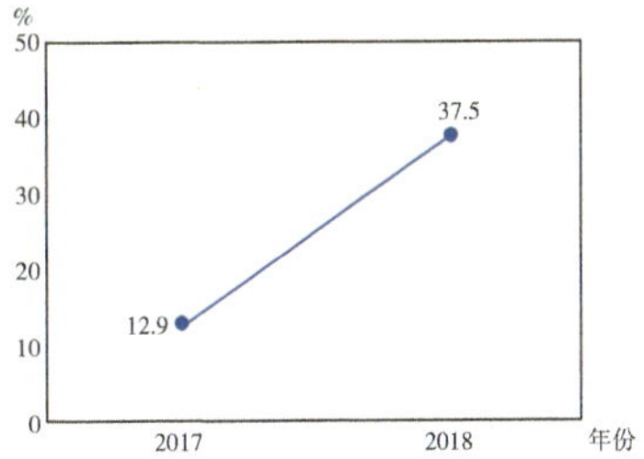

图6-38　2017-2018年辽宁省调出资金/国有资本经营收入

6.1.5　辽宁省社会保险基金收入情况

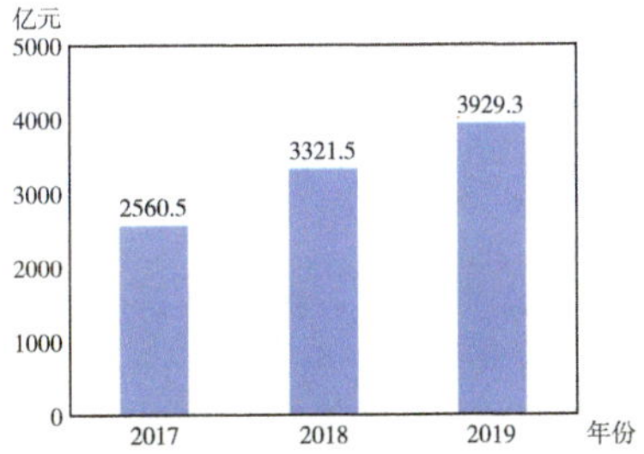

图6-39　2017-2019年辽宁省社会保险基金收入

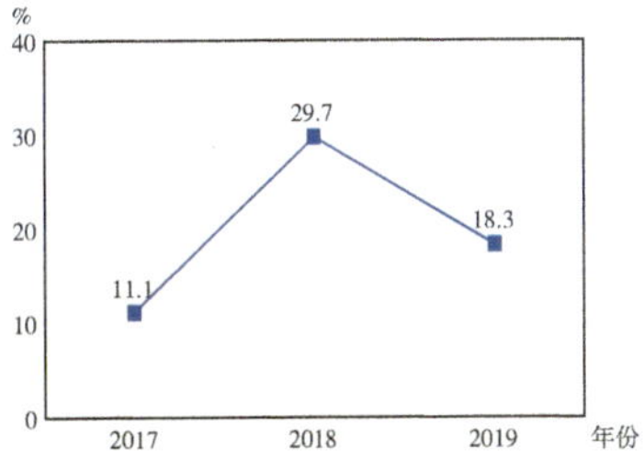

图6-40　2017-2019年辽宁省社会保险基金收入增速

6.1.6 辽宁省债务情况

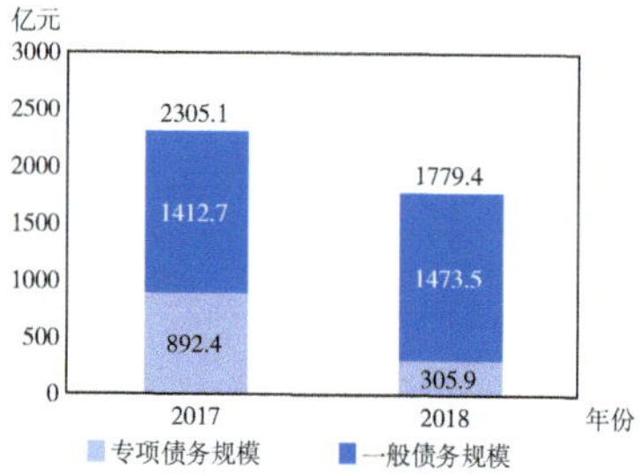

图6-41 2017-2018年辽宁省债务规模

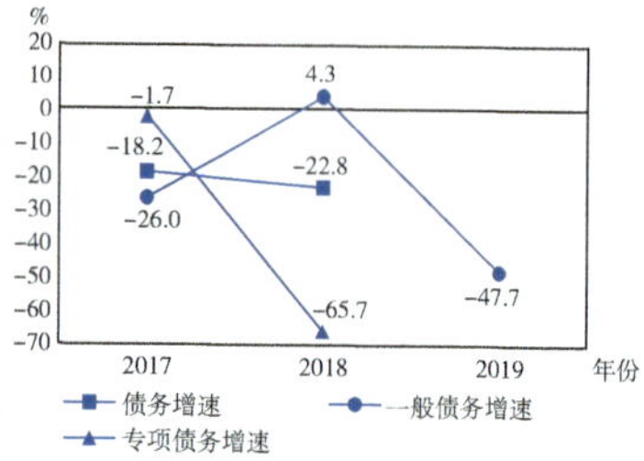

图6-42 2017-2019年辽宁省债务增速

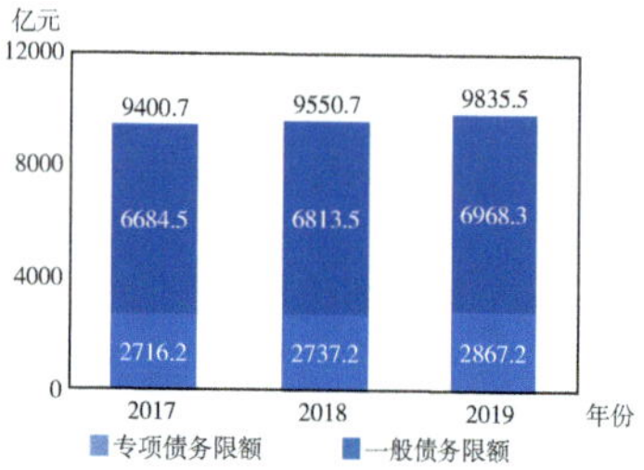

图6-43 2017-2019年辽宁省债务限额

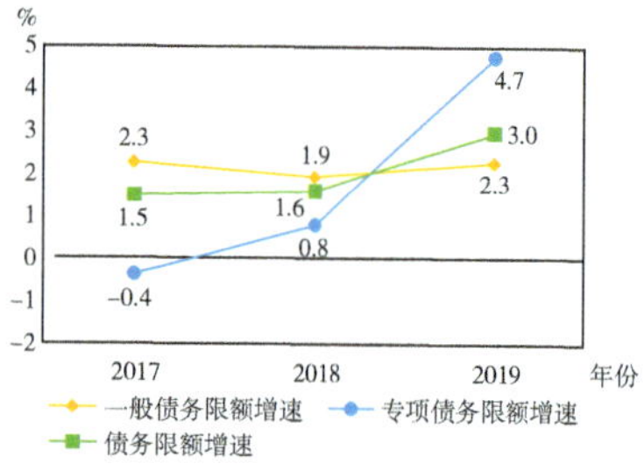

图6-44 2017-2019年辽宁省债务限额增速

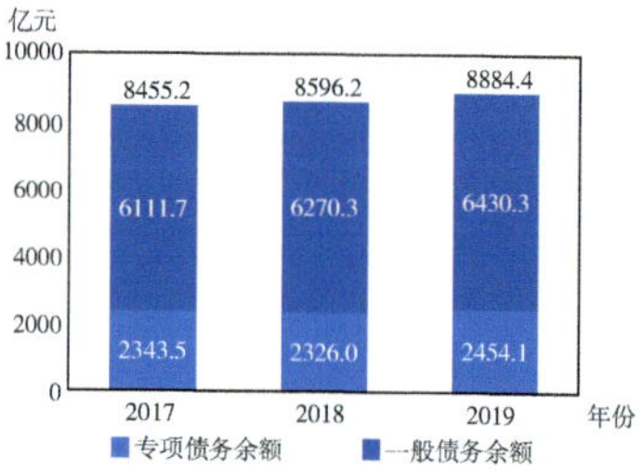

图6-45 2017-2019年辽宁省债务余额

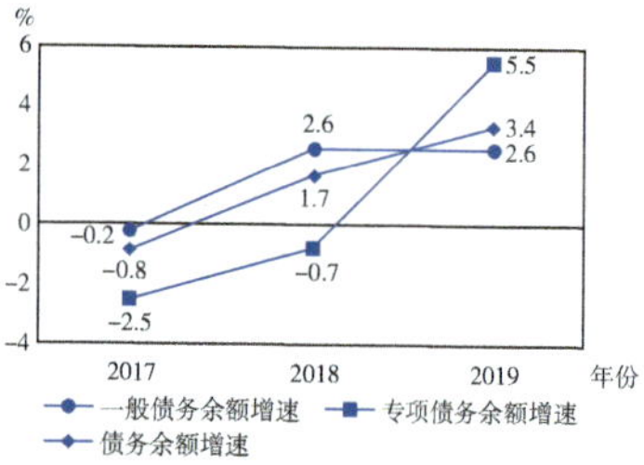

图6-46 2017-2019年辽宁省债务余额增速

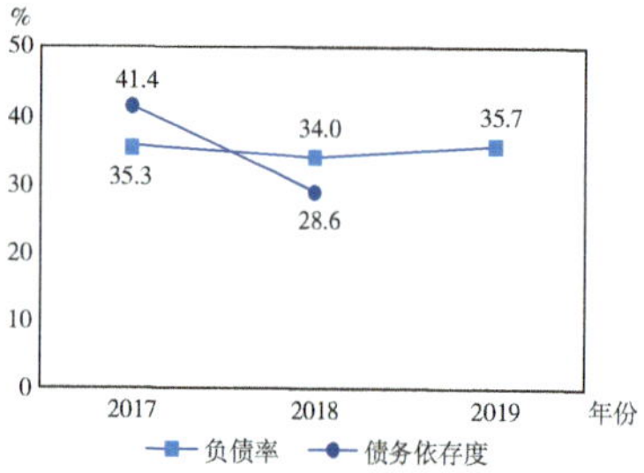

图6-47 2017-2019年辽宁省负债率与债务依存度

6.1.7 辽宁省省本级一般公共预算收入情况

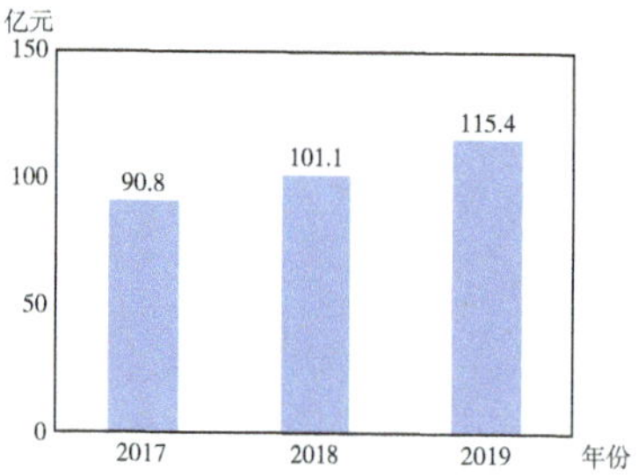

图6-48 2017-2019年辽宁省省本级一般公共预算收入

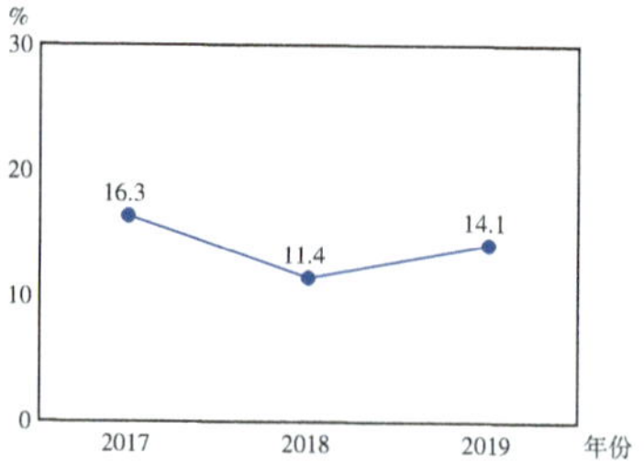

图6-49 2017-2019年辽宁省省本级一般公共预算收入增速

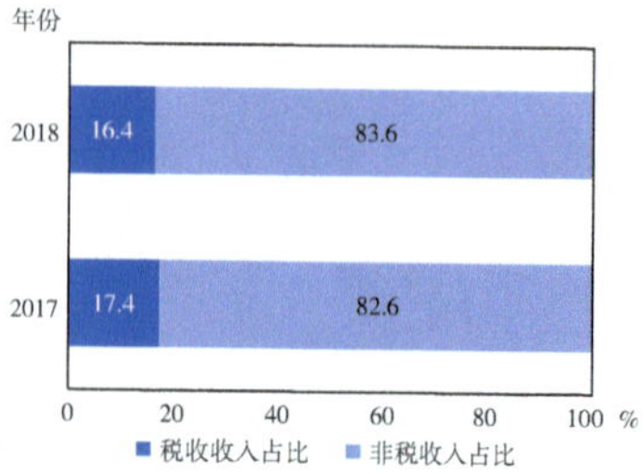

图6-50 2017-2018年辽宁省省本级一般公共预算收入结构

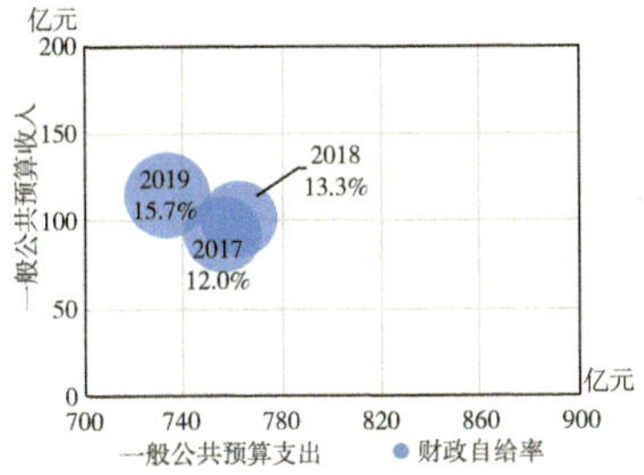

图6-51　2017-2019年辽宁省省本级财政自给率

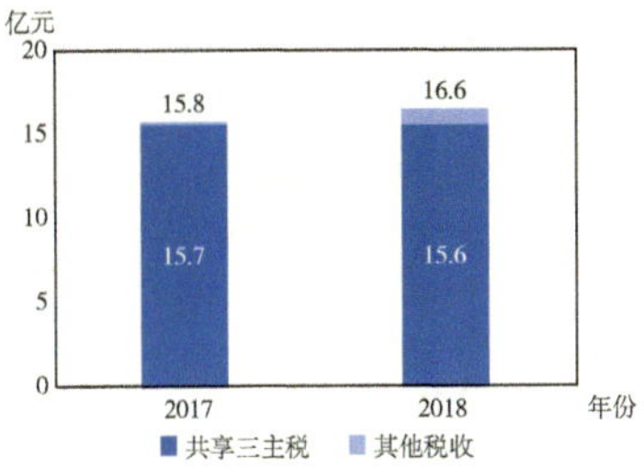

图6-52　2017-2018年辽宁省省本级税收收入

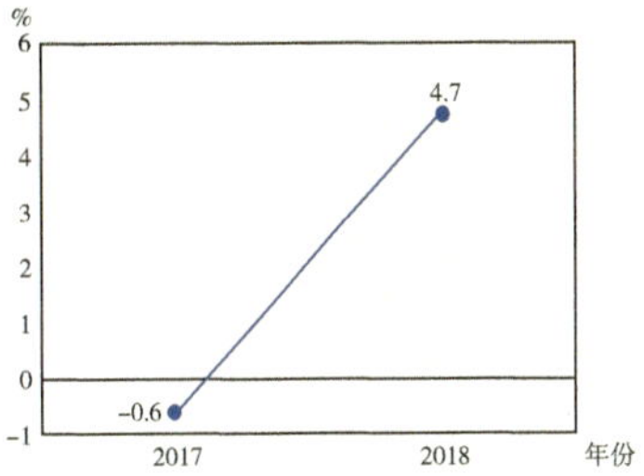

图6-53　2017-2018年辽宁省省本级税收收入增速

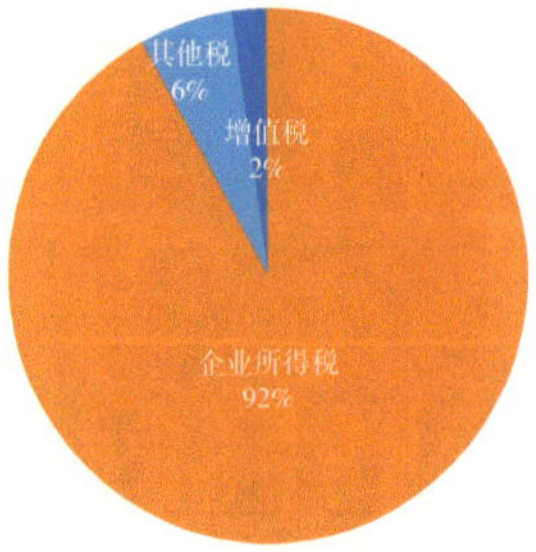

图6-54　2018年辽宁省省本级税收结构

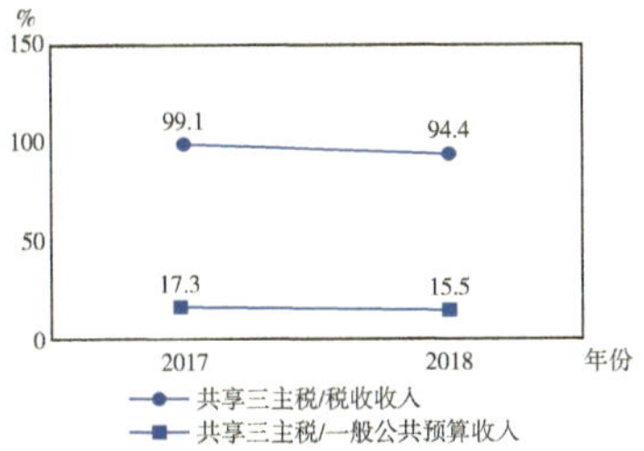

图6-55　2017-2018年辽宁省省本级共享三主税占税收收入、一般公共预算收入的比重

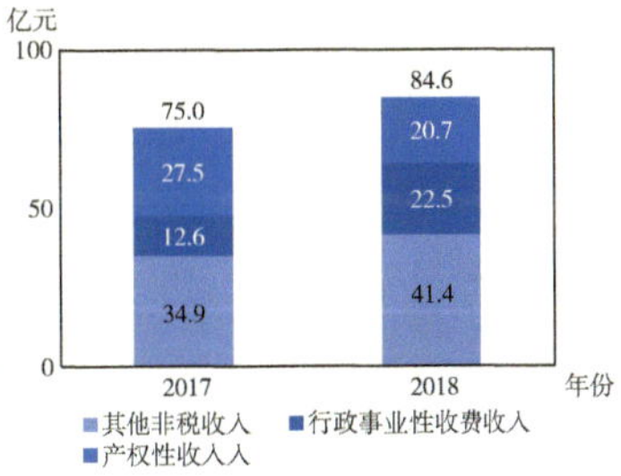

图6-56　2017-2018年辽宁省省本级非税收入

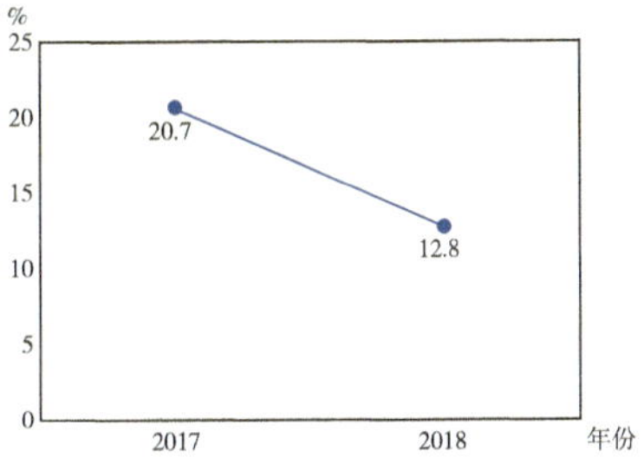

图6-57　2017-2018年辽宁省省本级非税收入增速

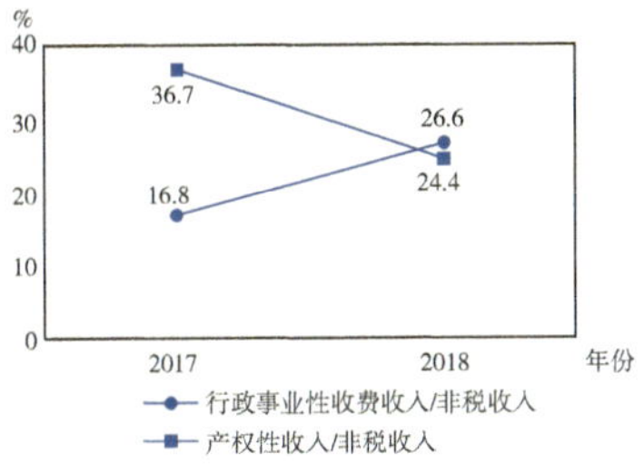

图6-58　2017-2018年辽宁省省本级行政事业性收费、产权性收入占非税收入的比重

6.2　辽宁省各市政府收入主要特征分析

6.2.1　辽宁省各市经济社会发展情况

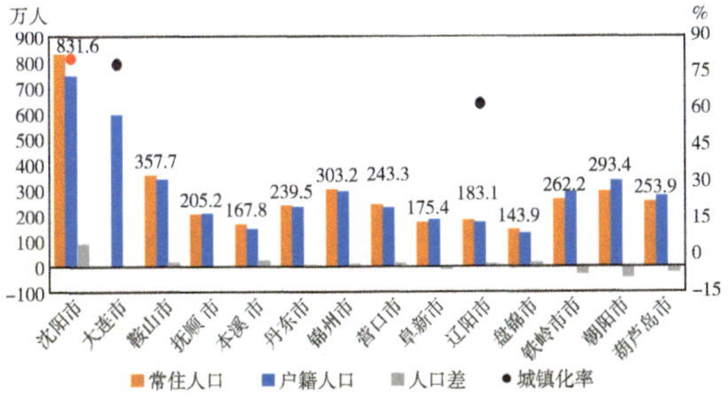

图6-59　2018年辽宁省各市人口状况

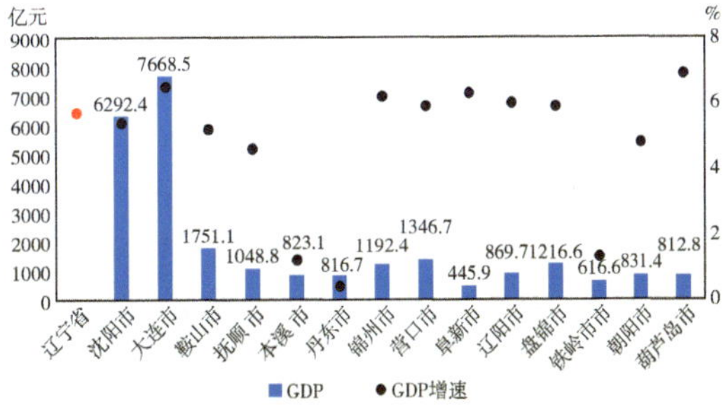

图6-60　2018年辽宁省各市GDP及增速

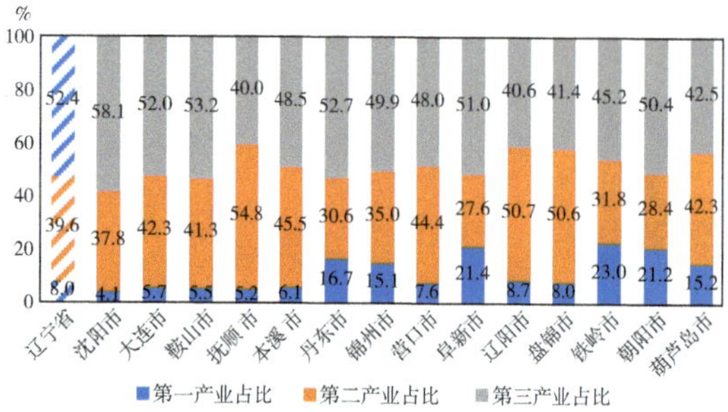

图6-61　2018年辽宁省各市三次产业结构

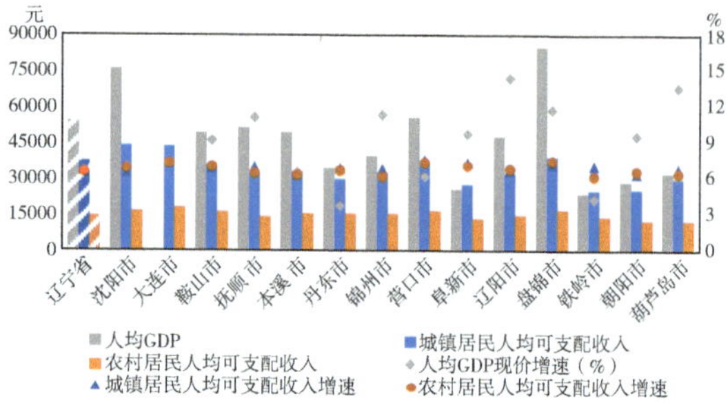

图6-62　2018年辽宁省各市人均GDP与人均可支配收入

6.2.2　辽宁省各市政府收入总体情况

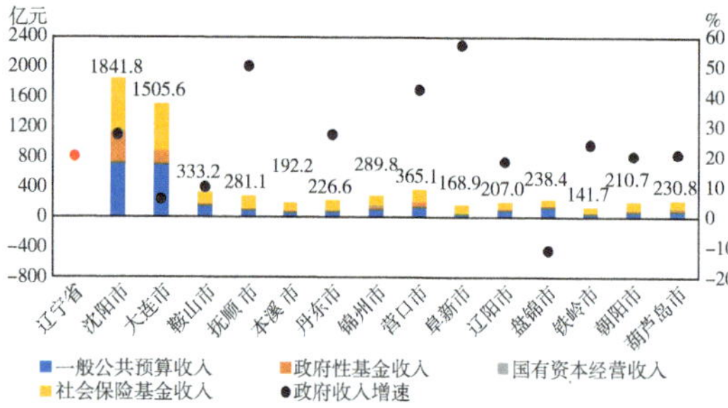

图6-63　2018年辽宁省各市政府收入结构及增速

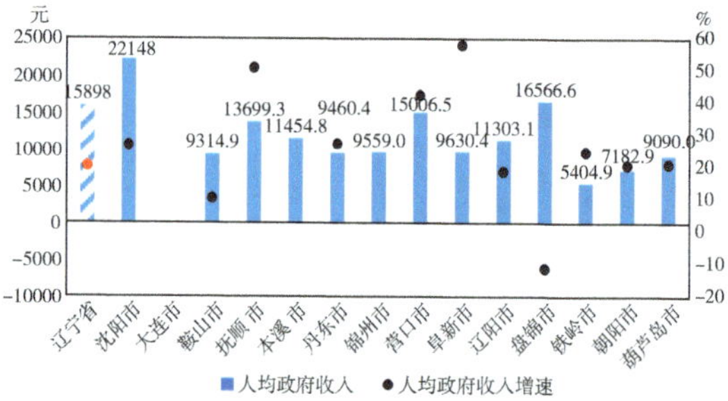

图6-64　2018年辽宁省各市人均政府收入及增速

6.2.3　辽宁省各市一般公共预算收入情况

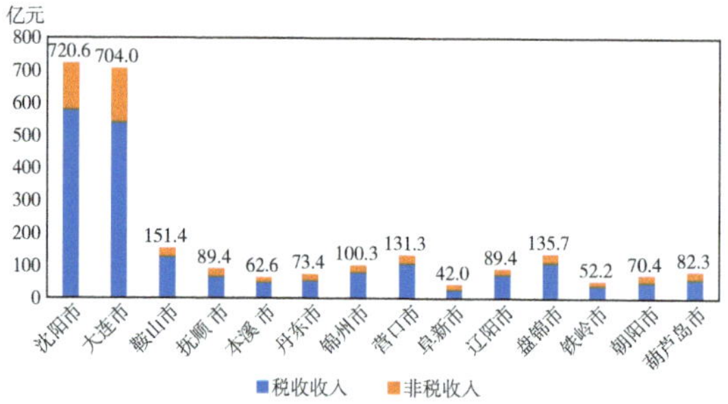

图6-65　2018年辽宁省各市一般公共预算收入

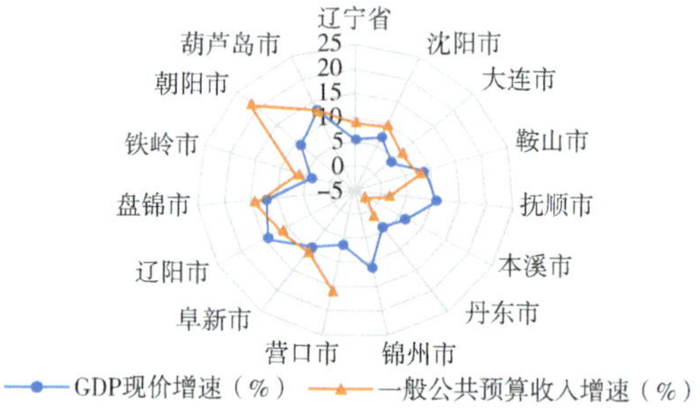

图6-66　2018年辽宁省各市一般公共预算收入增速

注：锦州市2018年一般公共预算收入增速数据不详

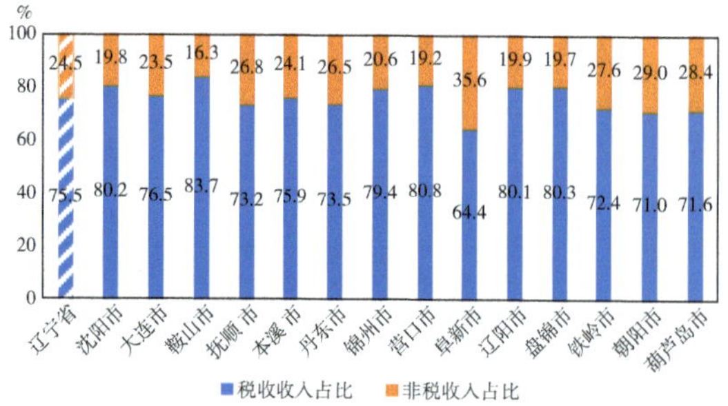

图6-67　2018年辽宁省各市一般公共预算收入结构

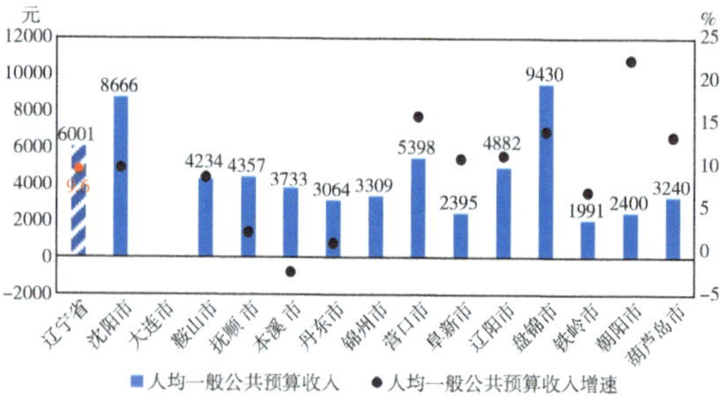

图6-68　2018年辽宁省各市人均一般公共预算收入及增速

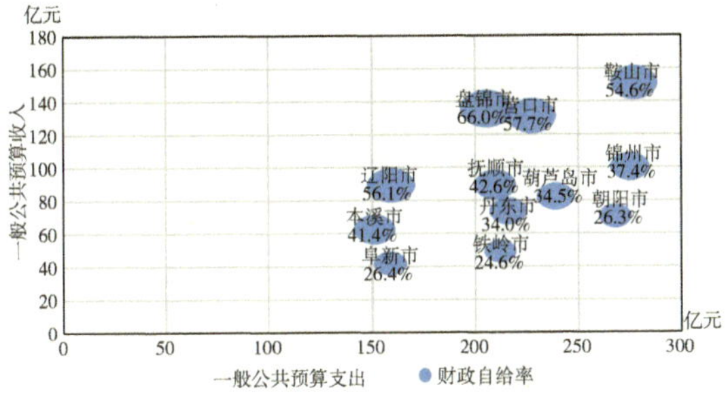

图6-69　2018年辽宁省各市财政自给率

注：沈阳市、大连市2018年财政自给率分别为74.6%、70.3%（图中未显示）。

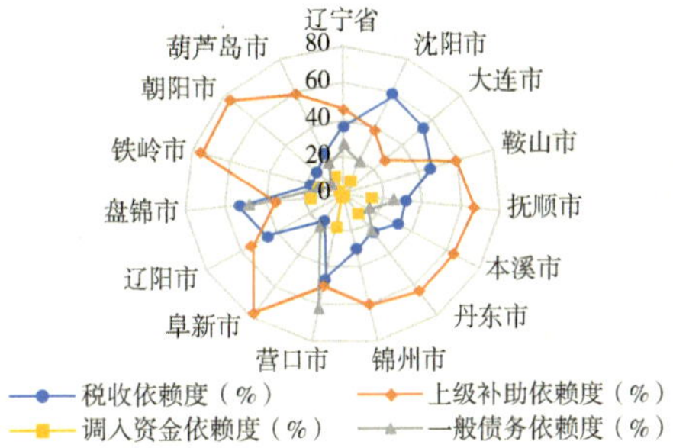

图6-70　2018年辽宁省各市财政收入依赖度

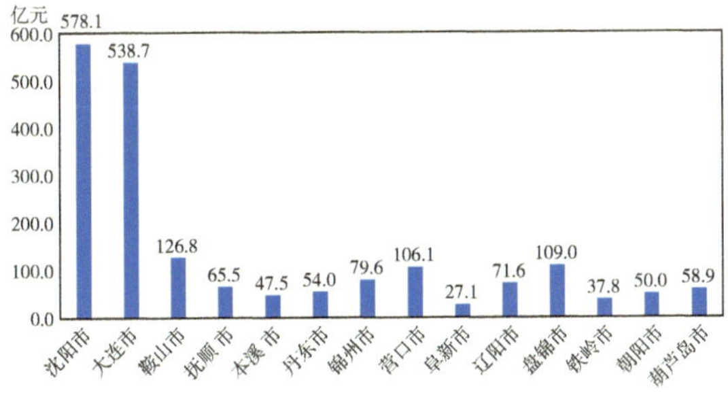

图6-71　2018年辽宁省各市税收收入

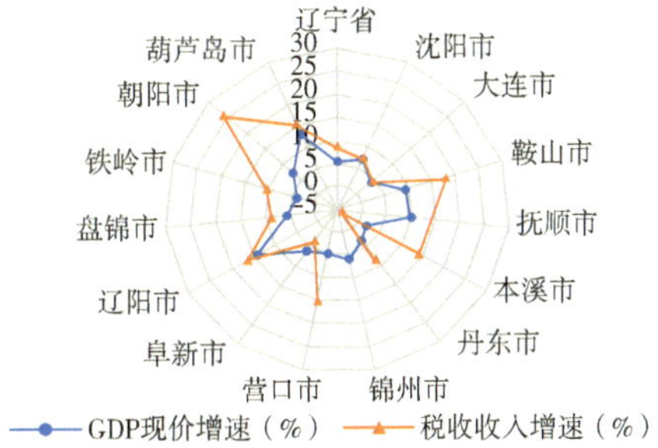

图6-72　2018年辽宁省各市税收收入增速

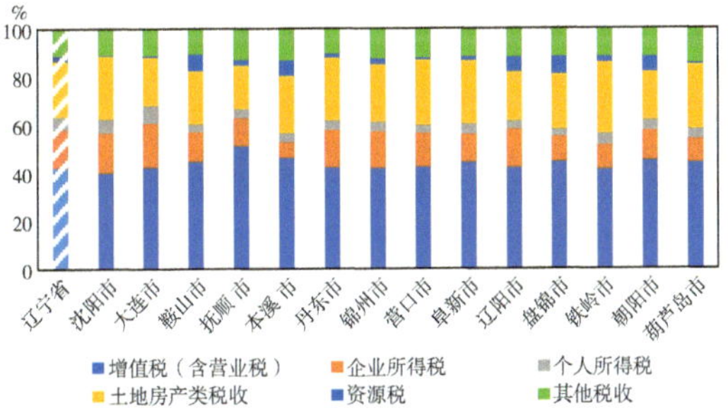

图6-73　2018年辽宁省各市税收收入结构

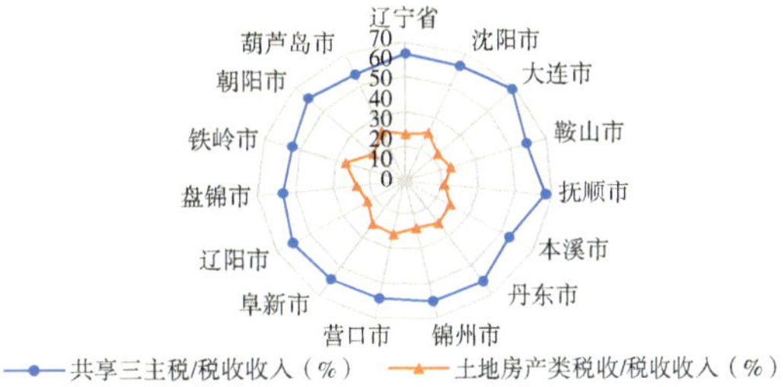

图6-74　2018年辽宁省各市共享三主税、土地房产类税收占税收收入的比重

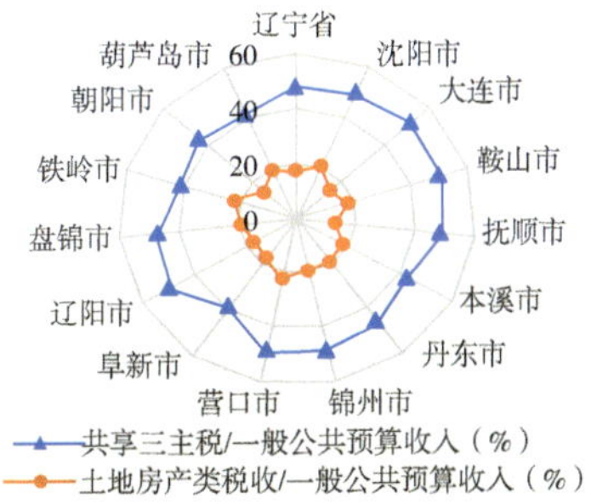

图6-75　2018年辽宁省各市共享三主税、土地房产类税收占一般公共预算收入的比重

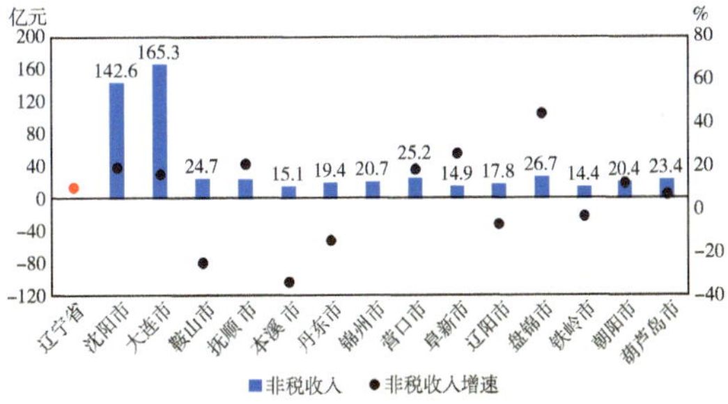

图6-76　2018年辽宁省各市非税收入及增速

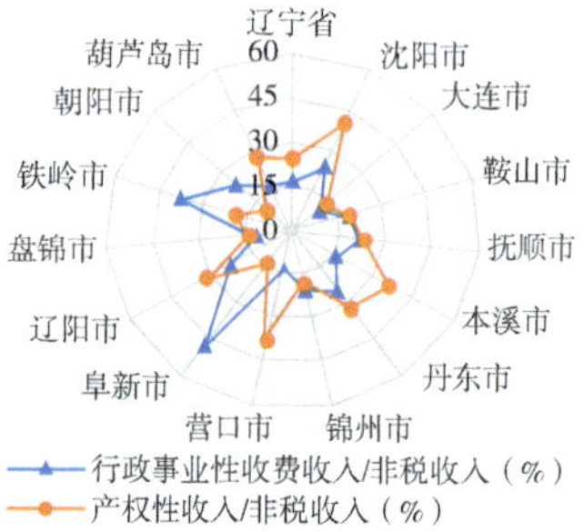

图6-77　2018年辽宁省各市行政事业性收费收入、产权性收入占非税收入的比重

6.2.4　辽宁省各市政府性基金收入与国有资本经营收入情况

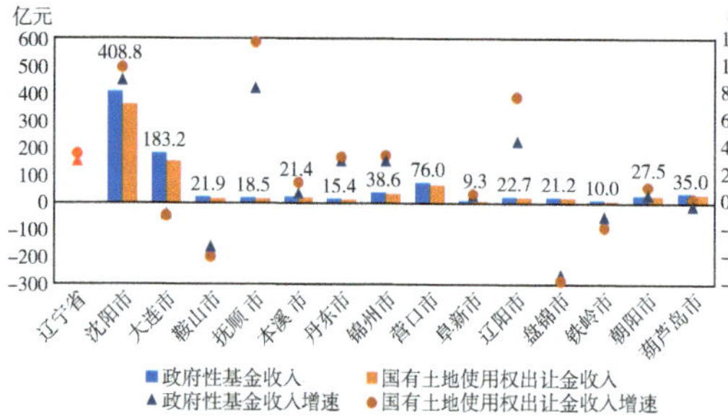

图6-78　2018年辽宁省各市政府性基金收入、国有土地使用权出让金收入及其增速

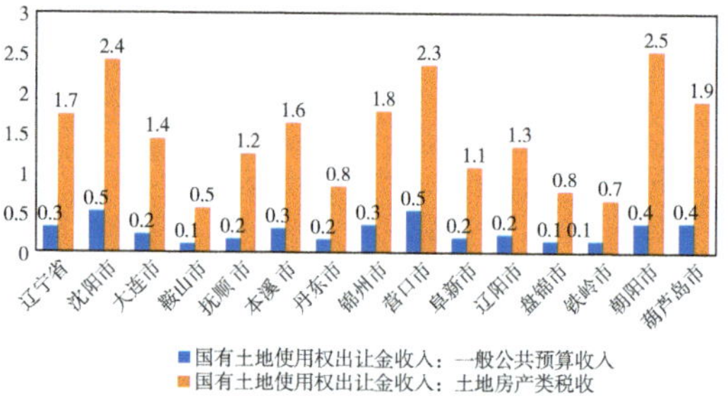

图6-79　2018年辽宁省各市国有土地使用权出让金收入与一般公共预算关系指标

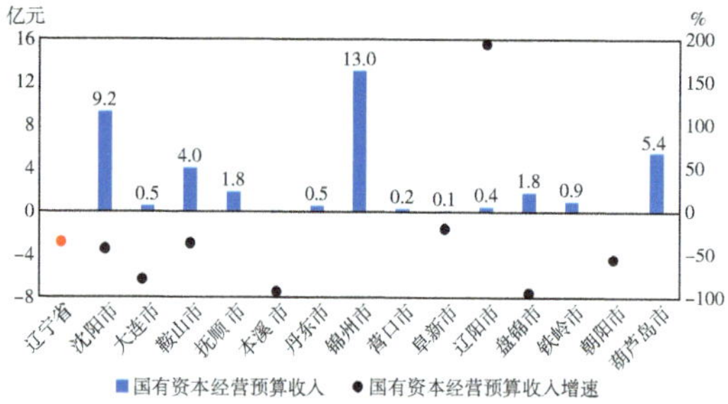

图6-80　2018年辽宁省各市国有资本经营收入及增速

注：营口市及葫芦岛市国有资本经营收入增速分别为2461.7%、2112.9%。

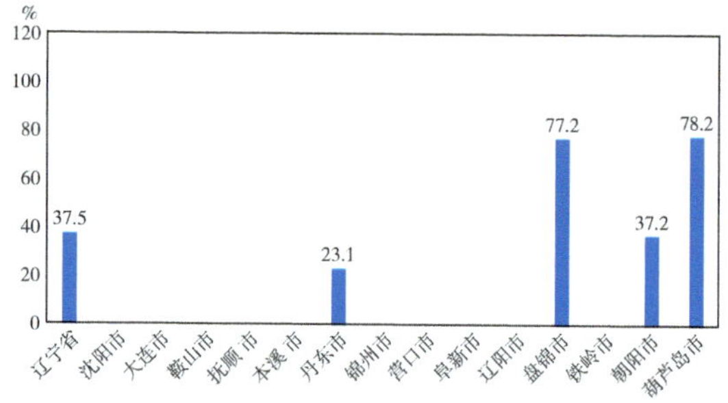

图6-81　2018年辽宁省各市调出资金/国有资本经营收入

注：辽阳市2018年调出资金/国有资本经营收入为229%。

6.2.5　辽宁省各市社会保险基金收入情况

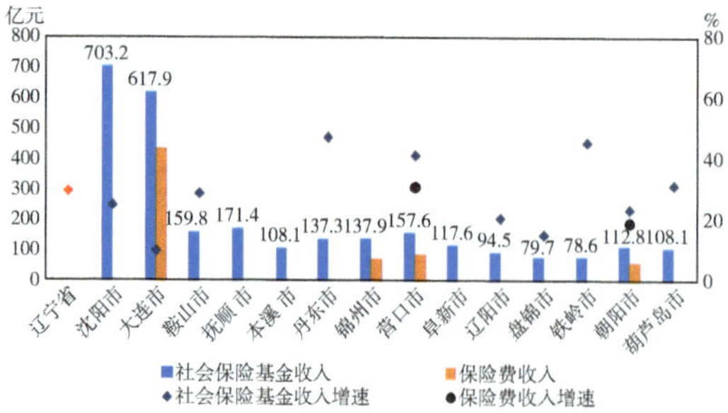

图6-82　2018年辽宁省各市社会保险基金收入、保险费收入及其增速

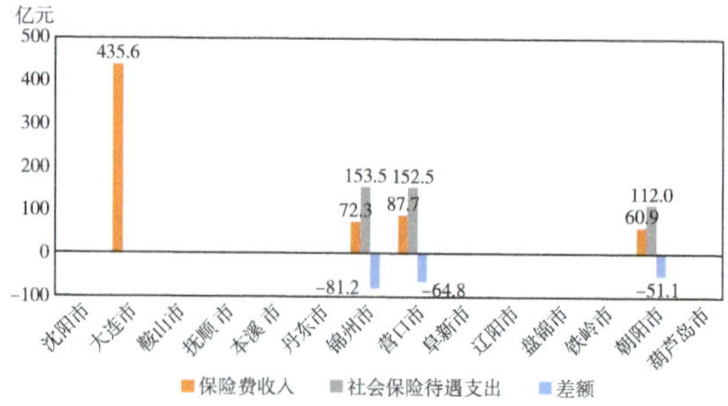

图6-83　2018年辽宁省各市保险费收入、社会保险待遇支出及其差额

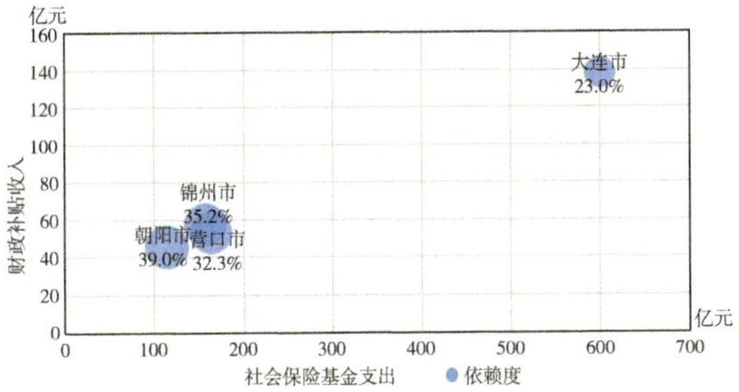

图6-84　2018年辽宁省各市社会保险基金对财政补贴的依赖度

注：大连市2018年社会保险基金对财政补贴的依赖度为23%。

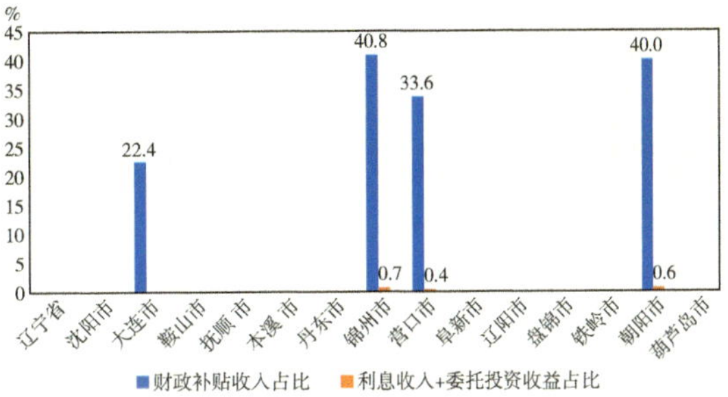

图6-85　2018年辽宁省各市财政补贴收入、利息收入+委托投资收益占社会保险基金收入的比重

6.2.6　辽宁省各市债务情况

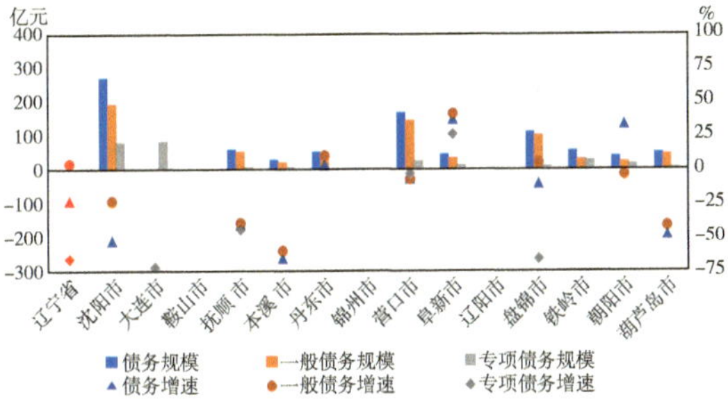

图6-86　2018年辽宁省各市债务规模及其增速

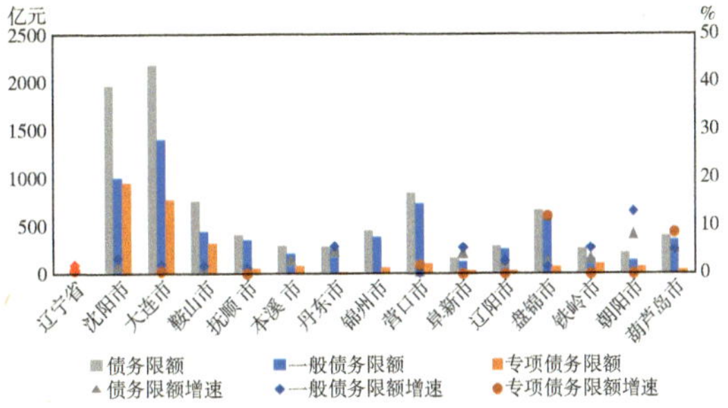

图6-87　2018年辽宁省各市债务限额及其增速

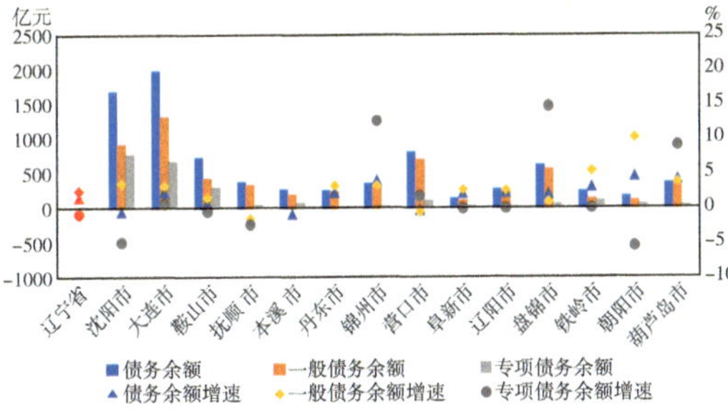

图6-88　2018年辽宁省各市债务余额及其增速

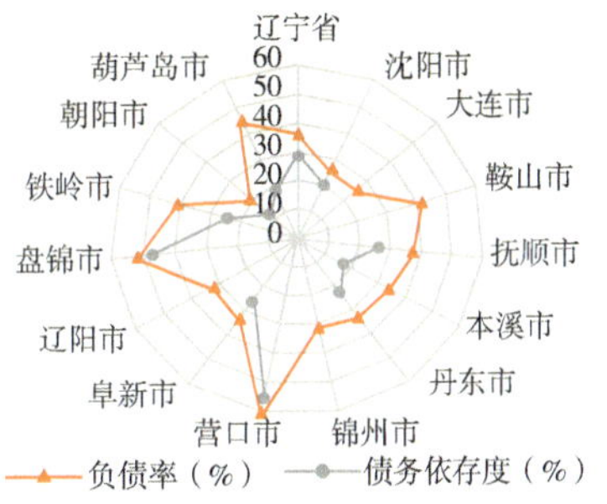

图6-89　2018年辽宁省各市负债率与债务依存度

6.2.7　辽宁省各市市本级一般公共预算收入情况

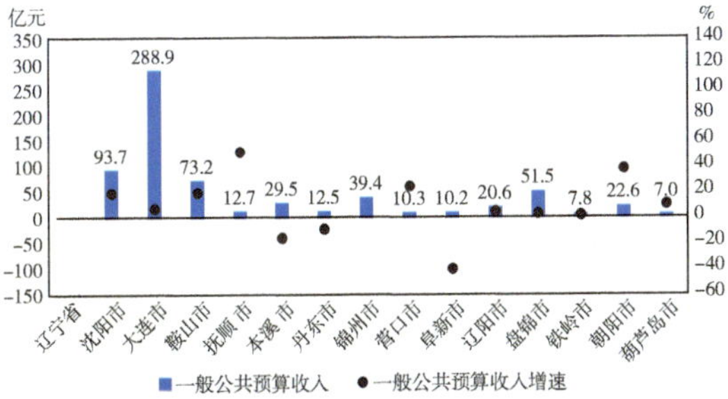

图6-90　2018年辽宁省各市市本级一般公共预算收入及增速

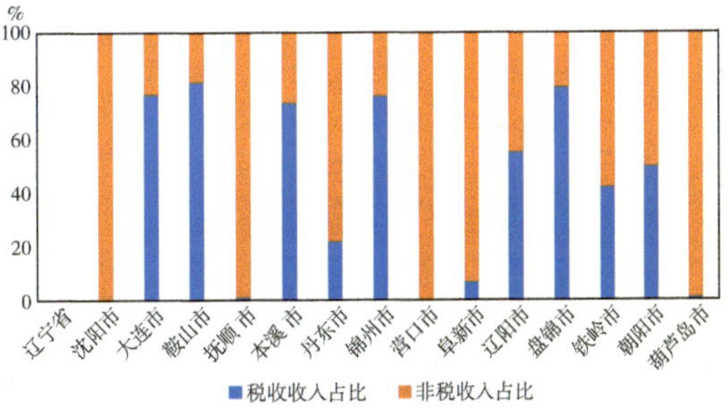

图6-91　2018年辽宁各市市本级一般公共预算收入结构

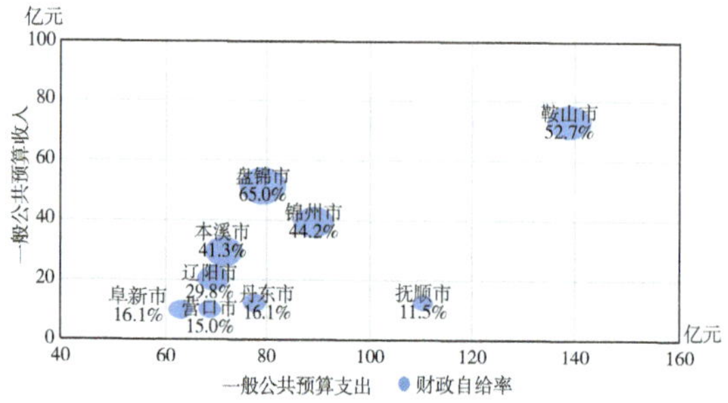

图6-92　2018年辽宁省各市市本级财政自给率

注：2018年沈阳市、大连市市本级财政自给率分别为23.1%、66.7%（图中未显示）。

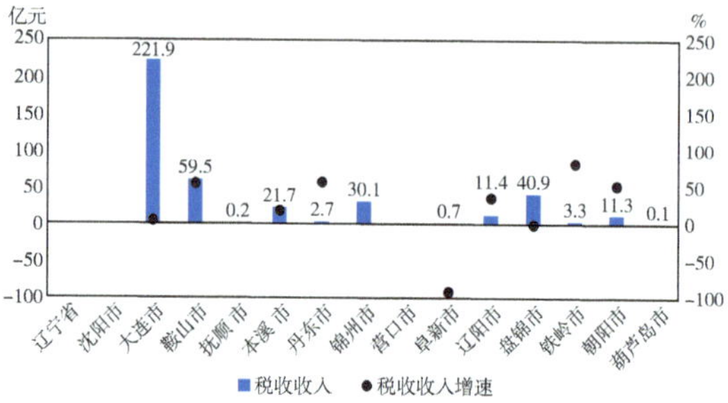

图6-93　2018年辽宁省各市市本级税收收入及增速

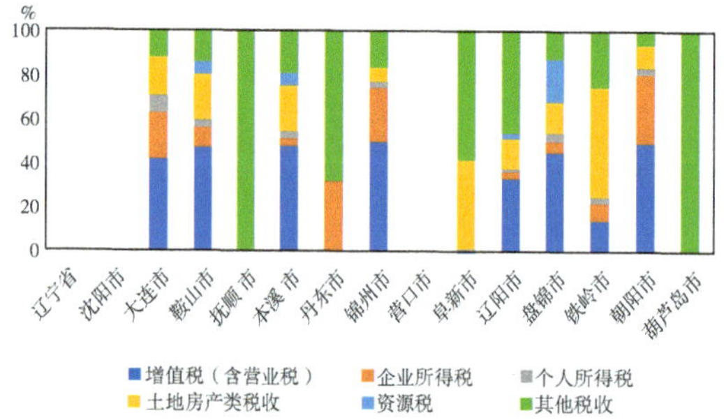

图6-94　2018年辽宁省各市市本级税收收入结构

注：沈阳市、营口市2018年税收收入结构数据不详。

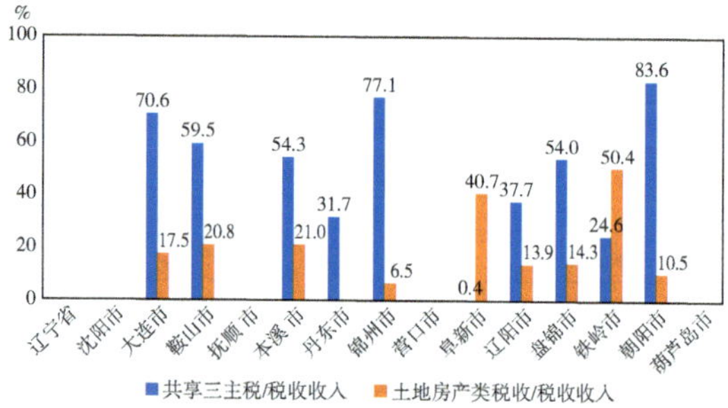

图6-95　2018年辽宁省各市市本级共享三主税、土地房产类税收占税收收入的比重

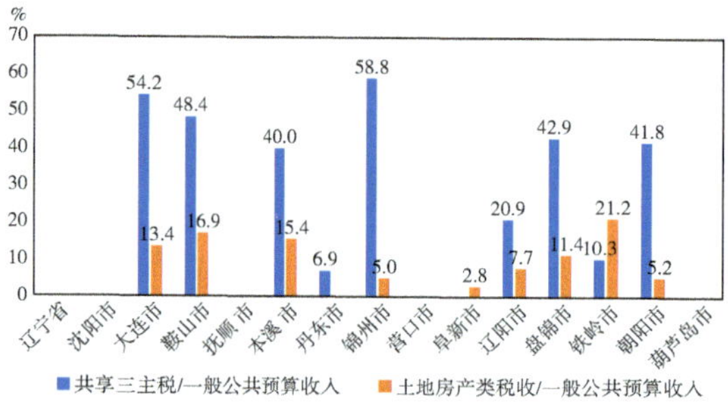

图6-96　2018年辽宁省各市市本级共享三主税、土地房产类税收占一般公共预算的比重

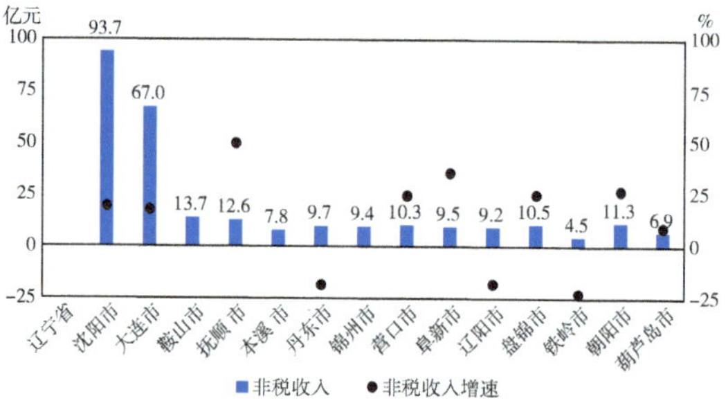

图6-97　2018年辽宁省各市市本级非税收入及增速

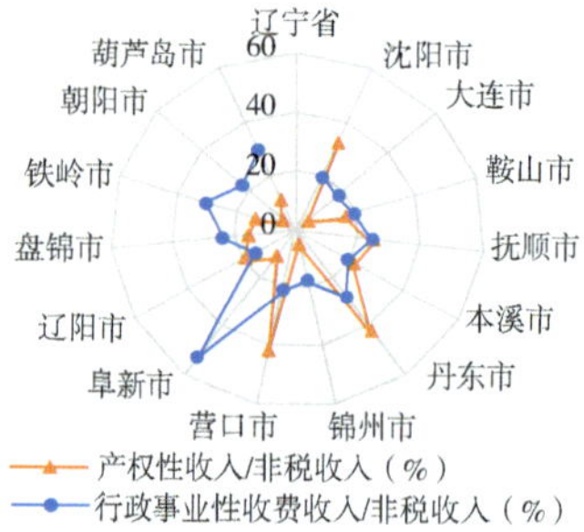

图6-98　2018年辽宁省各市市本级产权性收入、行政事业性收费收入占非税收入的比重

6.3 辽宁省样本县政府收入主要特征分析

6.3.1 辽宁省样本县经济社会发展情况

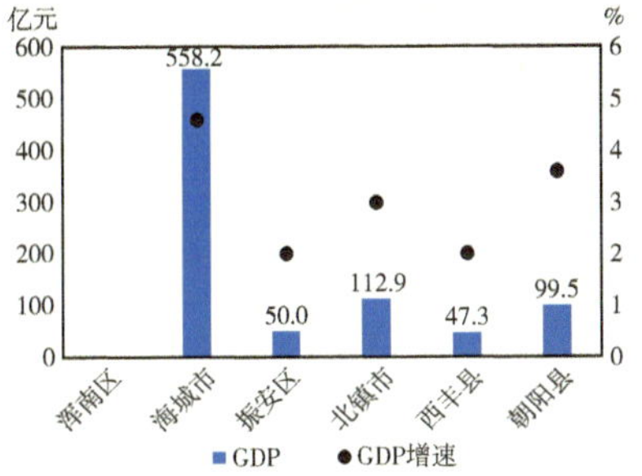

图6-99 2018年辽宁省样本区县GDP及增速

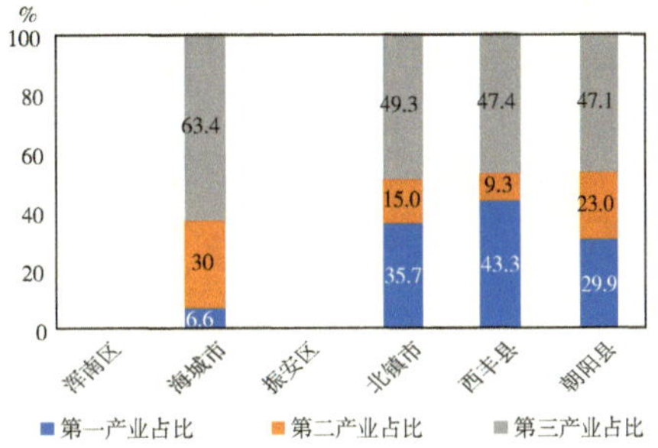

图6-100 2018年辽宁省样本区县三次产业结构

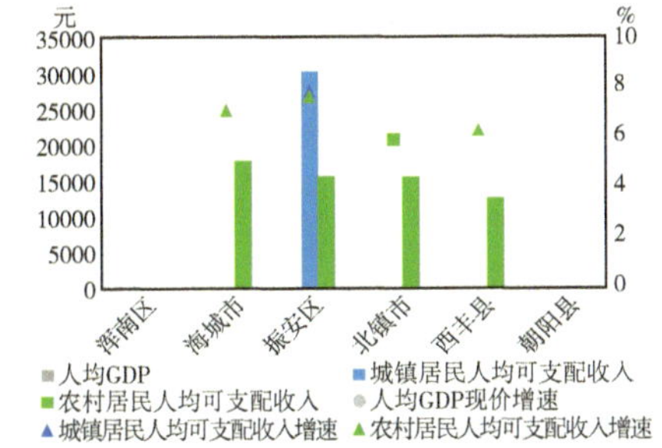

图6-101 2018年辽宁省样本区县人均GDP与人均可支配收入

6.3.2 辽宁省样本县政府收入总体情况

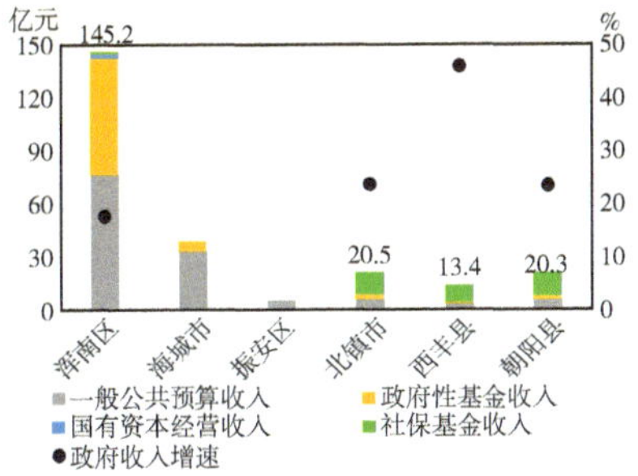

图6-102 2018年辽宁省样本区县政府收入结构及增速

6.3.3 辽宁省样本县一般公共预算收入情况

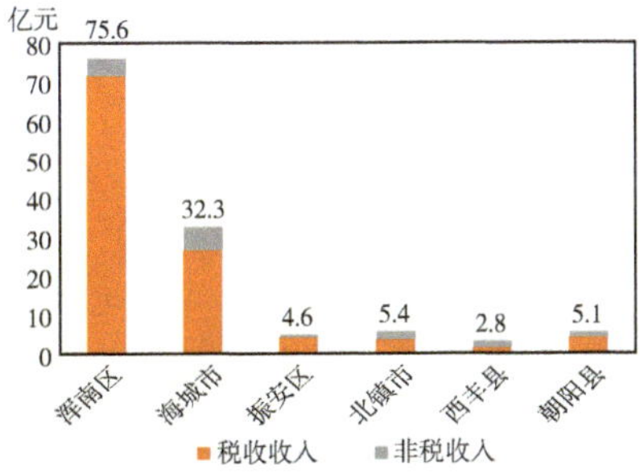

图6-103 2018年辽宁省样本区县一般公共预算收入

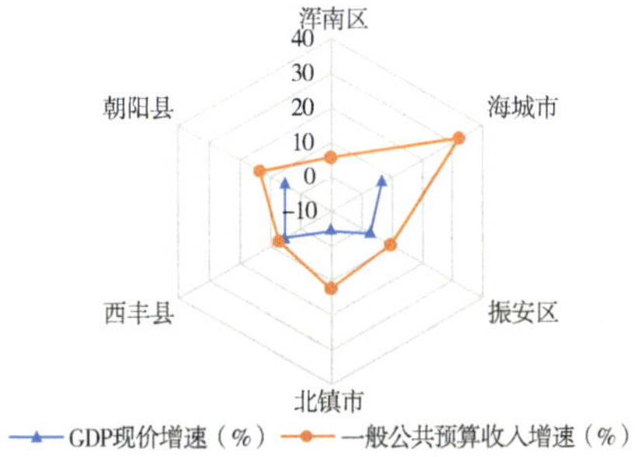

图6-104 2018年辽宁省样本区县一般公共预算收入增速

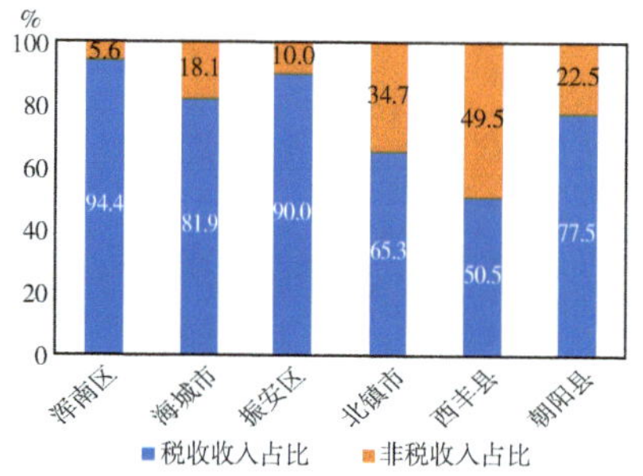

图6-105　2018年辽宁省样本区县一般公共预算收入结构

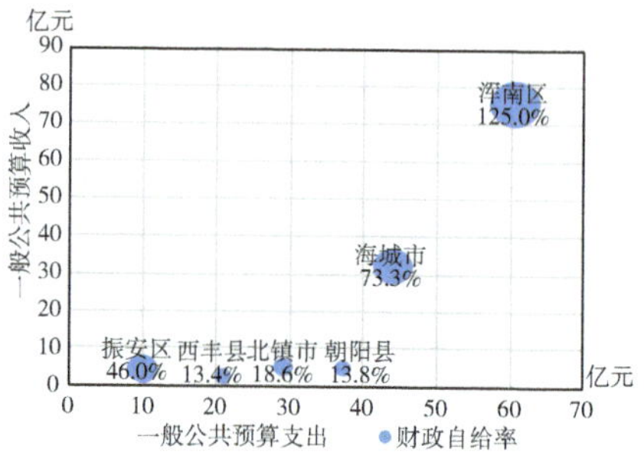

图6-106　2018年辽宁省样本区县财政自给率

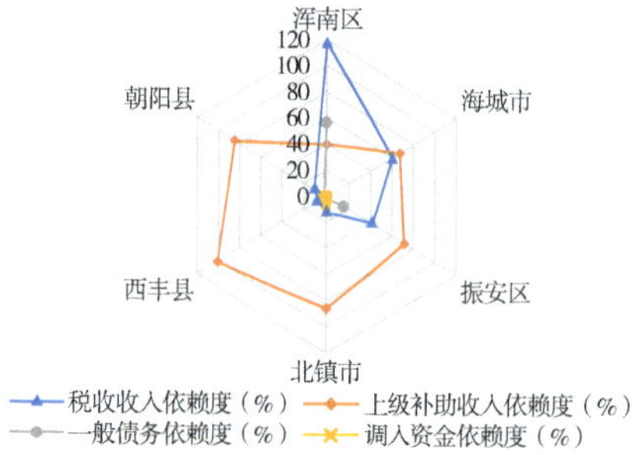

图6-107　2018年辽宁省样本区县财政收入依赖度

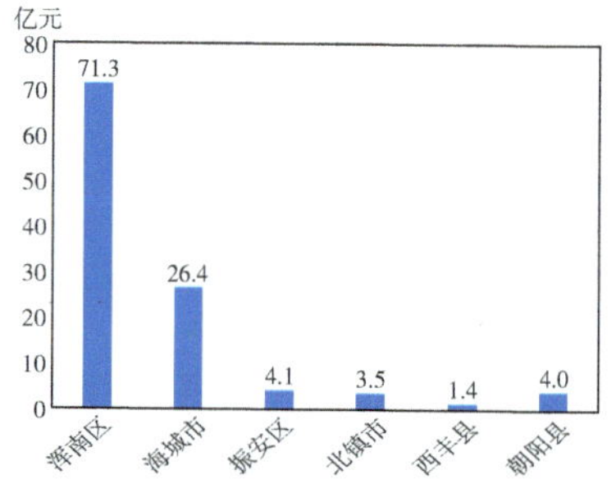

图6-108　2018年辽宁省样本区县税收收入

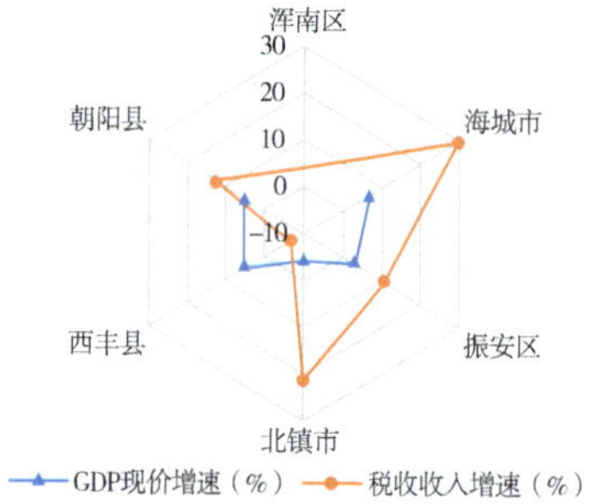

图6-109　2018年辽宁省样本区县税收收入增速

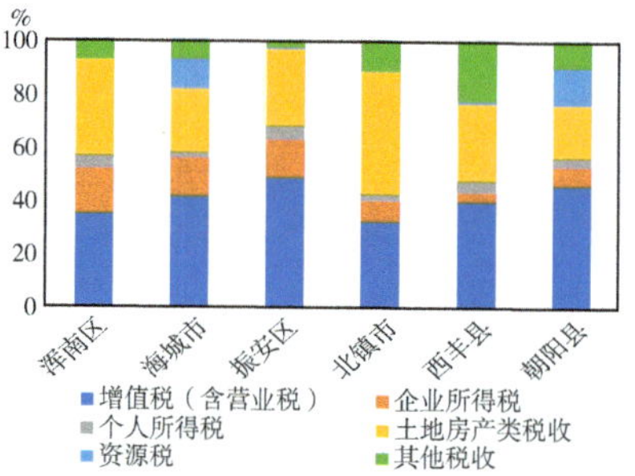

图6-110　2018年辽宁省样本区县税收收入结构

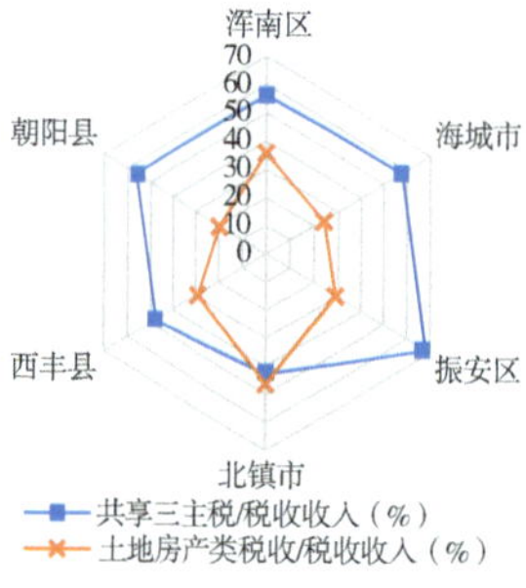

图6-111　2018年辽宁省样本区县共享三主税、土地房产类税收占税收收入的比重

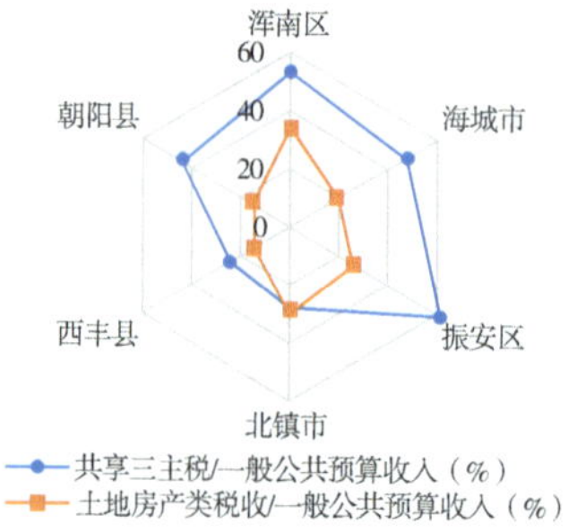

图6-112　2018年辽宁省样本区县共享三主税、土地房产类税收占一般公共预算收入的比重

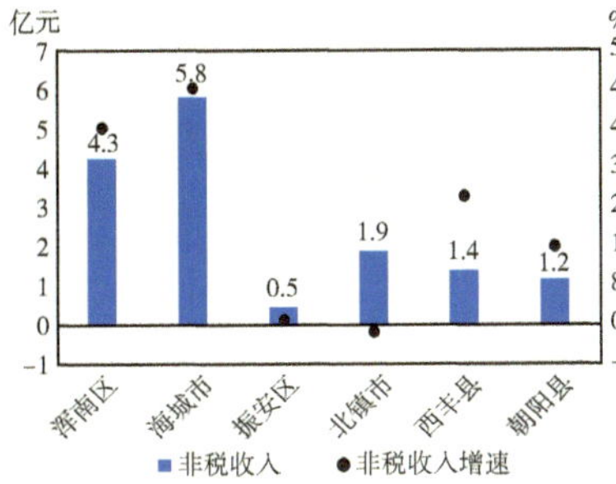

图6-113　2018年辽宁省样本区县非税收入

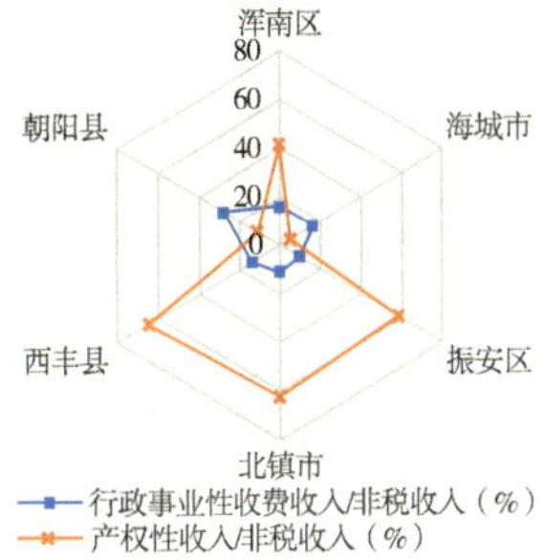

图6-114　2018年辽宁省样本区县产权性收入、行政事业性收费收入占非税收入的比重

6.3.4　辽宁省样本县政府性基金收入与国有资本经营收入情况

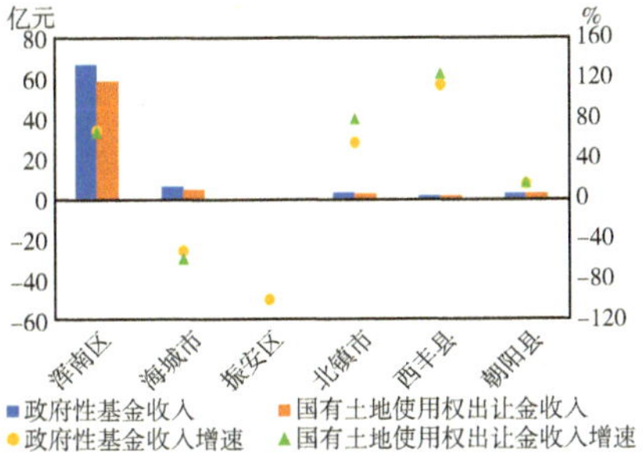

图6-115　2018年辽宁省样本区县政府性基金收入、国有土地使用权出让金收入及其增速

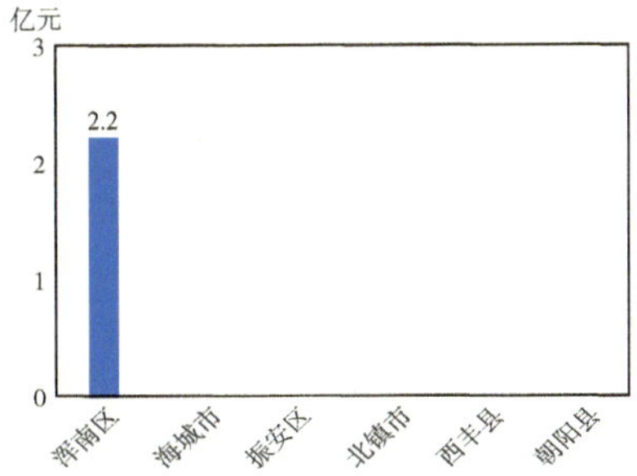

图6-116　2018年辽宁省样本区县国有资本经营收入

注：浑南区2018年国有资本经营收入增速为-80.2%。

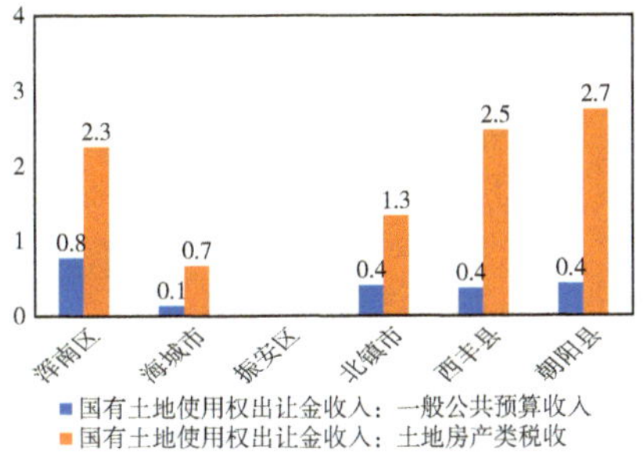

图6-117　2018年辽宁省样本区县国有土地使用权出让金收入与一般公共预算关系指标

6.3.5　辽宁省样本县社会保险基金收入情况

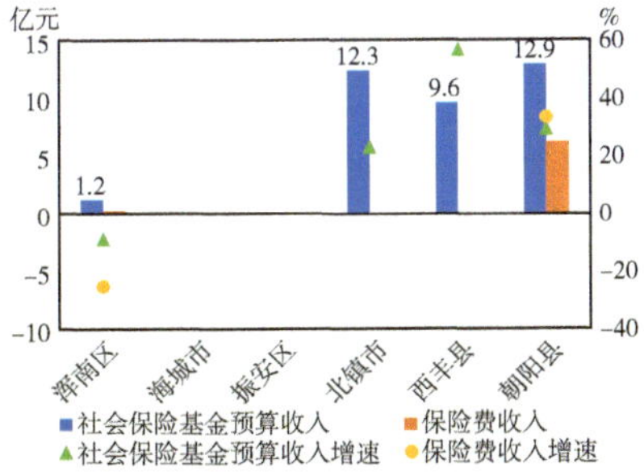

图6-118　2018年辽宁省样本区县社会保险基金收入、保险费收入及其增速

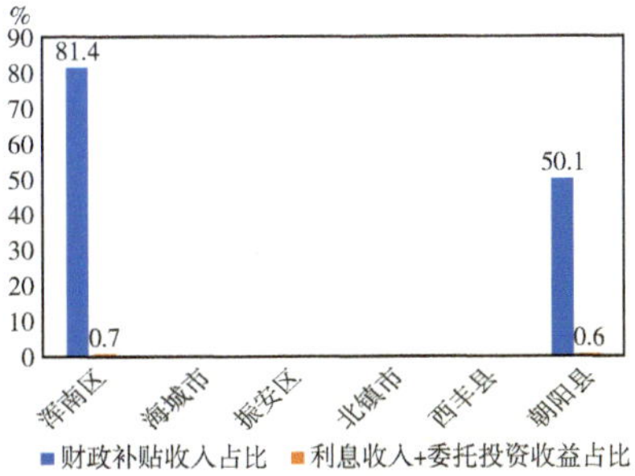

图6-119　2018年辽宁省样本区县财政补贴收入、利息收入+委托投资收益占社会保险基金收入的比重

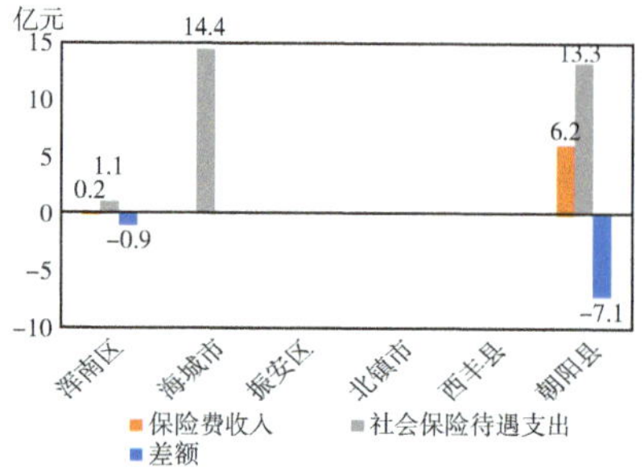

图6-120　2018年辽宁省样本区县保险费收入、社会保险待遇支出及其差额

6.3.6　辽宁省样本县债务情况

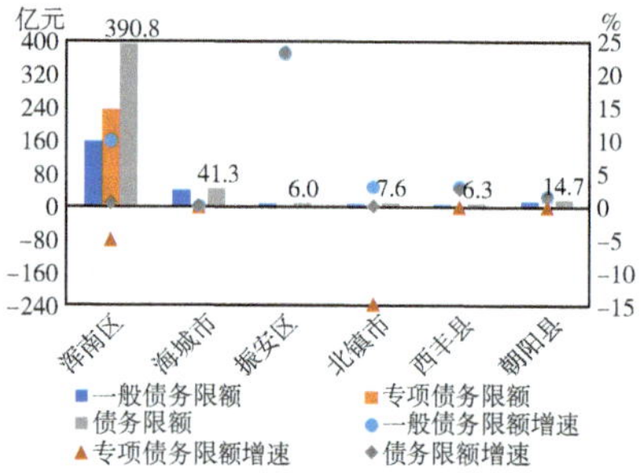

图6-121　2018年辽宁省样本区县债务限额及其增速

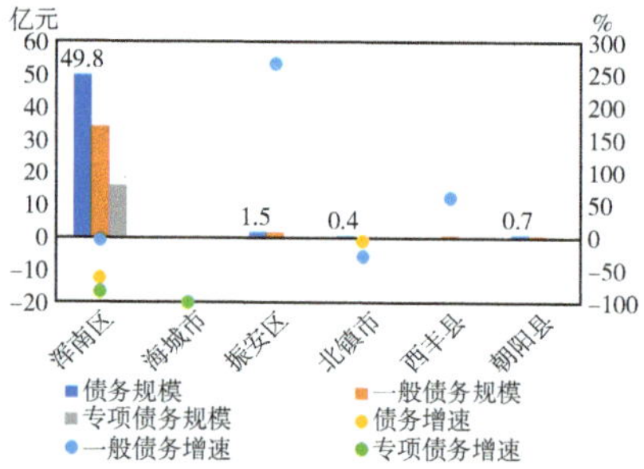

图6-122　2018年辽宁省样本区县债务规模及其增速

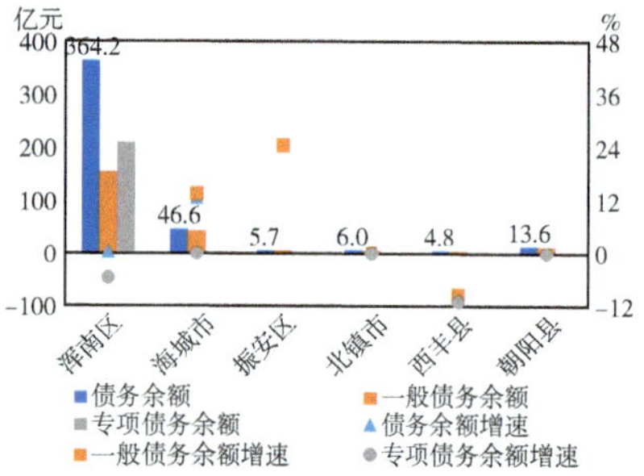

图6-123　2018年辽宁省样本区县债务余额及其增速

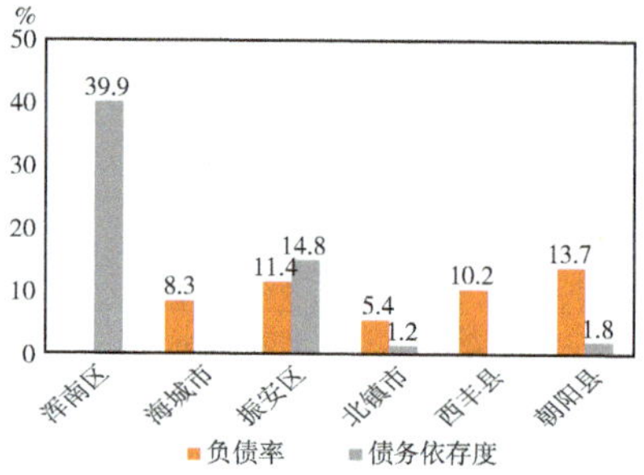

图6-124　2018年辽宁省样本区县负债率与债务依存度

7 吉林省

吉林省全省现辖1个副省级城市、7个地级市、1个自治州、60个县（市、区）和长白山保护开发区管理委员会；幅员面积18.74万平方公里。吉林省地貌形态差异明显。地势由东南向西北倾斜,呈现明显的东南高、西北低的特征。以中部大黑山为界,可分为东部山地和中西部平原两大地貌区。吉林省土地总面积约占全国的2%，耕地占全国的4.4%左右，基本农田占全国的4.4%左右。基本农田保护率86.9%，与主要产粮省基本一致。人均耕地3.05亩，是全国平均水平的两倍多。总体上看，吉林的经济发展、财政收入等在全国处于靠后水平，区域差异大，发展不均衡。

2019年吉林省经济总量处于全国靠后位置，第三产业占比低于全国，人口整体净流入。2019年末，吉林省常住人口2690.7万人，常住人口城镇化率为58.3%。2019年吉林省GDP接近1.2万亿元，排全国第26名，次于新疆，略高于甘肃；增速3.0%，比2018年下降1.4个百分点，低于于全国2.8个百分点，排全国第31名；人均GDP为43582元（6286美元），排全国第28名。从2019年吉林省产业结构看，第一、第二、第三产业占比分别为11.0%、35.3%（低于全国平均水平3.74个百分点）和53.8%（低于全国平均水平0.14个百分点）。从居民可支配收入看，2019年城镇与农村居民人均可支配收入分别为32299元和14936元，呈上升态势，分别为全国平均水平的76.25%和93.22%。

2019年吉林省一般公共预算收入全国排名稍靠后，一般公共预算收入为1116.9亿元，增速同比下降约10个百分点，分别排全国第26名、全国第31名，人均一般公共预算收入为4151元，排全国第28名。其中，近三年吉林省税收收入占一般公共预算收入的总体保持基本稳定，2019年为71.4%，低于全国平均水平6.18个百分点。非税收入增速呈现下降趋势，2017-2019的三年间，非税收入增速均呈现负增长。

2019年吉林省财政自给率偏低，地区财政总收入小于一般公共预算支出。吉林省财政自给率在30%左右浮动，2019年为28.4%。2018年吉林省组织的地区财政总收入为2321.0亿元，增速为-0.3%，其中上缴中央收入占比46.5%。吉林省一般公共预算支出为3789.6亿元，高于地区财政总收入规模。

2019年吉林省四本预算的一般公共预算收入占比呈下降趋势，而社保基金收入占比则不断上升，社保对财政补贴的依赖度较高。2019年吉林省四本预算加总的政府收入3613.1亿元，增速为9.1%，其中一般公共预算收入、政府性基金收入、国有资本经营收入和社会保险基金收入分别占比30.9%、18.4%、0.5%和50.2%。2019年吉林省社会保险费收入为801.6亿元，增速同比下降10个百分点；财政补贴收入规模为552.5亿元，社保对财政依赖度达到30.3%。

由于吉林省内各地市公布预算报告信息与本书分析指标差异较大，仅就获得的信息来看，吉林省内各地市经济社会发展和财政发展不均衡，优势主要集中于省会长春。长春市2018年

本章执笔人：冯兰淇　审校：孙家希

政府收入规模达到1218.0亿元，辽源市仅为71.3亿元。2018年长春市一般公共预算收入478.0亿元，吉林市成为除长春外唯一的一般公共预算收入过百亿元的城市，为104.3亿元，其他已知的各地市一般公共预算收入均低于100亿元，且城市间差异较大，比如长春市是松原市的25.5倍。除省会长春外，2018年吉林省各市财政自给率低于50%。因此，财政自给率最高的城市为长春，达到53.4%，最低的为白山市，财政自给率均仅为11.9%，前者是后者的4.5倍。政府性基金收入主要构成是国有土地使用权出让金收入，与地理位置关系较大，收入规模最大的长春市（312.5亿元）为规模最小的辽源市（5.4亿元）的57.5倍。

7.1 吉林省政府收入主要特征分析

7.1.1 吉林省经济社会基本情况

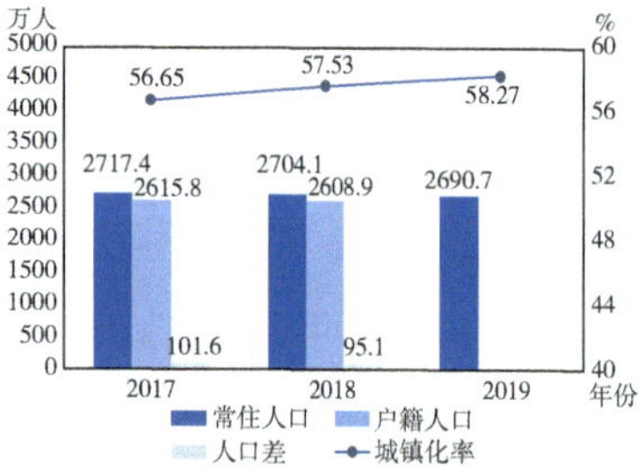

图7-1　2017-2019年吉林省人口状况

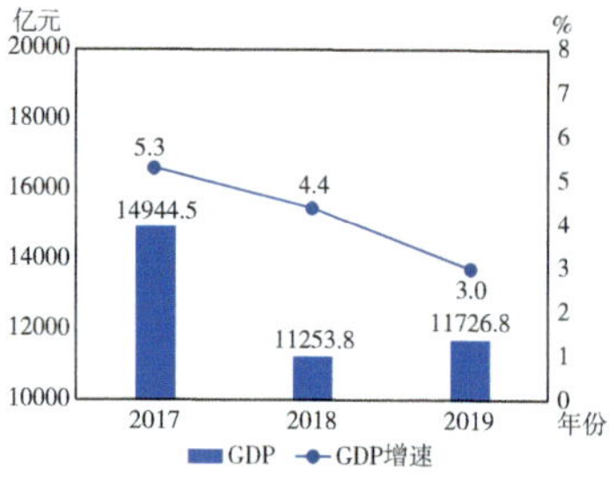

图7-2　2017-2019年吉林省GDP及增速

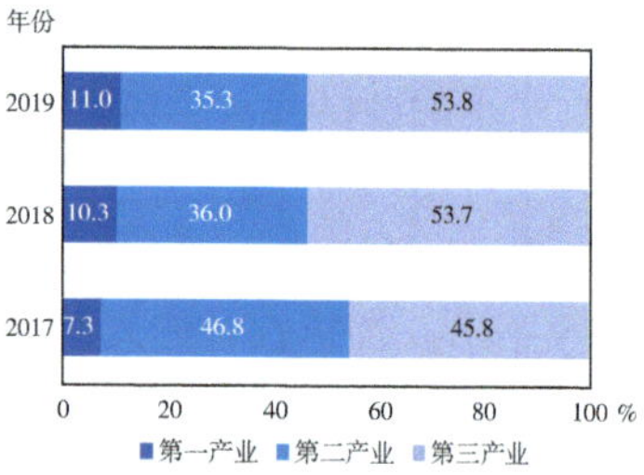

图7-3　2017-2019年吉林省三次产业结构

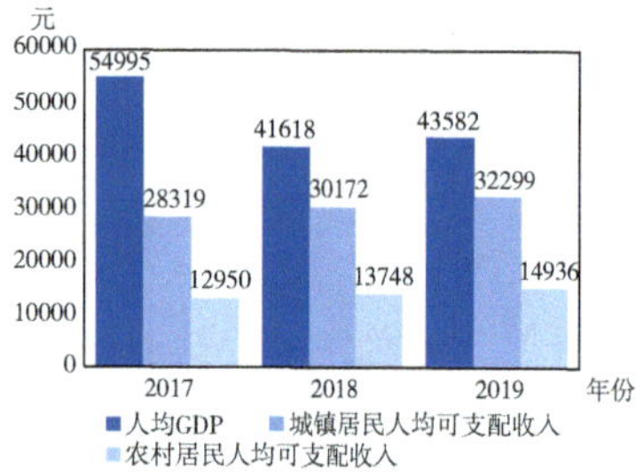

图7-4　2017-2019年吉林省人均GDP和人均可支配收入

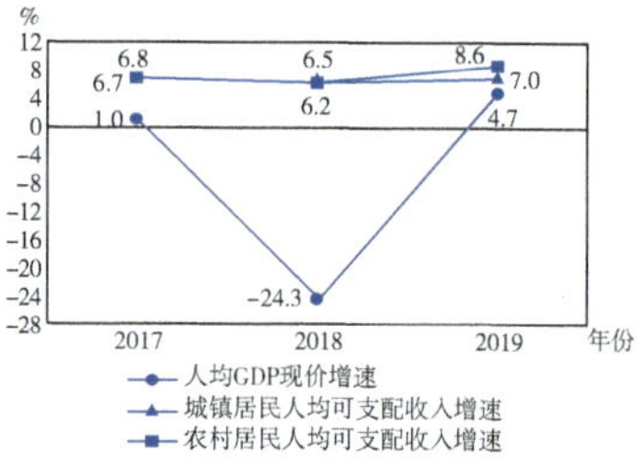

图7-5　2017-2019年吉林省人均GDP增速和人均可支配收入增速

7.1.2 吉林省政府收入总体情况

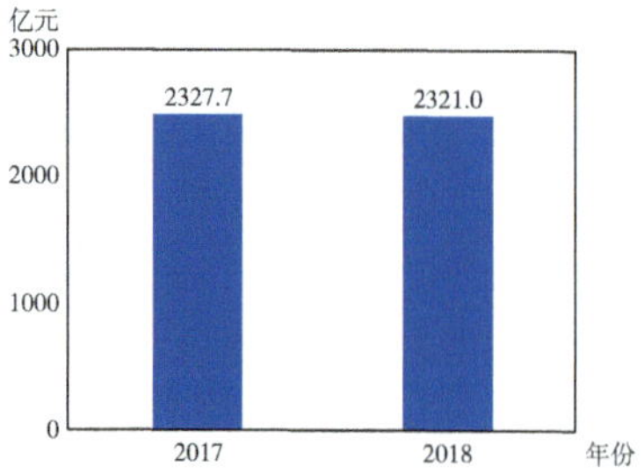

图7-6　2017-2018年吉林省财政总收入

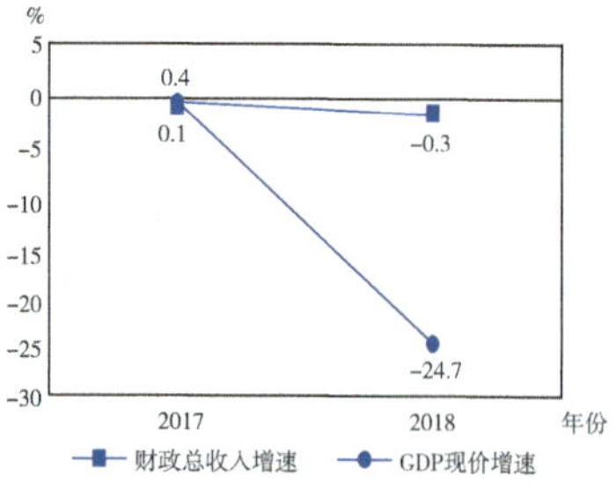

图7-7　2017-2018年吉林省财政总收入增速

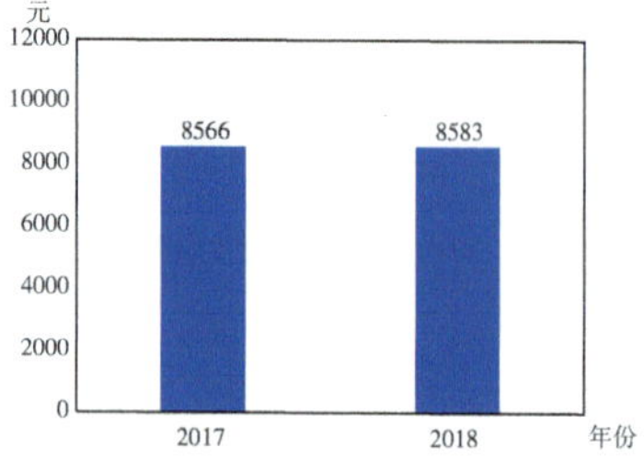

图7-8　2017-2018年吉林省人均财政总收入

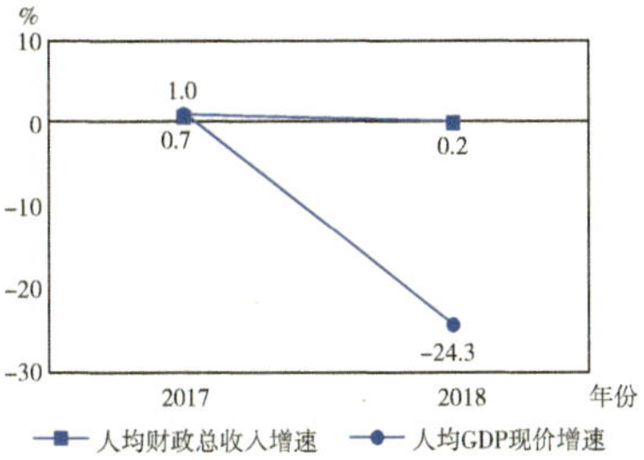

图7-9　2017-2018年吉林省人均财政总收入增速

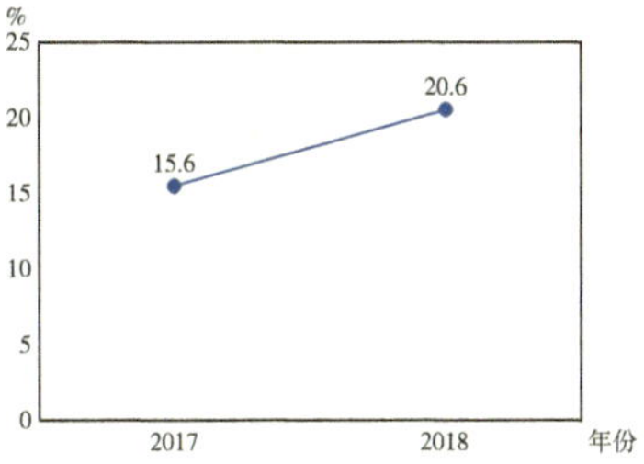

图7-10　2017-2018年吉林省财政总收入/GDP

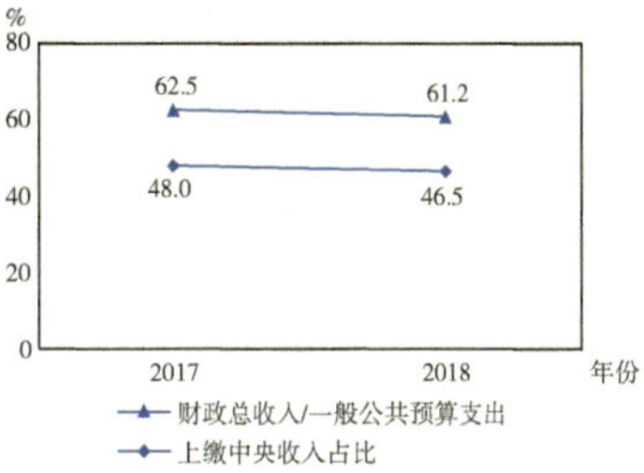

图7-11　2017-2018年吉林省财政总收入其他指标

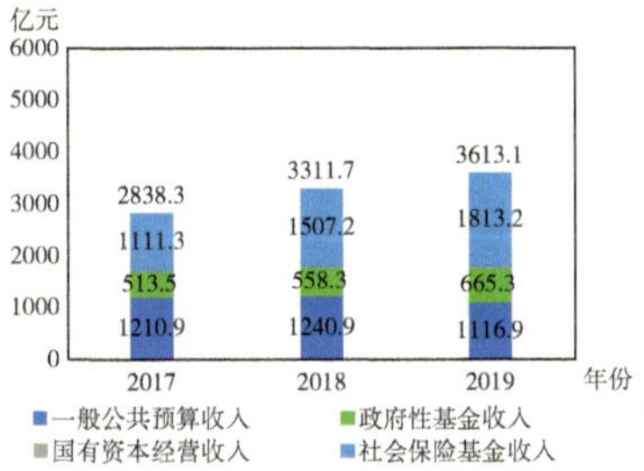

图7-12　2017-2019年吉林省政府收入

注：国有资本经营收入2017-2019年分别为2.6亿元、5.3亿元、17.8亿元。

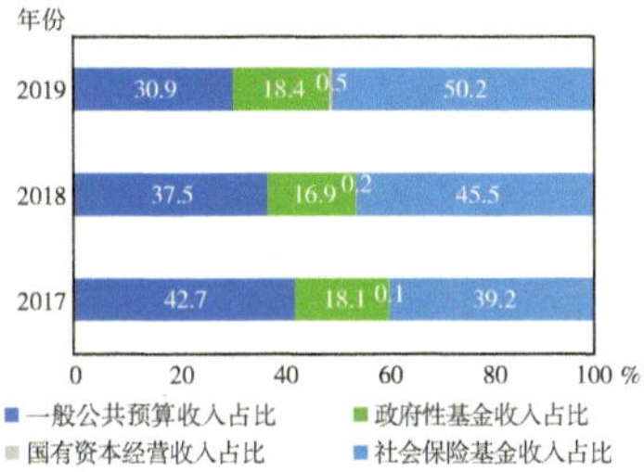

图7-13　2017-2019年吉林省政府收入结构

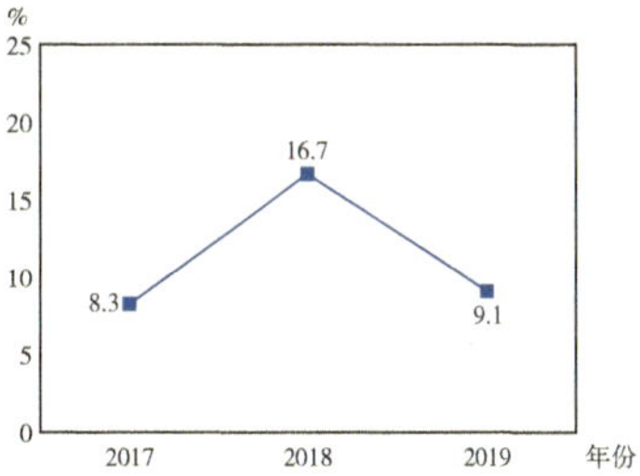

图7-14　2017-2019年吉林省政府收入增速

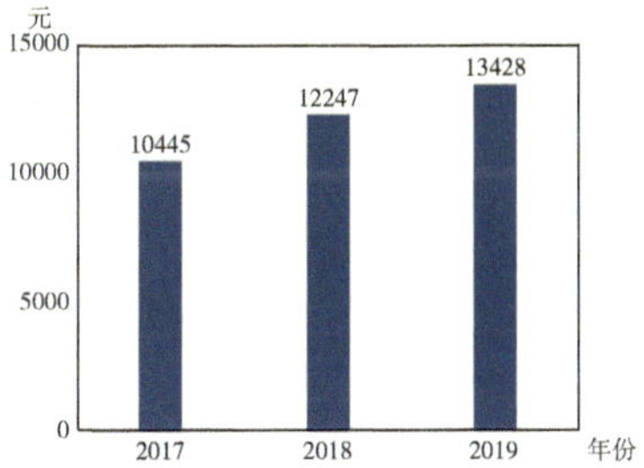

图7-15　2017-2019年吉林省人均政府收入

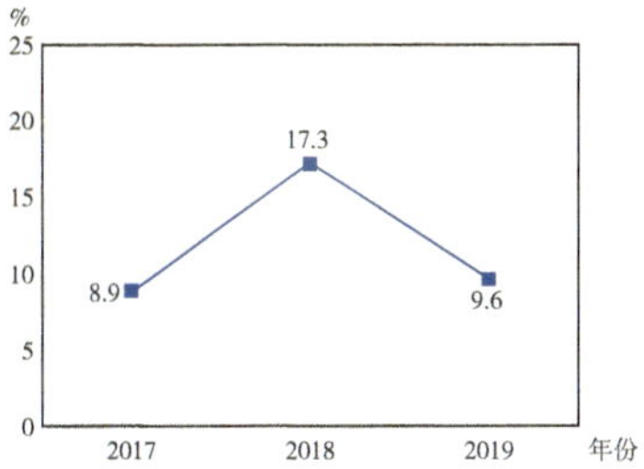

图7-16　2017-2019年吉林省人均政府收入增速

7.1.3　吉林省一般公共预算收入情况

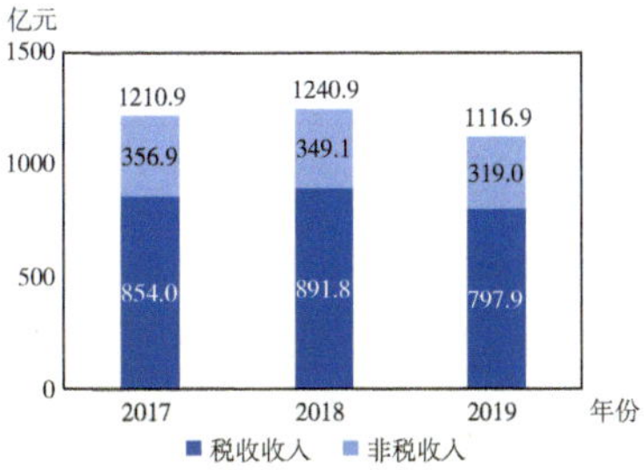

图7-17　2017-2019年吉林省一般公共预算收入

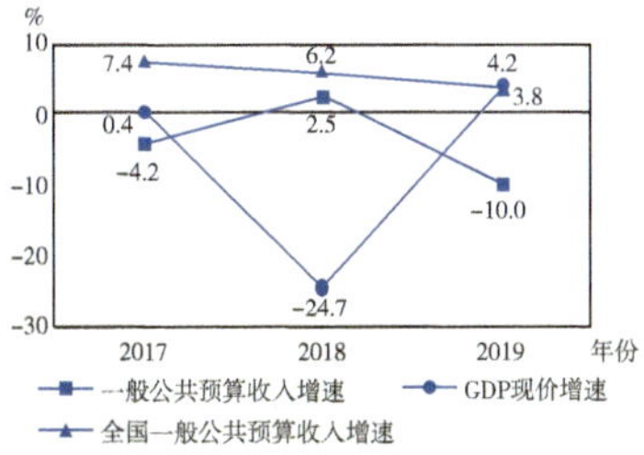

图7-18　2017-2019年吉林省一般公共预算收入增速

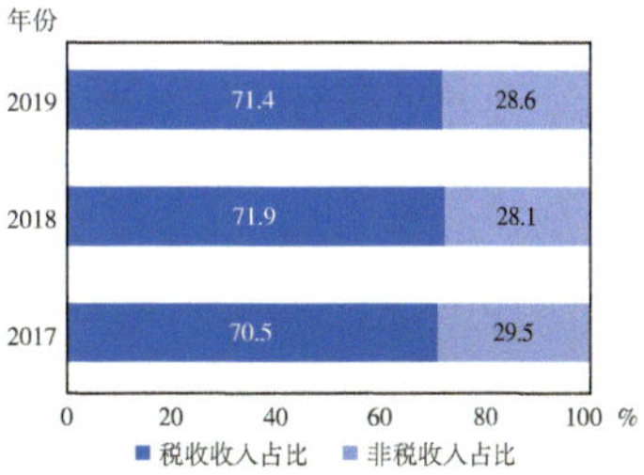

图7-19　2017-2019年吉林省一般公共预算收入结构

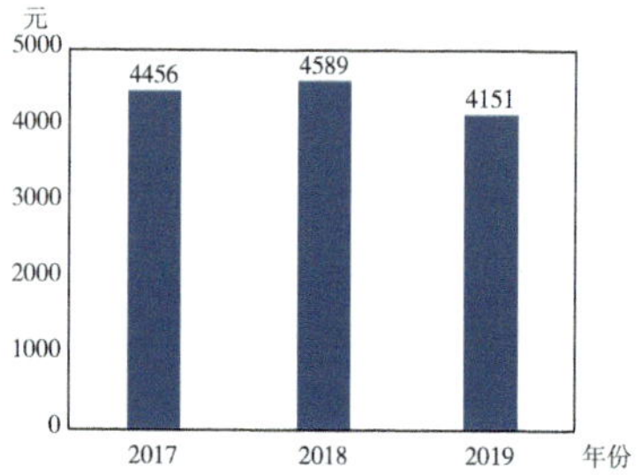

图7-20 2017-2019年吉林省人均一般公共预算收入

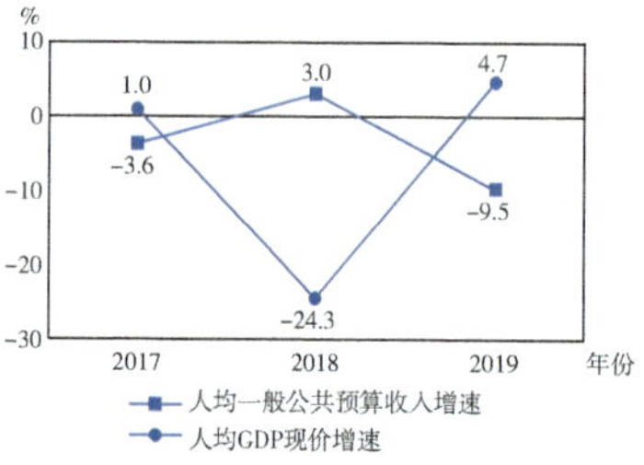

图7-21 2017-2019年吉林省人均一般公共预算收入增速

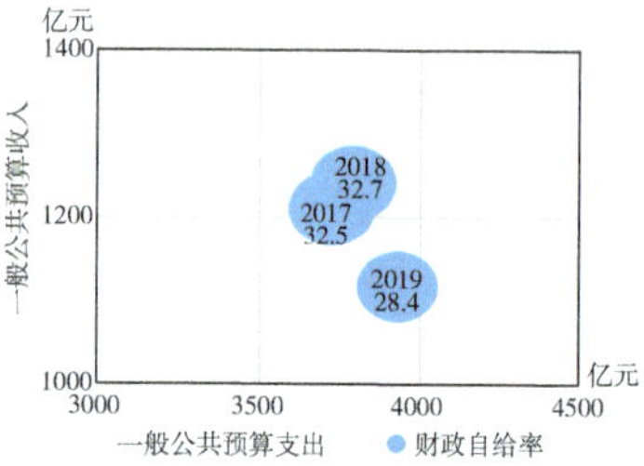

图7-22 2017-2019年吉林省财政自给率

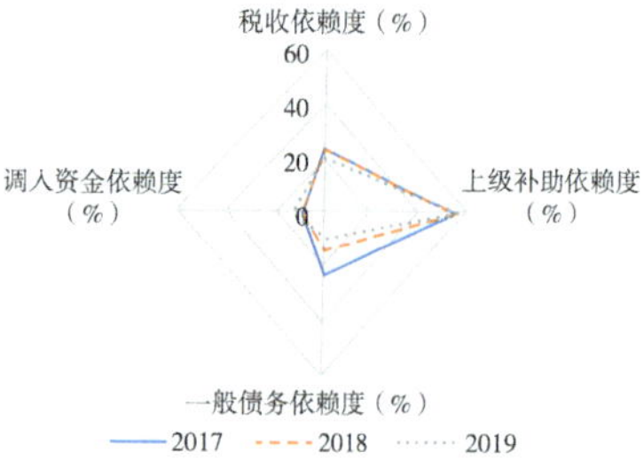

图7-23 2017-2019年吉林省财政收入依赖度

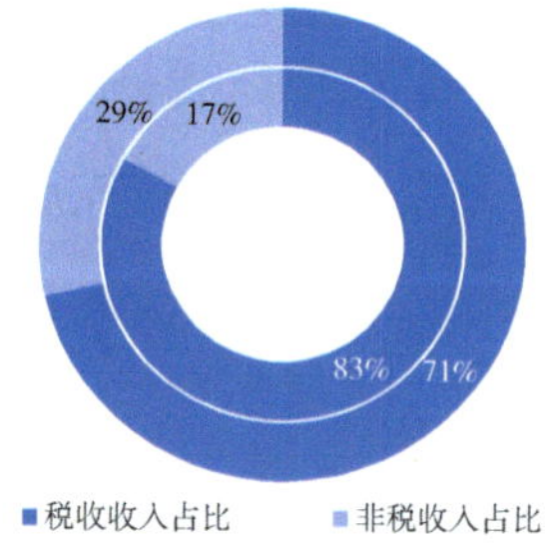

图7-24 2019年一般公共预算收入结构对比（内环为全国，外环为吉林省）

图7-25 2017-2019年吉林省税收收入

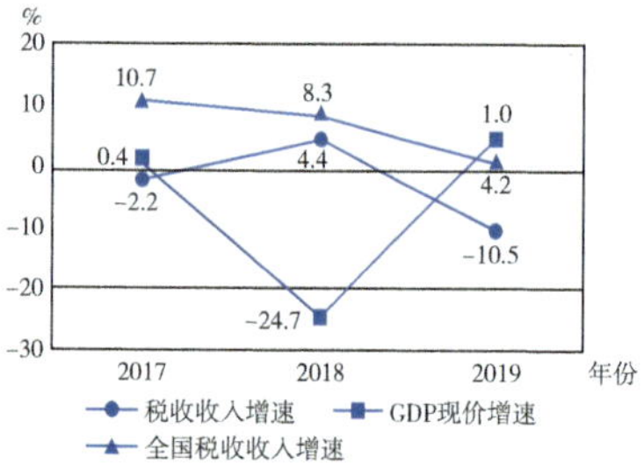

图7-26 2017-2019年吉林省税收收入增速

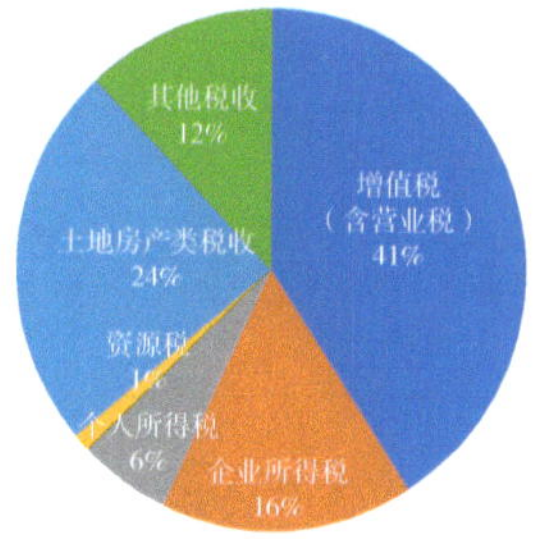

图7-27 2018年吉林省税收结构

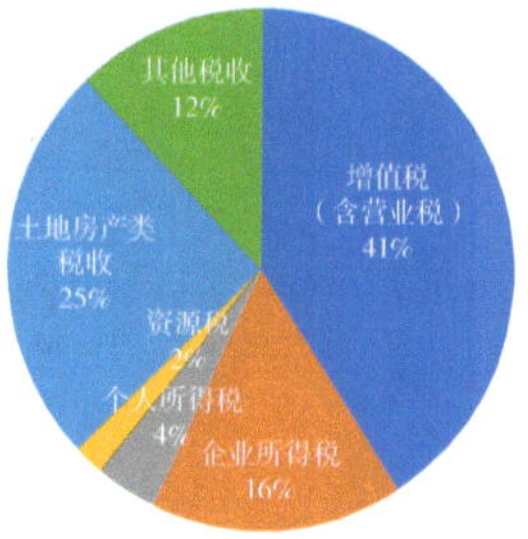

图7-28 2019年吉林省税收结构

图7-29 2017-2019年吉林省共享三主税、土地房产类税收占税收收入的比重

图7-30 2017-2019年吉林省共享三主税、土地房产类税收占一般公共预算收入的比重

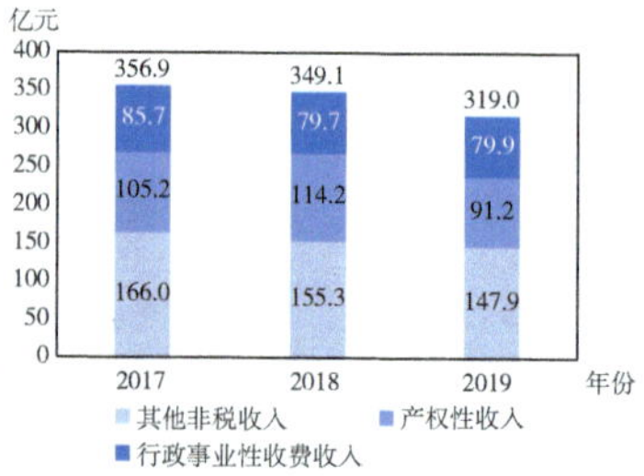

图7-31 2017-2019年吉林省非税收入

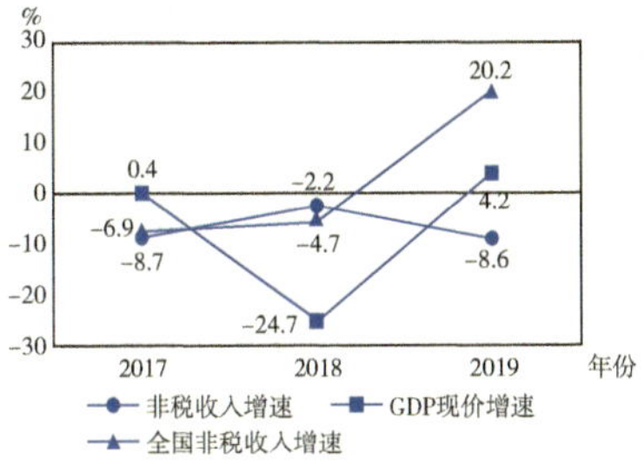

图7-32 2017-2018年吉林省非税收入增速

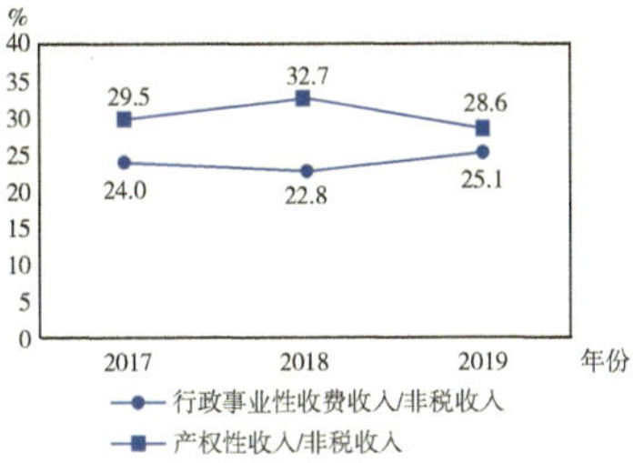

图7-33 2017-2018年吉林省行政事业性收费及产权性收入占非税收入的比重

7.1.4 吉林省政府性基金收入和国有资本经营收入情况

图7-34 2017-2019年吉林省政府性基金收入

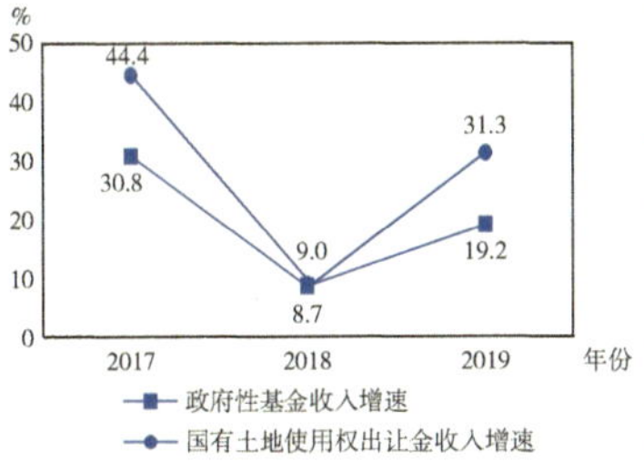

图7-35 2017-2019年吉林省政府性基金收入增速及国有土地使用权出让金收入增速

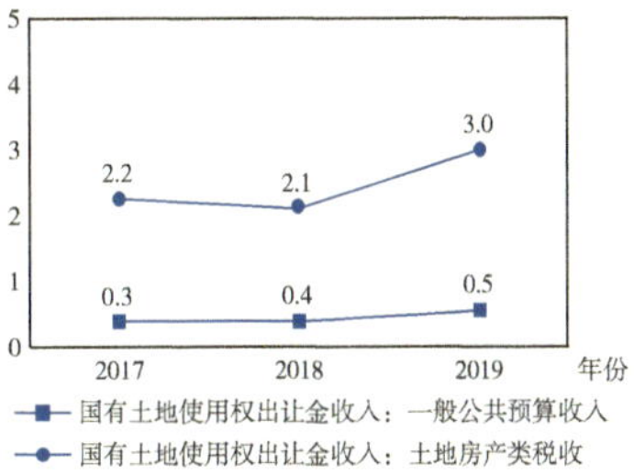

图7-36 2017-2018年吉林省国有土地使用权出让收入金与一般公共预算关系指标

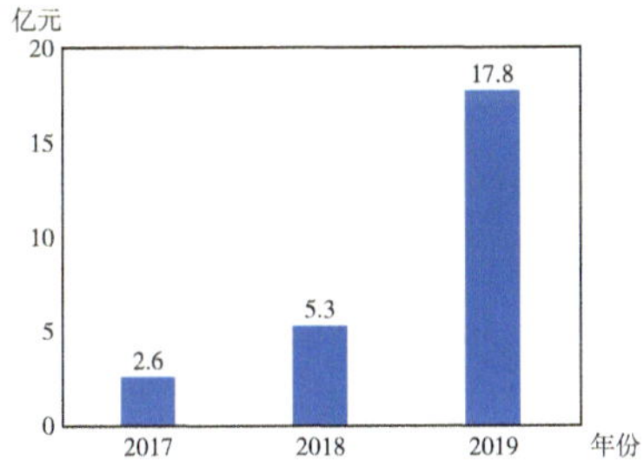

图7-37 2017-2019年吉林省国有资本经营收入

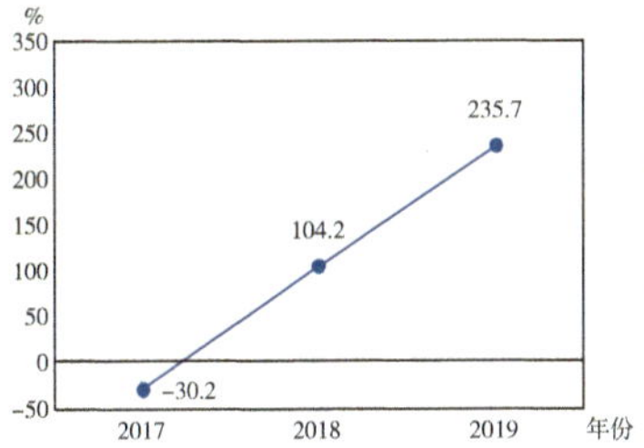

图7-38 2017-2019年吉林省国有资本经营收入增速

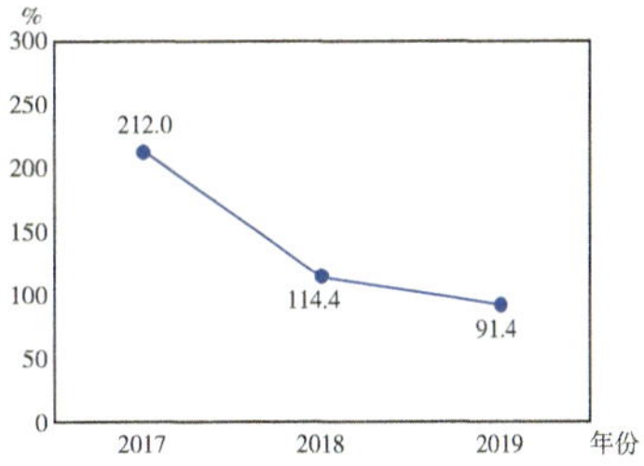

图7-39 2017-2019年吉林省调出资金/国有资本经营收入

7.1.5 吉林省社会保险基金收入情况

图7-40 2017-2019年吉林省社会保险基金收入

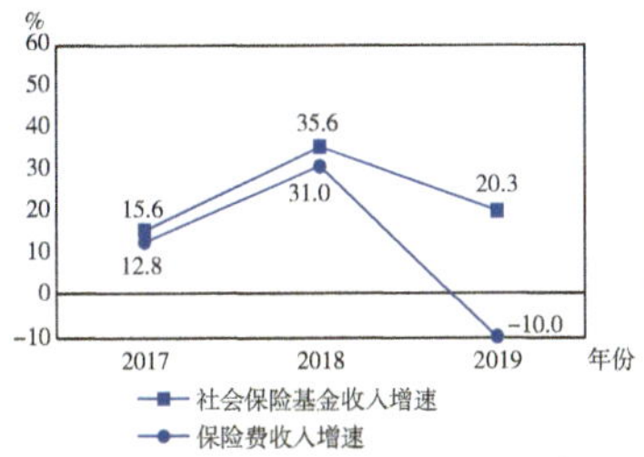

图7-41 2017-2019年吉林省社会保险基金收入增速及保险费收入增速

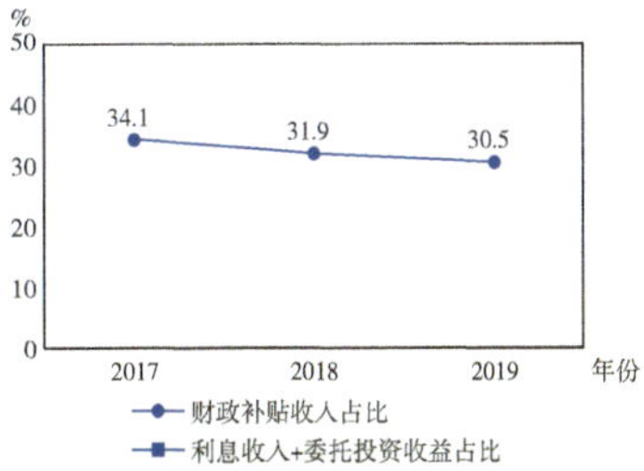

图7-42 2017-2019年吉林省财政补贴收入、利息收入+委托投资收益占社会保险基金收入的比重

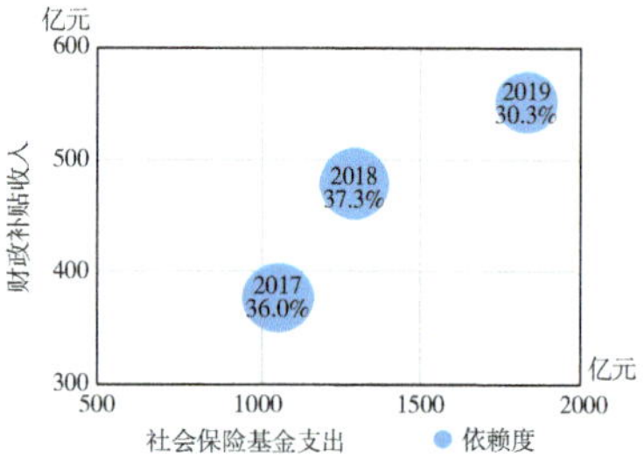

图7-43　2017-2019年吉林省社会保险基金对财政补贴的依赖度

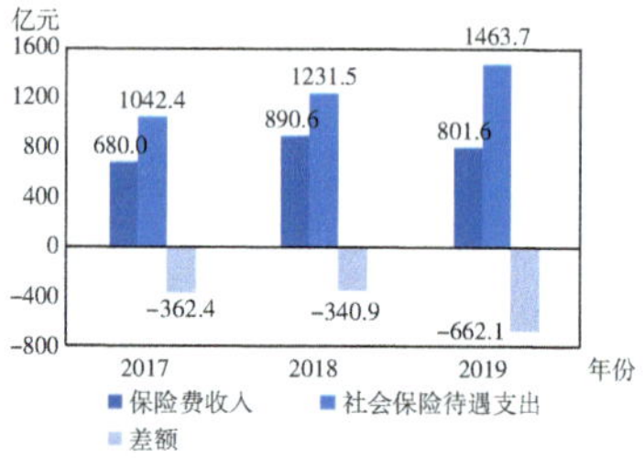

图7-44　2017-2019年吉林省保险费收入、社会保险待遇支出及差额

7.1.6　吉林省债务情况

图7-45　2017-2019年吉林省债务规模

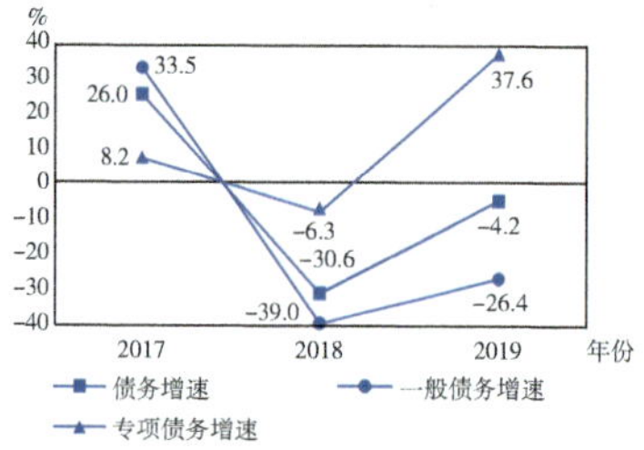

图7-46　2017-2019年吉林省债务增速

图7-47　2017-2019年吉林省债务限额

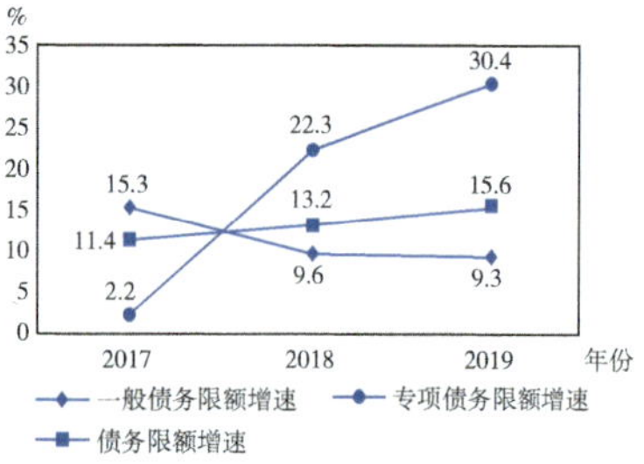

图7-48　2017-2019年吉林省债务限额增速

图7-49　2017-2019年吉林省债务余额

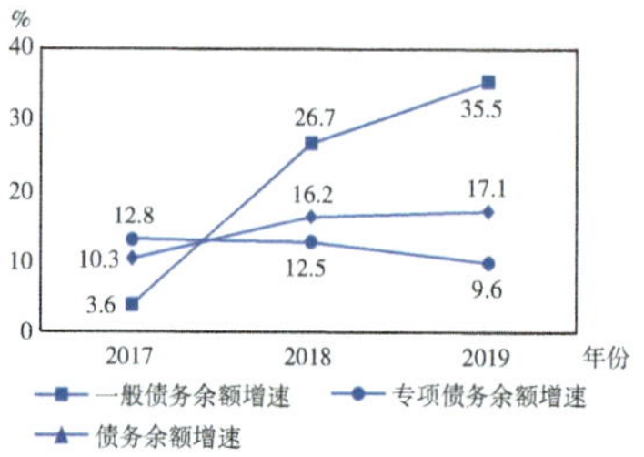

图7-50　2017-2019年吉林省债务余额增速

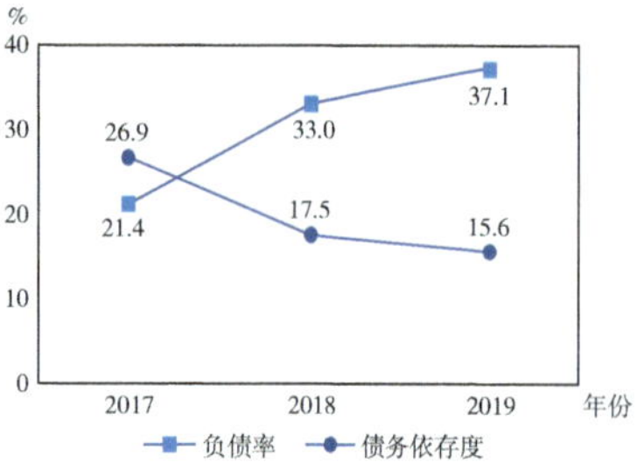

图7-51　2017-2019年吉林省负债率与债务依存度

7.1.7 吉林省省本级一般公共预算收入情况

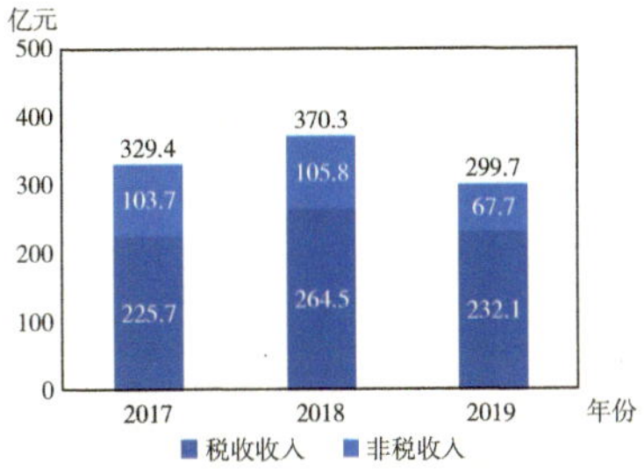

图7-52 2017-2019年吉林省省本级一般公共预算收入

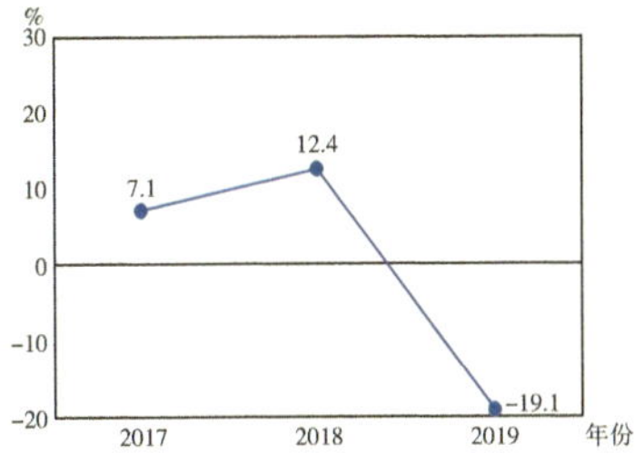

图7-53 2017-2019年吉林省省本级一般公共预算收入增速

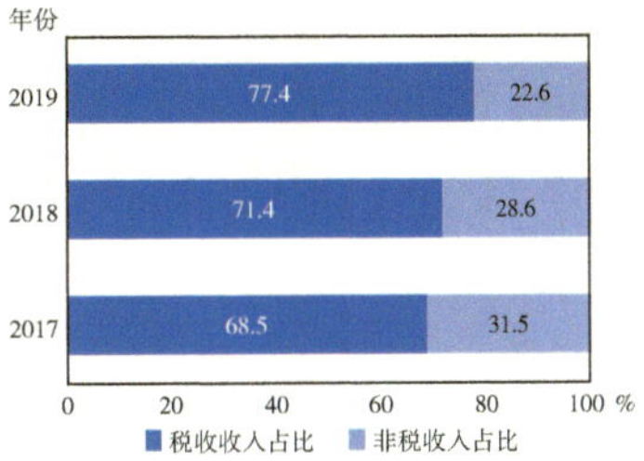

图7-54 2017-2019年吉林省省本级一般公共预算收入结构

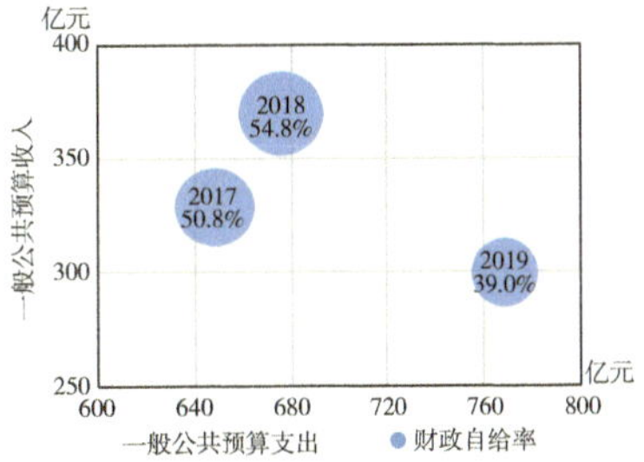

图7-55 2017-2019年吉林省省本级财政自给率

图7-56 2017-2019年吉林省省本级税收收入

注：2017-2019年其他税收分别为0.4亿元、0.9亿元、1.5亿元。

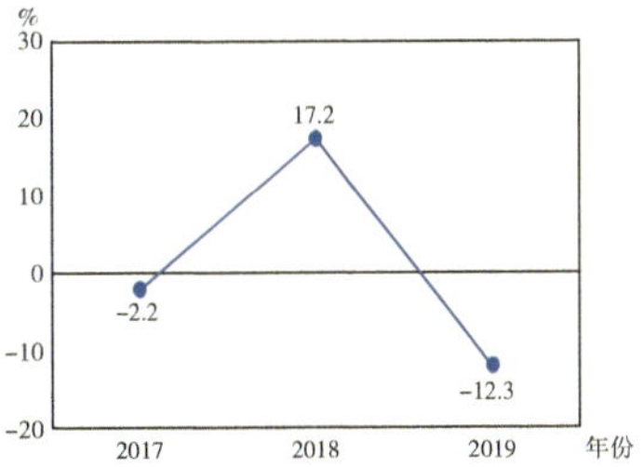

图7-57 2017-2019年吉林省省本级税收收入增速

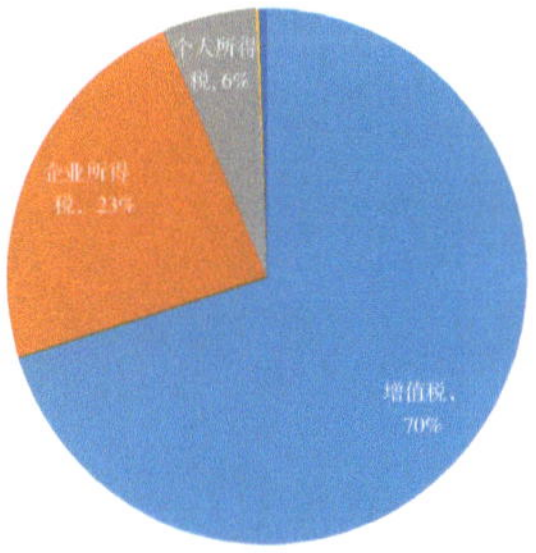

图7-58 2019年吉林省省本级税收结构

注：资源税、其他税占比分别为0.2%、0.5%。图中数值为四舍五入的数值。

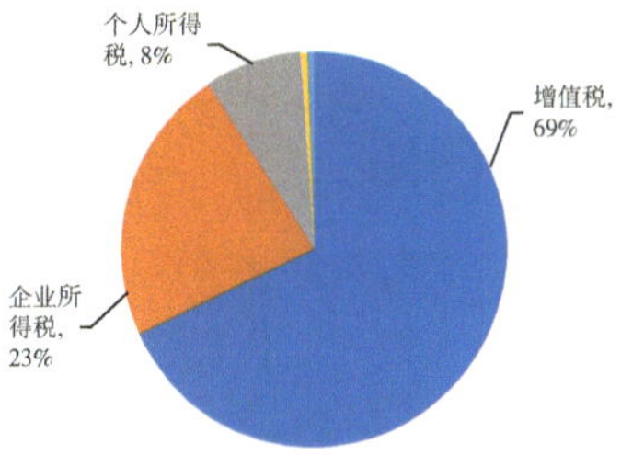

图7-59 2018年吉林省省本级税收结构

注：资源税、其他税占比均别均为0.2%。

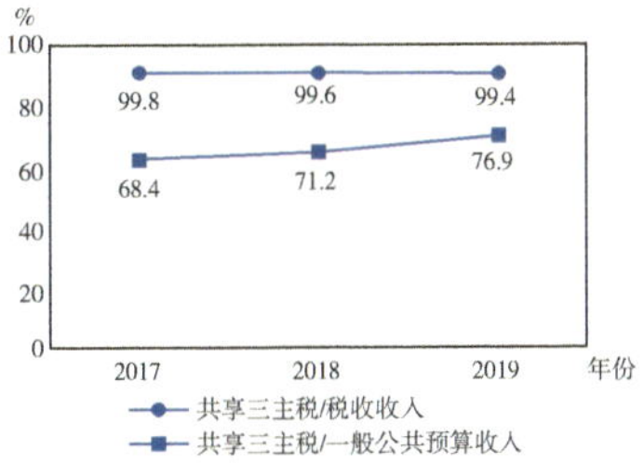

图7-60 2017-2019年吉林省省本级共享三主税占税收收入、一般公共预算收入的比重

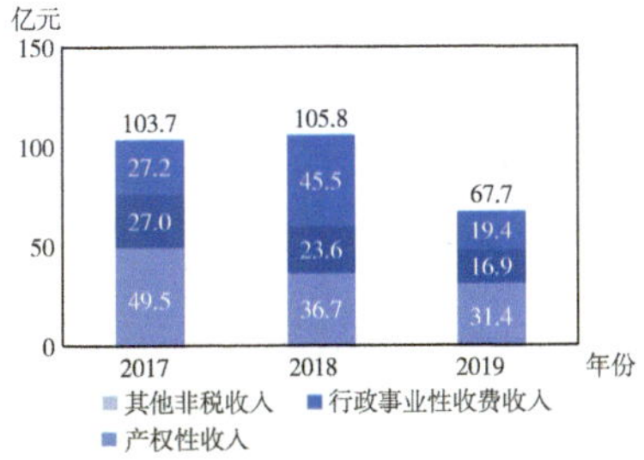

图7-61 2017-2018年吉林省省本级非税收入

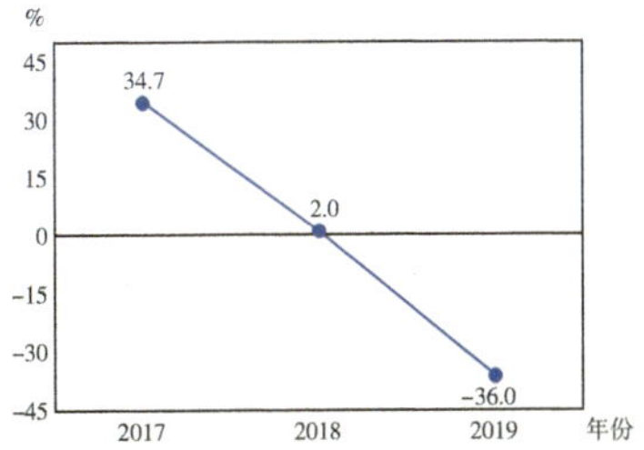

图7-62 2017-2018年吉林省省本级非税收入增速

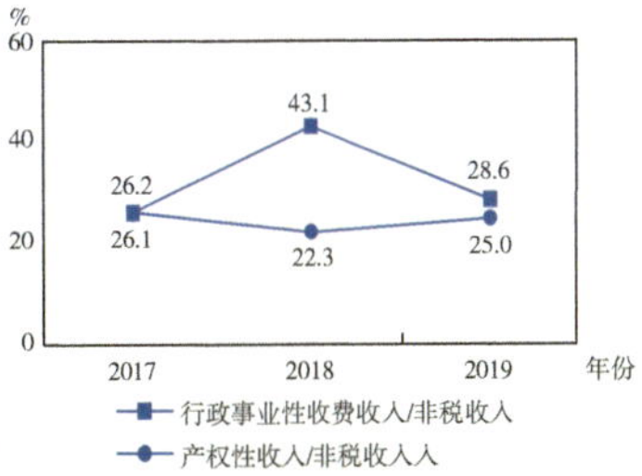

图7-63 2017-2019年吉林省省本级行政事业性收费、产权性收入占非税收入的比重

7.2 吉林省各市政府收入主要特征分析

7.2.1 吉林省各市经济社会发展情况

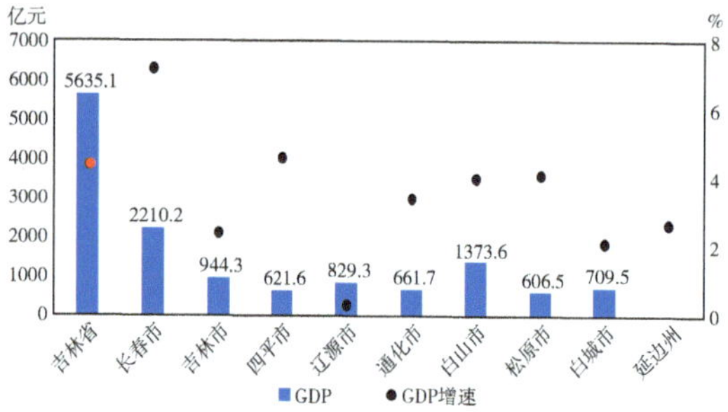

图7-64 2018年吉林省各市GDP及增速

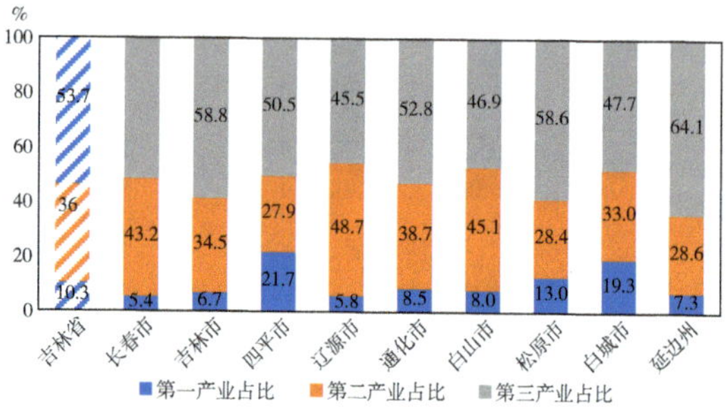

图7-65 2018年吉林省各市三次产业结构

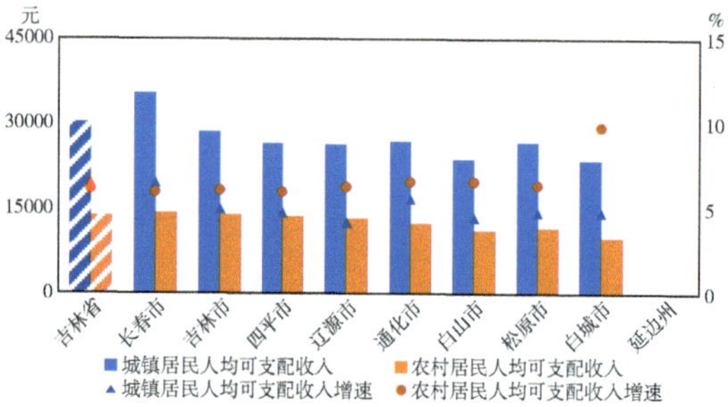

图7-66 2018年吉林省各市人均GDP与人均可支配收入

7.2.2 吉林省各市政府收入总体情况

2018年吉林省各市政府收入总体情况数据缺失。

7.2.3 吉林省各市一般公共预算收入情况

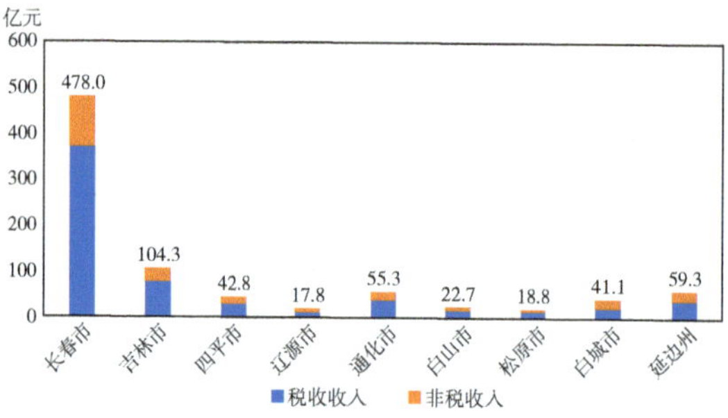

图7-67 2018年吉林省各市一般公共预算收入

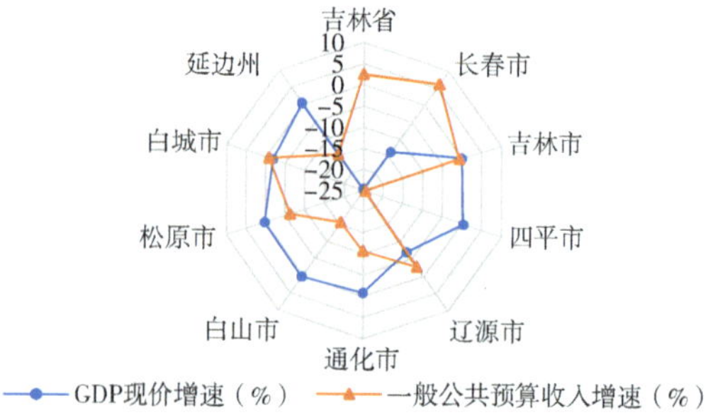

图7-68 2018年吉林省各市一般公共预算收入增速

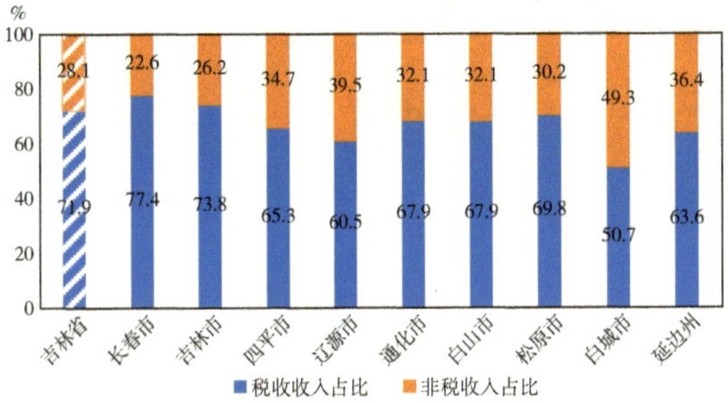

图7-69　2018年吉林省各市一般公共预算收入结构

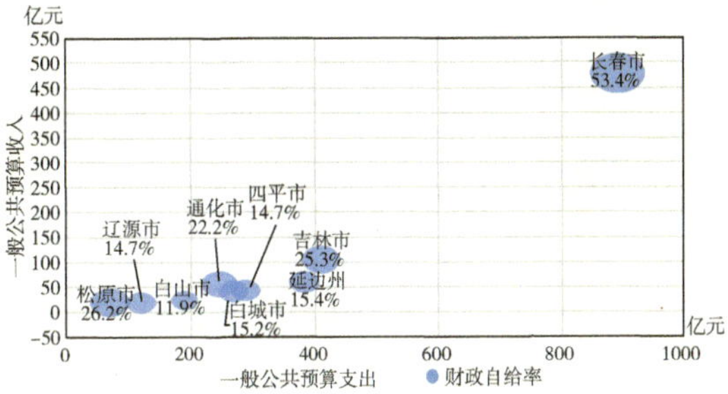

图7-70　2018年吉林省各市财政自给率

注：长春市财政自给率为53.4。

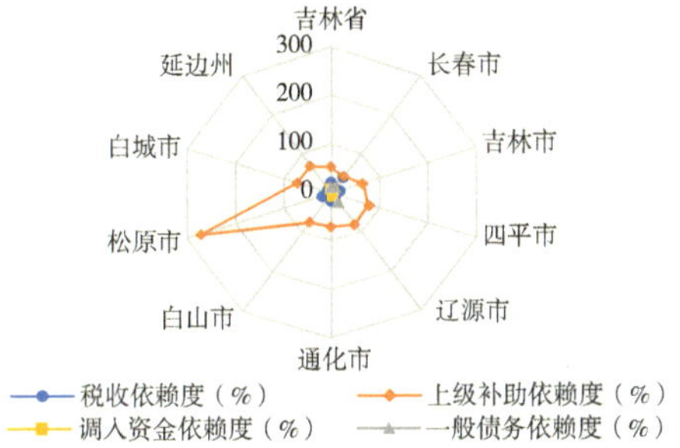

图7-71　2018年吉林省各市财政收入依赖度

注：松原市2018年上级补助依赖度为270.6%。

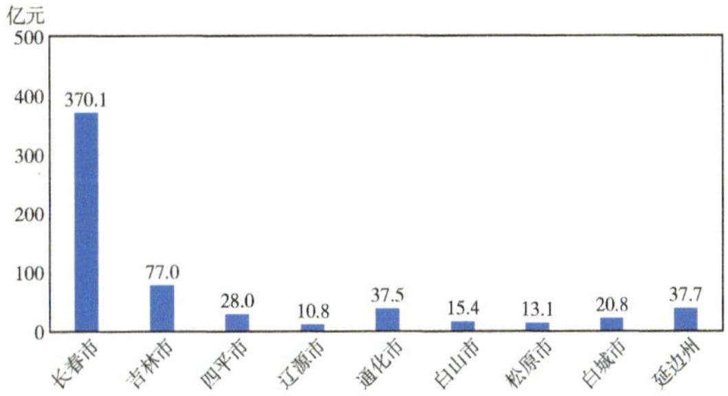

图7-72　2018年吉林省各市税收收入

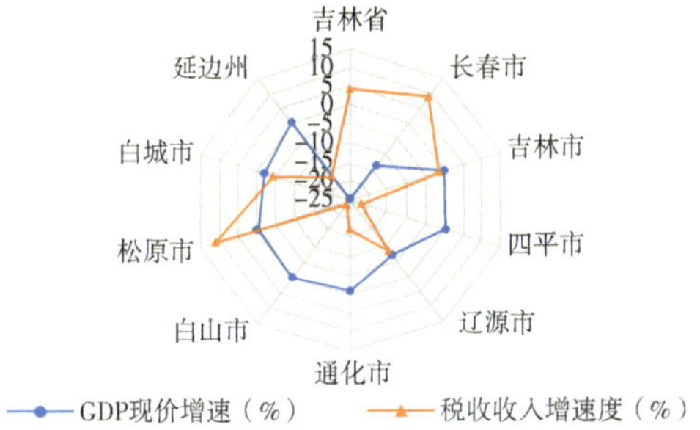

图7-73　2018年吉林省各市税收收入增速

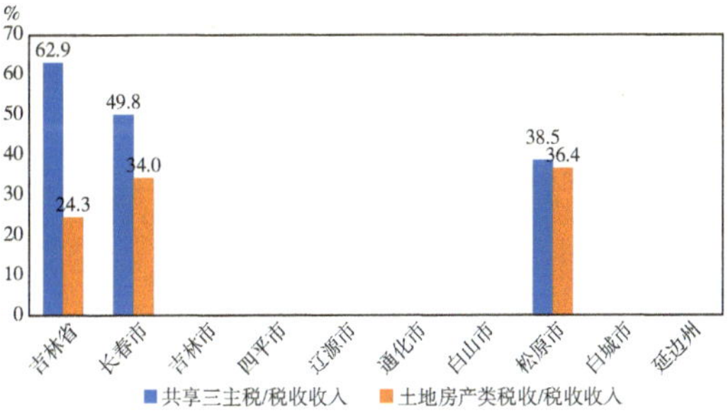

图7-74　2018年吉林省各市共享三主税、土地房产类税收占税收收入的比重

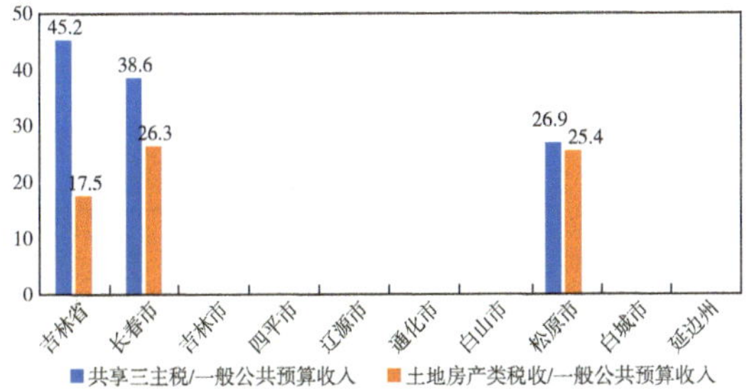

图7-75　2018年吉林省各市共享三主税、土地房产类税收占一般公共预算收入的比重

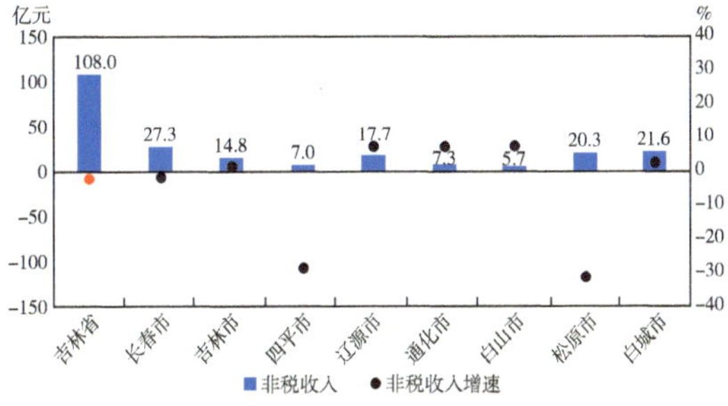

图7-76　2018年吉林省各市非税收入及增速

7.2.4 吉林省各市政府性基金收入与国有资本经营收入情况

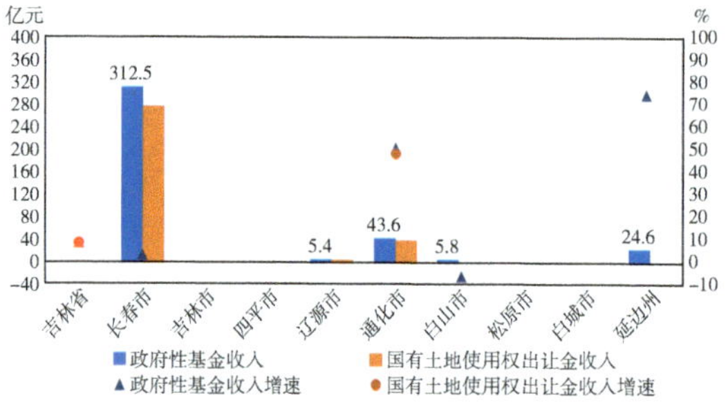

图7-77 2018年吉林省各市政府性基金收入、国有土地使用权出让金收入及其增速

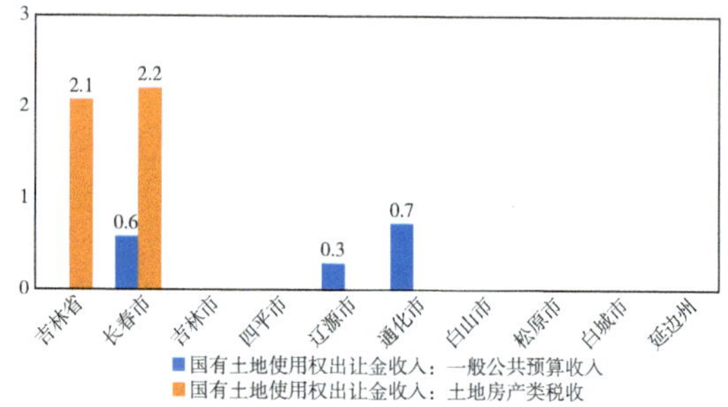

图7-78 2018年吉林省各市国有土地使用权出让金收入与一般公共预算关系指标

7.2.5 吉林省各市社会保险基金收入情况

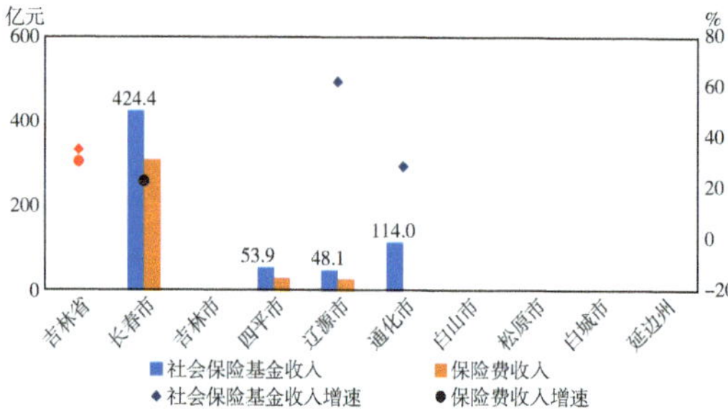

图7-79 2018年吉林省各市社会保险基金收入、保险费收入及其增速

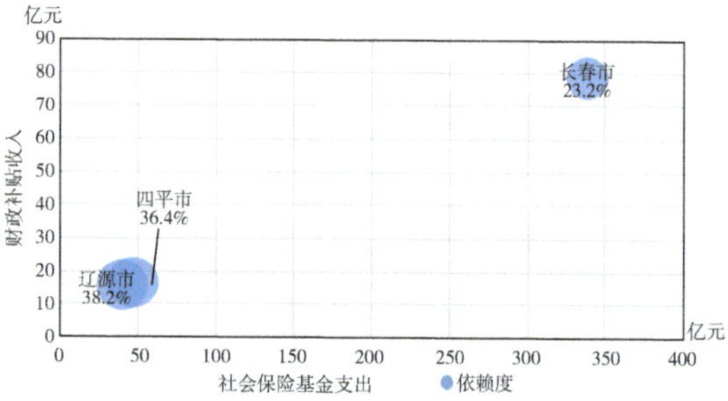

图7-80 2018年吉林省各市社会保险基金对财政补贴的依赖度

注：长春市社会保险基金对财政补贴的依赖度为23.3%。

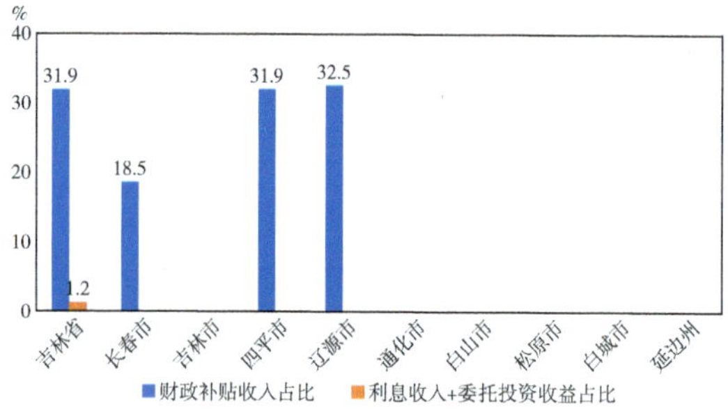

图7-81 2018年吉林省各市财政补贴收入、利息收入+委托投资收益占社会保险基金收入的比重

7.2.6 吉林省各市债务情况

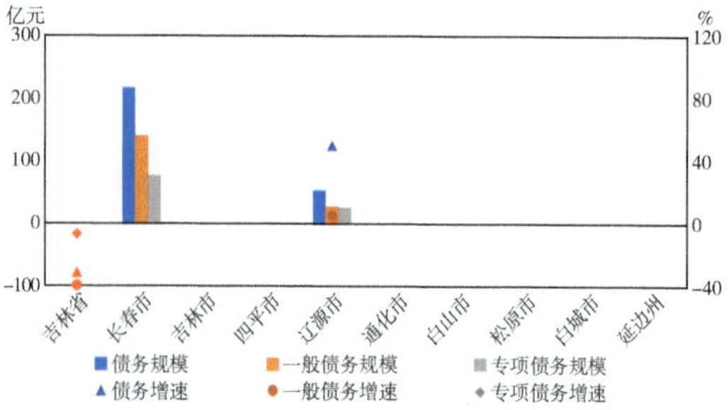

图7-82 2018年吉林省各市债务规模及其增速

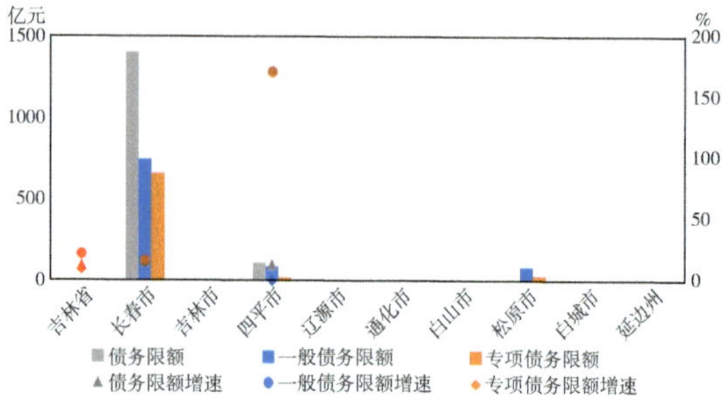

图7-83 2018年吉林省各市债务限额及其增速

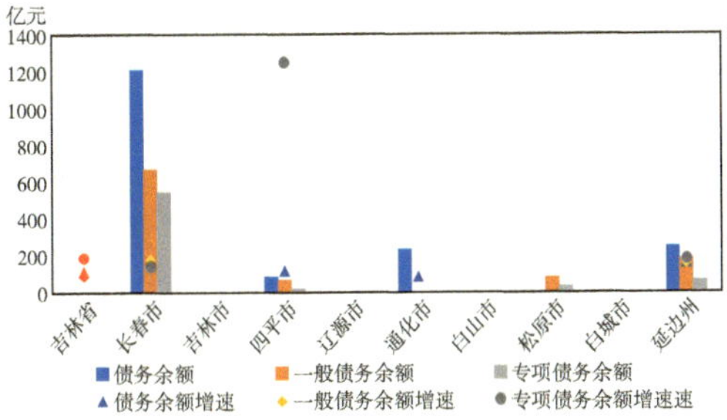

图7-84　2018年吉林省各市债务余额及其增速

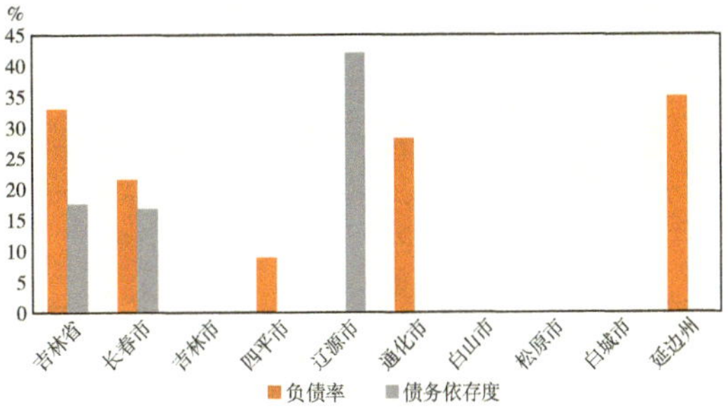

图7-85　2018年吉林省各市负债率与债务依存度

7.2.7　吉林省各市市本级一般公共预算收入情况

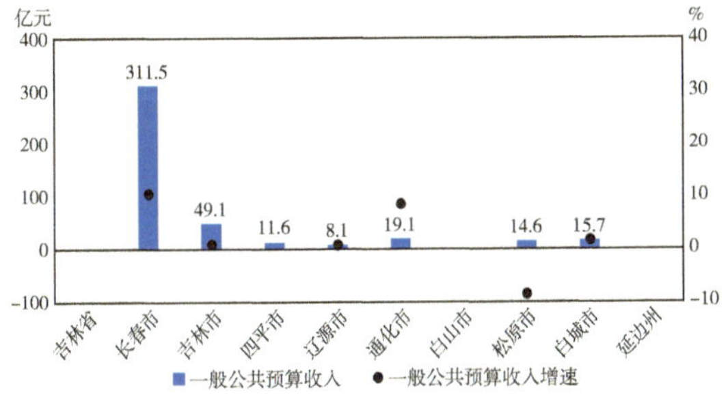

图7-86　2018年吉林省各市市本级一般公共预算收入及增速

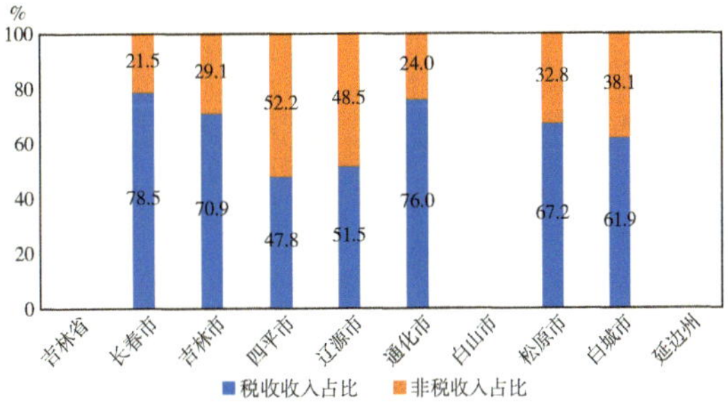

图7-87　2018年吉林各市市本级一般公共预算收入结构

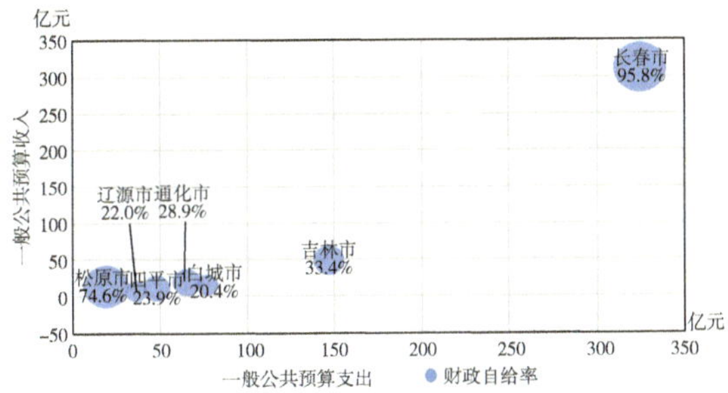

图7-88　2018年吉林省各市市本级财政自给率

注：长春市市本级财政自给率为95.8。

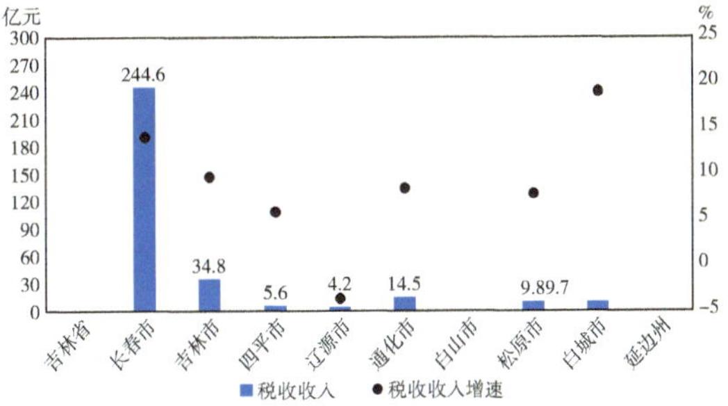

图7-89　2018年吉林省各市市本级税收收入及增速

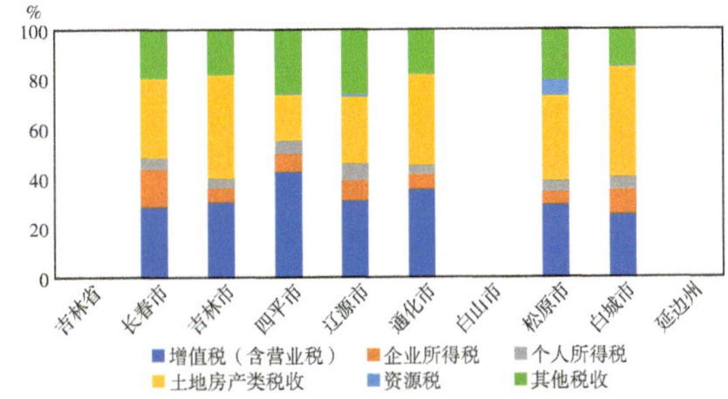

图7-90　2018年吉林省各市本市级税收收入结构

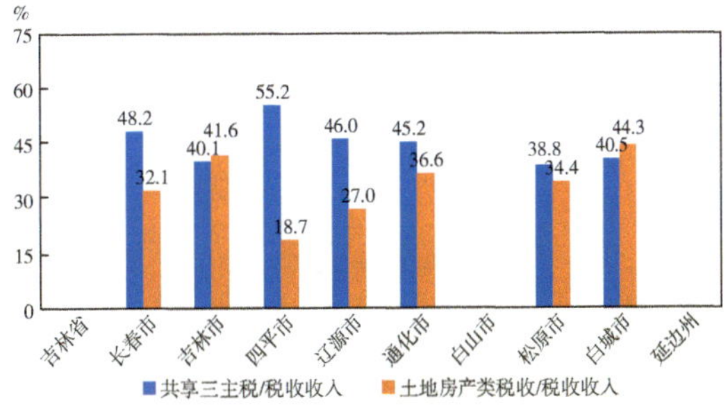

图7-91　2018年吉林省各市市本级共享三主税、土地房产类税收占税收收入的比重

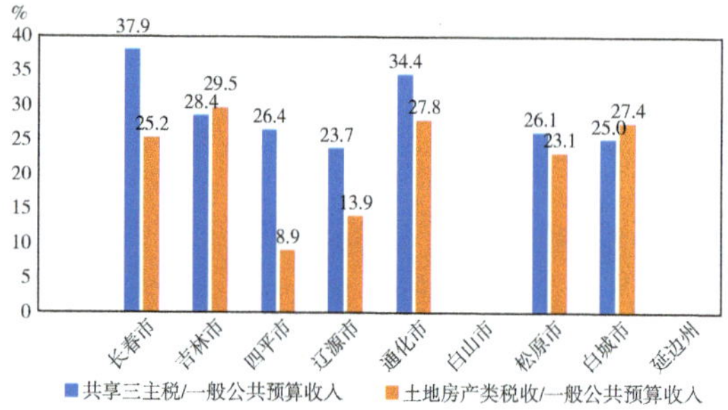

图7-92　2018年吉林省各市市本级共享三主税、土地房产类税收占一般公共预算的比重

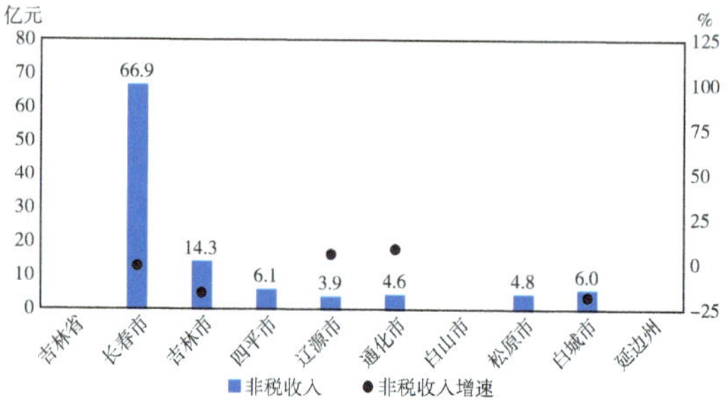

图7-93　2018年吉林省各市市本级非税收入及增速

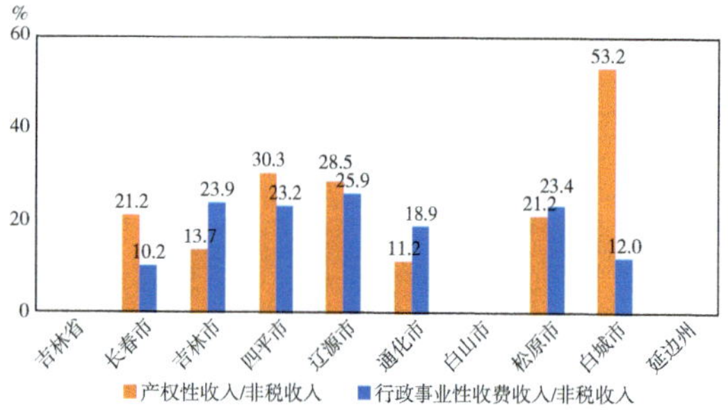

图7-94　2018年吉林省各市市本级产权性收入、行政事业性收费收入占非税收入的比重

7.3　吉林省样本县政府收入主要特征分析

7.3.1　吉林省样本县经济社会发展情况

样本县经济社会发展数据暂缺。

7.3.2　吉林省样本县政府收入总体情况

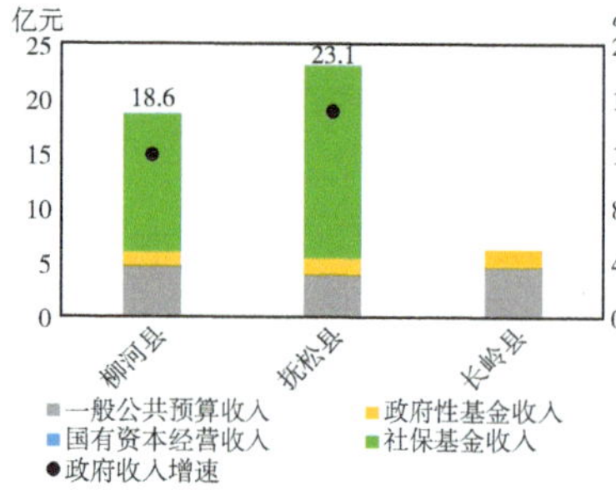

图7-95　2018年吉林省样本区县政府收入结构及增速

7.3.3 吉林省样本县一般公共预算收入情况

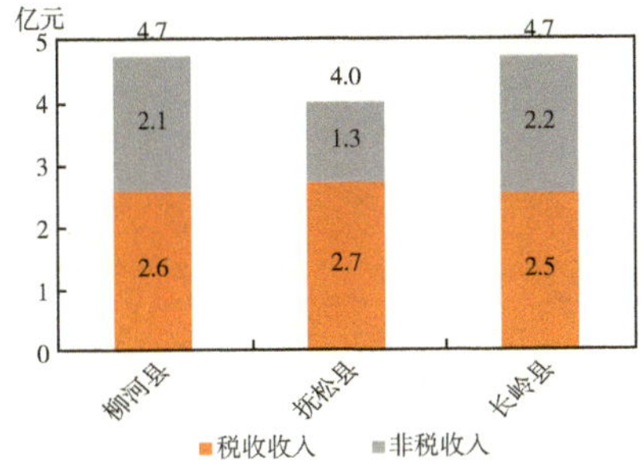

图7-96 2018年吉林省样本区县一般公共预算收入

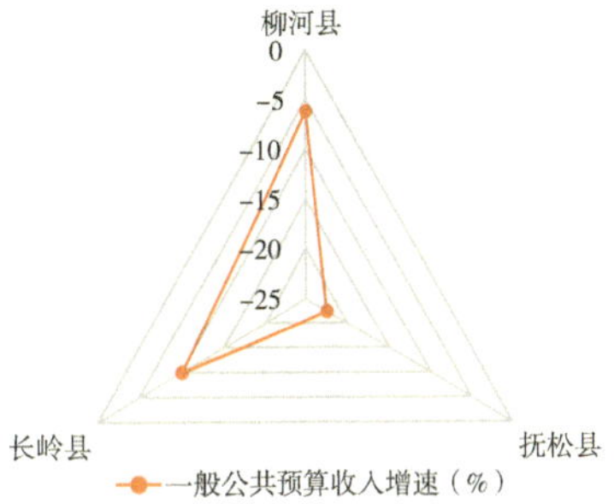

图7-97 2018年吉林省样本区县一般公共预算收入增速

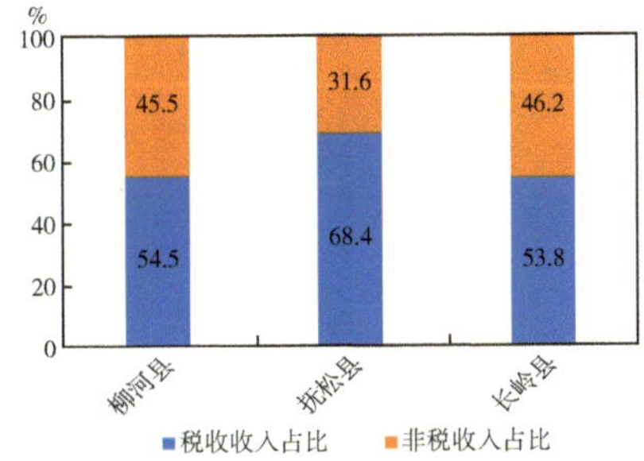

图7-98 2018年吉林省样本区县一般公共预算收入结构

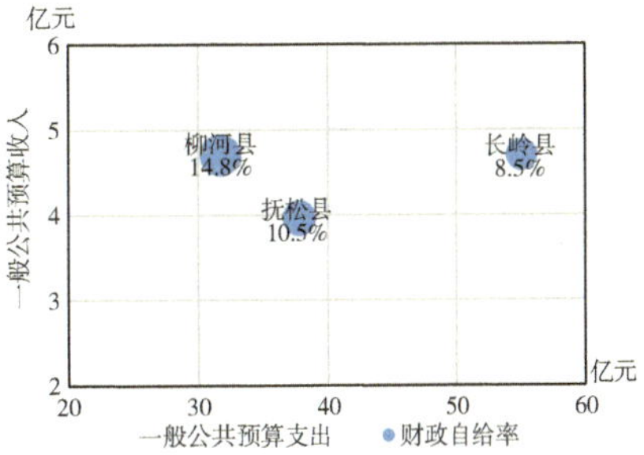

图7-99 2018年吉林省样本区县财政自给率

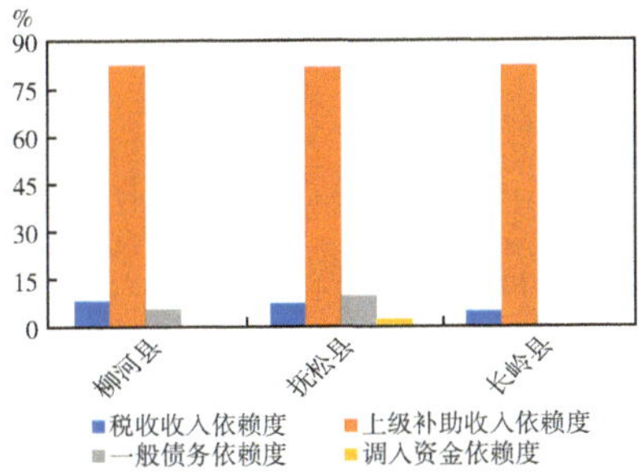

图7-100 2018年吉林省样本区县财政收入依赖度

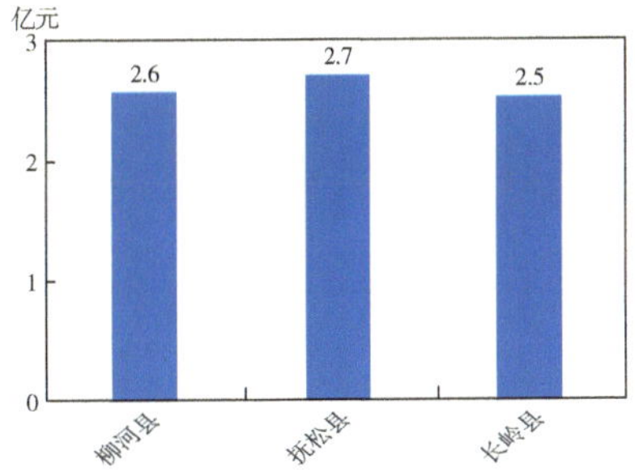

图7-101 2018年吉林省样本区县税收收入

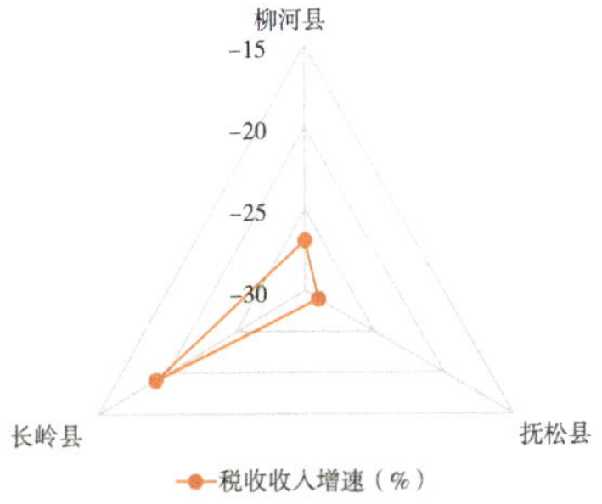

图7-102 2018年吉林省样本区县税收收入增速

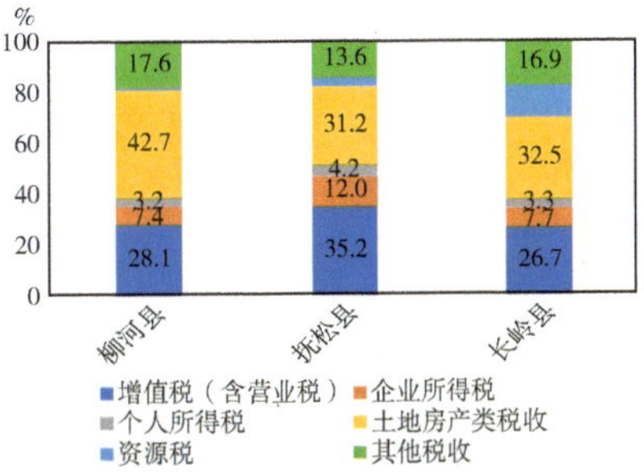

图7-103 2018年吉林省样本区县税收收入结构

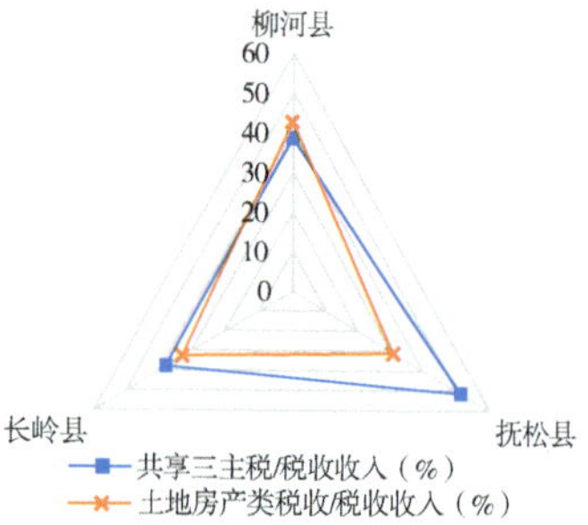

图7-104　2018年吉林省样本区县共享三主税、土地房产类税收占税收收入的比重

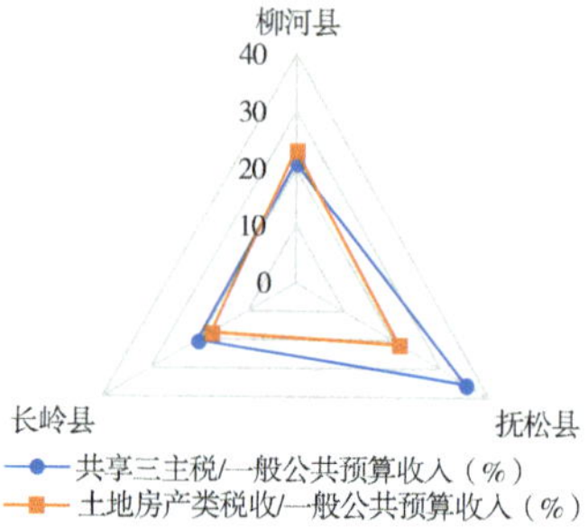

图7-105　2018年吉林省样本区县共享三主税、土地房产类税收占一般公共预算收入的比重

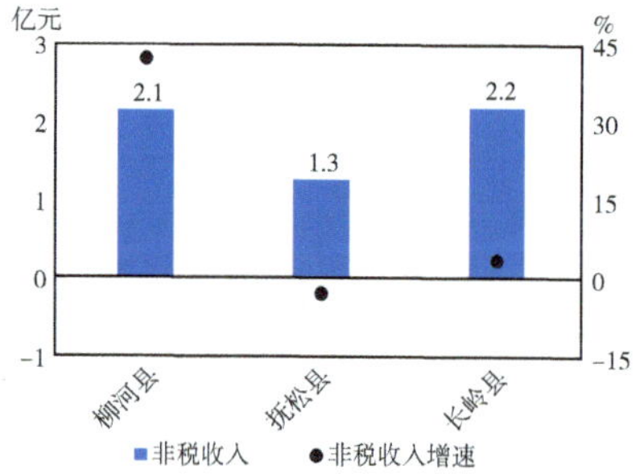

图7-106　2018年吉林省样本区县非税收入

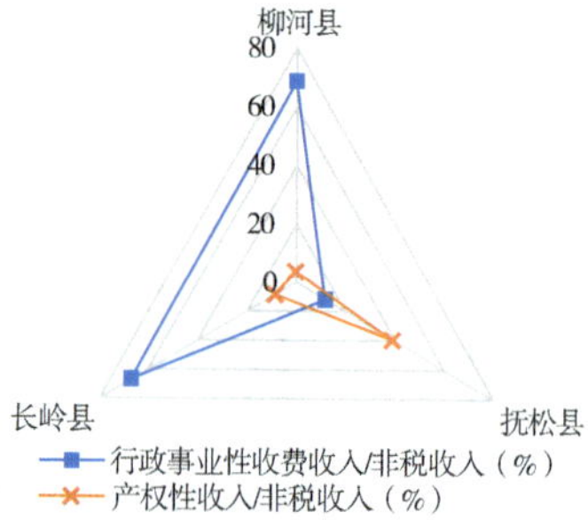

图7-107　2018年吉林省样本区县产权性收入、行政事业性收费收入占非税收入的比重

7.3.4　吉林省样本县政府性基金收入与国有资本经营收入情况

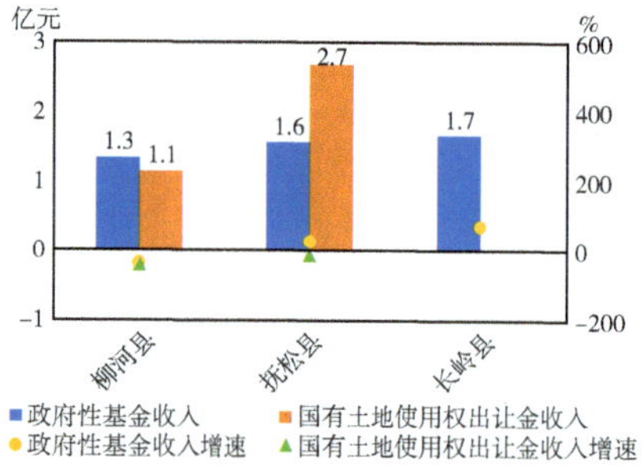

图7-108　2018年吉林省样本区县政府性基金收入、国有土地使用权出让金收入及其增速

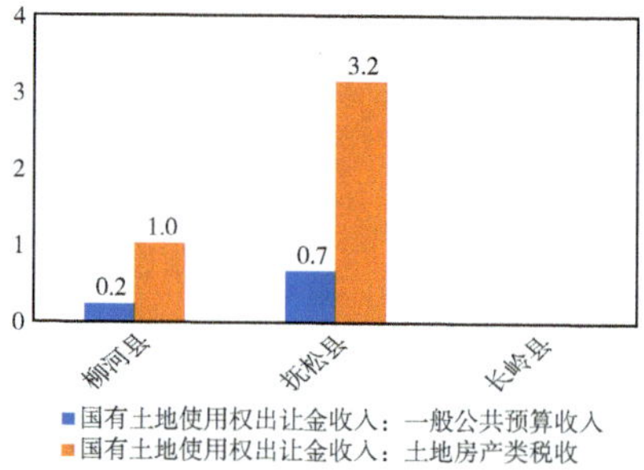

图7-109　2018年吉林省样本区县国有土地使用权出让金收入与一般公共预算关系指标

7.3.5　吉林省样本县社会保险基金收入情况

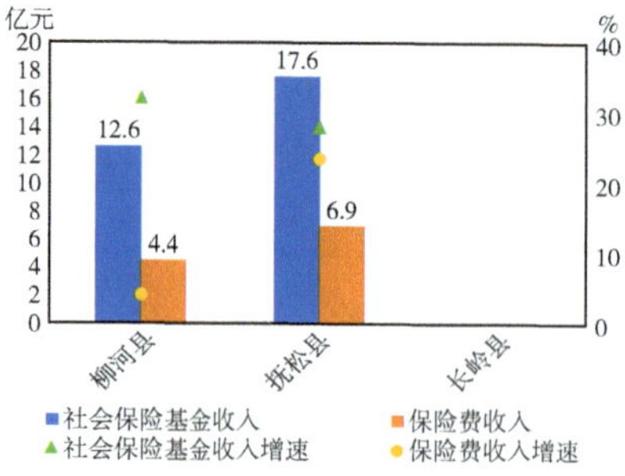

图7-110　2018年吉林省样本区县社会保险基金收入、保险费收入及其增速

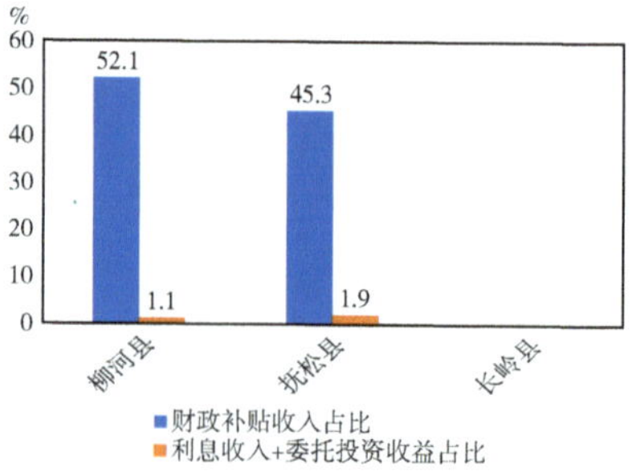

图7-111　2018年吉林省样本区县财政补贴收入、利息收入+委托投资收益占社会保险基金收入的比重

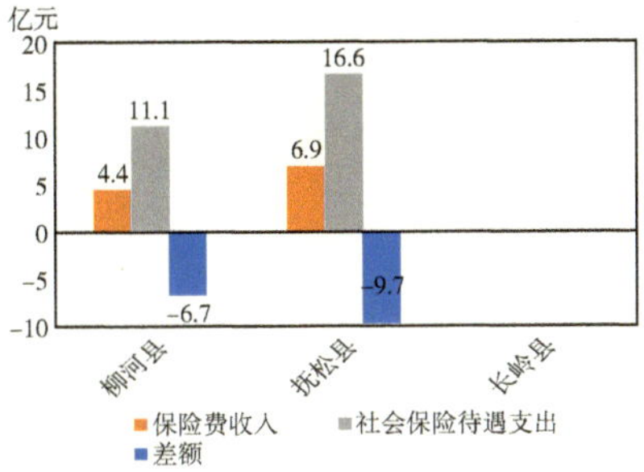

图7-112 2018年吉林省样本区县保险费收入、社会保险待遇支出及其差额

7.3.6 吉林省样本县债务情况

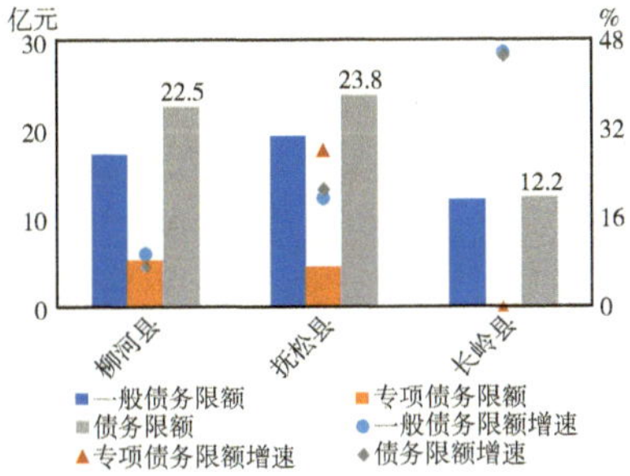

图7-113 2018年吉林省样本区县债务限额及其增速

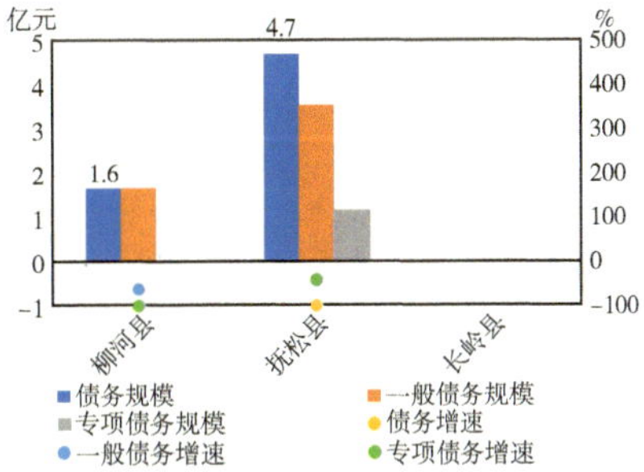

图7-114 2018年吉林省样本区县债务规模及其增速

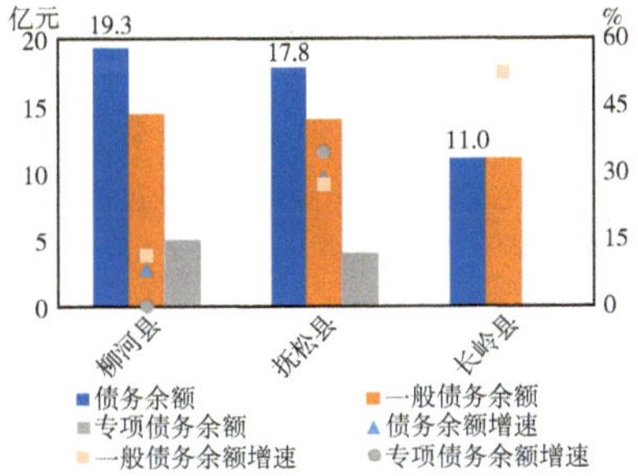

图7-115 2018年吉林省样本区县债务余额及其增速

8 黑龙江省

黑龙江省共辖12个地级市、1个地区；54个市辖区、4个地辖区；67个县(市)，其中县级市21个；地域面积为47.3万平方公里，居全国第6位。边境线长2981.26千米，是亚洲与太平洋地区陆路通往俄罗斯和欧洲大陆的重要通道。黑龙江省是农业大省，全省人均耕地面积6.24亩，高于全国人均耕地水平。总体上看，黑龙江省的经济发展、财政收入等在全国处于中后等水平，区域差异大，发展不均衡。

2019年黑龙江省经济总量处于全国中后，第三产业占比低于全国，人口整体净流入，城镇人口比重略高于全国。2019年末，黑龙江省常住人口3751.3万人，常住人口城镇化率为60.9%，但市县大多未公开常住人口数据，因此市县常住人口数据为空值。2019年黑龙江省GDP为1.36万亿元，排全国第24名，次于天津，略高于新疆；增速4.2%，比2018年下降0.3个百分点，低于全国1.9个百分点，排全国第30名；人均GDP为36288元（5244美元），排全国第30名。从产业结构看，第一、第二、第三产业占比分别为23.4%（高于全国平均水平16.3个百分点）、26.6%（低于全国12.4个百分点）和50.1%（低于全国平均水平3.9个百分点）。从居民可支配收入看，2019年城镇与农村居民人均可支配收入分别为30945元和14982元，呈上升态势，分别为全国平均水平的73.1%和93.5%。

2019年黑龙江省一般公共预算收入全国排名靠后，省市县中市级政府收入占比最高。2019年黑龙江省一般公共预算收入1262.6亿元、增速-1.6%，分别排全国第25名、第27名，人均一般公共预算收入为3366元，排全国第30名，仅高于甘肃。2019年税收收入占一般公共预算收入为73.2%，低于全国平均水平10个百分点。从纵向收入分配看，2018年省本级、市本级、县一般公共预算收入占比分别为26%、38%和36%。

2019年黑龙江省财政自给率偏低，地区财政总收入小于一般公共预算支出。黑龙江省财政自给率在26%左右，2019年为25.2%。2018年黑龙江省组织的地区财政总收入为2414.6亿元，增速为8.0%，其中上缴中央收入占比46.9%。2019年黑龙江省一般公共预算支出为5011.5亿元，高于地区财政总收入规模。

2019年黑龙江省四本预算的一般公共预算收入和社保基金收入占比上升，国有资本经营收入占比低，社保基金收入未提供年末滚存情况，社保对财政补贴的依赖度较高。2018年黑龙江省四本预算加总的政府收入2428亿元，增速为9.3%，其中一般公共预算收入、政府性基金收入、国有资本经营收入和社会保险基金收入分别占比52.8%、14.7%、0.3%和32.2%。2018年黑龙江省社会保险费收入为782.6亿元，增速为30.3%；财政补贴收入规模为243.6亿元，社保对财政依赖度达到31.1%。

黑龙江省内各地市经济社会发展和财政发展不均衡，优势主要集中于省会哈尔滨。哈尔滨市2018年GDP达到5010.1亿元，是大庆市（2801.2亿元）的1.8倍，绥化市（1359.6亿元）的

本章执笔人：孙家希　审校：梁季

3.7倍，大兴安岭地区（128.9亿元）的38.9倍。政府收入规模805.2亿元，同样远高于其他地市。2018年哈尔滨市一般公共预算收入384.4亿元，其他各市均低于200亿元，且城市间差异较大，比如哈尔滨市是大兴安岭地区（9.1亿元）的42.2倍。缺乏人均数据主要原因为部分城市仅公开提供户籍人口数据，未提供常住人口数据，为保持全书口径相同因此部分市级数据及县区数据未计算人均数据。除少数城市（大庆市、哈尔滨市）外，2018年黑龙江省各市财政自给率低于30%。财政自给率最高的城市为大庆市，达到50.2%；最低的为伊春市，仅为11.4%。政府性基金收入主要构成是国有土地使用权出让金收入，与地理位置关系较大，2018年政府性基金收入规模最大的哈尔滨市（201.3亿元）比规模最小的大兴安岭地区（0.3亿元）多201亿元。

8.1 黑龙江省政府收入主要特征分析

8.1.1 黑龙江省经济社会基本情况

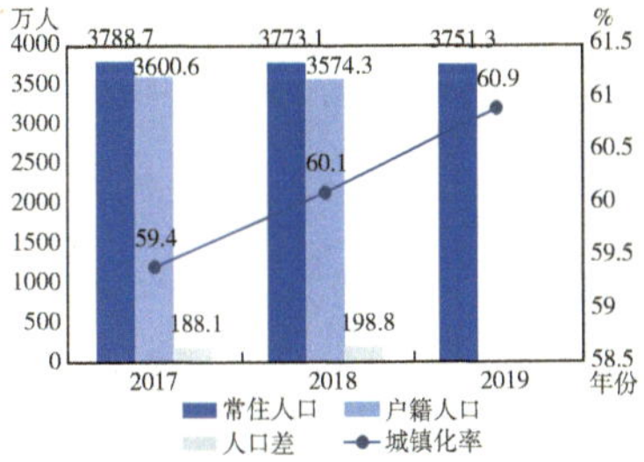

图8-1 2017-2019年黑龙江省人口状况
注：2019年未公布户籍人口

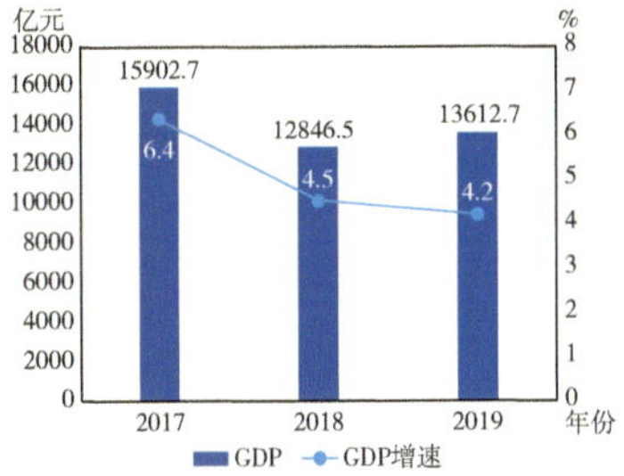

图8-2 2017-2019年黑龙江省GDP及增速

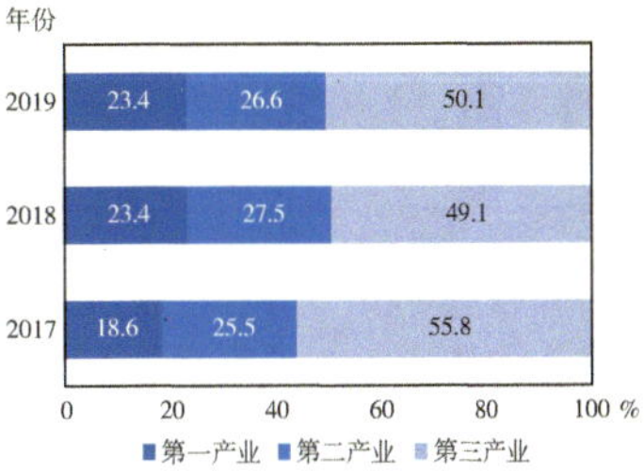

图8-3 2017-2019年黑龙江省三次产业结构

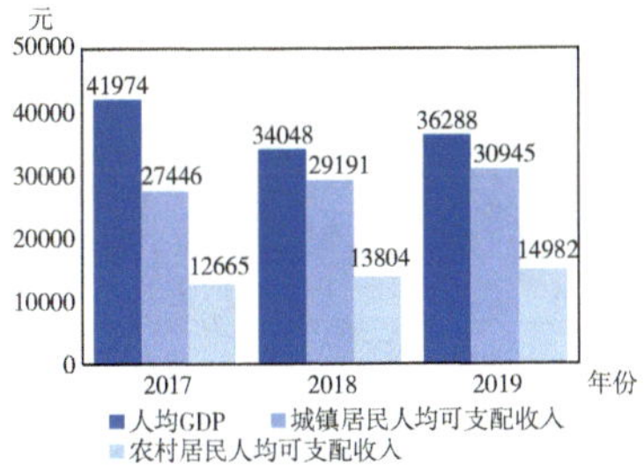

图8-4 2017-2019年黑龙江省人均GDP和人均可支配收入

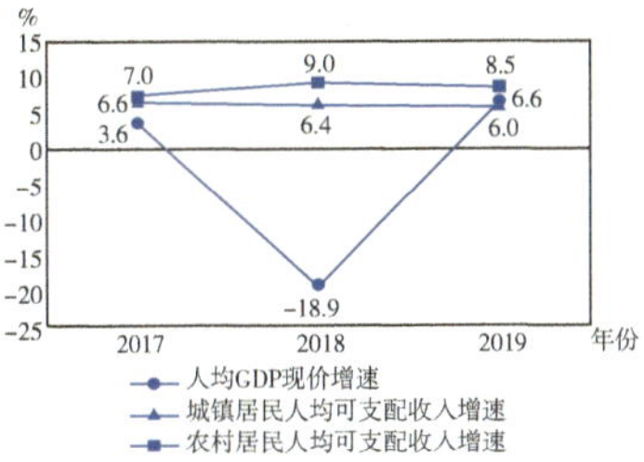

图8-5 2017-2019年黑龙江省人均GDP增速和人均可支配收入增速

8.1.2 黑龙江省政府收入总体情况

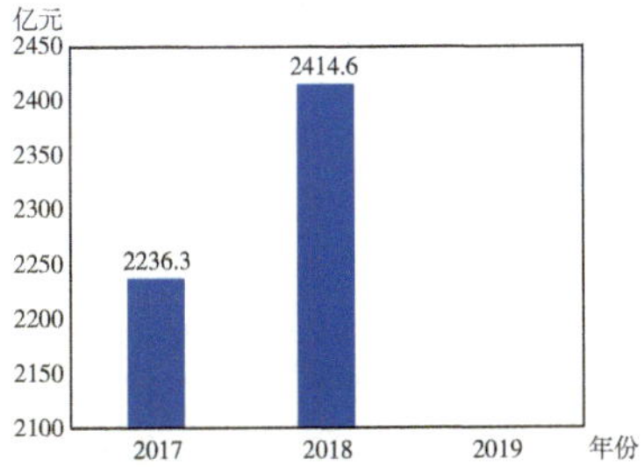

图8-6 2017-2019年黑龙江省财政总收入

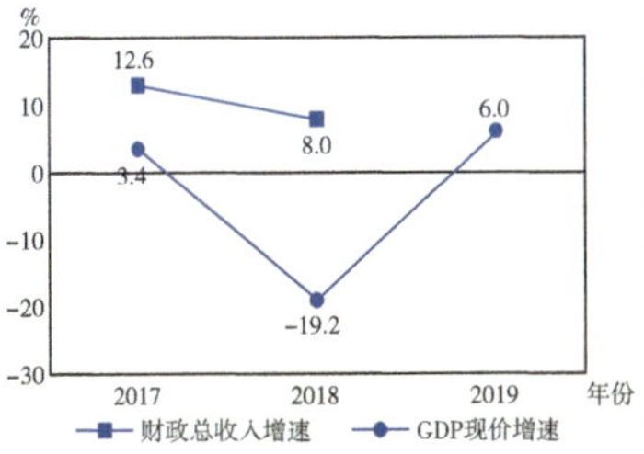

图8-7 2017-2019年黑龙江省财政总收入增速

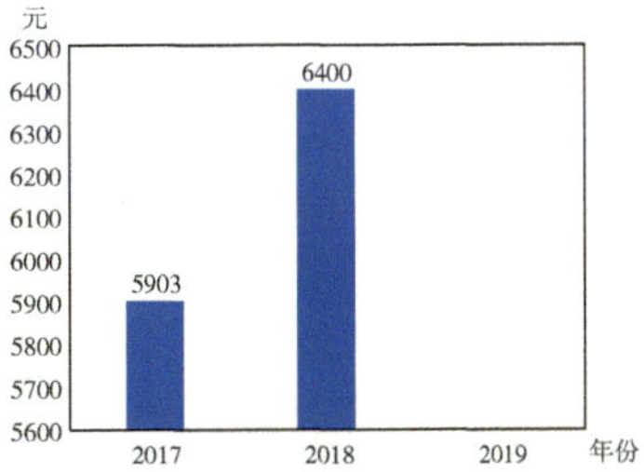

图8-8 2017-2019年黑龙江省人均财政总收入

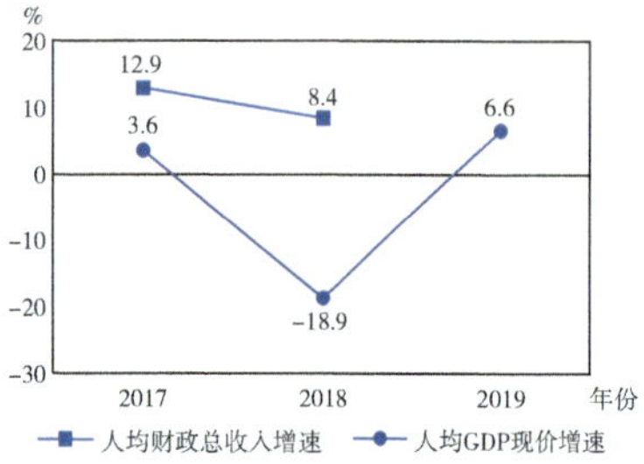

图8-9　2017-2019年黑龙江省人均财政总收入增速

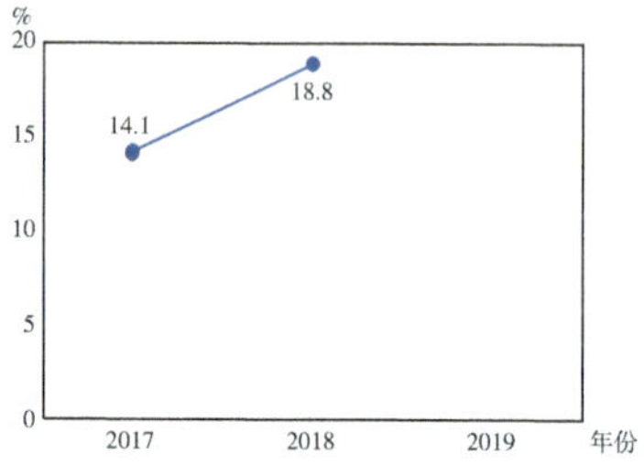

图8-10　2017-2019年黑龙江省财政总收入/GDP

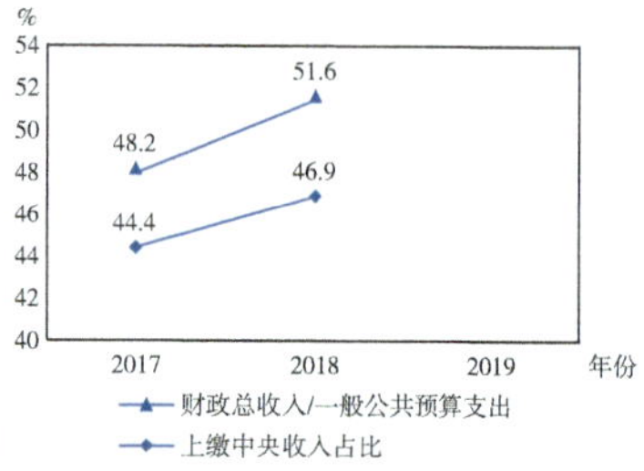

图8-11　2017-2019年黑龙江省财政总收入其他指标

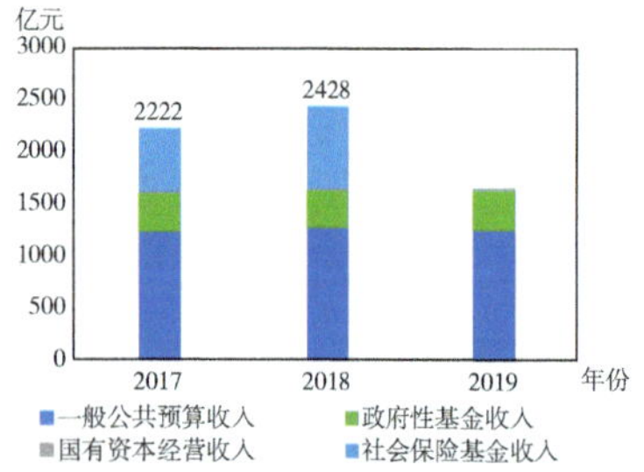

图8-12　2017-2019年黑龙江省政府收入

注：2019年尚未公布社会保险基金收入决算数据

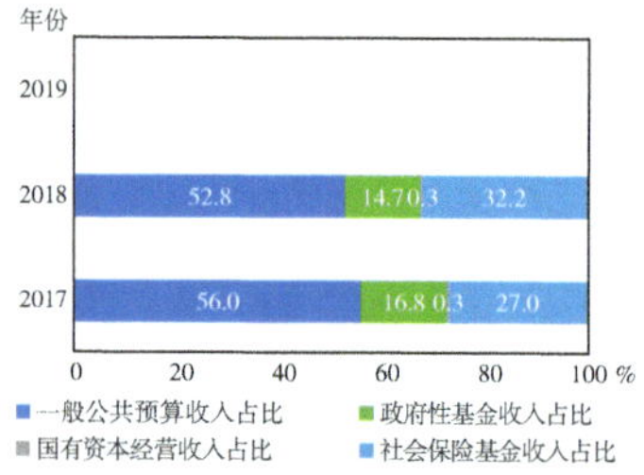

图8-13　2017-2019年黑龙江省政府收入结构

注：2019年尚未公布社会保险基金收入决算数据，因此无法比较

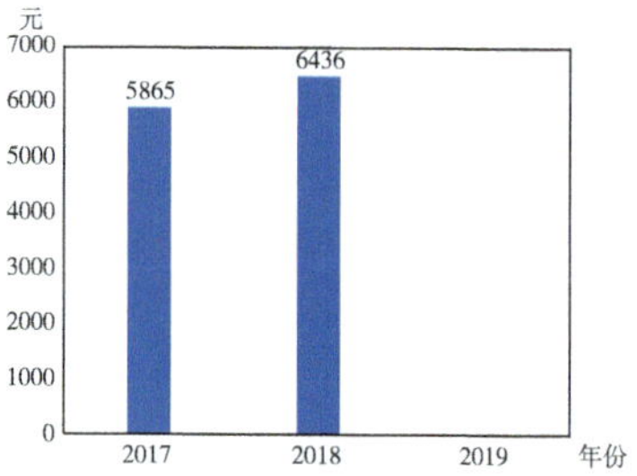

图8-14　2017-2019年黑龙江省人均政府收入

8.1.3　黑龙江省一般公共预算收入情况

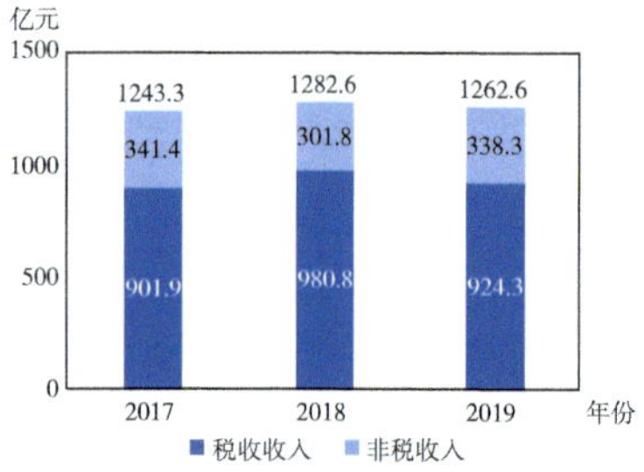

图8-15　2017-2019年黑龙江省一般公共预算收入

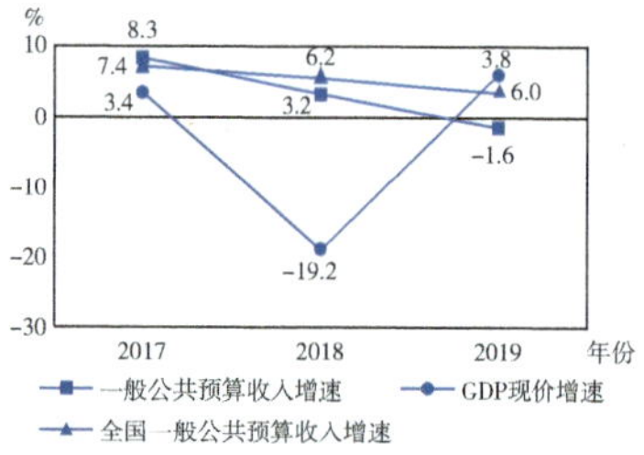

图8-16　2017-2019年黑龙江省一般公共预算收入增速

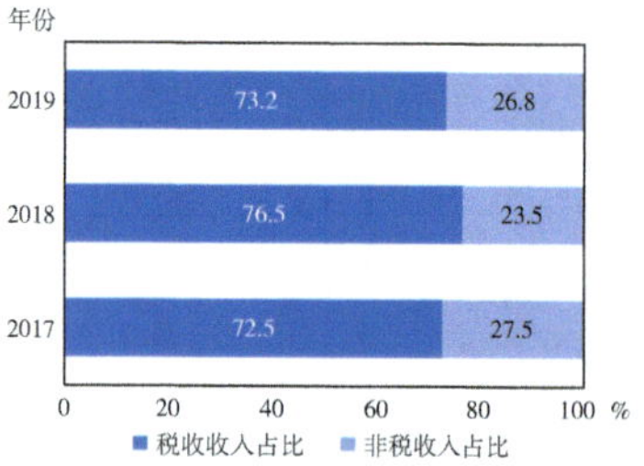

图8-17　2017-2019年黑龙江省一般公共预算收入结构

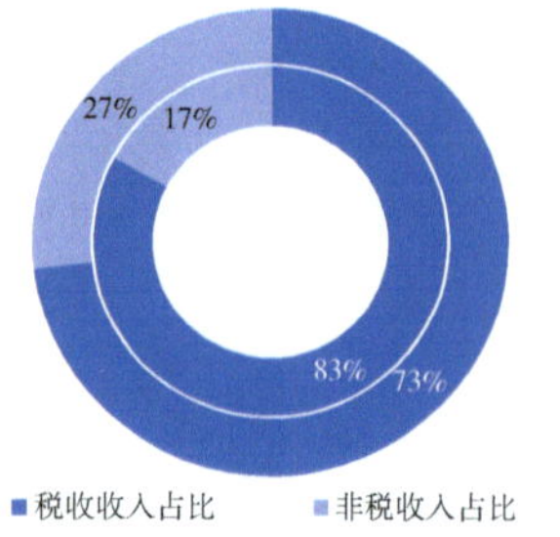

图8-18　2019年一般公共预算收入结构对比（内环为全国，外环为黑龙江省）

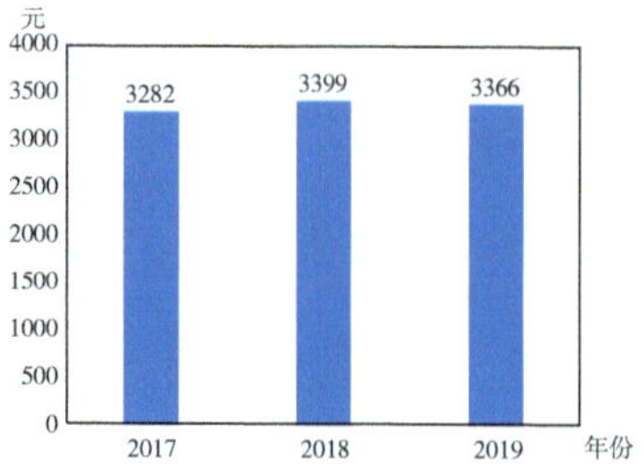

图8-19　2017-2019年黑龙江省人均一般公共预算收入

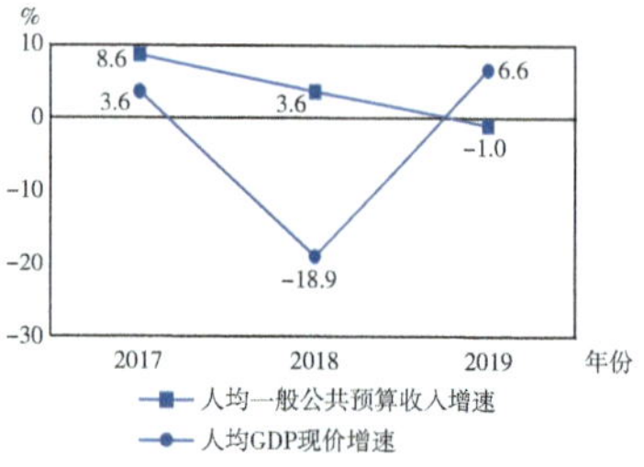

图8-20　2017-2019年黑龙江省人均一般公共预算收入增速

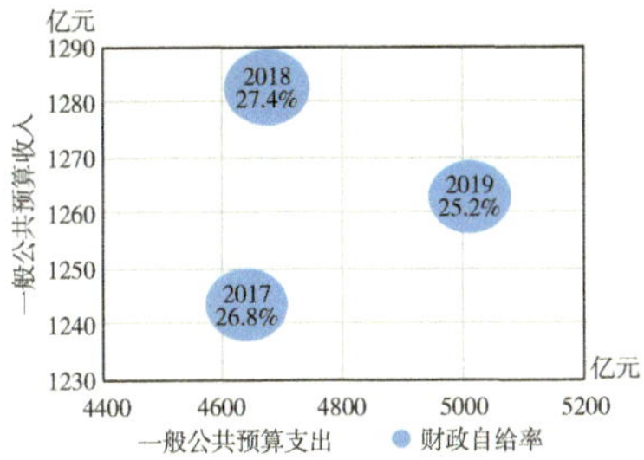

图8-21　2017-2019年黑龙江省财政自给率

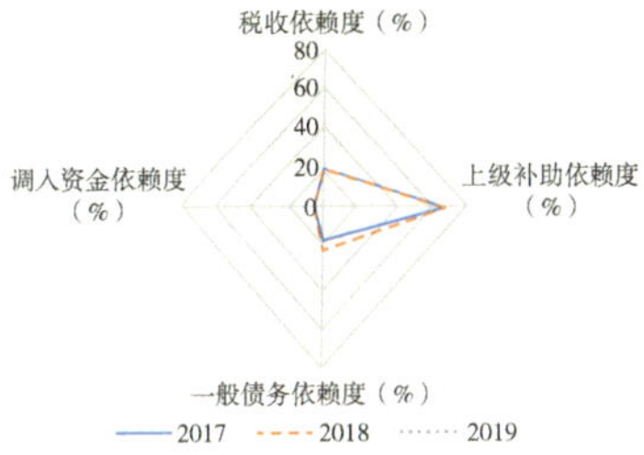

图8-22　2017-2019年黑龙江省财政收入依赖度

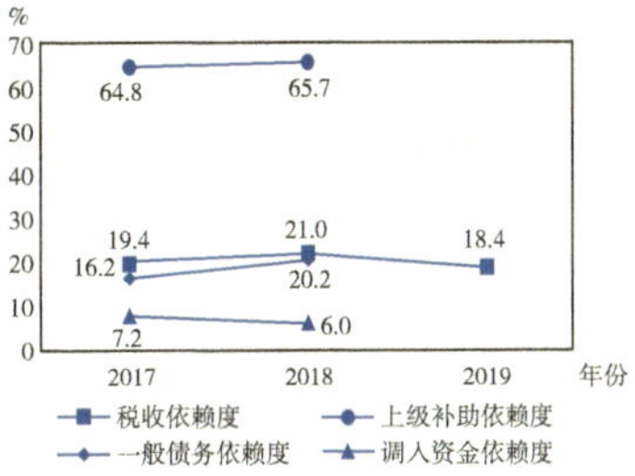

图8-23　2017-2019年黑龙江省财政收入依赖度

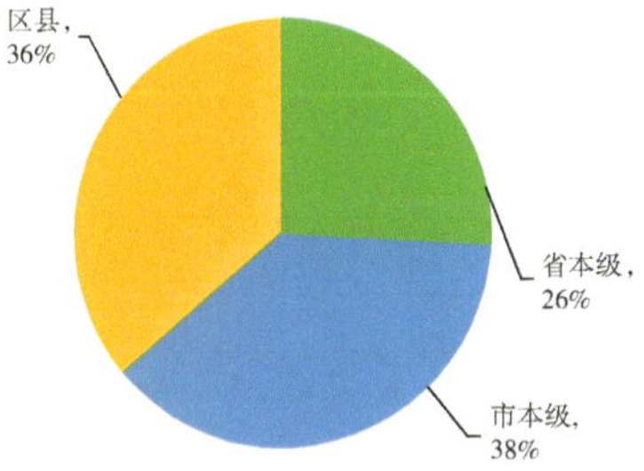

图8-24　2018年省市县三级政府一般公共预算收入分布

图8-25　2017-2019年黑龙江省税收收入

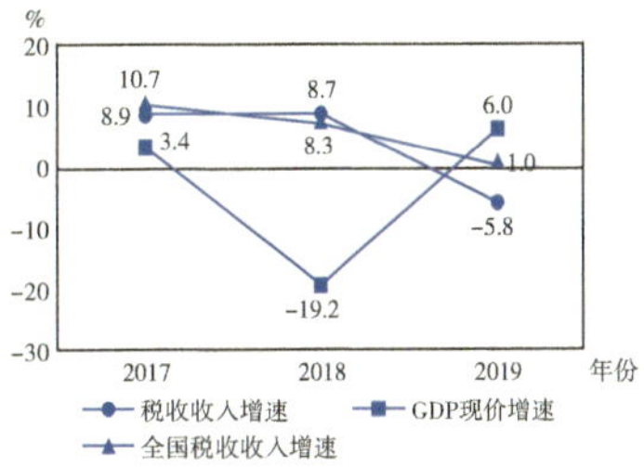

图8-26　2017-2019年黑龙江省税收收入增速

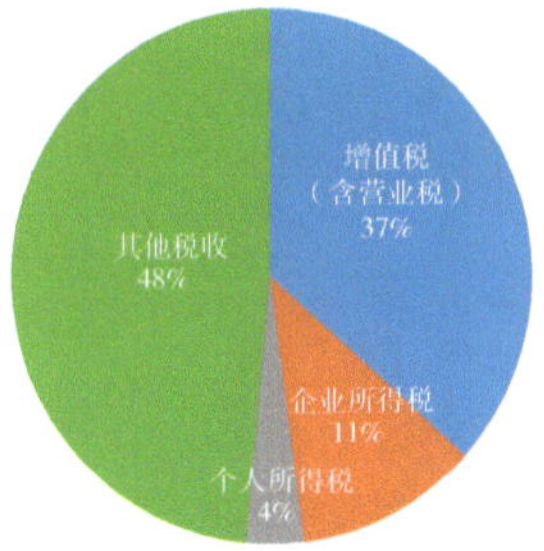

图8-27　2019年黑龙江省税收结构

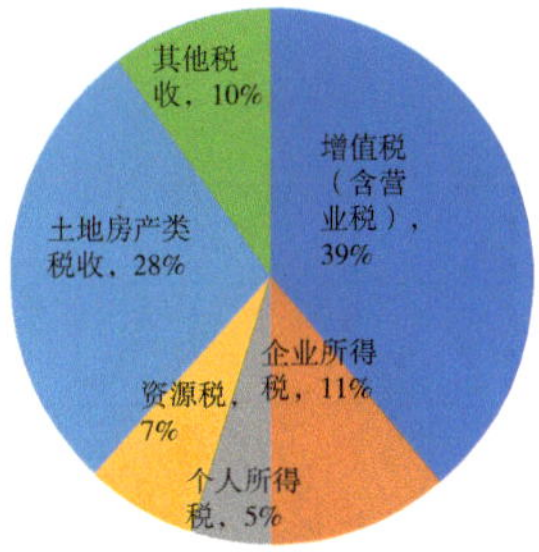

图8-28　2018年黑龙江省税收结构

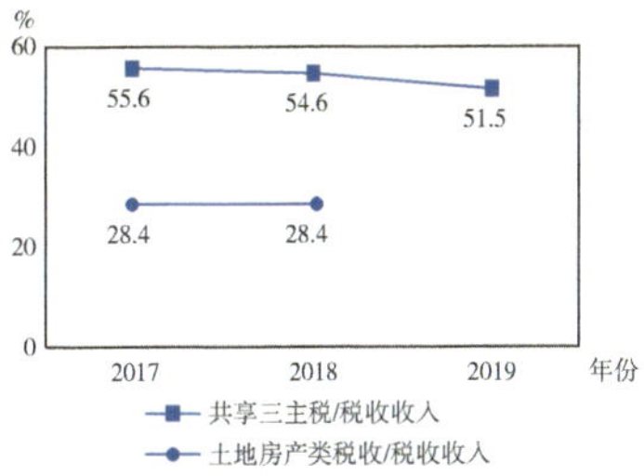

图8-29　2017-2019年黑龙江省共享三主税、土地房产类税收占税收收入的比重

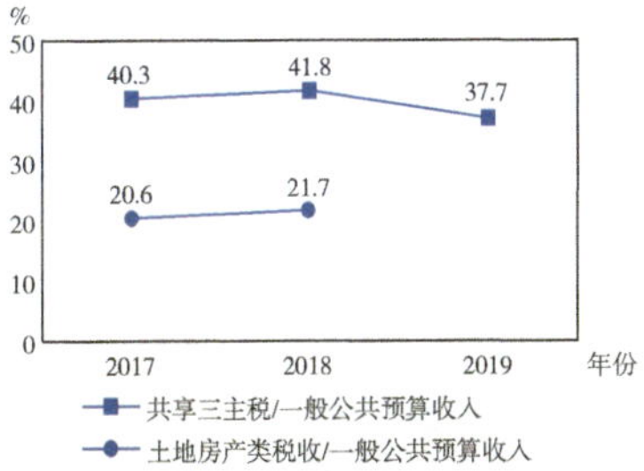

图8-30　2017-2019年黑龙江省共享三主税、土地房产类税收占一般公共预算收入的比重

图8-31　2017-2019年黑龙江省非税收入

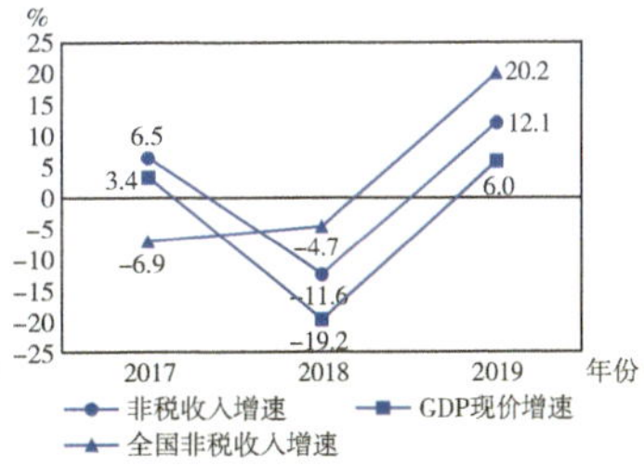

图8-32　2017-2019年黑龙江省非税收入增速

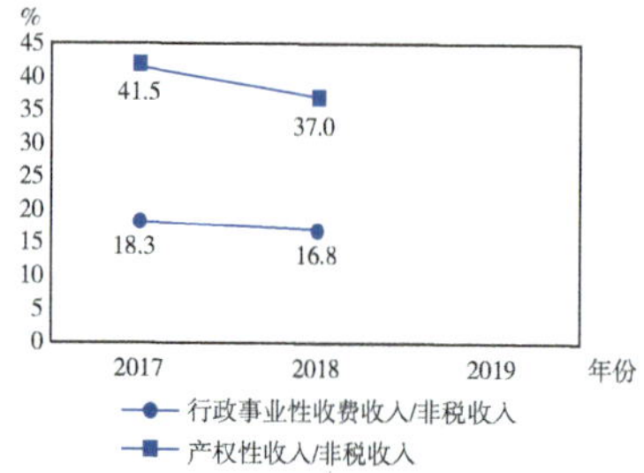

图8-33　2017-2019年黑龙江省行政事业性收费及产权性收入占非税收入的比重

8.1.4　黑龙江省政府性基金收入和国有资本经营收入情况

图8-34　2017-2019年黑龙江省政府性基金收入

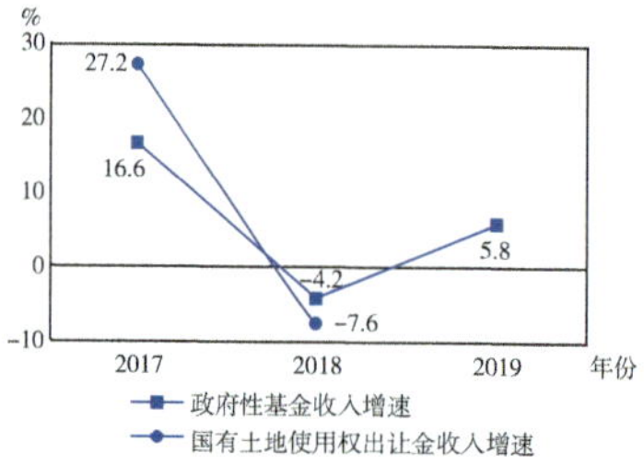

图8-35　2017-2019年黑龙江省政府性基金收入增速及国有土地使用权出让金收入增速

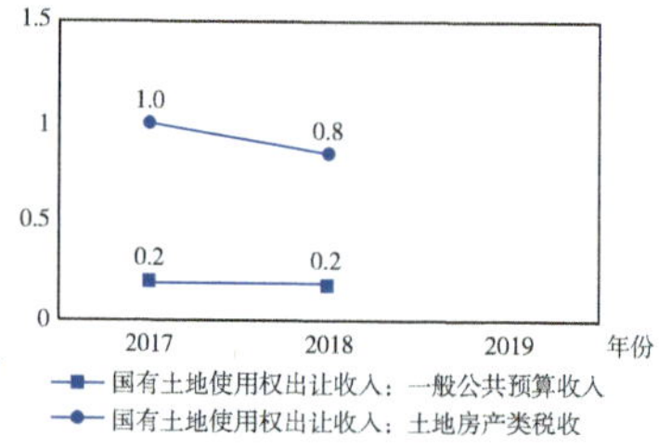

图8-36　2017-2019年黑龙江省国有土地使用权出让金收入与一般公共预算关系指标

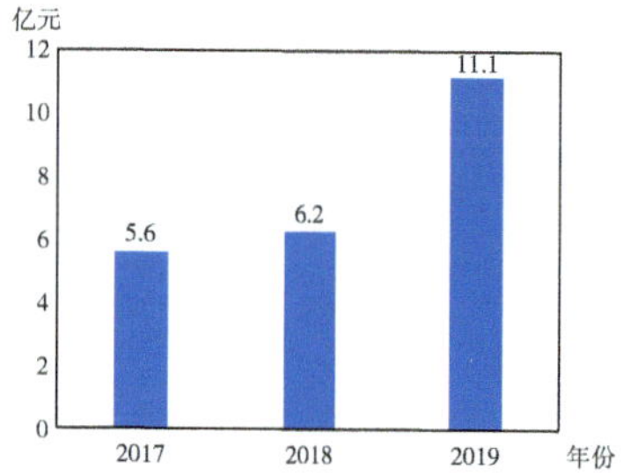

图8-37　2017-2019年黑龙江省国有资本经营收入

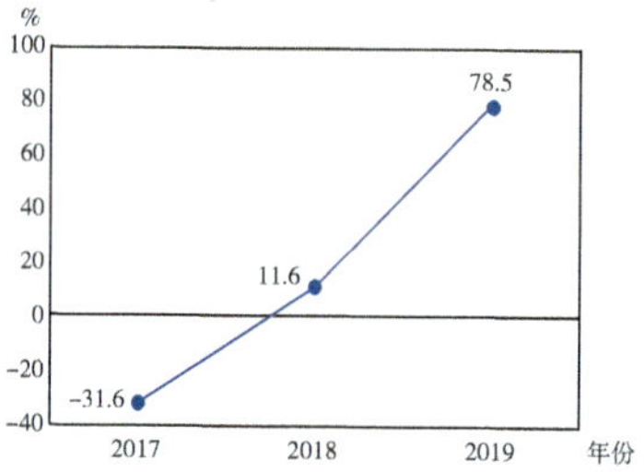

图8-38　2017-2019年黑龙江省国有资本经营收入增速

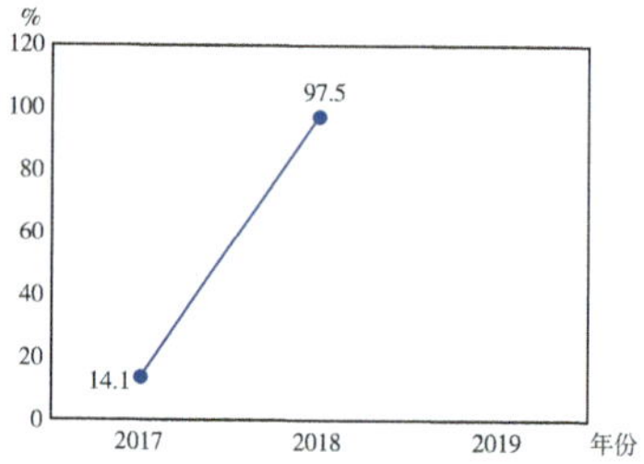

图8-39　2017-2019年黑龙江省调出资金/国有资本经营收入

8.1.5　黑龙江省社会保险基金收入情况

图8-40　2017-2019年黑龙江省社会保险基金收入

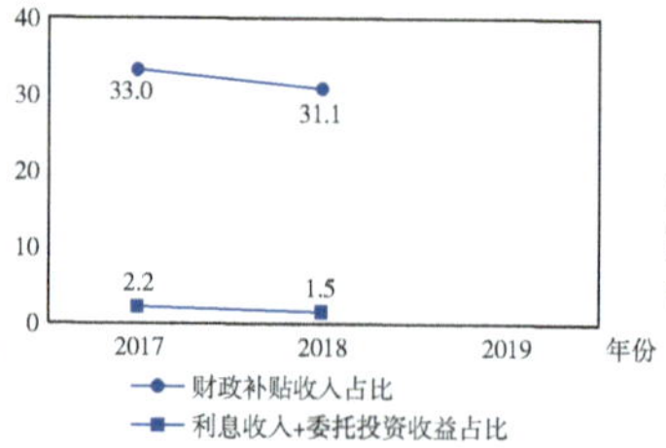

图8-41　2017-2019年黑龙江省财政补贴收入、利息收入+委托投资收益占社会保险基金收入的比重

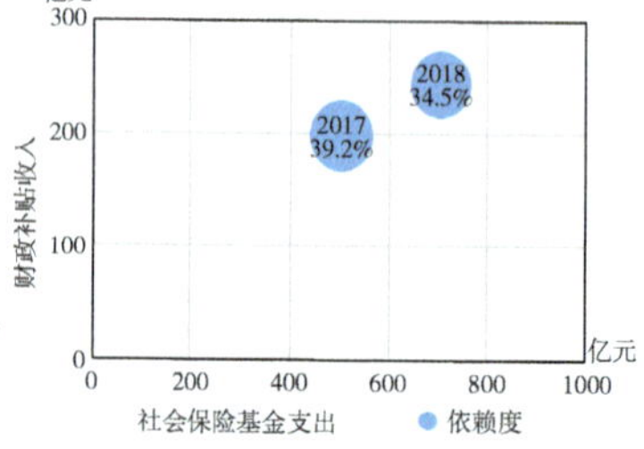

图8-42　2017-2019年黑龙江省社会保险基金对财政补贴的依赖度

图8-43　2017-2019年黑龙江省保险费收入、社会保险待遇支出及差额

8.1.6　黑龙江省债务情况

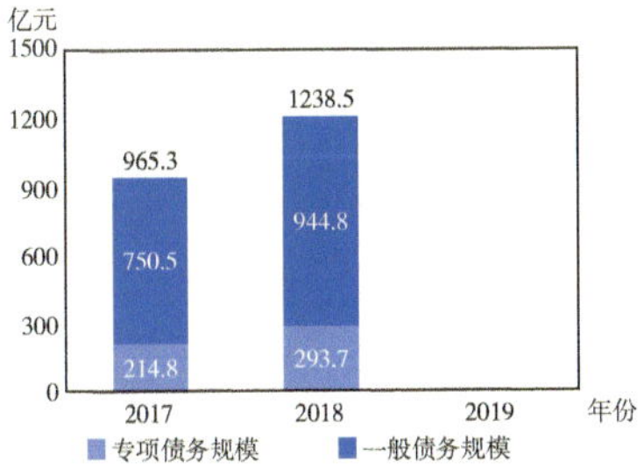

图8-44　2017-2019年黑龙江省债务规模

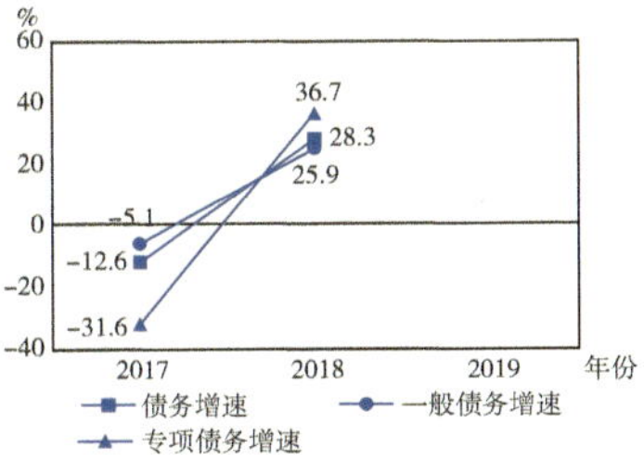

图8-45　2017-2019年黑龙江省债务增速

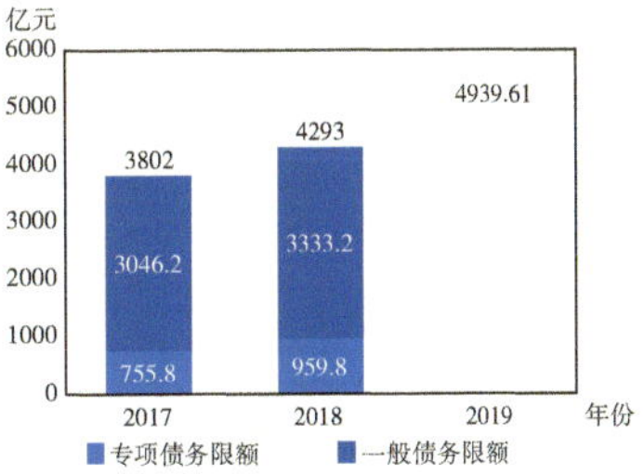

图8-46　2017-2019年黑龙江省债务限额

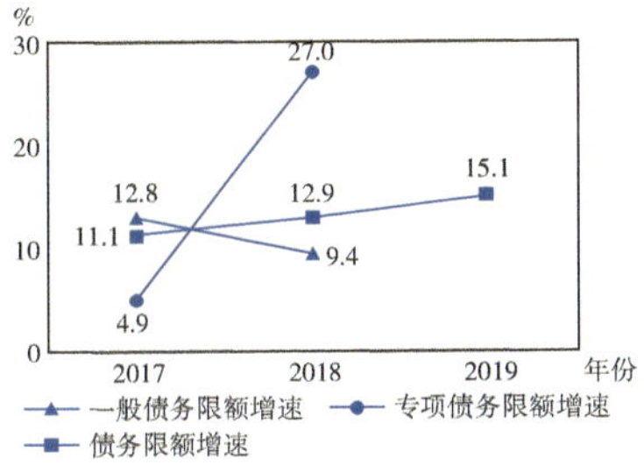

图8-47　2017-2019年黑龙江省债务限额增速

图8-48　2017-2019年黑龙江省债务余额

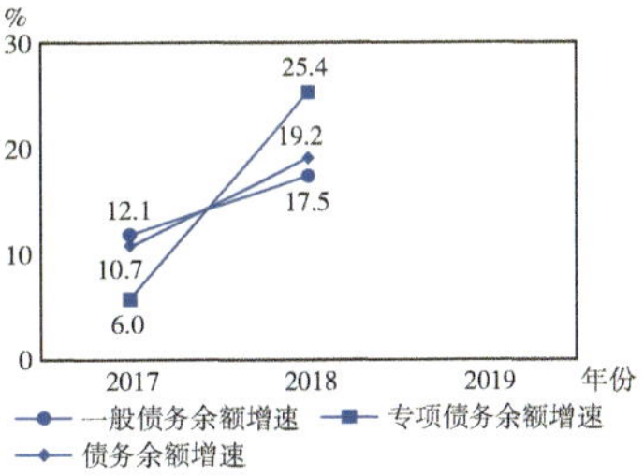

图8-49　2017-2019年黑龙江省债务余额增速

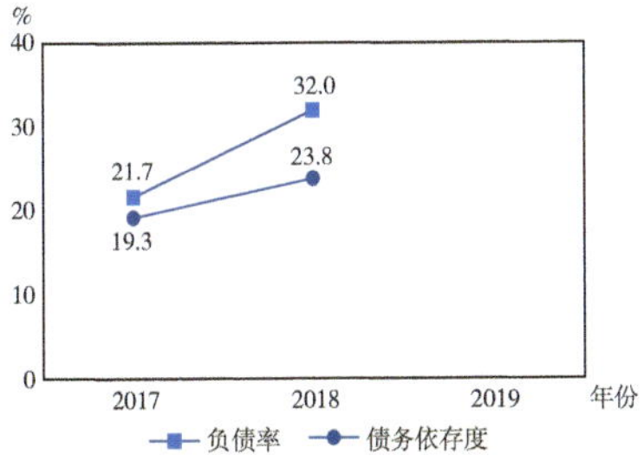

图8-50　2017-2019年黑龙江省负债率与债务依存度

8.1.7 黑龙江省省本级一般公共预算收入情况

图8-51 2017-2019年黑龙江省省本级一般公共预算收入

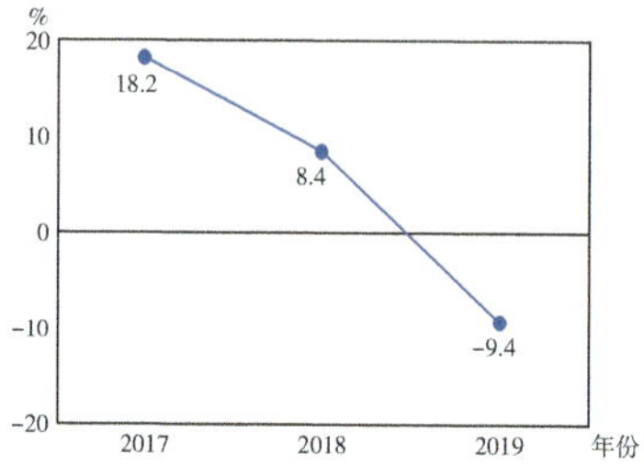

图8-52 2017-2019年黑龙江省省本级一般公共预算收入增速

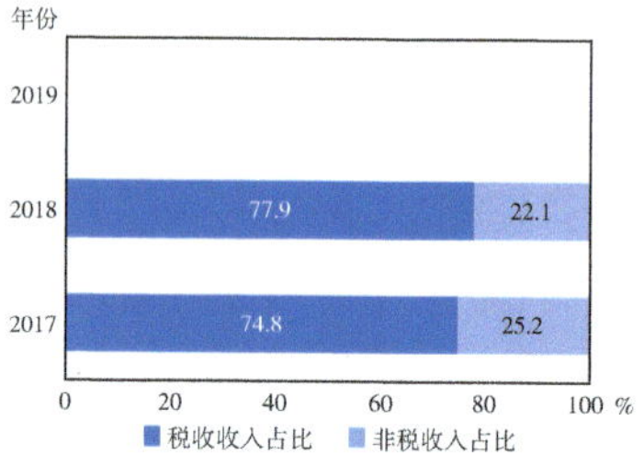

图8-53 2017-2019年黑龙江省省本级一般公共预算收入结构

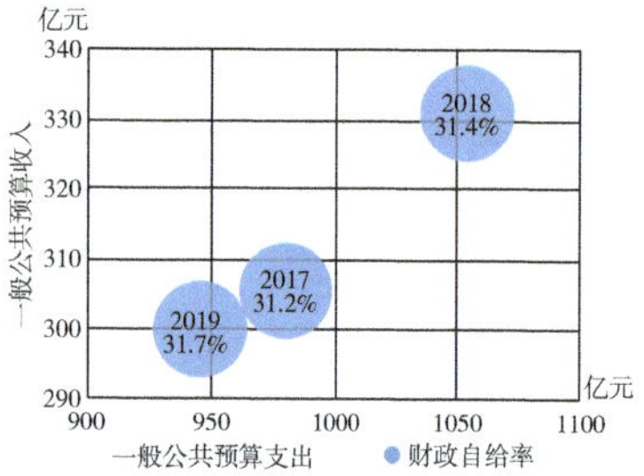

图8-54 2017-2019年黑龙江省省本级财政自给率

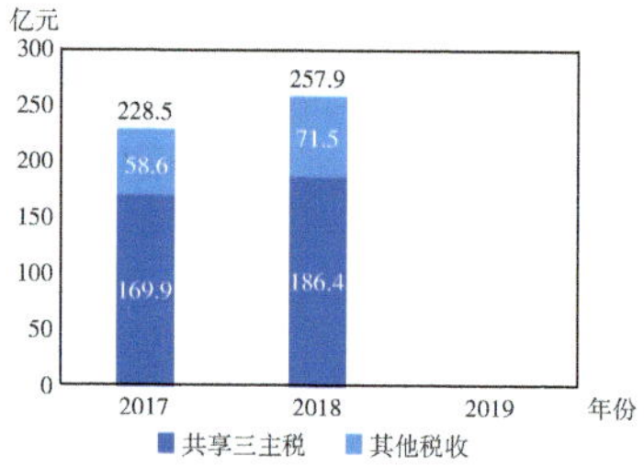

图8-55 2017-2019年黑龙江省省本级税收收入

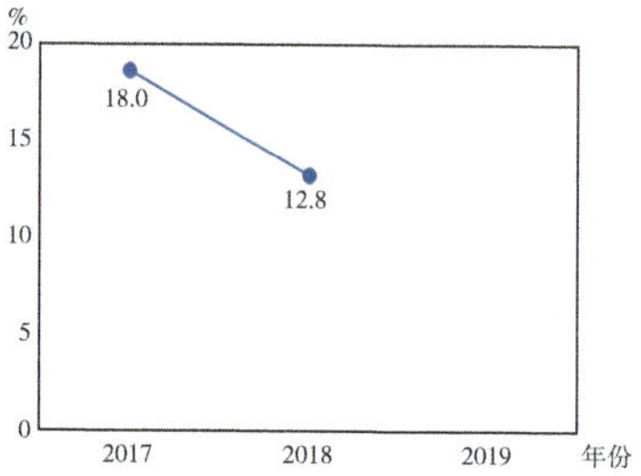

图8-56 2017-2019年黑龙江省省本级税收收入增速

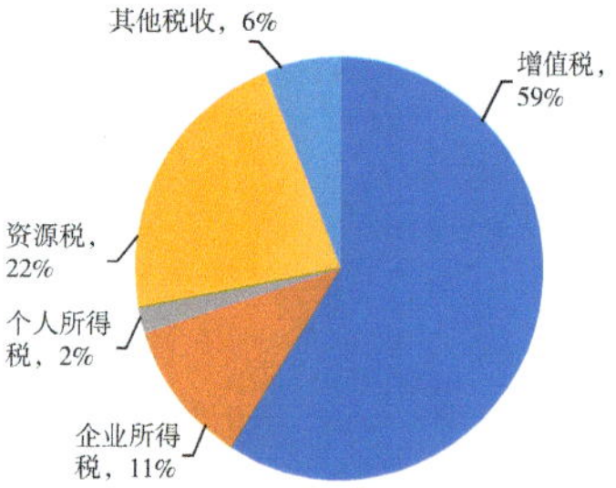

图8-57 2018年黑龙江省省本级税收结构

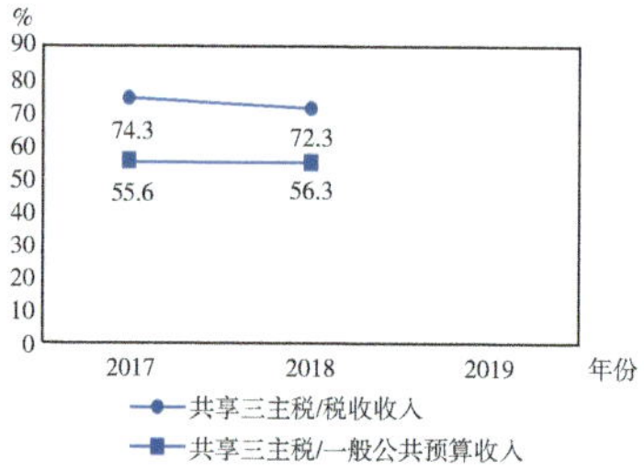

图8-58 2017-2019年黑龙江省省本级共享三主税占税收收入、一般公共预算收入的比重

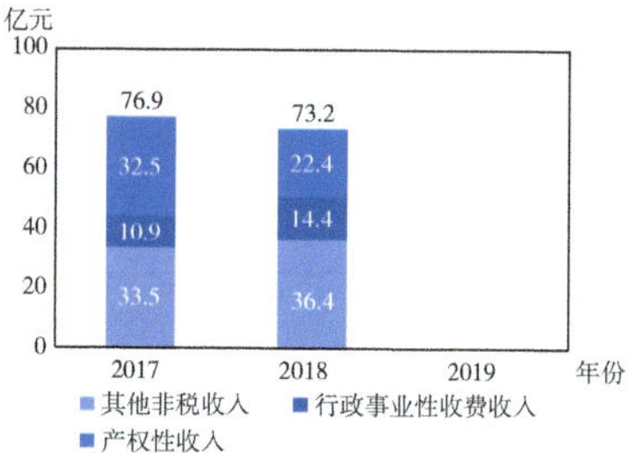

图8-59 2017-2019年黑龙江省省本级非税收入

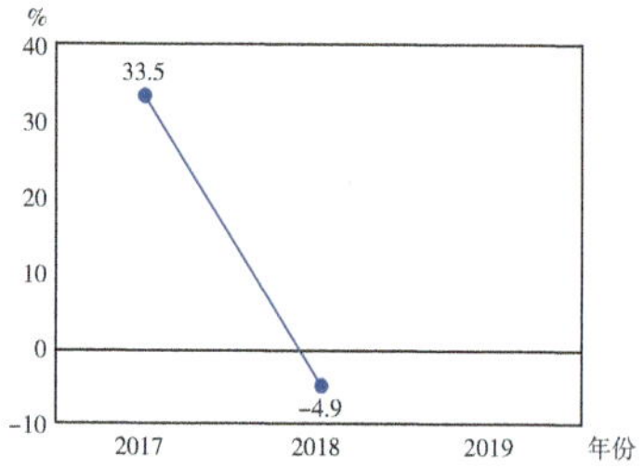

图8-60 2017-2019年黑龙江省省本级非税收入增速

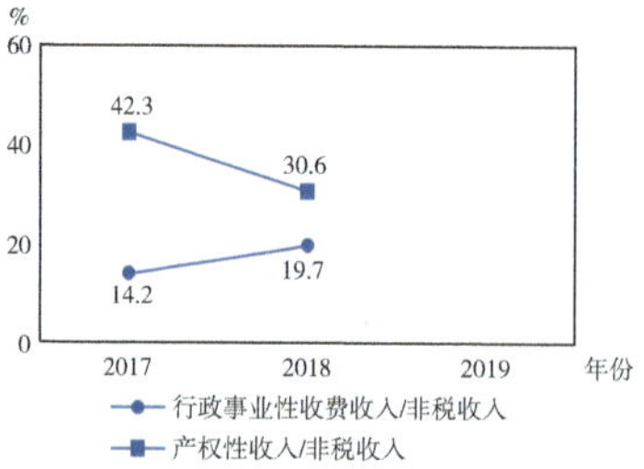

图8-61 2017-2019年黑龙江省省本级行政事业性收费、产权性收入占非税收入的比重

8.2 黑龙江省各市政府收入主要特征分析

8.2.1 黑龙江省各市经济社会发展情况

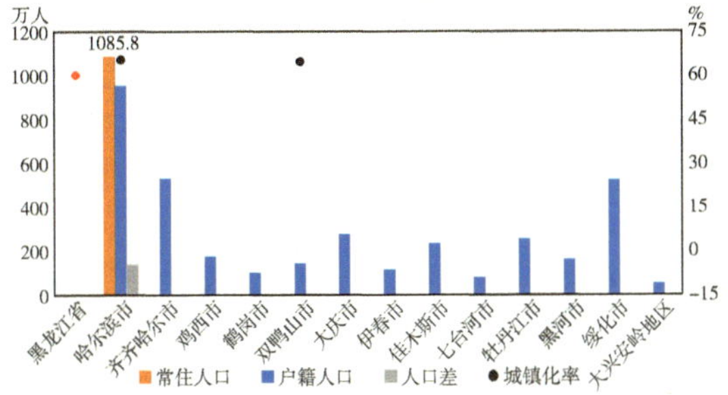

图8-62 2018年黑龙江省各市人口状况

注：除哈尔滨外市级未公布常住人口。

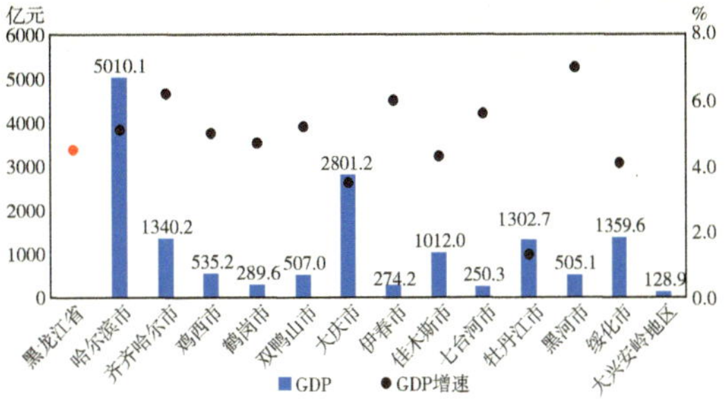

图8-63 2018年黑龙江省各市GDP及增速

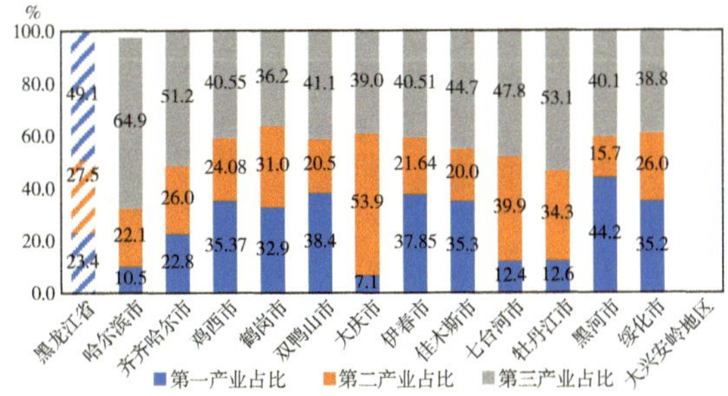

图8-64 2018年黑龙江省各市三次产业结构

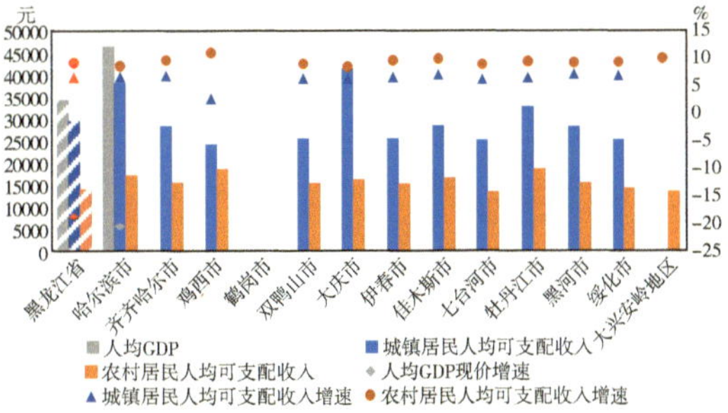

图8-65 2018年黑龙江省各市人均GDP与人均可支配收入

注：鹤岗市未公布数据。

8.2.2 黑龙江省各市政府收入总体情况

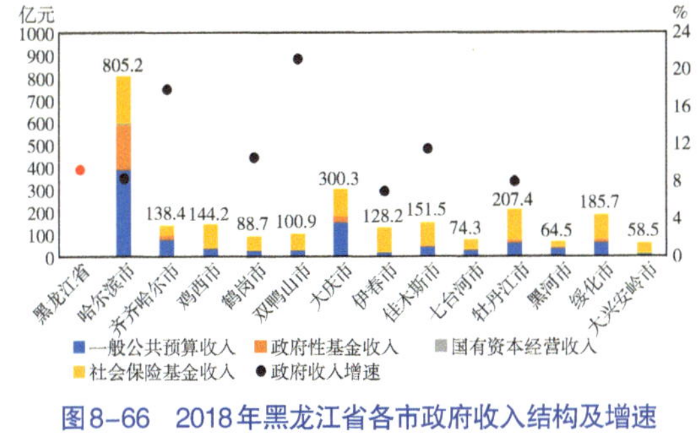

图8-66 2018年黑龙江省各市政府收入结构及增速

8.2.3 黑龙江省各市一般公共预算收入情况

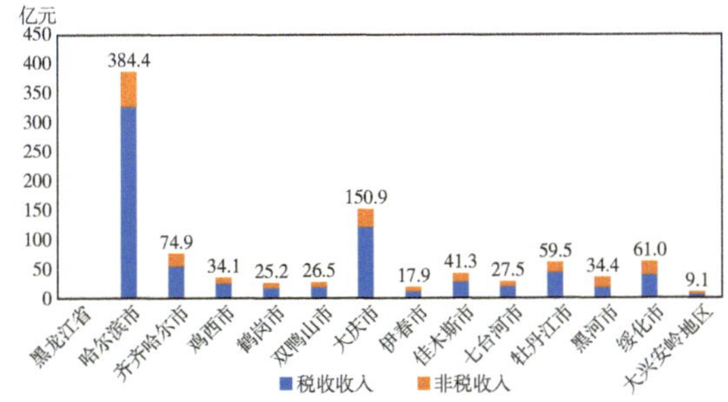

图8-67 2018年黑龙江省各市一般公共预算收入

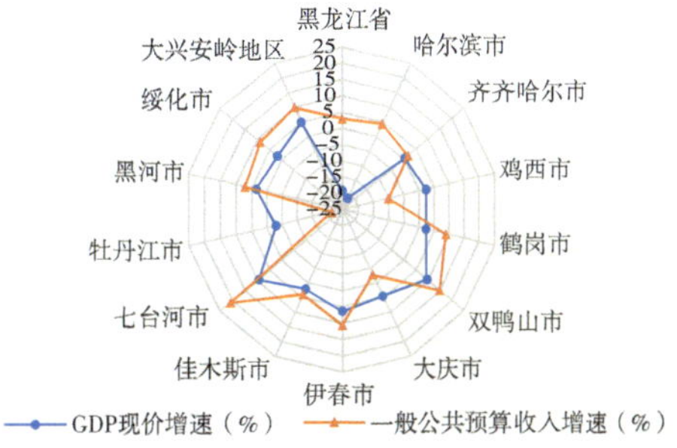

图8-68 2018年黑龙江省各市一般公共预算收入增速

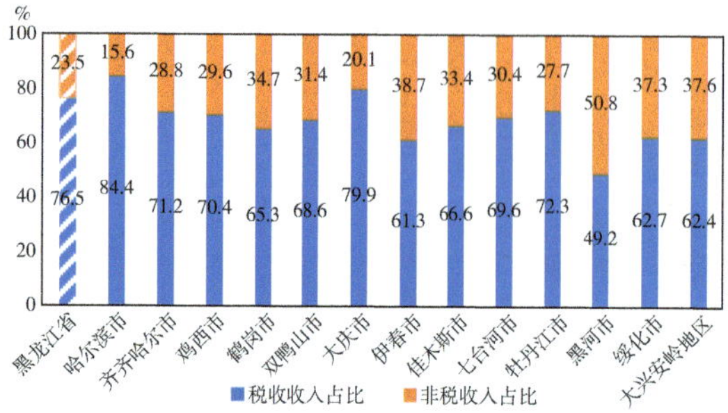

图8-69 2018年黑龙江省各市一般公共预算收入结构

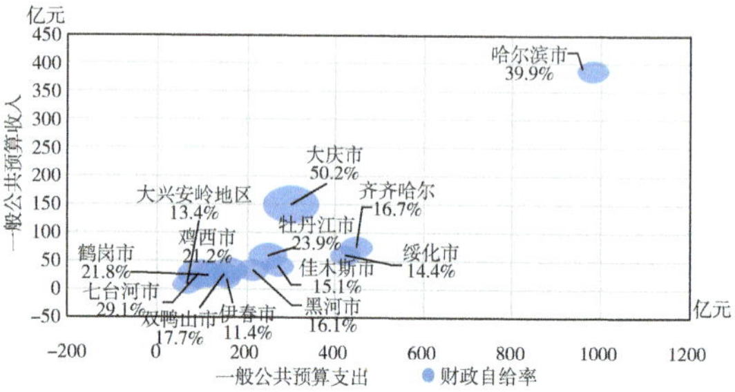

图8-70 2018年黑龙江省各市财政自给率

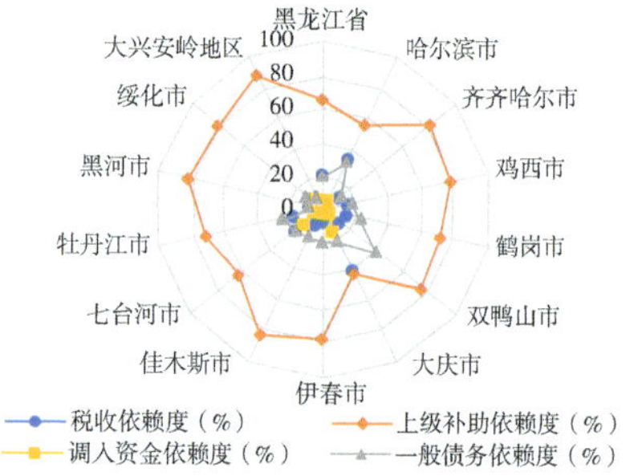

图8-71 2018年黑龙江省各市财政收入依赖度

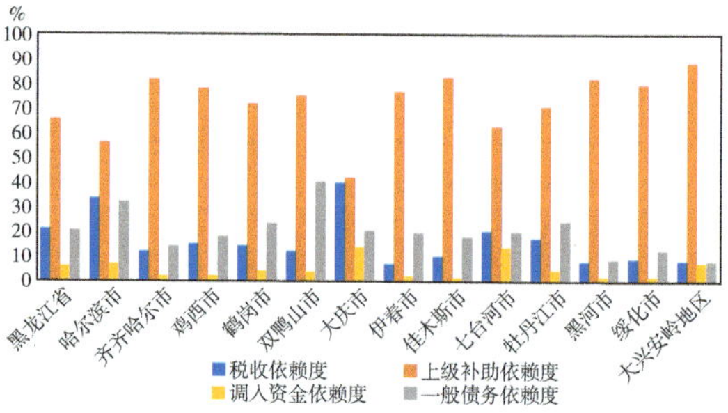

图8-72 2018年黑龙江省各市财政收入依赖度

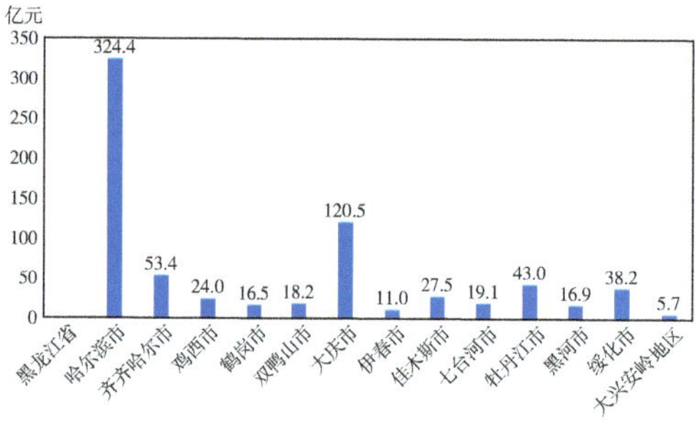

图8-73 2018年黑龙江省各市税收收入

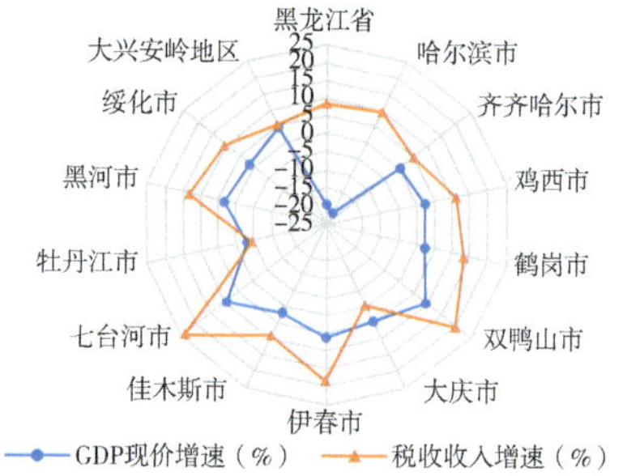

图8-74 2018年黑龙江省各市税收收入增速

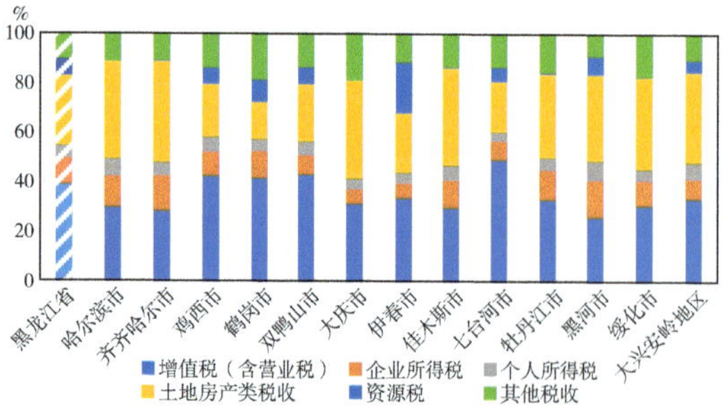

图8-75 2018年黑龙江省各市税收收入结构

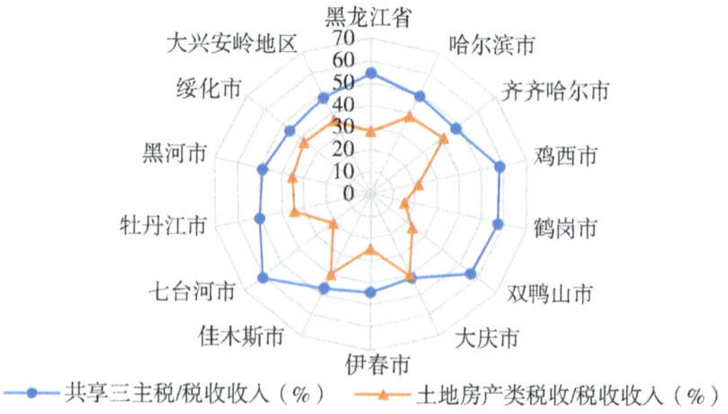

图8-76 2018年黑龙江省各市共享三主税、土地房产类税收占税收收入的比重

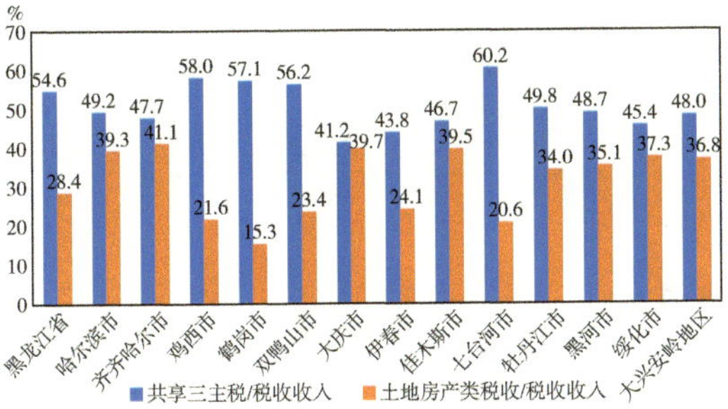

图8-77 2018年黑龙江省各市共享三主税、土地房产类税收占税收收入的比重

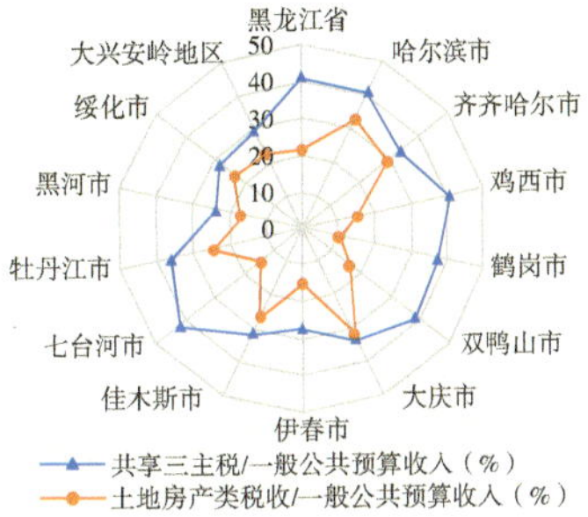

图8-78 2018年黑龙江省各市共享三主税、土地房产类税收占一般公共预算收入的比重

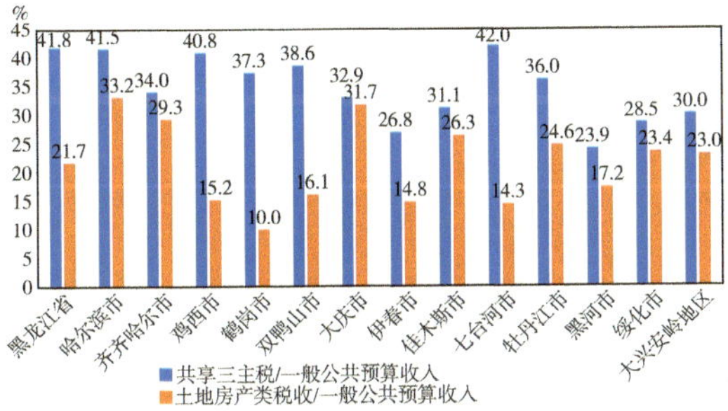

图8-79 2018年黑龙江省各市共享三主税、土地房产类税收占一般公共预算收入的比重

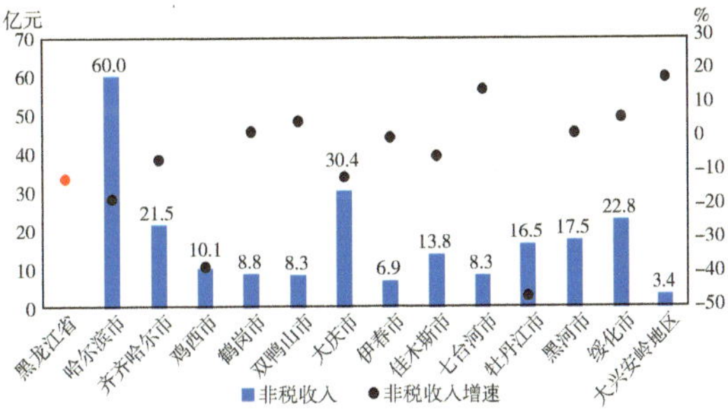

图8-80 2018年黑龙江省各市非税收入及增速

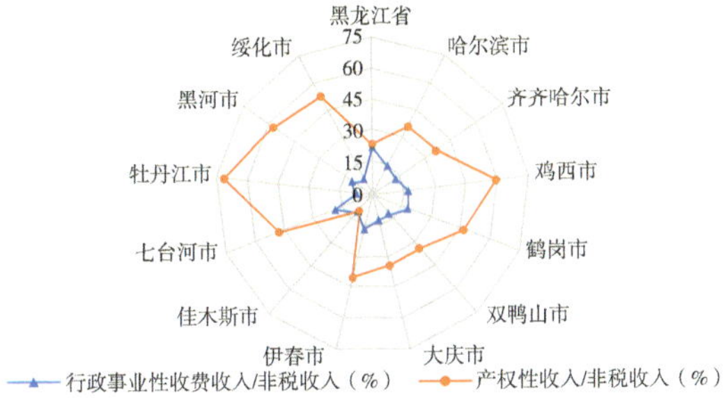

图8-81 2018年黑龙江省各市行政事业性收费收入、产权性收入占非税收入的比重

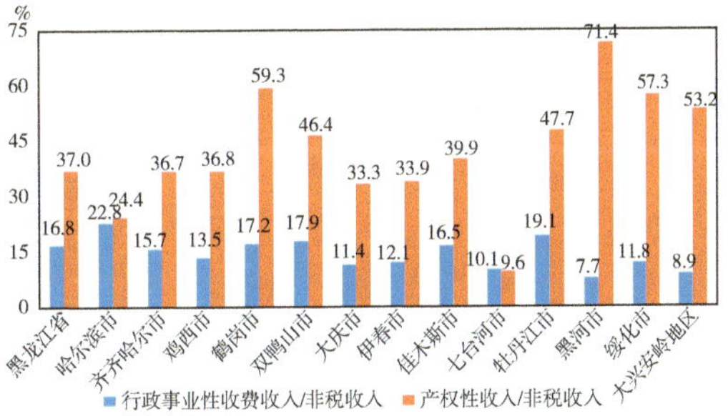

图8-82 2018年黑龙江省各市行政事业性收费收入、产权性收入占非税收入的比重

8.2.4 黑龙江省各市政府性基金收入与国有资本经营收入情况

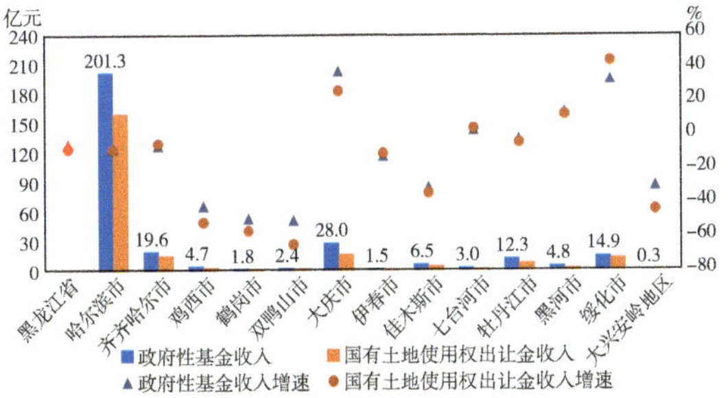

图8-83 2018年黑龙江省各市政府性基金收入、国有土地使用权出让金收入及其增速

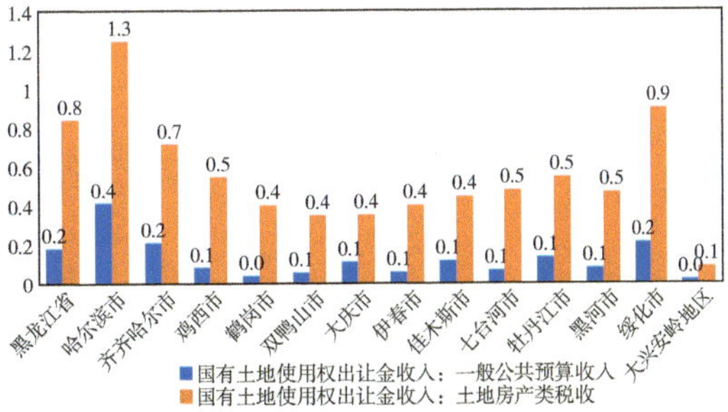

图8-84 2018年黑龙江省各市国有土地使用权出让金收入与一般公共预算关系指标

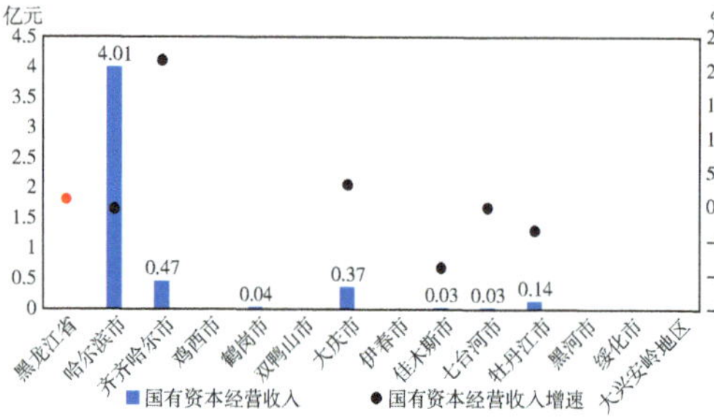

图8-85　2018年黑龙江省各市国有资本经营收入及增速

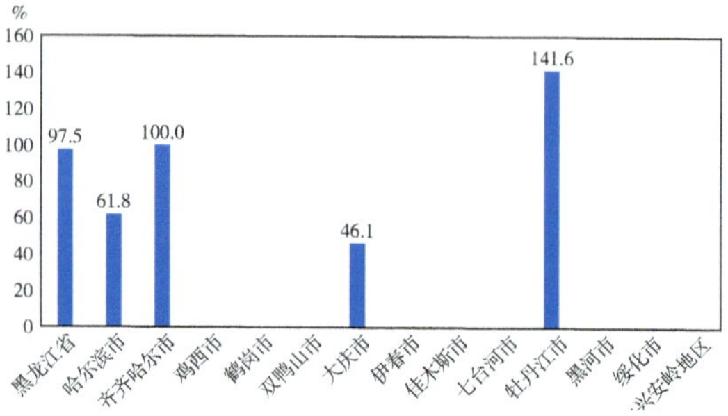

图8-86　2018年黑龙江省各市调出资金/国有资本经营收入

8.2.5　黑龙江省各市社会保险基金收入情况

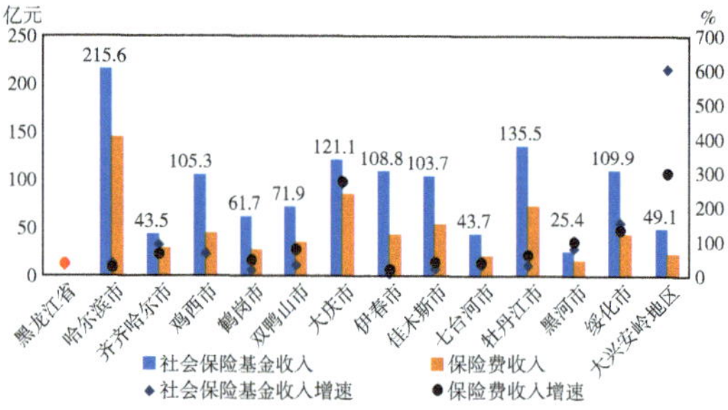

图8-87　2018年黑龙江省各市社会保险基金收入、保险费收入及其增速

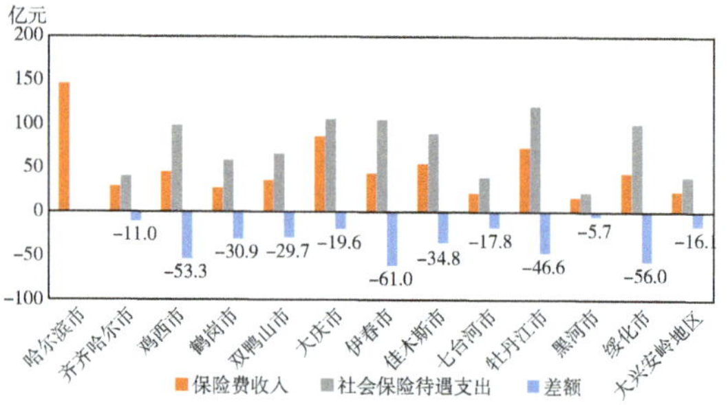

图8-88　2018年黑龙江省各市保险费收入、社会保险待遇支出及其差额

注：大多数城市社保支出大于收入。

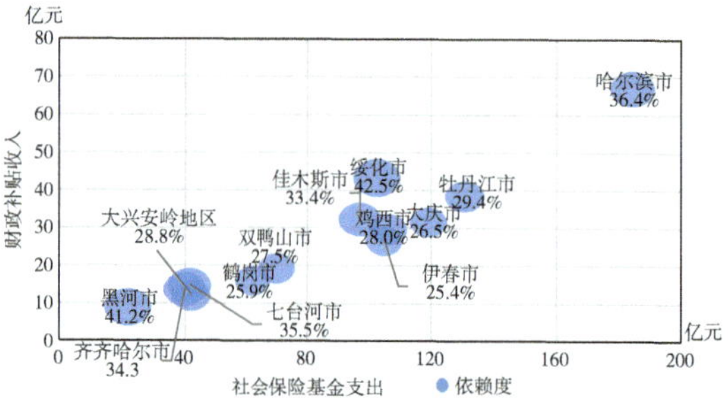

图8-89　2018年黑龙江省各市社会保险基金对财政补贴的依赖度

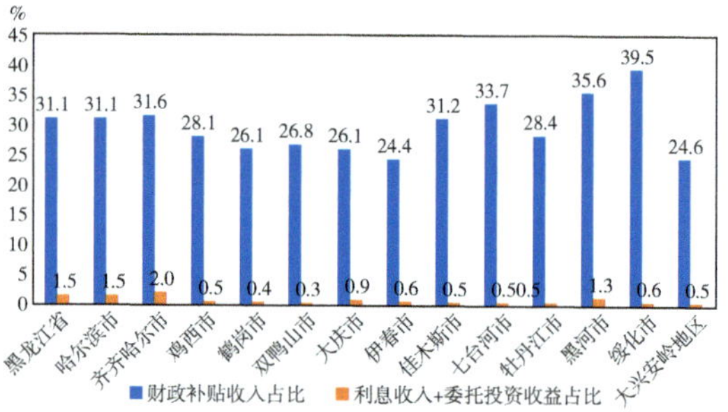

图8-90　2018年黑龙江省各市财政补贴收入、利息收入+委托投资收益占社会保险基金收入的比重

8.2.6　黑龙江省各市债务情况

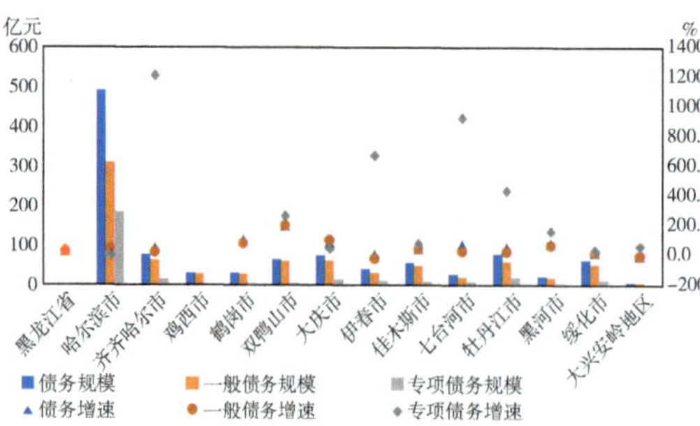

图8-91　2018年黑龙江省各市债务规模及其增速

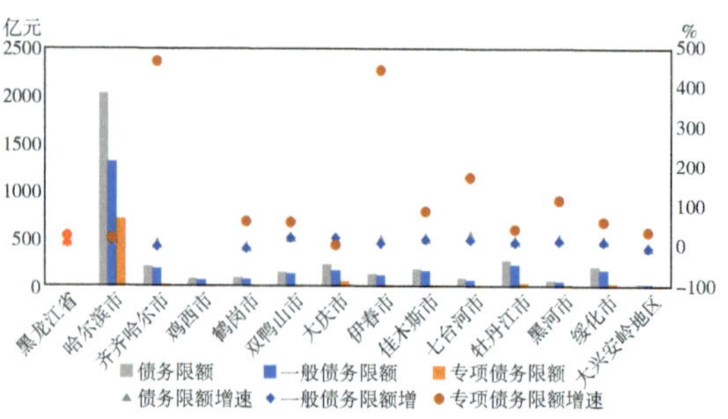

图8-92　2018年黑龙江省各市债务限额及其增速

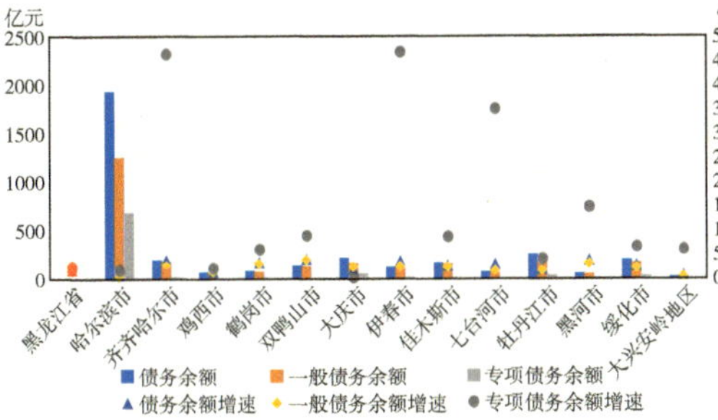

图8–93　2018年黑龙江省各市债务余额及其增速

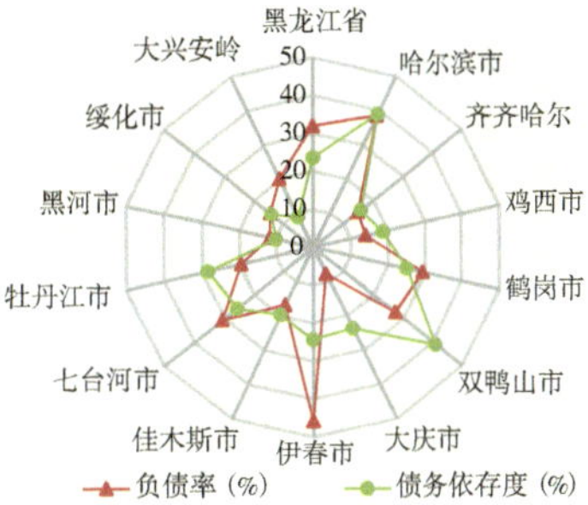

图8–94　2018年黑龙江省各市负债率与债务依存度

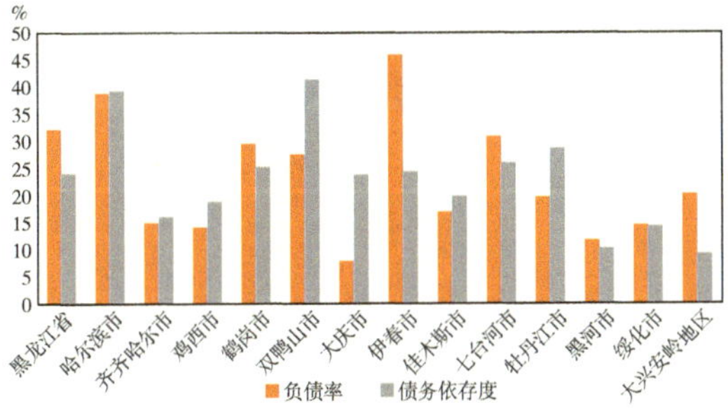

图8–95　2018年黑龙江省各市负债率与债务依存度

8.2.7　黑龙江省各市市本级一般公共预算收入情况

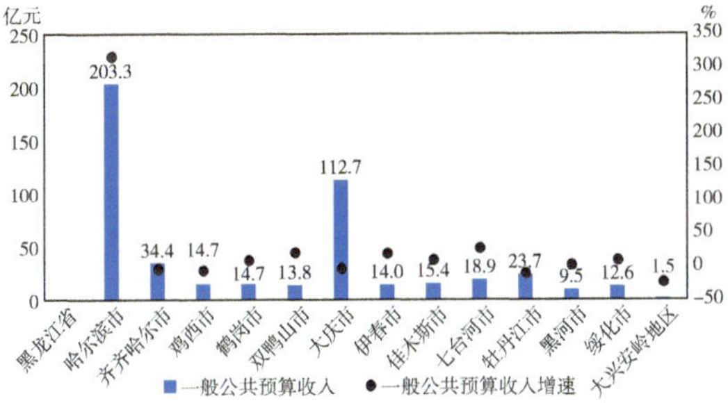

图8–96　2018年黑龙江省各市市本级一般公共预算收入及增速

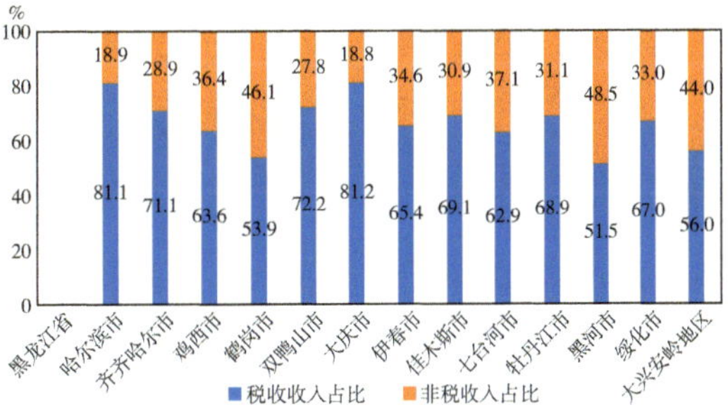

图8–97　2018年黑龙江省各市市本级一般公共预算收入结构

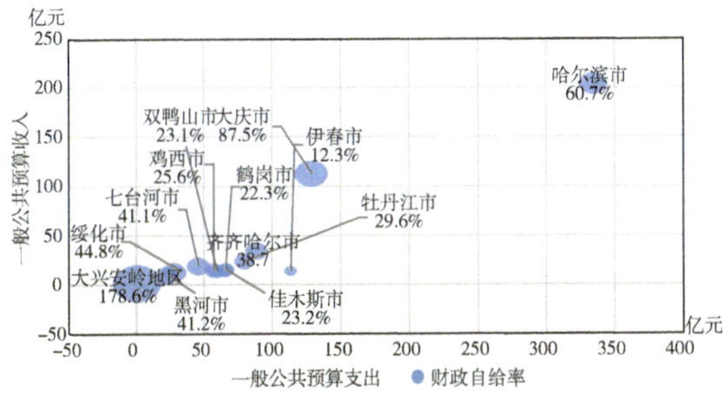

图8–98　2018年黑龙江省各市市本级财政自给率

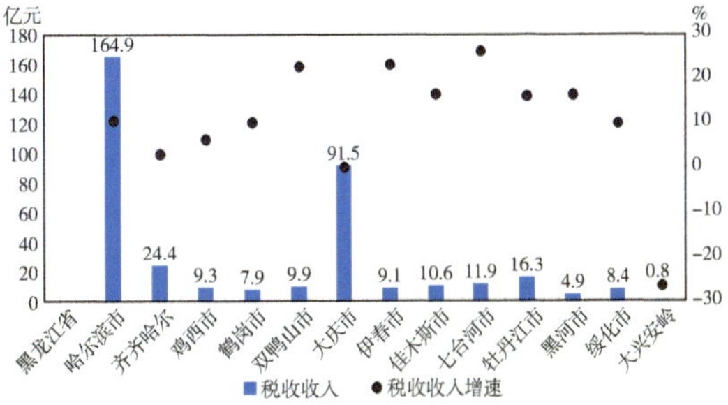

图8–99　2018年黑龙江省各市市本级税收收入及增速

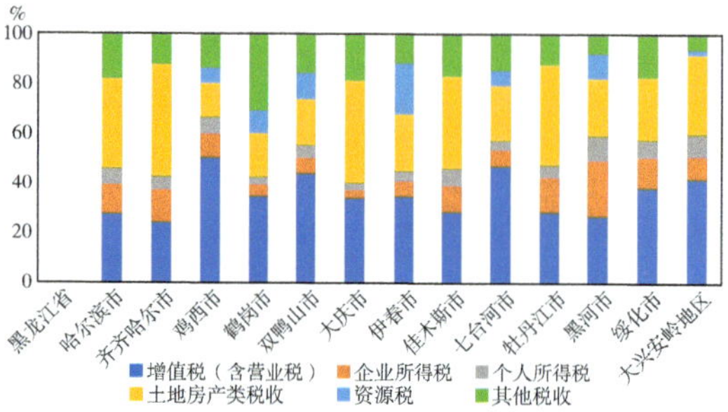

图 8-100　2018 年黑龙江省各市市本级税收收入结构

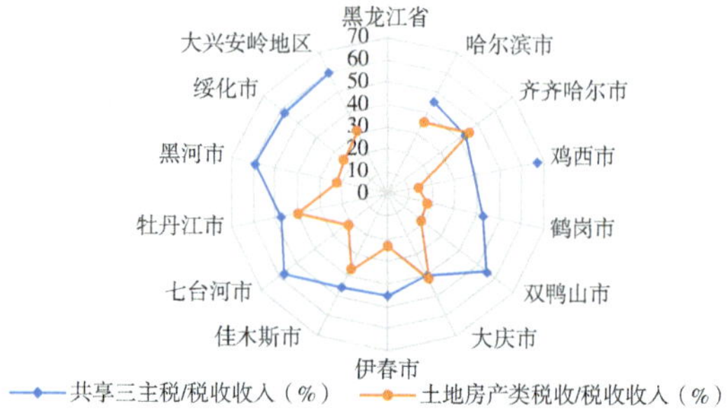

图 8-101　2018 年黑龙江省各市市本级共享三主税、土地房产类税收占税收收入的比重

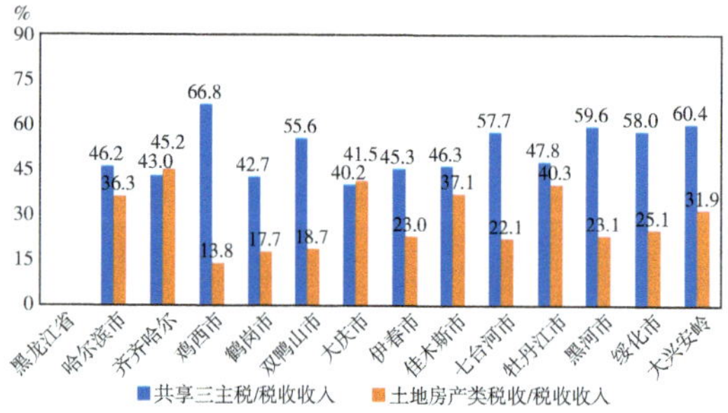

图 8-102　2018 年黑龙江省各市市本级共享三主税、土地房产类税收占税收收入的比重

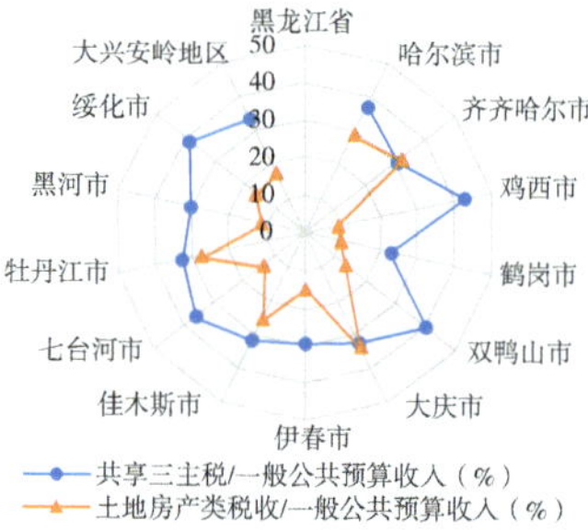

图 8-103　2018 年黑龙江省各市市本级共享三主税、土地房产类税收占一般公共预算收入的比重

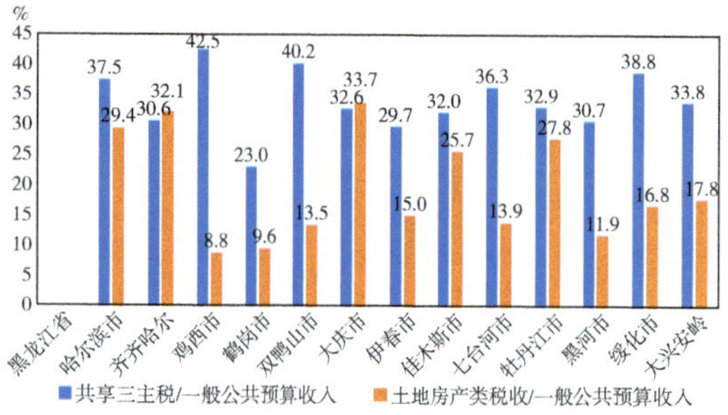

图 8-104　2018 年黑龙江省各市市本级共享三主税、土地房产类税收占一般公共预算收入的比重

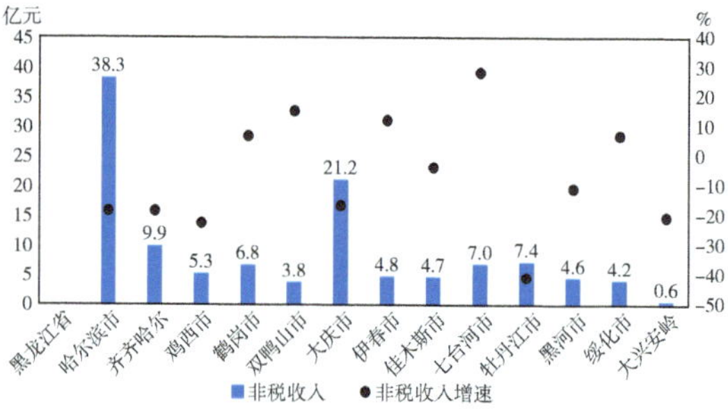

图 8-105　2018 年黑龙江省各市市本级非税收入及增速

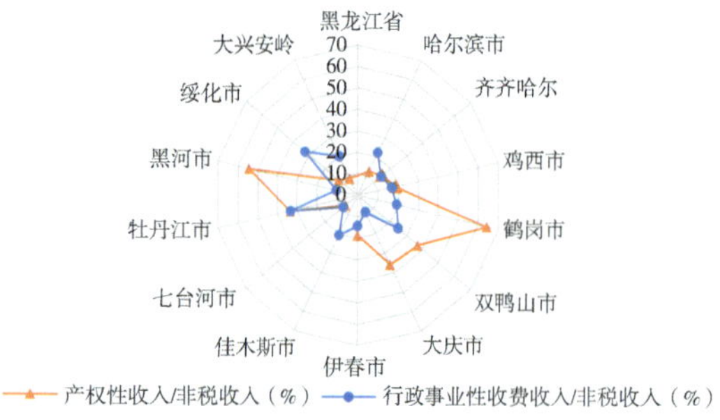

图 8-106　2018 年黑龙江省各市市本级产权性收入、行政事业性收费收入占非税收入的比重

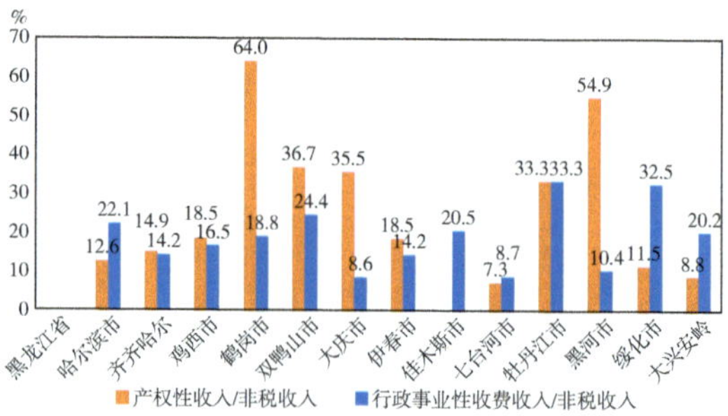

图 8-107　2018 年黑龙江省各市市本级产权性收入、行政事业性收费收入占非税收入的比重

8.3 黑龙江省样本县政府收入主要特征分析

8.3.1 黑龙江省样本县经济社会发展情况

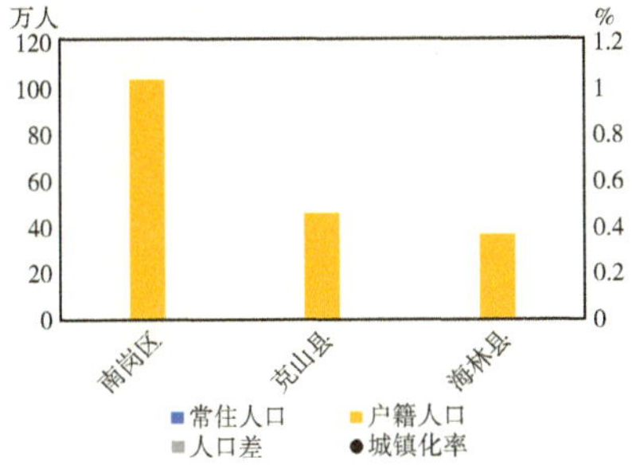

图8-108　2018年黑龙江省样本区县人口状况

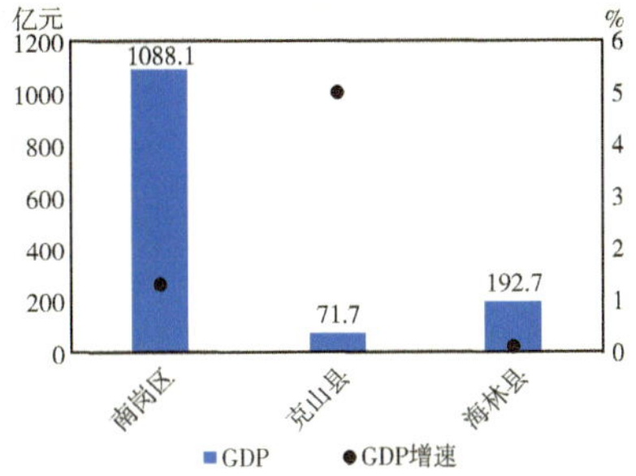

图8-109　2018年黑龙江省样本区县GDP及增速

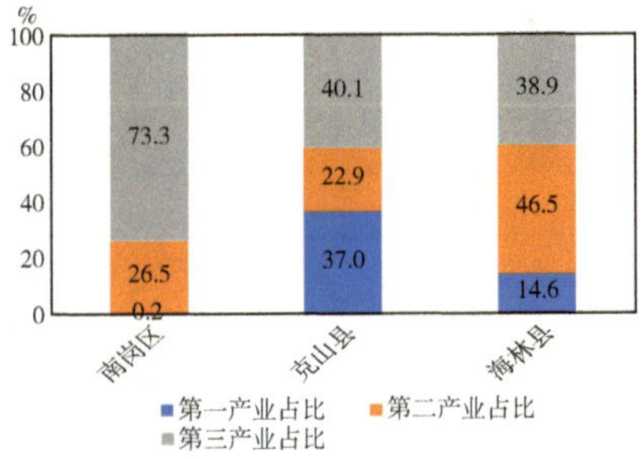

图8-110　2018年黑龙江省样本区县三次产业结构

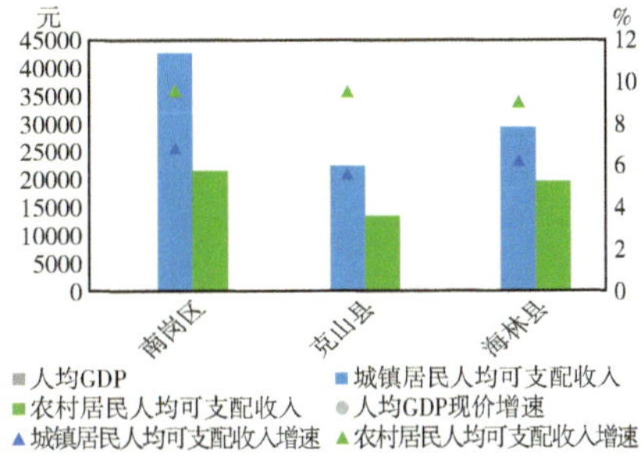

图8-111　2018年黑龙江省样本区县人均GDP与人均可支配收入

8.3.2 黑龙江省样本县政府收入总体情况

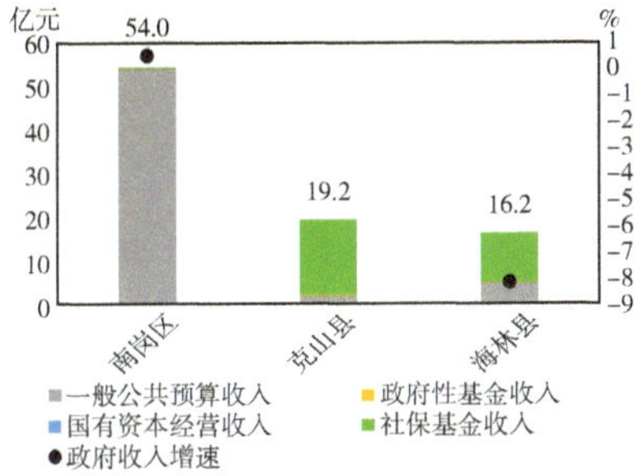

图8-112　2018年黑龙江省样本区县政府收入结构及增速

8.3.3 黑龙江省样本县一般公共预算收入情况

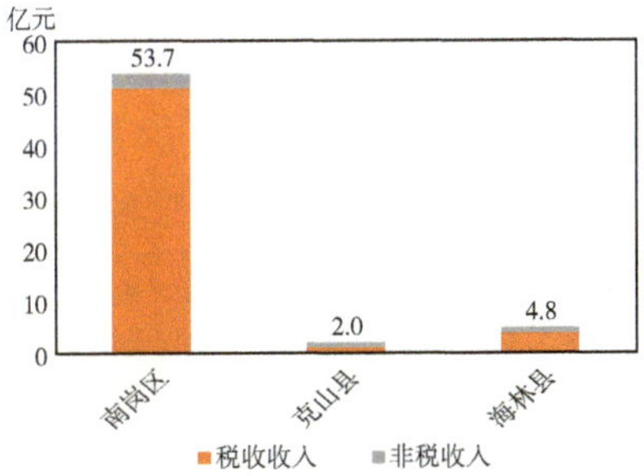

图8-113　2018年黑龙江省样本区县一般公共预算收入

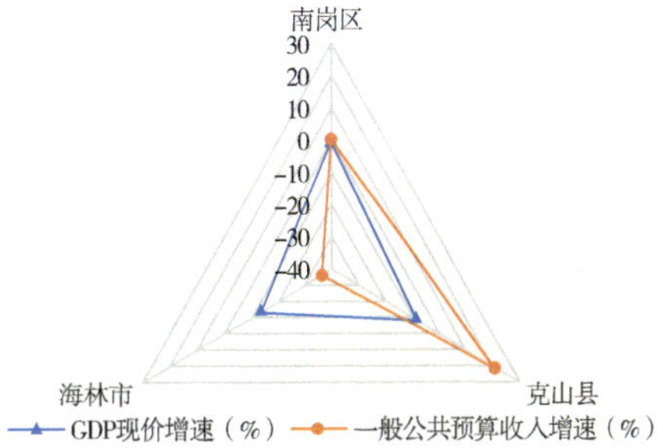

图8-114　2018年黑龙江省样本区县一般公共预算收入增速

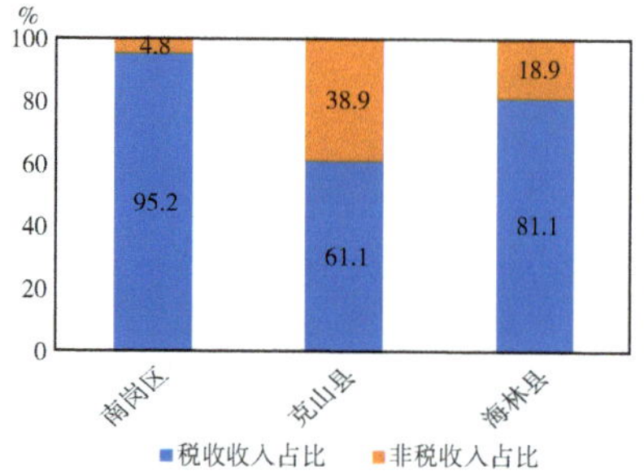

图8-115　2018年黑龙江省样本区县一般公共预算收入结构

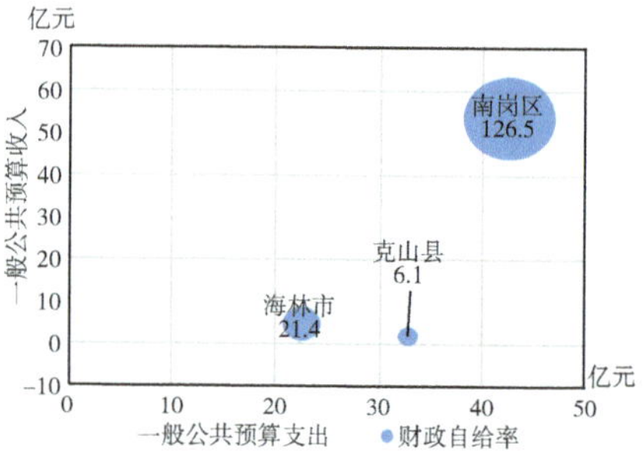

图8-116　2018年黑龙江省样本区县财政自给率

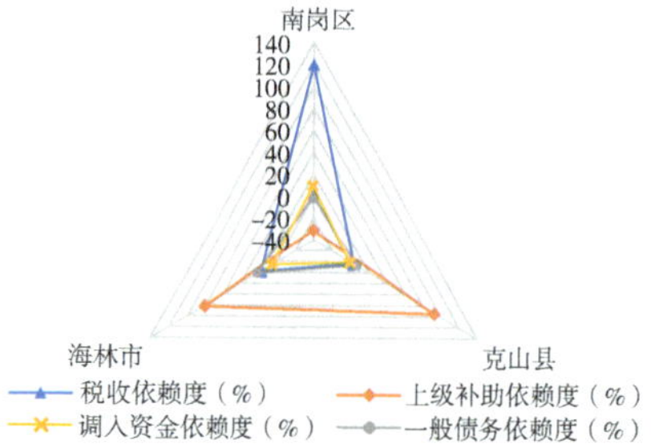

图8-117　2018年黑龙江省样本区县财政收入依赖度

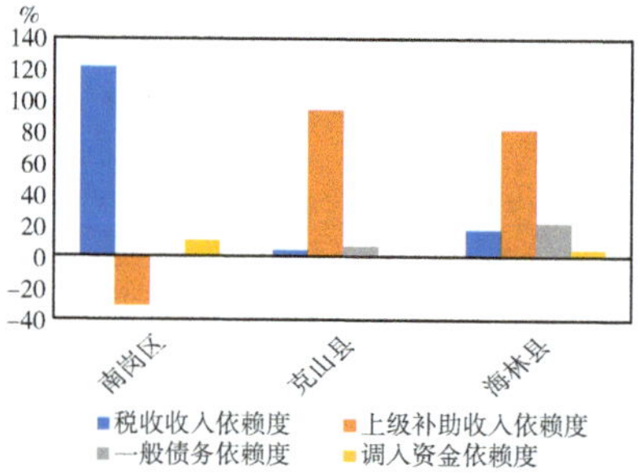

图8-118　2018年黑龙江省样本区县财政收入依赖度

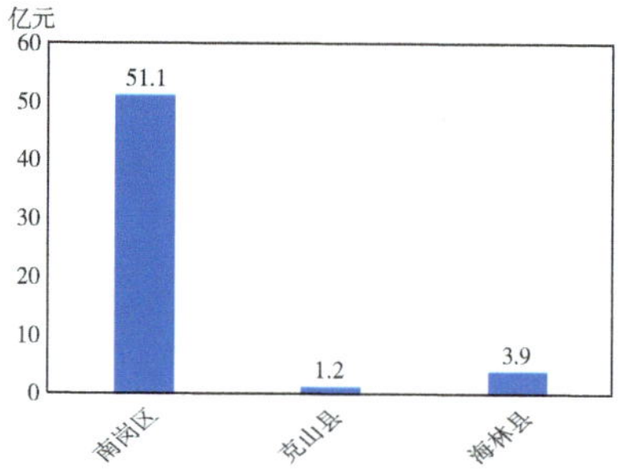

图8-119　2018年黑龙江省样本区县税收收入

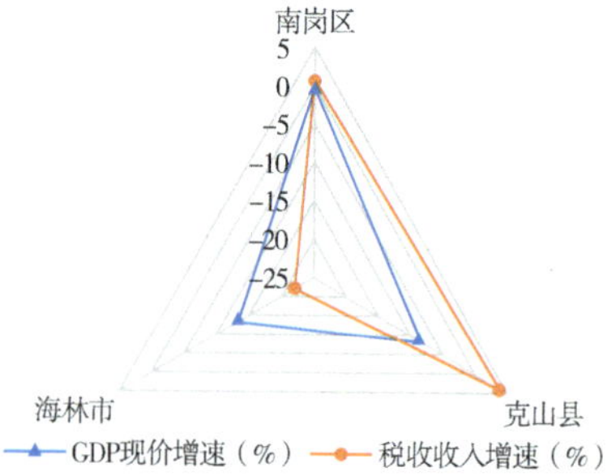

图8-120　2018年黑龙江省样本区县税收收入增速

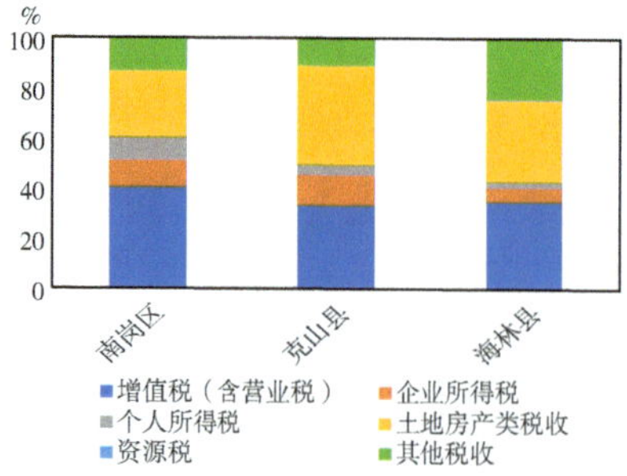

图8-121　2018年黑龙江省样本区县税收收入结构

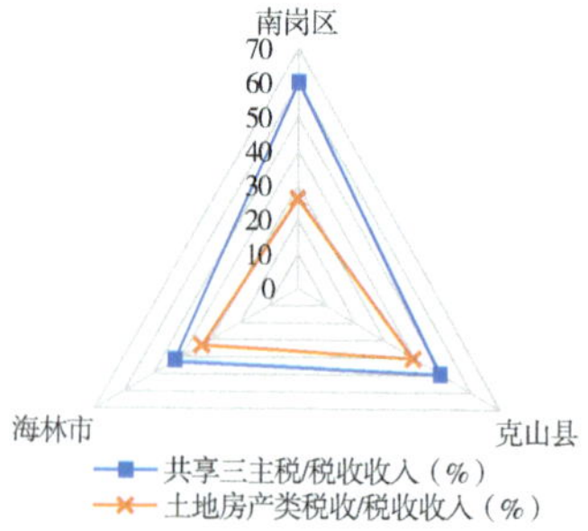

图8-122　2018年黑龙江省样本区县共享三主税、土地房产类税收占税收收入的比重

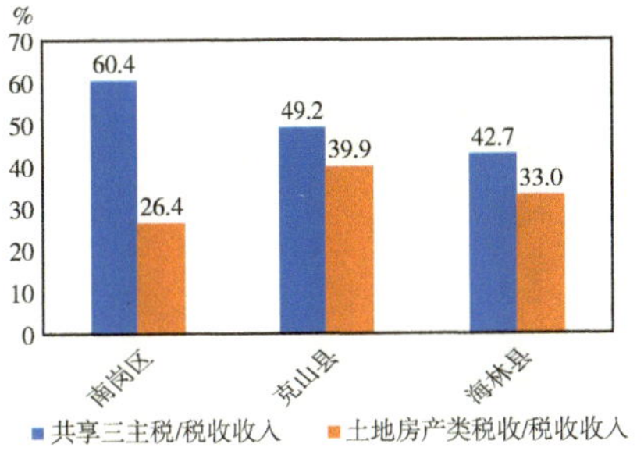

图8-123　2018年黑龙江省样本区县共享三主税、土地房产类税收占税收收入的比重

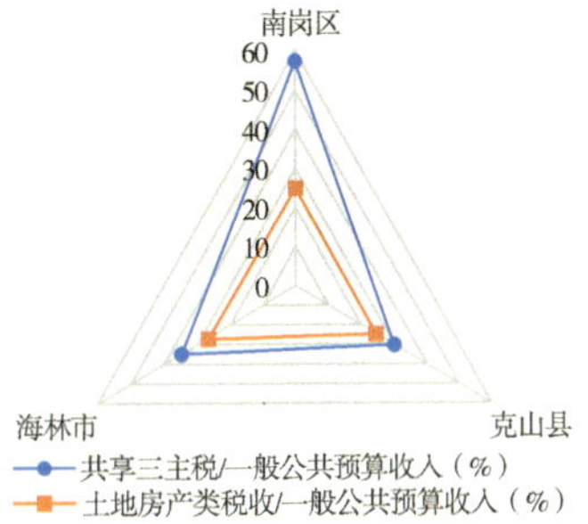

图8-124　2018年黑龙江省样本区县共享三主税、土地房产类税收占一般公共预算收入的比重

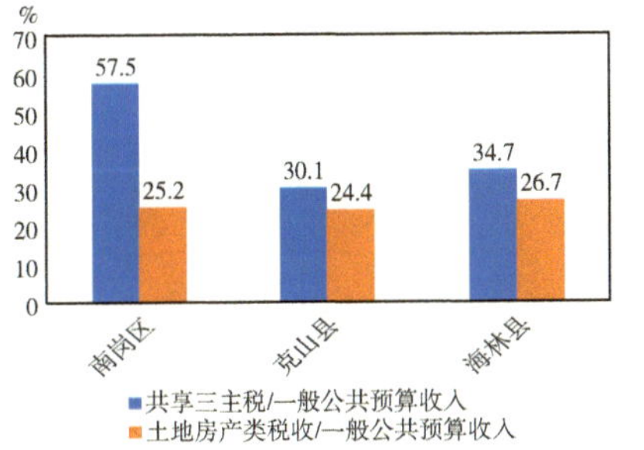

图8-125　2018年黑龙江省样本区县共享三主税、土地房产类税收占一般公共预算收入的比重

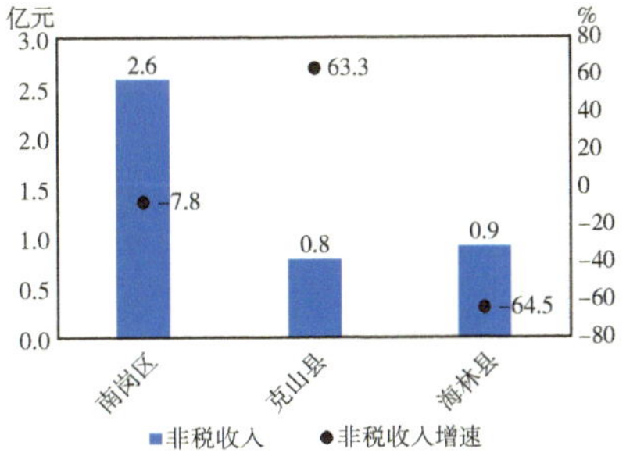

图8-126　2018年黑龙江省样本区县非税收入

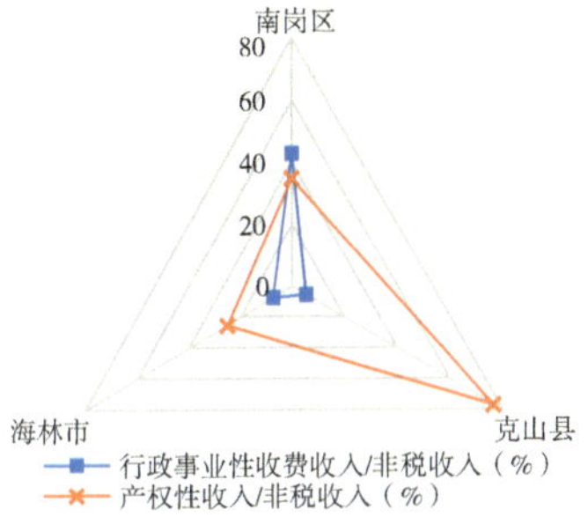

图8-127　2018年黑龙江省样本区县产权性收入、行政事业性收费收入占非税收入的比重

8.3.4　黑龙江省样本县政府性基金收入与国有资本经营收入情况

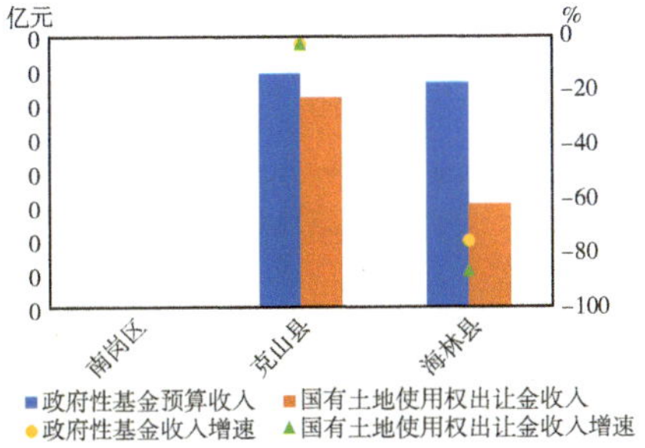

图8-128　2018年黑龙江省样本区县政府性基金收入、国有土地使用权出让金收入及其增速

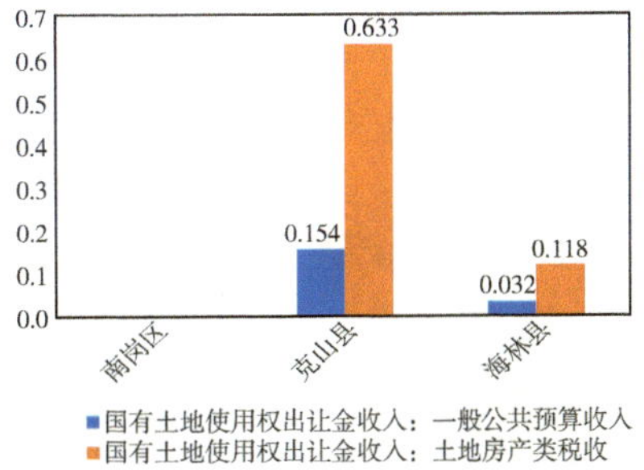

图8-129　2018年黑龙江省样本区县国有土地使用权出让金收入与一般公共预算关系指标

8.3.5　黑龙江省样本县社会保险基金收入情况

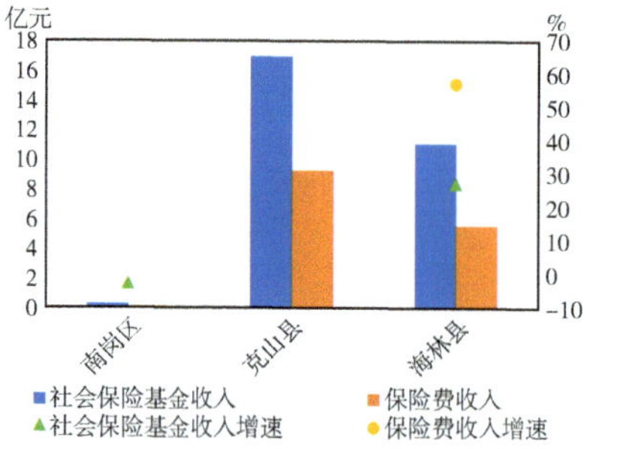

图8-130　2018年黑龙江省样本区县社会保险基金收入、保险费收入及其增速

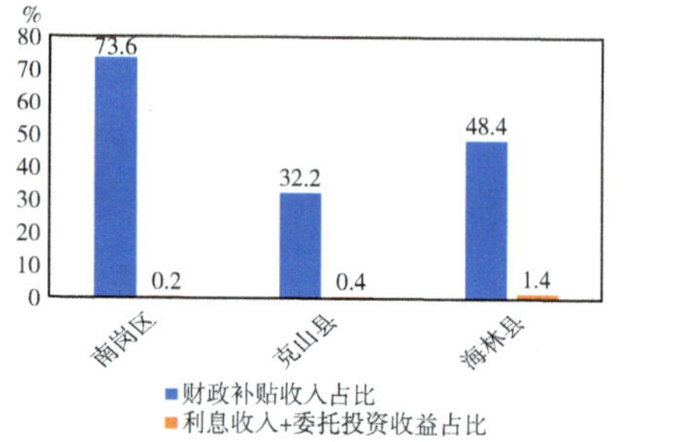

图8-131　2018年黑龙江省样本区县财政补贴收入、利息收入+委托投资收益占社会保险基金收入的比重

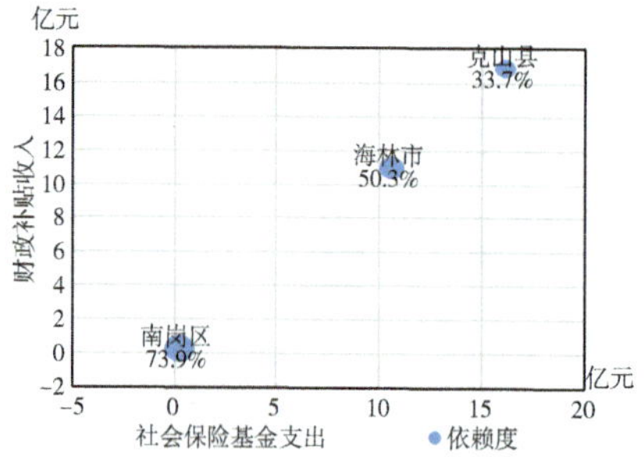

图8-132　2018年黑龙江省样本区县社会保险基金对财政补贴的依赖度

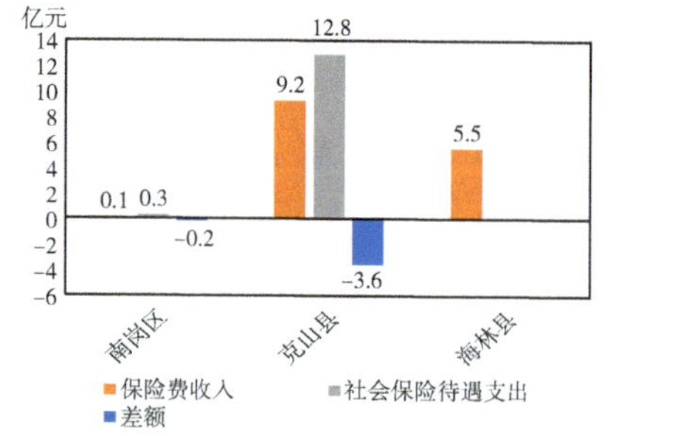

图8-133　2018年黑龙江省样本区县保险费收入、社会保险待遇支出及其差额

8.3.6　黑龙江省样本县债务情况

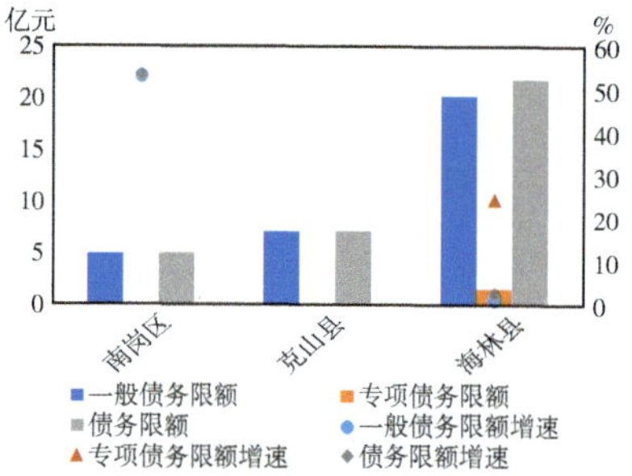

图8-134　2018年黑龙江省样本区县债务限额及其增速

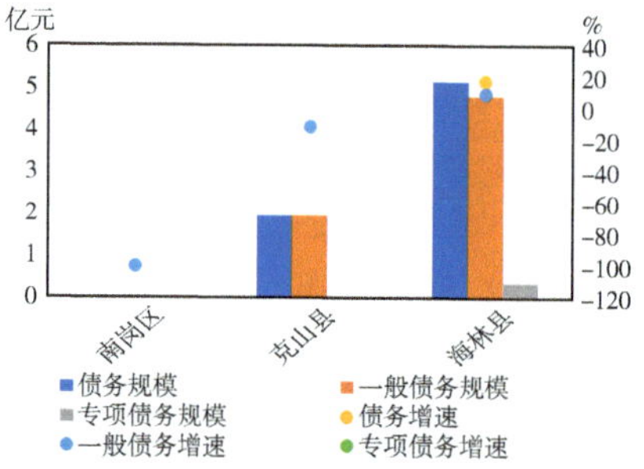

图8-135　2018年黑龙江省样本区县债务规模及其增速

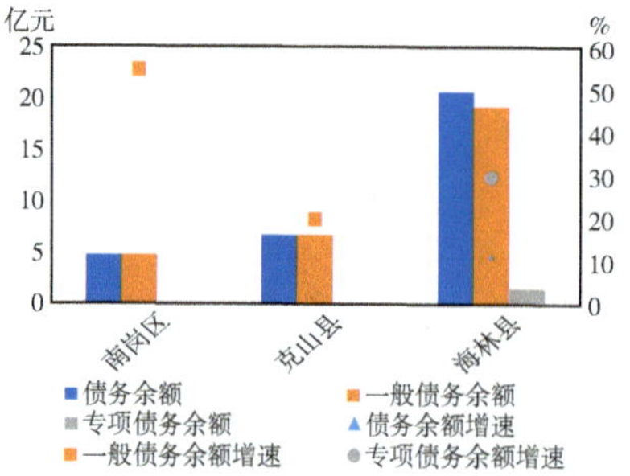

图8-136　2018年黑龙江省样本区县债务余额及其增速

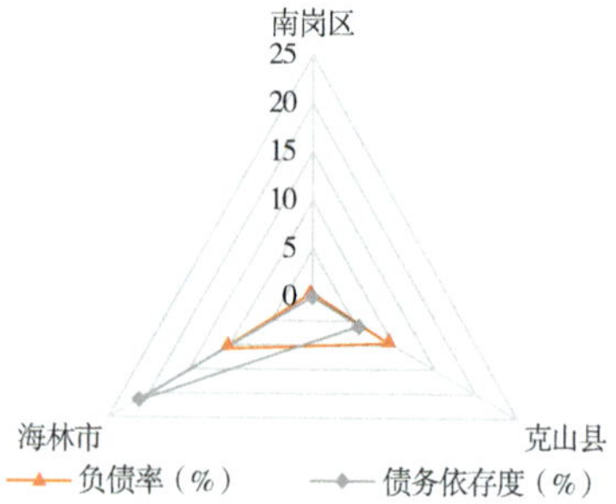

图8-137　2018年黑龙江省样本区县负债率与债务依存度

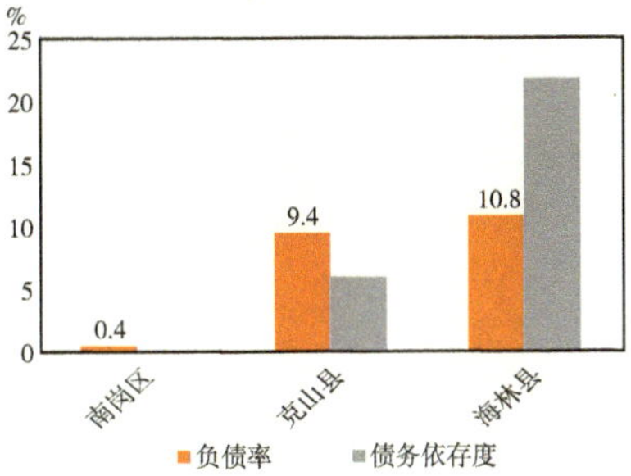

图8-138　2018年黑龙江省样本区县负债率与债务依存度

9 上海市

上海市下辖16个市辖区，地域面积为0.63万平方公里，地处长江入海口，是长江经济带的龙头城市，是国家中心城市，长三角地区核心城市，是国际经济、金融、贸易、航运、科技创新中心。

2019年上海市经济总量排名第10，第三产业占比高于全国平均水平，人口整体净流入，城镇化率高于全国平均水平。2019年末，上海市常住人口2428.1万人，GDP达到3.8万亿元，排全国第10名，次于湖南省，高于安徽省；增速6%，比2018年下降0.8个百分点，低于全国0.1个百分点；人均GDP为157138元（22711美元）。从产业结构看，2019年第一、第二、第三产业占比分别为0.3%、27%（低于全国平均水平12个百分点）和72.7%（高于全国平均水平18.8个百分点）。从居民可支配收入看，2019年城镇与农村居民人均可支配收入分别为73615元和33195元，呈上升态势，分别为全国平均水平的173.8%和207.2%。

2019年上海市一般公共预算收入全国排名第3，税收收入占比高，省（市）区中区级政府收入占比较高。2019年上海市一般公共预算收入7165.1亿元，排名全国第3，增速为0.8%，人均一般公共预算收入为29509元。2018年上海市税收收入占一般公共预算收入为88.4%，高于全国平均水平5个百分点。从纵向收入分配看，2018年省（市）本级、区县一般公共预算收入占比分别为47.3%、52.7%。

2019年上海市财政自给率较高，地区财政总收入大于一般公共预算支出。2019年上海市财政自给率为87.6%。2018年上海市组织的地区财政总收入为17202.3亿元，增速为6.1%，其中上缴中央收入占比58.7%。2019年上海市一般公共预算支出为8179.3亿元。

2019年上海市四本预算中一般公共预算收入和社保基金收入占比下降。2019年上海市四本预算加总的政府收入为14672.2亿元，增速为6.5%，其中一般公共预算收入、政府性基金收入、国有资本经营收入和社会保险基金收入分别占比48.8%、16.5%、1.1%和33.5%。

9.1 上海市政府收入主要特征分析

9.1.1 上海市经济社会基本情况

图9-1 2017-2019年上海市人口状况

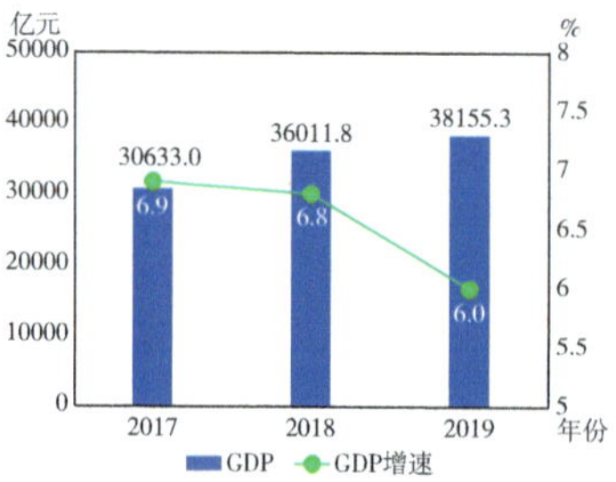

图9-2 2017-2019年上海市GDP及增速

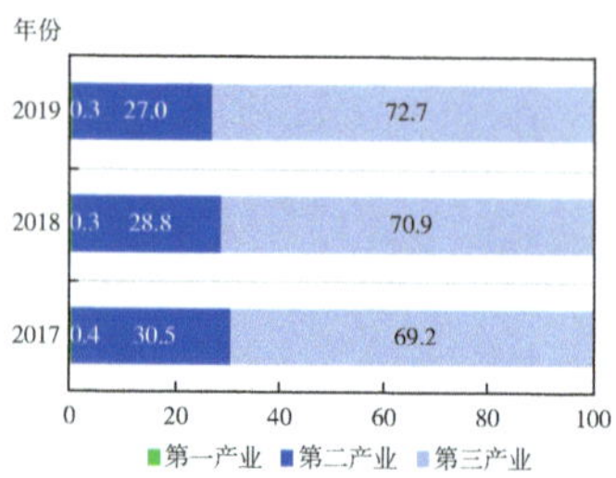

图9-3 2017-2019年上海市三次产业结构

本章执笔人：周娇娇　审校：梁季

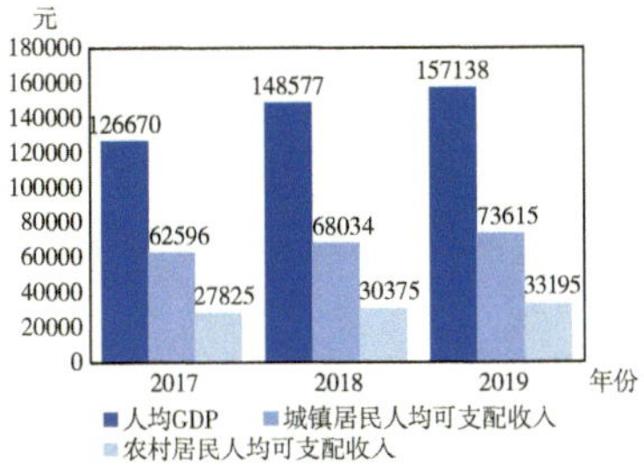

图9-4 2017-2019年上海市人均GDP和人均可支配收入

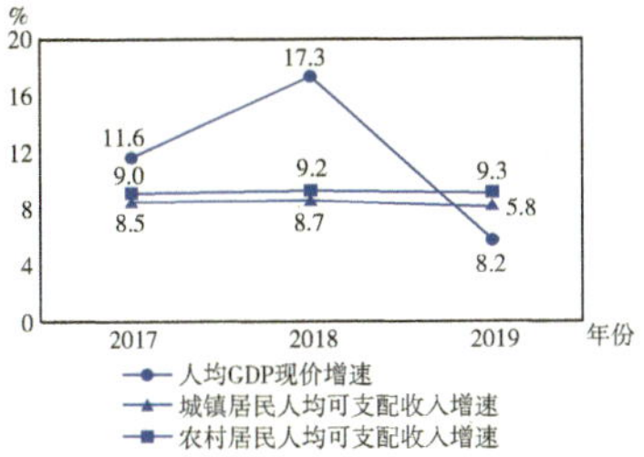

图9-5 2017-2019年上海市人均GDP增速和人均可支配收入增速

9.1.2 上海市政府收入总体情况

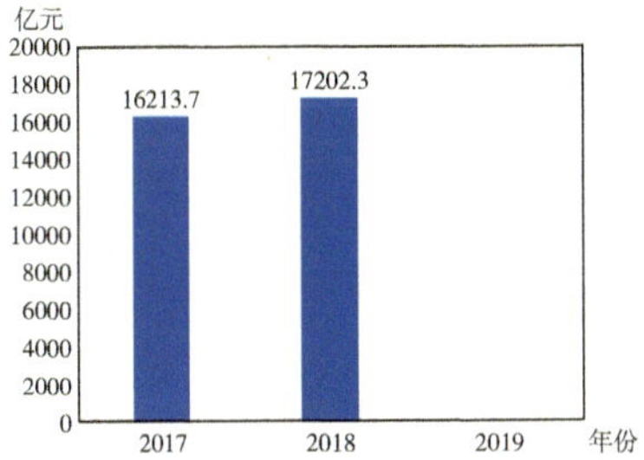

图9-6 2017-2019年上海市财政总收入

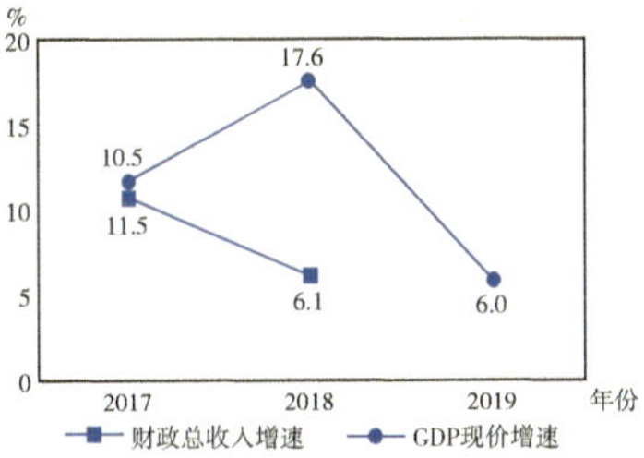

图9-7 2017-2019年上海市财政总收入增速

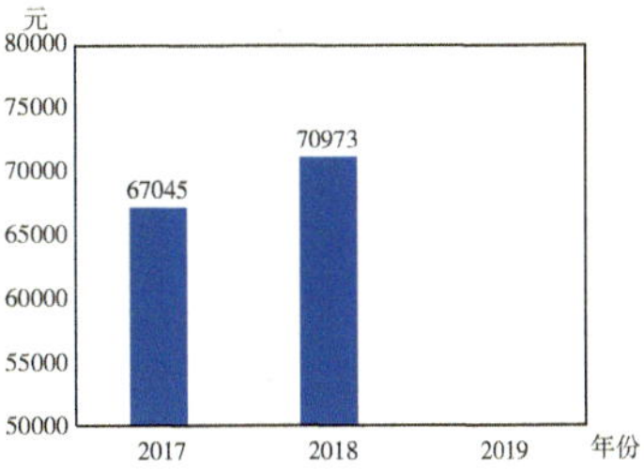

图9-8 2017-2019年上海市人均财政总收入

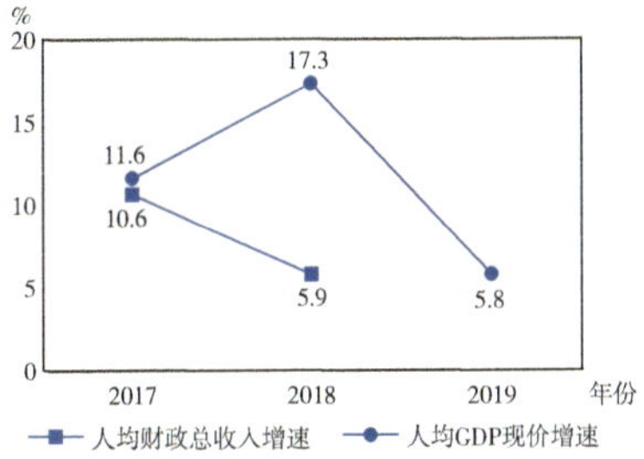

图9-9 2017-2019年上海市人均财政总收入增速

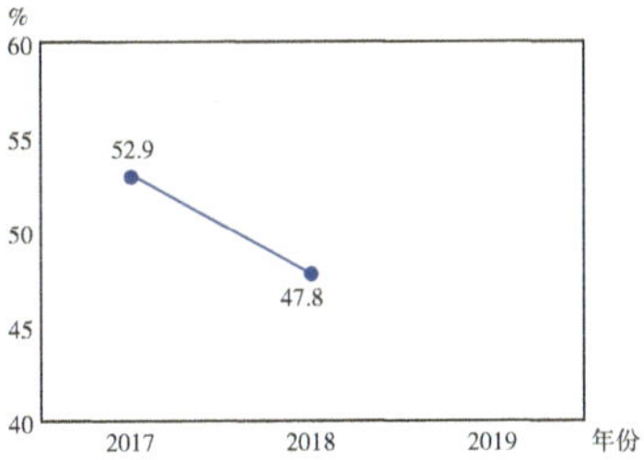

图9-10 2017-2019年上海市财政总收入/GDP

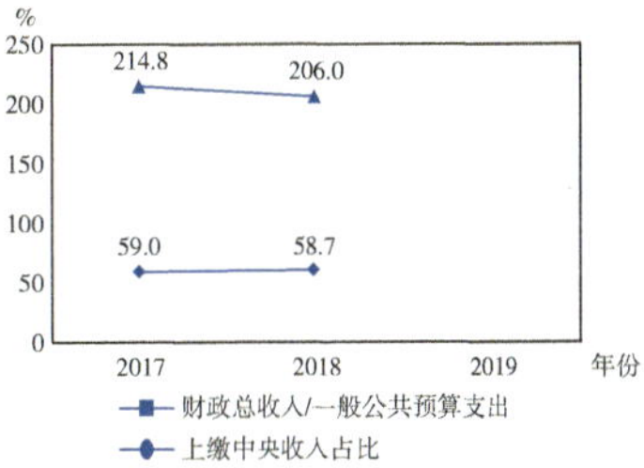

图9-11 2017-2019年上海市财政总收入其他指标

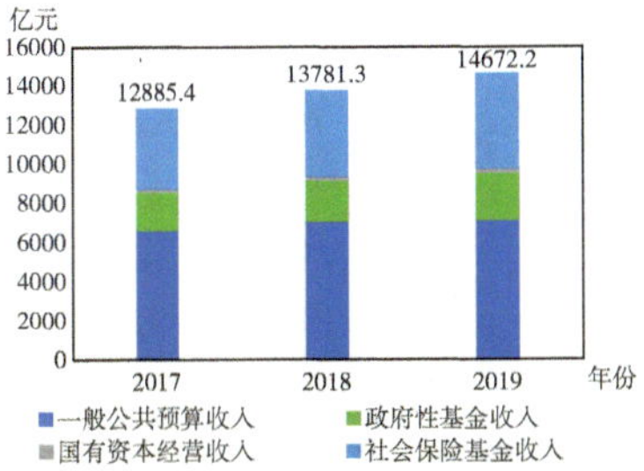

图9-12 2017-2019年上海市政府收入

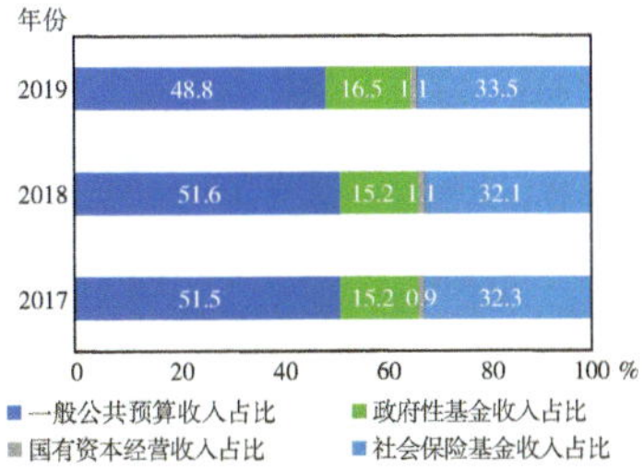

图9-13 2017-2019年上海市政府收入结构

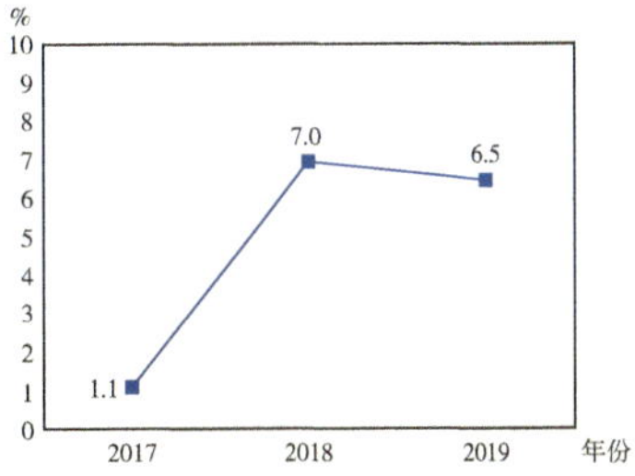

图9-14 2017-2019年上海市政府收入增速

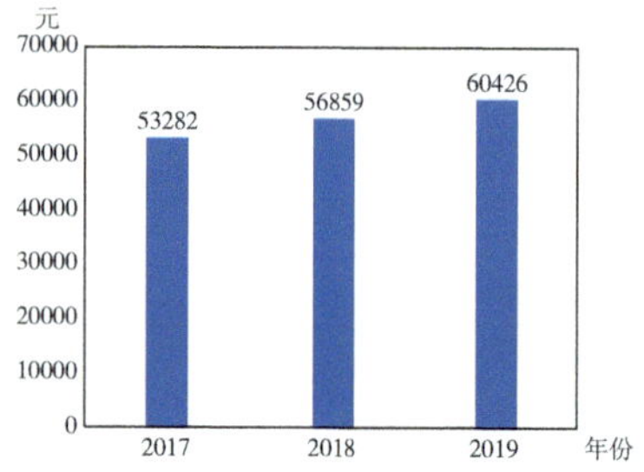

图9-15　2017-2019年上海市人均政府收入

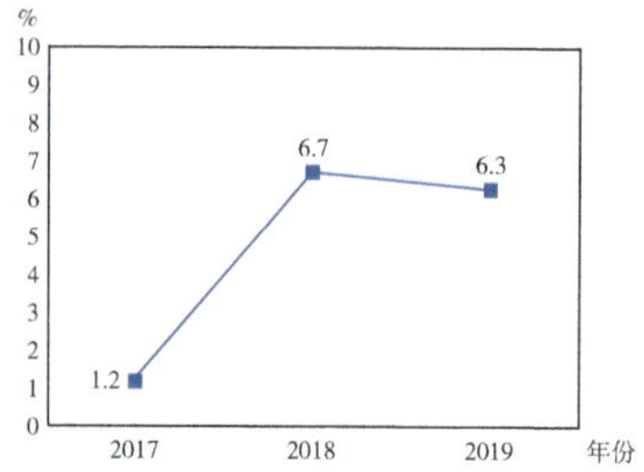

图9-16　2017-2019年上海市人均政府收入增速

9.1.3　上海市一般公共预算收入情况

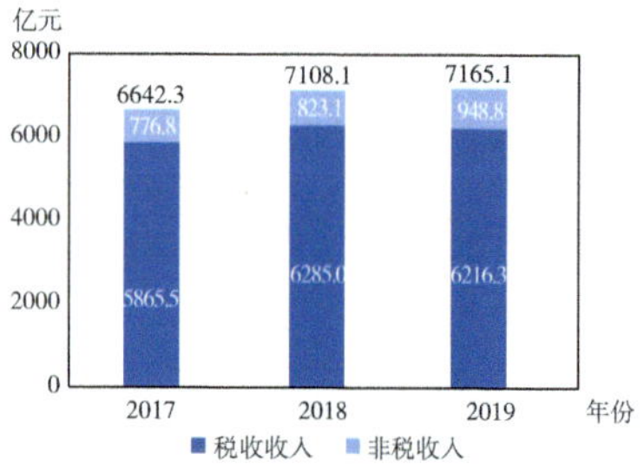

图9-17　2017-2019年上海市一般公共预算收入

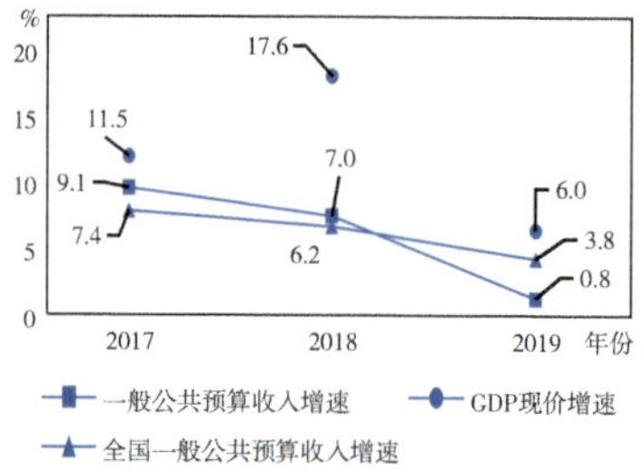

图9-18　2017-2019年上海市一般公共预算收入增速

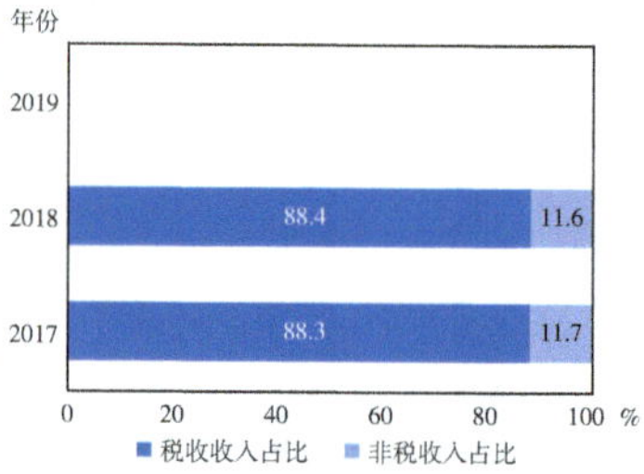

图9-19　2017-2019年上海市一般公共预算收入结构

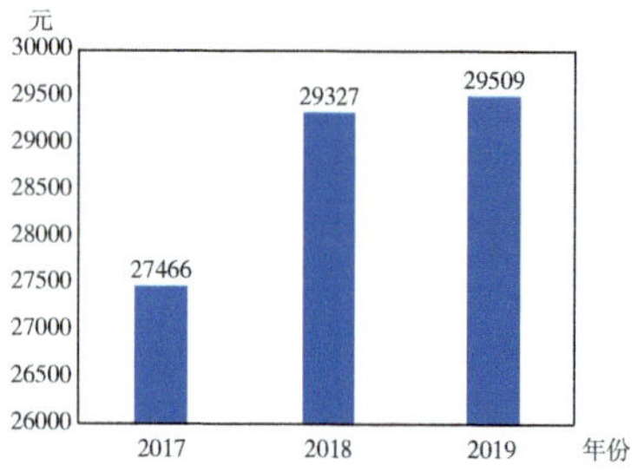

图9-20　2017-2019年上海市人均一般公共预算收入

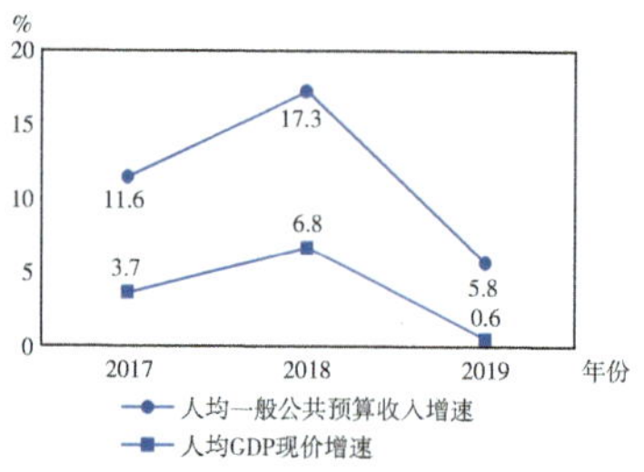

图9-21　2017-2019年上海市人均一般公共预算收入增速

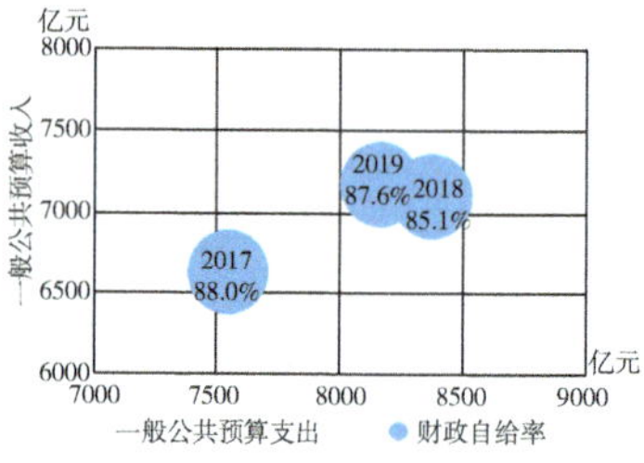

图9-22　2017-2019年上海市财政自给率

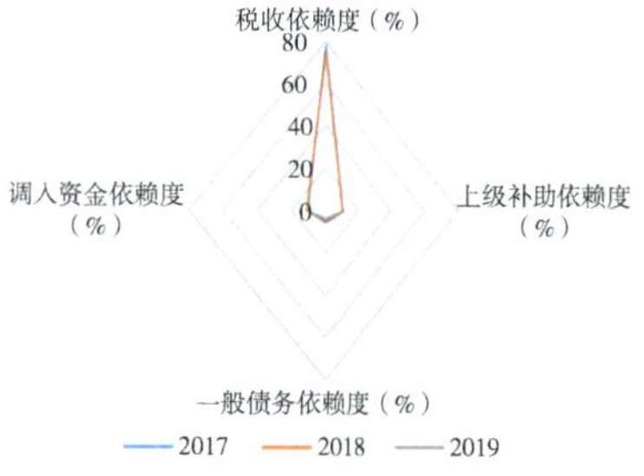

图9-23　2017-2019年上海市财政收入依赖度

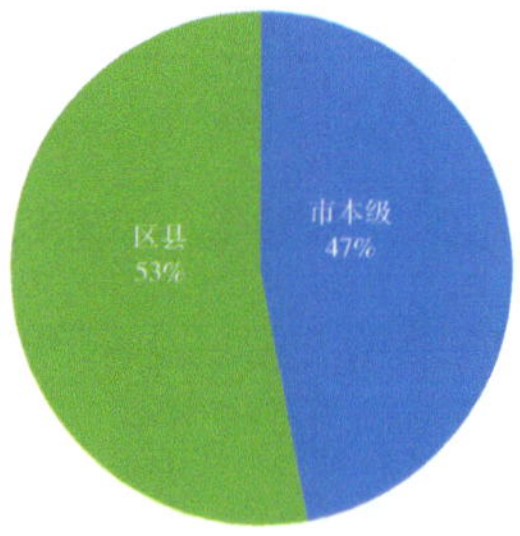

图9-24　2018年上海市县（区）政府一般公共预算收入分布

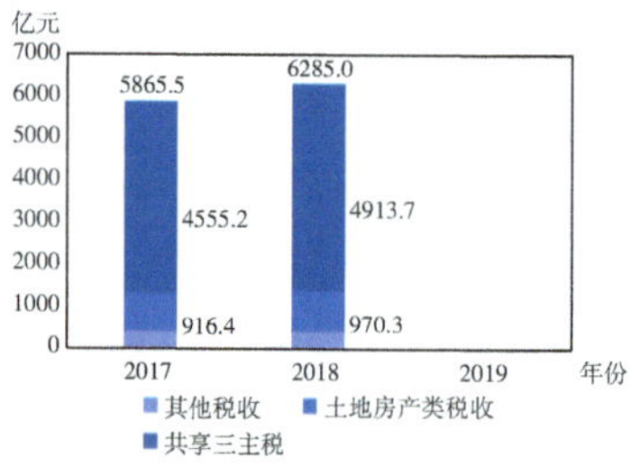

图9-25　2017-2019年上海市税收收入

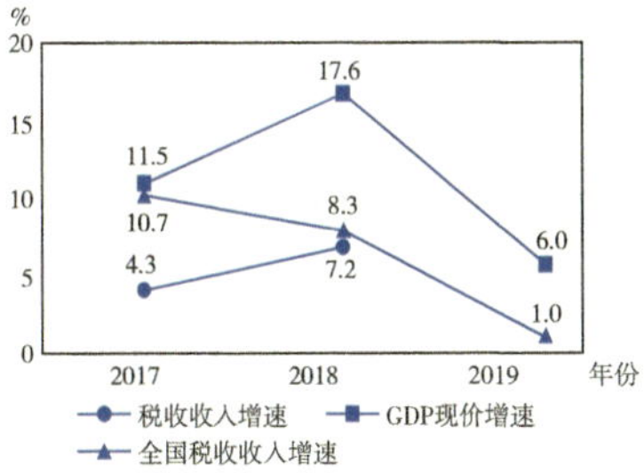

图9-26　2017-2019年上海市税收收入增速

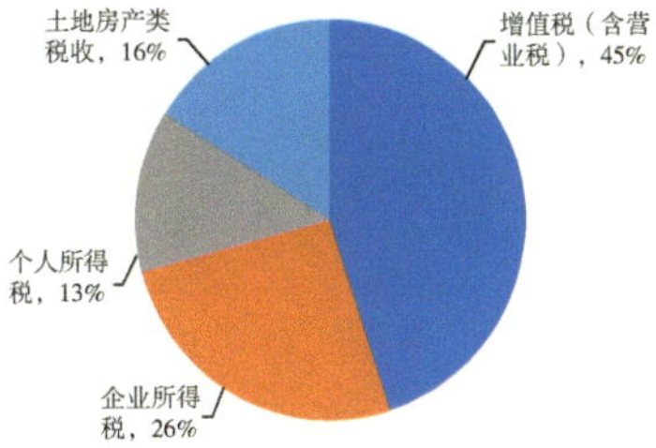

图9-27　2018年上海市税收结构

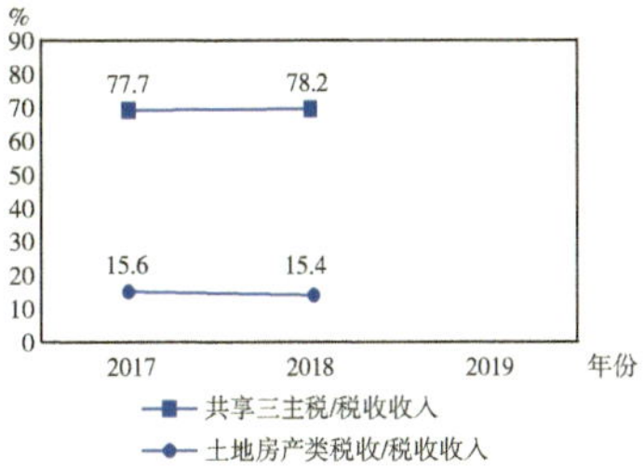

图9-28　2017-2019年上海市共享三主税、土地房产类税收占税收收入的比重

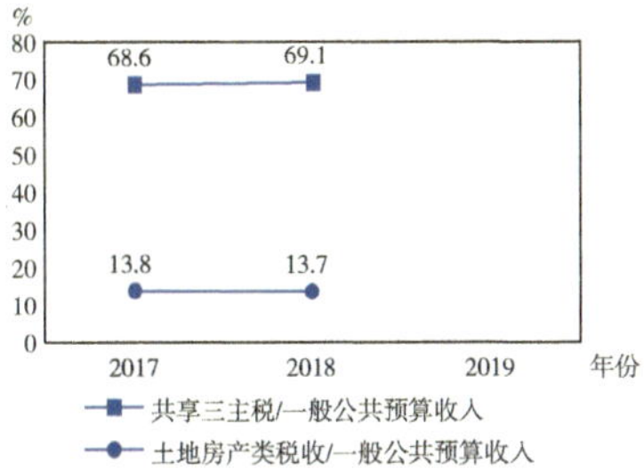

图9-29　2017-2019年上海市共享三主税、土地房产类税收占一般公共预算收入的比重

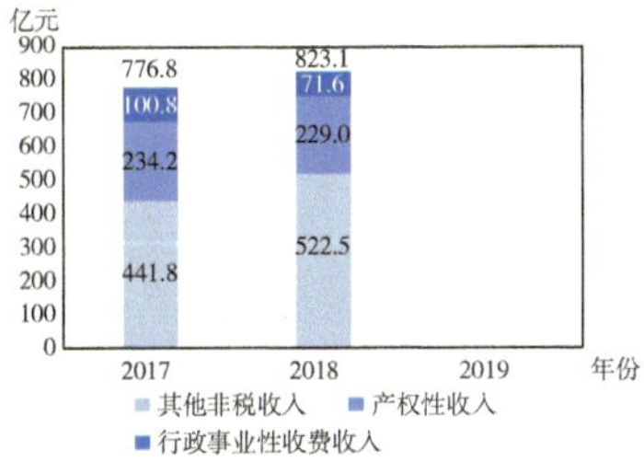

图9-30　2017-2019年上海市非税收入

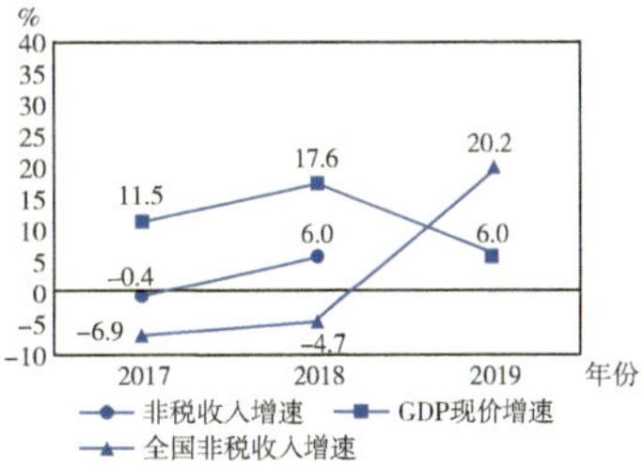

图9-31　2017-2019年上海市非税收入增速

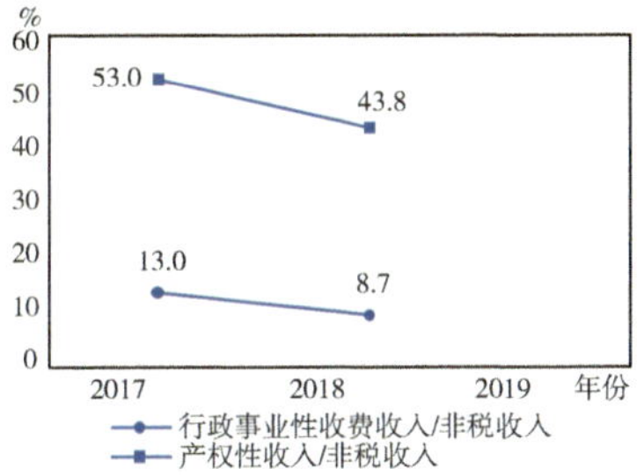

图9-32　2017-2019年上海市行政事业性收费及产权性收入占非税收入的比重

9.1.4　上海市政府性基金收入和国有资本经营收入情况

图9-33　2017-2019年上海市政府性基金收入

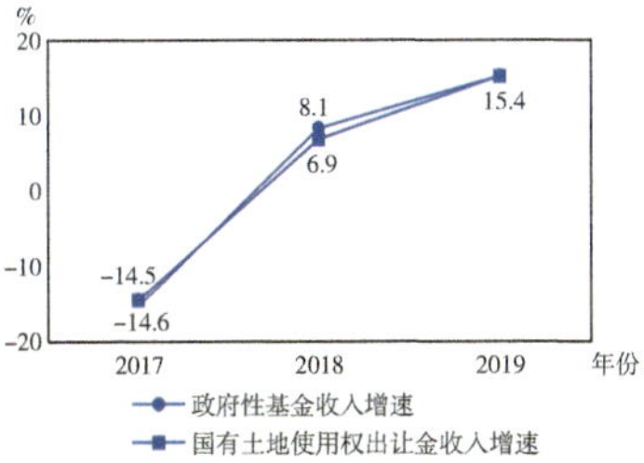

图9-34　2017-2019年上海市政府性基金收入增速及国有土地使用权出让金收入增速

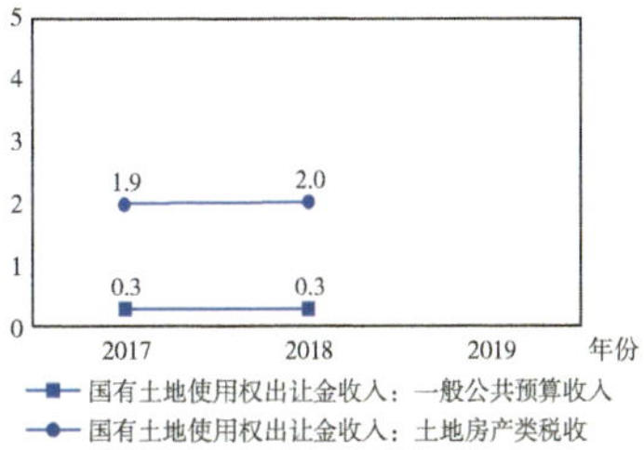

图9-35　2017-2019年上海市国有土地使用权出让金收入与一般公共预算关系指标

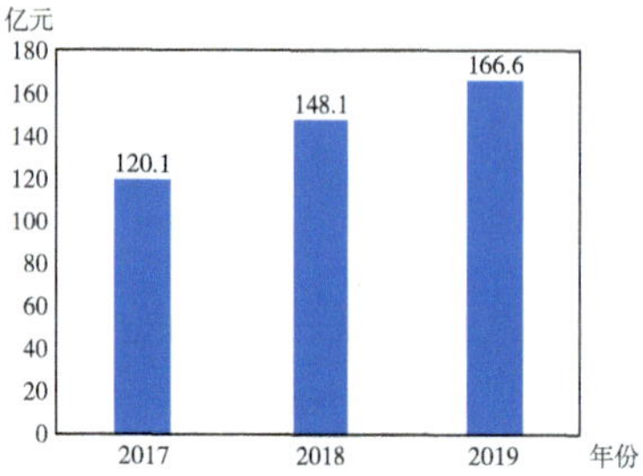

图9-36　2017-2019年上海市国有资本经营收入

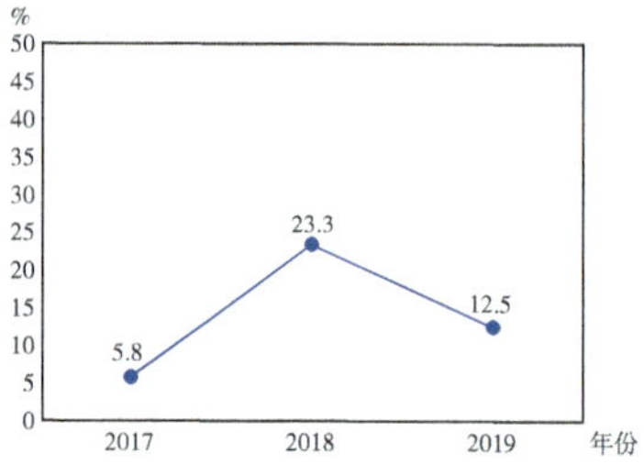

图9-37　2017-2019年上海市国有资本经营收入增速

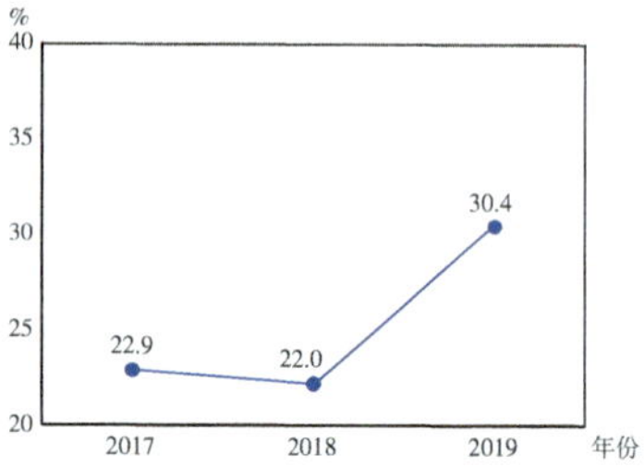

图9-38　2017-2019年上海市调出资金/国有资本经营收入

9.1.5　上海市债务情况

图9-39　2017-2019年上海市债务规模

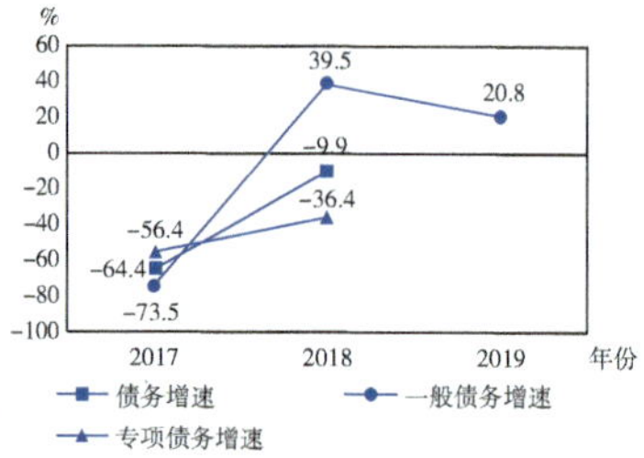

图9-40　2017-2019年上海市债务增速

图9-41　2017-2019年上海市债务限额

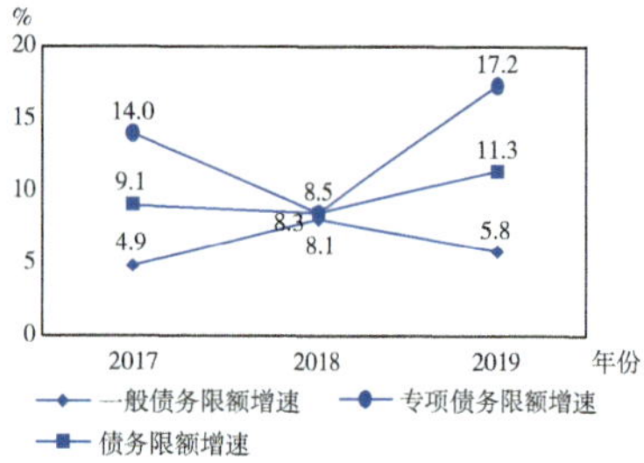

图9-42　2017-2019年上海市债务限额增速

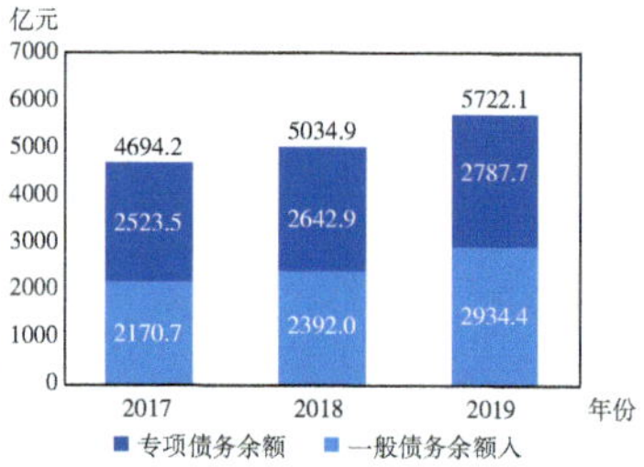

图9-43　2017-2019年上海市债务余额

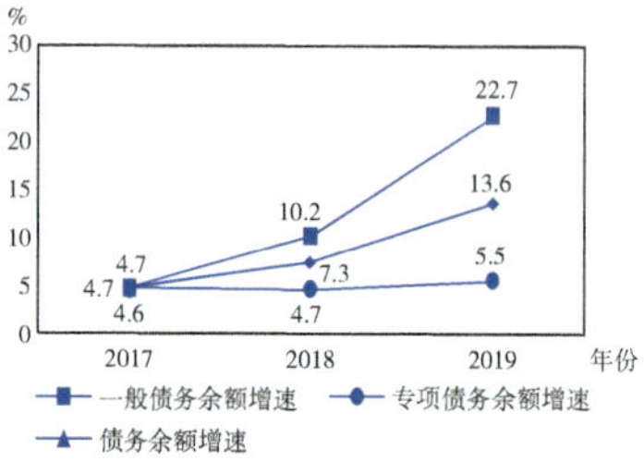

图9-44　2017-2019年上海市债务余额增速

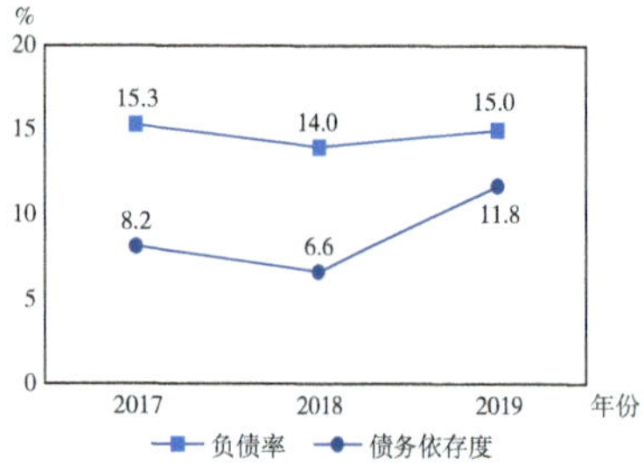

图9-45　2017-2019年上海市负债率与债务依存度

9.1.6 上海市市本级一般公共预算收入情况

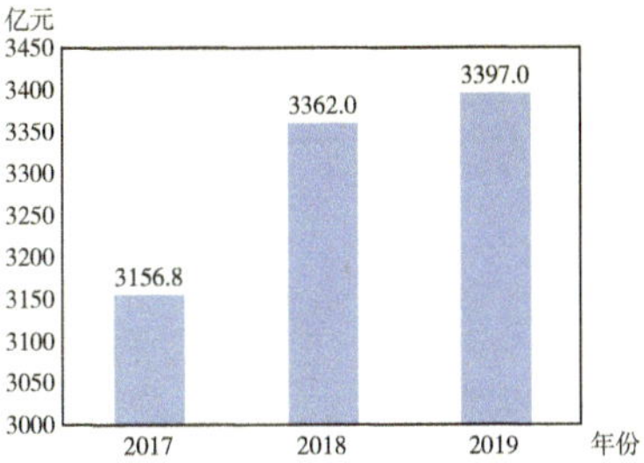

图9-46 2017-2019年上海市市本级一般公共预算收入

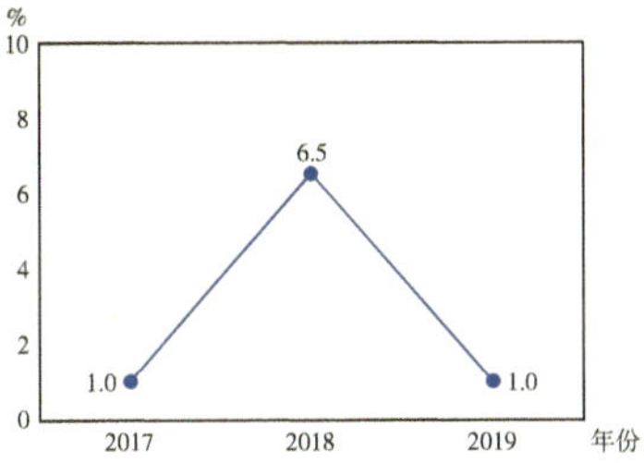

图9-47 2017-2019年上海市市本级一般公共预算收入增速

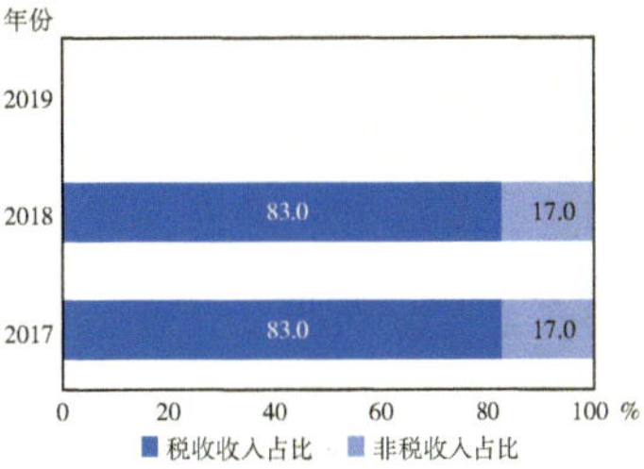

图9-48 2017-2019年上海市市本级一般公共预算收入结构

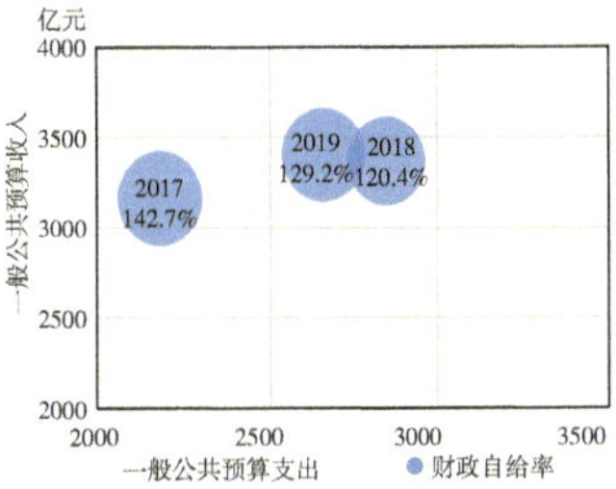

图9-49 2017-2019年上海市市本级财政自给率

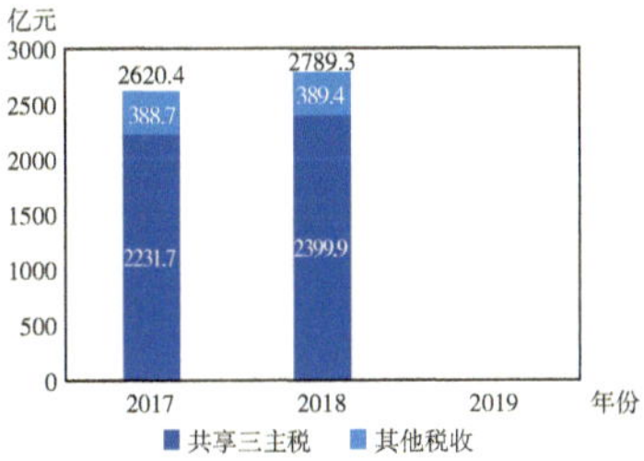

图9-50 2017-2019年上海市市本级税收收入

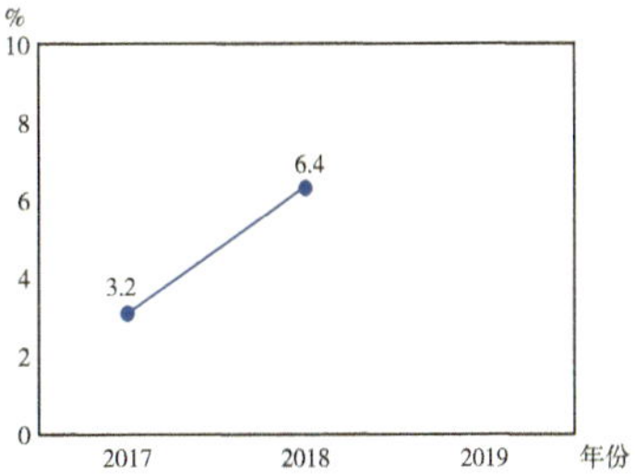

图9-51 2017-2019年上海市市本级税收收入增速

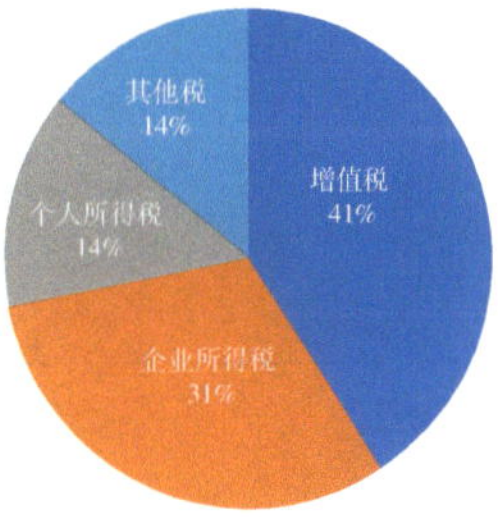

图9-52 2018年上海市市本级税收结构

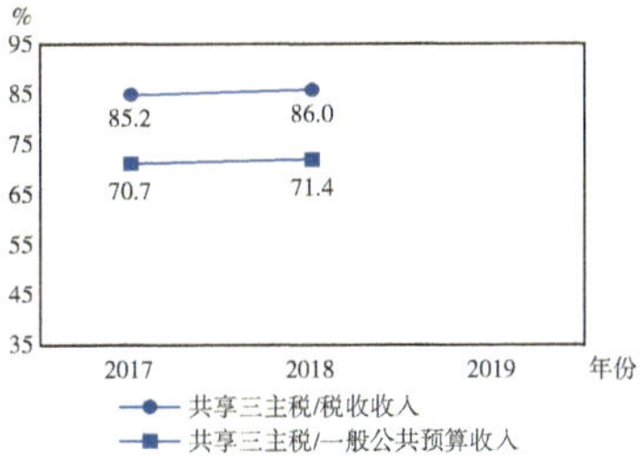

图9-53 2017-2019年上海市市本级共享三主税占税收收入、一般公共预算收入的比重

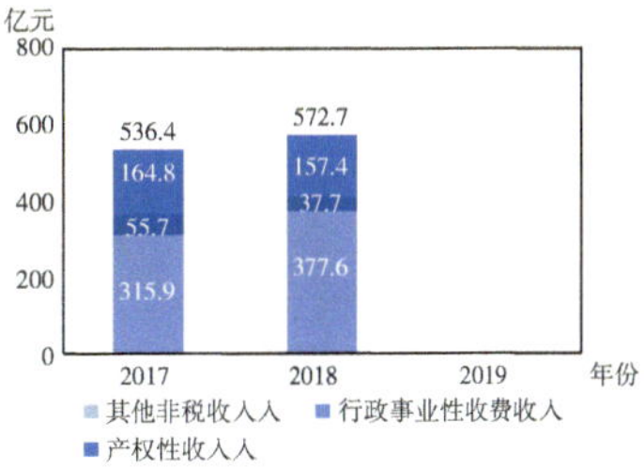

图9-54 2017-2019年上海市市本级非税收入

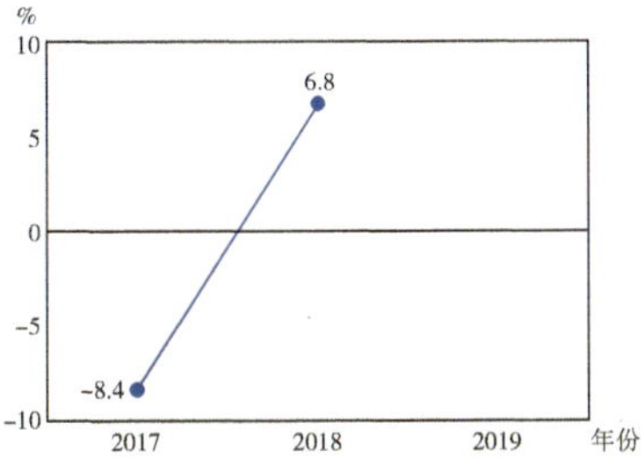

图9-55 2017-2019年上海市市本级非税收入增速

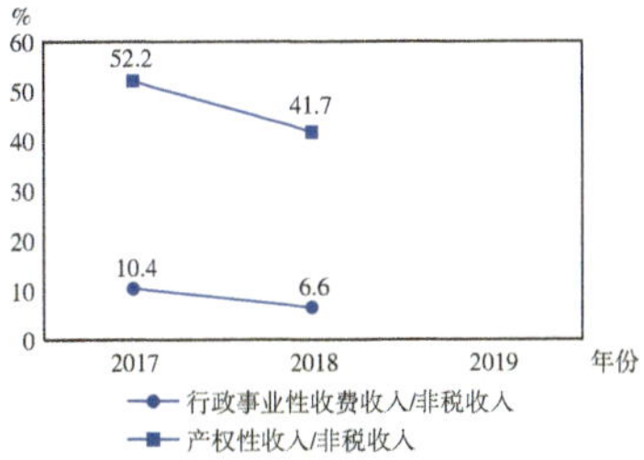

图9-56 2017-2019年上海市市本级行政事业性收费、产权性收入占非税收入的比重

9.2 上海市样本县政府收入主要特征分析

9.2.1 上海市浦东新区经济社会发展情况

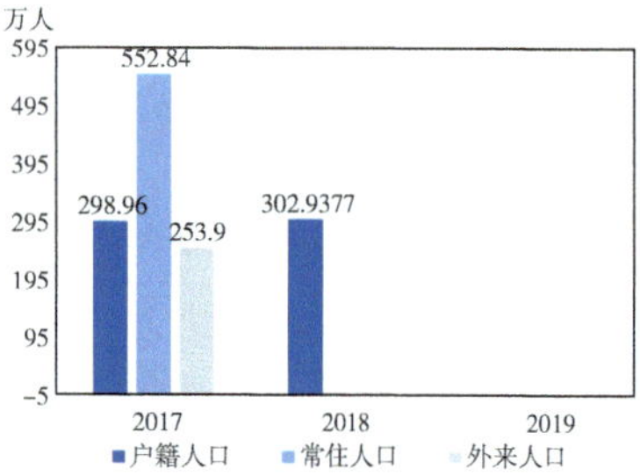

图9-57 2017-2019年上海市浦东新区人口状况

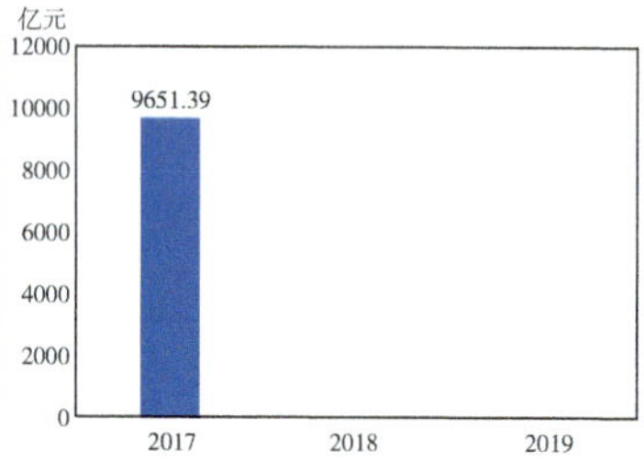

图9-58 2017-2019年上海市浦东新区GDP及增速

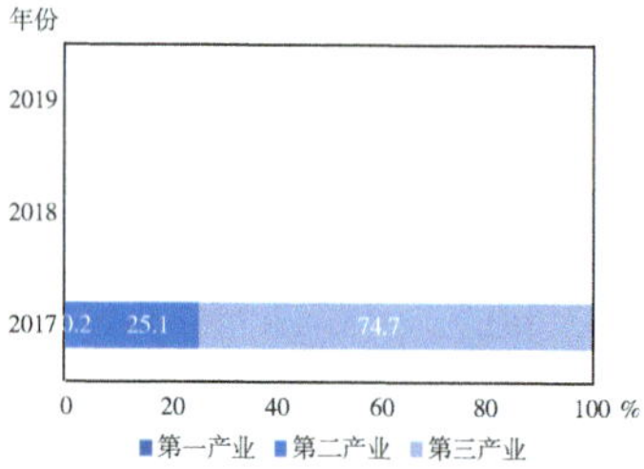

图9-59 2017-2019年上海市浦东新区三次产业结构

9.2.2 上海市浦东新区政府收入总体情况

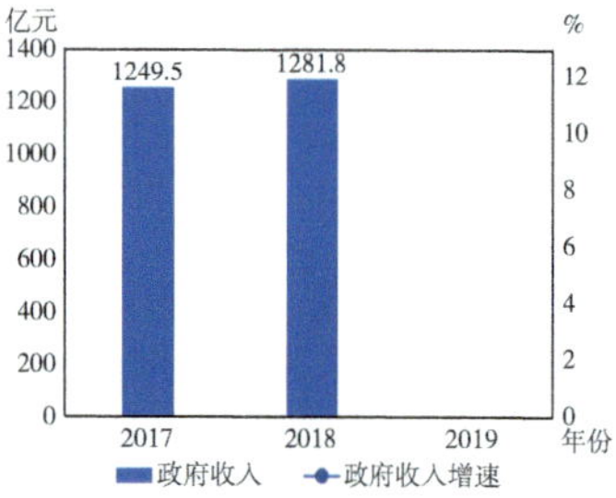

图9-60 2017-2019年上海市浦东新区政府收入

注：不包含社会保险收入

9.2.3 上海市浦东新区一般公共预算收入情况

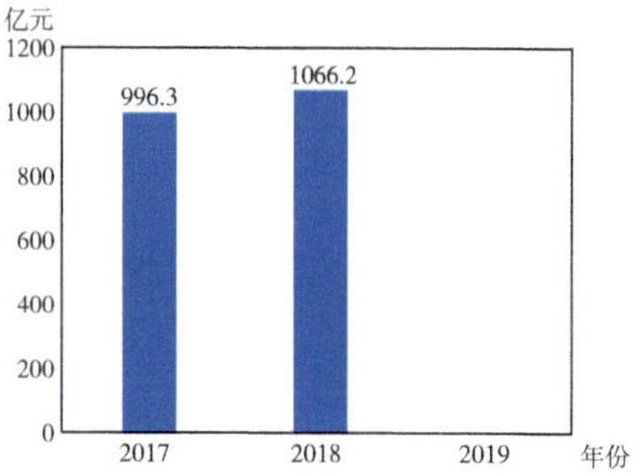

图9-61 2017-2019年上海市浦东新区一般公共预算收入

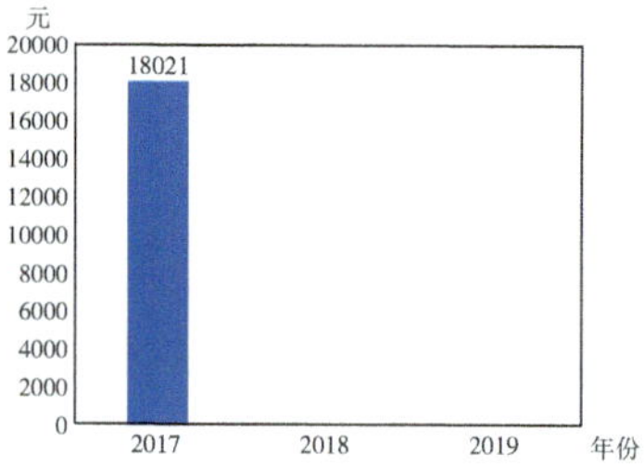

图9-62 2017-2019年上海市浦东新区人均一般公共预算收入

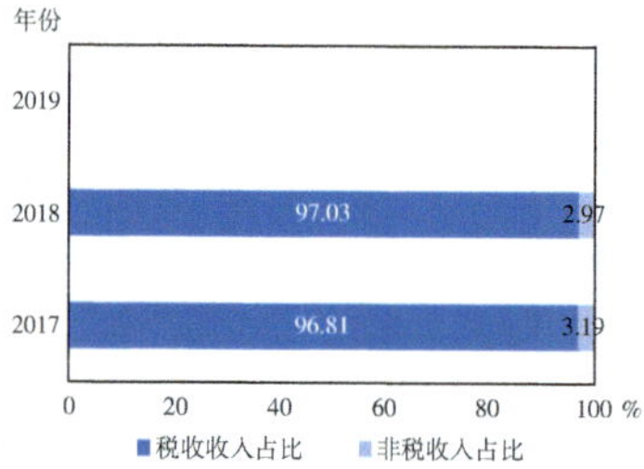

图9-63 2017-2019年上海市浦东新区一般公共预算收入结构

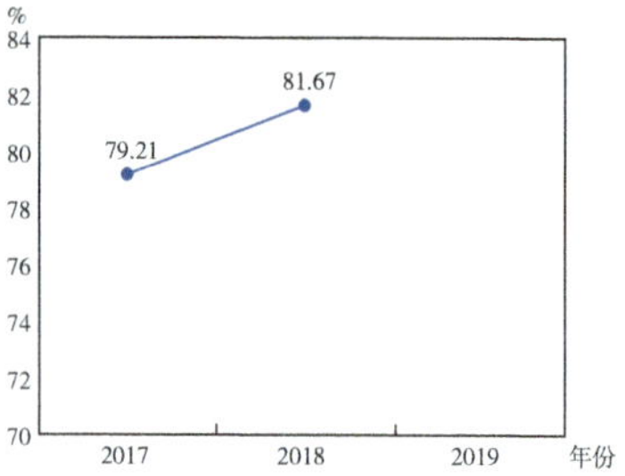

图9-64 2017-2019年上海市浦东新区财政自给率

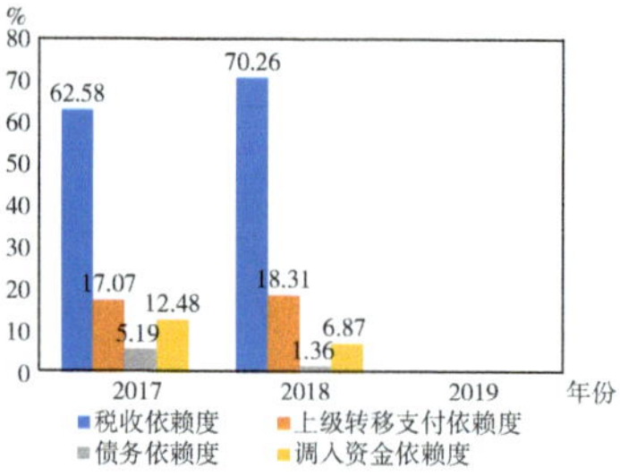

图9-65 2017-2019年上海市浦东新区财政收入依赖度

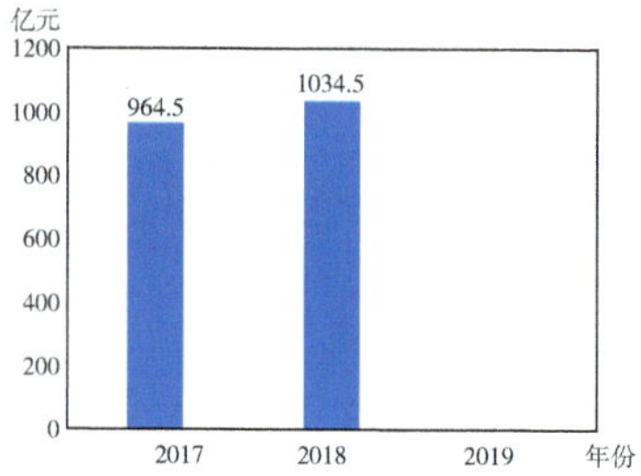

图9-66 2017-2019年上海市浦东新区税收收入

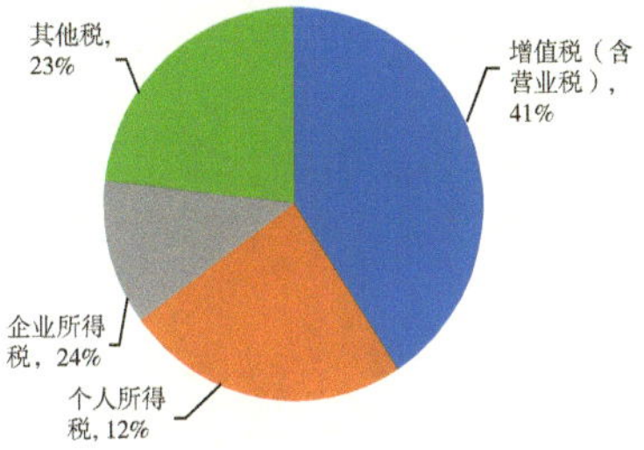

图9-67　2018年上海市浦东新区税收收入结构

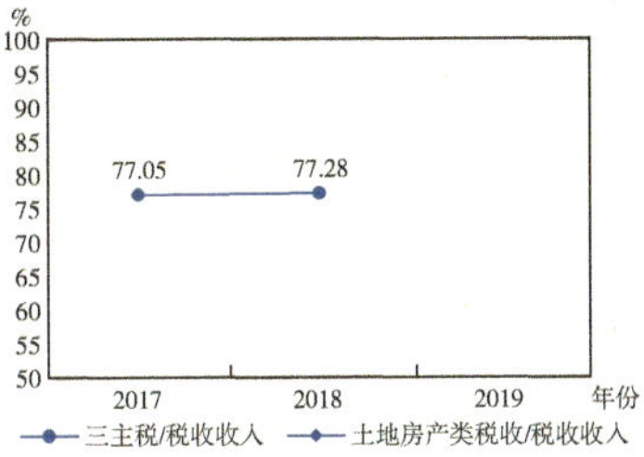

图9-68　2017-2019年上海市浦东新区共享三主税、土地房产类税收占税收收入的比重

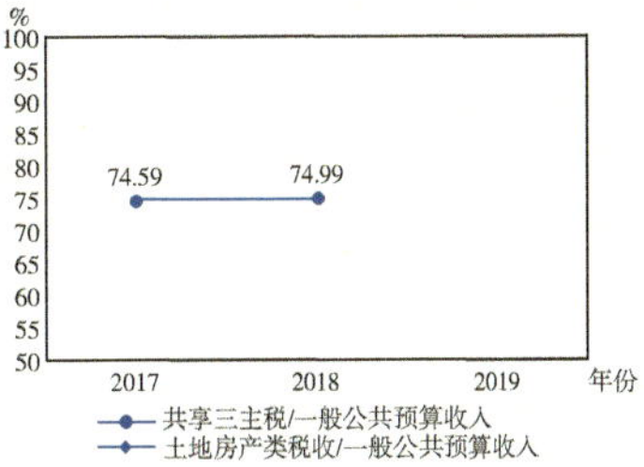

图9-69　2017-2019年上海市浦东新区共享三主税、土地房产类税收占一般公共预算收入的比重

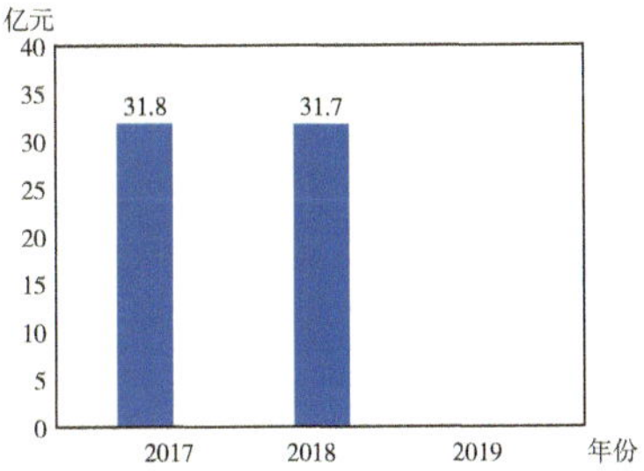

图9-70　2017-2019年上海市浦东新区非税收入

9.2.4　上海市浦东新区政府性基金收入与国有资本经营收入情况

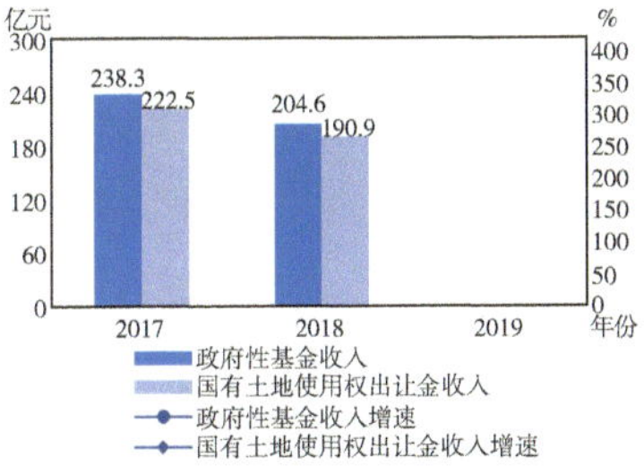

图9-71　2017-2019年上海市浦东新区政府性基金收入、国有土地使用权出让金收入规模

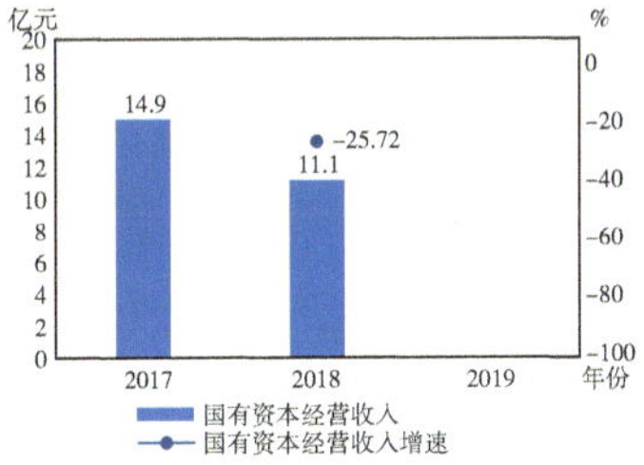

图9-72　2017-2019年上海市浦东新区国有资本经营收入及增速

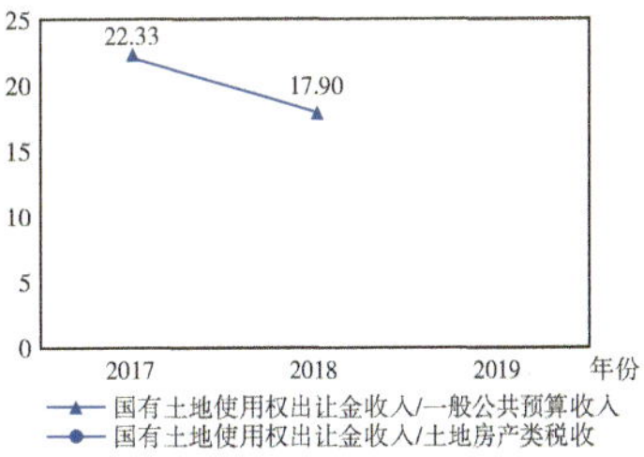

图9-73　2017-2019年上海市浦东新区国有土地使用权出让金收入与一般公共预算关系指标

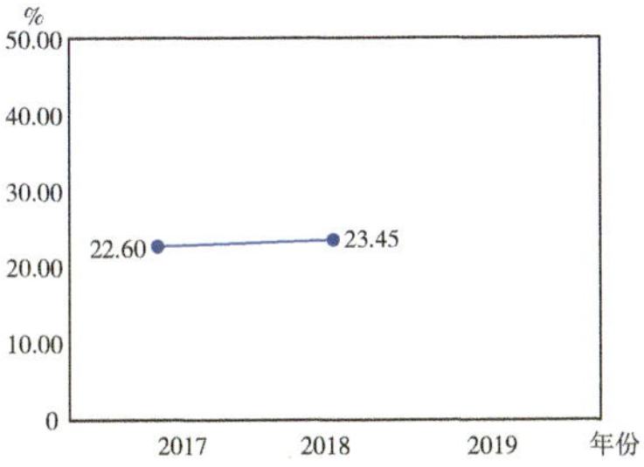

图9-74　2017-2019年上海市浦东新区调出资金/国有资本经营收入

9.2.5 上海市浦东新区债务情况

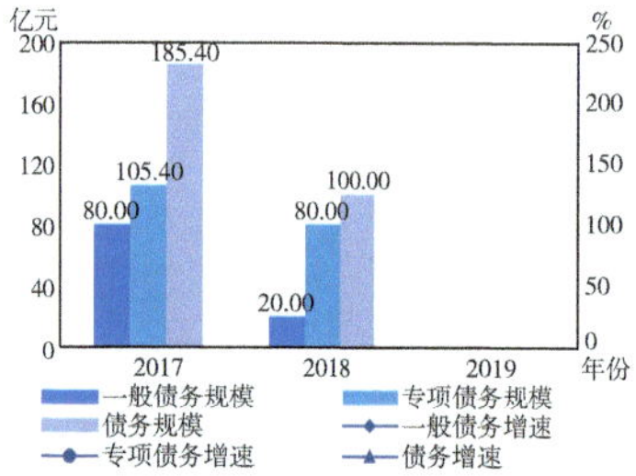

图9-75 2017-2019年上海市浦东新区债务规模

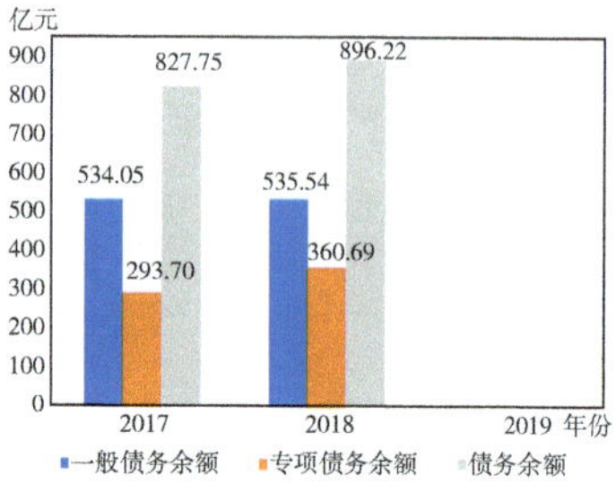

图9-76 2017-2019年上海市浦东新区债务余额

10 江苏省

江苏省，下辖13个地级市，总面积10.72万平方公里，是唯一所有地级市都跻身百强的省份，但城市间发展不均衡的问题仍然存在。

2019年江苏省经济总量处于全国中等，第三产业占比低于全国，人口整体净流入，城镇化率高于全国。2019年末，江苏省常住人口8070.0万人，常住人口城镇化率为70.6%。2019年江苏省GDP接近10万亿元，排全国第2名，增速6.1%，比2018年下降0.6个百分点，与全国平均水平持平，排全国第20名；人均GDP为123459元，排全国第3名。从产业结构看，第一、第二、第三产业占比分别为4.3%、44.4%（高于全国平均水平5.4个百分点）和51.3%（低于全国平均水平2.6个百分点）。从居民可支配收入看，2019年城镇与农村居民人均可支配收入分别为51056元和22675元，呈上升态势，分别为全国平均水平的120.5%和141.5%。

2019年江苏省一般公共预算收入全国排前列，省市县中区县级政府收入占比高。2019年江苏省一般公共预算收入8802.0亿元、增速2.0%，人均一般公共预算收入为10907元，排全国第6名。其中，近三年江苏省税收收入占一般公共预算收入的总体呈上升态势，2019年为83.4%。从纵向收入分配看，2018年省本级、市本级、县一般公共预算收入占比分别为3%、12%和85%。

2019年江苏省财政自给率较高，地区财政总收入小于一般公共预算支出。江苏财政自给率在70%左右，2018年为74%。2019年江苏省组织的地区财政总收入为15042.7亿元，增速为7.8%，其中上缴中央收入占比42.6%。江苏省一般公共预算支出为11657亿元，低于地区财政总收入规模。

2019年江苏省四本预算的一般公共预算收入和社保基金收入占比呈下降态势。2019年江苏省四本预算加总的政府收入24100.2亿元，增速为2.3%，其中一般公共预算收入、政府性基金收入、国有资本经营收入和社会保险基金收入分别占比36.5%、38.4%、1.0%和24.1%。

江苏省内各地市经济社会发展和财政发展不均衡，优势主要集中于苏南地区。苏州是2018年江苏省政府收入规模唯一超5000亿元的城市，为5076.5亿元，其次是南京，为3984.4亿元，而其他多数城市政府收入规模分布在千亿元以下。2018年苏州市一般公共预算收入2120.0亿元，其他多数城市在千亿元以下，城市间差异较大，比如苏州市是宿迁市的10倍之多。总体而言，江苏省各城市财政自给率较高，2018年均在45%以上，苏南城市多在90%以上。政府性基金收入主要构成是国有土地使用权出让金收入，与地理位置关系较大，收入规模最大的苏州市为1644.3亿元。江苏省县域经济非常发达，县域间发展不平衡。全国第一县昆山县2018年一般公共预算收入近400亿元，而仪征市仅为44.8亿元，前者是后者的9倍之多。

本章执笔人：刘洋　黄巍　审校：梁季

10.1 江苏省政府收入主要特征分析

10.1.1 江苏省经济社会基本情况

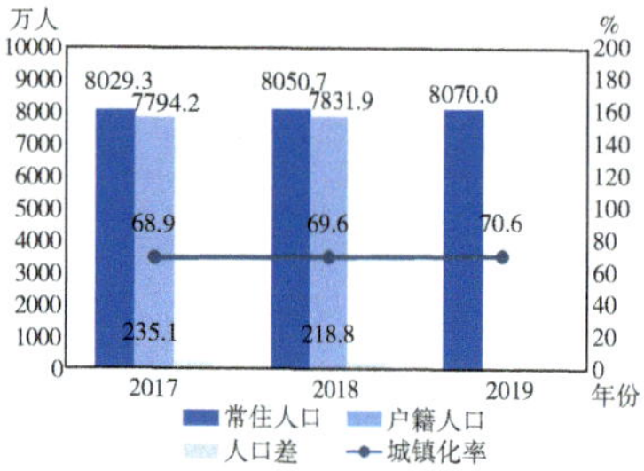

图 10-1　2017-2019 年江苏省人口状况

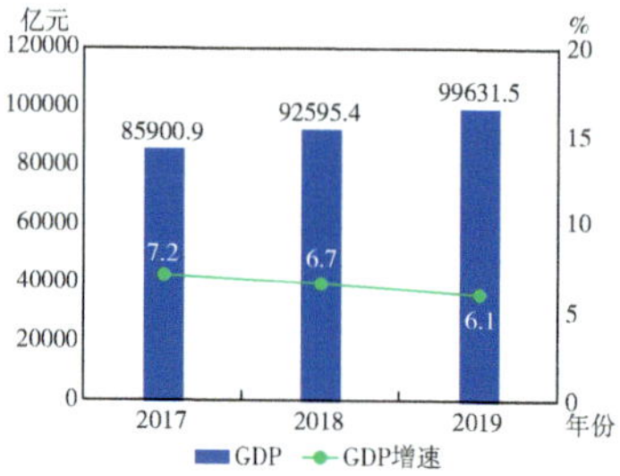

图 10-2　2017-2019 年江苏省 GDP 及增速

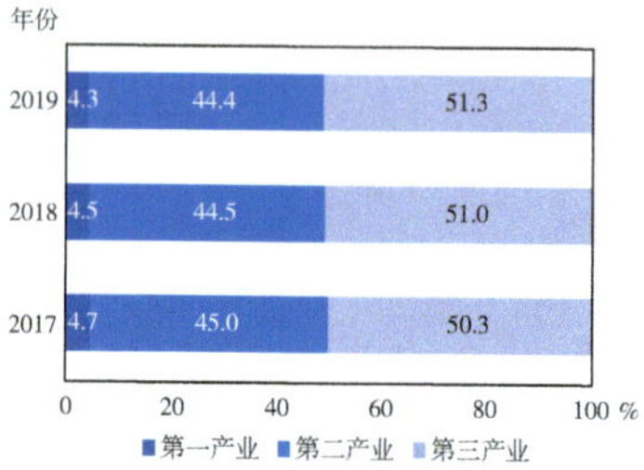

图 10-3　2017-2019 年江苏省三次产业结构

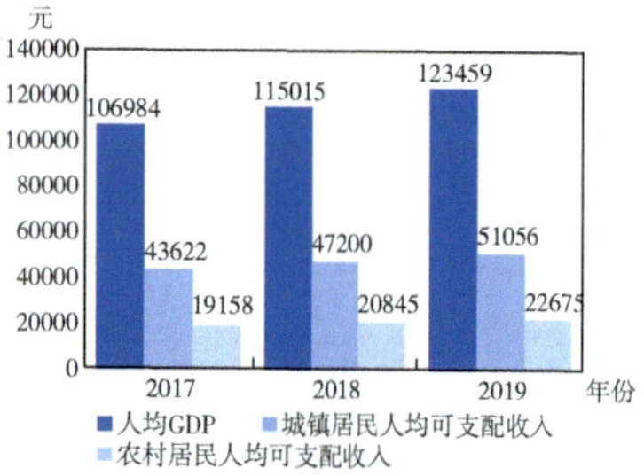

图 10-4　2017-2019 年江苏省人均 GDP 和人均可支配收入

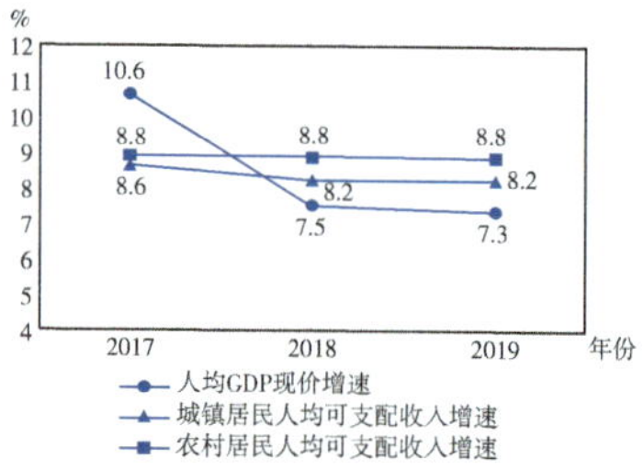

图 10-5　2017-2019 年江苏省人均 GDP 增速和人均可支配收入增速

10.1.2 江苏省政府收入总体情况

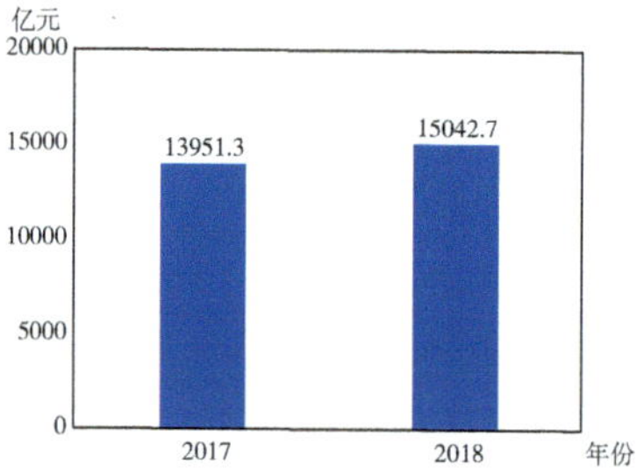

图 10-6　2017-2018 年江苏省财政总收入

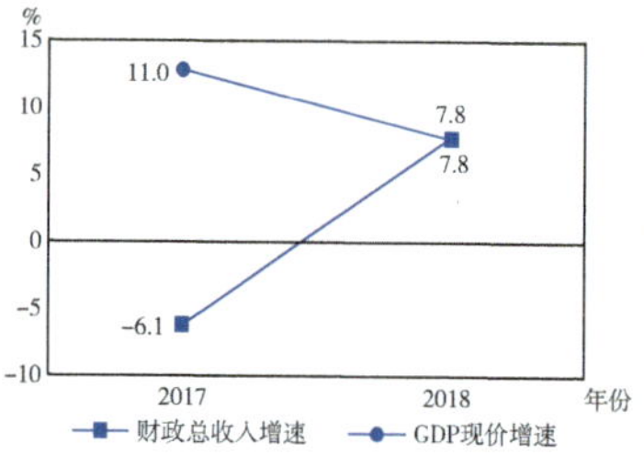

图 10-7　2017-2018 年江苏省财政总收入增速

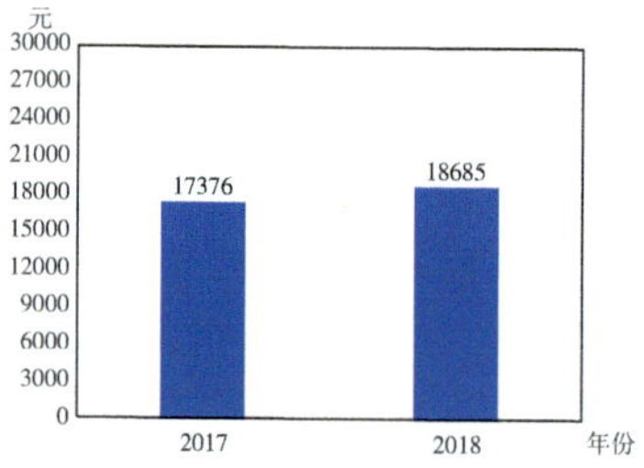

图 10-8　2017-2018 年江苏省人均财政总收入

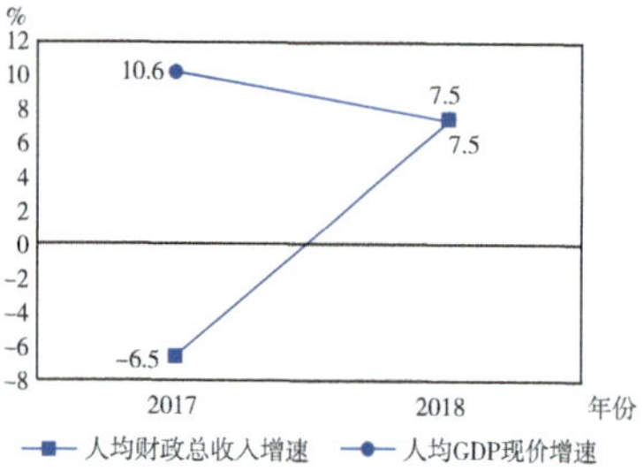

图 10-9　2017-2018 年江苏省人均财政总收入增速

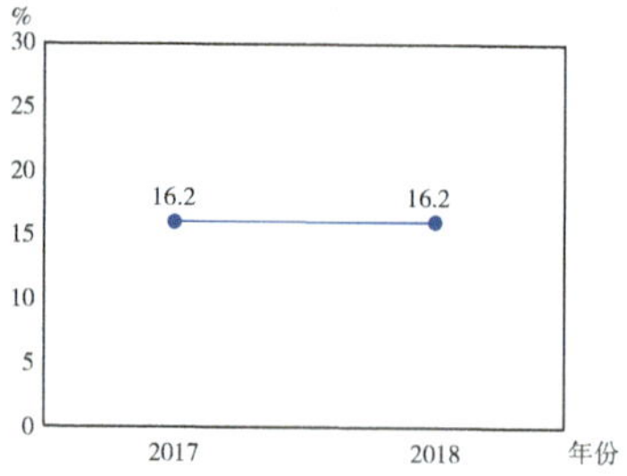

图 10-10　2017-2018 年江苏省财政总收入/GDP

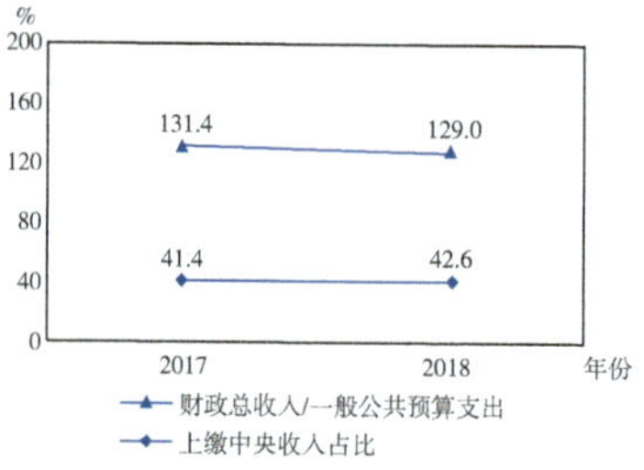

图 10-11　2017-2018 年江苏省财政总收入其他指标

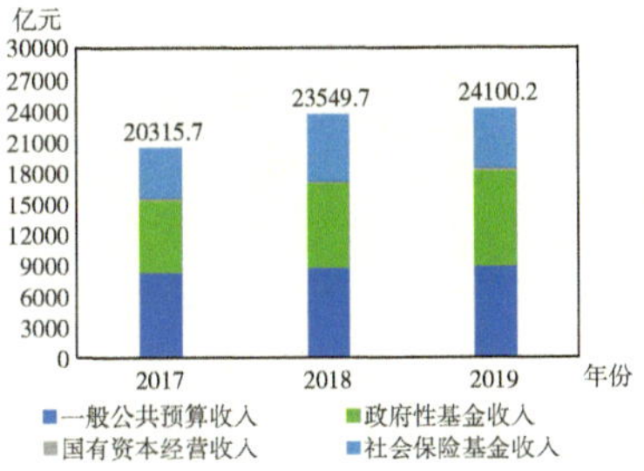

图10-12 2017-2019年江苏省政府收入

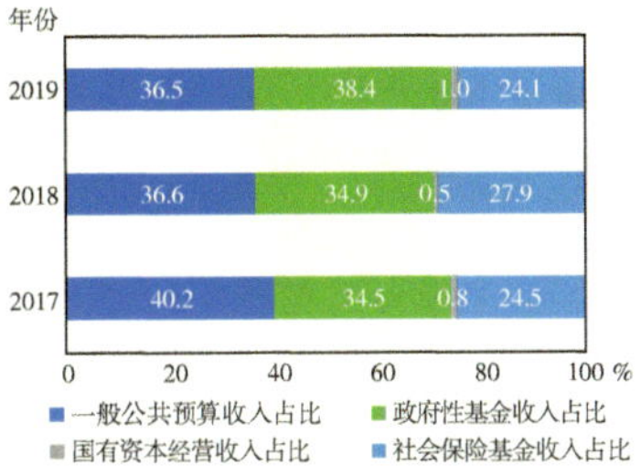

图10-13 2017-2019年江苏省政府收入结构

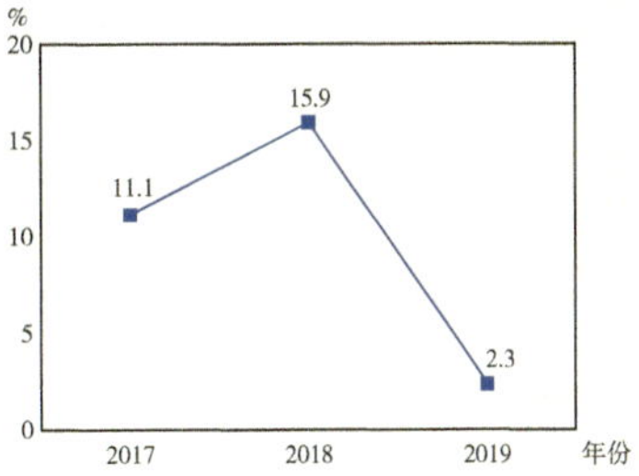

图10-14 2017-2019年江苏省政府收入增速

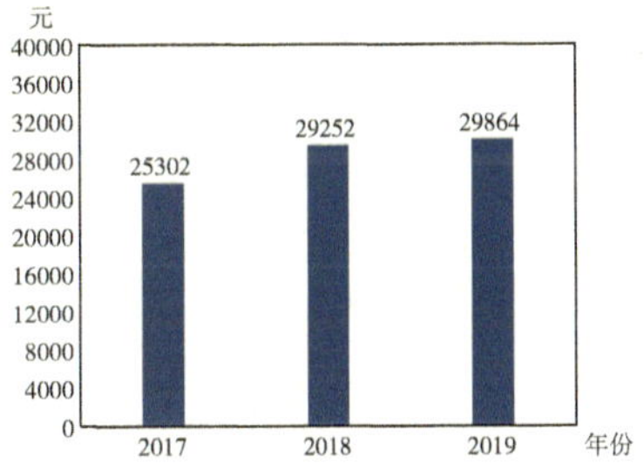

图10-15 2017-2019年江苏省人均政府收入

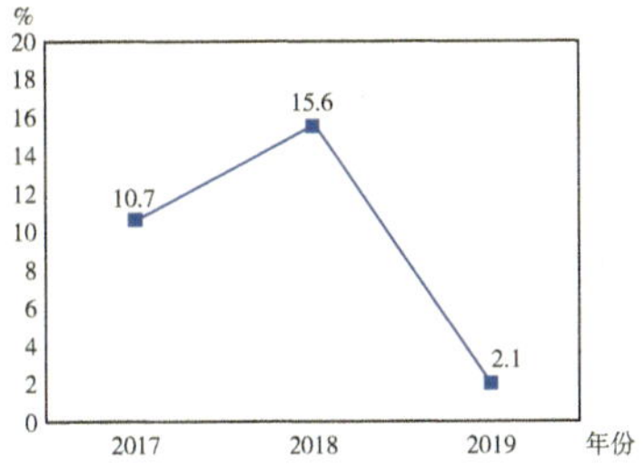

图10-16 2017-2019年江苏省人均政府收入增速

10.1.3 江苏省一般公共预算收入情况

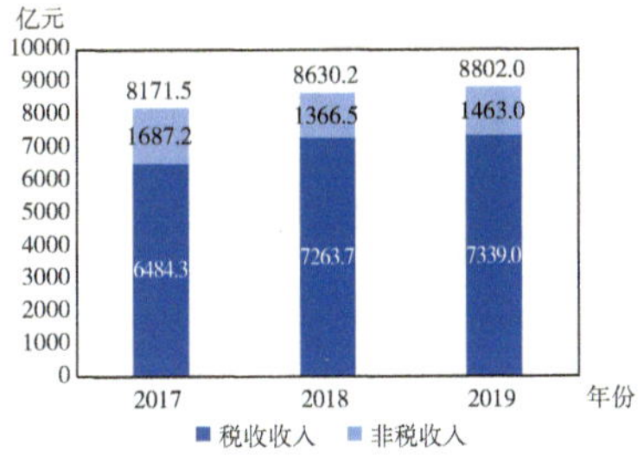

图10-17 2017-2019年江苏省一般公共预算收入

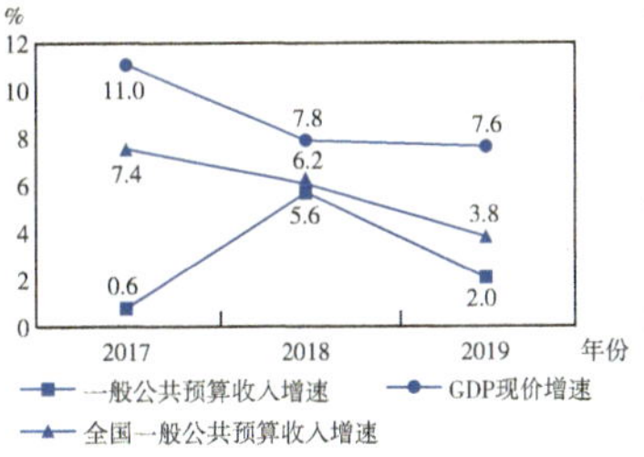

图10-18 2017-2019年江苏省一般公共预算收入增速

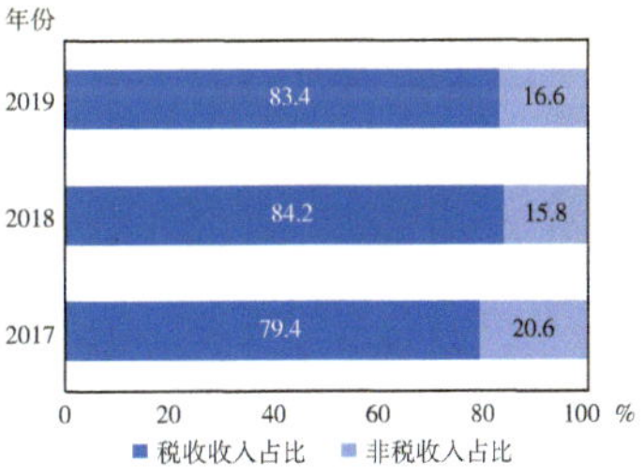

图10-19 2017-2019年江苏省一般公共预算收入结构

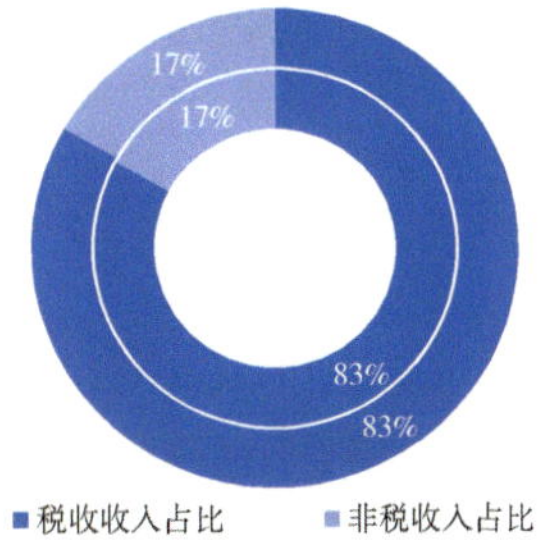

图10-20 2019年一般公共预算收入结构对比（内环为全国，外环为江苏省）

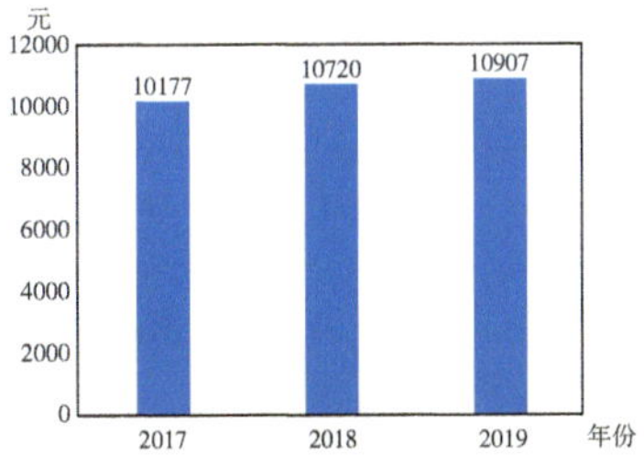

图10-21 2017-2019年江苏省人均一般公共预算收入

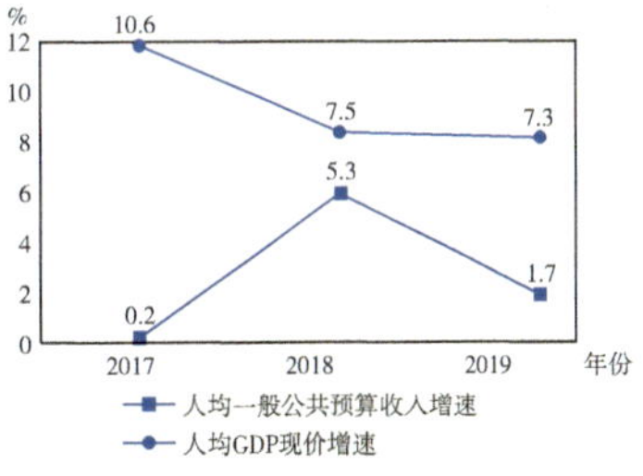

图10-22 2017-2019年江苏省人均一般公共预算收入增速

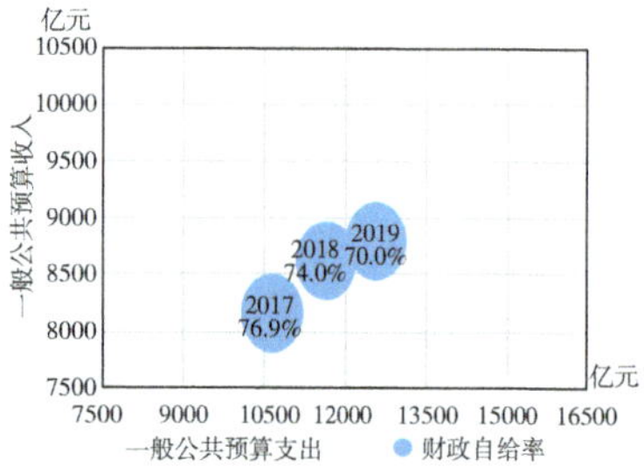

图10-23　2017-2019年江苏省财政自给率

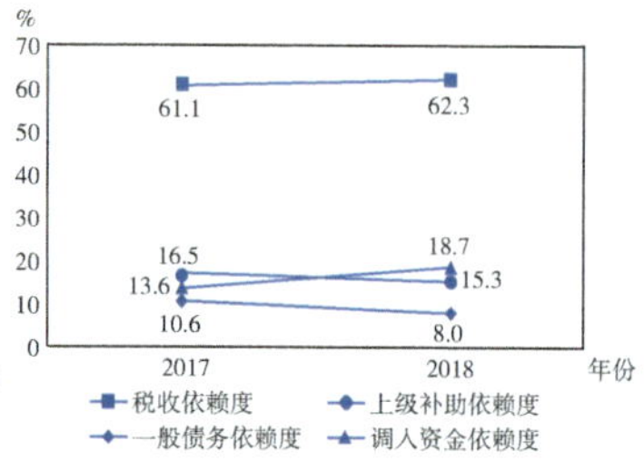

图10-24　2017-2018年江苏省财政收入依赖度

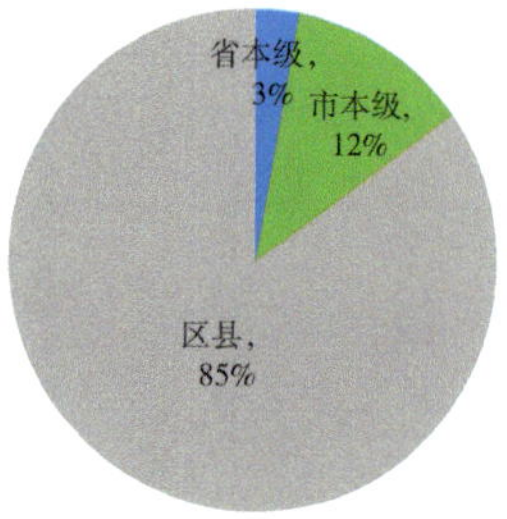

图10-25　2018年省市县三级政府一般公共预算收入分布

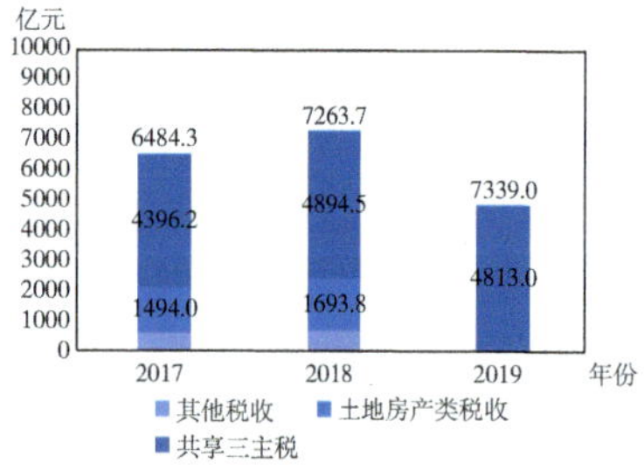

图10-26　2017-2019年江苏省税收收入

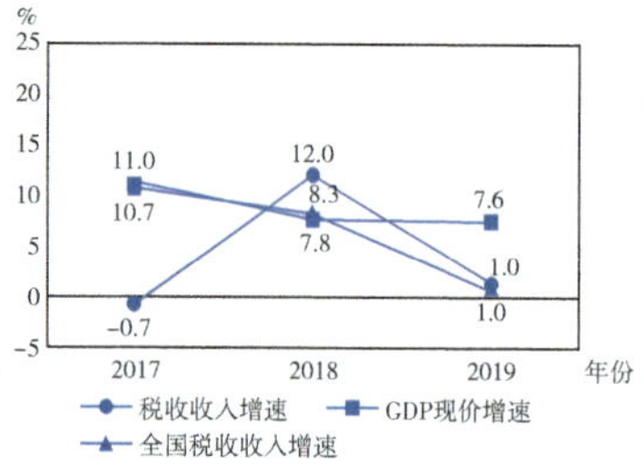

图10-27　2017-2019年江苏省税收收入增速

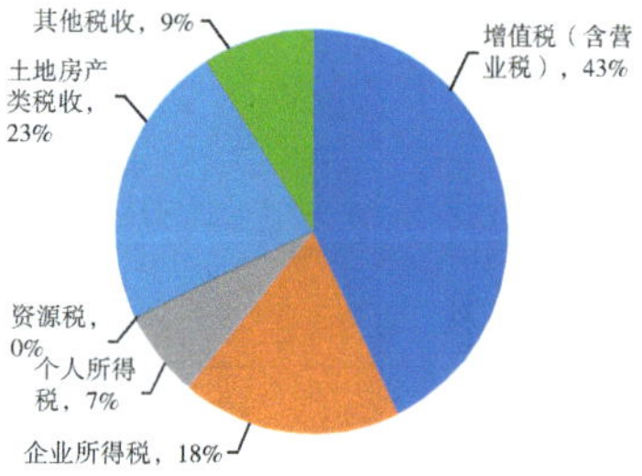

图10-28　2018年江苏省税收结构

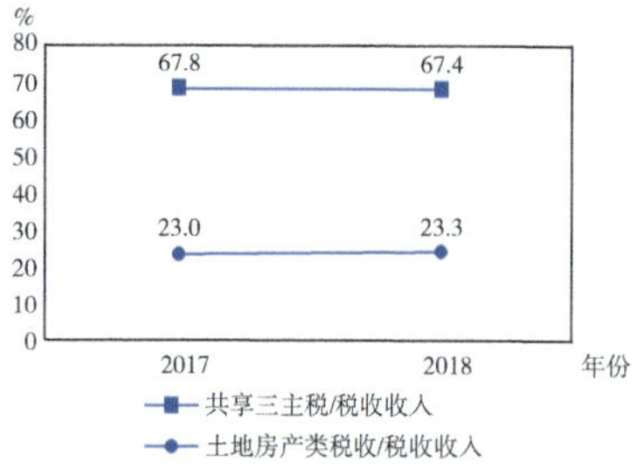

图10-29　2017-2018年江苏省共享三主税、土地房产类税收占税收收入的比重

图10-30　2017-2018年江苏省共享三主税、土地房产类税收占一般公共预算收入的比重

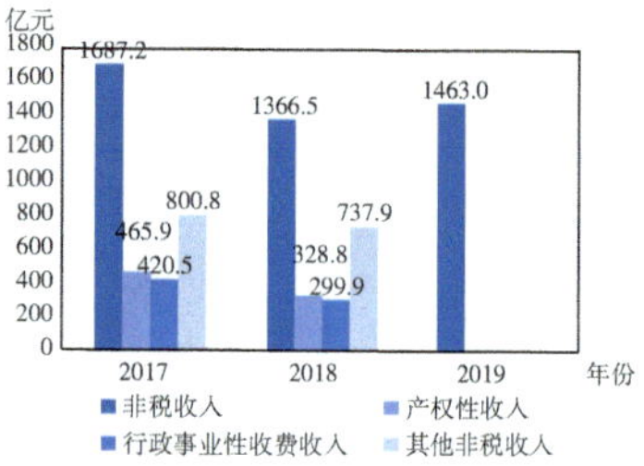

图10-31　2017-2019年江苏省非税收入

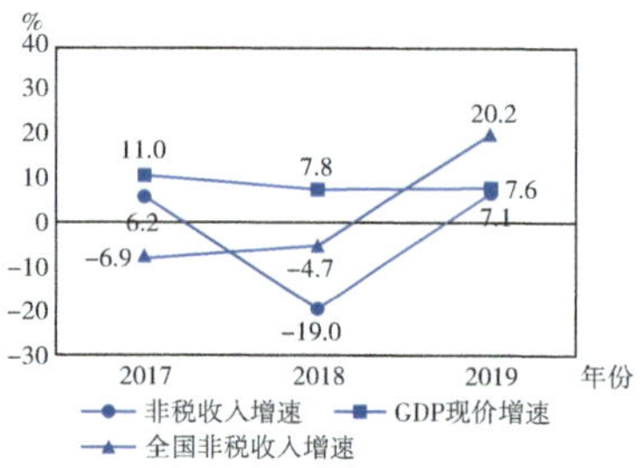

图10-32　2017-2019年江苏省非税收入增速

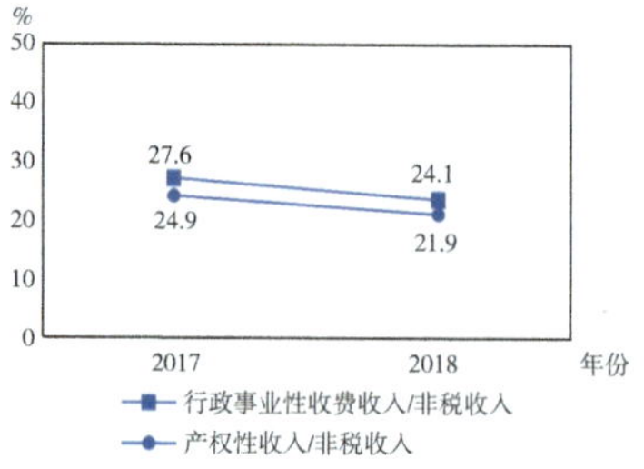

图10-33　2017-2018年江苏省行政事业性收费及产权性收入占非税收入的比重

10.1.4 江苏省政府性基金收入和国有资本经营收入情况

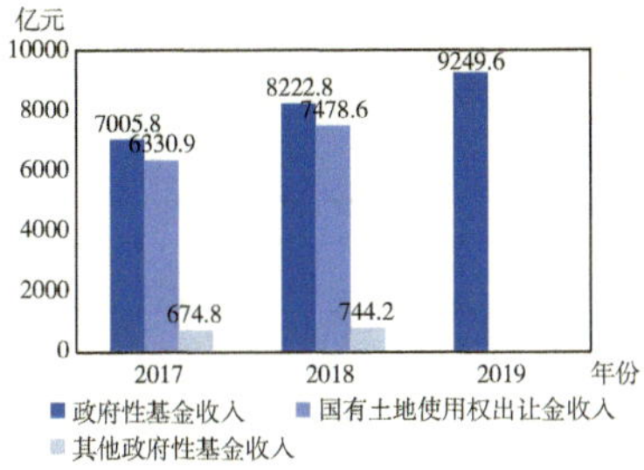

图 10-34 2017-2018 年江苏省政府性基金收入

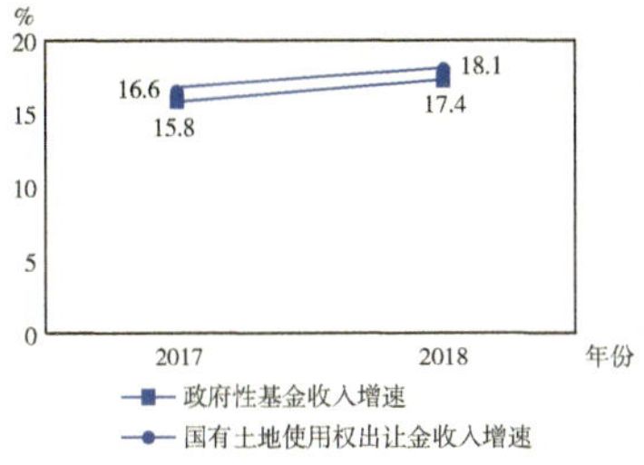

图 10-35 2017-2018 年江苏省政府性基金收入增速及国有土地使用权出让金收入增速

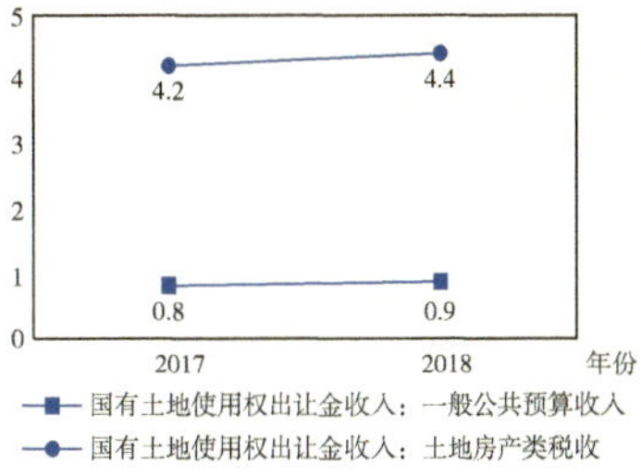

图 10-36 2017-2018 年江苏省国有土地使用权出让金收入与一般公共预算关系指标

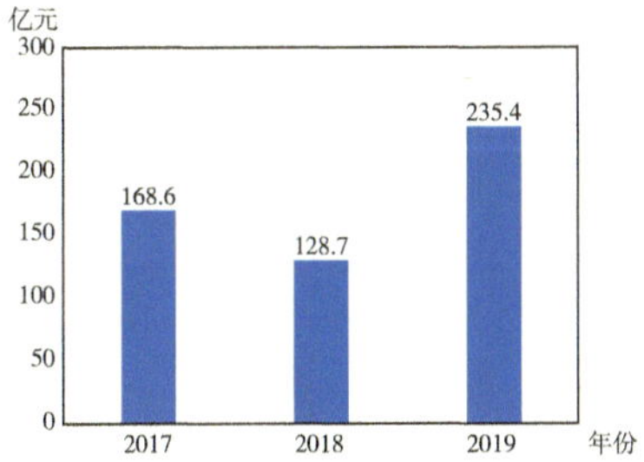

图 10-37 2017-2019 年江苏省国有资本经营收入

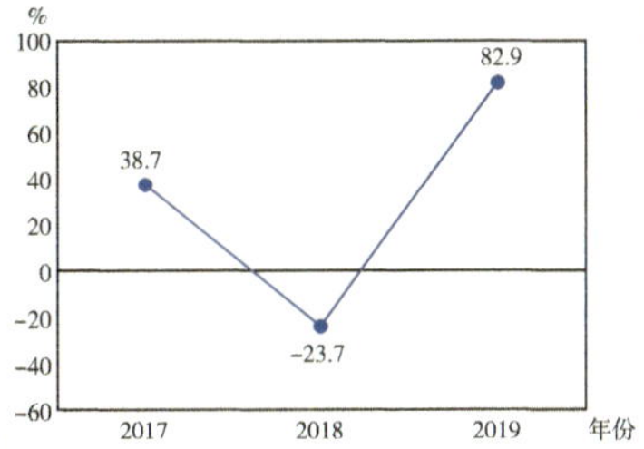

图 10-38 2017-2019 年江苏省国有资本经营收入增速

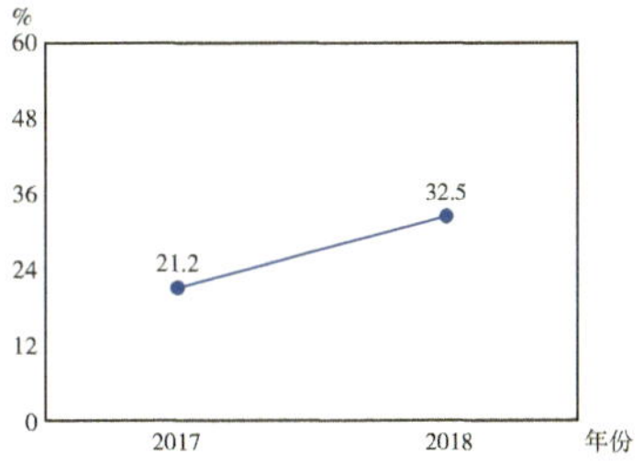

图 10-39 2017-2018 年江苏省调出资金/国有资本经营收入

10.1.5 江苏省社会保险基金收入情况

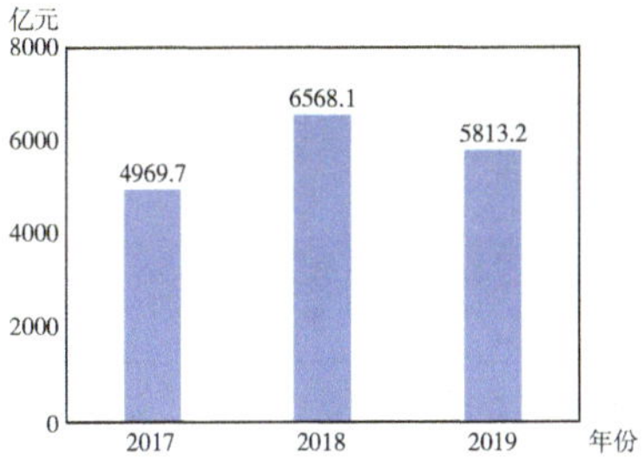

图 10-40 2017-2019 年江苏省社会保险基金收入

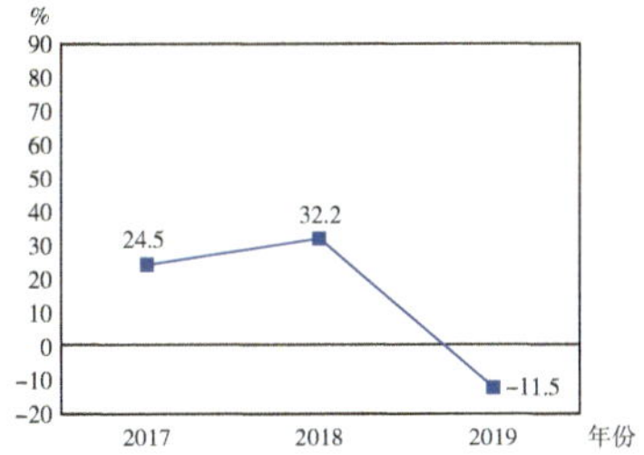

图 10-41 2017-2019 年江苏省社会保险基金收入增速

10.1.6 江苏省债务情况

图 10-42 2017-2018 年江苏省债务规模

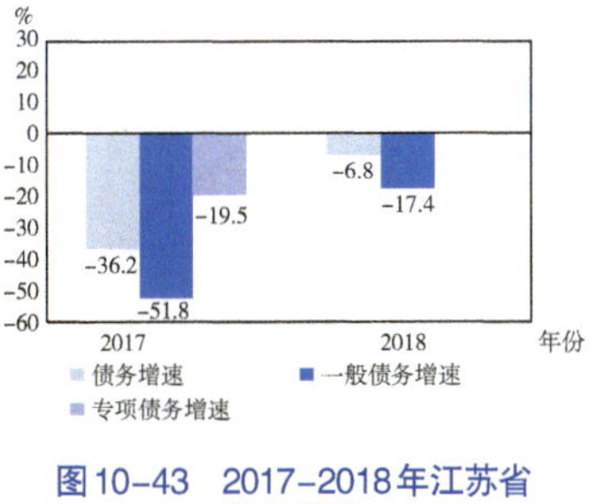

图 10-43 2017-2018 年江苏省债务增速

图 10-44 2017-2018 年江苏省债务限额

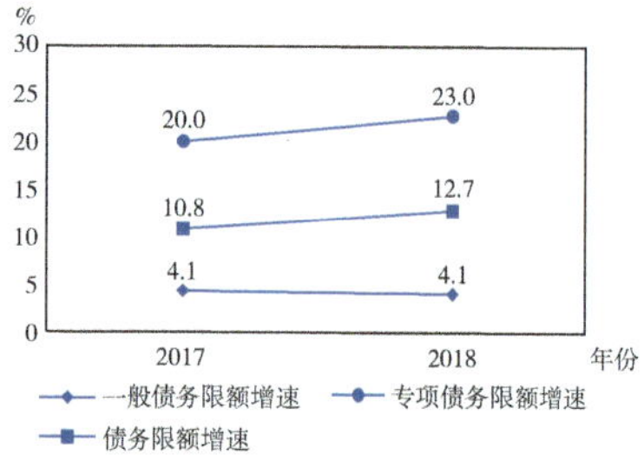

图10-45　2017-2018年江苏省债务限额增速

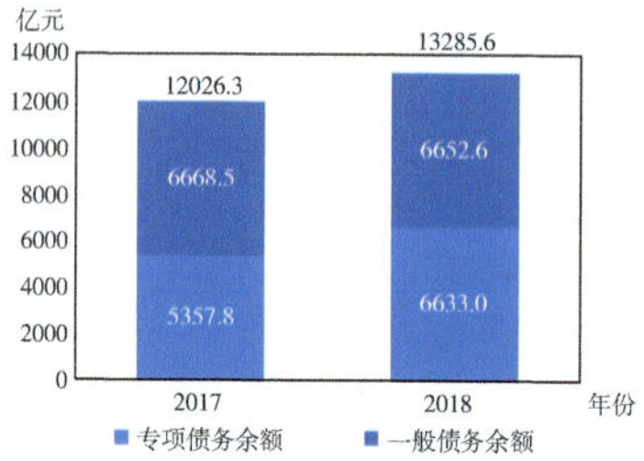

图10-46　2017-2018年江苏省债务余额

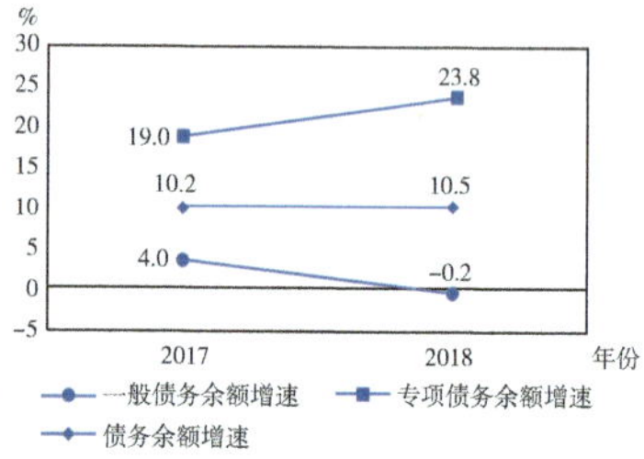

图10-47　2017-2018年江苏省债务余额增速

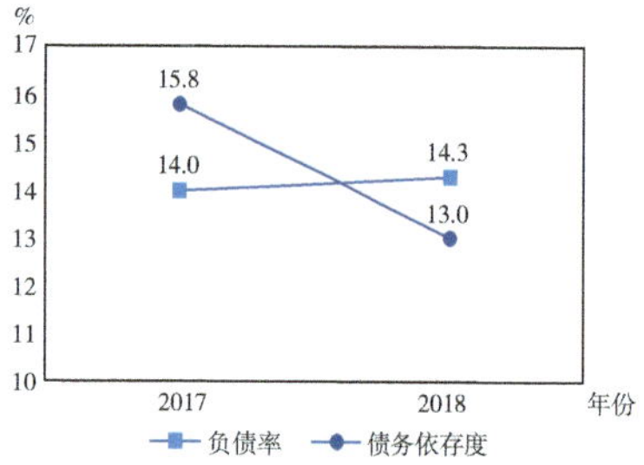

图10-48　2017-2018年江苏省负债率与债务依存度

10.1.7　江苏省省本级一般公共预算收入情况

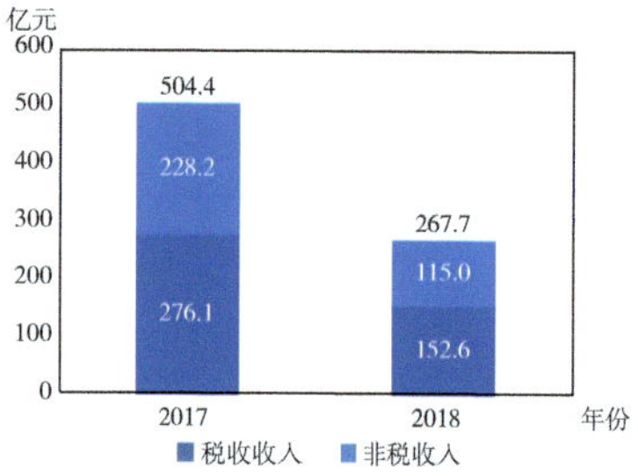

图10-49　2017-2018年江苏省省本级一般公共预算收入

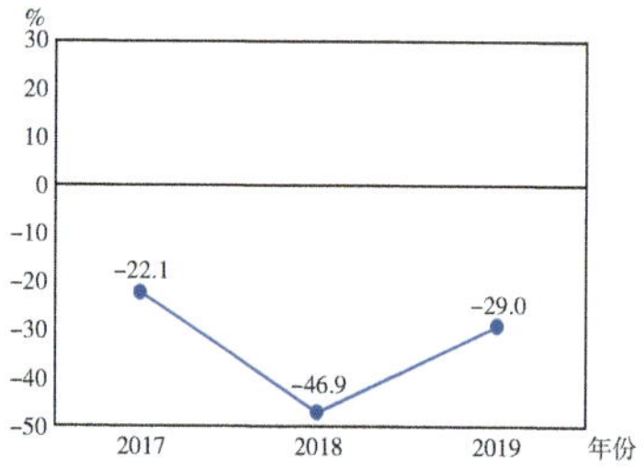

图10-50　2017-2019年江苏省省本级一般公共预算收入增速

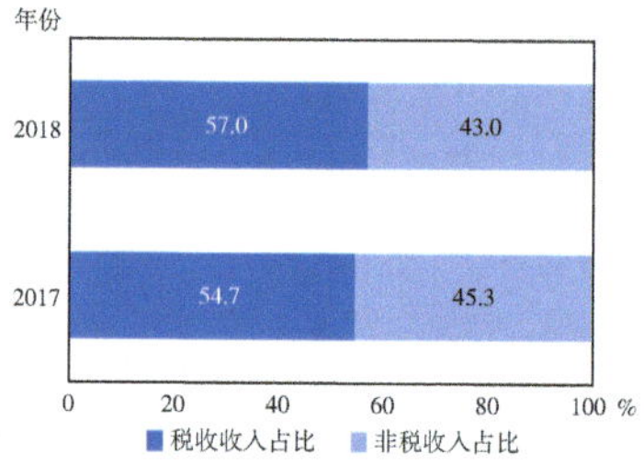

图10-51　2017-2018年江苏省省本级一般公共预算收入结构

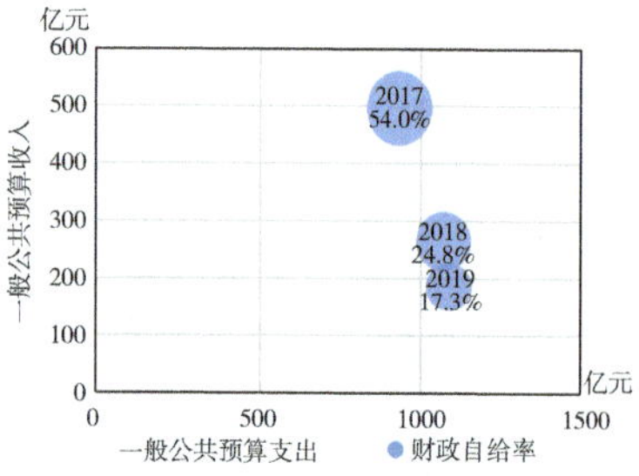

图10-52　2017-2019年江苏省省本级财政自给率

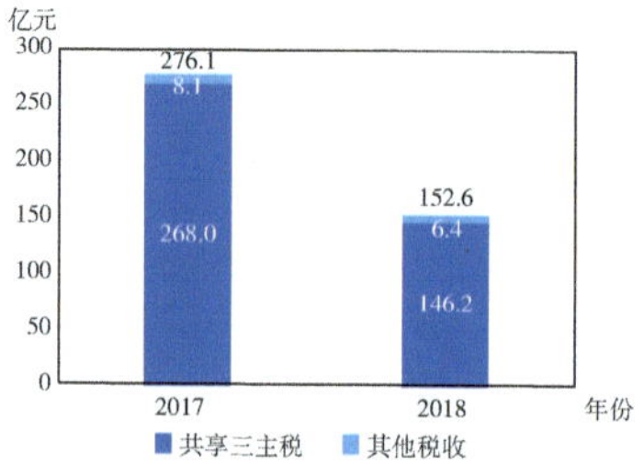

图10-53　2017-2018年江苏省省本级税收收入

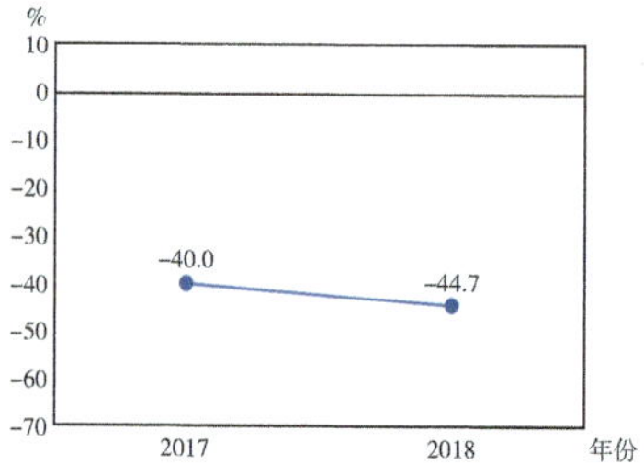

图10-54　2017-2018年江苏省省本级税收收入增速

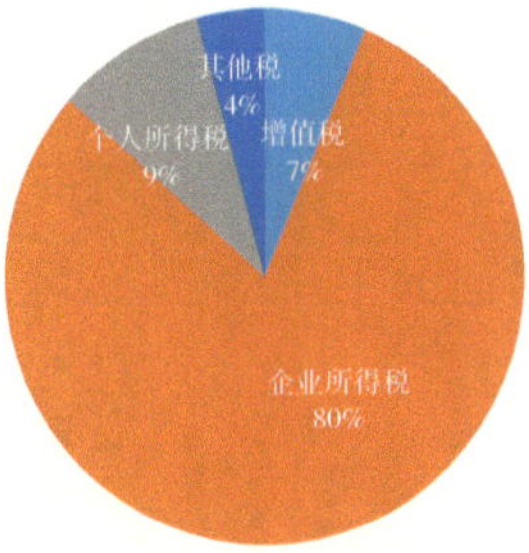

图10-55　2018年江苏省省本级税收结构

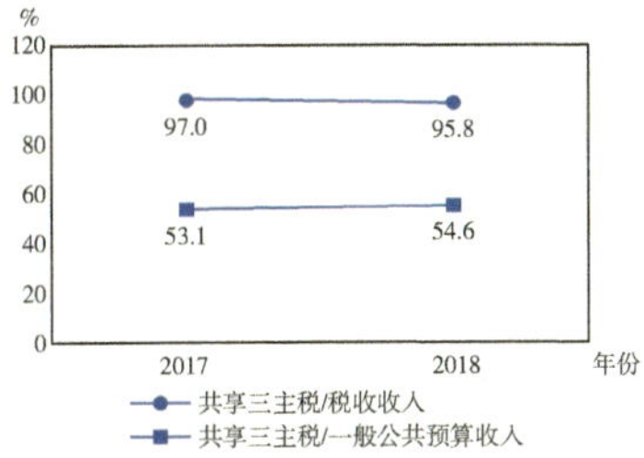

图10-56　2017-2018年江苏省省本级共享三主税占税收收入、一般公共预算收入的比重

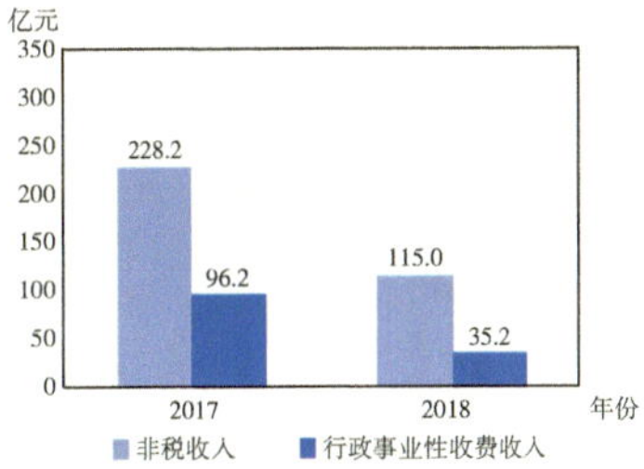

图10-57　2017-2018年江苏省省本级非税收入

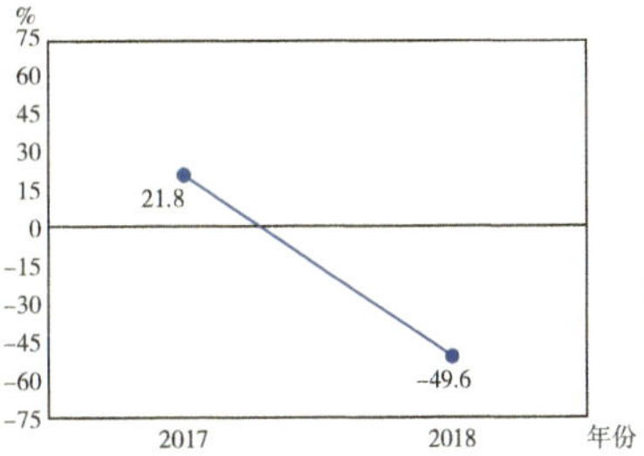

图10-58　2017-2018年江苏省省本级非税收入增速

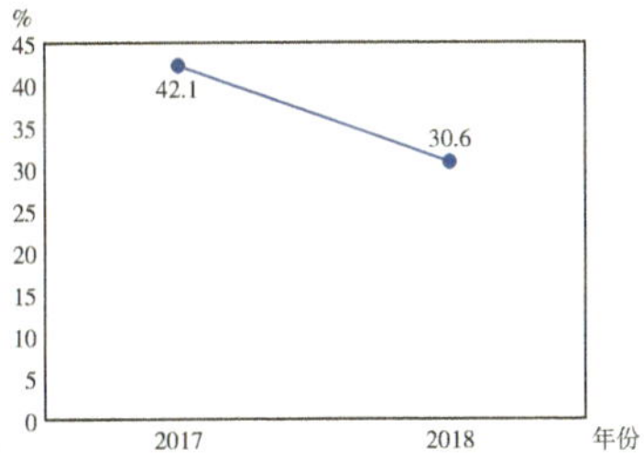

图10-59　2017-2018年江苏省省本级行政事业性收费占非税收入的比重

10.2　江苏省各市政府收入主要特征分析

10.2.1　江苏省各市经济社会发展情况

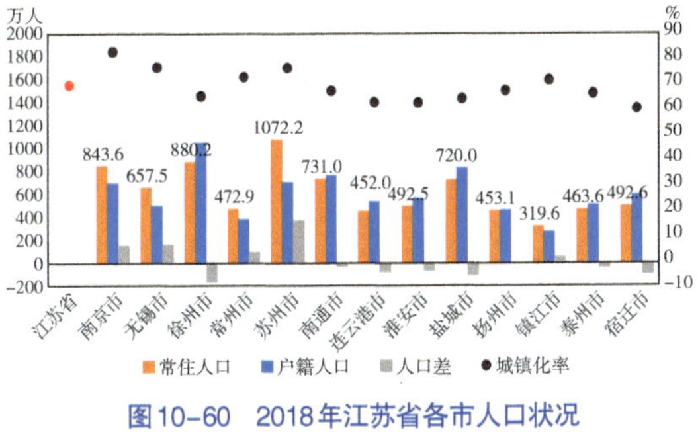

图10-60　2018年江苏省各市人口状况

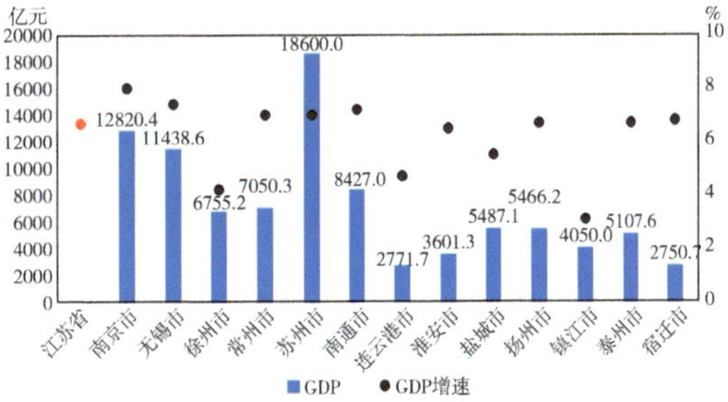

图10-61　2018年江苏省各市GDP及增速

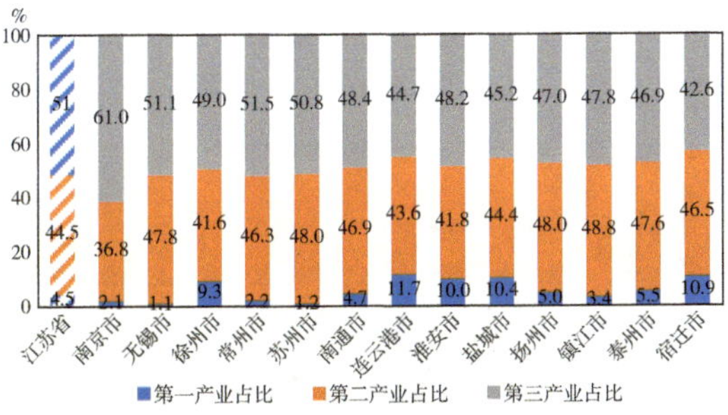

图10-62　2018年江苏省各市三次产业结构

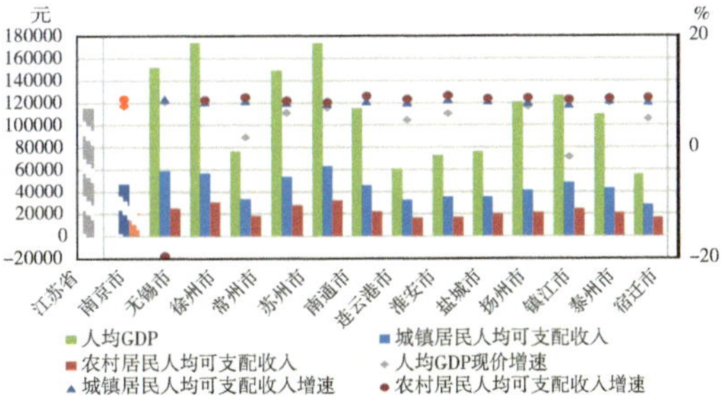

图10-63　2018年江苏省各市人均GDP与人均可支配收入

10.2.2 江苏省各市政府收入总体情况

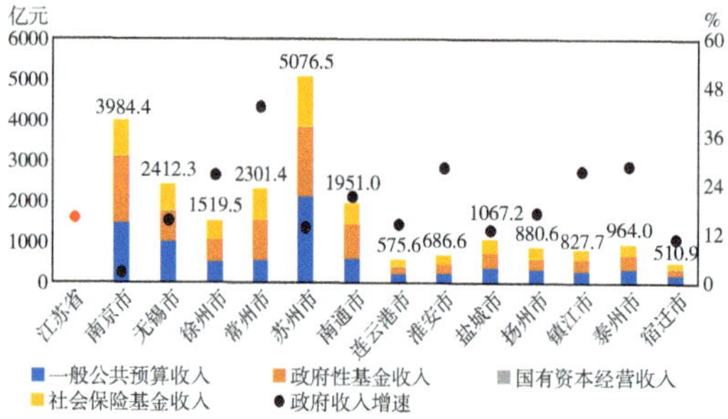

图 10-64 2018 年江苏省各市政府收入结构及增速

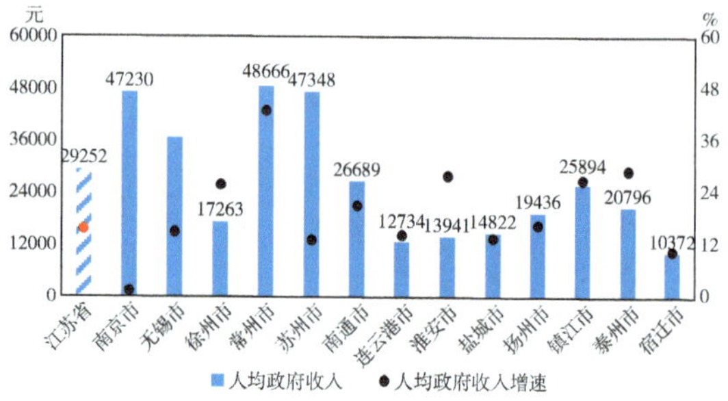

图 10-65 2018 年江苏省各市人均政府收入及增速

10.2.3 江苏省各市一般公共预算收入情况

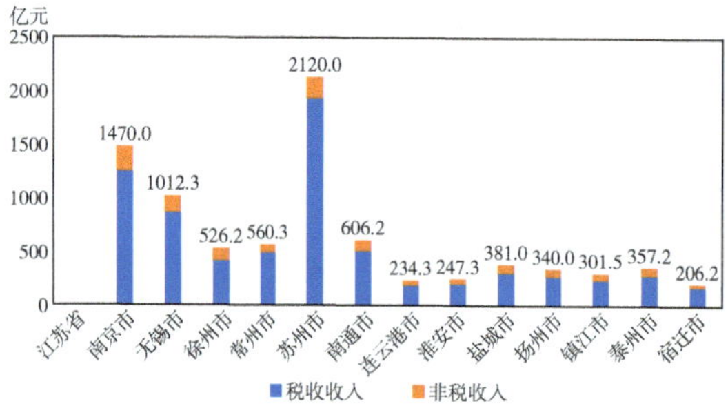

图 10-66 2018 年江苏省各市一般公共预算收入

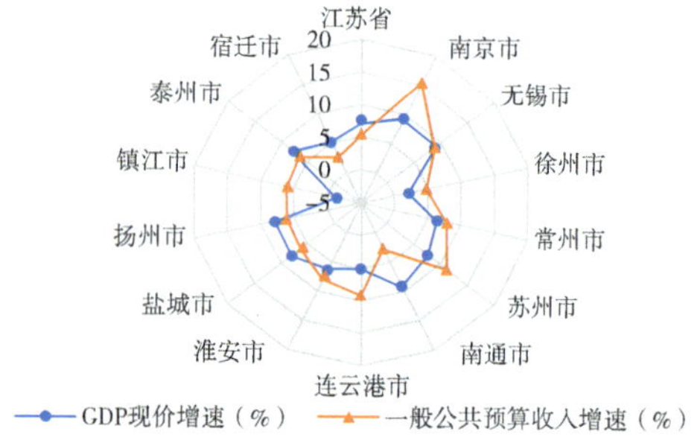

图 10-67 2018 年江苏省各市一般公共预算收入增速

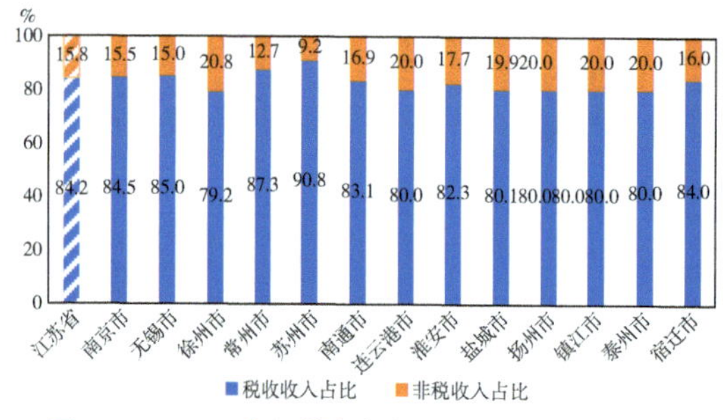

图 10-68 2018 年江苏省各市一般公共预算收入结构

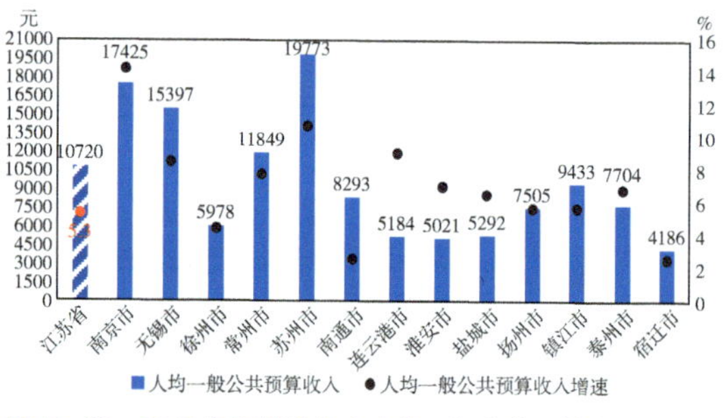

图 10-69 2018 年江苏省各市人均一般公共预算收入及增速

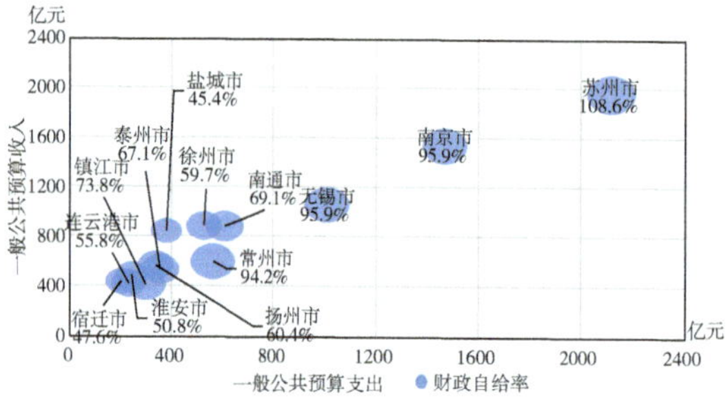

图 10-70 2018 年江苏省各市财政自给率

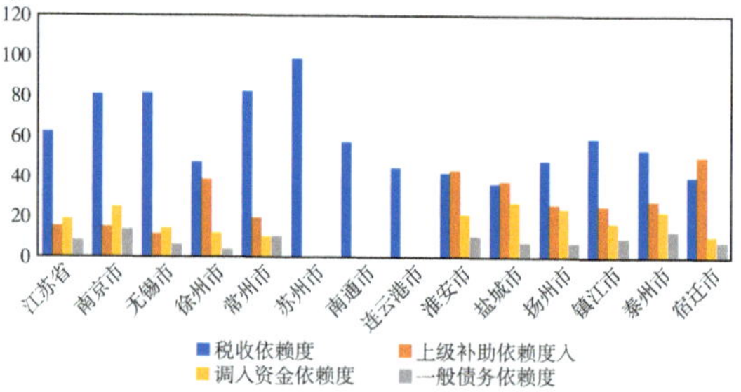

图 10-71 2018 年江苏省各市财政收入依赖度

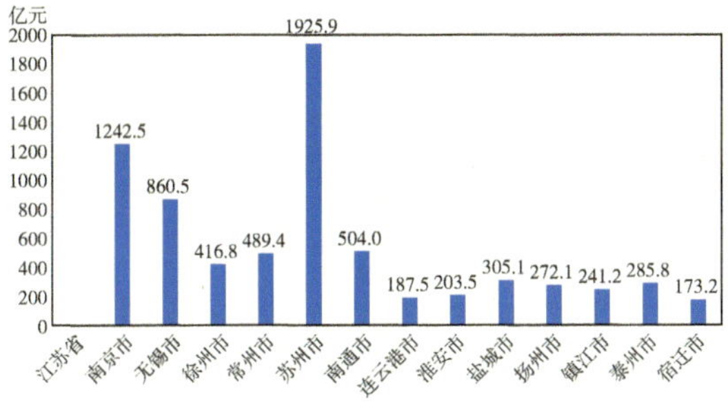

图10-72　2018年江苏省各市税收收入

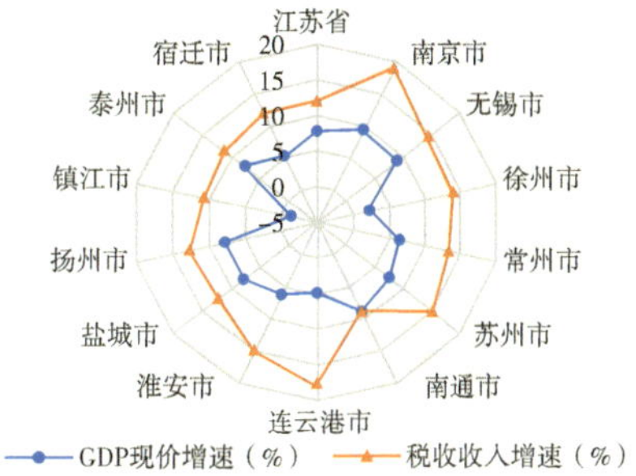

图10-73　2018年江苏省各市税收收入增速

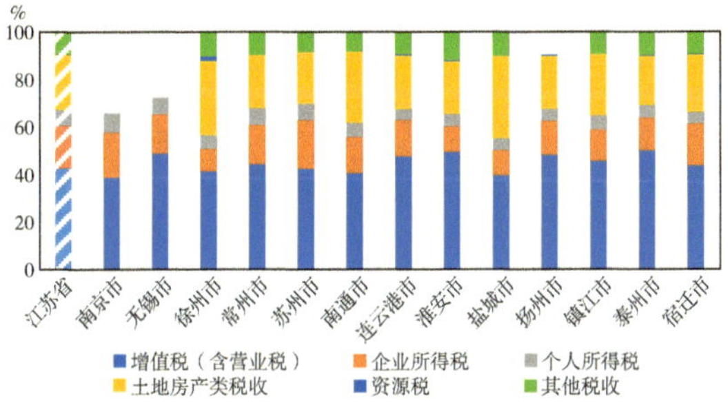

图10-74　2018年江苏省各市税收收入结构

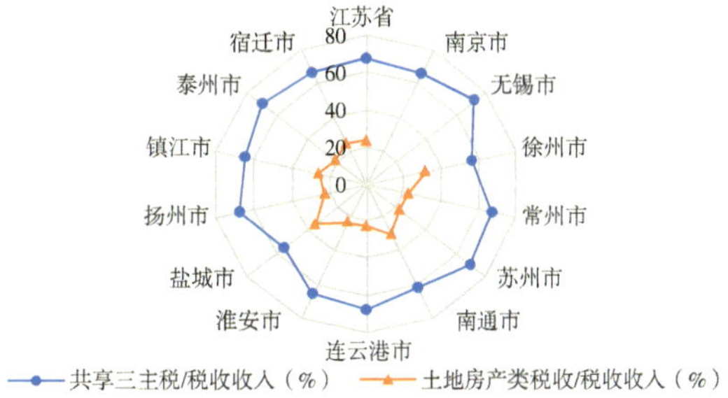

图10-75　2018年江苏省各市共享三主税、土地房产类税收占税收收入的比重

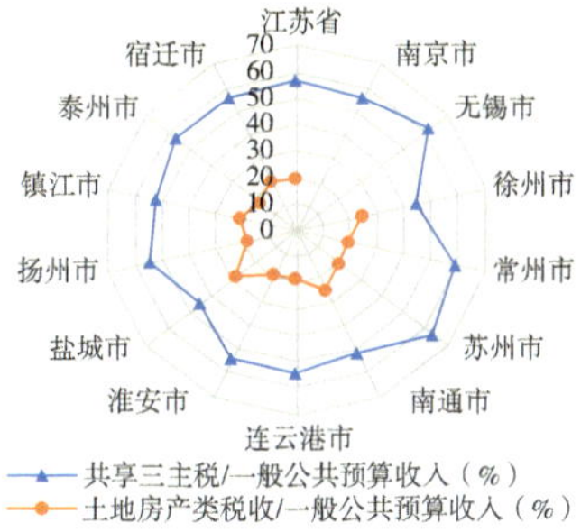

图10-76　2018年江苏省各市共享三主税、土地房产类税收占一般公共预算收入的比重

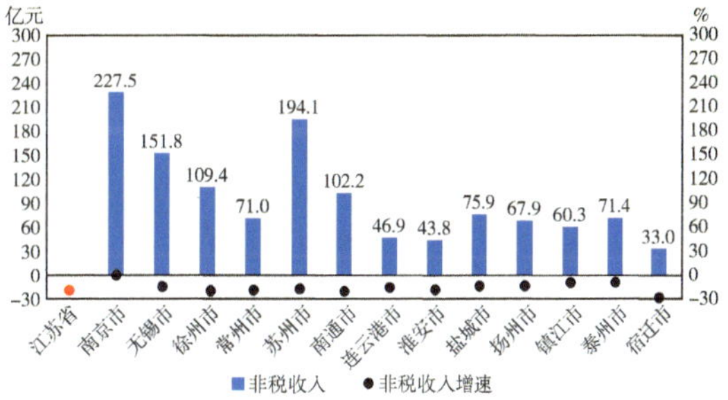

图10-77　2018年江苏省各市非税收入及增速

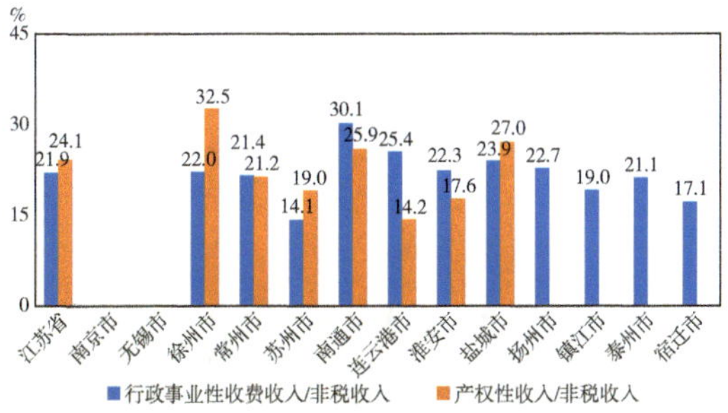

图10-78　2018年江苏省各市行政事业性收费收入、产权性收入占非税收入的比重

10.2.4 江苏省各市政府性基金收入与国有资本经营收入情况

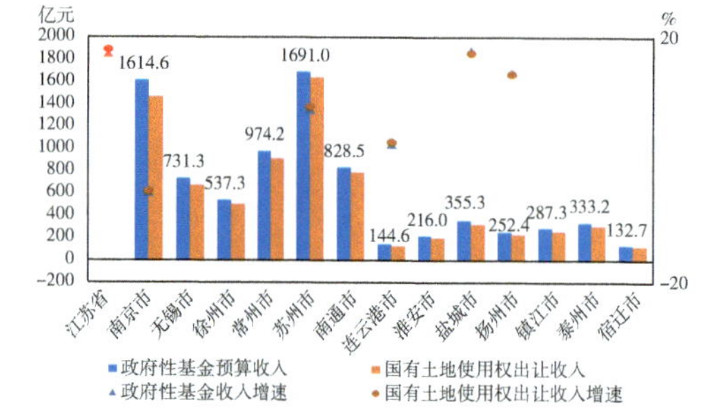

图 10-79 2018 年江苏省各市政府性基金收入、国有土地使用权出让金收入及其增速

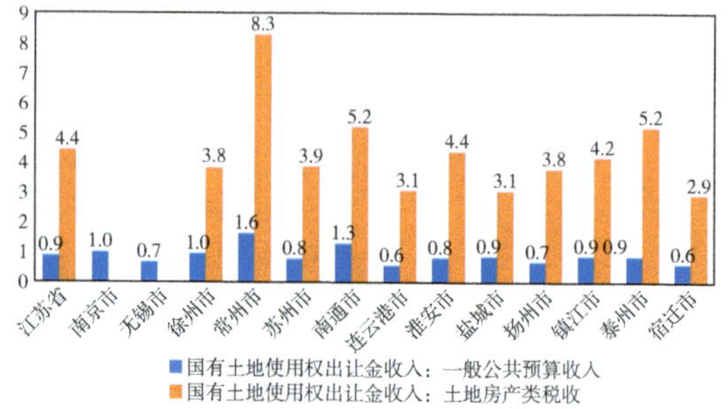

图 10-80 2018 年江苏省各市国有土地使用权出让金收入与一般公共预算关系指标

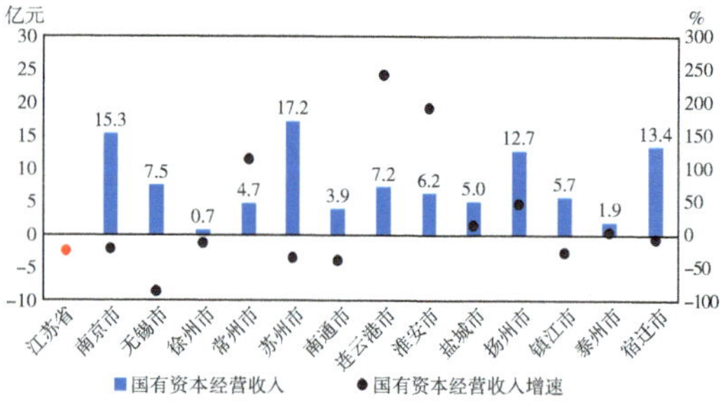

图 10-81 2018 年江苏省各市国有资本经营收入及增速

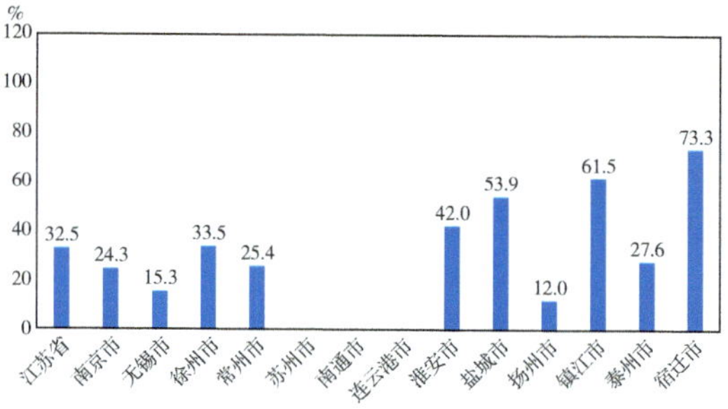

图 10-82 2018 年江苏省各市调出资金/国有资本经营收入

10.2.5 江苏省各市社会保险基金收入情况

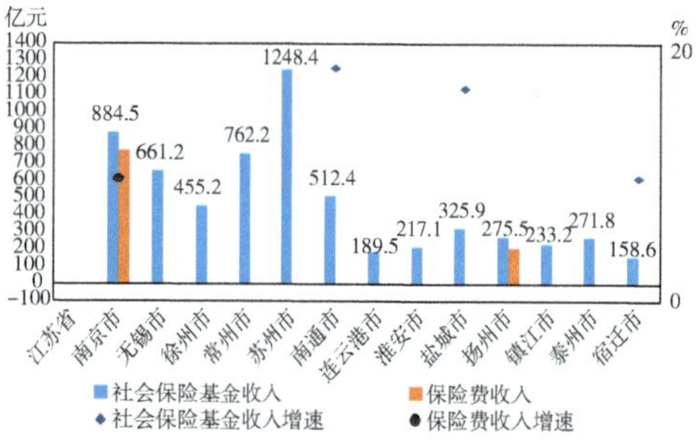

图 10-83 2018 年江苏省各市社会保险基金收入、保险费收入及其增速

10.2.6 江苏省各市债务情况

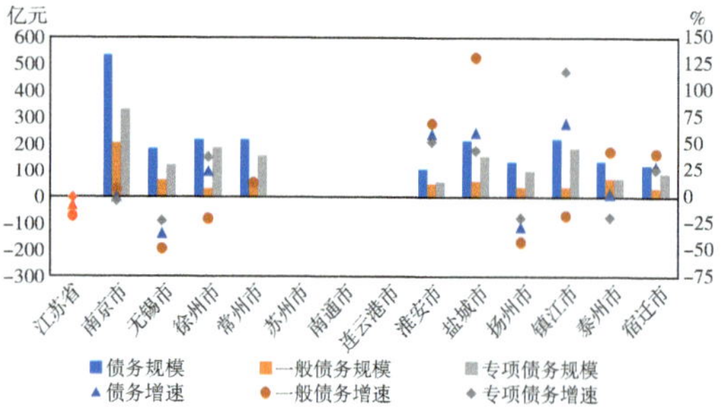

图 10-84 2018 年江苏省各市债务规模及其增速

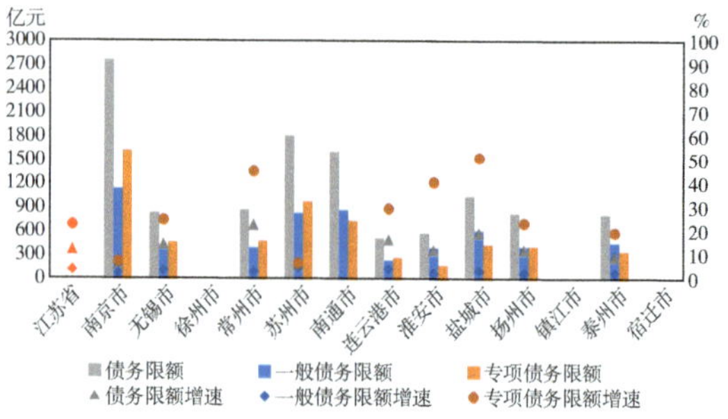

图 10-85 2018 年江苏省各市债务限额及其增速

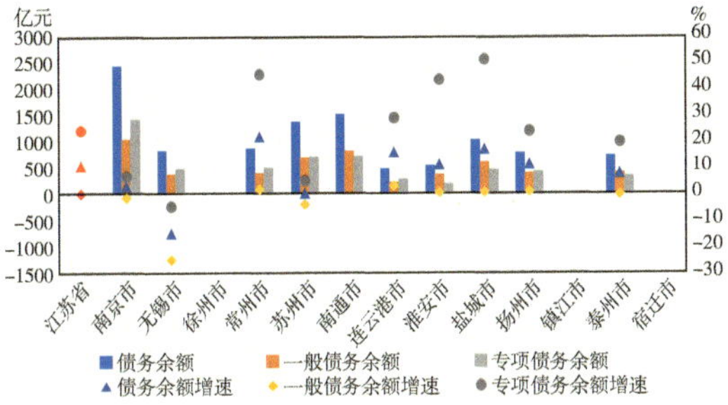

图10-86　2018年江苏省各市债务余额及其增速

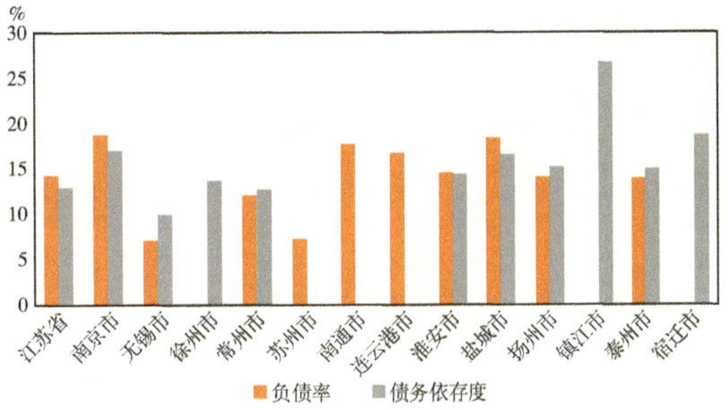

图10-87　2018年江苏省各市负债率与债务依存度

10.2.7　江苏省各市市本级一般公共预算收入情况

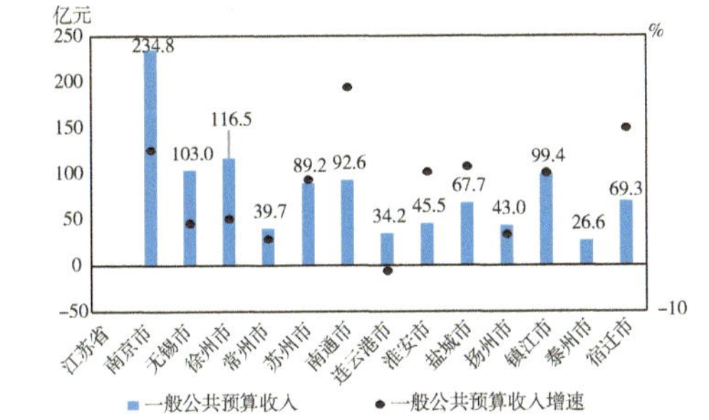

图10-88　2018年江苏省各市市本级一般公共预算收入及增速

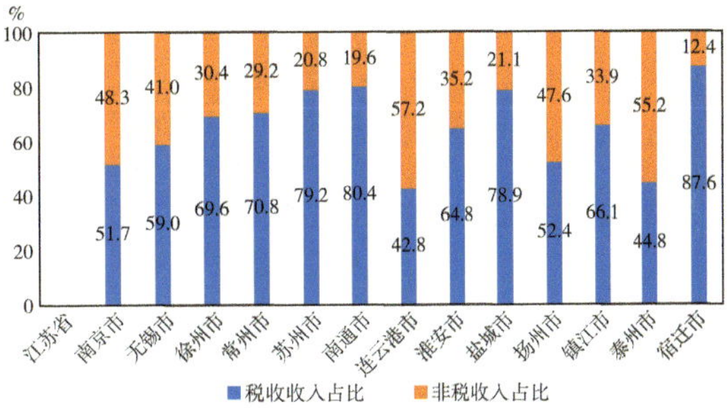

图10-89　2018年江苏各市市本级一般公共预算收入结构

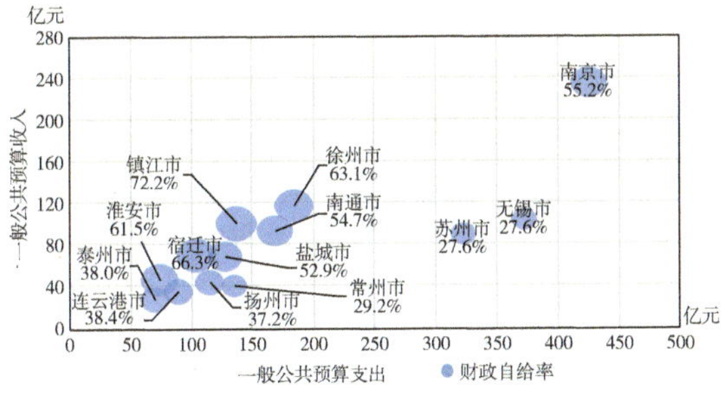

图10-90　2018年江苏省各市市本级财政自给率

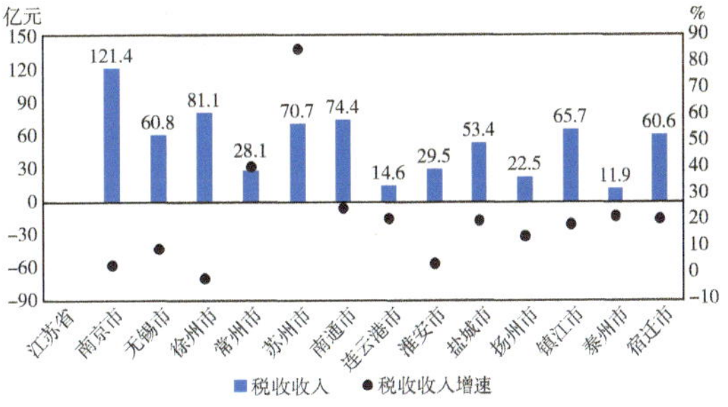

图10-91　2018年江苏省各市市本级税收收入及增速

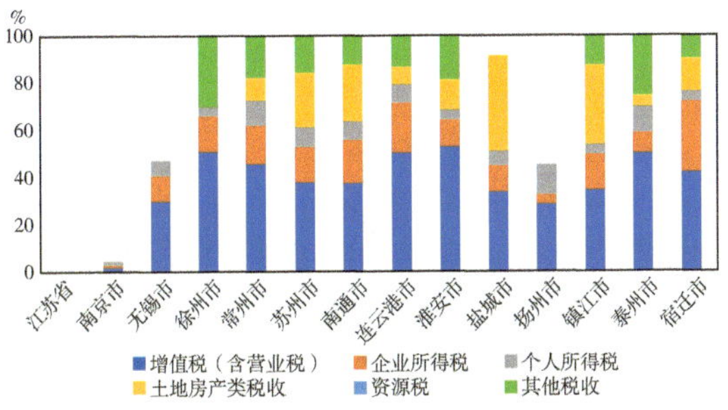

图10-92　2018年江苏省各市市本级税收收入结构

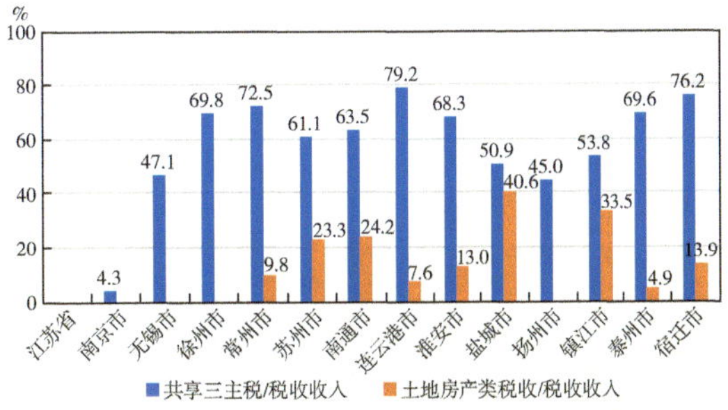

图10-93　2018年江苏省各市市本级共享三主税、土地房产类税收占税收收入的比重

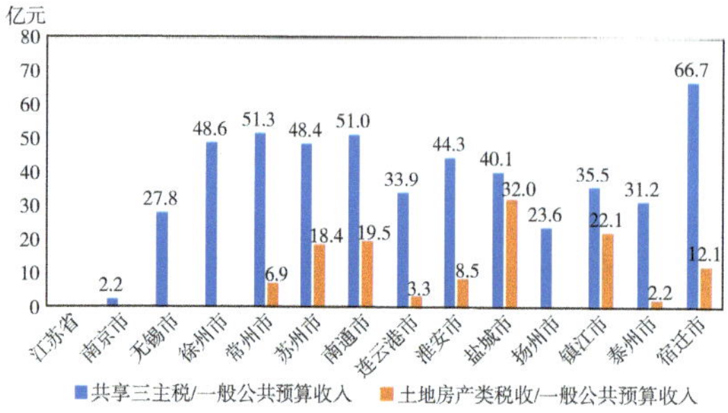

图 10-94　2018 年江苏省各市市本级共享三主税、土地房产类税收占一般公共预算收入的比重

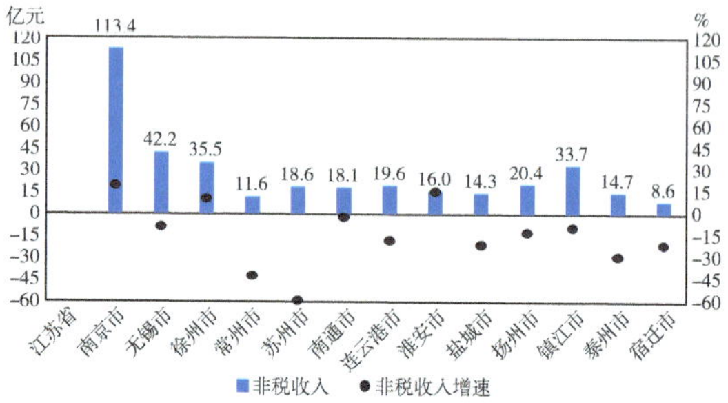

图 10-95　2018 年江苏省各市市本级非税收入及增速

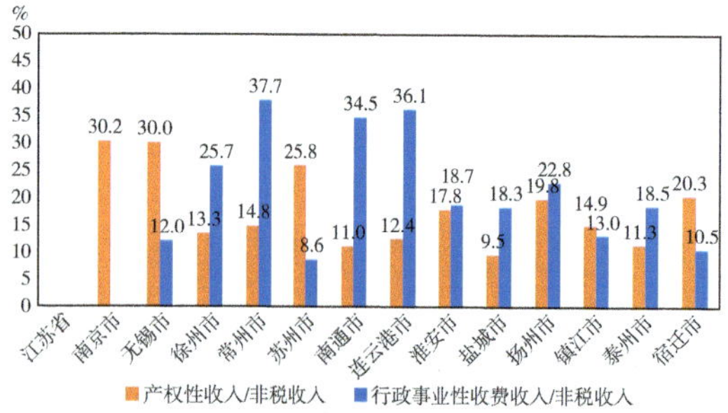

图 10-96　2018 年江苏省各市市本级产权性收入、行政事业性收费收入占非税收入的比重

10.3　江苏省样本县政府收入主要特征分析

10.3.1　江苏省样本县经济社会发展情况

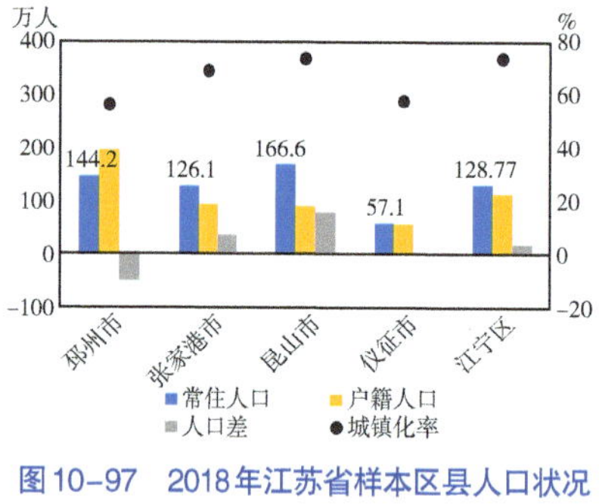

图 10-97　2018 年江苏省样本区县人口状况

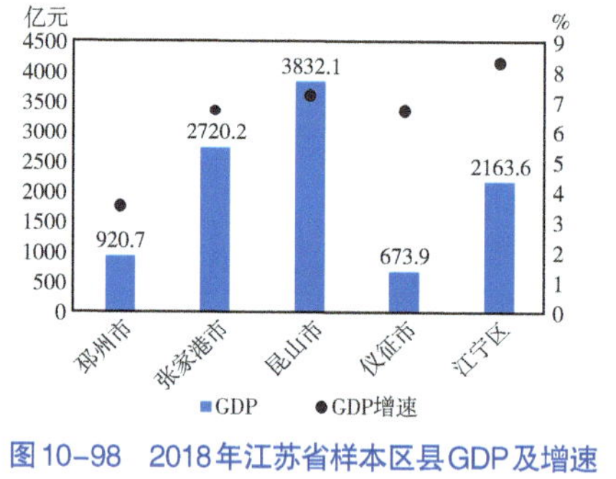

图 10-98　2018 年江苏省样本区县 GDP 及增速

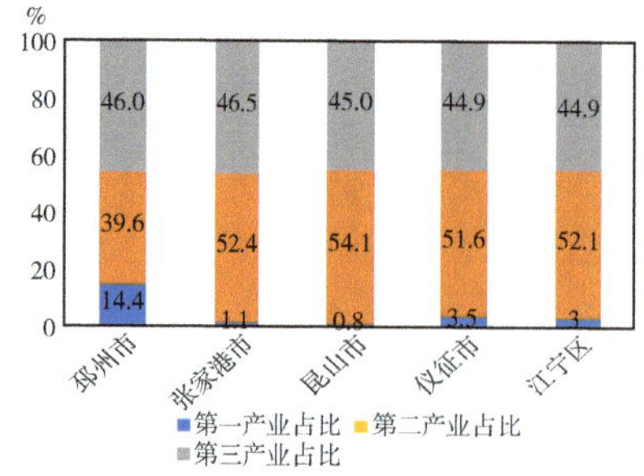

图 10-99　2018 年江苏省样本区县三次产业结构

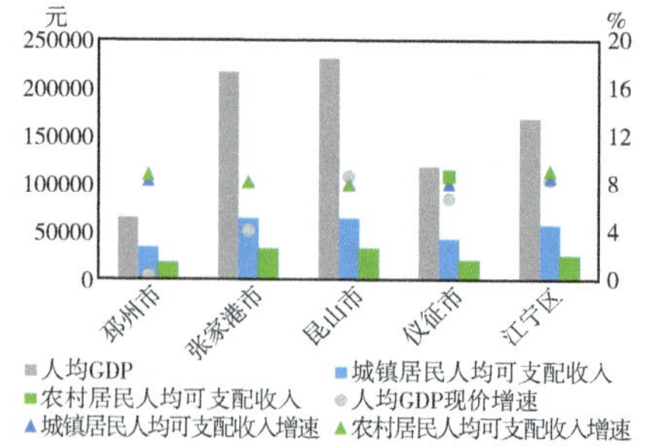

图 10-100　2018 年江苏省样本区县人均 GDP 与人均可支配收入

10.3.2 江苏省样本县政府收入总体情况

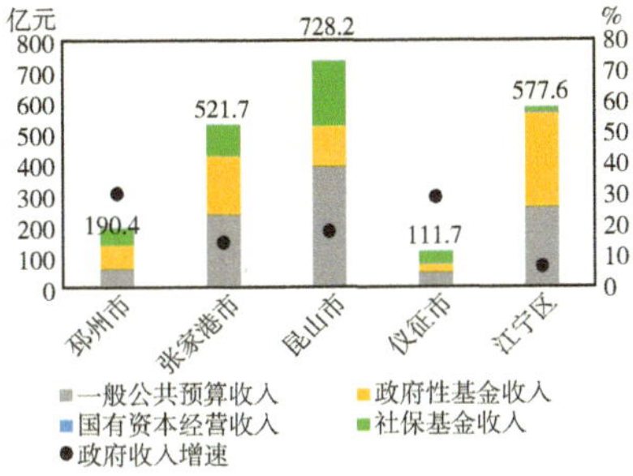

图 10-101 2018 年江苏省样本区县政府收入结构及增速

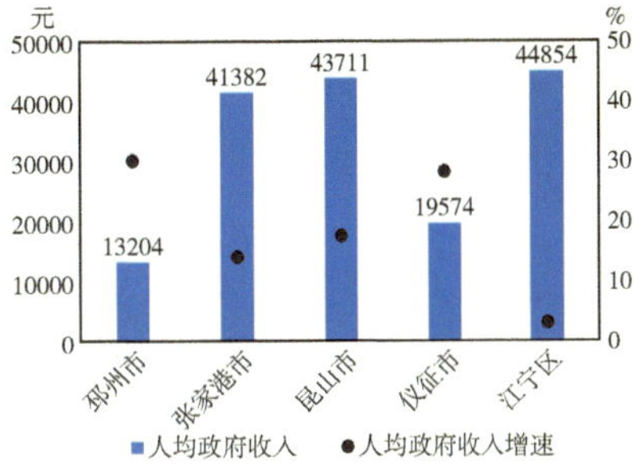

图 10-102 2018 年江苏省样本区县人均政府收入及增速

10.3.3 江苏省样本县一般公共预算收入情况

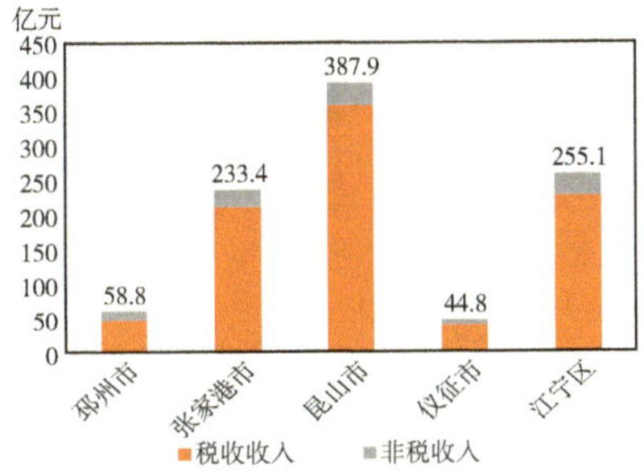

图 10-103 2018 年江苏省样本区县一般公共预算收入

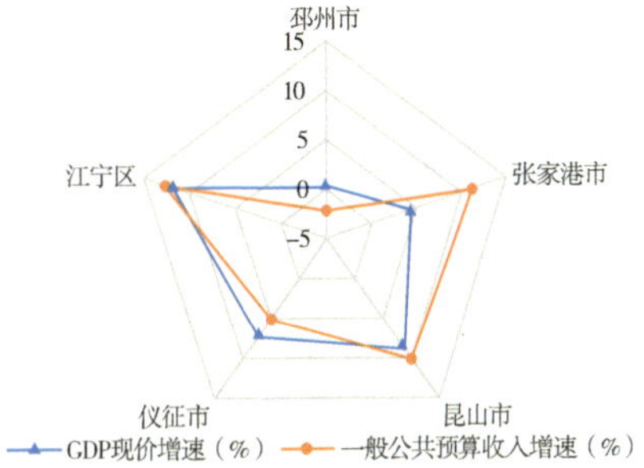

图 10-104 2018 年江苏省样本区县一般公共预算收入增速

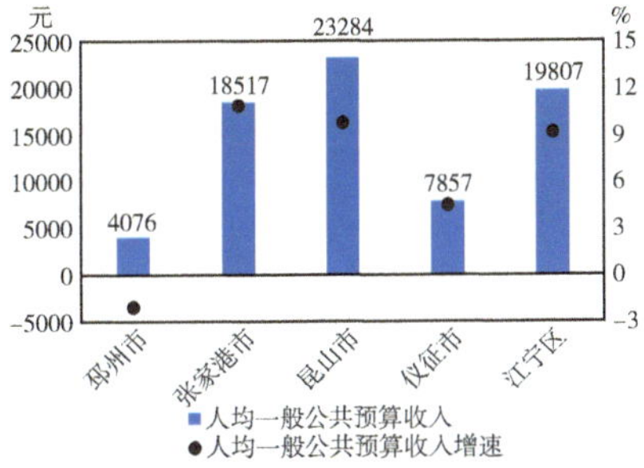

图 10-105 2018 年江苏省样本区县人均一般公共预算收入及增速

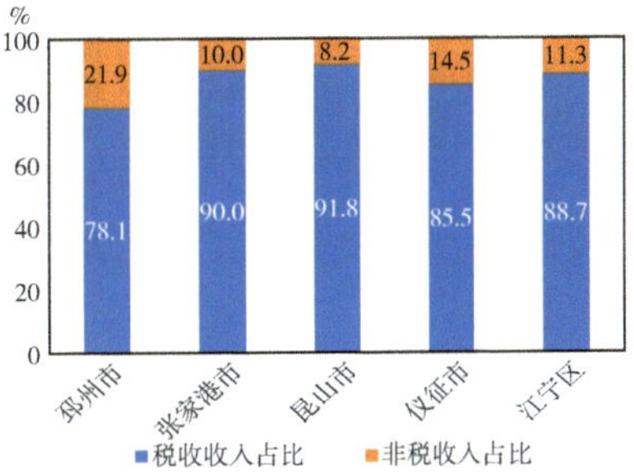

图 10-106 2018 年江苏省样本区县一般公共预算收入结构

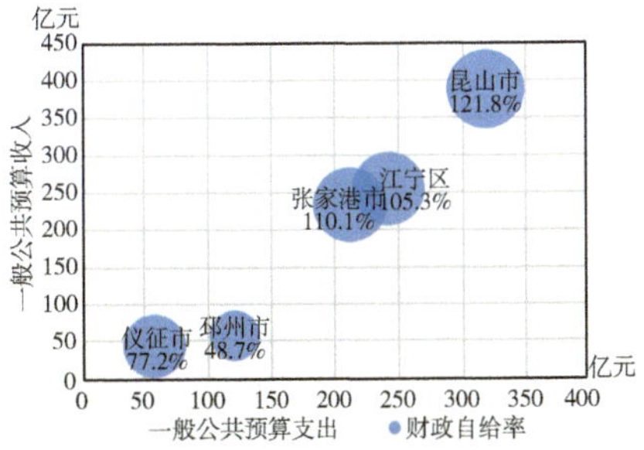

图 10-107 2018 年江苏省样本区县财政自给率

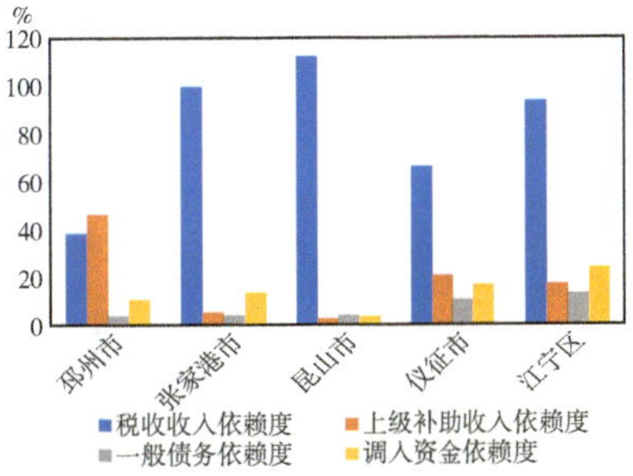

图 10-108 2018 年江苏省样本区县财政收入依赖度

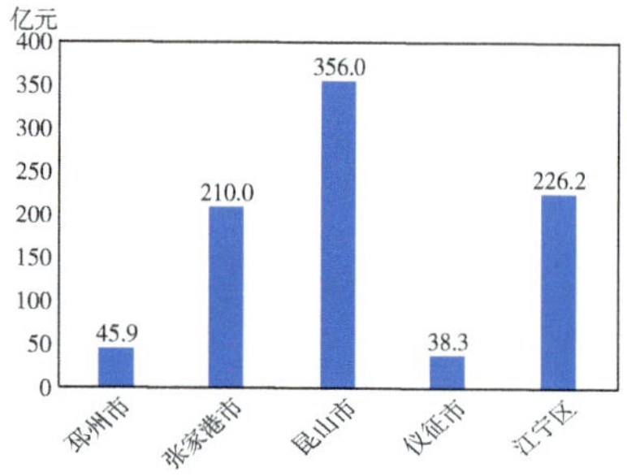

图 10-109　2018 年江苏省样本区县税收收入

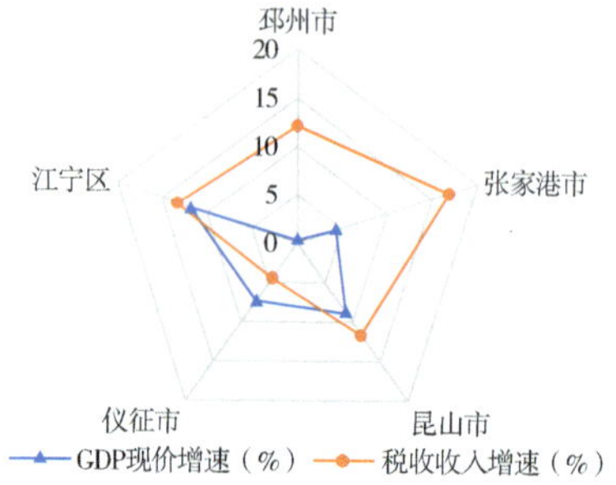

图 10-110　2018 年江苏省样本区县税收收入增速

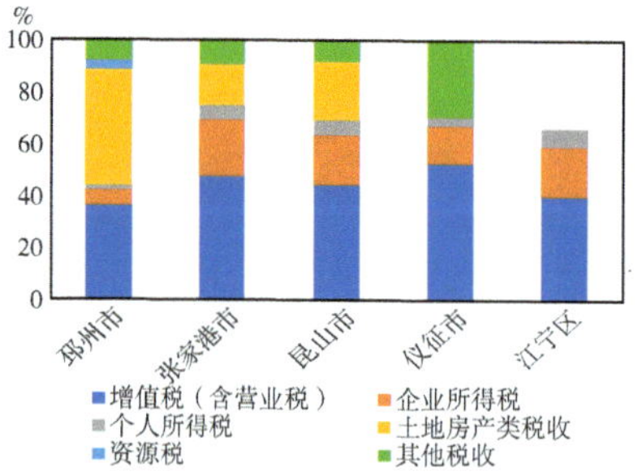

图 10-111　2018 年江苏省样本区县税收收入结构

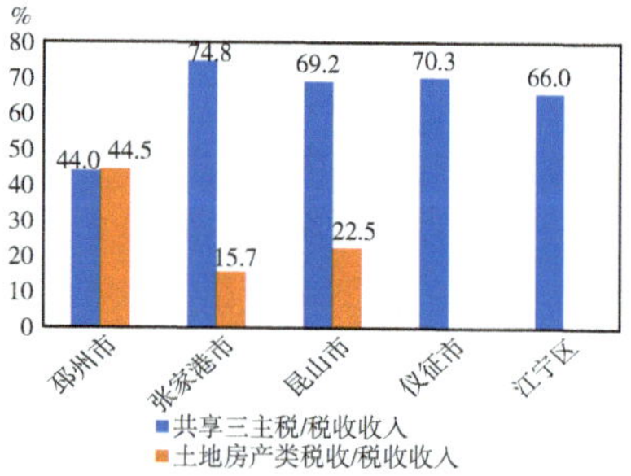

图 10-112　2018 年江苏省样本区县共享三主税、土地房产类税收占税收收入的比重

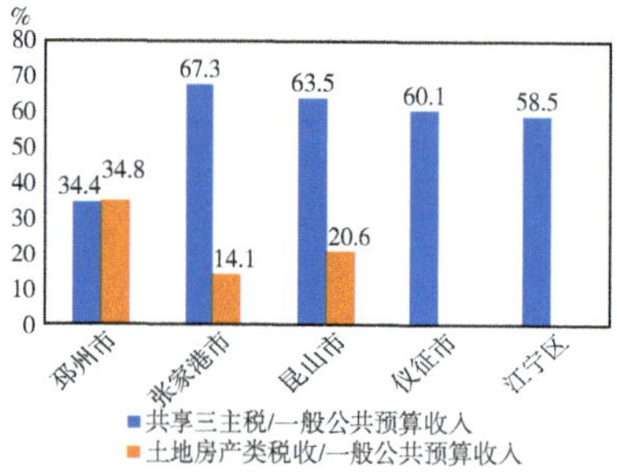

图 10-113　2018 年江苏省样本区县共享三主税、土地房产类税收占一般公共预算收入的比重

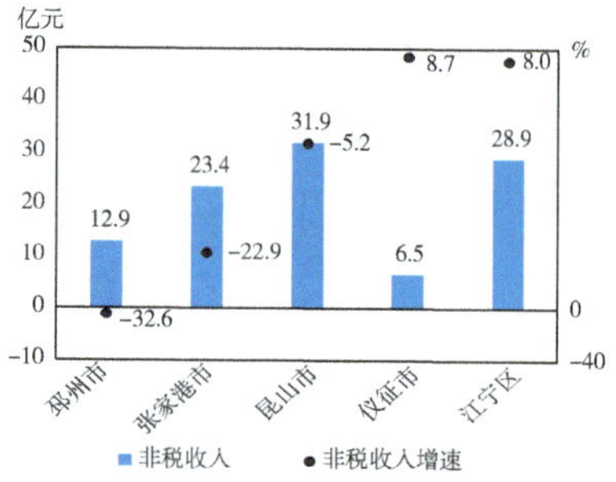

图 10-114　2018 年江苏省样本区县非税收入及增速

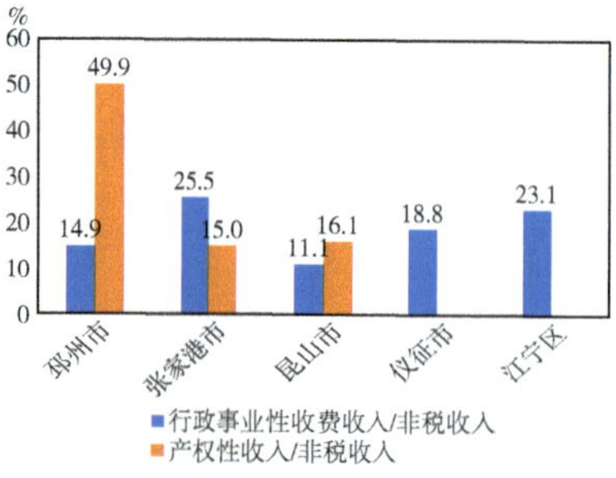

图 10-115　2018 年江苏省样本区县产权性收入、行政事业性收费收入占非税收入的比重

10.3.4 江苏省样本县政府性基金收入与国有资本经营收入情况

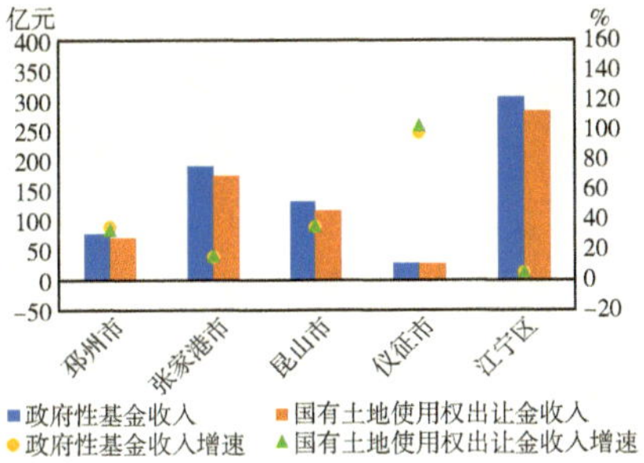

图 10-116　2018 年江苏省样本区县政府性基金收入、国有土地使用权出让金收入及其增速

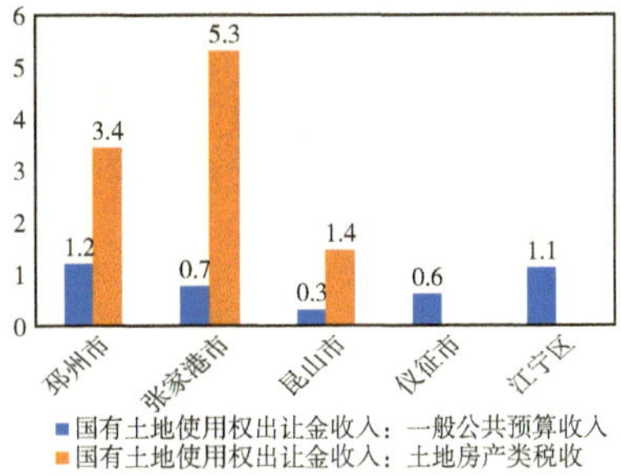

图 10-117　2018 年江苏省样本区县国有土地使用权出让金收入与一般公共预算关系指标

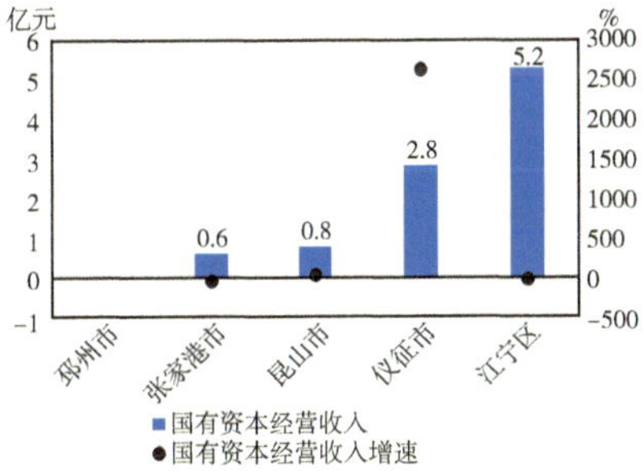

图 10-118　2018 年江苏省样本区县国有资本经营收入及增速

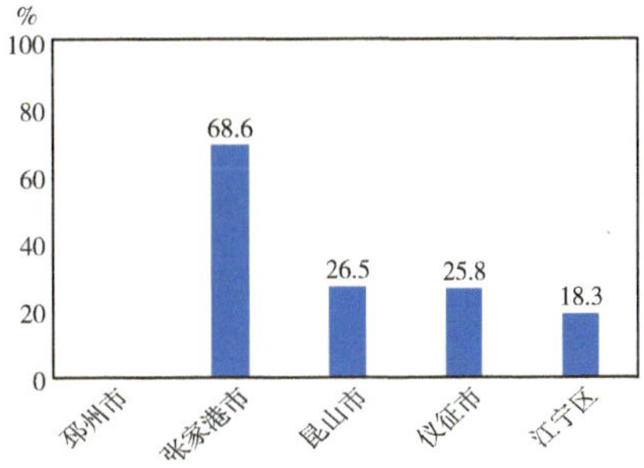

图 10-119　2018 年江苏省样本区县调出资金/国有资本经营收入

10.3.5 江苏省样本县社会保险基金收入情况

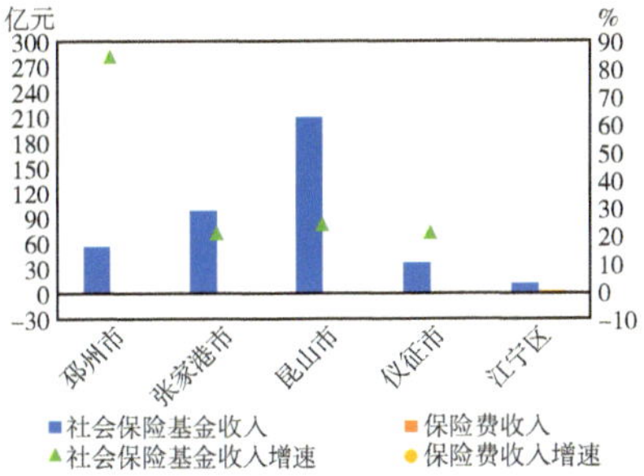

图 10-120　2018 年江苏省样本区县社会保险基金收入、保险费收入及其增速

10.3.6 江苏省样本县债务情况

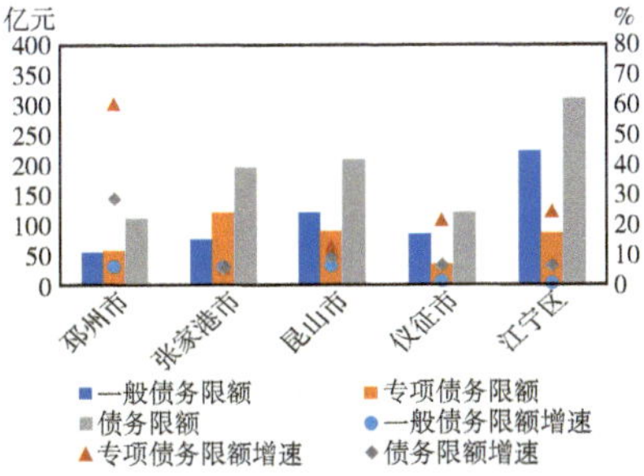

图 10-121　2018 年江苏省样本区县债务限额及其增速

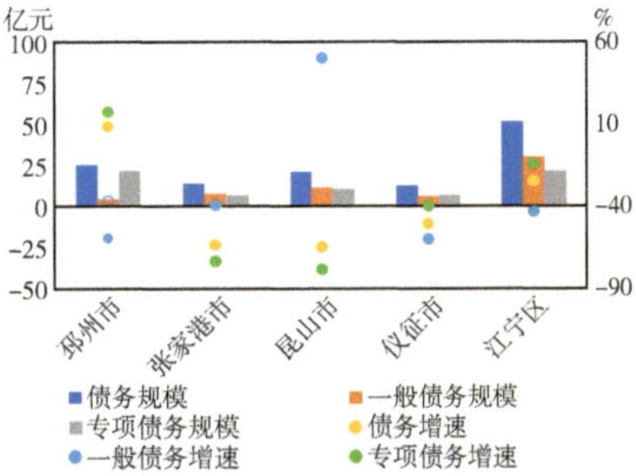

图 10-122　2018 年江苏省样本区县债务规模及其增速

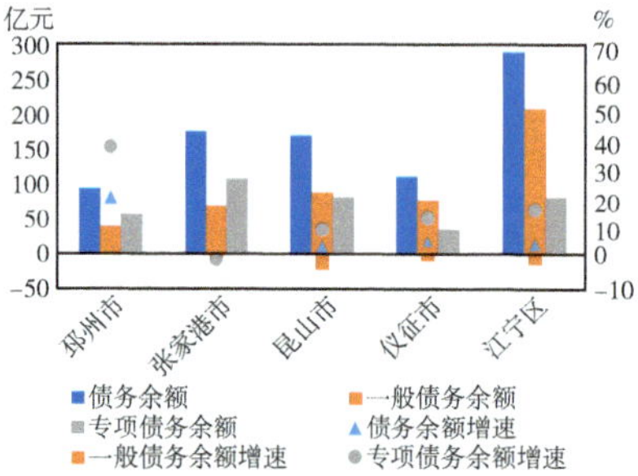

图 10-123　2018 年江苏省样本区县债务余额及其增速

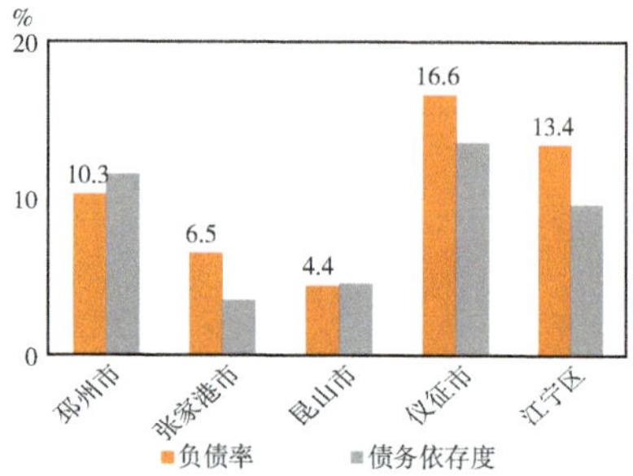

图 10-124　2018 年江苏省样本区县负债率与债务依存度

11 浙江省

浙江省共辖11个地级市，市辖区37个、县级市20个、县32个、自治县1个；地域面积为10.55万平方公里，浙江山地和丘陵占74.63%，平坦地仅占20.32%，河流和湖泊占5.05%，故有“七山一水二分田”之说。近十余年来，浙江省坚持不懈地抓数字经济发展，勇当数字经济先行者，获批创建首个国家信息经济示范区，并成为“两化”深度融合国家示范区和全国数字经济发展的先行区。同时，民营经济是浙江发展的最大亮点，也是浙江经济最显著的特点。总体上看，浙江省的经济发展、财政收入等在全国靠前，经济发达，人民收入水平高。

2019年浙江省经济总量排名第4，第三产业占比与全国平均水平持平，人口整体净流入，城镇化率高于全国平均水平。2019年末，浙江省常住人口5850万人，GDP达到6.2万亿元，排全国第4名，次于山东省，高于河南省；增速6.8%，比2018年下降0.3个百分点，高于全国0.7个百分点；人均GDP为106585元（15402美元）。从产业结构看，2019年第一、第二、第三产业占比分别为3.4%、42.6%（高于全国平均水平13.6个百分点）和54%（与全国平均水平持平）。从居民可支配收入看，2019年城镇与农村居民人均可支配收入分别为60182元和29876元，呈上升态势，分别为全国平均水平的142.1%和186.5%。

2019年浙江省一般公共预算收入全国排名第4，税收收入占比高，省市县中县级政府收入占比较高。2019年浙江省一般公共预算收入7048亿元，排名全国第4，增速为6.8%，人均一般公共预算收入为12048元，全国排第4名。2019年浙江省税收收入占一般公共预算收入为83.7%，高于全国平均水平0.7个百分点；非税收入占比低，2018年政府产权性收入占非税收入比重达17.6%。从纵向收入分配看，2018年省本级、市本级、县一般公共预算收入占比分别为4.7%、17.3%和78%。

2019年浙江省财政自给率较高，地区财政总收入大于一般公共预算支出。2019年浙江省财政自给率为70.1%。2019年浙江省组织的地区财政总收入为12268.0亿元，增速为4.8%，其中上缴中央收入占比42.5%。2019年浙江省一般公共预算支出为10053.0亿元。

2019年浙江省四本预算的一般公共预算收入和社保基金收入占比下降，政府性基金收入占比提升。2019年浙江省四本预算加总的政府收入23010.2亿元，增速为12.4%，其中一般公共预算收入、政府性基金收入、国有资本经营收入和社会保险基金收入分别占比30.6%、46.1%、0.4%和22.9%。2019年浙江省社会保险基金收入为5262.2亿元，增速为4.2%。

浙江省内各地市经济社会发展和财政发展较为均衡，杭州市和宁波市表现较为突出。杭州市和宁波市是2018年浙江省唯二政府收入规模超3000亿元的城市，而其他城市政府收入规模分布在2000亿元以下。2018年杭州市一般公共预算收入1825.1亿元，宁波市一般公共预算收入1379.7亿元，其他各市均低于600亿元。除少数城市（衢州市、舟山市、丽水市）外，2018年浙江省其他各市财政自给率均高于50%。财政自给率最高的城市为杭州，达到106.3%，其次为绍兴市（90.1%），再次为嘉兴（88.1%），最低的为丽水市，仅为30.1%。政府性基金收入主要构成是国有土地使用权出让金收入，2018年收入规模最大的是杭州市（2863.9亿元）。

本章执笔人：周娇娇　审校：梁季

11.1 浙江省政府收入主要特征分析

11.1.1 浙江省经济社会基本情况

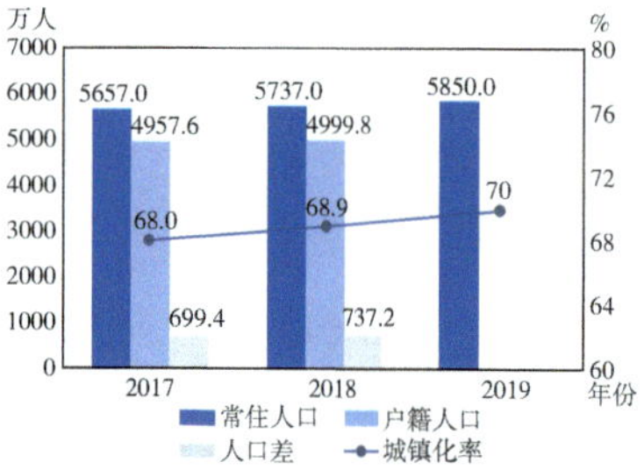

图11-1 2017-2019年浙江省人口状况

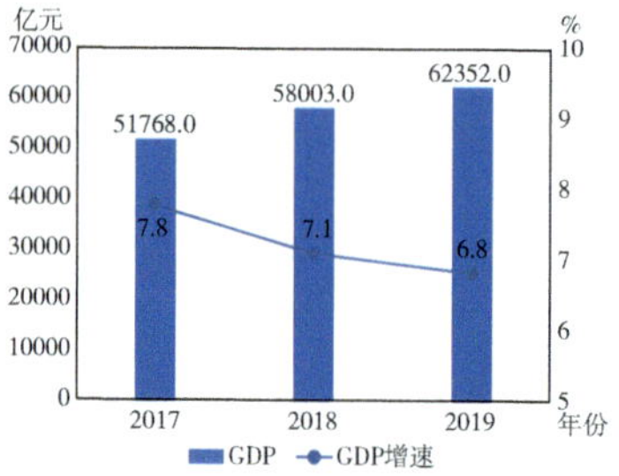

图11-2 2017-2019年浙江省GDP及增速

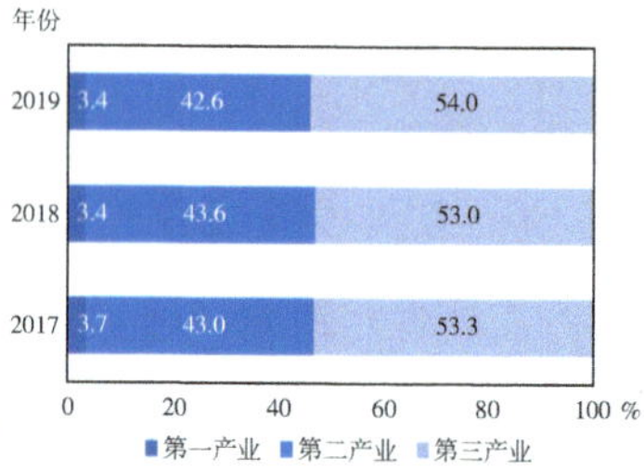

图11-3 2017-2019年浙江省三次产业结构

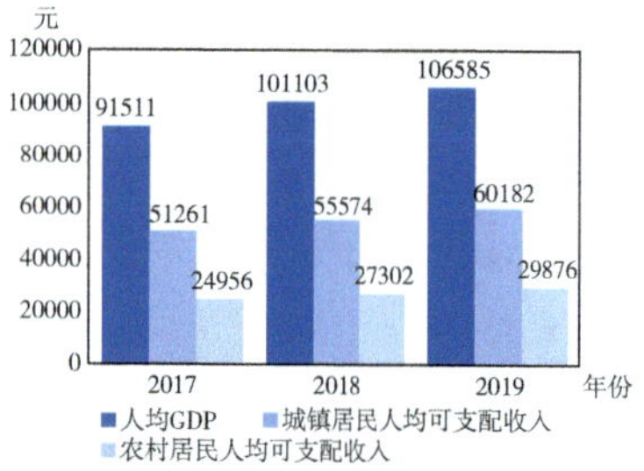

图11-4 2017-2019年浙江省人均GDP和人均可支配收入

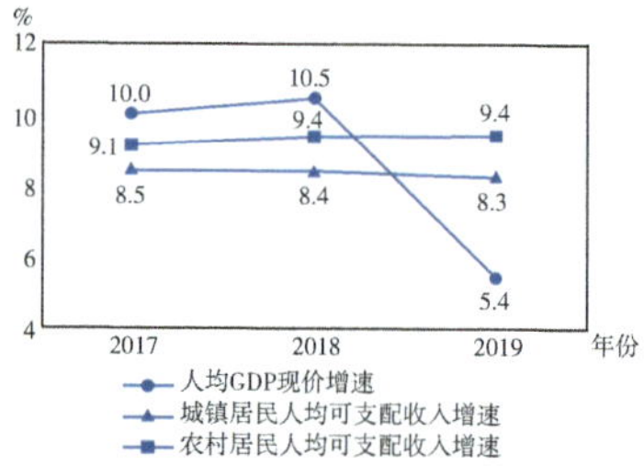

图11-5 2017-2019年浙江省人均GDP增速和人均可支配收入增速

11.1.2 浙江省政府收入总体情况

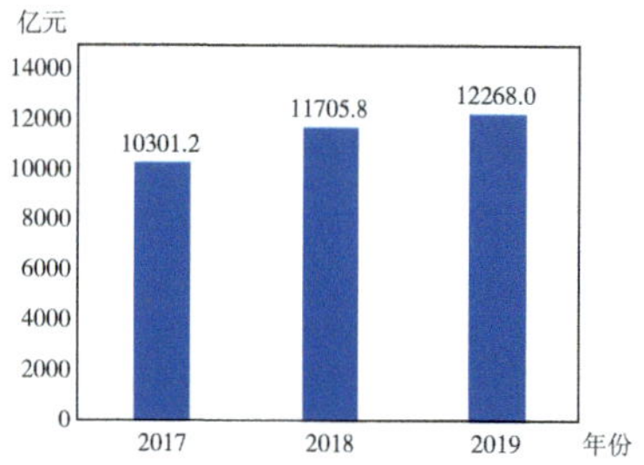

图11-6 2017-2019年浙江省财政总收入

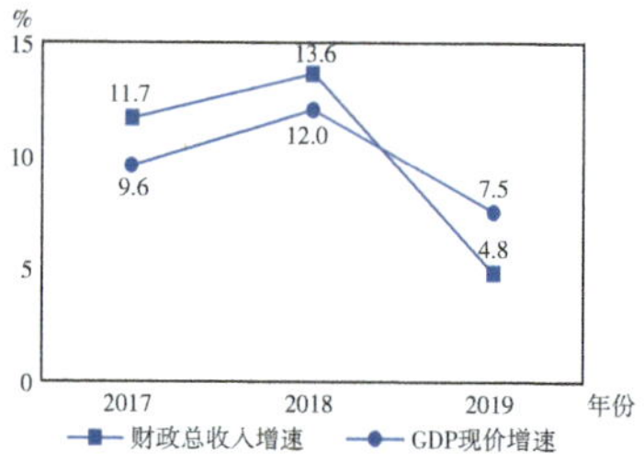

图11-7 2017-2019年浙江省财政总收入增速

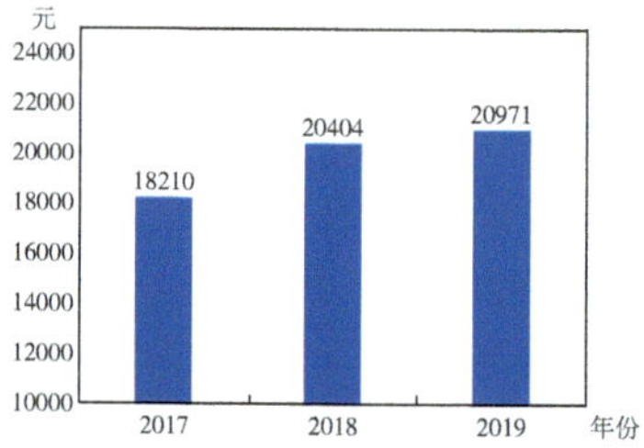

图11-8 2017-2019年浙江省人均财政总收入

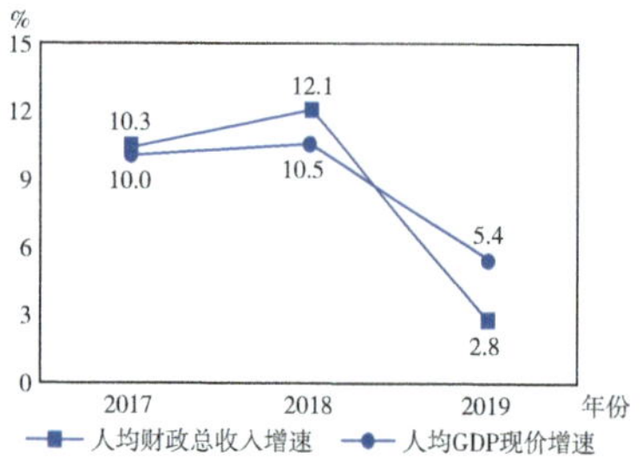

图11-9 2017-2019年浙江省人均财政总收入增速

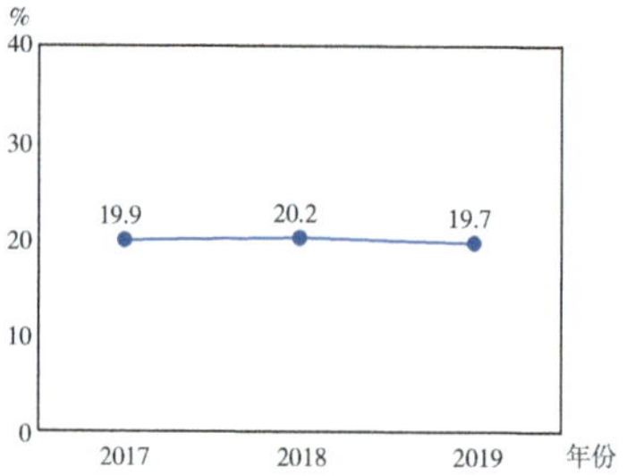

图11-10 2017-2019年浙江省财政总收入/GDP

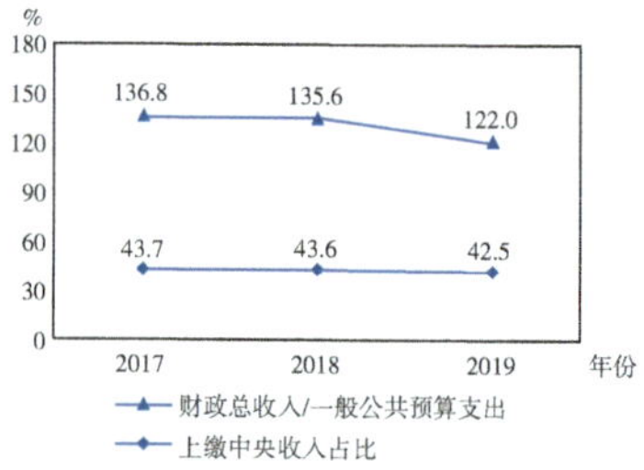

图11-11 2017-2019年浙江省财政总收入其他指标

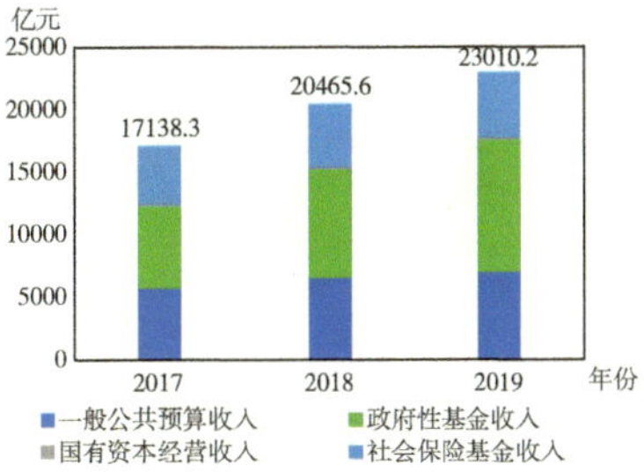

图11-12　2017-2019年浙江省政府收入

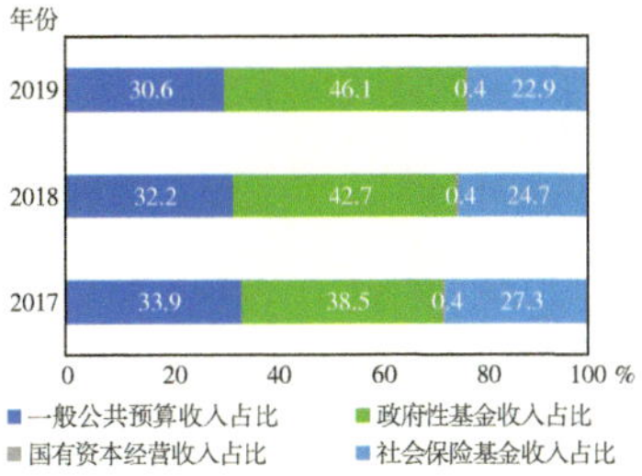

图11-13　2017-2019年浙江省政府收入结构

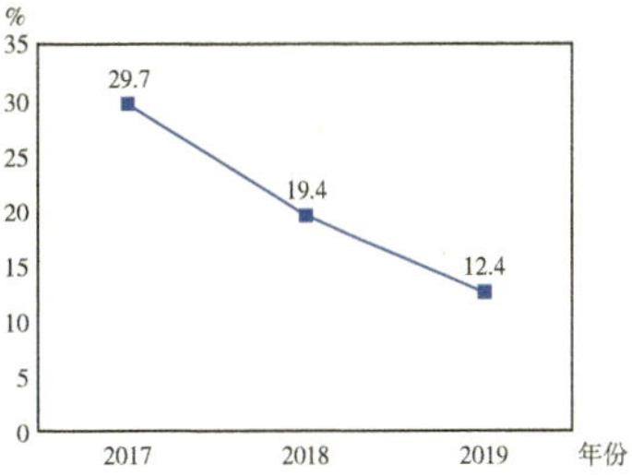

图11-14　2017-2019年浙江省政府收入增速

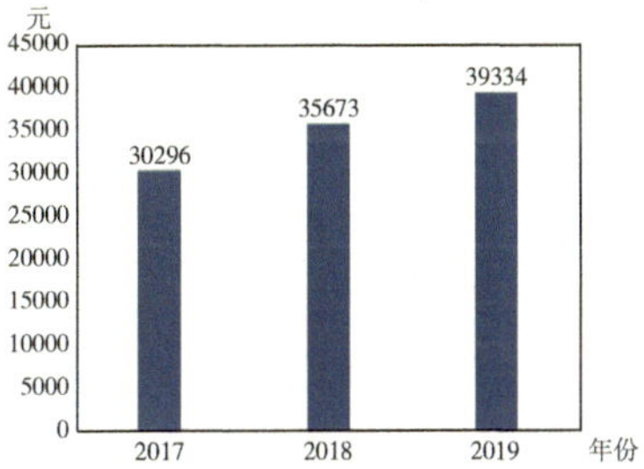

图11-15　2017-2019年浙江省人均政府收入

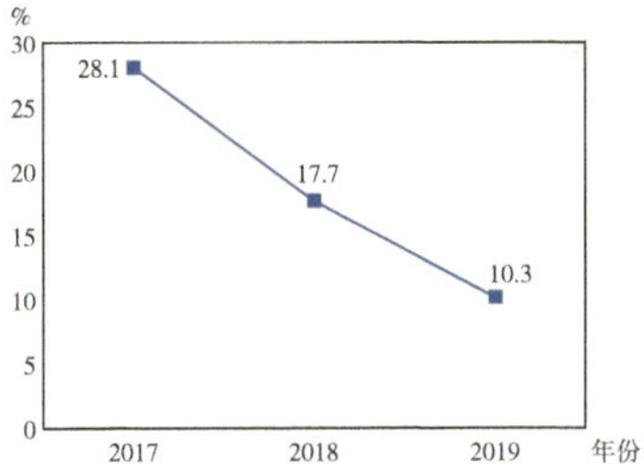

图11-16　2017-2019年浙江省人均政府收入增速

11.1.3　浙江省一般公共预算收入情况

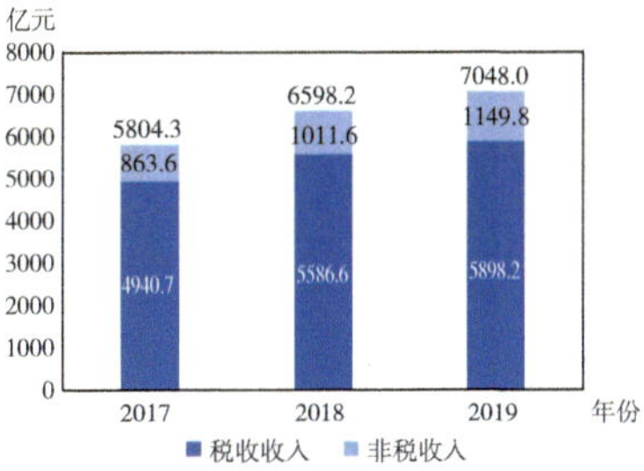

图11-17　2017-2019年浙江省一般公共预算收入

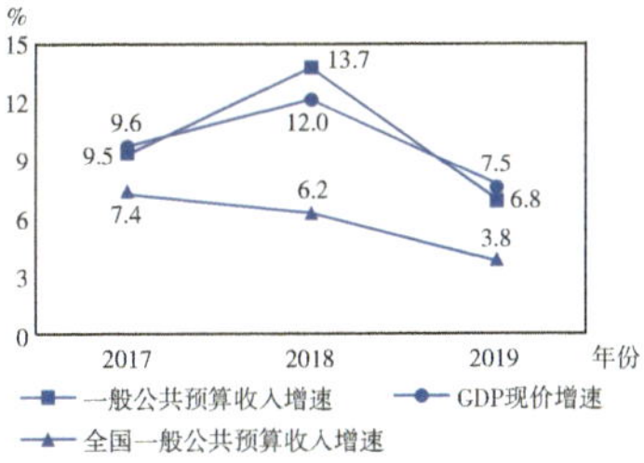

图11-18　2017-2019年浙江省一般公共预算收入增速

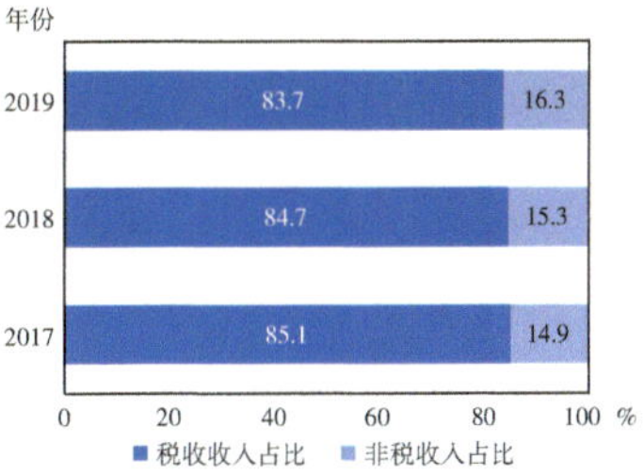

图11-19　2017-2019年浙江省一般公共预算收入结构

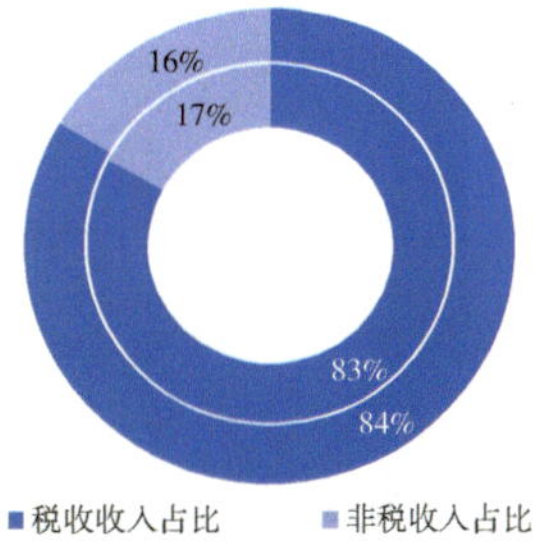

图11-20　2019年一般公共预算收入结构对比（内环为全国，外环为浙江省）

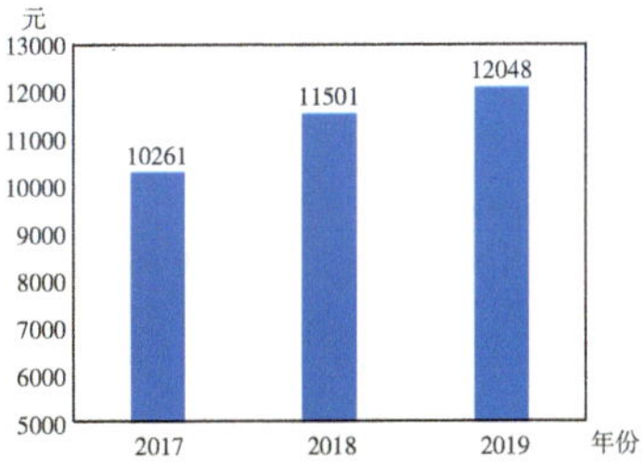

图11-21　2017-2019年浙江省人均一般公共预算收入

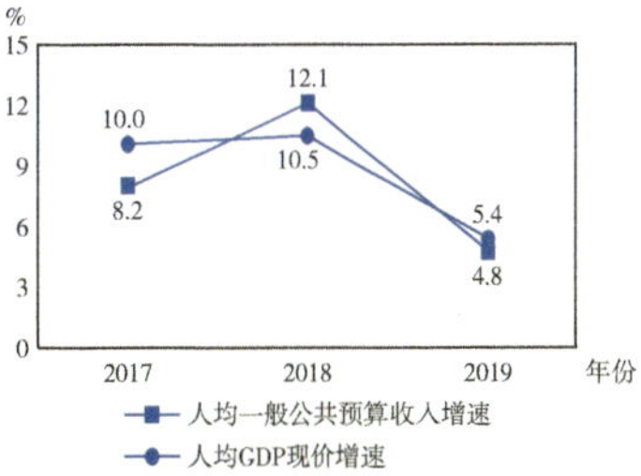

图11-22　2017-2019年浙江省人均一般公共预算收入增速

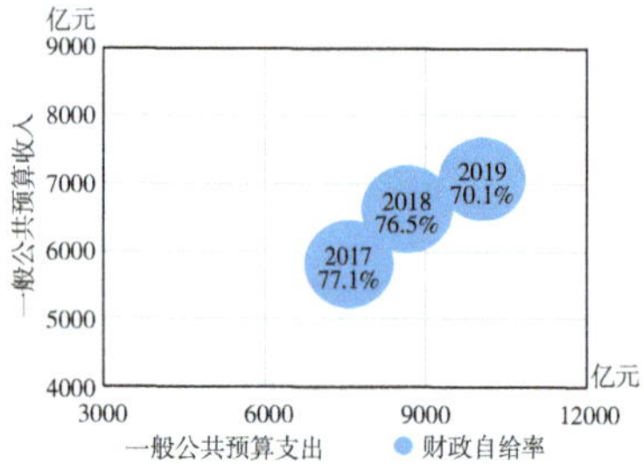

图11-23　2017-2019年浙江省财政自给率

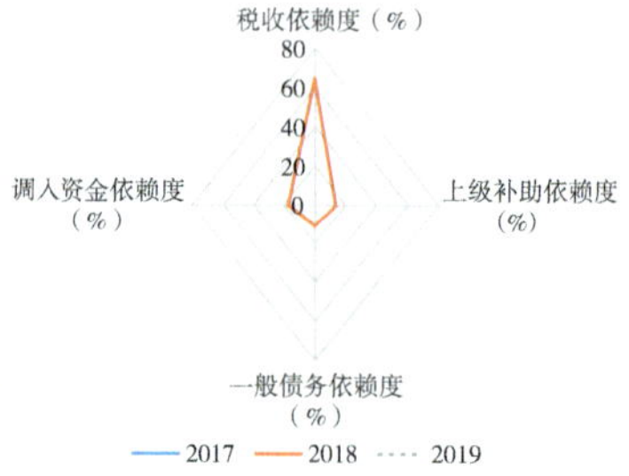

图11-24　2017-2019年浙江省财政收入依赖度

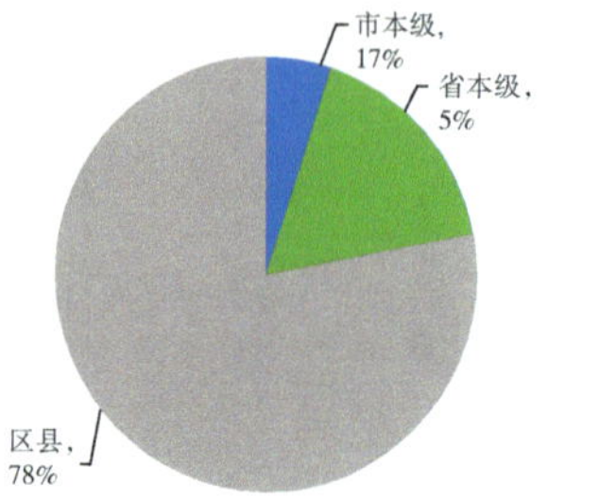

图11-25　2018年省市县三级政府一般公共预算收入分布

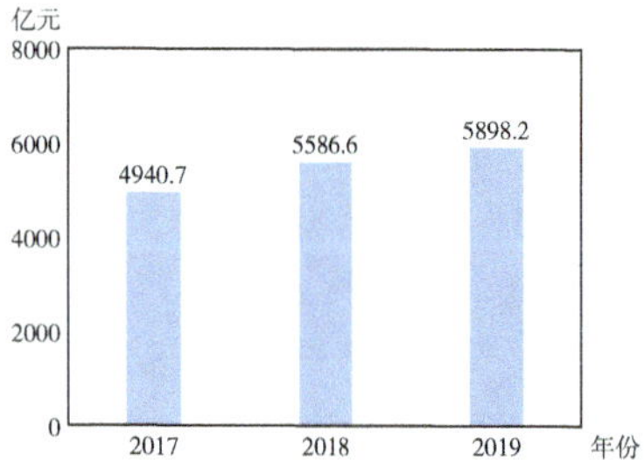

图11-26　2017-2019年浙江省税收收入

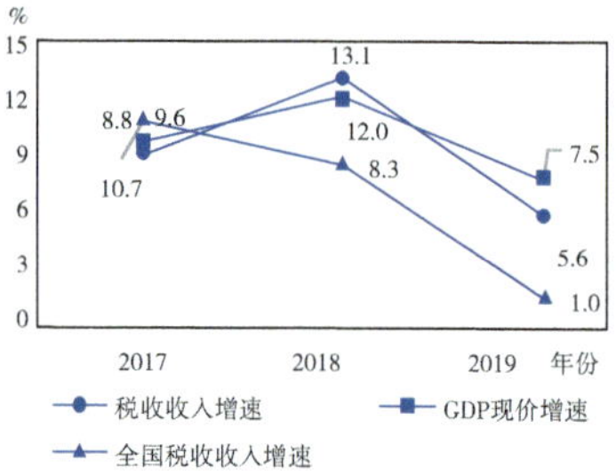

图11-27　2017-2019年浙江省税收收入增速

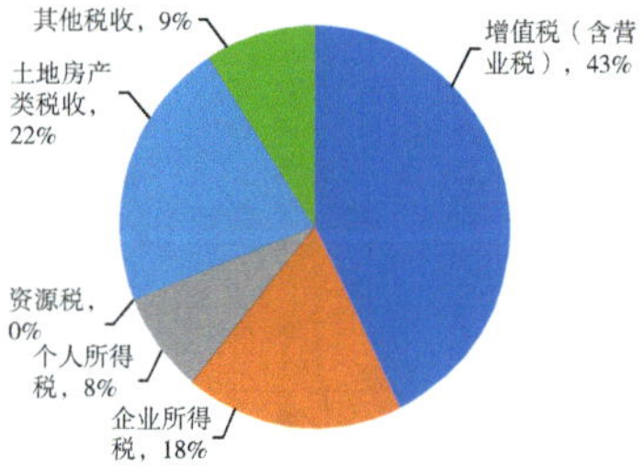

图11-28　2018年浙江省税收结构

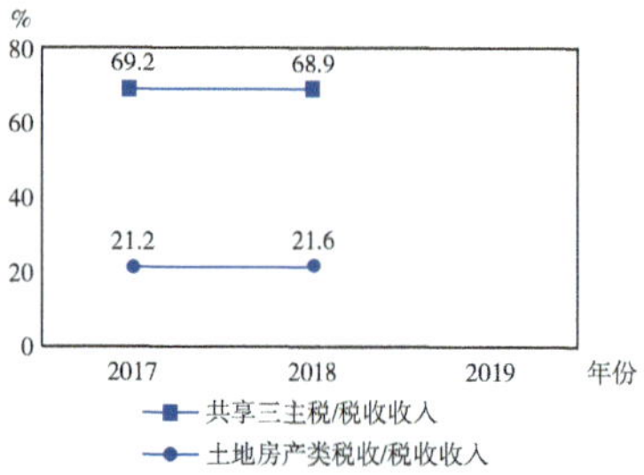

图11-29　2017-2019年浙江省共享三主税、土地房产类税收占税收收入的比重

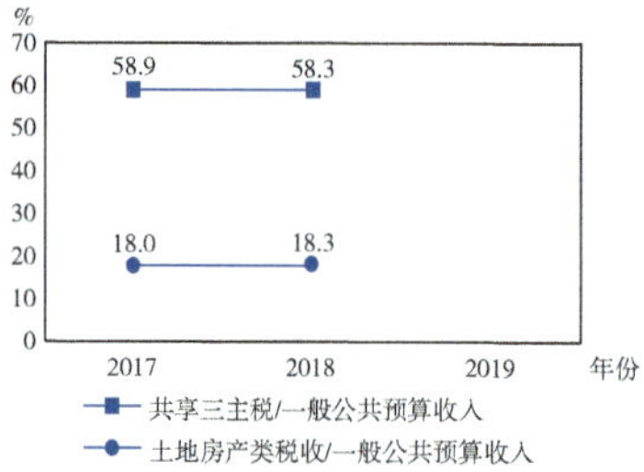

图11-30　2017-2019年浙江省共享三主税、土地房产类税收占一般公共预算收入的比重

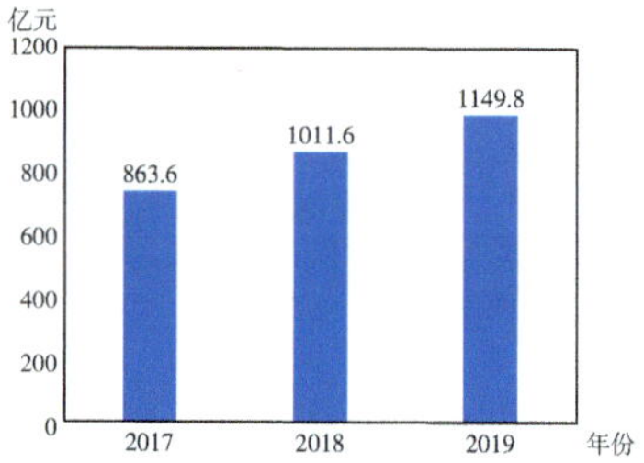

图11-31　2017-2019年浙江省非税收入

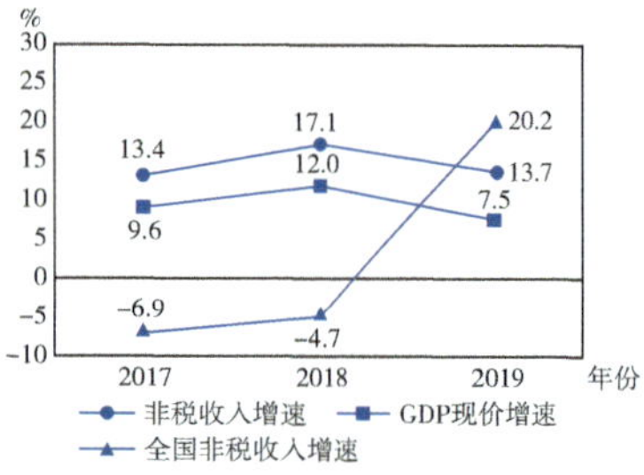

图11-32　2017-2019年浙江省非税收入增速

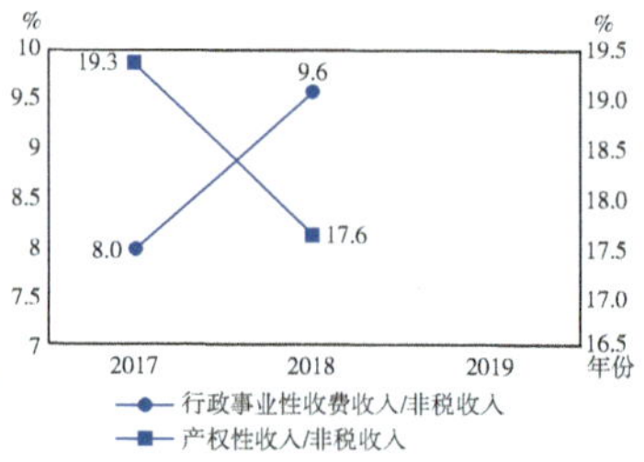

图11-33　2017-2019年浙江省行政事业性收费及产权性收入占非税收入的比重

11.1.4　浙江省政府性基金收入和国有资本经营收入情况

图11-34　2017-2019年浙江省政府性基金收入

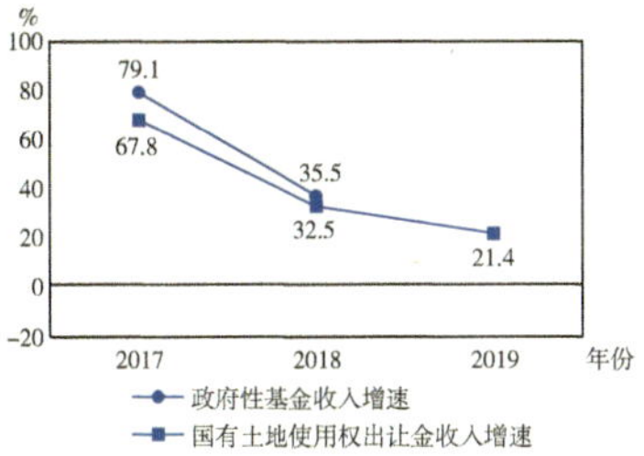

图11-35　2017-2019年浙江省政府性基金收入增速及国有土地使用权出让金收入增速

图11-36　2017-2019年浙江省国有土地使用权出让金收入与一般公共预算关系指标

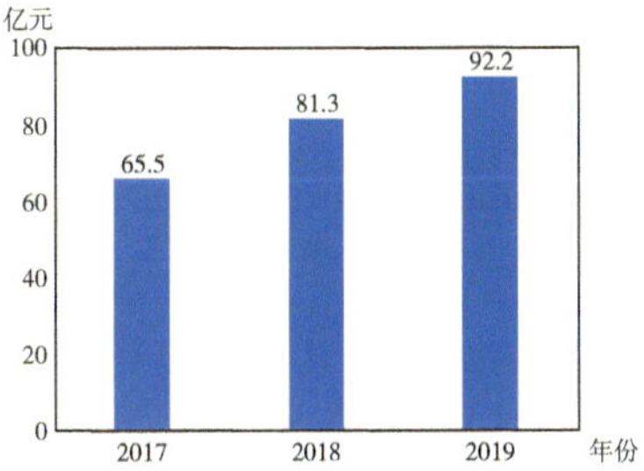

图11-37　2017-2019年浙江省国有资本经营收入

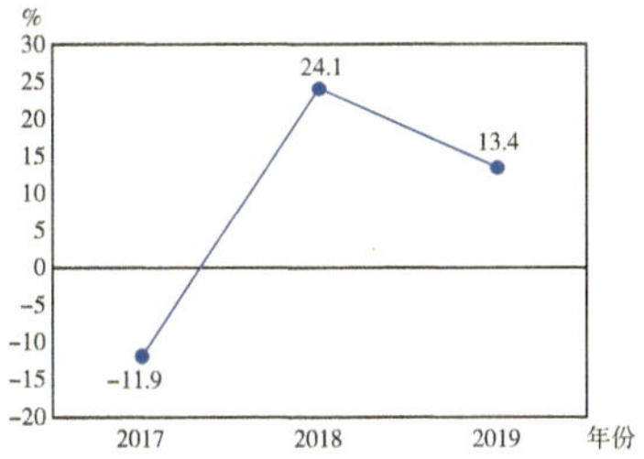

图11-38　2017-2019年浙江省国有资本经营收入增速

11.1.5　浙江省债务情况

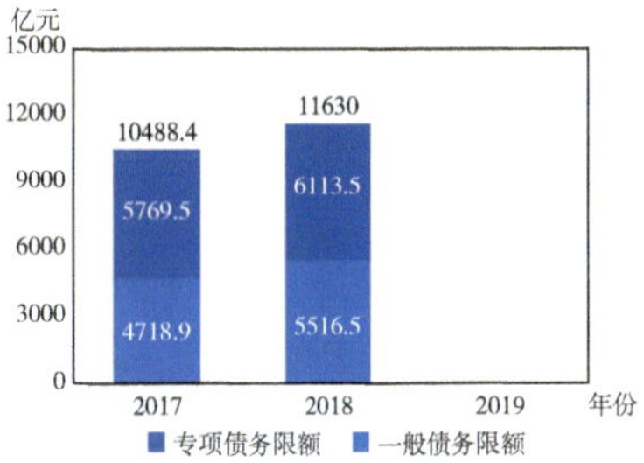

图11-39　2017-2019年浙江省债务限额

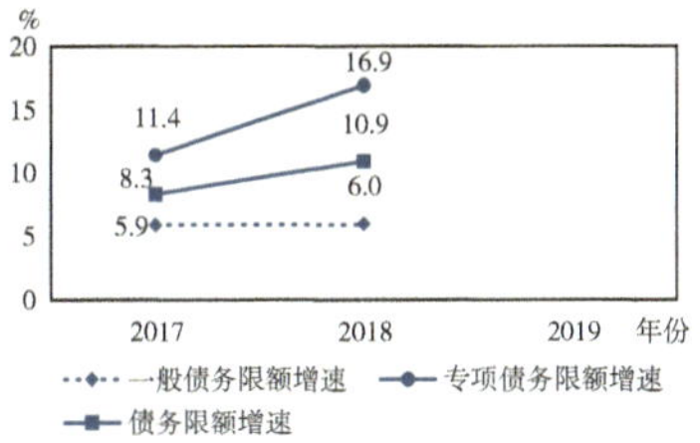

图11-40　2017-2019年浙江省债务限额增速

图11-41　2017-2019年浙江省债务余额

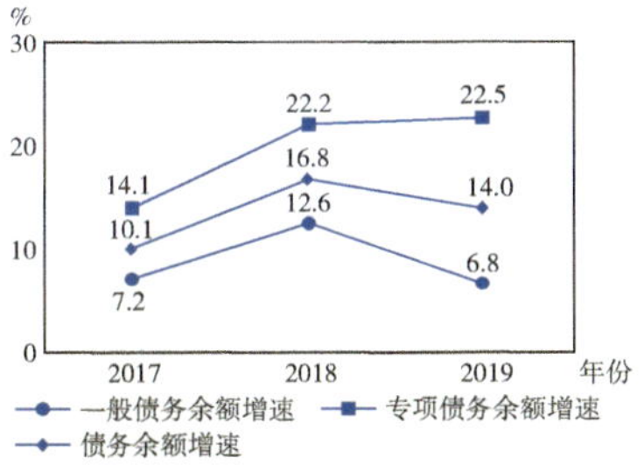

图11-42　2017-2019年浙江省债务余额增速

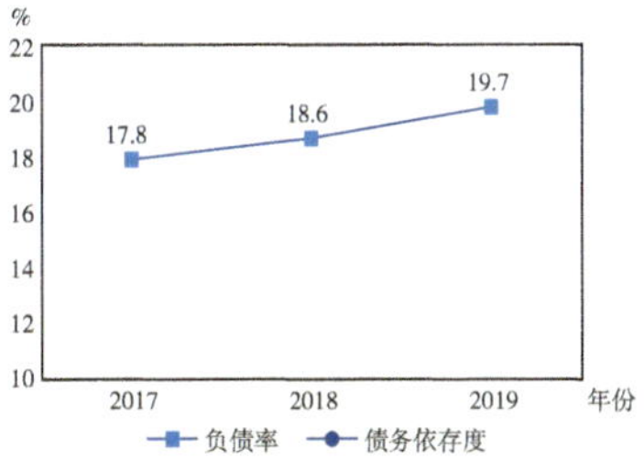

图11-43　2017-2019年浙江省负债率与债务依存度

11.1.6 浙江省省本级一般公共预算收入情况

图11-44 2017-2019年浙江省省本级一般公共预算收入

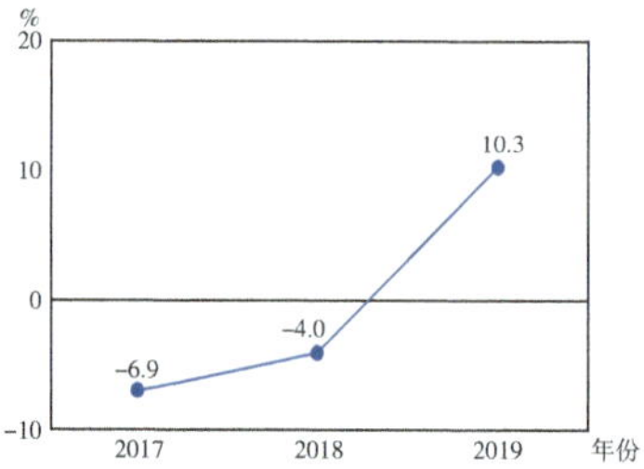

图11-45 2017-2019年浙江省省本级一般公共预算收入增速

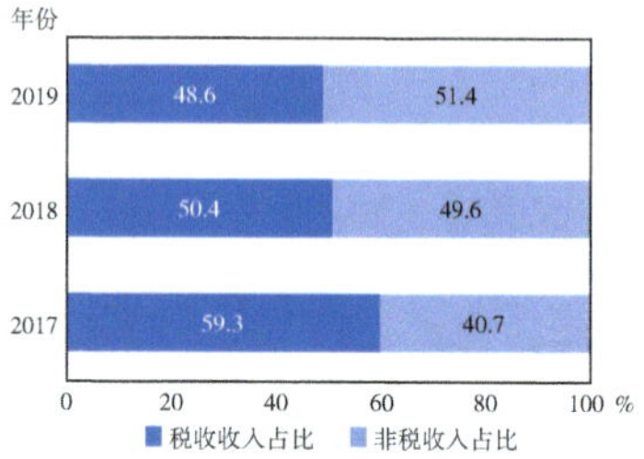

图11-46 2017-2019年浙江省省本级一般公共预算收入结构

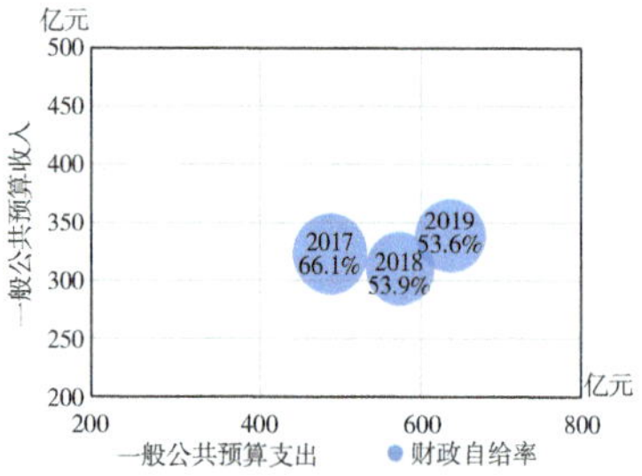

图11-47 2017-2019年浙江省省本级财政自给率

图11-48 2017-2019年浙江省省本级税收收入

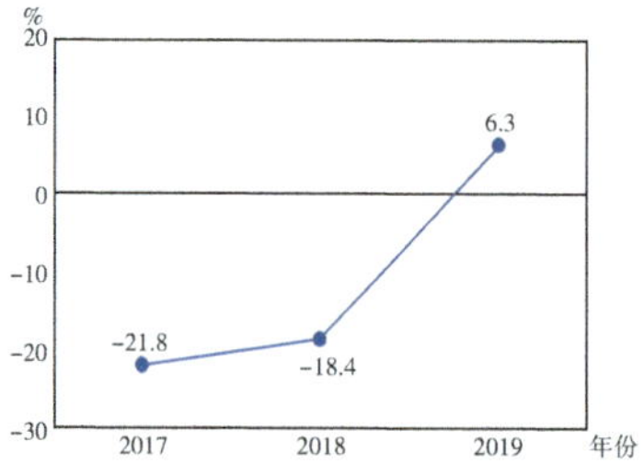

图11-49 2017-2019年浙江省省本级税收收入增速

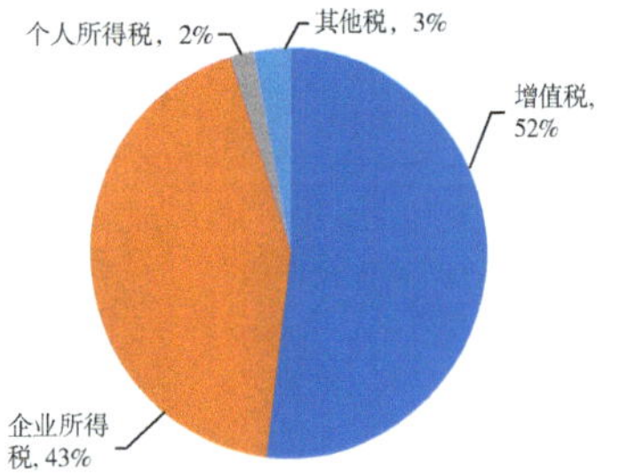

图11-50 2019年浙江省省本级税收结构

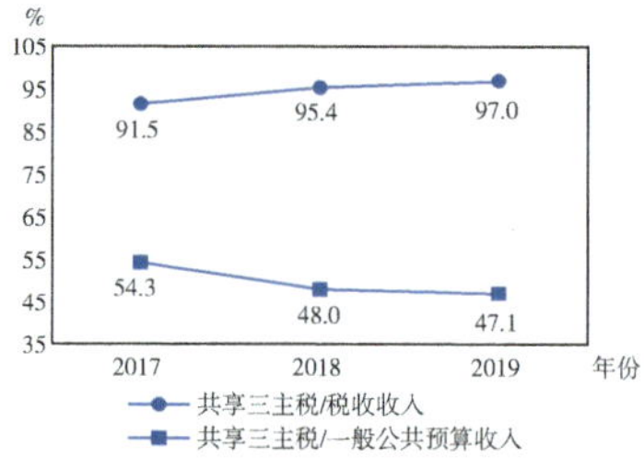

图11-51 2017-2019年浙江省省本级共享三主税占税收收入、一般公共预算收入的比重

图11-52 2017-2019年浙江省省本级非税收入

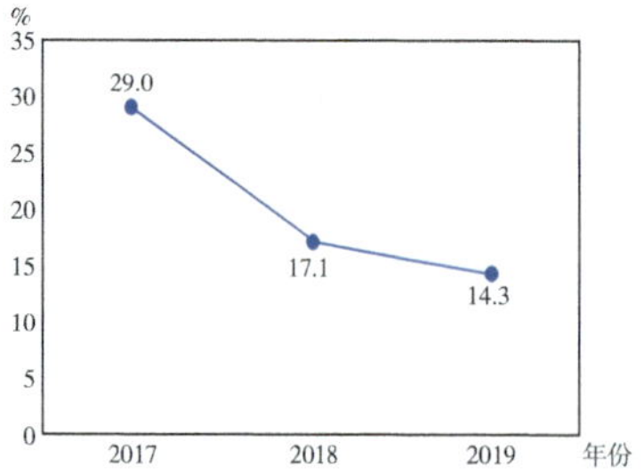

图11-53 2017-2019年浙江省省本级非税收入增速

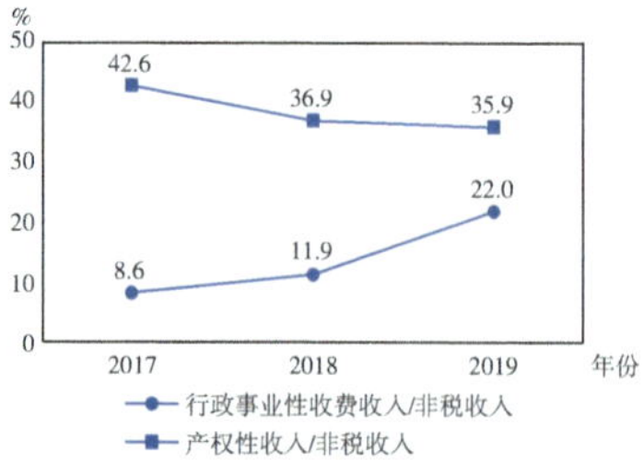

图11-54 2017-2019年浙江省省本级行政事业性收费、产权性收入占非税收入的比重

11.2 浙江省各市政府收入主要特征分析

11.2.1 浙江省各市经济社会发展情况

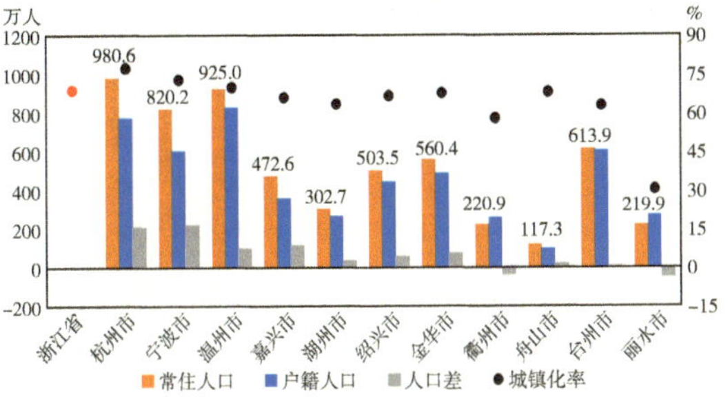

图 11-55　2018 年浙江省各市人口状况

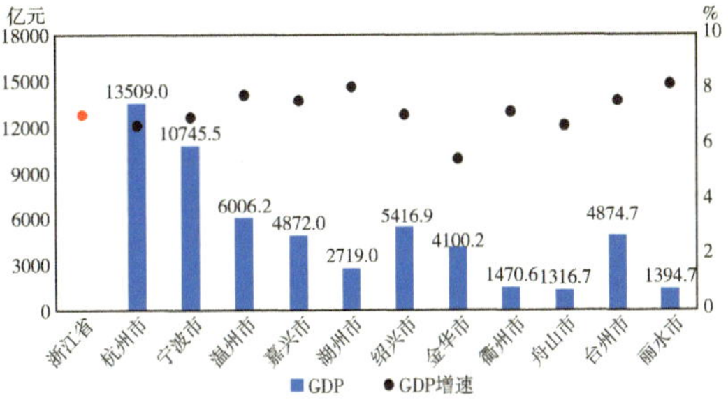

图 11-56　2018 年浙江省各市 GDP 及增速

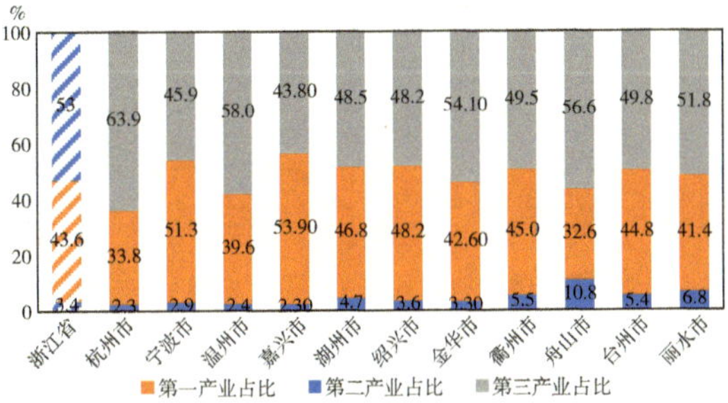

图 11-57　2018 年浙江省各市三次产业结构

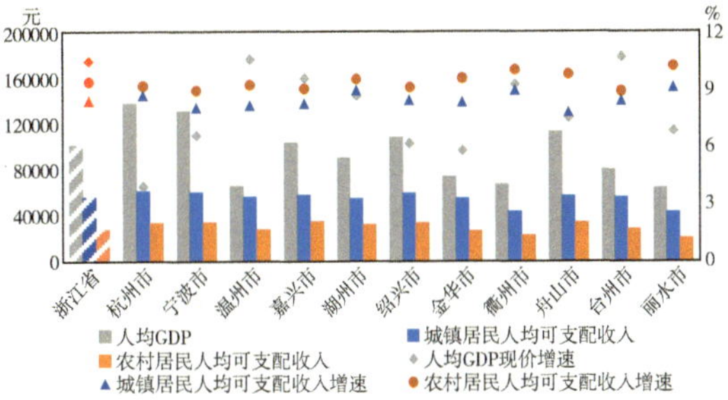

图 11-58　2018 年浙江省各市人均 GDP 与人均可支配收入

11.2.2 浙江省各市政府收入总体情况

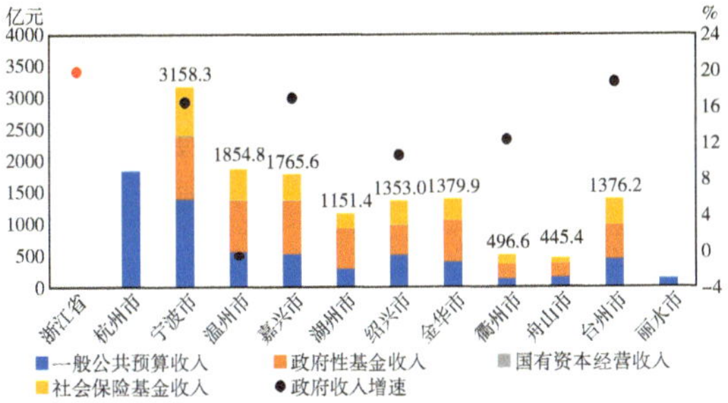

图 11-59　2018 年浙江省各市政府收入结构及增速

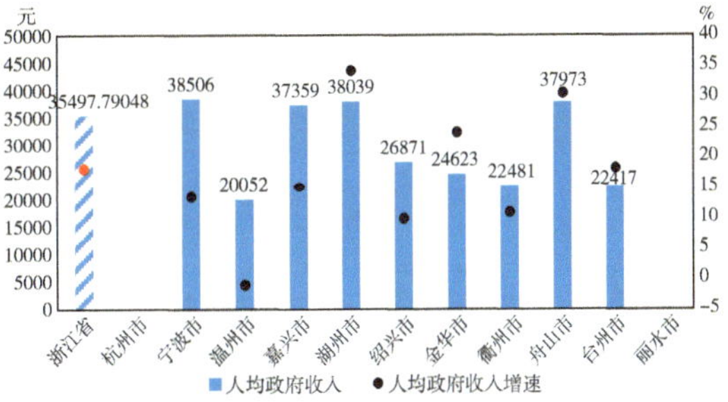

图 11-60　2018 年浙江省各市人均政府收入及增速

11.2.3 浙江省各市一般公共预算收入情况

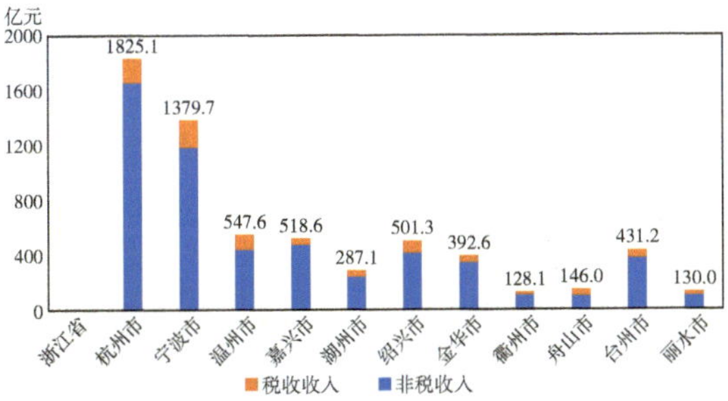

图 11-61　2018 年浙江省各市一般公共预算收入

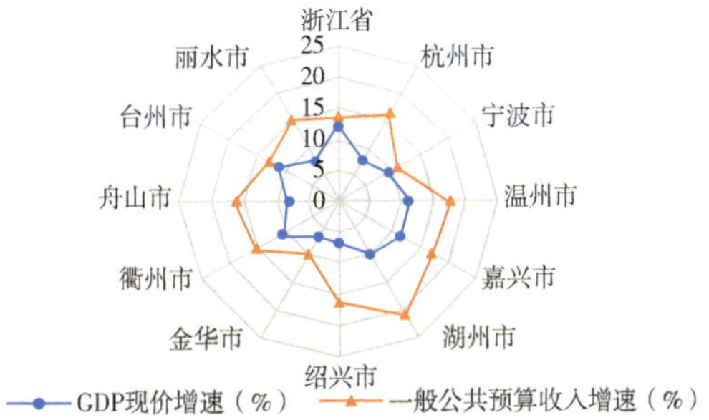

图 11-62　2018 年浙江省各市一般公共预算收入增速

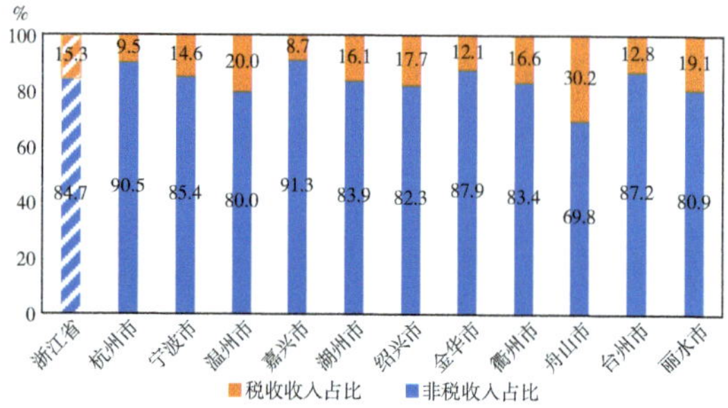

图 11-63　2018 年浙江省各市一般公共预算收入结构

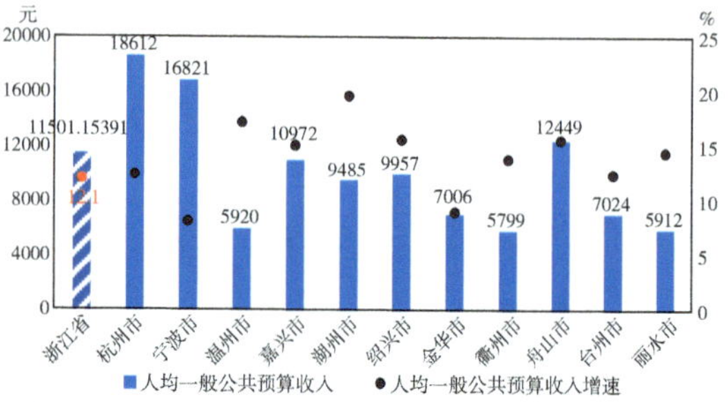

图 11-64　2018 年浙江省各市人均一般公共预算收入及增速

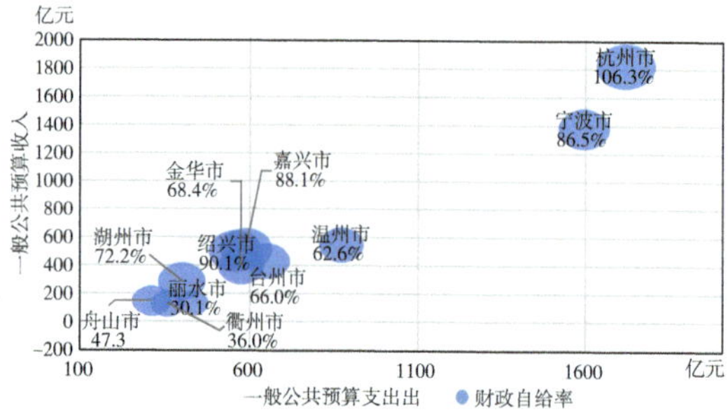

图 11-65　2018 年浙江省各市财政自给率

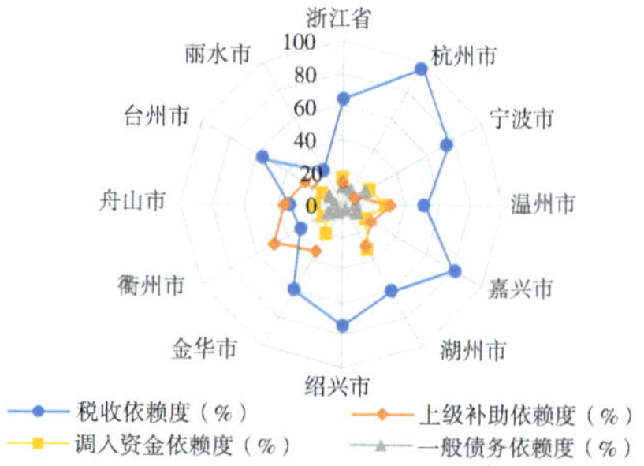

图 11-66　2018 年浙江省各市财政收入依赖度

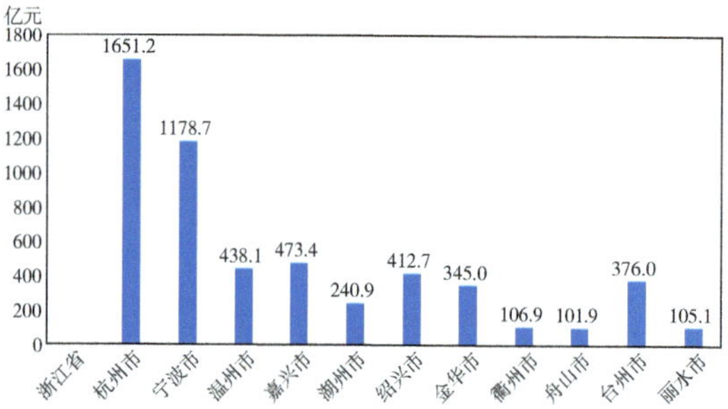

图 11-67　2018 年浙江省各市税收收入

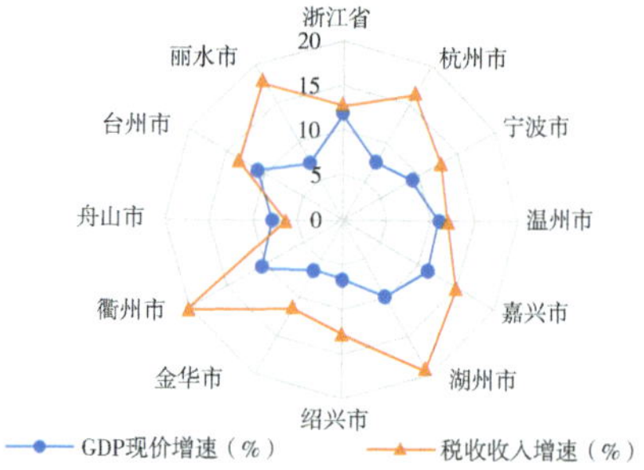

图 11-68　2018 年浙江省各市税收收入增速

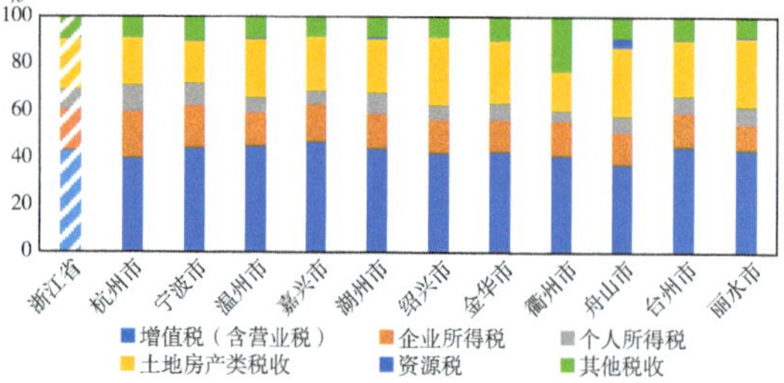

图 11-69　2018 年浙江省各市税收收入结构

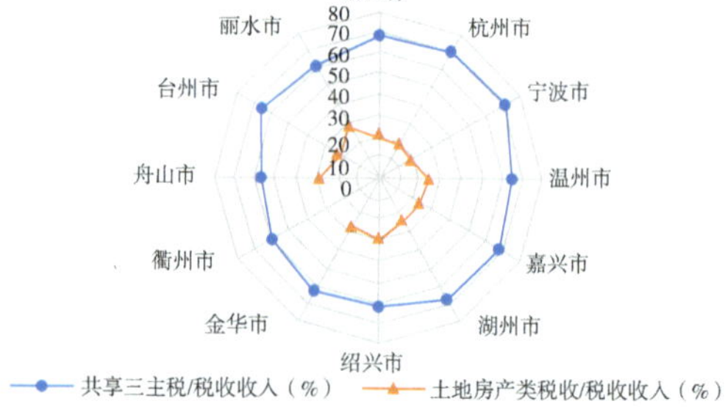

图 11-70　2018 年浙江省各市共享三主税、土地房产类税收占税收收入的比重

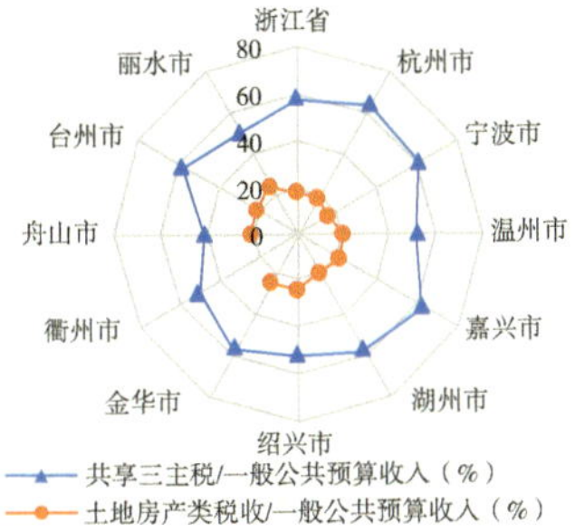

图11-71　2018年浙江省各市共享三主税、土地房产类税收占一般公共预算收入的比重

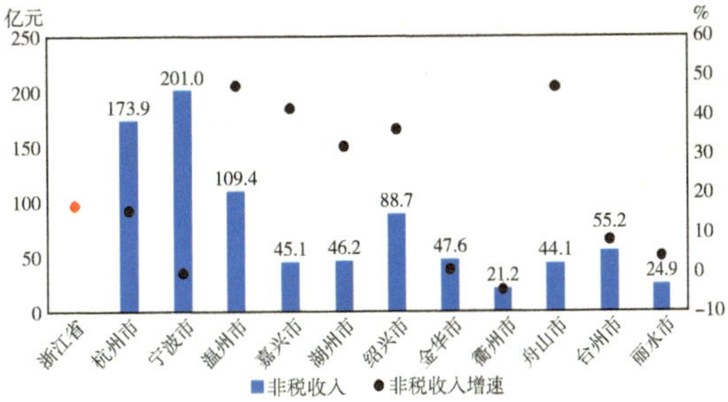

图11-72　2018年浙江省各市非税收入及增速

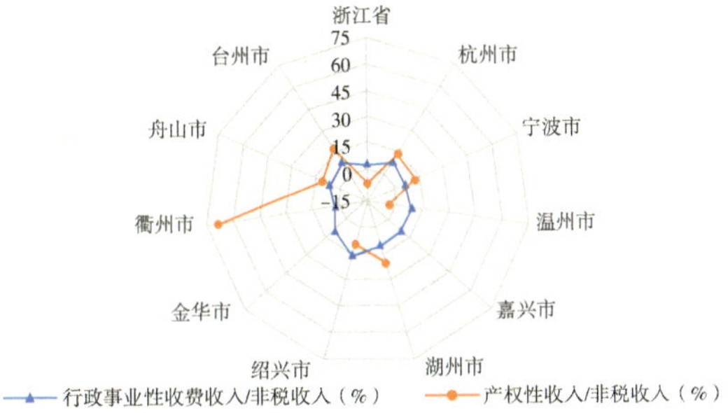

图11-73　2018年浙江省各市行政事业性收费收入、产权性收入占非税收入的比重

11.2.4　浙江省各市政府性基金收入与国有资本经营收入情况

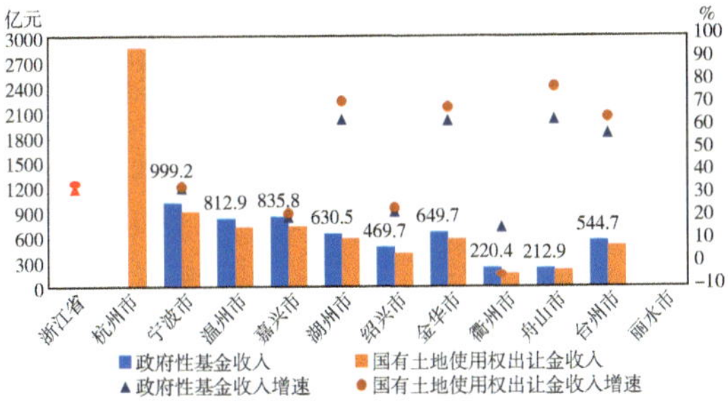

图11-74　2018年浙江省各市政府性基金预算收入、国有土地使用权出让收入及其增速

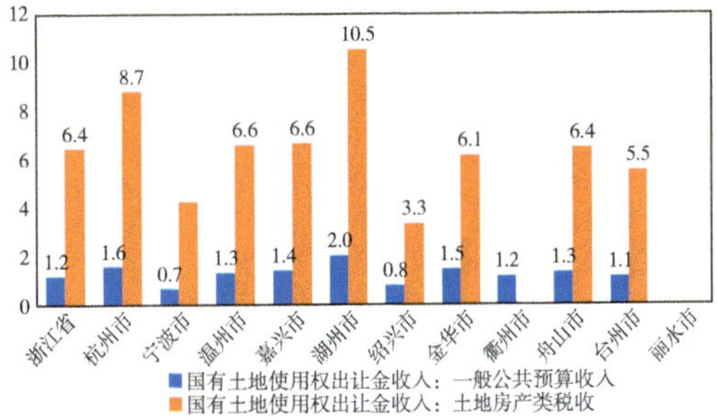

图11-75　2018年浙江省各市国有土地使用权出让金收入与一般公共预算关系指标

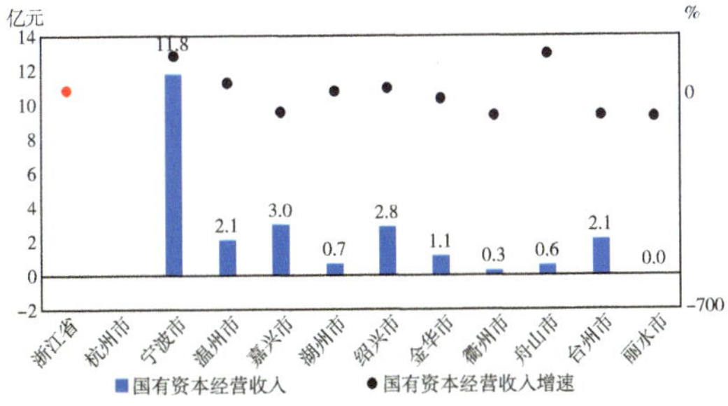

图11-76　2018年浙江省各市国有资本经营收入及增速

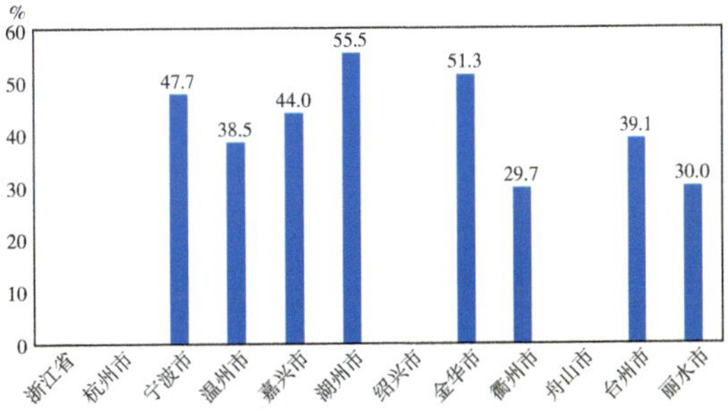

图11-77　2018年浙江省各市调出资金/国有资本经营收入

11.2.5 浙江省各市社会保险基金收入情况

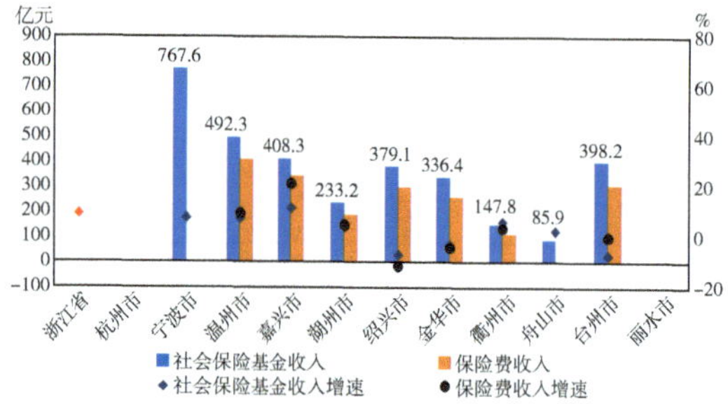

图 11-78 2018 年浙江省各市社会保险基金收入、保险费收入及其增速

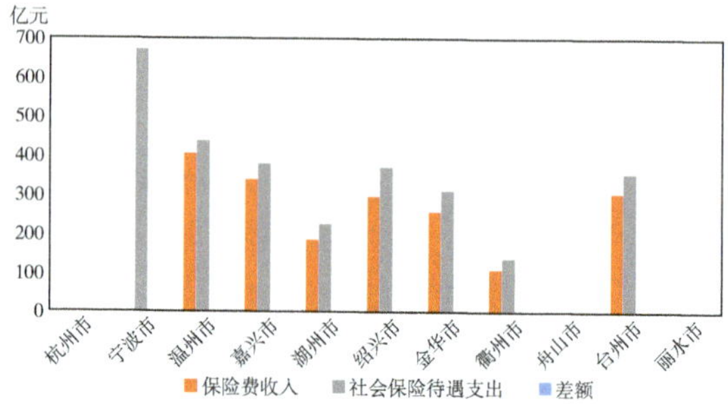

图 11-79 2018 年浙江省各市保险费收入、社会保险待遇支出及其差额

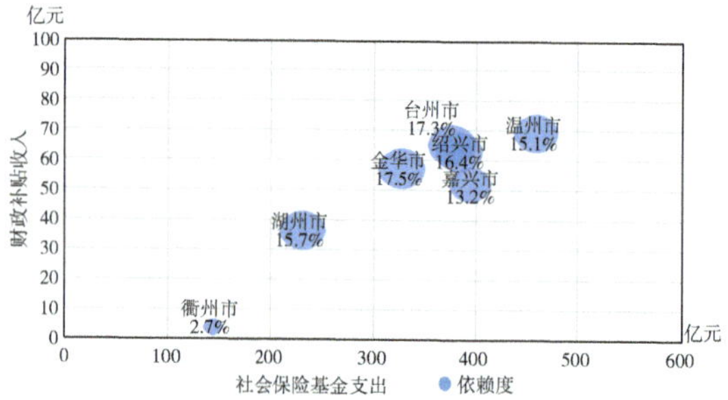

图 11-80 2018 年浙江省各市社会保险基金对财政补贴的依赖度

11.2.6 浙江省各市债务情况

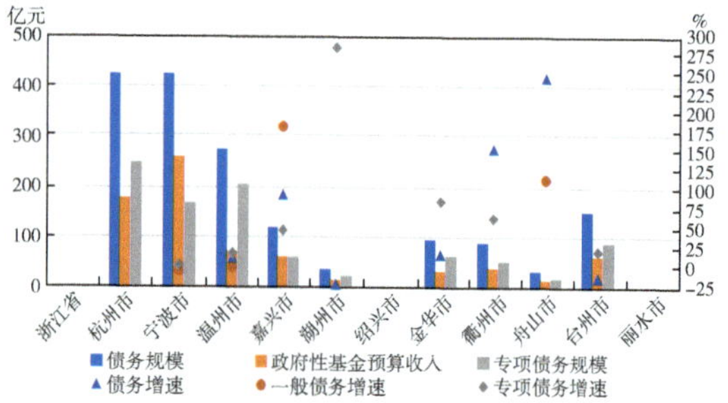

图 11-81 2018 年浙江省各市债务规模及其增速

注：浙江衢州一般债务增速 884%，浙江舟山专项债务增速 620%。

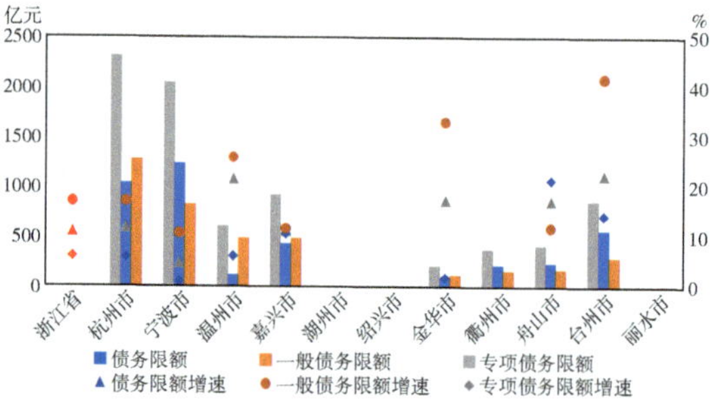

图 11-82 2018 年浙江省各市债务限额及其增速

注：浙江衢州专项债务限额增速 332%，债务限额增速 918.6%；浙江温州、浙江金华债务限额为市区数据。

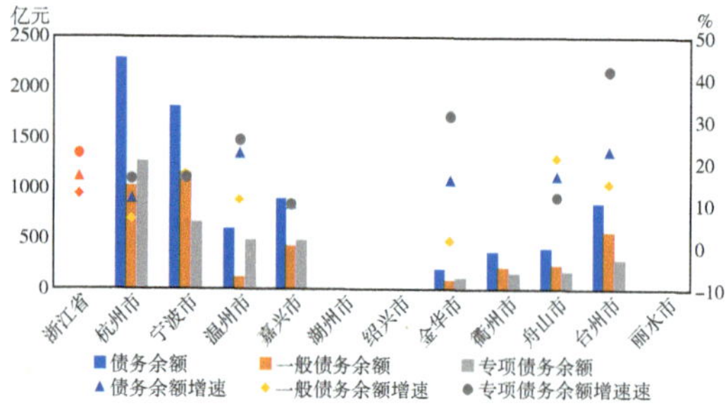

图 11-83 2018 年浙江省各市债务余额及其增速

注：浙江温州、浙江金华债务限额为市区数据。

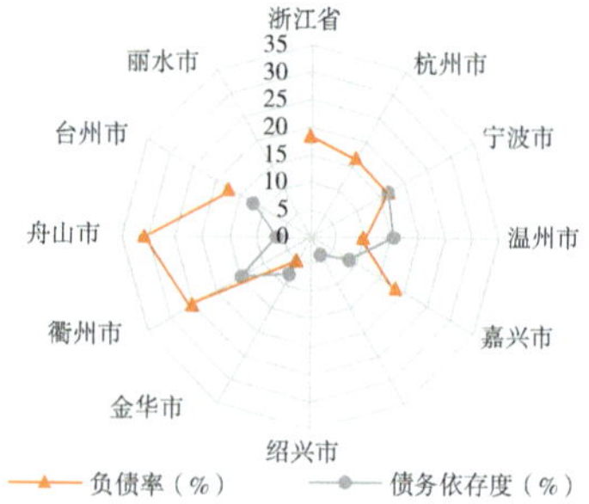

图 11-84 2018 年浙江省各市负债率与债务依存度

11.2.7 浙江省各市市本级一般公共预算收入情况

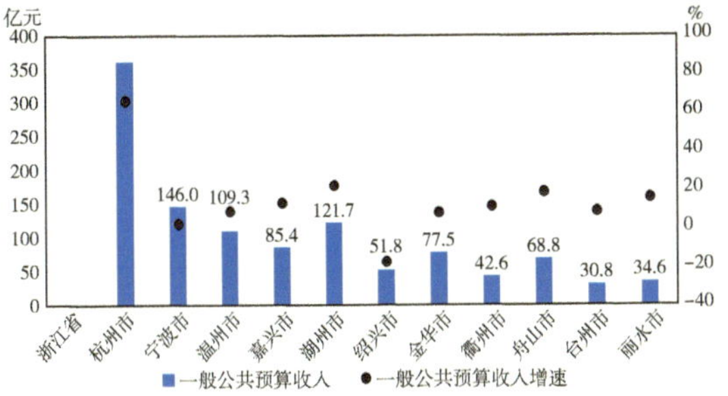

图 11-85 2018 年浙江省各市市本级一般公共预算收入及增速

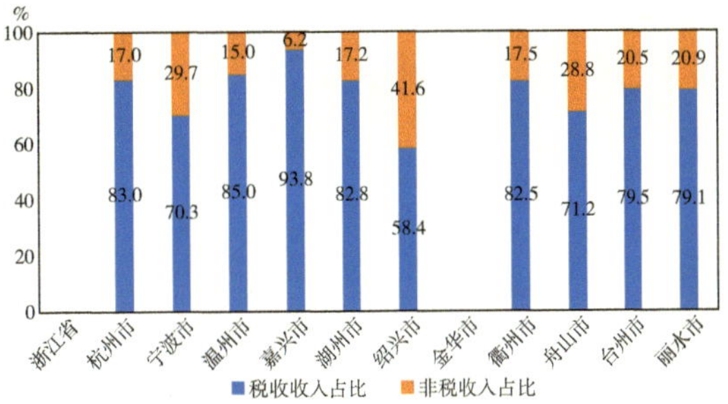

图 11-86 2018 年浙江省各市市本级一般公共预算收入结构

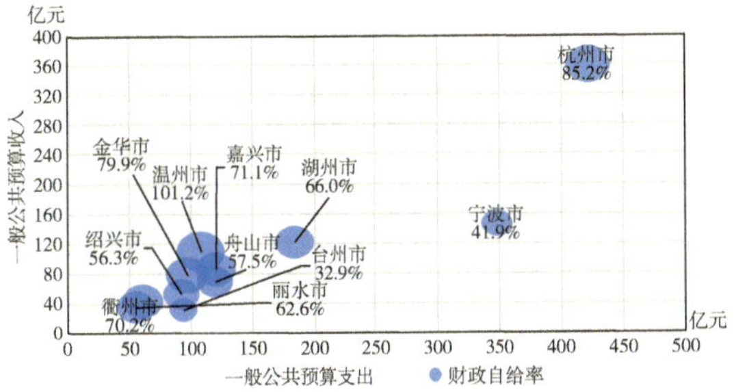

图 11-87 2018 年浙江省各市市本级财政自给率

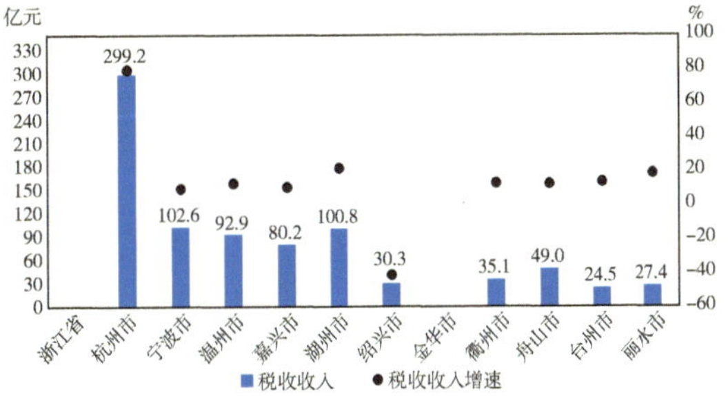

图 11-88 2018 年浙江省各市市本级税收收入及增速

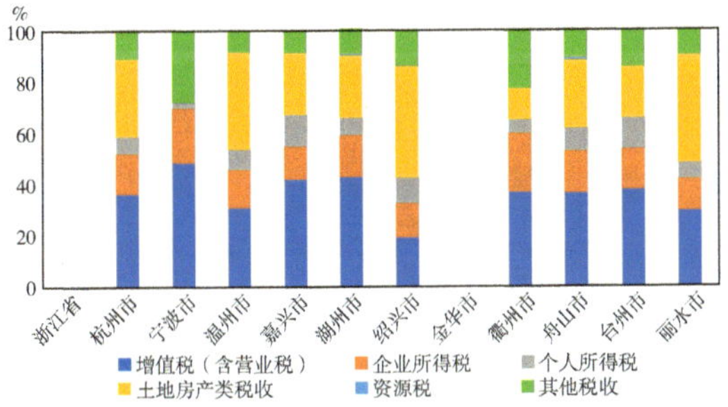

图 11-89 2018 年浙江省各市市本级税收收入结构

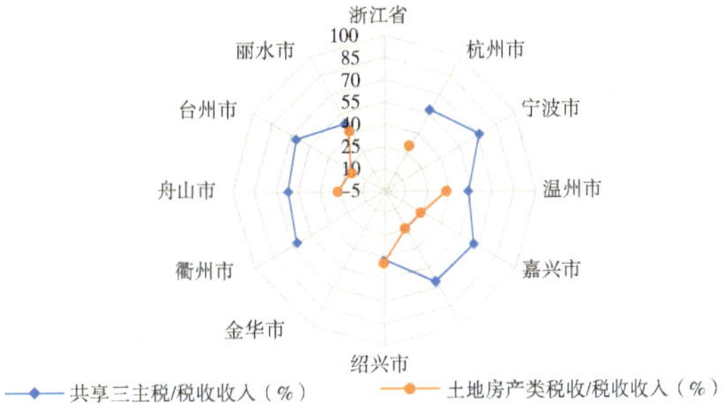

图 11-90 2018 年浙江省各市市本级共享三主税、土地房产类税收占税收收入的比重

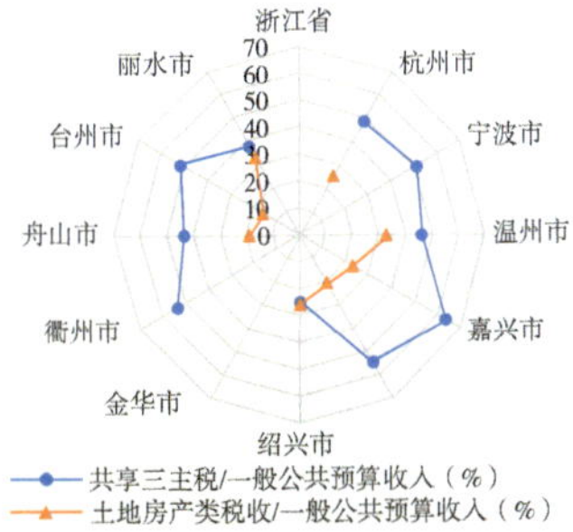

图 11-91 2018 年浙江省各市市本级共享三主税、土地房产类税收占一般公共预算收入的比重

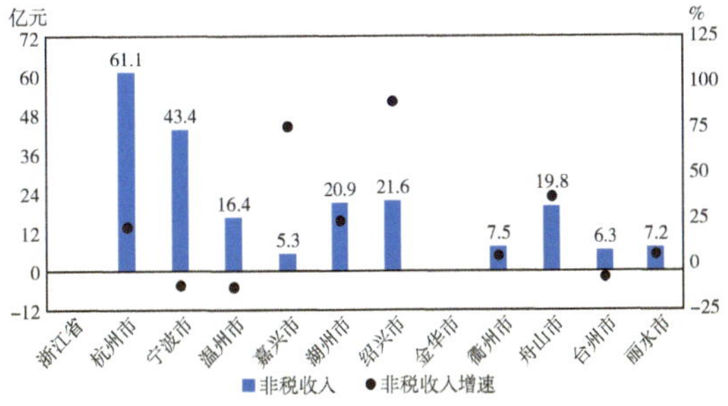

图 11-92 2018 年浙江省各市市本级非税收入及增速

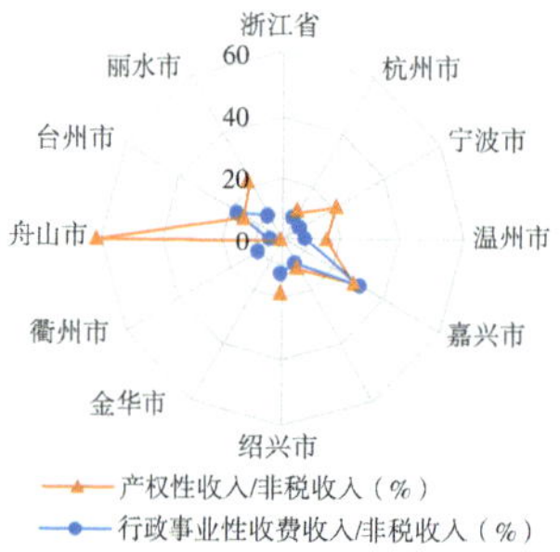

图11-93 2018年浙江省各市本级产权性收入、行政事业性收费收入占非税收入的比重

11.3 浙江省样本县政府收入主要特征分析

11.3.1 浙江省样本县经济社会发展情况

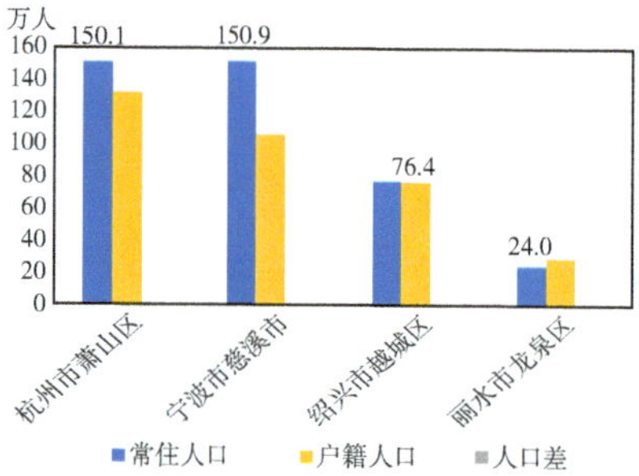

图11-94 2018年浙江省样本区县人口状况

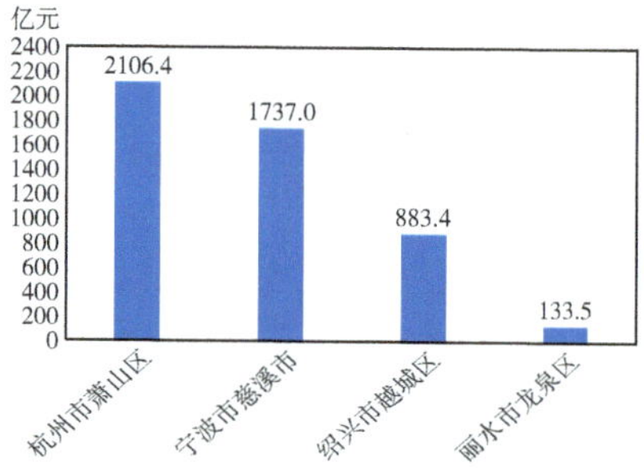

图11-95 2018年浙江省样本区县GDP及增速

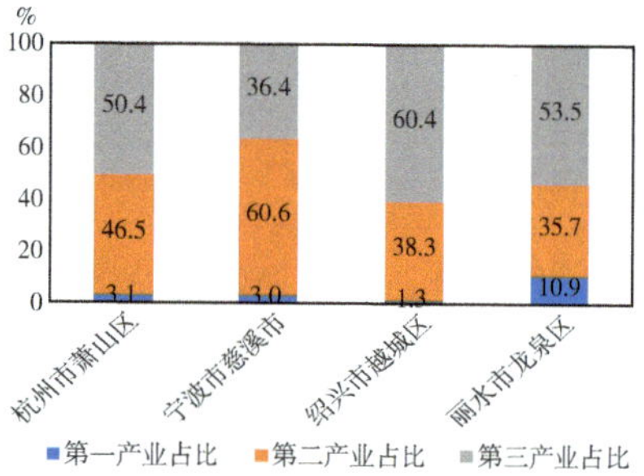

图11-96 2018年浙江省样本区县三次产业结构

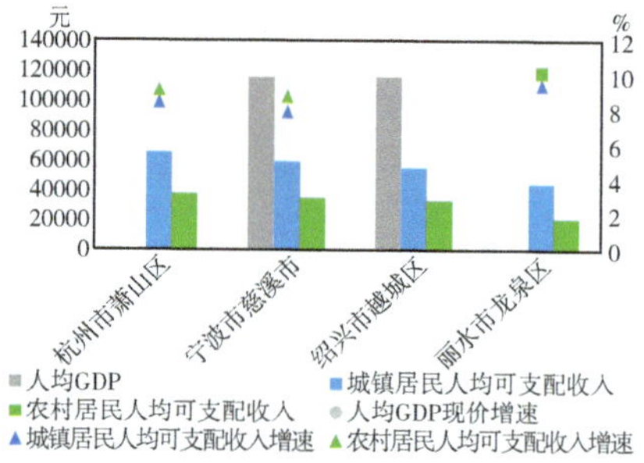

图11-97 2018年浙江省样本区县人均GDP与人均可支配收入

11.3.2 浙江省样本县政府收入总体情况

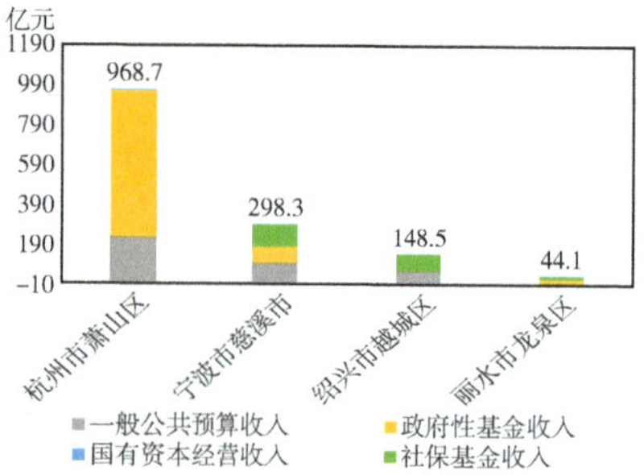

图11-98 2018年浙江省样本区县政府收入结构及增速

注：萧山区政府收入不包含社保。

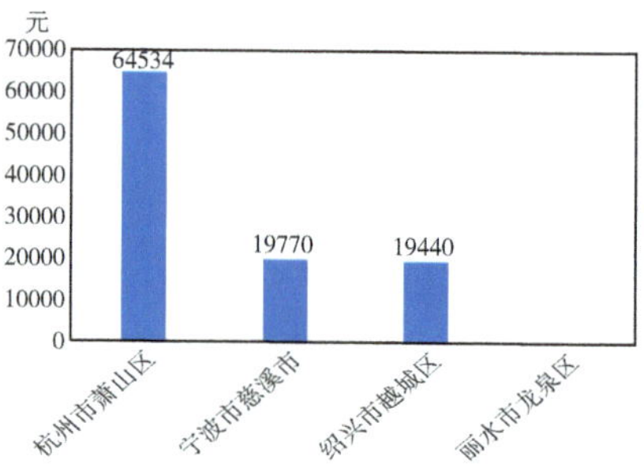

图11-99 2018年浙江省样本区县人均政府收入及增速

11.3.3 浙江省样本县一般公共预算收入情况

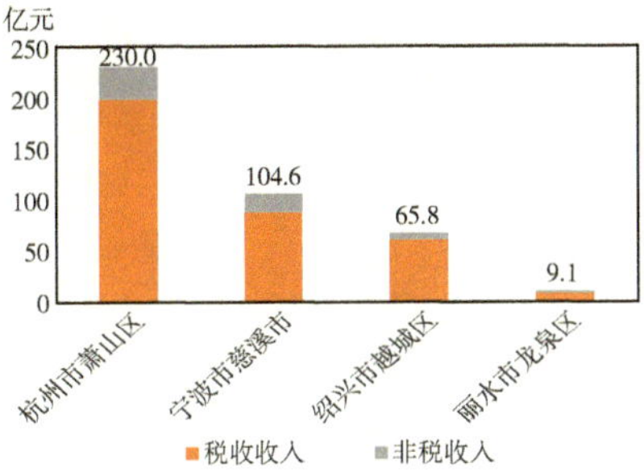

图11-100 2018年浙江省样本区县一般公共预算收入

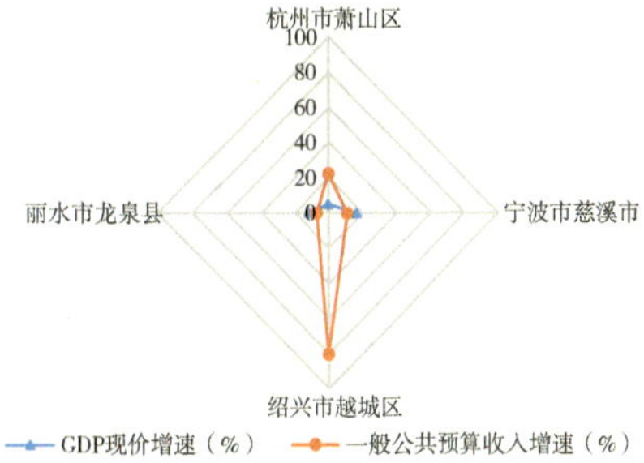

图11-101 2018年浙江省样本区县一般公共预算收入增速

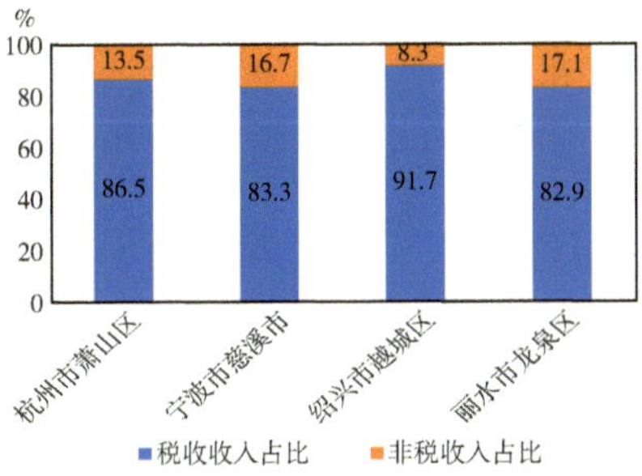

图11-102 2018年浙江省样本区县一般公共预算收入结构

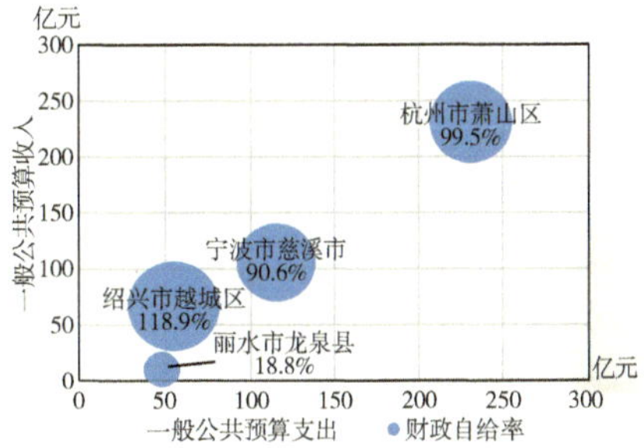

图11-103 2018年浙江省样本区县财政自给率

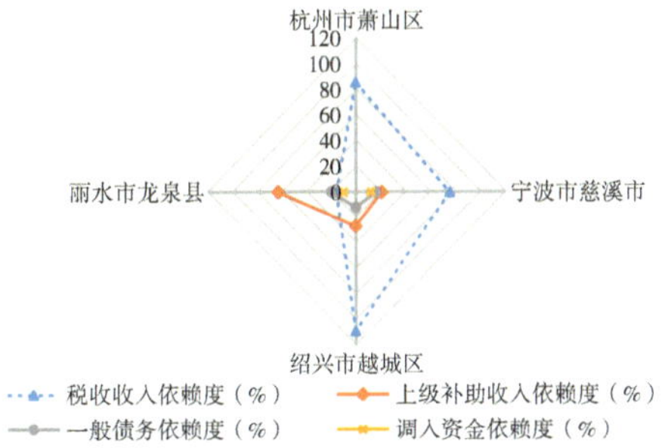

图11-104 2018年浙江省样本区县财政收入依赖度

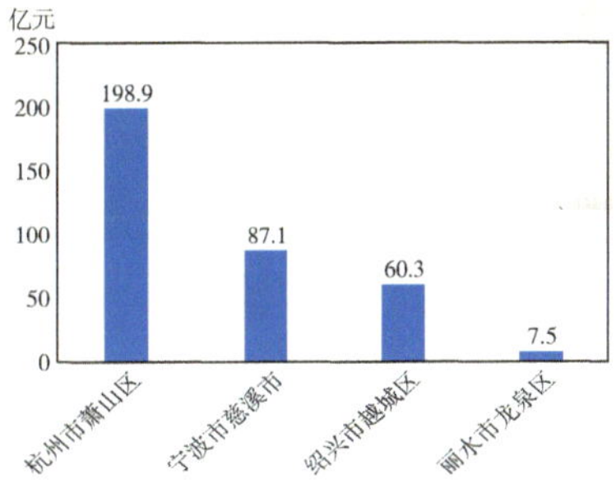

图11-105 2018年浙江省样本区县税收收入

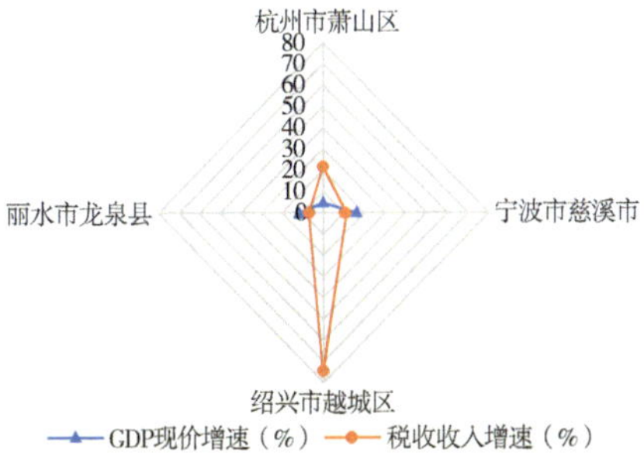

图11-106 2018年浙江省样本区县税收收入增速

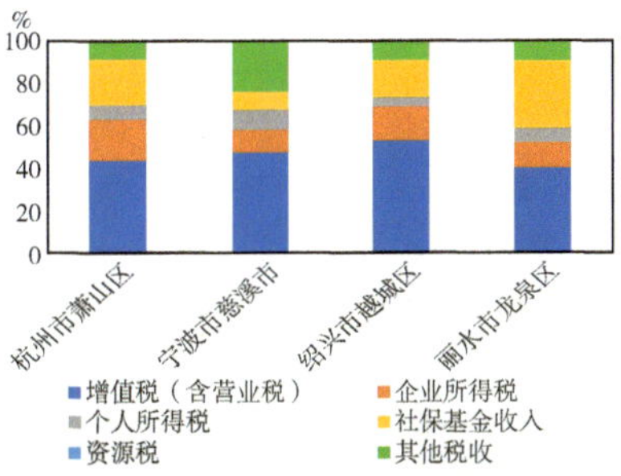

图11-107 2018年浙江省样本区县税收收入结构

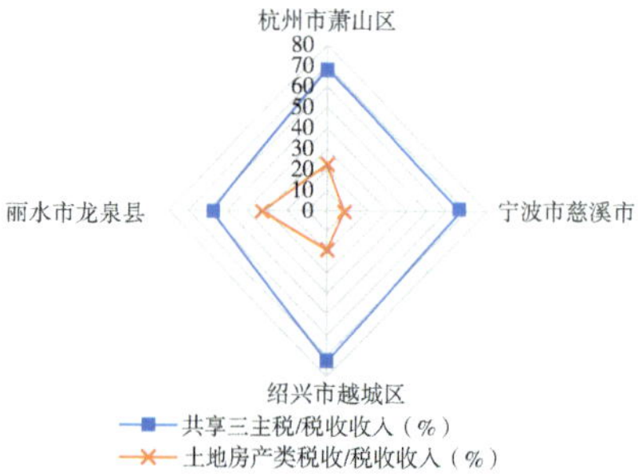

图 11-108　2018 年浙江省样本区县共享三主税、土地房产类税收占税收收入的比重

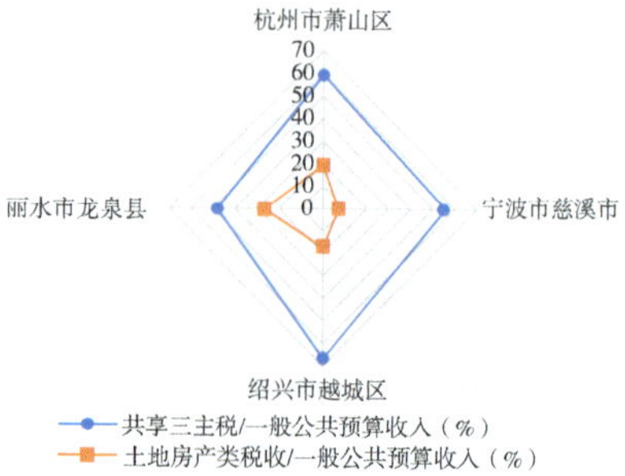

图 11-109　2018 年浙江省样本区县共享三主税、土地房产类税收占一般公共预算收入的比重

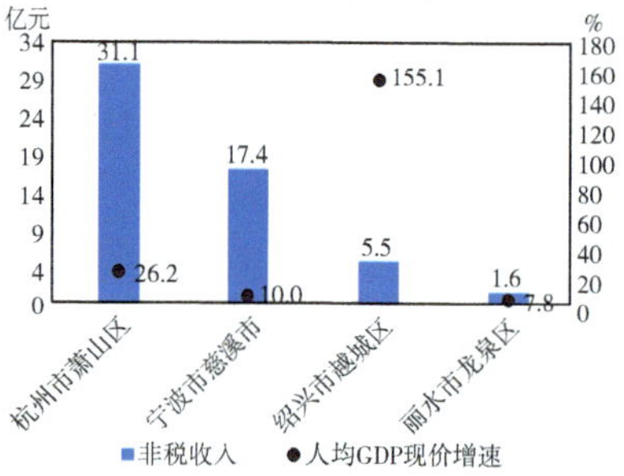

图 11-110　2018 年浙江省样本区县非税收入

11.3.4　浙江省样本县政府性基金收入情况

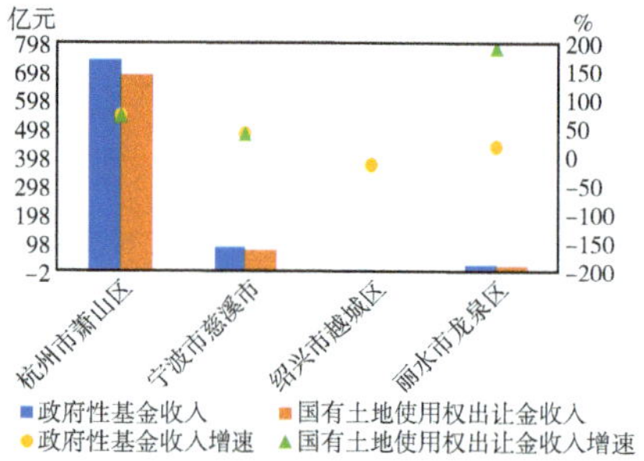

图 11-111　2018 年浙江省样本区县政府性基金收入、国有土地使用权出让金收入及其增速

11.3.5　浙江省样本县债务情况

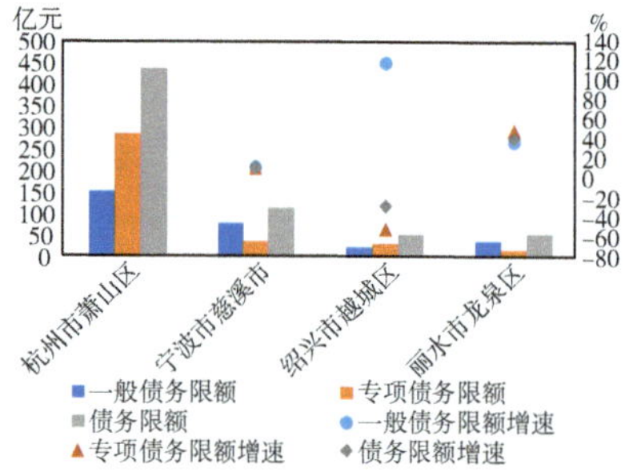

图 11-112　2018 年浙江省样本区县债务限额及其增速

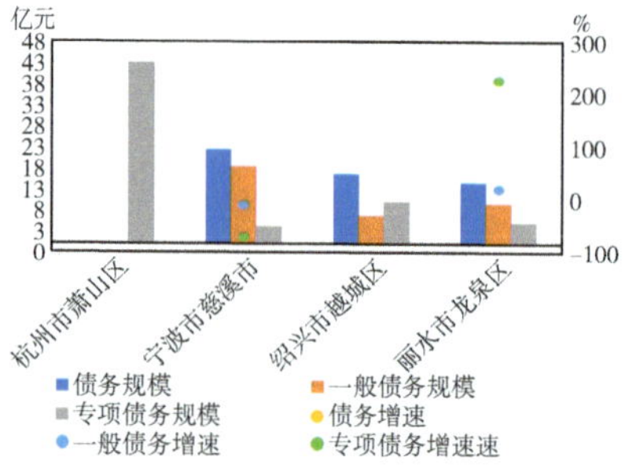

图 11-113　2018 年浙江省样本区县债务规模及其增速

注：绍兴市越城区一般债务增速 3260.5%。

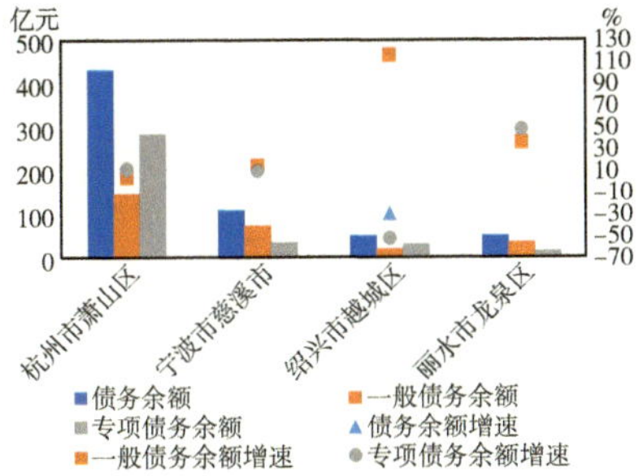

图11-114　2018年浙江省样本区县债务余额及其增速

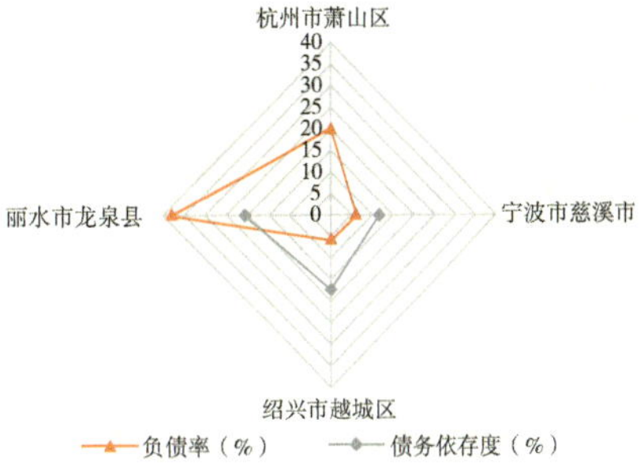

图11-115　2018年浙江省样本区县负债率与债务依存度

12 安徽省

安徽省共辖16个地级市，市辖区44个、县级市9个、县52个；地处长江、淮河中下游，为长江三角洲腹地，地跨长江、淮河、新安江三大流域，全省分为淮北平原、江淮丘陵、皖南山区三大自然区域。安徽总面积为14.01万平方公里，地形多样，平原、山区、丘陵和湖沼洼地面积分别占31.3%（包括5.8%的圩区）、31.2%、29.5%和8.0%。安徽是我国重要的农产品生产、能源和原材料加工制造业基地。

2019年安徽省经济总量处于全国中等，第三产业占比低于全国，人口整体净流出，城镇化率亦低于全国。2019年末，安徽省常住人口6365.9万人，常住人口城镇化率为55.8%。2019年安徽GDP达到3.7万亿元，排全国第11名，次于湖南、上海，略高于北京、河北；GDP增速7.5%，比2018年下降0.5个百分点，高于全国1.4个百分点，排全国第7名；人均GDP为58301元，排全国第13名。从产业结构看，第一、第二、第三产业占比分别为7.9%、41.3%（高于全国2.3个百分点）和50.8%（低于全国平均水平3.1个百分点）。从居民可支配收入看，2019年城镇与农村居民人均可支配收入分别为37540元和15416元，分别为全国平均水平的88.6%和96.2%。

2019年安徽省一般公共预算收入全国排中等，非税收入占比高，省市县中县级政府收入占比最高。2019年安徽省一般公共预算收入3182.5亿元、增速4.4%，分别排全国第11和第13名，人均一般公共预算收入为4999元，排全国第20名。其中，近三年安徽省税收收入占一般公共预算收入的总体略有下降，2019年为69.4%，低于全国平均水平13.6个百分点。非税收入占比偏高，其中2019年政府产权性收入规模占非税收入比高达41.6%。从纵向收入分配看，2018年省本级、市本级、县一般公共预算收入占比分别为10%、29%和61%。

2019年安徽省财政自给率偏低且在近三年总体下降，地区财政总收入小于一般公共预算支出。2019年安徽财政自给率为43.1%，较2017年下降2.1个百分点。2019年安徽省组织的地区财政总收入为5710亿元，增速为6.5%，一般公共预算支出为7391亿元，高于地区财政总收入规模。

2019年安徽省四本预算合计中政府性基金收入占比最高，社保对财政补贴的依赖度较高。2019年安徽省四本预算加总的政府收入9385.8亿元，其中一般公共预算收入、政府性基金收入、国有资本经营收入和社会保险基金收入分别占比33.9%、35.9%、1.1%和29%。2019年安徽省社保基金收入2726.1亿元，其中社会保险基金收入为1515.5亿元；财政补贴收入规模为833.2亿元，社保支出对财政依赖度达到34.7%。

安徽省内各地市经济社会发展和财政发展不均衡，优势主要集中于省会合肥。2018年合肥市一般公共预算收入712.5亿元，除排名第二的芜湖实现318.1亿元的一般公共预算收入外，其他各市均低于200亿元，且城市间差异较大，比如合肥市是池州市的11倍。安徽省内各市财政自给率差异明显。2018年，合肥、芜湖、马鞍山财政自给率分别为70.9%、69.6%和66.7%，自给率较高；而亳州、阜阳、安庆、六安和宿州自给率均在30%左右；其他市自给率则分布在40%-50%区间。财政自给率最低的宿州仅为28.1%，最高自给率的合肥是是宿州的2.5倍。

本章执笔人：盛中明　审校：罗志恒

12.1 安徽省政府收入主要特征分析

12.1.1 安徽省经济社会基本情况

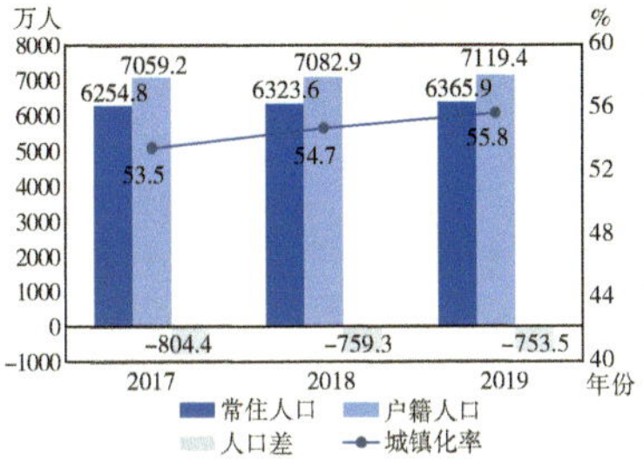

图12-1 2017-2019年安徽省人口状况

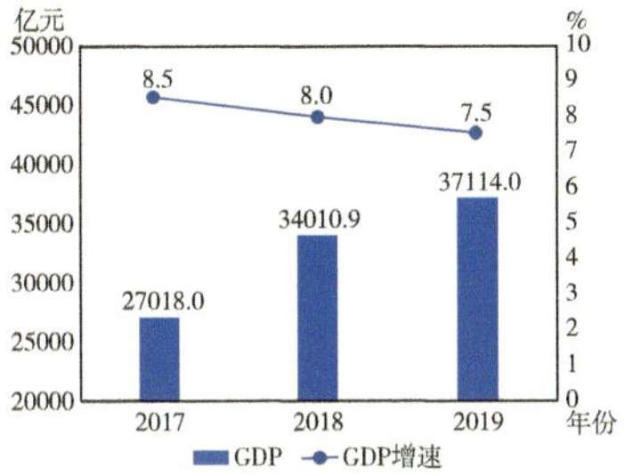

图12-2 2017-2019年安徽省GDP及增速

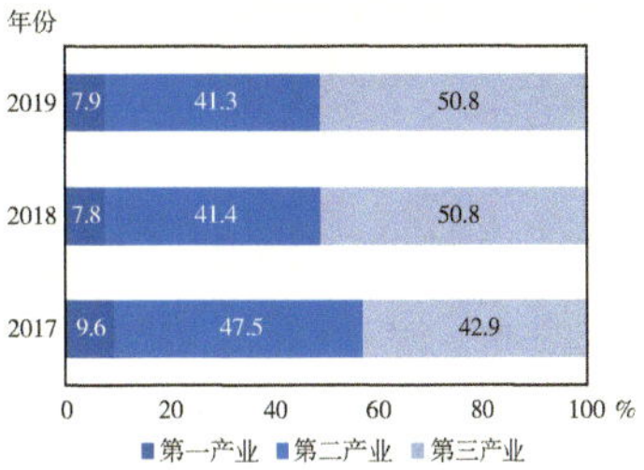

图12-3 2017-2019年安徽省三次产业结构

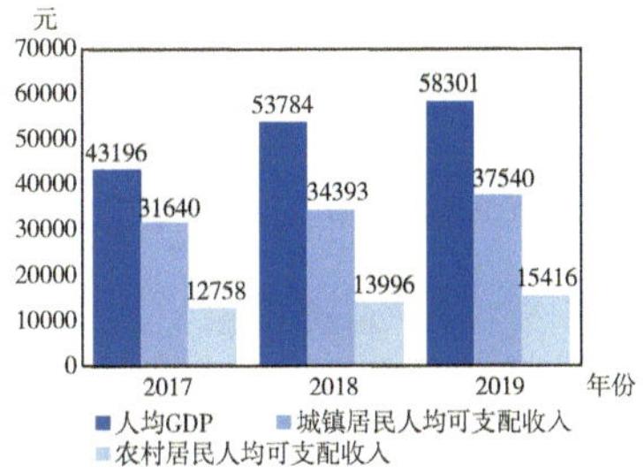

图12-4 2017-2019年安徽省人均GDP和人均可支配收入

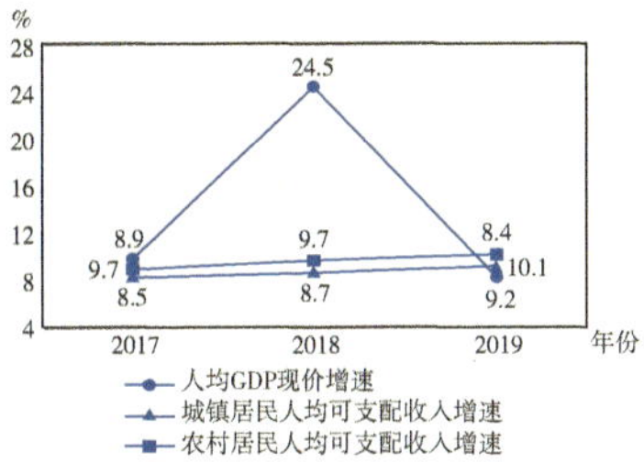

图12-5 2017-2019年安徽省人均GDP增速和人均可支配收入增速

12.1.2 安徽省政府收入总体情况

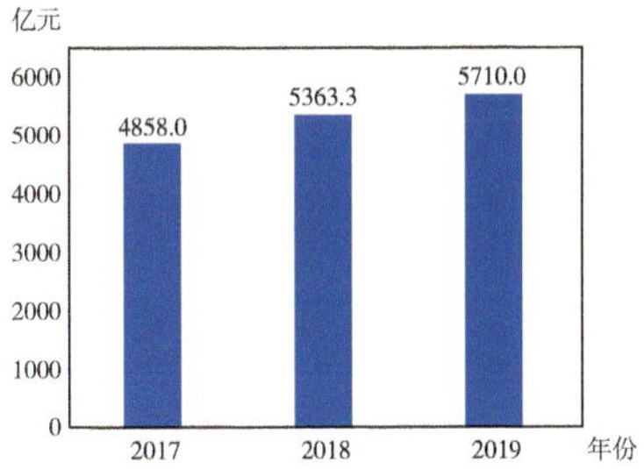

图12-6 2017-2019年安徽省财政总收入

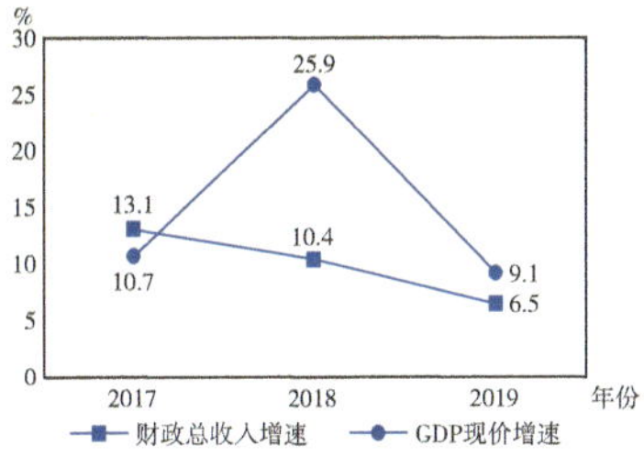

图12-7 2017-2019年安徽省财政总收入增速

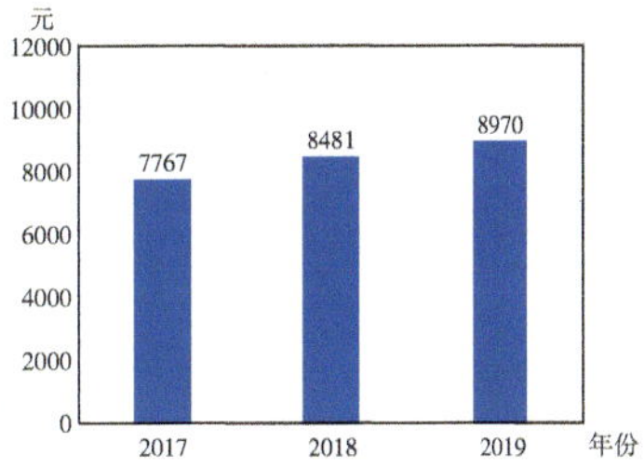

图12-8 2017-2019年安徽省人均财政总收入

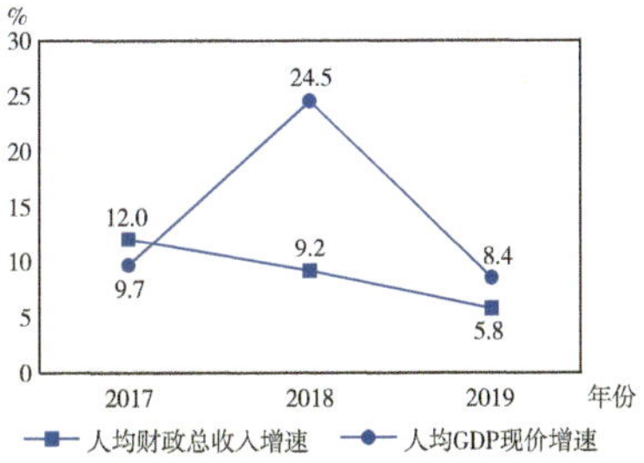

图12-9 2017-2019年安徽省人均财政总收入增速

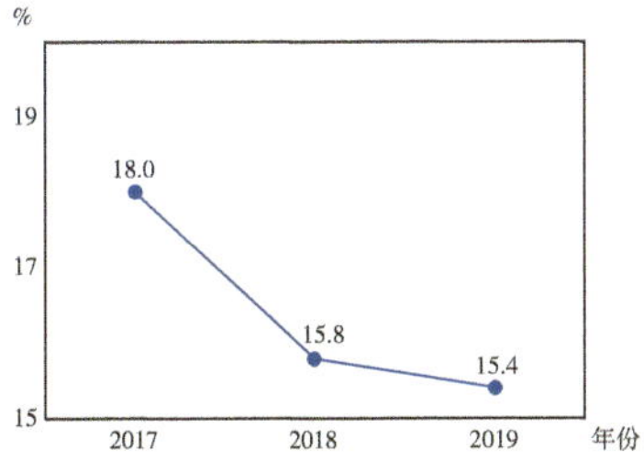

图12-10 2017-2019年安徽省财政总收入/GDP

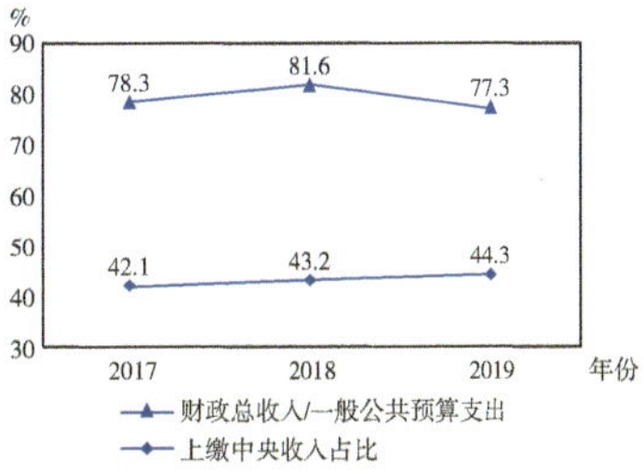

图12-11 2017-2019年安徽省财政总收入其他指标

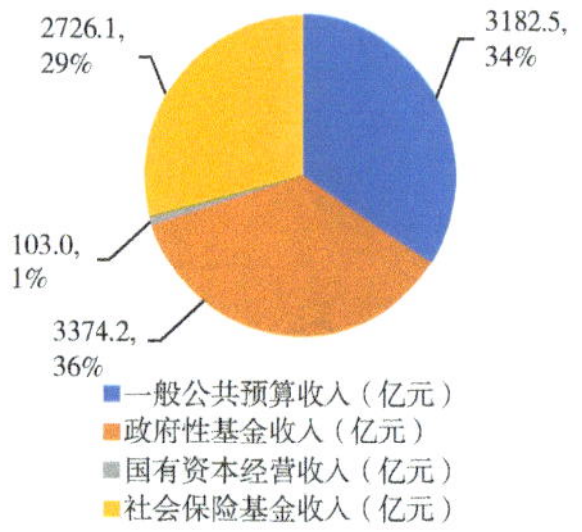

图 12-12　2019 年安徽省政府收入结构

12.1.3　安徽省一般公共预算收入情况

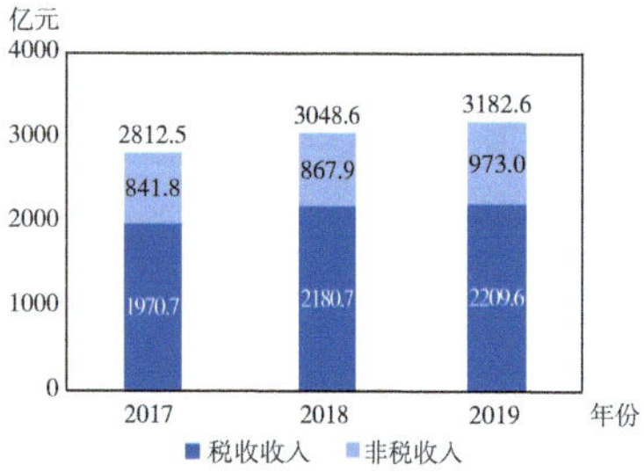

图 12-13　2017-2019 年安徽省一般公共预算收入

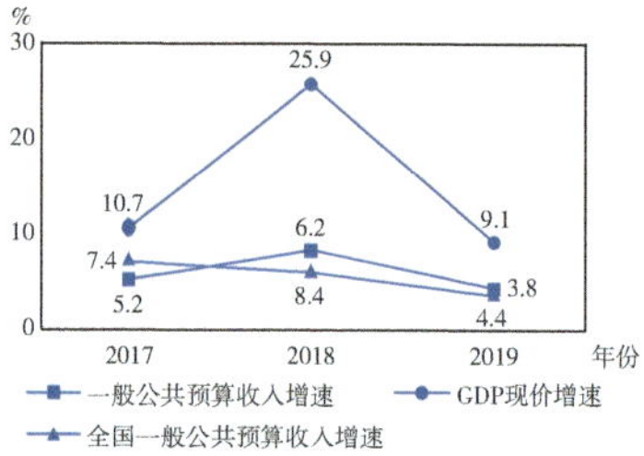

图 12-14　2017-2019 年安徽省一般公共预算收入增速

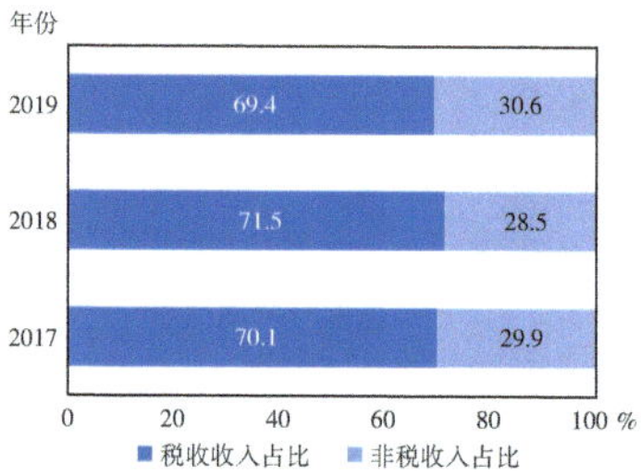

图 12-15　2017-2019 年安徽省一般公共预算收入结构

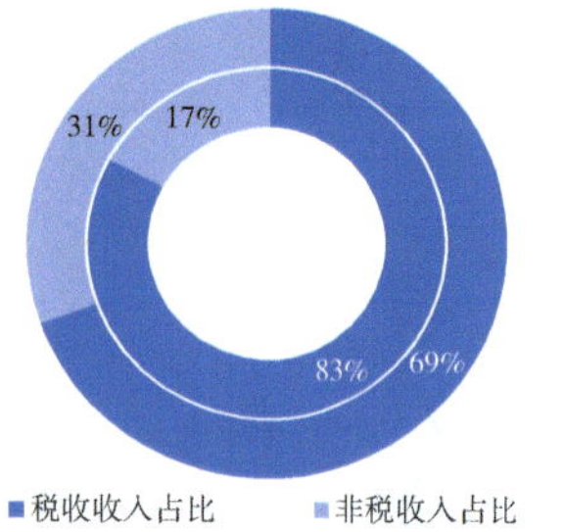

图 12-16　2019 年一般公共预算收入结构对比（内环为全国，外环为安徽省）

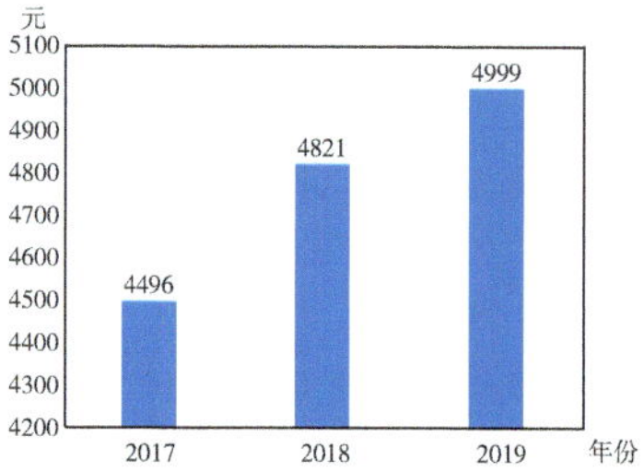

图 12-17　2017-2019 年安徽省人均一般公共预算收入

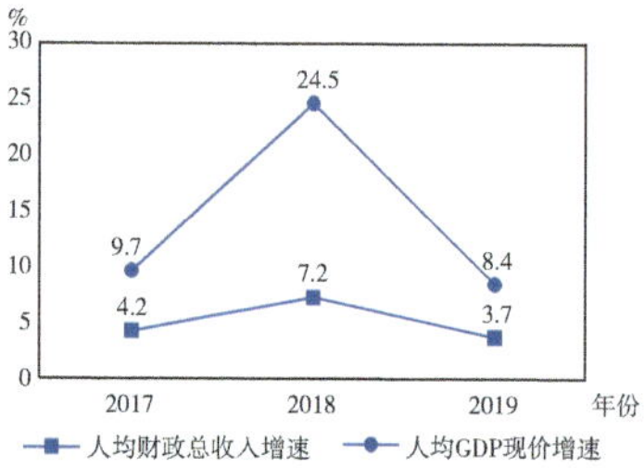

图 12-18　2017-2019 年安徽省人均一般公共预算收入增速

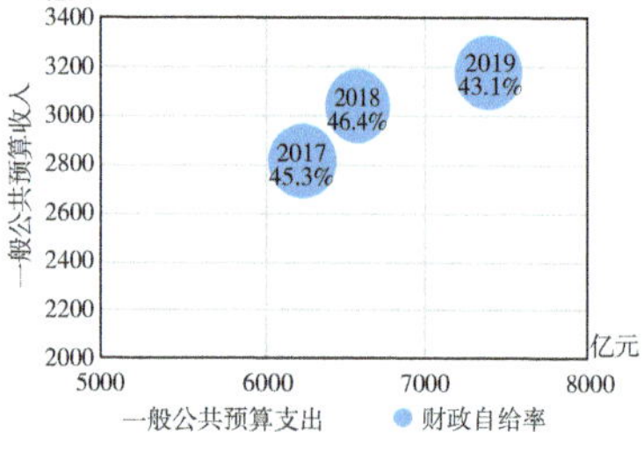

图 12-19　2017-2019 年安徽省财政自给率

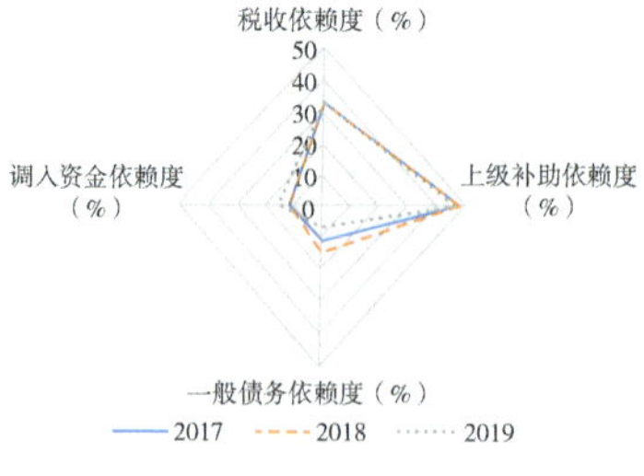

图 12-20　2017-2019 年安徽省财政收入依赖度

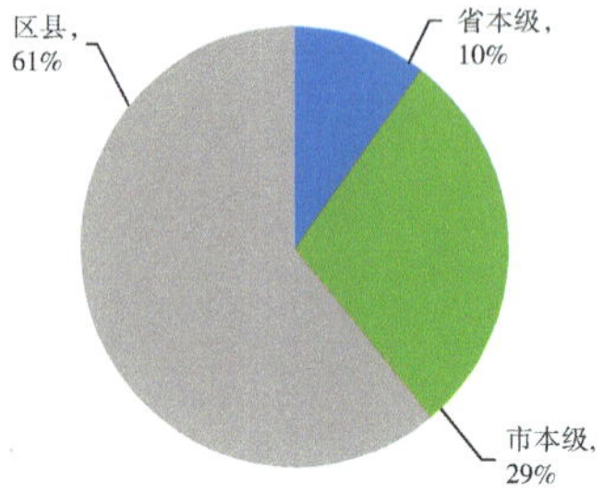

图 12-21　2018 年省市县三级政府一般公共预算收入分布

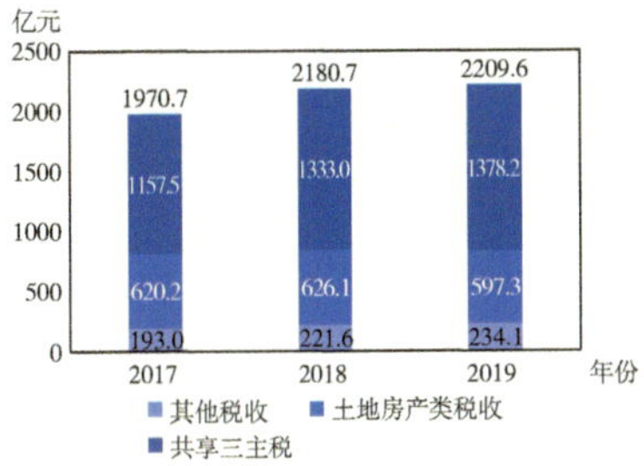

图12-22 2017-2019年安徽省税收收入

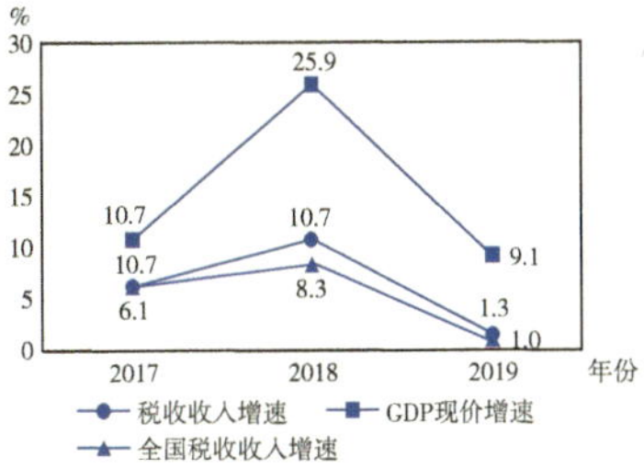

图12-23 2017-2019年安徽省税收收入增速

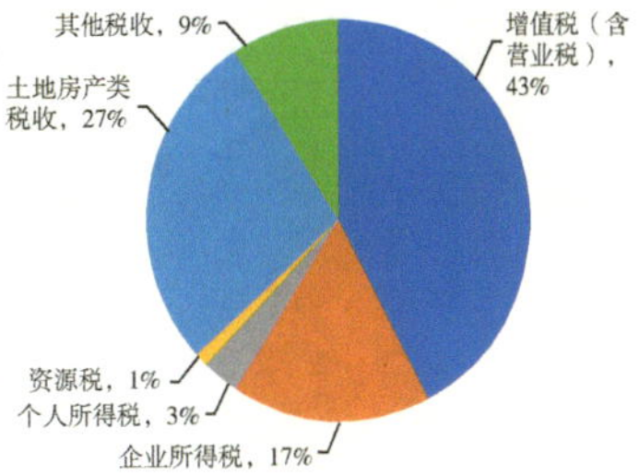

图12-24 2019年安徽省税收结构

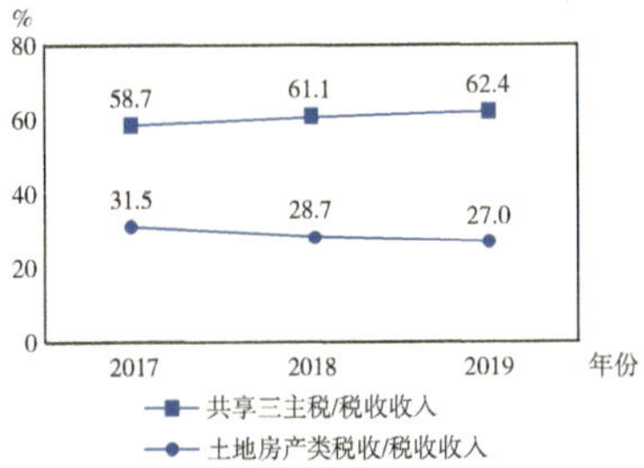

图12-25 2017-2019年安徽省共享三主税、土地房产类税收占税收收入的比重

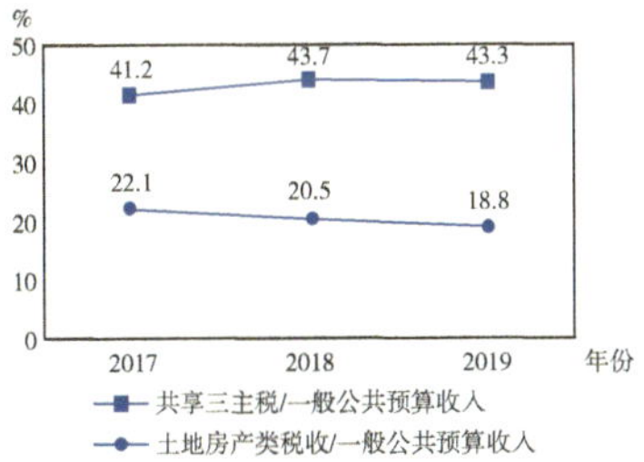

图12-26 2017-2019年安徽省共享三主税、土地房产类税收占一般公共预算收入的比重

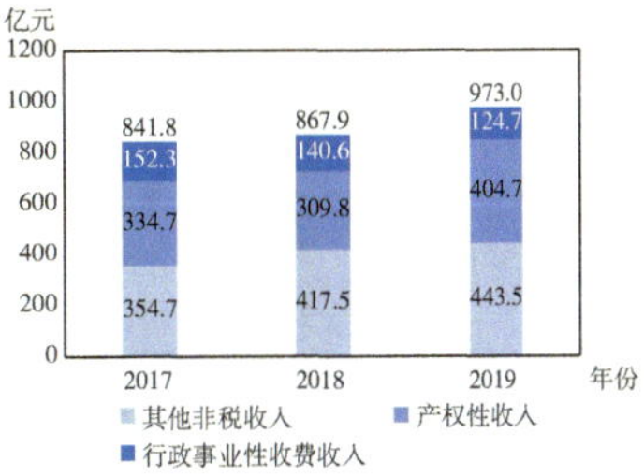

图12-27 2017-2019年安徽省非税收入

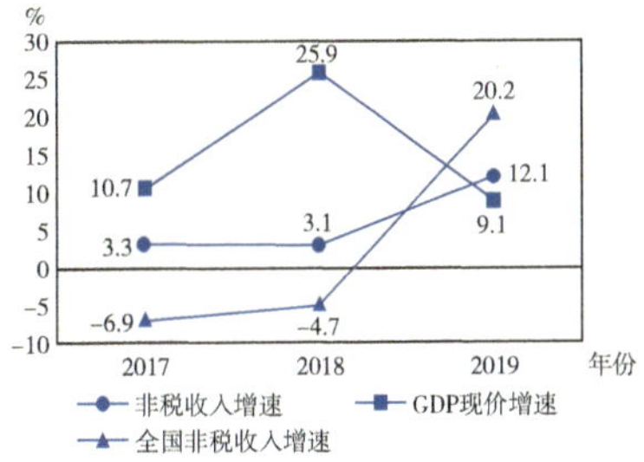

图12-28 2017-2019年安徽省非税收入增速

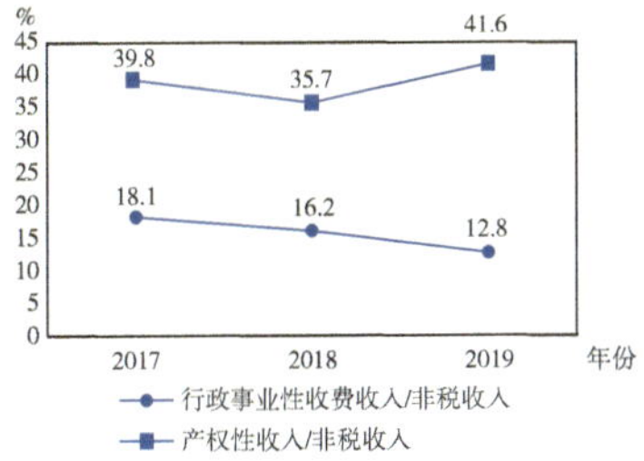

图12-29 2017-2019年安徽省行政事业性收费及产权性收入占非税收入的比重

12.1.4 安徽省政府性基金收入和国有资本经营预算收入情况

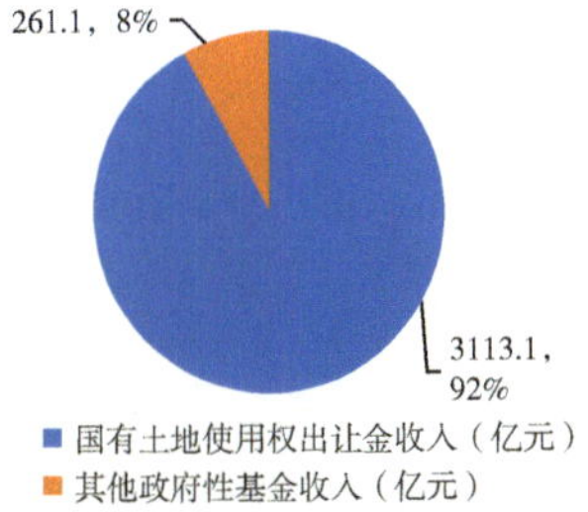

图12-30 2019年安徽省政府性基金收入构成

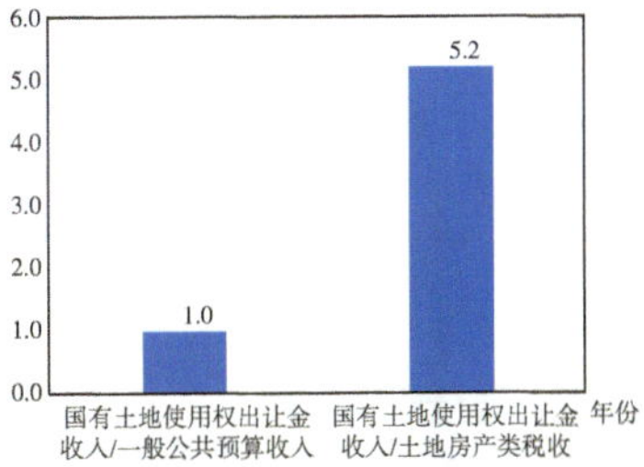

图12-31 2019年安徽省国有土地使用权出让金收入与一般公共预算关系指标

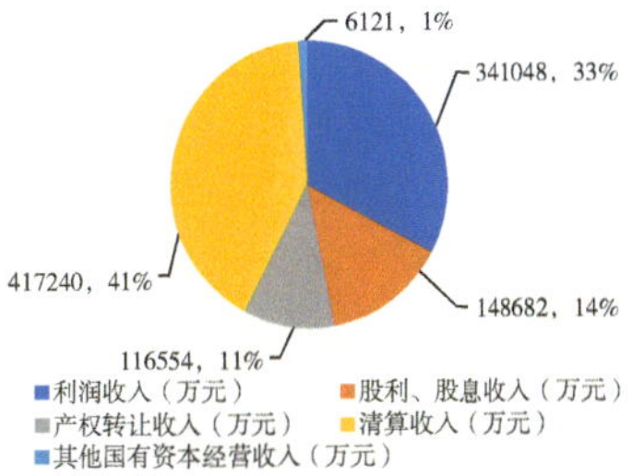

图12-32 2019年安徽省国有资本经营收入构成

12.1.5 安徽省社会保险基金收入情况

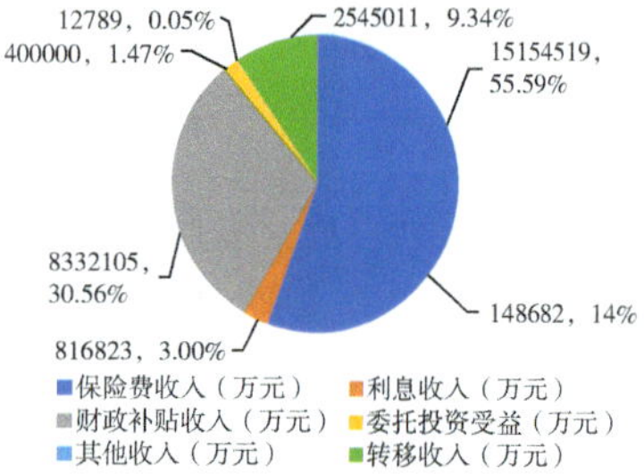

图 12-33　2019 年安徽省社会保险基金收入构成

12.1.6 安徽省债务情况

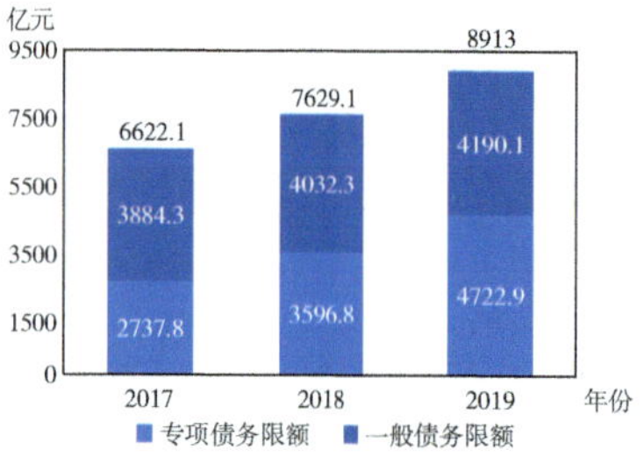

图 12-34　2017-2019 年安徽省债务限额

图 12-35　2017-2019 年安徽省债务余额

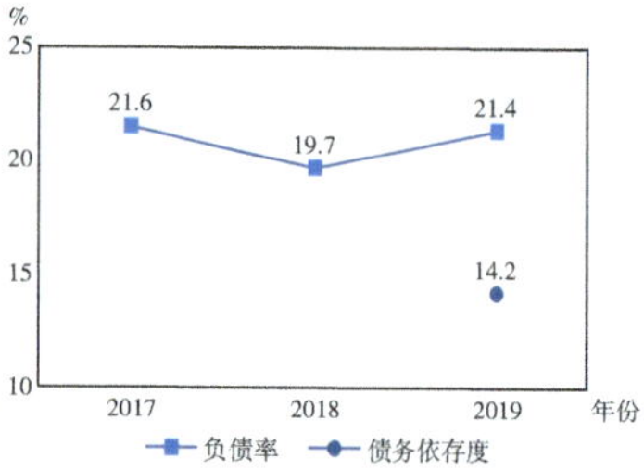

图 12-36　2017-2019 年安徽省负债率与债务依存度

12.1.7 安徽省省本级一般公共预算收入情况

图 12-37　2017-2019 年安徽省省本级一般公共预算收入

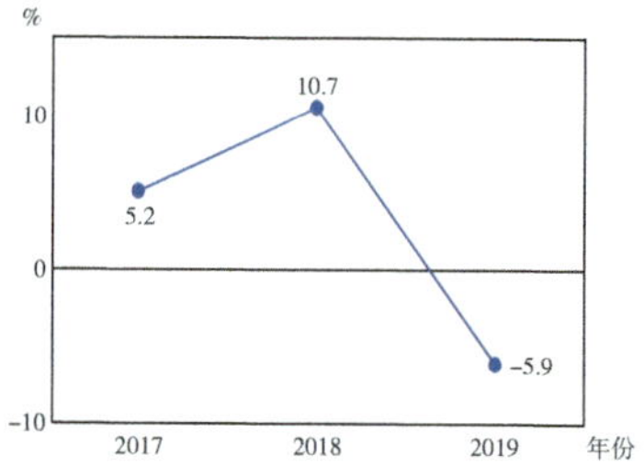

图 12-38　2017-2019 年安徽省省本级一般公共预算收入增速

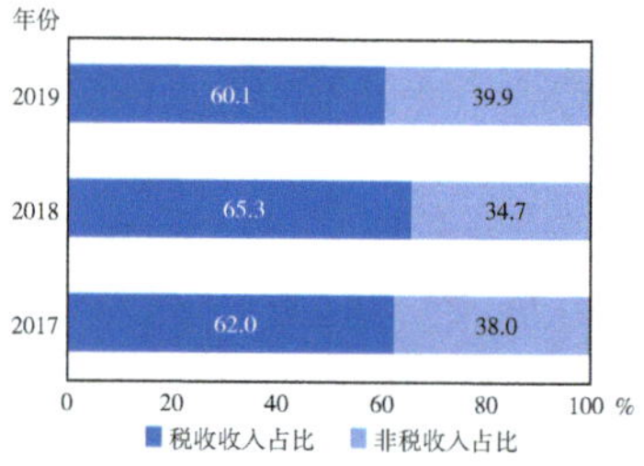

图 12-39　2017-2019 年安徽省省本级一般公共预算收入结构

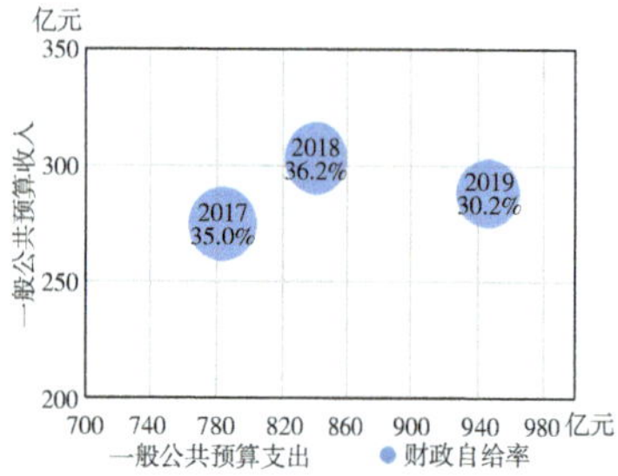

图 12-40　2017-2019 年安徽省省本级财政自给率

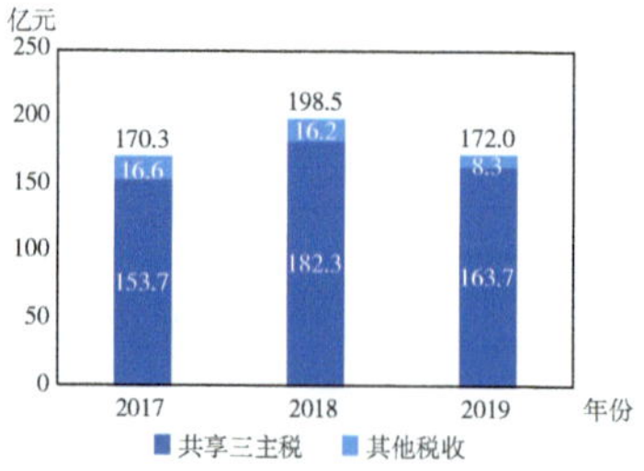

图 12-41　2017-2019 年安徽省省本级税收收入

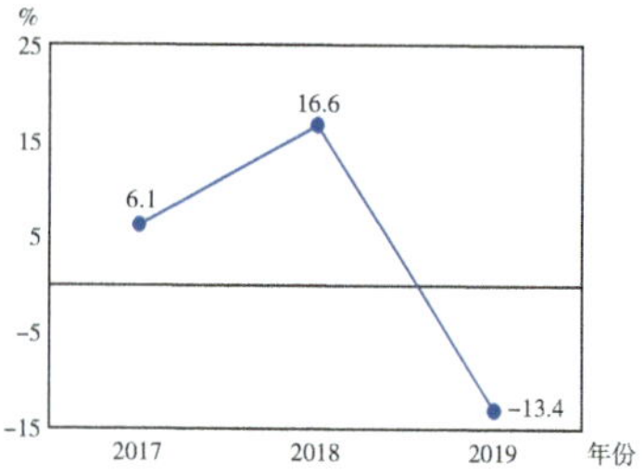

图 12-42　2017-2019 年安徽省省本级税收收入增速

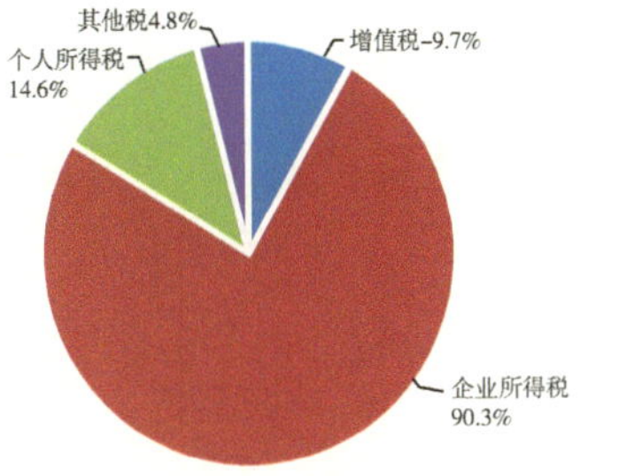

图12-43 2019年安徽省省本级税收结构

注：根据2019年安徽省省级一般公共预算执行情况表，增值税为-166862万元。

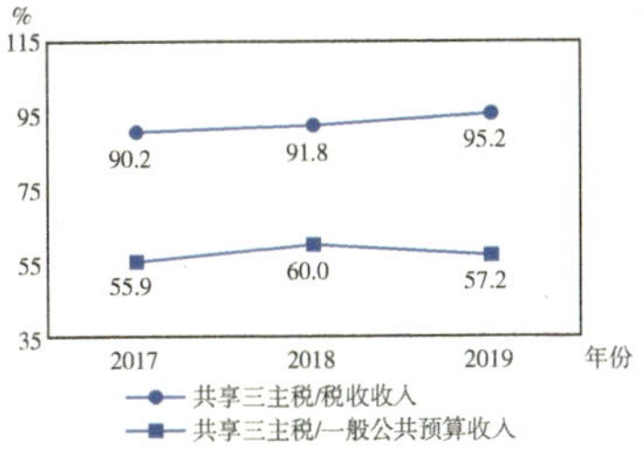

图12-44 2017-2019年安徽省省本级共享三主税占税收收入、一般公共预算收入的比重

图12-45 2017-2019年安徽省省本级非税收入

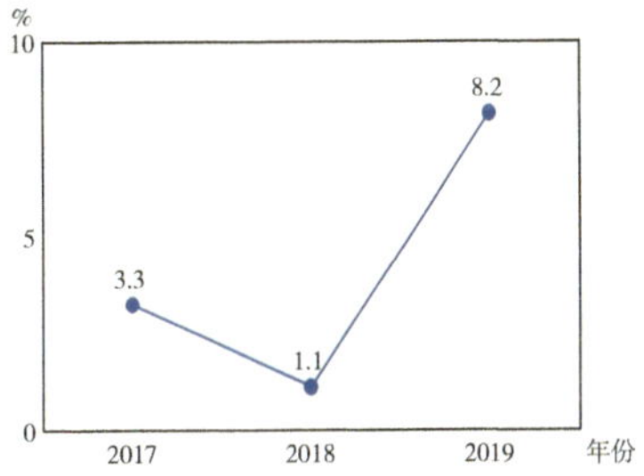

图12-46 2017-2019年安徽省省本级非税收入增速

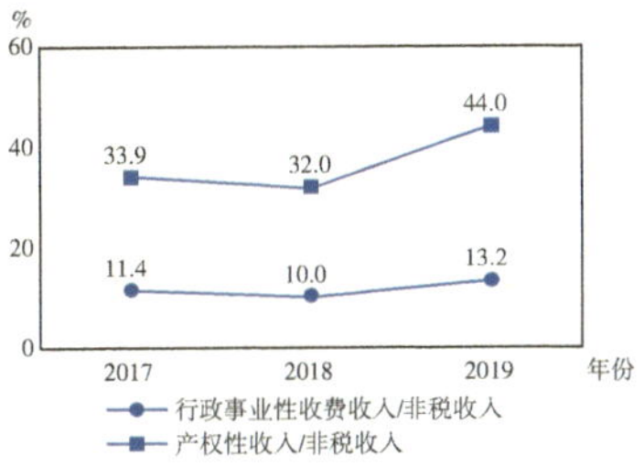

图12-47 2017-2019年安徽省省本级行政事业性收费、产权性收入占非税收入的比重

12.2 安徽省各市政府收入主要特征分析

12.2.1 安徽省各市经济社会发展情况

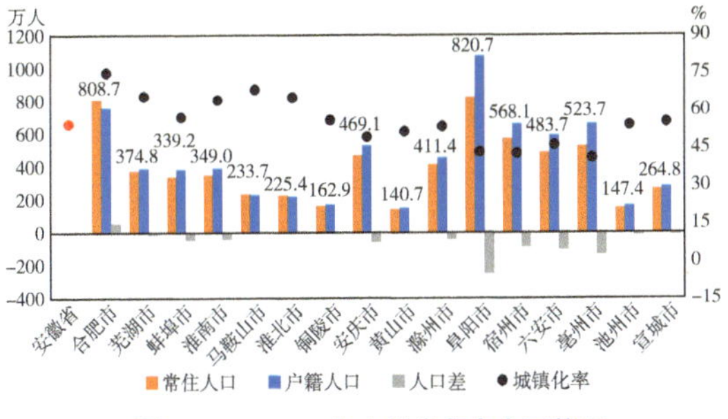

图12-48 2018年安徽省各市人口状况

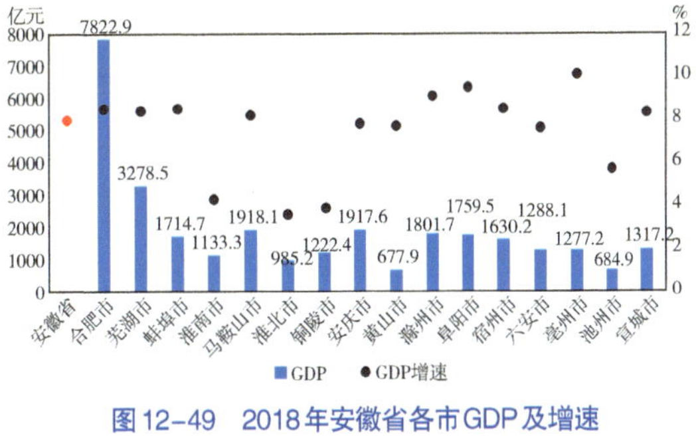

图12-49 2018年安徽省各市GDP及增速

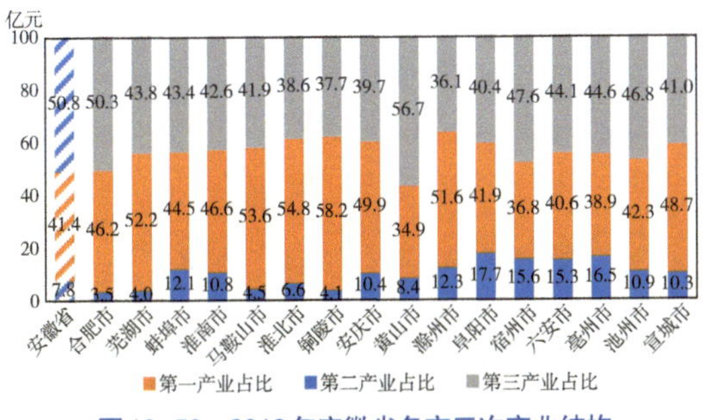

图12-50 2018年安徽省各市三次产业结构

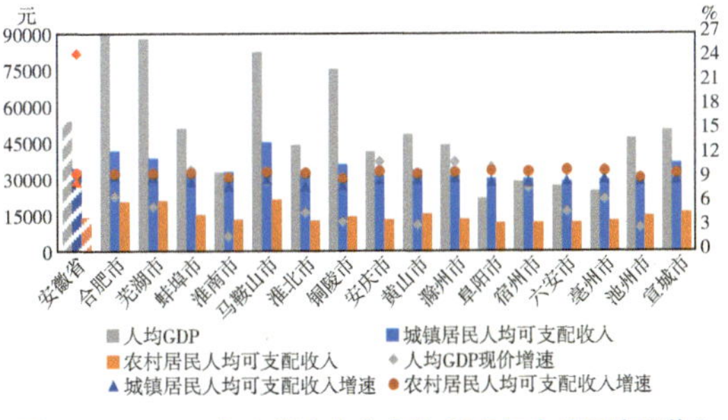

图12-51 2018年安徽省各市人均GDP与人均可支配收入

12.2.2 安徽省各市一般公共预算收入情况

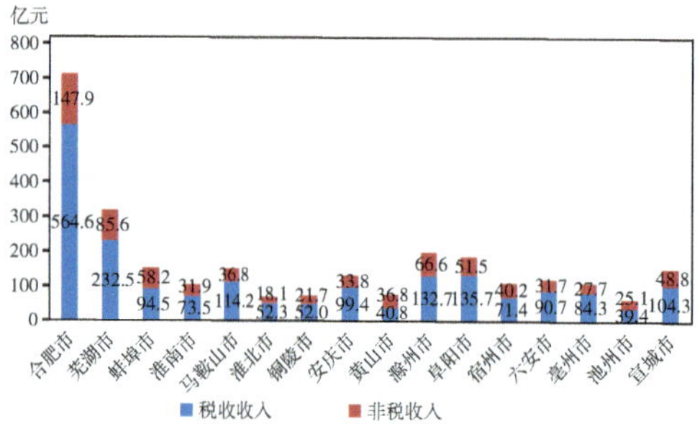

图 12-52 2018 年安徽省各市一般公共预算收入

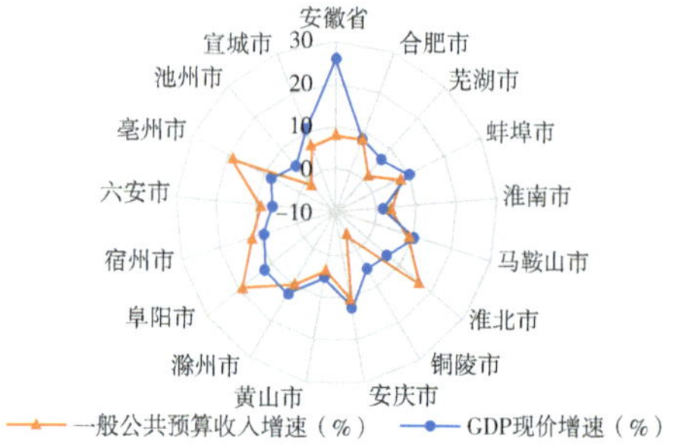

图 12-53 2018 年安徽省各市一般公共预算收入增速

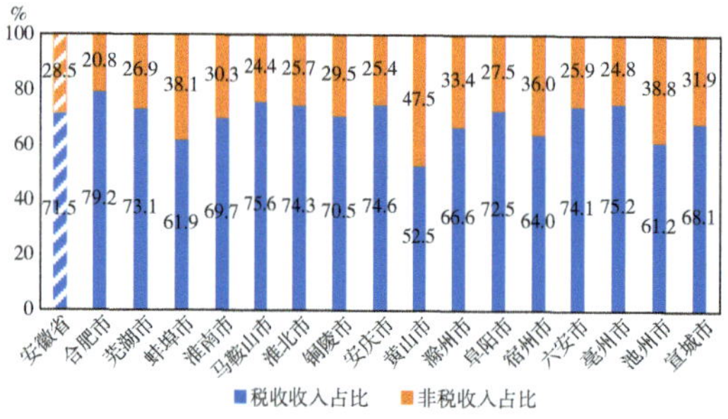

图 12-54 2018 年安徽省各市一般公共预算收入结构

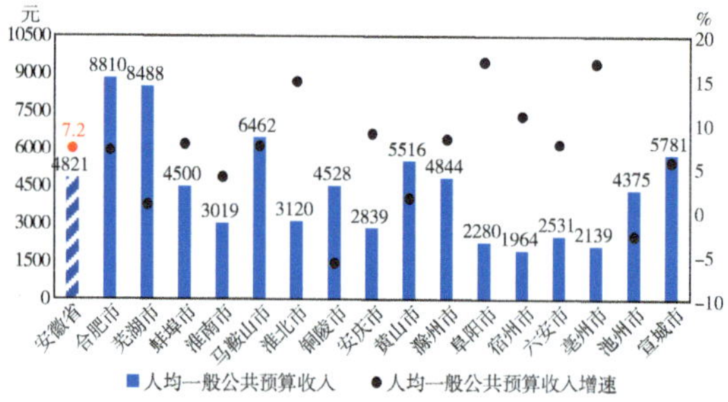

图 12-55 2018 年安徽省各市人均一般公共预算收入及增速

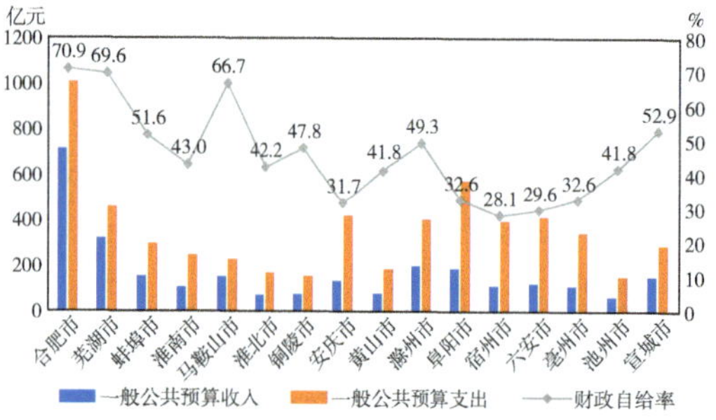

图 12-56 2018 年安徽省各市财政自给率

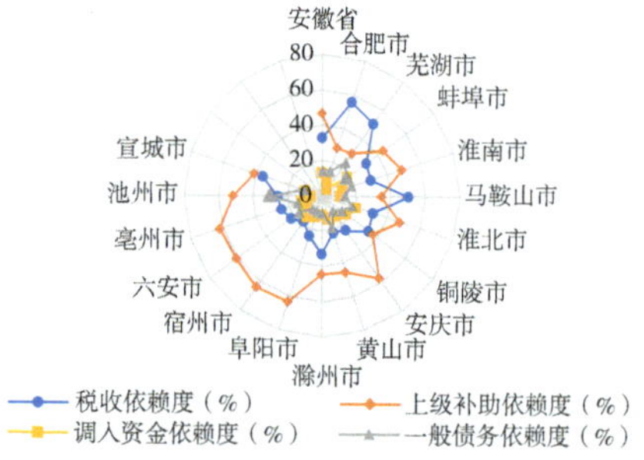

图 12-57 2018 年安徽省各市财政收入依赖度

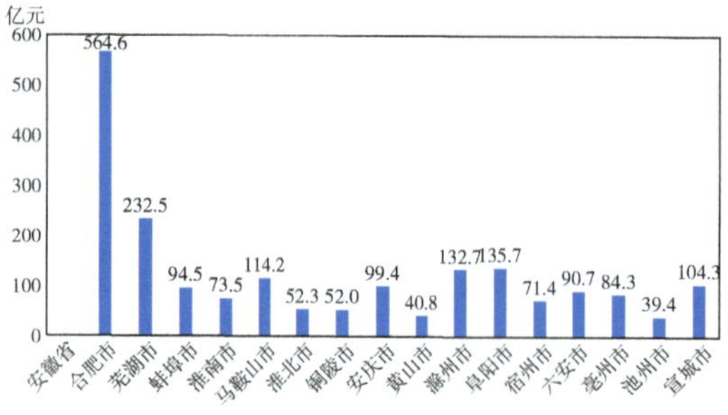

图 12-58 2018 年安徽省各市税收收入

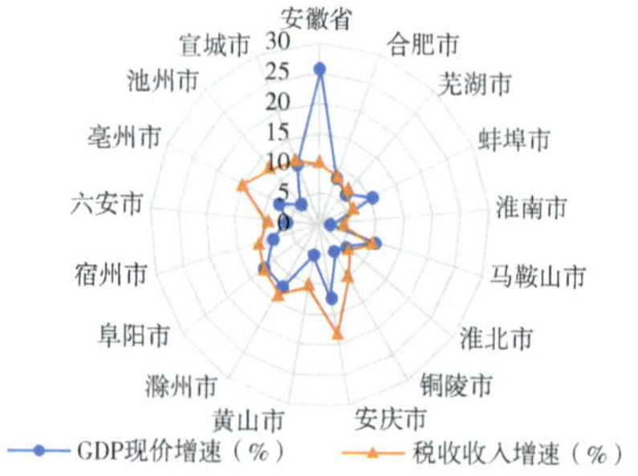

图 12-59 2018 年安徽省各市税收收入增速

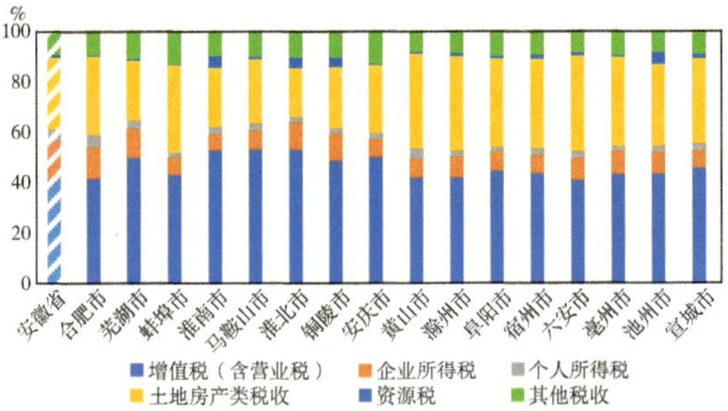

图 12-60　2018 年安徽省各市税收收入结构

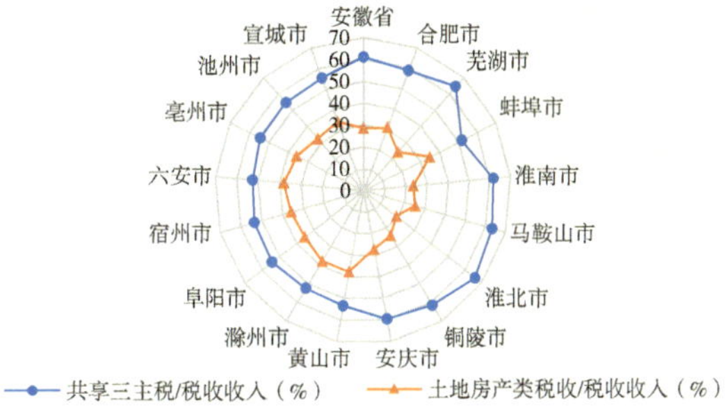

图 12-61　2018 年安徽省各市共享三主税、土地房产类税收占税收收入的比重

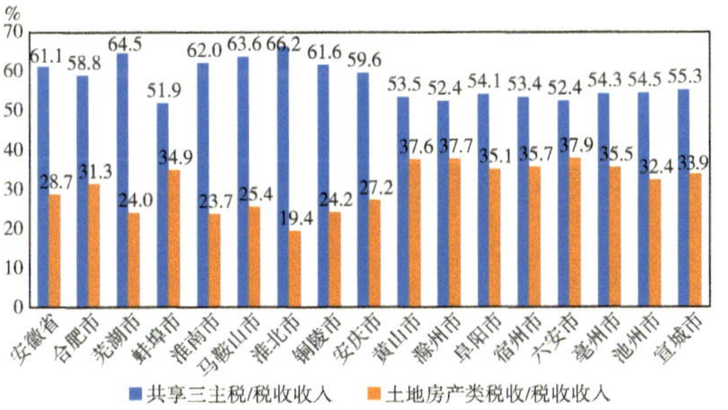

图 12-62　2018 年安徽省各市共享三主税、土地房产类税收占税收收入的比重

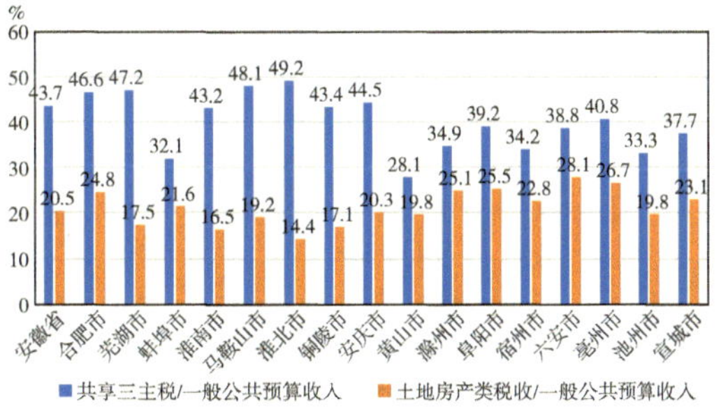

图 12-63　2018 年安徽省各市共享三主税、土地房产类税收占一般公共预算收入的比重

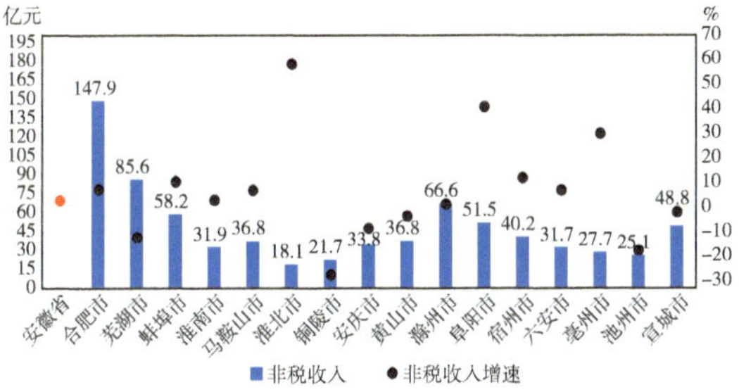

图 12-64　2018 年安徽省各市非税收入及增速

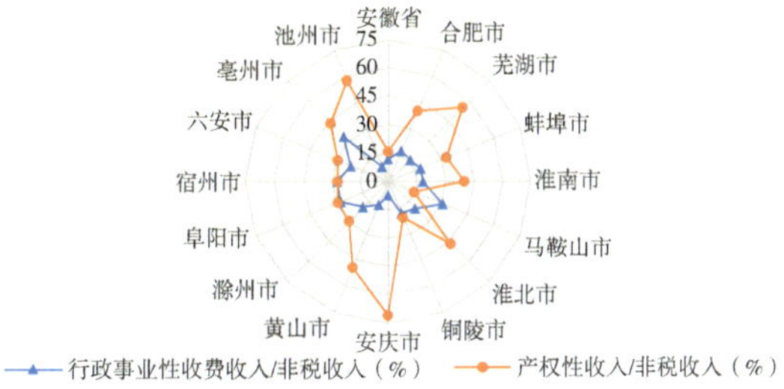

图 12-65　2018 年安徽省各市行政事业性收费收入、产权性收入占非税收入的比重

12.2.3　安徽省各市政府性基金收入与国有资本经营收入情况

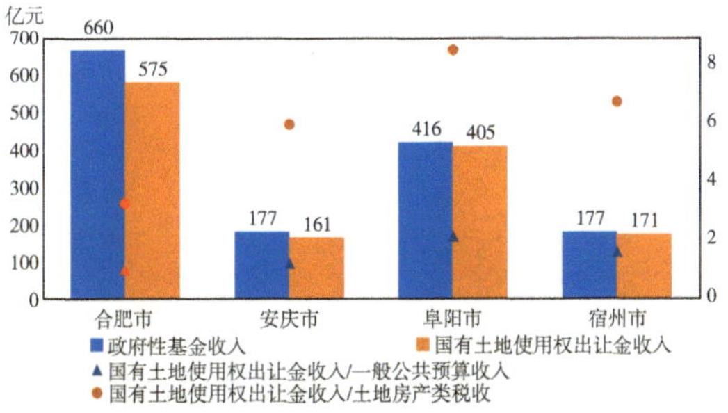

图 12-66　2018 年安徽省部分地市政府性基金收入及土地出让金与一般公共预算关系指标

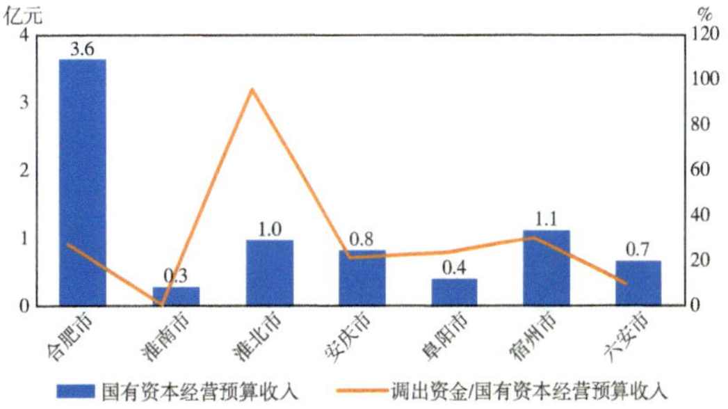

图 12-67　2018 年安徽省部分地市国有资本经营收入及调出资金占比

12.2.4 安徽省各市社会保险基金收入情况

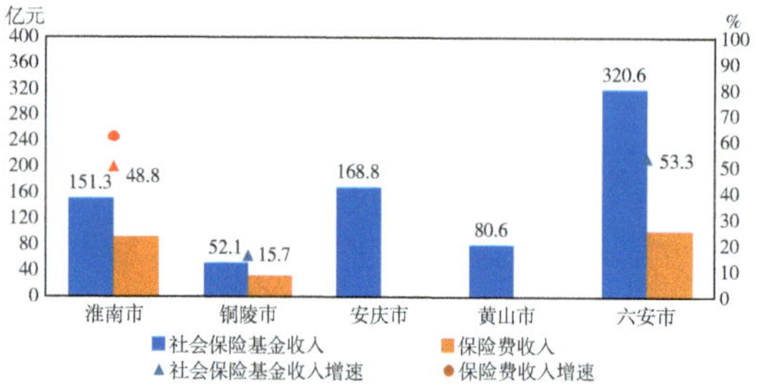

图 12-68 2018 年安徽省部分地市社会保险基金收入、保险费收入及其增速

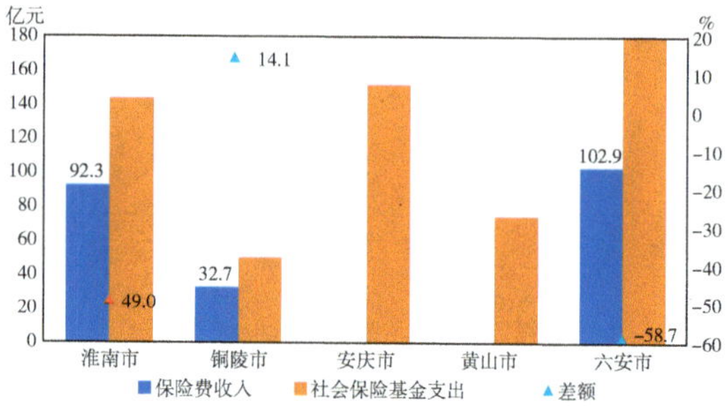

图 12-69 2018 年安徽省部分地市保险费收入、社会保险待遇支出及其差额

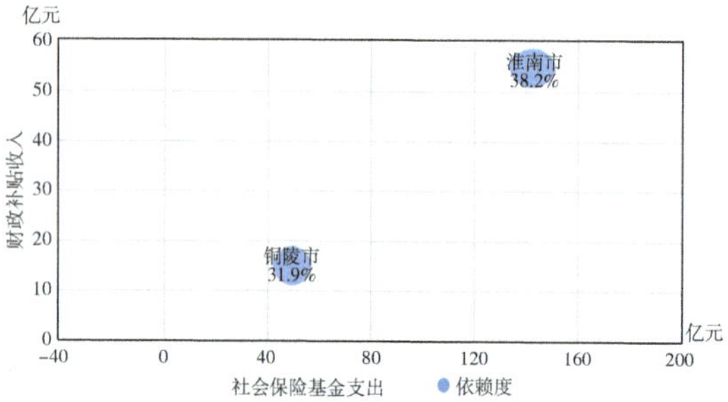

图 12-70 2018 年安徽省部分地市社会保险基金对财政补贴的依赖度

12.2.5 安徽省各市债务情况

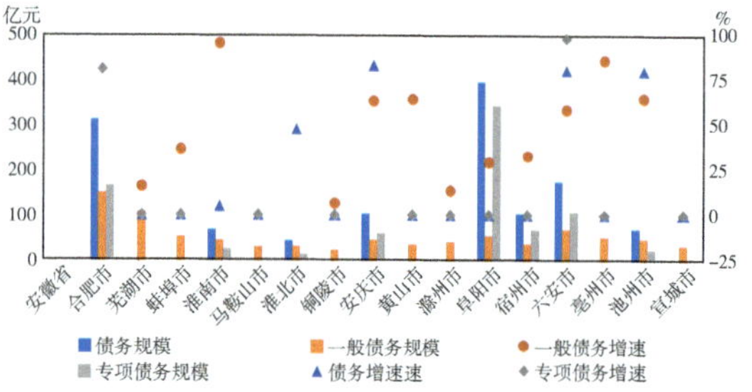

图 12-71 2018 年安徽省各市债务规模及其增速

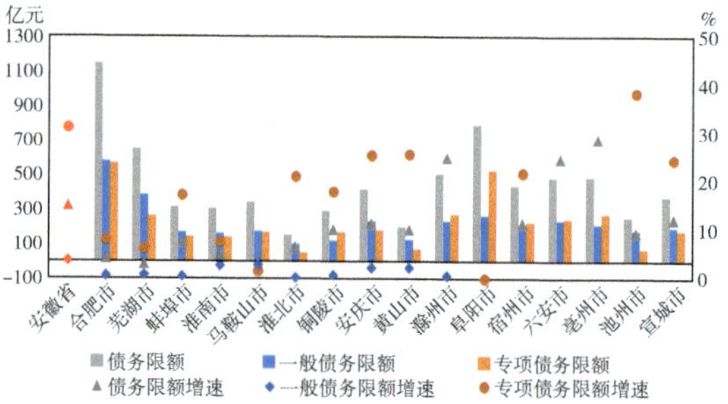

图 12-72 2018 年安徽省各市债务限额及其增速

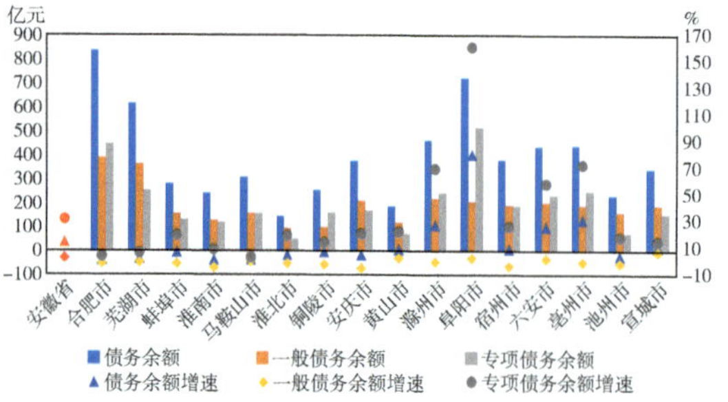

图 12-73 2018 年安徽省各市债务余额及其增速

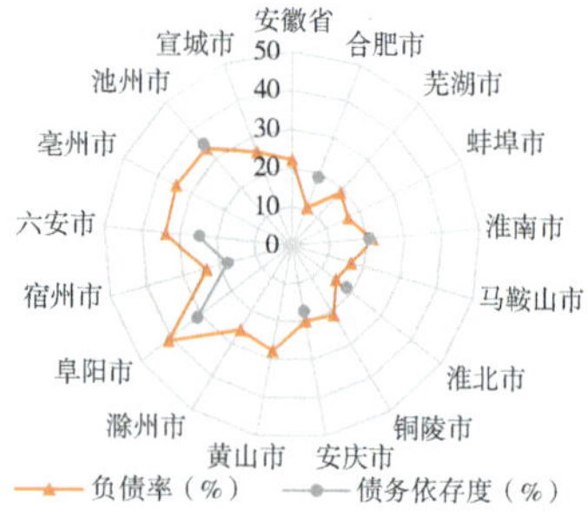

图 12-74 2018 年安徽省各市负债率与债务依存度

12.2.6 安徽省各市市本级一般公共预算收入情况

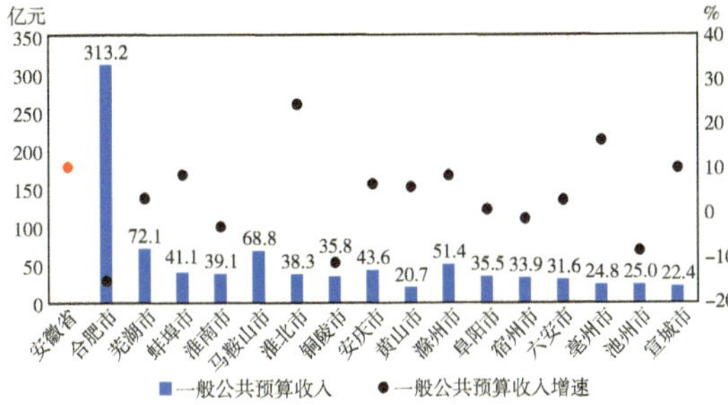

图 12-75 2018 年安徽省各市市本级一般公共预算收入及增速

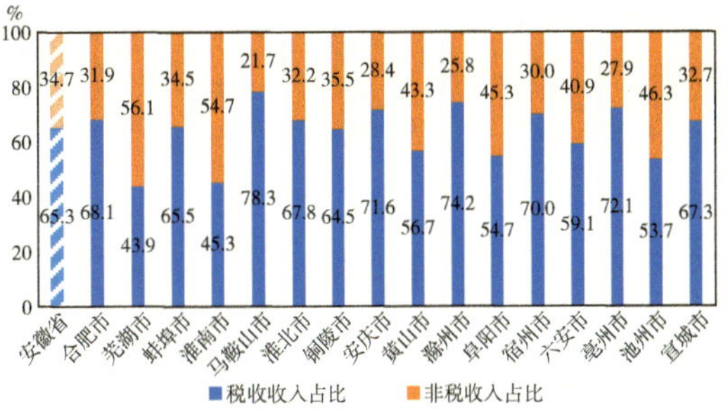

图 12-76 2018 年安徽各市市本级一般公共预算收入结构

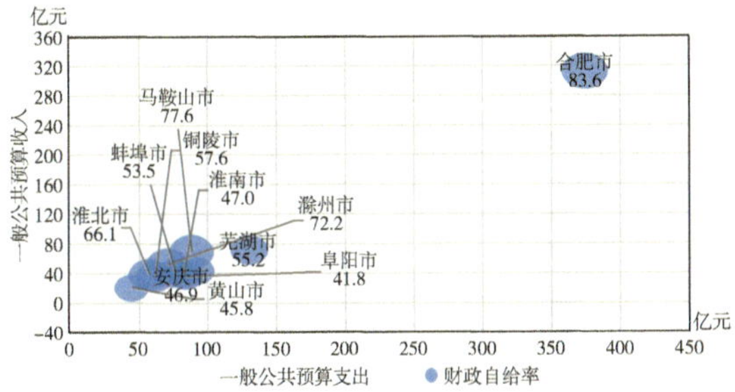

图 12-77 2018 年安徽省各市市本级财政自给率

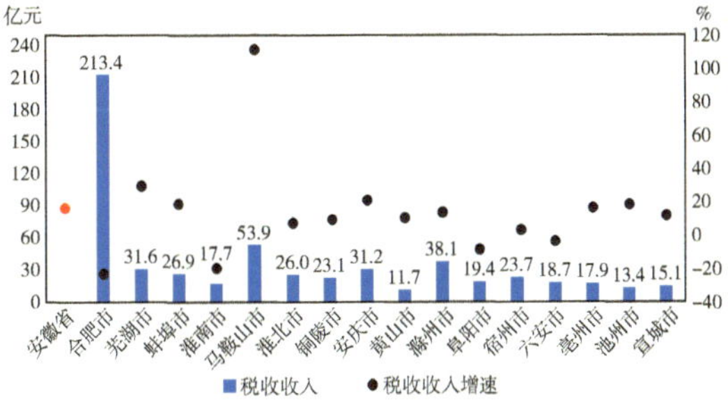

图 12-78 2018 年安徽省各市市本级税收收入及增速

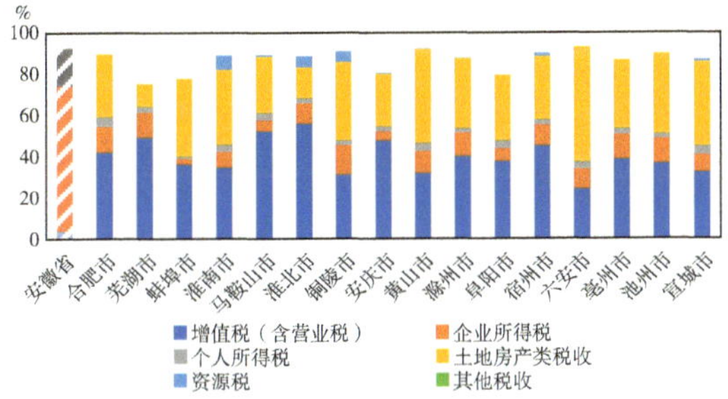

图 12-79 2018 年安徽省各市市本级税收收入结构

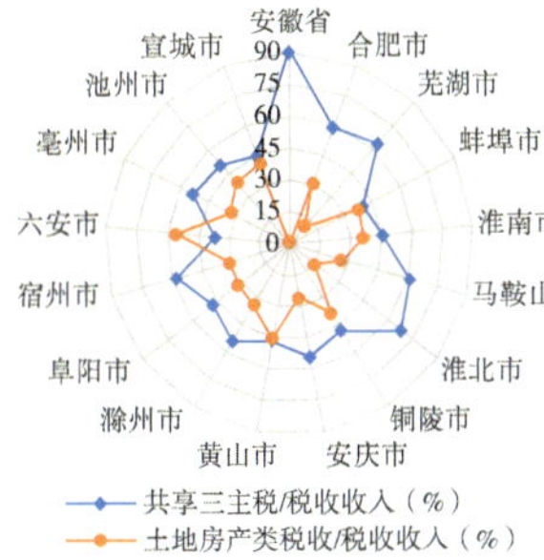

图 12-80 2018 年安徽省各市本市级共享三主税、土地房产类税收占税收收入的比重

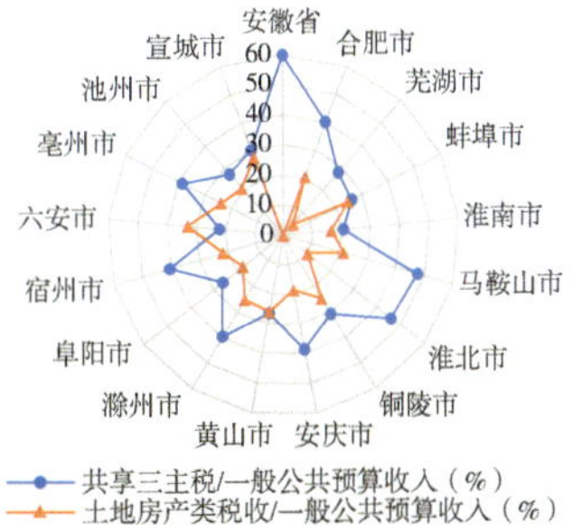

图 12-81 2018 年安徽省各市市本级共享三主税、土地房产类税收占一般公共预算收入的比重

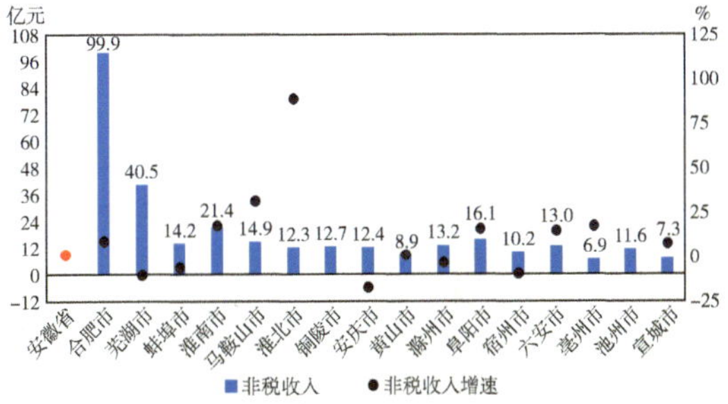

图 12-82 2018 年安徽省各市市本级非税收入及增速

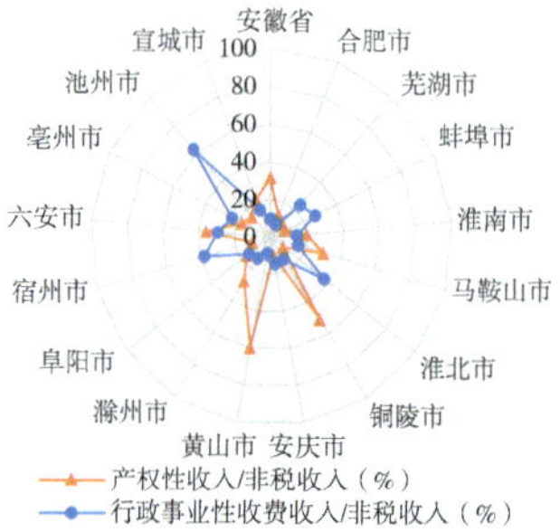

图12-83　2018年安徽省各市市本级产权性收入、行政事业性收费收入占非税收入的比重

12.3　安徽省样本县政府收入主要特征分析

12.3.1　安徽省样本县经济社会发展情况

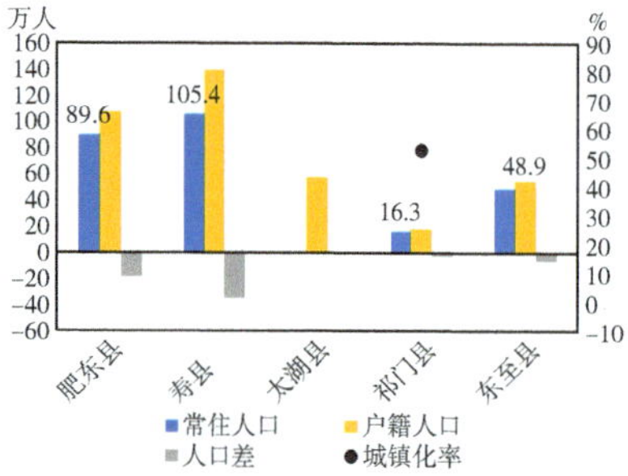

图12-84　2018年安徽省样本区县人口状况

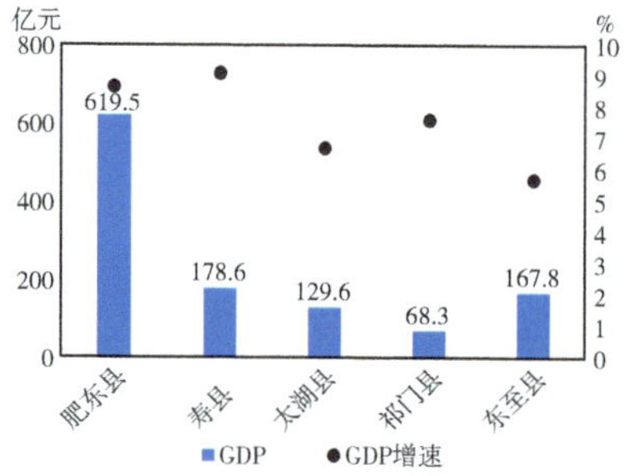

图12-85　2018年安徽省样本区县GDP及增速

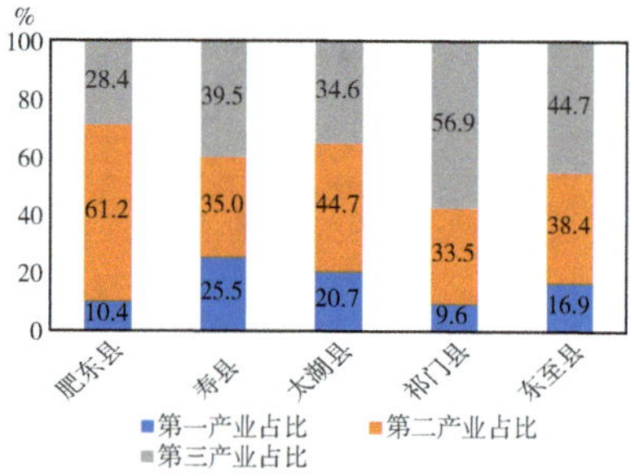

图12-86　2018年安徽省样本区县三次产业结构

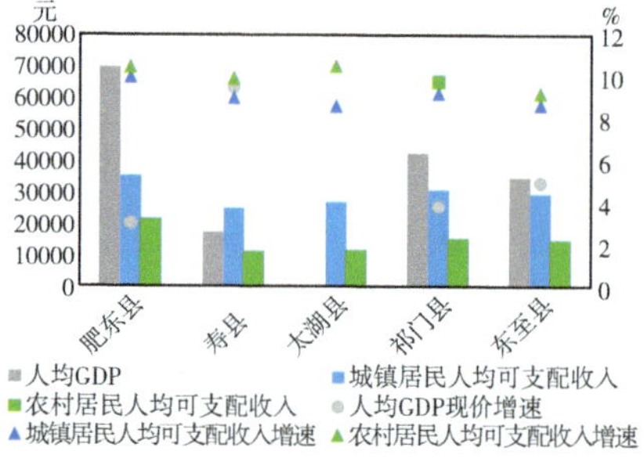

图12-87　2018年安徽省样本区县人均GDP与人均可支配收入

12.3.2　安徽省样本县政府收入总体情况

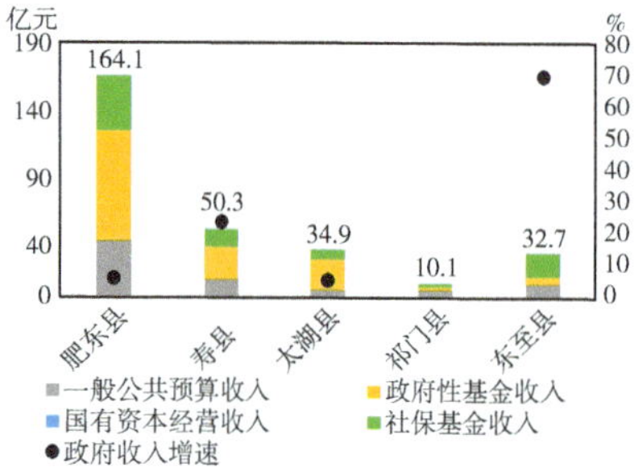

图12-88　2018年安徽省样本区县政府收入结构及增速

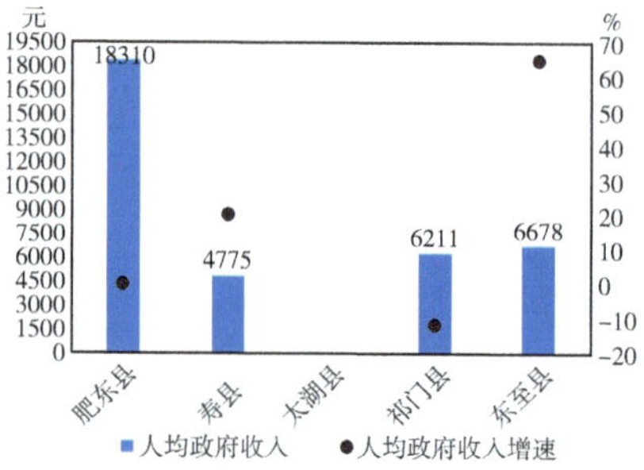

图12-89　2018年安徽省样本区县人均政府收入及增速

12.3.3 安徽省样本县一般公共预算收入情况

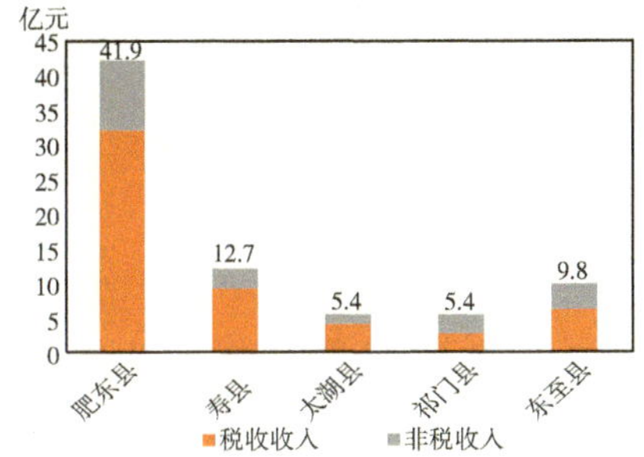

图 12-90 2018 年安徽省样本区县一般公共预算收入

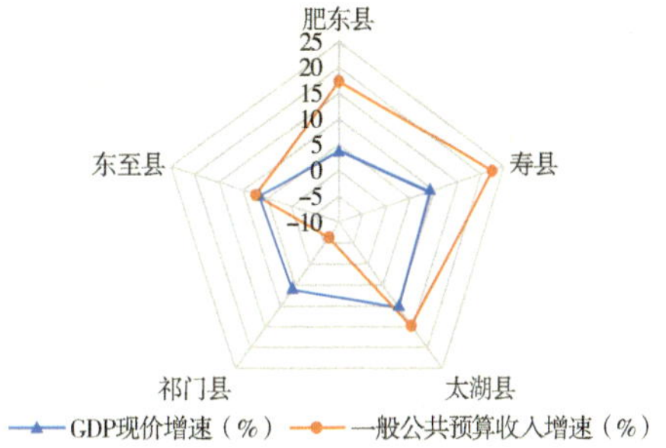

图 12-91 2018 年安徽省样本区县一般公共预算收入增速

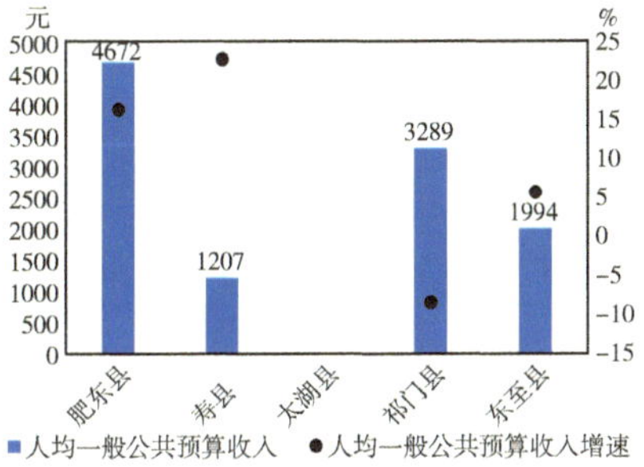

图 12-92 2018 年安徽省样本区县人均一般公共预算收入及增速

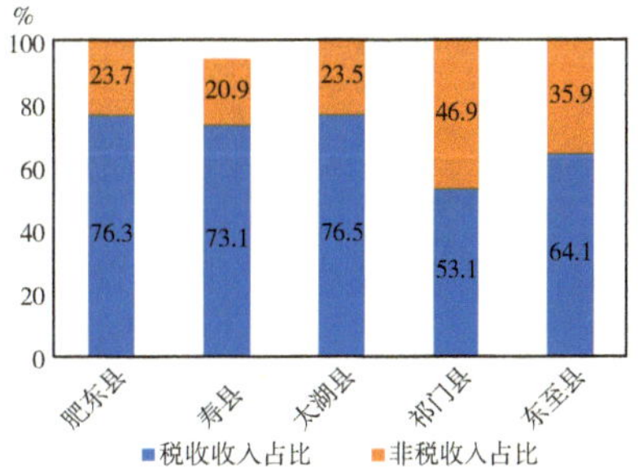

图 12-93 2018 年安徽省样本区县一般公共预算收入结构

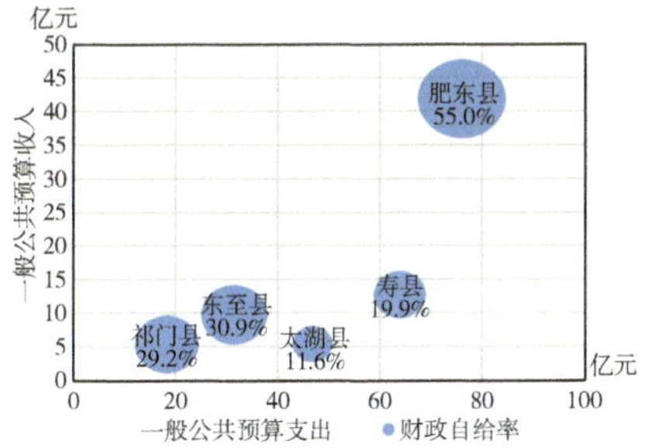

图 12-94 2018 年安徽省样本区县财政自给率

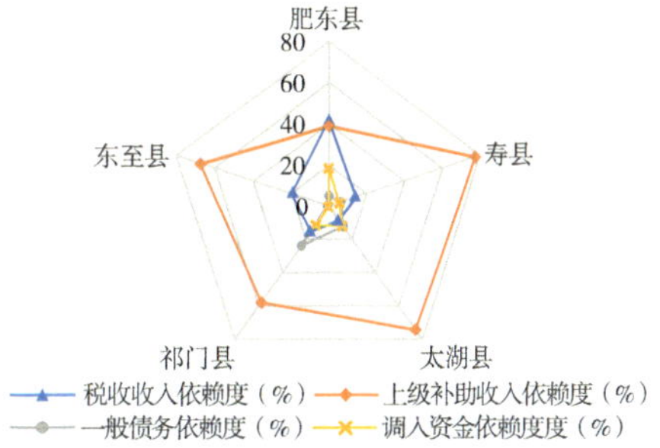

图 12-95 2018 年安徽省样本区县财政收入依赖度

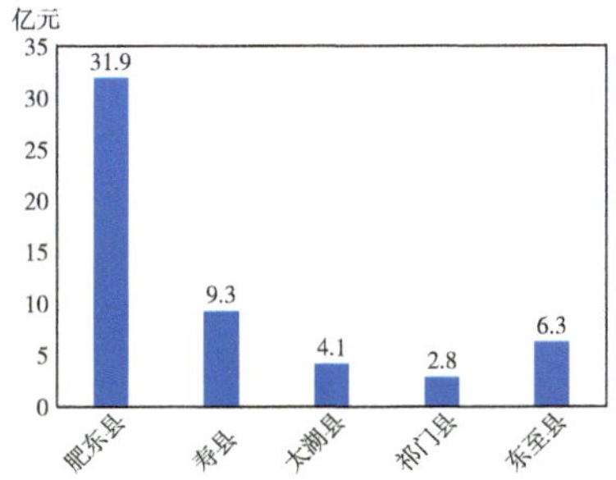

图 12-96 2018 年安徽省样本区县税收收入

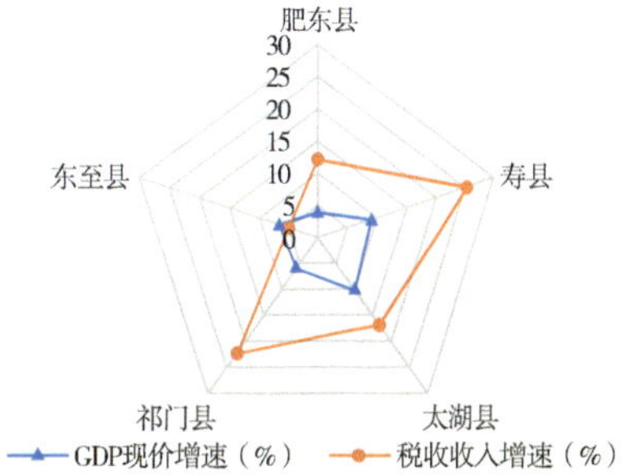

图 12-97 2018 年安徽省样本区县税收收入增速

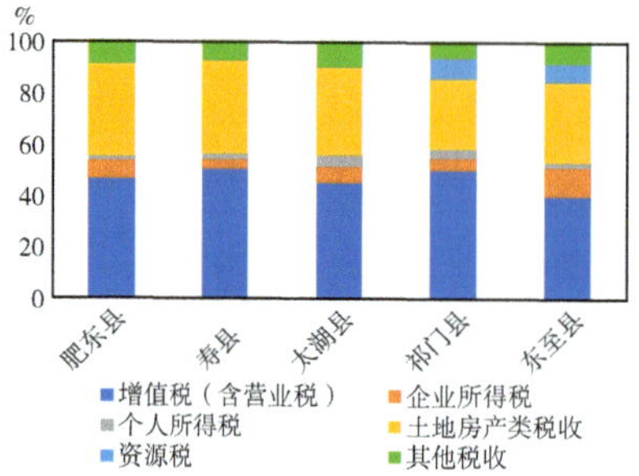

图 12-98　2018 年安徽省样本区县税收收入结构

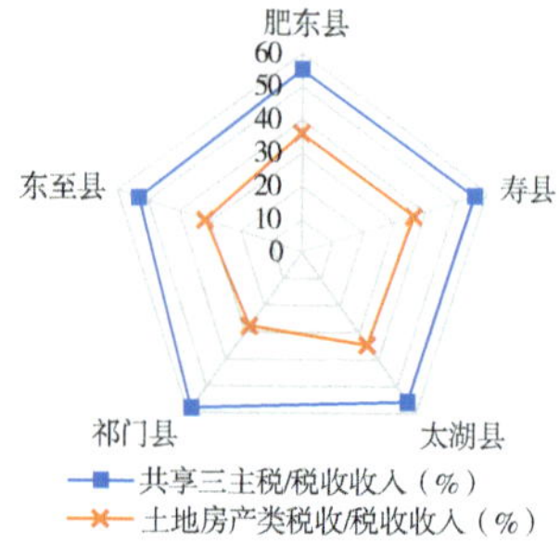

图 12-99　2018 年安徽省样本区县共享三主税、土地房产类税收占税收收入的比重

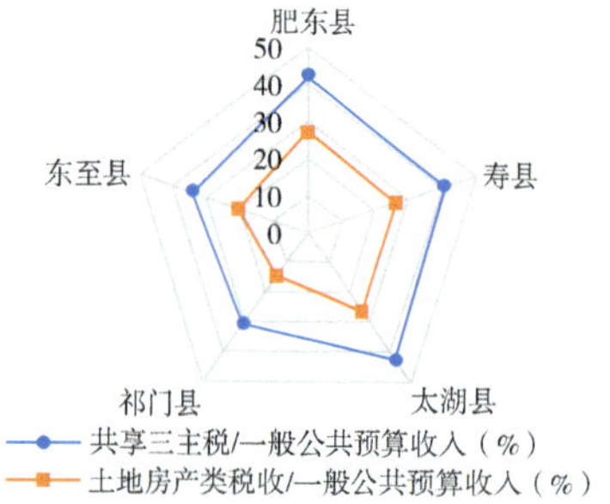

图 12-100　2018 年安徽省样本区县共享三主税、土地房产类税收占一般公共预算收入的比重

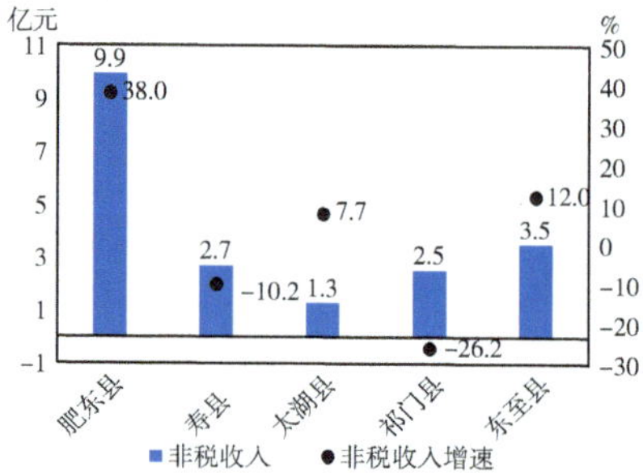

图 12-101　2018 年安徽省样本区县非税收入

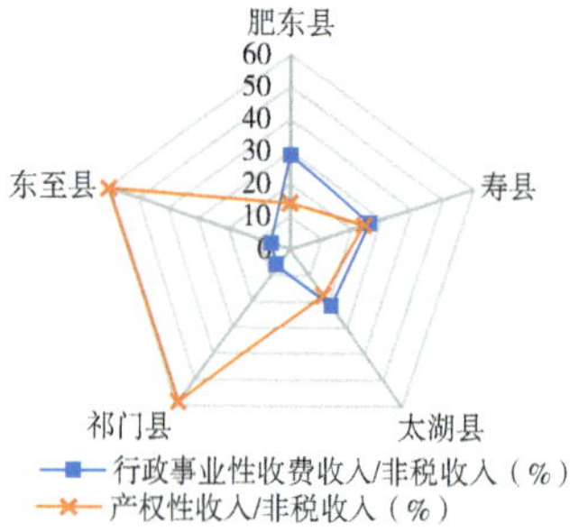

图 12-102　2018 年安徽省样本区县产权性收入、行政事业性收费收入占非税收入的比重

12.3.4　安徽省样本县政府性基金收入与国有资本经营收入情况

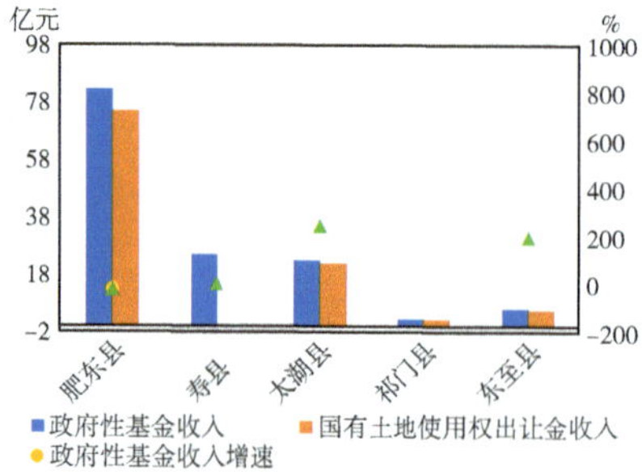

图 12-103　2018 年安徽省样本区县政府性基金收入、国有土地使用权出让金收入及其增速

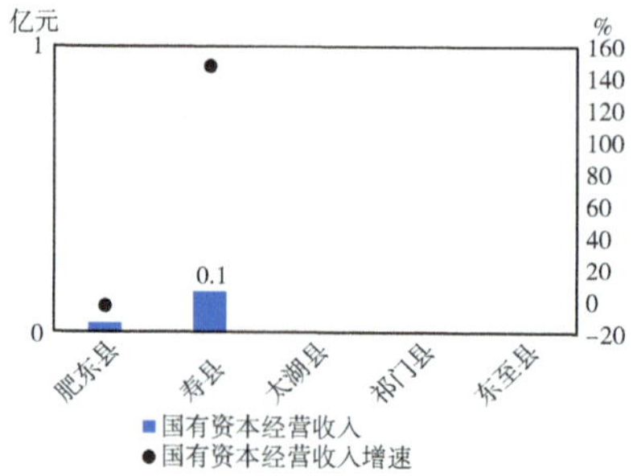

图 12-104　2018 年安徽省样本区县国有资本经营预算收入及增速

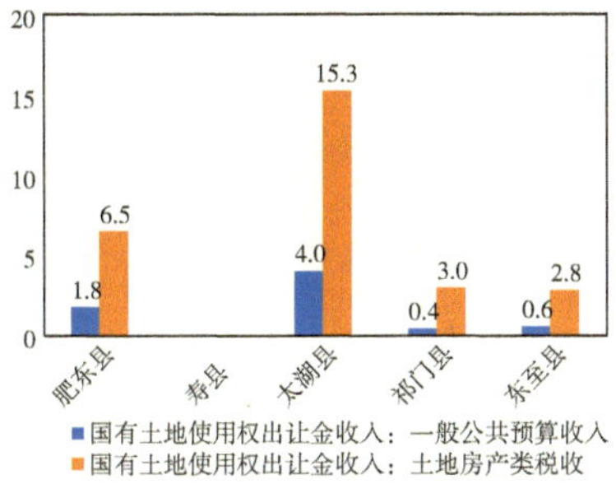

图12-105 2018年安徽省样本区县国有土地使用权出让金收入与一般公共预算关系指标

12.3.5 安徽省样本县社会保险基金收入情况

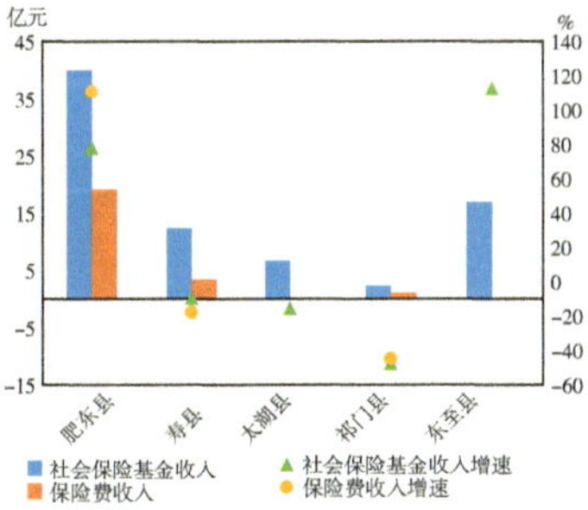

图12-106 2018年安徽省样本区县社会保险基金收入、保险费收入及其增速

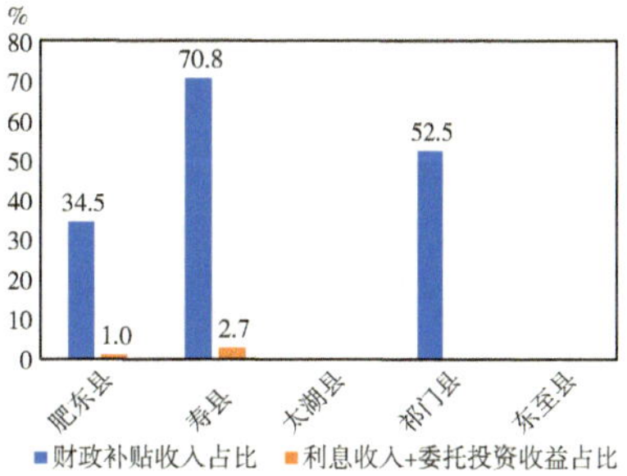

图12-107 2018年安徽省样本区县财政补贴收入、利息收入+委托投资收益占社会保险基金收入的比重

12.3.6 安徽省样本县债务情况

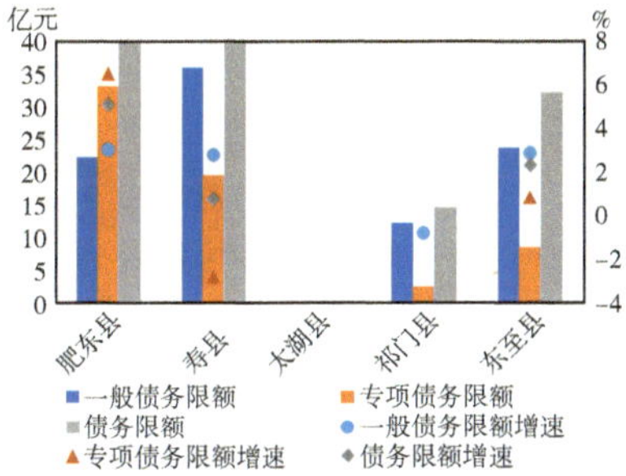

图12-108 2018年安徽省样本区县债务限额及其增速

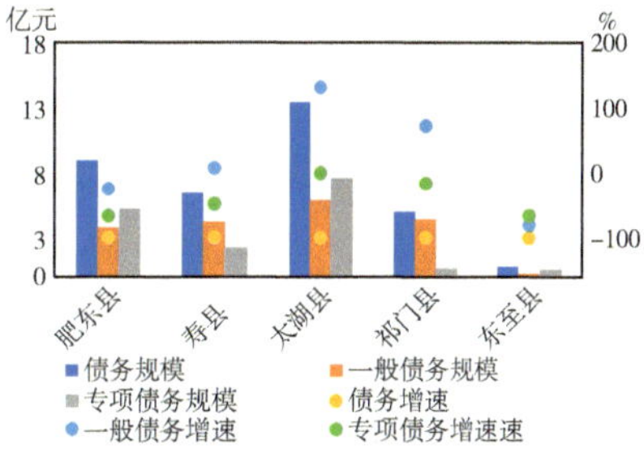

图12-109 2018年安徽省样本区县债务规模及其增速

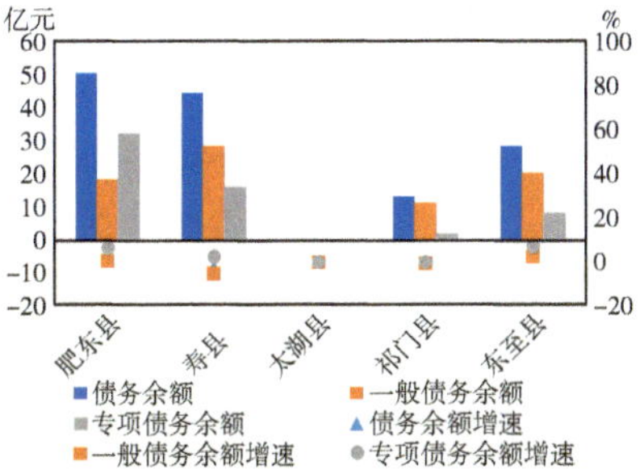

图12-110 2018年安徽省样本区县债务余额及其增速

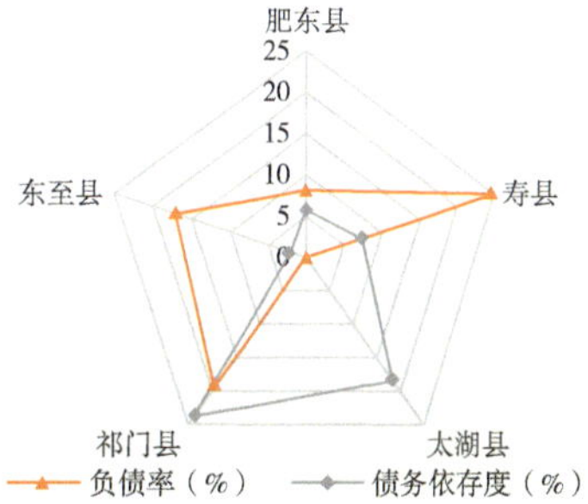

图12-111 2018年安徽省样本区县负债率与债务依存度

13 福建省

福建省共辖8个地级市（不含计划单列市厦门市），市辖区29个、市辖开发区10个、县级市12个、县44个，以及综合实验区1个；地域面积为12.4万平方公里，山地、丘陵占总面积的80%以上，依山傍海，与中国台湾相望，海岸线长度居全国第二位。福建省的森林覆盖率为65.95%，居全国首位，海洋资源也十分丰富，水产品总量居全国第三位，人均占有量位居第一。总体上看，福建的经济发展、财政收入等在全国处于偏上水平，整体情况较好。

2019年福建省经济总量处于全国偏上水平，第三产业占比低于全国，人口整体净流入，城镇化率略高于全国。2019年末，福建省常住人口3973万人，常住人口城镇化率为66.5%。2019年福建省GDP达到4.2万亿元，排全国第8名，次于湖北，略高于湖南；增速7.6%，比2018年下降0.7个百分点，高于全国1.5个百分点，排全国第5名；人均GDP为106708元，排全国第4名。从产业结构看，第一、第二、第三产业占比分别为6.1%、48.5%（高于全国平均水平11.7个百分点）和45.3%（低于全国平均水平14.1个百分点）。从居民可支配收入看，2019年城镇与农村居民人均可支配收入分别为45620元和19658元，分别为全国平均水平的177%和123%。

2019年福建省一般公共预算收入全国排靠前位置，共享三主税（增值税、企业所得税、个人所得税）占比高，省市县中区县级政府收入占比达57%。2019年福建省一般公共预算收入3052.7亿元，排全国第12名，增速1.5%，人均一般公共预算收入为7684元。其中，2019年福建省税收收入占一般公共预算收入的比重为72.4%，较上年下降2个百分点，低于全国平均水平约10.6个百分点。非税收入占比高，其中，2019年政府产权性收入占比为40.7%，其他非税收入占比过半。从纵向收入分配看，2018年省本级、市本级、区县级一般公共预算收入占比分别为9%、34%和57%。

福建省财政自给率较为稳定，2017-2019年福建省上级补助依赖度和一般债务依赖度分别下降6.4个百分点和16.3个百分点。福建省财政自给率近三年稳定在60%左右，2019年为59.9%。2017-2019年福建省上级补助收入和一般债务收入均显著下降，2019年一般公共预算支出对上级补助收入和一般债务收入的依赖度分别下降为21%和2.7%。

2019年福建省四本预算中，国有资本经营收入和社会保险基金收入占比有所提升，政府性基金收入增速显著放缓。2019年福建省四本预算加总的政府收入7500亿元，增速2.5%，下降13.8个百分点，其中，一般公共预算收入、政府性基金收入、国有资本经营收入和社会保险基金收入分别占比40.7%、34.3%、1.6%和23.5%。2019年福建省政府性基金收入增速为-0.7%，下降明显，2017年和2018年增速分别为22.6%和29.8%，其中，国有土地出让金收入增速从2017年的24.8%、2018年的31.7%下降到2019年的0.1%。

福建省内各市经济社会发展和财政发展存在显著差异，福州市、厦门市和泉州市发展较

本章执笔人：颜静雯　审校：罗志恒

为突出。厦门市城镇化率最高，2018年达89.1%；2018年泉州市GDP为8468亿元，为省内最高，福州市GDP达7856.8亿元，次于泉州市；2018年厦门市第三产业GDP占比最高，为58.2%，且人均GDP是省内唯一超11万元的城市，达到11.7万元。2018年厦门市一般公共预算收入达754.5亿元，位居首位，福州市为680.4亿元，全省均值为304.7亿元，省内差异较大，南平市2018年一般公共预算收入仅为94.5亿元，约为厦门市的12.5%。福州市、厦门市和泉州市税收依赖度高于全省平均水平，厦门市高达71.5%，而宁德市、龙岩市、南平市和三明市较依赖于上级补助收入，南平市的上级补助依赖度达56.5%。福州市的政府性基金收入在全省中水平十分突出，2018年规模达到1045.5亿元，全省均值仅为284.4亿元。财政自给率方面，厦门市、泉州市和福州市高于全省水平（62.2%），分别为89.4%、75.0%和73.6%。

13.1 福建省政府收入主要特征分析

13.1.1 福建省经济社会基本情况

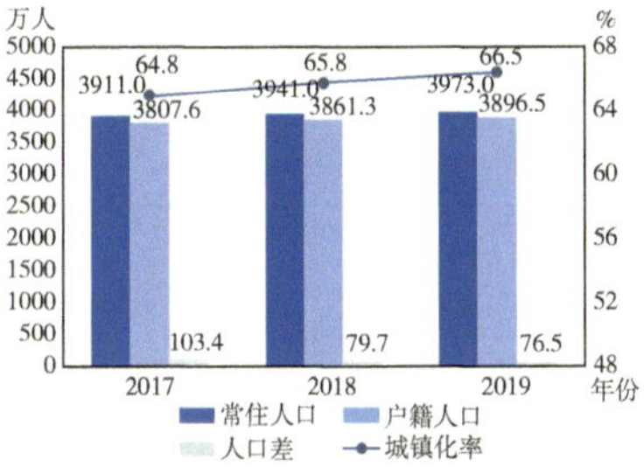

图13-1 2017-2019年福建省人口状况

图13-2 2017-2019年福建省GDP及增速

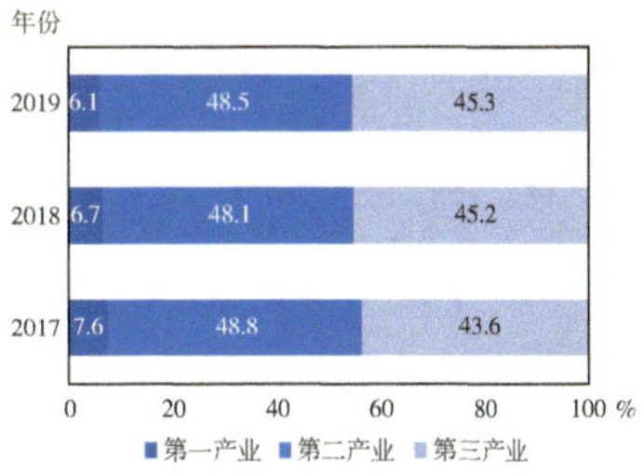

图13-3 2017-2019年福建省三次产业结构

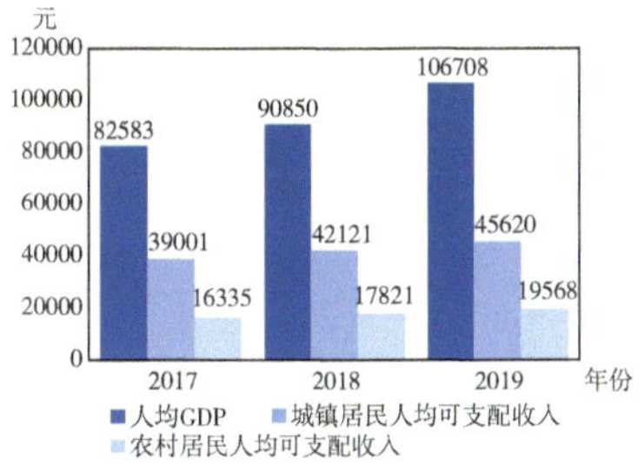

图13-4 2017-2019年福建省人均GDP和人均可支配收入

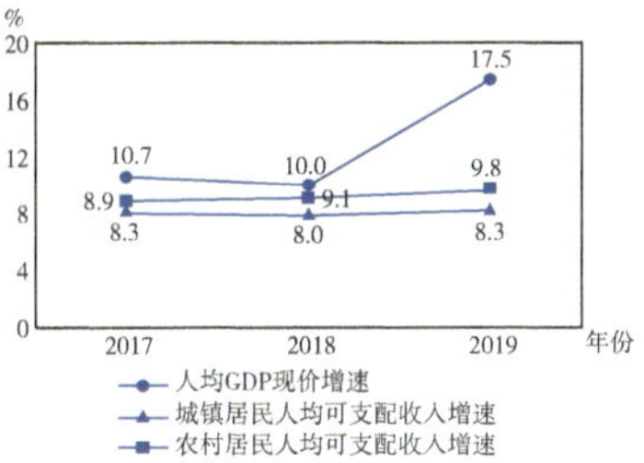

图13-5 2017-2019年福建省人均GDP增速和人均可支配收入增速

13.1.2 福建省政府收入总体情况

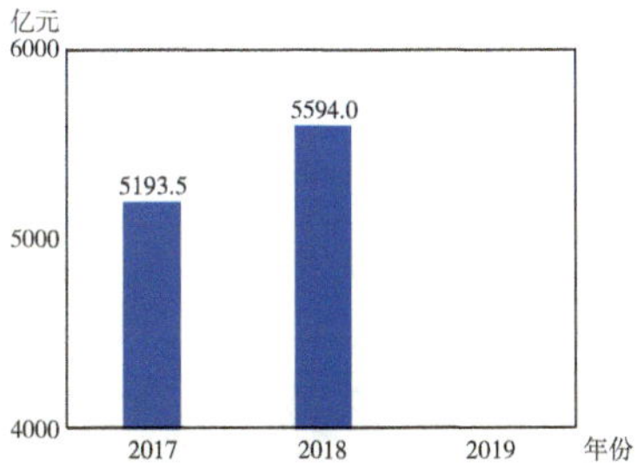

图13-6 2017-2019年福建省财政总收入

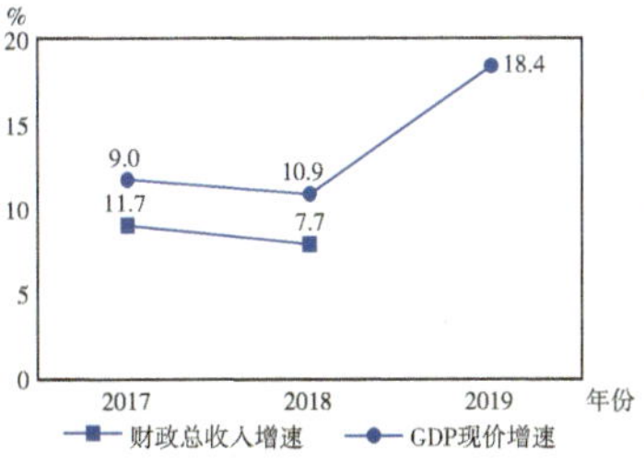

图13-7 2017-2019年福建省财政总收入增速

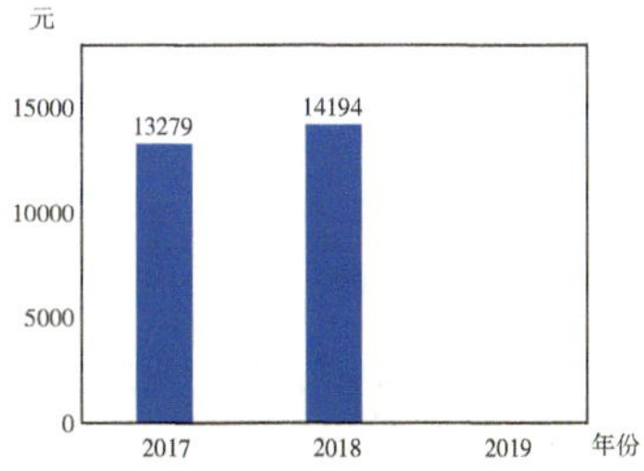

图13-8 2017-2019年福建省人均财政总收入

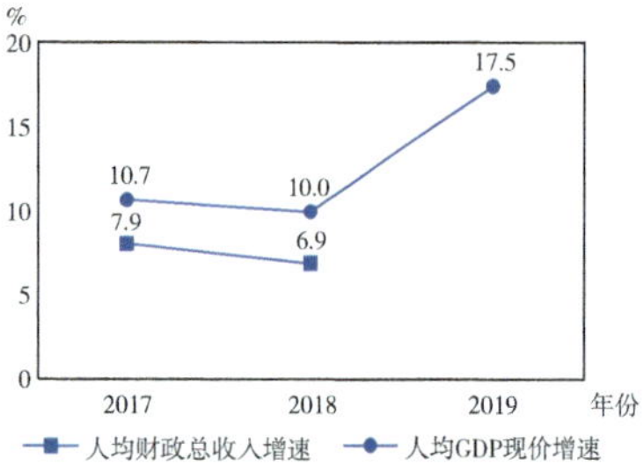

图13-9　2017-2019年福建省人均财政总收入增速

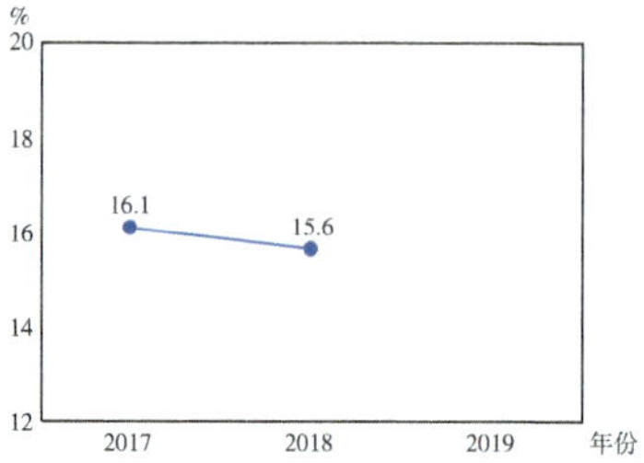

图13-10　2017-2019年福建省财政总收入/GDP

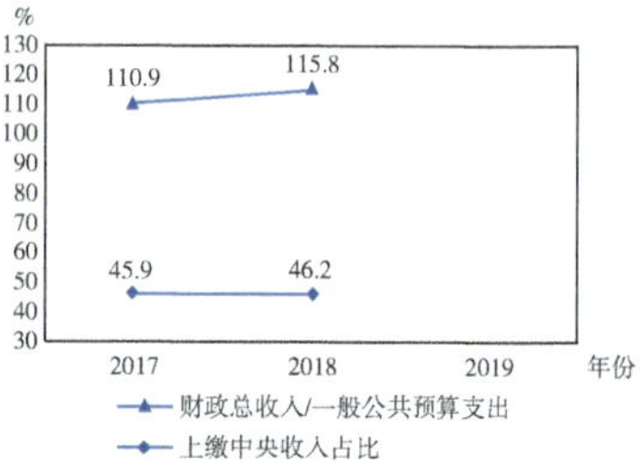

图13-11　2017-2019年福建省财政总收入其他指标

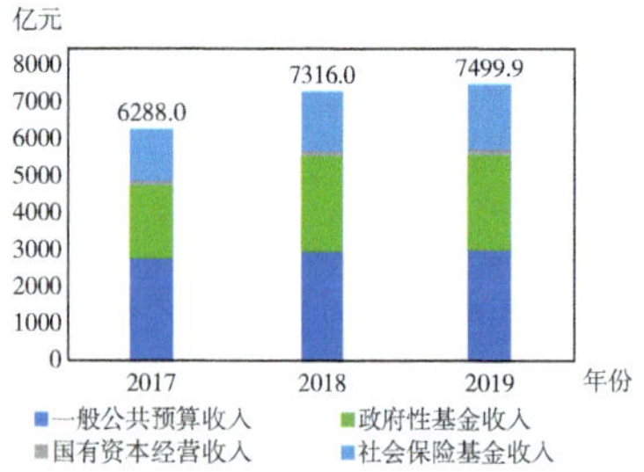

图13-12　2017-2019年福建省政府收入

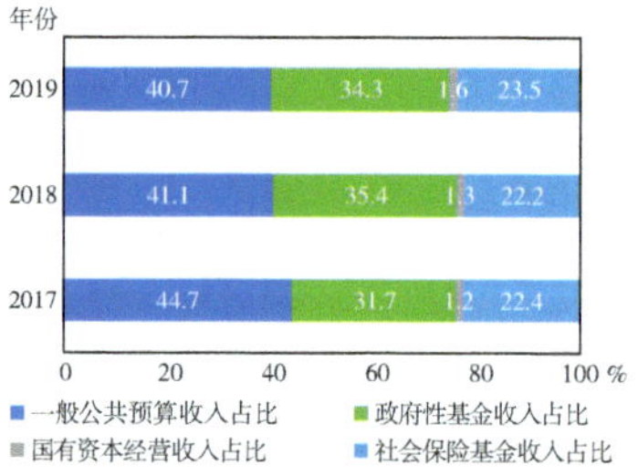

图13-13　2017-2019年福建省政府收入结构

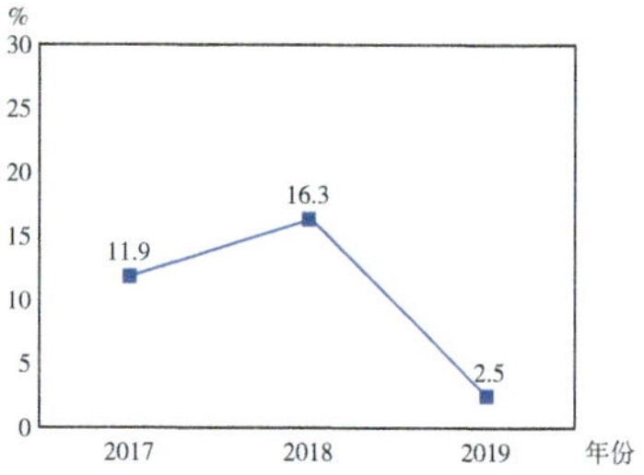

图13-14　2017-2019年福建省政府收入增速

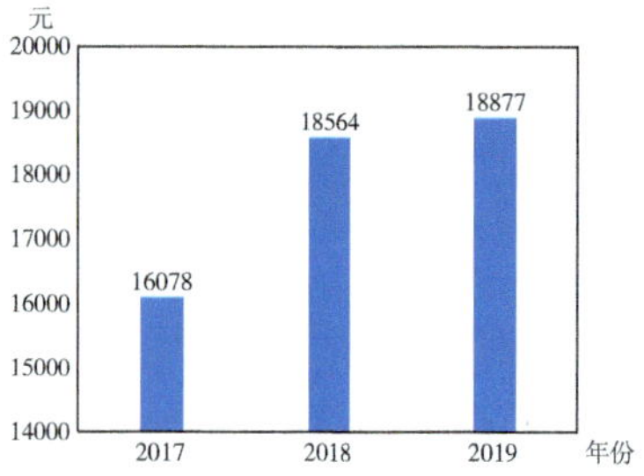

图13-15　2017-2019年福建省人均政府收入

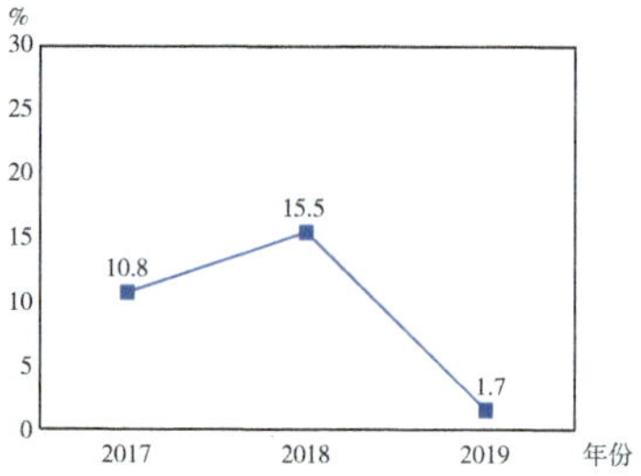

图13-16　2017-2019年福建省人均政府收入增速

13.1.3　福建省一般公共预算收入情况

图13-17　2017-2019年福建省一般公共预算收入

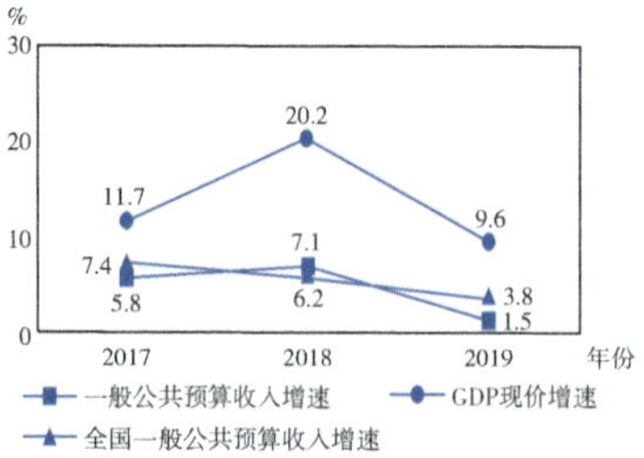

图13-18　2017-2019年福建省一般公共预算收入增速

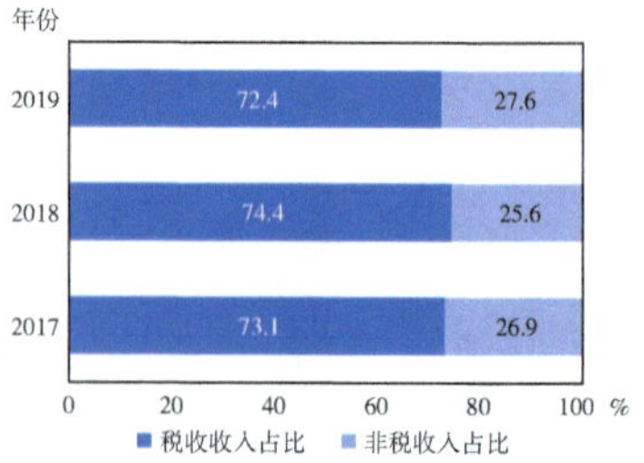

图13-19　2017-2019年福建省一般公共预算收入结构

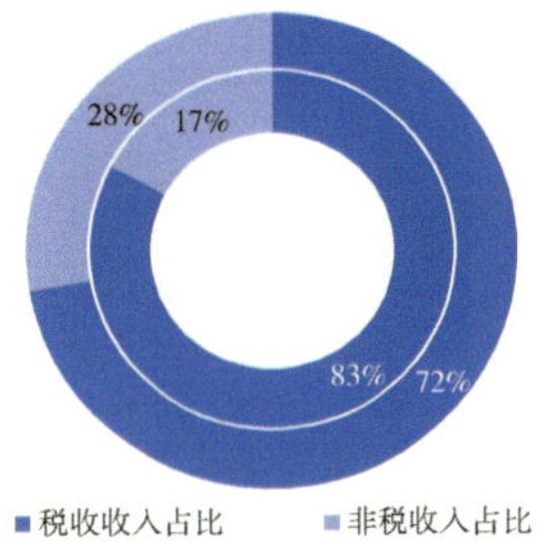

图 13-20　2019 年一般公共预算收入结构对比（内环为全国，外环为福建省）

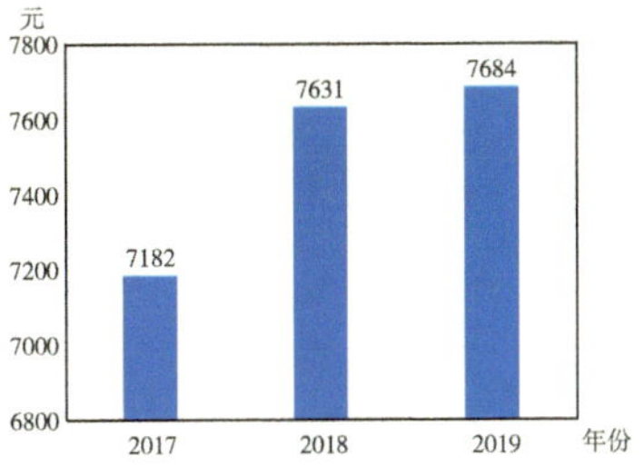

图 13-21　2017-2019 年福建省人均一般公共预算收入

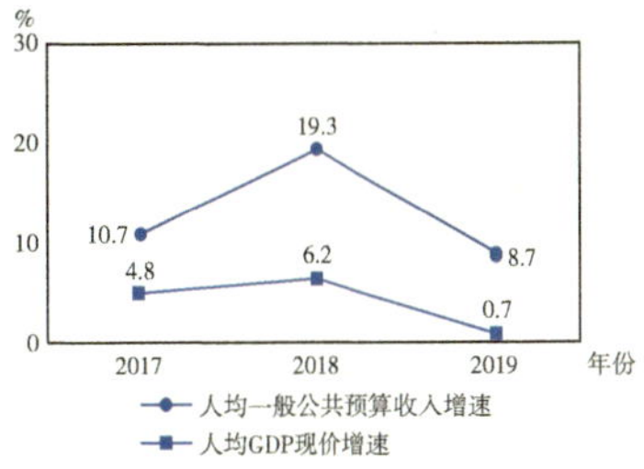

图 13-22　2017-2019 年福建省人均一般公共预算收入增速

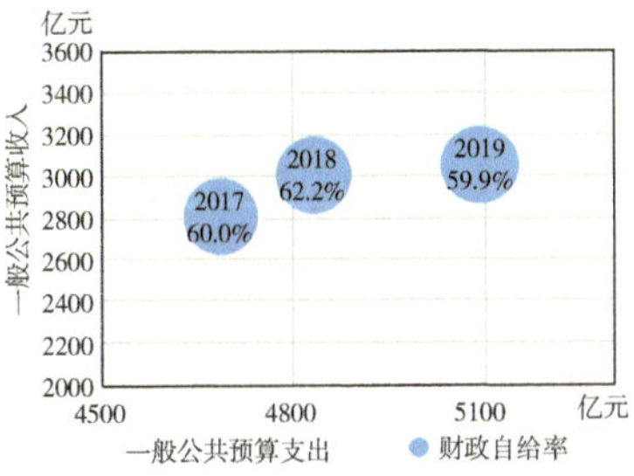

图 13-23　2017-2019 年福建省财政自给率

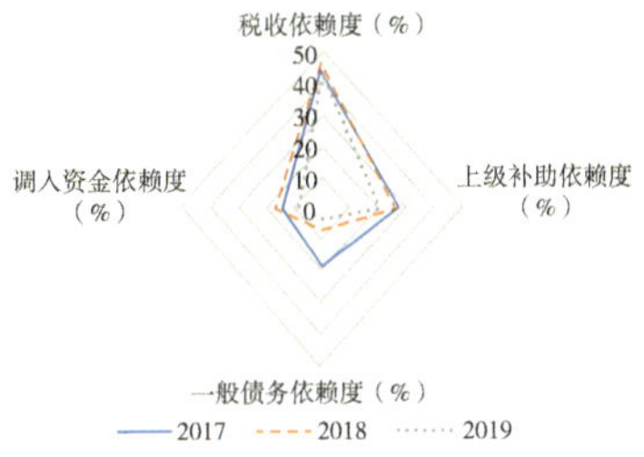

图 13-24　2017-2019 年福建省财政收入依赖度

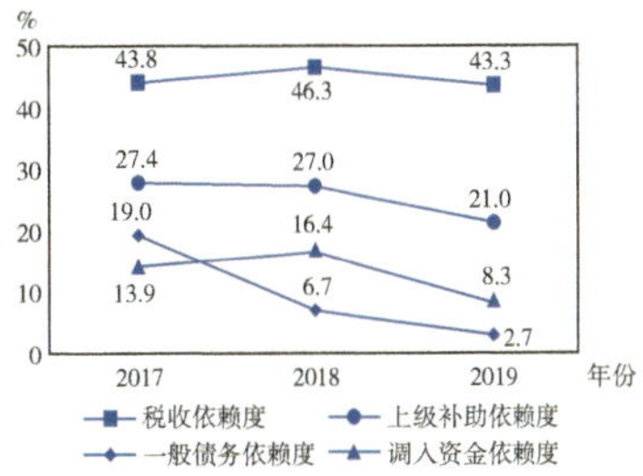

图 13-25　2017-2019 年福建省财政收入依赖度

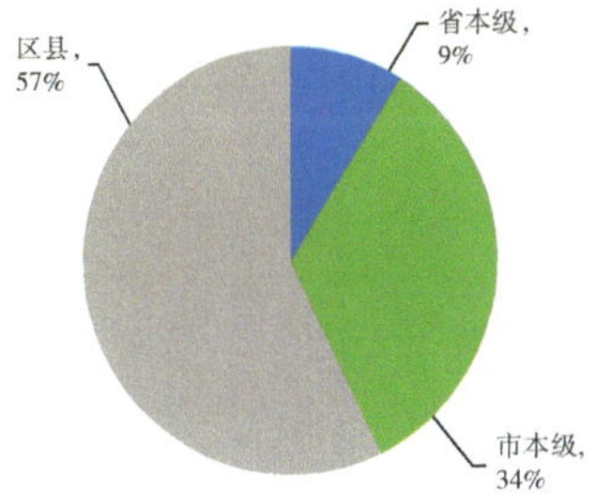

图 13-26　2018 年省市县三级政府一般公共预算收入分布

图 13-27　2017-2019 年福建省税收收入

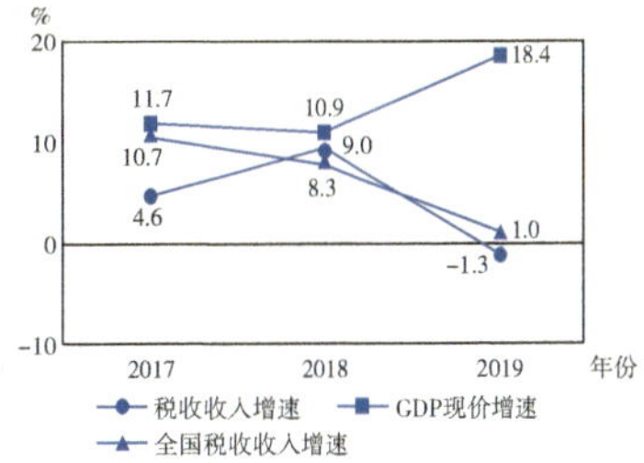

图 13-28　2017-2019 年福建省税收收入增速

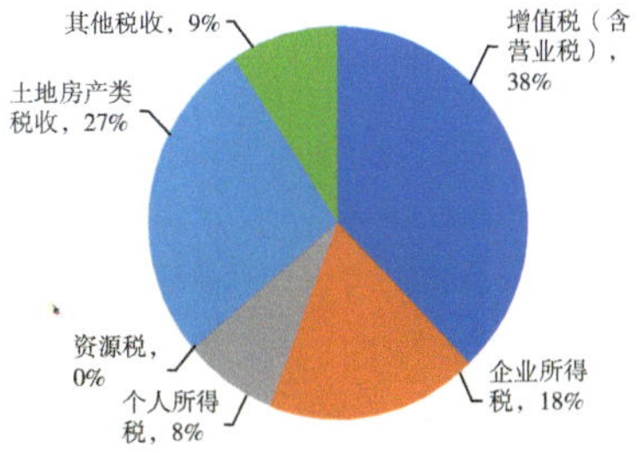

图 13-29　2019 年福建省税收结构

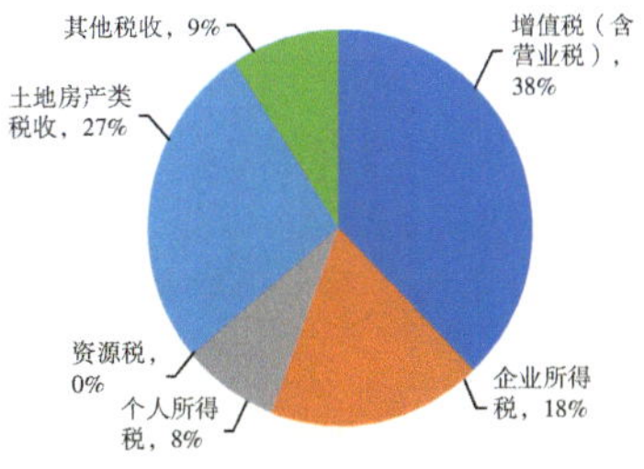

图 13-30　2018 年福建省税收结构

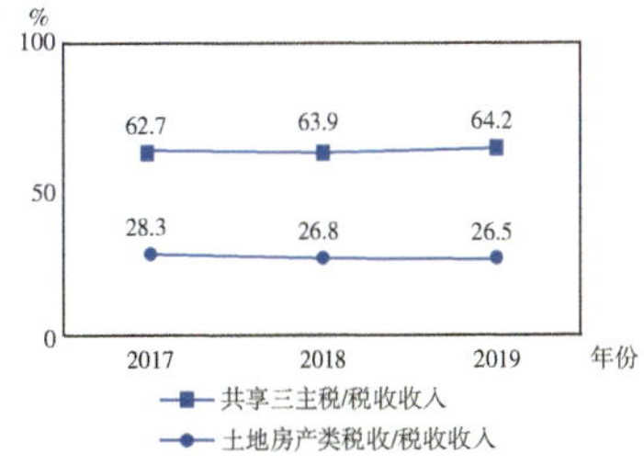

图 13-31　2017-2019 年福建省共享三主税、土地房产类税收占税收收入的比重

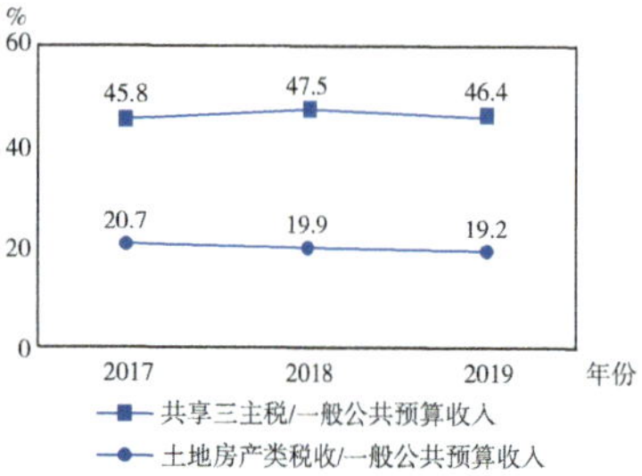

图 13-32　2017-2019 年福建省共享三主税、土地房产类税收占一般公共预算收入的比重

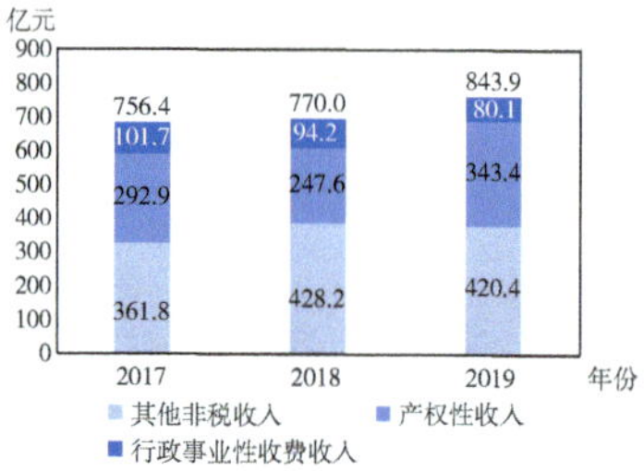

图 13-33　2017-2019 年福建省非税收入

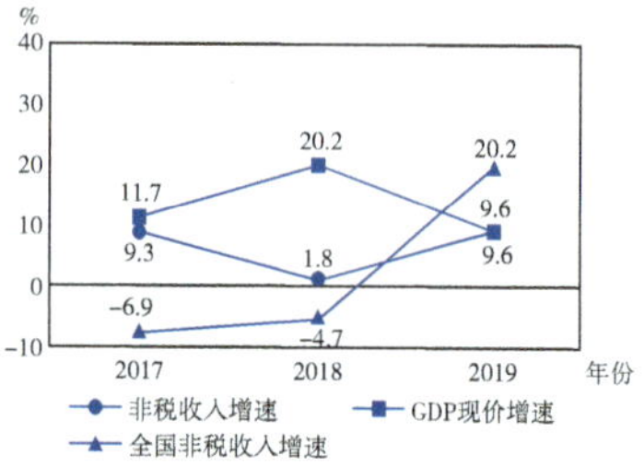

图 13-34　2017-2019 年福建省非税收入增速

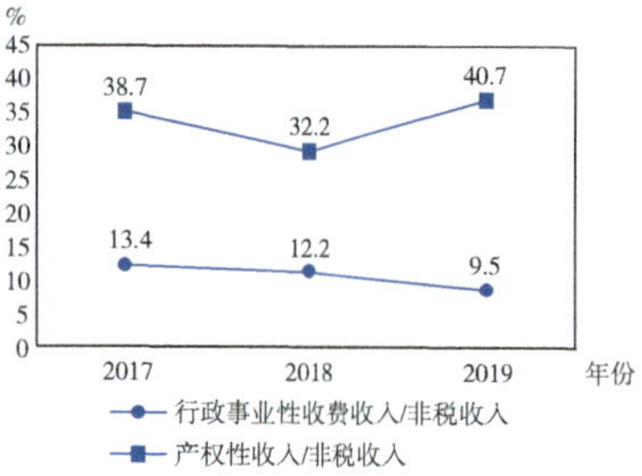

图 13-35　2017-2019 年福建省行政事业性收费及产权性收入占非税收入的比重

13.1.4　福建省政府性基金收入和国有资本经营收入情况

图 13-36　2017-2019 年福建省政府性基金收入

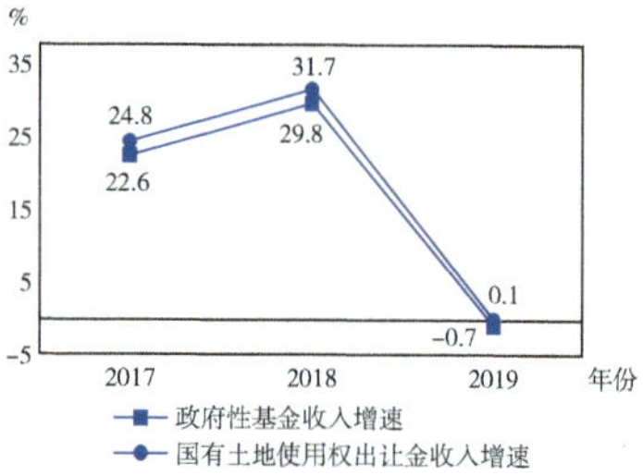

图 13-37　2017-2019 年福建省政府性基金收入增速及国有土地使用权出让金收入增速

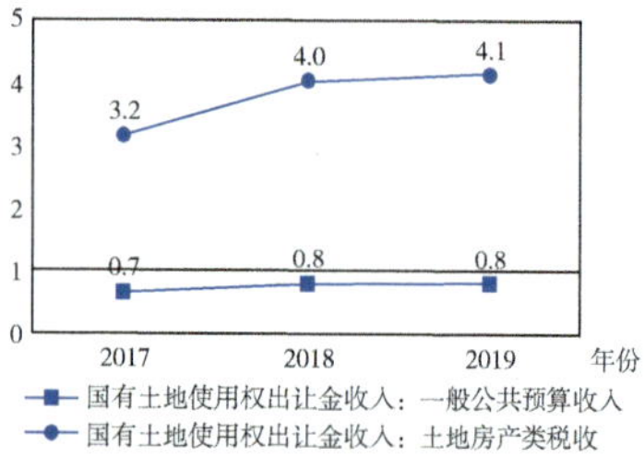

图 13-38　2017-2019 年福建省国有土地使用权出让金收入与一般公共预算关系指标

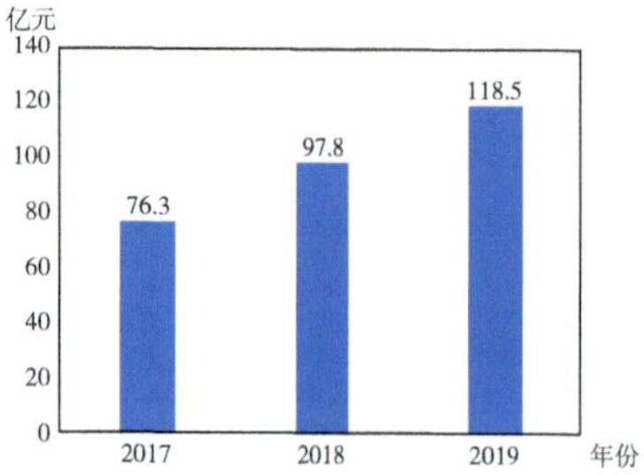

图 13-39　2017-2019 年福建省国有资本经营收入

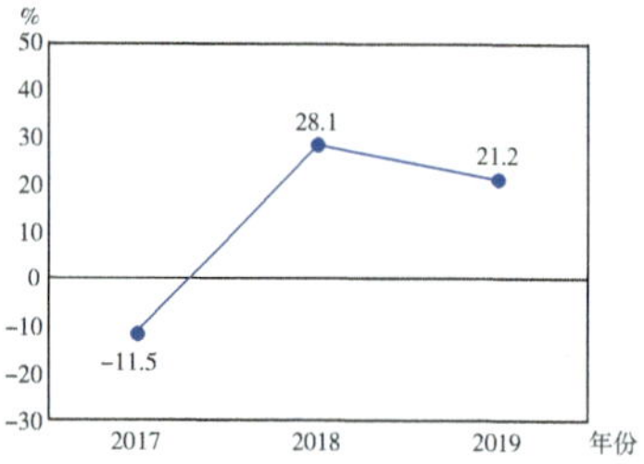

图 13-40　2017-2019 年福建省国有资本经营收入增速

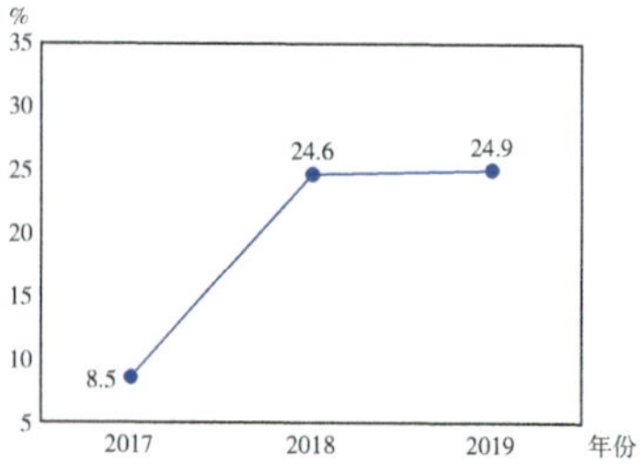

图 13-41　2017-2019 年福建省调出资金/国有资本经营收入

13.1.5 福建省社会保险基金收入情况

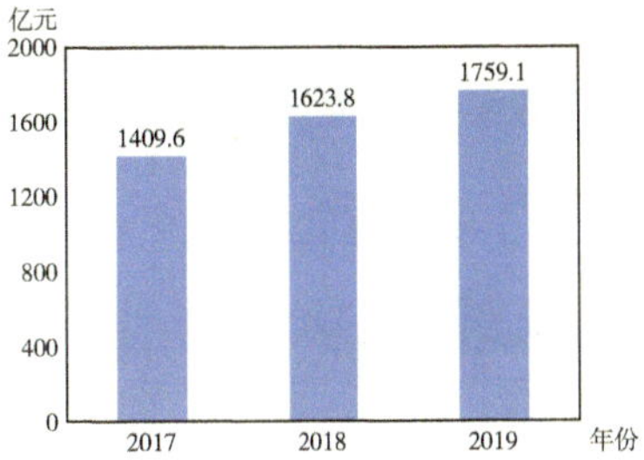

图13-42 2017-2019年福建省社会保险基金收入

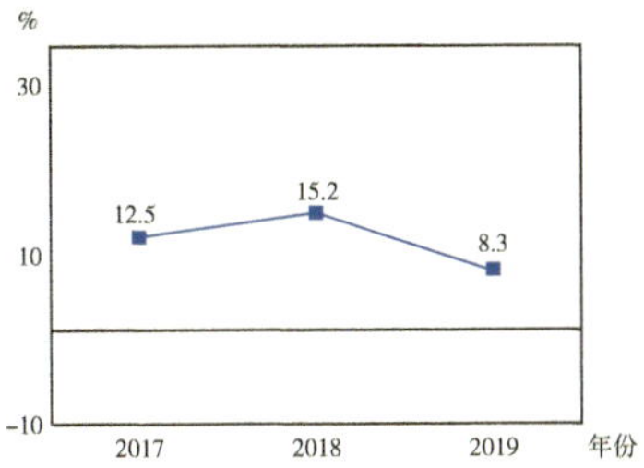

图13-43 2017-2019年福建省社会保险基金收入增速

13.1.6 福建省债务情况

图13-44 2017-2019年福建省债务规模

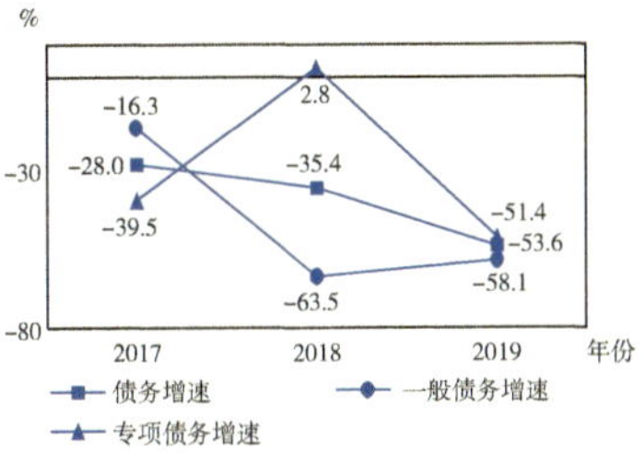

图13-45 2017-2019年福建省债务增速

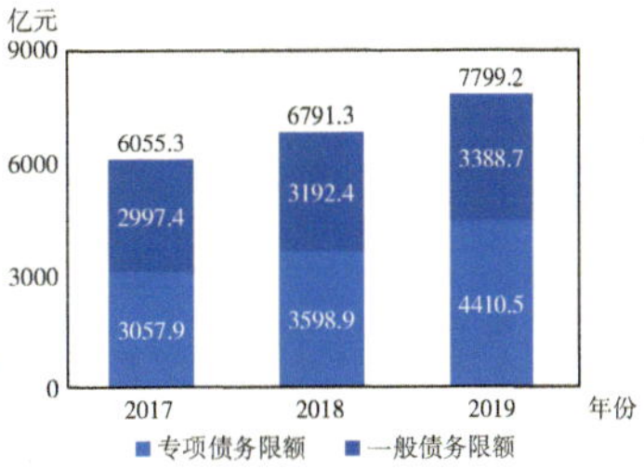

图13-46 2017-2019年福建省债务限额

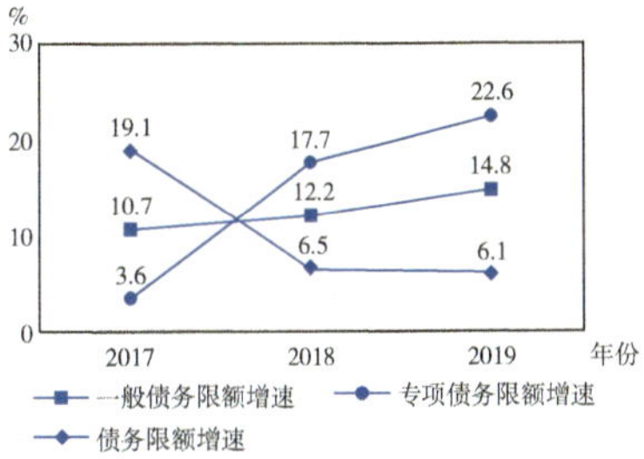

图13-47 2017-2019年福建省债务限额增速

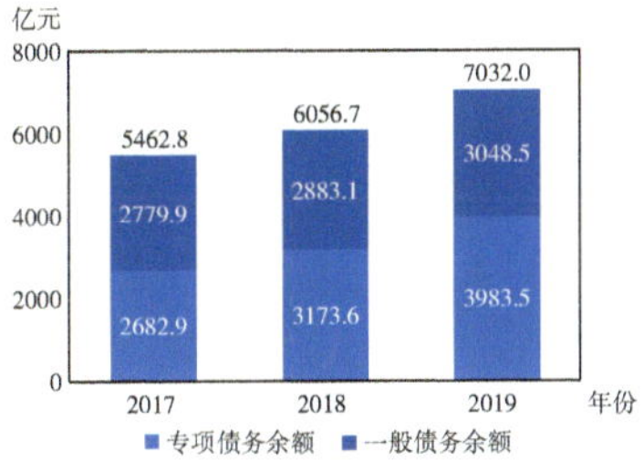

图13-48 2017-2019年福建省债务余额

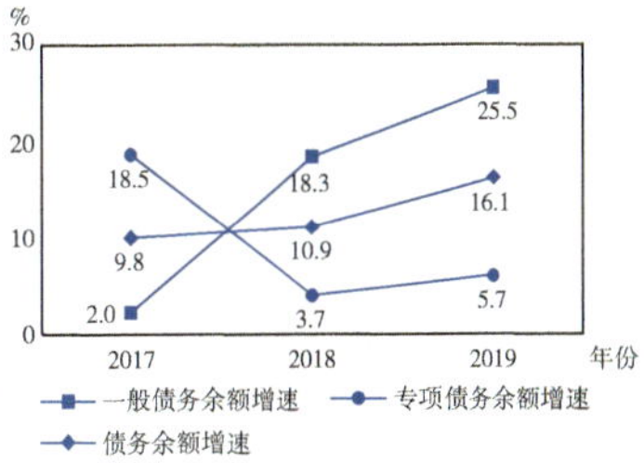

图13-49 2017-2019年福建省债务余额增速

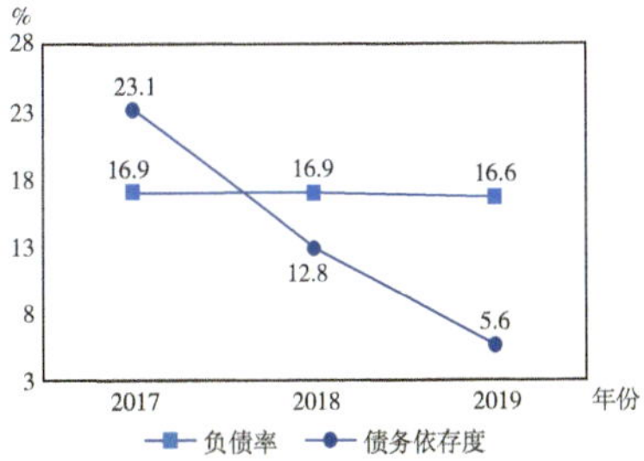

图13-50 2017-2019年福建省负债率与债务依存度

13.1.7　福建省省本级一般公共预算收入情况

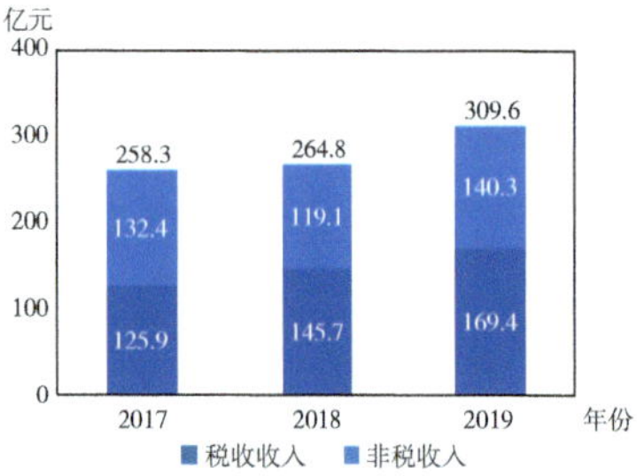

图 13-51　2017-2019 年福建省省本级一般公共预算收入

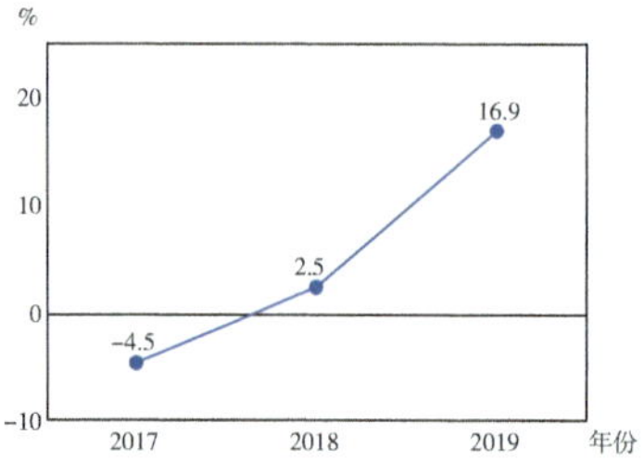

图 13-52　2017-2019 年福建省省本级一般公共预算收入增速

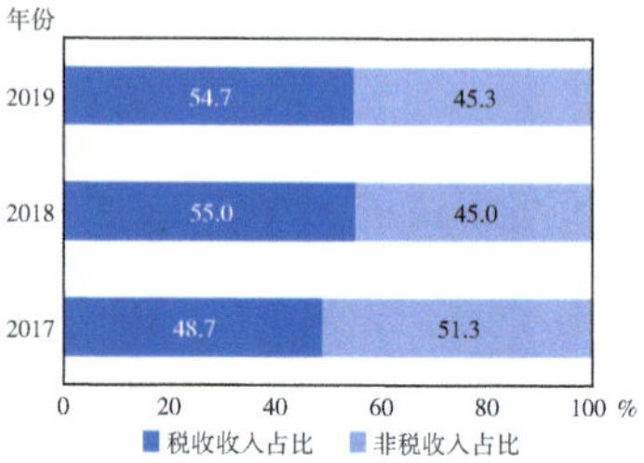

图 13-53　2017-2019 年福建省省本级一般公共预算收入结构

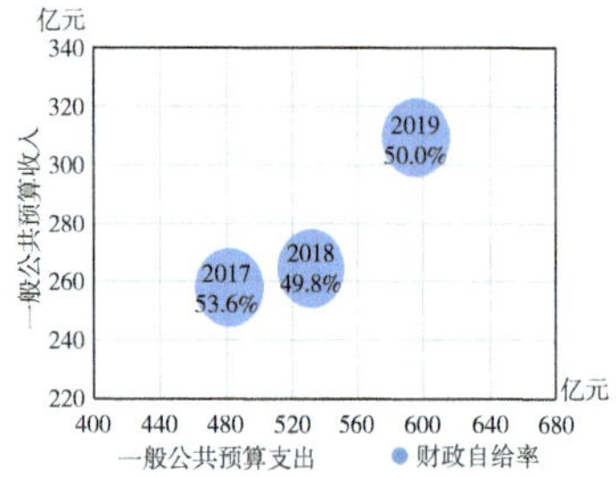

图 13-54　2017-2019 年福建省省本级财政自给率

图 13-55　2017-2019 年福建省省本级税收收入

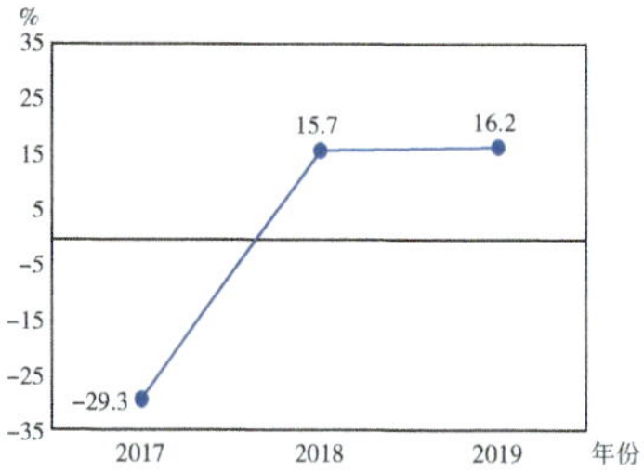

图 13-56　2017-2019 年福建省省本级税收收入增速

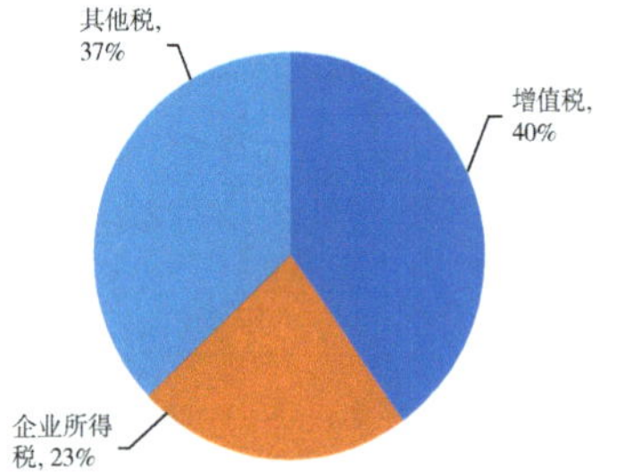

图 13-57　2019 年福建省省本级税收结构

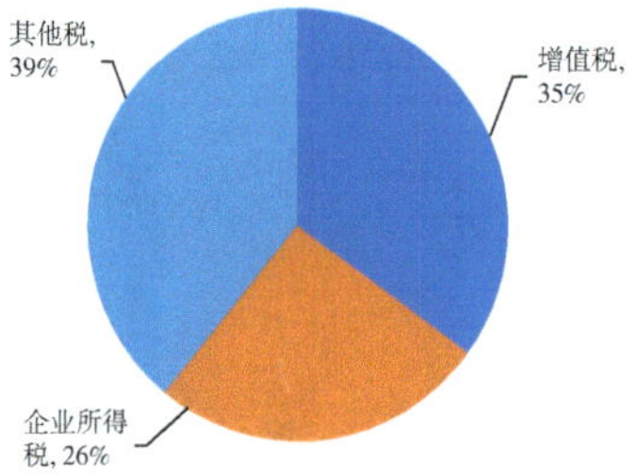

图 13-58　2018 年福建省省本级税收结构

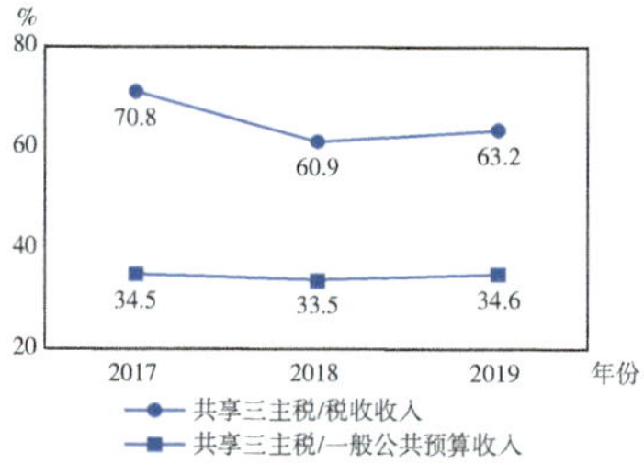

图 13-59　2017-2019 年福建省省本级共享三主税占税收收入、一般公共预算收入的比重

图 13-60　2017-2019 年福建省省本级非税收入

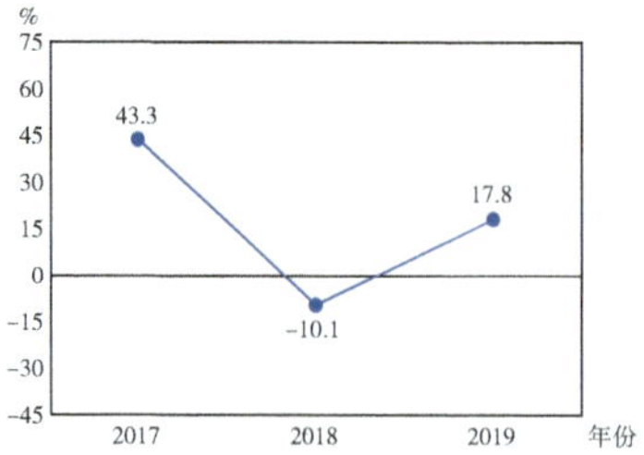

图 13-61　2017-2019 年福建省省本级非税收入增速

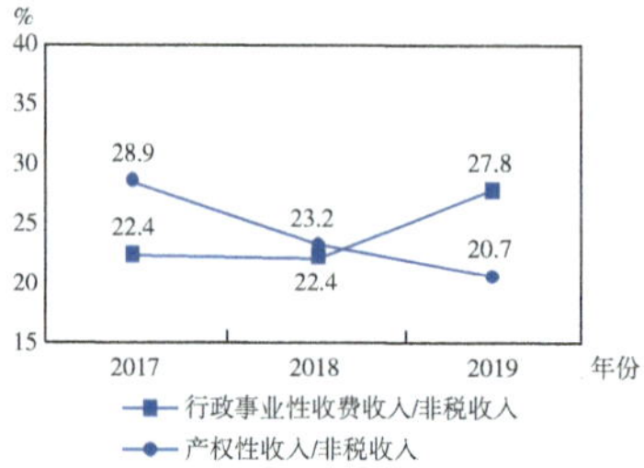

图 13-62　2017-2019 年福建省省本级行政事业性收费、产权性收入占非税收入的比重

13.2 福建省各市政府收入主要特征分析

13.2.1 福建省各市经济社会发展情况

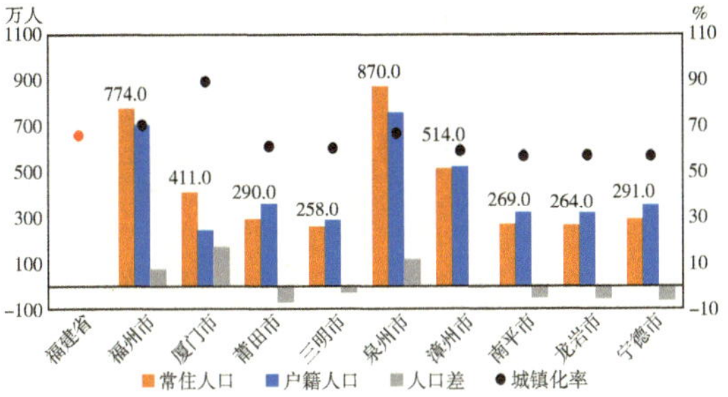

图13-63　2018年福建省各市人口状况

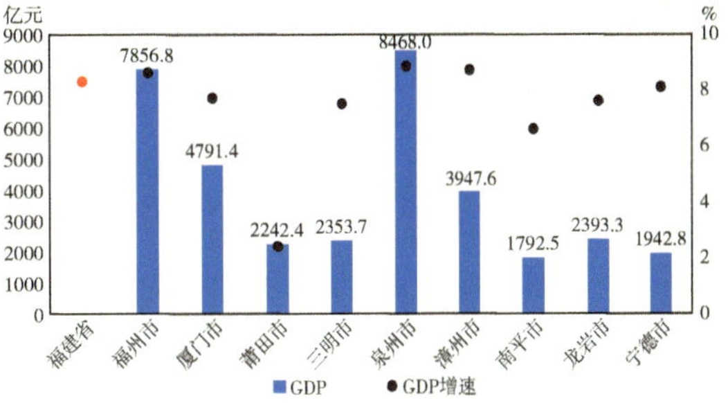

图13-64　2018年福建省各市GDP及增速

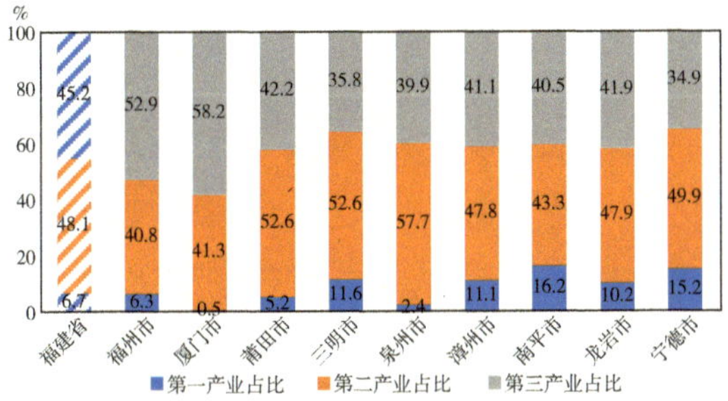

图13-65　2018年福建省各市三次产业结构

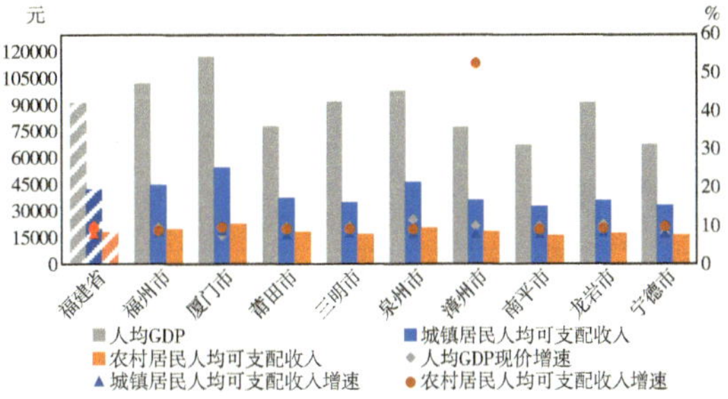

图13-66　2018年福建省各市人均GDP与人均可支配收入

13.2.2 福建省各市政府收入总体情况

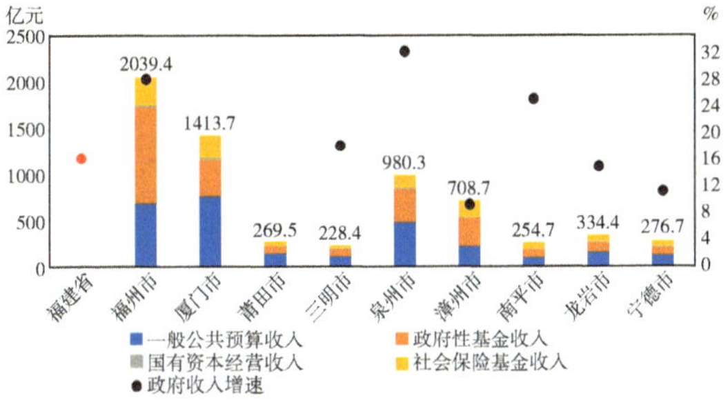

图13-67　2018年福建省各市政府收入结构及增速

注：莆田市政府收入增速为-11.21%，厦门市为-3.4%。

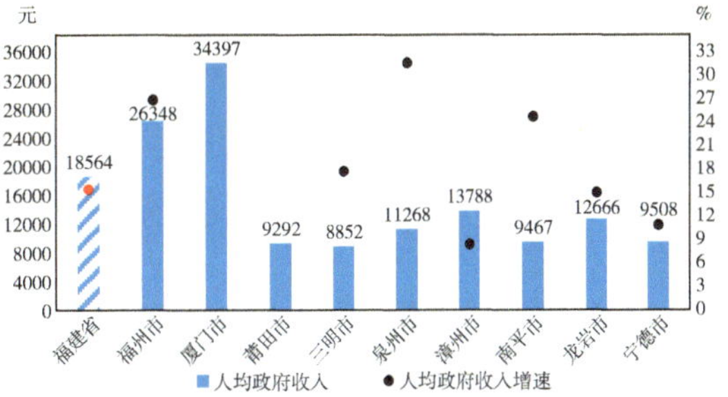

图13-68　2018年福建省各市人均政府收入及增速

注：莆田市人均政府收入增速为-11.21%，厦门市为-5.7%。

13.2.3 福建省各市一般公共预算收入情况

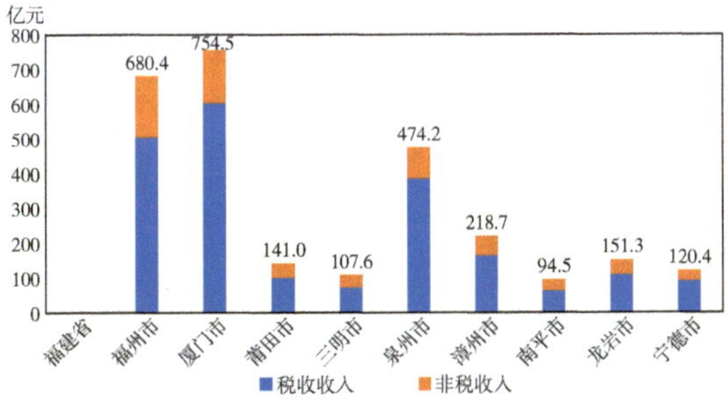

图13-69　2018年福建省各市一般公共预算收入

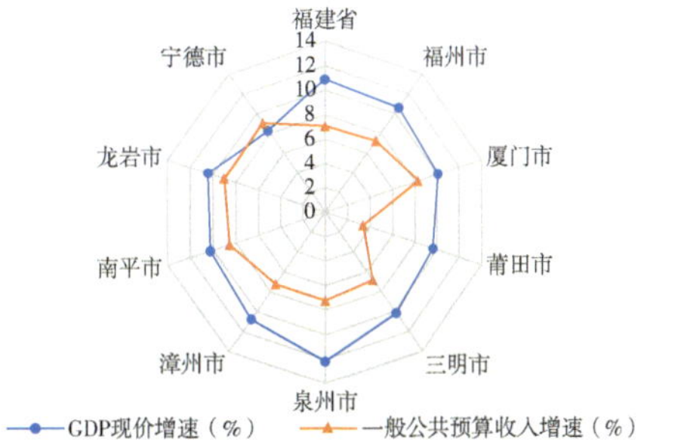

图13-70　2018年福建省各市一般公共预算收入增速

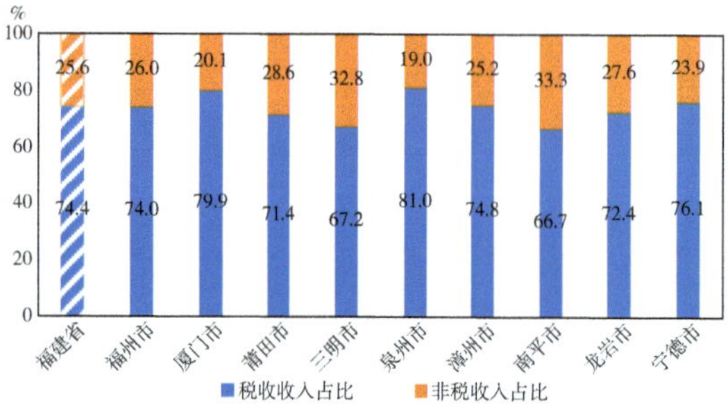

图 13-71　2018 年福建省各市一般公共预算收入结构

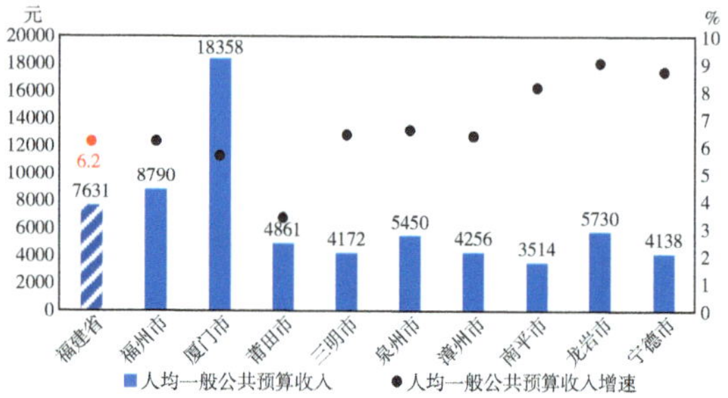

图 13-72　2018 年福建省各市人均一般公共预算收入及增速

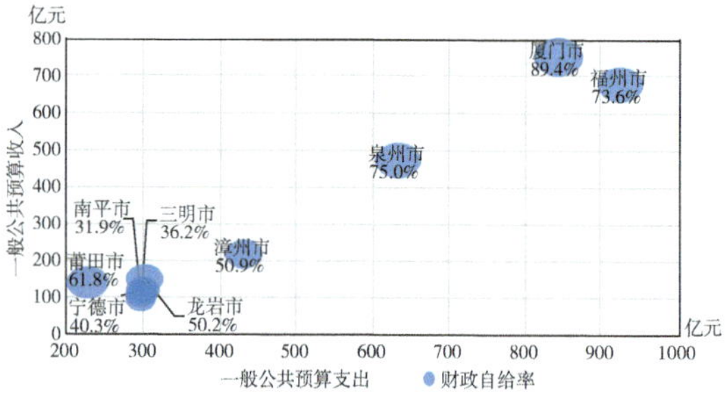

图 13-73　2018 年福建省各市财政自给率

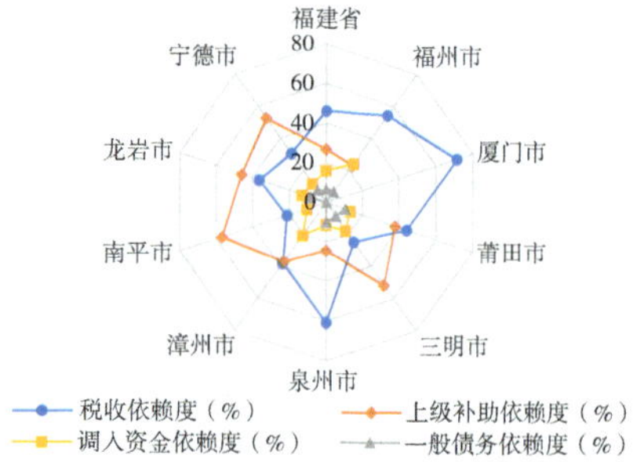

图 13-74　2018 年福建省各市财政收入依赖度

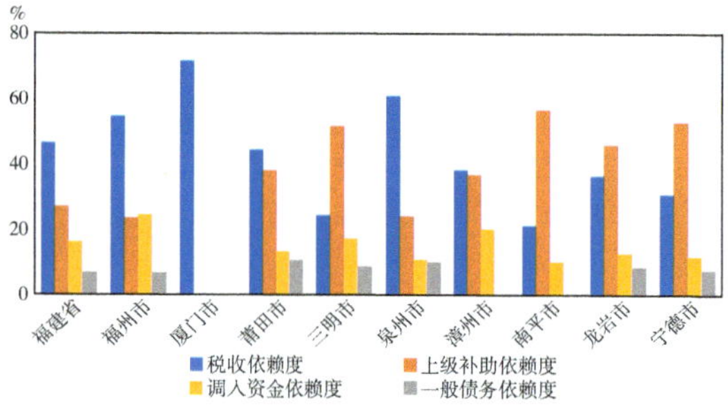

图 13-75　2018 年福建省各市财政收入依赖度

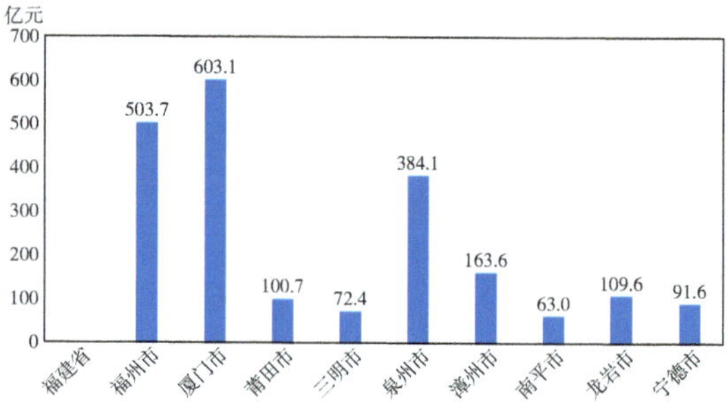

图 13-76　2018 年福建省各市税收收入

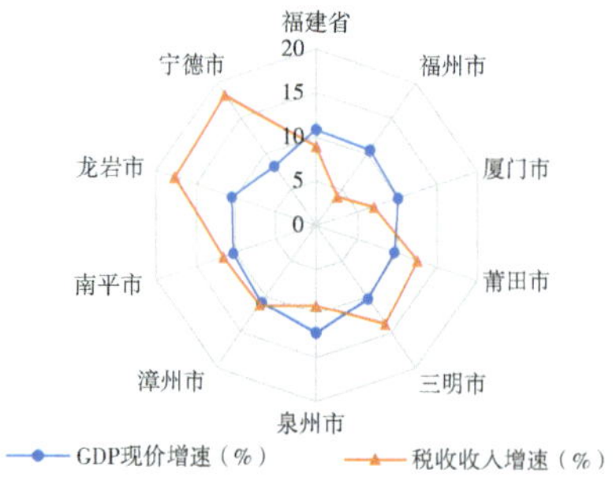

图 13-77　2018 年福建省各市税收收入增速

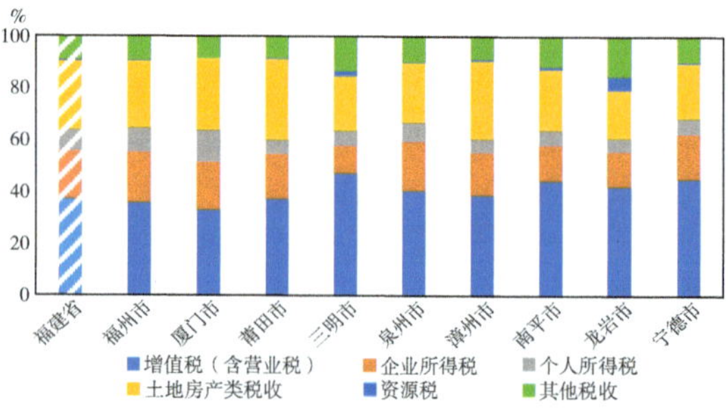

图 13-78　2018 年福建省各市税收收入结构

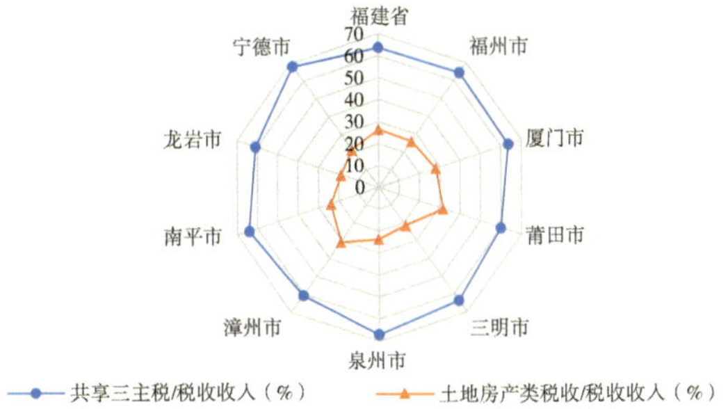

图13-79　2018年福建省各市共享三主税、土地房产类税收占税收收入的比重

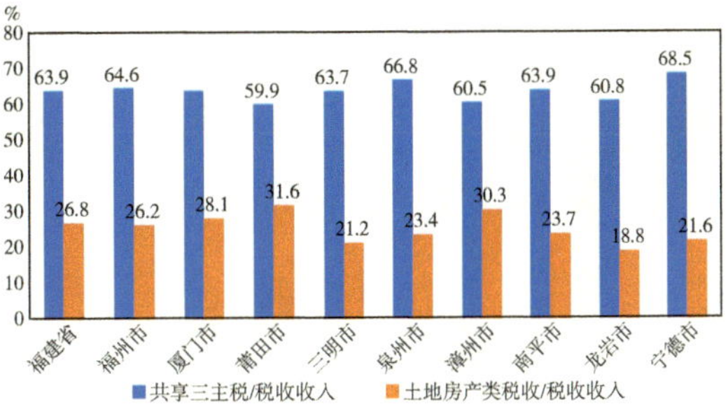

图13-80　2018年福建省各市共享三主税、土地房产类税收占税收收入的比重

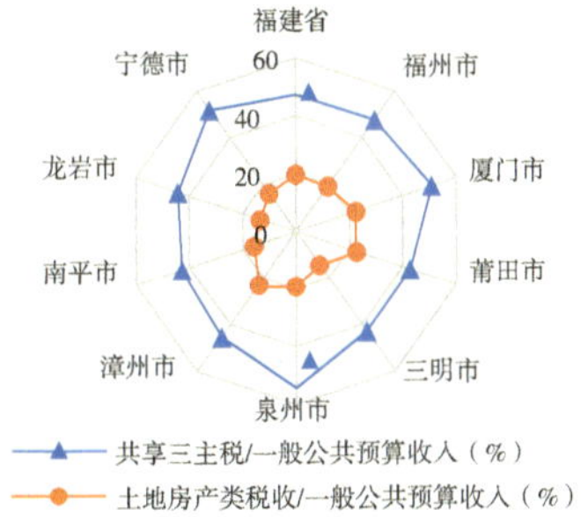

图13-81　2018年福建省各市共享三主税、土地房产类税收占一般公共预算收入的比重

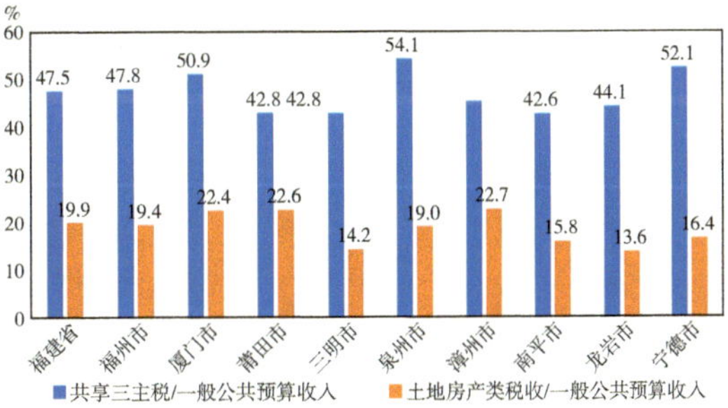

图13-82　2018年福建省各市共享三主税、土地房产类税收占一般公共预算收入的比重

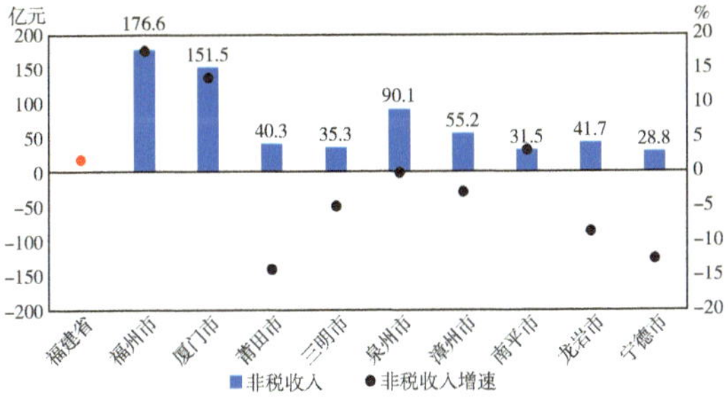

图13-83　2018年福建省各市非税收入及增速

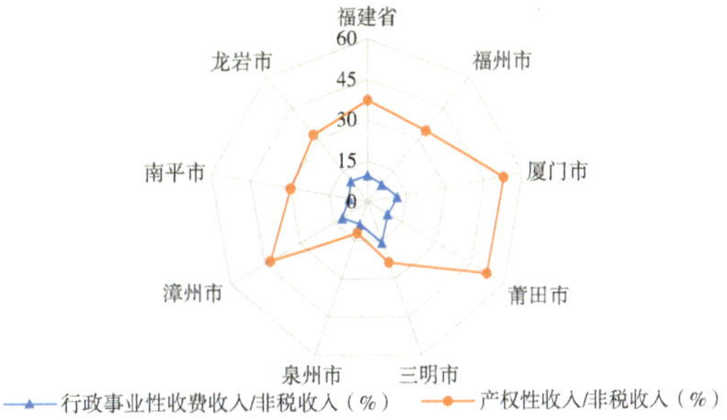

图13-84　2018年福建省各市行政事业性收费收入、产权性收入占非税收入的比重

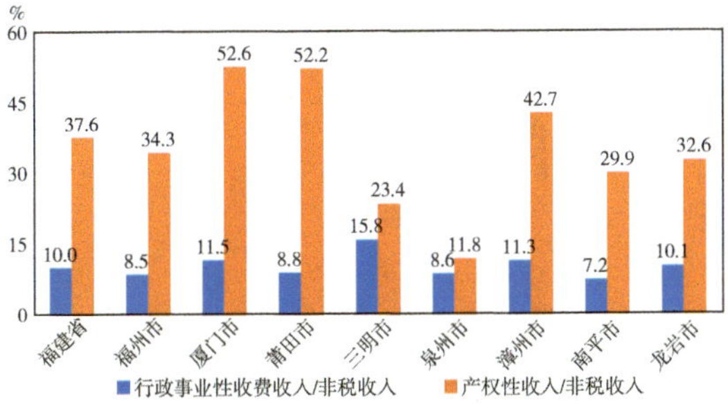

图13-85　2018年福建省各市行政事业性收费收入、产权性收入占非税收入的比重

13.2.4 福建省各市政府性基金收入与国有资本经营收入情况

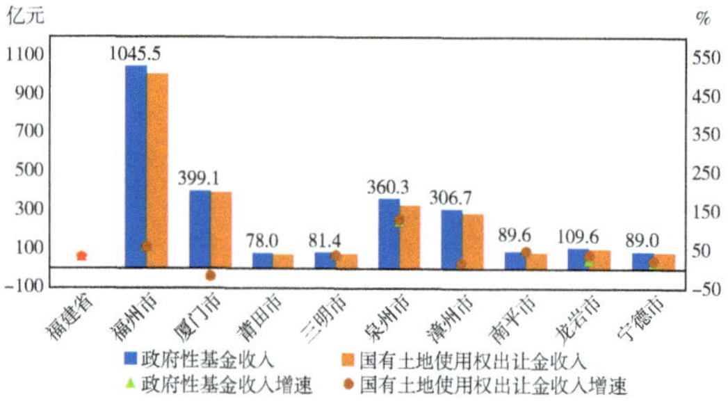

图13-86 2018年福建省各市政府性基金收入、国有土地使用权出让金收入及其增速

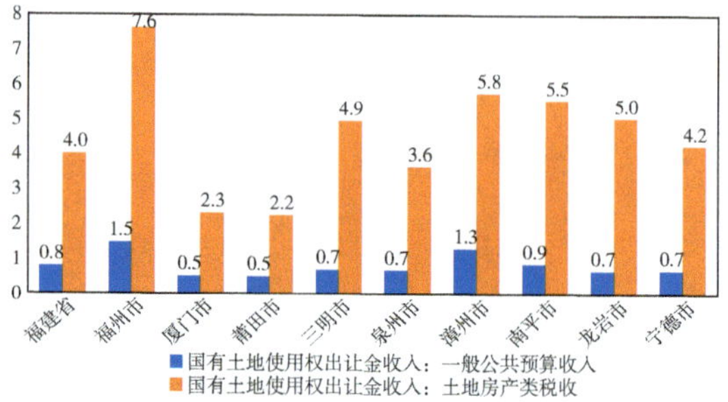

图13-87 2018年福建省各市国有土地使用权出让金收入与一般公共预算关系指标

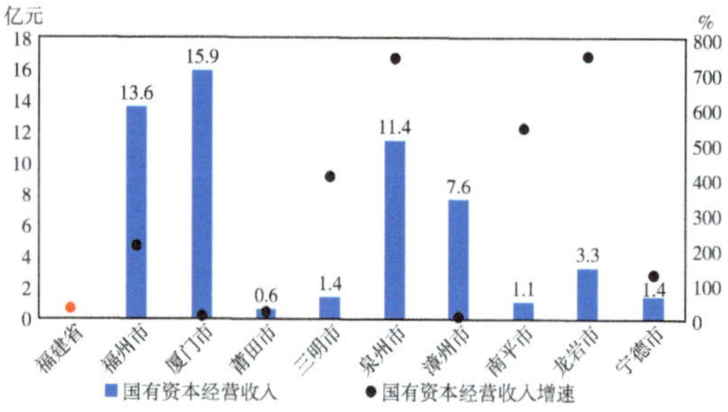

图13-88 2018年福建省各市国有资本经营收入及增速

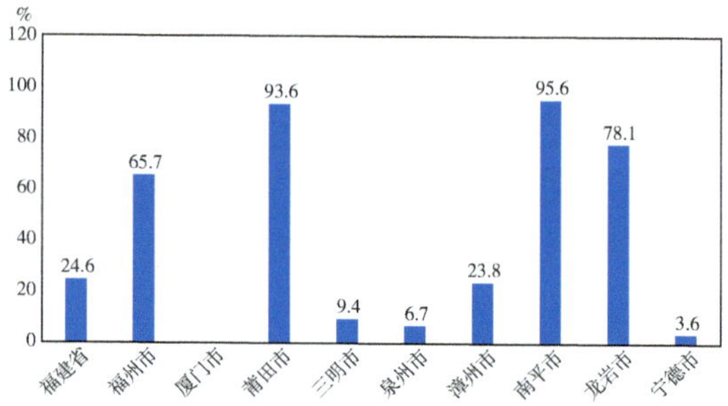

图13-89 2018年福建省各市调出资金/国有资本经营收入

13.2.5 福建省各市社会保险基金收入情况

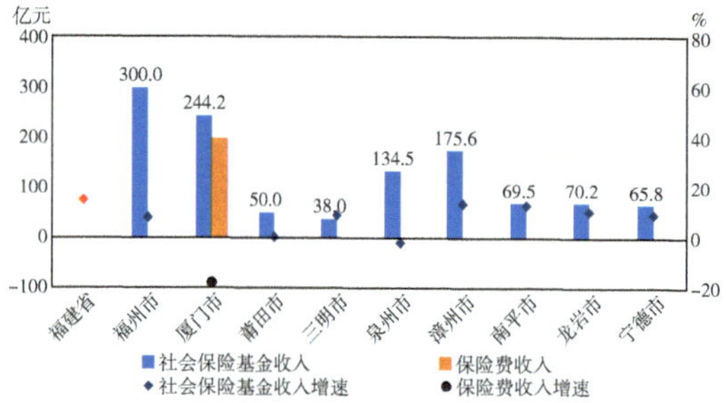

图13-90 2018年福建省各市社会保险基金收入、保险费收入及其增速

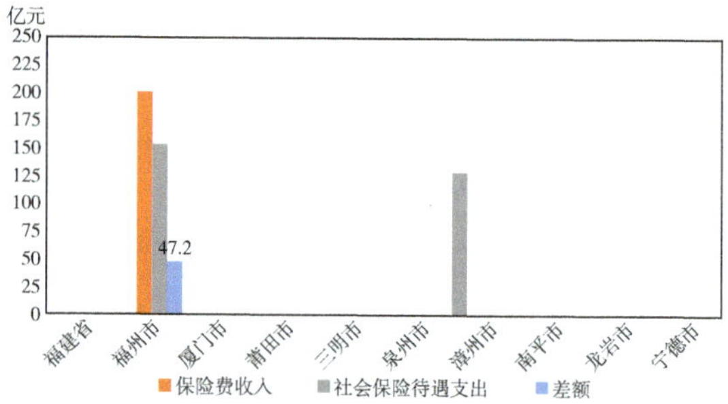

图13-91 2018年福建省各市保险费收入、社会保险待遇支出及其差额

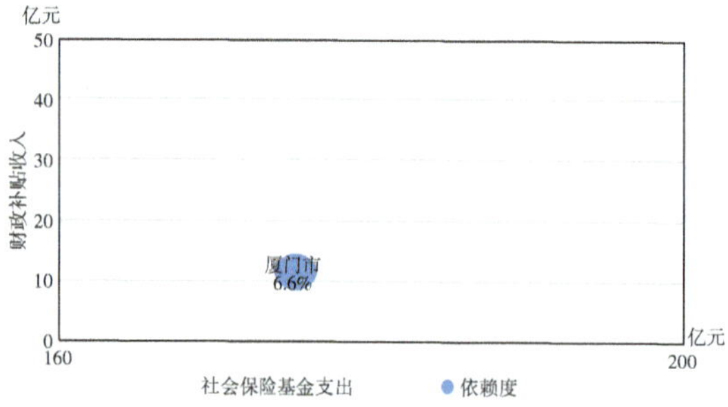

图13-92 2018年福建省各市社会保险基金对财政补贴的依赖度

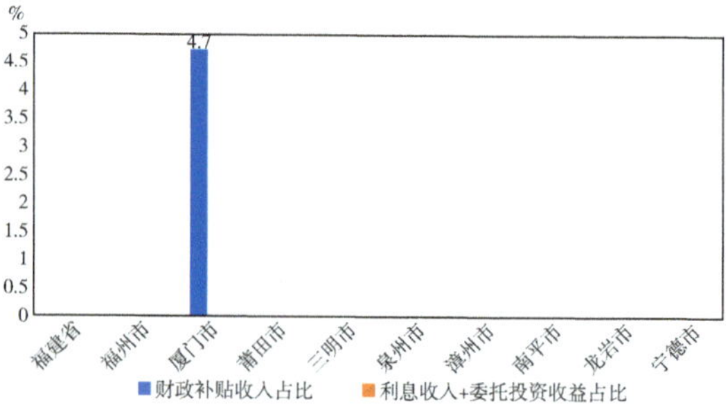

图13-93 2018年福建省各市财政补贴收入、利息收入+委托投资收益占社会保险基金收入的比重

13.2.6 福建省各市债务情况

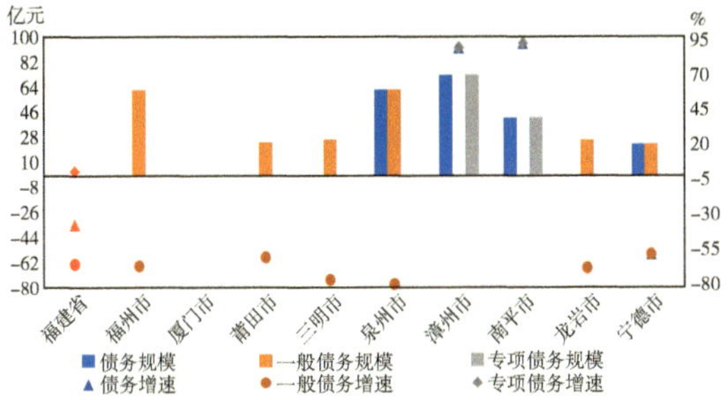

图 13-94 2018 年福建省各市债务规模及其增速

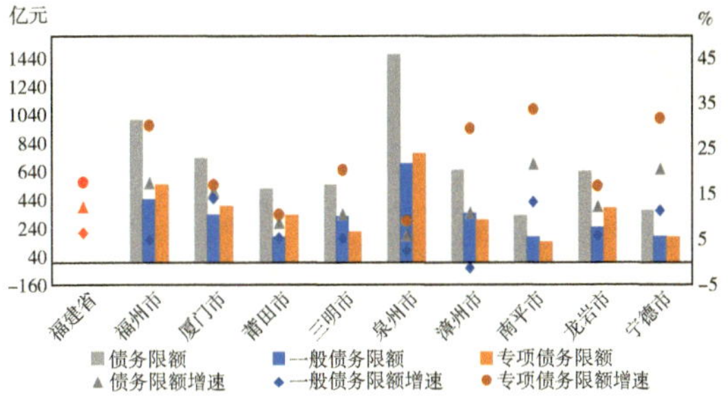

图 13-95 2018 年福建省各市债务限额及其增速

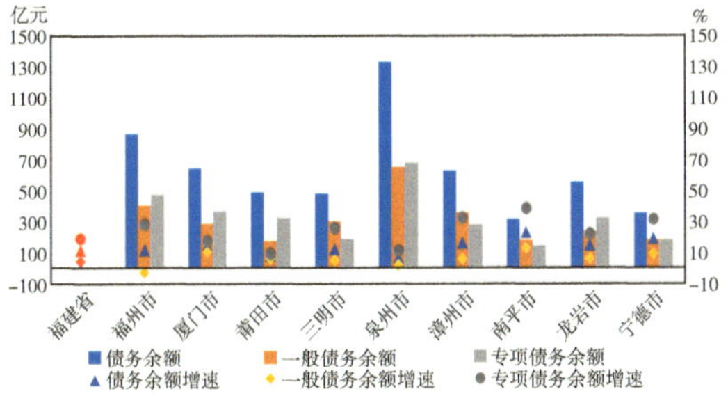

图 13-96 2018 年福建省各市债务余额及其增速

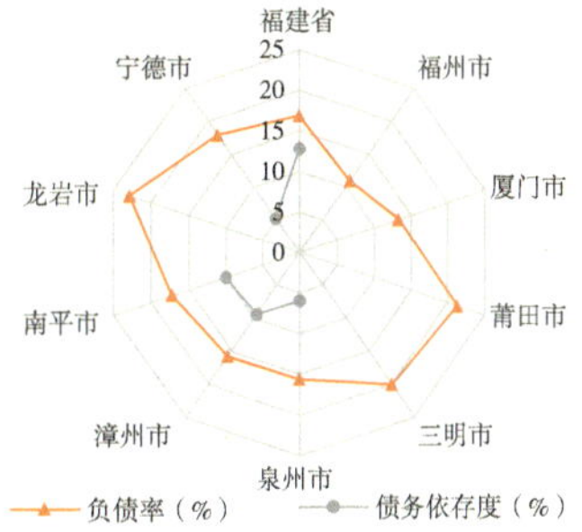

图 13-97 2018 年福建省各市负债率与债务依存度

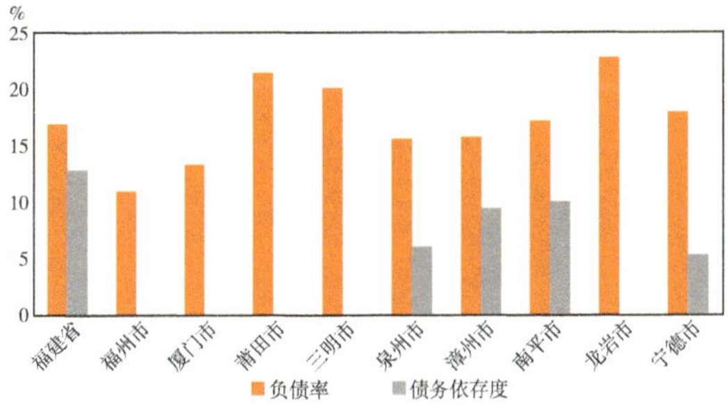

图 13-98 2018 年福建省各市负债率与债务依存度

13.2.7 福建省各市市本级一般公共预算收入情况

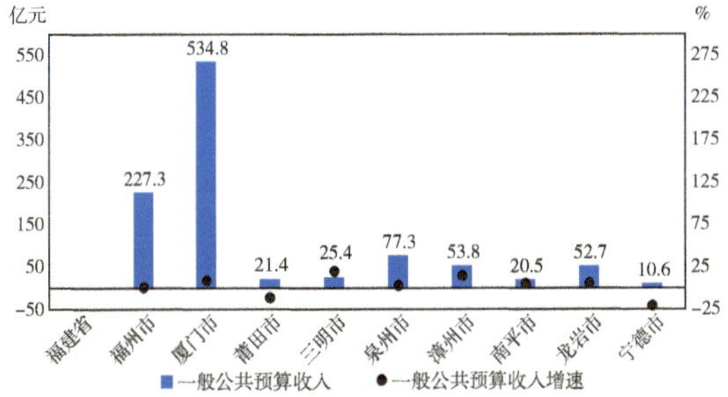

图 13-99 2018 年福建省各市市本级一般公共预算收入及增速

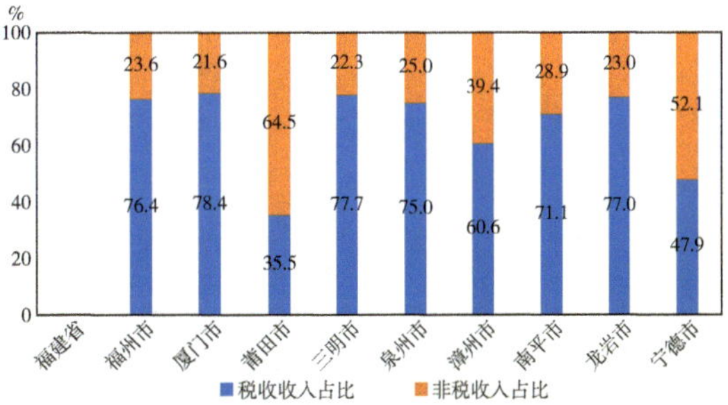

图 13-100 2018 年福建各市市本级一般公共预算收入结构

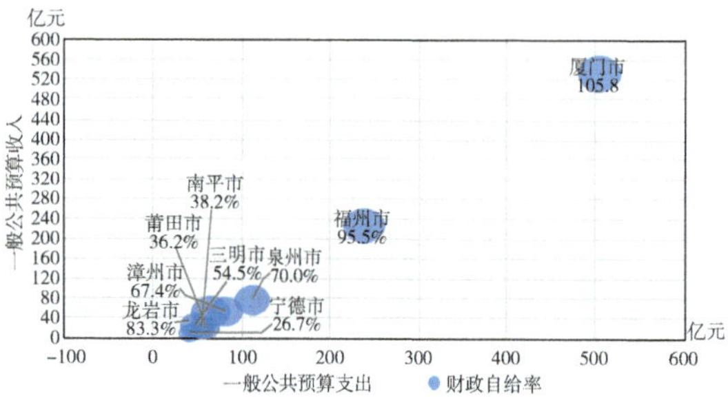

图 13-101　2018 年福建省各市市本级财政自给率

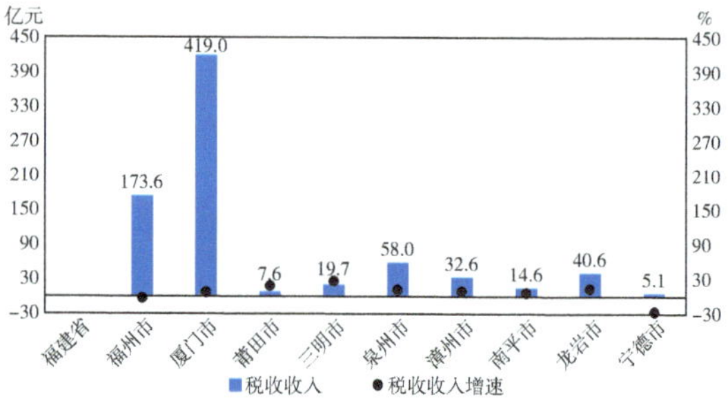

图 13-102　2018 年福建省各市市本级税收收入及增速

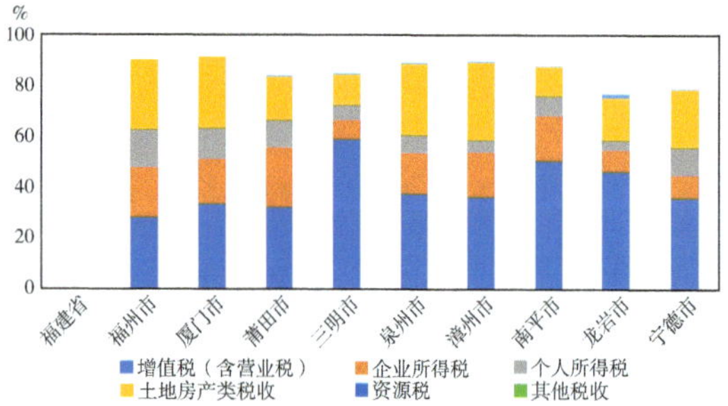

图 13-103　2018 年福建省各市市本级税收收入结构

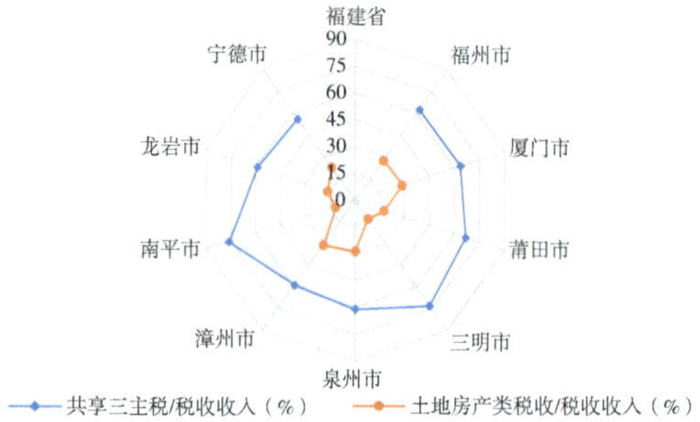

图 13-104　2018 年福建省各市市本级共享三主税、土地房产类税收占税收收入的比重

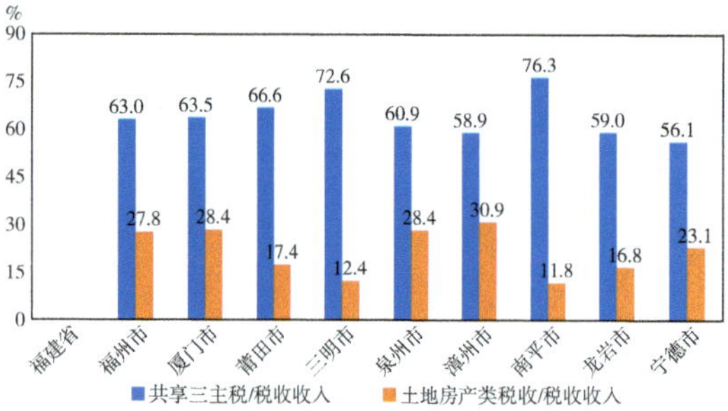

图 13-105　2018 年福建省各市市本级共享三主税、土地房产类税收占税收收入的比重

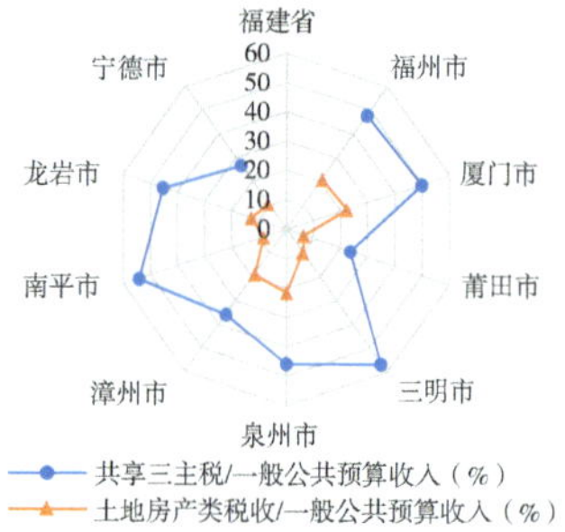

图 13-106　2018 年福建省各市市本级共享三主税、土地房产类税收占一般公共预算收入的比重

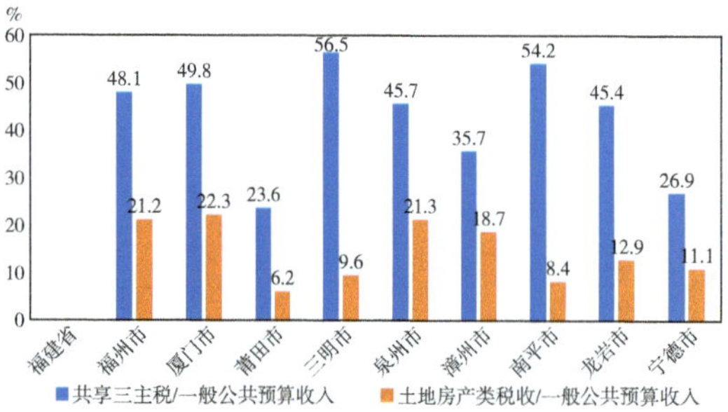

图 13-107　2018 年福建省各市市本级共享三主税、土地房产类税收占一般公共预算收入的比重

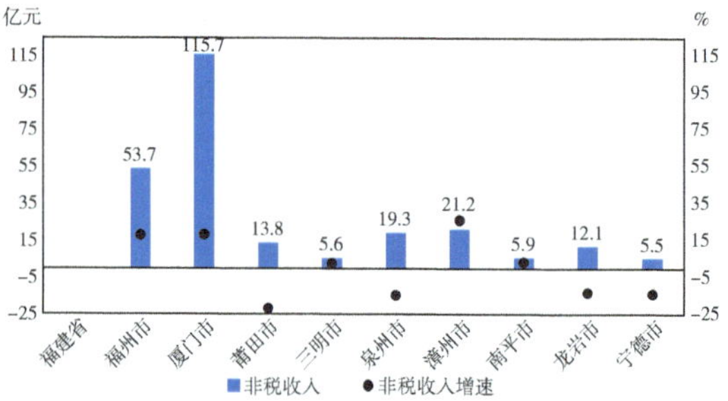

图 13-108　2018 年福建省各市市本级非税收入及增速

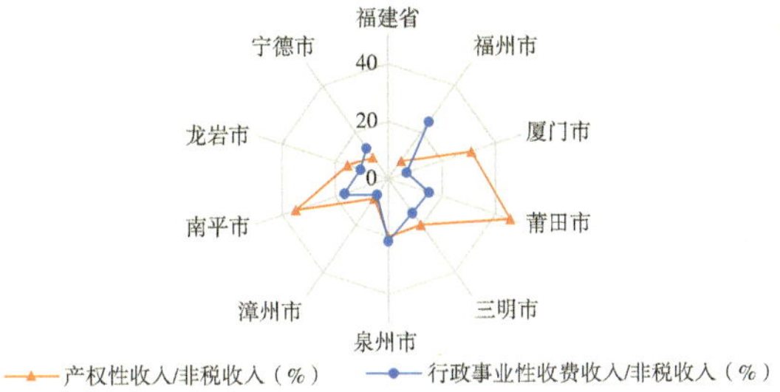

图13-109　2018年福建省各市市本级产权性收入、行政事业性收费收入占非税收入的比重

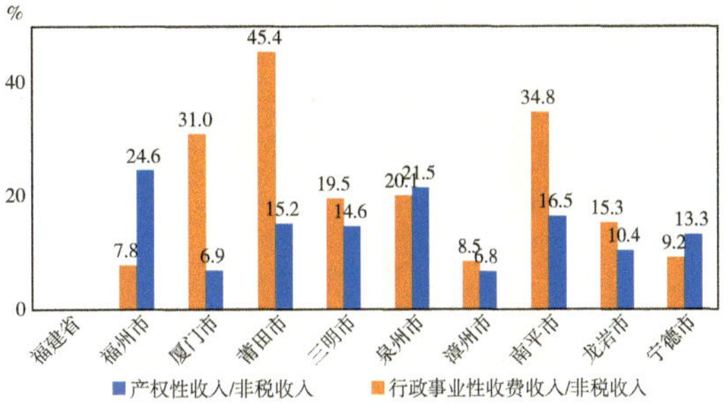

图13-110　2018年福建省各市市本级产权性收入、行政事业性收费收入占非税收入的比重

13.3　福建省样本县政府收入主要特征分析

13.3.1　福建省样本县经济社会发展情况

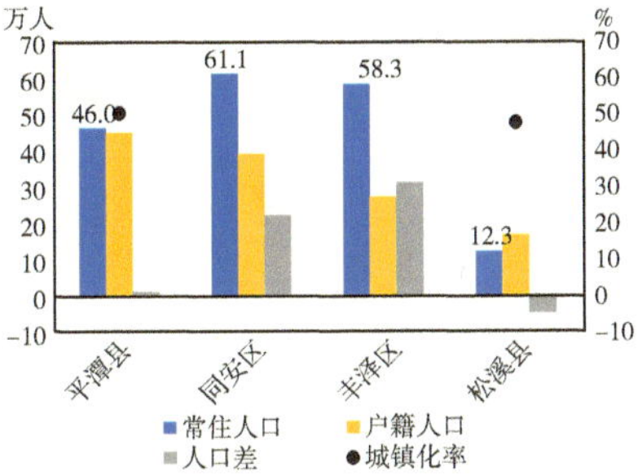

图13-111　2018年福建省样本区县人口状况

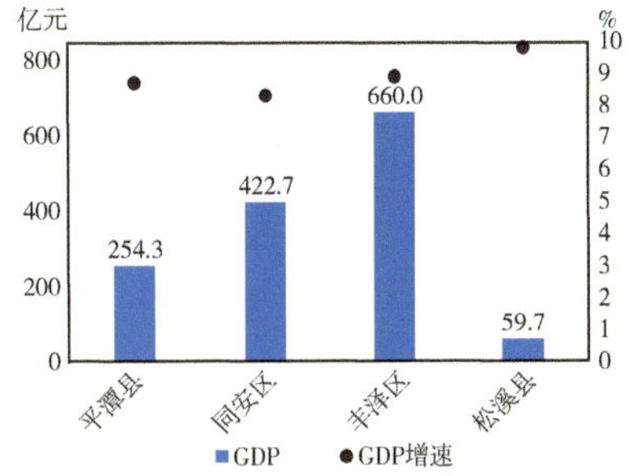

图13-112　2018年福建省样本区县GDP及增速

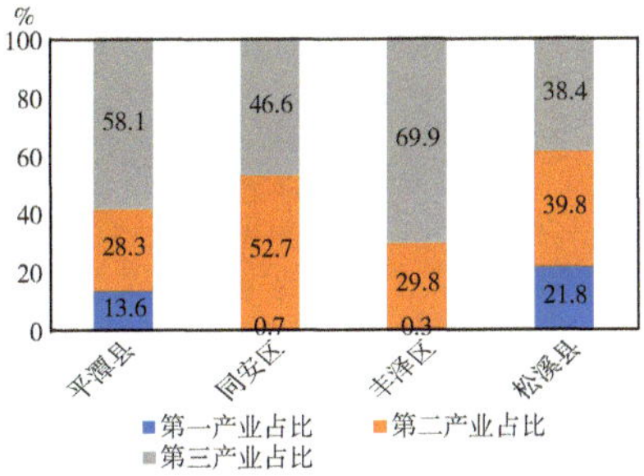

图13-113　2018年福建省样本区县三次产业结构

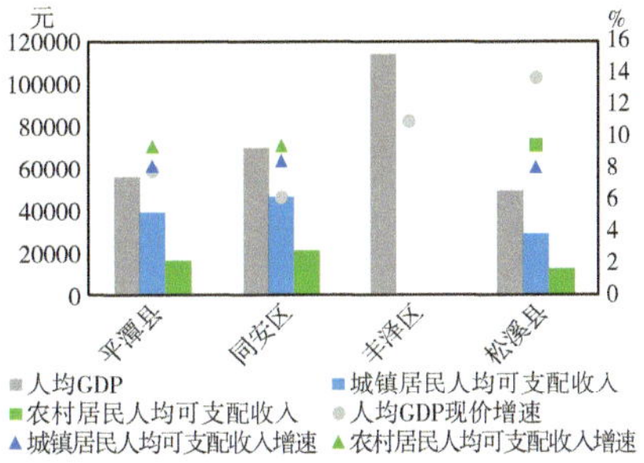

图13-114　2018年福建省样本区县人均GDP与人均可支配收入

13.3.2　福建省样本县政府收入总体情况

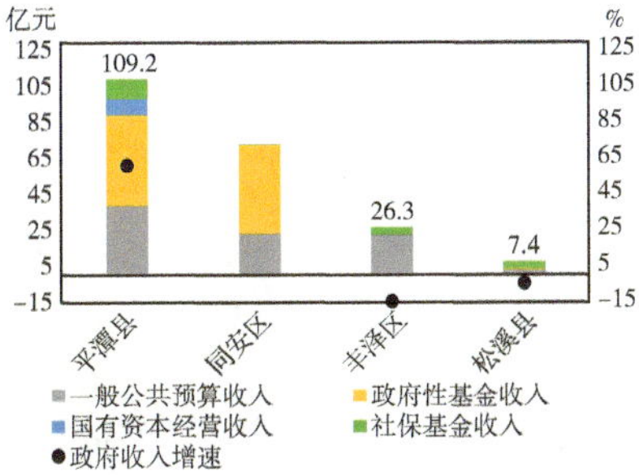

图13-115　2018年福建省样本区县政府收入结构及增速

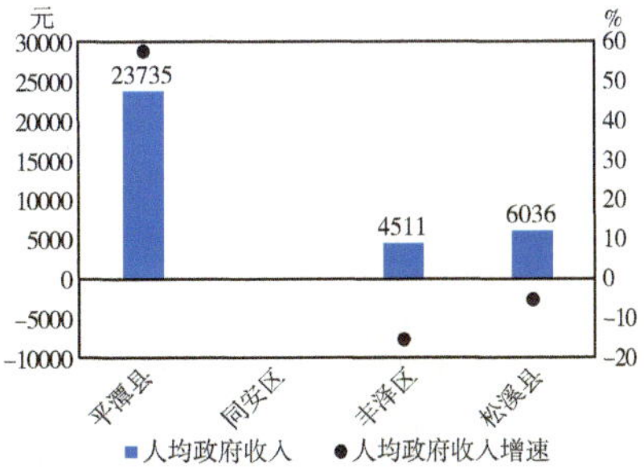

图13-116　2018年福建省样本区县人均政府收入及增速

13.3.3 福建省样本县一般公共预算收入情况

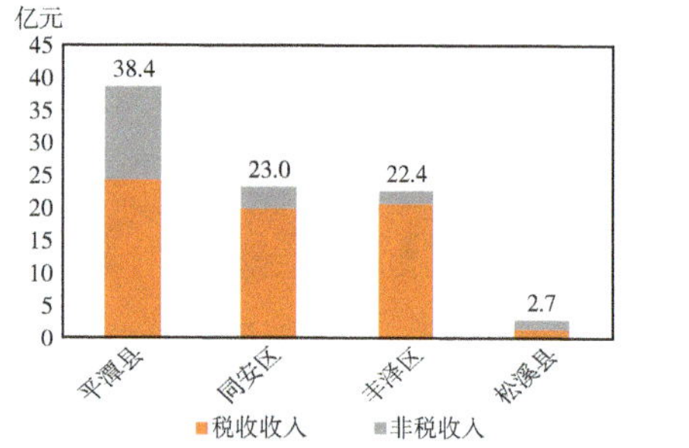

图13-117 2018年福建省样本区县一般公共预算收入

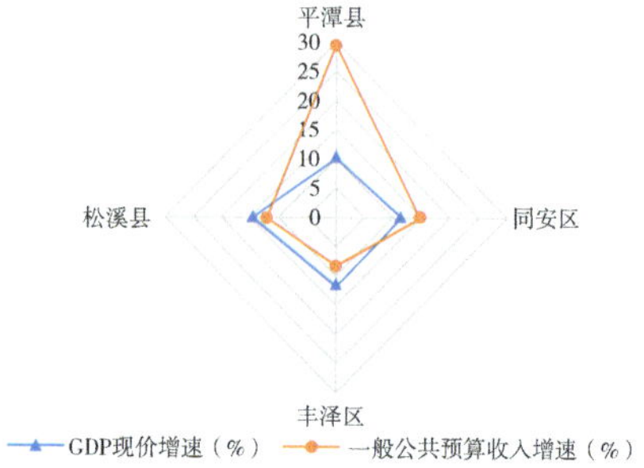

图13-118 2018年福建省样本区县一般公共预算收入增速

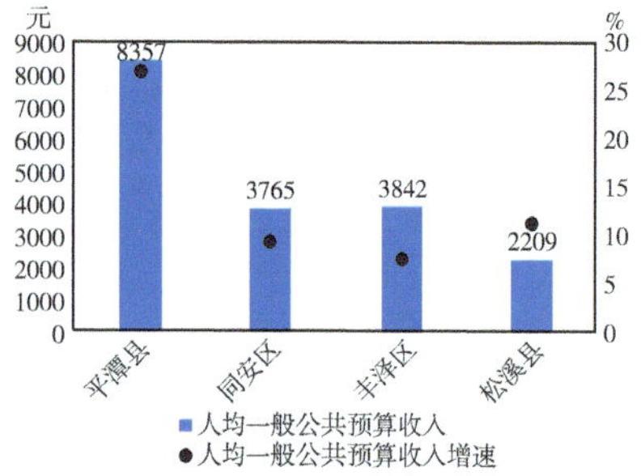

图13-119 2018年福建省样本区县人均一般公共预算收入及增速

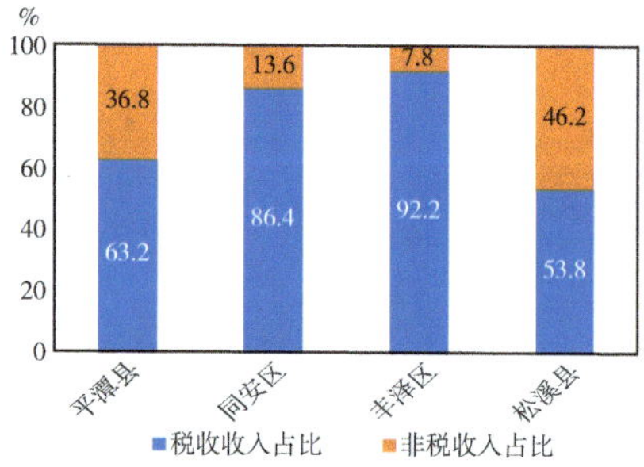

图13-120 2018年福建省样本区县一般公共预算收入结构

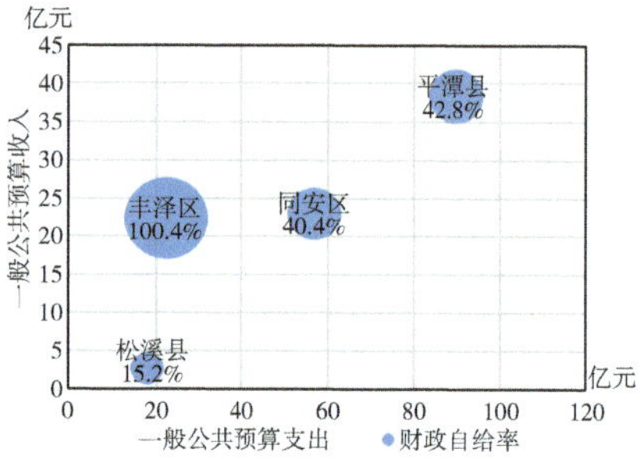

图13-121 2018年福建省样本区县财政自给率

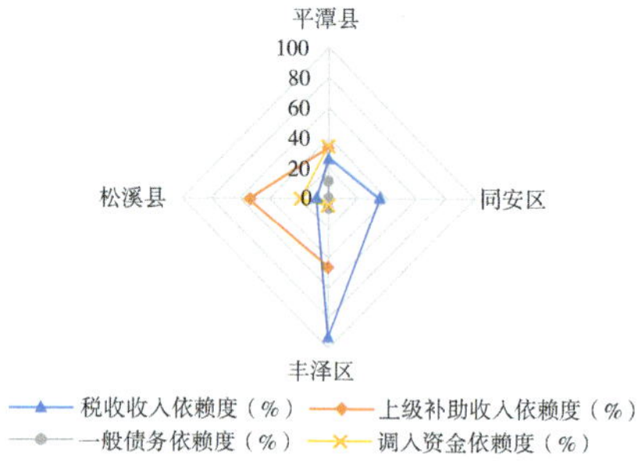

图13-122 2018年福建省样本区县财政收入依赖度

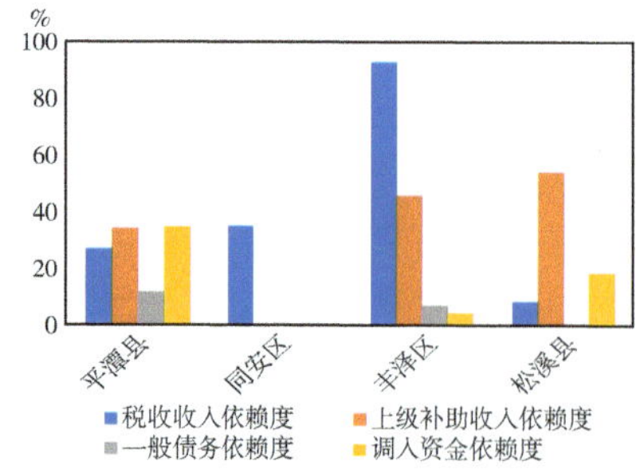

图13-123 2018年福建省样本区县财政收入依赖度

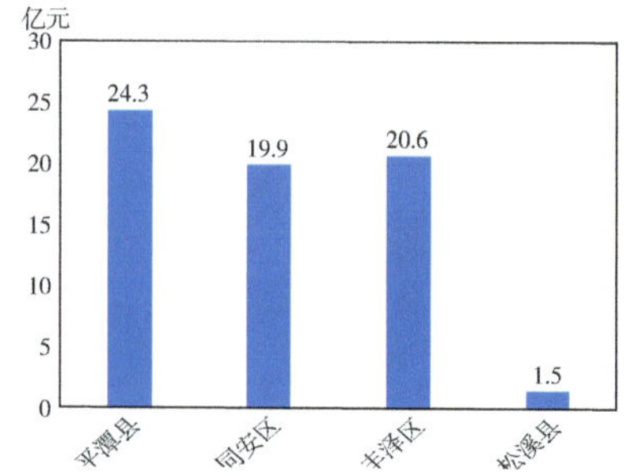

图13-124 2018年福建省样本区县税收收入

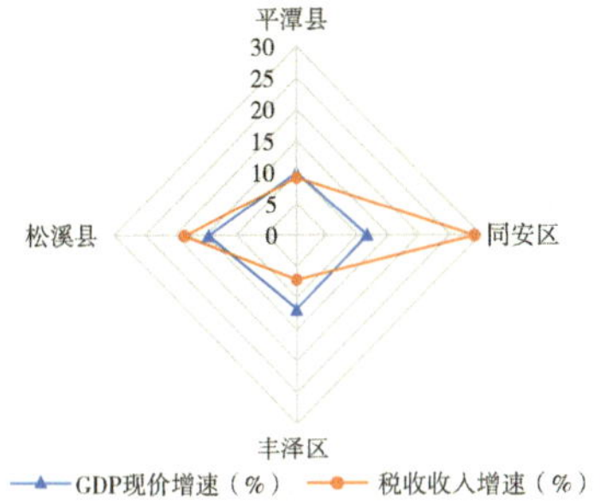

图 13-125　2018 年福建省样本区县税收收入增速

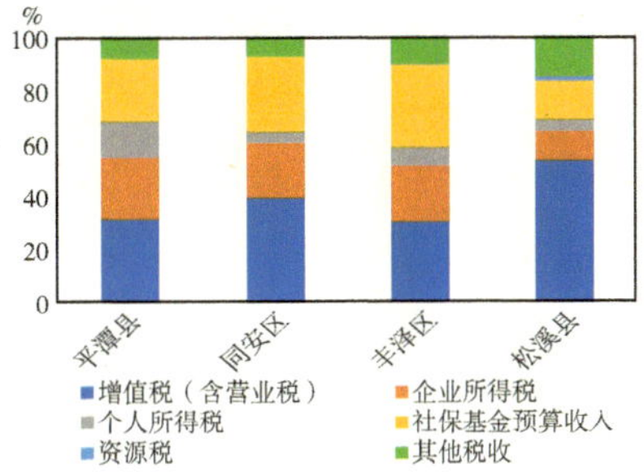

图 13-126　2018 年福建省样本区县税收收入结构

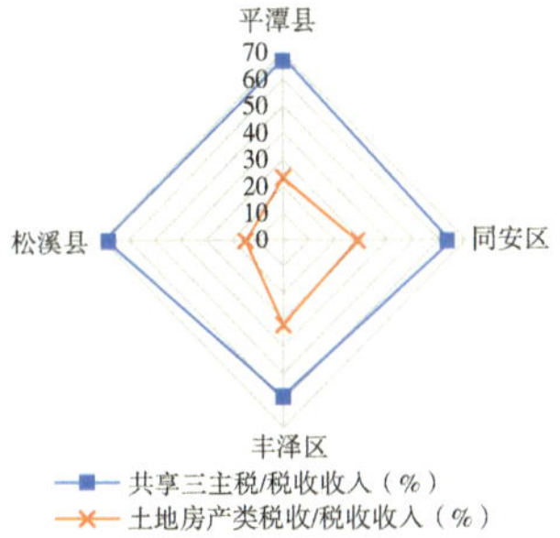

图 13-127　2018 年福建省样本区县共享三主税、土地房产类税收占税收收入的比重

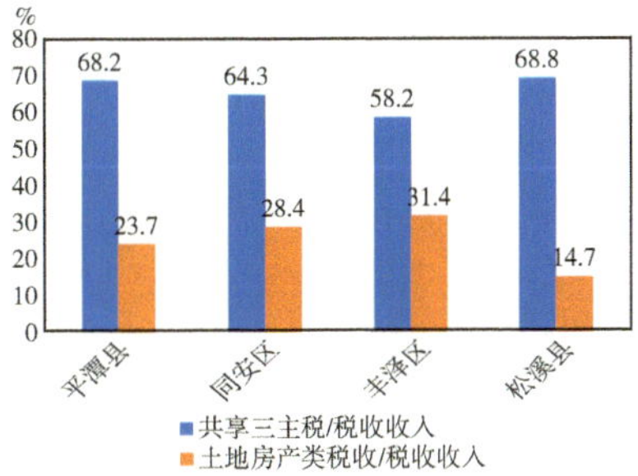

图 13-128　2018 年福建省样本区县共享三主税、土地房产类税收占税收收入的比重

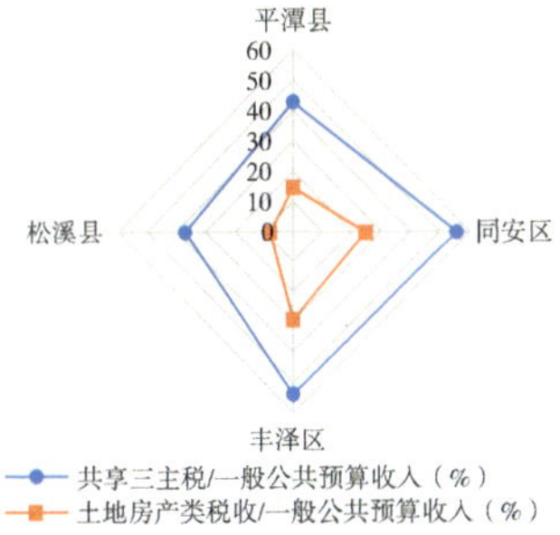

图 13-129　2018 年福建省样本区县共享三主税、土地房产类税收占一般公共预算收入的比重

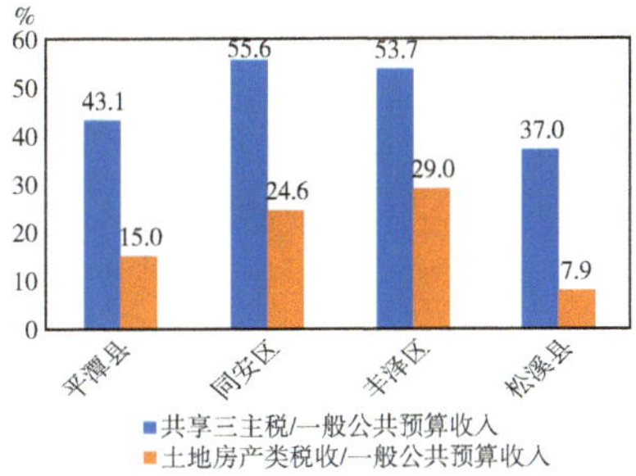

图 13-130　2018 年福建省样本区县共享三主税、土地房产类税收占一般公共预算收入的比重

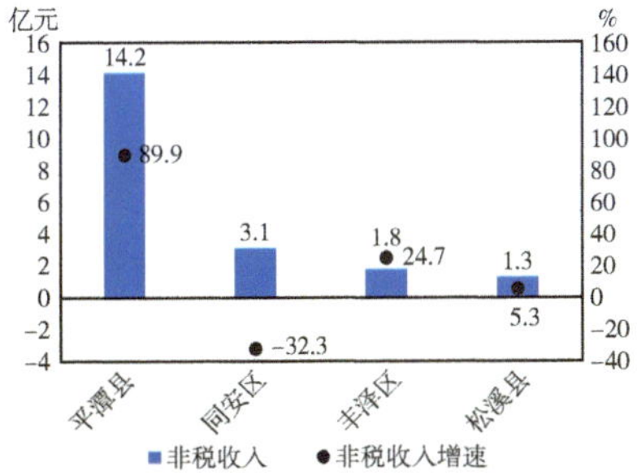

图 13-131　2018 年福建省样本区县非税收入

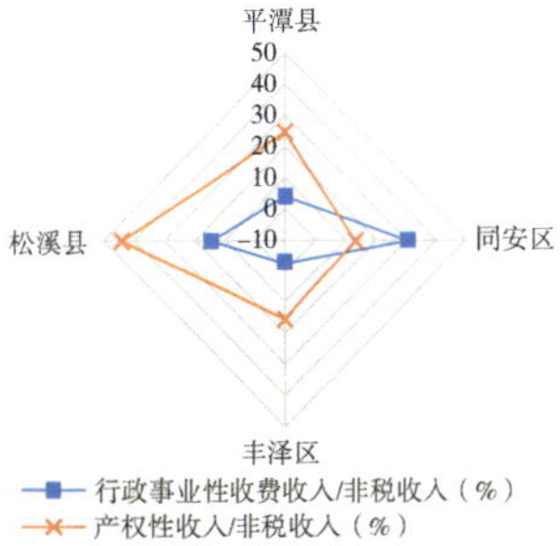

图 13-132　2018 年福建省样本区县产权性收入、行政事业性收费收入占非税收入的比重

13.3.4 福建省样本县政府性基金收入与国有资本经营收入情况

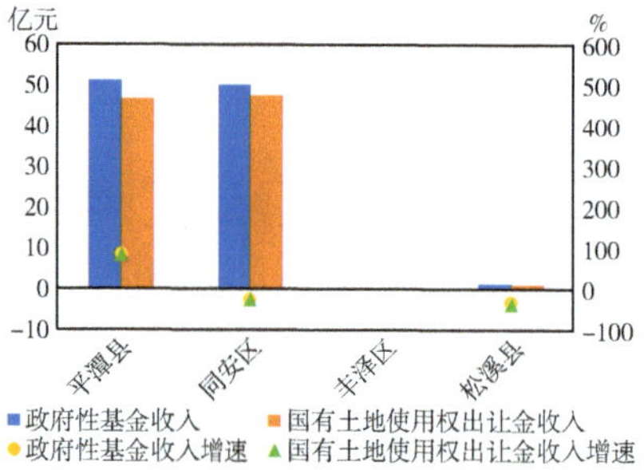

图13-133 2018年福建省样本区县政府性基金收入、国有土地使用权出让金收入及其增速

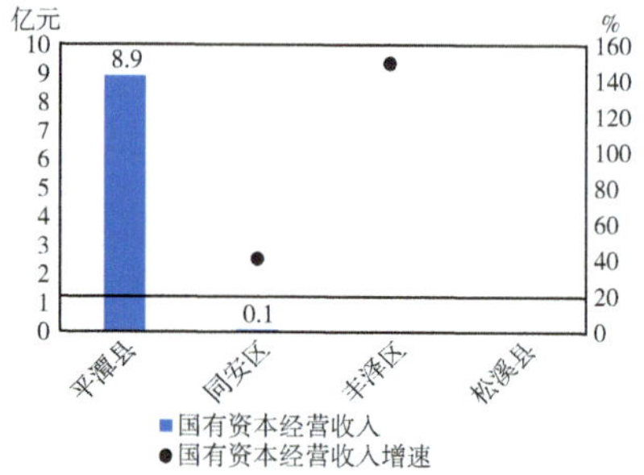

图13-134 2018年福建省样本区县国有资本经营收入及增速

注：平潭县国有资本经营预算收入增速为38361.6%。

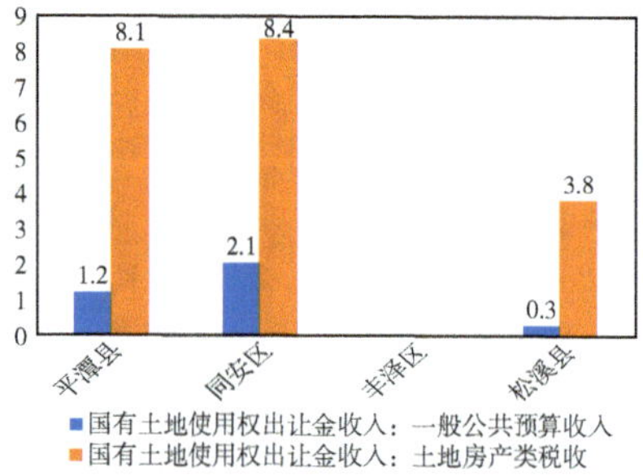

图13-135 2018年福建省样本区县国有土地使用权出让金收入与一般公共预算关系指标

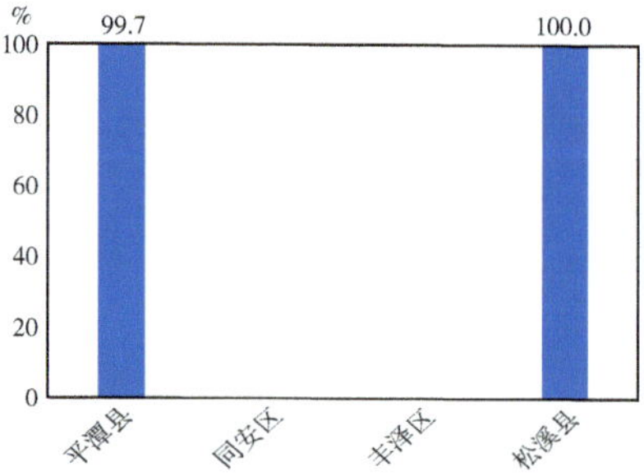

图13-136 2018年福建省样本区县调出资金/国有资本经营收入

13.3.5 福建省样本县社会保险基金收入情况

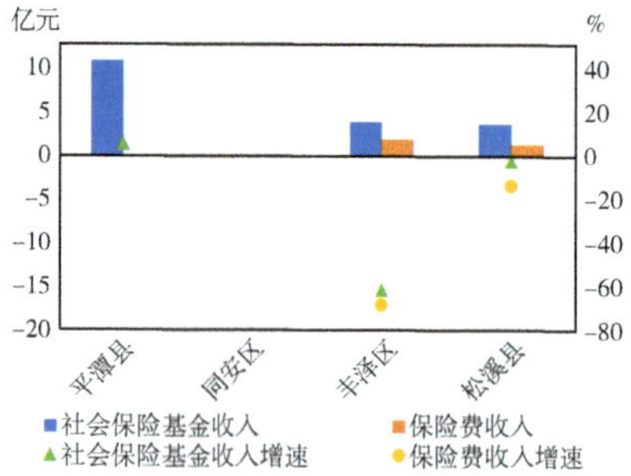

图13-137 2018年福建省样本区县社会保险基金收入、保险费收入及其增速

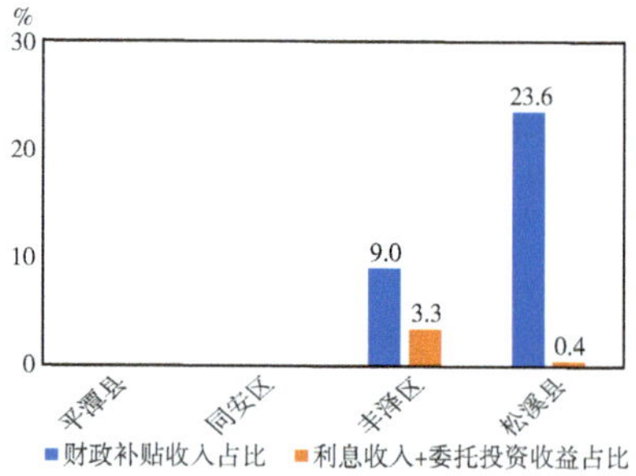

图13-138 2018年福建省样本区县财政补贴收入、利息收入+委托投资收益占社会保险基金收入的比重

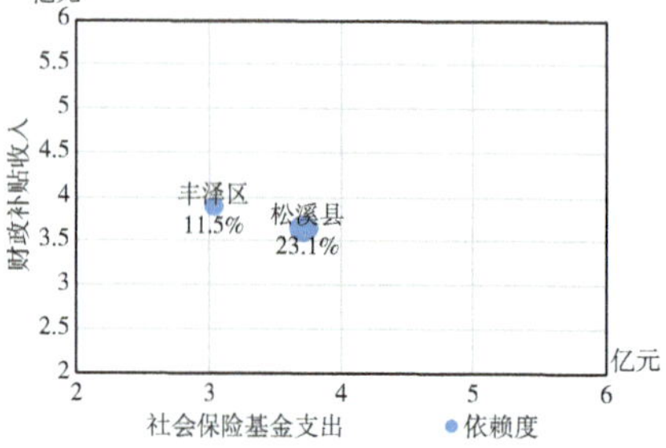

图13-139 2018年福建省样本区县社会保险基金对财政补贴的依赖度

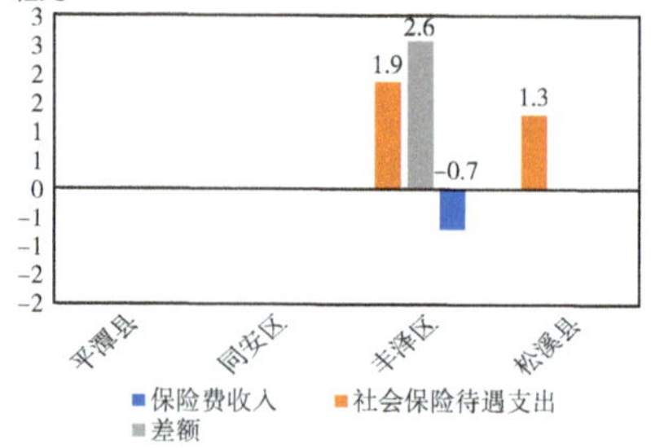

图13-140 2018年福建省样本区县保险费收入、社会保险待遇支出及其差额

13.3.6 福建省样本县债务情况

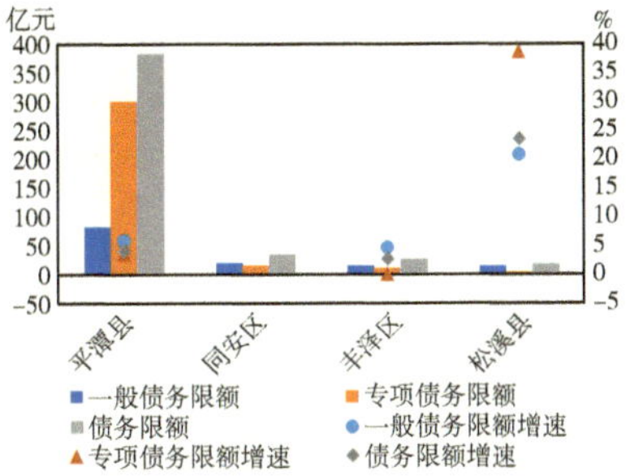

图 13-141 2018 年福建省样本区县债务限额及其增速

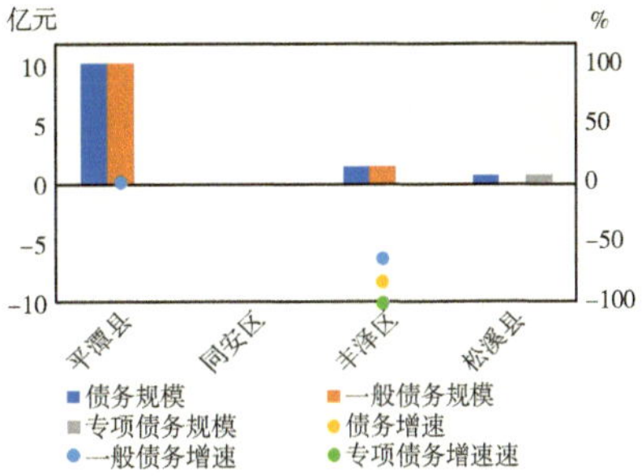

图 13-142 2018 年福建省样本区县债务规模及其增速

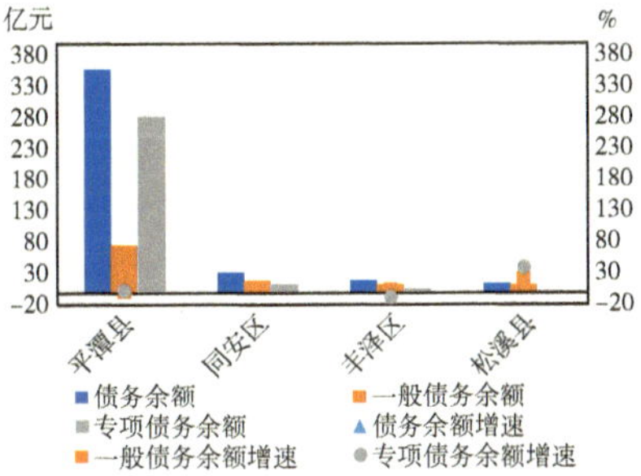

图 13-143 2018 年福建省样本区县债务余额及其增速

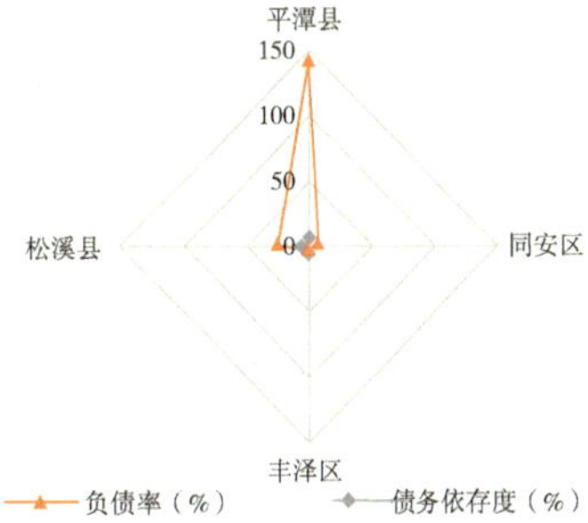

图 13-144 2018 年福建省样本区县负债率与债务依存度

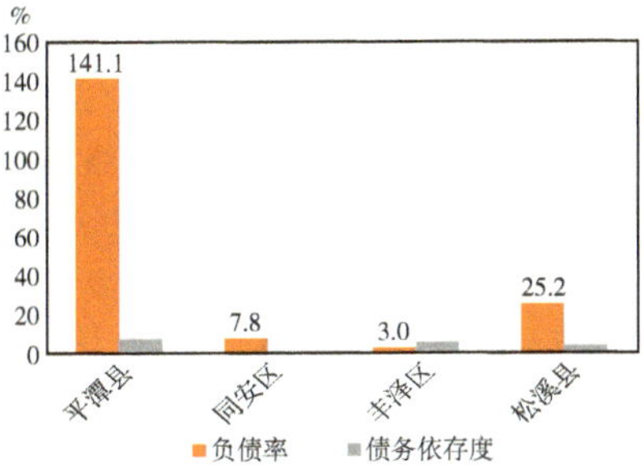

图 13-145 2018 年福建省样本区县负债率与债务依存度

14 江西省

江西省共辖11个地级市，市辖区27个、县级市11个、县62个；地域面积为16.69万平方公里，以山地、丘陵为主，盆地、谷地广布，略带鄱阳湖平原。江西省矿产资源丰富，有色、稀土和贵金属矿产优势明显，是亚洲超大型的铜工业基地之一。总体上看，江西的经济发展、财政收入等在全国处于中等水平，区域差异大，发展不均衡。

2019年江西省经济总量处于全国中等，第三产业占比低于全国，人口整体净流出，城镇化率略低于全国。2019年末，江西省常住人口4666万人，常住人口城镇化率为57.4%。2019年江西GDP达到2.5万亿元，排全国第16名，次于辽宁，略高于重庆；增速8.0%，比2018年下降0.7个百分点，高于全国1.9个百分点，排全国第4名；人均GDP为53058元（7668美元），排全国第21名。从产业结构看，第一、第二、第三产业占比分别为8.3%、44.2%（高于全国平均水平5.2个百分点）和47.5%（低于全国平均水平6.4个百分点）。从居民可支配收入看，2019年城镇与农村居民人均可支配收入分别为36546元和15796元，呈上升态势，分别为全国平均水平的86.3%和98.6%。

2019年江西省一般公共预算收入全国排中等，非税收入（产权性收入）占比高，省市县中县级政府收入占比最高。2019年江西省一般公共预算收入为2486.5亿元，排全国第15名；增速4.8%，排全国第11名，人均一般公共预算收入为5329元，排全国第19名。近三年江西省税收收入占一般公共预算收入的总体呈上升态势，2019年为70.3%，低于全国平均水平12.7个百分点。非税收入（产权性收入）占比高，其中2018年政府产权性收入规模占非税收入的比重达35.8%。从纵向收入分配看，2018年省本级、市本级、县一般公共预算收入占比分别为11.8%、18%和70.2%。

2019年江西省财政自给率偏低，地区财政总收入小于一般公共预算支出。江西财政自给率在42%左右，2019年为38.8%。2019年江西省组织的地区财政总收入为4001.5亿元，增速为0.3%，其中上缴中央收入占比37.9%。江西省一般公共预算支出为6402.6亿元，高于地区财政总收入规模。

2019年江西省四本预算的一般公共预算收入占比上升，政府性基金收入、国有资本经营收入和社保基金收入占比下降。2019年江西省四本预算加总的政府收入7049.9亿元，增速为-0.1%，其中一般公共预算收入、政府性基金收入、国有资本经营收入和社会保险基金收入分别占比35.3%、36%、1.2%和27.6%。

江西省内各地市经济社会发展和财政发展不均衡，优势主要集中于省会南昌。南昌市2019年政府收入规模超过千亿元，达到1132.2亿元。2018年南昌市一般公共预算收入461.7亿元，其他各市均低于300亿元，且城市间差异较大，比如南昌市是新余市的6倍。除少数城市（南昌市、新余市、鹰潭市）外，2018年江西省各市财政自给率低于50%。财政自给率最高的城市为南昌，达到61.4%，最低的为抚州市，仅为30.7%，前者是后者的2倍。政府性基金收入主要构成是国有土地使用权出让金收入，与地理位置关系较大，南昌市收入规模（524亿元）为新余市收入规模（9.5亿元）的55.16倍。

本章执笔人：刘洋　审校：谢恺

14.1 江西省政府收入主要特征分析

14.1.1 江西省经济社会基本情况

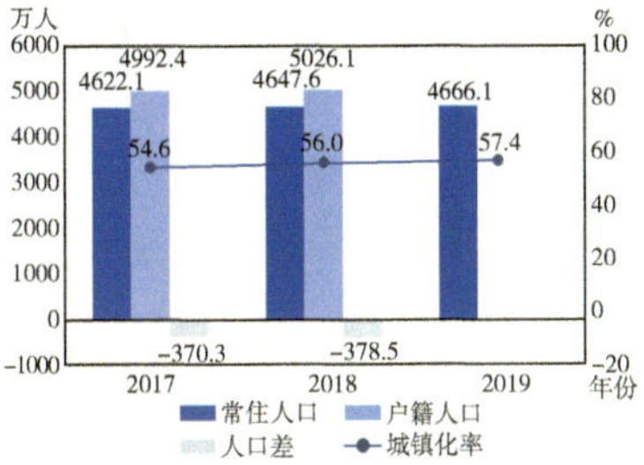

图14-1　2017-2019年江西省人口状况

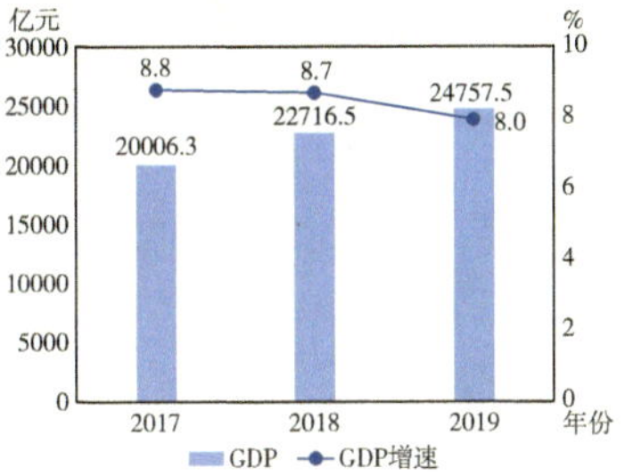

图14-2　2017-2019年江西省GDP及增速

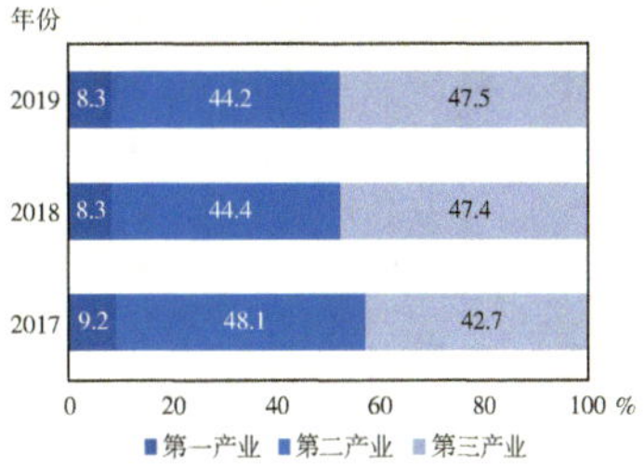

图14-3　2017-2019年江西省三次产业结构

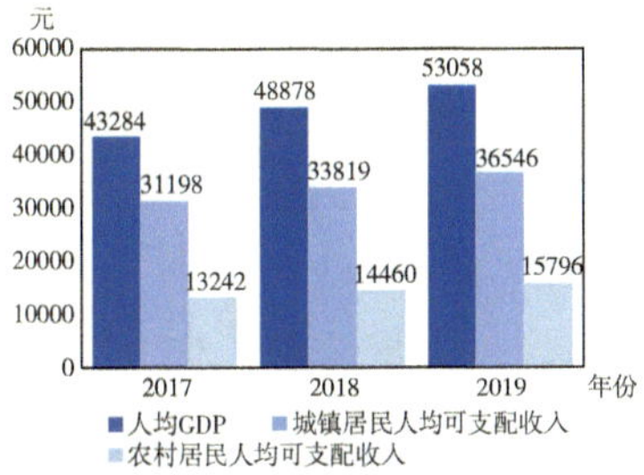

图14-4　2017-2019年江西省人均GDP和人均可支配收入

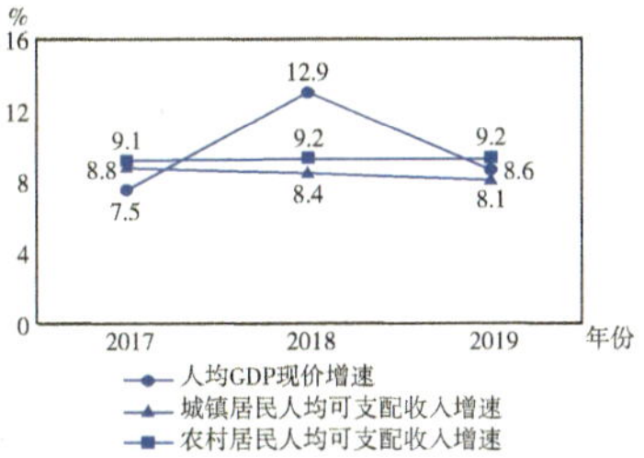

图14-5　2017-2019年江西省人均GDP增速和人均可支配收入增速

14.1.2 江西省政府收入总体情况

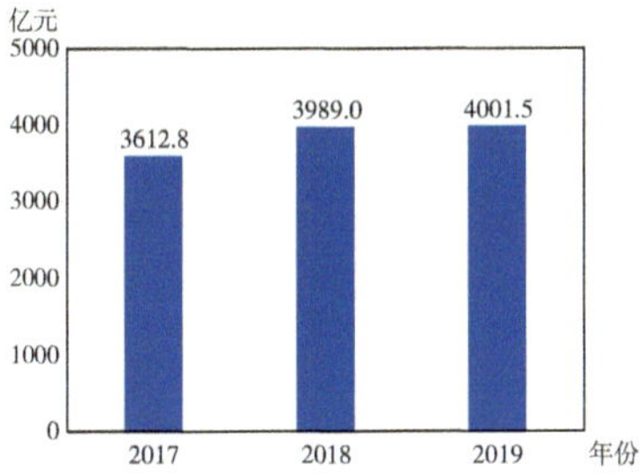

图14-6　2017-2019年江西省财政总收入

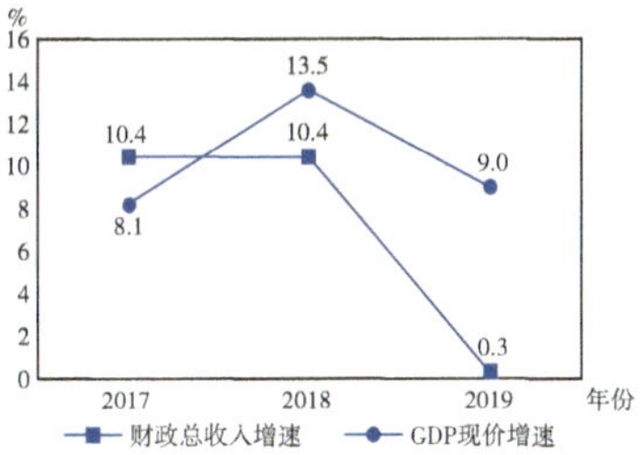

图14-7　2017-2019年江西省财政总收入增速

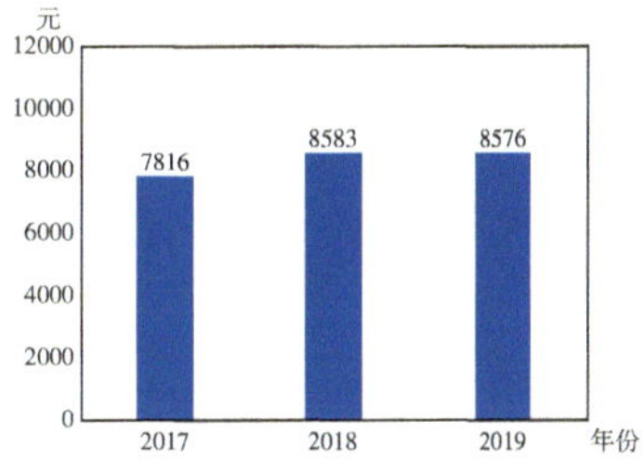

图14-8　2017-2019年江西省人均财政总收入

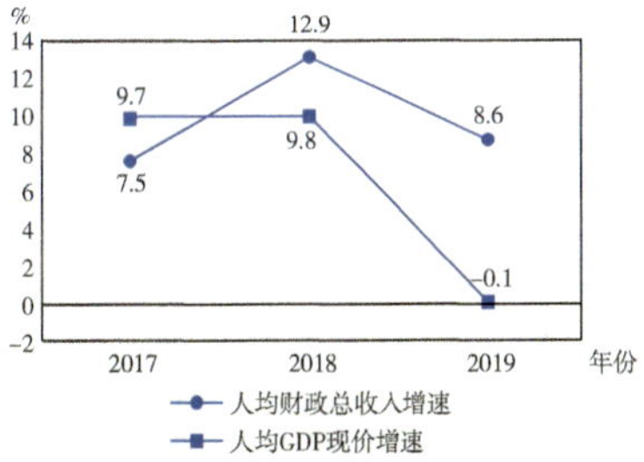

图14-9　2017-2019年江西省人均财政总收入增速

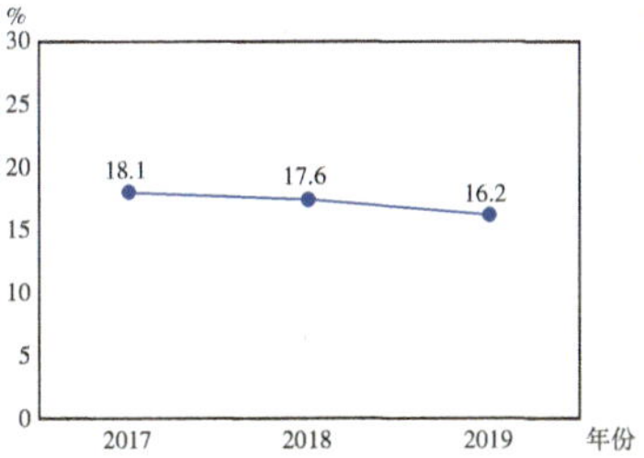

图14-10　2017-2019年江西省财政总收入/GDP

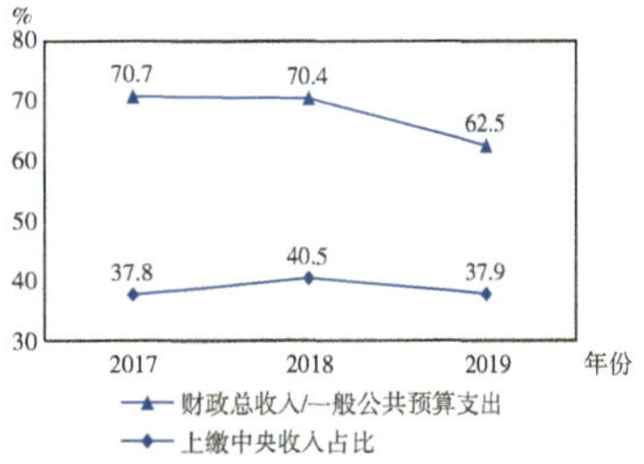

图14-11　2017-2019年江西省财政总收入其他指标

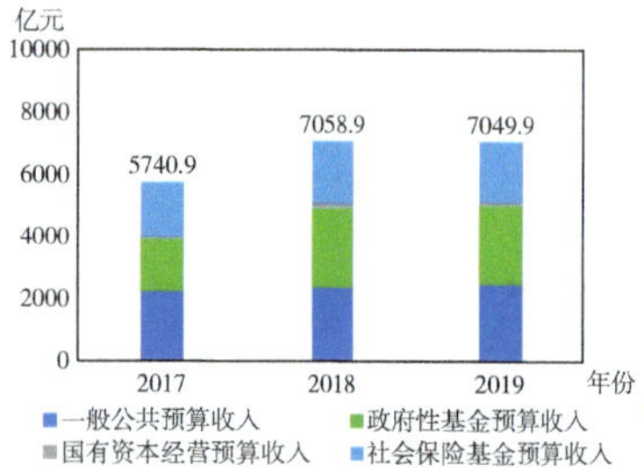

图14-12　2017-2019年江西省政府收入

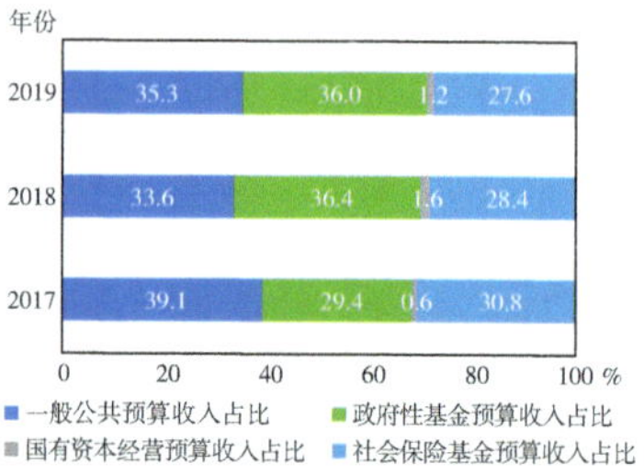

图14-13　2017-2019年江西省政府收入结构

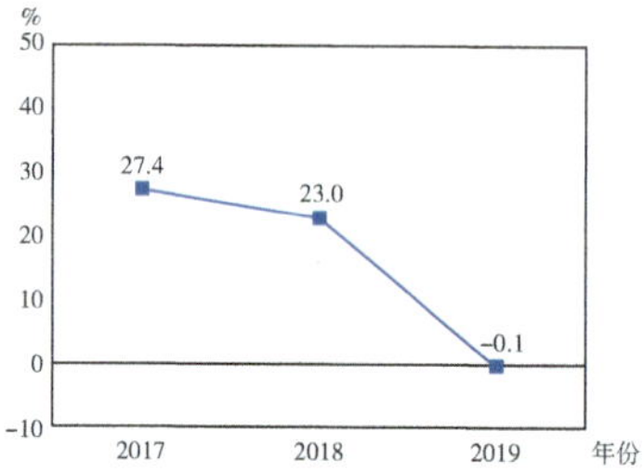

图14-14　2017-2019年江西省政府收入增速

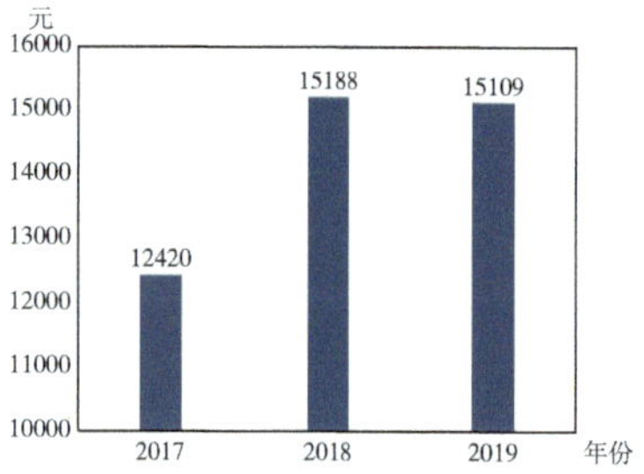

图14-15　2017-2019年江西省人均政府收入

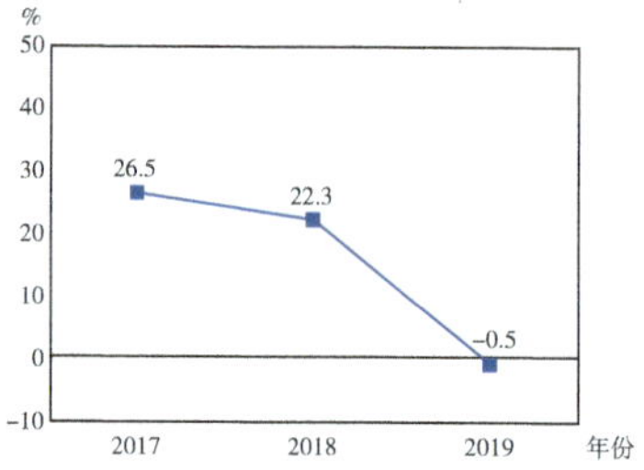

图14-16　2017-2019年江西省人均政府收入增速

14.1.3　江西省一般公共预算收入情况

图14-17　2017-2019年江西省一般公共预算收入

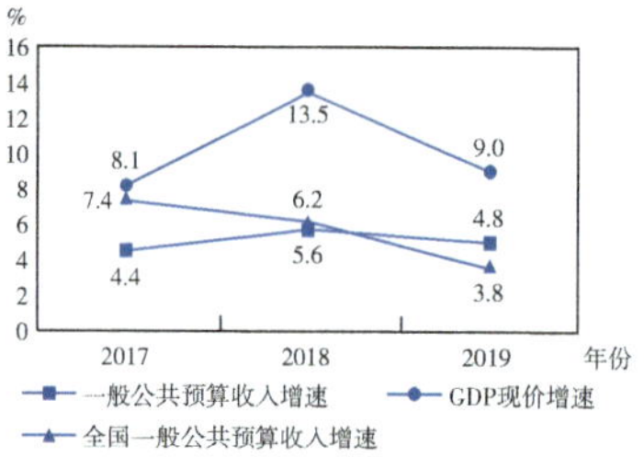

图14-18　2017-2019年江西省一般公共预算收入增速

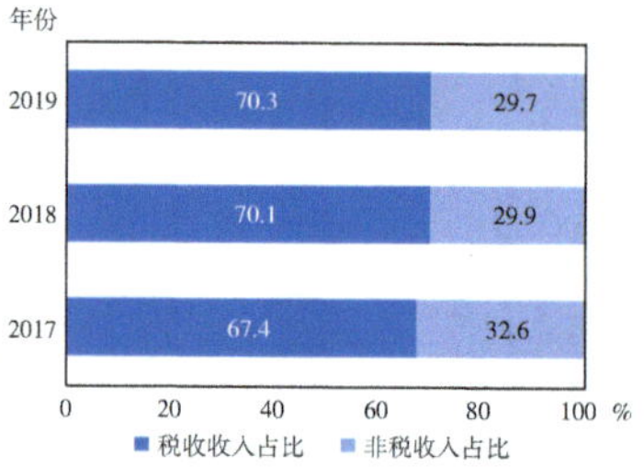

图14-19　2017-2019年江西省一般公共预算收入结构

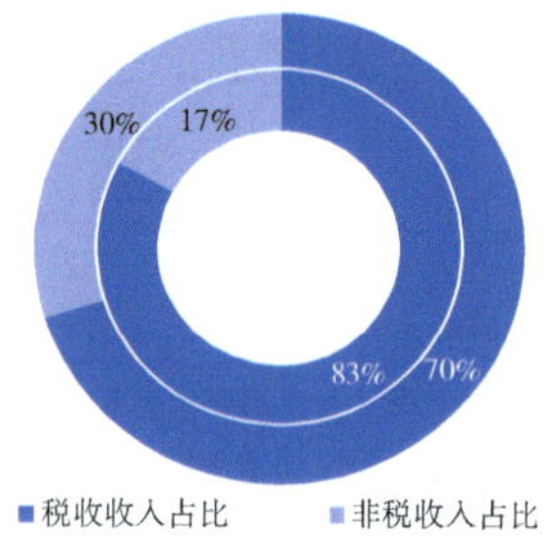

图14-20　2019年一般公共预算收入结构对比（内环为全国，外环为江西省）

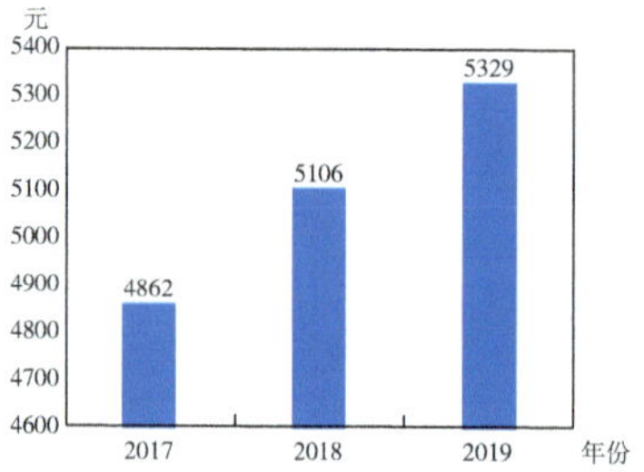

图14-21　2017-2019年江西省人均一般公共预算收入

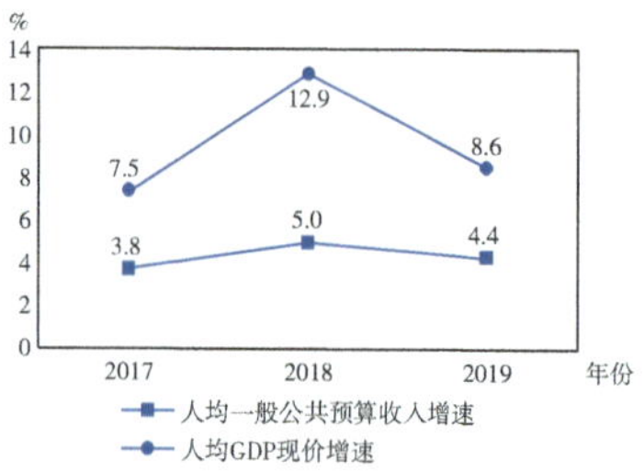

图14-22　2017-2019年江西省人均一般公共预算收入增速

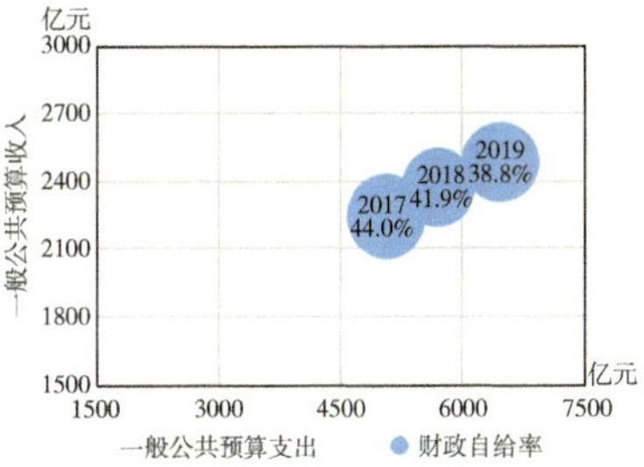

图 14-23　2017-2019 年江西省
财政自给率

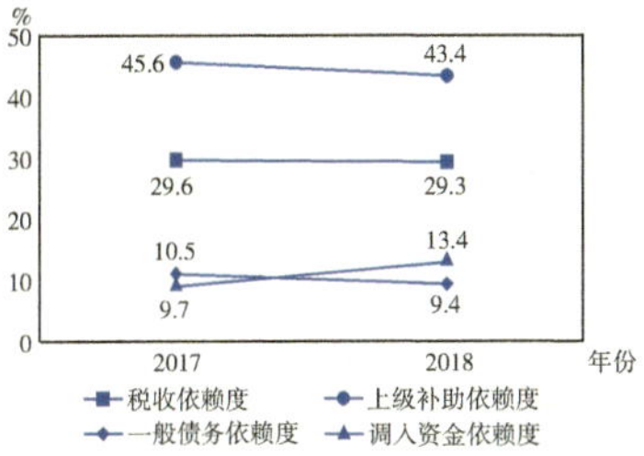

图 14-24　2017-2018 年江西省
财政收入依赖度

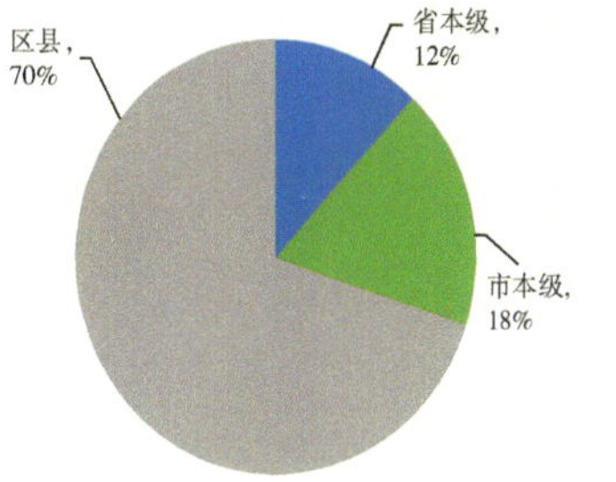

图 14-25　2018 年省市县三级政府
一般公共预算收入分布

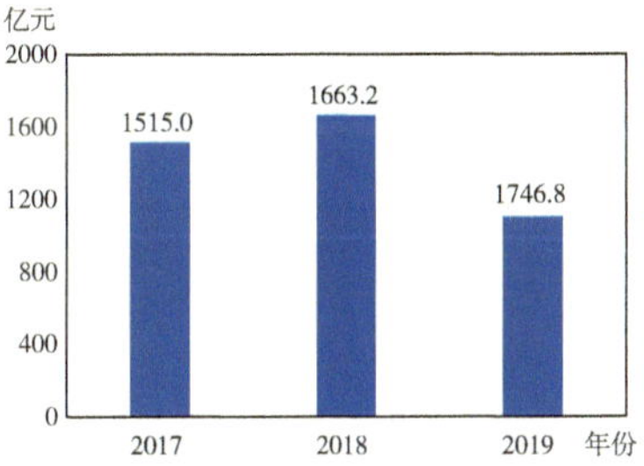

图 14-26　2017-2019 年江西省
税收收入

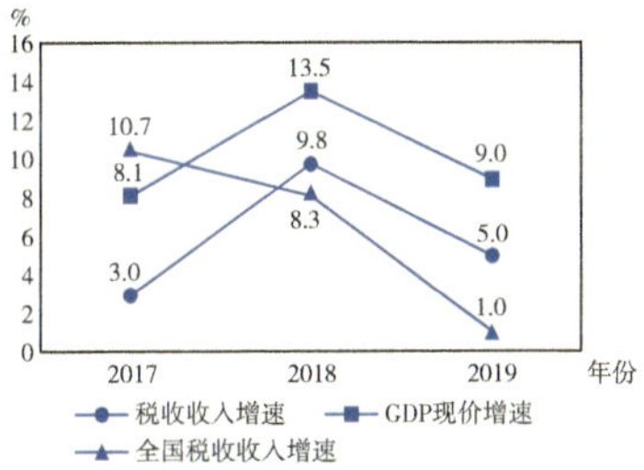

图 14-27　2017-2019 年江西省
税收收入增速

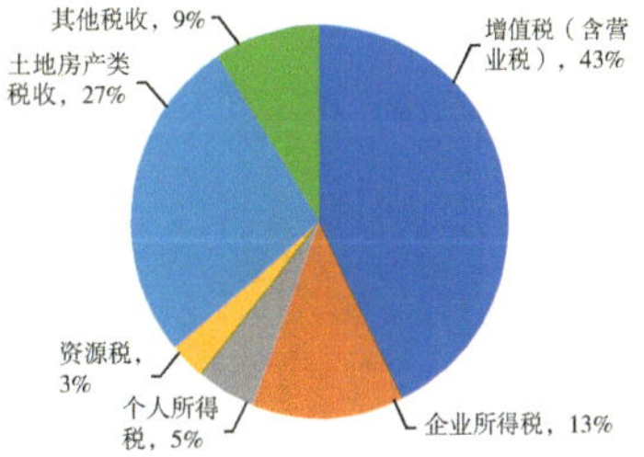

图 14-28　2018 年江西省税收结构

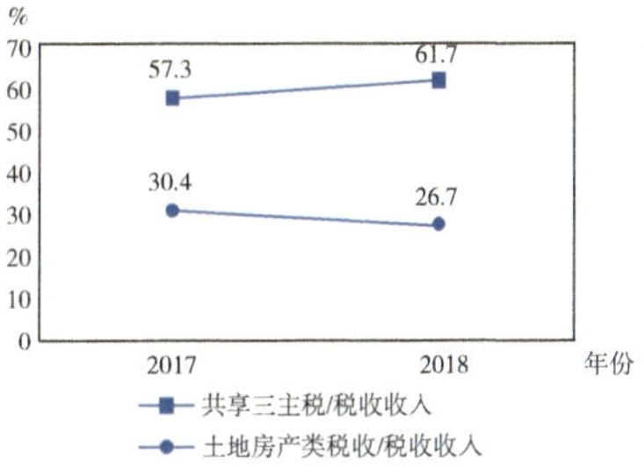

图 14-29　2017-2018 年江西省共享三主税、土地房产类税收占税收收入的比重

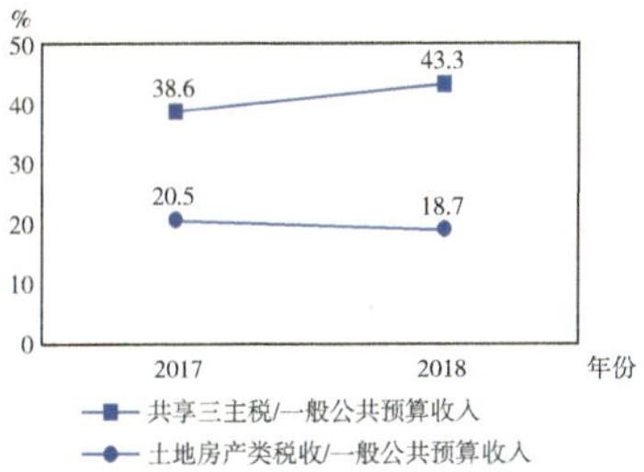

图 14-30　2017-2018 年江西省共享三主税、土地房产类税收占一般公共预算收入的比重

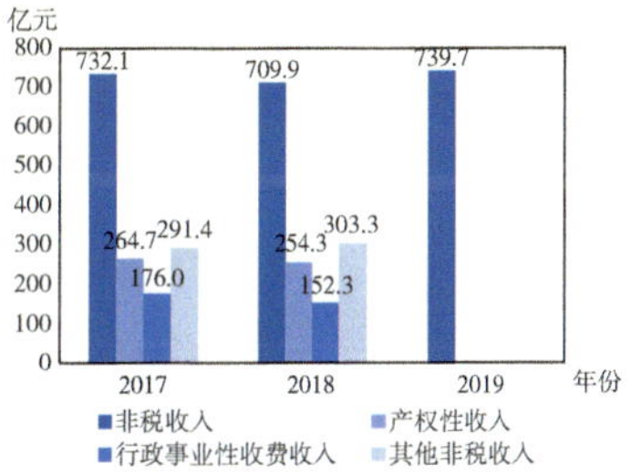

图 14-31　2017-2019 年江西省
非税收入

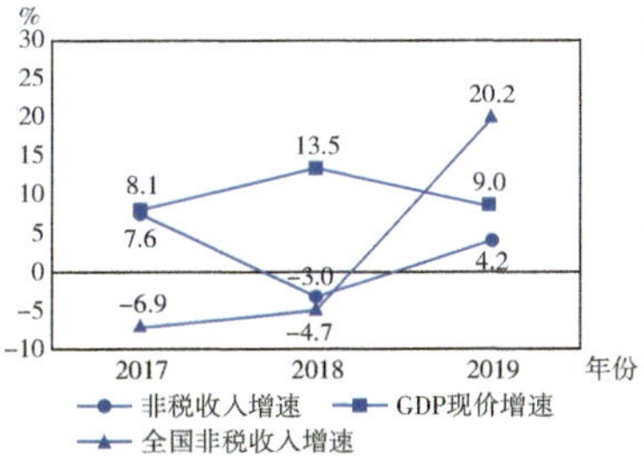

图 14-32　2017-2019 年江西省
非税收入增速

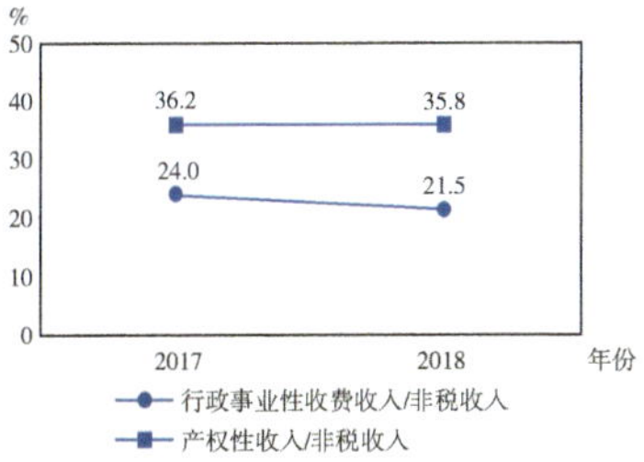

图 14-33　2017-2018 年江西省行政事业性收费及产权性收入占非税收入比重

14.1.4 江西省政府性基金收入和国有资本经营收入情况

图 14-34 2017-2019 年江西省政府性基金收入

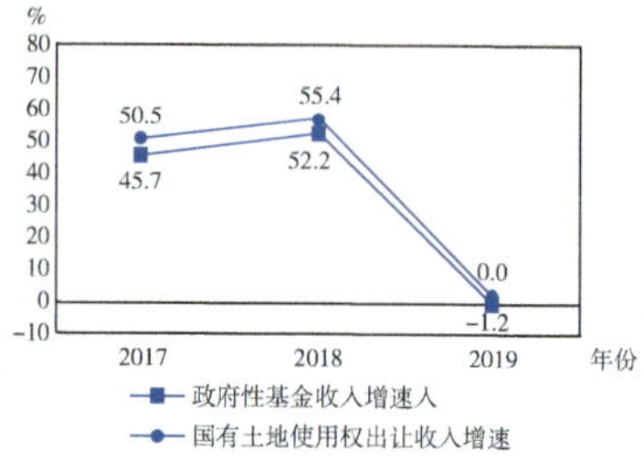

图 14-35 2017-2019 年江西省政府性基金收入增速及国有土地使用权出让金收入增速

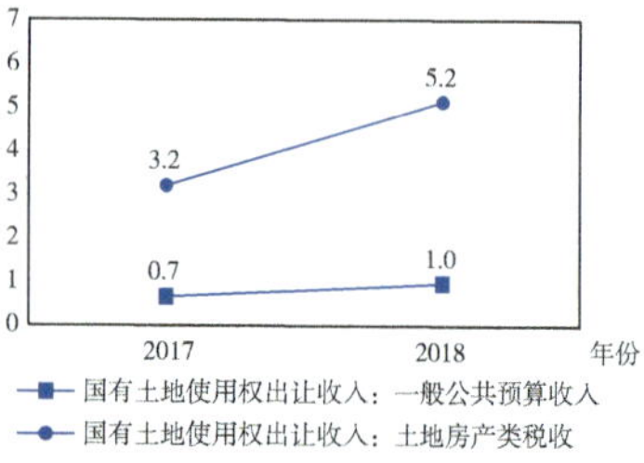

图 14-36 2017-2018 年江西省国有土地使用权出让金收入与一般公共预算关系指标

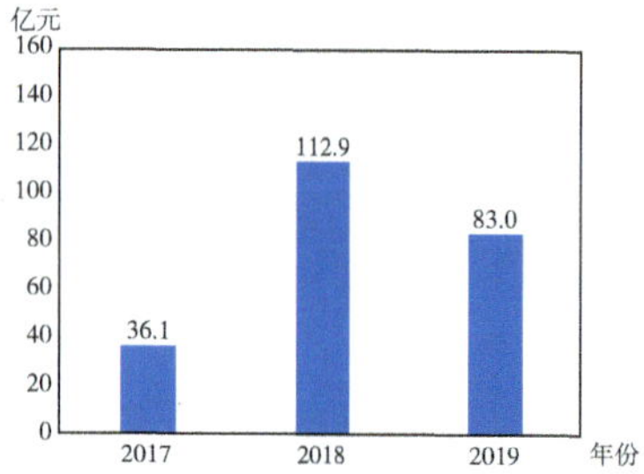

图 14-37 2017-2019 年江西省国有资本经营收入

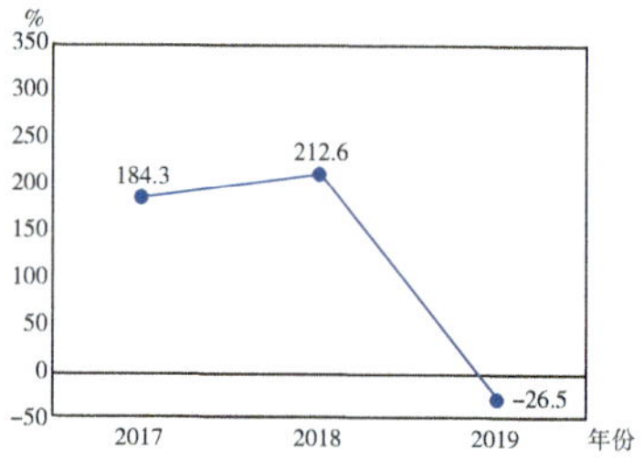

图 14-38 2017-2019 年江西省国有资本经营收入增速

14.1.5 江西省社会保险基金收入情况

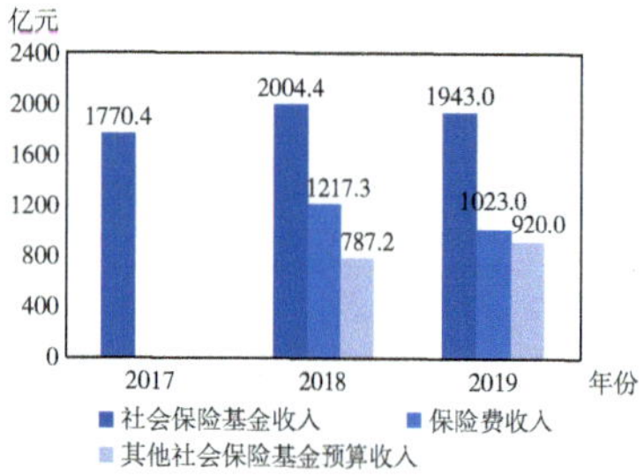

图 14-39 2017-2019 年江西省社会保险基金收入

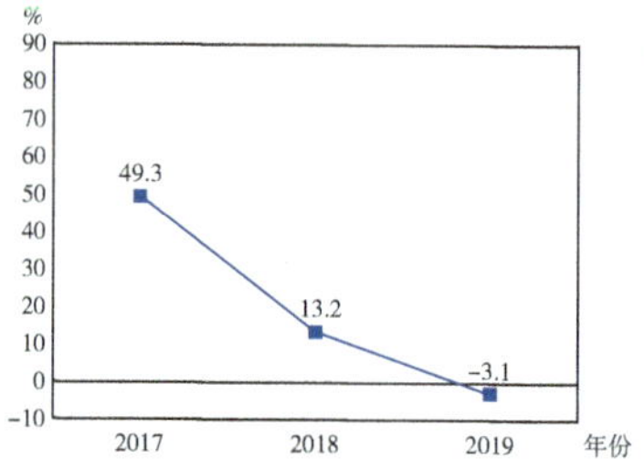

图 14-40 2017-2019 年江西省社会保险基金收入增速

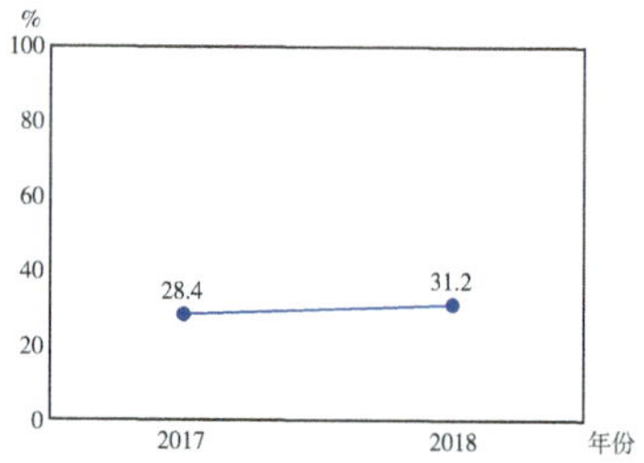

图 14-41 2018-2019 年江西省财政补贴收入占社会保险基金收入的比重

14.1.6 江西省债务情况

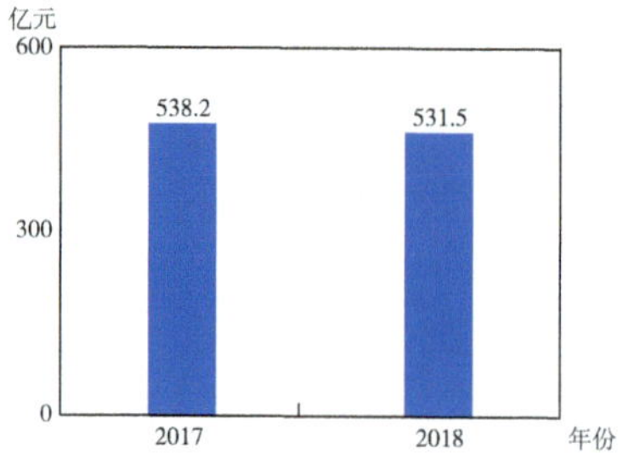

图 14-42 2017-2018 年江西省债务规模

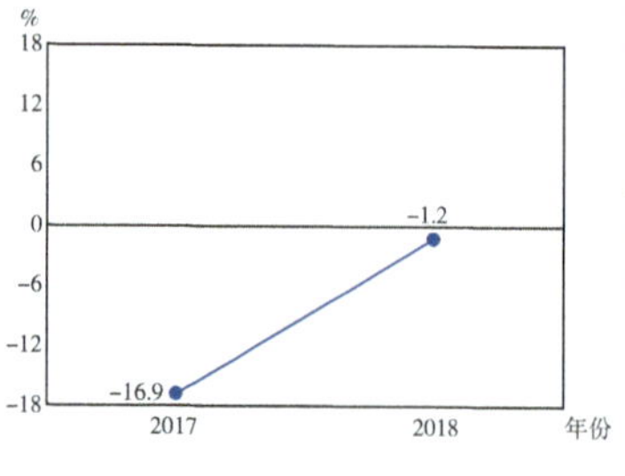

图 14-43 2017-2018 年江西省债务增速

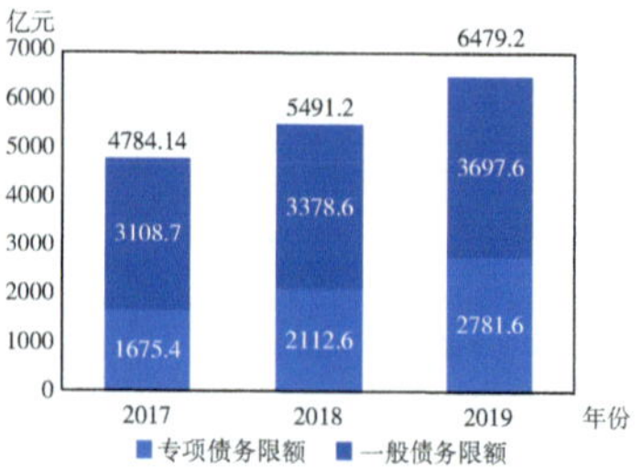

图 14-44 2017-2019 年江西省债务限额

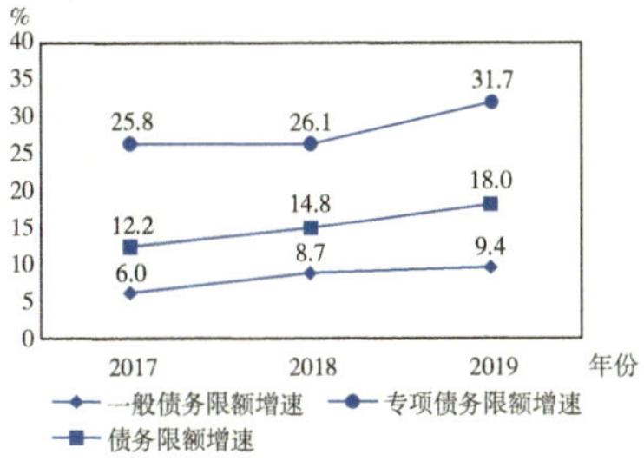

图14-45　2017-2019年江西省债务限额增速

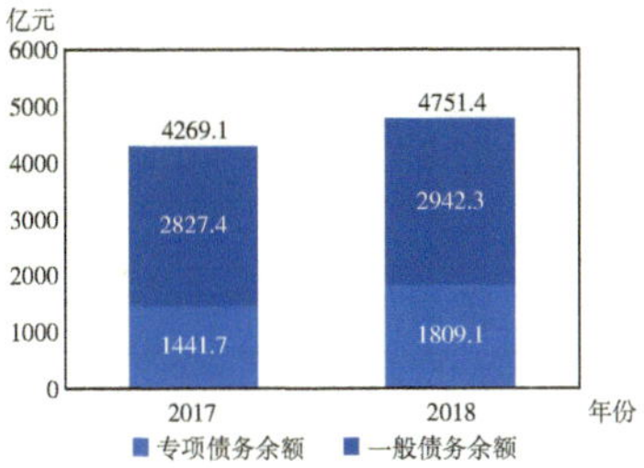

图14-46　2017-2018年江西省债务余额

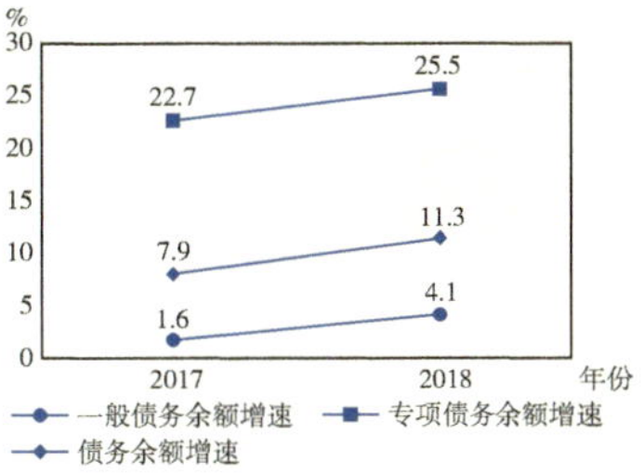

图14-47　2017-2018年江西省债务余额增速

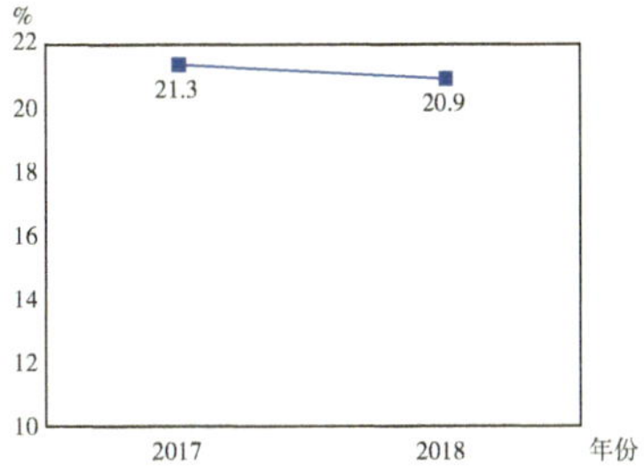

图14-48　2017-2018年江西省负债率

14.1.7　江西省省本级一般公共预算收入情况

图14-49　2017-2019年江西省省本级一般公共预算收入

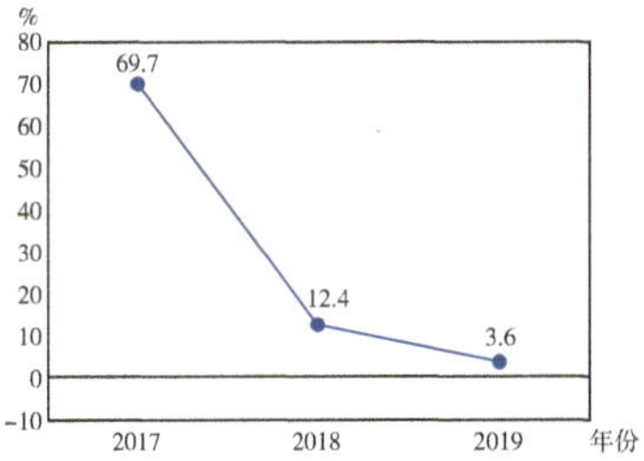

图14-50　2017-2019年江西省省本级一般公共预算收入增速

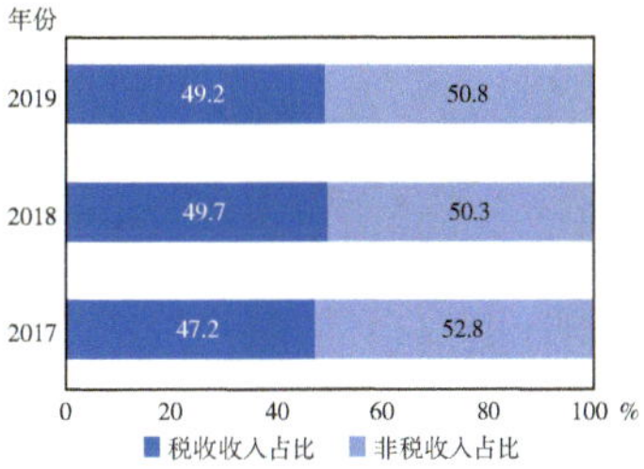

图14-51　2017-2019年江西省省本级一般公共预算收入结构

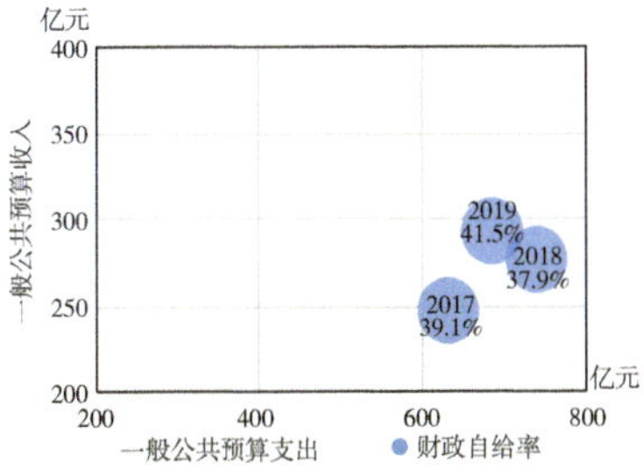

图14-52　2017-2019年江西省本级财政自给率

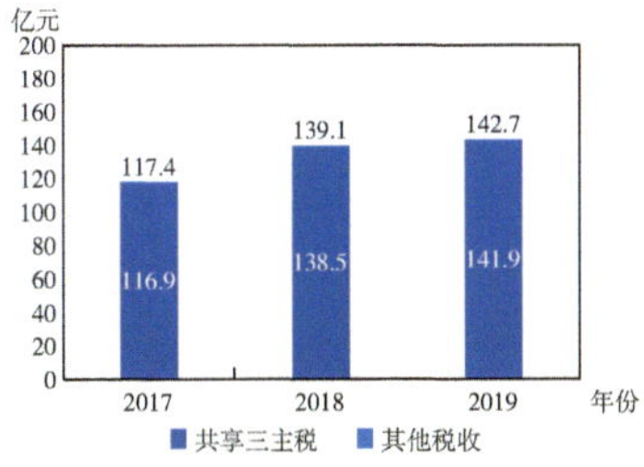

图14-53　2017-2019年江西省省本级税收收入

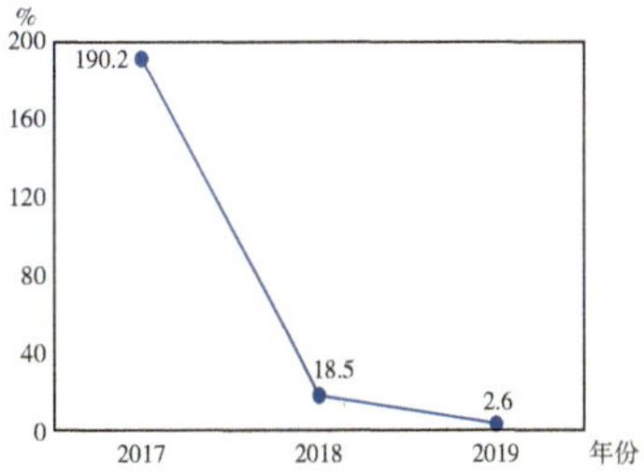

图14-54　2017-2019年江西省省本级税收收入增速

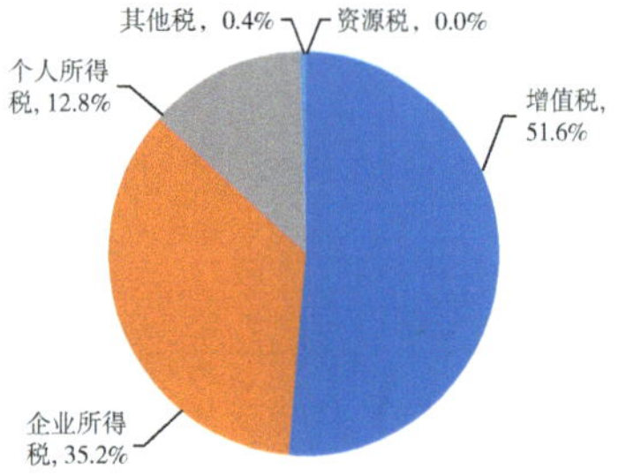

图14-55　2018年江西省省本级税收结构

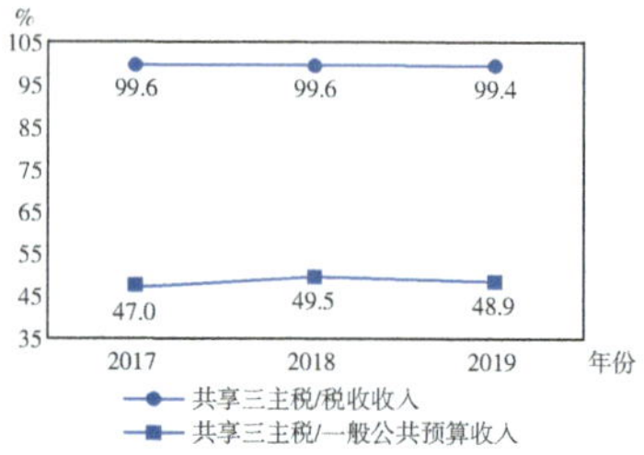

图14-56　2017-2019年江西省省本级共享三主税占税收收入、一般公共预算收入的比重

图14-57　2017-2019年江西省省本级非税收入

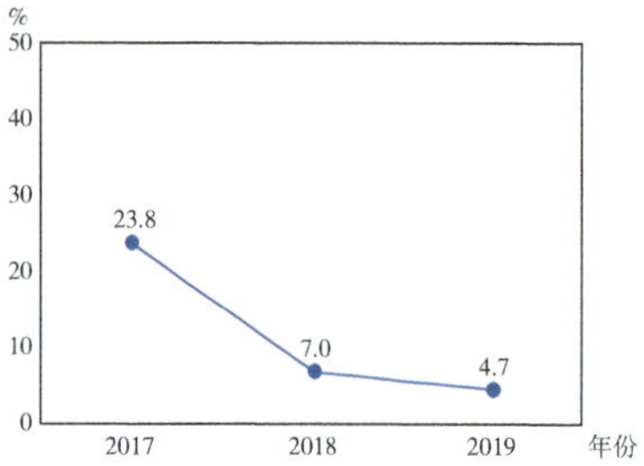

图14-58　2017-2019年江西省省本级非税收入增速

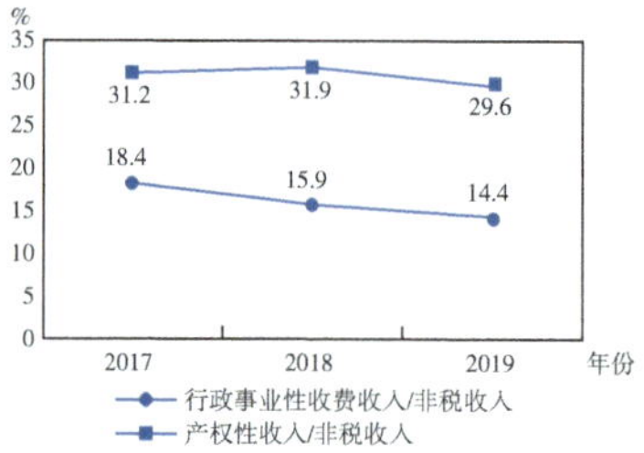

图14-59　2017-2019年江西省省本级行政事业性收费、产权性收入占非税收入的比重

14.2　江西省各市政府收入主要特征分析

14.2.1　江西省各市经济社会发展情况

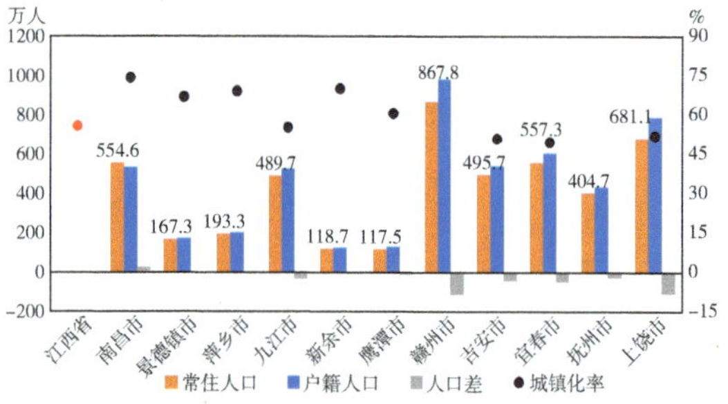

图14-60　2018年江西省各市人口状况

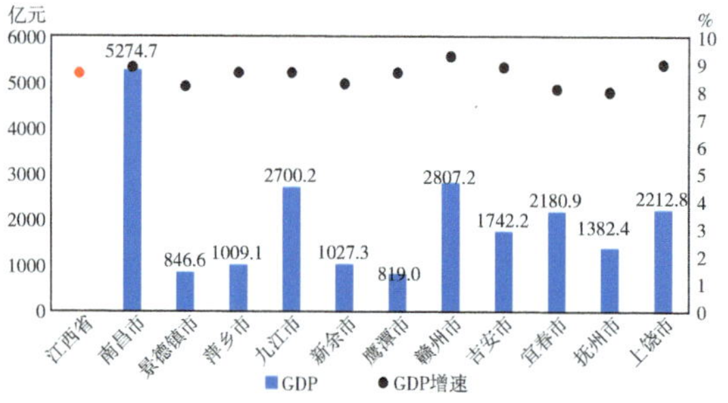

图14-61　2018年江西省各市GDP及增速

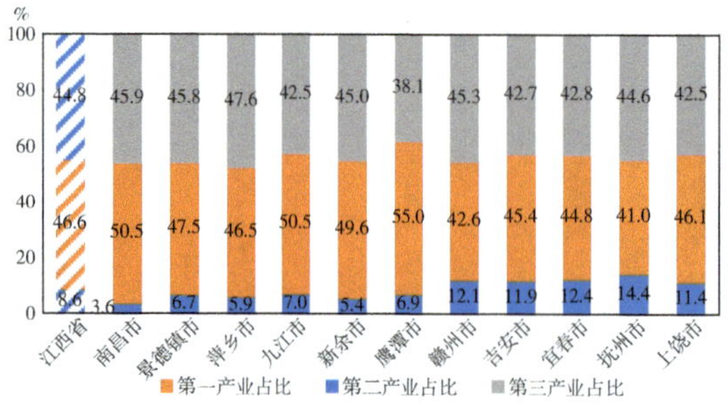

图14-62　2018年江西省各市三次产业结构

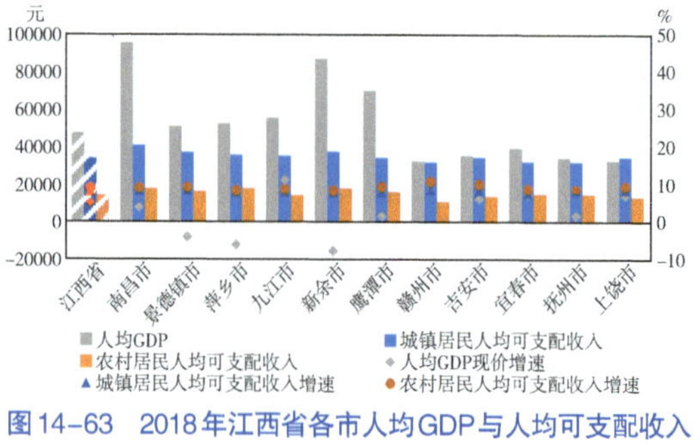

图14-63　2018年江西省各市人均GDP与人均可支配收入

14.2.2 江西省各市政府收入总体情况

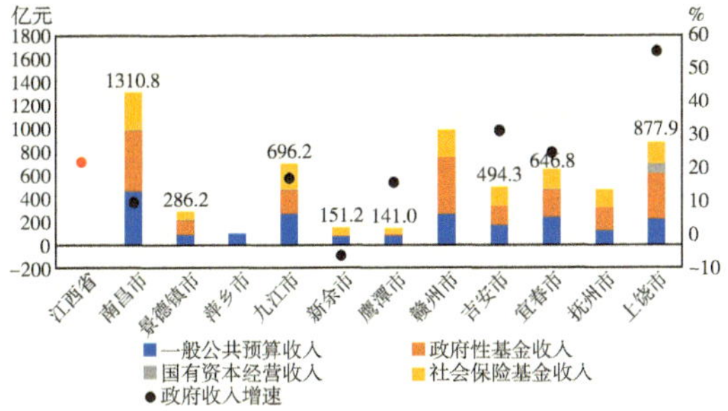

图14-64 2018年江西省各市政府收入结构及增速

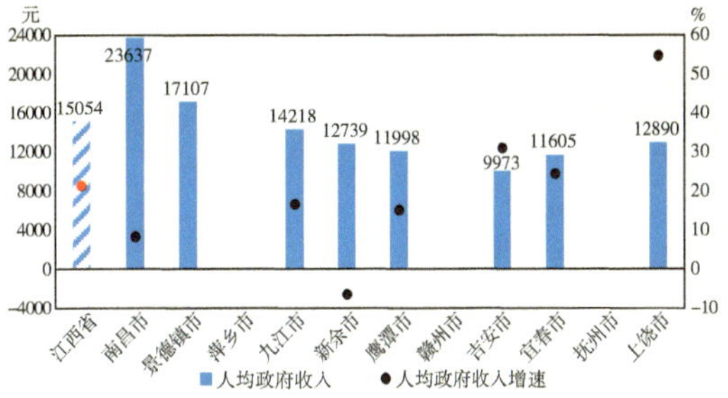

图14-65 2018年江西省各市人均政府收入及增速

14.2.3 江西省各市一般公共预算收入情况

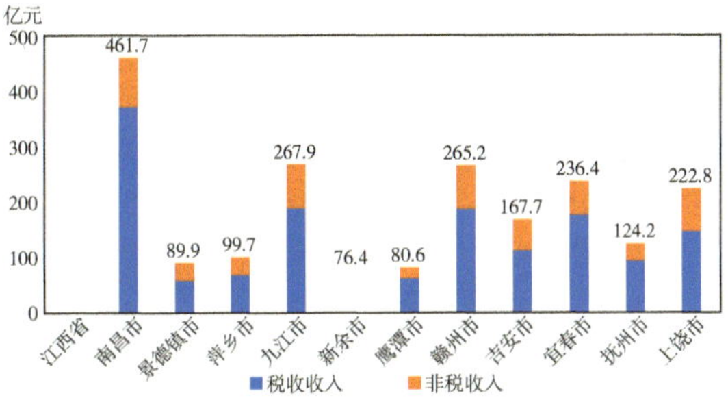

图14-66 2018年江西省各市一般公共预算收入

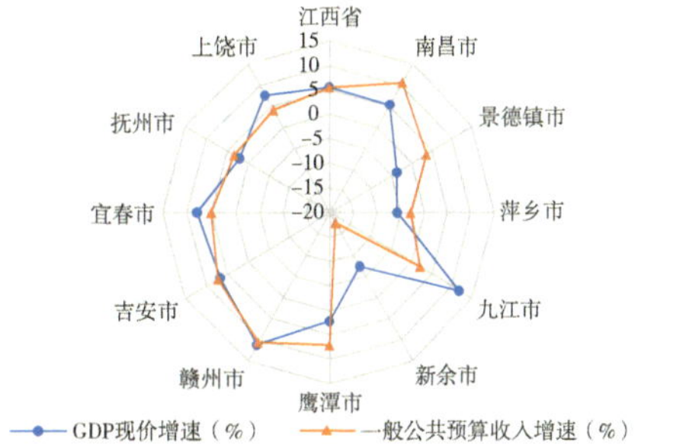

图14-67 2018年江西省各市一般公共预算收入增速

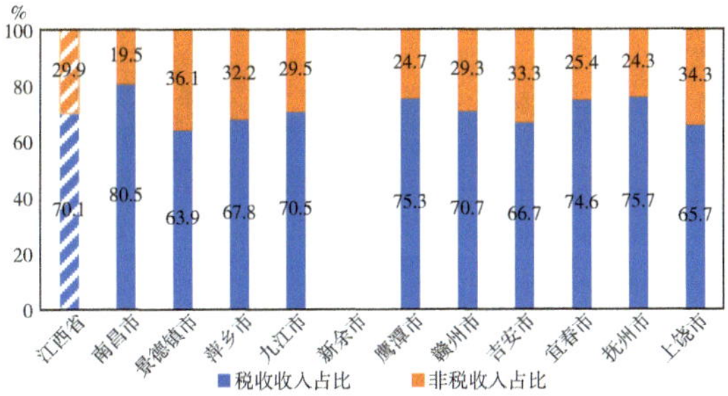

图14-68 2018年江西省各市一般公共预算收入结构

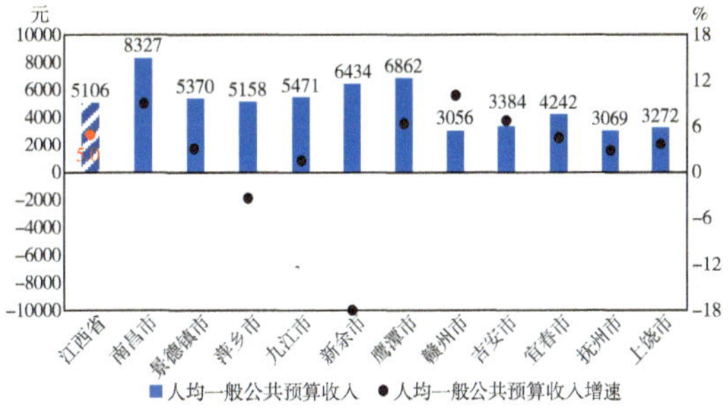

图14-69 2018年江西省各市人均一般公共预算收入及增速

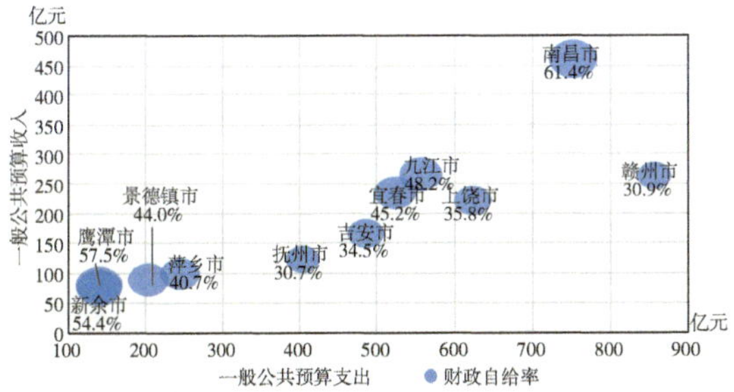

图14-70 2018年江西省各市财政自给率

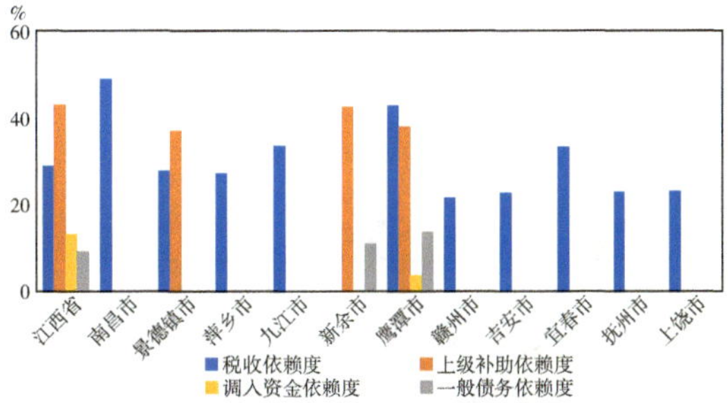

图14-71 2018年江西省各市财政收入依赖度

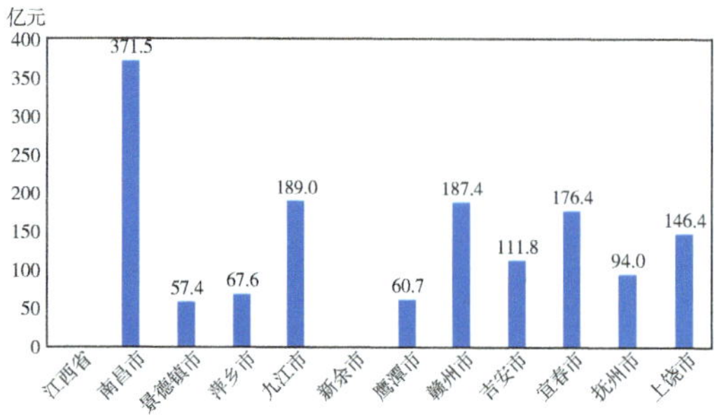

图14-72　2018年江西省各市税收收入

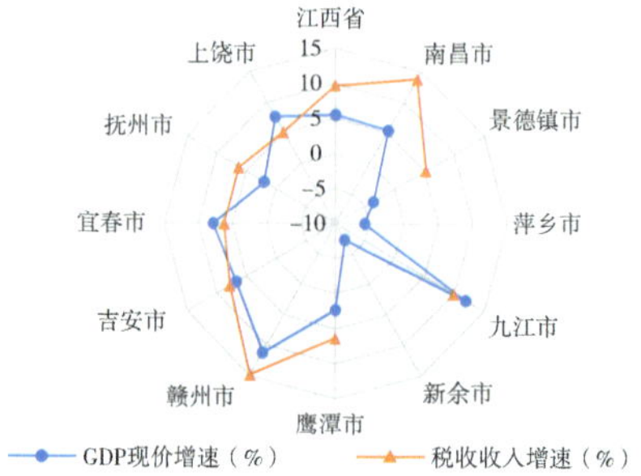

图14-73　2018年江西省各市税收收入增速

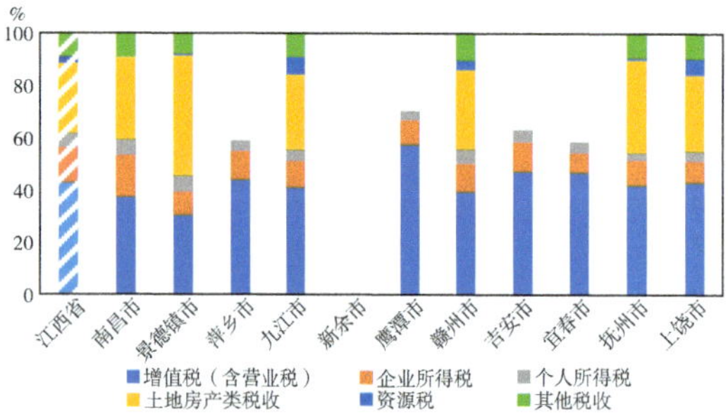

图14-74　2018年江西省各市税收收入结构

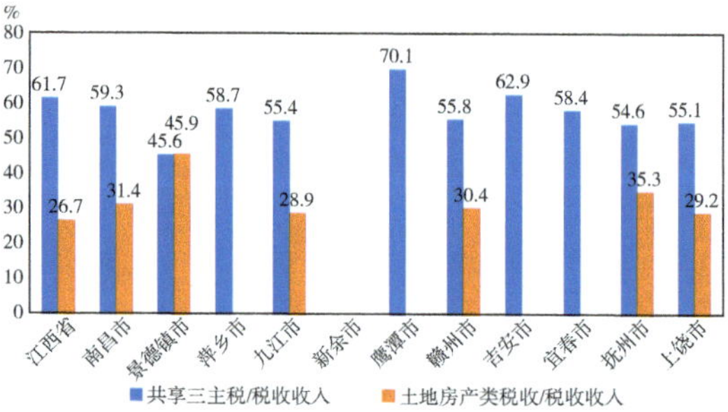

图14-75　2018年江西省各市共享三主税、土地房产类税收占税收收入的比重

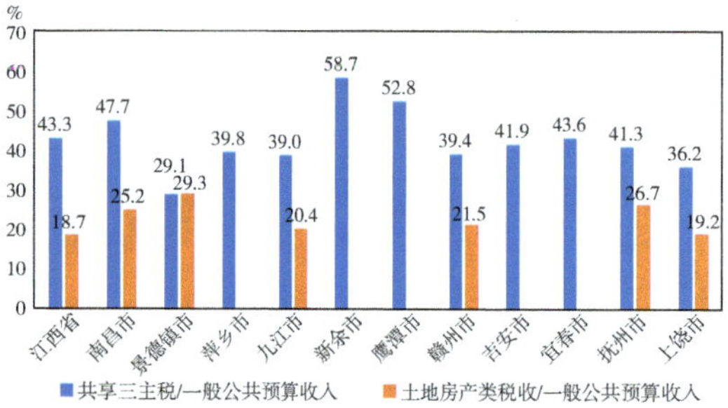

图14-76　2018年江西省各市共享三主税、土地房产类税收占一般公共预算收入的比重

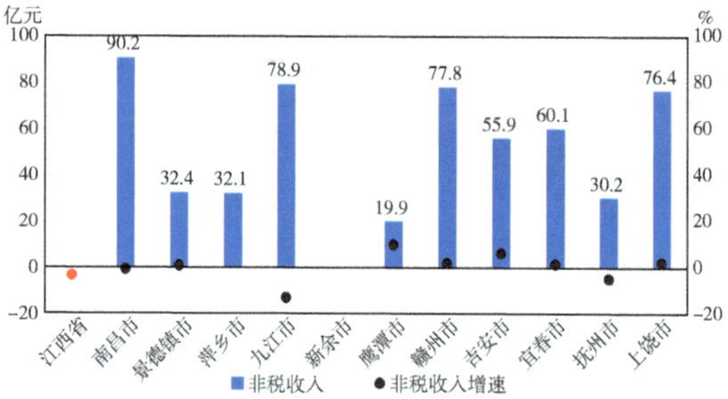

图14-77　2018年江西省各市非税收入及增速

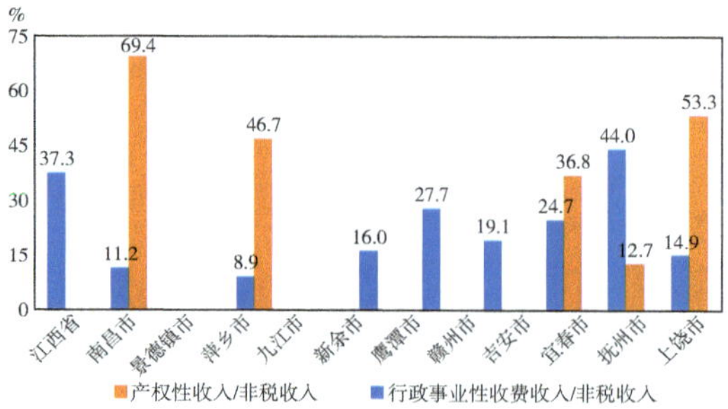

图14-78　2018年江西省各市行政事业性收费收入、产权性收入占非税收入的比重

14.2.4 江西省各市政府性基金收入与国有资本经营收入情况

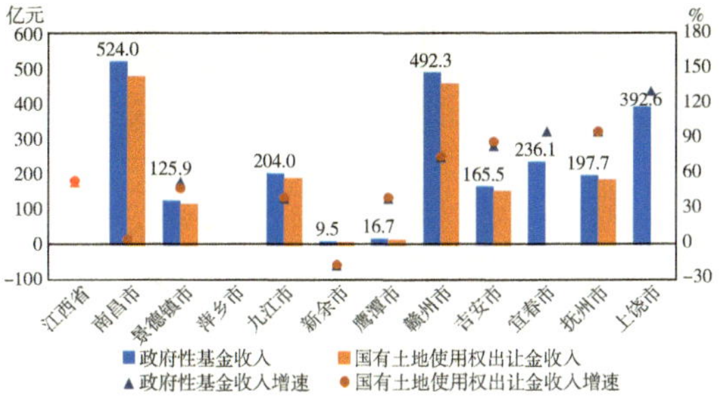

图 14-79 2018年江西省各市政府性基金收入、国有土地使用权出让金收入及其增速

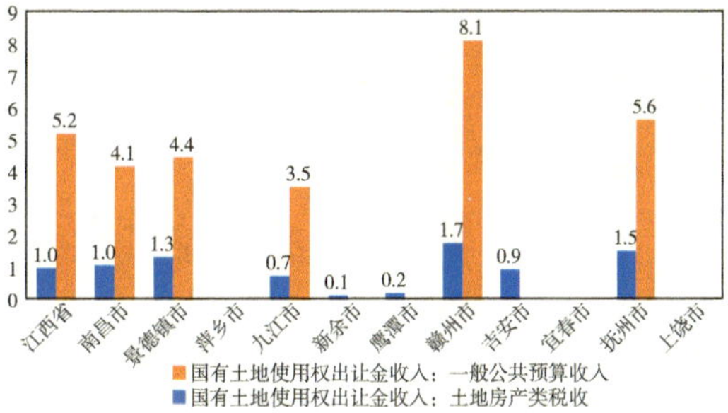

图 14-80 2018年江西省各市国有土地使用权出让金收入与一般公共预算关系指标

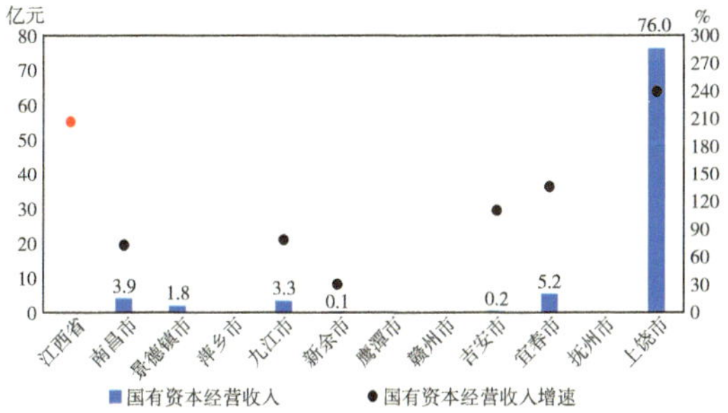

图 14-81 2018年江西省各市国有资本经营收入及增速

14.2.5 江西省各市社会保险基金收入情况

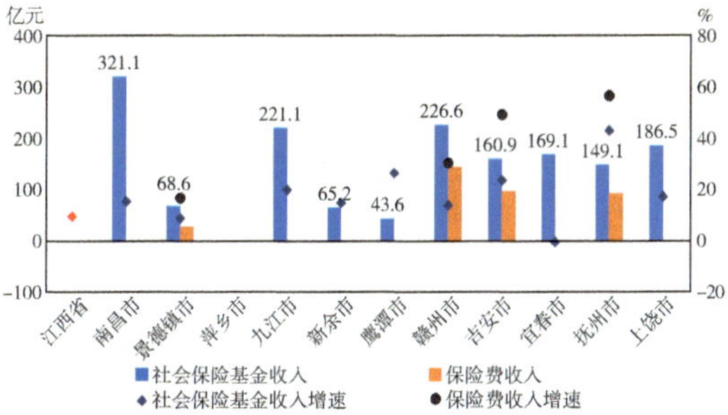

图 14-82 2018年江西省各市社会保险基金收入、保险费收入及其增速

14.2.6 江西省各市债务情况

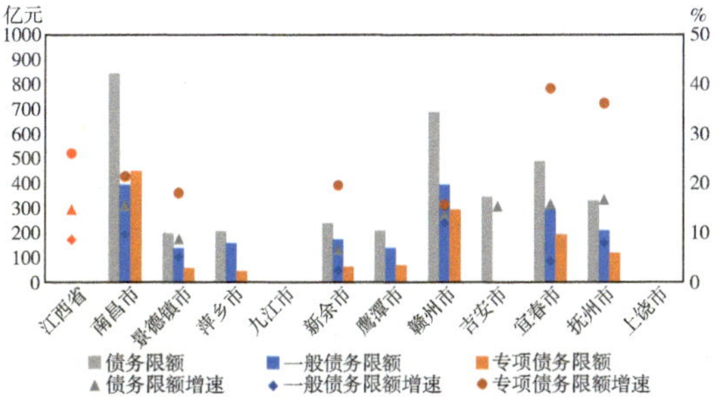

图 14-83 2018年江西省各市债务限额及其增速

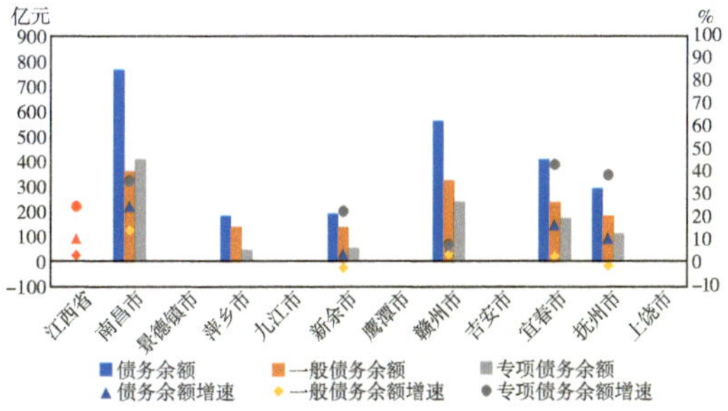

图 14-84 2018年江西省各市债务余额及其增速

14.2.7 江西省各市市本级一般公共预算收入情况

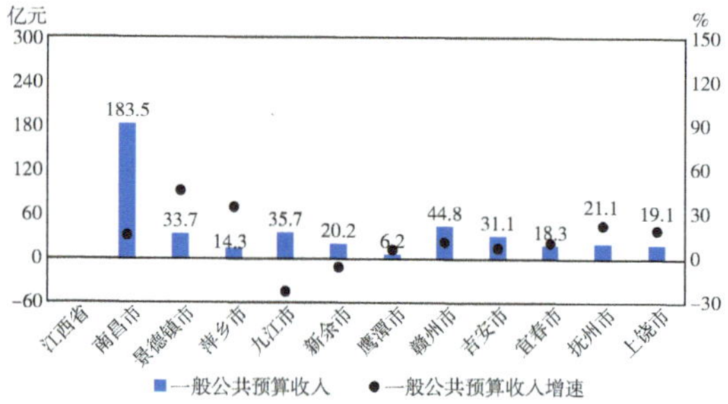

图 14-85　2018年江西省各市市本级一般公共预算收入及增速

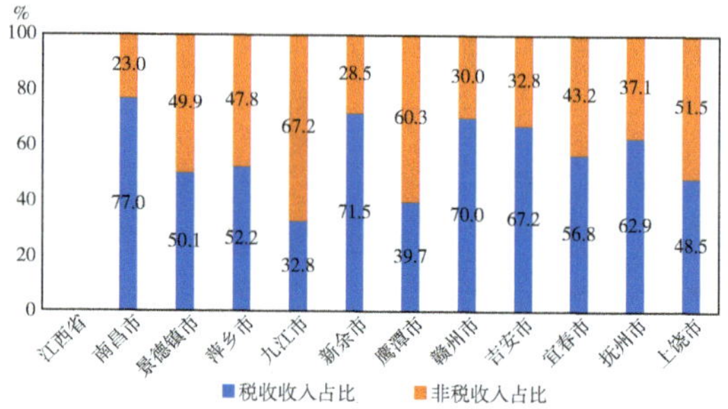

图 14-86　2018年江西省各市市本级一般公共预算收入结构

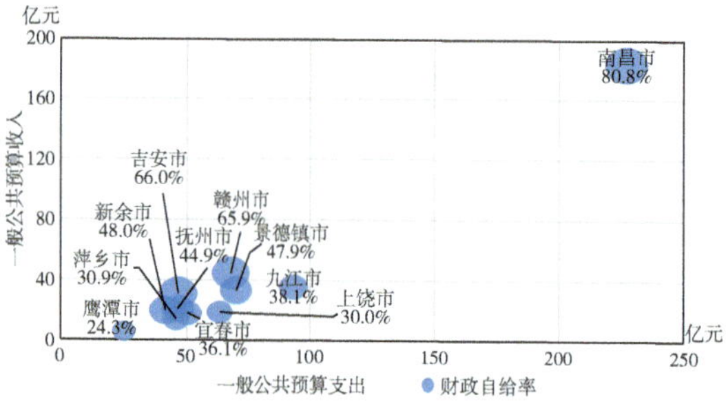

图 14-87　2018年江西省各市市本级财政自给率

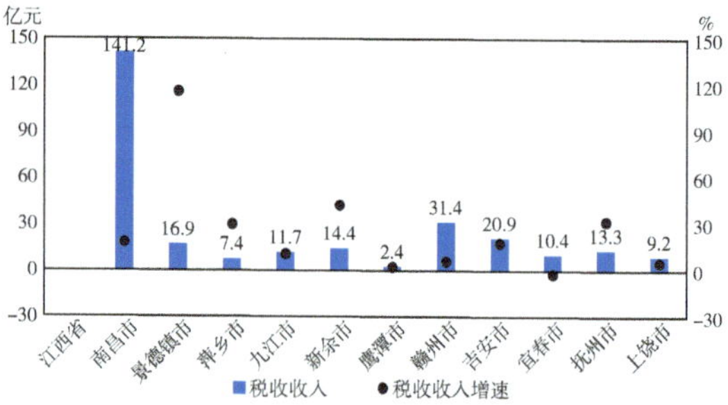

图 14-88　2018年江西省各市市本级税收收入及增速

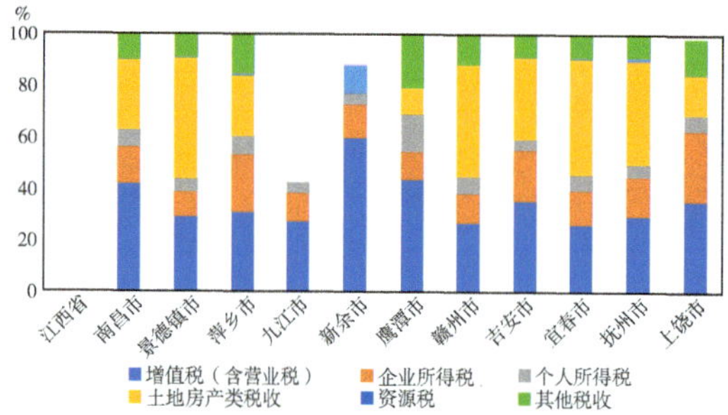

图 14-89　2018年江西省各市市本级税收收入结构

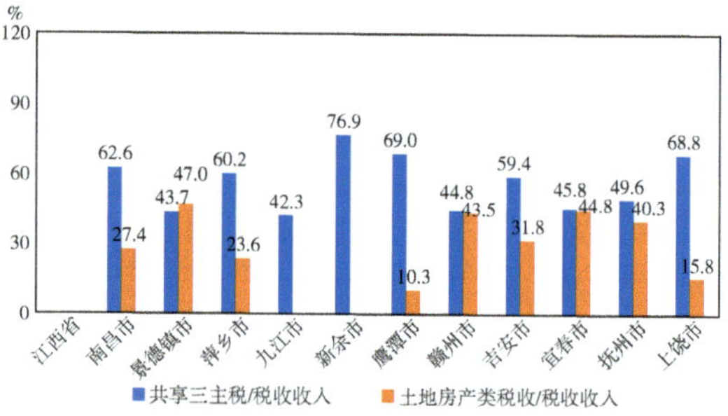

图 14-90　2018年江西省各市市本级共享三主税、土地房产类税收占税收收入的比重

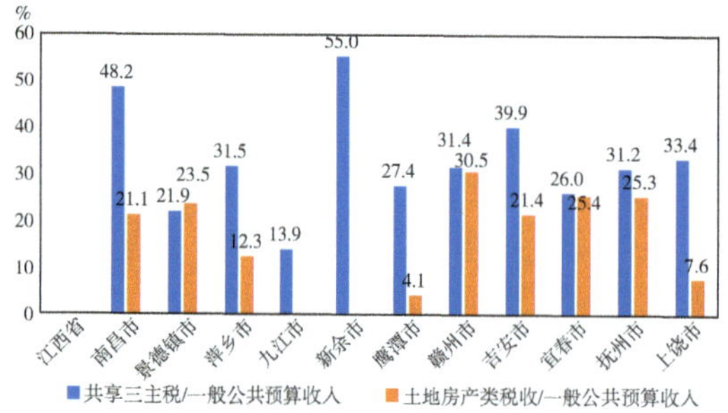

图 14-91　2018年江西省各市市本级共享三主税、土地房产类税收占一般公共预算收入的比重

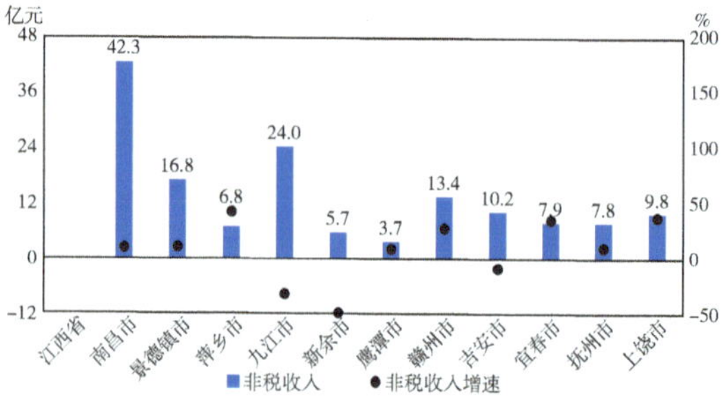

图 14-92　2018年江西省各市市本级非税收入及增速

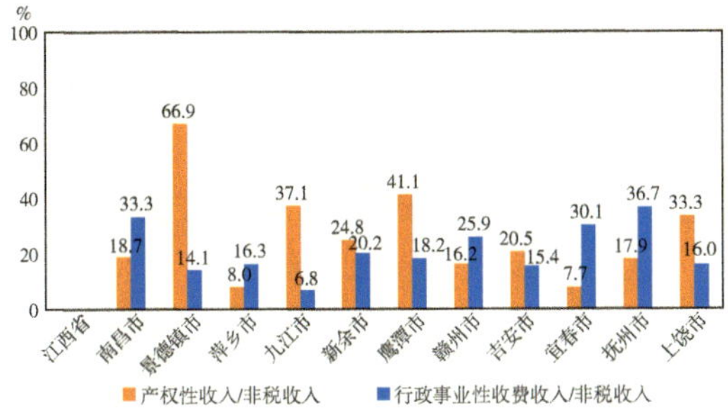

图14-93　2018年江西省各市市本级产权性收入、行政事业性收费收入占非税收入的比重

14.3　江西省样本县政府收入主要特征分析

14.3.1　江西省样本县经济社会发展情况

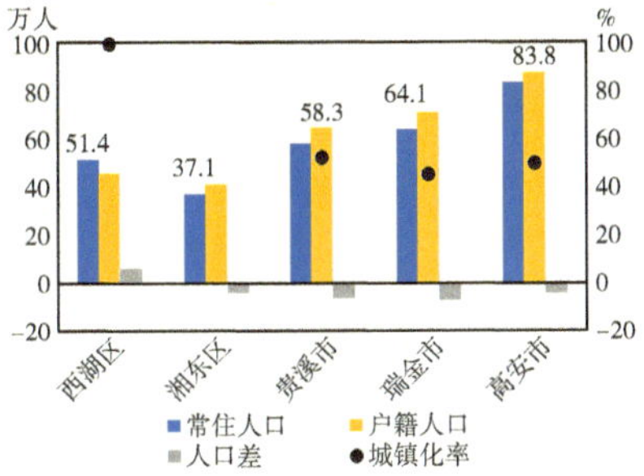

图14-94　2018年江西省样本区县人口状况

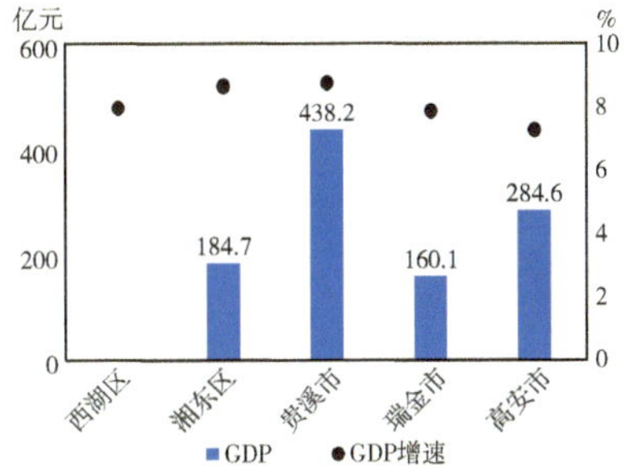

图14-95　2018年江西省样本区县GDP及增速

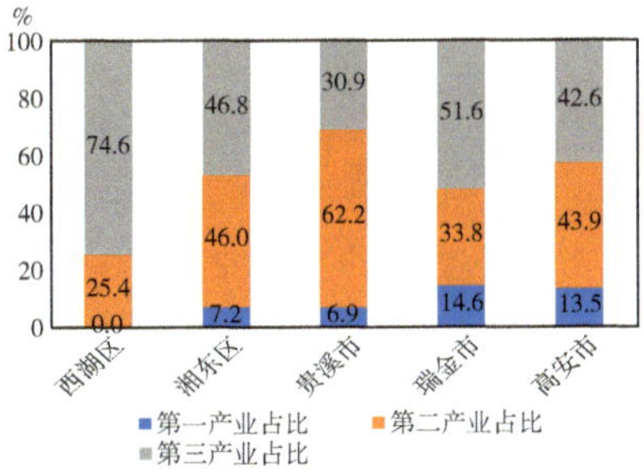

图14-96　2018年江西省样本区县三次产业结构

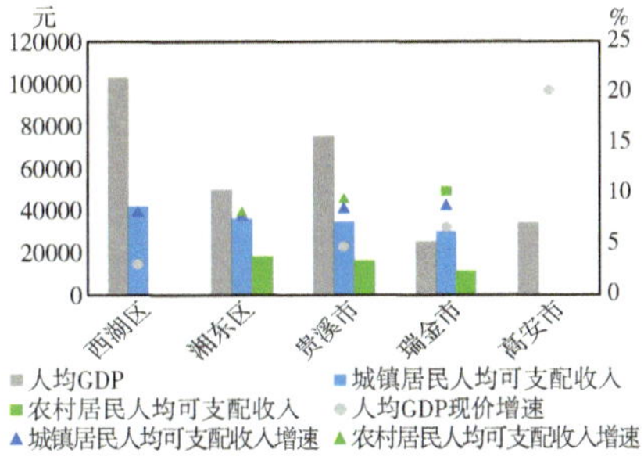

图14-97　2018年江西省样本区县人均GDP与人均可支配收入

14.3.2　江西省样本县政府收入总体情况

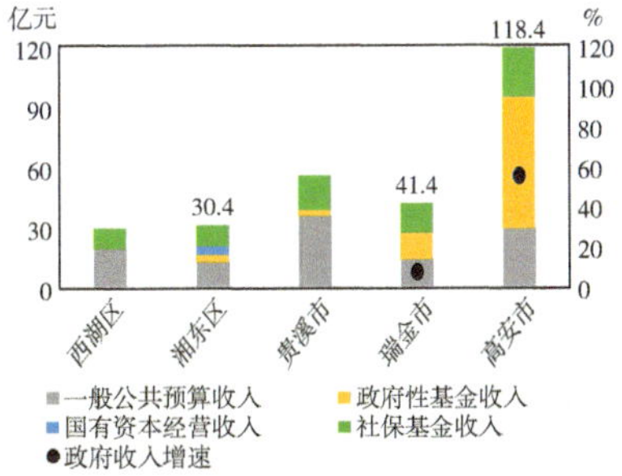

图14-98　2018年江西省样本区县政府收入结构及增速

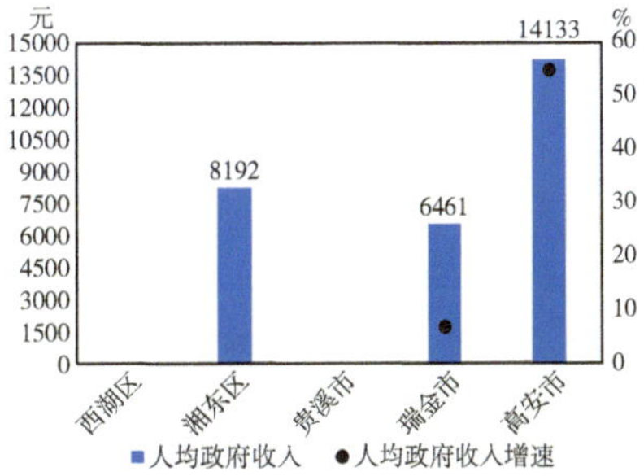

图14-99　2018年江西省样本区县人均政府收入及增速

14.3.3 江西省样本县一般公共预算收入情况

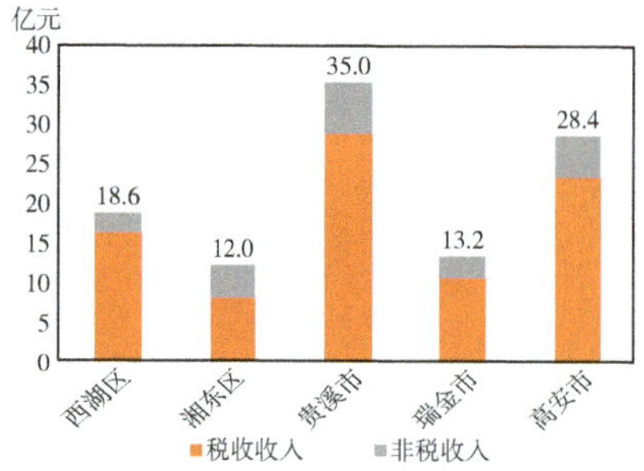

图 14-100 2018 年江西省样本区县一般公共预算收入

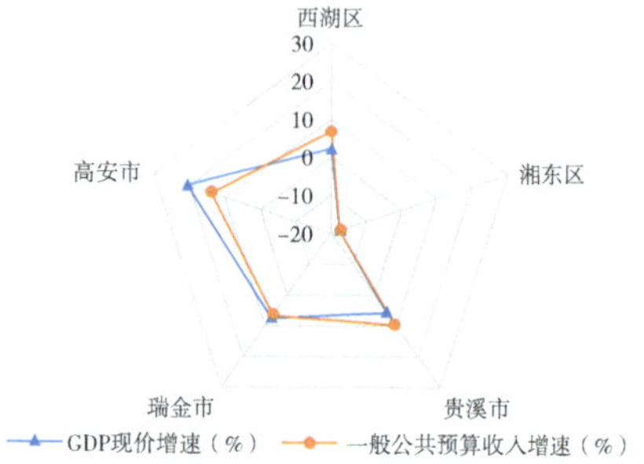

图 14-101 2018 年江西省样本区县一般公共预算收入增速

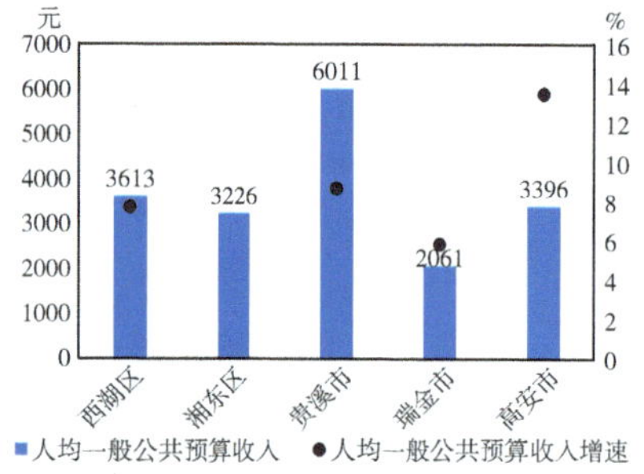

图 14-102 2018 年江西省样本区县人均一般公共预算收入及增速

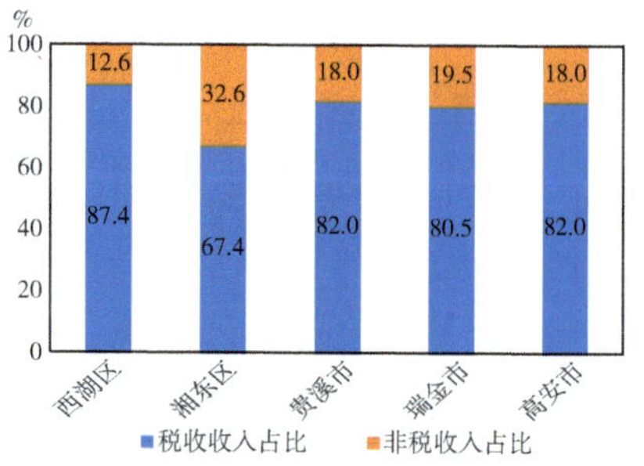

图 14-103 2018 年江西省样本区县一般公共预算收入结构

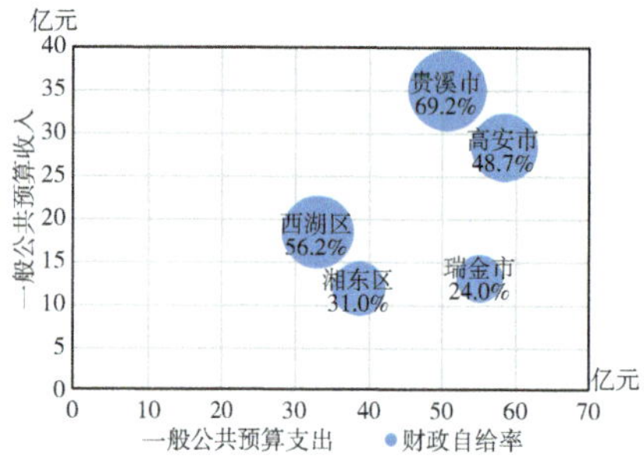

图 14-104 2018 年江西省样本区县财政自给率

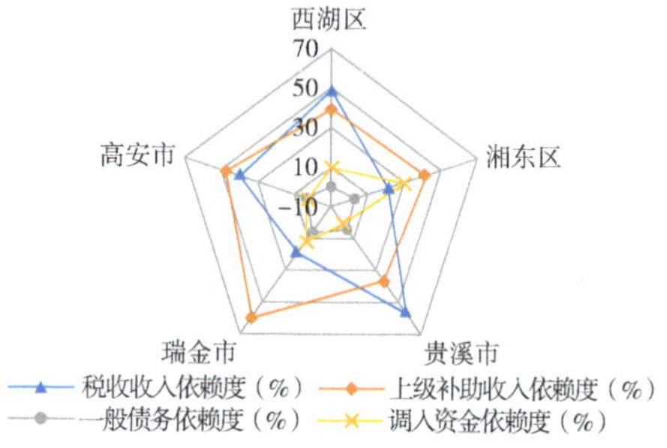

图 14-105 2018 年江西省样本区县财政收入依赖度

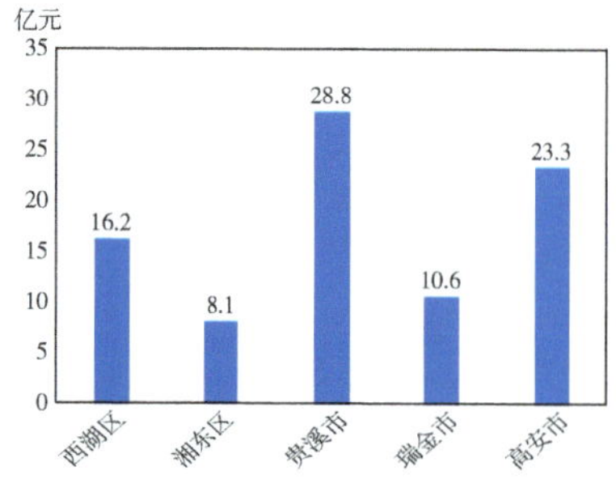

图 14-106 2018 年江西省样本区县税收收入

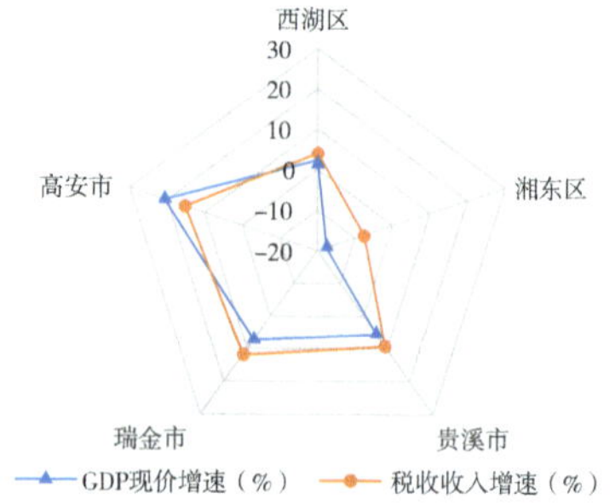

图 14-107 2018 年江西省样本区县税收收入增速

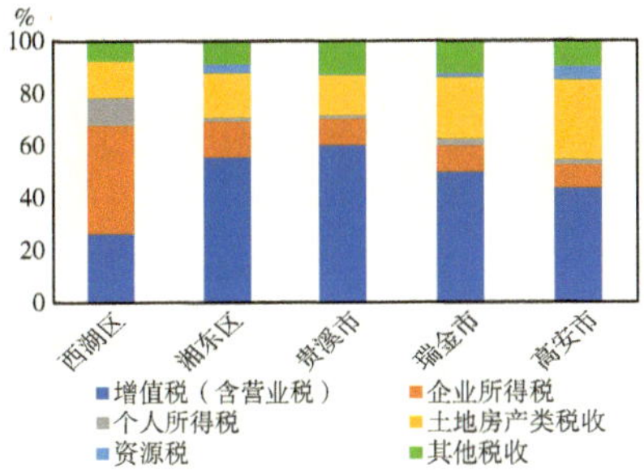

图14-108　2018年江西省样本区县税收收入结构

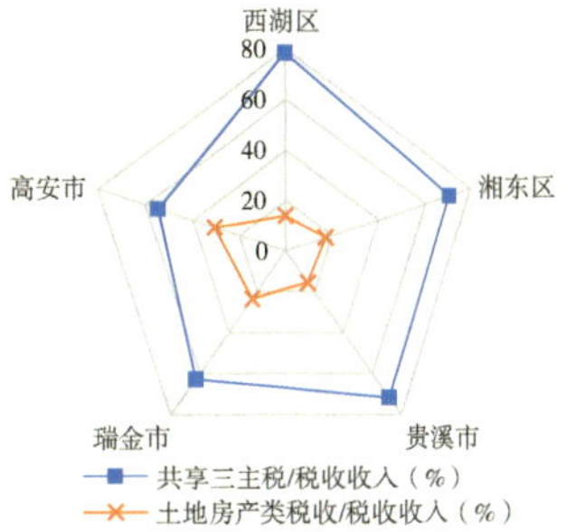

图14-109　2018年江西省样本区县共享三主税、土地房产类税收占税收收入的比重

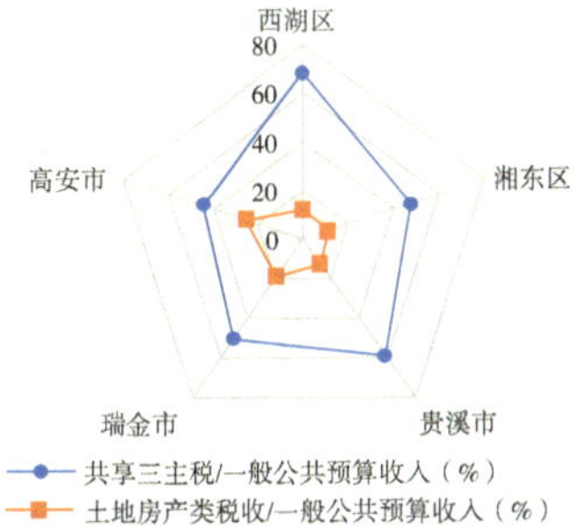

图14-110　2018年江西省样本区县共享三主税、土地房产类税收占一般公共预算收入的比重

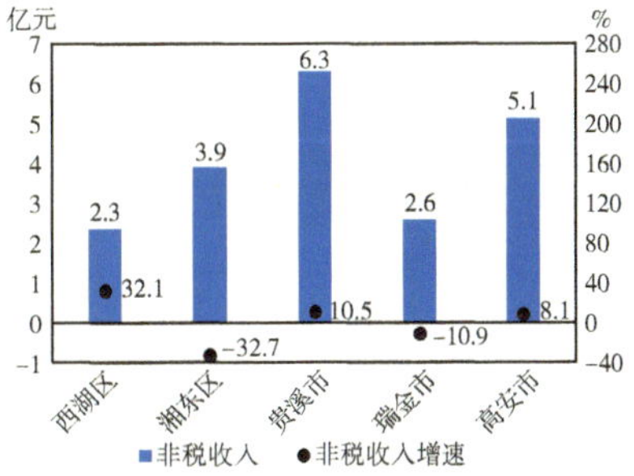

图14-111　2018年江西省样本区县非税收入

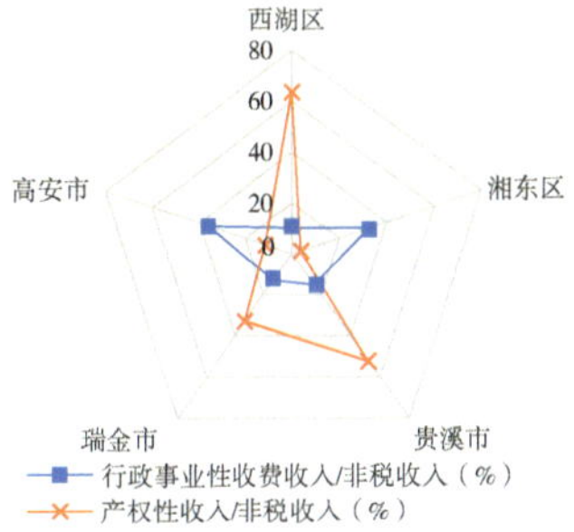

图14-112　2018年江西省样本区县产权性收入、行政事业性收费收入占非税收入的比重

14.3.4　江西省样本县政府性基金收入与国有资本经营收入情况

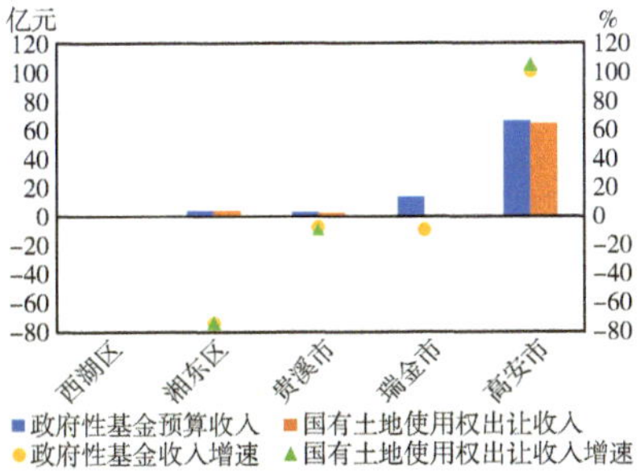

图14-113　2018年江西省样本区县政府性基金收入、国有土地使用权出让金收入及其增速

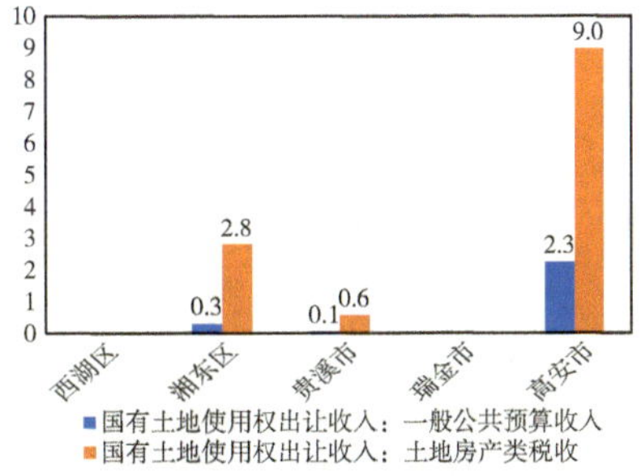

图14-114　2018年江西省样本区县国有土地使用权出让收入与一般公共预算关系指标

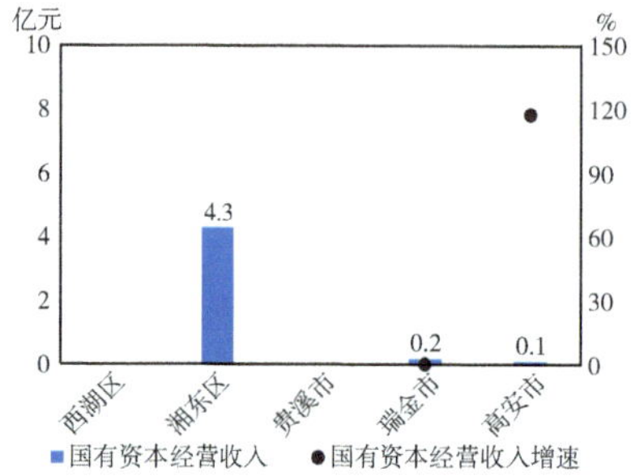

图14-115　2018年江西省样本区县国有资本经营收入及增速

14.3.5　江西省样本县社会保险基金收入情况

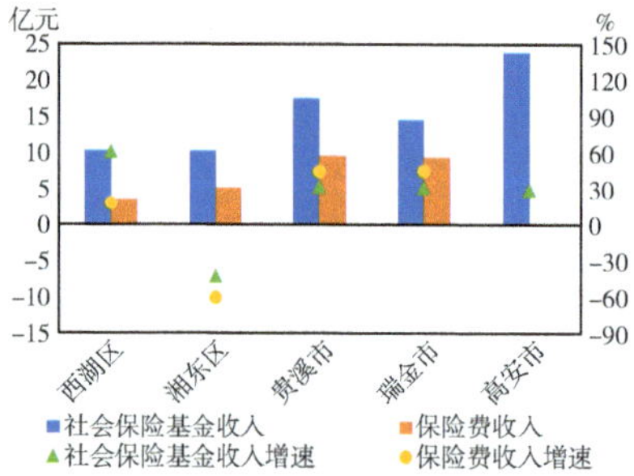

图14-116　2018年江西省样本区县社会保险基金收入、保险费收入及其增速

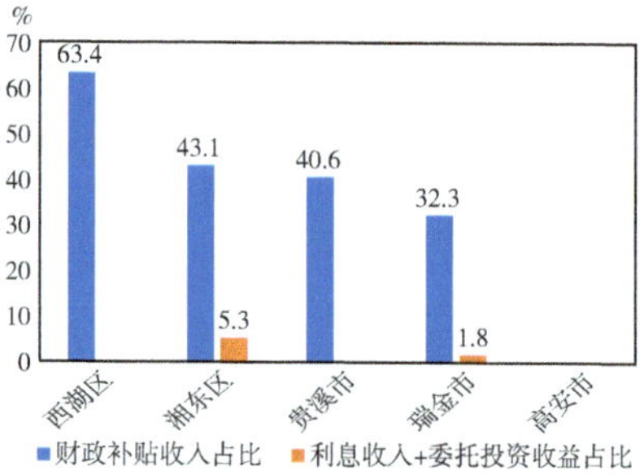

图14-117　2018年江西省样本区县财政补贴收入、利息收入+委托投资收益占社会保险基金收入的比重

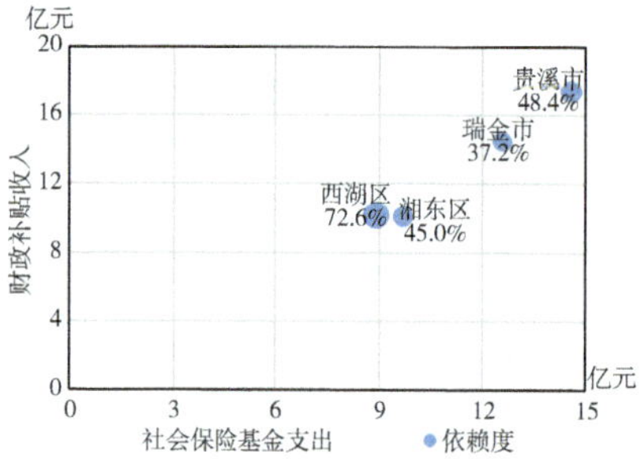

图14-118　2018年江西省样本区县社会保险基金对财政补贴的依赖度

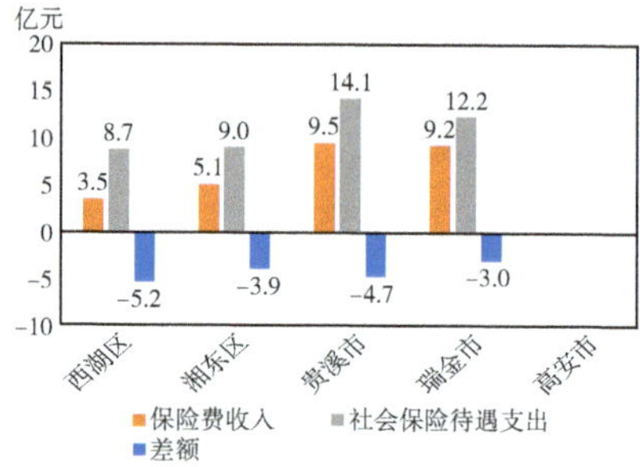

图14-119　2018年江西省样本区县保险费收入、社会保险待遇支出及其差额

14.3.6　江西省样本县债务情况

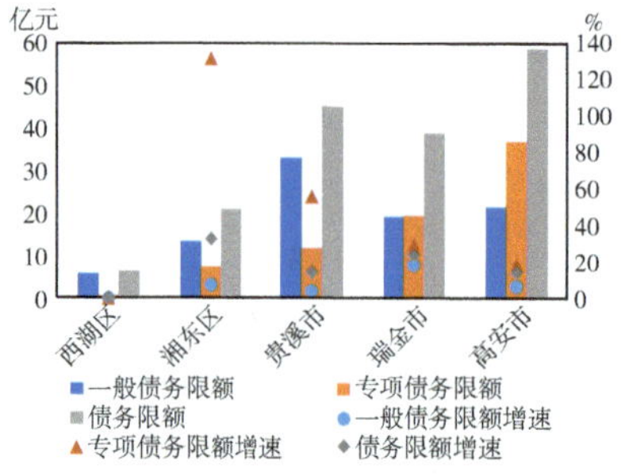

图14-120　2018年江西省样本区县债务限额及其增速

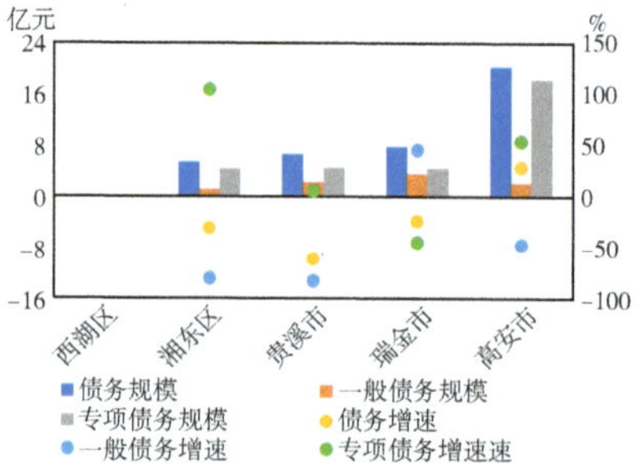

图14-121　2018年江西省样本区县债务规模及其增速

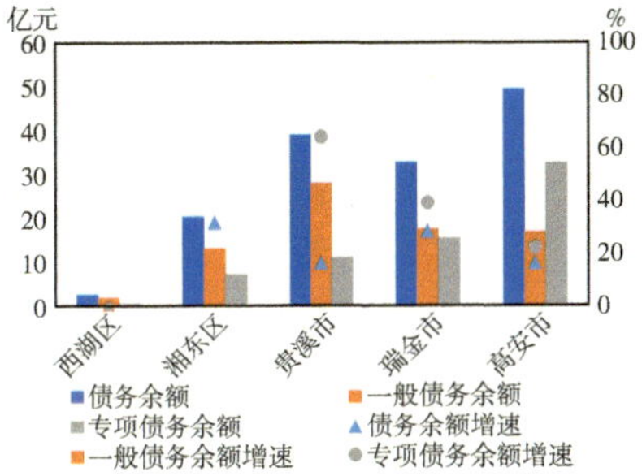

图14-122　2018年江西省样本区县债务余额及其增速

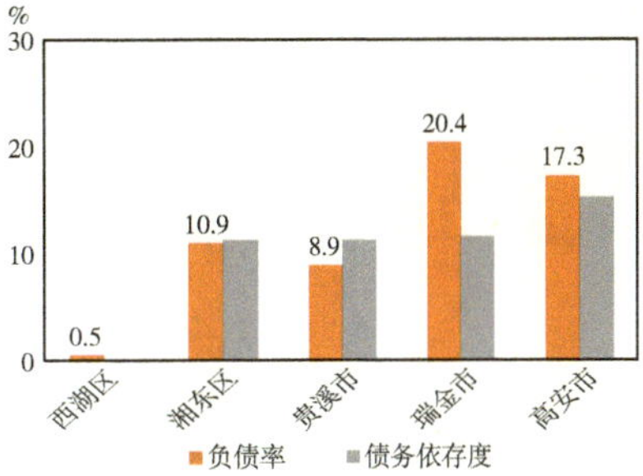

图14-123　2018年江西省样本区县负债率与债务依存度

15 山东省

截至2019年12月底，山东省辖济南、青岛、淄博、枣庄、东营、烟台、潍坊、济宁、泰安、威海、日照、临沂、德州、聊城、滨州、菏泽16个设区市，县级政区137个（市辖区57个、县级市27个、县53个），乡镇级政区1824个（街道669个、乡68个、镇1087个）。全省陆域面积15.58万平方公里， 海洋面积15.96万平方公里。境内地貌复杂，大体可分为平原、台地、丘陵、山地等基本地貌类型，复杂的地貌是山东省各地发展不均衡的原因之一。总体上看，山东省有着良好的发展基础，经济发展、财政收入等在全国处于中等水平之上 ，区域发展差异大，发展不平衡。

2019年山东省经济总量位列全国第三名，常住人口排名位列全国第二名，城镇化率略高于全国。2019年末，山东省常住人口10070.2万人，常住人口城镇化率为61.5%。2019年山东GDP达到7.1万亿元，排全国第3名，次于广东和江苏，略高于浙江；增速5.5%，比2018年下降0.9个百分点，低于全国0.6个百分点，排全国第26名；人均GDP为70572元（约10199美元），排全国第10名。从产业结构看，第一、第二、第三产业占比分别为7.2%、39.8%（低于全国平均水平0.9个百分点）、53.0%（高于全国平均水平0.8个百分点）。从居民可支配收入看，2019年城镇与农村居民人均可支配收入分别为42329元和17775元，与全国城镇和农村居民人均可支配收入水平相近；城镇与农村居民人均可支配收入呈上升态势，增速分别为7.0%和9.1%。

2019年山东省一般公共预算收入在全国位列第5，增值税（含营业税）占比高，省市县中县级财政收入占比最高。2019年山东省一般公共预算收入6526.6亿元，排全国第5名，增速0.6%，排全国第25名，人均一般公共预算收入为6481元，排全国第11名。其中，2019年山东省税收收入占一般公共预算收入的比重为74.3%，较2018年下降1.2%，低于全国平均水平9个百分点。从纵向收入分配看，2018年省本级、市本级、县一般公共预算收入占比分别为3%、14%和83%。

山东省财政自给率较高，地区财政总收入大于一般公共预算支出。山东财政自给率在60%左右，2019年为60.8%。2018年山东省组织的地区财政总收入为12226.6亿元，增速为7.9%，其中上缴中央收入占比47.0%。2018年山东省一般公共预算支出为10101亿元，低于地区财政总收入规模。

2019年山东省四本预算的一般公共预算收入占比下降，政府收入增速下降明显，社保对财政补贴的依赖度较高。2019年山东省四本预算加总的政府收入为18585.9亿元，增速为6.7%，较2018年下降18.5个百分点，2019年人均政府收入为18456元，增速为6.5%，较2018年下降18.1个百分点。其中一般公共预算收入、政府性基金收入、国有资本经营收入和社会保险基金收入分别占比35.1%、36.3%、0.4%和28.2%。2019年山东省社会保险费收入为3619.2亿元，增速为-1.9%；财政补贴收入占社会保险基金收入比重为18.9%，社保对财政依赖度达到19.0%。

本章执笔人：刘柯彤　审校：刘昶

山东省内各市经济社会发展和财政发展不均衡，优势主要集中于青岛市、济南市。青岛市是2018年山东省政府收入规模唯一超3000亿元的城市，达到3338.7亿元，济南市2018年政府收入规模为2596.4亿元，而其他城市政府收入规模分布在400亿—1600亿元区间。2018年青岛市一般公共预算收入1231.9亿元，济南市一般公共预算收入752.8亿元，其他各市大多低于400亿元，且城市间差异较大，比如青岛市是枣庄市的8.4倍。2018年山东省各市财政自给率最高的城市为烟台市，达到84.2%，最低的为菏泽市，仅为37.3%，前者是后者的2.26倍。政府性基金收入主要构成是国有土地使用权出让金收入，与地理位置关系较大，收入规模最大的济南市（1201.6亿元）为规模最小的东营市（79.1亿元）的15.19倍。

15.1 山东省政府收入主要特征分析

15.1.1 山东省经济社会基本情况

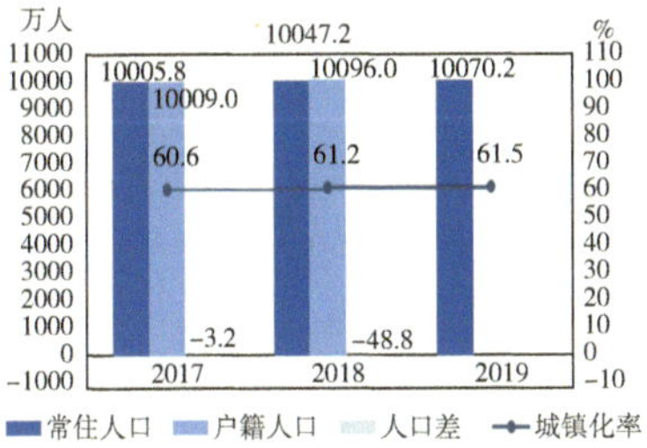

图15-1　2017-2019年山东省人口状况

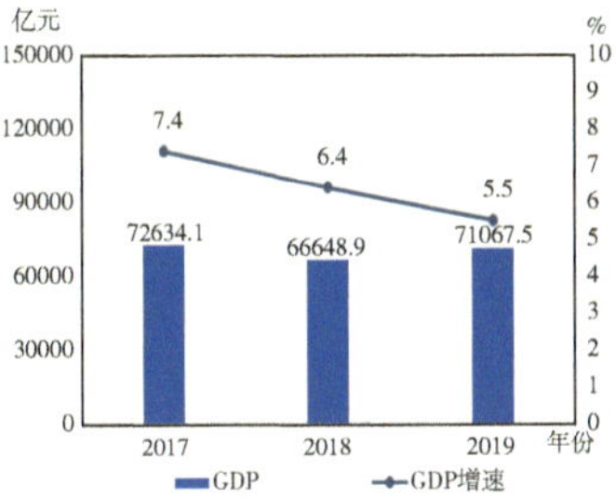

图15-2　2017-2019年山东省GDP及增速

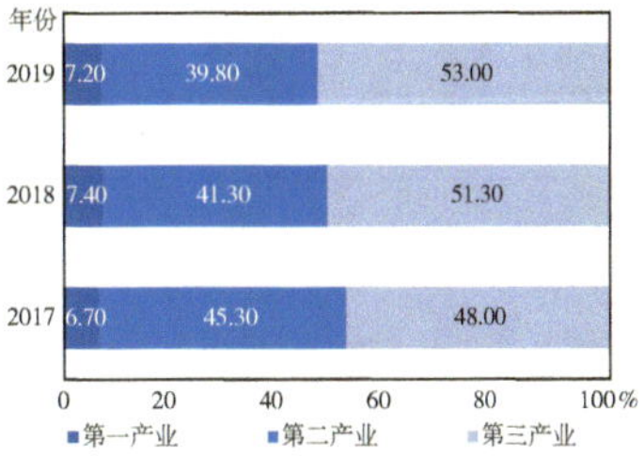

图15-3　2017-2019年山东省三次产业结构

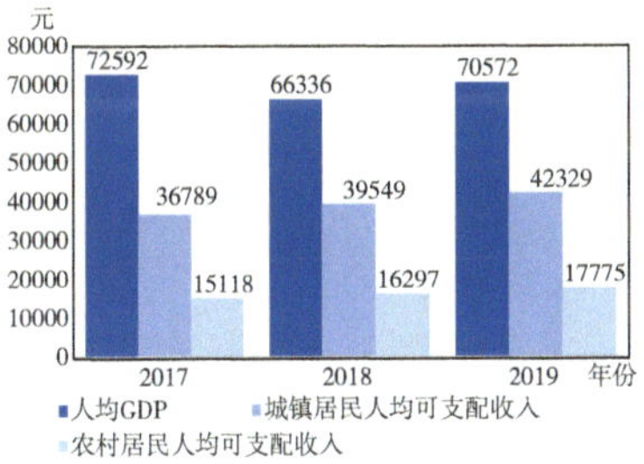

图15-4　2017-2019年山东省人均GDP和人均可支配收入

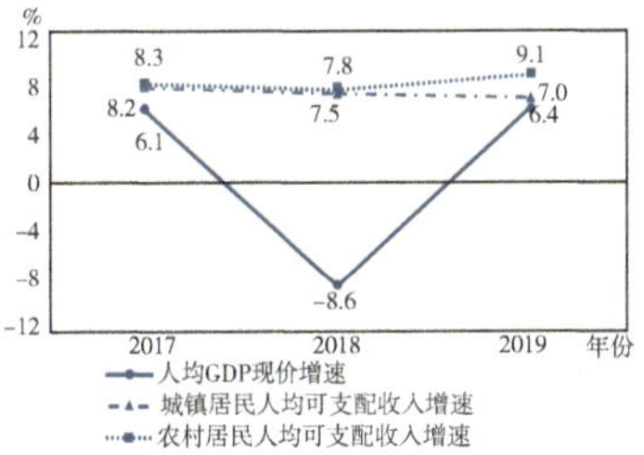

图15-5　2017-2019年山东省人均GDP增速和人均可支配收入增速

15.1.2 山东省政府收入总体情况

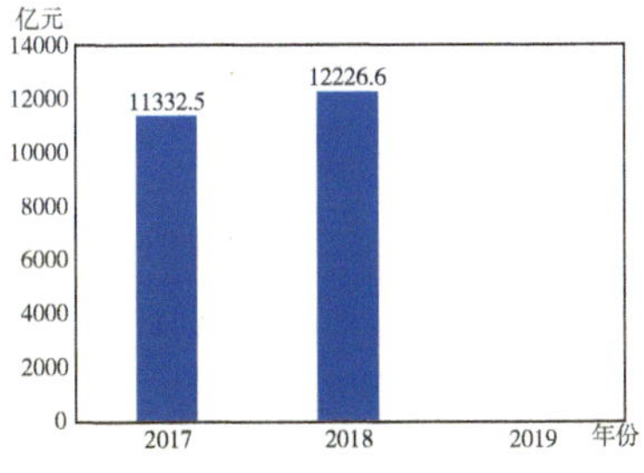

图15-6　2017-2019年山东省财政总收入

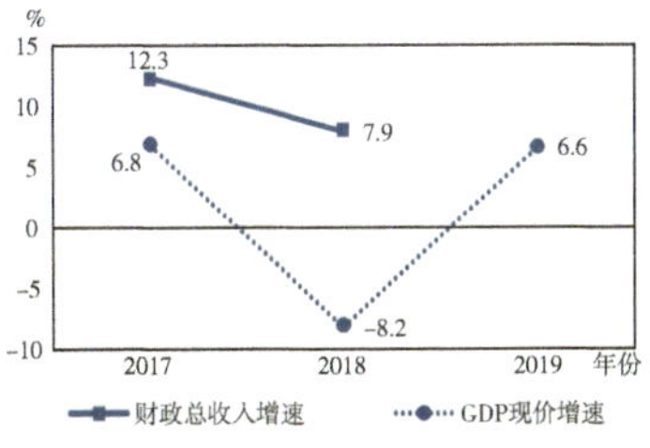

图15-7　2017-2019年山东省财政总收入增速

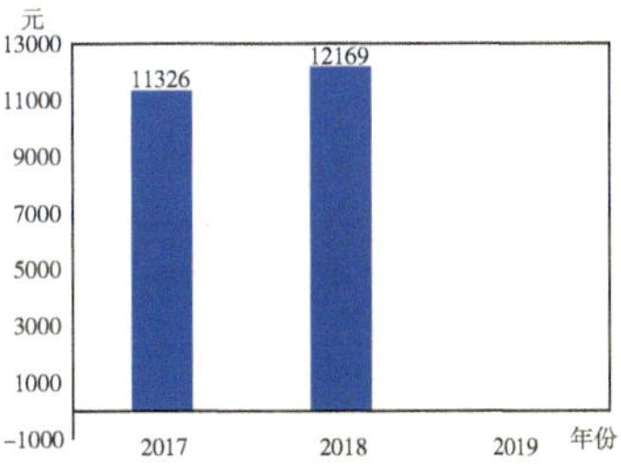

图15-8　2017-2019年山东省人均财政总收入

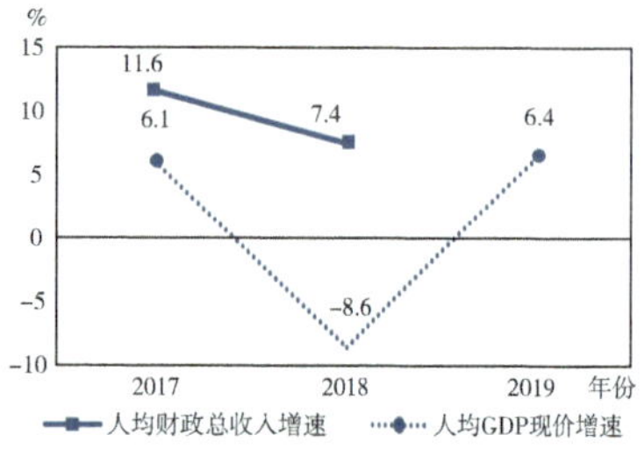

图 15-9　2017-2019 年山东省人均财政总收入增速

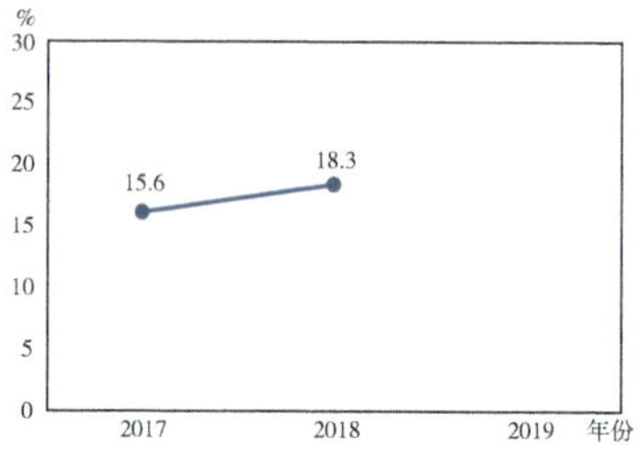

图 15-10　2017-2019 年山东省财政总收入/GDP

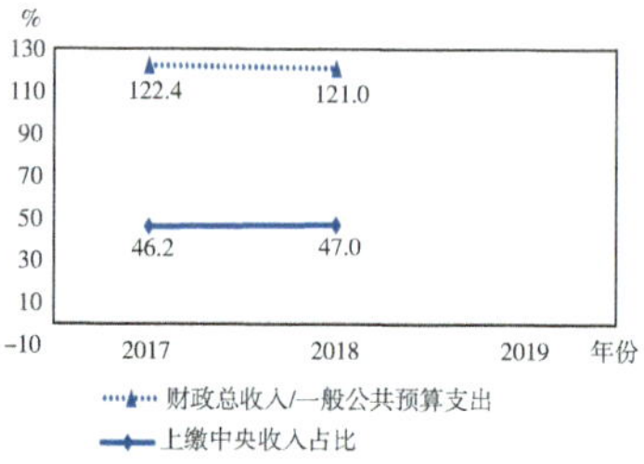

图 15-11　2017-2019 年山东省财政总收入其他指标

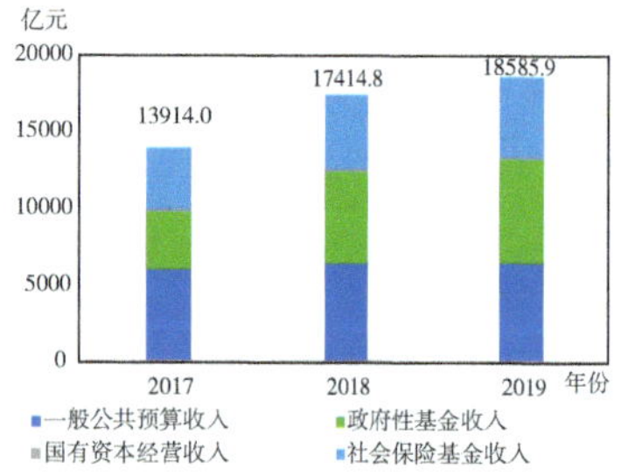

图 15-12　2017-2019 年山东省政府收入

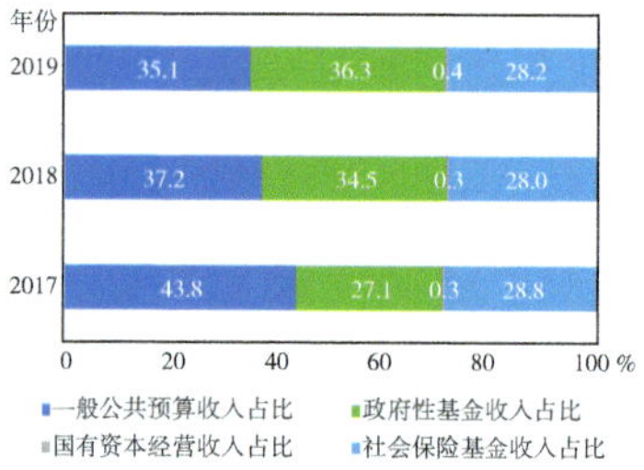

图 15-13　2017-2019 年山东省政府收入结构

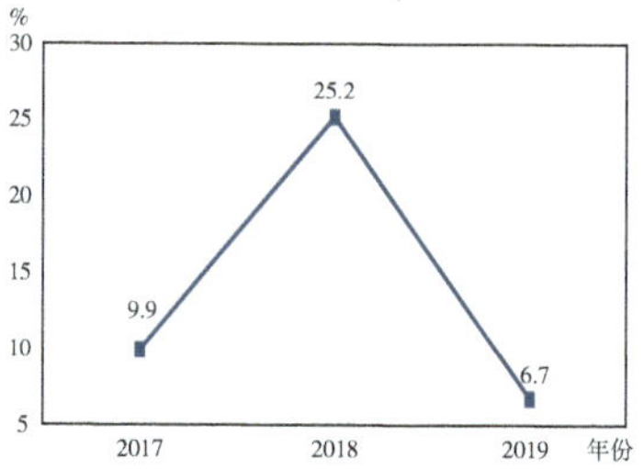

图 15-14　2017-2019 年山东省政府收入增速

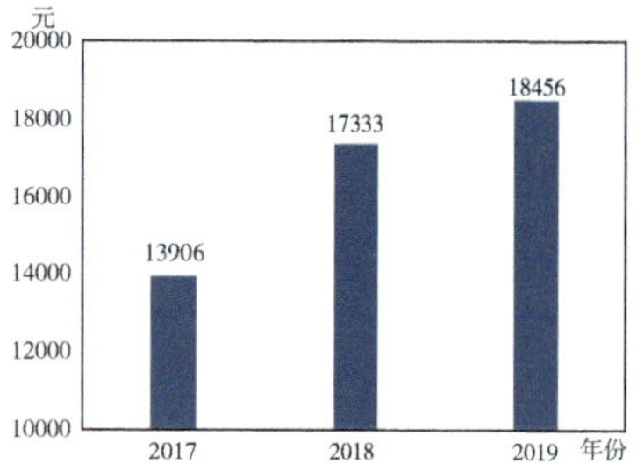

图 15-15　2017-2019 年山东省人均政府收入

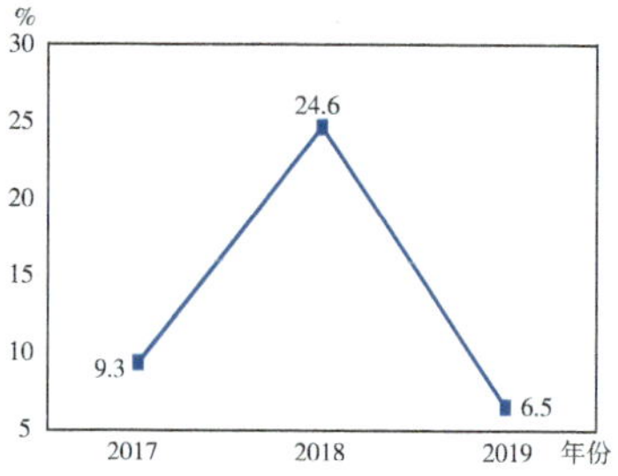

图 15-16　2017-2019 年山东省人均政府收入增速

15.1.3　山东省一般公共预算收入情况

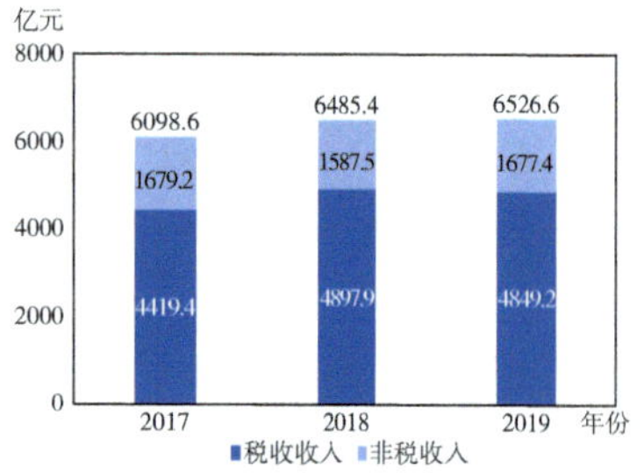

图 15-17　2017-2019 年山东省一般公共预算收入

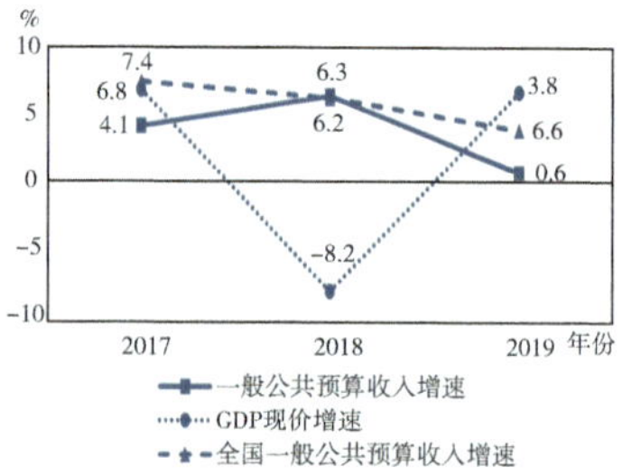

图 15-18　2017-2019 年山东省一般公共预算收入增速

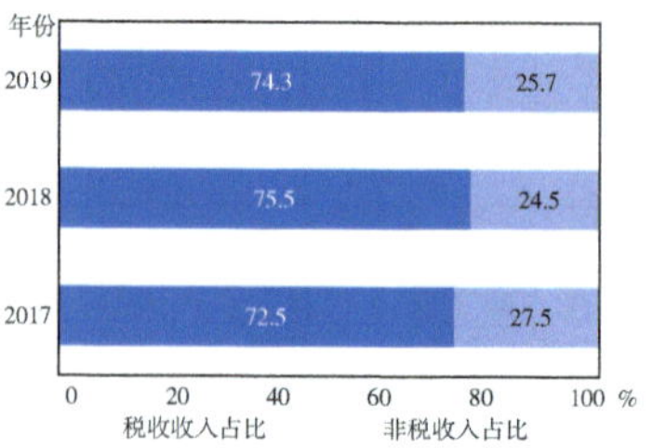

图 15-19　2017-2019 年山东省一般公共预算收入结构

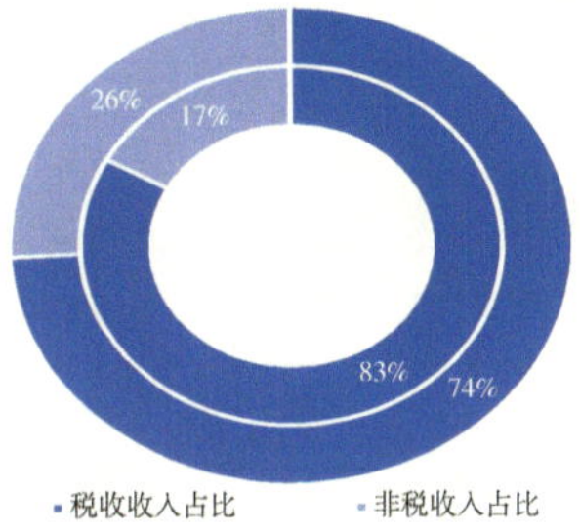

图 15-20　2019 年一般公共预算收入结构对比（内环为全国，外环为山东省）

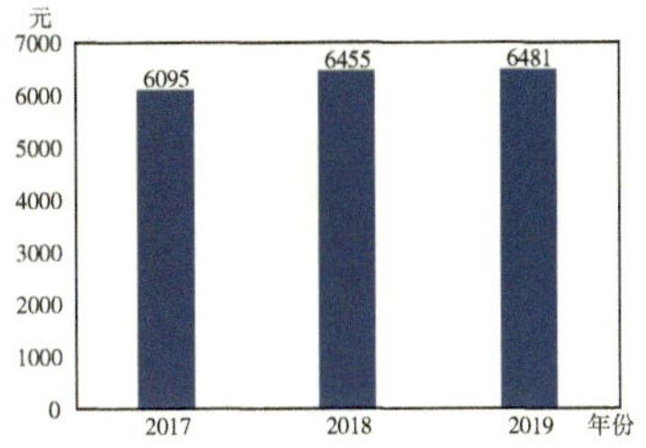

图 15-21　2017-2019 年山东省人均一般公共预算收入

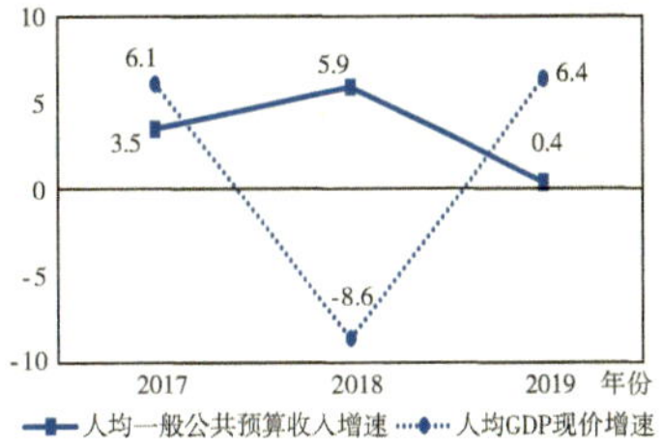

图 15-22　2017-2019 年山东省人均一般公共预算收入增速

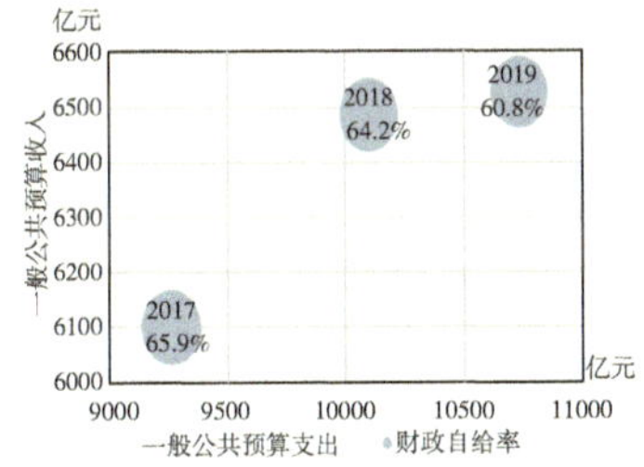

图 15-23　2017-2019 年山东省财政自给率

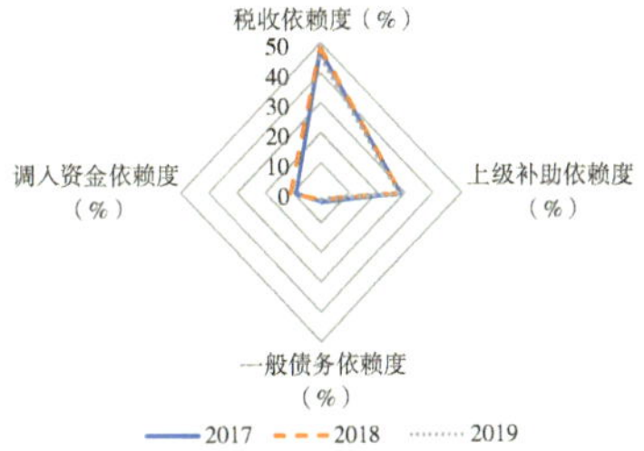

图 15-24　2017-2019 年山东省财政收入依赖度

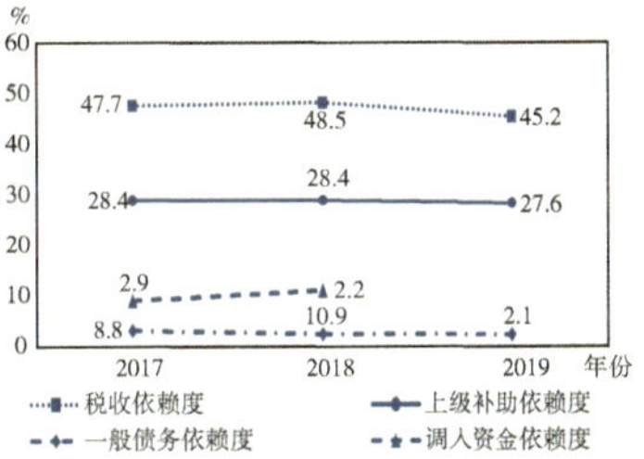

图 15-25　2017-2019 年山东省财政收入依赖度

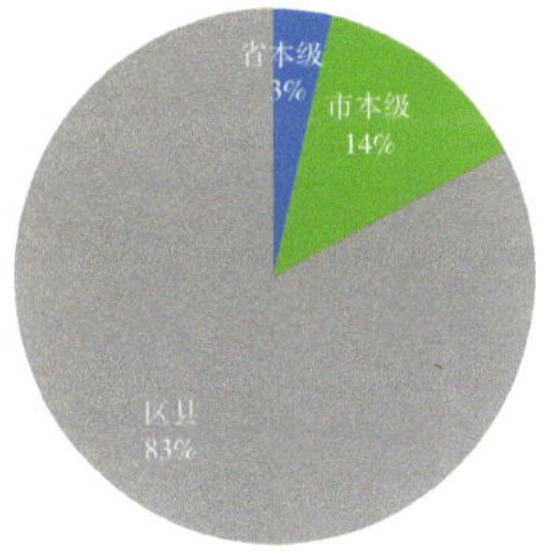

图 15-26　2018 年山东省省市县三级政府一般公共预算收入分布

图 15-27　2017-2019 年山东省税收收入

图 15-28　2017-2019 年山东省税收收入增速

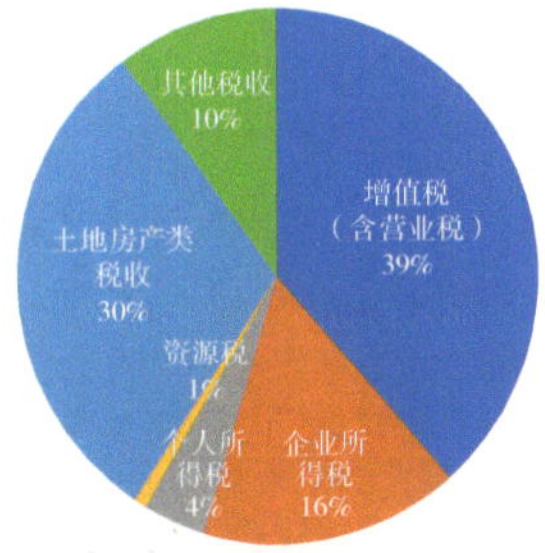

图 15-29　2019 年山东省税收结构

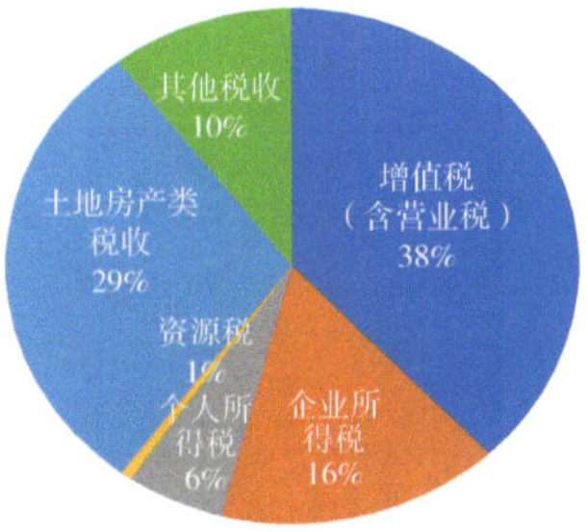

图 15-30　2018 年山东省税收结构

图 15-31　2017-2019 年山东省共享三主税、土地房产类税收占税收收入的比重

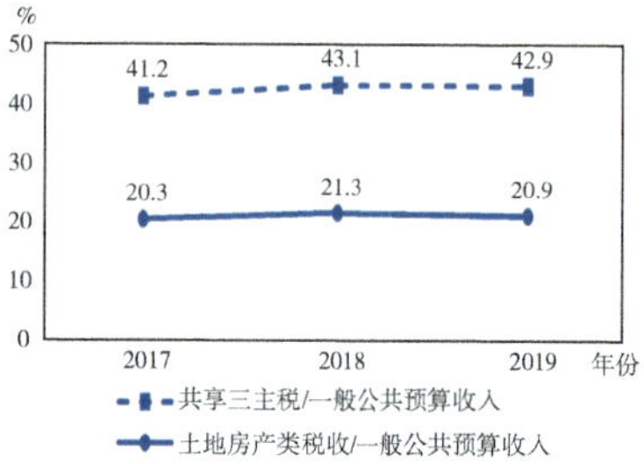

图 15-32　2017-2019 年山东省共享三主税、土地房产类税收占一般公共预算收入的比重

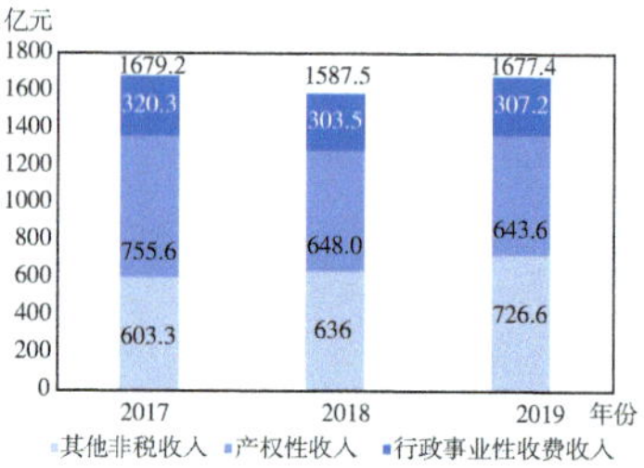

图 15-33　2017-2019 年山东省非税收入

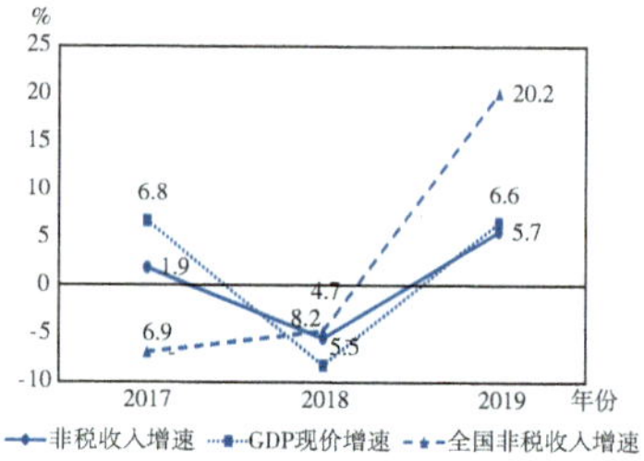

图 15-34　2017-2019 年山东省非税收入增速

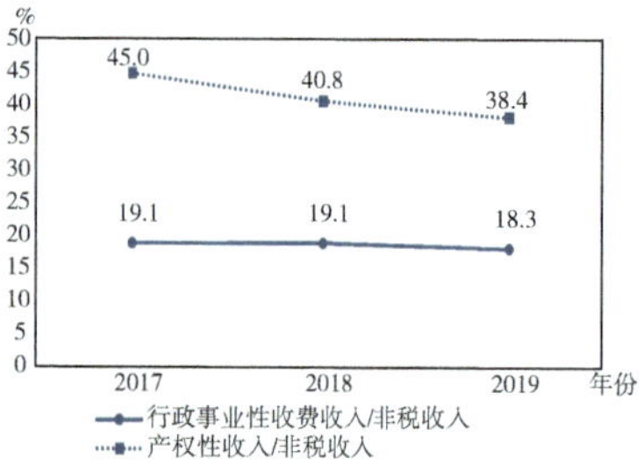

图 15-35　2017-2019 年山东省行政事业性收费及产权性收入占非税收入的比重

15.1.4　山东省政府性基金收入和国有资本经营收入情况

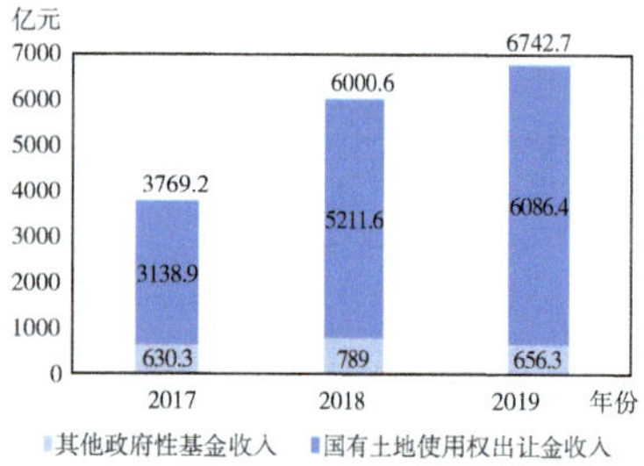

图 15-36　2017-2019 年山东省政府性基金收入

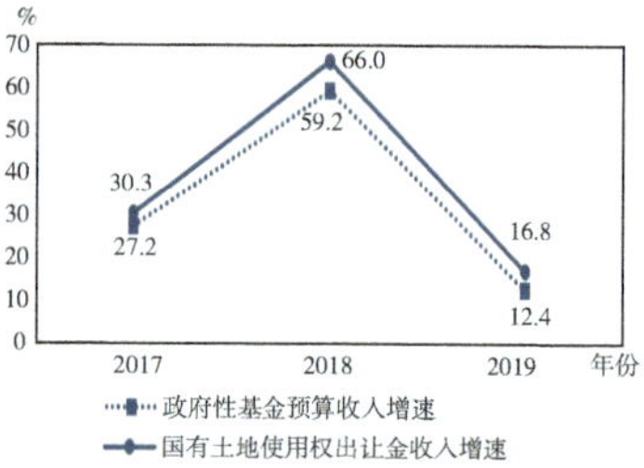

图 15-37　2017-2019 年山东省政府性基金收入增速及国有土地使用权出让金收入增速

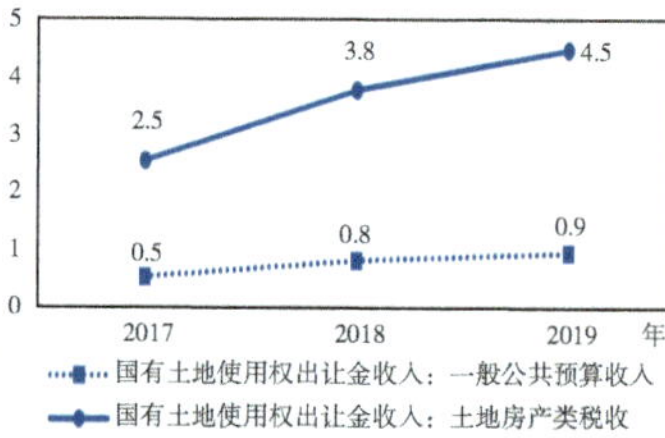

图 15-38　2017-2019 年山东省国有土地使用权出让金收入与一般公共预算关系指标

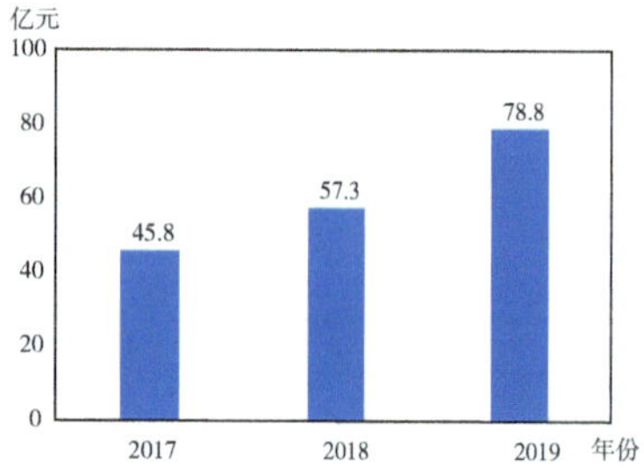

图 15-39　2017-2019 年山东省国有资本经营收入

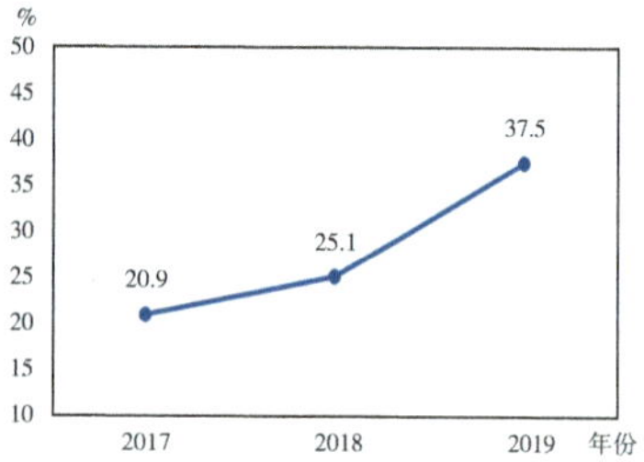

图 15-40　2017-2019 年山东省国有资本经营收入增速

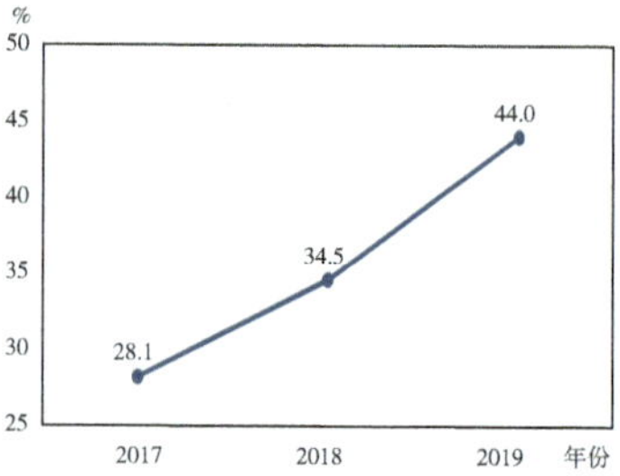

图 15-41　2017-2019 年山东省调出资金/国有资本经营收入

15.1.5 山东省社会保险基金收入情况

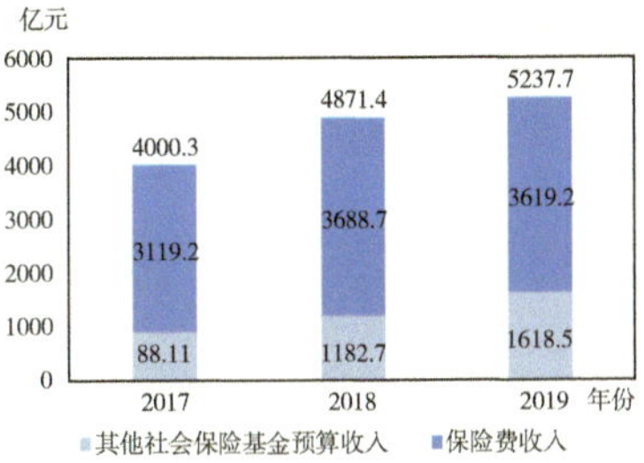

图 15-42 2017-2019 年山东省社会保险基金收入

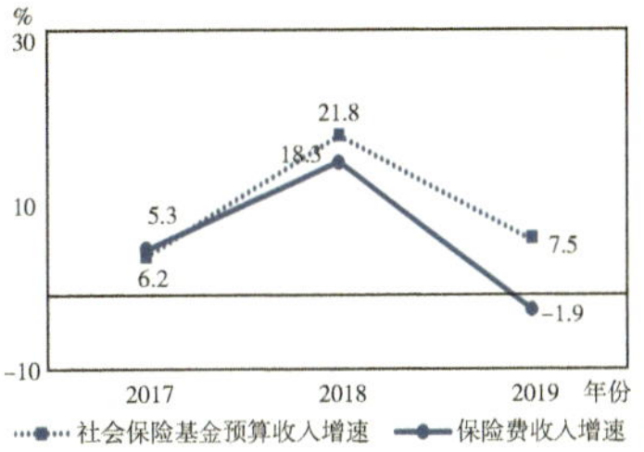

图 15-43 2017-2019 年山东省社会保险基金收入增速及保险费收入增速

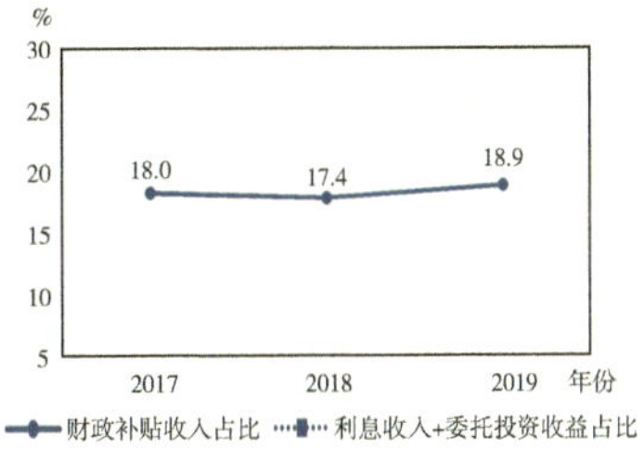

图 15-44 2017-2019 年山东省财政补贴收入、利息收入+委托投资收益占社会保险基金收入的比重

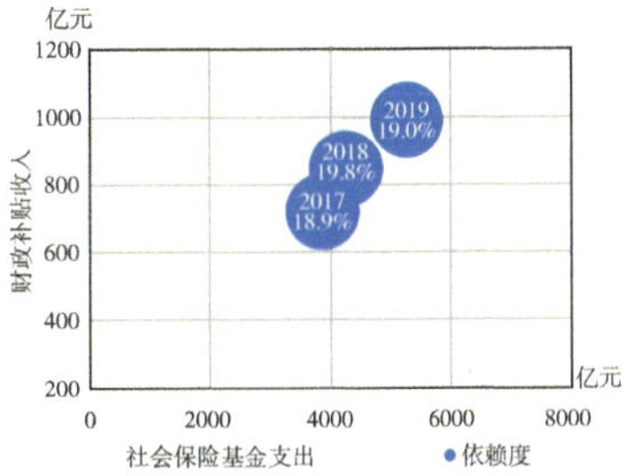

图 15-45 2017-2019 年山东省社会保险基金对财政补贴的依赖度

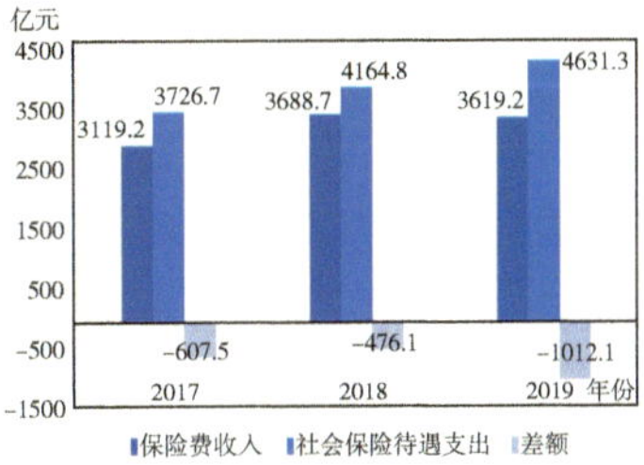

图 15-46 2017-2019 年山东省保险费收入、社会保险待遇支出及差额

15.1.6 山东省债务情况

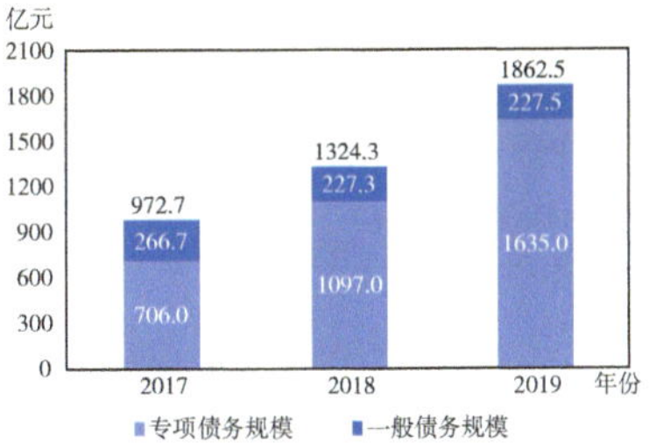

图 15-47 2017-2019 年山东省债务规模

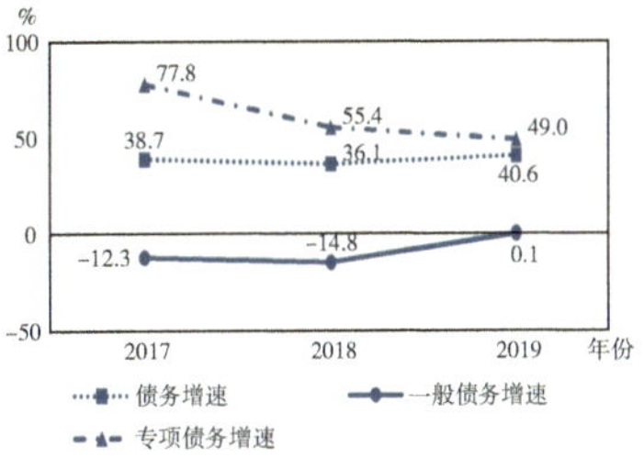

图 15-48 2017-2019 年山东省债务增速

图 15-49 2017-2019 年山东省债务限额

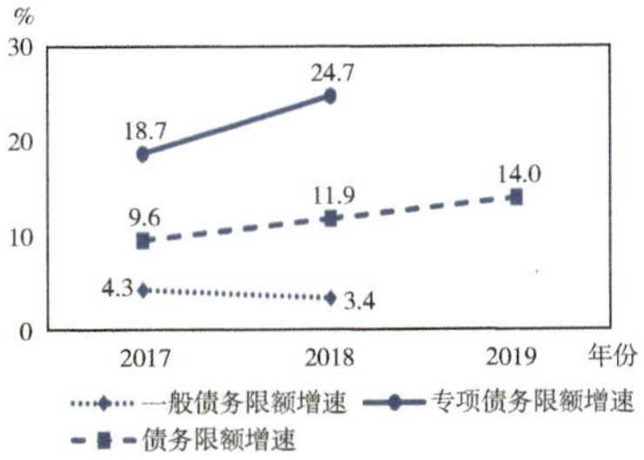

图 15-50 2017-2019 年山东省债务限额增速

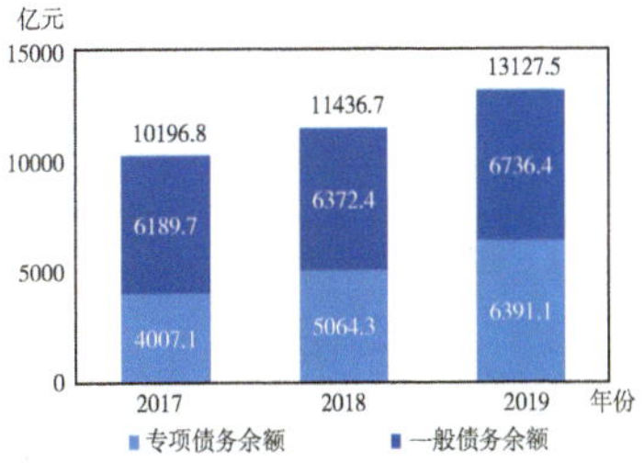

图 15-51 2017-2019 年山东省债务余额

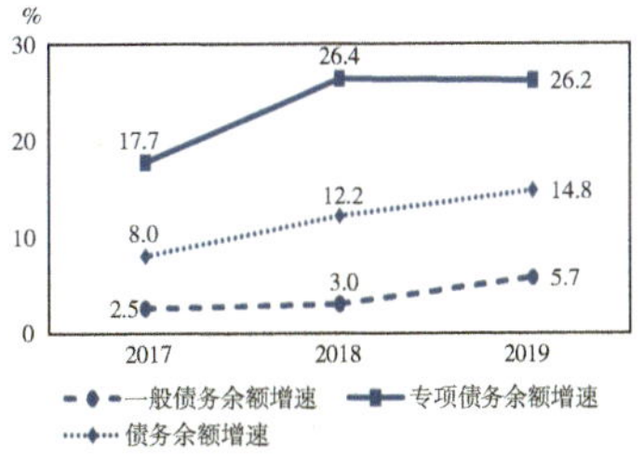

图 15-52 2017-2019 年山东省债务余额增速

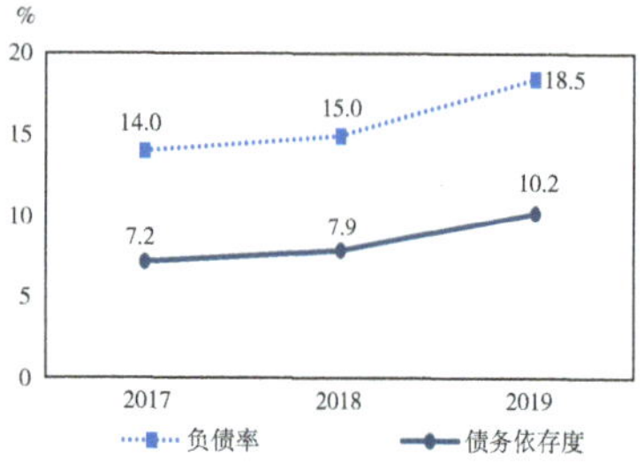

图 15-53　2017-2019 年山东省负债率与债务依存度

15.1.7　山东省省本级一般公共预算收入情况

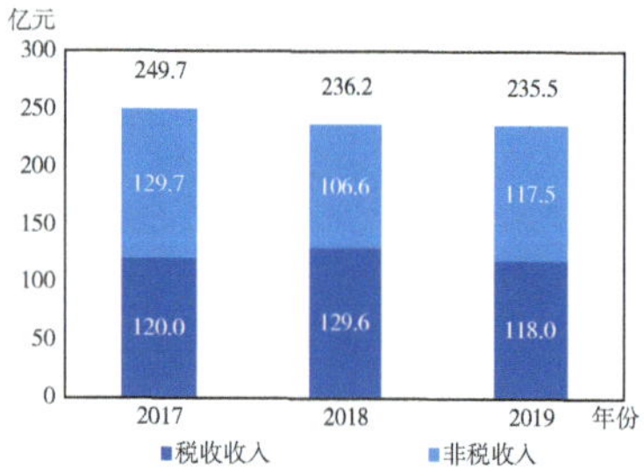

图 15-54　2017-2019 年山东省省本级一般公共预算收入

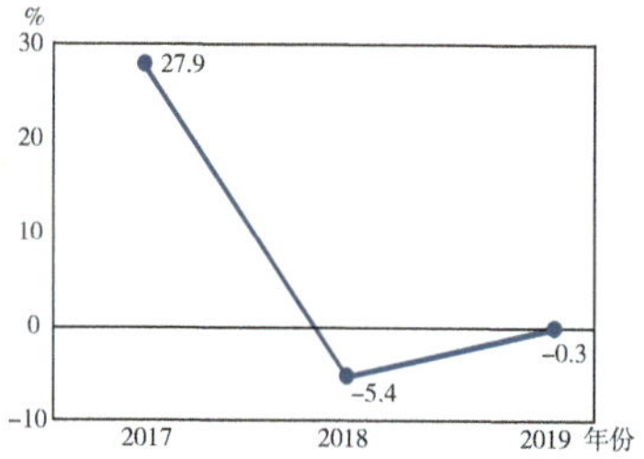

图 15-55　2017-2019 年山东省省本级一般公共预算收入增速

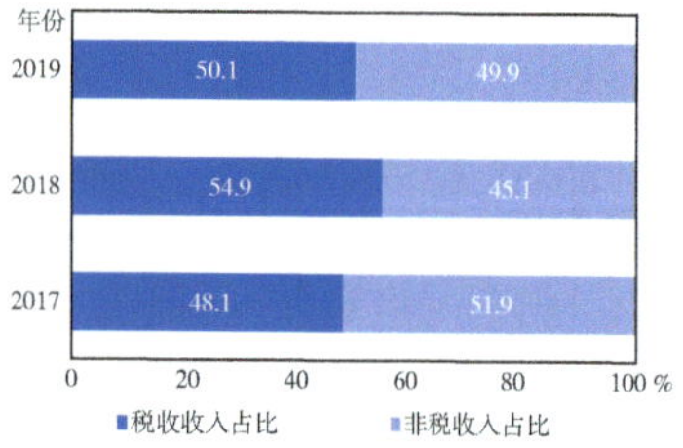

图 15-56　2017-2019 年山东省省本级一般公共预算收入结构

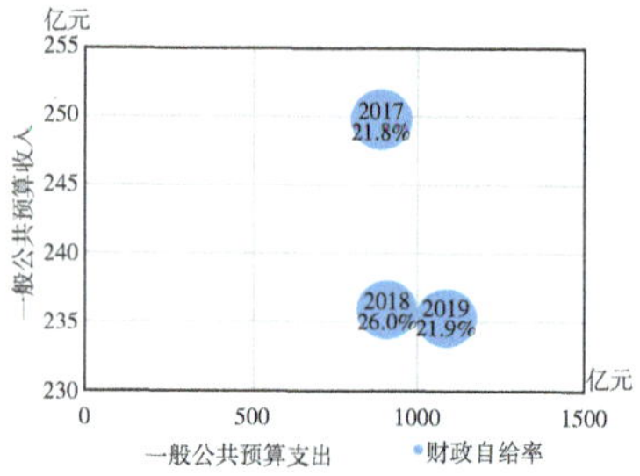

图 15-57　2017-2019 年山东省省本级财政自给率

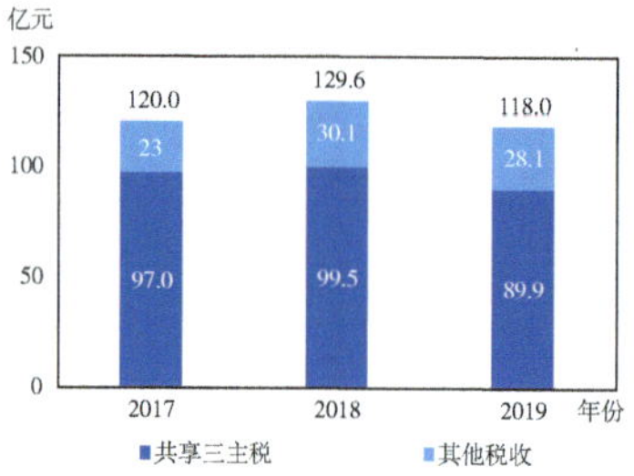

图 15-58　2017-2019 年山东省省本级税收收入

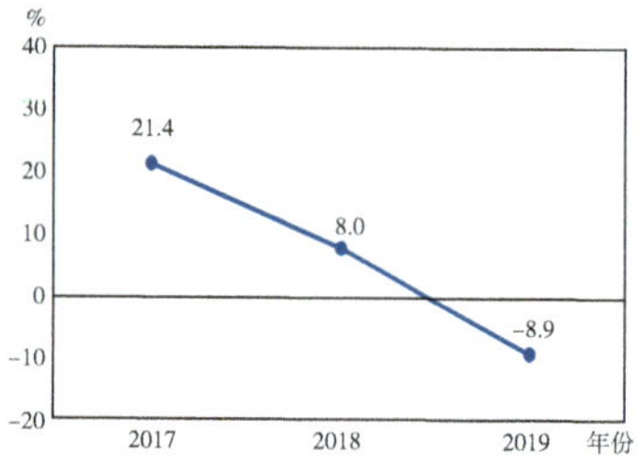

图 15-59　2017-2019 年山东省省本级税收收入增速

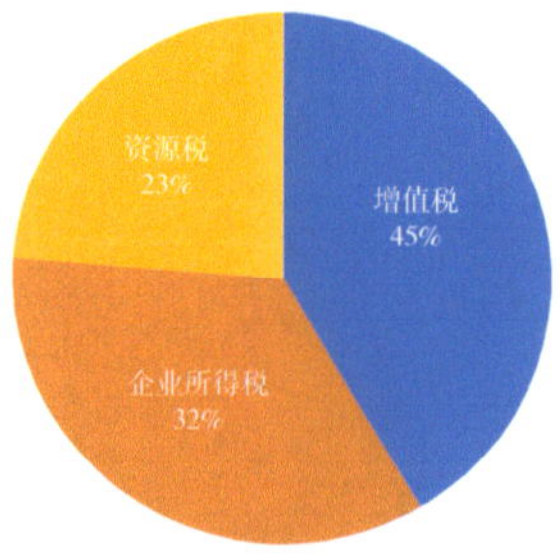

图 15-60　2019 年山东省省本级税收结构

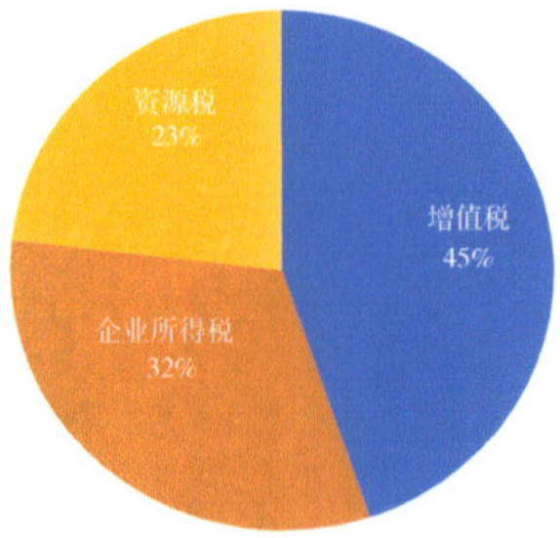

图 15-61　2018 年山东省省本级税收结构

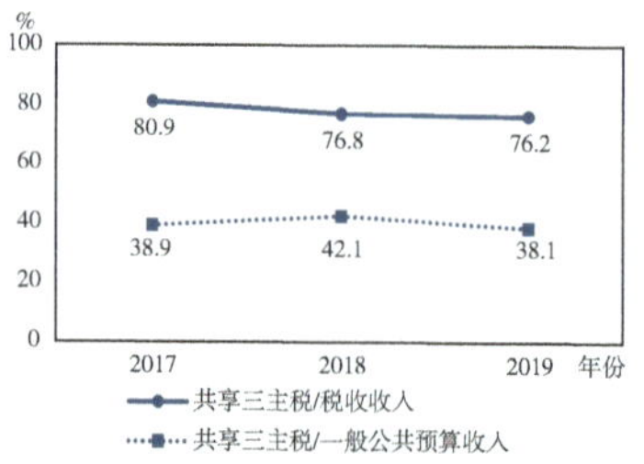

图 15-62　2017-2019 年山东省省本级共享三主税占税收收入、一般公共预算收入的比重

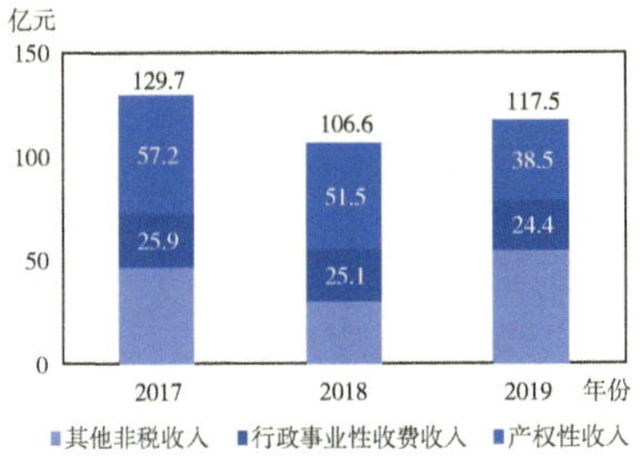

图15-63　2017-2019年山东省省本级非税收入

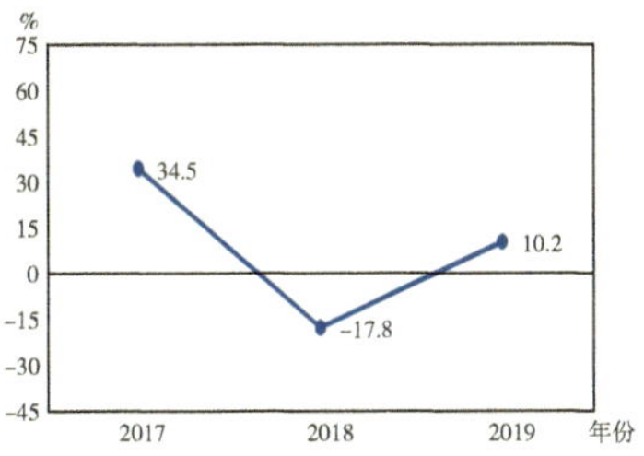

图15-64　2017-2019年山东省省本级非税收入增速

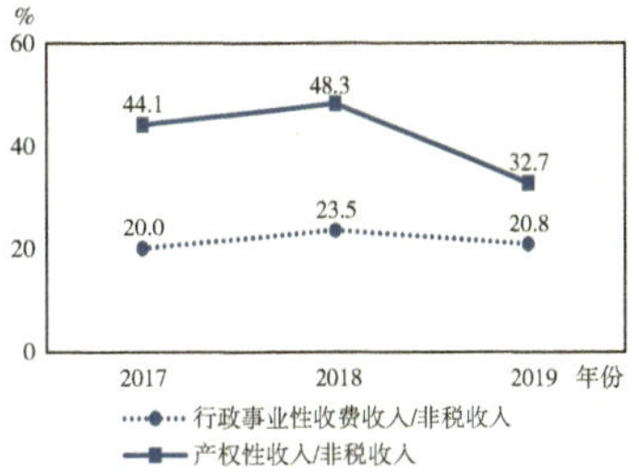

图15-65　2017-2019年山东省省本级行政事业性收费、产权性收入占非税收入的比重

15.2　山东省各市政府收入主要特征分析

15.2.1　山东省各市经济社会发展情况

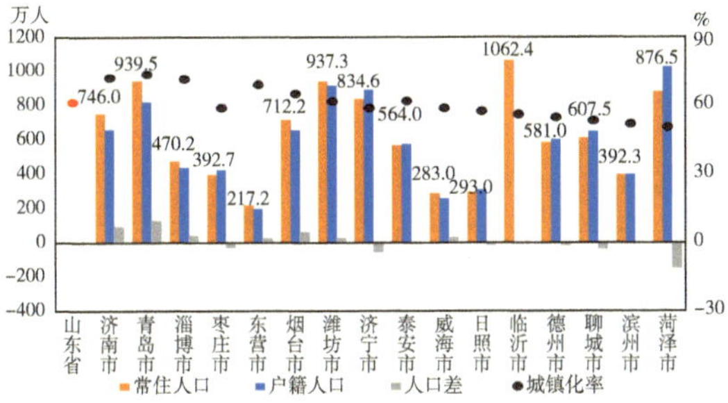

图15-66　2018年山东省各市人口状况

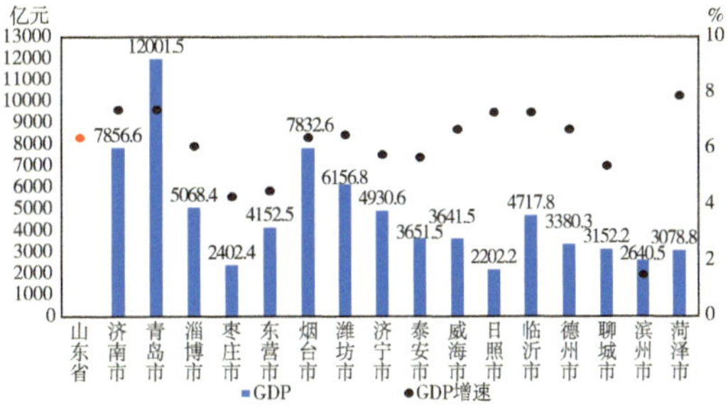

图15-67　2018年山东省各市GDP及增速

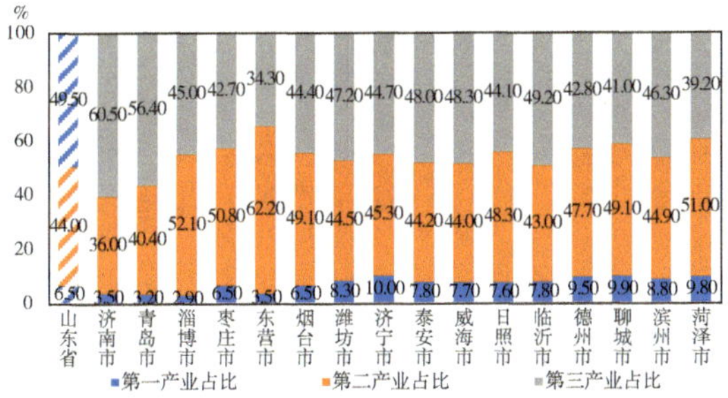

图15-68　2018年山东省各市三次产业结构

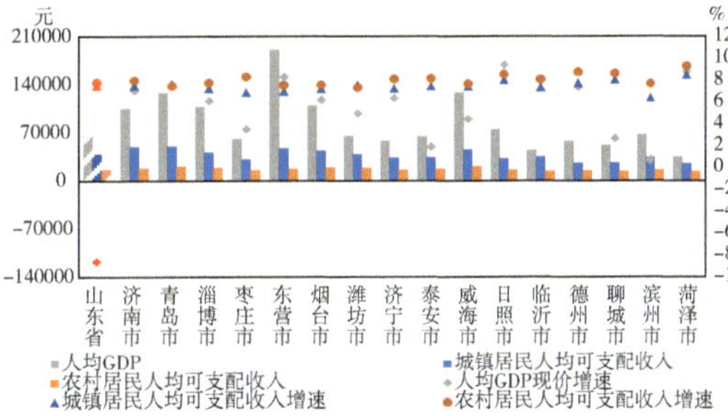

图15-69　2018年山东省各市人均GDP与人均可支配收入

15.2.2　山东省各市政府收入总体情况

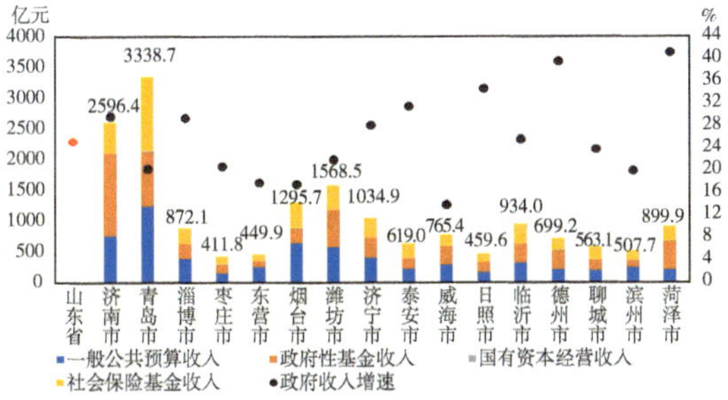

图15-70　2018年山东省各市政府收入结构及增速

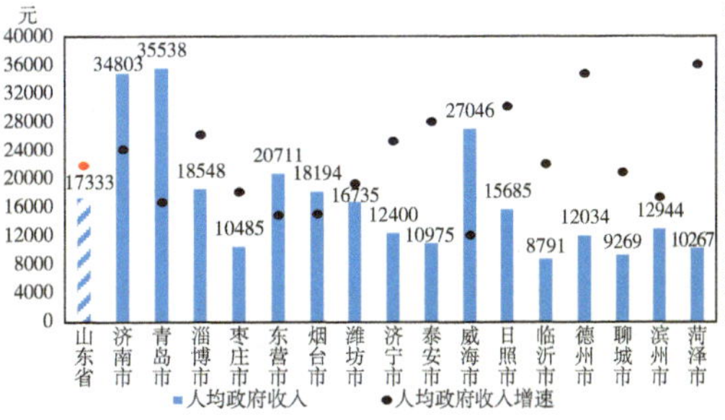

图15-71　2018年山东省各市人均政府收入及增速

15.2.3 山东省各市一般公共预算收入情况

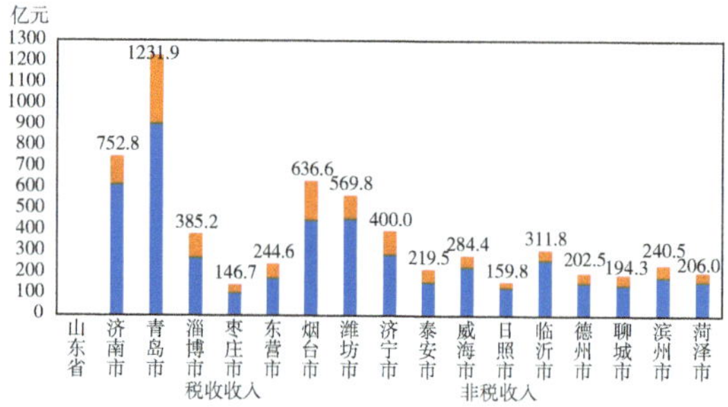

图 15-72　2018 年山东省各市一般公共预算收入

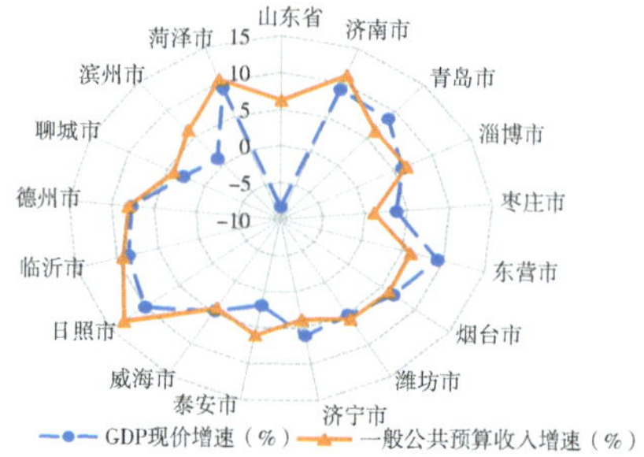

图 15-73　2018 年山东省各市一般公共预算收入增速

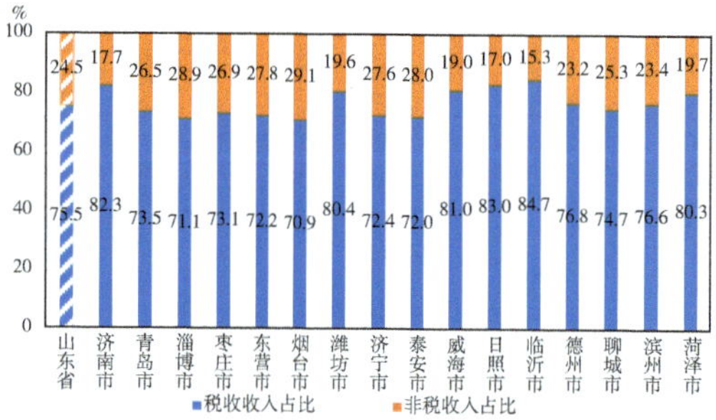

图 15-74　2018 年山东省各市一般公共预算收入结构

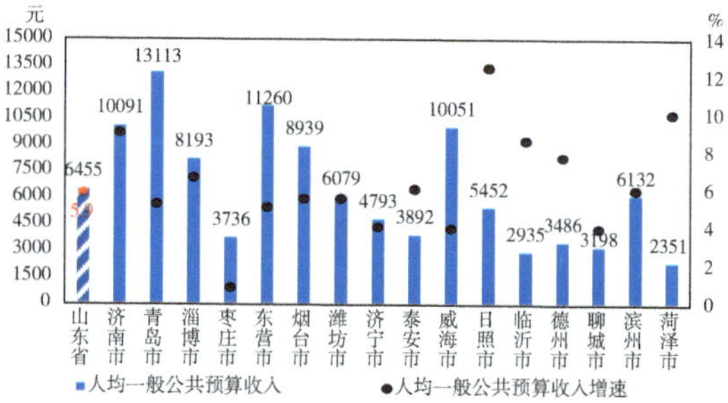

图 15-75　2018 年山东省各市人均一般公共预算收入及增速

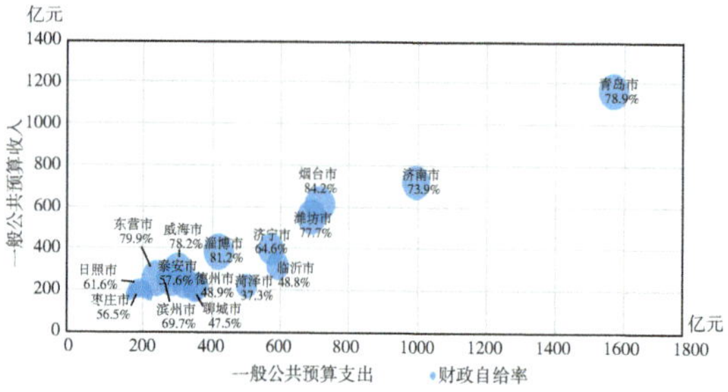

图 15-76　2018 年山东省各市财政自给率

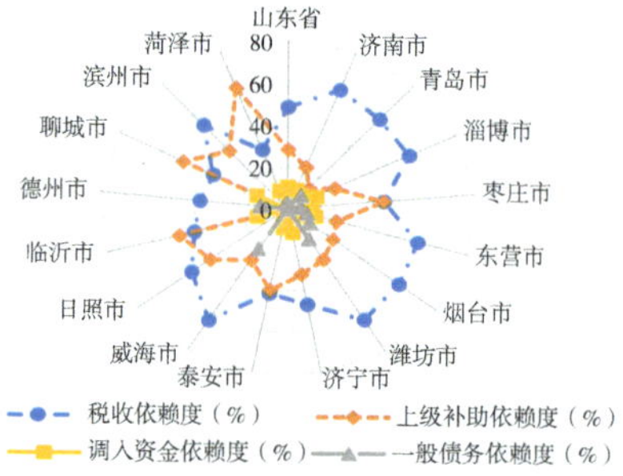

图 15-77　2018 年山东省各市财政收入依赖度

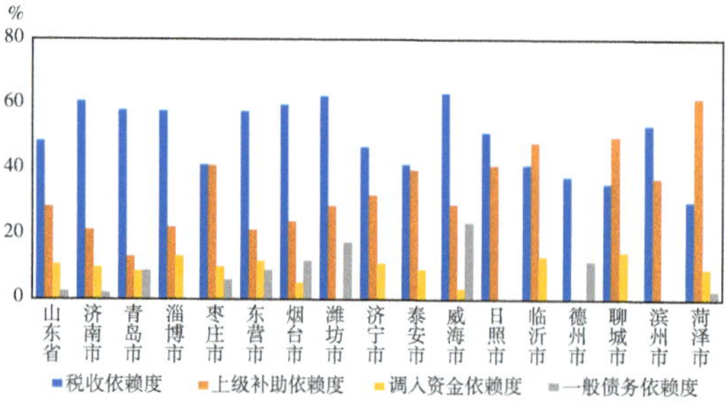

图 15-78　2018 年山东省各市财政收入依赖度

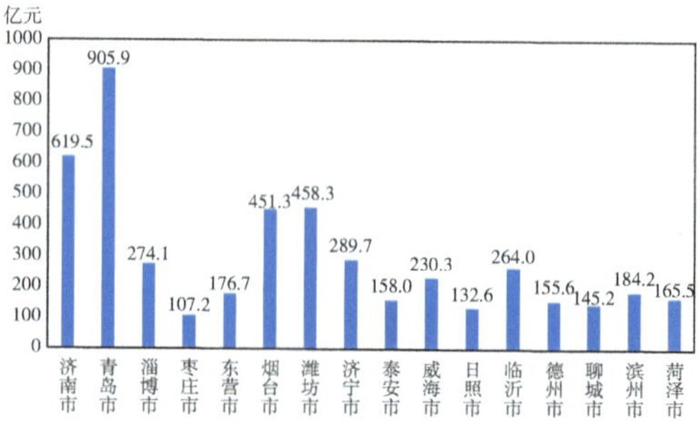

图 15-79　2018 年山东省各市税收收入

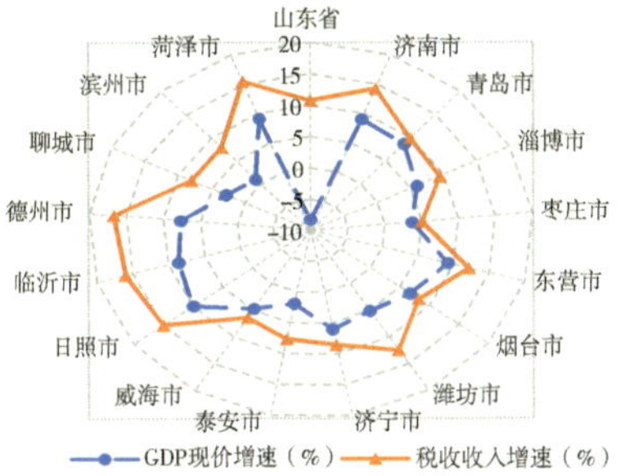

图 15-80　2018 年山东省各市税收收入增速

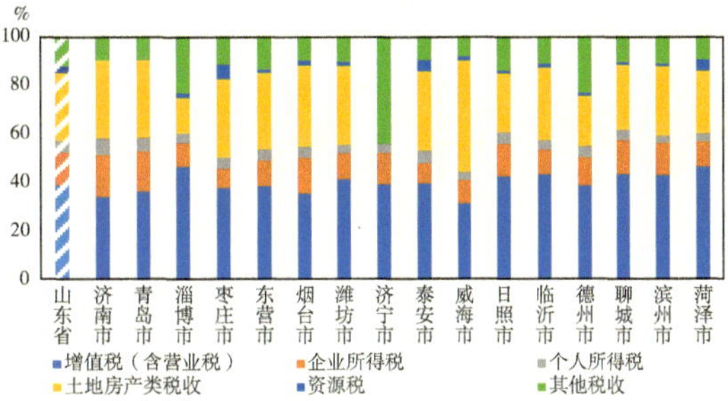

图 15-81　2018 年山东省各市税收收入结构

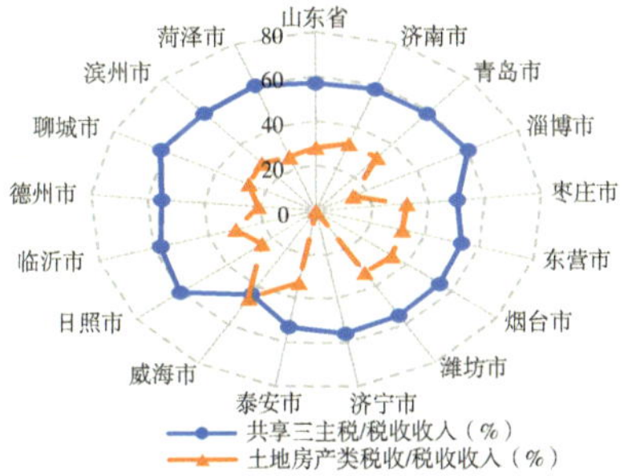

图 15-82　2018 年山东省各市共享三主税、土地房产类税收占税收收入的比重

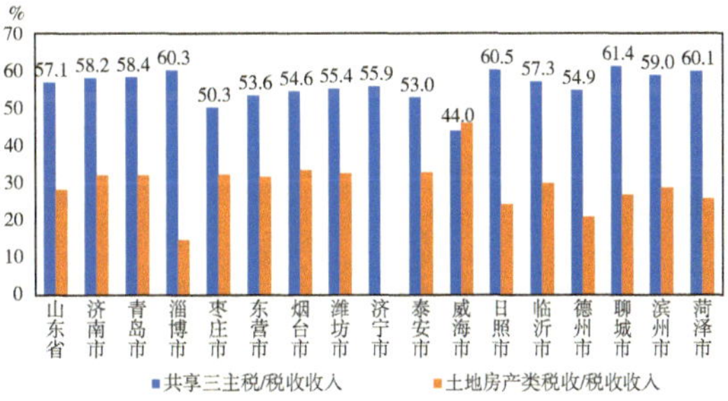

图 15-83　2018 年山东省各市共享三主税、土地房产类税收占税收收入的比重

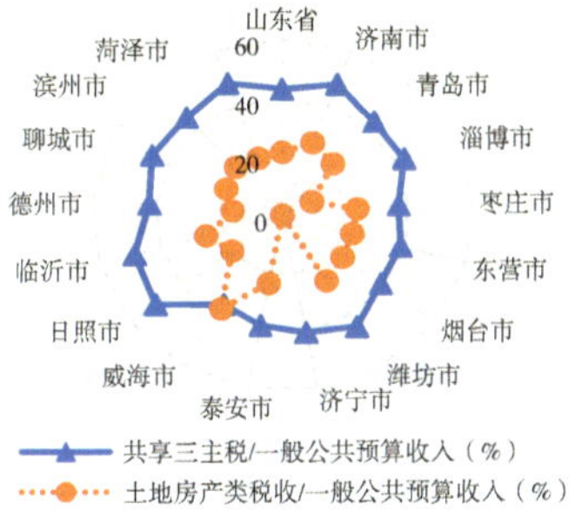

图 15-84　2018 年山东省各市共享三主税、土地房产类税收占一般公共预算收入的比重

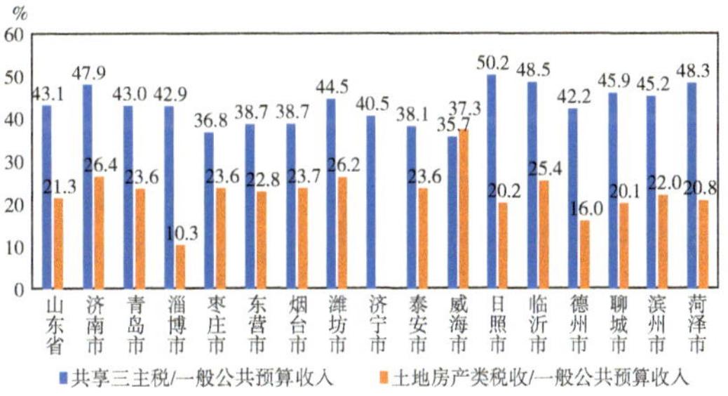

图 15-85　2018 年山东省各市共享三主税、土地房产类税收占一般公共预算收入的比重

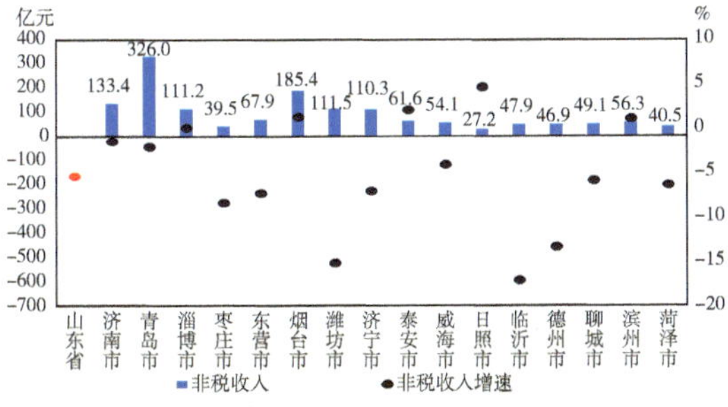

图 15-86　2018 年山东省各市非税收入及增速

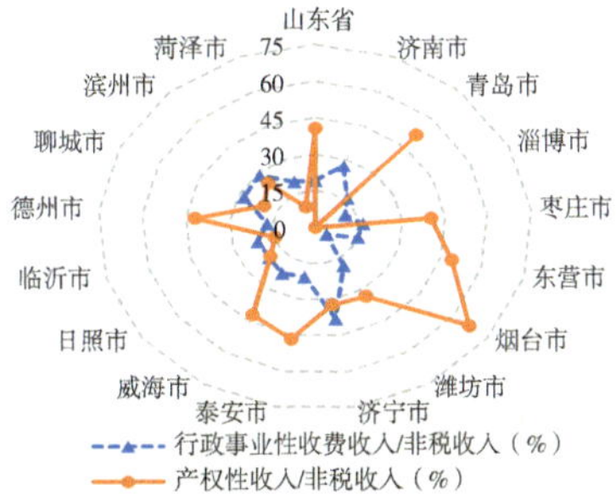

图 15-87　2018 年山东省各市行政事业性收费收入、产权性收入占非税收入的比重

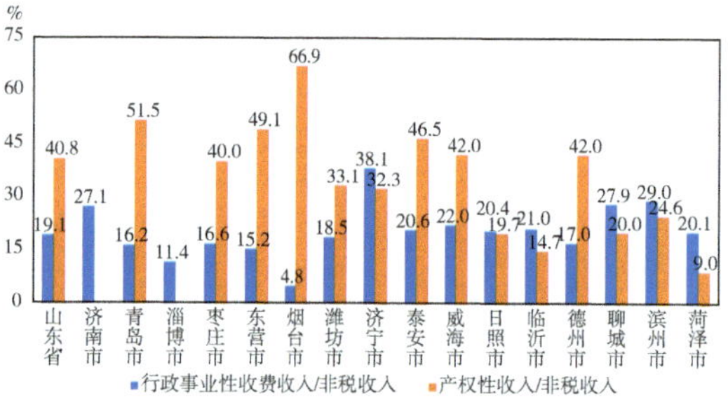

图15-88　2018年山东省各市行政事业性收费收入、产权性收入占非税收入的比重

15.2.4　山东省各市政府性基金收入与国有资本经营收入情况

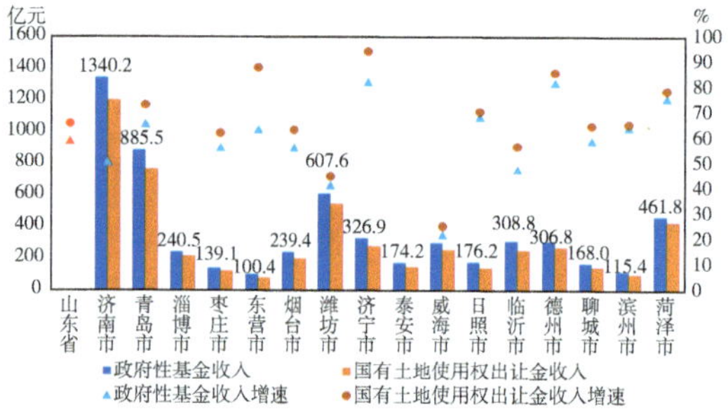

图15-89　2018年山东省各市政府性基金收入、国有土地使用权出让金收入及其增速

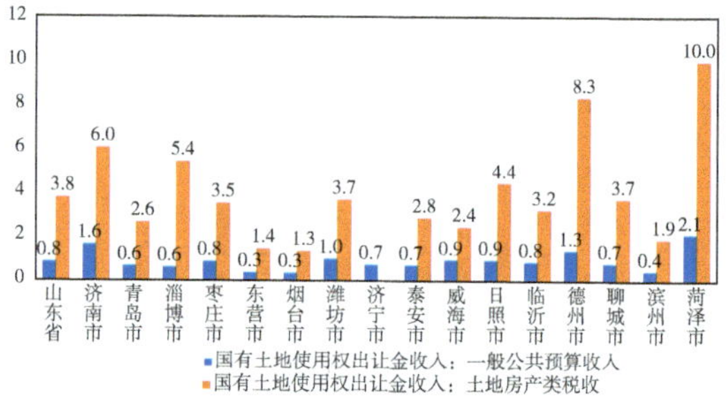

图15-90　2018年山东省各市国有土地使用权出让金收入与一般公共预算关系指标

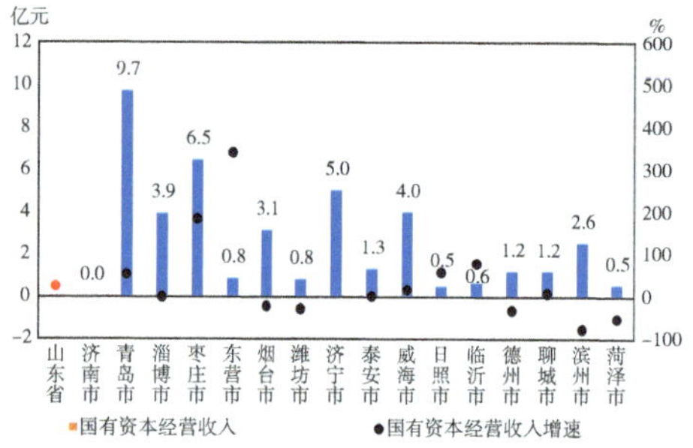

图15-91　2018年山东省各市国有资本经营收入及增速

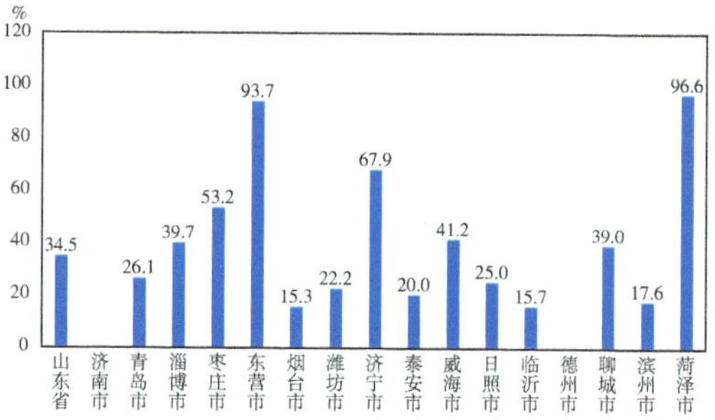

图15-92　2018年山东省各市调出资金/国有资本经营收入

15.2.5　山东省各市社会保险基金收入情况

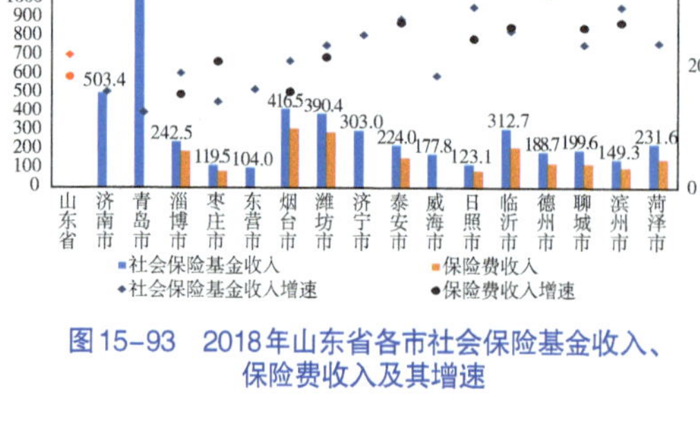

图15-93　2018年山东省各市社会保险基金收入、保险费收入及其增速

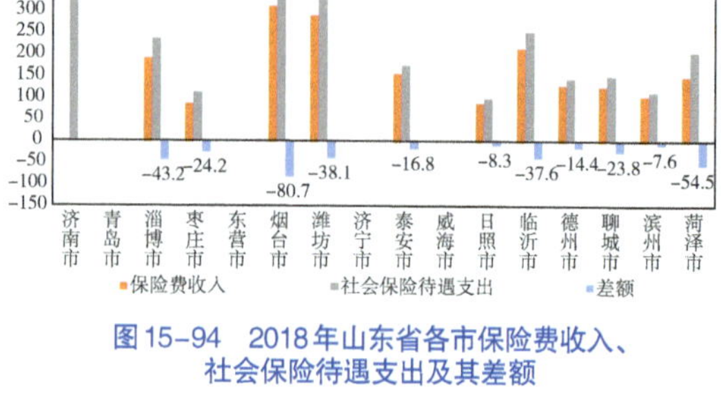

图15-94　2018年山东省各市保险费收入、社会保险待遇支出及其差额

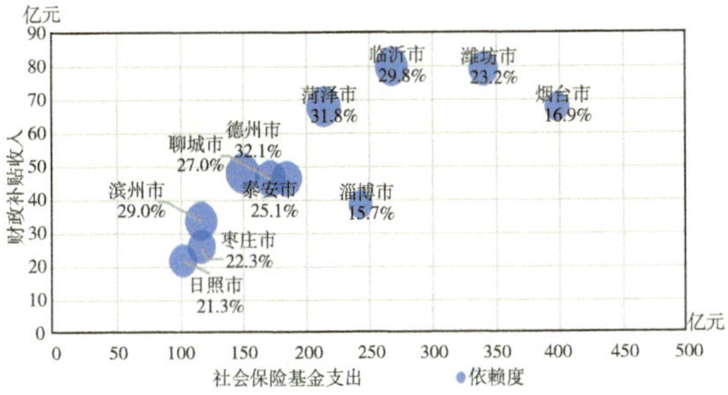

图 15-95　2018 年山东省各市社会保险基金对财政补贴的依赖度

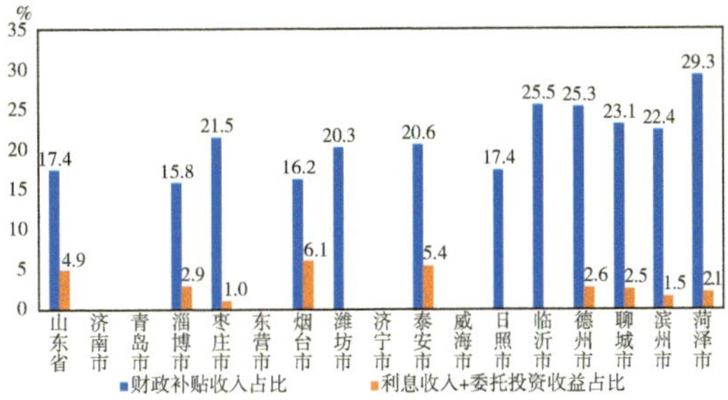

图 15-96　2018 年山东省各市财政补贴收入、利息收入+委托投资收益占社会保险基金收入的比重

15.2.6　山东省各市债务情况

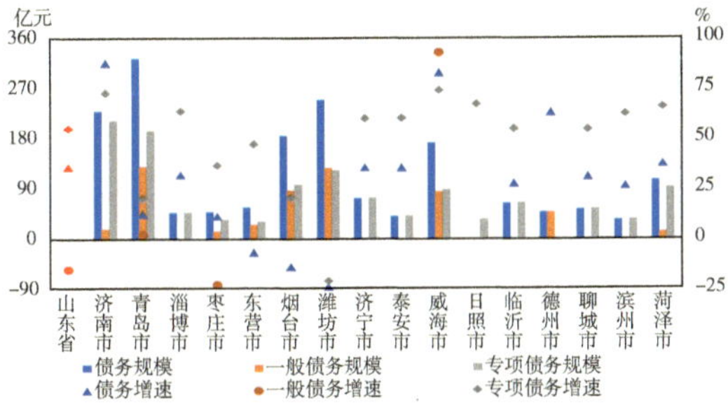

图 15-97　2018 年山东省各市债务规模及其增速

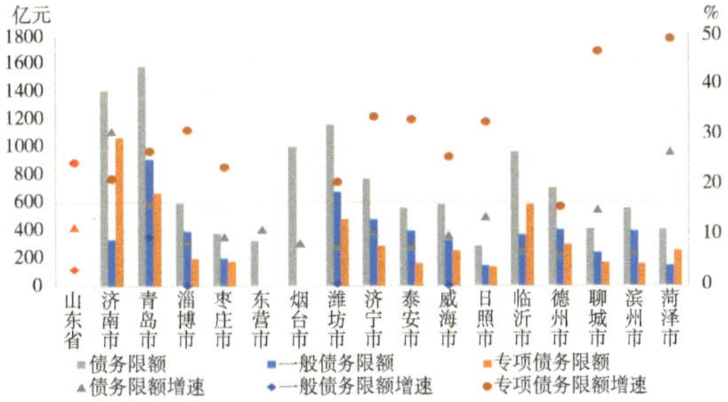

图 15-98　2018 年山东省各市债务限额及其增速

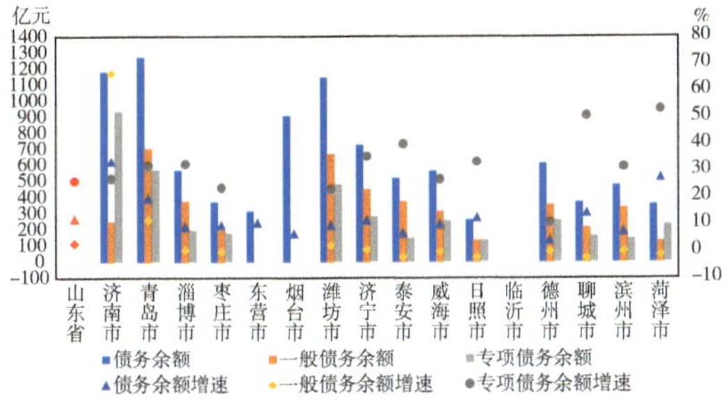

图 15-99　2018 年山东省各市债务余额及其增速

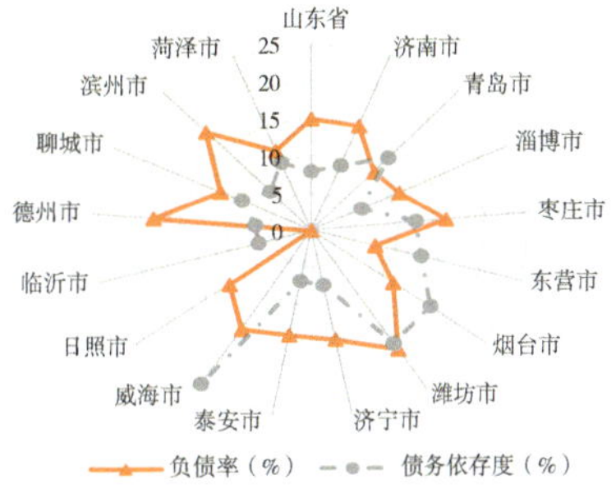

图 15-100　2018 年山东省各市负债率与债务依存度

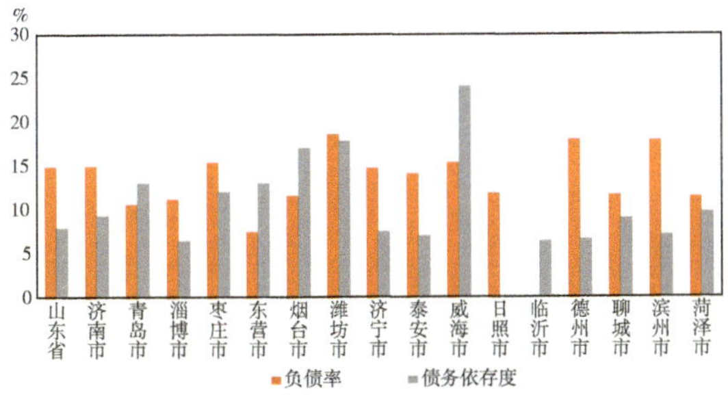

图 15-101　2018 年山东省各市负债率与债务依存度

15.2.7 山东省各市市本级一般公共预算收入情况

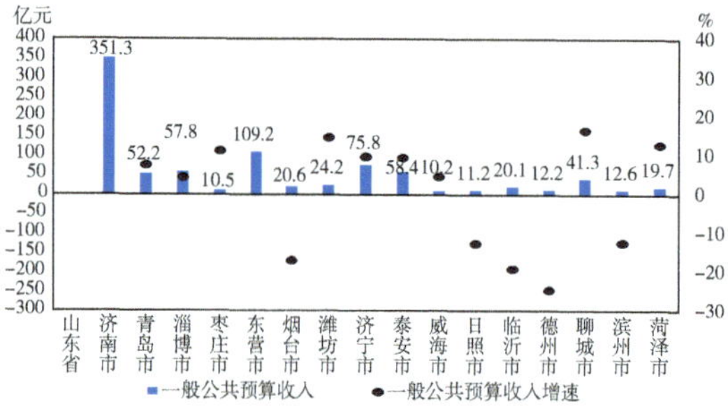

图15-102　2018年山东省各市市本级一般公共预算收入及增速

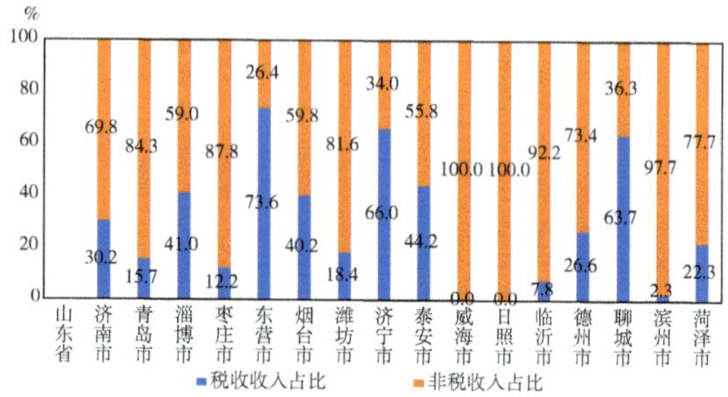

图15-103　2018年山东各市市本级一般公共预算收入结构

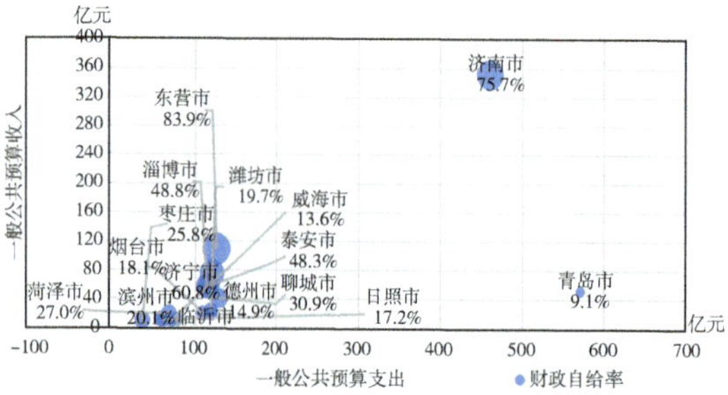

图15-104　2018年山东省各市市本级财政自给率

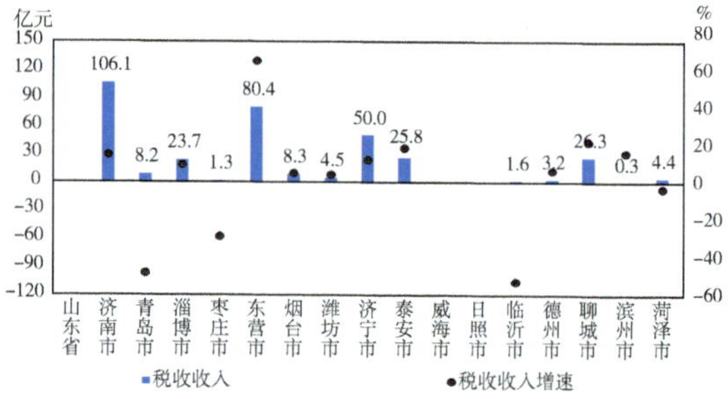

图15-105　2018年山东省各市市本级税收收入及增速

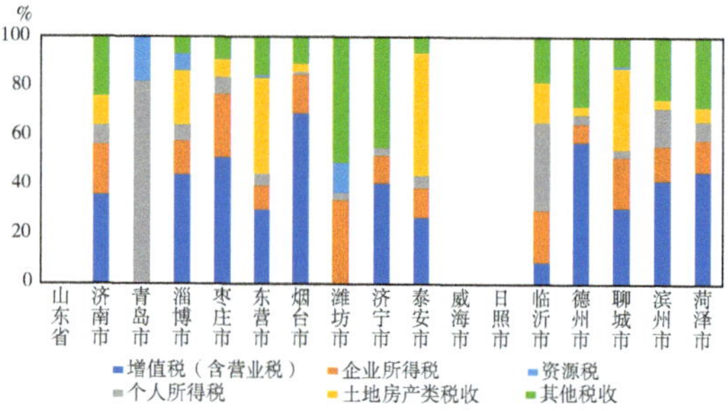

图15-106　2018年山东省各市市本级税收收入结构

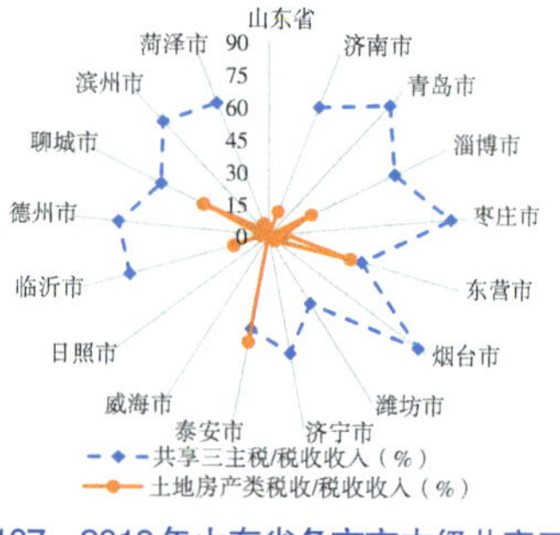

图15-107　2018年山东省各市市本级共享三主税、土地房产类税收占税收收入的比重

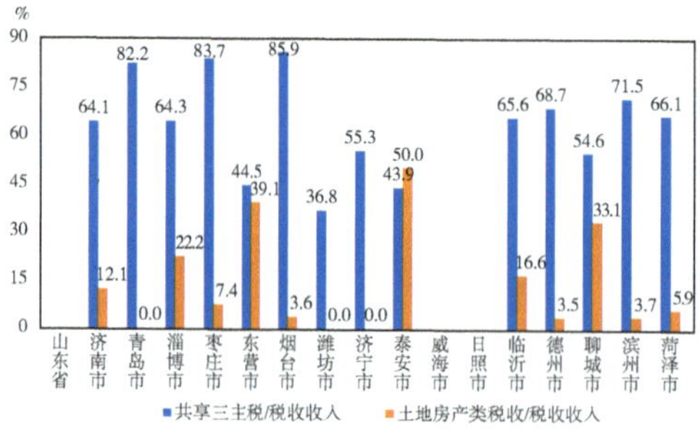

图15-108　2018年山东省各市市本级共享三主税、土地房产类税收占税收收入的比重

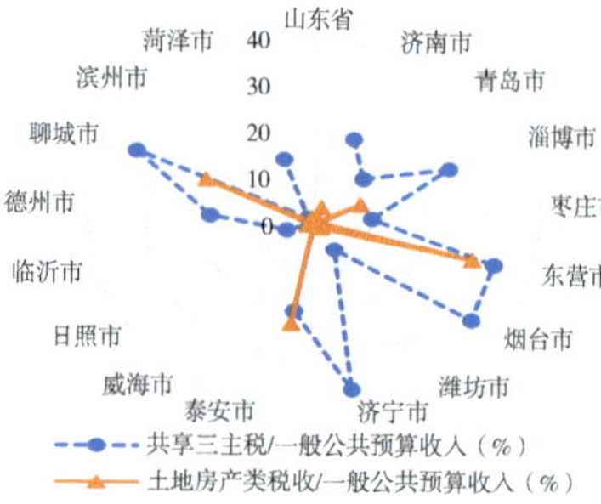

图15-109　2018年山东省各市市本级共享三主税、土地房产类税收占一般公共预算收入的比重

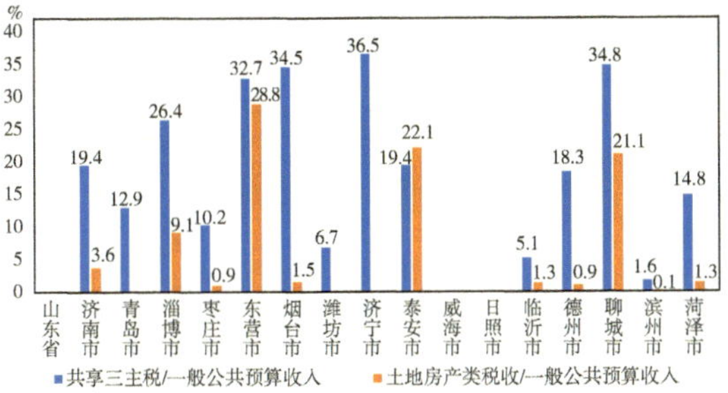

图15-110　2018年山东省各市市本级共享三主税、土地房产类税收占一般公共预算收入的比重

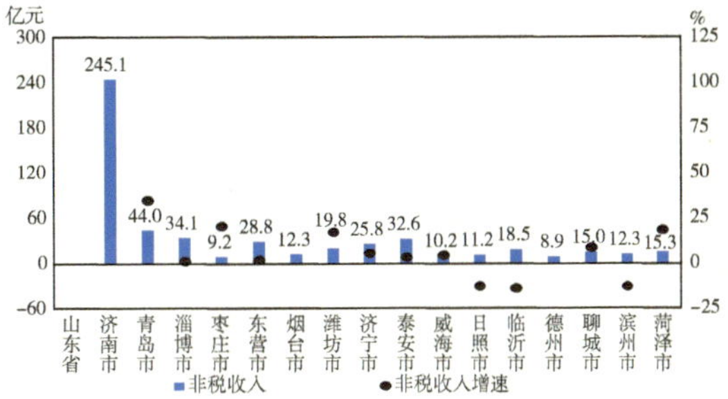

图15-111　2018年山东省各市市本级非税收入及增速

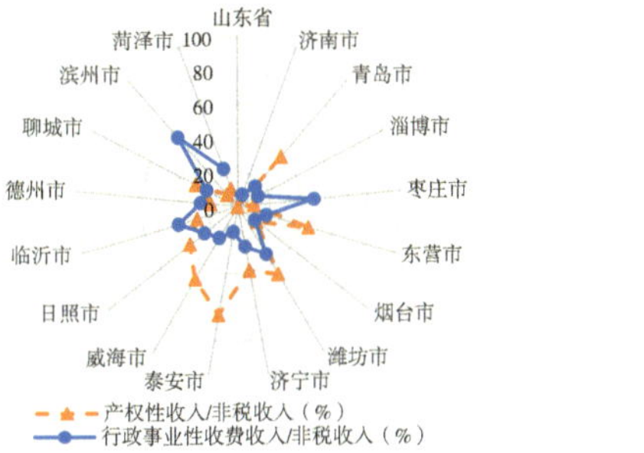

图15-112　2018年山东省各市市本级产权性收入、行政事业性收费收入占非税收入的比重

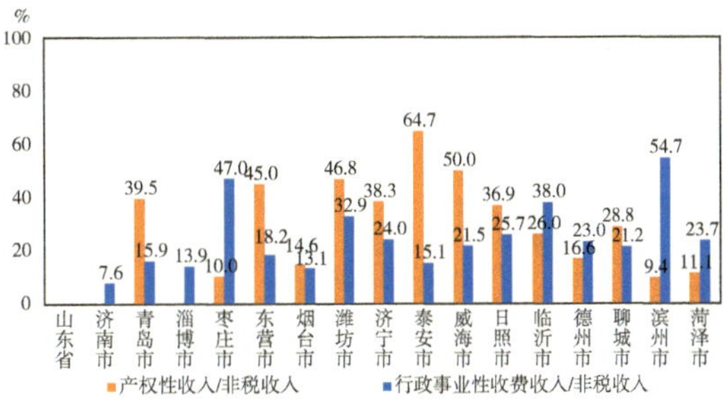

图15-113　2018年山东省各市市本级产权性收入、行政事业性收费收入占非税收入的比重

15.3　山东省样本县政府收入主要特征分析

15.3.1　山东省样本县经济社会发展情况

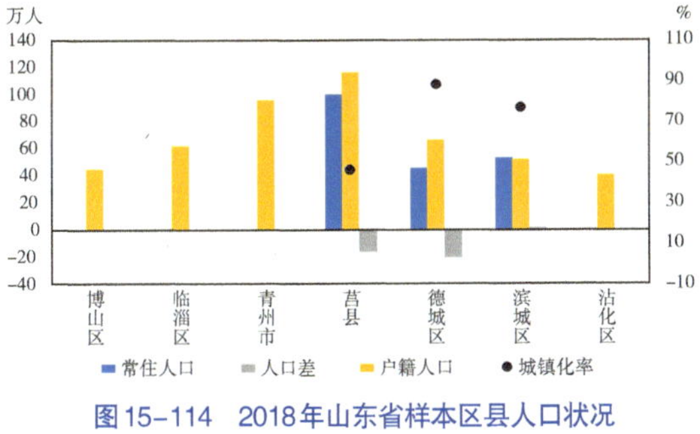

图15-114　2018年山东省样本区县人口状况

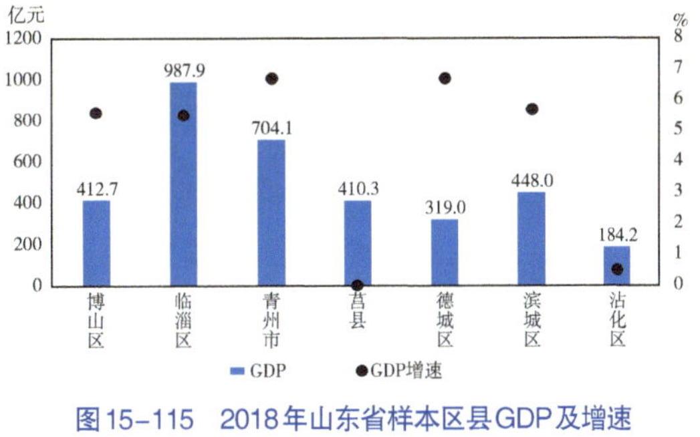

图15-115　2018年山东省样本区县GDP及增速

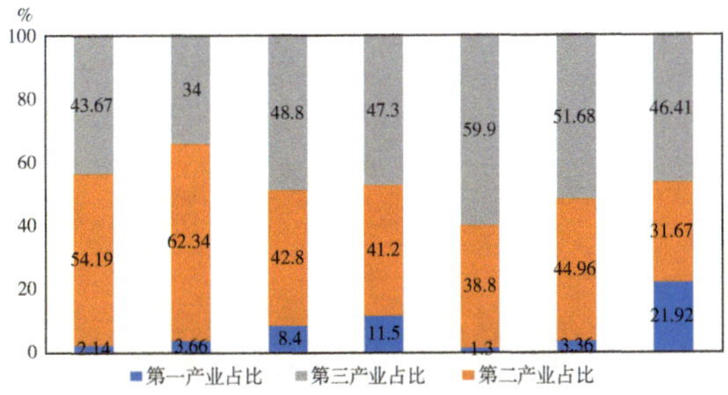

图15-116　2018年山东省样本区县三次产业结构

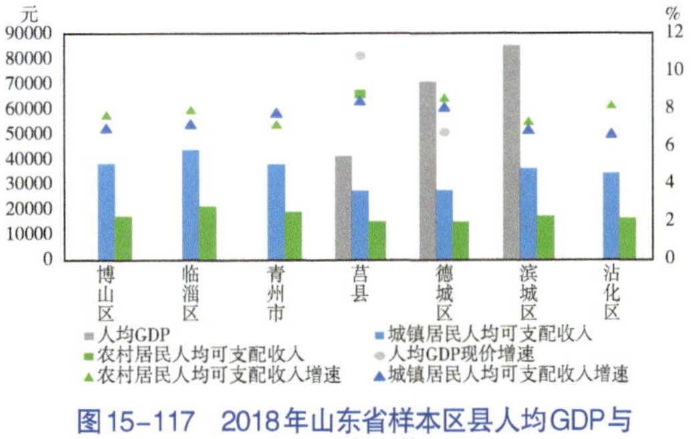

图15-117　2018年山东省样本区县人均GDP与人均可支配收入

15.3.2　山东省样本县政府收入总体情况

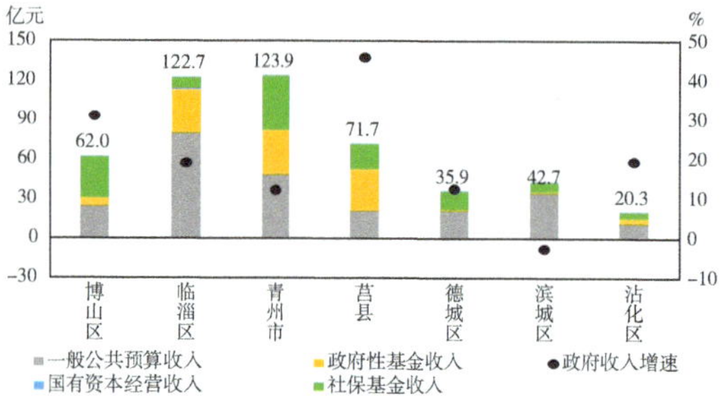

图15-118　2018年山东省样本区县政府收入结构及增速

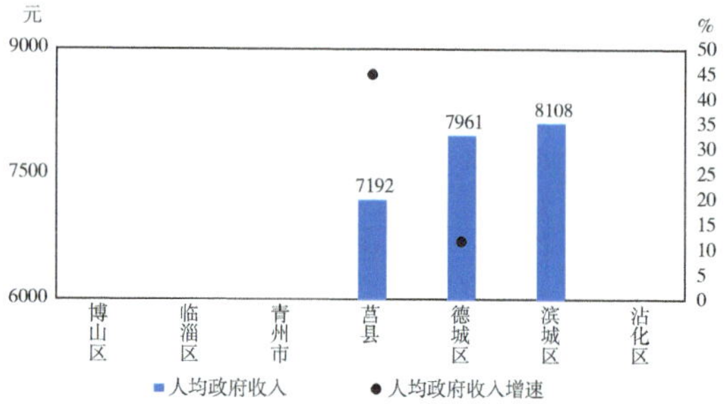

图15-119　2018年山东省样本区县人均政府收入及增速

15.3.3　山东省样本县一般公共预算收入情况

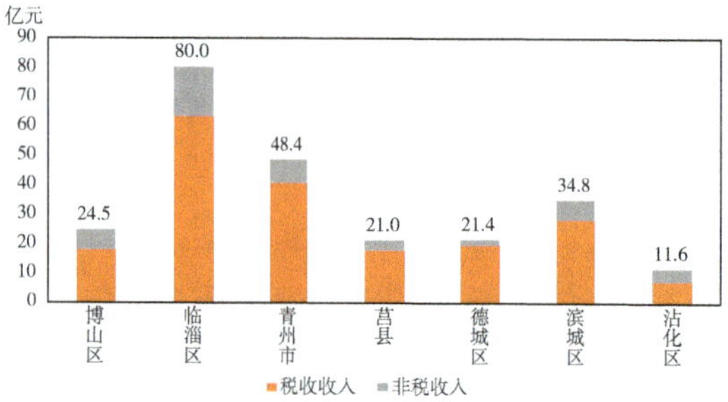

图15-120　2018年山东省样本区县一般公共预算收入

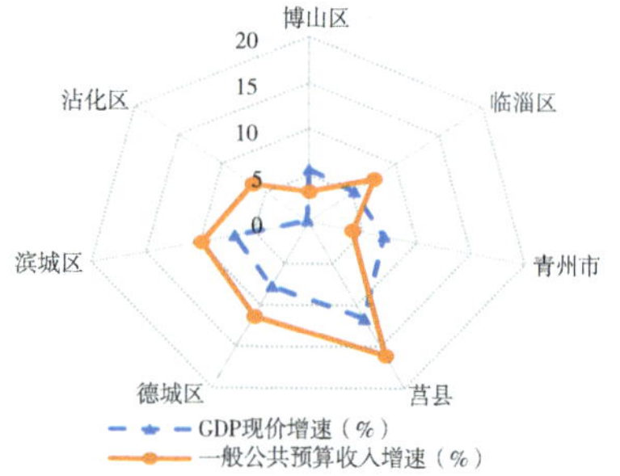

图15-121　2018年山东省样本区县一般公共预算收入增速

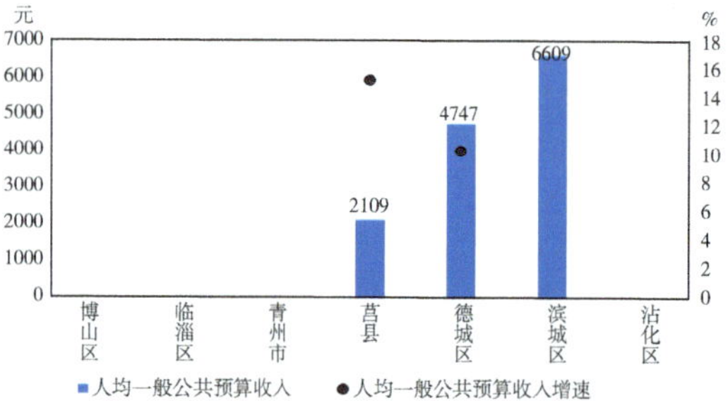

图15-122　2018年山东省样本区县人均一般公共预算收入及增速

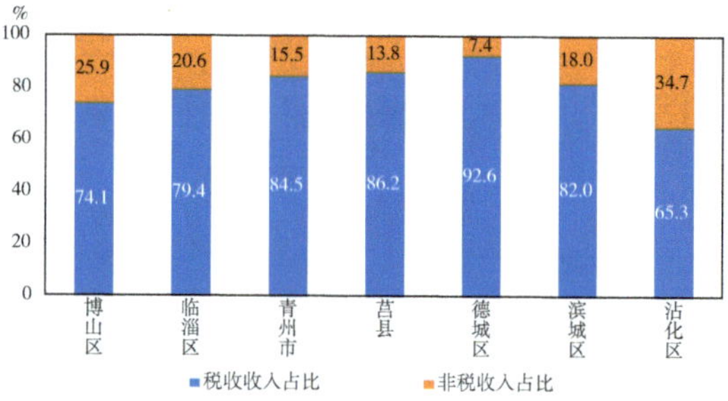

图15-123　2018年山东省样本区县一般公共预算收入结构

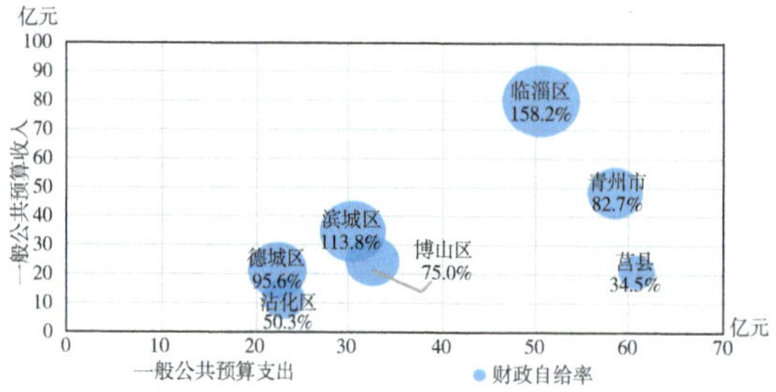

图15-124　2018年山东省样本区县财政自给率

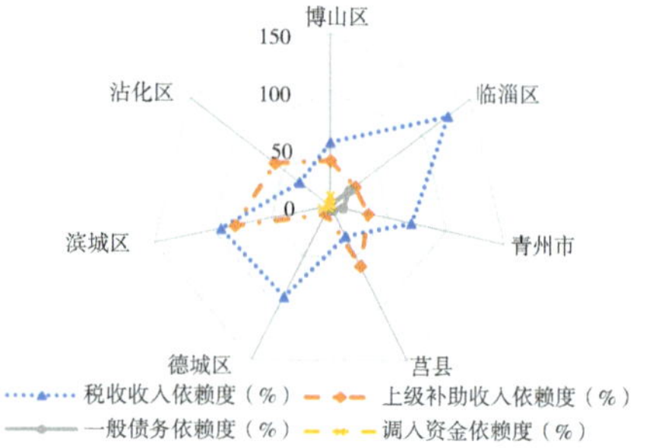

图15-125　2018年山东省样本区县财政收入依赖度

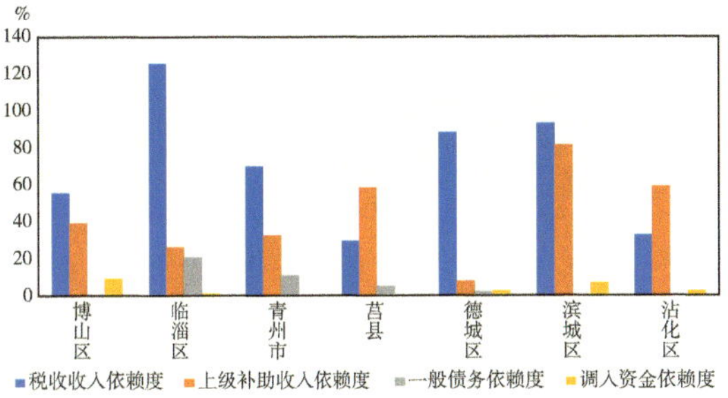

图 15-126 2018 年山东省样本区县财政收入依赖度

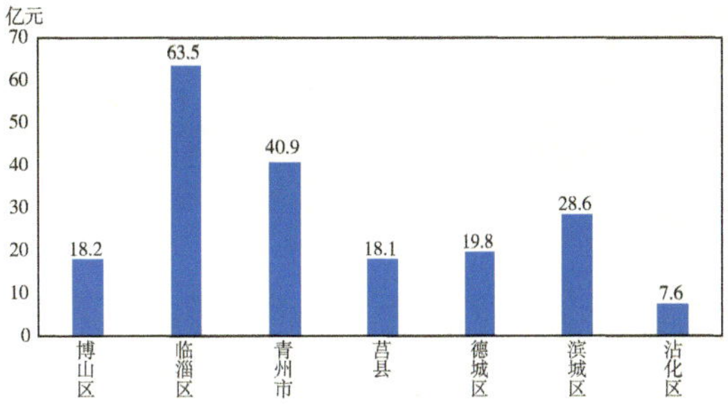

图 15-127 2018 年山东省样本区县税收收入

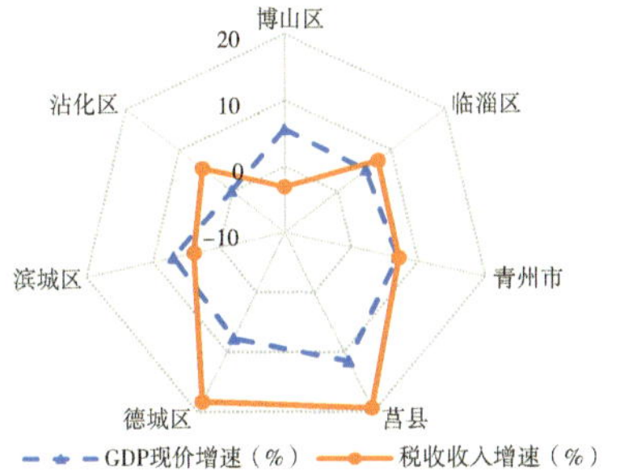

图 15-128 2018 年山东省样本区县税收收入增速

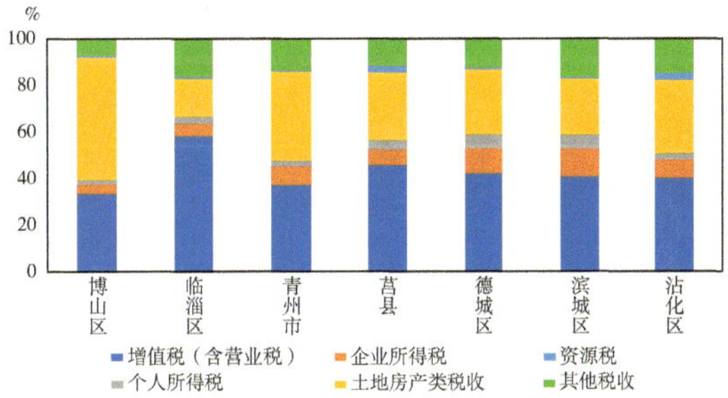

图 15-129 2018 年山东省样本区县税收收入结构

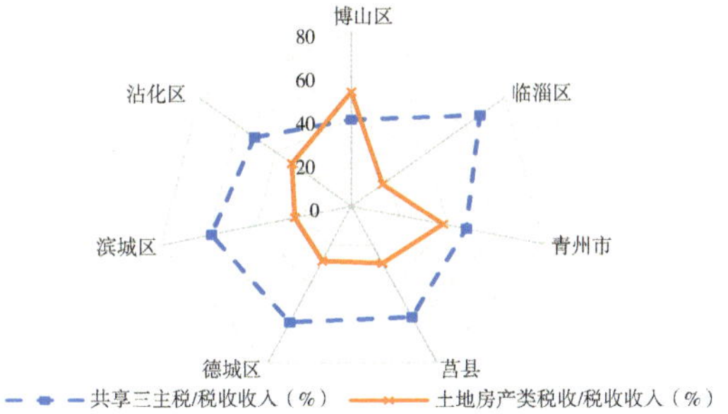

图 15-130 2018 年山东省样本区县共享三主税、土地房产类税收占税收收入的比重

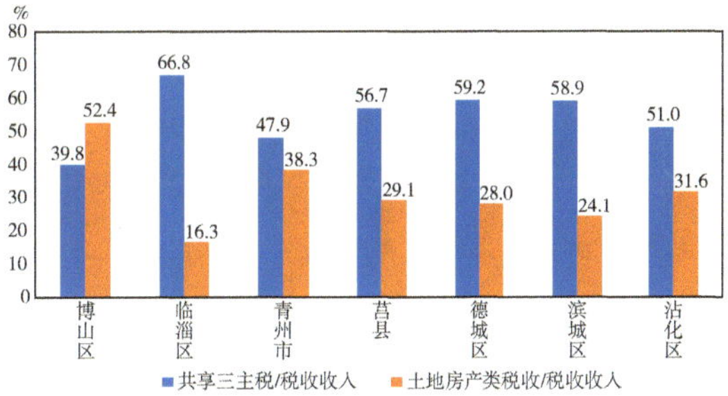

图 15-131 2018 年山东省样本区县共享三主税、土地房产类税收占税收收入的比重

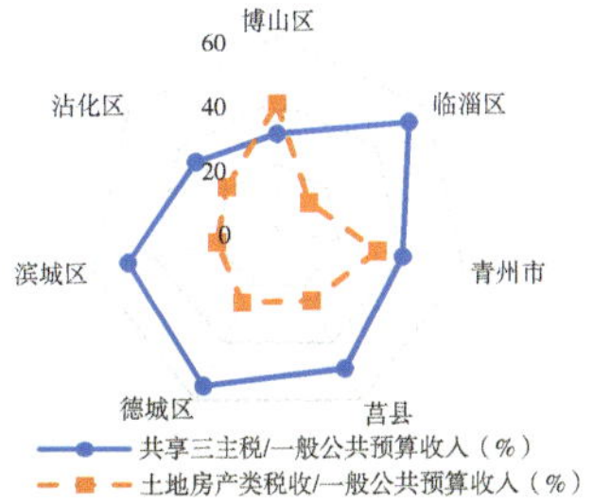

图 15-132 2018 年山东省样本区县共享三主税、土地房产类税收占一般公共预算收入的比重

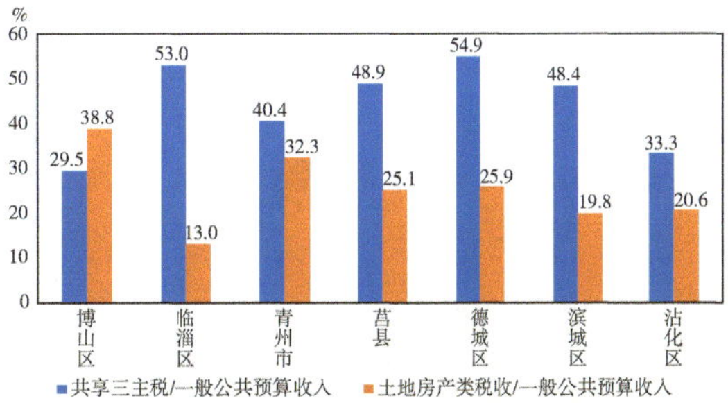

图 15-133 2018 年山东省样本区县共享三主税、土地房产类税收占一般公共预算收入的比重

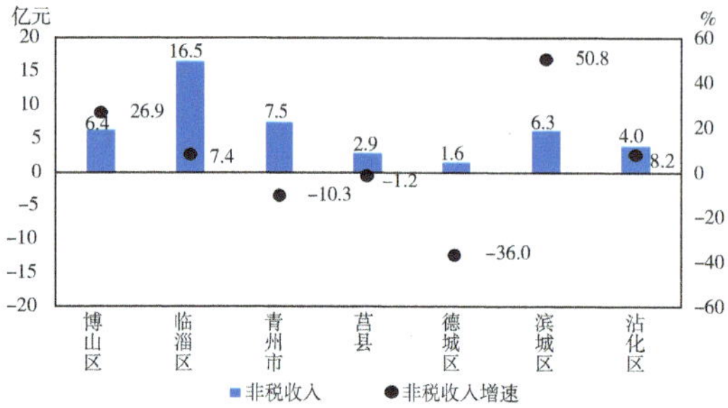

图 15-134　2018 年山东省样本区县非税收入

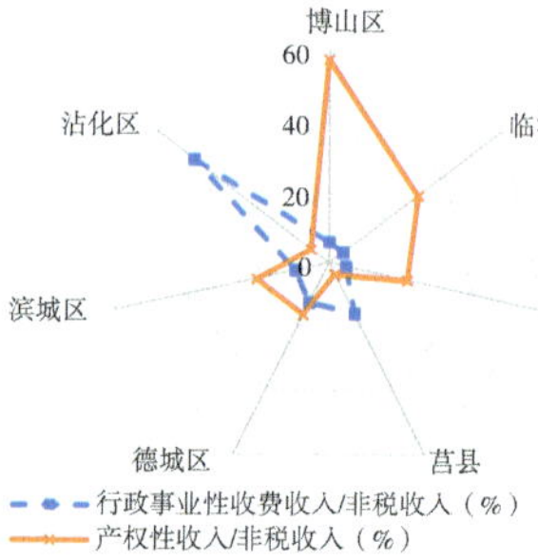

图 15-135　2018 年山东省样本区县产权性收入、行政事业性收费收入占非税收入的比重

15.3.4　山东省样本县政府性基金收入与国有资本经营收入情况

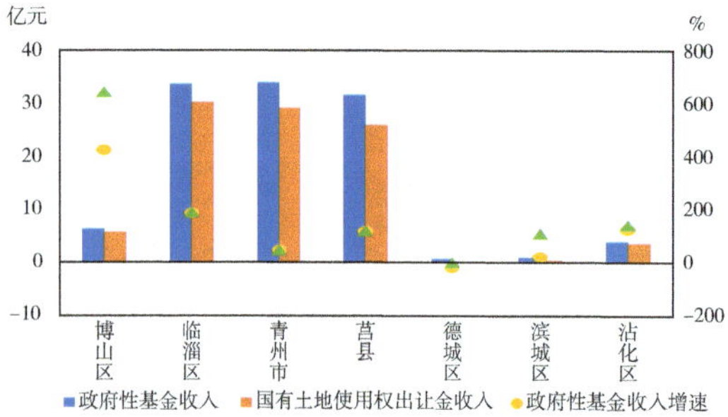

图 15-136　2018 年山东省样本区县政府性基金收入、国有土地使用权出让金收入及其增速

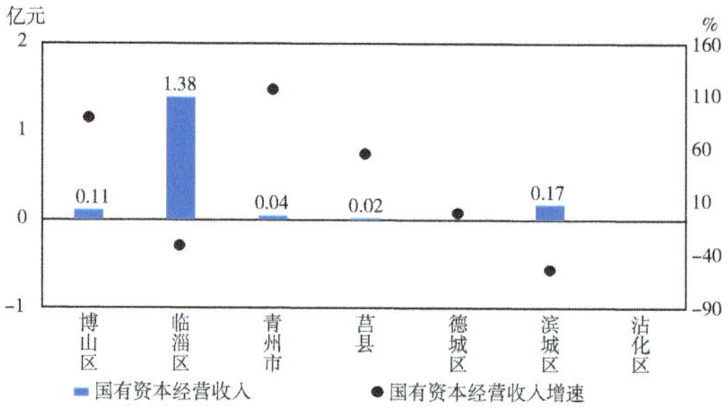

图 15-137　2018 年山东省样本区县国有资本经营收入及增速

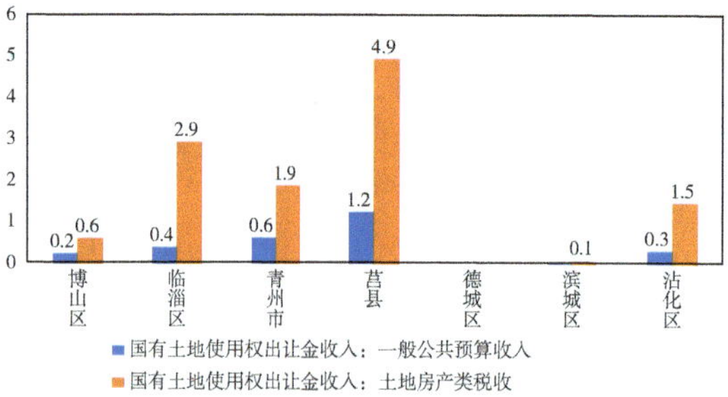

图 15-138　2018 年山东省样本区县国有土地使用权出让金收入与一般公共预算关系指标

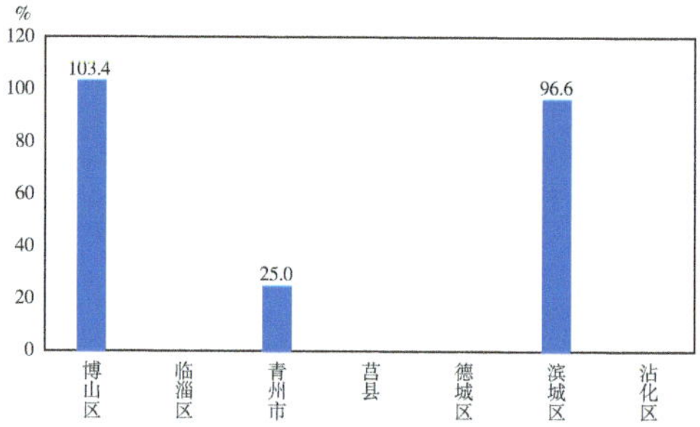

图 15-139　2018 年山东省样本区县调出资金/国有资本经营收入

15.3.5　山东省样本县社会保险基金收入情况

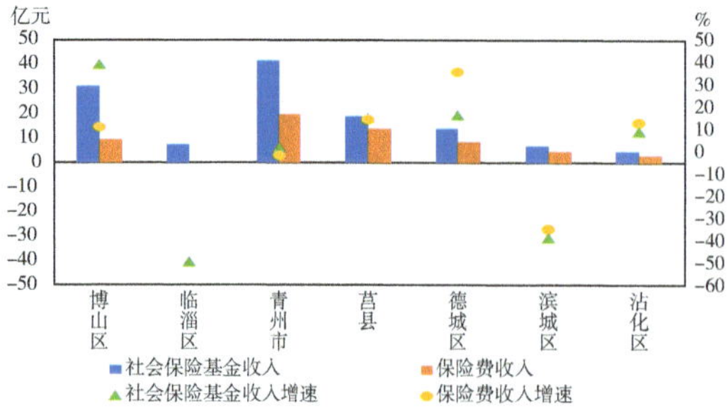

图 15-140　2018 年山东省样本区县社会保险基金收入、保险费收入及其增速

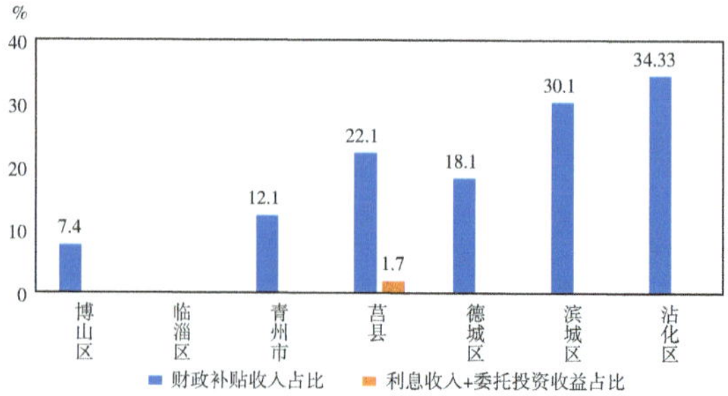

图 15-141　2018 年山东省样本区县财政补贴收入、利息收入+委托投资收益占社会保险基金收入的比重

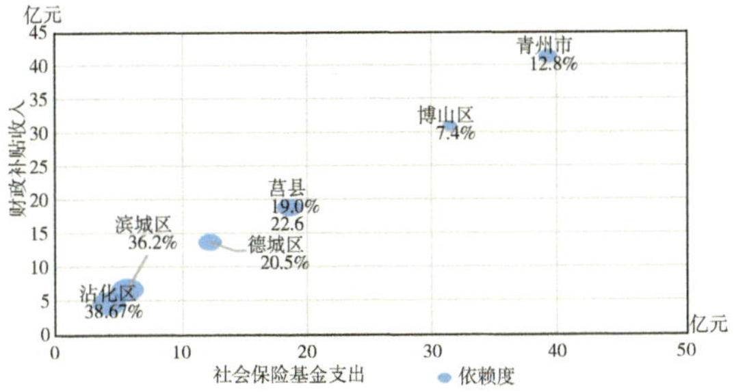

图 15-142　2018 年山东省样本区县社会保险基金对财政补贴的依赖度

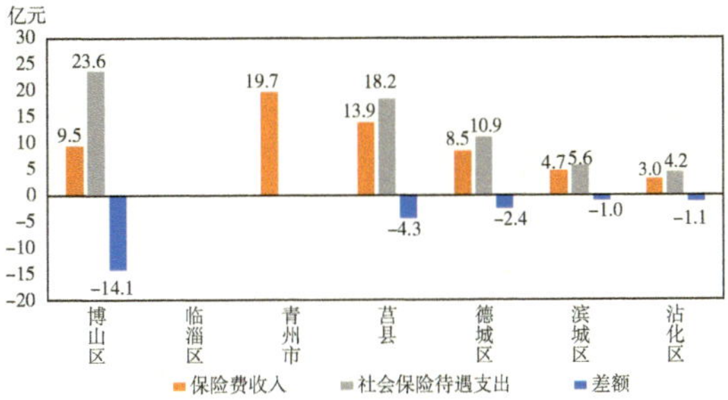

图 15-143　2018 年山东省样本区县保险费收入、社会保险待遇支出及其差额

15.3.6　山东省样本县债务情况

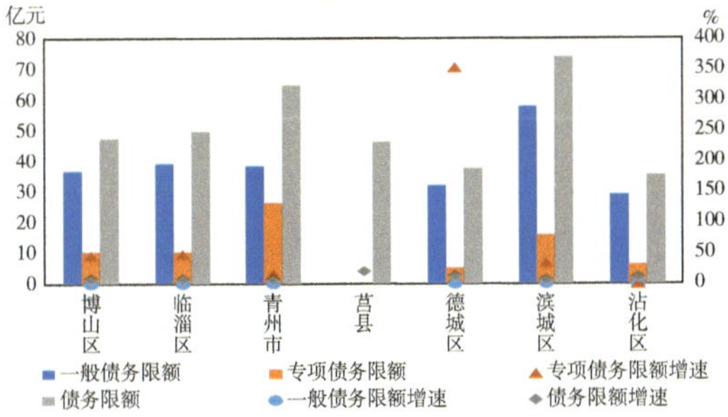

图 15-144　2018 年山东省样本区县债务限额及其增速

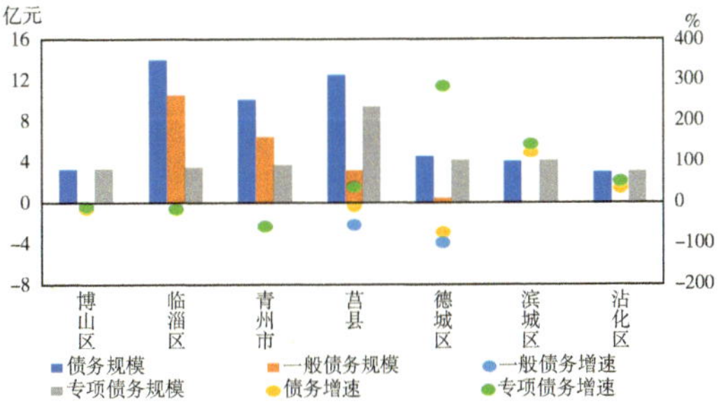

图 15-145　2018 年山东省样本区县债务规模及其增速

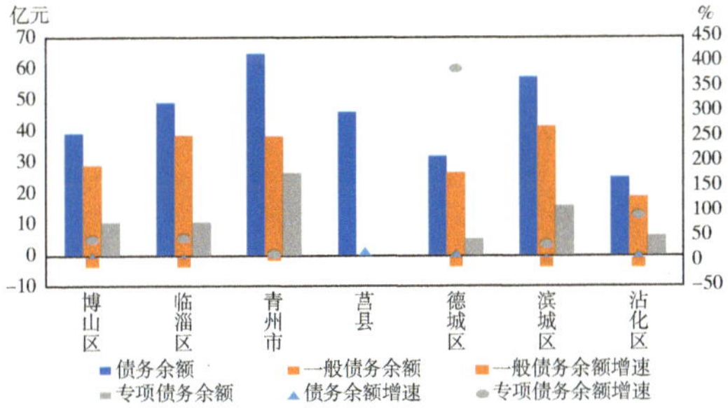

图 15-146　2018 年山东省样本区县债务余额及其增速

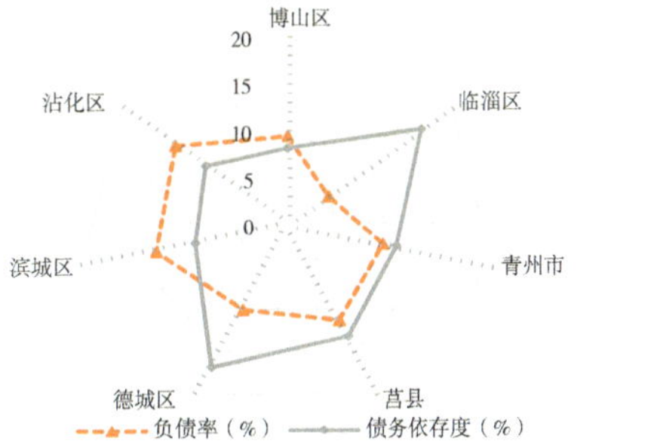

图 15-147　2018 年山东省样本区县负债率与债务依存度

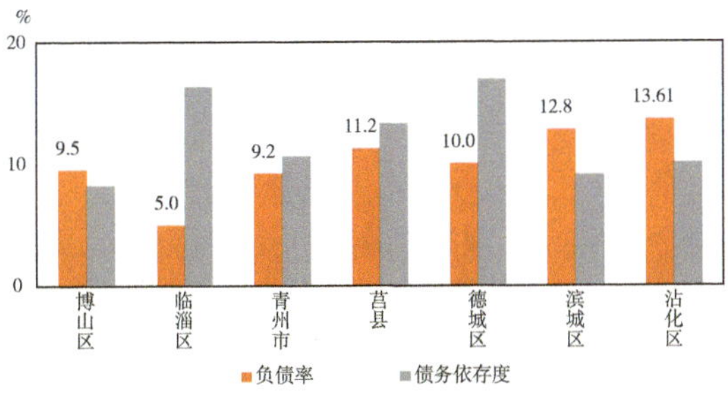

图 15-148　2018 年山东省样本区县负债率与债务依存度

16 河南省

河南省共辖17个地级市，1个省直辖县级市，21个县级市，83个县，53个市辖区；地域面积为16.7万平方千米，平原和盆地、山地、丘陵分别占总面积的55.7%、26.6%、17.7%，河南省耕地面积为687.1万公顷，名列中国第二，粮食总产量占到中国的近十分之一。河南省人口众多，常住人口排名全国第三，造就了其经济发展、财政收入不低但人均水平不高的特征。总体上看，河南的经济发展、财政收入等在全国处于前部，区域差异大，发展不均衡。

2019年河南省经济总量处于全国前部，第三产业占比低于全国，常住人口增加，城镇化率低于全国。2019年末，河南省常住人口9640万人，常住人口城镇化率为53.2%。2019年河南省GDP达到5.4万亿元，排全国第5名，次于浙江，高于四川；增速7.0%，比2018年下降0.6个百分点，高于全国0.9个百分点，排全国第10名；人均GDP为56285元（7942美元），排全国第16名。从产业结构看，第一、第二、第三产业占比分别为8.5%（高于全国平均水平1.4个百分点）、43.5%（高于全国平均水平4.5个百分点）和48.0%（低于全国平均水平5.9个百分点）。从居民可支配收入看，2019年城镇与农村居民人均可支配收入分别为34201元和15164元，呈上升态势，分别为全国平均水平的80.7%和94.7%。

2019年河南省一般公共预算收入居全国前列，非税收入（产权性收入）占比高，省市县中县级政府收入占比最高。2019年河南省一般公共预算收入4041.6亿元，排全国第7名，增速7.3%，排全国第6名，人均一般公共预算收入为4193元，排全国第27名。其中，近三年河南省税收收入占一般公共预算收入的总体趋势先升后降，2019年为70.3%，低于全国平均水平12.7个百分点。非税收入占比高，其中2018年政府产权性收入规模占非税收入比为25.3%，行政事业性收费占非税收入比为20.2%。从纵向收入分配看，2018年省本级、市本级、县一般公共预算收入占比分别为5%、29%和66%。

2018年河南省财政自给率偏低，地区财政总收入小于一般公共预算支出。河南财政自给率在41%左右，2018年为40.9%。2018年河南省组织的地区财政总收入为6278.7亿元，增速为12.6%，其中上缴中央收入占比40.0%。2018年河南省一般公共预算支出为9217.7亿元，高于地区财政总收入规模。

2019年河南省四本预算的占比与2018年基本保持稳定，社会保险基金收入和国有资本经营收入略有上升。2019年河南省四本预算加总的政府收入11794.0亿元，增速为7.5%，其中一般公共预算收入、政府性基金收入、国有资本经营收入和社会保险基金收入分别占比34.3%、34.6%、0.4%和30.7%。

河南省内各地市经济社会发展和财政发展不均衡，优势主要集中于省会郑州。2018年郑州市一般公共预算收入1152.1亿元，其他各市均低于350亿元，且城市间差异较大，比如郑州

本章执笔人：谢恺　审校：梁季

市是鹤壁市的17.9倍。除少数城市（郑州市、洛阳市、焦作市、许昌市）外，2018年河南省各市财政自给率低于50%。财政自给率最高的城市为郑州，达到65.3%，最低的为周口市，仅为20.9%，前者是后者的3.1倍。政府性基金收入主要构成是国有土地使用权出让金收入，与地理位置关系较大，收入规模最大的郑州市（1271.2亿元）为规模最小的鹤壁市（32.8亿元）的38.8倍。

16.1 河南省政府收入主要特征分析

16.1.1 河南省经济社会基本情况

图16-1 2017-2019年河南省人口状况

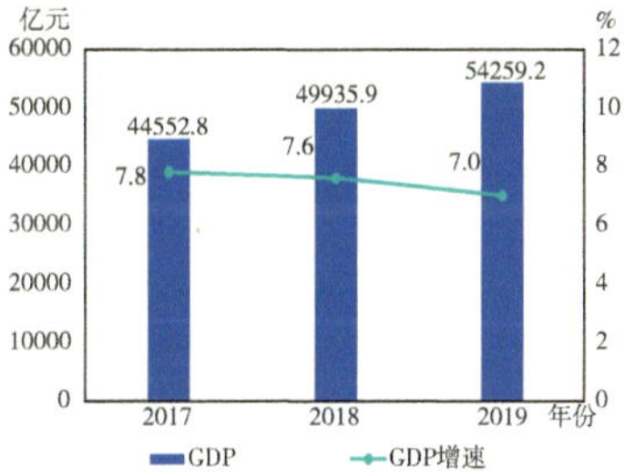

图16-2 2017-2019年河南省GDP及增速

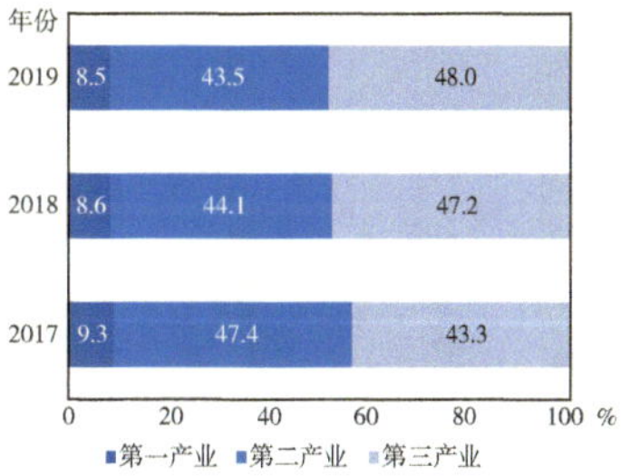

图16-3 2017-2019年河南省三次产业结构

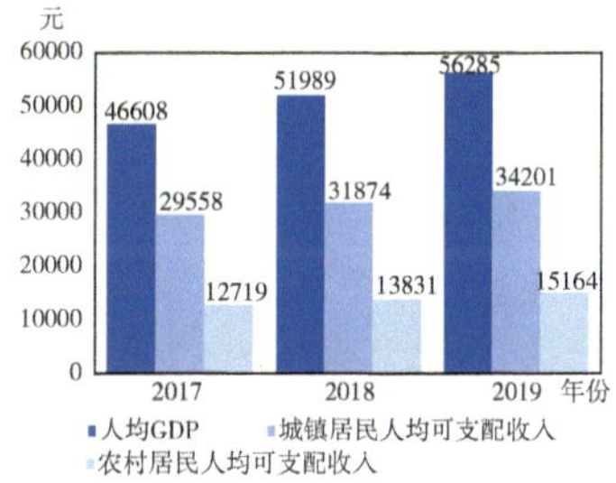

图16-4 2017-2019年河南省人均GDP和人均可支配收入

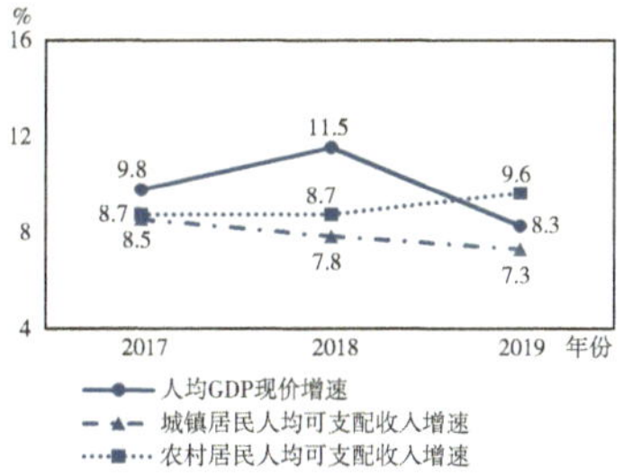

图16-5 2017-2019年河南省人均GDP增速和人均可支配收入增速

16.1.2 河南省政府收入总体情况

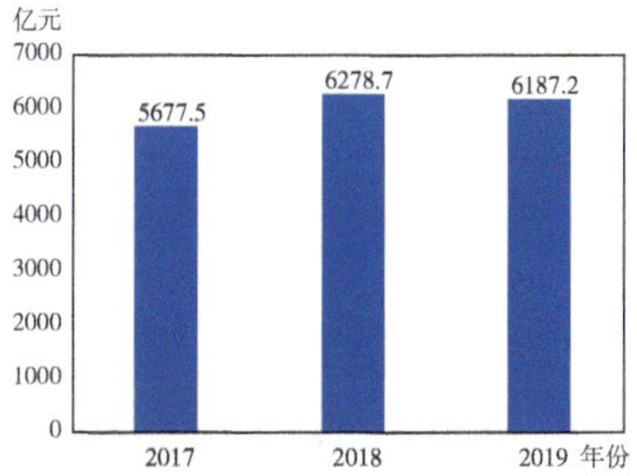

图16-6 2017-2019年河南省财政总收入

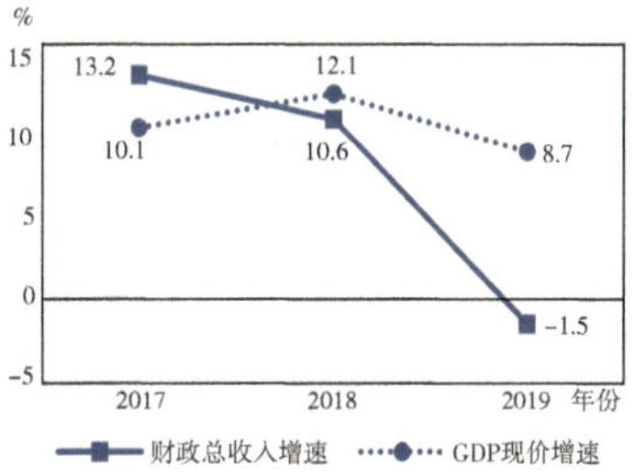

图16-7 2017-2019年河南省财政总收入增速

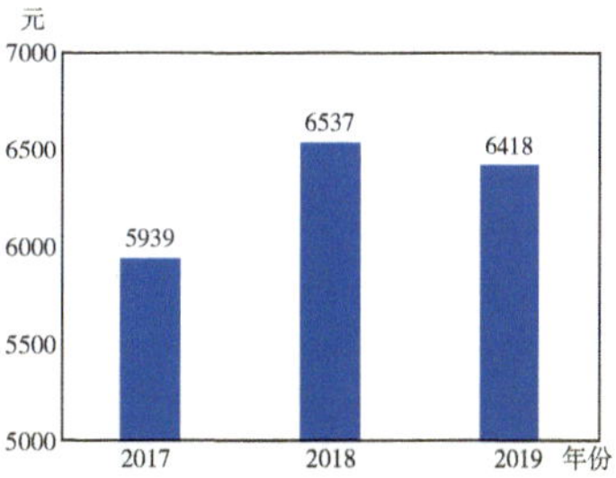

图16-8 2017-2019年河南省人均财政总收入

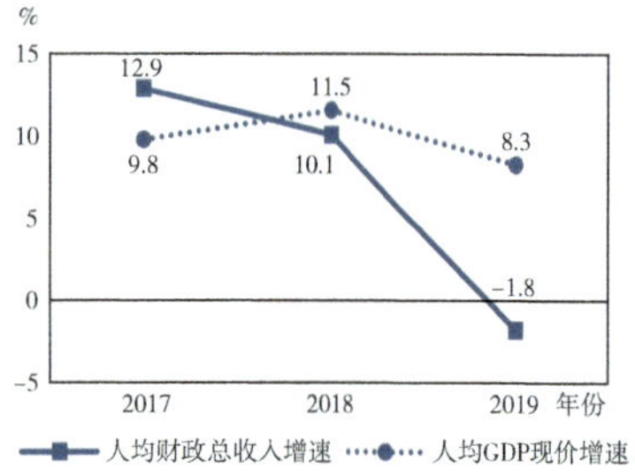

图16-9　2017-2019年河南省人均财政总收入增速

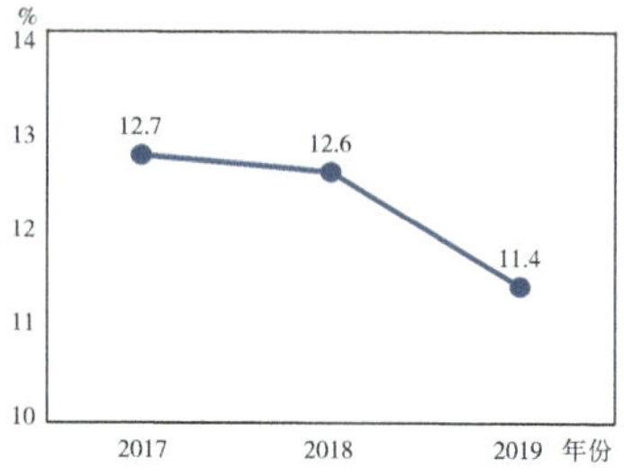

图16-10　2017-2019年河南省财政总收入/GDP

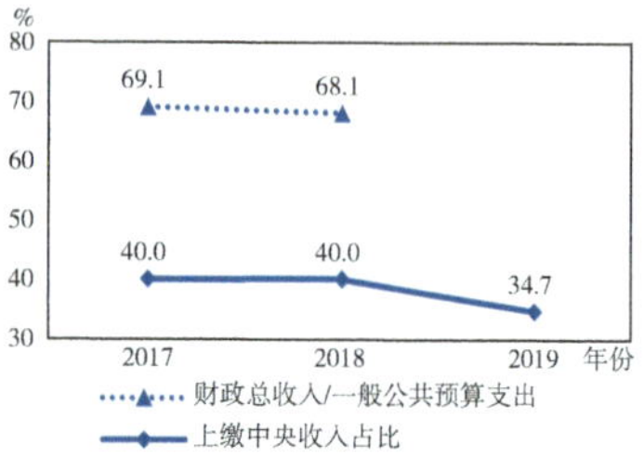

图16-11　2017-2019年河南省财政总收入其他指标

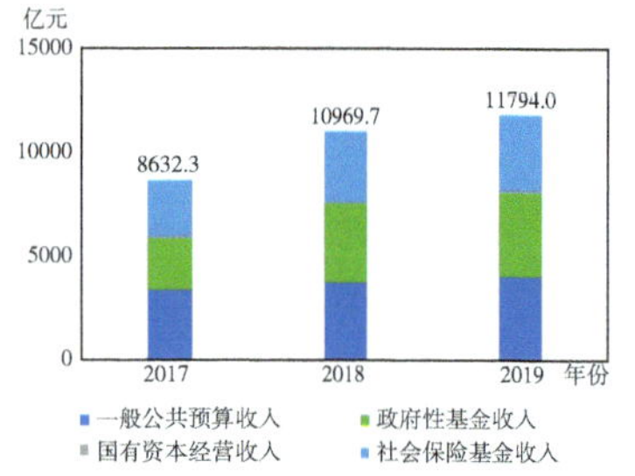

图16-12　2017-2019年河南省政府收入

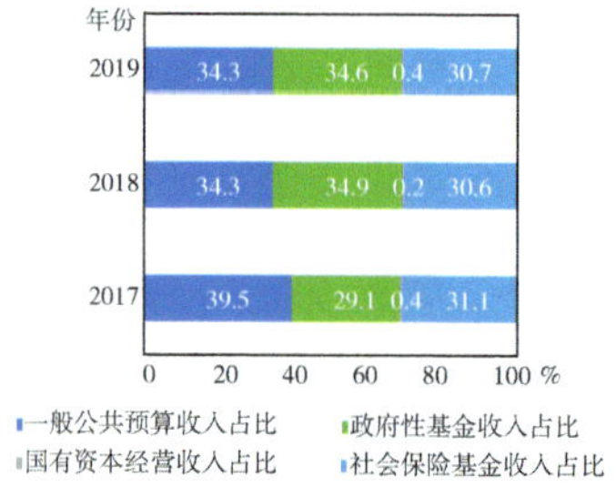

图16-13　2017-2019年河南省政府收入结构

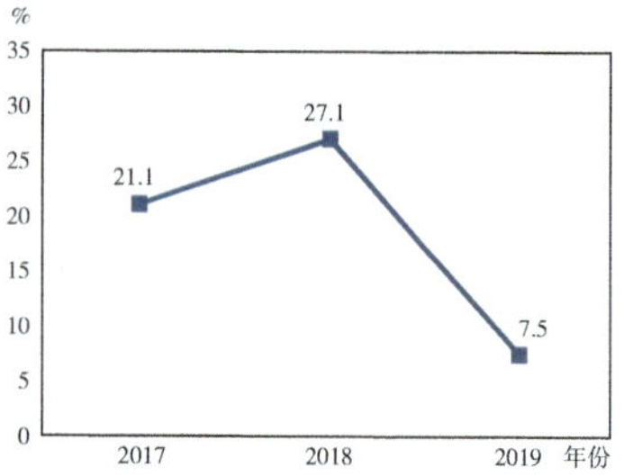

图16-14　2017-2019年河南省政府收入增速

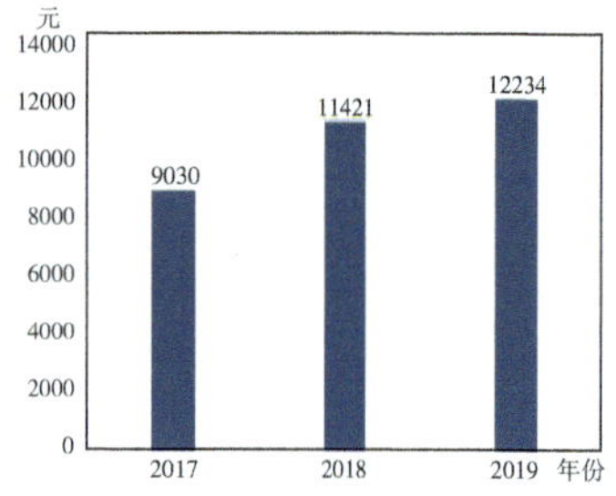

图16-15　2017-2019年河南省人均政府收入

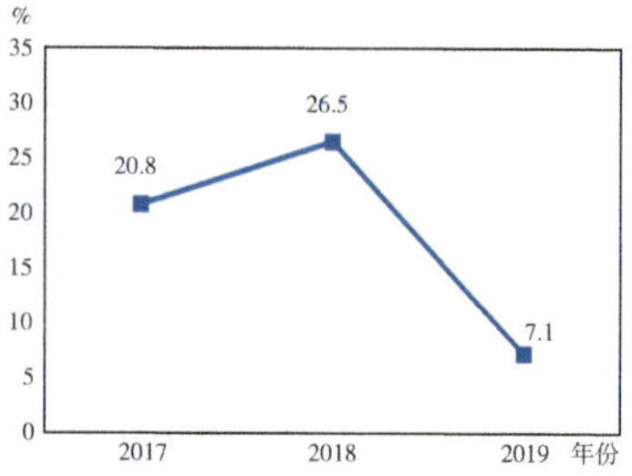

图16-16　2017-2019年河南省人均政府收入增速

16.1.3　河南省一般公共预算收入情况

图16-17　2017-2019年河南省一般公共预算收入

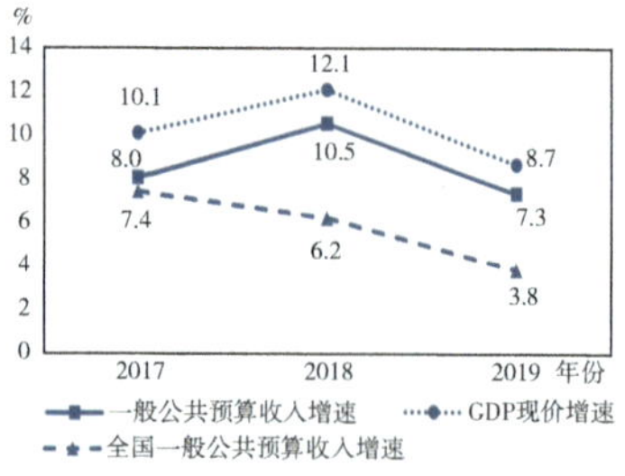

图16-18　2017-2019年河南省一般公共预算收入增速

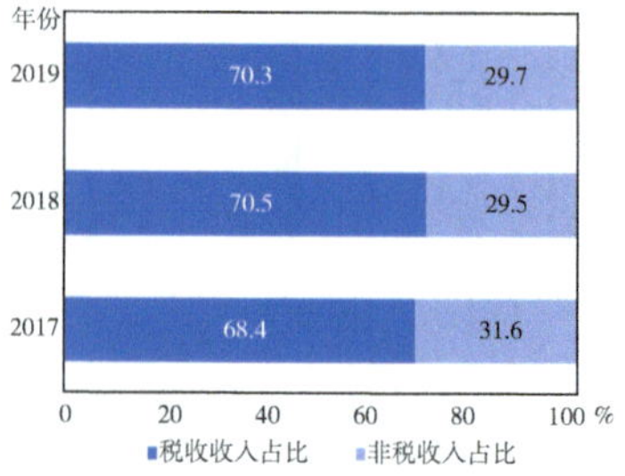

图16-19　2017-2019年河南省一般公共预算收入结构

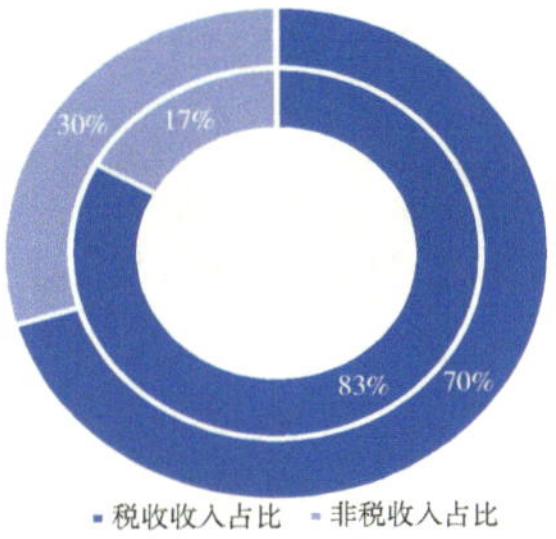

图16-20　2019年一般公共预算收入结构对比（内环为全国，外环为河南省）

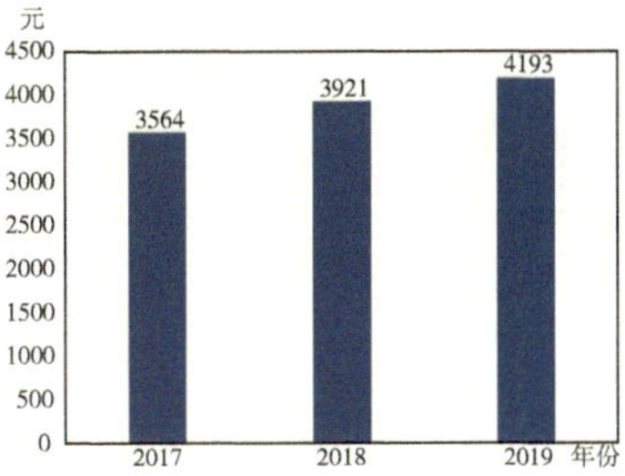

图16-21　2017–2019年河南省人均一般公共预算收入

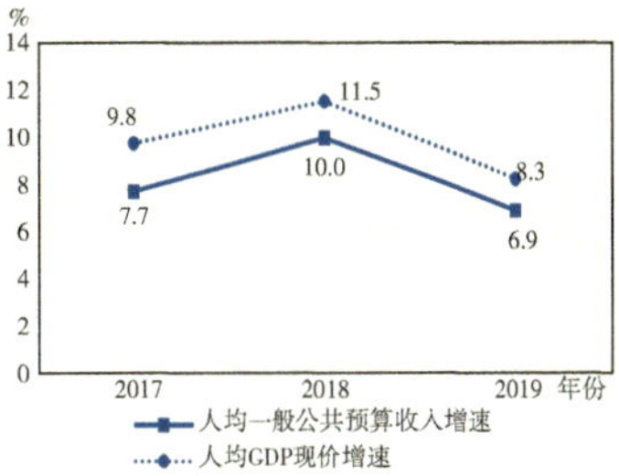

图16-22　2017–2019年河南省人均一般公共预算收入增速

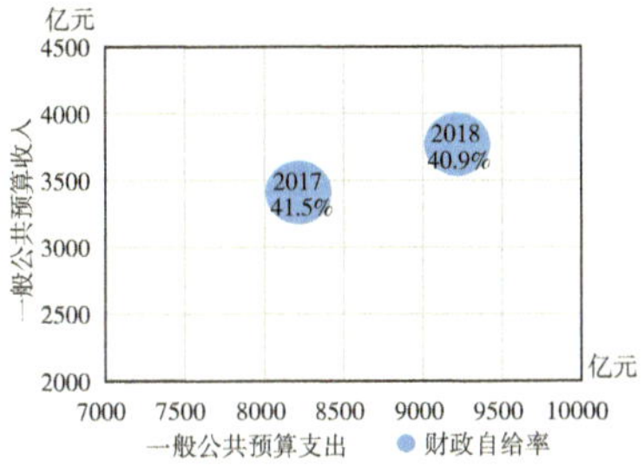

图16-23　2017–2018年河南省财政自给率

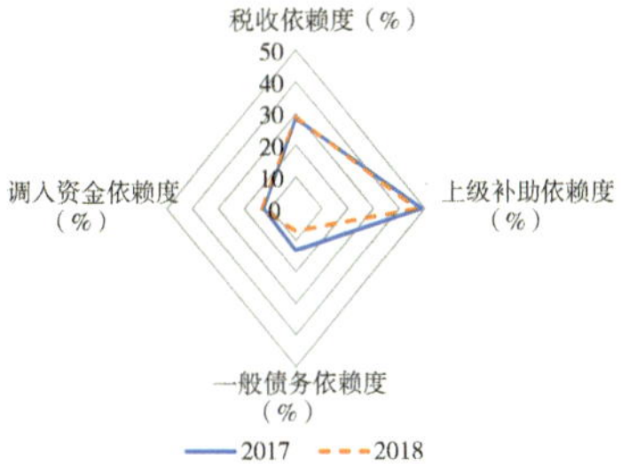

图16-24　2017–2019年河南省财政收入依赖度

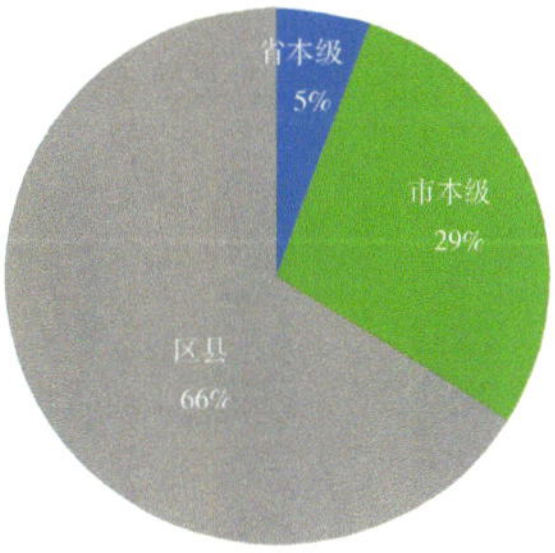

图16-25　2018年河南省市县三级政府一般公共预算收入分布

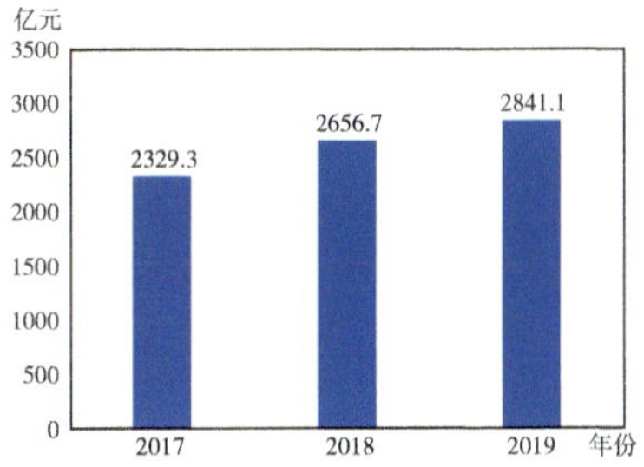

图16-26　2017–2019年河南省税收收入

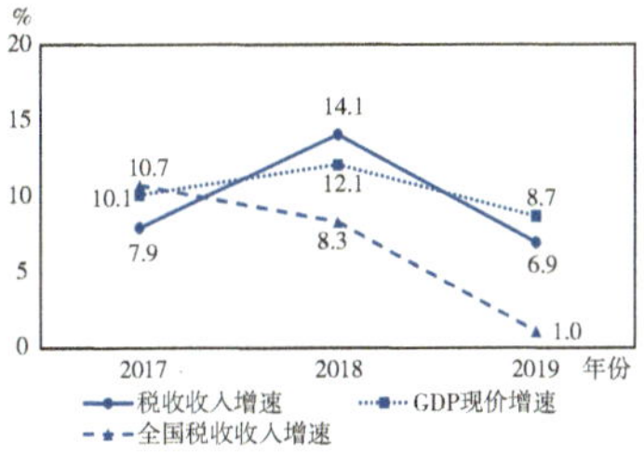

图16-27　2017–2019年河南省税收收入增速

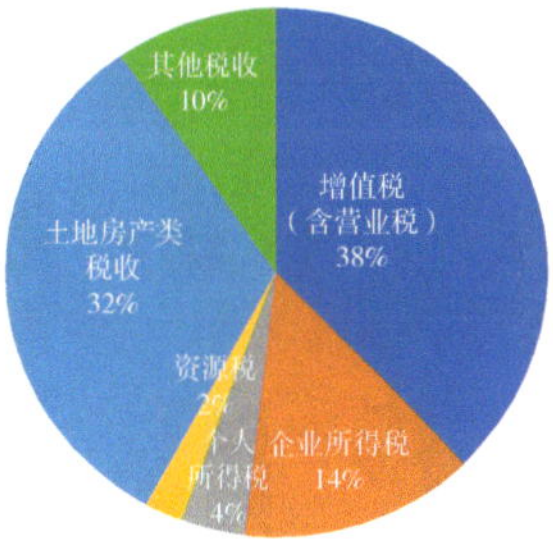

图16-28　2018年河南省税收结构

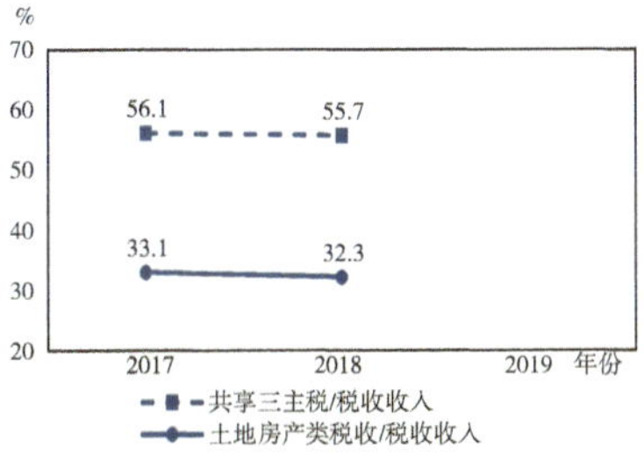

图16-29　2017–2019年河南省共享三主税、土地房产类税收占税收收入的比重

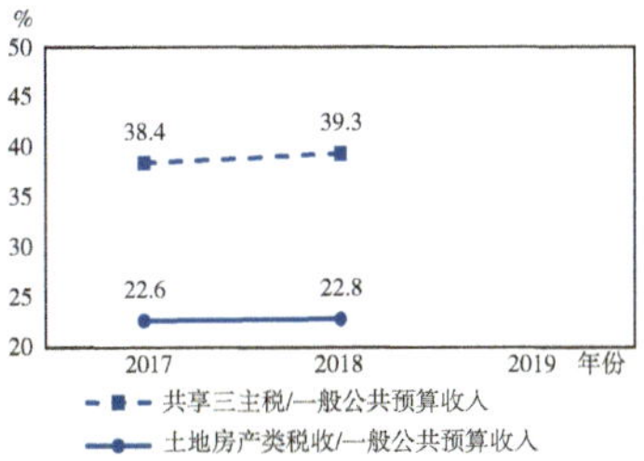

图16-30　2017–2019年河南省共享三主税、土地房产类税收占一般公共预算收入的比重

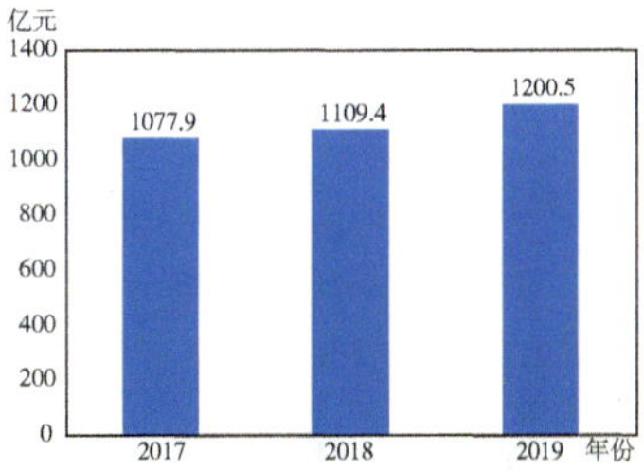

图16-31　2017–2019年河南省非税收入

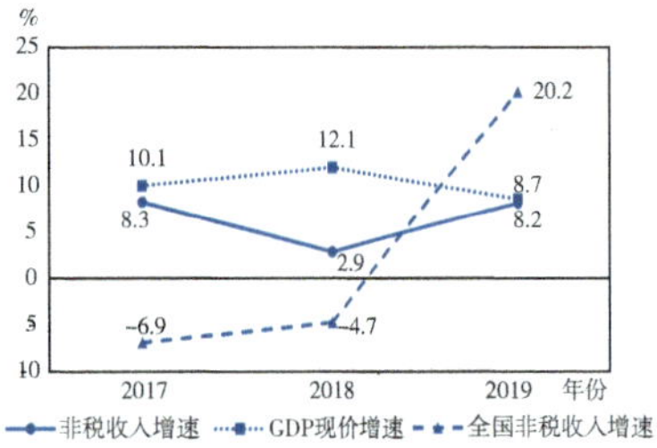

图16-32　2017-2019年河南省非税收入增速

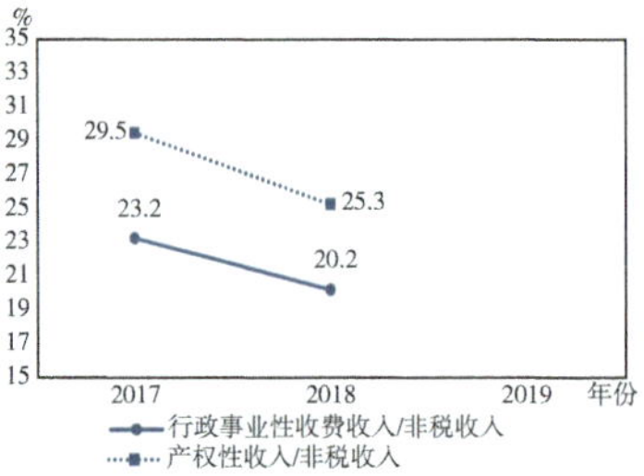

图16-33　2017-2019年河南省行政事业性收费及产权性收入占非税收入的比重

16.1.4　河南省政府性基金收入和国有资本经营收入情况

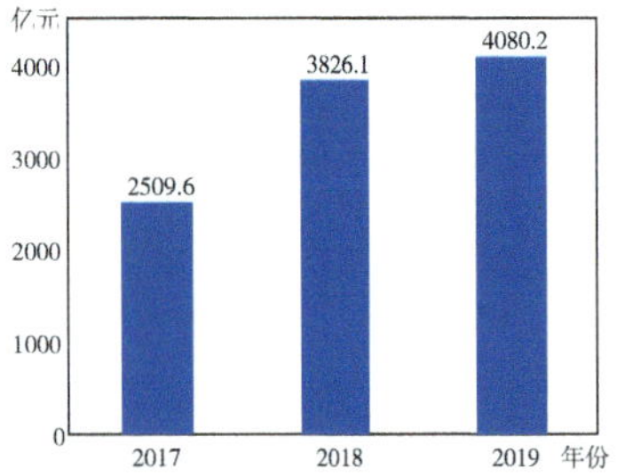

图16-34　2017-2019年河南省政府性基金收入

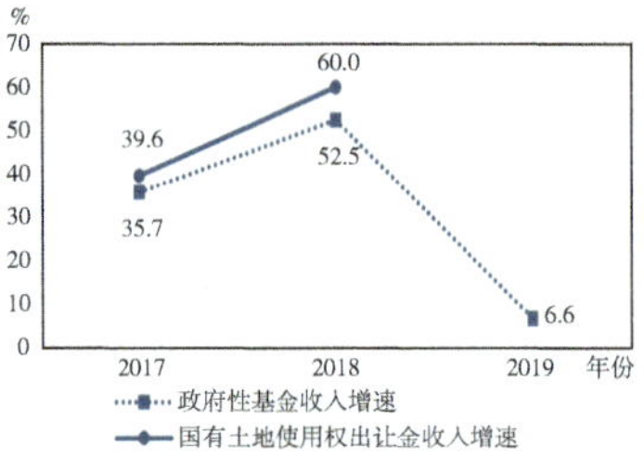

图16-35　2017-2019年河南省政府性基金收入增速

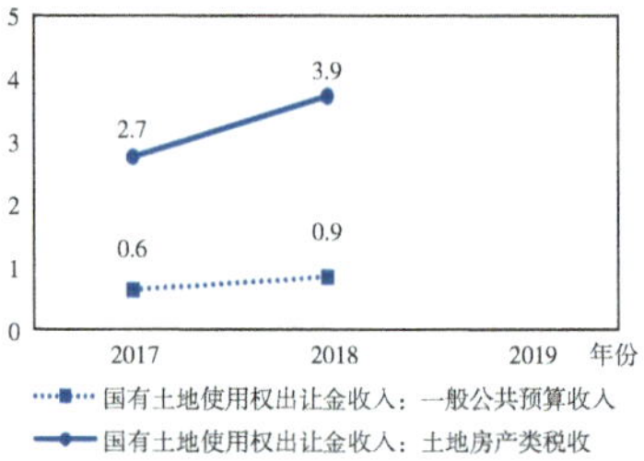

图16-36　2017-2019年河南省国有土地使用权出让金收入与一般公共预算关系指标

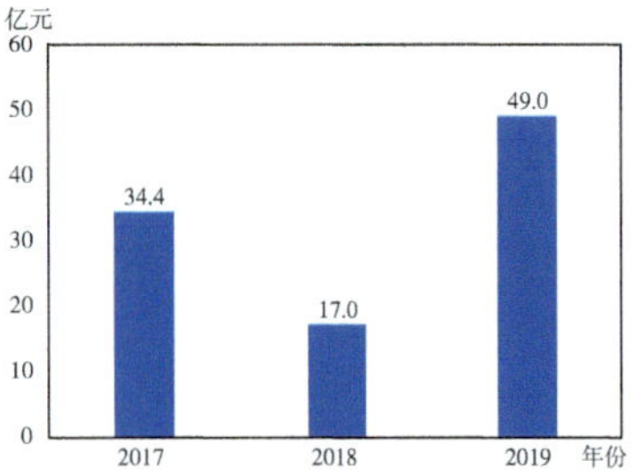

图16-37　2017-2019年河南省国有资本经营收入

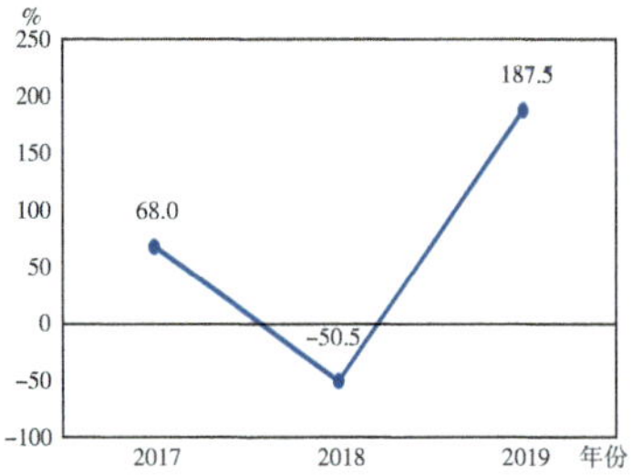

图16-38　2017-2019年河南省国有资本经营收入增速

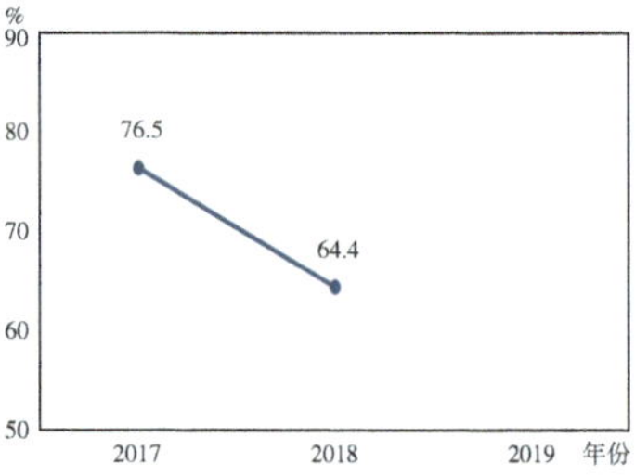

图16-39　2017-2019年河南省调出资金/国有资本经营收入

16.1.5　河南省社会保险基金收入情况

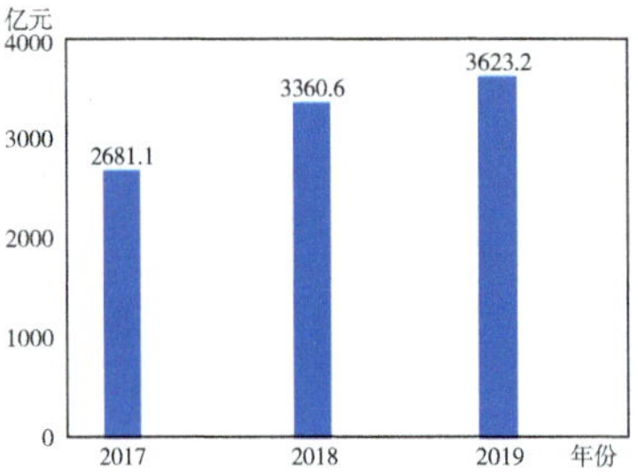

图16-40　2017-2019年河南省社会保险基金收入

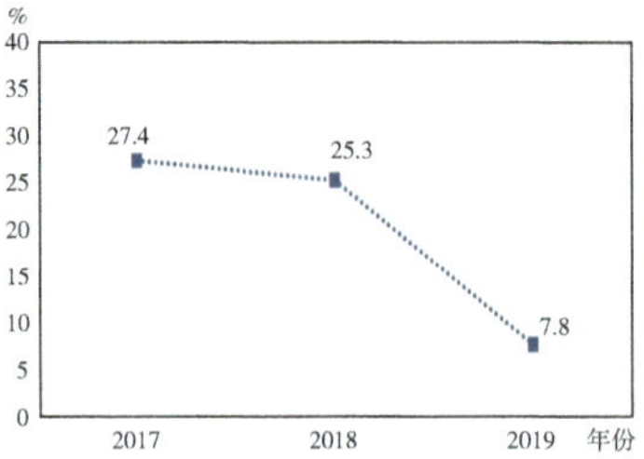

图16-41　2017-2019年河南省社会保险基金收入增速

16.1.6 河南省债务情况

图 16-42 2017-2019 年河南省债务规模

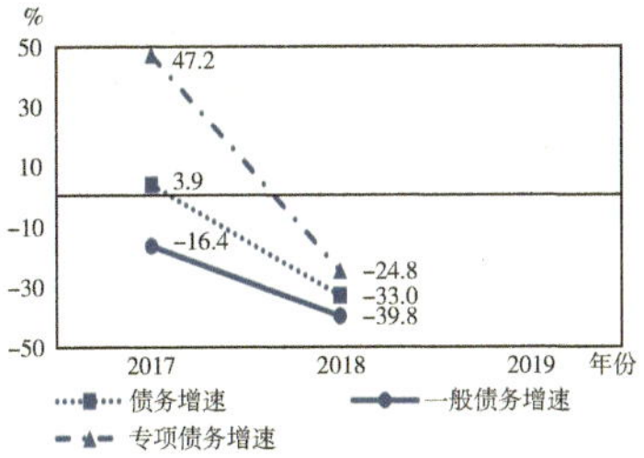

图 16-43 2017-2019 年河南省债务增速

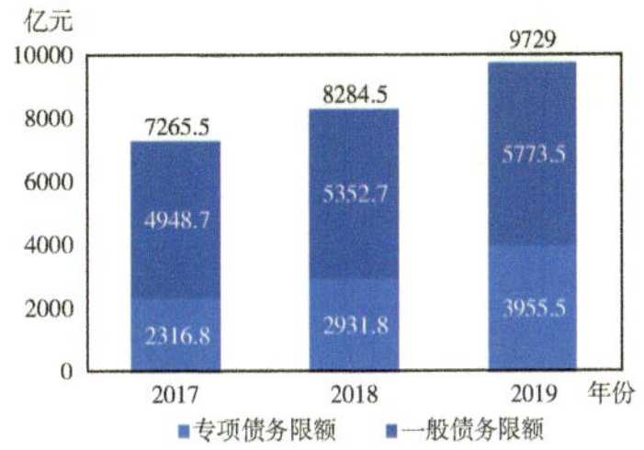

图 16-44 2017-2019 年河南省债务限额

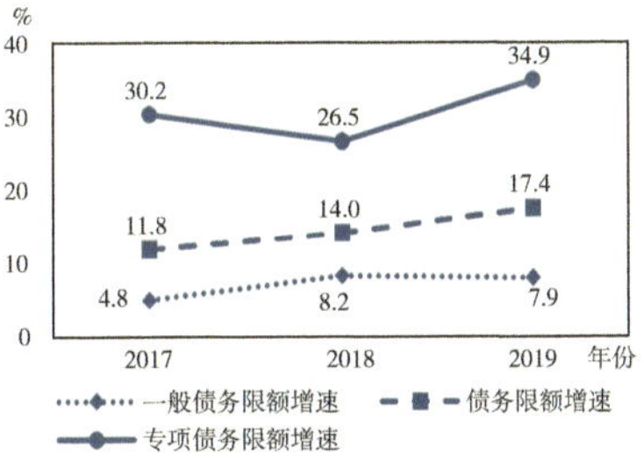

图 16-45 2017-2019 年河南省债务限额增速

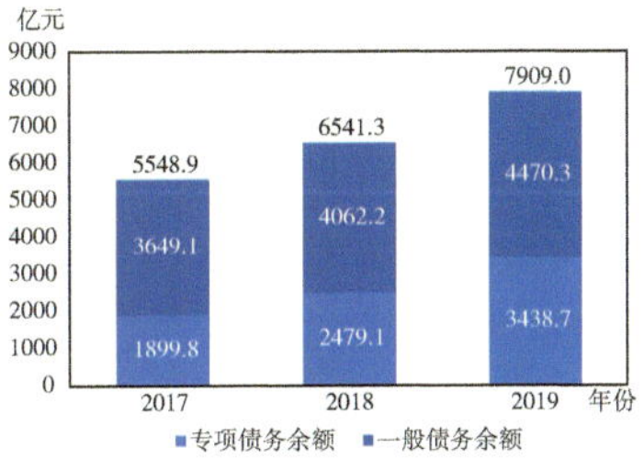

图 16-46 2017-2019 年河南省债务余额

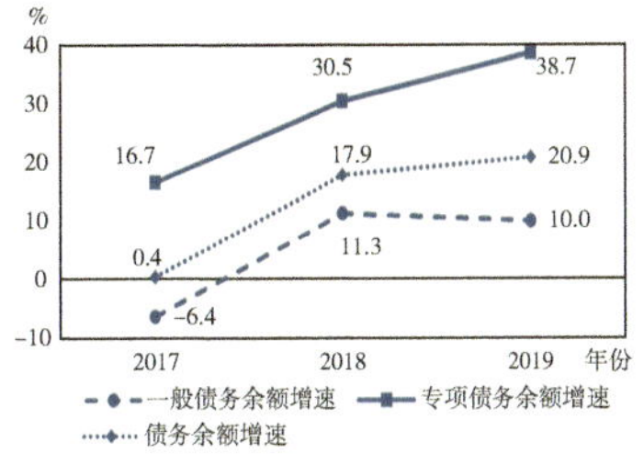

图 16-47 2017-2019 年河南省债务余额增速

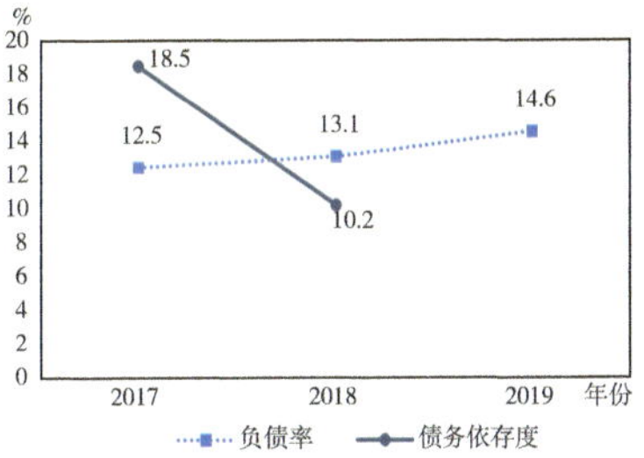

图 16-48 2017-2019 年河南省负债率与债务依存度

16.1.7 河南省省本级一般公共预算收入情况

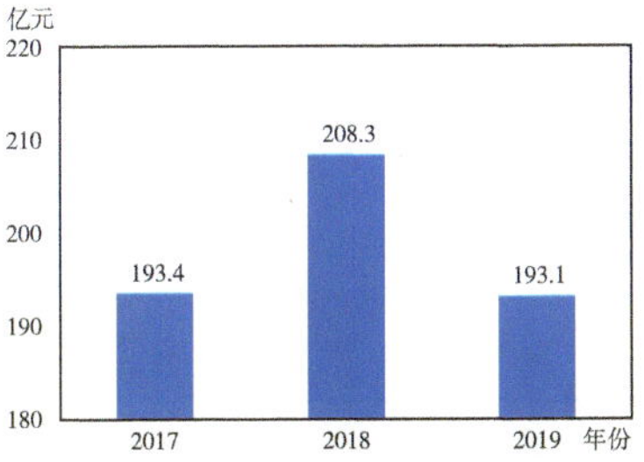

图 16-49 2017-2019 年河南省省本级一般公共预算收入

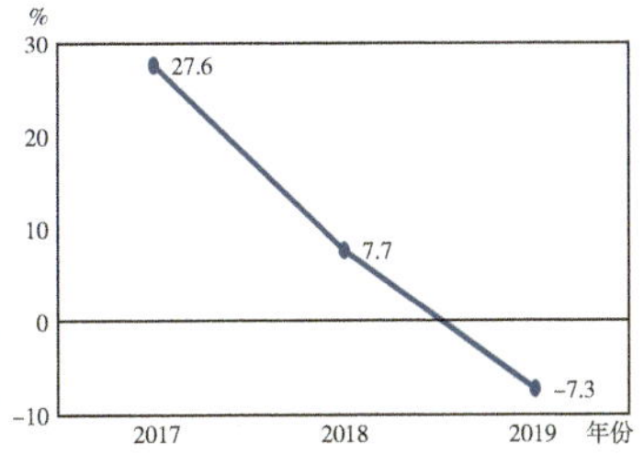

图 16-50 2017-2019 年河南省省本级一般公共预算收入增速

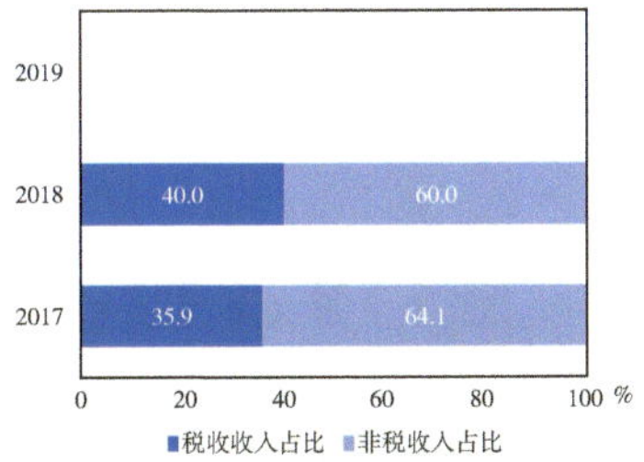

图 16-51 2017-2019 年河南省省本级一般公共预算收入结构

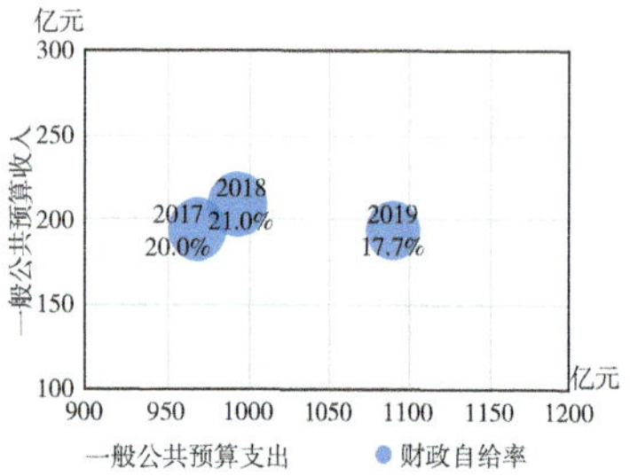

图16-52 2017-2019年河南省省本级财政自给率

图16-53 2017-2019年河南省省本级税收收入

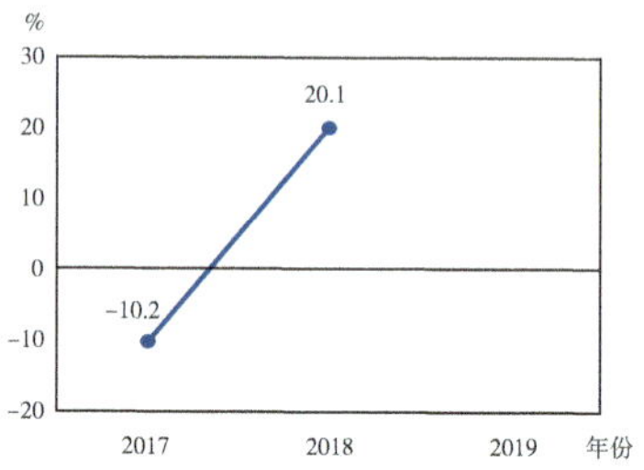

图16-54 2017-2019年河南省省本级税收收入增速

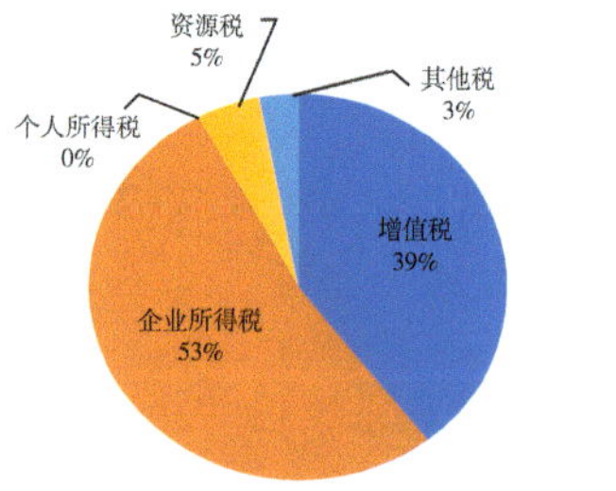

图16-55 2018年河南省省本级税收结构

图16-56 2017-2019年河南省省本级共享三主税占税收收入、一般公共预算收入的比重

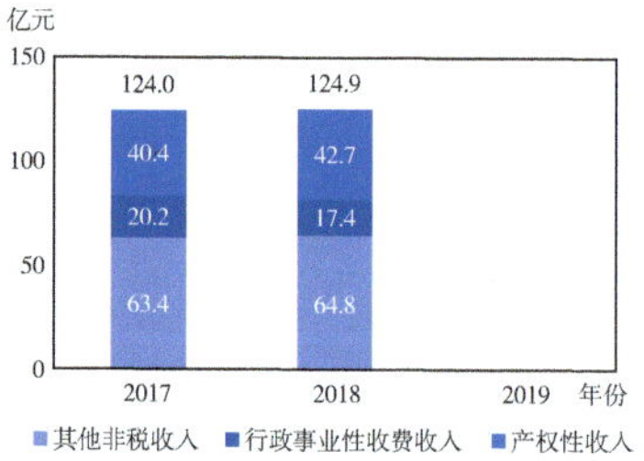

图16-57 2017-2019年河南省省本级非税收入

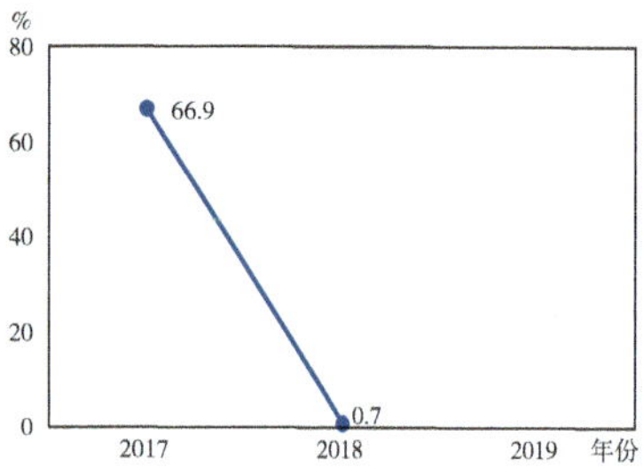

图16-58 2017-2019年河南省省本级非税收入增速

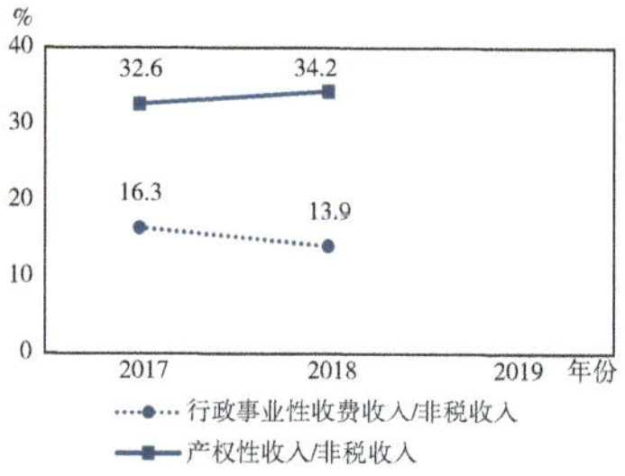

图16-59 2017-2019年河南省省本级行政事业性收费、产权性收入占非税收入的比重

16.2 河南省各市政府收入主要特征分析

16.2.1 河南省各市经济社会发展情况

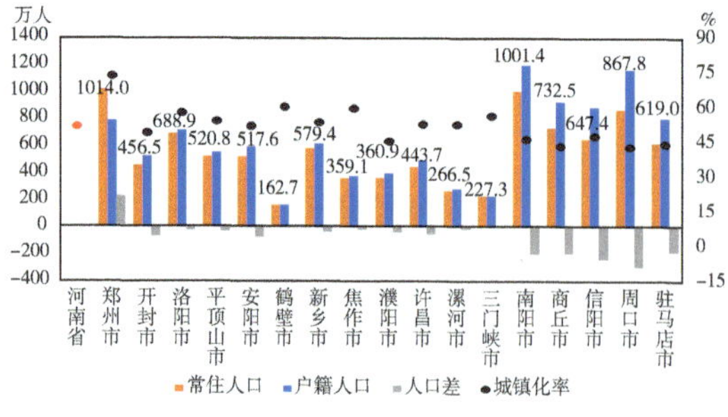

图16-60 2018年河南省各市人口状况

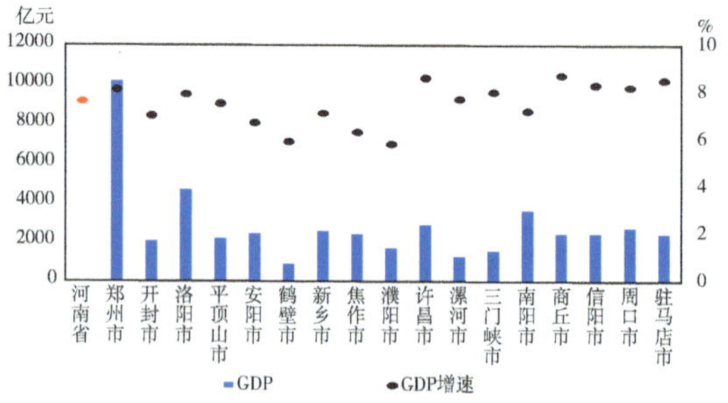

图16-61 2018年河南省各市GDP及增速

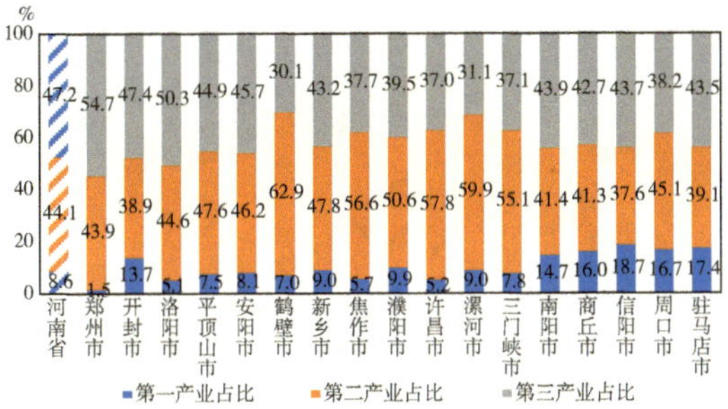

图16-62　2018年河南省各市三次产业结构

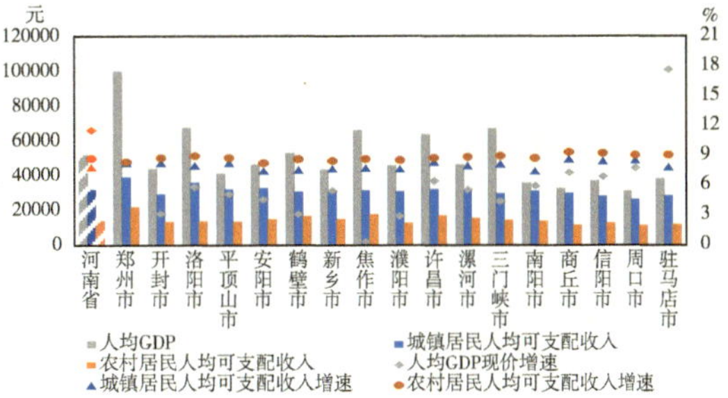

图16-63　2018年河南省各市人均GDP与人均可支配收入

16.2.2　河南省各市政府收入总体情况

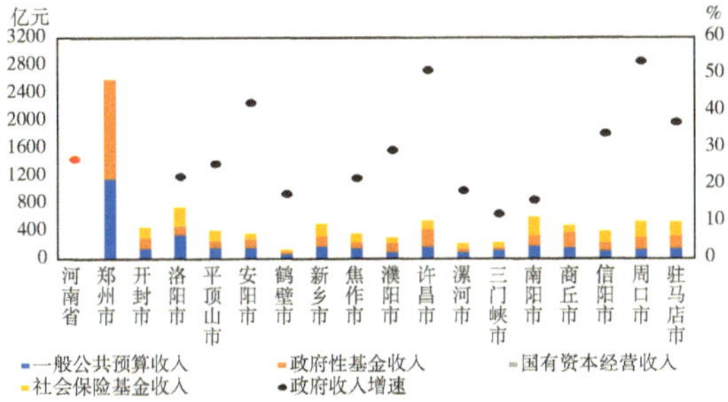

图16-64　2018年河南省各市政府收入结构及增速

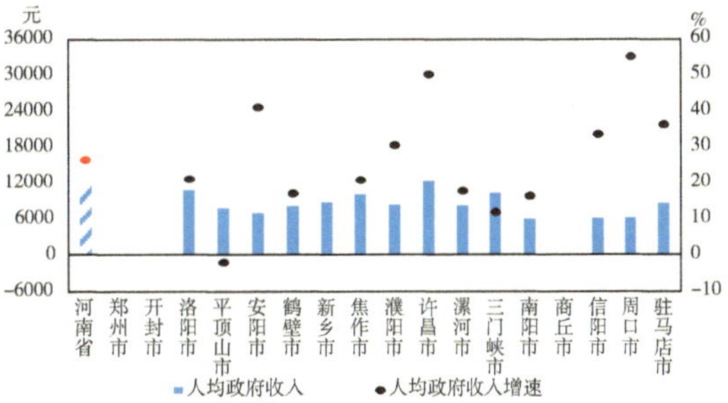

图16-65　2018年河南省各市人均政府收入及增速

16.2.3　河南省各市一般公共预算收入情况

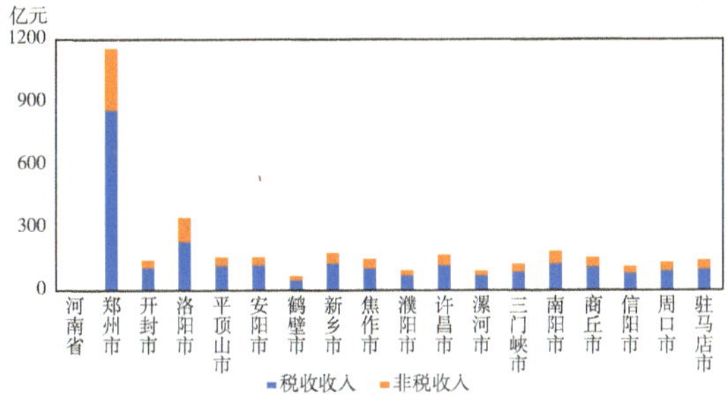

图16-66　2018年河南省各市一般公共预算收入

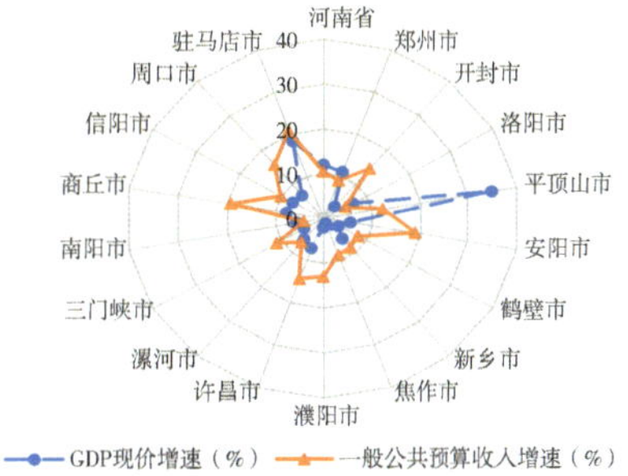

图16-67　2018年河南省各市一般公共预算收入增速

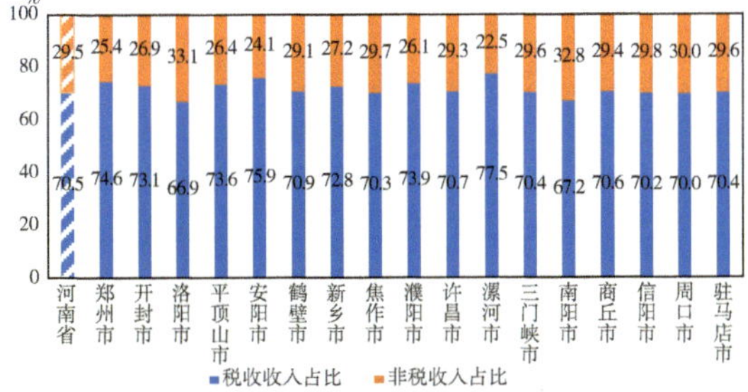

图16-68　2018年河南省各市一般公共预算收入结构

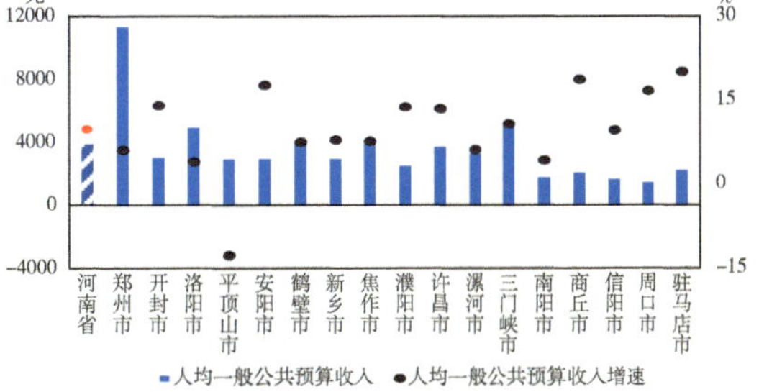

图16-69　2018年河南省各市人均一般公共预算收入及增速

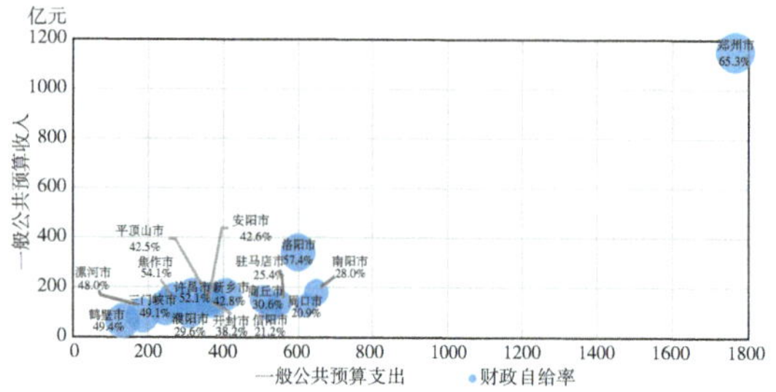

图16-70　2018年河南省各市财政自给率

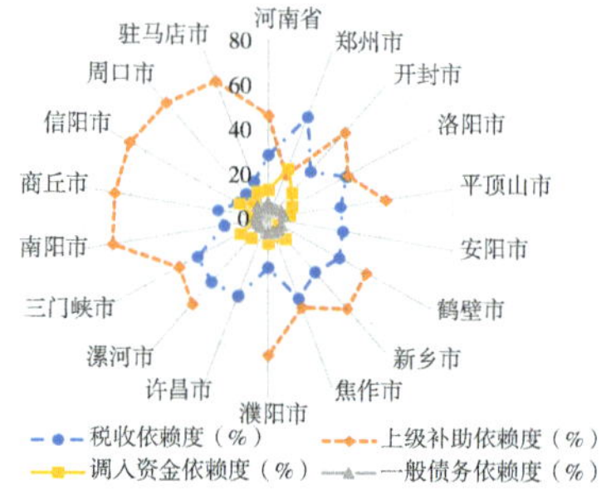

图16-71　2018年河南省各市财政收入依赖度

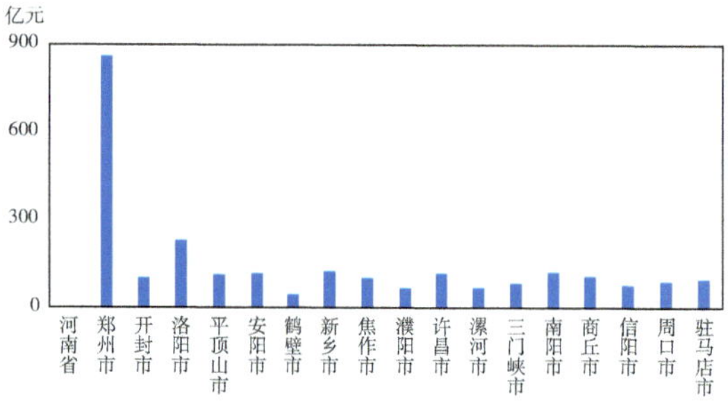

图16-72　2018年河南省各市税收收入

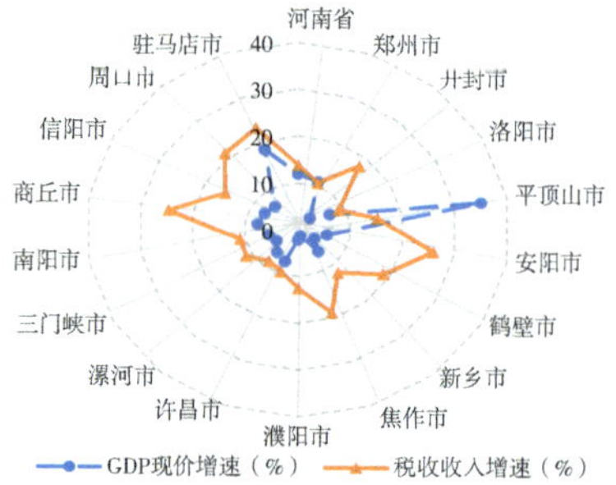

图16-73　2018年河南省各市税收收入增速

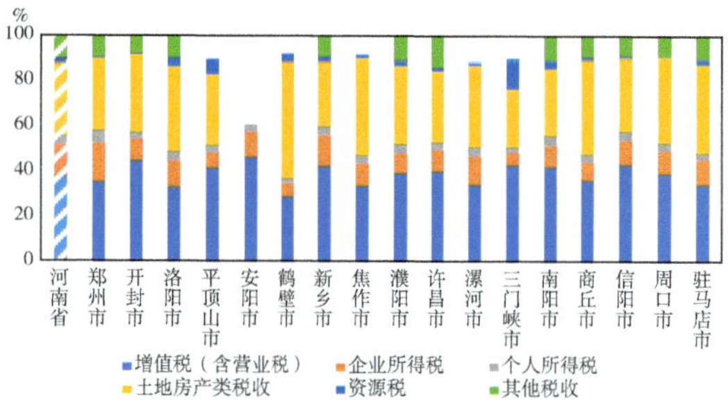

图16-74　2018年河南省各市税收收入结构

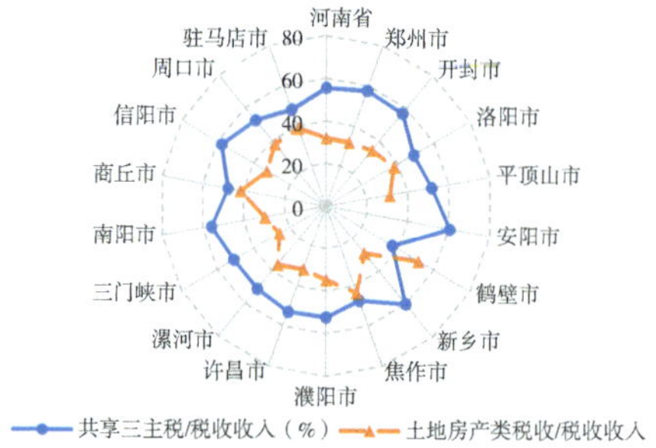

图16-75　2018年河南省各市共享三主税、土地房产类税收占税收收入的比重

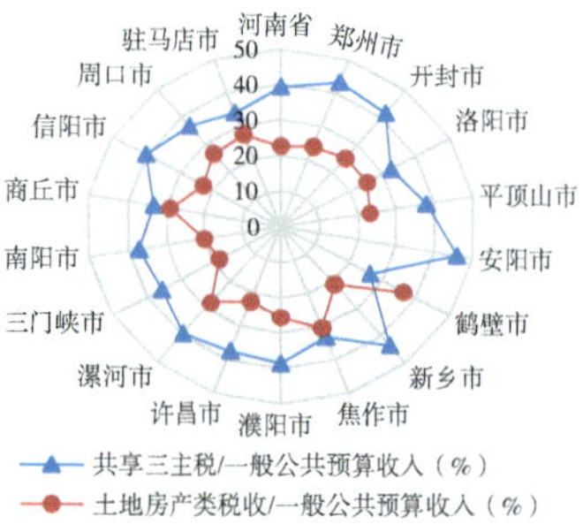

图16-76　2018年河南省各市共享三主税、土地房产类税收占一般公共预算收入的比重

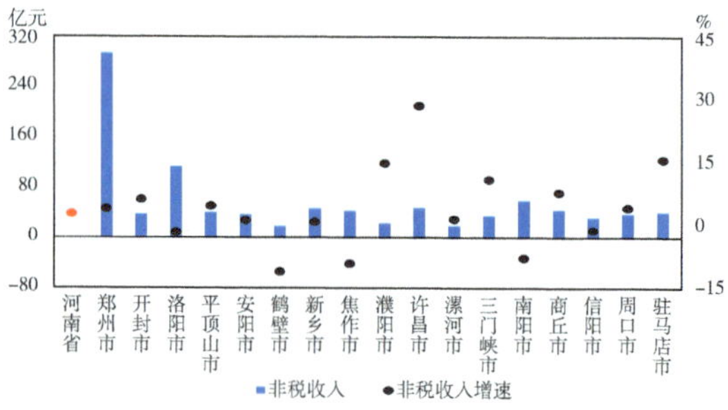

图16-77　2018年河南省各市非税收入及增速

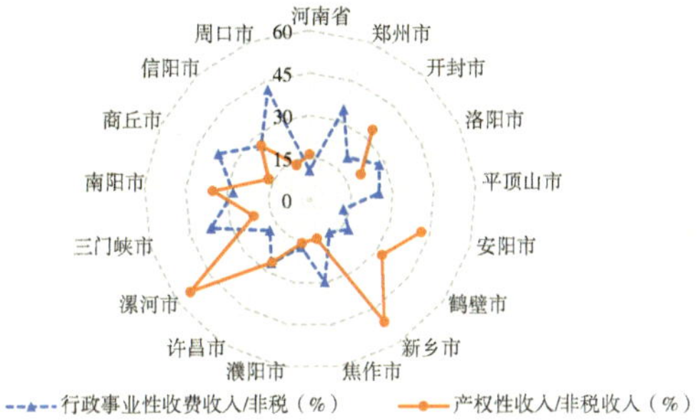

图 16-78　2018 年河南省各市行政事业性收费收入、产权性收入占非税收入的比重

16.2.4　河南省各市政府性基金收入与国有资本经营收入情况

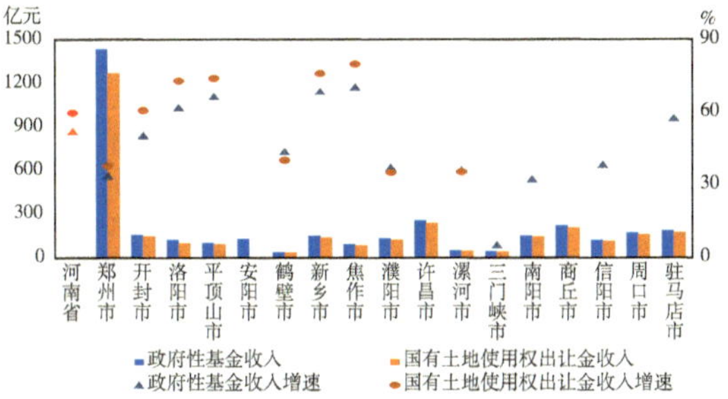

图 16-79　2018 年河南省各市政府性基金收入、国有土地使用权出让金收入及其增速

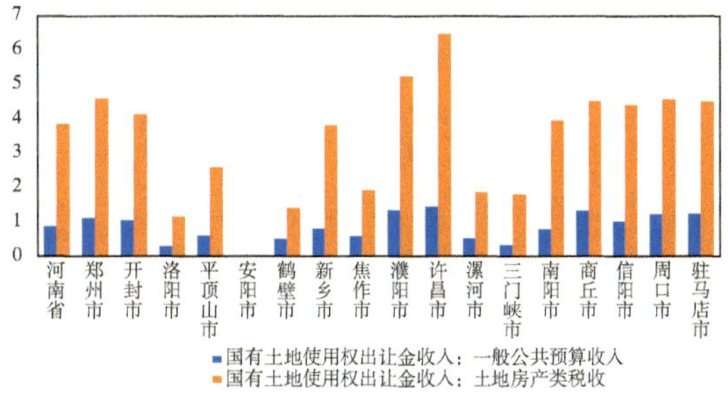

图 16-80　2018 年河南省各市国有土地使用权出让金收入与一般公共预算关系指标

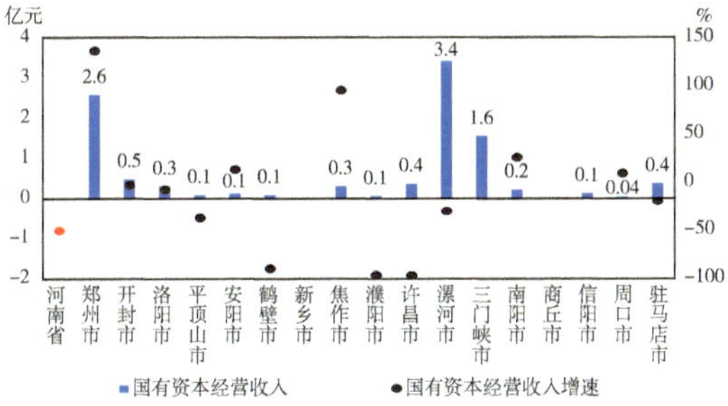

图 16-81　2018 年河南省各市国有资本经营收入及增速

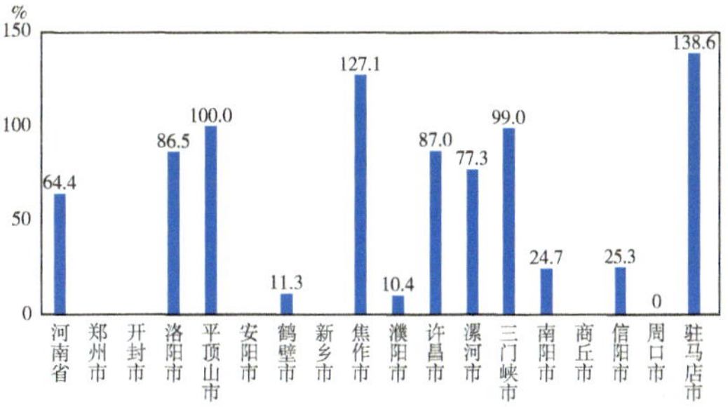

图 16-82　2018 年河南省各市调出资金/国有资本经营收入

16.2.5　河南省各市社会保险基金收入情况

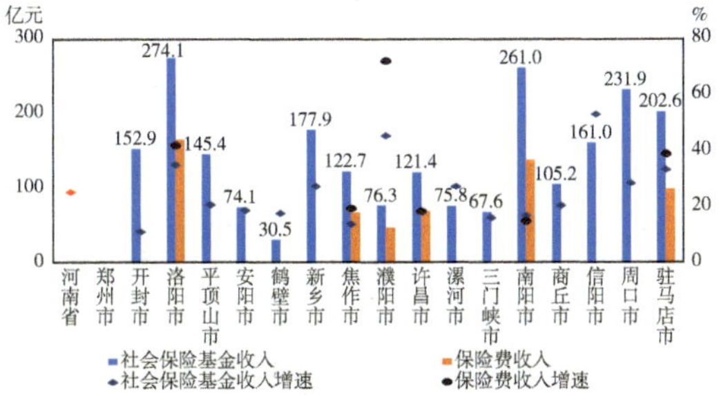

图 16-83　2018 年河南省各市社会保险基金收入、保险费收入及其增速

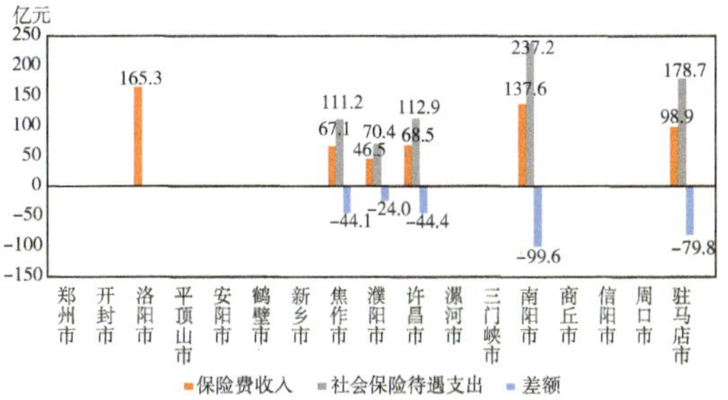

图 16-84　2018 年河南省各市保险费收入、社会保险待遇支出及其差额

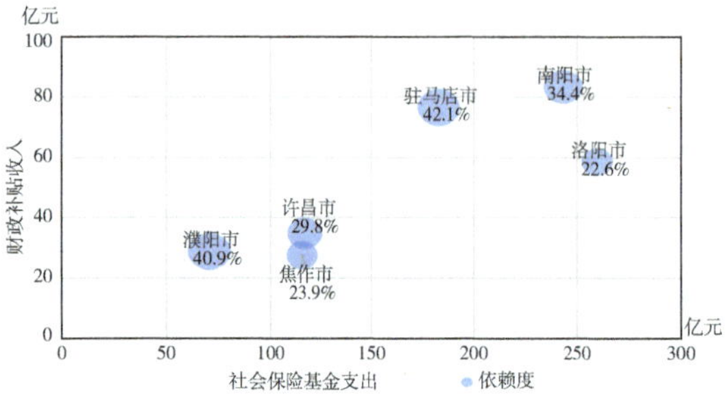

图16-85 2018年河南省各市社会保险基金对财政补贴的依赖度

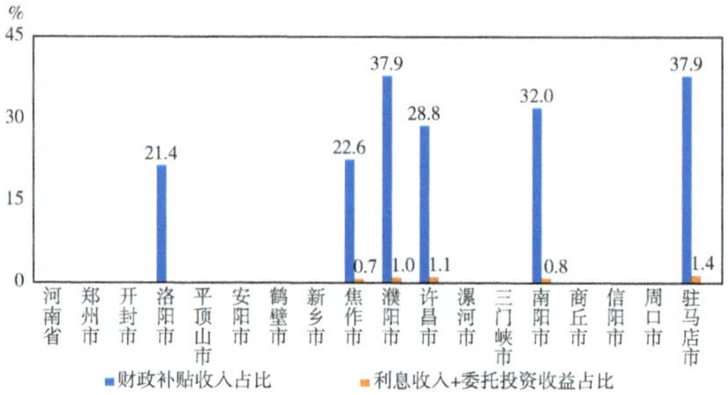

图16-86 2018年河南省各市财政补贴收入、利息收入+委托投资收益占社会保险基金收入的比重

16.2.6 河南省各市债务情况

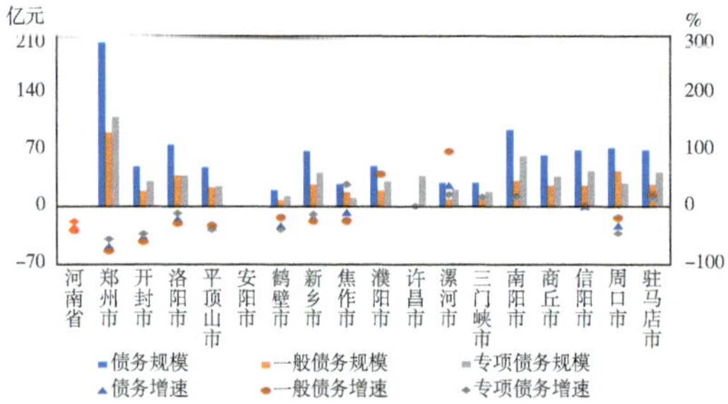

图16-87 2018年河南省各市债务规模及其增速

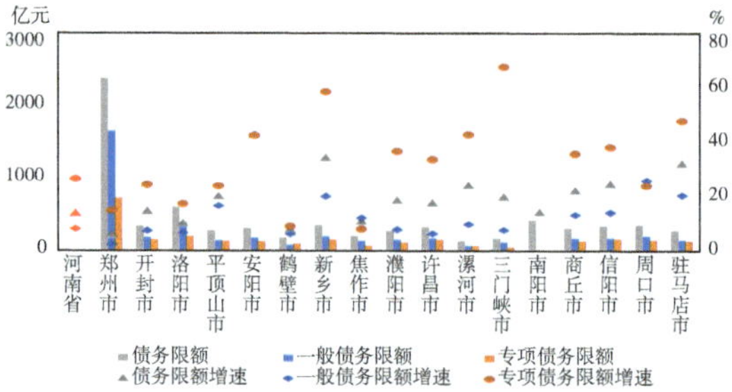

图16-88 2018年河南省各市债务限额及其增速

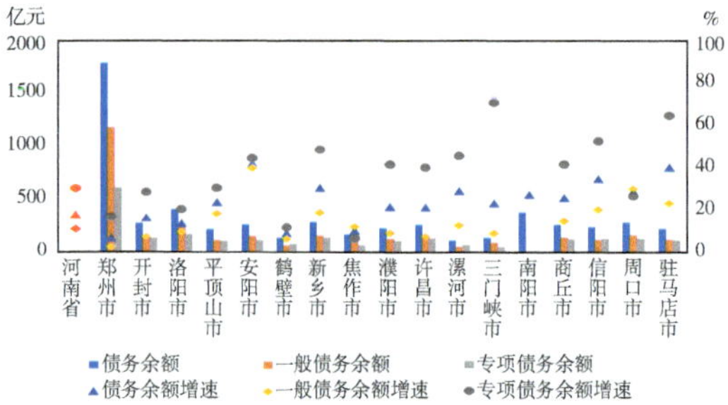

图16-89 2018年河南省各市债务余额及其增速

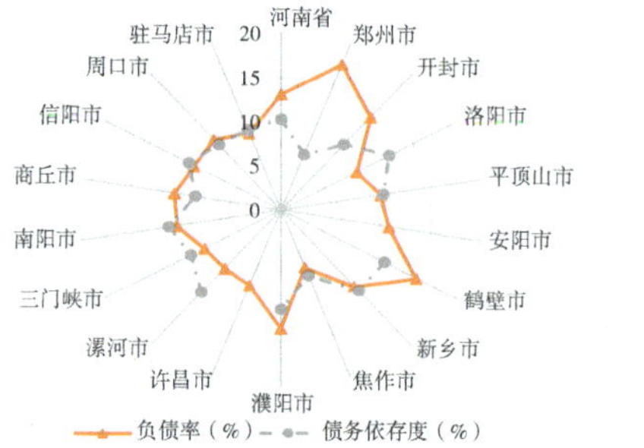

图16-90 2018年河南省各市负债率与债务依存度

16.2.7 河南省各市市本级一般公共预算收入情况

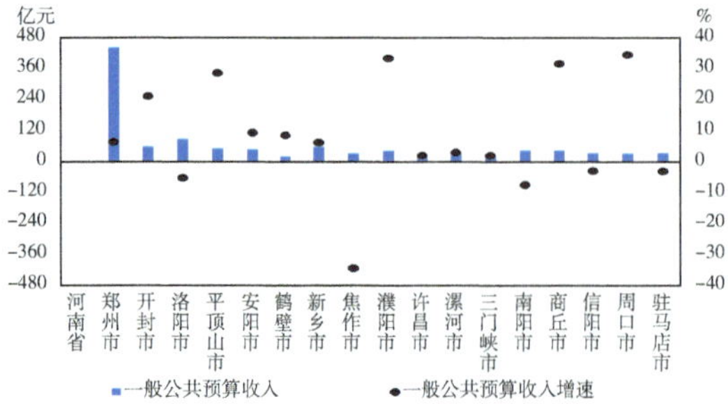

图16-91 2018年河南省各市市本级一般公共预算收入及增速

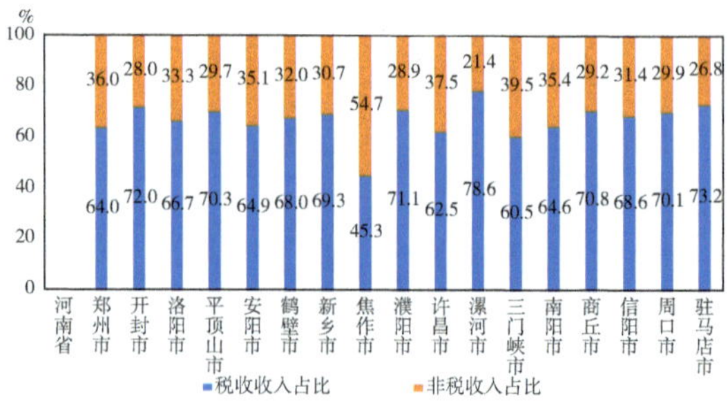

图16-92 2018年河南各市市本级一般公共预算收入结构

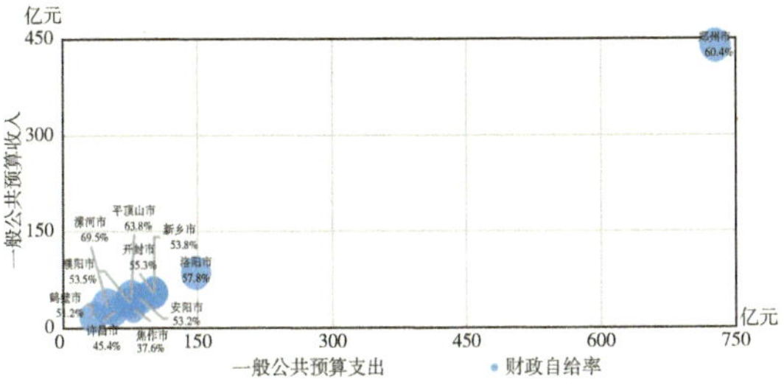

图16-93　2018年河南省各市市本级财政自给率

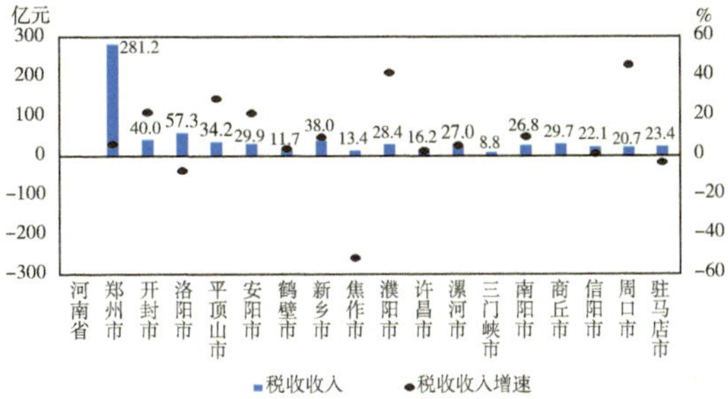

图16-94　2018年河南省各市市本级税收收入及增速

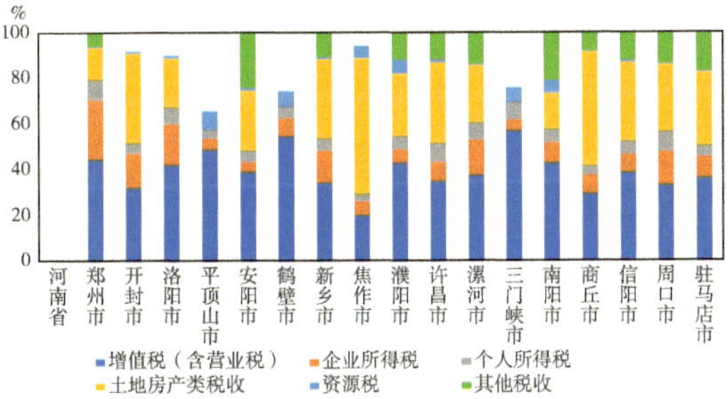

图16-95　2018年河南省各市市本级税收收入结构

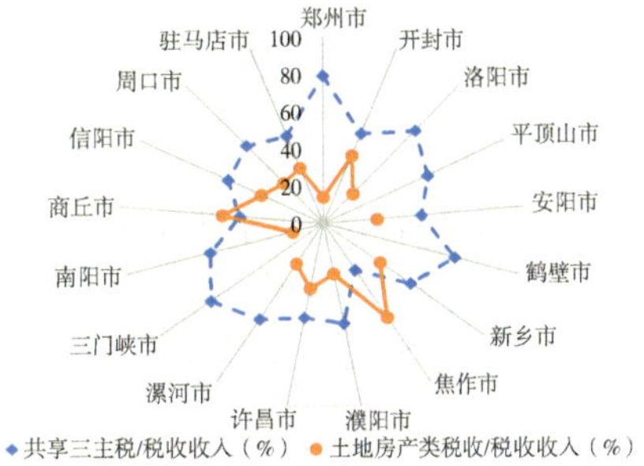

图16-96　2018年河南省各市市本级共享三主税、土地房产类税收占税收收入的比重

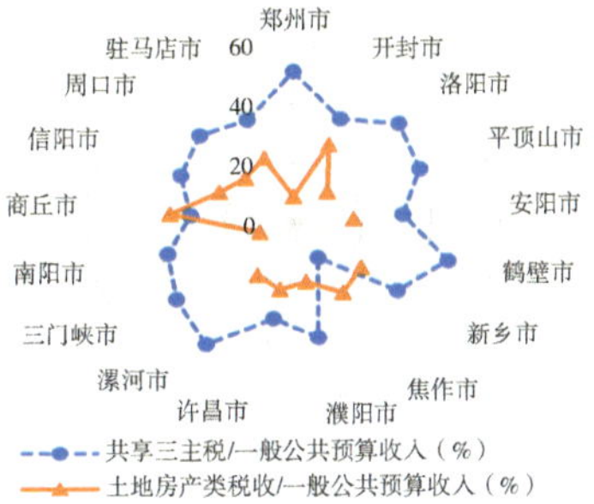

图16-97　2018年河南省各市市本级共享三主税、土地房产类税收占一般公共预算收入的比重

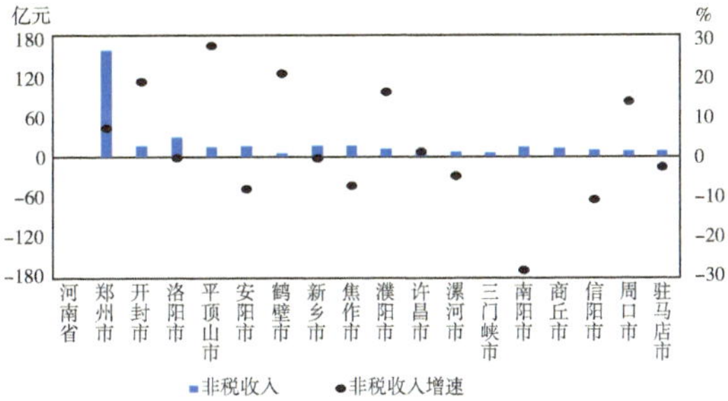

图16-98　2018年河南省各市市本级非税收入及增速

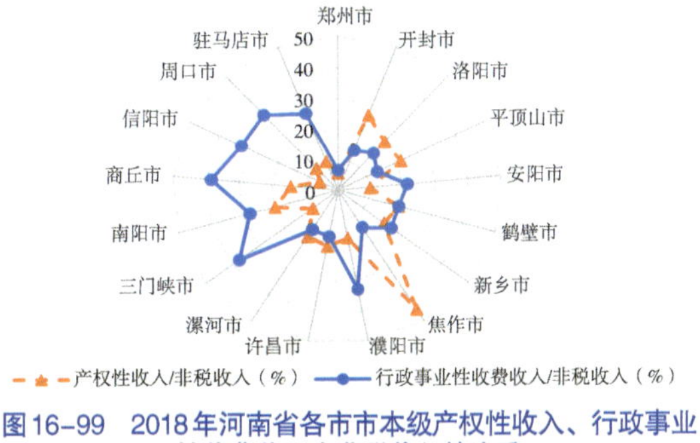

图16-99　2018年河南省各市市本级产权性收入、行政事业性收费收入占非税收入的比重

16.3 河南省样本县政府收入主要特征分析

16.3.1 河南省样本县经济社会发展情况

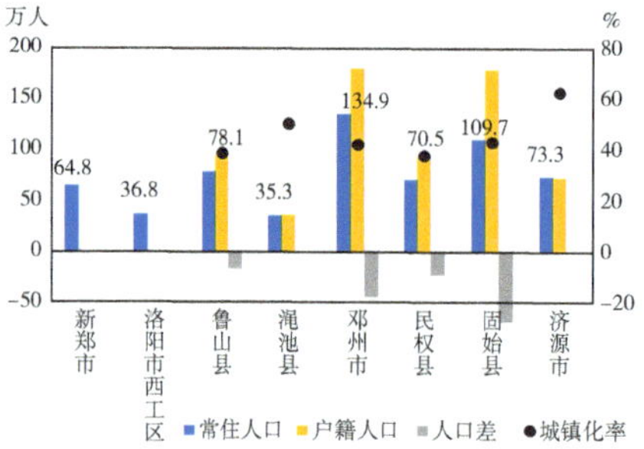

图16-100 2018年河南省样本区县人口状况

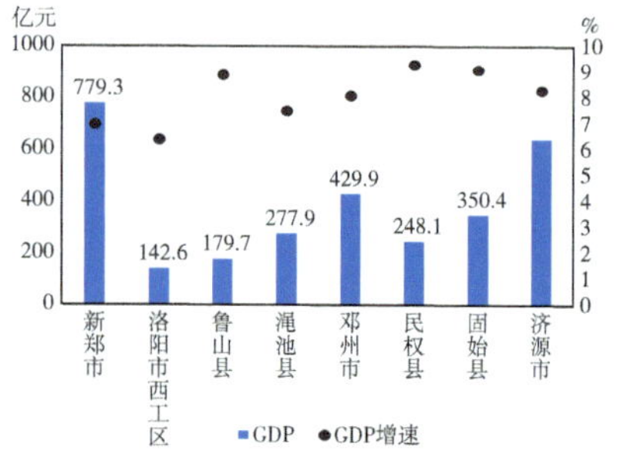

图16-101 2018年河南省样本区县GDP及增速

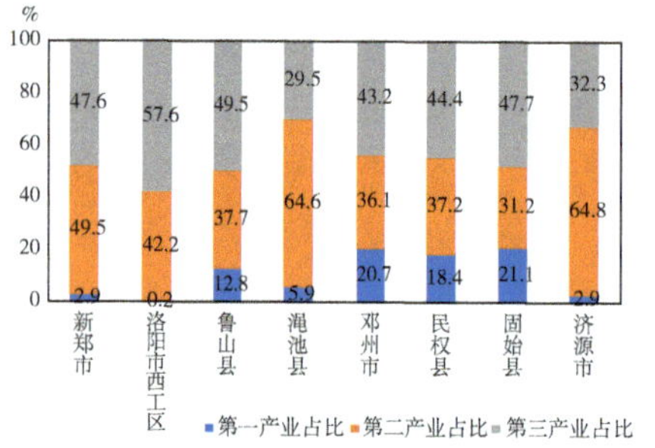

图16-102 2018年河南省样本区县三次产业结构

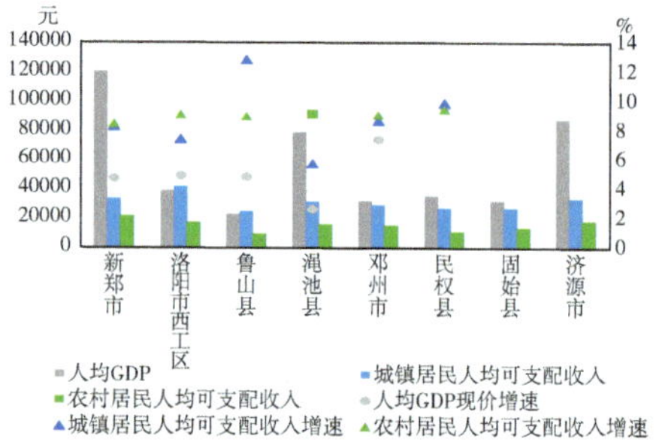

图16-103 2018年河南省样本区县人均GDP与人均可支配收入

16.3.2 河南省样本县政府收入总体情况

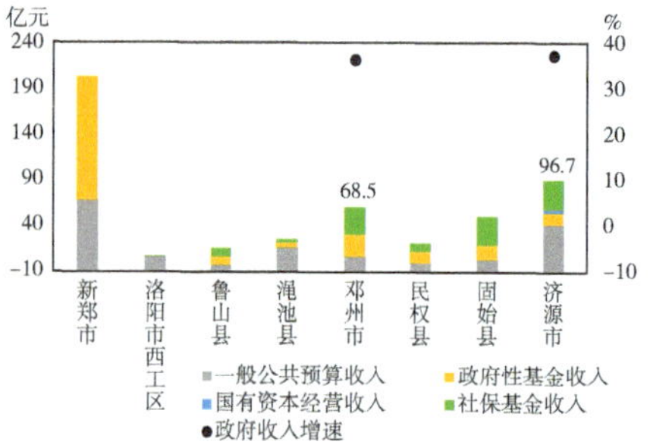

图16-104 2018年河南省样本区县政府收入结构及增速

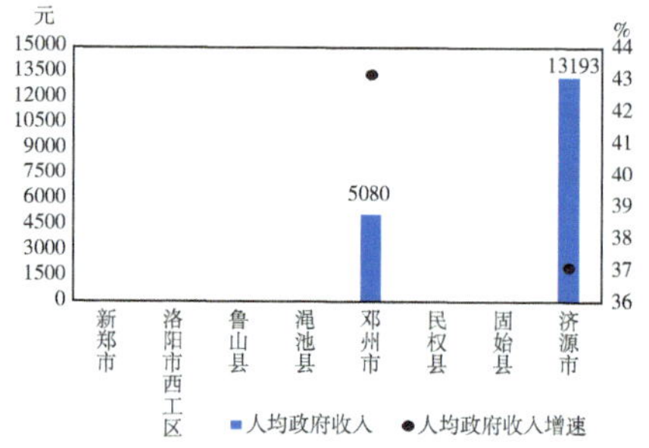

图16-105 2018年河南省样本区县人均政府收入及增速

16.3.3 河南省样本县一般公共预算收入情况

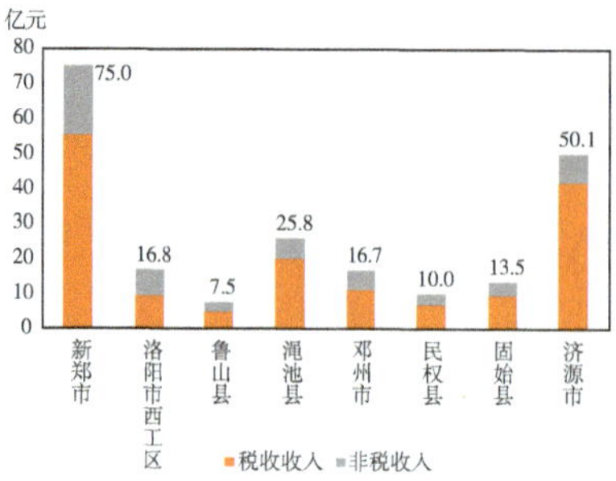

图16-106 2018年河南省样本区县一般公共预算收入

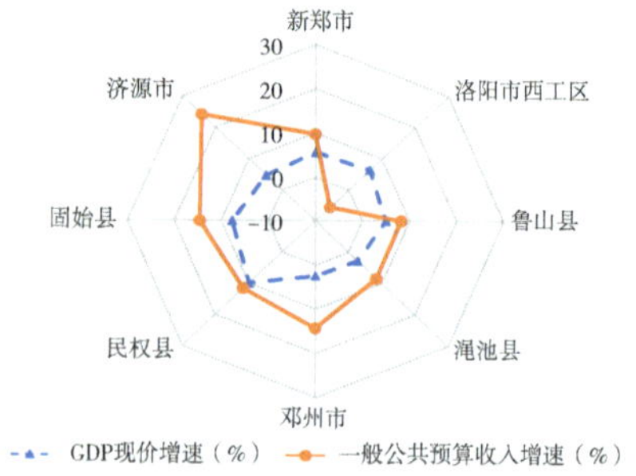

图16-107 2018年河南省样本区县一般公共预算收入增速

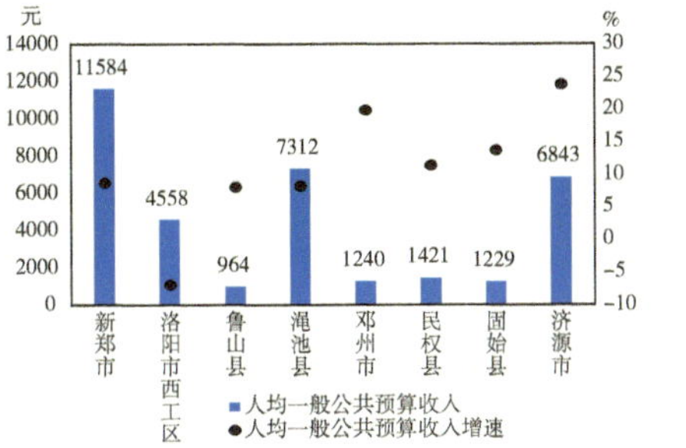

图16-108　2018年河南省样本区县人均一般公共预算收入及增速

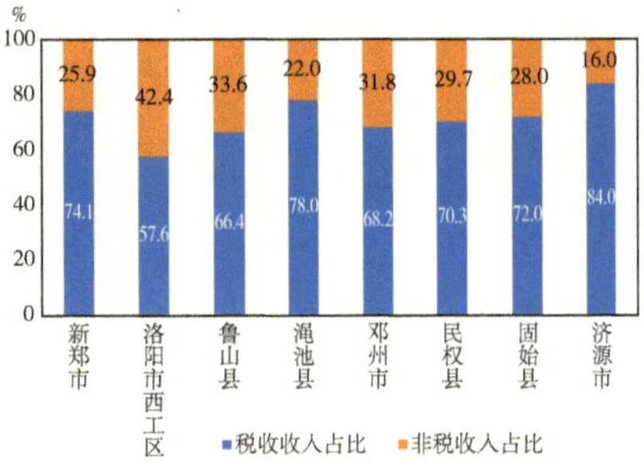

图16-109　2018年河南省样本区县一般公共预算收入结构

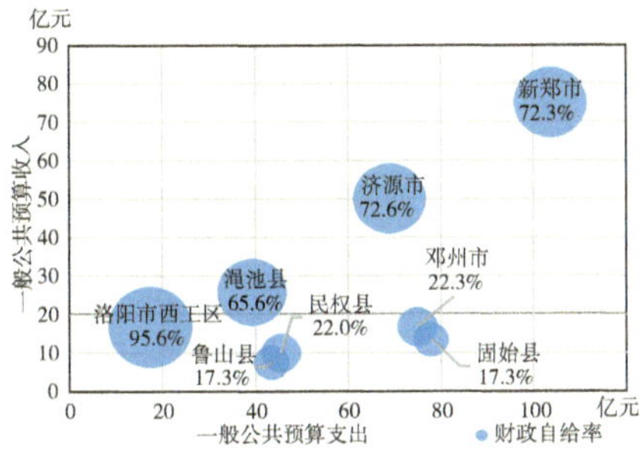

图16-110　2018年河南省样本区县财政自给率

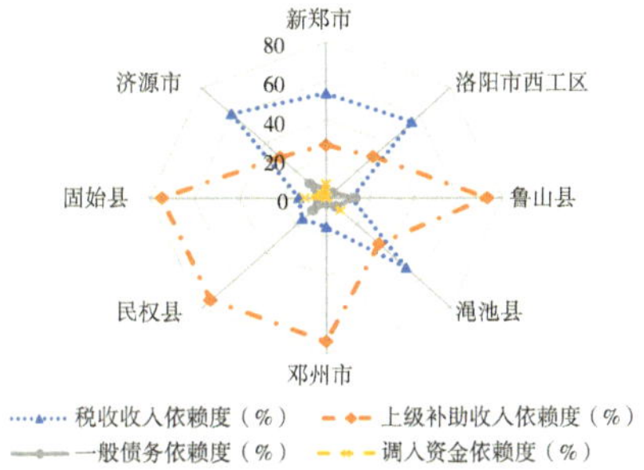

图16-111　2018年河南省样本区县财政收入依赖度

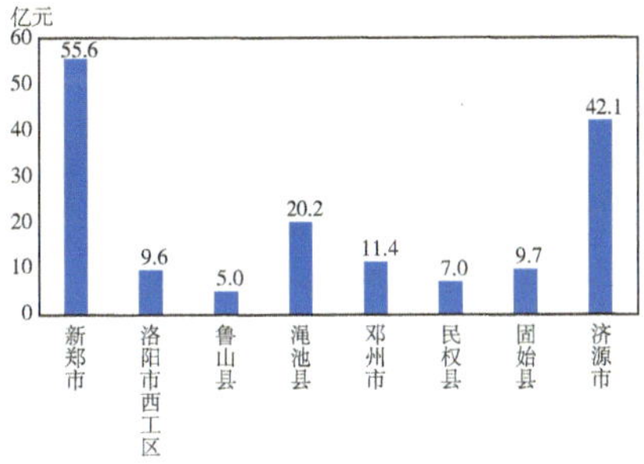

图16-112　2018年河南省样本区县税收收入

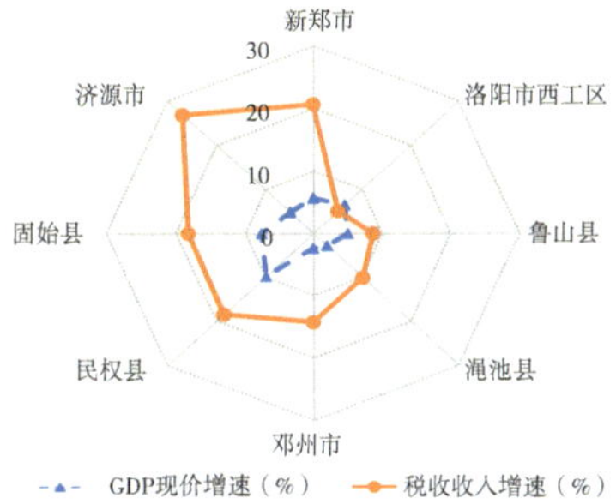

图16-113　2018年河南省样本区县税收收入增速

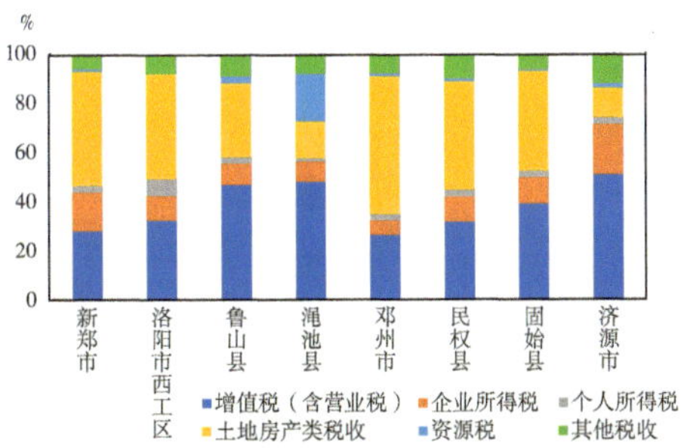

图16-114　2018年河南省样本区县税收收入结构

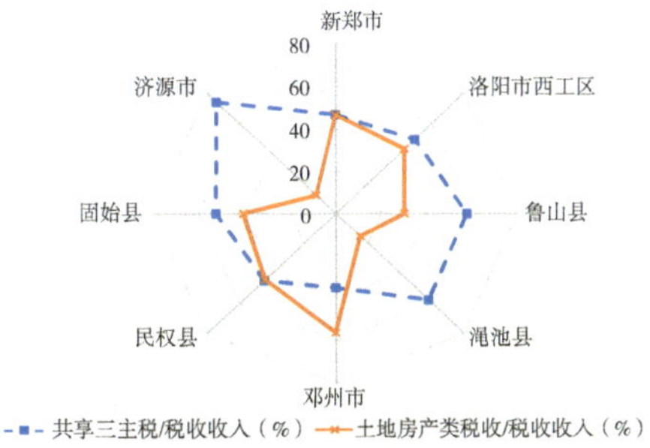

图16-115　2018年河南省样本区县共享三主税、土地房产类税收占税收收入的比重

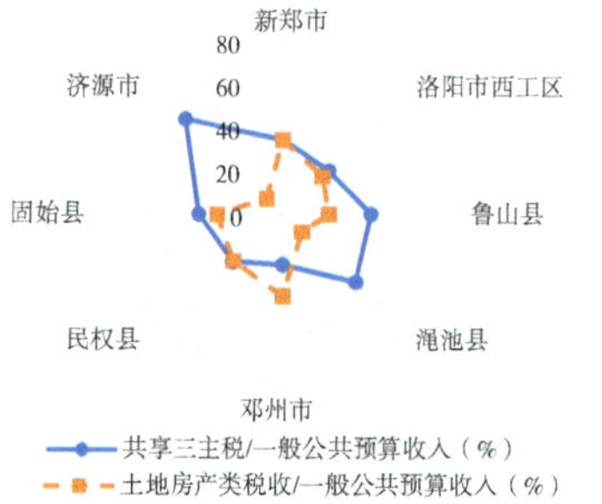

图 16-116　2018 年河南省样本区县共享三主税、土地房产类税收占一般公共预算收入的比重

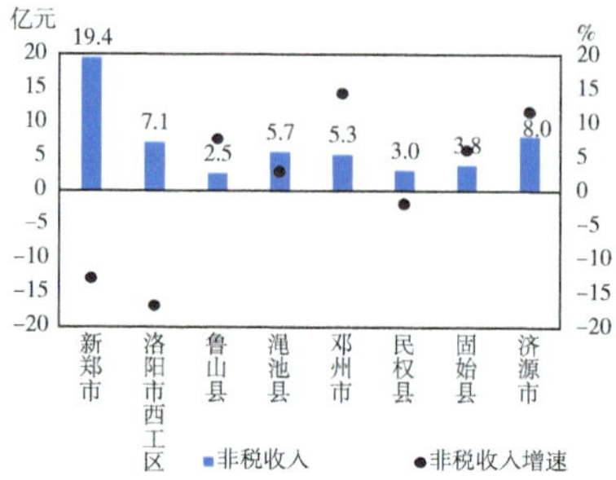

图 16-117　2018 年河南省样本区县非税收入

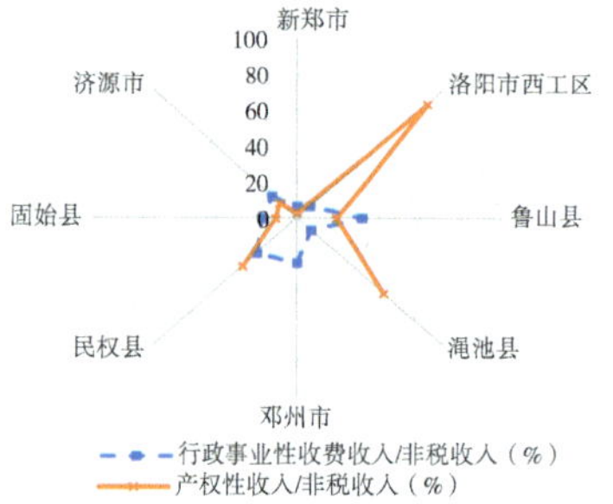

图 16-118　2018 年河南省样本区县产权性收入、行政事业性收费收入占非税收入的比重

16.3.4　河南省样本县政府性基金收入与国有资本经营收入情况

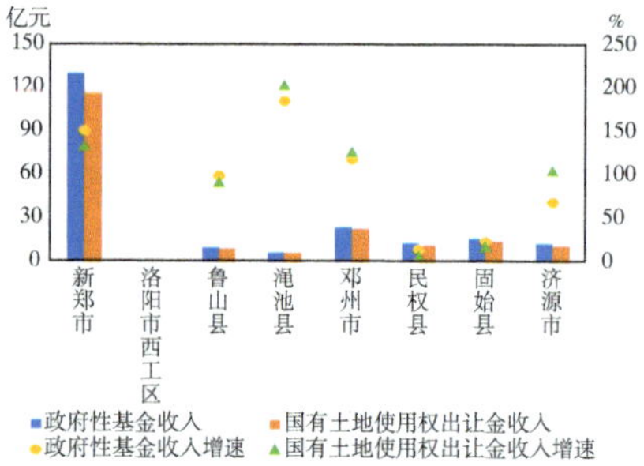

图 16-119　2018 年河南省样本区县政府性基金收入、国有土地使用权出让金收入及其增速

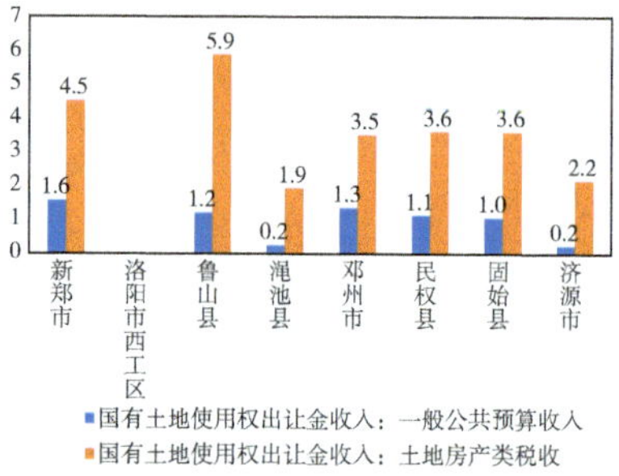

图 16-120　2018 年河南省样本区县国有土地使用权出让金收入与一般公共预算关系指标

16.3.5　河南省样本县社会保险基金收入情况

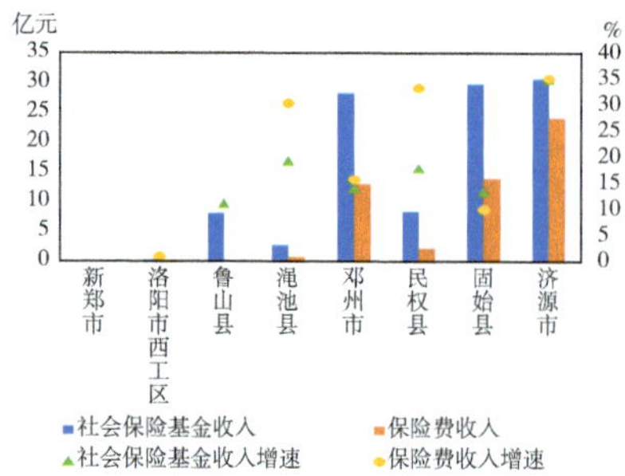

图 16-121　2018 年河南省样本区县社会保险基金收入、保险费收入及其增速

注：2018 年洛阳市西工区社会保险基金预算收入增速为-73.8%，数值超出图示范围，未在图中展示。

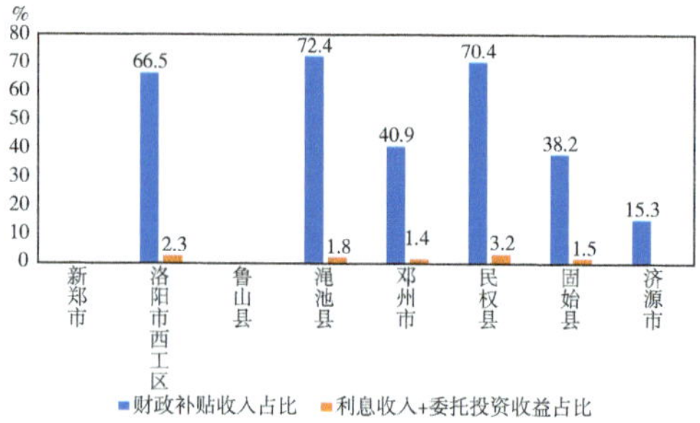

图 16-122　2018 年河南省样本区县财政补贴收入、利息收入+委托投资收益占社会保险基金收入的比重

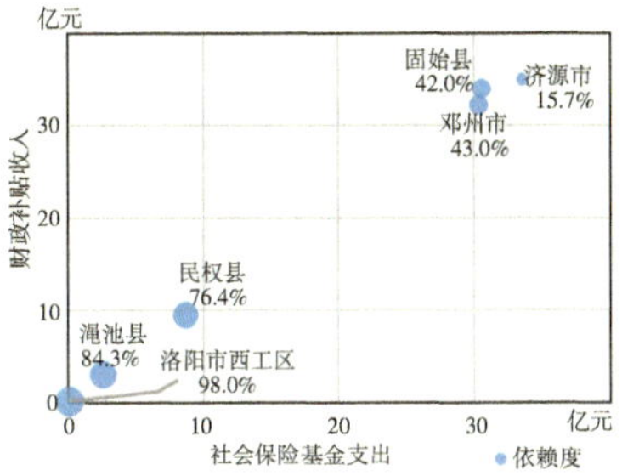

图 16-123　2018 年河南省样本区县社会保险基金预算对财政补贴的依赖度

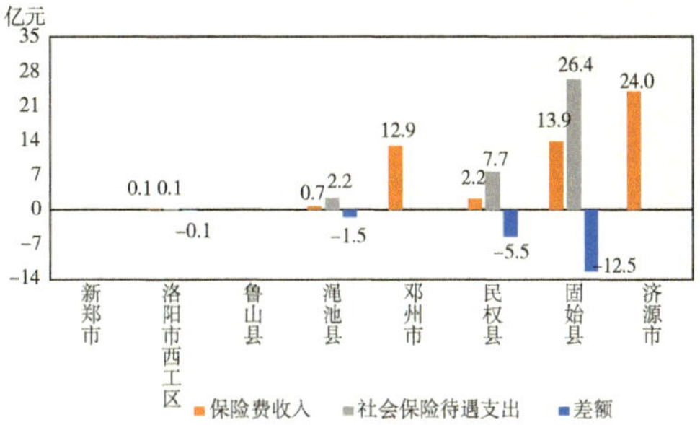

图 16-124　2018 年河南省样本区县保险费收入、社会保险待遇支出及其差额

16.3.6　河南省样本县债务情况

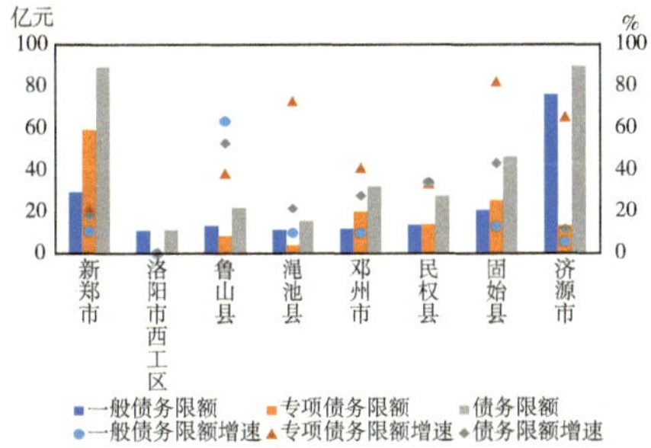

图 16-125　2018 年河南省样本区县债务限额及其增速

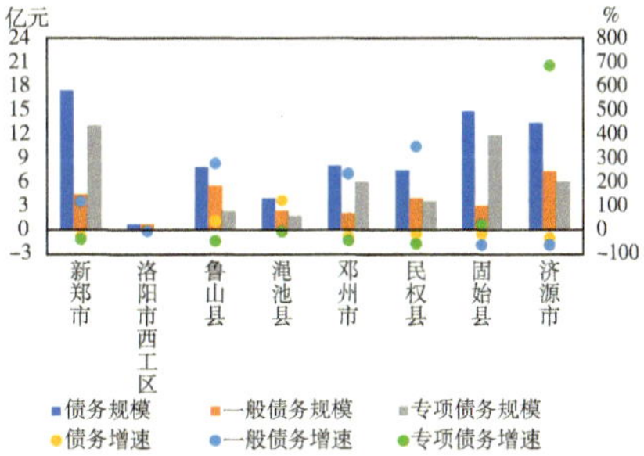

图 16-126　2018 年河南省样本区县债务规模及其增速

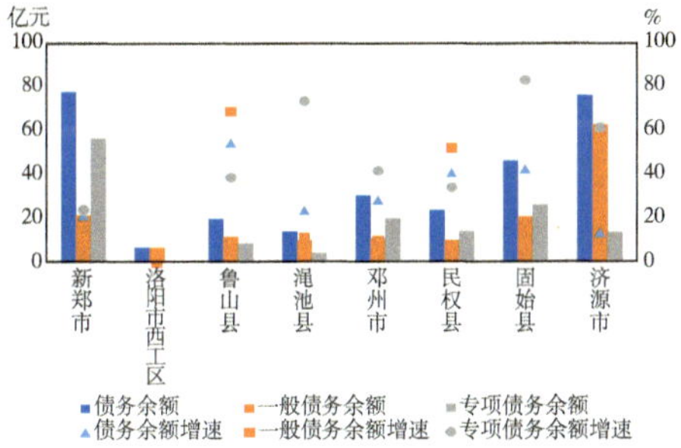

图 16-127　2018 年河南省样本区县债务余额及其增速

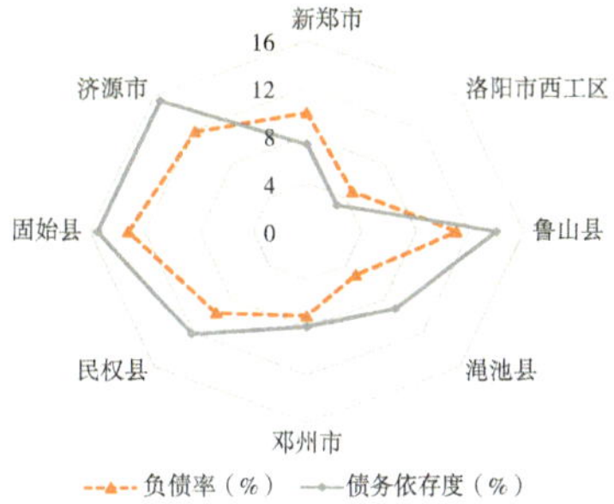

图 16-128　2018 年河南省样本区县负债率与债务依存度

17 湖北省

截至2019年末，湖北省共辖1个副省级城市、11个地级市、1个自治州、4个省直辖县级行政单位，共有市辖区39个、25个县级市、36个县、2个自治县、1个林区。地域面积为18.59万平方公里，以山地和丘陵面积为主，占比达80%。总体上看，湖北的经济发展、财政收入等在全国处于中等靠前的位置，区域差异大，发展不均衡。

2019年湖北省经济总量处于全国前十，第三产业占比低于全国，城镇化率略高于全国。2019年末，湖北省常住人口5927万人，常住人口城镇化率为61%（略高于全国0.4个百分点）。2019年湖北GDP达到4.58万亿元，排全国第7名，次于四川，高于福建；增速7.5%，比2018年下降0.3个百分点，高于全国1.4个百分点，排全国第7名；人均GDP为77321元（11208美元），排全国第8名。从产业结构看，第一、第二、第三产业占比分别为8.3%、41.7%（高于全国平均水平2.7个百分点）和50%（低于全国平均水平3.9个百分点）。从居民可支配收入看，2019年城镇与农村居民人均可支配收入分别为37601元和16391元，呈上升态势，分别为全国平均水平的81.3%和93.5%。

2019年湖北省一般公共预算收入全国排中等，省市（州）县中县级财政收入占比最高。2019年湖北省一般公共预算收入3388.4亿元、增速2.5%，均排全国第10名，人均一般公共预算收入为5717元，排全国第18名。其中，近三年湖北省税收收入占一般公共预算收入的总体呈上升态势，2019年为74.7%，低于全国平均水平5.3个百分点。非税收入占比高，其中2019年政府产权性收入规模占非税收入比为17.5%。从纵向收入分配看，2018年省本级、市（州）本级、县一般公共预算收入占比分别为4%、26%和70%。

2019年湖北省财政自给率偏低，地区财政总收入小于一般公共预算支出。湖北财政自给率低于50%，2019年仅为42.5%。2018年湖北省组织的地区财政总收入为5991.2亿元，增速为4.7%，其中上缴中央收入占比44.8%；湖北省一般公共预算支出为7258.3亿元，高于地区财政总收入规模。

2019年湖北省四本预算的一般公共预算收入占比在下降，而社会保险基金收入占比在上升，社保对财政补贴的依赖度较高。2019年湖北省四本预算加总的政府收入11297.9亿元，增速为10.2%，其中一般公共预算收入、政府性基金收入、国有资本经营收入和社会保险基金收入分别占比30%、30.8%、0.3%和38.9%。2019年湖北省社会保险费收入为2104.5亿元，增速为8.1%；财政补贴收入规模为1278.1亿元，社保对财政依赖度达到31.2%。

湖北省内各市州经济社会发展和财政发展不均衡，优势主要集中于省会武汉。武汉市是2018年湖北省政府收入规模唯一超3000亿元的城市，而其他城市政府收入规模都在1000亿元以下。2018年武汉市一般公共预算收入1528.7亿元，其他各市均低于300亿元，且城市间差异较大，比如武汉市是随州市的32.3倍。除武汉市外，2018年湖北省各市州财政自给率均低于50%。财政自给率最高的城市为武汉，达到79.2%，最低的为恩施州，仅为20.5%，前者是后者的3.9倍。政府性基金收入主要构成是国有土地使用权出让金收入，各地差距较大，收入规模最大的武汉市（1830.7亿元）为规模最小的随州市（15.2亿元）的120.4倍。

本章执笔人：刘昶　审校：梁季

17.1 湖北省政府收入主要特征分析

17.1.1 湖北省经济社会基本情况

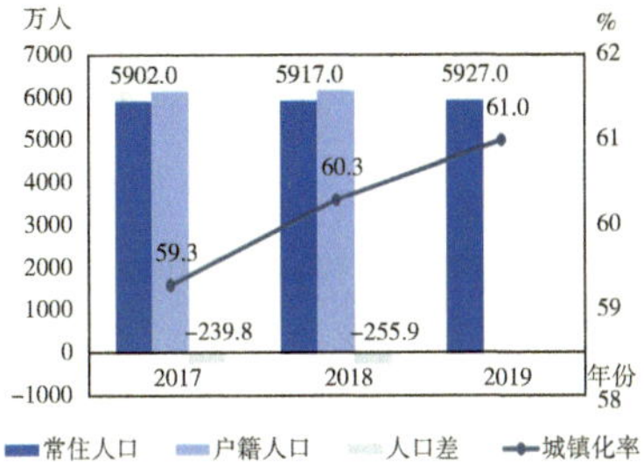

图 17-1 2017-2019 年湖北省人口状况

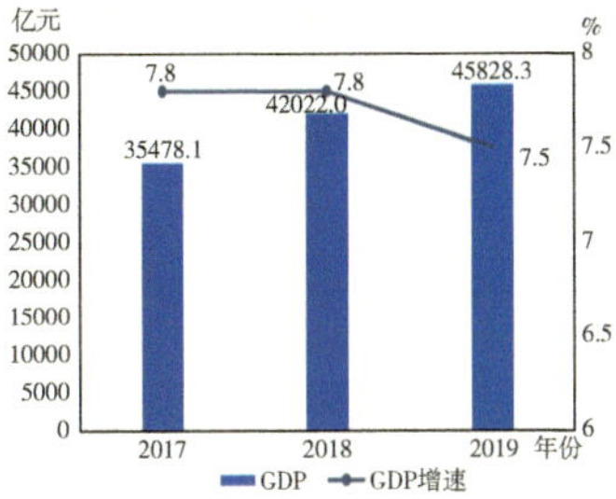

图 17-2 2017-2019 年湖北省 GDP 及增速

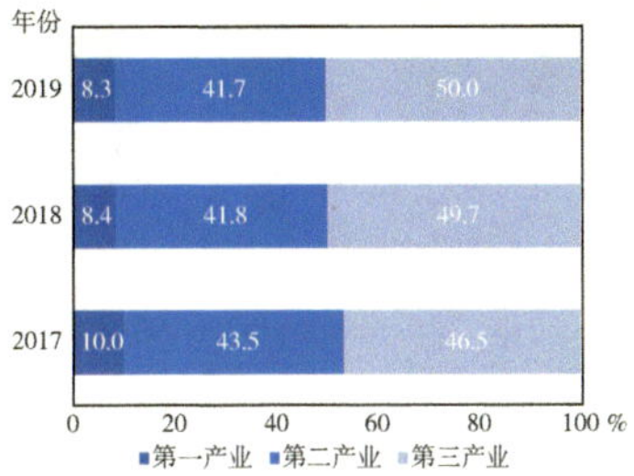

图 17-3 2017-2019 年湖北省三次产业结构

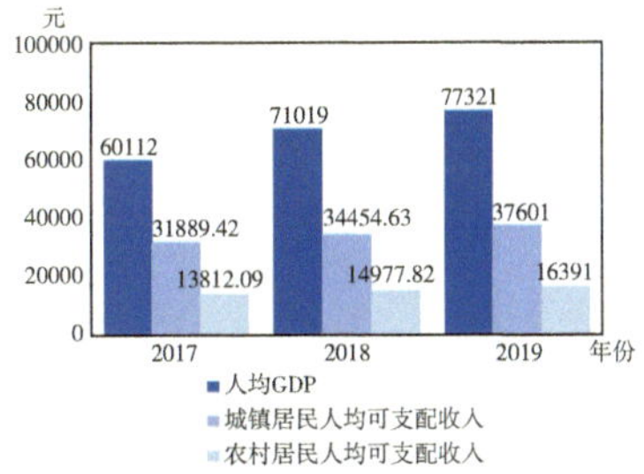

图 17-4 2017-2019 年湖北省人均 GDP 和人均可支配收入

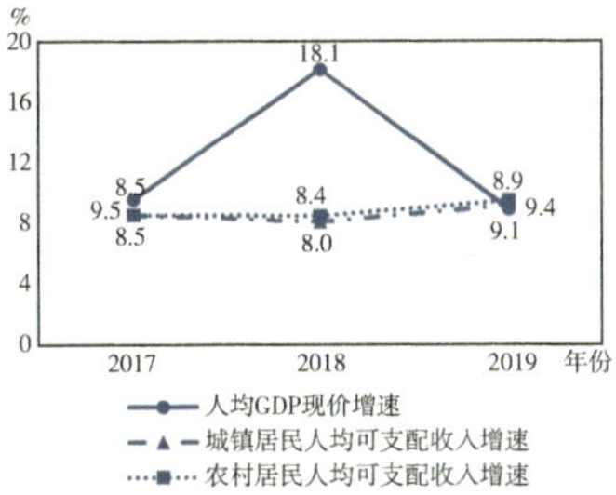

图 17-5 2017-2019 年湖北省人均 GDP 增速和人均可支配收入增速

17.1.2 湖北省政府收入总体情况

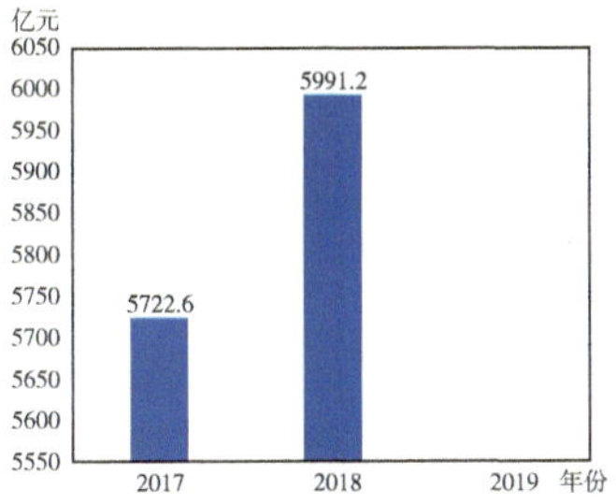

图 17-6 2017-2019 年湖北省财政总收入

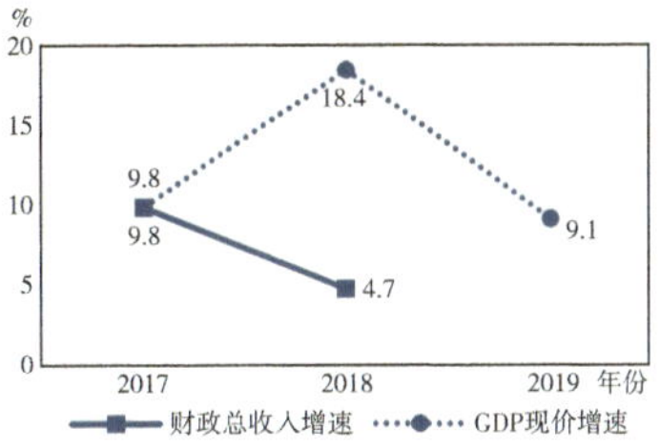

图 17-7 2017-2019 年湖北省财政总收入增速

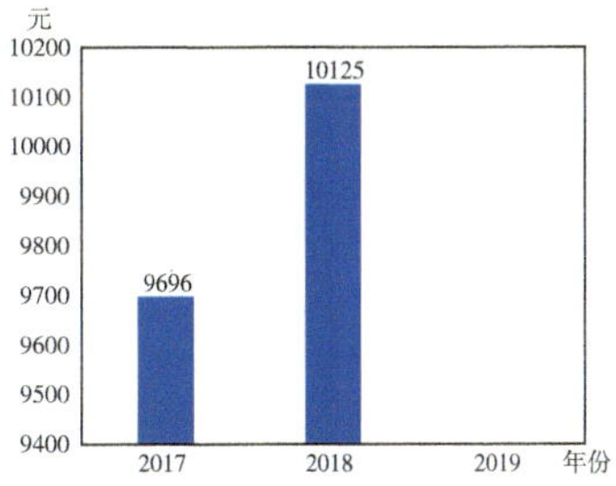

图 17-8 2017-2019 年湖北省人均财政总收入

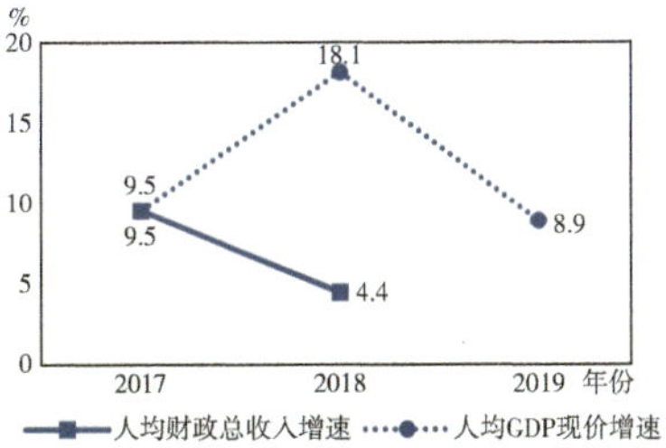

图 17-9 2017-2019 年湖北省人均财政总收入增速

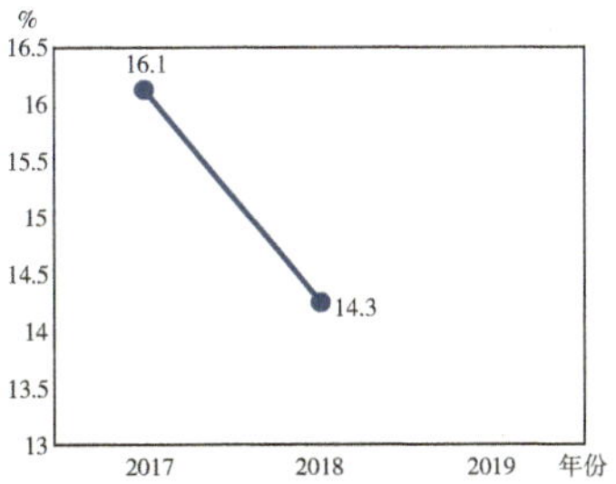

图 17-10 2017-2019 年湖北省财政总收入/GDP

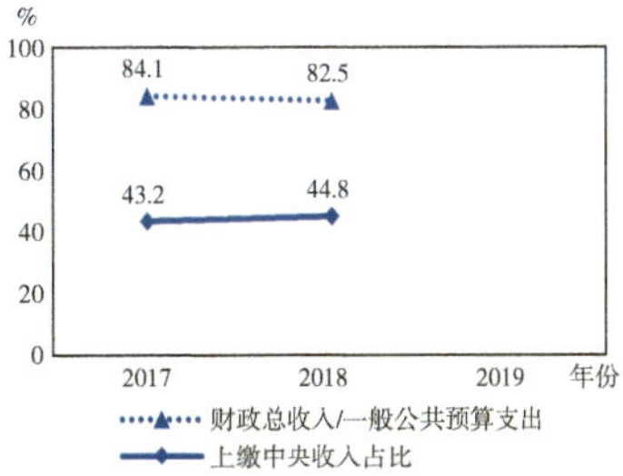

图 17-11 2017-2019 年湖北省财政总收入其他指标

图 17-12　2017-2019 年湖北省政府收入

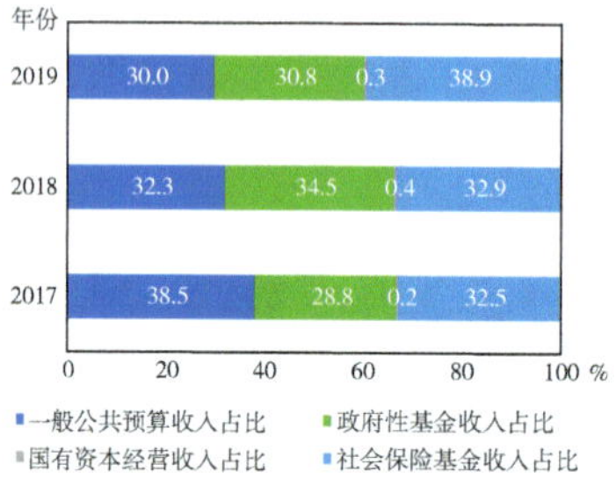

图 17-13　2017-2019 年湖北省政府收入结构

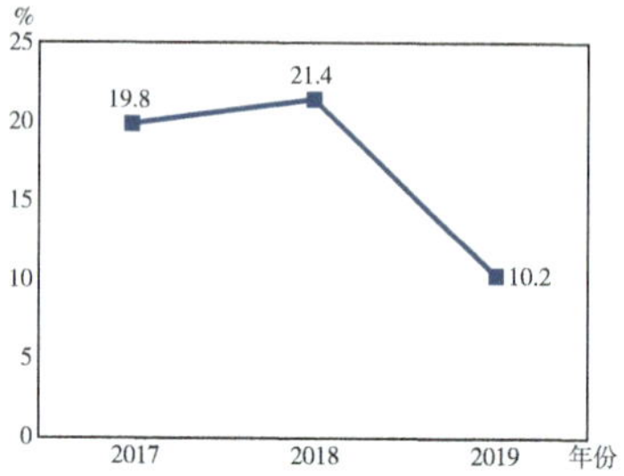

图 17-14　2017-2019 年湖北省政府收入增速

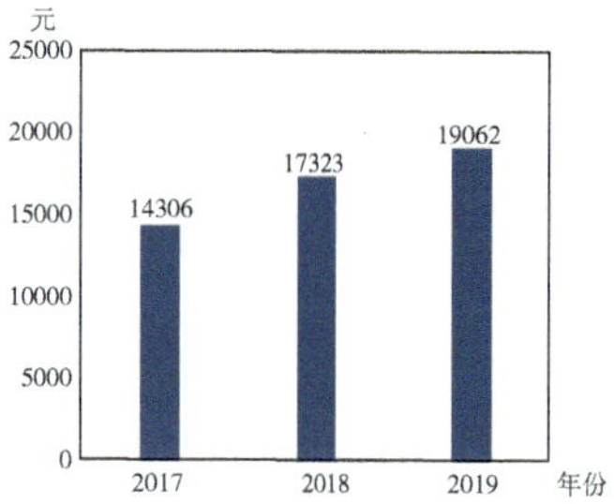

图 17-15　2017-2019 年湖北省人均政府收入

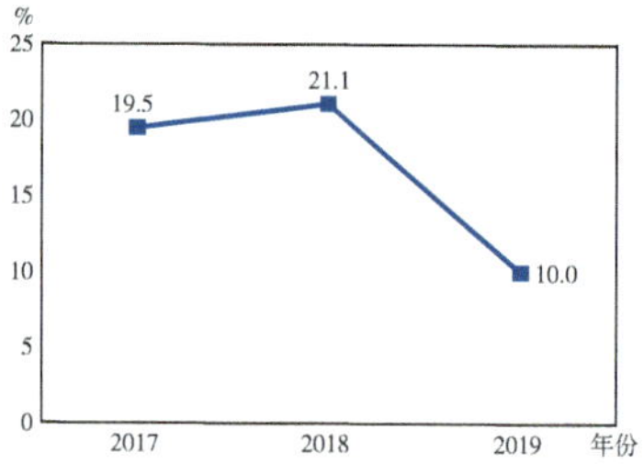

图 17-16　2017-2019 年湖北省人均政府收入增速

17.1.3　湖北省一般公共预算收入情况

图 17-17　2017-2019 年湖北省一般公共预算收入

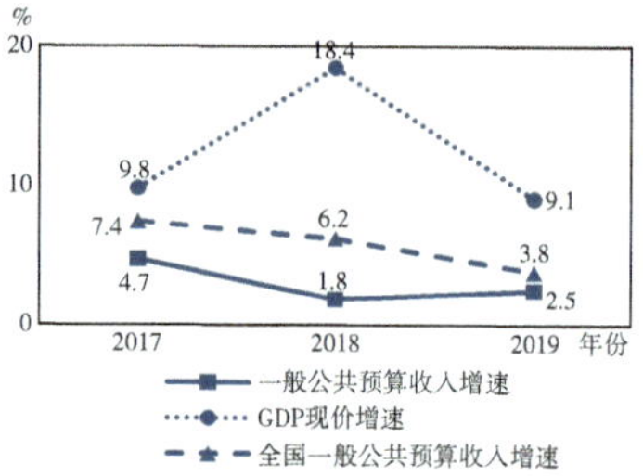

图 17-18　2017-2019 年湖北省一般公共预算收入增速

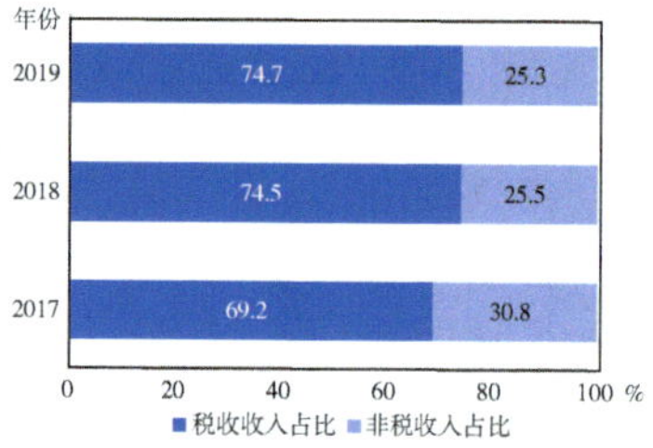

图 17-19　2017-2019 年湖北省一般公共预算收入结构

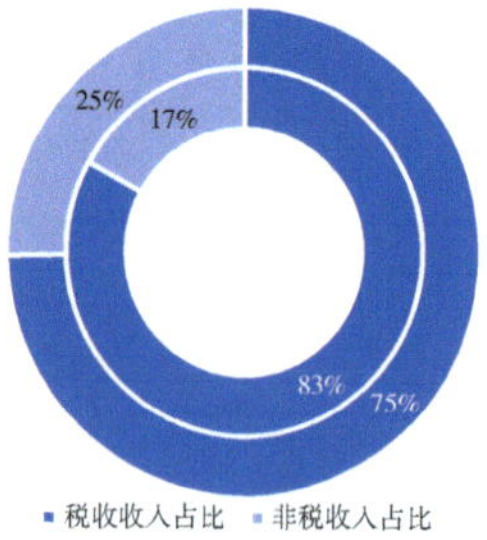

图 17-20　2019 年一般公共预算收入结构对比（内环为全国，外环为湖北省）

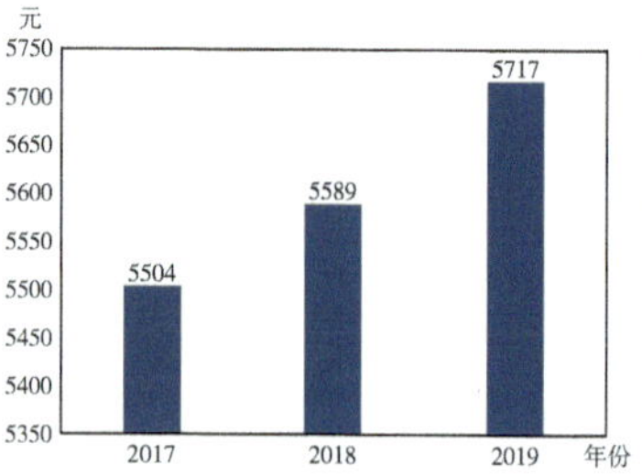

图 17-21　2017-2019 年湖北省人均一般公共预算收入

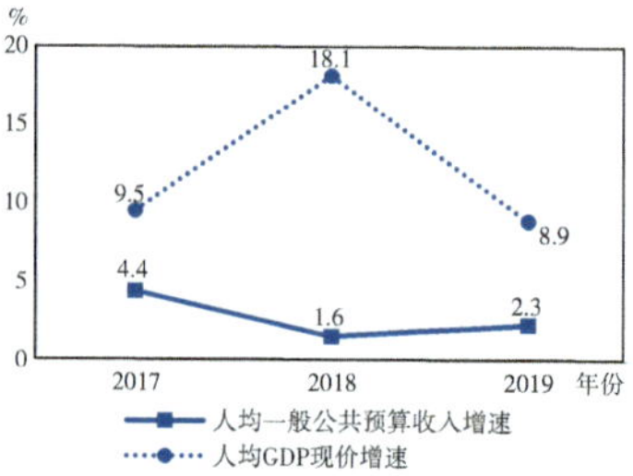

图 17-22　2017-2019 年湖北省人均一般公共预算收入增速

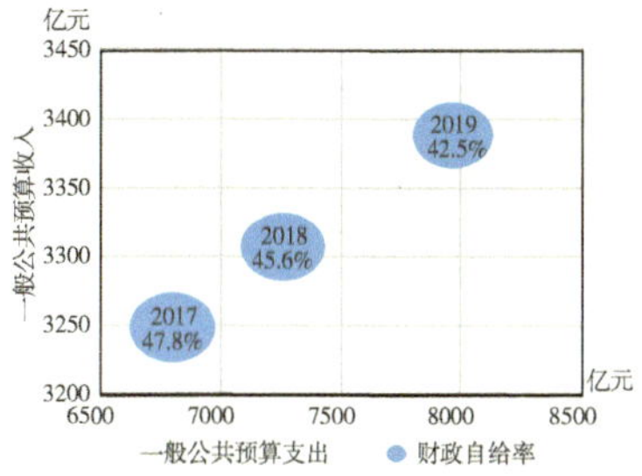

图 17-23　2017-2019 年湖北省财政自给率

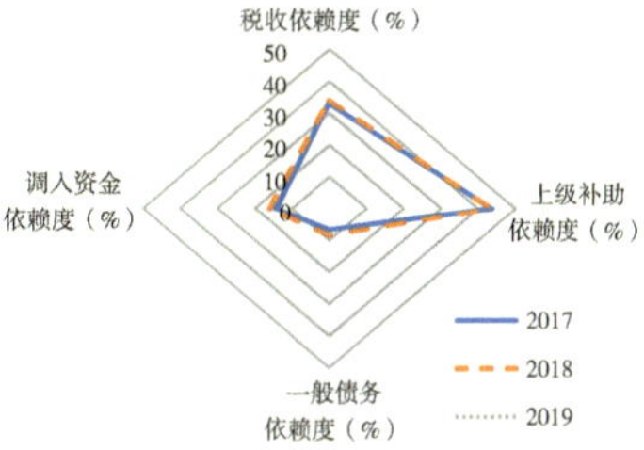

图 17-24　2017-2019 年湖北省财政收入依赖度

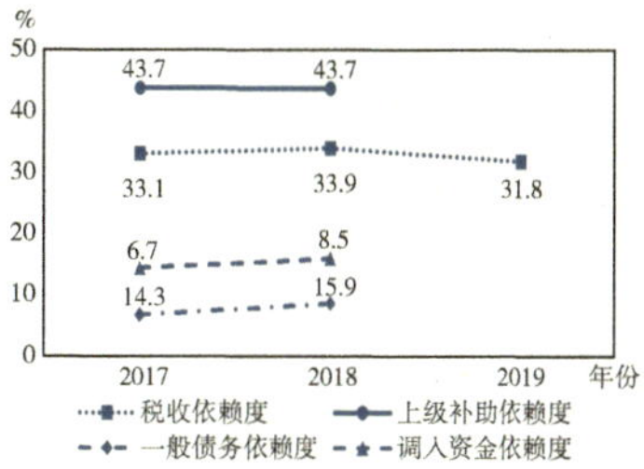

图 17-25　2017-2019 年湖北省财政收入依赖度

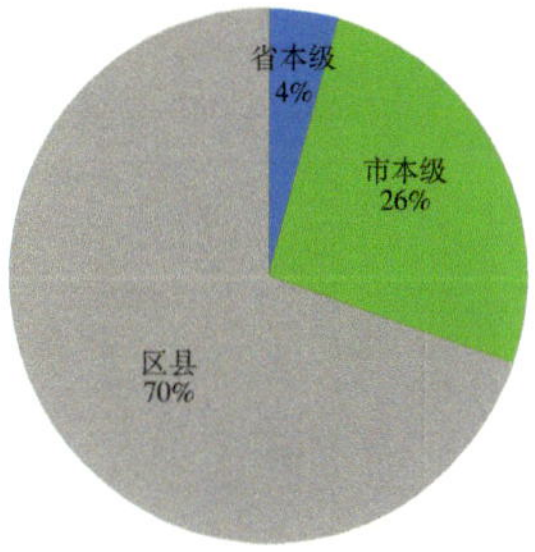

图 17-26　2018 年省市（州）县三级政府一般公共预算收入分布

图 17-27　2017-2019 年湖北省税收收入

图 17-28　2017-2019 年湖北省税收收入增速

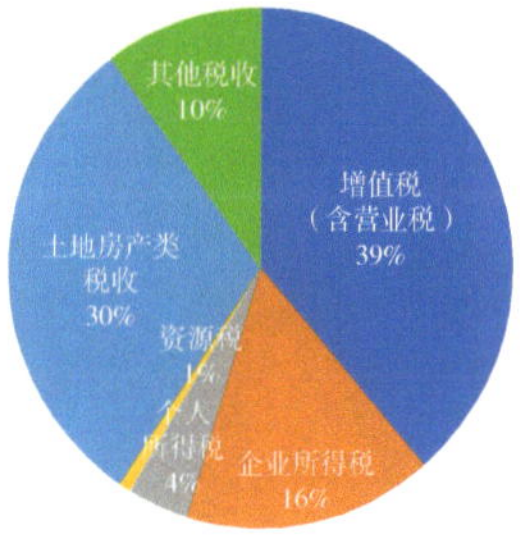

图 17-29　2019 年湖北省税收结构

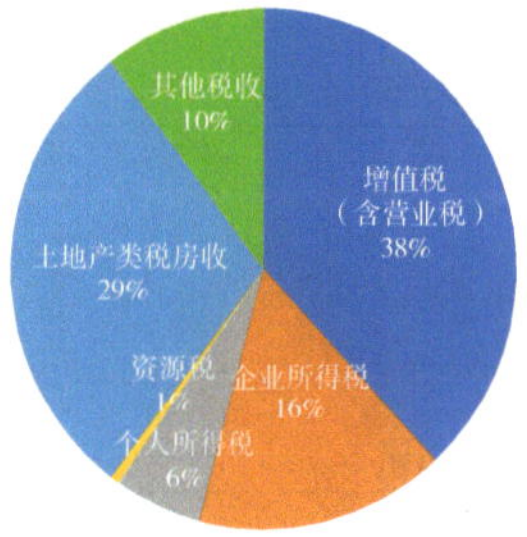

图 17-30　2018 年湖北省税收结构

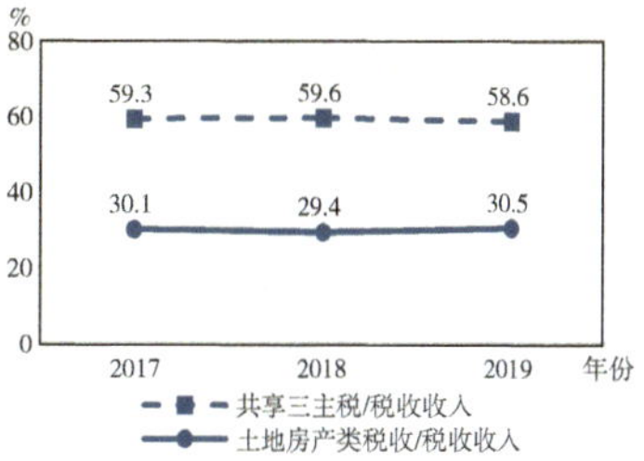

图 17-31　2017-2019 年湖北省共享三主税、土地房产类税收占税收收入的比重

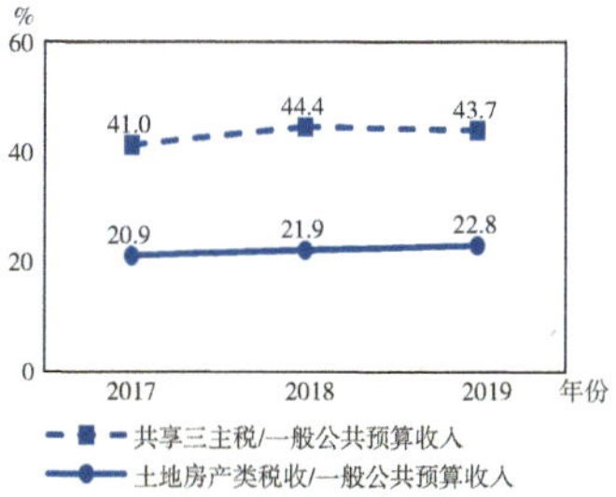

图 17-32　2017-2019 年湖北省共享三主税、土地房产类税收占一般公共预算收入的比重

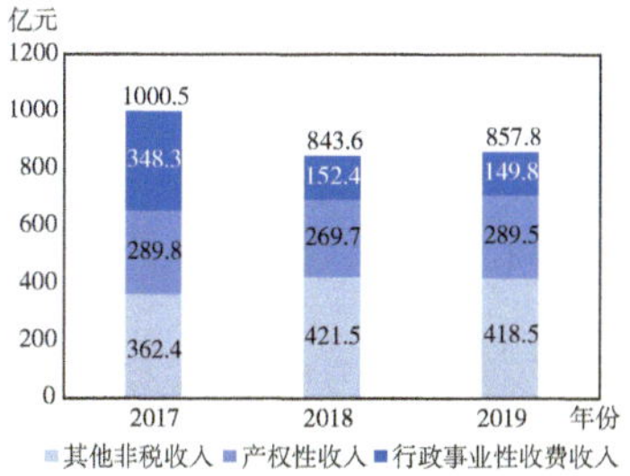

图 17-33　2017-2019 年湖北省非税收入

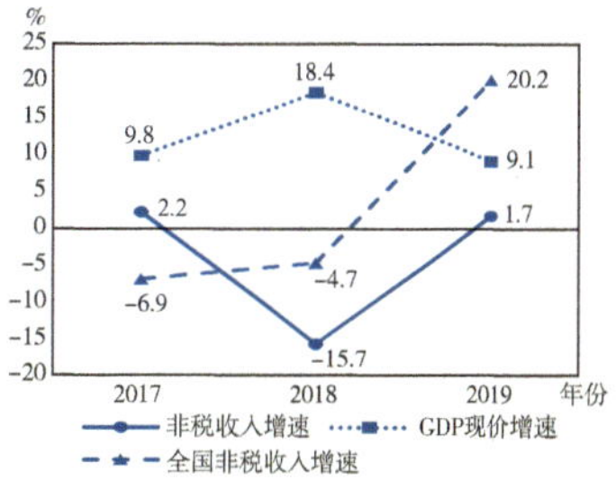

图 17-34　2017-2019 年湖北省非税收入增速

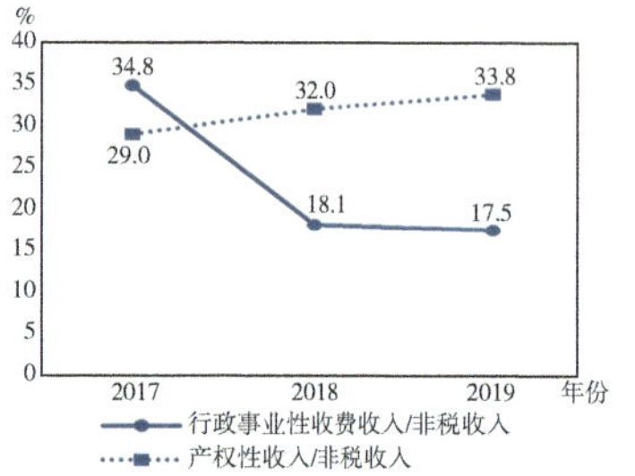

图 17-35　2017-2019 年湖北省行政事业性收费及产权性收入占非税收入的比重

17.1.4　湖北省政府性基金收入和国有资本经营收入情况

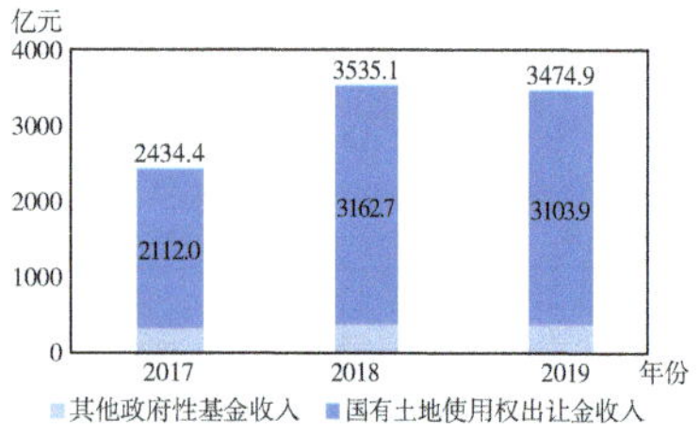

图 17-36　2017-2019 年湖北省政府性基金收入

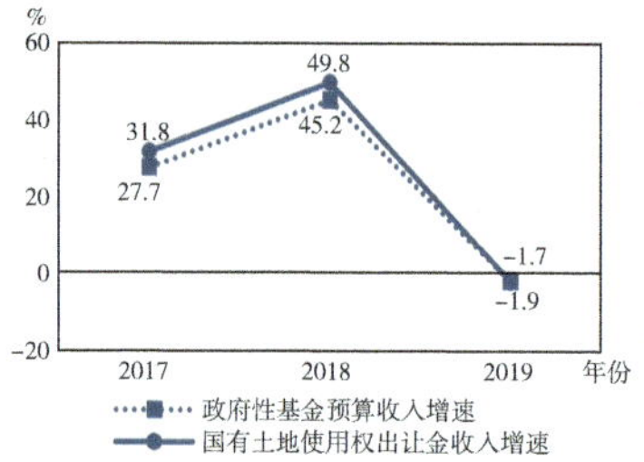

图 17-37　2017-2019 年湖北省政府性基金收入增速及国有土地使用权出让金收入增速

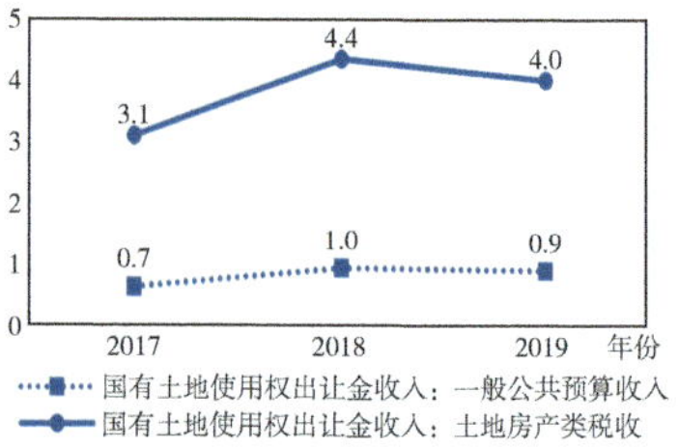

图 17-38　2017-2019 年湖北省国有土地使用权出让金收入与一般公共预算关系指标

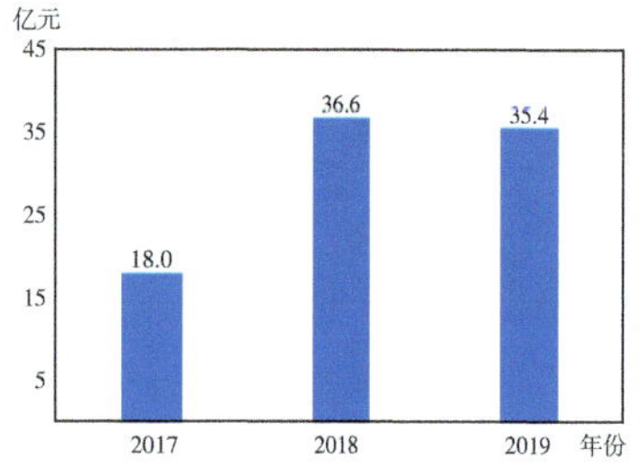

图 17-39　2017-2019 年湖北省国有资本经营收入

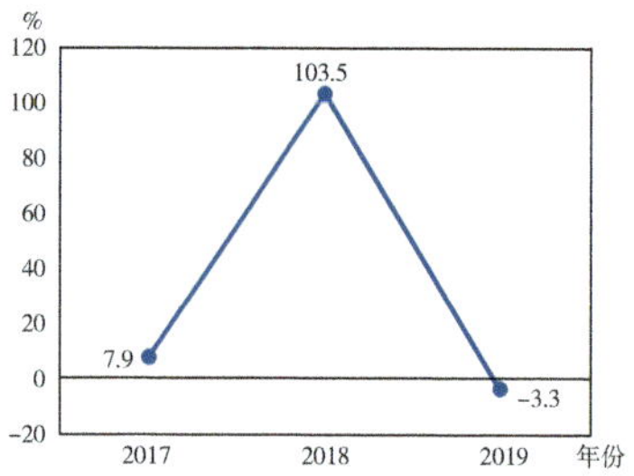

图 17-40　2017-2019 年湖北省国有资本经营收入增速

17.1.5　湖北省社会保险基金收入情况

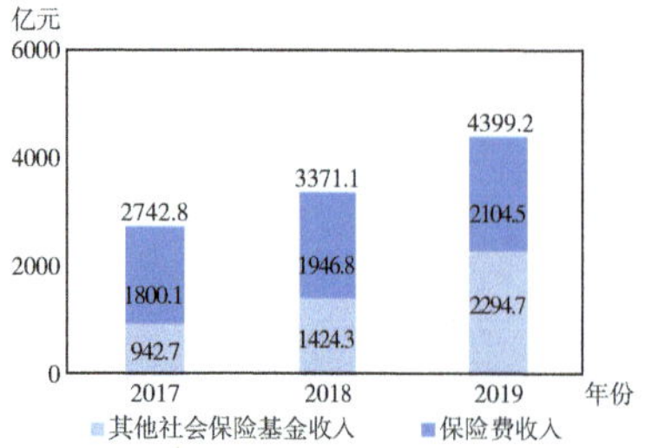

图 17-42　2017-2019 年湖北省社会保险基金收入

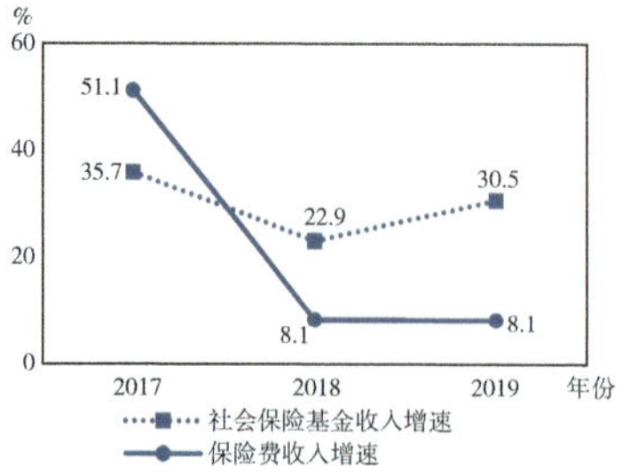

图 17-43　2017-2019 年湖北省社会保险基金收入增速及保险费收入增速

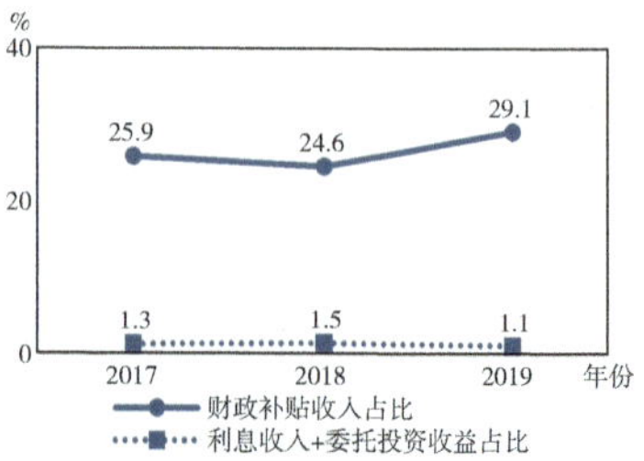

图 17-44　2017-2019 年湖北省财政补贴收入、利息收入+委托投资收益占社会保险基金收入的比重

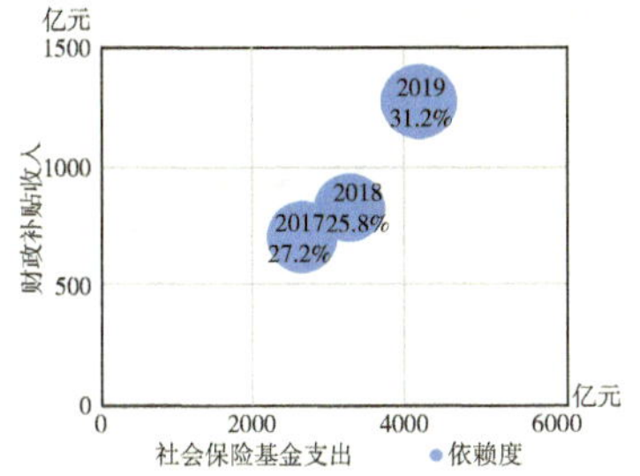

图17-45　2017-2019年湖北省社会保险基金对财政补贴的依赖度

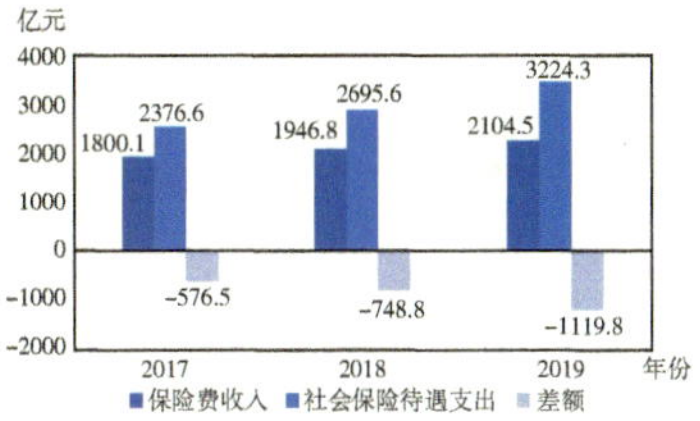

图17-46　2017-2019年湖北省保险费收入、社会保险待遇支出及差额

17.1.6　湖北省债务情况

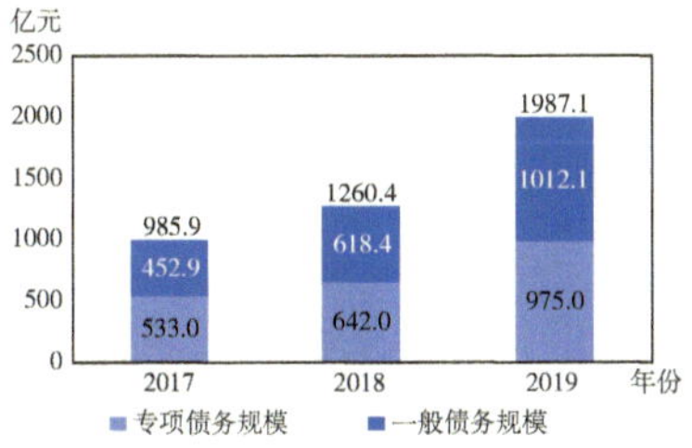

图17-47　2017-2019年湖北省债务规模

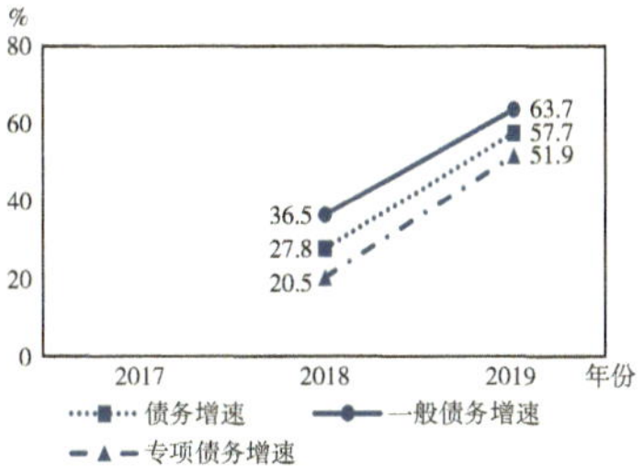

图17-48　2017-2019年湖北省债务增速

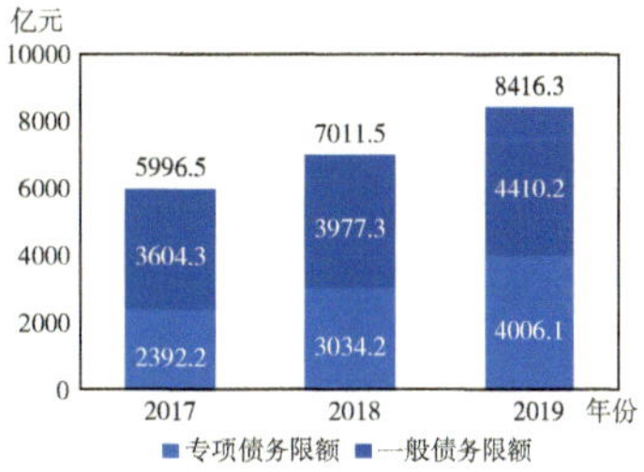

图17-49　2017-2019年湖北省债务限额

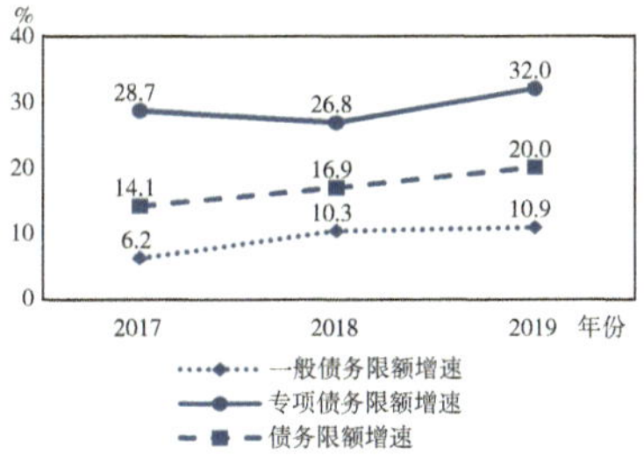

图17-50　2017-2019年湖北省债务限额增速

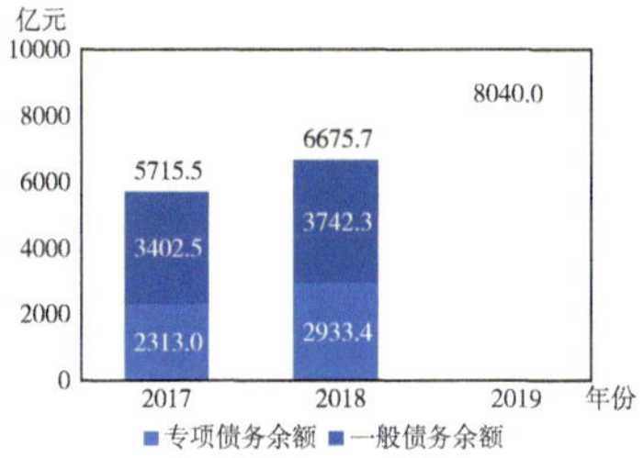

图17-51　2017-2019年湖北省债务余额

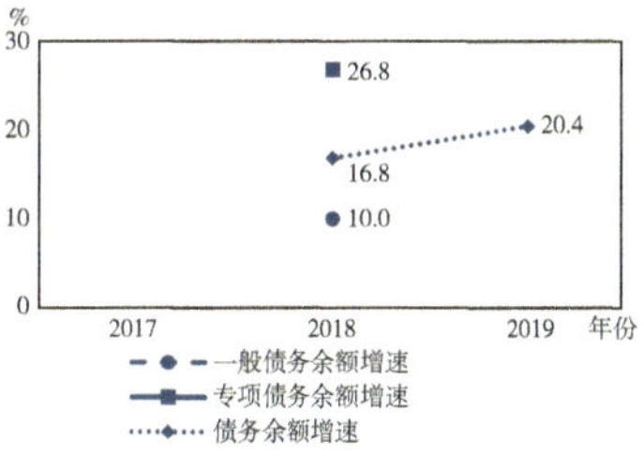

图17-52　2017-2019年湖北省债务余额增速

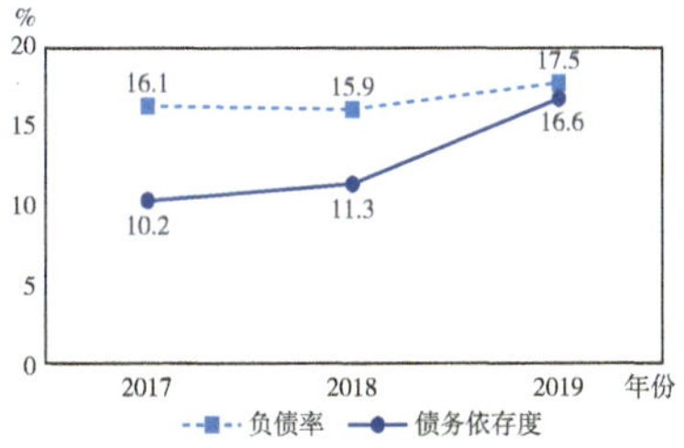

图17-53　2017-2019年湖北省负债率与债务依存度

17.1.7 湖北省省本级一般公共预算收入情况

图 17-54 2017-2019 年湖北省省本级一般公共预算收入

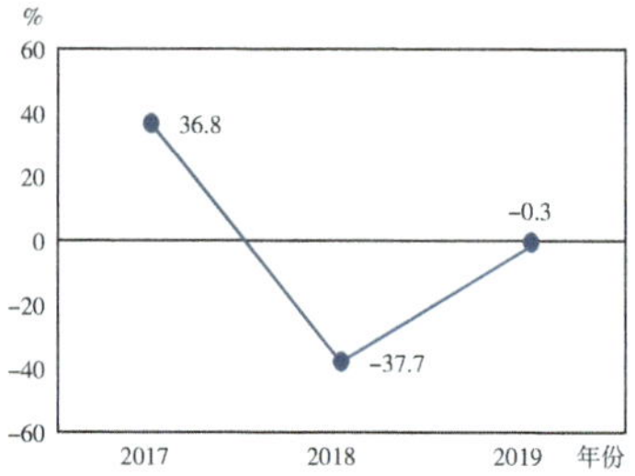

图 17-55 2017-2019 年湖北省省本级一般公共预算收入增速

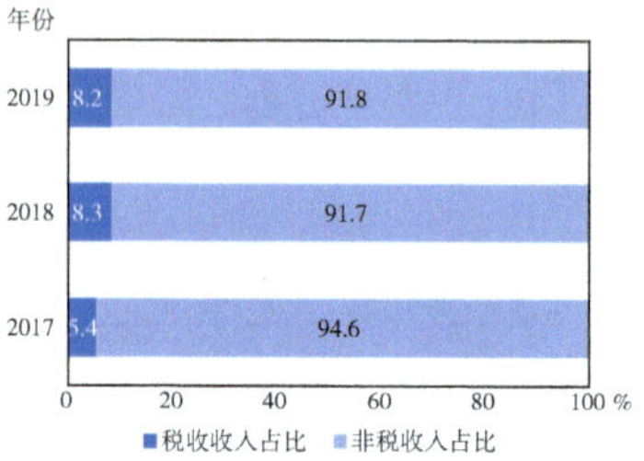

图 17-56 2017-2019 年湖北省省本级一般公共预算收入结构

图 17-57 2017-2019 年湖北省省本级财政自给率

图 17-58 2017-2019 年湖北省省本级税收收入

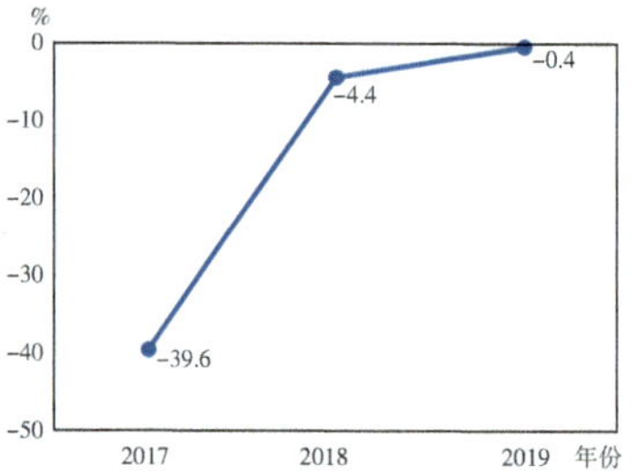

图 17-59 2017-2019 年湖北省省本级税收收入增速

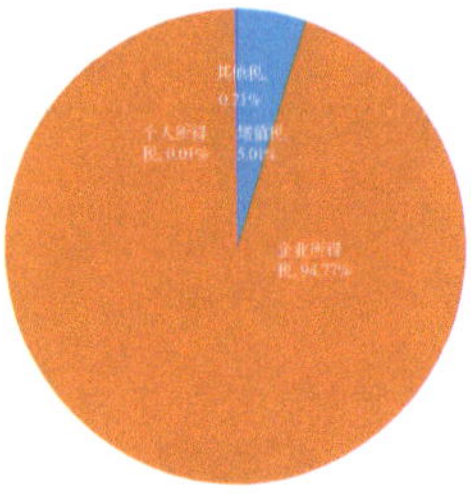

图 17-60 2019 年湖北省省本级税收结构

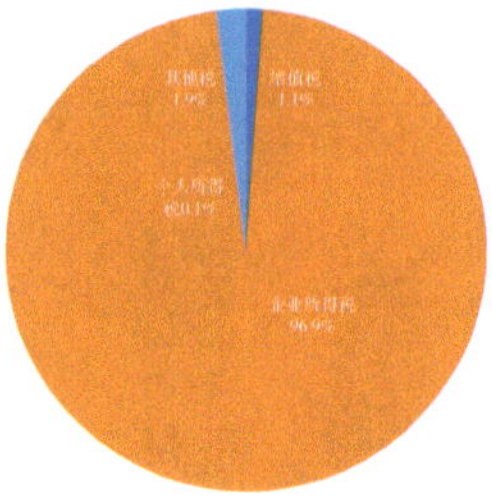

图 17-61 2018 年湖北省省本级税收结构

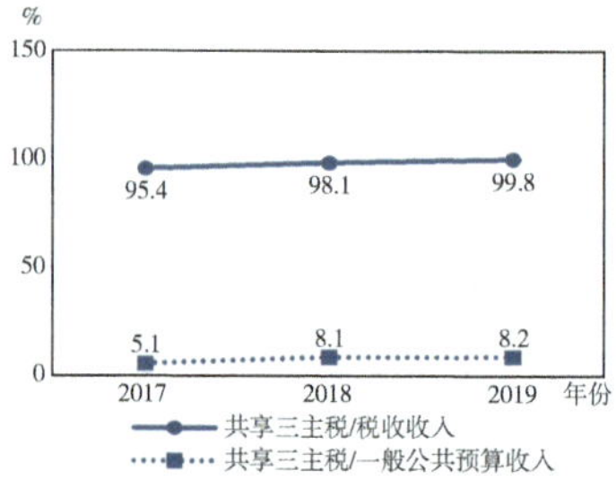

图 17-62 2017-2019 年湖北省省本级共享三主税占税收收入、一般公共预算收入的比重

图 17-63 2017-2019 年湖北省省本级非税收入

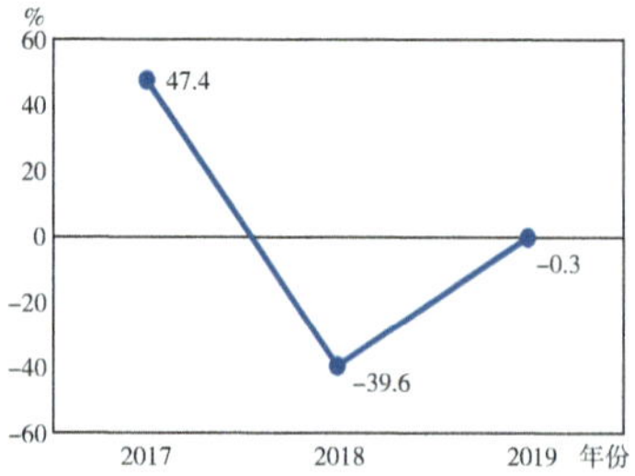

图 17-64 2017-2019 年湖北省省本级非税收入增速

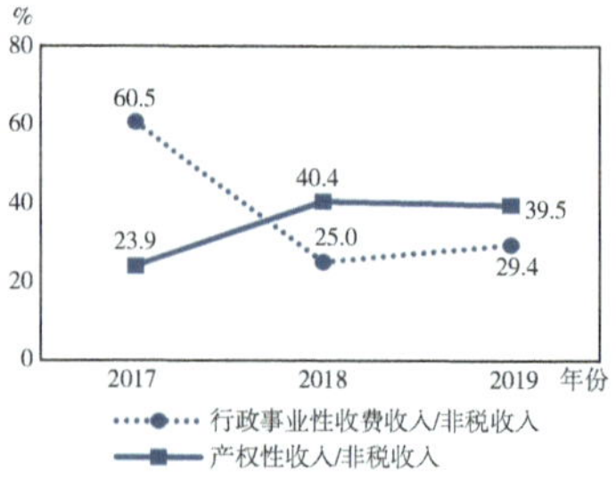

图 17-65 2017-2019 年湖北省省本级行政事业性收费、产权性收入占非税收入的比重

17.2 湖北省各市政府收入主要特征分析

17.2.1 湖北省各市经济社会发展情况

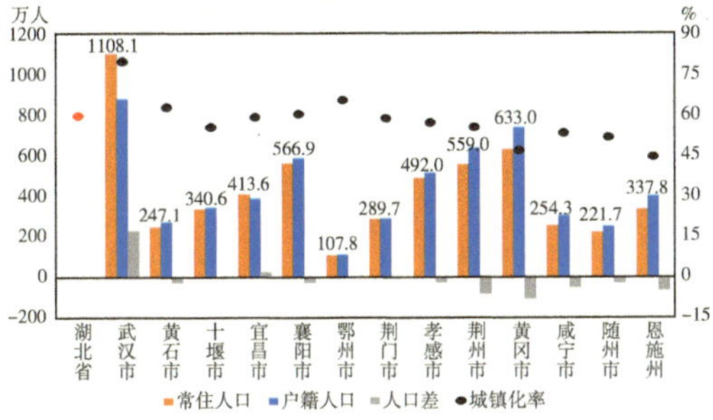

图 17-66　2018 年湖北省各市人口状况

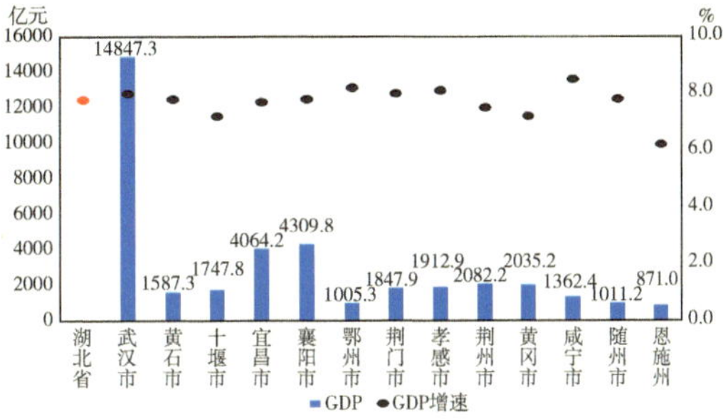

图 17-67　2018 年湖北省各市 GDP 及增速

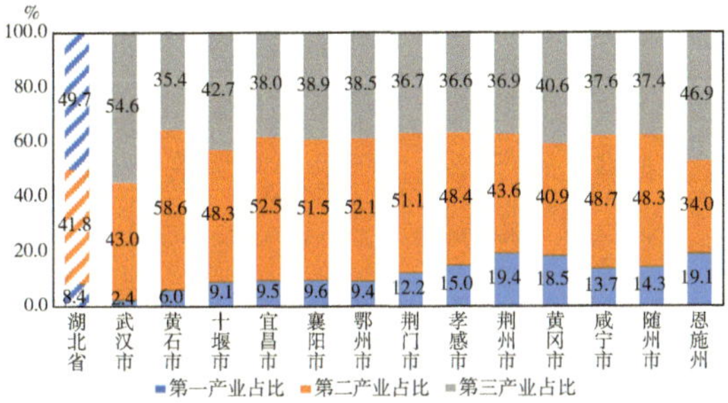

图 17-68　2018 年湖北省各市三次产业结构

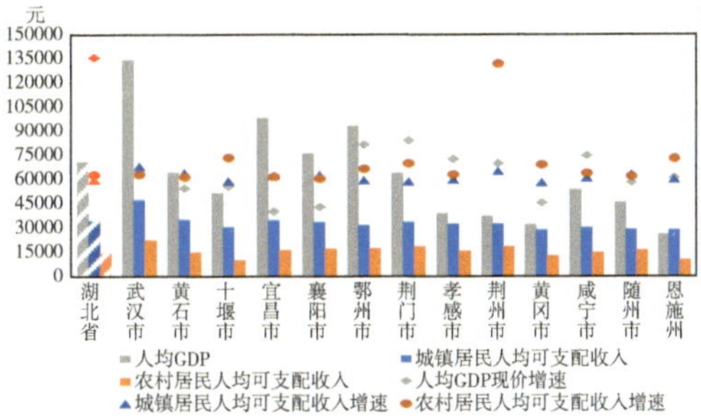

图 17-69　2018 年湖北省各市人均 GDP 与人均可支配收入

17.2.2 湖北省各市政府收入总体情况

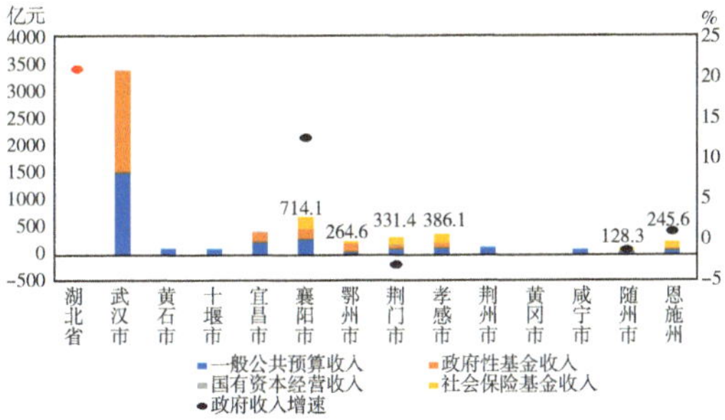

图 17-70　2018 年湖北省各市政府收入结构及增速

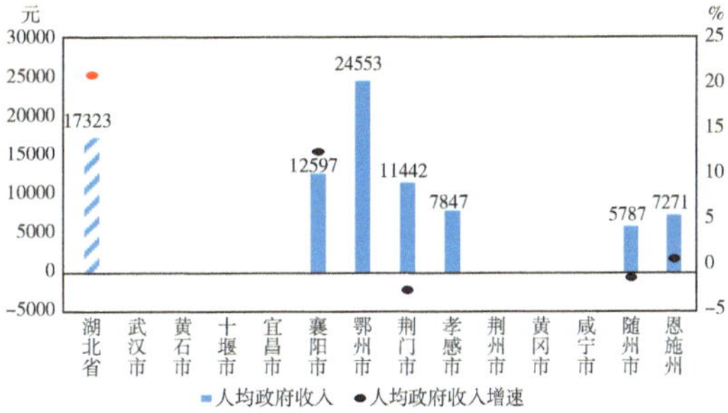

图 17-71　2018 年湖北省各市人均政府收入及增速

17.2.3 湖北省各市一般公共预算收入情况

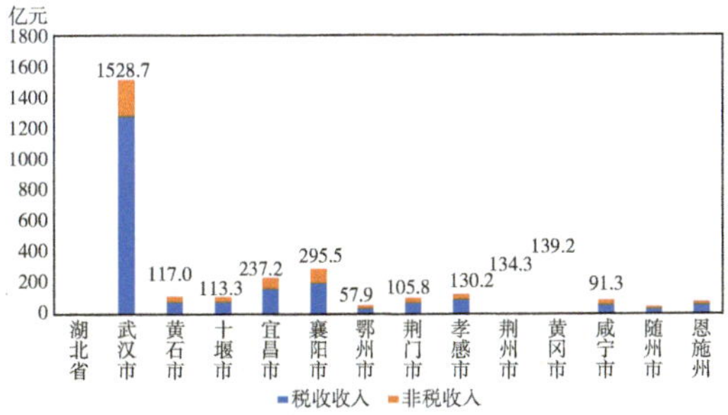

图 17-72　2018 年湖北省各市一般公共预算收入

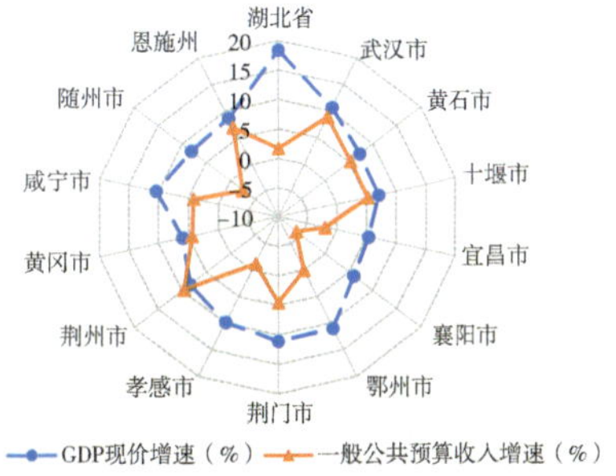

图 17-73　2018 年湖北省各市一般公共预算收入增速

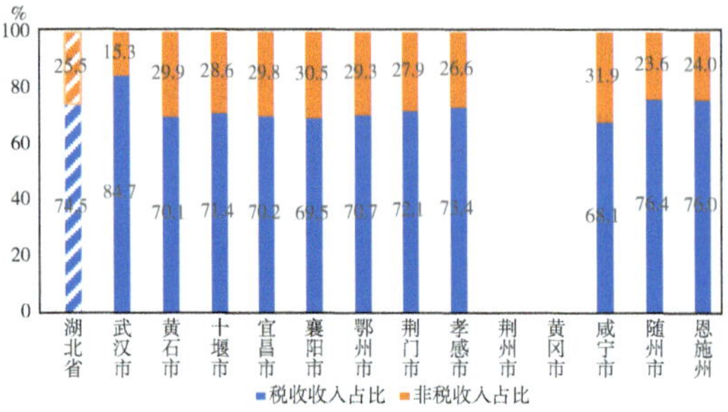

图 17-74　2018 年湖北省各市一般公共预算收入结构

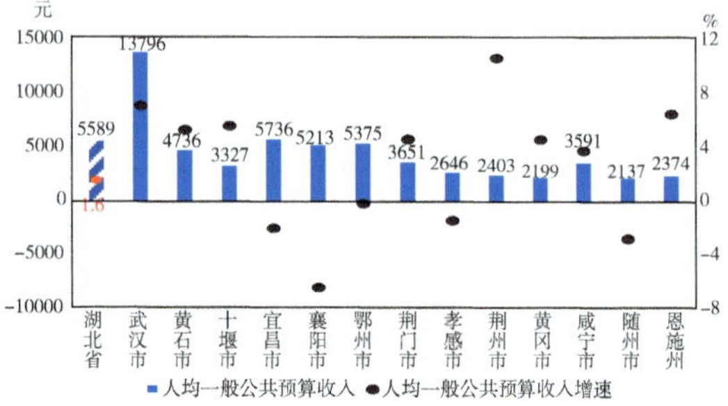

图 17-75　2018 年湖北省各市人均一般公共预算收入及增速

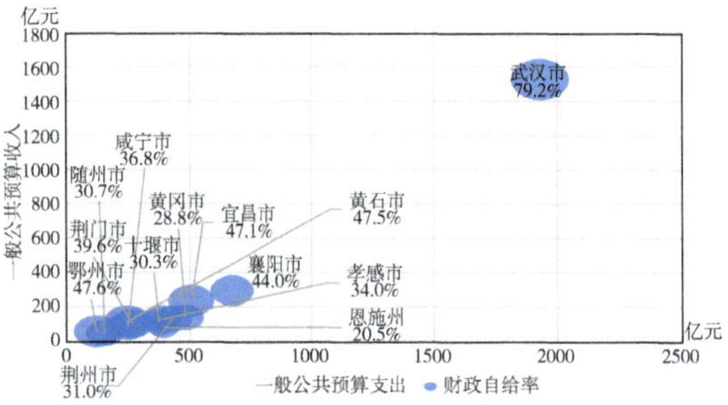

图 17-76　2018 年湖北省各市财政自给率

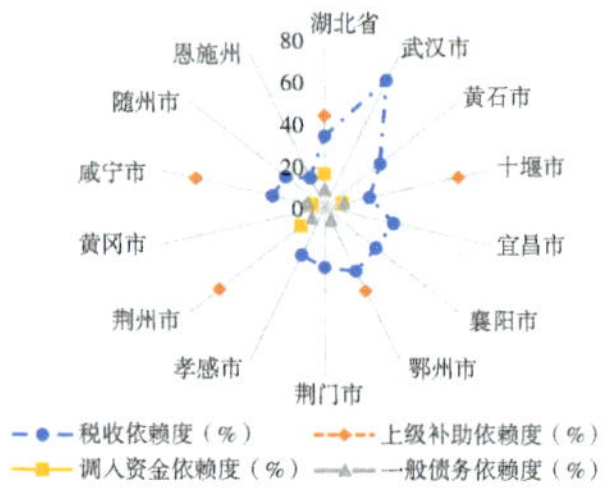

图 17-77　2018 年湖北省各市财政收入依赖度

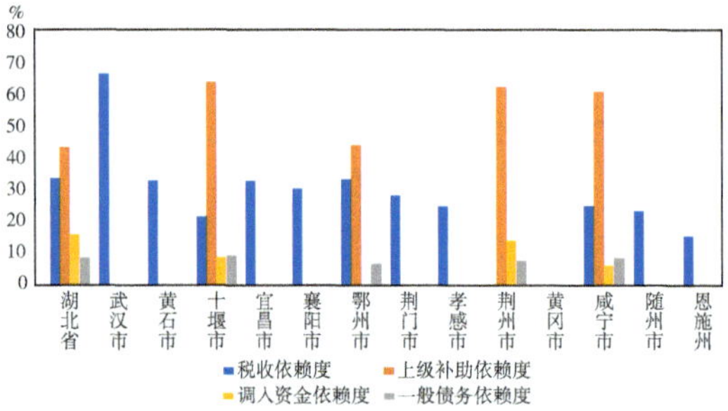

图 17-78　2018 年湖北省各市财政收入依赖度

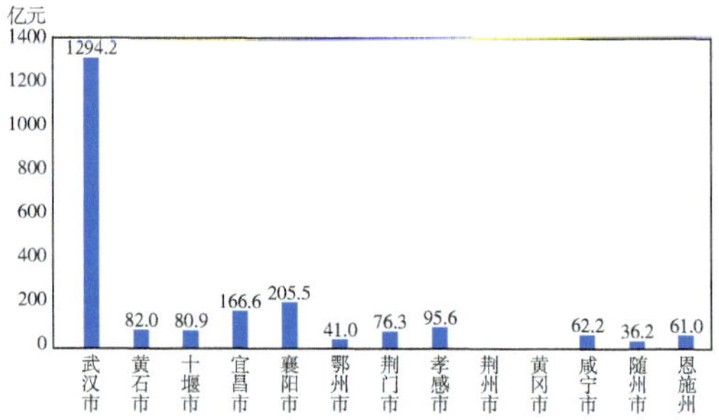

图 17-79　2018 年湖北省各市税收收入

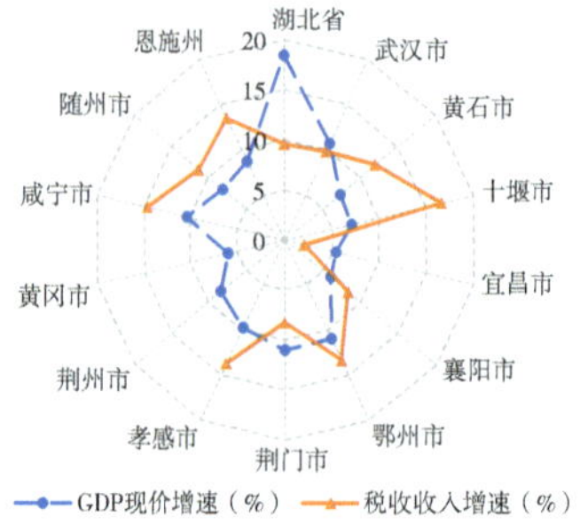

图 17-80　2018 年湖北省各市税收收入增速

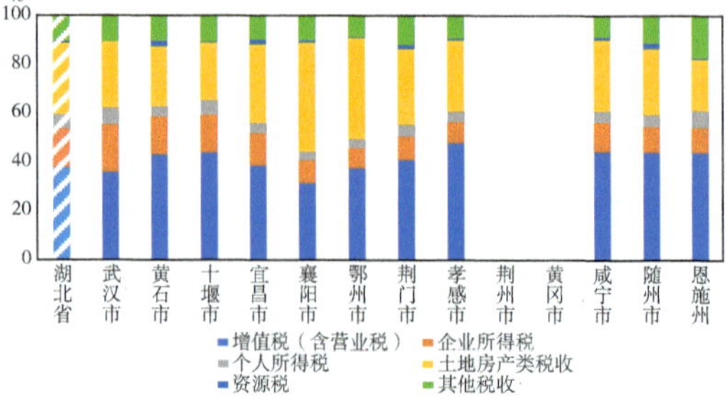

图 17-81　2018 年湖北省各市税收收入结构

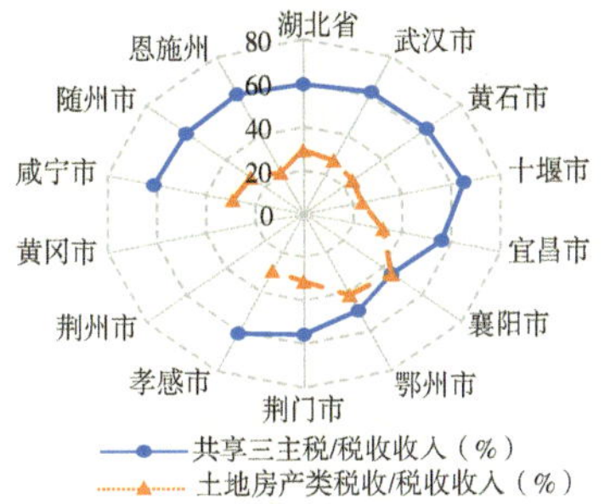

图17-82　2018年湖北省各市共享三主税、土地房产类税收占税收收入的比重

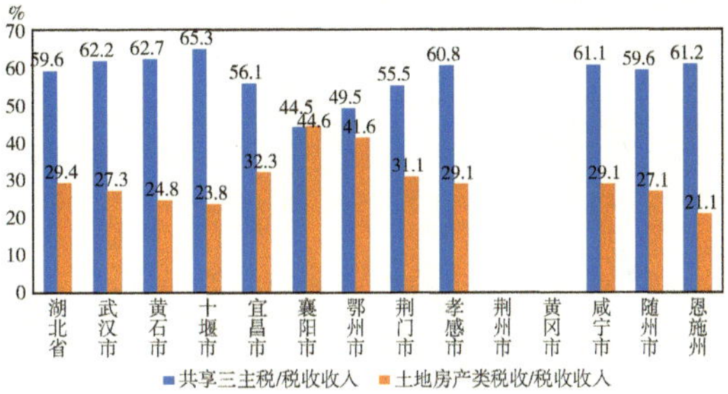

图17-83　2018年湖北省各市共享三主税、土地房产类税收占税收收入的比重

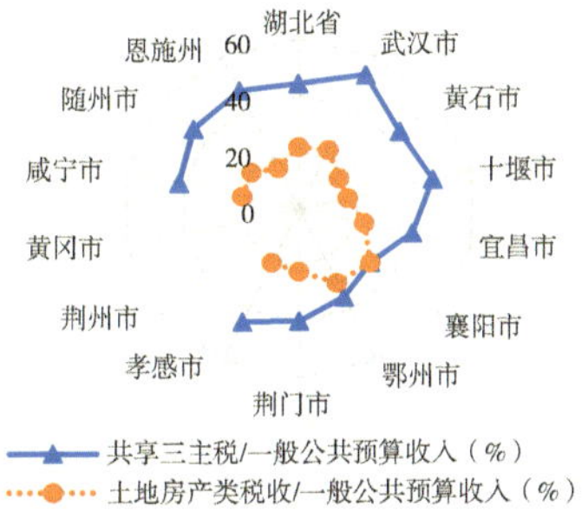

图17-84　2018年湖北省各市共享三主税、土地房产类税收占一般公共预算收入的比重

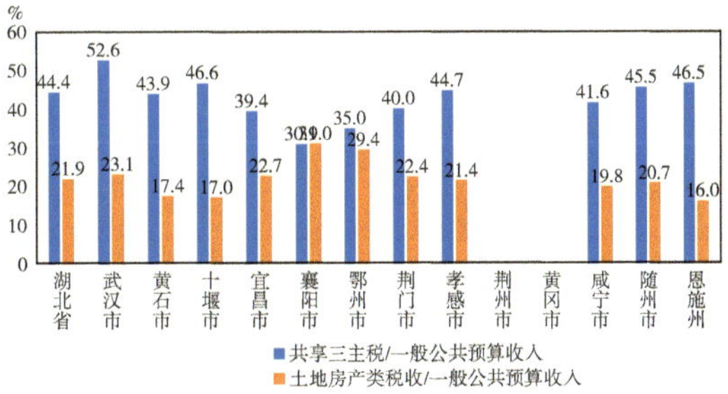

图17-85　2018年湖北省各市共享三主税、土地房产类税收占一般公共预算收入的比重

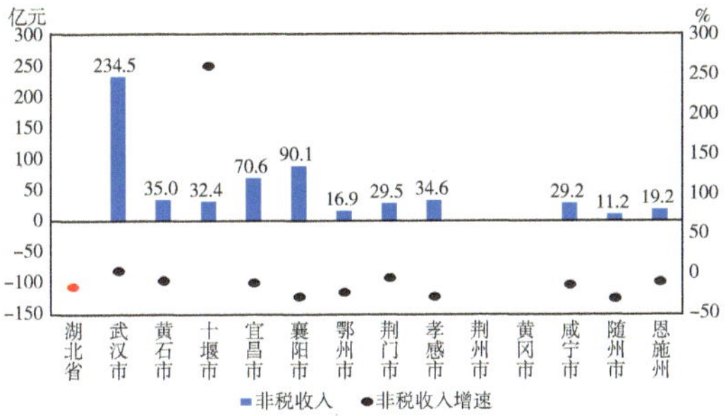

图17-86　2018年湖北省各市非税收入及增速

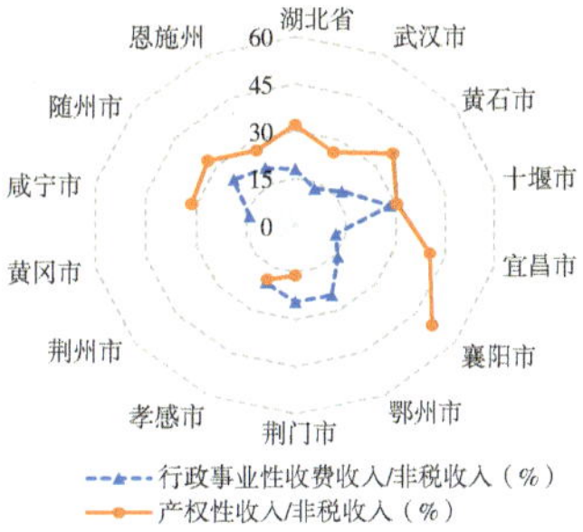

图17-87　2018年湖北省各市行政事业性收费收入、产权性收入占非税收入的比重

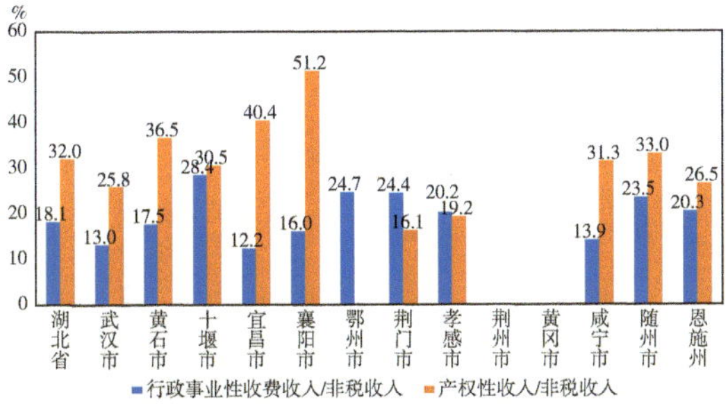

图17-88　2018年湖北省各市行政事业性收费收入、产权性收入占非税收入的比重

17.2.4 湖北省各市政府性基金收入与国有资本经营收入情况

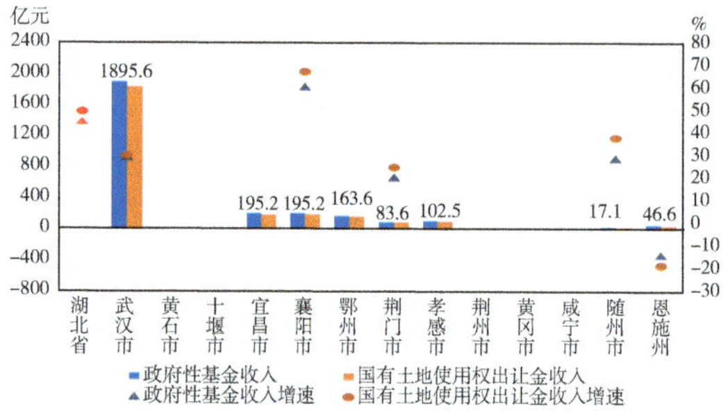

图 17-89　2018 年湖北省各市政府性基金收入、国有土地使用权出让金收入及其增速

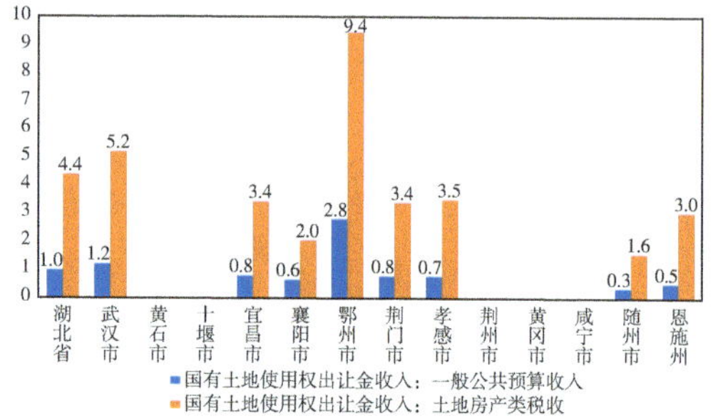

图 17-90　2018 年湖北省各市国有土地使用权出让金收入与一般公共预算关系指标

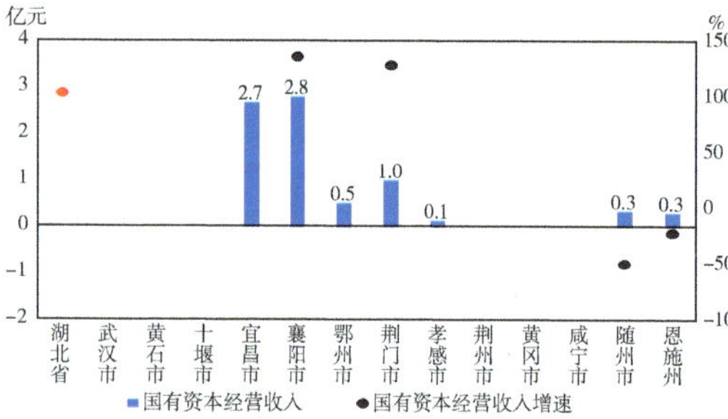

图 17-91　2018 年湖北省各市国有资本经营收入及增速

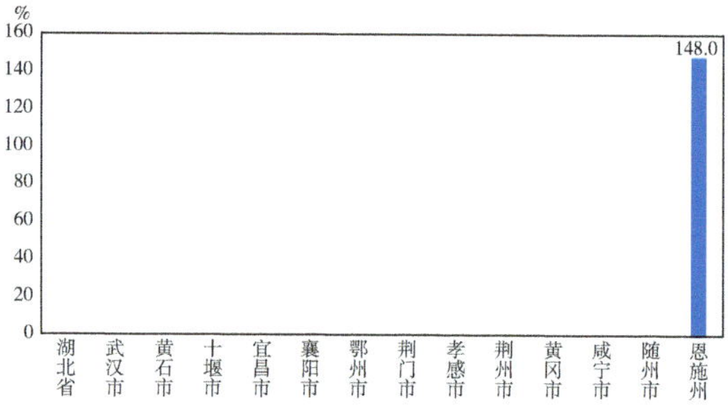

图 17-92　2018 年湖北省各市调出资金/国有资本经营收入

17.2.5 湖北省各市社会保险基金收入情况

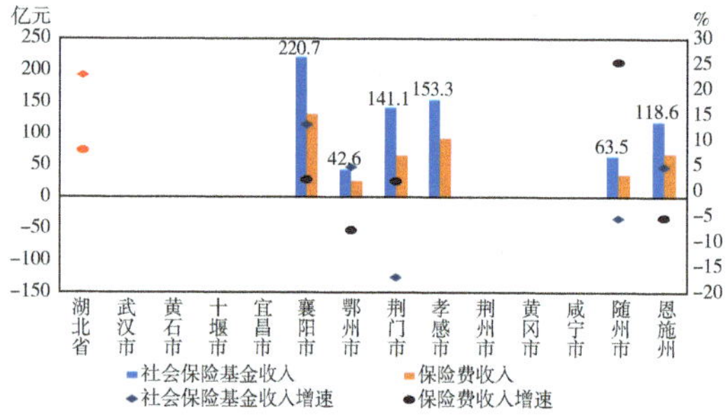

图 17-93　2018 年湖北省各市社会保险基金收入、保险费收入及其增速

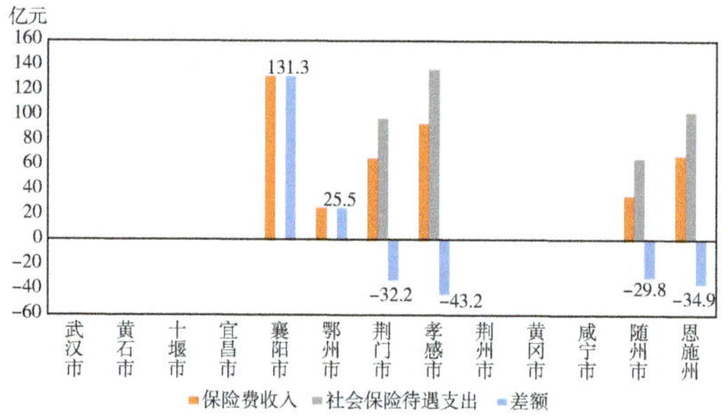

图 17-94　2018 年湖北省各市保险费收入、社会保险待遇支出及其差额

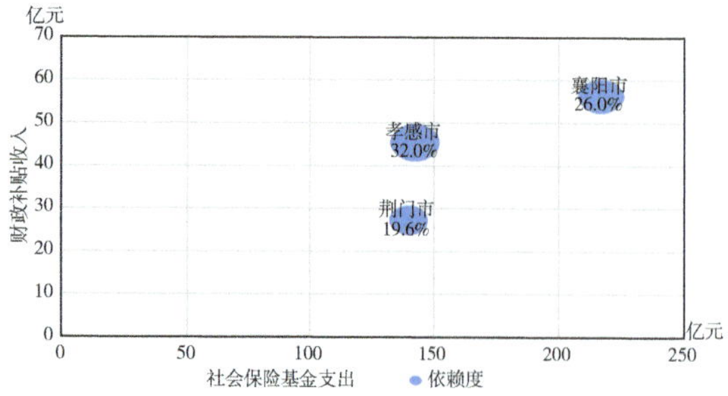

图 17-95　2018 年湖北省各市社会保险基金对财政补贴的依赖度

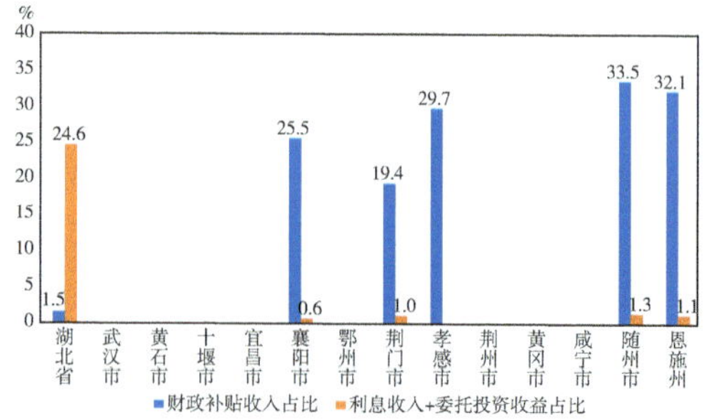

图 17-96　2018 年湖北省各市财政补贴收入、利息收入+委托投资收益占社会保险基金收入的比重

17.2.6 湖北省各市债务情况

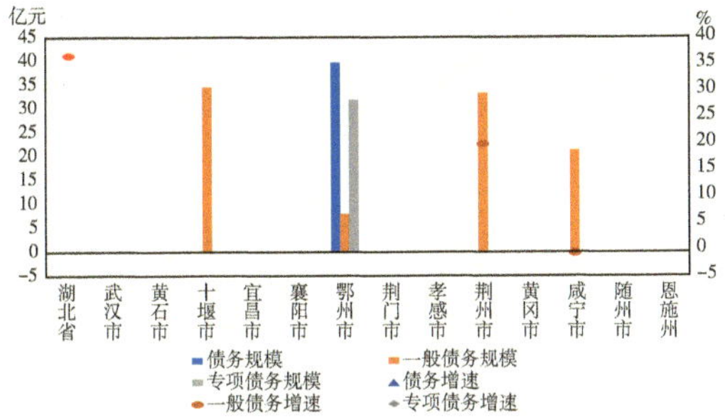

图17-97 2018年湖北省各市当年债务规模及其增速

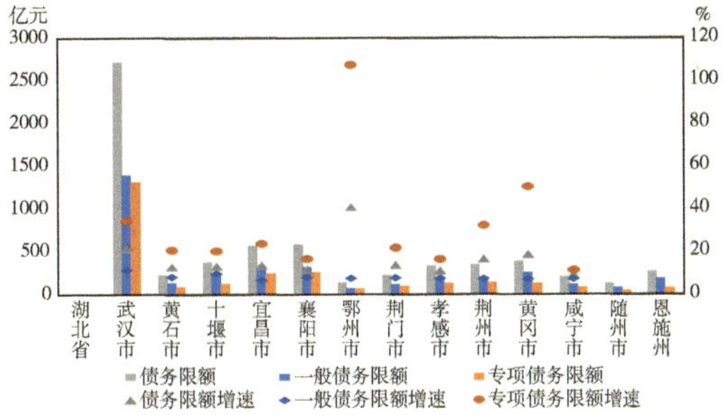

图17-98 2018年湖北省各市债务限额及其增速

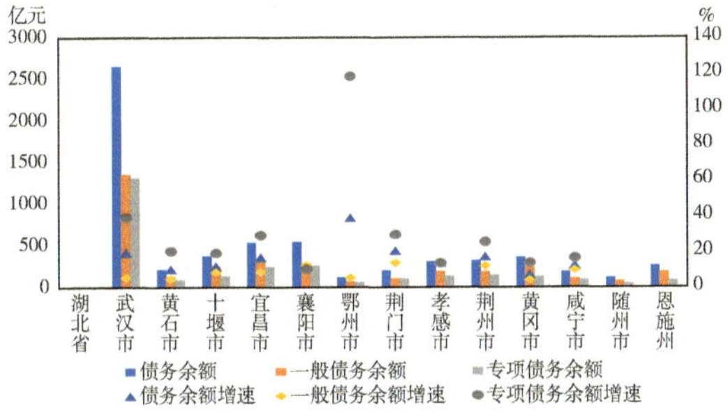

图17-99 2018年湖北省各市债务余额及其增速

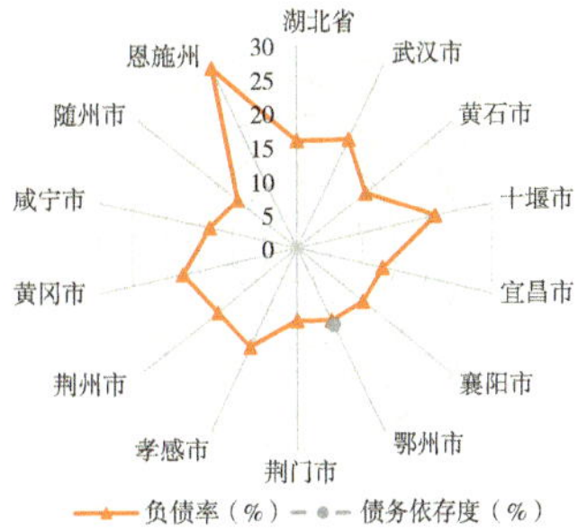

图17-100 2018年湖北省各市负债率与债务依存度

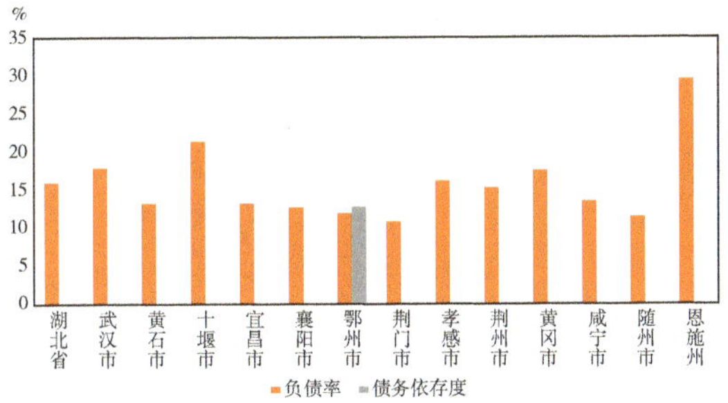

图17-101 2018年湖北省各市负债率与债务依存度

17.2.7 湖北省各市市本级一般公共预算收入情况

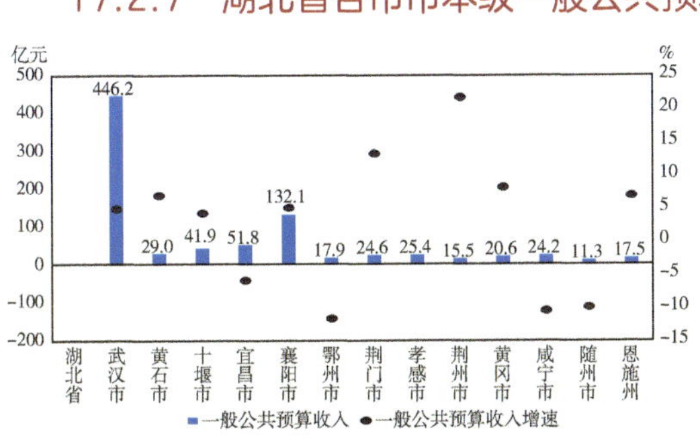

图17-102 2018年湖北省各市市本级一般公共预算收入及增速

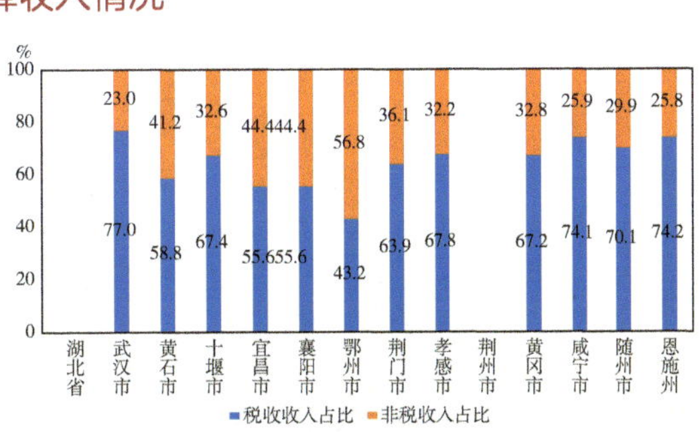

图17-103 2018年湖北各市市本级一般公共预算收入结构

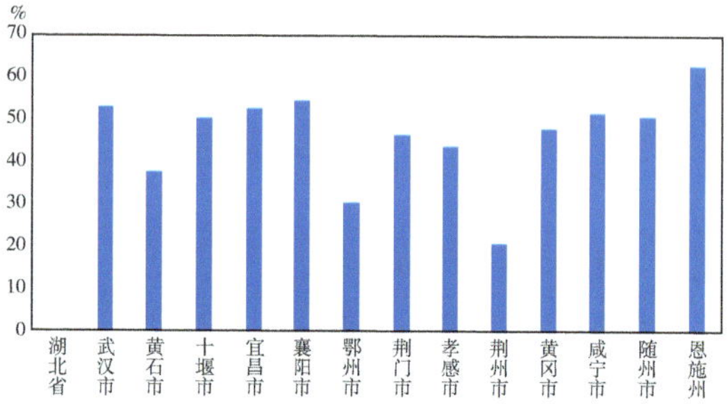

图17-104　2018年湖北省各市市本级财政自给率

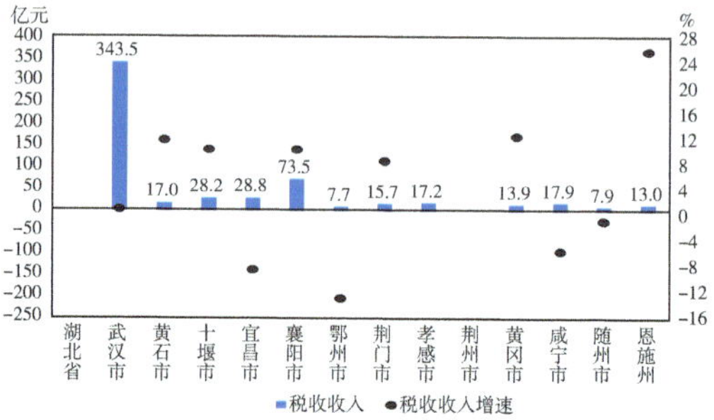

图17-105　2018年湖北省各市市本级税收收入及增速

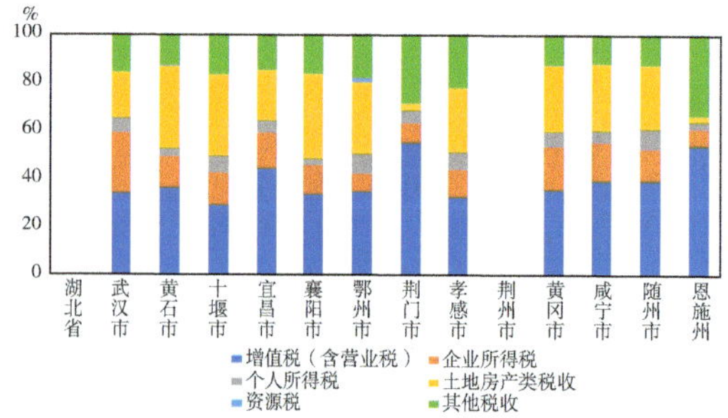

图17-106　2018年湖北省各市市本级税收收入结构

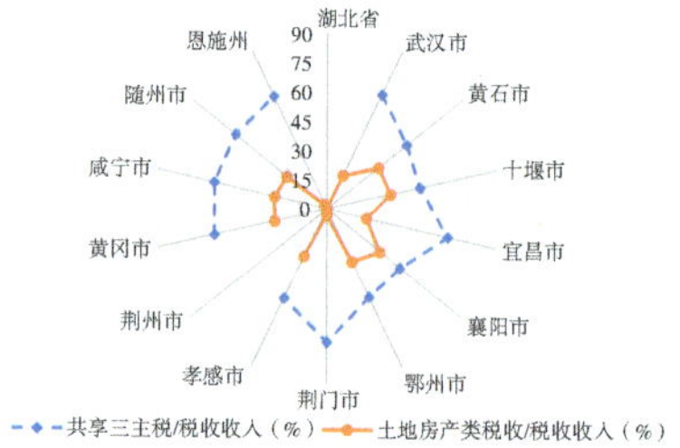

图17-107　2018年湖北省各市市本级共享三主税、土地房产类税收占税收收入的比重

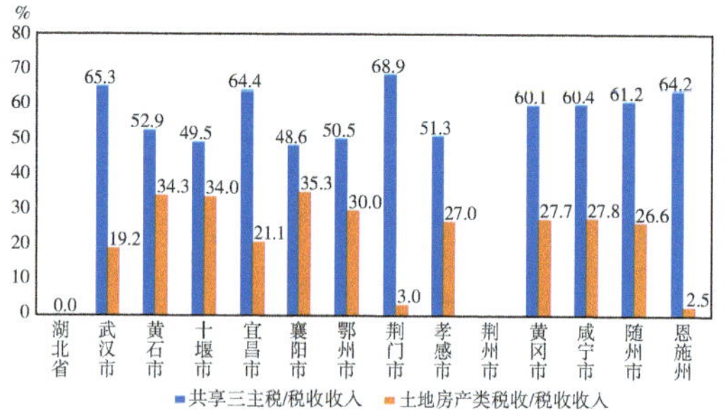

图17-108　2018年湖北省各市市本级共享三主税、土地房产类税收占税收收入的比重

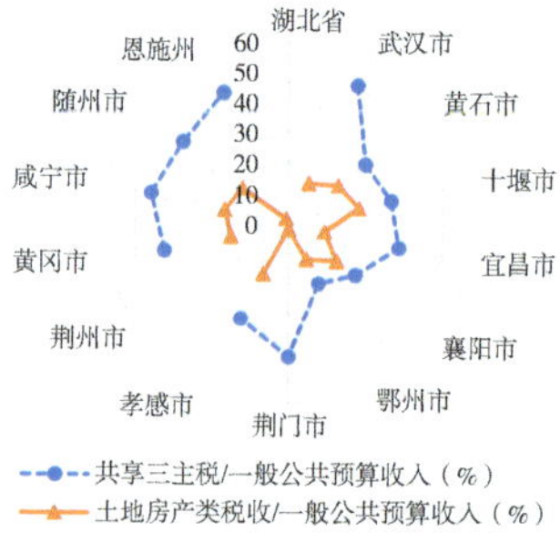

图17-109　2018年湖北省各市市本级共享三主税、土地房产类税收占一般公共预算收入的比重

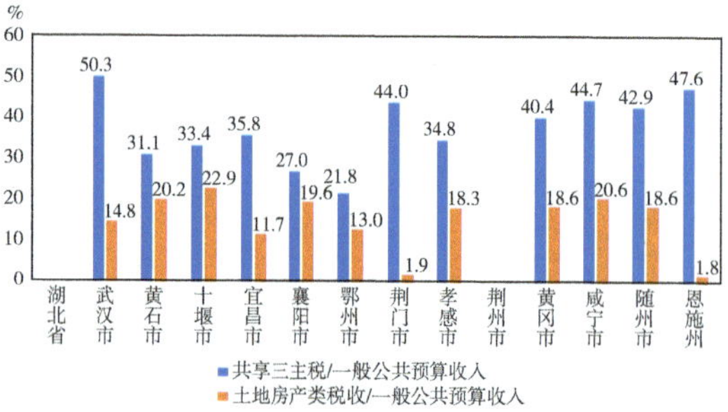

图17-110　2018年湖北省各市市本级共享三主税、土地房产类税收占一般公共预算收入的比重

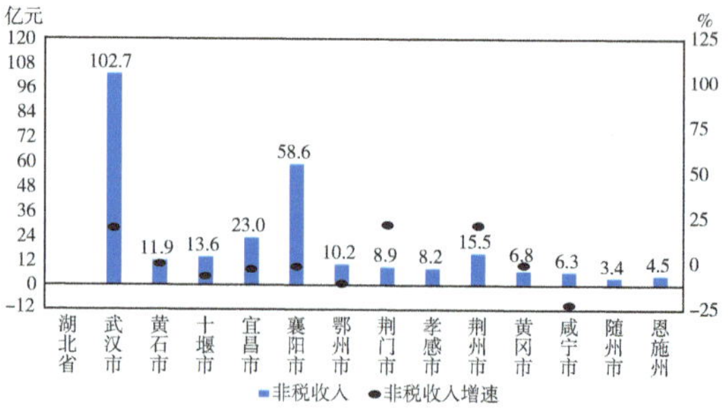

图17-111　2018年湖北省各市市本级非税收入及增速

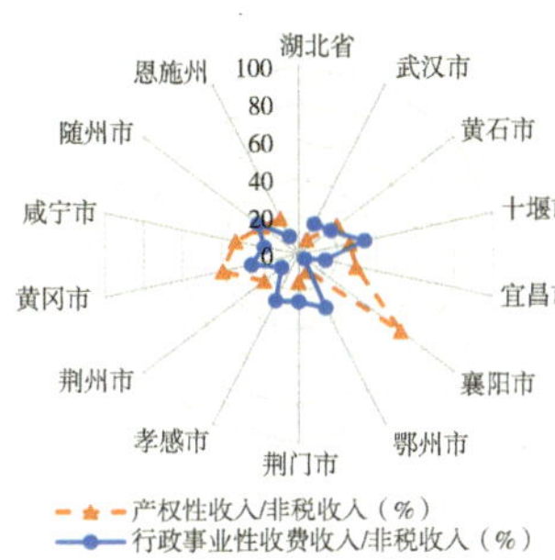

图 17-112　2018 年湖北省各市市本级产权性收入、行政事业性收费收入占非税收入的比重

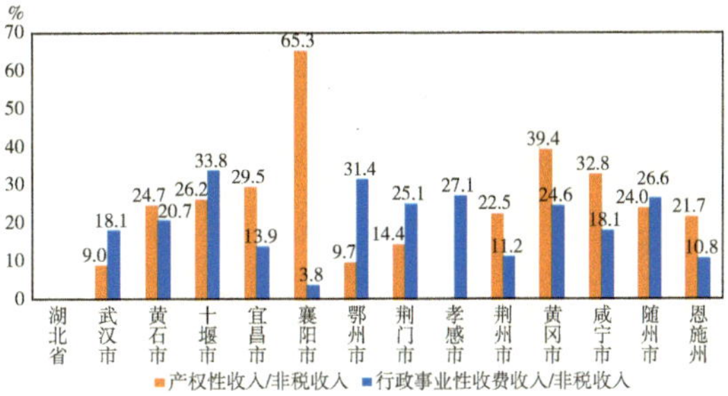

图 17-113　2018 年湖北省各市市本级产权性收入、行政事业性收费收入占非税收入的比重

17.3　湖北省样本县政府收入主要特征分析

17.3.1　湖北省样本县经济社会发展情况

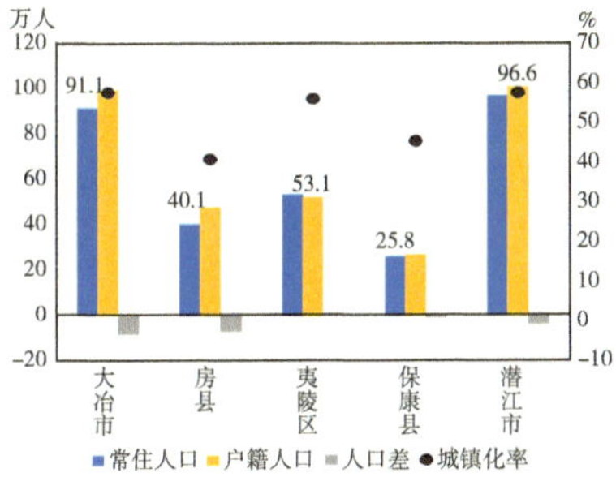

图 17-114　2018 年湖北省样本区县人口状况

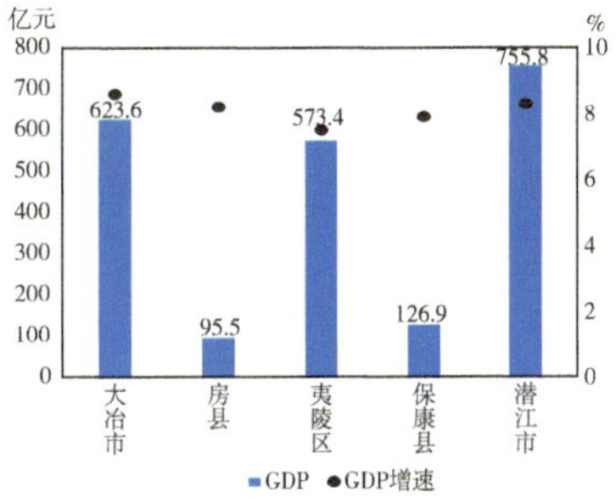

图 17-115　2018 年湖北省样本区县 GDP 及增速

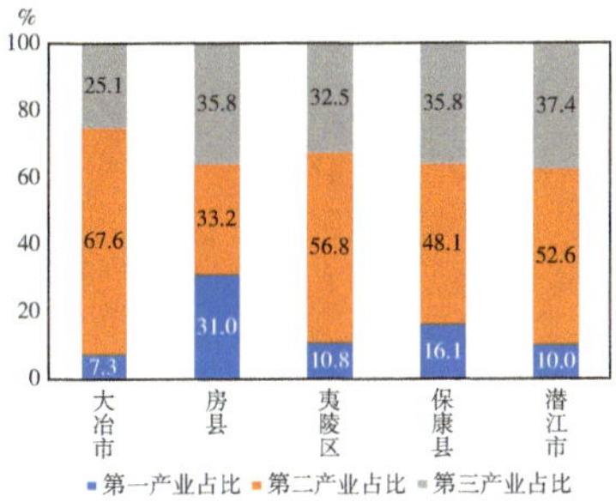

图 17-116　2018 年湖北省样本区县三次产业结构

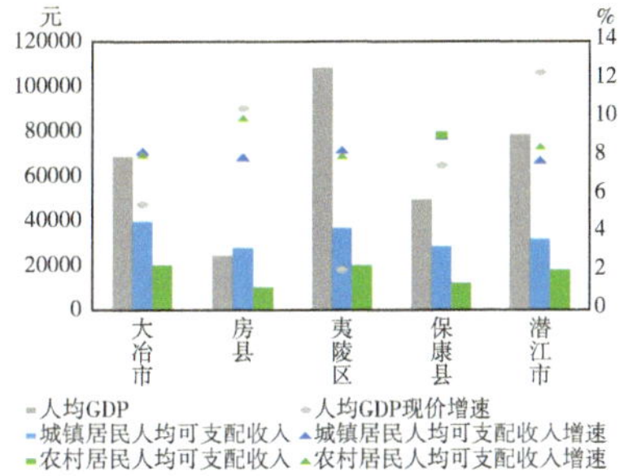

图 17-117　2018 年湖北省样本区县人均 GDP 与人均可支配收入

17.3.2　湖北省样本县政府收入总体情况

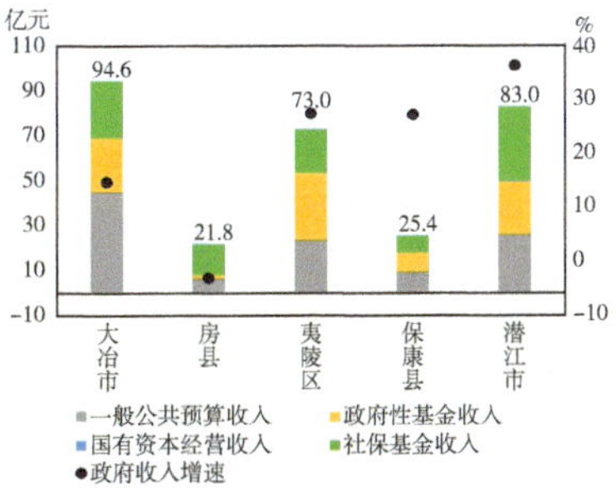

图 17-118　2018 年湖北省样本区县政府收入结构及增速

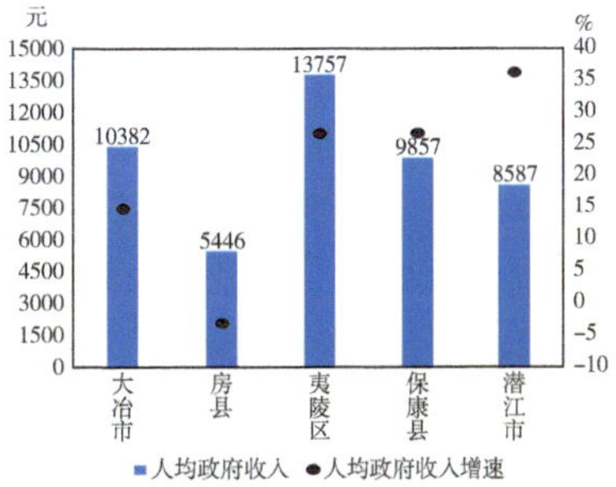

图 17-119　2018 年湖北省样本区县人均政府收入及增速

17.3.3 湖北省样本县一般公共预算收入情况

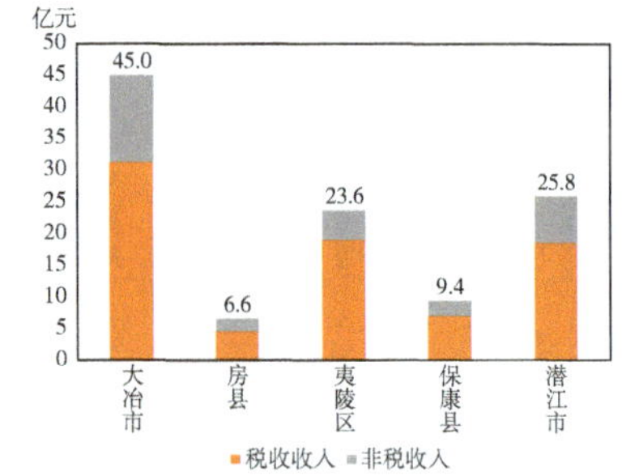

图 17-120 2018 年湖北省样本区县一般公共预算收入

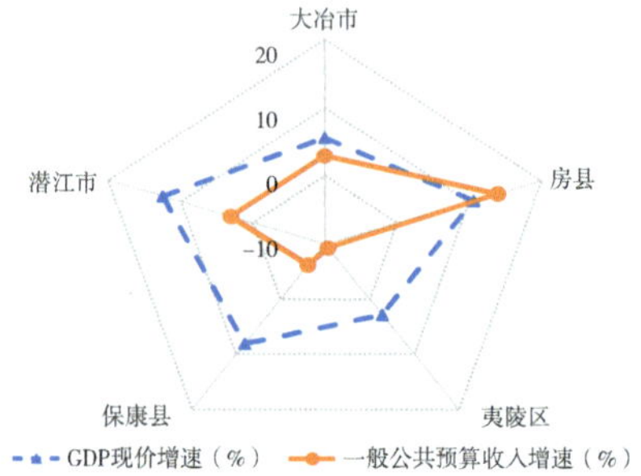

图 17-121 2018 年湖北省样本区县一般公共预算收入增速

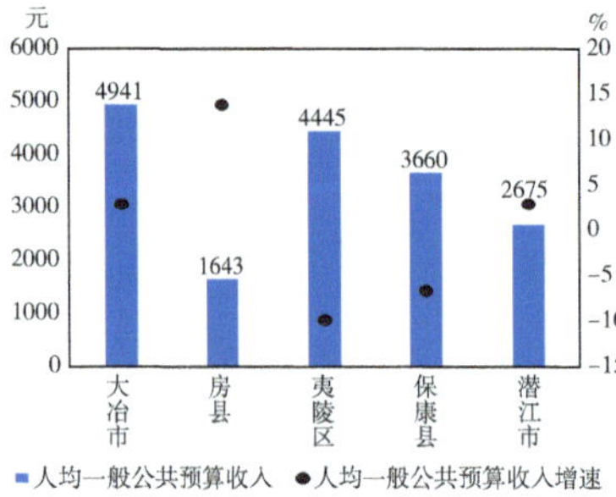

图 17-122 2018 年湖北省样本区县人均一般公共预算收入及增速

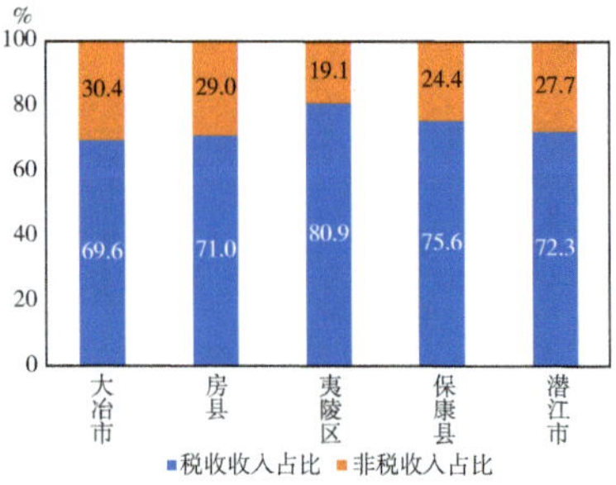

图 17-123 2018 年湖北省样本区县一般公共预算收入结构

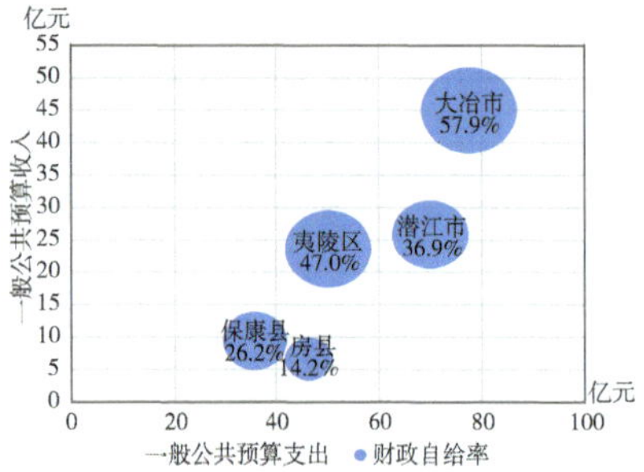

图 17-124 2018 年湖北省样本区县财政自给率

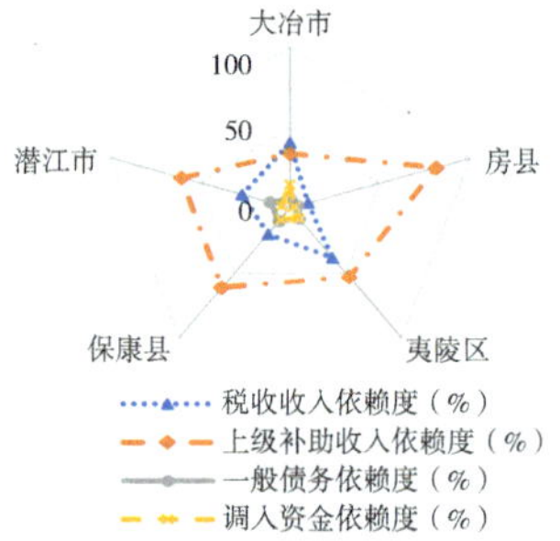

图 17-125 2018 年湖北省样本区县财政收入依赖度

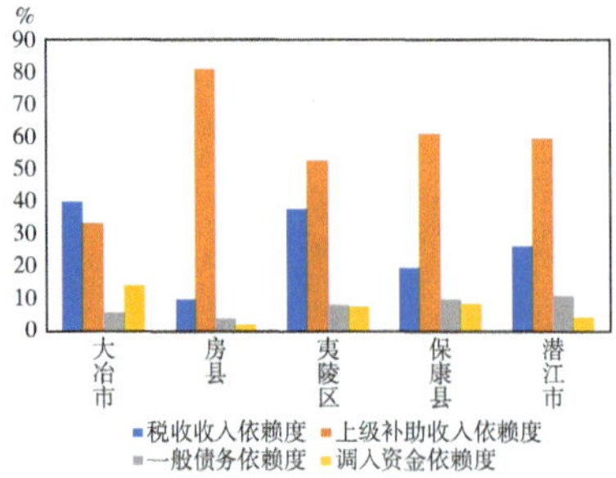

图 17-126 2018 年湖北省样本区县财政收入依赖度

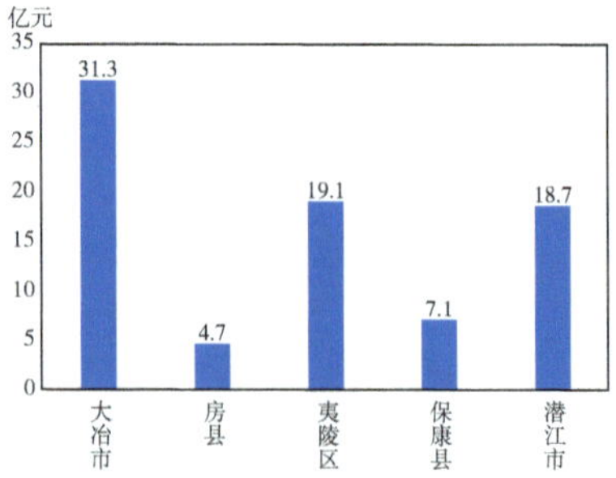

图 17-127 2018 年湖北省样本区县税收收入

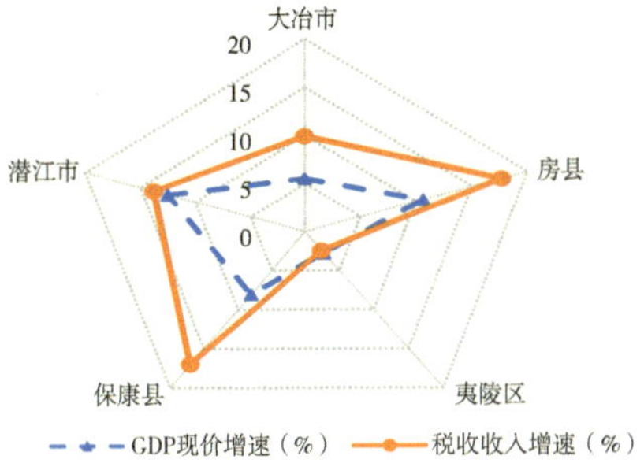

图 17-128 2018 年湖北省样本区县税收收入增速

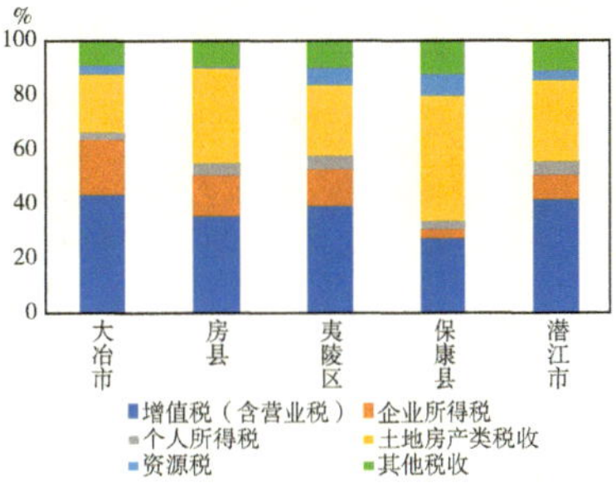

图 17-129 2018 年湖北省样本区县税收收入结构

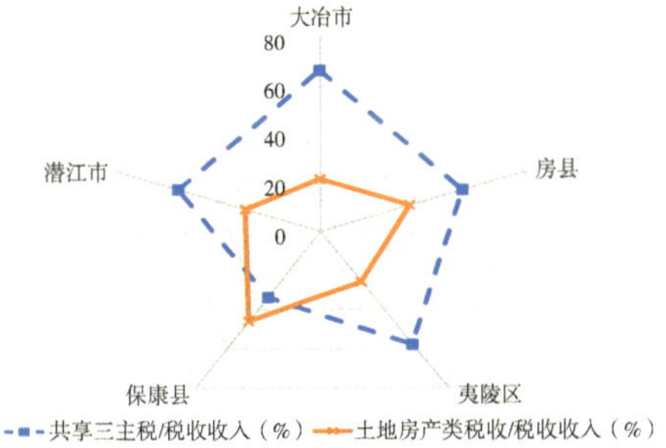

图 17-130 2018 年湖北省样本区县共享三主税、土地房产类税收占税收收入的比重

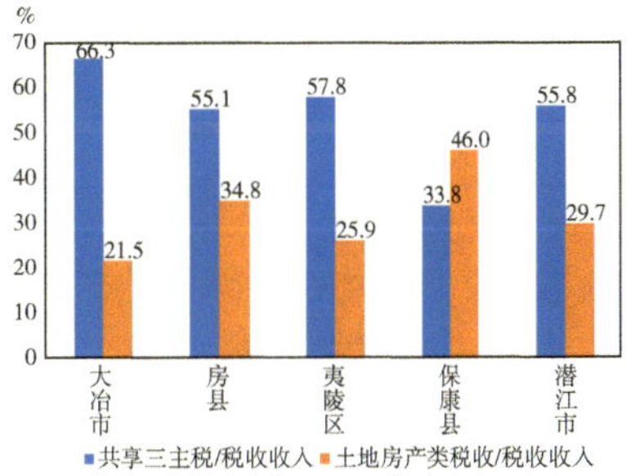

图 17-131 2018 年湖北省样本区县共享三主税、土地房产类税收占税收收入的比重

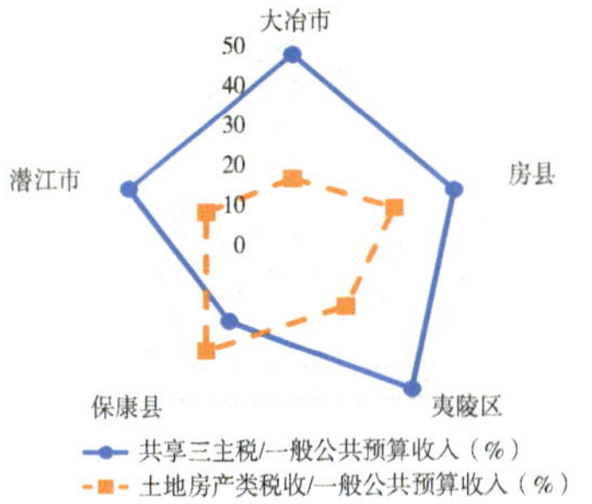

图 17-132 2018 年湖北省样本区县共享三主税、土地房产类税收占一般公共预算收入的比重

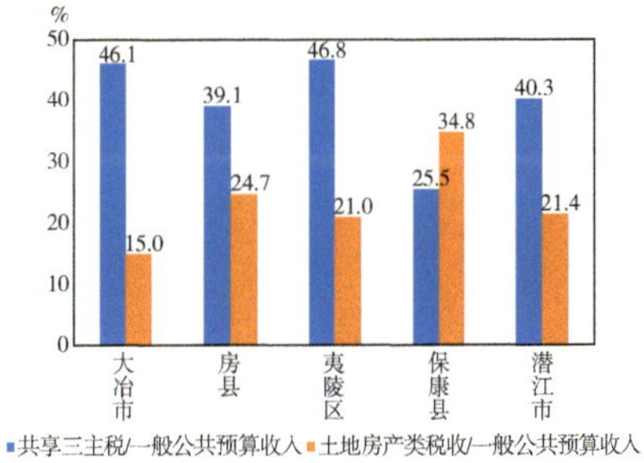

图 17-133 2018 年湖北省样本区县共享三主税、土地房产类税收占一般公共预算收入的比重

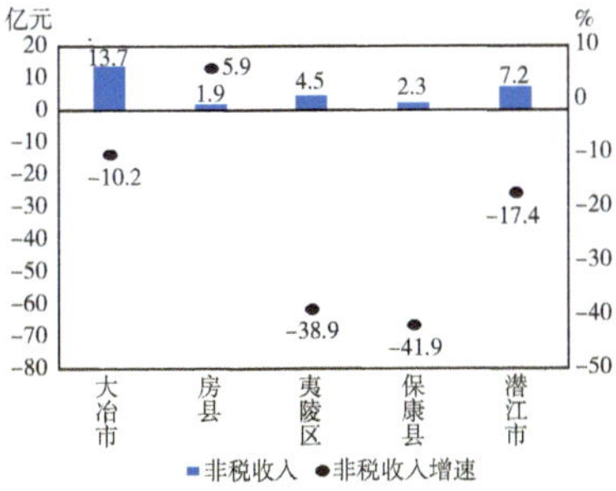

图 17-134 2018 年湖北省样本区县非税收入

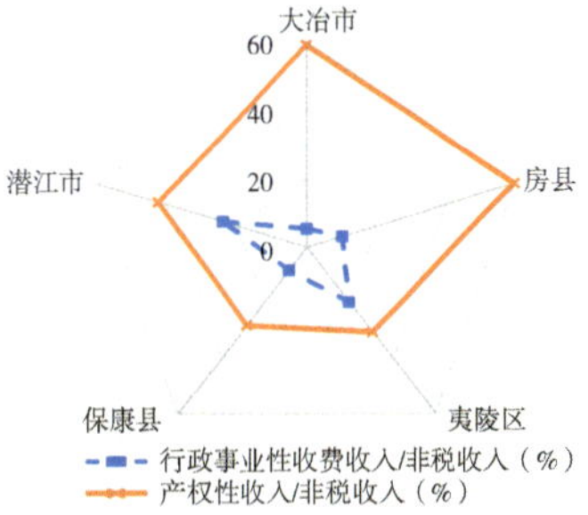

图 17-135 2018 年湖北省样本区县产权性收入、行政事业性收费收入占非税收入的比重

17.3.4 湖北省样本县政府性基金收入与国有资本经营收入情况

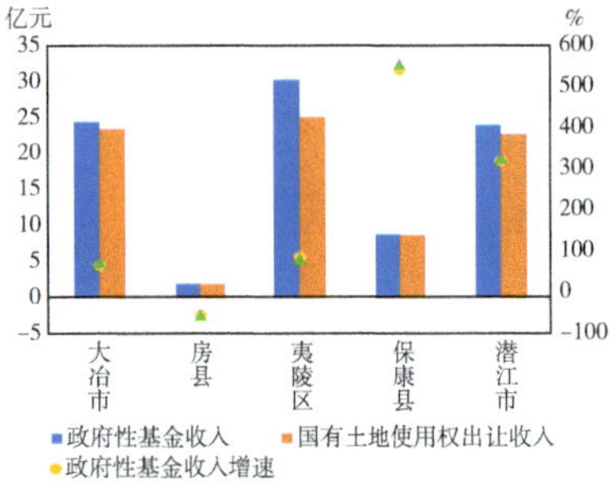

图 17-136 2018 年湖北省样本区县政府性基金收入、国有土地使用权出让金收入及其增速

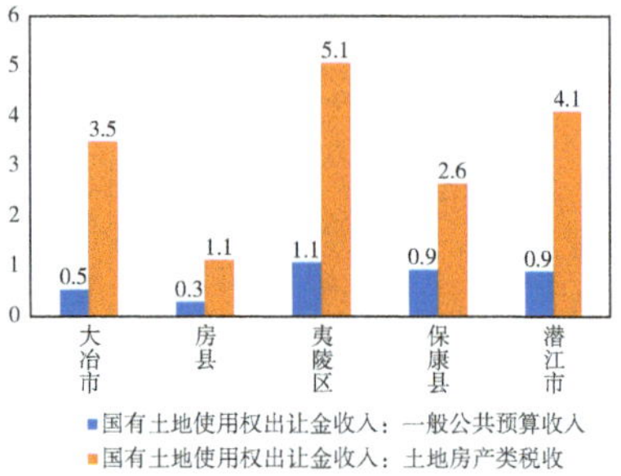

图 17-137 2018 年湖北省样本区县国有土地使用权出让金收入与一般公共预算关系指标

17.3.5 湖北省样本县社会保险基金收入情况

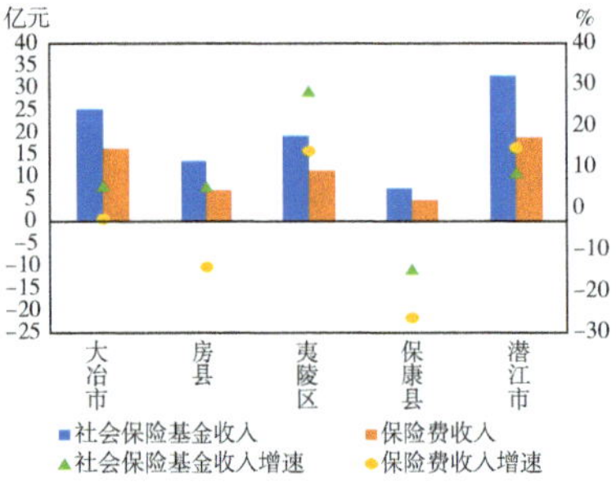

图 17-138 2018 年湖北省样本区县社会保险基金收入、保险费收入及其增速

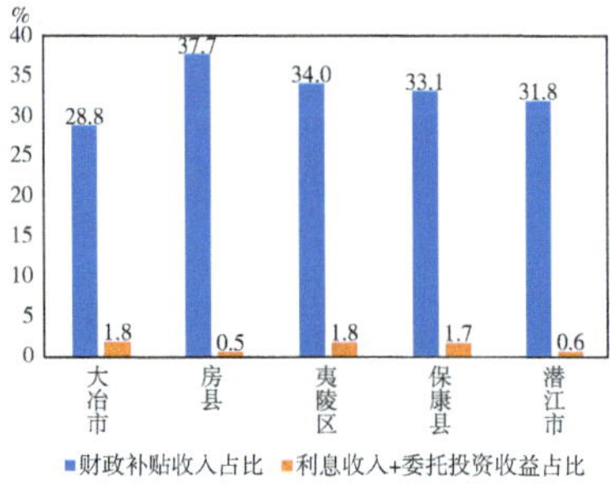

图 17-139 2018 年湖北省样本区县财政补贴收入、利息收入+委托投资收益占社会保险收入的比重

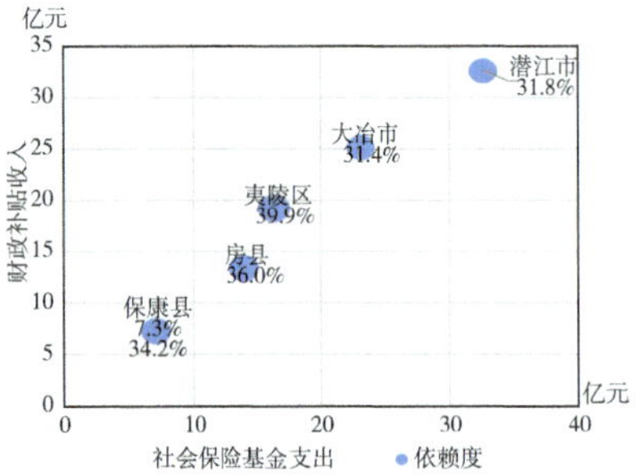

图 17-140 2018 年湖北省样本区县社会保险基金对财政补贴的依赖度

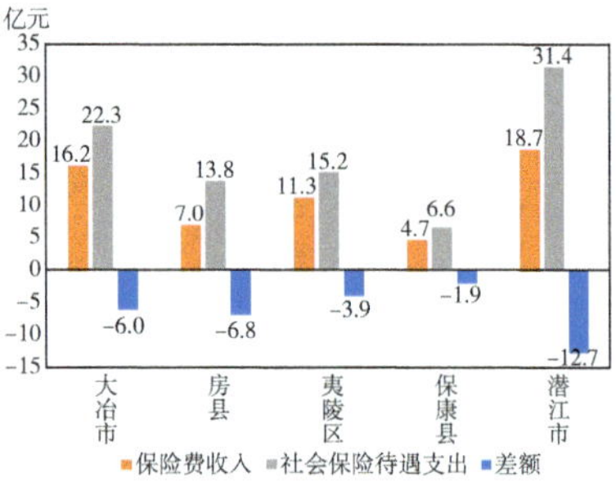

图 17-141 2018 年湖北省样本区县保险费收入、社会保险待遇支出及其差额

17.3.6 湖北省样本县债务情况

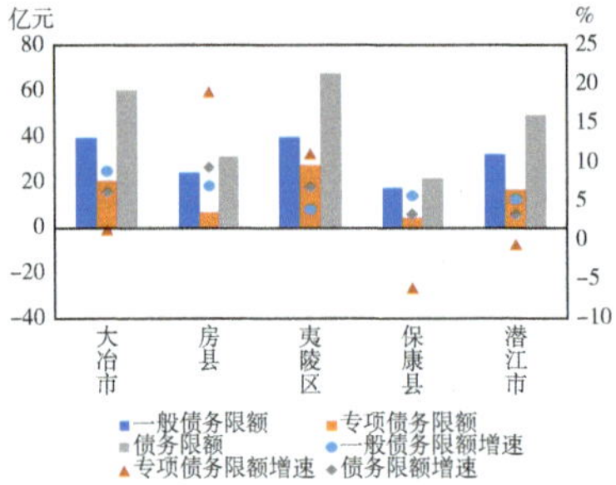

图 17-142 2018 年湖北省样本区县债务限额及其增速

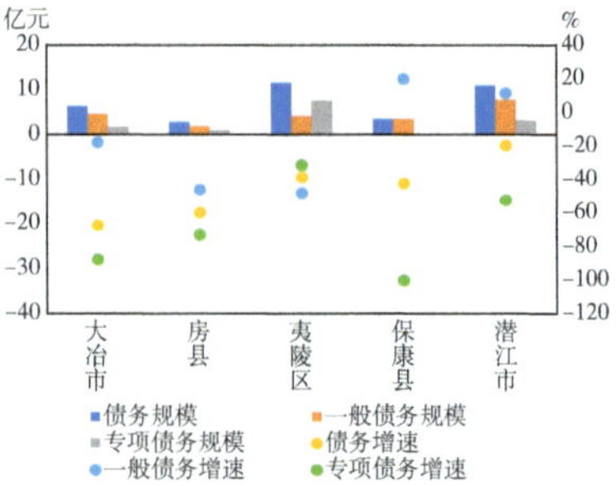

图 17-143 2018 年湖北省样本区县债务规模及其增速

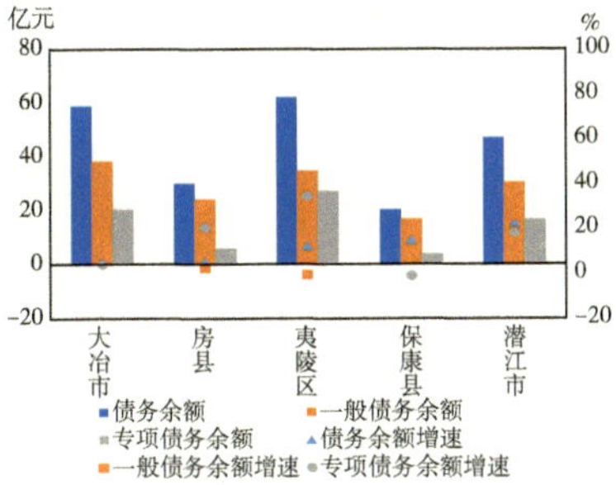

图 17-144　2018 年湖北省样本区县债务余额及其增速

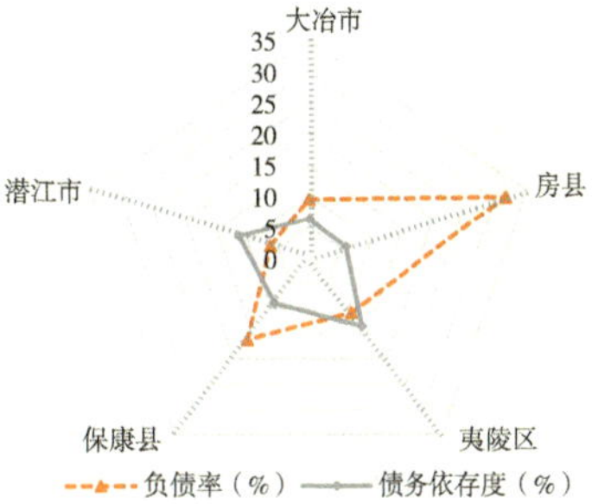

图 17-145　2018 年湖北省样本区县负债率与债务依存度

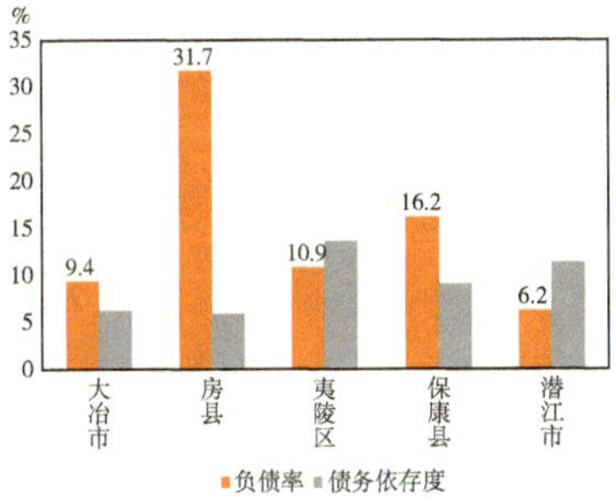

图 17-146　2018 年湖北省样本区县负债率与债务依存度

18 湖南省

湖南省共辖14个地级行政区（13个地级市和1个自治州），市辖区36个、县级市18个、县61个、自治县7个；地域面积为21.18万平方公里，地形以中低山与丘陵为主，占70.2%。湖南省水资源和有色金属资源丰富，河网纵横，由洞庭湖水系和珠江水系组成，长度5公里以上的河流5341条，主要有湘江、资江、沅水和澧水四条；有色金属矿产资源丰富，已探明的有色金属矿产达37种，钨、铋、锑储量居全国之首，钒、锡、石墨、重晶石等矿产储量丰富，居全国前列。总体上看，湖南的经济发展、财政收入等在全国处于中等水平，省内经济呈现出集中于省会长沙的特点。

2019年湖南省经济总量处于全国中等偏上地位，第三产业占比低于全国，人口整体净流出，城镇化率略低于全国。 2019年末，湖南省常住人口6918.4万人，常住人口城镇化率为57.2%。2019年湖南GDP达到3.98万亿元，排全国第9名，次于福建，略高于上海；增速7.6%，比2018年下降0.2个百分点，高于全国1.5个百分点，排全国第5名；人均GDP为57459元，排全国第14名。从产业结构看，第一、第二、第三产业占比分别为9.2%（高于全国平均水平2.1个百分点）、37.6%和53.2%（低于全国平均水平0.7个百分点）。从居民可支配收入看，2019年城镇与农村居民人均可支配收入分别为39842元和15395元，分别为全国平均水平的94.1%和96.1%。

2019年湖南省一般公共预算收入在全国排中等，非税收入占比高，省市县中县级政府收入占比最高。 2019年湖南省一般公共预算收入3007亿元、增速5.1%，分别排全国第13和第10名，人均一般公共预算收入为4346元，排全国第25名。其中，近三年湖南省税收收入占一般公共预算收入的总体呈上升态势，2019年为68.6%，但低于全国平均水平14.4个百分点。非税收入占比高，其中行政事业性收费占非税收入的比重近年来逐年提升，在2019年达到16%。从纵向收入分配看，区县级政府占全省一般公共预算收入比重最大，2018年省本级、市本级、区县一般公共预算收入占比分别为17.8%、30.8%和51.2%。

湖南省财政自给率偏低且在近三年呈现下降趋势，同时地区财政总收入小于一般公共预算支出。 2019年湖南财政自给率在37.4%，2017年为40.1%，三年间下降了2.7个百分点。2018年湖南省组织的地区财政总收入为4843亿元，增速为6.1%，2018年一般公共预算支出为7480亿元，远高于地区财政总收入规模。

2019年湖南省四本预算的一般公共预算收入和社保基金收入占比下降，尤其是社保费收入大幅负增长，社保对财政补贴的依赖度较高。 2019年湖南省四本预算加总的政府收入8961.1亿元，增速为6.8%，其中一般公共预算收入、政府性基金收入、国有资本经营收入和社会保险基金收入分别占比33.6%、33.4%、0.5%和32.5%。2019年湖南省社会保险基金收入2915亿元，下降10.6%，社会保险费收入为1663.3亿元，下降17.5%；财政补贴收入规模为937.5亿

本章执笔人：盛中明　审校：罗志恒

元，社保支出对财政的依赖度达到34.5%。

湖南省内各地市经济社会发展和财政发展不均衡，优势显著集中于省会长沙。长沙市2018年政府收入规模达到1742.5亿元，占全省比重超20%，而其他城市政府收入规模则全部低于1000亿元。2018年长沙市一般公共预算收入879.7亿元，是排名第二地株洲市的4.6倍，其他各市均低于200亿元。除长沙外，2018年湖南省各市财政自给率均低于50%。财政自给率最高的城市为长沙，达到67.6%，最低的为邵阳市，仅为17.2%，前者是后者的近4倍。政府性基金收入主要构成是国有土地使用权出让金收入，与地理位置关系较大，在2018年数据可得的10个地市中，收入规模最大的长沙市（543亿元）为规模最小的永州市（56.9亿元）的9.54倍。

18.1 湖南省政府收入主要特征分析

18.1.1 湖南省经济社会基本情况

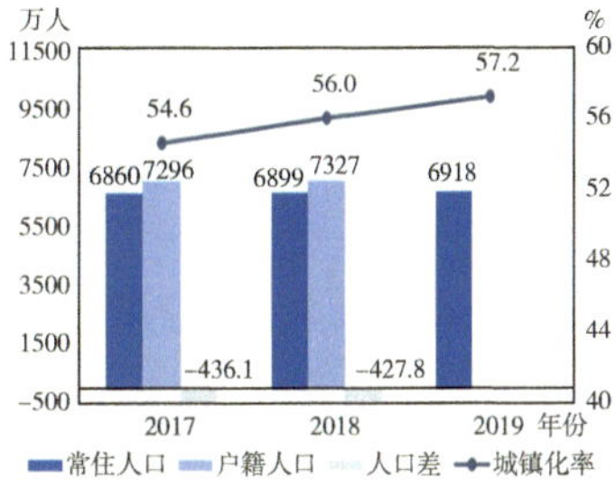

图18-1 2017-2019年湖南省人口状况

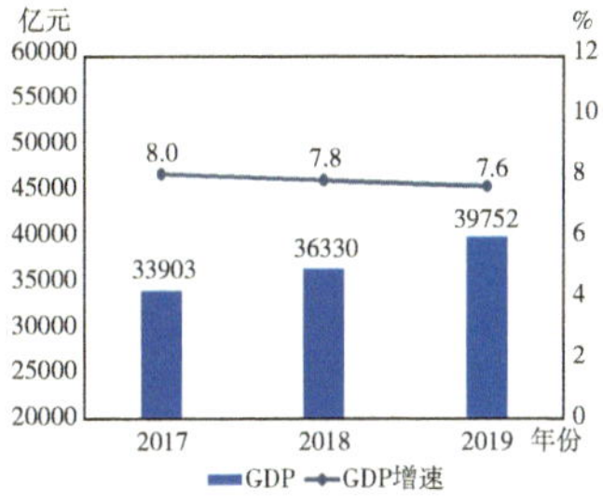

图18-2 2017-2019年湖南省GDP及增速

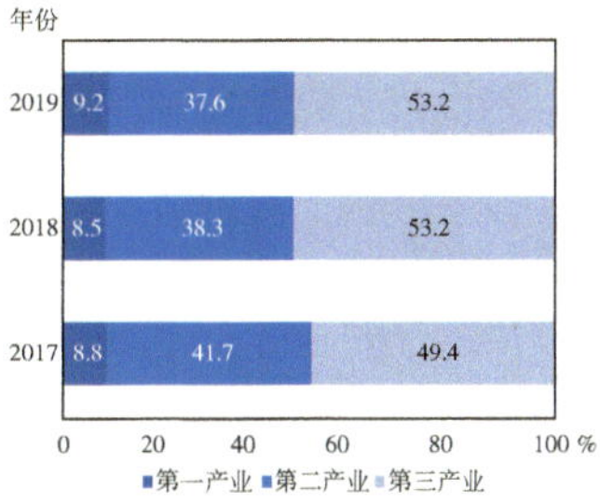

图18-3 2017-2019年湖南省三次产业结构

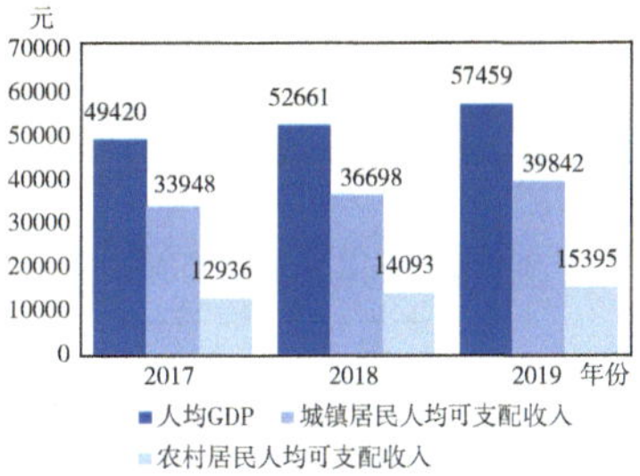

图18-4 2017-2019年湖南省人均GDP和人均可支配收入

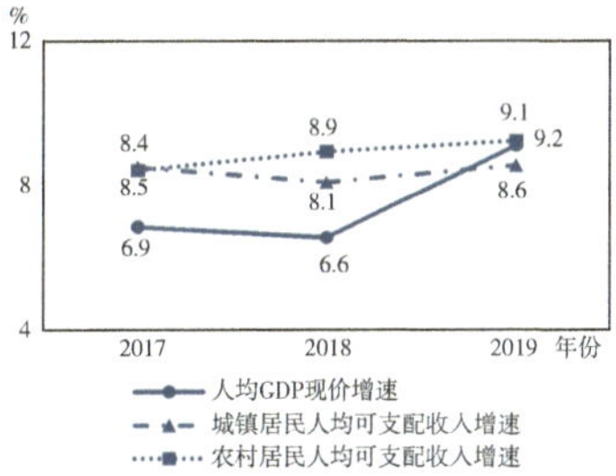

图18-5 2017-2019年湖南省人均GDP增速和人均可支配收入增速

18.1.2 湖南省政府收入总体情况

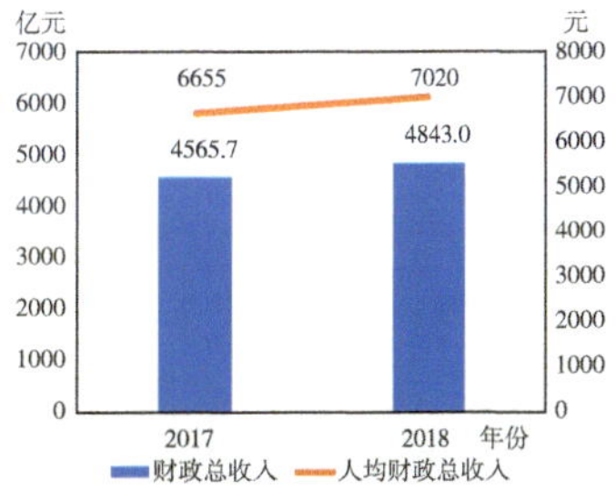

图18-6 2017-2018年湖南省财政总收入

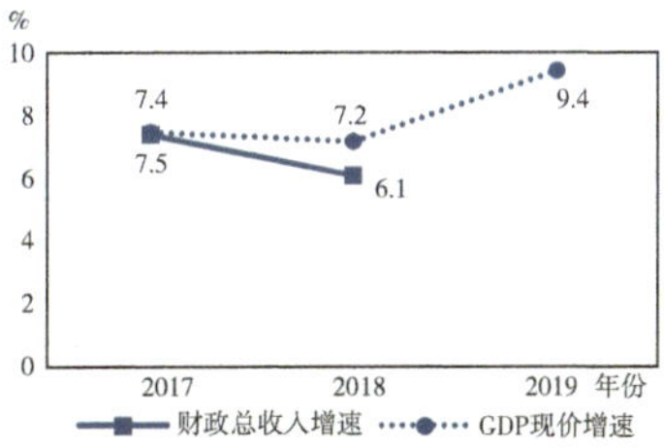

图18-7 2017-2019年湖南省财政总收入增速

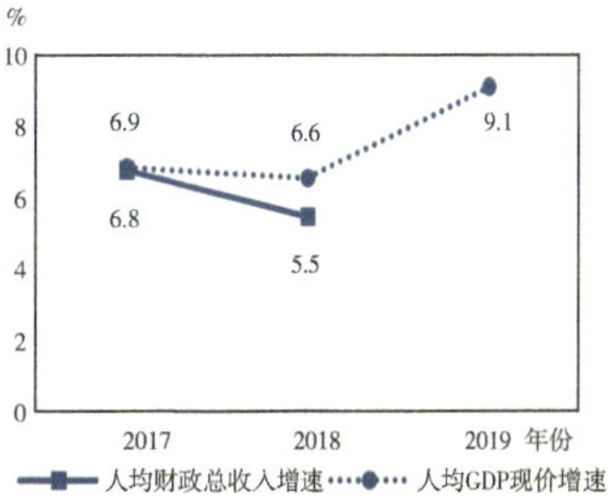

图18-8 2017-2018年湖南省人均财政总收入增速

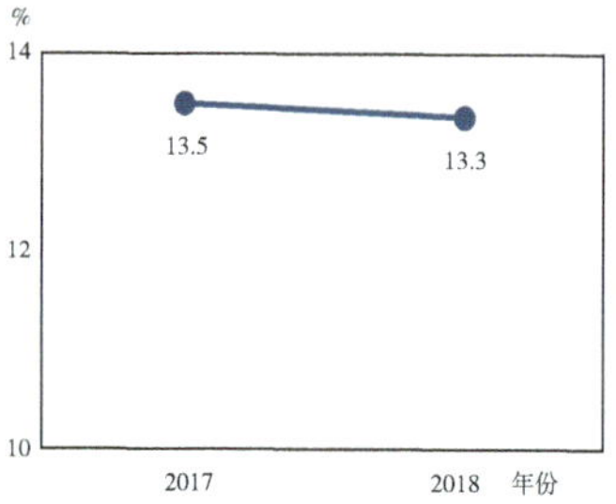

图 18-9　2017-2018 年湖南省财政总收入/GDP

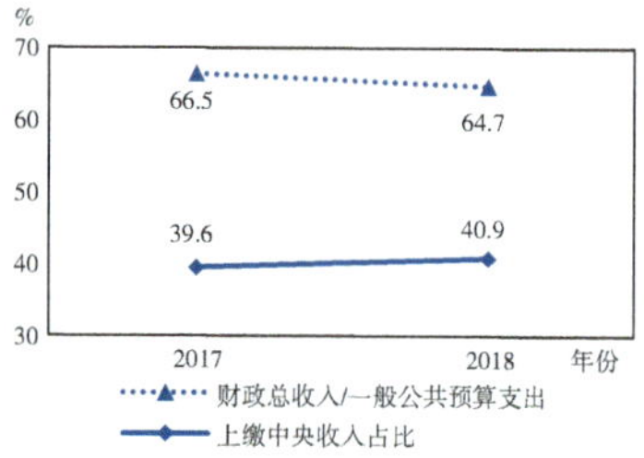

图 18-10　2017-2018 年湖南省财政总收入其他指标

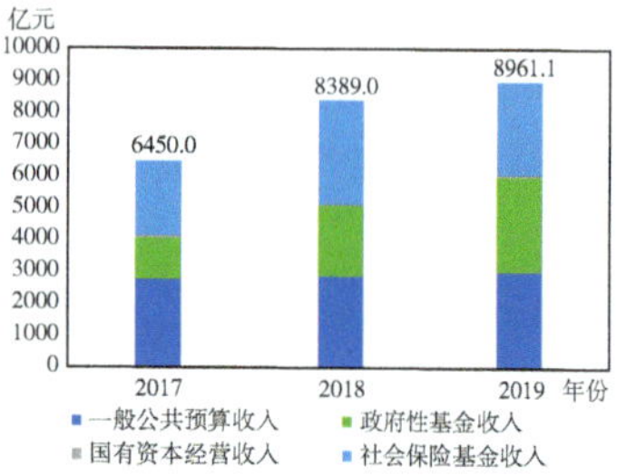

图 18-11　2017-2019 年湖南省政府收入

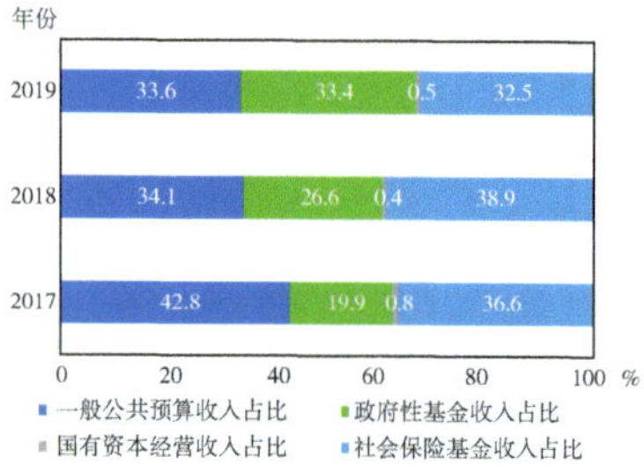

图 18-12　2017-2019 年湖南省政府收入结构

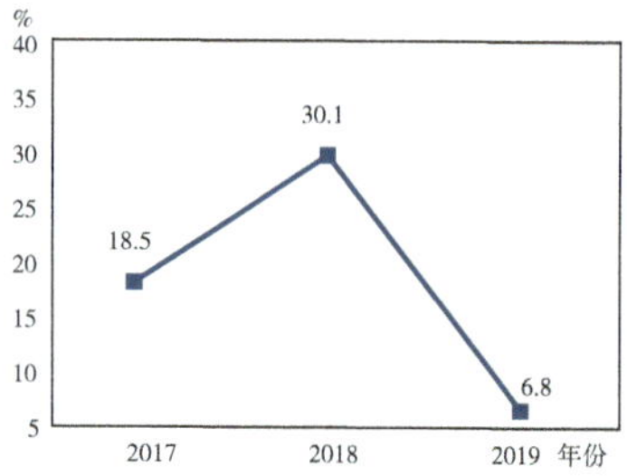

图 18-13　2017-2019 年湖南省政府收入增速

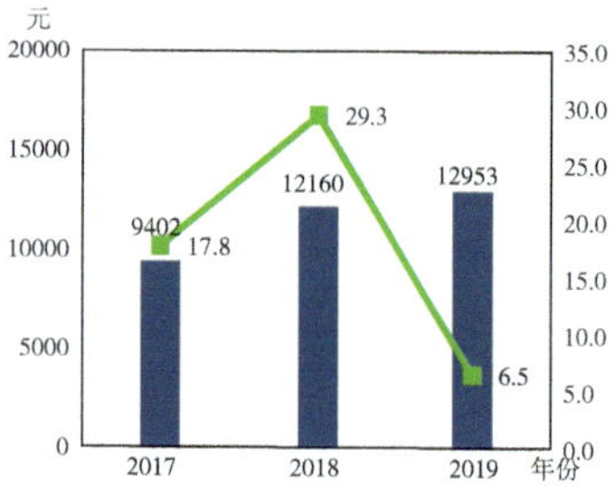

图 18-14　2017-2019 年湖南省人均政府收入及增速

18.1.3　湖南省一般公共预算收入情况

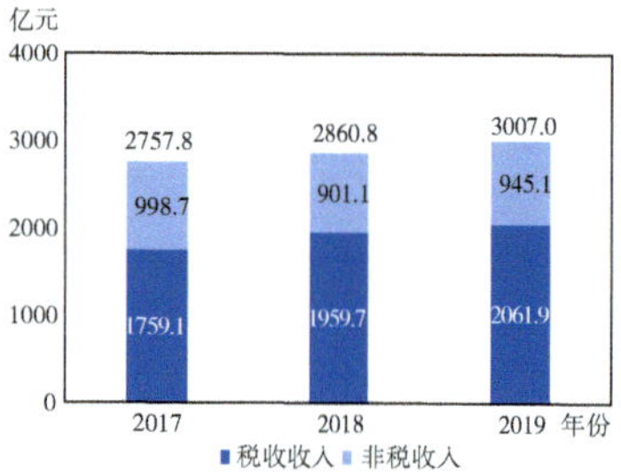

图 18-15　2017-2019 年湖南省一般公共预算收入

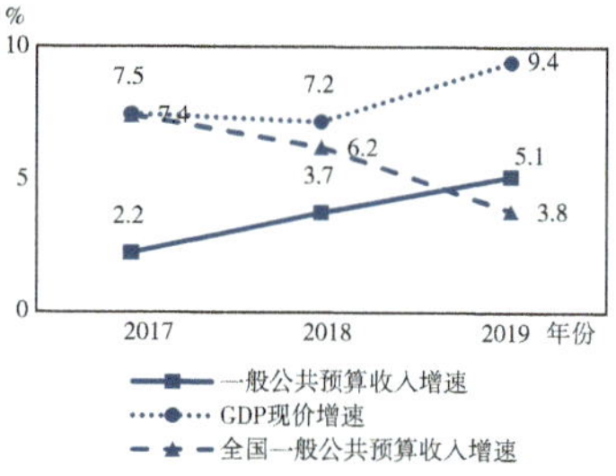

图 18-16　2017-2019 年湖南省一般公共预算收入增速

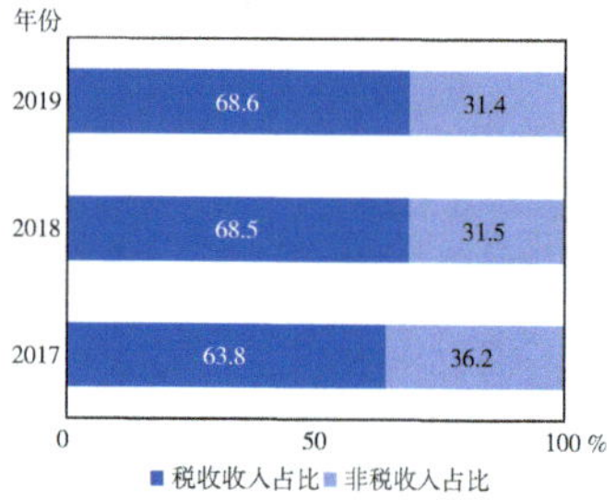

图 18-17　2017-2019 年湖南省一般公共预算收入结构

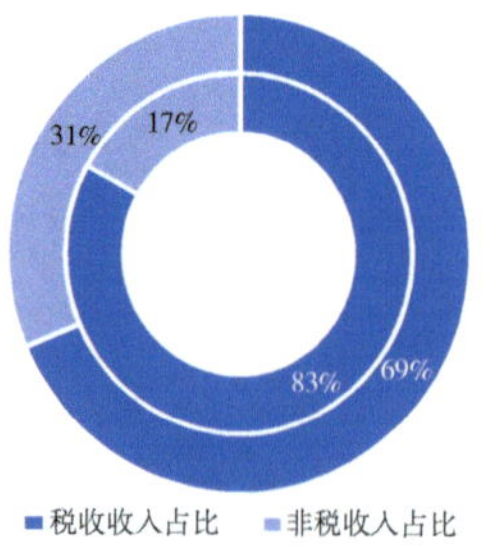

图 18-18　2019 年一般公共预算收入结构对比（内环为全国，外环为湖南省）

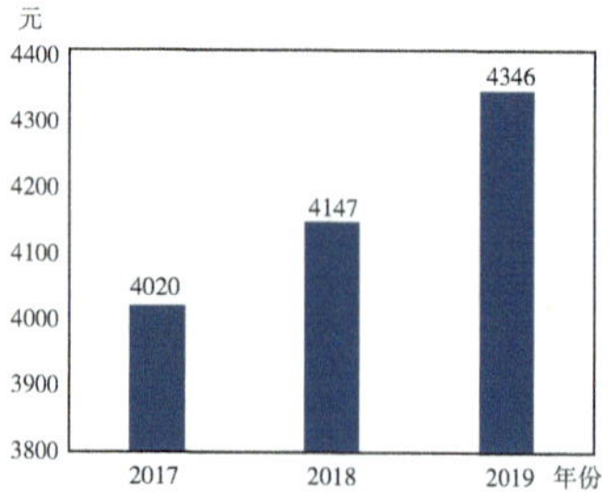

图 18-19　2017-2019 年湖南省人均一般公共预算收入

图 18-20　2017-2019 年湖南省人均一般公共预算收入增速

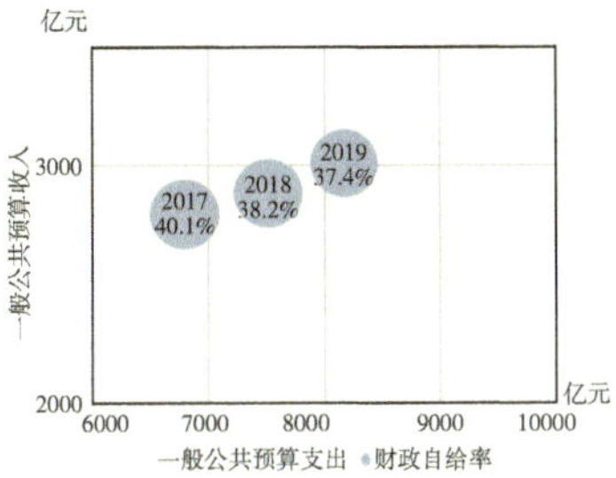

图18-21　2017-2019年湖南省财政自给率

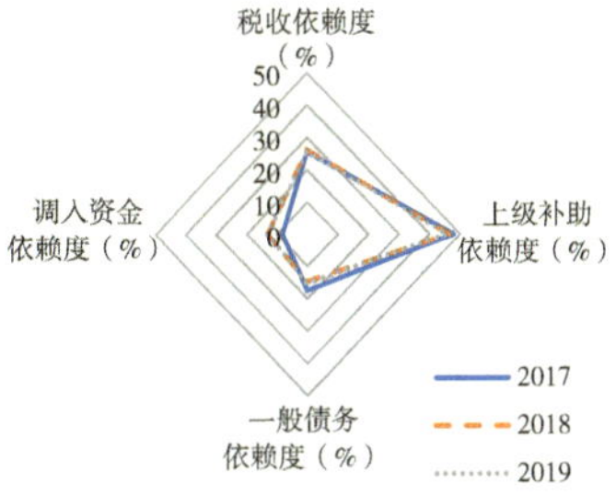

图18-22　2017-2019年湖南省财政收入依赖度

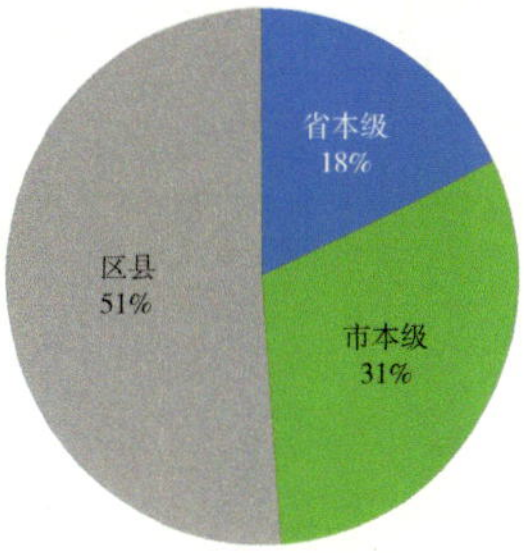

图18-23　2018年省市县三级政府一般公共预算收入分布

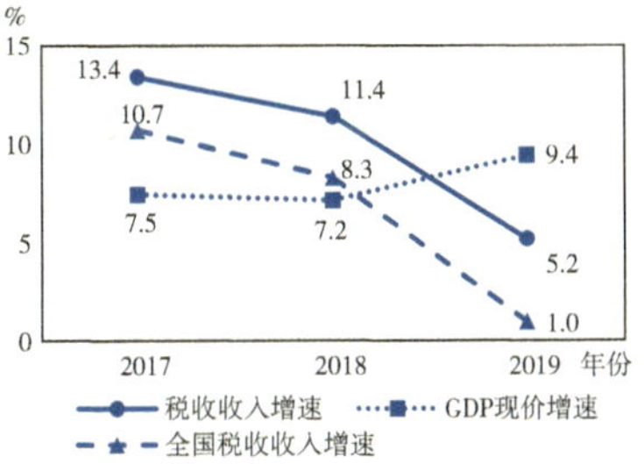

图18-24　2017-2019年湖南省税收收入增速

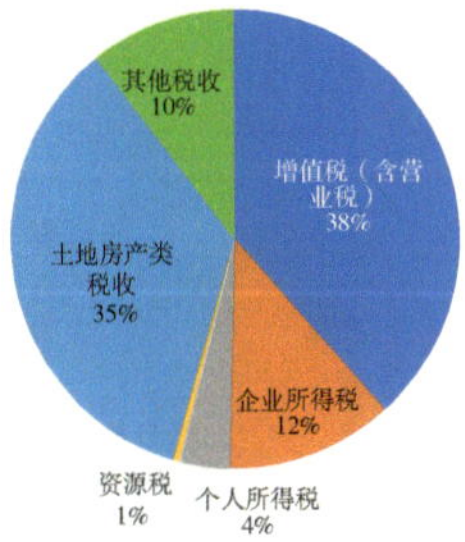

图18-25　2019年湖南省税收结构

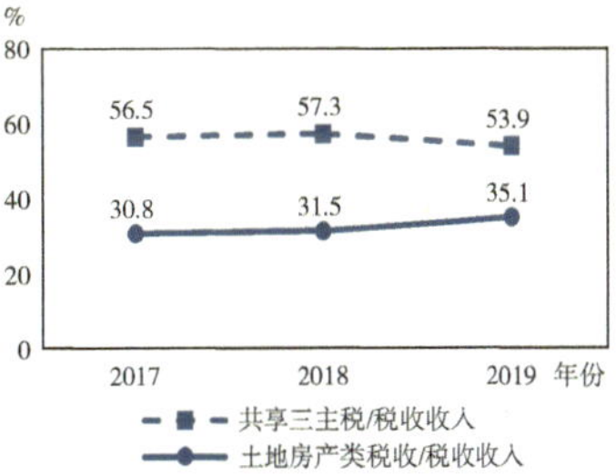

图18-26　2017-2019年湖南省共享三主税、土地房产类税收占税收收入的比重

图18-27　2017-2019年湖南省共享三主税、土地房产类税收占一般公共预算收入的比重

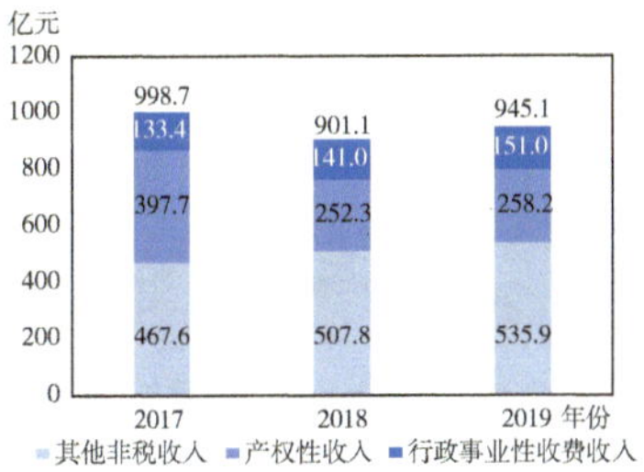

图18-28　2017-2019年湖南省非税收入

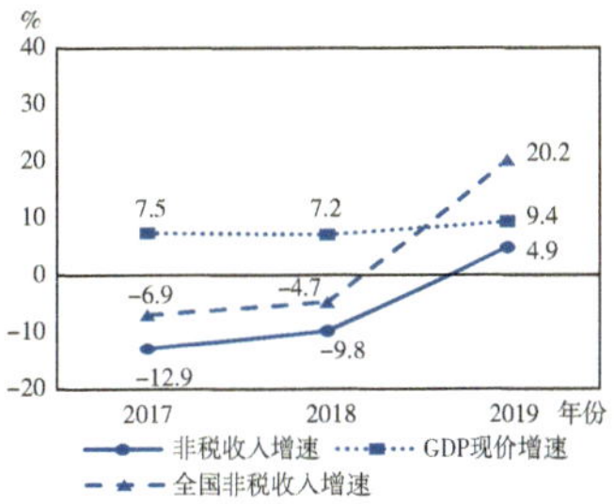

图18-29　2017-2019年湖南省非税收入增速

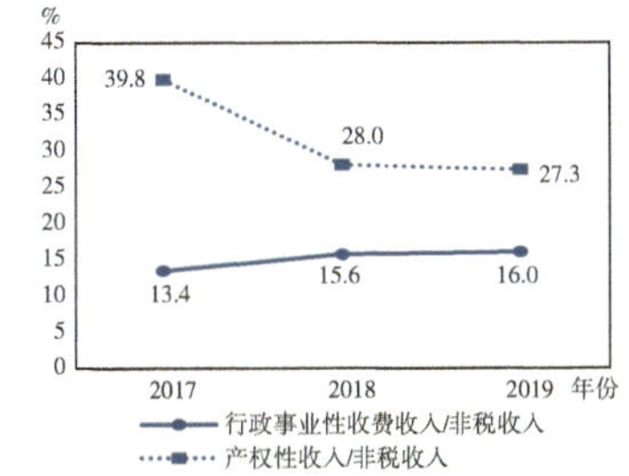

图18-30　2017-2019年湖南省行政事业性收费及产权性收入占非税收入的比重

18.1.4 湖南省政府性基金收入和国有资本经营收入情况

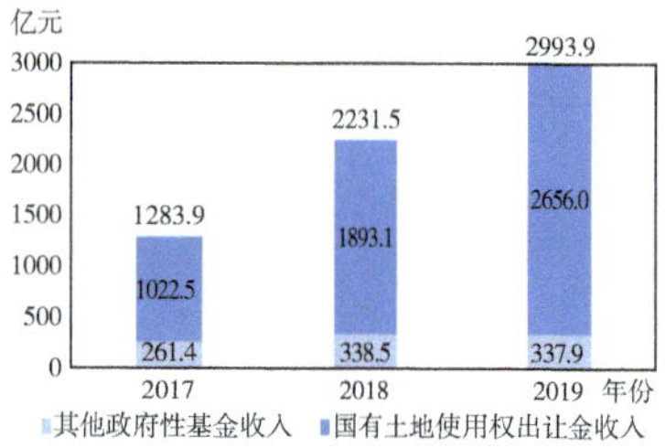

图 18-31　2017-2019 年湖南省政府性基金收入

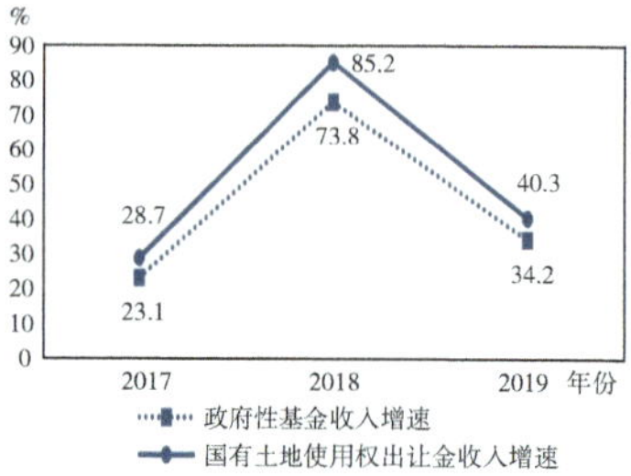

图 18-32　2017-2019 年湖南省政府性基金收入增速及国有土地使用权出让金收入增速

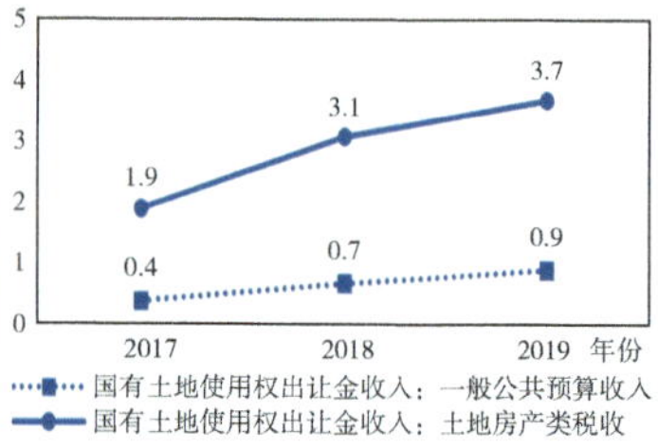

图 18-33　2017-2019 年湖南省国有土地使用权出让金收入与一般公共预算关系指标

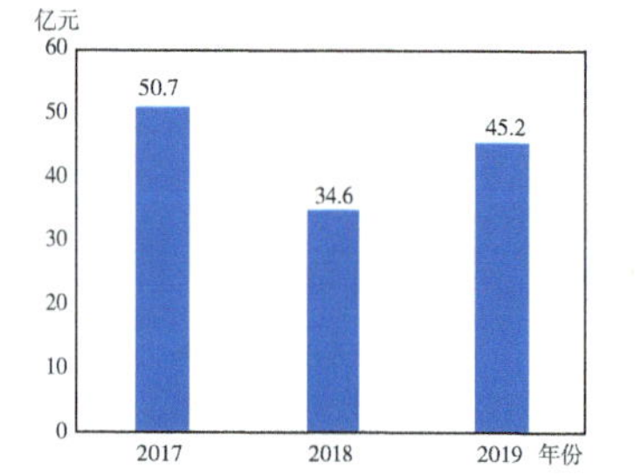

图 18-34　2017-2019 年湖南省国有资本经营收入

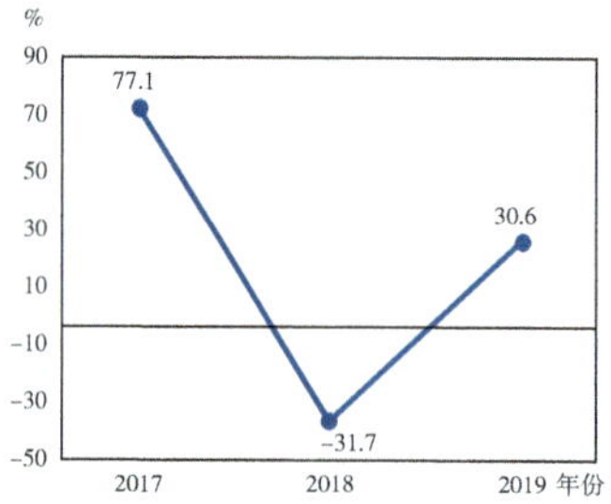

图 18-35　2017-2019 年湖南省国有资本经营收入增速

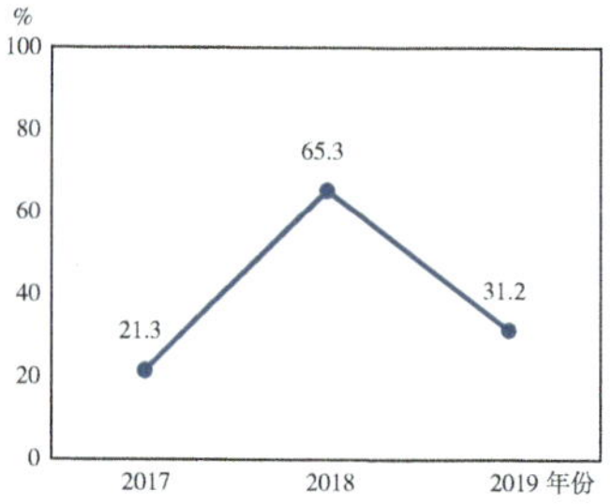

图 18-36　2017-2019 年湖南省调出资金/国有资本经营收入

18.1.5 湖南省社会保险基金收入情况

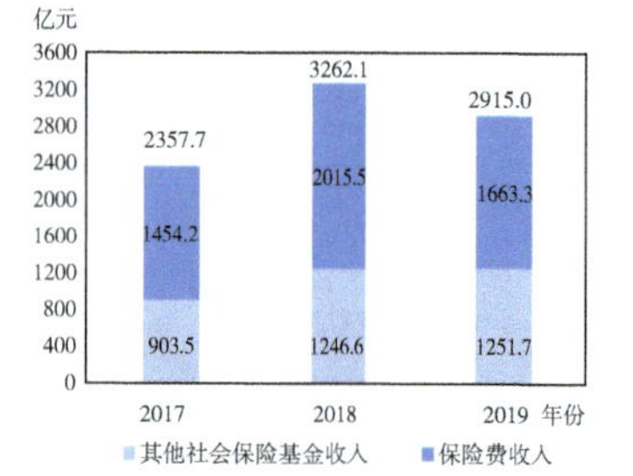

图 18-37　2017-2019 年湖南省社会保险基金收入

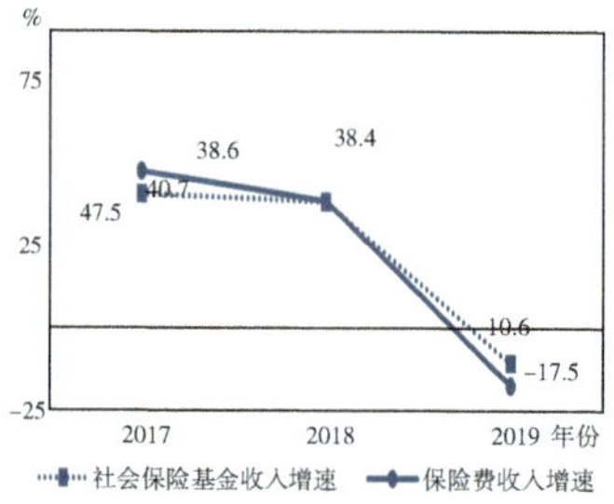

图 18-38　2017-2019 年湖南省社会保险基金收入增速及保险费收入增速

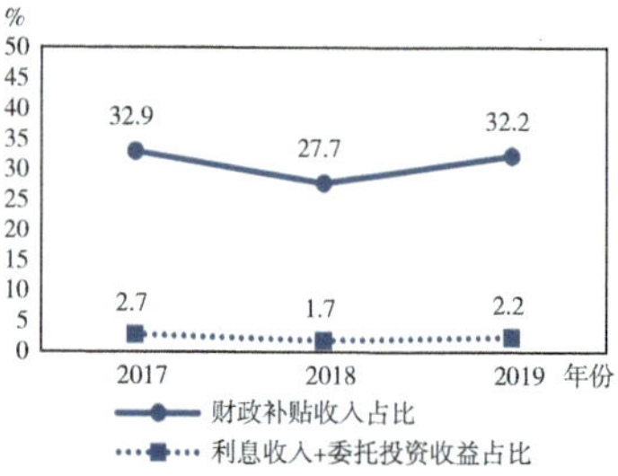

图 18-39　2017-2019 年湖南省财政补贴收入、利息收入+委托投资收益占社会保险基金收入的比重

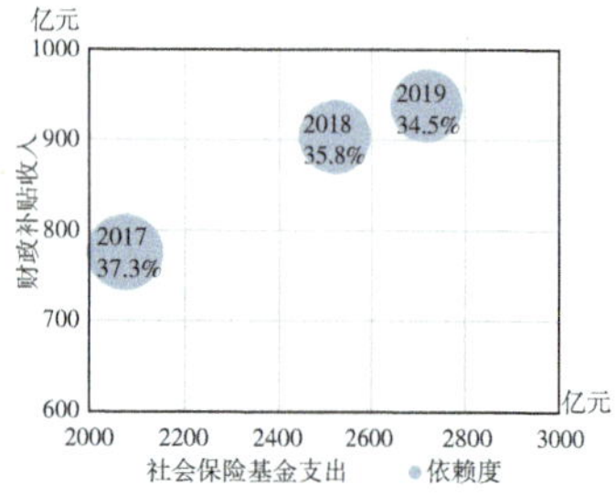

图 18-40　2017-2019 年湖南省社会保险基金对财政补贴的依赖度

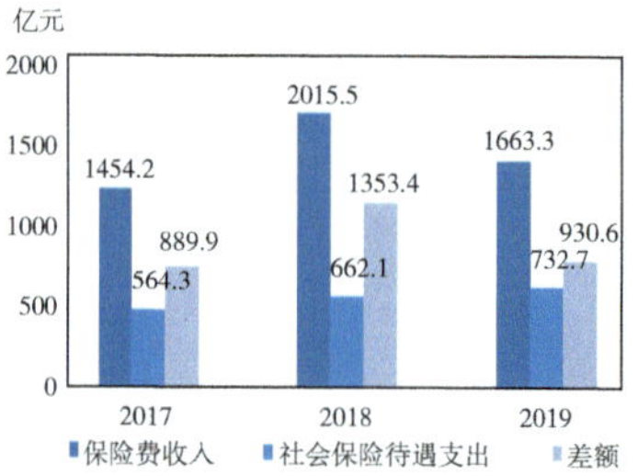

图 18-41　2017-2019 年湖南省保险费收入、社会保险待遇支出及差额

18.1.6 湖南省债务情况

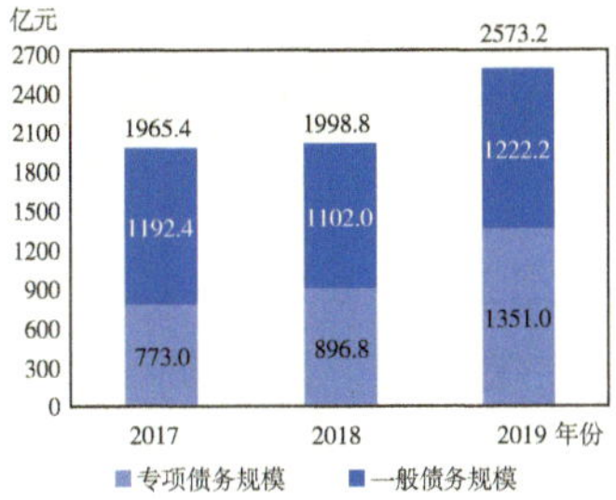

图 18-42 2017-2019 年湖南省发行债务规模

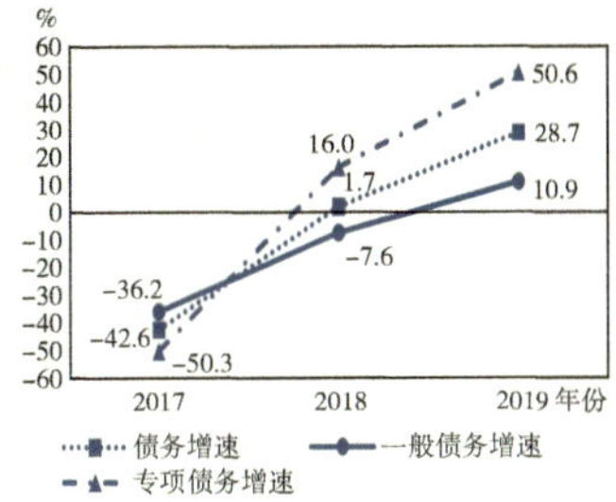

图 18-43 2017-2019 年湖南省债务增速

图 18-44 2017-2019 年湖南省债务限额

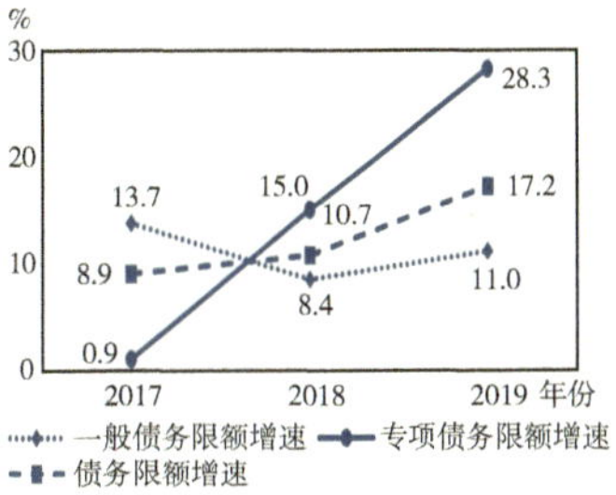

图 18-45 2017-2019 年湖南省债务限额增速

图 18-46 2017-2019 年湖南省债务余额

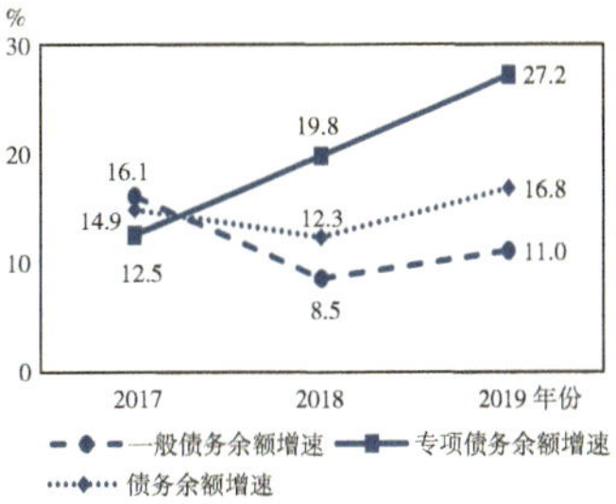

图 18-47 2017-2019 年湖南省债务余额增速

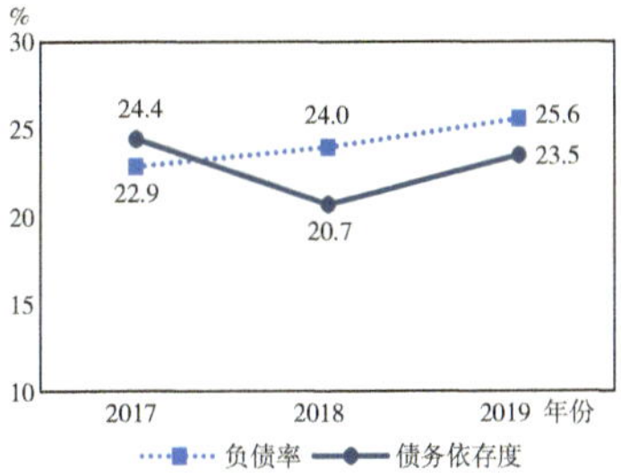

图 18-48 2017-2019 年湖南省负债率与债务依存度

18.1.7 湖南省省本级一般公共预算收入情况

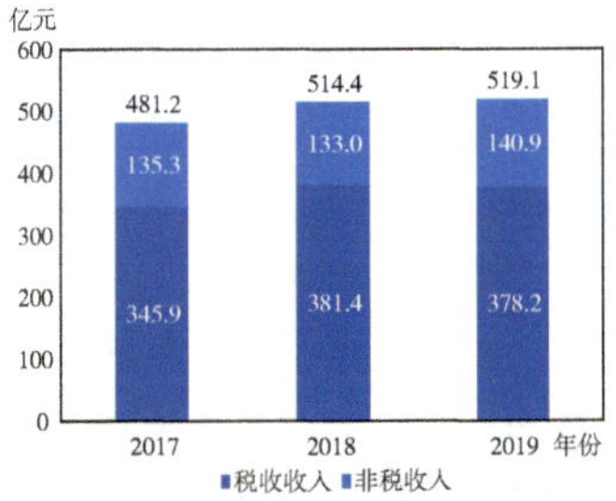

图 18-49 2017-2019 年湖南省省本级一般公共预算收入

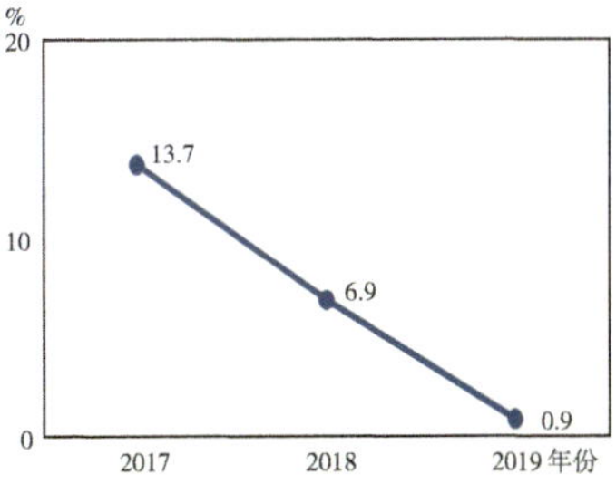

图 18-50 2017-2019 年湖南省省本级一般公共预算收入增速

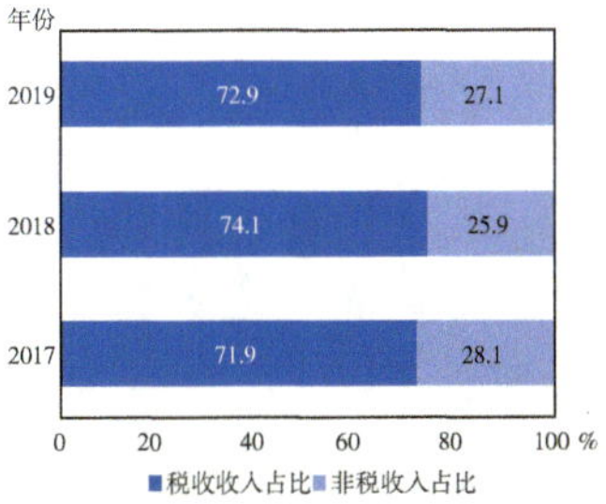

图 18-51 2017-2019 年湖南省省本级一般公共预算收入结构

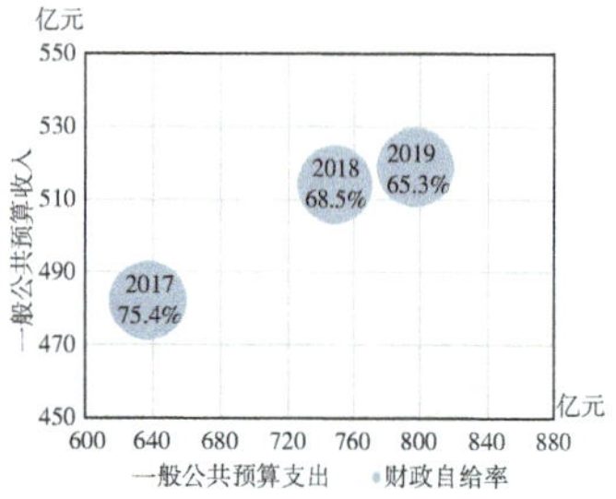

图18-52　2017-2019年湖南省省本级财政自给率

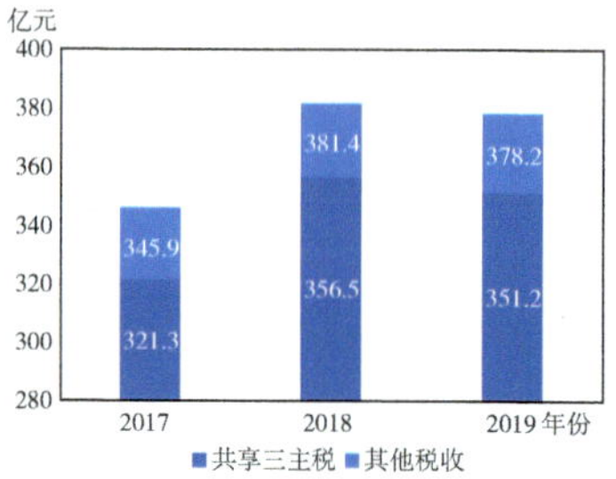

图18-53　2017-2019年湖南省省本级税收收入

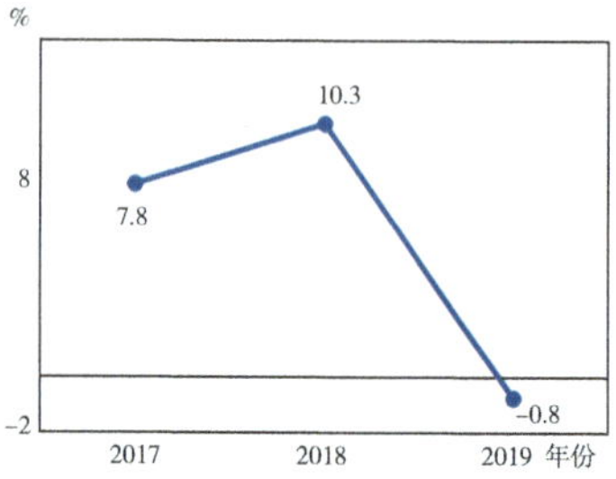

图18-54　2017-2019年湖南省省本级税收收入增速

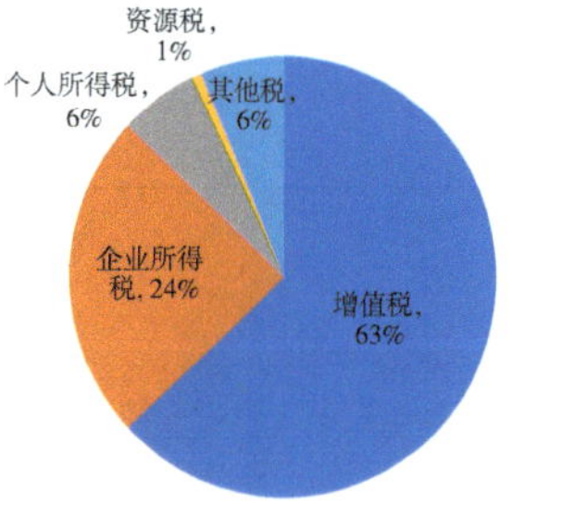

图18-55　2019年湖南省省本级税收结构

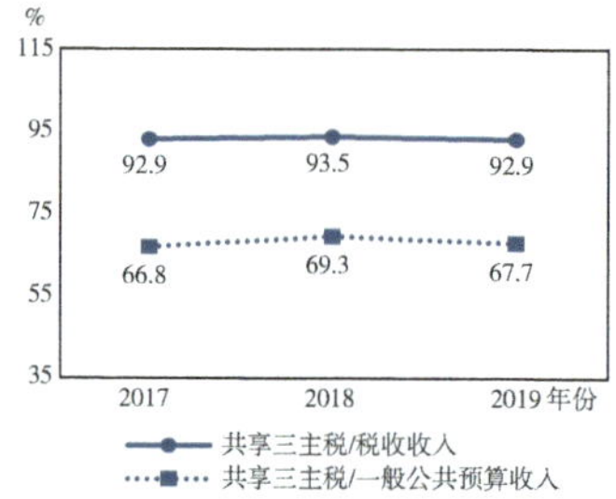

图18-56　2017-2019年湖南省省本级共享三主税占税收收入、一般公共预算收入的比重

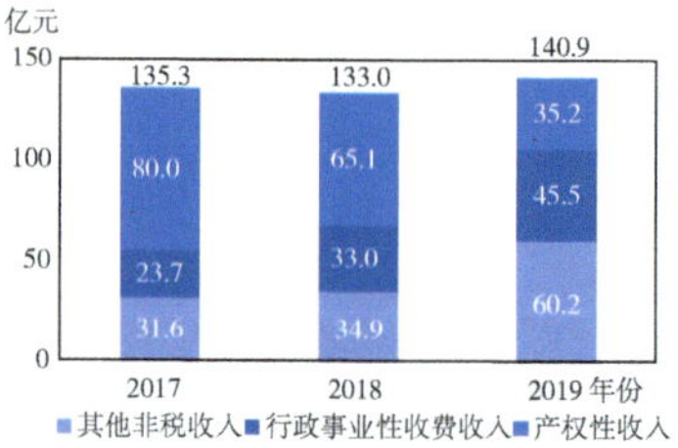

图18-57　2017-2019年湖南省省本级非税收入

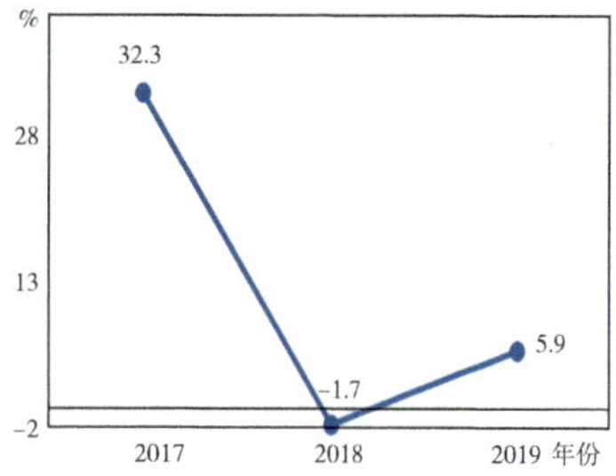

图18-58　2017-2019年湖南省省本级非税收入增速

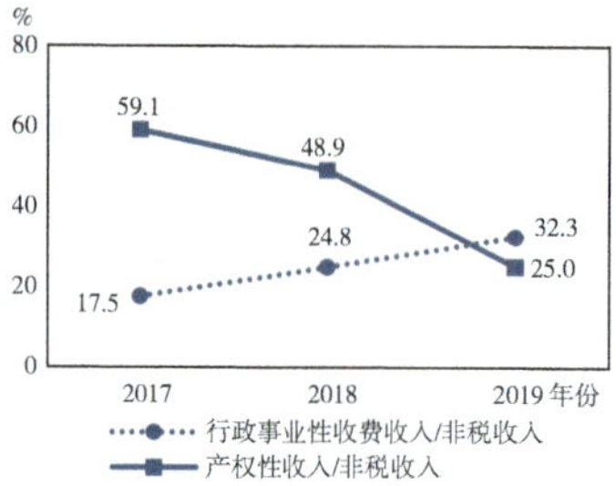

图18-59　2017-2019年湖南省省本级行政事业性收费、产权性收入占非税收入的比重

18.2　湖南省各市政府收入主要特征分析

18.2.1　湖南省各市经济社会发展情况

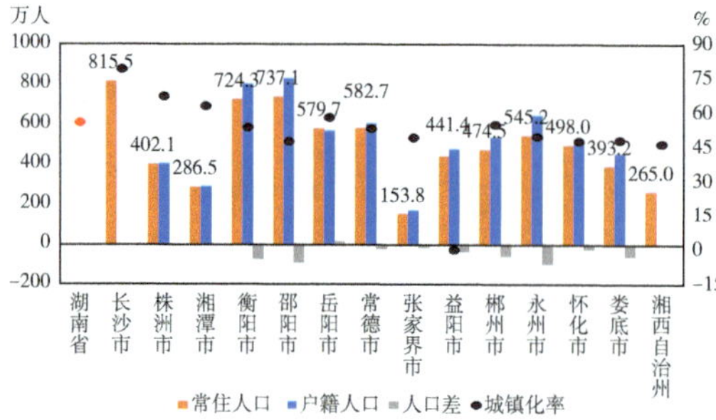

图18-60　2018年湖南省各市人口状况

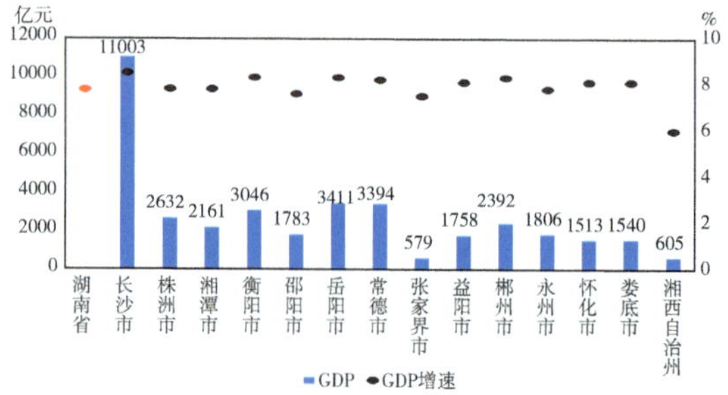

图18-61　2018年湖南省各市GDP及增速

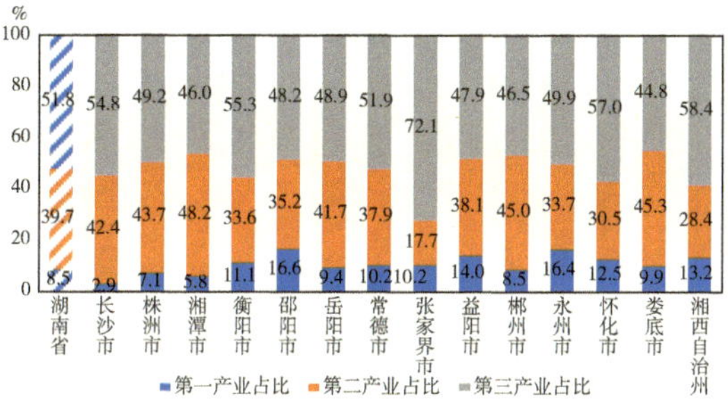

图 18-62　2018 年湖南省各市三次产业结构

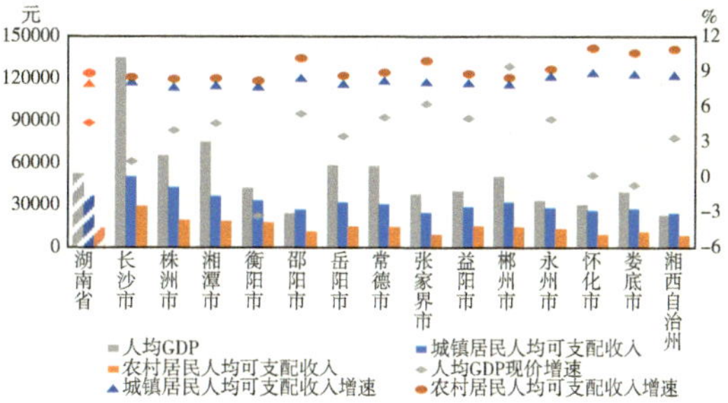

图 18-63　2018 年湖南省各市人均 GDP 与人均可支配收入

18.2.2　湖南省各市政府收入总体情况

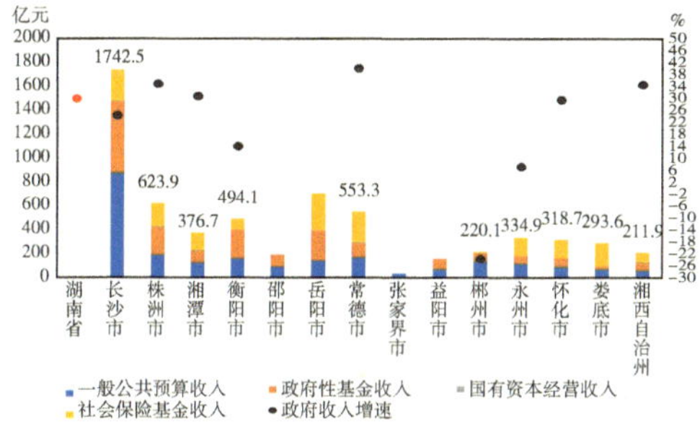

图 18-64　2018 年湖南省各市政府收入结构及增速

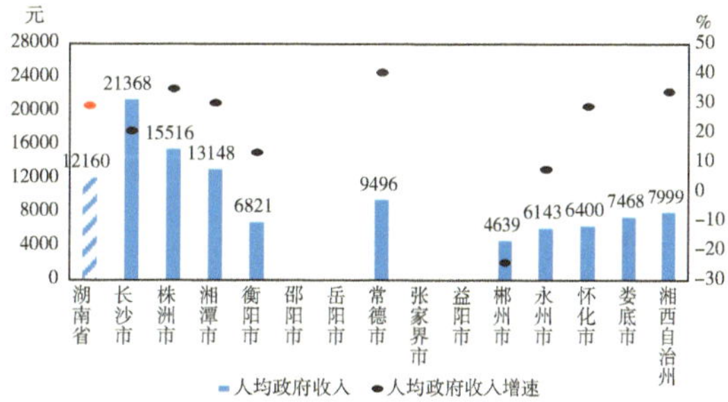

图 18-65　2018 年湖南省各市人均政府收入及增速

18.2.3　湖南省各市一般公共预算收入情况

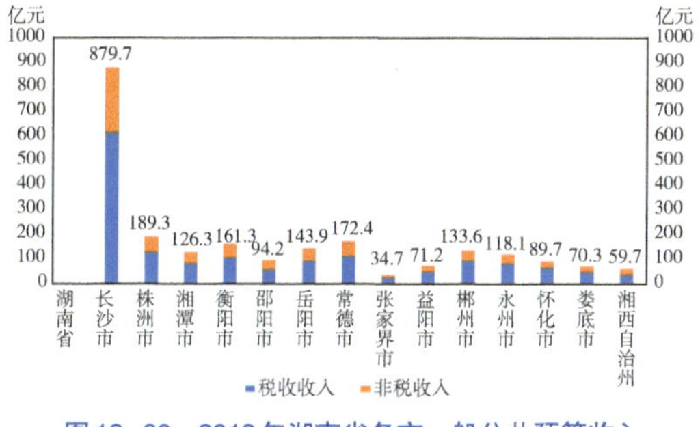

图 18-66　2018 年湖南省各市一般公共预算收入

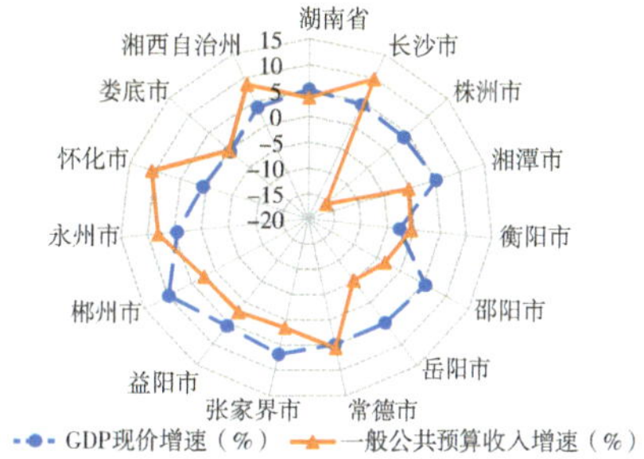

图 18-67　2018 年湖南省各市一般公共预算收入增速

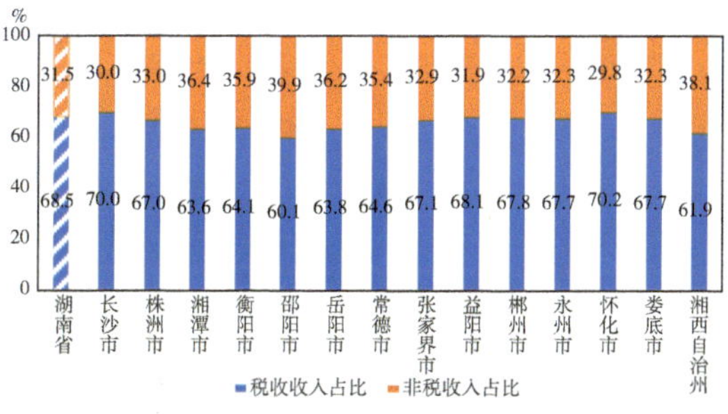

图 18-68　2018 年湖南省各市一般公共预算收入结构

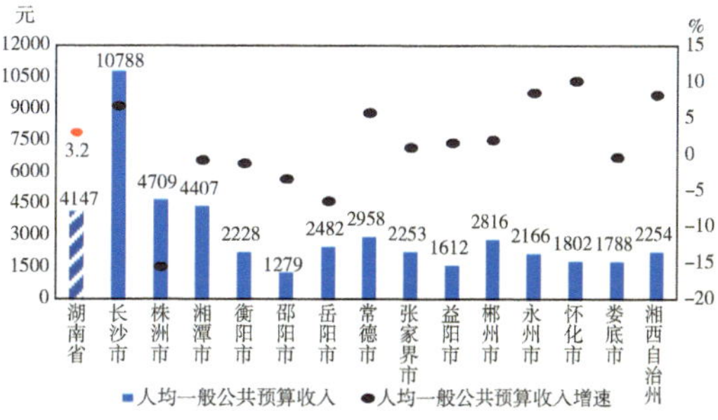

图 18-69　2018 年湖南省各市人均一般公共预算收入及增速

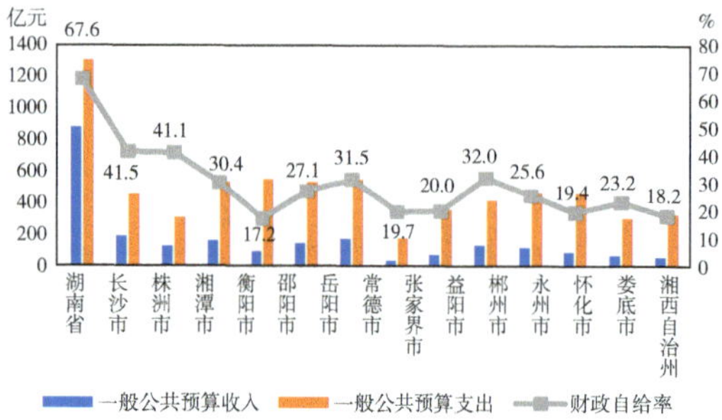

图 18-70　2018 年湖南省各市财政自给率

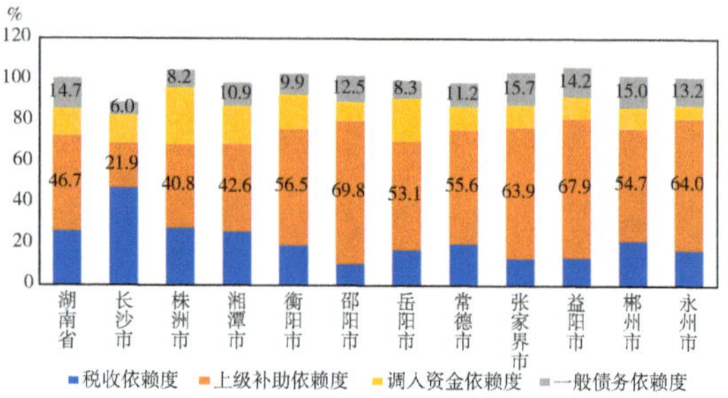

图 18-71　2018 年湖南省各市财政收入依赖度

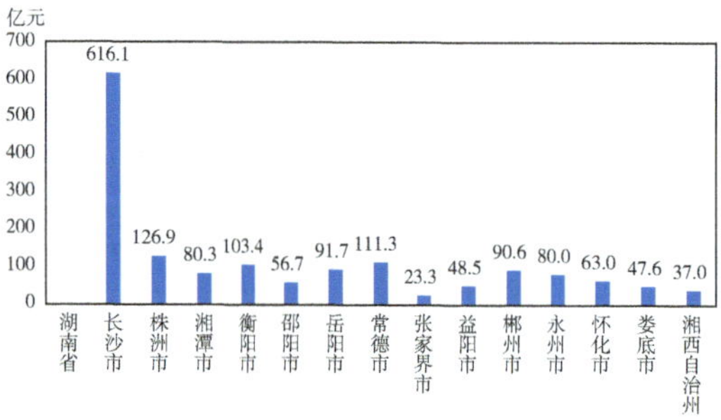

图 18-72　2018 年湖南省各市税收收入

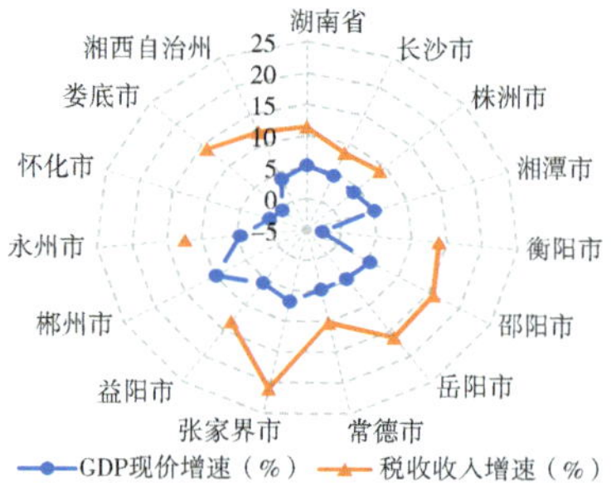

图 18-73　2018 年湖南省各市税收收入增速

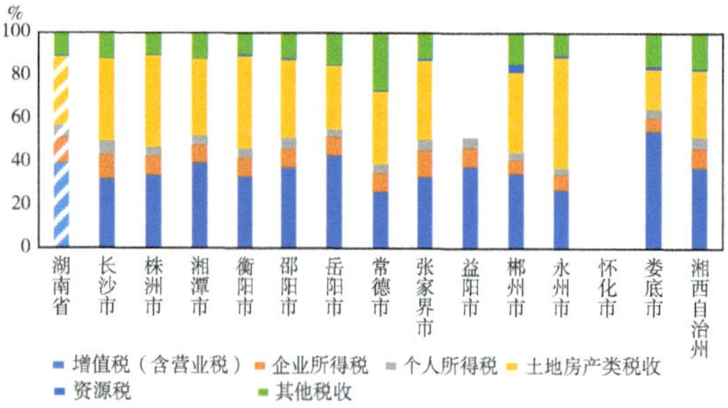

图 18-74　2018 年湖南省各市税收收入结构

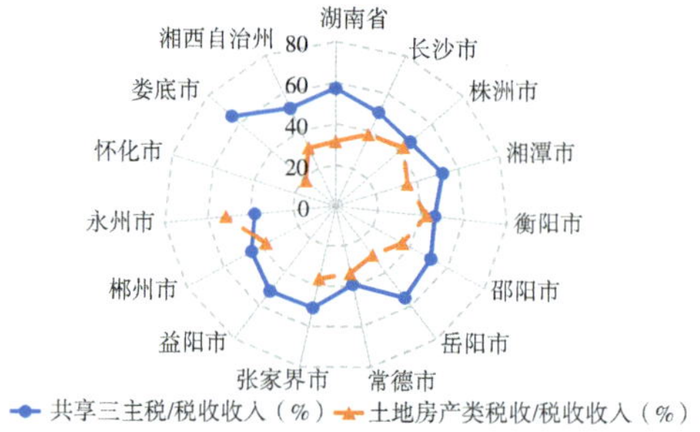

图 18-75　2018 年湖南省各市共享三主税、土地房产类税收占税收收入的比重

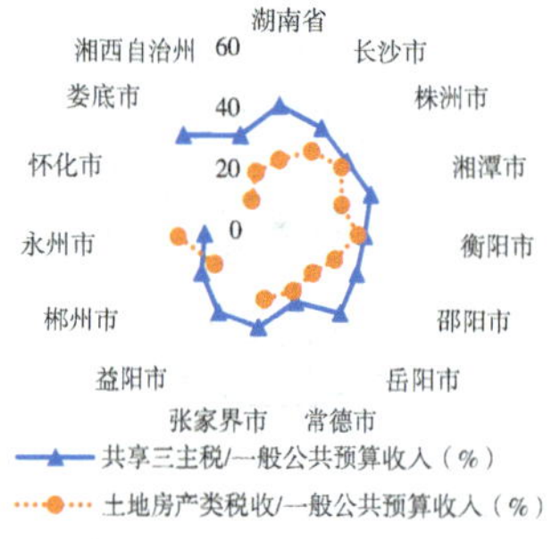

图 18-76　2018 年湖南省各市共享三主税、土地房产类税收占一般公共预算收入的比重

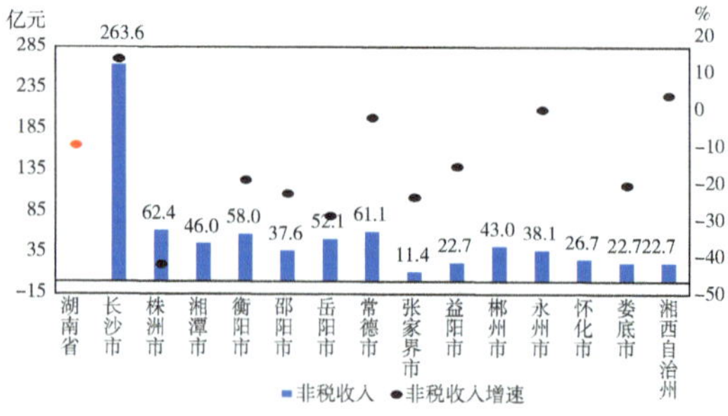

图 18-77　2018 年湖南省各市非税收入及增速

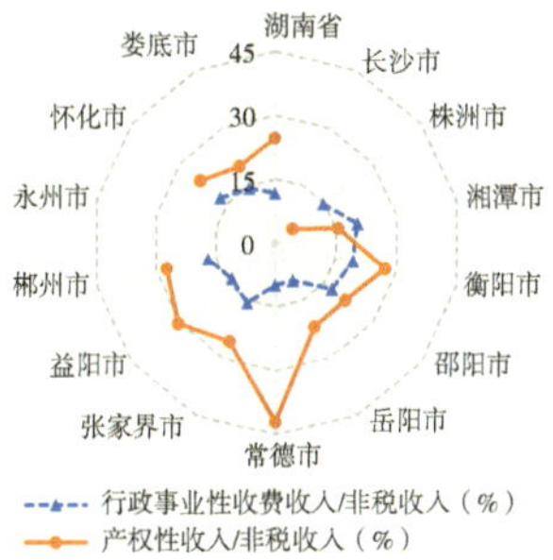

图18-78　2018年湖南省各市行政事业性收费收入、产权性收入占非税收入的比重

18.2.4　湖南省各市政府性基金收入与国有资本经营收入情况

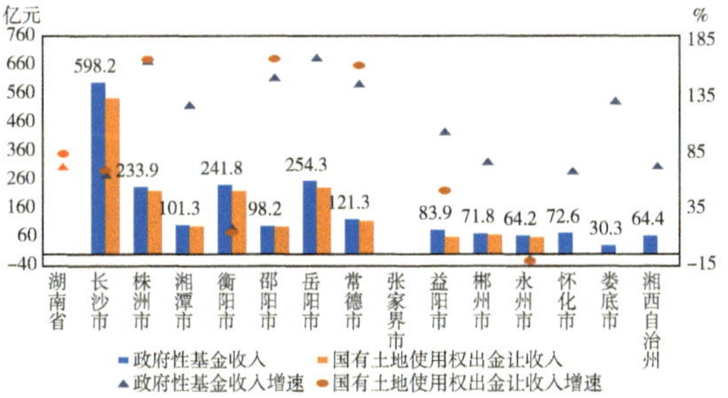

图18-79　2018年湖南省各市政府性基金收入、国有土地使用权出让金收入及其增速

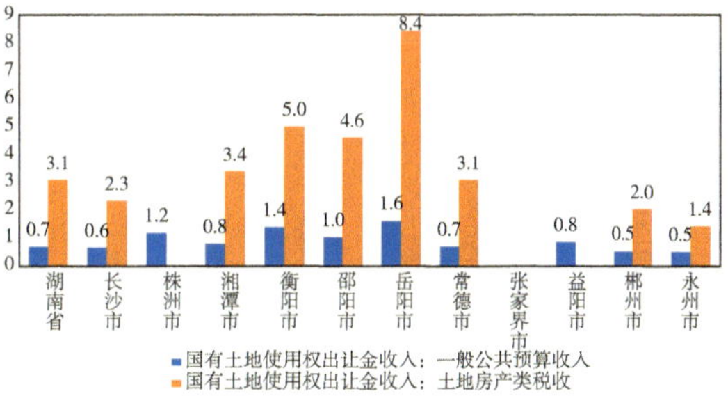

图18-80　2018年湖南省各市国有土地使用权出让金收入与一般公共预算关系指标

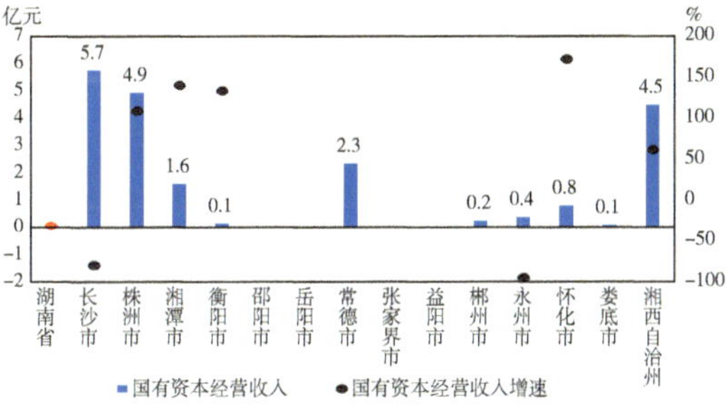

图18-81　2018年湖南省各市国有资本经营收入及增速

18.2.5　湖南省各市社会保险基金收入情况

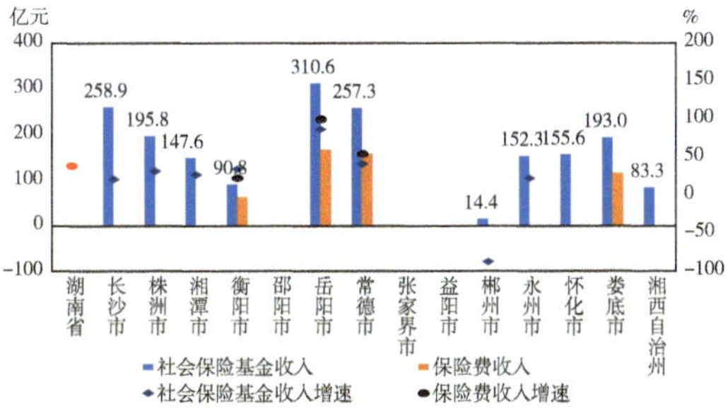

图18-82　2018年湖南省各市社会保险基金收入、保险费收入及其增速

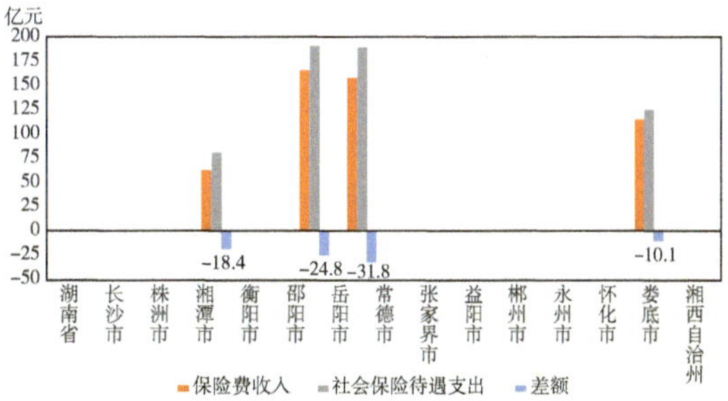

图18-83　2018年湖南省各市保险费收入、社会保险待遇支出及其差额

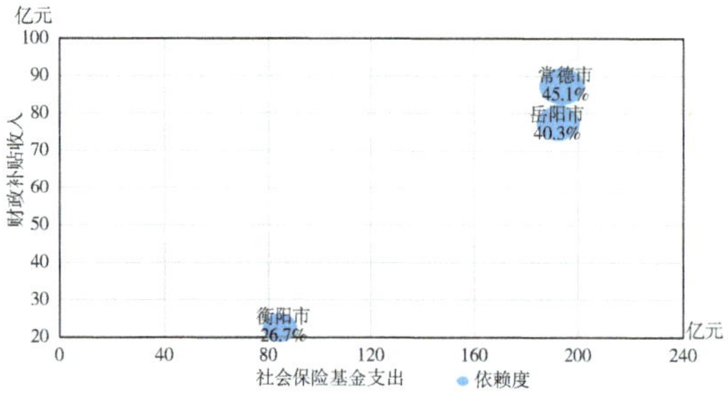

图 18-84　2018 年湖南省部分市社会保险基金对财政补贴的依赖度

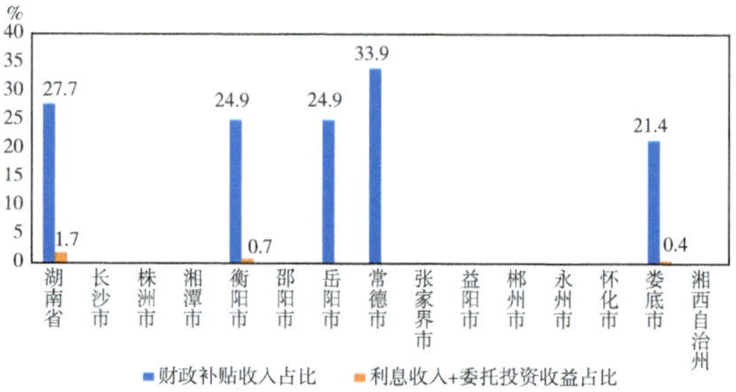

图 18-85　2018 年湖南省各市财政补贴收入、利息收入+委托投资收益占社会保险基金收入的比重

18.2.6　湖南省各市债务情况

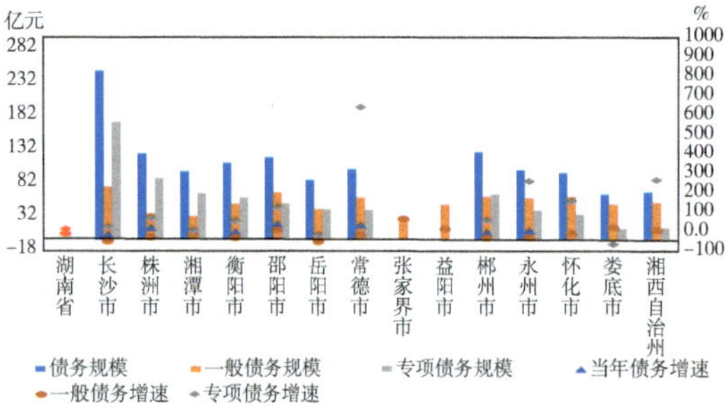

图 18-86　2018 年湖南省各市债务规模及其增速

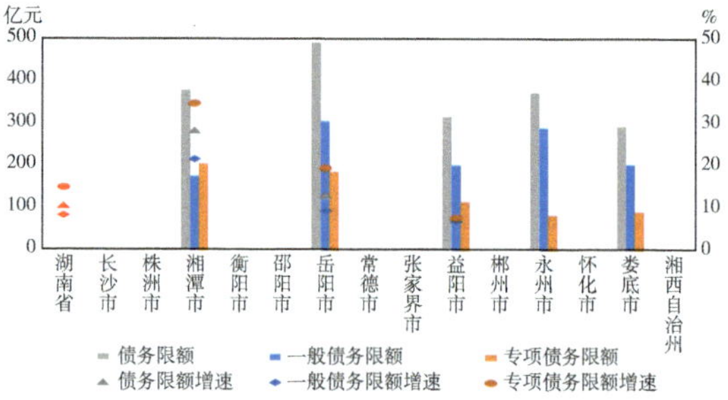

图 18-87　2018 年湖南省各市债务限额及其增速

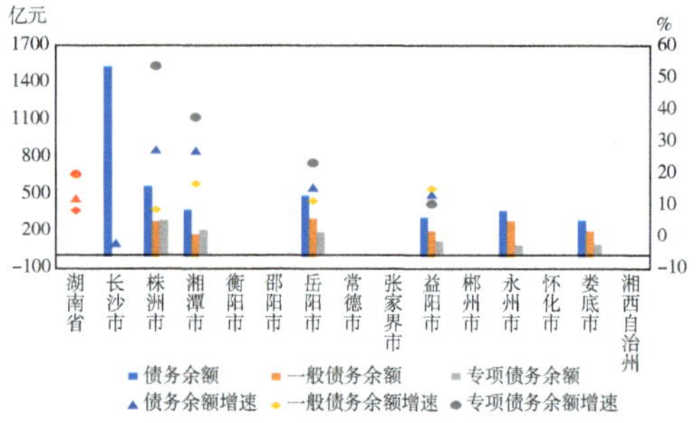

图 18-88　2018 年湖南省各市债务余额及其增速

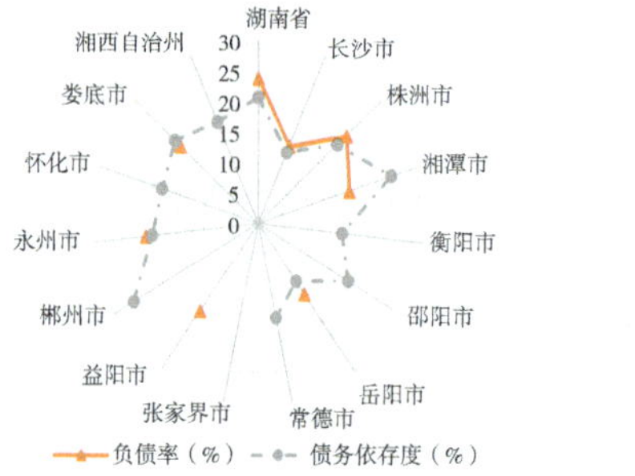

图 18-89　2018 年湖南省各市负债率与债务依存度

18.2.7　湖南省各市市本级一般公共预算收入情况

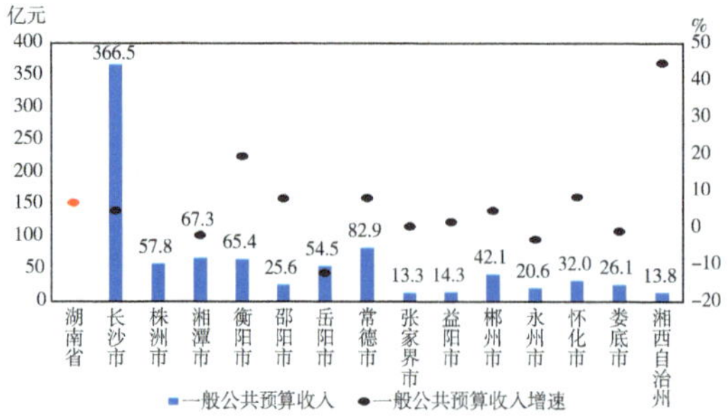

图 18-90　2018 年湖南省各市市本级一般公共预算收入及增速

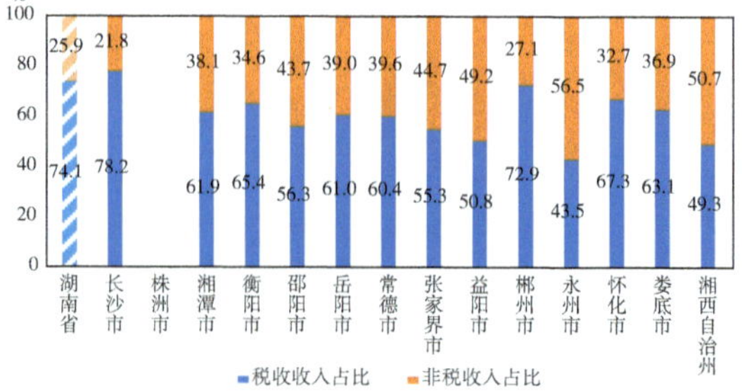

图 18-91　2018 年湖南各市市本级一般公共预算收入结构

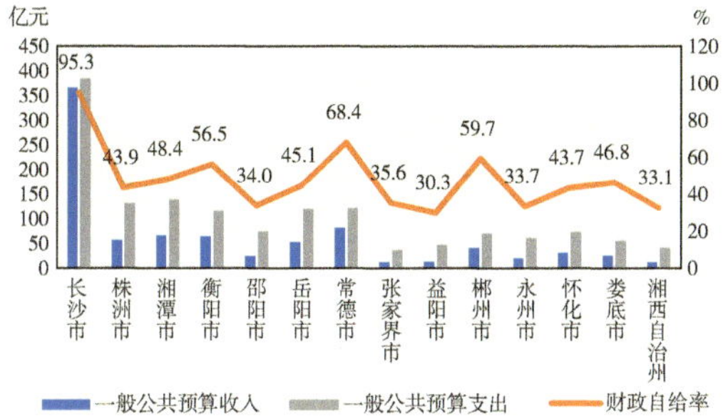

图 18-92　2018 年湖南省各市市本级财政自给率

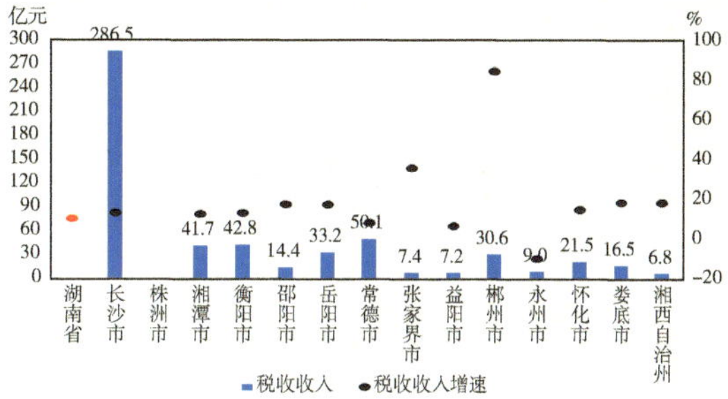

图 18-93　2018 年湖南省各市市本级税收收入及增速

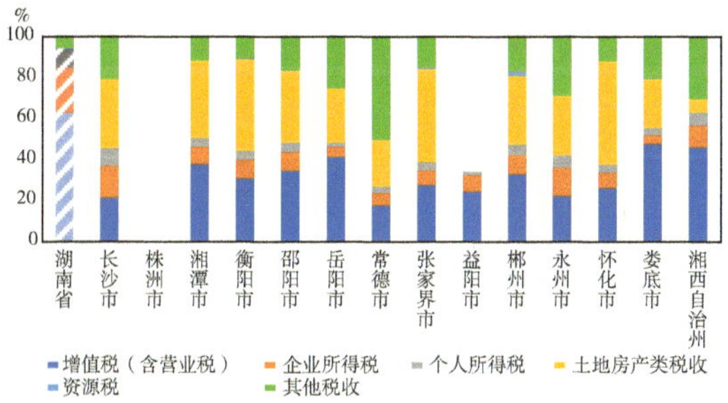

图 18-94　2018 年湖南省各市市本级税收收入结构

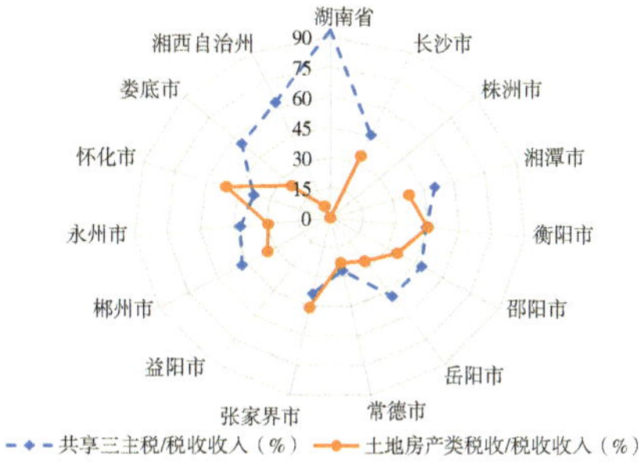

图 18-95　2018 年湖南省各市市本级共享三主税、土地房产类税收占税收收入的比重

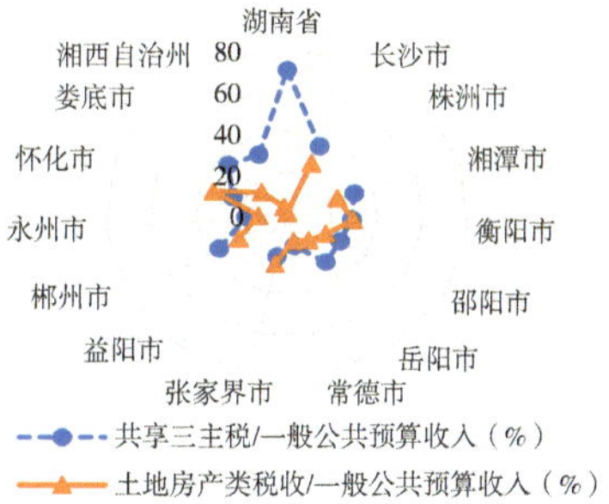

图 18-96　2018 年湖南省各市市本级共享三主税、土地房产类税收占一般公共预算收入的比重

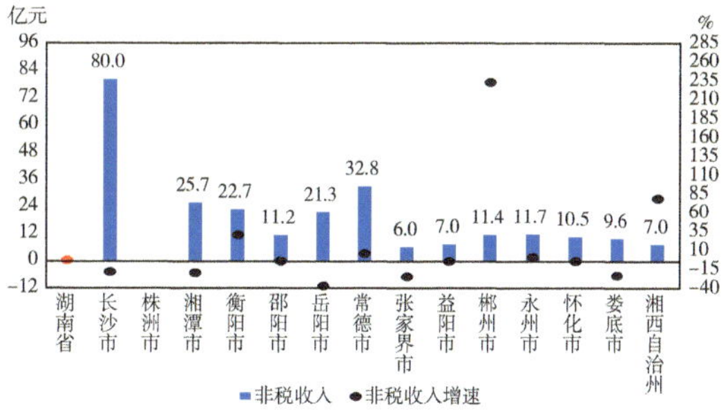

图 18-97　2018 年湖南省各市市本级非税收入及增速

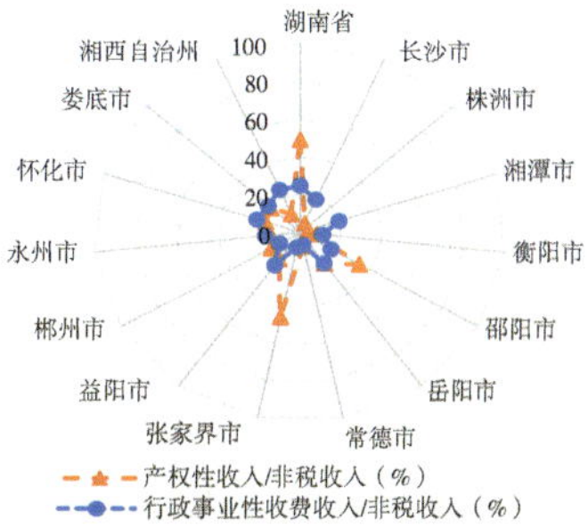

图 18-98　2018 年湖南省各市市本级产权性收入、行政事业性收费收入占非税收入的比重

18.3 湖南省样本县政府收入主要特征分析

18.3.1 湖南省样本县经济社会发展情况

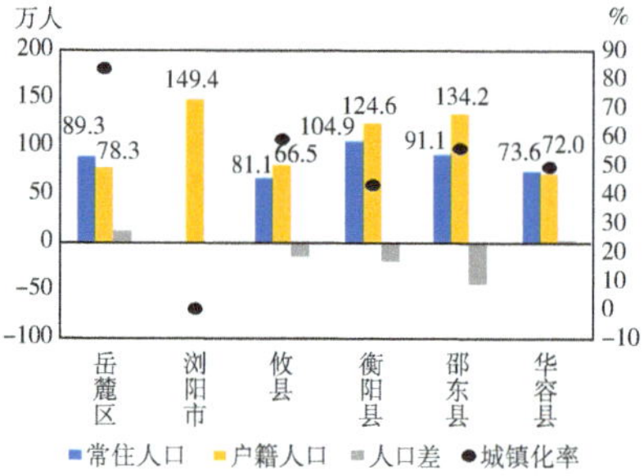

图18-99 2018年湖南省样本区县人口状况

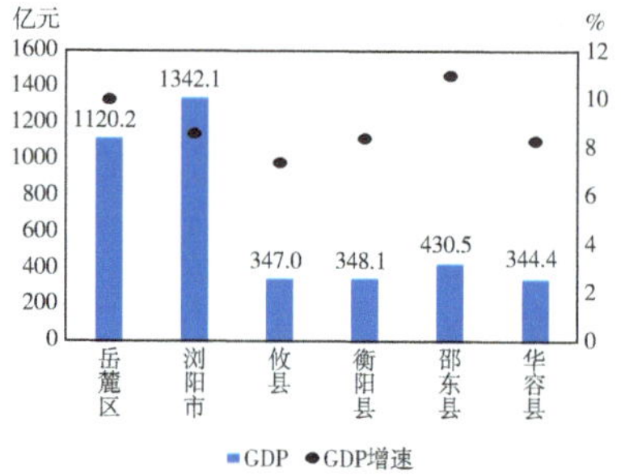

图18-100 2018年湖南省样本区县GDP及增速

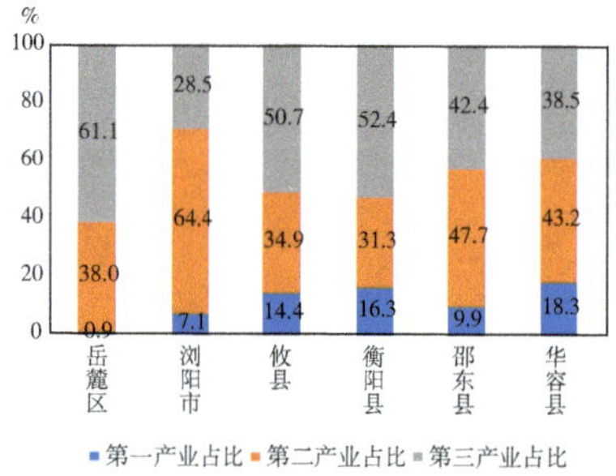

图18-101 2018年湖南省样本区县三次产业结构

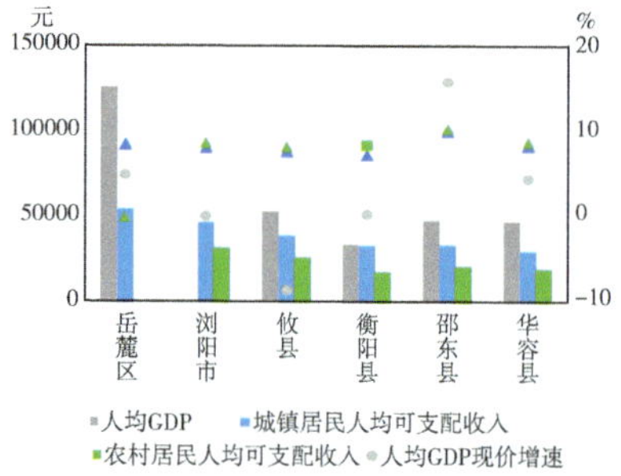

图18-102 2018年湖南省样本区县人均GDP与人均可支配收入

18.3.2 湖南省样本县政府收入总体情况

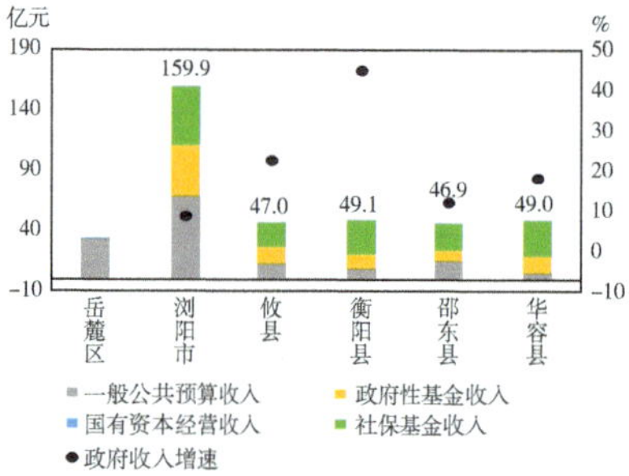

图18-103 2018年湖南省样本区县政府收入结构及增速

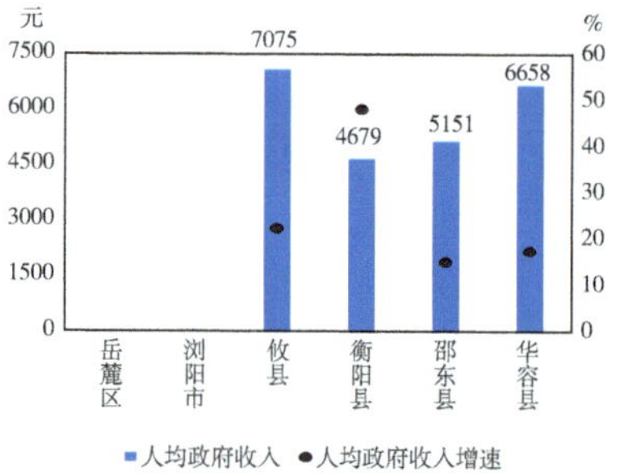

图18-104 2018年湖南省样本区县人均政府收入及增速

18.3.3 湖南省样本县一般公共预算收入情况

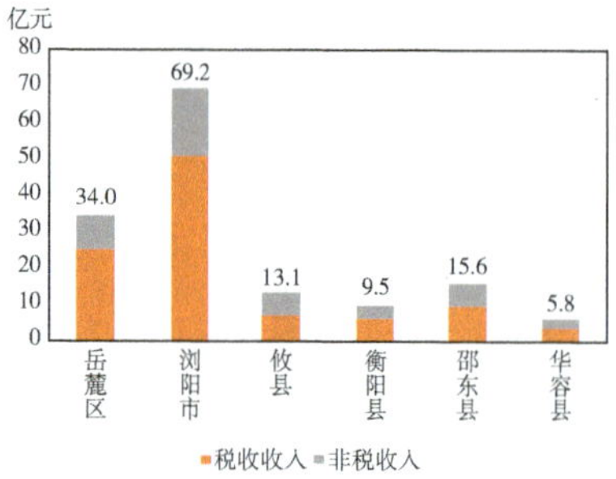

图18-105 2018年湖南省样本区县一般公共预算收入

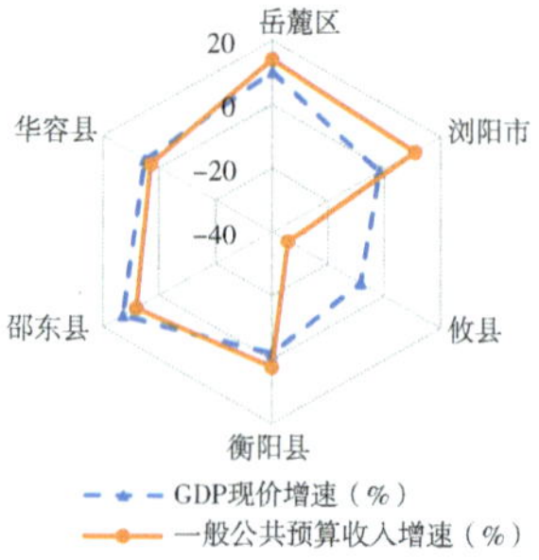

图18-106 2018年湖南省样本区县一般公共预算收入增速

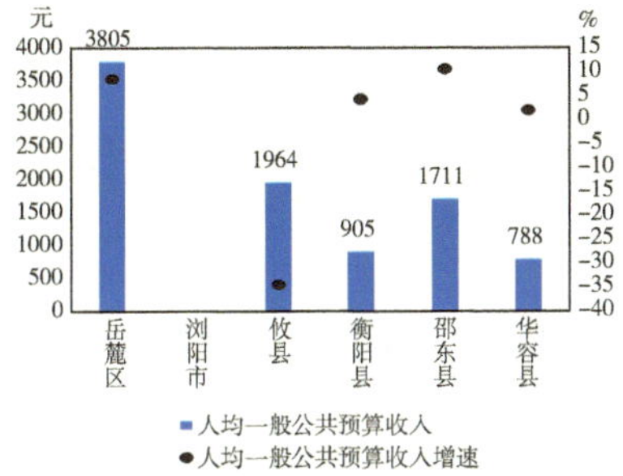

图 18-107　2018 年湖南省样本区县人均一般公共预算收入及增速

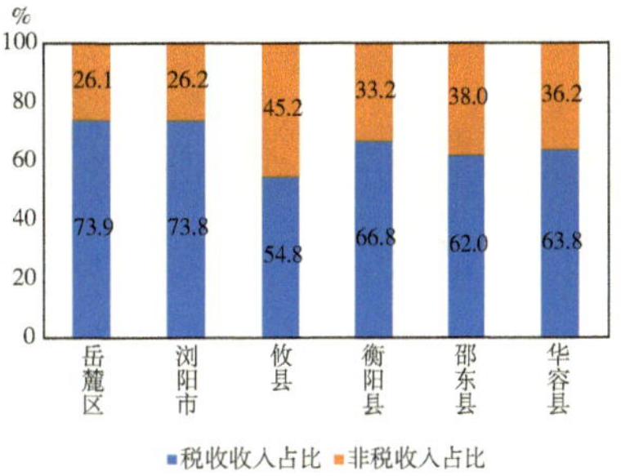

图 18-108　2018 年湖南省样本区县一般公共预算收入结构

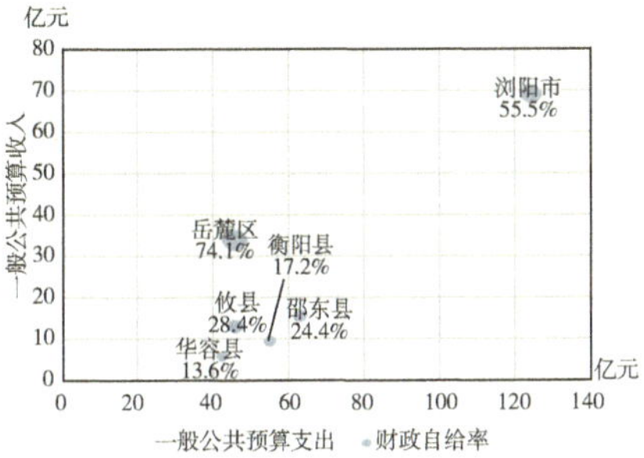

图 18-109　2018 年湖南省样本区县财政自给率

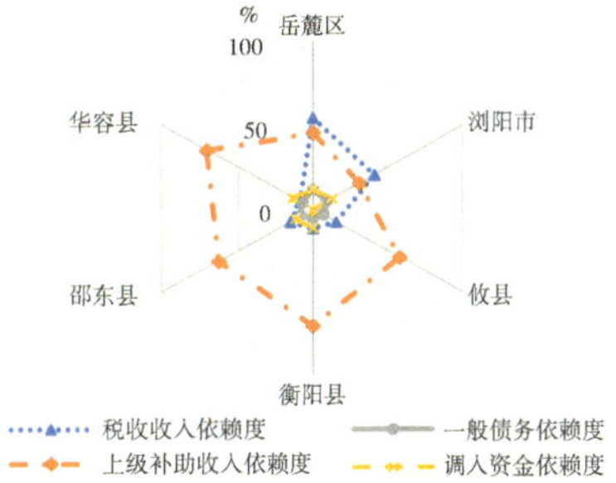

图 18-110　2018 年湖南省样本区县财政收入依赖度

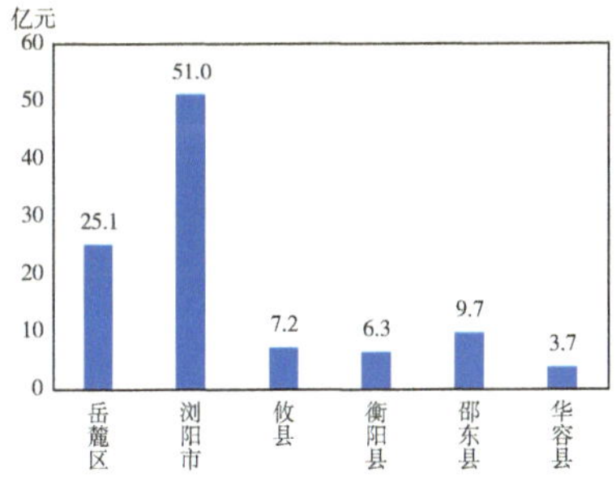

图 18-111　2018 年湖南省样本区县税收收入

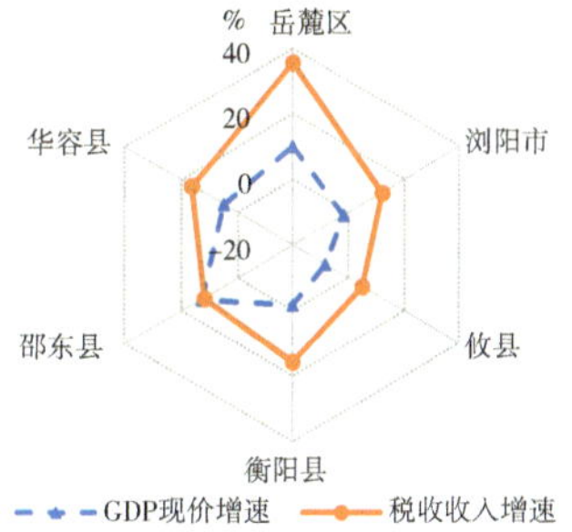

图 18-112　2018 年湖南省样本区县税收收入增速

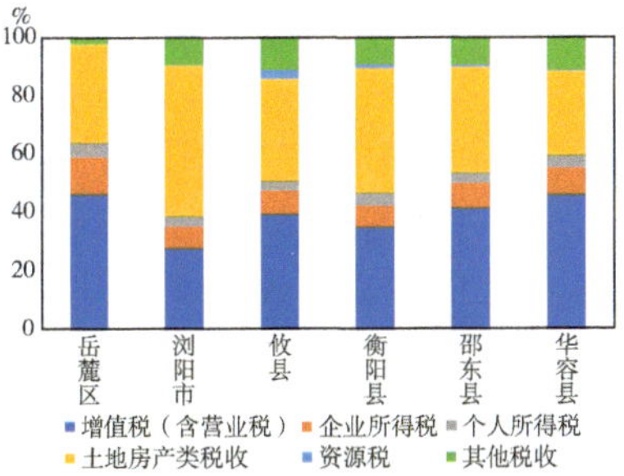

图 18-113　2018 年湖南省样本区县税收收入结构

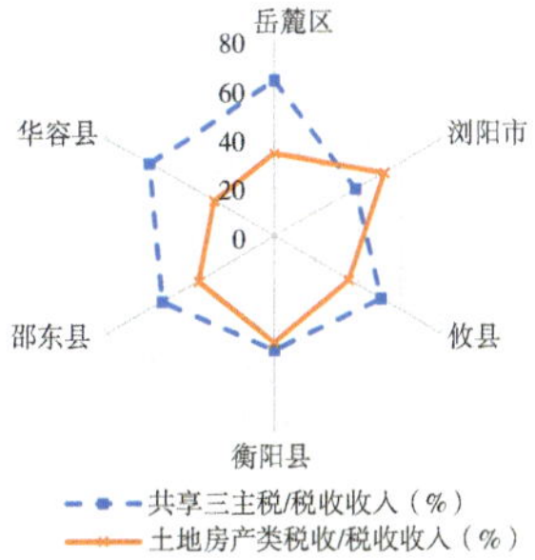

图 18-114　2018 年湖南省样本区县共享三主税、土地房产类税收占税收收入的比重

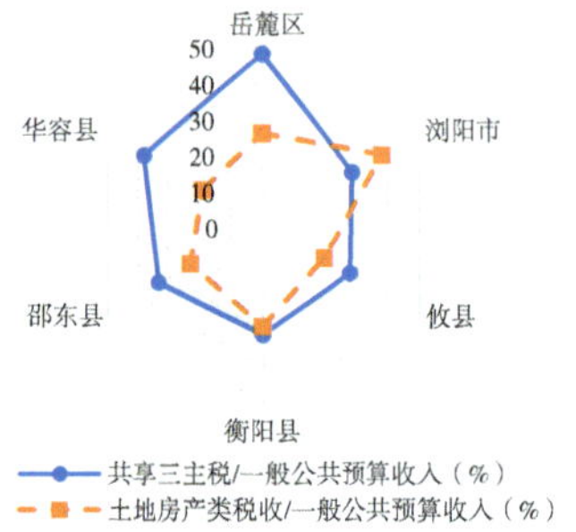

图 18-115　2018 年湖南省样本区县共享三主税、土地房产类税收占一般公共预算收入的比重

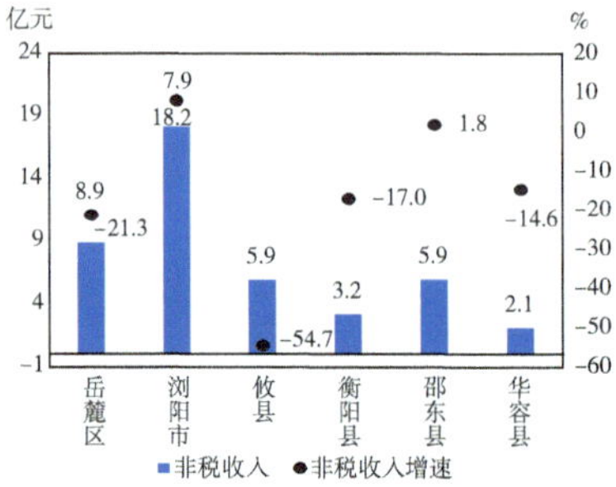

图 18-116　2018 年湖南省样本区县非税收入

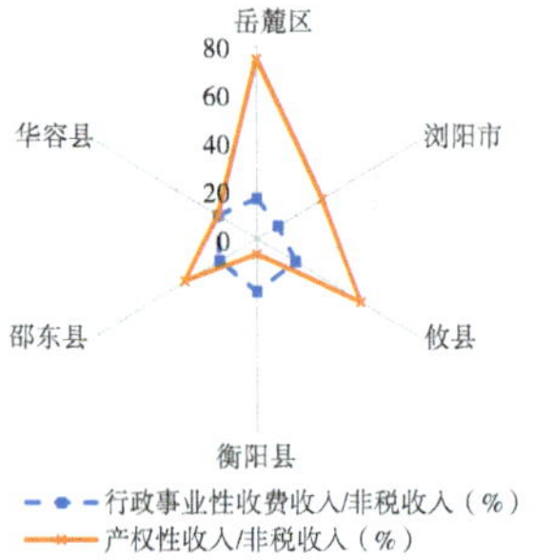

图 18-117　2018 年湖南省样本区县产权性收入、行政事业性收费收入占非税收入的比重

18.3.4　湖南省样本县政府性基金收入与国有资本经营收入情况

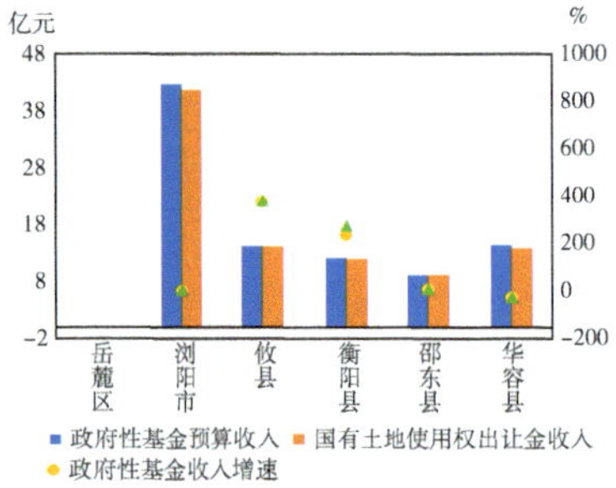

图 18-118　2018 年湖南省样本区县政府性基金收入、国有土地使用权出让金收入及其增速

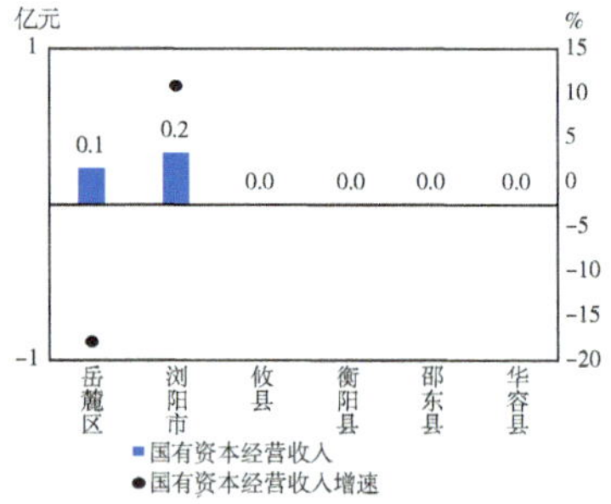

图 18-119　2018 年湖南省样本区县国有资本经营收入及增速

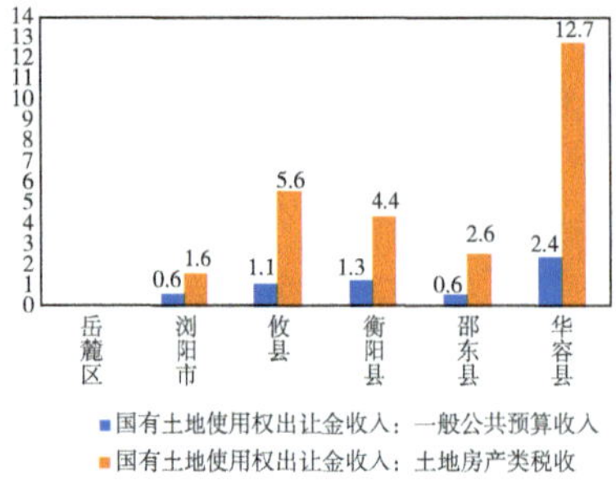

图 18-120　2018 年湖南省样本区县国有土地使用权出让金收入与一般公共预算关系指标

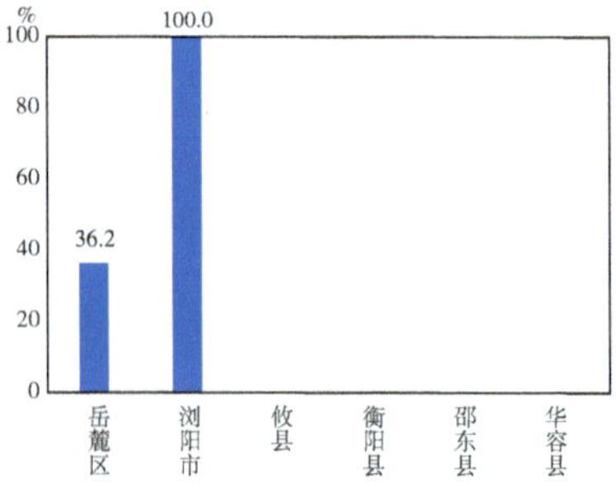

图 18-121　2018 年湖南省样本区县调出资金/国有资本经营收入

18.3.5 湖南省样本县社会保险基金收入情况

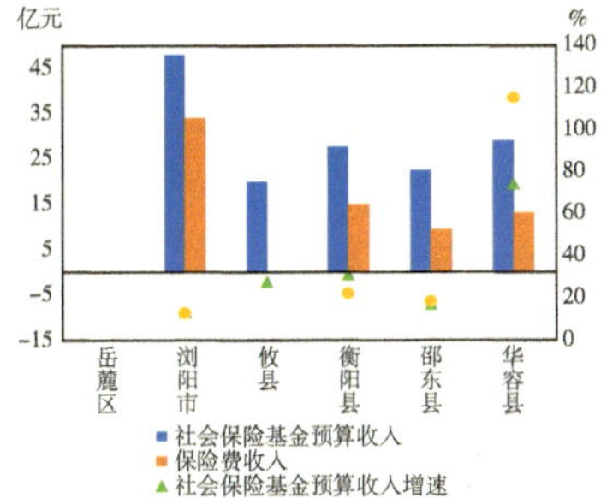

图 18-122 2018 年湖南省样本区县社会保险基金收入、保险费收入及其增速

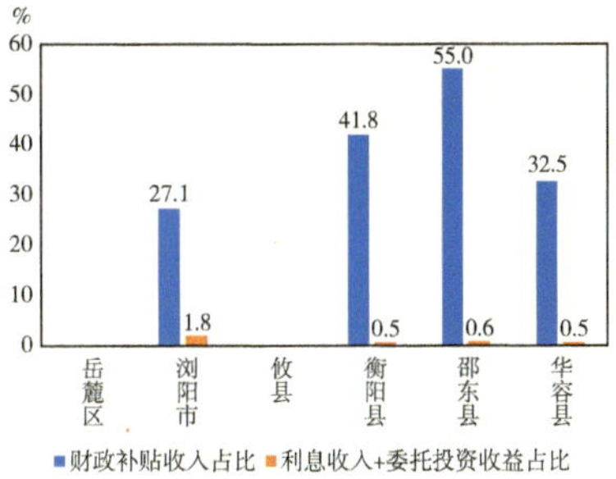

图 18-123 2018 年湖南省样本区县财政补贴收入、利息收入+委托投资收益占社会保险基金收入的比重

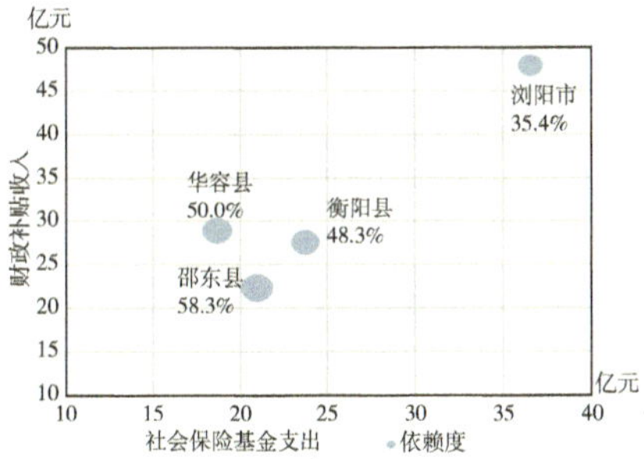

图 18-124 2018 年湖南省样本区县社会保险基金对财政补贴的依赖度

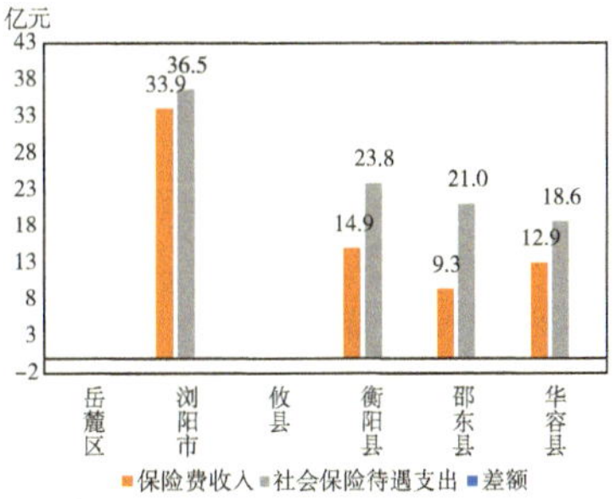

图 18-125 2018 年湖南省样本区县保险费收入、社会保险待遇支出及其差额

18.3.6 湖南省样本县债务情况

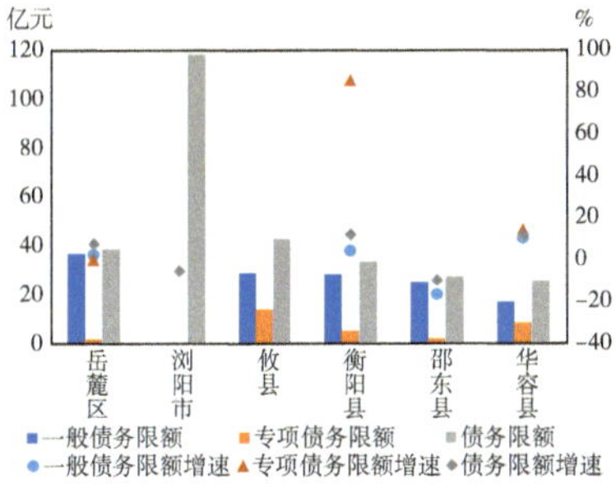

图 18-126 2018 年湖南省样本区县债务限额及其增速

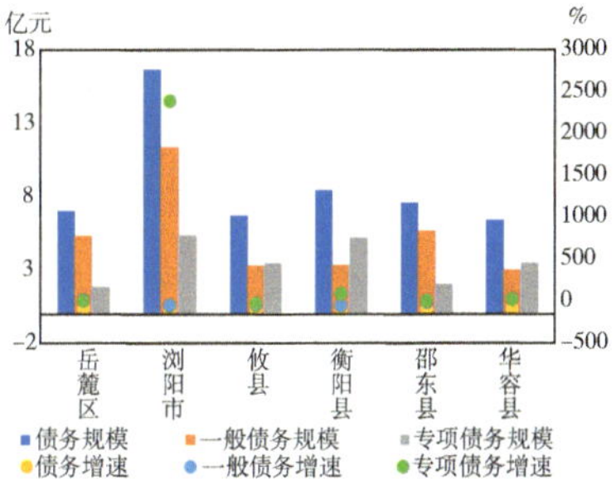

图 18-127 2018 年湖南省样本区县债务规模及其增速

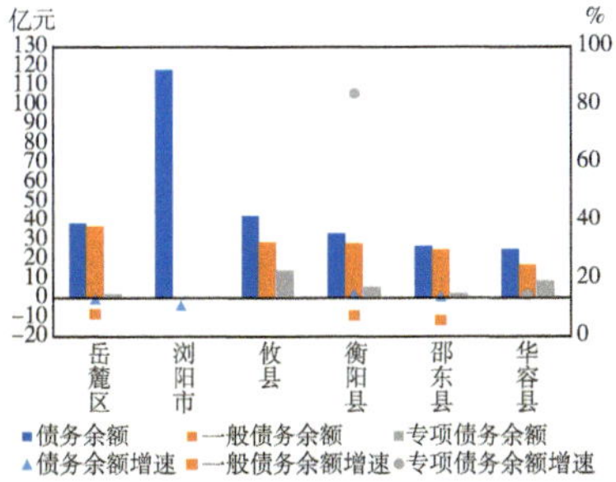

图 18-128 2018 年湖南省样本区县债务余额及其增速

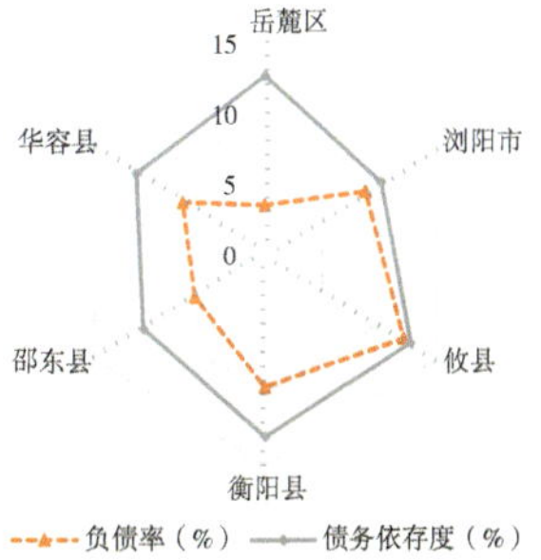

图 18-129 2018 年湖南省样本区县负债率与债务依存度

19 广东省

广东省共辖19个地级市（不含计划单列市深圳市和副省级城市广州市），65个市辖区，20个县级市，34个县，3个自治县；地域面积为17.97万平方公里，全省共有500万平方米以上的岛屿759个，数量仅次于浙江和福建两省。广东省人口流入量大，属于人多地少的省份；沿海的港口资源优良，对中国对外交通和贸易起到重要作用。自1989年起，广东省国内生产总值连续居全国第一，是中国第一经济大省，省域经济综合竞争力居全国第一，但省内发展不平衡，粤东、粤西和粤北发展水平远低于珠三角。

2019年广东省经济总量居全国第一，第二、三产业占比均高于全国，人口整体净流入，城镇化率高于全国水平。2019年末，广东省常住人口11521万人，常住人口城镇化率为71.4%，而全国水平为60.6%。2019年广东省GDP达到10.8万亿元，排全国第1名，排于其后的是江苏省（10万亿元）和山东省（7.1万亿元）；增速6.2%，比2018年下降0.6个百分点，高于全国0.1个百分点，排全国第16名；人均GDP为93456元，排全国第6名。从产业结构看，第一、第二和第三产业占比分别为4.0%、40.5%（高于全国平均水平1.5个百分点）和55.5%（高于全国平均水平1.6个百分点）。从居民可支配收入看，2019年城镇与农村居民人均可支配收入分别为48118元和18818元，呈显著上升态势，分别为全国平均水平的114%和117%。

2019年广东省一般公共预算收入全国排第1，税收收入占比稳定，省市县中市级政府收入占比最高。2019年广东省一般公共预算收入12651.5亿元、增速4.5%，分别排全国第1位和第12名，人均一般公共预算收入为10981元，排全国第5名。其中，近三年广东省税收收入占一般公共预算收入的比例较为稳定，2019年为79.5%，低于全国3.5个百分点。2019年非税收入为2589.1亿元、增速9.4%，其中，产权性收入规模占非税收入比例约31.7%。从纵向收入分配看，2018年省本级、市本级、区县级一般公共预算收入占比分别为26%、41%和33%。

2019年广东省财政自给率较高，地区财政总收入较为充足。2019年广东省财政自给率达到73.1%，比上年下降3.8个百分点。2018年广东省组织的地区财政总收入为26002亿元，增速为6.9%，其中上缴中央收入占比53.5%。2018年广东省一般公共预算支出为15737亿元，远低于地区财政总收入规模。

2019年广东省四本预算的一般公共预算收入和政府性基金收入占比下降，社会保险基金中保险费收入增速较高。2019年广东省四本预算加总的政府收入为27045.8亿元，增速为6.2%。其中，一般公共预算收入、政府性基金收入、国有资本经营收入和社会保险基金收入分别占比46.8%、22.6%、1.1%和29.6%。2019年广东省社会保险基金中保险费收入为6360.9亿元，增速达到18.5%，近三年来均稳定在18%左右，财政补贴收入占社会保险基金预算收入比例为10.3%，社保对财政补贴收入的依赖度为13.3%。

广东省各市经济社会发展和财政发展不均衡，优势主要集中于广州市和深圳市。2018年

本章执笔人：颜静雯　盛中明　辛悦　审校：罗志恒

广州市和深圳市的GDP超过2万亿元，分别为22859.4亿元和24222.0亿元，政府收入（四本预算）分别达到3749.6亿元和6246.7亿元，佛山市和东莞市次之，分别为1821.4亿元和1686.5亿元，其他城市规模多数低于1千亿，云浮市为159.0亿元，阳江市为175.6亿元，省内差异极为明显。广东省内各市的财政自给率也有较大差异，2018年佛山市达87.2%，东莞市达84.9%，梅州市仅为21.8%。政府性基金收入最高的是广州市、深圳市和佛山市，2018年分别为1403.8亿元、964.6亿元和864.4亿元，而云浮市为38.1亿元，阳江市为42.8亿元。社会保险基金收入最高的是深圳市，2018年社保基金收入高达1697.0亿元，其中保险费收入达1395.6亿元，增速分别为16.1%和8.0%，广州市和东莞市的社保基金收入则分别为655.9亿元和638.0亿元，其他多数城市的社保基金收入均在300亿元以下。

19.1 广东省政府收入主要特征分析

19.1.1 广东省经济社会基本情况

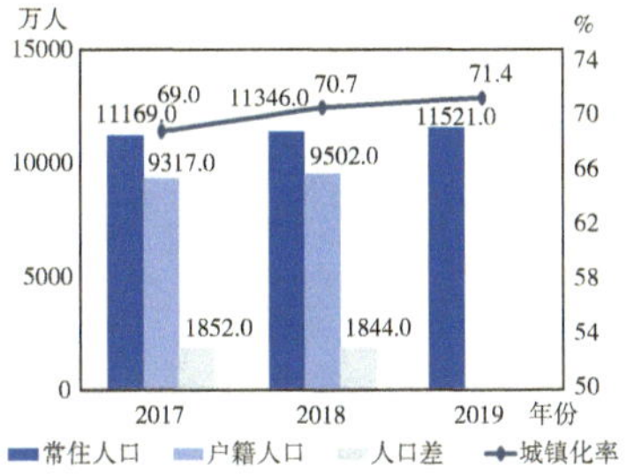

图19-1 2017-2019年广东省人口状况

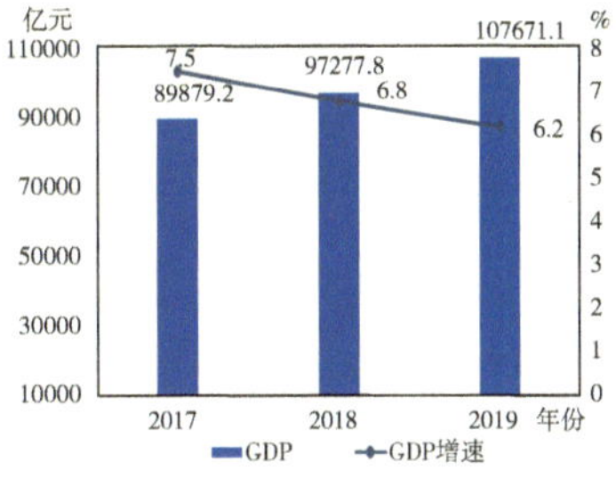

图19-2 2017-2019年广东省GDP及增速

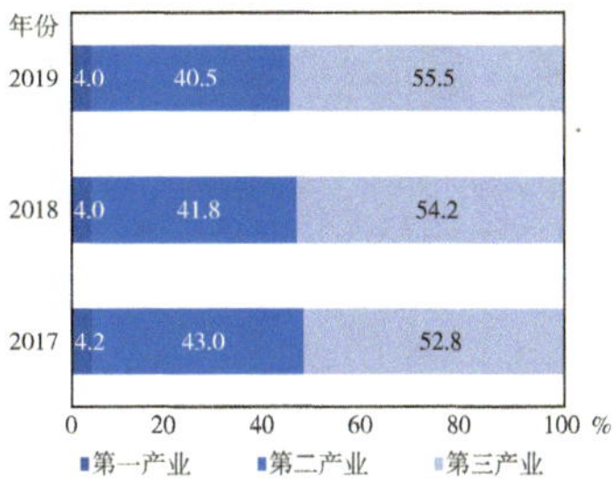

图19-3 2017-2019年广东省三次产业结构

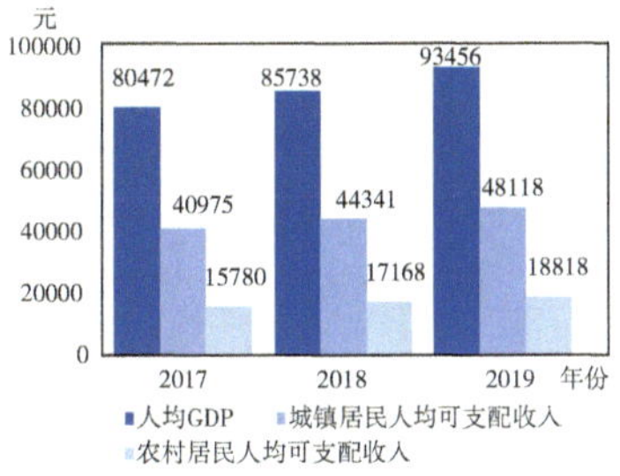

图19-4 2017-2019年广东省人均GDP和人均可支配收入

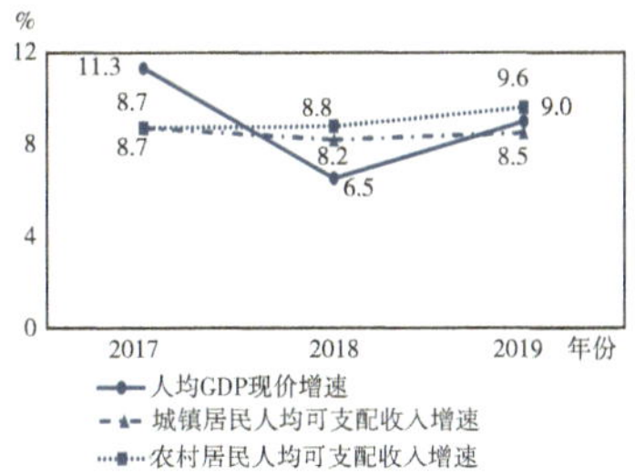

图19-5 2017-2019年广东省人均GDP增速和人均可支配收入增速

19.1.2 广东省政府收入总体情况

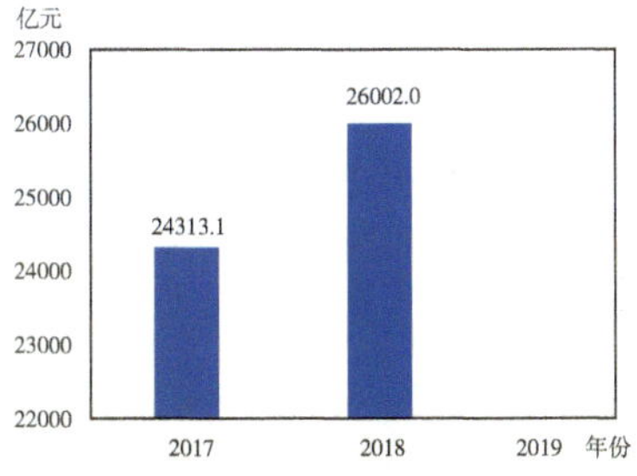

图19-6 2017-2019年广东省财政总收入

图19-7 2017-2019年广东省财政总收入增速

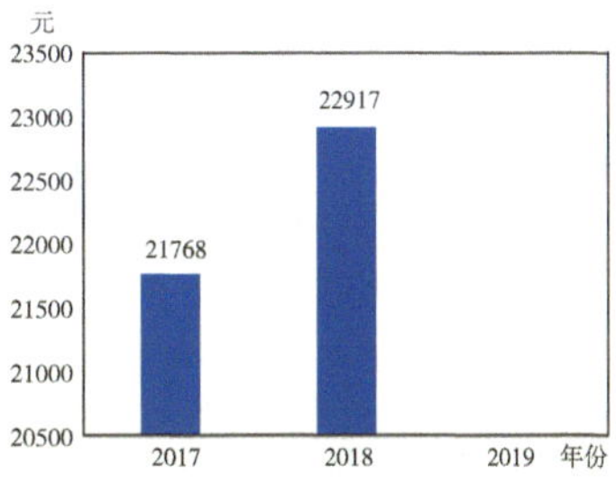

图19-8 2017-2019年广东省人均财政总收入

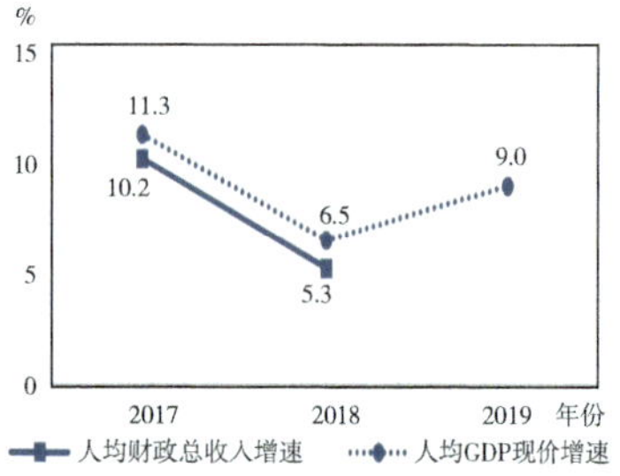

图 19-9　2017-2019 年广东省人均财政总收入增速

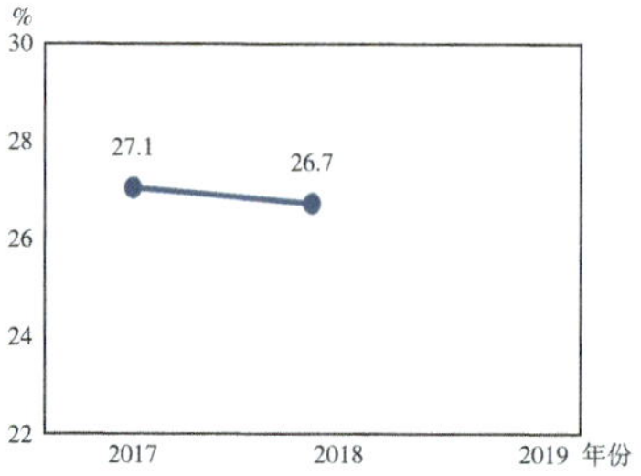

图 19-10　2017-2019 年广东省财政总收入/GDP

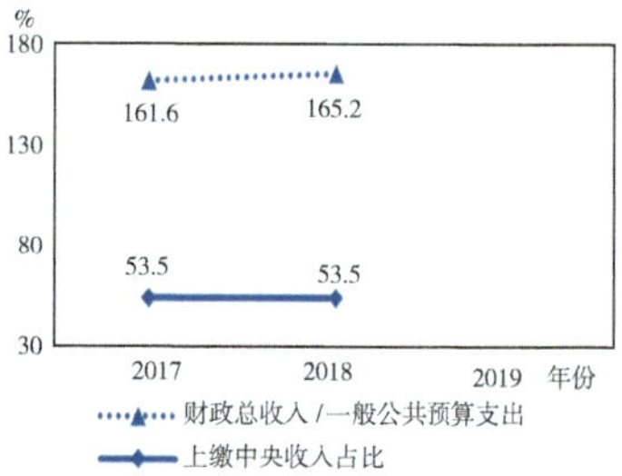

图 19-11　2017-2019 年广东省财政总收入其他指标

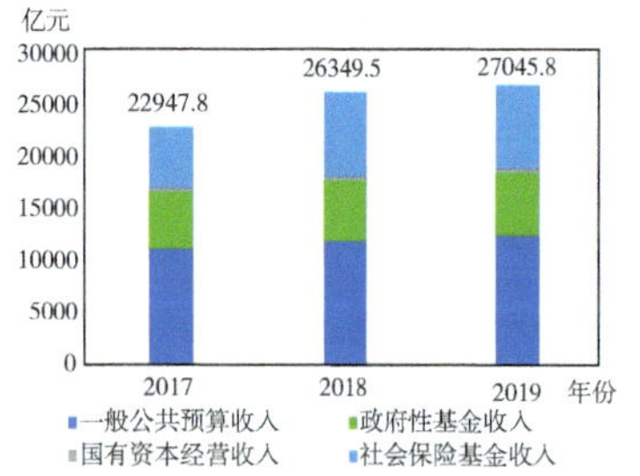

图 19-12　2017-2019 年广东省政府收入

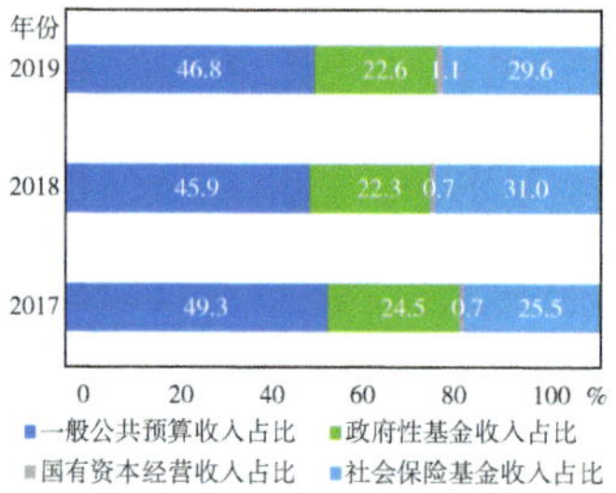

图 19-13　2017-2019 年广东省政府收入结构

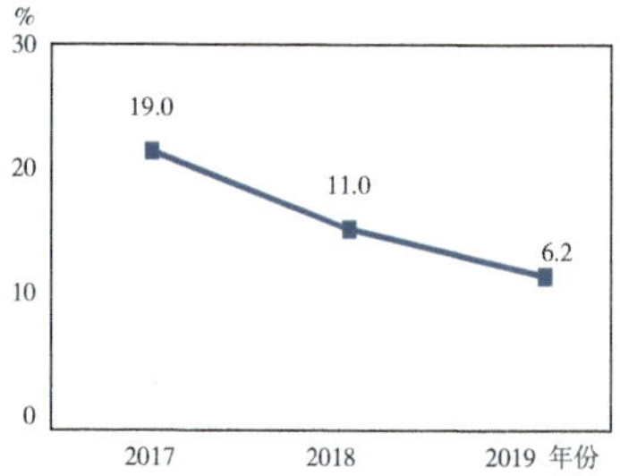

图 19-14　2017-2019 年广东省政府收入增速

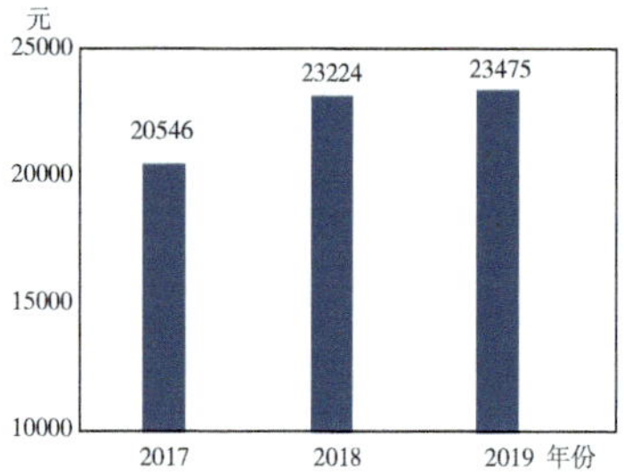

图 19-15　2017-2019 年广东省人均政府收入

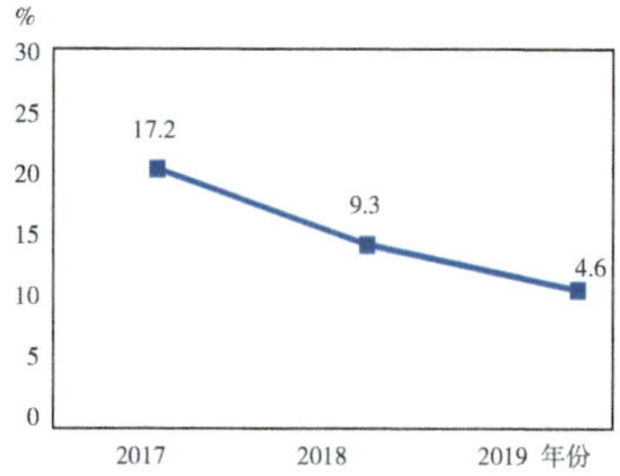

图 19-16　2017-2019 年广东省人均政府收入增速

19.1.3　广东省一般公共预算收入情况

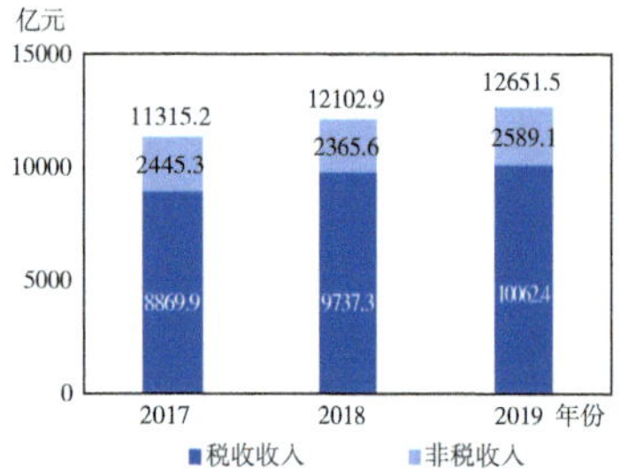

图 19-17　2017-2019 年广东省一般公共预算收入

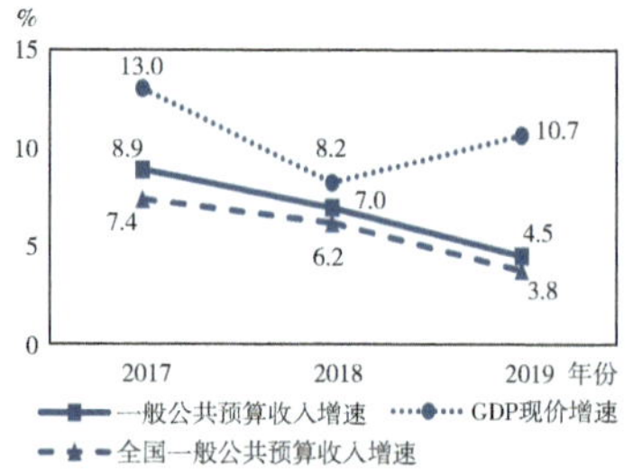

图 19-18　2017-2019 年广东省一般公共预算收入增速

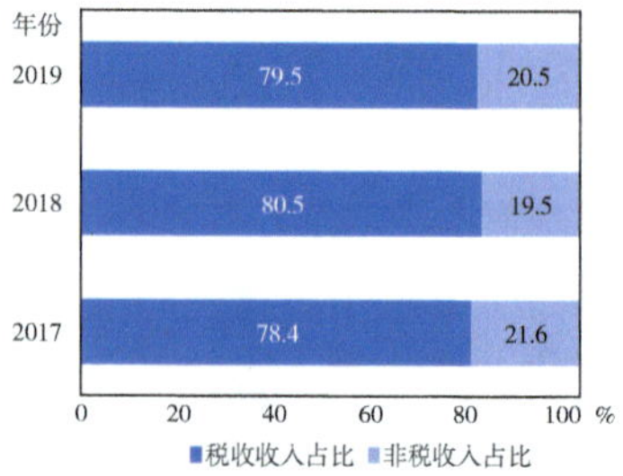

图 19-19　2017-2019 年广东省一般公共预算收入结构

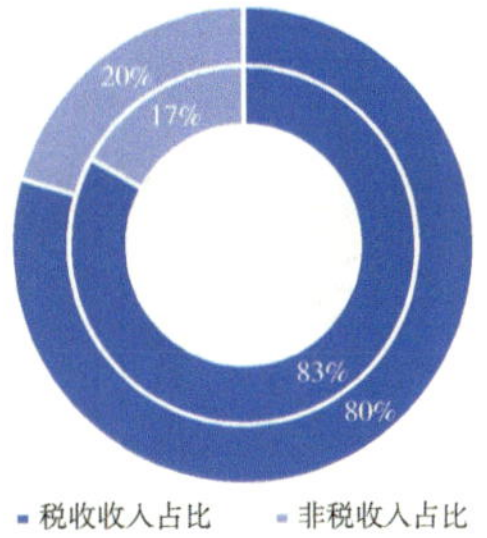

图 19-20　2019 年一般公共预算收入结构对比（内环为全国，外环为广东省）

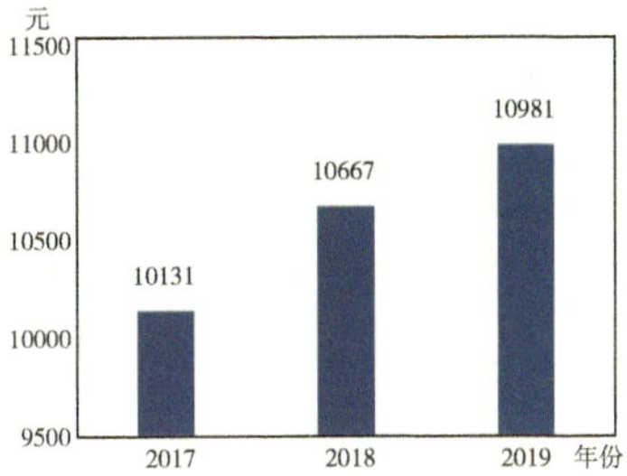

图 19-21　2017-2019 年广东省人均一般公共预算收入

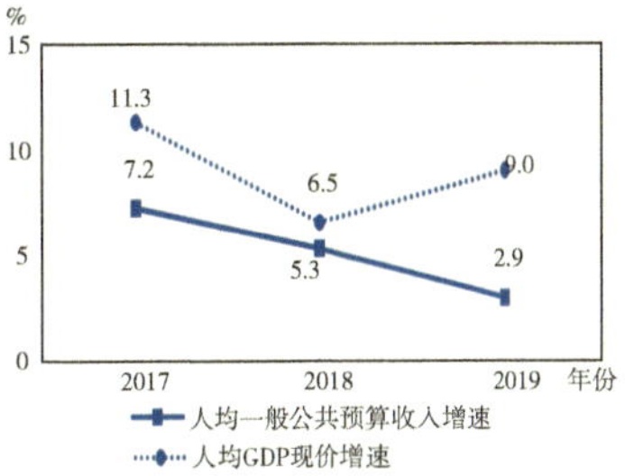

图 19-22　2017-2019 年广东省人均一般公共预算收入增速

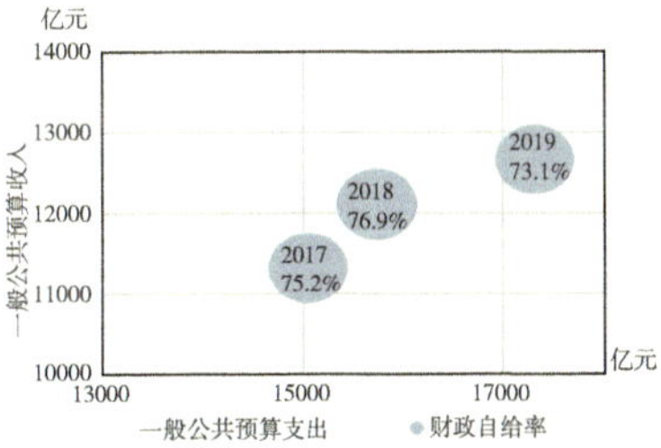

图 19-23　2017-2019 年广东省财政自给率

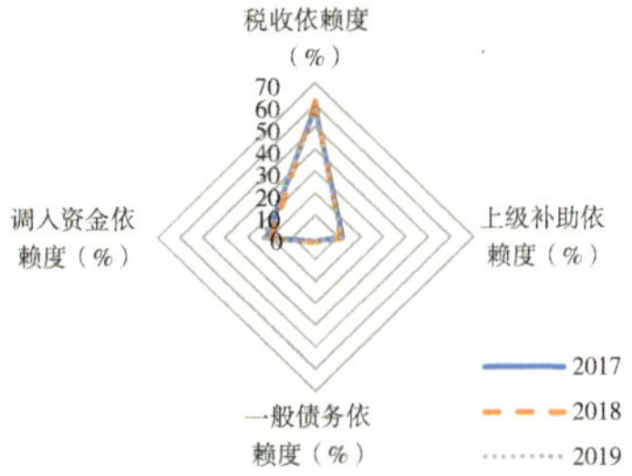

图 19-24　2017-2019 年广东省财政收入依赖度

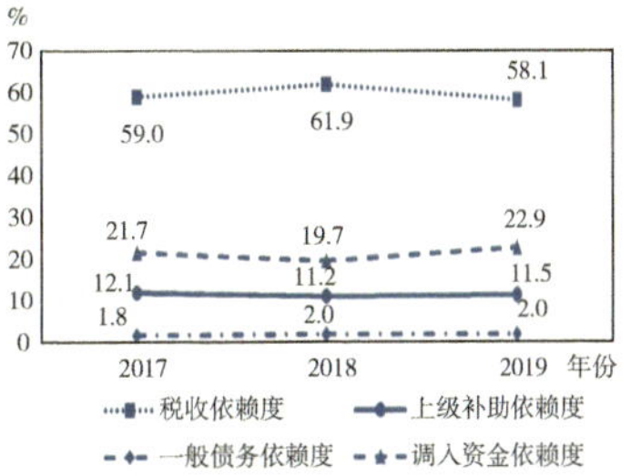

图 19-25　2017-2019 年广东省财政收入依赖度

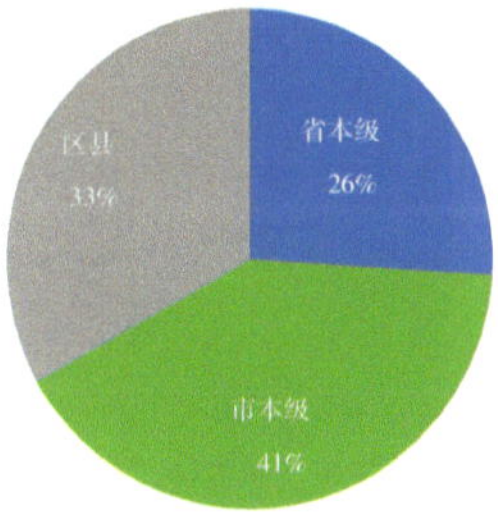

图 19-26　2018 年省市县三级政府一般公共预算收入分布

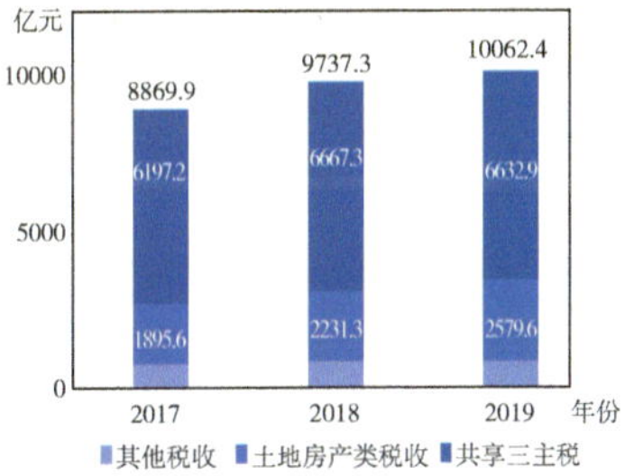

图 19-27　2017-2019 年广东省税收收入

图 19-28　2017-2019 年广东省税收收入增速

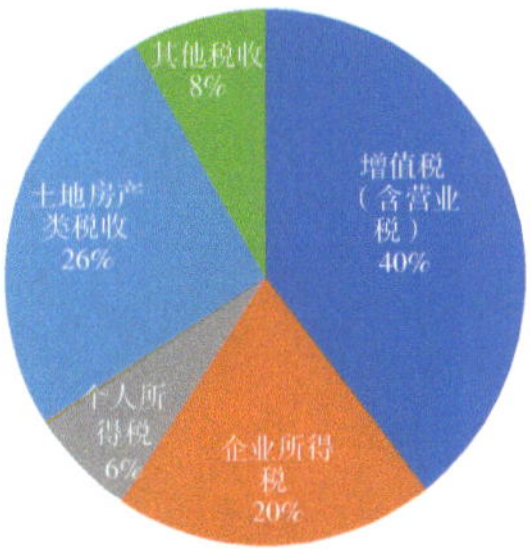

图 19-29　2019 年广东省税收结构

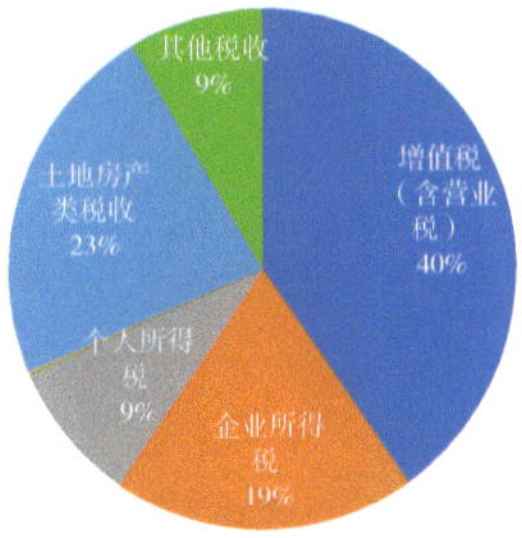

图 19-30　2018 年广东省税收结构

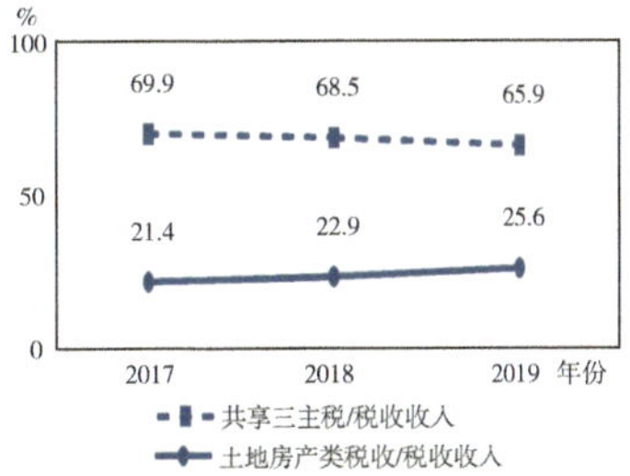

图 19-31　2017-2019 年广东省共享三主税、土地房产类税收占税收收入的比重

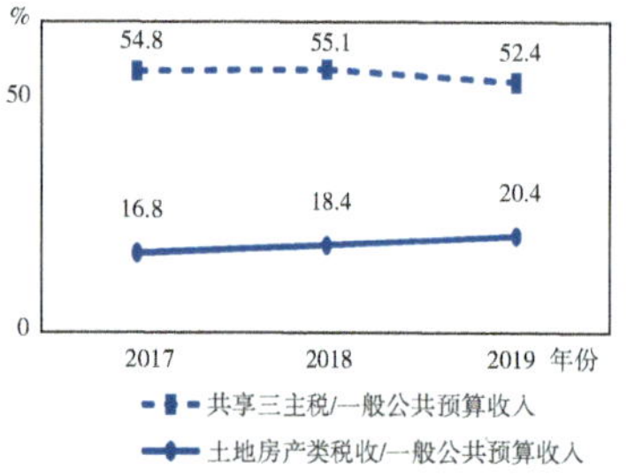

图 19-32　2017-2019 年广东省共享三主税、土地房产类税收占一般公共预算收入的比重

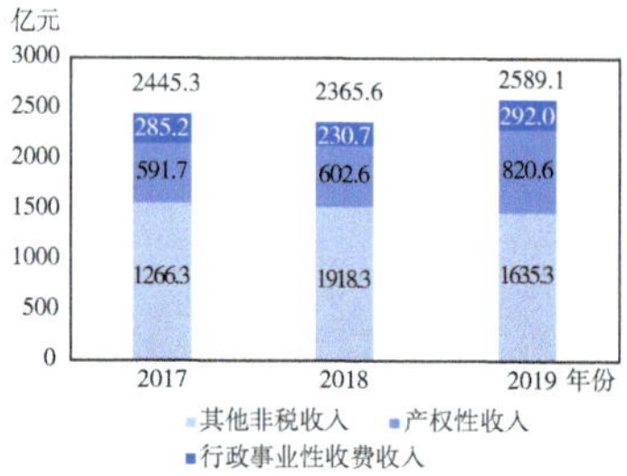

图 19-33　2017-2019 年广东省非税收入

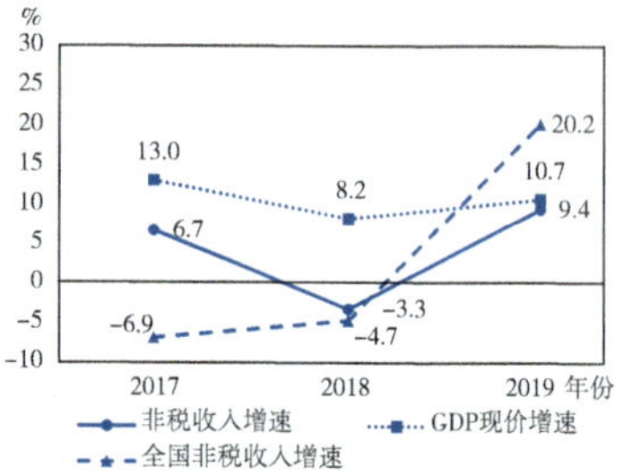

图 19-34　2017-2019 年广东省非税收入增速

图 19-35　2017-2019 年广东省行政事业性收费及产权性收入占非税收入的比重

19.1.4　广东省政府性基金收入和国有资本经营收入情况

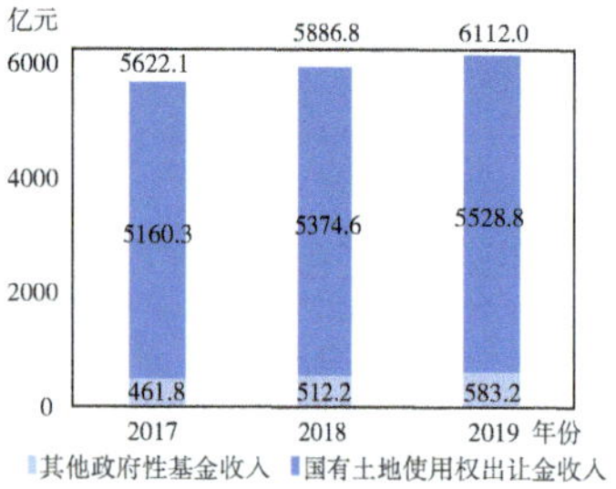

图 19-36　2017-2019 年广东省政府性基金收入

图 19-37　2017-2019 年广东省政府性基金收入增速及国有土地使用权出让金收入增速

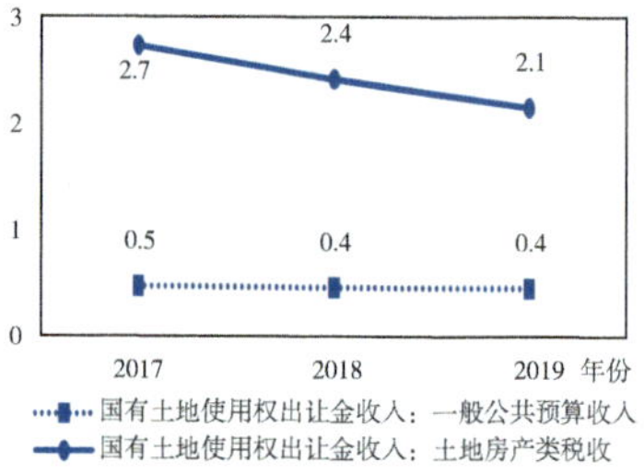

图 19-38　2017-2019 年广东省国有土地使用权出让金收入与一般公共预算关系指标

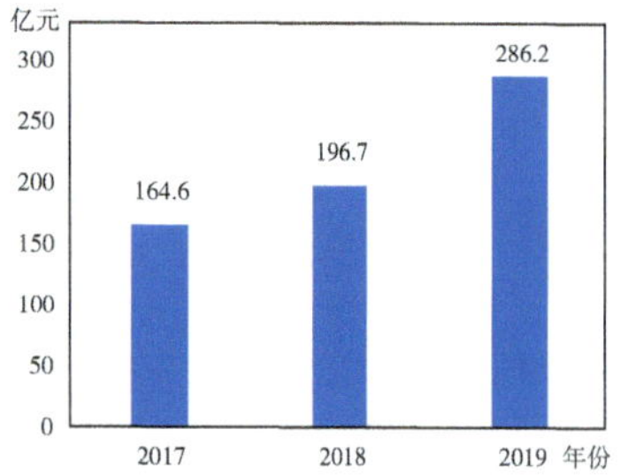

图 19-39　2017-2019 年广东省国有资本经营收入

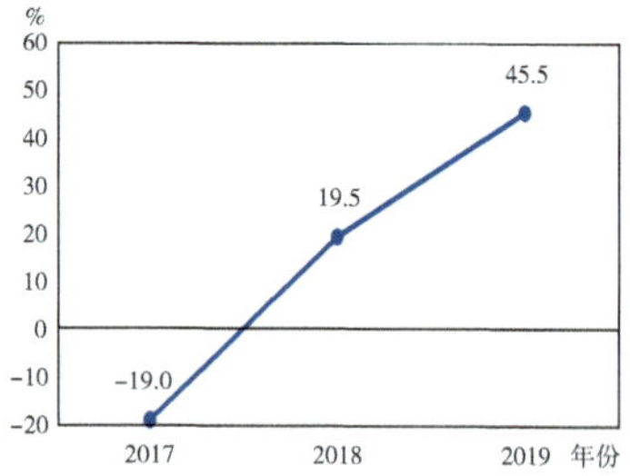

图 19-40　2017-2019 年广东省国有资本经营收入增速

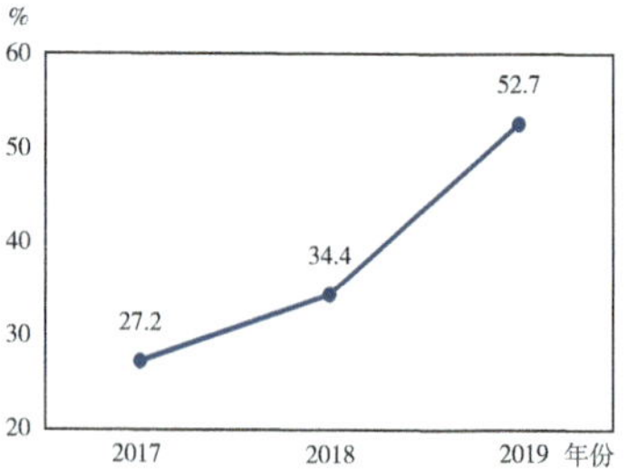

图 19-41　2017-2019 年广东省调出资金/国有资本经营收入

19.1.5 广东省社会保险基金收入情况

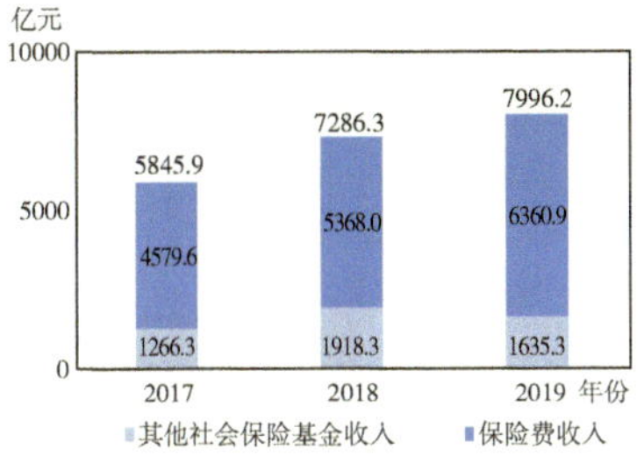

图 19-42　2017-2019 年广东省社会保险基金收入

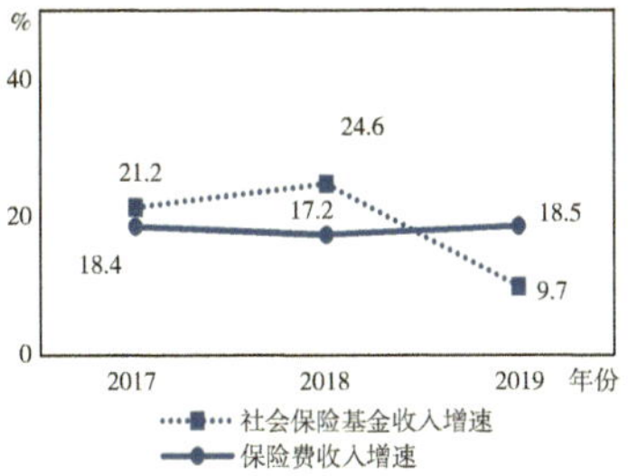

图 19-43　2017-2019 年广东省社会保险基金收入增速及保险费收入增速

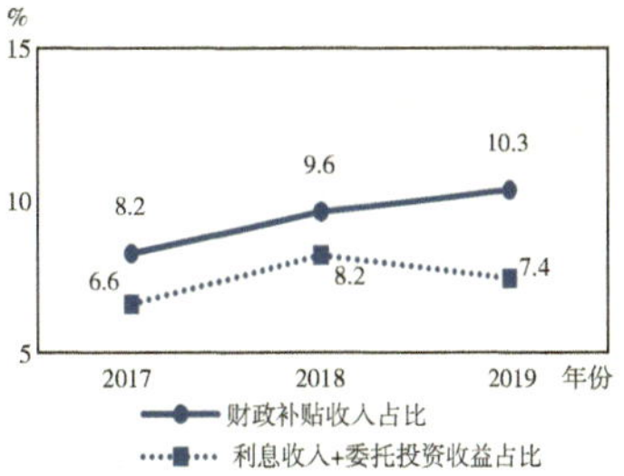

图 19-44　2017-2019 年广东省财政补贴收入、利息收入+委托投资收益占社会保险基金收入的比重

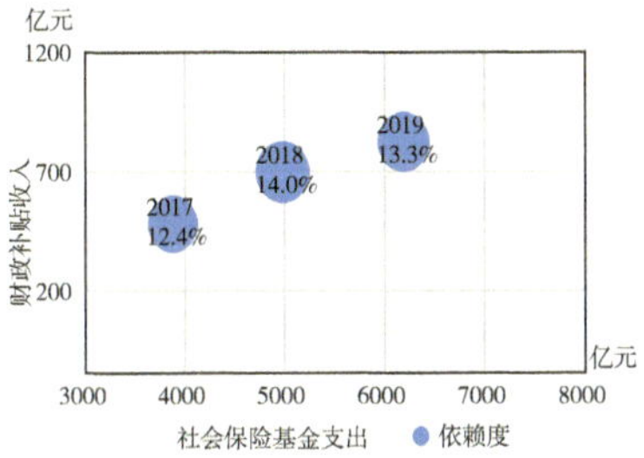

图 19-45　2017-2019 年广东省社会保险基金对财政补贴的依赖度

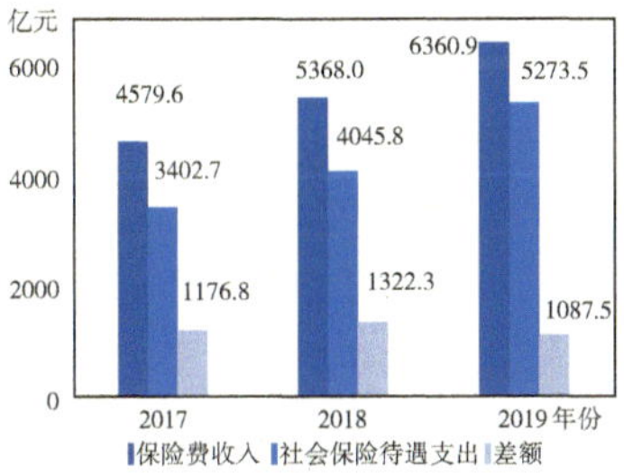

图 19-46　2017-2019 年广东省保险费收入、社会保险待遇支出及差额

19.1.6 广东省债务情况

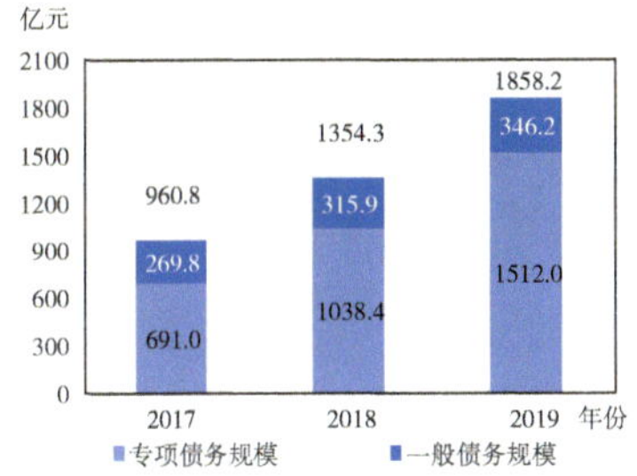

图 19-47　2017-2019 年广东省债务规模

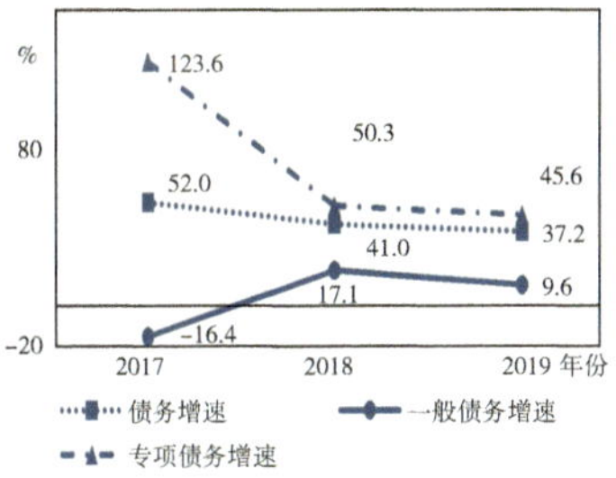

图 19-48　2017-2019 年广东省债务增速

图 19-49　2017-2019 年广东省债务限额

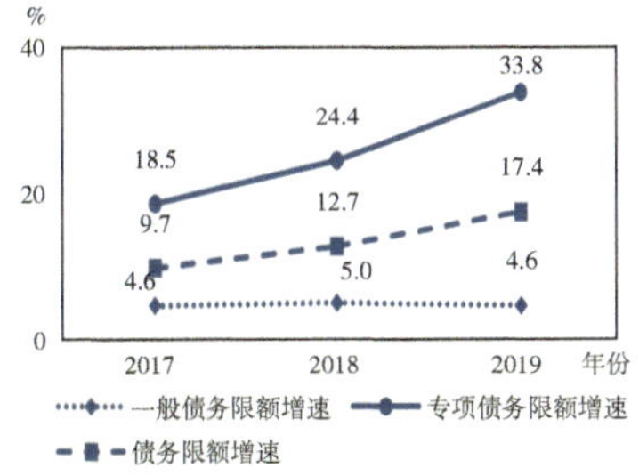

图 19-50　2017-2019 年广东省债务限额增速

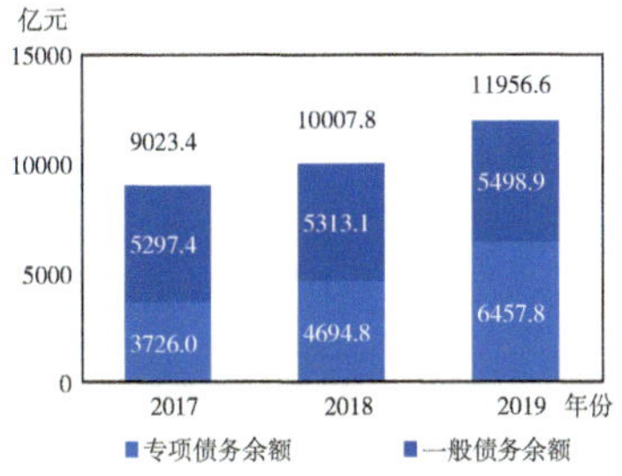

图 19-51　2017-2019 年广东省债务余额

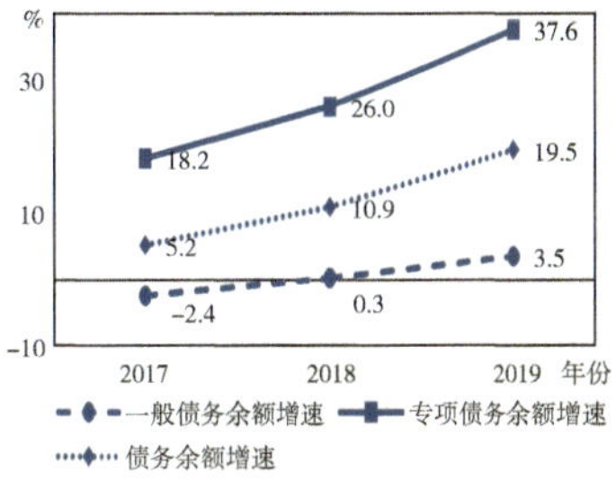

图 19-52　2017-2019 年广东省债务余额增速

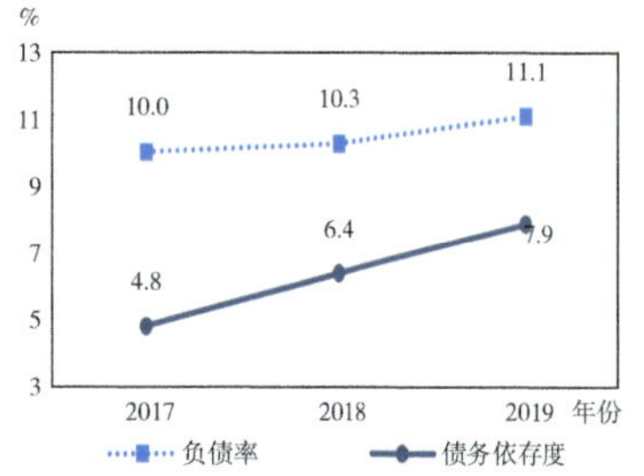

图19-53　2017-2019年广东省负债率与债务依存度

19.1.7　广东省省本级一般公共预算收入情况

图19-54　2017-2019年广东省省本级一般公共预算收入

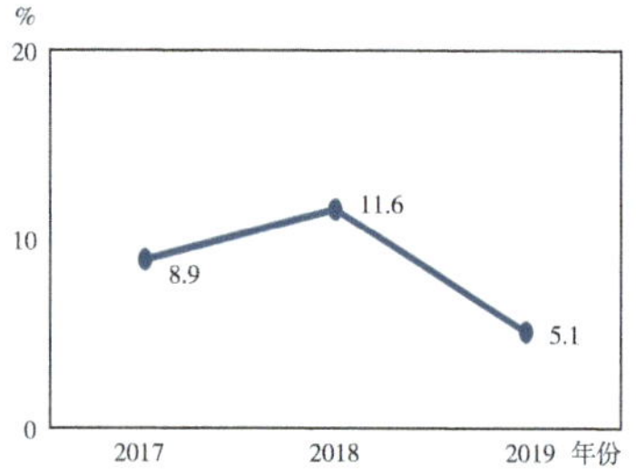

图19-55　2017-2019年广东省省本级一般公共预算收入增速

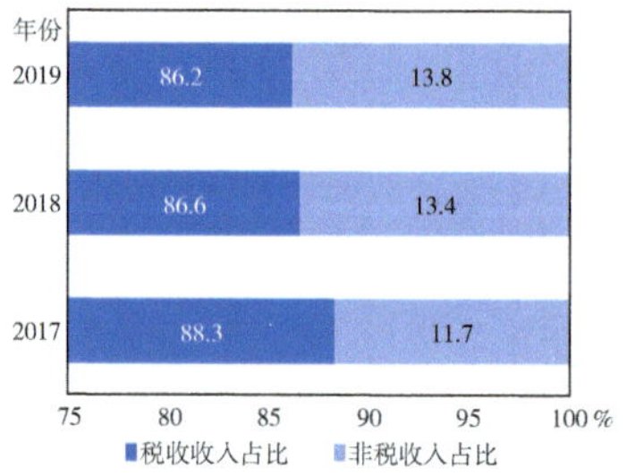

图19-56　2017-2019年广东省省本级一般公共预算收入结构

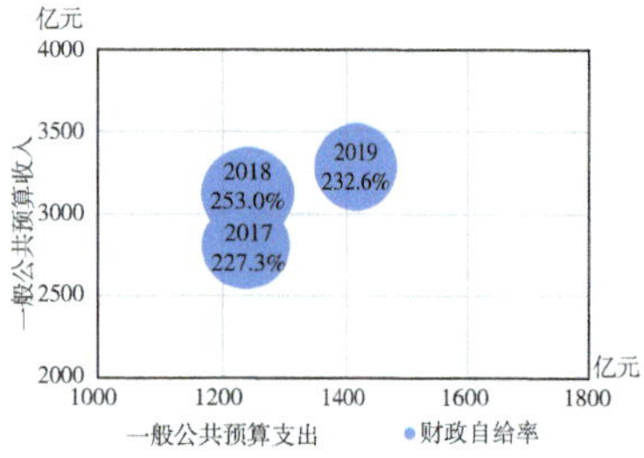

图19-57　2017-2019年广东省省本级财政自给率

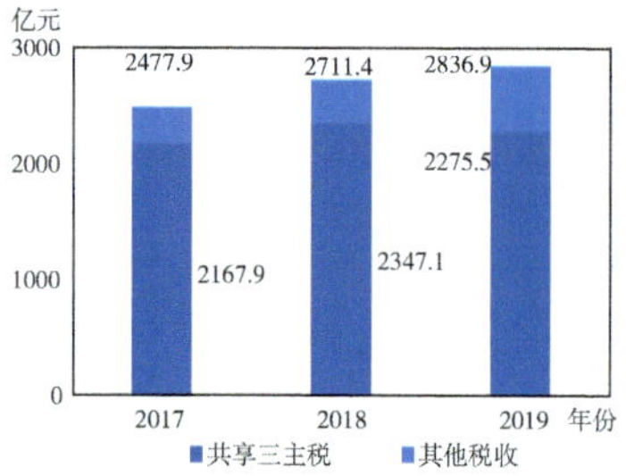

图19-58　2017-2019年广东省省本级税收收入

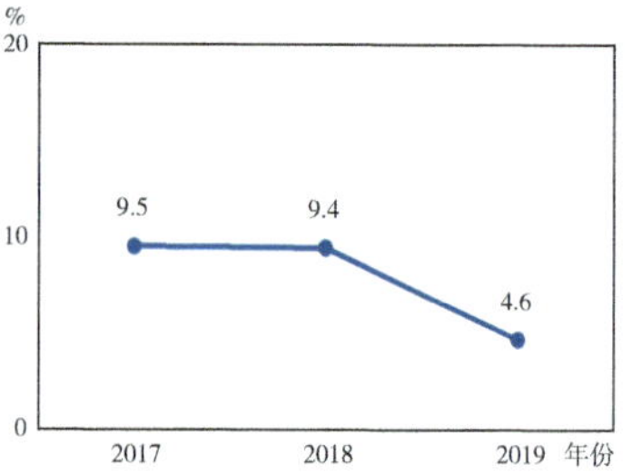

图19-59　2017-2019年广东省省本级税收收入增速

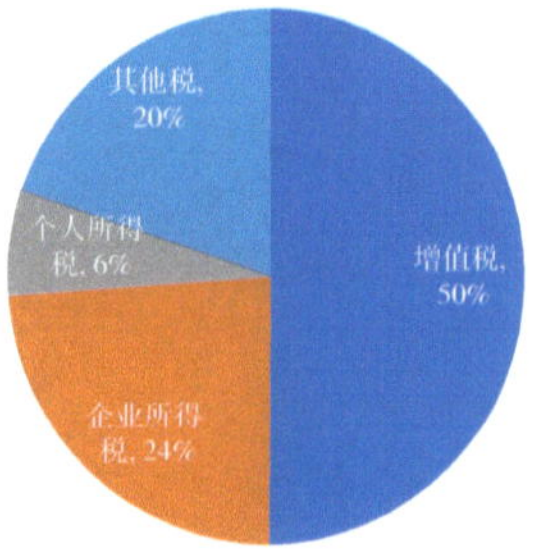

图19-60　2019年广东省省本级税收结构

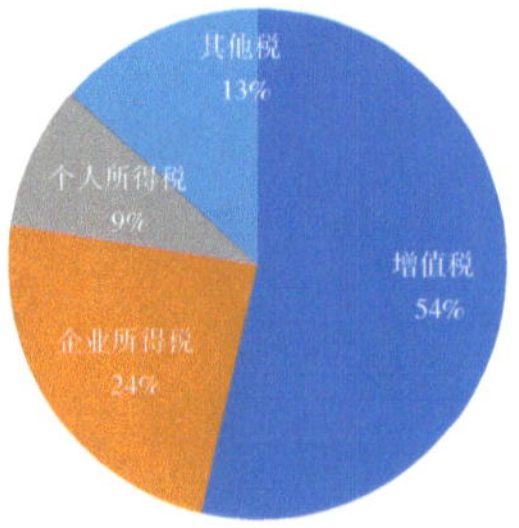

图19-61　2018年广东省省本级税收结构

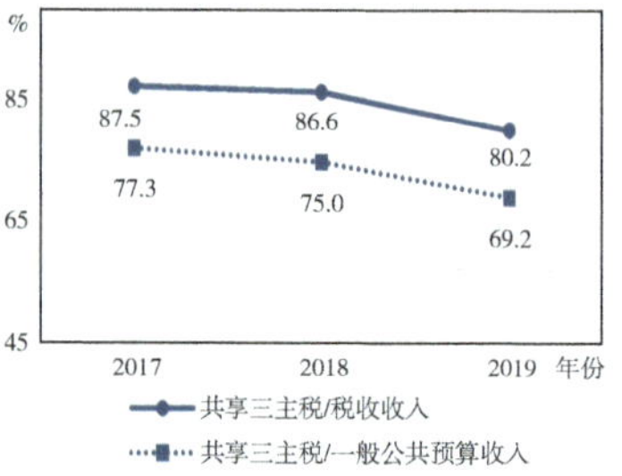

图19-62　2017-2019年广东省省本级共享三主税占税收收入、一般公共预算收入的比重

图19-63　2017-2019年广东省省本级非税收入

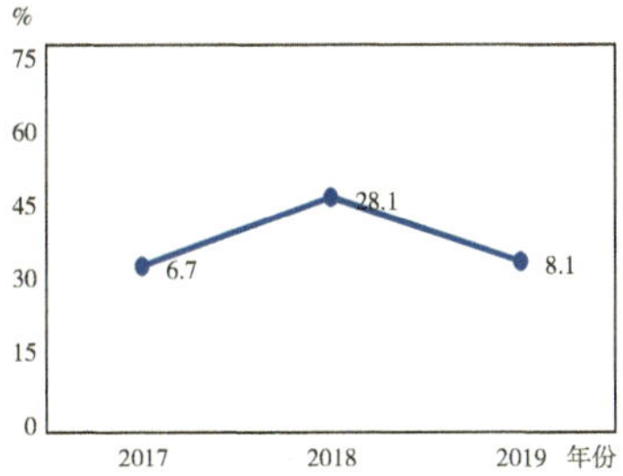

图19-64　2017-2019年广东省省本级非税收入增速

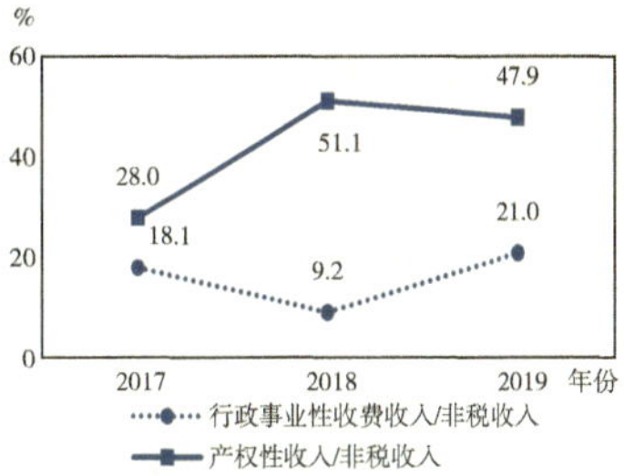

图19-65　2017-2019年广东省省本级行政事业性收费、产权性收入占非税收入的比重

19.2 广东省各市政府收入主要特征分析

19.2.1 广东省各市经济社会发展情况

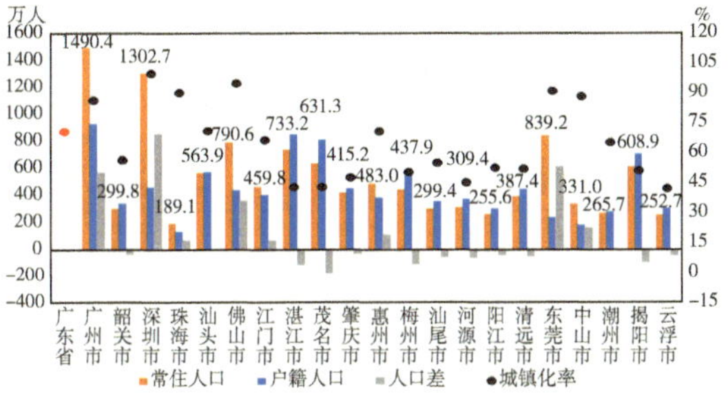

图19-66　2018年广东省各市人口状况

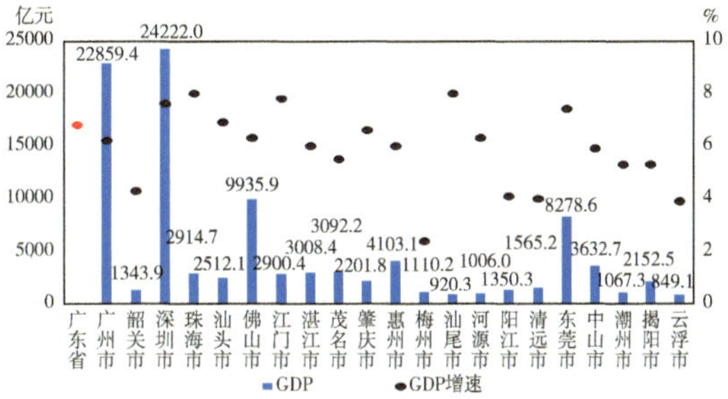

图19-67　2018年广东省各市GDP及增速

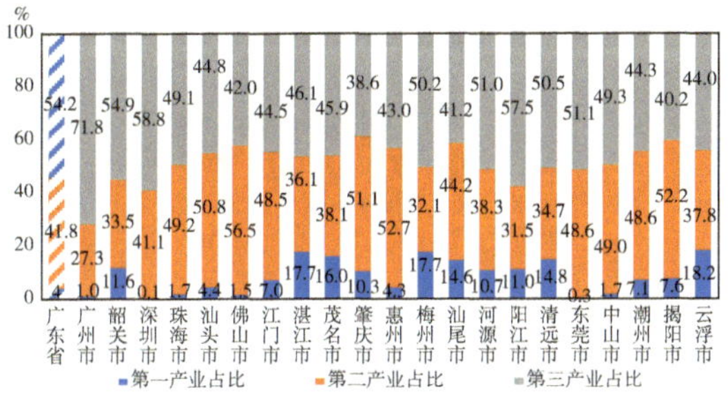

图19-68　2018年广东省各市三次产业结构

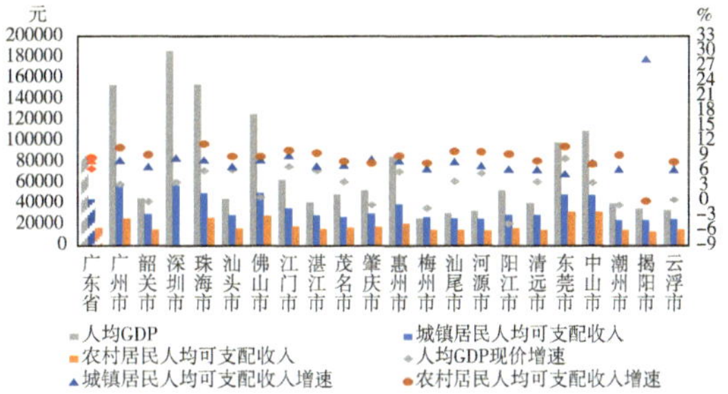

图19-69　2018年广东省各市人均GDP与人均可支配收入

19.2.2 广东省各市政府收入总体情况

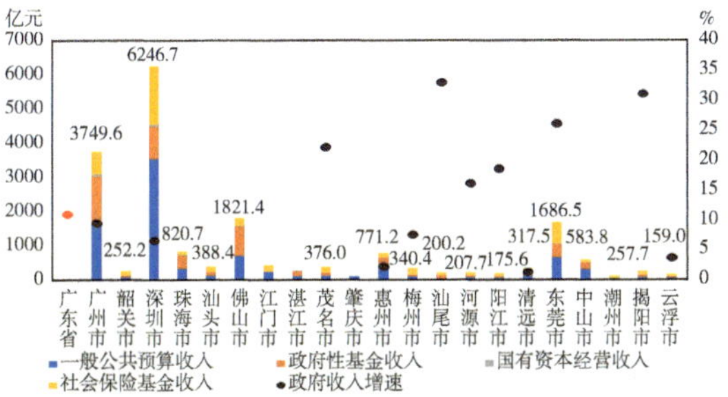

图19-70　2018年广东省各市政府收入结构及增速

注：政府收入增速：中山市-30.1%，佛山市-12.8%，汕头市-8.8%，珠海市-5.5%。

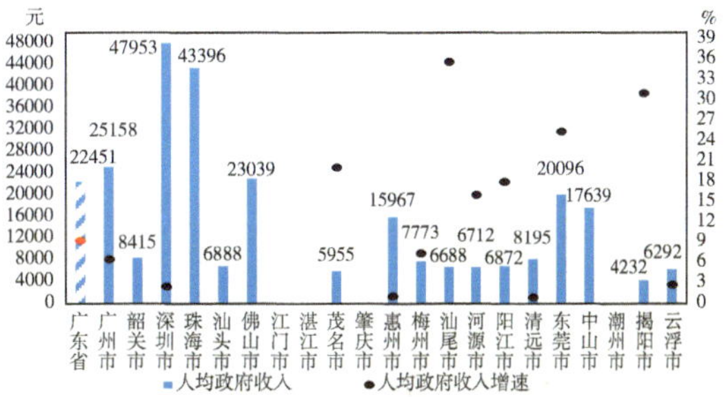

图19-71　2018年广东省各市人均政府收入及增速

注：人均政府收入增速：中山市-31.2%，佛山市-15.6%，珠海市-11.8%，汕头市-9.3%。

19.2.3 广东省各市一般公共预算收入情况

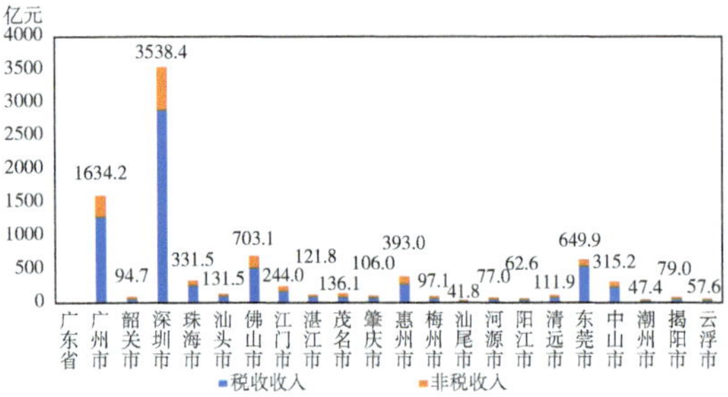

图 19-72　2018 年广东省各市一般公共预算收入

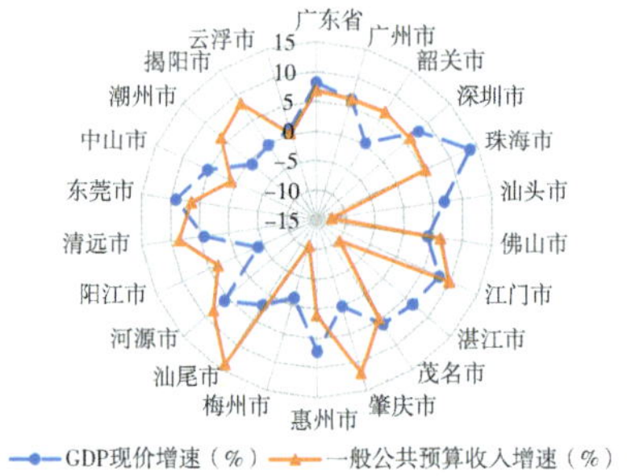

图 19-73　2018 年广东省各市一般公共预算收入增速

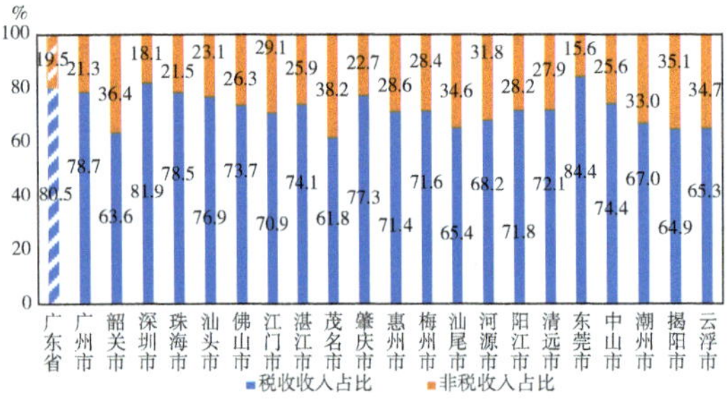

图 19-74　2018 年广东省各市一般公共预算收入结构

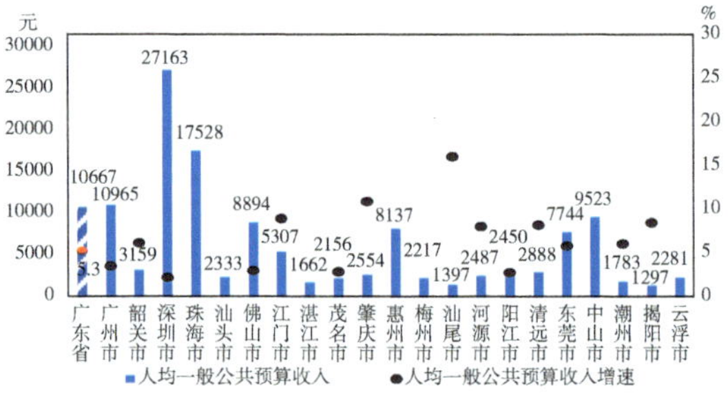

图 19-75　2018 年广东省各市人均一般公共预算收入及增速

注：人均一般公共预算收入增速：珠海市 -1.6%，汕头市 -12.8%，梅州市 -10.7%，湛江市 -10.1%，惠州市 -0.1%，中山市 -0.7%，云浮市 -0.6。

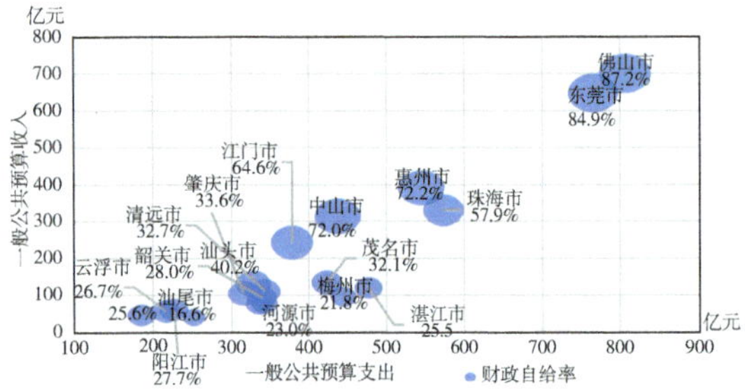

图 19-76　2018 年广东省各市财政自给率

注：深圳市 82.6%，广州市 67.4%，潮州市 25.6%，揭阳 23.1%。

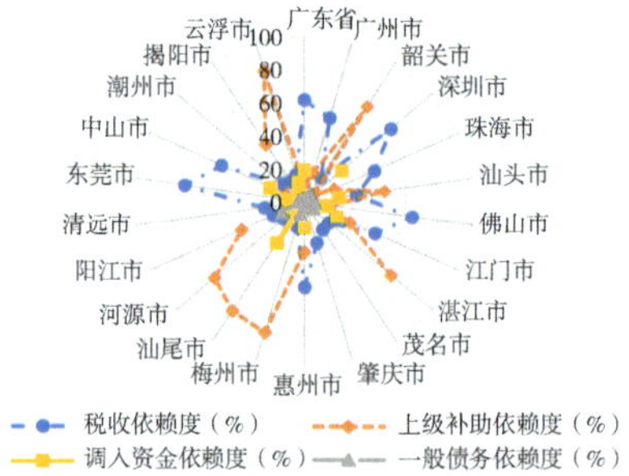

图 19-77　2018 年广东省各市财政收入依赖度

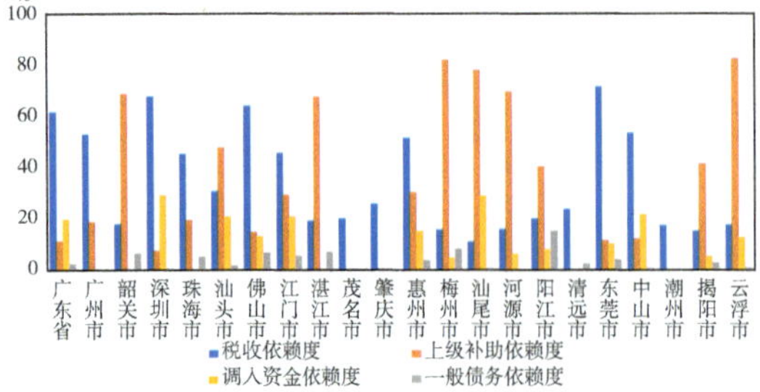

图 19-78　2018 年广东省各市财政收入依赖度

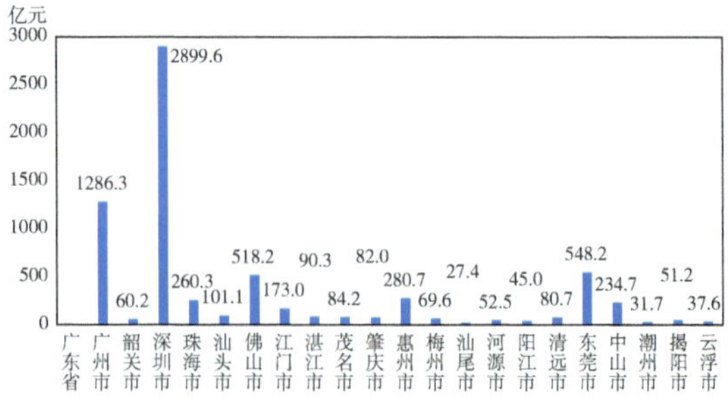

图 19-79　2018 年广东省各市税收收入

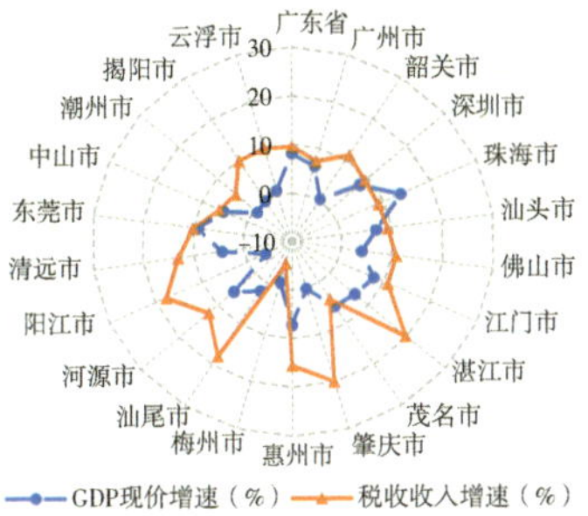

图 19-80　2018 年广东省各市税收收入增速

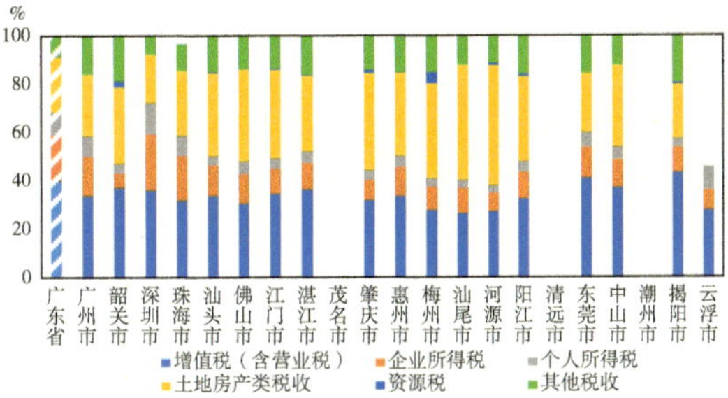

图 19-81　2018 年广东省各市税收收入结构

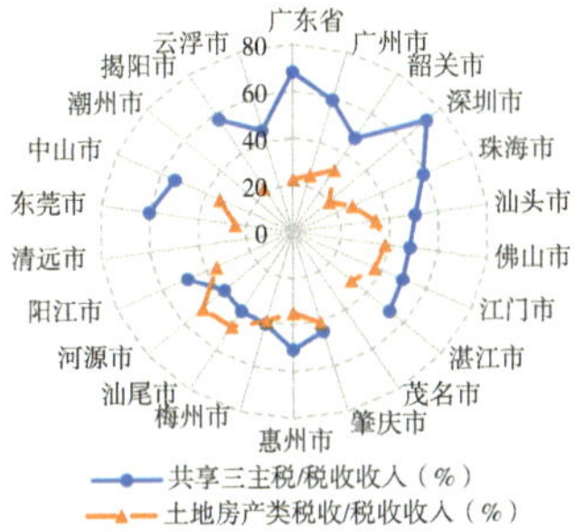

图 19-82　2018 年广东省各市共享三主税、土地房产类税收占税收收入的比重

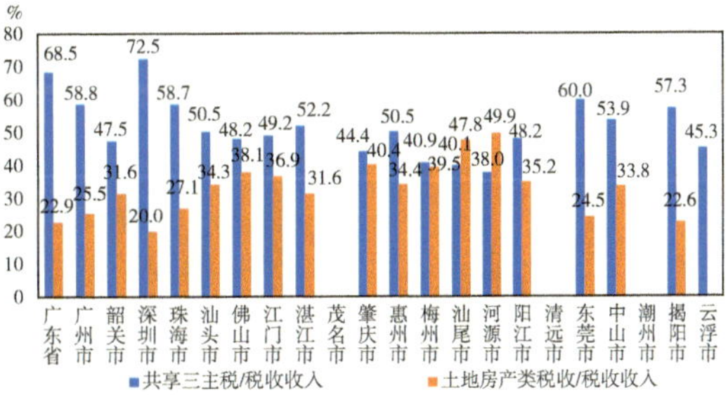

图 19-83　2018 年广东省各市共享三主税、土地房产类税收占税收收入的比重

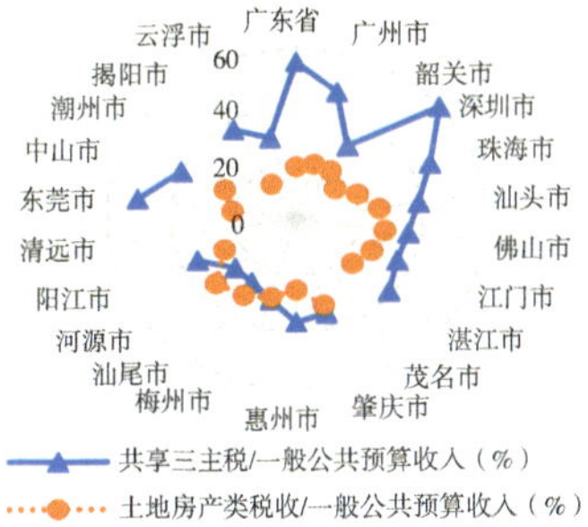

图 19-84　2018 年广东省各市共享三主税、土地房产类税收占一般公共预算收入的比重

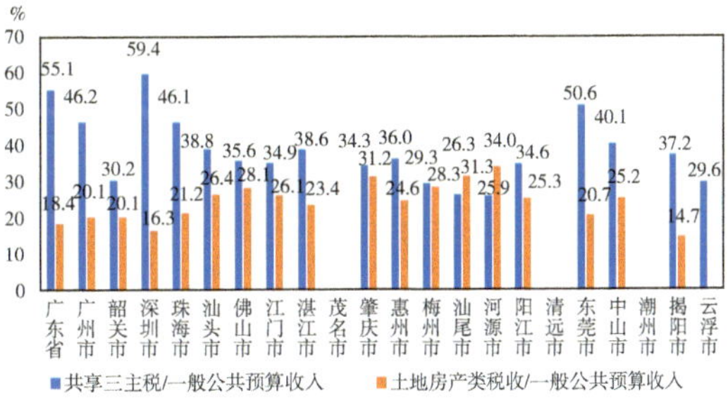

图 19-85　2018 年广东省各市共享三主税、土地房产类税收占一般公共预算收入的比重

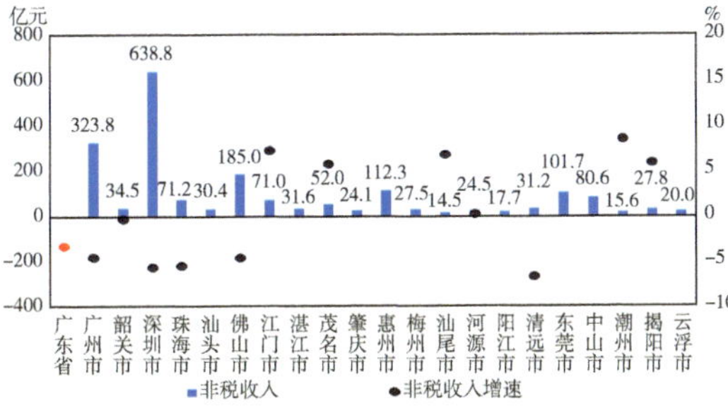

图 19-86　2018 年广东省各市非税收入及增速

注：非税收入增速：汕头市 -47%，湛江市 -47%，惠州市 -22.9%，梅州市 -21.3%，阳江市 -21.3%，东莞市 -10.1%，中山市 -12.3%，云浮市 -14.2%。

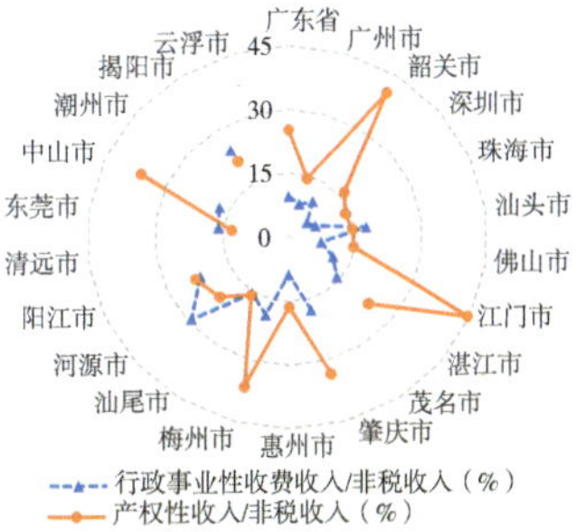

图 19-87　2018 年广东省各市行政事业性收费收入、产权性收入占非税收入的比重

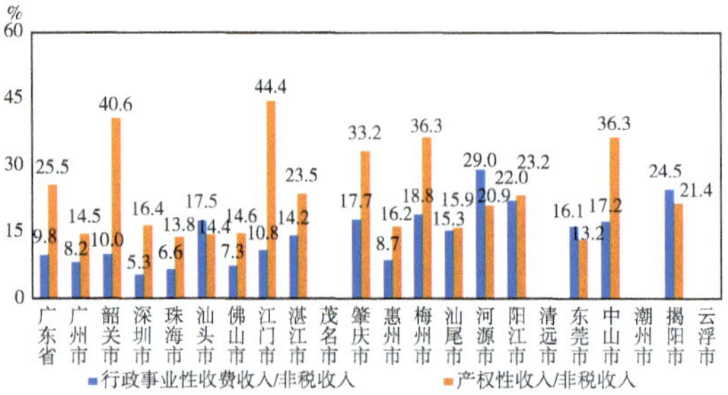

图 19-88　2018 年广东省各市行政事业性收费收入、产权性收入占非税收入的比重

19.2.4　广东省各市政府性基金收入与国有资本经营收入情况

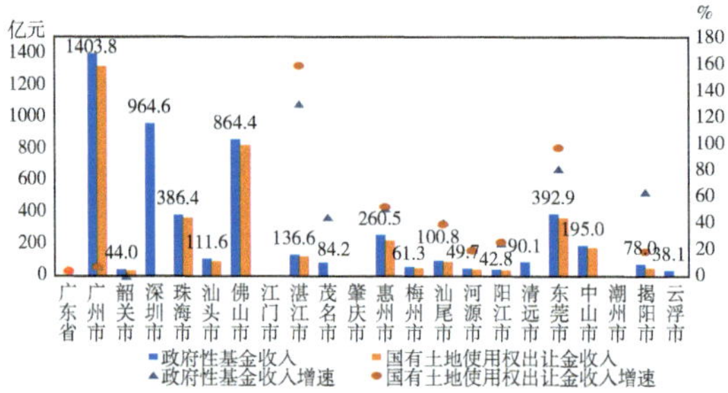

图 19-89　2018 年广东省各市政府性基金收入、国有土地使用权出让金收入及其增速

注：政府性基金收入增速：汕头 -23.2%，佛山 -11.7%，梅州 -39.9%，中山 -33.6%，云浮 -10.6%，深圳 -6.3%，珠海 -0.7%，清远 -22.2%。国有土地使用权出让金收入增速：韶关 -1.1%，汕头 -25.2%，佛山 -11.6%，梅州 -45.7%，中山 -35.6%，云浮 -64.7%。

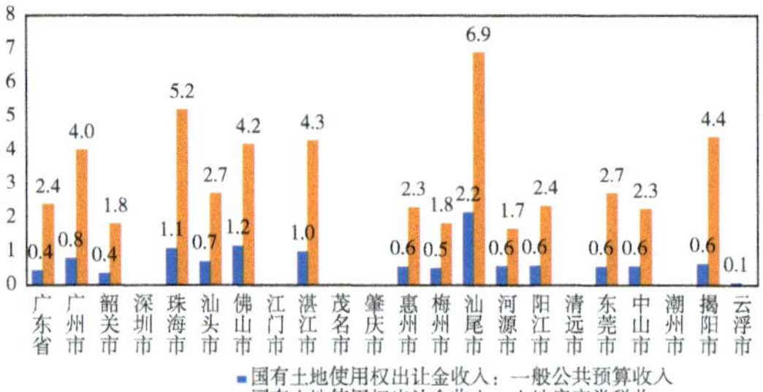

图 19-90　2018 年广东省各市国有土地使用权出让金收入与一般公共预算关系指标

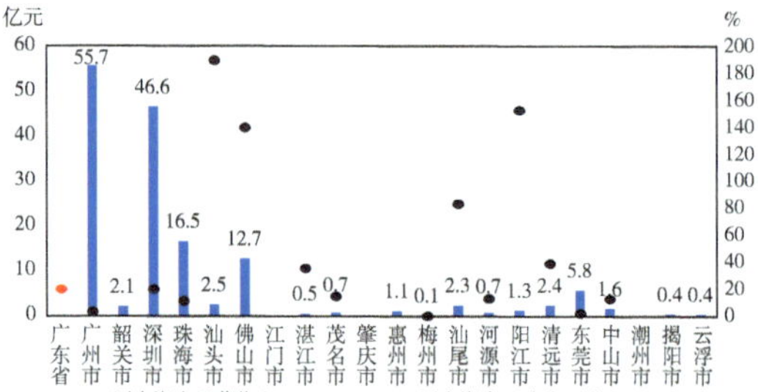

图 19-91　2018 年广东省各市国有资本经营收入及增速

注：国有资本经营预算收入增速：惠州市 -5.6%，揭阳市 -14.1%，云浮市 -39.6%。

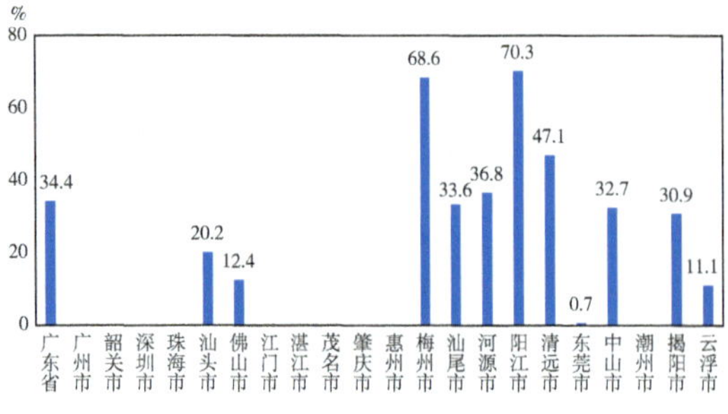

图 19-92　2018 年广东省各市调出资金/国有资本经营预算收入

19.2.5 广东省各市社会保险基金收入情况

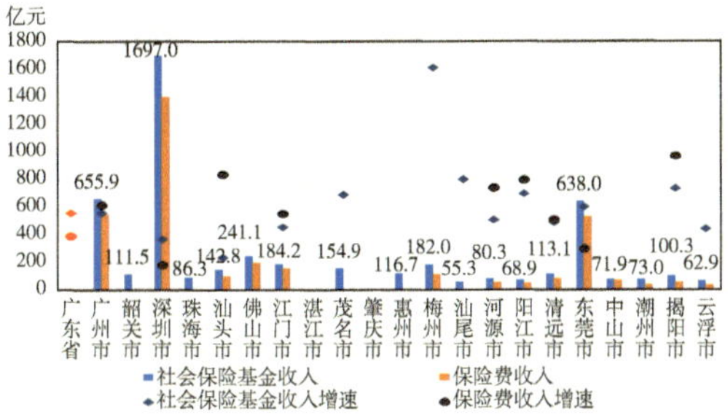

图19-93 2018年广东省各市社会保险基金收入、保险费收入及其增速

注：社会保险基金收入增速：珠海市-42.6%，佛山市-45.7%，惠州市-39.3%，中山市-68.4%。保险费收入增速：佛山市-49.7%，中山市-65.6%，云浮市-7.4%。

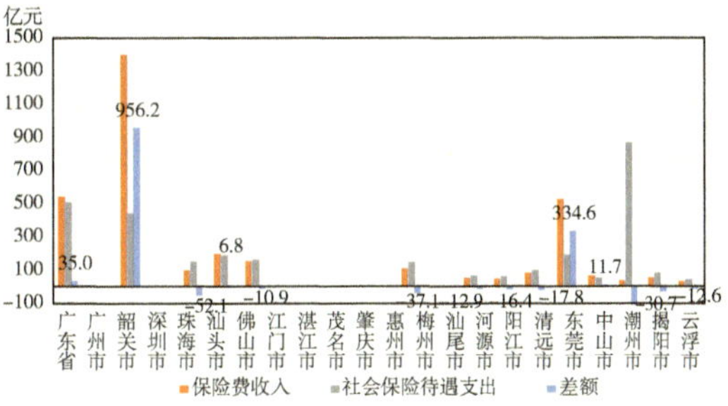

图19-94 2018年广东省各市保险费收入、社会保险待遇支出及其差额

注：潮州市差额为-831.3亿元。

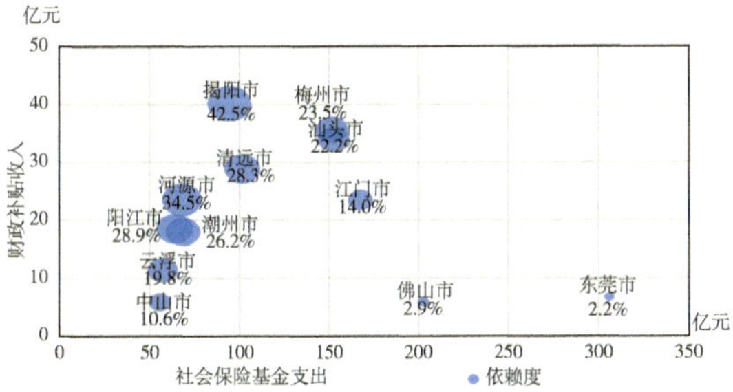

图19-95 2018年广东省各市社会保险基金对财政补贴的依赖度

注：依赖度：深圳市1.9%，广州市14.7%。

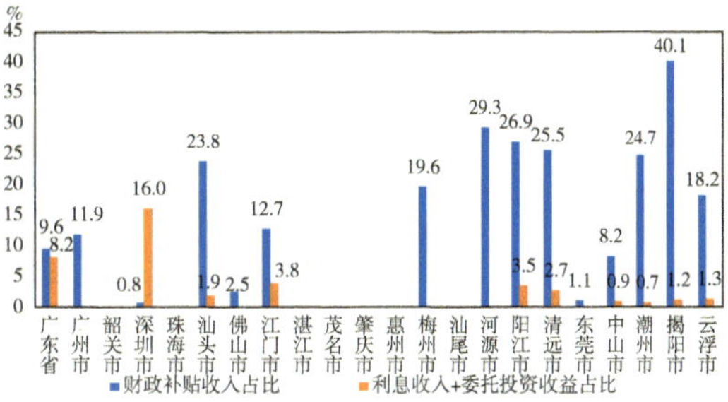

图19-96 2018年广东省各市财政补贴收入、利息收入+委托投资收益占社会保险基金收入的比重

19.2.6 广东省各市债务情况

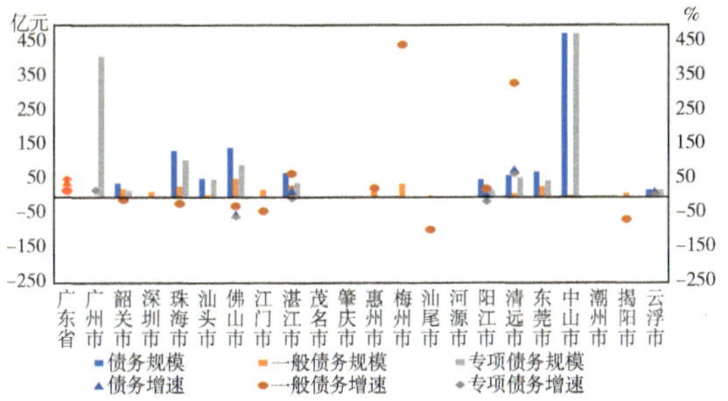

图19-97 2018年广东省各市债务规模及其增速

注：一般债务增速：云浮市6718.2%，揭阳市-67.1%，汕尾市-97.1%。专项债务增速：中山市658%。

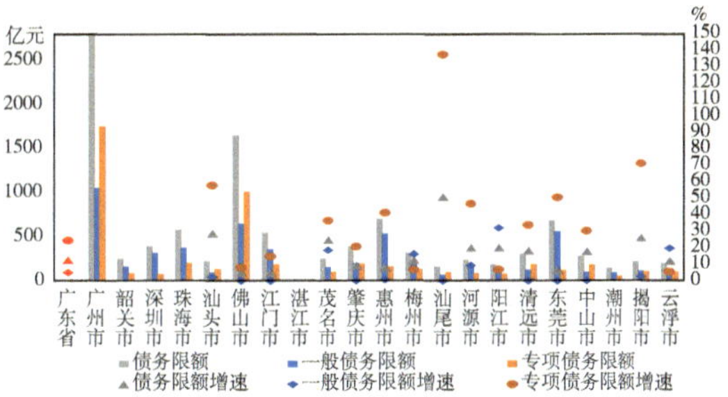

图19-98 2018年广东省各市债务限额及其增速

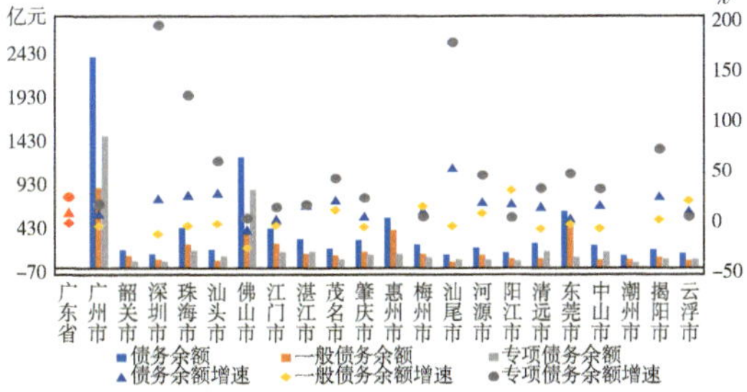

图19-99 2018年广东省各市债务余额及其增速

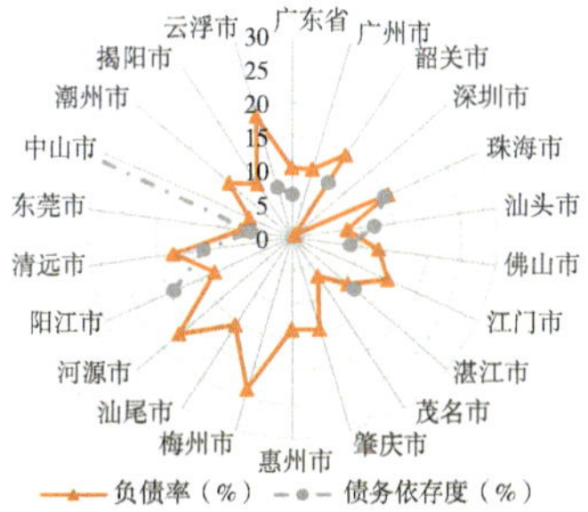

图19-100 2018年广东省各市负债率与债务依存度

注：中山市债务依存度为79.8%。

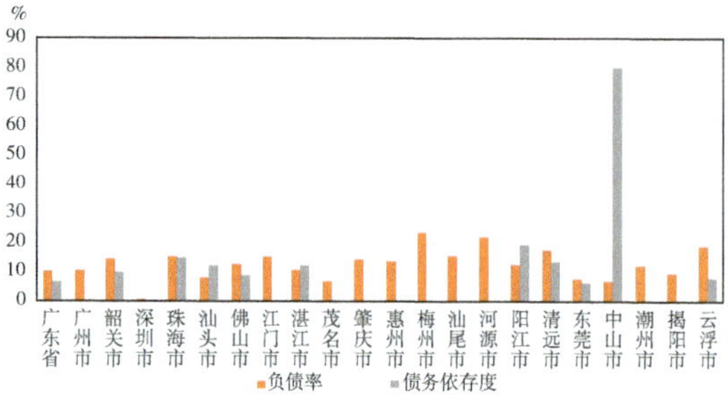

图 19-101　2018 年广东省各市负债率与债务依存度

19.2.7　广东省各市市本级一般公共预算收入情况

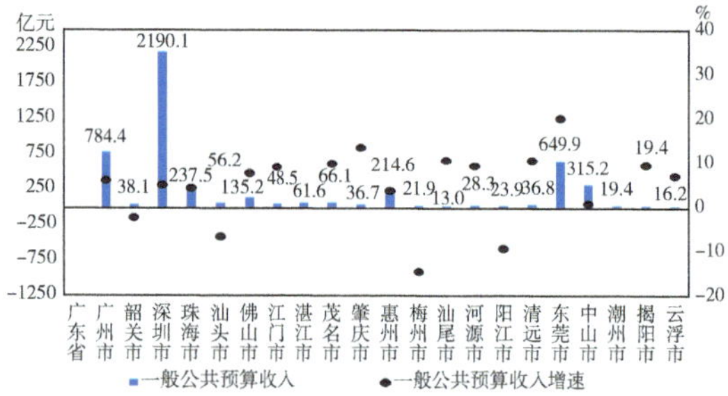

图 19-102　2018 年广东省各市市本级一般公共预算收入及增速

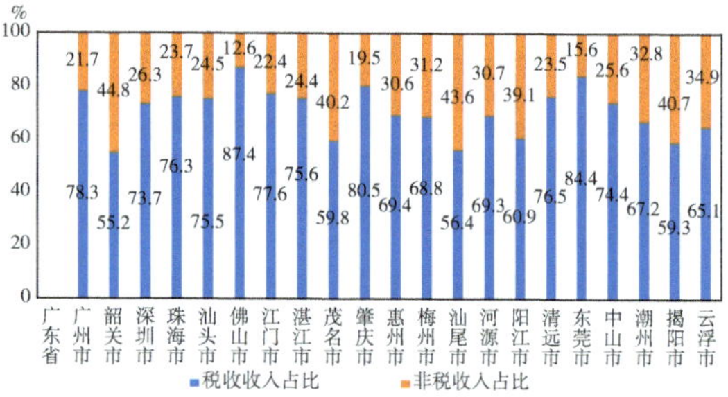

图 19-103　2018 年广东各市市本级一般公共预算收入结构

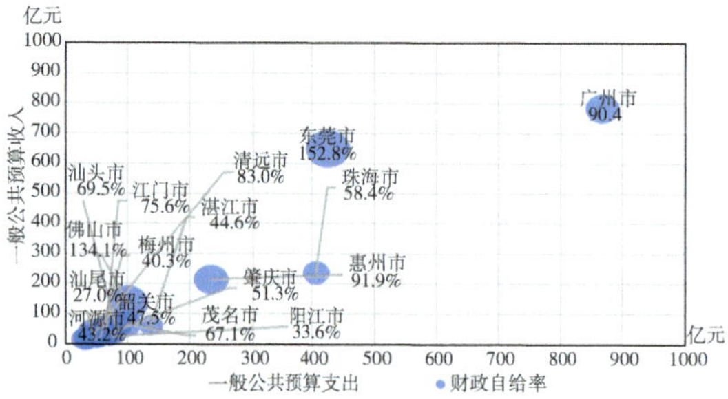

图 19-104　2018 年广东省各市市本级财政自给率

注：深圳市本级财政自给率为103.5%，潮州市为35.9%，揭阳市为57.3%，云浮市为54.4%。

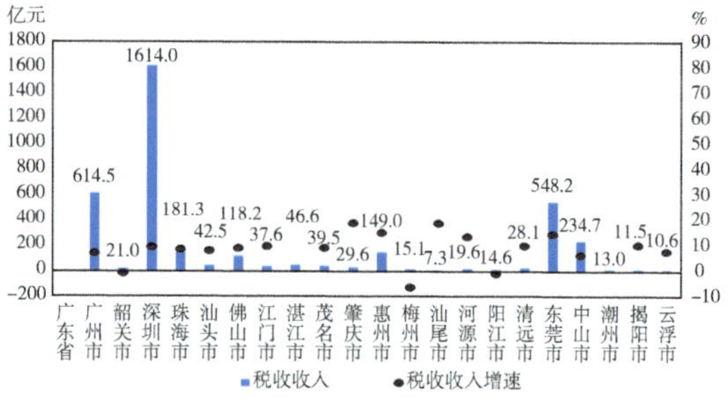

图 19-105　2018 年广东省各市市本级税收收入及增速

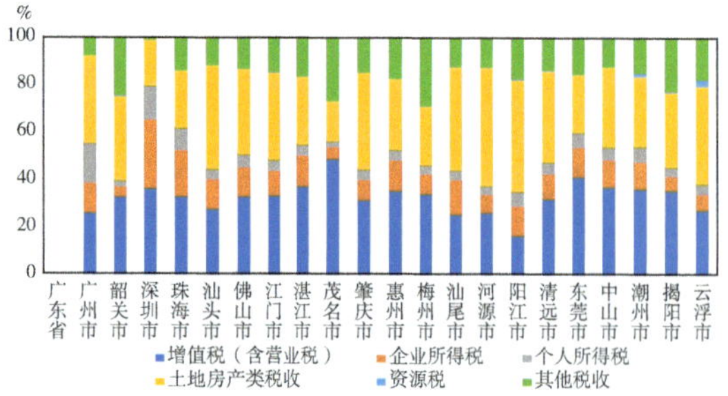

图 19-106　2018 年广东省各市市本级税收收入结构

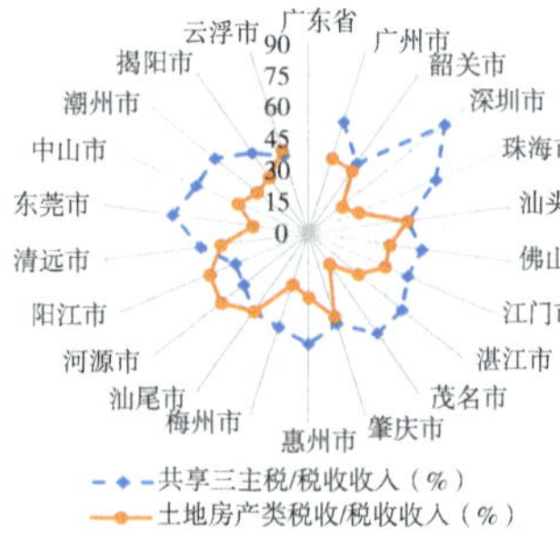

图 19-107　2018 年广东省各市市本级共享三主税、土地房产类税收占税收收入的比重

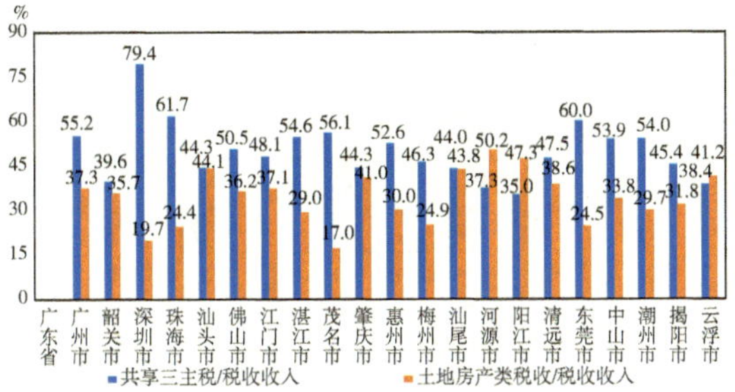

图19-108　2018年广东省各市市本级共享三主税、土地房产类税收占税收收入的比重

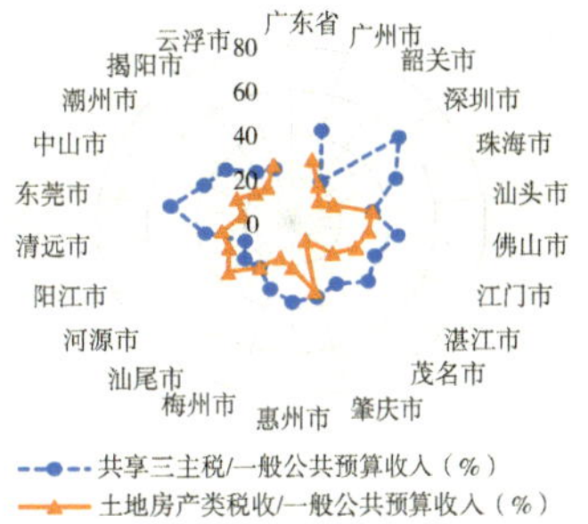

图19-109　2018年广东省各市市本级共享三主税、土地房产类税收占一般公共预算收入的比重

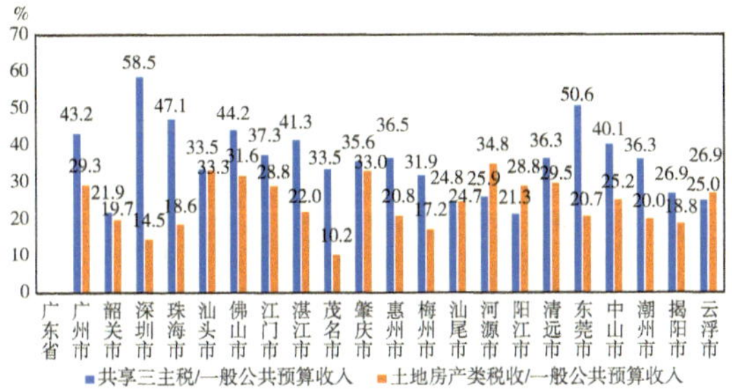

图19-110　2018年广东省各市市本级共享三主税、土地房产类税收占一般公共预算收入的比重

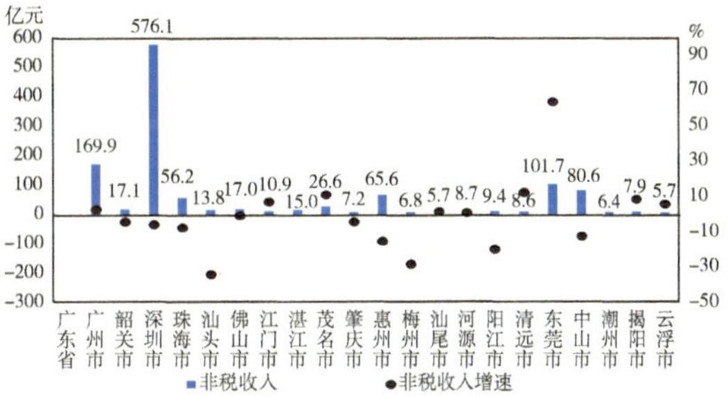

图19-111　2018年广东省各市市本级非税收入及增速

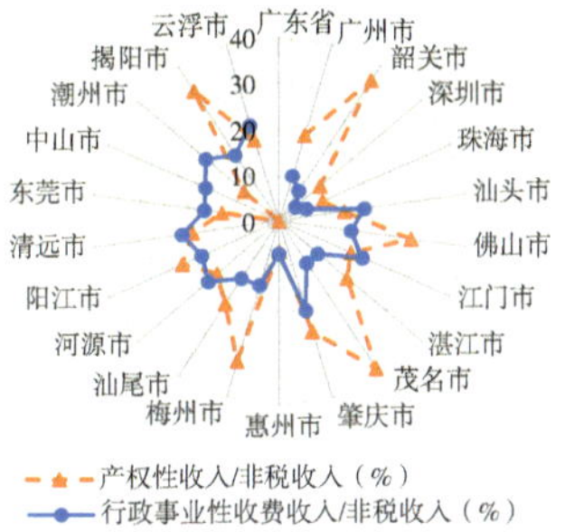

图19-112　2018年广东省各市市本级产权性收入、行政事业性收费收入占非税收入的比重

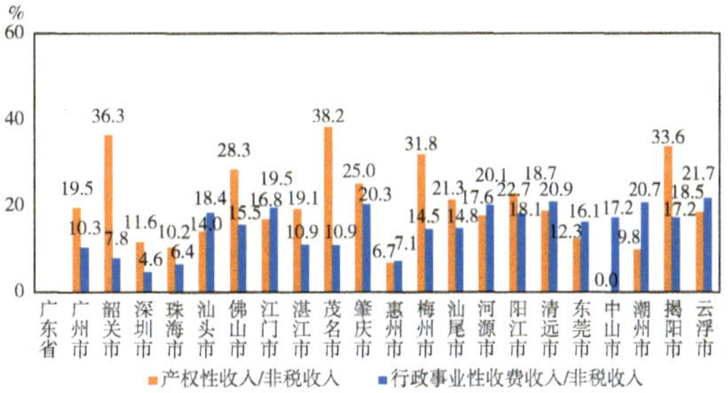

图19-113　2018年广东省各市市本级产权性收入、行政事业性收费收入占非税收入的比重

19.3　广东省样本县政府收入主要特征分析

19.3.1　广东省样本县经济社会发展情况

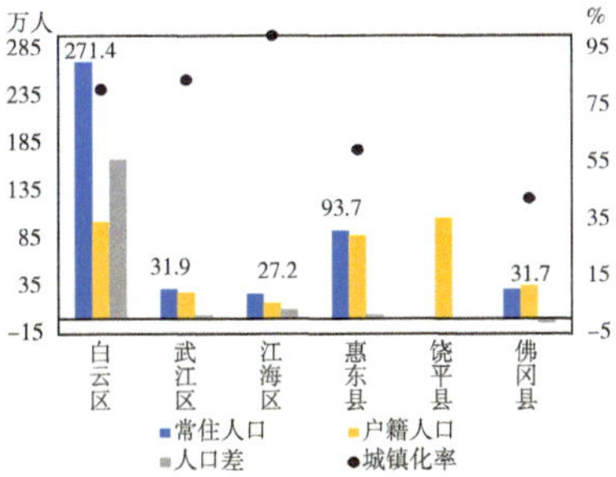

图19-114　2018年广东省样本区县人口状况

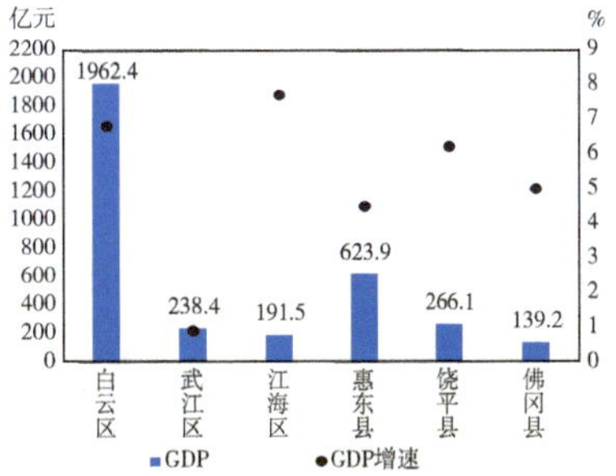

图19-115　2018年广东省样本区县GDP及增速

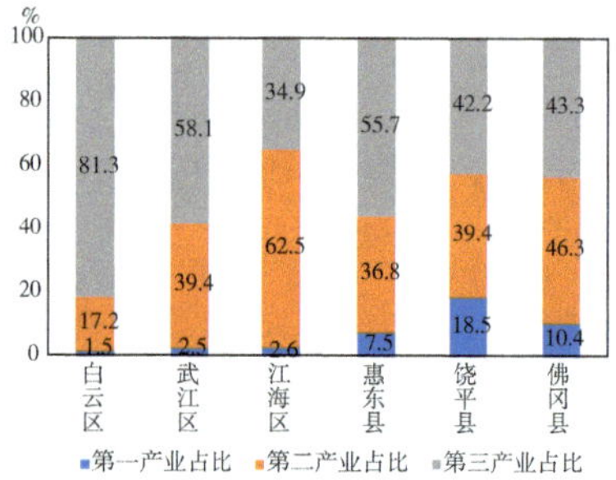

图19-116　2018年广东省样本区县三次产业结构

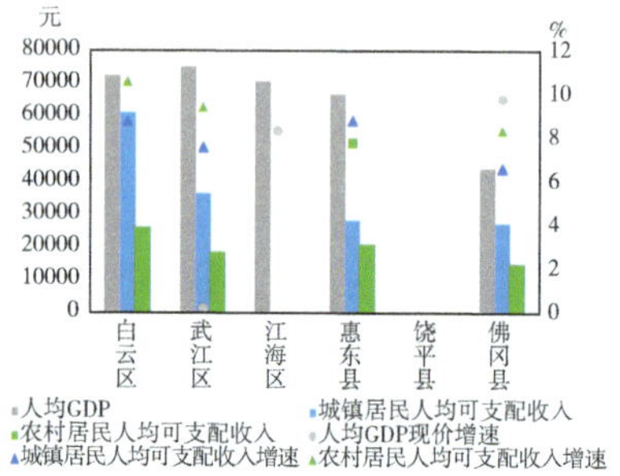

图19-117　2018年广东省样本区县人均GDP与人均可支配收入

注：惠东县人均GDP现价增速为-4.7%。

19.3.2　广东省样本县政府收入总体情况

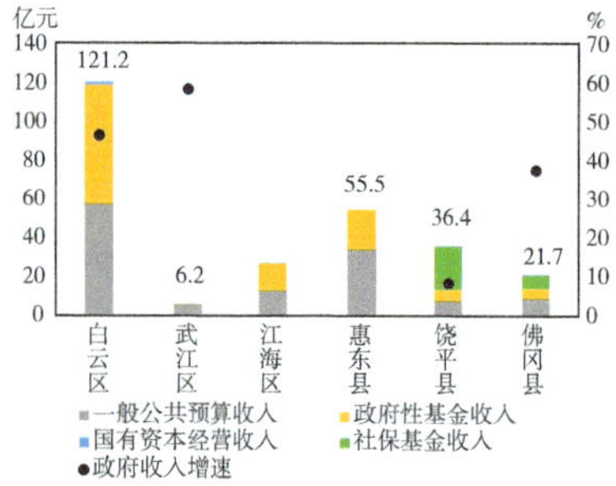

图19-118　2018年广东省样本区县政府收入结构及增速

注：惠东县政府收入增速为-8.5%。

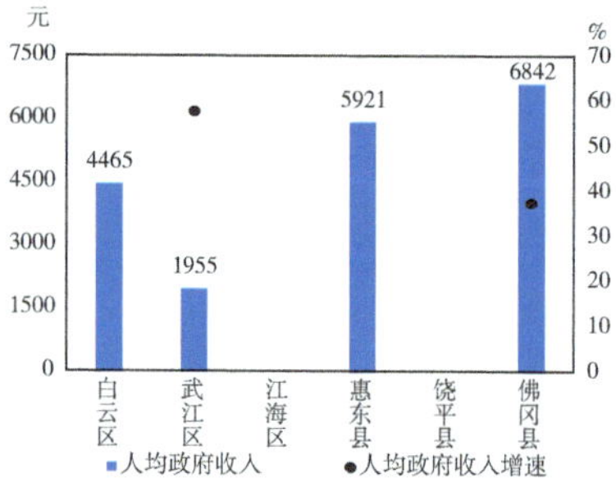

图19-119　2018年广东省样本区县人均政府收入及增速

注：惠东县人均政府收入增速-8.8%。

19.3.3　广东省样本县一般公共预算收入情况

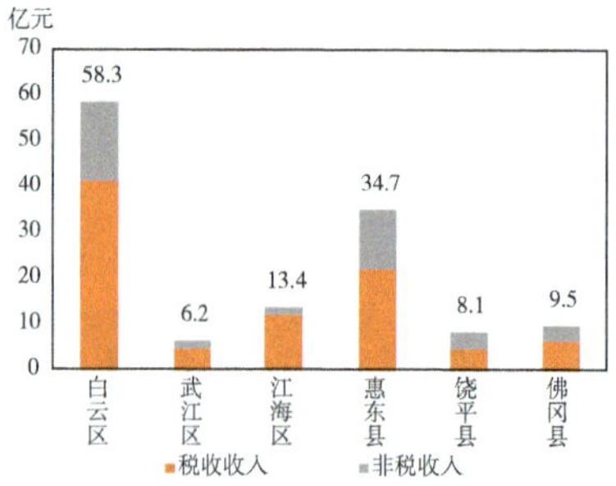

图19-120　2018年广东省样本区县一般公共预算收入

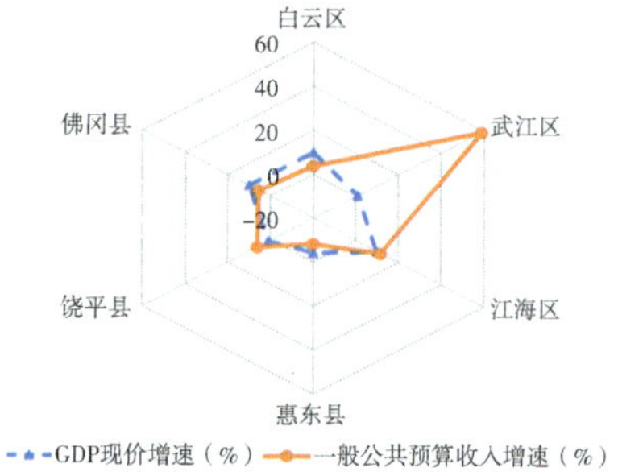

图19-121　2018年广东省样本区县一般公共预算收入增速

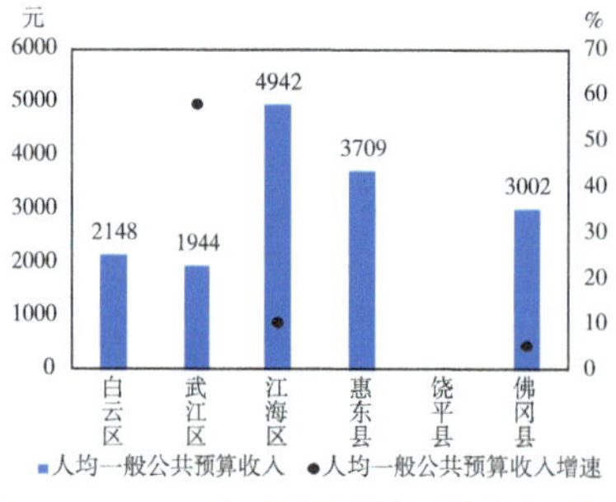

图19-122　2018年广东省样本区县人均一般公共预算收入及增速

注：惠东县人均一般公共预算收入增速为-8.7%。

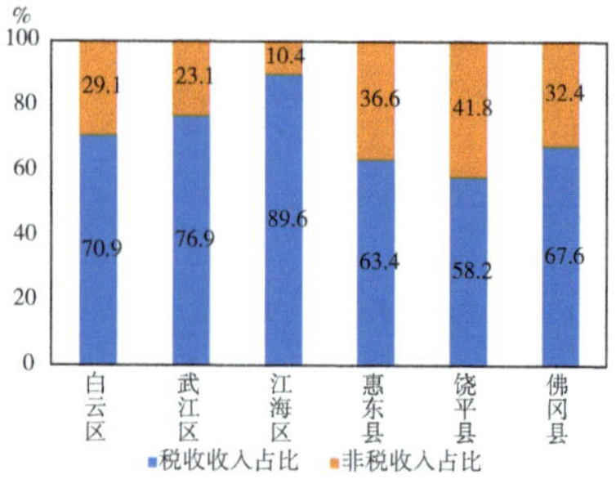

图19-123　2018年广东省样本区县一般公共预算收入结构

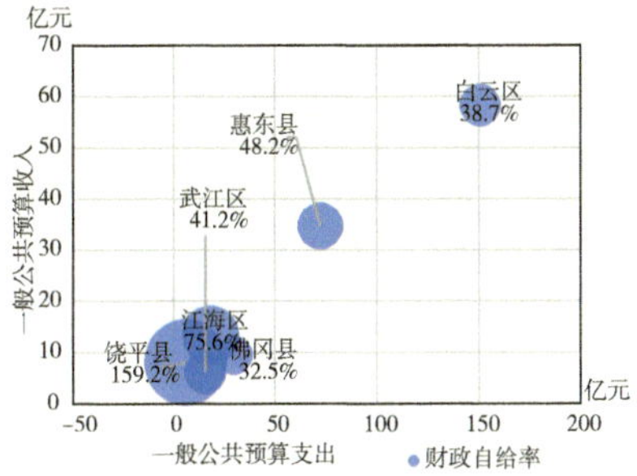

图 19-124　2018 年广东省样本区县财政自给率

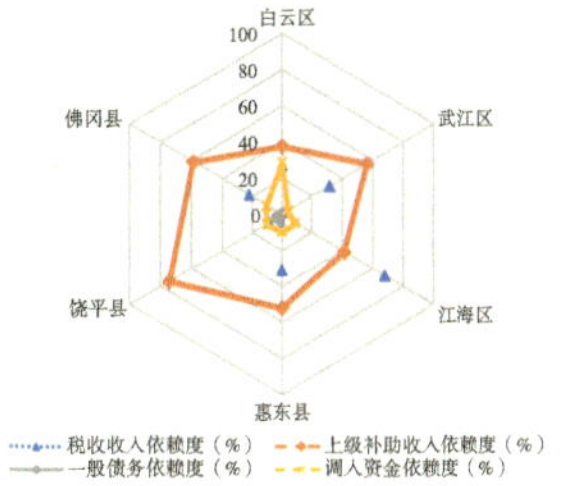

图 19-125　2018 年广东省样本区县财政收入依赖度

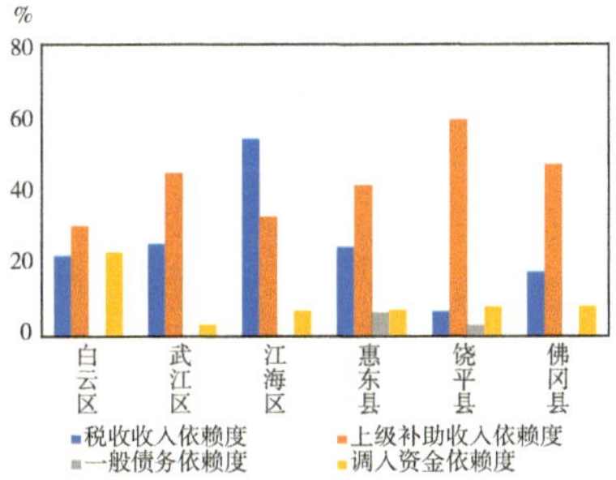

图 19-126　2018 年广东省样本区县财政收入依赖度

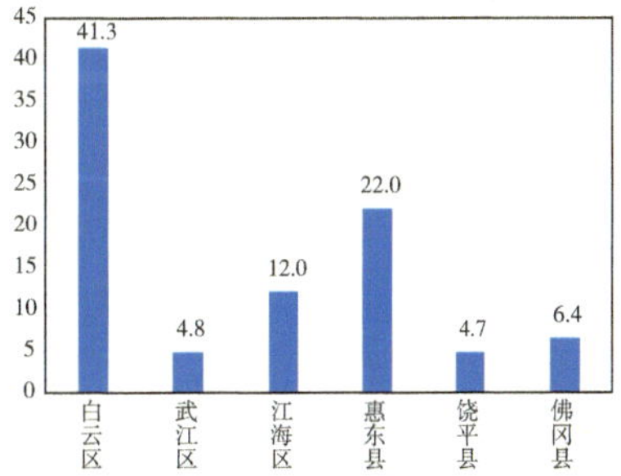

图 19-127　2018 年广东省样本区县税收收入

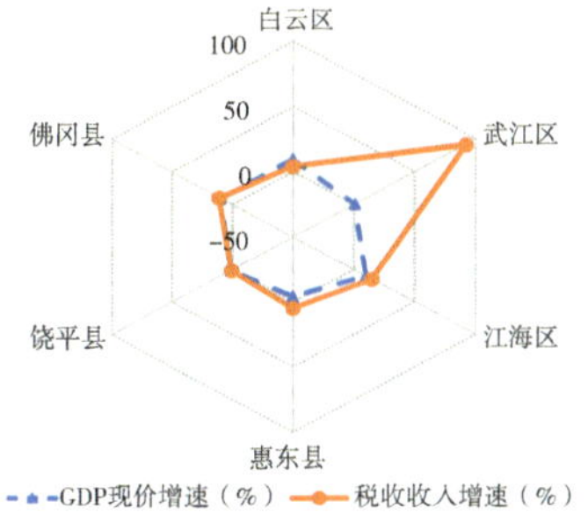

图 19-128　2018 年广东省样本区县税收收入增速

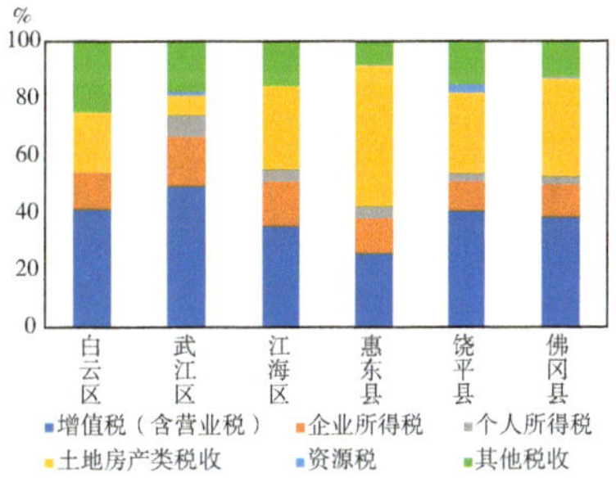

图 19-129　2018 年广东省样本区县税收收入结构

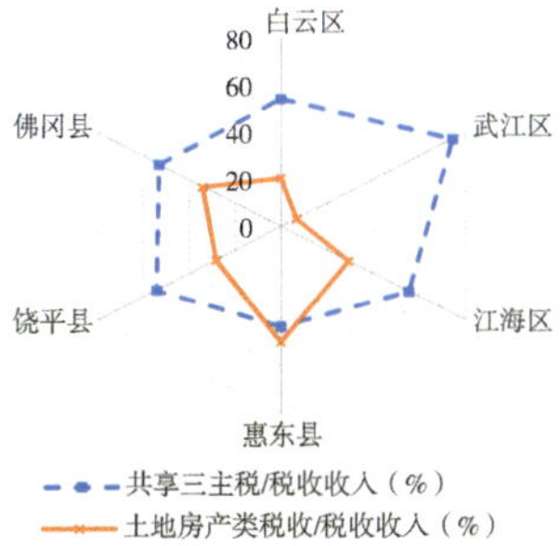

图 19-130　2018 年广东省样本区县共享三主税、土地房产类税收占税收收入的比重

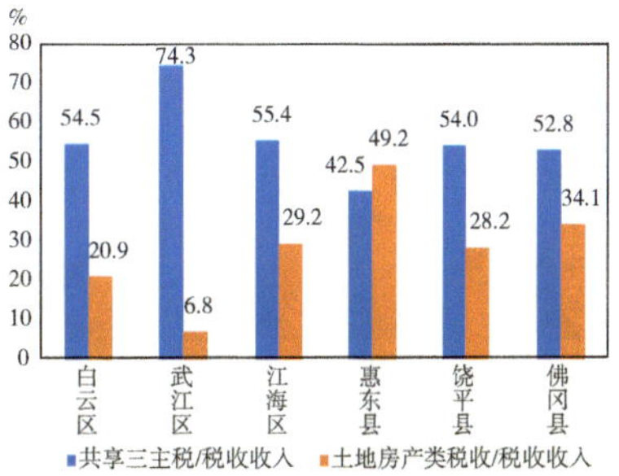

图 19-131　2018 年广东省样本区县共享三主税、土地房产类税收占税收收入的比重

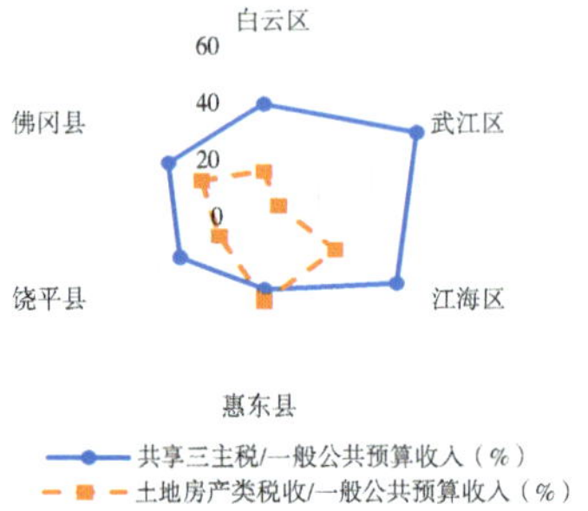

图 19-132　2018 年广东省样本区县共享三主税、土地房产类税收占一般公共预算收入的比重

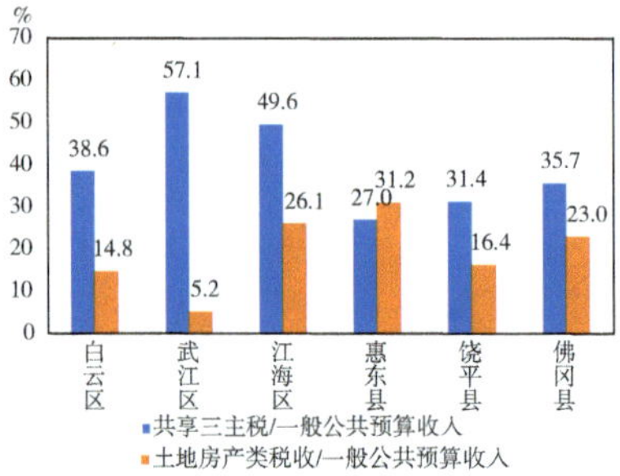

图 19-133　2018 年广东省样本区县共享三主税、土地房产类税收占一般公共预算收入的比重

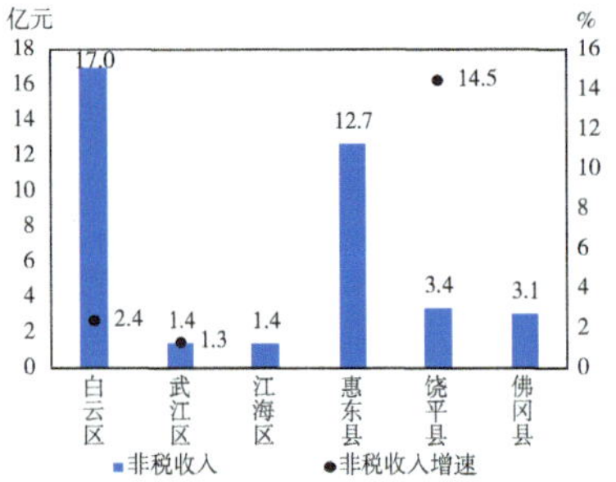

图 19-134　2018 年广东省样本区县非税收入及增速

注：非税收入增速：江海区-9%，惠东县-24.6%，佛岗县-4.5%。

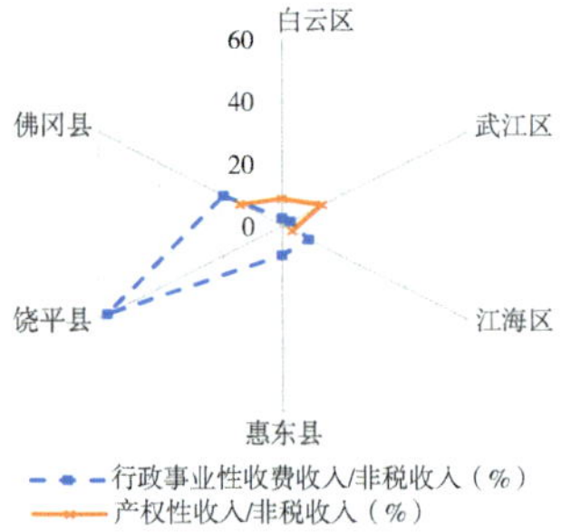

图 19-135　2018 年广东省样本区县产权性收入、行政事业性收费收入占非税收入的比重

19.3.4　广东省样本县政府性基金收入与国有资本经营收入情况

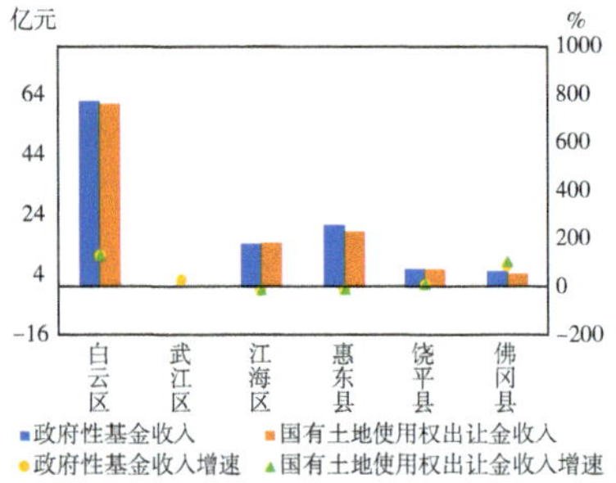

图 19-136　2018 年广东省样本区县政府性基金收入、国有土地使用权出让金收入及其增速

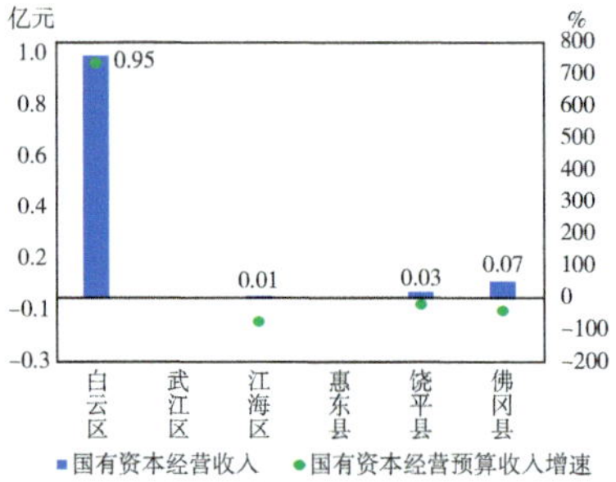

图 19-137　2018 年广东省样本区县国有资本经营收入及增速

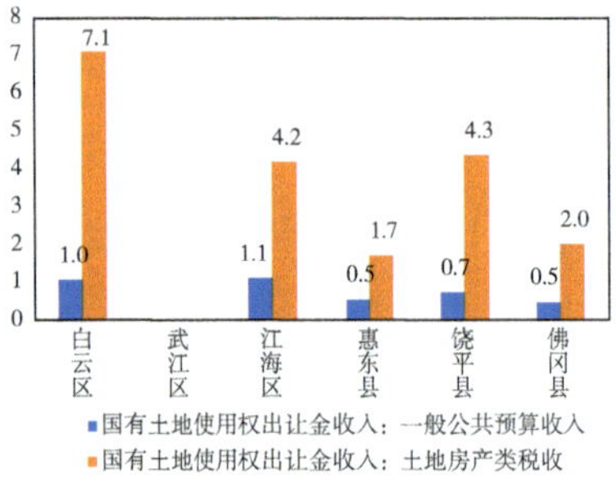

图 19-138　2018 年广东省样本区县国有土地使用权出让金收入与一般公共预算关系指标

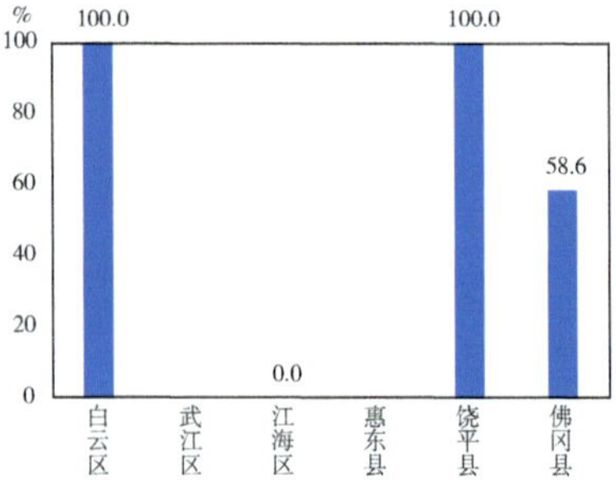

图 19-139　2018 年广东省样本区县调出资金/国有资本经营预算收入

19.3.5 广东省样本县社会保险基金收入情况

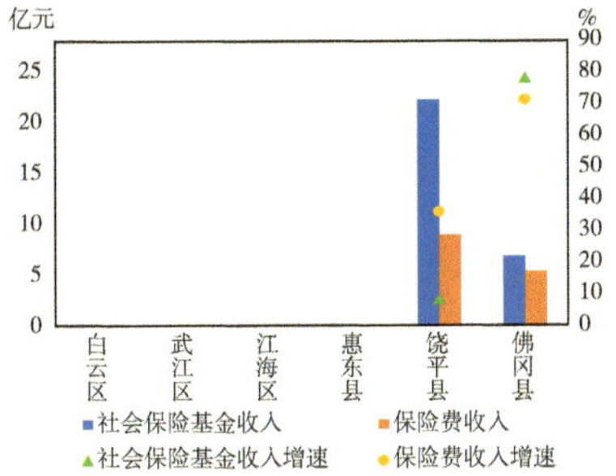

图19-140 2018年广东省样本区县社会保险基金收入、保险费收入及其增速

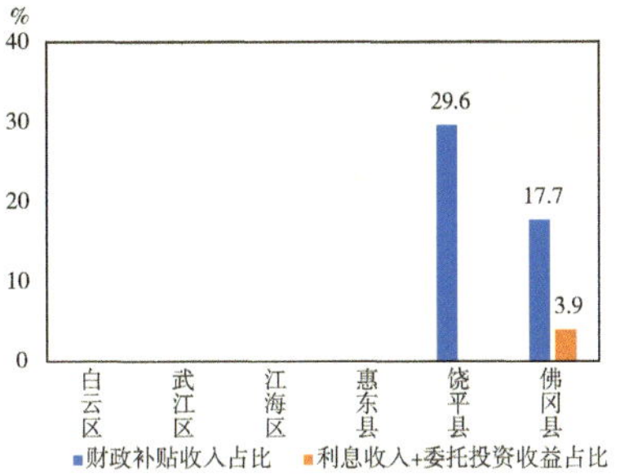

图19-141 2018年广东省样本区县财政补贴收入、利息收入+委托投资收益占社会保险收入的比重

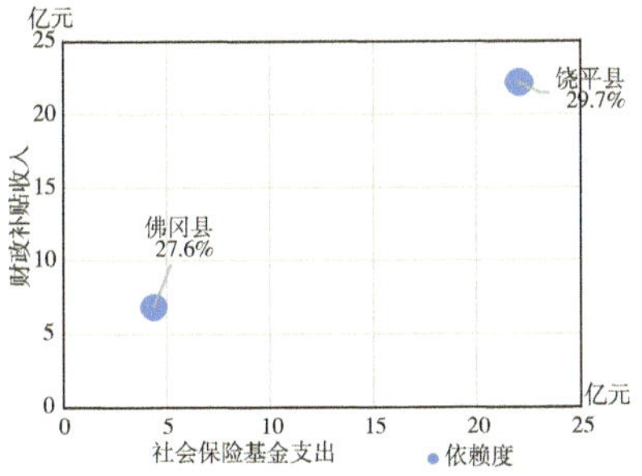

图19-142 2018年广东省样本区县社会保险基金对财政补贴的依赖度

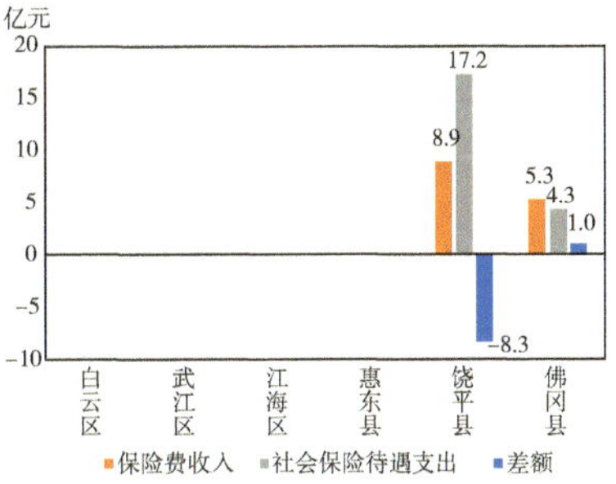

图19-143 2018年广东省样本区县保险费收入、社会保险待遇支出及其差额

19.3.6 广东省样本县债务情况

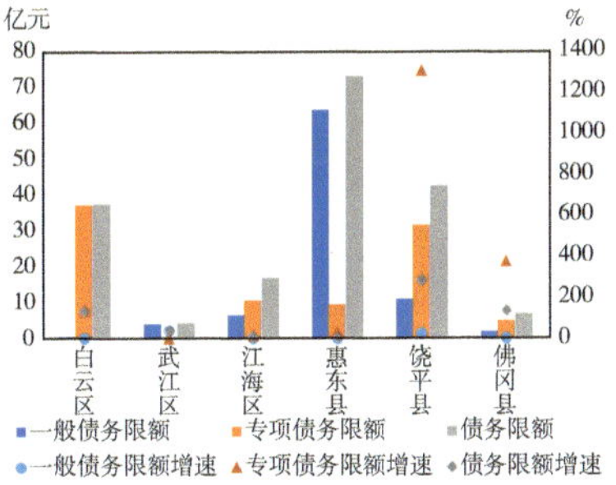

图19-144 2018年广东省样本区县债务限额及其增速

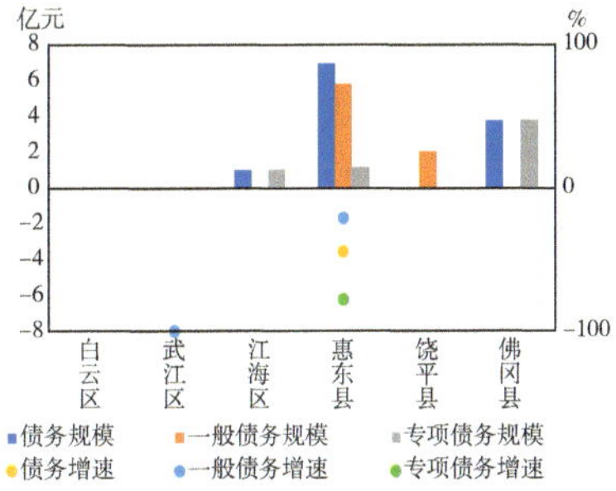

图19-145 2018年广东省样本区县债务规模及其增速

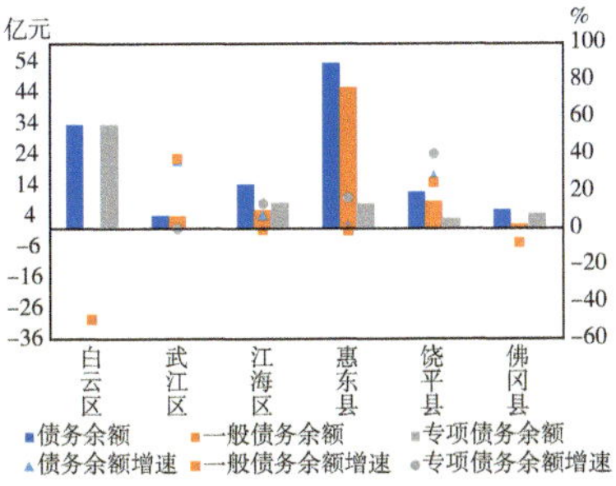

图19-146 2018年广东省样本区县债务余额及其增速

注：佛冈县专项债务余额增速98983.3%。

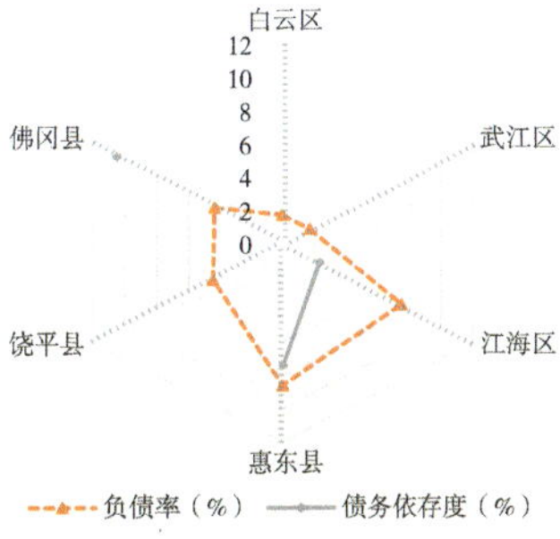

图19-147 2018年广东省样本区县负债率与债务依存度

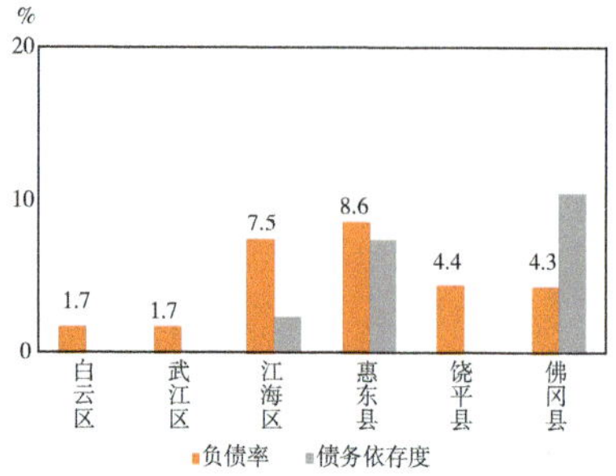

图19-148　2018年广东省样本区县负债率与债务依存度

20 广西壮族自治区

截至2019年末，广西壮族自治区共辖14个地级市、市辖区40个、县级市8个、县51个、自治县12个；陆地面积为23.76万平方公里、海域面积约4万平方千米，地貌总体由山地、丘陵、台地、平原、石山、水面6大类构成。广西矿产资源种类多、储量大，尤以铝、锡等有色金属为最，是全国10个重点有色金属产区之一。总体上看，广西的经济发展、财政收入等在全国处于靠后的位置，区域差异大，发展不均衡。

2019年广西壮族自治区经济总量处于全国中等，第三产业占比低于全国，人口整体净流出，城镇化率低于全国。2019年末，广西壮族自治区常住人口4960万人，常住人口城镇化率为51.1%。2019年广西GDP达到2.12万亿元，排全国第19名，次于云南，略高于内蒙；增速6.0%，比2018年下降0.8个百分点，低于全国0.1个百分点，排全国第29名；人均GDP为42817元（6207美元），排全国第29名。从产业结构看，第一、第二、第三产业占比分别为16%、33.3%（低于全国平均水平5.7个百分点）和50.7%（低于全国平均水平3.2个百分点）。从居民可支配收入看，2019年城镇与农村居民人均可支配收入分别为34745元和13676元，呈上升态势，分别为全国平均水平的76.6%和77.6%。

2019年广西壮族自治区一般公共预算收入全国排名稍后，自治区市县中县级财政收入占比最高。2019年广西一般公共预算收入1811.9亿元、增速7.8%，均排全国第22名，人均一般公共预算收入为3653元，排全国第29名。其中，近三年广西税收收入占一般公共预算收入的总体呈下降态势，2019年为63.3%，低于全国平均水平19.7个百分点。非税收入占比高，其中2019年政府行政事业性收费收入规模占非税收入比高达49.5%。从纵向收入分配看，2018年自治区本级、市本级、县一般公共预算收入占比分别为21%、37%和42%。

2019年广西壮族自治区财政自给率偏低，地区财政总收入小于一般公共预算支出。广西财政自给率在32%左右，2019年为31%。2019年广西组织的地区财政总收入为2969.2亿元，增速为6.4%，其中上缴中央收入占比39%。广西一般公共预算支出为5849亿元，远高于地区财政总收入规模。

2019年广西壮族自治区四本预算中政府性基金收入占比有较大幅度上升，相反社会保险基金收入占比有较大幅度下降。2019年广西四本预算加总的政府收入5423.6亿元，增速为6.6%，其中一般公共预算收入、政府性基金收入、国有资本经营收入和社会保险基金收入分别占比33.4%、31.3%、0.7%和34.5%。2018年广西壮族自治区社会保险费收入为1209.5亿元；财政补贴收入规模为708亿元，社保对财政依赖度达到41%。

广西壮族自治区内各地市经济社会发展和财政发展不均衡，优势主要集中于自治区首府南宁。2018年南宁市一般公共预算收入359亿元，其他各市均低于200亿元，且城市间差异较大，比如南宁市是来宾市的12.9倍。除南宁市外，2018年广西各市财政自给率均低于50%。财政自给率最高的城市为南宁，达到51.4%，最低的为河池市，仅为11.3%，前者是后者的4.5倍。政府性基金收入主要构成是国有土地使用权出让金收入，与地理位置关系较大，收入规模最大的南宁市（476.1亿元）为规模最小的来宾市（18.3亿元）的26倍。

本章执笔人：刘昶　审校：梁季

20.1 广西壮族自治区政府收入主要特征分析

20.1.1 广西壮族自治区经济社会基本情况

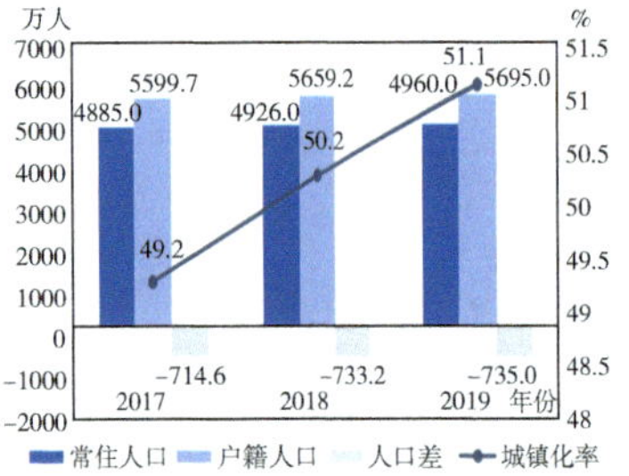

图20-1 2017-2019年广西壮族自治区人口状况

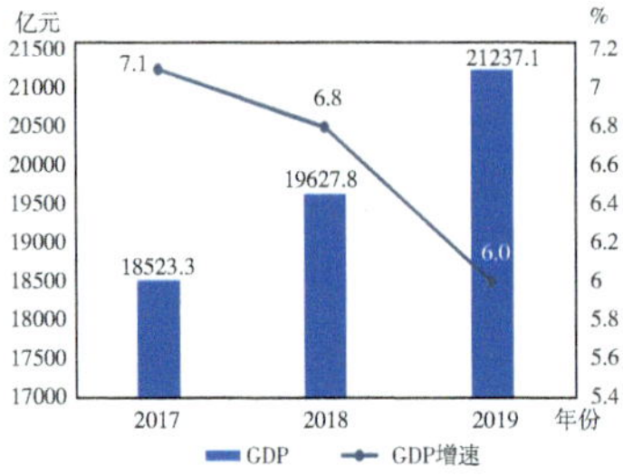

图20-2 2017-2019年广西壮族自治区GDP及增速

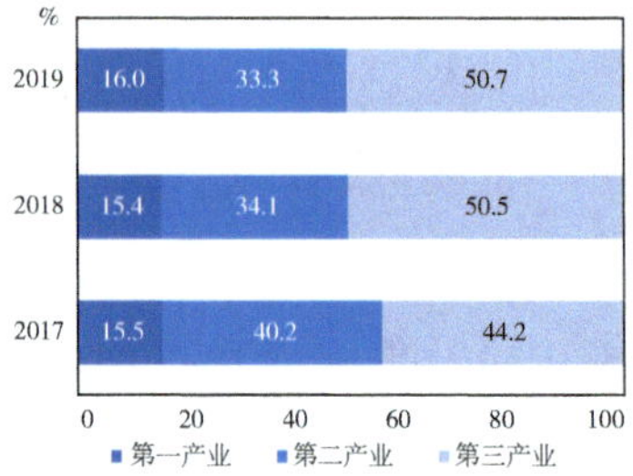

图20-3 2017-2019年广西壮族自治区三次产业结构

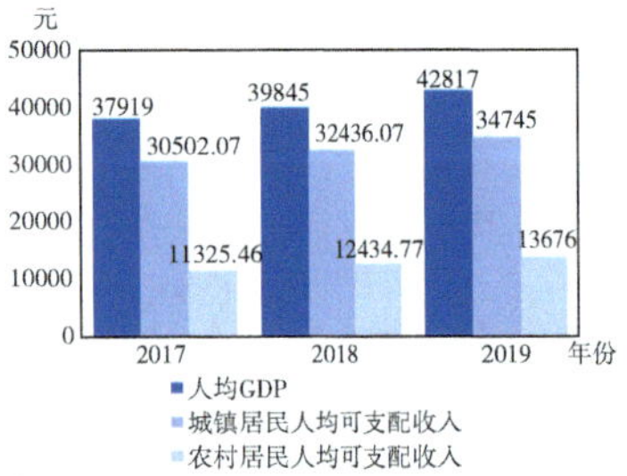

图20-4 2017-2019年广西壮族自治区人均GDP和人均可支配收入

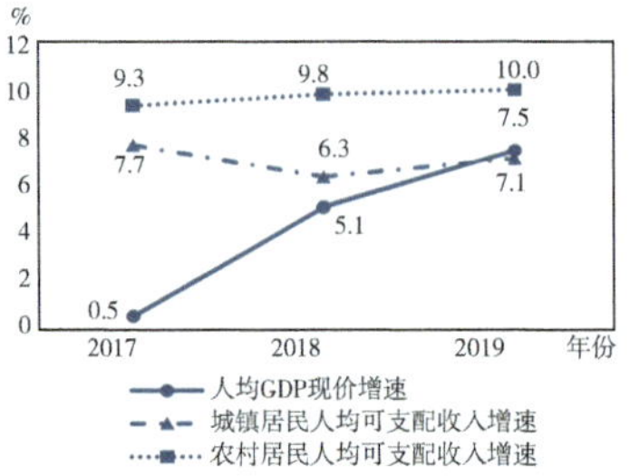

图20-5 2017-2019年广西壮族自治区人均GDP增速和人均可支配收入增速

20.1.2 广西壮族自治区政府收入总体情况

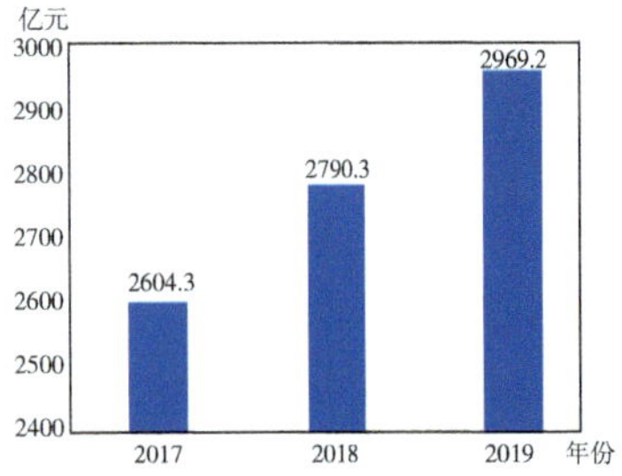

图20-6 2017-2019年广西壮族自治区财政总收入

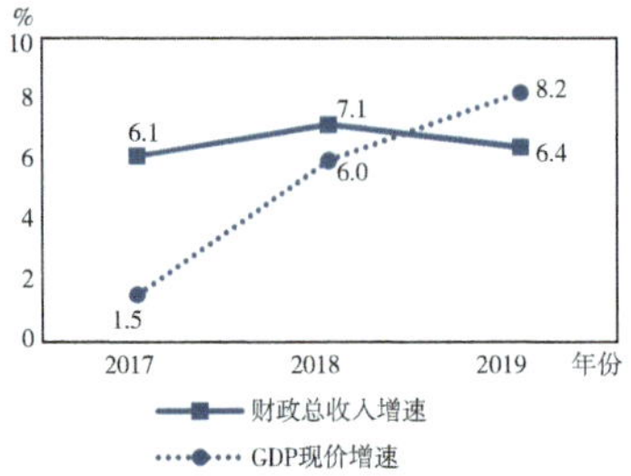

图20-7 2017-2019年广西壮族自治区财政总收入增速

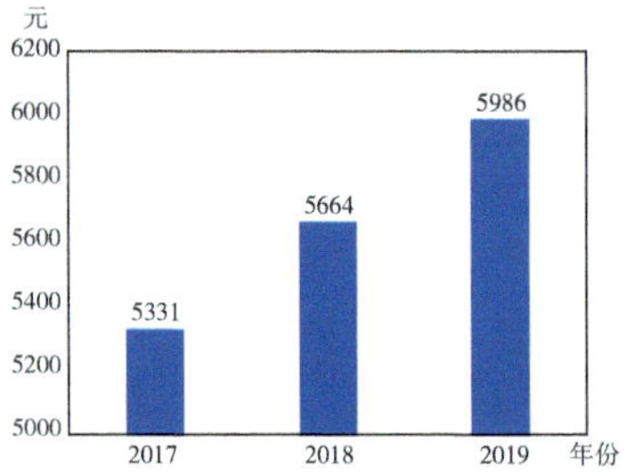

图20-8 2017-2019年广西壮族自治区人均财政总收入

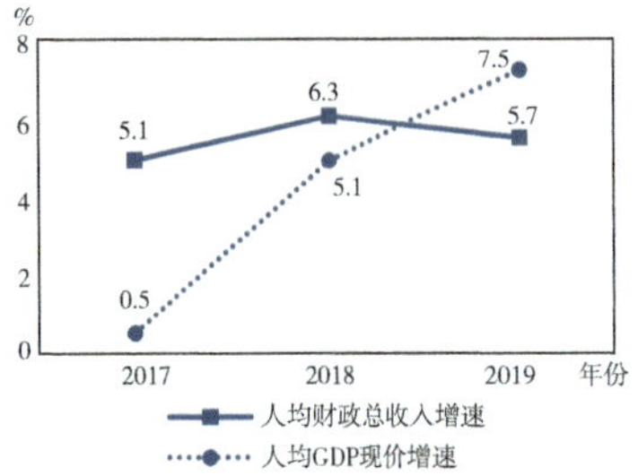

图20-9 2017-2019年广西壮族自治区人均财政总收入增速

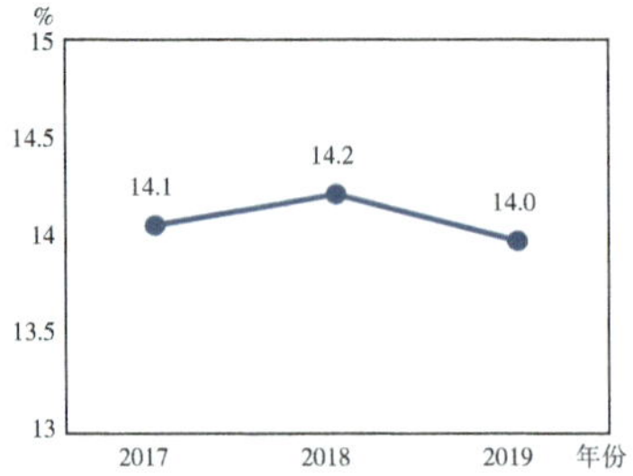

图20-10 2017-2019年广西壮族自治区财政总收入/GDP

图20-11 2017-2019年广西壮族自治区财政总收入其他指标

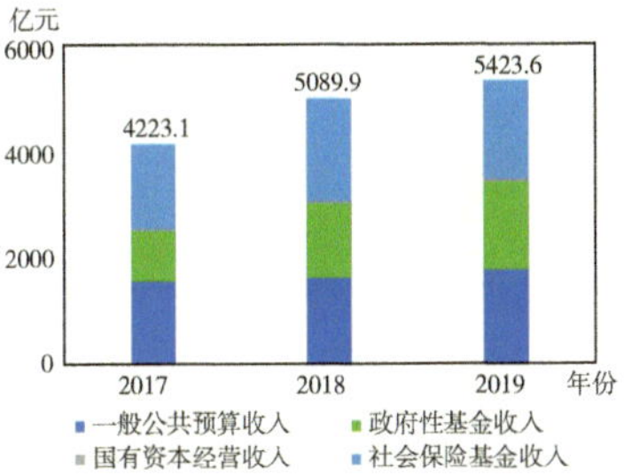

图20-12 2017-2019年广西壮族自治区政府收入

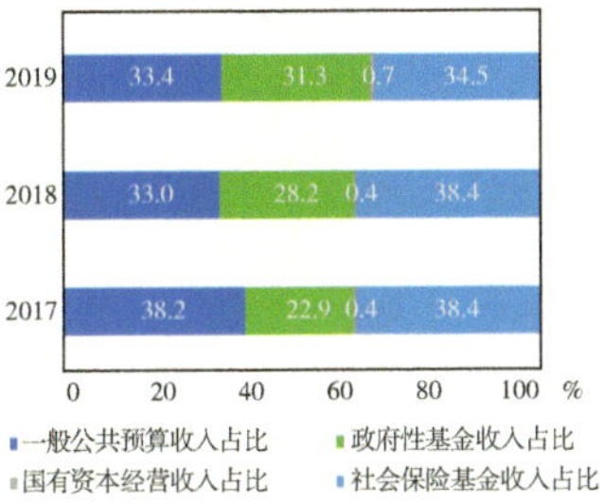

图20-13 2017-2019年广西壮族自治区政府收入结构

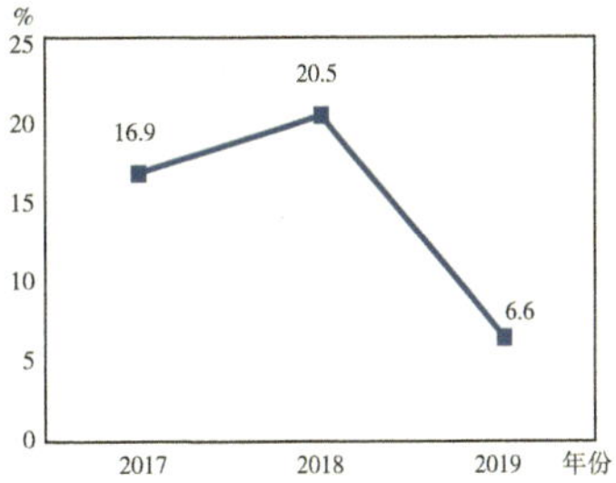

图20-14 2017-2019年广西壮族自治区政府收入增速

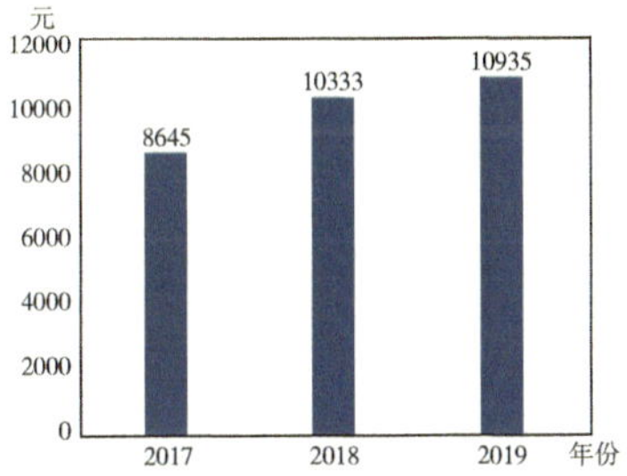

图20-15 2017-2019年广西壮族自治区人均政府收入

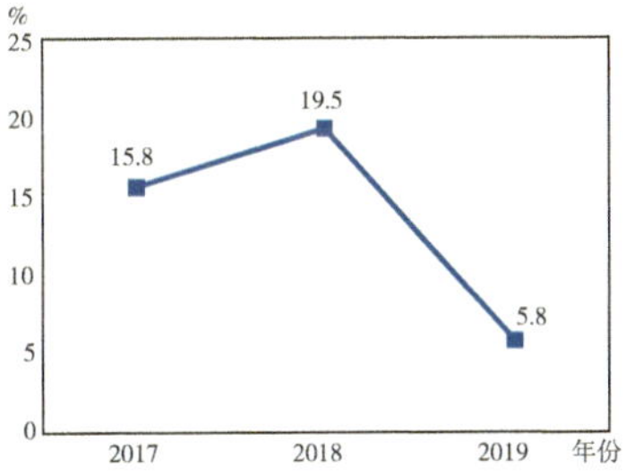

图20-16 2017-2019年广西壮族自治区人均政府收入增速

20.1.3 广西壮族自治区一般公共预算收入情况

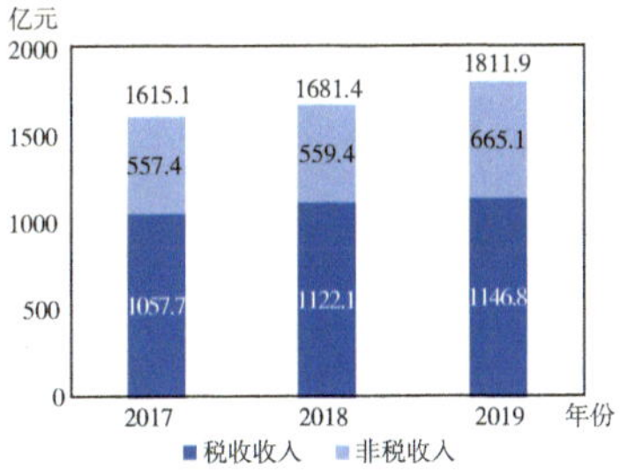

图20-17 2017-2019年广西壮族自治区一般公共预算收入

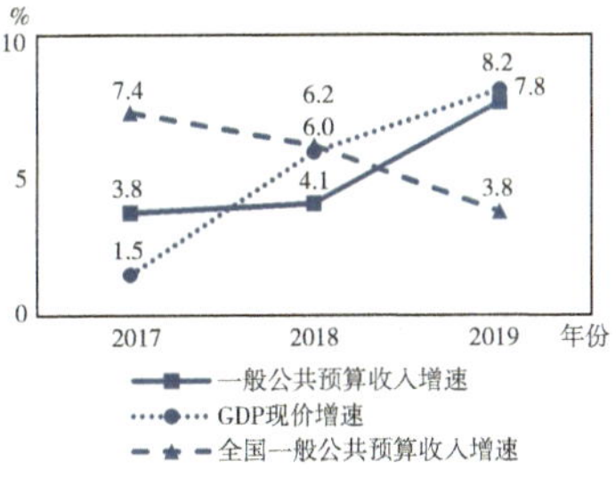

图20-18 2017-2019年广西壮族自治区一般公共预算收入增速

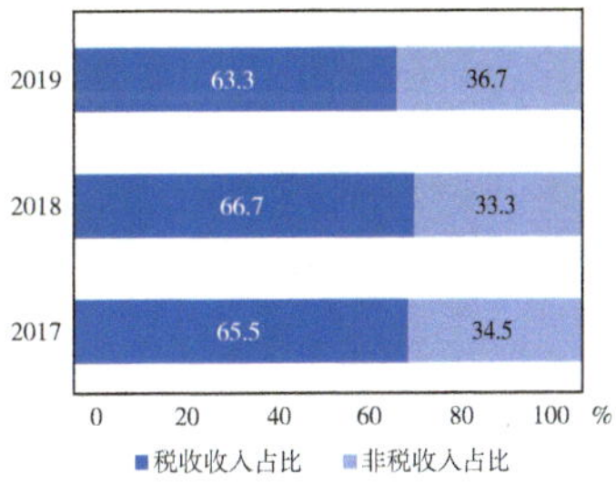

图20-19 2017-2019年广西壮族自治区一般公共预算收入结构

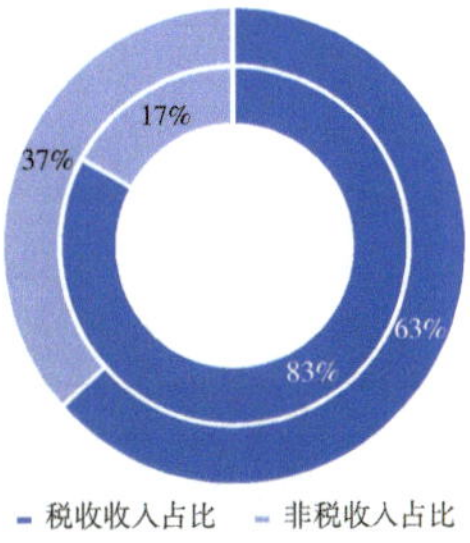

图20-20 2019年一般公共预算收入结构对比（内环为全国，外环为广西壮族自治区）

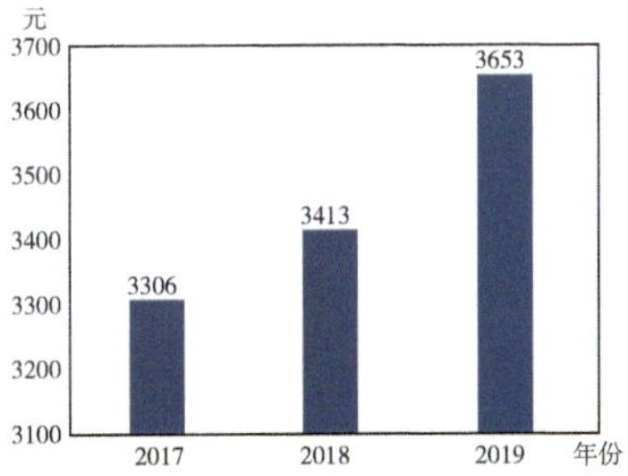

图20-21 2017-2019年广西壮族自治区人均一般公共预算收入

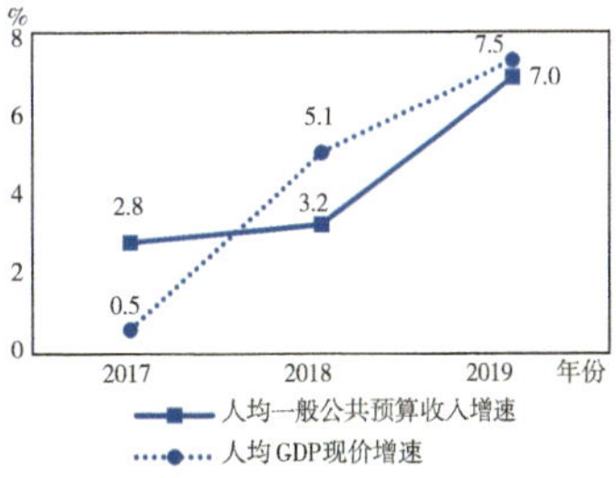

图20-22 2017-2019年广西壮族自治区人均一般公共预算收入增速

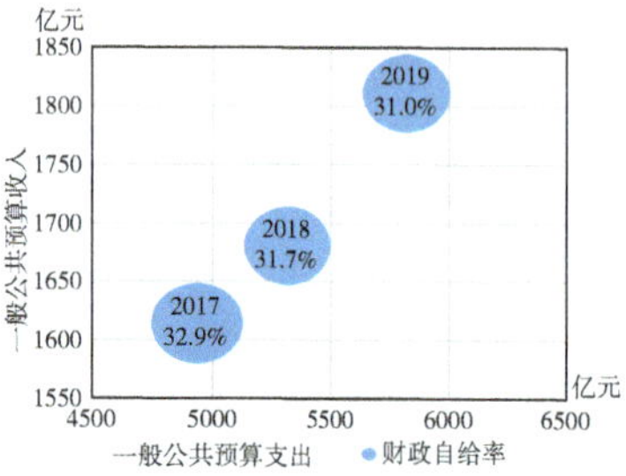

图20-23　2017-2019年广西壮族自治区财政自给率

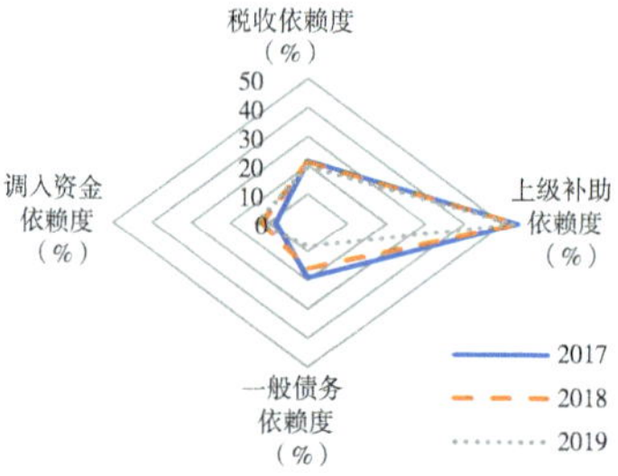

图20-24　2017-2019年广西壮族自治区财政收入依赖度

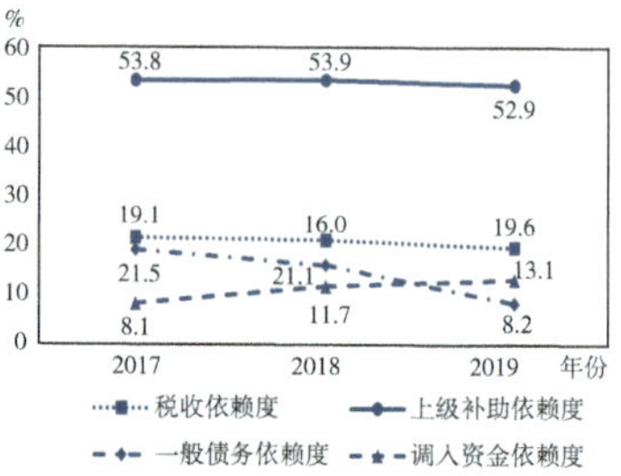

图20-25　2017-2019年广西壮族自治区财政收入依赖度

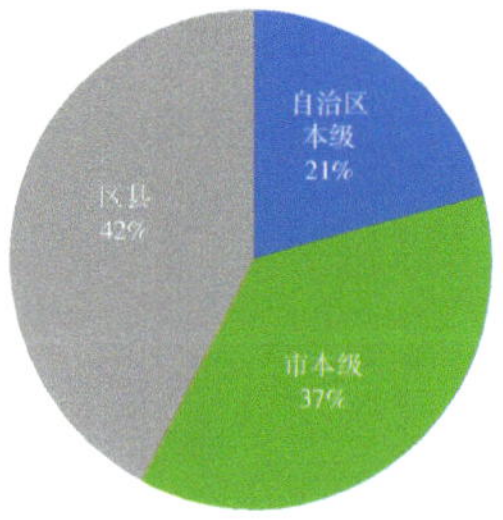

图20-26　2018年自治区市县三级政府一般公共预算收入分布

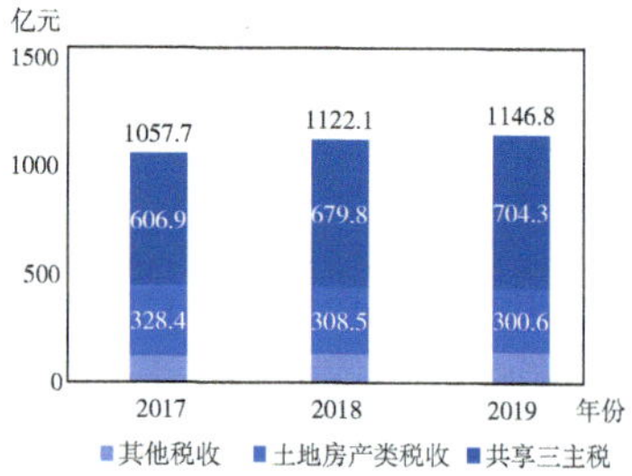

图20-27　2017-2019年广西壮族自治区税收收入

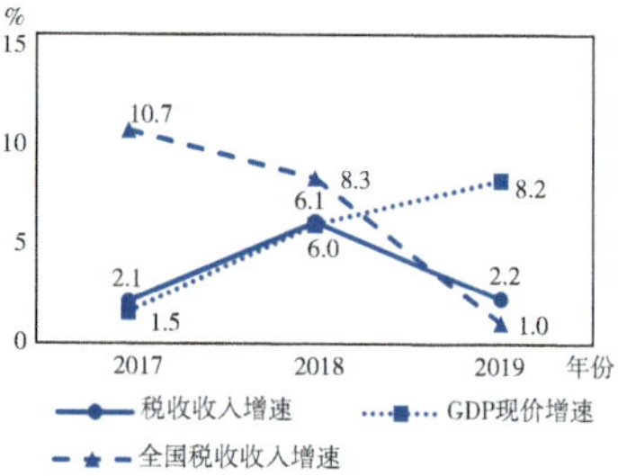

图20-28　2017-2019年广西壮族自治区税收收入增速

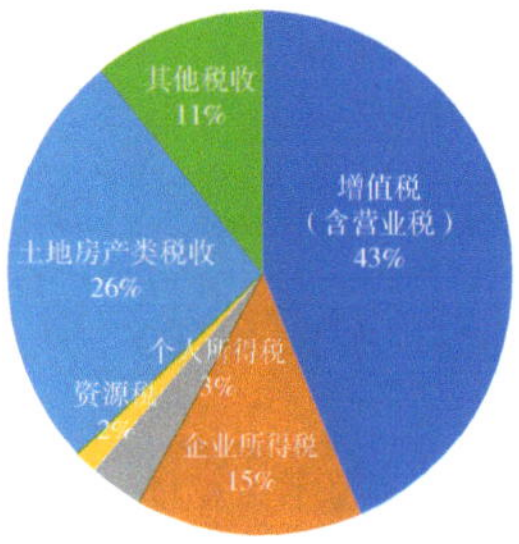

图20-29　2019年广西壮族自治区税收结构

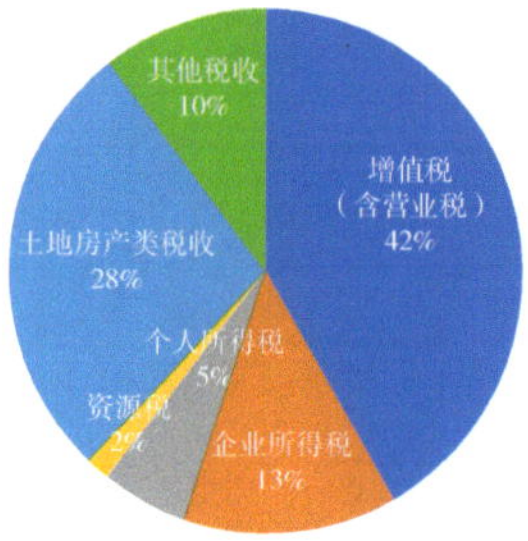

图20-30　2018年广西壮族自治区税收结构

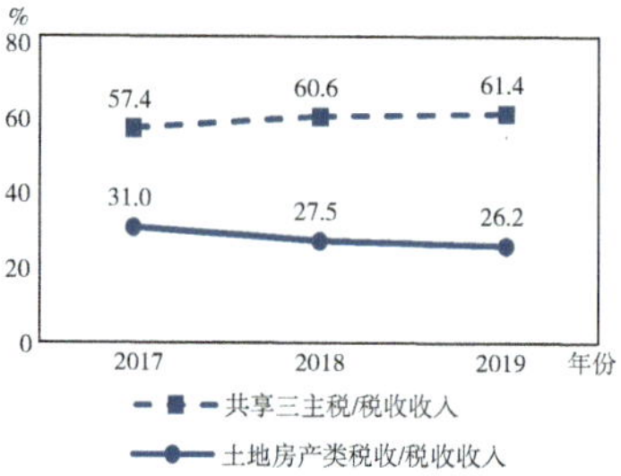

图20-31　2017-2019年广西壮族自治区共享三主税、土地房产类税收占税收收入的比重

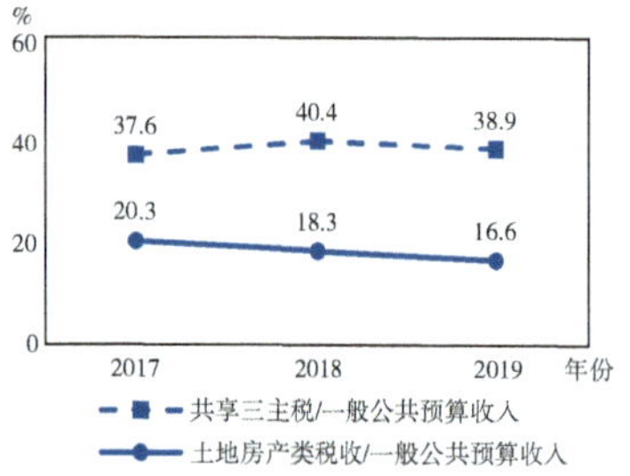

图20-32　2017-2019年广西壮族自治区共享三主税、土地房产类税收占一般公共预算收入的比重

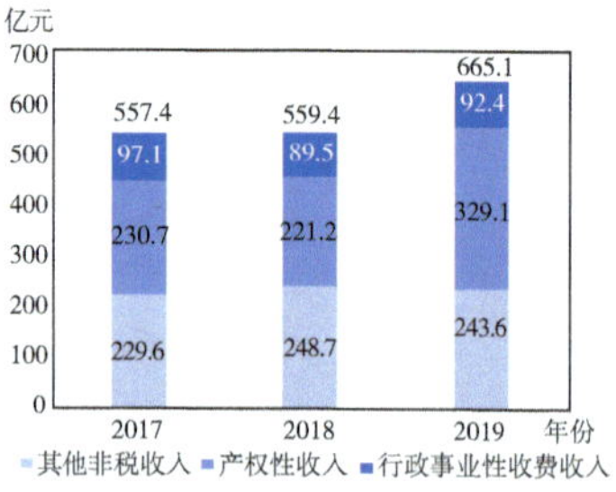

图20-33　2017-2019年广西壮族自治区非税收入

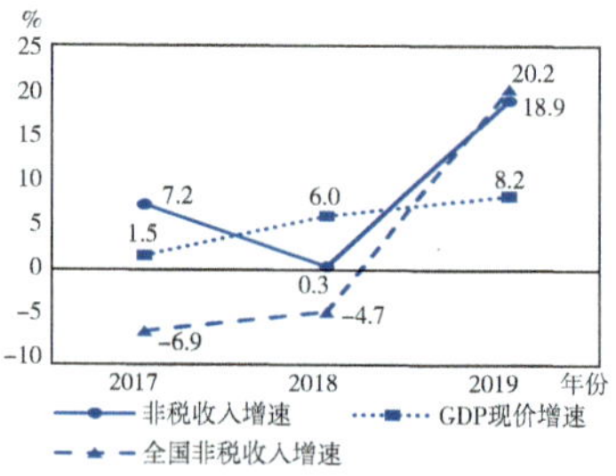

图20-34　2017-2019年广西壮族自治区非税收入增速

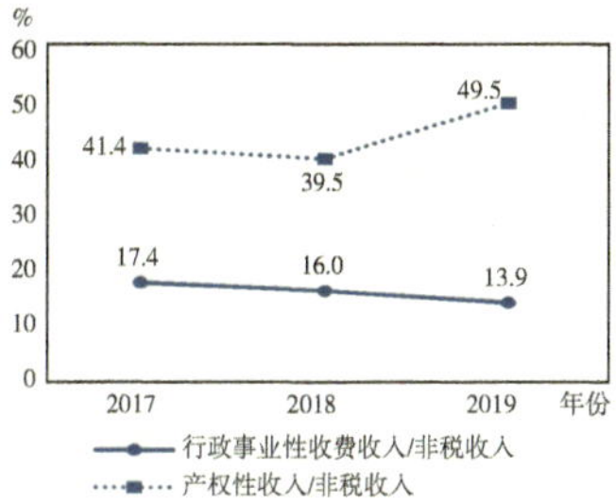

图20-35 2017-2019年广西壮族自治区行政事业性收费及产权性收入占非税收入比重

20.1.4 广西壮族自治区政府性基金收入和国有资本经营收入情况

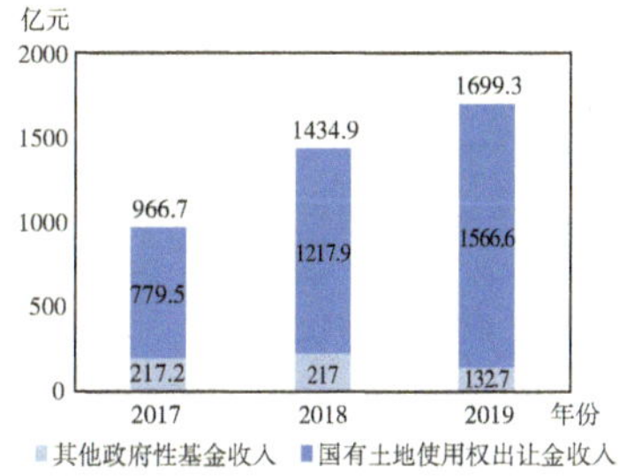

图20-36 2017-2019年广西壮族自治区政府性基金收入

图20-37 2017-2019年广西壮族自治区政府性基金收入增速及国有土地使用权出让金收入增速

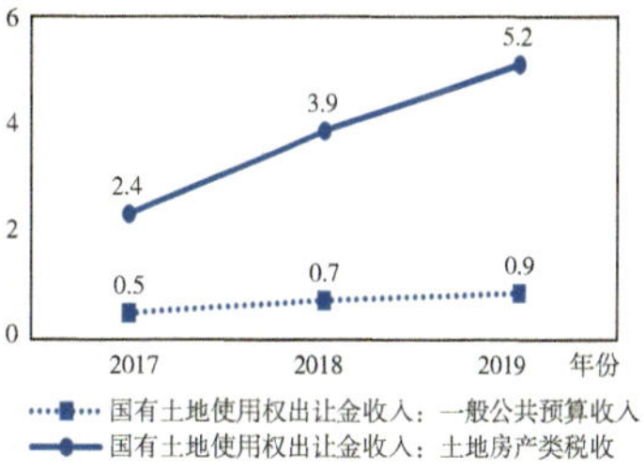

图20-38 2017-2019年广西壮族自治区国有土地使用权出让金收入与一般公共预算关系指标

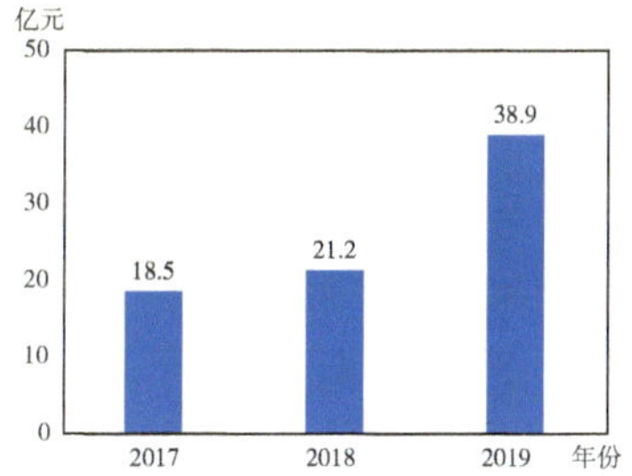

图20-39 2017-2019年广西壮族自治区国有资本经营收入

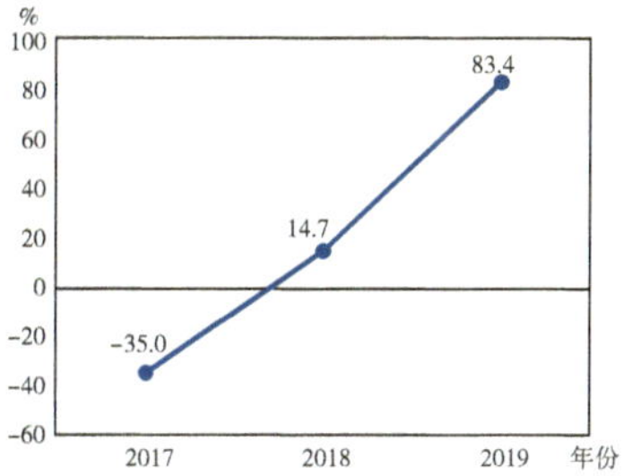

图20-40 2017-2019年广西壮族自治区国有资本经营收入增速

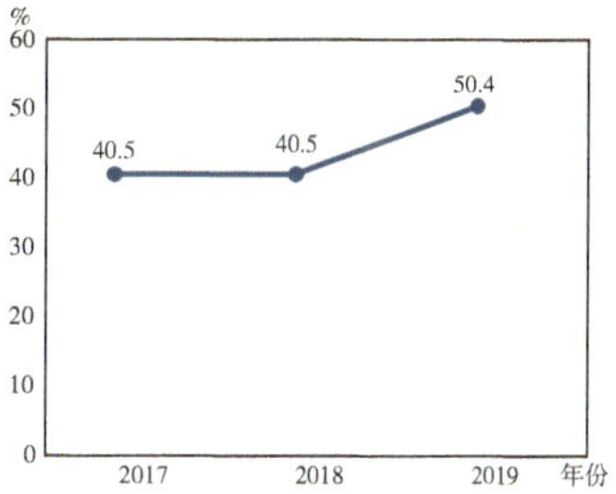

图20-41 2017-2019年广西壮族自治区调出资金/国有资本经营收入

20.1.5 广西壮族自治区社会保险基金收入情况

图20-42 2017-2019年广西壮族自治区社会保险基金收入

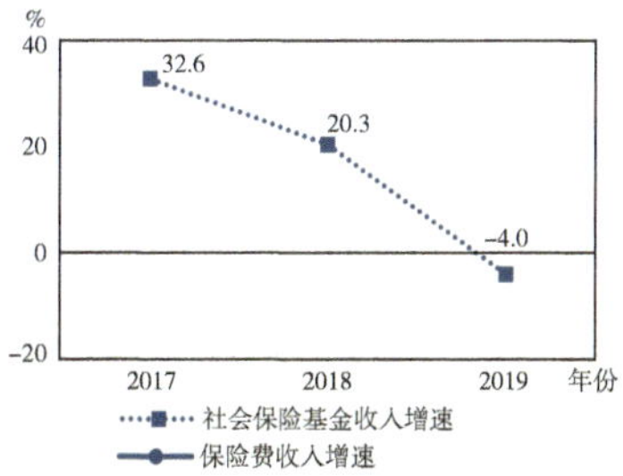

图20-43 2017-2019年广西壮族自治区社会保险基金收入增速及保险费收入增速

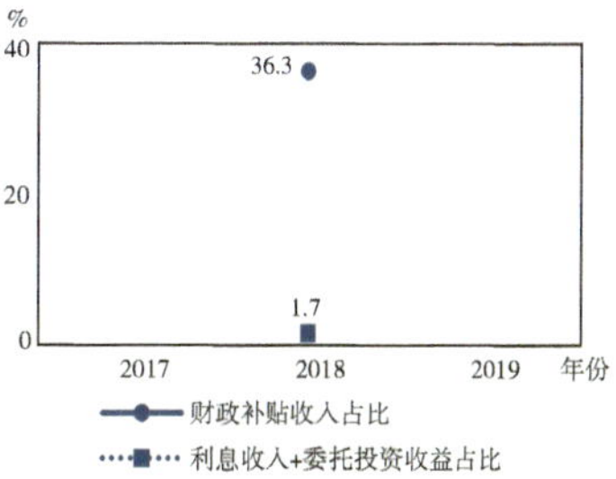

图20-44 2017-2019年广西壮族自治区财政补贴收入、利息收入+委托投资收益占社会保险基金收入的比重

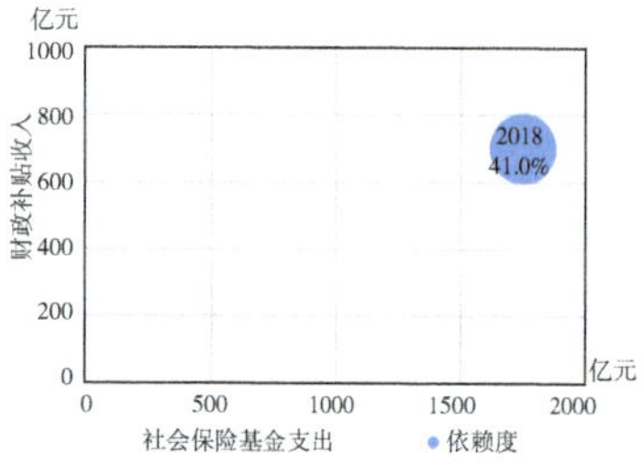

图20-45　2017-2019年广西壮族自治区社会保险基金对财政补贴的依赖度

图20-46　2017-2019年广西壮族自治区保险费收入、社会保险待遇支出及差额

20.1.6　广西壮族自治区债务情况

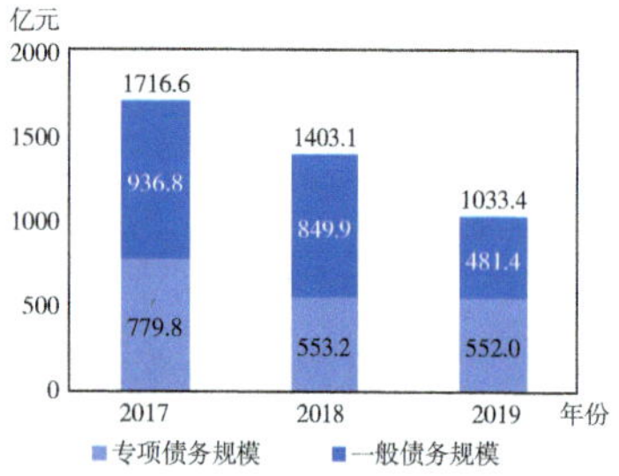

图20-47　2017-2019年广西壮族自治区债务规模

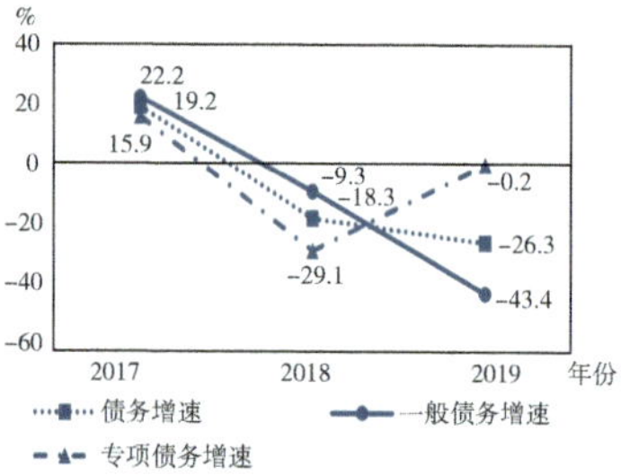

图20-48　2017-2019年广西壮族自治区债务增速

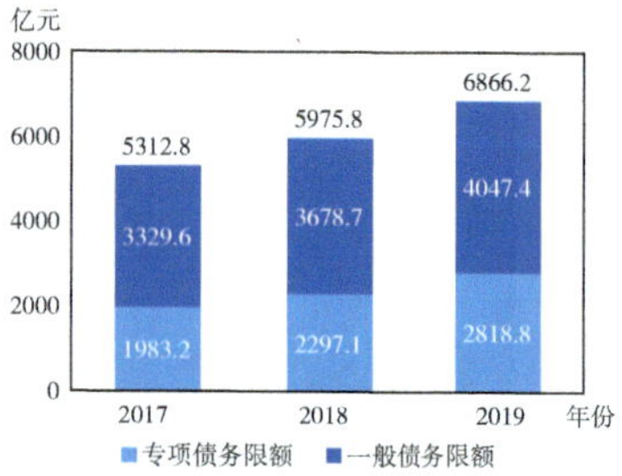

图20-49　2017-2019年广西壮族自治区债务限额

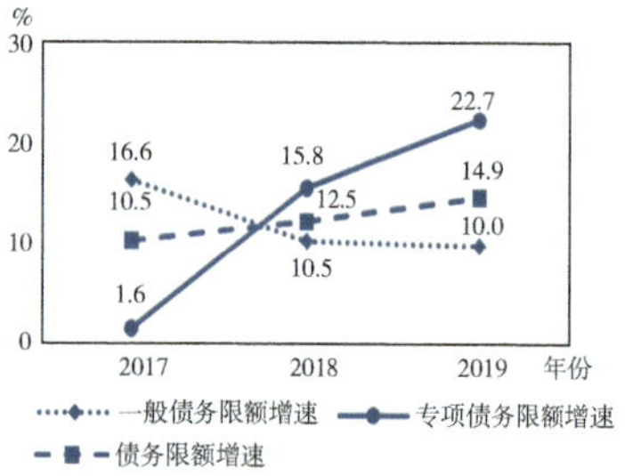

图20-50　2017-2019年广西壮族自治区债务限额增速

图20-51　2017-2019年广西壮族自治区债务余额

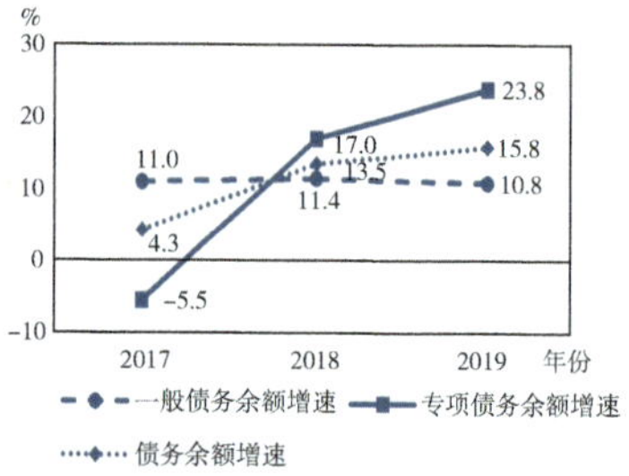

图20-52　2017-2019年广西壮族自治区债务余额增速

图20-53　2017-2019年广西壮族自治区负债率与债务依存度

20.1.7　广西壮族自治区区本级一般公共预算收入情况

图20-54　2017-2019年广西壮族自治区区本级一般公共预算收入

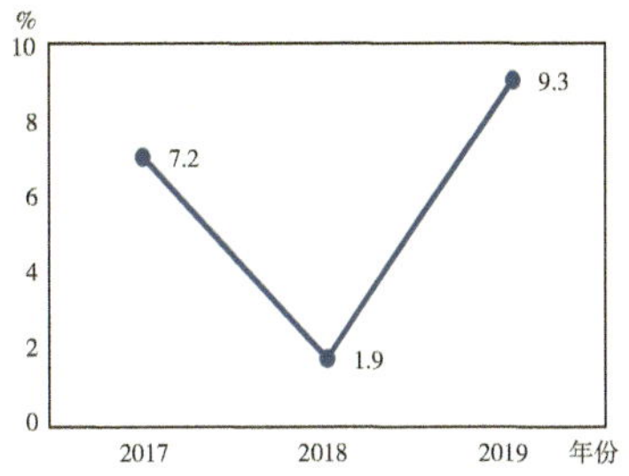

图20-55　2017-2019年广西壮族自治区区本级一般公共预算收入增速

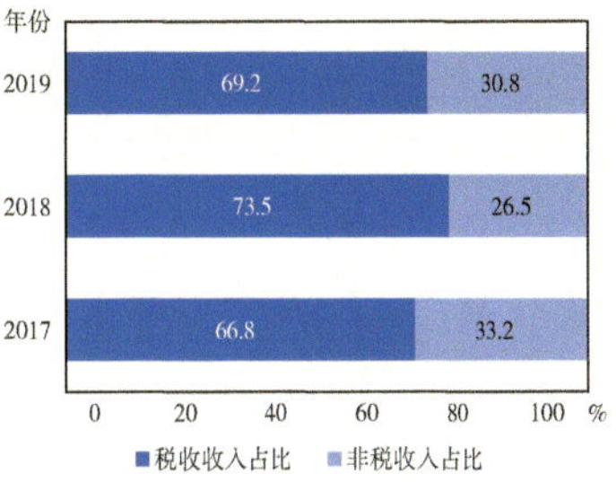

图20-56　2017-2019年广西壮族自治区区本级一般公共预算收入结构

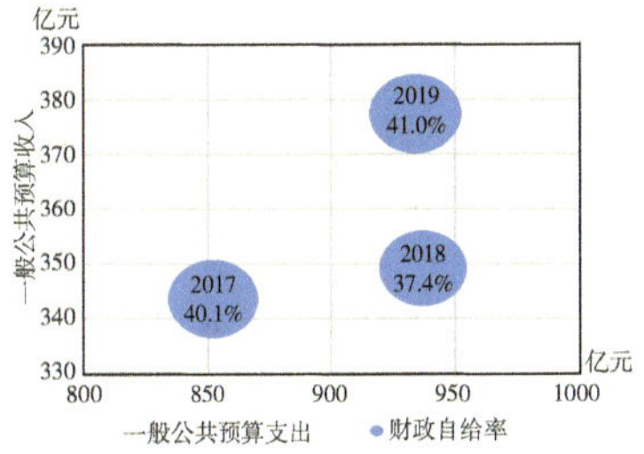

图20-57　2017-2019年广西壮族自治区区本级财政自给率

图20-58　2017-2019年广西壮族自治区区本级税收收入

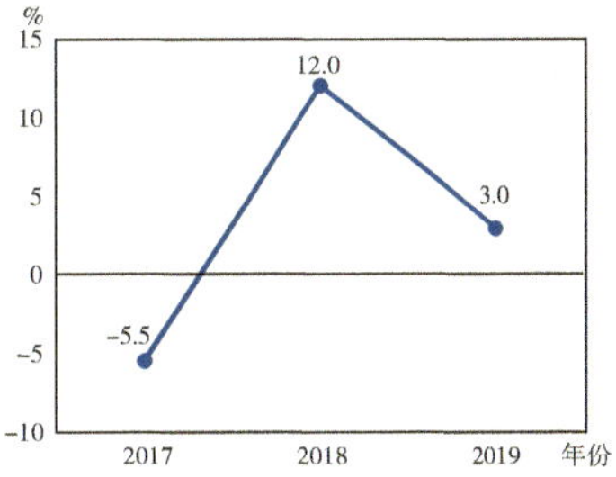

图20-59　2017-2019年广西壮族自治区区本级税收收入增速

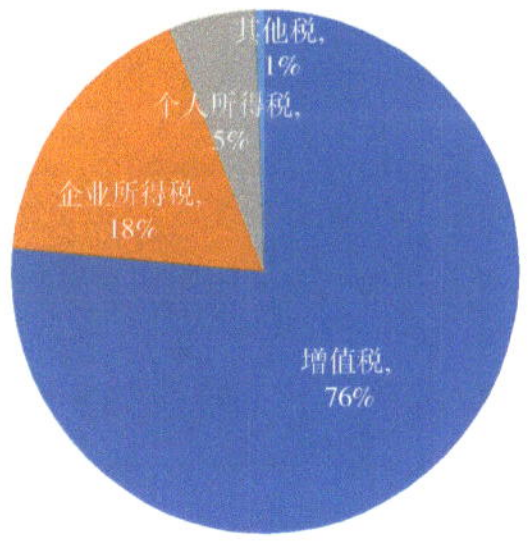

图20-60　2019年广西壮族自治区区本级税收结构

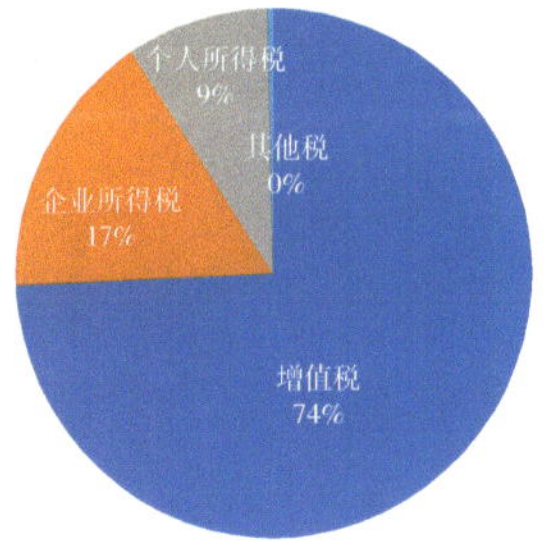

图20-61　2018年广西壮族自治区区本级税收结构

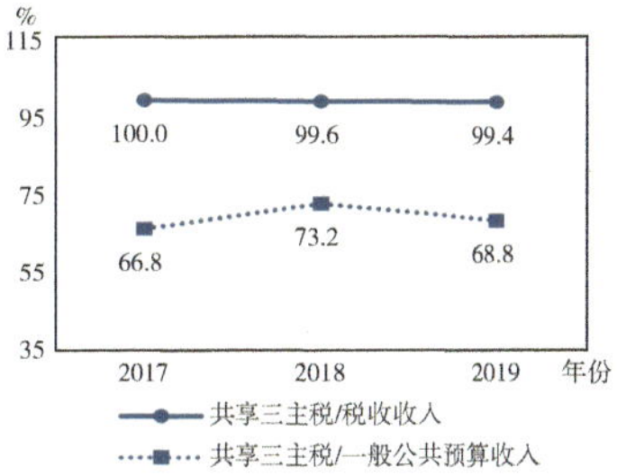

图20-62　2017-2019年广西壮族自治区区本级共享三主税占税收收入、一般公共预算收入的比重

图20-63　2017-2019年广西壮族自治区区本级非税收入

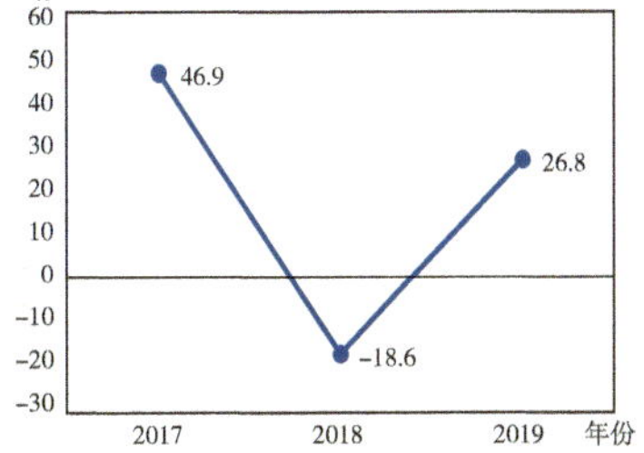

图20-64　2017-2019年广西壮族自治区区本级非税收入增速

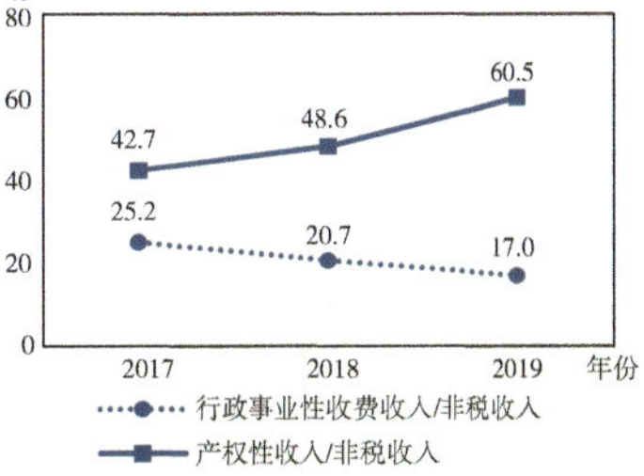

图20-65　2017-2019年广西壮族自治区区本级行政事业性收费、产权性收入占非税收入的比重

20.2 广西壮族自治区各市政府收入主要特征分析

20.2.1 广西壮族自治区各市经济社会发展情况

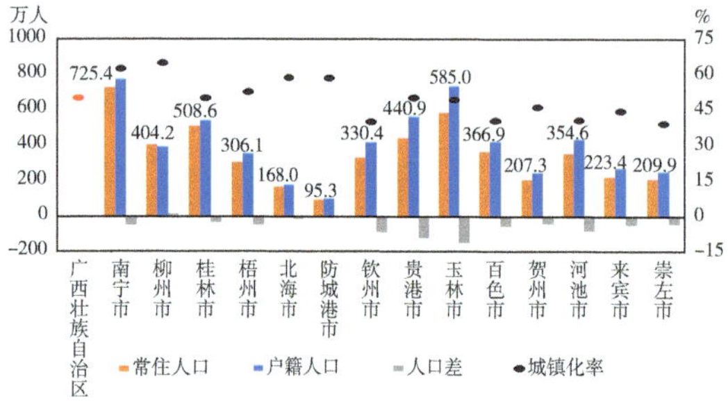

图 20-66　2018 年广西壮族自治区各市人口状况

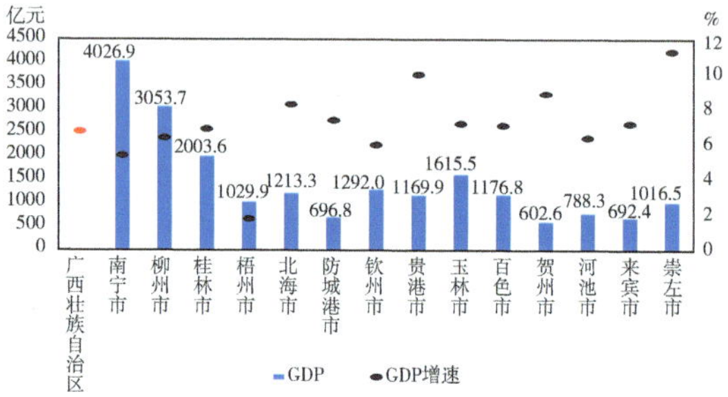

图 20-67　2018 年广西壮族自治区各市 GDP 及增速

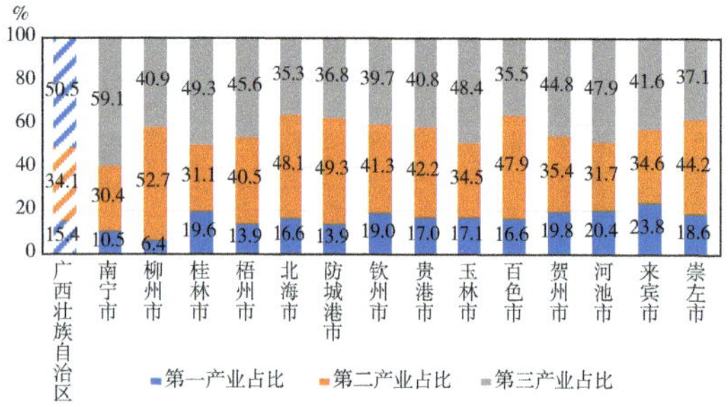

图 20-68　2018 年广西壮族自治区各市三次产业结构

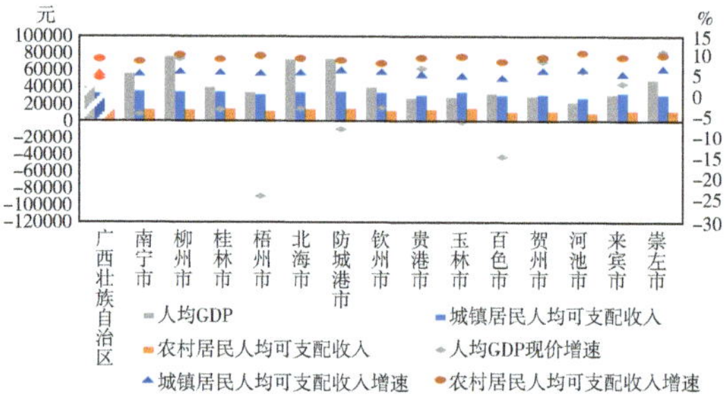

图 20-69　2018 年广西壮族自治区各市人均 GDP 与人均可支配收入

20.2.2 广西壮族自治区各市政府收入总体情况

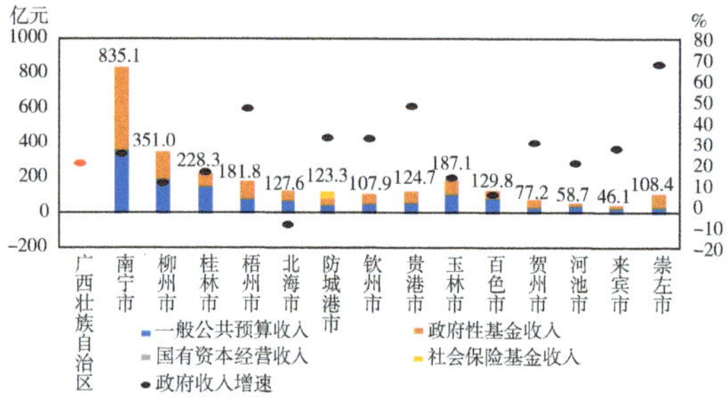

图 20-70　2018 年广西壮族自治区各市政府收入结构及增速

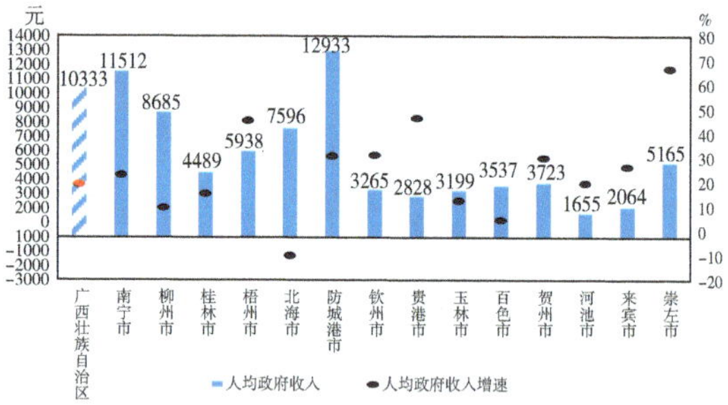

图 20-71　2018 年广西壮族自治区各市人均政府收入及增速

20.2.3 广西壮族自治区各市一般公共预算收入情况

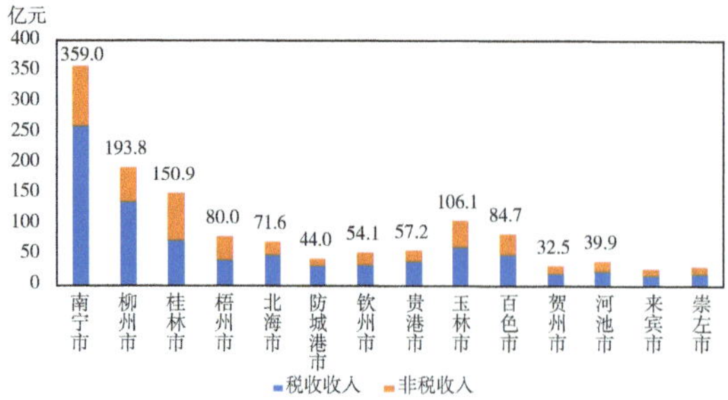

图 20-72　2018 年广西壮族自治区各市一般公共预算收入

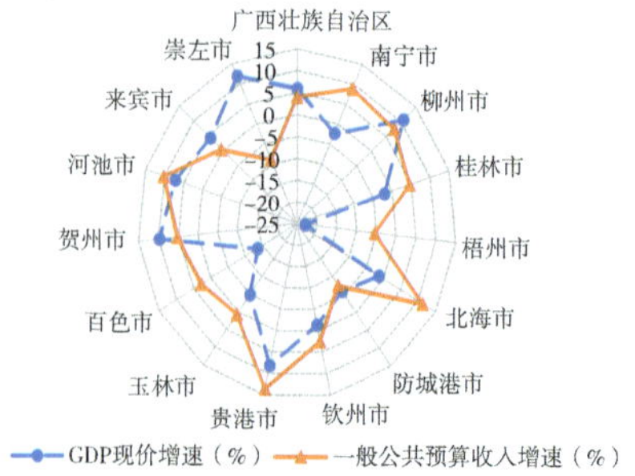

图 20-73　2018 年广西壮族自治区各市一般公共预算收入增速

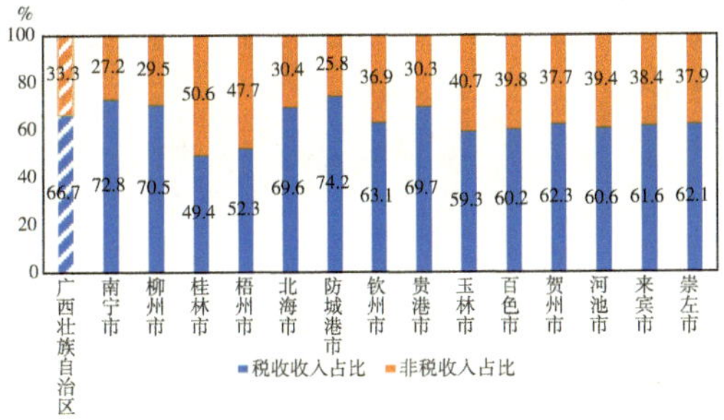

图20-74　2018年广西壮族自治区各市一般公共预算收入结构

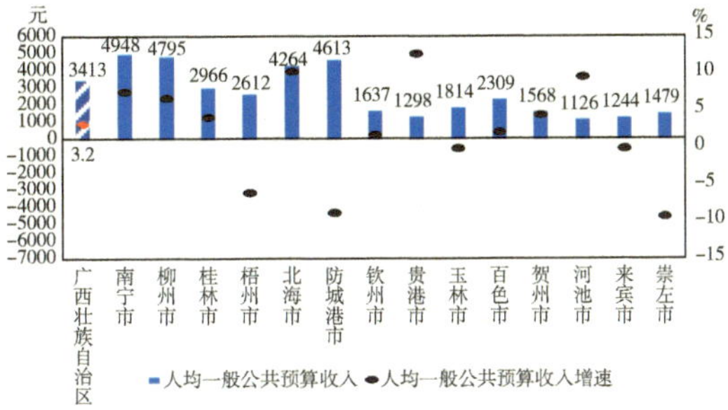

图20-75　2018年广西壮族自治区各市人均一般公共预算收入及增速

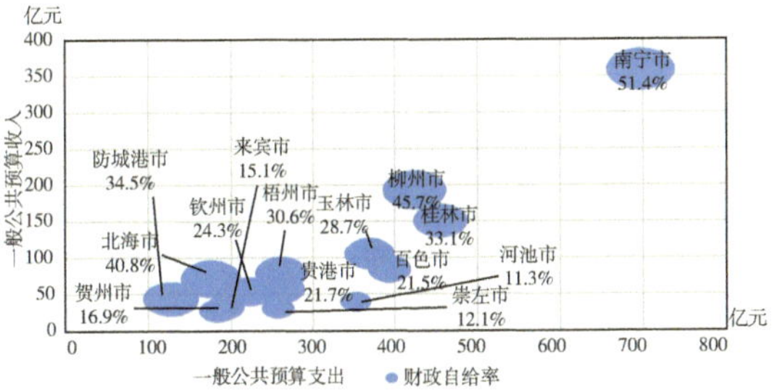

图20-76　2018年广西壮族自治区各市财政自给率

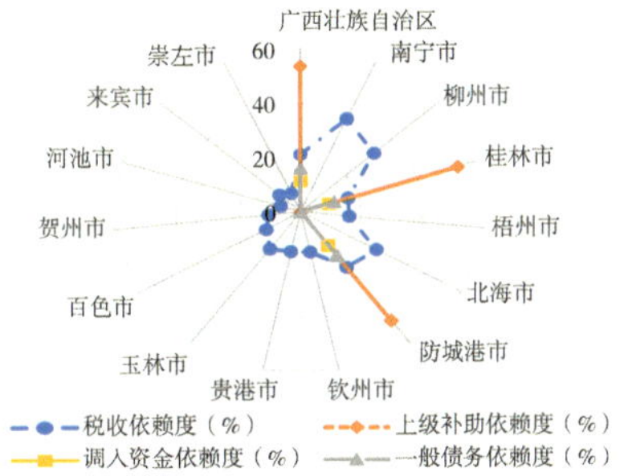

图20-77　2018年广西壮族自治区各市财政收入依赖度

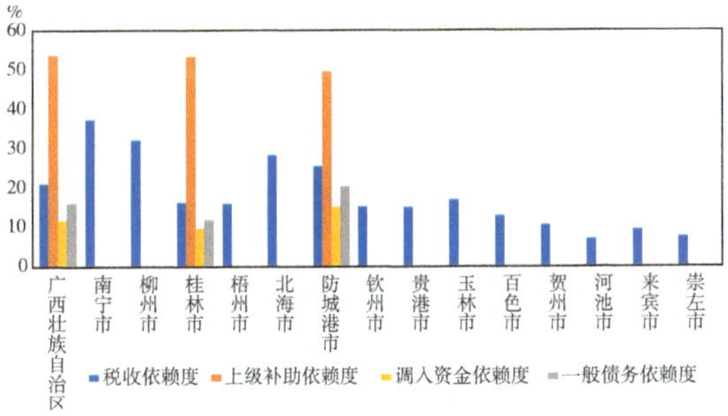

图20-78　2018年广西壮族自治区各市财政收入依赖度

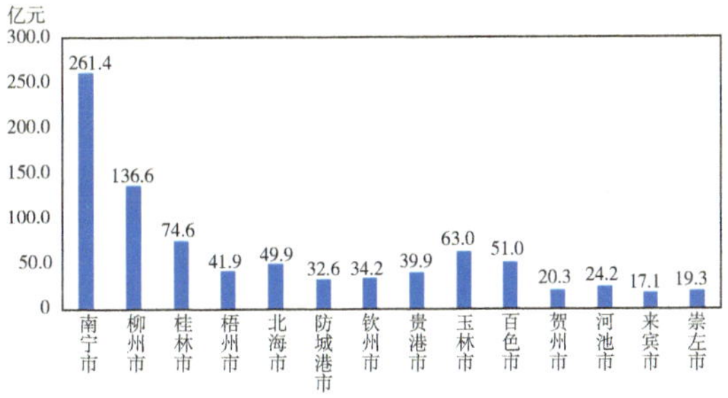

图20-79　2018年广西壮族自治区各市税收收入

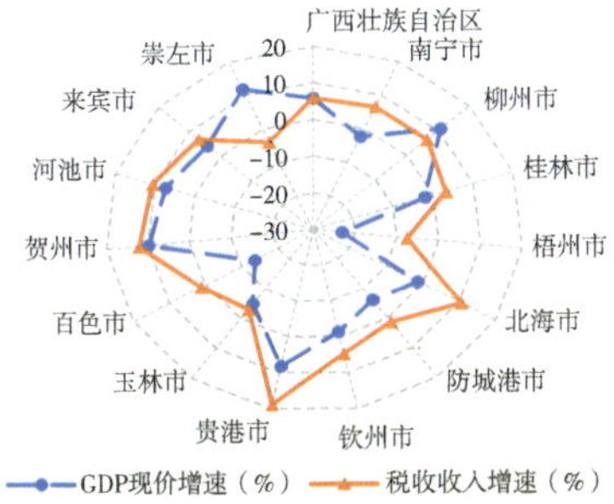

图20-80　2018年广西壮族自治区各市税收收入增速

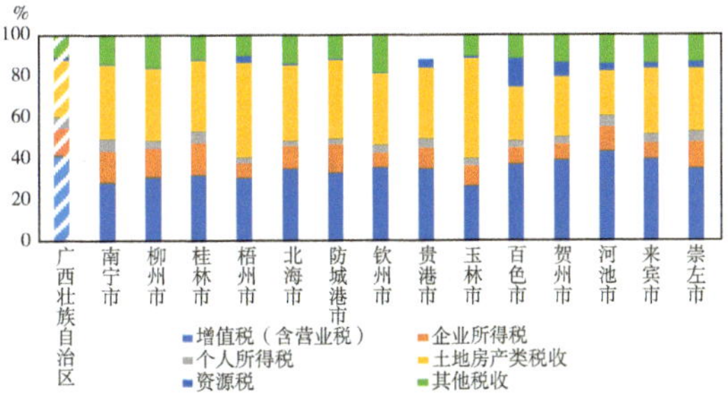

图20-81　2018年广西壮族自治区各市税收收入结构

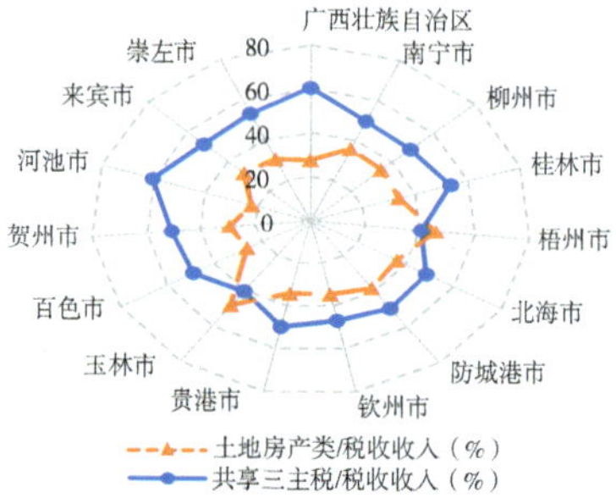

图20-82　2018年广西壮族自治区各市共享三主税、土地房产类税收占税收收入的比重

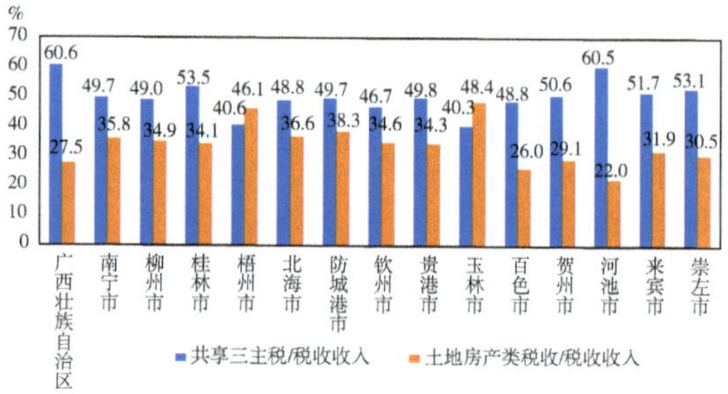

图20-83　2018年广西壮族自治区各市共享三主税、土地房产类税收占税收收入的比重

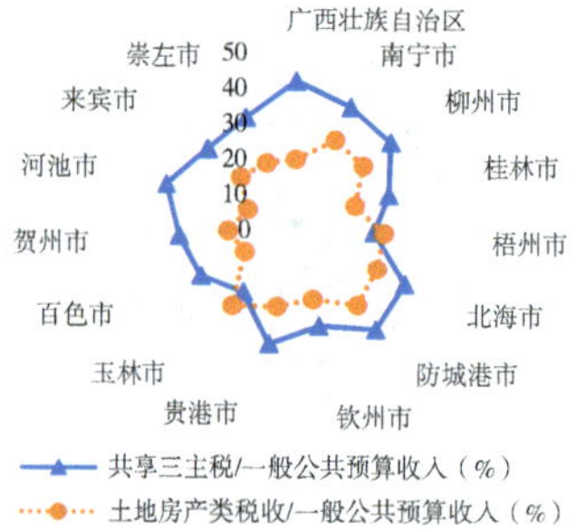

图20-84　2018年广西壮族自治区各市共享三主税、土地房产类税收占一般公共预算收入的比重

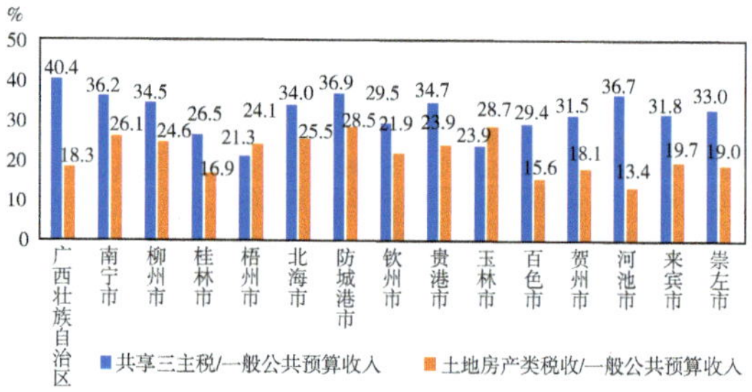

图20-85　2018年广西壮族自治区各市共享三主税、土地房产类税收占一般公共预算收入的比重

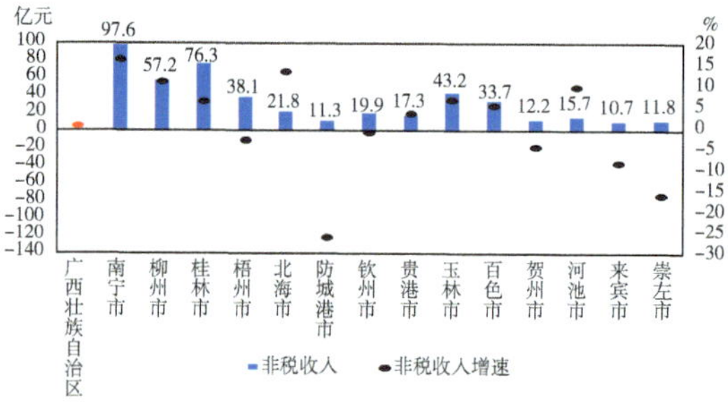

图20-86　2018年广西壮族自治区各市非税收入及增速

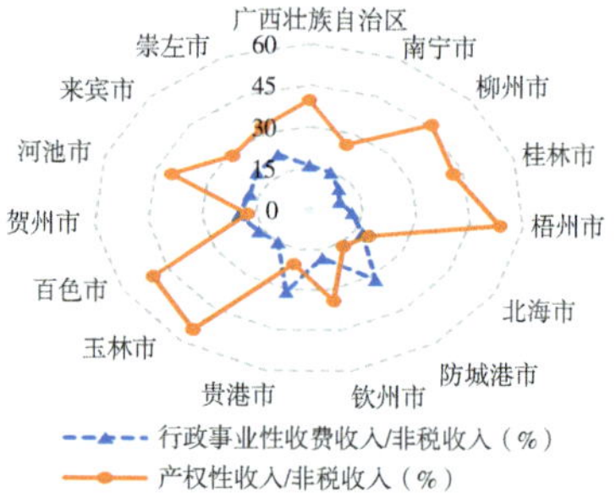

图20-87　2018年广西壮族自治区各市行政事业性收费收入、产权性收入占非税收入的比重

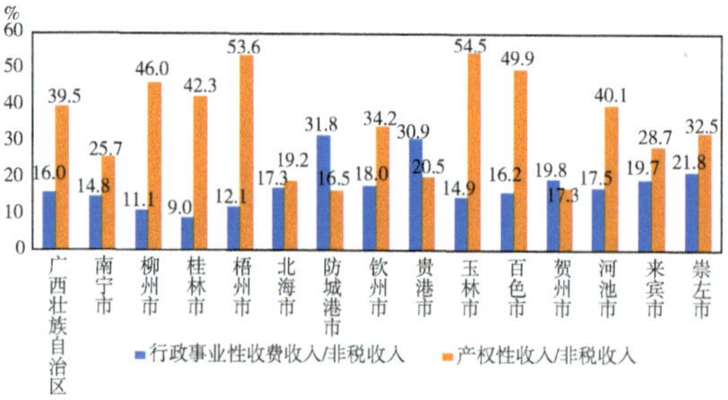

图20-88　2018年广西壮族自治区各市行政事业性收费收入、产权性收入占非税收入的比重

20.2.4　广西壮族自治区各市政府性基金收入和国有资本经营收入情况

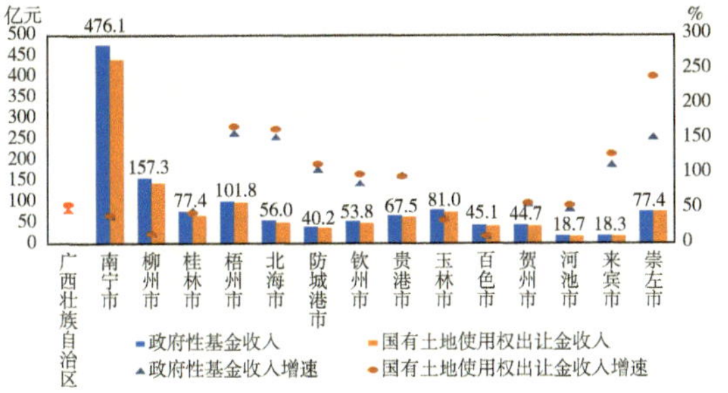

图20-89　2018年广西壮族自治区各市政府性基金收入、国有土地使用权出让金收入及其增速

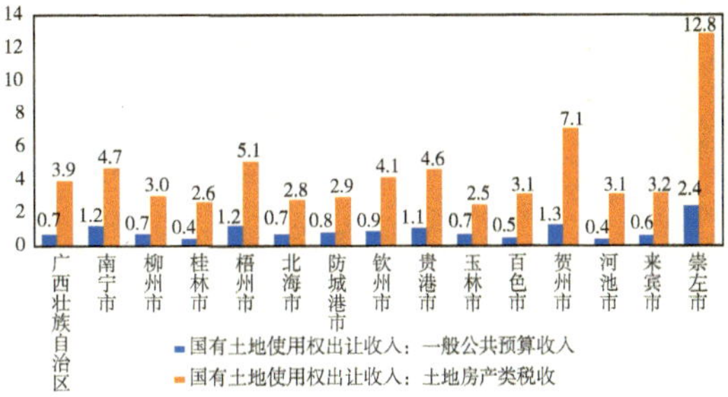

图20-90　2018年广西壮族自治区各市国有土地使用权出让金收入与一般公共预算关系指标

20.2.5　广西壮族自治区各市债务情况

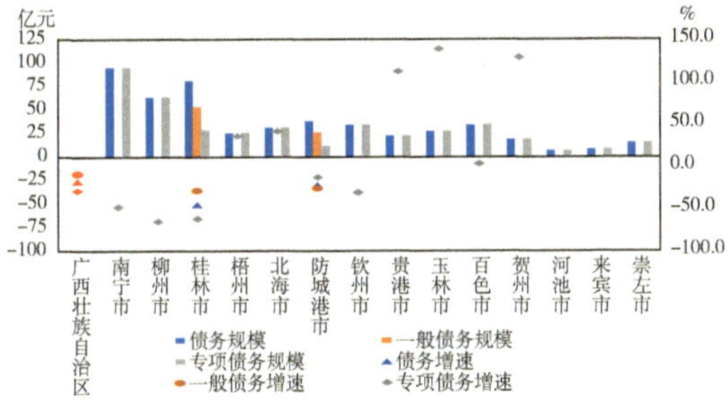

图20-91　2018年广西壮族自治区各市债务规模及其增速

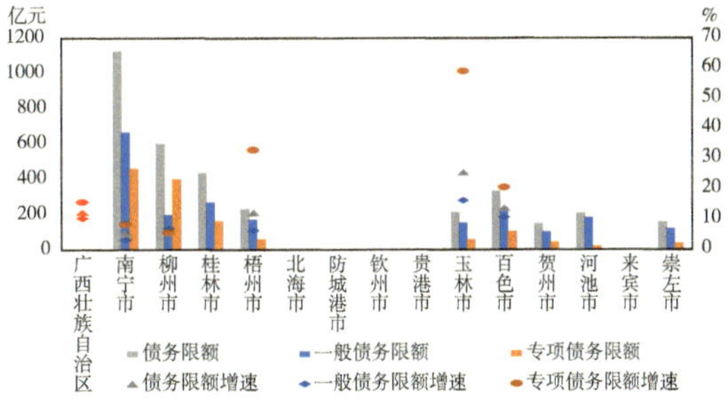

图20-92　2018年广西壮族自治区各市债务限额及其增速

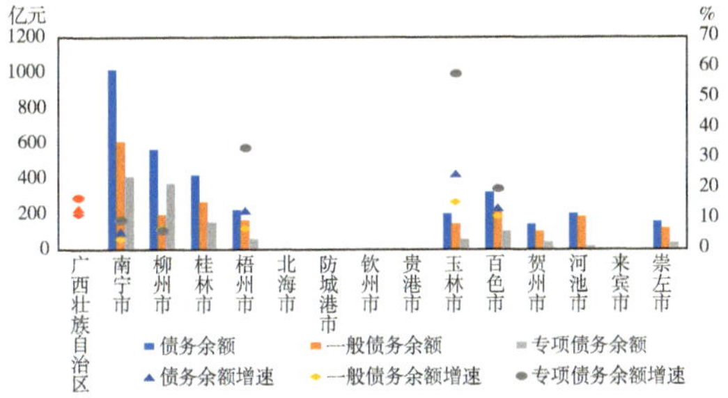

图20-93　2018年广西壮族自治区各市债务余额及其增速

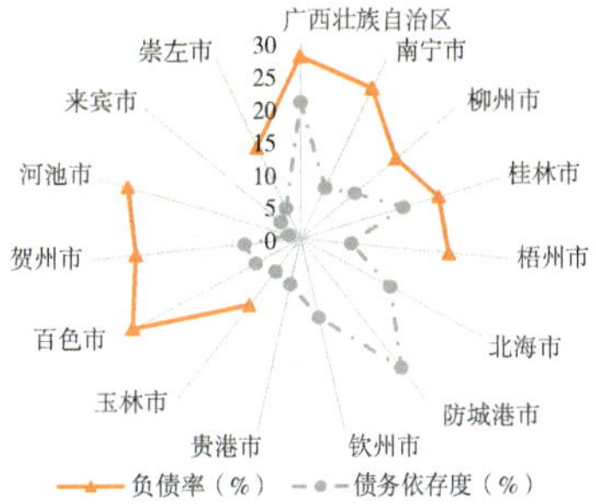

图20-94　2018年广西壮族自治区各市负债率与债务依存度

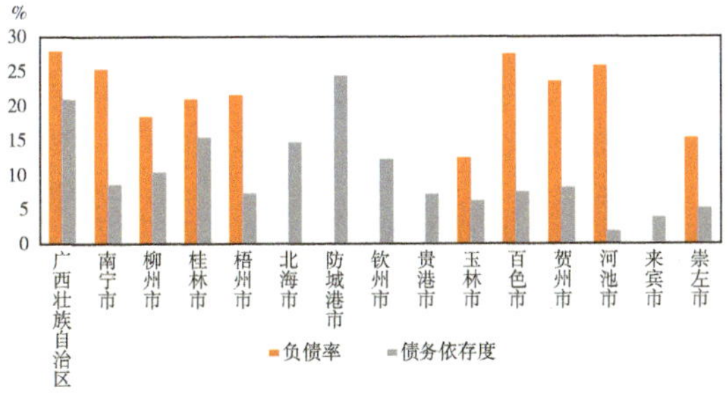

图20-95　2018年广西壮族自治区各市负债率与债务依存度

20.2.6 广西壮族自治区各市市本级一般公共预算收入情况

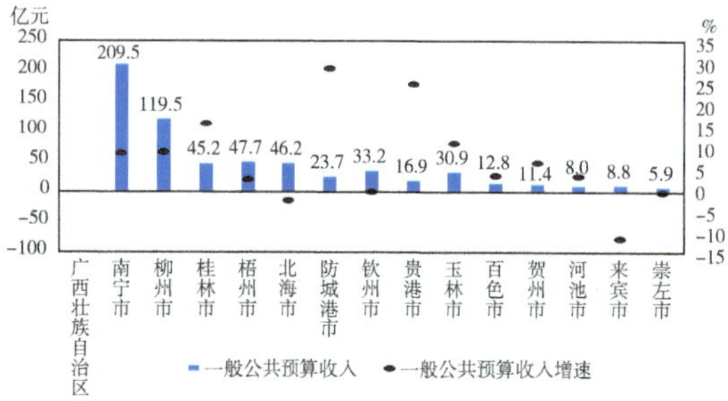

图20-96 2018年广西壮族自治区各市市本级一般公共预算收入及增速

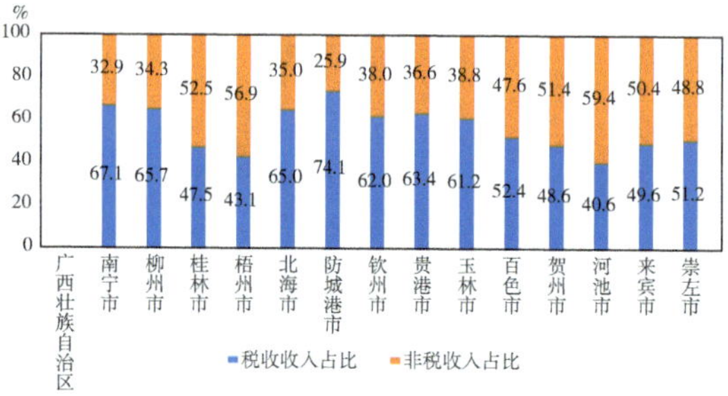

图20-97 2018年广西各市市本级一般公共预算收入结构

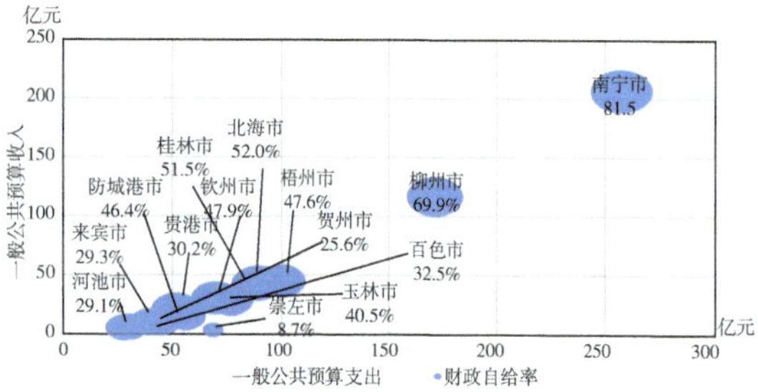

图20-98 2018年广西壮族自治区各市市本级财政自给率

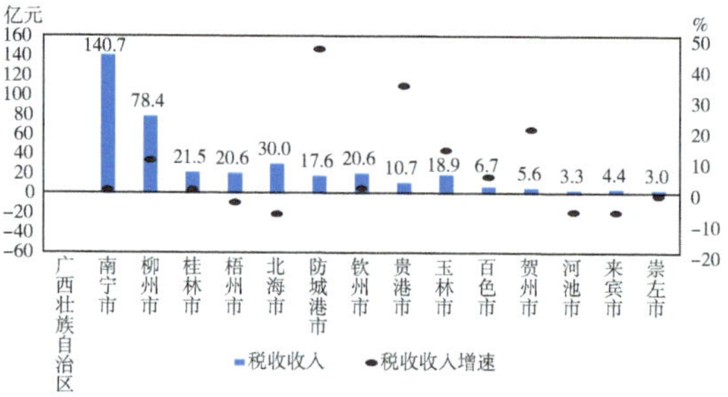

图20-99 2018年广西壮族自治区各市市本级税收收入及增速

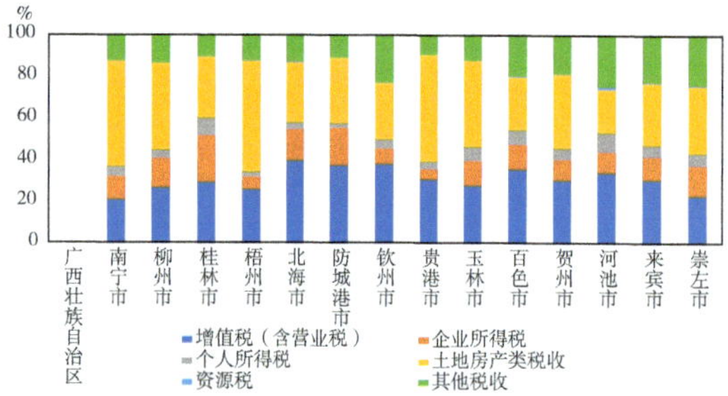

图20-100 2018年广西壮族自治区各市市本级税收收入结构

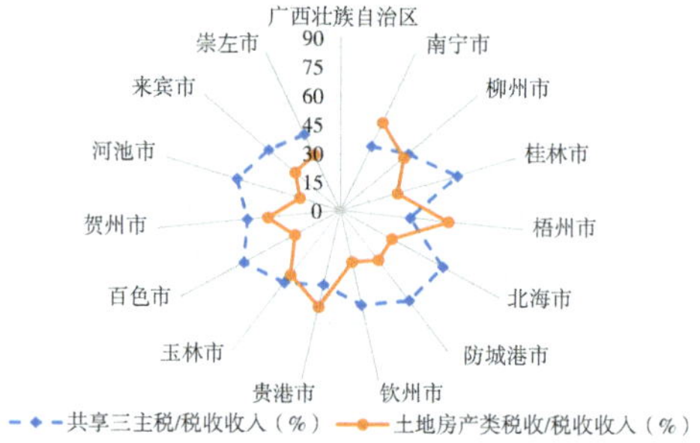

图20-101 2018年广西壮族自治区各市市本级共享三主税、土地房产类税收占税收收入的比重

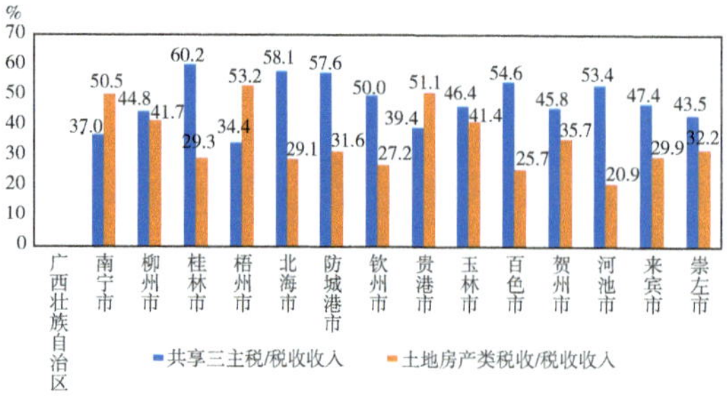

图20-102 2018年广西壮族自治区各市市本级共享三主税、土地房产类税收占税收收入的比重

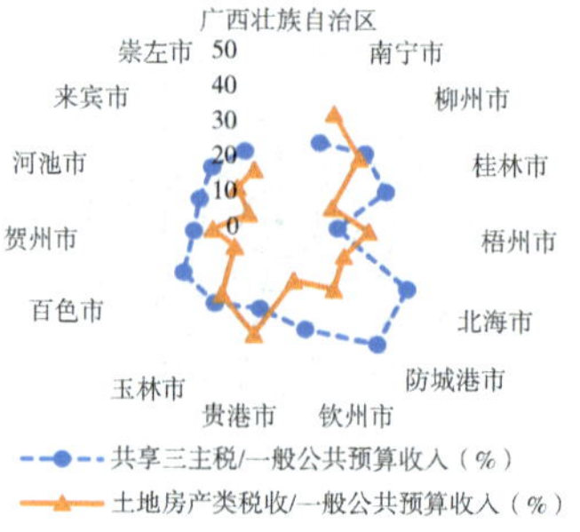

图20-103 2018年广西壮族自治区各市市本级共享三主税、土地房产类税收占一般公共预算收入的比重

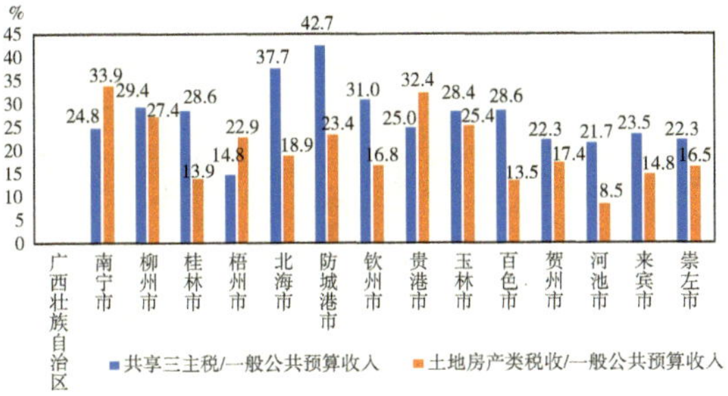

图20-104　2018年广西壮族自治区各市市本级共享三主税、土地房产类税收占一般公共预算收入的比重

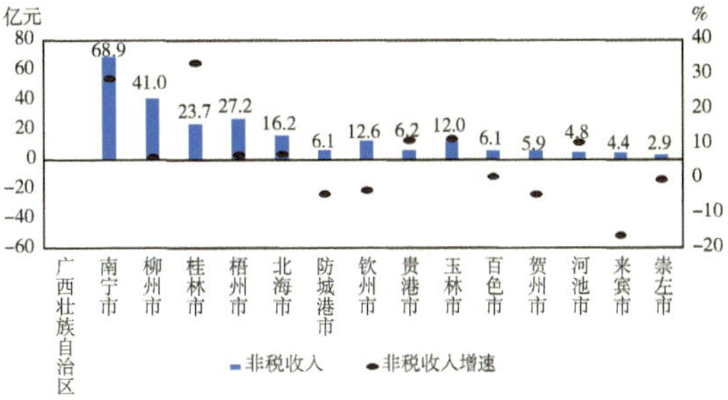

图20-105　2018年广西壮族自治区各市市本级非税收入及增速

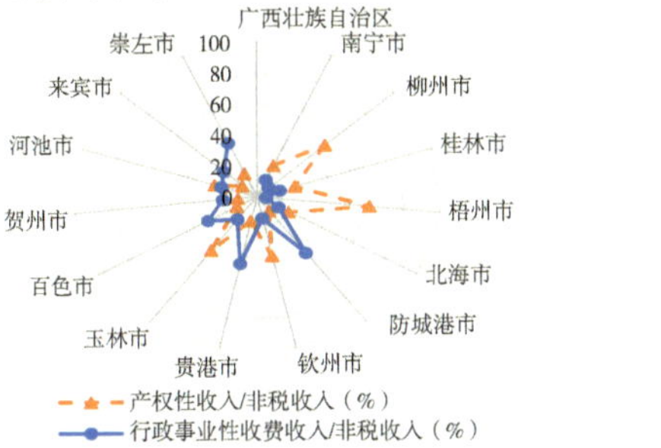

图20-106　2018年广西壮族自治区各市市本级产权性收入、行政事业性收费收入占非税收入的比重

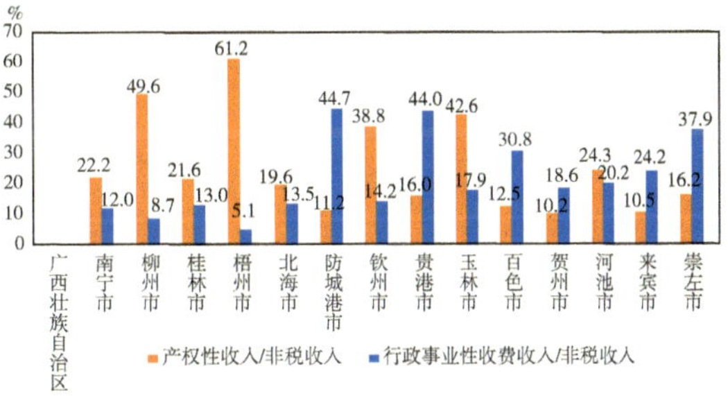

图20-107　2018年广西壮族自治区各市市本级产权性收入、行政事业性收费收入占非税收入的比重

20.3　广西壮族自治区样本县政府收入主要特征分析

20.3.1　广西壮族自治区样本县经济社会发展情况

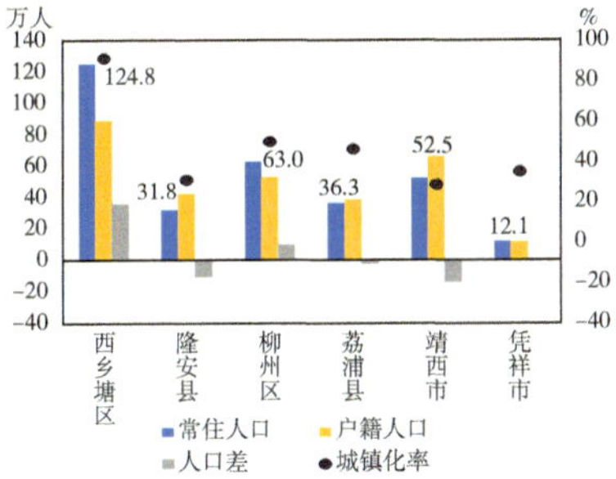

图20-108　2018年广西壮族自治区样本区县人口状况

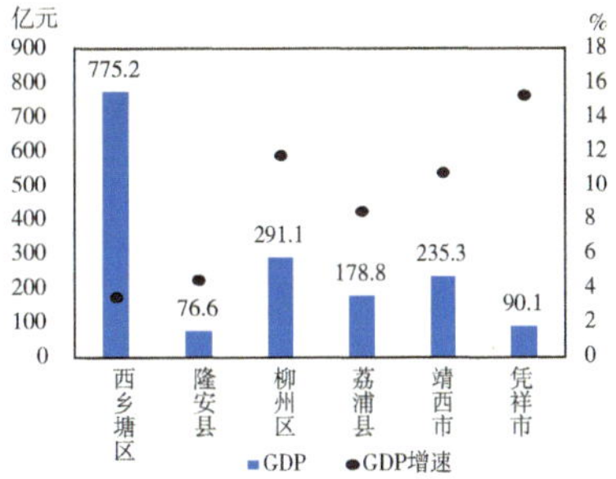

图20-109　2018年广西壮族自治区样本区县GDP及增速

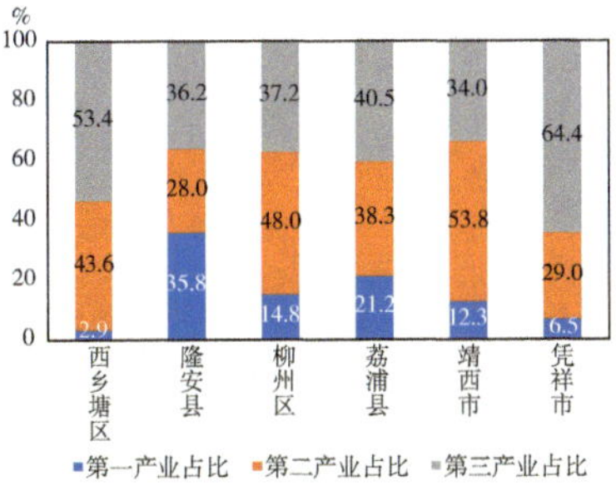

图20-110　2018年广西壮族自治区样本区县三次产业结构

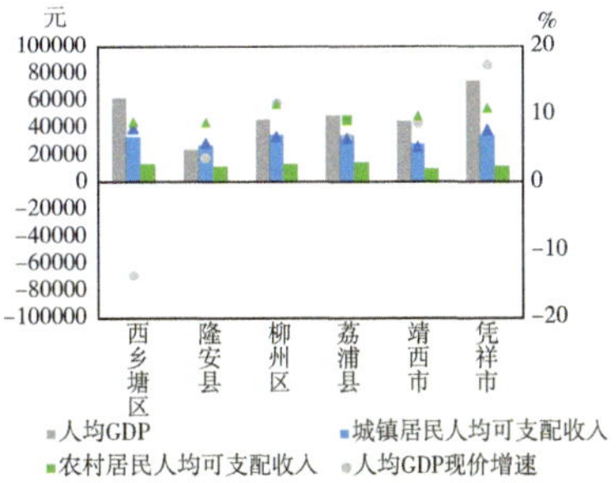

图20-111　2018年广西壮族自治区样本区县人均GDP与人均可支配收入

20.3.2　广西壮族自治区样本县政府收入总体情况[1]

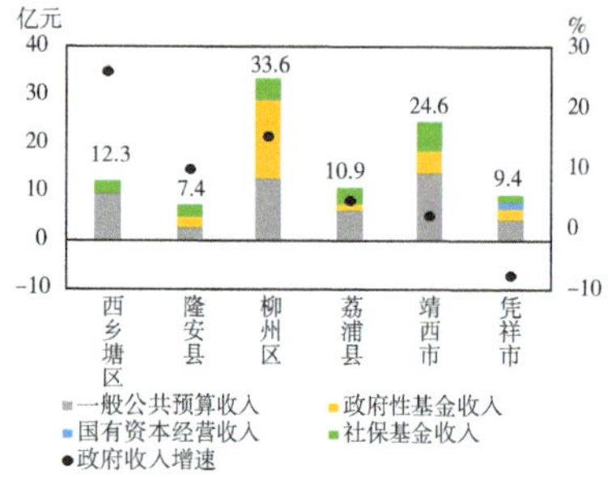

图20-112　2018年广西壮族自治区样本区县政府收入结构及增速

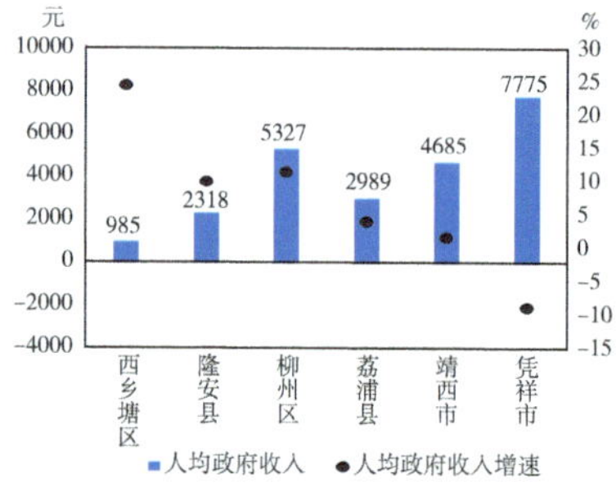

图20-113　2018年广西壮族自治区样本区县人均政府收入及增速

20.3.3　广西壮族自治区样本县一般公共预算收入情况

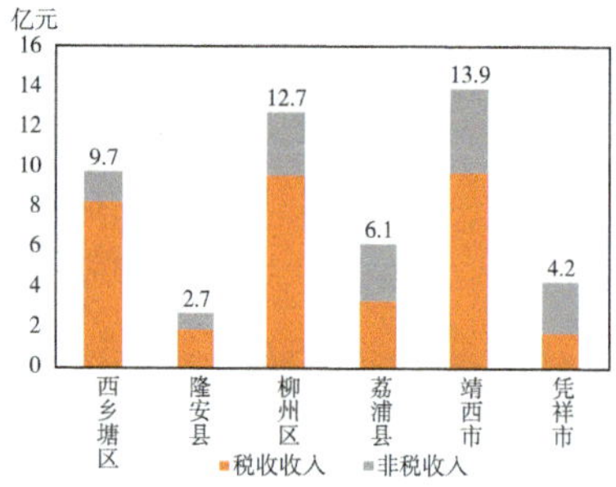

图20-114　2018年广西壮族自治区样本区县一般公共预算收入

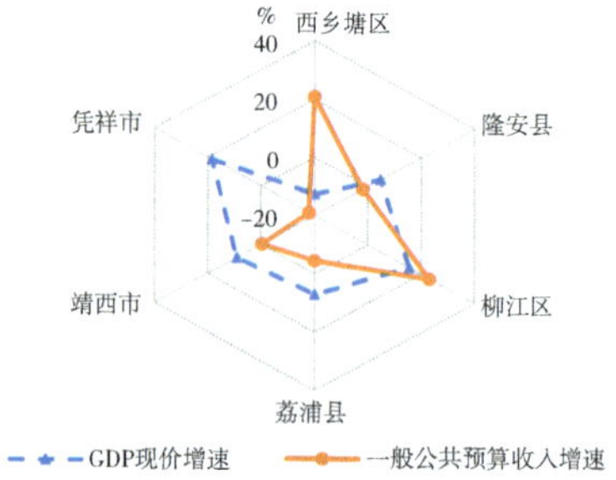

图20-115　2018年广西壮族自治区样本区县一般公共预算收入增速

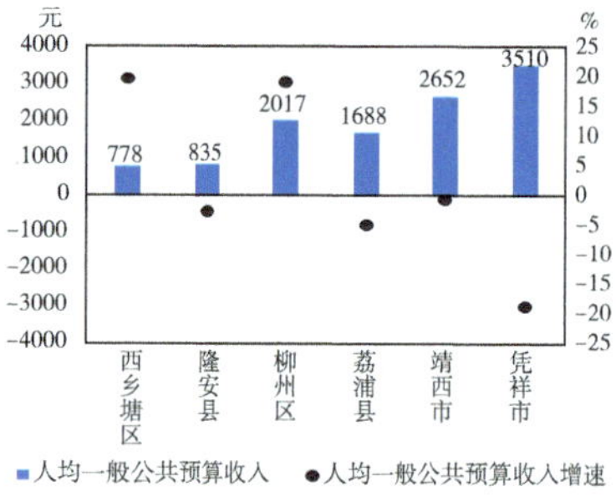

图20-116　2018年广西壮族自治区样本区县人均一般公共预算收入及增速

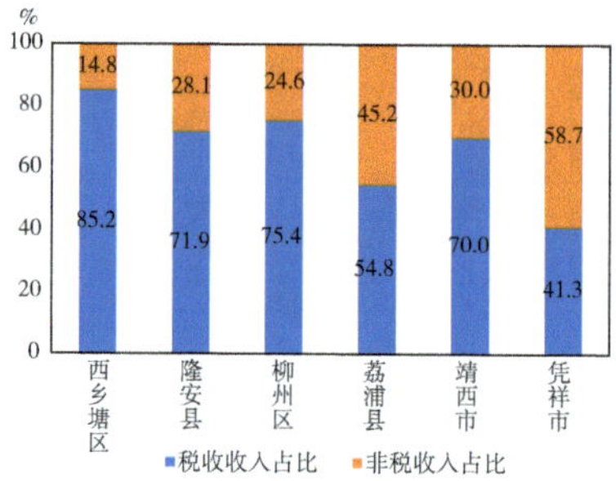

图20-117　2018年广西壮族自治区样本区县一般公共预算收入结构

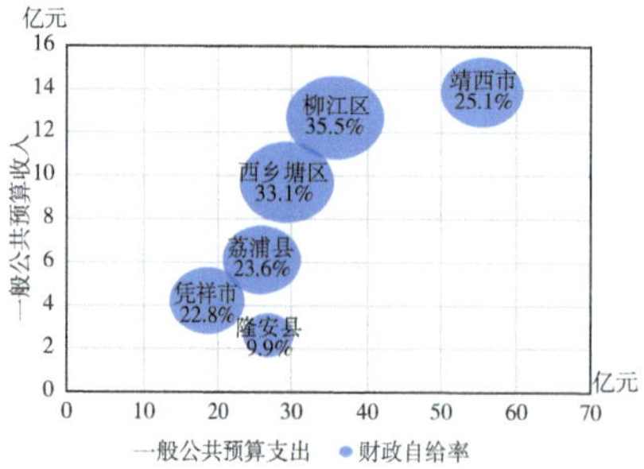

图20-118　2018年广西壮族自治区样本区县财政自给率

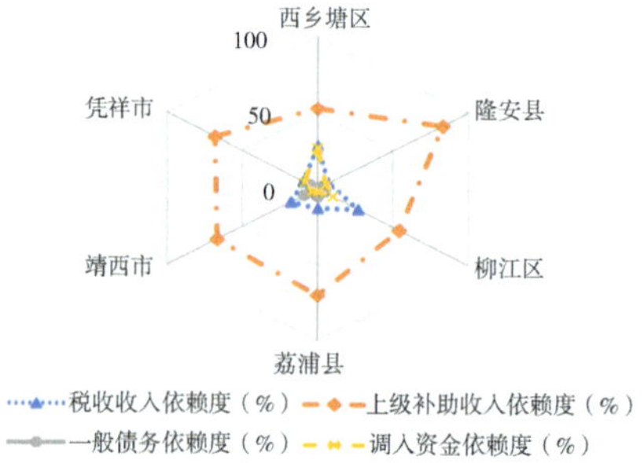

图20-119　2018年广西壮族自治区样本区县财政收入依赖度

a　荔浦县于2018年末实行县改市，这里因为使用的是2018年数据，所以暂称其为县。

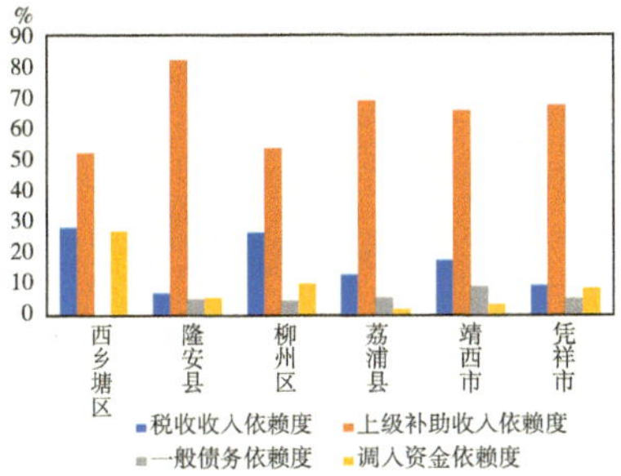

图20-120 2018年广西壮族自治区样本区县财政收入依赖度

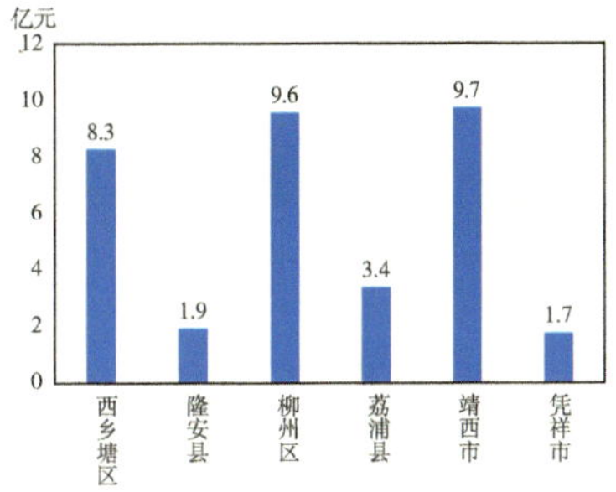

图20-121 2018年广西壮族自治区样本区县税收收入

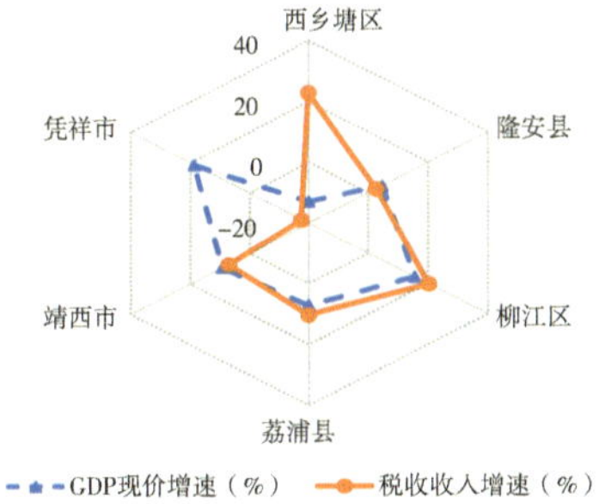

图20-122 2018年广西壮族自治区样本区县税收收入增速

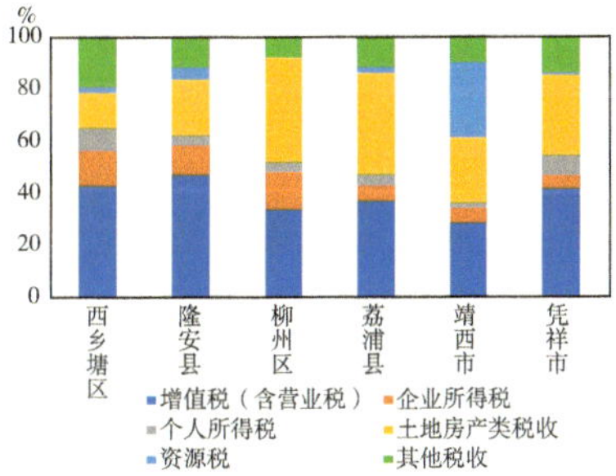

图20-123 2018年广西壮族自治区样本区县税收收入结构

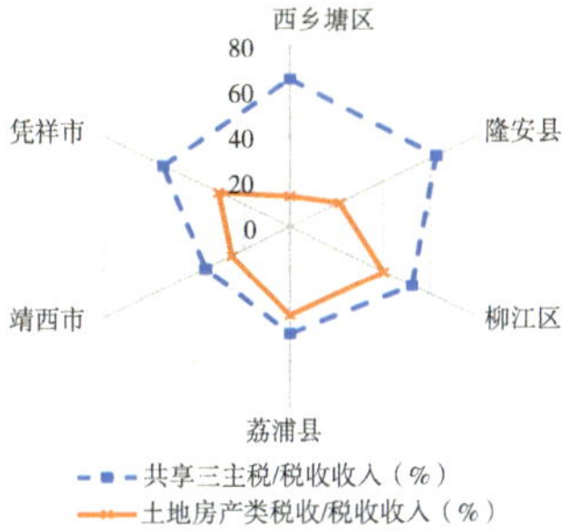

图20-124 2018年广西壮族自治区样本区县共享三主税、土地房产类税收占税收收入的比重

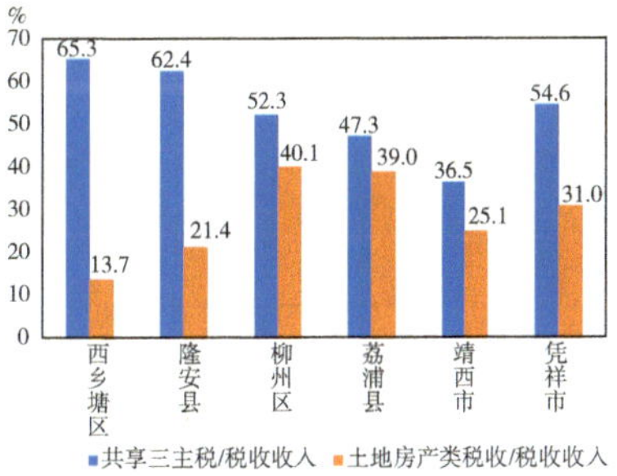

图20-125 2018年广西壮族自治区样本区县共享三主税、土地房产类税收占税收收入的比重

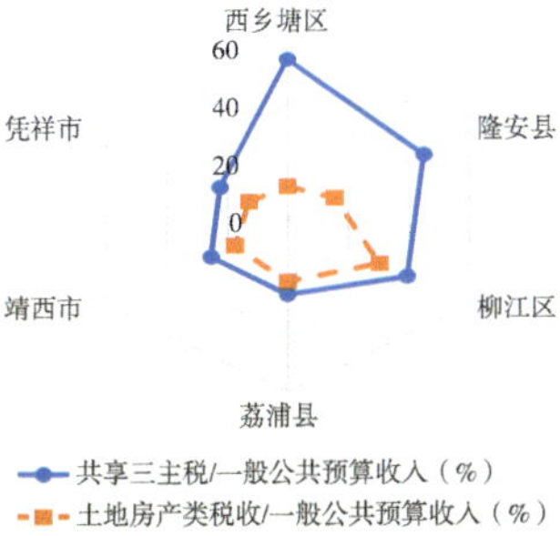

图20-126 2018年广西壮族自治区样本区县共享三主税、土地房产类税收占一般公共预算收入的比重

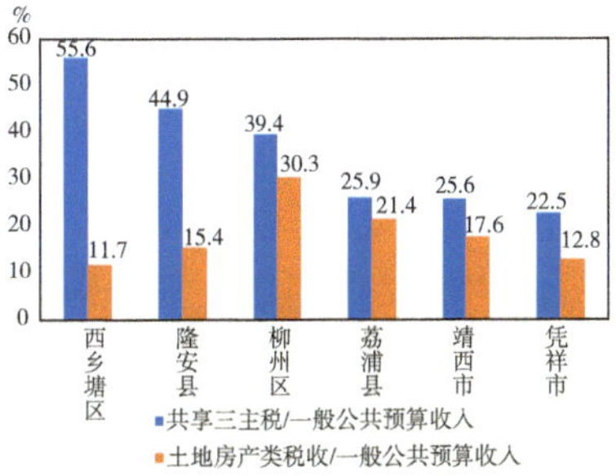

图20-127 2018年广西壮族自治区样本区县共享三主税、土地房产类税收占一般公共预算收入的比重

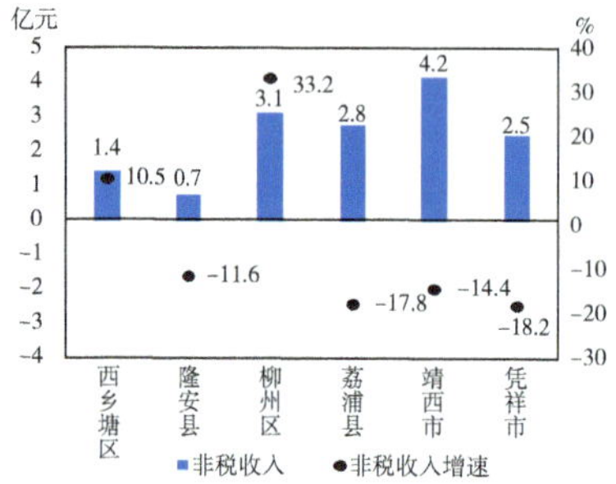

图20-128　2018年广西壮族自治区样本区县非税收入

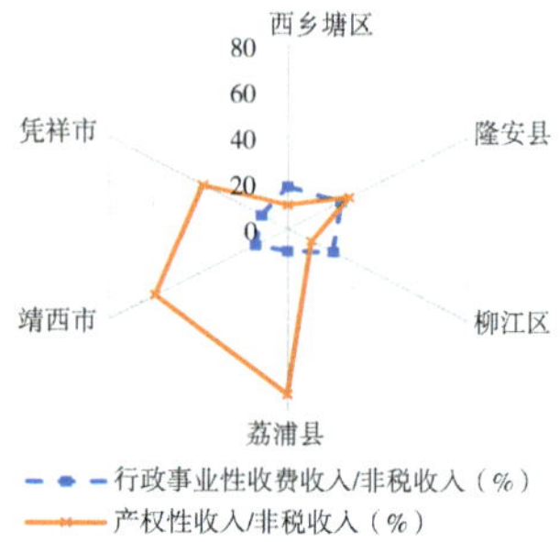

图20-129　2018年广西壮族自治区样本区县产权性收入、行政事业性收费收入占非税收入的比重

20.3.4　广西壮族自治区样本县政府性基金收入和国有资本经营收入情况

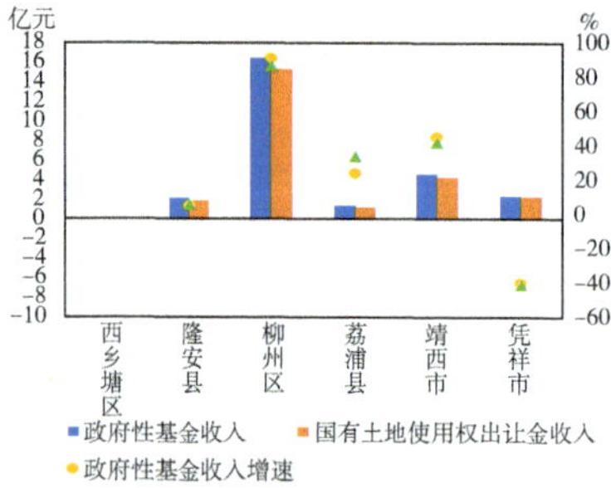

图20-130　2018年广西壮族自治区样本区县政府性基金收入、国有土地使用权出让金收入及其增速

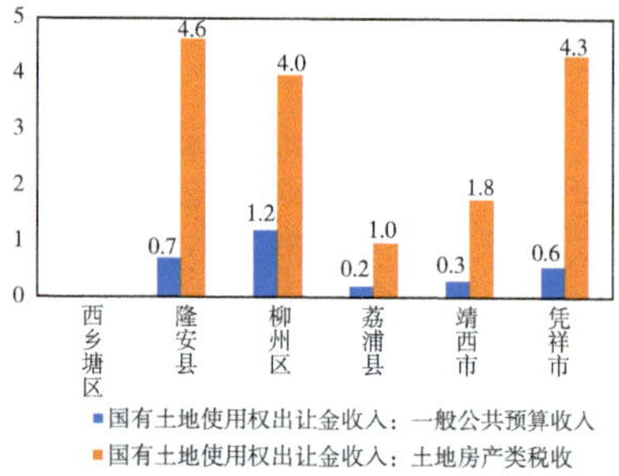

图20-131　2018年广西壮族自治区样本区县国有土地使用权出让金收入与一般公共预算关系指标

20.3.5　广西壮族自治区样本县社会保险基金收入情况

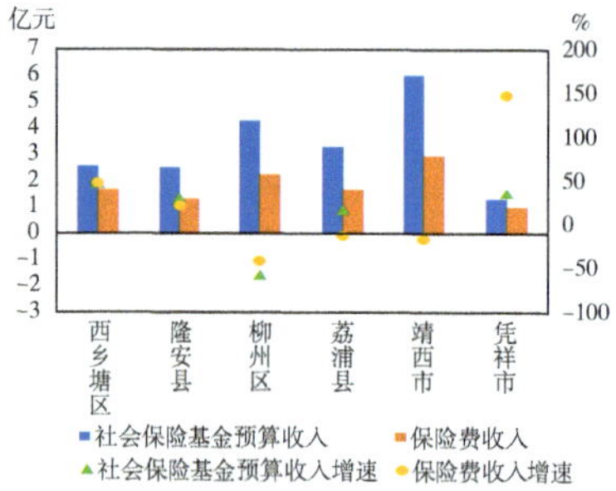

图20-132　2018年广西壮族自治区样本区县社会保险基金收入、保险费收入及其增速

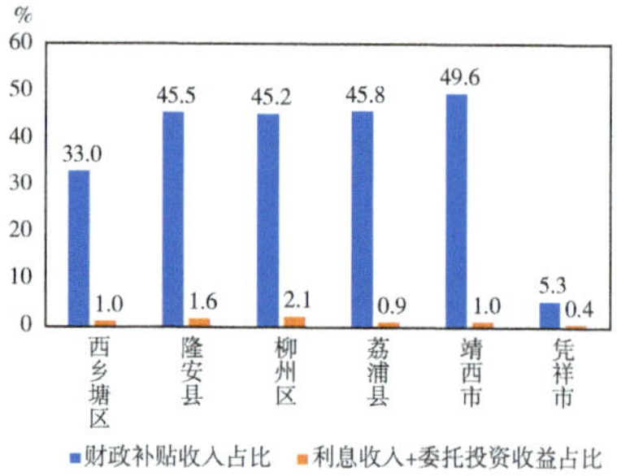

图20-133　2018年广西壮族自治区样本区县财政补贴收入、利息收入+委托投资收益占社会保险基金收入的比重

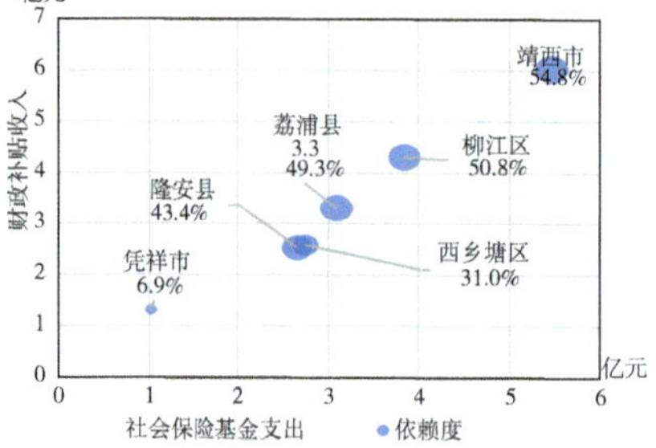

图20-134　2018年广西壮族自治区样本区县社会保险基金对财政补贴的依赖度

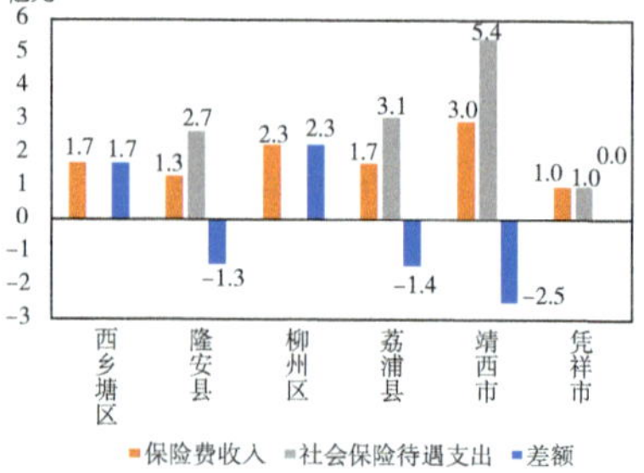

图20-135　2018年广西壮族自治区样本区县保险费收入、社会保险待遇支出及其差额

20.3.6 广西壮族自治区样本县债务情况

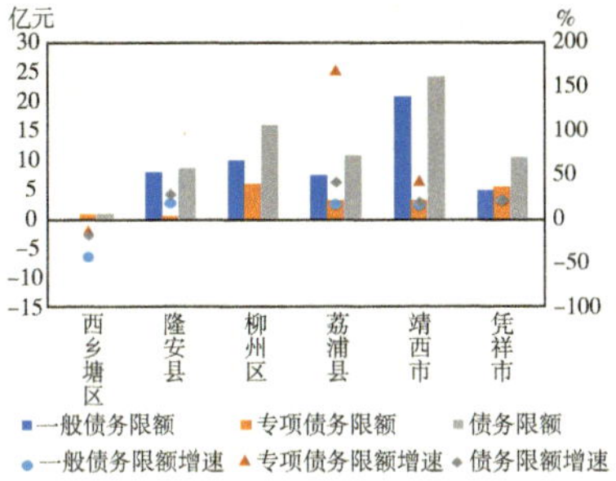

图20-136 2018年广西壮族自治区样本区县债务限额及其增速

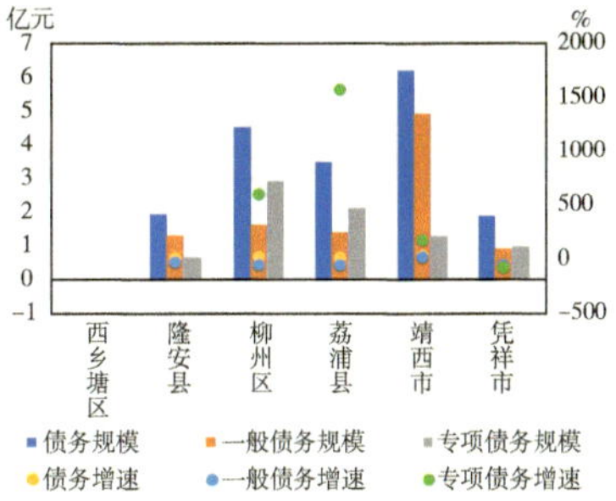

图20-137 2018年广西壮族自治区样本区县债务规模及其增速

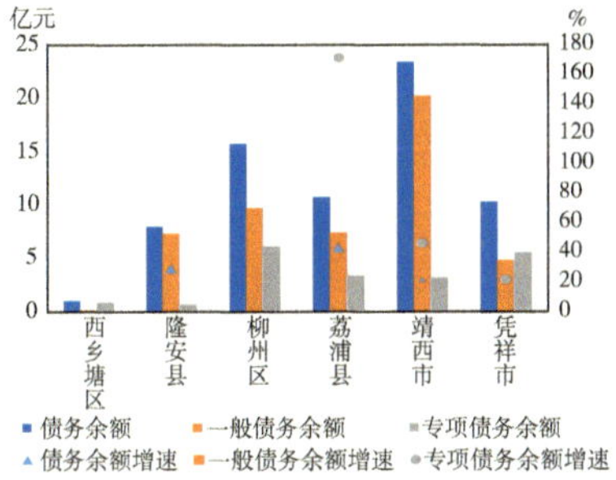

图20-138 2018年广西壮族自治区样本区县债务余额及其增速

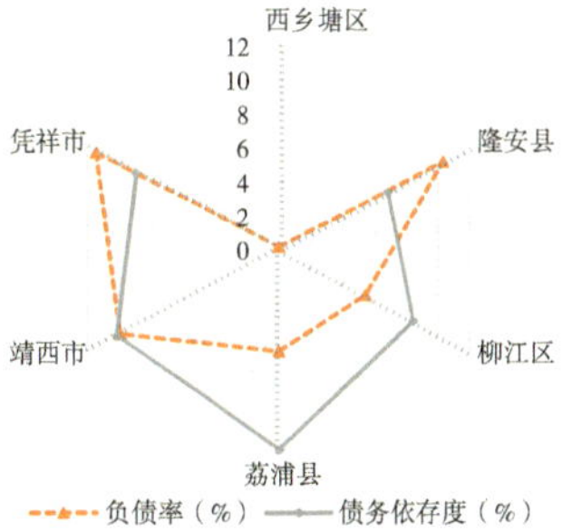

图20-139 2018年广西壮族自治区样本区县负债率与债务依存度

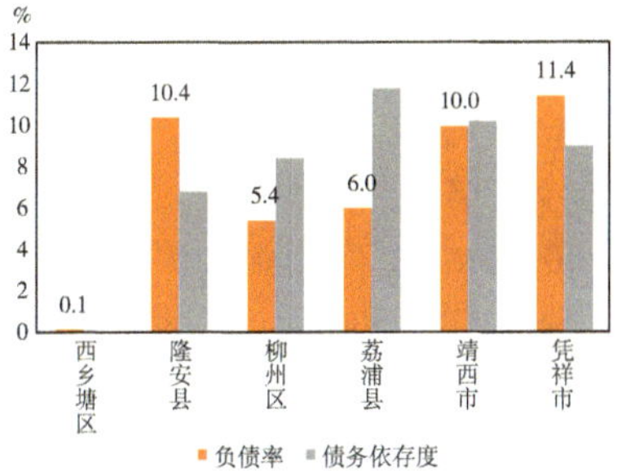

图20-140 2018年广西壮族自治区样本区县负债率与债务依存度

21 海南省

海南省共辖4个地级市，5个县级市、4个县、6个自治县；陆地总面积3.54万平方公里，其中海南岛3.39万平方公里，海域面积约200万平方公里，是中国最南端的省级行政区。海南岛是中国最大的“热带宝地”，土地总面积344.2万公顷，占全国热带土地面积的约42.5%，热带农业资源优势明显。另外，作为国际知名的旅游胜地，随着海南国际旅游岛建设的推进，以旅游业为代表的第三产业发展潜力很大。总体来看，海南省的经济发展、财政收入等在全国均处后位，整体发展水平不高。

2019年海南省经济总量处于全国后部，第一产业占比居全国第二，常住人口增加，城镇化率略高于全国。2019年末，海南省常住人口944.7万人，常住人口城镇化率为59.2%。2019年海南省GDP为5308.9亿元，排全国第28名，次于甘肃，高于宁夏；增速5.8%，比2018年持平，低于全国0.3个百分点，排全国第25名；人均GDP为56196元（7960美元），排全国第17名。从产业结构看，第一、第二、第三产业占比分别为20.3%（高于全国平均水平13.2个百分点）、20.7%（低于全国平均水平18.3个百分点）和58.9%（高于全国平均水平5个百分点）。从居民可支配收入看，2019年城镇与农村居民人均可支配收入分别为36017元和15113元，呈上升态势，分别为全国平均水平的85.0%和94.3%。

2019年海南省一般公共预算收入处于全国后部，非税收入占比略高于全国，省市县中市级政府收入占比最高。2019年海南省一般公共预算收入814.1亿元，排全国27名，增速8.2%，排全国第3名，人均一般公共预算收入为8618元，排全国第7名。其中，近三年海南省税收收入占一般公共预算收入的总体趋势先升后降，2019年为80.2%，低于全国平均水平2.8个百分点。非税收入占比较高且近三年逐年上升，其中2019年政府产权性收入规模占非税收入比达40.5%。从纵向收入分配看，2018年省本级、市本级、县一般公共预算收入占比分别为35%、39%和26%。

2019年海南省财政自给率偏低，地区财政总收入小于一般公共预算支出。海南财政自给率在45%左右，2019年为43.8%。2019年海南省组织的地区财政总收入为1399.6亿元，增速为1.7%，其中上缴中央收入占比41.8%。2019年海南省一般公共预算支出为1859.1亿元，高于地区财政总收入规模。

2019年海南省四本预算中政府性基金收入占比有所上升，一般公共预算收入和社会保险基金收入占比略有下降。2019年海南省四本预算加总的政府收入1822.9亿元，增速为10.1%，其中一般公共预算收入、政府性基金收入、国有资本经营收入和社会保险基金收入分别占比44.7%、25.0%、0.2%和30.1%。

海南省内各地市经济社会发展和财政发展不均衡，优势主要集中于省会海口市和三亚市。从总量上来看，海口市2018年政府收入规模为488.8亿元，是三亚市的2.4倍，儋州

本章执笔人：谢恺　审校：梁季

市的7.8倍；2018年海口市一般公共预算收入169.9亿元，是三亚市的1.7倍，儋州市的8.0倍。从人均来看，三亚市2018年人均政府收入26038元，不仅高于海口市，更是儋州市的3.8倍；2018年三亚市人均一般公共预算收入12976元，是海口市的1.8倍，儋州市的5.5倍。2018年财政自给率最高的城市为三亚市，达到71.3%，最低的为儋州市，仅为22.3%，前者是后者的3.2倍。政府性基金收入主要构成是国有土地使用权出让金收入，与地理位置关系较大，收入规模最大的海口市（191.5亿元）为规模最小的儋州市（2.7亿元）的70.9倍。

21.1 海南省政府收入主要特征分析

21.1.1 海南省经济社会基本情况

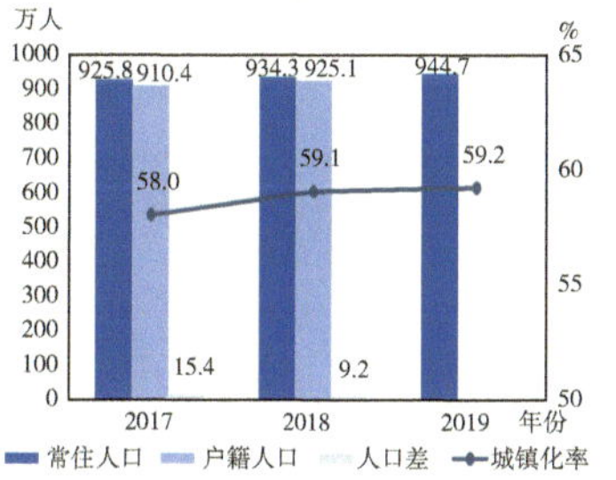

图21-1 2017-2019年海南省人口状况

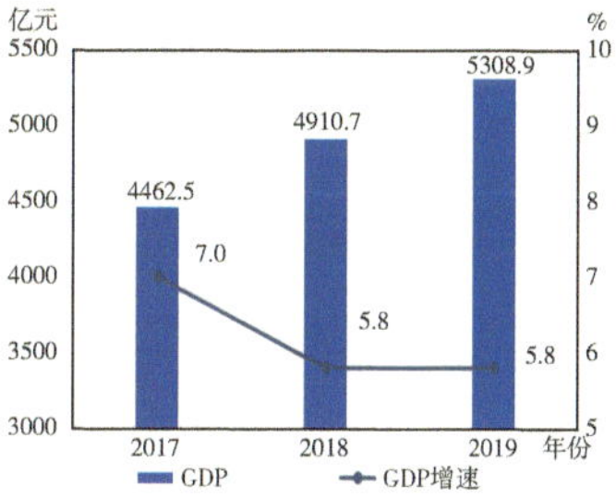

图21-2 2017-2019年海南省GDP及增速

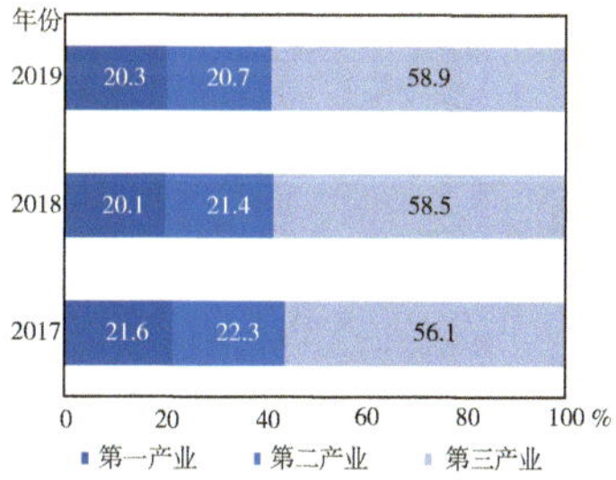

图21-3 2017-2019年海南省三次产业结构

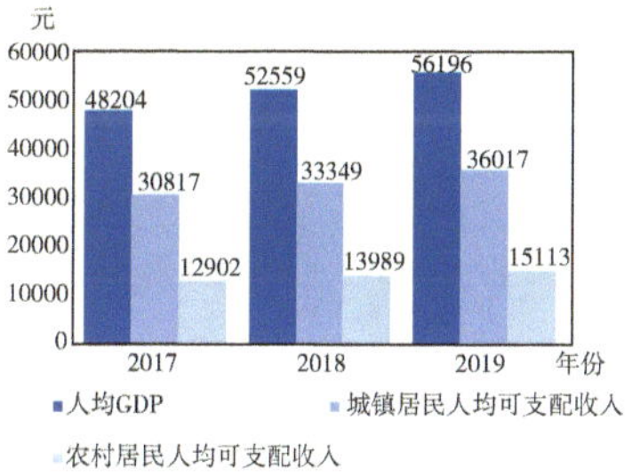

图21-4 2017-2019年海南省人均GDP和人均可支配收入

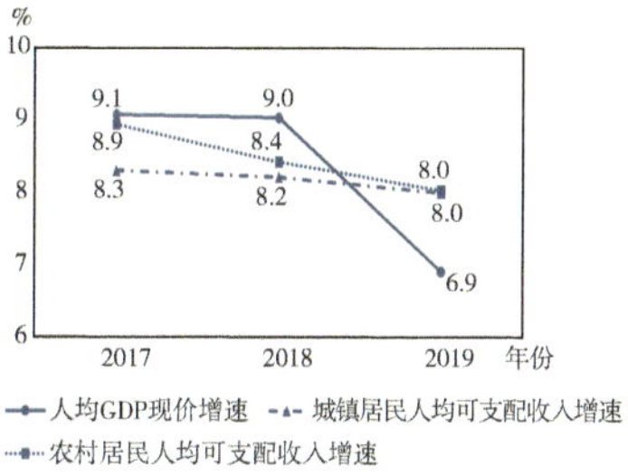

图21-5 2017-2019年海南省人均GDP增速和人均可支配收入增速

21.1.2 海南省政府收入总体情况

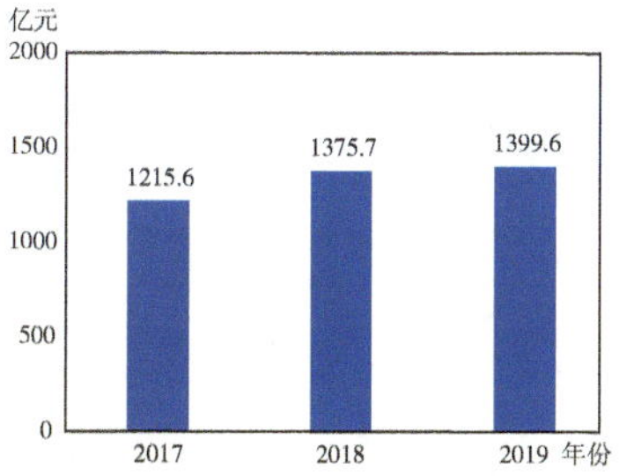

图21-6 2017-2019年海南省财政总收入

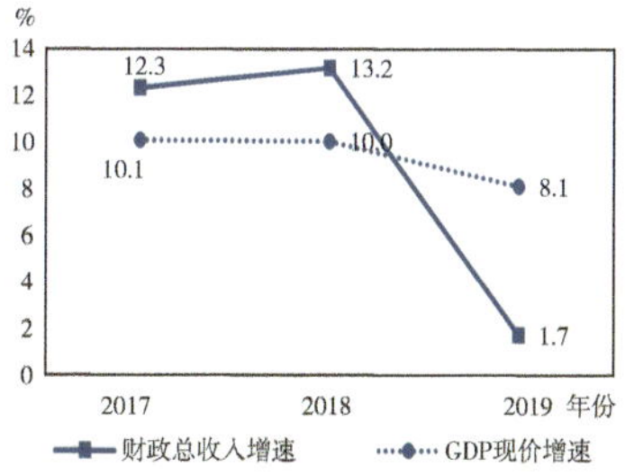

图21-7 2017-2019年海南省财政总收入增速

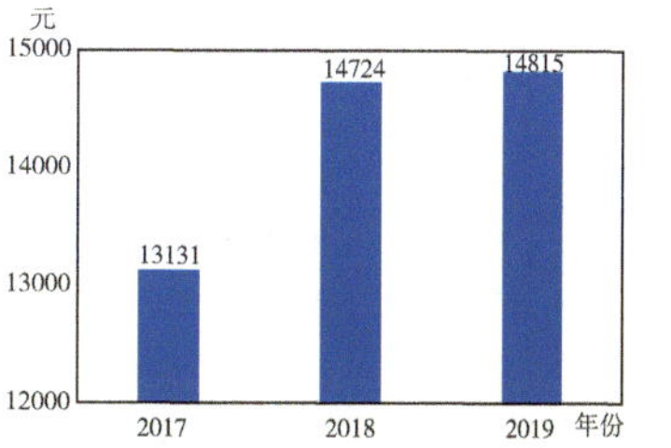

图21-8 2017-2019年海南省人均财政总收入

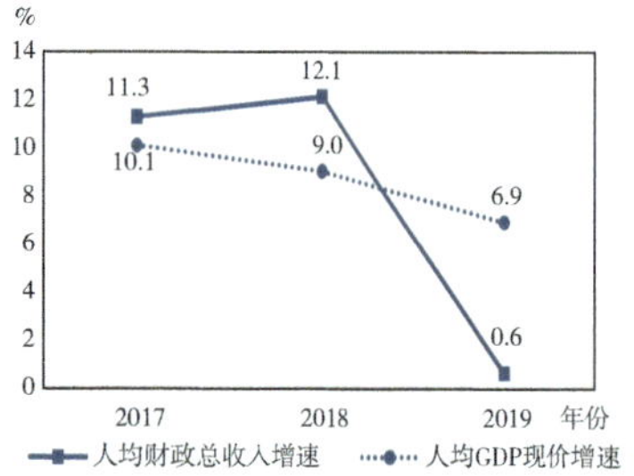

图21-9　2017-2019年海南省人均财政总收入增速

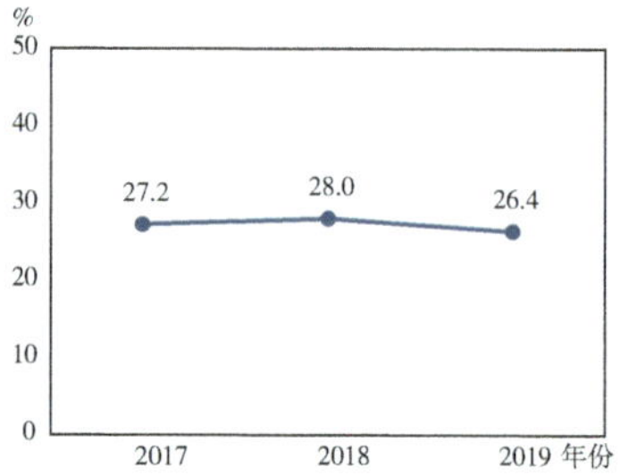

图21-10　2017-2019年海南省财政总收入/GDP

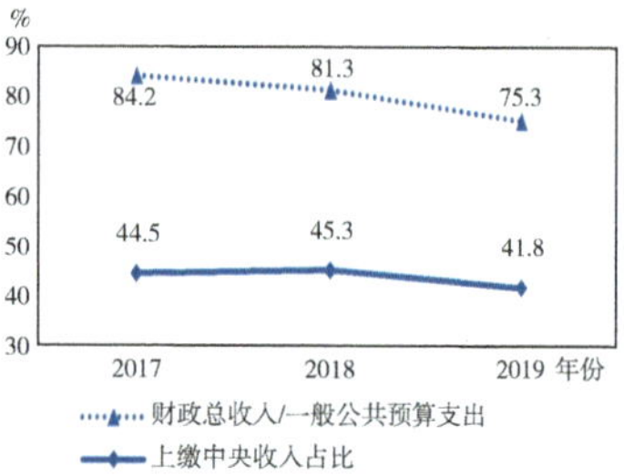

图21-11　2017-2019年海南省财政总收入其他指标

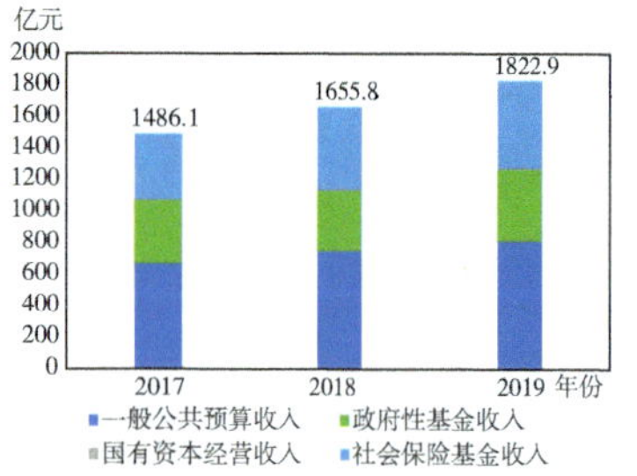

图21-12　2017-2019年海南省政府收入

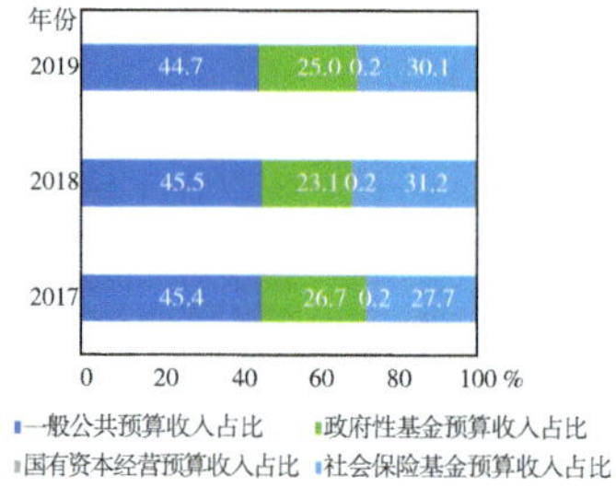

图21-13　2017-2019年海南省政府收入结构

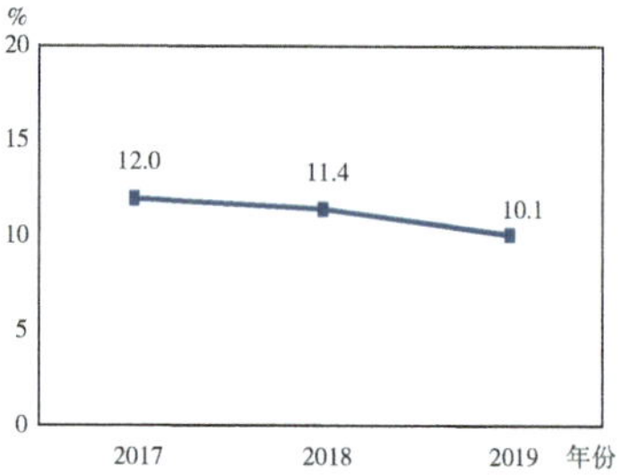

图21-14　2017-2019年海南省政府收入增速

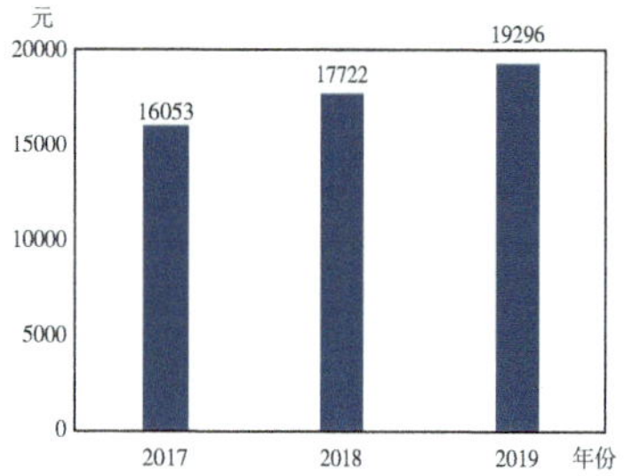

图21-15　2017-2019年海南省人均政府收入

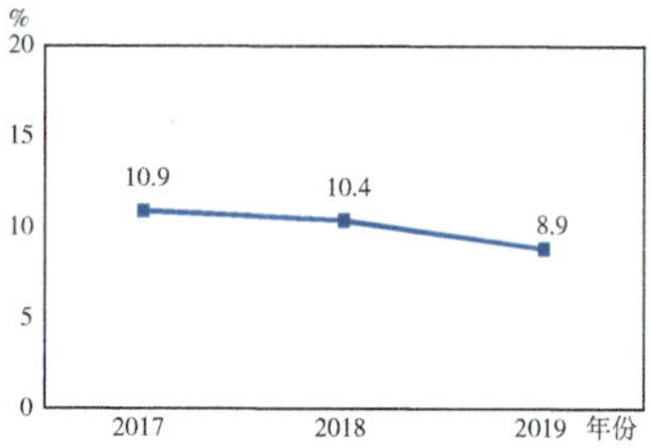

图21-16　2017-2019年海南省人均政府收入增速

21.1.3　海南省一般公共预算收入情况

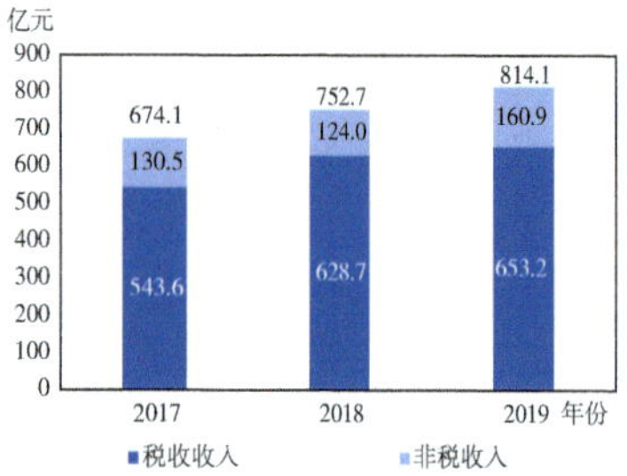

图21-17　2017-2019年海南省一般公共预算收入

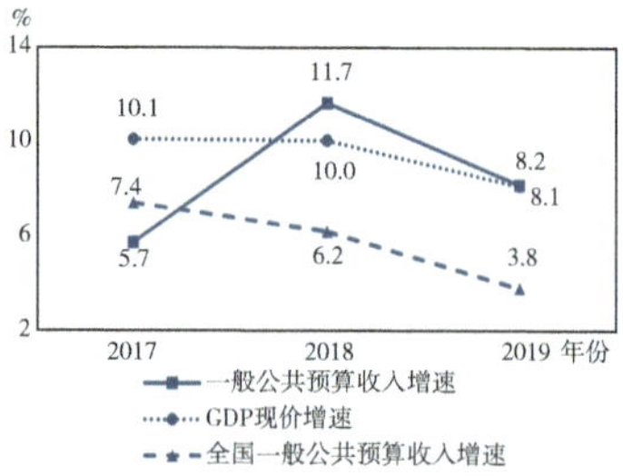

图21-18　2017-2019年海南省一般公共预算收入增速

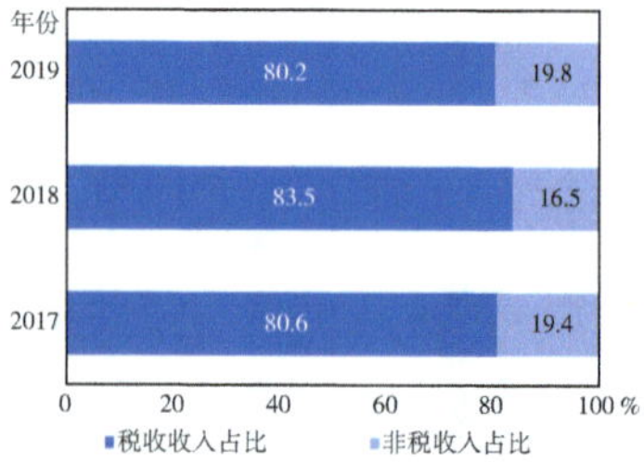

图21-19　2017-2019年海南省一般公共预算收入结构

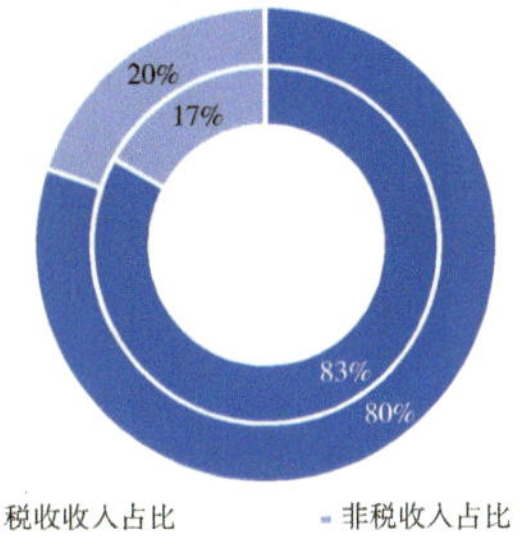

图21-20　2019年一般公共预算收入结构对比（内环为全国，外环为海南省）

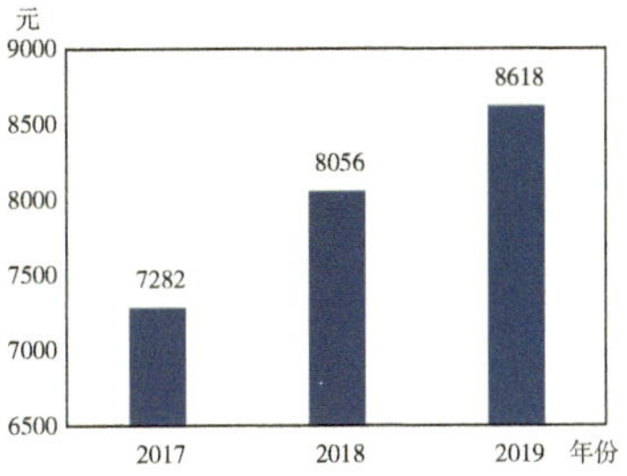

图21-21　2017-2019年海南省人均一般公共预算收入

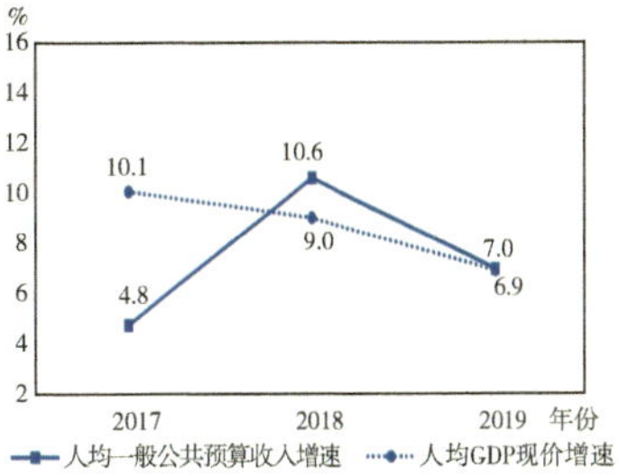

图21-22　2017-2019年海南省人均一般公共预算收入增速

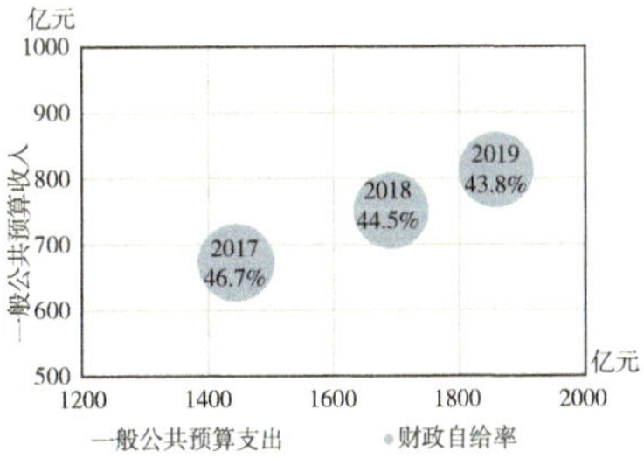

图21-23　2017-2019年海南省财政自给率

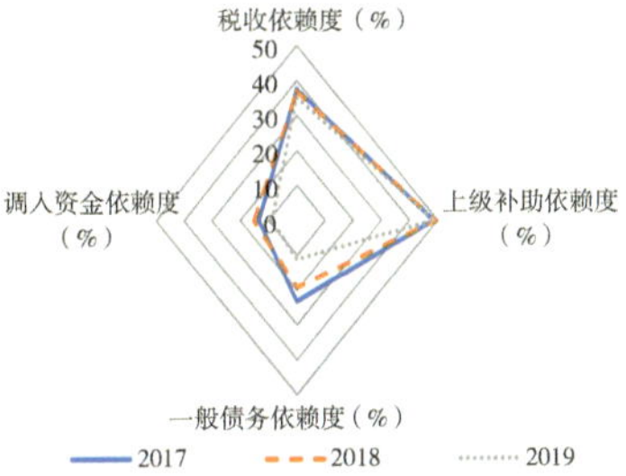

图21-24　2017-2019年海南省财政收入依赖度

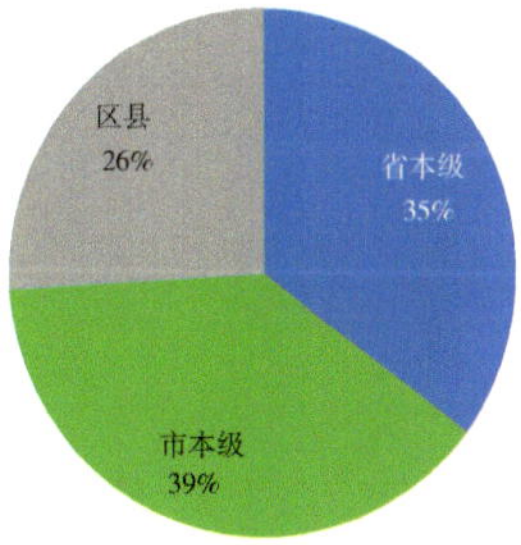

图21-25　2018年海南省市县三级政府一般公共预算收入分布

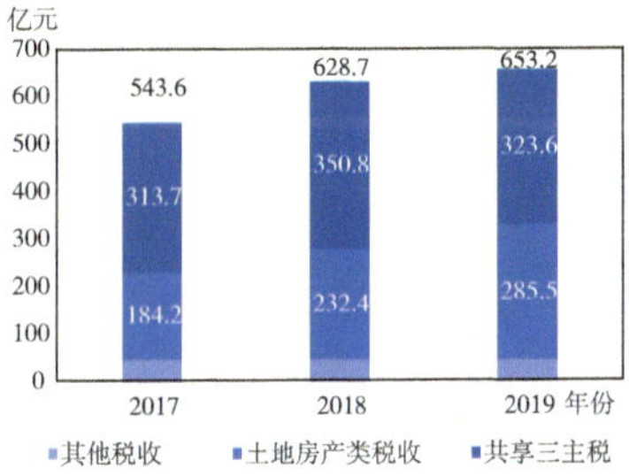

图21-26　2017-2019年海南省税收收入

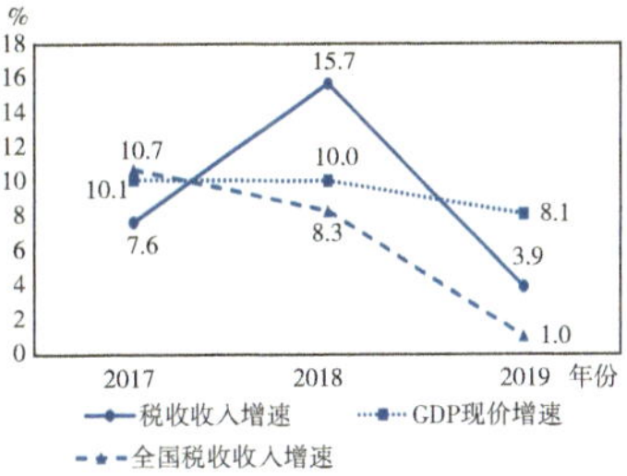

图21-27　2017-2019年海南省税收收入增速

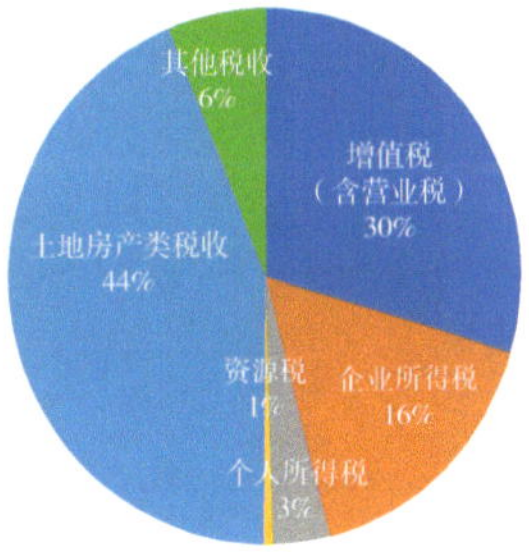

图21-28　2019年海南省税收结构

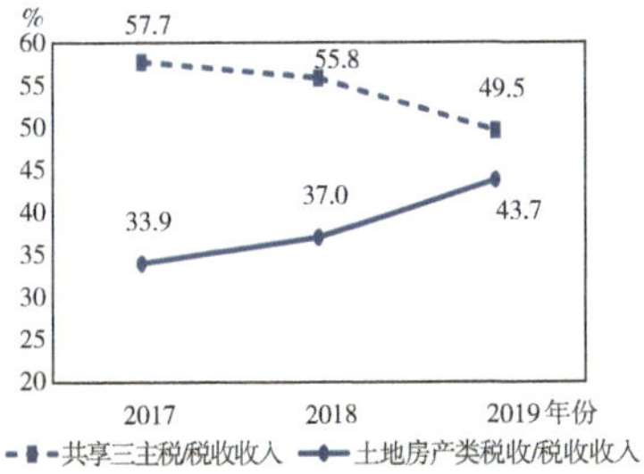

图21-29　2017-2019年海南省共享三主税、土地房产类税收占税收收入的比重

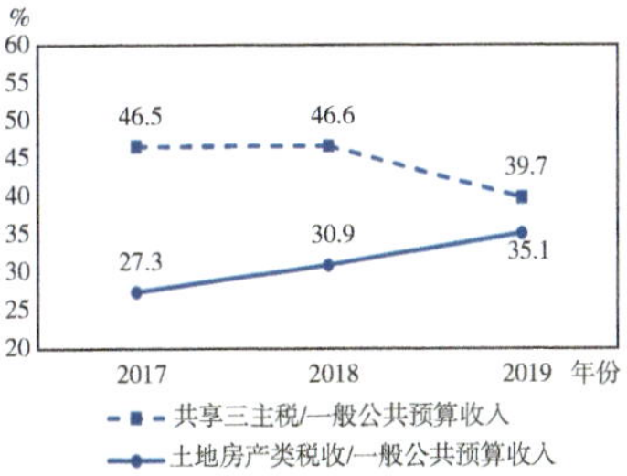

图21-30　2017-2019年海南省共享三主税、土地房产类税收占一般公共预算收入的比重

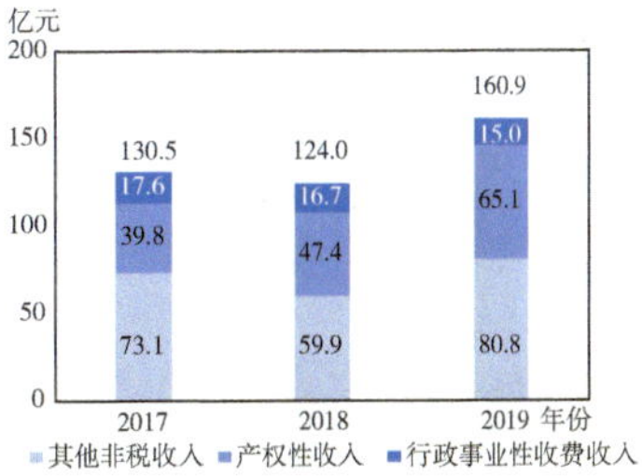

图21-31　2017-2019年海南省非税收入

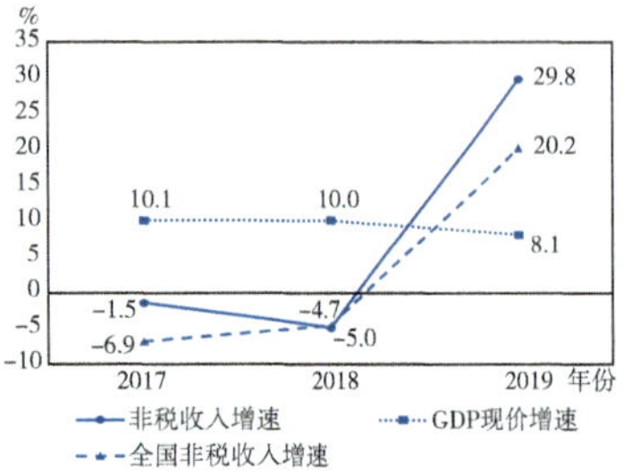

图21-32　2017-2019年海南省非税收入增速

图21-33　2017-2019年海南省行政事业性收费及产权性收入占比

21.1.4　海南省政府性基金收入和国有资本经营收入情况

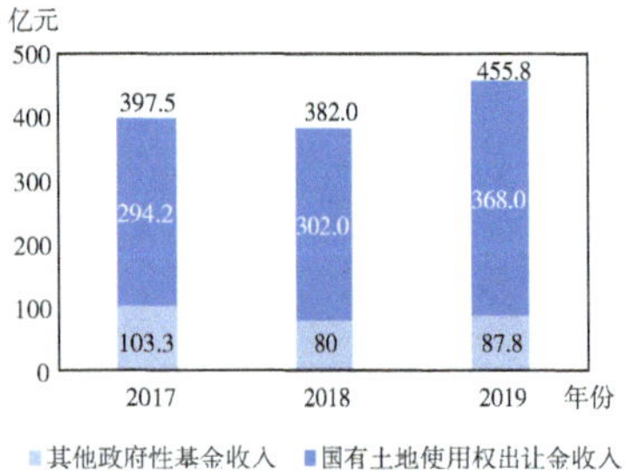

图21-34　2017-2019年海南省政府性基金收入

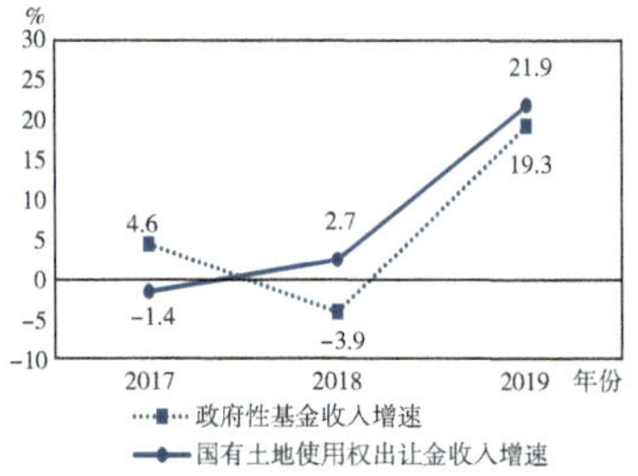

图21-35　2017-2019年海南省政府性基金收入增速及国有土地使用权出让金收入增速

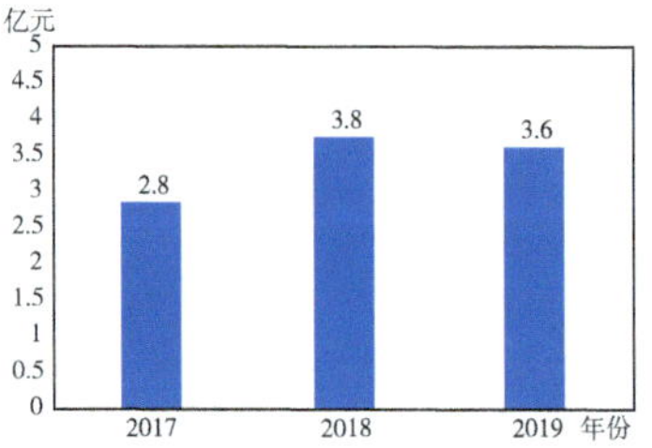

图21-36　2017-2019年海南省国有资本经营收入

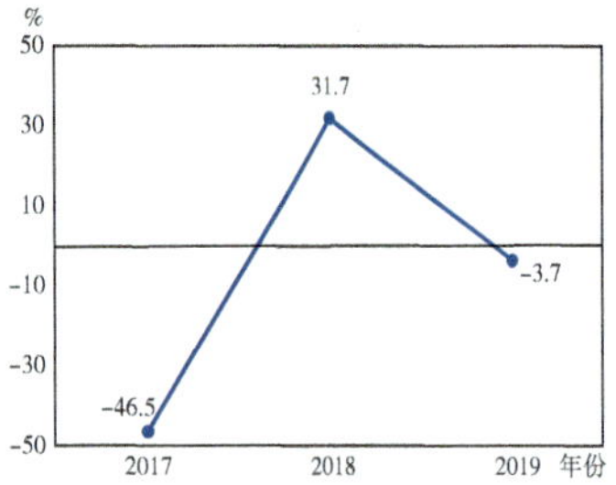

图21-37　2017-2019年海南省国有资本经营收入增速

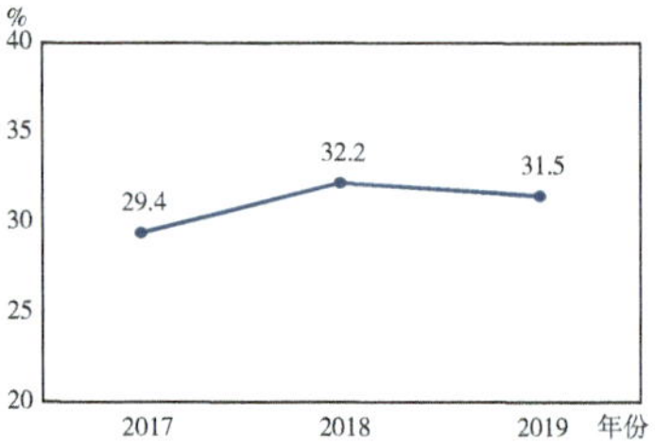

图21-38　2017-2019年海南省调出资金/国有资本经营收入

21.1.5　海南省社会保险基金收入情况

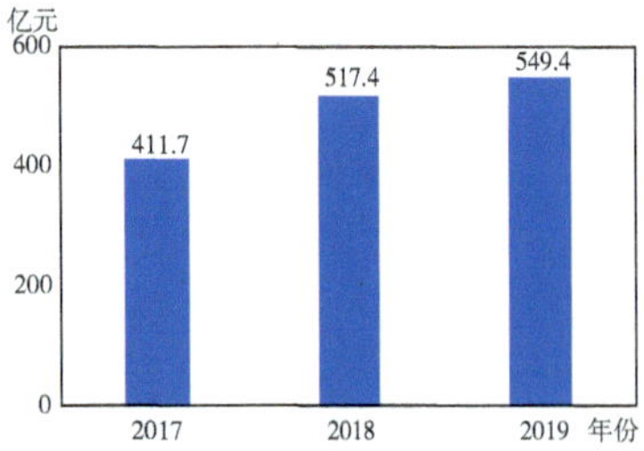

图21-39　2017-2019年海南省社会保险基金收入

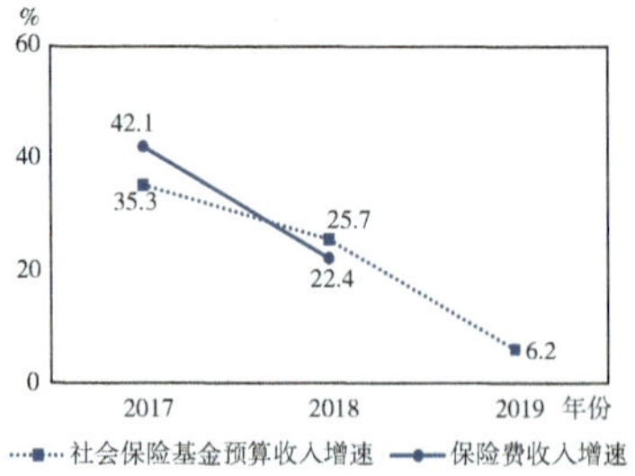

图21-40　2017-2019年海南省社会保险基金收入增速及保险费收入

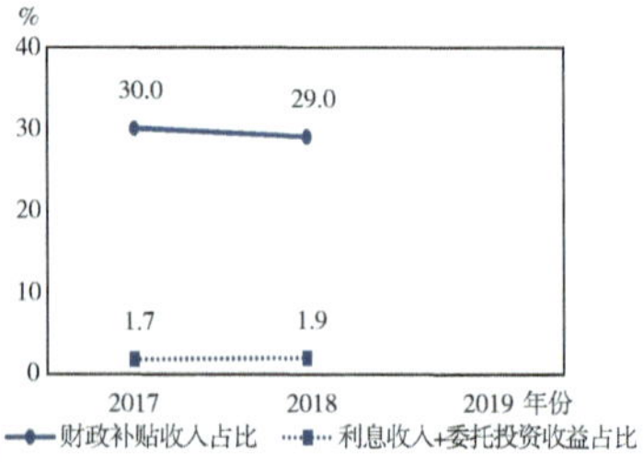

图21-41　2017-2019年海南省财政补贴收入、利息收入+委托投资收益占社会保险基金收入的比重

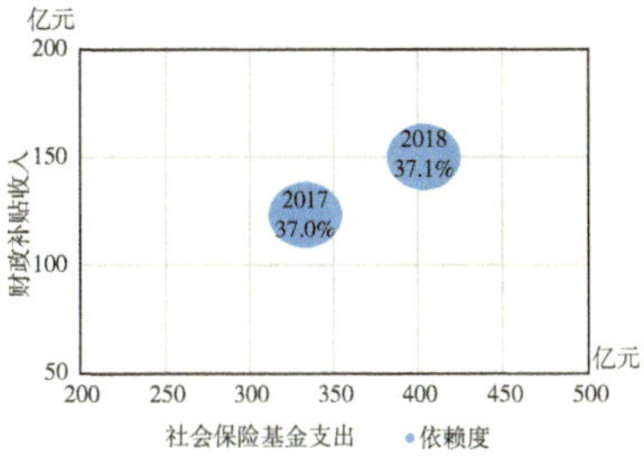

图21-42 2017-2019年海南省社会保险基金对财政补贴的依赖度

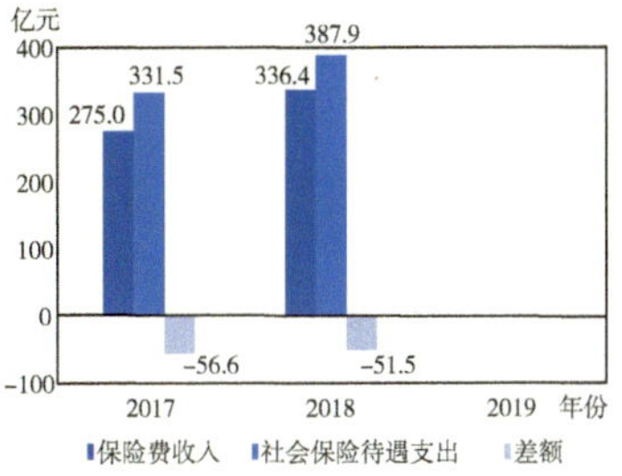

图21-43 2017-2019年海南省保险费收入、社会保险待遇支出及差额

21.1.6 海南省债务情况

图21-44 2017-2019年海南省债务规模

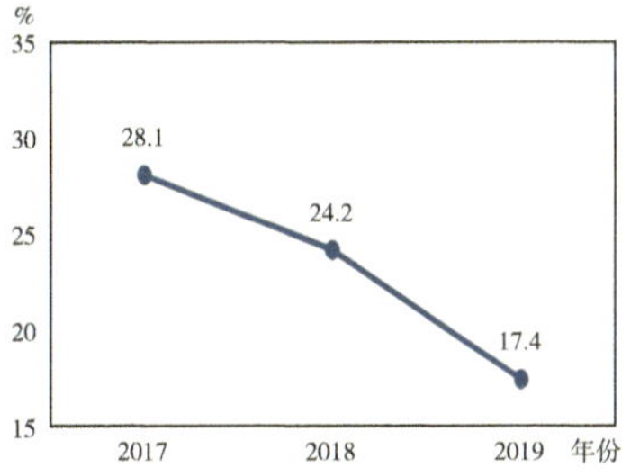

图21-45 2017-2019年海南省债务依存度

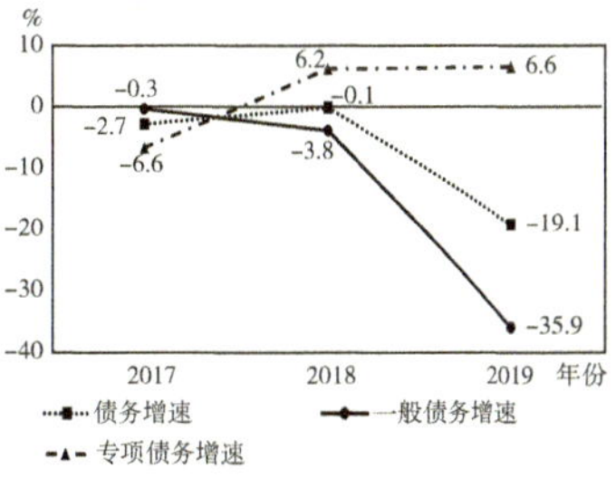

图21-46 2017-2019年海南省债务增速

21.1.7 海南省省本级一般公共预算收入情况

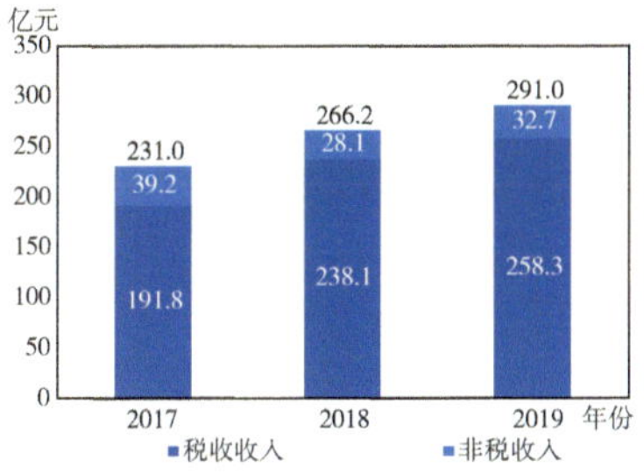

图21-47 2017-2019年海南省省本级一般公共预算收入

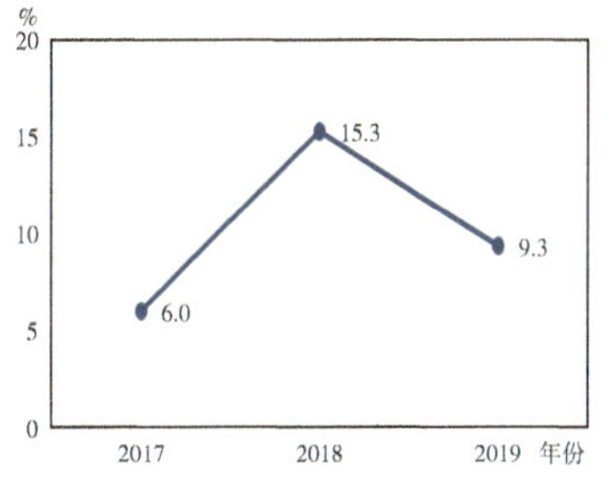

图21-48 2017-2019年海南省省本级一般公共预算收入增速

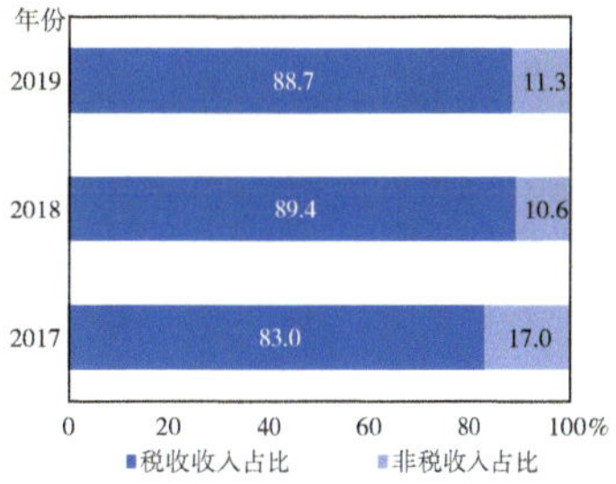

图21-49 2017-2019年海南省省本级一般公共预算收入结构

图21-50 2017-2019年海南省省本级财政自给率

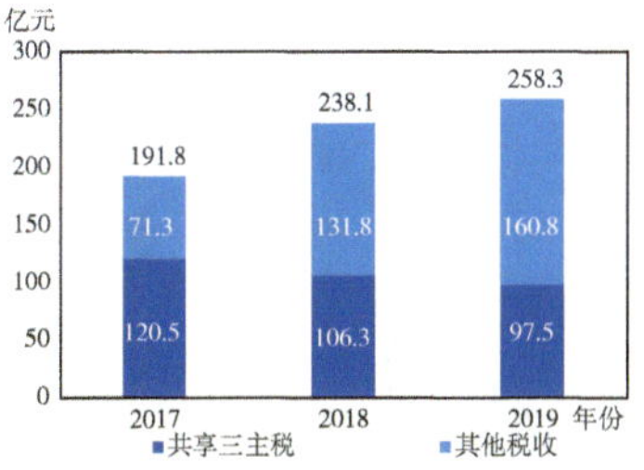

图21-51 2017-2019年海南省省本级税收收入

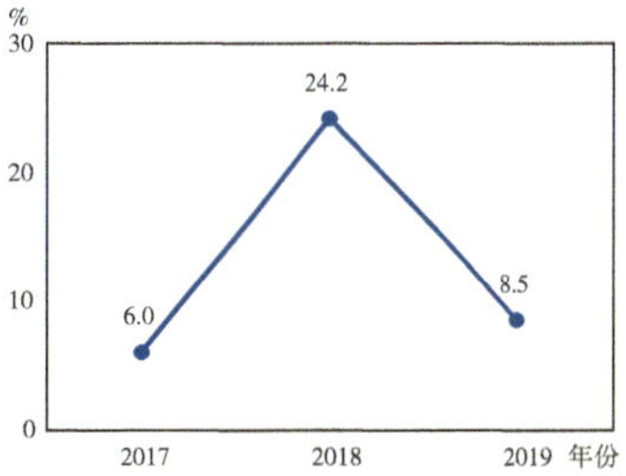

图21-52 2017-2019年海南省省本级税收收入增速

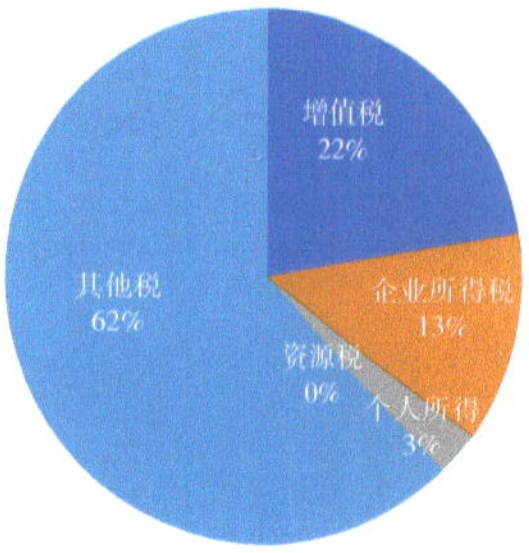

图21-53　2019年海南省省本级税收结构

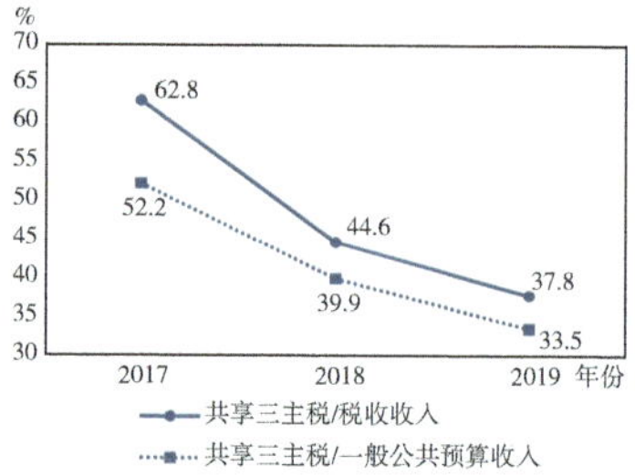

图21-54　2017-2019年海南省省本级共享三主税占税收收入、一般公共预算收入的比重

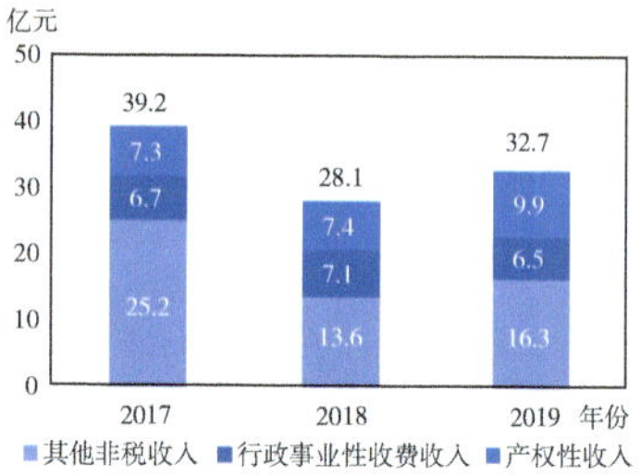

图21-55　2017-2019年海南省省本级非税收入

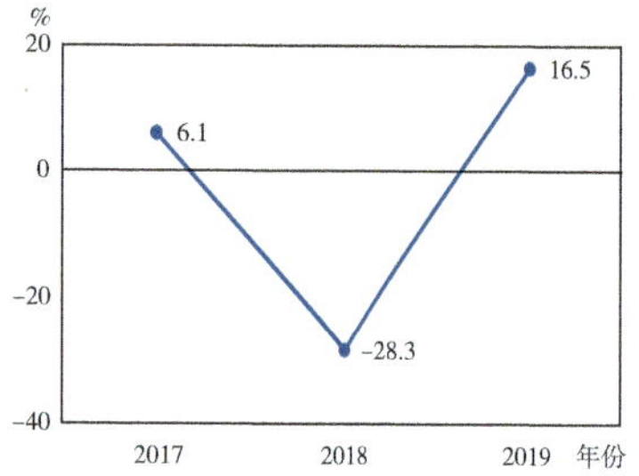

图21-56　2017-2019年海南省省本级非税收入增速

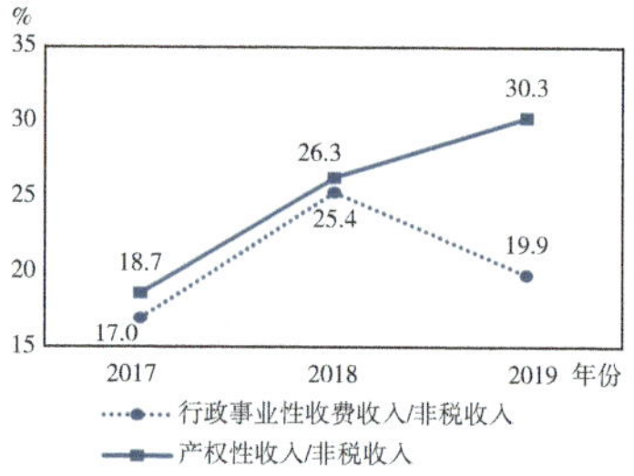

图21-57　2017-2019年海南省省本级行政事业性收费、产权性收入占非税收入的比重

21.2　海南省各市政府收入主要特征分析

21.2.1　海南省各市经济社会发展情况

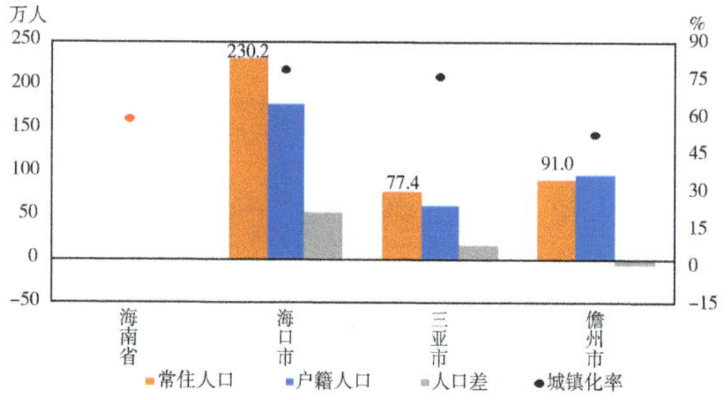

图21-58　2018年海南省各市人口状况

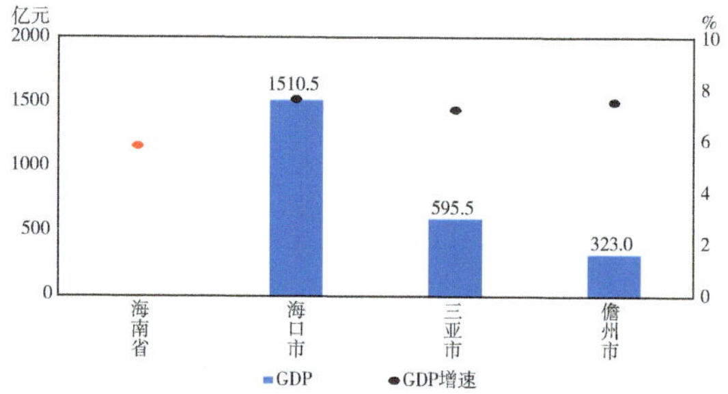

图21-59　2018年海南省各市GDP及增速

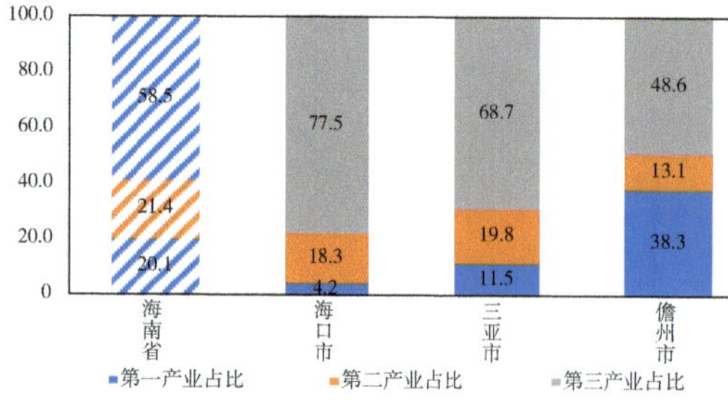

图21-60　2018年海南省各市三次产业结构

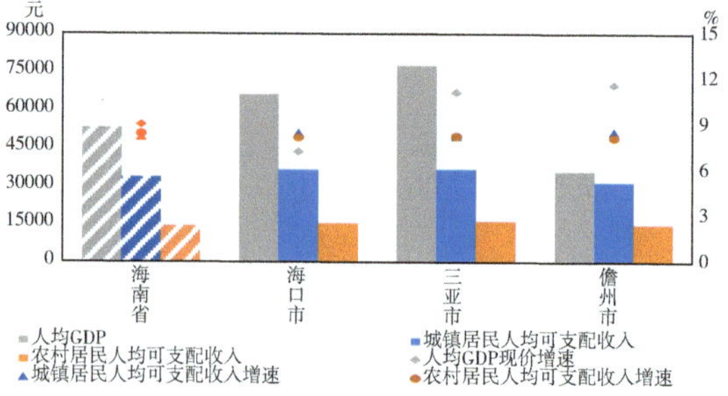

图21-61　2018年海南省各市人均GDP与人均可支配收入

21.2.2 海南省各市政府收入总体情况

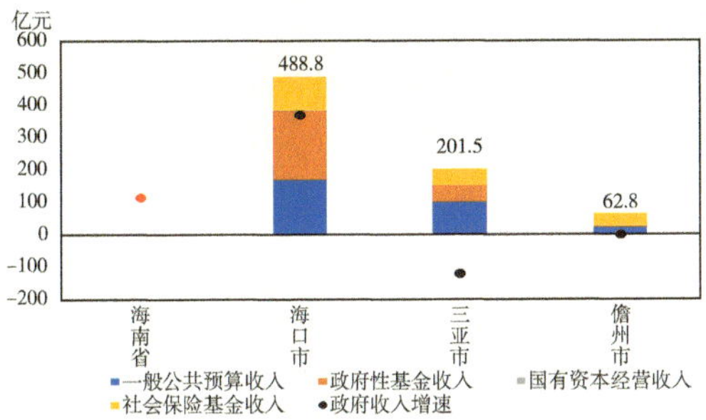

图21-62 2018年海南省各市政府收入结构及增速

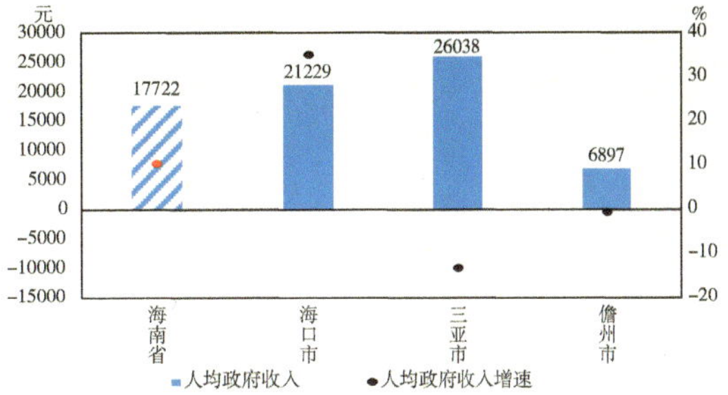

图21-63 2018年海南省各市人均政府收入及增速

21.2.3 海南省各市一般公共预算收入情况

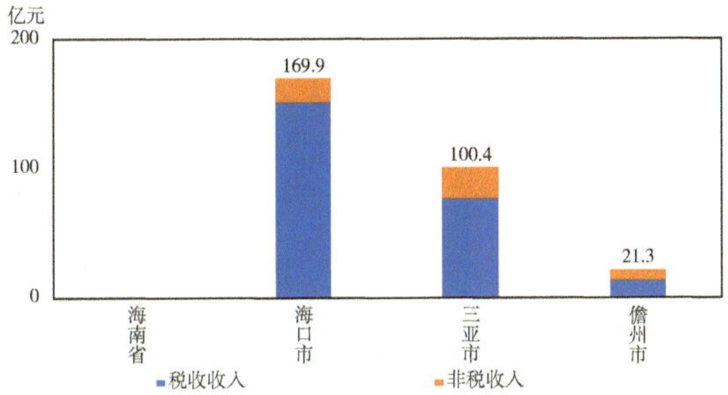

图21-64 2018年海南省各市一般公共预算收入

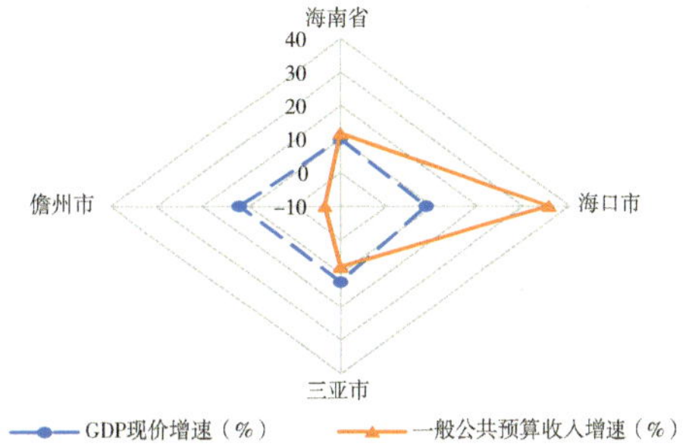

图21-65 2018年海南省各市一般公共预算收入增速

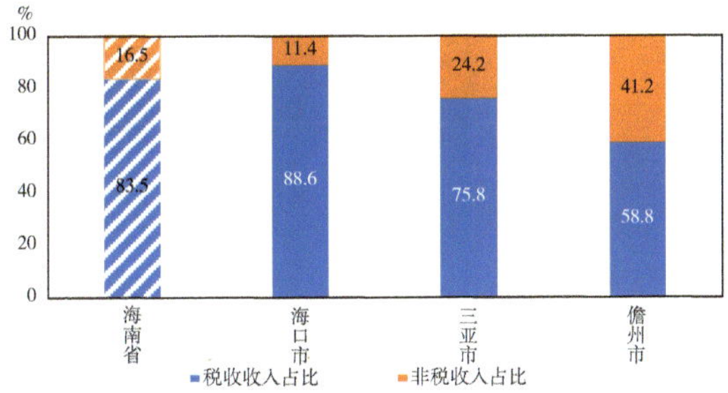

图21-66 2018年海南省各市一般公共预算收入结构

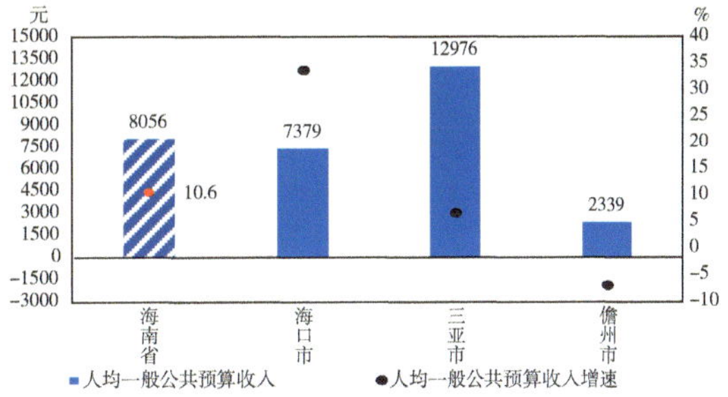

图21-67 2018年海南省各市人均一般公共预算收入及增速

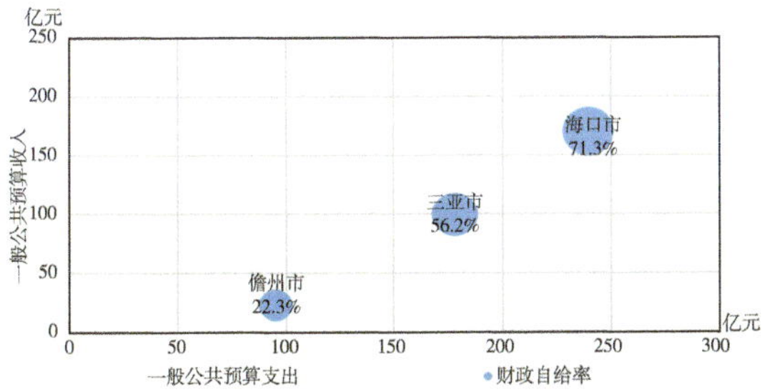

图21-68 2018年海南省各市财政自给率

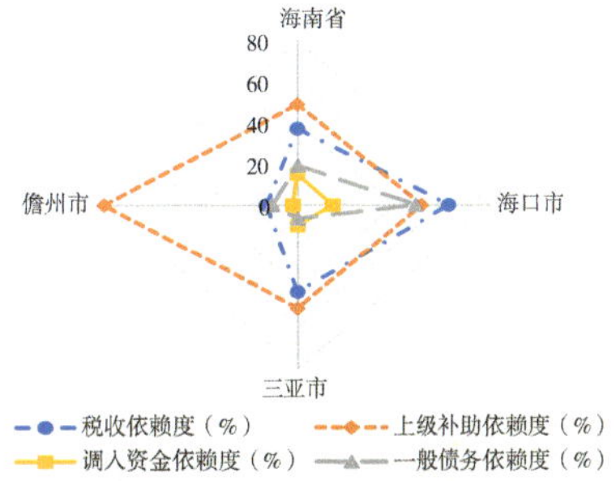

图21-69 2018年海南省各市财政收入依赖度

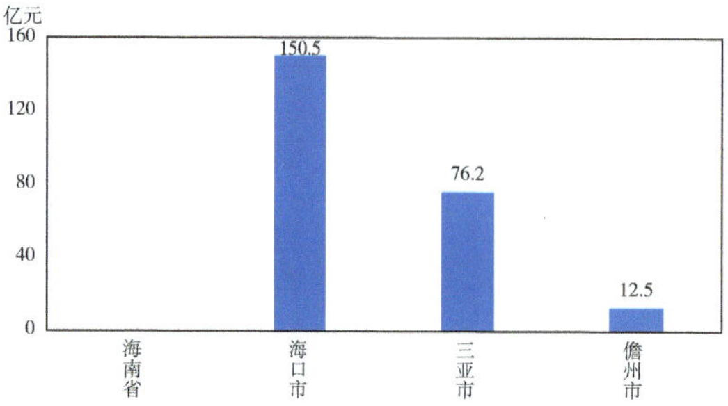

图21-70　2018年海南省各市税收收入

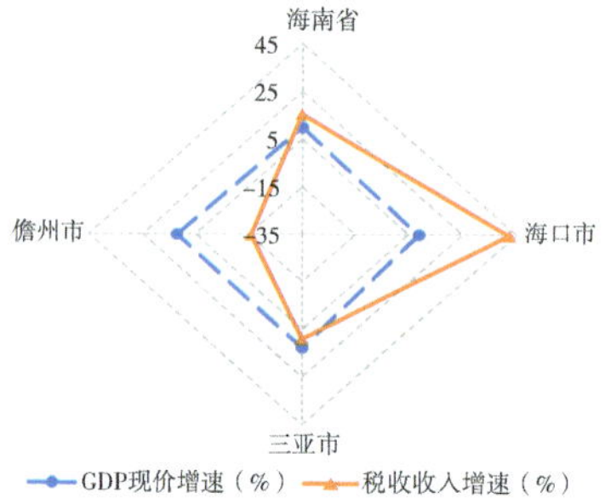

图21-71　2018年海南省各市税收收入增速

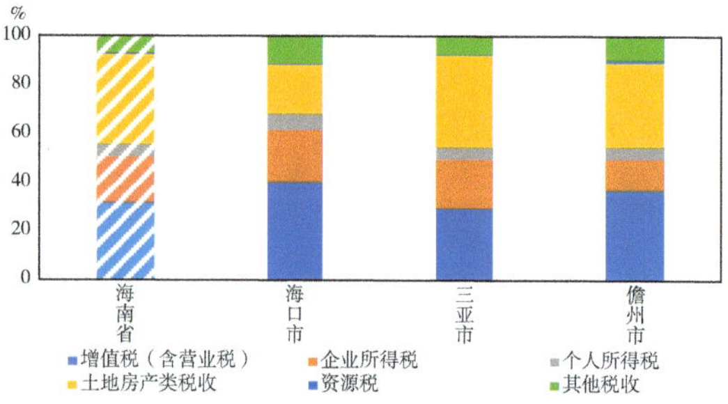

图21-72　2018年海南省各市税收收入结构

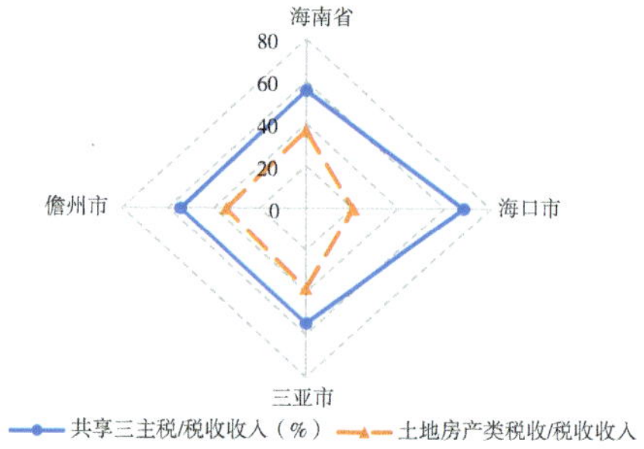

图21-73　2018年海南省各市共享三主税、土地房产类税收占税收收入的比重

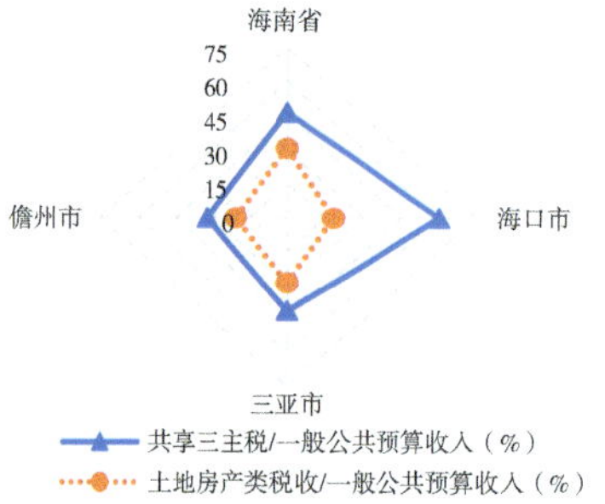

图21-74　2018年海南省各市共享三主税、土地房产类税收占一般公共预算收入的比重

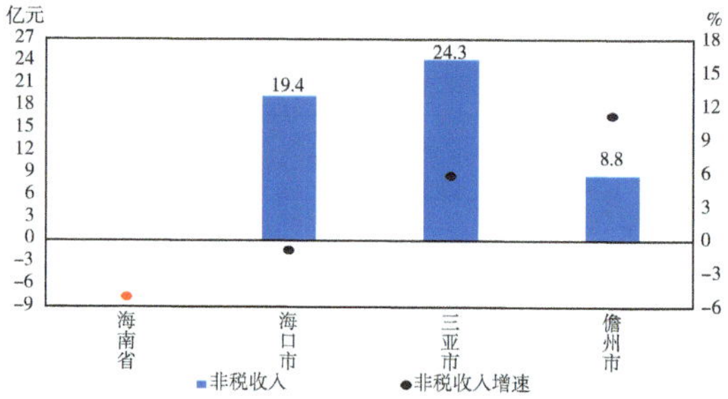

图21-75　2018年海南省各市非税收入及增速

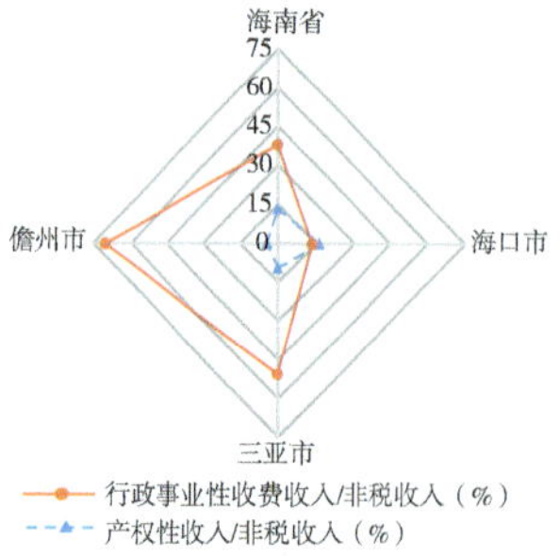

图21-76　2018年海南省各市行政事业性收费收入、产权性收入占非税收入的比重

21.2.4 海南省各市政府性基金收入与国有资本经营收入情况

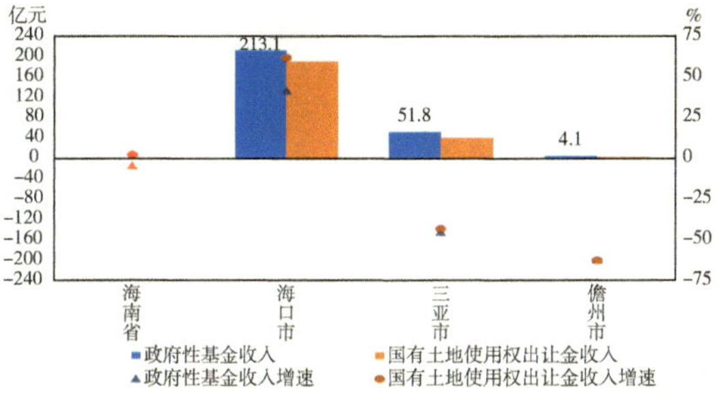

图21-77 2018年海南省各市政府性基金收入、国有土地使用权出让金收入及其增速

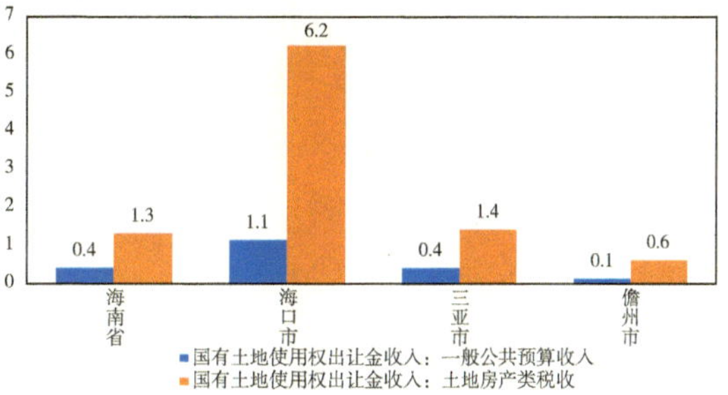

图21-78 2018年海南省各市国有土地使用权出让金收入与一般公共预算关系指标

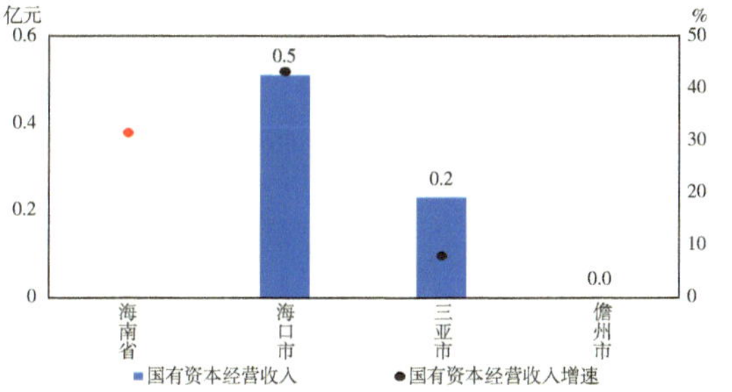

图21-79 2018年海南省各市国有资本经营预算收入及增速

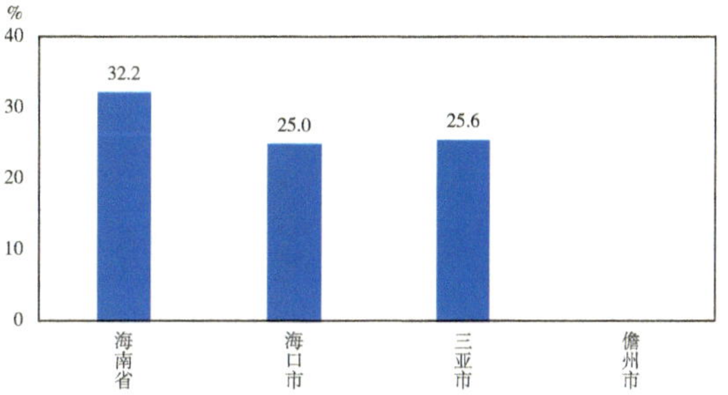

图21-80 2018年海南省各市调出资金/国有资本经营收入

21.2.5 海南省各市社会保险基金收入情况

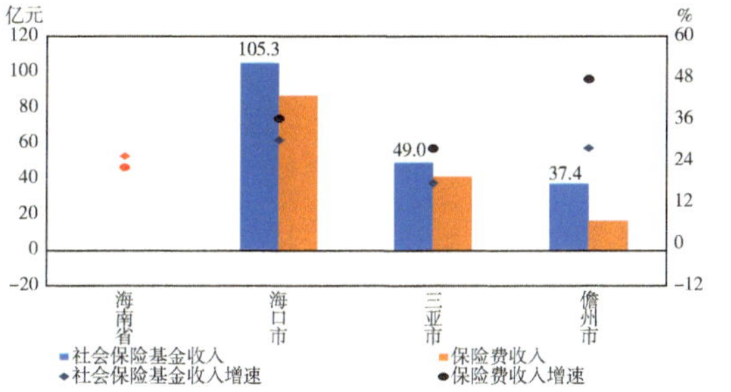

图21-81 2018年海南省各市社会保险基金收入、保险费收入及其增速

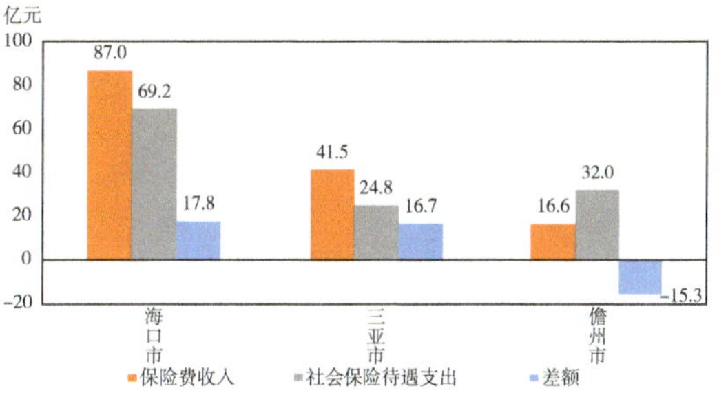

图21-82 2018年海南省各市保险费收入、社会保险待遇支出及其差额

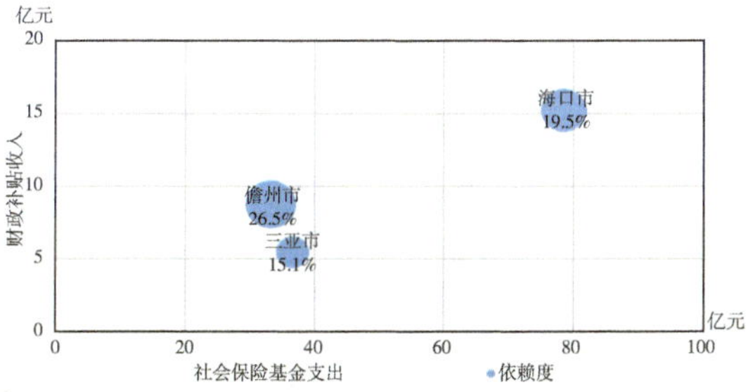

图21-83 2018年海南省各市社会保险基金对财政补贴的依赖度

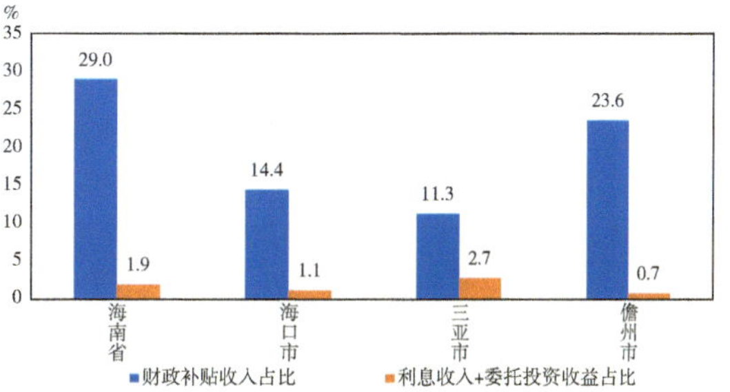

图21-84 2018年海南省各市财政补贴收入、利息收入+委托投资收益占社会保险基金收入的比重

21.2.6 海南省各市债务情况

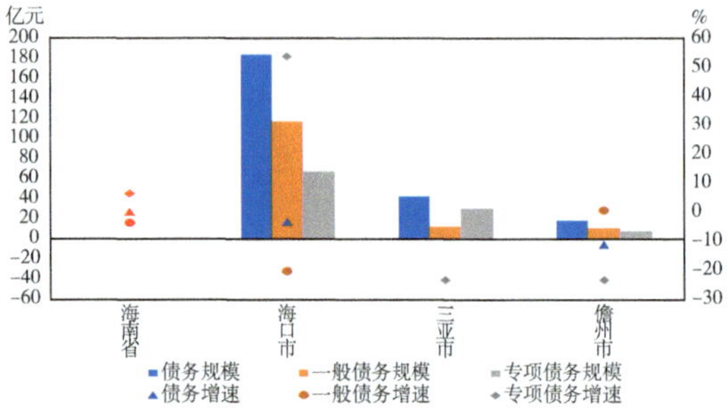

图21-85 2018年海南省各市债务规模及其增速

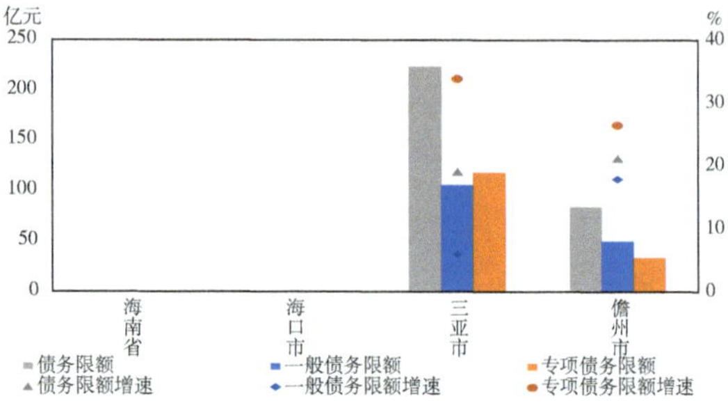

图21-86 2018年海南省各市债务限额及其增速

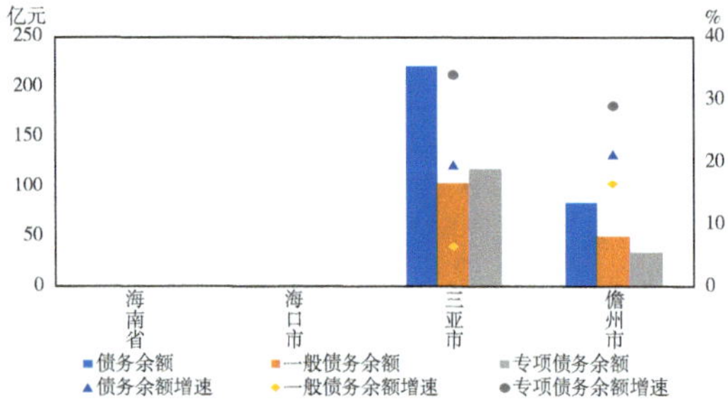

图21-87 2018年海南省各市债务余额及其增速

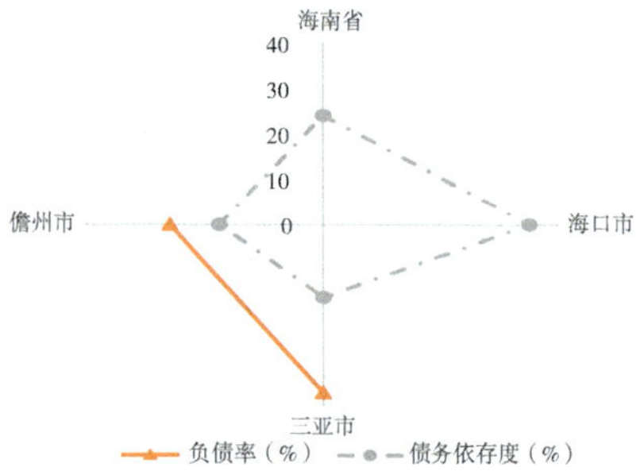

图21-88 2018年海南省各市负债率与债务依存度

21.2.7 海南省各市市本级一般公共预算收入情况

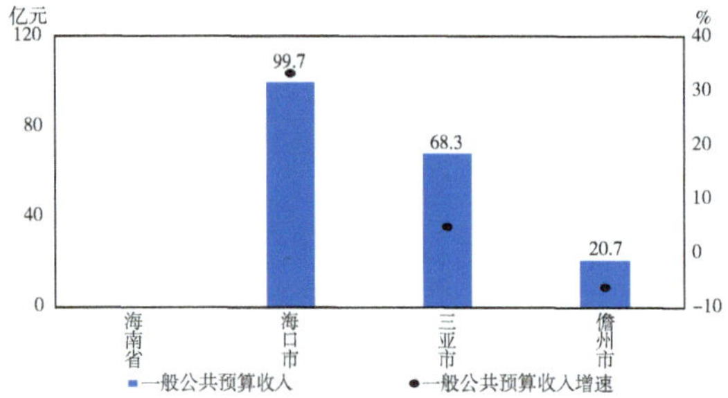

图21-89 2018年海南省各市市本级一般公共预算收入及增速

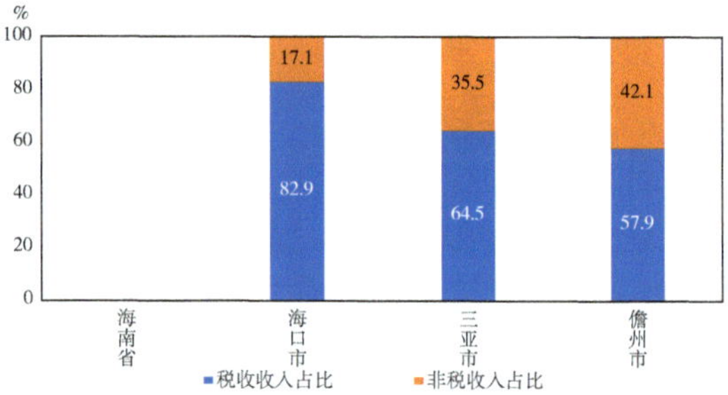

图21-90 2018年海南省各市市本级一般公共预算收入结构

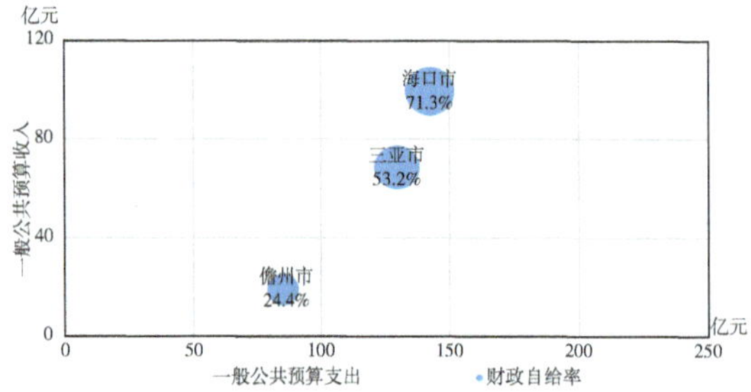

图21-91 2018年海南省各市市本级财政自给率

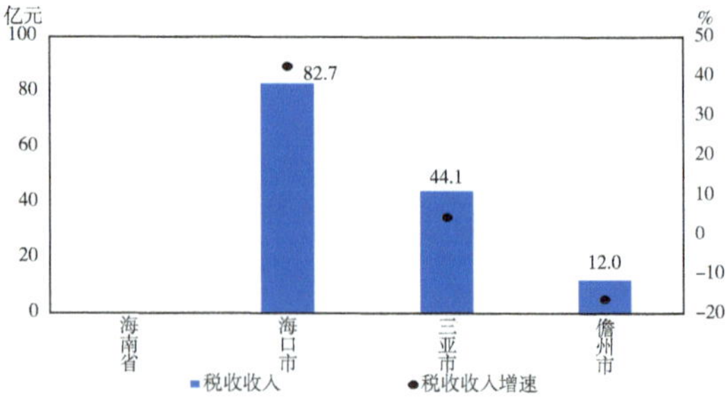

图21-92 2018年海南省各市市本级税收收入及增速

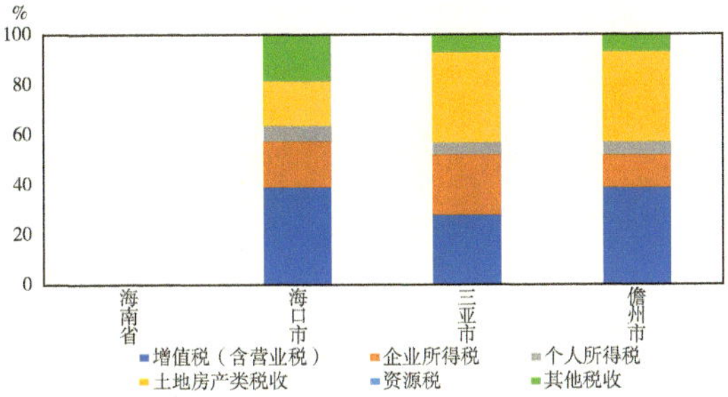

图21-93　2018年海南省各市市本级税收收入结构

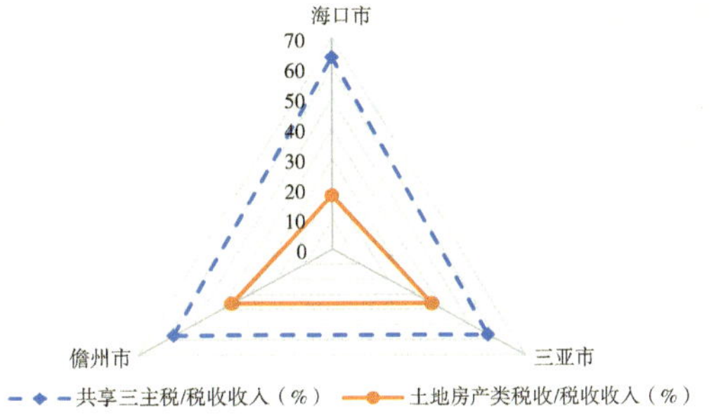

图21-94　2018年海南省各市市本级共享三主税、土地房产类税收占税收收入的比重

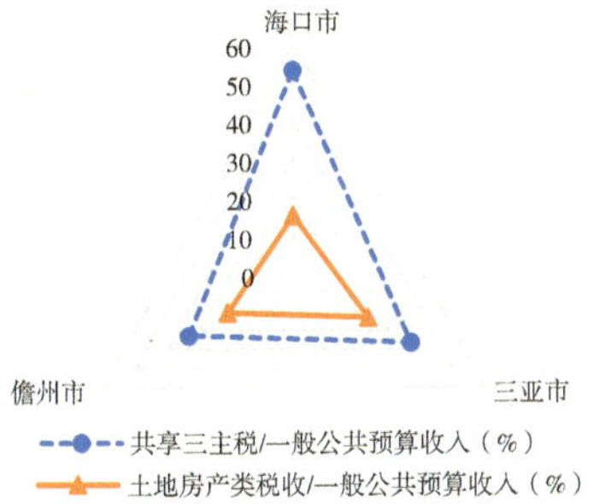

图21-95　2018年海南省各市市本级共享三主税、土地房产类税收占一般公共预算的比重

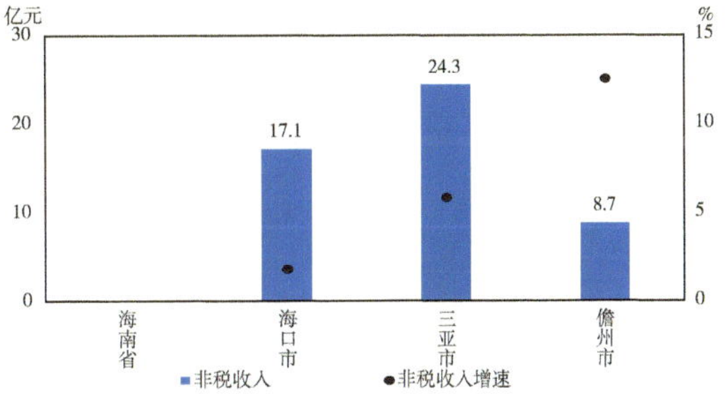

图21-96　2018年海南省各市市本级非税收入及增速

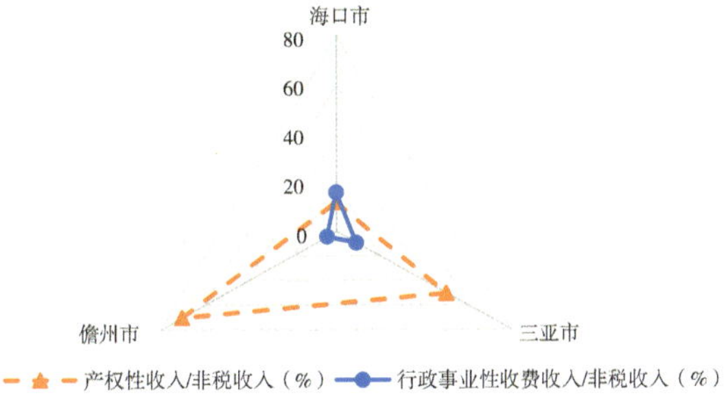

图21-97　2018年海南省各市市本级产权性收入、行政事业性收费收入占非税收入的比重

21.3　海南省样本县政府收入主要特征分析

21.3.1　海南省样本县经济社会发展情况

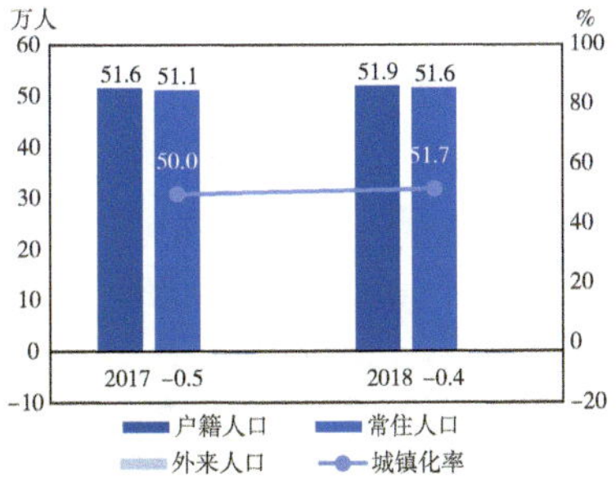

图21-98　2017-2018年琼海市人口状况

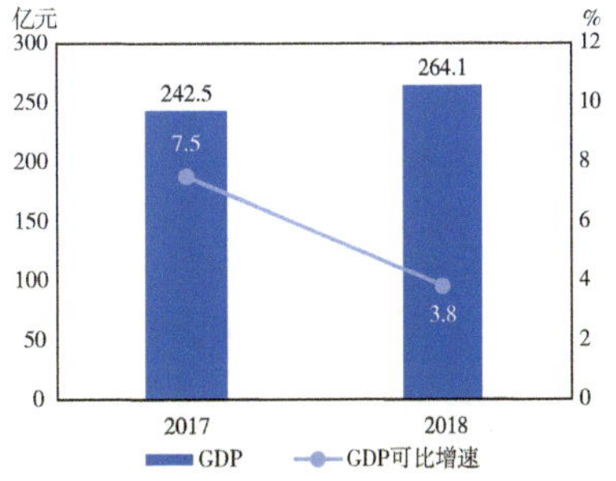

图21-99　2017-2018年琼海市GDP及增速

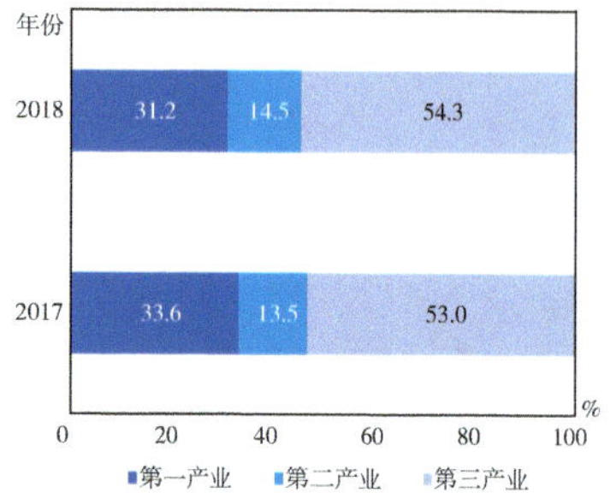

图21-100　2017-2018年琼海市三次产业结构

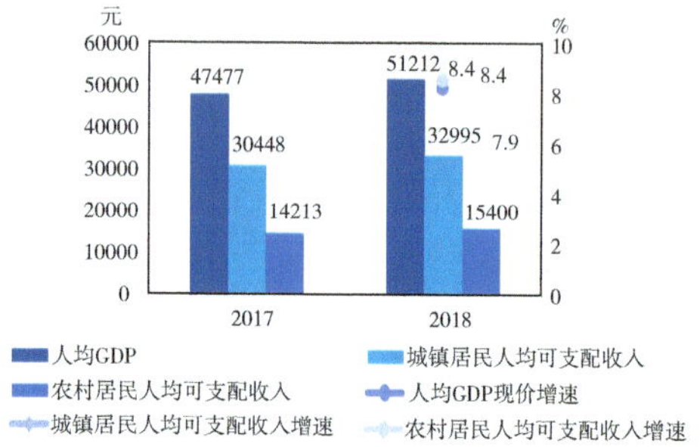

图21-101　2017-2018年琼海市人均GDP与人均可支配收入

21.3.2　海南省样本县政府收入总体情况

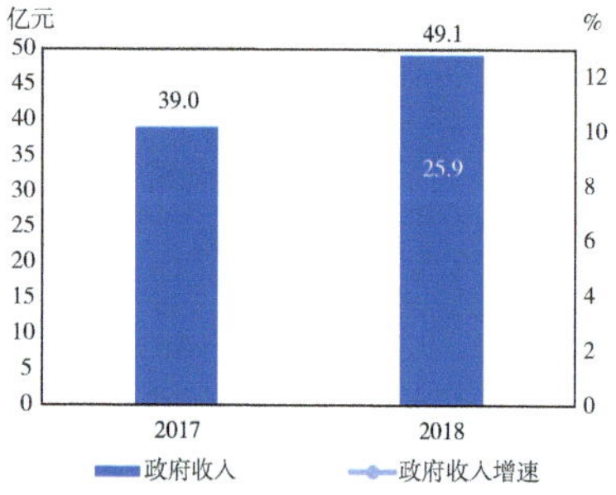

图21-102　2017-2018年琼海市政府收入及增速

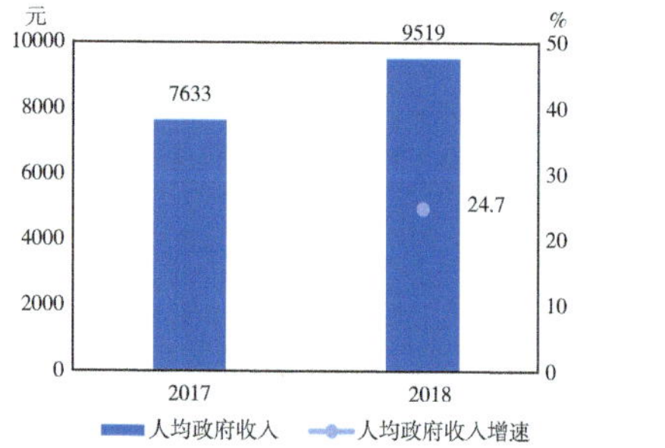

图21-103　2017-2018年琼海市人均政府收入及增速

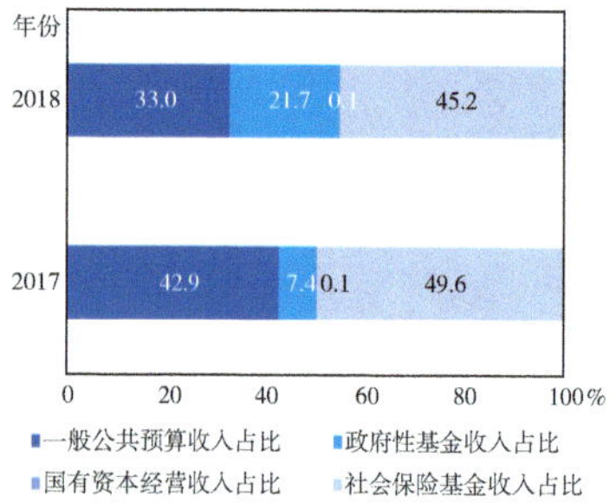

图21-104　2017-2018年琼海市政府收入结构

21.3.3　海南省样本县一般公共预算收入情况

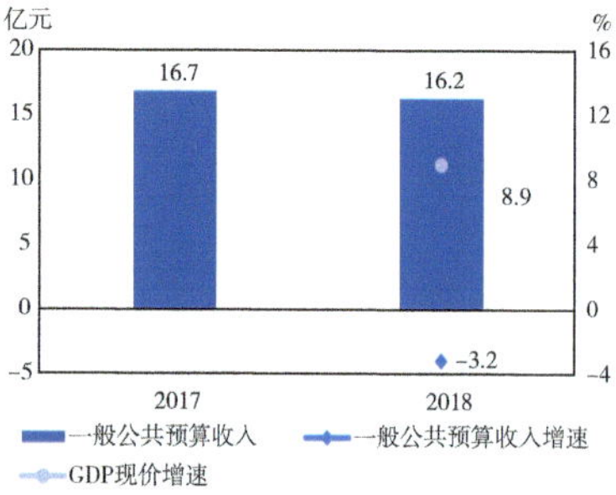

图21-105　2017-2018年琼海市一般公共预算收入及增速

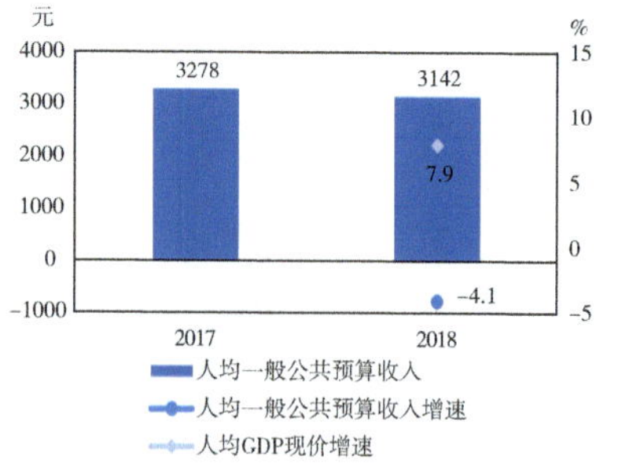

图21-106　2017-2018年琼海市人均一般公共预算收入及增速

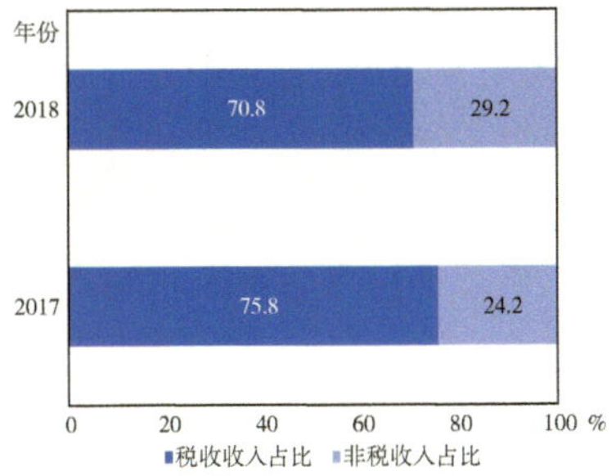

图21-107　2017-2018年琼海市一般公共预算收入结构

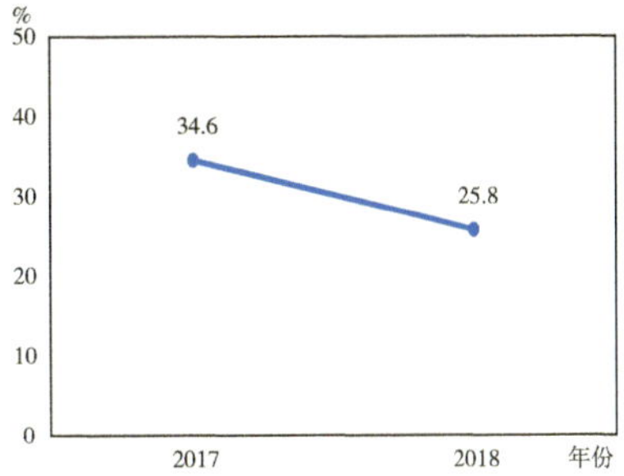

图21-108　2017-2018年琼海市财政自给率

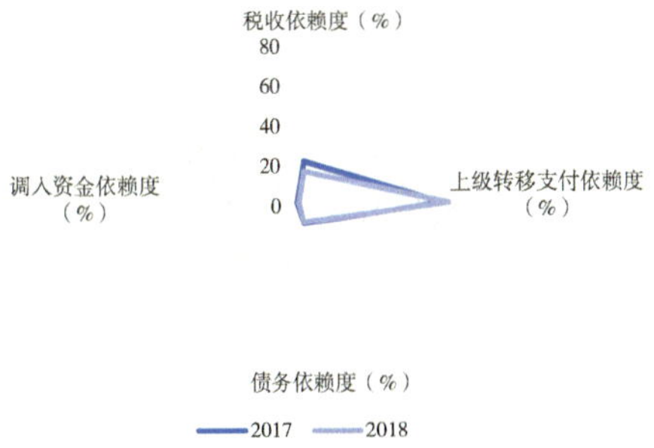

图21-109　2017-2018年琼海市财政依赖度

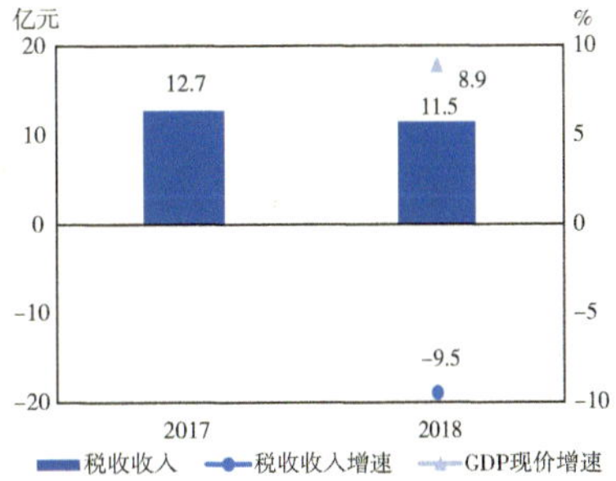

图21-110　2017-2018年琼海市税收收入及增速

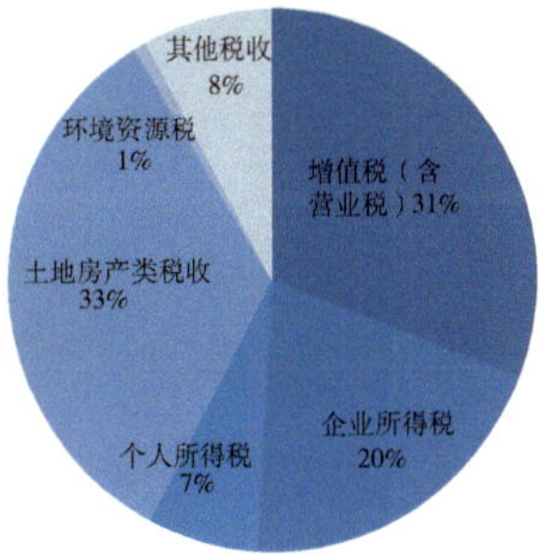

图21-111　2018年琼海市税收收入结构

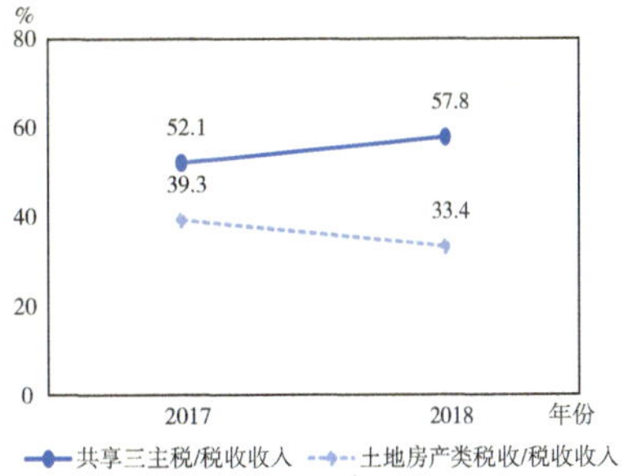

图21-112　2017-2018年琼海市共享三主税、土地房产类税收占税收收入的比重

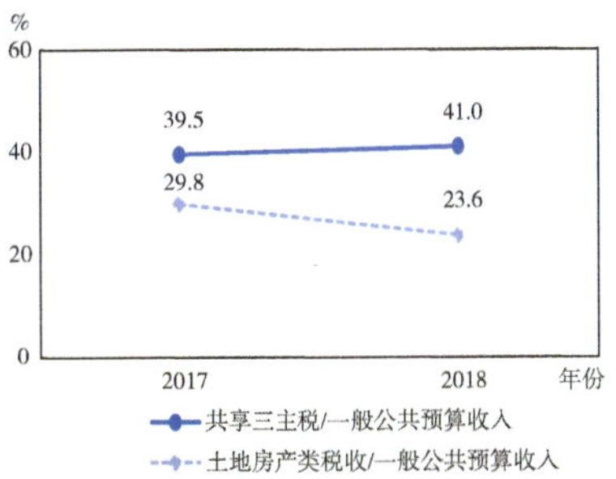

图21-113　2017-2018年琼海市共享三主税、土地房产类税收占一般公共预算收入的比重

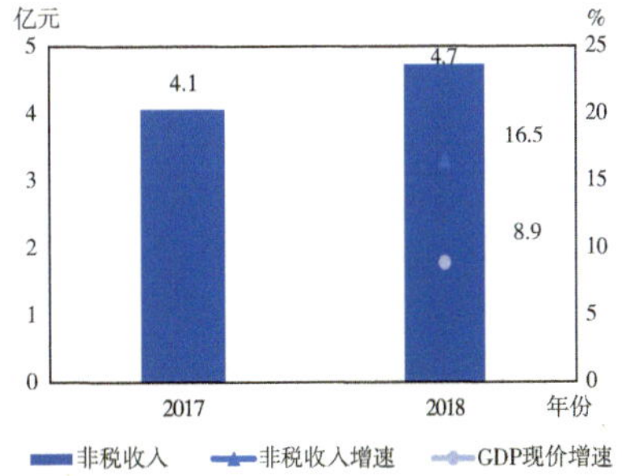

图21-114　2017-2018年琼海市非税收入及增速

图21-115　2017-2018年琼海市行政事业性收费收入、产权性收入占非税收入的比重

21.3.4　海南省样本县政府性基金收入与国有资本经营收入情况

图21-116　2017-2018年琼海市政府性基金预算收入、国有土地使用权出让金收入及其增速

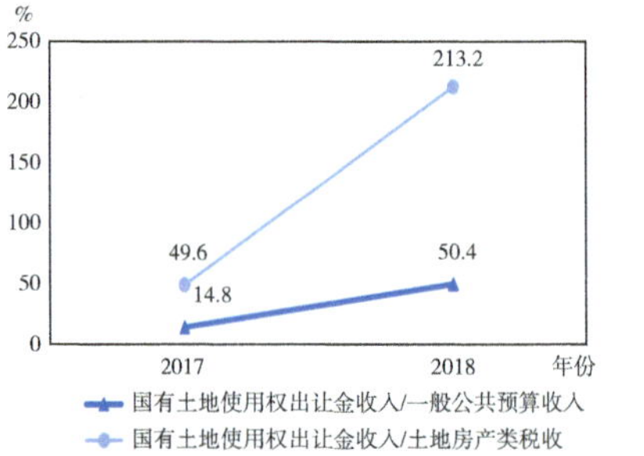

图21-117　2017-2018年琼海市国有土地使用权出让金收入与一般公共预算关系指标

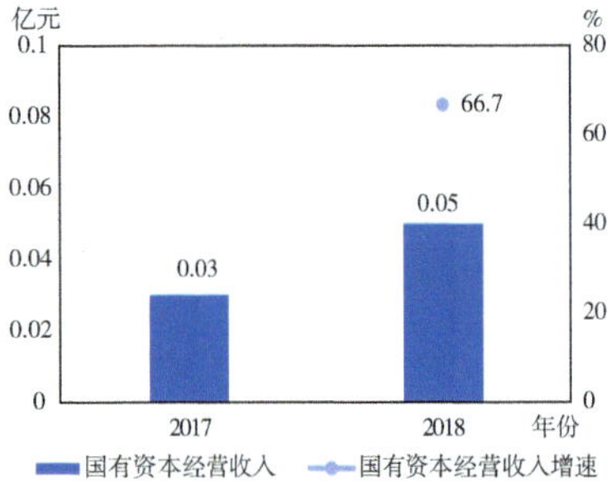

图21-118　2017-2018年琼海市国有资本经营收入及增速

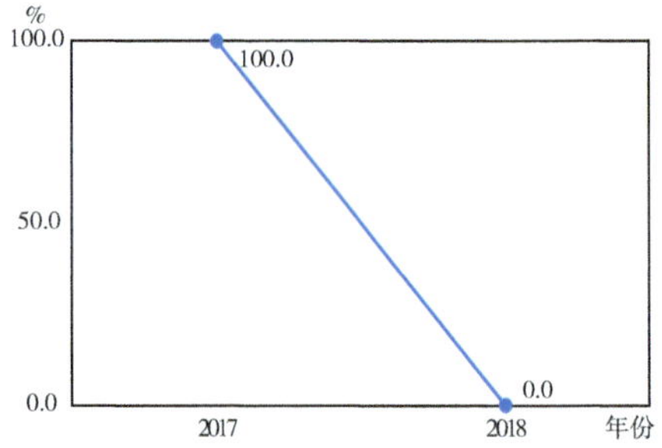

图21-119　2017-2018年琼海市国有资本经营收入调出资金占比

21.3.5　海南省样本县社会保险基金收入情况

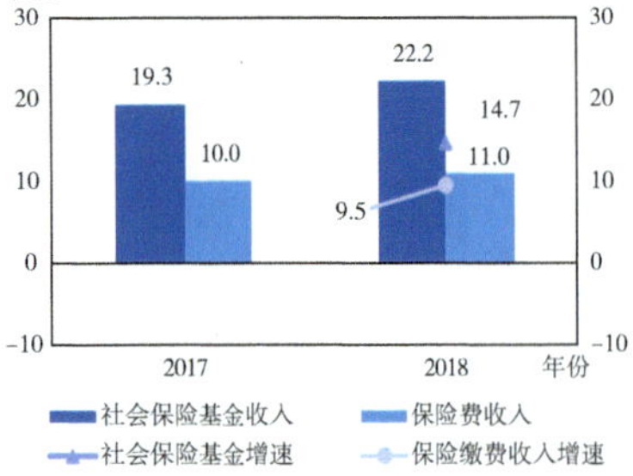

图21-120　2017-2018年琼海市社会保险基金收入、保险费收入及增速

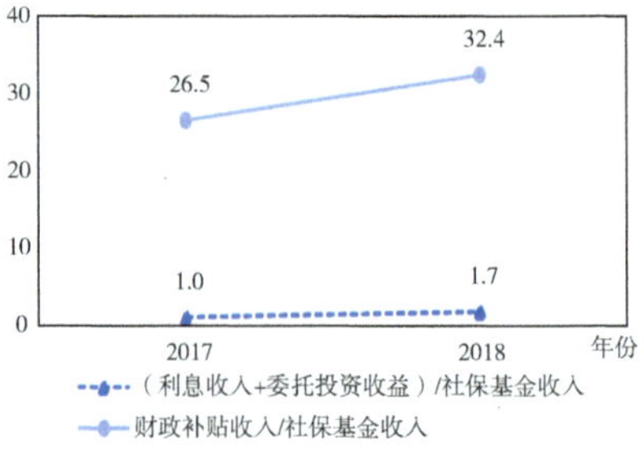

图21-121　2017-2018年琼海市财政补贴收入、利息收入+委托投资收益占社会保险基金收入的比重

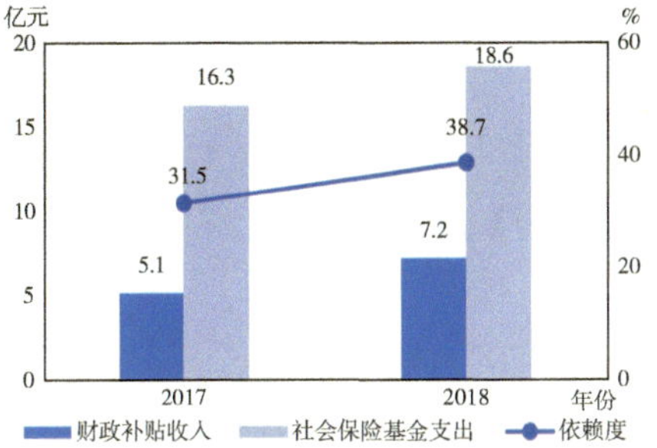

图21-122　2017-2018年琼海市社会保险基金对财政补贴的依赖度

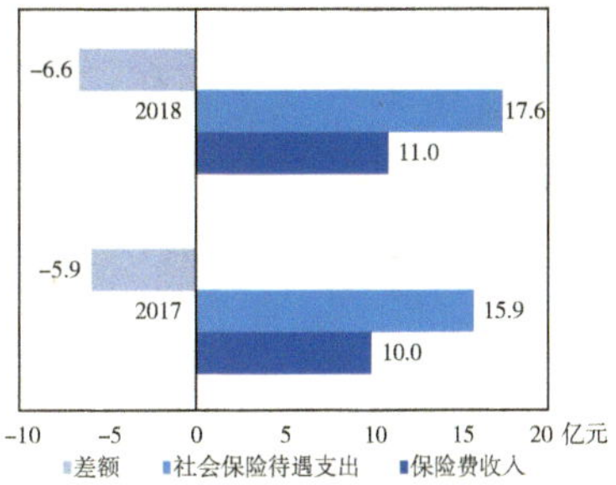

图21-123　2017-2018年琼海市保险费收入、社会保险待遇支出及其差额

21.3.6　海南省样本县债务情况

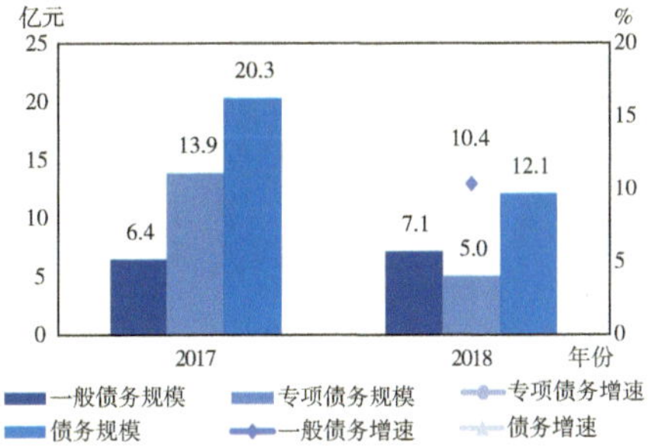

图21-124　2017-2018年琼海市债务规模及增速

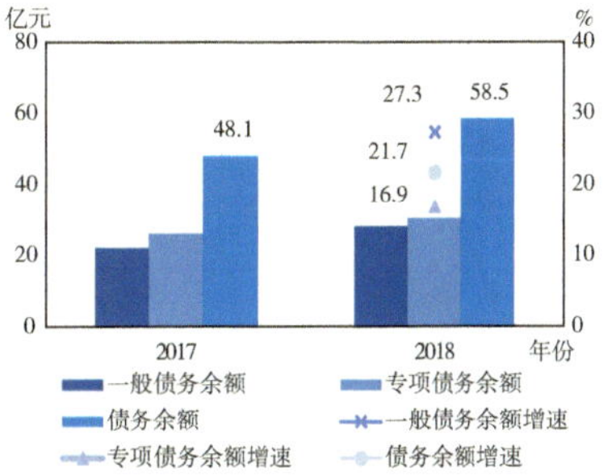

图21-125　2017-2018年琼海市债务余额及增速

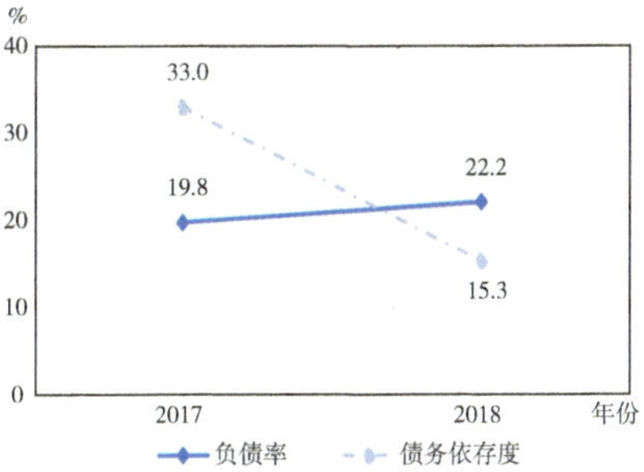

图21-126　2017-2018年琼海市负债率与债务依存度

22 重庆市

重庆市，是我国中西部唯一直辖市，共辖26个区、8个县、4个自治县；地域面积为8.24万平方公里，以丘陵、山地为主，山地占比76%，有“山城”之称。重庆市既是长江上游地区经济中心，也是我国西南重要交通枢纽，区位优势显著。总体上看，重庆市的经济发展、财政收入等在全国处于中等水平，各区县发展差异较大，发展不均衡。

2019年重庆市经济总量处于全国中等，第二产业占比略高于全国水平，人口整体净流出，城镇化率高于全国。2019年末，重庆市常住人口3124.3万人，常住人口城镇化率为66.8%。2019年重庆市GDP达到2.4万亿元，排全国第17名，次于江西，略高于云南；增速6.3%，比2018年上升0.3个百分点，高于全国0.2个百分点，排全国第14名；人均GDP为75555元（10702美元），排全国第9名。从产业结构看，第一、第二、第三产业占比分别为6.6%（低于全国平均水平0.5个百分点）、40.2%（高于全国平均水平1.2个百分点）和53.2%（低于全国平均水平0.7个百分点）。从居民可支配收入看，2019年城镇与农村居民人均可支配收入分别为37939元和15133元，呈上升态势，分别为全国平均水平的89.6%和94.5%。

2019年重庆市一般公共预算收入全国排中等，土地房产类税收占比较高，市县中县级政府收入占比较高。2019年重庆市一般公共预算收入2134.9亿元，排全国第19名，增速-5.8%，排全国第30名；人均一般公共预算收入为6833元，排全国第10名。其中，近三年重庆市税收收入占一般公共预算收入的总体呈上升态势，2019年为72.2%，低于全国平均水平10.8个百分点。非税收入占比较低，近三年呈逐渐下降态势。从2018年数据来看，纵向收入分配中市本级、县一般公共预算收入占比分别为37.9%、62.1%。

重庆市财政自给率偏低，地区财政总收入小于一般公共预算支出。近三年重庆市财政自给率在50%左右，2019年为44%。2018年重庆市组织的地区财政总收入为3675.3亿元，增速为3.2%，其中上缴中央收入占比38.4%。重庆市一般公共预算支出为4540.9亿元，高于地区财政总收入规模。

2019年重庆市四本预算的一般公共预算收入和政府性基金收入占比下降。2019年重庆市四本预算加总的政府收入6464.8亿元，增速为-2.0%，其中一般公共预算收入、政府性基金收入、国有资本经营收入和社会保险基金收入分别占比33.0%、34.8%、2.0%和30.2%。

重庆市内各区县经济社会发展和财政发展不均衡，优势主要集中于主城九区。重庆主城九区——渝中区、大渡口区、江北区、南岸区、沙坪坝区、九龙坡区、北碚区、渝北区、巴南区，构成重庆市经济文化中心，经济财政实力优于其他区县。2018年末，渝北区GDP稳居前三，GDP总量为1543.1亿元，城镇化率为82.8%，第一、第二、第三产业占比1.5%、41.1%、57.4%。2018年，一般公共预算收入75.5亿元，财政自给率达到71.0%，而主城九区外的忠县GDP总量只有渝北区的20%，一般公共预算收入18.5亿元，财政自给率只有30.7%。

本章执笔人：樊存慧　审校：孙家希

22.1 重庆市政府收入主要特征分析

22.1.1 重庆市经济社会基本情况

图22-1 2017-2019年重庆市人口状况

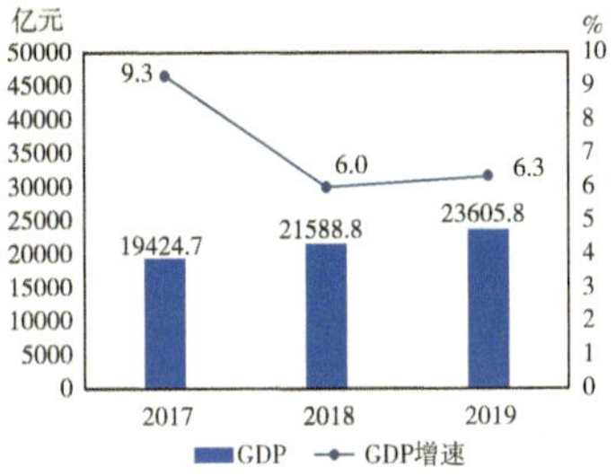

图22-2 2017-2019年重庆市GDP及增速

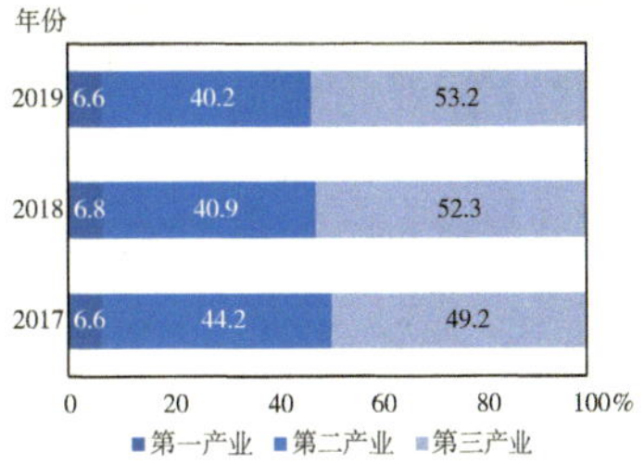

图22-3 2017-2019年重庆市三次产业结构

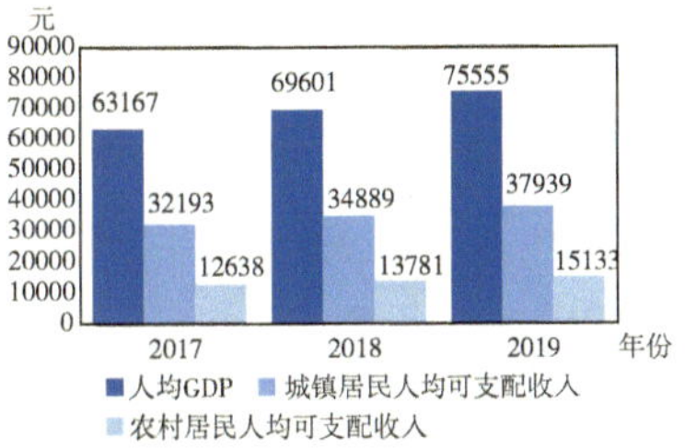

图22-4 2017-2019年重庆市人均GDP和人均可支配收入

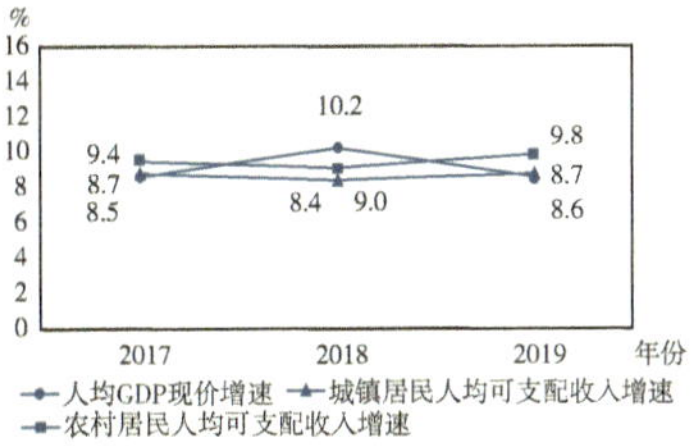

图22-5 2017-2019年重庆市人均GDP增速和人均可支配收入增速

22.1.2 重庆市政府收入总体情况

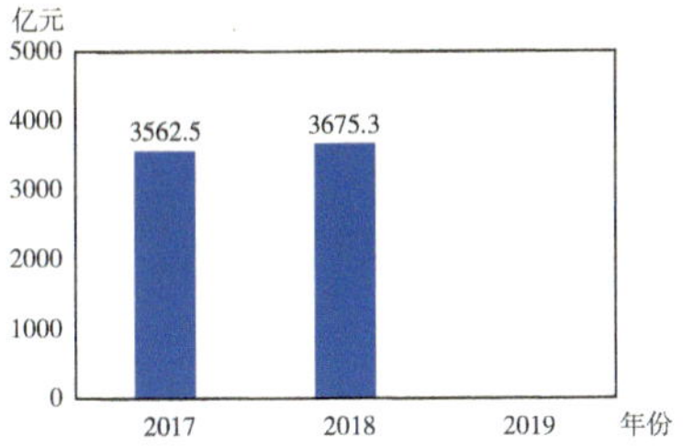

图22-6 2017-2019年重庆市财政总收入

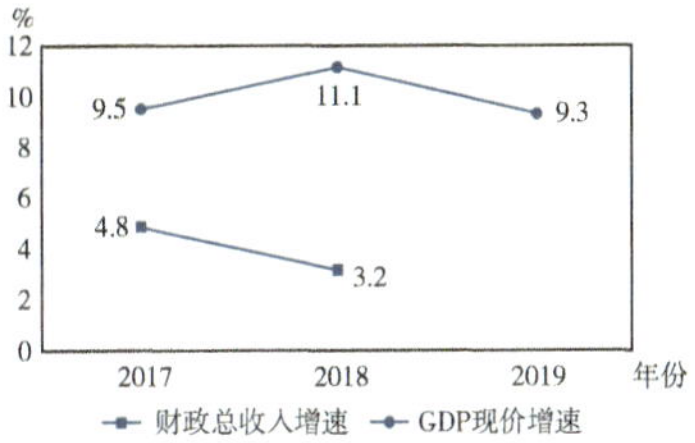

图22-7 2017-2019年重庆市财政总收入增速

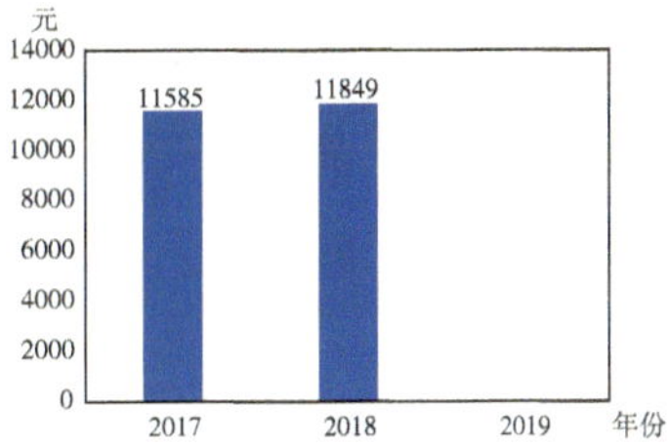

图22-8 2017-2019年重庆市人均财政总收入

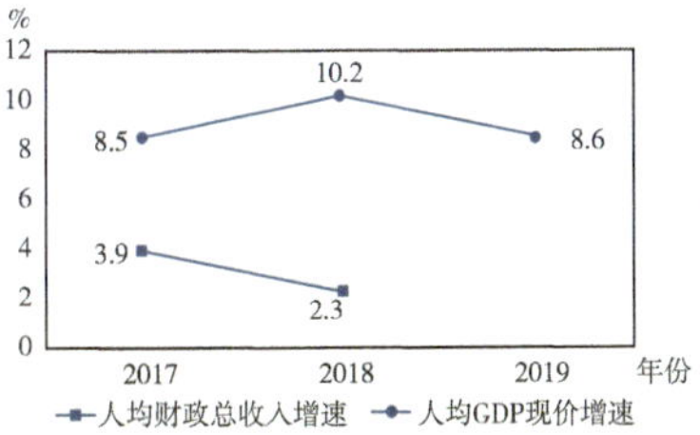

图22-9 2017-2019年重庆市人均财政总收入增速

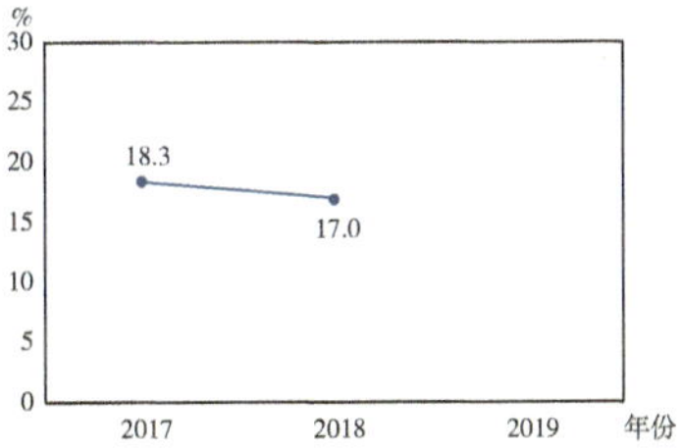

图22-10 2017-2019年重庆市财政总收入/GDP

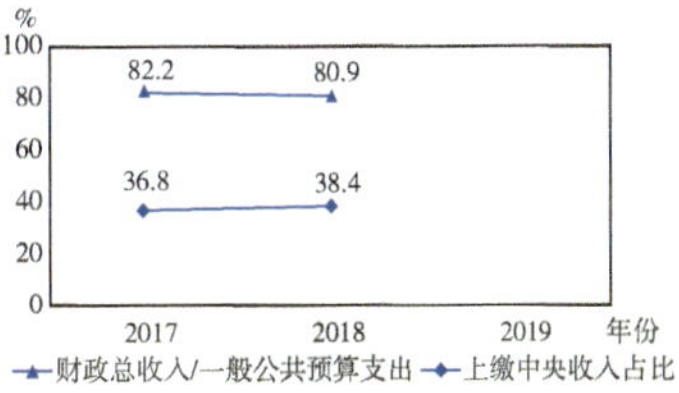

图22-11 2017-2019年重庆市财政总收入其他指标

图22-12　2017-2019年重庆市政府收入

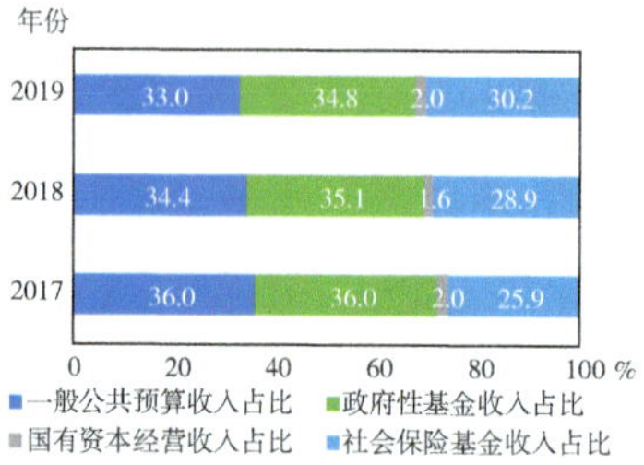

图22-13　2017-2019年重庆市政府收入结构

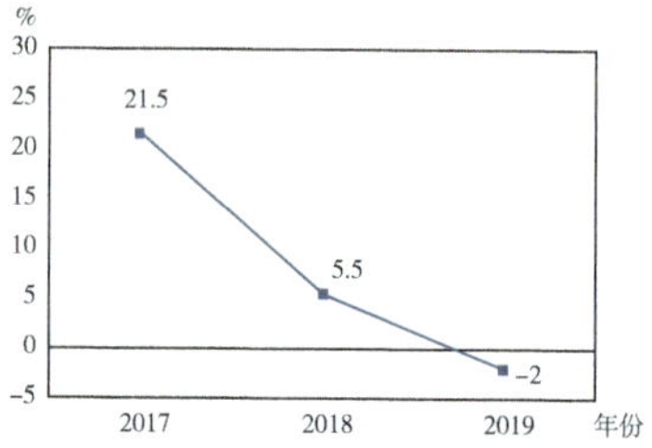

图22-14　2017-2019年重庆市政府收入增速

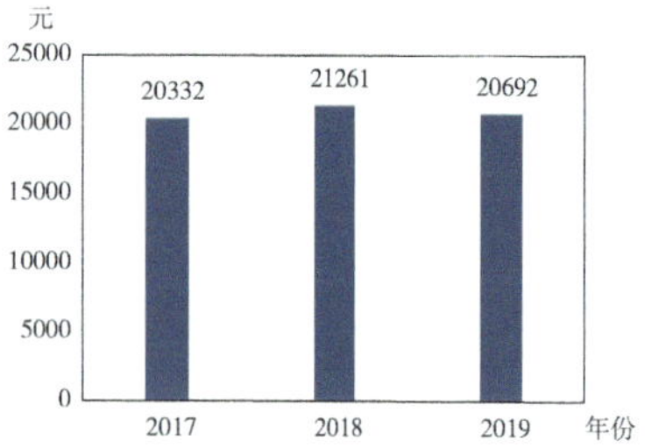

图22-15　2017-2019年重庆市人均政府收入

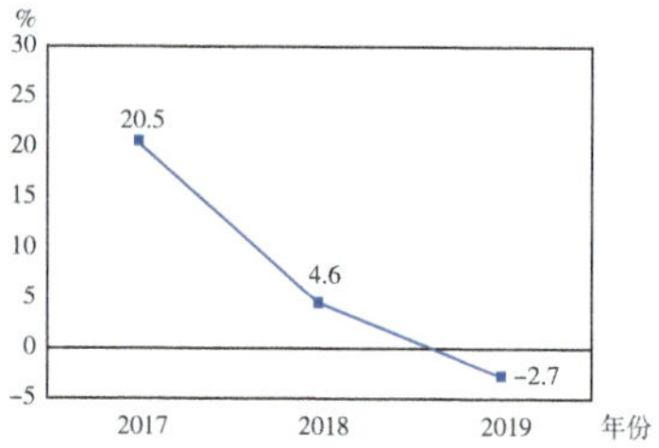

图22-16　2017-2019年重庆市人均政府收入增速

22.1.3　重庆市一般公共预算收入情况

图22-17　2017-2019年重庆市一般公共预算收入

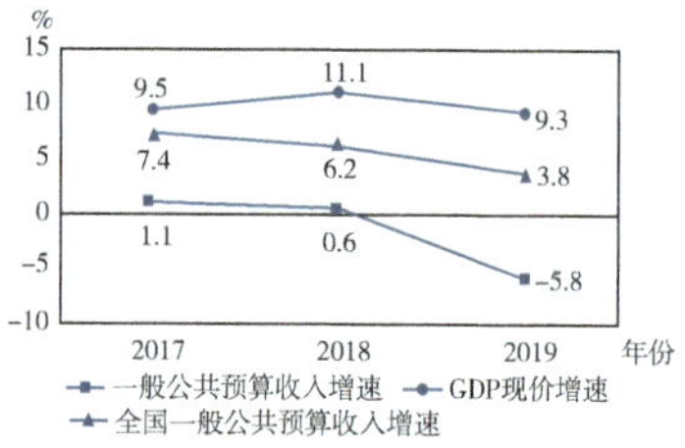

图22-18　2017-2019年重庆市一般公共预算收入增速

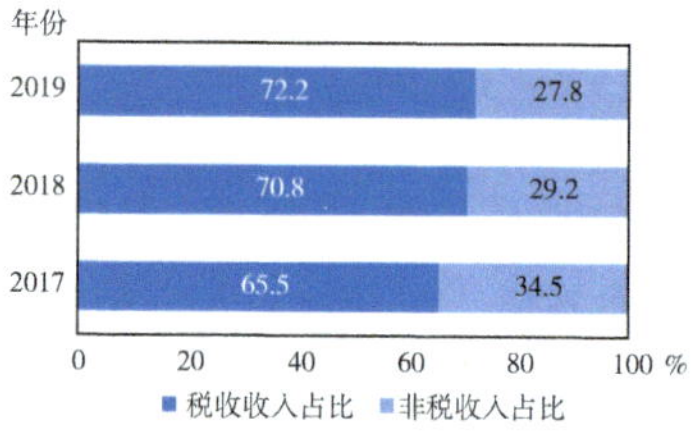

图22-19　2017-2019年重庆市一般公共预算收入结构

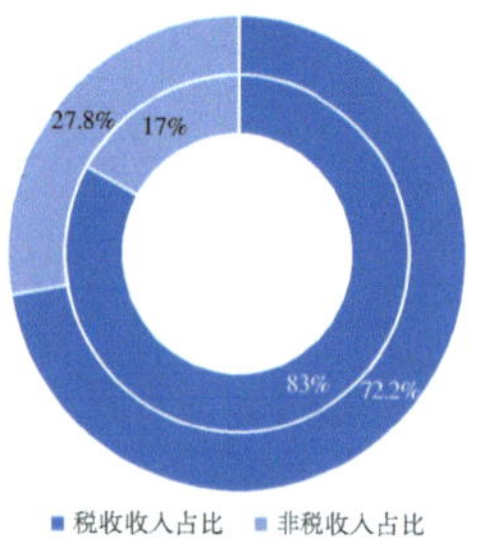

图22-20　2019年一般公共预算收入结构对比（内环为全国，外环为重庆市）

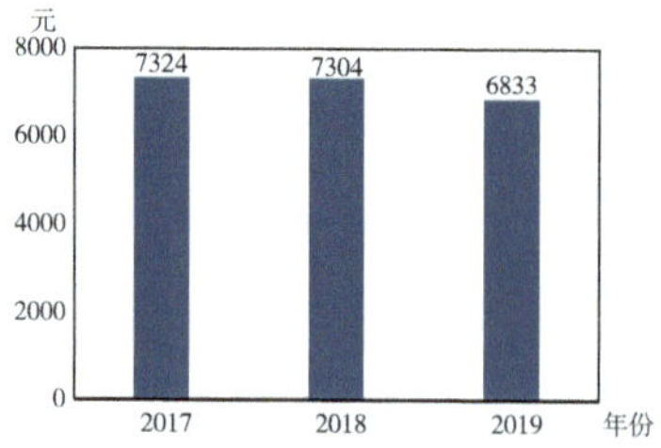

图22-21　2017-2019年重庆市人均一般公共预算收入

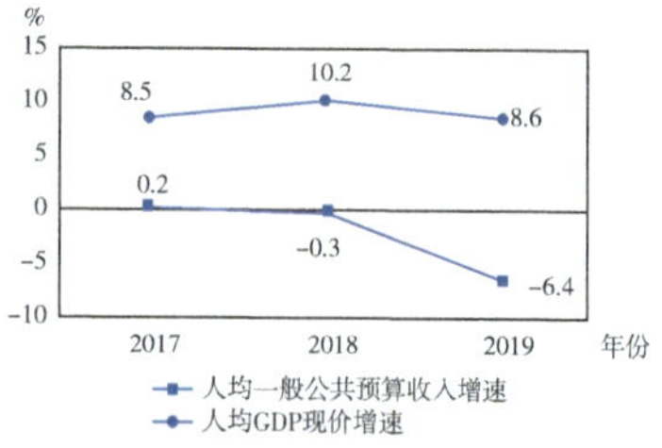

图22-22　2017-2019年重庆市人均一般公共预算收入增速

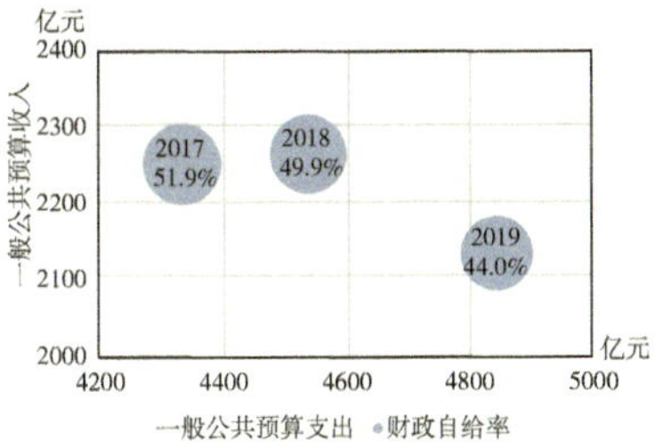

图22-23　2017-2019年重庆市财政自给率

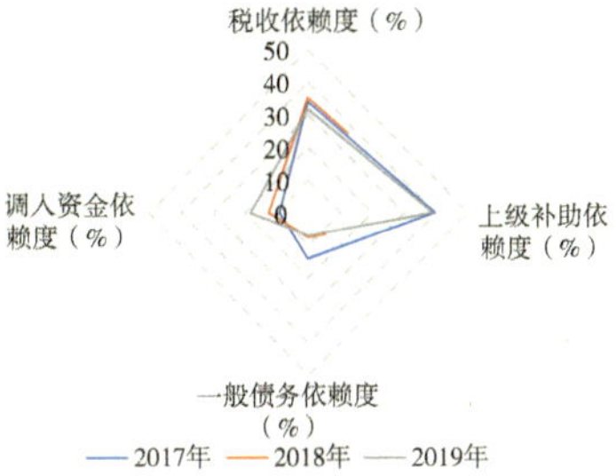

图22-24　2017-2019年重庆市财政收入依赖度

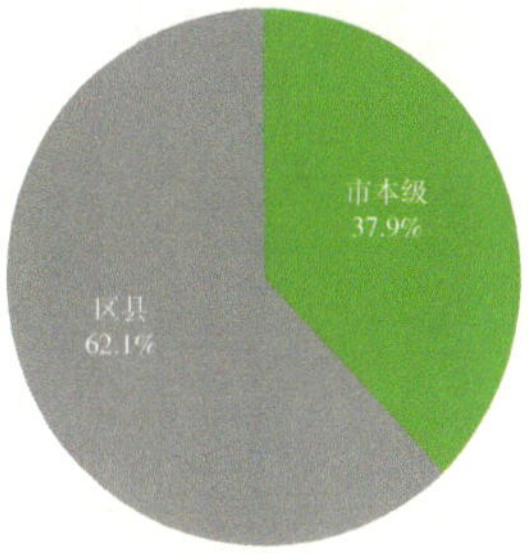

图22-25　2018年重庆市、县两级政府一般公共预算收入分布

图22-26　2017-2019年重庆市税收收入

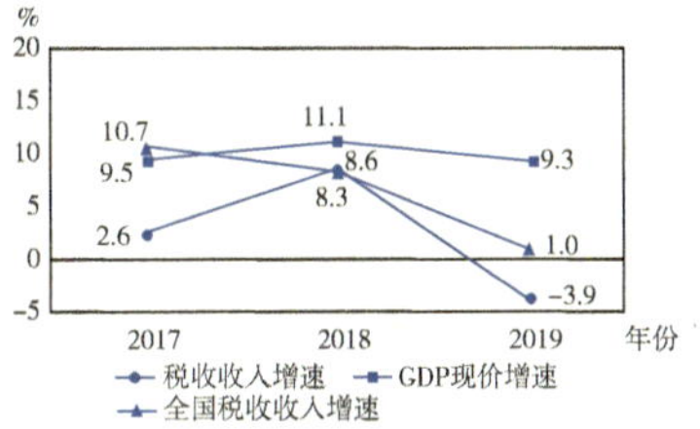

图22-27　2017-2019年重庆市税收收入增速

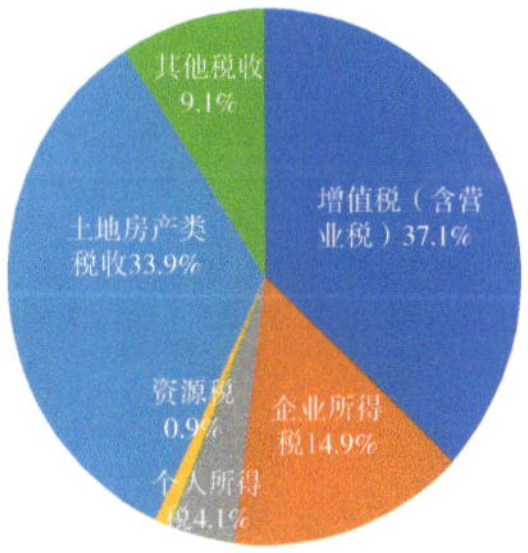

图22-28　2019年重庆市税收结构

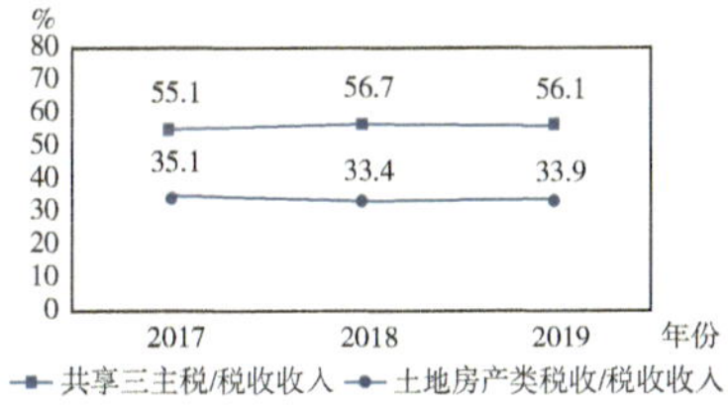

图22-29　2017-2019年重庆市共享三主税、土地房产类税收占税收收入的比重

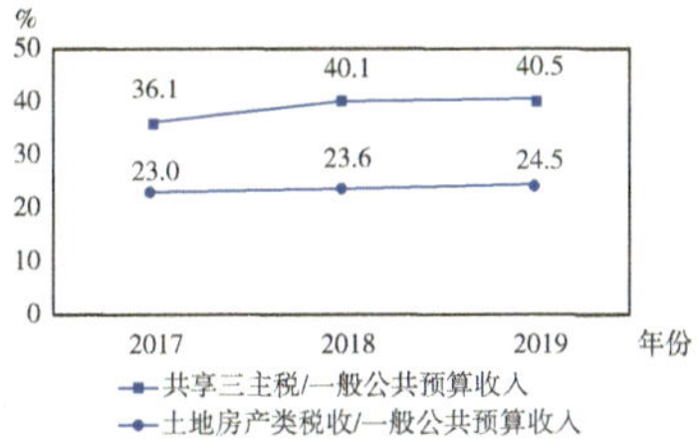

图22-30　2017-2019年重庆市共享三主税、土地房产类税收占一般公共预算收入的比重

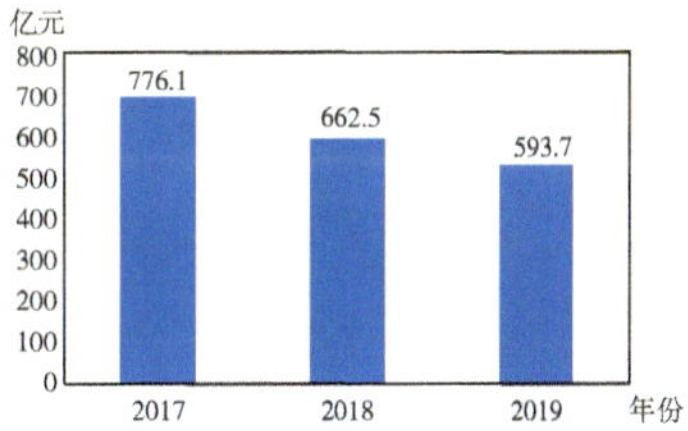

图22-31　2017-2019年重庆市非税收入

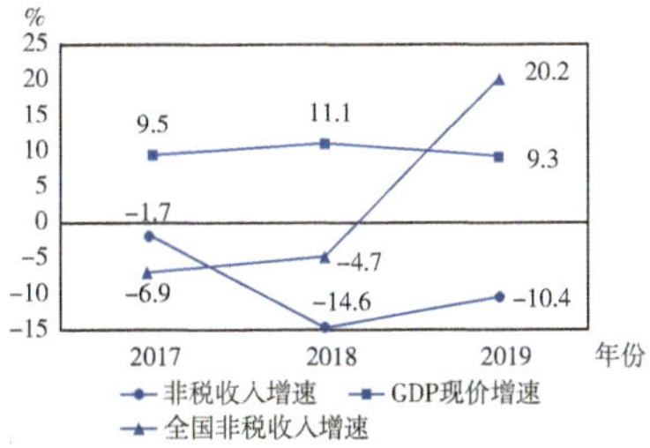

图22-32　2017-2019年重庆市非税收入增速

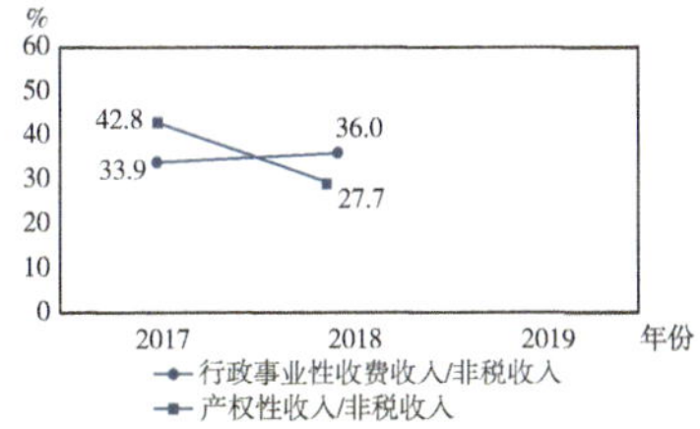

图22-33　2017-2019年重庆市行政事业性收费及产权性收入占非税收入比重

22.1.4 重庆市政府性基金收入和国有资本经营收入情况

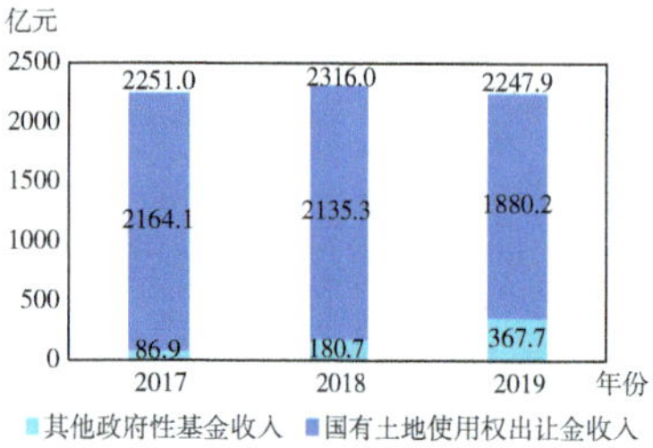

图22-34 2017-2019年重庆市政府性基金收入

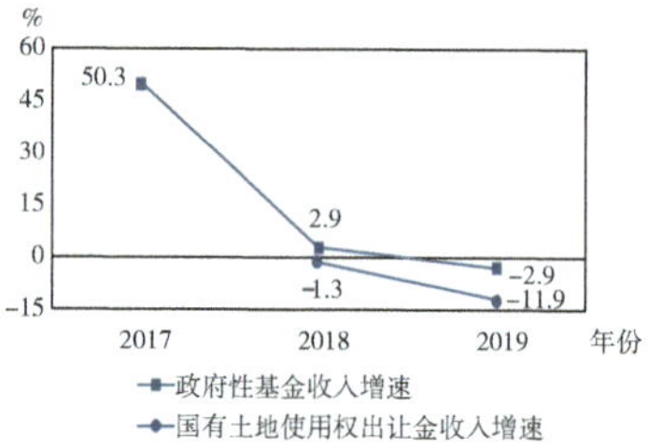

图22-35 2017-2019年重庆市政府性基金收入增速及国有土地使用权出让金收入增速

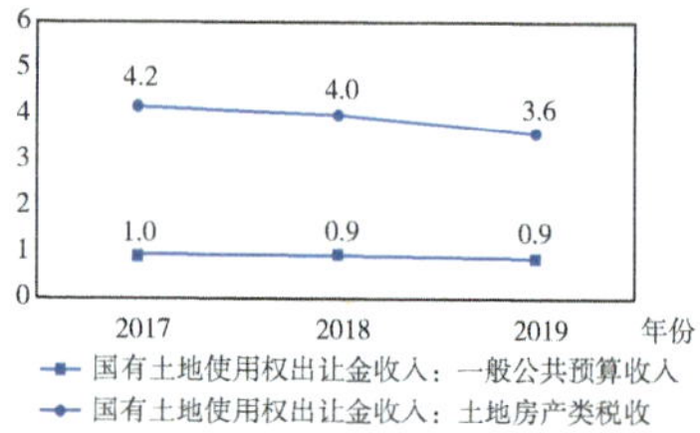

图22-36 2017-2019年重庆市国有土地使用权出让金收入与一般公共预算关系指标

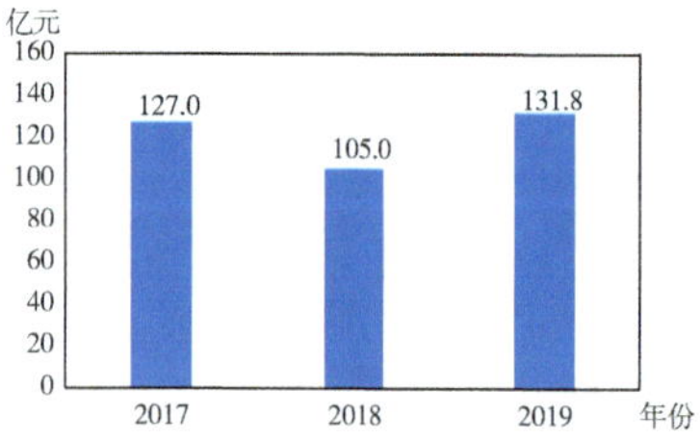

图22-37 2017-2019年重庆市国有资本经营收入

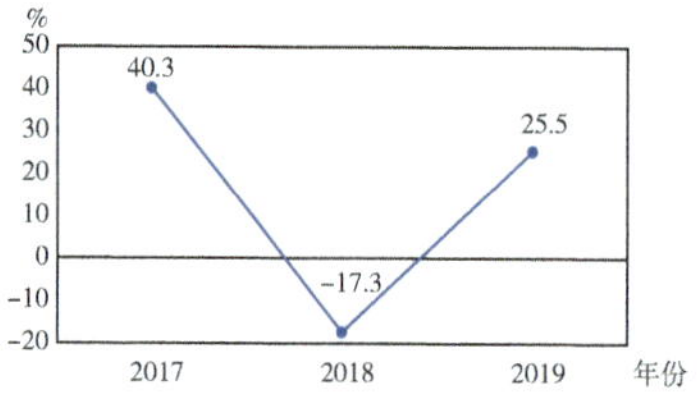

图22-38 2017-2019年重庆市国有资本经营收入增速

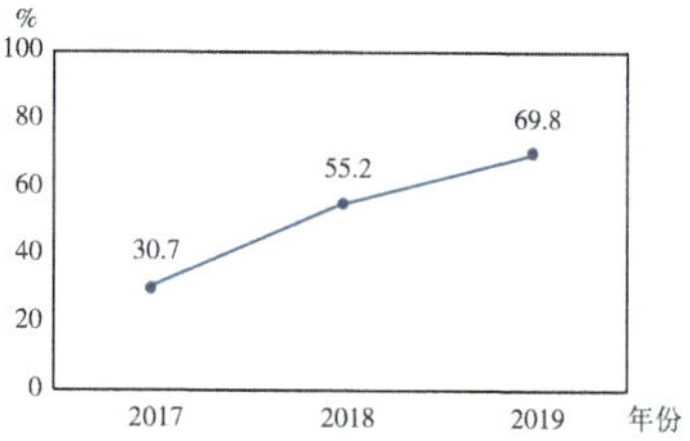

图22-39 2017-2019年重庆市调出资金/国有资本经营收入

22.1.5 重庆市社会保险基金收入情况

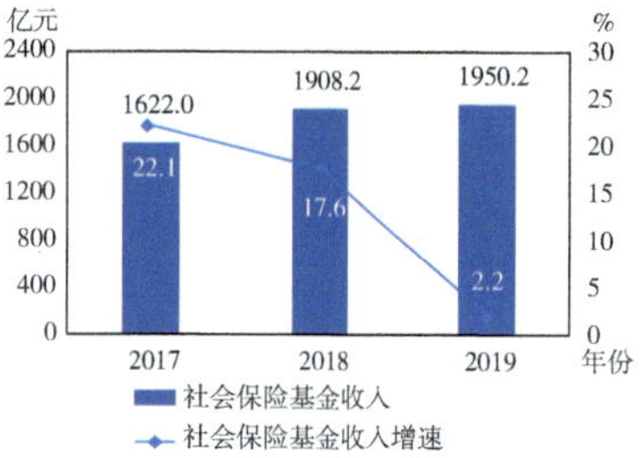

图22-40 2017-2019年重庆市社会保险基金收入及增速

22.1.6 重庆市债务情况

图22-41 2017-2019年重庆市债务规模

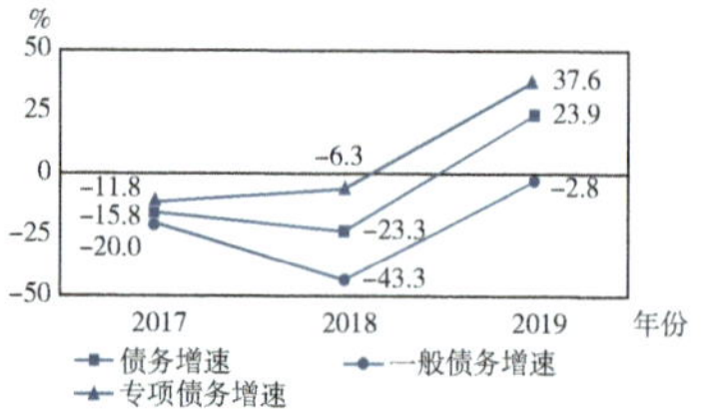

图22-42 2017-2019年重庆市债务增速

图22-43 2017-2019年重庆市债务限额

图22-44　2017-2019年重庆市债务限额增速

图22-45　2017-2019年重庆市债务余额

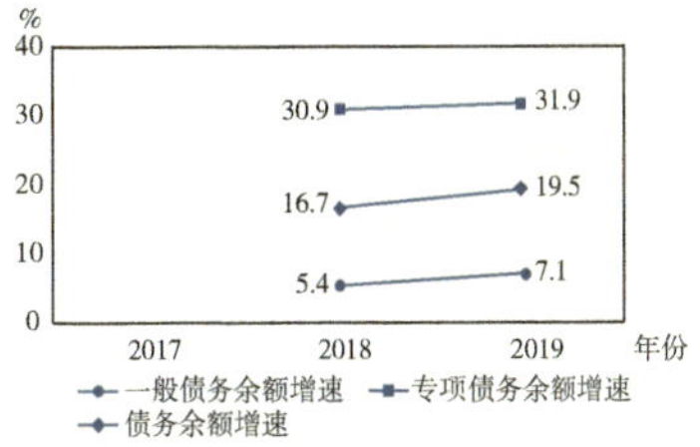

图22-46　2017-2019年重庆市债务余额增速

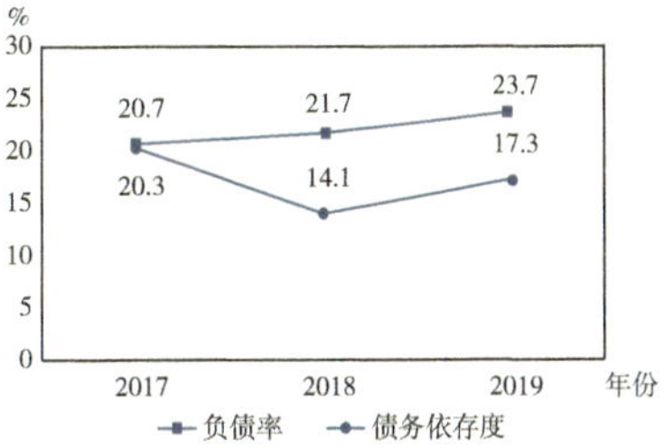

图22-47　2017-2019年重庆市负债率与债务依存度

22.1.7　重庆市市本级一般公共预算收入情况

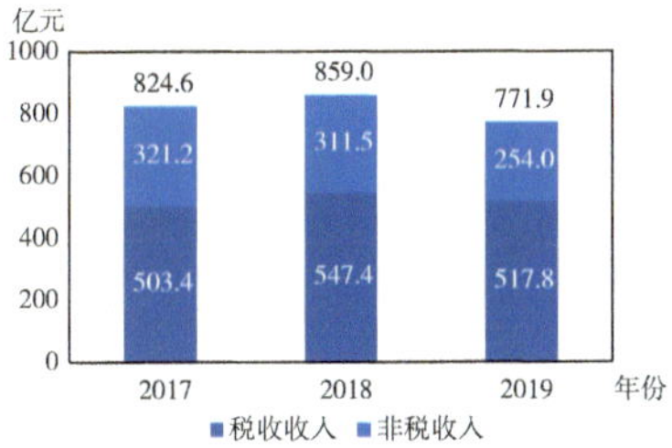

图22-48　2017-2019年重庆市市本级一般公共预算收入

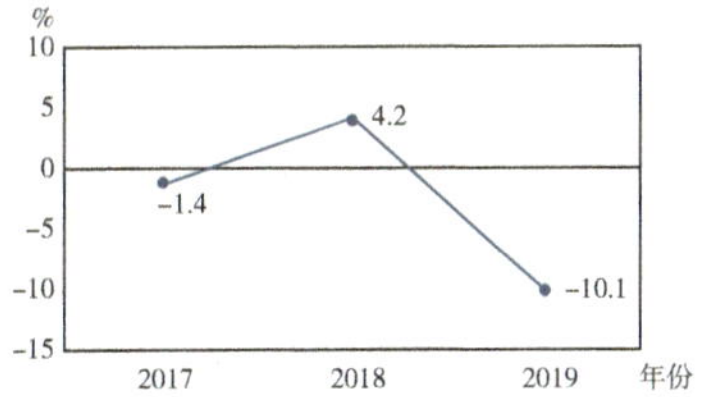

图22-49　2017-2019年重庆市市本级一般公共预算收入增速

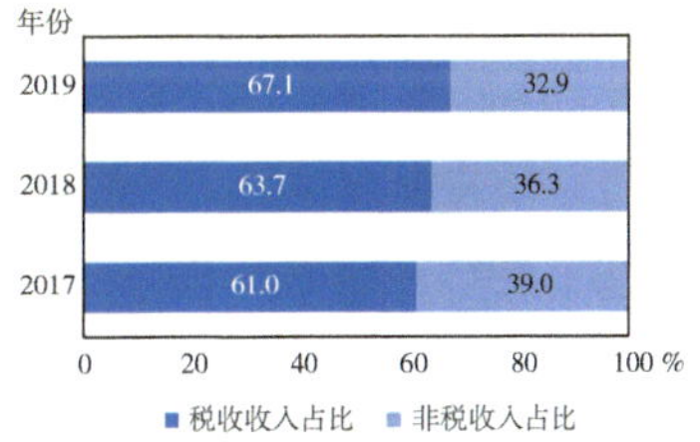

图22-50　2017-2019年重庆市市本级一般公共预算收入结构

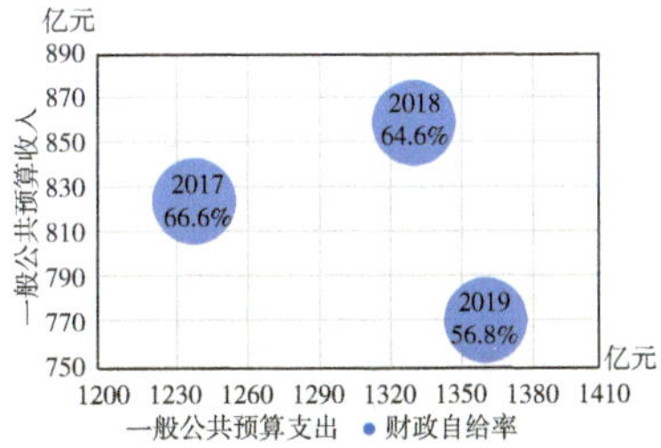

图22-51　2017-2019年重庆市市本级财政自给率

图22-52　2017-2019年重庆市市本级税收收入

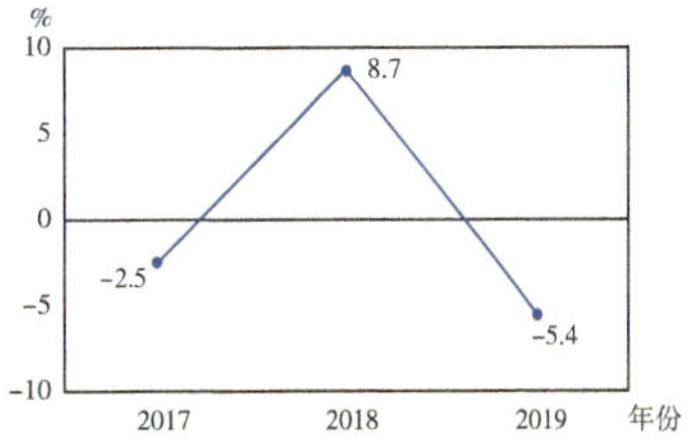

图22-53　2017-2019年重庆市市本级税收收入增速

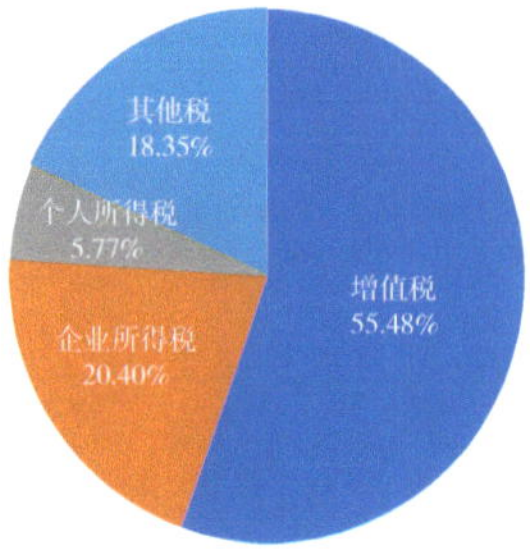

图22-54　2019年重庆市市本级税收结构

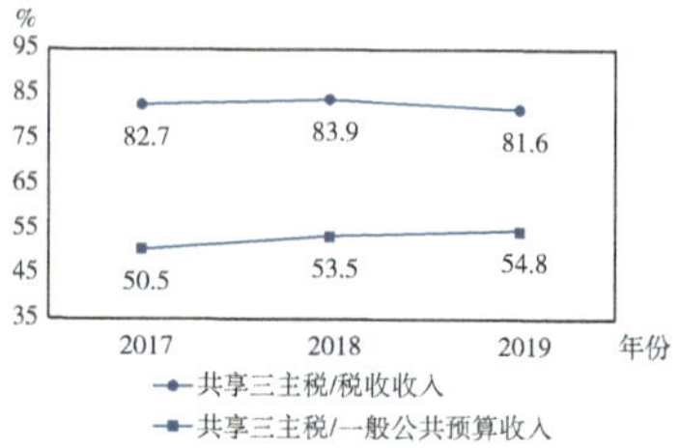

图22-55　2017-2019年重庆市市本级共享三主税占税收收入、一般公共预算收入的比重

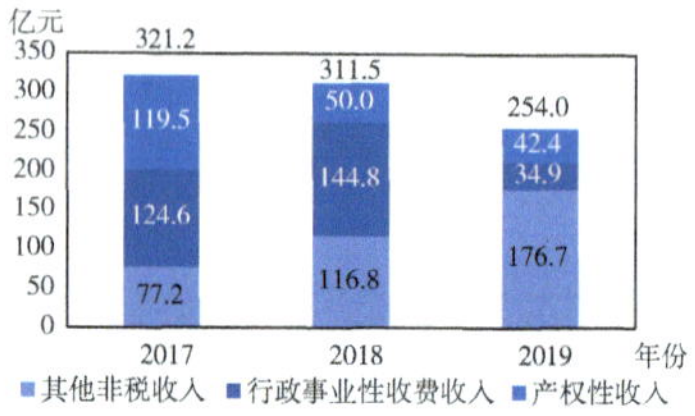

图22-56　2017-2019年重庆市市本级非税收入

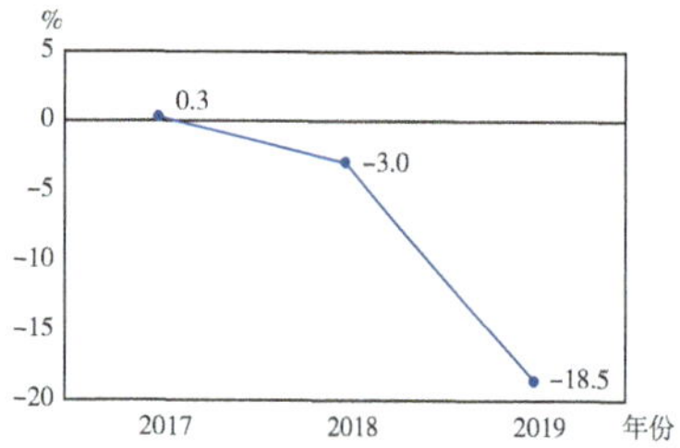

图22-57　2017-2019年重庆市市本级非税收入增速

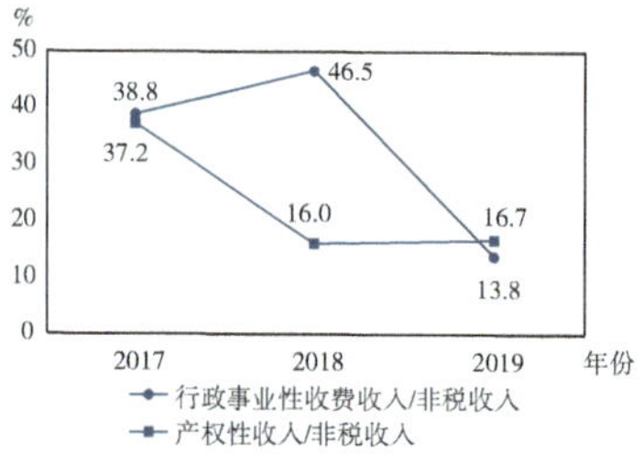

图22-58　2017-2019年重庆市市本级行政事业性收费、产权性收入占非税收入的比重

22.2　重庆市样本区县政府收入主要特征分析

22.2.1　重庆市样本区县经济社会发展情况

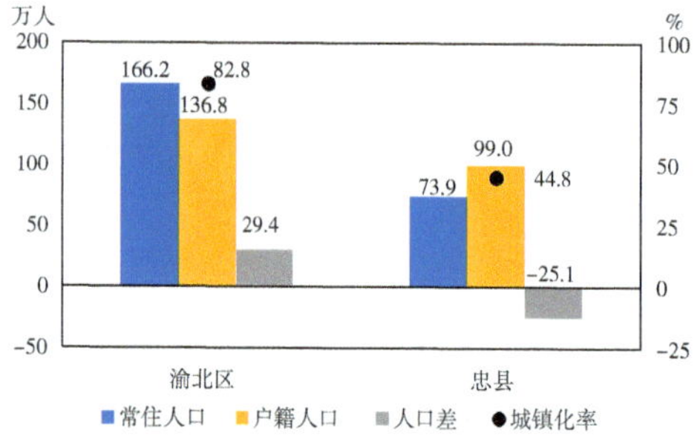

图22-59　2018年重庆市样本区县人口状况

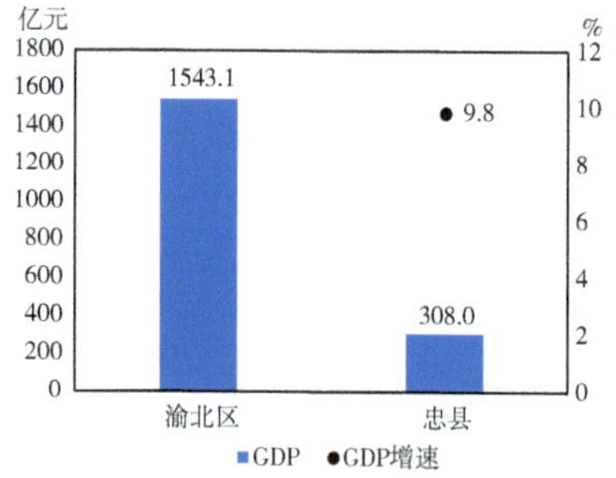

图22-60　2018年重庆市样本区县GDP及增速

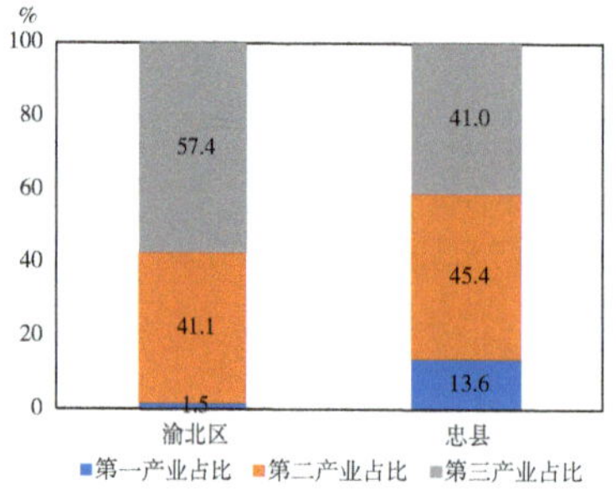

图22-61　2018年重庆市样本区县三次产业结构

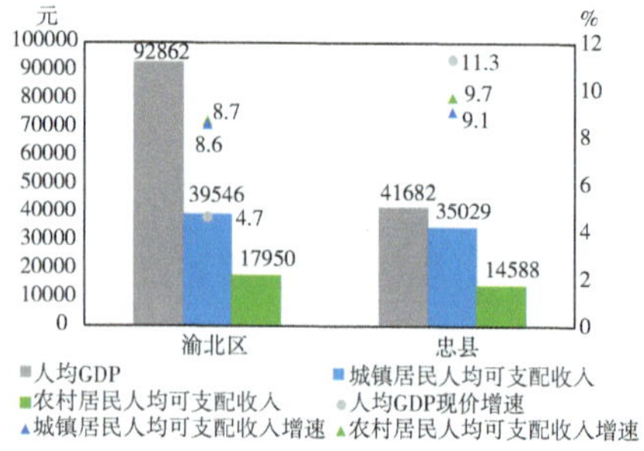

图22-62　2018年重庆市样本区县人均GDP与人均可支配收入

22.2.2 重庆市样本区县政府收入总体情况

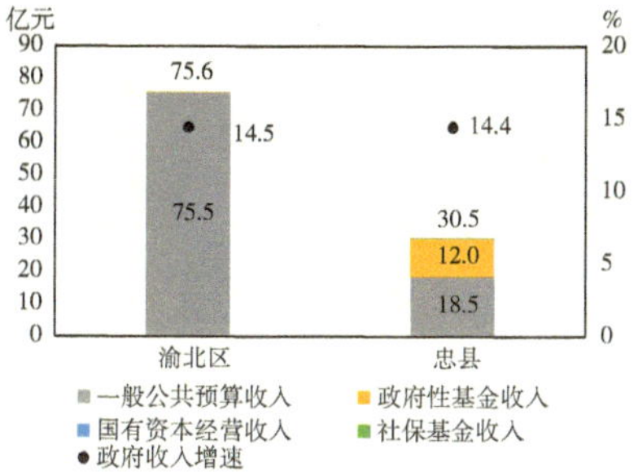

图22-63 2018年重庆市样本区县政府收入结构及增速

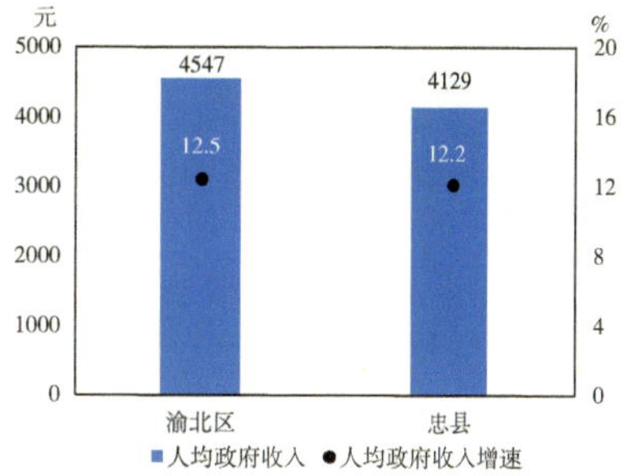

图22-64 2018年重庆市样本区县人均政府收入及增速

22.2.3 重庆市样本区县一般公共预算收入情况

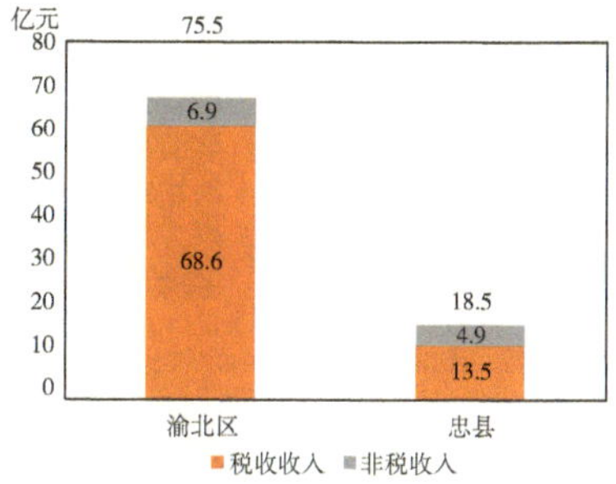

图22-65 2018年重庆市样本区县一般公共预算收入

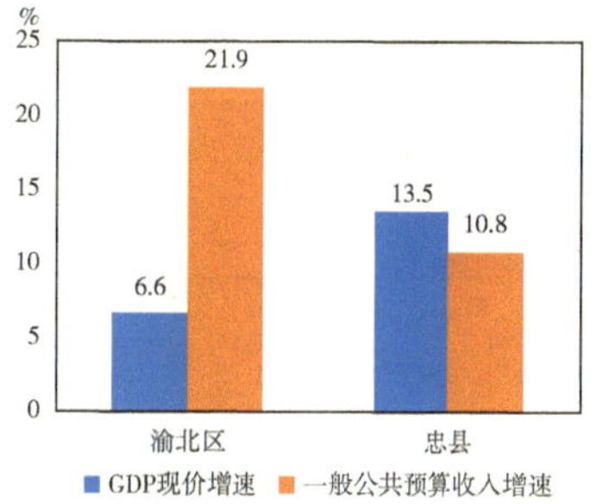

图22-66 2018年重庆市样本区县一般公共预算收入增速

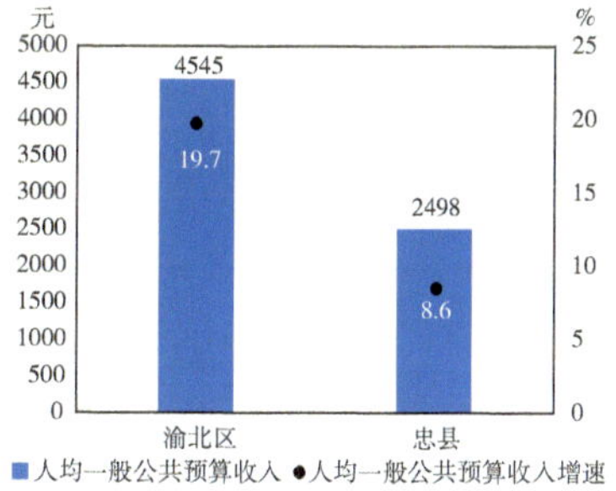

图22-67 2018年重庆市样本区县人均一般公共预算收入及增速

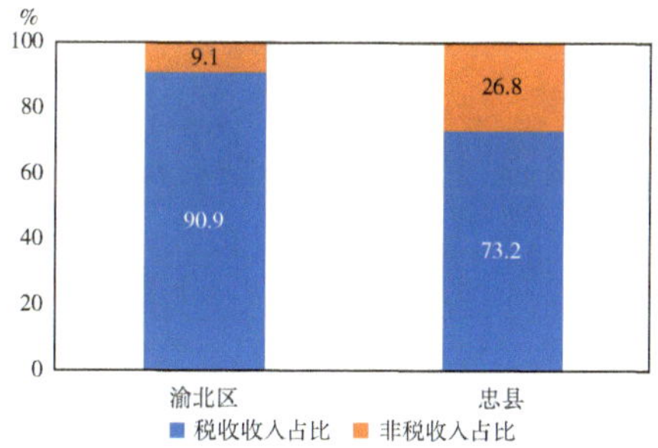

图22-68 2018年重庆市样本区县一般公共预算收入结构

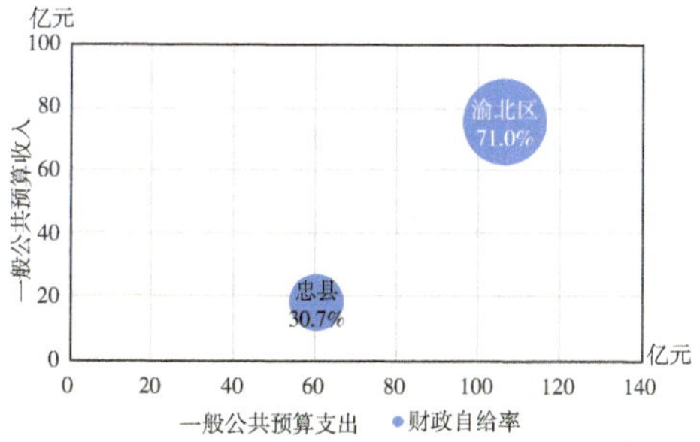

图22-69 2018年重庆市样本区县财政自给率

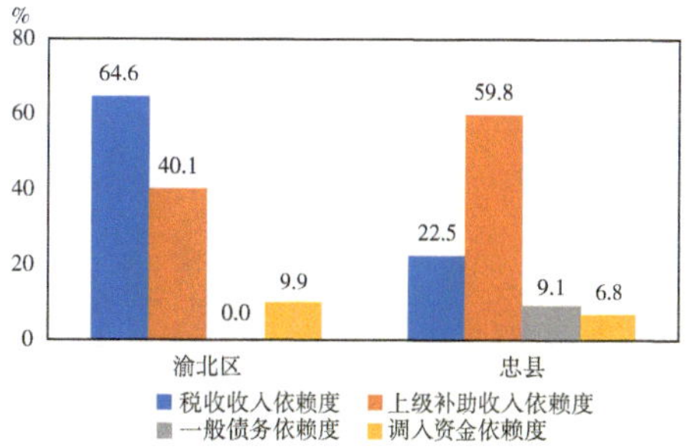

图22-70 2018年重庆市样本区县财政收入依赖度

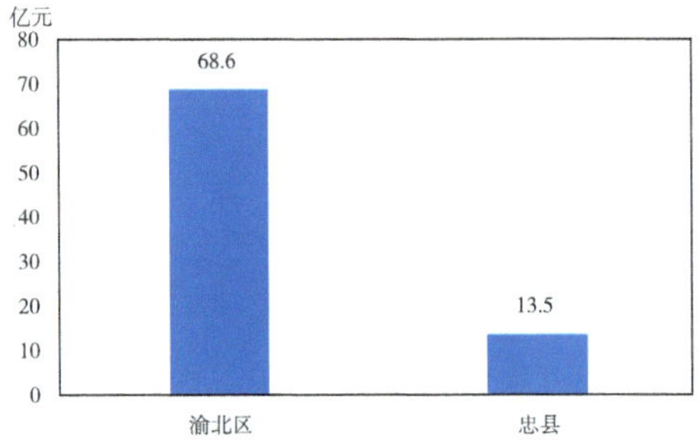

图22-71　2018年重庆市样本区县税收收入

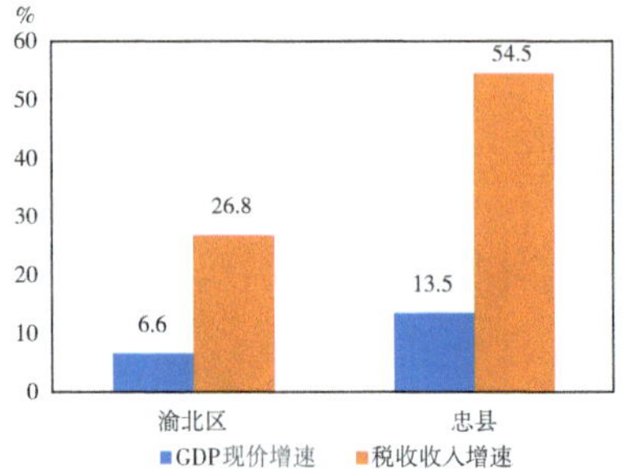

图22-72　2018年重庆市样本区县税收收入增速

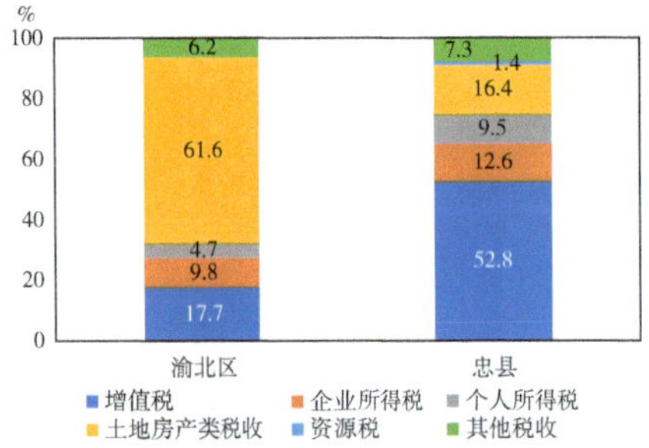

图22-73　2018年重庆市样本区县税收收入结构

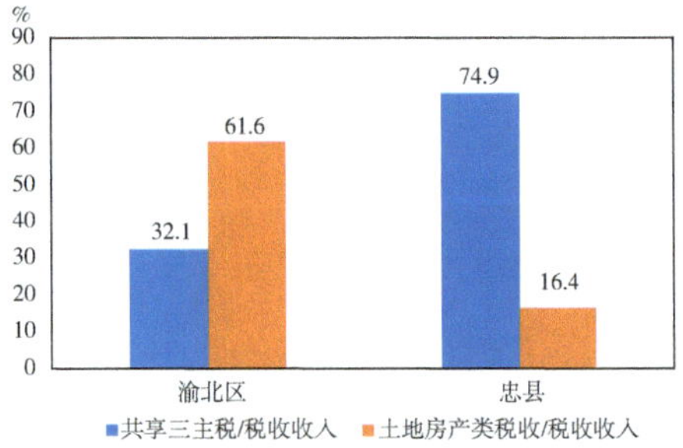

图22-74　2018年重庆市样本区县共享三主税、土地房产类税收占税收收入的比重

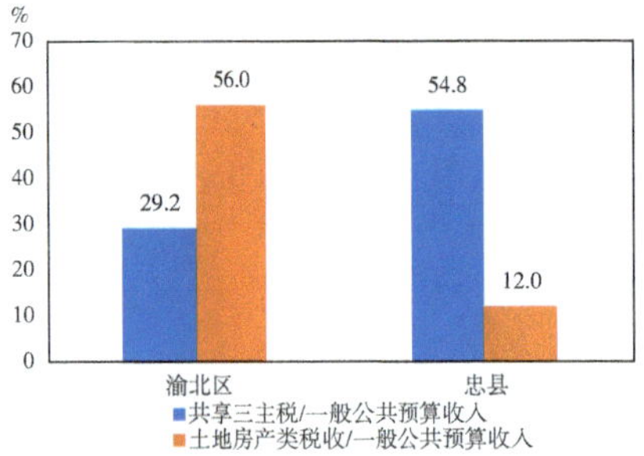

图22-75　2018年重庆市样本区县共享三主税、土地房产类税收占一般公共预算收入的比重

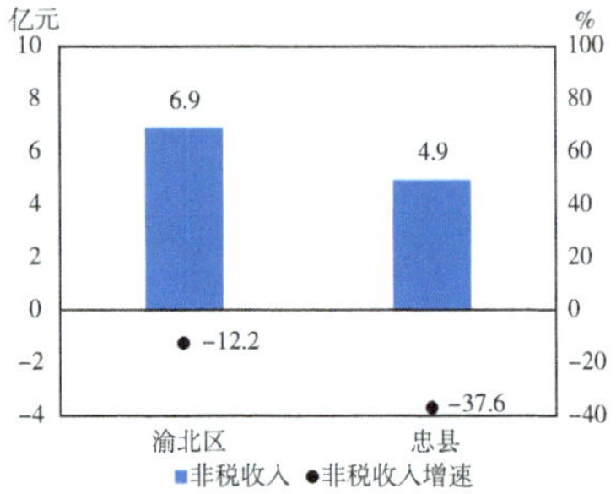

图22-76　2018年重庆市样本区县非税收入

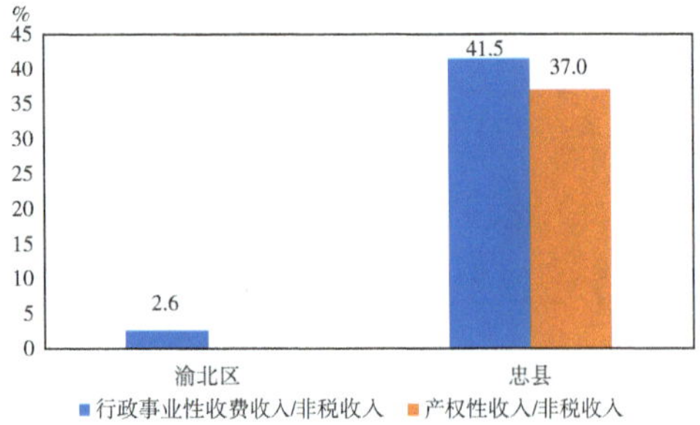

图22-77　2018年重庆市样本区县产权性收入、行政事业性收费收入占非税收入的比重

22.2.4 重庆市样本区县政府性基金收入与国有资本经营收入情况

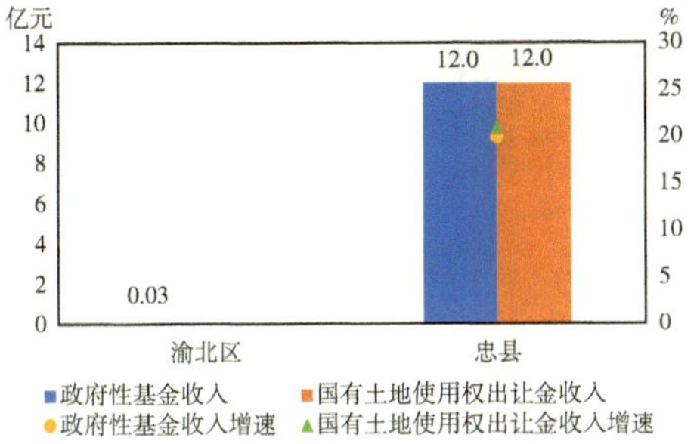

图22-78 2018年重庆市样本区县政府性基金收入、国有土地使用权出让金收入及其增速

注：渝北区2017年政府性基金收入为0亿元，2018年为0.03亿元，其中2017年国有土地使用权出让金收入为0亿元，2018年国有土地使用权出让金收入未获得。

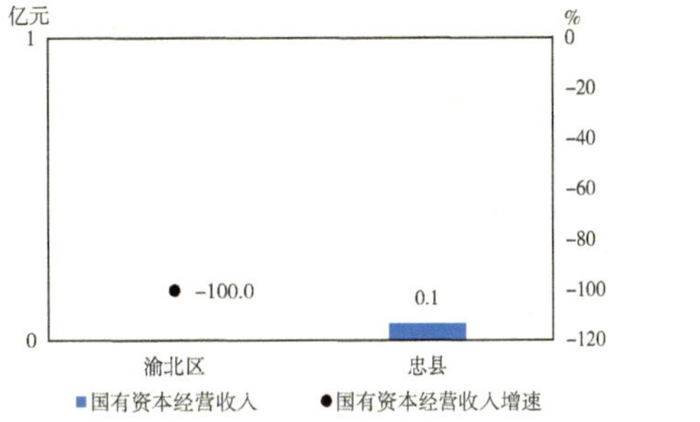

图22-79 2018年重庆市样本区县国有资本经营收入及增速

注：渝北区2017年国有资本经营收入为4亿元，2018年为0亿元；忠县2017年国有资本经营收入为0，2018年为0.1亿元。

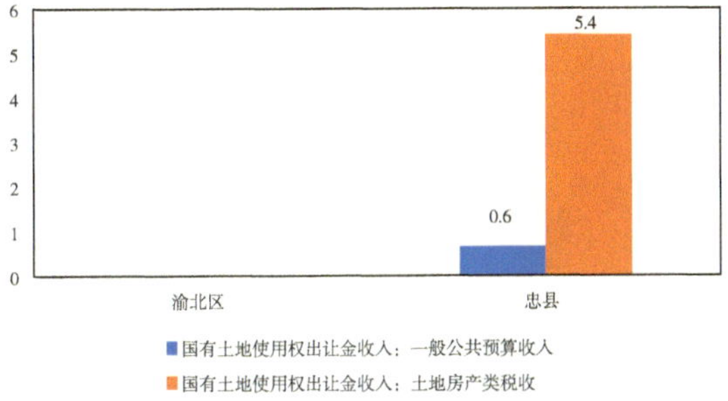

图22-80 2018年重庆市样本区县国有土地使用权出让金收入与一般公共预算关系指标

注：渝北区2018年国有土地出让金收入数据未获得。

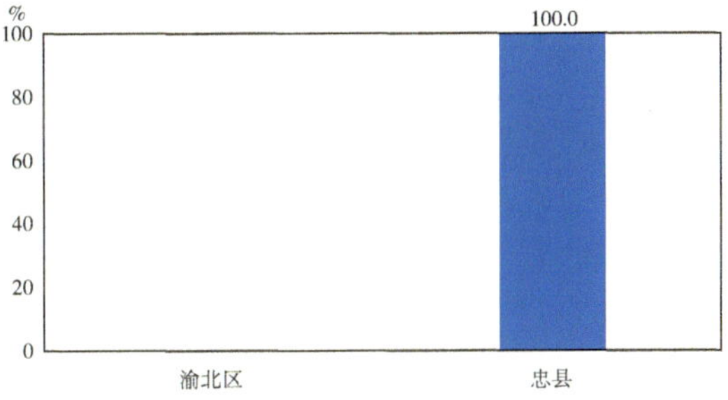

图22-81 2018年重庆市样本区县调出资金/国有资本经营收入

注：渝北区2018年国有资本经营收入为0，调出资金为0.03亿元；忠县2018年国有资本经营收入为0.05亿元，调出资金为0.05亿元。

22.2.5 重庆市样本区县社会保险基金收入情况

重庆市社会保险基金收入实行省级统筹，县级不编列。

22.2.6 重庆市样本区县债务情况

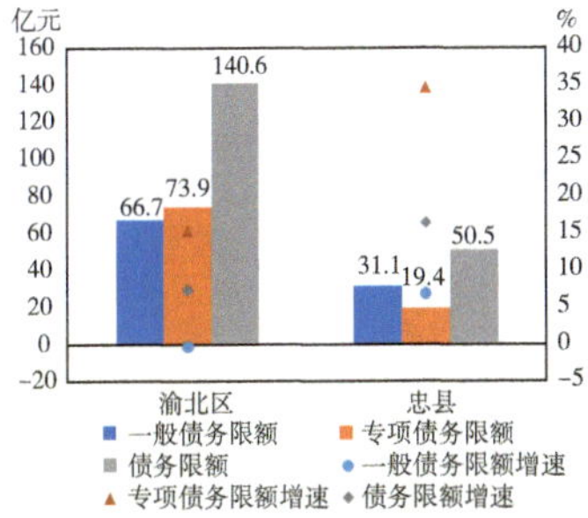

图22-82 2018年重庆市样本区县债务限额及其增速

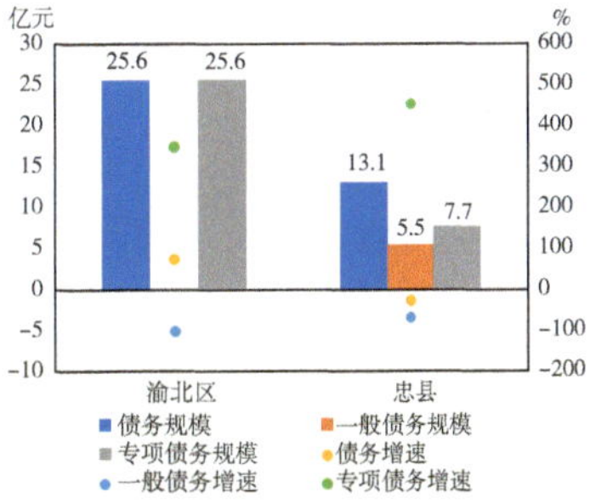

图22-83 2018年重庆市样本区县债务规模及其增速

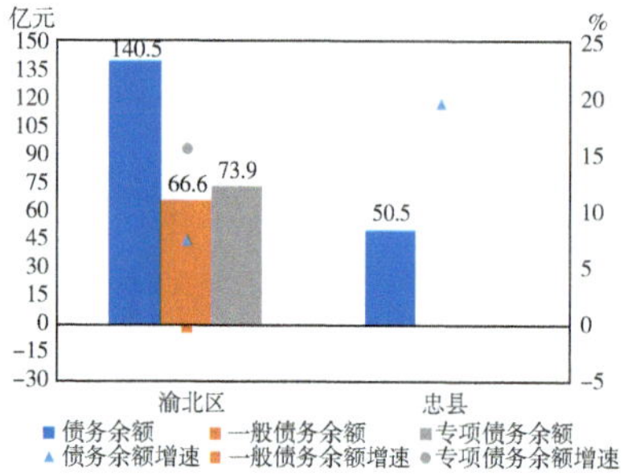

图22-84　2018年重庆市样本区县债务余额及其增速

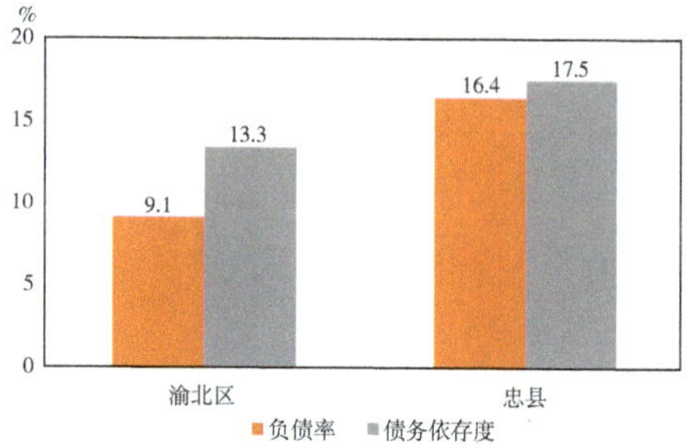

图22-85　2018年重庆市样本区县负债率与债务依存度

23 四川省

四川省共辖21个市（州），县（市、区）183个；地域面积为48.6万平方公里，居全国第五位。四川省位于中国西南，地处长江上游，全省地形复杂，可分为川西北高原、川西南山地、及四川盆地三大部分，是我国资源大省、人口大省、经济大省。四川省资源丰富，水能资源约占全国21.2%，四川盆地的天然气资源总量约占全国19%，此外，优越的地理位置造就了其旅游资源大省的地位。总体上看，四川的经济发展、财政收入等在全国处于中上等水平，但区域差异大，发展不均衡。

2019年四川省经济总量处于全国中上等，第三产业占比低于全国，人口整体净流出，城镇化率低于全国。2019年末，四川省常住人口8375.0万人，常住人口城镇化率为53.8%。2019年四川省GDP达到4.7万亿元，排全国第6名，次于河南省，略高于湖北省；增速7.5%，比2018年下降0.5个百分点，高于全国1.4个百分点，排全国第7名；人均GDP为55661元（7884美元），排全国第18名。从产业结构看，第一、第二、第三产业占比分别为10.3%（高于全国平均水平3.2个百分点）、37.3%（低于全国平均水平1.7个百分点）和52.4%（低于全国平均水平1.5个百分点）。从居民可支配收入看，2019年城镇与农村居民人均可支配收入分别为36154元和14670元，呈上升态势，分别为全国平均水平的85.4%和91.6%。

2019年四川省一般公共预算收入全国排中上等，税收收入占比71.0%，省市县三级政府中县级政府收入占比最高。2019年四川省一般公共预算收入4070.7亿元，排全国7名，增速4.1%，排全国第13名；人均一般公共预算收入为4861元，排全国第23名。其中，近三年四川省税收收入占一般公共预算收入比重先升后降，但总体较稳定，2019年为71.0%，低于全国平均水平12个百分点，非税收入占比较低为29.0%。就2018年数据来看，从纵向收入分配中，2018年省本级、市本级、县一般公共预算收入占比分别为20.2%、16.6%和63.1%。

四川省财政自给率偏低，地区财政总收入小于一般公共预算支出。四川省财政自给率在40%左右，2019年为39.3%。2018年地区财政总收入为6637.0亿元，增速为11.0%，其中上缴中央收入占比41.1%。四川省一般公共预算支出为9707.5亿元，高于地区财政总收入规模。

2019年四川省四本预算中政府性基金收入占比上升。2019年四川省四本预算加总的政府收入13090.8亿元，增速为4.7%，其中一般公共预算收入、政府性基金收入、国有资本经营收入和社会保险基金收入分别占比31.1%、31.9%、0.7%和36.2%。政府性基金收入中国有土地使用权出让金收入占比90.5%。

四川省内各地市经济社会发展和财政发展不均衡，优势主要集中于省会成都市。2018年，成都市是四川省GDP唯一超万亿元的城市，达到15342.8亿元，其政府收入规模为3378.4亿元，而其他城市政府收入规模分布在45亿—550亿元区间。2018年成都市一般公共预算收入

本章执笔人：樊存慧　审校：孙家希

1424.2亿元，其他各市均低于160亿元，城市间差异较大，比如成都市是阿坝州的57.7倍。除成都市外，2018年四川省各市财政自给率低于50%，成都市财政自给率达到77.5%，最低的为甘孜州，仅为7.1%，前者是后者的10.9倍。政府性基金收入主要构成是国有土地使用权出让金收入，政府性基金收入规模最大的成都市（1399.6亿元）为规模最小的阿坝州（2.9亿元）的482.6倍。

23.1 四川省政府收入主要特征分析

23.1.1 四川省经济社会基本情况

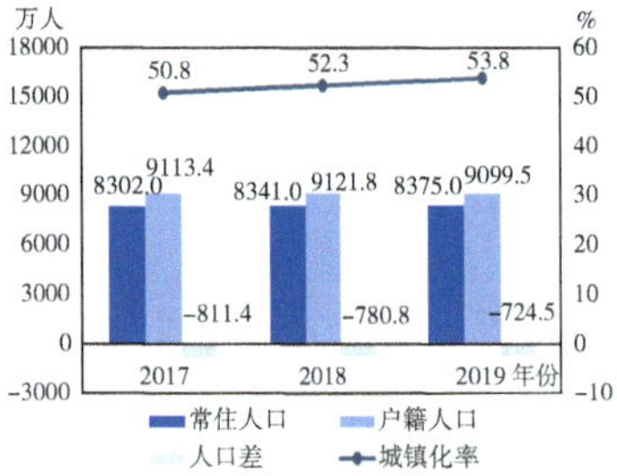

图23-1 2017-2019年四川省人口状况

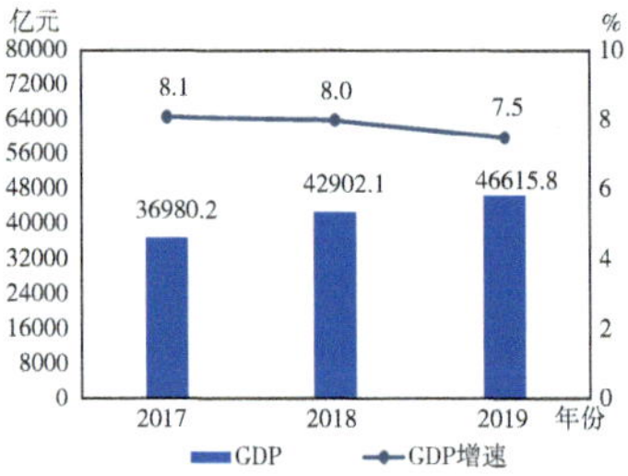

图23-2 2017-2019年四川省GDP及增速

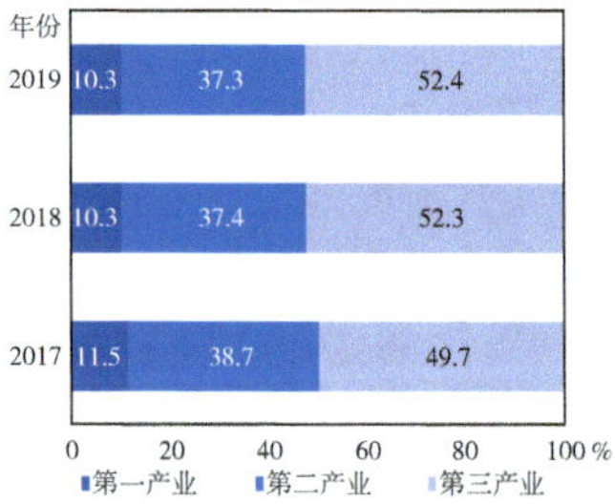

图23-3 2017-2019年四川省三次产业结构

图23-4 2017-2019年四川省人均GDP和人均可支配收入

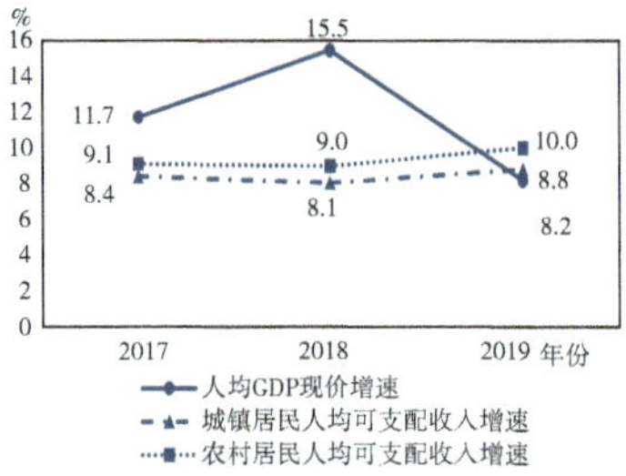

图23-5 2017-2019年四川省人均GDP增速和人均可支配收入增速

23.1.2 四川省政府收入总体情况

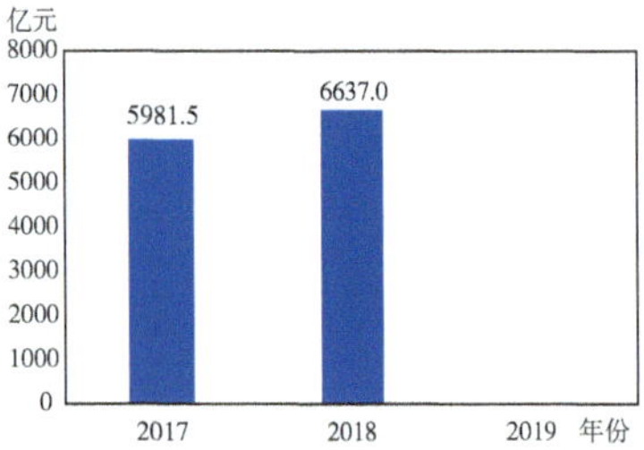

图23-6 2017-2019年四川省财政总收入

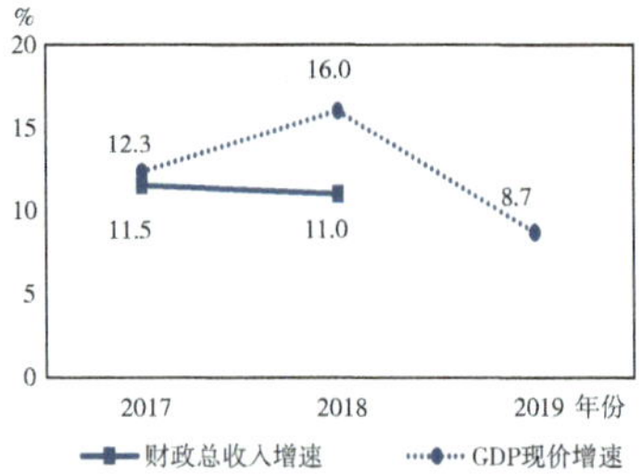

图23-7 2017-2019年四川省财政总收入增速

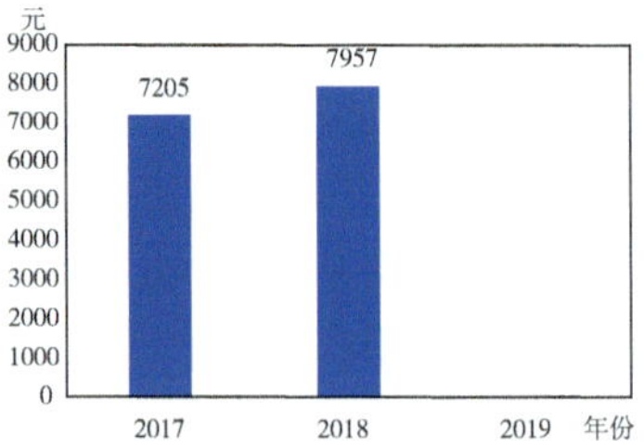

图23-8 2017-2019年四川省人均财政总收入

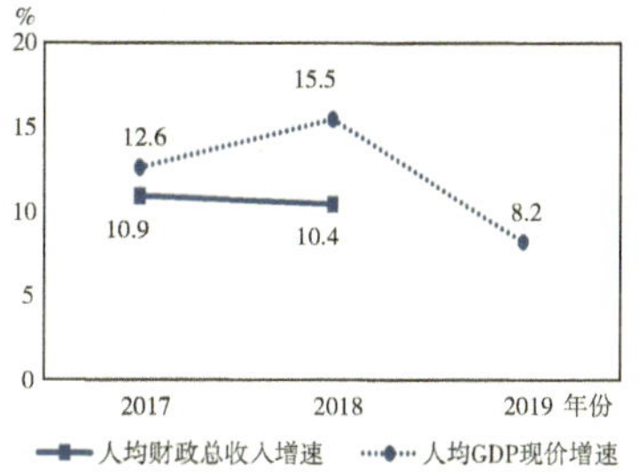

图23-9　2017-2019年四川省人均财政总收入增速

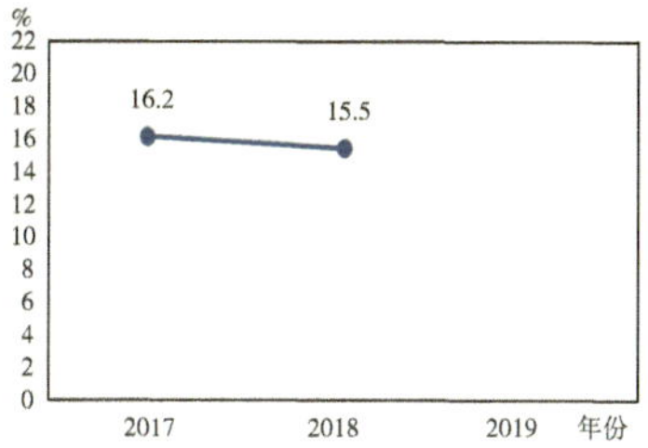

图23-10　2017-2019年四川省财政总收入/GDP

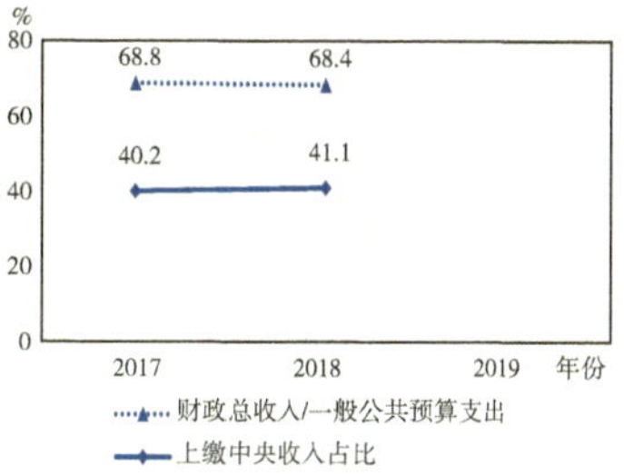

图23-11　2017-2019年四川省财政总收入其他指标

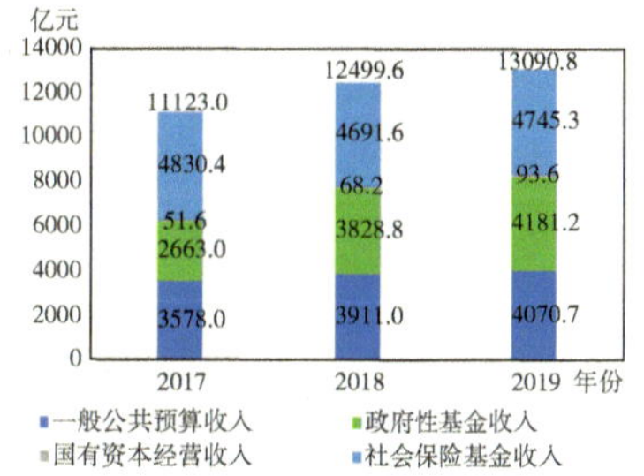

图23-12　2017-2019年四川省政府收入

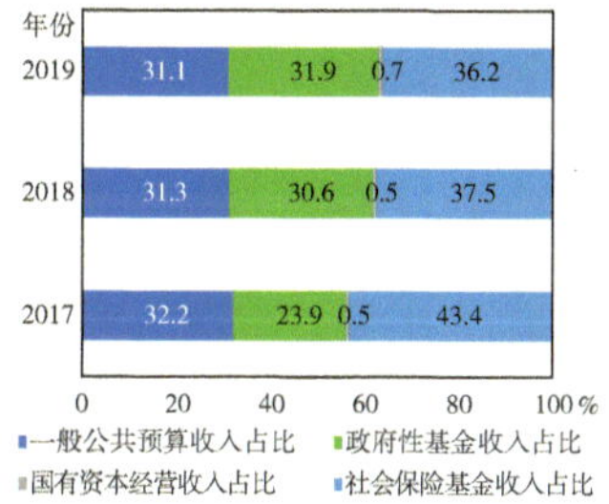

图23-13　2017-2019年四川省政府收入结构

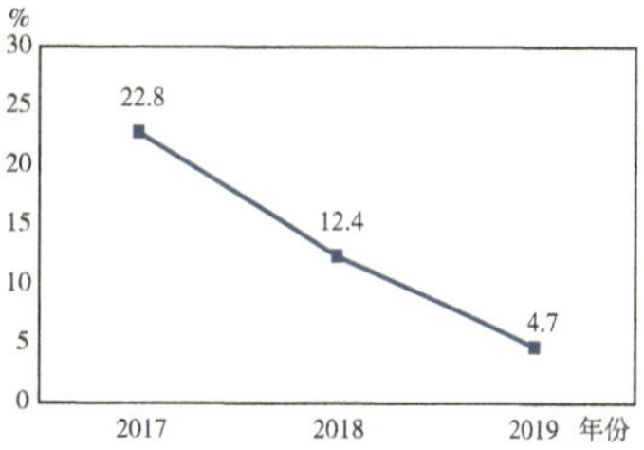

图23-14　2017-2019年四川省政府收入增速

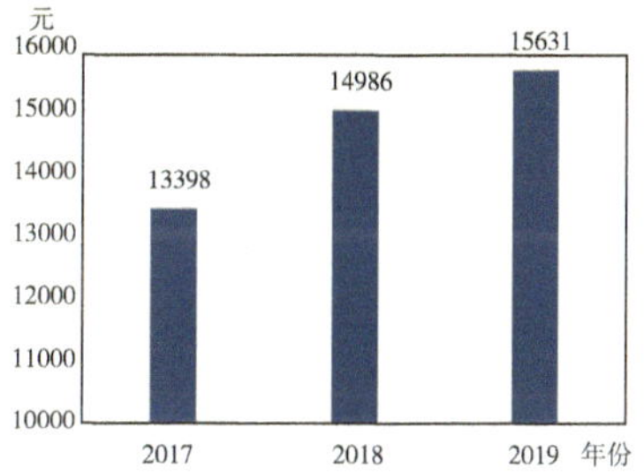

图23-15　2017-2019年四川省人均政府收入

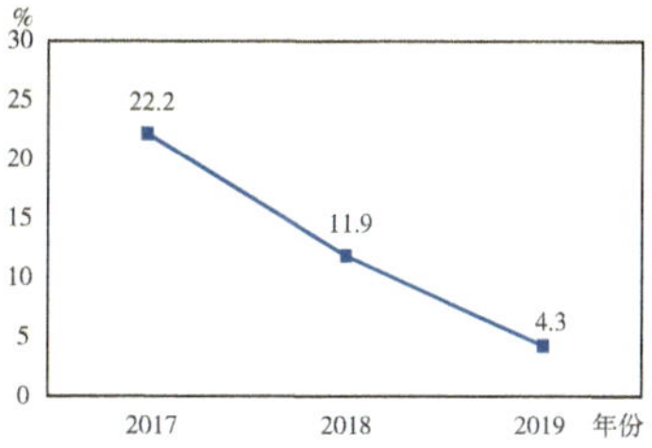

图23-16　2017-2019年四川省人均政府收入增速

23.1.3　四川省一般公共预算收入情况

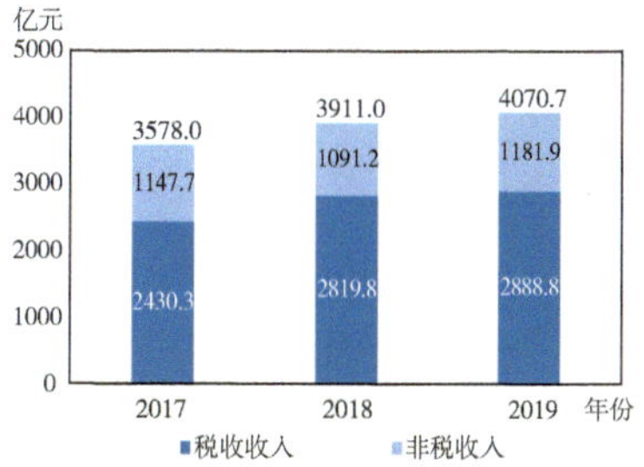

图23-17　2017-2019年四川省一般公共预算收入

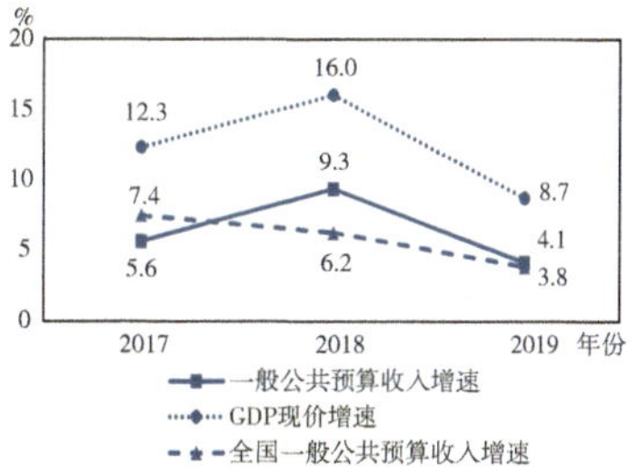

图23-18　2017-2019年四川省一般公共预算收入增速

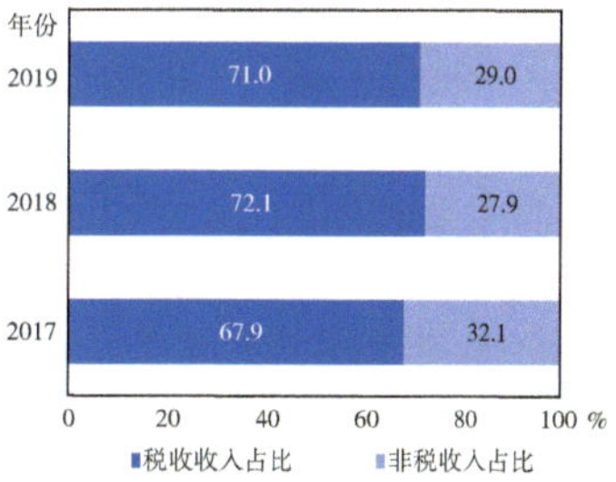

图23-19　2017-2019年四川省一般公共预算收入结构

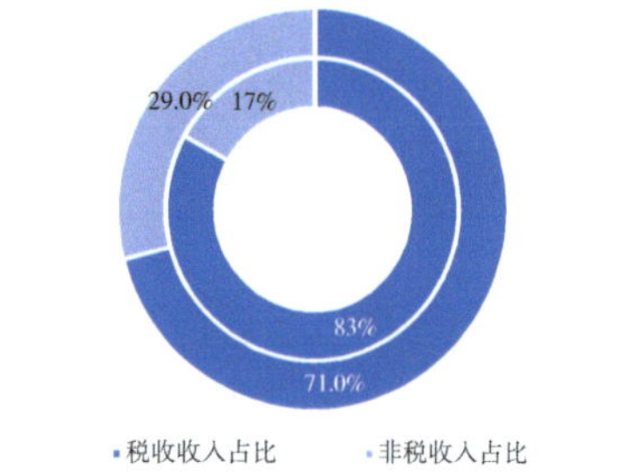

图23-20　2019年一般公共预算收入结构对比（内环为全国，外环为四川省）

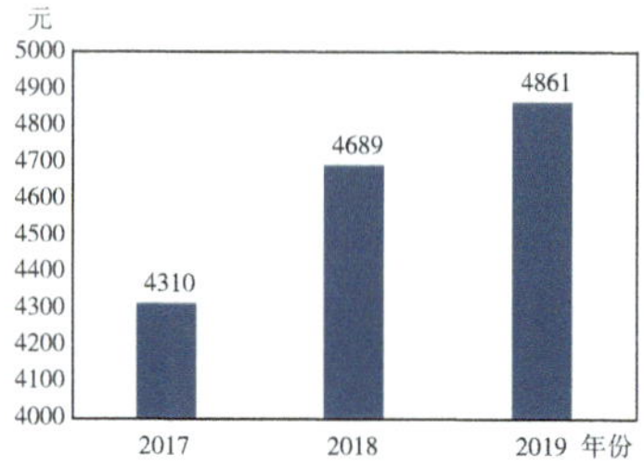

图23-21　2017-2019年四川省人均一般公共预算收入

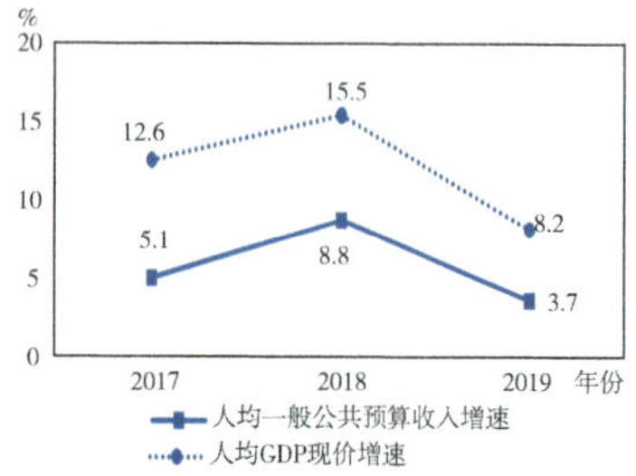

图23-22　2017-2019年四川省人均一般公共预算收入增速

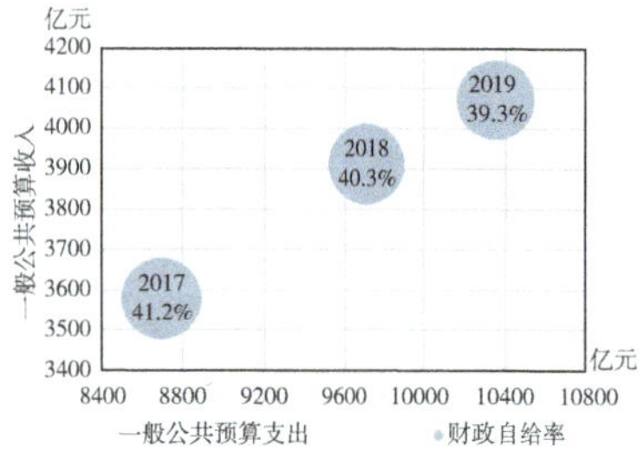

图23-23　2017-2019年四川省财政自给率

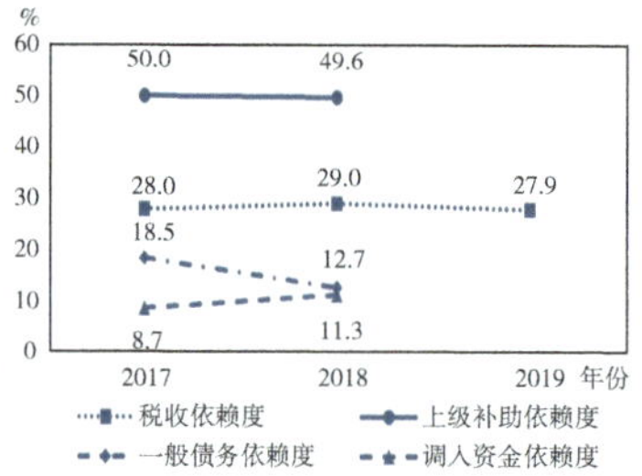

图23-24　2017-2019年四川省财政收入依赖度

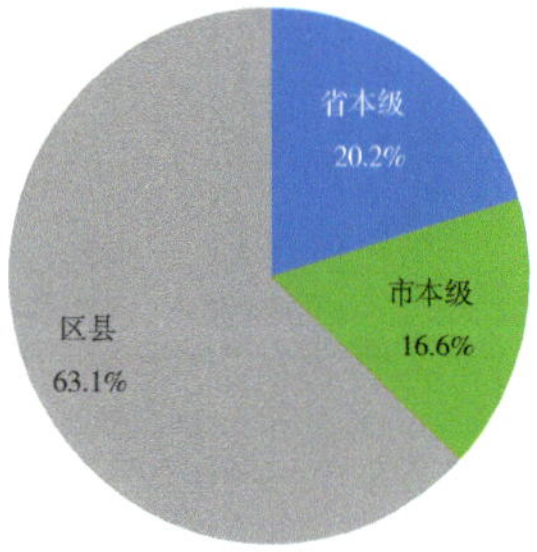

图23-25　2018年省市县三级政府一般公共预算收入分布

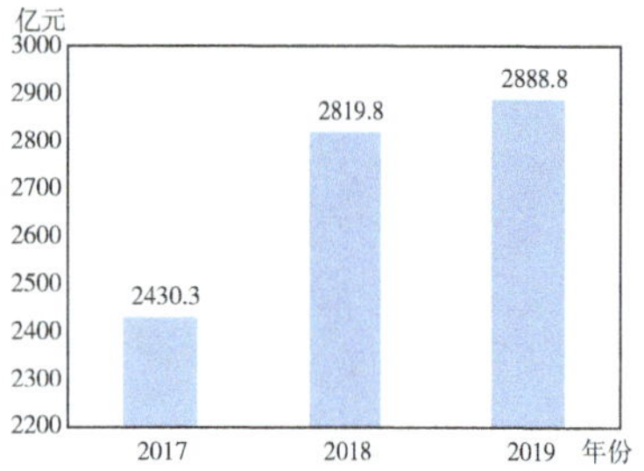

图23-26　2017-2019年四川省税收收入

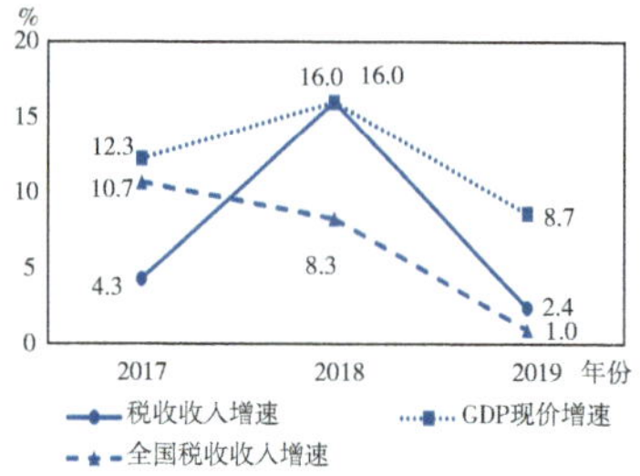

图23-27　2017-2019年四川省税收收入增速

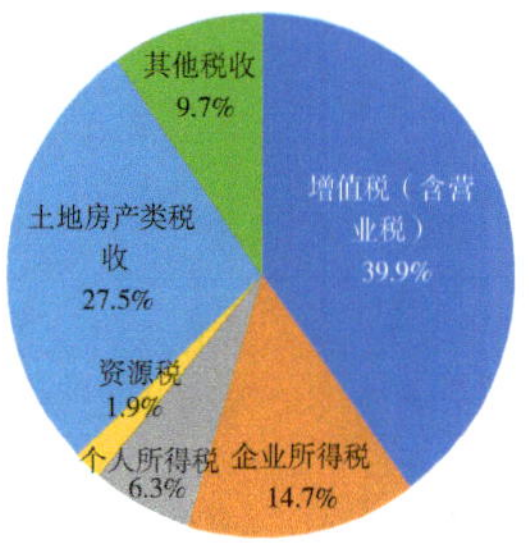

图23-28　2018年四川省税收结构

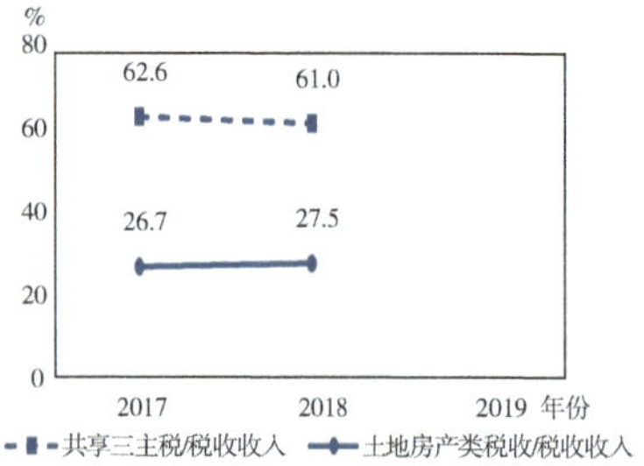

图23-29　2017-2019年四川省共享三主税、土地房产类税收占税收收入的比重

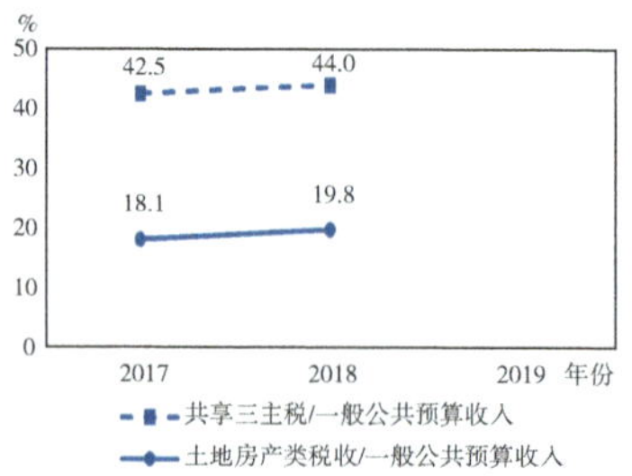

图23-30　2017-2019年四川省共享三主税、土地房产类税收占一般公共预算收入的比重

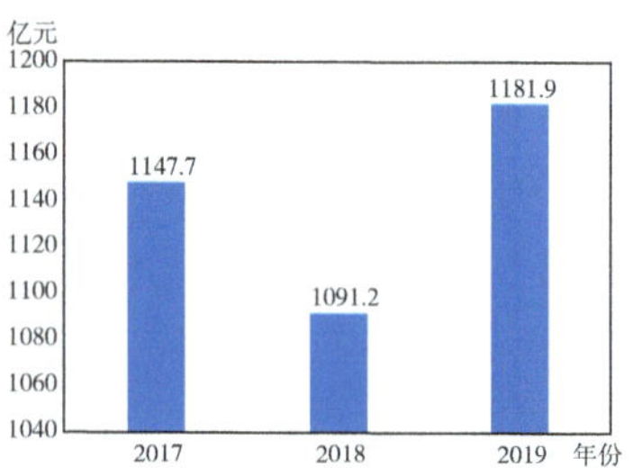

图23-31　2017-2019年四川省非税收入

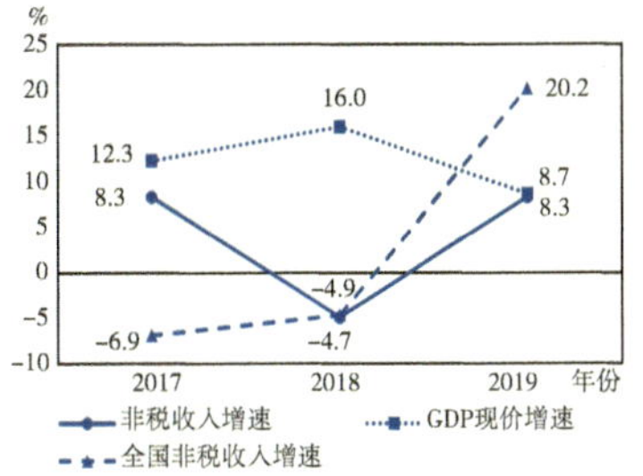

图23-32 2017-2019年四川省非税收入增速

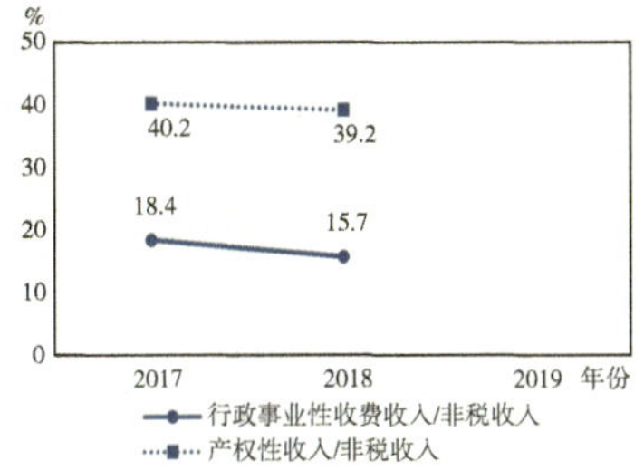

图23-33 2017-2019年四川省行政事业性收费及产权性收入占非税收入的比重

23.1.4 四川省政府性基金收入和国有资本经营收入情况

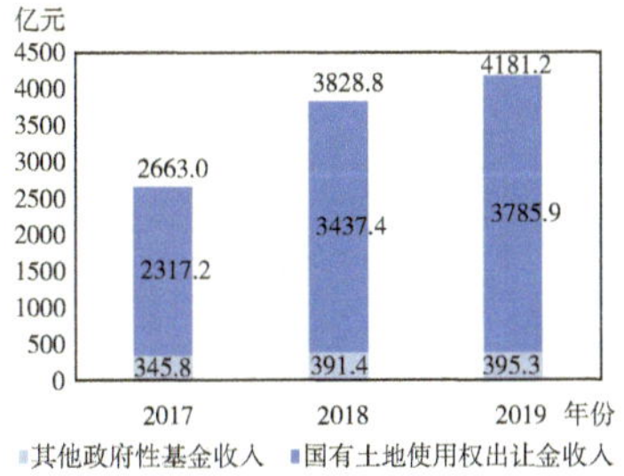

图23-34 2017-2019年四川省政府性基金收入

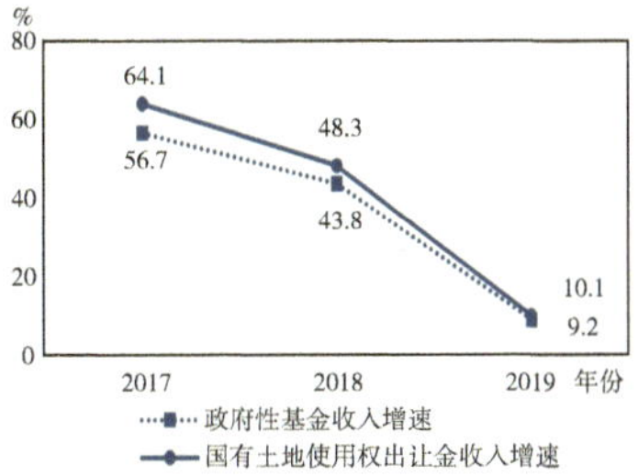

图23-35 2017-2019年四川省政府性基金收入增速及国有土地使用权出让金收入增速

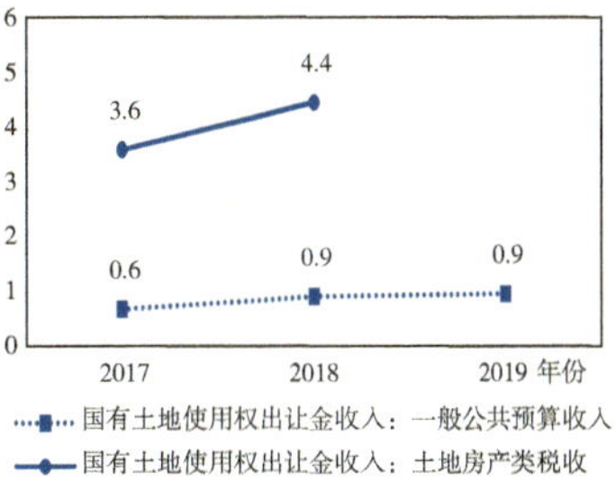

图23-36 2017-2019年四川省国有土地使用权出让金收入与一般公共预算关系指标

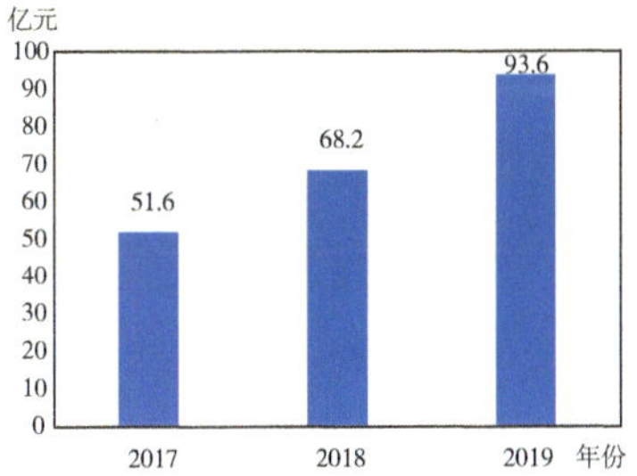

图23-37 2017-2019年四川省国有资本经营收入

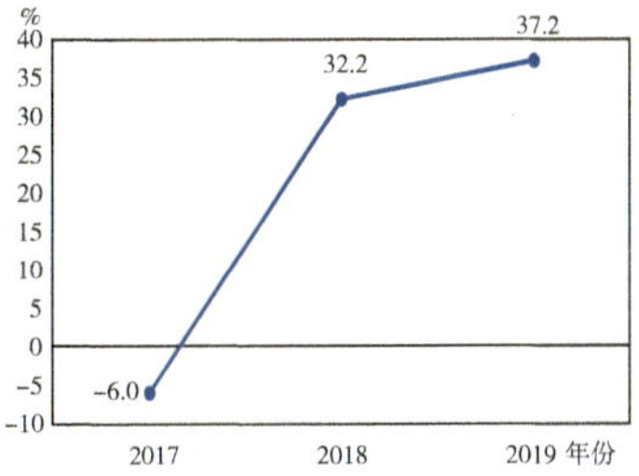

图23-38 2017-2019年四川省国有资本经营收入增速

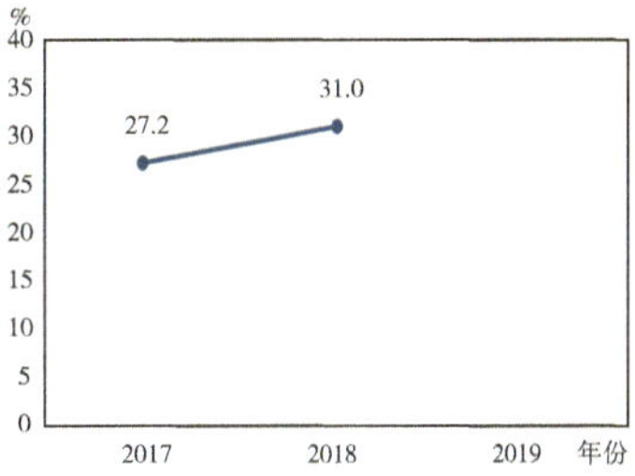

图23-39 2017-2019年四川省调出资金/国有资本经营收入

23.1.5 四川省社会保险基金收入情况

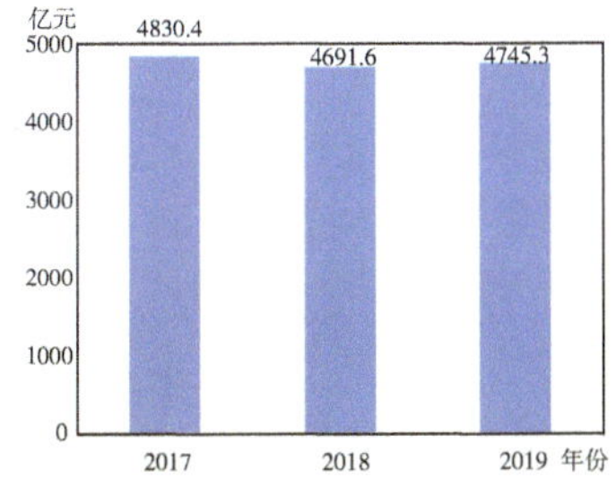

图23-40 2017-2019年四川省社会保险基金收入

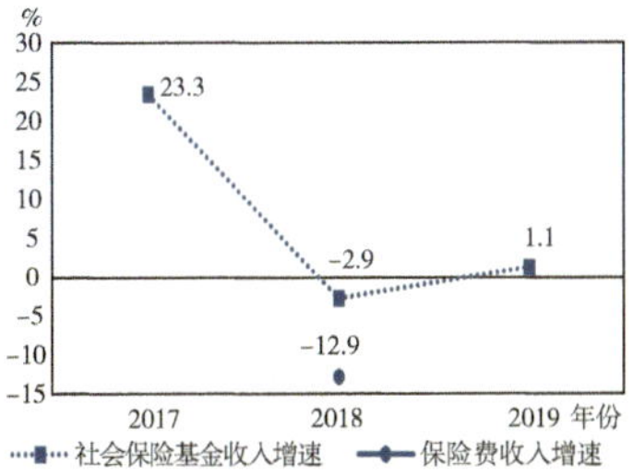

图23-41 2017-2019年四川省社会保险基金收入增速及保险费收入增速

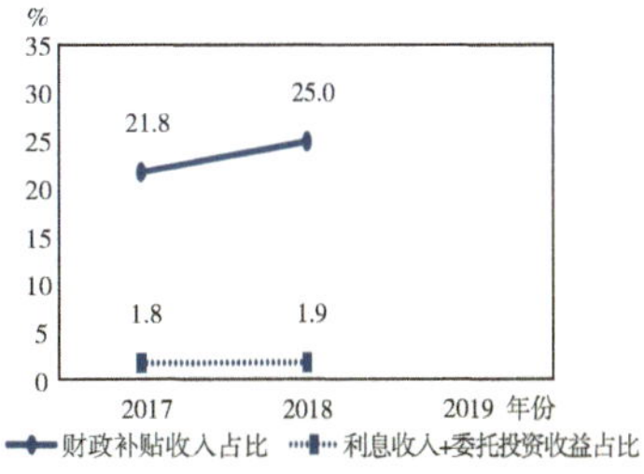

图23-42 2017-2019年四川省财政补贴收入、利息收入+委托投资收益占社会保险基金收入的比重

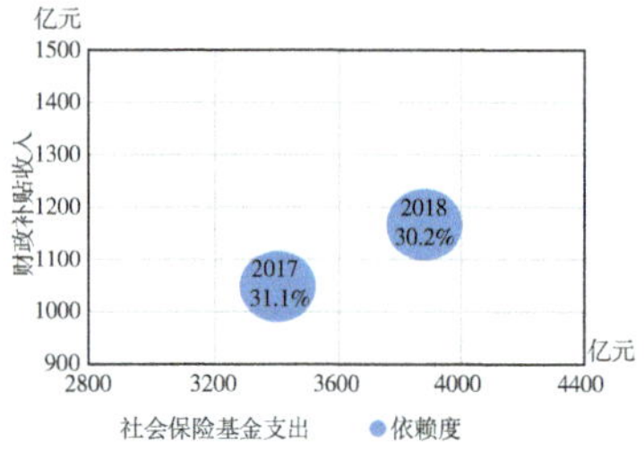

图23-43 2017-2019年四川省社会保险基金对财政补贴的依赖度

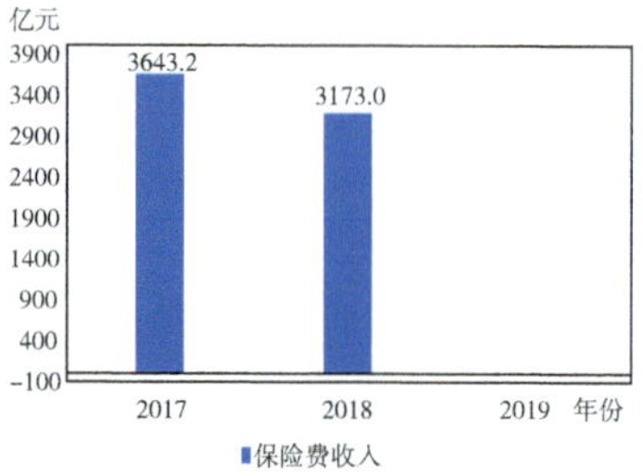

图23-44 2017-2019年四川省保险费收入

23.1.6 四川省债务情况

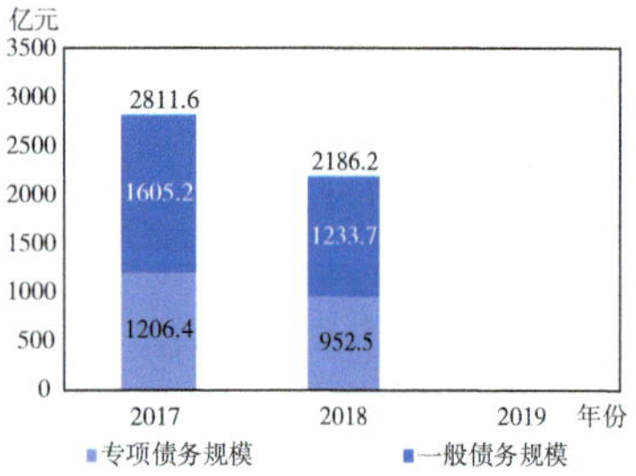

图23-45 2017-2019年四川省债务规模

图23-46 2017-2019年四川省债务增速

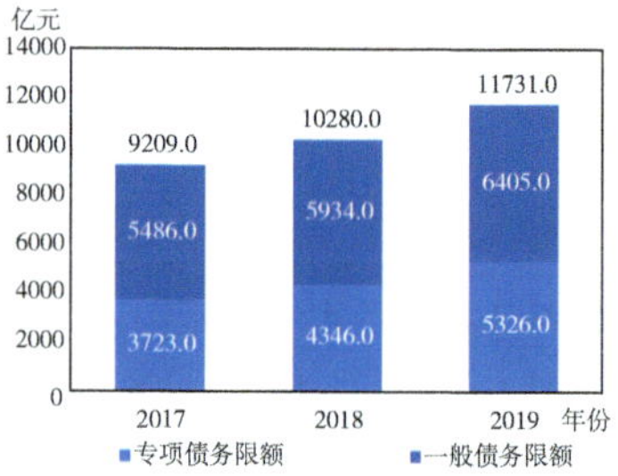

图23-47 2017-2019年四川省债务限额

图23-48 2017-2019年四川省债务限额增速

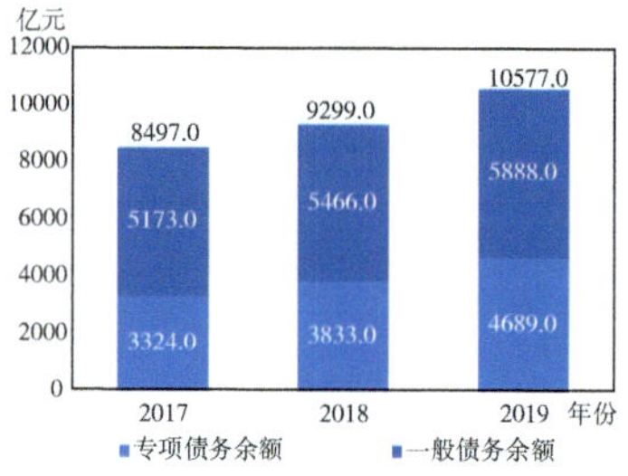

图23-49 2017-2019年四川省债务余额

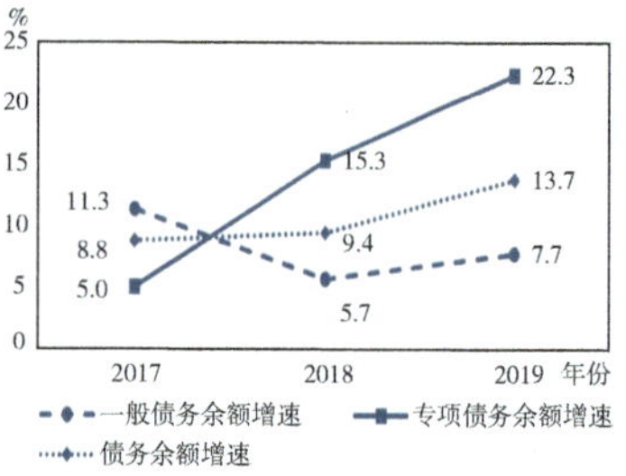

图23-50 2017-2019年四川省债务余额增速

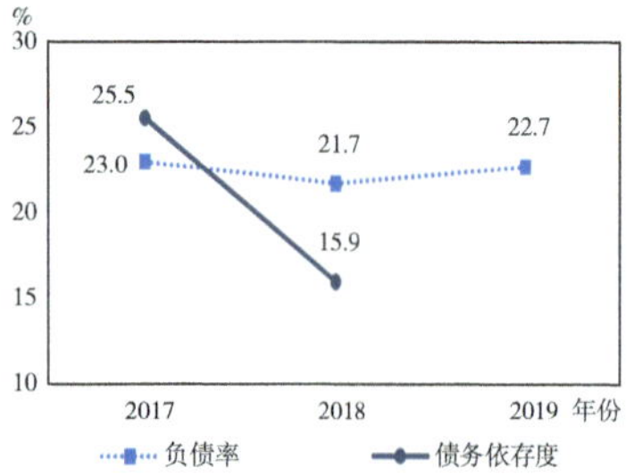

图23-51 2017-2019年四川省负债率与债务依存度

23.1.7 四川省省本级一般公共预算收入情况

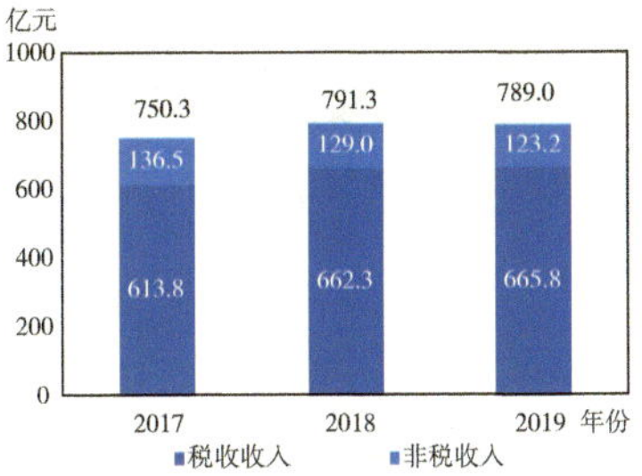

图23-52 2017-2019年四川省省本级一般公共预算收入

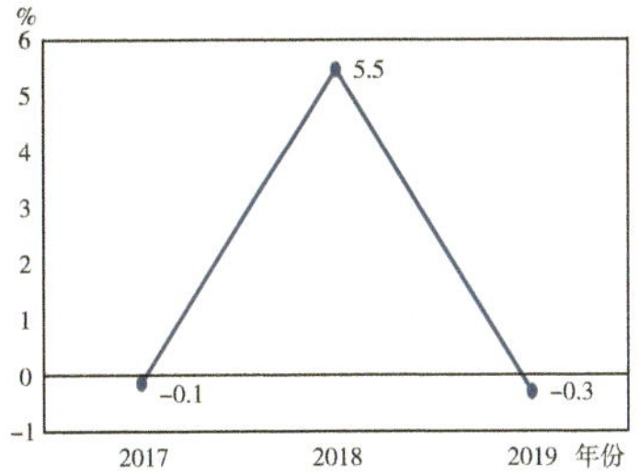

图23-53 2017-2019年四川省省本级一般公共预算收入增速

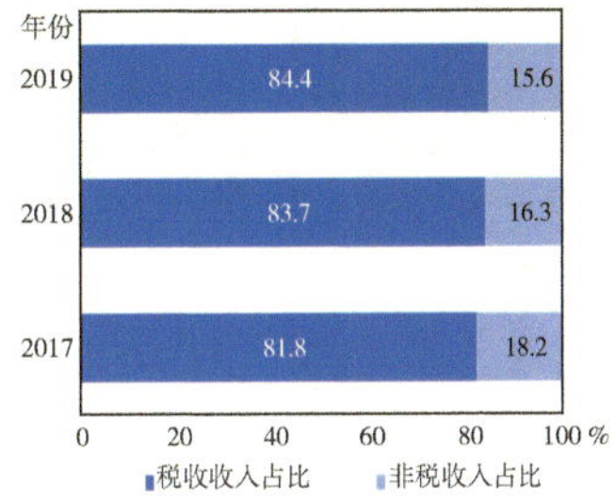

图23-54 2017-2019年四川省省本级一般公共预算收入结构

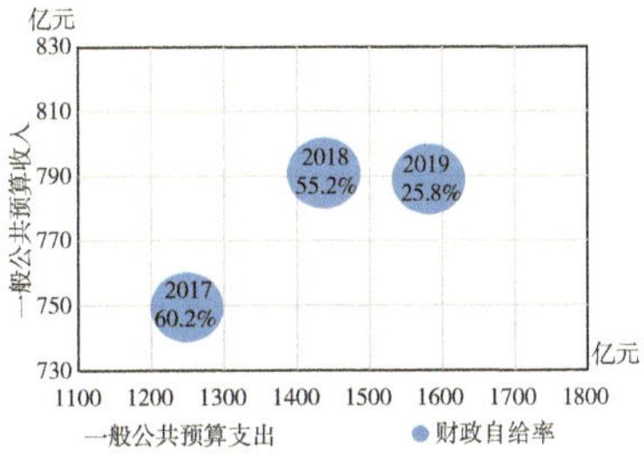

图23-55 2017-2019年四川省省本级财政自给率

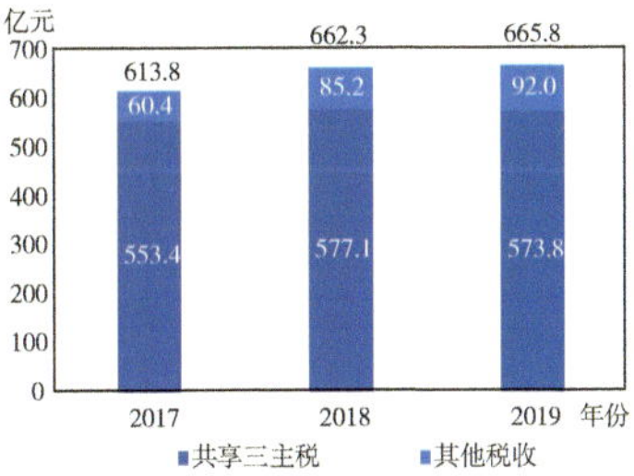

图23-56 2017-2019年四川省省本级税收收入

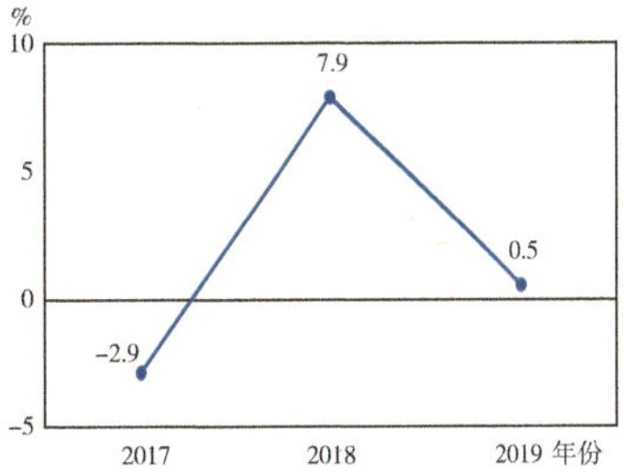

图23-57 2017-2019年四川省省本级税收收入增速

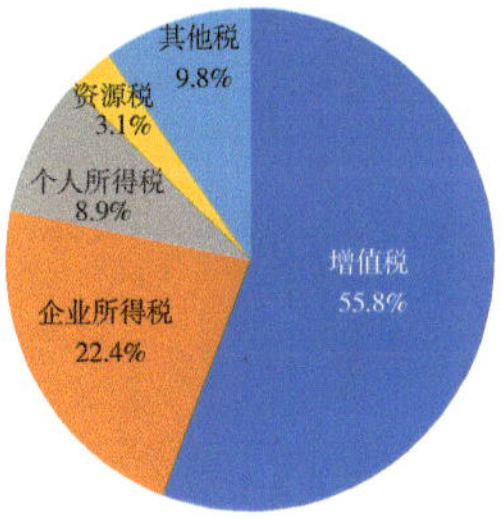

图23-58 2018年四川省省本级税收结构

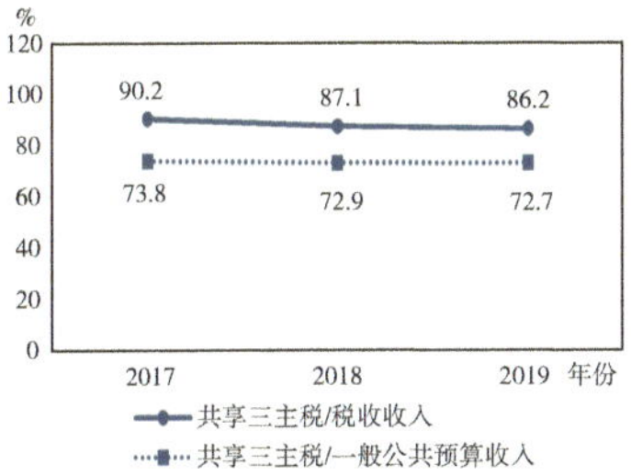

图23-59 2017-2019年四川省省本级共享三主税占税收收入、一般公共预算收入的比重

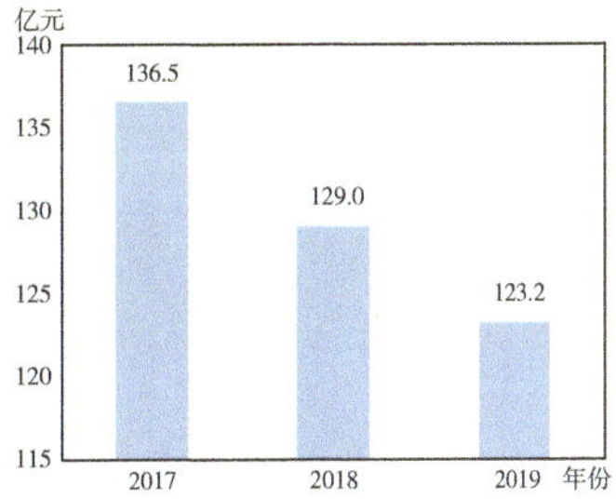

图23-60 2017-2019年四川省省本级非税收入

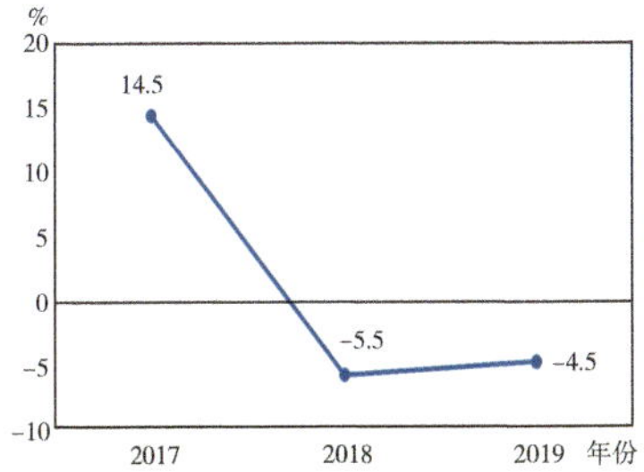

图23-61 2017-2019年四川省省本级非税收入增速

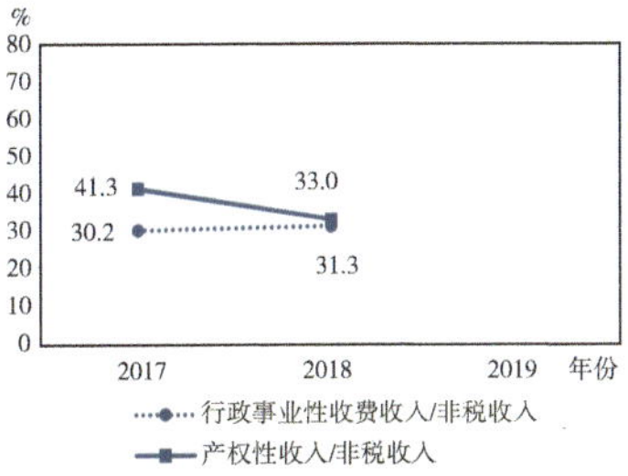

图23-62 2017-2019年四川省省本级行政事业性收费、产权性收入占非税收入的比重

23.2 四川省各市政府收入主要特征分析

23.2.1 四川省各市经济社会发展情况

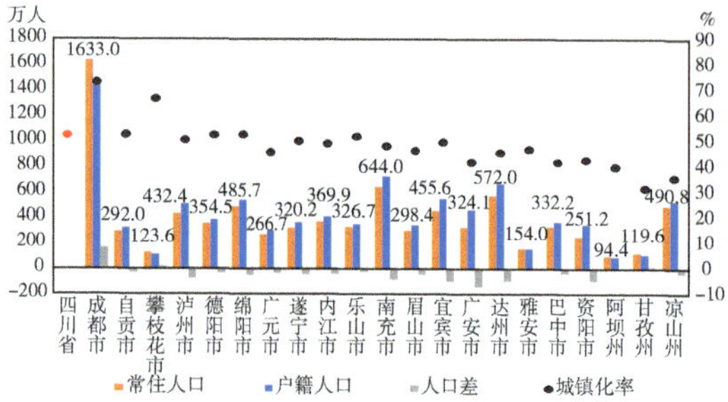

图23-63 2018年四川省各市人口状况

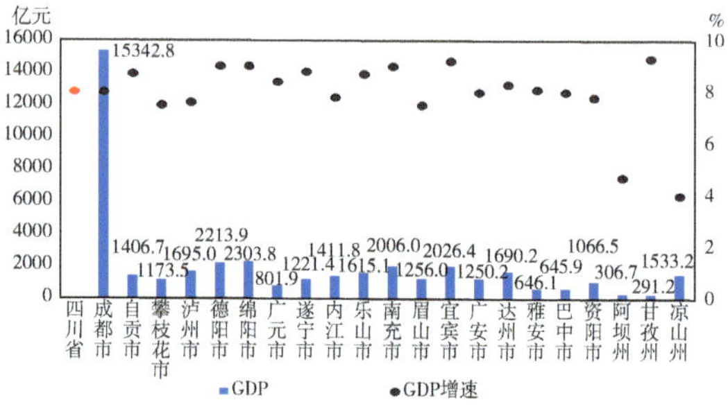

图23-64 2018年四川省各市GDP及增速

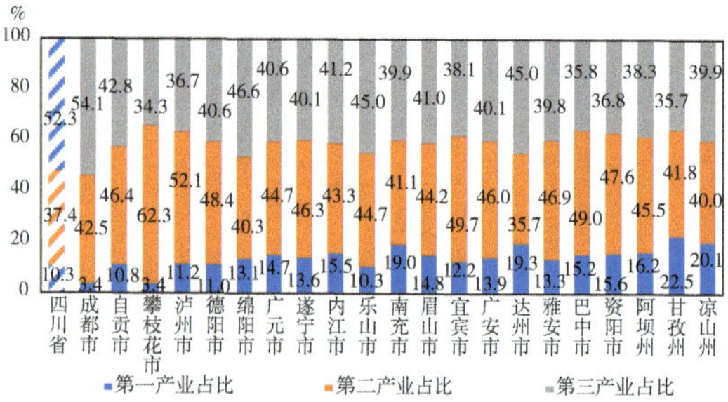

图23-65 2018年四川省各市三次产业结构

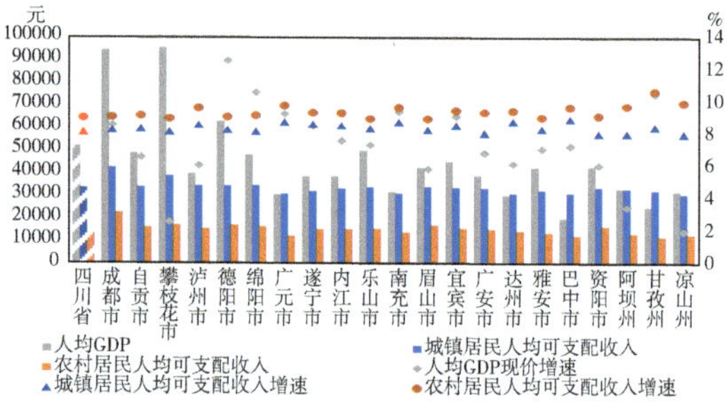

图23-66 2018年四川省各市人均GDP与人均可支配收入

23.2.2 四川省各市政府收入总体情况

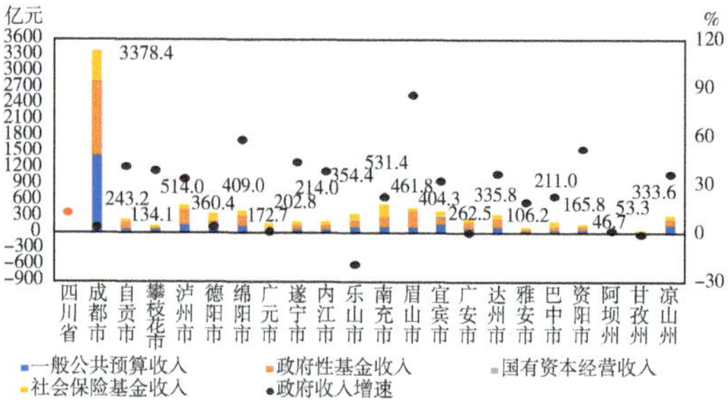

图23-67 2018年四川省各市政府收入结构及增速

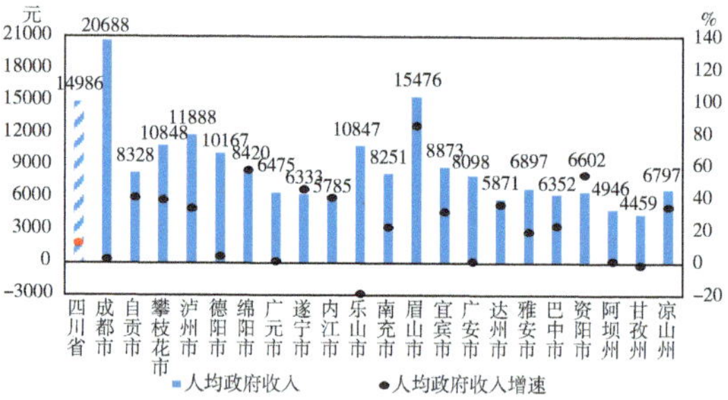

图23-68 2018年四川省各市人均政府收入及增速

23.2.3 四川省各市一般公共预算收入情况

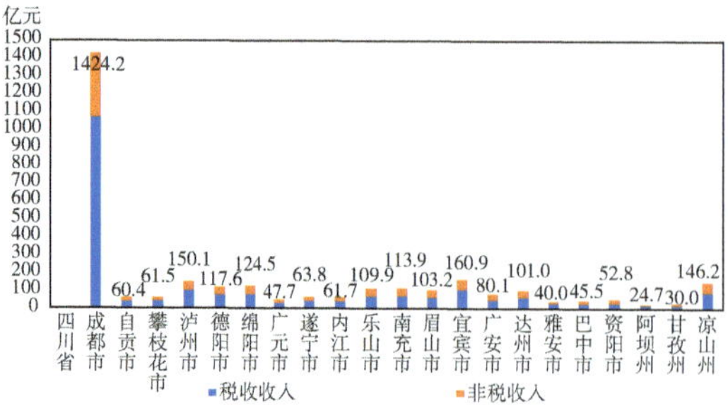

图23-69 2018年四川省各市一般公共预算收入

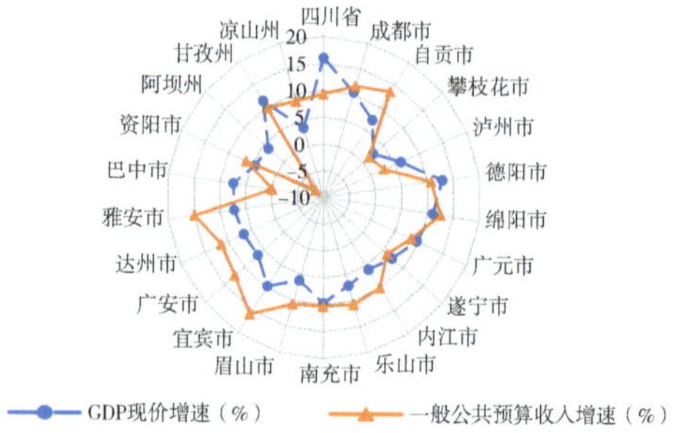

图23-70 2018年四川省各市一般公共预算收入增速

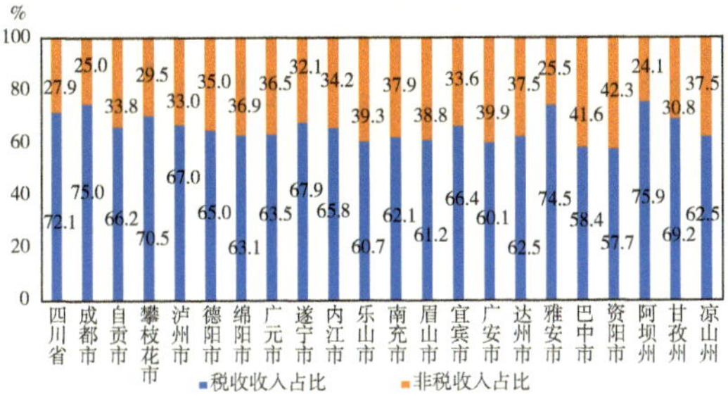

图23-71　2018年四川省各市一般公共预算收入结构

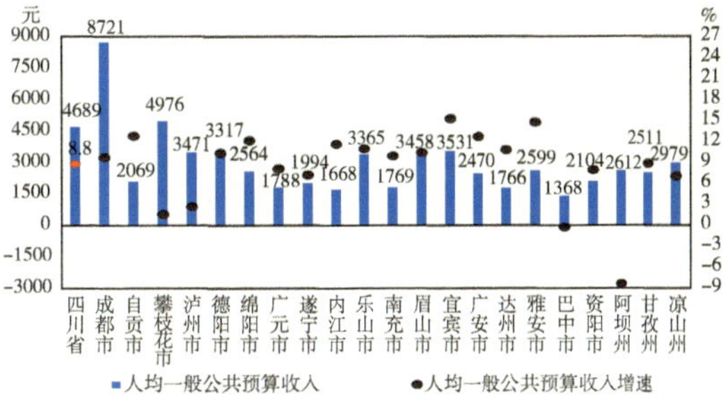

图23-72　2018年四川省各市人均一般公共预算收入及增速

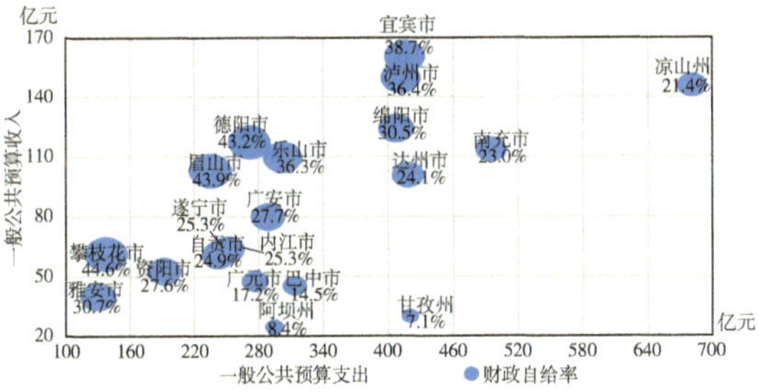

图23-73　2018年四川省各市财政自给率

注：2018年四川省财政自给率为40.3%，成都市财政自给率为77.5%。

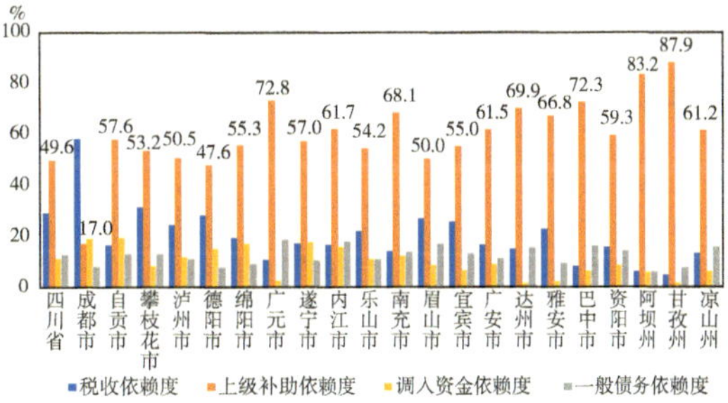

图23-74　2018年四川省各市财政收入依赖度

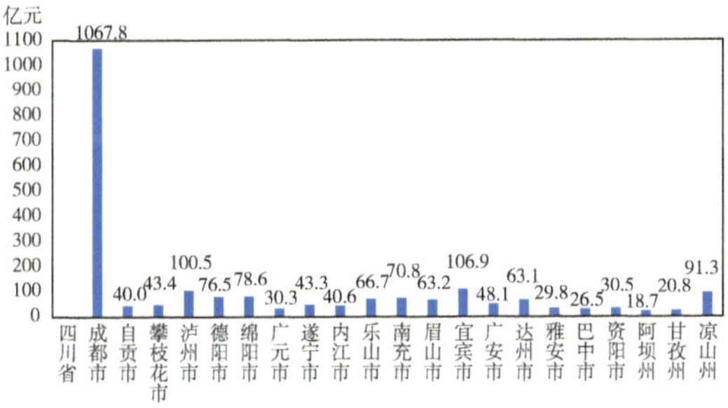

图23-75　2018年四川省各市税收收入

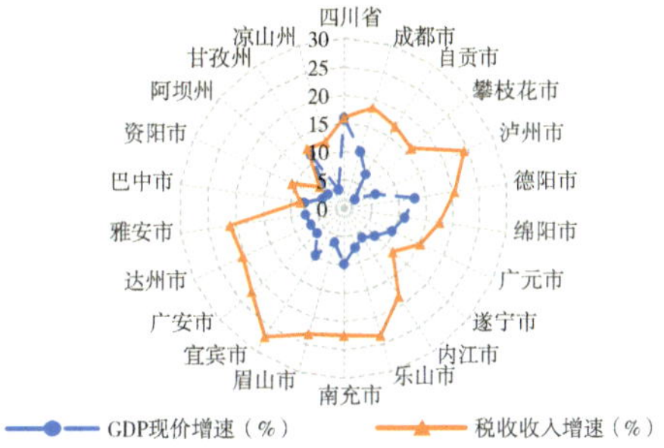

图23-76　2018年四川省各市税收收入增速

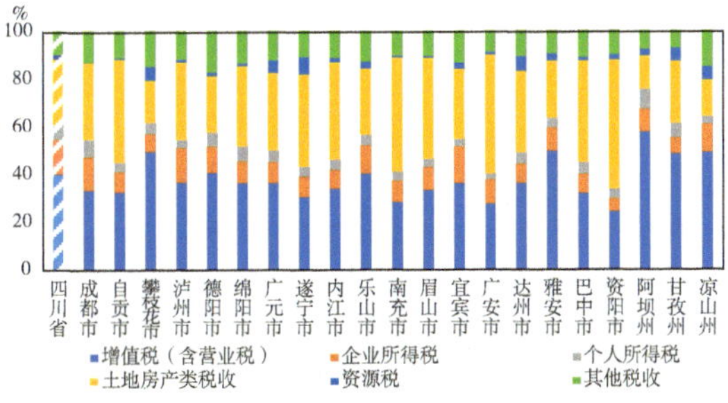

图23-77　2018年四川省各市税收收入结构

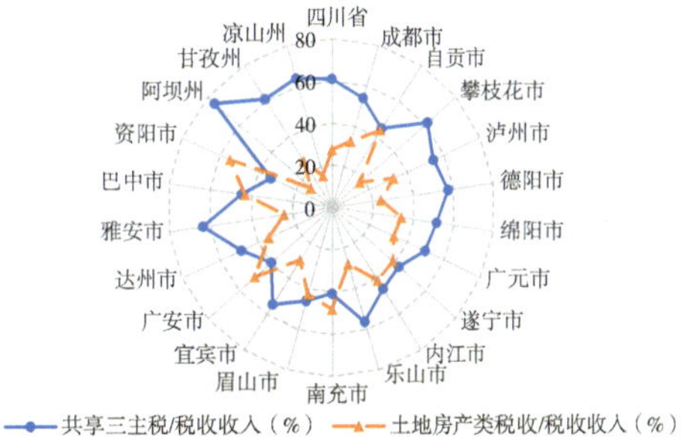

图23-78　2018年四川省各市共享三主税、土地房产类税收占税收收入的比重

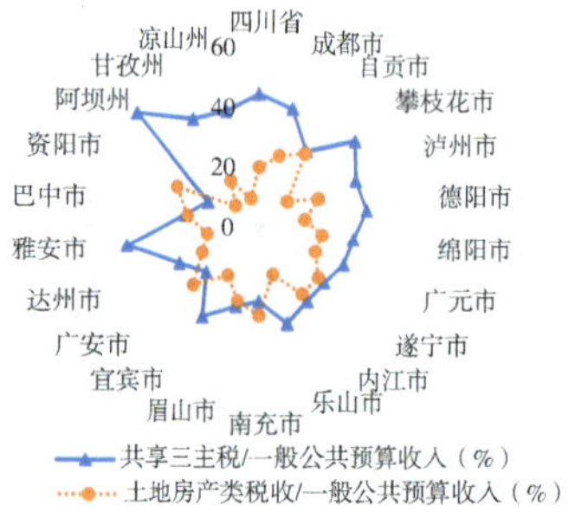

图23-79 2018年四川省各市共享三主税、土地房产类税收占一般公共预算收入的比重

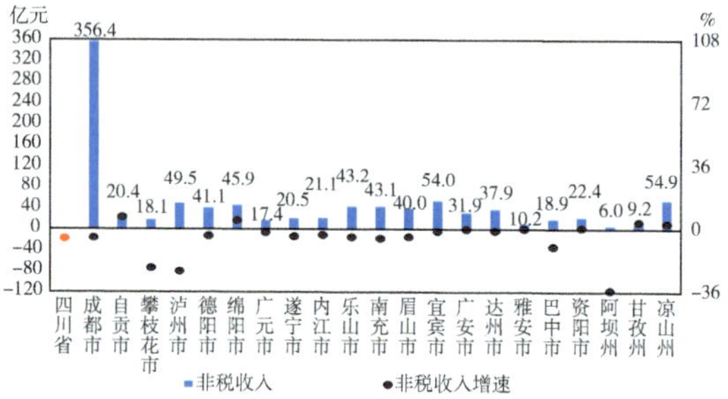

图23-80 2018年四川省各市非税收入及增速

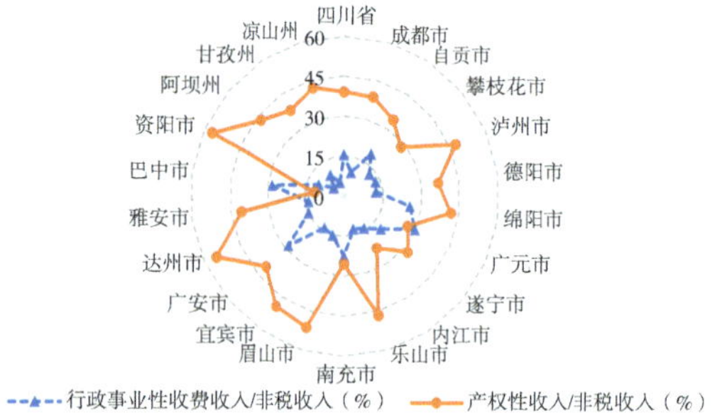

图23-81 2018年四川省各市行政事业性收费收入、产权性收入占非税收入的比重

23.2.4 四川省各市政府性基金收入与国有资本经营收入情况

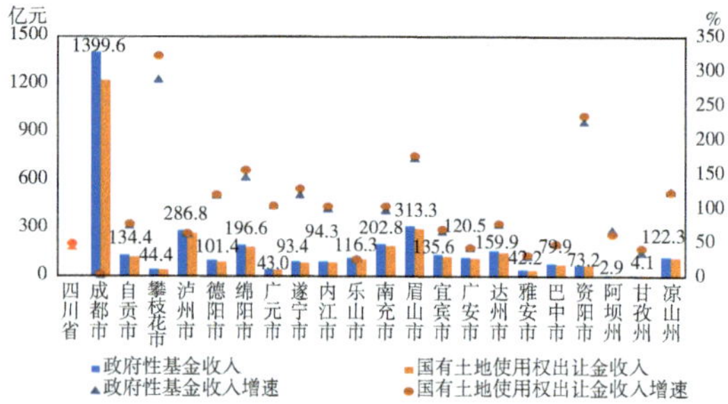

图23-82 2018年四川省各市政府性基金收入、国有土地使用权出让金收入及其增速

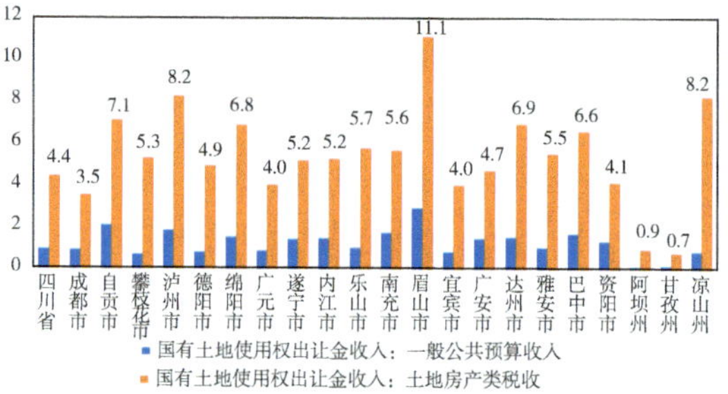

图23-83 2018年四川省各市国有土地使用权出让金收入与一般公共预算关系指标

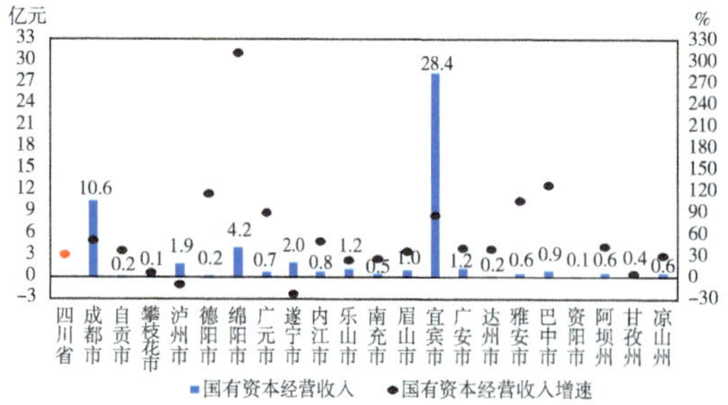

图23-84 2018年四川省各市国有资本经营收入及增速

注：2018年资阳市国有资本经营收入增速为3323.8%。

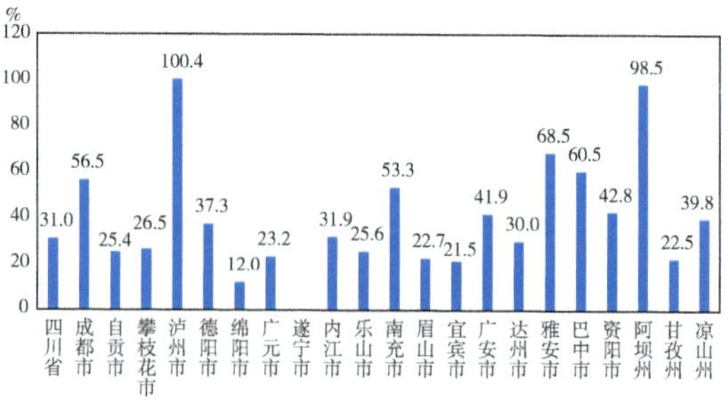

图23-85 2018年四川省各市调出资金/国有资本经营收入

23.2.5 四川省各市社会保险基金收入情况

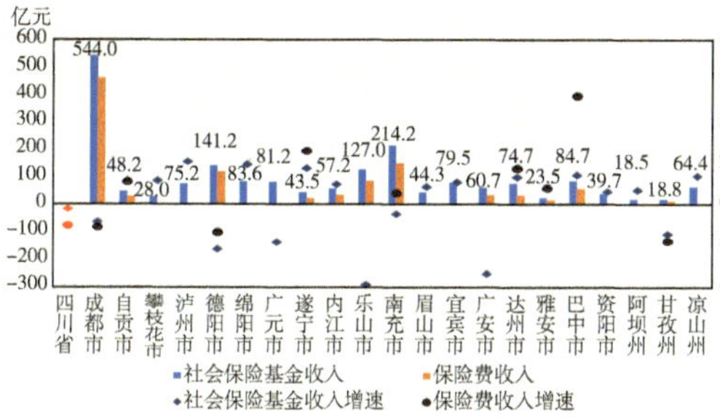

图23-86 2018年四川省各市社会保险基金收入、保险费收入及其增速

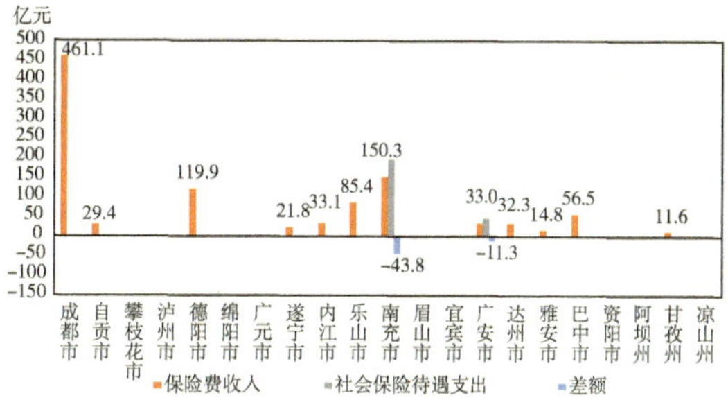

图23-87 2018年四川省各市保险费收入、社会保险待遇支出及其差额

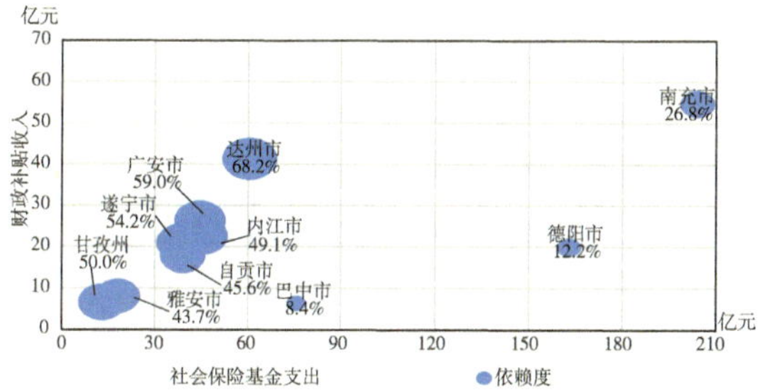

图23-88 2018年四川省各市社会保险基金对财政补贴的依赖度

注：2018年四川省社会保险基金对财政补贴依赖度为30.2%，成都市为14.8%。

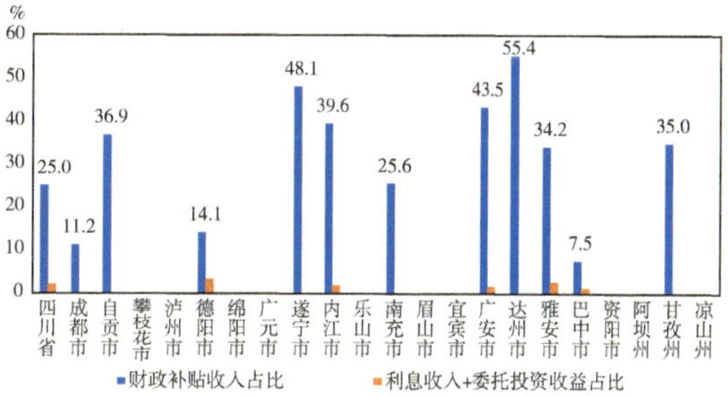

图23-89 2018年四川省各市财政补贴收入、利息收入+委托投资收益占社会保险基金收入的比重

23.2.6 四川省各市债务情况

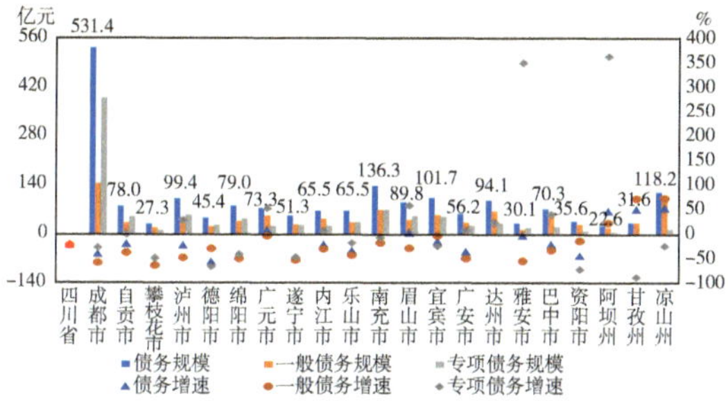

图23-90 2018年四川省各市债务规模及其增速

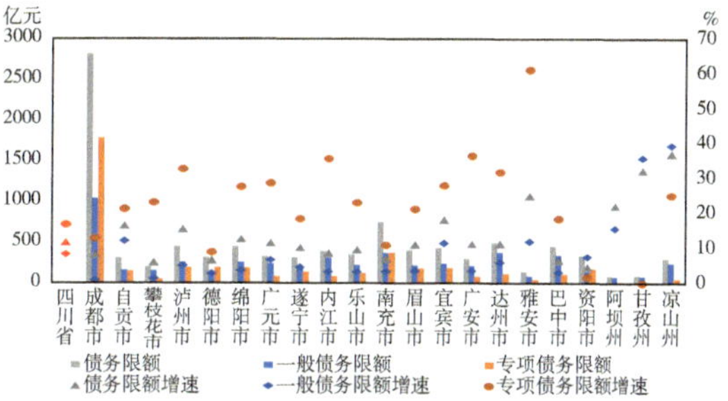

图23-91 2018年四川省各市债务限额及其增速

注：2018年阿坝州专项债务限额增速为142.9%。

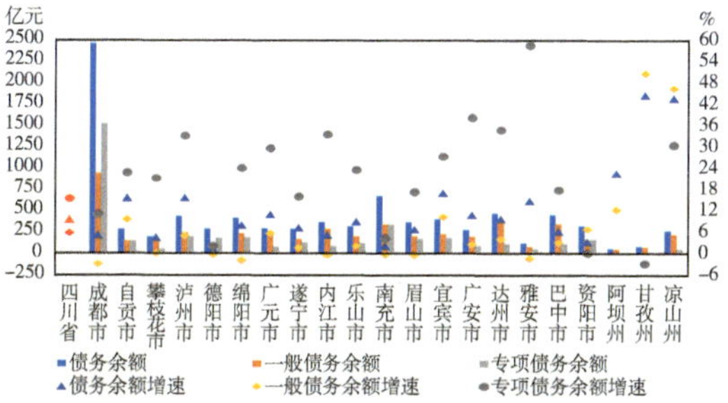

图23-92 2018年四川省各市债务余额及其增速

注：2018年阿坝州专项债务余额增速为319.6%。

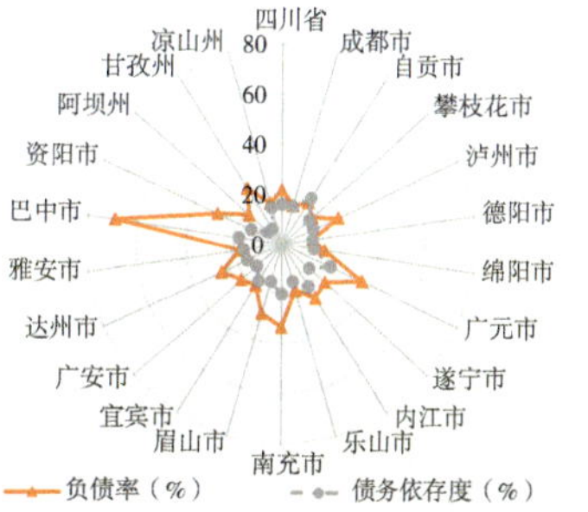

图23-93 2018年四川省各市负债率与债务依存度

23.2.7 四川省各市市本级一般公共预算收入情况

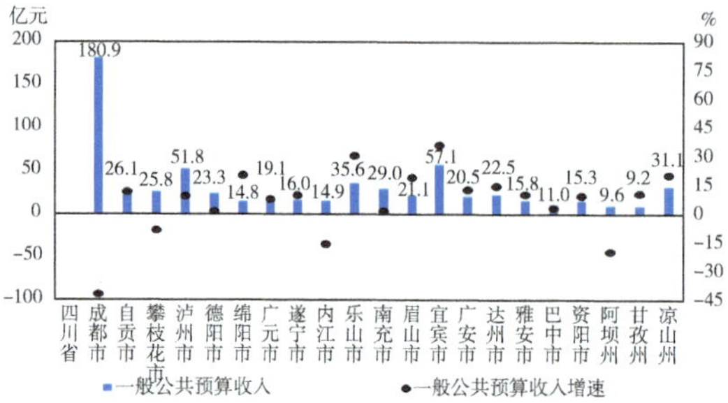

图23-94　2018年四川省各市市本级一般公共预算收入及增速

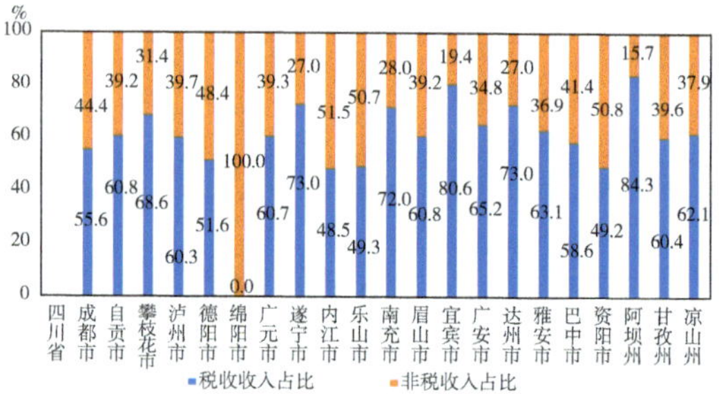

图23-95　2018年四川省各市市本级一般公共预算收入结构

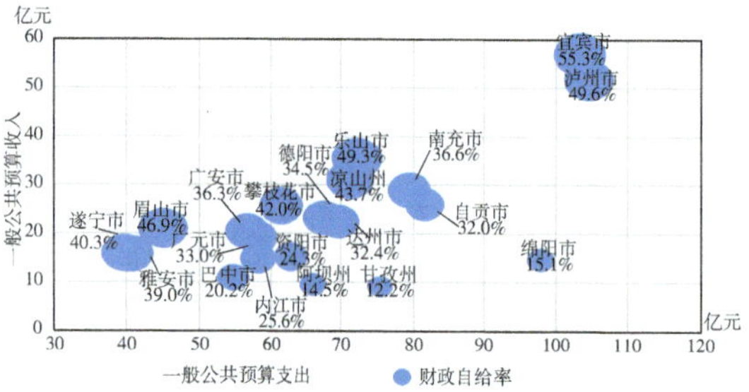

图23-96　2018年四川省各市市本级财政自给率

注：2018年成都市本级财政自给率为44.6%。

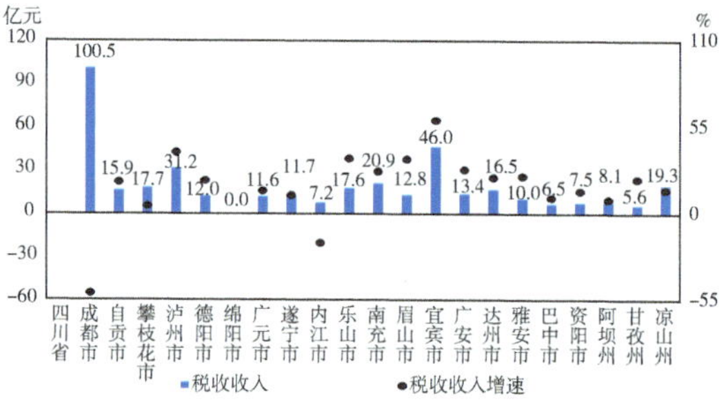

图23-97　2018年四川省各市市本级税收收入及增速

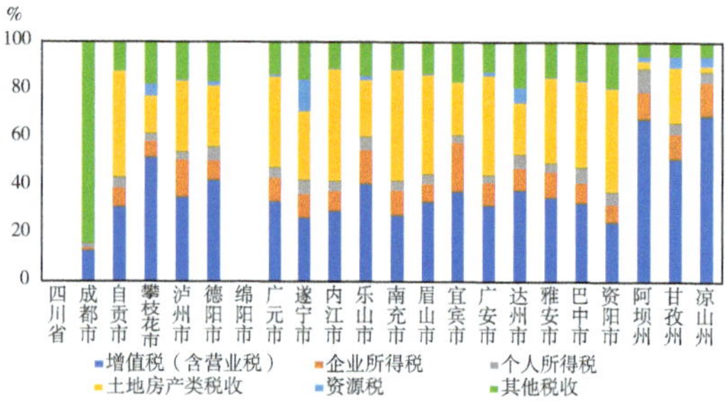

图23-98　2018年四川省各市市本级税收收入结构

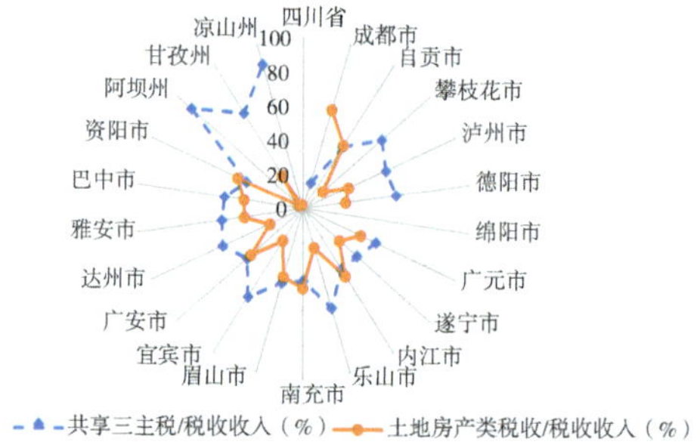

图23-99　2018年四川省各市市本级共享三主税、土地房产类税收占税收收入的比重

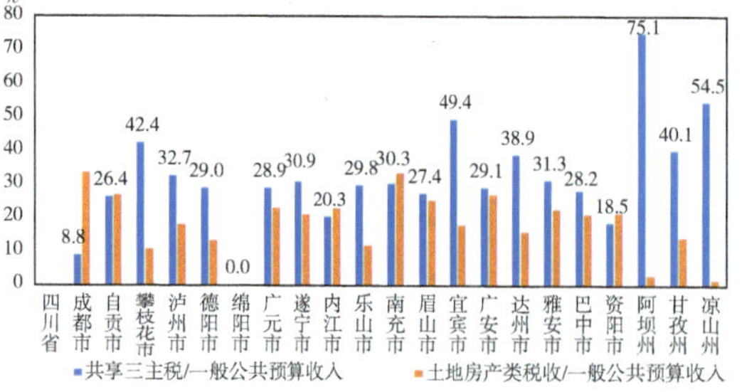

图23-100　2018年四川省各市市本级共享三主税、土地房产类税收占一般公共预算收入的比重

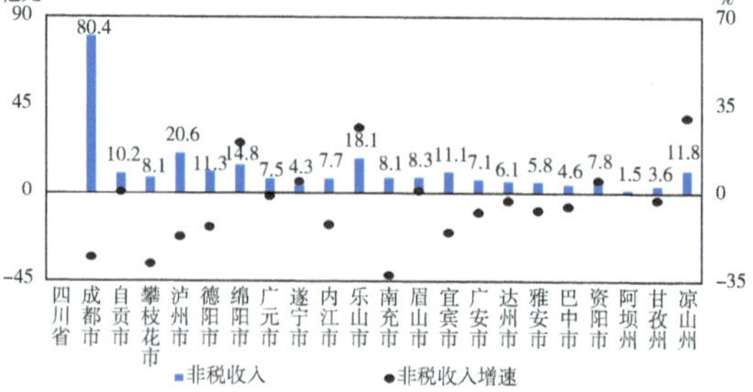

图23-101　2018年四川省各市市本级非税收入及增速

注：2018年阿坝州非税收入增速为-66.6%。

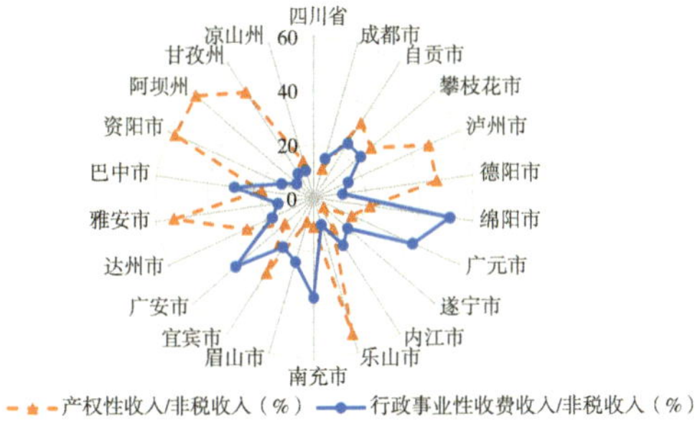

图23-102　2018年四川省各市市本级产权性收入、行政事业性收费收入占非税收入的比重

23.3　四川省样本县政府收入主要特征分析

23.3.1　四川省样本县经济社会发展情况

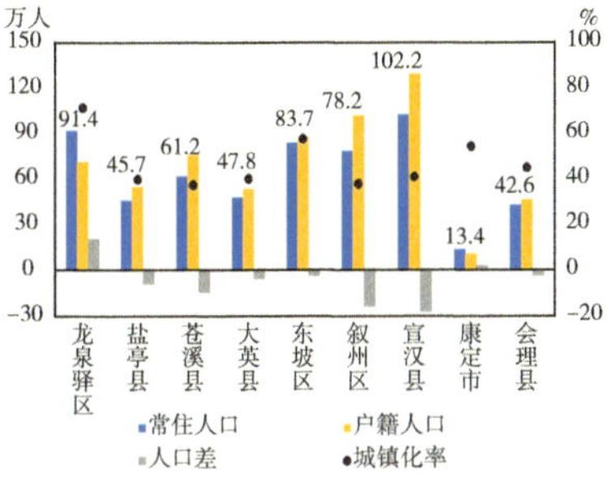

图23-103　2018年四川省样本区县人口状况

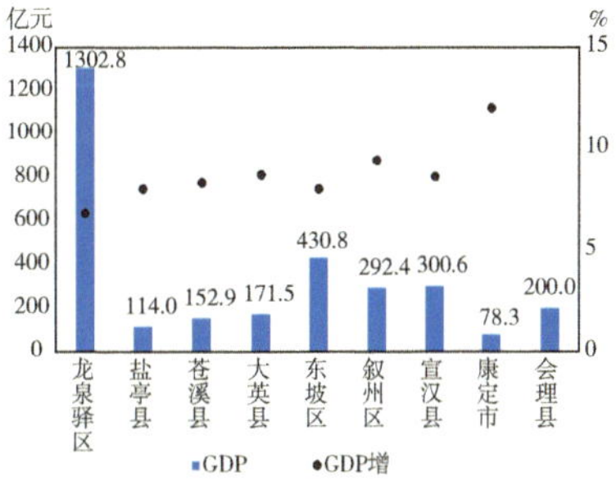

图23-104　2018年四川省样本区县GDP及增速

注：2018年会理县GDP增速为-9.5%。

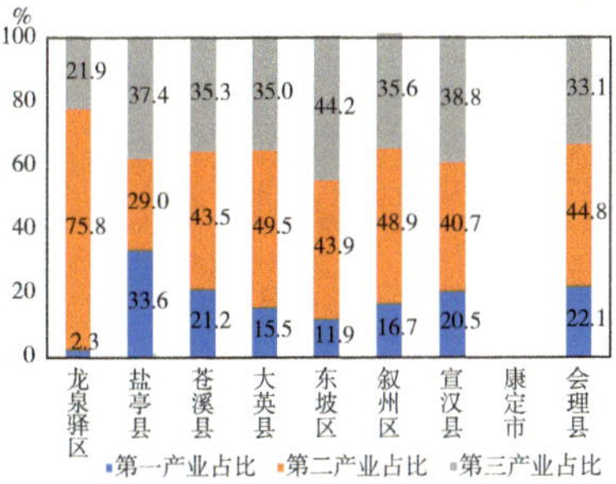

图23-105　2018年四川省样本区县三次产业结构

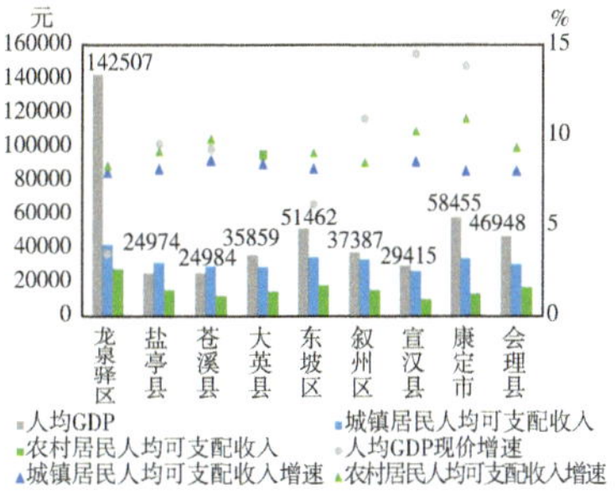

图23-106　2018年四川省样本区县人均GDP与人均可支配收入

注：2018年会理县人均GDP现价增速-7.1%。

23.3.2　四川省样本县政府收入总体情况

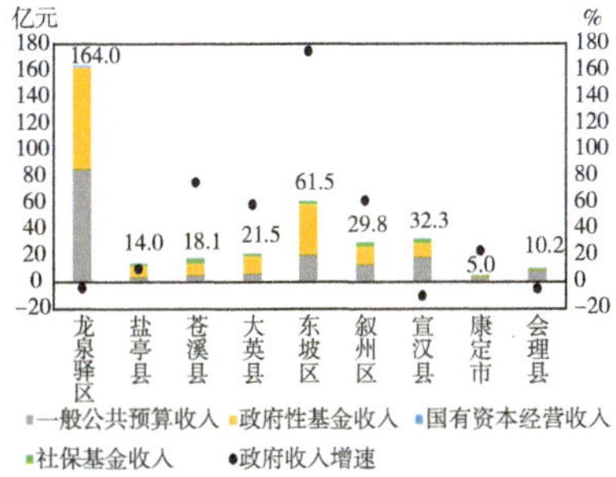

图23-107　2018年四川省样本区县政府收入结构及增速

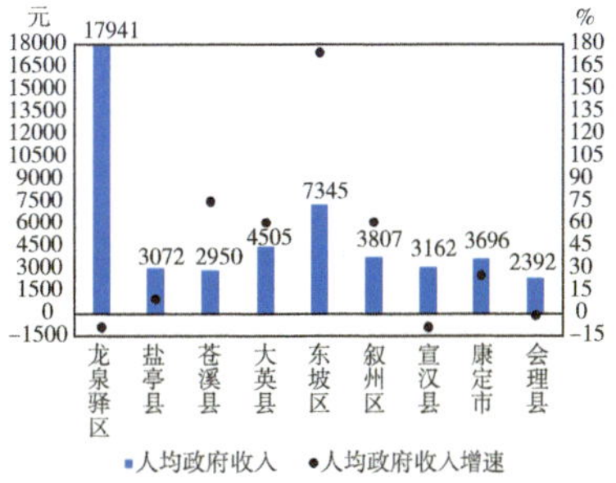

图23-108　2018年四川省样本区县人均政府收入及增速

23.3.3 四川省样本县一般公共预算收入情况

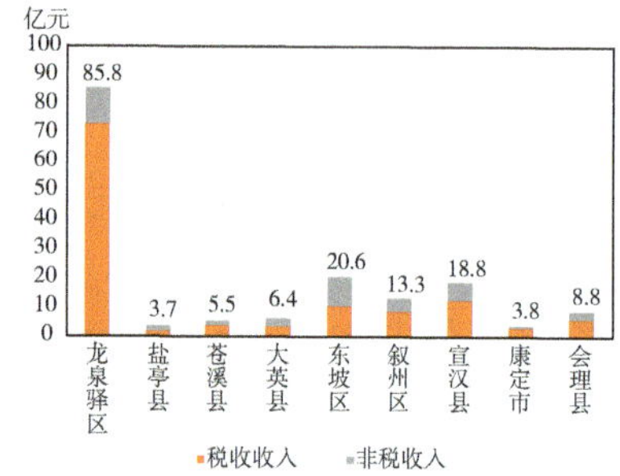

图23-109 2018年四川省样本区县一般公共预算收入

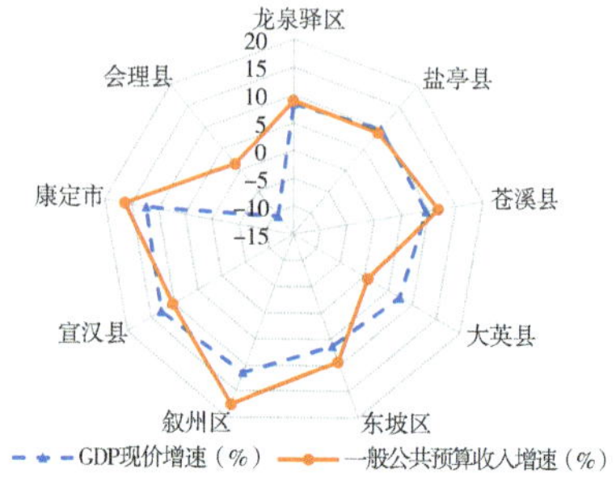

图23-110 2018年四川省样本区县一般公共预算收入增速

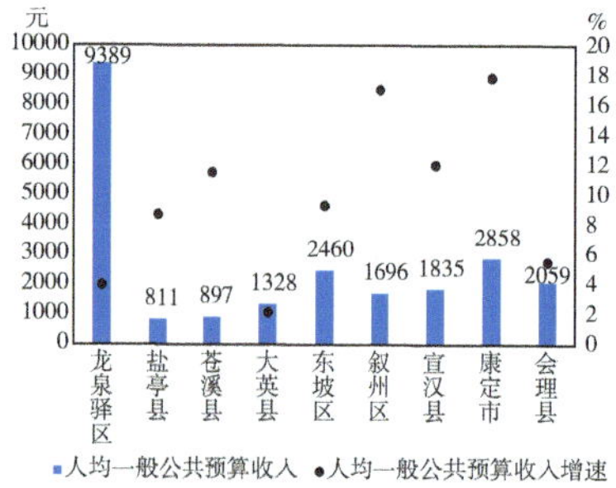

图23-111 2018年四川省样本区县人均一般公共预算收入及增速

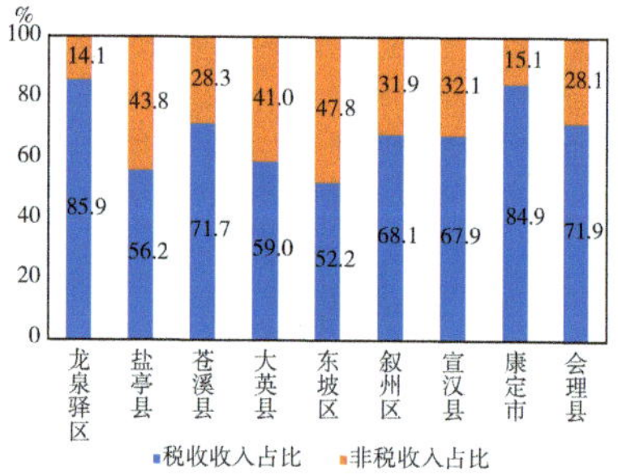

图23-112 2018年四川省样本区县一般公共预算收入结构

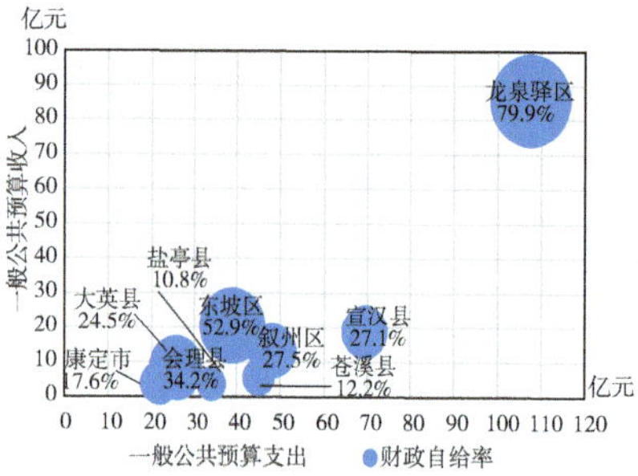

图23-113 2018年四川省样本区县财政自给率

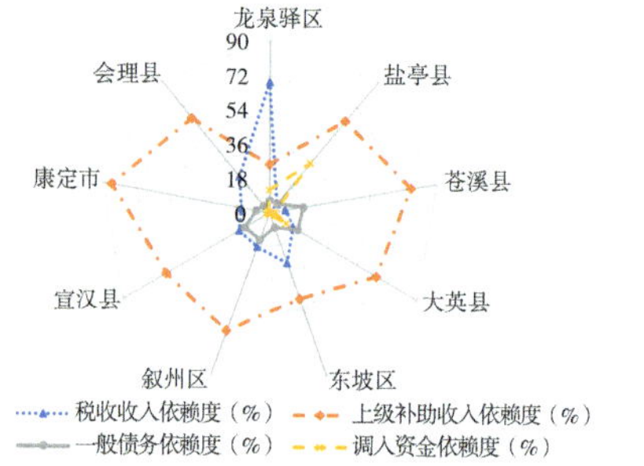

图23-114 2018年四川省样本区县财政收入依赖度

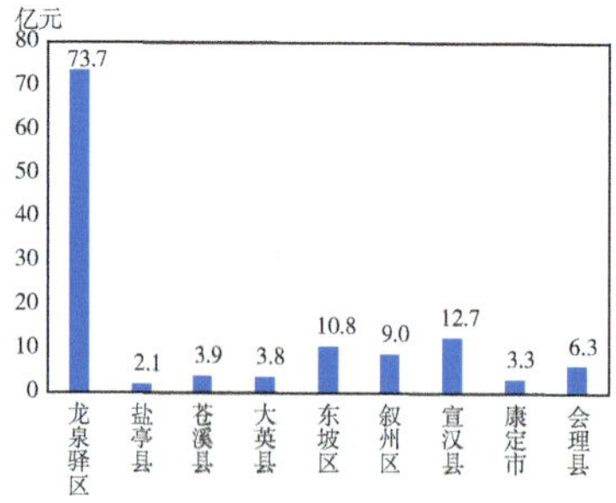

图23-115 2018年四川省样本区县税收收入

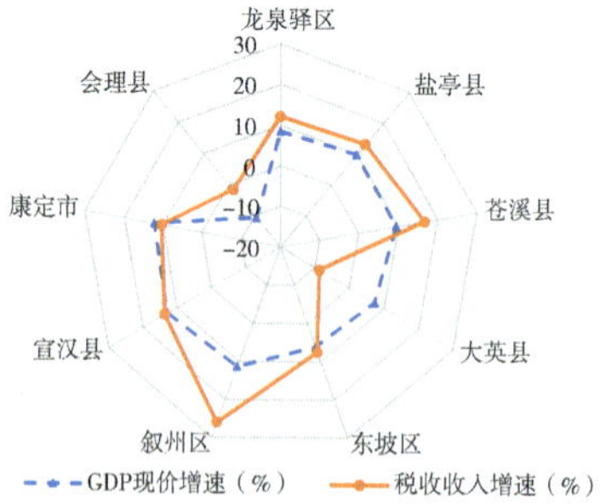

图23-116 2018年四川省样本区县税收收入增速

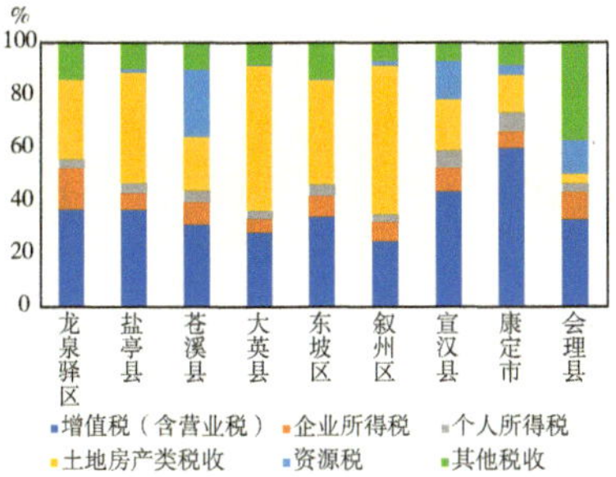

图23-117　2018年四川省样本区县税收收入结构

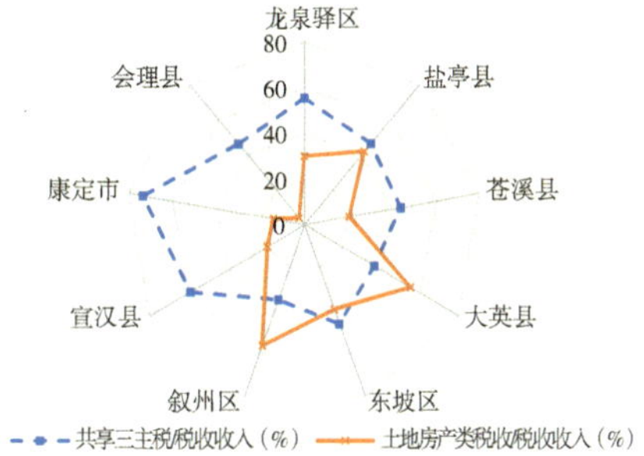

图23-118　2018年四川省样本区县共享三主税、土地房产类税收占税收收入的比重

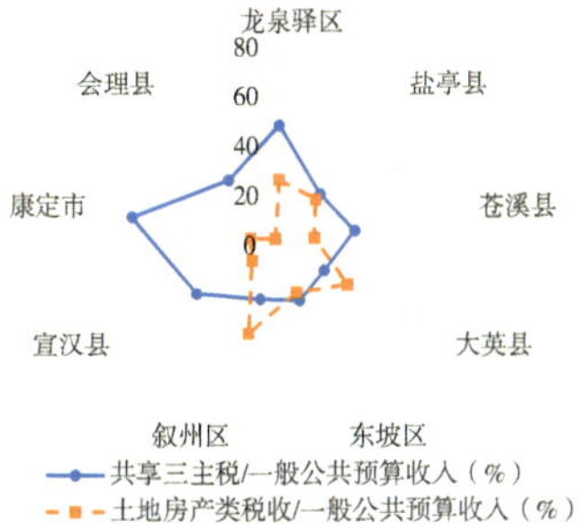

图23-119　2018年四川省样本区县共享三主税、土地房产类税收占一般公共预算收入的比重

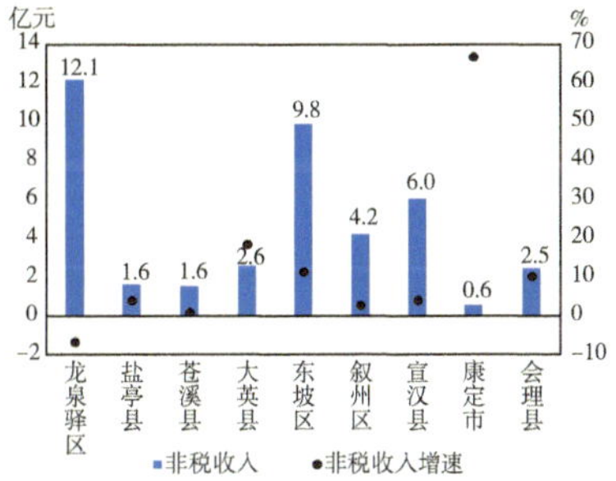

图23-120　2018年四川省样本区县非税收入

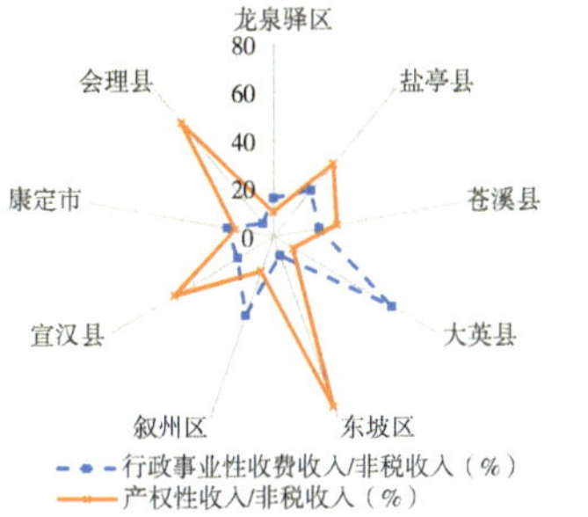

图23-121　2018年四川省样本区县产权性收入、行政事业性收费收入占非税收入的比重

23.3.4　四川省样本县政府性基金收入与国有资本经营收入情况

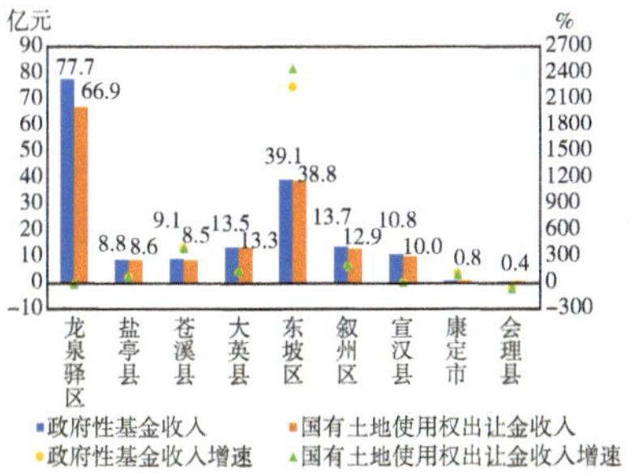

图23-122　2018年四川省样本区县政府性基金收入、国有土地使用权出让金收入及其增速

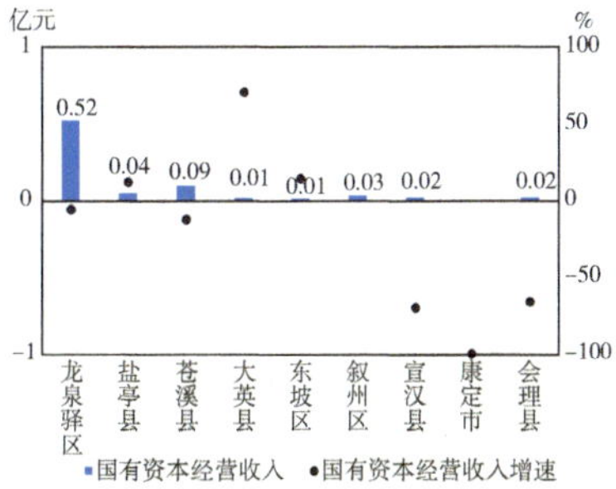

图23-123　2018年四川省样本区县国有资本经营收入及增速

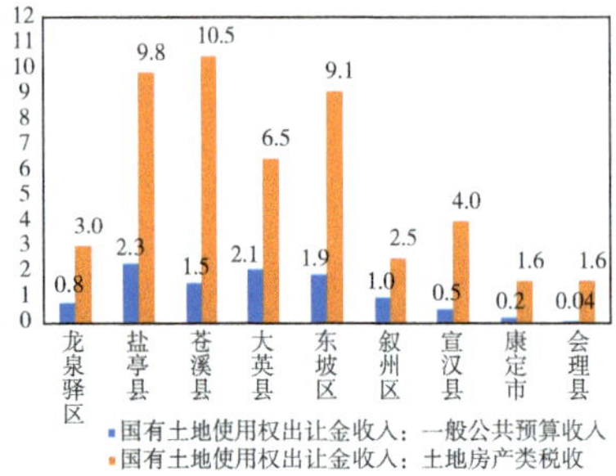

图23-124　2018年四川省样本区县国有土地使用权出让金收入与一般公共预算关系指标

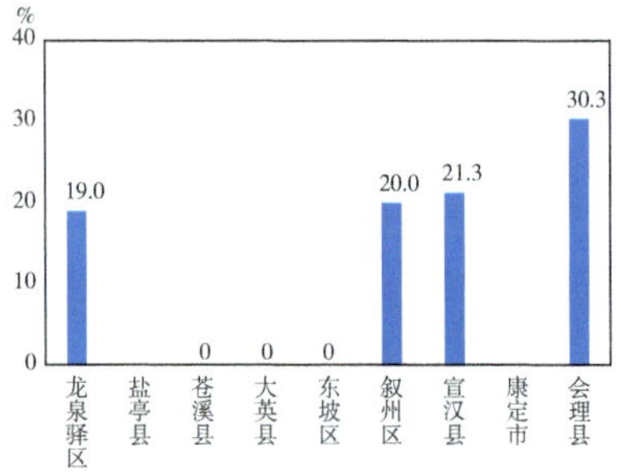

图23-125　2018年四川省样本区县调出资金/国有资本经营收入

23.3.5　四川省样本县社会保险基金收入情况

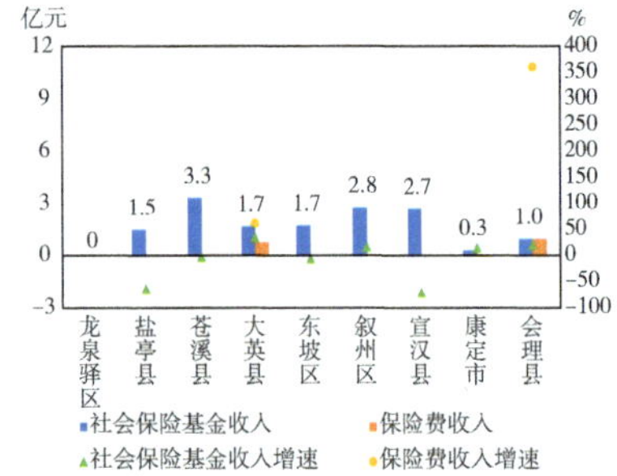

图23-126　2018年四川省样本区县社会保险基金收入、保险费收入及其增速

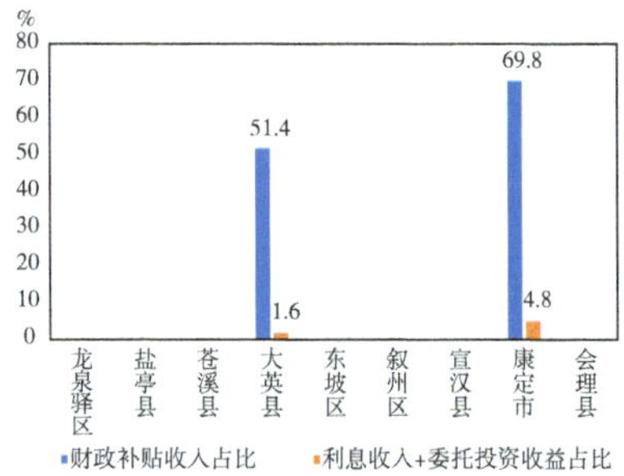

图23-127　2018年四川省样本区县财政补贴收入、利息收入+委托投资收益占社会保险基金收入的比重

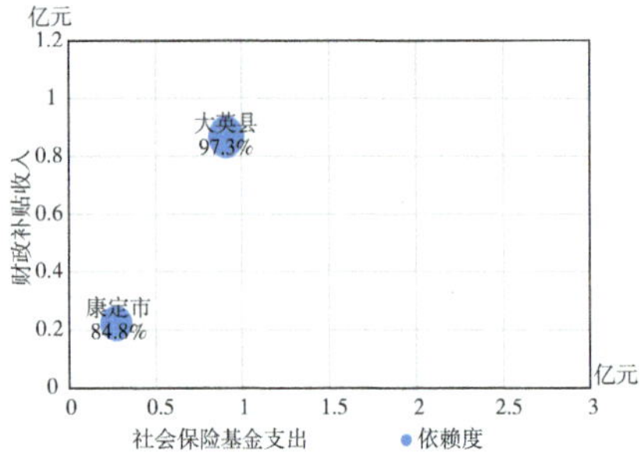

图23-128　2018年四川省样本区县社会保险基金对财政补贴的依赖度

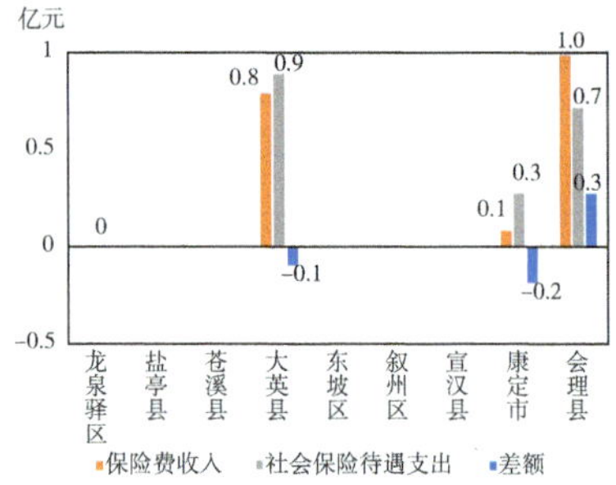

图23-129　2018年四川省样本区县保险费收入、社会保险待遇支出及其差额

23.3.6　四川省样本县债务情况

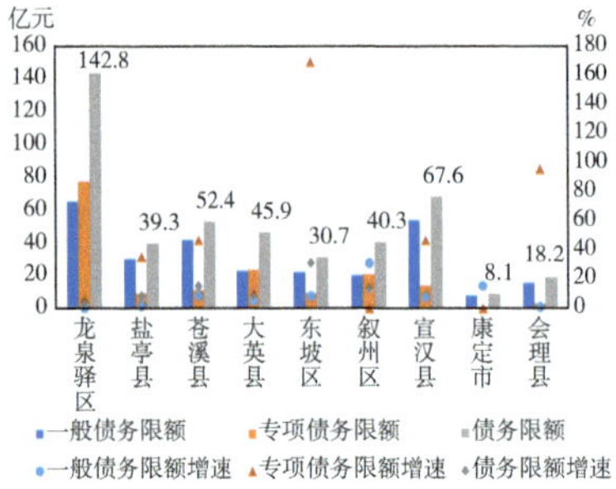

图23-130　2018年四川省样本区县债务限额及其增速

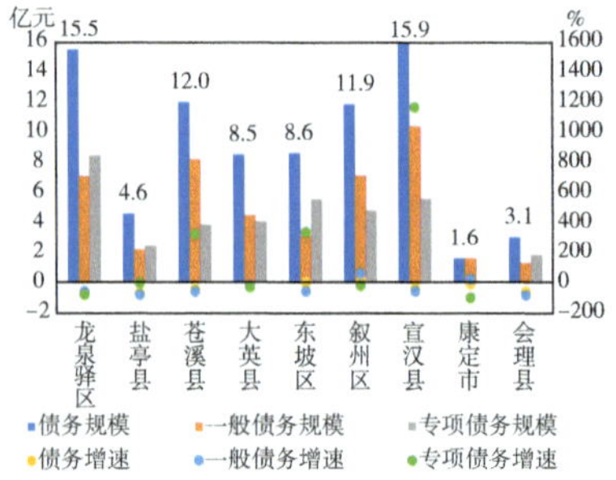

图23-131　2018年四川省样本区县债务规模及其增速

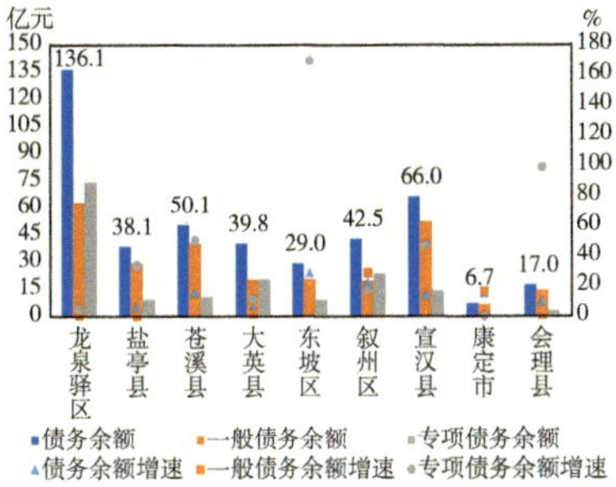

图23-132　2018年四川省样本区县债务余额及其增速

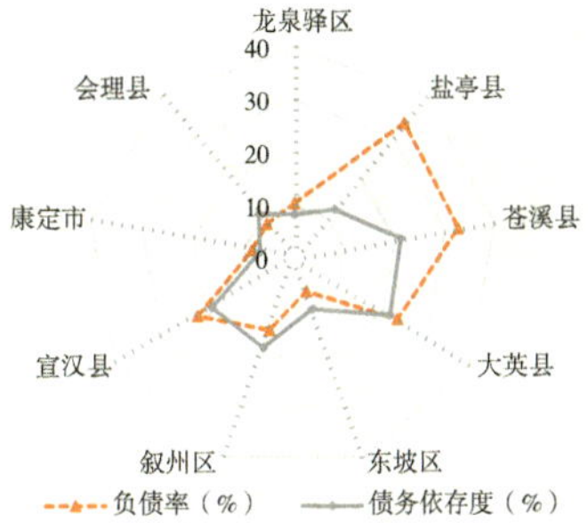

图23-133　2018年四川省样本区县负债率与债务依存度

24 贵州省

贵州省共辖6个地级市，自治州3个，市辖区15个、县级市9个、县52个，民族自治县11个、特区1个；地域面积为17.62万平方公里，以山地和丘陵面积为主，占比达92.5%。贵州省矿产资源和水资源丰富，素有“江南煤海”之称，近年依托充足丰富的电力资源和水资源大力发展大数据产业。总体上看，贵州的经济发展、财政收入等在全国处于中等水平，区域差异大，发展不均衡。

2019年贵州省经济总量处于全国中等，第三产业占比低于全国，人口整体净流出，城镇化率低于全国。 2019年末，贵州省常住人口3623万人，常住人口城镇化率为49%。2019年贵州GDP达到1.68万亿元，排全国第22名，次于山西，略高于天津；增速8.3%，比2018年下降0.8个百分点，高于全国2.2个百分点，排全国第1名；人均GDP为46286元（6689美元），排全国第25名。从产业结构看，第一、第二、第三产业占比分别为13.6%、36.1%（高于全国平均水平2.9个百分点）和50.3%（低于全国平均水平3.6个百分点）。从居民可支配收入看，2019年城镇与农村居民人均可支配收入分别为34404元和10756元，呈上升态势，分别为全国平均水平的81.2%和67.1%。

2019年贵州省一般公共预算收入全国排中等，非税收入（产权性收入）占比高，省市（州）县中县级政府收入占比最高。 2019年贵州省一般公共预算收入1767.4亿元，排全国第23名；增速2.3%，排全国第19名，人均一般公共预算收入为4878元，排全国第22名。其中，近三年贵州省税收收入占一般公共预算收入的总体呈下降态势，2019年为68.1%，低于全国平均水平14.9个百分点。非税收入（产权性收入）占比高，其中2019年政府产权性收入规模占非税收入比重达36.5%。从纵向收入分配看，2018年省本级、市（州）本级、县一般公共预算收入占比分别为19.8%、20.4%和59.9%。

2019年贵州省财政自给率偏低，地区财政总收入小于一般公共预算支出。 贵州财政自给率在33%左右，2019年为29.8%。2019年贵州省组织的地区财政总收入为3047.8亿元，增速为2.3%，其中上缴中央收入占比42%。贵州省一般公共预算支出为5921.4亿元，高于地区财政总收入规模。

2019年贵州省四本预算的一般公共预算收入和社保基金收入占比下降。 2019年贵州省四本预算加总的政府收入为4859.5亿元，增速为12.8%，其中一般公共预算收入、政府性基金收入、国有资本经营收入和社会保险基金收入分别占比36.4%、35.2%、2.0%和26.4%。

贵州省内各市（州）经济社会发展和财政发展不均衡，优势主要集中于省会贵阳。 贵阳市是2018年贵州省政府收入规模唯一超千亿元的城市，达到1049.1亿元，而其他市（州）政府收入规模分布在190亿—750亿元区间。2018年贵阳市一般公共预算收入411.3亿元，其他各市（州）均低于300亿元，且市（州）间差异较大，比如贵阳市是铜仁市的6倍。除贵阳市外，2018年贵州省各市（州）财政自给率均低于50%。财政自给率最高的城市为贵阳，达到65.9%，最低的为黔东南苗族侗族自治州，仅为16.4%，前者是后者的4倍。政府性基金收入主要构成是国有土地使用权出让金收入，与地理位置关系较大，2018年收入规模最大的贵阳市（316.3亿元）为规模最小的黔东南苗族侗族自治州（33.8亿元）的9倍。

本章执笔人：刘洋　审校：谢恺

24.1 贵州省政府收入主要特征分析

24.1.1 贵州省经济社会基本情况

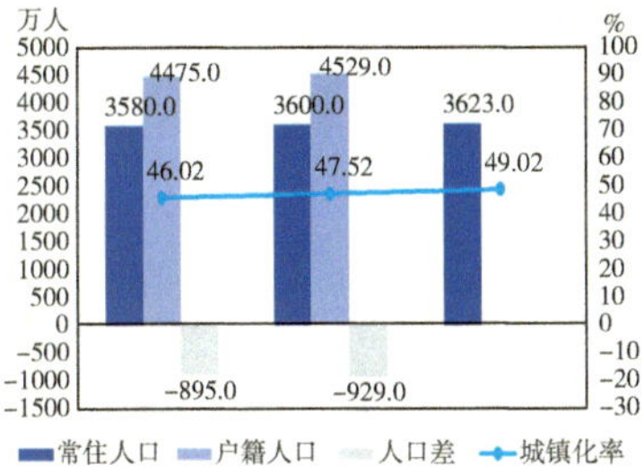

图24-1 2017-2019年贵州省人口状况

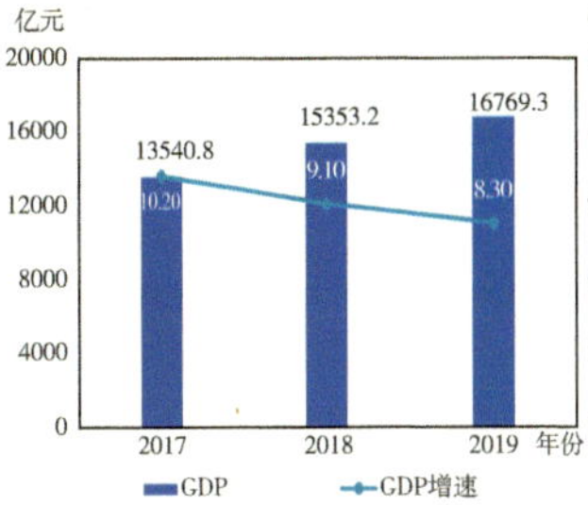

图24-2 2017-2019年贵州省GDP及增速

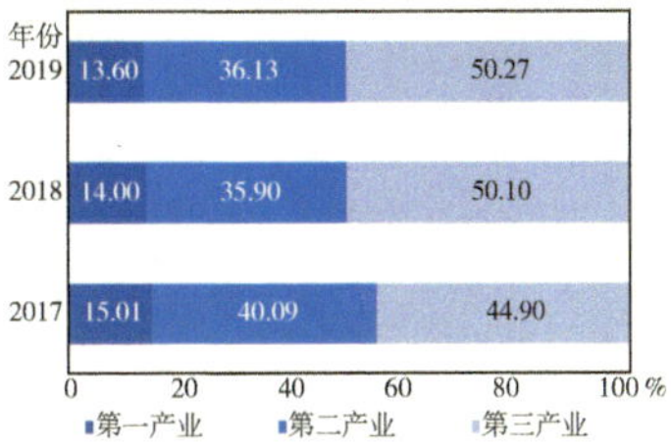

图24-3 2017-2019年贵州省三次产业结构

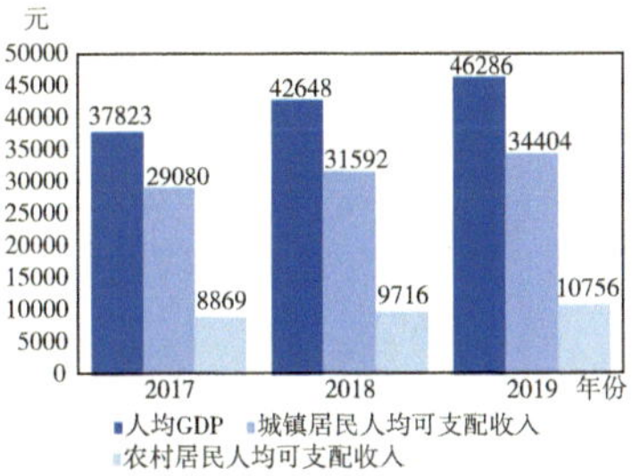

图24-4 2017-2019年贵州省人均GDP和人均可支配收入

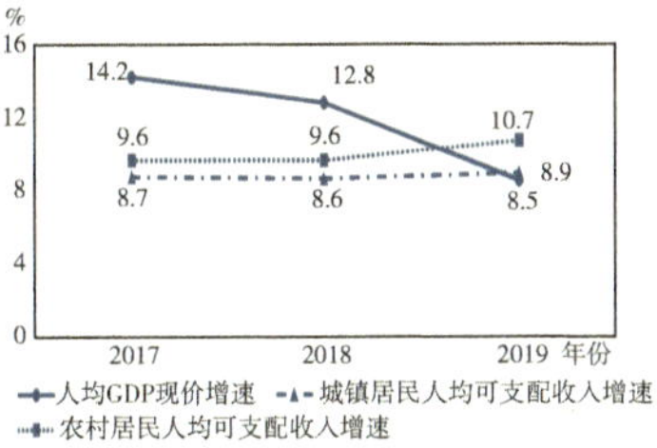

图24-5 2017-2019年贵州省人均GDP增速和人均可支配收入增速

24.1.2 贵州省政府收入总体情况

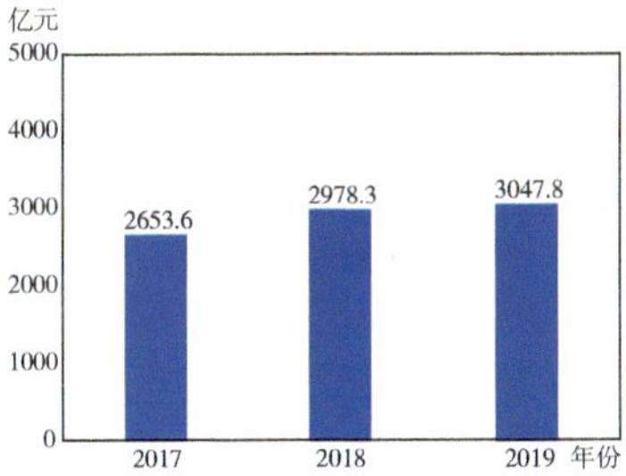

图24-6 2017-2019年贵州省财政总收入

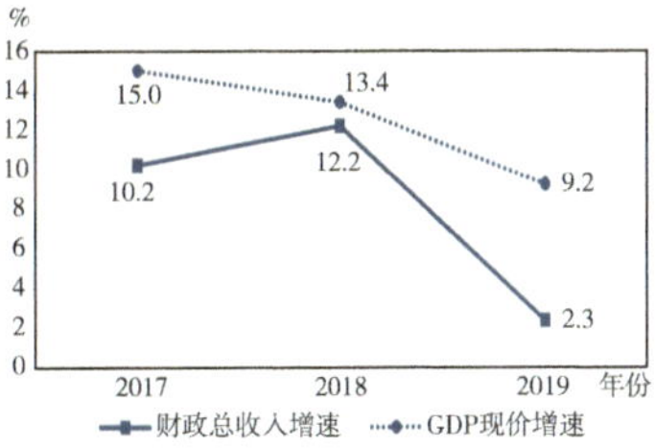

图24-7 2017-2019年贵州省财政总收入增速

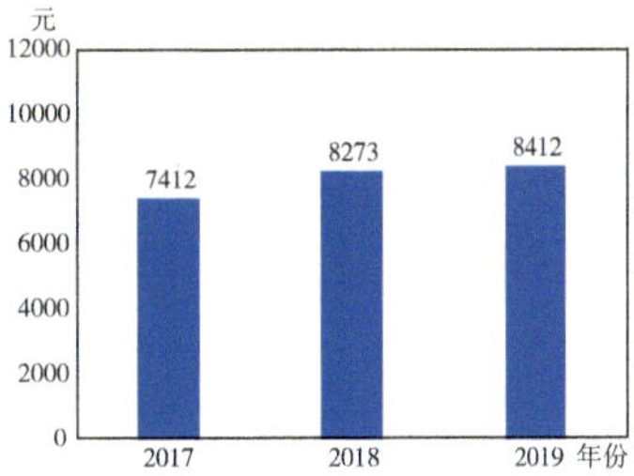

图24-8 2017-2019年贵州省人均财政总收入

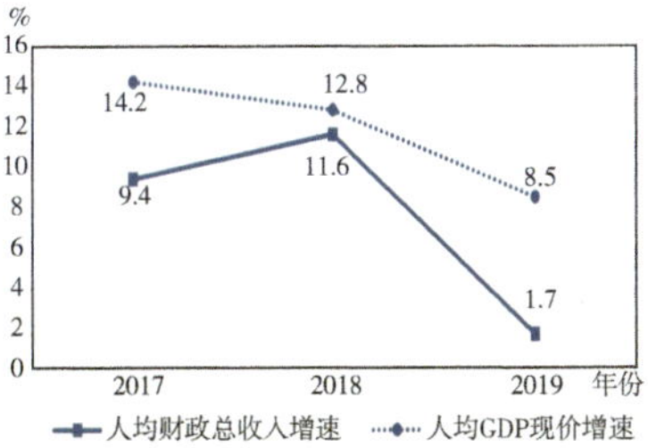

图24-9 2017-2019年贵州省人均财政总收入增速

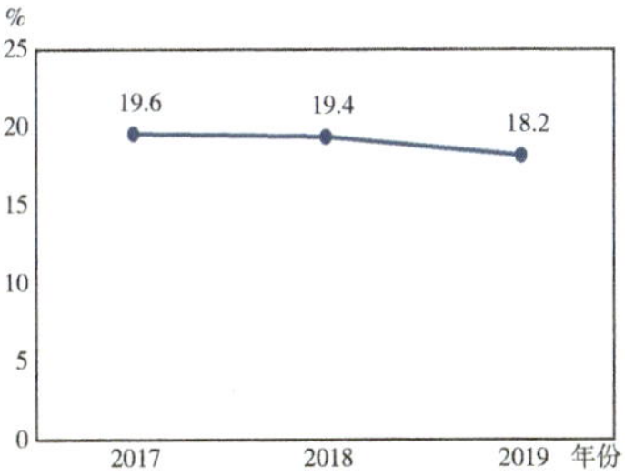

图24-10 2017-2019年贵州省财政总收入/GDP

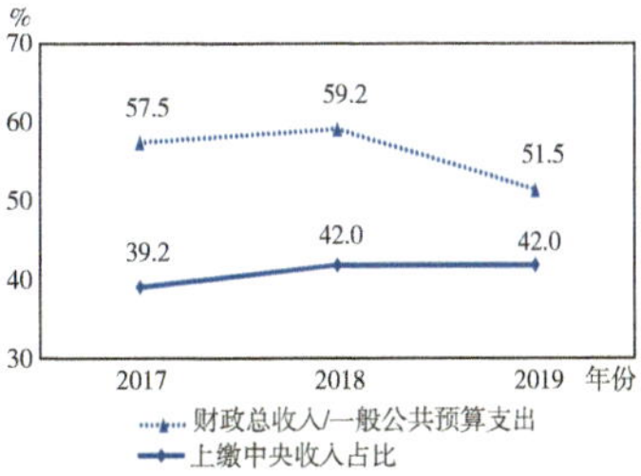

图24-11 2017-2019年贵州省财政总收入其他指标

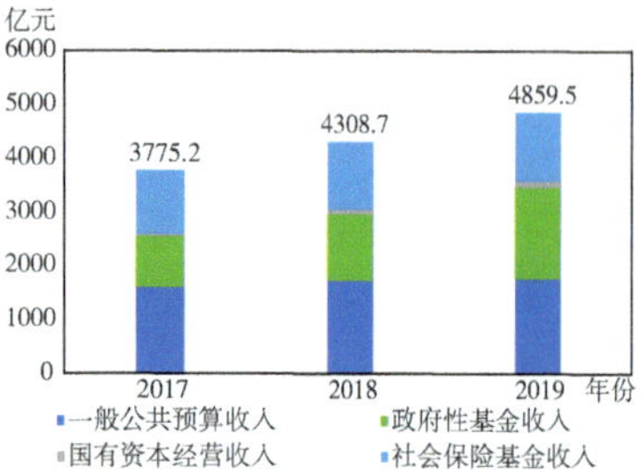

图24-12　2017-2019年贵州省政府收入

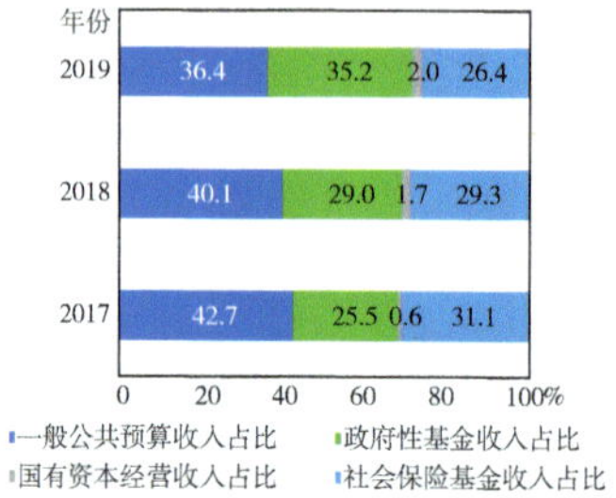

图24-13　2017-2019年贵州省政府收入结构

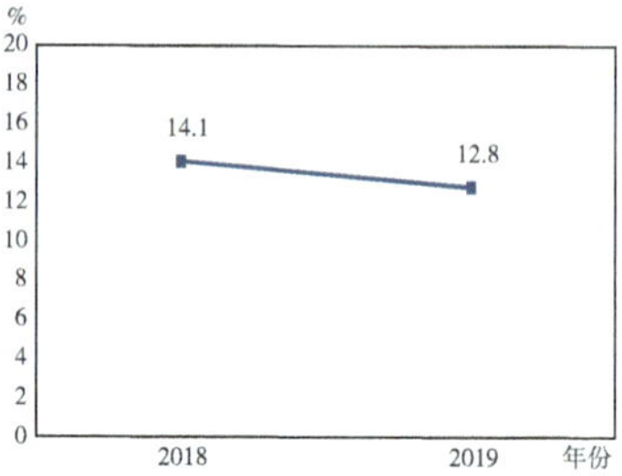

图24-14　2018-2019年贵州省政府收入增速

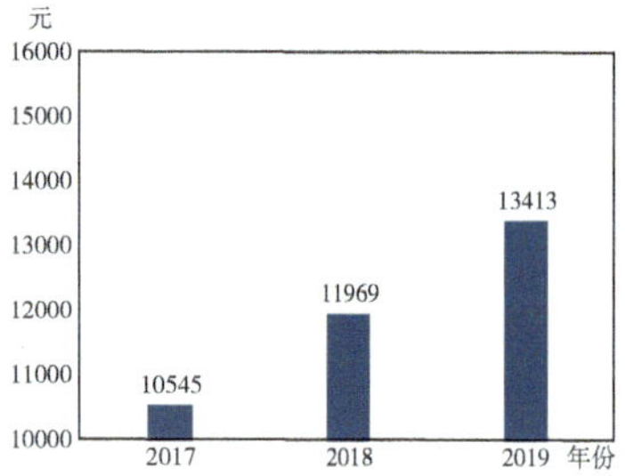

图24-15　2017-2019年贵州省人均政府收入

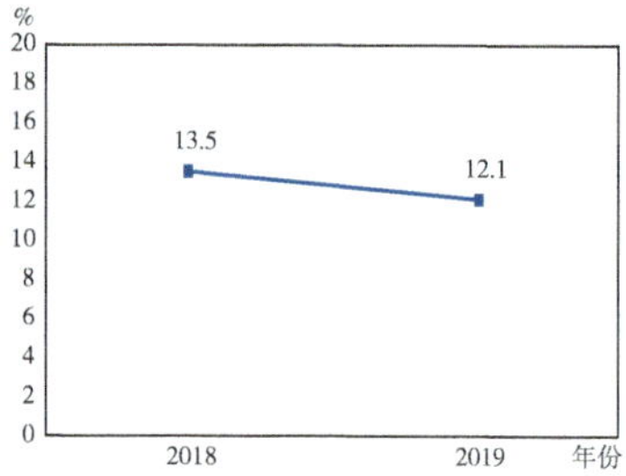

图24-16　2018-2019年贵州省人均政府收入增速

24.1.3　贵州省一般公共预算收入情况

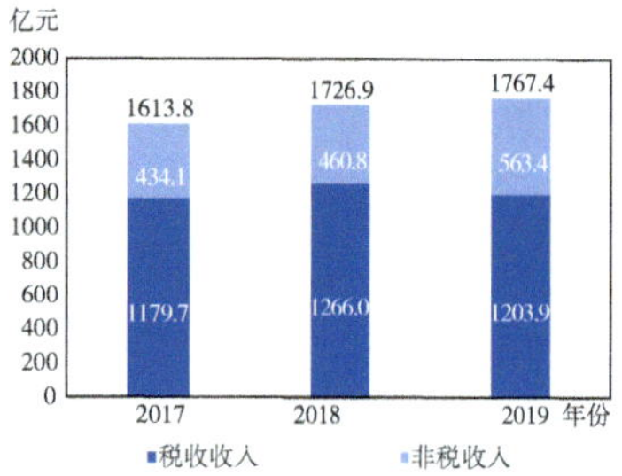

图24-17　2017-2019年贵州省一般公共预算收入

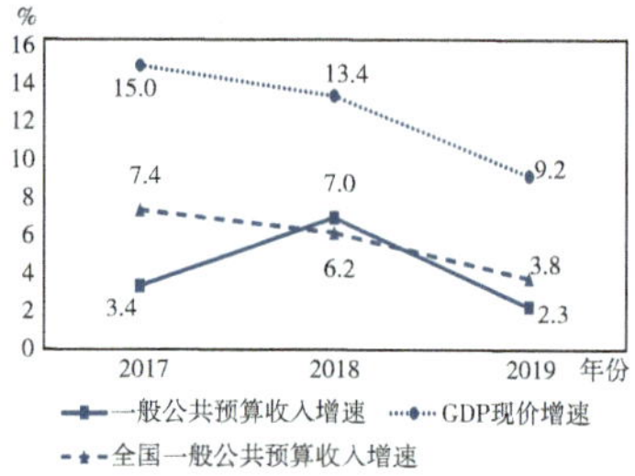

图24-18　2017-2019年贵州省一般公共预算收入增速

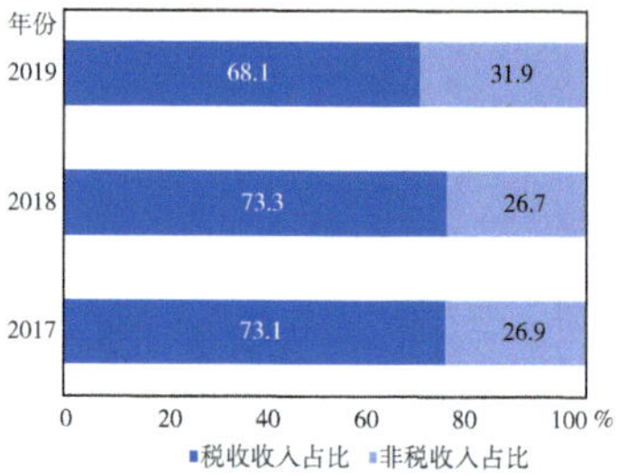

图24-19　2017-2019年贵州省一般公共预算收入结构

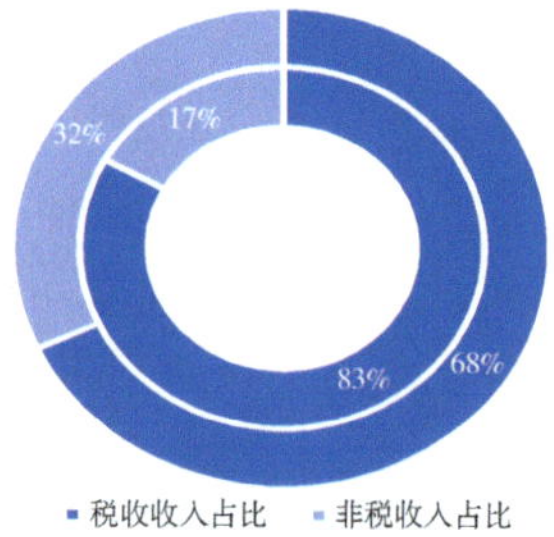

图24-20　2019年一般公共预算收入结构对比（内环为全国，外环为贵州省）

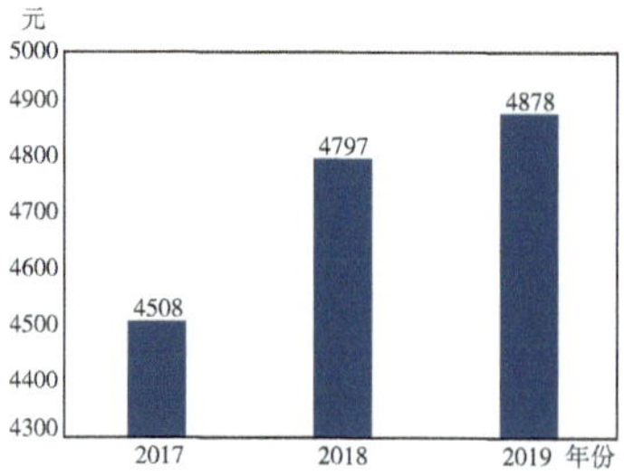

图24-21　2017-2019年贵州省人均一般公共预算收入

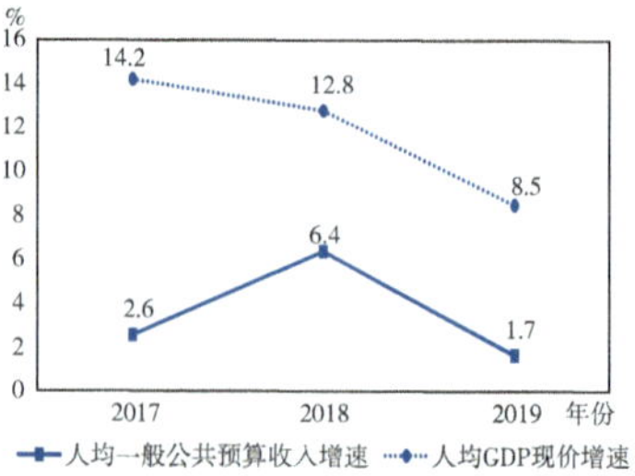

图24-22　2017-2019年贵州省人均一般公共预算收入增速

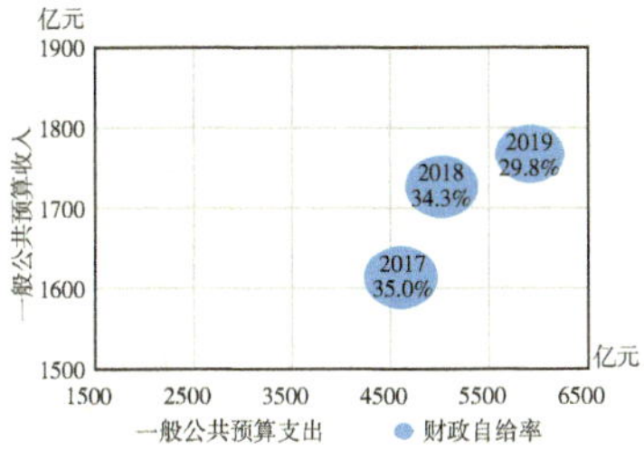

图24-23　2017-2019年贵州省财政自给率

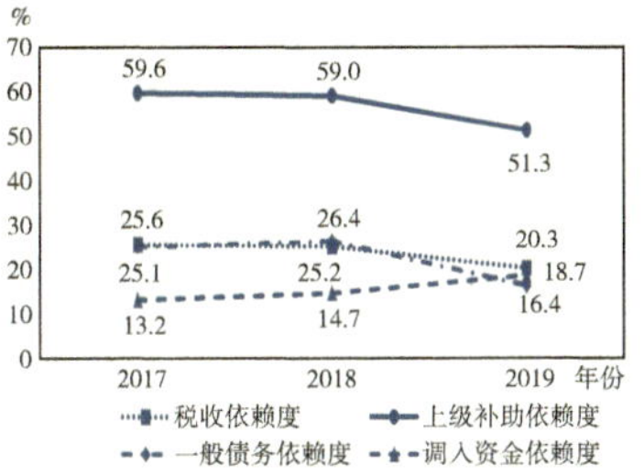

图24-24　2017-2019年贵州省财政收入依赖度

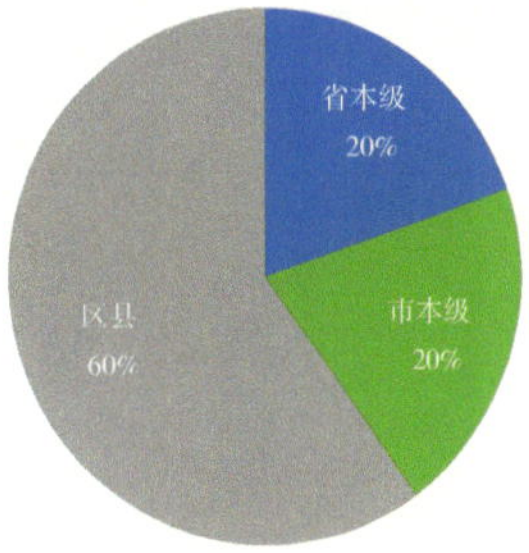

图24-25　2018年省市县三级政府一般公共预算收入分布

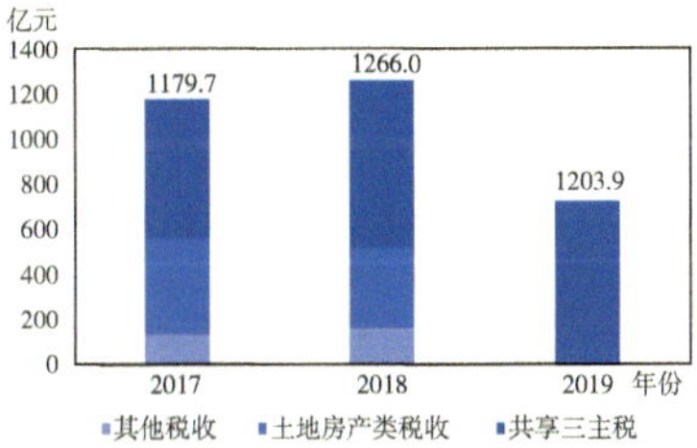

图24-26　2017-2019年贵州省税收收入

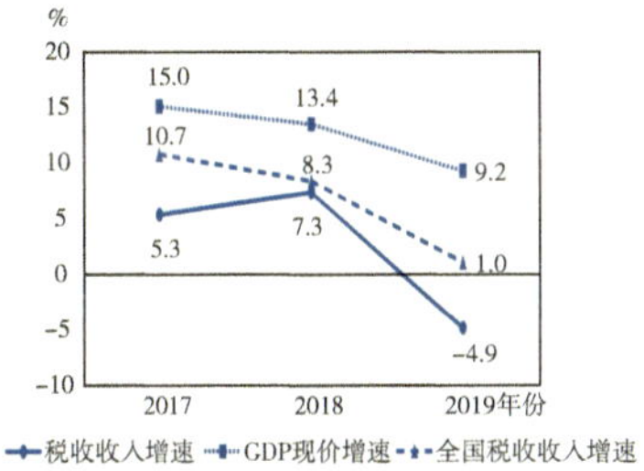

图24-27　2017-2019年贵州省税收收入增速

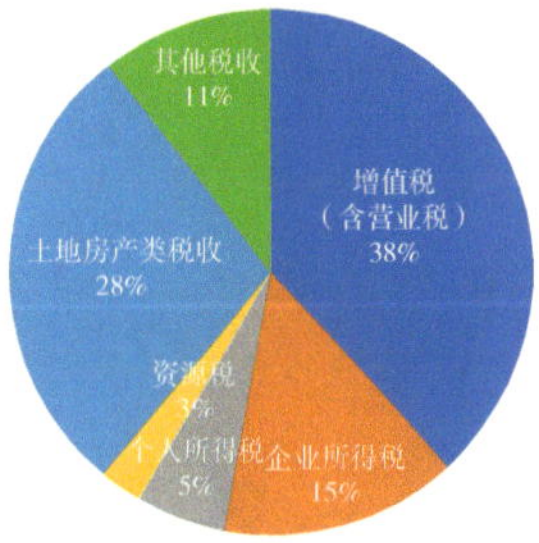

图24-28　2018年贵州省税收结构

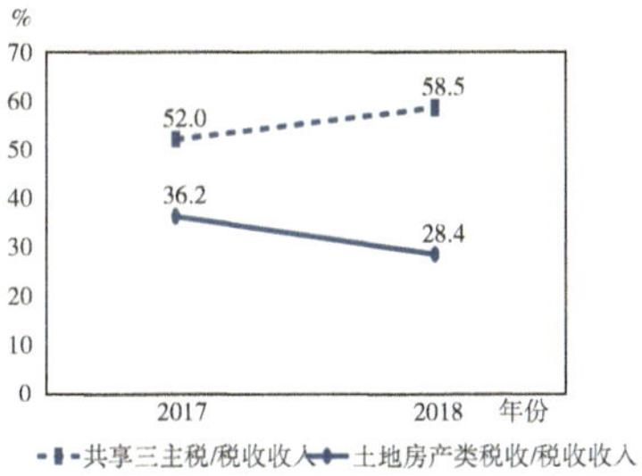

图24-29　2017-2018年贵州省共享三主税、土地房产类税收占税收收入的比重

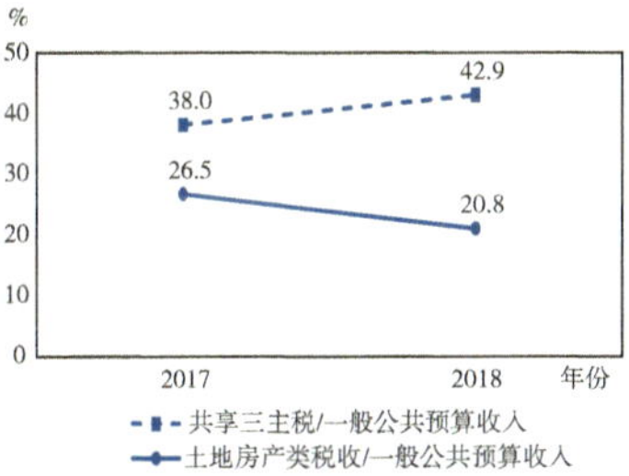

图24-30　2017-2018年贵州省共享三主税、土地房产类税收占一般公共预算收入的比重

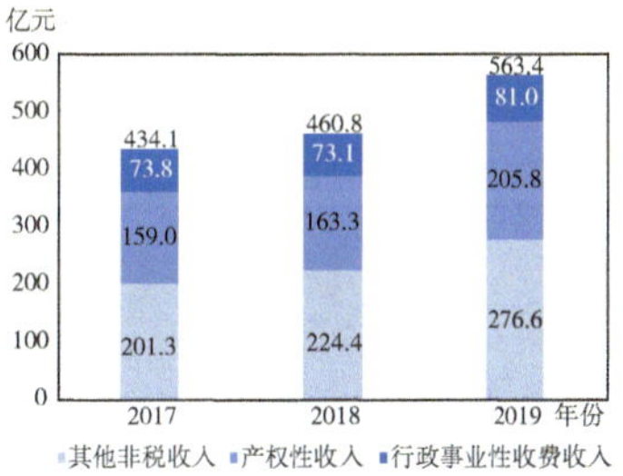

图24-31　2017-2019年贵州省非税收入

图24-32　2017-2019年贵州省非税收入增速

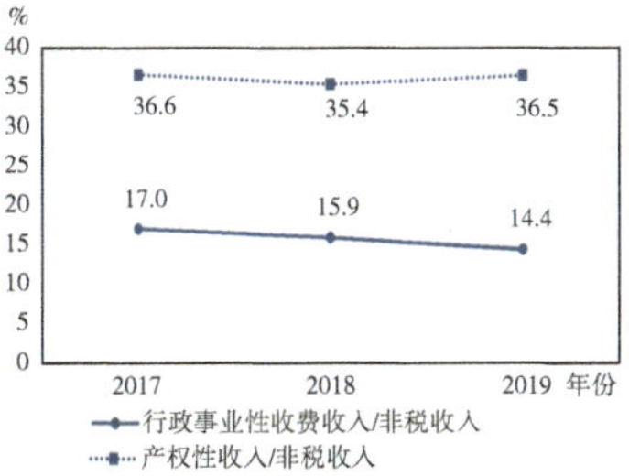

图24-33　2017-2019年贵州省行政事业性收费及产权性收入占非税收入的比重

24.1.4 贵州省政府性基金收入和国有资本经营收入情况

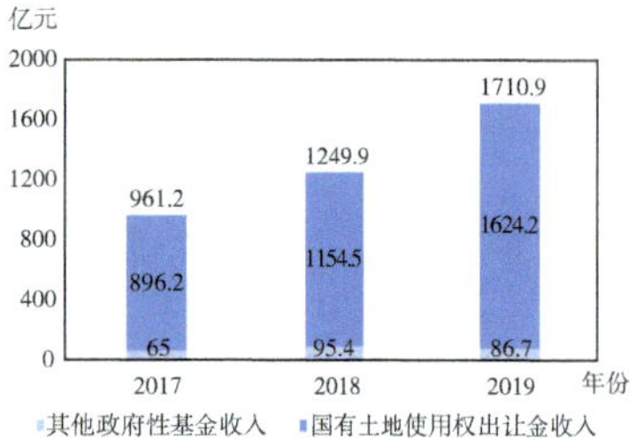

图24-34 2017-2019年贵州省政府性基金收入

图24-35 2017-2019年贵州省政府性基金收入增速及国有土地使用权出让金收入增速

图24-36 2017-2018年贵州省国有土地使用权出让金收入与一般公共预算关系指标

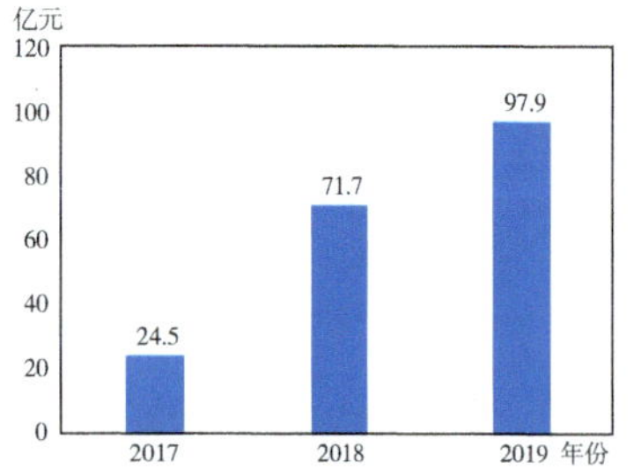

图24-37 2017-2019年贵州省国有资本经营收入

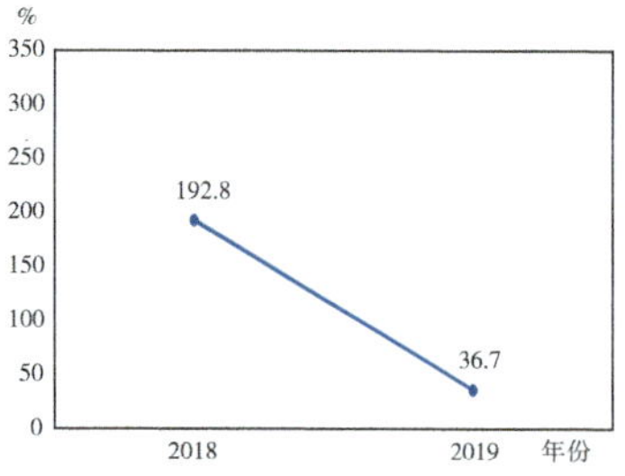

图24-38 2018-2019年贵州省国有资本经营收入增速

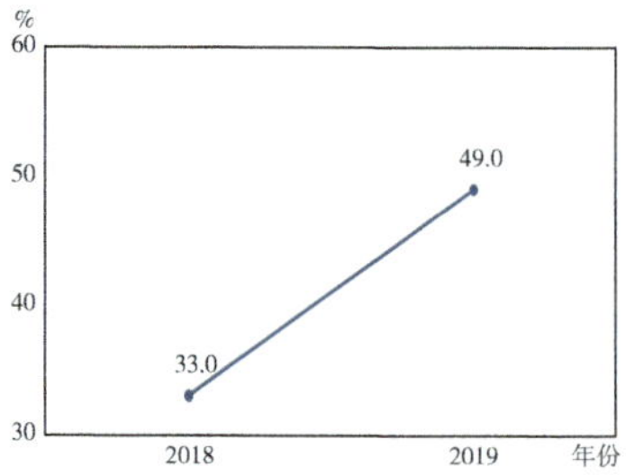

图24-39 2018-2019年贵州省调出资金/国有资本经营收入

24.1.5 贵州省社会保险基金收入情况

图24-40 2017-2019年贵州省社会保险基金收入

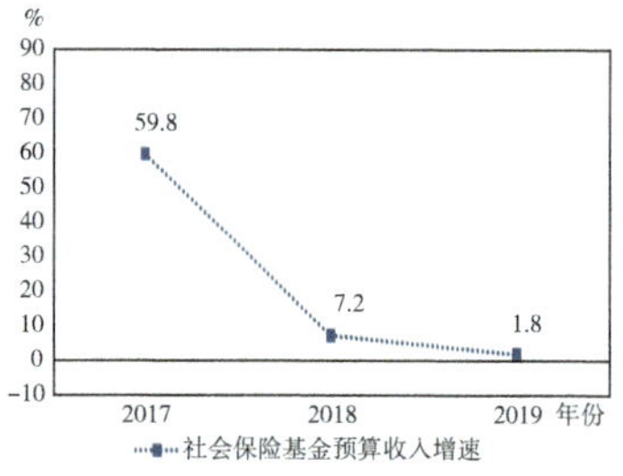

图24-41 2017-2019年贵州省社会保险基金收入增速

24.1.6 贵州省债务情况

图24-42 2017-2019年贵州省债务规模

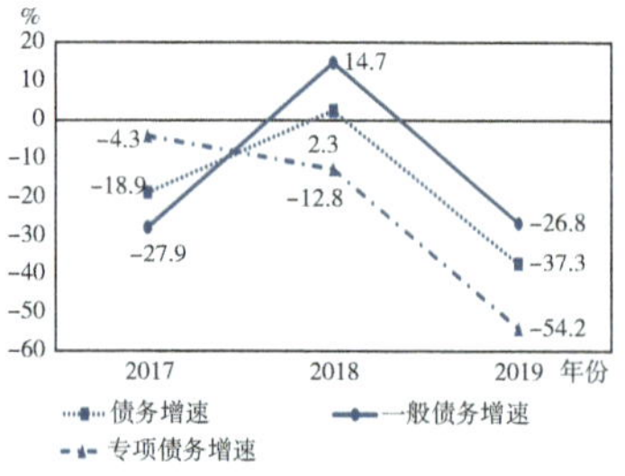

图24-43 2017-2019年贵州省债务增速

图24-44 2017-2019年贵州省债务限额

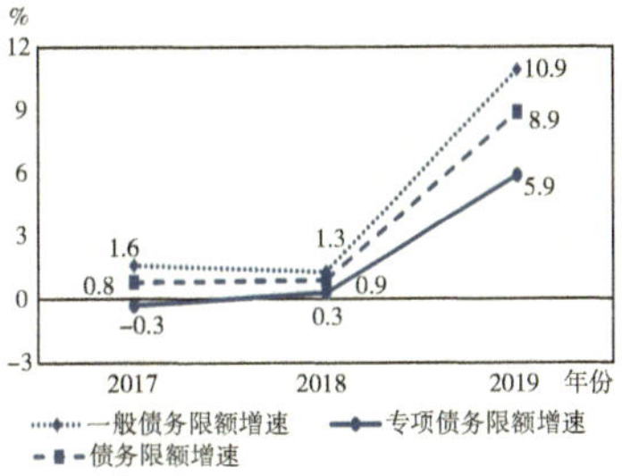

图24-45　2017-2019年贵州省债务限额增速

图24-46　2017-2019年贵州省债务余额

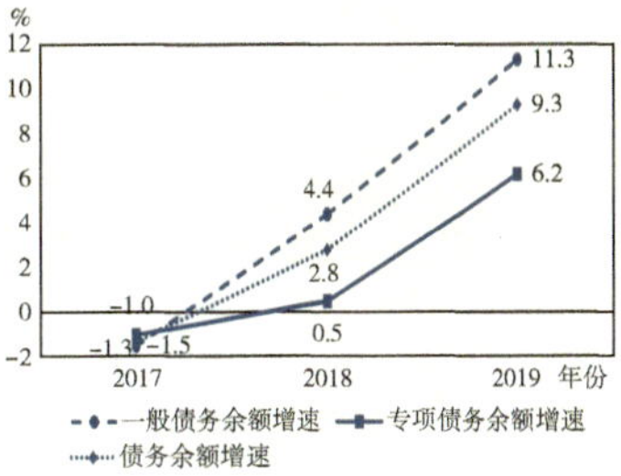

图24-47　2017-2019年贵州省债务余额增速

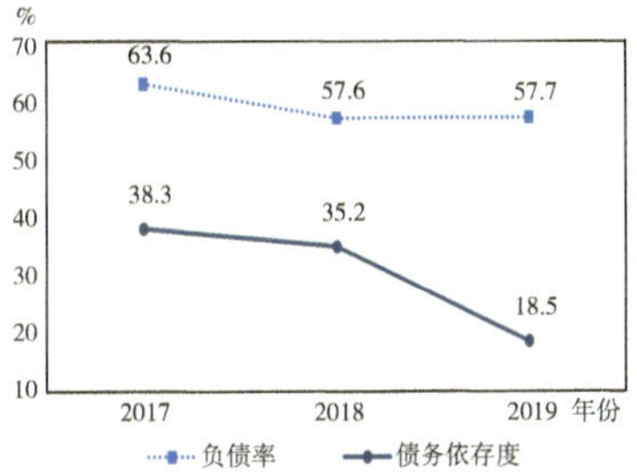

图24-48　2017-2019年贵州省负债率与债务依存度

24.1.7　贵州省省本级一般公共预算收入情况

图24-49　2017-2019年贵州省省本级一般公共预算收入

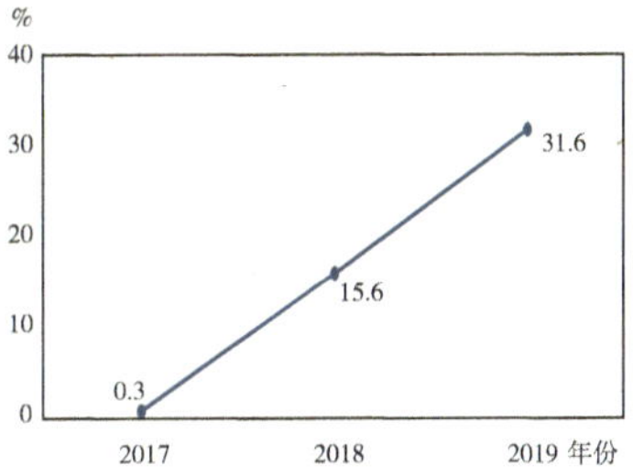

图24-50　2017-2019年贵州省省本级一般公共预算收入增速

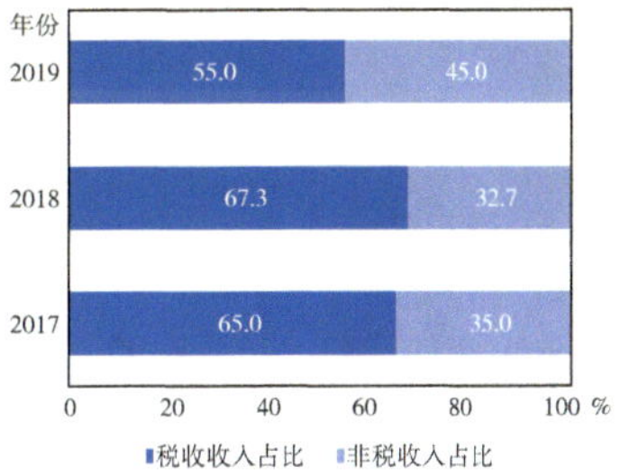

图24-51　2017-2019年贵州省省本级一般公共预算收入结构

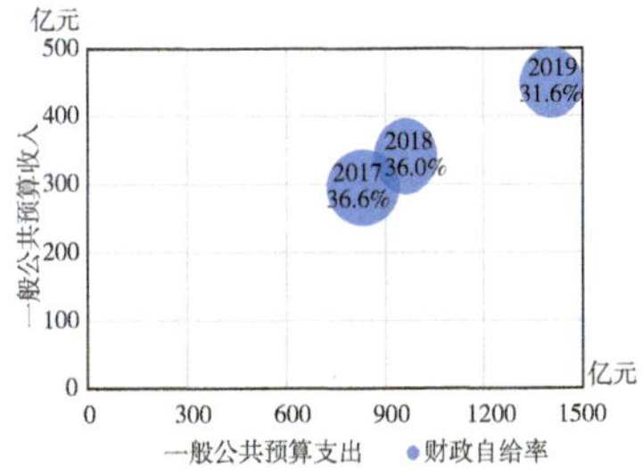

图24-52　2017-2019年贵州省省本级财政自给率

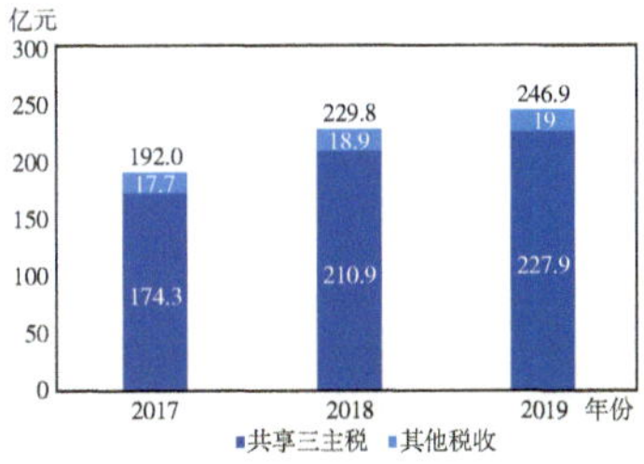

图24-53　2017-2019年贵州省省本级税收收入

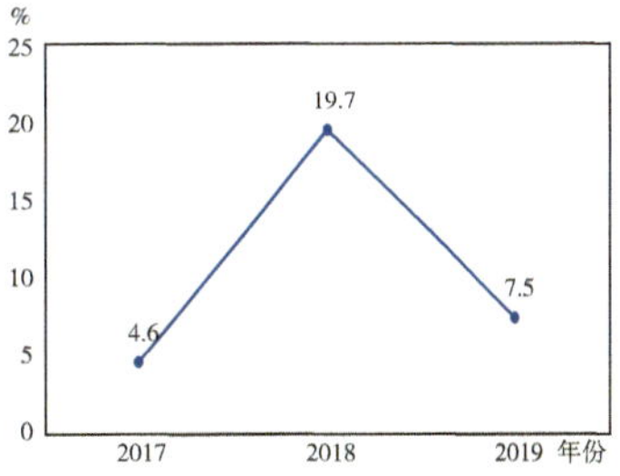

图24-54　2017-2019年贵州省省本级税收收入增速

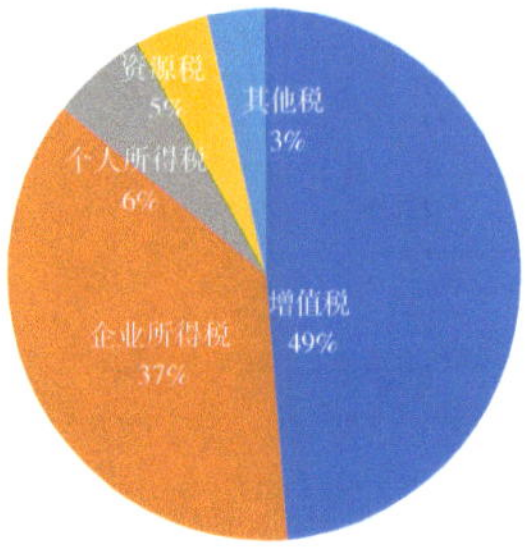

图24-55　2019年贵州省省本级税收结构

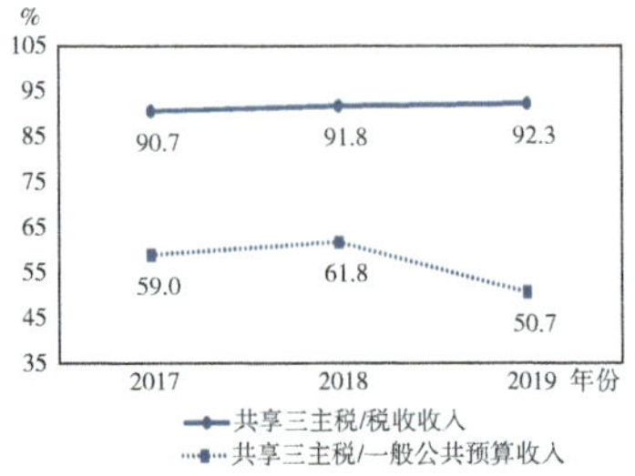

图24-56　2017-2019年贵州省省本级共享三主税占税收收入、一般公共预算收入的比重

图24-57　2017-2019年贵州省省本级非税收入

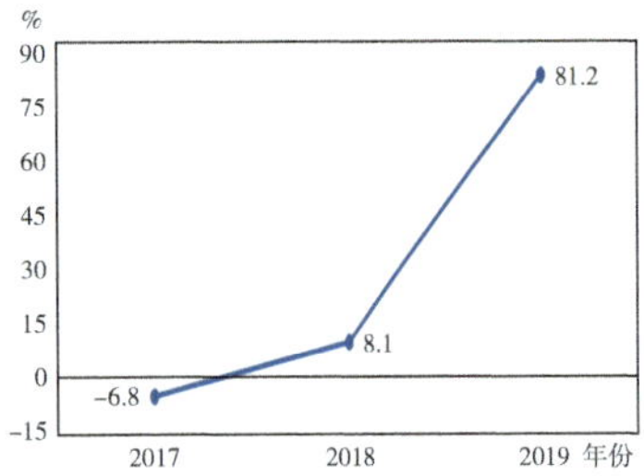

图24-58　2017-2019年贵州省省本级非税收入增速

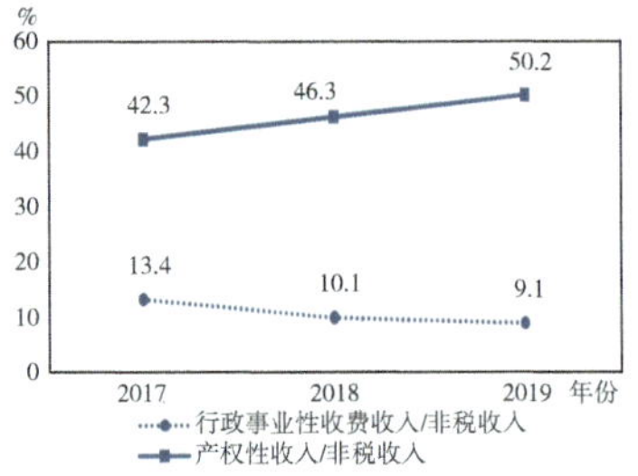

图24-59　2017-2019年贵州省省本级行政事业性收费、产权性收入占非税收入的比重

24.2　贵州省各市政府收入主要特征分析

24.2.1　贵州省各市经济社会发展情况

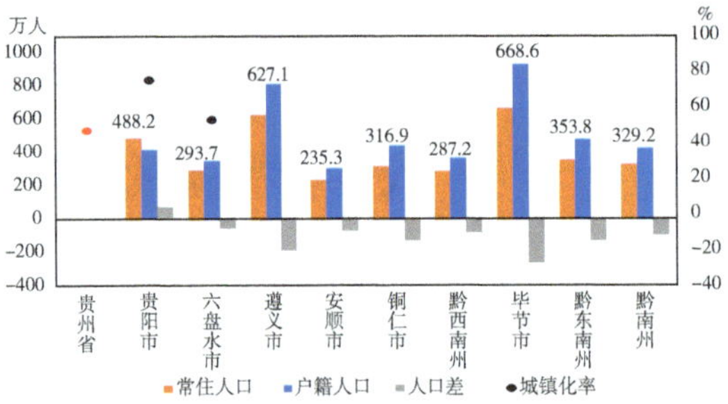

图24-60　2018年贵州省各市人口状况

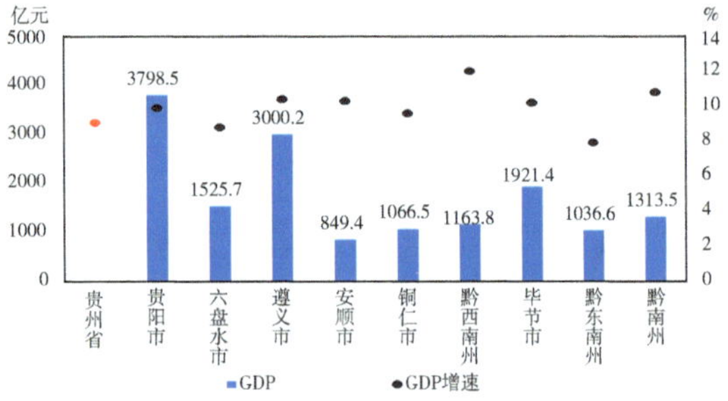

图24-61　2018年贵州省各市GDP及增速

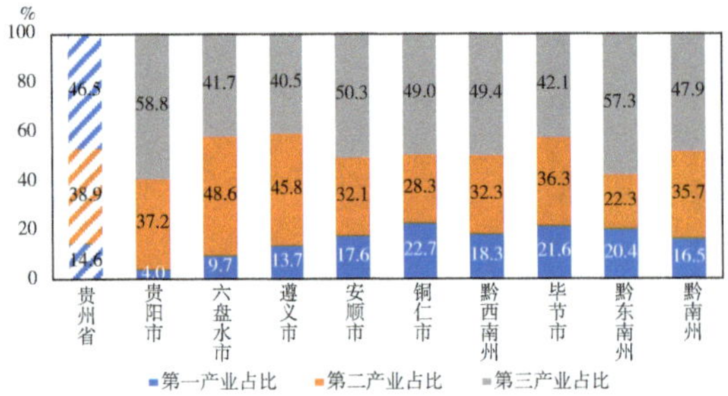

图24-62　2018年贵州省各市三次产业结构

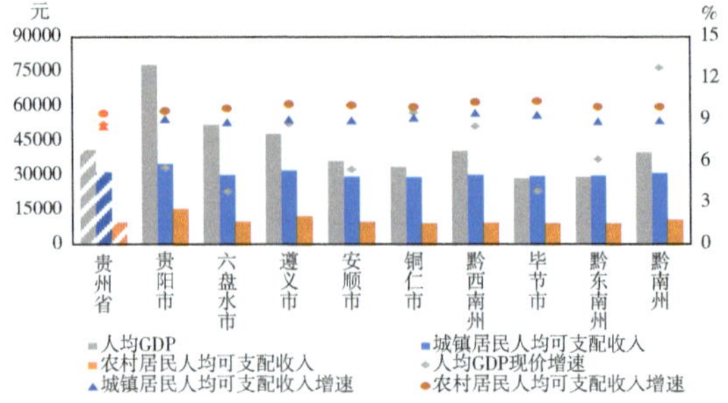

图24-63　2018年贵州省各市人均GDP与人均可支配收入

24.2.2 贵族省各市政府收入总体情况

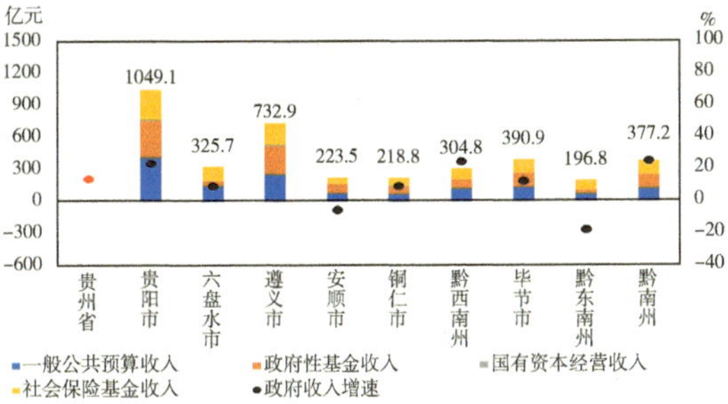

图24-64 2018年贵州省各市政府收入结构及增速

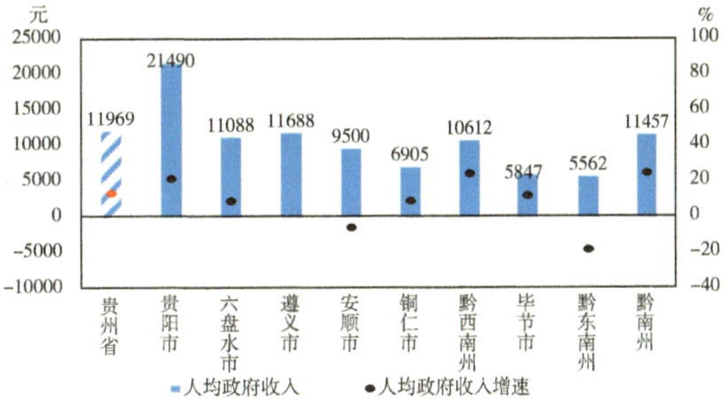

图24-65 2018年贵州省各市人均政府收入及增速

24.2.3 贵州省各市一般公共预算收入情况

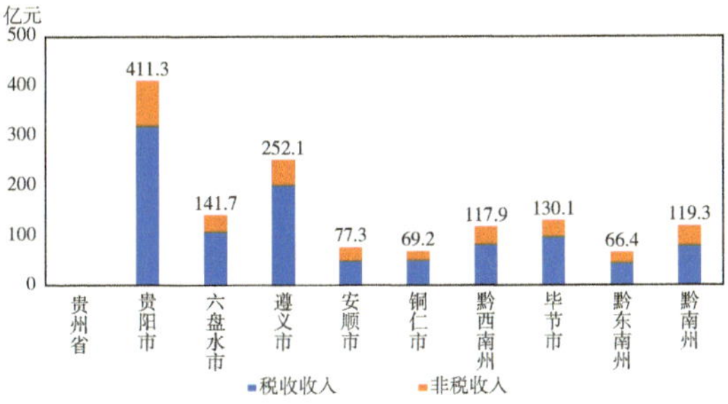

图24-66 2018年贵州省各市一般公共预算收入

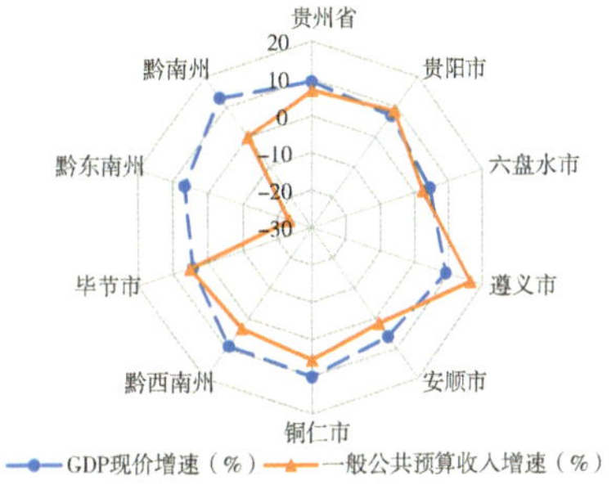

图24-67 2018年贵州省各市一般公共预算收入增速

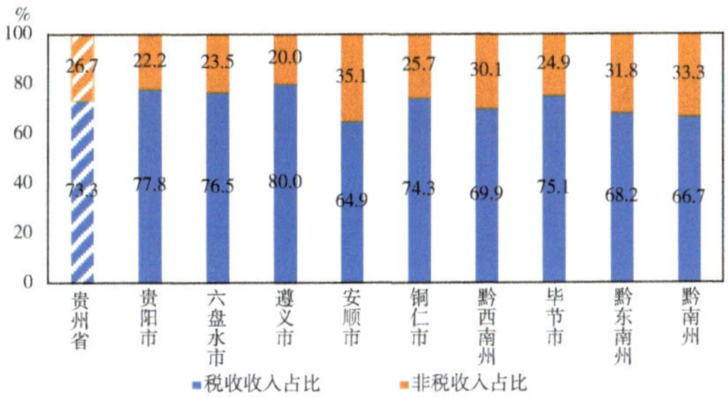

图24-68 2018年贵州省各市一般公共预算收入结构

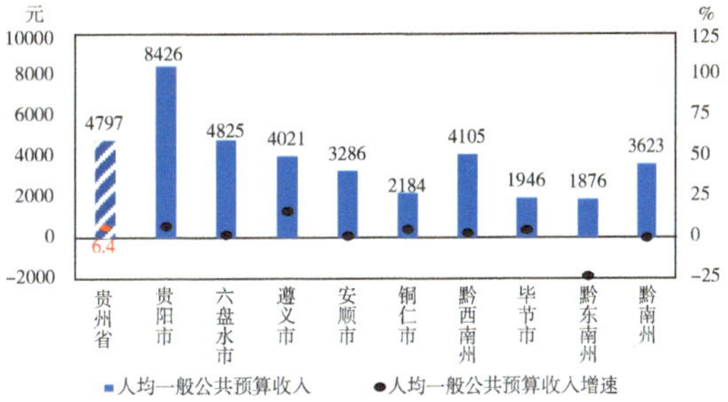

图24-69 2018年贵州省各市人均一般公共预算收入及增速

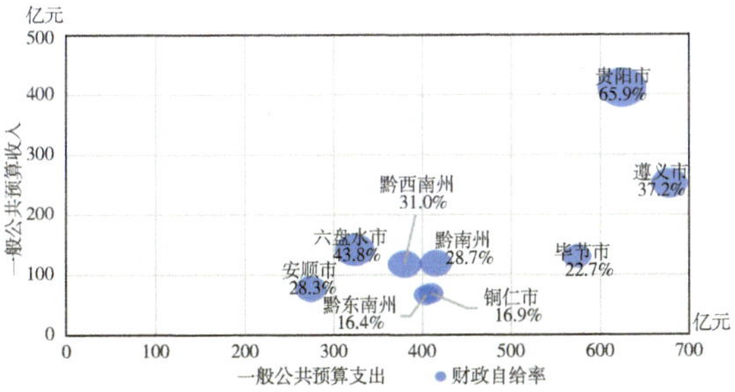

图24-70 2018年贵州省各市财政自给率

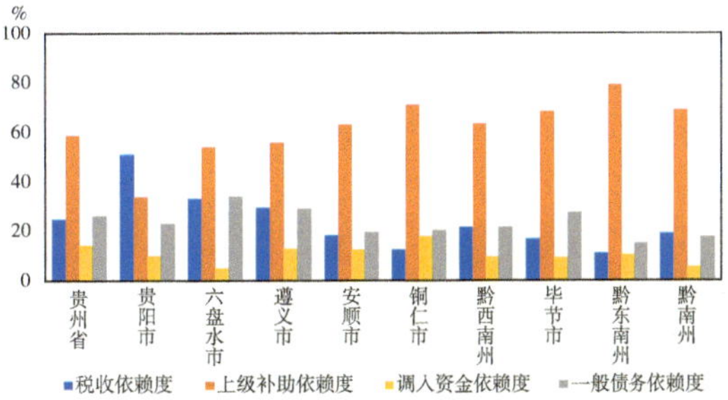

图24-71 2018年贵州省各市财政收入依赖度

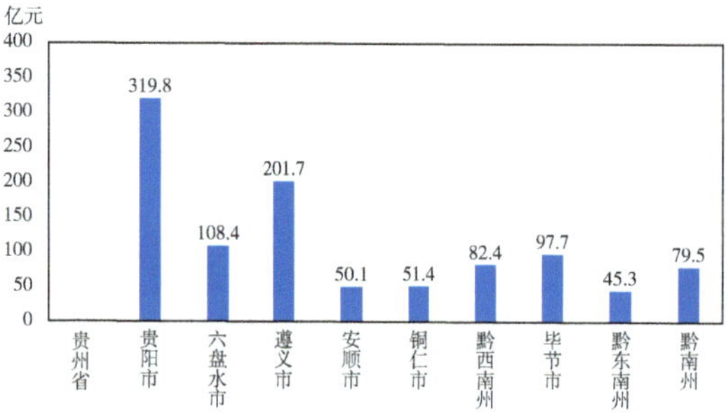

图24-72　2018年贵州省各市税收收入

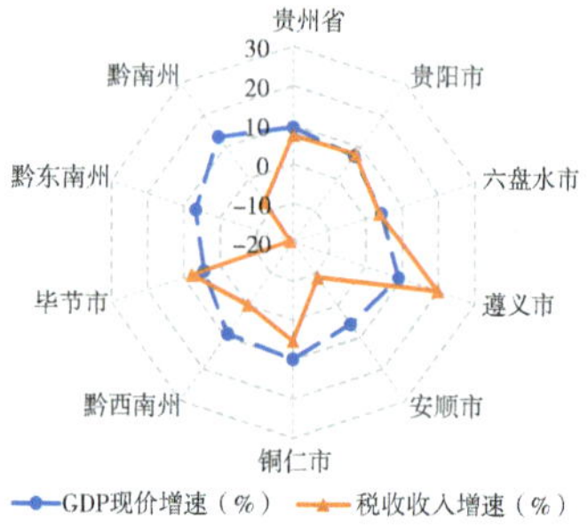

图24-73　2018年贵州省各市税收收入增速

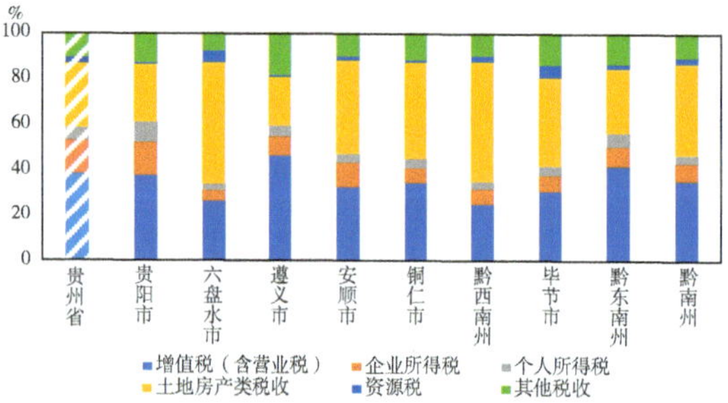

图24-74　2018年贵州省各市税收收入结构

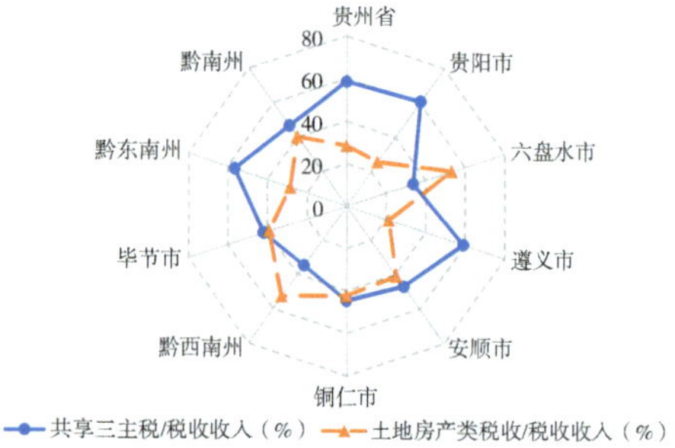

图24-75　2018年贵州省各市共享三主税、土地房产类税收占税收收入的比重

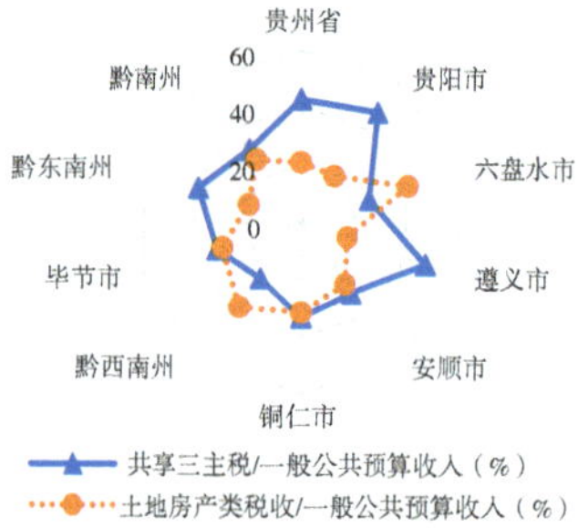

图24-76　2018年贵州省各市共享三主税、土地房产类税收占一般公共预算收入的比重

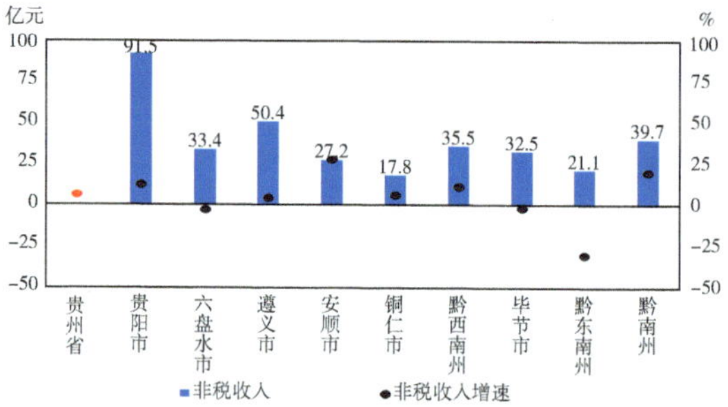

图24-77　2018年贵州省各市非税收入及增速

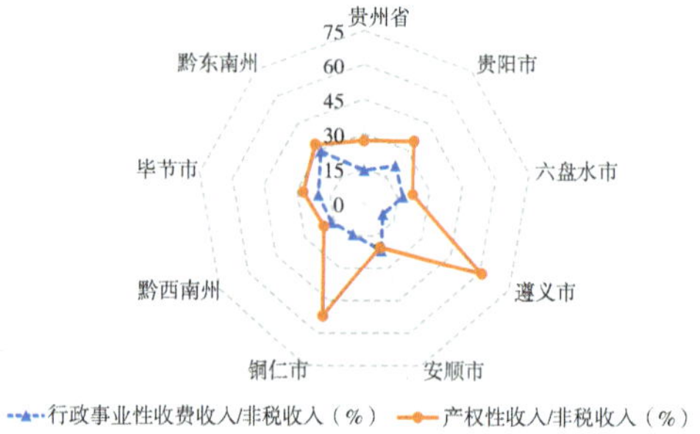

图24-78　2018年贵州省各市行政事业性收费收入、产权性收入占非税收入的比重

24.2.4 贵州省各市政府性基金收入与国有资本经营收入情况

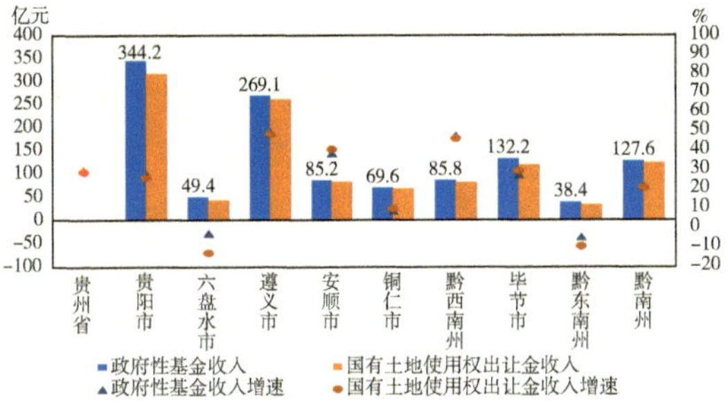

图24-79 2018年贵州省各市政府性基金收入、国有土地使用权出让金收入及其增速

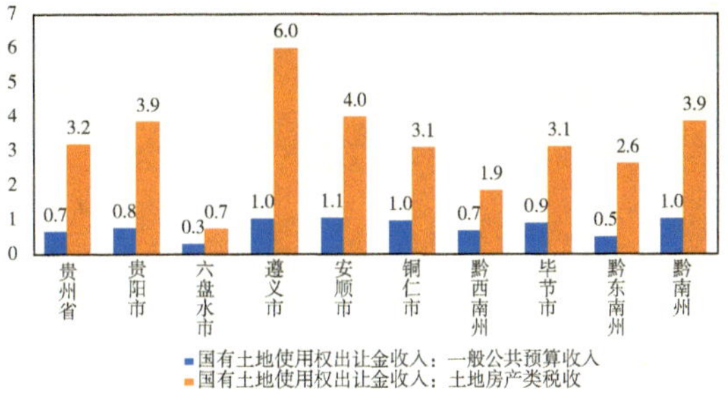

图24-80 2018年贵州省各市国有土地使用权出让金收入与一般公共预算关系指标

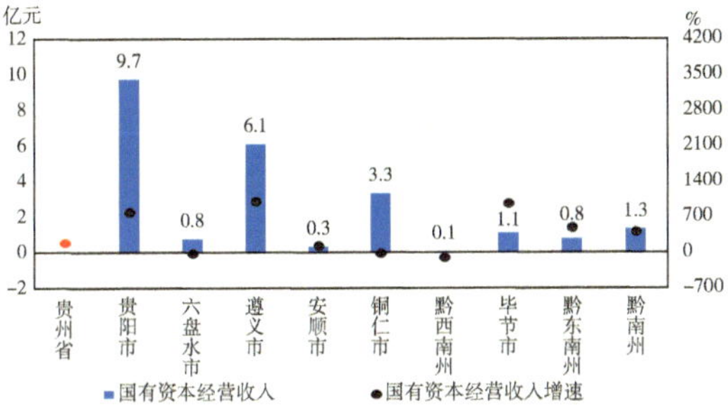

图24-81 2018年贵州省各市国有资本经营收入及增速

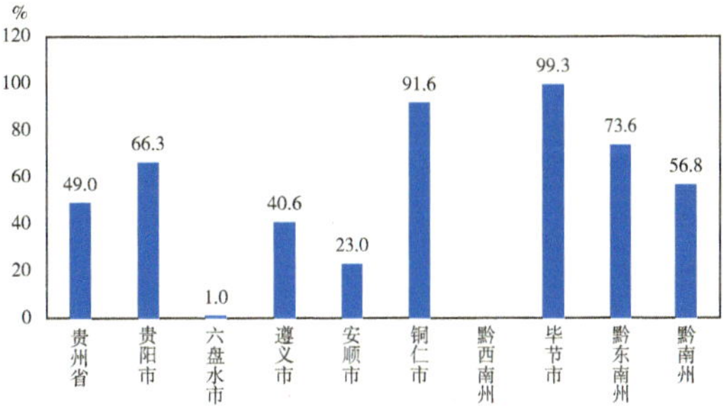

图24-82 2018年贵州省各市调出资金/国有资本经营收入

24.2.5 贵州省各市社会保险基金收入情况

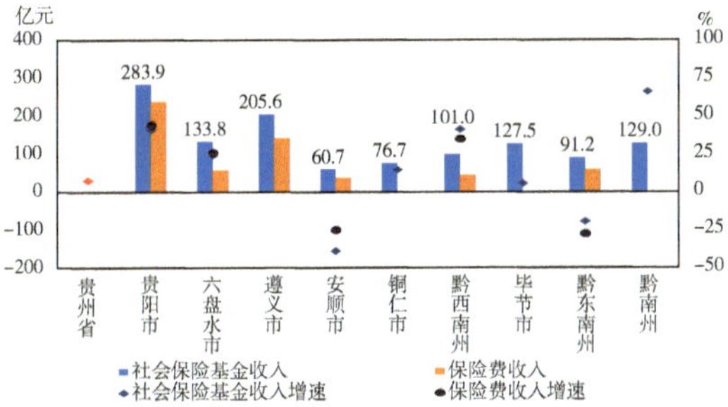

图24-83 2018年贵州省各市社会保险基金收入、保险费收入及其增速

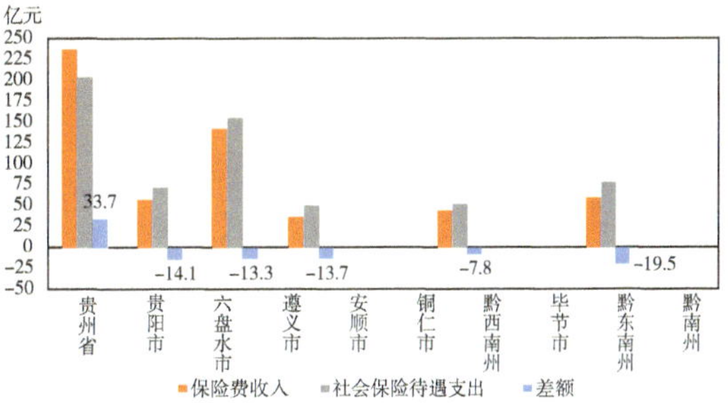

图24-84 2018年贵州省各市保险费收入、社会保险待遇支出及其差额

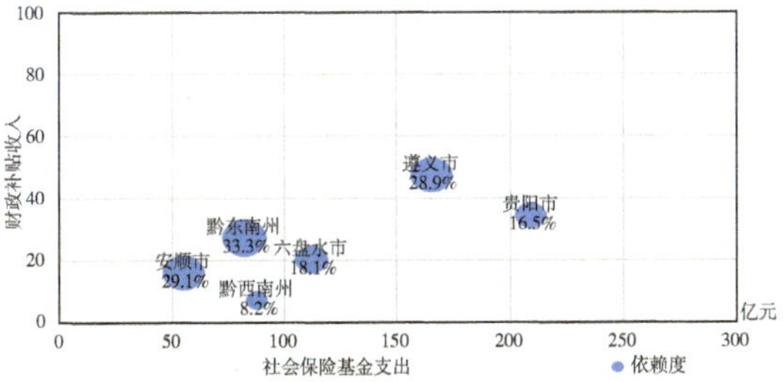

图24-85 2018年贵州省各市社会保险基金对财政补贴的依赖度

24.2.6 贵州省各市债务情况

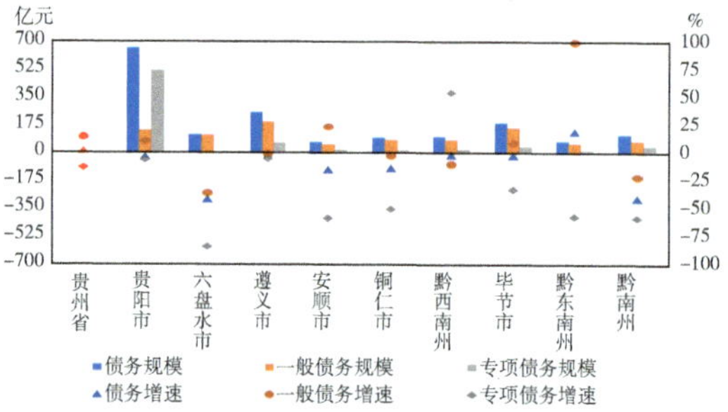

图24-86 2018年贵州省各市债务规模及其增速

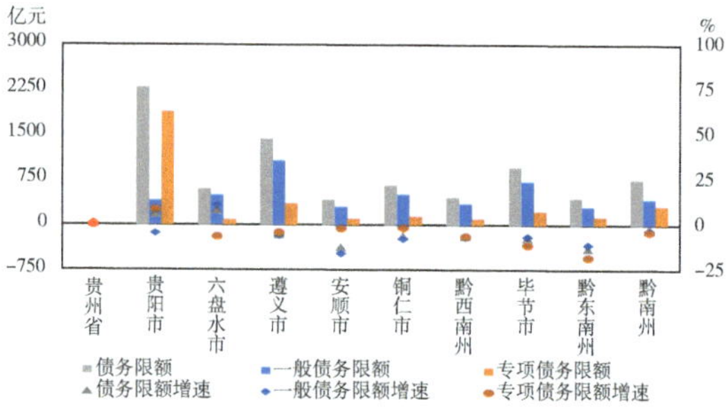

图24-87 2018年贵州省各市债务限额及其增速

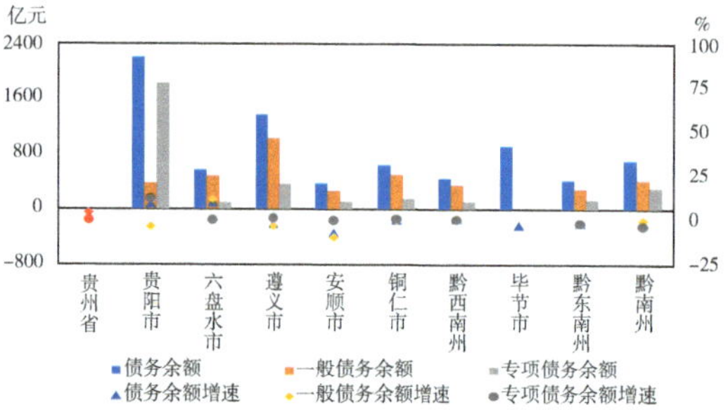

图24-88 2018年贵州省各市债务余额及其增速

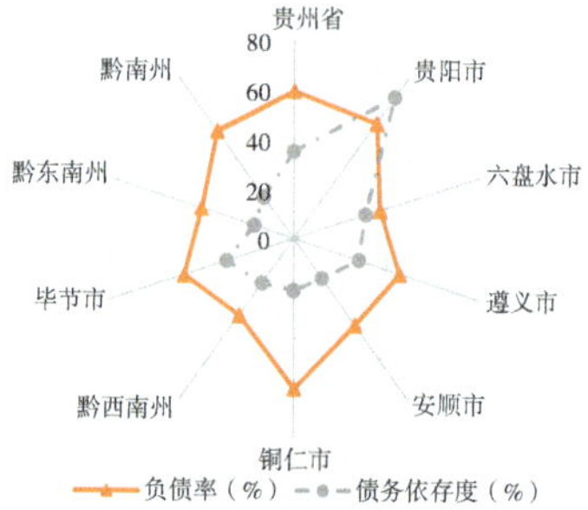

图24-89 2018年贵州省各市负债率与债务依存度

24.2.7 贵州省各市市本级一般公共预算收入情况

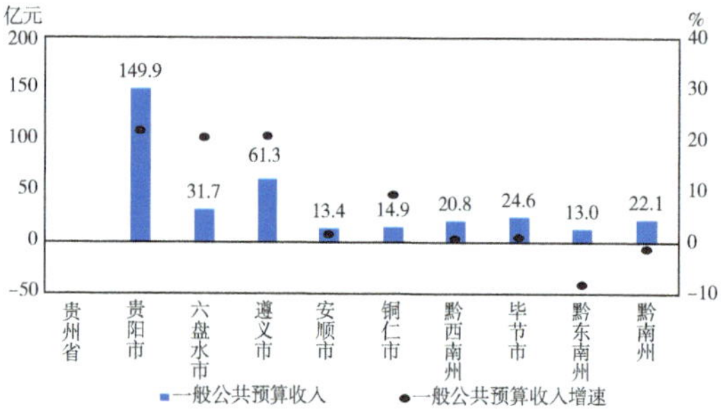

图24-90 2018年贵州省各市市本级一般公共预算收入及增速

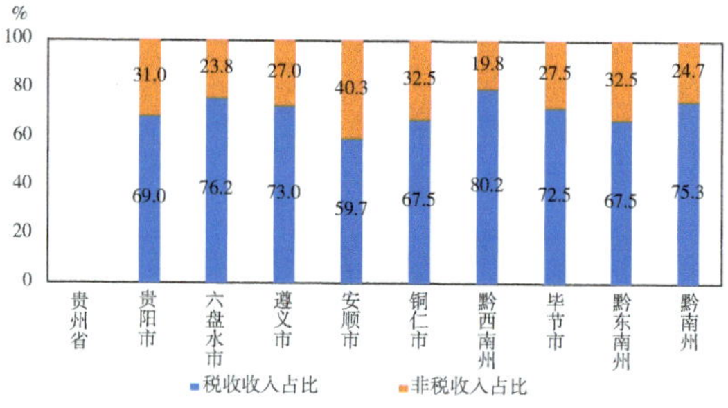

图24-91 2018年贵州各市市本级一般公共预算收入结构

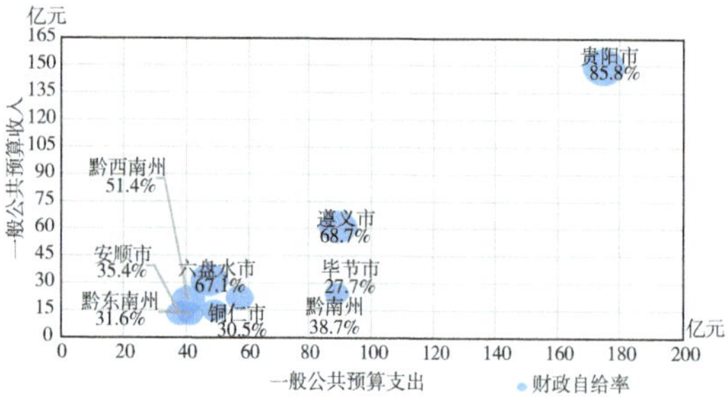

图24-92 2018年贵州省各市市本级财政自给率

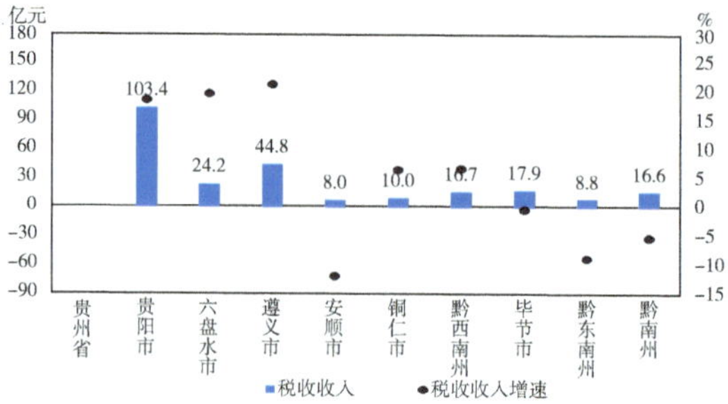

图24-93 2018年贵州省各市市本级税收收入及增速

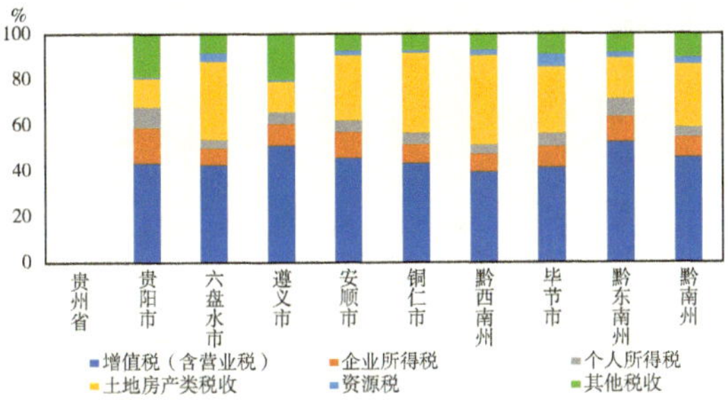

图24-94 2018年贵州省各市市本级税收收入结构

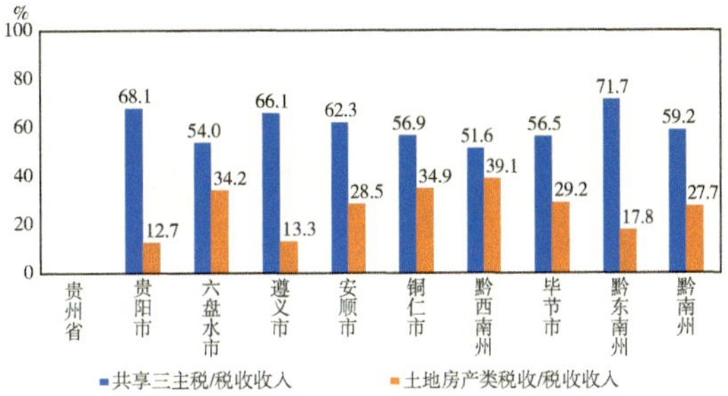

图24-95 2018年贵州省各市市本级共享三主税、土地房产类税收占税收收入的比重

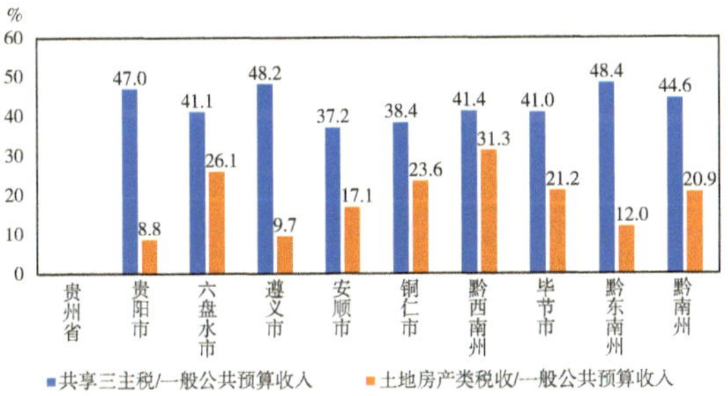

图24-96 2018年贵州省各市市本级共享三主税、土地房产类税收占一般公共预算收入的比重

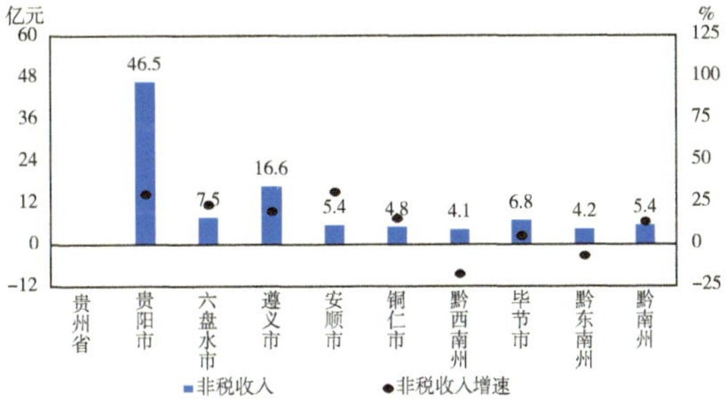

图24-97 2018年贵州省各市市本级非税收入及增速

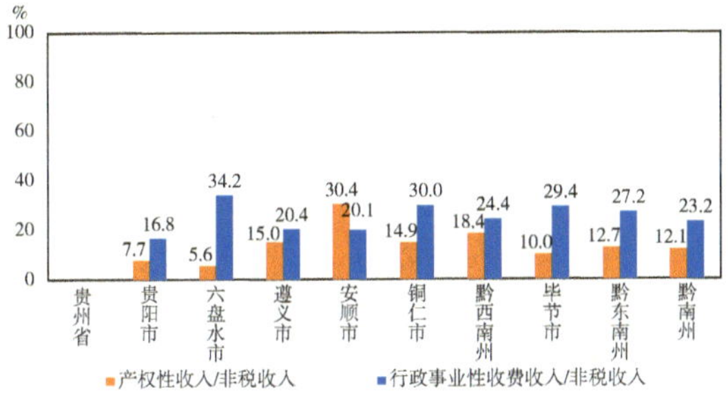

图24-98 2018年贵州省各市市本级产权性收入、行政事业性收费收入占非税收入的比重

24.3 贵州省样本县政府收入主要特征分析

24.3.1 贵州省样本县经济社会发展情况

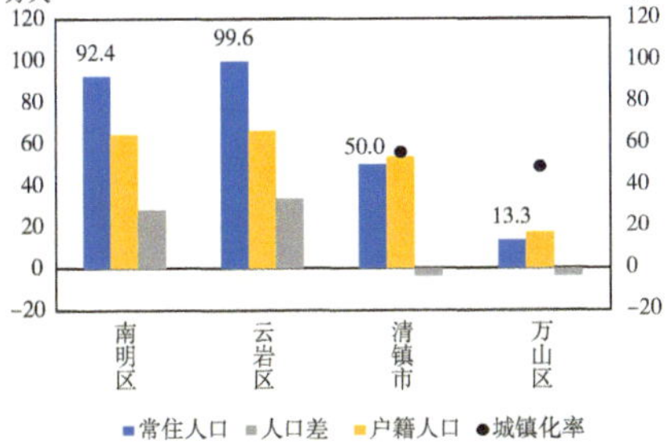

图24-99 2018年贵州省样本区县人口状况

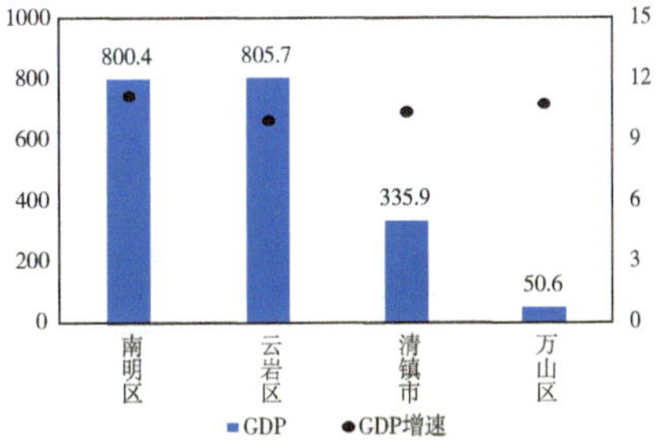

图24-100 2018年贵州省样本区县GDP及增速

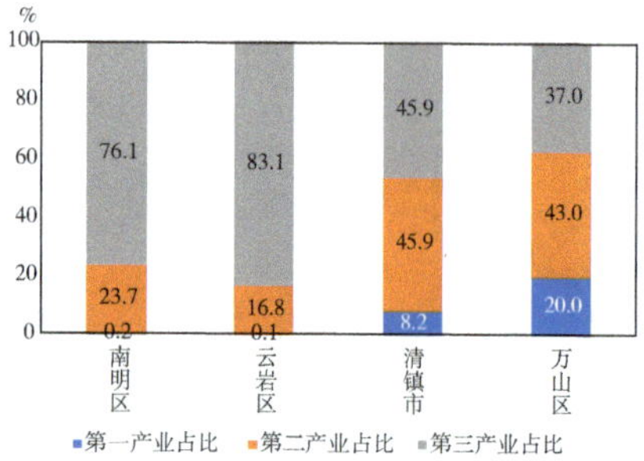

图24-101　2018年贵州省样本区县三次产业结构

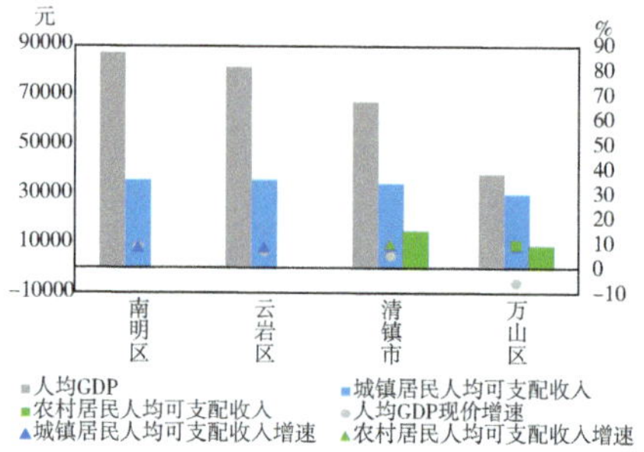

图24-102　2018年贵州省样本区县人均GDP与人均可支配收入

24.3.2　贵州省样本县政府收入总体情况

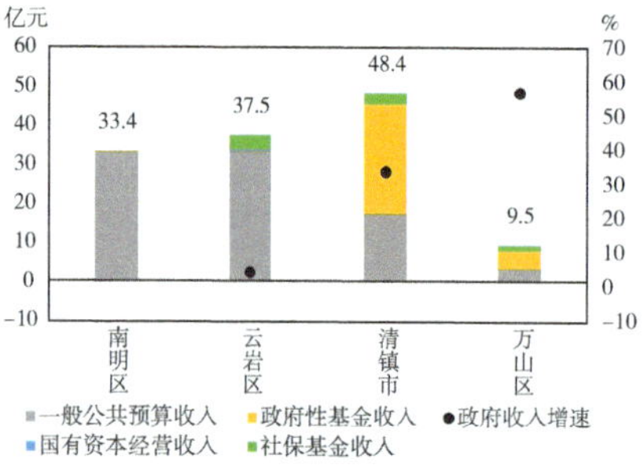

图24-103　2018年贵州省样本区县政府收入结构及增速

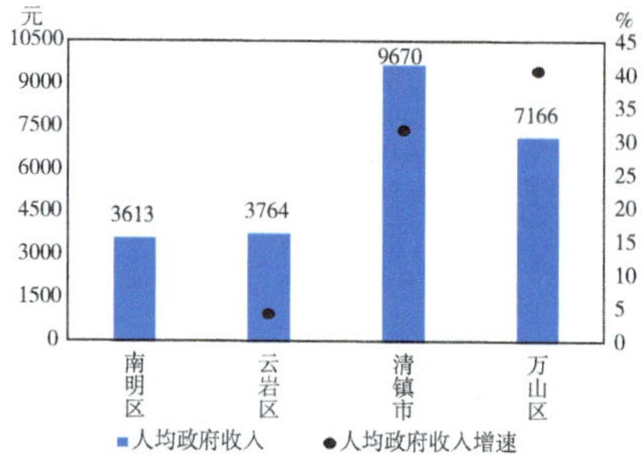

图24-104　2018年贵州省样本区县人均政府收入及增速

24.3.3　贵州省样本县一般公共预算收入情况

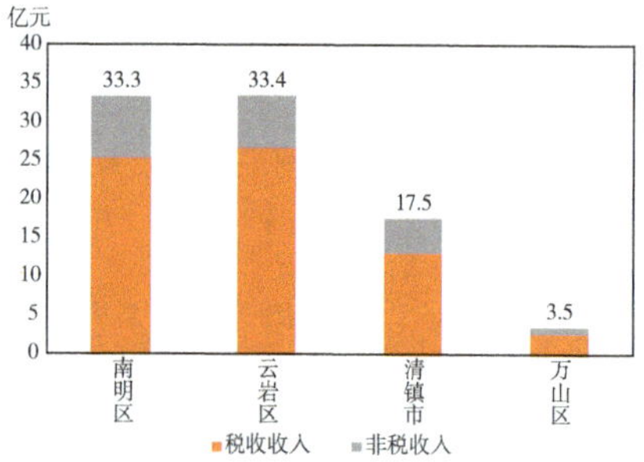

图24-105　2018年贵州省样本区县一般公共预算收入

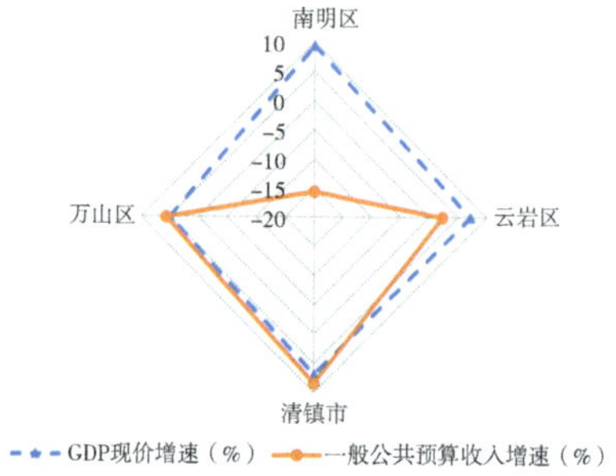

图24-106　2018年贵州省样本区县一般公共预算收入增速

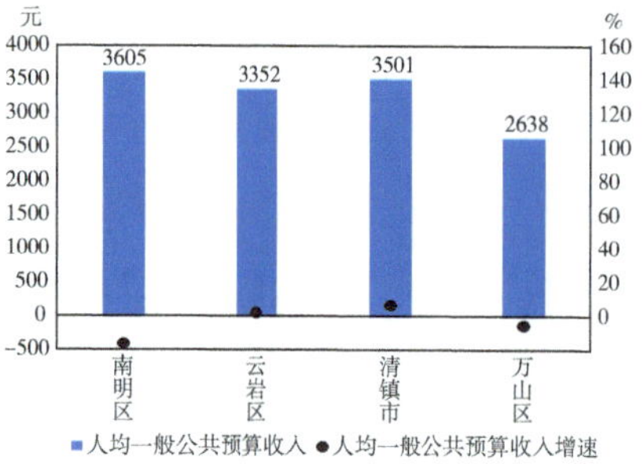

图24-107　2018年贵州省样本区县人均一般公共预算收入及增速

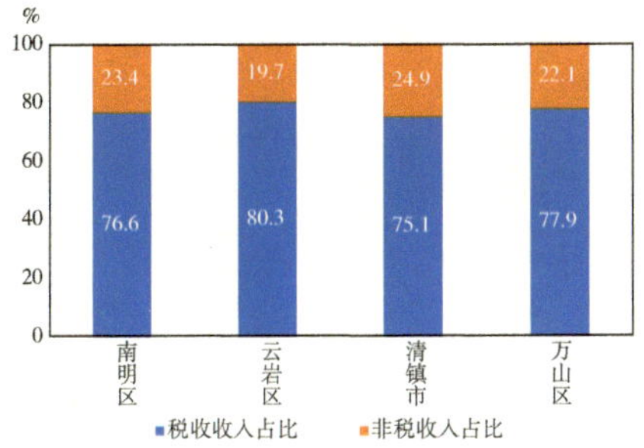

图24-108　2018年贵州省样本区县一般公共预算收入结构

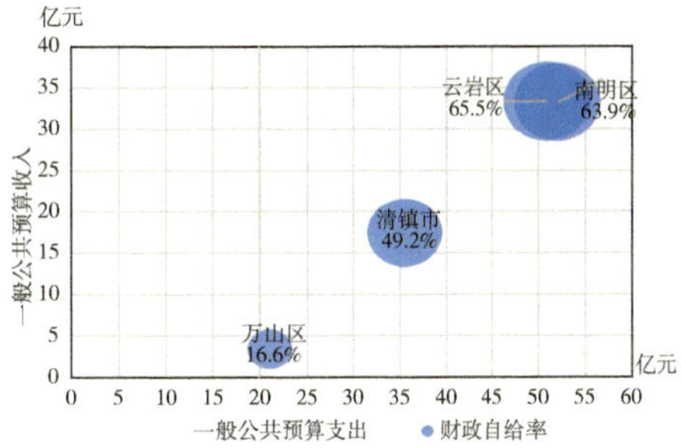

图24-109　2018年贵州省样本区县财政自给率

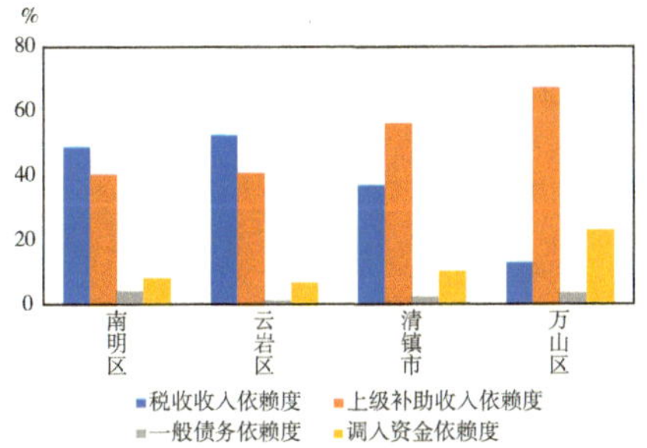

图24-110　2018年贵州省样本区县财政收入依赖度

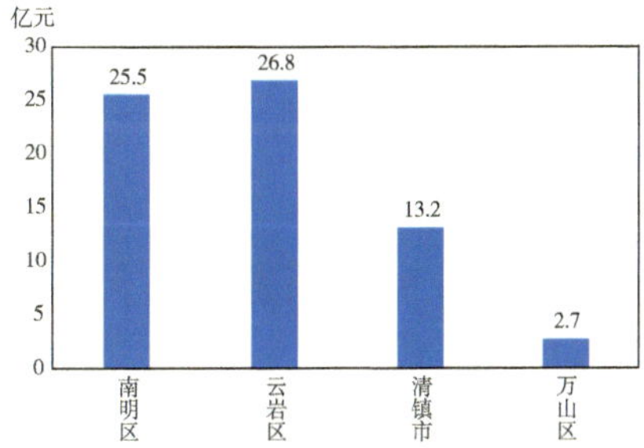

图24-111　2018年贵州省样本区县税收收入

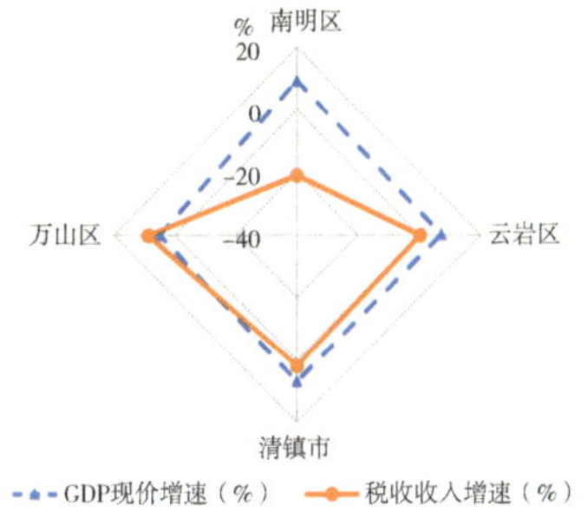

图24-112　2018年贵州省样本区县税收收入增速

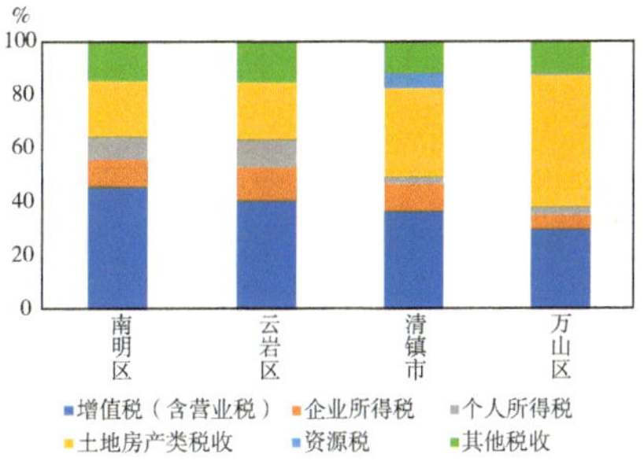

图24-113　2018年贵州省样本区县税收收入结构

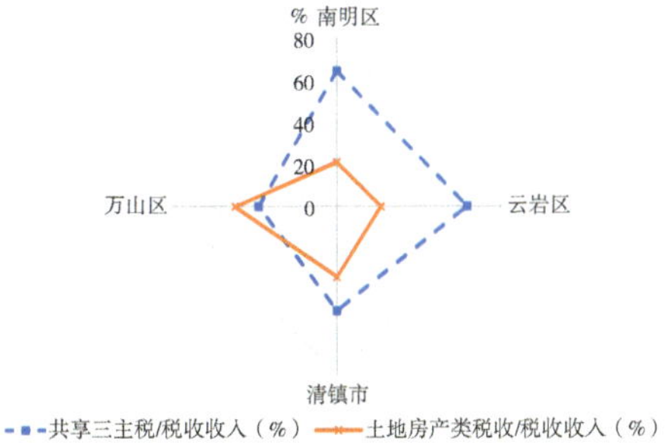

图24-114　2018年贵州省样本区县共享三主税、土地房产类税收占税收收入的比重

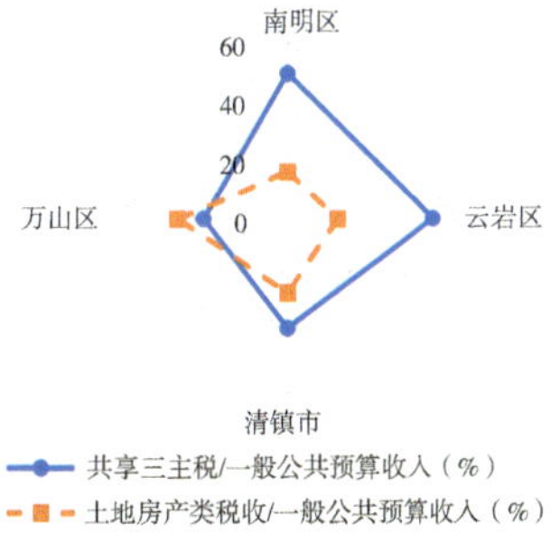

图24-115　2018年贵州省样本区县共享三主税、土地房产类税收占一般公共预算收入的比重

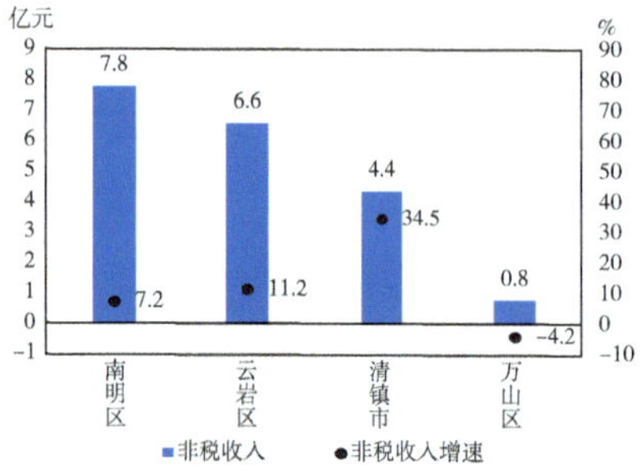

图24-116　2018年贵州省样本区县非税收入

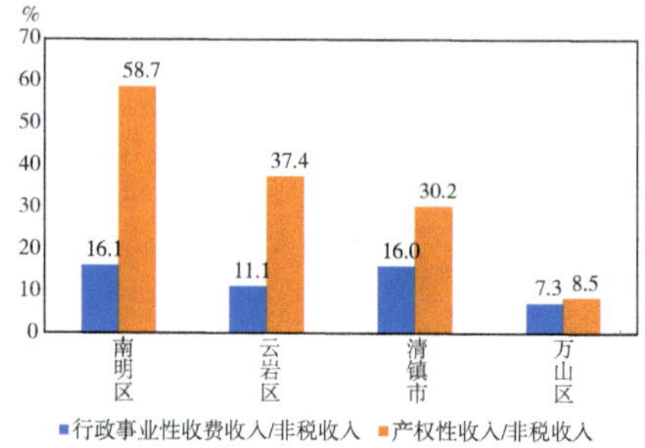

图24-117　2018年贵州省样本区县产权性收入、行政事业性收费收入占非税收入的比重

24.3.4　贵州省样本县政府性基金收入和国有资本经营收入情况

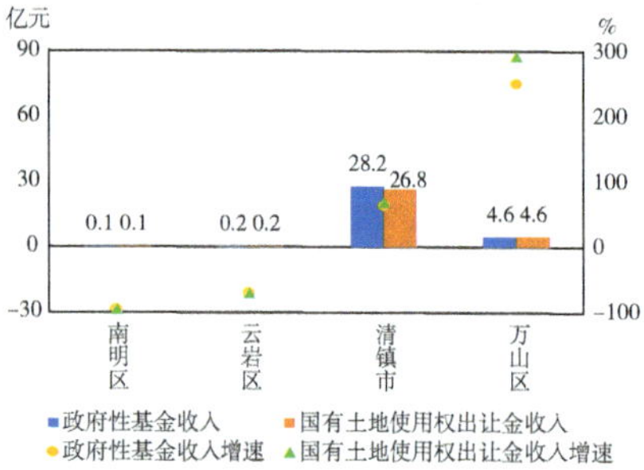

图24-118　2018年贵州省样本区县政府性基金收入、国有土地使用权出让金收入及其增速

24.3.5　贵州省样本县社会保险基金收入情况

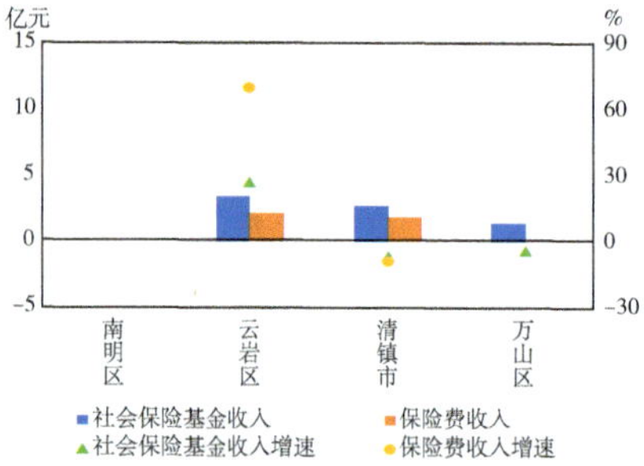

图24-119　2018年贵州省样本区县社会保险基金收入、保险费收入及其增速

24.3.6　贵州省样本县债务情况

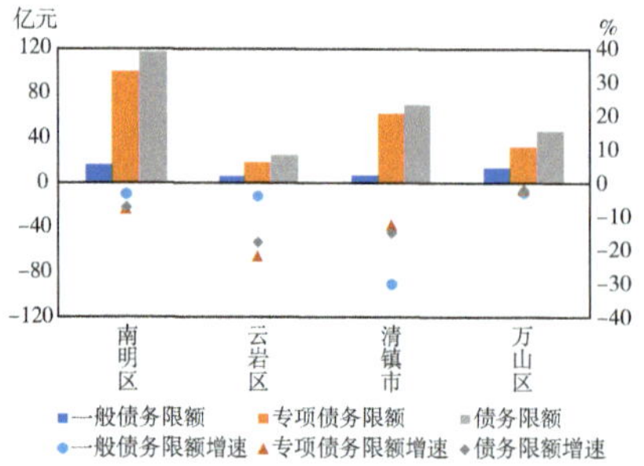

图24-120　2018年贵州省样本区县债务限额及其增速

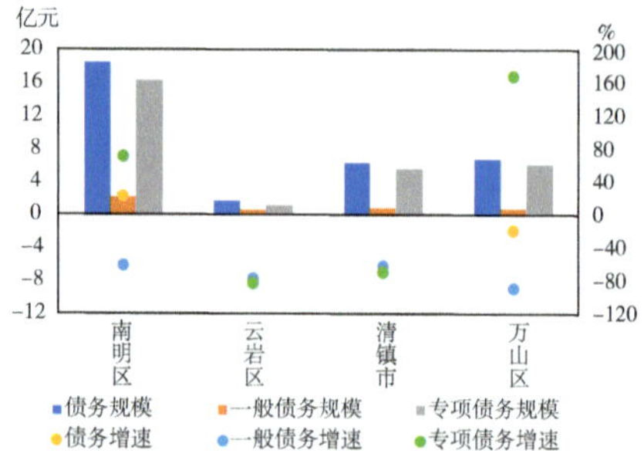

图24-121　2018年贵州省样本区县债务规模及其增速

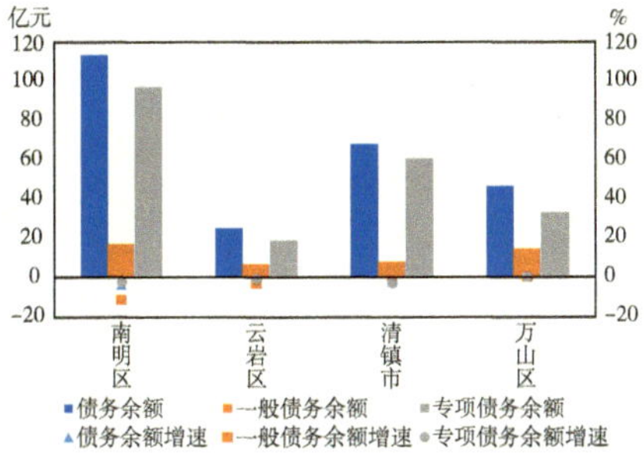

图24-122　2018年贵州省样本区县债务余额及其增速

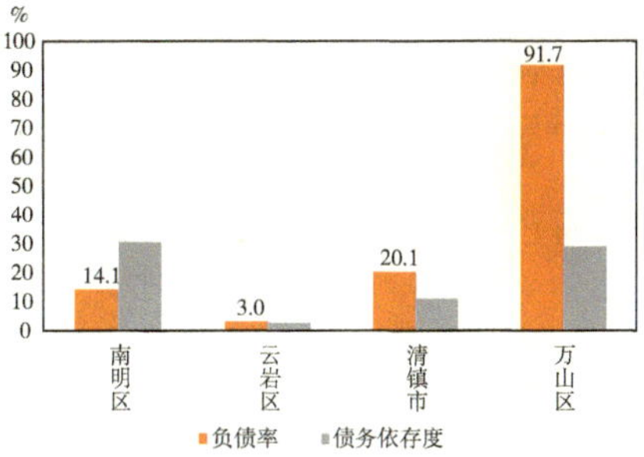

图24-123　2018年贵州省样本区县负债率与债务依存度

25 云南省

云南省共辖16个地级行政区划单位，其中包括8个地级市、8个自治州；地域面积为39.41万平方公里，属山地高原地形，山地面积33.11万平方千米，占全省总面积的84%。总体上看，云南的经济发展、财政收入等在全国处于中等水平，区域差异大，发展不均衡。

2019年云南省经济总量处于全国中等，第三产业占比略低于全国，城镇化率低于全国。2019年末，云南省常住人口4858万人，常住人口城镇化率为48.9%。2019年云南GDP达到23224亿元，排全国第18名，略次于重庆，高于广西；增速8.1%，比2018年下降0.8个百分点，高于全国2个百分点，排名全国第2；人均GDP为47802元（6927美元），排全国第24名。从产业结构看，第一、第二、第三产业占比分别为13.1%、34.3%（低于全国平均水平4.7个百分点）和52.6%（低于全国平均水平1.3个百分点）。从居民可支配收入看，2019年城镇与农村居民人均可支配收入分别为36238元和11902元，呈上升态势，分别为全国平均水平的85.5%和74.2%。

2019年云南省一般公共预算收入全国排中等，省市（州）县中县级财政收入占比最高。2019年云南省一般公共预算收入2073.5亿元，排全国第20位，增速4%，排全国第14位，人均一般公共预算收入为4268元，排全国第26位。近三年云南省税收收入占一般公共预算收入的总体呈上升态势，2019年为70%，低于全国平均水平13个百分点。从纵向收入分配看，2018年省本级、市州本级、县一般公共预算收入占比分别为18%、22%和60%。

2018年云南省财政自给率偏低，地区财政总收入小于一般公共预算支出。云南财政自给率在32.8%左右，2019年为30.6%。2018年云南省组织的地区财政总收入为3894.2亿元，增速为10.6%，其中上缴中央收入占比48.8%。云南省一般公共预算支出为6075.0亿元，高于地区财政总收入规模。

2018年云南省四本预算的一般公共预算收入和社保基金收入占比下降。2018年云南省四本预算加总的政府收入4939.2亿元，增速为12.6%，其中一般公共预算收入、政府性基金收入、国有资本经营收入和社会保险基金收入分别占比40.4%、26.1%、1.0%、32.5%。

云南省内各市州经济社会发展和财政发展不均衡，优势主要集中于省会昆明。昆明市是2018年云南省政府收入规模唯一超千亿元的城市，达到1649.4亿元。2018年昆明市一般公共预算收入595.6亿元，其他各市州均低于200亿元，且城市间差异较大。除少数城市（昆明市、玉溪市）外，2018年云南省各市州财政自给率低于50%。财政自给率最高的城市为昆明，达到78.7%，最低的为迪庆藏族自治州，仅为7.2%，前者是后者的10.9倍。政府性基金收入主要构成是国有土地使用权出让金收入，收入规模最大的昆明市（705.3亿元）为规模最小的迪庆藏族自治州（1.6亿元）的440.8倍。

本章执笔人：吕慧　审校：刘昶

25.1 云南省政府收入主要特征分析

25.1.1 云南省经济社会基本情况

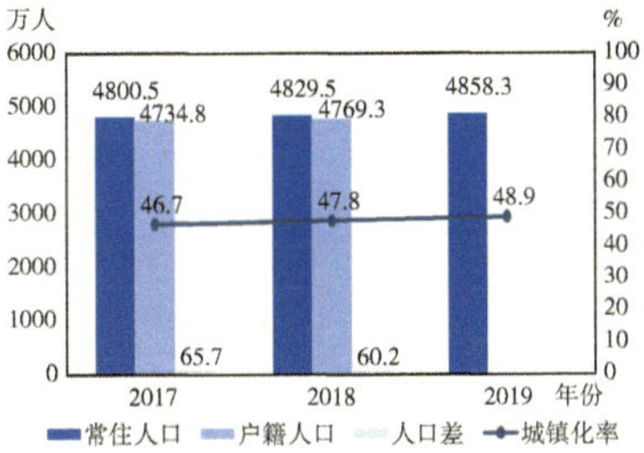

图25-1　2017-2019年云南省人口状况

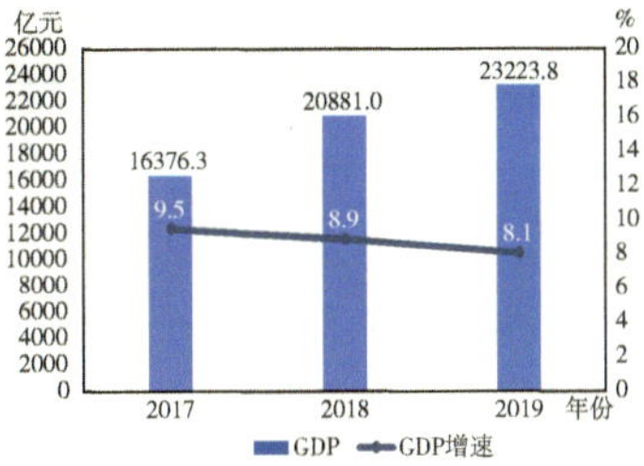

图25-2　2017-2019年云南省GDP及增速

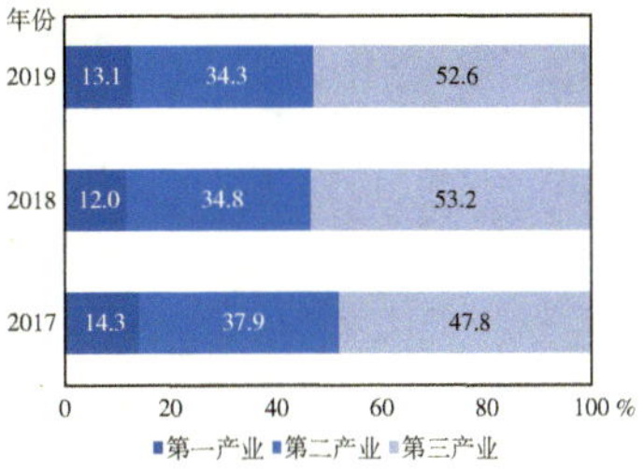

图25-3　2017-2019年云南省三次产业结构

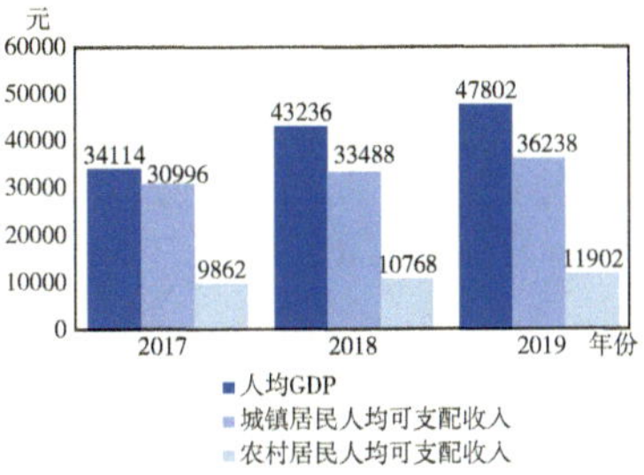

图25-4　2017-2019年云南省人均GDP和人均可支配收入

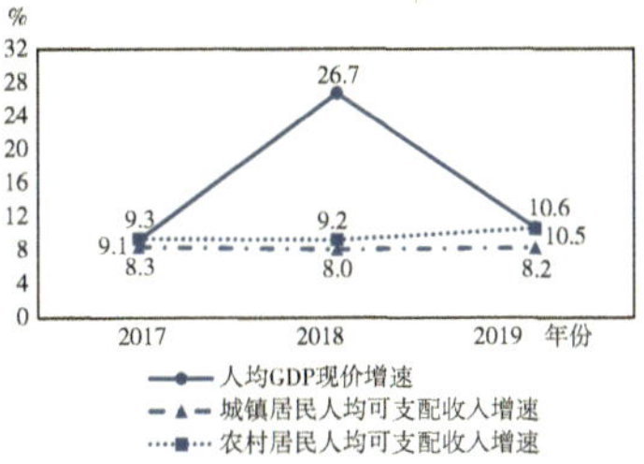

图25-5　2017-2019年云南省人均GDP增速和人均可支配收入增速

25.1.2 云南省政府收入总体情况

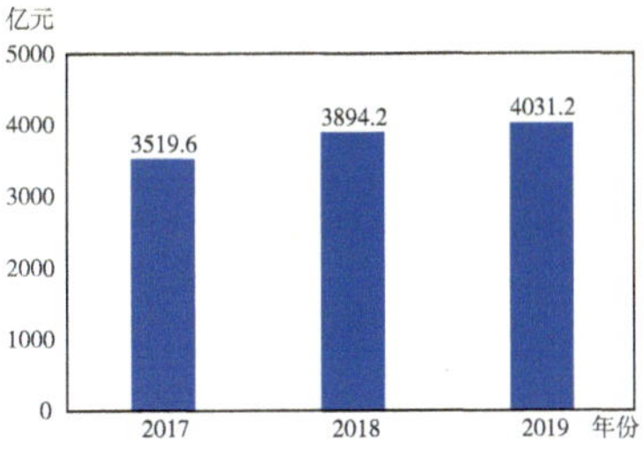

图25-6　2017-2019年云南省财政总收入

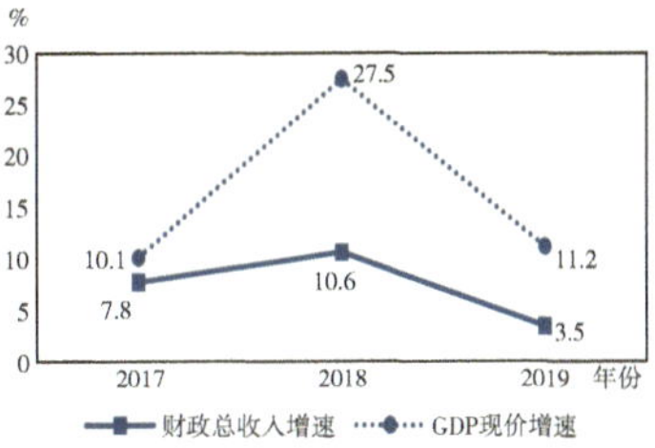

图25-7　2017-2019年云南省财政总收入增速

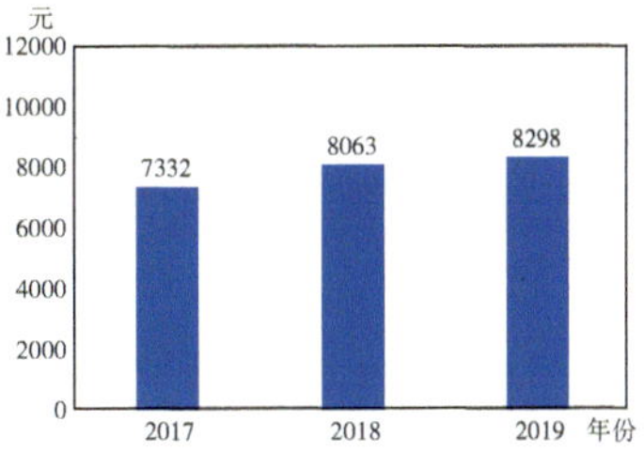

图25-8　2017-2019年云南省人均财政总收入

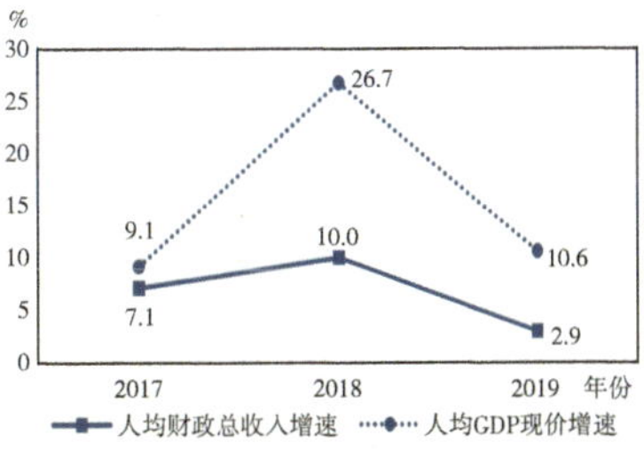

图25-9　2017-2019年云南省人均财政总收入增速

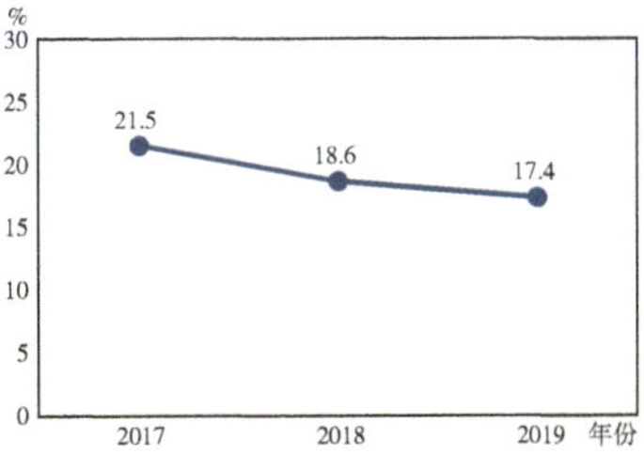

图25-10　2017-2019年云南省财政总收入/GDP

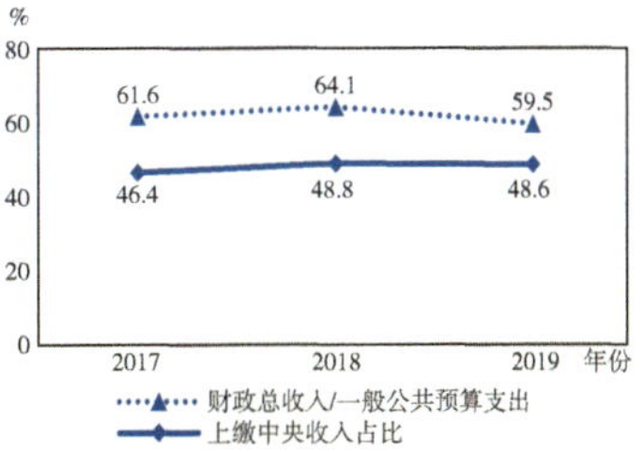

图25-11　2017-2019年云南省财政总收入其他指标

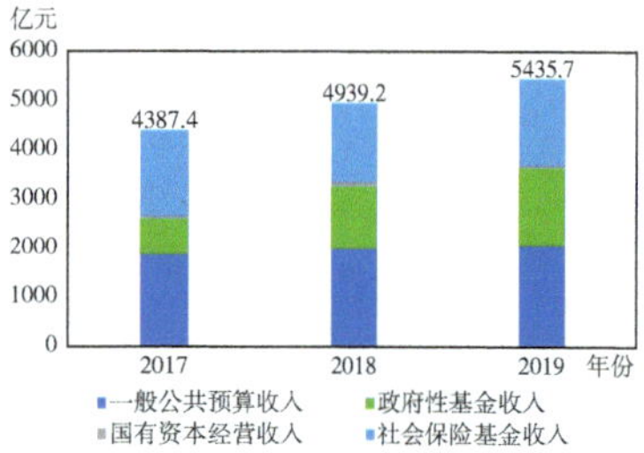

图25-12 2017-2019年云南省政府收入

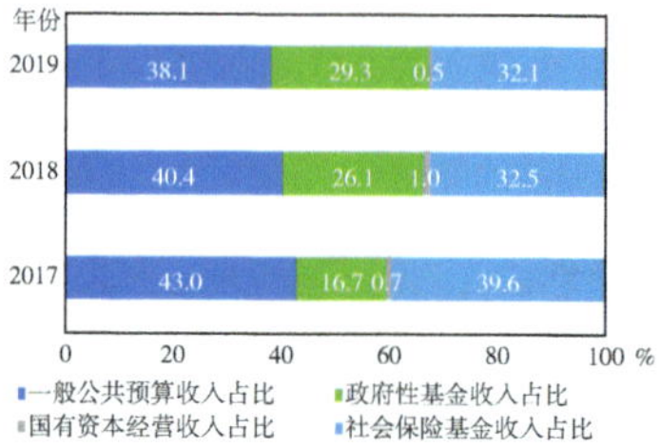

图25-13 2017-2019年云南省政府收入结构

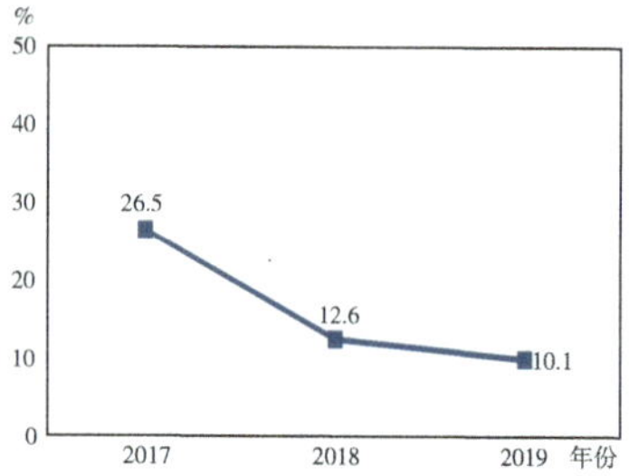

图25-14 2017-2019年云南省政府收入增速

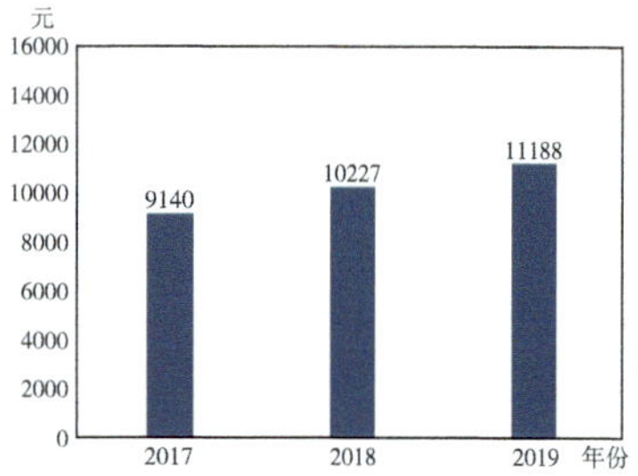

图25-15 2017-2019年云南省人均政府收入

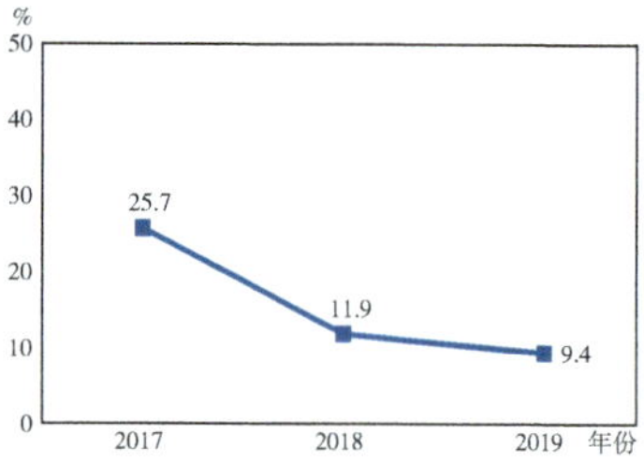

图25-16 2017-2019年云南省人均政府收入增速

25.1.3 云南省一般公共预算收入情况

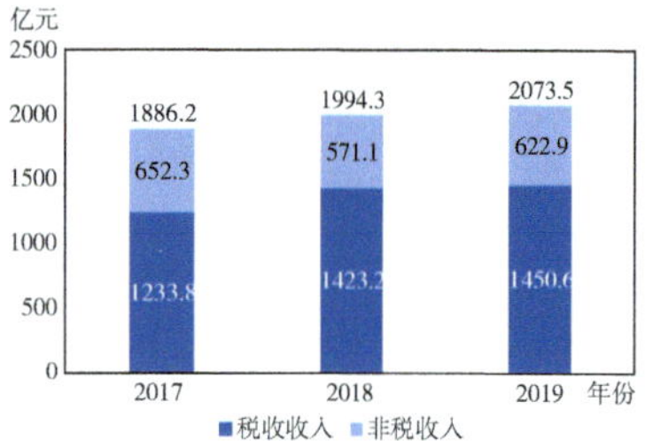

图25-17 2017-2019年云南省一般公共预算收入

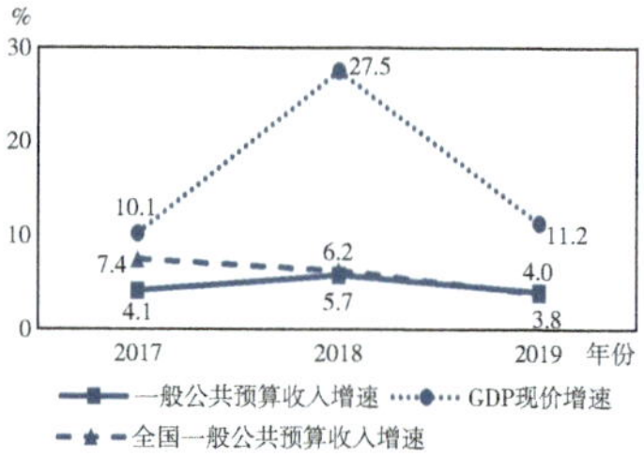

图25-18 2017-2019年云南省一般公共预算收入增速

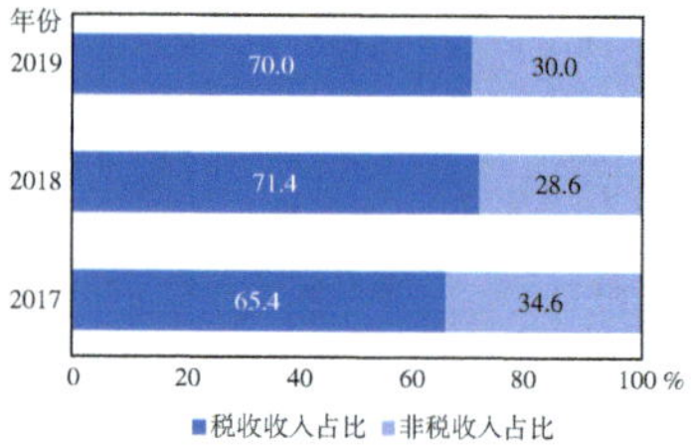

图25-19 2017-2019年云南省一般公共预算收入结构

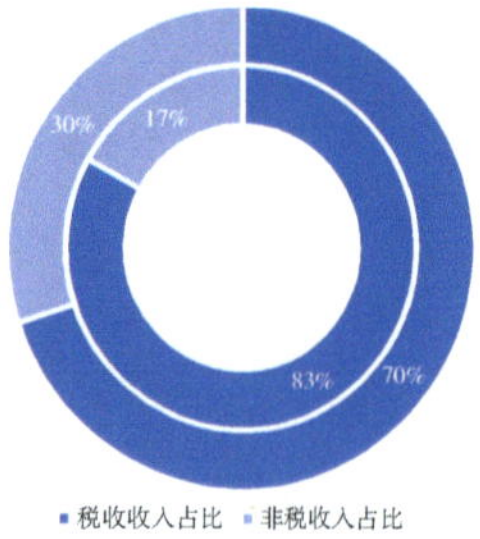

图25-20 2019年一般公共预算收入结构对比（内环为全国，外环为云南省）

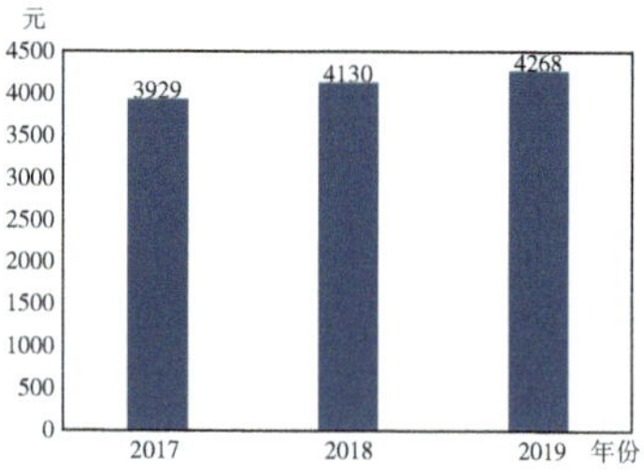

图25-21 2017-2019年云南省人均一般公共预算收入

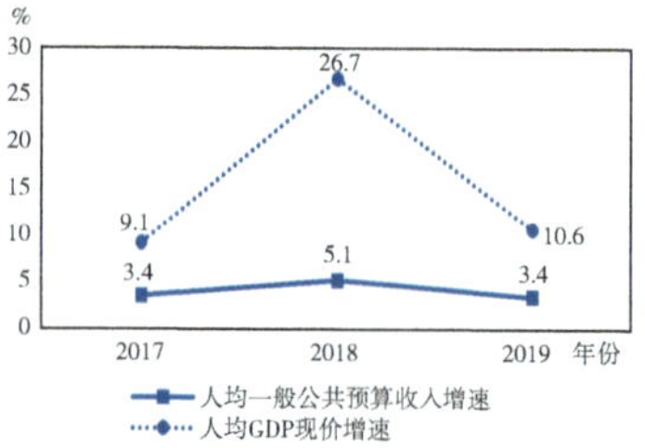

图25-22 2017-2019年云南省人均一般公共预算收入增速

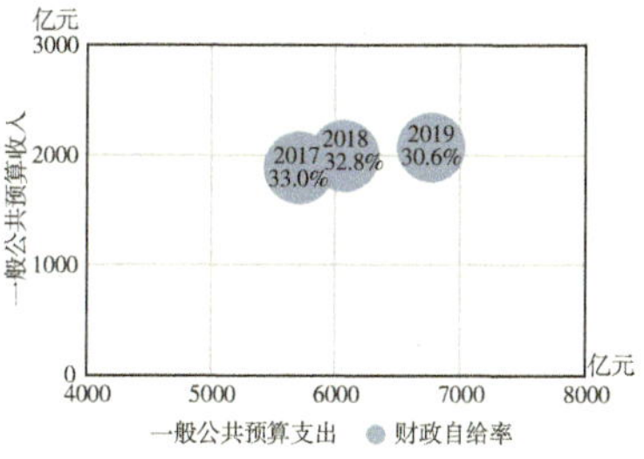

图25-23　2017-2019年云南省财政自给率

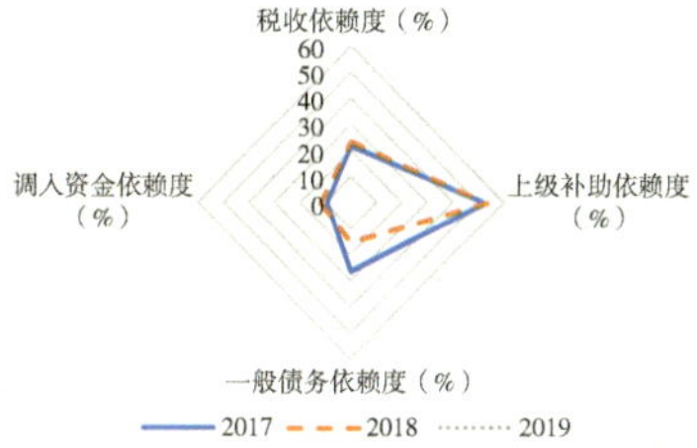

图25-24　2017-2019年云南省财政收入依赖度

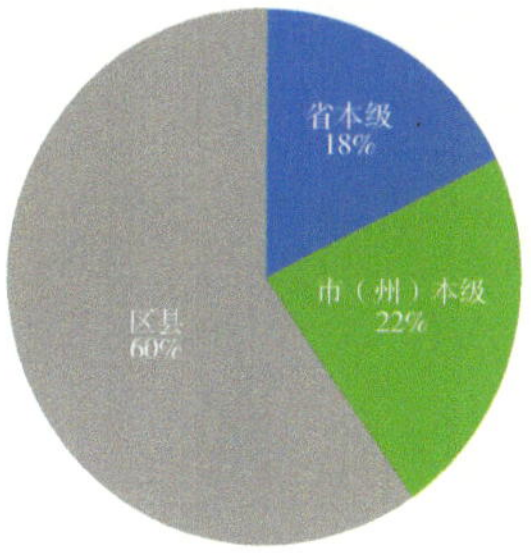

图25-25　2018年省市(州)县三级政府一般公共预算收入分布

注：无临沧市本级数据

图25-26　2017-2019年云南省税收收入

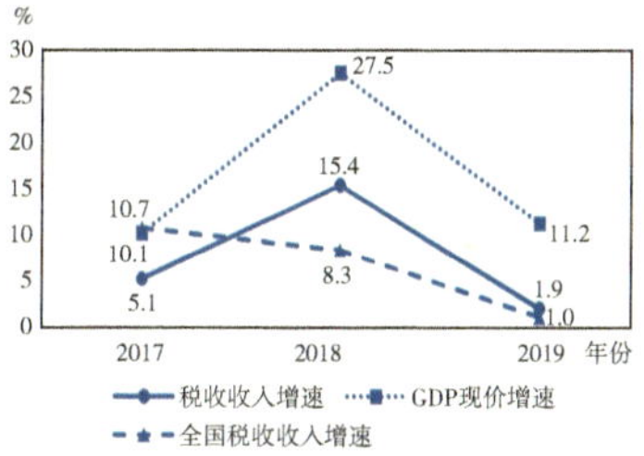

图25-27　2017-2019年云南省税收收入增速

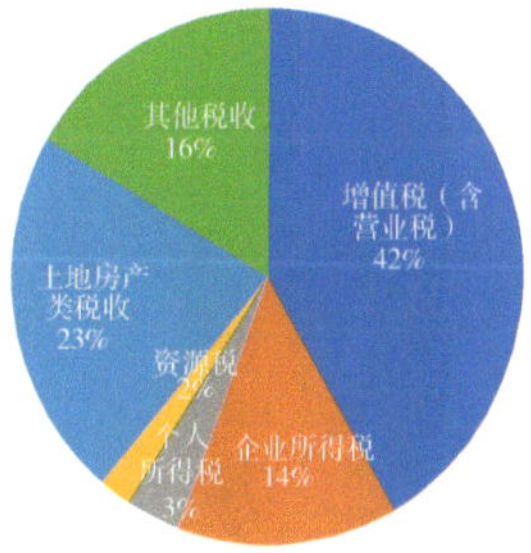

图25-28　2019年云南省税收结构

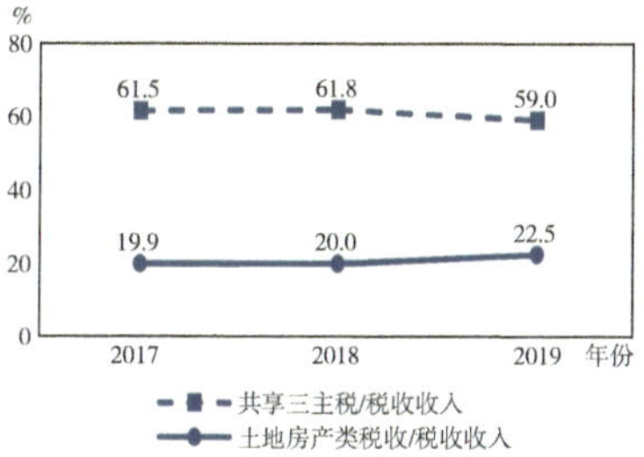

图25-29　2017-2019年云南省共享三主税、土地房产类税收占税收收入的比重

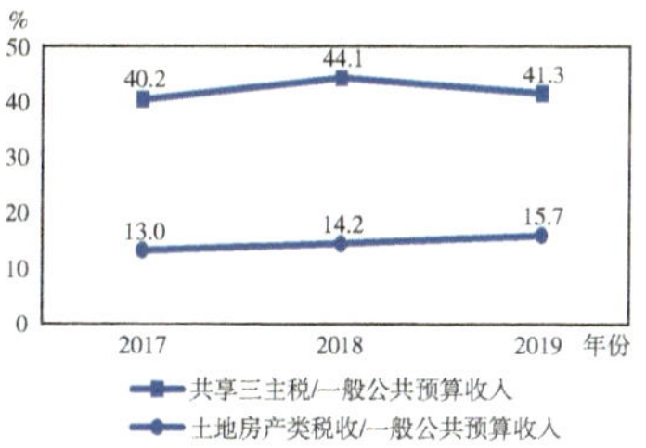

图25-30　2017-2019年云南省共享三主税、土地房产类税收占一般公共预算收入的比重

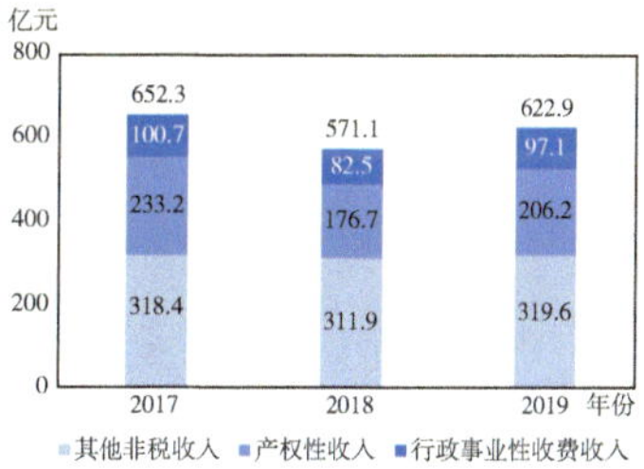

图25-31　2017-2019年云南省非税收入

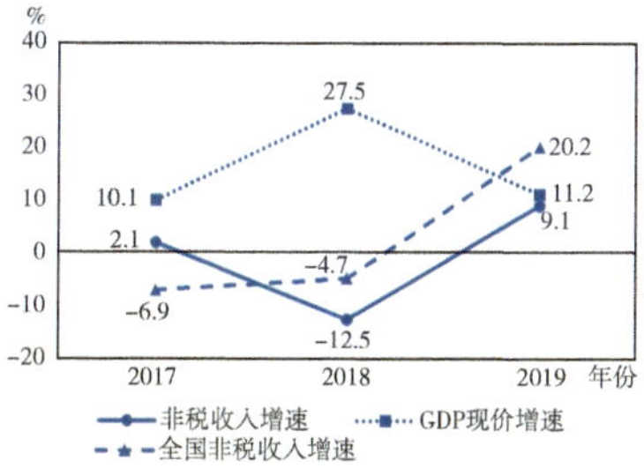

图25-32　2017-2019年云南省非税收入增速

图25-33　2017-2019年云南省行政事业性收费及产权性收入占非税收入比重

25.1.4 云南省政府性基金收入和国有资本经营收入情况

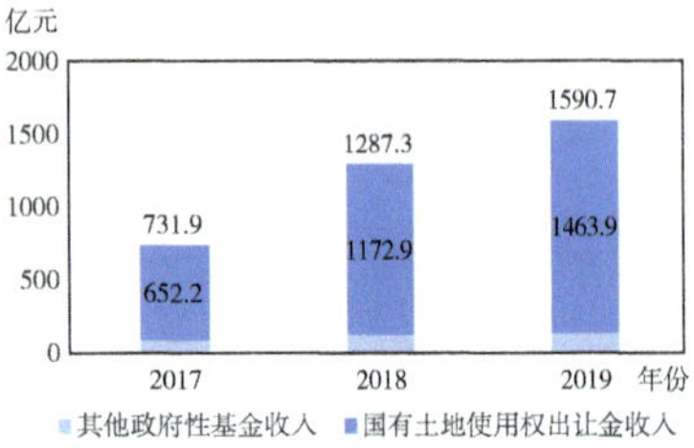

图25-34 2017-2019年云南省政府性基金收入

图25-35 2017-2019年云南省政府性基金收入增速及国有土地使用权出让金收入增速

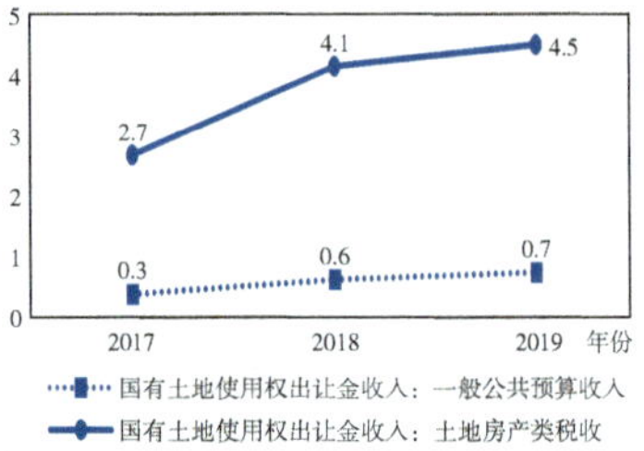

图25-36 2017-2019年云南省国有土地使用权出让金收入与一般公共预算关系指标

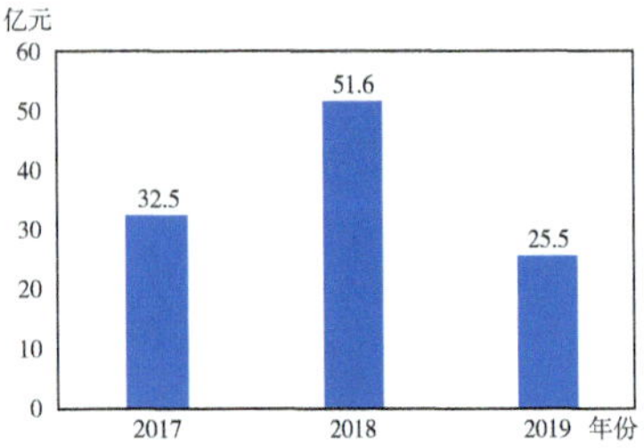

图25-37 2017-2019年云南省国有资本经营收入

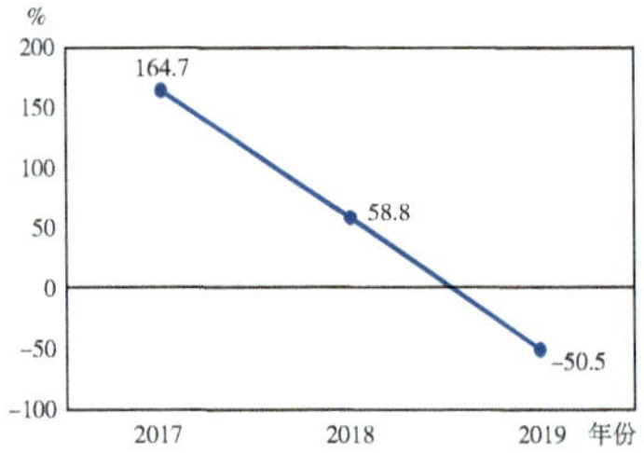

图25-38 2017-2019年云南省国有资本经营收入增速

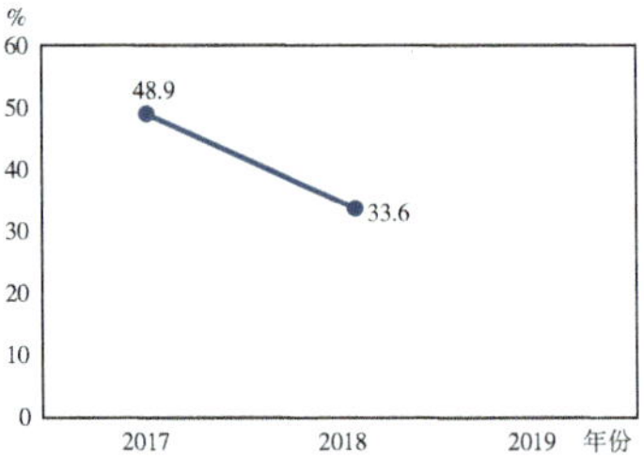

图25-39 2017-2019年云南省调出资金/国有资本经营收入

25.1.5 云南省社会保险基金收入情况

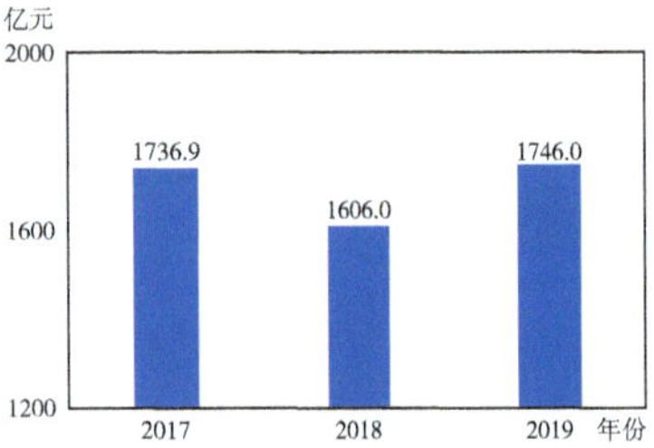

图25-40 2017-2019年云南省社会保险基金收入

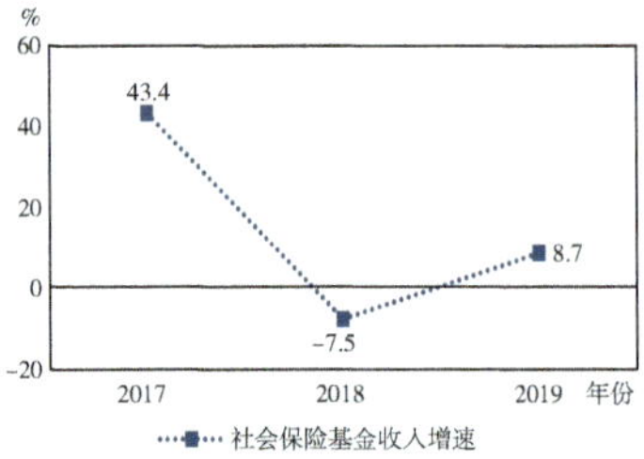

图25-41 2017-2019年云南省社会保险基金收入增速

25.1.6 云南省债务情况

图25-42 2017-2019年云南省债务规模

图25-43 2017-2019年云南省债务增速

图25-44 2017-2019年云南省债务限额

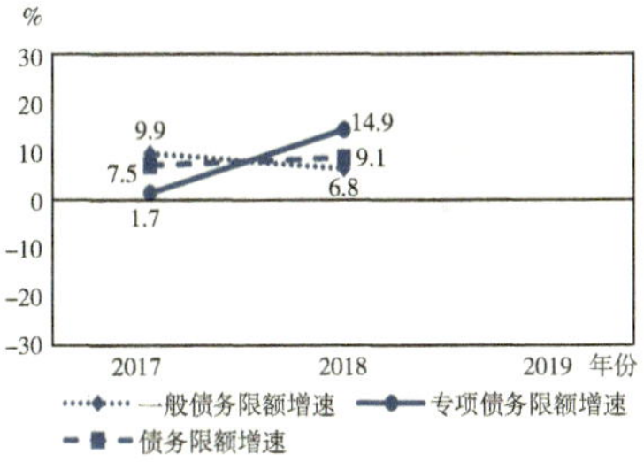

图25-45　2017-2019年云南省债务限额增速

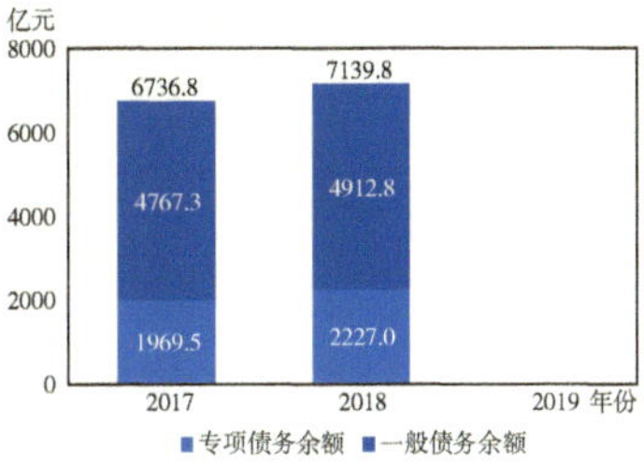

图25-46　2017-2019年云南省债务余额

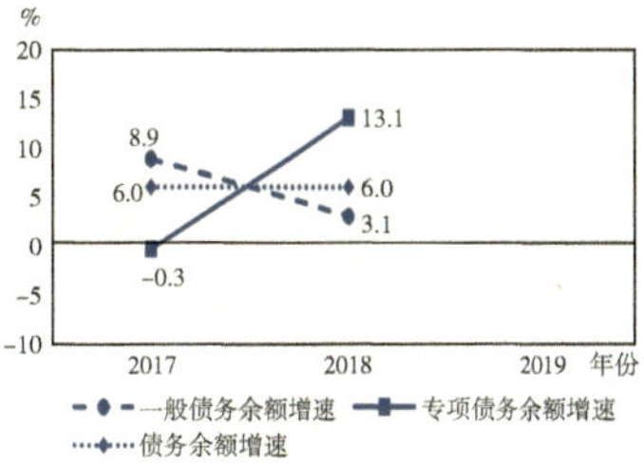

图25-47　2017-2019年云南省债务余额增速

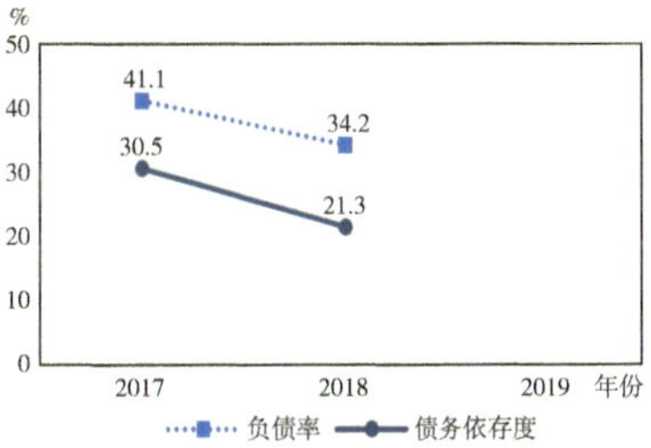

图25-48　2017-2019年云南省负债率与债务依存度

25.1.7　云南省省本级一般公共预算收入情况

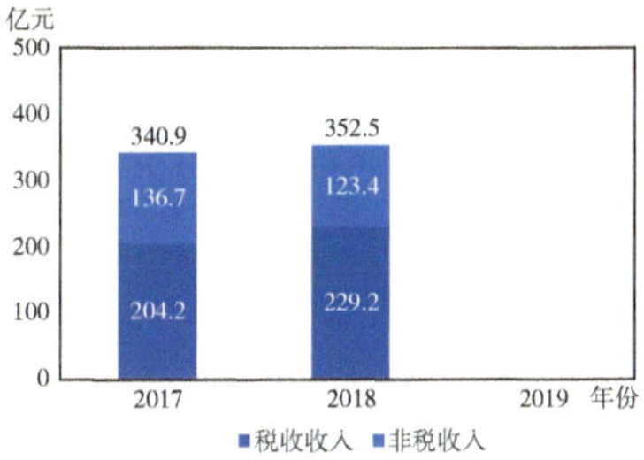

图25-49　2017-2019年云南省省本级一般公共预算收入

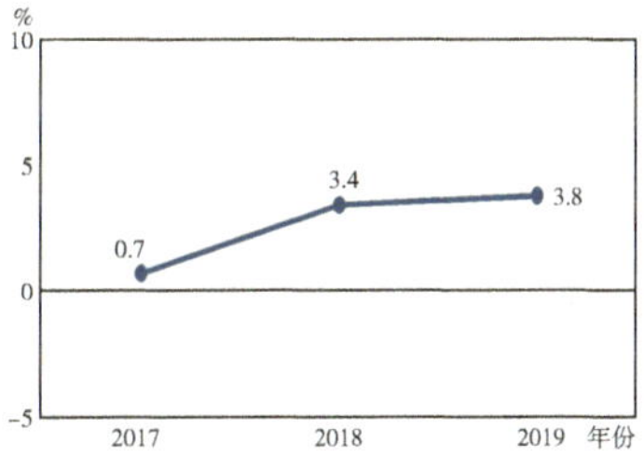

图25-50　2017-2019年云南省省本级一般公共预算收入增速

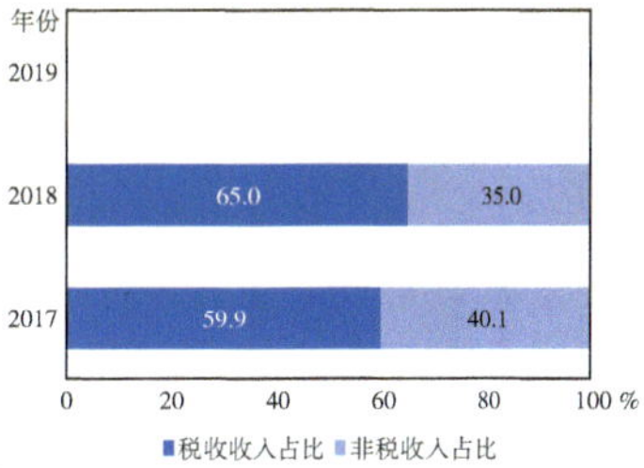

图25-51　2017-2019年云南省省本级一般公共预算收入结构

图25-52　2017-2019年云南省省本级财政自给率

图25-53　2017-2019年云南省省本级税收收入

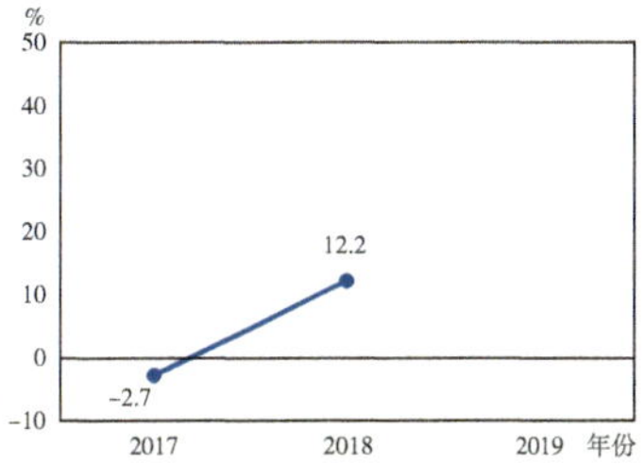

图25-54　2017-2019年云南省省本级税收收入增速

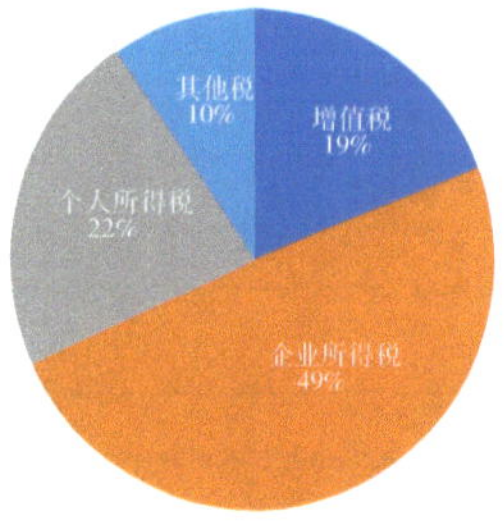

图25-55　2018年云南省省本级税收结构

图25-56　2017-2019年云南省省本级共享三主税占税收收入、一般公共预算收入的比重

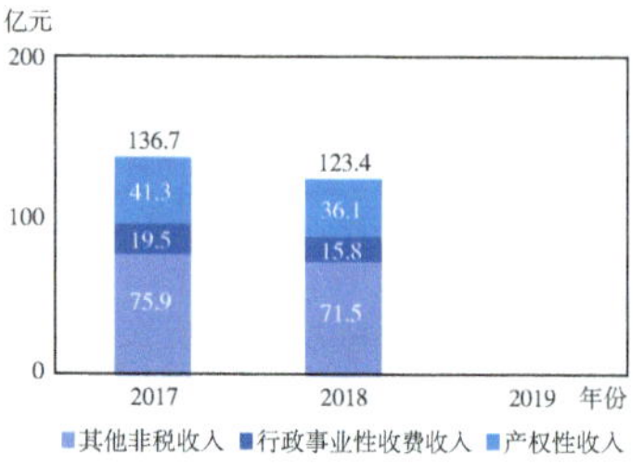

图25-57　2017-2019年云南省省本级非税收入

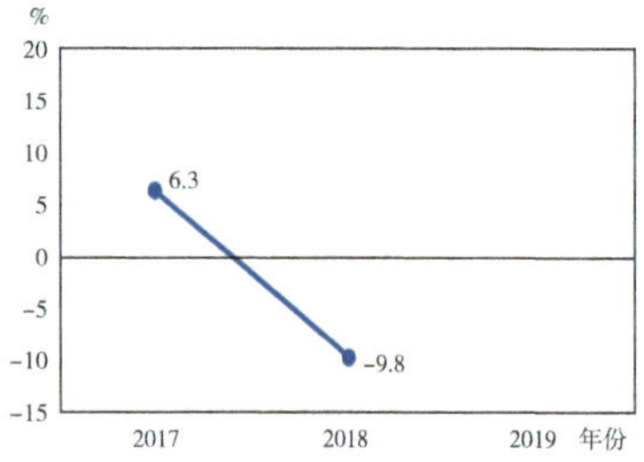

图25-58　2017-2019年云南省省本级非税收入增速

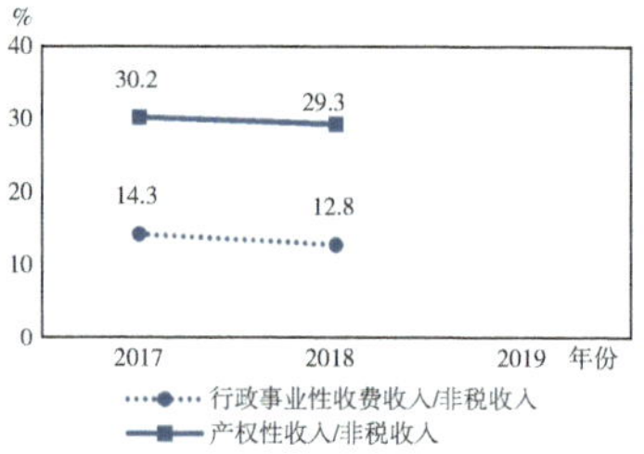

图25-59　2017-2019年云南省省本级行政事业性收费、产权性收入占非税收入的比重

25.2　云南省各市政府收入主要特征分析

25.2.1　云南省各市经济社会发展情况

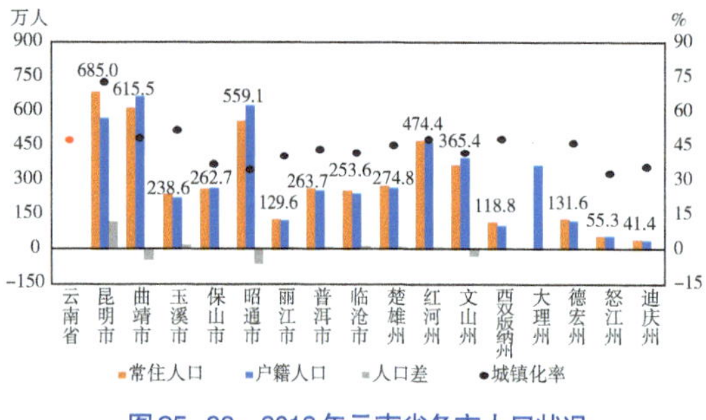

图25-60　2018年云南省各市人口状况

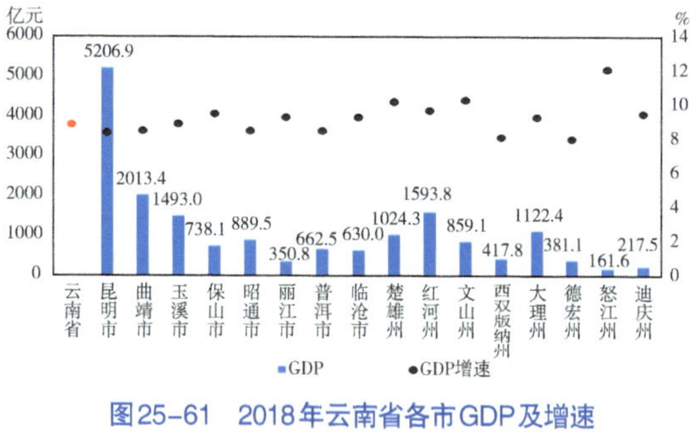

图25-61　2018年云南省各市GDP及增速

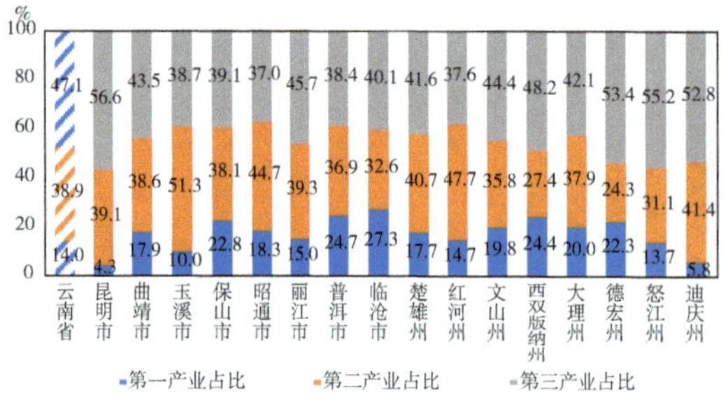

图25-62　2018年云南省各市三次产业结构

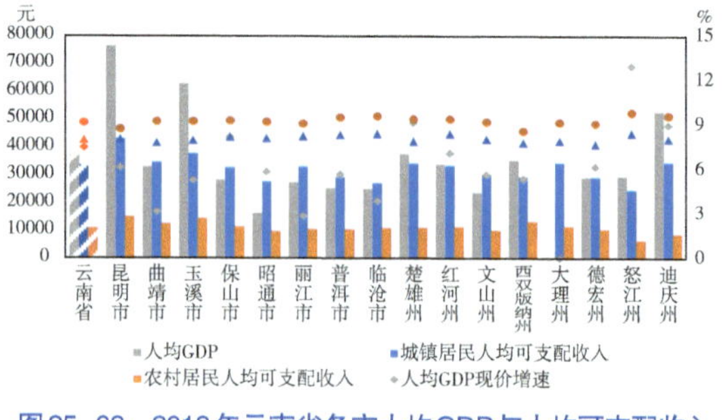

图25-63　2018年云南省各市人均GDP与人均可支配收入

25.2.2 云南省各市政府收入总体情况

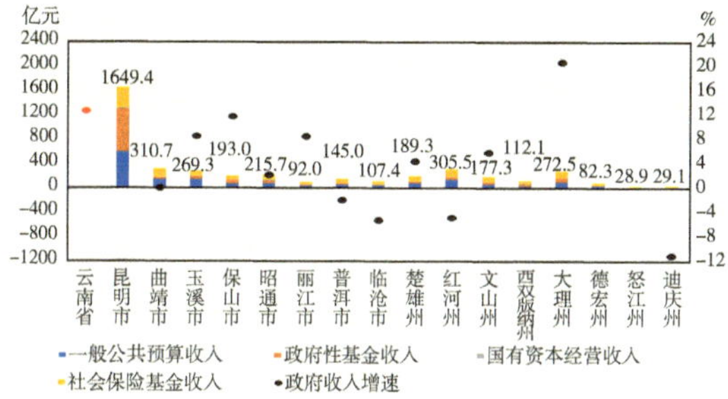

图25-64 2018年云南省各市政府收入结构及增速

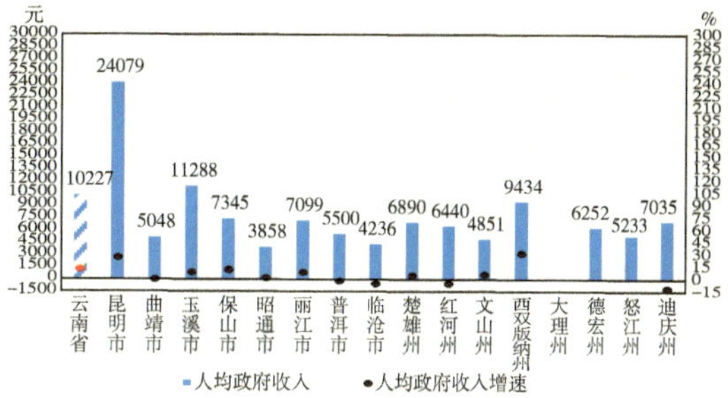

图25-65 2018年云南省各市人均政府收入及增速

25.2.3 云南省各市一般公共预算收入情况

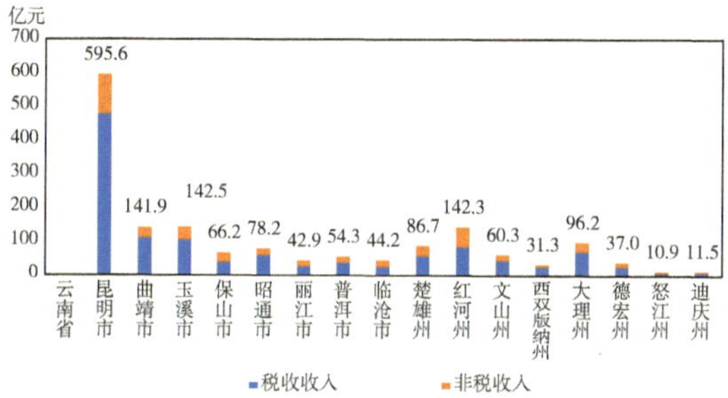

图25-66 2018年云南省各市一般公共预算收入

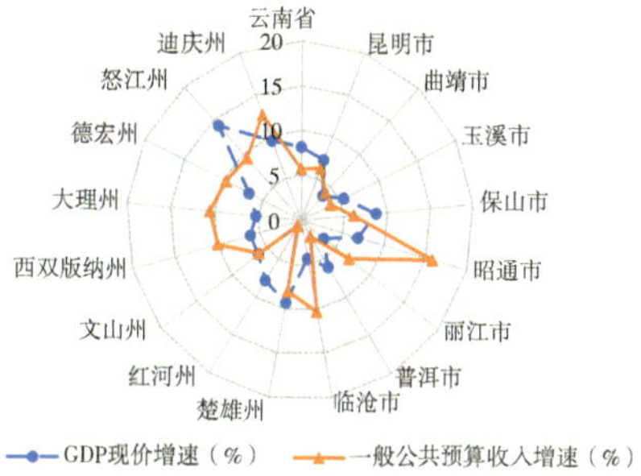

图25-67 2018年云南省各市一般公共预算收入增速

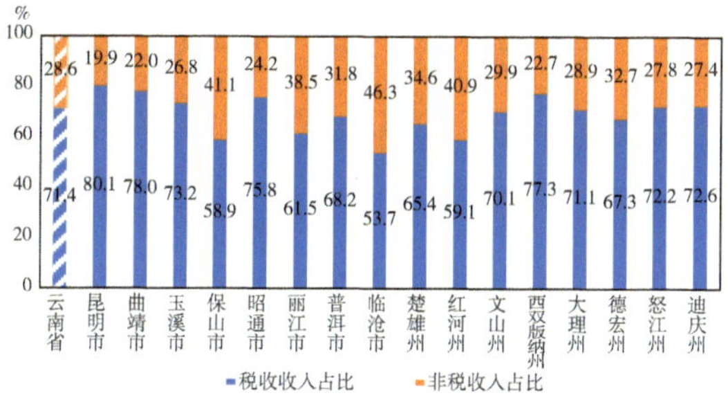

图25-68 2018年云南省各市一般公共预算收入结构

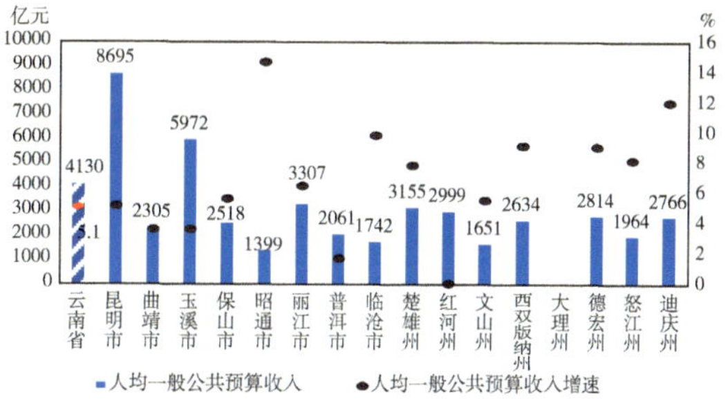

图25-69 2018年云南省各市人均一般公共预算收入及增速

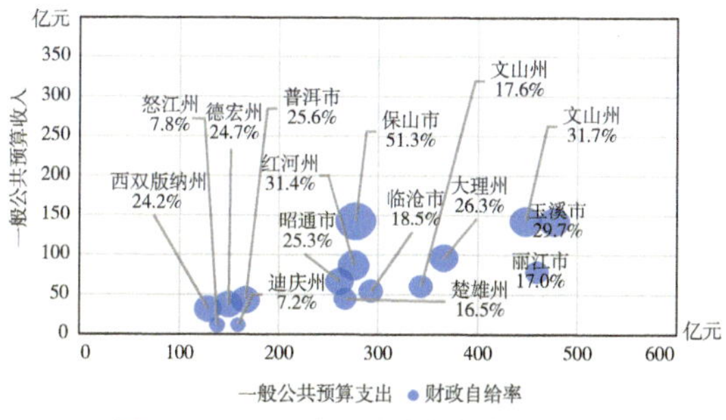

图25-70 2018年云南省各市财政自给率

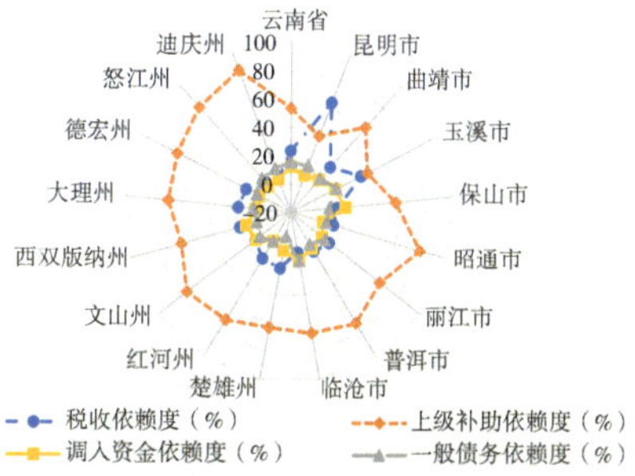

图25-71 2018年云南省各市财政收入依赖度

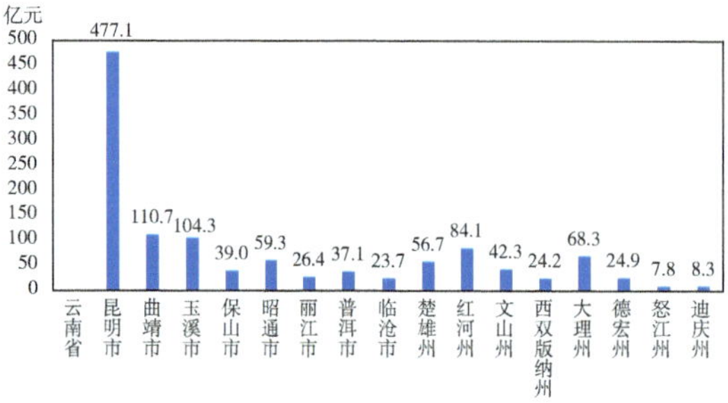

图25-72　2018年云南省各市税收收入

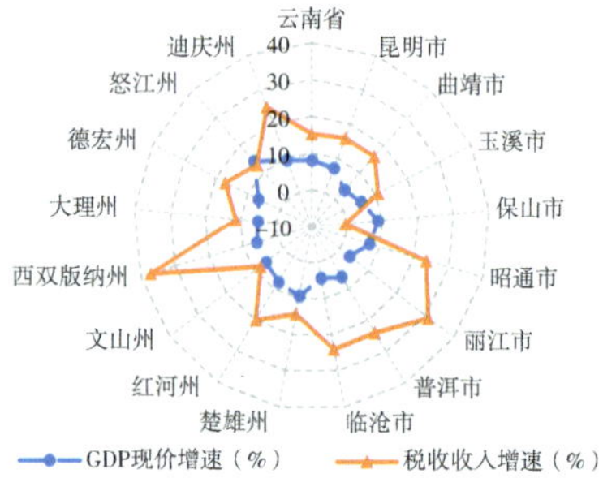

图25-73　2018年云南省各市税收收入增速

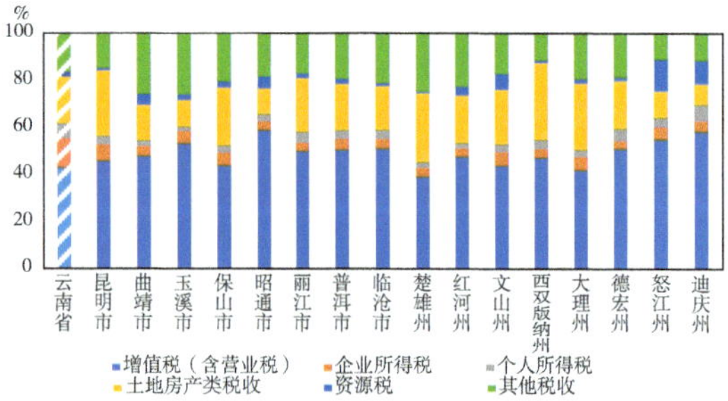

图25-74　2018年云南省各市税收收入结构

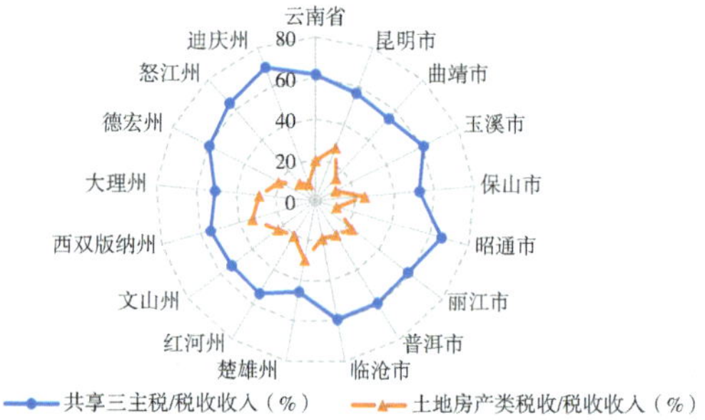

图25-75　2018年云南省各市共享三主税、土地房产类税收占税收收入的比重

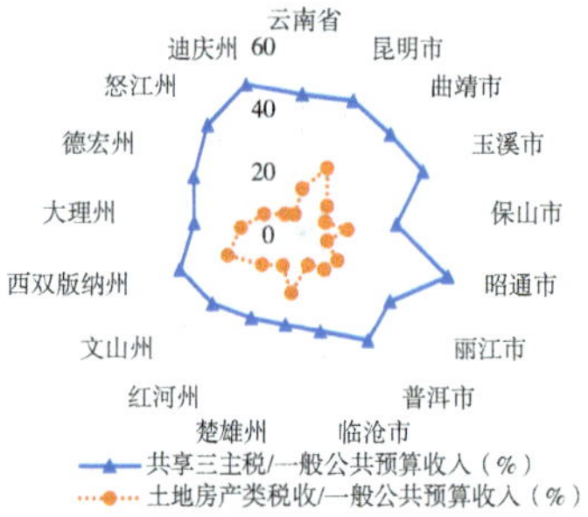

图25-76　2018年云南省各市共享三主税、土地房产类税收占一般公共预算收入的比重

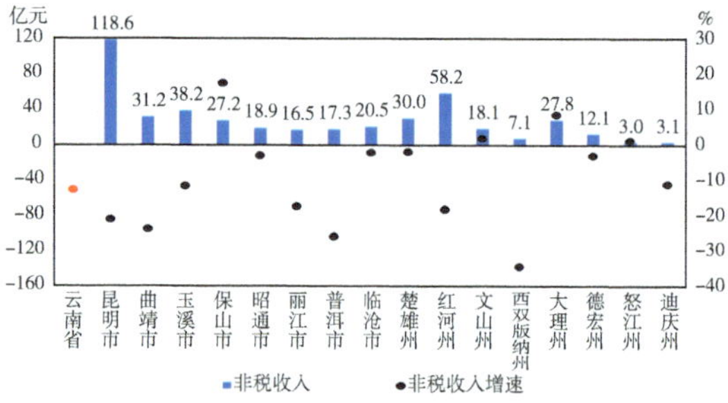

图25-77　2018年云南省各市非税收入及增速

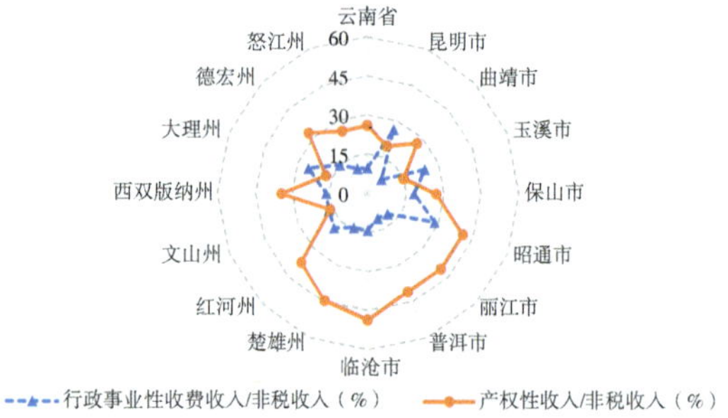

图25-78　2018年云南省各市行政事业性收费收入、产权性收入占非税收入的比重

25.2.4 云南省各市政府性基金收入与国有资本经营收入情况

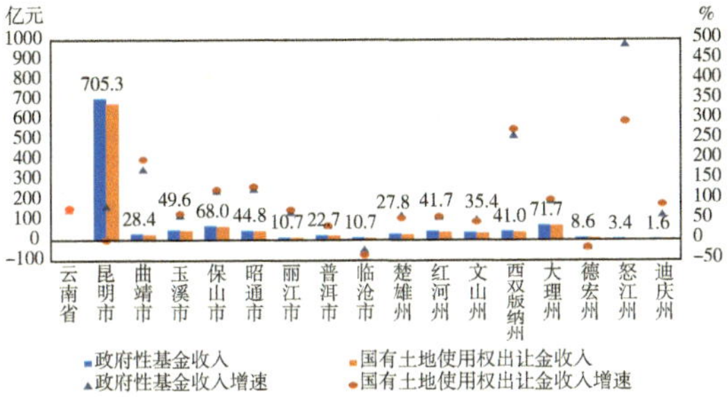

图25-79 2018年云南省各市政府性基金收入、国有土地使用权出让金收入及其增速

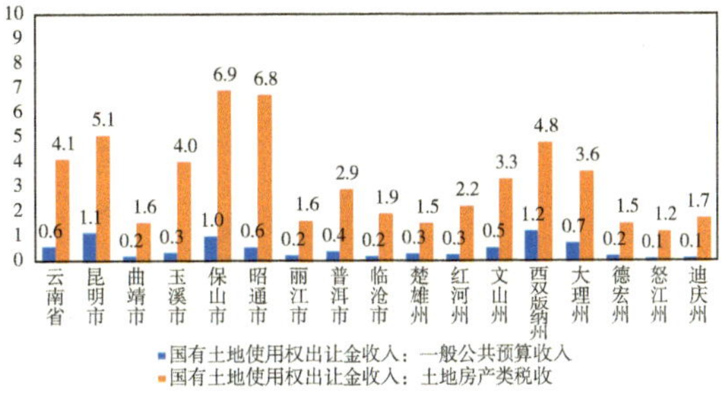

图25-80 2018年云南省各市国有土地使用权出让金收入与一般公共预算关系指标

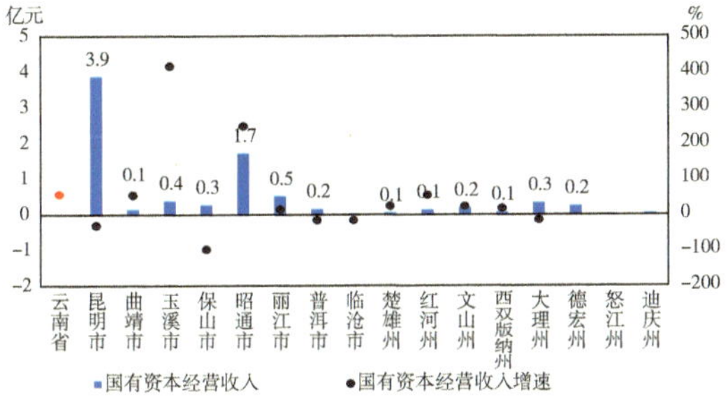

图25-81 2018年云南省各市国有资本经营收入及增速

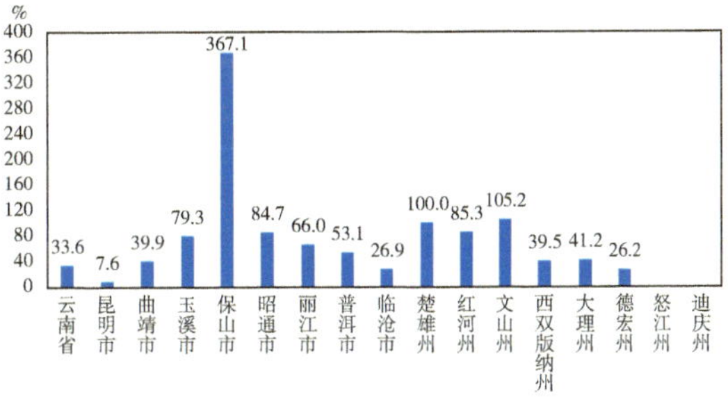

图25-82 2018年云南省各市调出资金/国有资本经营收入

25.2.5 云南省各市社会保险基金收入情况

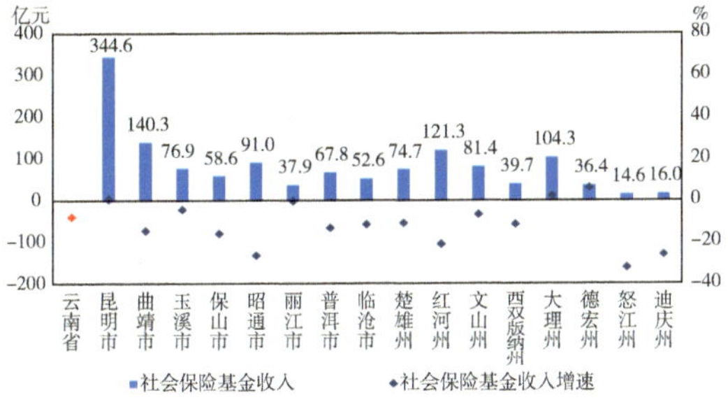

图25-83 2018年云南省各市社会保险基金收入及其增速

25.2.6 云南省各市债务情况

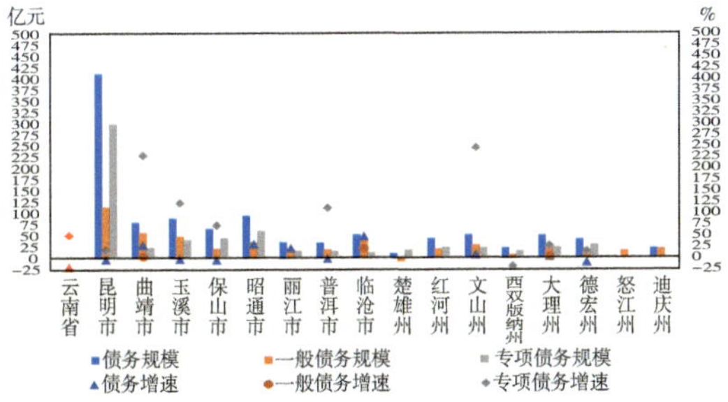

图25-84 2018年云南省各市债务规模及其增速

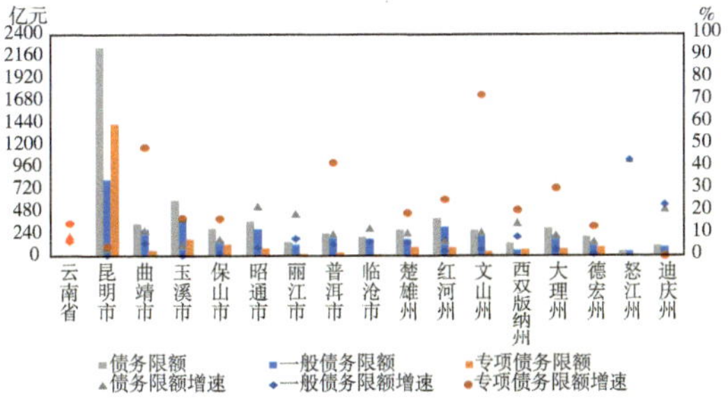

图25-85 2018年云南省各市债务限额及其增速

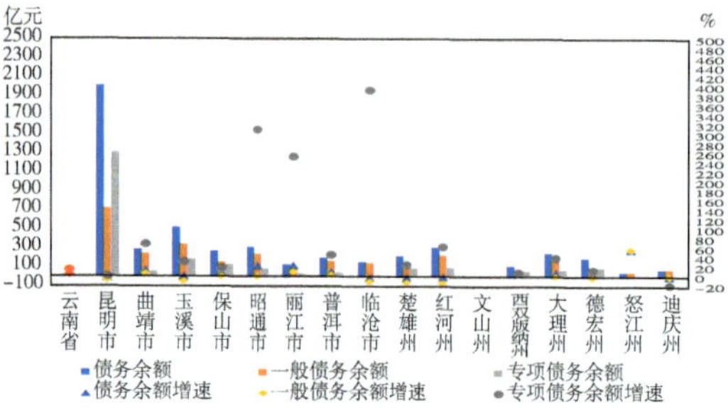

图25-86　2018年云南省各市债务余额及其增速

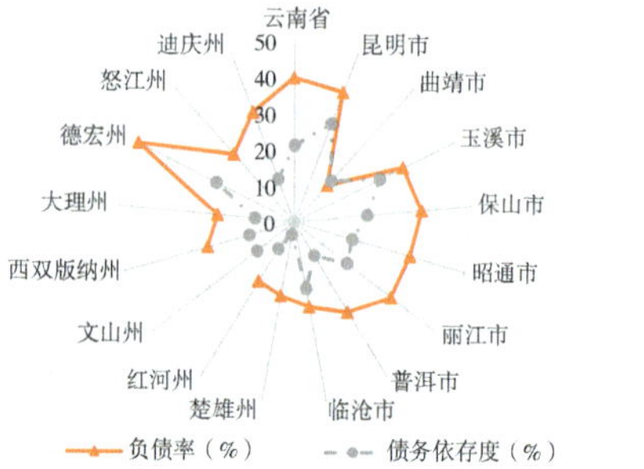

图25-87　2018年云南省各市负债率与债务依存度

25.2.7　云南省各市市本级一般公共预算收入情况

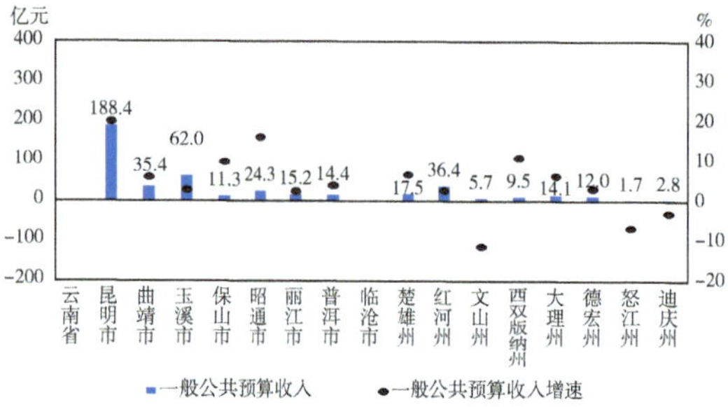

图25-88　2018年云南省各市市本级
一般公共预算收入及增速

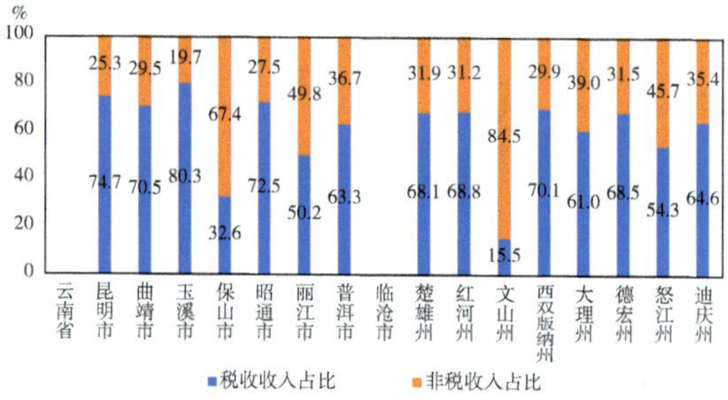

图25-89　2018年云南各市市本级
一般公共预算收入结构

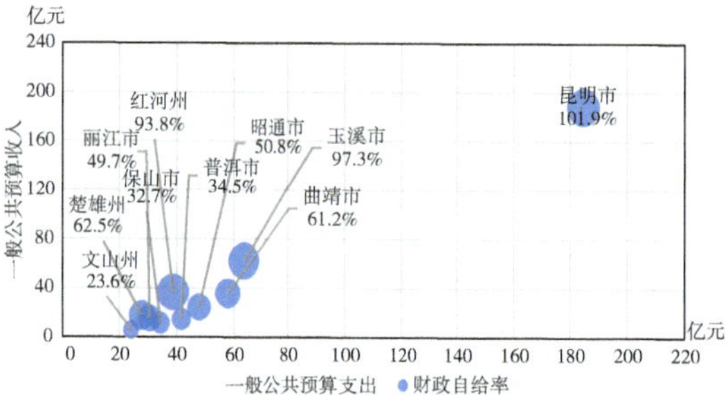

图25-90　2018年云南省各市市本级财政自给率

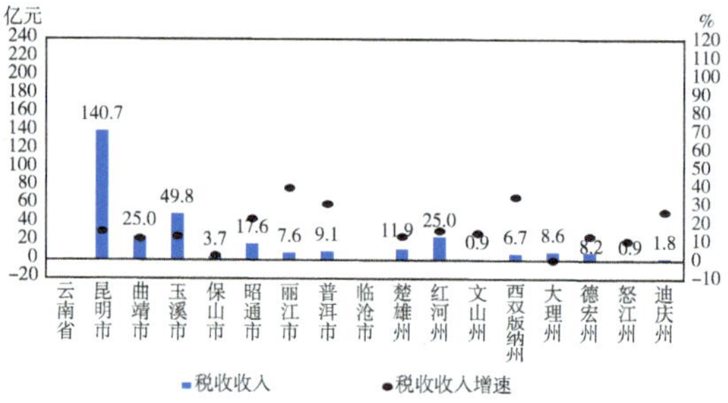

图25-91　2018年云南省各市市
本级税收收入及增速

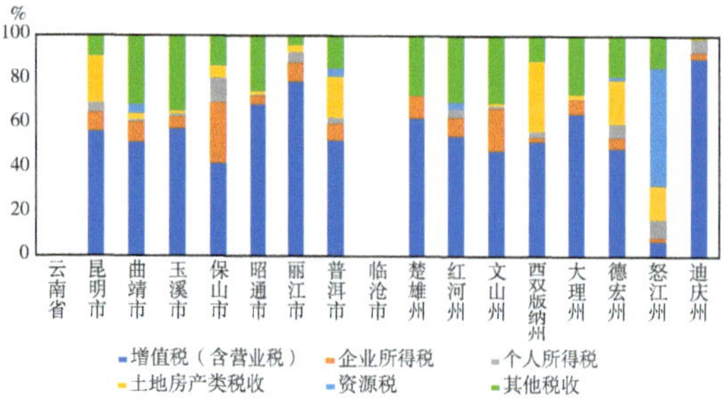

图25-92　2018年云南省各市
市本级税收收入结构

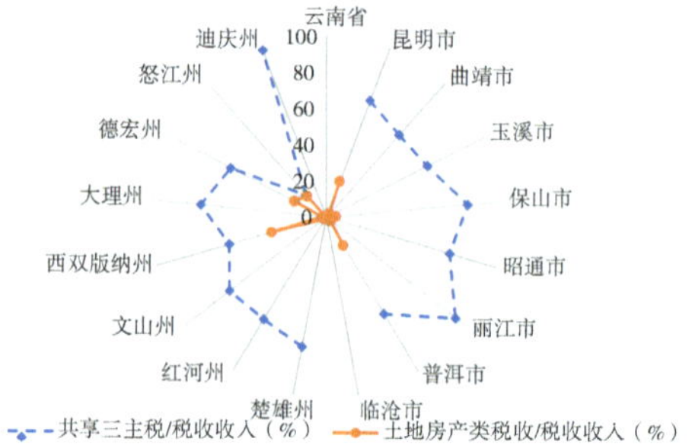

图25-93　2018年云南省各市市本级共享
三主税、土地房产类税收占税收收入的比重

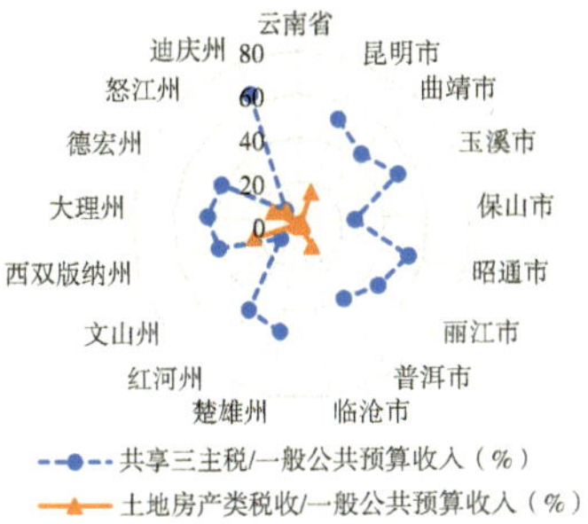

图25-94　2018年云南省各市市本级共享三主税、土地房产类税收占一般公共预算的比重

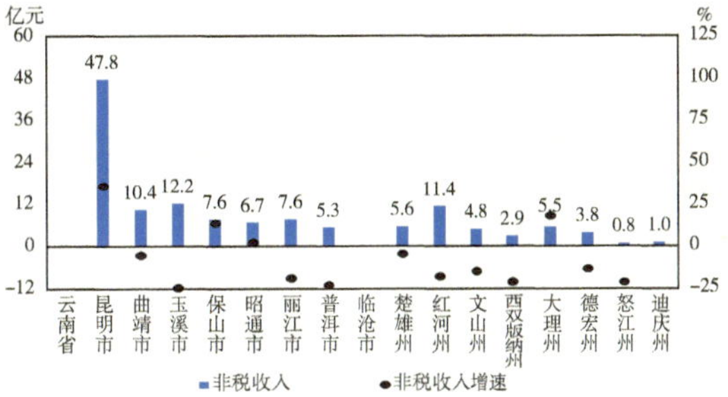

图25-95　2018年云南省各市市本级非税收入及增速

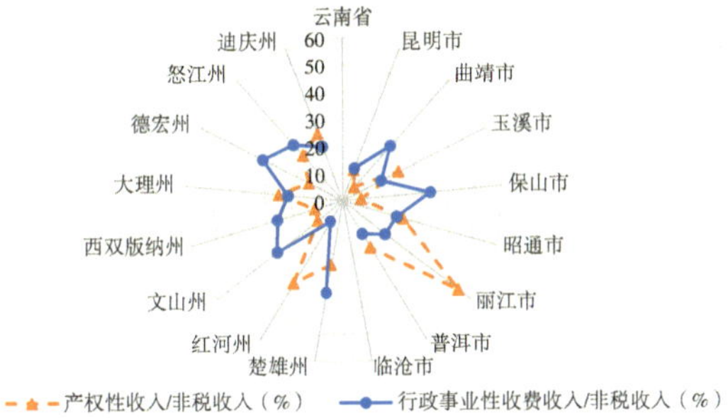

图25-96　2018年云南省各市市本级产权性收入、行政事业性收费收入占非税收入的比重

25.3　云南省样本县政府收入主要特征分析

25.3.1　云南省样本县经济社会发展情况

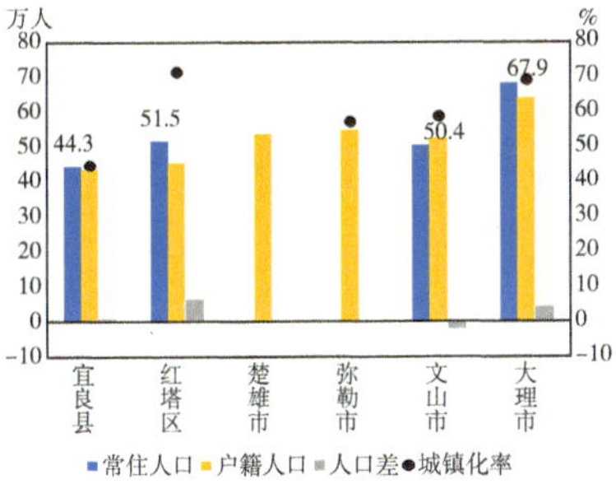

图25-97　2018年云南省样本区县人口状况

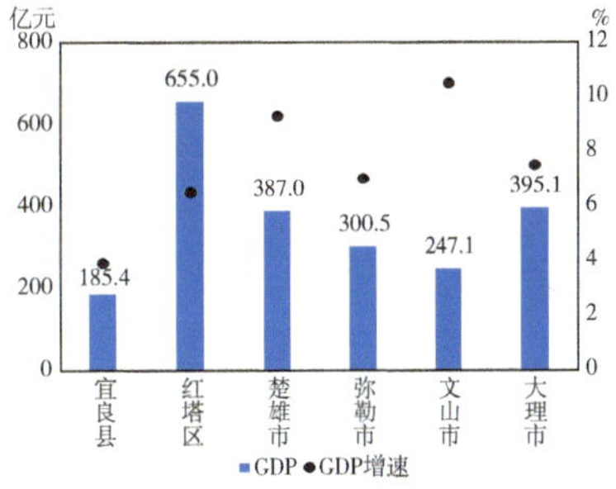

图25-98　2018年云南省样本区县GDP及增速

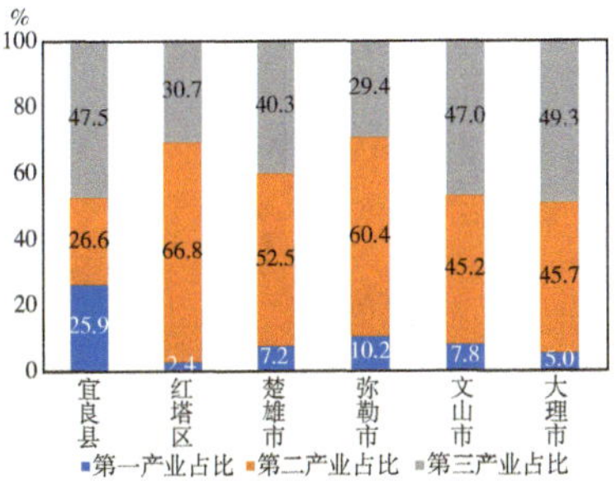

图25-99　2018年云南省样本区县三次产业结构

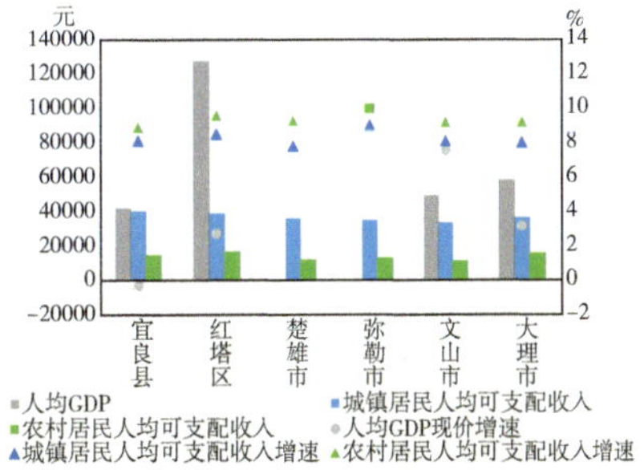

图25-100　2018年云南省样本区县人均GDP与人均可支配收入

25.3.2 云南省样本县政府收入总体情况

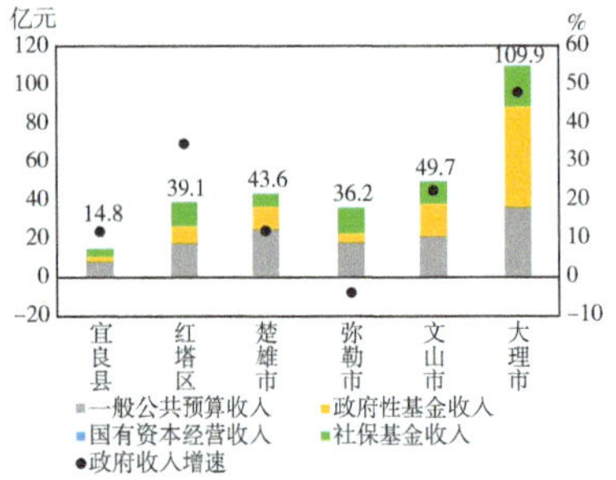

图25-101 2018年云南省样本区县政府收入结构及增速

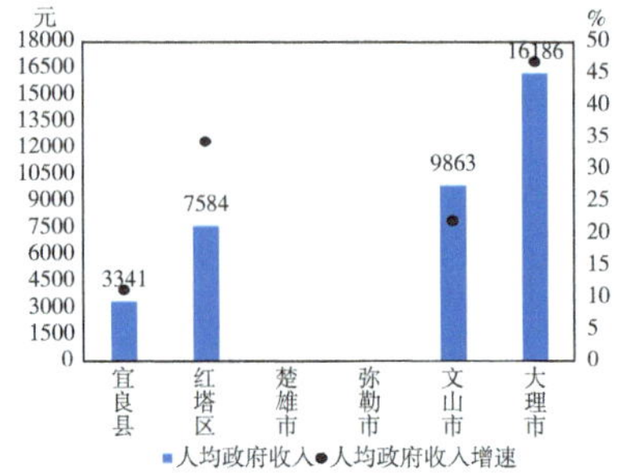

图25-102 2018年云南省样本区县人均政府收入及增速

25.3.3 云南省样本县一般公共预算收入情况

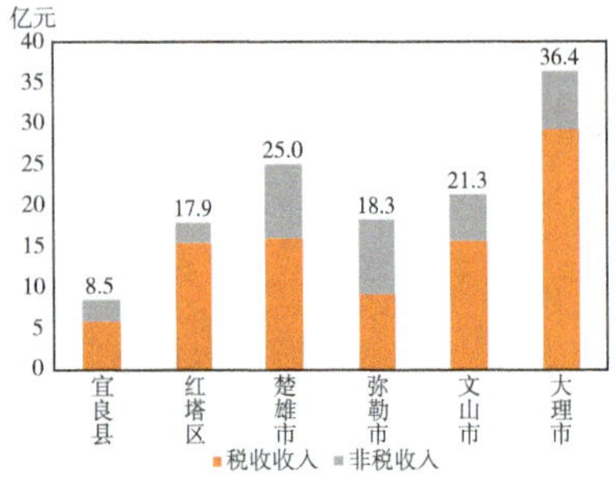

图25-103 2018年云南省样本区县一般公共预算收入

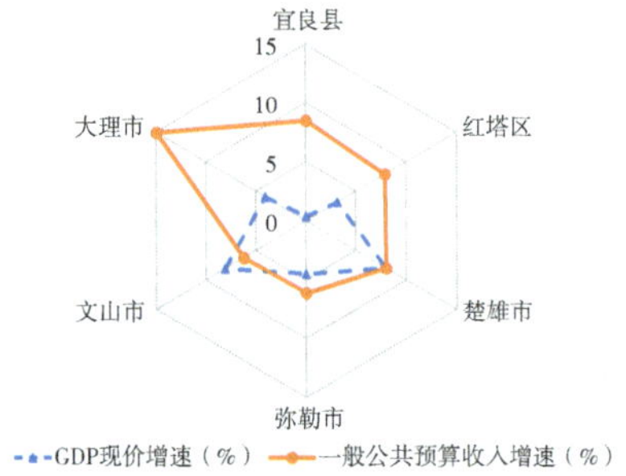

图25-104 2018年云南省样本区县一般公共预算收入增速

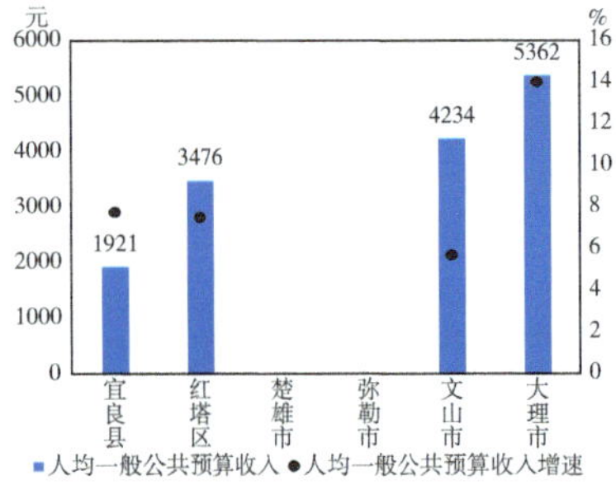

图25-105 2018年云南省样本区县人均一般公共预算收入及增速

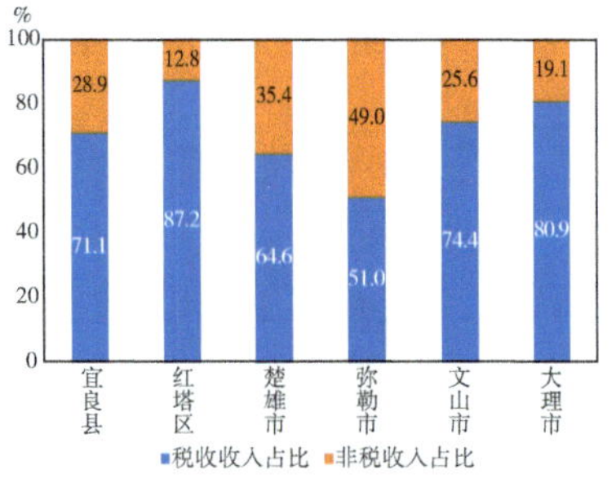

图25-106 2018年云南省样本区县一般公共预算收入结构

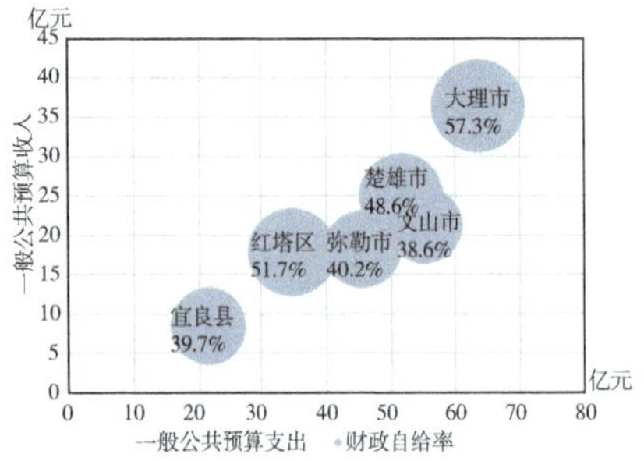

图25-107 2018年云南省样本区县财政自给率

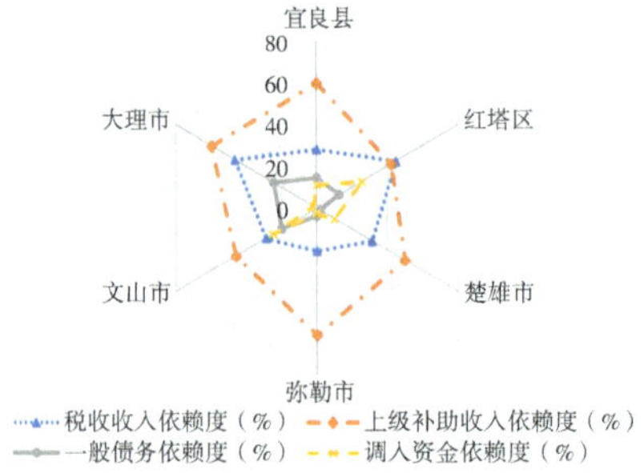

图25-108 2018年云南省样本区县财政收入依赖度

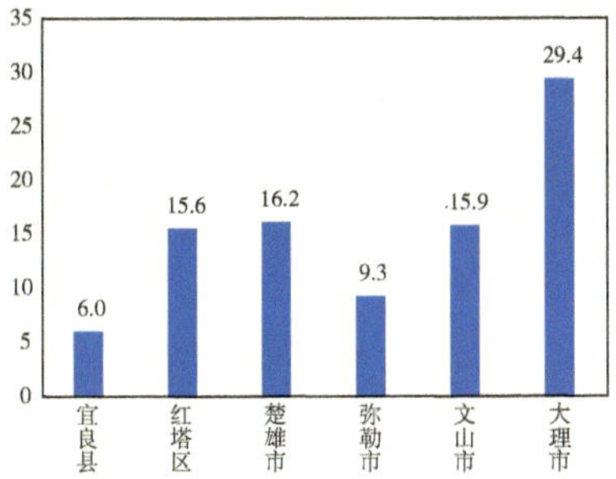

图25-109　2018年云南省样本区县税收收入

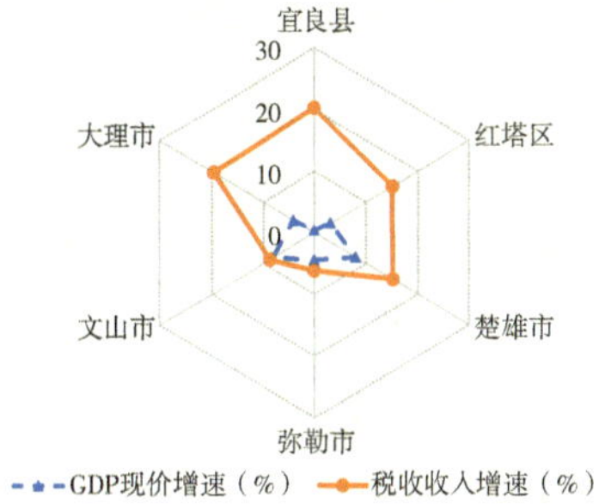

图25-110　2018年云南省样本区县税收收入增速

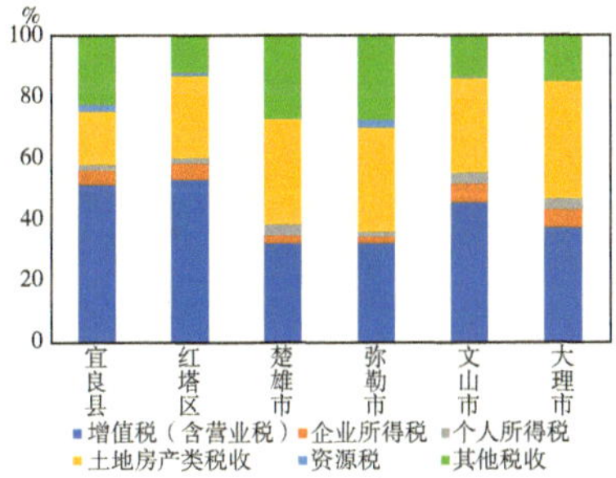

图25-111　2018年云南省样本区县税收收入结构

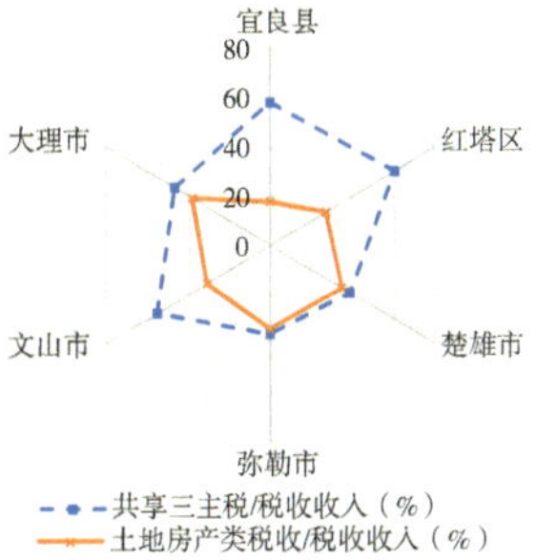

图25-112　2018年云南省样本区县共享三主税、土地房产类税收占税收收入的比重

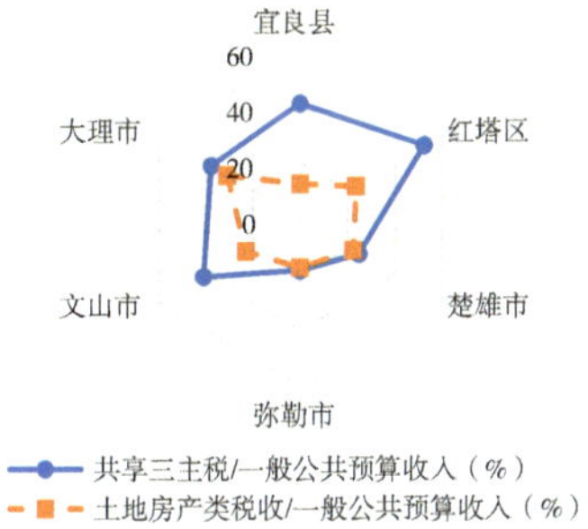

图25-113　2018年云南省样本区县共享三主税、土地房产类税收占一般公共预算收入的比重

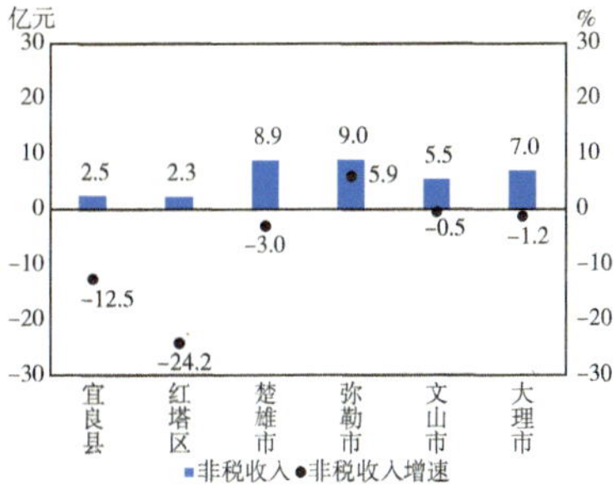

图25-114　2018年云南省样本区县非税收入

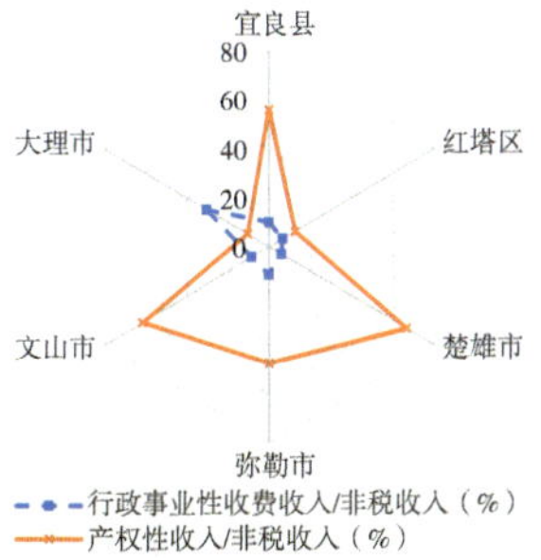

图25-115　2018年云南省样本区县产权性收入、行政事业性收费收入占非税收入的比重

25.3.4 云南省样本县政府性基金收入与国有资本经营收入情况

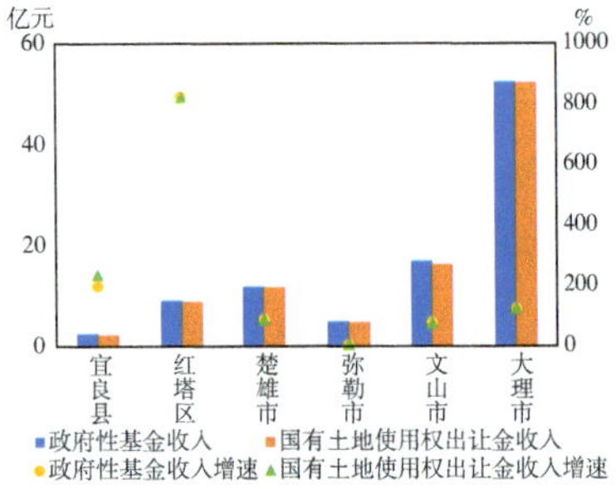

图25-116 2018年云南省样本区县政府性基金收入、国有土地使用权出让金收入及其增速

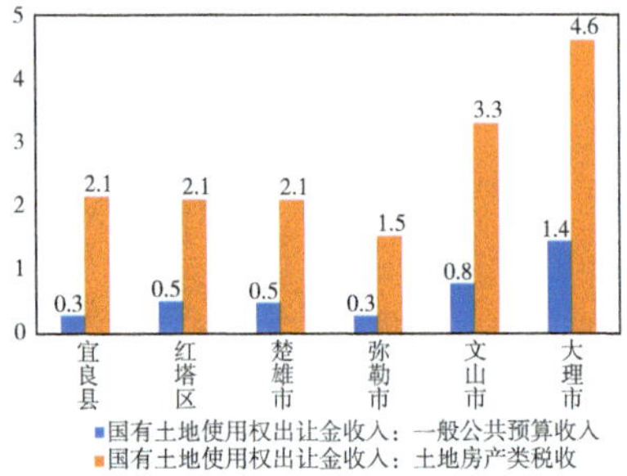

图25-117 2018年云南省样本区县国有土地使用权出让金收入与一般公共预算关系指标

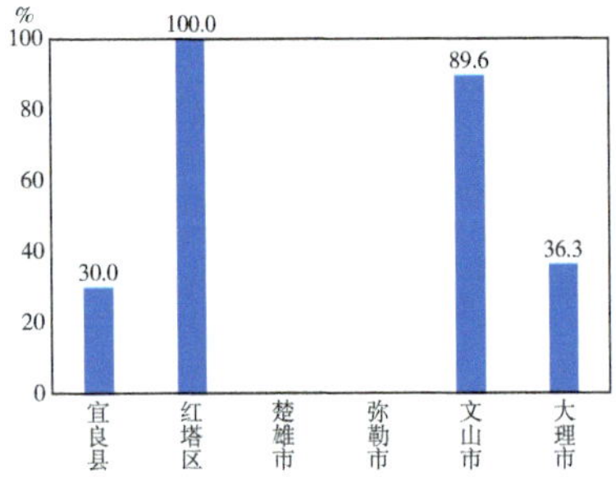

图25-118 2018年云南省样本区县调出资金/国有资本经营收入

25.3.5 云南省样本县社会保险基金收入情况

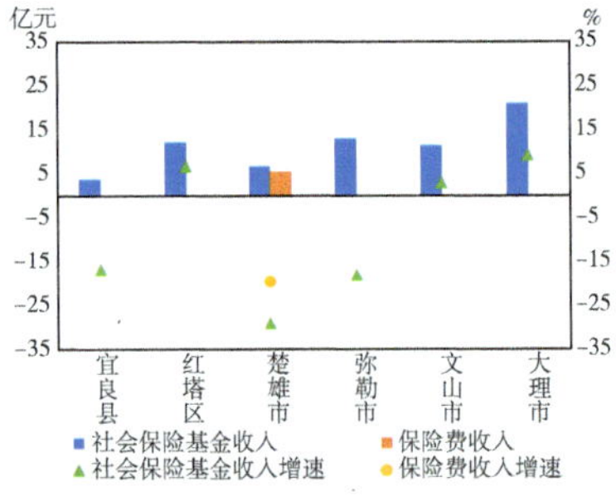

图25-119 2018年云南省样本区县社会保险基金收入、保险费收入及其增速

25.3.6 云南省样本县债务情况

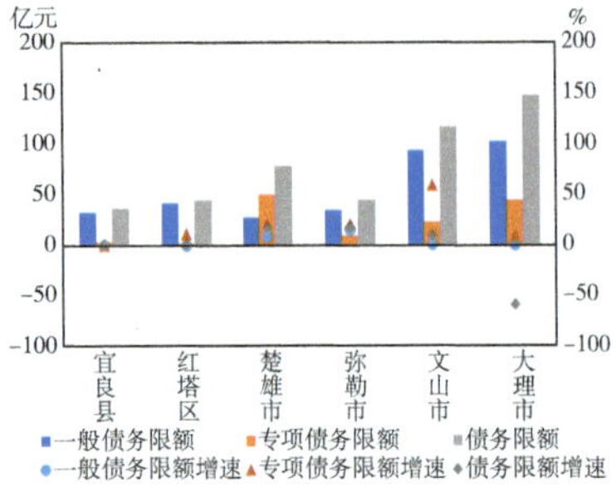

图25-120 2018年云南省样本区县债务限额及其增速

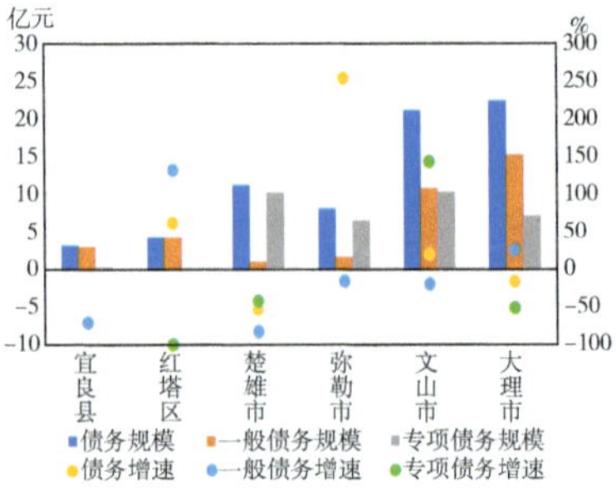

图25-121 2018年云南省样本区县债务规模及其增速

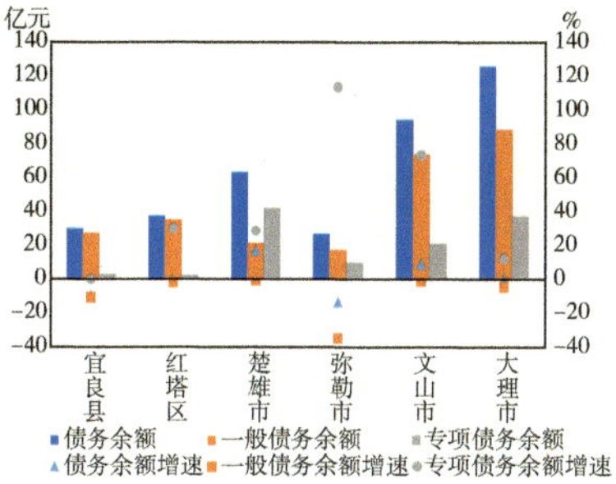

图25-122　2018年云南省样本区县债务余额及其增速

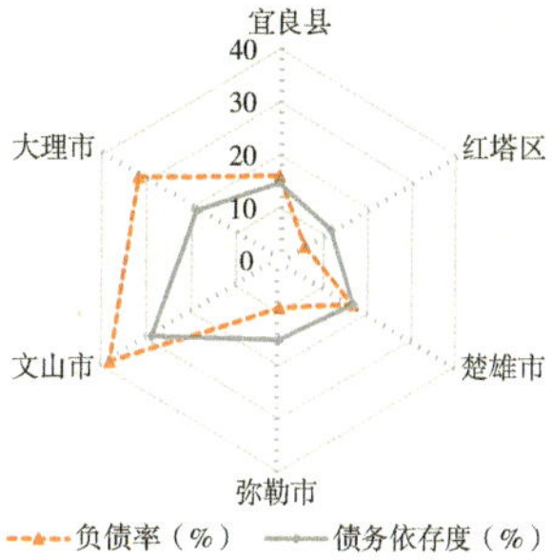

图25-123　2018年云南省样本区县负债率与债务依存度

26 西藏自治区

西藏自治区下辖6个地级市和1个地区，市辖区8个、县66个；地域面积122.84万平方公里，平均海波4000米以上，是世界上面积最大，海拔最高的高原。西藏自治区矿产资源丰富，太阳能、水能资源充足，但因交通不便且开采难度较高，其经济发展一直呈现基础薄弱、财政较多依靠转移支付的特征。总体来看，西藏自治区的经济发展、财政收入等在全国均处后位，整体发展水平较低。

2019年西藏自治区经济总量处于全国末位，第三产业占比高于全国，常住人口增加，城镇化率远低于全国。2019年末，西藏自治区常住人口350.6万人，城镇化率为31.5%。2019年西藏GDP为1697.8亿元，排全国第31名；增速8.1%，比2018年下降1个百分点，高于全国2个百分点，排全国第2名；人均GDP为48432元（7020美元），排全国第23名。从产业结构来看，第一、第二、第三产业占比分别为8.2%、37.4%（低于全国平均水平1.6个百分点）和54.4%（高于全国平均水平0.5个百分点）。从居民可支配收入看，2019年城镇与农村居民人均可支配收入分别为37410元和12951元，呈上升态势，分别为全国平均水平的88.3%和80.8%。

2019年西藏自治区一般公共预算收入全国排末位，矿产资源丰富带来的非税收入（产权性收入）占比高，省本级一般公共预算收入占全省比重为17%。2019年西藏自治区一般公共预算收入221.9亿元（第31名）、增速-3.6%（第29名），人均一般公共预算收入为6330元，排全国第12名。其中，近三年西藏自治区税收收入占一般公共预算收入的总体呈上升态势，2019年为71.0%，低于全国平均水平12个百分点。非税收入占比高，其中2018年政府产权性收入规模占非税收入比高达52.5%。

2019年西藏自治区财政自给率极低，地区财政总收入远远小于一般公共预算支出。西藏自治区财政自给率仅为10%左右，2019年为10.2%。2018年西藏自治区组织的地区财政总收入为472.7亿元，增速为19.1%，其中上缴中央收入占比51.3%。2019年西藏自治区一般公共预算支出为2180.9亿元，远高于地区财政总收入规模。

2019年西藏自治区四本预算的一般公共预算收入和政府性基金收入占比下降。2019年西藏自治区四本预算加总的政府收入496.3亿元，增速为-2.5%，其中一般公共预算收入、政府性基金收入、国有资本经营收入和社会保险基金收入分别占比44.7%、15.2%、0.8%和39.3%。2019年西藏自治区社会保险缴费收入为159.6亿元，增速为7.6%；财政补贴收入规模为31.4亿元，社保对财政依赖度为19.5%。

西藏自治区各地市经济社会发展和财政发展不均衡，优势主要集中于省会拉萨。2018年拉萨市政府收入规模为212.1亿元，而其他各市政府收入规模均不足百亿元。2018年拉萨市一般公共预算收入为110.1亿元，而其他各市均低于20亿元，阿里地区仅为4.3亿元。2018年，西藏自治区财政自给率最高的城市为拉萨（36.7%），其他市均低于13%，最低为那曲市，仅为4.2%。政府性基金收入主要构成是国有土地使用权出让金收入，收入规模最大的是拉萨市（60.9亿元），其他各市均低于10亿元，阿里地区最低，仅为0.1亿元。

本章执笔人：陈少波　审校：谢恺

26.1 西藏自治区政府收入主要特征分析

26.1.1 西藏自治区经济社会基本情况

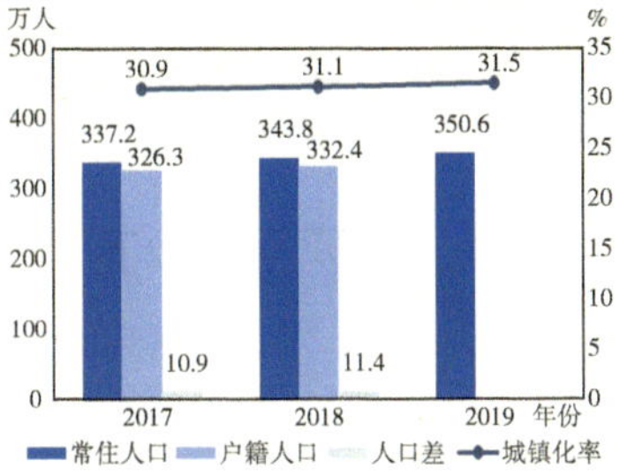

图26-1 2017-2019年西藏自治区人口状况

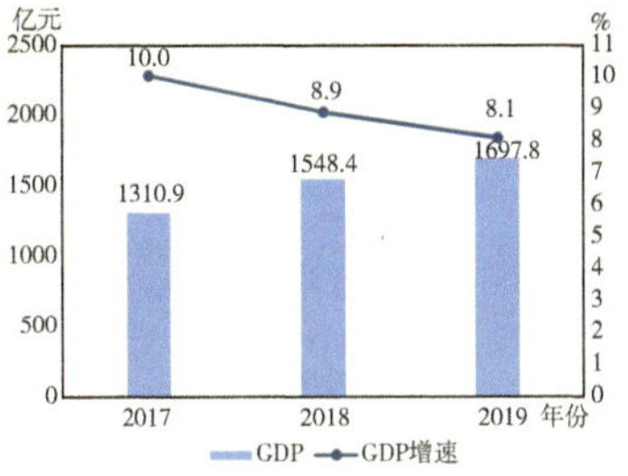

图26-2 2017-2019年西藏自治区GDP及增速

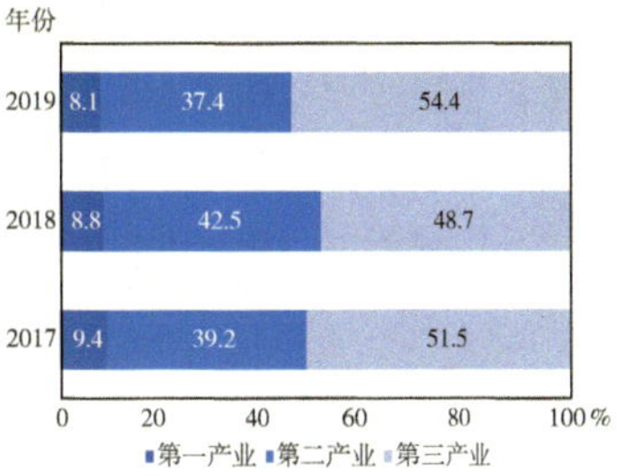

图26-3 2017-2019年西藏自治区三次产业结构

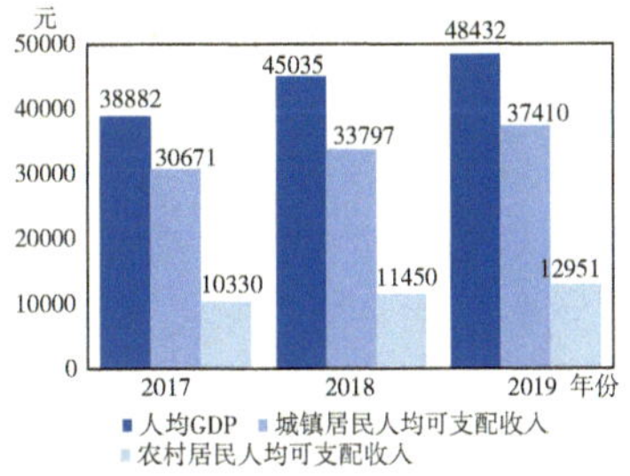

图26-4 2017-2019年西藏自治区人均GDP和人均可支配收入

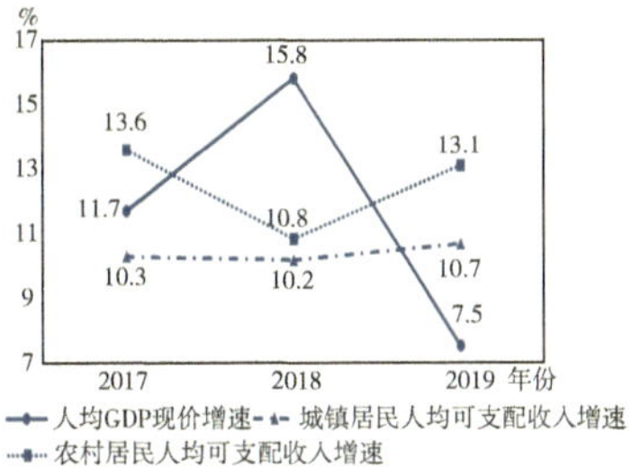

图26-5 2017-2019年西藏自治区人均GDP增速和人均可支配收入增速

26.1.2 西藏自治区政府收入总体情况

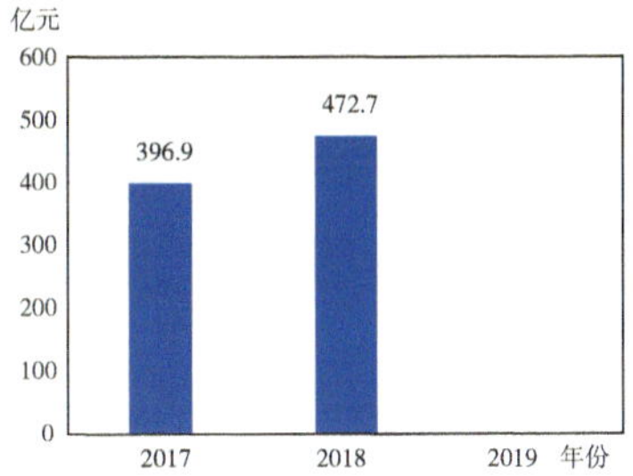

图26-6 2017-2019年西藏自治区财政总收入

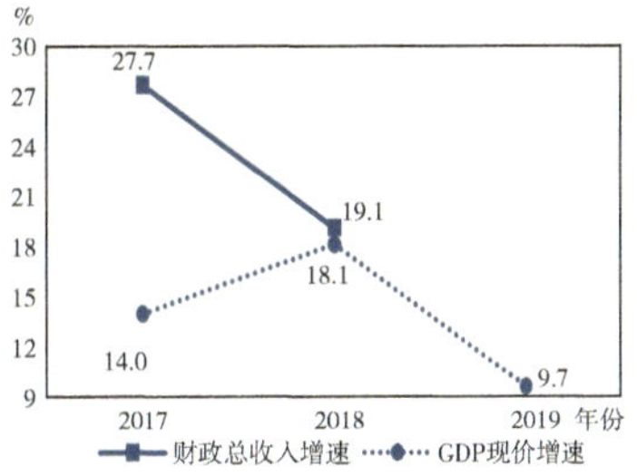

图26-7 2017-2019年西藏自治区财政总收入增速

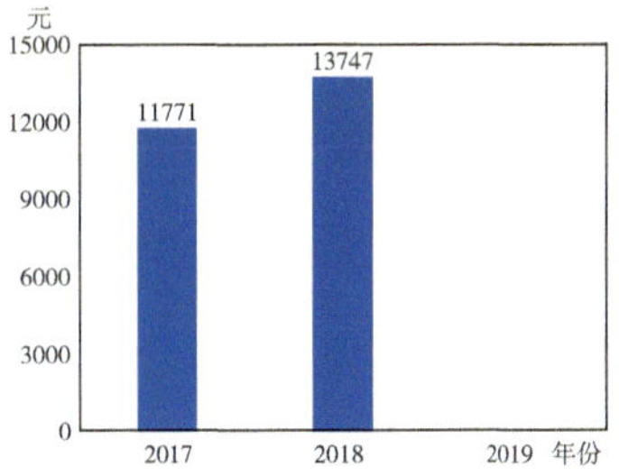

图26-8 2017-2019年西藏自治区人均财政总收入

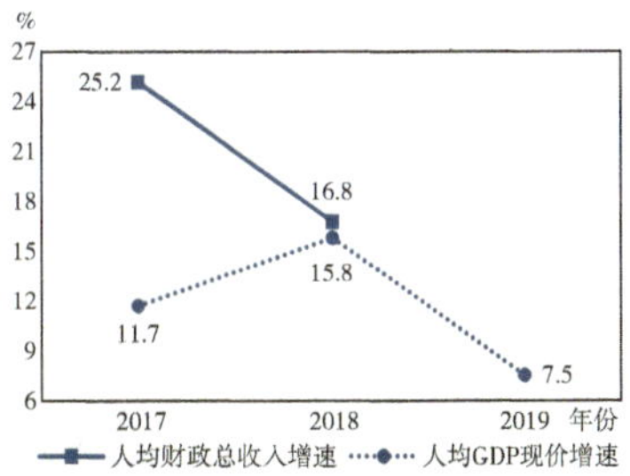

图26-9 2017-2019年西藏自治区人均财政总收入增速

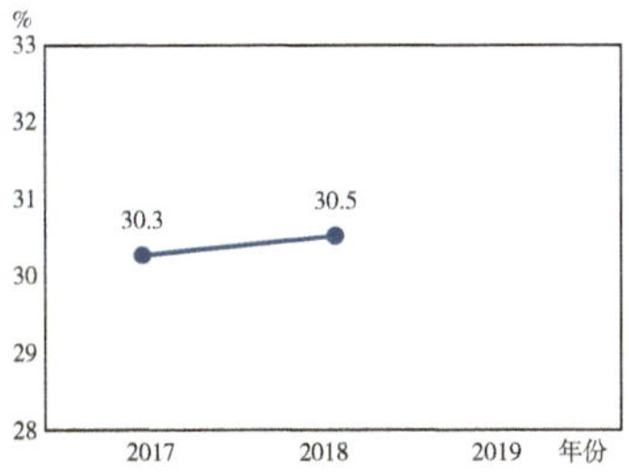

图26-10 2017-2019年西藏自治区财政总收入/GDP

图26-11 2017-2019年西藏自治区财政总收入其他指标

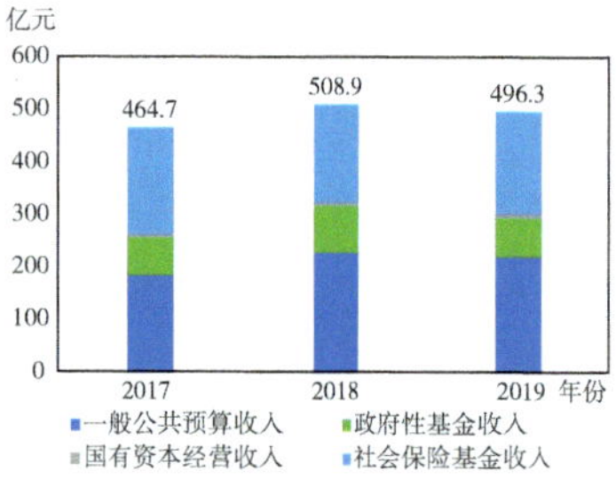

图26-12　2017-2019年西藏自治区政府收入

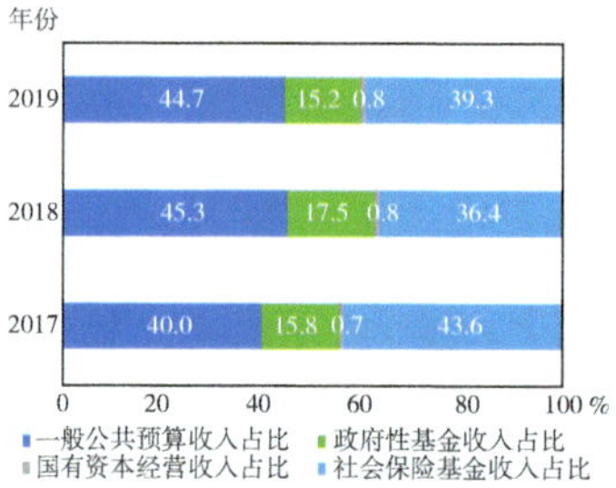

图26-13　2017-2019年西藏自治区政府收入结构

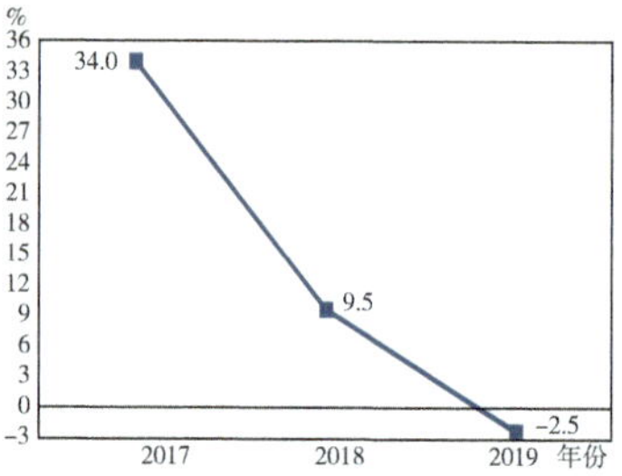

图26-14　2017-2019年西藏自治区政府收入增速

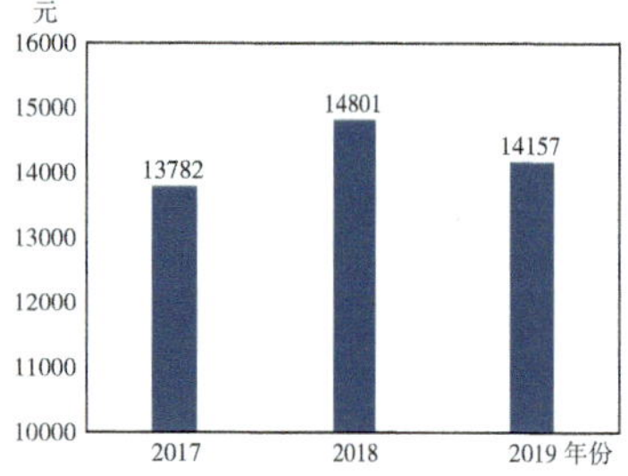

图26-15　2017-2019年西藏自治区人均政府收入

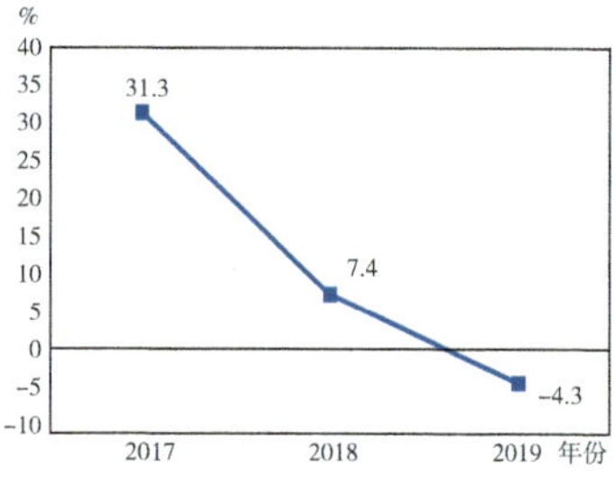

图26-16　2017-2019年西藏自治区人均政府收入增速

26.1.3　西藏自治区一般公共预算收入情况

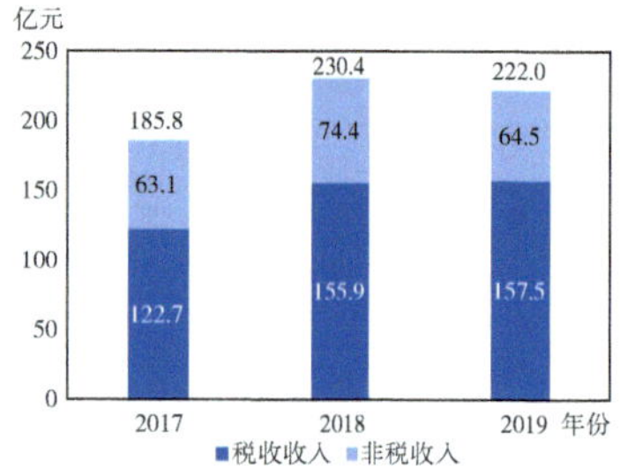

图26-17　2017-2019年西藏自治区一般公共预算收入

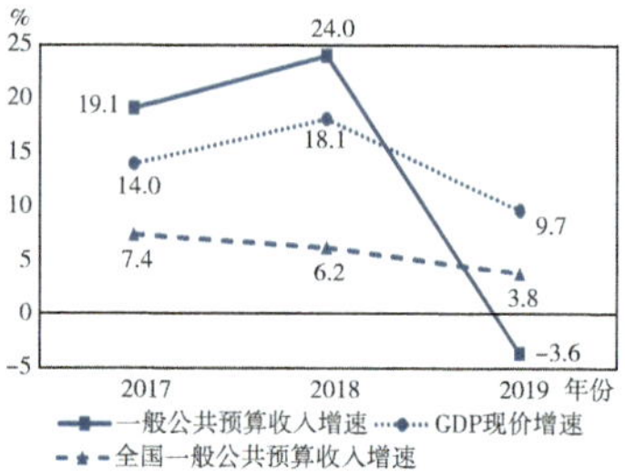

图26-18　2017-2019年西藏自治区一般公共预算收入增速

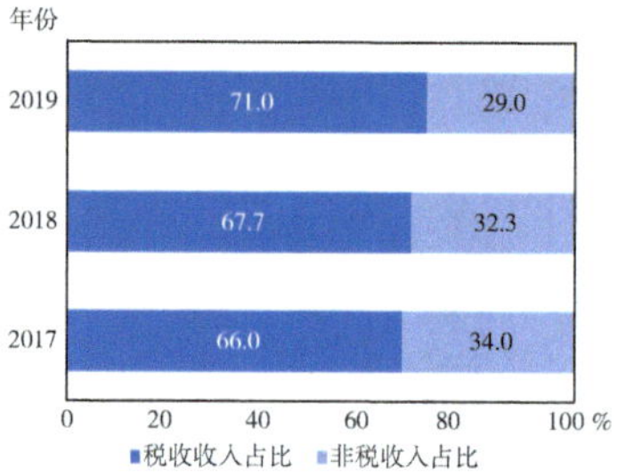

图26-19　2017-2019年西藏自治区一般公共预算收入结构

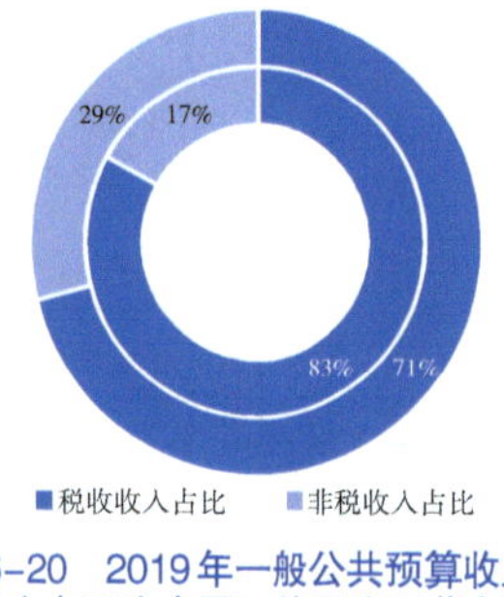

图26-20　2019年一般公共预算收入结构对比（内环为全国，外环为西藏自治区）

图26-21　2017-2019年西藏自治区人均一般公共预算收入

图26-22　2017-2019年西藏自治区人均一般公共预算收入增速

图26-23　2017-2019年西藏自治区财政自给率

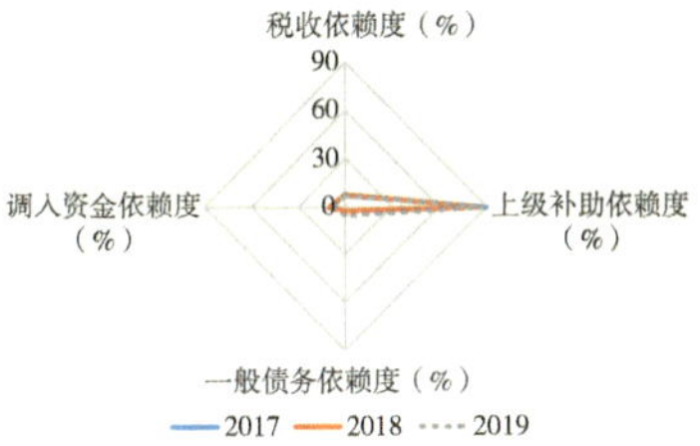

图26-24　2017-2019年西藏自治区财政收入依赖度

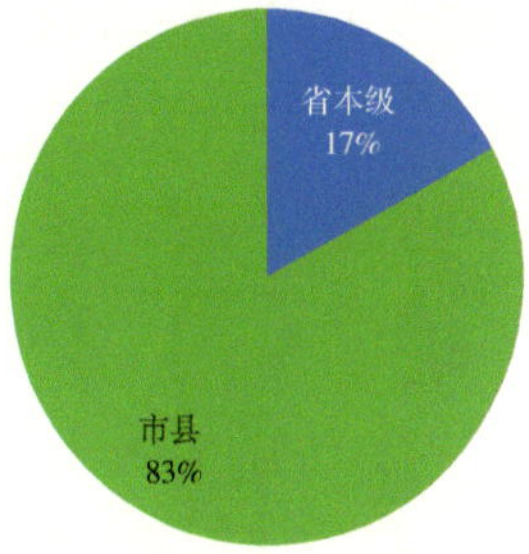

图26-25　2018年西藏自治区一般公共预算收入分布

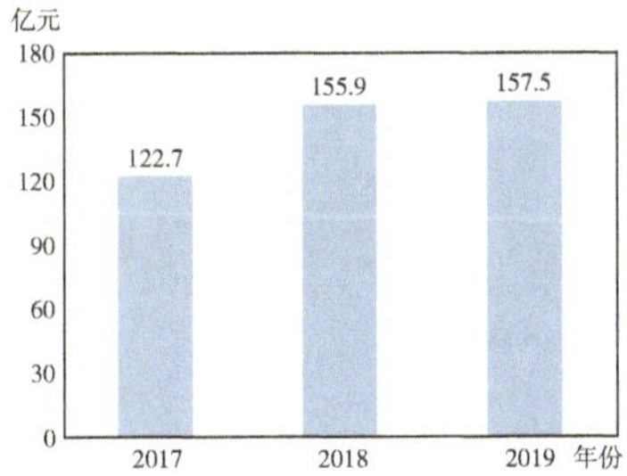

图26-26　2017-2019年西藏自治区税收收入

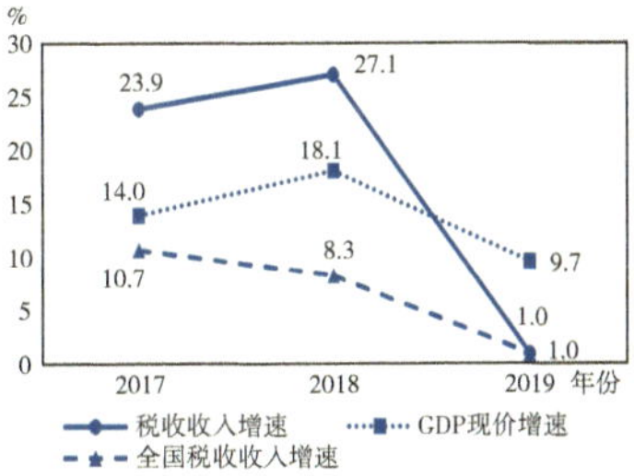

图26-27　2017-2019年西藏自治区税收收入增速

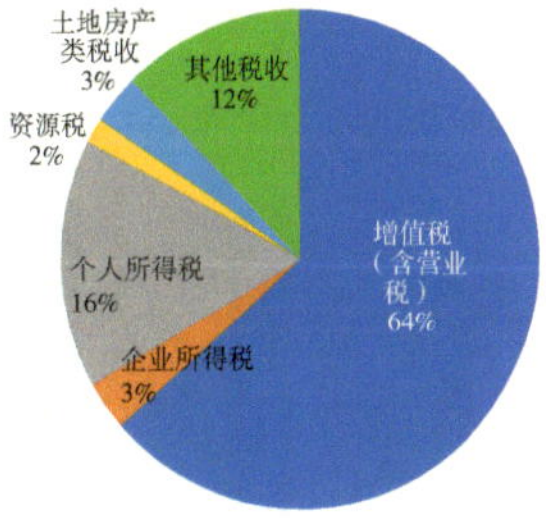

图26-28　2018年西藏自治区税收结构

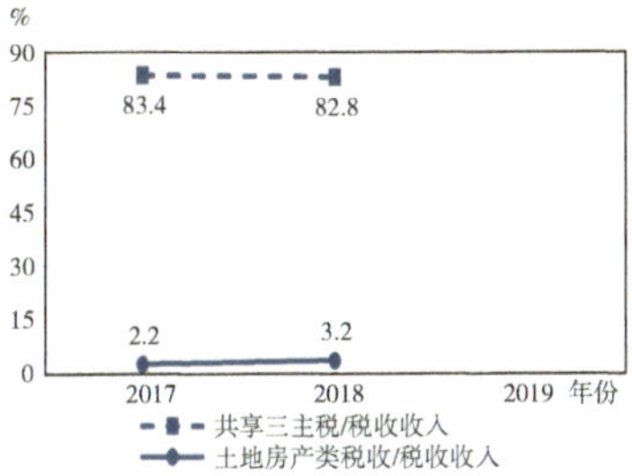

图26-29　2017-2019年西藏自治区共享三主税、土地房产类税收占税收收入的比重

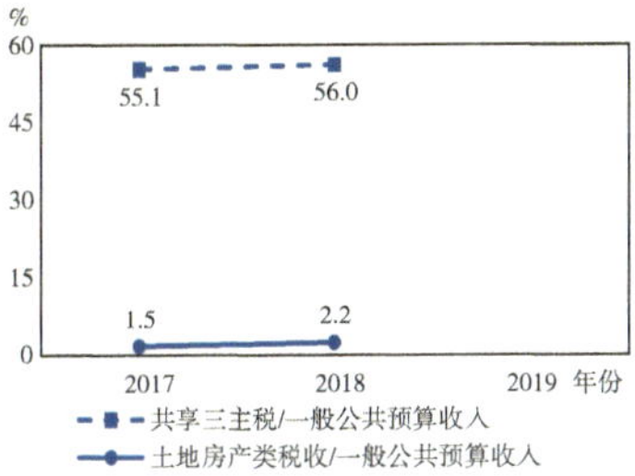

图26-30　2017-2019年西藏自治区共享三主税、土地房产类税收占一般公共预算收入的比重

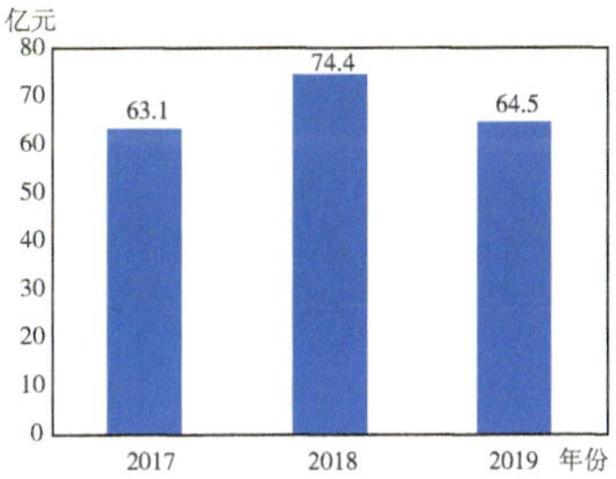

图26-31　2017-2019年西藏自治区非税收入

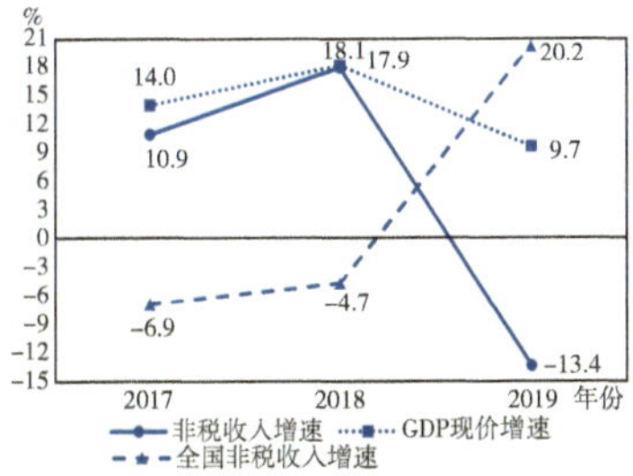

图26-32　2017-2019年西藏自治区非税收入增速

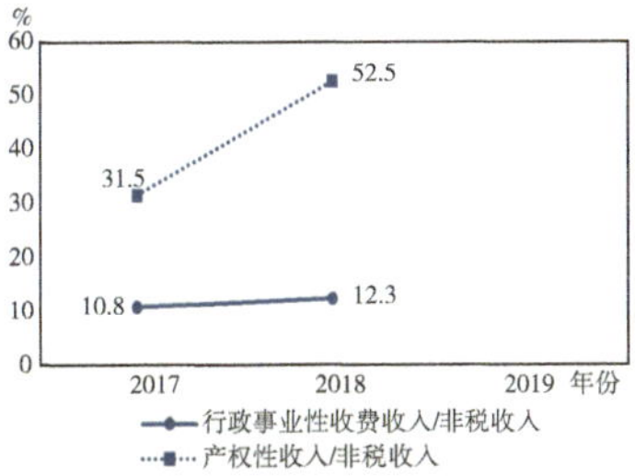

图26-33　2017-2019年西藏自治区行政事业性收费及产权性收入占非税收入的比重

26.1.4 西藏自治区政府性基金收入和国有资本经营收入情况

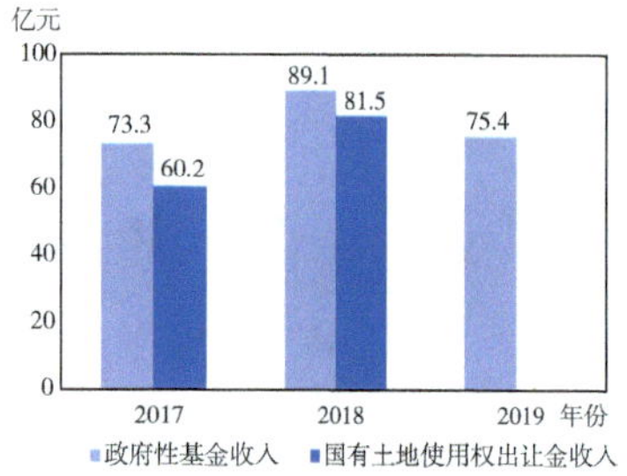

图26-34 2017-2019年西藏自治区政府性基金收入及国有土地使用权出让金收入

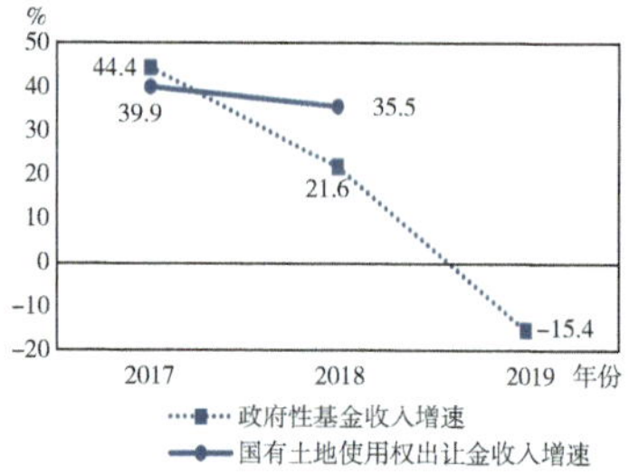

图26-35 2017-2019年西藏自治区政府性基金收入增速及国有土地使用权出让金收入增速

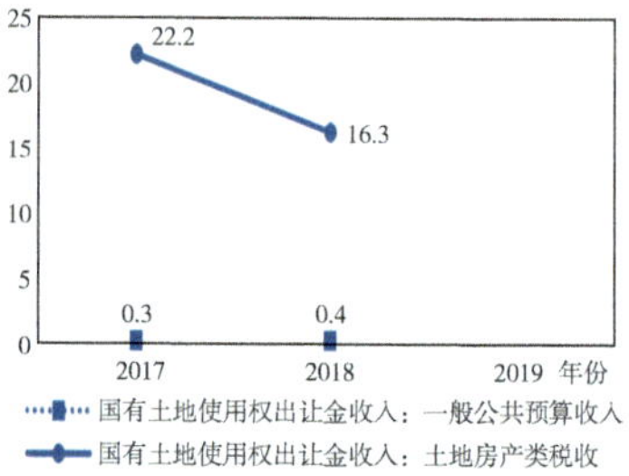

图26-36 2017-2019年西藏自治区国有土地使用权出让金收入与一般公共预算关系指标

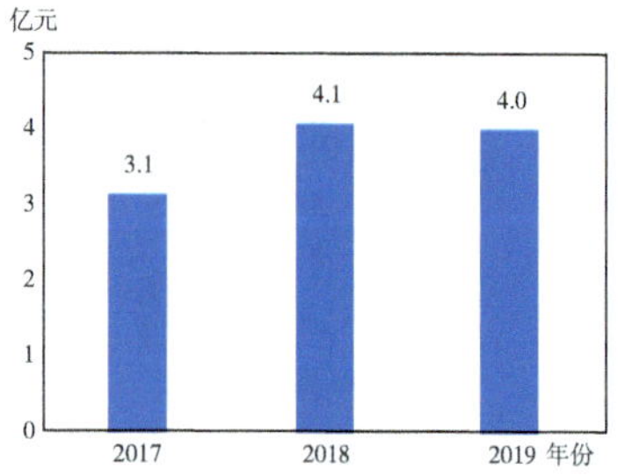

图26-37 2017-2019年西藏自治区国有资本经营收入

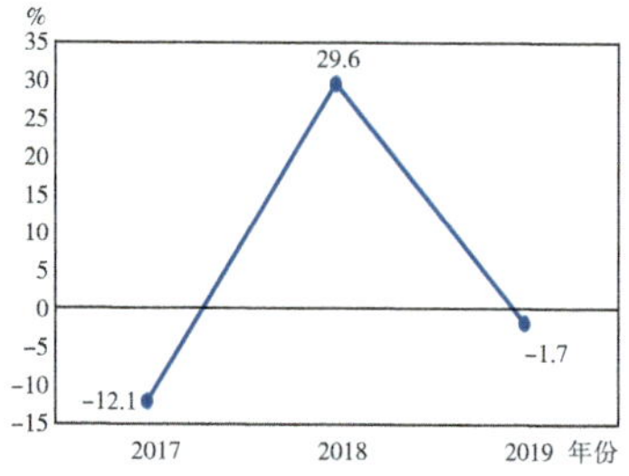

图26-38 2017-2019年西藏自治区国有资本经营收入增速

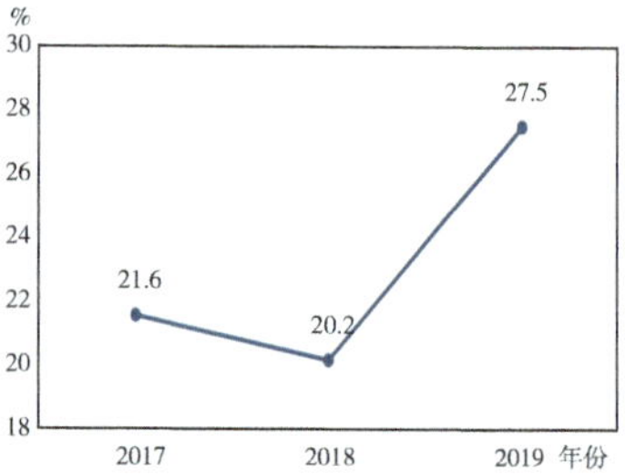

图26-39 2017-2019年西藏自治区调出资金/国有资本经营收入

26.1.5 西藏自治区社会保险基金收入情况

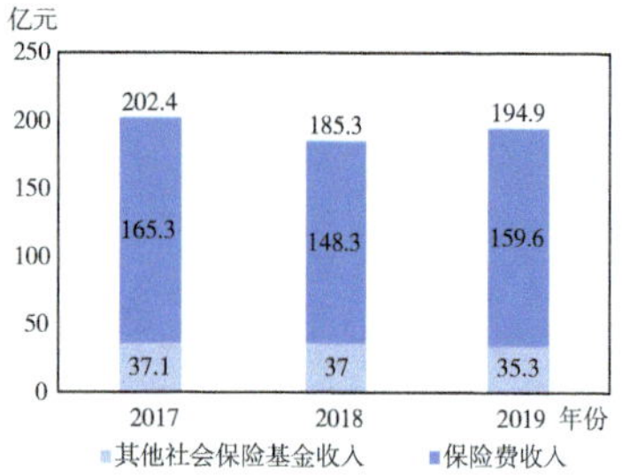

图26-40 2017-2019年西藏自治区社会保险基金收入

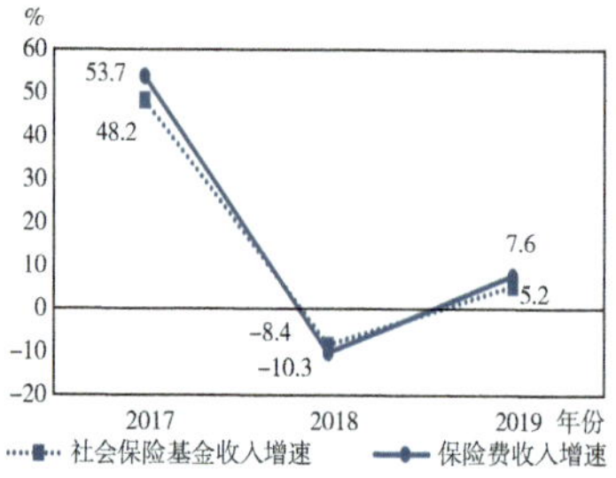

图26-41 2017-2019年西藏自治区社会保险基金收入增速及保险费收入增速

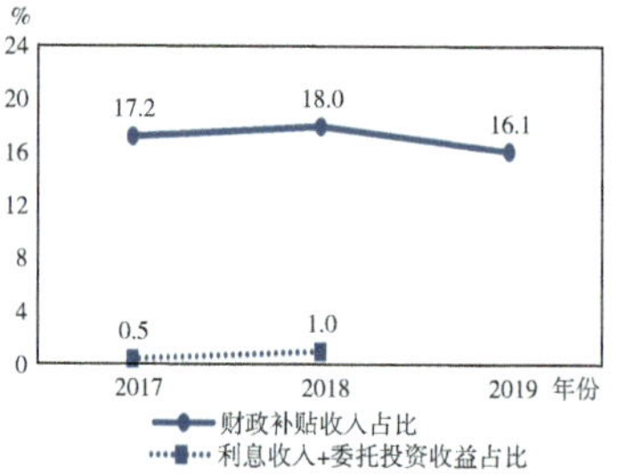

图26-42 2017-2019年西藏自治区财政补贴收入、利息收入+委托投资收益占社会保险基金收入的比重

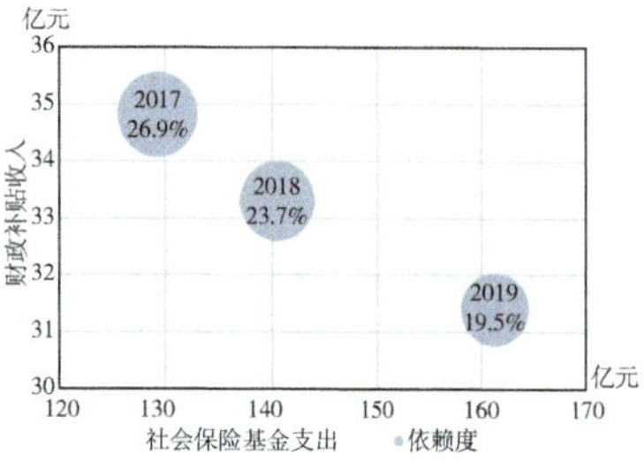

图26-43 2017-2019年西藏自治区社会保险基金对财政补贴的依赖度

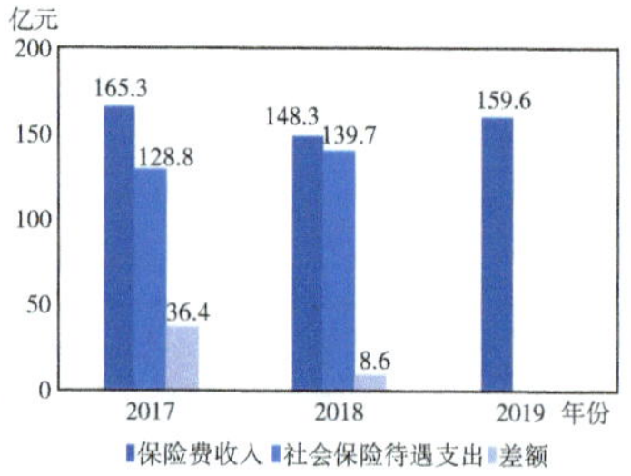

图26-44 2017-2019年西藏自治区保险费收入、社会保险待遇支出及差额

26.1.6 西藏自治区债务情况

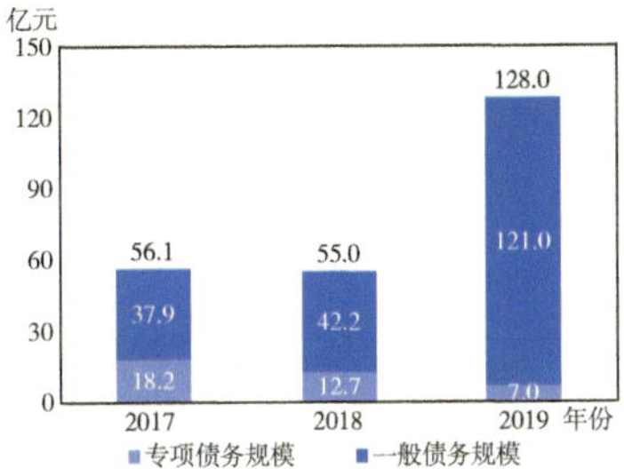

图26-45 2017-2019年西藏自治区债务规模

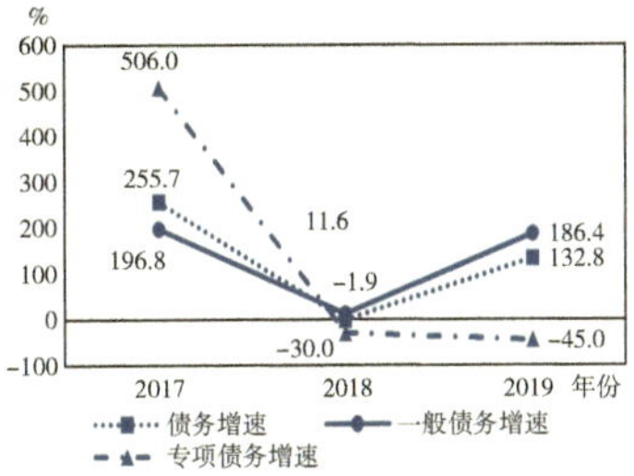

图26-46 2017-2019年西藏自治区债务增速

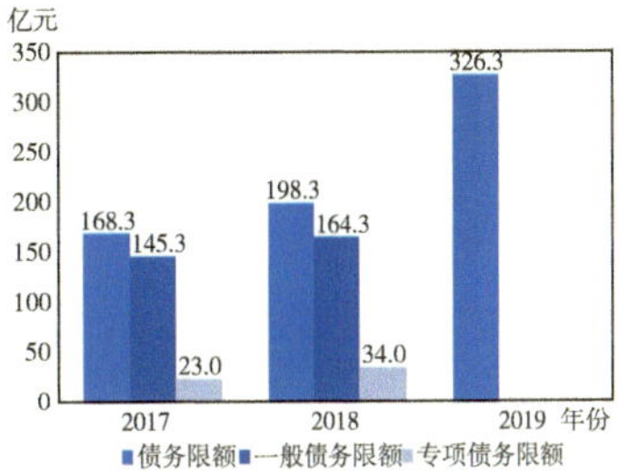

图26-47 2017-2019年西藏自治区债务限额

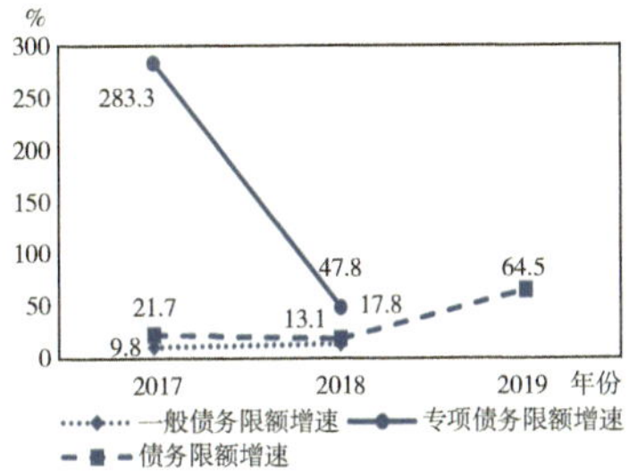

图26-48 2017-2019年西藏自治区债务限额增速

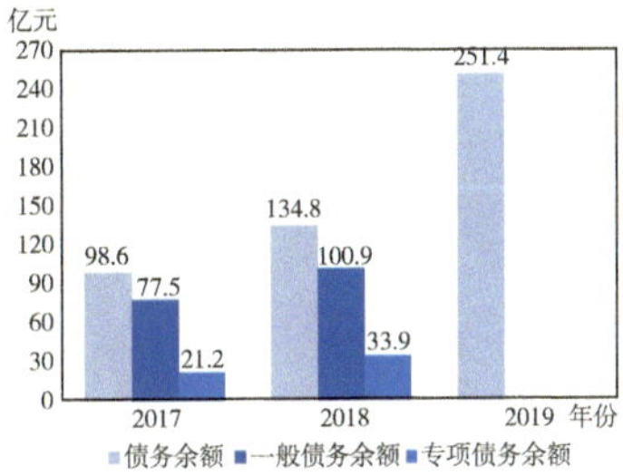

图26-49 2017-2019年西藏自治区债务余额

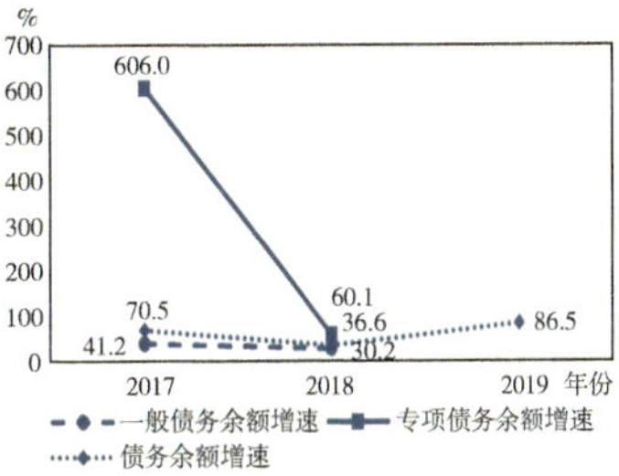

图26-50 2017-2019年西藏自治区债务余额增速

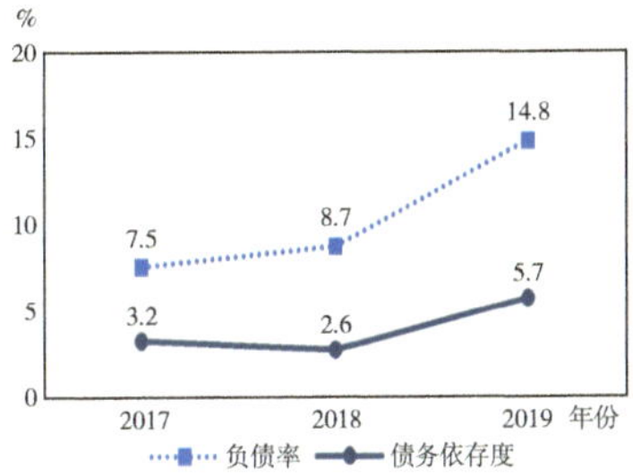

图26-51 2017-2019年西藏自治区负债率与债务依存度

26.1.7 西藏自治区区本级一般公共预算收入情况

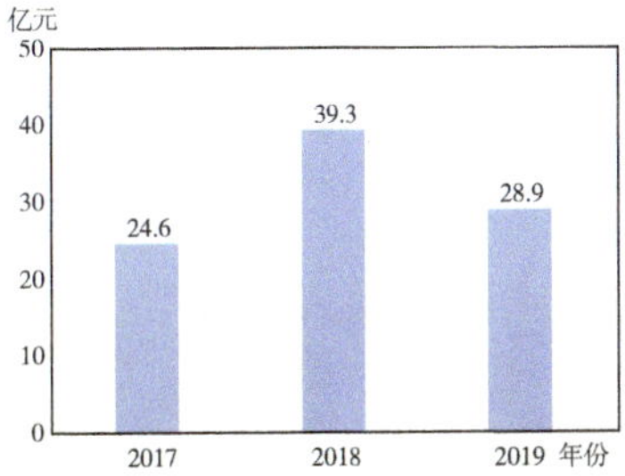

图26-52 2017-2019年西藏自治区区本级一般公共预算收入

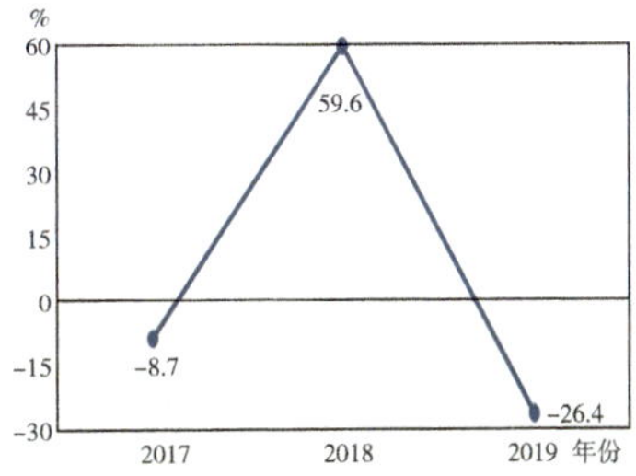

图26-53 2017-2019年西藏自治区区本级一般公共预算收入增速

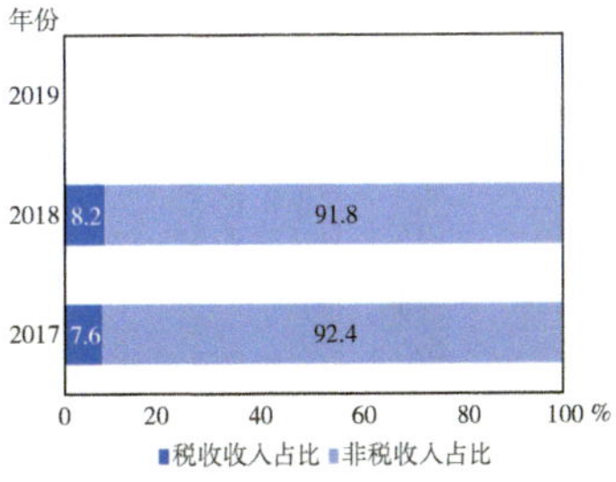

图26-54 2017-2019年西藏自治区区本级一般公共预算收入结构

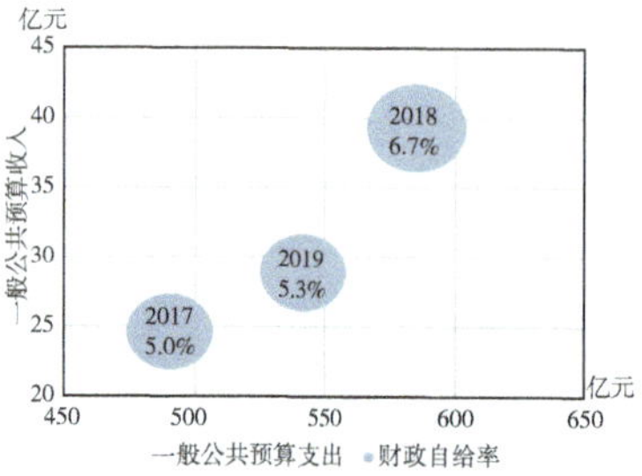

图26-55　2017-2019年西藏自治区区本级财政自给率

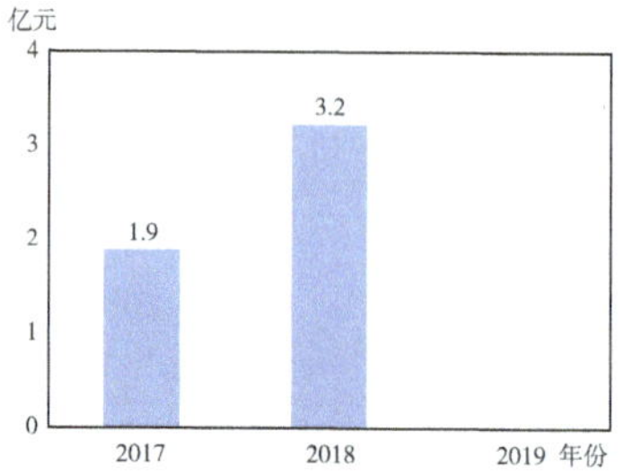

图26-56　2017-2019年西藏自治区区本级税收收入

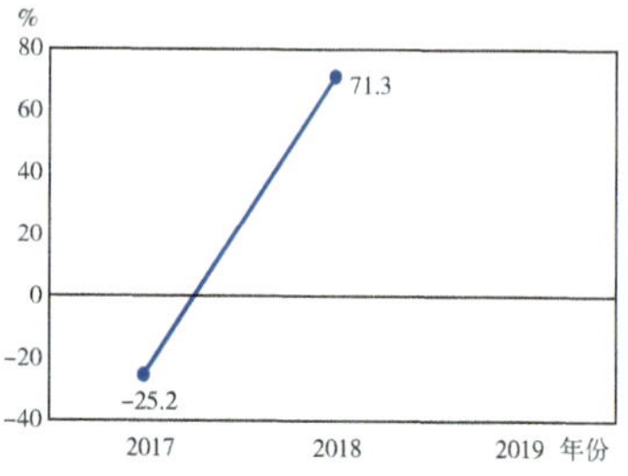

图26-57　2017-2019年西藏自治区区本级税收收入增速

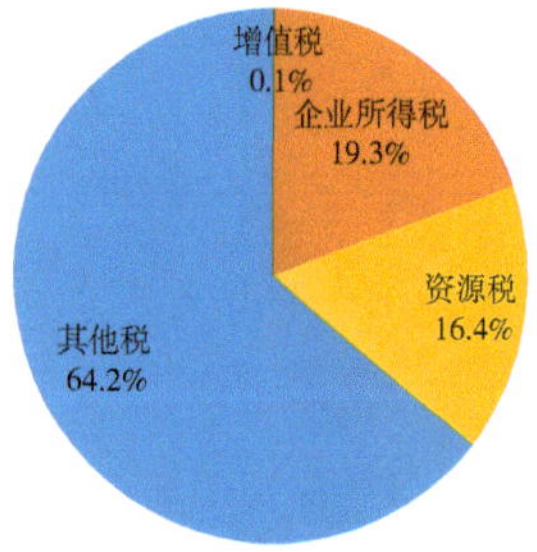

图26-58　2018年西藏自治区区本级税收结构

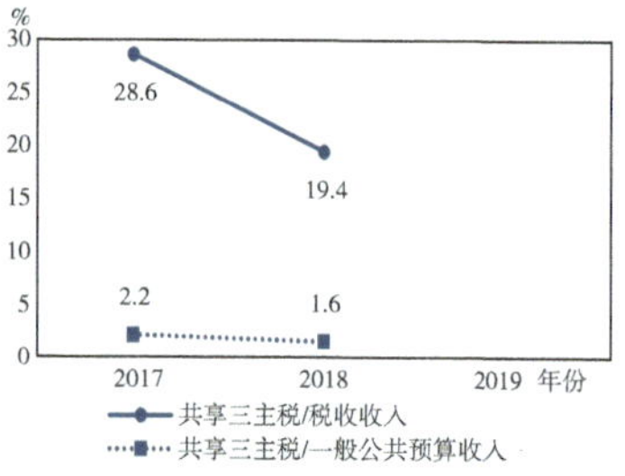

图26-59　2017-2019年西藏自治区区本级共享三主税占税收收入、一般公共预算收入的比重

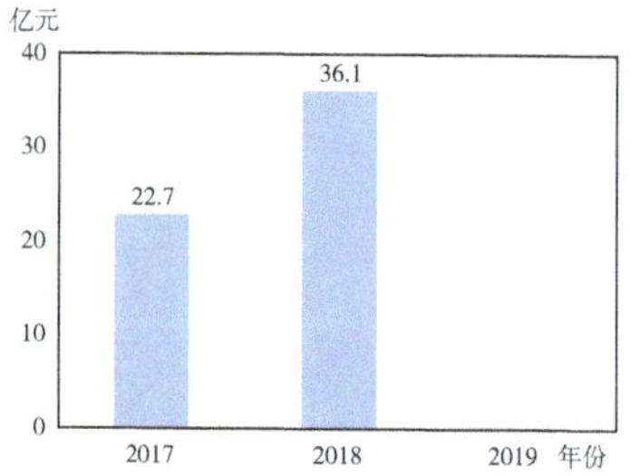

图26-60　2017-2019年西藏自治区区本级非税收入

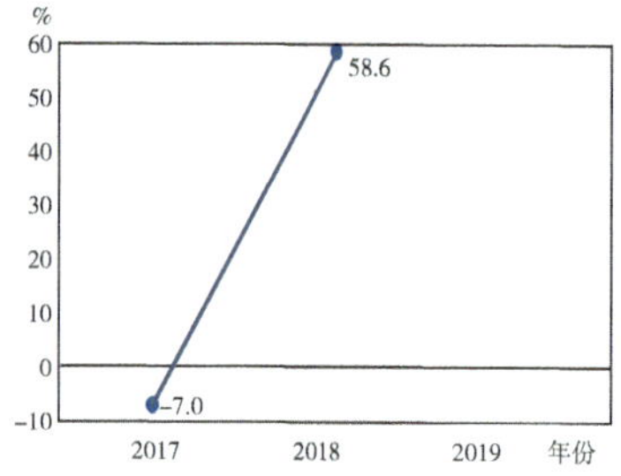

图26-61　2017-2019年西藏自治区区本级非税收入增速

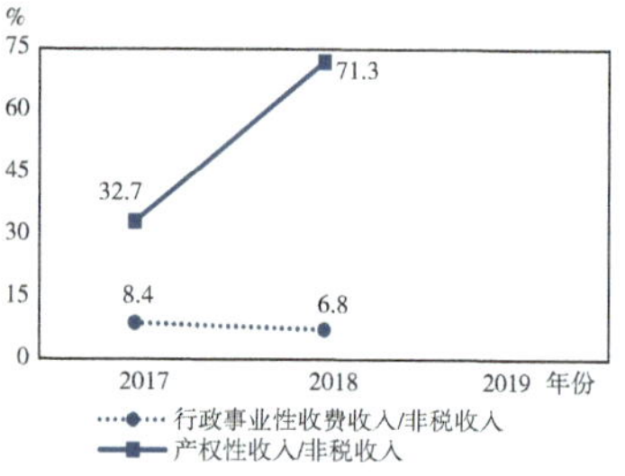

图26-62　2017-2019年西藏自治区区本级行政事业性收费、产权性收入占非税收入的比重

26.2　西藏自治区各市政府收入主要特征分析

26.2.1　西藏自治区各市经济社会发展情况

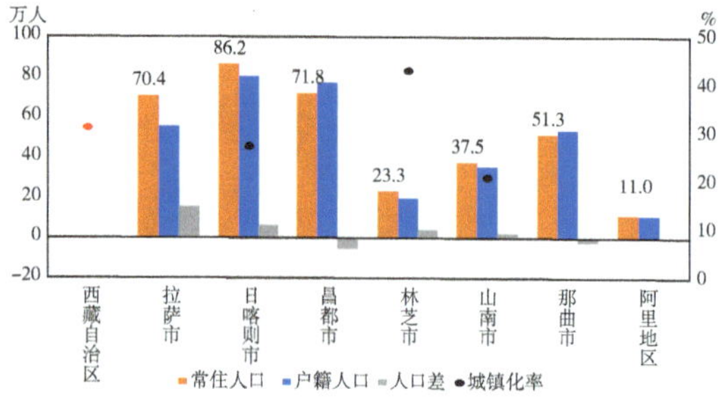

图26-63　2018年西藏自治区各市人口状况

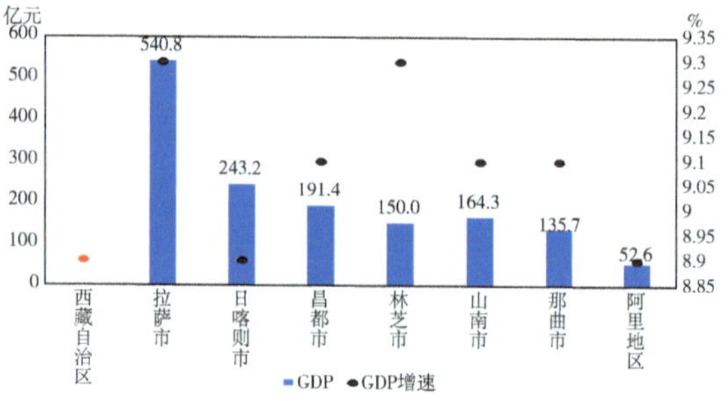

图26-64　2018年西藏自治区各市GDP及增速

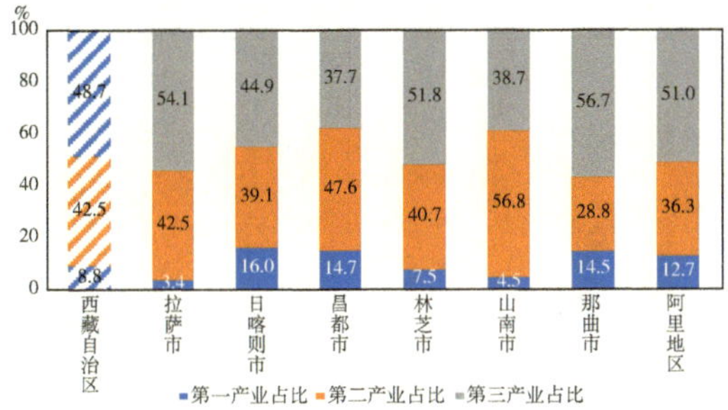

图26-65　2018年西藏自治区各市三次产业结构

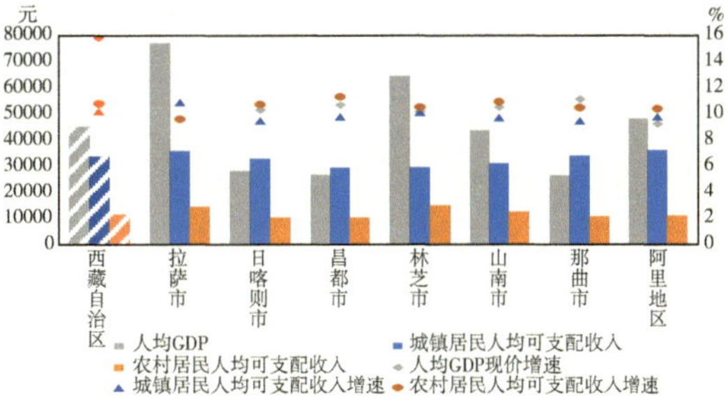

图26-66　2018年西藏自治区各市人均GDP与人均可支配收入

26.2.2　西藏自治区各市政府收入总体情况

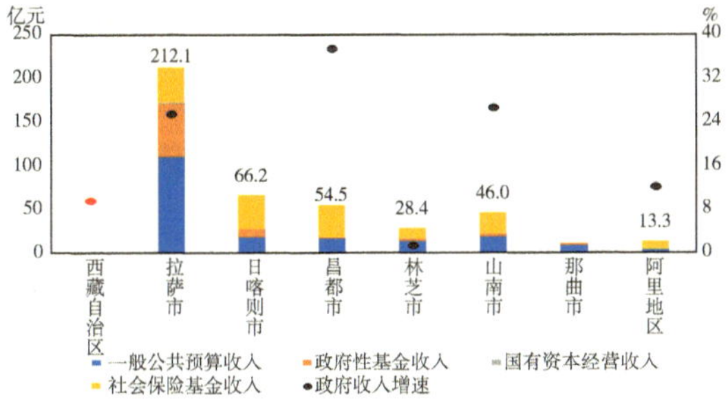

图26-67　2018年西藏自治区各市政府收入结构及增速

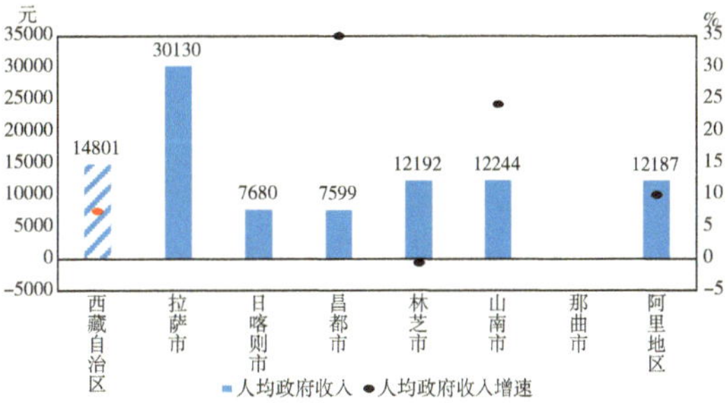

图26-68　2018年西藏自治区各市人均政府收入及增速

26.2.3　西藏自治区各市一般公共预算收入情况

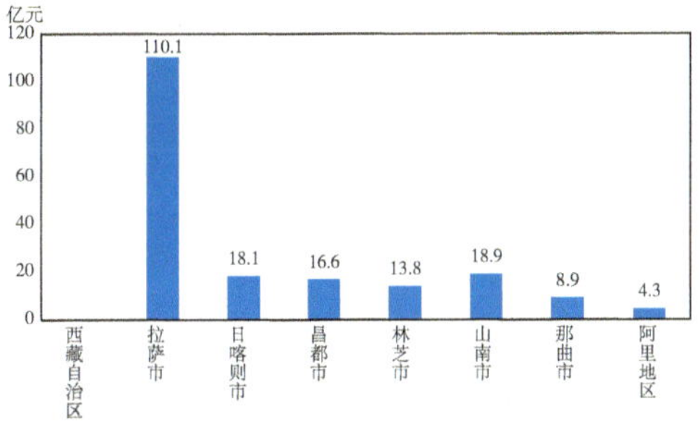

图26-69　2018年西藏自治区各市一般公共预算收入

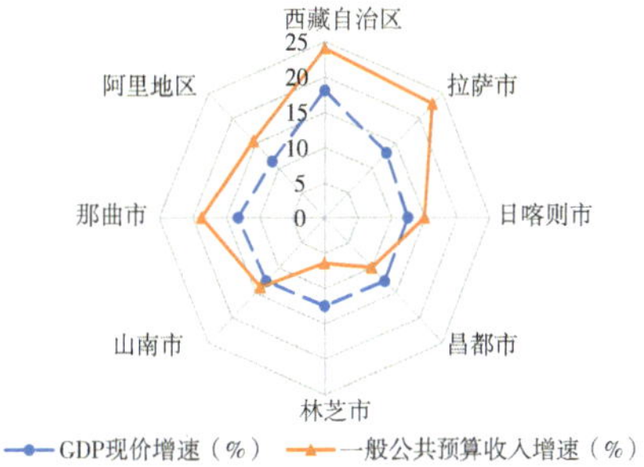

图26-70　2018年西藏自治区各市一般公共预算收入增速

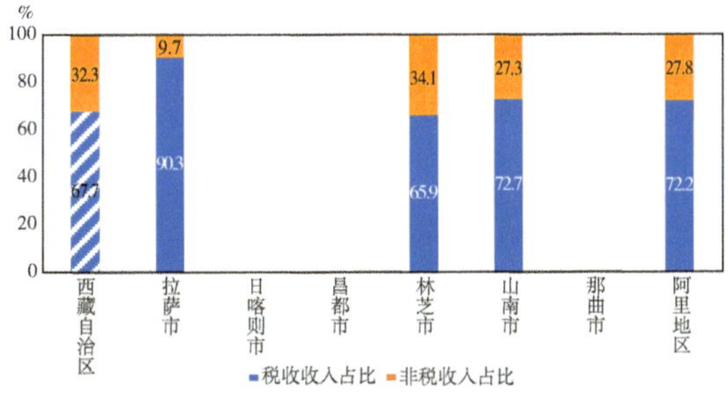

图26-71　2018年西藏自治区各市一般公共预算收入结构

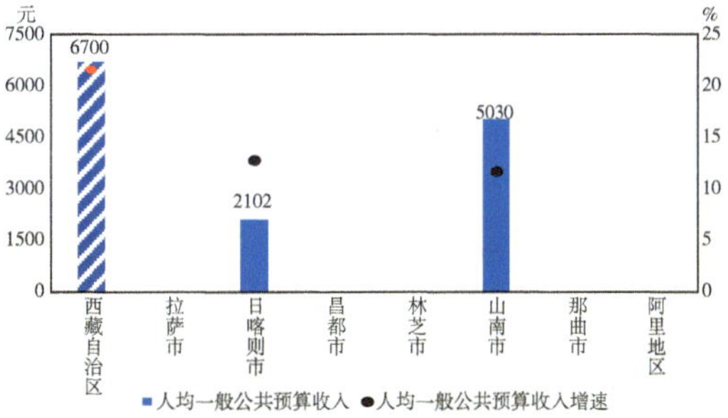

图26-72　2018年西藏自治区各市人均一般公共预算收入及增速

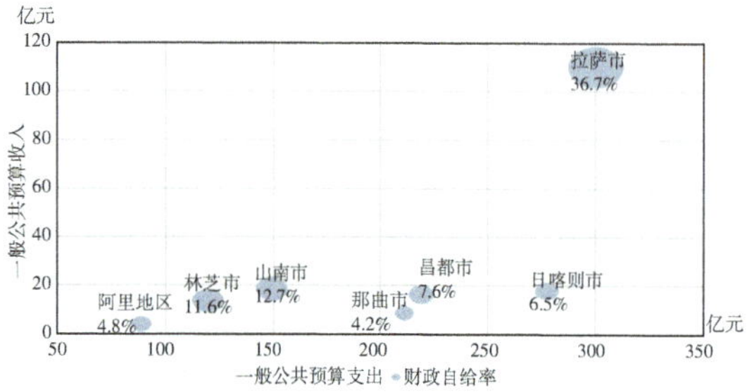

图26-73　2018年西藏自治区各市财政自给率

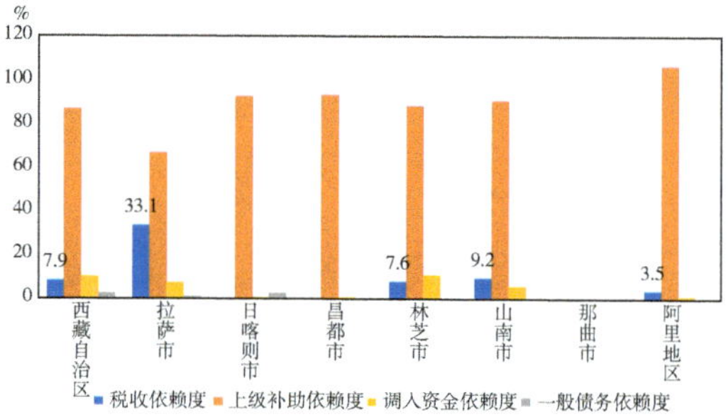

图26-74　2018年西藏自治区各市财政收入依赖度

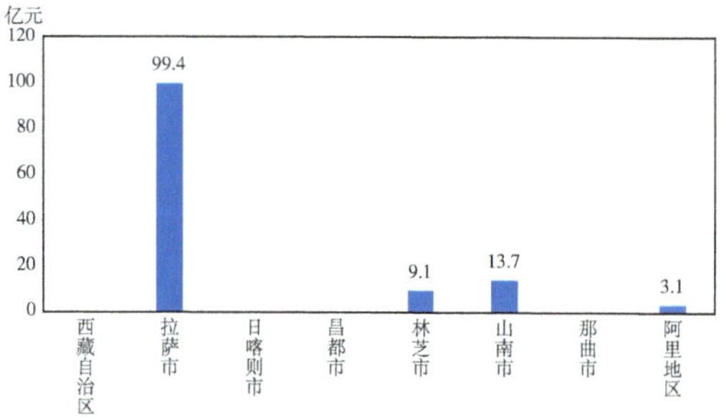

图26-75　2018年西藏自治区各市税收收入

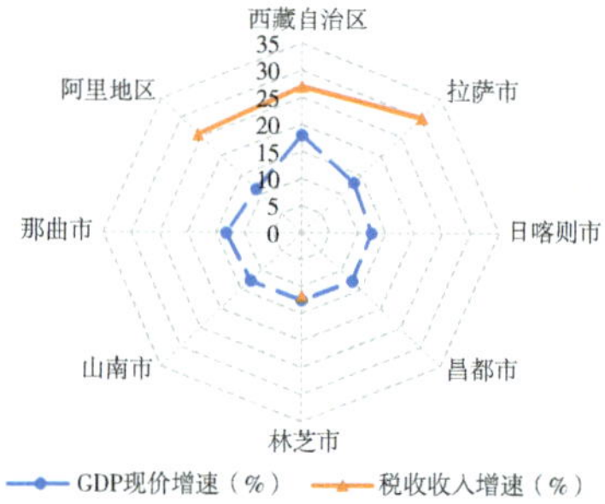

图26-76　2018年西藏自治区各市税收收入增速

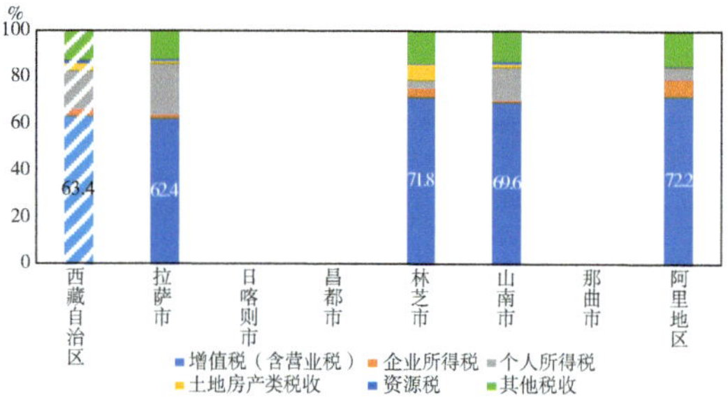

图26-77　2018年西藏自治区各市税收收入结构

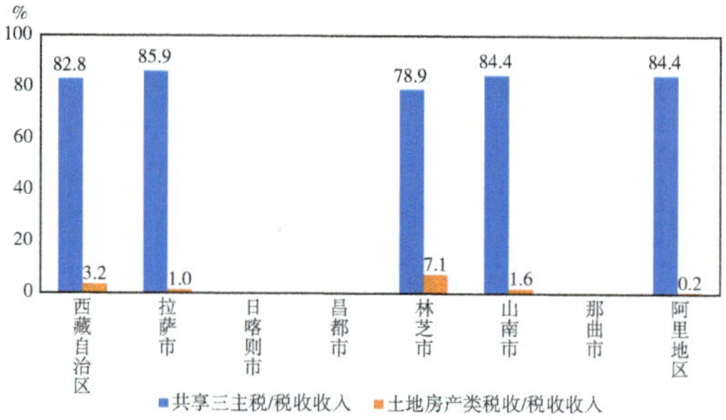

图26-78　2018年西藏自治区各市共享三主税、土地房产类税收占税收收入的比重

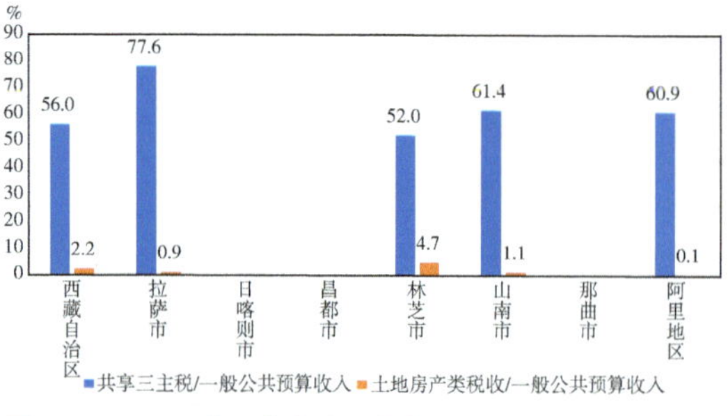

图26-79　2018年西藏自治区各市共享三主税、土地房产类税收占一般公共预算收入的比重

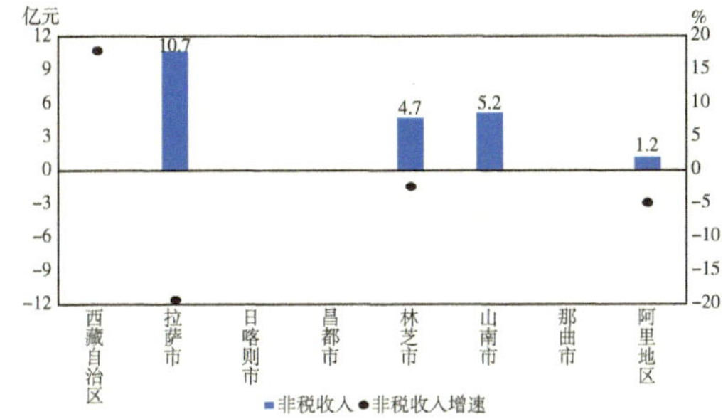

图26-80　2018年西藏自治区各市非税收入及增速

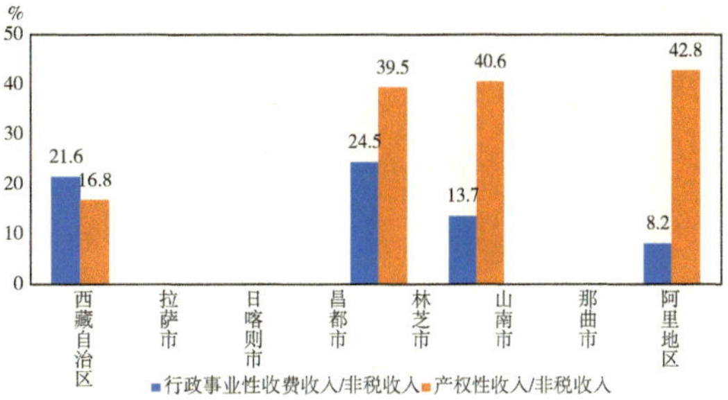

图26-81　2018年西藏自治区各市行政事业性收费收入、产权性收入占非税收入的比重

26.2.4　西藏自治区各市政府性基金收入与国有资本经营收入情况

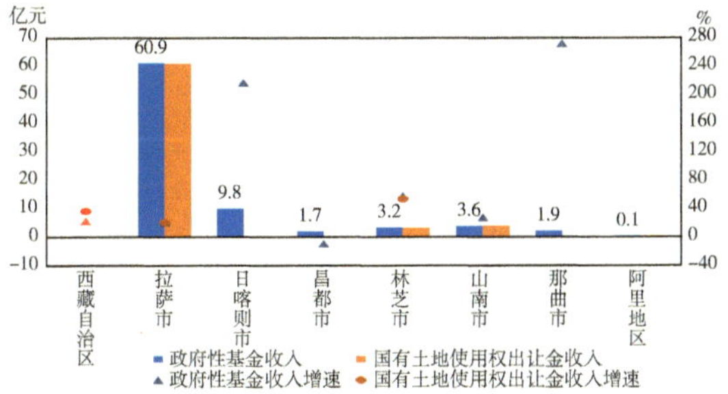

图26-82　2018年西藏自治区各市政府性基金收入、国有土地使用权出让金收入及其增速

注：阿里地区的政府性基金收入增速及国有土地使用权出让金收入增速均为5073.1%。

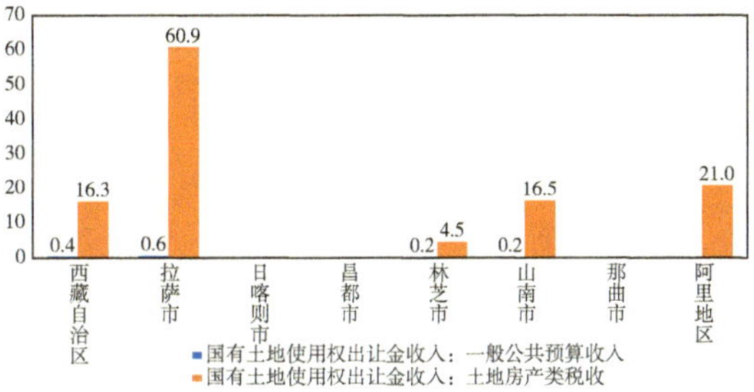

图26-83　2018年西藏自治区各市国有土地使用权出让金收入与一般公共预算关系指标

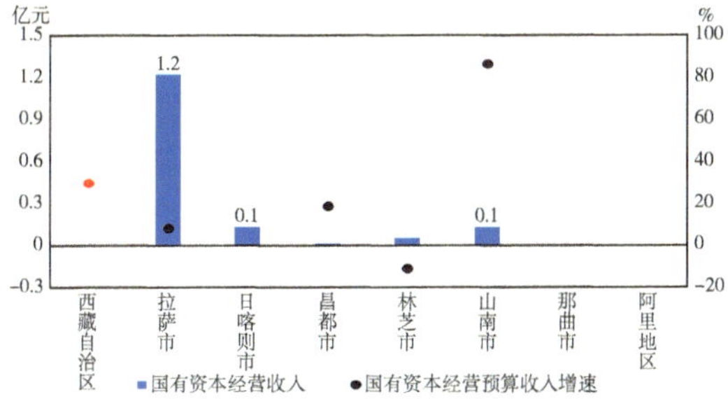

图26-84　2018年西藏自治区各市国有资本经营收入及增速

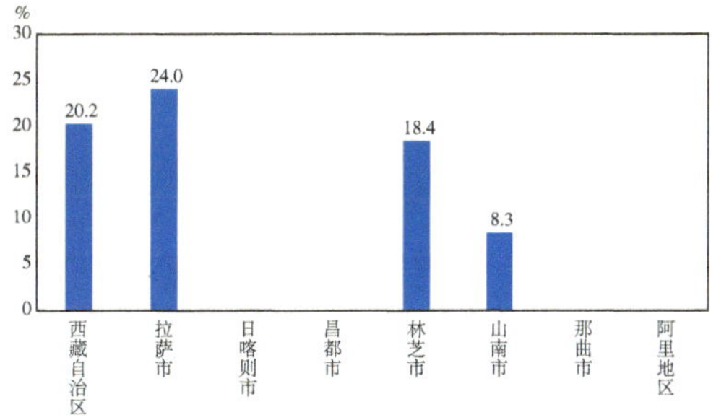

图26-85　2018年西藏自治区各市调出资金/国有资本经营收入

26.2.5　西藏自治区各市社会保险基金收入情况

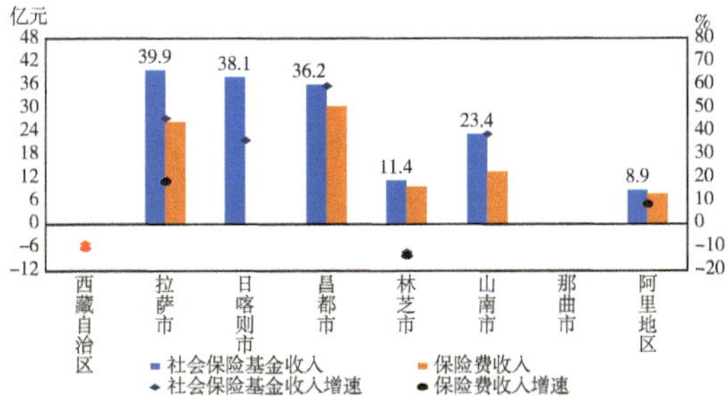

图26-86　2018年西藏自治区各市社会保险基金收入、保险费收入及其增速

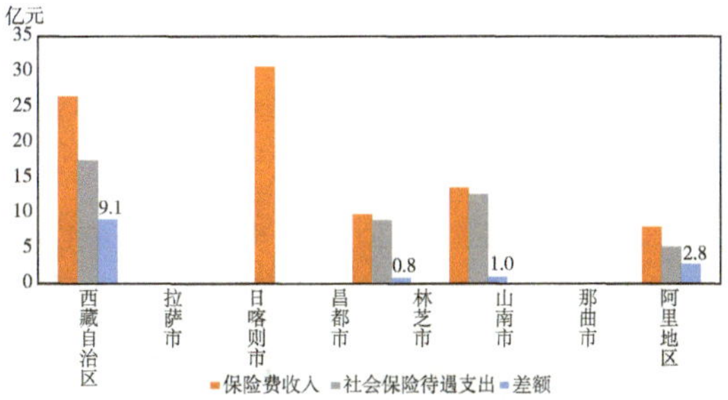

图26-87　2018年西藏自治区各市保险费收入、社会保险待遇支出及其差额

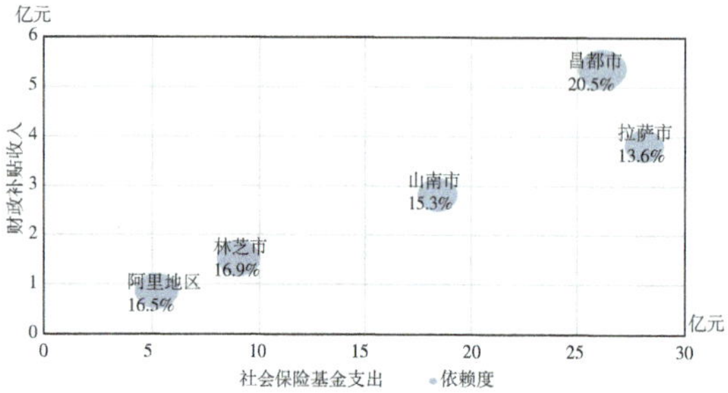

图26-88　2018年西藏自治区各市社会保险基金对财政补贴的依赖度

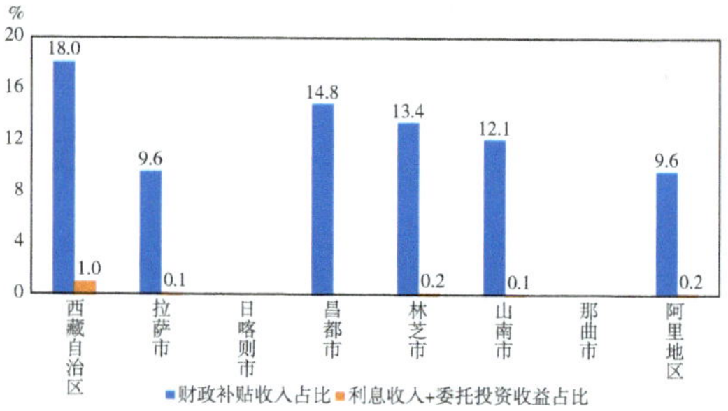

图26-89　2018年西藏自治区各市财政补贴收入、利息收入+委托投资收益占社会保险基金收入的比重

26.2.6　西藏自治区各市债务情况

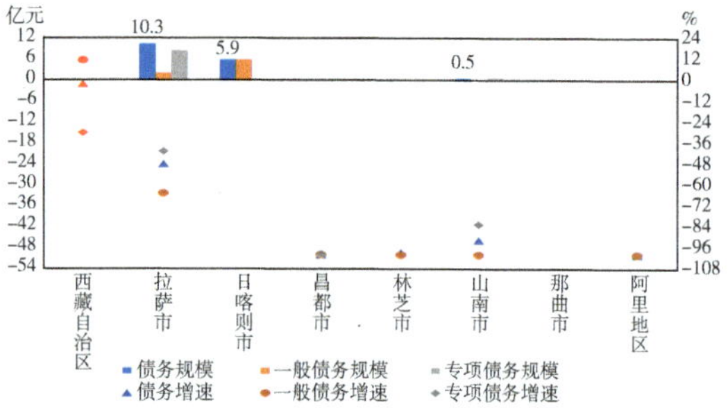

图26-90　2018年西藏自治区各市债务规模及其增速

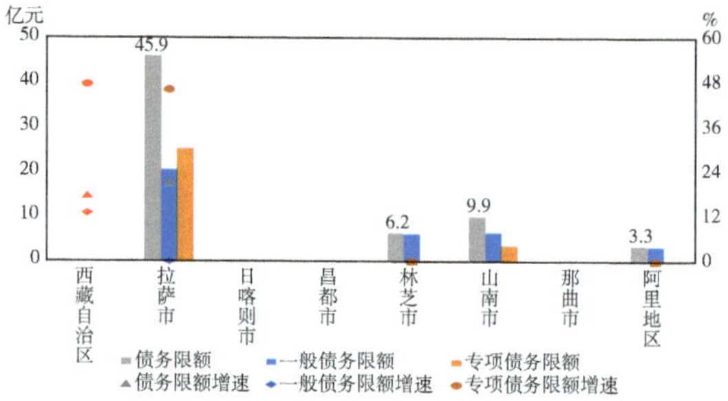

图26-91　2018年西藏自治区各市债务限额及其增速

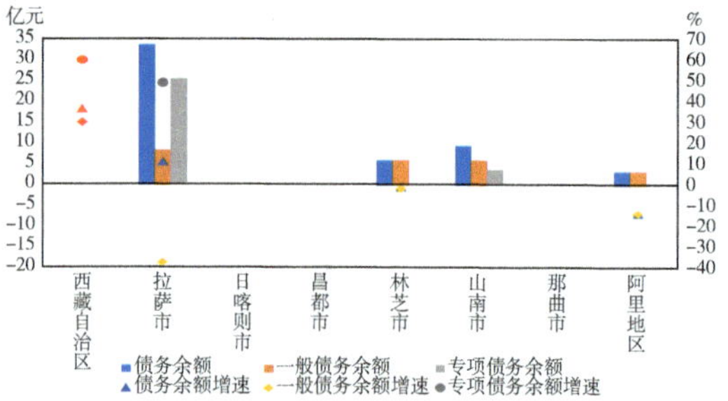

图26-92　2018年西藏自治区各市债务余额及其增速

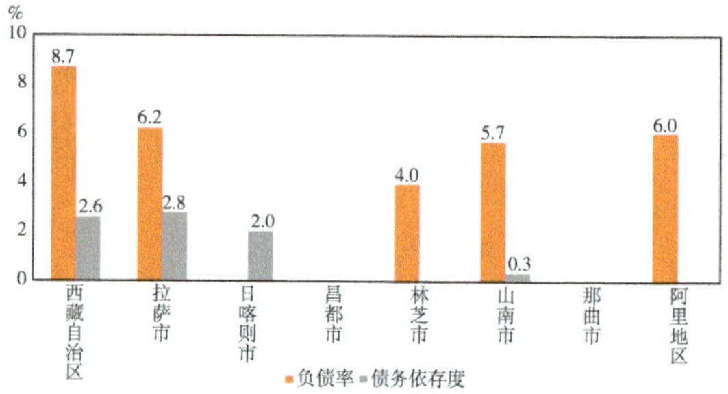

图26-93　2018年西藏自治区各市负债率与债务依存度

26.2.7　西藏自治区各市市本级一般公共预算收入情况

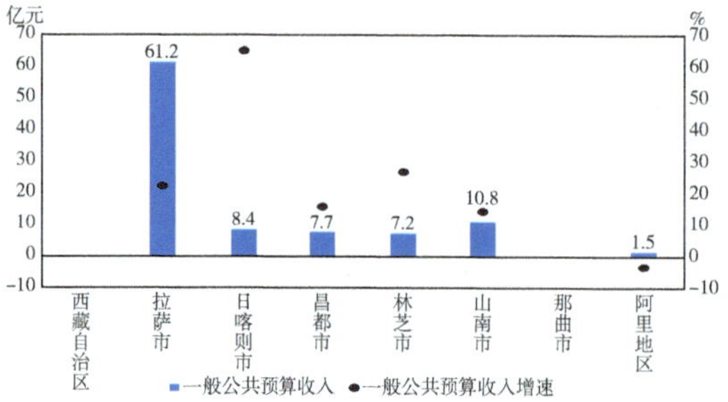

图26-94　2018年西藏自治区各市市本级一般公共预算收入及增速

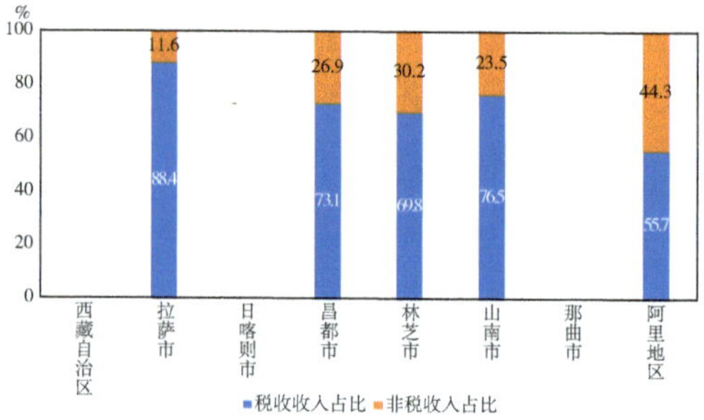

图26-95　2018年西藏自治区各市市本级一般公共预算收入结构

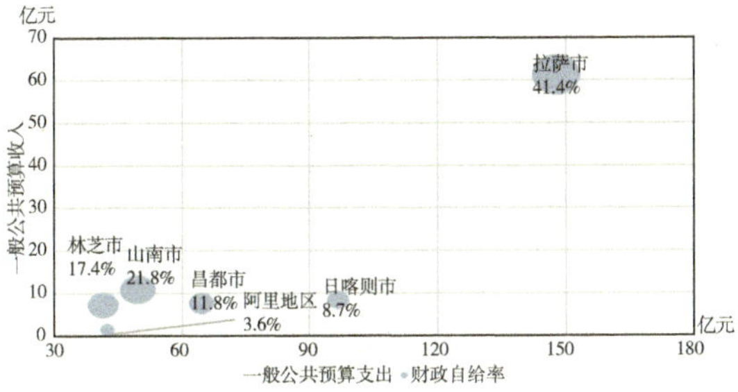

图 26-96 2018 年西藏自治区各市市本级财政自给率

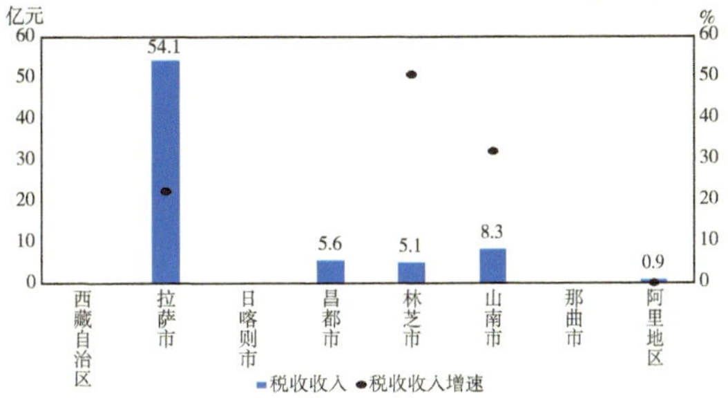

图 26-97 2018 年西藏自治区各市市本级税收收入及增速

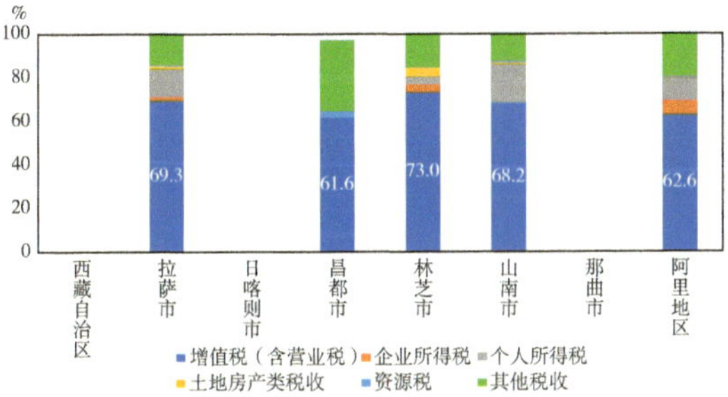

图 26-98 2018 年西藏自治区各市市本级税收收入结构

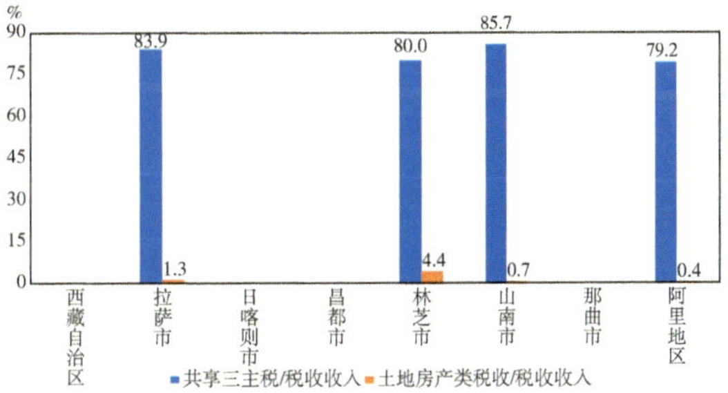

图 26-99 2018 年西藏自治区各市市本级共享三主税、土地房产类税收占税收收入的比重

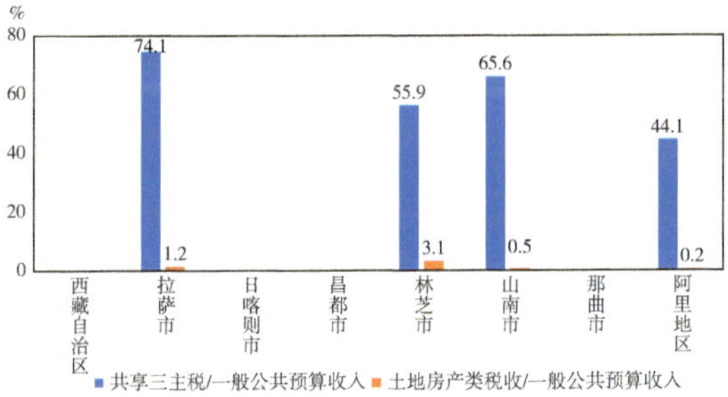

图 26-100 2018 年西藏自治区各市市本级共享三主税、土地房产类税收占一般公共预算收入的比重

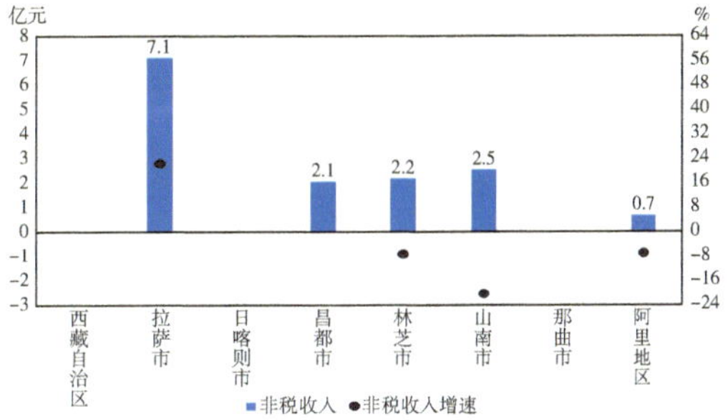

图 26-101 2018 年西藏自治区各市市本级非税收入及增速

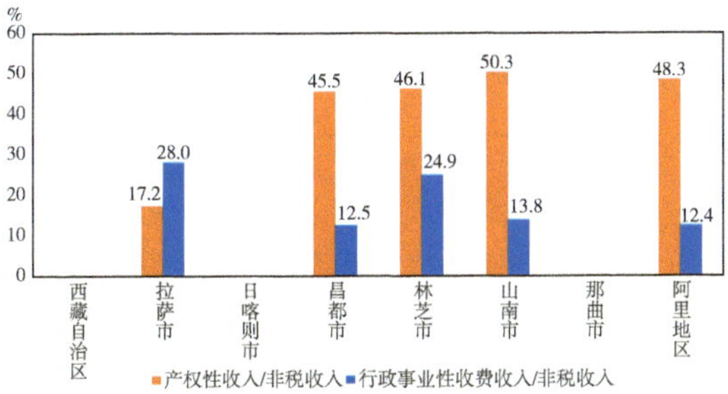

图 26-102 2018 年西藏自治区各市市本级产权性收入、行政事业性收费收入占非税收入的比重

26.3　西藏自治区样本县政府收入主要特征分析

26.3.1　西藏自治区样本县经济社会发展情况

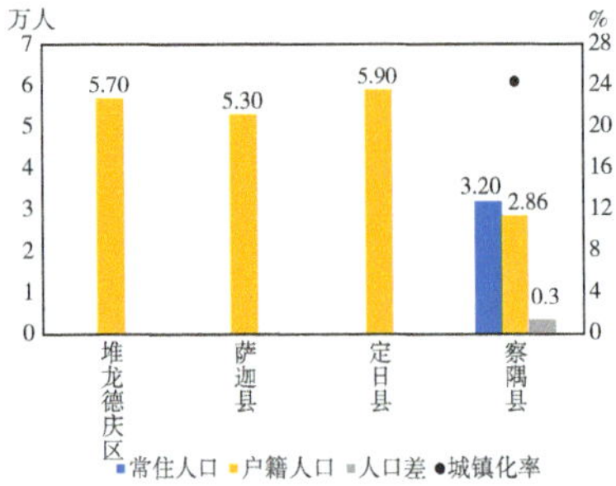

图26-103　2018年西藏自治区样本区县人口状况

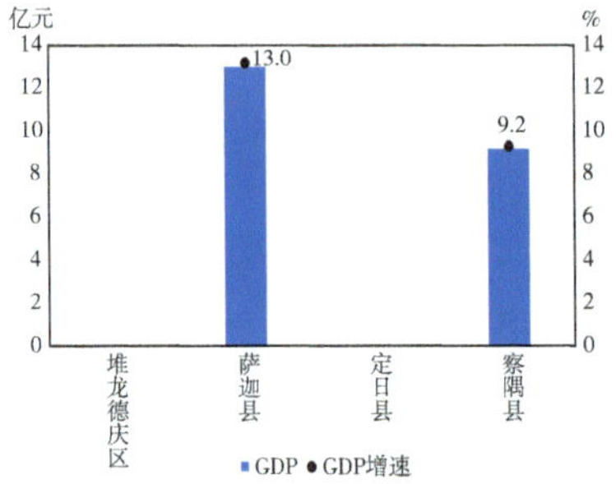

图26-104　2018年西藏自治区样本区县GDP及增速

26.3.2　西藏自治区样本县政府收入总体情况

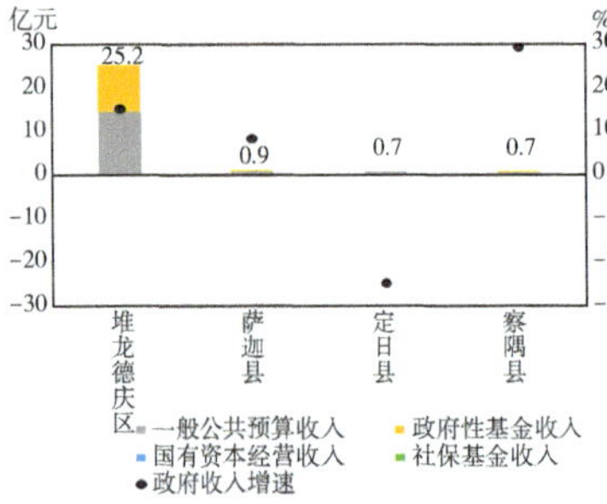

图26-105　2018年西藏自治区样本区县政府收入结构及增速

26.3.3　西藏自治区样本县一般公共预算收入情况

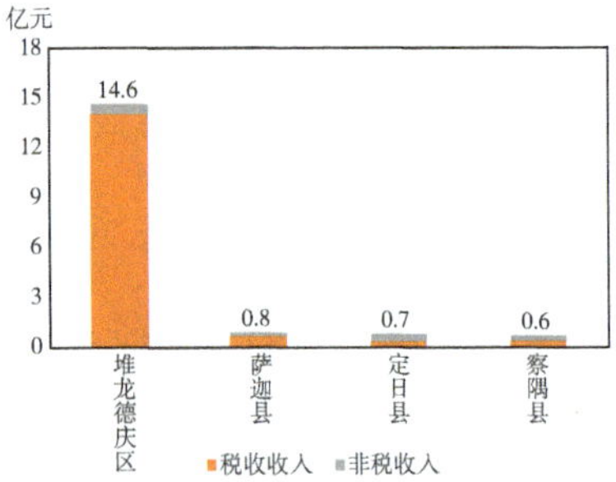

图26-106　2018年西藏自治区样本区县一般公共预算收入

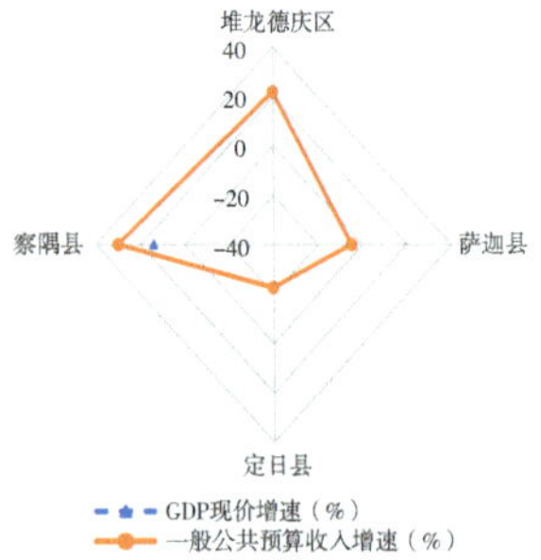

图26-107　2018年西藏自治区样本区县一般公共预算收入增速

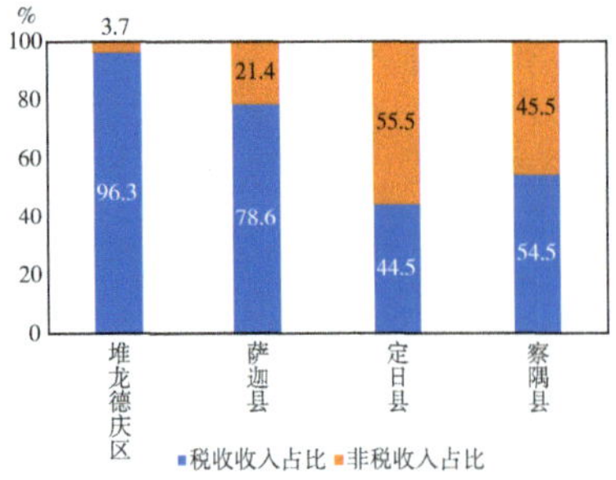

图26-108　2018年西藏自治区样本区县一般公共预算收入结构

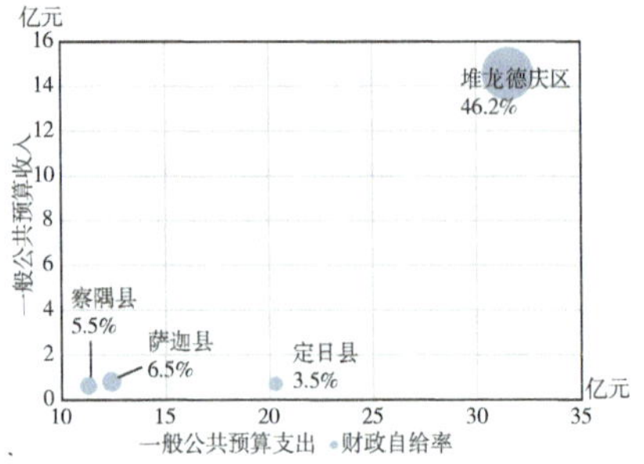

图26-109　2018年西藏自治区样本区县财政自给率

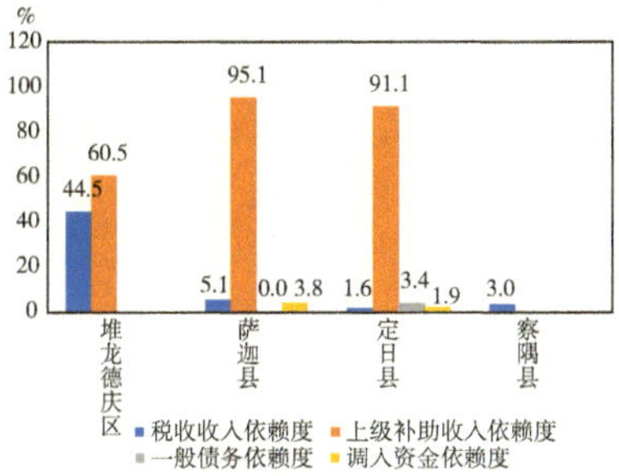

图26-110　2018年西藏自治区样本区县财政收入依赖度

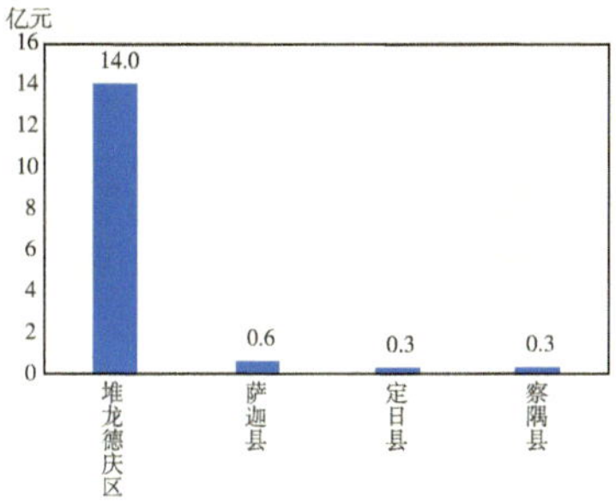

图26-111　2018年西藏自治区样本区县税收收入

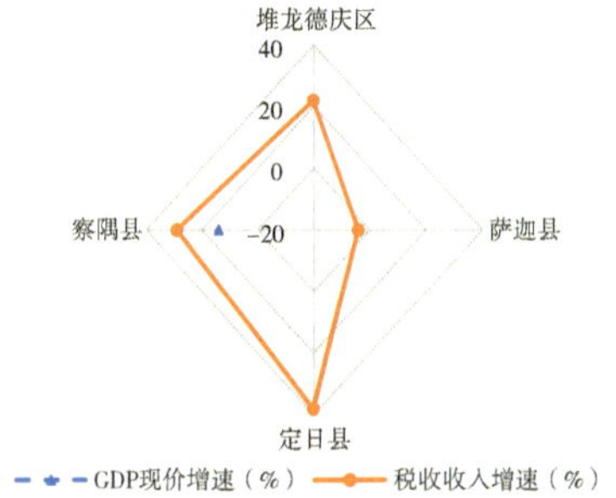

图26-112　2018年西藏自治区样本区县税收收入增速

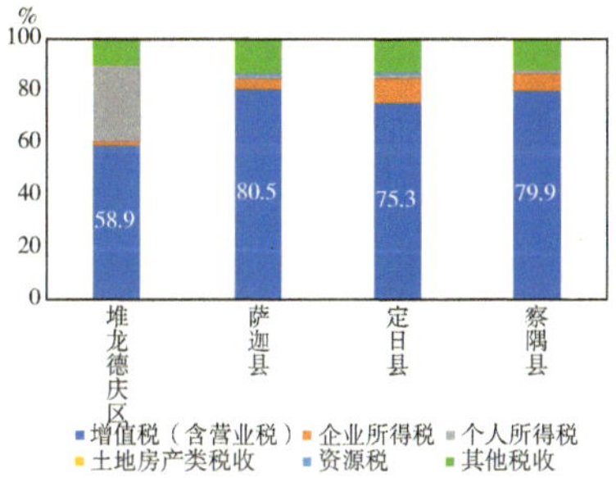

图26-113　2018年西藏自治区样本区县税收收入结构

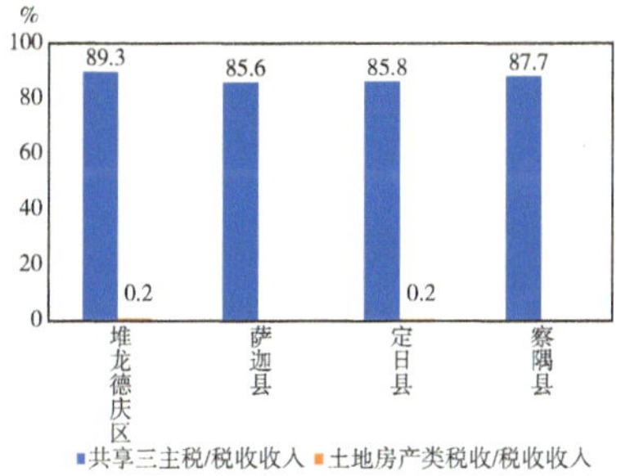

图26-114　2018年西藏自治区样本区县共享三主税、土地房产类税收占税收收入的比重

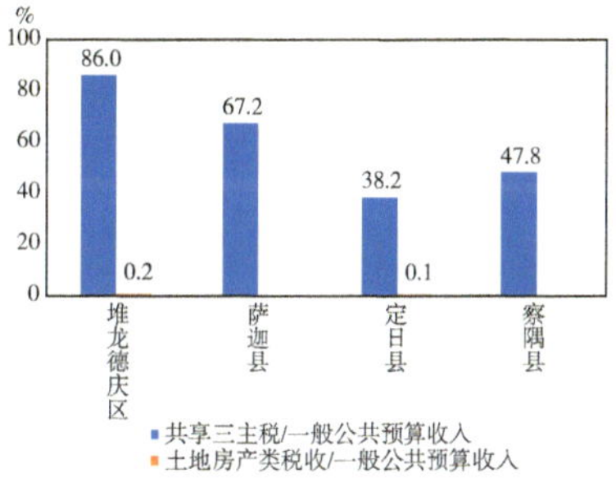

图26-115　2018年西藏自治区样本区县共享三主税、土地房产类税收占一般公共预算收入的比重

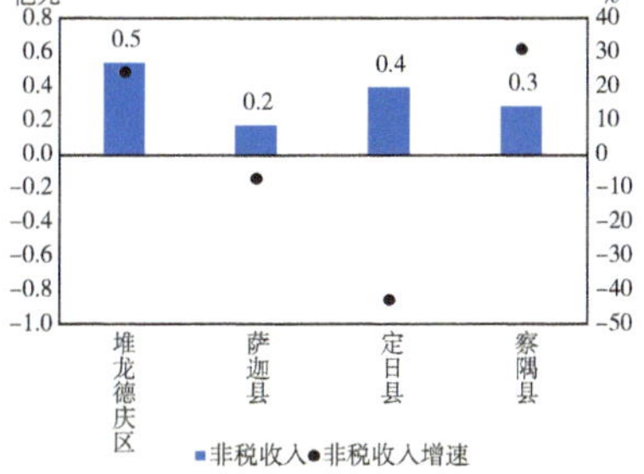

图26-116　2018年西藏自治区样本区县非税收入及增速

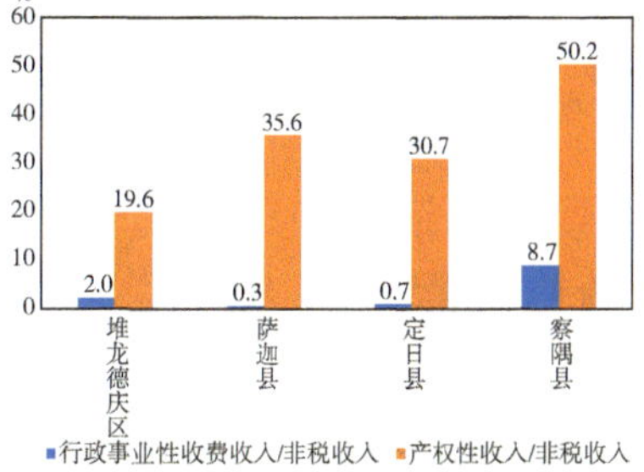

图26-117　2018年西藏自治区样本区县产权性收入、行政事业性收费收入占非税收入的比重

26.3.4 西藏自治区样本县政府性基金收入与国有资本经营收入情况

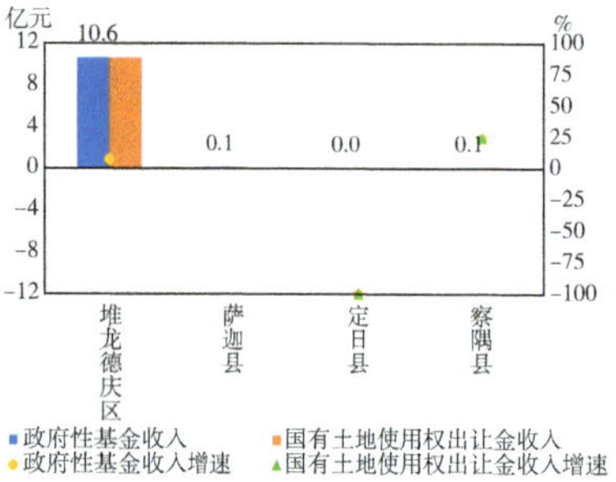

图26-118 2018年西藏自治区样本区县政府性基金收入、国有土地使用权出让金收入及其增速

注：萨迦县政府性基金收入增速为3561.3%，国有土地使用权出让金收入增速2850.0%。

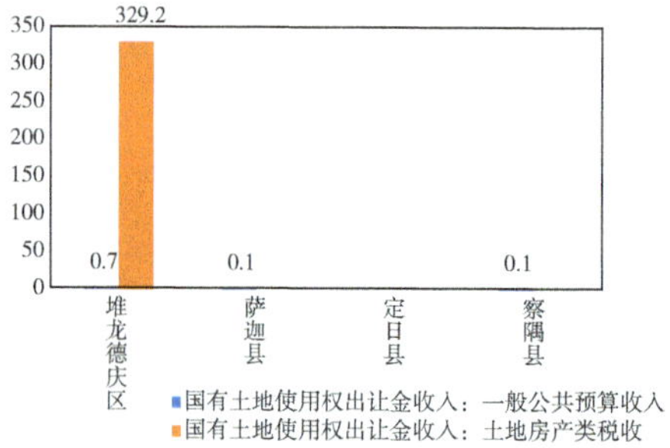

图26-119 2018年西藏自治区样本区县国有土地使用权出让金收入与一般公共预算关系指标

样本区县国有资本经营预算收入均为0。

26.3.5 西藏自治区样本县社会保险基金收入情况

样本区县社会保险基金收入与支出均为0。

26.3.6 西藏自治区样本县债务情况

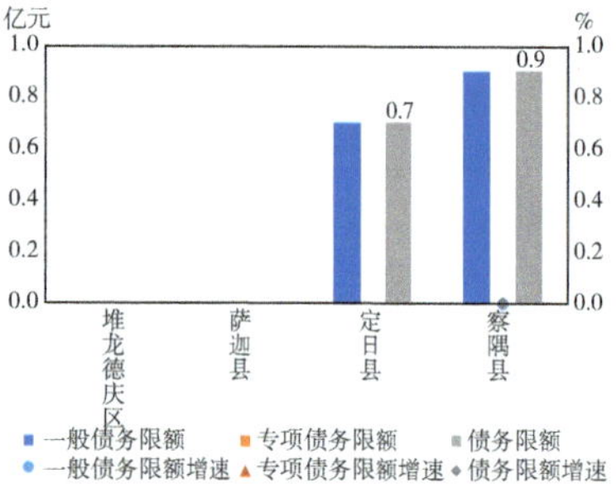

图26-120 2018年西藏自治区样本区县债务限额及其增速

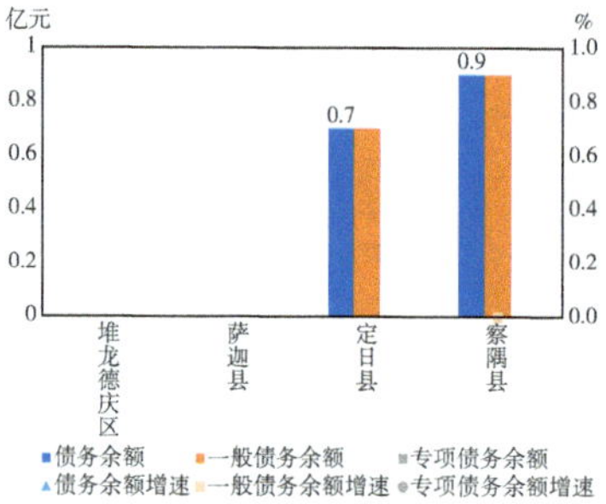

图26-121 2018年西藏自治区样本区县债务余额及其增速

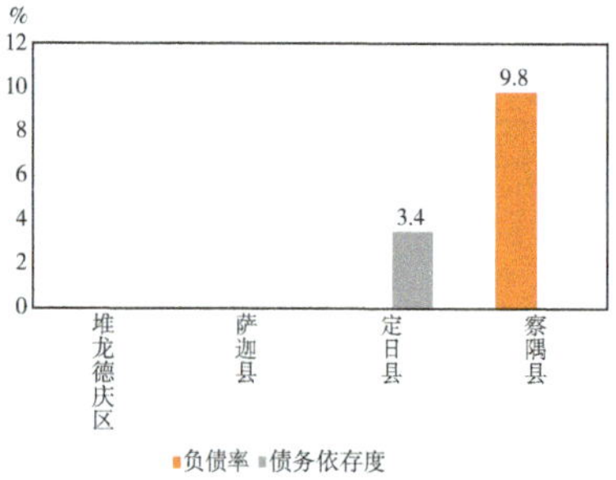

图26-122 2018年西藏自治区样本区县负债率与债务依存度

27 陕西省

陕西省下辖1个副省级城市、9个地级市，市辖区26个、县级市3个、县78个；地域面积为20.56万平方公里，地势南北高、中间低。总体上看，陕西的经济发展、财政收入等在全国处于中等水平，区域差异大，发展不均衡。

2019年陕西省经济总量处于全国中等，第三产业占比低于全国，城镇化率略低于全国。2019年末，陕西省常住人口3876万人，常住人口城镇化率为59.4%。2019年陕西GDP达到25793.2亿元，排全国第14名，次于河北，高于辽宁；增速6.0%，比2018年下降2.3个百分点，低于全国0.1个百分点，排全国第22名；人均GDP为66542元（9643美元），排全国第12名。从产业结构看，第一、第二、第三产业占比分别为7.7%、46.5%（高于全国平均水平7.5个百分点）、45.8%（低于全国平均水平8.1个百分点）。从居民可支配收入看，2019年城镇与农村居民人均可支配收入分别为36098元和12326元，呈上升态势，分别为全国平均水平的85.2%和76.9%。

2019年陕西省一般公共预算收入全国排中等，省市县中县级政府收入占比最高。2019年陕西省一般公共预算收入2287.7亿元，排名18位，增速2.0%，排全国第20名，人均一般公共预算收入为5902元，排全国第17名。近三年陕西省税收收入占一般公共预算收入的总体呈上升态势，2019年为80.7%，低于全国平均水平2.3个百分点。从纵向收入分配看，2018年省本级、市本级、县一般公共预算收入占比分别为28%、31%和41%。

2018年陕西省财政自给率偏低，地区财政总收入小于一般公共预算支出。陕西财政自给率在42.3%左右，2019年为40%。2018年陕西省组织的地区财政总收入为4028.1亿元，增速为13.3%，其中上缴中央收入占比44.3%。2018年陕西省一般公共预算支出为5302.4亿元，高于地区财政总收入规模。

2019年陕西省四本预算的一般公共预算收入和社保基金收入占比下降。2019年陕西省四本预算加总的政府收入6347.0亿元，增速为11.1%，其中一般公共预算收入、政府性基金收入、国有资本经营收入和社会保险基金收入分别占比36.0%、29.3%、2.0%和32.6%。

陕西省内各市经济社会发展和财政发展不均衡，优势主要集中于省会西安。2018年西安市一般公共预算收入为684.7亿元，其他各市均低于400亿元，且城市间差异较大，比如西安市是商洛市的31倍。除少数城市（西安市、榆林市）外，2018年陕西省各市财政自给率低于50%。财政自给率最高的城市为榆林市，达到60.1%，最低的为安康市，仅为8.6%，前者是后者的6.99倍。政府性基金收入主要构成是国有土地使用权出让金收入，收入规模最大的西安市（768.3亿元）为规模最小的商洛市（10.4亿元）的73.88倍。

本章执笔人：吕慧　审校：刘昶

27.1 陕西省政府收入主要特征分析

27.1.1 陕西省经济社会基本情况

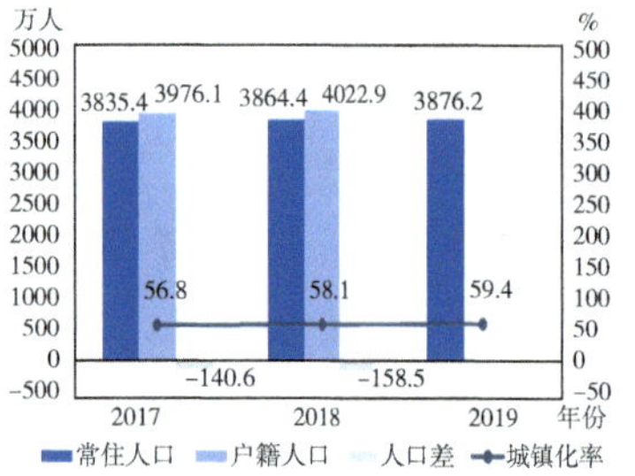

图27-1　2017-2019年陕西省人口状况

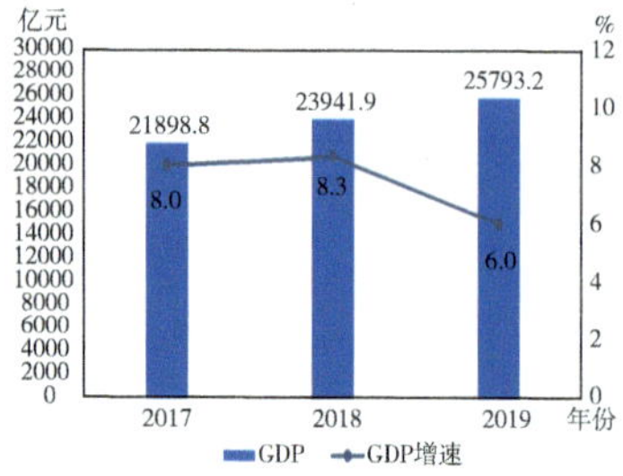

图27-2　2017-2019年陕西省GDP及增速

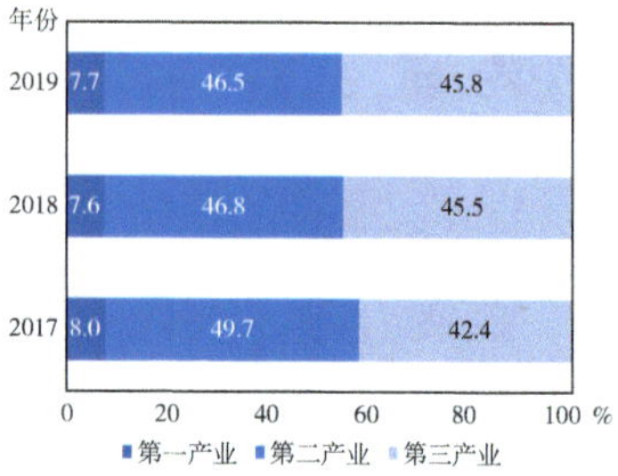

图27-3　2017-2019年陕西省三次产业结构

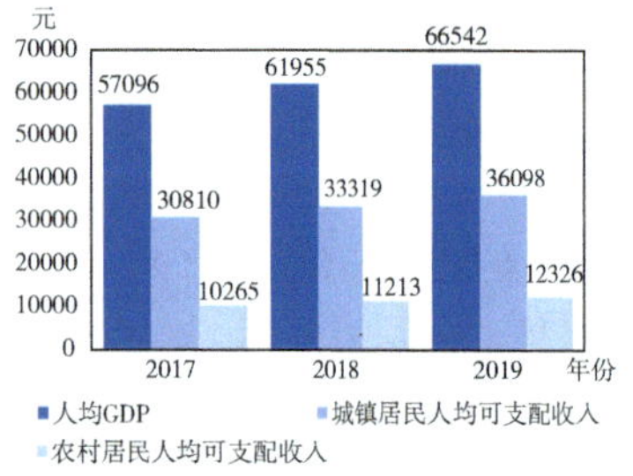

图27-4　2017-2019年陕西省人均GDP和人均可支配收入

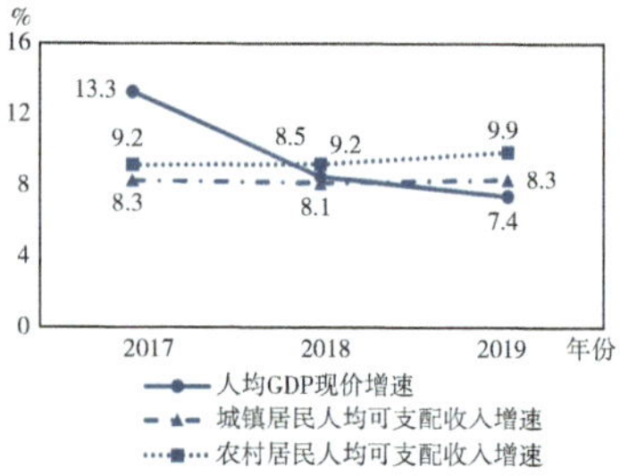

图27-5　2017-2019年陕西省人均GDP增速和人均可支配收入增速

27.1.2 陕西省政府收入总体情况

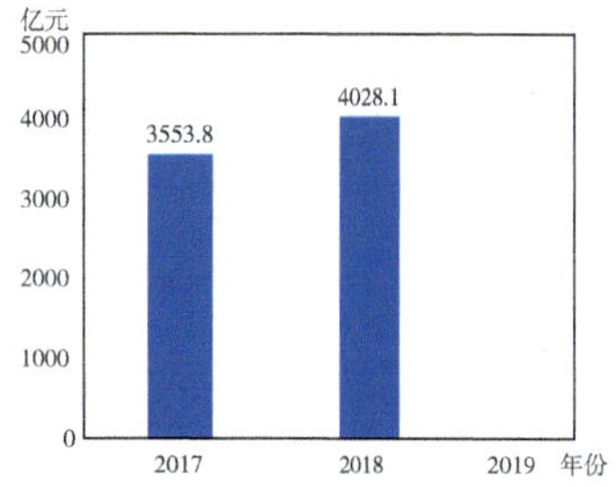

图27-6　2017-2019年陕西省财政总收入

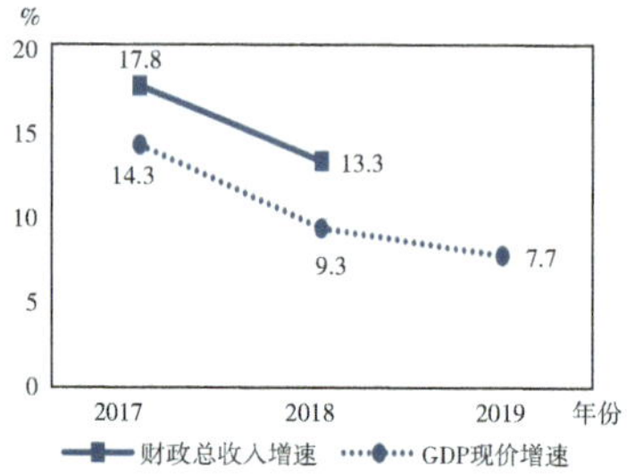

图27-7　2017-2019年陕西省财政总收入增速

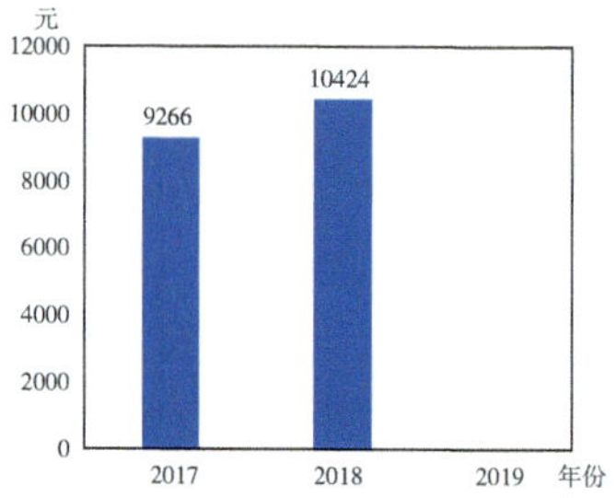

图27-8　2017-2019年陕西省人均财政总收入

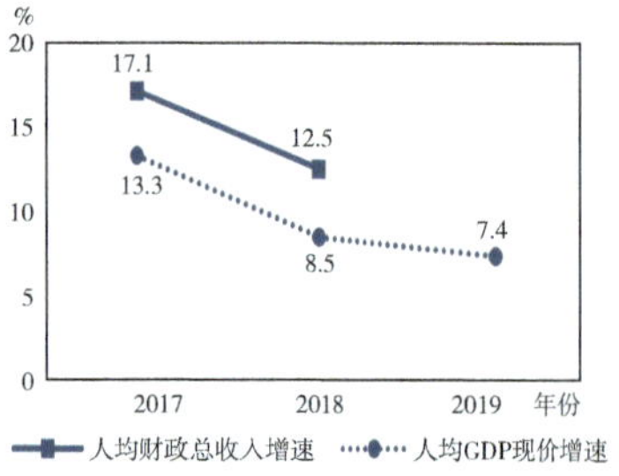

图27-9　2017-2019年陕西省人均财政总收入增速

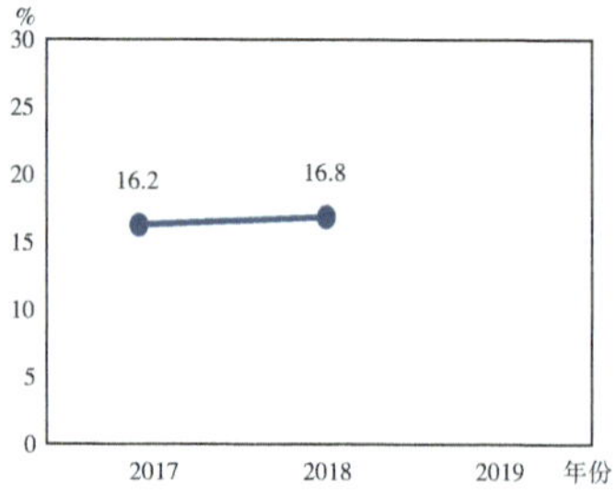

图27-10　2017-2019年陕西省财政总收入/GDP

图27-11　2017-2019年陕西省财政总收入其他指标

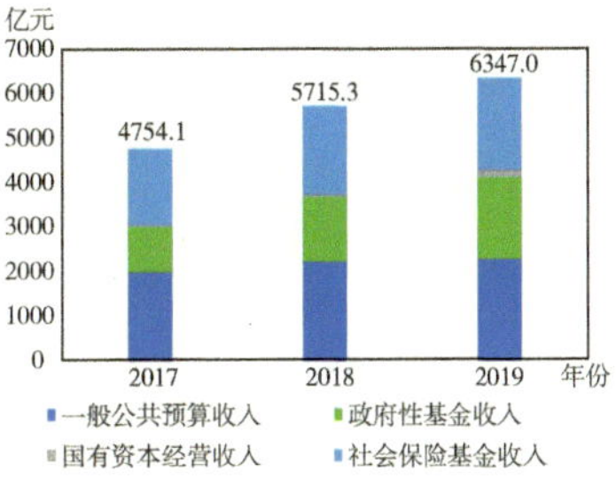

图27-12 2017-2019年陕西省政府收入

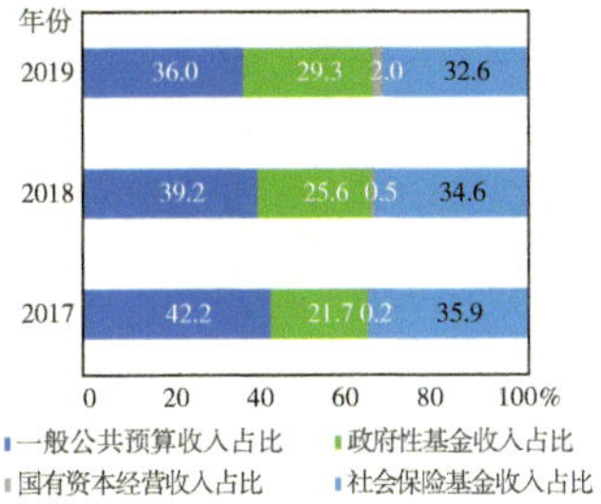

图27-13 2017-2019年陕西省政府收入结构

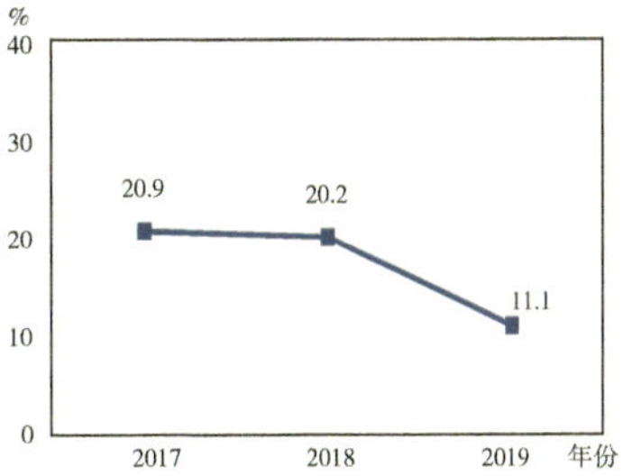

图27-14 2017-2019年陕西省政府收入增速

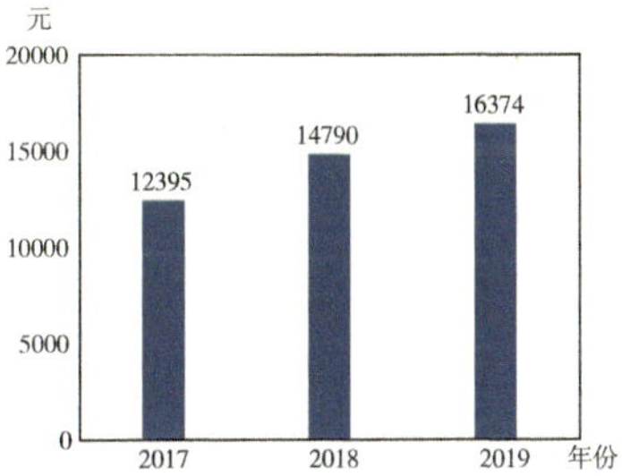

图27-15 2017-2019年陕西省人均政府收入

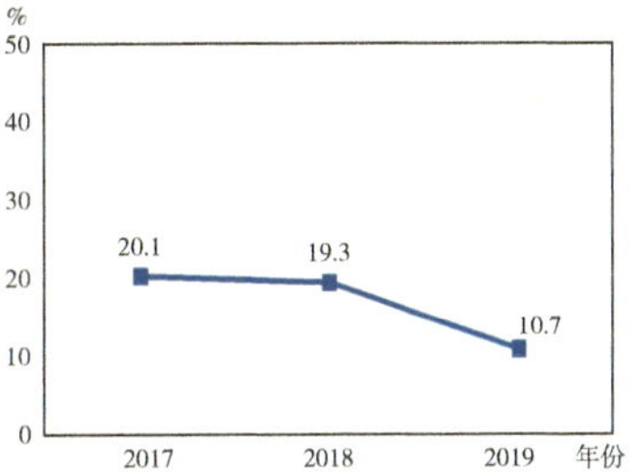

图27-16 2017-2019年陕西省人均政府收入增速

27.1.3 陕西省一般公共预算收入情况

图27-17 2017-2019年陕西省一般公共预算收入

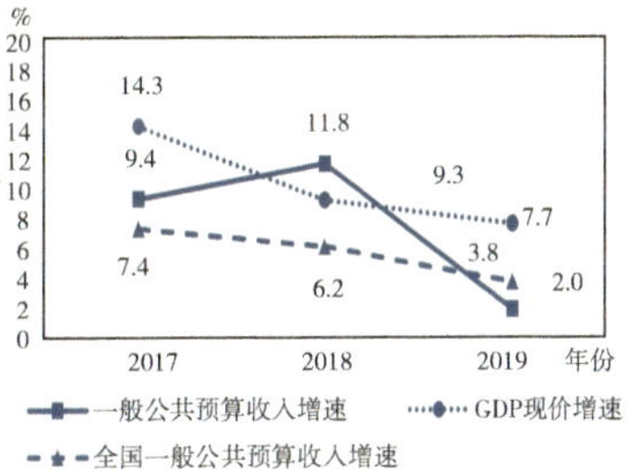

图27-18 2017-2019年陕西省一般公共预算收入增速

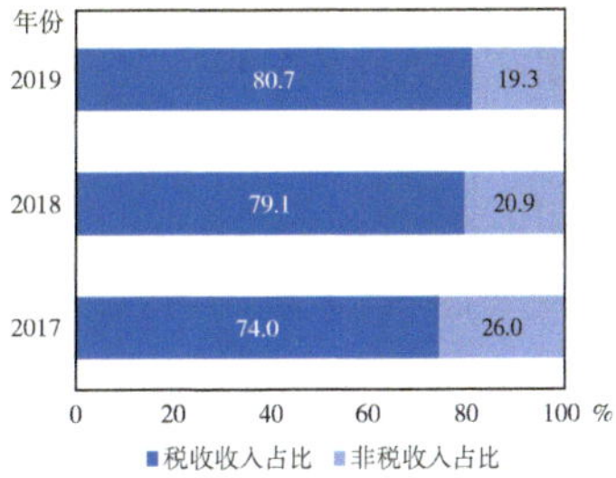

图27-19 2017-2019年陕西省一般公共预算收入结构

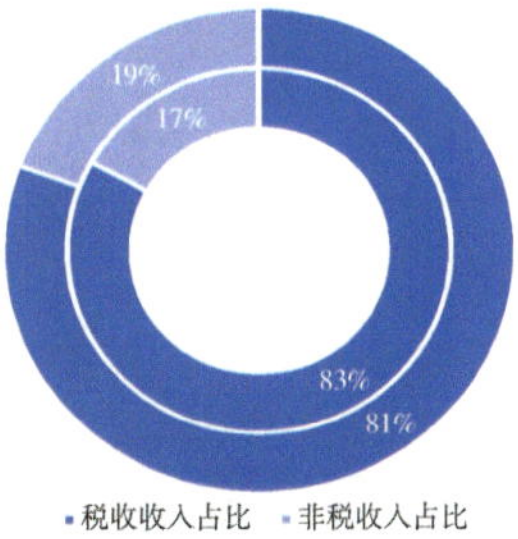

图27-20 2019年一般公共预算收入结构对比（内环为全国，外环为陕西省）

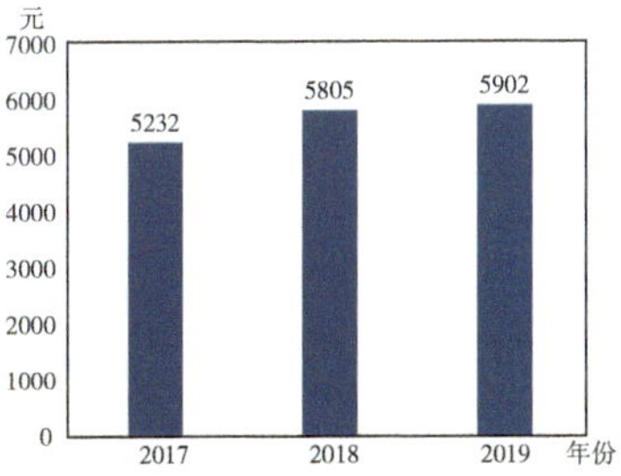

图27-21 2017-2019年陕西省人均一般公共预算收入

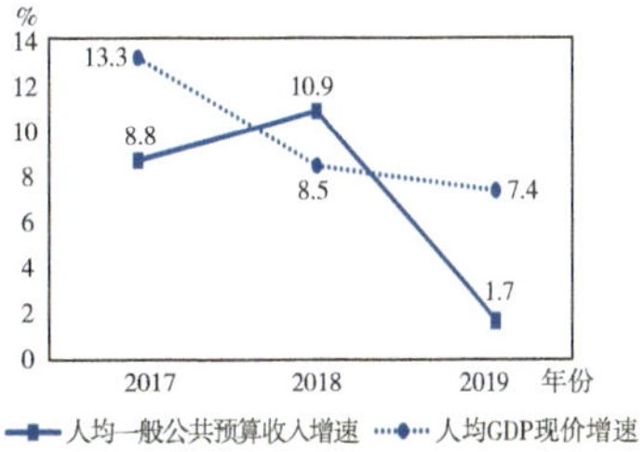

图27-22 2017-2019年陕西省人均一般公共预算收入增速

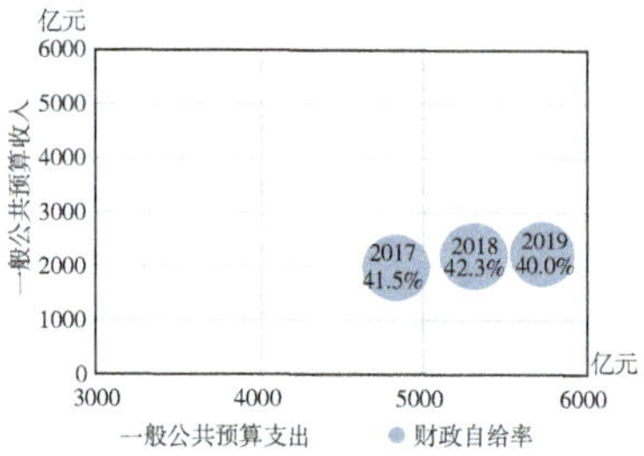

图27-23　2017-2019年陕西省财政自给率

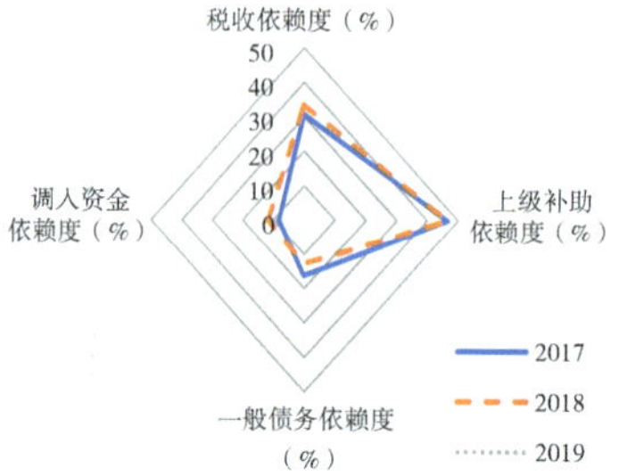

图27-24　2017-2019年陕西省财政收入依赖度

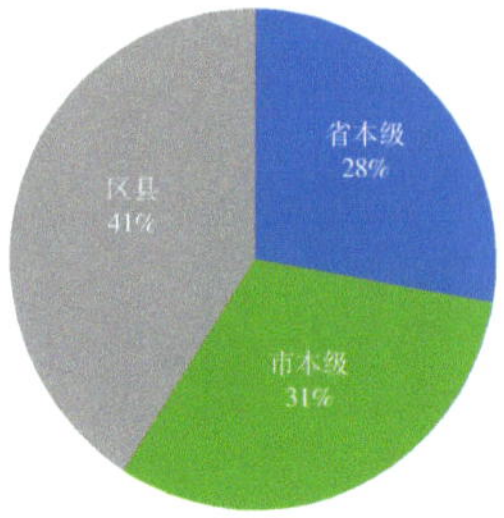

图27-25　2018年省市县三级政府一般公共预算收入分布

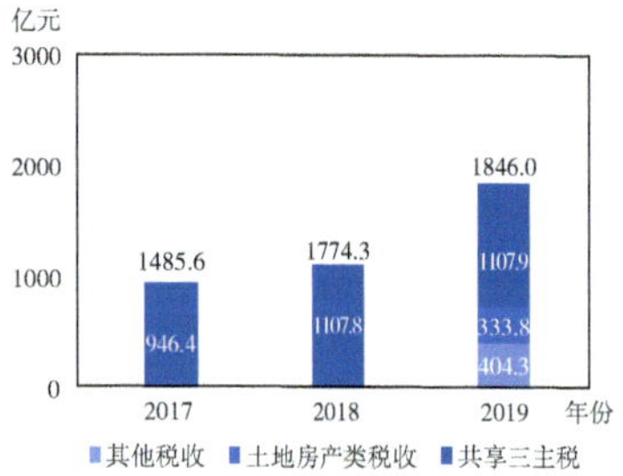

图27-26　2017-2019年陕西省税收收入

图27-27　2017-2019年陕西省税收收入增速

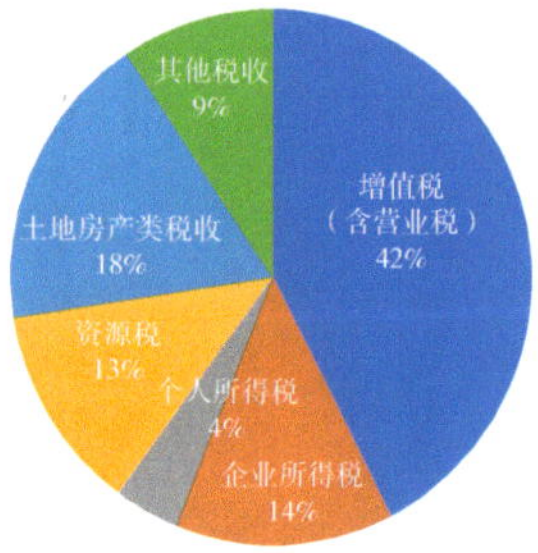

图27-28　2019年陕西省税收结构

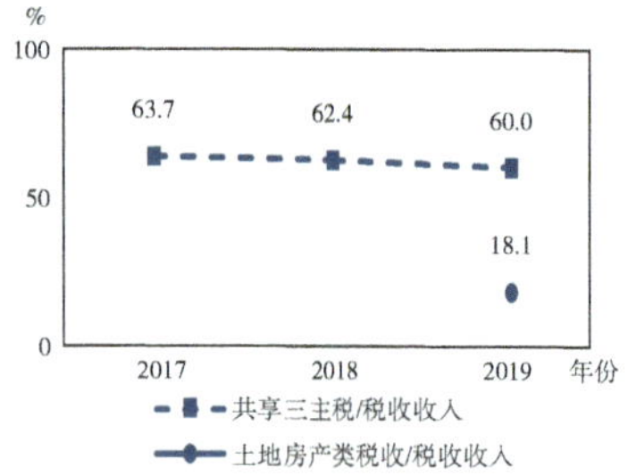

图27-29　2017-2019年陕西省共享三主税、土地房产类税收占税收收入的比重

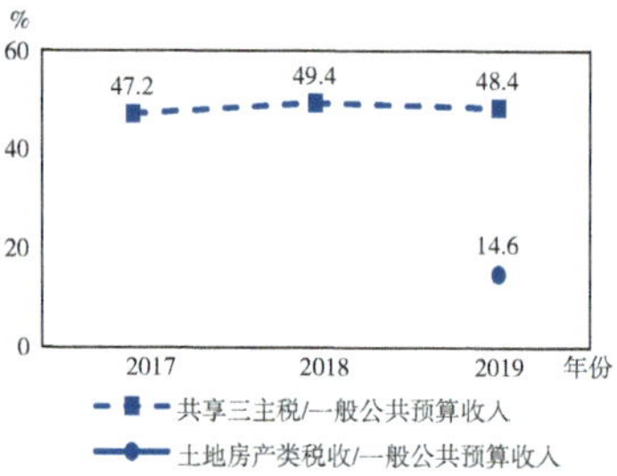

图27-30　2017-2019年陕西省共享三主税、土地房产类税收占一般公共预算收入的比重

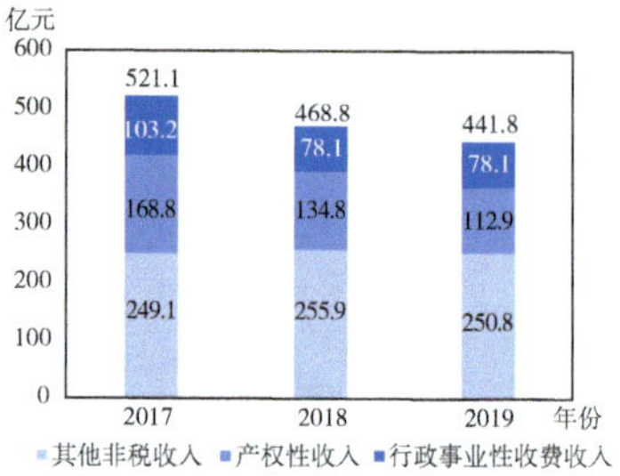

图27-31　2017-2019年陕西省非税收入

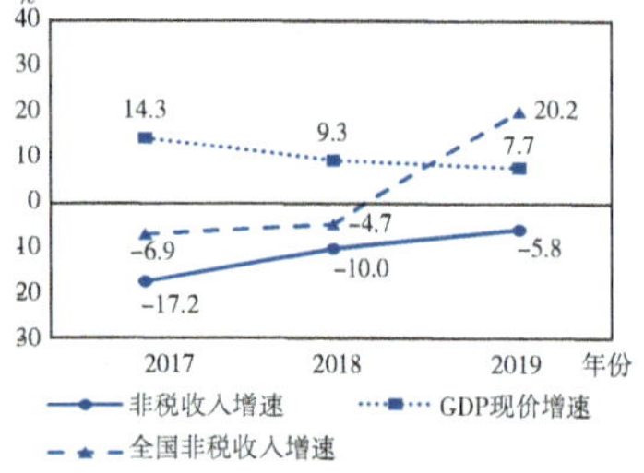

图27-32　2017-2019年陕西省非税收入增速

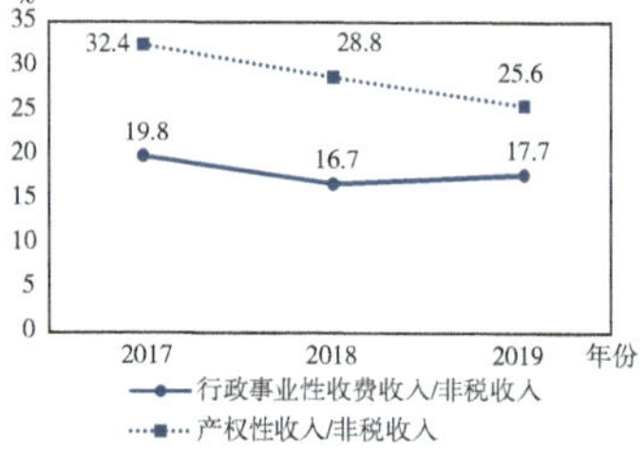

图27-33　2017-2019年陕西省行政事业性收费及产权性收入占非税收入比重

27.1.4 陕西省政府性基金收入和国有资本经营收入情况

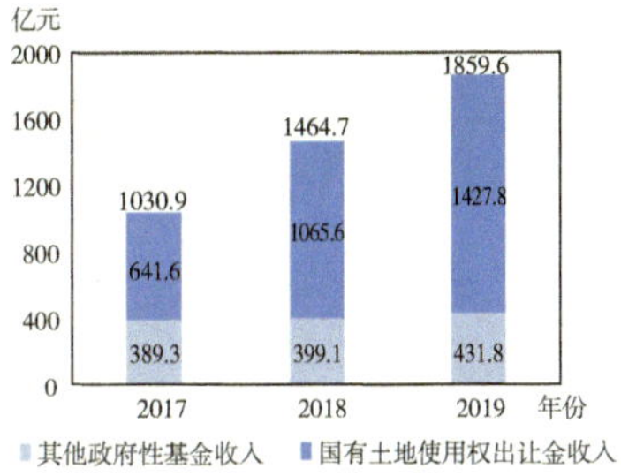

图27-34　2017-2019年陕西省政府性基金收入

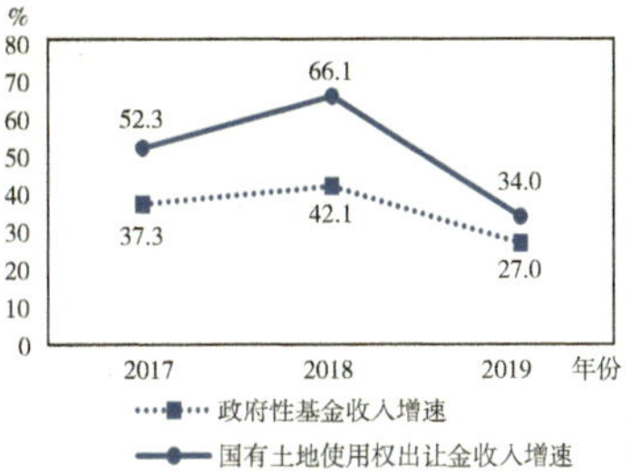

图27-35　2017-2019年陕西省政府性基金收入增速及国有土地使用权出让金收入增速

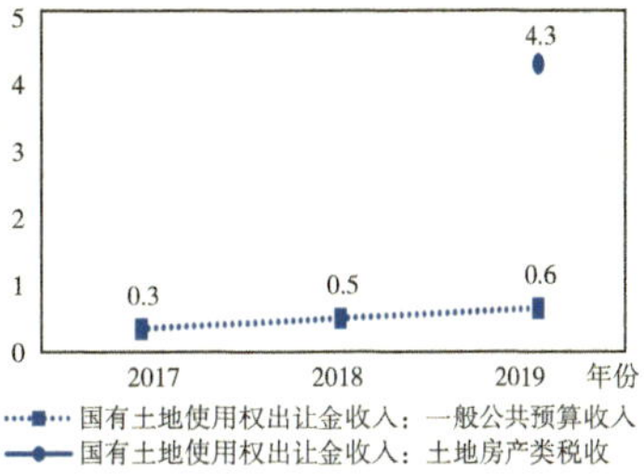

图27-36　2017-2019年陕西省国有土地使用权出让金收入与一般公共预算关系指标

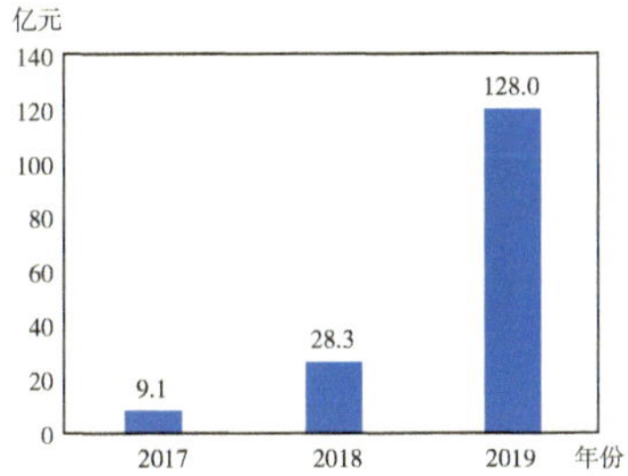

图27-37　2017-2019年陕西省国有资本经营收入

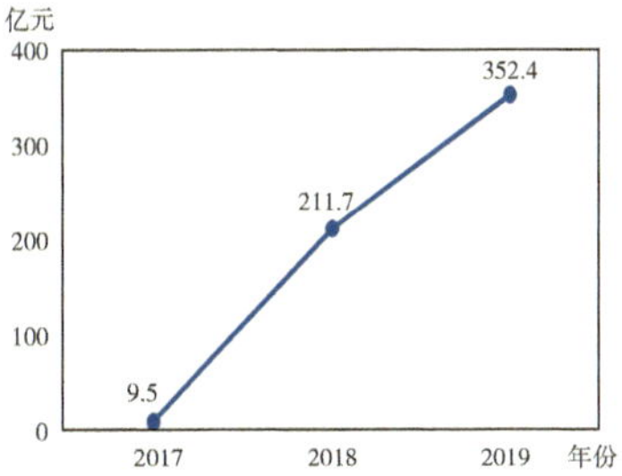

图27-38　2017-2019年陕西省国有资本经营收入增速

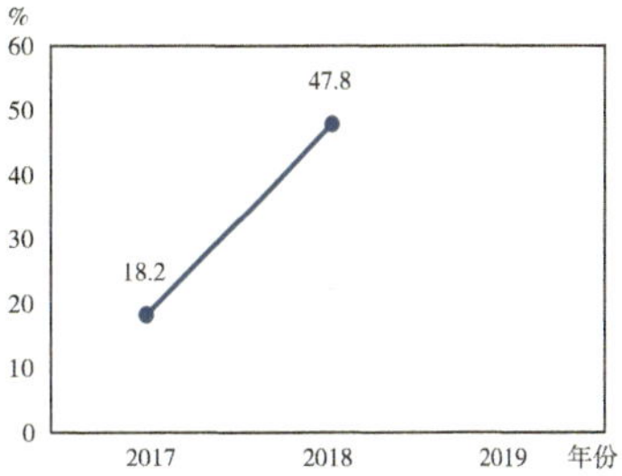

图27-39　2017-2019年陕西省调出资金/国有资本经营收入

27.1.5 陕西省社会保险基金收入情况

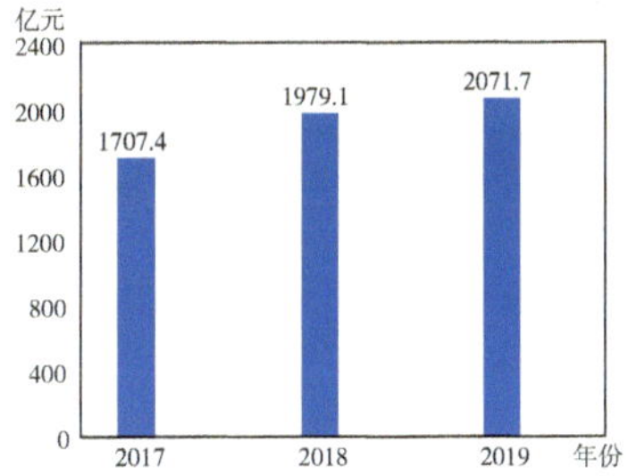

图27-40　2017-2019年陕西省社会保险基金收入

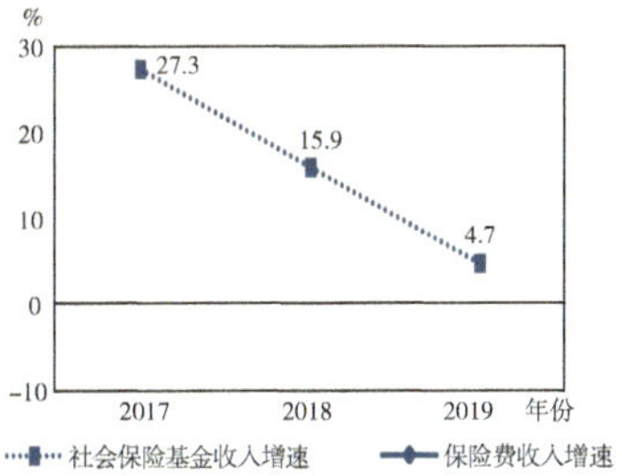

图27-41　2017-2019年陕西省社会保险基金收入增速及保险费收入增速

27.1.6 陕西省债务情况

图27-42　2017-2019年陕西省债务规模

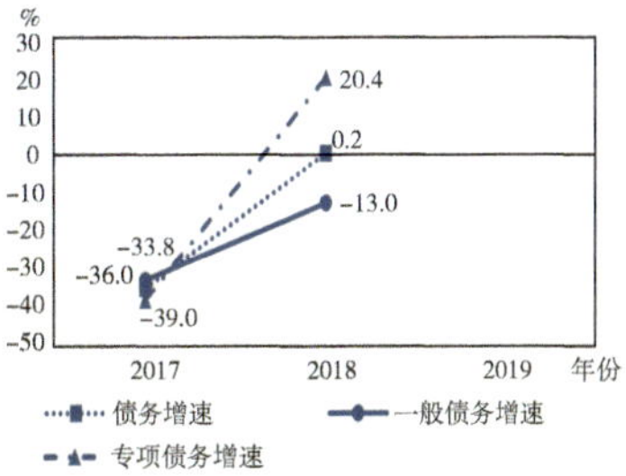

图27-43　2017-2019年陕西省债务增速

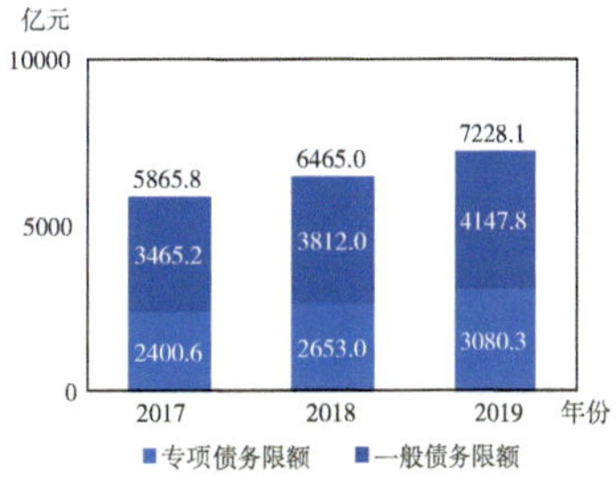

图27-44　2017-2019年陕西省债务限额

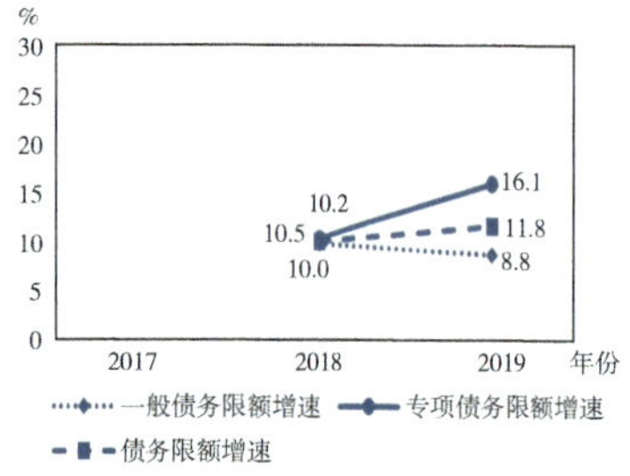

图27-45　2017-2019年陕西省债务限额增速

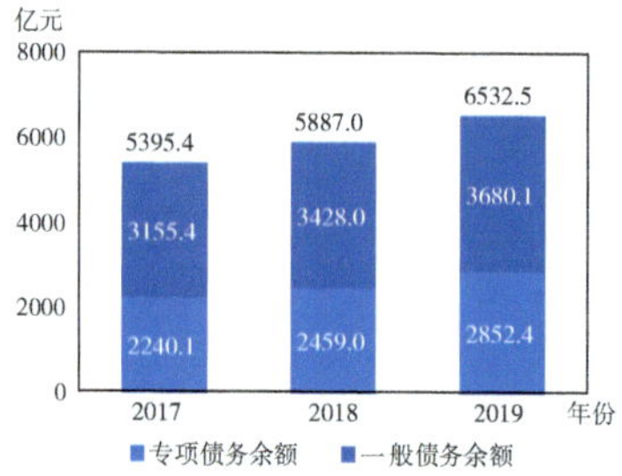

图27-46　2017-2019年陕西省债务余额

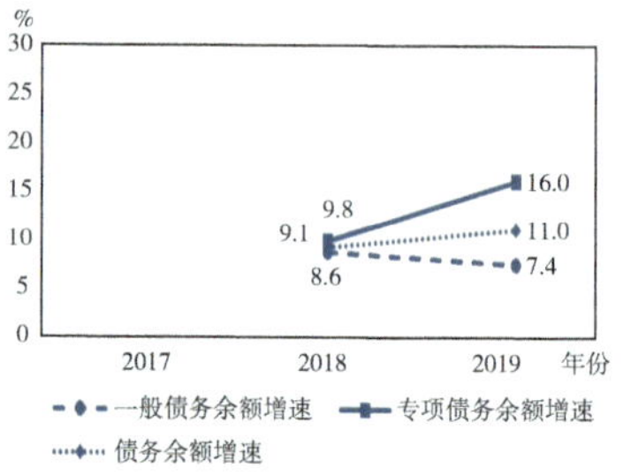

图27-47　2017-2019年陕西省债务余额增速

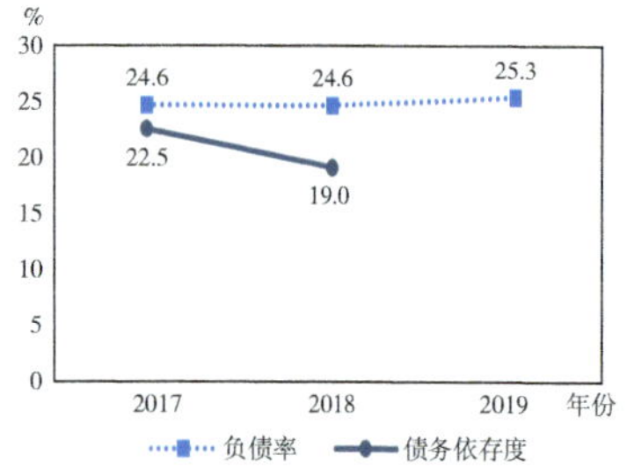

图27-48　2017-2019年陕西省负债率与债务依存度

27.1.7　陕西省省本级一般公共预算收入情况

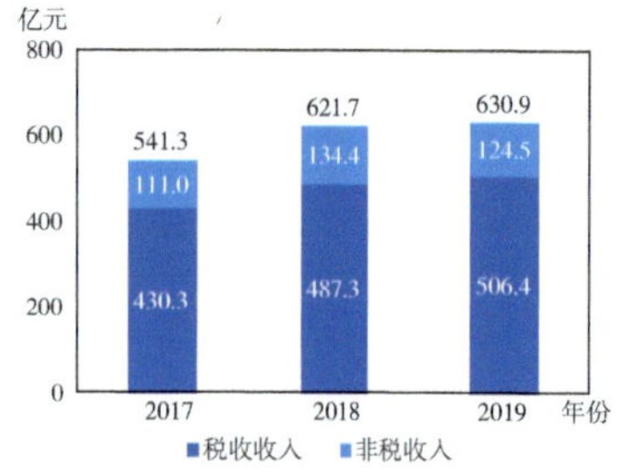

图27-49　2017-2019年陕西省省本级一般公共预算收入

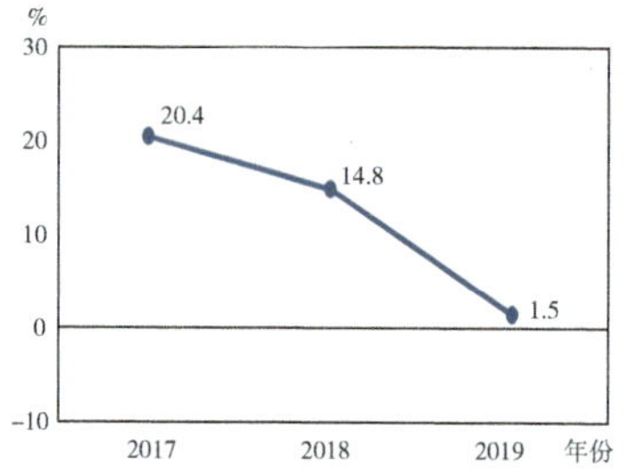

图27-50　2017-2019年陕西省省本级一般公共预算收入增速

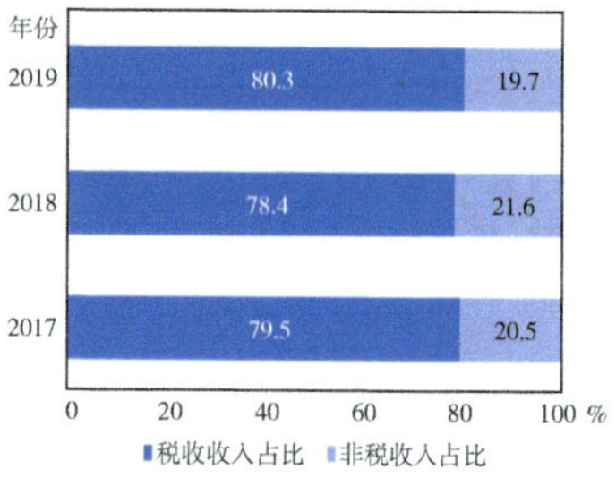

图27-51　2017-2019年陕西省省本级一般公共预算收入结构

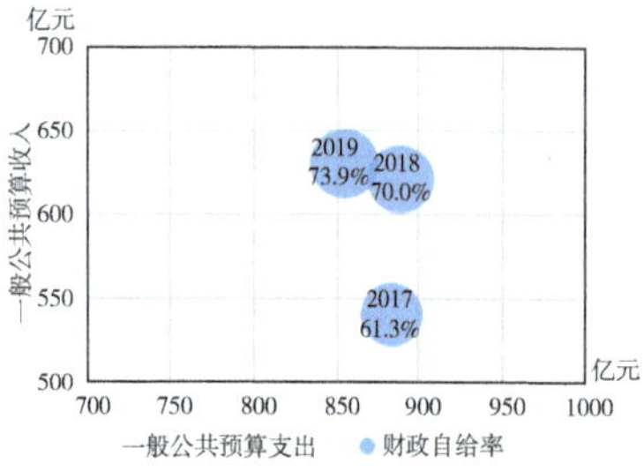

图27-52　2017-2019年陕西省省本级财政自给率

图27-53　2017-2019年陕西省省本级税收收入

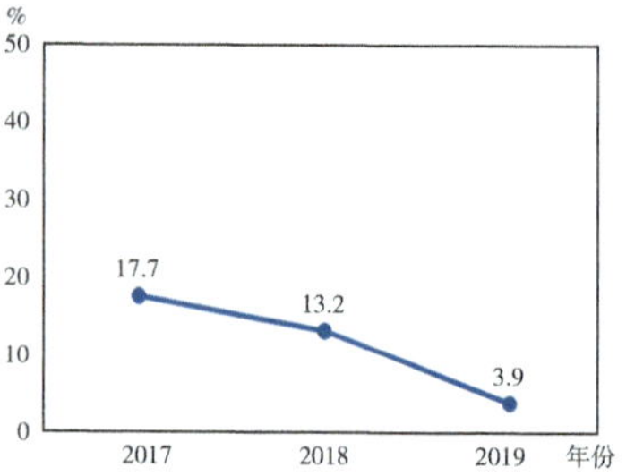

图27-54　2017-2019年陕西省省本级税收收入增速

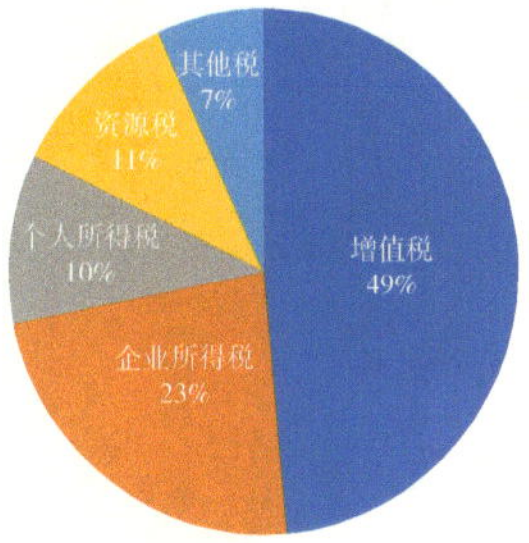

图27-55 2018年陕西省省本级税收结构

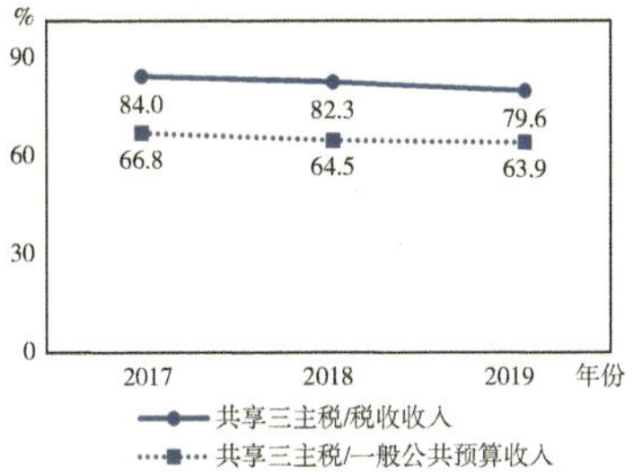

图27-56 2017–2019年陕西省省本级共享三主税占税收收入、一般公共预算收入的比重

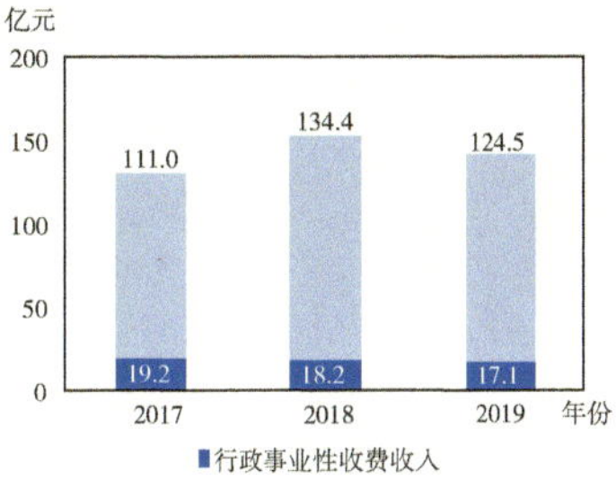

图27-57 2017–2019年陕西省省本级非税收入

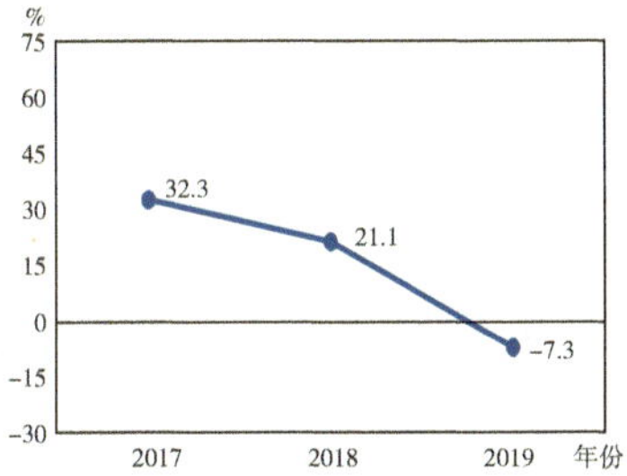

图27-58 2017–2019年陕西省省本级非税收入增速

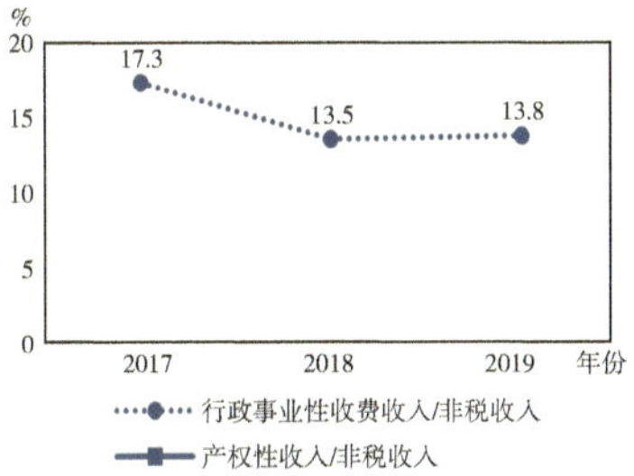

图27-59 2017–2019年陕西省省本级行政事业性收费、产权性收入占非税收入的比重

27.2 陕西省各市政府收入主要特征分析

27.2.1 陕西省各市经济社会发展情况

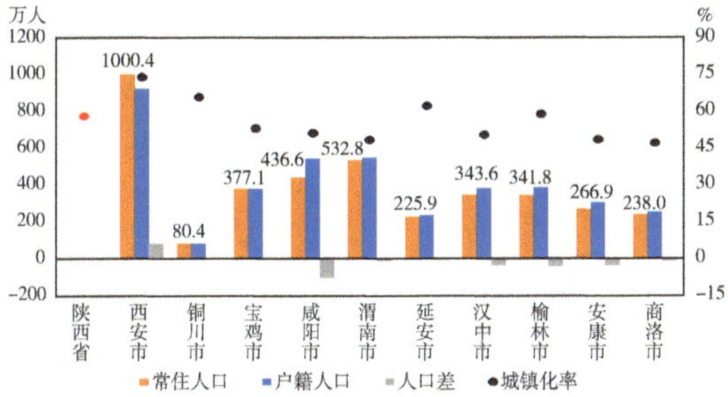

图27-60 2018年陕西省各市人口状况

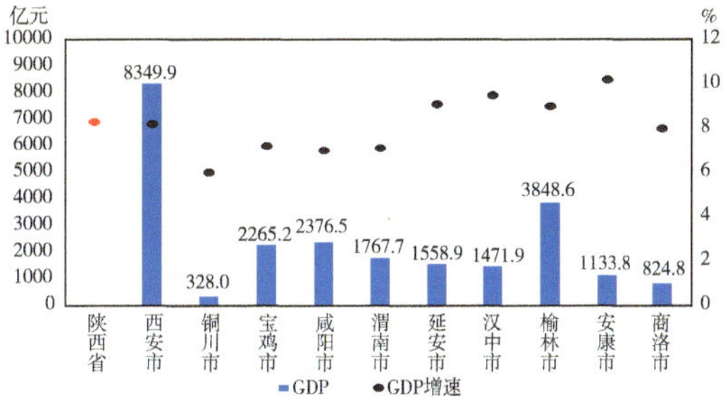

图27-61 2018年陕西省各市GDP及增速

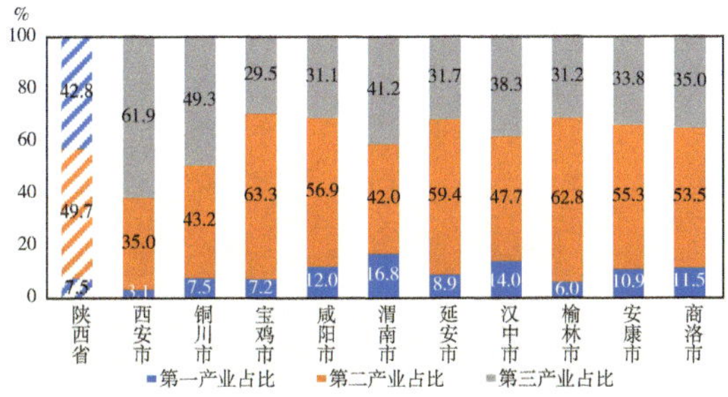

图27-62 2018年陕西省各市三次产业结构

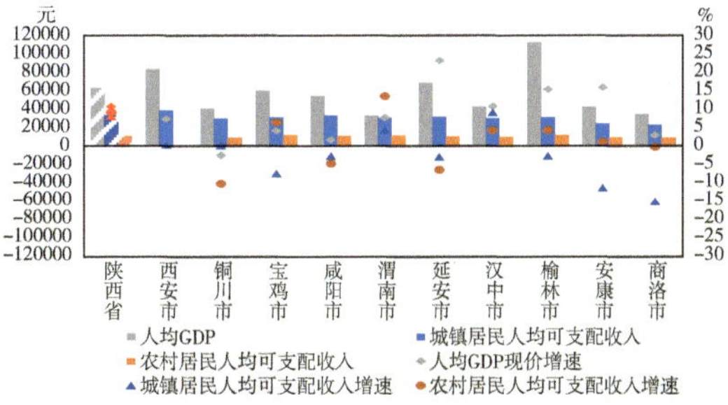

图27-63 2018年陕西省各市人均GDP与人均可支配收入

27.2.2　陕西省各市政府收入总体情况

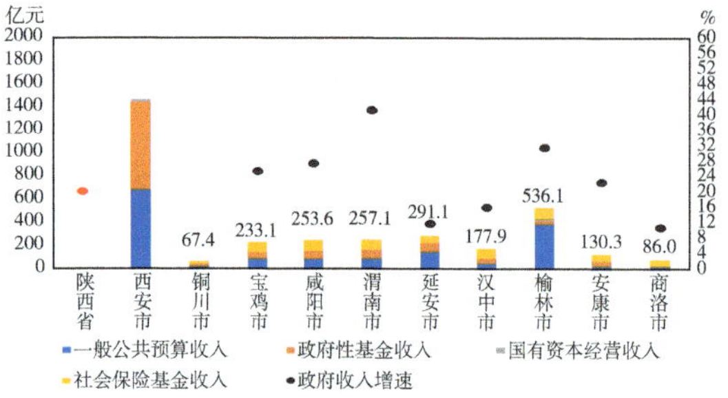

图27-64　2018年陕西省各市政府收入结构及增速

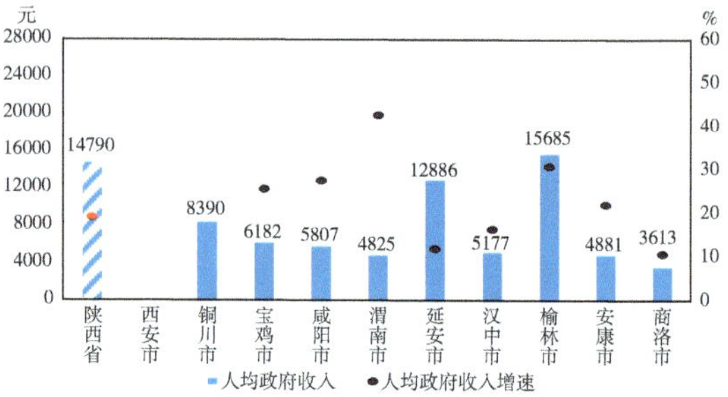

图27-65　2018年陕西省各市人均政府收入及增速

27.2.3　陕西省各市一般公共预算收入情况

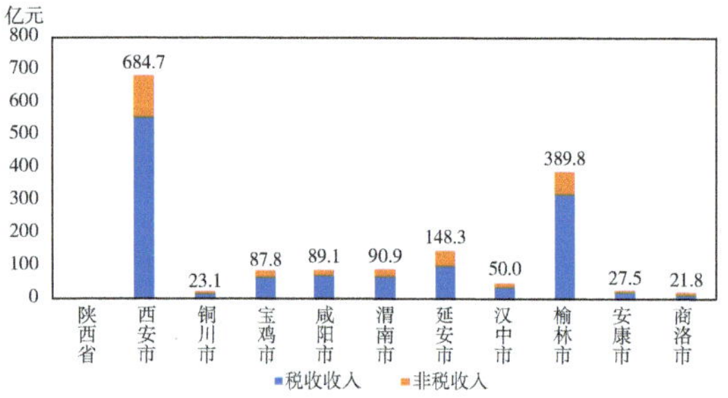

图27-66　2018年陕西省各市一般公共预算收入

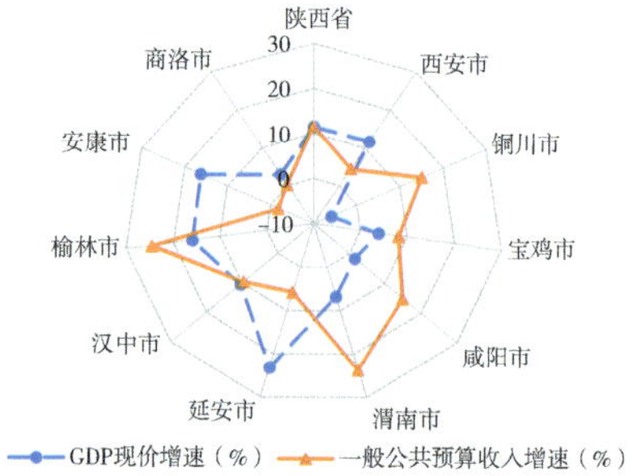

图27-67　2018年陕西省各市一般公共预算收入增速

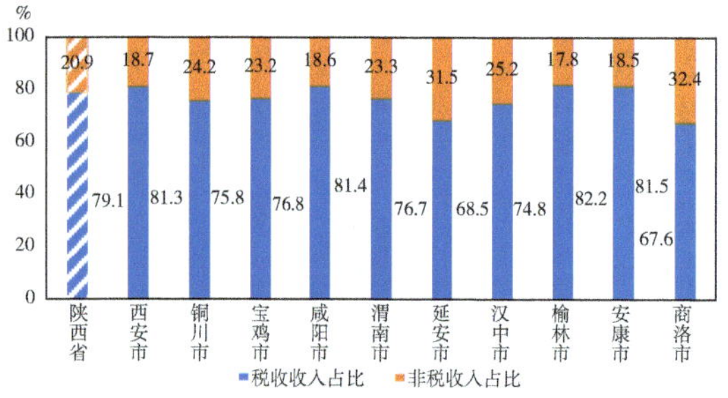

图27-68　2018年陕西省各市一般公共预算收入结构

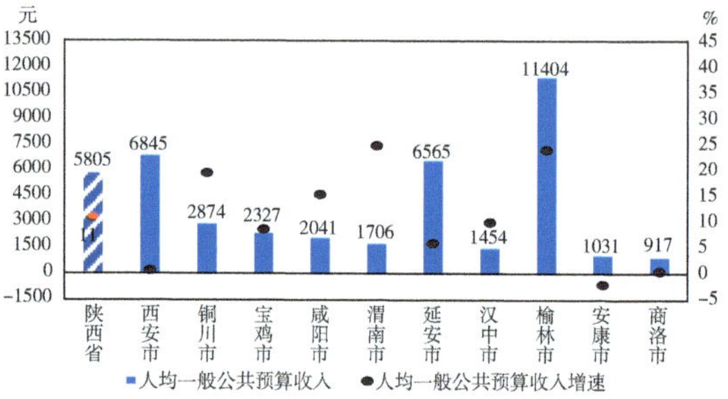

图27-69　2018年陕西省各市人均一般公共预算收入及增速

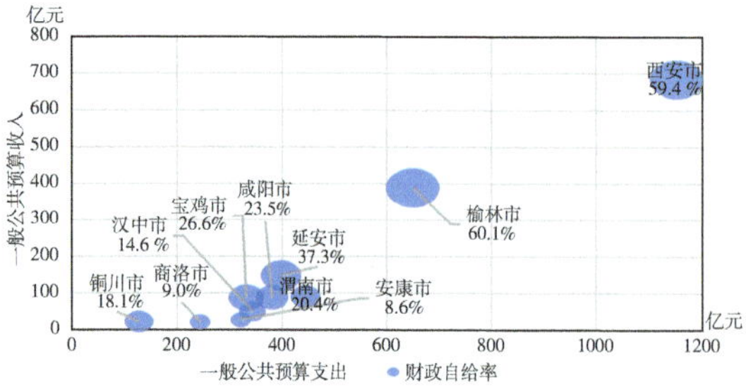

图27-70　2018年陕西省各市财政自给率

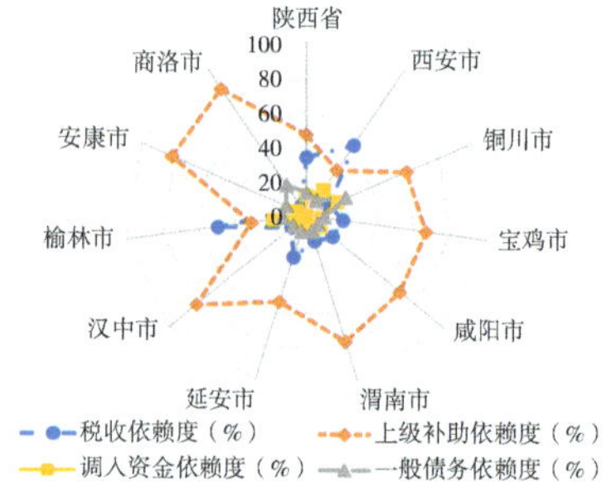

图27-71　2018年陕西省各市财政收入依赖度

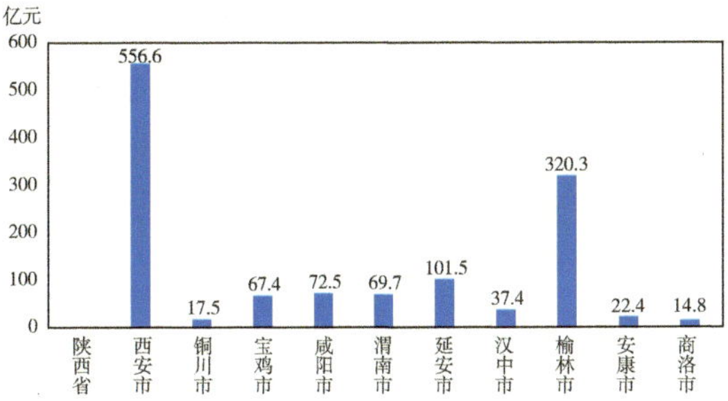

图27-72 2018年陕西省各市税收收入

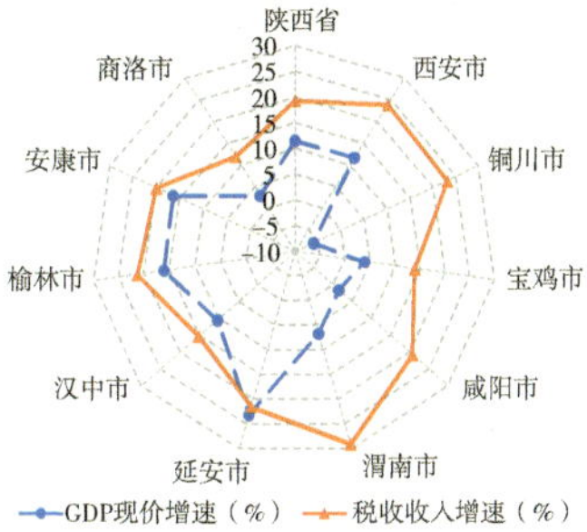

图27-73 2018年陕西省各市税收收入增速

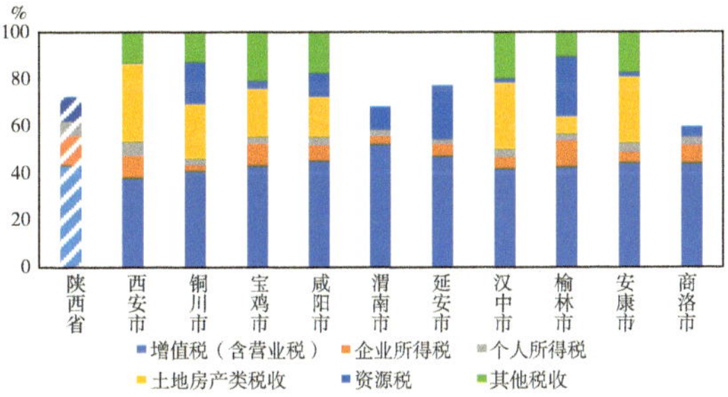

图27-74 2018年陕西省各市税收收入结构

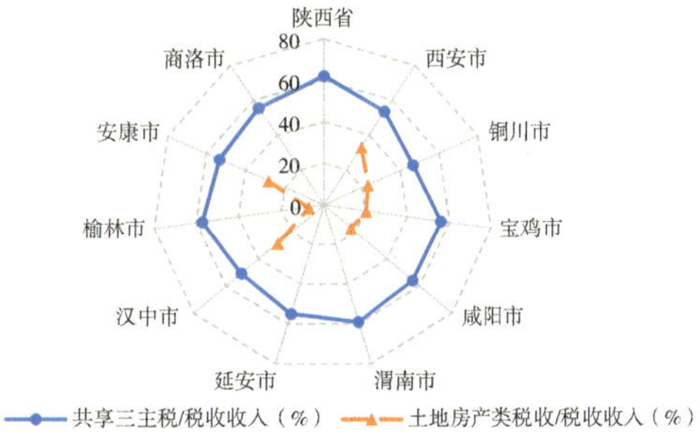

图27-75 2018年陕西省各市共享三主税、土地房产类税收占税收收入的比重

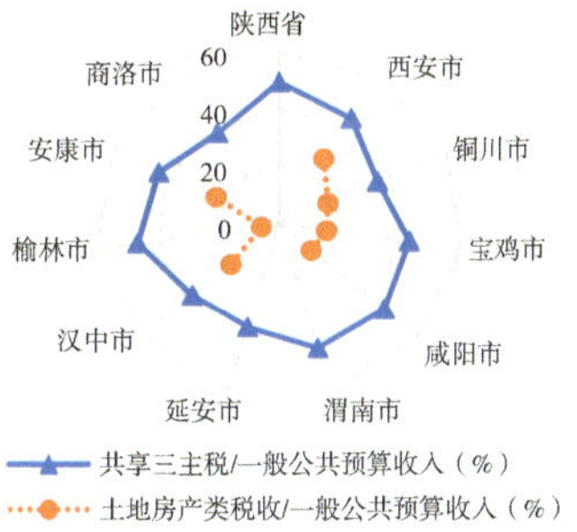

图27-76 2018年陕西省各市共享三主税、土地房产类税收占一般公共预算收入的比重

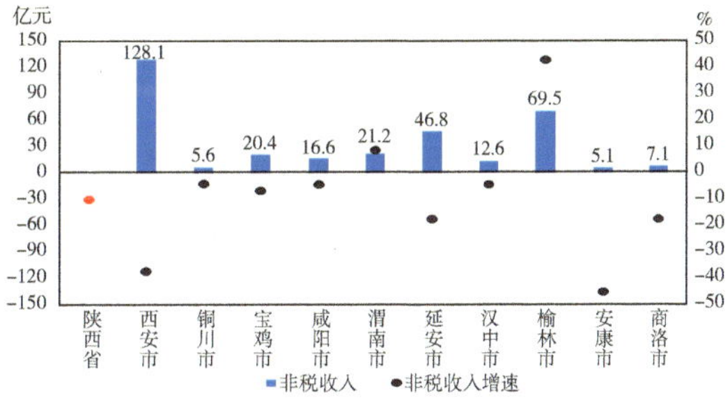

图27-77 2018年陕西省各市非税收入及增速

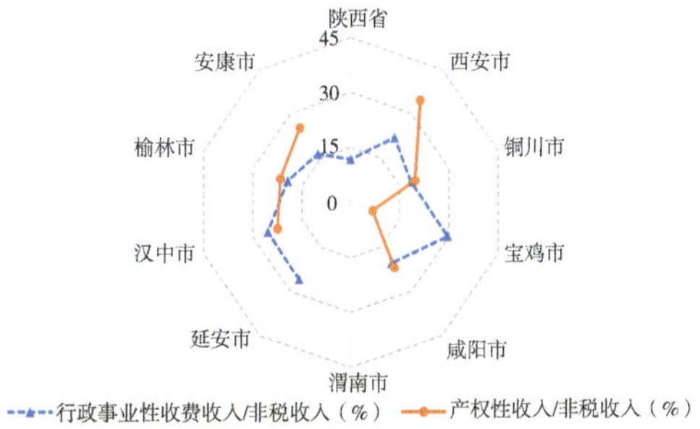

图27-78 2018年陕西省各市行政事业性收费收入、产权性收入占非税收入的比重

27.2.4 陕西省各市政府性基金收入与国有资本经营收入情况

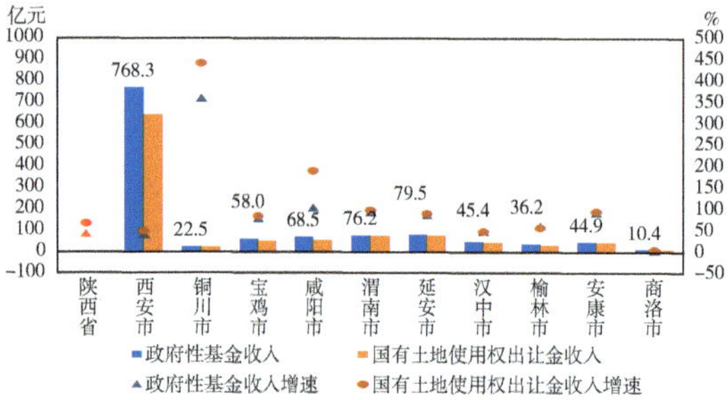

图27-79 2018年陕西省各市政府性基金收入、国有土地使用权出让金收入及其增速

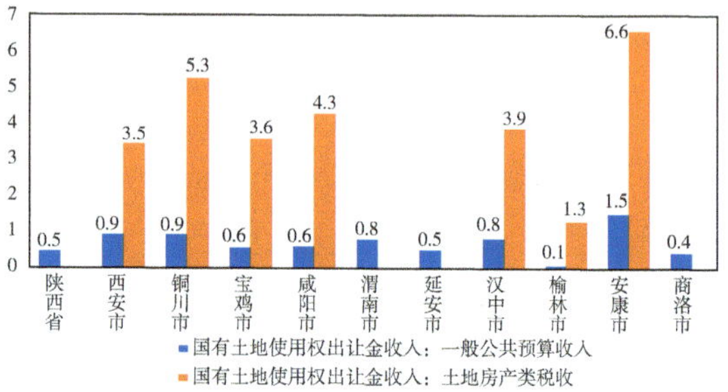

图27-80 2018年陕西省各市国有土地使用权出让金收入与一般公共预算关系指标

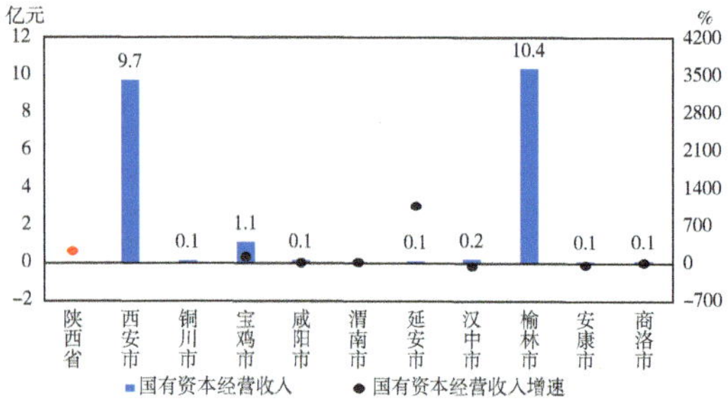

图27-81 2018年陕西省各市国有资本经营收入及增速

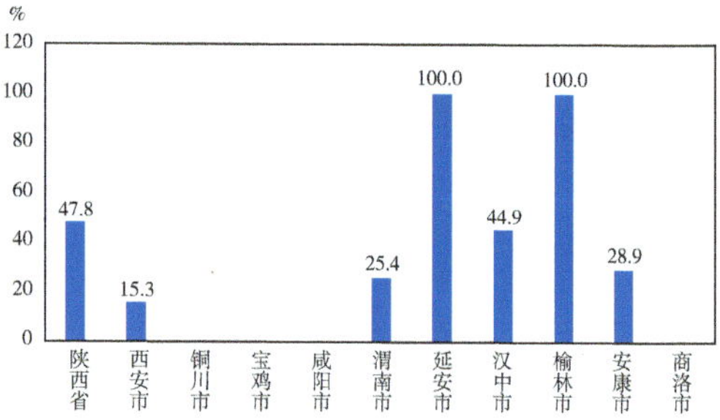

图27-82 2018年陕西省各市调出资金/国有资本经营收入

27.2.5 陕西省各市社会保险基金收入情况

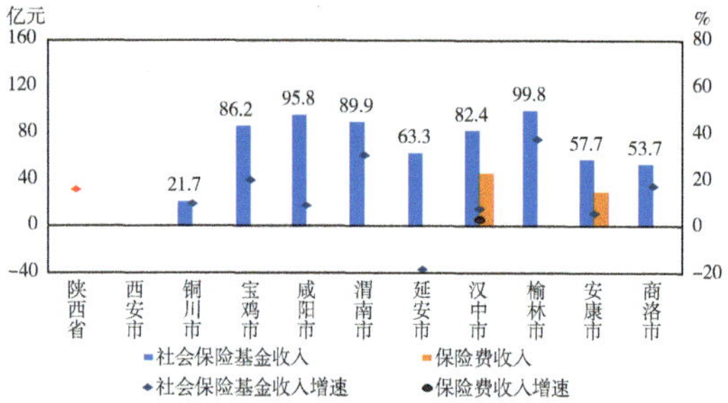

图27-83 2018年陕西省各市社会保险基金收入、保险费及其增速

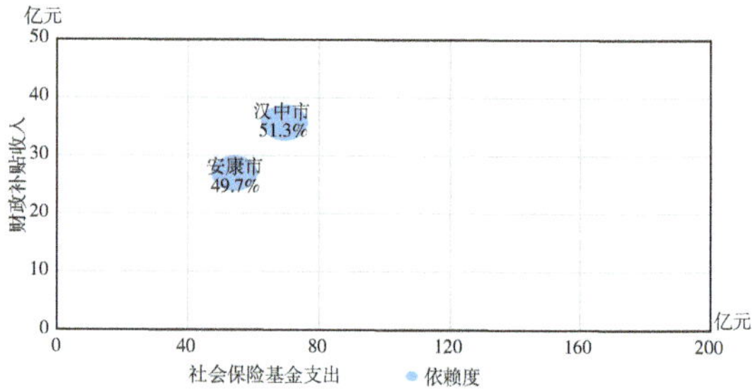

图27-84 2018年陕西省各市社会保险基金对财政补贴的依赖度

27.2.6 陕西省各市债务情况

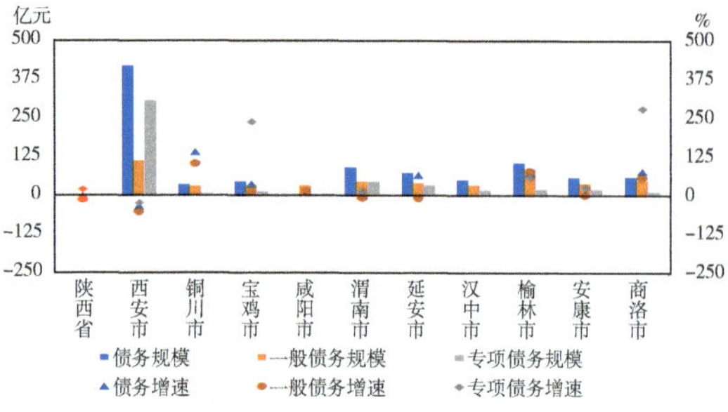

图27-85 2018年陕西省各市债务规模及其增速

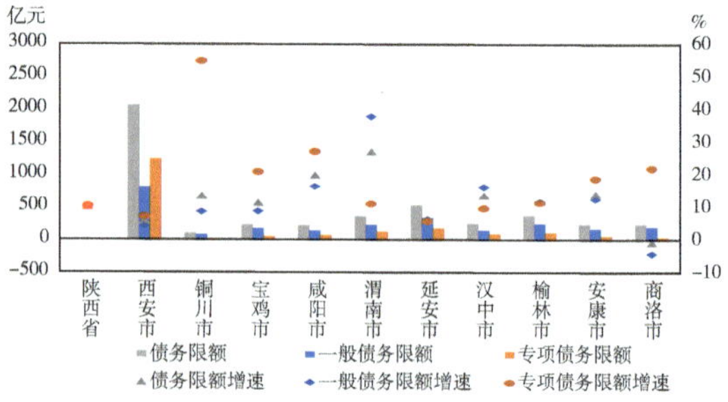

图27-86 2018年陕西省各市债务限额及其增速

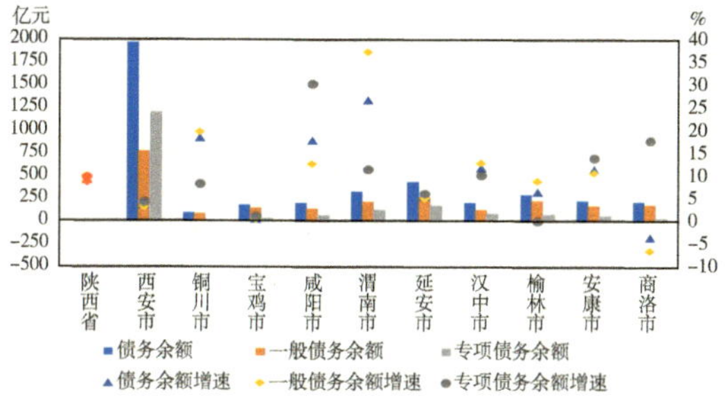

图27-87　2018年陕西省各市债务余额及其增速

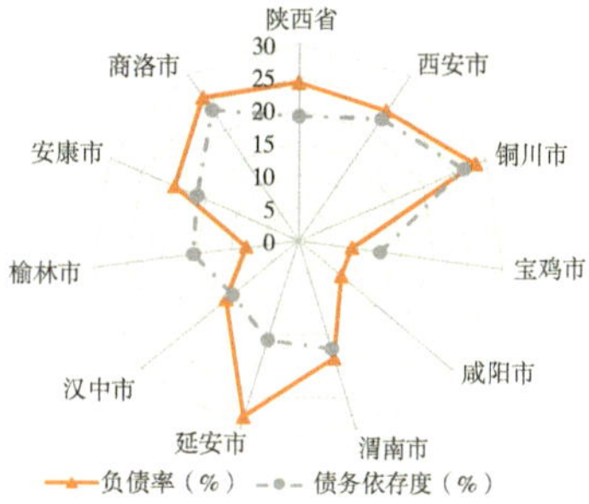

图27-88　2018年陕西省各市负债率与债务依存度

27.2.7　陕西省各市市本级一般公共预算收入情况

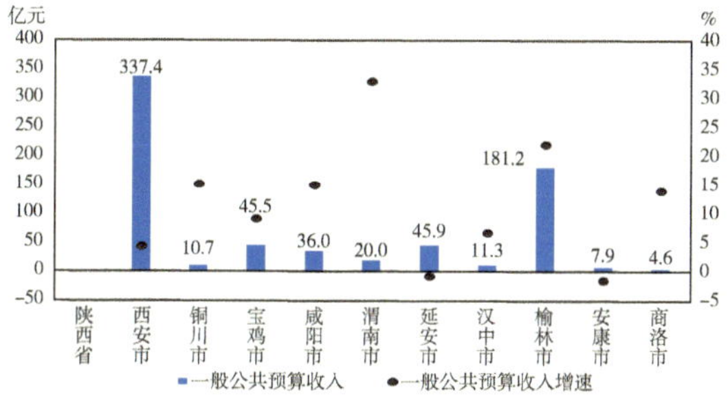

图27-89　2018年陕西省各市市本级一般公共预算收入及增速

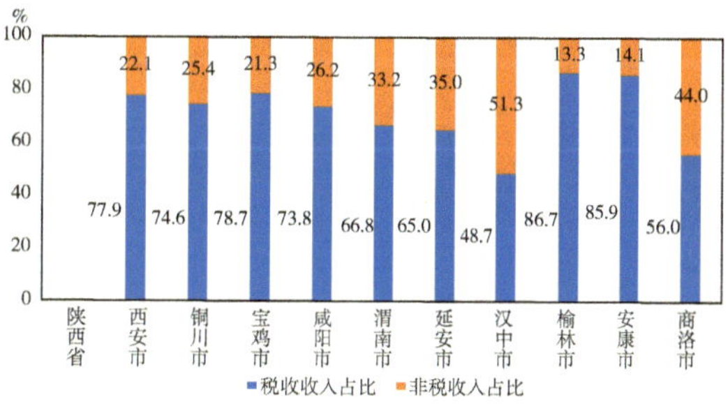

图27-90　2018年陕西各市市本级一般公共预算收入结构

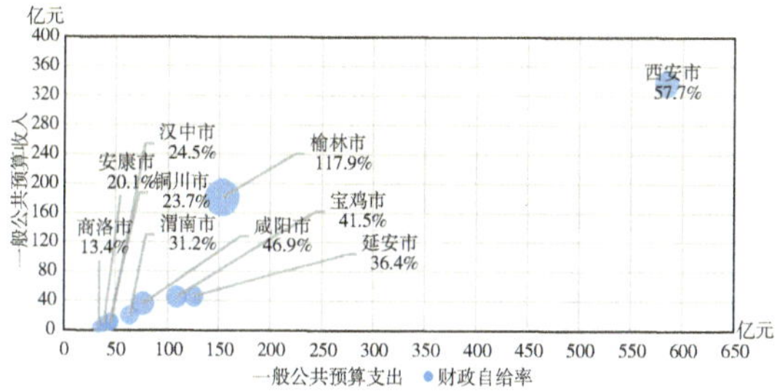

图27-91　2018年陕西省各市市本级财政自给率

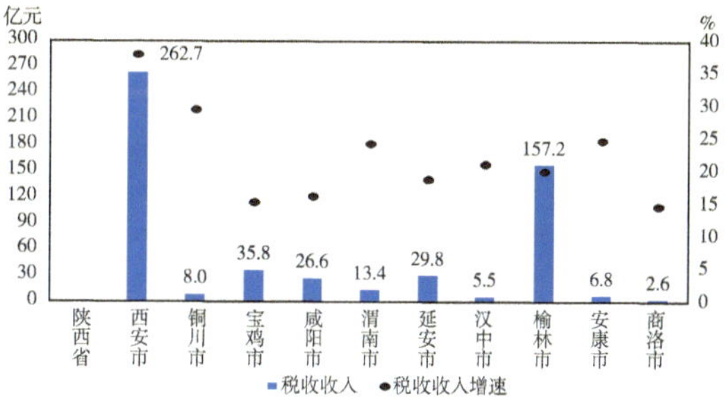

图27-92　2018年陕西省各市市本级税收收入及增速

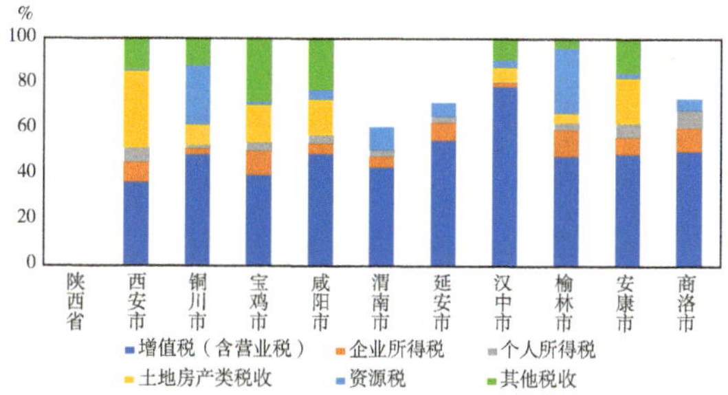

图27-93　2018年陕西省各市市本级税收收入结构

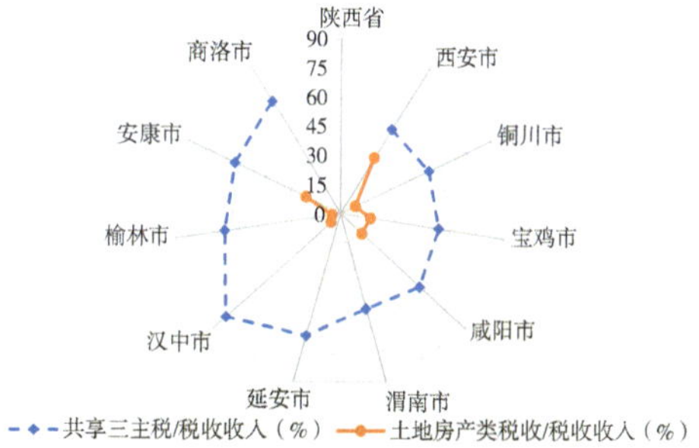

图27-94　2018年陕西省各市市本级共享三主税、土地房产类税收占税收收入的比重

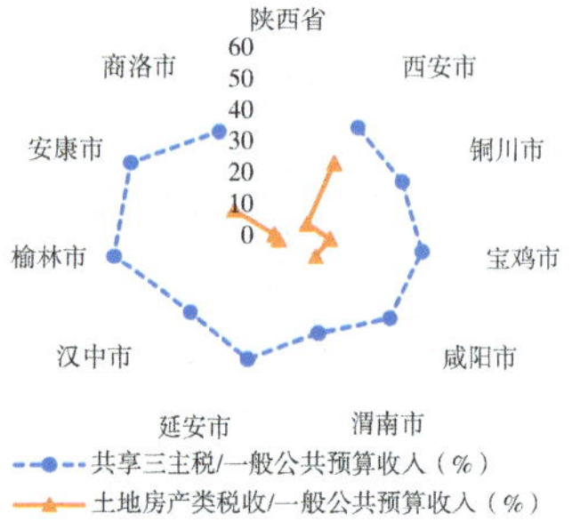

图27-95　2018年陕西省各市市本级共享三主税、土地房产类税收占一般公共预算收入的比重

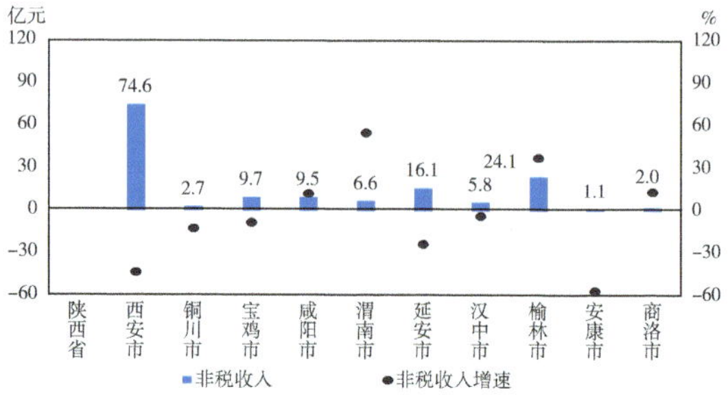

图27-96　2018年陕西省各市市本级非税收入及增速

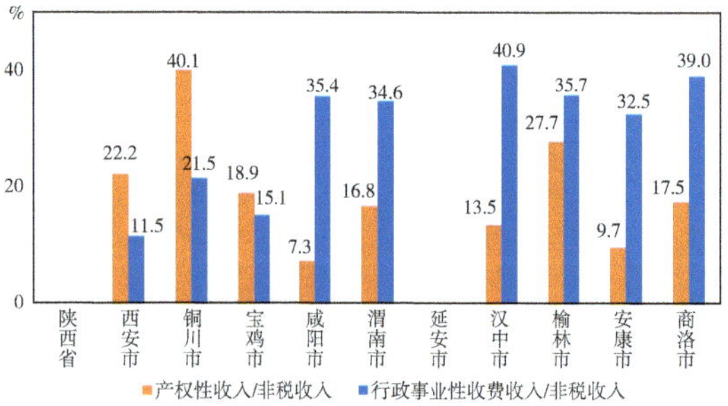

图27-97　2018年陕西省各市本级产权性收入、行政事业性收费收入占非税收入的比重

27.3　陕西省样本县政府收入主要特征分析

27.3.1　陕西省样本县经济社会发展情况

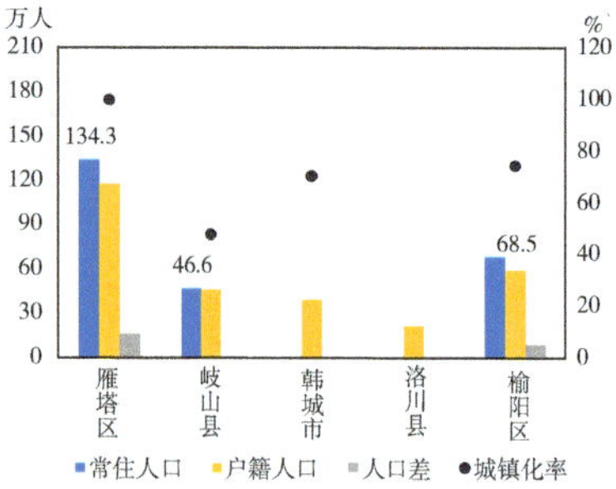

图27-98　2018年陕西省样本区县人口状况

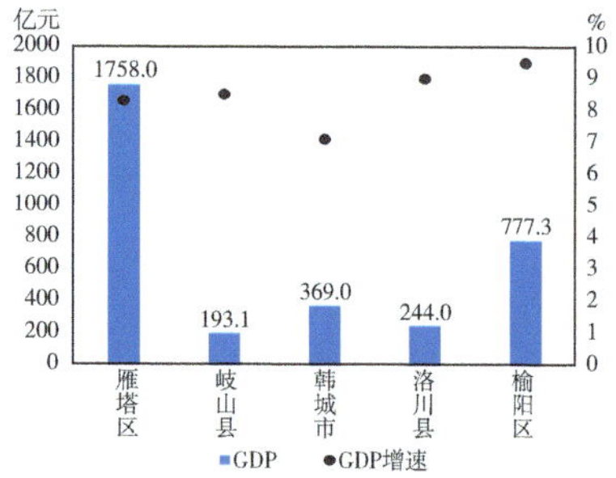

图27-99　2018年陕西省样本区县GDP及增速

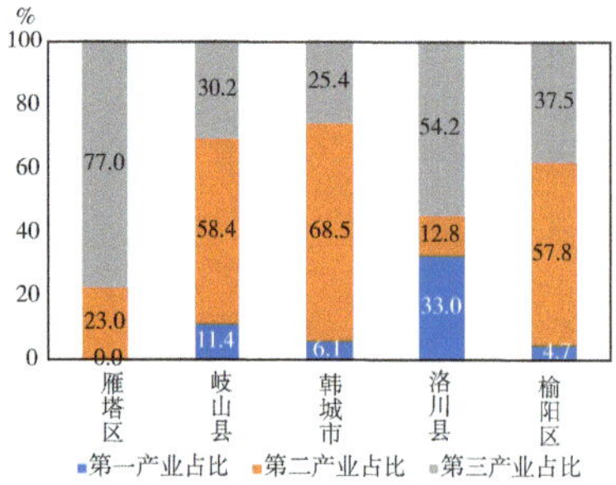

图27-100　2018年陕西省样本区县三次产业结构

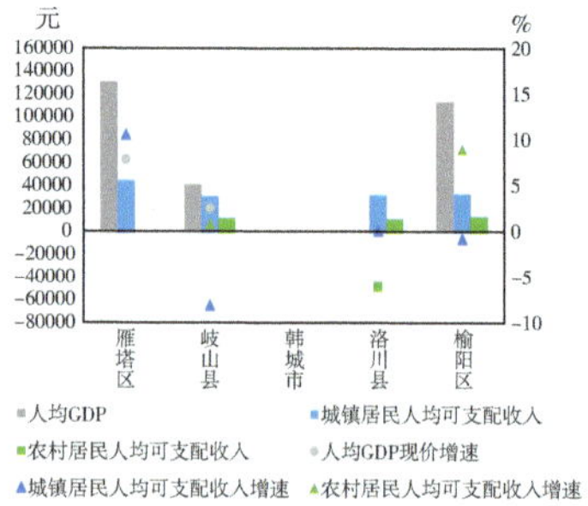

图27-101　2018年陕西省样本区县人均GDP与人均可支配收入

27.3.2 陕西省样本县政府收入总体情况

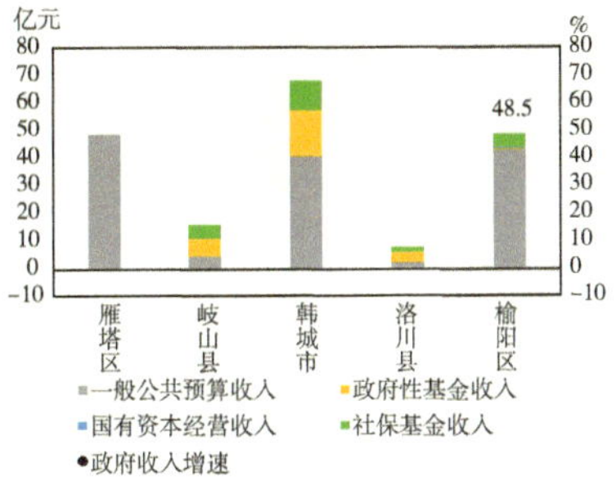

图27-102 2018年陕西省样本区县政府收入结构及增速

27.3.3 陕西省样本县一般公共预算收入情况

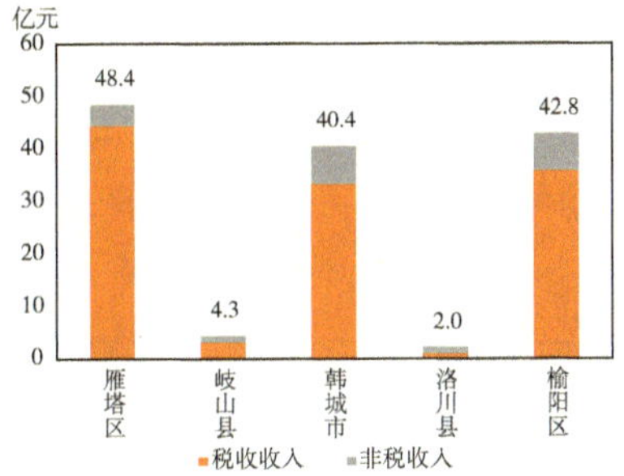

图27-103 2018年陕西省样本区县一般公共预算收入

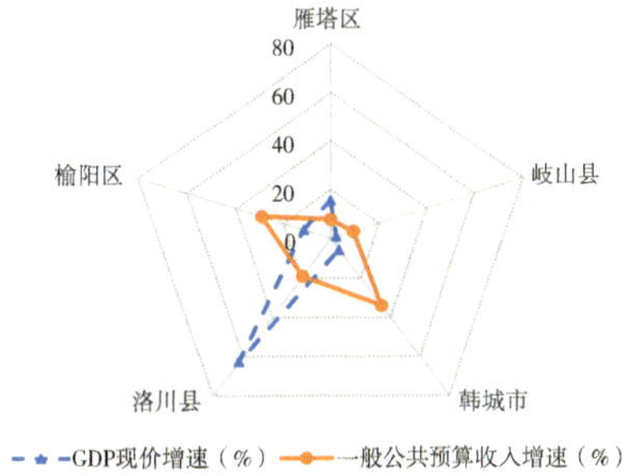

图27-104 2018年陕西省样本区县一般公共预算收入增速

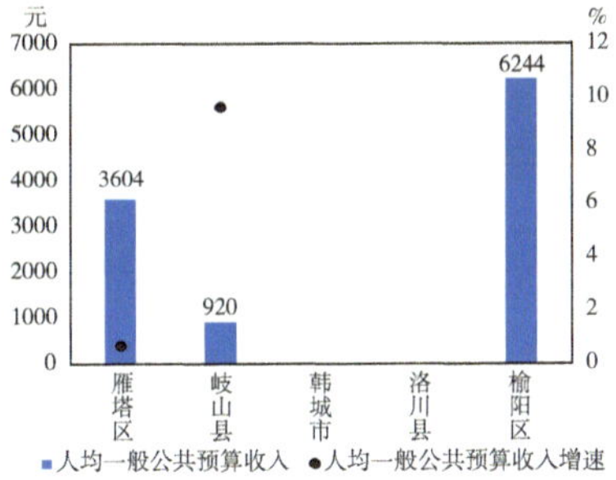

图27-105 2018年陕西省样本区县人均一般公共预算收入及增速

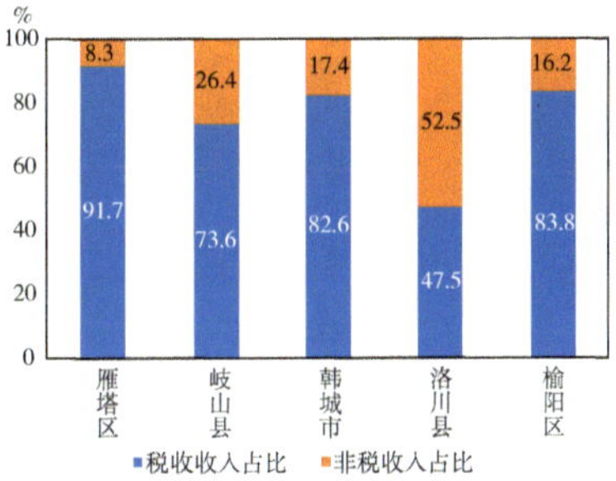

图27-106 2018年陕西省样本区县一般公共预算收入结构

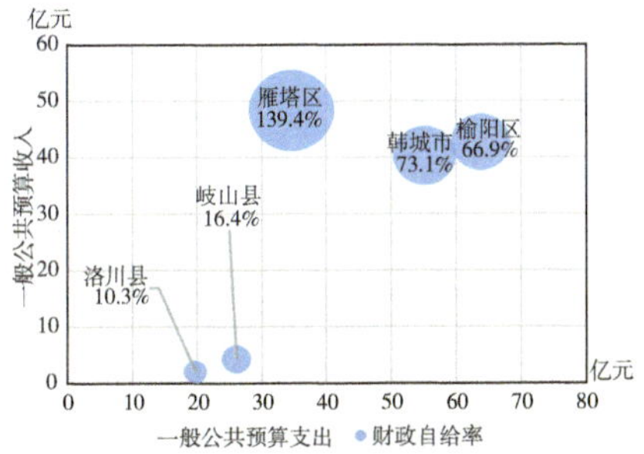

图27-107 2018年陕西省样本区县财政自给率

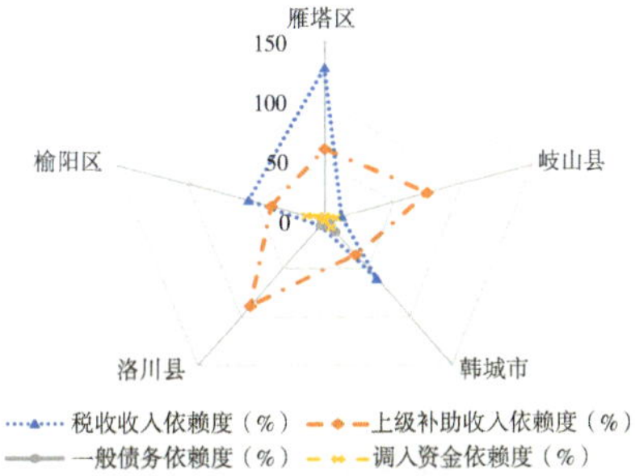

图27-108 2018年陕西省样本区县财政收入依赖度

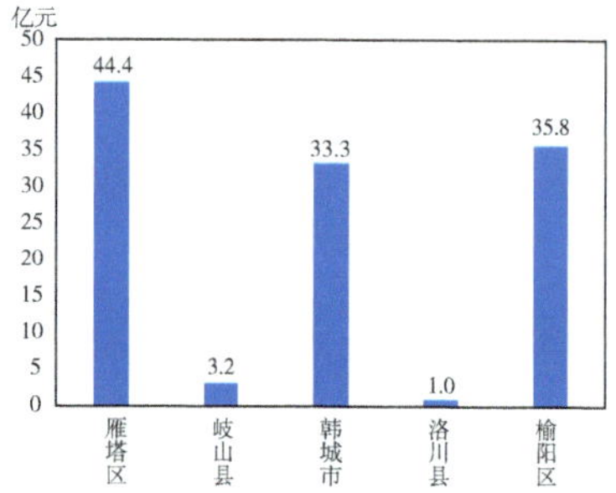

图27-109　2018年陕西省样本区县税收收入

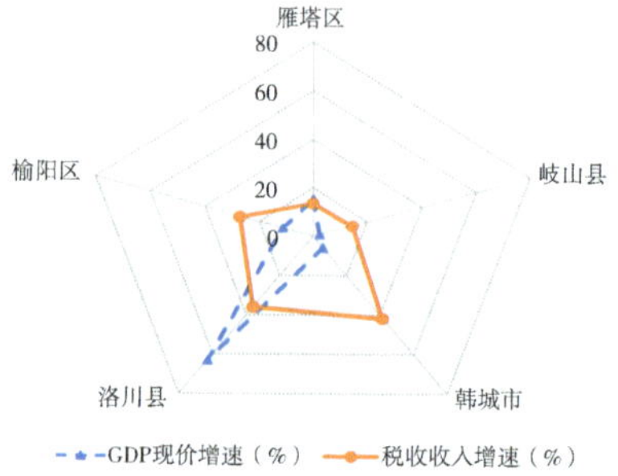

图27-110　2018年陕西省样本区县税收收入增速

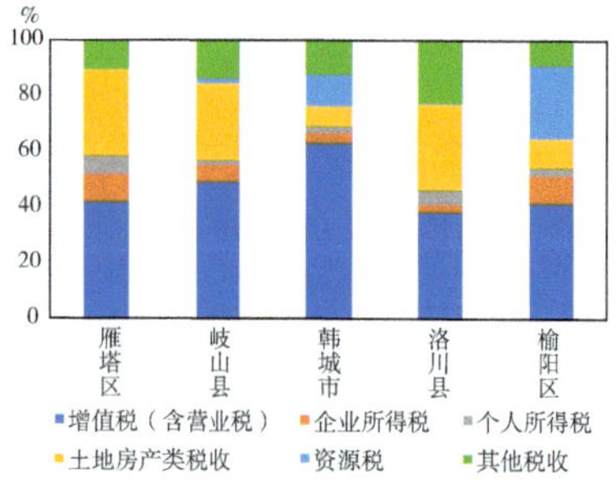

图27-111　2018年陕西省样本区县税收收入结构

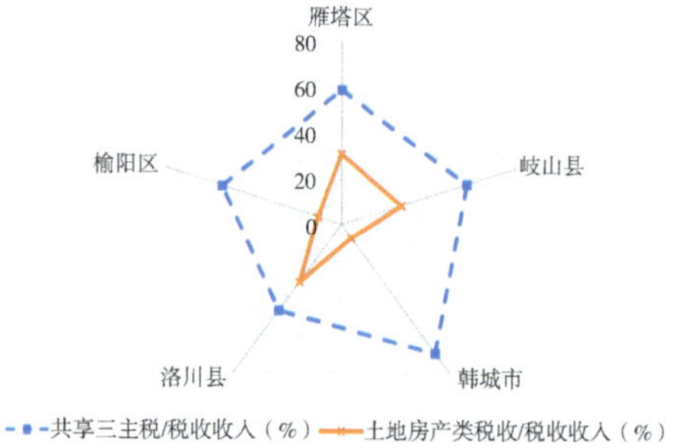

图27-112　2018年陕西省样本区县共享三主税、土地房产类税收占税收收入的比重

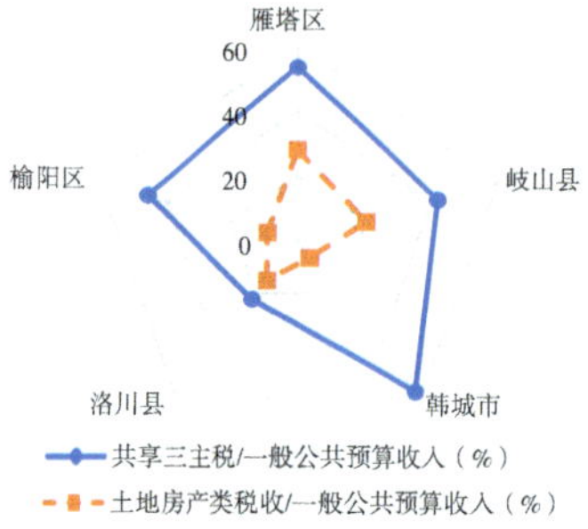

图27-113　2018年陕西省样本区县共享三主税、土地房产类税收占一般公共预算收入的比重

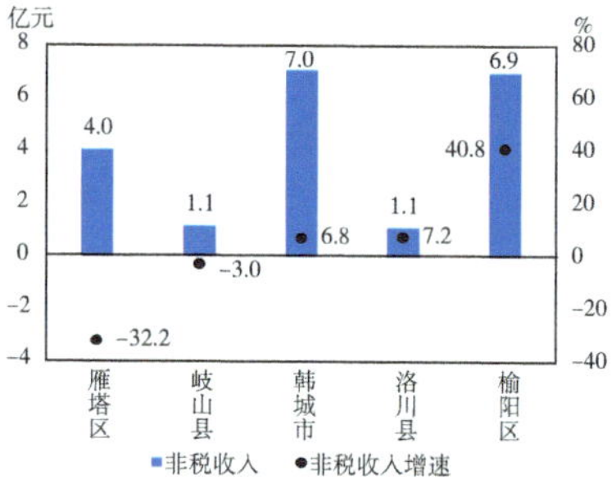

图27-114　2018年陕西省样本区县非税收入

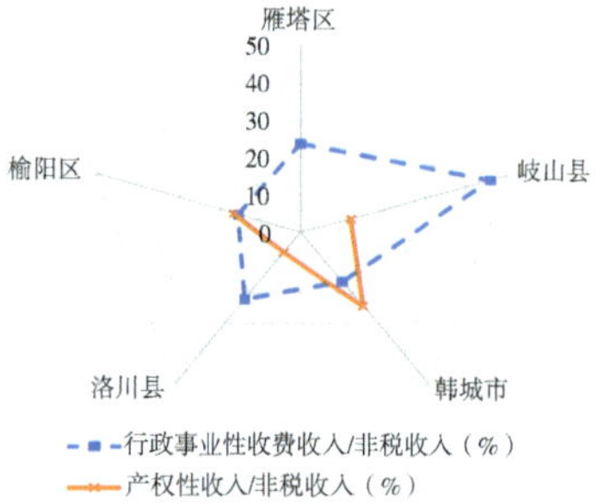

图27-115　2018年陕西省样本区县产权性收入、行政事业性收费收入占非税收入的比重

27.3.4 陕西省样本县政府性基金收入与国有资本经营收入情况

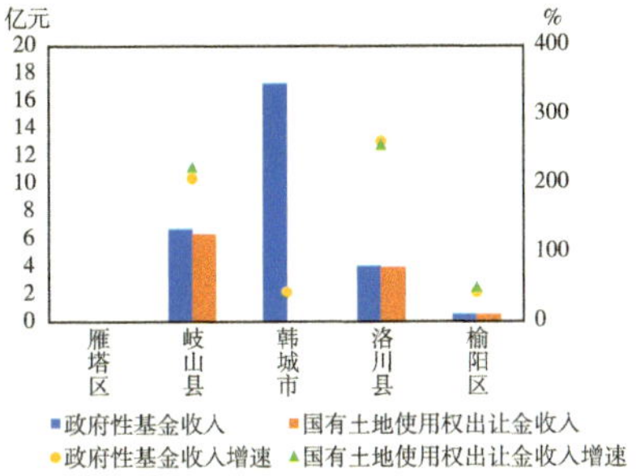

图27-116 2018年陕西省样本区县政府性基金收入、国有土地使用权出让金收入及其增速

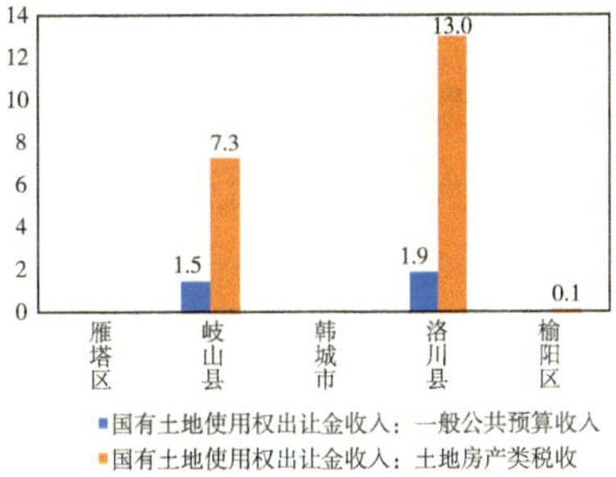

图27-117 2018年陕西省样本区县国有土地使用权出让金收入与一般公共预算关系指标

27.3.5 陕西省样本县社会保险基金收入情况

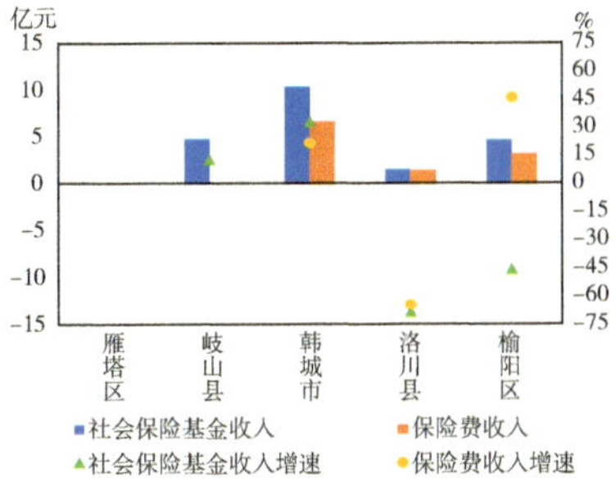

图27-118 2018年陕西省样本区县社会保险基金收入、保险费收入及其增速

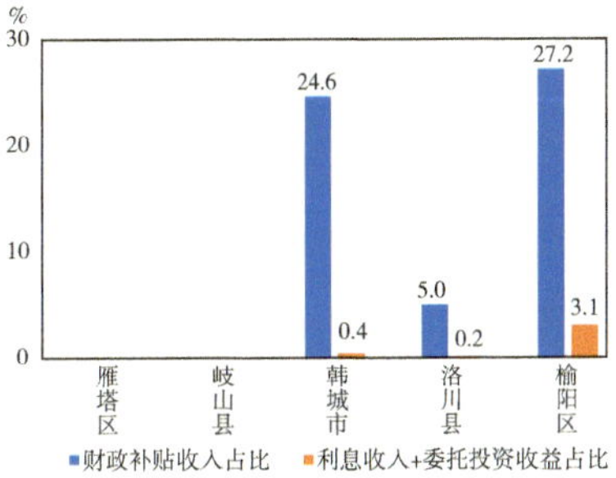

图27-119 2018年陕西省样本区县财政补贴收入、利息收入+委托投资收益占社会保险收入的比重

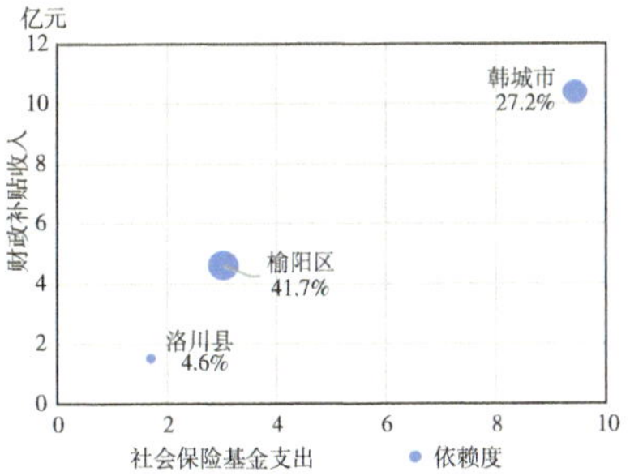

图27-120 2018年陕西省样本区县社会保险基金对财政补贴的依赖度

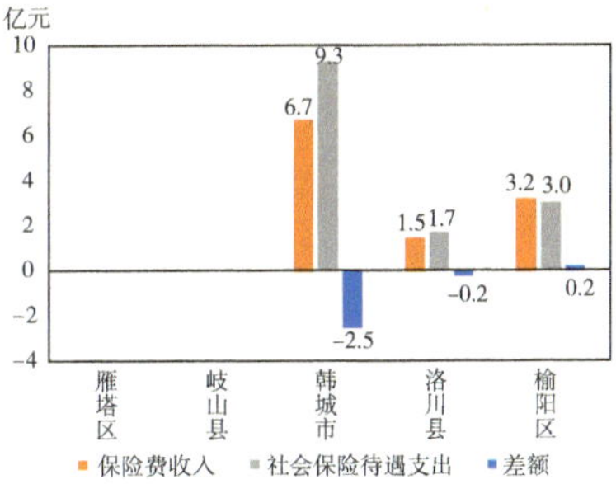

图27-121 2018年陕西省样本区县保险费收入、社会保险待遇支出及其差额

27.3.6 陕西省样本县债务情况

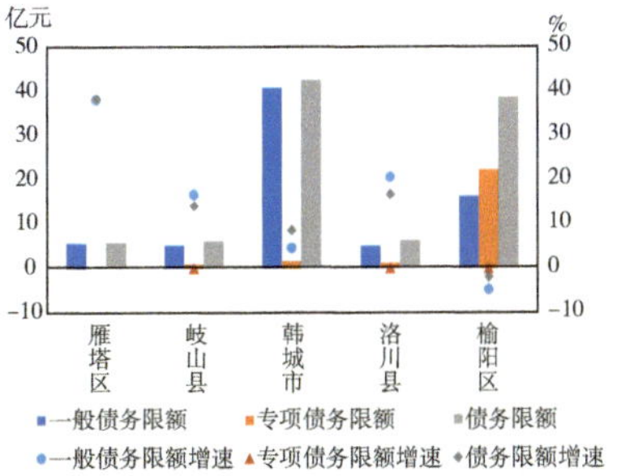

图27-122 2018年陕西省样本区县债务限额及其增速

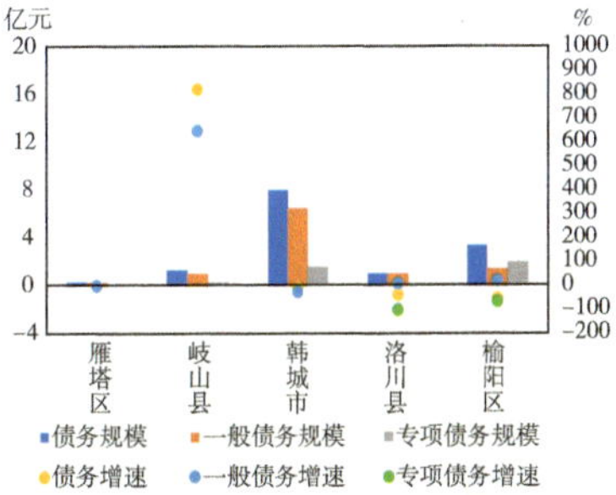

图27-123 2018年陕西省样本区县债务规模及其增速

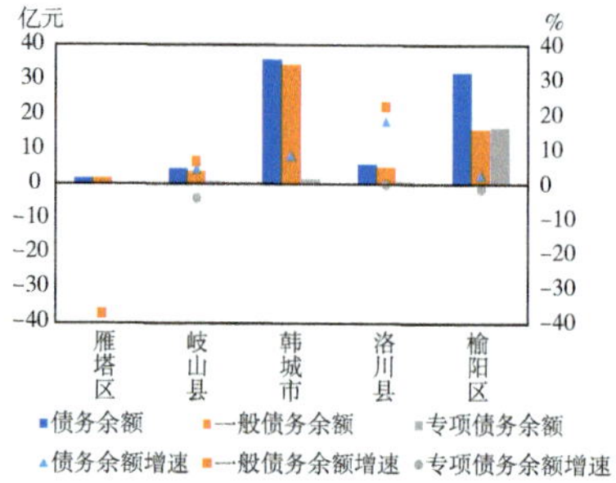

图27-124　2018年陕西省样本区县债务余额及其增速

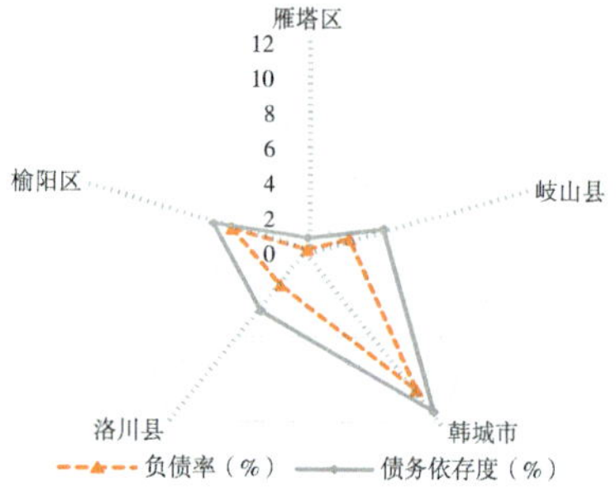

图27-125　2018年陕西省样本区县负债率与债务依存度

28 甘肃省

甘肃省共辖12个地级市，2个自治州，市辖区17个、县级市5个、县57个、自治县7个；地域面积为42.58万平方公里，地形狭长、地貌复杂多样。甘肃省处于丝绸之路中段，是联通欧亚大陆的河西走廊。自然资源丰富，历史遗留风景名胜较多利于旅游业发展；但产业化程度不高、基础设施建设相对滞后。总体上看，甘肃的经济发展、财政收入等在全国处于下游，缺乏支撑性主导产业，发展遭遇瓶颈。

2019年甘肃省经济总量处于全国下游，第三产业占比低于全国，人口整体净流出，城镇化率低于全国。2019年末，甘肃省常住人口2647.4万人，常住人口城镇化率为48.49%。2019年甘肃GDP达到8718亿元，排全国第27名，次于吉林，略高于海南；GDP增速为6.2%，比2018年下降0.1个百分点，高于全国0.1个百分点，排全国第16名；人均GDP为32931元（4759美元），排全国第31名。从产业结构看，第一、第二、第三产业占比分别为12.1%、32.8%（低于全国平均水平6.17个百分点）和55.12%（高于全国平均水平1.2个百分点）。从居民可支配收入看，2019年城镇与农村居民人均可支配收入分别为32323元和9629元，分别为全国平均水平的76.3%和60.1%。

2019年甘肃省一般公共预算收入全国排名第30位。2019年甘肃省一般公共预算收入850亿元、增速-2.4%，在全国分别排名第30位、第28位，人均一般公共预算收入为3211元，排全国第31名。其中，近三年甘肃省税收收入占一般公共预算收入分别为67%、70%、68%，2019年低于全国平均水平15个百分点。非税收入占比高，其中2018年政府产权性收入规模占非税收入比高达27.4%。从纵向收入分配看，2018年省本级、市本级、县一般公共预算收入占比分别为28%、52%和20%。

2019年甘肃省财政自给率偏低，地区财政总收入小于一般公共预算支出。甘肃近年来财政自给率在24%左右，但2019年下降为21.5%。2018年甘肃省组织的地区财政总收入为1635亿元，增速为6.4%，其中上缴中央收入占比46.7%。甘肃省一般公共预算支出为3956.7亿元，高于地区财政总收入规模。

2019年甘肃省四本预算的一般公共预算收入和社保基金收入占比下降，社保对财政补贴的依赖度较高。2019年甘肃省四本预算加总的政府收入2434.4亿元，增速为3.3%，其中一般公共预算收入、政府性基金收入、国有资本经营收入和社会保险基金收入分别占比34.9%、21.3%、0.3%和43.4%。2019年甘肃省社会保险费收入为1056.5亿元，增速为-6.3%；全省政府性基金预算收入519.2亿元，增长30%。

甘肃省内各地市经济社会发展和财政发展较全国平均水平差距较大。甘肃省内体量最大的兰州市2018年政府收入规模仅为538.2亿元，而其他城市政府收入规模分布在40亿—150亿

本章执笔人：辛悦　审校：罗志恒

元区间。2018年兰州市一般公共预算收入252.3亿元，其他各市均低于60亿元。甘南藏族自治州一般公共预算收入最低，2018年仅为10亿元。除少数城市（兰州市、嘉峪关市）外，2018年甘肃省各市财政自给率低于50%。财政自给率最高的城市为嘉峪关市，达到60.5%，最低的为甘南藏族自治州，仅为4.9%，前者是后者的12.3倍。政府性基金收入主要构成是国有土地使用权出让金收入，与地理位置关系较大，收入规模最大的兰州市（121亿元）为规模最小的金昌市（2.4亿元）的50.4倍。

28.1 甘肃省政府收入主要特征分析

28.1.1 甘肃省经济社会基本情况

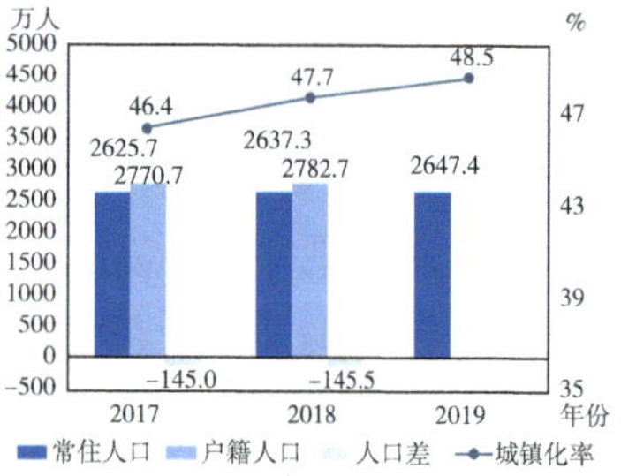

图28-1 2017-2019年甘肃省人口状况

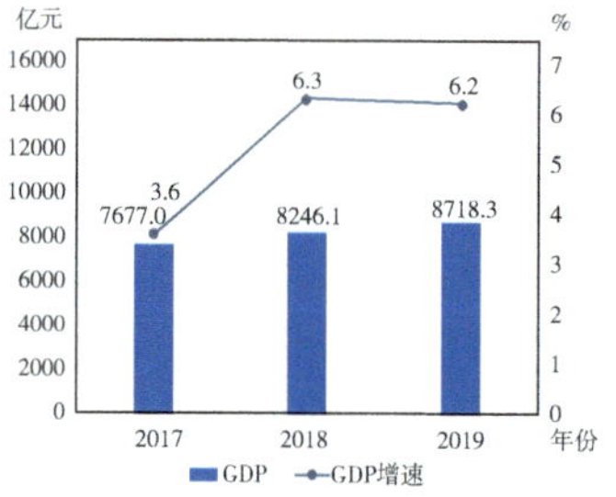

图28-2 2017-2019年甘肃省GDP及增速

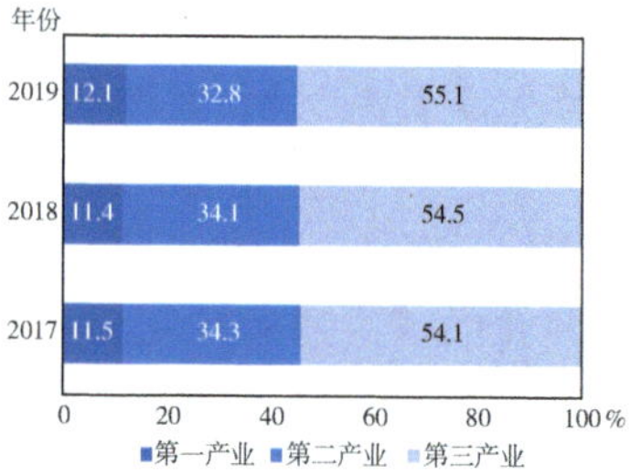

图28-3 2017-2019年甘肃省三次产业结构

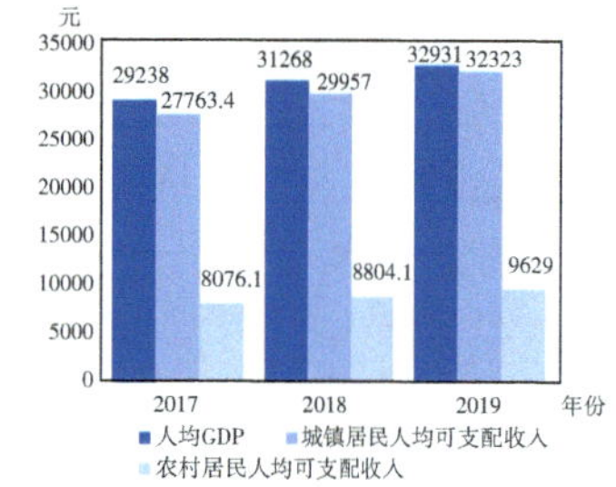

图28-4 2017-2019年甘肃省人均GDP和人均可支配收入

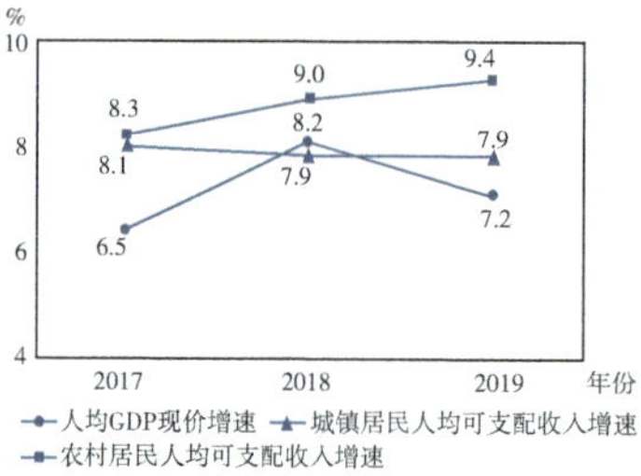

图28-5 2017-2019年甘肃省人均GDP增速和人均可支配收入增速

28.1.2 甘肃省政府收入总体情况

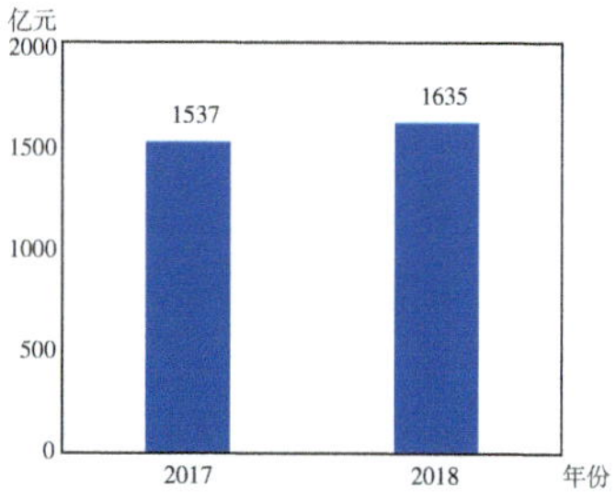

图28-6 2017-2018年甘肃省财政总收入

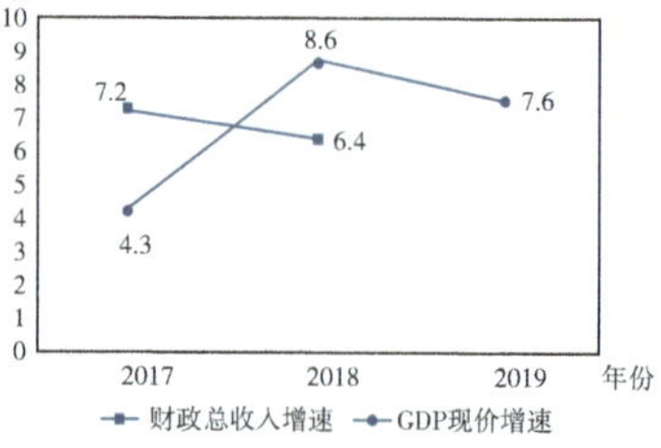

图28-7 2017-2019年甘肃省财政总收入增速

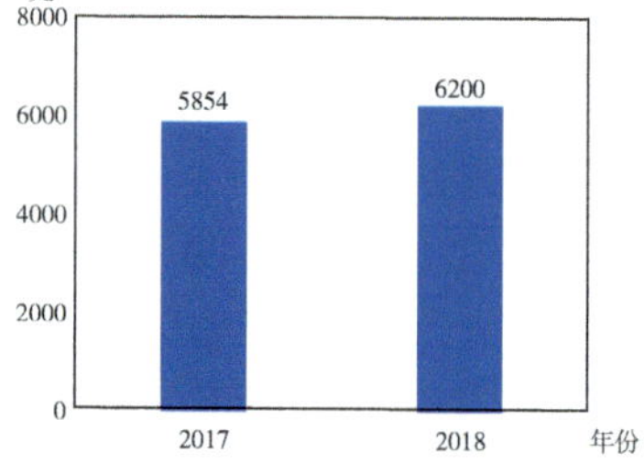

图28-8 2017-2018年甘肃省人均财政总收入

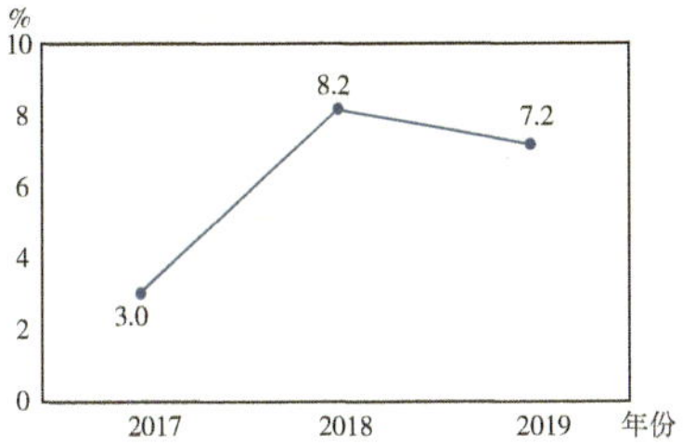

图28-9　2017-2019年甘肃省人均财政总收入增速

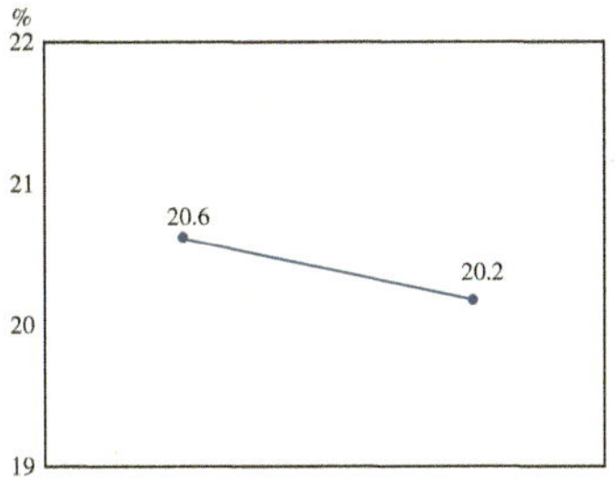

图28-10　2017-2018年甘肃省财政总收入/GDP

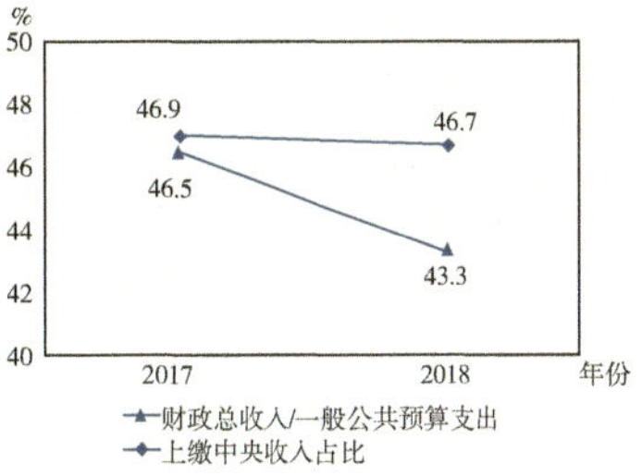

图28-11　2017-2018年甘肃省财政总收入其他指标

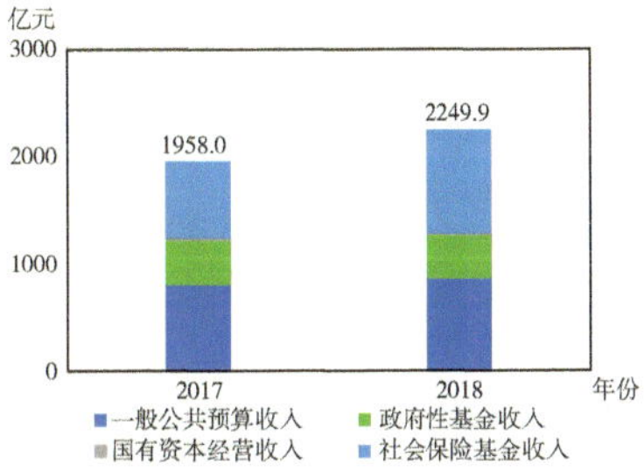

图28-12　2017-2018年甘肃省政府收入

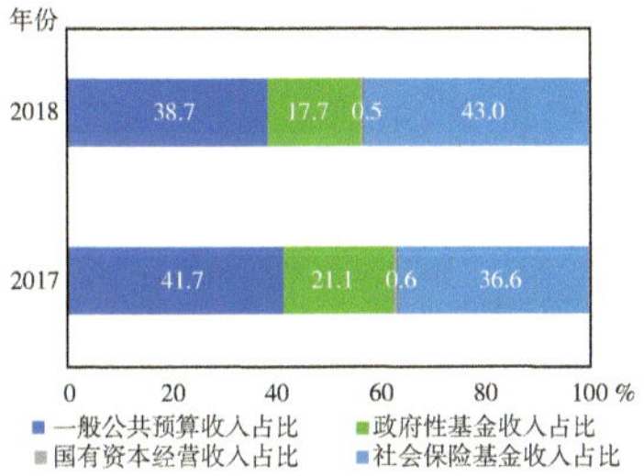

图28-13　2017-2018年甘肃省政府收入结构

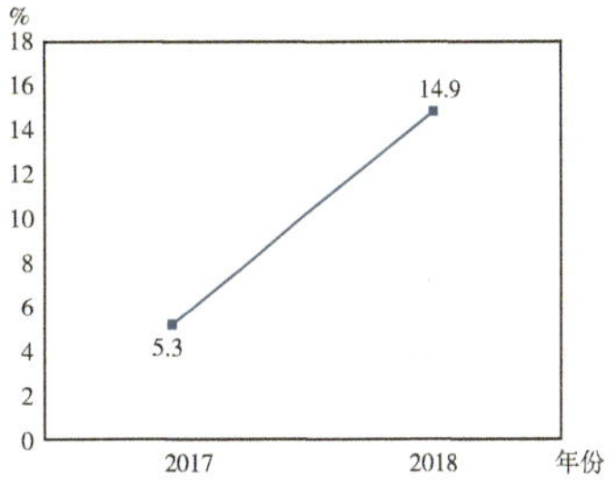

图28-14　2017-2018年甘肃省政府收入增速

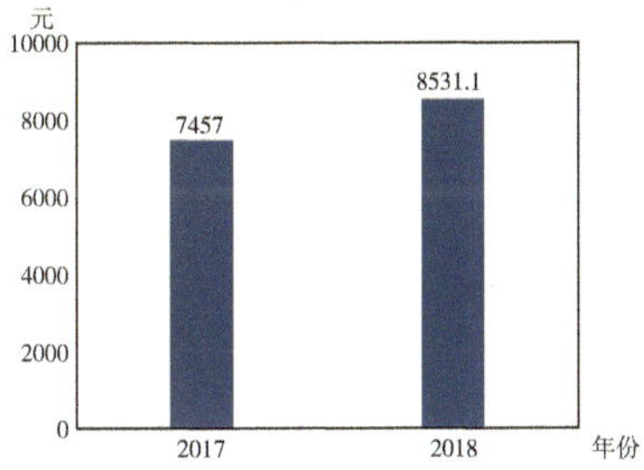

图28-15　2017-2018年甘肃省人均政府收入

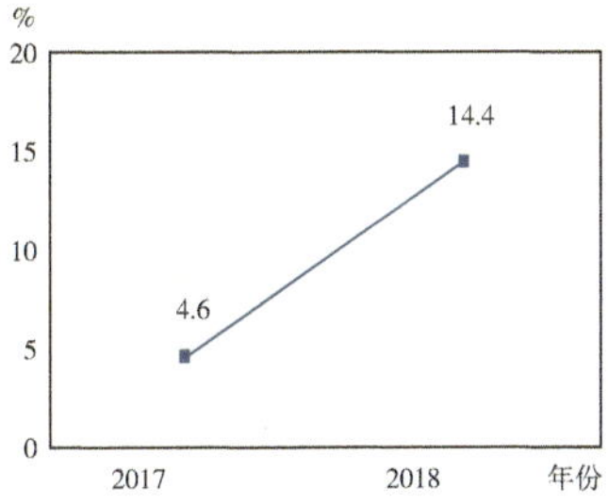

图28-16　2017-2018年甘肃省人均政府收入增速

28.1.3　甘肃省一般公共预算收入情况

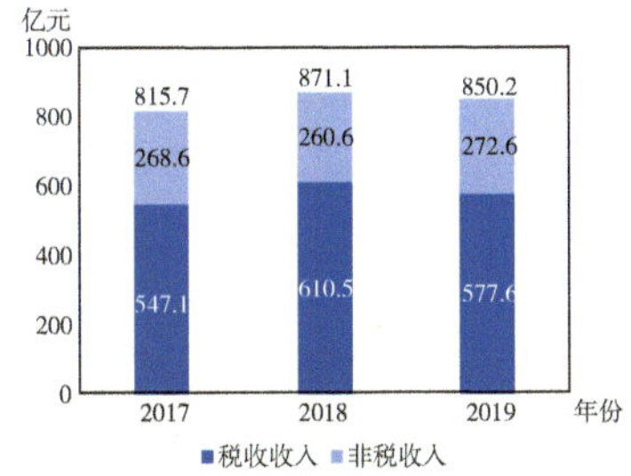

图28-17　2017-2019年甘肃省一般公共预算收入

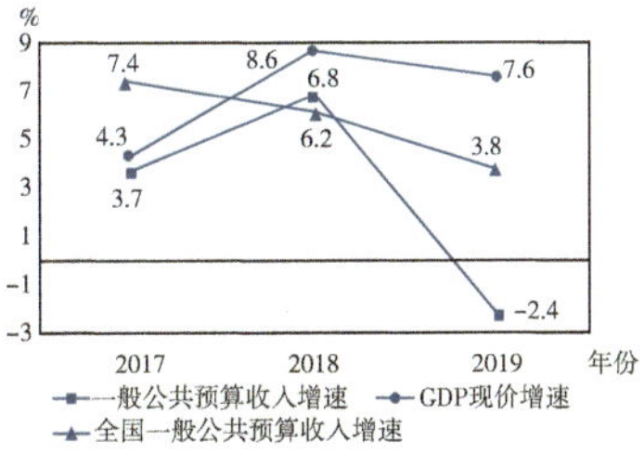

图28-18　2017-2019年甘肃省一般公共预算收入增速

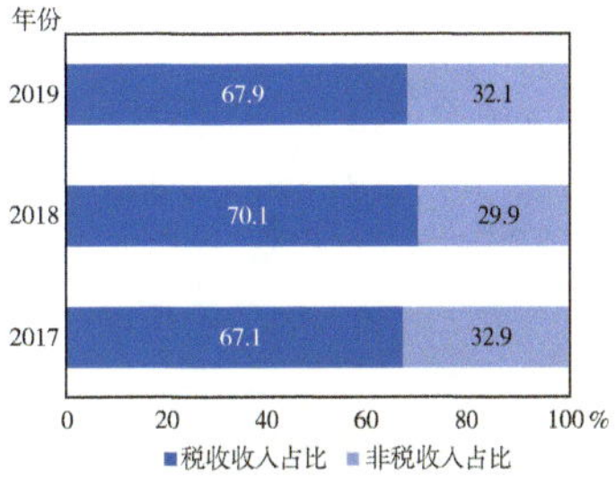

图28-19　2017-2019年甘肃省一般公共预算收入结构

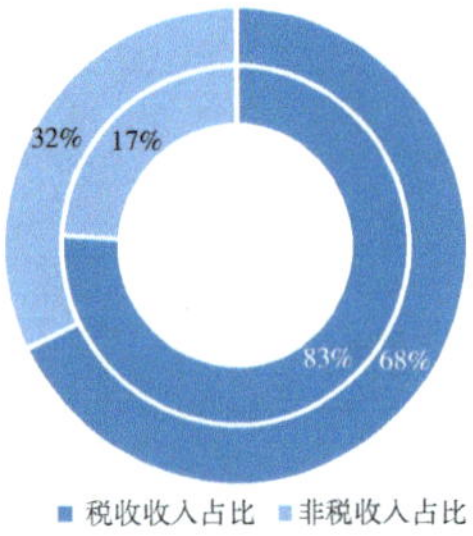

图28-20　2019年一般公共预算收入结构对比（内环为全国，外环为甘肃省）

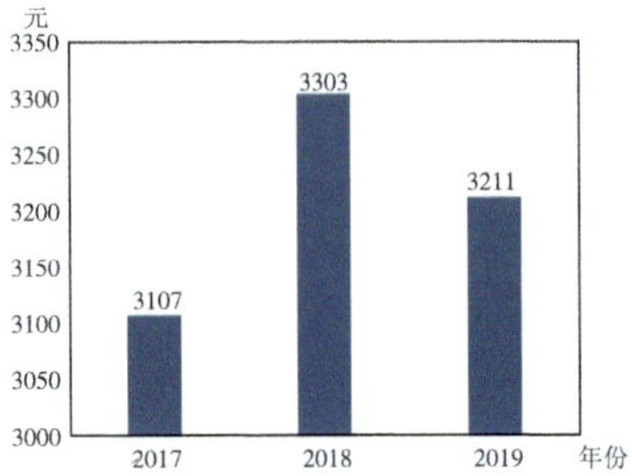

图28-21　2017-2019年甘肃省人均一般公共预算收入

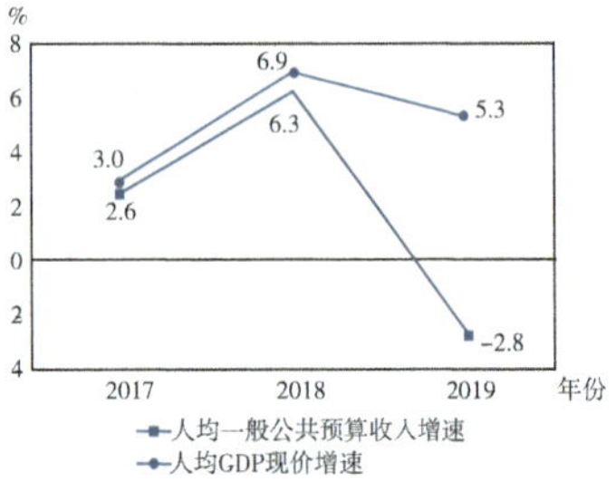

图28-22　2017-2019年甘肃省人均一般公共预算收入增速

图28-23　2017-2019年甘肃省财政自给率

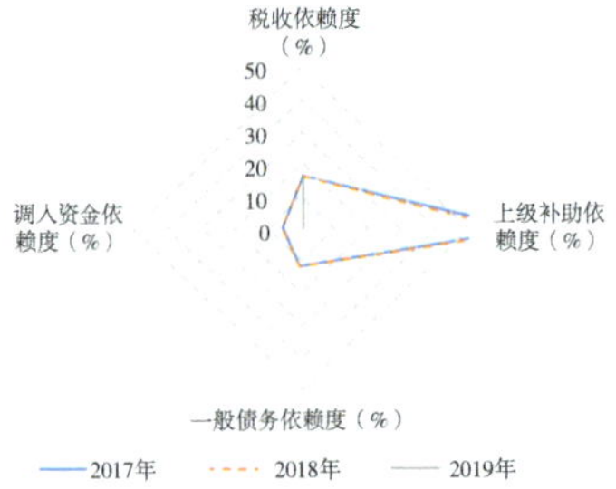

图28-24　2017-2019年甘肃省财政收入依赖度

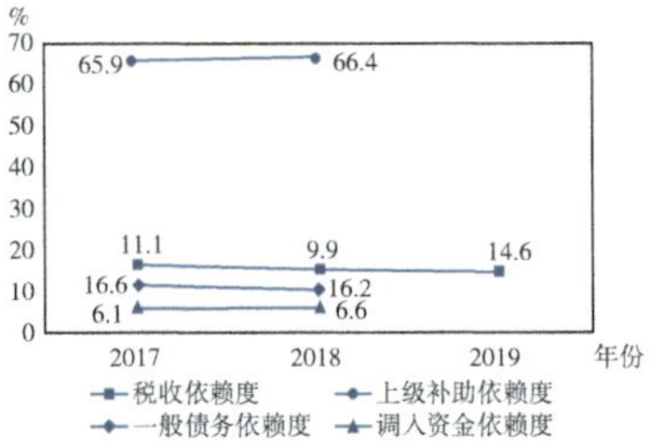

图28-25　2017-2019年甘肃省财政收入依赖度

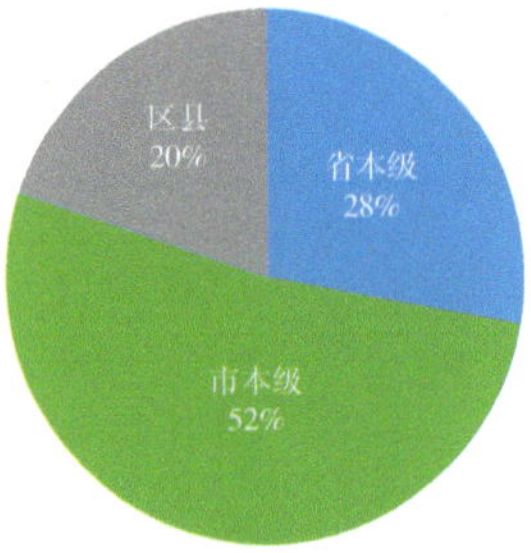

图28-26　2018年省市县三级政府一般公共预算收入分布

图28-27　2017-2019年甘肃省税收收入

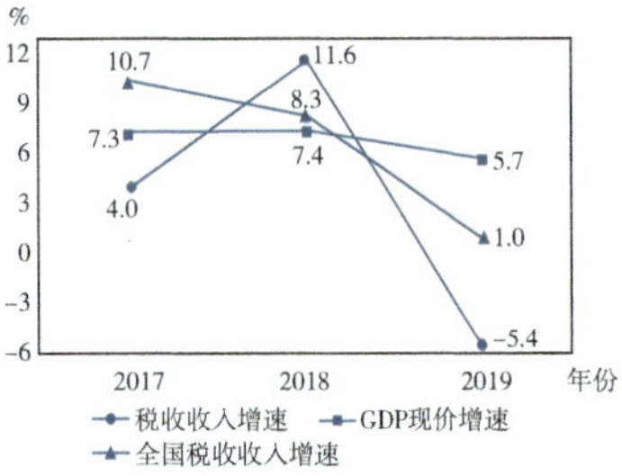

图28-28　2017-2019年甘肃省税收收入增速

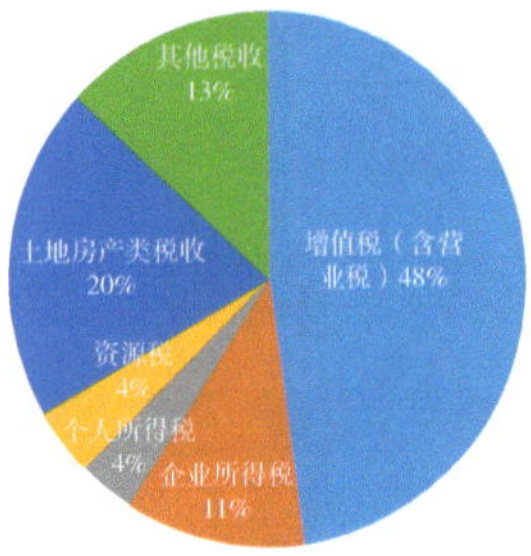

图28-29　2019年甘肃省税收结构

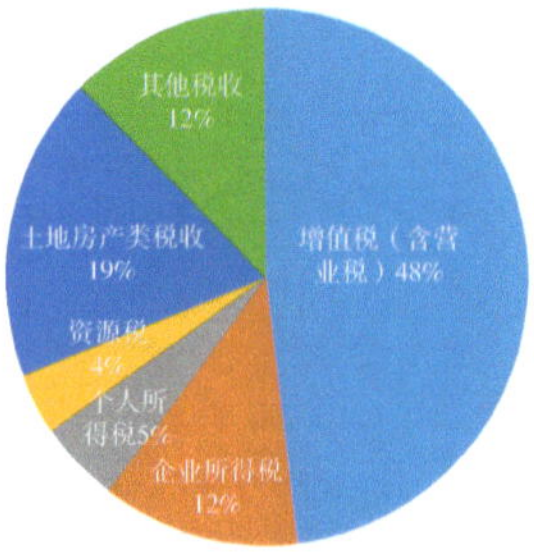

图28-30　2018年甘肃省税收结构

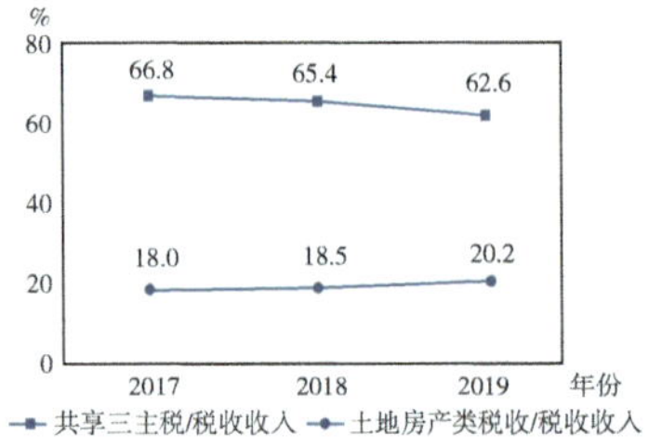

图28-31　2017-2019年甘肃省共享三主税、土地房产类税收占税收收入的比重

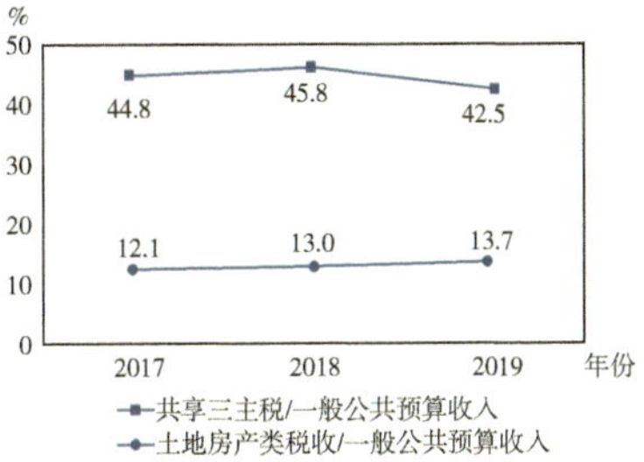

图28-32 2017-2019年甘肃省共享三主税、土地房产类税收占一般公共预算收入的比重

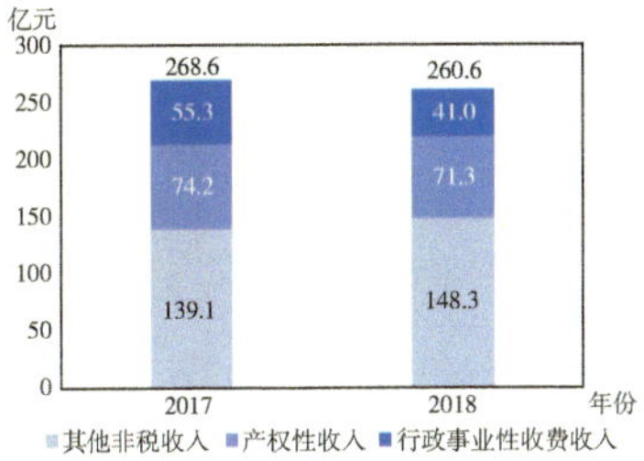

图28-33 2017-2018年甘肃省非税收入

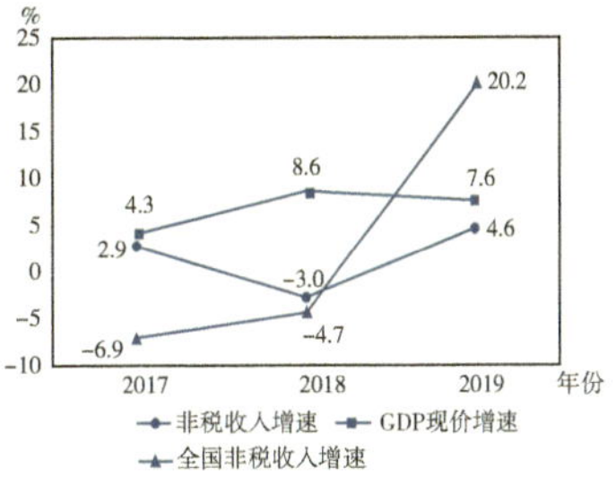

图28-34 2017-2019年甘肃省非税收入增速

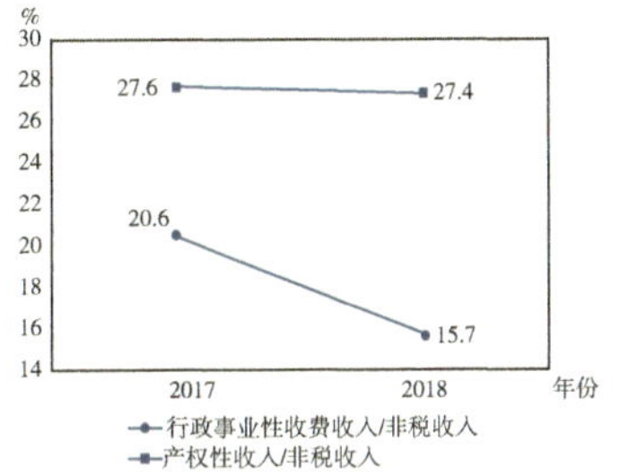

图28-35 2017-2019年甘肃省行政事业性收费及产权性收入占非税收入的比重

28.1.4 甘肃省政府性基金收入和国有资本经营收入情况

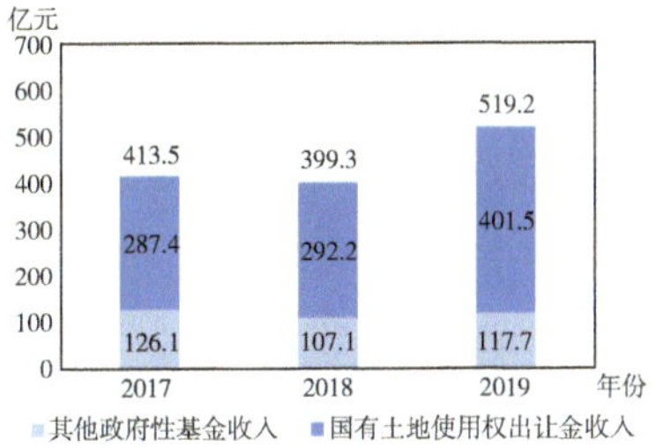

图28-36 2017-2019年甘肃省政府性基金收入

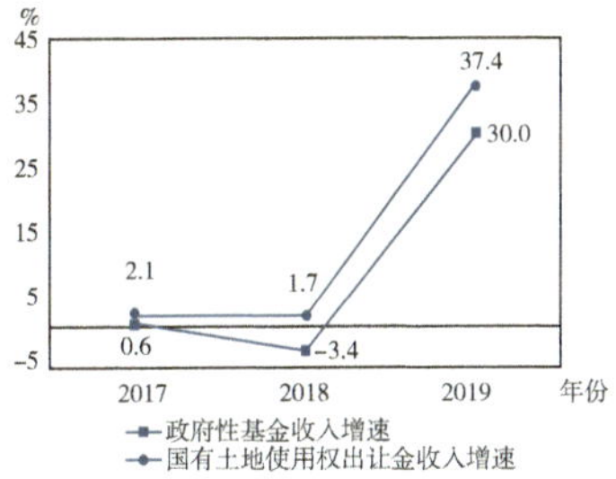

图28-37 2017-2019年甘肃省政府性基金收入增速及国有土地使用权出让金收入增速

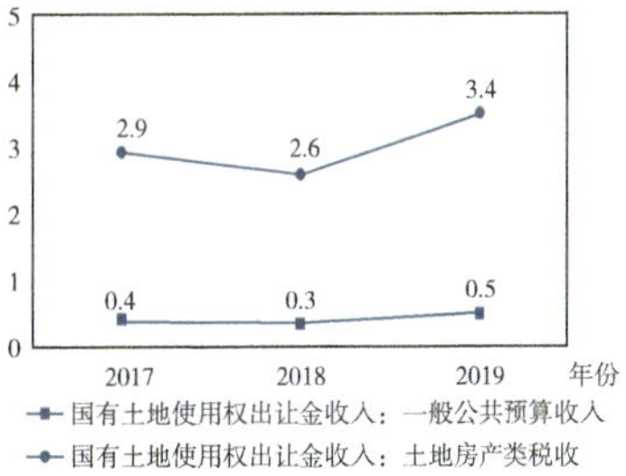

图28-38 2017-2019年甘肃省国有土地使用权出让金收入与一般公共预算关系指标

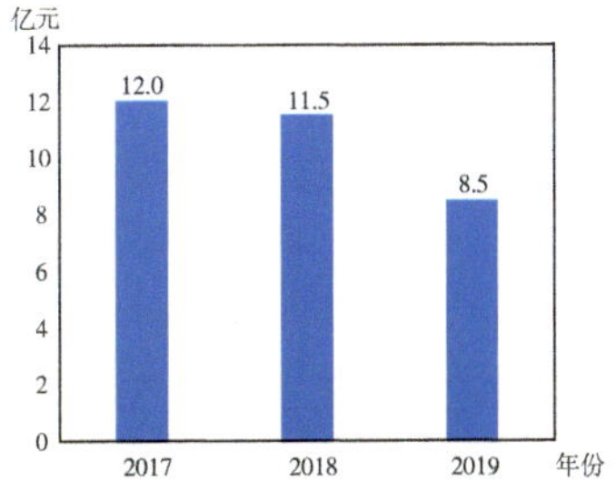

图28-39 2017-2019年甘肃省国有资本经营收入

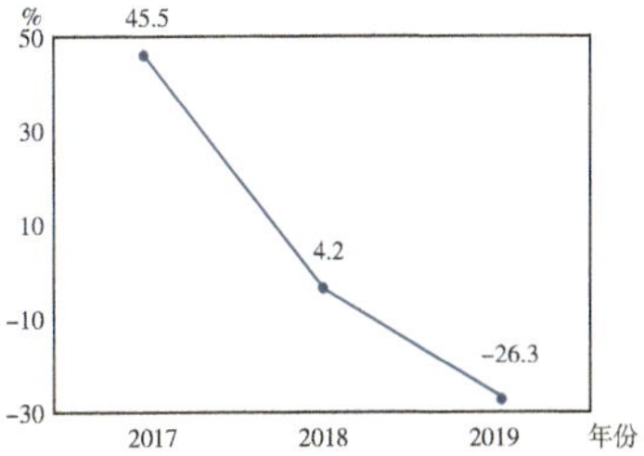

图28-40 2017-2019年甘肃省国有资本经营收入增速

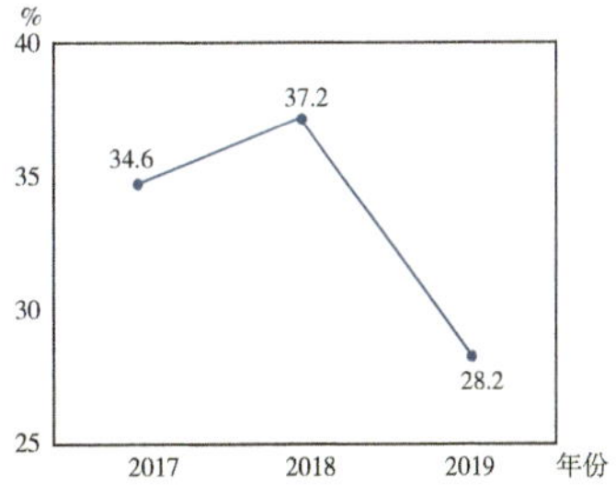

图28-41 2017-2019年甘肃省调出资金/国有资本经营收入

28.1.5 甘肃省社会保险基金收入情况

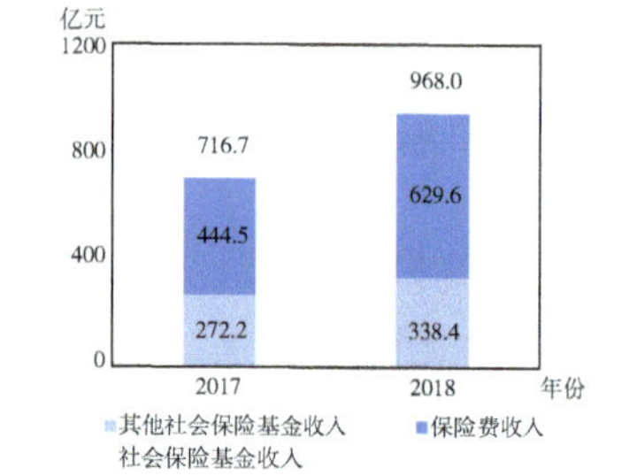

图28-42 2017-2018年甘肃省社会保险基金收入

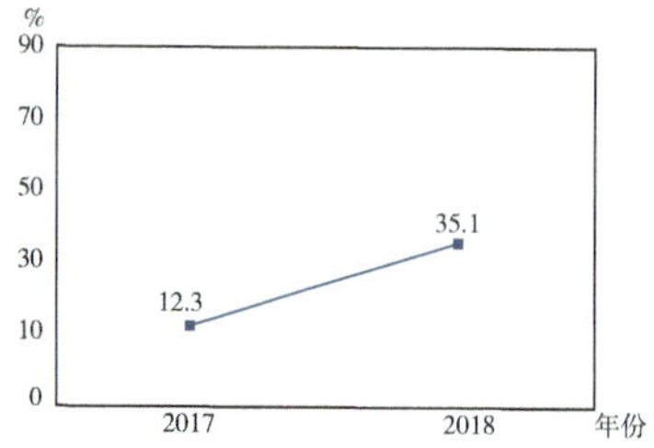

图28-43 2017-2018年甘肃省社会保险基金收入增速

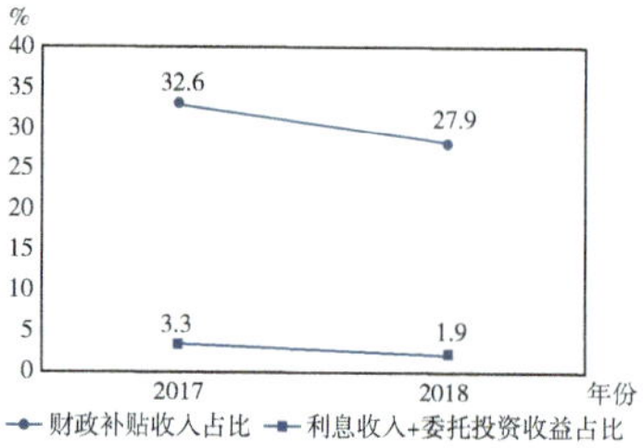

图28-44 2017-2018年甘肃省财政补贴收入、利息收入+委托投资收益占社会保险基金收入的比重

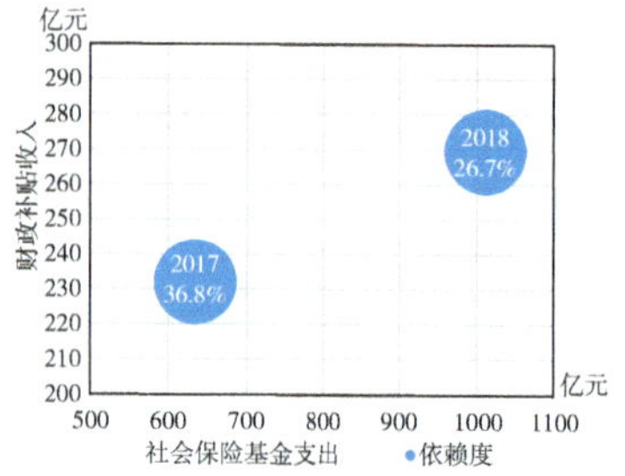

图28-45 2017-2018年甘肃省社会保险基金对财政补贴的依赖度

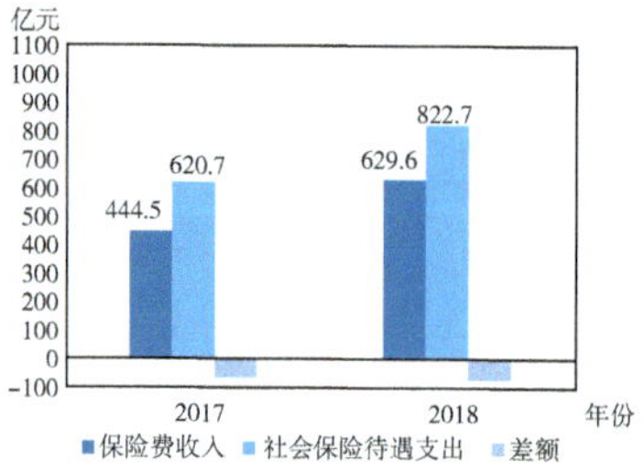

图28-46 2017-2018年甘肃省保险费收入、社会保险待遇支出及差额

28.1.6 甘肃省债务情况

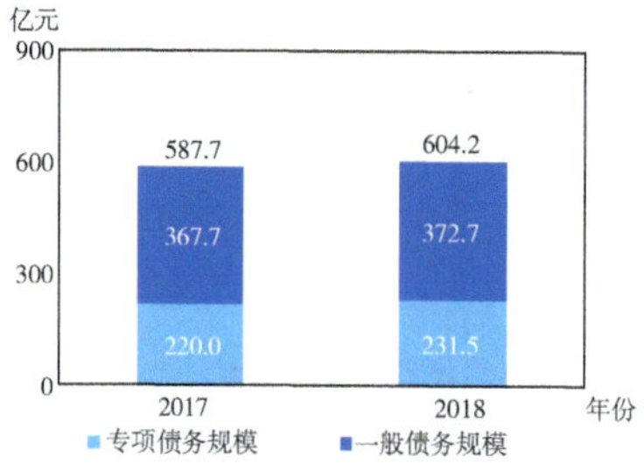

图28-47 2017-2018年甘肃省债务规模

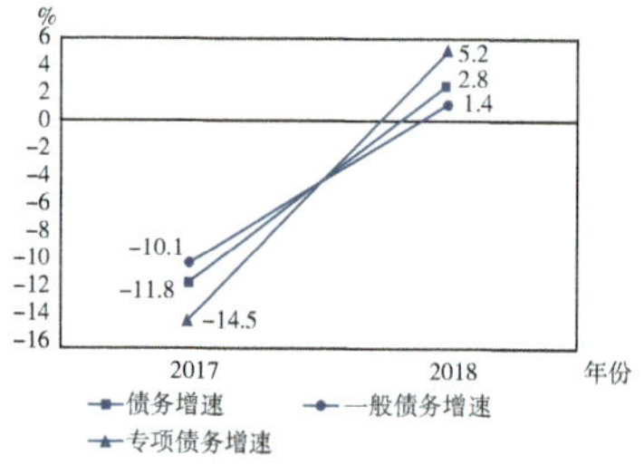

图28-48 2017-2018年甘肃省债务增速

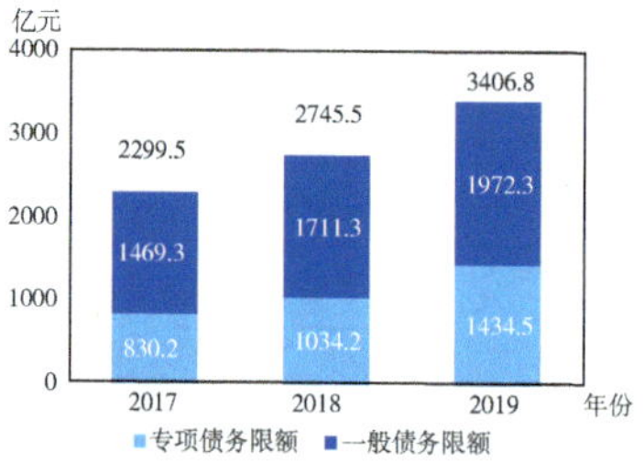

图28-49 2017-2019年甘肃省债务限额

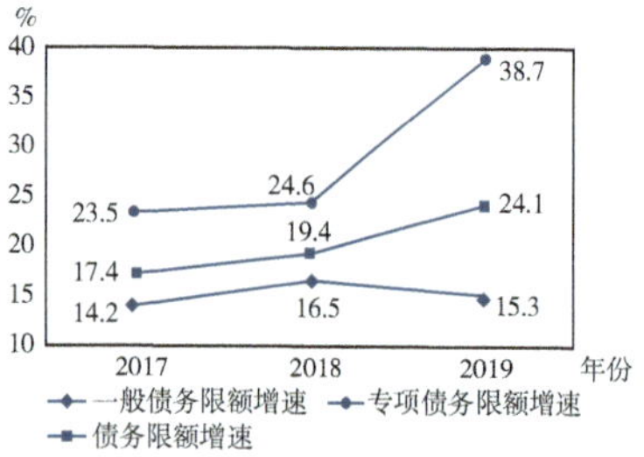

图28-50 2017-2019年甘肃省债务限额增速

图28-51 2017-2019年甘肃省债务余额

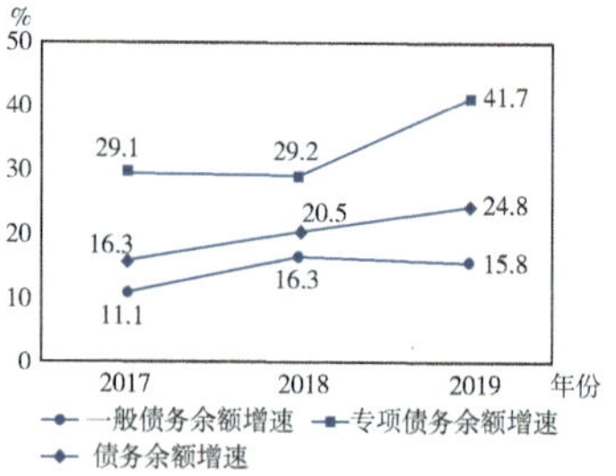

图28-52 2017-2019年甘肃省债务余额增速

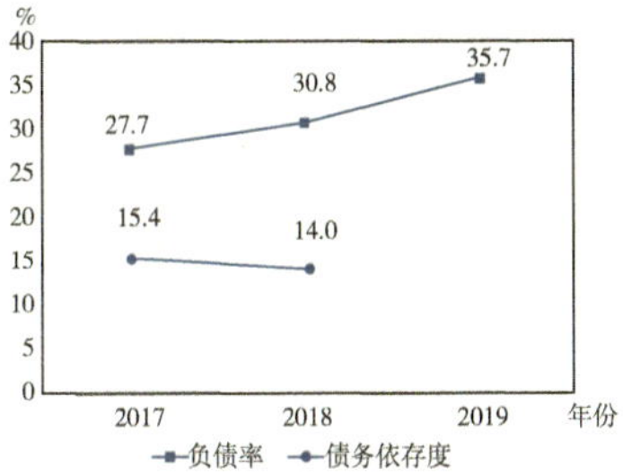

图28-53　2017-2019年甘肃省负债率与债务依存度

28.1.7　甘肃省省本级一般公共预算收入情况

图28-54　2017-2019年甘肃省省本级一般公共预算收入

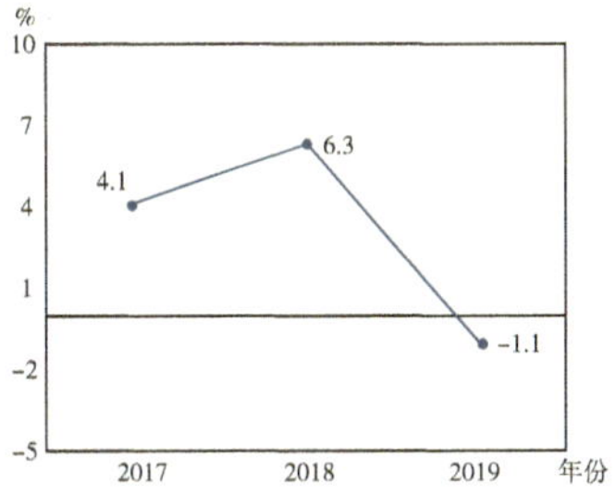

图28-55　2017-2019年甘肃省省本级一般公共预算收入增速

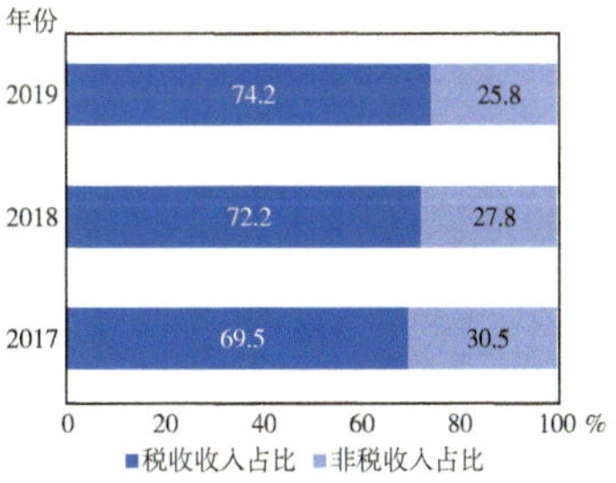

图28-56　2017-2019年甘肃省省本级一般公共预算收入结构

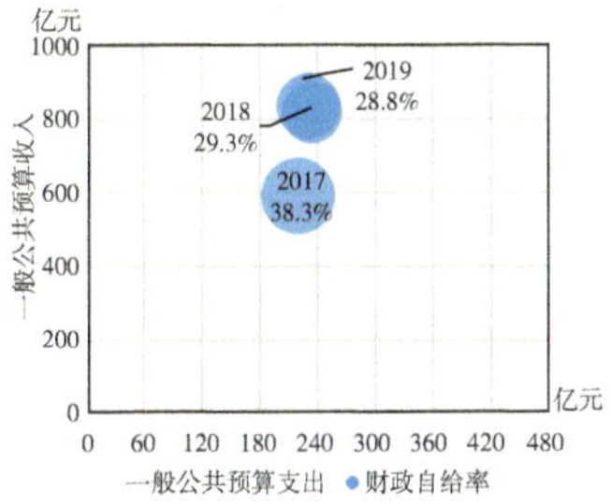

图28-57　2017-2019年甘肃省省本级财政自给率

图28-58　2017-2019年甘肃省省本级税收收入

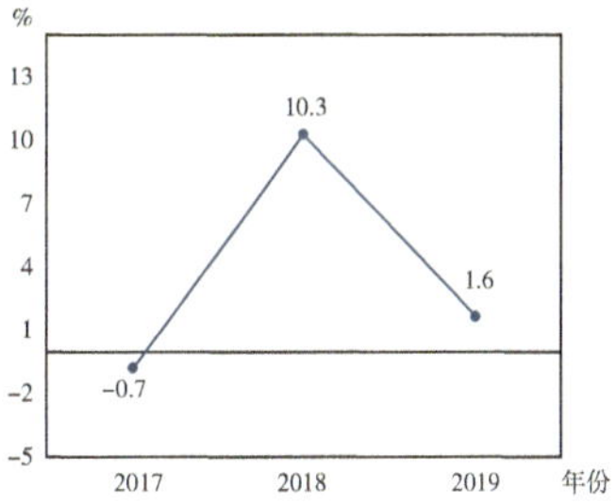

图28-59　2017-2019年甘肃省省本级税收收入增速

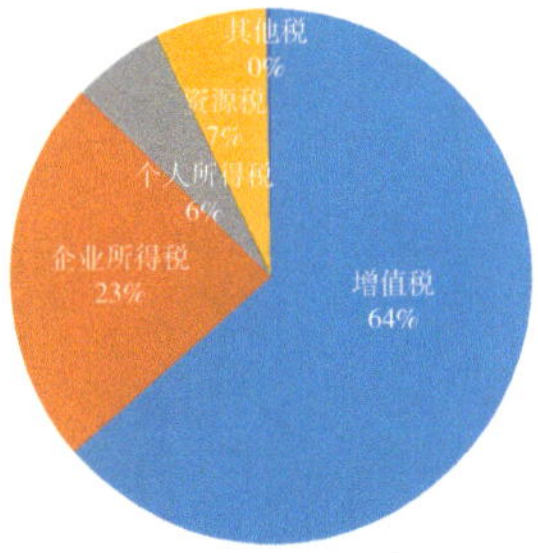

图28-60　2019年甘肃省省本级税收结构

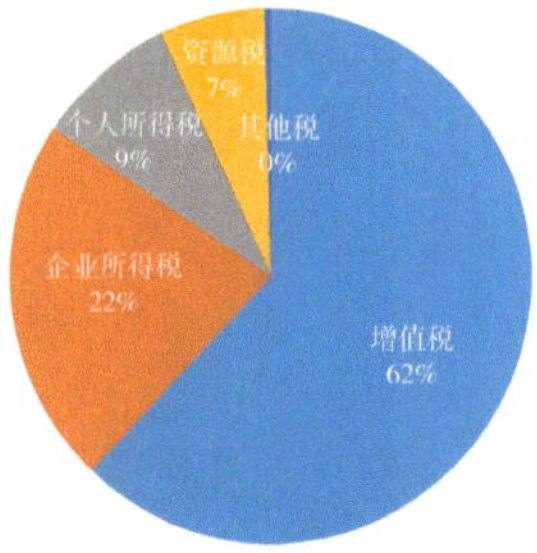

图28-61　2018年甘肃省省本级税收结构

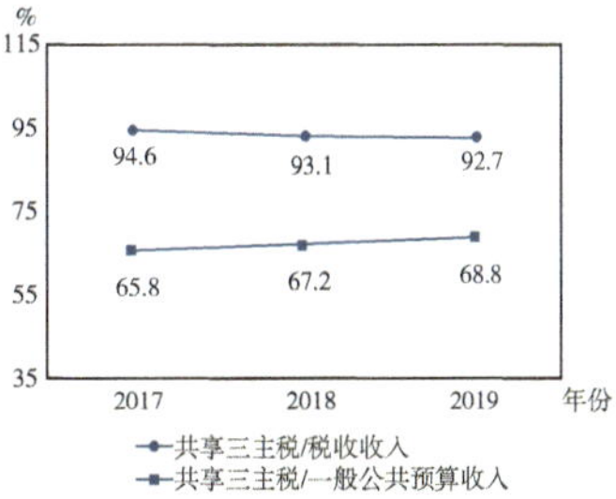

图28-62　2017-2019年甘肃省省本级共享三主税占税收收入、一般公共预算收入的比重

图28-63　2017-2019年甘肃省省本级非税收入

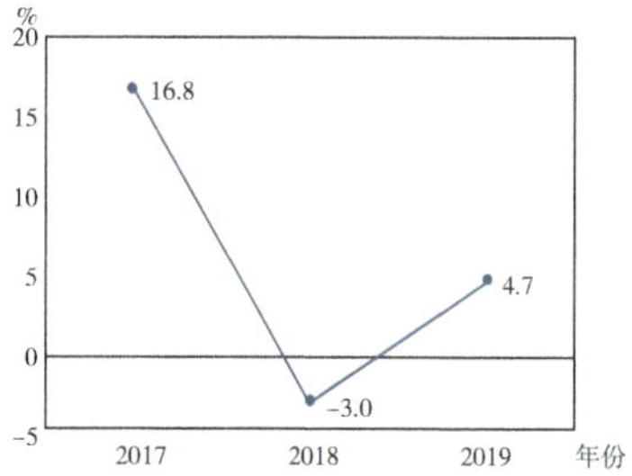

图28-64　2017-2019年甘肃省省本级非税收入增速

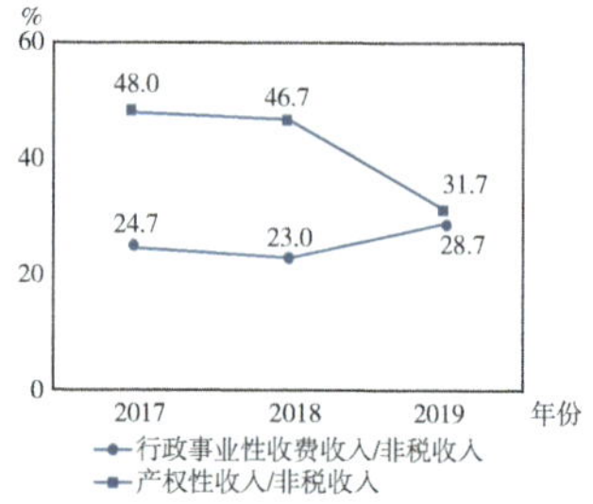

图28-65　2017-2019年甘肃省省本级行政事业性收费、产权性收入占非税收入的比重

28.2　甘肃省各市政府收入主要特征分析

28.2.1　甘肃省各市经济社会发展情况

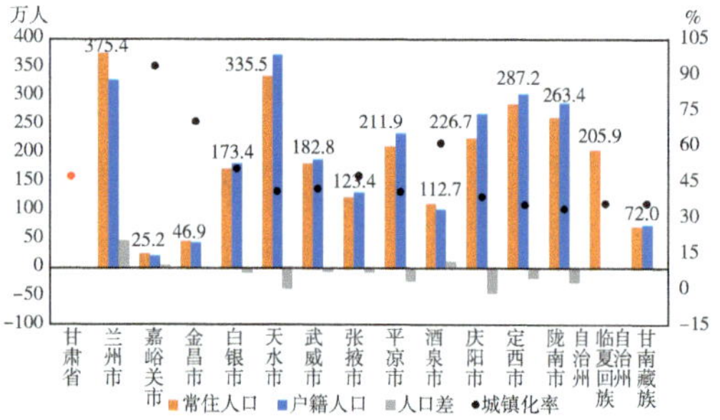

图28-66　2018年甘肃省各市人口状况

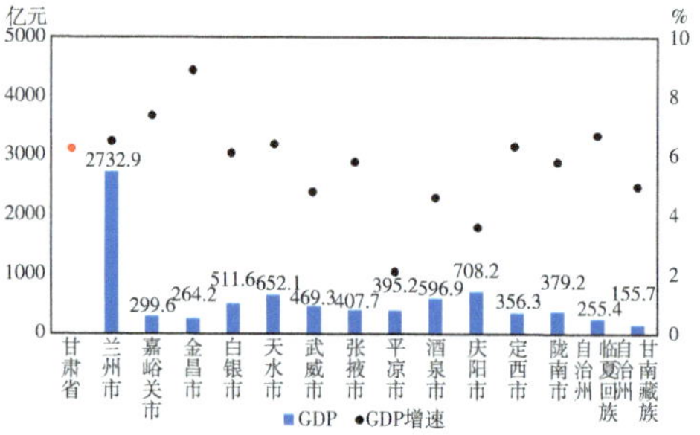

图28-67　2018年甘肃省各市GDP及增速

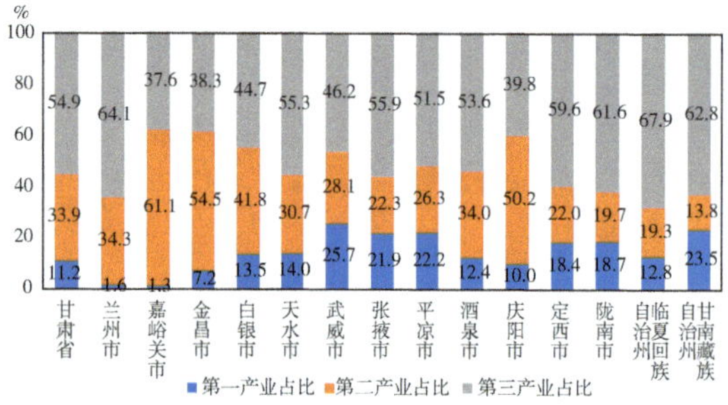

图28-68　2018年甘肃省各市三次产业结构

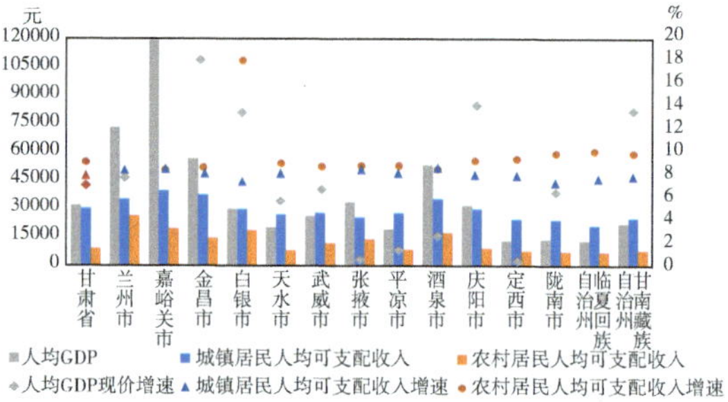

图28-69　2018年甘肃省各市人均GDP与人均可支配收入

注：武威市城镇居民人均可支配收入增速为48.2%、嘉峪关市人均GDP现价增速40.8%

28.2.2　甘肃省各市政府收入总体情况

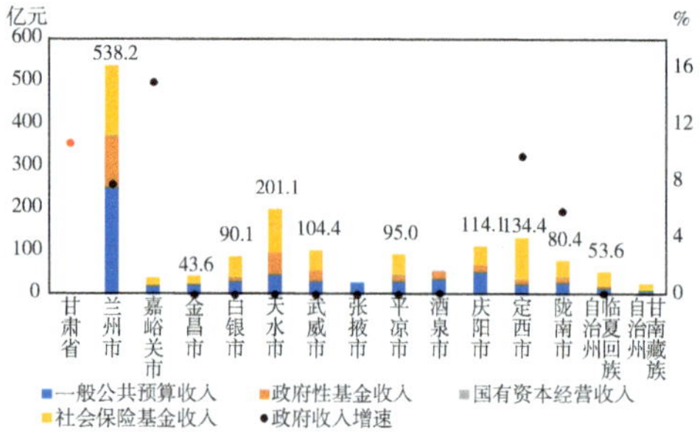

图28-70　2018年甘肃省各市政府收入结构及增速

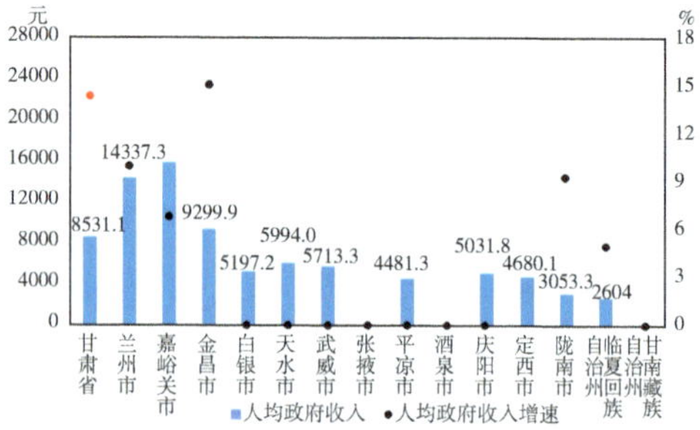

图28-71　2018年甘肃省各市人均政府收入及增速

28.2.3 甘肃省各市一般公共预算收入情况

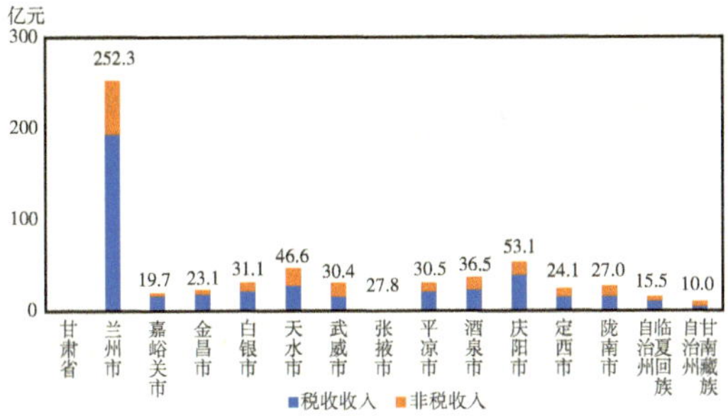

图28-72 2018年甘肃省各市一般公共预算收入

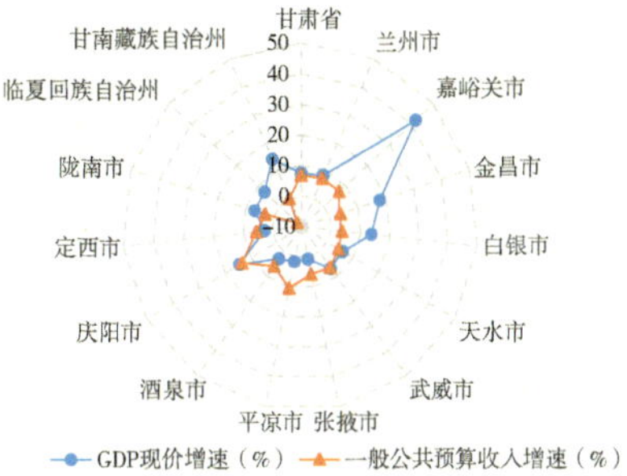

图28-73 2018年甘肃省各市一般公共预算收入增速

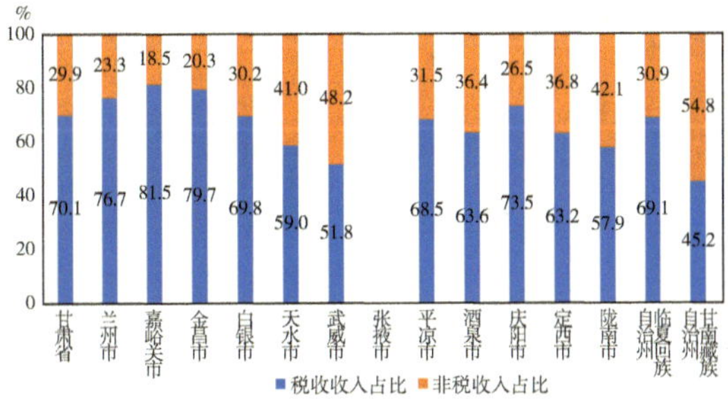

图28-74 2018年甘肃省各市一般公共预算收入结构

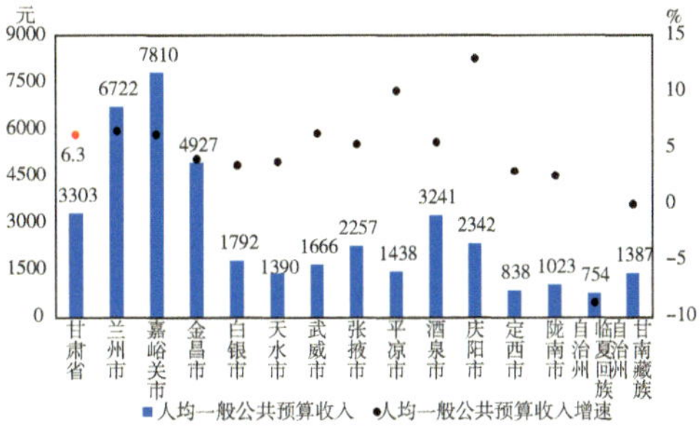

图28-75 2018年甘肃省各市人均一般公共预算收入及增速

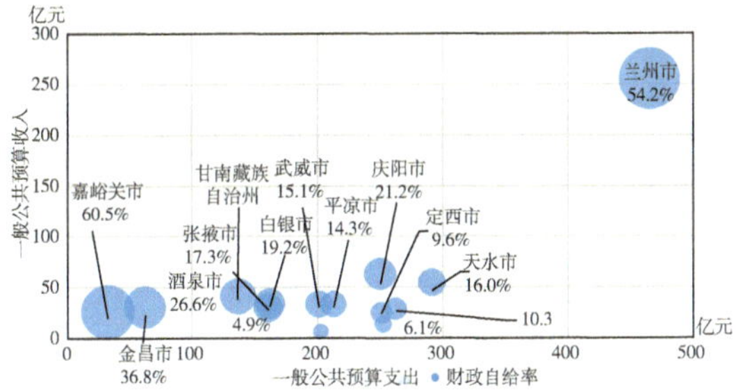

图28-76 2018年甘肃省各市财政自给率

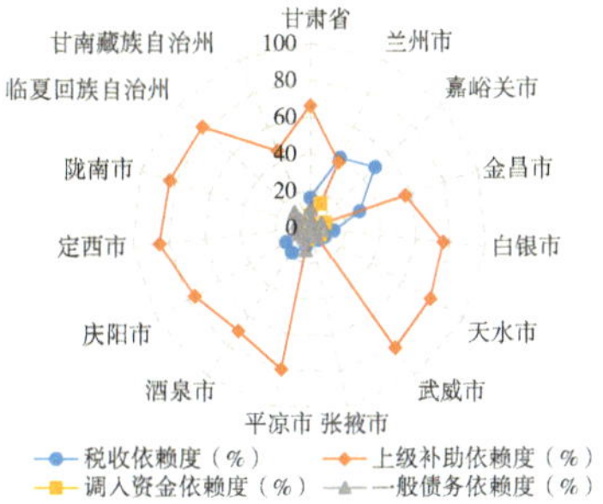

图28-77 2018年甘肃省各市财政收入依赖度

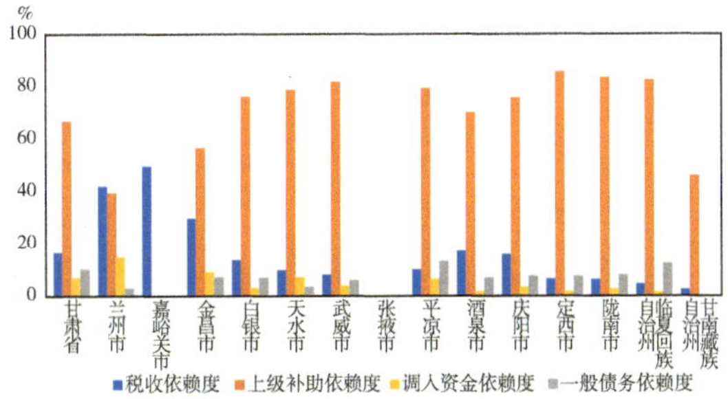

图28-78 2018年甘肃省各市财政收入依赖度

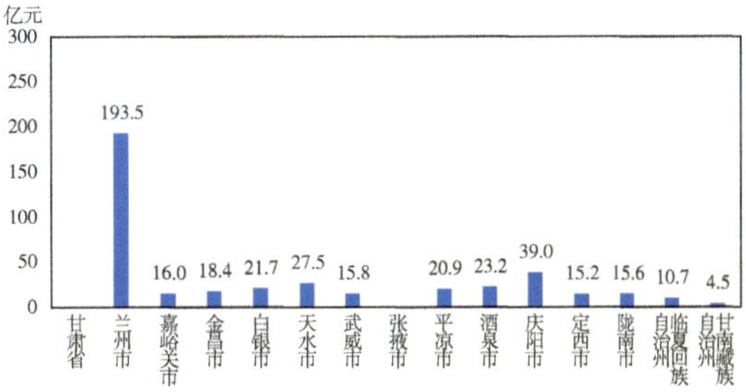

图28-79 2018年甘肃省各市税收收入

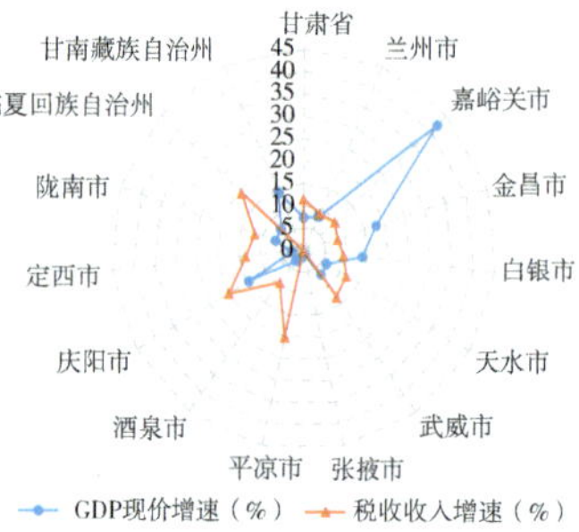

图28-80　2018年甘肃省各市税收收入增速

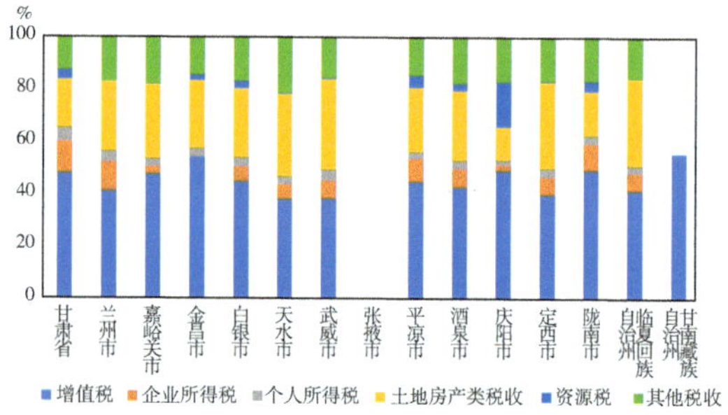

图28-81　2018年甘肃省各市税收收入结构

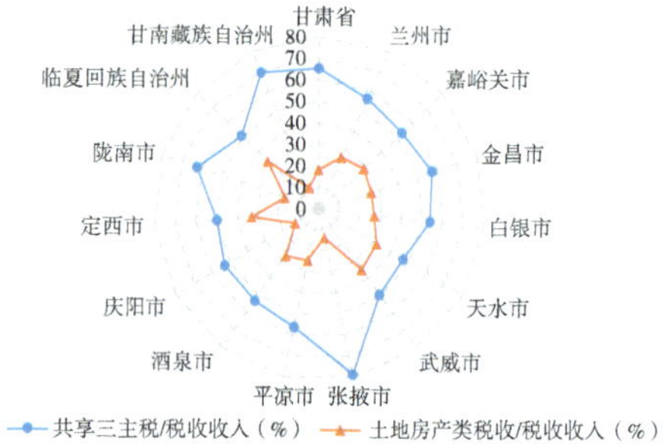

图28-82　2018年甘肃省各市共享三主税、土地房产类税收占税收收入的比重

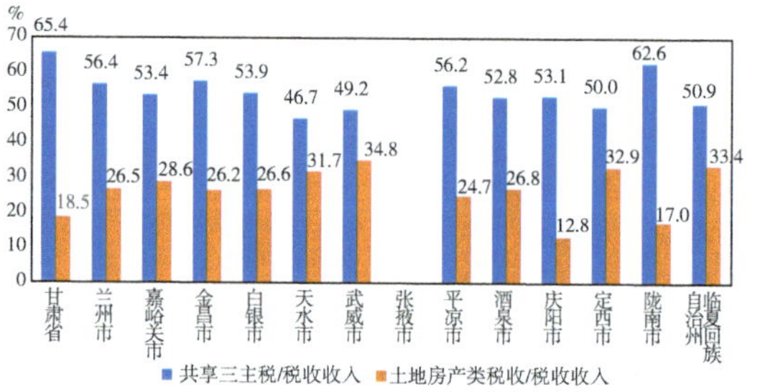

图28-83　2018年甘肃省各市共享三主税、土地房产类税收占税收收入的比重

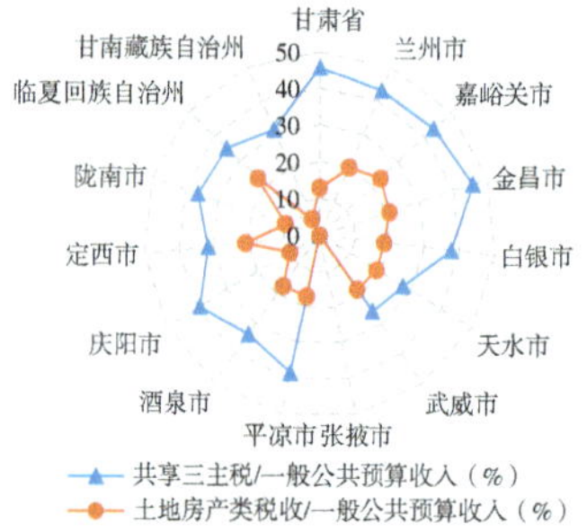

图28-84　2018年甘肃省各市共享三主税、土地房产类税收占一般公共预算收入的比重

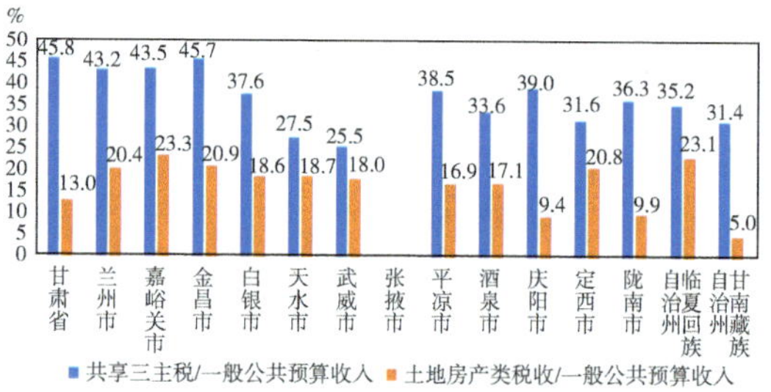

图28-85　2018年甘肃省各市共享三主税、土地房产类税收占一般公共预算收入的比重

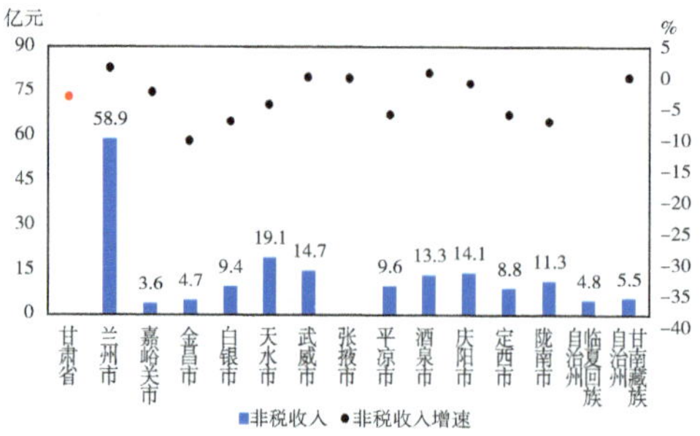

图28-86　2018年甘肃省各市非税收入及增速

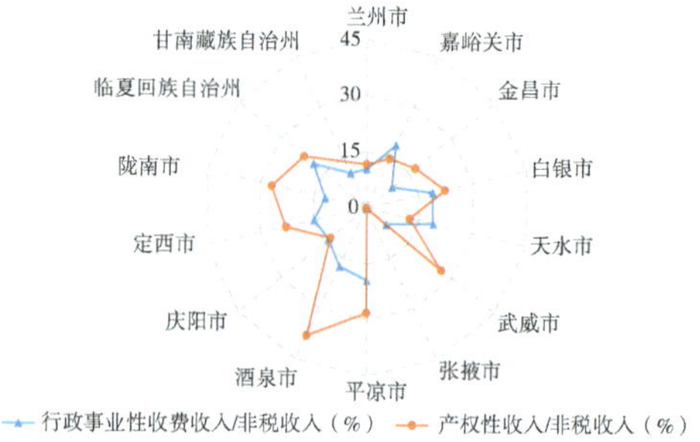

图28-87　2018年甘肃省各市行政事业性收费收入、产权性收入占非税收入的比重

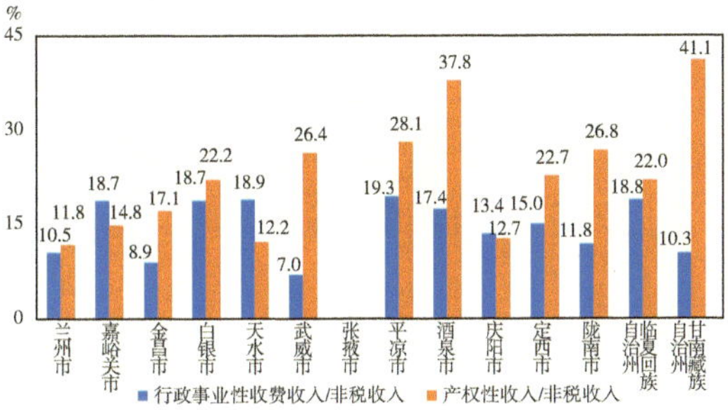

图28-88 2018年甘肃省各市行政事业性收费收入、产权性收入占非税收入的比重

28.2.4 甘肃省各市政府性基金收入与国有资本经营收入情况

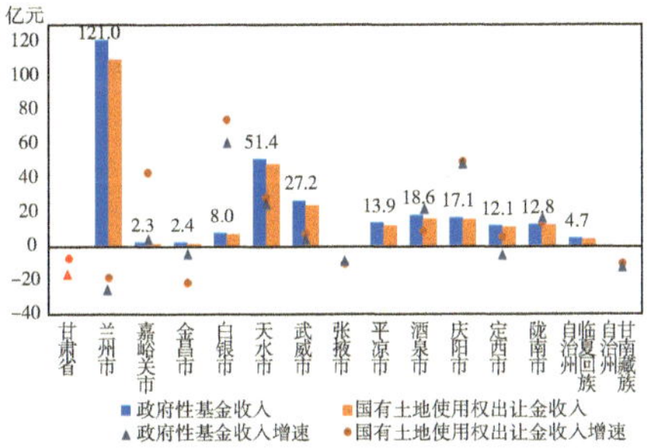

图28-89 2018年甘肃省各市政府性基金收入、国有土地使用权出让金收入及其增速

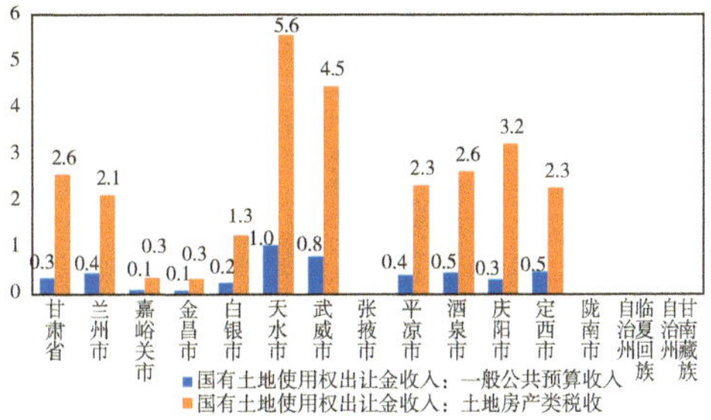

图28-90 2018年甘肃省各市国有土地使用权出让金收入与一般公共预算关系指标

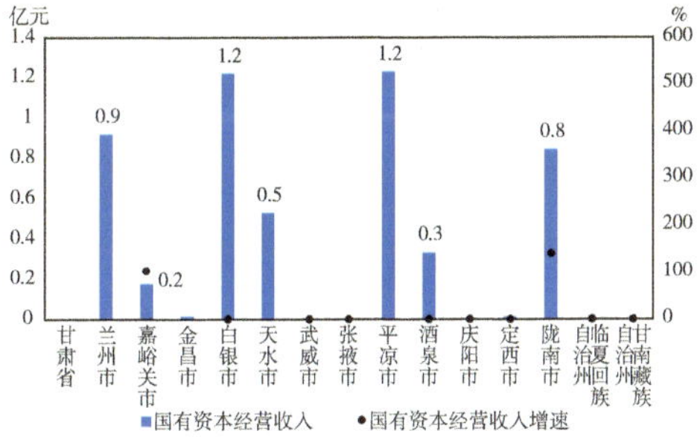

图28-91 2018年甘肃省各市国有资本经营收入及增速

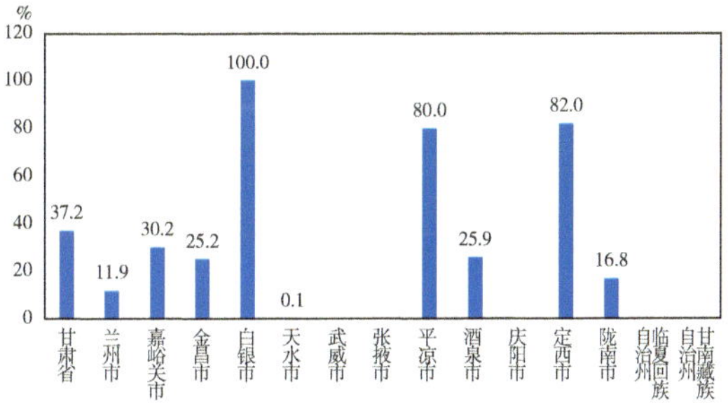

图28-92 2018年甘肃省各市调出资金/国有资本经营收入

28.2.5 甘肃省各市社会保险基金收入情况

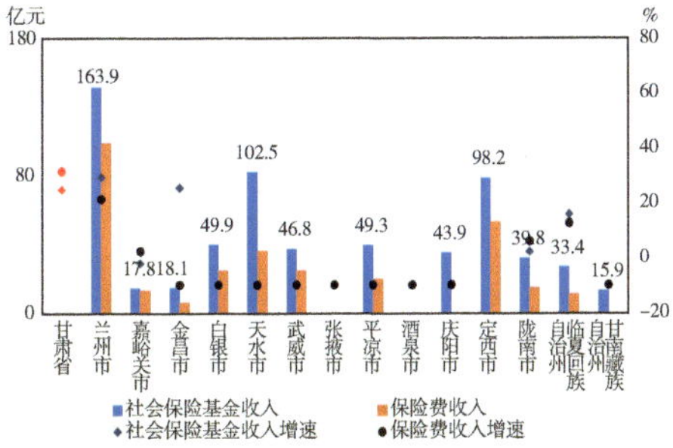

图28-93 2018年甘肃省各市社会保险基金收入、保险费收入及其增速

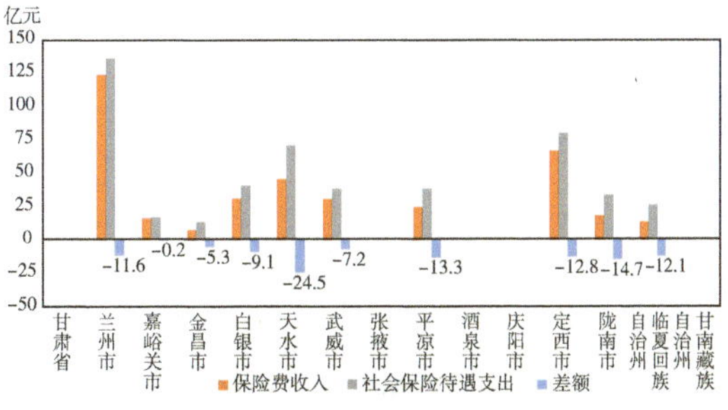

图28-94 2018年甘肃省各市保险费收入、社会保险待遇支出及其差额

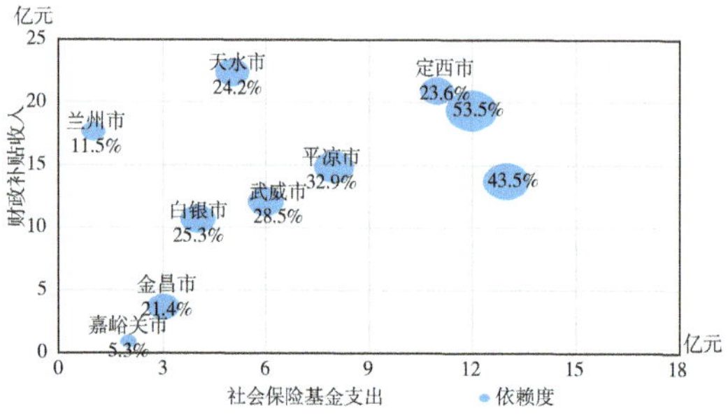

图28-95　2018年甘肃省各市社会保险基金支出对财政补贴的依赖度

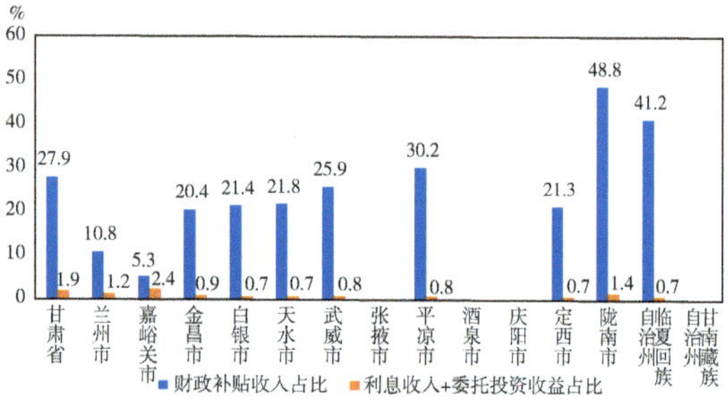

图28-96　2018年甘肃省各市财政补贴收入、利息收入+委托投资收益占社会保险基金收入的比重

28.2.6　甘肃省各市债务情况

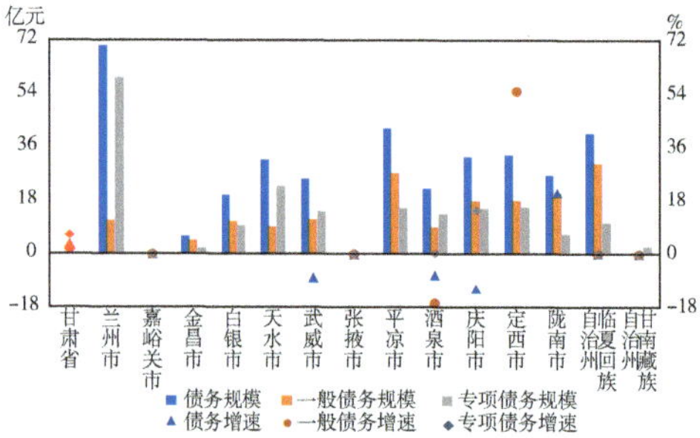

图28-97　2018年甘肃省各市债务规模及其增速

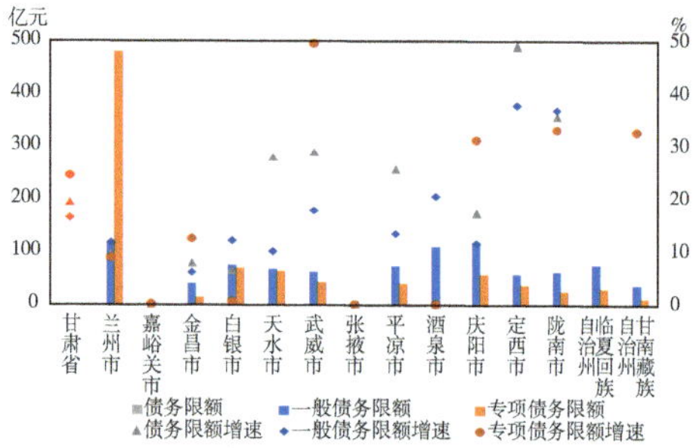

图28-98　2018年甘肃省各市债务限额及其增速

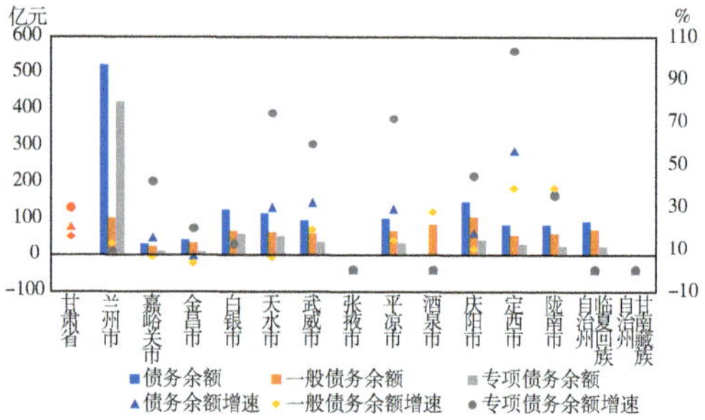

图28-99　2018年甘肃省各市债务余额及其增速

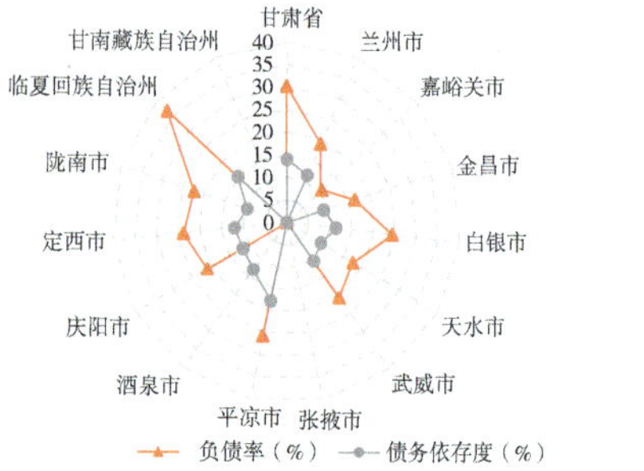

图28-100　2018年甘肃省各市负债率与债务依存度

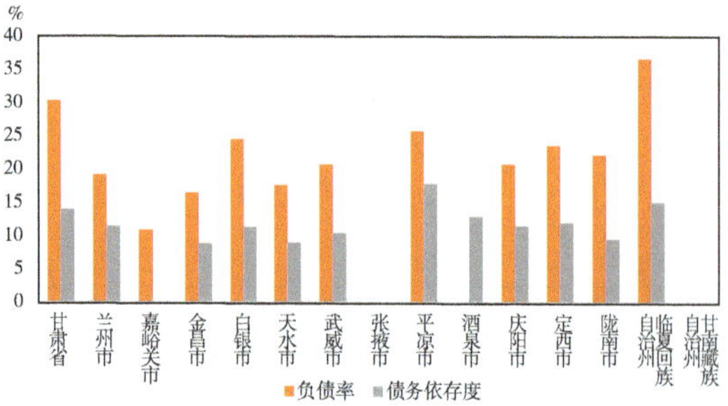

图28-101　2018年甘肃省各市负债率与债务依存度

28.2.7 甘肃省各市市本级一般公共预算收入情况

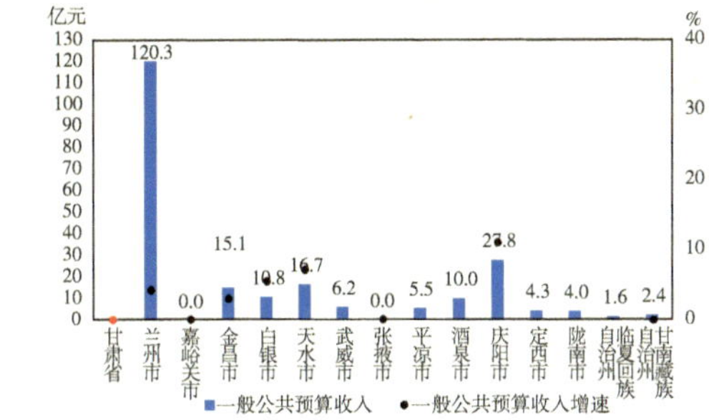

图28-102 2018年甘肃省各市市本级一般公共预算收入及增速

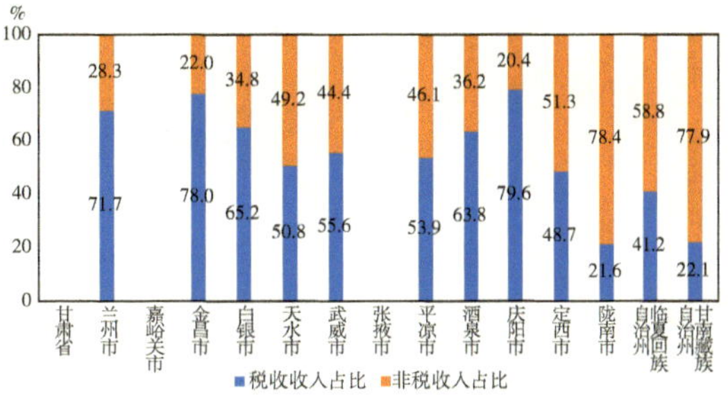

图28-103 2018年甘肃各市市本级一般公共预算收入结构

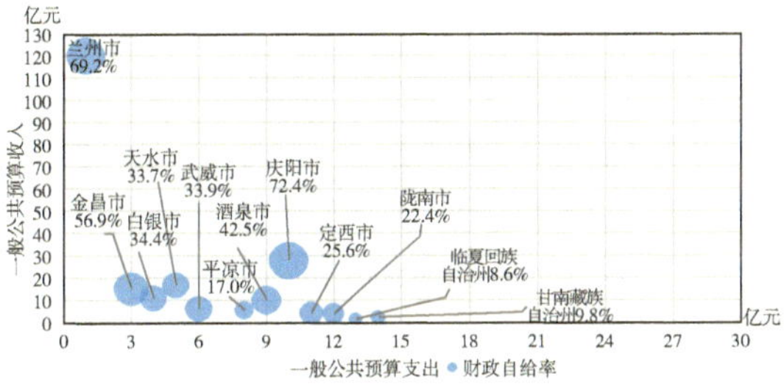

图28-104 2018年甘肃省各市市本级财政自给率

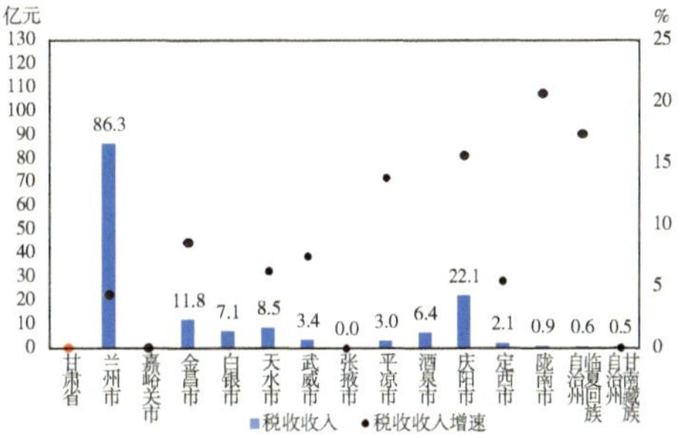

图28-105 2018年甘肃省各市市本级税收收入及增速

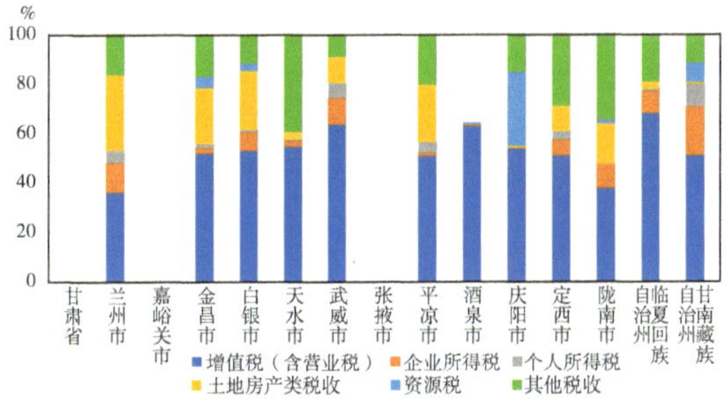

图28-106 2018年甘肃省各市市本级税收收入结构

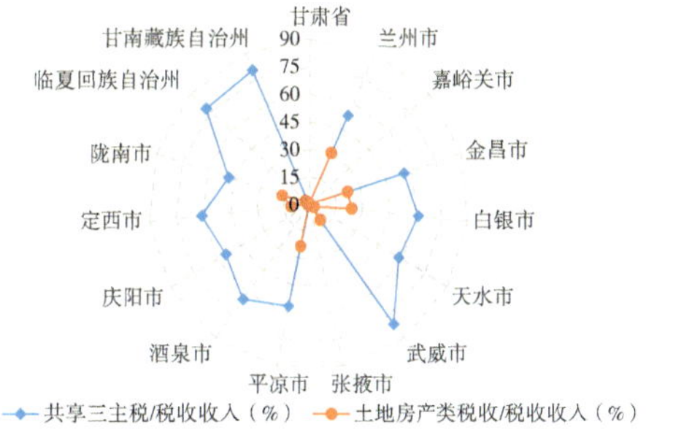

图28-107 2018年甘肃省各市市本级共享三主税、土地房产类税收占税收收入的比重

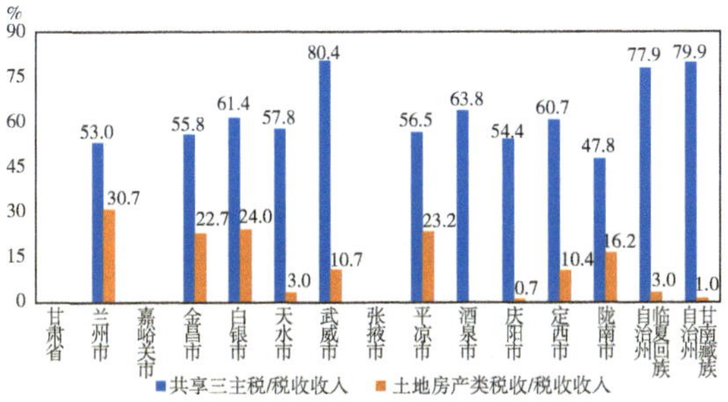

图28-108 2018年甘肃省各市市本级共享三主税、土地房产类税收占税收收入的比重

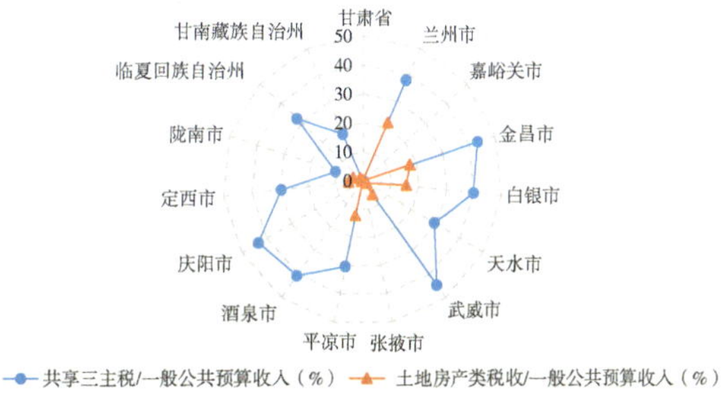

图28-109 2018年甘肃省各市市本级共享三主税、土地房产类税收占一般公共预算收入的比重

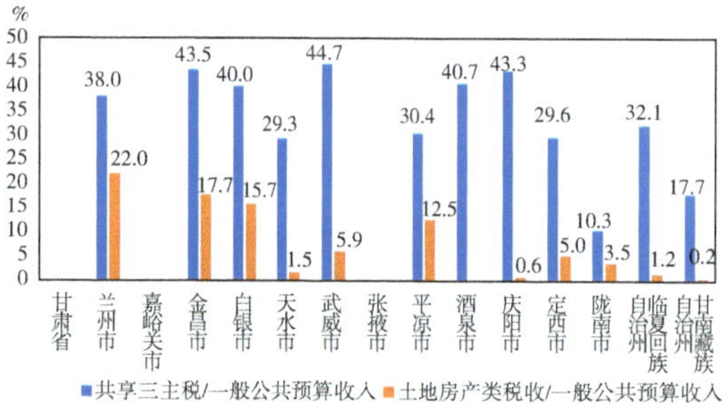

图28-110　2018年甘肃省各市市本级共享三主税、土地房产类税收占一般公共预算收入的比重

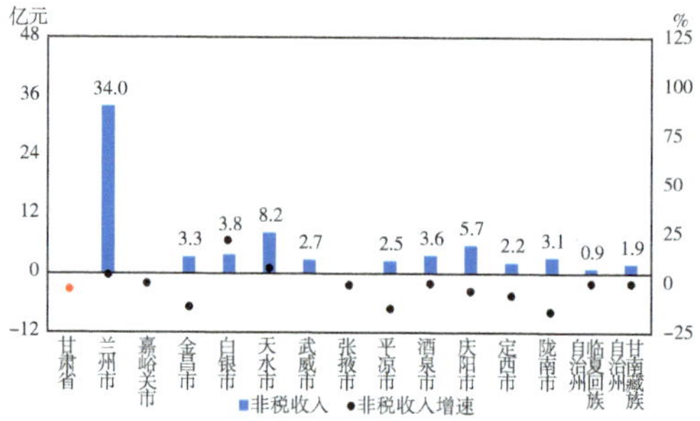

图28-111　2018年甘肃省各市市本级非税收入及增速

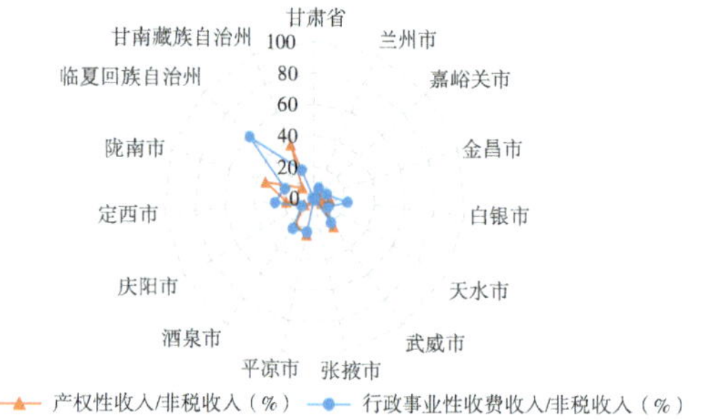

图28-112　2018年甘肃省各市市本级产权性收入、行政事业性收费收入占非税收入的比重

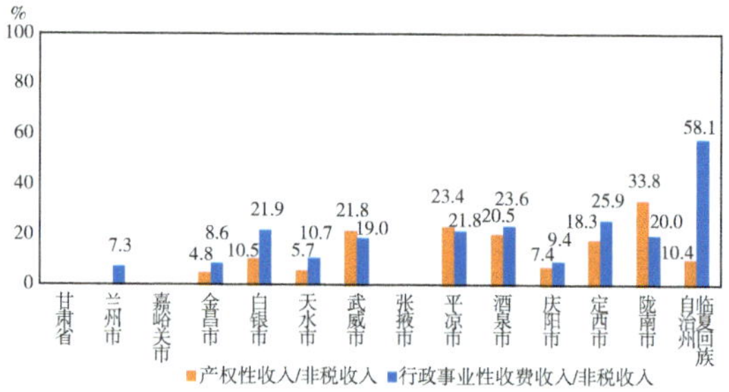

图28-113　2018年甘肃省各市市本级产权性收入、行政事业性收费收入占非税收入的比重

28.3　甘肃省样本县政府收入主要特征分析

28.3.1　甘肃省样本县经济社会发展情况

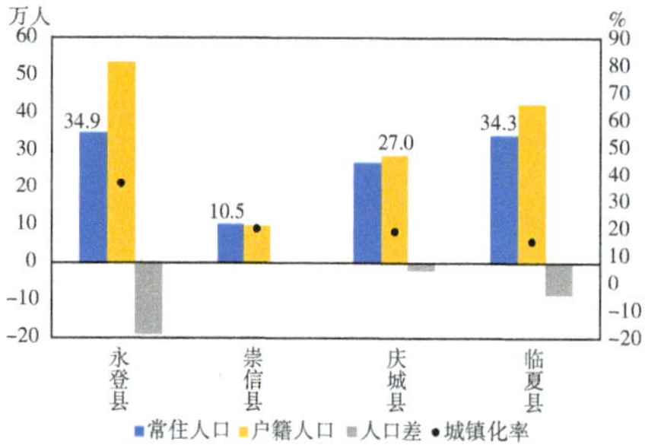

图28-114　2018年甘肃省样本区县人口状况

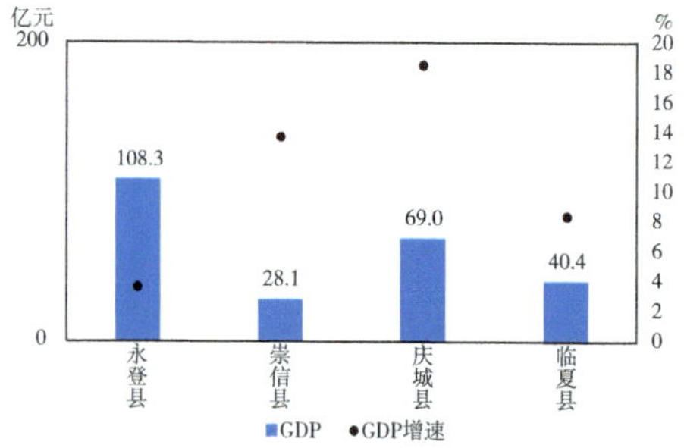

图28-115　2018年甘肃省样本区县GDP及增速

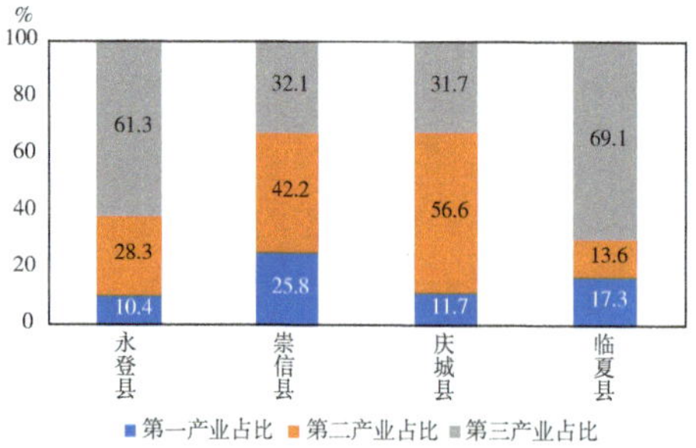

图28-116　2018年甘肃省样本区县三次产业结构

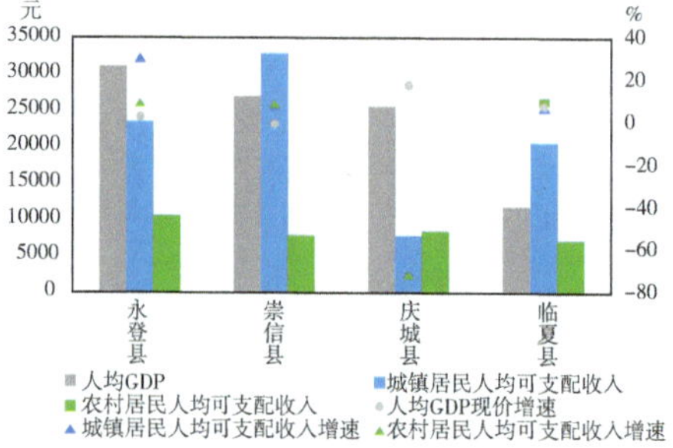

图28-117　2018年甘肃省样本区县人均GDP与人均可支配收入

28.3.2 甘肃省样本县政府收入总体情况

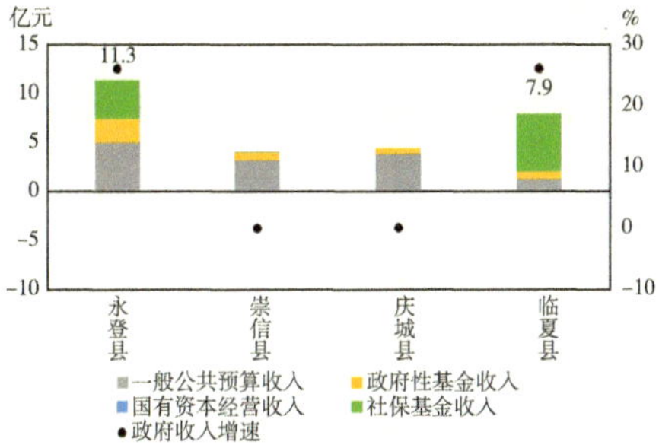

图28-118 2018年甘肃省样本区县政府收入结构及增速

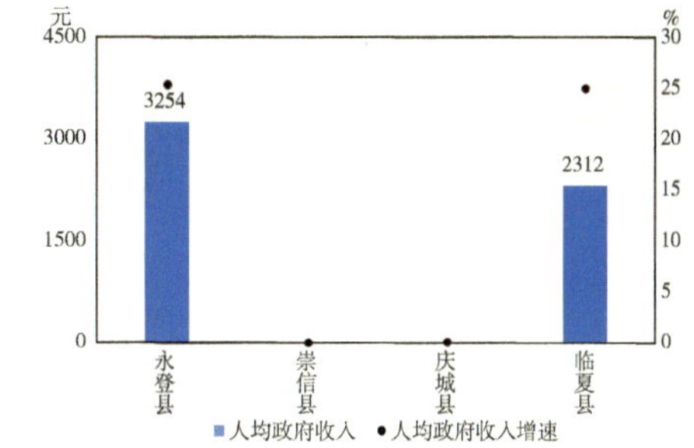

图28-119 2018年甘肃省样本区县人均政府收入及增速

28.3.3 甘肃省样本县一般公共预算收入情况

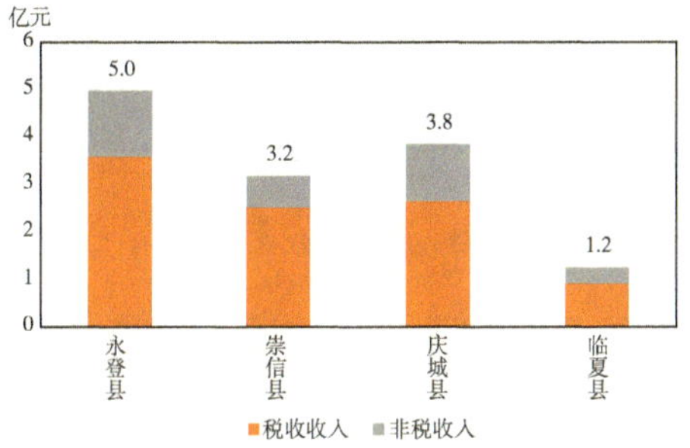

图28-120 2018年甘肃省样本区县一般公共预算收入

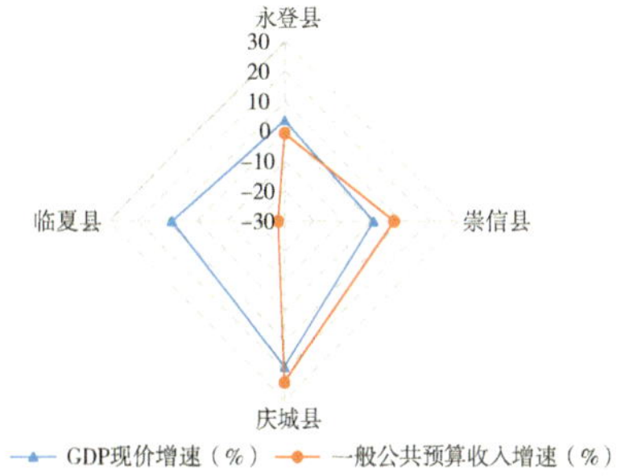

图28-121 2018年甘肃省样本区县一般公共预算收入增速

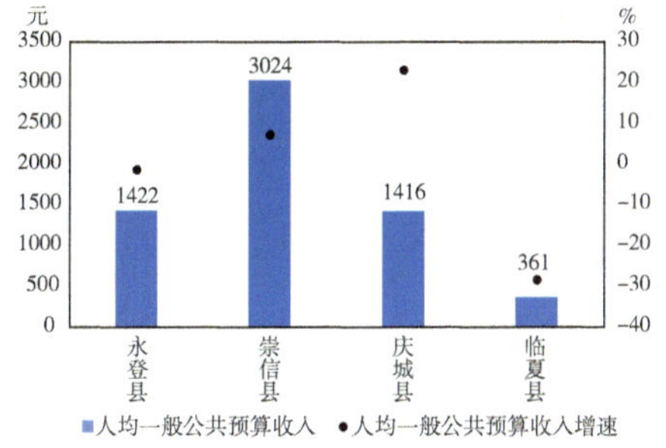

图28-122 2018年甘肃省样本区县人均一般公共预算收入及增速

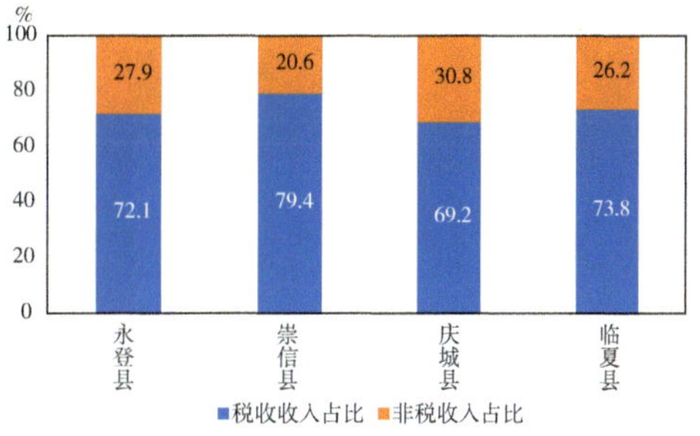

图28-123 2018年甘肃省样本区县一般公共预算收入结构

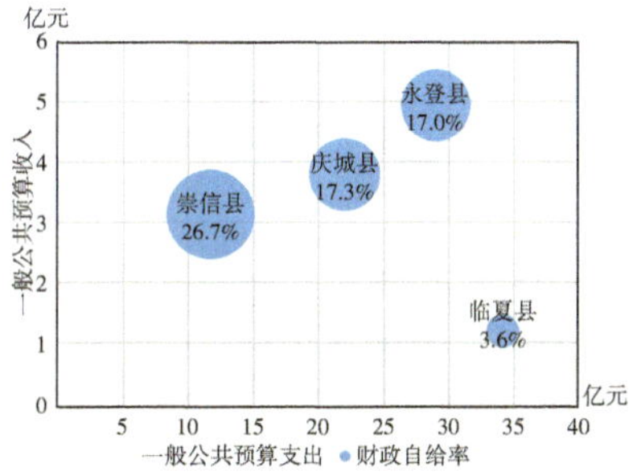

图28-124 2018年甘肃省样本区县财政自给率

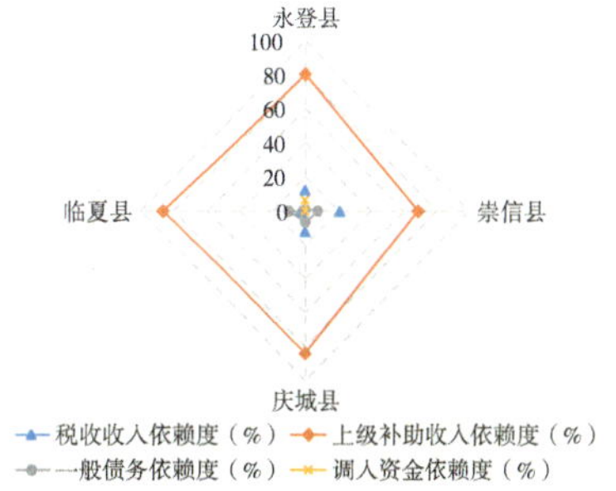

图28-125 2018年甘肃省样本区县财政收入依赖度

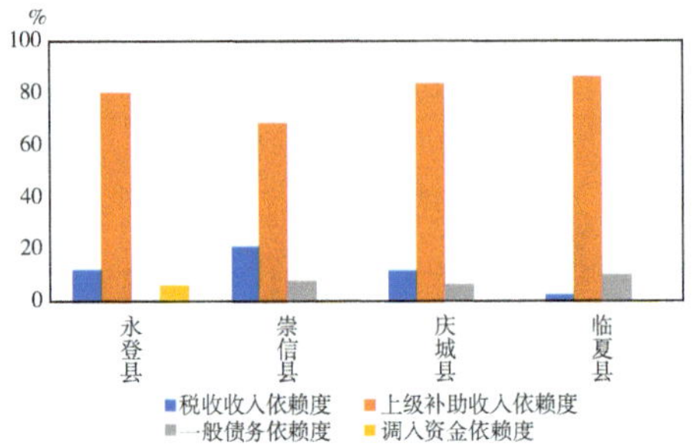

图28-126　2018年甘肃省样本区县财政收入依赖度

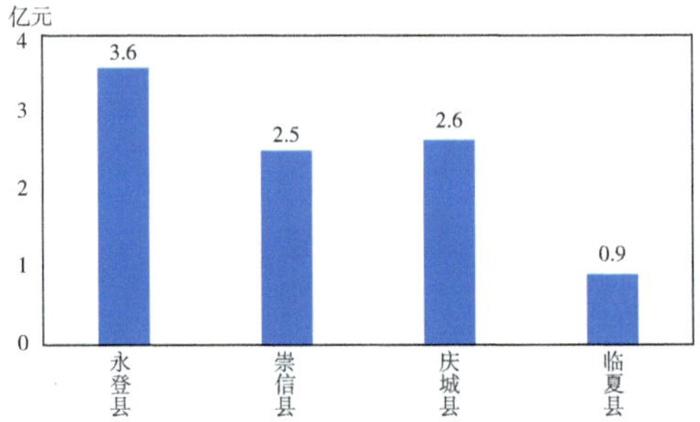

图28-127　2018年甘肃省样本区县税收收入

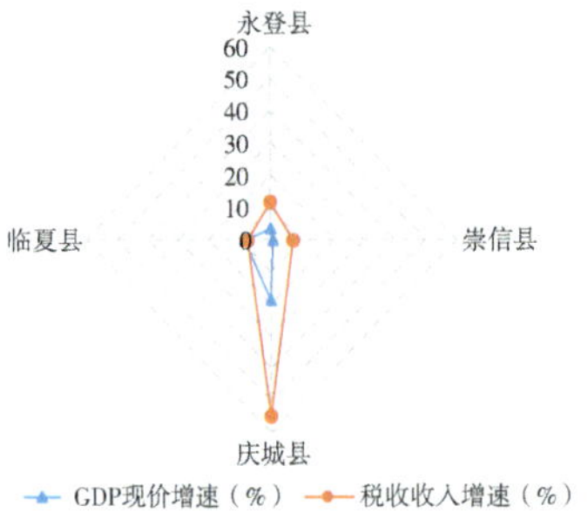

图28-128　2018年甘肃省样本区县税收收入增速

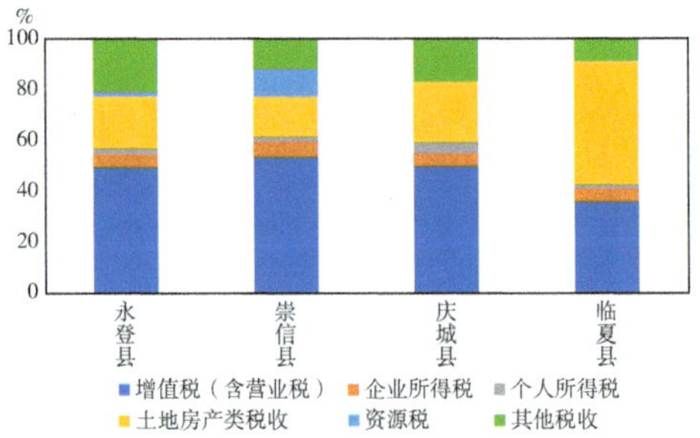

图28-129　2018年甘肃省样本区县税收收入结构

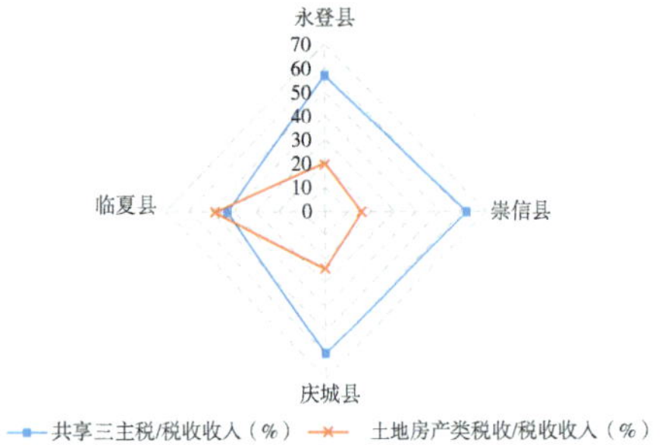

图28-130　2018年甘肃省样本区县共享三主税、土地房产类税收占税收收入的比重

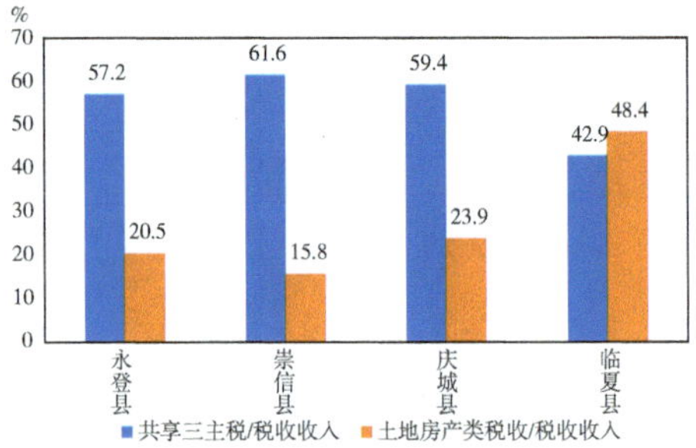

图28-131　2018年甘肃省样本区县共享三主税、土地房产类税收占税收收入的比重

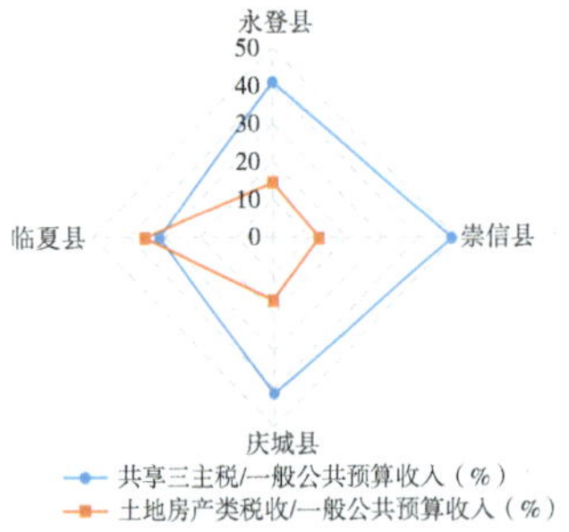

图28-132　2018年甘肃省样本区县共享三主税、土地房产类税收占一般公共预算收入的比重

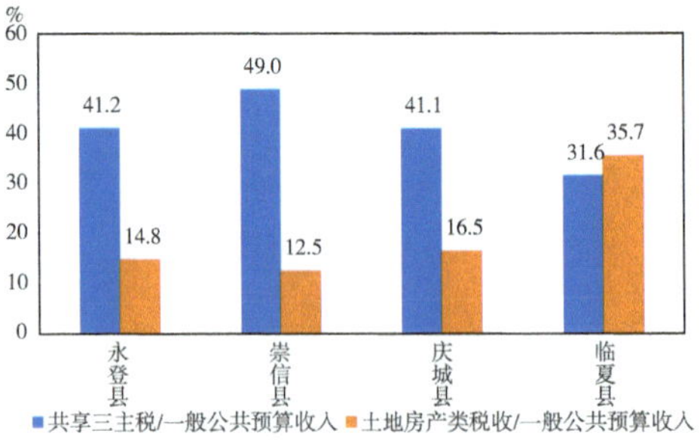

图28-133　2018年甘肃省样本区县共享三主税、土地房产类税收占一般公共预算收入的比重

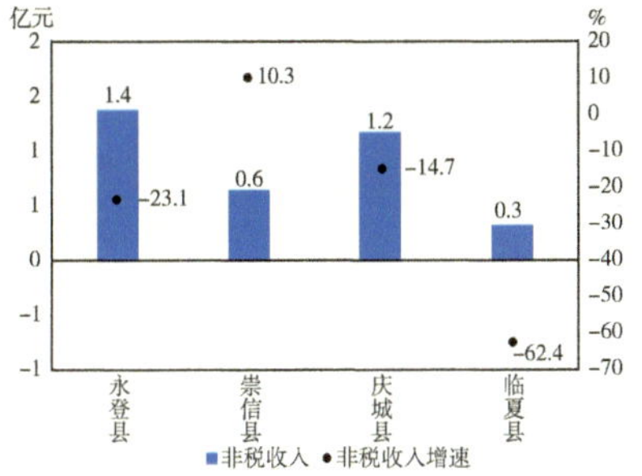

图28-134　2018年甘肃省样本区县非税收入

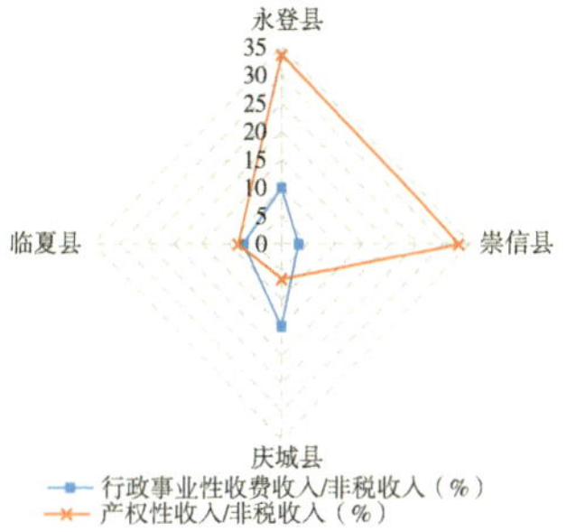

图28-135　2018年甘肃省样本区县产权性收入、行政事业性收费收入占非税收入的比重

28.3.4　甘肃省样本县政府性基金收入与国有资本经营收入情况

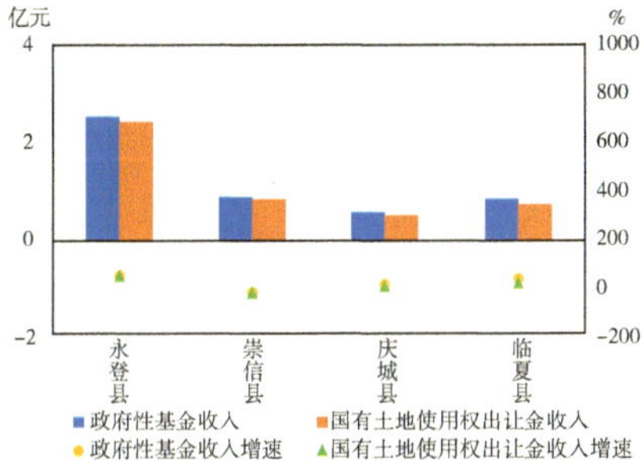

图28-136　2018年甘肃省样本区县政府性基金收入、国有土地使用权出让收入及其增速

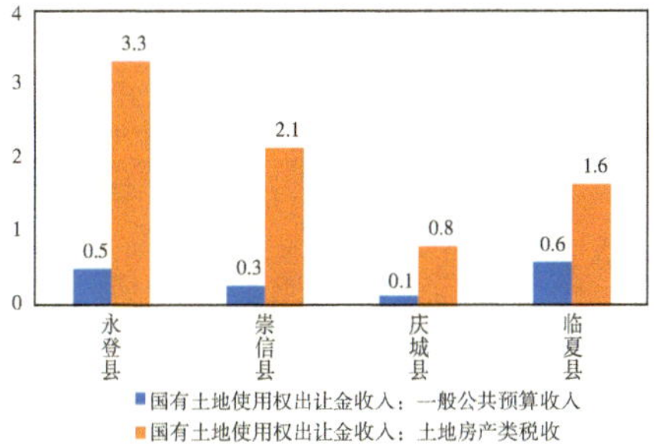

图28-137　2018年甘肃省样本区县国有土地使用权出让金收入与一般公共预算关系指标

28.3.5　甘肃省样本县社会保险基金收入情况

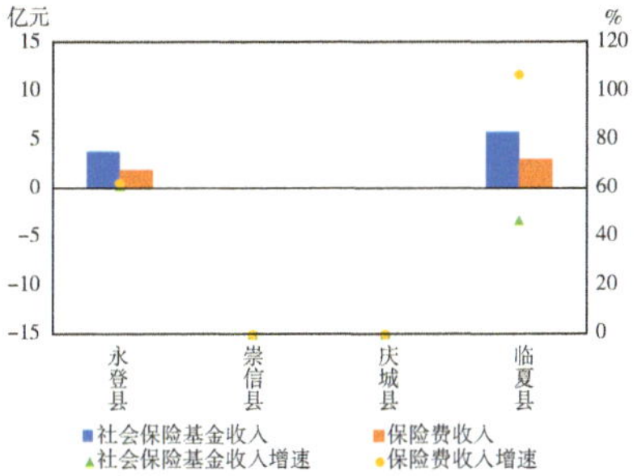

图28-138　2018年甘肃省样本区县社会保险基金收入、保险费收入及其增速

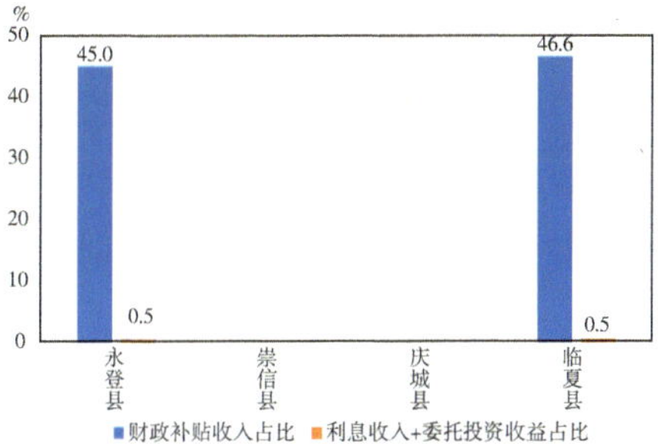

图28-139　2018年甘肃省样本区县财政补贴收入、利息收入+委托投资收益占社会保险基金收入的比重

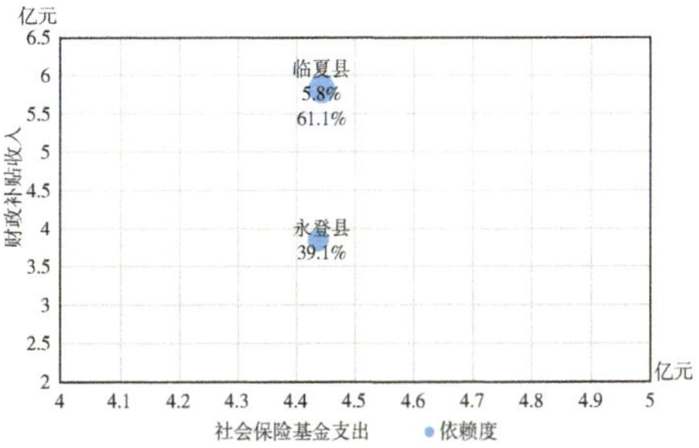

图28-140　2018年甘肃省样本区县社会保险基金对财政补贴的依赖度

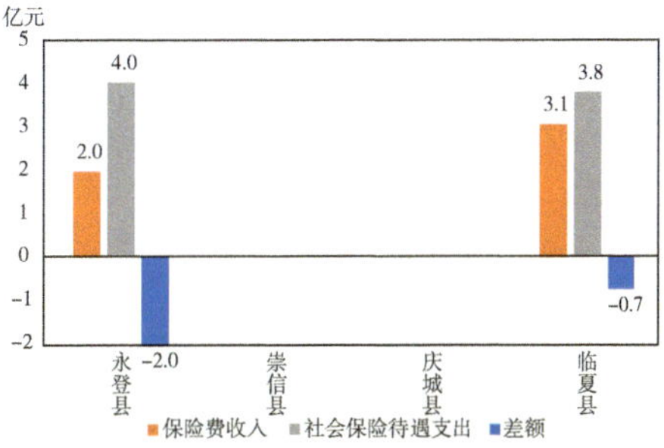

图28-141　2018年甘肃省样本区县保险费收入、社会保险待遇支出及其差额

28.3.6 甘肃省样本县债务情况

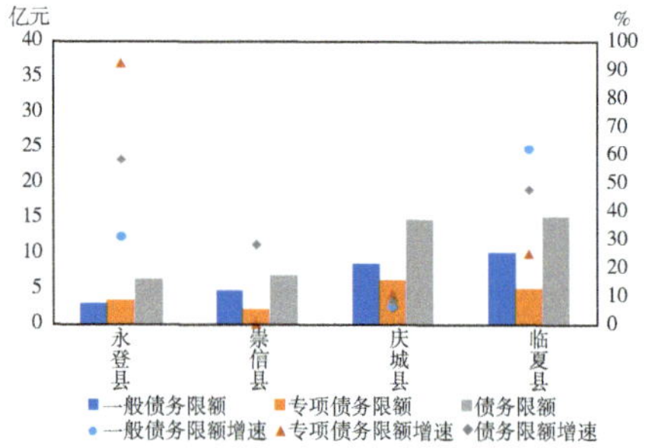

图28-142 2018年甘肃省样本区县债务限额及其增速

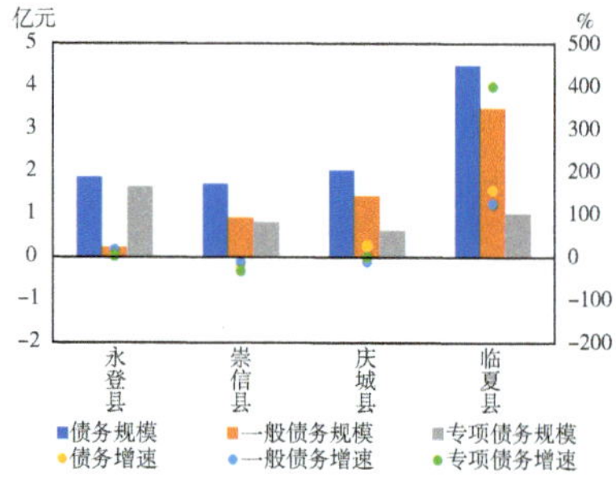

图28-143 2018年甘肃省样本区县债务规模及其增速

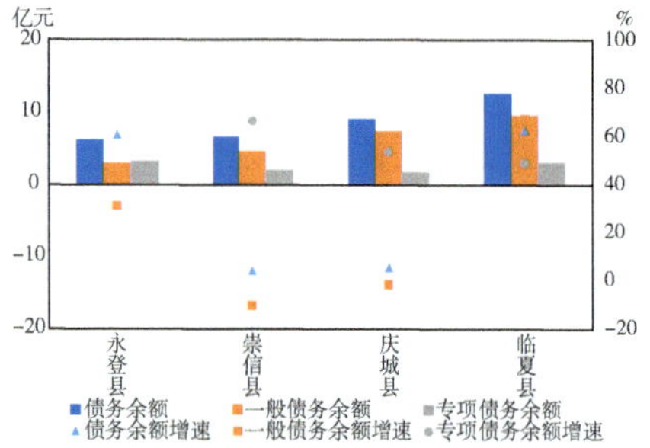

图28-144 2018年甘肃省样本区县债务余额及其增速

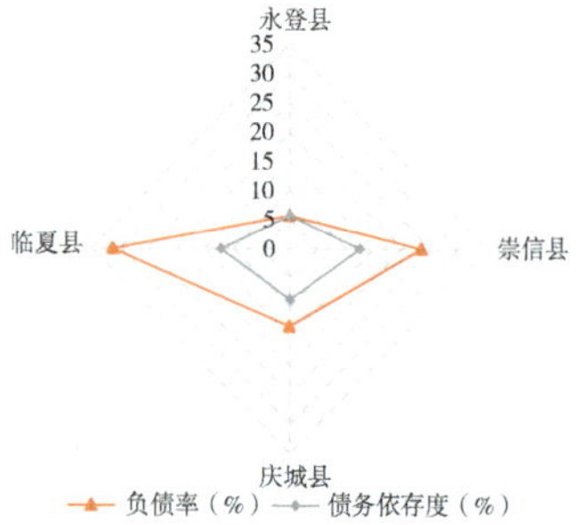

图28-145 2018年甘肃省样本区县负债率与债务依存度

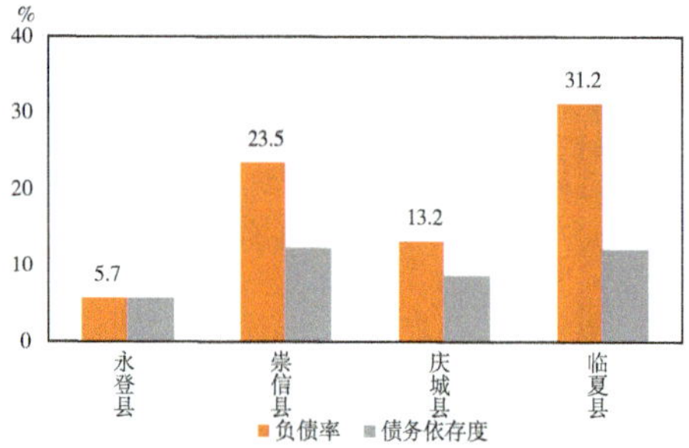

图28-146 2018年甘肃省样本区县负债率与债务依存度

29 青海省

青海省辖西宁市、海东市两个地级市和玉树藏族自治州、海西州、海北州、海南州、黄南州、果洛州等6个民族自治州，共48县级行政单位，青海省有藏族、回族、蒙古族、土族、撒拉族等43个少数民族。青海畜牧业用地面积大、农业耕地少、林地比重低。柴达木盆地位于青海省，因此青海省拥有丰富的矿产资源，锂、钾、镁3种矿产资源量居全国首位，其经济发展、财政收入具有依赖资源的特征。总体上看，青海省的经济发展、财政收入等在全国处于低水平，这与全省五分之四以上的地区为高原，东部多山的严峻地理环境关系密切。

2019年青海省经济总量处于全国末位，第一产业占比高于全国，人口整体净流入，城镇化率低于全国。2019年末，青海省常住人口607.82万人，常住人口城镇化率为55.52%。2019年青海GDP为2965.95亿元，排全国第30名，仅高于西藏；增速6.3%，比2018年下降0.9个百分点，高于全国0.2个百分点，排全国第14名；人均GDP为48981元（约7078美元），排全国第22名。从产业结构看，第一、第二、第三产业占比分别为10.2%（高于全国平均水平3.1个百分点）、39.1%和50.7%（低于全国平均水平3.2个百分点）。从居民可支配收入看，2019年城镇与农村居民人均可支配收入分别为33830元和11499元，呈上升态势，但均低于全国城镇与农村居民人均可支配收入平均数。

2019年青海省一般公共预算收入在全国排名较靠后，省市县中县级财政收入占比最高。2019年青海省一般公共预算收入282.1亿元，排全国第29名；一般公共预算收入增速3.4%，均排全国第15名，人均一般公共预算收入为4641元，排全国第24名。其中，2019年青海省税收收入占一般公共预算收入的比重为70.4%左右，较2018年下降4.9个百分点。从纵向收入分配看，2018年省本级、市本级、县一般公共预算收入占比分别为31%、25%和44%。

2019年青海省财政自给率偏低，地区财政总收入小于一般公共预算支出。近两年年青海财政自给率在15%左右，2019年为15.1%，2018年为16.6%。2019年青海省组织的地区财政总收入为456.8亿元，增速为-1.6%，其中上缴中央收入占比38.2%。2019年青海省一般公共预算支出为1863.7亿元，高于地区财政总收入规模。

2019年青海省四本预算的一般公共预算收入和社保基金收入占比下降，尤其是一般公共预算收入占比下降明显，政府收入增速呈上升态势，政府性基金收入增势明显。2019年青海省四本预算加总的政府收入为994.1亿元，增速为26.8%，近三年呈现上升的增长态势。其中一般公共预算收入、政府性基金收入、国有资本经营收入和社会保险基金收入分别占比28.4%、24.7%、0.2%和46.8%。2019年青海省政府性基金收入增速79.2%，2018年增速为63.9%，近两年保持较快增长。

青海省内各市州经济社会发展和财政发展不均衡，优势主要集中于省会西宁市。西宁市是2018年青海省GDP规模唯一超千亿元的城市，达到1286.4亿元，而其他城市GDP规模

本章执笔人：刘柯彤　审校：刘昶

分布在40亿—650亿元区间，海北州和玉树州甚至出现负增长。2018年西宁市一般公共预算收入92.9亿元，其他各市州均低于60亿元，且城市间差异较大，比如西宁市是玉树州的44倍。除少数城市（西宁市、海西州）外，2018年青海省各市州财政自给率低于10%。财政自给率最高的城市为海西州，达到39.4%，最低的为玉树州，仅为2.1%，前者是后者的18.76倍。政府性基金收入主要构成是国有土地使用权出让金收入，与地理位置关系较大，收入规模最大的是西宁市（77.6亿元），规模最小的是果洛州（0.1亿元），相差悬殊，足见地区发展不均衡。

29.1 青海省政府收入主要特征分析

29.1.1 青海省经济社会基本情况

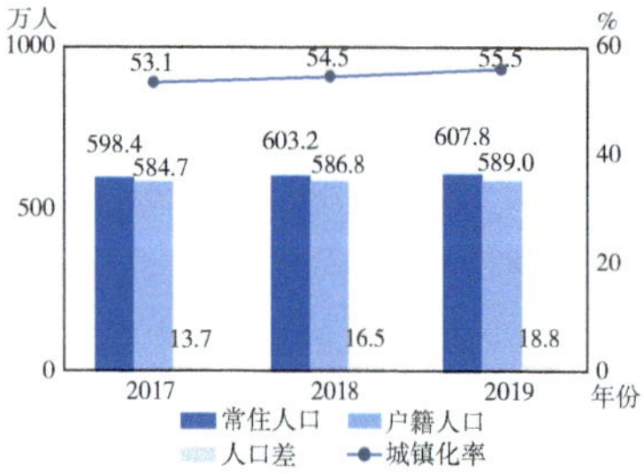

图29-1　2017-2019年青海省人口状况

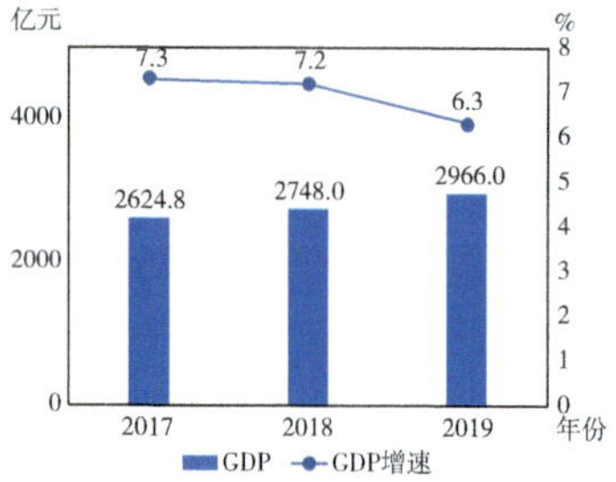

图29-2　2017-2019年青海省GDP及增速

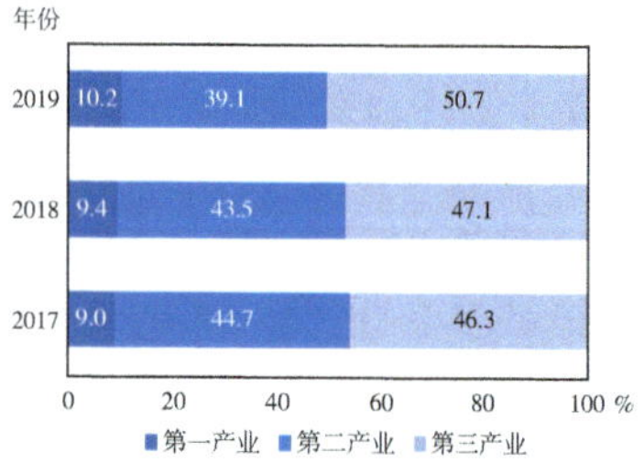

图29-3　2017-2019年青海省三次产业结构

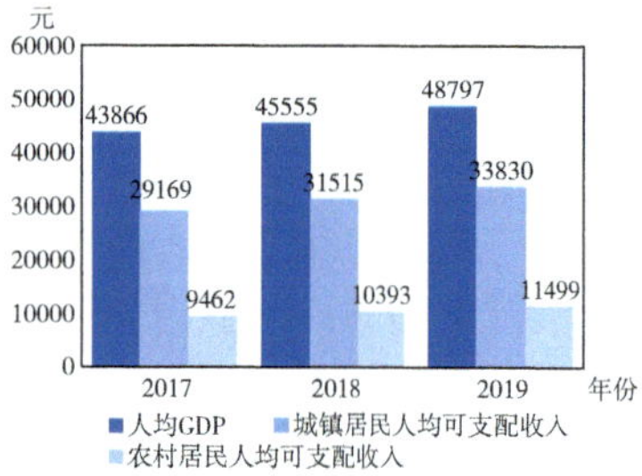

图29-4　2017-2019年青海省人均GDP和人均可支配收入

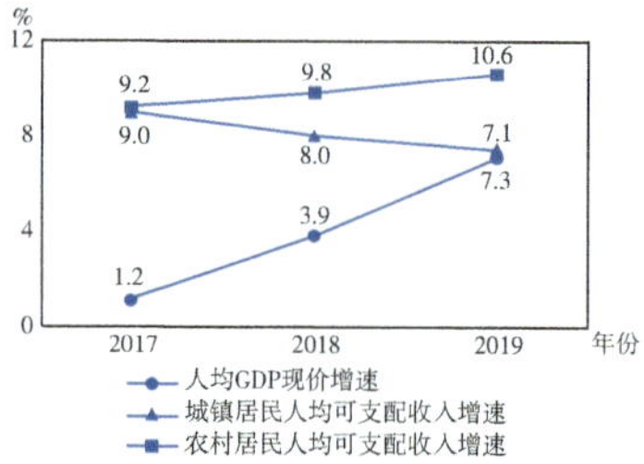

图29-5　2017-2019年青海省人均GDP增速和人均可支配收入增速

29.1.2 青海省政府收入总体情况

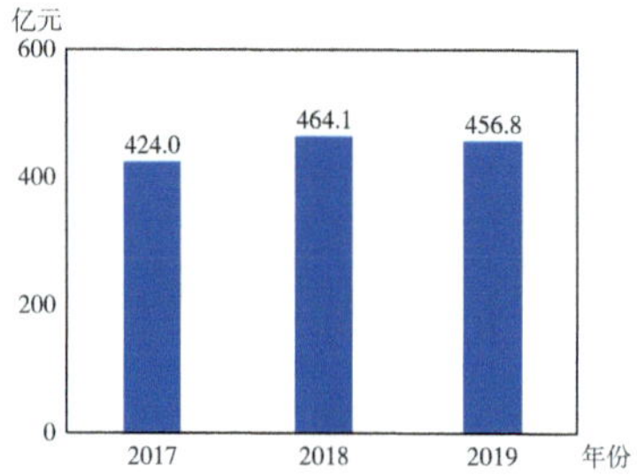

图29-6　2017-2019年青海省财政总收入

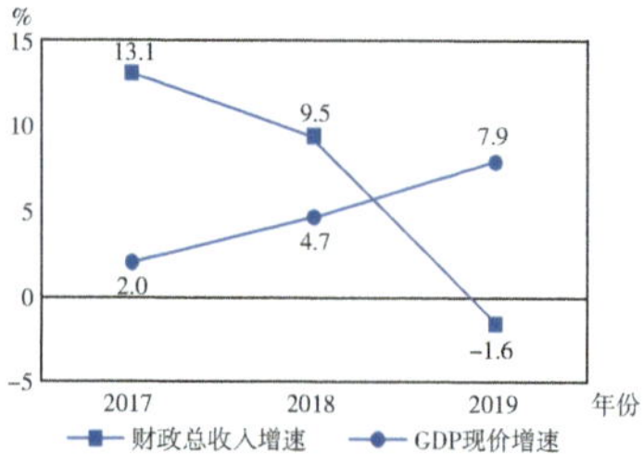

图29-7　2017-2019年青海省财政总收入增速

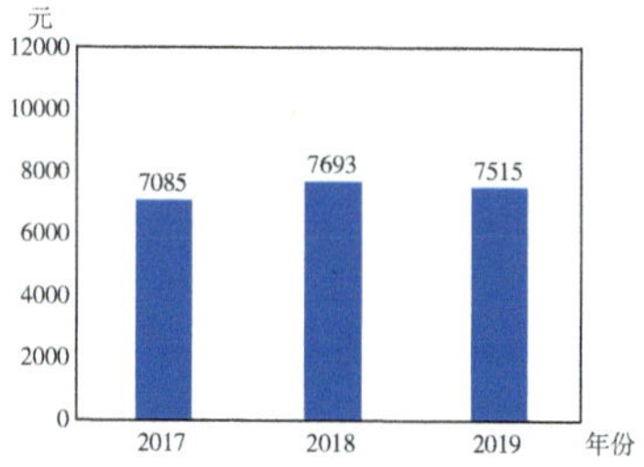

图29-8　2017-2019年青海省人均财政总收入

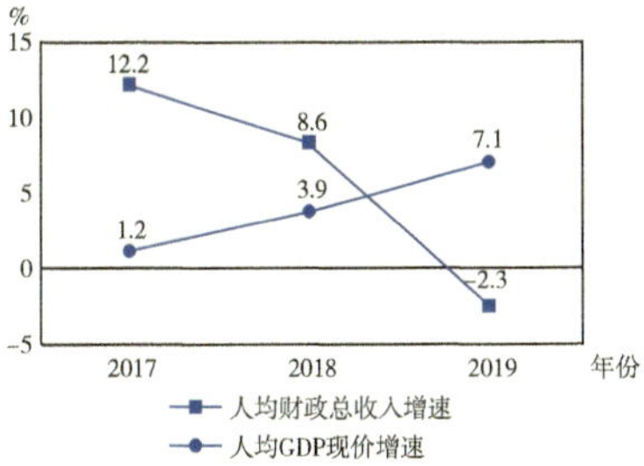

图29-9　2017-2019年青海省人均财政总收入增速

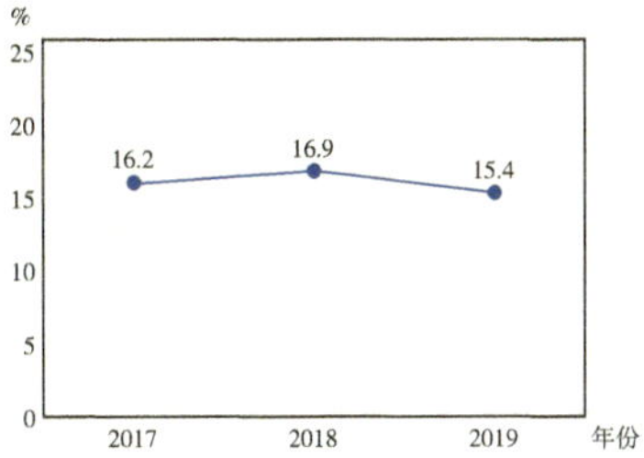

图29-10　2017-2019年青海省财政总收入/GDP

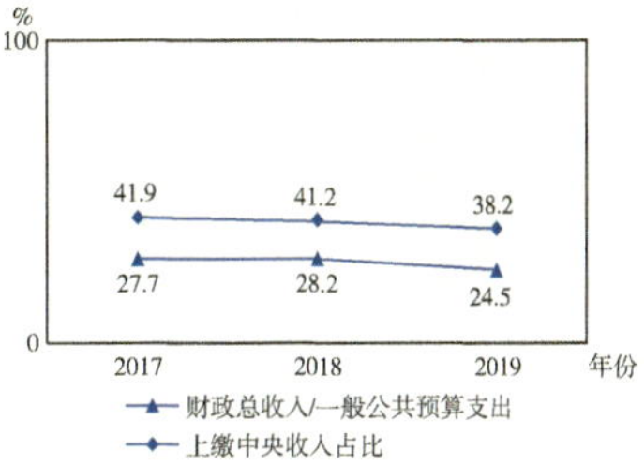

图29-11　2017-2019年青海省财政总收入其他指标

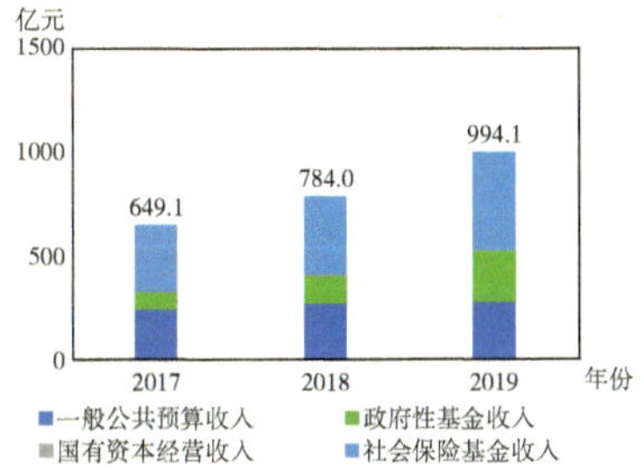

图29-12　2017-2019年青海省政府收入

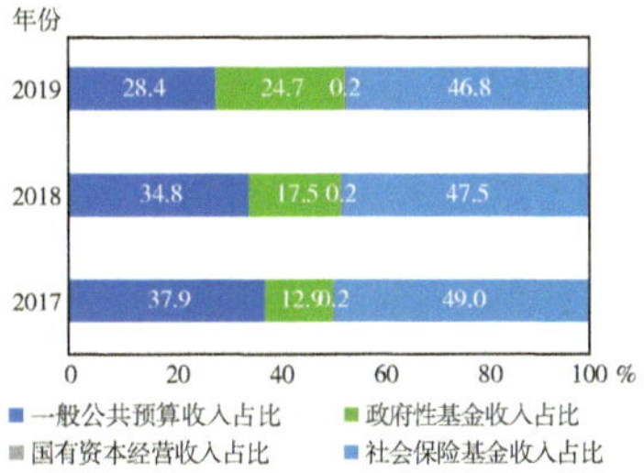

图29-13　2017-2019年青海省政府收入结构

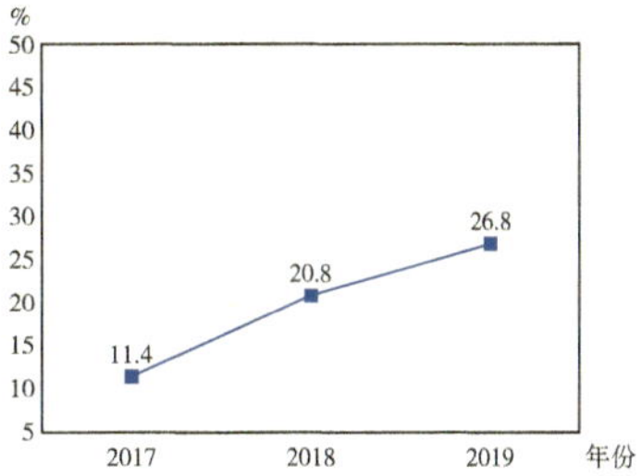

图29-14　2017-2019年青海省政府收入增速

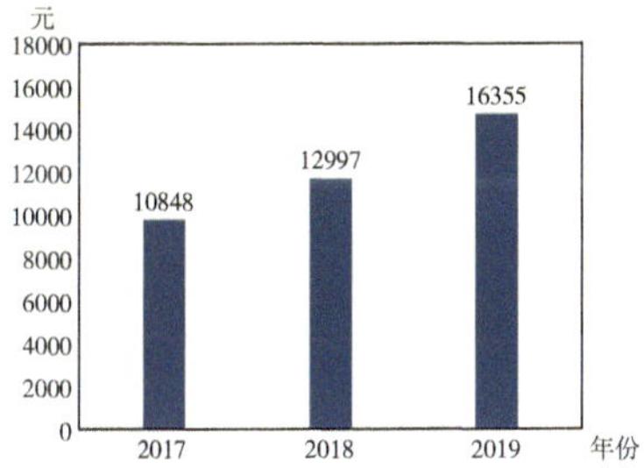

图29-15　2017-2019年青海省人均政府收入

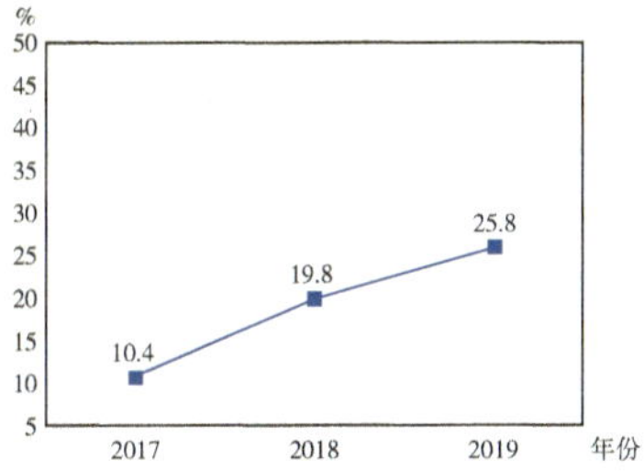

图29-16　2017-2019年青海省人均政府收入增速

29.1.3　青海省一般公共预算收入情况

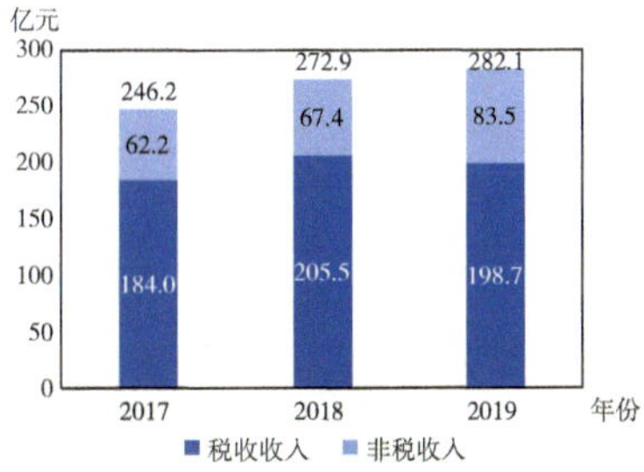

图29-17　2017-2019年青海省一般公共预算收入

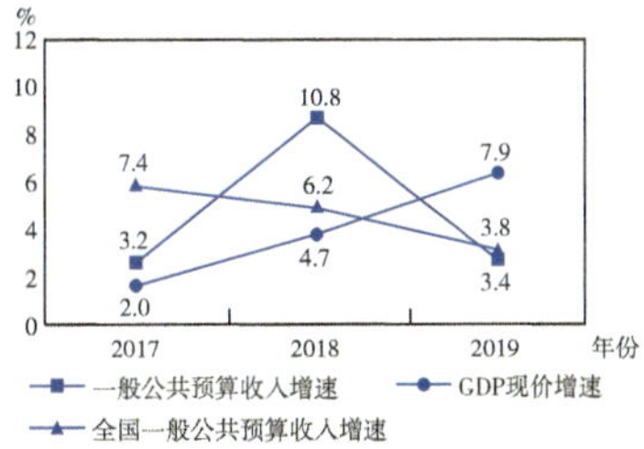

图29-18　2017-2019年青海省一般公共预算收入增速

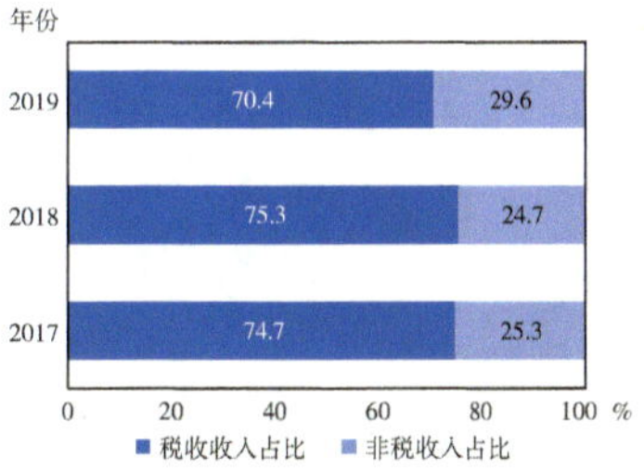

图29-19　2017-2019年青海省一般公共预算收入结构

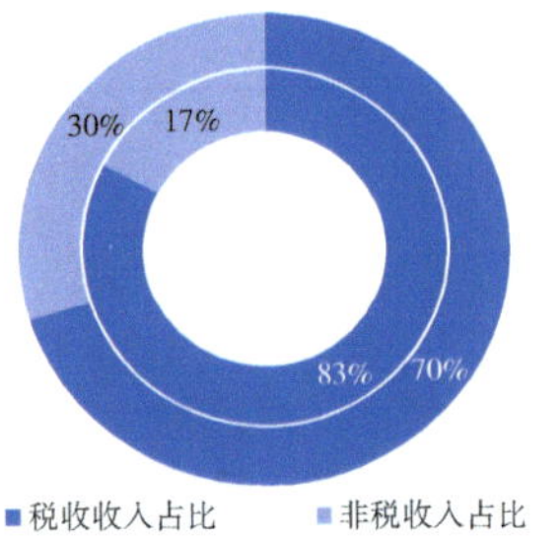

图29-20　2019年一般公共预算收入结构对比（内环为全国，外环为青海省）

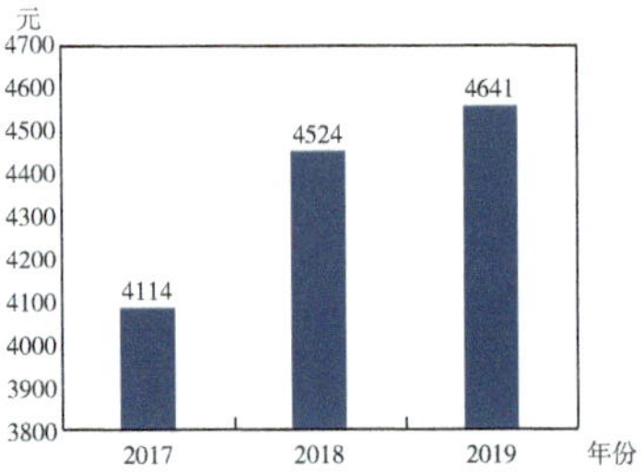

图29-21　2017-2019年青海省人均一般公共预算收入

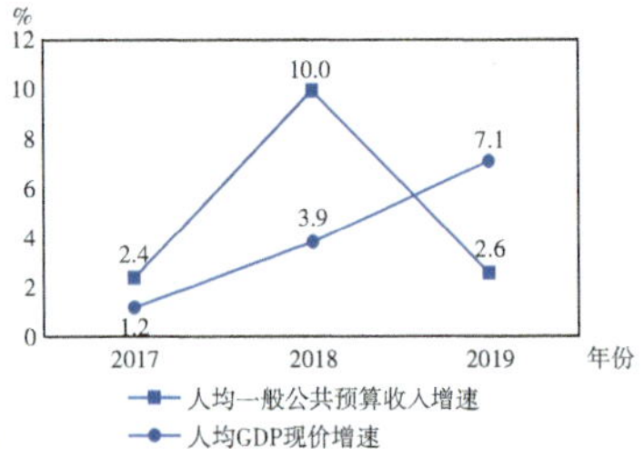

图29-22　2017-2019年青海省人均一般公共预算收入增速

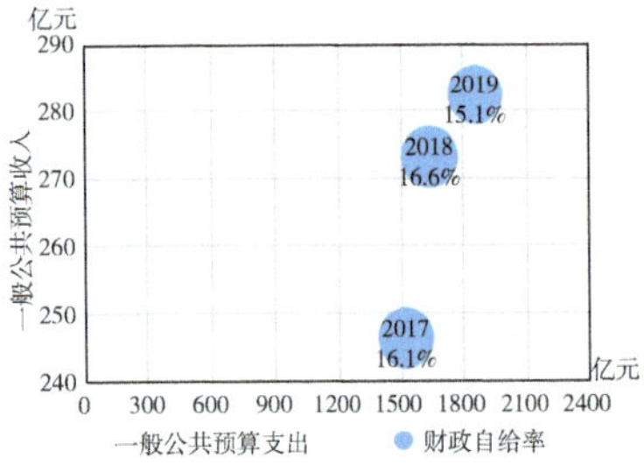

图29-23　2017-2019年青海省财政自给率

图29-24　2017-2019年青海省财政收入依赖度

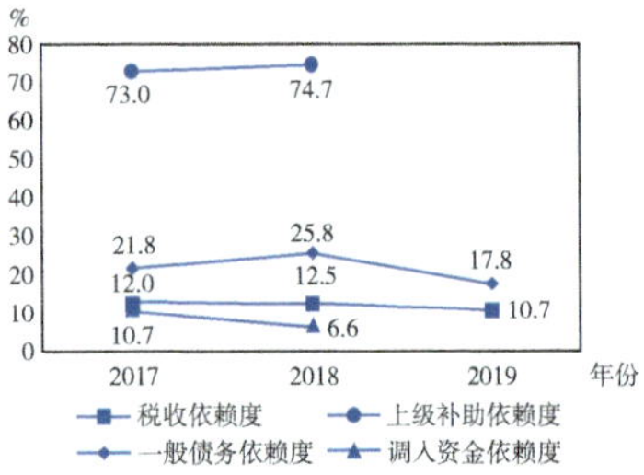

图29-25　2017-2019年青海省财政收入依赖度

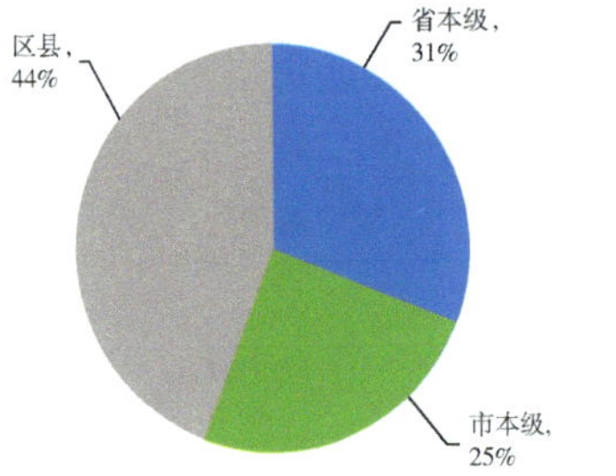

图29-26　2018年青海省省市县三级政府一般公共预算收入分布

图29-27　2017-2019年青海省税收收入

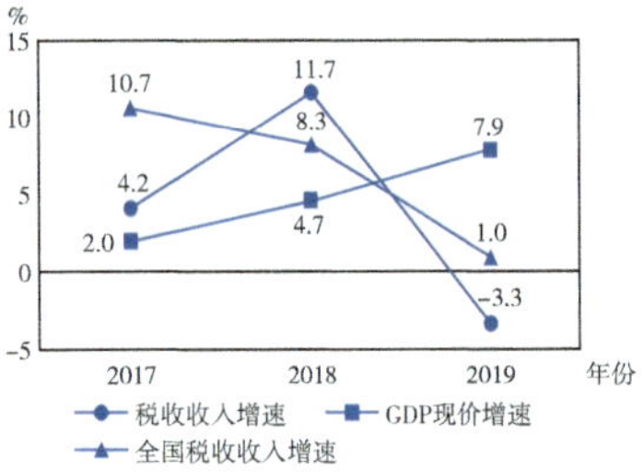

图29-28　2017-2019年青海省税收收入增速

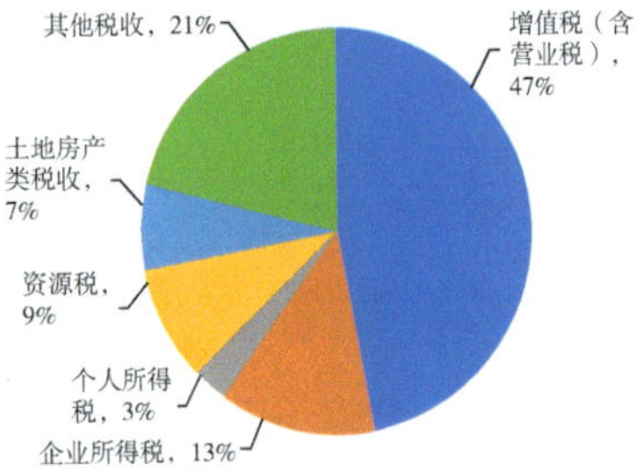

图29-29　2019年青海省税收结构

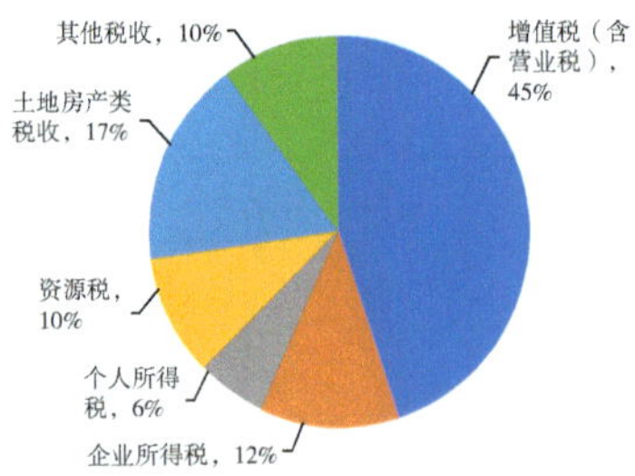

图29-30　2018年青海省税收结构

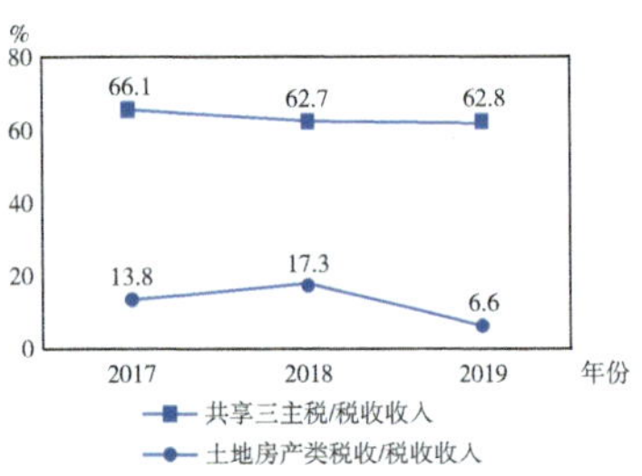

图29-31　2017-2019年青海省共享三主税、土地房产类税收占税收收入的比重

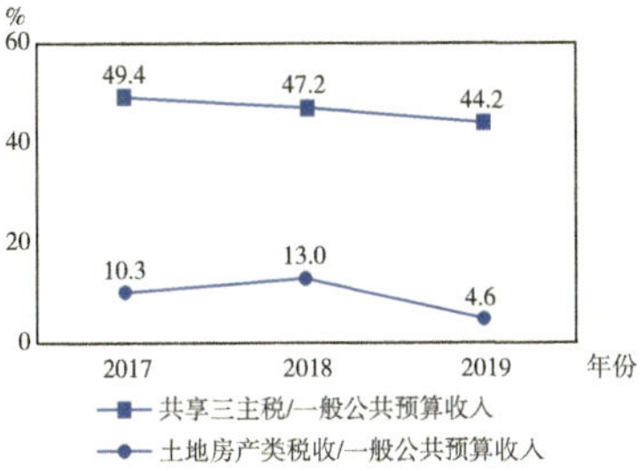

图29-32　2017-2019年青海省共享三主税、土地房产类税收占一般公共预算收入的比重

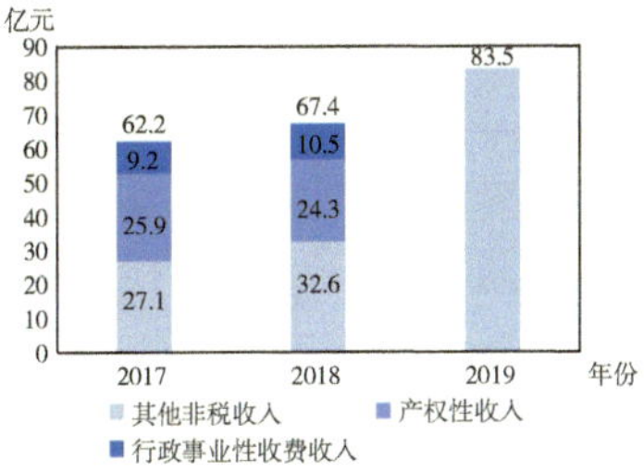

图29-33　2017-2019年青海省非税收入

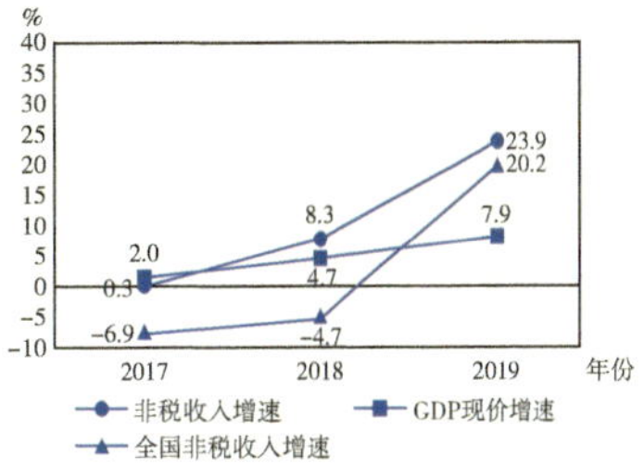

图29-34　2017-2019年青海省非税收入增速

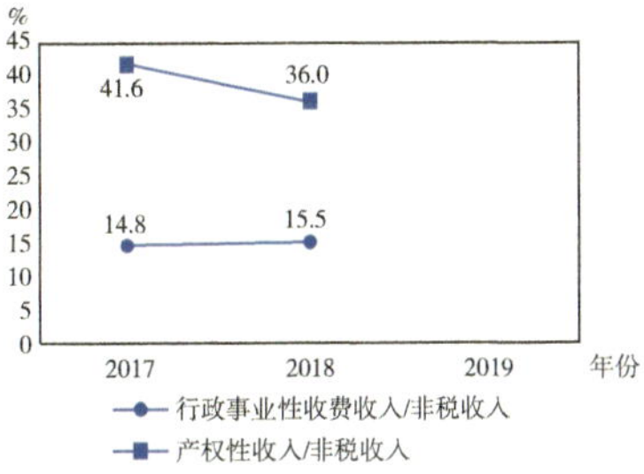

图29-35　2017-2019年青海省行政事业性收费及产权性收入占非税收入的比重

29.1.4　青海省政府性基金收入和国有资本经营收入情况

图29-36　2017-2019年青海省政府性基金收入

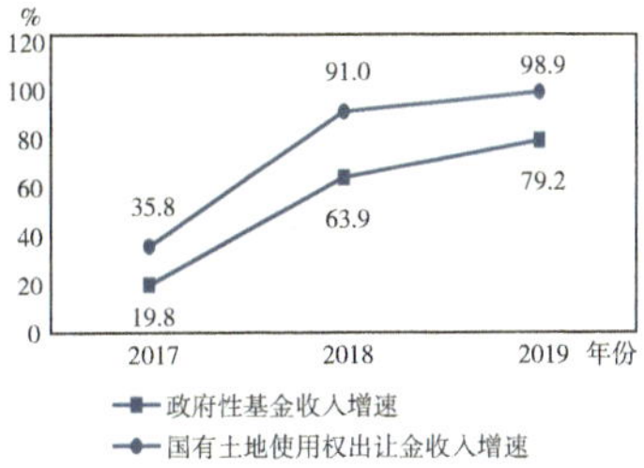

图29-37　2017-2019年青海省政府性基金收入增速及国有土地使用权出让金收入增速

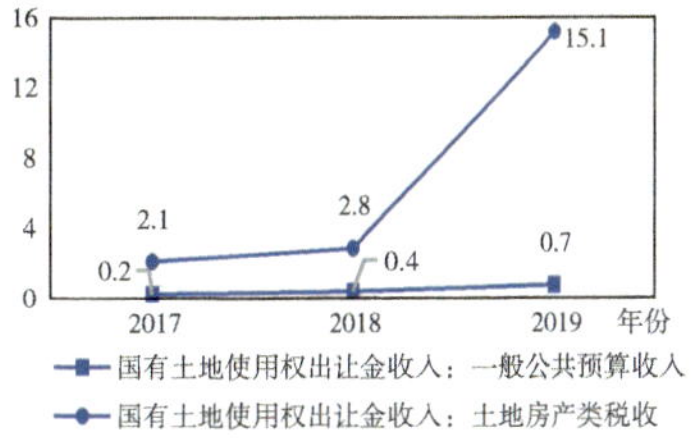

图29-38　2017-2019年青海省国有土地使用权出让金收入与一般公共预算关系指标

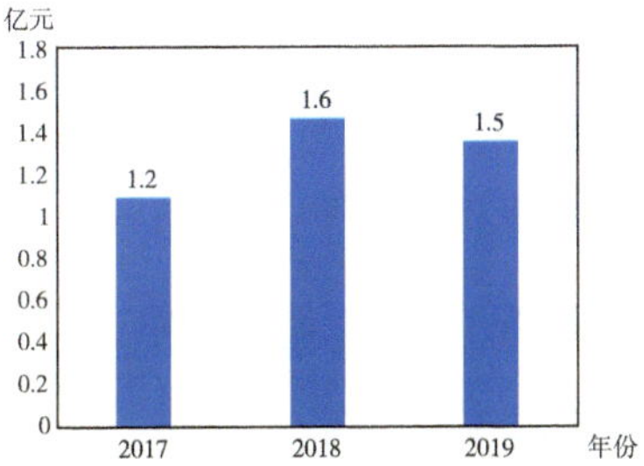

图29-39　2017-2019年青海省国有资本经营收入

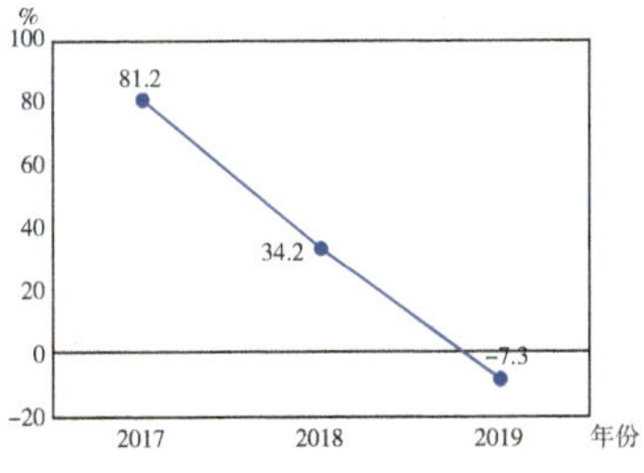

图29-40　2017-2019年青海省国有资本经营收入增速

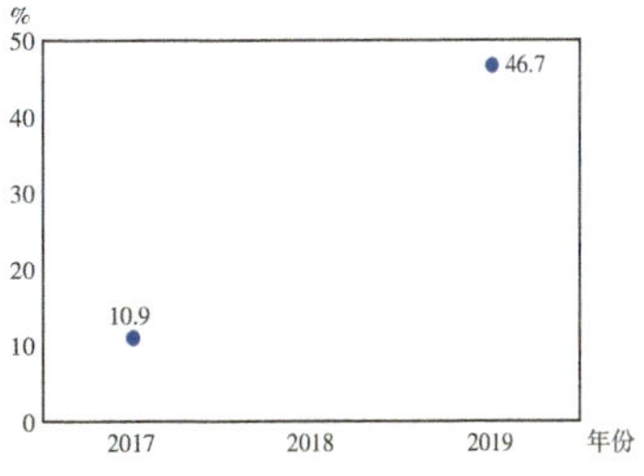

图29-41　2017-2019年青海省调出资金/国有资本经营收入

29.1.5 青海省社会保险基金收入情况

图29-42 2017-2019年青海省社会保险基金收入

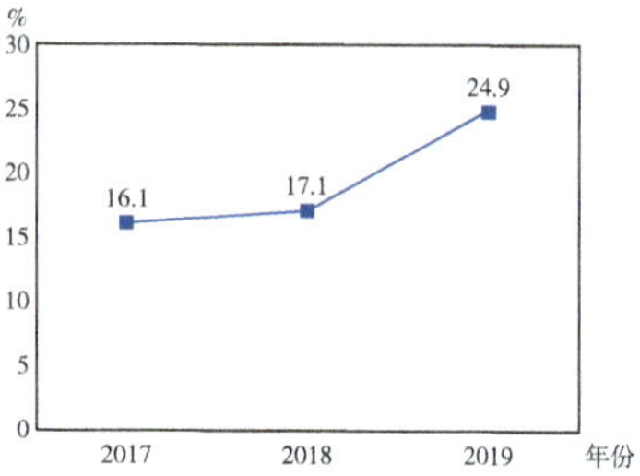

图29-43 2017-2019年青海省保险费收入增速

29.1.6 青海省债务情况

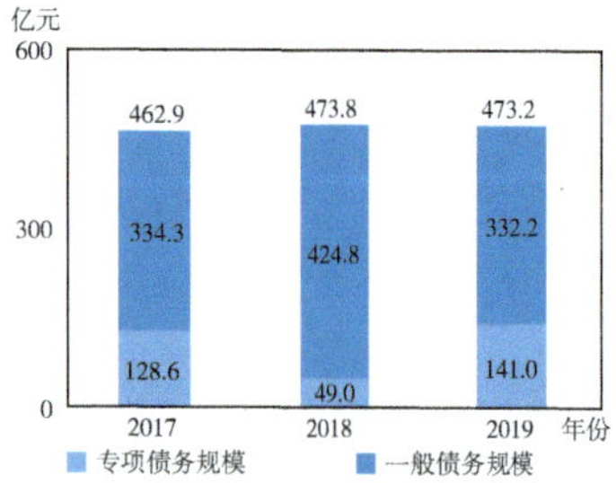

图29-44 2017-2019年青海省债务规模

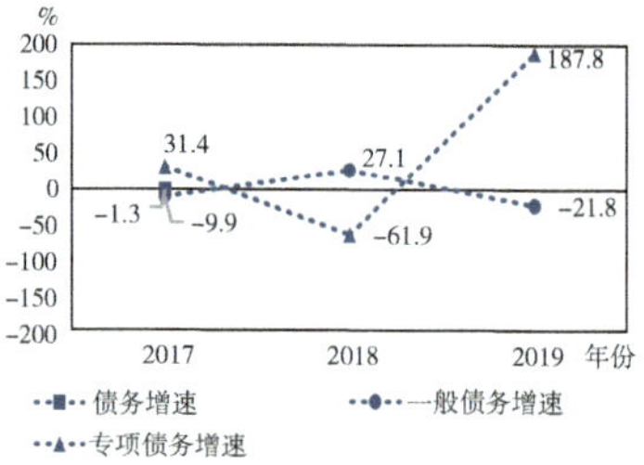

图29-45 2017-2019年青海省债务增速

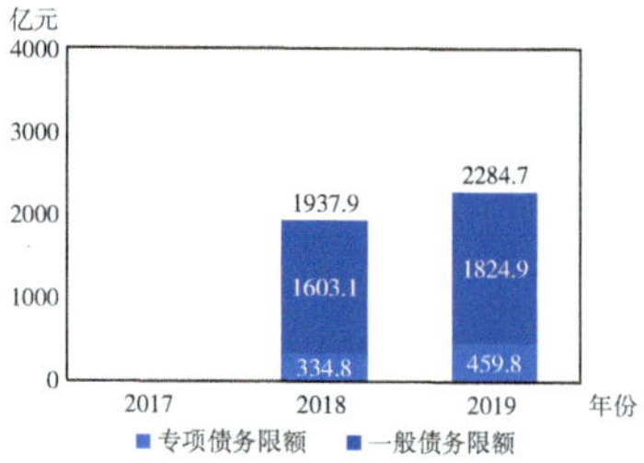

图29-46 2017-2019年青海省债务限额

图29-47 2017-2019年青海省债务余额

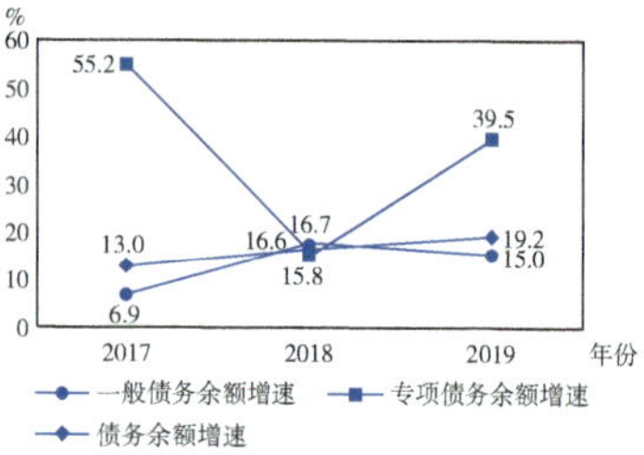

图29-48 2017-2019年青海省债务余额增速

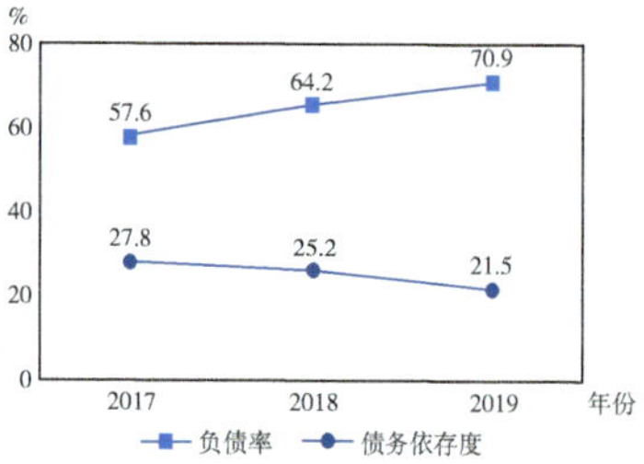

图29-49 2017-2019年青海省负债率与债务依存度

29.1.7 青海省省本级一般公共预算收入情况

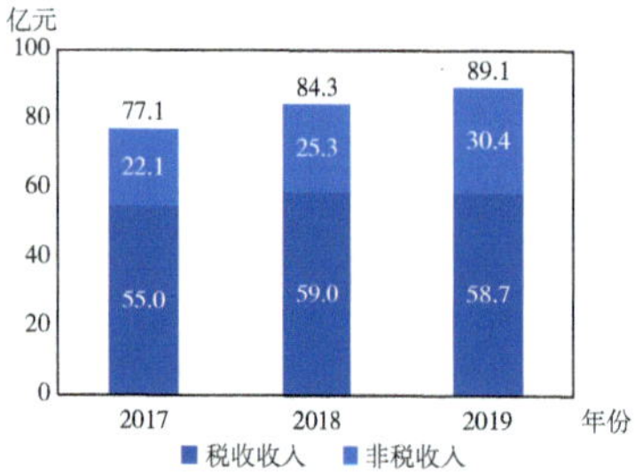

图29-50 2017-2019年青海省省本级一般公共预算收入

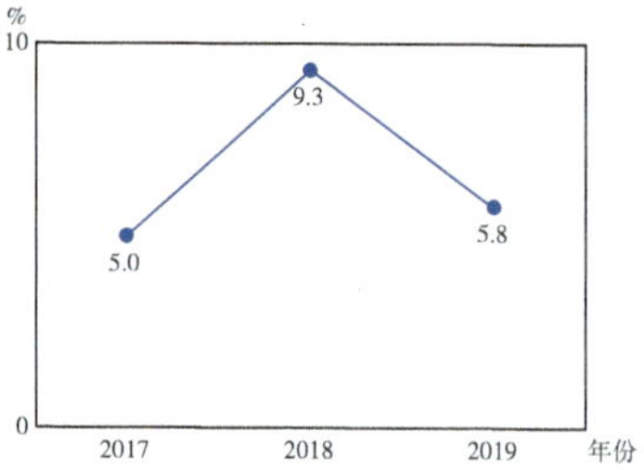

图29-51 2017-2019年青海省省本级一般公共预算收入增速

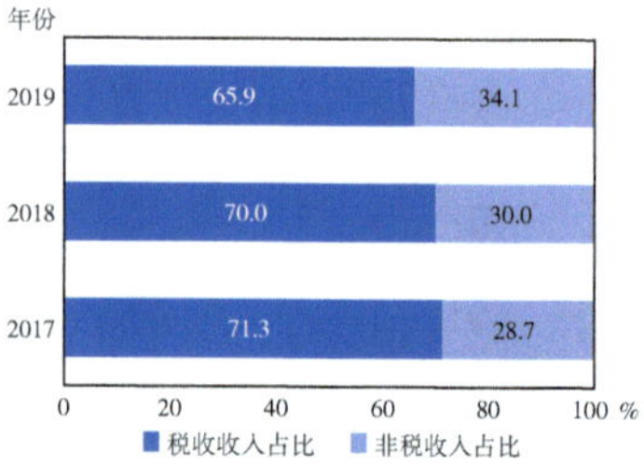

图29-52 2017-2019年青海省省本级一般公共预算收入结构

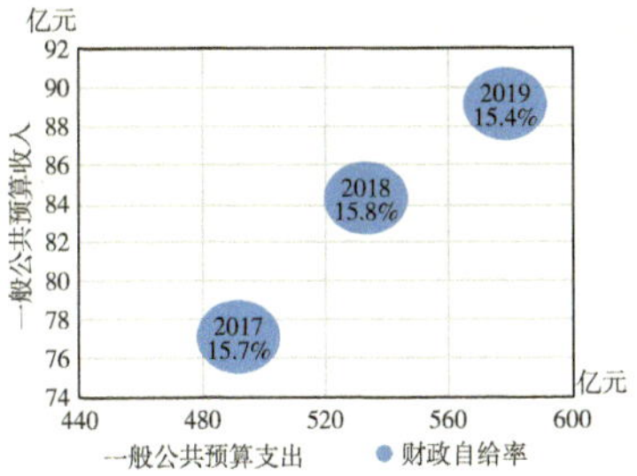

图29-53　2017-2019年青海省省本级财政自给率

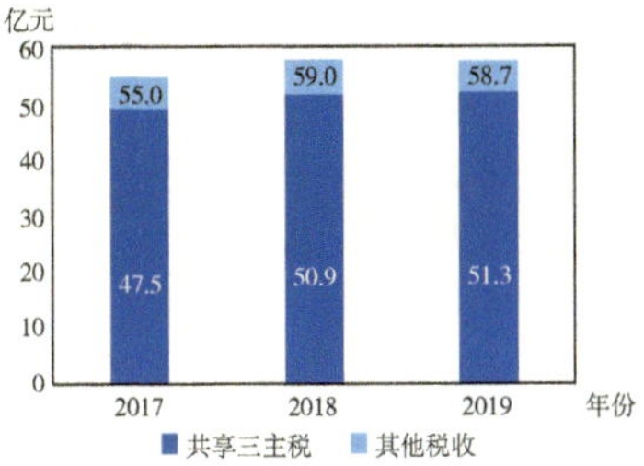

图29-54　2017-2019年青海省省本级税收收入

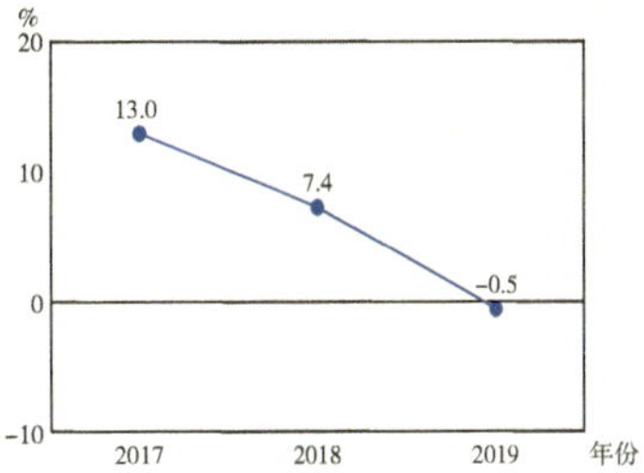

图29-55　2017-2019年青海省省本级税收收入增速

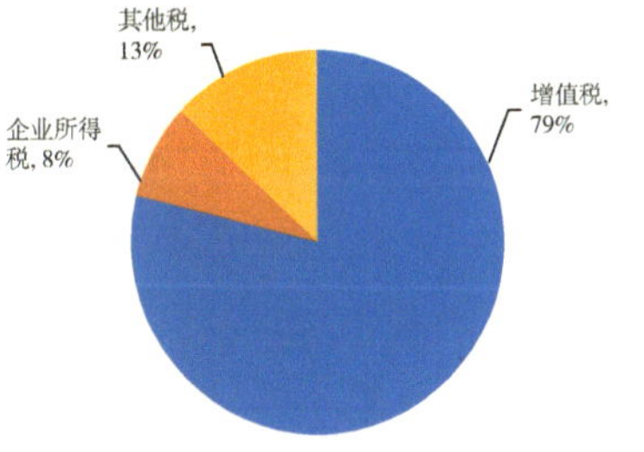

图29-56　2019年青海省省本级税收结构

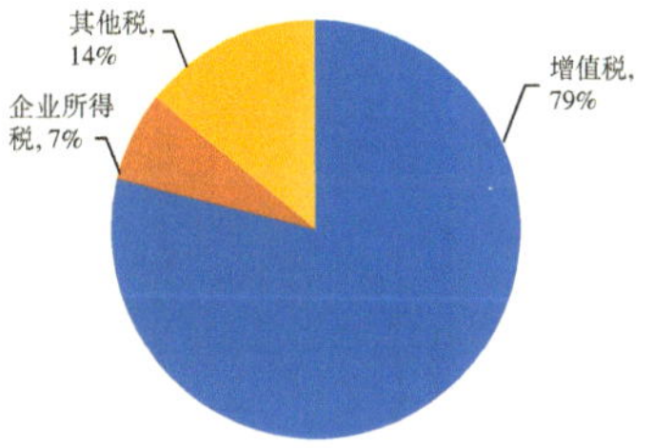

图29-57　2018年青海省省本级税收结构

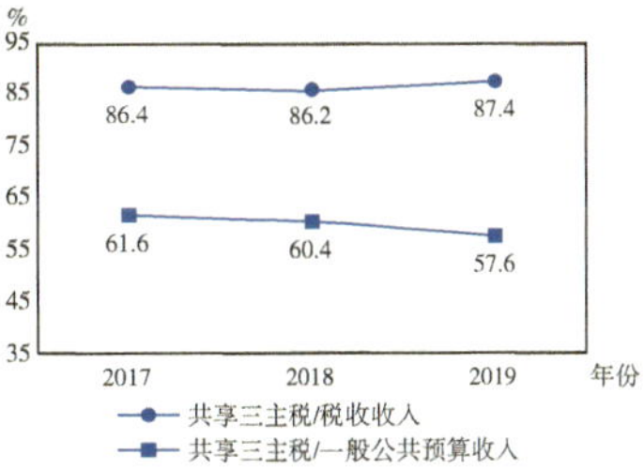

图29-58　2017-2019年青海省省本级共享三主税占税收收入、一般公共预算收入的比重

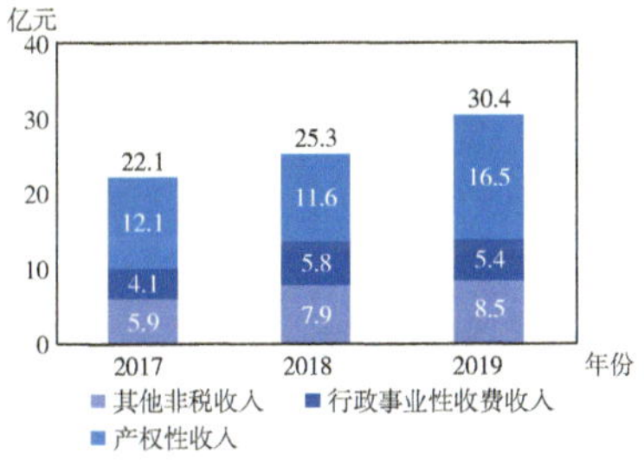

图29-59　2017-2019年青海省省本级非税收入

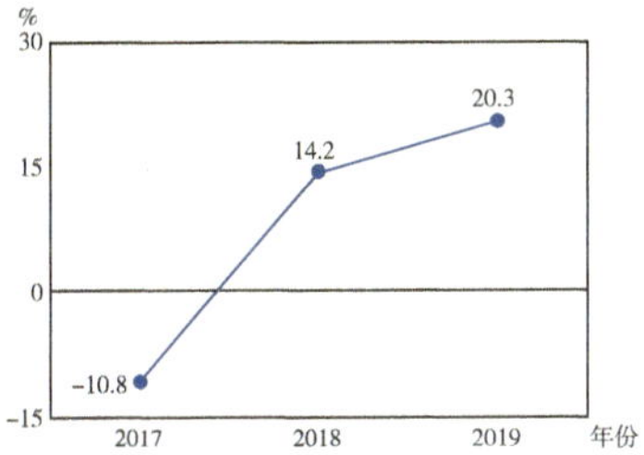

图29-60　2017-2019年青海省省本级非税收入增速

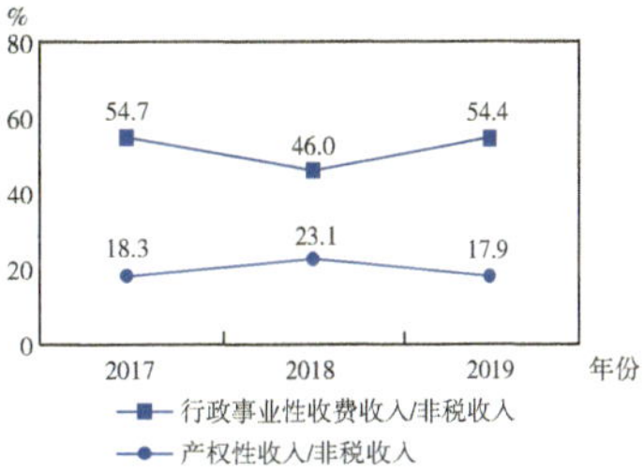

图29-61　2017-2019年青海省省本级行政事业性收费、产权性收入占非税收入的比重

29.2　青海省各市政府收入主要特征分析

29.2.1　青海省各市经济社会发展情况

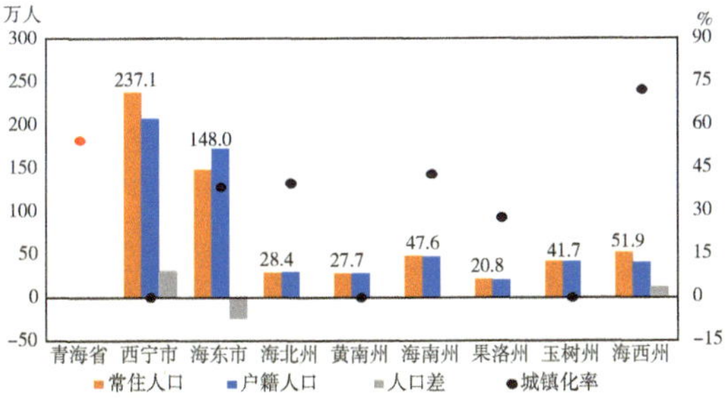

图29-62　2018年青海省各市人口状况

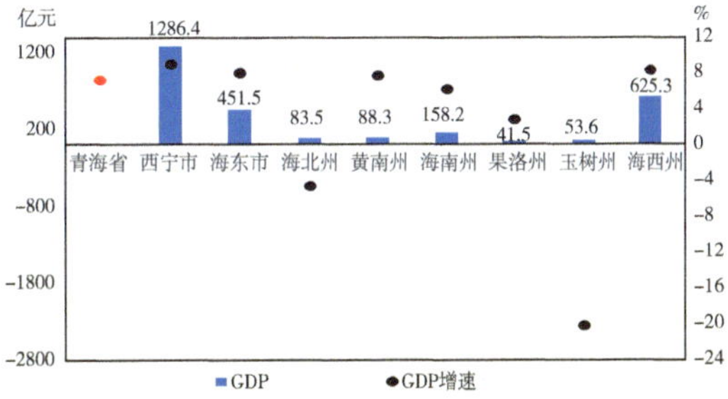

图29-63　2018年青海省各市GDP及增速

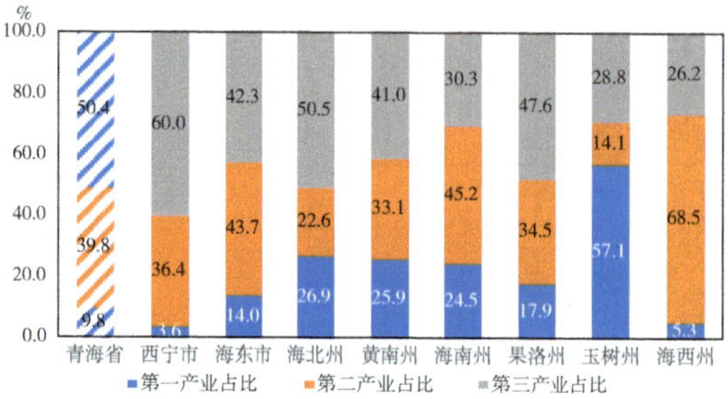

图29-64 2018年青海省各市三次产业结构

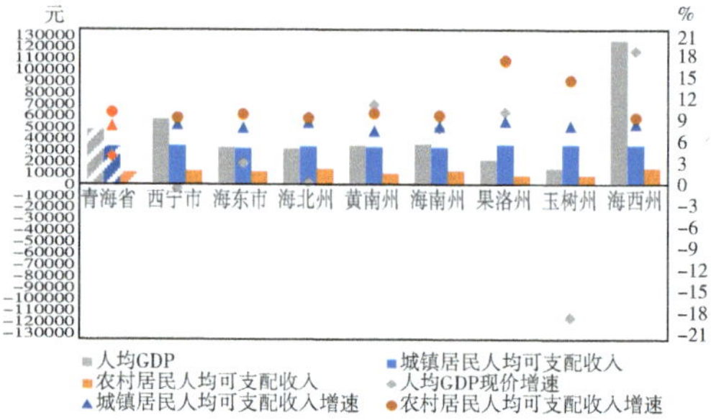

图29-65 2018年青海省各市人均GDP与人均可支配收入

29.2.2 青海省各市政府收入总体情况

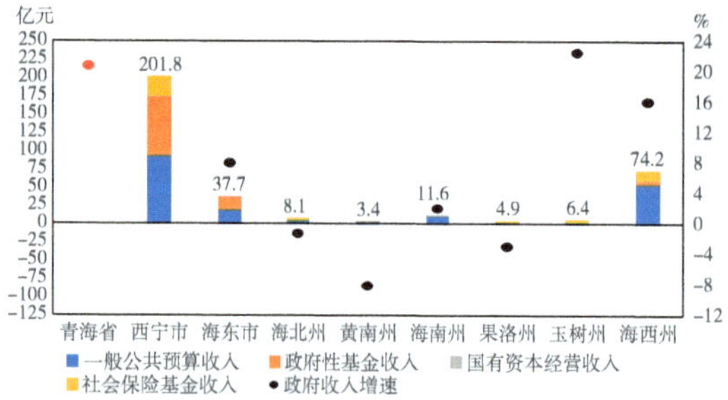

图29-66 2018年青海省各市政府收入结构及增速

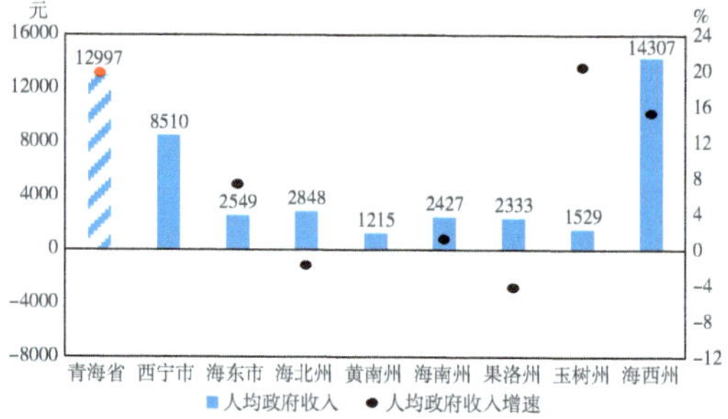

图29-67 2018年青海省各市人均政府收入及增速

29.2.3 青海省各市一般公共预算收入情况

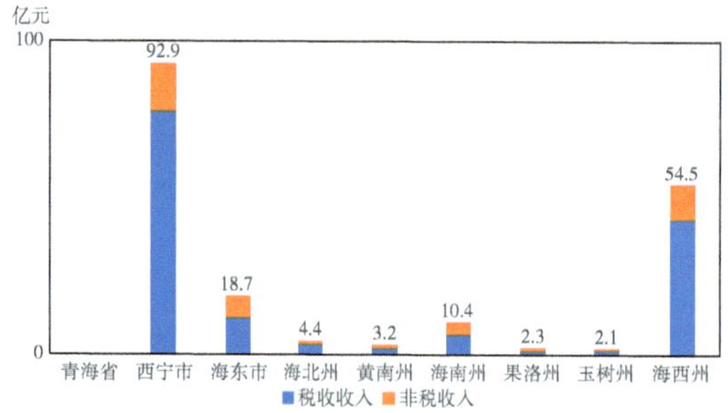

图29-68 2018年青海省各市一般公共预算收入

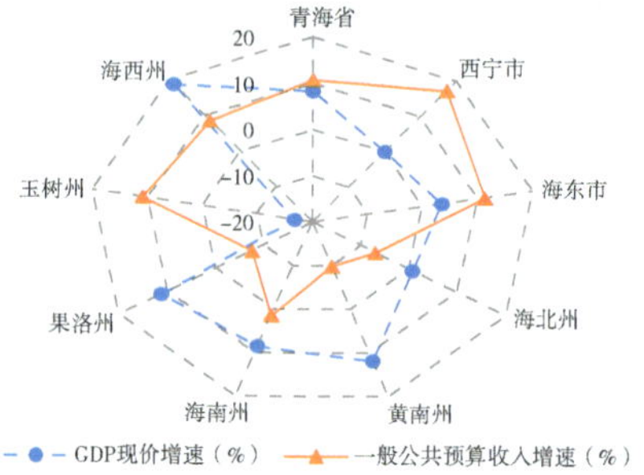

图29-69 2018年青海省各市一般公共预算收入增速

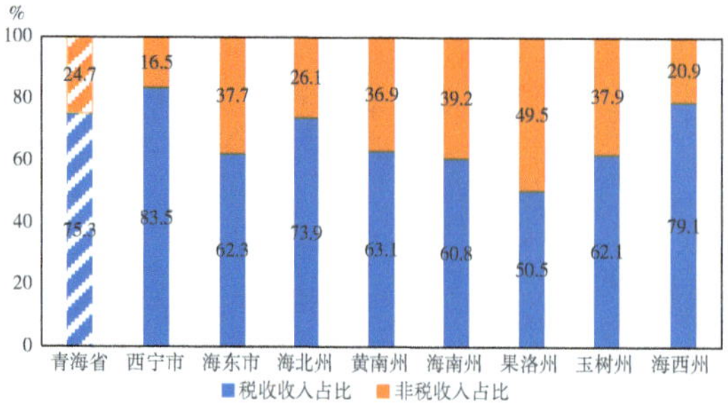

图29-70 2018年青海省各市一般公共预算收入结构

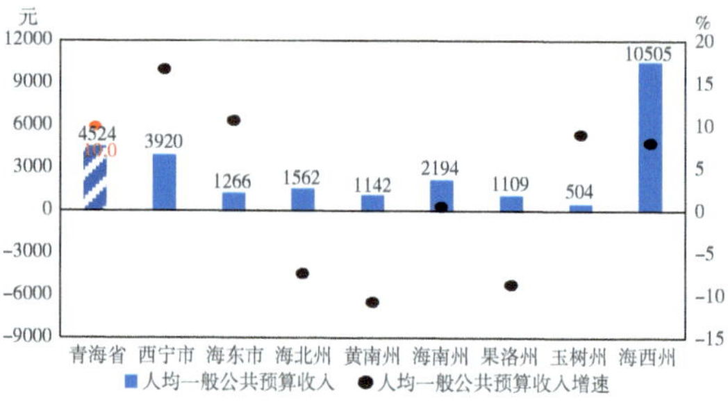

图29-71 2018年青海省各市人均一般公共预算收入及增速

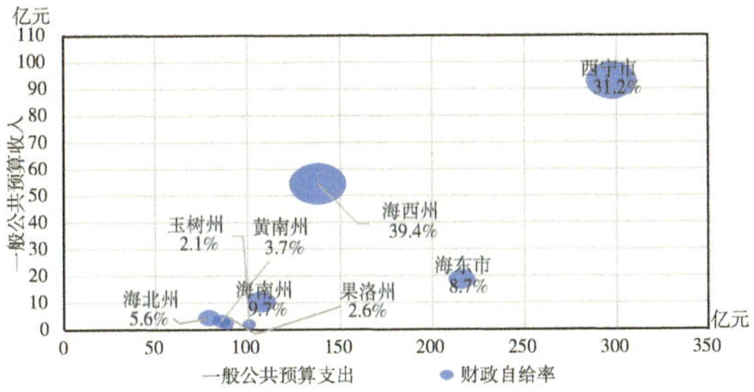

图29-72　2018年青海省各市财政自给率

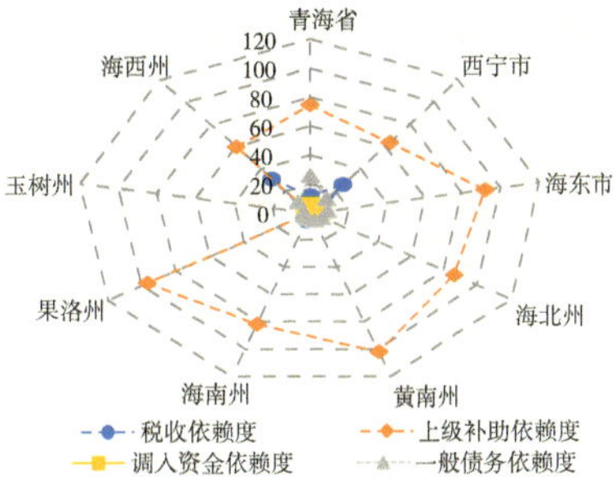

图29-73　2018年青海省各市财政收入依赖度

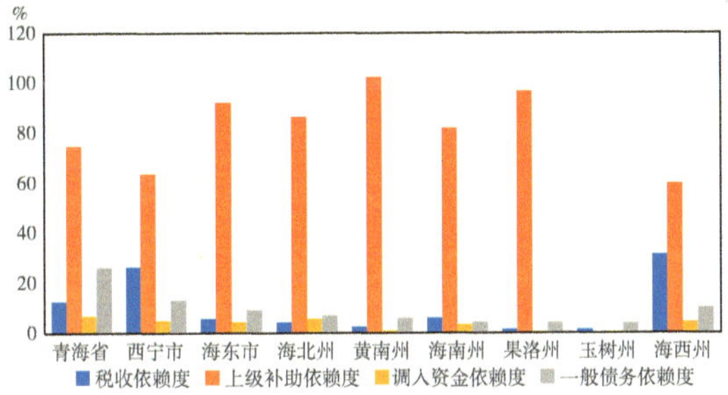

图29-74　2018年青海省各市财政收入依赖度

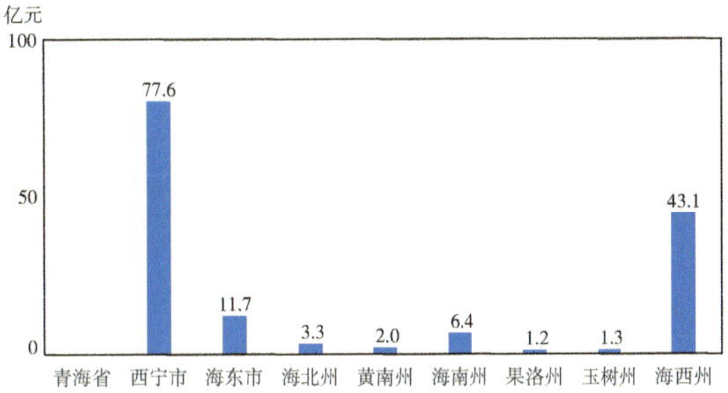

图29-75　2018年青海省各市税收收入

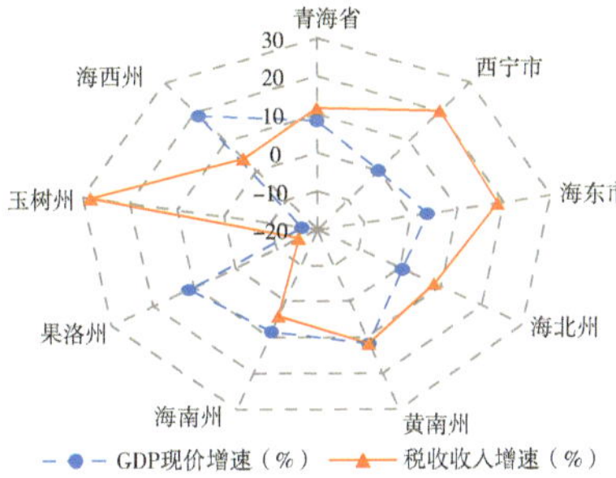

图29-76　2018年青海省各市税收收入增速

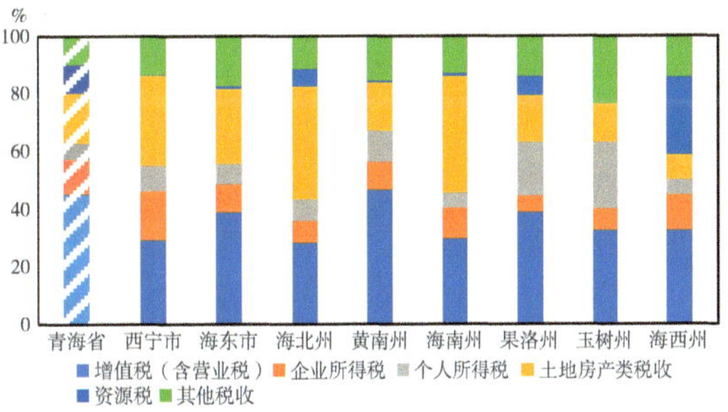

图29-77　2018年青海省各市税收收入结构

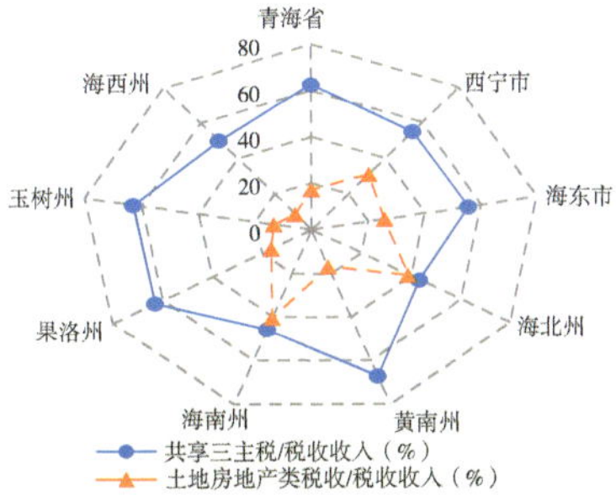

图29-78　2018年青海省各市共享三主税、土地房产类税收占税收收入的比重

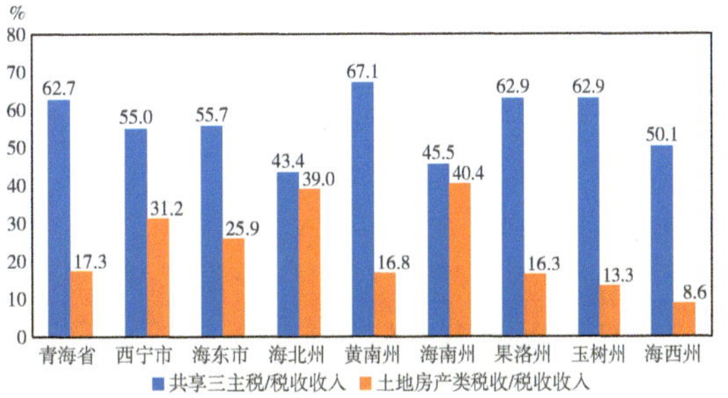

图29-79　2018年青海省各市共享三主税、土地房产类税收占税收收入的比重

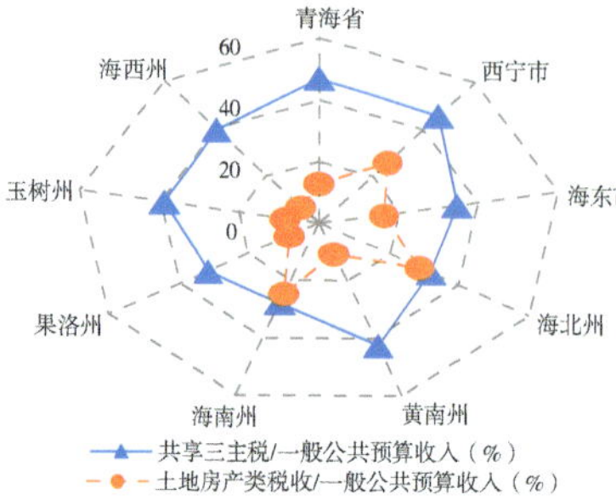

图29-80 2018年青海省各市共享三主税、土地房产类税收占一般公共预算收入的比重

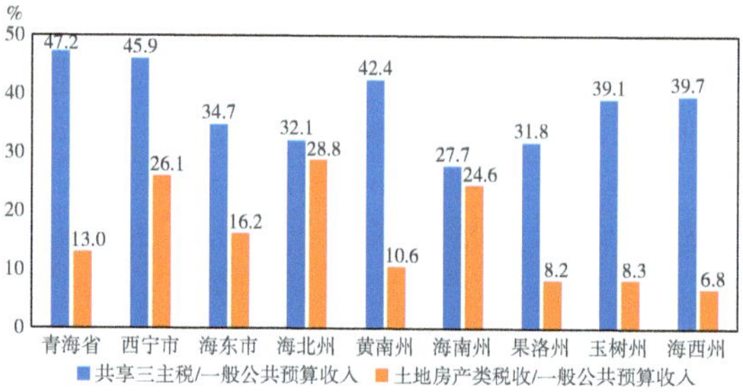

图29-81 2018年青海省各市共享三主税、土地房产类税收占一般公共预算收入的比重

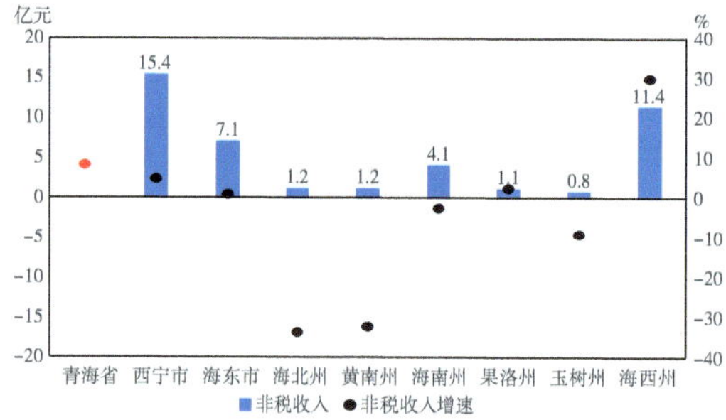

图29-82 2018年青海省各市非税收入及增速

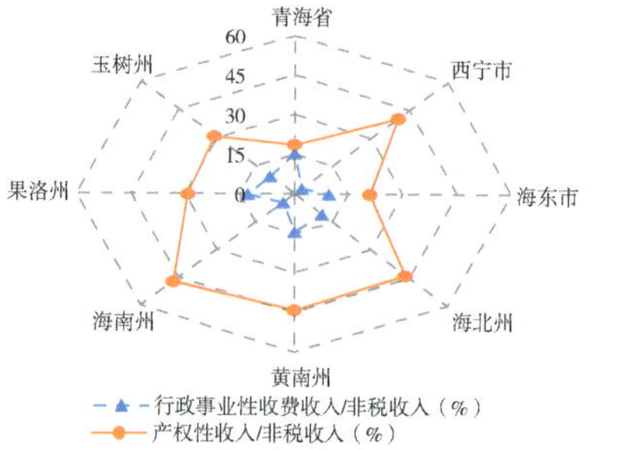

图29-83 2018年青海省各市行政事业性收费收入、产权性收入占非税收入的比重

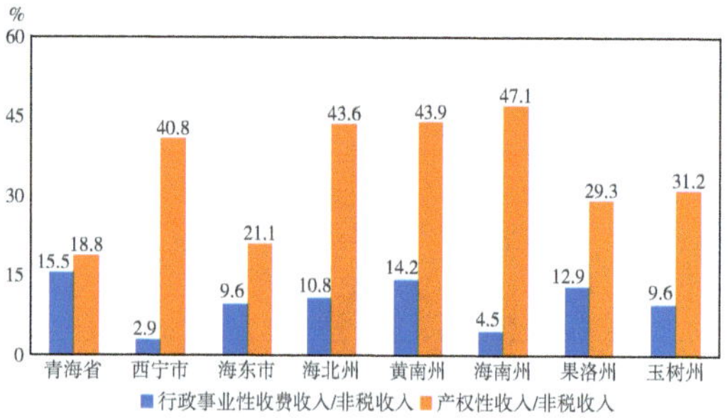

图29-84 2018年青海省各市行政事业性收费收入、产权性收入占非税收入的比重

29.2.4 青海省各市政府性基金收入与国有资本经营收入情况

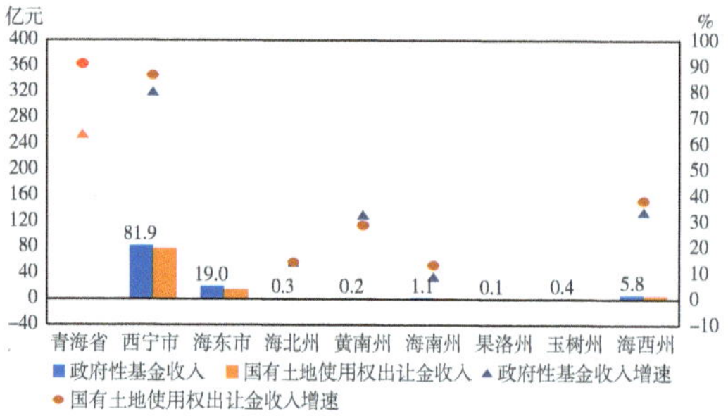

图29-85 2018年青海省各市政府性基金预算收入、国有土地使用权出让金收入及其增速

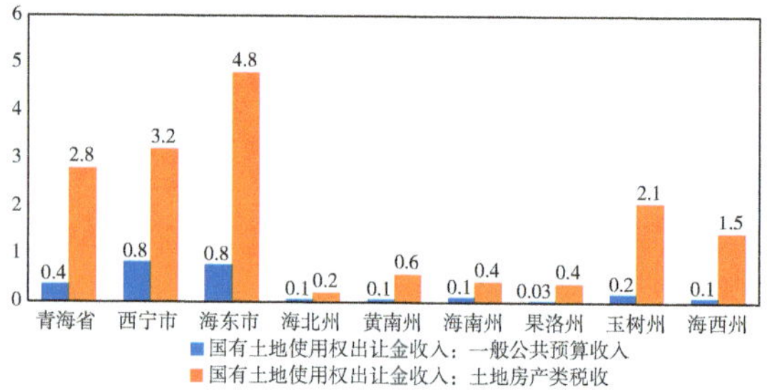

图29-86 2018年青海省各市国有土地使用权出让金收入与一般公共预算关系指标

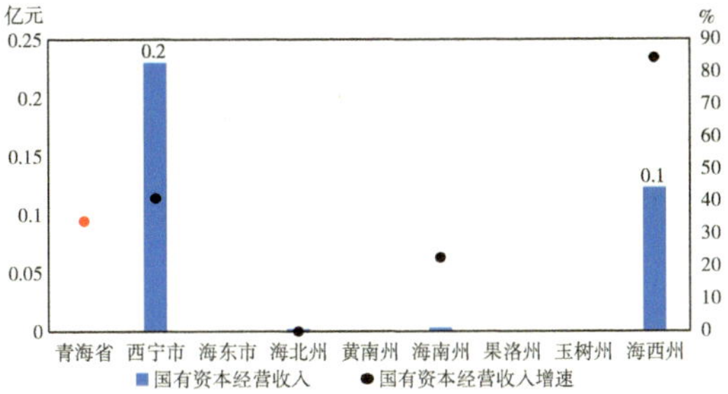

图29-87　2018年青海省各市国有资本经营收入及增速

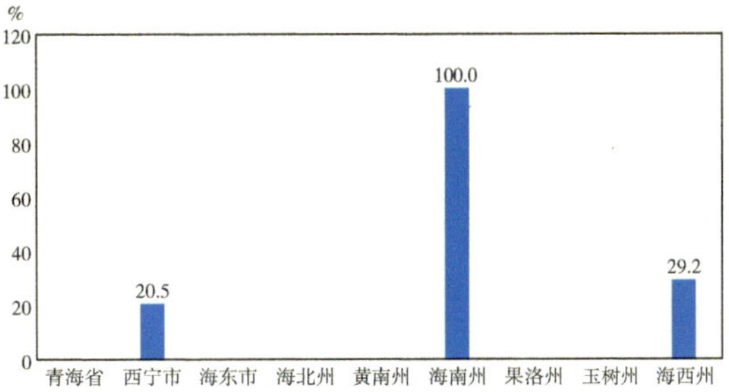

图29-88　2018年青海省各市调出资金/国有资本经营收入

29.2.5　青海省各市社会保险基金收入情况

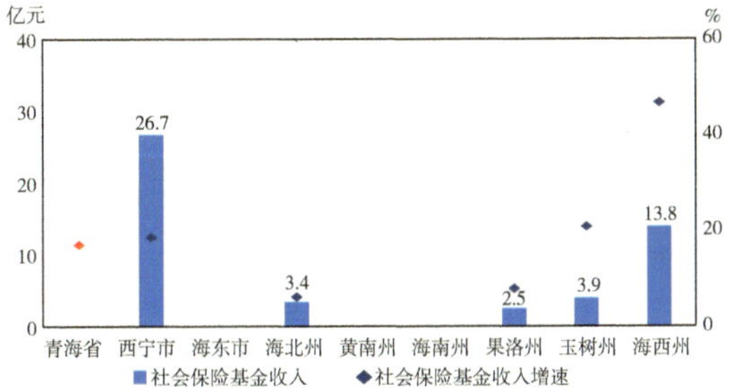

图29-89　2018年青海省各市社会保险基金收入、保险费收入及其增速

29.2.6　青海省各市债务情况

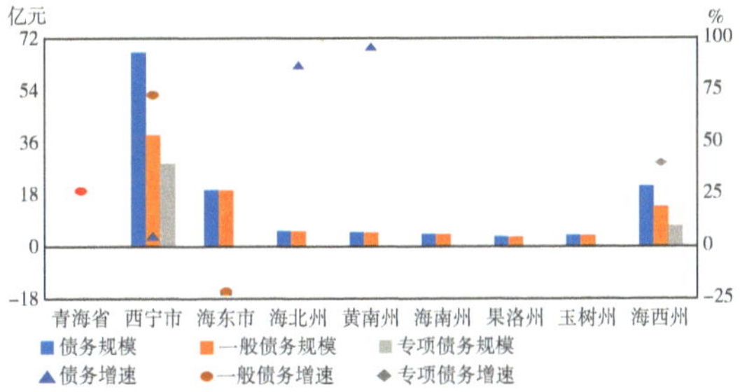

图29-90　2018年青海省各市债务规模及其增速

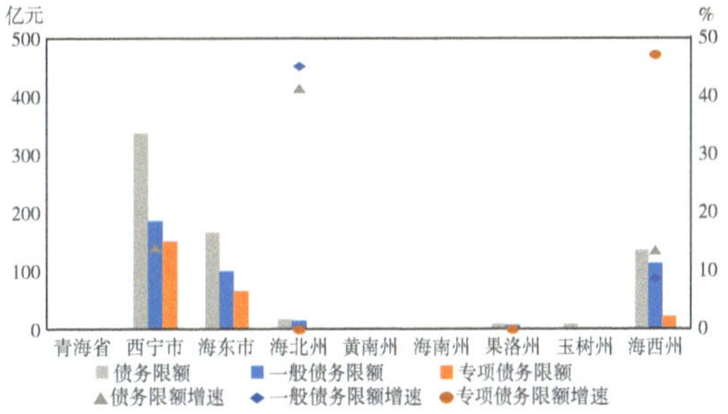

图29-91　2018年青海省各市债务限额及其增速

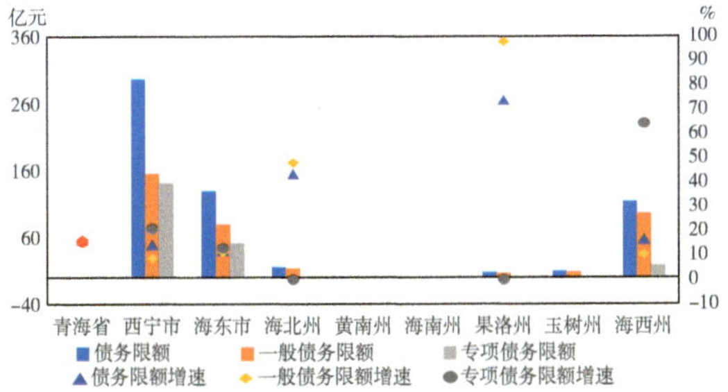

图29-92　2018年青海省各市债务余额及其增速

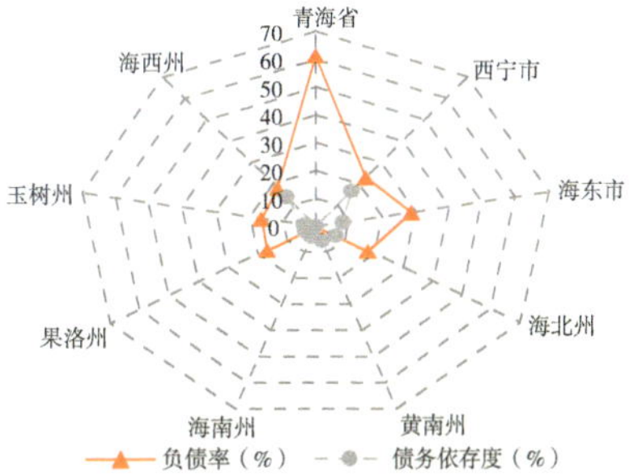

图29-93　2018年青海省各市负债率与债务依存度

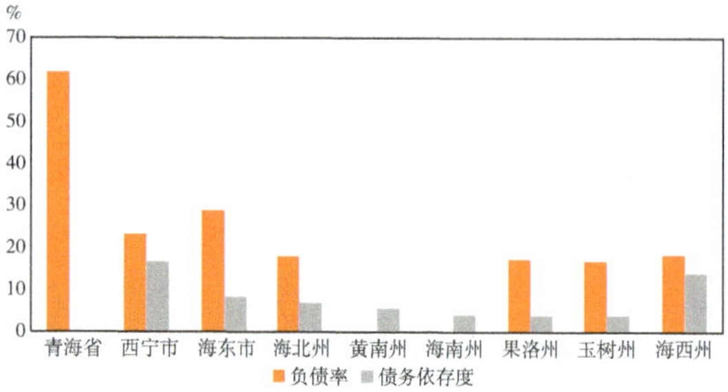

图29-94 2018年青海省各市负债率与债务依存度

29.2.7 青海省各市市本级一般公共预算收入情况

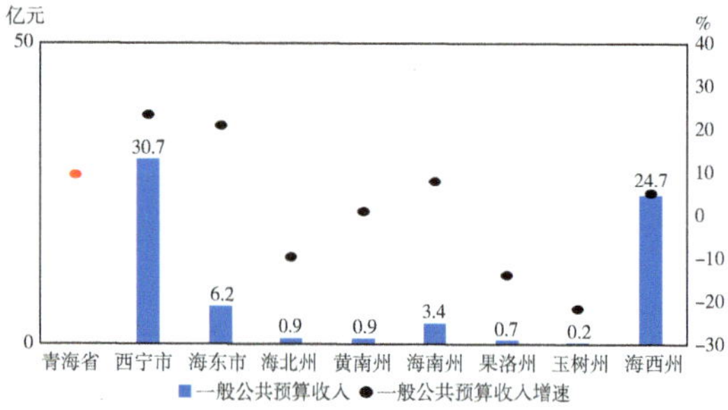

图29-95 2018年青海省各市市本级一般公共预算收入及增速

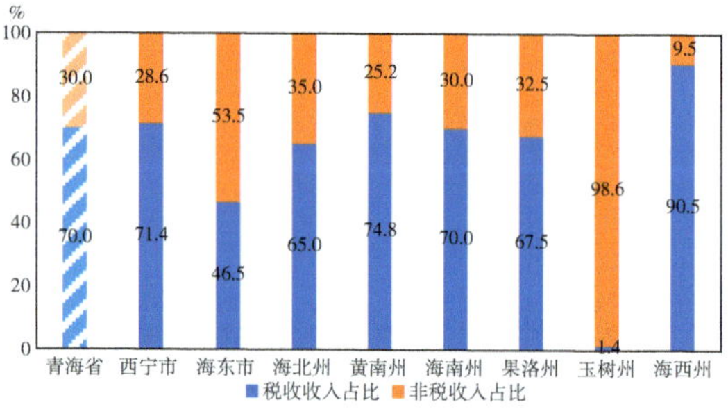

图29-96 2018年青海各市市本级一般公共预算收入结构

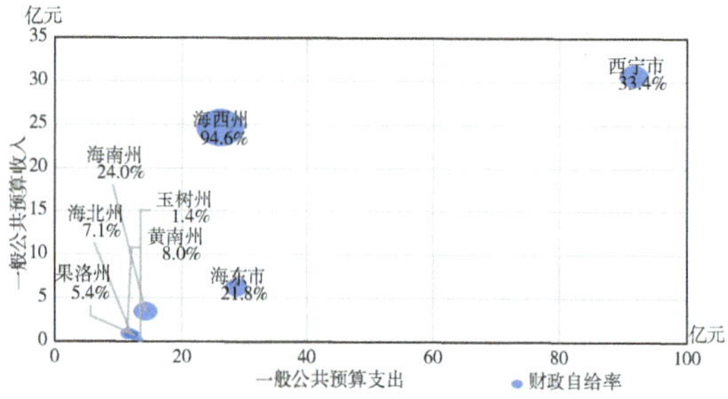

图29-97 2018年青海省各市市本级财政自给率

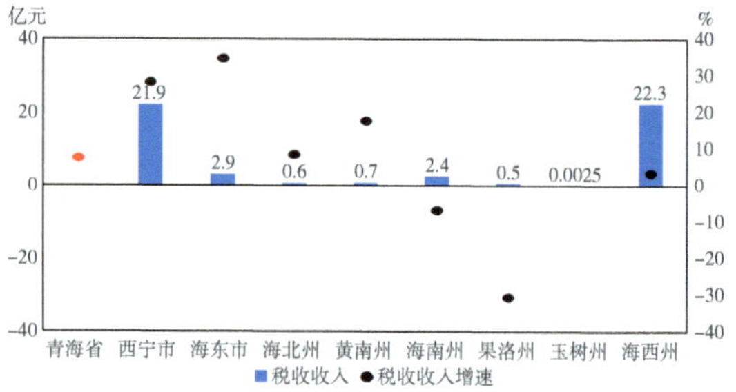

图29-98 2018年青海省各市市本级税收收入及增速

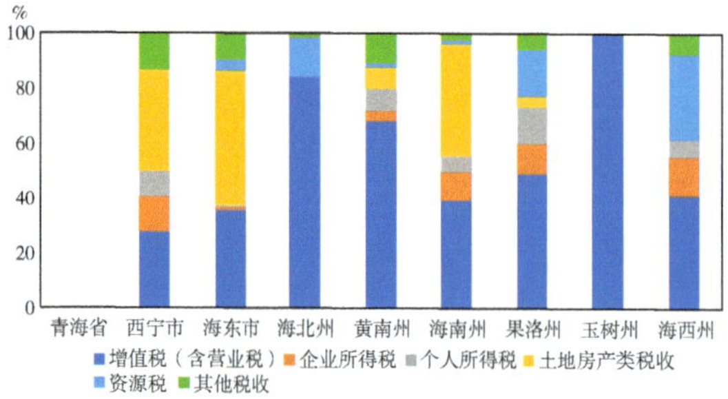

图29-99 2018年青海省各市市本级税收收入结构

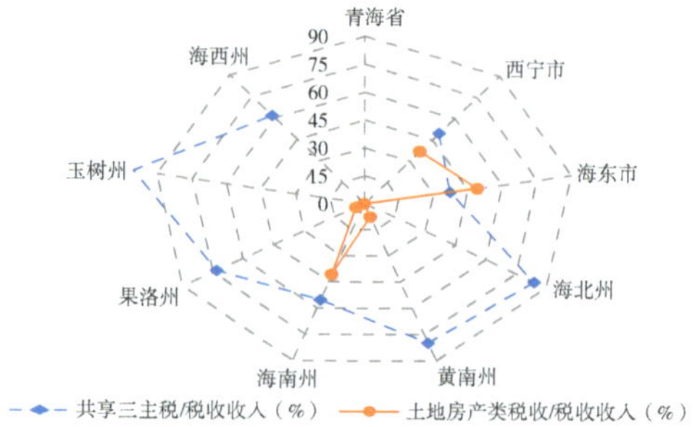

图29-100 2018年青海省各市市本级共享三主税、土地房产类税收占税收收入的比重

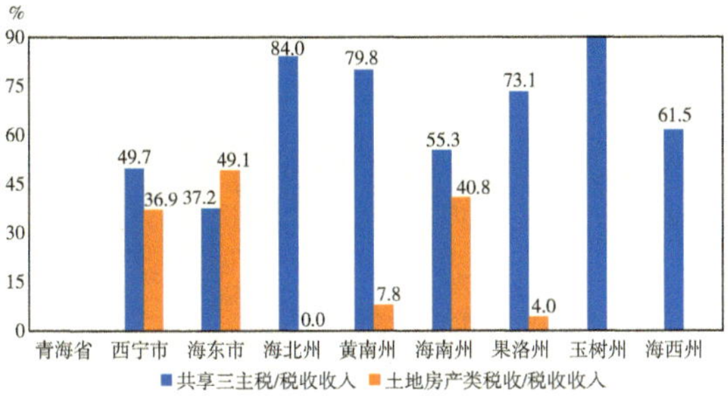

图29-101　2018年青海省各市市本级共享三主税、土地房产类税收占税收收入的比重

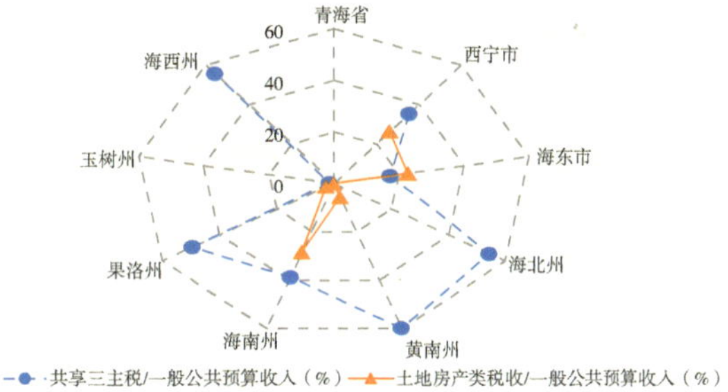

图29-102　2018年青海省各市市本级共享三主税、土地房产类税收占一般公共预算收入的比重

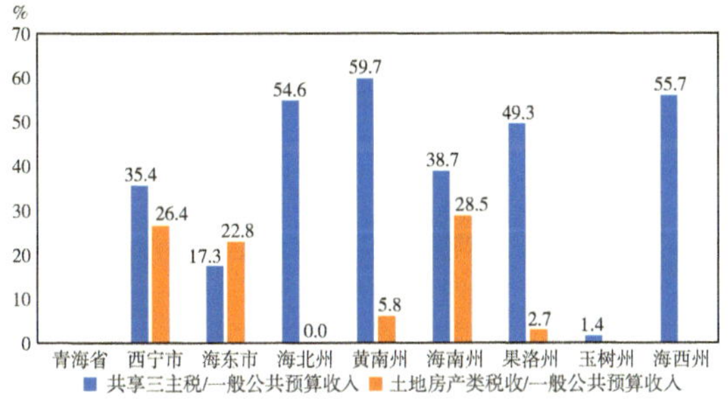

图29-103　2018年青海省各市市本级共享三主税、土地房产类税收占一般公共预算收入的比重

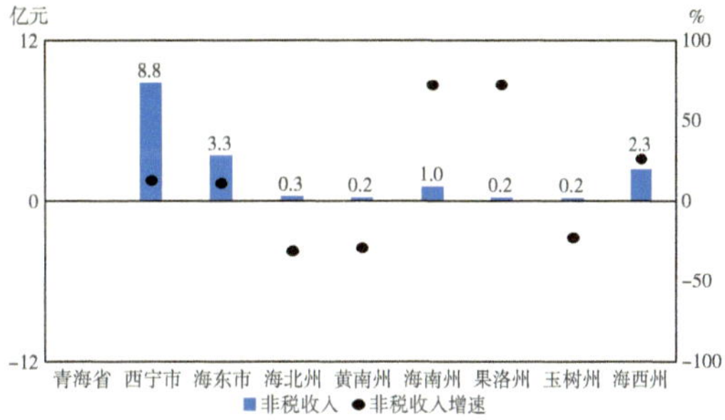

图29-104　2018年青海省各市市本级非税收入及增速

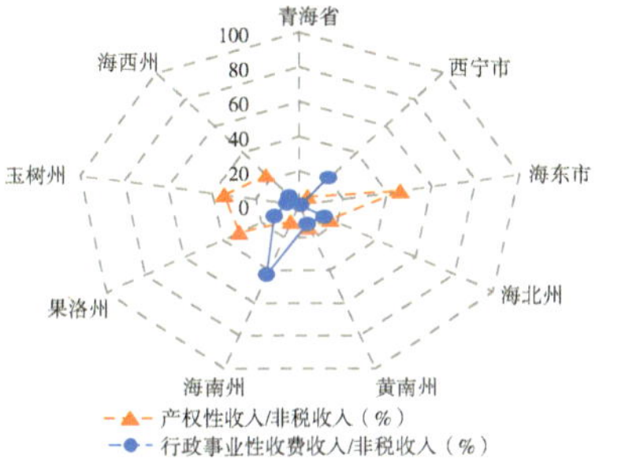

图29-105　2018年青海省各市市本级产权性收入、行政事业性收费收入占非税收入的比重

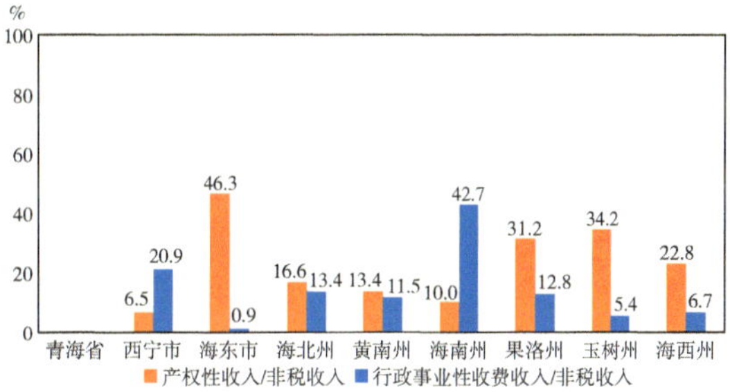

图29-106　2018年青海省各市市本级产权性收入、行政事业性收费收入占非税收入的比重

29.3　青海省样本县政府收入主要特征分析

29.3.1　青海省样本县经济社会发展情况

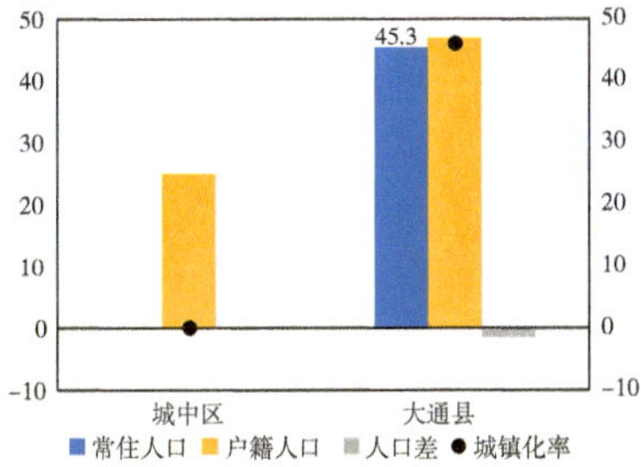

图29-107　2018年青海省样本区县人口状况

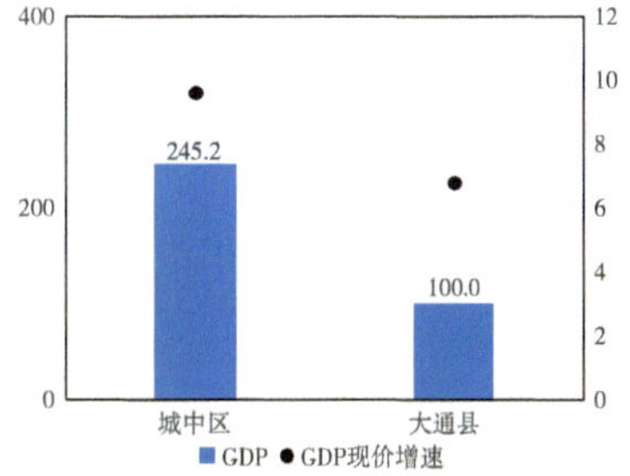

图29-108　2018年青海省样本区县GDP及增速

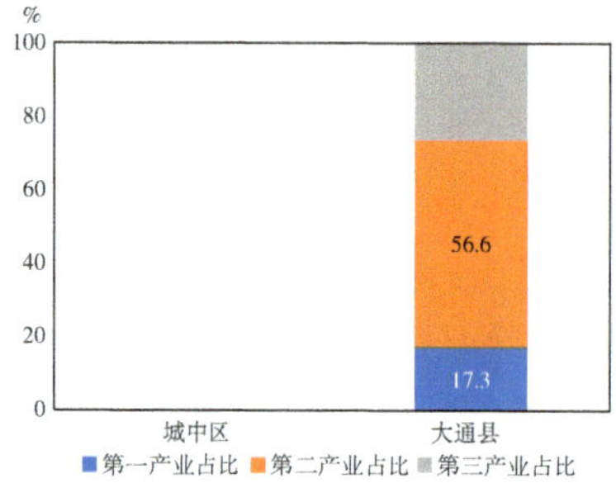

图29-109　2018年青海省样本区县三次产业结构

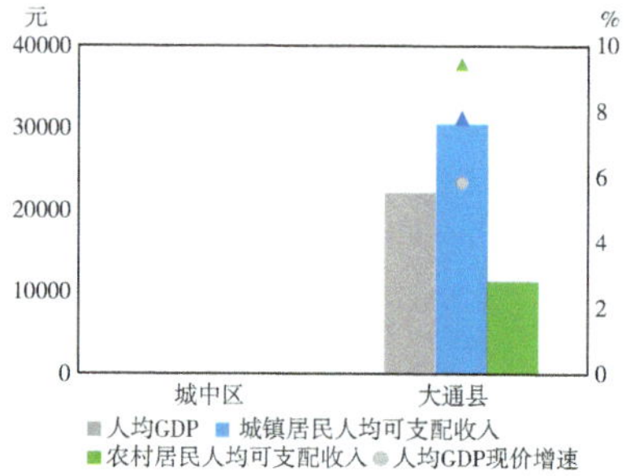

图29-110　2018年青海省样本区县人均GDP与人均可支配收入

29.3.2　青海省样本县政府收入总体情况

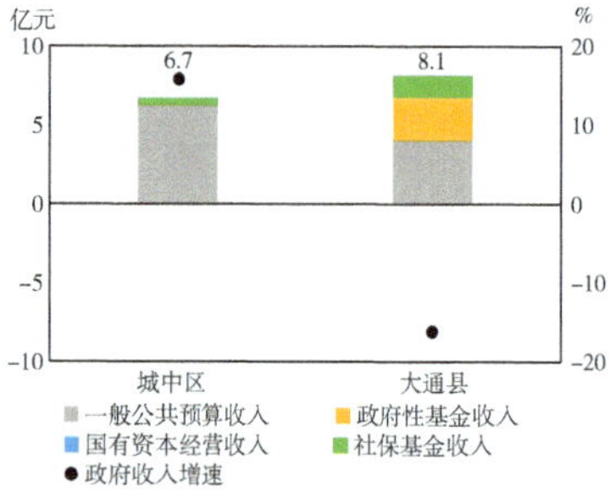

图29-111　2018年青海省样本区县政府收入结构及增速

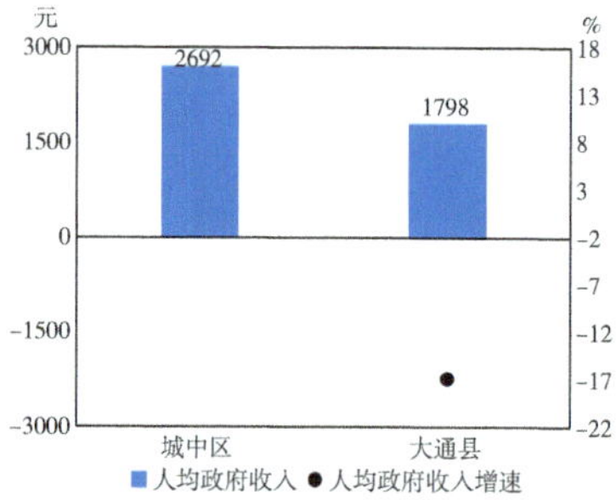

图29-112　2018年青海省样本区县人均政府收入及增速

29.3.3　青海省样本县一般公共预算收入情况

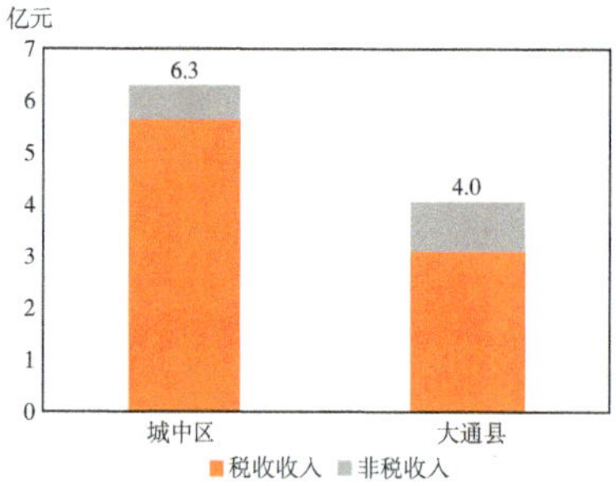

图29-113　2018年青海省样本区县一般公共预算收入

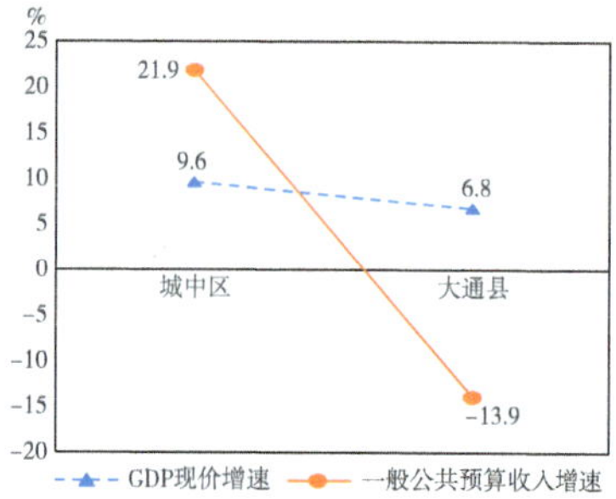

图29-114　2018年青海省样本区县一般公共预算收入增速

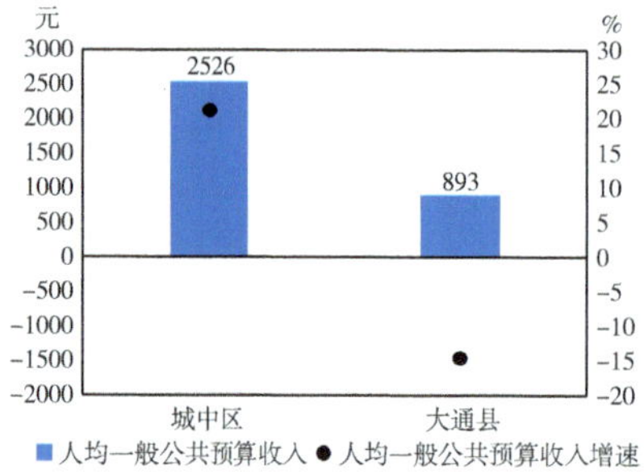

图29-115　2018年青海省样本区县人均一般公共预算收入及增速

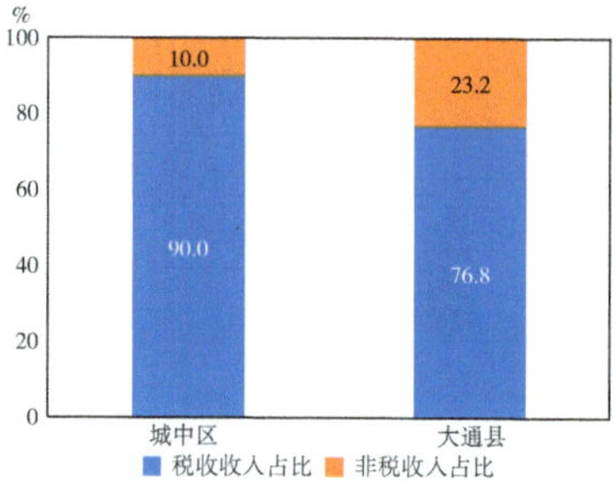

图29-116　2018年青海省样本区县一般公共预算收入结构

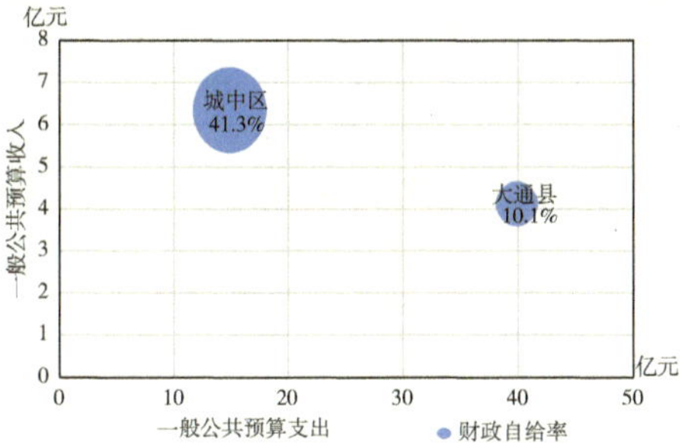

图29-117　2018年青海省样本区县财政自给率

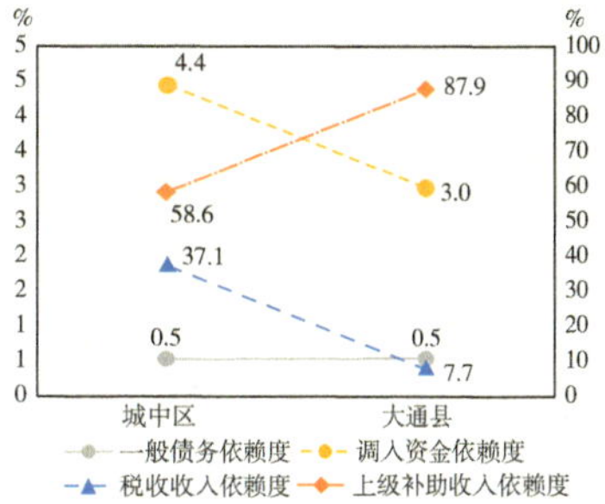

图29-118　2018年青海省样本区县财政收入依赖度

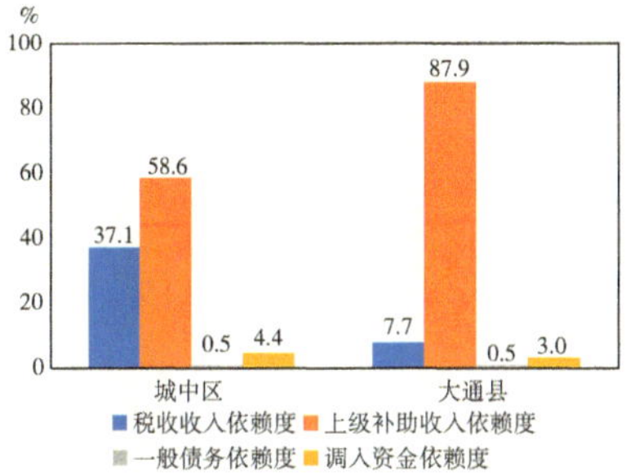

图29-119　2018年青海省样本区县财政收入依赖度

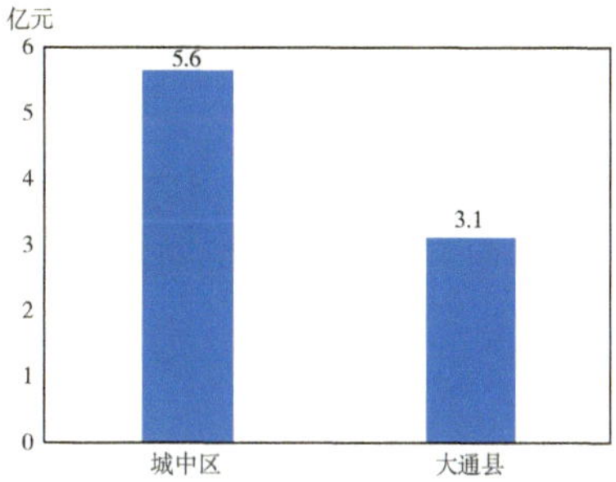

图29-120　2018年青海省样本区县税收收入

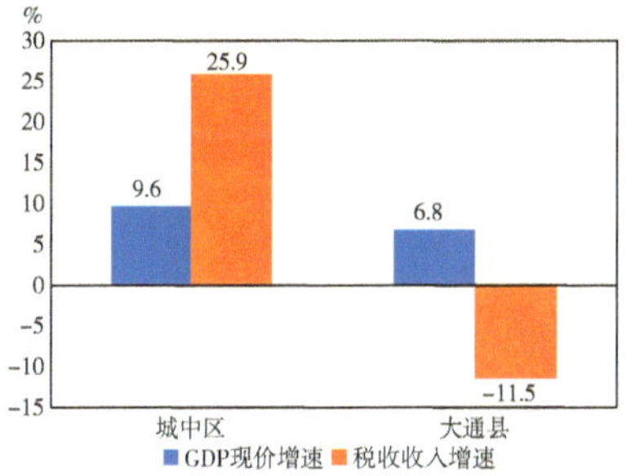

图29-121　2018年青海省样本区县税收收入增速

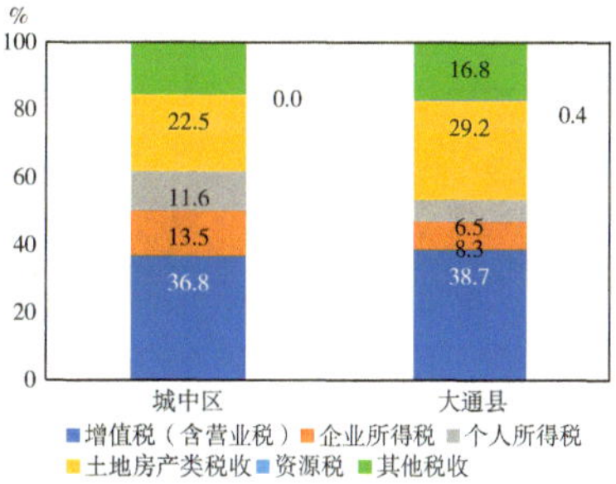

图29-122　2018年青海省样本区县税收收入结构

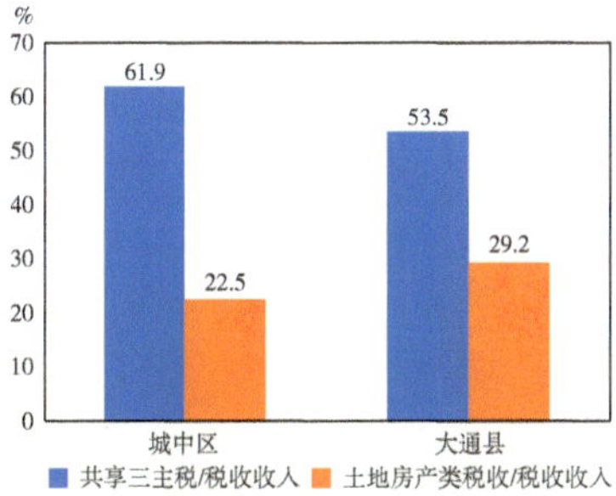

图29-123　2018年青海省样本区县共享三主税、土地房产类税收占税收收入的比重

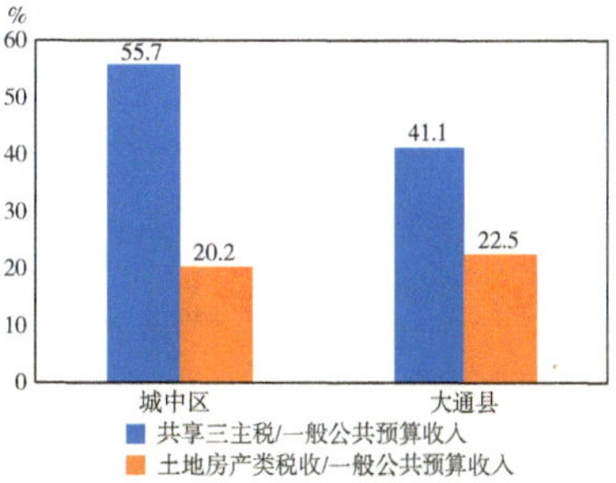

图29-124　2018年青海省样本区县共享三主税、土地房产类税收占一般公共预算收入的比重

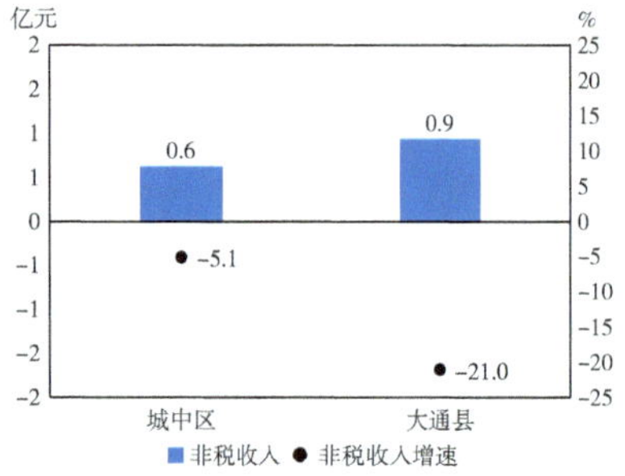

图29-125　2018年青海省样本区县非税收入及增速

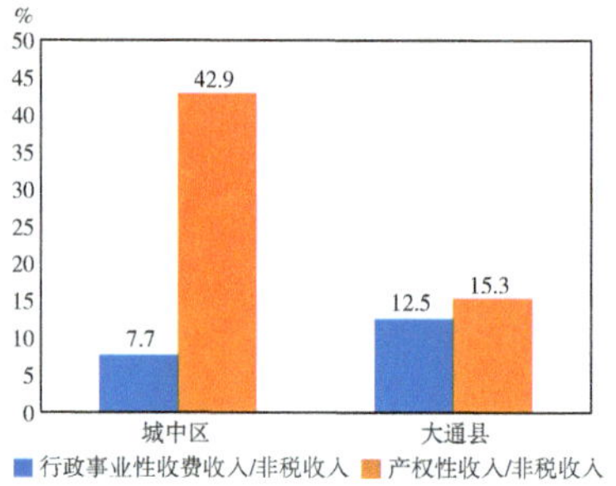

图29-126　2018年青海省样本区县产权性收入、行政事业性收费收入占非税收入的比重

29.3.4　青海省样本县政府性基金收入与国有资本经营收入情况

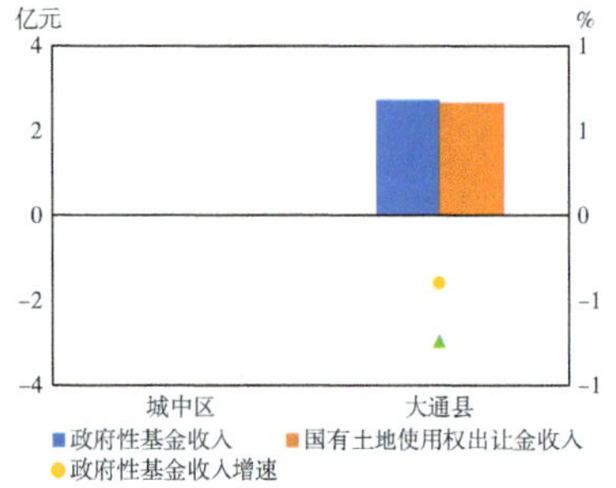

图29-127　2018年青海省样本区县政府性基金预算收入、国有土地使用权出让金收入及其增速

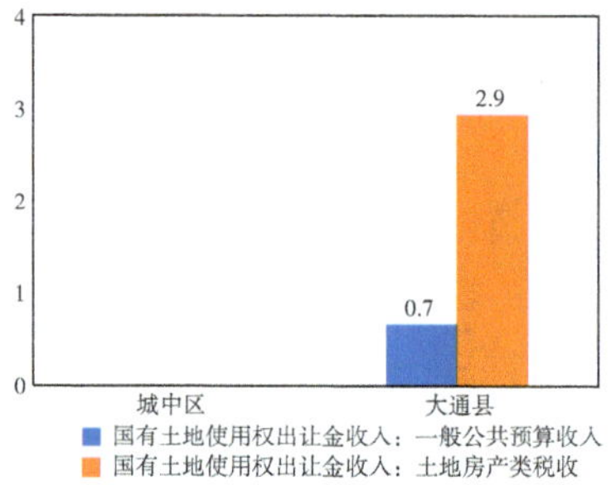

图29-128　2018年青海省样本区县国有土地使用权出让金收入与一般公共预算关系指标

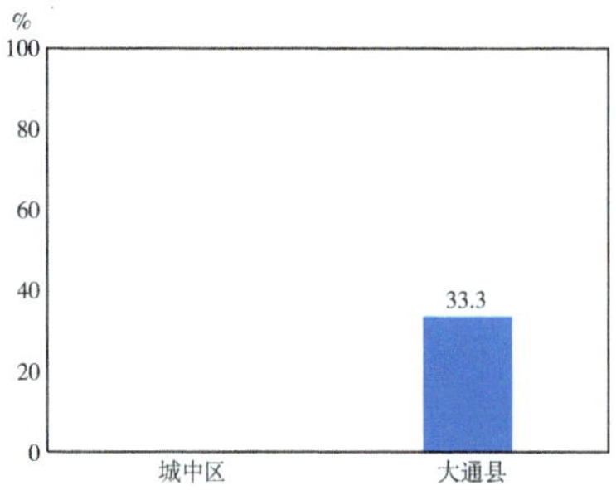

图29-129　2018年青海省样本区县调出资金/国有资本经营收入

29.3.5　青海省样本县社会保险基金收入情况

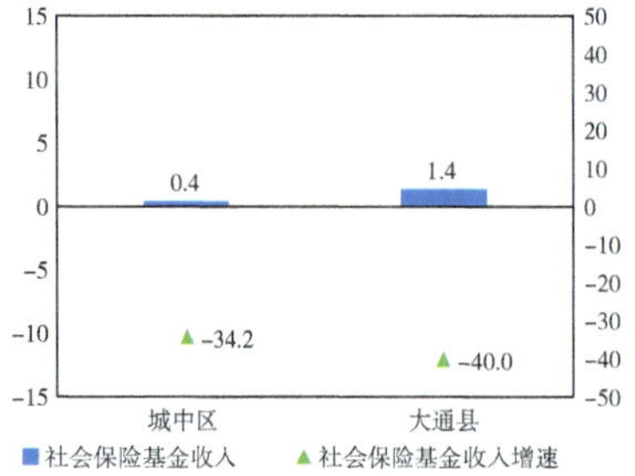

图29-130　2018年青海省样本区县社会保险基金收入、保险费收入及其增速

29.3.6 青海省样本县债务情况

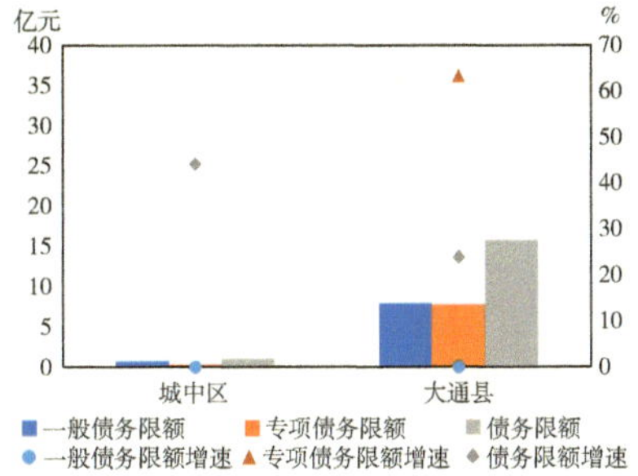

图29-131 2018年青海省样本区县债务限额及其增速

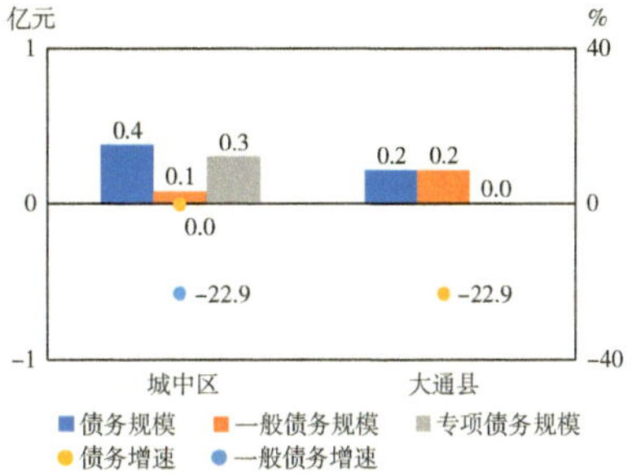

图29-132 2018年青海省样本区县债务规模及其增速

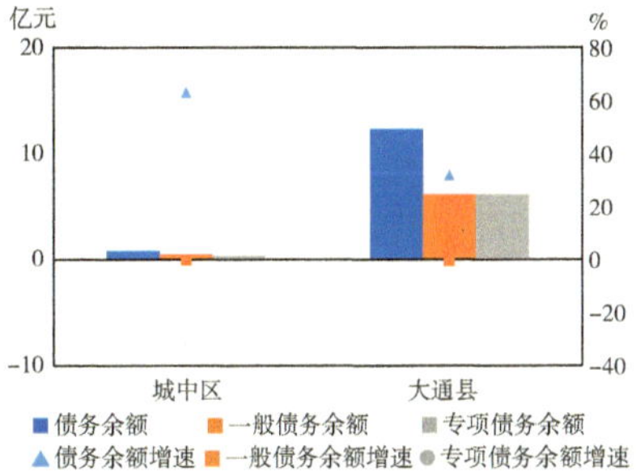

图29-133 2018年青海省样本区县债务余额及其增速

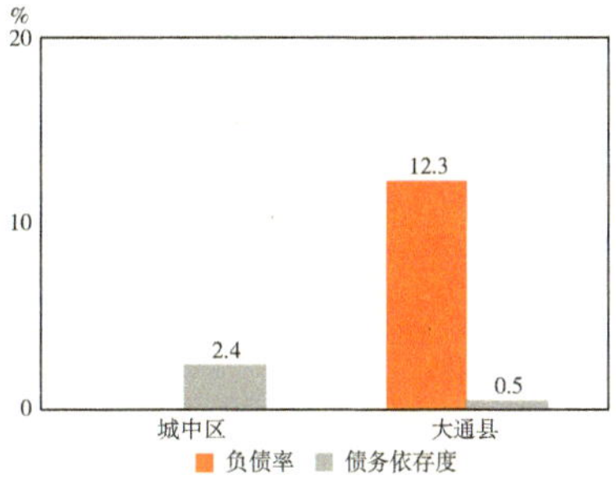

图29-134 2018年青海省样本区县负债率与债务依存度

30 宁夏回族自治区

截止2018年末，宁夏回族自治区共辖5个地级市，9个市辖区、2个县级市、11个县；地域面积为6.64万平方公里。总体上看，宁夏的经济发展、财政收入等在全国处于较落后水平，区域差异大，发展不均衡。

2019年宁夏经济总量排名靠后，第三产业占比低于全国，人口整体净流入，城镇化率略低于全国。2019年末，宁夏常住人口694.7万人，常住人口城镇化率为59.9%。2019年宁夏GDP达到3748.5亿元；增速6.5%，比2018年下降0.3个百分点，高于全国0.4个百分点，排全国第13名；人均GDP为53961元，排全国第19名。从产业结构看，2019年第一、第二、第三产业占比分别为7.5%、42.3%（高于全国平均水平3.2个百分点）和50.3%（低于全国平均水平3.6个百分点）。从居民可支配收入看，2019年城镇与农村居民人均可支配收入分别为34328元和12858元，呈上升态势，分别为全国平均水平的81%和80.3%。

2019年宁夏全区一般公共预算收入全国排名靠后，税收收入占比较低。2018年区本级收入占比最高。2019年宁夏一般公共预算收入423.6亿元、增速-3.0%。人均一般公共预算收入为6097元，排全国第15名。其中，近三年宁夏税收收入占一般公共预算收入的总体呈下降态势，2019年为63.2%，低于全国平均水平9个百分点。从纵向收入分配看，2018年区本级、市本级、县一般公共预算收入占比分别为39%、27%和34%。

2019年宁夏财政自给率较低，地区财政总收入远低于一般公共预算支出。宁夏财政自给率在30%左右，2019年为30.5%。2018年宁夏组织的地区财政总收入为746.6亿元，增速为4.0%，其中上缴中央收入占比41.5%。2019年宁夏一般公共预算支出为1438.4亿元，远高于地区财政总收入规模。

2019年宁夏四本预算的一般公共预算占比下降，社会保险基金收入占比略微提升，社保对财政补贴的依赖度在提高。2019年宁夏四本预算加总的政府收入967.5亿元，增速为-1.5%，其中一般公共预算收入、政府性基金收入、国有资本经营收入和社会保险基金收入分别占比43.8%、12.2%、0.5%和43.5%。2019年宁夏社会保险费收入为270.6亿元，为负增长；财政补贴收入规模为103亿元，社保支出对财政补贴的依赖度达到25.1%。

宁夏各地市经济社会发展和财政发展不均衡，优势主要集中于省会银川。2018年银川市一般公共预算收入173.3亿元，其他各市均低于50亿元，城市间差异较大，比如银川市是固原市10倍。除少数城市（银川市和石嘴山市）外，2018年宁夏各市财政自给率低于20%。财政自给率最高的城市为银川，为47.7%，最低的为固原市，仅为7.2%。

本章执笔人：梁季　审校：周娇娇

30.1 宁夏回族自治区政府收入主要特征分析

30.1.1 宁夏回族自治区经济社会基本情况

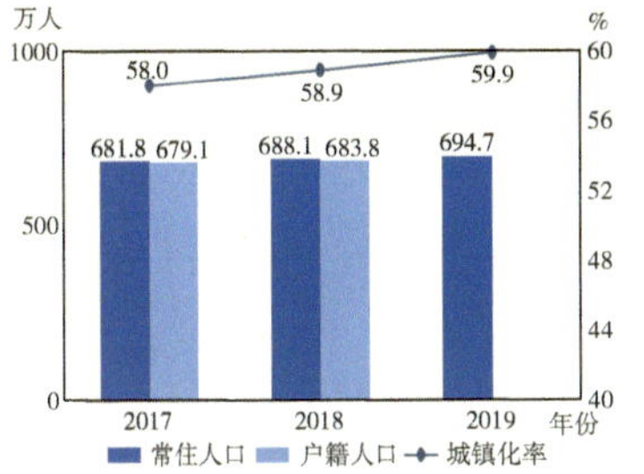

图30-1　2017-2019年宁夏回族自治区人口状况

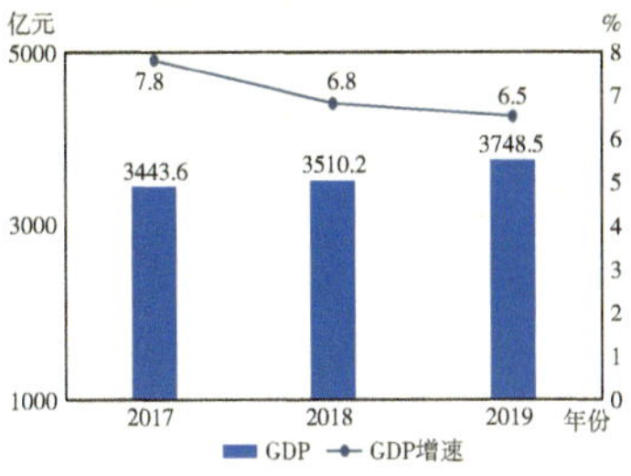

图30-2　2017-2019年宁夏回族自治区GDP及增速

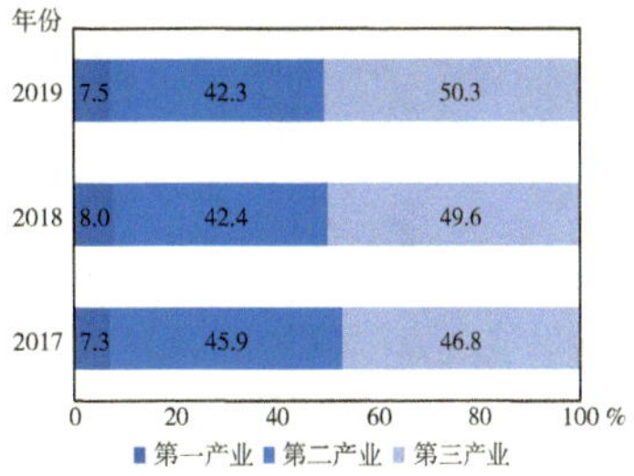

图30-3　2017-2019年宁夏回族自治区三次产业结构

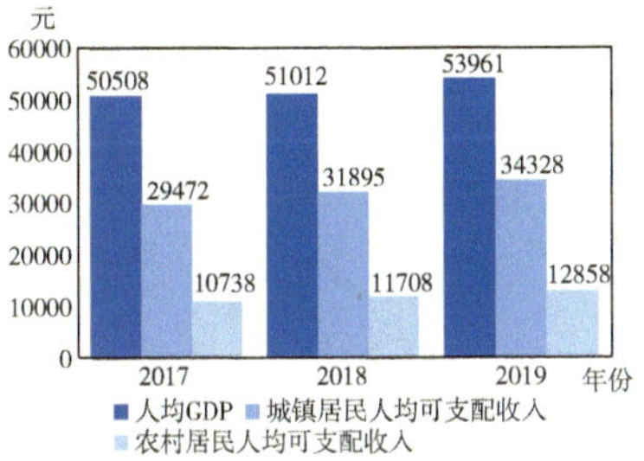

图30-4　2017-2019年宁夏回族自治区人均GDP和人均可支配收入

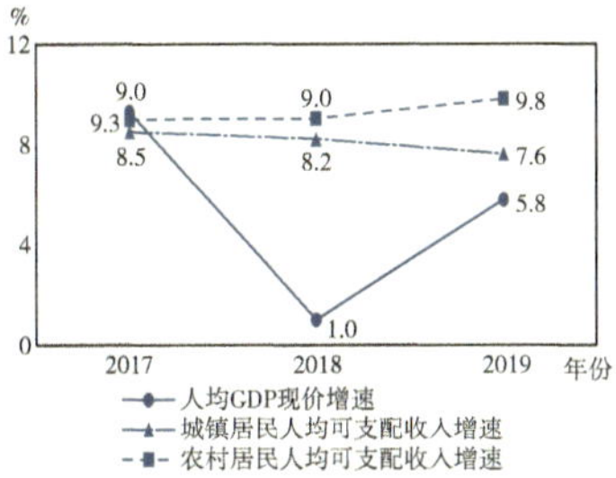

图30-5　2017-2019年宁夏回族自治区人均GDP和人均可支配收入增速

30.1.2 宁夏回族自治区政府收入总体情况

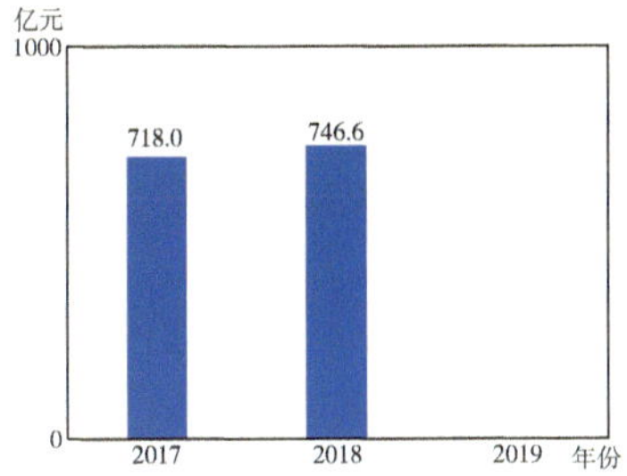

图30-6　2017-2018年宁夏回族自治区财政总收入

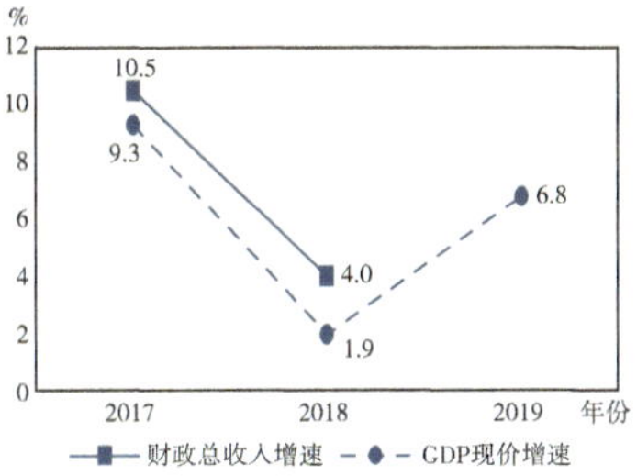

图30-7　2017-2019年宁夏回族自治区财政总收入增速及GDP现价增速

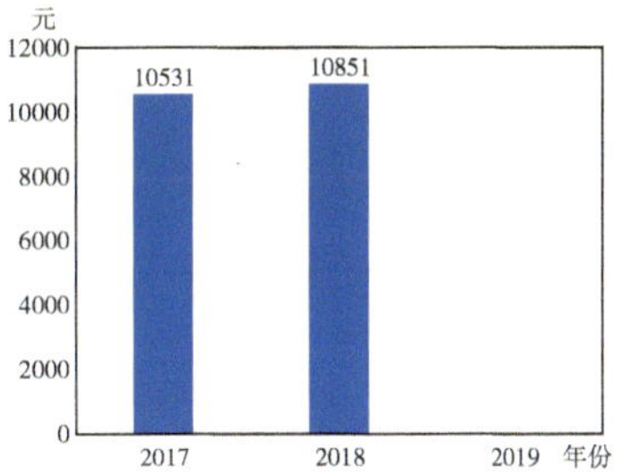

图30-8　2017-2018年宁夏回族自治区人均财政总收入

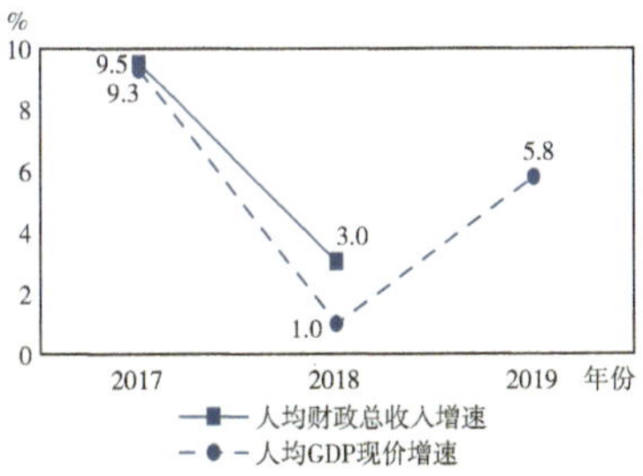

图30-9　2017-2019年宁夏回族自治区人均财政总收入增速及现价GDP增速对比

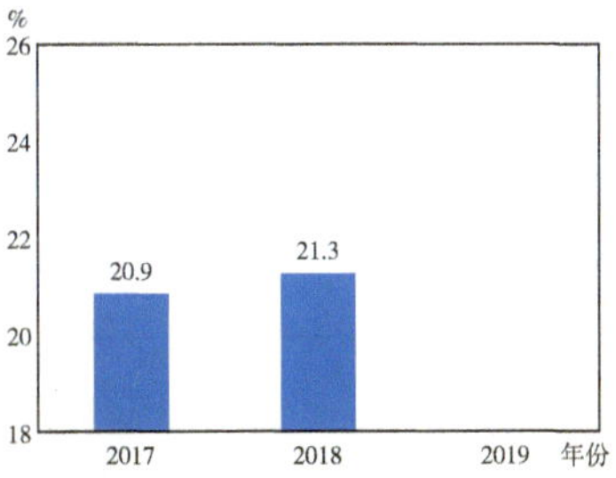

图30-10　2017-2018年宁夏回族自治区财政总收入占GDP的比重

图30-11　2017-2018年宁夏回族自治区财政总收入其他指标

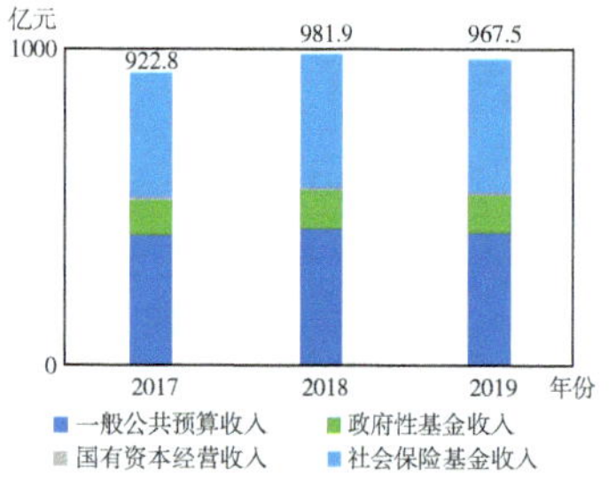

图 30-12　2017-2019 年宁夏回族自治区政府收入规模

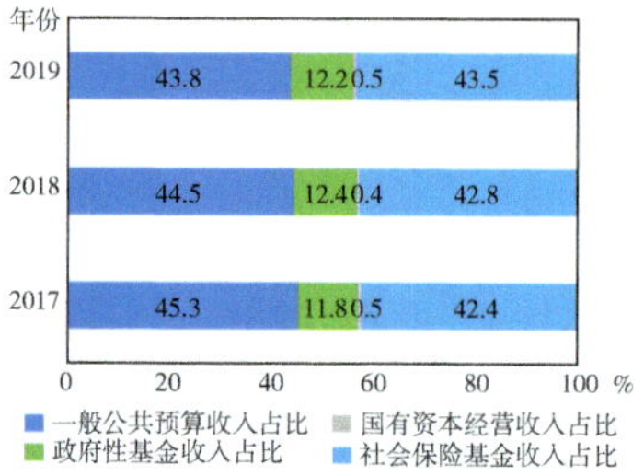

图 30-13　2017-2019 年宁夏回族自治区政府收入结构

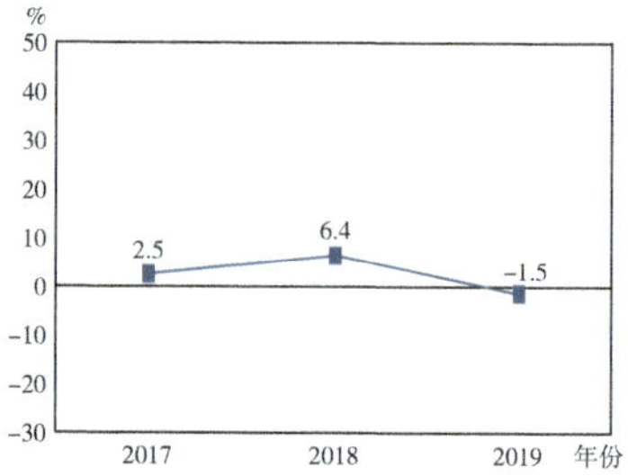

图 30-14　2017-2019 年宁夏回族自治区政府收入增速

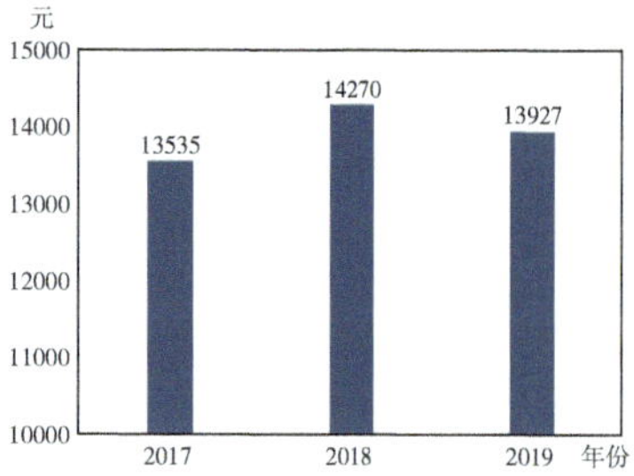

图 30-15　2017-2019 年宁夏回族自治区人均政府收入

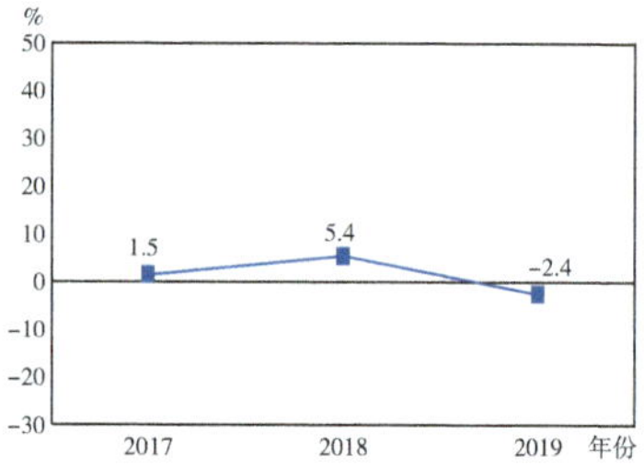

图 30-16　2017-2019 年宁夏回族自治区人均政府收入增速

30.1.3　宁夏回族自治区一般公共预算收入情况

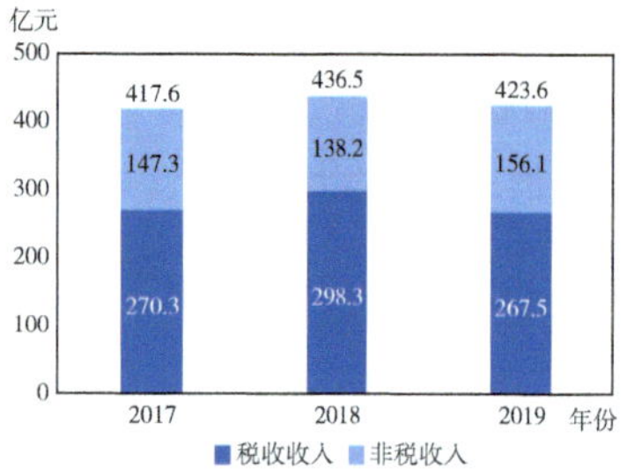

图 30-17　2017-2019 年宁夏回族自治区一般公共预算收入规模

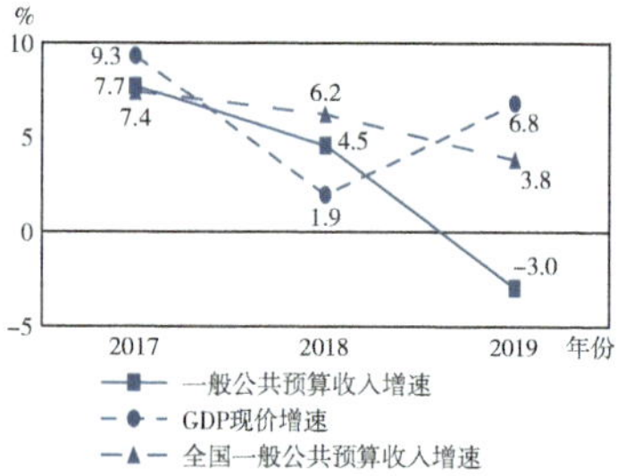

图 30-18　2017-2019 年宁夏回族自治区一般公共预算收入增速

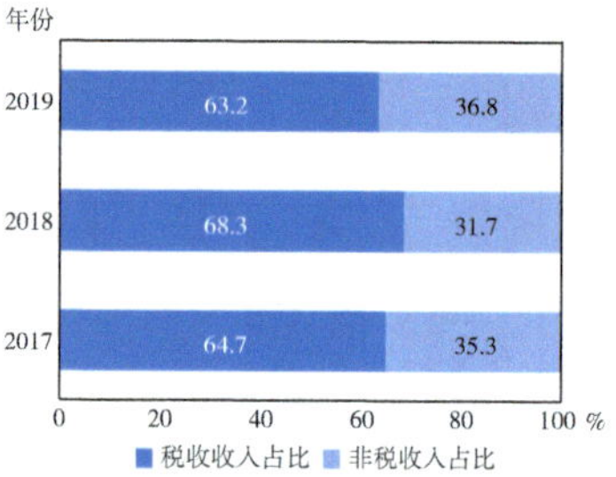

图 30-19　2017-2019 年宁夏回族自治区一般公共预算收入结构

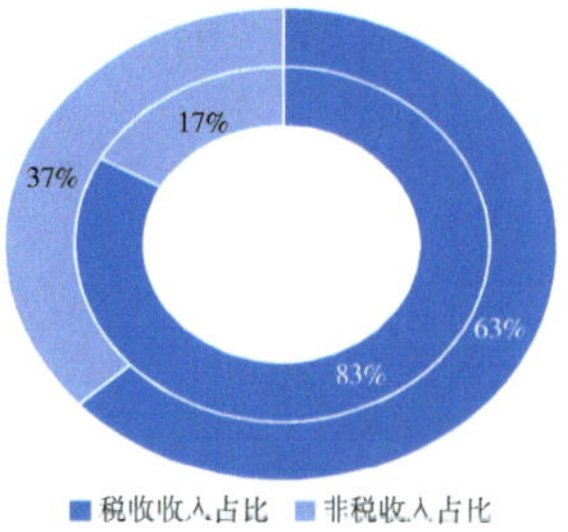

图 30-20　2019 年一般公共预算收入结构对比
（内环为全国，外环为宁夏回族自治区）

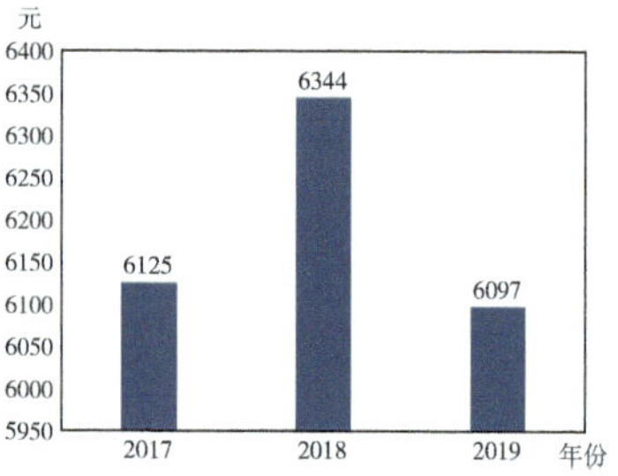

图 30-21　2017-2019 年宁夏回族自治区人均一般公共预算收入

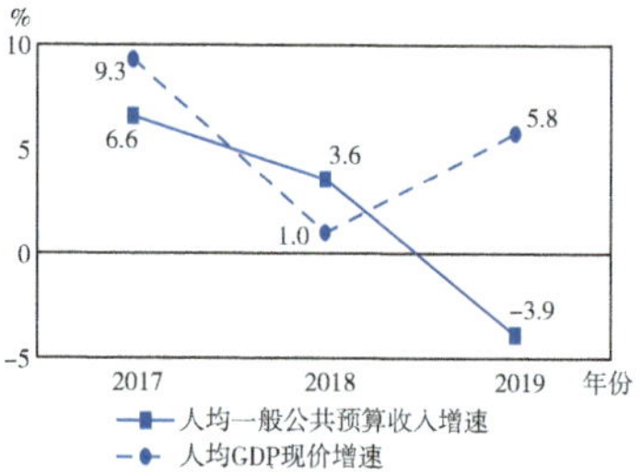

图 30-22　2017-2019 年宁夏回族自治区人均一般公共预算收入增速及人均 GDP 现价增速

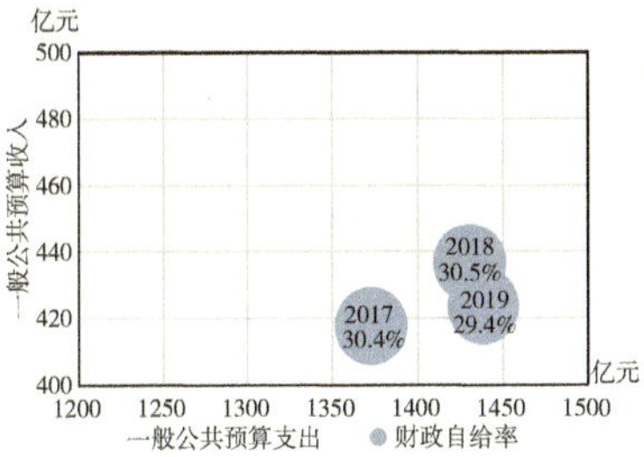

图30-23 2017-2019年宁夏回族自治区财政自给率

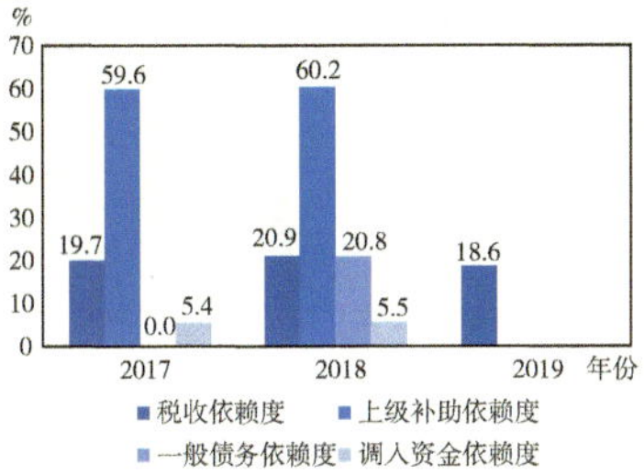

图30-24 2017-2019年宁夏回族自治区财政收入依赖度

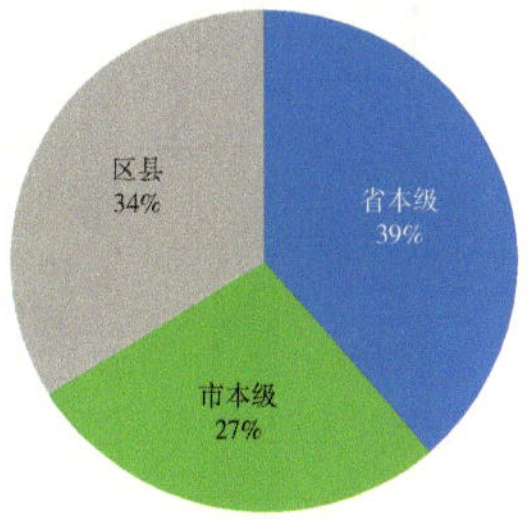

图30-25 2018年区市县三级政府一般公共预算收入结构

图30-26 2017-2019年宁夏回族自治区税收收入规模

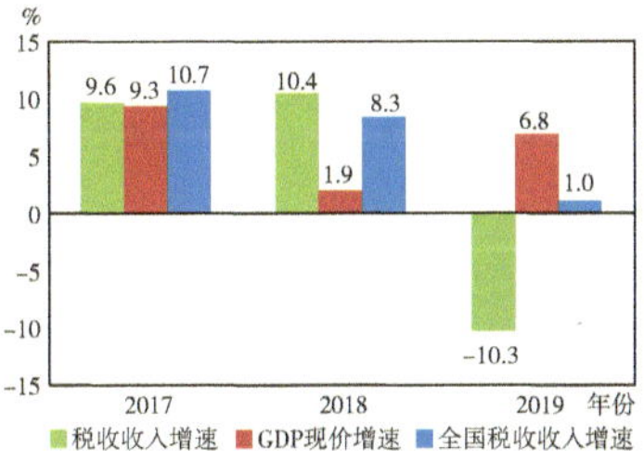

图30-27 2017-2019年宁夏回族自治区税收收入增速、GDP现价增速以及全国税收收入增速对比

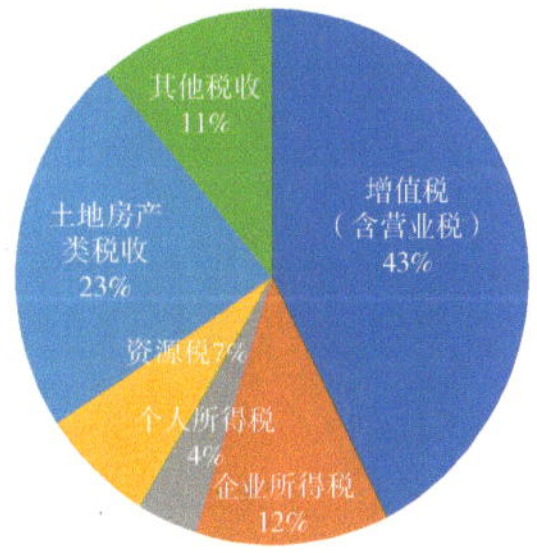

图30-28 2018年宁夏回族自治区税收收入结构

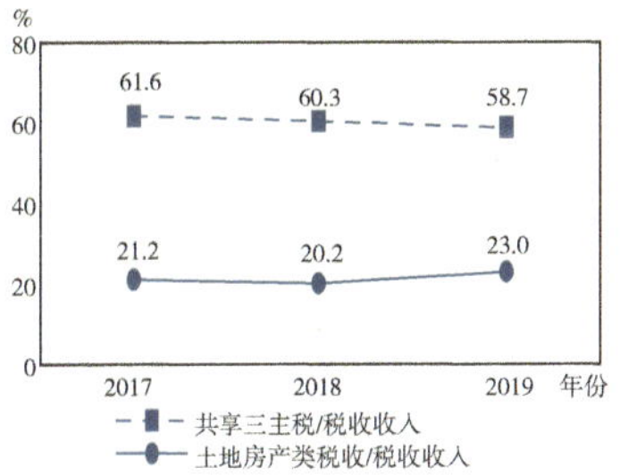

图30-29 2017-2019年宁夏回族自治区共享三主税、土地房产类税收占税收收入的比重

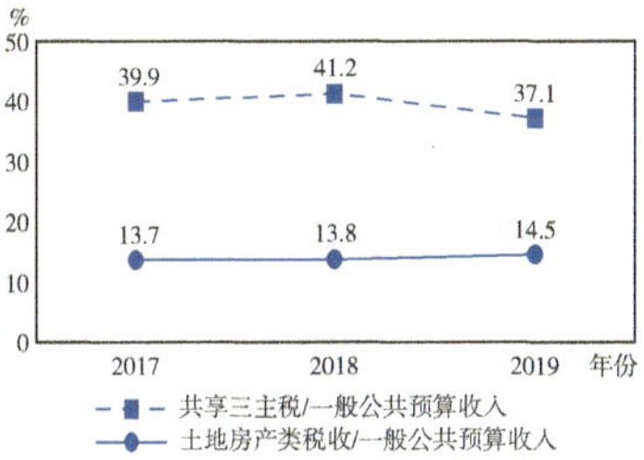

图30-30 2017-2019年宁夏回族自治区共享三主税、土地房产类税收占一般公共预算收入的比重

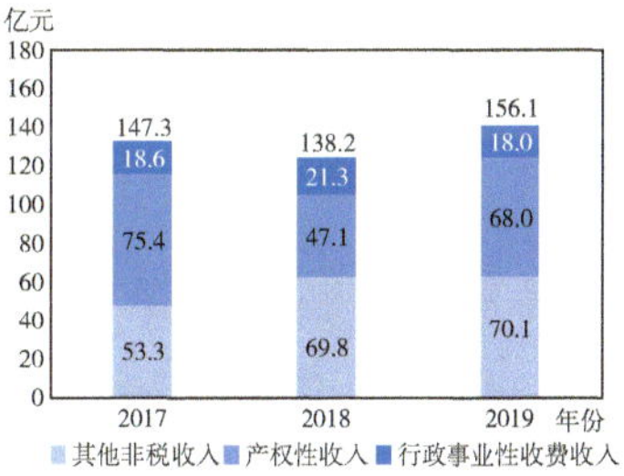

图30-31 2017-2019年宁夏回族自治区非税收入

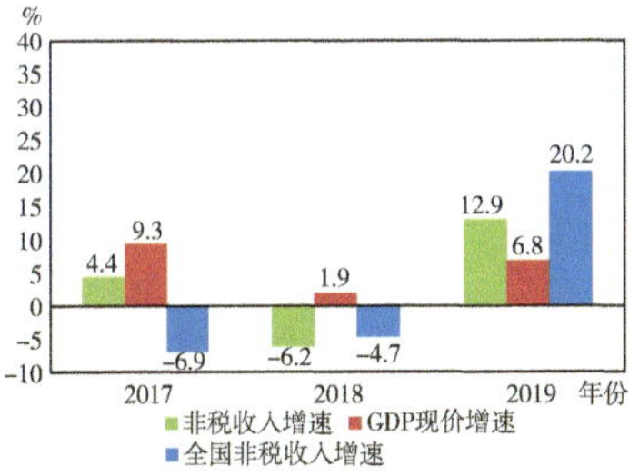

图30-32 2017-2019年宁夏回族自治区非税收入增速

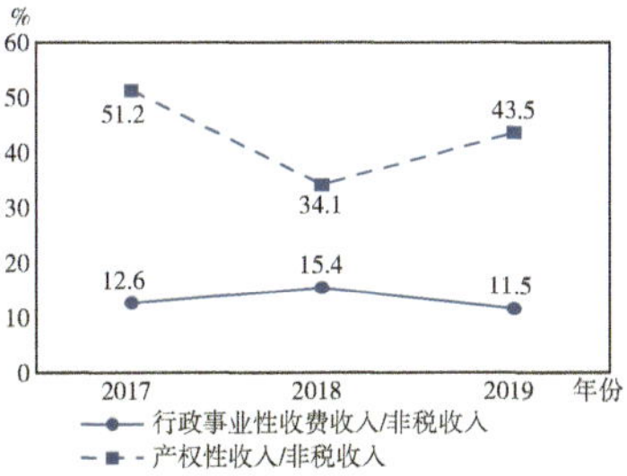

图30-33 2017-2019年宁夏回族自治区行政事业性收费及产权性收入占非税收入的比重

30.1.4 宁夏回族自治区政府性基金收入和国有资本经营收入情况

图30-34 2017-2019年宁夏回族自治区政府性基金预算收入

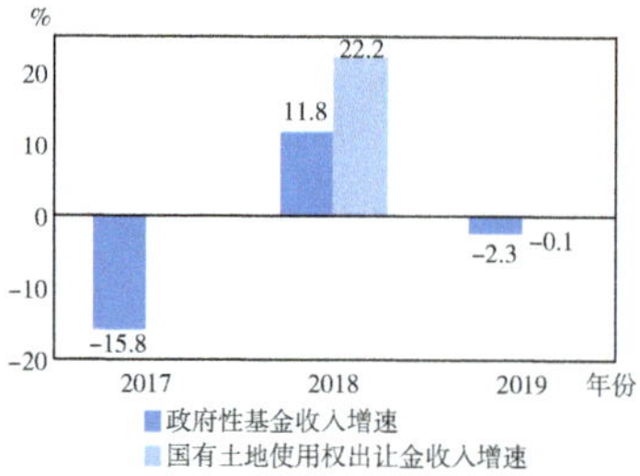

图30-35 2017-2019年宁夏回族自治区政府性基金预算收入增速及国有土地使用权出让金收入增速

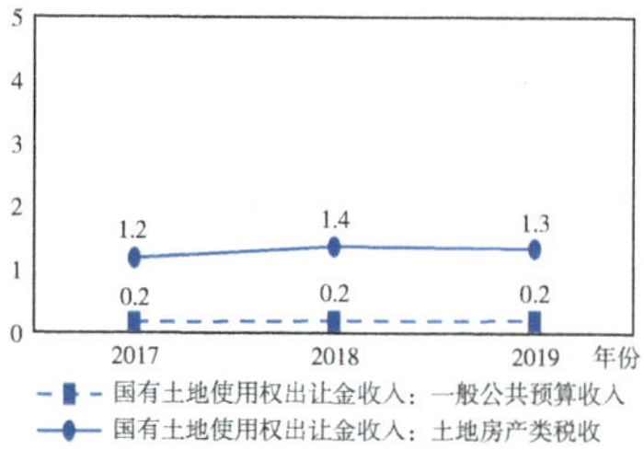

图30-36 2017-2019年宁夏回族自治区国有土地使用权出让金收入与一般公共预算关系指标

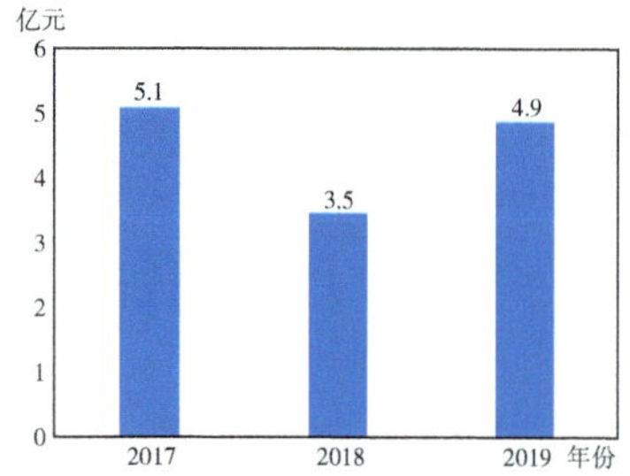

图30-37 2017-2019年宁夏回族自治区国有资本经营收入

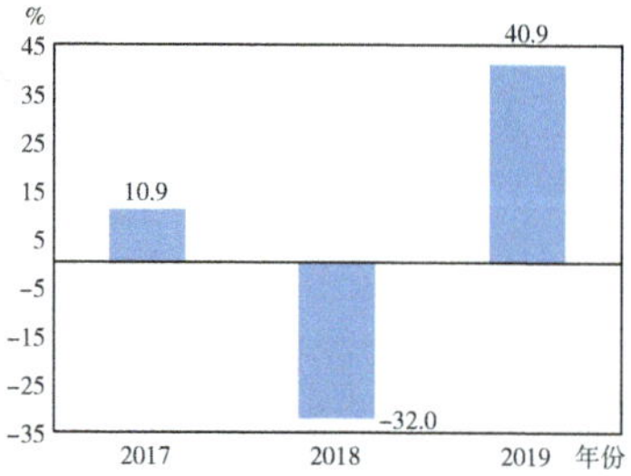

图30-38 2017-2019年宁夏回族自治区国有资本经营收入增速

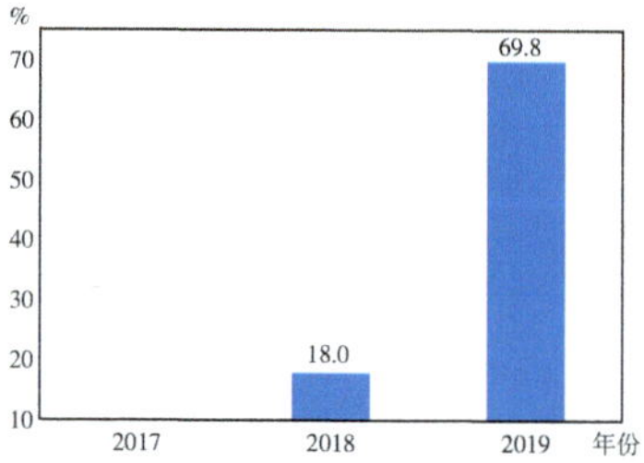

图30-39 2017-2019年宁夏回族自治区调出资金/国有资本经营收入指标

30.1.5 宁夏回族自治区社会保险基金收入情况

图30-40 2017-2019年宁夏回族自治区社会保险基金收入

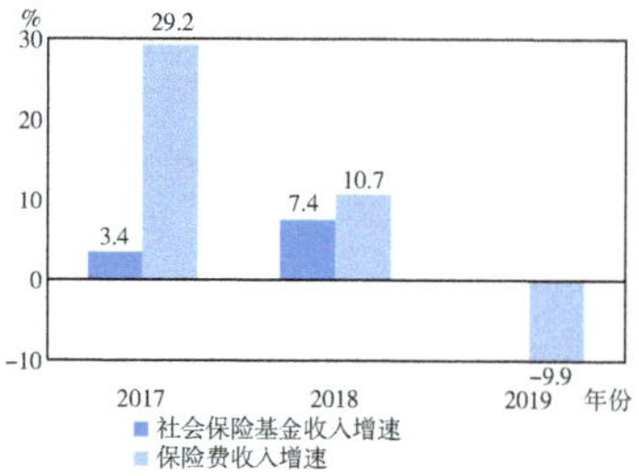

图30-41 2017-2019年宁夏回族自治区社会保险基金收入增速及保险费收入增速

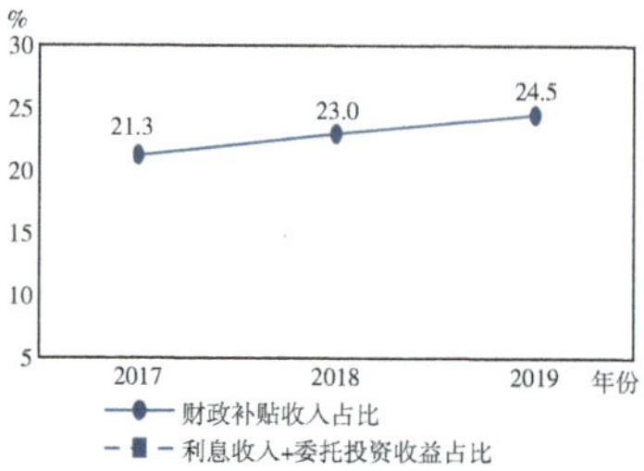

图30-42 2017-2019年宁夏回族自治区财政补贴收入、利息收入+委托投资收益占社会保险基金收入的比重

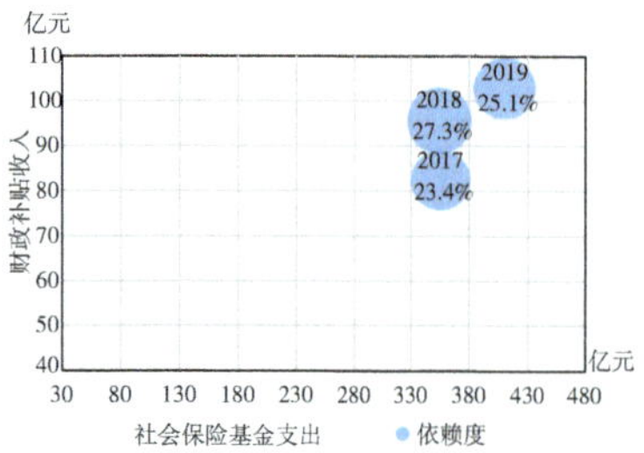

图30-43 2017-2019年宁夏回族自治区社会保险基金对财政补贴的依赖度

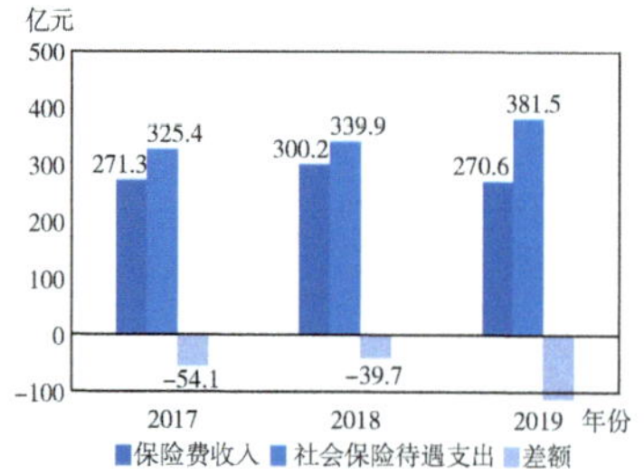

图30-44 2017-2019年宁夏回族自治区保险费收入、社会保险待遇支出及差额

30.1.6 宁夏回族自治区债务情况

图30-45 2017-2019年宁夏回族自治区债务规模

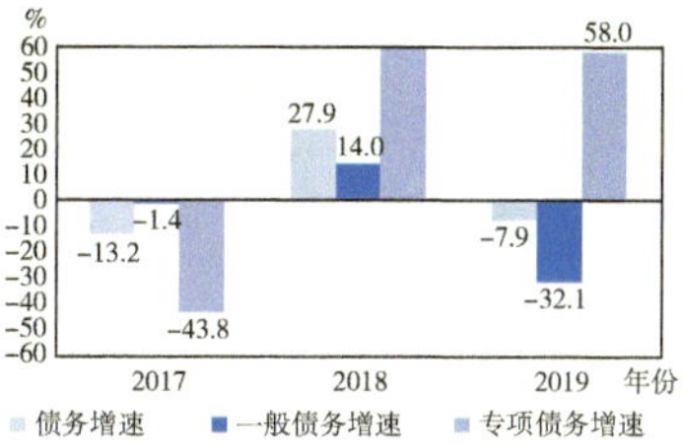

图30-46 2017-2019年宁夏回族自治区债务增速

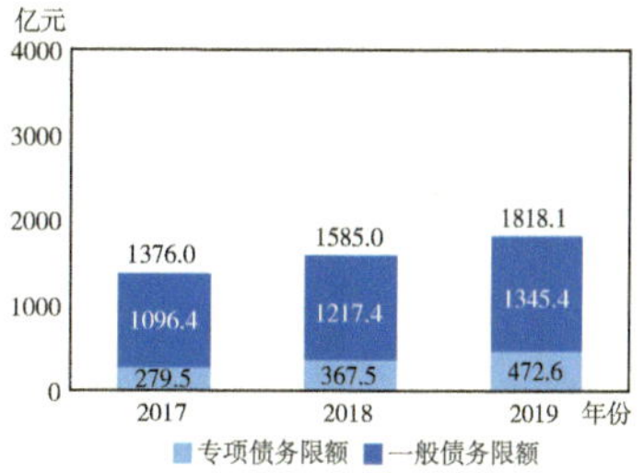

图30-47 2017-2019年宁夏回族自治区债务限额

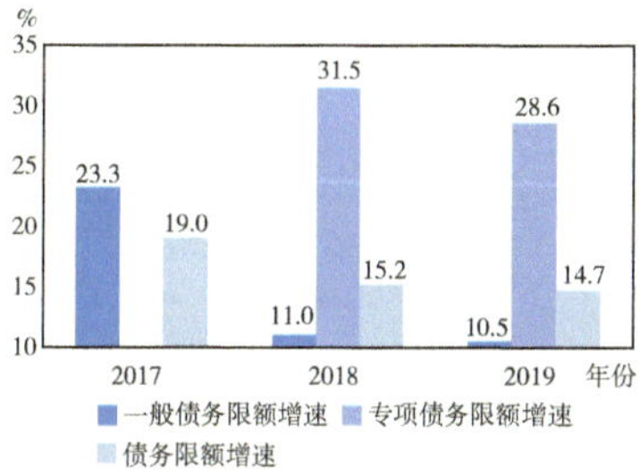

图30-48 2017-2019年宁夏回族自治区债务限额增速

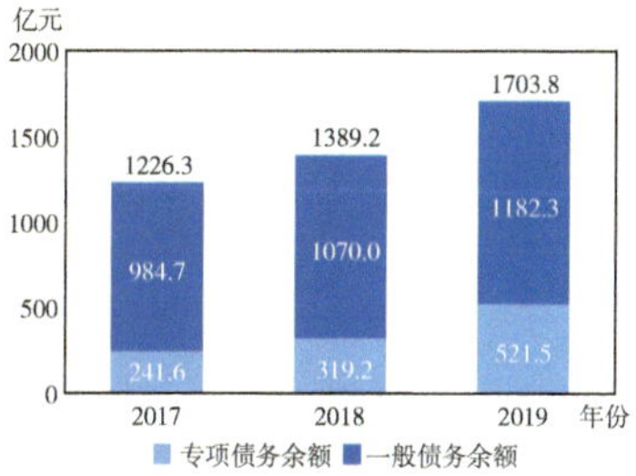

图30-49 2017-2019年宁夏回族自治区债务余额

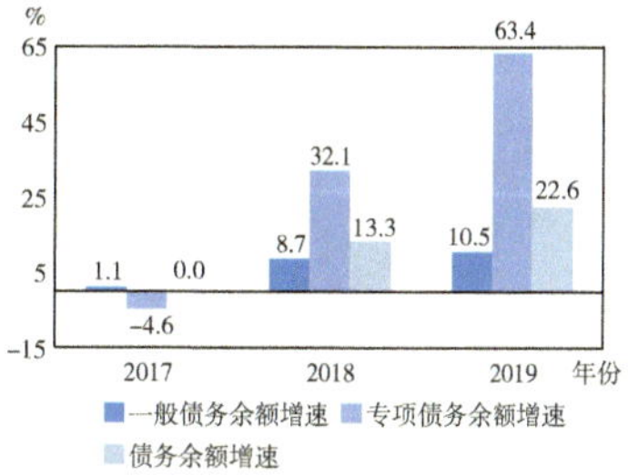

图30-50 2017-2019年宁夏回族自治区债务余额增速

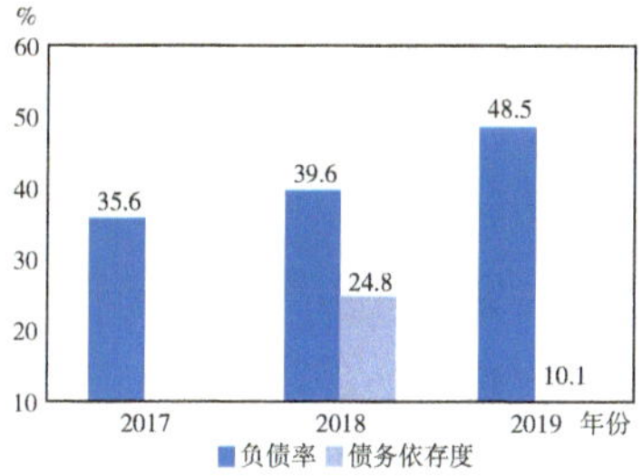

图30-51 2017-2019年宁夏回族自治区负债率与债务依存度

30.1.7 宁夏回族自治区区本级一般公共预算收入情况

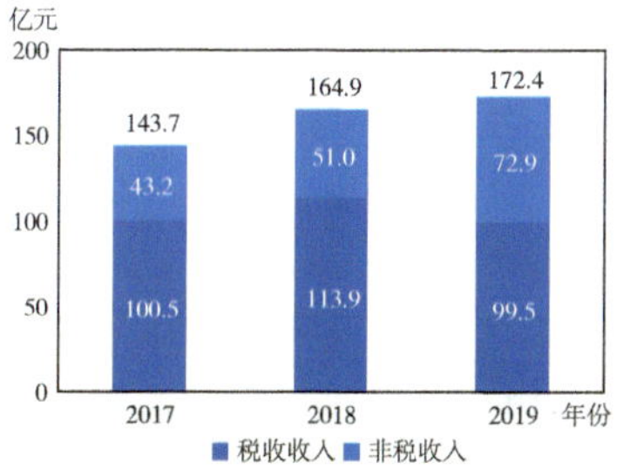

图30-52 2017-2019年宁夏回族自治区区本级一般公共预算收入

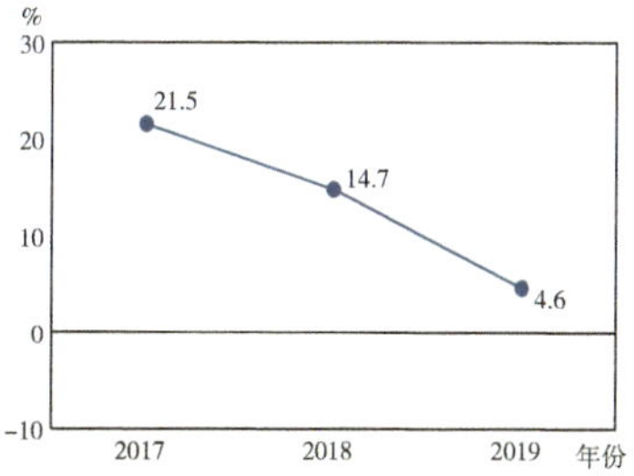

图30-53 2017-2019年宁夏回族自治区区本级一般公共预算收入增速

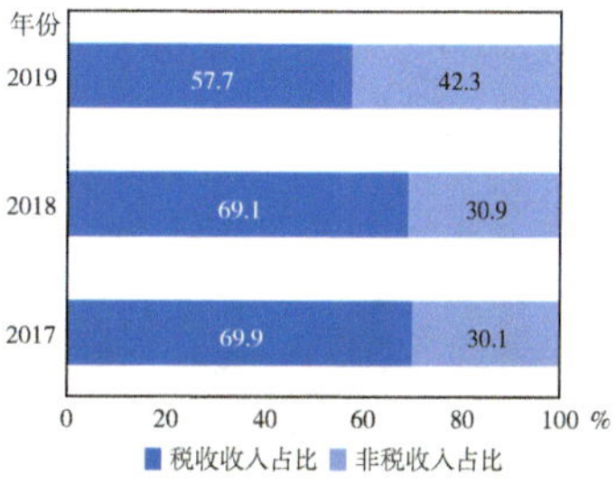

图30-54 2017-2019年宁夏回族自治区区本级一般公共预算收入结构

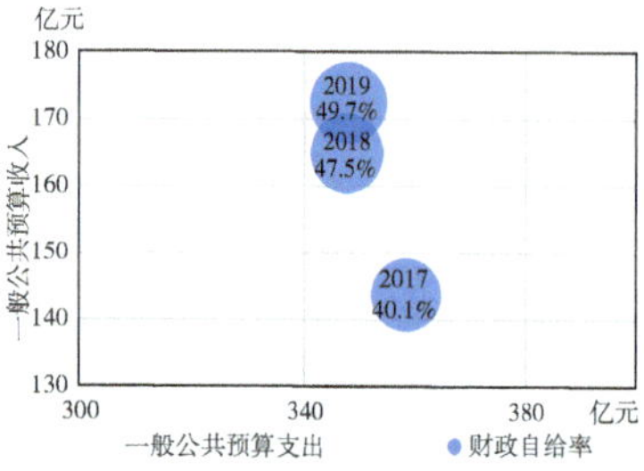

图30-55　2017-2019年宁夏回族自治区区本级财政自给率

图30-56　2017-2019年宁夏回族自治区区本级税收收入规模

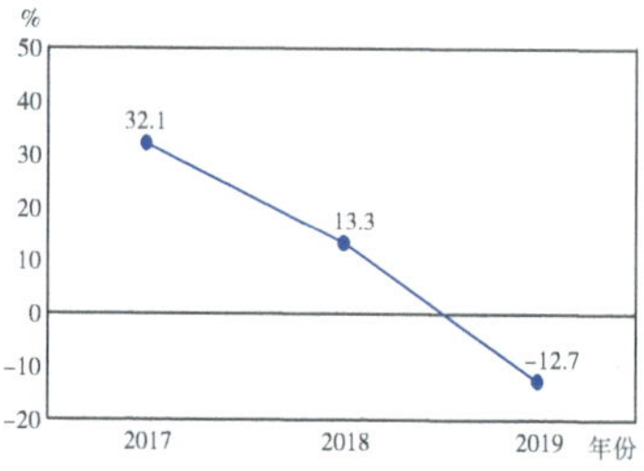

图30-57　2017-2019年宁夏回族自治区区本级税收收入增速

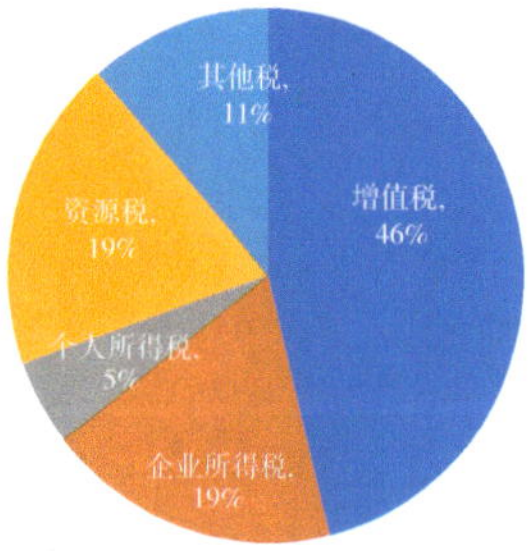

图30-58　2019年宁夏回族自治区区本级税收结构

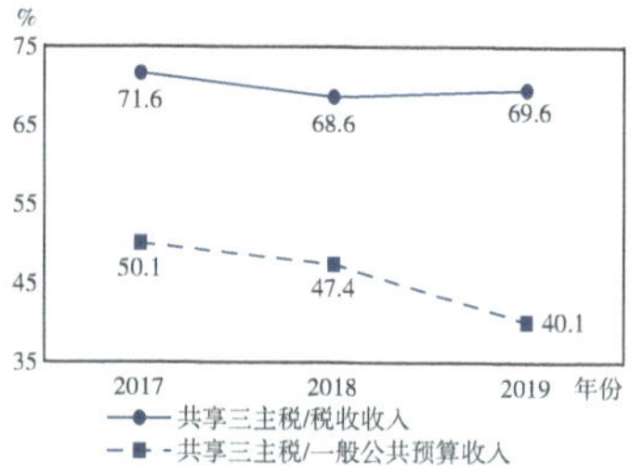

图30-59　2017-2019年宁夏回族自治区区本级共享三主税占税收收入和一般公共预算收入的比重

图30-60　2017-2019年宁夏回族自治区区本级非税收入

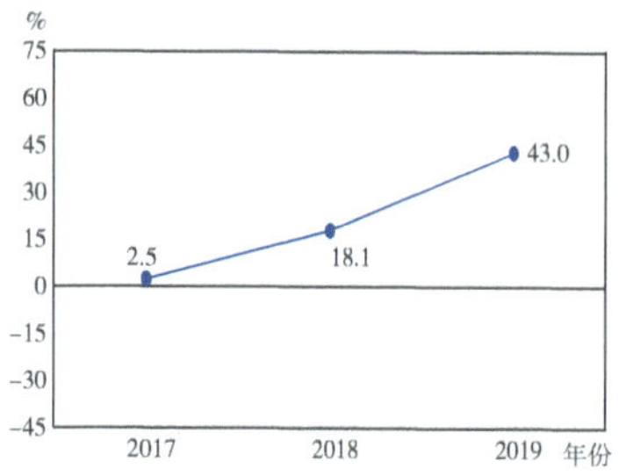

图30-61　2017-2019年宁夏回族自治区区本级非税收入增速

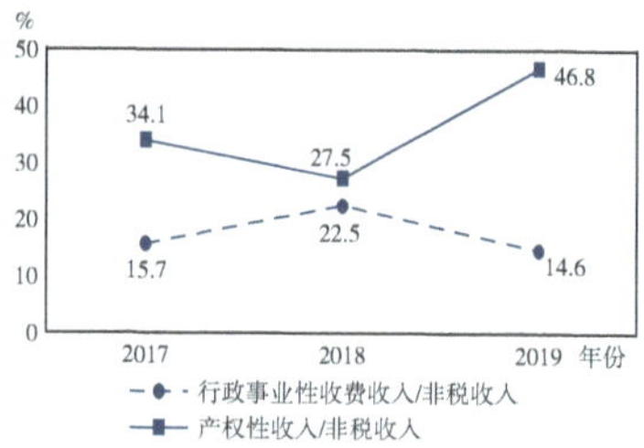

图30-62　2017-2019年宁夏回族自治区区行政事业性收费、产权性收入占非税收入的比重

30.2　宁夏回族自治区各市政府收入主要特征分析

30.2.1　宁夏回族自治区各市经济社会发展情况

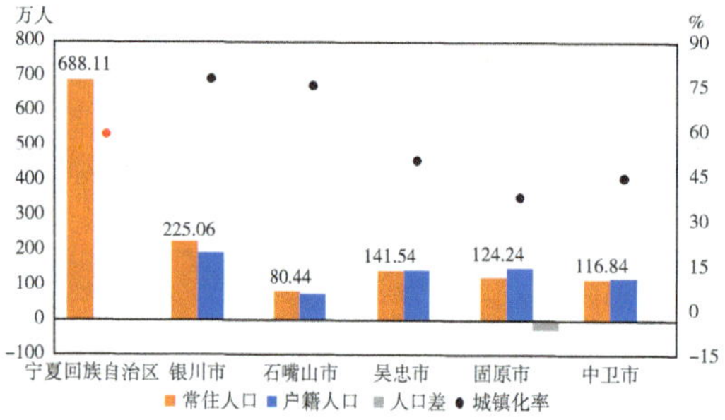

图30-63　2018年宁夏回族自治区各市人口状况

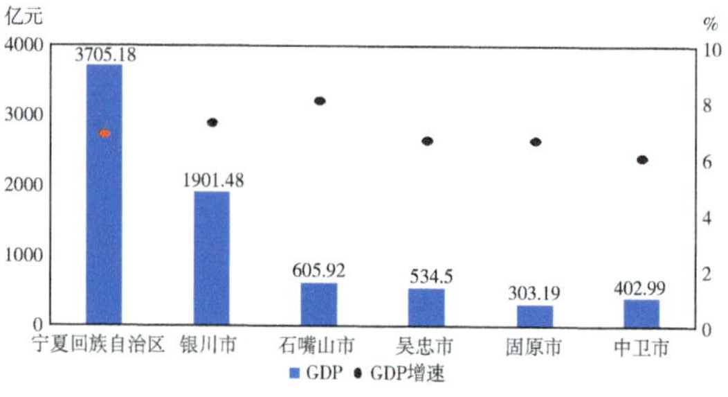

图30-64　2018年宁夏回族自治区各市GDP及增速

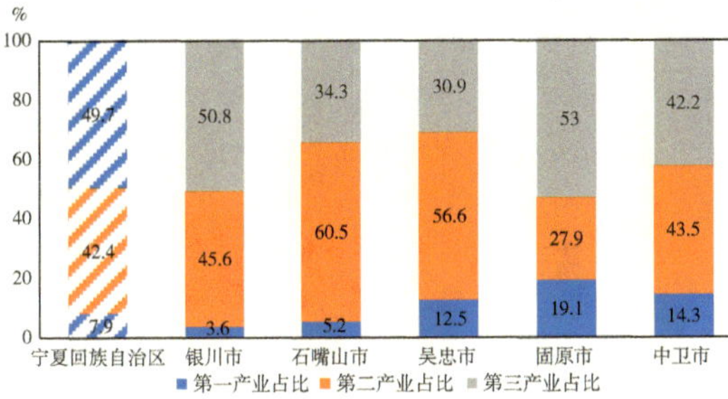

图30-65　2018年宁夏回族自治区各市三次产业结构

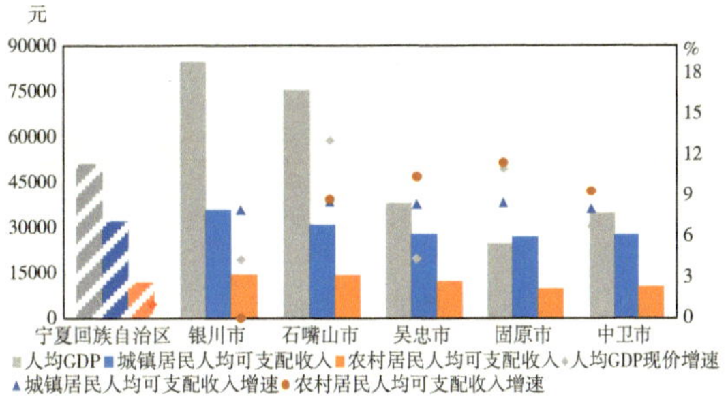

图30-66　2018年宁夏回族自治区各市人均GDP与人均可支配收入及其增速

30.2.2　宁夏回族自治区各市政府收入总体情况

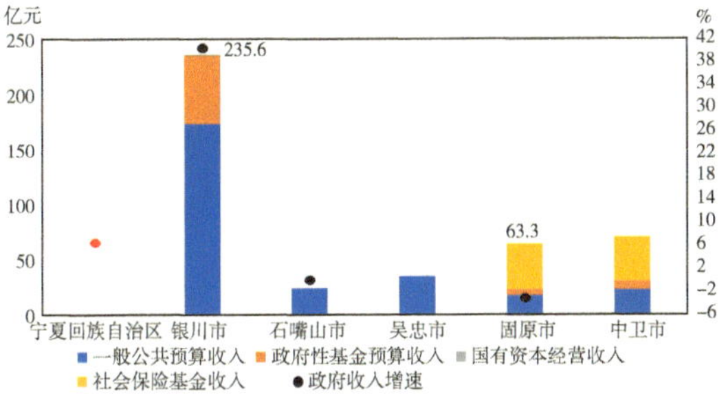

图30-67　2018年宁夏回族自治区各市政府收入结构及增速

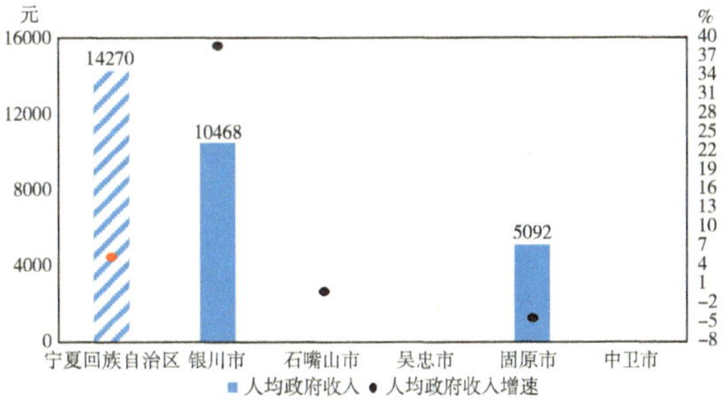

图30-68　2018年宁夏回族自治区各市人均政府收入及增速

30.2.3　宁夏回族自治区各市一般公共预算收入情况

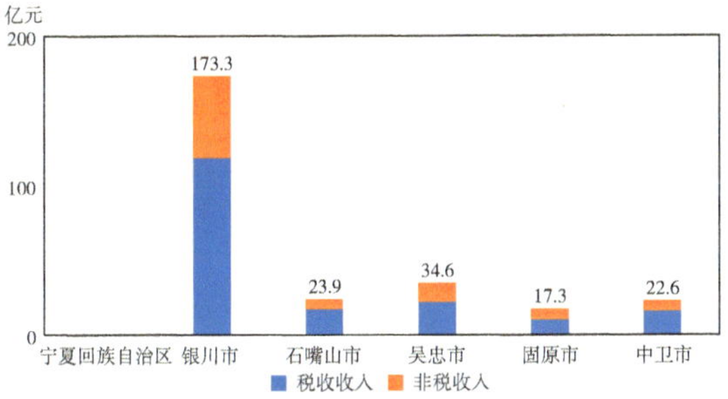

图30-69　2018年宁夏回族自治区各市一般公共预算收入

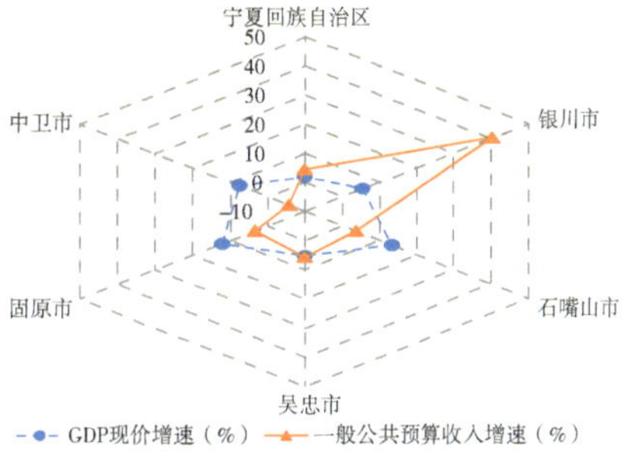

图30-70　2018年宁夏回族自治区各市一般公共预算收入增速

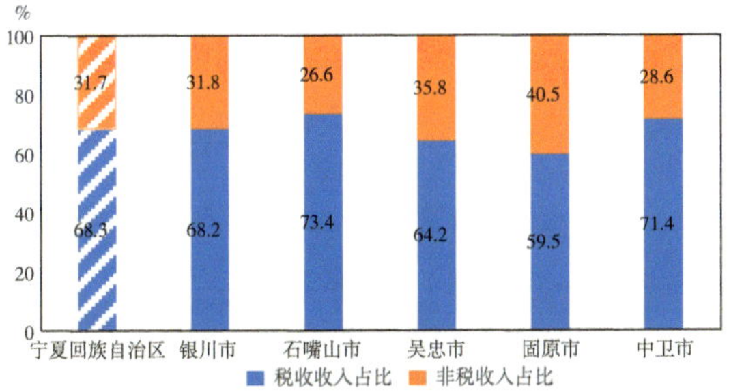

图30-71　2018年宁夏回族自治区各市一般公共预算收入结构

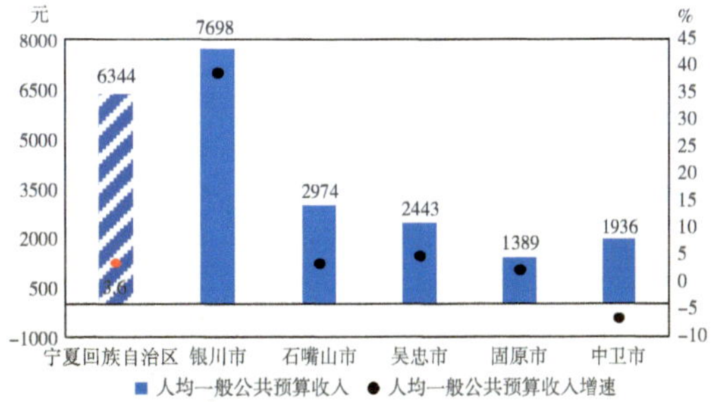

图30-72　2018年宁夏回族自治区各市人均一般公共预算收入及增速

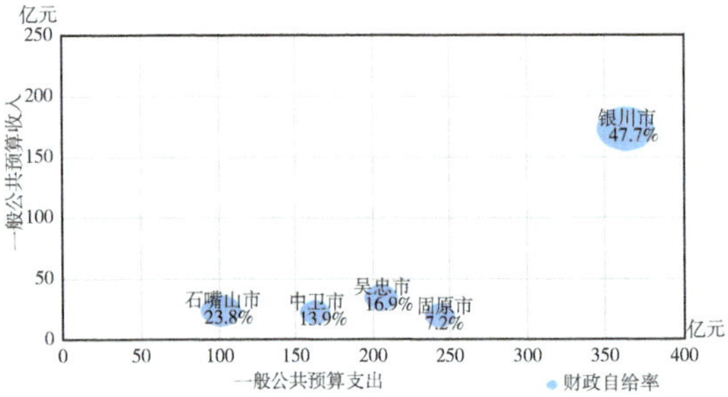

图 30-73　2018 年宁夏回族自治区各市财政自给率

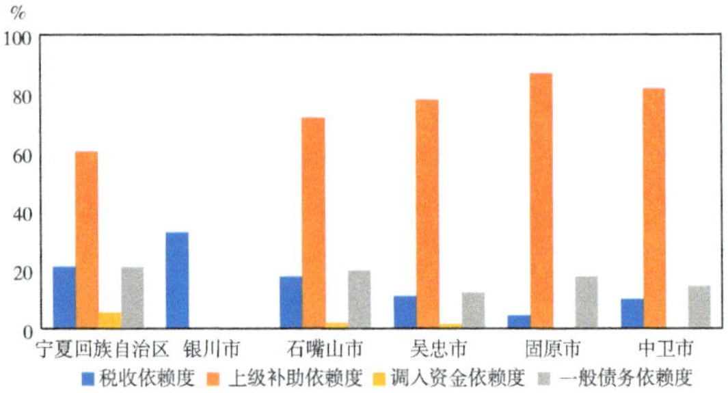

图 30-74　2018 年宁夏回族自治区各市财政收入依赖度

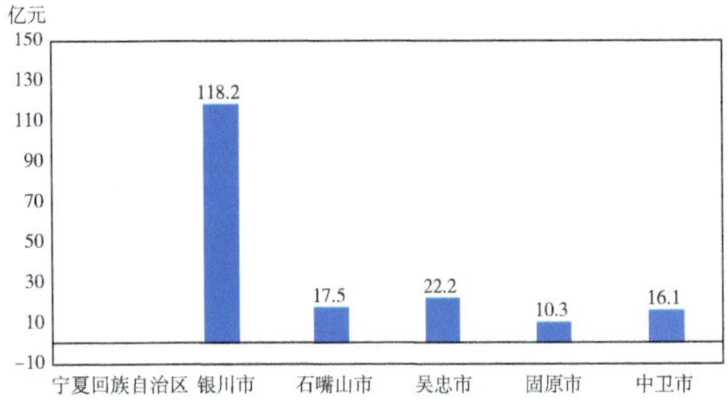

图 30-75　2018 年宁夏回族自治区各市税收收入

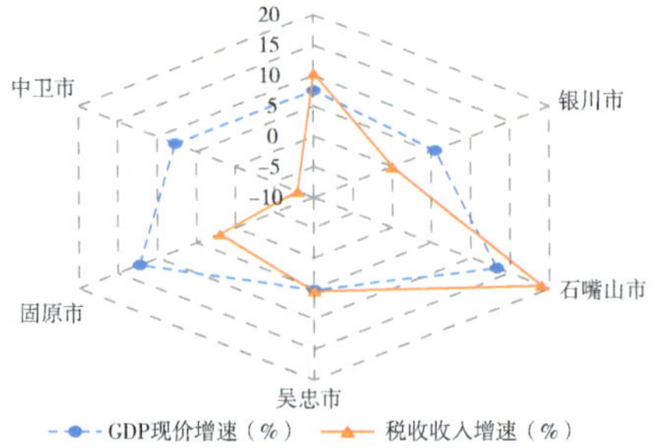

图 30-76　2018 年宁夏回族自治区各市税收收入增速

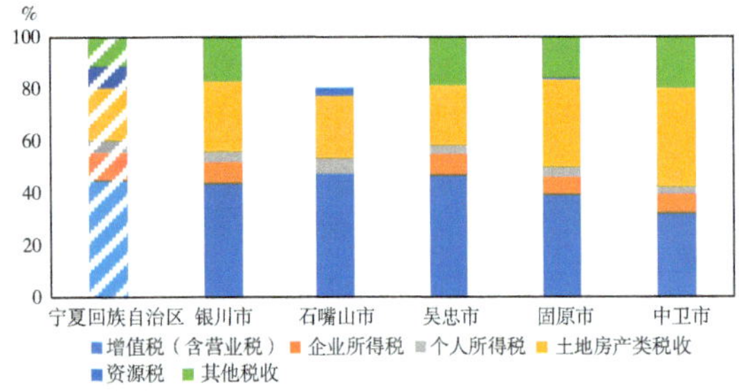

图 30-77　2018 年宁夏回族自治区各市税收收入结构

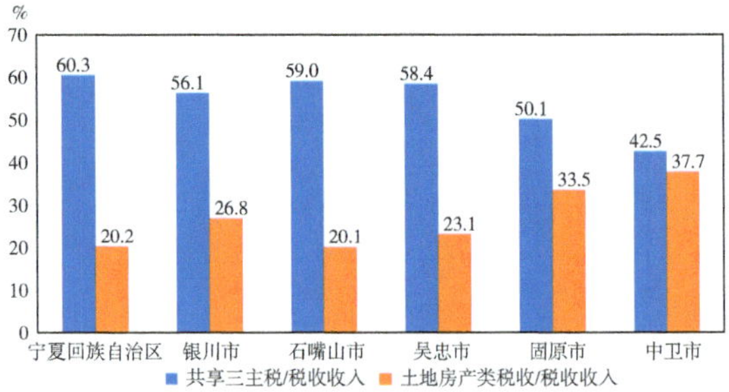

图 30-78　2018 年宁夏回族自治区各市共享三主税、土地房产类税收占税收收入的比重

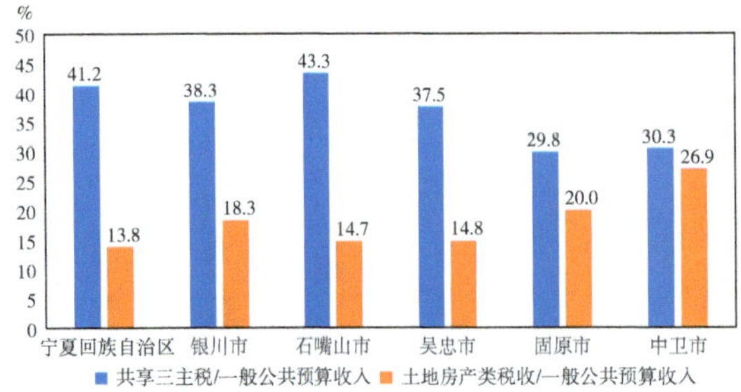

图 30-79　2018 年宁夏回族自治区各市共享三主税、土地房产类税收占一般公共预算收入的比重

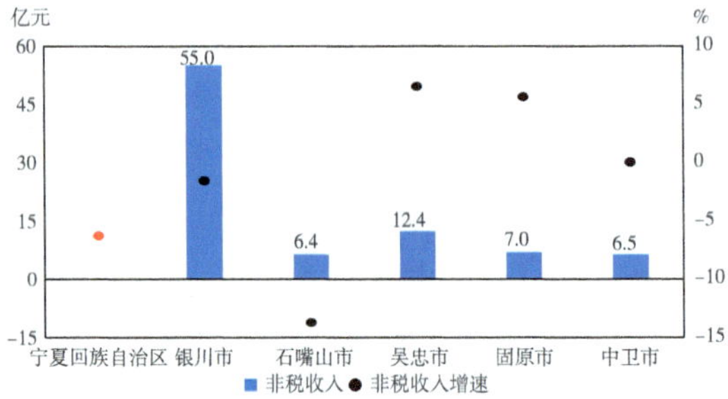

图 30-80　2018 年宁夏回族自治区各市非税收入及增速

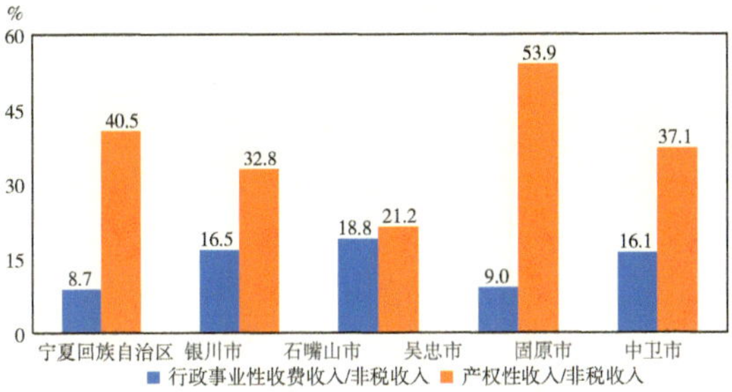

图30-81 2018年宁夏回族自治区各市行政事业性收费收入、产权性收入占非税收入的比重

30.2.4 宁夏回族自治区各市政府性基金收入和国有资本经营收入情况

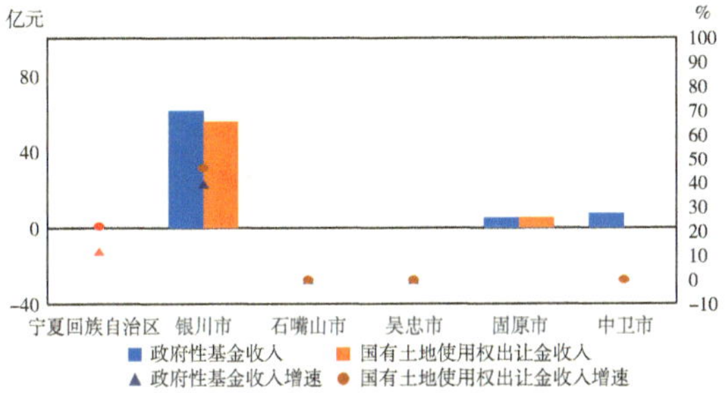

图30-82 2018年宁夏回族自治区各市政府性基金收入、国有土地使用权出让金收入及其增速

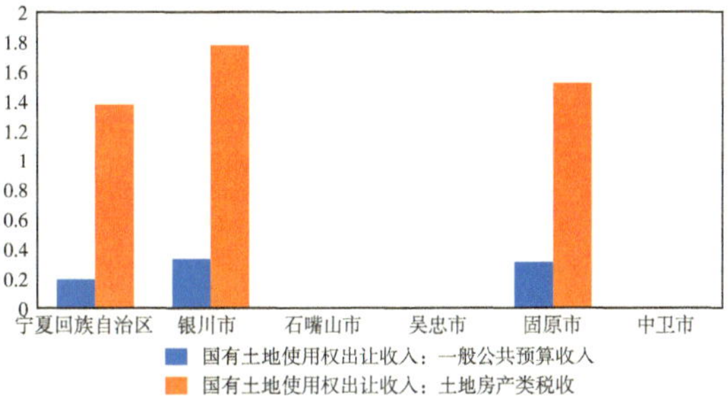

图30-83 2018年宁夏回族自治区各市国有土地使用权出让金收入与一般公共预算关系指标

30.2.5 宁夏回族自治区各市债务情况

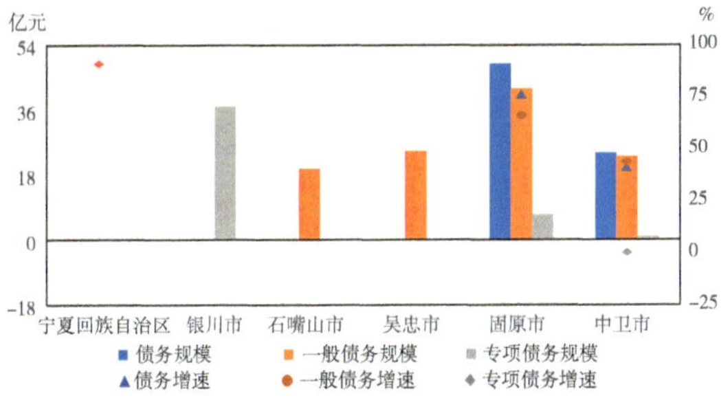

图30-84 2018年宁夏回族自治区各市债务规模及其增速

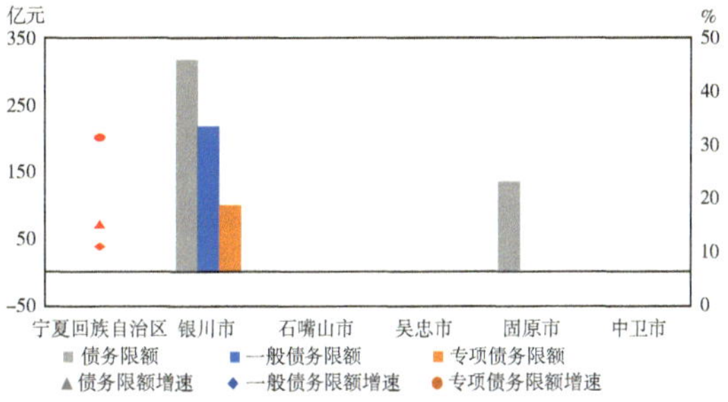

图30-85 2018年宁夏回族自治区各市债务限额及其增速

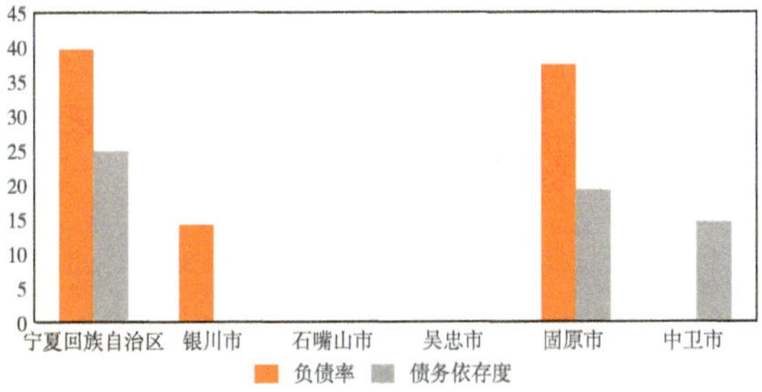

图30-86 2018年宁夏回族自治区各市负债率与债务依存度

30.2.6 宁夏回族自治区各市市本级一般公共预算收入情况

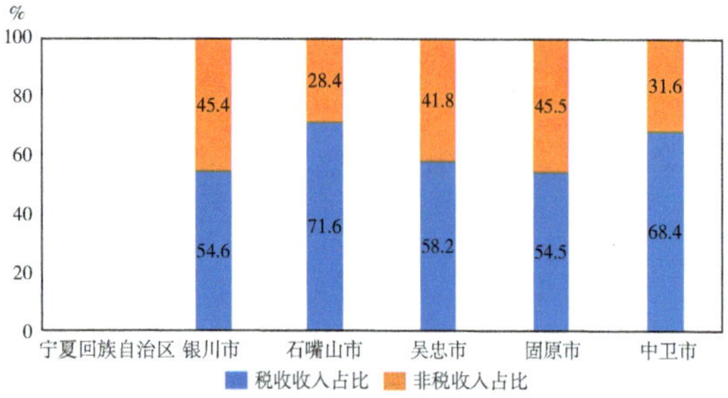

图30-87 2018年宁夏回族自治区各市市本级税收收入和非税收入占比

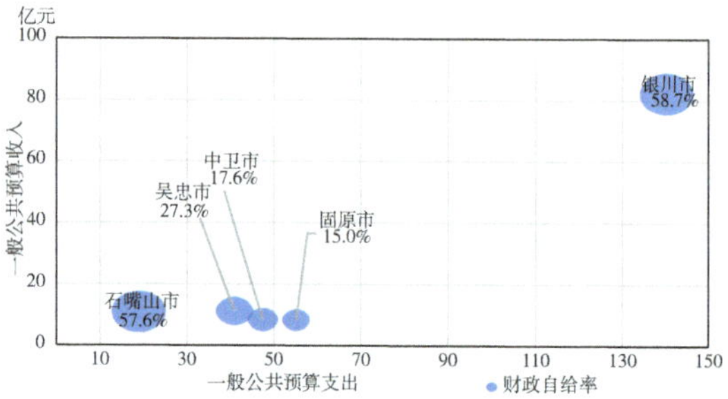

图30-88 2018年宁夏回族自治区各市市本级一般公共预算收入结构

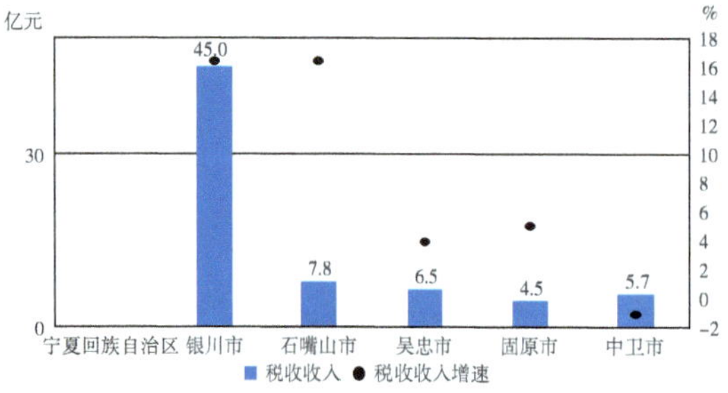

图30-89 2018年宁夏回族自治区各市市本级税收收入及增速

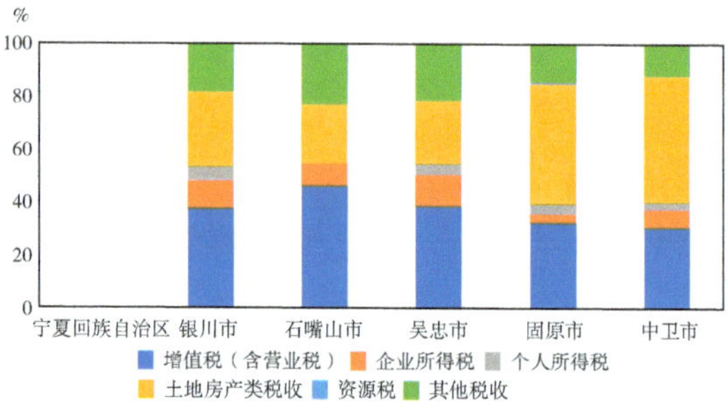

图30-90 2018年宁夏回族自治区各市市本级税收收入结构

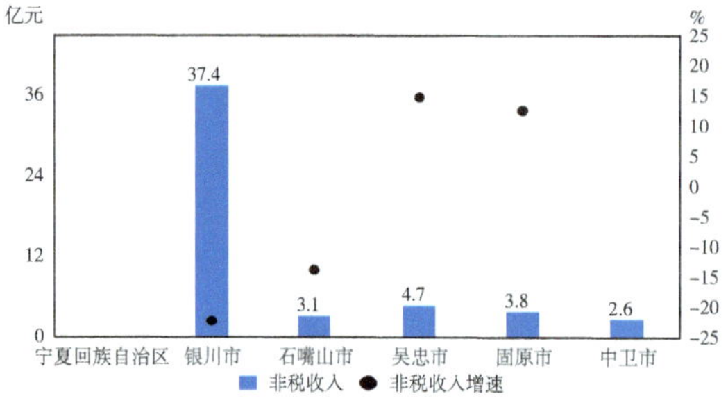

图30-91 2018年宁夏回族自治区各市市本级非税收入及增速

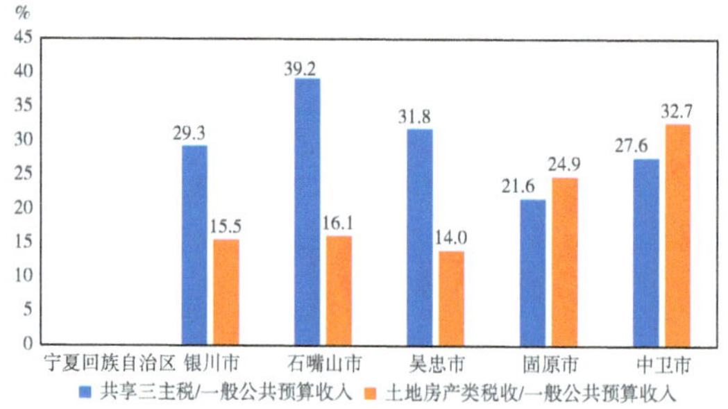

图30-92 2018年宁夏回族自治区各市市本级共享三主税、土地房产类税收占一般公共预算收入的比重

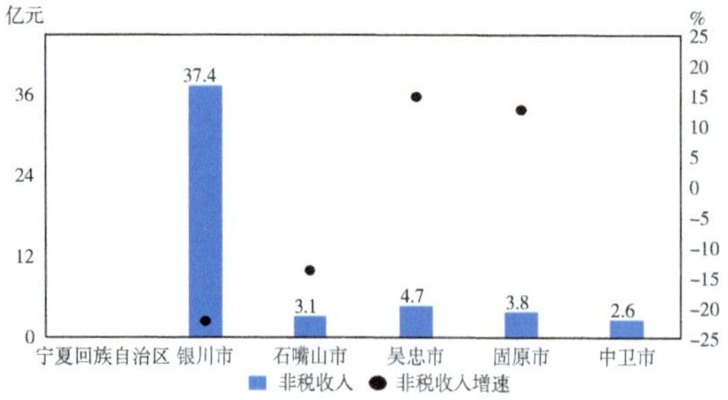

图30-93 2018年宁夏回族自治区各市市本级共享三主税、土地房产类税收占一般公共预算收入的比重

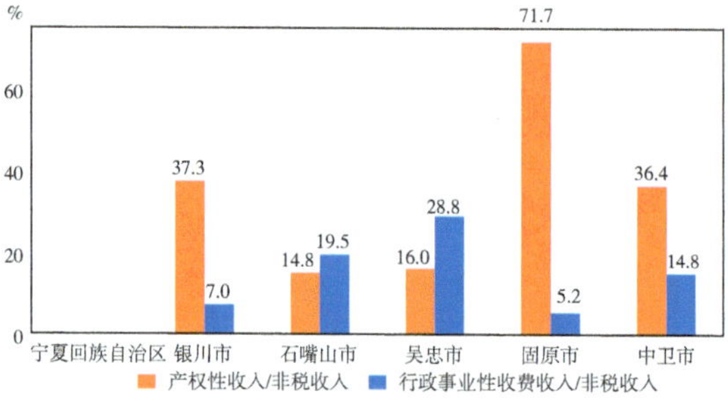

图30-94 2018年宁夏回族自治区各市市本级产权性收入、行政事业性收费收入占非税收入的比重

30.3 宁夏回族自治区样本县政府收入主要特征分析

30.3.1 青铜峡市经济社会发展情况

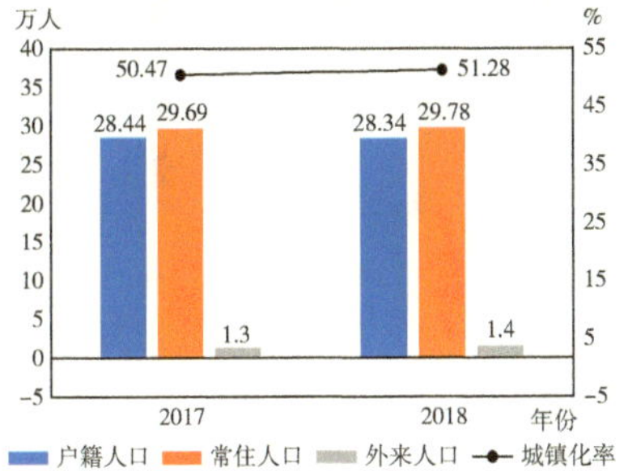

图30-95 2017-2018年人口状况

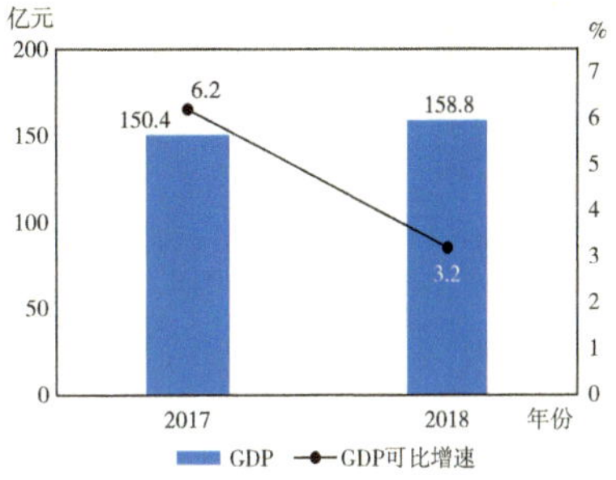

图30-96 2017-2018年GDP及增速

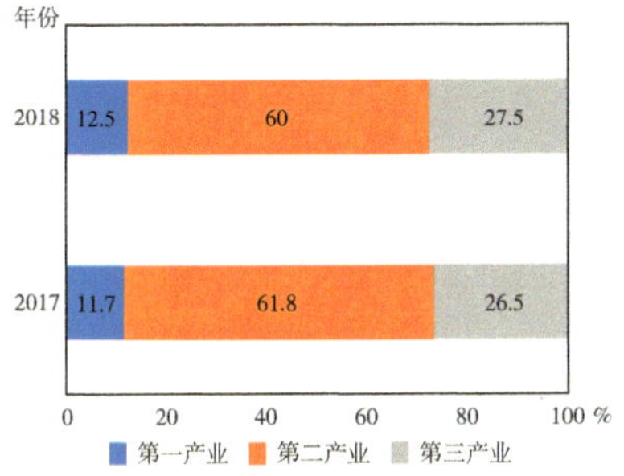

图30-97 2017-2018年三次产业结构

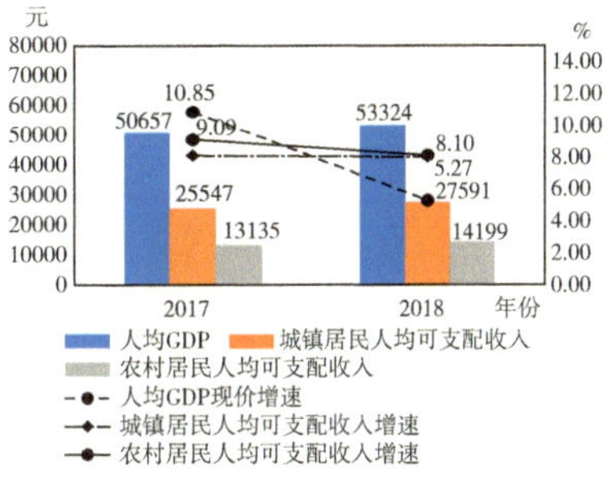

图30-98 2017-2018年人均GDP与人均可支配收入

30.3.2 青铜峡市一般公共预算收入情况

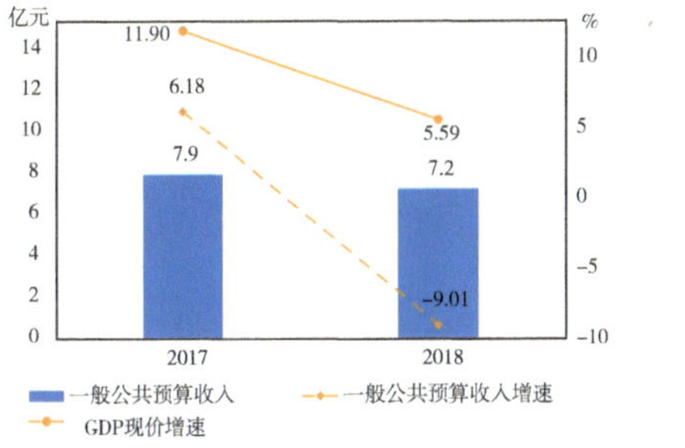

图30-99 2017-2018年一般公共预算收入规模及增速

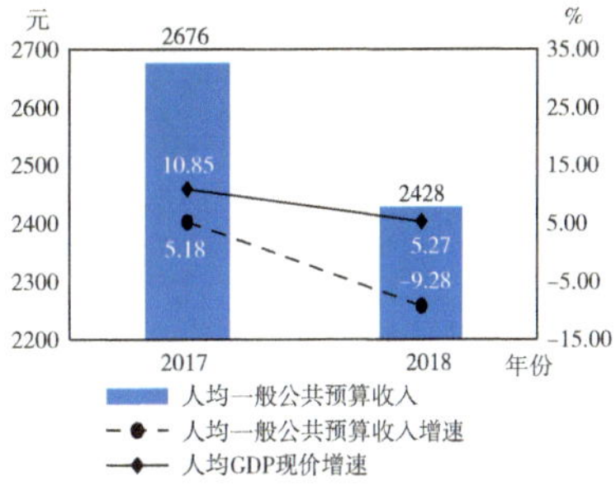

图30-100 2017-2018年人均一般公共预算收入及增速

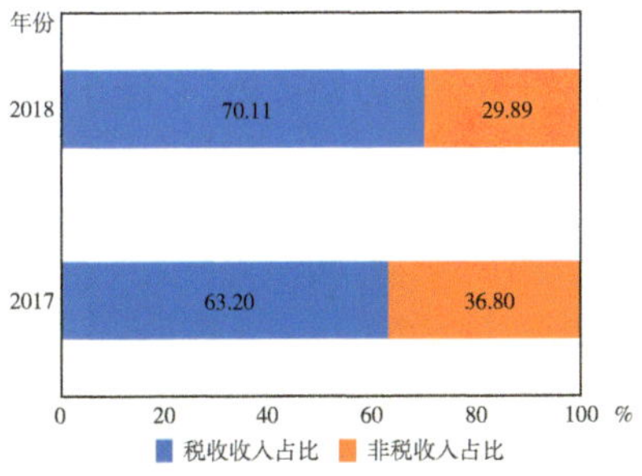

图30-101 2017-2018年一般公共预算收入结构

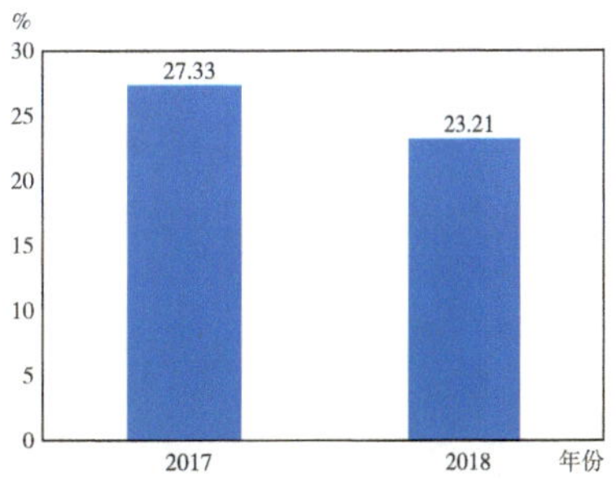

图30-102 2017-2018年财政自给率

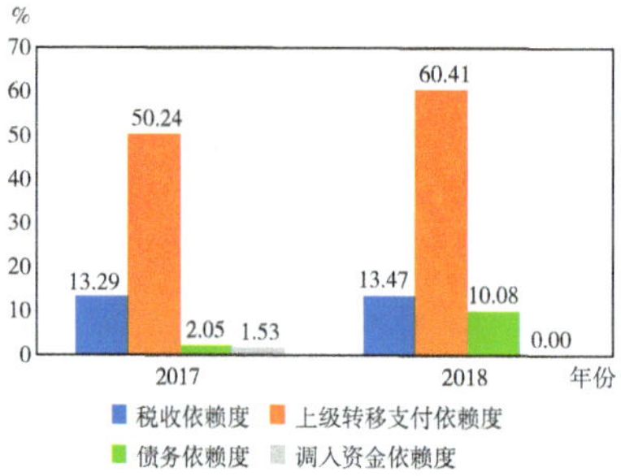

图30-103　2017-2018年财政收入依赖度

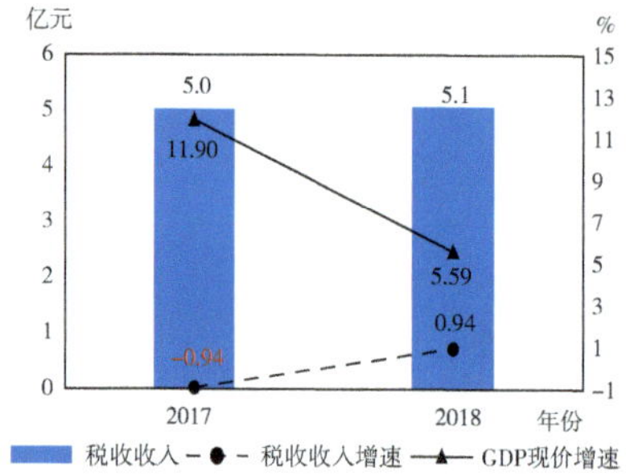

图30-104　2017-2018年税收收入及增速

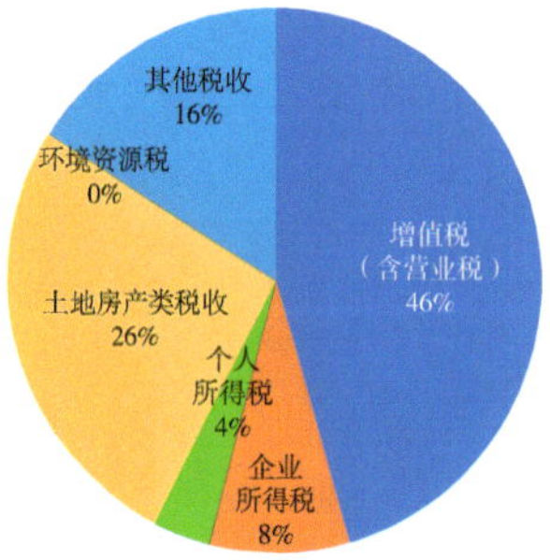

图30-105　2017-2018年税收收入结构

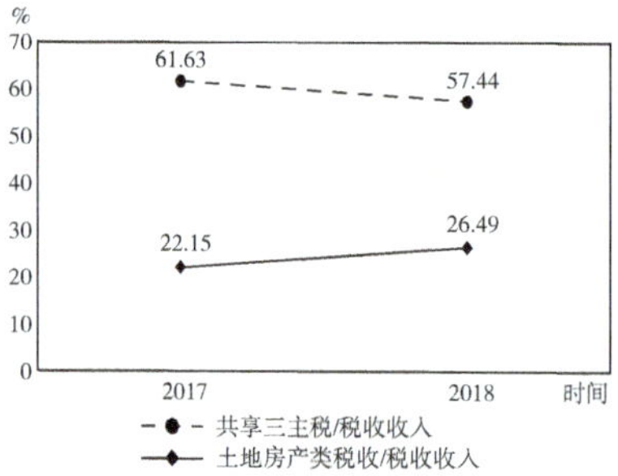

图30-106　2017-2018年共享三主税、土地房产类税收占税收收入的比重

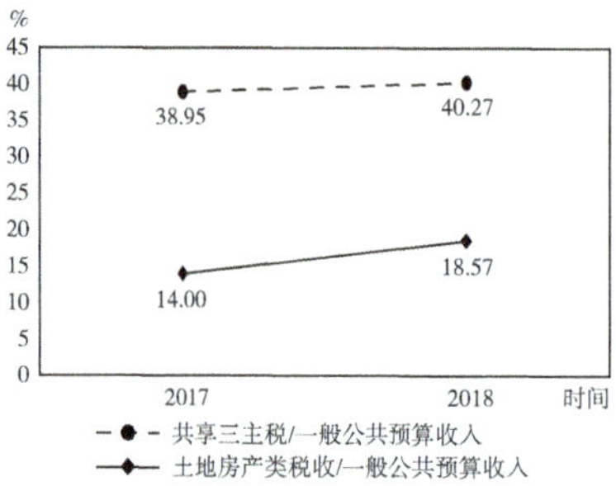

图30-107　2017-2018年共享三主税、土地房产类税收占一般公共预算收入的比重

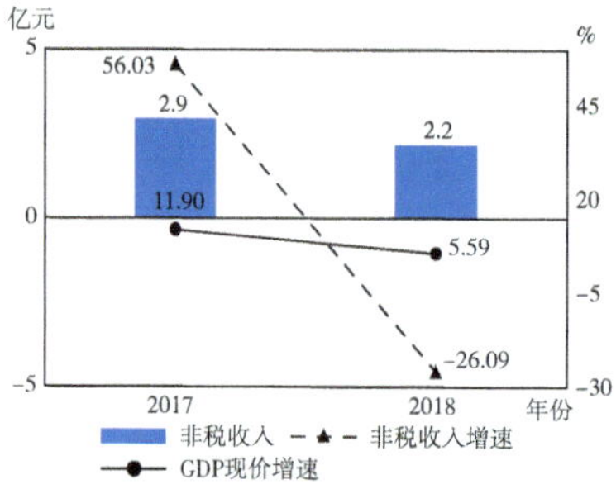

图30-108　2017-2018年非税收入规模及增速

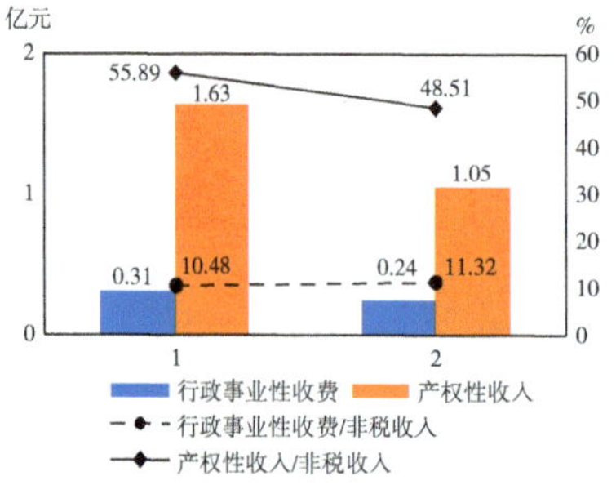

图30-109　2017-2018年产权性收入、行政事业性收费收入及占非税收入的比重

31 新疆维吾尔自治区

新疆维吾尔自治区共辖14个地级市、地区及自治州，市辖区13个、县级市26个、县61个，自治县6个，地域面积为166.49万平方公里。总体上看，新疆的经济发展、财政收入等在全国排名较后，区域内经济差异大，发展较不均衡。

2019年新疆维吾尔自治区经济总量排名第25，第三产业占比低于全国平均水平，城镇化率低于全国平均水平。2019年末，新疆维吾尔自治区常住人口2523.2万人，GDP为1.36万亿元，排全国第25名，次于黑龙江省，高于吉林省；增速6.2%，比2018年上升0.1个百分点，高于全国0.1个百分点；人均GDP为53888元（7787美元）。从产业结构看，2019年第一、第二、第三产业占比分别为13.1%、35.3%（低于全国平均水平3.7个百分点）和51.6%（低于全国平均水平2.3个百分点）。从居民可支配收入看，2019年城镇与农村居民人均可支配收入分别为34664元和13122元，呈上升态势，分别为全国平均水平的81.8%和81.9%。

2019年新疆维吾尔自治区一般公共预算收入全国排名第24，县级政府收入占比相对较高。2019年新疆维吾尔自治区一般公共预算收入1577.3亿元，排名全国第24，增速为3.8%，人均一般公共预算收入为6251元。2019年新疆维吾尔自治区税收收入占一般公共预算收入为64.4%，低于全国平均水平18.5个百分点；非税收入占比相对较高，2019年政府产权性收入占非税收入比重达44.9%。

2019年新疆维吾尔自治区财政自给率较低，地区财政总收入远低于一般公共预算支出。2019年新疆维吾尔自治区财政自给率为29.6%。2018年新疆维吾尔自治区组织的地区财政总收入为2221.1亿元，增速为6.4%，其中上缴中央收入占比31.1%。2019年新疆维吾尔自治区一般公共预算支出为5322.3亿元。

2019年新疆维吾尔自治区四本预算的一般公共预算收入占比下降，社保对财政补贴的依赖度较高。2019年新疆维吾尔自治区四本预算加总的政府收入3523.1亿元，增速为4.9%，其中一般公共预算收入、政府性基金收入、国有资本经营收入和社会保险基金收入分别占比44.8%、15%、1.5%和38.8%。2018年新疆维吾尔自治区社会保险费收入为893.8亿元，增速为8.7%；财政补贴收入规模为257.3亿元，社保对财政依赖度达到25.9%。

新疆维吾尔自治区内各地市经济社会发展和财政发展不均衡，优势主要集中于省会城市乌鲁木齐。乌鲁木齐市是2018年新疆维吾尔自治区政府收入规模唯一超千亿元的城市，达到1024.7亿元，而其他城市政府收入规模分布在50亿—300亿元区间。2018年乌鲁木齐市一般公共预算收入458.3亿元，其他各市均低于150亿元。除少数城市（乌鲁木齐市、克拉玛依市、昌吉回族自治州）外，2018年新疆维吾尔自治区其他各市财政自给率低于50%。财政自给率最高的城市为克拉玛依市（76.1%），其次为乌鲁木齐市（69.5%），最低的为和田地区，仅为6.4%。政府性基金收入主要构成是国有土地使用权出让金收入，2018年收入规模最大的是乌鲁木齐市（318.6亿元）。

本章执笔人：周娇娇　审校：梁季

31.1 新疆维吾尔自治区政府收入主要特征分析

31.1.1 新疆维吾尔自治区经济社会基本情况

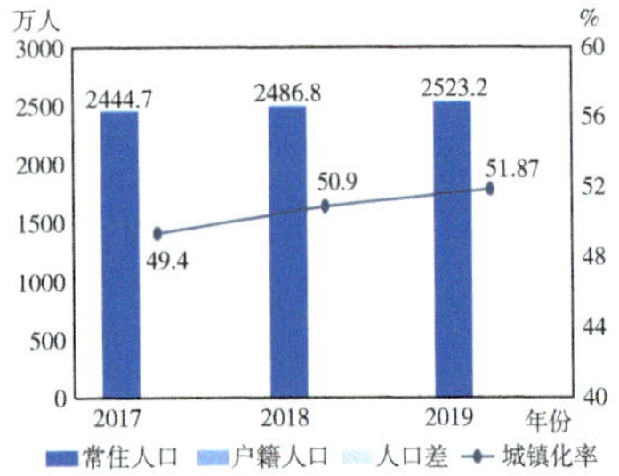

图31-1 2017-2019年新疆维吾尔自治区人口状况

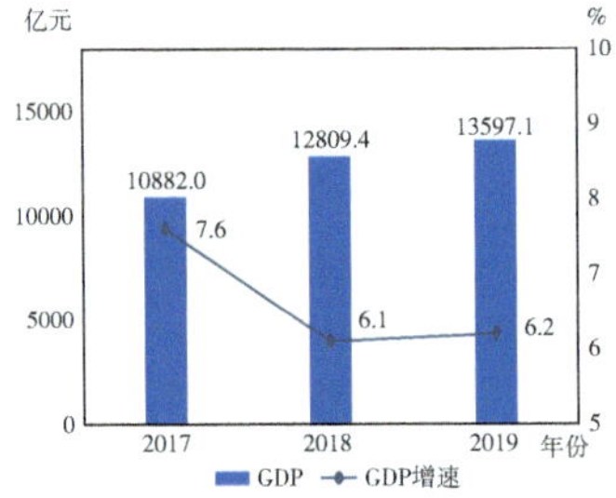

图31-2 2017-2019年新疆维吾尔自治区GDP及增速

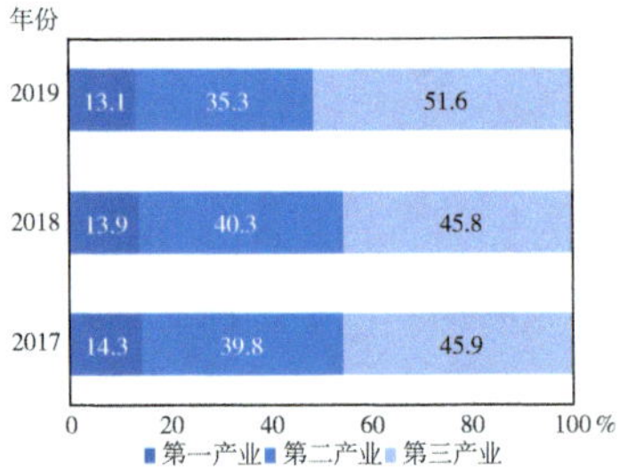

图31-3 2017-2019年新疆维吾尔自治区三次产业结构

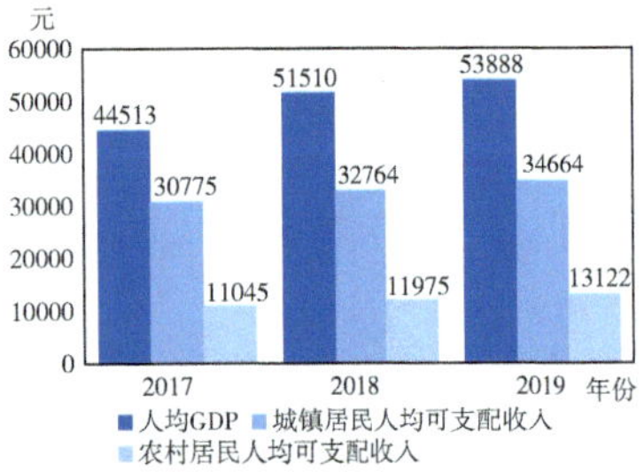

图31-4 2017-2019年新疆维吾尔自治区人均GDP和人均可支配收入

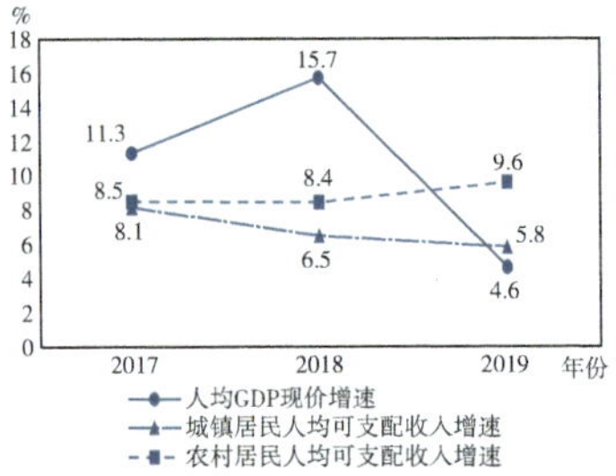

图31-5 2017-2019年新疆维吾尔自治区人均GDP增速和人均可支配收入增速

31.1.2 新疆维吾尔自治区政府收入总体情况

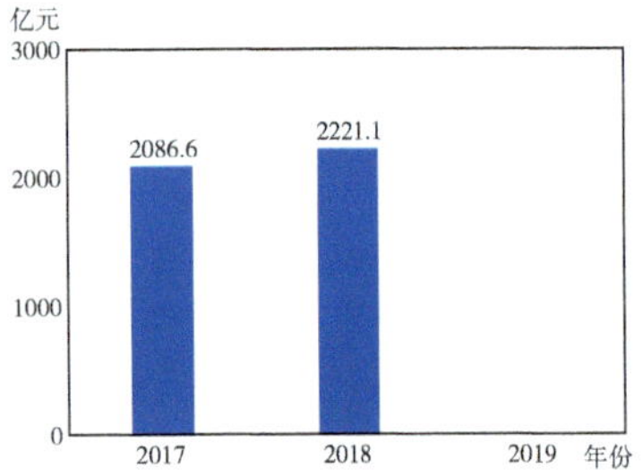

图31-6 2017-2019年新疆维吾尔自治区财政总收入

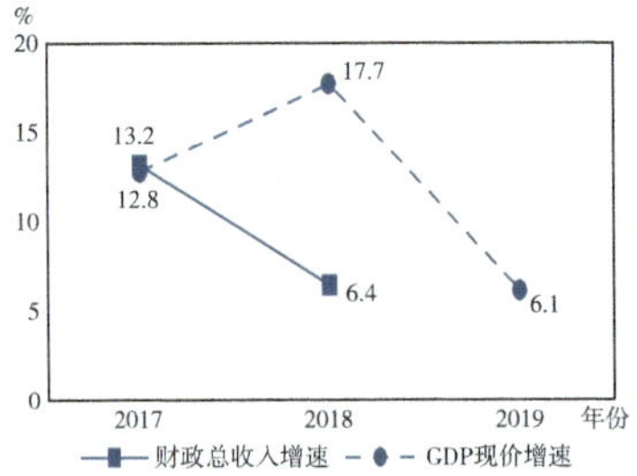

图31-7 2017-2019年新疆维吾尔自治区财政总收入增速

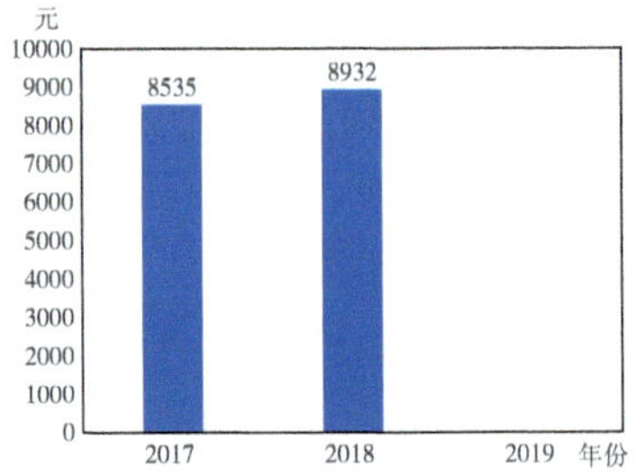

图31-8 2017-2019年新疆维吾尔自治区人均财政总收入

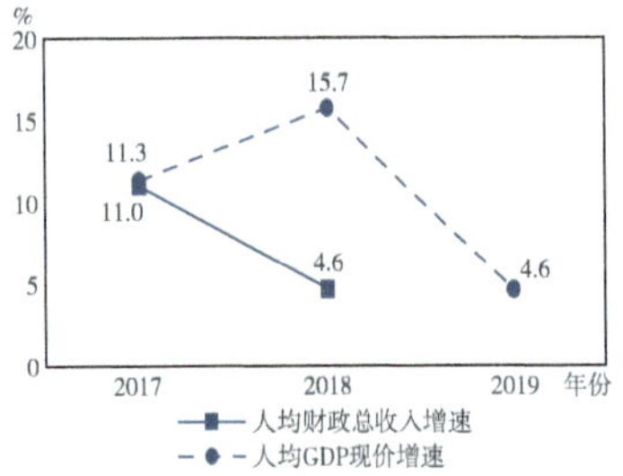

图31-9 2017-2019年新疆维吾尔自治区人均财政总收入增速

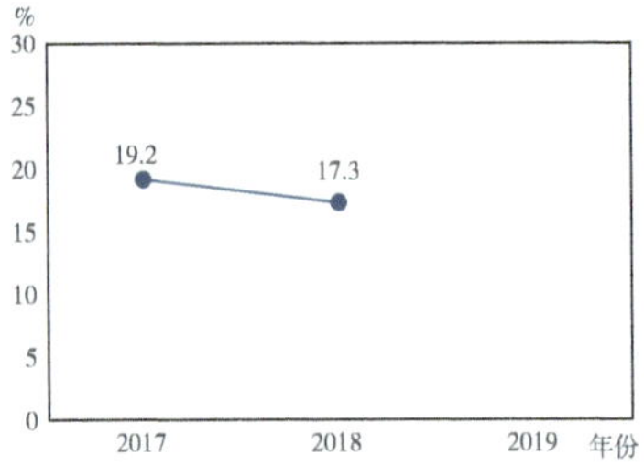

图31-10 2017-2019年新疆维吾尔自治区财政总收入/GDP

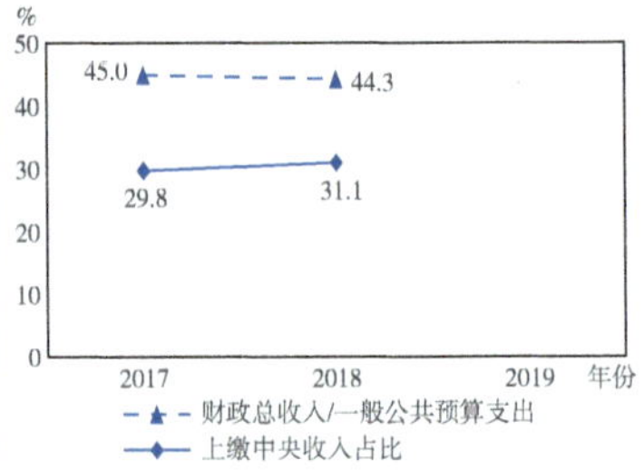

图31-11 2017-2019年新疆维吾尔自治区财政总收入其他指标

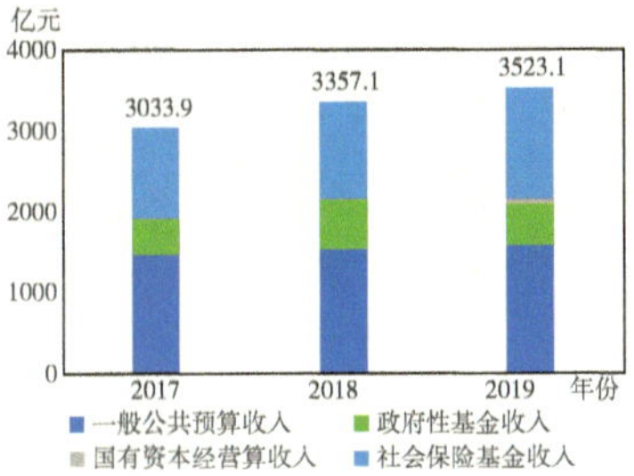

图31-12　2017-2019年新疆维吾尔自治区政府收入

注：2019年尚未公布国有资本经营预算

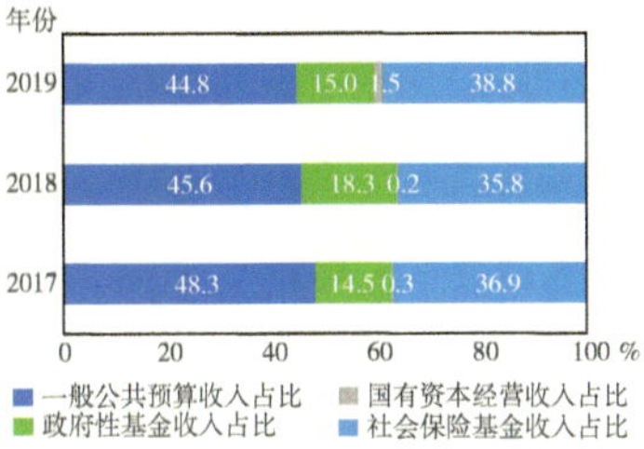

图31-13　2017-2019年新疆维吾尔自治区政府收入结构

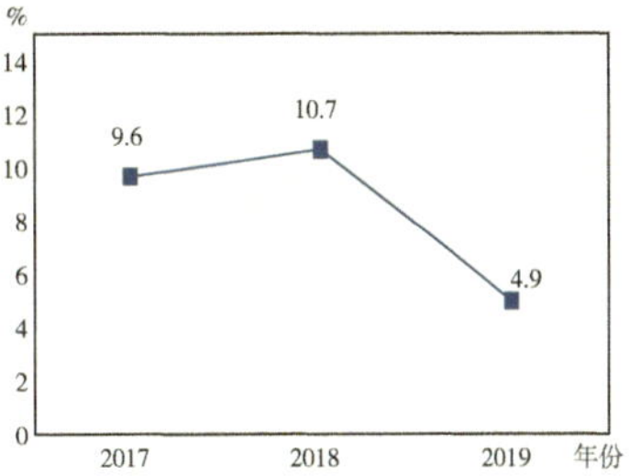

图31-14　2017-2019年新疆维吾尔自治区政府收入增速

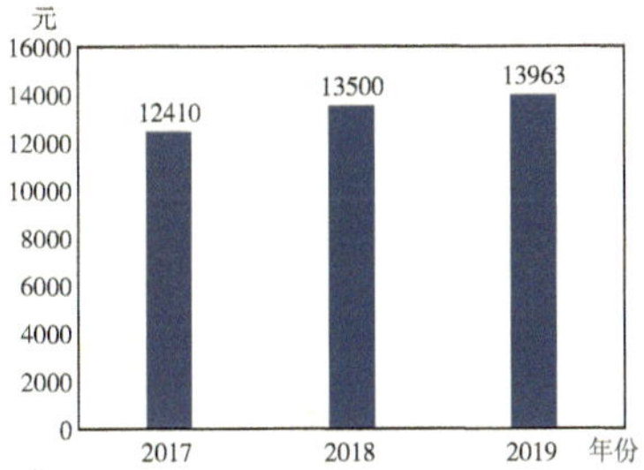

图31-15　2017-2019年新疆维吾尔自治区人均政府收入

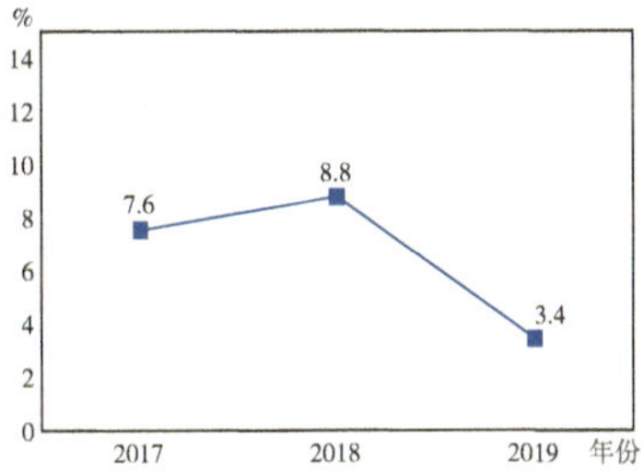

图31-16　2017-2019年新疆维吾尔自治区人均政府收入增速

31.1.3　新疆维吾尔自治区一般公共预算收入情况

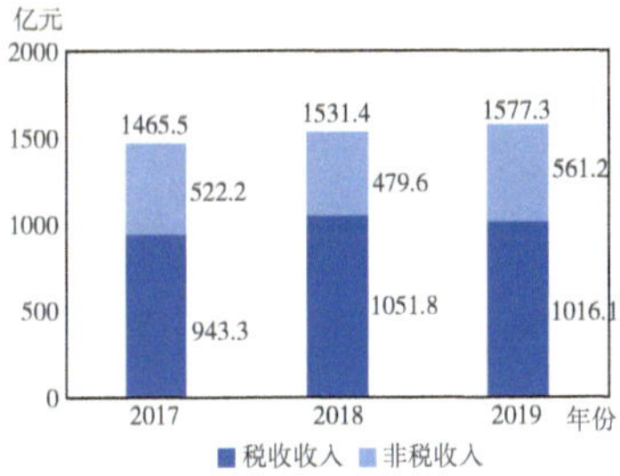

图31-17　2017-2019年新疆维吾尔自治区一般公共预算收入

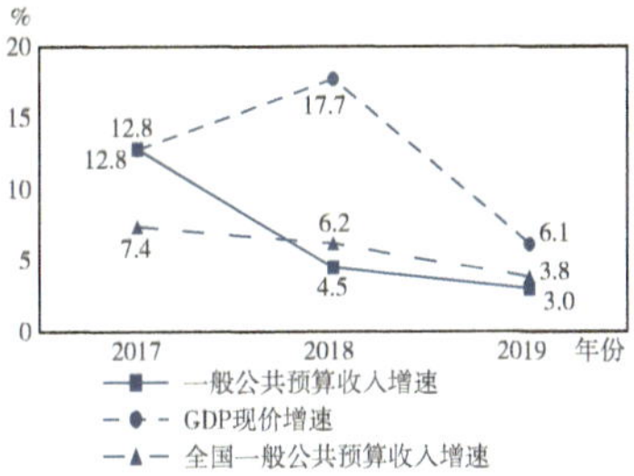

图31-18　2017-2019年新疆维吾尔自治区一般公共预算收入增速

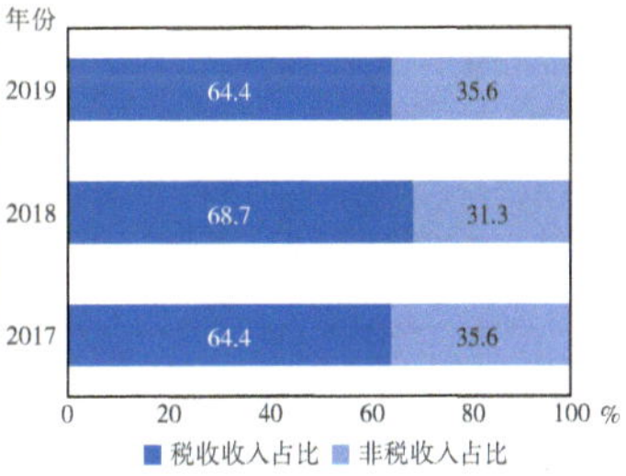

图31-19　2017-2019年新疆维吾尔自治区一般公共预算收入结构

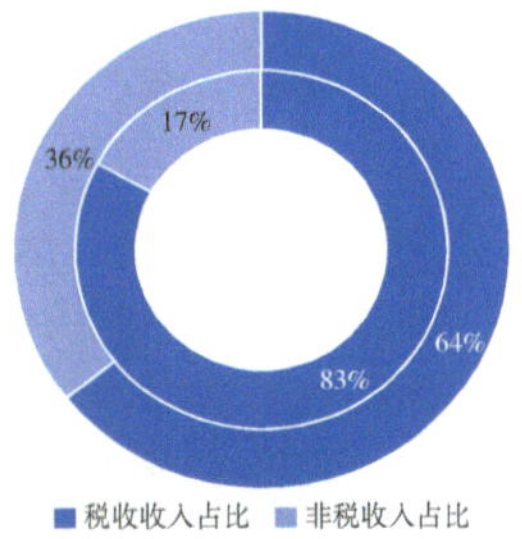

图31-20　2019年一般公共预算收入结构对比（内环为全国，外环为新疆维吾尔自治区）

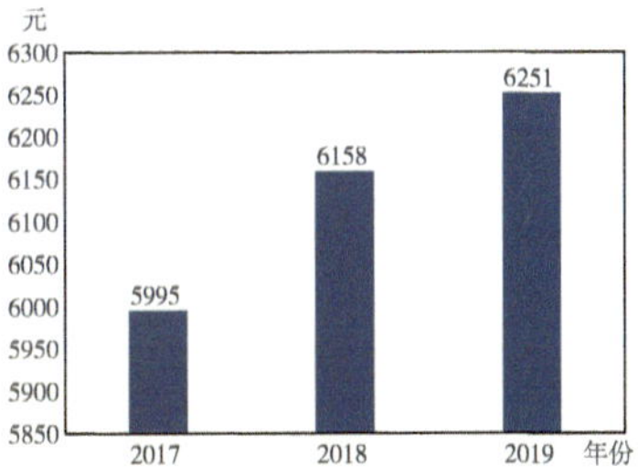

图31-21　2017-2019年新疆维吾尔自治区人均一般公共预算收入

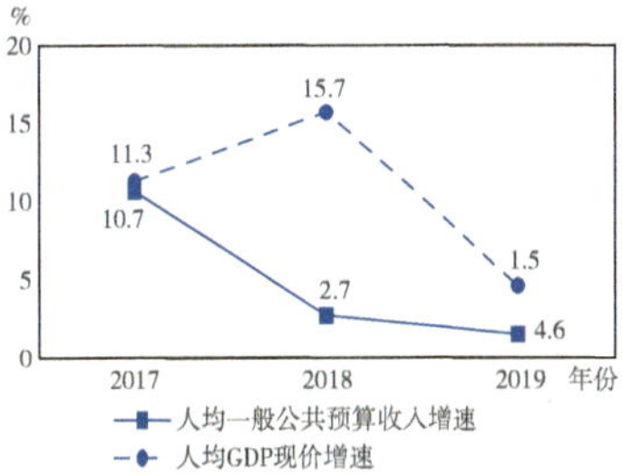

图31-22　2017-2019年新疆维吾尔自治区人均一般公共预算收入增速

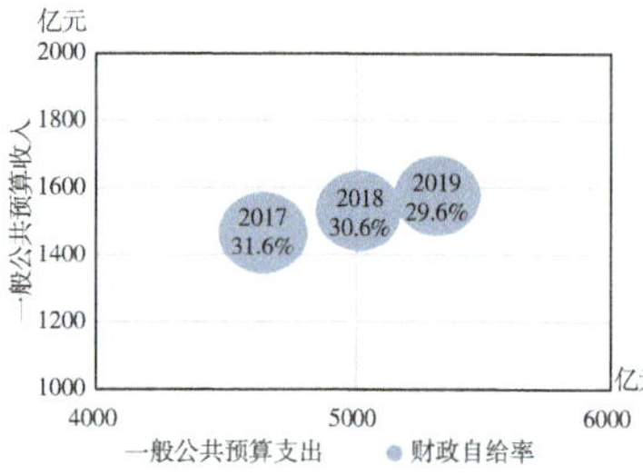

图31-23　2017-2019年新疆维吾尔自治区财政自给率

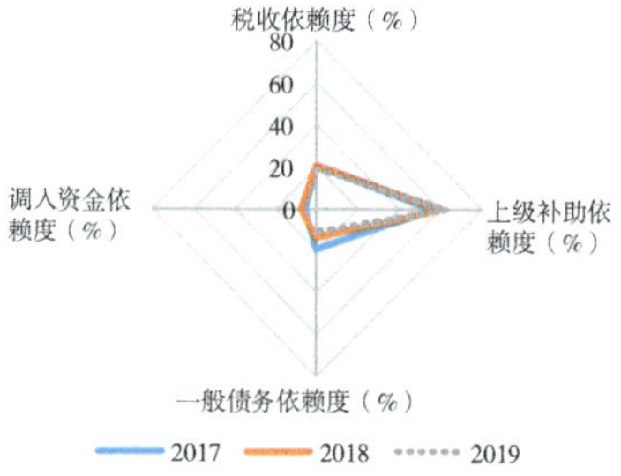

图31-24　2017-2019年新疆维吾尔自治区财政收入依赖度

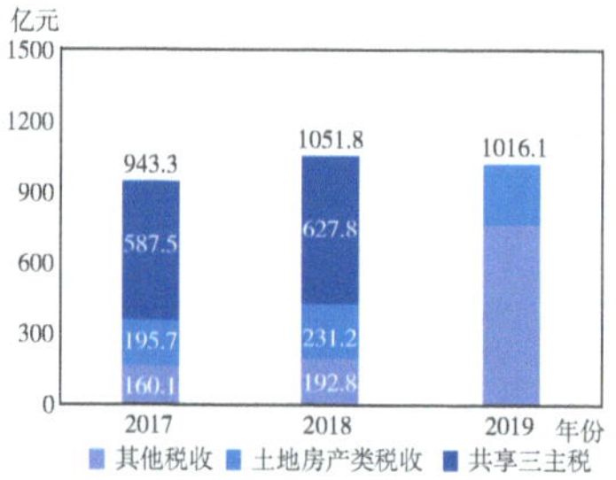

图31-25　2017-2019年新疆维吾尔自治区税收收入

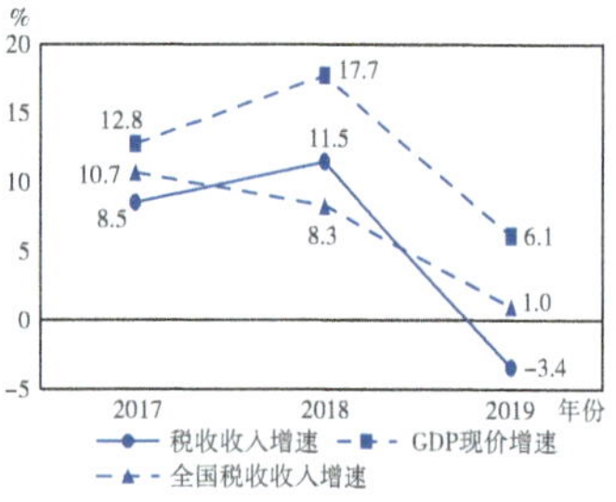

图31-26　2017-2019年新疆维吾尔自治区税收收入增速

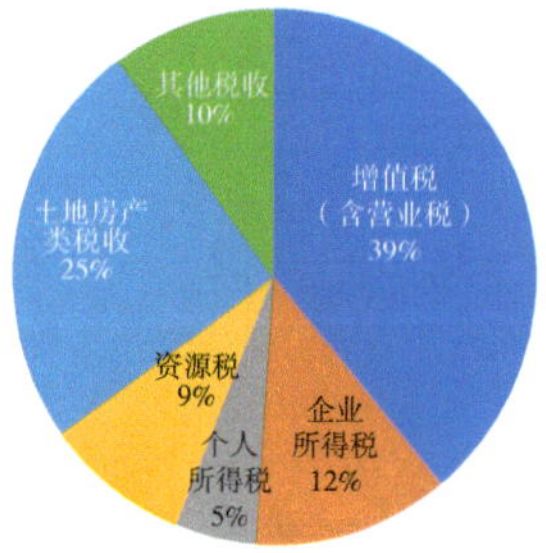

图31-27　2019年新疆维吾尔自治区税收结构

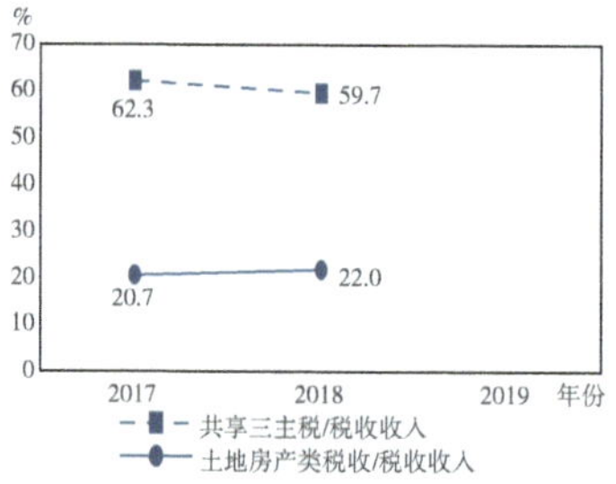

图31-28　2017-2019年新疆维吾尔自治区共享三主税、土地房产类税收占税收收入的比重

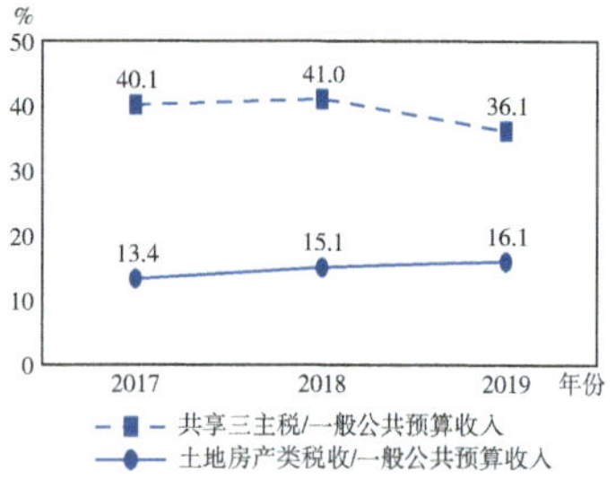

图31-29　2017-2019年新疆维吾尔自治区共享三主税、土地房产类税收占一般公共预算收入的比重

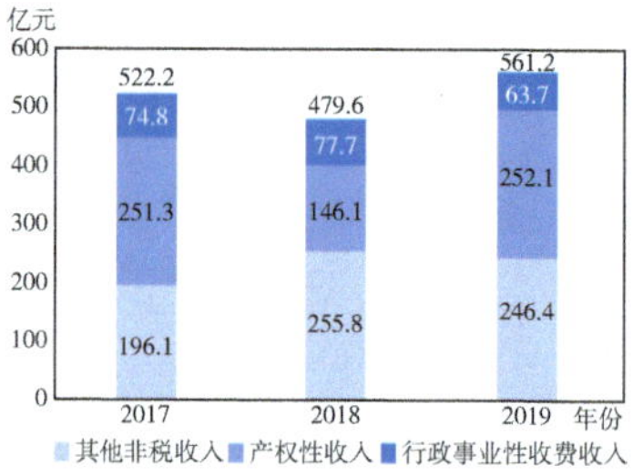

图31-30　2017-2019年新疆维吾尔自治区非税收入

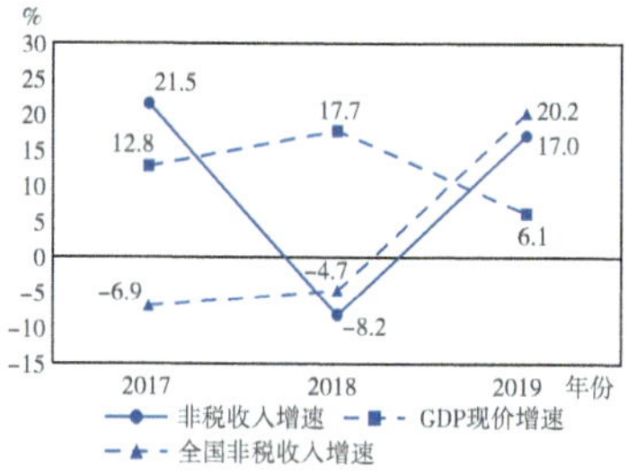

图31-31　2017-2019年新疆维吾尔自治区非税收入增速

图31-32　2017-2019年新疆维吾尔自治区行政事业性收费及产权性收入占非税收入的比重

31.1.4 新疆维吾尔自治区政府性基金收入和国有资本经营收入情况

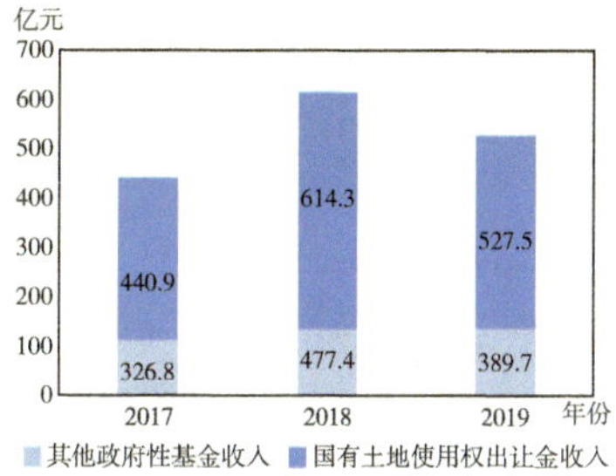

图 31-33 2017-2019 年新疆维吾尔自治区政府性基金收入

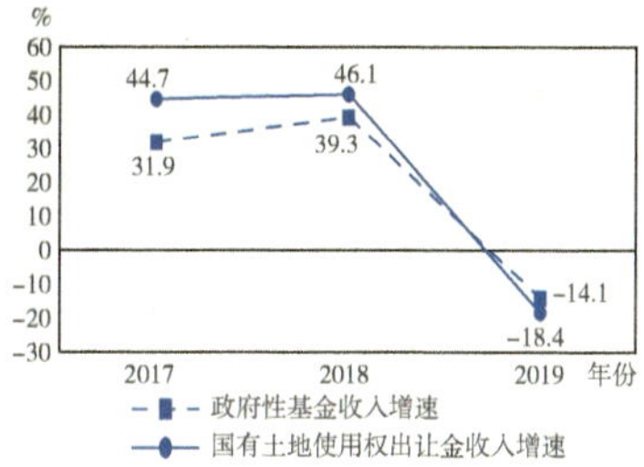

图 31-34 2017-2019 年新疆维吾尔自治区政府性基金收入增速及国有土地使用权出让金收入增速

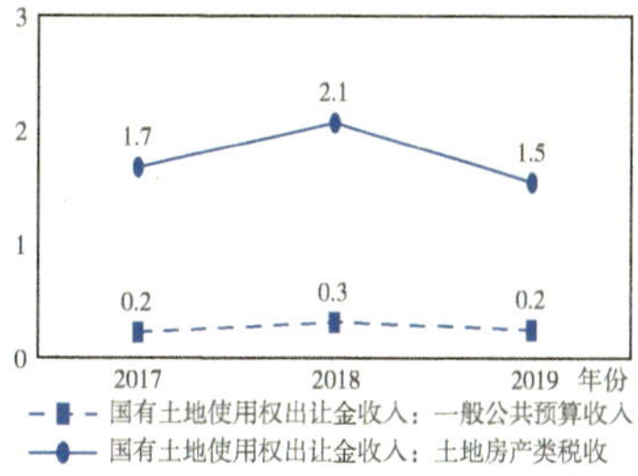

图 31-35 2017-2019 年新疆维吾尔自治区国有土地使用权出让金收入与一般公共预算关系指标

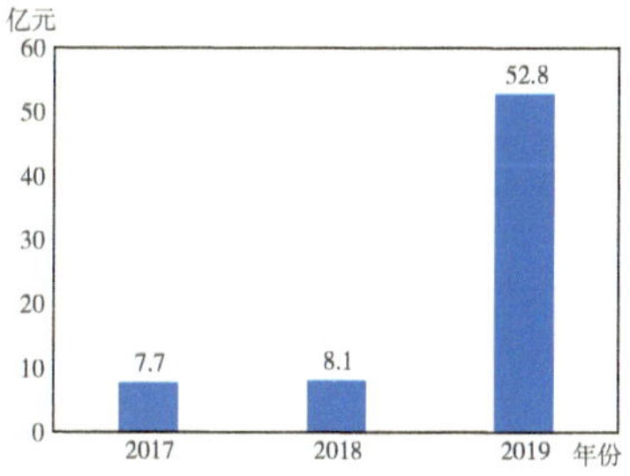

图 31-36 2017-2019 年新疆维吾尔自治区国有资本经营预算收入

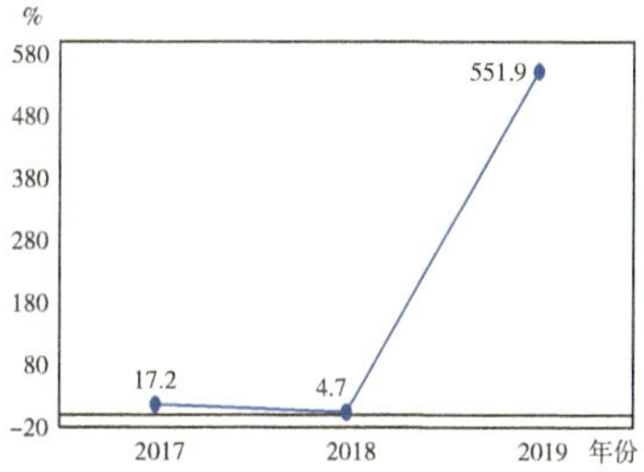

图 31-37 2017-2019 年新疆维吾尔自治区国有资本经营收入增速

31.1.5 新疆维吾尔自治区社会保险基金收入情况

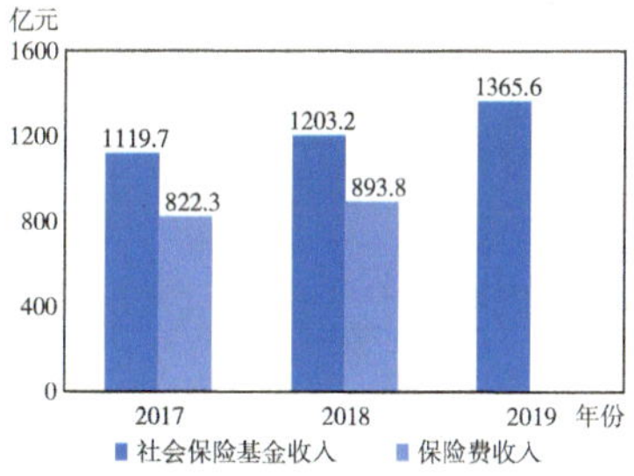

图 31-38 2017-2019 年新疆维吾尔自治区社会保险基金预算收入

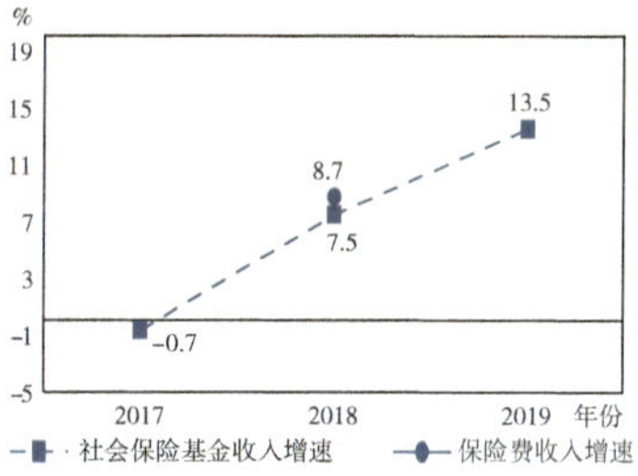

图 31-39 2017-2019 年新疆维吾尔自治区社会保险基金收入增速及保险费收入增速

31.1.6 新疆维吾尔自治区债务情况

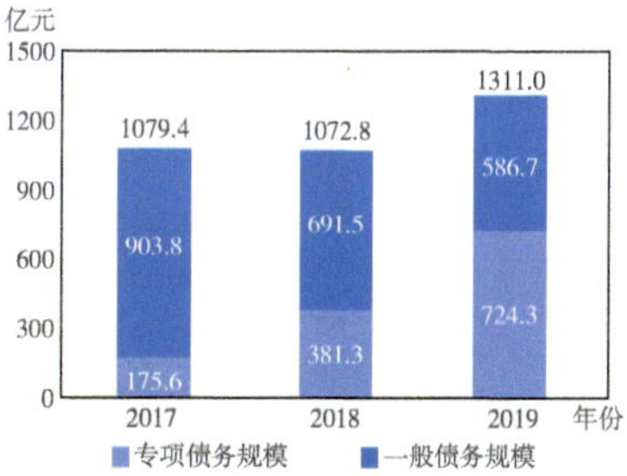

图 31-40 2017-2019 年新疆维吾尔自治区债务规模

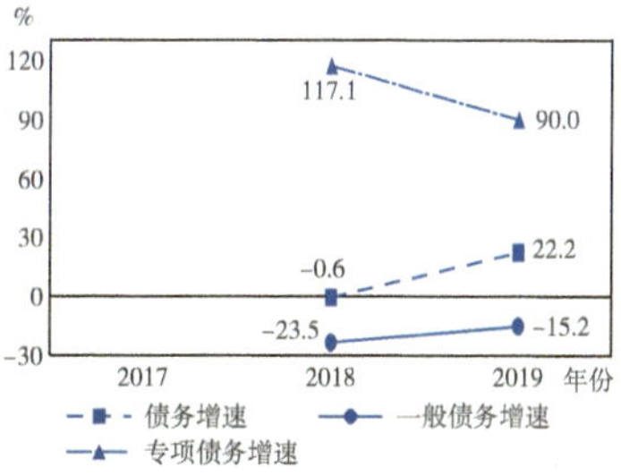

图 31-41 2017-2019 年新疆维吾尔自治区债务增速

图 31-42 2017-2019 年新疆维吾尔自治区债务限额

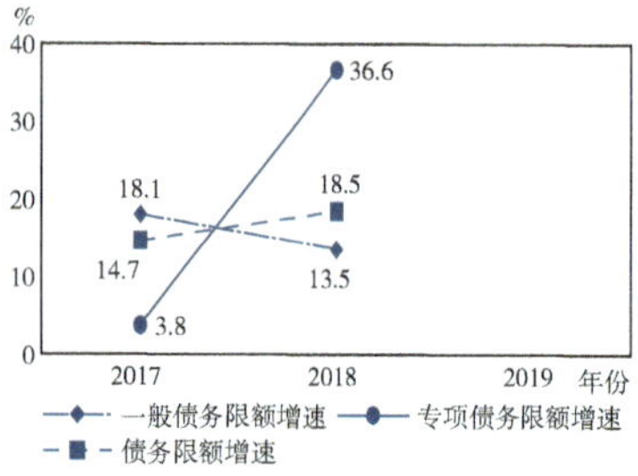

图31-43　2017-2019年新疆维吾尔自治区债务限额增速

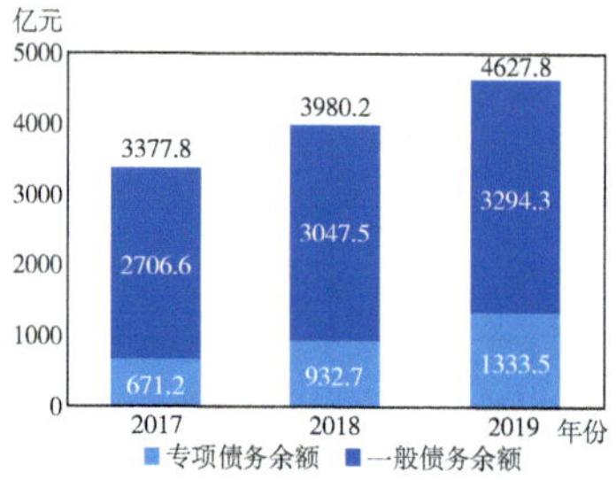

图31-44　2017-2019年新疆维吾尔自治区债务余额

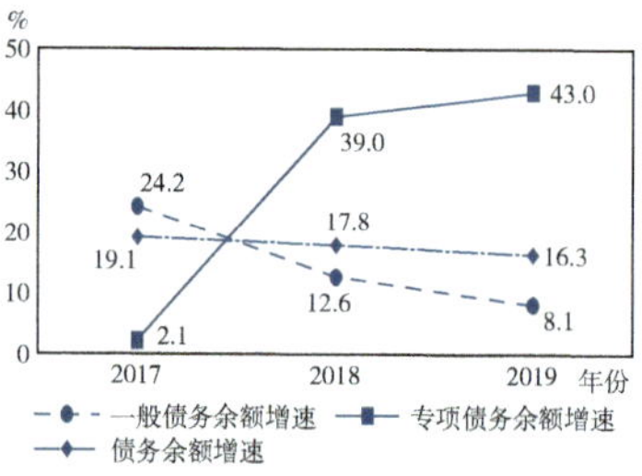

图31-45　2017-2019年新疆维吾尔自治区债务余额增速

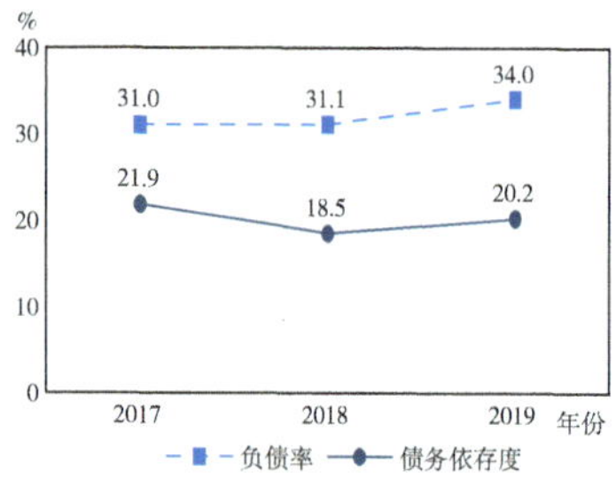

图31-46　2017-2019年新疆维吾尔自治区负债率与债务依存度

31.1.7　新疆维吾尔自治区区本级一般公共预算收入情况

图31-47　2017-2019年新疆维吾尔自治区区本级一般公共预算收入

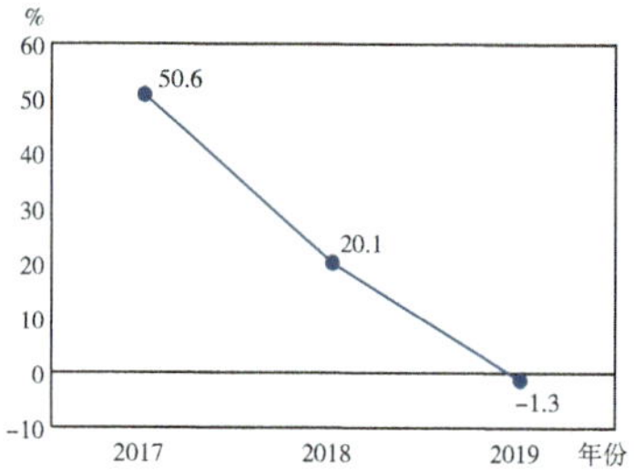

图31-48　2017-2019年新疆维吾尔自治区区本级一般公共预算收入增速

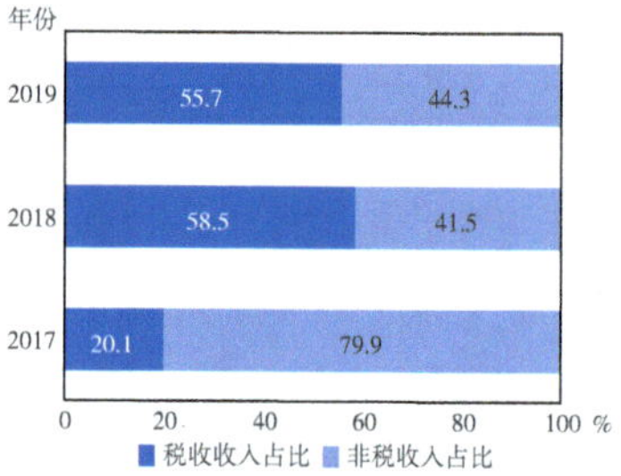

图31-49　2017-2019年新疆维吾尔自治区区本级一般公共预算收入结构

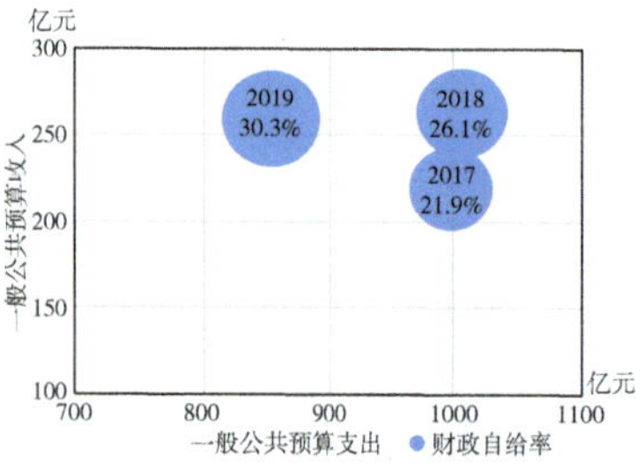

图31-50　2017-2019年新疆维吾尔自治区区本级财政自给率

图31-51　2017-2019年新疆维吾尔自治区区本级税收收入

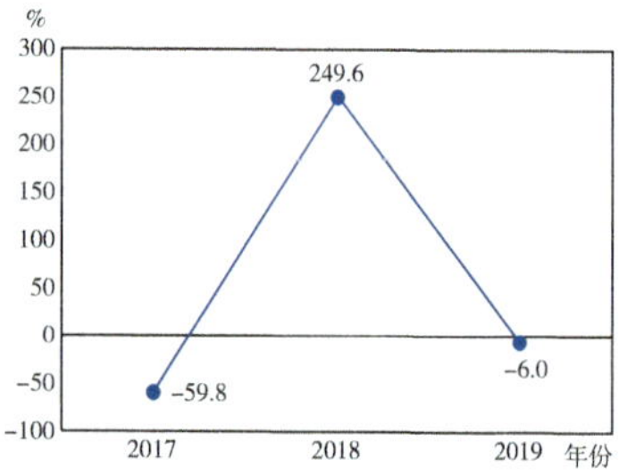

图31-52　2017-2019年新疆维吾尔自治区区本级税收收入增速

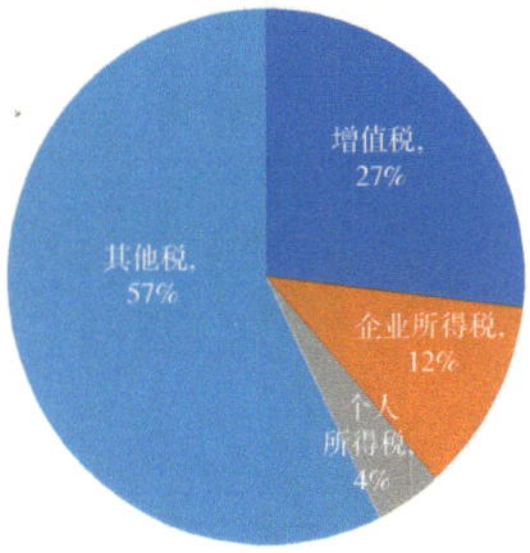

图31-53　2019年新疆维吾尔自治区区本级税收结构

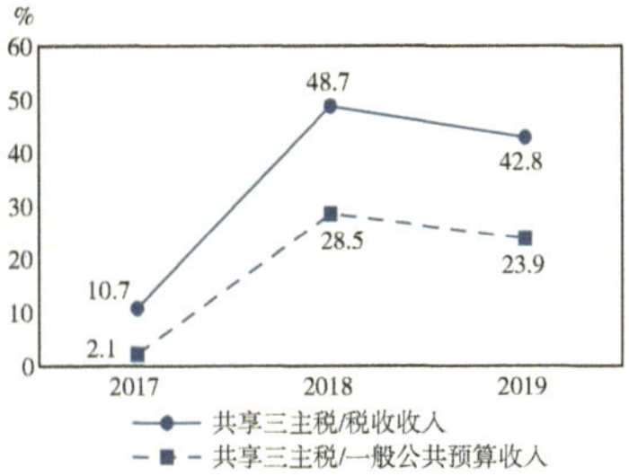

图31-54　2017-2019年新疆维吾尔自治区区本级共享三主税占税收收入、一般公共预算收入的比重

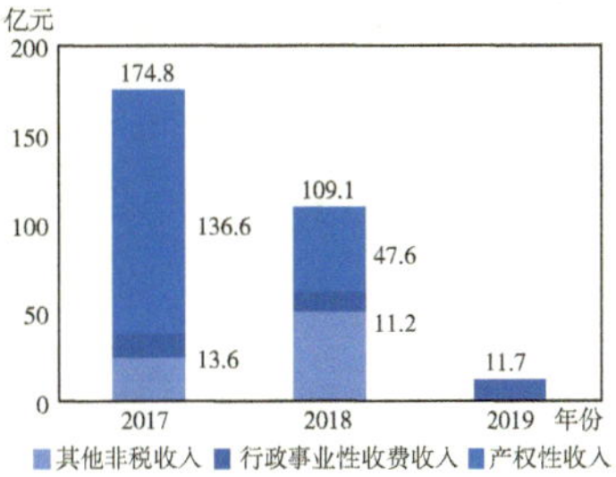

图31-55　2017-2019年新疆维吾尔自治区区本级非税收入

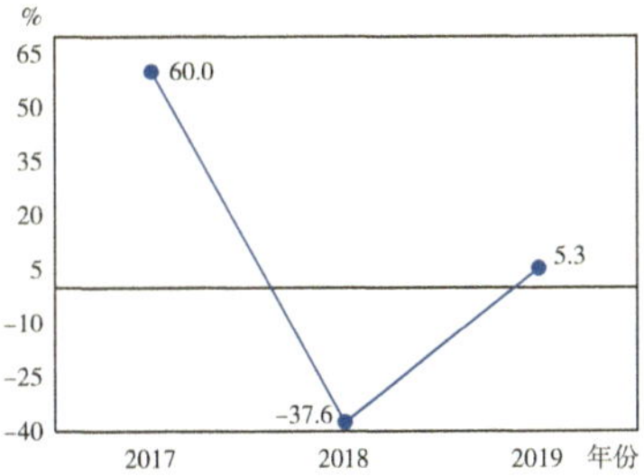

图31-56　2017-2019年新疆维吾尔自治区区本级非税收入增速

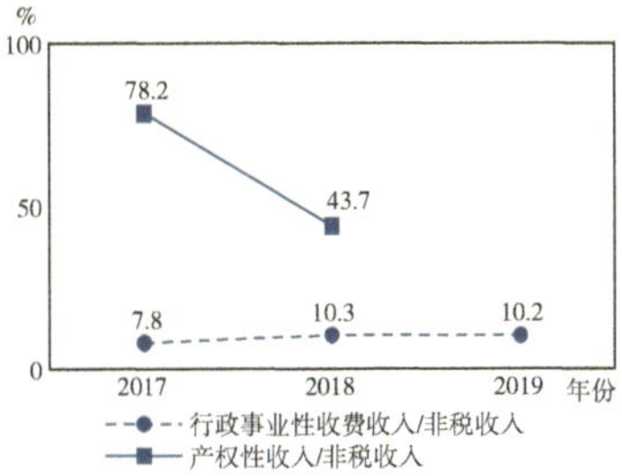

图31-57　2017-2019年新疆维吾尔自治区区本级行政事业性收费、产权性收入占非税收入的比重

31.2　新疆维吾尔自治区各市政府收入主要特征分析

31.2.1　新疆维吾尔自治区各市经济社会发展情况

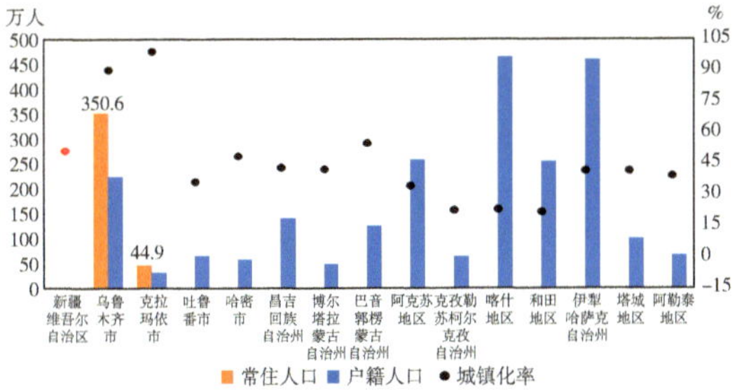

图31-58　2018年新疆维吾尔自治区各市人口状况

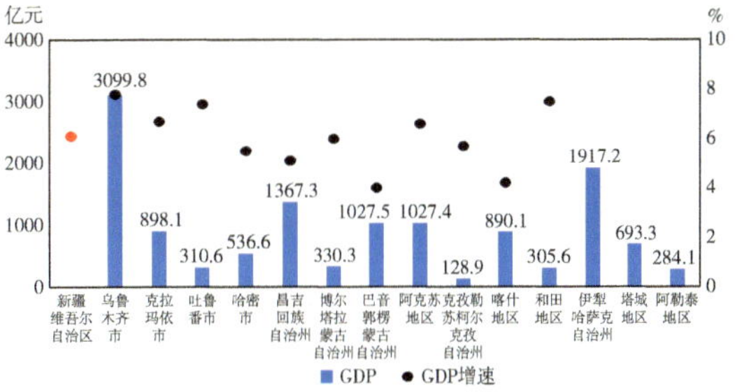

图31-59　2018年新疆维吾尔自治区各市GDP及增速

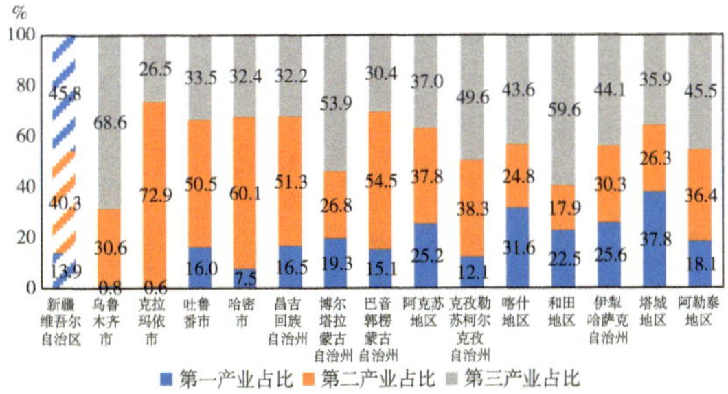

图31-60　2018年新疆维吾尔自治区各市三次产业结构

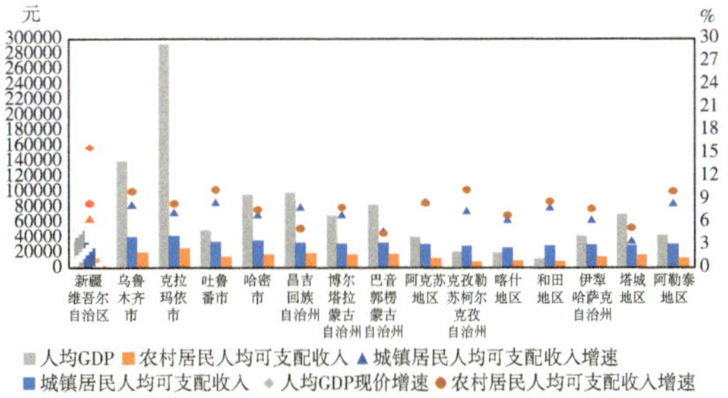

图31-61　2018年新疆维吾尔自治区各市人均GDP与人均可支配收入

注：塔城地区农村居民人均可支配收入增速100.6%；所用数据为户籍人口。

31.2.2 新疆维吾尔自治区各市政府收入总体情况

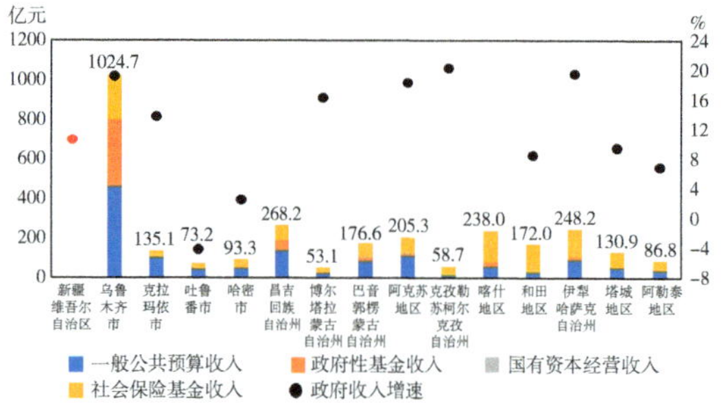

图31-62 2018年新疆维吾尔自治区各市政府收入结构及增速

注：部分地级市未列国有资本经营预算；巴音郭楞蒙古自治州政府收入增速185%。

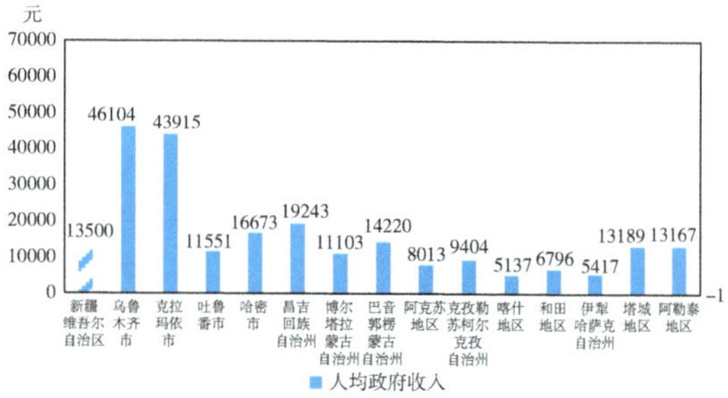

图31-63 2018年新疆维吾尔自治区各市人均政府收入

注：所用数据为户籍人口。

31.2.3 新疆维吾尔自治区各市一般公共预算收入情况

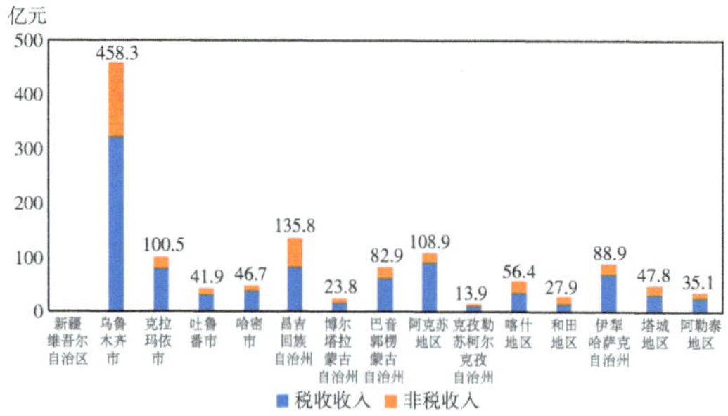

图31-64 2018年新疆维吾尔自治区各市一般公共预算收入

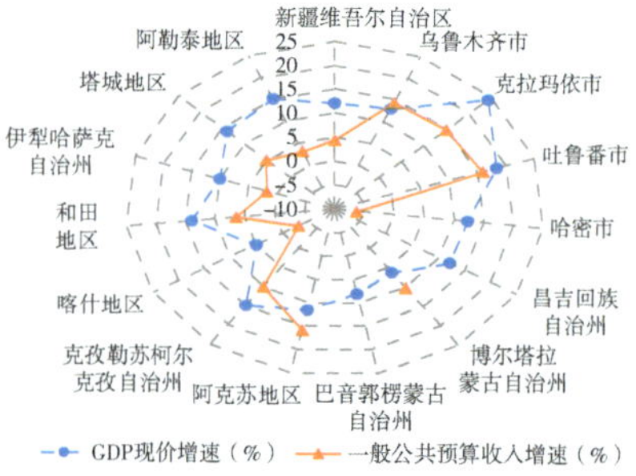

图31-65 2018年新疆维吾尔自治区各市一般公共预算收入增速

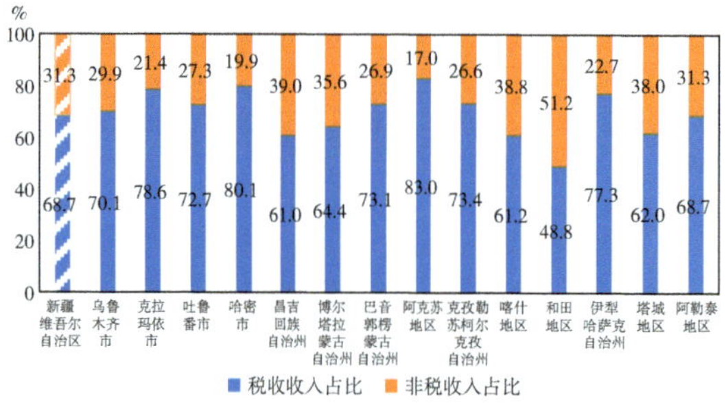

图31-66 2018年新疆维吾尔自治区各市一般公共预算收入结构

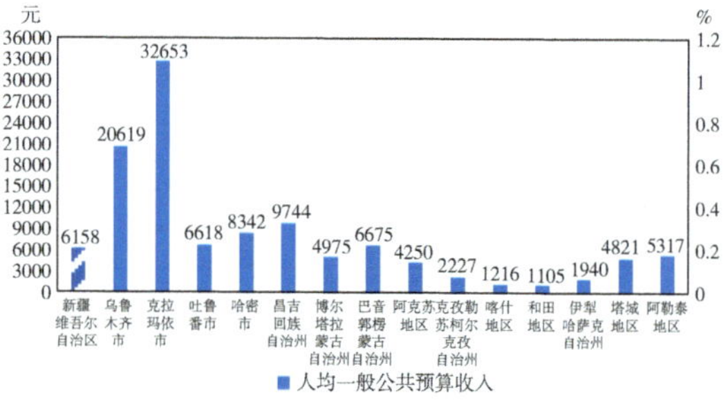

图31-67 2018年新疆维吾尔自治区各市人均一般公共预算收入

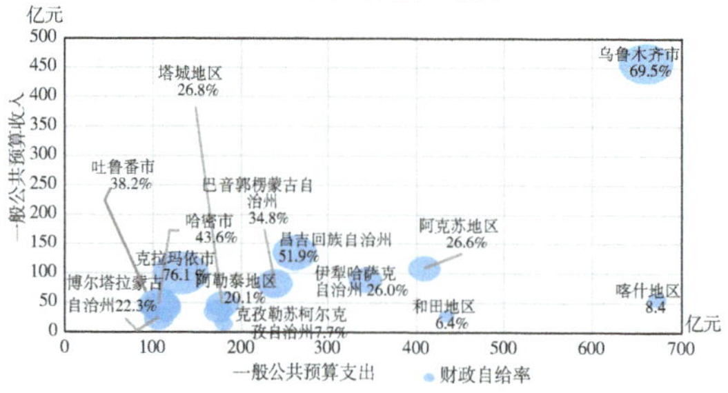

图31-68 2018年新疆维吾尔自治区各市财政自给率

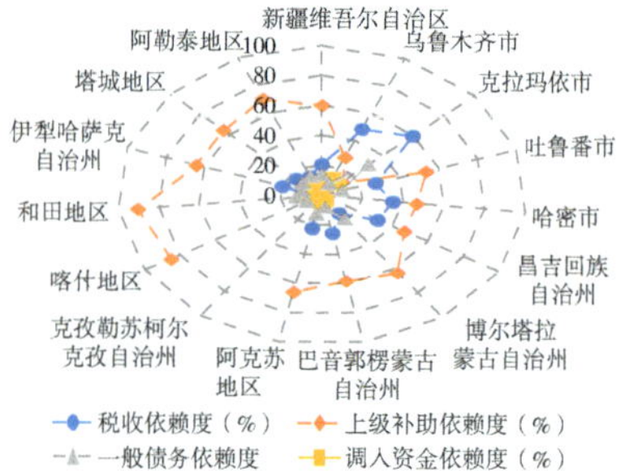

图31-69 2018年新疆维吾尔自治区各市财政收入依赖度

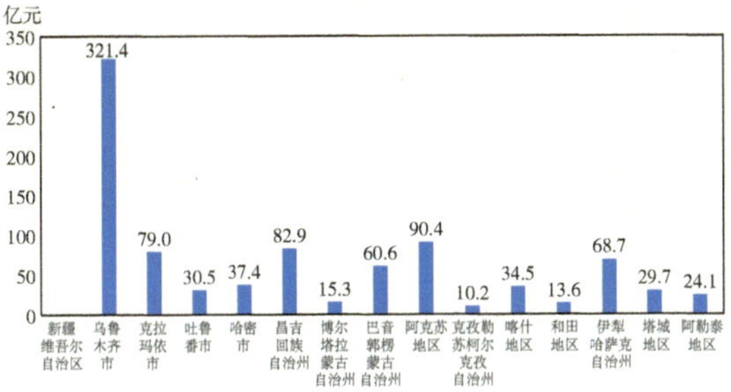

图31-70　2018年新疆维吾尔自治区各市税收收入

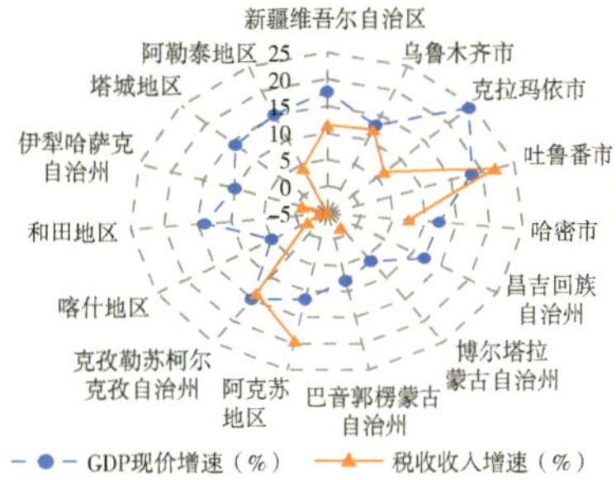

图31-71　2018年新疆维吾尔自治区各市税收收入增速

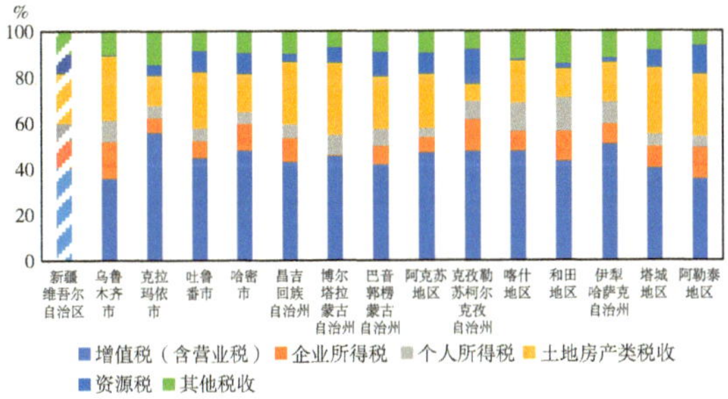

图31-72　2018年新疆维吾尔自治区各市税收收入结构

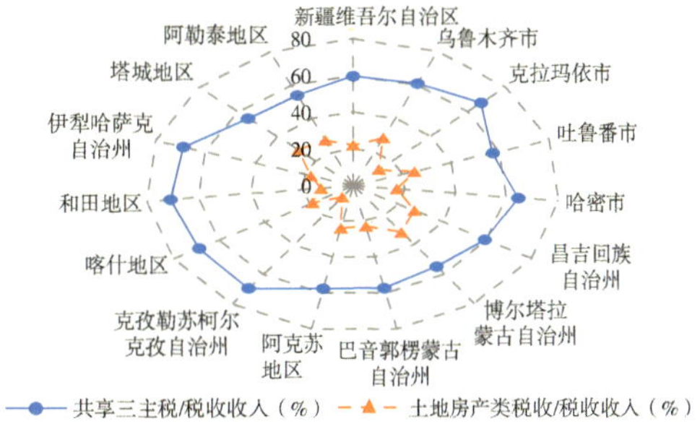

图31-73　2018年新疆维吾尔自治区各市共享三主税、土地房产类税收占税收收入的比重

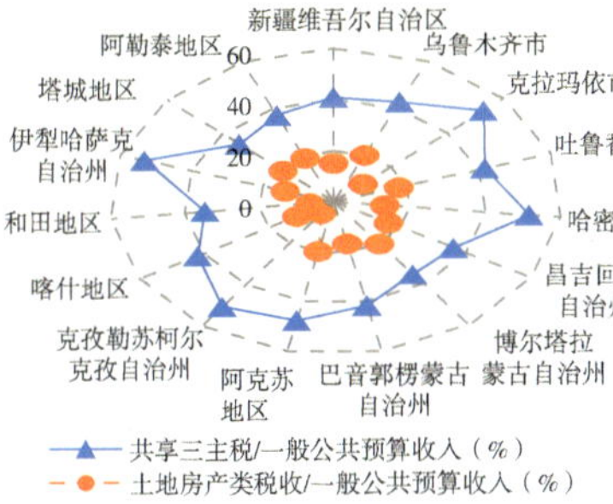

图31-74　2018年新疆维吾尔自治区各市共享三主税、土地房产类税收占一般公共预算收入的比重

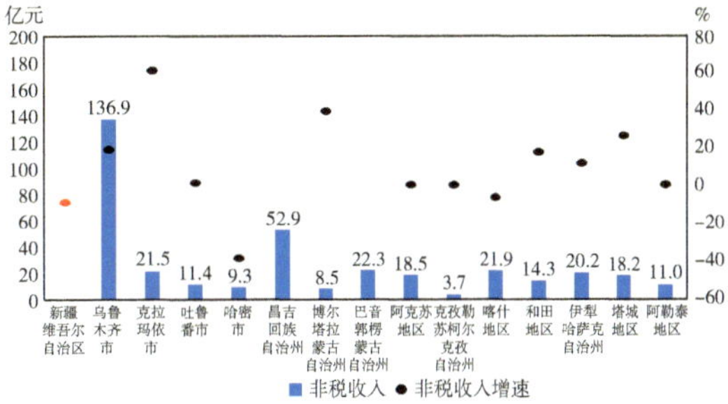

图31-75　2018年新疆维吾尔自治区各市非税收入及增速

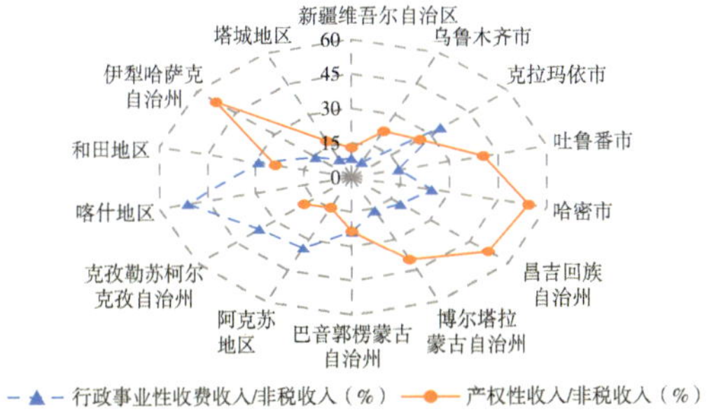

图31-76　2018年新疆维吾尔自治区各市行政事业性收费收入、产权性收入占非税收入的比重

31.2.4 新疆维吾尔自治区各市政府性基金收入与国有资本经营收入情况

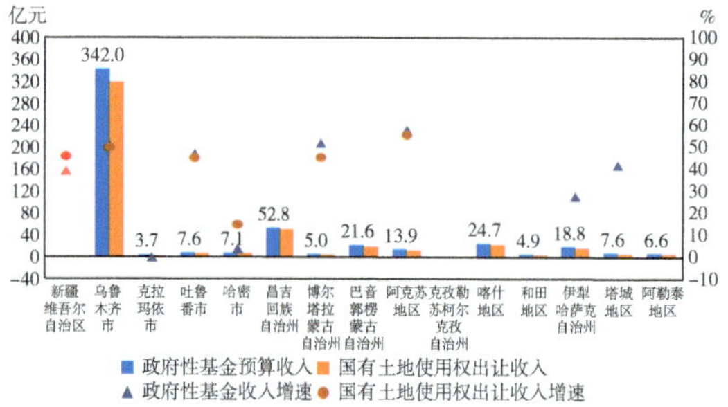

图31-77 2018年新疆维吾尔自治区各市政府性基金收入、国有土地使用权出让金收入及其增速

注：喀什地区国有土地使用权出让金收入增速360%，政府性基金收入增速311%。

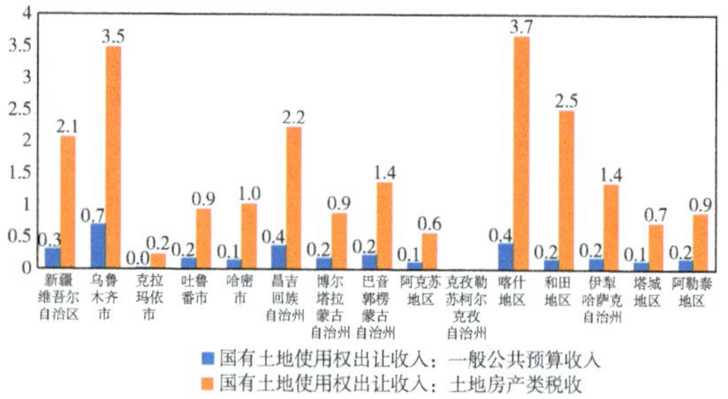

图31-78 2018年新疆维吾尔自治区各市国有土地使用权出让金收入与一般公共预算关系指标

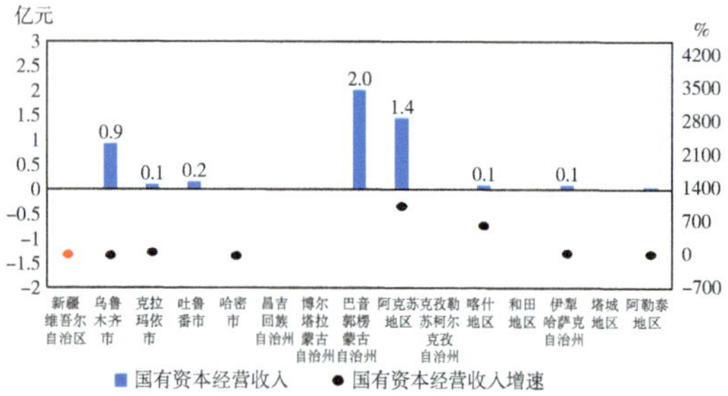

图31-79 2018年新疆维吾尔自治区各市国有资本经营收入及增速

注：国有资本经营收入增速阿克苏地区1022.3%，喀什地区616.5%。

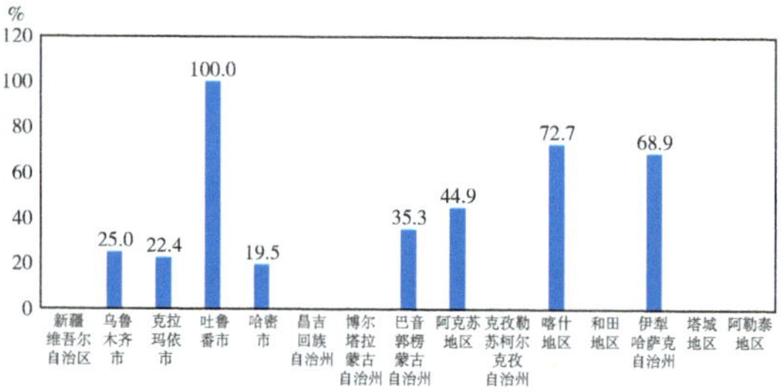

图31-80 2018年新疆维吾尔自治区各市调出资金/国有资本经营收入

31.2.5 新疆维吾尔自治区各市社会保险基金收入情况

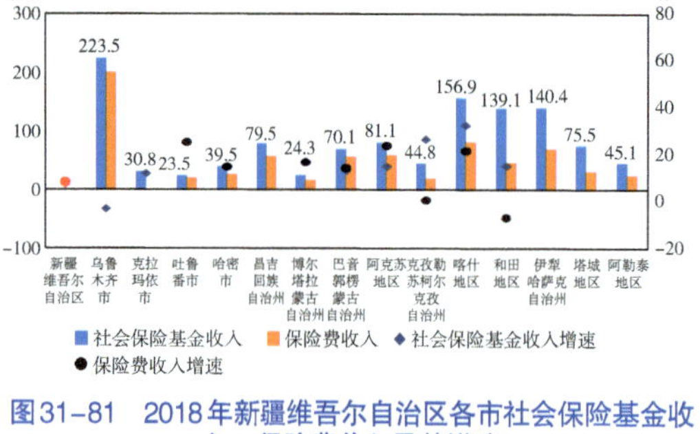

图31-81 2018年新疆维吾尔自治区各市社会保险基金收入、保险费收入及其增速

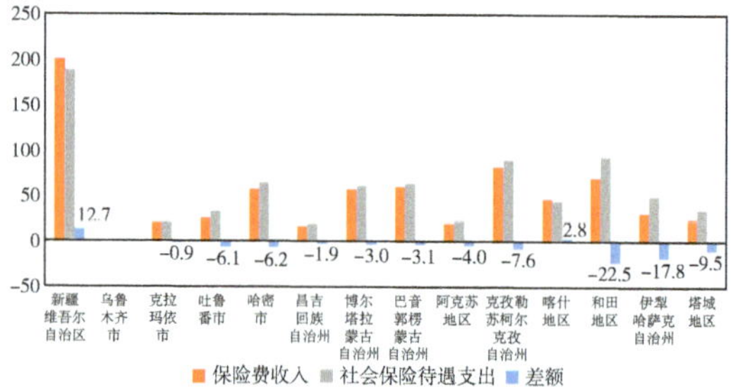

图31-82 2018年新疆维吾尔自治区各市保险费收入、社会保险待遇支出及其差额

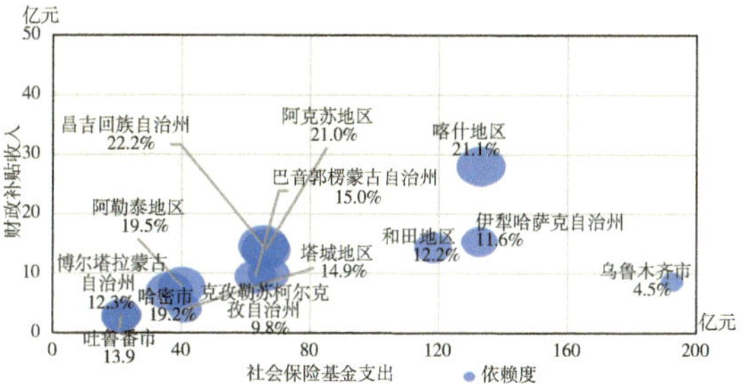

图31-83 2018年新疆维吾尔自治区各市社会保险基金对财政补贴的依赖度

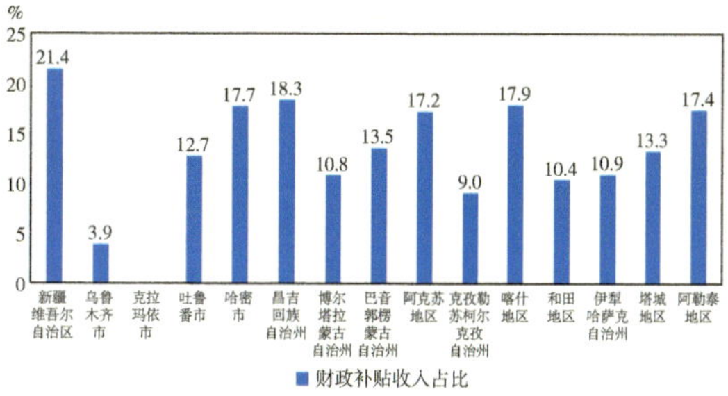

图31-84 2018年新疆维吾尔自治区各市财政补贴收入占社会保险基金收入的比重

31.2.6 新疆维吾尔自治区各市债务情况

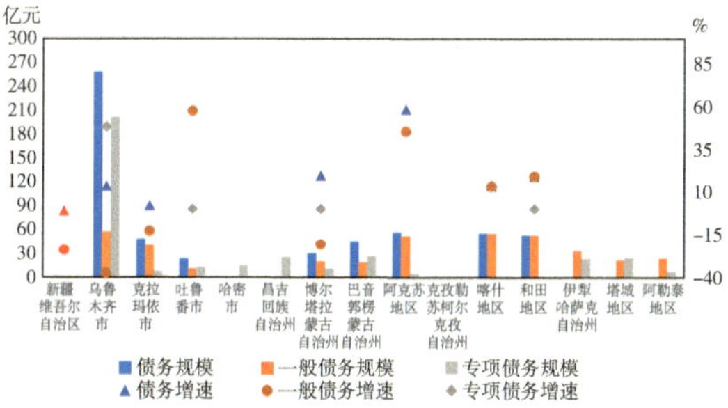

图31-85 2018年新疆维吾尔自治区各市债务规模及其增速

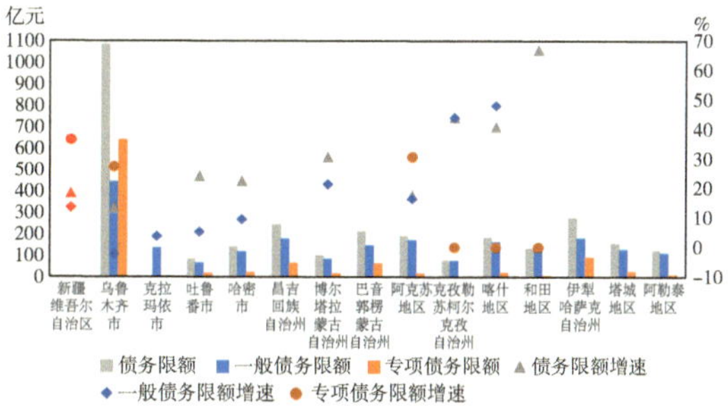

图31-86 2018年新疆维吾尔自治区各市债务限额及其增速

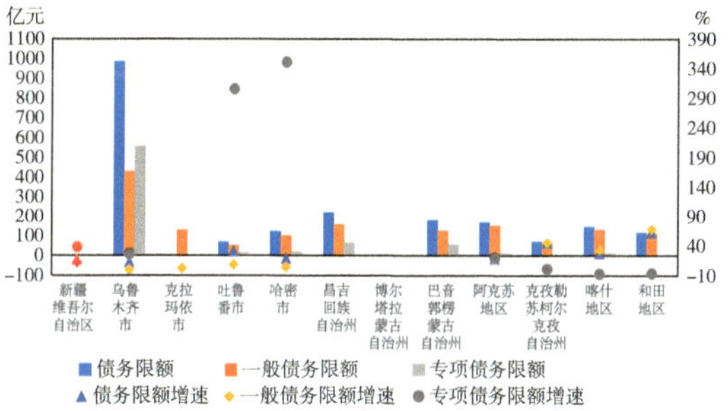

图31-87 2018年新疆维吾尔自治区各市债务余额及其增速

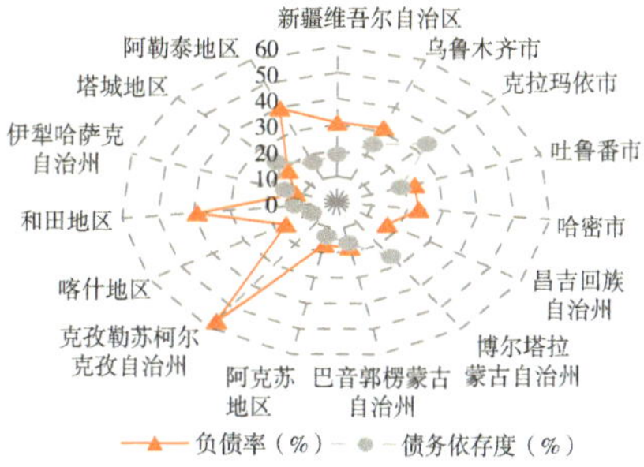

图31-88 2018年新疆维吾尔自治区各市负债率与债务依存度

31.2.7 新疆维吾尔自治区各市市本级一般公共预算收入情况

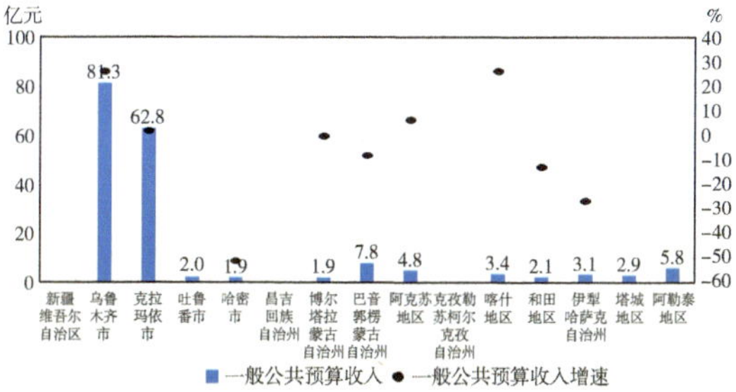

图31-89 2018年新疆维吾尔自治区各市市本级一般公共预算收入及增速

注：塔城地区一般公共预算收入增速158%。

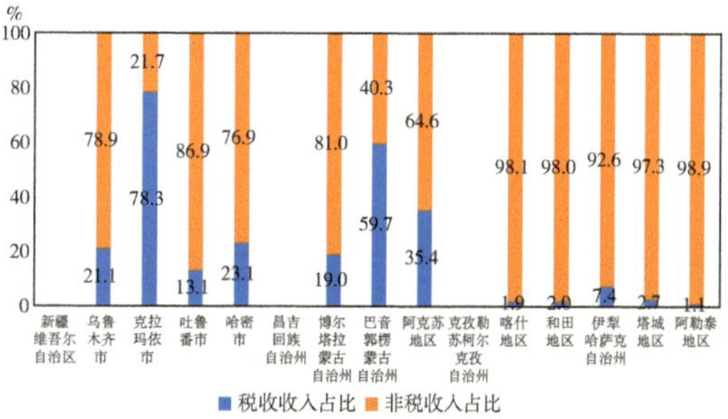

图31-90 2018年新疆维吾尔自治区各市市本级一般公共预算收入结构

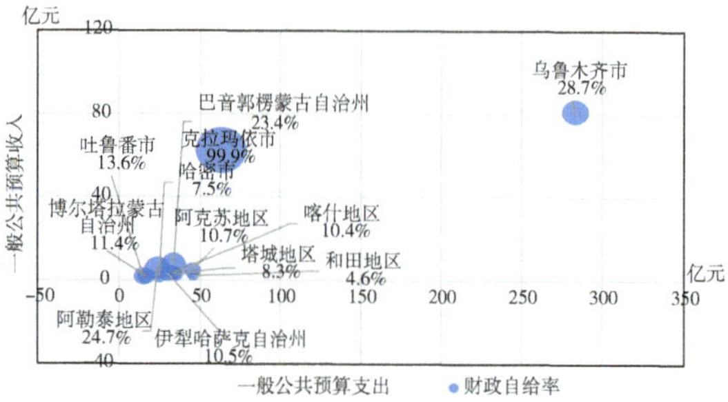

图31-91　2018年新疆维吾尔自治区各市市本级财政自给率

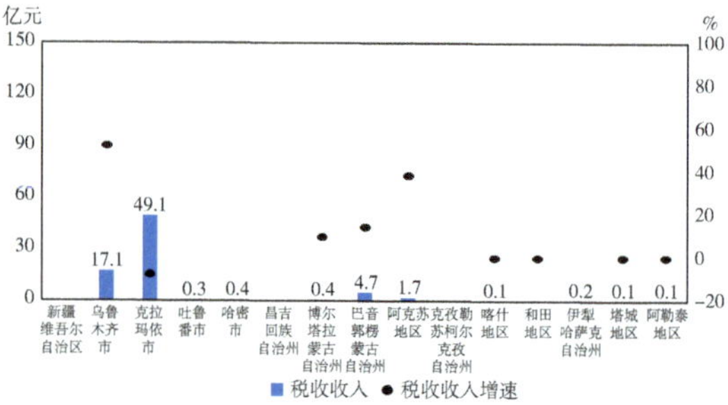

图31-92　2018年新疆维吾尔自治区各市市本级税收收入及增速

注：伊犁哈萨克自治州税收收入增速514.6%。

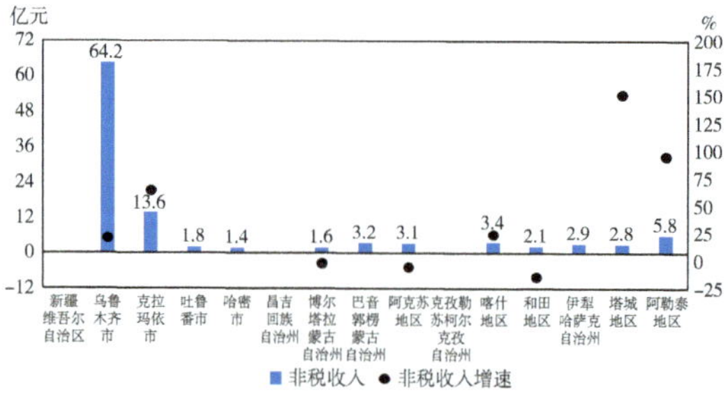

图31-93　2018年新疆维吾尔自治区各市市本级非税收入及增速

31.3　新疆维吾尔自治区样本县政府收入主要特征分析

31.3.1　新疆维吾尔自治区样本县经济社会发展情况

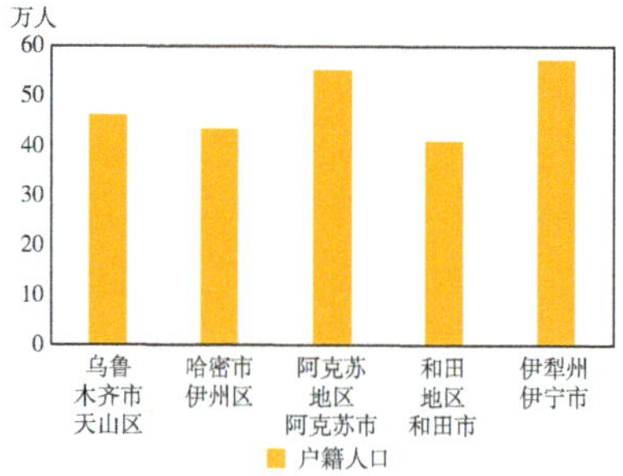

图31-94　2018年新疆维吾尔自治区样本区县人口状况

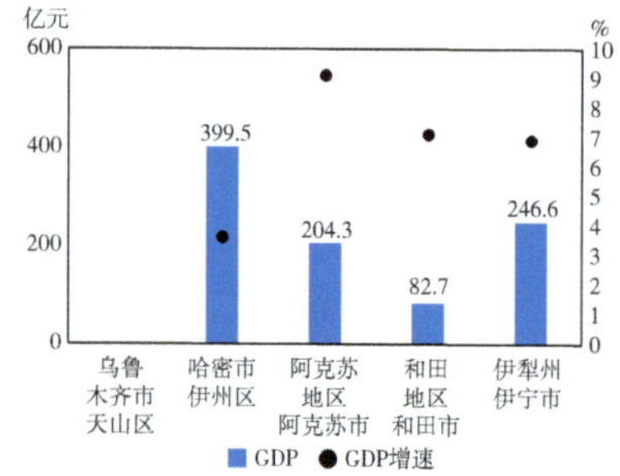

图31-95　2018年新疆维吾尔自治区样本区县GDP及增速

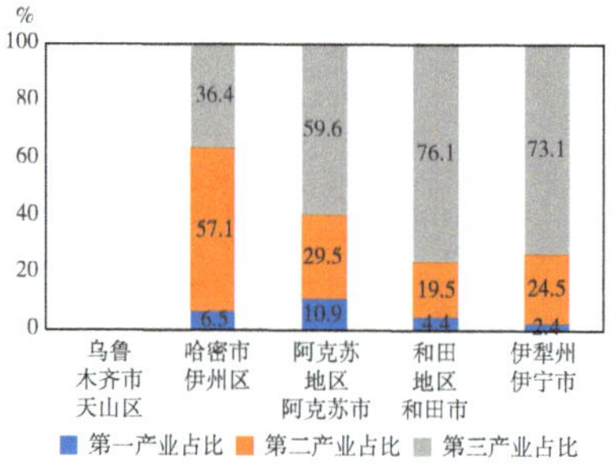

图31-96　2018年新疆维吾尔自治区样本区县三次产业结构

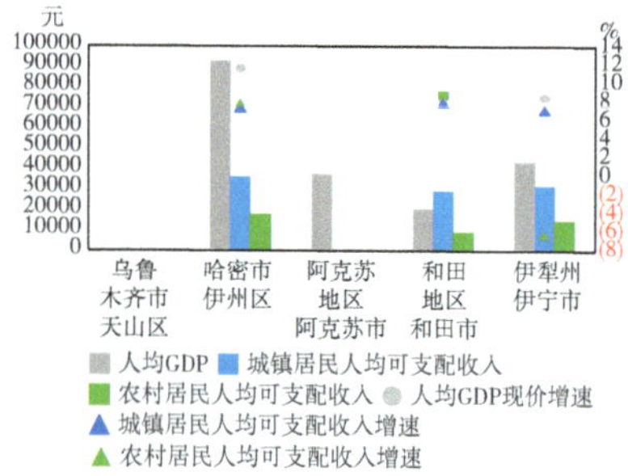

图31-97　2018年新疆维吾尔自治区样本区县人均GDP与人均可支配收入

31.3.2 新疆维吾尔自治区样本县政府收入总体情况

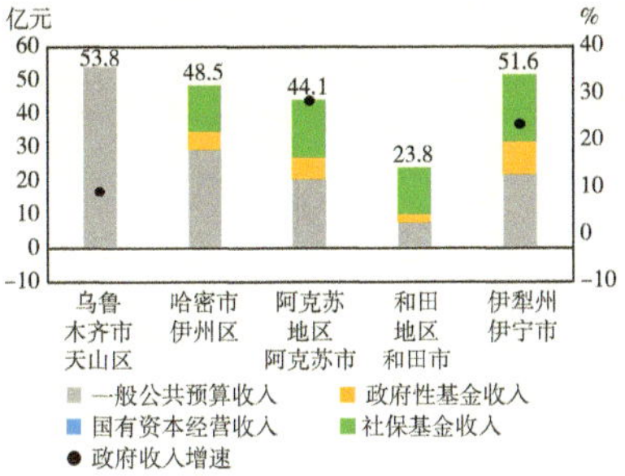

图31-98 2018年新疆维吾尔自治区样本区县政府收入结构及增速

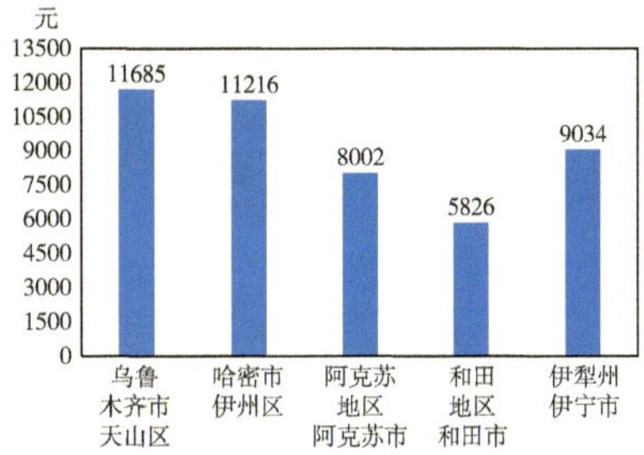

图31-99 2018年新疆维吾尔自治区样本区县人均政府收入

31.3.3 新疆维吾尔自治区样本县一般公共预算收入情况

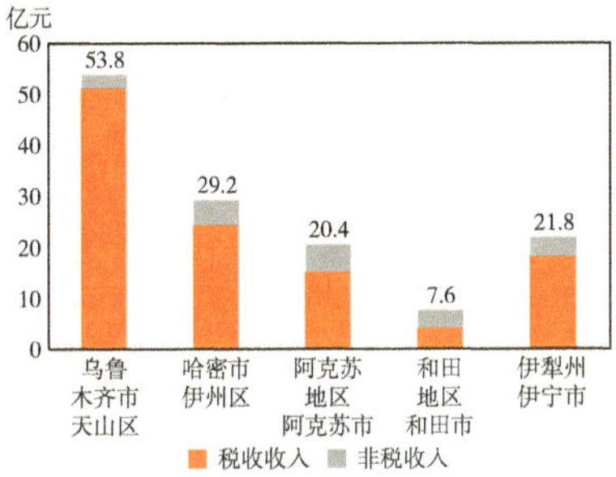

图31-100 2018年新疆维吾尔自治区样本区县一般公共预算收入

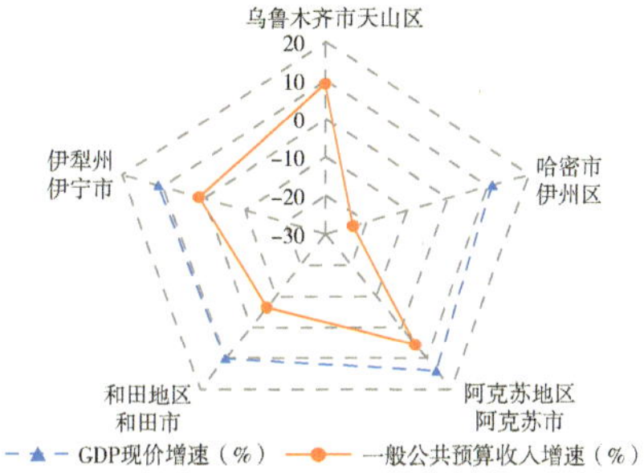

图31-101 2018年新疆维吾尔自治区样本区县一般公共预算收入增速

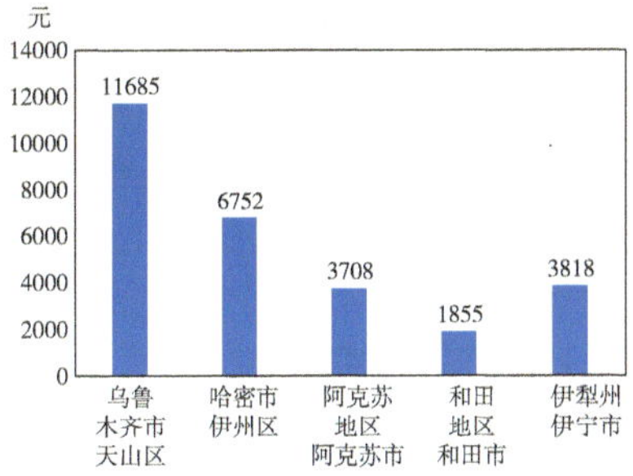

图31-102 2018年新疆维吾尔自治区样本区县人均一般公共预算收入

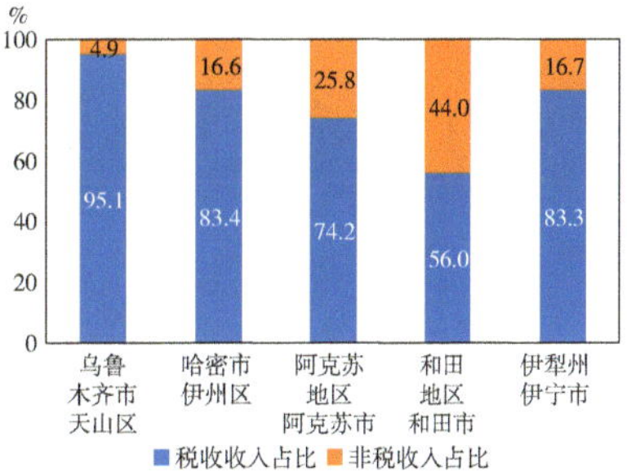

图31-103 2018年新疆维吾尔自治区样本区县一般公共预算收入结构

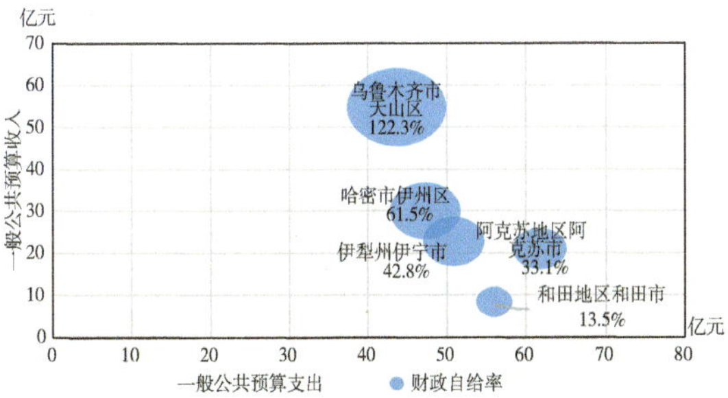

图31-104 2018年新疆维吾尔自治区样本区县财政自给率

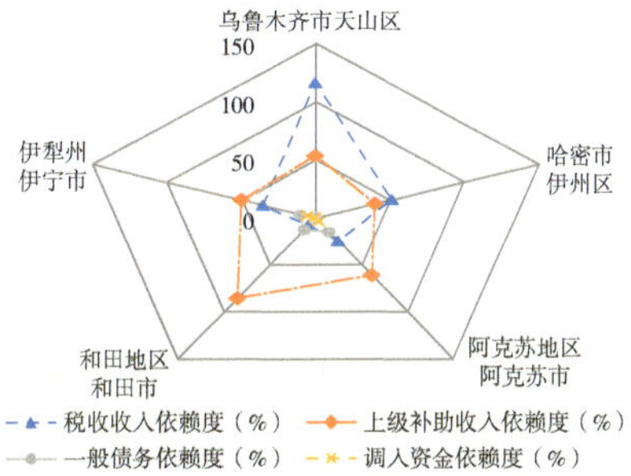

图31-105 2018年新疆维吾尔自治区样本区县财政收入依赖度

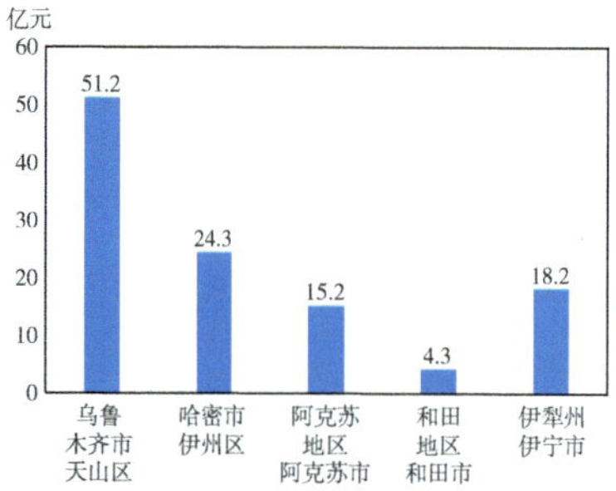

图31-106　2018年新疆维吾尔自治区样本区县税收收入

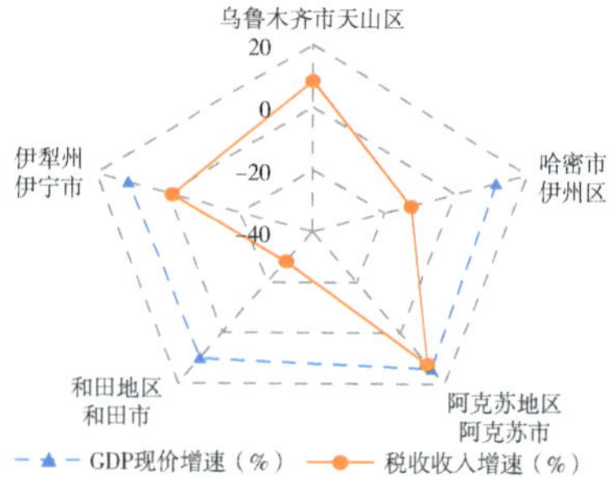

图31-107　2018年新疆维吾尔自治区样本区县税收收入增速

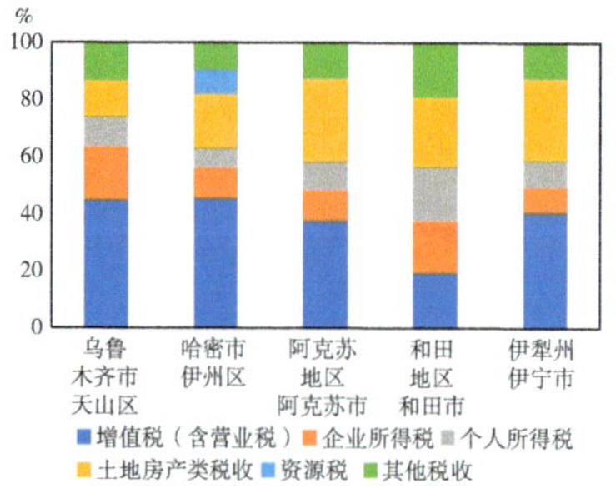

图31-108　2018年新疆维吾尔自治区样本区县税收收入结构

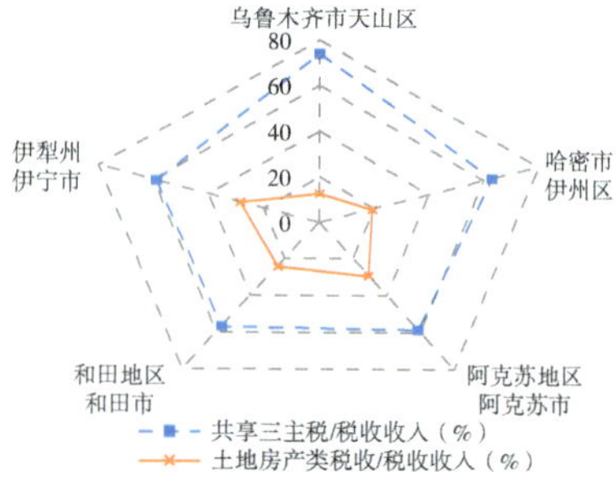

图31-109　2018年新疆维吾尔自治区样本区县共享三主税、土地房产类税收占税收收入的比重

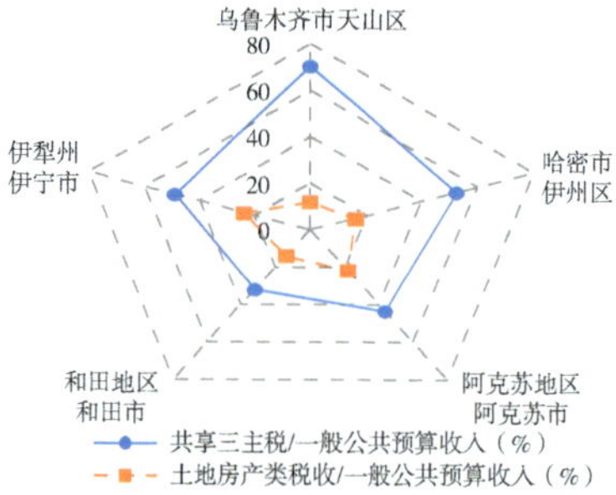

图31-110　2018年新疆维吾尔自治区样本区县共享三主税、土地房产类税收占一般公共预算收入的比重

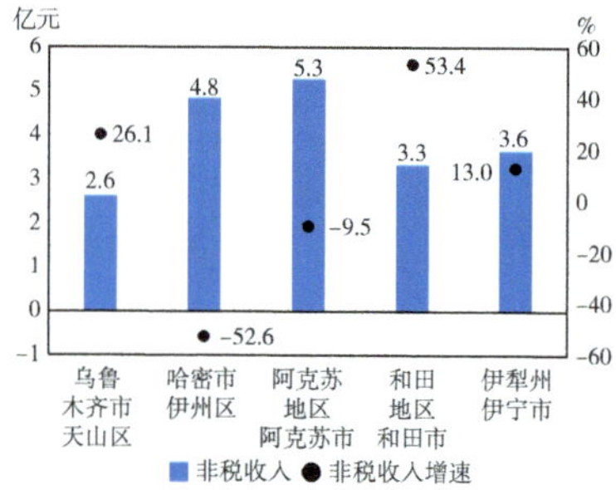

图31-111　2018年新疆维吾尔自治区样本区县非税收入及增速

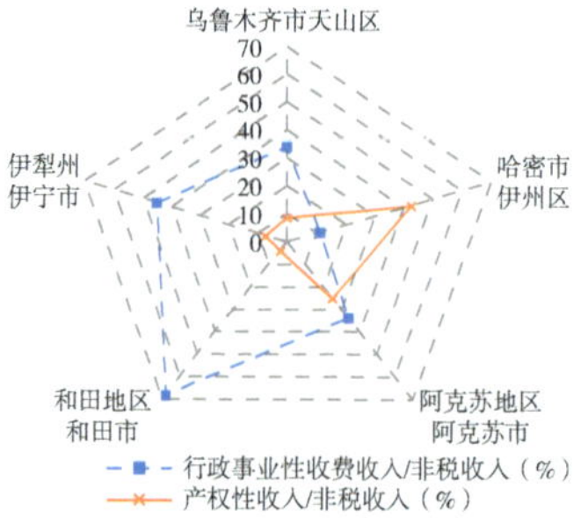

图31-112　2018年新疆维吾尔自治区样本区县产权性收入、行政事业性收费收入占非税收入的比重

31.3.4 新疆维吾尔自治区样本县政府性基金收入与国有资本经营收入情况

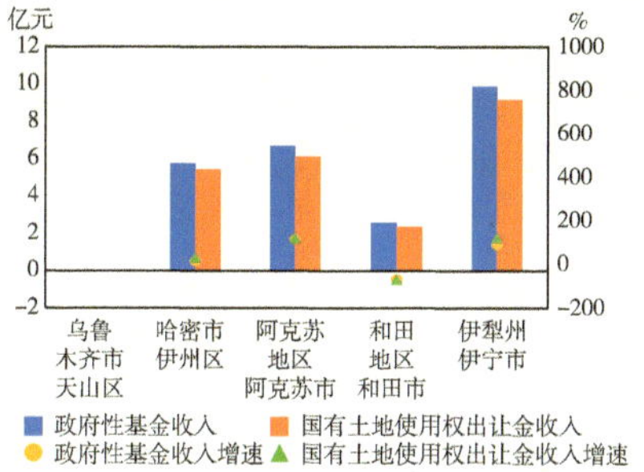

图31-113 2018年新疆维吾尔自治区样本区县政府性基金收入、国有土地使用权出让金收入及其增速

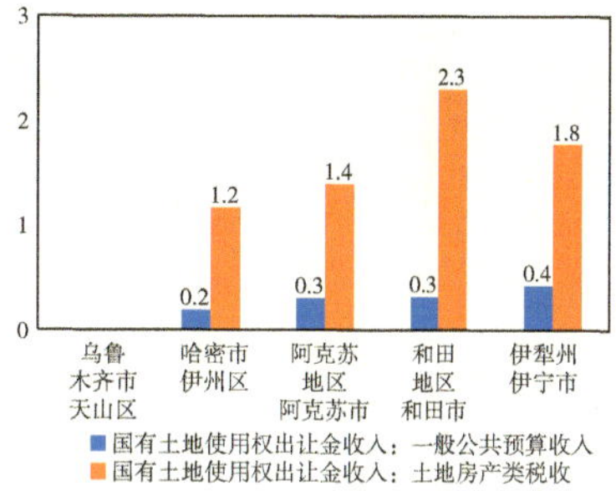

图31-114 2018年新疆维吾尔自治区样本区县国有土地使用权出让金收入与一般公共预算关系指标

31.3.5 新疆维吾尔自治区样本县社会保险基金收入情况

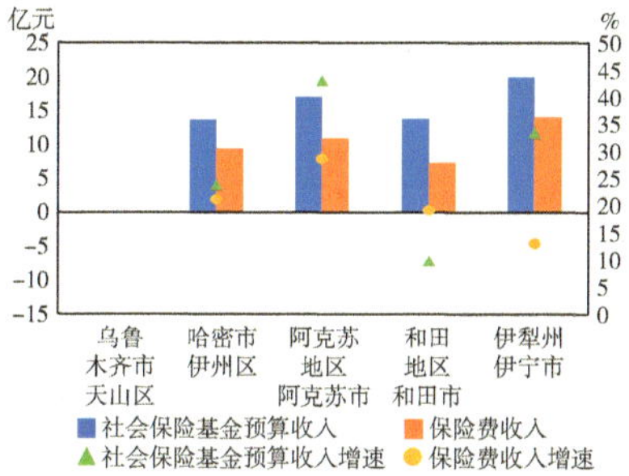

图31-115 2018年新疆维吾尔自治区样本区县社会保险基金收入、保险费收入及其增速

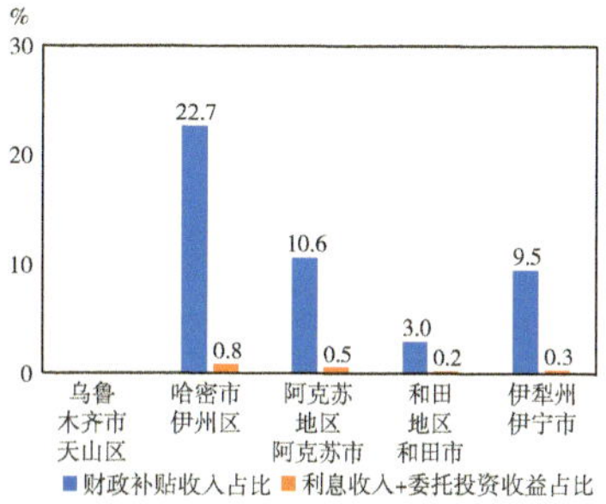

图31-116 2018年新疆维吾尔自治区样本区县财政补贴收入、利息收入+委托投资收益占社会保险基金收入的比重

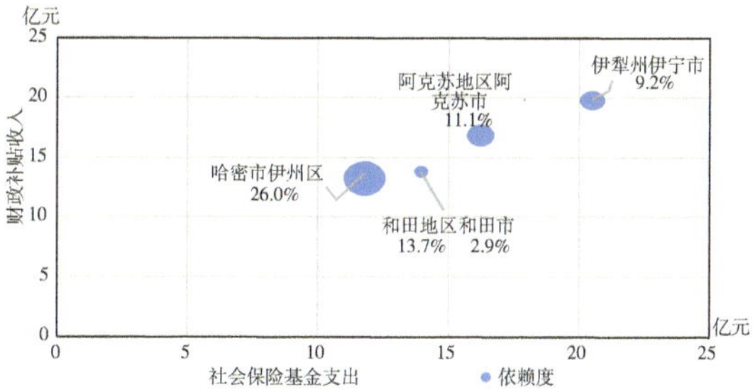

图31-117 2018年新疆维吾尔自治区样本区县社会保险基金对财政补贴的依赖度

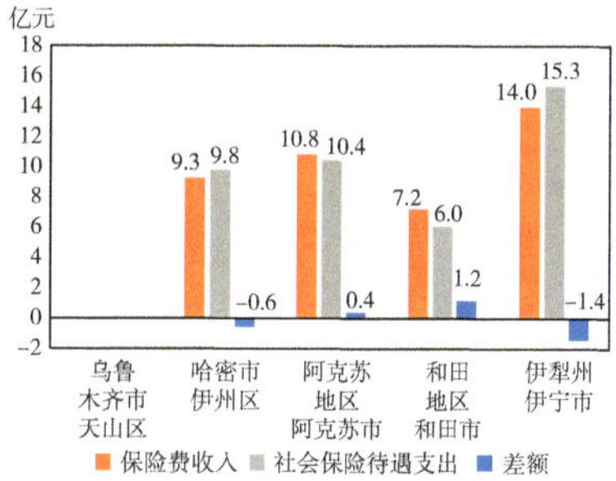

图31-118 2018年新疆维吾尔自治区样本区县保险费收入、社会保险待遇支出及其差额

31.3.6 新疆维吾尔自治区样本县债务情况

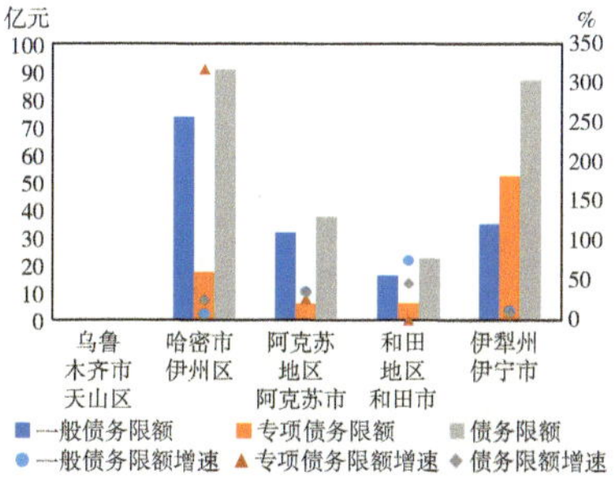

图31-119 2018年新疆维吾尔自治区样本区县债务限额及其增速

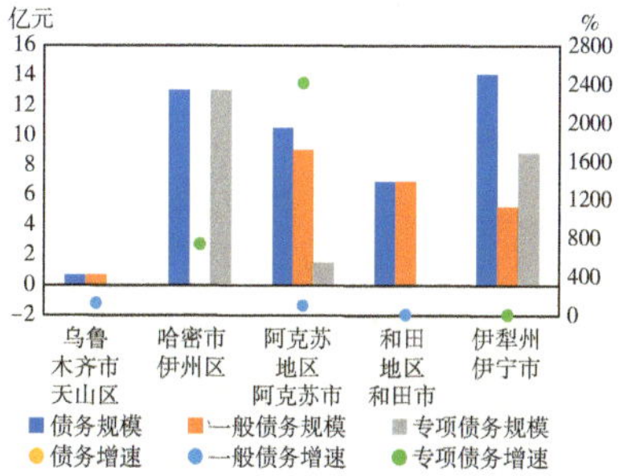

图31-120 2018年新疆维吾尔自治区样本区县债务规模及其增速

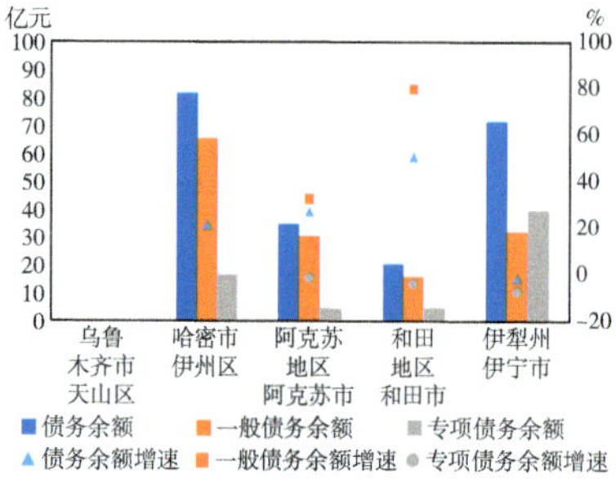

图31-121　2018年新疆维吾尔自治区样本区县债务余额及其增速

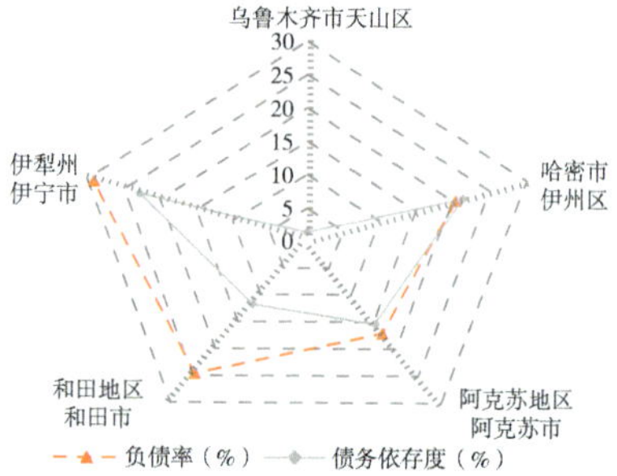

图31-122　2018年新疆维吾尔自治区样本区县负债率与债务依存度

后记

以工匠精神推进财政经济数据的整合与利用

随着我国预算公开的不断推进，全国以及各省财政数据已汇集在财政部网站或《中国财政年鉴》，但地方财政数据仍散落于各级政府网站，没有一本反映五级政府、四本预算以及债务的财政数据全貌的载体。这不仅不利于发挥社会公众监督政府的作用，也不利于地方政府比较自身在同级别政府中所处的位置以全局把握财政形势，还不利于理论工作者开展研究。

鉴于财政数据的分散性、地方财政数据的深度开发利用比较欠缺和对于研究工作的重要性，中国财政科学研究院成立《中国政府收入全景图解》课题组，旨在通过全面采集数据、清晰规范建立指标，全貌完整地对我国政府收入进行全方位、多层次、多维度比较展现。

为确保数据权威性和准确性，我们汇集的数据主要来源于各地区（省、市、区县）人民政府网站、统计局网站和财政局网站，按照本地区（省、市、区县）国民经济和社会发展统计公报和统计年鉴、本地区（省、市、区县）决算草案以及预算执行报告、上级政府（全国、省、市）统计年鉴的优先顺序采集数据，慎重使用数据。政府单元的选择思路是省和地市级政府全部覆盖，区县级政府单元按经济发达程度、地域分布以及数据可获得性三原则进行抽样。

本书编撰历时近10个月，且相当多的时间精力放在了地方财政经济数据的采集、核对、整合与分析上，数据采集从2019年12月到2020年5月，历时6个月，经历搜集数据、汇总数据、分析指标创建以及图形展现四个阶段。课题组成员对全国、省、市、县四级数据整理加工，样本量涵盖31个省（市、区）和333个地级单位以及136个区县，累计865个政府单位，覆盖经济社会指标、一般公共预算、政府性基金预算、国有资本经营预算、社会保险基金预算和债务数据，累计20万个数据节点，力求全方位、多层次、多维度展现2017—2019年中国政府收入。期间，我们召开五次进度会，就查找数据过程中发现的问题、遇到的难点和个人经验进行交流，并附加两次数据核验过程，力求真实准确反映地方政府财政数据信息。课题组将研究团队分为5个小组，每小组由1位老师加2—3位研究生组成，每小组全程完成所负责省份的数据采集、指标分析以及展现工作，小组长对本组全部工作负责。

本书编撰得到了中国财政科学院领导和同事的鼎力支持。院党委高度重视，将其列为

2020年度院重点课题，给予最高额度的经费资助。刘尚希院长亲自主持，多次听取课题进展汇报，对本书编撰的总体思路、编写原则以及后续年度设想提出要求。傅志华副院长更是默默奉献，亲力亲为，倾尽全力予以支持，对本书写作和出版提出意见和建议，帮助协调院内相关部门，督促资助经费尽快落实，反复帮助协调出版进度。

课题组成员更是集思广益，精诚合作。梁季研究员对本书倾注了大量心血和精力，全程深度参与课题研究和书籍出版的各个环节，提出研究倡议，组建研究团队，谋篇布局全书框架，起草修订研究提纲，设计数据采集和分析指标模板，修改完善各章写作提纲，总撰和审核全书书稿，对接出版细节等。罗志恒博士带领其研究团队加入其中，充分发挥其在市场研究方面的能力和优势，协助确定全书框架以及重点章节提纲，负责重点章节内容的撰写，贡献真知灼见。刘昶博士充分发挥其一贯严谨、踏实作风，协助核实数据采集和分析指标细节，解答课题组成员的专业问题。孙家希和谢恺两位老师利用其计算机方面专业知识，带领团队研学数据指标展现软件。陈少波和冯兰琪同学对数据采集和分析指标模板的实现投入大量时间精力，并制作模板使用说明视频，以方便其他老师和同学高效完成分析工作。盛中明同学贡献自己研究智慧，建议增加城市财政分析章节，并与同学一起短时间内出色完成该章节的撰写工作，使得本书内容更加丰富，特色更加突出。所有的课题组成员克服了数据采集和分析的枯燥、耗时耗力，均以最大的耐心和细致，不厌其烦地、毫无怨言地按照要求反复核对审校数据，出色地完成了工作任务。

中国财政出版社对图表排版展现给予专业指导，用心选择封面设计团队，在经费有限的情况下力求书籍出版尽善尽美。

感谢中国财政科学研究院2019年“企业降成本”税费专题组的友情加入，贡献其高质量减税降费评估报告，感谢上海浦东税务局刘奇超同志的爽快应邀，对全球数字税前沿问题进行系统梳理。感谢宁夏财科所、贵州财科所给予数据方面的支持。感谢在德国歌德大学（Goethe University Frankfurt）留学的博士生许方颖对本书英文名称的润色和建议。

本书的面世是各方努力的结果，是中国财政科学院研究院研究团队的一项研究成果，更是对业界的一份贡献。

《中国政府收入全景图解（2020）》编著组